Ihno Gebhardt/Stefan Korte (Hrsg.)

Glücksspiel

De Gruyter Handbuch

Ihno Gebhardt/Stefan Korte (Hrsg.)

Glücksspiel

Ökonomie, Recht, Sucht

2., überarbeitete Auflage

herausgegeben von Ihno Gebhardt und Stefan Korte,
mitbegründet von Sabine Miriam Grüsser-Sinopoli (†)

DE GRUYTER

Prof. Dr. *Ihno Gebhardt*, Brandenburgische Polizeihochschule, Oranienburg
Prof. Dr. *Stefan Korte*, TU Chemnitz

ISBN 978-3-11-025920-9
e-ISBN (PDF) 978-3-11-025921-6
e-ISBN (EPUB) 978-3-11-039200-5

Library of Congress Cataloging-in-Publication Data
A CIP catalog record for this book has been applied for at the Library of Congress.

Bibliografische Information der Deutschen Nationalbibliothek
Die Deutsche Nationalbibliothek verzeichnet diese Publikation in der Deutschen Nationalbibliografie; detaillierte bibliografische Daten sind im Internet über http://dnb.dnb.de abrufbar.

Einbandabbildung: Andrey Armyagov/iStock/thinkstock
Datenkonvertierung/Satz: jürgen ullrich typosatz, Nördlingen
Druck: CPI books GmbH, Leck
♾ Gedruckt auf säurefreiem Papier
Printed in Germany

www.degruyter.com

Vorwort der Herausgeber

Die Neuauflage dieses Werkes fällt in eine bewegte Zeit: Vor einem Jahr – am 20. Januar 2017 – ist einer der wohl umstrittensten „Elected US-Präsidenten" aller Zeiten in sein Amt eingeführt worden, ein Geschäftsmann, der sich mit dem Kauf großer Casino-Tempel auch im Glücksspielgeschäft versucht hat. Großbritannien, die zweitgrößte europäische Volkswirtschaft mit ihrem vergleichsweise freiheitlichen europäischen Glücksspielmarkt steht vor dem Austritt aus der Europäischen Union, dem sog. Brexit. Die Entscheidung, den Blick über die deutschen Grenzen hinaus zu weiten, auch Fachleute aus anderen Regionen der Welt in diesem Buch zu Wort kommen zu lassen, haben wir allerdings lange vor diesen aktuellen Entwicklungen getroffen: Zwar ist die Gestaltung des Glücksspielwesens noch immer eine nationale Domäne. Sie wird aber ohne jeden Zweifel durch die WTO-Rahmenbedingungen und – hier in Europa – ganz wesentlich durch die Rechtsprechung des Gerichtshofes der Europäischen Union flankiert; und auch der Blick auf die ökonomischen und sozialen Folgen der Glücksspielkonzepte in anderen Ländern wird hierzulande rezipiert und möglicherweise zur Grundlage der einen oder anderen Gestaltungsentscheidung gemacht. Mit Blick auf die faktische Globalisierung auch des Glücksspielwesens – durch die grenzenlos fungiblen Glücksspielangebote im Internet – erläutern auch führende Experten aus den USA und dem pazifik-asiatischen Raum die Entwicklungen des Glücksspielwesens in ihren Heimatregionen. Auch dieses Buch ist demnach „globalisiert". Wir erhoffen uns, dass der Leser einen guten Überblick über die grundlegenden und aktuellen Entwicklungen des Glücksspielwesens in der Welt erhält.

Die Herausgeber der Erstauflage wurden zu diesem Buchprojekt besonders durch die mündliche Erörterung der Verfassungsbeschwerde gegen das damalige bayerische Sportwettengesetz vor dem Bundesverfassungsgericht (2006) angeregt. Damals war bereits die interdisziplinär angelegte Konzeption dieses Kompendiums „Ökonomie, Recht, Sucht" etwas Neues. Wir haben uns entschieden, in der Zweitauflage auch in dieser Hinsicht noch einige Schritte voranzuschreiten: Nun kommen weitere namhafte Fachleute zu Wort, die über historische, wirtschaftsphilosophische, sozialwissenschaftliche und auch technische Facetten des Glücksspiels berichten können.

Der ebenfalls neu gestaltete Anhang dieses Buches enthält den Berliner Standard zur Frühintervention bei Glücksspielsuchtgefährdung, der dem Leser einen Eindruck von der Komplexität der Bemühungen der Spielsuchtforschung und -therapie um wirksame Interventionsinstrumente geben mag. Auch die in sozialwissenschaftlich geprägten Abhandlungen üblichen Literaturverzeichnisse haben wir in diesen Anhang verbannt, um den Textteil des Buches insoweit zu entlasten. Schließlich enthält der Anhang der Neuauflage ein Stichwortverzeichnis, das den Leser zu den gesuchten Fundstellen leiten soll. Auf den erneuten Abdruck des Glücksspielstaatsvertrages und anderer Gesetzesmaterialien haben wir (anders als in der Erstauflage), verzichtet, weil diese inzwischen vollständig im Internet auffindbar sind.

Bereits die Herstellung der Erstauflage hat sich nicht durch ein zeitlich straffes Verfahren ausgezeichnet; die unvergessene Mitbegründerin dieses Titels hat ihr Erscheinen nicht mehr miterleben dürfen. An dieser Zweitauflage haben rund 50 Autoren mitgewirkt, von Los Angeles über Europa bis nach Macao und Taiwan. Wir sind sehr froh über die Fertigstellung nach einer mehrjährigen Anstrengung. Naturgemäß kann nicht jeder Beitrag „tagesaktuell" sein; wenige Beiträge haben gegenüber der Erstauflage dieses Buches keine oder eine mehrere Jahre zurückliegende Aktualisierung erfahren. Wegen ihrer grundlegenden Bedeutung haben wir diese gleichwohl wieder aufgenommen. Dies gilt insbesondere für den angesichts neuer politischer Konstellationen in den deutschen Ländern – die FDP ist wieder Teil von Landesregierungen und treibt die „Privatisierung" des Glücksspiels voran – wieder hochaktuellen Beitrag des geschätzten und leider verstorbenen Kollegen *Peter Bendixen*. Wir trauern auch um *Werner Meng*, einen der wenigen hochkarätigen deutschen Experten für WTO-Rechtsfragen, der viel zu früh aus dem Leben gerissen worden ist.

Als Herausgeber richten wir unseren Dank an die Autoren, von denen einige fast „auf Zuruf" ihre Beiträge verfasst haben, andere bis zur Drucklegung dieses Werkes einiges an Geduld aufbringen mussten. Zugleich gilt unser Dank den Lektorinnen, Frau Karin Hergl und Frau Lili Chai Hammler, die das Buchprojekt mit viel Verve und Sachverstand begleitet haben.

Ihno Gebhardt — Stefan Korte

Grußwort
für die Neuauflage des Handbuches „Glücksspiel: Ökonomie, Recht, Sucht“

Das Handbuch „Glücksspiel in Deutschland: Ökonomie, Recht, Sucht“ ist in der Bandbreite der Themen ein einzigartiges Werk, das diese drei wichtigen Bereiche beleuchtet, die beim Thema Glücksspiel eng miteinander verbunden sind. Auch bei der Auseinandersetzung mit dem Pathologischen Glücksspiel ist die Komplexität des Themas zu berücksichtigen.

Glücksspielsucht ist eine ernste Suchterkrankung, die für die Betroffenen und ihre Familien eine große psychische Belastung bedeutet und sie häufig in den wirtschaftlichen Ruin treibt. In Deutschland gehen wir von rund 275.000 problematischen Glücksspielern und rund 264.000 pathologischen Glücksspielern aus. Mit insgesamt 540.000 Personen sind dies ca. 1% der erwachsenen Bevölkerung. Pathologisches Glücksspielen ist seit 2001 als Krankheit anerkannt und wurde bislang den Impulskontrollstörungen zugeordnet. Viele Experten haben schon lange gefordert, die in Deutschland bereits umgangssprachlich genannte Glücksspielsucht den Abhängigkeitserkrankungen zuzuordnen. Nach dem internationalen Klassifikationssystem DSM-V ist Pathologisches Glücksspielen inzwischen als Verhaltenssucht in die Kategorie „Addiction and Related Disorders“ aufgenommen.

Schon hinsichtlich der rechtlichen Aspekte gibt es durch die unterschiedlichen Zuständigkeiten von Bund und Ländern durch das staatliche Glücksspielmonopol auf der einen und das gewerbliche Geldautomatenspiel auf der anderen Seite viele Dinge, die beachtet werden müssen.

Eine weitere Herausforderung ergibt sich aus dem Auftrag des Staates, den Spieltrieb der Bevölkerung in geregelte Bahnen zu lenken und den Einzelnen vor den Gefahren der Glücksspielsucht zu schützen. Mit dem Glücksspiel sind hohe Steuer- und sonstige Einnahmen verbunden; mit staatlichen Lotteriegeldern lassen sich viele soziale Projekte finanzieren. Diese widersprüchlichen Ziele gilt es, in Einklang zu bringen.

Die Komplexität zeigt sich auch bei den unterschiedlichen Akteuren: den politisch Verantwortlichen, die gesetzliche Regelungen in dem Bereich auf den Weg bringen müssen; der Polizei, den Mitarbeitern der Ordnungsämter und den Mitarbeitern in der Verwaltung, die dafür Sorge tragen, dass die rechtlichen Regelungen eingehalten werden; den Glücksspielanbietern, die sich viel intensiver als bisher auch der Umsetzung von Suchtpräventionsmaßnahmen stellen müssen; den vielen Mitarbeiterinnen und Mitarbeitern in Suchtberatungsstellen und Fachkliniken, die durch immer neue Angebote der Glücksspielindustrie täglich mit dem anwachsenden Problem der Glücksspielsucht und den sozialen Folgen wie Verschuldung ganzer Familien konfrontiert werden.

Und schließlich steht im Mittelpunkt der Mensch, der einzelne Spieler. Er ist durch eine Flut von Neueröffnungen von Spielhallen mit blinkenden Geldspielautomaten, jederzeit verfügbaren Glücksspielangeboten im Internet, neuen Angeboten wie Sportwetten und hohen Gewinnchancen in Lotterien immer aggressiveren Glücksspielangeboten ausgesetzt. Der einzelne Spieler, der Gefahr läuft, sich in diesem vielfältigen Glücksspielangebot zu verlieren, die Anforderungen des Alltags auch in finanzieller Hinsicht nicht mehr zu erfüllen, sich in einer Scheinwelt zu verlieren und nur noch versucht, seinen Verlusten hinterher zu jagen, muss im Fokus der Aufklärungs-, Beratungs- und Therapieangebote stehen.

Für mich als Drogenbeauftragte der Bundesregierung ist es wichtig, die betroffenen Menschen – sowohl Männer als auch immer mehr Frauen – im Blick zu haben. Über die Suchtgefahren von Glücksspielen aufzuklären, gesetzliche Regelungen auf den Weg zu bringen, wo Regulierungen zur Suchtprävention notwendig sind, die Mitarbeiterinnen und Mitarbeiter in der Suchthilfe für die Arbeit mit Glücksspielsüchtigen und deren Angehörigen zu qualifizieren, das sind die Herausforderungen, vor denen wir stehen.

Im Glücksspielbereich hat sich in den vergangenen Jahren viel verändert. Die aktuellen Entwicklungen sind im Handbuch „Glücksspiel in Deutschland: Ökonomie, Recht, Sucht“ nachzulesen. Ich freue mich sehr, dass das Werk nach fünf Jahren nun neu aufgelegt wird. Erstmals werden auch die Effekte von Sozialkonzepten am Beispiel der Spielbank Berlin als wirksame Möglichkeit des Spielerschutzes dargestellt. Bei den Novellierungen der Gewerbe- und Spielverordnung habe ich mich als Drogenbeauftragte für weitreichende Spielerschutzmaßnahmen eingesetzt, wozu auch die Einführung von Sozialkonzepten gehörte.

Mit der Neuauflage des Handbuches wird die bahnbrechende Arbeit von Frau Dr. Grüsser-Sinopoli, die im Jahr 2008 viel zu früh verstorben ist, erfolgreich fortgeführt.

Für mich ist die Neuauflage ein sehr fundiertes Standardwerk, das alle wirtschaftlichen, rechtlichen und gesundheitlichen Aspekte und Facetten des Themas beleuchtet und einen guten Überblick für alle in diesem Bereich tätigen Fachkräfte und Entscheidungsträger liefert.

Mechthild Dyckmans
MdB und Drogenbeauftragte der Bundesregierung (von 2009 bis 2013)

Nachruf auf Frau Prof. Grüsser-Sinopoli (1. Auflage)

Der plötzliche Tod von Frau Grüsser-Sinopoli im Januar dieses Jahres hat uns alle tief getroffen. In den zwei Jahren meiner Amtszeit als Drogenbeauftragte der Bundesregierung stand ich mit Frau Grüsser-Sinopoli in regelmäßigem Austausch. Sie hat mich und meine Geschäftsstelle im Bereich der Computer(spiel)sucht engagiert und kompetent beraten und wird mir als eine tatkräftige und herausragende Forscherin in Erinnerung bleiben, die in ihrem Forschungsgebiet mehr „Licht und Wahrheit" in die Welt bringen wollte und dies auch erfolgreich getan hat. Mutig erforschte sie Grenzbereiche der Wissenschaft und wagte sich in neue, noch unbekannte Themenbereiche vor. In ihrem Spezialgebiet, der Verhaltenssucht, leistete Frau Grüsser-Sinopoli Pionierarbeit und verknüpfte dabei ihre Grundlagenforschung stets mit praktischer Beratungsarbeit und der Hilfe für Betroffene und deren Angehörige. Über den wissenschaftlichen Anspruch hinaus war ihr der Kontakt zu den betroffenen Menschen eine Herzensangelegenheit. Mit ihrem Werk „Computerspielsüchtig?" schuf sie einen der wenigen allgemeinverständlichen Ratgeber zum Thema Computerspielsucht, der sowohl für Familien als auch für Praktiker in Beratungsstellen und Politik hilfreich ist. Frau Grüsser-Sinopoli selbst hat das ihren Forschungen zugrunde liegende zentrale wissenschaftliche Problem in einem Artikel für die Zeitschrift Nervenarzt skizziert: Soll die Verhaltenssucht als eigenständige diagnostische Einheit qualifiziert werden? Bisher ist nur das pathologische Glücksspiel als suchtartige Verhaltensweise und damit als Störungsbild anerkannt. Auf diesem Gebiet ist noch viel wissenschaftliche Arbeit zu leisten. Ich bin zuversichtlich, dass die wegbereitende Forschung von Frau Grüsser-Sinopoli in der Arbeit ihrer Mitarbeiterinnen und Mitarbeiter, Ihrer Doktorandinnen und Doktoranden eine würdige Fortsetzung finden wird.

Sabine Bätzing

Drogenbeauftragte der Bundesregierung (von 2005 bis 2009)

Inhaltsübersicht

Inhaltsverzeichnis

Autorenverzeichnis

Univ.-Prof. i.R. Dr. iur. *Michael Adams*, Universität Hamburg, Mitglied des Fachbeirates Sucht der Länder nach § 10 Abs 2 GlüStV

Dr. rer. pol. *Norman Albers*, Geschäftsführender Vorstand des Deutschen Buchmacher Verbandes e.V., Essen

Dr. rer. nat. *Ulrike Albrecht-Sonnenschein*, Dipl.-Psychologin, Suchttherapeutin, Caritasverband für die Diözese Mainz, Referentin für Sucht, Psychiatrie und Behindertenhilfe; frühere Funktionen: Leiterin der Fachberatungsstelle „Café Beispiellos" für abhängige Glücksspieler und deren Angehörige sowie der Fachberatungsstelle „Lost in Space" für Computerspiel- und Internetsüchtige des Caritasverbandes für das Erzbistum Berlin; Leiterin der AG Verhaltenssucht in der Interdisziplinären Suchtforschungsgruppe Berlin (ISFB) an der Charité – Universitätsmedizin Berlin

Dipl.-Psych. *Andrada A. Bachmann*, Psychologische Psychotherapeutin, Praxis für Psychotherapie, Pfullendorf

Dr. phil. *Meinolf Bachmann*, Psychologischer Psychotherapeut, Gerichtsgutachter, Überlingen, Konstanz

Prof. Dr. phil. *Jens Beckert*, Geschäftsführender Direktor am Max-Planck-Institut für Gesellschaftsforschung (MPIfG), Köln

Univ.-Prof. Dr. rer. pol. *Peter Bendixen* (†), Studienzentrum Hohe Warte, Wien, Yeditepe University Istanbul, Faculty of Fine Arts

Em. Univ.-Prof. Dr. *Dieter Birk*, Universität Münster, Rechtsanwalt, Steuerberater, Berlin

Dr. rer. pol. *Andreas Blaue*, Rechtsanwalt, Constantin Medien AG, München, Leiter der Rechtsabteilung

Em. Univ.-Prof. Dr. med. *Jobst Böning*, Interdisziplinäres Zentrum für Suchtforschung, Vizepräsident a.D. der Universität Würzburg, ehem. Vorsitzender des Fachbeirates Sucht der Länder gem. § 10 Abs 2 GlüStV, Präsident a.D. der Deutschen Gesellschaft für Suchtforschung und Suchttherapie

Dr. iur. *Lennart Brüggemann*, Staatsanwalt (Richter auf Probe), Staatsanwaltschaft Dortmund

Sven Buth, M.A. (Soziologie), Zentrum für Interdisziplinäre Suchtforschung (ZIS) der Universität Hamburg

Prof. Dr. *Chen-Jung Chan*, National Chengchi University, Taiwan

Univ.-Prof. Dr. iur. *Johannes Dietlein*, Lehrstuhl für Öffentliches Recht und Verwaltungslehre, Zentrum für Informationsrecht, Universität Düsseldorf

Univ.-Prof. Dr. iur. *Jörg Ennuschat*, Ruhr-Universität Bochum, Lehrstuhl für öffentliches Recht, insbesondere Verwaltungsrecht

Dr. rer. pol. *Ingo Fiedler*, Universität Hamburg, Concordia University, Montréal

Prof. Dr. iur. *Ihno Gebhardt*, LL. M. oec. int., Brandenburgische Polizeihochschule, Oranienburg; frühere Funktionen: Leiter des für die Glücksspielaufsicht zuständigen Referates im Ministerium des Innern des Landes Brandenburg, Potsdam, Federführer der Glücksspielreferenten der Länder, Mitglied der Bund-Länder-Kommission zur Bekämpfung des illegalen Glücksspiels, Mitglied des Fachbeirats Sucht der Länder nach § 10 Abs 2 GlüStV 2008

Univ.-Prof. Dr. jur. *Dagmar Gesmann-Nuissl*, Technische Universität Chemnitz, Professur für Privatrecht und Recht des geistigen Eigentums

Associate Prof. *Jorge A. F. Godinho*, University of Macau

Rechtsanwalt Dr. iur. *Thomas Gohrke*, Luther Rechtsanwaltsgesellschaft mbH, Leipzig/Hannover

Prof. *Mark Griffiths*, Ph.D., Nottingham Trent University, UK, Director of the International Gaming Research Unit

Univ.-Prof. Dr. rer. nat. *Sabine Miriam Grüsser-Sinopoli* (†), Lehrstuhl für Medizinische Psychologie und Medizinische Soziologie der Klinik für Psychosomatische Medizin und Psychotherapie, Johannes Gutenberg-Universität Mainz

Johannes Güldner, Ruhr-Universität Bochum, wissenschaftlicher Mitarbeiter (Lehrstuhl Prof. Ennuschat)

Josef Hoch, Richter am Bundesgerichtshof, 3. Strafsenat, Karlsruhe

Em. Univ.- Prof. Dr. rer. pol. Dipl.-Ing. *Lothar Hübl*, Institut für Volkswirtschaftslehre Universität Hannover

Dr. rer. pol. *Jens Kalke*, Zentrum für Interdisziplinäre Suchtforschung (ZIS) der Universität Hamburg, wissenschaftliche Leitung

Nicolas Klein, LL.M., Universität Göttingen, Attorney at Law, N.Y.Bar

Univ.-Prof. Dr. iur. *Stefan Korte*, Dipl.-Kfm., Technische Universität Chemnitz, Professur für Öffentliches Recht, insb. Öffentliches Wirtschaftsrecht

Dr. iur. *Pia Lange*, Akademische Rätin a.Z., Universität Göttingen

Rechtsanwalt *Tilmann Lahann*, LL.M.eur., Müller, Altmeyer & Partner, Partner

Univ.-Prof. Dr. *Mark Lutter*, Universität Wuppertal, Professur für Allgemeine Soziologie und Gesellschaftstheorie

Rechtsanwalt Dr. iur. *Peter Mailänder*, M.C.J. (NYU) Rechtsanwälte Haver & Mailänder, Stuttgart

Univ.-Prof. Dr. iur. *Werner Meng* (†), Europa-Institut, Universität des Saarlandes

Prof. Dr. iur. *Andreas Mosbacher*, Richter am Bundesgerichtshof, 5. Strafsenat, Leipzig

Mag. Dr. *Martin K. Moser*, LL.M., Referent im Kabinett des Generalanwalts Ján Mazák, Gerichtshof der Europäischen Gemeinschaften, Luxembourg

Rechtsanwalt Dr. iur. *Hans-Jörg Odenthal*, Kanzlei Dr. Odenthal & Repschläger, Köln

Prof. Dr. iur. *Frank Peters*, Richter am OLG Hamburg i.R.

Ass. iur. *Sascha D. Peters*, Akademischer Rat a.Z. am Lehrstuhl für Öffentliches Recht und Verwaltungslehre (Prof. Dr. Johannes Dietlein) an der Heinrich-Heine-Universität Düsseldorf, derzeit wissenschaftlicher Mitarbeiter am Bundesverfassungsgericht, Karlsruhe

Prof. *Nancy M. Petry*, Ph.D., Psychiatry, UConn Health, Farmington, Connecticut, Principal Investigator of the National Institute of Drug Abuse (NIDA), Director of the Gambling Treatment Research Center, Consultant and Advisor for the National Institutes of Health, APA DSM-V Workgroup for Substance Use Disorders, USA

Ministerialrat *Dirk Postel*, Staatskanzlei und Ministerium für Kultur des Landes Sachsen-Anhalt, Magdeburg

Prof. Dr. rer. pol. *Luca Rebeggiani*, M.A., Hochschule für Ökonomie und Management (FOM), Düsseldorf und Fraunhofer Institut, Sankt Augustin

Prof. Dr. rer. nat. *Dieter Richter*, Fachbereichsleiter Metrologische Informationstechnik a.D. der Physikalisch-Technischen Bundesanstalt (PTB)

Dr. iur. *Gerhard Rombach*, Direktor der Süddeutschen Klassenlotterie a.D., Sprecher des Vorstands der Gemeinsamen Klassenlotterie der Länder – GKL a.D., München

Prof. *I. Nelson Rose*, Ph.D., Whittier Law School, Los Angeles, Visiting Professor at the University of Macau

Rechtsanwalt *Philippe Vlaemminck*, Pharumlegal, Brussels

Ziang-Yi Wang, FernUniversität Hagen, wissenschaftliche Mitarbeiterin (ehem. Lehrstuhl Prof. Dr. iur. Jörg Ennuschat)

Dr. rer. medic. *Klaus Wölfling*, Universität Mainz, Psychologischer Leiter des Fachbereiches 04 der Universitätsmedizin (Psychosomatische Medizin, Psychotherapie, Spielsucht)

Dr. rer. pol. *Winfried Wortmann*, Geschäftsführer der Westdeutschen Lotterie GmbH & Co. OHG a.D., Münster, Präsident der European Lotteries Association a.D., Lausanne

Abkürzungsverzeichnis

2nd	second
3G	Dritte Generation
aA	anderer Ansicht
aaO	am angegebenen Ort
Abb	Abbildung
abgedr	abgedruckt
ABl	Amtsblatt
ABl EU	Amtsblatt der Europäischen Union
Abs	Absatz
Abschn	Abschnitt
abw	abweichend
aE	am Ende
ähnl	ähnlich
aF	alte Fassung
AK	Arbeitskreis
Alt	Alternative
AG	1. Amtsgericht 2. Aktiengesellschaft
APA	American Psychiatric Association
ARD	Arbeitsgemeinschaft der öffentlich-rechtlichen Rundfunkanstalten der Bundesrepublik Deutschland
Art	Artikel
Aufl	Auflage
Az	Aktenzeichen
BAG	Bundesarbeitsgericht
BaWü / BW	Baden-Württemberg
Bay / BY	Bayern
BayRS	Bayerische Rechtssammlung
BayStLottG	Bayerisches Staatslotteriegesetz
BayVBl	Bayerische Verwaltungsblätter
BayVerfGH	Bayerischer Verfassungsgerichtshof
Beschl	Beschluss
best	bestimmte
betr	betreffend
Bd	Band
BFH	Bundesfinanzhof
BFHE	Sammlung der Entscheidungen des Bundesfinanzhofs
BFH NV	Sammlung der Entscheidungen des Bundesfinanzhofs
BGB	Bürgerliches Gesetzbuch
BGBl	Bundesgesetzblatt
BGH	Bundesgerichtshof
BGHZ	Halbamtliche Sammlung der Entscheidungen des Bundesgerichtshofs in Zivilsachen
BKA	Bundeskriminalamt
BKartA / BKartAmt	Bundeskartellamt

Bl	Blatt
Bln	Berlin
BLM	Bayrische Landeszentrale für neue Medien
Bln-Bbg	Berlin-Brandenburg
BrainResRev	Brain Research Reviews
BR-Drs	Drucksachen des Bundesrates
BSE	Summe der Spieleinsätze abzüglich der ausgezahlten Gewinne (Bruttospielertrag)
bspw	beispielsweise
BStBl	Bundessteuerblatt
BT-Drs	Drucksachen des Bundestages
BT-PlPr	Bundestagsparlamentsprotokoll
BVerfG	Bundesverfassungsgericht
BVerfGE	Sammlung der Entscheidungen des Bundesverfassungsgerichts
BVerfGK	Kammerentscheidungen des Bundesverfassungsgerichts
BVerwG	Bundesverwaltungsgericht
BVerwGE	Bundesverwaltungsgerichtsentscheidung
bzw	beziehungsweise
ca	circa
CR	Computer und Recht
dass	dasselbe
demggü	demgegenüber
ders	derselbe
DeSIA	Deutsche Spielbanken Interessen- und Arbeitsgemeinschaft
DFB	Deutscher Fußball-Bund
DFL	Deutsche Fußballball-Liga
dh	das heißt
DHS	Deutsche Hauptstelle für Suchtfragen eV
dies	dieselben
DLTB	Deutscher Lotto- und Totoblock
Dok	Dokument
DÖV	Die Öffentliche Verwaltung
DSM III	Diagnostic and Statistical Manual of Mental Disorders (Diagnostisches und Statistisches Handbuch Psychischer Störungen)
DStR	Zeitschrift Deutsches Steuerrecht
DSU	Dispute Settlement Understanding
durchges	durchgesehene
DVBl	Deutsches Verwaltungsblatt
EBA	European Betting Association
ECJ	European Court of Justice
ebd	ebenda
ed	edition
Ed	Editor (Herausgeber)
Eds	Editors
EFTA	European Free Trade Association

eg	exempli gratia
EG	Europäische Gemeinschaften
EGV	Vertrag zur Gründung der Europäischen Gemeinschaft
eK	eingetragener Kaufmann
EL	1. European Lotteries 2. Ergänzungslieferung
ELGVG	Elektronischer-Geschäftsverkehr-Vereinheitlichungsgesetz
Entsch	Entscheidung
erg	ergänzt
et al	et alii (und andere)
etc	et cetera
EU	Europäische Union
EuG	Europäisches Gericht erster Instanz
EuGH	Europäischer Gerichtshof
EuR	Europarecht
EUR	Euro
Europ Komm	Europäische Kommission
Europ Parl	Europäisches Parlament
EuZW	Europäische Zeitschrift für Wirtschaftsrecht
eV	eingetragener Verein
EWR	Europäischer Wirtschaftsraum
EWS	Europäisches Wirtschafts- und Steuerrecht
f	folgende
ff	fortfolgende
FG	Finanzgericht
Fn	Fußnote
FS	Festschrift
FSF	Freiwillige Selbstkontrolle Fernsehen eV
GA	Gamblers Anonymous
GastG	Gaststättengesetz
GATS	General Agreement on Trade in Services (Allgemeines Abkommen über den Handel mit Dienstleistungen)
GATT	General Agreement on Tariffs and Trade
GBl	Gesetzblatt
gem	gemäß
GewArch	Gewerbe Archiv
GewO	Gewerbeordnung
GG	Grundgesetz
ggf	gegebenenfalls
GjSM	Gesetze über die Verbreitung jugendgefährdender Schriften und Medieninhalte
GlüStV	Glücksspielstaatsvertrag
GlüG	Glücksspielgesetz
GmbH	Gesellschaft mit beschränkter Haftung
GmbHG	Gesetz über die Gesellschaften mit beschränkter Haftung
GRUR	Gewerblicher Rechtsschutz und Urheberrecht
GVBl	Gesetz- und Verordnungsblatt

GWG	Geldwäschegesetz
GWB	Gesetz gegen Wettbewerbsbeschränkungen
HB	Hansestadt Bremen
HmbGlüStVAG	Hamburger Gesetz zur Ausführung des Glücksspielstaatsvertrages
HdbEUWiR	Handbuch des Europäischen Wirtschaftsrechts
Hess	Hessen
HessVwVfG	Hessisches Verwaltungsverfahrensgesetz
HH	Hamburg
hM	herrschende Meinung
Hrsg	Heraugeber
HVerfG	Hessisches Verfassungsgericht
ICD-10	International Classification of Diseases and Related Health Problems
id	idem (derselbe)
idF d	in der Fassung des/der
idF v	in der Fassung vom/von
idR	in der Regel
ifo	Institut für Wirtschaftsforschung
Inc	Incorporated
inkl	inklusive
insb	insbesondere
IP	Internet Protocol
iS	im Sinne
iSd	im Sinne des/der
IStR	Internationales Steuerrecht – Zeitschrift für europäische und internationale Steuer- und Wirtschaftsberatung
iSv	im Sinne von
IT	Informationstechnologie
ITRB	IT-Rechtsberater
iVm	in Verbindung mit
je	jeweils
JIEL	Journal of International Economic Law
JMStV	Jugendmedienschutz-Staatsvertrag
JÖSchG aF	Gesetz zum Schutze der Jugend in der Öffentlichkeit – alte Fassung
JMStV	Jugendmedienschutz-Staatsvertrag
JR	Juristische Rundschau
jurisPR-ITR	Juris Praxisreport IT-Recht
JuS	Juristische Schulung
JuSchG	Jugendschutzgesetz
JZ	Juristenzeitung
KE	Selbsteinschätzungsskala Krankheitseinsicht/Abstinenz
KFG	Kurzfragebogen zum Glücksspielverhalten
KJM	Kommission für Jugendmedienschutz
K & R	Kommunikation und Recht
krit	kritisch
LG	Landgericht

LK	Leipziger Kommentar
LKV	Landes- und Kommunalverwaltung
LoStV / LottStV	Lotteriestaatsvertrag
LSA	Land Sachsen-Anhalt
Ltd	Limited
LT	Landtag
LT-Drs	Landtag-Drucksache
LVerfG LSA	Landesverfassungsgericht Sachsen-Anhalt
mAnm	mit Anmerkung(en)
maW	mit anderen Worten
MDR	Monatsschrift für Deutsches Recht
Mio	Millionen
MMR	MultiMedia und Recht
mod	modifizierend
MschrKrm	Monatsschrift für Kriminologie und Strafrechtsreform
Mrd	Milliarden
M-V	Mecklenburg-Vorpommern
mwN	mit weiteren Nachweisen
nChr	nach Christus
Neuaufl	Neuauflage
Neuausg	Neuausgabe
Nds	Niedersachsen
NdsStGH	Niedersächsischer Staatsgerichtshof
nds	niedersächsisch
NJOZ	Neue Juristische Online Zeitschrift
NJW	Neue Juristische Wochenschrift
NJW-RR	NJW Rechtsprechungs-Report
NKL	Norddeutsche Klassenlotterie
NK-StGB	Nomos-Kommentar zum StGB
Nr	Nummer
NRW	Nordrhein-Westfalen
NSpielbG	Niedersächsisches Spielbankengesetz
NStZ	Neue Zeitschrift für Strafrecht
NStZ-RR	NStZ Rechtsprechungs-Report
NVwZ	Neue Zeitschrift für Verwaltungsrecht
NVwZ-RR	NVwZ Rechtsprechungs-Report
NW	Nordrhein-Westfalen
NWVBl	Nordrhein-Westfälische Verwaltungsblätter
NZA	Neue Zeitschrift für Arbeitsrecht
NZBau	Neue Zeitschrift für Baurecht
NZWiSt	Neue Zeitschrift für Wirtschaft, Steuer- und Unternehmensstrafrecht
o	oben
oä	oder ähnlich(em/en/er)
öff	öffentlich
og	oben genannt

oJ	ohne Jahresangabe
ÖKL	Österreichische Klassenlotterie
OLG	Oberlandesgericht
OLGR	OLGReport – Schnelldienst zur höchst- und obergerichtlichen Rechtsprechung in Zivilsachen
OVG	Oberverwaltungsgericht
OVG NW	Oberverwaltungsgericht Nordrhein-Westfalen
POS	point of sale
pp	pages (Seiten)
PTB	Physikalisch-Technische Bundesanstalt
rd	rund
rechtl	rechtliche
RdE	Recht der Energiewirtschaft
RegStV	Staatsvertrag über die Regionalisierung von Teilen der von den Unternehmen des Deutschen Lotto- und Totoblocks erzielten Einnahmen
ReichsAnz	Reichsanzeiger
RGBl	Reichsgesetzblatt
RGZ	Amtliche Sammlung der Entscheidungen des Reichsgerichts in Zivilsachen
RhPf	Rheinland-Pfalz
RL	Richtlinie
Rn	Randnummer
Rs	Rechtssache
Rspr	Rechtsprechung
RStV	Rundfunkstaatsvertrag
RStV-E	Entwurf des Rundfunkstaatsvertrages
RStGB	Reichsstrafgesetzbuch
RT-Drs	Reichstag Drucksache
S	1. Seite 2. Satz (bei Gesetzen) 3. siehe
Saarl	Saarland
Sachs-Anh	Sachsen-Anhalt
Schl-H	Schleswig-Holstein
SEK	schwedische Kronen
SH	Schleswig-Holstein
SKL	Süddeutsche Klassenlotterie
SK-StGB	Systematischer Kommentar zum StGB
Slg	Sammlung
SMS	Short Message Service
SN	Sachsen
sog	so genannt
SpielbG	Spielbankgesetz
SpielV / SpielVO	Spielverordnung
SportWettG	Sportwettengesetz
SpuRt	Zeitschrift für Sport und Recht
sq	square

StGB	Strafgesetzbuch
StPO	Strafprozessordnung
StraFo	Strafverteidigerforum
st Rspr	ständige Rechtsprechung
StV	Strafverteidiger
TdU	Selbsteinschätzungsskala Therapie der Ursachen
Thür	Thüringen
ThürOVG	Thüringisches Oberverwaltungsgericht
TMG	Telemediengesetz
TMO	Selbsteinschätzungsskala Therapie – Motivation
TRIPS	Agreement on Trade Related Aspects of Intellectual Property Rights (Übereinkommen über handelsbezogene Aspekte der Rechte am geistigen Eigentum)
Tronc	Transaktionskosten
Tz	Textzahl
u	und
ua	und andere / unter anderem
Übers	Übersetzung
UCI	Union Cycliste Internationale (Internationaler Radsportverband)
unv	unveröffentlicht
UStG	Umsatzsteuergesetz
usw	und so weiter
Urt	Urteil
uU	unter Umständen
UVR	Umsatzsteuer- und Verkehrsteuer-Recht, Zeitschrift für
UWG	Gesetz gegen den unlauteren Wettbewerb
v	vom
va	vor allem
VA	Verwaltungsakt
VAT	Value added tax
vChr	vor Christus
verb	verbunden
Verf	Verfasser
VDAI	Archiv- und Informationsstelle der Deutschen Toto- und Lottounternehmen
VG	Verwaltungsgericht
VGH	Verwaltungsgerichtshof
vgl	vergleiche
vgl a	vergleiche auch
vH	vom Hundert
Vol	Volume
Vorb	Vorbemerkung
VPRT	Verband Privater Rundfunk und Telemedien eV
VR	Verwaltungsrundschau
vs	versus (lateinisch für: gegen, gegenüber gestellt)
VVDStRL	Veröffentlichungen der Vereinigten Deutschen Staatsrechtslehrer
VwV-GlüStV	Verwaltungsvereinbarung Glücksspielstaatsvertrag

WHO	Weltgesundheitsorganisation (World Health Organisation)
WiFi	Kunstbegriff einer Allianz ursprünglich unter dem Namen WECA (Wireless Ethernet Compatibility Alliance)
WiMAX	Worldwide Interoperability for Microwave Access
wistra	Zeitschrift für (bis 15.12.1996 Wirtschaft, Steuer, Strafrecht) Wirtschafts- und Steuerstrafrecht
WM	Wertpapiermitteilungen/Weltmeisterschaft
WmW	Wiener Medizinische Wochenschrift
WRP	Wettbewerb in Recht und Praxis
WTO	World Trade Organisation (Welthandelsorganisation)
WuW	Wirtschaft und Wettbewerb
zB	zum Beispiel
ZEuS	Zeitschrift für Europarechtliche Studien
ZGR	Zeitschrift für Unternehmens- und Gesellschaftsrecht
zT	zum Teil
ZDF	Zweites Deutsches Fernsehen
ZfI	Zentrum für Informationsrecht
ZfWG	Zeitschrift für Wett- und Glücksspielrecht
Ziff	Ziffer
ZIS	Zeitschrift für Internationale Strafrechtsdogmatik
zit b	zitiert bei
ZRP	Zeitschrift für Rechtspolitik
ZStW	Zeitschrift für die gesamte Strafrechtswissenschaft
zT	zum Teil
zul	zuletzt
ZUM	Zeitschrift für Urheber- und Medienrecht
ZUM-RD	Zeitschrift für Urheber- und Medienrecht -Rechtsprechungsdienst
zVb	zur Vorbereitung

1. Teil:
Einführung und Geschichte des Glücksspiels

Ihno Gebhardt

§ 1 Einführung

Übersicht

I. Glücksspiel

1 Glücksspiel – das *Spiel* um *Glück* – hat die Menschen zu allen Zeiten in seinen Bann gezogen. Das spielerische Element ist bereits Teil des genetischen Lernprogramms und das Streben nach Glück die Haupttriebfeder allen menschlichen Wirkens. Glücksspiel ist bis heute per definitionem ein Spiel mit dem Zufall. Allerdings war das Glücks-„Spiel“, gerade wenn es um das durch Zufall – spielerisch – herbeigeführte künftige „Los“ und auch den Vorgang des Losens ging, über Jahrhunderte mit der „Vorsehung“ und religiösen Kategorien verknüpft: Bis in das Mittelalter hinein wurde das Ergebnis von Zufallsversuchen vielerorts als Gottesurteil angesehen. Erst nach und nach erfolgte die Heraustrennung des Zufalls, des „Hasard“, aus der religiösen Gebundenheit, die zugleich philosophische und rationell-mathematische Erklärungsversuche ermöglichte. Sie fand nicht von ungefähr in der Zeit der Frühaufklärung statt, von deren Vertretern einige der theologischen Intoleranz insgesamt zu begegnen versuchten. In Fachkreisen bekannt ist das nach dem französischen Glücksspieler *Chavalier De Méré* (einem Freund von *Blaise Pascal*) benannte mathematische Paradoxon aus dem 17. Jahrhundert, das als Geburtsstunde der Stochastik gilt und die Wahrscheinlichkeit der Augenwerte beim Würfeln zum Gegenstand hat.[1] Die Suche nach der den Zufall zugunsten einer rationalen Erklärung eliminierenden Gleichung hat mit den Berechnungen von *Pascal* (1654 – und bereits früher, im späten 15. Jahrhundert) begonnen und dauert mancherorts bis heute an.

2 Solange die Zufallsgleichung nicht gefunden ist, liegt es nahe, die zufällige Entscheidung durch die individuelle Leistung oder auch durch Manipulation zumindest beeinflussen zu wollen. Dies gilt insbesondere dann, wenn mit dem Spielge-

1 Wirft man einen *Laplace*-Würfel (einen virtuellen „Ideal“-Würfel, bei dem die Wahrscheinlichkeit für alle abgebildeten Zahlen entgegen der Realität exakt gleich ist) vier Mal, so liegt die Wahrscheinlichkeit, mindestens eine Sechs zu würfeln, bei über 50%; würfelt man 24 Mal zwei Würfel, so liegt die Wahrscheinlichkeit für eine „Doppelsechs“ bei unter 50%. Paradox ist, dass sich die Ergebnisse nicht proportional wie 4 : 6 = 24 : 36 verhalten. Allerdings ist die „Proportionalitätsregel der kritischen Werte nicht weit von der Wahrheit entfernt“ (*Abraham de Moivre*, Doctrine of Chances, 1718).

https://doi.org/10.1515/9783110259216-001

winn ein Geldgewinn erstrebt wird. Die deutsche Sprache kennt keinen besonderen Begriff für dieses „Glücksspiel“ um Geld.[2] Nur von diesem Glücksspiel handelt dieses Buch. Das „Glück des Tüchtigen“ hilft demjenigen, der bei einem überwiegend, aber nicht ausschließlich vom Zufall beherrschten Spiel sein Wissen und taktisches Können gegen Mitspieler oder Spielveranstalter einsetzen kann. Es liegt auf der Hand, dass bei den heutigen Sportwettangeboten, je nach konkreter Ausgestaltung der Wette, das Zufallsmoment größer oder kleiner ausfällt (Fußballwette auf Sieg oder Niederlage, die Tordifferenz oder bestimmte Spielereignisse wie Fouls und Eckstöße).[3] Trotz taktischer Finesse überwiegt allerdings auch bei der Sportwette ebenso wie bei dem in den letzten Jahren in Mode gekommenen Pokerspiel nach Auffassung der Obergerichte in Deutschland, Österreich und Großbritannien das Zufallselement,[4] am Ende also doch „mehr Glück als Verstand“?

3 Die neuzeitliche Geschichte der Menschheit beinhaltet eine Geschichte des Glücksspiels: Die Etrusker haben frühzeitig den kubischen Würfel beigesteuert. Kindern wurde das Glücksspiel in jener Zeit mit dem Nußschalenspiel nahegebracht. Auch Lotterien wurden am Rande von Feierlichkeiten veranstaltet. Im alten Rom hatte das Substantiv „Aleator“ (Spieler) einen schlechten Beigeschmack. Gleichwohl amüsierten sich selbst die römischen Kaiser Augustus, Claudius und Domitian an Glücksspielangeboten. Baccara(t),[5] Bassette,[6] Brelan, der Drehwürfel des jüdischen Purimfestes, das Brettspiel Biribi(s)[7] und Scheffel, die Kartenspiele der Jahrmärkte am unteren Ende der sozialen Werteskala, das Zahlenlotto, das Spiel für fast alle, das Roulette und Pharao (Faro), *das* – noblere, „hohe“ – Hasard-Kartenspiel des 18. Jahrhunderts, und schließlich Poker, *das* Kartenspiel des beginnenden 21. Jahrhunderts in den USA und Europa, sind nur einige von hunderten Glücksspielvarianten, die den Gegenstand staatlicher Verbote und anderer Regulierungen in den letzten Jahrhun-

2 Die englische Sprache unterscheidet demgegenüber zwischen „gambling“ (um Geldgewinne) und „gaming“.

3 Zur Einordnung von Sportwetten und Pokerspiel siehe *Ennuschat*, Zur Unterscheidung der Glücksspiele von Geschicklichkeitsspielen, in: Gedächtnisschrift Tettinger, 2007, S 41 (46 ff).

4 Nachweise bei *Ennuschat*, ebda, S 44 (Rn 16), 46 (Rn 24), 52 f. Weitere Einzelheiten zur Abgrenzung von Glücks- und Geschicklichkeitsspiel und zu weiteren Aspekten des Pokerspiels siehe in dem sehr instruktiven Aufsatz von *Kretschmer*, ZfWG 2007, 93 ff.

5 Das Kartenspiel Baccara (auch Bakkarat) beherrscht heute das Glücksspielangebot im Glücksspiel-Hotspot Macao. Einheiten hierzu siehe unten bei *Godinho*, § 40.

6 Bassette gehört zu den Kartenspielen, die sich zur Zeit des Dreißigjährigen Krieges entwickelt haben (weiterhin die Spiele Landsknecht und Tempeln). Es ist schließlich nahezu identisch mit dem Pharo, das ab der zweiten Hälfte des 17. Jahrhunderts insbesondere in Frankreich eine große Rolle gespielt hat. Auch zu Pharo sind stochastische Berechnungen erfolgt (von *Daniel Bernoulli* und *Leonhard Euler*).

7 Dieses eher primitive Spiel, bei dem Einsätze auf eine der auf einem Brett mit 70 Quadraten und Zahlen von 1 bis 70 platziert wurden (mit einem Gewinn in Höhe des 64-fachen des Einsatzes) wurde 1837 verboten.

Ihno Gebhardt

derten gebildet haben. Auch das Buchmachen bei Pferderennen und das Wetten am Totalisator[8] ist vom Reichsgericht in einer Entscheidung vom 29. April 1882 als Glücksspiel qualifiziert worden.

II. Staat und Glücksspiel

Seitdem es das Glücksspiel um Geld gibt, steht der Staat vor der Frage, ob und in 4
welchem Ausmaß das Glücksspiel toleriert werden kann, und wer die Nutznießer der durch das Glücksspiel bewirkten enormen Vermögensverschiebungen sein sollen. Es ist nicht überraschend, dass der Staat selbst mit einer Fülle normativer Maßnahmen die Kanalisierung der Glücksspieler hin zu bestimmten staatlichen oder staatlich konzessionierten Angeboten und damit zugleich die Lenkung eines beachtlichen Teils der Glücksspieleinsätze in den Staatshaushalt unternimmt, nachdem er das beträchtliche Finanzvolumen für sich entdeckt – und in der Regel bereits verplant – hat. Bekanntermaßen handelt es sich bei dieser Einnahmebeschaffung um eine besonders elegante Art der „Besteuerung“. Die Frage nach der Legitimität der staatlichen Mitwirkung am bzw der staatlichen Dominanz des Glücksspielangebotes und der hiermit verbundenen Vereinnahmung der von den Glücksspielern eingesetzten Finanzmittel ist zunächst gesellschafts-, sozial- und wirtschaftspolitischer Natur. Die unterschiedlichen Antworten fügen sich in die von den politischen Parteien heute üblicherweise vertretenen – mehr oder weniger „liberalen“ – gesellschaftspolitischen Gesamtkonzeptionen ein.[9]

Der mit dem Glücksspiel stets einhergehende Entzug von Teilen des verfügba- 5
ren Familieneinkommens legt im Grunde eine sehr reservierte Haltung des Staates in Bezug auf das Glücksspielwesen und insbesondere in Bezug auf ein eigenes – staatliches – Engagement auf diesem Felde nahe. Hinzu kommt, dass die exzessive Wahrnehmung von Glücksspielangeboten nicht nur die wirtschaftliche Existenz des Spielteilnehmers und seiner Familien vernichten, sondern überdies zu erheblichen sozialen Folgekosten für das Gemeinwesen führen kann.[10] Die staatliche Beteiligung am Glücksspiel lässt sich gleichwohl zum einen durch den Hinweis auf die Unaus-

8 Der Totalisator – 1865 in Frankreich von *Pierre Oller*, einem Pariser Chemiker, erfunden – ist ein Verfahren zur Bestimmung der Gewinnhöhen bei Wetten und anderen Glücksspielen. Am Totalisator wetten die Wettteilnehmer untereinander und nicht gegen einen Buchmacher, wie es bei Sportwetten zu festen Gewinnquoten der Fall ist.

9 Die „Kampflinien“ in der politischen Diskussion zu dem 2008 in Kraft getretenen Glücksspielstaatsvertrag der Länder und zu dessen Ausführungsgesetzen verliefen gleichwohl quer durch die Landtagsfraktionen.

10 Der durch Glücksspiele verursachte Wohlfahrtsschaden – die sozialen Kosten als die Summe aller privaten und externen Kosten einer Handlung – hat enorme Ausmaße. *Fiedler* hat 2008 auf ein entsprechendes Schadensvolumen in den USA in Höhe von rd 60 Mrd USD/Jahr hingewiesen.

rottbarkeit des in der Bevölkerung vorhandenen Wunsches nach Glücksspielangeboten und ein hiermit verbundenes Kanalisierungserfordernis (hin zu überwachten, von Manipulation und Betrügereien weitgehend befreiten Angeboten) begründen. Gerade in wirtschaftlich schlechten Zeiten ist die Hoffnung darauf, dem eigenen Arbeits(losigkeits)-Schicksal zu entfliehen, besonders groß. Der Lottospieler kann jede Woche aufs Neue ein wenig träumen und den Hauptgewinn in Gedanken verteilen: „Je eintöniger das Leben wird, je unbarmherziger die Tretmühle kreist, je karger die Aussicht auf unverhofftes Geld wird, desto wilder wird der Drang nach Freiheit, desto üppiger das Traumsehnen nach einer märchenhaften Erlösung aus dem Alltag."[11] Zum anderen folgt eine sozialpolitische Legitimität der staatlichen Vereinnahmung der Glücksspieleinsätze aus den bereits angedeuteten Folgelasten. Dieser Begründungsansatz verliert allerdings an Überzeugungskraft, wenn der sich sonst stetig auf dem Rückzug befindende und um effiziente und „schlanke" Aufgabenerledigung nur noch in politischen Kernbereichen bemühte Staat sein Glücksspielangebot erkennbar nicht auf die Erfüllung ordnungspolitischer Zielsetzungen, also insbesondere die Vermeidung und Bekämpfung von Glücksspielsucht, sondern in erster Linie auf die Erzielung finanzieller Gewinne für den Fiskus ausrichtet.

6 Über die Glücksspiel-Regulierungskonzepte wird seit langem gestritten: Die Vertreter des „starken Staates" auch im Bereich des Glücksspielwesens halten eine Verknappung und Verteuerung des Glücksspielangebotes für sachgerecht, die allerdings nicht durch übertriebene Rigidität zu einer Abwanderung des Glücksspielers in den illegalen Bereich führen darf. Die Protagonisten liberaler Neugestaltungen des Glücksspielwesens setzen demgegenüber, wie auch in anderen Politikfeldern üblich, auf den Grundsatz, dass die Maximierung des allgemeinen Wohlstandes durch das „freie" Spiel der ökonomischen Kräfte erreicht werde. Die staatliche Monopolisierung des Glücksspielwesens erscheint den Liberalisierungsbefürwortern als strukturell dysfunktional und als Ausdruck von Kleptokratie und Nepotismus im weitesten Sinne. Der politische Streit über die Neuordnungsmodelle ist damit zugleich Ausdruck unterschiedlicher Auffassungen zur Rolle des Staates: vom *Lassalle'schen* Nachtwächterstaat bis hin zu dem seine Bürger weitestgehend schützenden, aber auch bevormundenden Wohlfahrtsstaat.

7 Mit alledem ist freilich noch nichts über die tatsächlichen ökonomischen und sozialen sowie die rechtlichen Rahmenbedingungen gesagt, denen der normsetzende Staat unterworfen ist und die er zugleich als gestaltende Kraft entwickelt. Gerade die ökonomischen und sozialen Implikationen des Themas, und eben nicht nur einige der für sich genommen bereits vielfältigen rechtlichen Aspekte, bildeten den Gegenstand der mündlichen Verhandlung vor dem Bundesverfassungsgericht im November 2005, aus der das Sportwettenurteil vom 28. März 2006 (*die* Grundsatz-

11 *Eugen Roth*, Das Große Los, 1965, S 9.

entscheidung zur verfassungsrechtlichen Zulässigkeit der staatlichen Glücksspielmonopole[12]) hervorging, und ebenso in gewisser Weise auch dieses Handbuch. Jedenfalls wurde die Idee für eine interdisziplinär angelegte Untersuchung in Gesprächen am Rande dieser durch zahlreiche Stellungnahmen von Fachleuten aus den verschiedensten Bereichen geprägten Verhandlung vor dem hohen Gericht geboren.

Glücksspiel bildet mithin über die Jahrhunderte den Gegenstand von Ordnungspolitik und damit zugleich von „Unterdrückung, Beharrung, Toleranz, Reglementierung, fiskalischer Nutzung, Integration und Ausgrenzung“[13]. Der zunächst für einen Evaluierungszeitraum von vier Jahren geschlossene und am 1. Januar 2008 in den deutschen Ländern in Kraft gesetzte Glücksspielstaatsvertrag drückte bereits all diese Tendenzen aus. Mit dem Ersten Glücksspieländerungsstaatsvertrag (2012) wurde das Regelwerk auf die Glücksspielangebote in Spielhallen erweitert und zugleich, im Gewand einer Experimentierklausel, ein Konzessionsmodell für Sportwetten eingeführt. Dies war jedenfalls die Absicht: Im Frühjahr 2017 müssen Politik und Akteure feststellen, dass nicht zuletzt wegen gerichtlicher Intervention noch nicht eine einzige Sportwettenkonzession wirksam erteilt ist. Die vorläufige, unmittelbar staatsvertragliche Konzessionierung der Antragsteller im Rahmen eines Zweiten Glücksspieländerungsstaatsvertrages, der am 1. Januar 2018 in Kraft treten soll, erscheint den Regierungschefs und Chefinnen als Ausweg aus dem Dilemma. 8

Das deutsche Glücksspielwesen ist in die europäische Glücksspiellandschaft eingebettet. Der Rechtsrahmen ist durch den EuGH in zahlreichen Entscheidungen immer weiter präzisiert worden. Aus dem Reigen dieser Entscheidungen besonders hervorzuheben ist sicherlich die *Gambelli*-Entscheidung[14] (2003), in der das Gericht die Geltung des Kohärenzgebotes für alle glücksspielrechtlichen Regelungen betont hat: Die Mitgliedstaaten sind danach – mangels einer unionsrechtlichen Harmonisierung des Glücksspielwesens – frei, die Ziele und das Schutzniveau ihres Glücksspielmarktes selbst zu bestimmen. Sodann müssen sie sich allerdings exakt an diesen eigenen Zielsetzungen und Regelungskonzepten messen lassen. Da es im Bereich des europäischen Glücksspielwesens weder ein Prinzip der wechselseitigen Anerkennung von Glücksspielerlaubnissen noch eine Harmonisierung der Zugangsvoraussetzungen zu den nationalen Glücksspielmärkten gibt, sind die Mitgliedsstaaten berechtigt, Glücksspielangebote und den dazugehörigen Vertrieb von nationalen Genehmigungen – im föderalen System der Bundesrepublik: von Genehmigungen der Länder – abhängig zu machen; dies gilt prinzipiell auch für Glücksspielangebote im Internet. 9

Da die Rechtmäßigkeit (die Unionsrechtskonformität) der in Deutschland geltenden Monopol- und Erlaubnisregelungen allerdings immer wieder auch von den 10

12 BVerfG, 1 BvR 1054/01, Urt v 28.3.2006 = BVerfGE 102, 197 ff = NJW 2006, 1261 ff = ZfWG 2006, 16 ff.

13 *Zollinger*, Geschichte des Glücksspiels, 1997, S 283.

14 EuGH Urt v 6.11.2003 – C 243/01.

Gerichten in Zweifel gezogen worden ist, hat sich zwischen den legalen, dh durch entsprechende Ländergenehmigungen erlaubten Glücksspielangeboten und den illegalen Offerten ohne irgendeine Genehmigung („Glücksspiel-Schwarzmarkt") ein wachsender „grauer Markt" etabliert, dessen Angebote nahezu ausschließlich über das Internet vertrieben und auf sog Offshore-Genehmigungen gestützt werden. Bei diesen Genehmigungen handelt es sich vornehmlich in Malta, Gibralta und auf den Kanalinseln erteilte Lizenzen, die dazu berechtigen sollen, das jeweilige Glücksspiel überall in Europa anzubieten, allerdings häufig gerade nicht in dem Ausstellerstaat. Dieses von wenigen Mitgliedsregionen unterbreitete Angebot ist auch deshalb besonders perfide, weil vergleichsweise minimale Abgaben von den auf diese Art lizensierten Glücksspielanbietern zu leisten sind. Zudem ist der Internetauftritt derartiger Angebote (zB Lotterieangebote) nicht selten so gestaltet, dass dem Betrachter zumindest eine besondere Nähe zu dem „heimischen"/staatlichen Lotterieangebot suggeriert wird. Über das nunmehr vom Bundesverwaltungsgericht in seiner Entscheidung vom 26. Oktober 2017 bestätigte und mit Unionsrecht zu vereinbarende glücksspielstaatsvertragliche (deutsche) Online-Casinoverbot[15] haben am 6. November 2017 auch die Medien im Kontext der Offenlegung der sog. *Paradise Papers*[16] berichtet: Von der Isle of Man aus wurden durch die Casino-Seite *Stake 7* auch deutschsprachige, von einem der größten deutschen Glücksspielentwickler und – Anbieter – dem *Gauselmann* Konzern – produzierte Online-Casinoangebote gemacht. Unter Hinweis auf die Entscheidung des BVerwG hat die *Gauselmann Gruppe* die Online-Casinos noch im November aufgefordert, ihre Spiele nicht länger ohne deutsche Glücksspielerlaubnis auf dem deutschen Markt anzubieten. Die zunehmende Transparenz der international verwobenen Glücksspielaktivitäten einerseits, der Zuwachs an Rechtsklarheit im Hinblick auf das unionsrechtskonforme Online-Casinoverbot andererseits lassen nun auch den geschärften Blick auf die von Finanzdienstleistern zu verantwortenden Glücksspiel-Zahlungstransfers sachgerecht erscheinen: Auch die Beihilfe zu illegalem Glücksspiel ist strafbar. Ob die Verbotsstrategie allein den gewünschten Erfolg bringen wird, ist freilich nicht entschieden. Es ist zu befürchten, dass ausländische Glücksspielentwickler und -Lizenzgeber versuchen werden, jene Lücke zu schließen, die durch den Rückzug des deutschen Marktführers entsteht.

11 Bislang verteidigen die Länder der Bundesrepublik „ihre" Lotteriemonopole, obwohl die „staatlichen" Glücksspielunternehmen sicherlich auch in einem liberalisierten Markt konkurrenzfähig wären. Eine Entscheidung für grundlegende Veränderungen ist nicht mehrheitsfähig, weil die hiermit verbundenen Risiken unkalkulier-

15 BVerwG 8 C 14.16 und BVerwG 8 C 18.16: Die unterlegenen Klägerinnen boten von Malta und Gibralta aus im Internet Casino-, Rubbellos- und Pokerspiele (sowie im Vf 18.16 auch Online-Sportwetten) an, ohne über die nach dem GlüÄndStV erforderliche Konzession zu verfügen.

16 http://www.tagesschau.de/ausland/paradisepapers/gluecksspiel-101.html, aufgerufen am 22.11.17, 18.50 Uhr.

bar erscheinen. Das Festhalten an den bestehenden Strukturen ist allerdings auch nicht ohne Risiko: Die – bislang lediglich akademische – Kernfrage mit enormer Sprengkraft, ob das Nebeneinander von Lotteriemonopolen einerseits und liberalisierten Sportwetten andererseits als unionsrechtswidrige Inkohärenz zu qualifizieren ist, wird mittelfristig die Gerichte beschäftigen, nachdem erste Zulassungsanträge zur Veranstaltung von Lotterien durch nichtstaatliche Veranstalter gestellt sind.

Auch im Hinblick auf die übrigen Glücksspielangebote – Sportwetten, Spiel- 12
banken- und Spielhallenangebote, terrestrisch und auch online – ist ausweislich der nur punktuellen Änderungen des Zweiten Glücksspieländerungsvertrages (der zum 1. Januar 2018 in Kraft treten soll) weder kurz- noch mittelfristig mit einer neuen Glücksspielpolitik zu rechnen, obwohl die tatsächlichen Entwicklungen insbesondere im Online-Glücksspielmarkt durchaus Veranlassung zur Überprüfung der bisherigen strategischen Grundsatzentscheidungen geben: Wenn beispielsweise ein erhebliches Wachstum illegaler Angebote (und Angebotsnutzung) von Online-Casinospielen feststellbar ist, muss bereits unter dem Gesichtspunkt der Geeignetheit (bezogen auf die Zielsetzung der Spielsuchtvermeidung und -Bekämpfung/bezogen auf die erforderliche Kanalisierung des Spieltriebes als Mittel zur Zielerreichung) die Frage erlaubt sein, ob ein Festhalten an der bestehenden (absoluten) Verboten zum Erfolg führen kann.

Durch die Schaffung virtueller Welten verändert sich auch der Glücksspielmarkt 13
rapide; der Einzug künstlicher Intelligenz auch in die virtuellen Glücksspiel-Angebotsszenarien in den nächsten Jahren wird weiterhin zu gewaltigen Umbrüchen führen und die Regulierer vor gänzlich neue Herausforderungen stellen. Warum sollen junge Menschen, die ohnehin mit allen modernen Medien aufwachsen, den weiten Weg in ein Casino auf sich nehmen, wenn sie demnächst mit Hilfe von 3-D-Brillen und entsprechenden Programmen, die mehr sein werden als reine Glücksspielangebote, in diese Welten eintauchen können? Wie will der Staat einer schon heute ansatzweise feststellbaren Verschmelzung von Social-Media-Programmen und Online-Glücksspielangeboten begegnen, solange er sich auf eine reine Verbotsstrategie beschränkt?[17] Es ist eine Binsenweisheit, dass sich zum einen die Produkte unserer Zeit rasant entwickeln und in einer Start-Up-Kultur immer schneller und stärker den Wünschen und Bedürfnissen der Nutzer angepasst werden, dass zum anderen Verbote, die an diesen Lebenswirklichkeiten vorbei gehen, vollständig ins Leere laufen. Eine Zertifizierungsstrategie für Online-Glücksspielangebote und da-

17 Jenseits der spezifischen Regulierungsprobleme des Glücksspielwesens muss festgestellt werden, dass bereits heute die rechtlichen Rahmenbedingungen den mit der Globalisierung und Digitalisierung verknüpften Entwicklungen kaum noch gerecht werden. So ermöglichen beispielsweise die geltenden steuer- und kartellrechtlichen Regelungen keinerlei nennenswerte Gewinnabschöpfung der weltweit operierenden Datentransfergiganten. Der kompensationslose europäische Wohlfahrtstransfer lässt sich kaum noch beziffern.

mit zugleich eine wirksame Konzeption für die Bekämpfung illegaler Online-Glücksspiele fehlt in Deutschland gleichwohl bislang völlig. Erste Ansätze im Kontext der Liberalisierungsbestrebungen in Schleswig-Holstein werden, soweit ersichtlich, nicht vertieft; sie haben jedenfalls keine Ausweitung über die Landesgrenzen hinaus erfahren. Neben den politischen Beharrungskräften ganz allgemein hat dies einen Grund auch in den Schwächen der föderal organisierten Glücksspielaufsichten: Es ist geradezu aberwitzig, dass die Aufgaben der obersten Glücksspielaufsicht, die nicht nur speziellen juristischen Sachverstand, sondern zunehmend auch exorbitant gute Fähigkeiten und Kenntnisse im Umgang mit den modernen Medien erfordern, weiterhin von Referaten der Innenressorts der Länder wahrgenommen werden, in denen regelmäßig zahlreiche weitere Aufgaben zu erfüllen sind und zudem in den letzten Jahren eine insgesamt starke Arbeitsverdichtung festzustellen ist. Mit dieser Aufsichts-Organisationsstruktur geht einher, und dies stellt einen weiteren gravierenden Mangel im System der Glücksspielaufsichten dar, dass Mitarbeiter, die nach einigen Jahren intensiver Beschäftigung mit der Materie handlungsfähig geworden sind, aus welchen Gründen auch immer, nicht selten in andere Arbeitsbereiche wechseln. Der Verlust an Knowhow, das aus Steuermitteln erworben wurde, ist bei jedem dieser Wechsel immens. Geradezu abstrus erscheint die in Deutschland fast flächendeckend anzutreffende Situation, dass die operativen Aufgaben der Glücksspielaufsicht von kommunalen Ordnungsverwaltungen bewältigt werden müssen, die sich hierbei nicht selten (zB bei dem Versuch einer Untersagungsverfügung gegen einen terrestrischen Glücksspielanbieter Nachdruck zu verleihen) einer Armee hochspezialisierter Rechtsanwälte gegenübersehen. Es ist für diese Fachanwälte häufig ein Leichtes, den nicht hinreichend spezialisierten Mitarbeitern der Ordnungsverwaltungen allein durch den Hinweis auf (die „Drohung mit") hohe(n) Schadensersatzforderungen gegenüber der jeweiligen Kommune „den Boden unter den Füßen" wegzuziehen. Immerhin in einem Bundesland, in Rheinland-Pfalz, ist man diesem Problem durch die Schaffung einer zentralisierten operativen Glücksspielaufsicht für das ganze Land (2008) wirksam entgegengetreten.[18]

14 Der skizzierte Mangel an Organisationsstrukturen, die – wegen personelle Diskontinuitäten und damit zugleich wegen nicht durchgängig hinreichend hoher fachlicher Standards – den rapide wachsenden Anforderungen an die strategische und operative Glücksspielaufsicht entsprechen können, hat auch eine europäische Dimension: Während die auch im europäischen Diskurs operierenden Fachleute

18 Hierbei handelt es sich um eine Gruppe von 18 Mitarbeitern der sog Aufsichts- und Dienstleistungsdirektion (ADD), die 2016 insgesamt 1489 Kontrollen von Spielhallen (586), Sportwettenanbietern (41), Lottoannahmestellen (248), Gaststätten (590) und Sonderkontrollen (24) – im legalen Bereich für die Anbieter in der Regel kostenpflichtig (da Überwachung eines „gefährlichen" Gewerbes) – durchgeführt hat, und zwar auch und gerade zu den gängigen Geschäftszeiten dieser Glücksspielanbieter, die häufig außerhalb der üblichen Arbeitszeiten einer Kommunalverwaltung liegen.

Frankreichs (dort zählt die Glücksspielaufsicht 280 Mitarbeiter) häufig über viele Jahre hinweg in ihrem Fachgebiet tätig sind, ist die Fluktuation der wenigen deutschen Experten (aus den Glücksspielaufsichtsbehörden der deutschen Länder), die den deutschen Interessen Gewicht verleihen könn(t)en, hoch. Ein Gegengewicht zu dem zentralistisch organisierten Frankreich haben in diesem Kontext bislang die Vertreter des Vereinigten Königreiches gebildet. Die deutschen Länder sollten die sich in den nächsten Jahren aus dem Brexit (auch) für die europäischen Glücksspielszenarien (wie für die Gewichte in der Kommission insgesamt) ergebende Dynamik nicht unterschätzen. Der Brexit bietet auch die Chance, europaweit höhere ordnungspolitische Standards zu diskutieren, weil mit Gibraltar der durch die UK-Glücksspieltraditionen geprägte Firmenstandort nicht länger innerhalb der EU besteht. Im Unterschied zu Gibraltar kann sich das EU-Mitglied Malta als zweiter präferierter Firmensitz für Offshore-Glücksspielanbieter nicht auf den Schutz durch ein Vereinigtes Königreich mit jahrzehntelanger Glücksspieltradition stützen.

Langfristig lässt sich die (juristische) Sicherung der Glücksspielmonopole der 15
EU-Mitgliedstaaten durch eine konsequent kohärente Glücksspielpolitik oder eine (primärrechtliche) Bereichsausnahme zu den einschlägigen Grundfreiheiten des EG-Vertrages herbeiführen. Die dritte Variante liegt in der gemeinschaftsweiten Harmonisierung des Glücksspielwesens durch eine Glücksspielrichtlinie, die *hohe ordnungspolitische Standards* – insbesondere eine strenge Lizenzierung der Glücksspielanbieter – und zur Vermeidung eines Wettlaufs um den Standort mit der niedrigsten Abgabenlast eine *mitgliedstaatlich einheitliche Besteuerung* erfordert. Eine Harmonisierung „durch die Hintertür" scheint die Kommission in den letzten Jahren durch die Definition der Glücksspielproblematik als Verbraucherschutzthema versucht zu haben. Namentlich Belgien hat sich auf dem Klageweg gegen diese Tendenzen zur Wehr gesetzt.

Aufgrund der fehlenden Bereitschaft der Mitgliedstaaten zu einer Glücksspiel- 16
harmonisierung wird Europa auch im kommenden Jahrzehnt ein Glücksspielregulierungs-Versuchslabor bleiben: In Finnland sind gerade alle legalen Glücksspielangebote (zum 1. Januar 2017) unter dem Dach eines einzigen staatseigenen Monopolisten (Veikkaus Oy) zusammengeführt worden; die demgegenüber in Dänemark praktizierte Marktöffnung insbesondere auch des Online-Glücksspiels führt zu hohen Wachstumsraten und erheblicher Nachfrage nach weiteren Lizenzen. Der Erfolg der in den verschiedenen Ländern der EU gewählten Strategie ist allerdings nicht allein an Wachstumsraten, sondern daran zu messen, ob und inwieweit es gelingt, den Schwarzmarkt wirksam zu bekämpfen. Hierfür sind wiederum maßgeblich zwei Faktoren wesentlich: Welche Glücksspiele sind wie reguliert? Wie ist die Abgabenlast für die Glücksspielanbieter und -Teilnehmer? Der Blick ins Nachbarland Tschechien verdeutlicht, dass eine unattraktive Regulierung zum Ausscheiden großer Player aus dem Markt führt: *William Hill* hat soeben entschieden, den tschechischen Markt zu verlassen; die Spieler wurden aufgefordert, sich ihre Guthaben auszahlen zu lassen.

Ihno Gebhardt

17 Die Glücksspielmärkte sind weltweit in Bewegung. Die USA haben sich 2006 mit einem Internetglücksspielverbot hervorgetan, dem *Unlawful Internet Gambling Enforcement Act* (UIGEA), dem durch die Regulierung auch der Glücksspiel-Kapitalflüsse Nachdruck verliehen worden ist. Wie in den europäischen Ländern ist allerdings auch diese prohibitive Gesetzgebung nicht unbedingt Ausdruck eines gesteigerten Interesses der Politik an den mit glücksspielrechtlichen Konzeptionen einhergehenden schwierigen Fragen. *I. Nelson Rose* berichtet in diesem Zusammenhang, dass

> *„UIGEA could hardly be called an actual bill. There were no expert reports, no hearings. In fact, it was not even read before being passed. ... The Department of Justice and other opponents of Internet gambling were not thrilled with the UIGEA. No one had a chance to give any input or even to look it over for typographical errors. ... But the UIGEA did have a real-world impact: It scared the publicly traded companies taking Internet bets from the U.S. out of the American market. With the departure of sites like PartyPoker, privately owned companies, such as PokerStars, took their place."*[19]

18 Am anderen – östlichen – Ende der Welt ist die wohl größte Dynamik im Glücksspielwesen feststellbar. Auch von diesen asiatischen Märkten handelt dieses Buch, ein besonderer Fokus wird auf das chinesische Glücksspielmekka, die Sonderwirtschaftszone Macao, gelegt.

19 Mit dieser Zweitauflage wird erneut der Versuch unternommen, dem Leser einen umfassenden – wenngleich keineswegs erschöpfenden – Überblick über die spannenden Facetten und aktuellen Entwicklungen des Glücksspielwesens zu geben. Neben den wichtigsten ökonomischen und rechtlichen Aspekten des Glücksspielwesens sowie den Fragen der Spielsuchtforschung und -Therapie werden auch historische, ethische, soziologische und technische Gesichtspunkte erörtert.

19 *W.T. Champion, Jr./N. Rose*, Gaming Law in a nutshell, 2012, 297 ff.

Gerhard Rombach

§ 2 Zur Lotteriegeschichte

Übersicht

I. Einleitung

1 Wer sich mit der Geschichte des Glücksspiels beschäftigt, kann auf vielerlei zum Teil gut gestaltete Jubiläumsfestschriften von Lotterieunternehmen zurückgreifen und auf mancherlei historische Überlieferung, die als feste, geradezu sprichwörtliche Formulierung ihren Platz in der Alltagssprache gefunden hat (zB „ein hartes Los“, „den Kürzeren ziehen“). Breit angelegte wissenschaftliche Untersuchungen zur Geschichte des Glücksspiels sind demgegenüber eher selten.[1] Ein Grund mag sein, dass die „Nichtbeachtung des Ludischen“[2] dem Selbstverständnis der Geschichtswissen-

1 Eine solche Ausnahme im deutschsprachigen/österreichischen Bereich bildet die Untersuchung von *Zollinger* Geschichte des Glücksspiels: vom 17. Jahrhundert bis zum Zweiten Weltkrieg, 1997.
2 *Zollinger* aaO, S 9.

https://doi.org/10.1515/9783110259216-002

schaft zu entsprechen scheint. Das Spiel ist vielleicht auch nicht ernst und nachhaltig genug, um die Aufmerksamkeit der Geisteswissenschaften zu erhalten. Dabei führt bereits eine oberflächliche Auseinandersetzung mit den (Glücks-)Spielformen zu der Erkenntnis, dass Glücksspiele in verschiedensten Erscheinungsformen in allen Menschheitsepochen praktiziert worden sind. Dementsprechend liegt es nahe, dem Glücksspiel eine gewisse Bedeutung für die menschliche Entwicklung ganz allgemein zu attestieren. Glücksspiel ist in allen Gesellschaften allgegenwärtig und entwickelt sich, so dass es historisch nicht einfach abgeschlossen und greifbar ist. Wenn heute in virtuellen Welten millionenfach ein „second life" gelebt wird, zeigt sich auch in dieser Variante des Einstiegs in Rollenspiele und Avatare die stetige und ungebrochene Lust am Spiel.

2 Der folgende Beitrag soll an einigen ausgewählten Beispielen der Spielformen Lotto und Lotterien aufzeigen, dass sich die heute für eine ordnungsgemäße und kontrollierte Durchführung von Lotterien wesentlichen Grundsätze in einem geschichtlichen Prozess entwickelt haben und diese Spielformen auch stets eine Konstante in dem jeweiligen zeitgeschichtlichen Umfeld darstellten. So sollen zunächst die Rahmenbedingungen beschrieben werden, die schließlich zu einer Profanisierung und Ökonomisierung des Glücksspiels geführt haben. Auch werden die ökonomischen und technisch-logistischen Veränderungen als Voraussetzung für die Verbreitung und Erneuerung von Lotterien aufgezeigt. Schließlich werden die wesentlichen Essentialia heutiger Lotteriedurchführung historisch betrachtet. Einige Anmerkungen zur Entwicklung der Spielbanken schließen die Erörterung ab. Der Blick in die Geschichte des Glücksspiels ermöglicht es, einige der Ursachen und regelmäßig wiederkehrende Argumentationsmuster zu erkennen, die ihre Wirkung im Rahmen der heutigen Diskussion um die „richtige" rechtliche und gesellschaftspolitische Gestaltung des Glücksspiels nicht verfehlen.

II. Profanisierung und Ökonomisierung des Glücksspiels als Ausgangspunkt von glücksspielrechtlichen Regelungen

3 Richtet man den geschichtlichen Fokus auf Lotterien, lässt sich feststellen, dass die Entscheidung über „Sein oder Nichtsein" – in dem durchaus existenziellen Sinn – in früheren Zeiten deutlich häufiger mit einem Los verbunden war als heutzutage. In Homers „Ilias" ziehen die Helden Lose aus dem Helm Agamemnons, um die gegen Hector antretenden Gegner zu bestimmen. Tacitus überliefert in der „Germania" Beispiele zur Spielleidenschaft der alten Germanen: Beim Stäbchenziehen wurden dabei zunächst das Vieh, dann Haus und Hof, schließlich Sklaven und die eigenen Frauen, am Ende sogar die eigene Freiheit und das eigene Leben buchstäblich „aufs Spiel gesetzt". Denjenigen traf ein „hartes Los", der den „Kürzeren" gezogen hatte. Und schließlich gab es in fast allen Kulturen, vom Codex Hammurapi über China,

Japan, Indien, Ägypten bis ins Mittelalter bei Rechtsfindungsprozessen Gottesurteile als Los- bzw Schicksalsurteile.[3]

Erst im Zuge der weiteren Fortentwicklung des öffentlichen Spiels um Geld, also mit der Ökonomisierung des Glücksspiels, wurden erste rechtliche Regelungen erlassen. So verboten das römische Recht wie auch das frühe kanonische Recht das Glücksspiel völlig; es wurde als frevelhafte Wette gegen das göttliche Los empfunden. Der Beginn der Entwicklung der beiden Stränge der europäischen Lotteriegeschichte fand seinen Ausgangspunkt in der Anerkennung des Spiels als Tugend in der Hochscholastik Thomas von Aquins im 13. Jahrhundert.[4] Vom Segen des kanonischen Rechts begünstigt, entwickelten sich die Lotterien zunächst in Italien und den Niederlanden. Holländische Lotterien – als Vorläufer der Klassenlotterien – sind seit 1443 bekannt. Die Klassenlotterie wurde bis ins 18. Jahrhundert in Europa daher auch „holländische Lotterie" genannt. In den Niederlanden wurde die Lotterie so erfolgreich, dass Hamburg in seiner ersten Lotterie 1612 das Ziehungsverfahren des Glückshafens und den holländischen Namen verwendete. 4

Interessanterweise entwickelten sich diese Lotterien in den Zentren des damaligen Welthandels: in Brügge und Antwerpen die holländische Lotterie, in Genua, Florenz und Venedig das italienische Lotto. Vielleicht sollte der heutige Gesetzgeber im Hinblick auf Vertriebswege wie Internet, Fernsehen und Telefon auch aus der historischen Erfahrung den Schluss ziehen, dass sich das Lotteriespiel früher wie heute in der Informationsgesellschaft nicht einfach über Verbote von den Realitäten abkoppeln lässt und sich die zeitgemäßen Erscheinungsformen ihren (notfalls auch illegalen) Weg suchen. Diese beiden Hauptformen von Lotterien bestimmten je nach Spielkultur und politischen Verflechtungen in den nächsten Jahrhunderten das Glücksspiel in Europa. 5

Die Profanisierung des Loses vom bitteren Ernst zum spielerischen Charakter, auch mit dem Zweck des Zeitvertreibs und der Unterhaltung, bildet offenbar eine Grundlage für die These vom „natürlichen Spieltrieb". 6

3 *Vgl www.wikipedia.de „Gottesurteile"*.

4 „Der wahrhaft Weise muß ab und zu die gespannte Schärfe des Geistes lockern und eben das geschieht durch sein spielerisches Tun und Denken" *Bauer, Günther G.* (Hrsg) Lotto und Lotterie, Internationale Beiträge des Instituts für Spielforschung und Sozialpädagogik an der Hochschule „Mozarteum" Salzburg, Homo Ludens VII, 1997, S 9.

III. Ökonomischer und technisch-logistischer Wandel als Voraussetzung für die Verbreitung und Erneuerung von Lotterien

7 Handel ist Wandel und umgekehrt. Am Beispiel einiger grundlegender Innovationen gilt dies auch für Lotterien, die immer in politische, ökonomische und technisch-logistische Innovationen eingebunden waren und diese nutzten. Nur deshalb entstanden im Lauf der Jahrhunderte die sog „Großen Lotterien" (im Gegensatz zu den örtlich beschränkten Lotterien, meist in Form von Tombolen mit Sachgewinnen).

- Druckkunst
  Um Lotterien flächendeckend durchführen zu können, bedurfte es der Technik des Druckens von Gewinnlisten und Losen. 1445 erfand Johannes Gutenberg in Mainz den Buchdruck und legte damit die Grundlage nicht nur für die bedeutenden Umwälzungen Europas auf dem Weg in die Neuzeit. Luthers Thesen hätten nicht flächendeckend verbreitet werden können. Auch die geistig-kulturelle Entwicklung sowie das Bildungswesen wurden dadurch erst ermöglicht. Daneben entwickelten sich aber mit dem Druck von Plakaten, Handzetteln, Gewinnlisten und Losen auch die profanen Grundlagen für das Massengeschäft und die dafür notwendigen Marketinginstrumente.
- Vertrieb
  Das Adelshaus von Thurn und Taxis wurde im 15. Jahrhundert mit der Beförderung der kaiserlichen Kurierpost im Deutschen Reich, in Burgund und den Niederlanden betraut. Das Adelshaus erhielt das Postmonopol und brachte die Post zu Pferde vom Absender zum Empfänger. Ein funktionierendes Postwesen hatte später auch für die Beförderung von Losen Bedeutung.
- Währung
  Ebenso brauchte eine über den jeweiligen Veranstaltungsort hinausgehende Lotterie eine allgemein verbreitete Währung, mit der man das Los kaufen und den Gewinn auszahlen konnte. Erst in der 2. Hälfte des 17. Jahrhunderts kam es zu vertraglichen Einigungen von Ländern über die Prägung von Münzen nach gleicher Währung mit gegenseitiger Umlaufberechtigung. Ab 1705 wurden vom Pfälzischen Kurfürsten Blancozettel, im Kurfürstentum Sachsen 1772 sogenannte Cassenbillets und im Königreich Preußen ab 1806 Tresorscheine ausgegeben. Bis die ersten echten Banknoten erschienen, wurde der Gewinn in Münzen ausbezahlt.
- Kreativität
  Innovationen bei der Produktgestaltung führten zu größeren Absatzmärkten. Um den relativ hohen Lospreis bei der holländischen Lotterie breiteren Bevölkerungsschichten zugänglich zu machen, wurde die Losteilung in Anteile eingeführt, sodass neben ganzen Losen auch Fraktionen bis zu $1/8$ angeboten wurden. Im Gewinnfall wurde dann aber auch nur der entsprechende Anteil

gewonnen. Dieses Ticket-Splitting hat sich bei Klassenlotterien bis heute erhalten.[5]

IV. Essentialia heutiger Lotteriedurchführung historisch betrachtet

1. Öffentlichkeit und Kontrolle der Ziehungsverfahren: Staatlichkeit als Vertrauenselement

Vorläufer der holländischen Lotterien waren die sog Glückshäfen, eine Art von 8
Warenlotterien, die im Rahmen von Jahrmärkten und Schützenfesten angeboten wurden. Diese überwiegend vom 13. bis zum 16. Jahrhundert praktizierte Glücksspielform wurde privat und von Zünften bzw Vereinen betrieben.[6] Betrügerische Machenschaften bei der Veranstaltung der Glückshäfen führten letztlich dazu, dass die Obrigkeit diese besonderen Regelungen unterwarf oder sogar verbieten musste. Die Ziehungen fanden deshalb schließlich in den Rathäusern statt und das Lotteriegeschäft wurde als Finanzierungsquelle für staatliche Aufgaben entdeckt. Die Spieler gewannen als direkte Folge mehr Vertrauen zum Lotteriespiel, da die Ziehungen jetzt unter den Argusaugen der Beisitzer und Notare veranstaltet und jeder Vorgang akribisch festgehalten wurde. Dieses Ziehungsverfahren wurde von den Glückshäfen in die noch folgenden Lotterien übernommen und bis auf technische oder ablauftechnische Kleinigkeiten bis 1973 in dieser Form betrieben.[7] Jede Ziehung war damals ein feierlicher Akt: Mit Pauken und Trompeten und vom Publikum frenetisch begrüßt, nahm die Ziehungskommission ihren Platz am Tisch ein. Damit waren die bis heute anerkannten wesentlichen Kernelemente für die ordnungsgemäße Durchführung von Lotterien geschaffen: Öffentlichkeit und Kontrolle der Ziehungsverfahren.

---

5 *Houtman-de Smedt* North-West Europe under the spell of lotteries and lotto in the eighteenth and nineteenth centuries, in: Homo ludens, Der spielende Mensch, Band VII, Internationale Beiträge des Instituts für Spielforschung und Spielpädagogik an der Hochschule „Mozarteum" Salzburg, 1997, S 74f.

6 Ausführlich zu Glückshäfen in: *Schönbein* Das Millionenspiel mit Tradition – Die Geschichte der Klassenlotterie, S 46ff, stark gekürzter Vorabdruck in Merkur plus, Rheinischer Merkur Nr 47 vom 18.11.2004, S 37; 50 Jahre Bayerische Staatslotterie, München 1996, S 14ff; zur europäischen Entwicklung auch *Râpeanu Valeriu* The National Lottery of Romania, 1999, S 34ff.

7 Ab 1973 wurde bei der Süddeutschen Klassenlotterie zur Vereinfachung des Ziehungsverfahrens das Endziffernverfahren eingeführt und später auch von der Nordwestdeutschen Klassenlotterie übernommen.

2. Förderung gemeinnütziger Zwecke als gesellschafts- und finanzpolitische Causa

9 Die erste staatliche Lotterie auf deutschem Boden beschloss der Rat der Stadt Hamburg auf Vorschlag seiner Bürger[8] am 7. November 1611. Aber erst am 5. Juni 1612 wurde die erste Staatslotterie in Deutschland genehmigt und verkündet. Es war die erste Lotterie, bei der nicht nur Sachgewinne, sondern auch Geldgewinne, Leib- und Erbzinsen ausgespielt wurden. Die Gewinne waren nicht überwältigend hoch, doch sollte die Lotterie ja auch wohltätigen Zwecken dienen. Das wurde den Spielern bereits in der Ankündigung der Ausspielung deutlich gemacht. Die Lose konnten nur im ehemaligen Rathaus, dem Einbeckschen Haus, gekauft werden. Die Einzahlungen wurden vom vereidigten Lottenschreiber in ein Buch geschrieben und der Spieler erhielt den Contra-Zettel als Quittung. Damit entstand das Los. Es dauerte 26 Monate, bis alle Lose verkauft waren. Die erste Ziehung konnte 1614 beginnen, wurde im Weinkeller des Einbeckschen Hauses öffentlich durchgeführt und dauerte bis zum 3. Oktober, 57 Tage und 56 Nächte ohne Unterbrechung. Der Erlös war für den Bau eines Werk- und Zuchthauses als Rehabilitationsanstalt für Bettler und Landstreicher bestimmt.[9] Fast alle staatlichen Lotterien verwendeten künftig ihre Überschüsse entweder für bereits vorher bestimmte, gemeinnützige oder für sonstige allgemeine öffentliche Zwecke.

3. Vorsichtsmaßnahmen bei der Ziehung zur Sicherung und Gewährleistung eines ordnungsgemäßen Ziehungsvorgangs

10 Seit jeher wurden auch Maßnahmen ergriffen, mit denen beim Ziehungsvorgang die Unabhängigkeit und Unbeeinflussbarkeit des Ziehungspersonals dokumentiert werden konnte. Waisenkinder zogen zu allen Zeiten die Gewinne und galten immer als rein und unschuldig und damit als besondere Glücksboten. Hauptsächlich wird von Knaben berichtet; erst mit der Preußisch-Süddeutschen Klassenlotterie wurden auch junge Mädchen für die Ziehung zugelassen. In Italien wurde der Waisenknabe sogar mit Gebeinen von Heiligen behängt und religiöse Zeremonien begleiteten die Ziehung. In England erging ein Erlass des Finanzministers über die Kleidung und Haltung der Boys während der Ziehung. Die Ärmel mussten fest verschlossen

---

8 Mitglieder der Hamburger Bürgerschaft in einem Schreiben an den Rat vom 16. August 1610: „... *von Etzlichen Bürgern ist wollmeinendlich fürgeschlagen, wann E.E. Raht Ein Christlich Mittel, als woll in Holland gebräuchlich sein soll, welches woll in gestalt eines Loßes, aber gleichwoll in wahrheit kein Loß ißt, anrichten möge, daß es zu großen nutzen gereichen und ein ansehnliches geld in die 20.000 M lübisch, zu fürderung solches werckes tragen könte*“.

9 Dazu ausführlich *Schönbein* aaO, Fn 6, S 55 ff.

sein, die Taschen waren zugenäht, die linke Hand auf dem Rücken, die rechte Hand mit gestreckten Fingern. Die Waisenknaben bekamen keinen Lohn für ihre Dienste.[10]

4. Wettbewerb um ausländische Spieler

Erst nach Ende des 30-jährigen Krieges, der auch die Verbreitung von Lotterien unmöglich machte, haben neben Hamburg Städte wie Frankfurt, Hannover, Braunschweig, München, Berlin, Erfurt und Dresden Lotterien gegründet. Die Spielpläne wurden jetzt auch in Englisch, Französisch und in Holländisch veröffentlicht, um ausländische Spieler zu gewinnen. Jedem Herrscher war es ein großes Anliegen, Geld ins Land zu bekommen. Sie erließen gleichzeitig Verbote gegen ausländische Lotterien und bestraften auch jene Spieler, die an diesen teilnahmen. Auch nach Erlass von Lotterieverboten wurde immer beobachtet, dass sich die Spieler ihre Spielmöglichkeiten in ausländischen Lotterieangeboten suchten.[11] Cross-border-betting bzw Regionalisierung als heutige Schlagworte haben somit tiefe historische Wurzeln. 11

5. Risiken auf Seiten der Veranstalter

Da die Betreiber noch keine Erfahrung hatten, wie eine Lotterie durchgeführt wird, 12
kam es schließlich auch zu Fehlern. In einer Lotterie von 1723 gab es mehr Gewinne als Lose, da die gesamten Lose, die in einer Klasse gezogen wurden, wieder in den Topf kamen. Lose wurden über Mittelsmänner verkauft. Pech bedeutete es dann für den Betreiber, wenn der Losverkäufer mit den Einnahmen verschwand. Aber auch die Unerfahrenheit in der Spielplanentwicklung ließ so manche Lotterie scheitern. So wurden um 1700 Renten ausgespielt, aber nicht bedacht, dass die Stadt als Veranstalter für die Renten dauerhaft aufkommen muss. Man hatte sich mit den Einnahmen der Lotterie so verkalkuliert, dass die Stadtverwaltung mehr ausgeben musste als anfänglich eingenommen wurde. Erschwerend kam noch hinzu, dass die Gewinner der Renten diese meist auf das jüngste Familienmitglied übertrugen; damit verlängerte sich die Zahlung und der Gewinn war höher, weil die Renten bis zum Ableben des Gewinners bezahlt wurden. Nebeneffekt solcher Ereignisse war die Entwicklung von Risikomanagementmaßnahmen. Der französi-

10 *Schönbein* aaO, Fn 6, S 262 f.

11 *Näther* Zur Geschichte des Glücksspiels, Forschungsstelle Glücksspiel der Universität Hohenheim, Internetpräsenz www.uni-hohenheim.de/Glücksspiel/Forschung/u_naetherhtm, 2005, S 8.

sche Mathematiker und Philosoph Blaise Pascal versuchte Mitte des 17. Jahrhunderts auf Anregung des leidenschaftlichen Glücksspielers Chevalier de Méré das Glück und die Wahrscheinlichkeit des Zufalls berechenbarer zu machen. Das Ergebnis war die Stochastik.

6. Veranstaltungsformen: Monopole – Pacht – Privatvertrieb

13 Lehrreich sind auch die verschiedensten Veranstaltungs- und Durchführungsformen der Lotterien. 1763 erklärte Friedrich II., König von Preußen, sämtliche Lotterien zu staatlichen Monopolen. Durch das staatliche Monopol unterschied sich der König vom Papst, der Kaiserin Maria Theresia und dem Kürfürsten von Bayern, die das Lotto immer noch verpachteten. Pächter waren Privatpersonen oder Bankiers. Um die Vertriebskosten zu senken, wurden zeitweise auch staatliche Bedienstete wie Lehrer oder Offiziere eingesetzt. Die verdienten Provisionen wurden auf Pensionsansprüche angerechnet. Das alleinige preußische staatliche Monopol führte nicht zum Erfolg. Eine entsprechende Vertriebsorganisation fehlte, die Lose konnten nicht flächendeckend angeboten werden. Die Lotterien wurden wieder verpachtet. Heute überwiegt die Mischform staatlicher Veranstaltung mit privatem Vertrieb.

7. Spielverbote

14 Es ist nicht zu übersehen, dass das Glücksspielrecht auch immer den Zeitgeist reflektiert. Im 16. Jahrhundert hatte sich die Bevölkerung wohl zu sehr auf das Spiel an den Glückshäfen konzentriert, so dass Kirchen und Obrigkeiten misstrauisch wurden und es zu ersten Verboten kam.[12] Auch die in den meisten deutschen Staaten Mitte des 18. Jahrhunderts eingeführten Lottoangebote wurden zu Beginn des 19. Jahrhunderts wieder verboten. Erst Mitte des 20. Jahrhunderts wurde Lotto dann wieder in Deutschland eingeführt. Details ergeben sich aus der folgenden Tabelle:

12 Der Rat zu Nürnberg erließ im September 1579 ein Verbot gegen die Glückshäfen: „... *weil dem gemainen man von wegen dess täglichen hinauslauffens und zuhörens desto mehr zu versäumung seiner arbait, mussiggang und anderer liederligkait, spilens, fressens und sauffens ursach geben wirdet*“, müsse das Spiel im Glückshafen unterbunden werden. Land auf, Land ab waren die Verbote gleich, da der Glückshafen ein recht großer Anziehungspunkt war, so dass die Menschen ihren Verpflichtungen nicht mehr nachkamen.

Tabelle 1: Spielverbote

Lotto	Land	Einführung	Auflösung	Grund
	Bayern	1735 1953	1861	Moralisten, Spielsucht, Betrug
	Preußen	1763 1806	1802 1810	Spielsucht
	Pfalz	1769	1790	Spielsucht
	Baden-Württemberg	1772 1958	1772	Moral, Spielsucht, Betrug
	Hamburg	1770 1955	1770	Spielsucht
	Franken		1802	Betrug
	Bremen	1956		
	Niedersachsen	1956		
	Hessen	1770 1956	1780 1832	Moral, Spielsucht, Betrug
	Rheinland-Pfalz	1956		
	Saarland	1956		
	Coburg	1768	1849	Moral, Spielsucht, Betrug
Gesamt	**Deutschland**	**um 1950**	**1862**	**Moralisten, Betrug, Spielsucht**
	Italien 1620	1751	1752 um 1850	Spielsucht
	Österreich	1751	um 1850	Spielsucht
	England	1694	1826	Moral, Spielsucht, Betrug
	Belgien		1830	Moral, Spielsucht, Betrug
	Frankreich	1757 1797	1793 1836 bis 1850	Moral, Spielsucht, Betrug
	Spanien	1763	um 1850	Moral, Spielsucht, Betrug
	DDR	1954		
	Finnland	1971	1912	Moral, Spielsucht, Betrug
Gesamt	**Europa**	**um 1950**	**um 1850**	**Moral, Spielsucht, Betrug**

Ein ähnliches Bild ergibt sich für Europa insgesamt. In den Begründungen der Verbote wurde auf eine betrügerische Durchführung des Lottos verwiesen, insbesondere auf der Ebene des Vertriebs. Es gab aber auch moralisch-sittliche Bedenken von Protestanten. In der Aufklärung gewannen Rationalisten Gewicht, die zufalls- 15 gesteuerte Lebensveränderungen ablehnten. Hiermit war immer die Sorge, insbesondere für die unteren Stände, verbunden, dass die Begierde nach Reichtum sie zu sehr verführe und die Arbeitsmoral beschädigen könne.

16 Die Lottoverbotsdiskussion in Bayern dauerte über 40 Jahre und mündete erst 1861, in einer günstigen finanzpolitischen Lage mit Haushaltsüberschüssen, gegen den Willen des Finanzministers in ein Verbot.[13] Bis dahin wurde Beanstandungen bei der Durchführung von Lotto mit strengeren administrativen Regelungen und einer zurückhaltenden Vertriebssteuerung der Lottokollekteure begegnet.

17 Die Diskussion zu Lotterieverboten in Preußen dauerte ebenfalls sehr lange. Die Kernthemen der damaligen Diskussion prägen auch den aktuellen Diskurs zur Neugestaltung des Glücksspielwesens in Deutschland. Sittliche, rechtliche, ökonomische und praktische Gründe wurden damals und werden heute angeführt. Mit Blick auf die Suchtproblematik wurden Differenzierungen, je nach dem Gefährdungspotential, auch bereits damals vorgenommen. Als Hauptargument für die Lotteriegegner diente das Prinzip des „socialen" Staates, der auf ehrlicher Arbeit beruhe. Trotz des Lottoverbots konnte die Klassenlotterie allerdings weiter bestehen. Dabei wurde argumentiert, die „Leidenschaft" spiele bei der Klassenlotterie keine Rolle, da der Spieler selbst nicht anwesend sei. Dies sei anders als bei den üblichen Hasardspielen, die den Spieler oftmals in die Schuldenfalle drängten. Die Klassenlotterie habe dagegen noch keinem geschadet und es sei noch niemand durch das Spiel verarmt oder ins Gefängnis gesteckt worden. Auch wurde auf die Verwendung der Einnahmen der Klassenlotterien für gute Zwecke verwiesen. Zudem werde einfachen Menschen die Möglichkeit offen gehalten, Reichtum zu erlangen. Es gäbe auch Hinweise aus der Bevölkerung, dass die Spieler im Verbotsfalle an den in Holland, Dänemark oder in der Schweiz bestehenden Lotterien teilnehmen würden.[14]

18 Die cross-border-Argumentation spielte auch eine Rolle, als Anträge der Lotteriegegner von der Regierung mit der Begründung abgelehnt wurden, „weil ... bei der doch einmal vorhandenen Spielsucht die Befriedigung derselben als das kleinere Übel erscheinen müsse, solange sich das Land nicht der Ausbeutung durch fremde Lotterien verschließen könne." Der Abgeordnete Brauchitsch „machte gegen die völlige Aufhebung der Staatslotterie geltend, dass auf diesem Wege die radikale Beseitigung des Glücksspiels nicht zu erreichen sei. Die Sitte würde sich stärker erweisen als das Gesetz, der Wegfall der Staatsinstitution daher lediglich die Folge haben, dass Spieler in Betreff der Gewinne nicht gesichert wären. Es sei auch so lange bedenklich, die bestehende Ordnung aufzuheben und die Beteiligten der Übervorteilung und dem Betruge auszusetzen, als es nicht gelingen solle, durch

---

13 Ausführlich insbesondere zur bayerischen Entwicklung: 50 Jahre Bayerische Staatslotterie, 1996, S 38 ff.

14 *Paul, Wolfgang* Erspieltes Glück, 1978, S 113 f und *Roth, Eugen* Das große Los, 1939, S 123 f; *Schönbein* aaO, Fn 6, S 161.

internationales Übereinkommen die Lotterien in ganz Europa abzuschaffen." Die Klassenlotterie blieb also weiterhin bestehen. Zugleich wurden Verbote gegen auswärtige Lotterien erlassen und das Spielen in fremden Lotterien war bei einer Strafe von 50 Mark verboten.[15]

In einer Diskussion im preußischen Landtag traten Abgeordnete 1867 auf das Lebhafteste für den Erhalt der staatlichen Lotterien ein: Argumentiert wurde, „dass es verfehlt sei, das Spiel ohne weiteres als ein Laster zu bezeichnen, während es doch nur in seiner Ausschreitung, ebenso wie das Trinken in gleichem Falle, diesen Namen verdiene. Abgesehen davon sei die Klassenlotterie das ungefährlichste Spiel, da hier die Leidenschaft durch das Spatium zwischen Einzahlung und Ziehung, die Zahl und Größe der Lose und die langsame Wiederholung der Ziehung unbedingt ausgeschlossen bleibe." Weiter wurde darauf hingewiesen, bei einer Aufhebung würde „das Spiel in gefährlicher Form im Geheimen stärker betrieben werden."[16] 19

1868 wurde im preußischen Landtag erneut über das Glücksspielwesen gestritten. Themen waren diesmal insbesondere die Vertriebsstruktur und die Art und Weise der Werbung. Den Anlass bot der vermehrte Handel mit gefälschten staatlichen Lotterielosen. Hunderte von Beschwerden über Unregelmäßigkeiten und Betrug durch die von privaten Anbietern gefälschten Lotterielose waren bereits bekannt. Im Abgeordnetenhaus erhob der Abgeordnete Dr. Becker Bedenken auch gegen die seinerzeit praktizierten Werbemethoden: Wegen der schwindelhaften Reklame, der verwerflichen Manipulationen und des ungünstigen Einflusses auf die ärmeren Volksklassen werde eine schwere Schädigung des Gemeinwohls verursacht. Vor dem Herrenhaus argumentierte Professor Hinschius für den Erhalt der Klassenlotterie: Vom Rechtsstandpunkt aus sei es zweifellos und auch sei es durch den Charakter der Preußischen Staatslotterie als ein Staatsmonopol bedingt, dass die Regierung kraft dieses Monopols ausschließlich berechtigt sei, nicht nur die Lose herzustellen und die Ziehung zu veranstalten, sondern auch die Person zu bestimmen, welche mit dem Debit der Lose zu betrauen seien. Jede Begründung einer Privatkollekte sei daher als ein Rechtseingriff in dieses Monopolrecht zu betrachten und schon zivilrechtlich anfechtbar. Von einer Verletzung der Gewerbefreiheit sei bei Schutzmaßregeln für Staatsmonopole nicht die Rede, da man Gewerbefreiheit nur in Bezug auf solche Dinge statuieren könne, welche jeder beliebig herstellen und produzieren dürfe. Wenn daher der Staat, der berechtigte Monopolinhaber, sich im Interesse der von ihm verfolgten Zwecke der Art des Losevertriebs, wie sie von Privathändlern geübt werde, entgegenstellen wolle, so befinde er sich vollständig in seinem Rechte. Von dem Vertreter des Finanzministeriums wurde besonders auf die Zweckbestimmung der Staatslotterie hingewiesen: Dieselbe sei 20

15 *Marcinowski* Das Lotteriewesen im Königreich Preußen, 1892, S 19 f.
16 Ebd S 79.

keineswegs, wie vielfach angenommen würde, ausschließlich auf eine möglichst ergiebige Vermehrung der Staatseinnahmen gerichtet, vielmehr sei die Lotterieverwaltung bestrebt, diese Staatseinrichtung so zu gestalten, dass sie als Ableitungsmittel, als ein Sicherheitsventil gegen die Spielleidenschaft wirksam werde.[17]

21 Die Diskussion all dieser Themen wird in anderer Diktion im Jahr 2007 wieder geführt. Die Themen und Argumente aber bleiben: Rechtfertigung eines Staatsmonopols und die hieraus abzuleitenden Beschränkungen, Kanalisierung des Spieltriebs, Sicherung einer ordnungsgemäßen Durchführung und der Spielerinteressen, Notwendigkeit staatlicher Kontrolle und der Organisation des Vertriebs, Kontrollintensität bei Einschaltung privater Vermittler, zulässige Werbemethoden und Vermeidung irreführender Werbung, Grenzen der Gewerbefreiheit, Zulässigkeit von Fiskalinteressen sowie internationale cross-border-Thematik und Harmonisierung internationaler Vorschriften.

V. Einige Bemerkungen zur Entwicklung der Spielbanken

1. Spiele und ihre unterschiedliche soziologische und psychologische Verortung

22 Die Geschichte öffentlicher Spielcasinos ist mit der Entwicklung der verschiedenen Stände verknüpft: Kartenspiel und Spiel um Geld waren zunächst ein Privileg (der Sozialgruppe) des Adels und damit Teil der Elitekultur. Anders ausgedrückt: Karten- und Würfelspiele waren Bestandteil eines inoffiziellen adeligen Beziehungs- und Bildungssystems. Die Spiele gehörten zur ritualisierten täglichen Beschäftigung bei Hofe und wurden von dort auch in die anderen gesellschaftlichen Zentren wie die Badeorte getragen. Man spielte auch im Theater und später beim Militär. Obgleich die Hasardspiele immer verboten waren, war es absolutistischer bzw ständischer Herrschaft nicht fremd, von solchen Verboten Ausnahmen zu gewähren bzw faktisch das Gesetz nicht mit gleicher Schärfe durchzusetzen. Auch die ökonomische Autonomie der Adeligen verschaffte diesen gleichsam ein traditionelles Recht zum freien Glücksspiel.[18] Die Elitekultur lässt sich demnach dadurch beschreiben, dass die Spiele bei Hofe elegant als Hasardspiele bezeichnet wurden, während der Scheffel[19] und die Spiele, die auf Jahrmärkten angeboten wurden, den unteren Volksschichten vorbehalten waren. Die Spiele des einfachen Volkes waren in Adelskreisen verpönt. Während es keinen Bedenken begegnete, wenn der Adel sein Vermögen im

17 Alle Zitate aus *Marcinowski* ebd S 53 f.

18 *Zollinger* aaO, S 85.

19 Eine Art Kugelwurfspiel auf einen breiten Trichter (Scheffel), in dessen Mitte unterschiedlich wertige Grübchen markiert waren und den Gewinn bestimmten.

hohen Maße aufs Spiel setzte, war es nicht akzeptabel, wenn der einfache Bürger den mühsam erarbeiteten Lebensunterhalt leichtfertig verspielte. Bei dieser Grundhaltung spielte auch die Befürchtung eine Rolle, dass die Bürger durch Spielschulden nicht mehr in der Lage sein könnten, die nötigen Steuern zu zahlen, mit denen die Herrschaft ihren Lebensunterhalt finanzierte.

Das gleichwohl praktizierte, nicht adelige Spiel fand auch in Form von Würfel-, 23
Karten- und Billardspielen unter strengen Auflagen in Wirts- oder Kaffeehäusern statt. Zeitlich beschränkte Spielmöglichkeiten, später auch die des Roulette, gab es anlässlich von Kirchweihfesten, Jahrmärkten und Messen. Bis ins 16. Jahrhundert erfolgte dies meist in der Gestalt von Glückshäfen.[20] Seit dem Mittelalter und der frühen Neuzeit sind demnach Bestrebungen staatlicher und kirchlicher Obrigkeiten feststellbar, trotz prinzipiell umfassender Verbote, den Glücksspielen Räume mit örtlicher oder zeitlicher Beschränkung zuzuweisen und damit diese eben doch zumindest partiell zuzulassen, um den offensichtlichen Bedarf zu lenken und zu kontrollieren. Schließlich sind die Formen des institutionalisierten Glücksspiels neben den erwähnten Jahrmärkten, Messen, adeligen Bällen und Zusammenkünften auch Ausdruck einer Ambivalenz zwischen ordnungspolitisch-moralischen Erwägungen einerseits und den ökonomischen Vorteilen andererseits.

2. Klassifizierungen und Verbote

Im 16. und 17. Jahrhundert unterschied man erstmals zwischen verbotenem und er- 24
laubtem Spiel. Die Unterscheidung erfolgte weniger nach der Art des Glücksspiels als nach der Höhe des eingesetzten Geldes.

So veröffentlichte 1666 Ludwig XIV. ein Edikt, das schnelleres Eingreifen bei 25
Hasardspielen zuließ. Ein erneutes Glücksspielverbot von Ludwig XVI. wurde auf die Spielhäuser erweitert und Spielschulden für nichtig erklärt. Gegen die Unheil bringenden Spiele erließ Karl VI. im Jahr 1721 erneut Verbote. Schlägereien, Mord und Totschlag gingen mit dem Spiel einher. Ganze Familien wurden durch das Glücksspiel ruiniert. Ein Jahr später wurde von Karl VI. eine dreistufige Klassifizierung des Glücksspiels veröffentlicht. Körperliche, geistige und anspruchsvolle Spiele waren erlaubt, Hasardspiele verboten.

Organisatorisch gab es bei der Zulassung von Spielangeboten einen Trend, diese 26
über Konzessionen und Privilegien oder Monopole zu regeln. Aber auch Pachtverhältnisse waren weit verbreitet.[21]

20 S dazu bereits oben unter Rz 8.

21 Ausführlich dazu *Zollinger* aaO, S 207 ff.

3. Spielcasinos: Europa ohne Grenzen

27 Als Ursprungsland des Roulette wird häufig das Italien des 17. Jahrhunderts genannt. Eine Nähe zum mittelalterlichen Rad der Fortuna und späteren Glücksrad ist offensichtlich. Die erste Form eines Spielcasinos erblickt im venezianischen Ridotto des Jahres 1636 das Licht der Welt. Der Betrieb war verpachtet, das Kartenspiel überwacht. Es bestand Maskenpflicht, die sich bis heute in Form des venezianischen Karnevals manifestiert.

Die Erfindung des Roulette wird oft – fälschlicherweise – dem französischen Mathematiker Blaise Pascal zugeschrieben. Pascal gehörte zwar zu den Pionieren der Wahrscheinlichkeitsrechnung. Seine im Jahr 1658 erschienenen Schriften *„Histoire de la roulette"* und *„Suite de l'histoire de la roulette"* befassen sich aber nicht mit dem Roulette-Spiel, sondern mit der in Frankreich auch „Roulette" genannten zyklischen Radkurve (Zyklone). Das Roulette gelangte im Laufe des 18. Jahrhunderts nach Frankreich, wo es Ludwig XV. vergeblich zu verbieten versuchte. In Frankreich wurden Spieletablissements vor und nach der Revolutionszeit verpachtet: Für die Spieler schien es keine Revolution gegeben zu haben.[22] Das Palais-Royal beherbergte eine Vielzahl von Spielzimmern und Geschäften; gleichzeitig wurde hier Prostitution angeboten. 1836 wurden zunächst die Lotterie, dann die Spielhäuser verboten. Dies war der Beginn des Aufschwungs der Spielbanken in deutschen Bädern zu europäischen Zentren des öffentlichen institutionalisierten Glücksspiels:[23] Baden-Baden, Bad Homburg und Wiesbaden[24] waren die Zentren. Den Betrieb in Bad Homburg pachtete der aus Frankreich stammende und über Insidergeschäfte zu Geld gekommene François Blanc. Nachdem er die Bankgeschäfte aufgeben musste, betrieb er mit seinem Bruder zunächst in Luxemburg ein kleines Casino. Um das Bad Homburger Angebot attraktiver zu gestalten, verzichtete Blanc im Jahre 1841 auf das *Double zéro*. Zwar wurde hierdurch der Vorteil der Spielbank gegenüber den Spielern verringert. Zugleich wurde durch diese Maßnahme aber auch ein entscheidender Wettbewerbsvorteil gegenüber anderen Spielbanken begründet, die schließlich gezwungen waren, dem Bad Homburger Beispiel zu folgen. In den USA ist demgegenüber noch heute die Doppel-Null gebräuchlich. Im Rahmen der oben (unter Rn 14–21) bereits ausführlich zu Lotto und Klassenlotterien dargestellten Spielverbotsdebatte wurden auch Verbote von Spielbanken gefordert. 1868 wurde schließlich durch ein preußisches Landesgesetz und bald darauf durch ein Gesetz für das Bundesgebiet die Schließung aller Spielbanken zum Jahresende 1872 angeordnet. Sie wurden erst 1933 unter den Nationalsozialisten wiedereröffnet.

---

22 *Zollinger* aaO, S 222.

23 Ausführlich auch zur österreichischen Entwicklung *Zollinger* aaO, S 222 und S 229 ff.

24 *Dostojewski's* Roman „Der Spieler" entstand, nachdem er in Wiesbaden das Roulette kennenlernte und diesem Spiel verfiel.

Mit dem Spielbankenverbot in Deutschland konzentrierte und etablierte sich 28
Monte Carlo für lange Zeit als bis heute international anerkannte und bekannte Spielbank. Um die Infrastruktur zu verbessern, überredete Blanc die französischen Behörden zum Bau einer Küstenstraße entlang der französischen Riviera und schuf die Voraussetzungen für den Luxustourismus in der gesamten Gegend. Dass sich bestimmte Regionen über das Casinogeschäft als Luxusdestination mit Eventcharakter definieren, zeigt sich auf den verschiedensten Kontinenten bis heute in Las Vegas, Macao oder Sun City.

Das Spiel und die Spieler suchen sich ihren Weg und machen an den Grenzen keinen Halt.

Gerhard Rombach

2. Teil:
Wirtschaftsethik, Märkte, soziale Kosten und soziologische Aspekte

Peter Bendixen (†)

§ 3 Ökonomie des Glücksspiels

Übersicht

I. Einleitung

Die Auseinandersetzungen über die Frage der Geltung des staatlichen Monopols bei Glücksspielen und der Zulassung privatwirtschaftlicher Betätigungen auf diesem Gebiet haben sich zur Hauptsache auf einer rechtspolitischen und ökonomisch-theoretischen Ebene abgespielt. Das Bundesverfassungsgericht hat in seinem Urteil vom 28. März 2006 (– 1 BvR 1054/01 –) einen Meilenstein gesetzt. In dieser Abhandlung geht es nicht um eine Kommentierung dieses Urteils und seiner rechtspolitischen Folgen, sondern um den in allen einschlägigen Fachbeiträgen permanent wirksamen ökonomischen Argumentationshintergrund. Hierin liegt ein Problem von inhaltlichem und methodologischem Rang und Interesse, weil die verbreiteten Grundaussagen der wissenschaftlichen Ökonomie allzu oft für bewiesene Wahrheiten genommen und nicht mehr hinterfragt werden. 1

Dass Glücksspiele eine ökonomische Seite haben, wird mancher daraus ableiten, dass es dabei gewöhnlich um Geld geht. Die Lage ist indessen komplexer, und die anhaltende Diskussion um eine mögliche Privatisierung von Lotto und Toto zeigt an, dass umfassendere kommerzielle Interessen im Spiel sind. Ob überhaupt und in welchem Sinne Ökonomie und Glücksspiele irgendwie verkoppelt sind, ist Gegenstand dieses Beitrags. Für die Privatisierung staatlicher Leistungsbereiche sprechen in manchen Fällen wirtschaftliche, zuweilen auch nicht-wirtschaftliche Gründe. Gegen solche Lösungen sprechen oft inhaltliche Gründe, denen gegenüber die wirtschaftlichen nicht zugkräftig sind. Ein solcher Bereich ist das staatliche Lotteriewesen oder allgemein: die Glücksspiele. 2

Seit einigen Jahren und mit zunehmender Tendenz wird – vor allem von ökonomischer Seite – mit Vehemenz die Entstaatlichung oder Privatisierung des deut- 3

https://doi.org/10.1515/9783110259216-003

schen Lotto-Toto-Blocks betrieben.[1] Gegen die Privatisierung speziell des staatlichen Lotteriewesens sprechen sowohl inhaltliche als auch ökonomische Gründe. Inhaltliche beziehen sich auf die kulturellen Besonderheiten von Glücksspielen, die nicht einfach übergangen werden dürfen. Ökonomische beziehen sich auf die Unmaßgeblichkeit der (in aller Regel herangezogenen) neoklassischen Argumentationskette, die ihrerseits zwar (noch) kein Anachronismus ist, aber speziell bei solchen Fragen wie der Privatisierung des staatlichen Lotteriewesens die substanzielle Bedenklichkeit ihrer Argumentationen zu erkennen gibt.[2]

II. Der Markt als Spiel und Glücksspiele im Markt

4 Man sagt, der Markt gedeihe am besten im freien *Spiel* von Angebot und Nachfrage.[3] Ist der Markt selbst ein Spiel oder betreibt er eines, womöglich vergleichbar einem Glücksspiel? Die Antwort ist nicht eindeutig. Ob ein Produzent seine Waren am Markt absetzen kann, scheint manchmal Glückssache zu sein. Doch der Schein trügt. In der Wirtschaft geht es um ernste und häufig existenzielle Dinge, um die auf dem Markt gerungen wird und die dem Zwang der Marktgesetzlichkeiten unterliegen.

5 Das hat nur äußerlich etwas mit einem Spiel zu tun. Spielerisch ist das reale Operieren auf dem Markt dennoch, wenn man die Erscheinungen in diesem Feld der Wirklichkeit als von Zufällen durchdrungen ansieht. Im übertragenen Sinne ist der Markt in der Tat eine Art Spielcasino. Die einzelnen Akteure, die Anbieter und die

1 Vgl *Bahrdt, Hubertus* Staat und Glücksspiel in Deutschland – Überlegungen zum staatlichen Monopol. Schriftenreihe des Instituts der deutschen Wirtschaft, Bd 7, Köln 2004 sowie die dort angeführte Literatur. Zugespitzt in dieser Richtung auch *Adams, Michael und Tolkemitt, Till* Das staatliche Lotterieunwesen – Eine wirtschaftswissenschaftliche und rechtspolitische Analyse des Deutschen Toto-Lotto-Blocks. In: Zeitschrift für Rechtspolitik. Heft 11, Jg 2001, S 511–518. Zur Kritik vgl *Ohlmann, Wolfgang* Lotterien in der Bundesrepublik Deutschland. In: WRP Wettbewerb in Recht und Praxis Nr 11/1998, S 1043–1058; *ders* Die deutschen Lotto- und Totounternehmen – Wettbewerbsakteure oder Kompetenzträger im kooperativen Lotterieföderalismus? In: WRP – Wettbewerb in Recht und Praxis Nr 6/2001, S 672–686; *ders* Lotterien im Prokrustesbett der Ökonomen? In: Zeitschr. für Rechtspolitik Nr 8/2002, S 354–356; *ders* Lotterien, Sportwetten, der Lotteriestaatsvertrag und Gambelli – Eine Rechtszustandsanalyse. In: WRP Wettbewerb in Recht und Praxis Nr 1/2005 S 48–67.

2 Vgl zu Einzelheiten der fragwürdigen Grundannahmen der wissenschaftlichen Ökonomie *Peter Bendixen* Die Unsichtbare Hand, die Freiheit und der Markt – Das weite Feld ökonomischen Denkens. Münster/Berlin/Hamburg/Wien/Zürich/London 2009.

3 Vgl *Bendixen, Peter* Das freie Spiel der Kräfte – Würfelt Gott oder würfelt er nicht? In: *ders* Aufbruch in die Moderne – Für eine Erneuerung des ökonomischen Denkens. Erscheint voraussichtlich in 2006 im Verlag für Sozialwissenschaften, Wiesbaden.

Nachfrager, mögen (was allerdings zu bestreiten ist) sich grundsätzlich rational aufstellen und alle Kunst der Wirtschaftlichkeit aufbringen, doch jeder ihrer Auftritte ist für alle anderen Akteure uneinsehbar, unkalkulierbar und daher ein zufälliges Ereignis. Da dies nun für alle gleichermaßen gilt, gibt es auf dem Markt keinen Determinismus, keine Planbarkeit und kein berechenbares Gleichgewicht, sondern nur den ständig neu zu konzipierenden Versuch, mit Klugheit, Geduld und Intuition Wagnisse einzugehen. Diese Sicht ist weit entfernt von den Marktmodellen der neoklassischen (mikroökonomischen) Theorie.

Damit der Markt die ihm von der Theorie nachgesagten einzel- und gesamtwirt- 6
schaftlichen Zielsetzungen überhaupt erfüllen kann, bedarf es einer über das reine Vertragsrecht hinausgehenden Regulierung. Ohne Regulierung der Rahmenbedingungen und der Regeln des Marktverhaltens würde jeder reale Markt in ein Chaos entgleiten. Solche Regulierungen haben nichts mit Dirigismus zu tun, sondern folgen der kulturellen Vernunft der Gestaltung der Funktionsfähigkeit von Werken und Einrichtungen aus Menschenhand. Der Markt ist selber ein Kulturgebilde und als solches – wie alle Kultur – als ein zivilisatorisches Bollwerk gegen die Übermacht natürlicher Kräfte und ihrer (entropischen) Gewalten konzipiert. Die Frage ist nicht, ob Regulierungen marktschädlich sind und, dem Traum des Neoliberalismus folgend, so weit als möglich zurückgedrängt werden müssen, sondern welche Balance zwischen notwendiger Freiheit und normativer Umzäunung durch Recht und Kultur gefunden und ständig neu praktiziert werden muss.

Gilt dies auch für den Fall der Übertragung von Glücksspielveranstaltungen in 7
private Hände? Die Diskussion um diese Frage kommt nicht um die Beantwortung der folgenden Aspekte herum: *Woher kommt das Bedürfnis zu spielen und welches ist die kulturelle Substanz, der gesellschaftliche Sinn und Nutzen oder das individuelle Risiko von Glücksspielen?* Ökonomisch geht es insbesondere um die Frage, um was für eine Art von Produkten es sich beim Glückspiel handelt, falls es überhaupt ein Produkt ist.

III. Die Kultur des Spielens

Der spielende Mensch, der ‚Homo ludens', scheint das absolute Gegenstück des 8
‚Homo oeconomicus' zu sein. Beide sind Sinnbilder jeweils eines isoliert hervorgehobenen Charakteristikums von Individuen, die ihrerseits etwas leiblich Vollständiges (Unteilbares = Individuum) darstellen. Schließen sich das Rationale des Homo Oeconomicus und das Spielerische des Homo Ludens aus oder ergänzen sie sich?

Im Römischen Kaiserreich gehörte es zu den gängigen politischen Kalkülen, das 9
Volk mit „panem et circenses" in Laune und zugleich vom Drängen nach Mitwirkung in der Politik abzuhalten. Julius Caesar hatte damit begonnen und neue finanzielle Maßstäbe in diesem Zusammenhang gesetzt. Der sonst so sparsame Augustus hatte sich gerühmt „Dreimal habe ich Gladiatorenkämpfe in meinem Namen veran-

staltet und fünfmal im Namen meiner Söhne und Enkel"[4] und alle Kaiser nach ihm waren in diese Methode der Ablenkung des Plebs vom Aufbegehren gefolgt bis über Nero hinaus. Die Spiele waren „gewürzt" mit zum Teil grenzenloser Grausamkeit gegenüber Sklaven, Christen und Gefangenen. So kann man Menschen daran hindern, sich unliebsamen Zielen zuzuwenden.

10 Einen Vergleich zwischen den Motiven für „panem et circenses" und den heutigen Begründungen für staatlich organisierte Lotterien zu ziehen, wäre absurd, weder was die politischen Ziele noch was die Inhalte angeht. Dennoch stellt sich die Frage, was es mit den öffentlich erlaubten oder geförderten Glücksspielen auf sich hat. Zu unterscheiden ist zunächst der nur passiv Beiwohnende vom aktiven Spieler. Der Zuschauer lässt sich vom Geschehen faszinieren, das vorgeführte Spiel „spielt" mit seiner Empathie, mit den psychischen Kräften der Identifikation, dem Als-ob des tatkräftig Mitwirkenden und folglich Mitleidenden oder Mitjubelnden, ähnlich wie im Theater. Der aktive Spieler dagegen, auch der Glücksspieler, ist mit Leidenschaft selbst involviert. Es ist diese Leidenschaft, die im selbstvergessenen Spiel zu einem Problem werden kann, wenn es nicht mehr gelingt, aus dem gelegentlichen Abtauchen in die Selbstvergessenheit in die Normalität des Lebens zurückzukehren.

11 Die Fähigkeit zur Empathie, die Fähigkeit, sich in die Lage anderer oder in fremde Zustände hineinzudenken und hineinzufühlen, ist die Grundlage demokratischer Mitwirkung des Bürgers. Sie fördert solidarische Empfindungen und damit die Gesellschaftsfähigkeit ebenso wie ästhetische Empfindungen; sie macht empfänglich für Musik, Theater, Dichtung, Malerei, Tanz, Film und all die anderen Künste – und wir sollten die Wirkungskräfte der Werbung nicht vergessen. Homo ludens darf daher nicht eng begriffen werden als das Aktivsein im Spielen, als die Momente des (kindlichen) Einübens des Ernstfalls, als die Momente der Flucht aus den Bedrängnissen des Alltags, als Momente des Gewahrwerdens des subjektiven Selbst im Spiel (wie Friedrich Schiller es sah[5]). Sich seiner selbst als ein mitgehendes, leidensfähiges Subjekt innezuwerden, ist eine erweiterte Form des geistigen Dabeiseins in einer dem profanen Alltags entrückten Welt des Spielens, die der Rolle des Zuschauers (im Theater, vor dem Fernseher, beim Lesen, beim Musikhören) gemäß ist und ihre Wirkung nicht verfehlt.

---

4 Vgl *Grant, Michael* Rom – Portrait einer Weltkultur. Kindlers Kulturgeschichte Europas, Bd 4, München 1983, S 144.

5 Friedrich Schiller in: Über die ästhetische Erziehung des Menschen: „Der Mensch spielt nur, wo er in voller Bedeutung des Wortes Mensch ist, und er ist nur da ganz Mensch, wo er spielt:" Vgl im Übrigen *Huizinga, Johan* Homo Ludens – Versuch einer Bestimmung des Spielelementes der Kultur, 3. Aufl Köln, oJ; *Tiedemann, Paul* Über den Sinn des Lebens – Die perspektivische Lebensform. Darmstadt 1993, S 255 ff.

Zu den wesentlichen Merkmalen des Spielens gehören die Bewegung (auch die emotionale Bewegung, die sich bis zur Ergriffenheit steigern kann) und häufig die Ungerichtetheit (in der zugleich die Spannung über den auf der Kippe stehenden Ausgang des Spiels liegt).[6] Der spielende Mensch erfährt sich selbst als „In-der-Welt-Sein“[7]: „Im Spiel kommt des Menschen Selbst zur Erscheinung ...“. Das Spezifische der Situation des Spielens liegt in dem Momentum, dass der Mensch dabei „gerade nicht bewusst das Ziel seiner Selbstdarstellung“[8] verfolgt. Er ist hier nicht der rational Kalkulierende, nicht das seiner selbst und seiner Ziele bewusste Ich. Er richtet seine Aufmerksamkeit nicht allein auf sich selbst, sondern ganz auf das Spiel. Es ist – wie H.-G. Gadamer sagt – ein Sichausgeben an die Spielaufgabe.[9] 12

Diese Aspekte des Spielens werden hier aus einem Grund hervorgehoben, der sich auf den Anspruch der neoklassischen Ökonomie bezieht, ein auf alle Lebenslagen zutreffendes Modell der rationalen Wahl zu sein und eben auch Entscheidungen im Zusammenhang mit Glücksspielen erklären und entsprechende politische Rahmenbedingungen gestalten zu können. Fasst man, wie allgemein üblich, Rationalität als eine kulturell gewachsene[10] und durch individuelle Bildung wirksam werdende, anstrengende Form der Selbstkontrolle, die man braucht, um das Leben meistern zu können, dann sind Momente des Spielens geradezu das Gegenteil: Momente der Grenzüberschreitung, der Erfahrung von Freiheit von den Zwängen der Rationalität. In diesen Momenten ist der Mensch zugleich höchst gefährdet, „aus der Rolle zu fallen“ und für einige Augenblicke über die vernünftigen Grenzen der Selbstbeherrschung hinauszugehen.[11] 13

Die hier speziell hervorgehobenen Spielmerkmale der Bewegung und der Ungerichtetheit treffen auf Glücksspiele ohne begriffliche Verkrümmungen zu, wenngleich die Akzente nur wenig auf physischer Bewegung als vielmehr auf beobachtender Teilnahme an den Spielvorgängen (etwa der Ziehung der Lottozahlen) liegen, während die Faszination am Spielverlauf durch die Spannung des Spielausgangs 14

---

6 Vgl *Tiedemann* S 266 f. Weitere Spielmerkmale nach Tiedemann sind: Fülle, das Spielobjekt, die pathische Haltung (Ergriffenheit), Spielregeln, Spielort und Spielzeit.

7 *Martin Heidegger* in: Sein und Zeit (16. Aufl Tübingen 1986, S 86), zit b *Tiedemann* S 266.

8 *Tiedemann* S 270.

9 *Tiedemann* S 270.

10 Wir verweisen hier insbesondere auf die Schriften von *Norbert Elias* Über den Prozess der Zivilisation. Erster Band: Wandlungen des Verhaltens in den weltlichen Oberschichten des Abendlandes. 6. Aufl Frankfurt/M 1978; Zweiter Band: Wandlungen der Gesellschaft – Entwurf zu einer Theorie der Zivilisation. 6. Aufl Frankfurt/M 1979.

11 Das BFG zitiert in seiner Urteilsbegründung (Abschn V, Ziff 54) eine wichtige Aussage der Bayerischen Staatsregierung: „Der Teilnehmer in Glücksspielen treffe keine ökonomisch rationale Entscheidung, sondern suche im Rahmen einer mit Suchtgefahren behafteten Betätigung eine Schicksalsentscheidung. Anders als in anderen Bereichen versage daher die Marktlogik einer Optimierung durch Wettbewerb.“

(das Erscheinen einer bestimmten Zahl) erzeugt wird, eine Spannung, die im Glücksspiel durch die (wenn auch unter Wahrscheinlichkeitsgesichtspunkten eher geringen) Aussichten auf einen Anteil an der Ausschüttung im Trefferfall enorm gesteigert wird. Das Merkmal der Ungerichtetheit, der Unbestimmbarkeit des Spielausgangs bedeutet für den Spieler die Überantwortung an eine von ihm nicht steuerbare Schicksalsmacht, die ihm quasi das rationale Denken abnimmt.

15 Angesichts der Gefährdung des Menschen in Momenten des Spielens stellt sich die Frage, ob das notwendige Zurückgeleiten in vernunftbestimmte Lebenslagen eine Aufgabe ist, die man bedenkenlos dem privatwirtschaftlichen Kalkül und dem „Spiel" der Marktkräfte überlassen sollte. Ob dies unter welchen Bedingungen denkbar ist, um das Spielerische, hier also das Glücksspiel, der Obhut des Staates zu entwinden, hängt in hohem Maße davon ab, welche ethischen Qualitäten das neoklassische Modell zu bieten hat. Ist das neoklassische Modell geeignet, menschliche Lebensbereiche zu erklären und zu gestalten, die außerhalb der Sphäre der Rationalität angesiedelt sind, zumal es ohnehin Zweifel an der ökonomischen Rationalitätskonzeption gibt? Die Antwort ist eindeutig: nein. Allerdings wird dies von den Ökonomen auch nicht angestrebt oder behauptet. Ihre Modelle sind abstrakte Studien, die Grundzusammenhänge erklären wollen. Diese allerdings haben meist wenig mit der Wirklichkeit des Marktgeschehens gemein.

IV. Die Neoklassik als Urteils- und Bewertungsgrund

1. Vorbemerkungen

16 Die Reibungsflächen in der Diskussion um die Privatisierung von Glücksspielen liegen im Gestus der Selbstverständlichkeit, mit der den neo-klassischen Argumentationen von Seiten der Ökonomie Geltung verliehen wird. Kritische Gegenargumente, die in dieser Diskussion greifen sollen, kommen deshalb um eine knappe Problematisierung der ökonomischen Neo-Klassik nicht ganz herum.

17 Im gesamten Konfliktfeld zwischen Staatszuständigkeit und Marktmechanismen betreten Ökonomen das Diskussionsforum meist mit dem Anspruch auf Vorrangigkeit ihrer ökonomischen Rationalität auf. Die Ökonomie neoklassischer „Spielart" setzt demnach letztgültige Maßstäbe. In der in dieser Hinsicht sachlich gut nachvollziehbaren Abhandlung von Hubertus Bahrdt[12] heißt es: „In Anbetracht der großen staatlichen Einflussnahme auf das Glücksspielwesen stellt sich die Frage nach einer ökonomischen Rechtfertigung für die Aktivitäten."[13] Der Satz verrät die Unbekümmertheit eines Ökonomen, für den die Frage des Ranges ökonomischer Argumente im

12 *Bahrdt* aaO.

13 *Bahrdt* S 19.

Bündel anderer Rechtfertigungsgründe für staatliches Handeln schon keine Rolle mehr spielt. Verfassungsrechtliche, sozialstaatliche, ethische oder Wohlfahrtsziele scheinen dazu da zu sein, die vom vordringenden ökonomischen Rationalismus übrig gelassenen, historisch schrumpfenden gesellschaftlichen Restbezirke möglichst so zu regeln, dass sich kein Aufruhr formiert.

An gleicher Stelle findet sich ein ähnlich decouvrierender Satz: „So ist zu prü- 18
fen, ob sich aus den Gutseigenschaften bestimmte Probleme ergeben, die durch lenkende Maßnahmen korrigiert werden müssen". Es wird gar nicht erst gefragt, ob es sich überhaupt um ein Gut handelt, wenn gespielt wird. Das wird unterstellt, um dann nur noch untersuchen zu müssen, ob problematische Eigenschaften vorliegen oder nicht. Ohne nähere Begründung wird an anderer Stelle[14] das Lotto als das wichtigste „Produkt" des Deutschen Lotto-Totoblocks deklariert, ohne sich Gedanken zu machen, wie dieses „Produkt" und unter welchen Bedingungen produziert wird. Mit gleichem Recht könnte man fragen, welches Gut das Standesamt in Sachen Ehestiftung anbietet.

Die Schrift von Hubertus Bahrdt ist neben der noch zu behandelnden von 19
Michael Adams und Till Tolkemitt eine der wenigen, die ihre Herkunft aus der neoklassischen Begründungsplattform deutlich erkennen lassen. Das wichtigste Erkennungsmerkmal der Neoklassiker ist die Annahme, dass Marktteilnehmer grundsätzlich und durchschlagend rational handeln. „Während normalerweise von mehr oder weniger rational handelnden Individuen ausgegangen wird, die auf Märkten bestimmte Produkte anbieten oder nachfragen, wird im Bereich der Glücksspielgüter die Rationalität der Nachfrage grundsätzlich in Zweifel gezogen oder gar vollständig verneint."[15]

Für Neoklassiker scheint es demnach gar nicht vorstellbar, dass es vernünftige 20
Gründe für eine Kultur des Spielens *außerhalb* der im Übrigen viel zu eng gefassten ökonomischen Rationalität geben kann und dass es gute Gründe geben könnte, die Gefährdungen des Menschen in Momenten des Auslebens seiner Spielleidenschaften einer gesellschaftlichen oder staatlichen, jedenfalls nicht marktförmigen Obhut zu unterstellen. Wer sagt denn, dass selbst in der Praxis des Marktgeschehens immer alles ohne Lug und Trug und stets mit hohem Verantwortungsbewusstsein abgeht? Könnte es nicht auch sein, dass Menschen bei ihren kommerziellen Aktionen im Eifer ihrer Jagd nach Gewinnchancen gefährdet sind, ihrer Leidenschaft für das große Geld freien Lauf zu lassen, also ungezügelt zu handeln?[16]

Man kann auch nicht ungeprüft behaupten, dass man *normalerweise von mehr* 21
oder weniger rational handelnden Individuen ausgegangen wird. Das ist eine Annah-

14 *Bahrdt* S 11.
15 *Bahrdt* S 20.
16 Vgl. *Peter Bendixen* Unternehmerische Verantwortung – Die historische Dimension einer zukunftweisenden Wirtschaftsethik, Münster/Berlin/Hamburg/Wien/Zürich/London 2009.

me, keine Wahrheit, und die Erfahrung, dass ein großer Teil wirtschaftlicher Entscheidungen von einer deutlichen Portion Intuition getragen werden oder gar überhaupt reine „Bauchentscheidungen“[17] sind, spricht nicht für die Annahme der ökonomischen Rationalisten.

2. Die methodologische Herkunft der neoklassischen Ökonomie

22 Die Vorherrschaft der Neoklassik als Urteils- und Gestaltungsplattform erstreckt sich auf zwei Gebiete: Sie dominiert das wissenschaftliche Denken und Arbeiten innerhalb der Ökonomie und sie beherrscht den politischen Argumentationsraum außerhalb der Wirtschaft, sobald Fragen der Beanspruchung materieller Ressourcen auf den Plan treten. Der Einfluss der Neoklassik beruht zu einem wesentlichen Teil auf der logischen Stringenz dieser Denkrichtung als gedankliches System. Die Dominanz der Neoklassik im politischen Raum, und zwar nicht nur in der staatlichen Wirtschaftspolitik, sondern auch in der Bildungspolitik, der Sozialpolitik, der Kulturpolitik, der Wissenschaftspolitik und der Außenpolitik beruht auf dem von ihr gepflegten Gestus der Unangreifbarkeit durch die für unwiderlegbar gehaltene Berufung auf das rationale ökonomische Denken, dessen Vernunft als gegeben und unhintergehbar vorausgesetzt wird.[18]

23 Die folgenden Darlegungen gehen, aus Anlass einiger brisant gewordener aktueller politischer Folgen dieses Denkens[19], von der These aus, dass die methodologischen Grundlagen der Neoklassik auf äußerst schwachem Boden ruhen. Es sind Konstruktionsmängel an der Basis, die ihren Ursprung in Fehleinschätzungen der wesentlichen Eigenschaften der Wirtschaft oder genauer: des individuellen Wirtschaftens und seiner gesamtwirtschaftlichen Aggregate haben. Eine dieser Fehleinschätzungen ist auf eine unangemessene Verkürzung der Philosophie Adam Smiths zurückzuführen. Die neoklassische Sicht und Handhabung der ökonomischen Ra-

17 Vgl. *Gerd Gigerenzer* Bauchentscheidungen – Die Intelligenz des Unbewussten und die Macht der Intuition, 3. Aufl München 2008. Gigerenzer bezieht sich ausführlich und ausdrücklich auch auf Wirtschaftsentscheidungen.

18 Vgl zur Kritik dieser Haltung *Ulrich, Peter* Der entzauberte Markt – Eine wirtschaftsethische Orientierung, Freiburg/Basel/Wien 2002, S 33ff; *ders* Integrierte Wirtschaftsethik – Grundlagen einer lebensdienlichen Ökonomie. 3. Aufl Bern/Stuttgart/Wien 2001.

19 Die internationale Finanzmarktkrise ist ein deutlicher Beleg für die ungewollte Unvernunft des angeblich rational handelnden Wirtschaftsmenschen. Entsprechend harsch ist die Kritik des neoklassischen ökonomischen Denkens ausgefallen. Vgl. systematisch *Karl H. Brodbeck* Die Herrschaft des Geldes: Geschichte und Systematik. Darmstadt 2009. Vgl. Auch *Paul Krugman* The Return of Depression Economics and the Crisis of 2008. W.W. Norton 2008 sowie *John R. Talbott*: Contagion: The Financial Epidemic That is Sweeping the Global Economy and How to Protect Yourself from It. Wiley 2008.

tionalität lässt sich als eine Art Renaissance des radikalen Rationalismus Nicolò Machiavellis und des Rigorismus Thomas Hobbes' (im „Leviathan") unter den Bedingungen einer offenen Gesellschaft verstehen.[20] Der Radikalismus der ökonomischen Neoklassik steht dem Purismus und Amoralismus der beiden genannten Philosophen in nichts nach.

Die Neoklassik der nach-smithschen Ära mit ihrer Verwurzelung in einer die mathematische Beweisführung als höchste Form des Erkenntnisstrebens und mit ihrer kompromisslos rationalen Suche nach absoluten Wahrheiten ist aus einer Reihe von methodischen Gründen unverzichtbar, quasi ein notwendiges Experiment des theoretischen Konstruierens. Indessen kann das ökonomische Denken dabei nicht stehen bleiben. Philosophisch ist die Neoklassik, in deren Geist immer noch der klassische, bürgerlich-liberale Kampf gegen die Geisteshaltung und Herrschaftspraxis des feudalistischen Absolutismus steckt, die Verabsolutierung der individuellen, nicht einmal mehr durch Ethik gemäßigten Freiheit. Diesen geistigen Antrieb und seine Zielrichtung hat die Neoklassik nicht ablegen können. Sie teilt damit gewissermaßen das Drama von Befreiungsbewegungen, die ihren Erfolg oft nicht ausleben können, weil sie ihren Kampfgeist und Durchsetzungsimpetus gegen einen einst realen Gegner, im Fall der neuzeitlichen Ökonomie die überkommenen feudalistischen Verhältnisse im Merkantilismus, nicht ablegen und in ihre Praxis nicht die Weisheit und den Weitblick einer menschenfreundlichen, ethisch geadelten Politik einmünden lassen konnten. 24

Diese Kritik der neoklassischen Ökonomie hat nicht zum Ziel, das ganze Gebäude zum Einsturz zu bringen, sondern lediglich die Geltungsbeschränkungen als absoluter Urteils- und Bewertungsmaßstab in wirtschaftlichen Entscheidungen herauszuarbeiten. Die beschränkte Geltung dieses Denkstils hat allerdings zur Folge, dass Zweifel an der Sinnfälligkeit neoklassischer Theorien und Modelle insbesondere hinsichtlich der Radikalität ihrer Rationalitätskonzeption aufkommen. In der seit langem schwelenden und immer wieder Zündstoff liefernden Debatte um die Zweckmäßigkeit staatlicher Leistungsfelder aus einem überindividuellen ethischen Regelungsbedarf heraus, zB soziale Gerechtigkeit, Achtung der Menschenwürde, Respekt vor der Schöpfung, Schutz vor Willkür und Aggression usw, erweist sich dieses unreflektierte Rechtfertigungsdefizit neoklassischer Positionen als eine Quelle gesellschaftlicher Spannungen und Krisenpotentiale höchsten Grades. 25

Im Folgenden sollen die Zweifel an der pragmatischen Geltung der neoklassischen Ökonomie stärker untermauert und der Versuch einer anderen Zuordnung von essenziellen Eigenschaften der Wirtschaft oder des Wirtschaftens unternommen werden. Abgeleitet daraus geht es im Weiteren um die politischen Folgen des neo- 26

20 Vgl *Bendixen, Peter* Das verengte Weltbild der Ökonomie – Zeitgemäß wirtschaften durch kulturelle Kompetenz. Darmstadt 2003, S 37 ff; *ders* Der Traum vom Wohlstand der Nationen – Kritik der ökonomischen Vernunft, Wien 2005.

klassischen Denkens, speziell um das Thema „Privatisierung staatlicher Leistungsfelder“ und darin eingeschlossen die Frage der Privatisierung staatlich organisierter Glücksspiele. Dieser theoretische Ausflug mag im ersten Blick weitschweifig erscheinen. Doch im Grunde ist selbst er nicht ausreichend, eine so gefestigte Überzeugungsmauer ins Wanken und die orthodoxe Lehre zum Nachdenken zu bringen.

3. Zur methodologischen Kritik der Neoklassik

27 Die politischen Folgen von Maßnahmen, die sich auf die Urteils- und Bewertungsplattform der ökonomischen Neoklassik berufen, entstehen zu einem erheblichen Teil durch den bollwerkartigen Verschluss des neoklassischen Denkens gegenüber Vernunftgründen, die sich nicht oder nur mühsam mit den monetären Mechanismen des Marktes vertragen. Erschwerend kommt hinzu, dass das zweifellos hohe Gut eines freien, funktionsfähigen Marktes zum Teil bedenkenlos auf reale Situationen und Verhältnisse übertragen wird, die dafür nicht geeignet sind oder sich nur mit erheblichen ethischen Bedenken dafür herrichten lassen, zB bestimmte Konstellationen in Ländern mit anderen gesellschaftlichen und kulturellen Traditionen als der abendländische Westen.

28 Ein markantes Beispiel für die neoklassische Art von problematischer Argumentation bietet der Beitrag von Michael Adams und Till Tolkemitt über „Das staatliche Lotterieunwesen“, in welchem zu Gunsten einer privatwirtschaftlichen Organisation insbesondere des deutschen Lotto- und Totoblocks plädiert wird.[21] Im Vorspann des Aufsatzes findet sich ein geradezu klassischer Satz: „Das Grundproblem des deutschen Lotteriewesens besteht in einem mehrfachen Marktversagen“[22]. Der Satz hat ungefähr die gleiche Qualität wie dieser: Das Grundproblem neoklassischer Argumentation besteht in einem mehrfachen Methodenversagen. Unannehmbar ist in *beiden* Fällen die Vorfestlegung und damit die Immunisierung von keineswegs verabsolutierbaren Urteilsgrundlagen, im einen die Unhinterfragbarkeit des Marktes, im anderen die Maßstäblichkeit des Methodischen. Die unreflektiert und undifferenziert in einem Weichen stellenden Vorspann der Abhandlung eingeführte Gel-

---

21 Vgl *Adams/Tolkemitt*, aaO.

22 *Adams/Tolkemitt*, S 511. Marktversagen kann bedeuten, dass die Sache, um die es geht, zwar ein wechselseitiges Austauschverhältnis konstituiert, dass aber die Sachzwänge und normativen Bedingungen es nicht zulassen, daraus einen Markt nach neoklassischem Muster zu machen. Es kann auch bedeuten, dass zwar die Form eines Marktes anzunehmen ist, dass in diesen aber unzulässigerweise interveniert wird, so dass er im Sinne der ökonomischen Rationalität verfälschte Ergebnisse zeitigt. Dem zitierten Aufsatz dürfte dem Argumentationsverlauf nach die zweite Version zu Grunde liegen.

tung des Marktes als Richter über alle Lebenslagen gilt selbst unter vielen Ökonomen als umstritten.[23]

Der auch unter Ökonomen breit akzeptierte Kritische Rationalismus Karl R. Pop- 29
pers[24], dem hier ansonsten nicht uneingeschränkt gefolgt wird, geht prinzipiell davon aus, dass eine für wahr genommene Aussage stets nur eine *vorläufige* Wahrheit sein kann, selbst dann, wenn alle Welt diese Überzeugung teilt. Dieser aus Weisheit und wissenschaftlicher Redlichkeit geborenen Haltung können wir uns anschließen. Indessen teilen wir nicht die Auffassung, dass der freie (entfesselte) Markt eine passende Urteilsplattform für *jegliche* Art politischer Entscheidungen sein kann, *wenn er allein das Sagen hat.* Das eigenartige Resultat wäre dann, dass der Absolutismus des neoklassischen Marktes nichts als eine Neuauflage des absolutistischen Despotismus der Feudalzeit auf anderer Ebene ist, gegen den einst Adam Smith und andere zu Felde zogen. Der Markt ist zweifellos eine zentrale Kategorie der Ökonomie, nicht nur der Neoklassik, und natürlich der Wirtschaftspraxis selbst. Seine Maßgeblichkeit für eine über Generationen ausdifferenzierte, auf dem methodologischen Individualismus (siehe unten) und der festen Überzeugung der Geltung einer spezifischen Form der Rationalität beruhende Theorielinie wie die Neoklassik kann nicht ernsthaft bestritten werden. In Frage gestellt wird nicht der Markt als reale Erscheinung, sondern das neoklassische Denken über den Markt als fiktive Konstruktion.

Der oft übergangene Unterschied zwischen einer Sache und dem Denken über 30
eine Sache ist das große Thema der philosophischen Konstruktivisten.[25] Der belgische Maler René Magritte hat dies auf seine Weise in seinem bekannten Gemälde einer Tabakspfeife künstlerisch thematisiert. Bestandteil des Gemäldes ist die Inschrift "Ceci n'est pas une pipe" (Dies ist keine Pfeife). Es ist nur das Abbild einer Pfeife, mit der – wie Magritte ironisch kommentierte – niemand rauchen könne. Die

---

23 Erinnert sei beispielsweise an die diesbezügliche Kritik von Joseph E. Stiglitz, der für seine wissenschaftlichen Leistungen 1998 den H.C. Rechtenwald-Preis für Nationalökonomie und 2001 den Nobelpreis für Ökonomie erhielt. Vgl aus jüngerer Zeit *Stiglitz, Joseph A.* Die Schatten der Globalisierung, Berlin 2002; *ders* Die Roaring Nineties. Berlin 2004. Vgl auch ältere Ökonomen wie *Alexander Rüstow* Das Versagen des Wirtschaftsliberalismus (Neuaufl) mit einem Kommentar und Ergänzungen von *Frank Maier-Rigaud* und *Gerhard Maier-Rigaud*: Das neoliberale Projekt, Marburg 2001. Eine differenzierte Sicht des Marktes findet sich auch bei *Peter Ulrich* Der entzauberte Markt – Eine wirtschaftsethische Orientierung. Vgl auch *ders* Integrative Wirtschaftsethik – Grundlagen einer lebensdienlichen Ökonomie. 3. Aufl Bern 2001. Kritisch auch ausführlich *Frank* und *Gerhard Maier-Rigaud* in *Alexander Rüstow* S 202–306. Weiters: *Peter Bendixen* Die Unsichtbare Hand, die Freiheit und der Markt – Das weite Feld ökonomischen Denkens, Wien 2009, sowie *ders* Der Pfeil der Zeit – Unternehmensführung in unruhigen Zeiten. Im Druck (2010).

24 Vgl *Popper, Karl R.* Logik der Forschung. Neuaufl Tübingen 2002.

25 Vgl *Heinz von Foerster/Ernst von Glasersfeld/Peter M. Hejl* Einführung in den Konstruktivismus. 11. Aufl München 2009; *Paul Watzlawick* Die erfundene Wirklichkeit: Wie wissen wir, was wir zu wissen glauben? München 2010.

kaum zu vermeidenden Diskrepanzen zwischen Wahrnehmung und Wirklichkeit trifft jede Theorie, jedes Modell und jede Vision. Die ökonomische Theorie macht darin keine Ausnahme.

31 Unzweifelhaft sind auch die innere Logik des ökonomischen Denksystems und seine mathematische Eleganz. Doch kann dies nicht darüber hinwegtäuschen, dass der neoklassische Marktbegriff eine ähnlich eigenartige Nähe oder Ferne zum realen Leben hat wie die Logik des Schachspiels zum historischen Kampfgetümmel zweier Kriegsparteien. Das Gedankengebäude der Neoklassik steht auf einem ungesicherten Boden, und das keineswegs nur wegen der Fixierung auf die seltsame Figur des Homo oeconomicus. Zu den über die Neoklassik allerdings hinausreichenden Grundüberzeugungen der Ökonomie gehören einige der Wirtschaft als essenziell zugeschriebene Eigenschaften, die hier nicht lückenlos ausgebreitet und kritisch befragt werden können. Wir beschränken uns auf einige Kernpunkte, die ausreichen sollten, das Denkmal der Unfehlbarkeit des absoluten Marktes ins Wanken zu bringen. Wir konzentrieren unsere Argumentation auf die folgenden Punkte:

- Das Prinzip des methodologischen Individualismus.
- Die Grundüberzeugung vom Wirtschaften als dem vernünftigen Umgang mit knappen Ressourcen zu tun hat.
- Die verkürzte Sicht der dinglichen Orientierung der ökonomischen Theorie.
- Die ungeklärte Berufung auf den philosophischen und psychologischen Begriff der Rationalität.

32 Der *methodologische Individualismus* ist eine Erkenntnisregel, die sich hauptsächlich an makroökonomische Untersuchungen wendet und die Unverzichtbarkeit mikroökonomischer Analysen und Erklärungsmuster einfordert. Diese Regel ergibt sich aus der Tatsache, dass aggregierte Daten zur Beschreibung gesamtwirtschaftlicher Erscheinungen prinzipiell auf individuelles Handeln in der Wirtschaft zurückzuführen sein müssen. Mit dieser Erkenntnisregel wird der Tatsache entsprochen, dass Märkte ein Medium der Regulierung von singulären Tauschvorgängen sind, ausgeführt von einzelnen Wirtschaftssubjekten (Individuen, einzelne Institutionen). Dennoch ist der methodologische Individualismus keinesfalls eine heimliche Brücke zur historischen Realität, sondern ein abstraktes Verfahren zur Dekomposition von Wirklichkeit in eine Als-ob-Vorstellung, eine Art Elementarisierung beschriebener Vorgänge auf ihr kleinstes denkbares Agens, das in reiner Form als ‚Homo oeconomicus' in Erscheinung tritt.

33 Dieser für theoretische Studienzwecke in konstruierten Modellen durchaus legitime – wenn auch etwas „verspielte" – methodische „Trick" verliert rasch seine Unschuld und wird zum Problem, sobald der ‚Homo oeconomicus' oder eigentlich die berechneten Ergebnisse seiner rationalen Kalküle uninterpretiert auf reale, etwa wirtschaftspolitische Konstellationen übertragen wird. Ein womöglich angedachter Rückbildungsprozess vom ‚Homo economicus' zu einem leibhaftigen Wesen, welches mit Entscheidungslagen der Wirklichkeit fertig werden muss, hat so wenig

Aussicht auf Erfolg wie der Versuch, einen Toten ins Leben zurückzuholen. Das bedeutet, dass Bewertungen realer Situationen durch Rückgriff auf neoklassische Urteilssysteme sowie Verallgemeinerungen daraus mit der größten Zurückhaltung zu begegnen ist.

Zu den am meisten verbreiteten Lehrbuchweisheiten der Ökonomie – Volks- 34
wirtschaftslehre ebenso wie Betriebswirtschaftslehre – gehört die Behauptung, *Wirtschaften sei die Kunst des sparsamen Umgangs mit knappen Ressourcen.* Legt man an diese allgemeine Aussage die Messlatte des methodologischen Individualismus an, so kommt man zu etwas merkwürdigen Resultaten. Wirtschaftssubjekte pflegen – wie schon Adam Smith wusste – ihre individuellen Interessen zu verfolgen. Ihre Rationalität ist im Falle des einzelnen Geschäftsmanns das planvolle Streben nach möglichst hohem Gewinn; im Falle des Privatmenschen (Konsumenten) das Streben nach möglichst hohem Nutzen. In beiden Fällen kommt die Kunst des sparsamen (ergiebigen) Umgangs mit knappen Ressourcen nur in der Logik des Nachdenkens über die Verwendung der *eigenen* Mittel zum Tragen, nicht aber irgendeine höherwertige, überindividuelle Vernunft angesichts begrenzter natürlicher Ressourcen und der Stiftung einer vitalen Gesellschaftskultur. Die Aggregation des Eigennutzes ergibt folglich eine Raubtierwirtschaft, wie sie Thomas Hobbes in seinem leviathanischen Modell überwinden wollte. Mit anderen Worten: Der aggregierte Eigennutz aller gibt ein Bild ab, dem vermutlich selbst die „unsichtbare Hand des Marktes" nicht beikommen kann. So war von Adam Smith das Theorem der Wohlstandwirkung individuellen Eigeninteresses und die Ethik des Einfühlungsvermögens[26] sicher nicht gedacht.

Die eng damit zusammenhängende Frage nach der Realität von Knappheit för- 35
dert ähnlich merkwürdige Resultate zu Tage. Wenn das Wirtschaften verstanden

26 Vgl *Smith, Adam* Theorie der ethischen Gefühle. Neuauflage der von W. Eckstein herausgegebenen deutschen Ausgabe von 1925, Hamburg 2004. Im Mittelpunkt der Smithschen Moralphilosophie steht der Begriff der Sympathie als einer Menschen verbindenden ethischen Kraft. Viele Kommentatoren, insbesondere Generationen von Ökonomen haben darin einen Widerspruch zu Smiths Wirtschaftstheorie sehen wollen, die bekanntlich vom Prinzip des individuellen Eigennutzes ausgeht und dem Markt die Fähigkeit zuspricht, deren Ausfälle in Richtung schädlichen Egoismus' konkurrenztechnisch zügeln zu können. Bei genauem Hinsehen oder besser: Nachlesen stellt sich heraus, dass es sich keinesfalls um einen Widerspruch handelt. Es geht nämlich um die erstaunliche Fähigkeit des Menschen, sich einfühlend in die Lage anderer versetzen zu können. Smith hätte vielleicht besser von Empathie sprechen sollen. In der Übersetzung von Walter Eckstein, aaO S 5 heißt es: „Mag man den Menschen für noch so egoistisch halten, es liegen doch offenbar gewisse Prinzipien in seiner Natur, die ihn dazu bestimmen, an dem Schicksal anderer Anteil zu nehmen, und die ihm selbst die Glückseligkeit dieser anderen zum Bedürfnis machen, obgleich er keinen anderen Vorteil daraus zieht als das Vergnügen, Zeuge davon zu sein." Vgl. *Bendixen, Peter* Die unsichtbare Hand hat schon viel Unheil angerichtet. Über Adam Smith. In: Merkur – Zeitschrift für europäisches Denken, Nr 691/Nov 2006, S 1089–1094; *ders* Die Unsichtbare Hand, die Freiheit und der Markt – Das weite Feld ökonomischen Denkens, Wien 2009.

wird als ergiebiger *Umgang* mit knappen Mitteln, so ist damit indirekt gesagt, dass Knappheitslagen durch Aktivität, also die Kunst des gelungenen Wirtschaftens, im Prinzip überwindbar sind. Das aber kontrastiert deutlich mit der Erkenntnis der absoluten Endlichkeit von physischen Ressourcen der Natur. Wie kann dieses Problem gelöst werden? Hilfe bietet zunächst die Erkenntnis, dass nur knapp sein kann, was begehrt wird. Knappheit ist folglich keine Eigenschaft physischer Objekte, sondern eine anthropogene Erscheinung, und die Logik der Nutzenmaximierung bestätigt folgerichtig, dass derjenige, der aus dem kalkulierten Umgang mit Knappheitslagen seinen Verdienst bezieht, ein Interesse an der Pflege von Knappheit haben wird. Da er die Endlichkeit physischer Ressourcen nicht erweitern kann, wird er sein Augenmerk auf die Seite der Begehrlichkeiten richten. Und das ist exakt das, was wir seit langem täglich erleben: Es breitet sich eine immer raffinierter werdende Kunst der Überredung von Konsumenten statt, sich der Unersättlichkeit ihrer Gelüste hinzugeben. Der Markt ist schon lange nicht mehr der Ort der optimalen Allokation von Produktionsfaktoren, der rationalen Verteilung von Gütern oder der Beseitigung von Mangellagen, sondern ein Medium zur Publikation von Traumfabriken, Harlekinaden und Trugbildern.

36 Neoklassiker haben sich mit der Vernunft des sparsamen Umgangs mit Dingen, die nur begrenzt zur Verfügung stehen, eine Ausstrahlung von Rationalität geschaffen, aus der heraus Vieles als vernünftig geglaubt wird, weil Rationalität aus der Tradition des wissenschaftlichen Idealismus heraus als das Höchste der Erkenntnis gilt. Nur hat die ökonomische Rationalität mit dieser Tradition so gut wie nichts gemein. Das Bild, das die Ökonomie im Allgemeinen, die ökonomische Klassik und Neoklassik im Besonderen von der Wirtschaft zeichnet, leidet unter einem eigenartigen blinden Fleck. Ausgerechnet an der Stelle, an der das Essenzielle im Wirtschaften ans Licht gebracht werden müsste, wird durch die auffällig *dingliche Sicht* der ökonomischen Theorie eine eher sekundäre Eigenschaft betont. Diese Betonung der dinglichen Seite behindert den Blick darauf, dass alles, was in der Wirtschaft geschieht, seinen Ursprung und Antrieb im Kopf von Menschen hat, dass es *menschlicher Wille* und *menschliche Schaffens- oder Gestaltungskräfte* sind, die im Denken zu Entwürfen (Bildern, Plänen, Mustern, Blaupausen usw.) gelangen und von dort aus die notwendigen Antriebe zu konkretem Gestalten (Produktion) verschaffen. Am Anfang allen menschlichen Tuns steht, wie schon Kant verbreitete und Georg Picht wieder aufgriff[27], der *geistige Entwurf. Dieser* ist der Ursprung des Wirtschaf-

27 Vgl *Picht, Georg* Die Kunst des Denkens. In *ders* Wahrheit – Vernunft – Verantwortung. Philosophische Studien. 2. Aufl Stuttgart 1996, S 427–434, hier S 431: „Jedes Werk, das der Mensch zu vollbringen vermag, wird möglich nur durch einen vorgängigen Entwurf. Das Entwerfen ist das ursprüngliche Vermögen, welcher den Menschen befähigt zu produzieren und zu planen, sich Häuser zu bauen, Städte zu gründen und jene künstliche Welt zu erzeugen, die ihm das Leben inmitten seiner feindlichen Natur erst möglich macht."

tens, und diese Gestaltarbeit des wirtschaftenden Menschen müsste eigentlich im Zentrum aller ökonomischen Theorien stehen.

Der Ursprung des seit Generationen theoretischer Arbeit an und in der Ökonomie gefestigten dinglichen Denkens liegt vermutlich bei Adam Smith, der als die wichtigsten Teilbereiche oder Faktoren, die an den Wirtschaftsprozessen beteiligt sind, den Dreiklang von „Boden", „Arbeit" und „Kapital" ausgemacht hat, eine Metaphorik, die nach ihm ungebrochen weitergedient hat und sich in der Neoklassik mit der mathematischen Exaktheit der Ermittlung der optimalen Kombination oder Allokation dieser Produktionsfaktoren verbunden hat.[28] Gerade dann, wenn man sich auf Rationalität als wissenschaftliche ebenso wie pragmatische Orientierung beruft, ist ein Denkansatz, der dem reinen Empirismus (à la Francis Bacon) sehr nahe kommt und in Frontstellung zum Rationalismus des philosophischen Idealismus steht, ein viel zu kurzer Horizont unter Ausschluss des assoziativen, schöpferischen, entwerfenden Denkens.[29] Auch in diesem Zusammenhang trifft das konstruktivistische Prinzip der Unterscheidung zwischen Wahrnehmung und Wirklichkeit zu: Nicht das dingliche Geld – die Münze, der Geldschein oder der elektronische Code – ist das Bewegende wirtschaftlicher Betätigungen, sondern das Denken in (und an) Geld. 37

Bei genauerem Hinsehen fällt auf, dass es in den Dispositionen, die den Wirtschaftenden ebenso wie den Theoretiker der Ökonomie interessieren, nicht wirklich um die Physis geht, sondern allenfalls um deren Ergiebigkeit im Produktionsprozess und dies auch nur, soweit sich das in Geld bewerten und umsetzen lässt. Das eigentlich Bewegende in der Wirtschaft ist nicht das Geld als Medium der Marktregulation, sondern das methodische Ergreifen von Chancen, es zu bekommen, und der Mensch, der sich als Wirtschaftender darauf professionell einlässt, wird alle seine Geisteskräfte darauf richten, im organisierten Tauschwege Leistungen gegen Geld anzubieten. Real ist Geld zwar eine dingliche (Stellvertreter-)Kategorie (eine auf Wert tragende Objekte bezogene Wertabstraktion), aber das Geld wird in vielen theoretischen Zusammenhängen und Modellen bloß als Regulator der Tauschvorgänge am Markt deklariert, während seine Funktion als Machtbildner und Sühnemittel, zB bei 38

28 Zu beachten ist allerdings, dass die drei genannten Faktoren bei Adam Smith nicht dinglich im physikalischen Sinne gemeint sind, sondern soziale Einheiten und Konstellationen metaphorisiert haben. Die Besitzer von Grund und Boden (zu Smiths Zeiten noch überwiegend die Aristokratie), die Investoren von Geld (die Kaufleute und Unternehmer) und die arbeitenden Menschen (mitsamt ihrer gestalterischen Kompetenz und Würde). Die pure Verdinglichung dieser Kategorien ist ein Ergebnis späterer ökonomischer Theorieentwicklung.

29 Streng genommen müsste hier zweigleisig gefahren werden, denn es geht auf der einen Seite um wissenschaftliche Rationalität (die natürlich nicht gern der ökonomischen Rationalität unterworfen werden möchte) und um pragmatische Rationalität, die in konkreten wirtschaftlichen Entscheidungslagen als Norm (!) gelten soll.

Geldstrafen oder als Opfergabe zur Beruhigung des schlechten Gewissens, beiseite geschoben wird oder Soziologen wie Georg Simmel überlassen wird.[30]

39 Über das Geld gelangt man gedanklich zum Produktionsfaktor „Kapital" und über diesen zu den Handlungssubjekten, die Kapital einsetzen und mit ihrer Erfindungsgabe vermehren wollen. Die dem modernen, neuzeitlichen Wirtschaften immanente Neigung zur Geldvermehrung hat zur Folge, dass die darin involvierten Handlungssubjekte geradezu elektrisiert reagieren, wenn irgendwo Geldbesitzer, private oder öffentliche, erkennen lassen, dass sie sich zur Befriedigung ihrer Bedürfnisse oder ihres schlechten Gewissens (siehe Ablasshandel) gern ihres Geldbesitzes entledigen, wenigstens zum Teil. Das Triebhafte dieser gelegentlich bis zum persönlichen Ruin gesteigerten Neigung kommt beim Zocken, Pokern und Glücksspielen besonders deutlich zum Ausdruck.

40 Wenn nun solche leicht manipulierbaren Bedürfnisse um der Kapitalvermehrung willen auch noch künstlich angeheizt werden dürfen, was bei der von Adams und Tolkemitt ins Auge gefassten Privatisierung des Lotteriewesens zum Tragen käme, entsteht ein ethisches Problem. Dieses wird im neoklassischen Denkschema niemals zum Thema, weil es außerhalb des Blickhorizontes liegt. Der auf diesem Denken beruhende Vorschlag, den Staat als Betreiber des Lotto-Toto-Blocks in Deutschland zu verdrängen, ist ein gefährliches Manöver. Er zehrt von dem (problematischen) Image der ökonomischen Rationalität als unbeugsame und unhintergehbare mentale Obrigkeit und lässt den Eindruck entstehen, ein privater Betreiber würde es billiger machen.[31] Besonders gefährlich ist das Argument, private Betreiber von Lotto-Gesellschaften würden wirtschaftlicher arbeiten und deshalb die Ausschüttungsquote erhöhen können. Die Wirtschaftlichkeit kann sich ja nur auf Fragen der *dinglichen* Faktorkombination (auf den technisch-organisatorischen Apparat des Spielbetriebs)

---

30 Vgl *Simmel, Georg* Philosophie des Geldes. Frankfurt/M (Neuausgabe) 2003. Das Geld als abstrakte Dingkategorie hat die gleichen Funktionen wie unter feudalistischen Verhältnissen der Besitz von Grund und Boden als konkrete Dingkategorie. Es ist sehr bedenklich, diesen sozialen Zusammenhang aus dem ökonomischen Denken zu verbannen. Verteilungsprobleme sind stets auch Machtverteilungsprobleme und tangieren die Ethik der Gerechtigkeit. Eine besonders delikate Form von „Opfergaben" sind maßlose Entschädigungen für zurücktretende Topmanager.

31 Wir beziehen uns hier auf eine Passage der Argumentation von Adams und Tolkemitt, in der vor allem die Neigung der leitenden Kreise des deutschen Lottoblocks kritisiert wird, angeblich nicht nachvollziehbare Ausgaben zu bewilligen und sich in teuren Hotels zu Konferenzen zu versammeln. Die Frage ist wohl erlaubt, ob denn private Betreiber auf Reisen und andere „unsachgemäße" Ausgaben zu Lasten der Ausschüttungen im Zweifel verzichten und in einfachen Herbergen nächtigen würden. Dieses Argument von Adams und Tolkemitt ist schwach. Vgl *Adams/Tolkemitt* S 514/15 sowie dort die Fußnote 32: „Der verdeckte Gewinnverbrauch durch die Unternehmensverwaltungen (des Toto-Lotto-Blocks, PB) drückt sich aus in marktwidrig überhöhten Gehältern, luxuriösen Büros, angenehmen Arbeitszeiten und vorzüglichen Ruhestandsregelungen, einem noblen Fuhrpark sowie in einer regen und global ausgerichteten ‚Dienstreisetätigkeit'". Gäbe es da nicht angesichts teilweise horrender Managergehälter in der Wirtschaft lohnendere Objekte der Kritik?

erstrecken, ganz sicher nicht auf die Frage der Ausschüttungsquote. Diese hat nichts mit (neoklassischer) Ökonomie zu tun, sondern ist eine fiskalische Entscheidung, die verwaltungs- und verfassungsrechtlich zu begründen ist.

Die dingliche Faktorkombination unterliegt dem ökonomischen Rationalprinzip insofern, als es um die bestmögliche Lösung für den Kapitaleinsatz geht. Hier ist Rationalität – anders als wissenschaftlich-methodische Rationalität – ein ziemlich irdisch-profanes Prinzip, ein Maßstab des Entscheidungsverhaltens und damit eine *konkrete Norm*. Die Problematik der ökonomischen Rationalität liegt auf zwei verschiedenen Ebenen: 41

1. Sie hinterlässt Erklärungsbedarf hinsichtlich des Charakters der Knappheit an Mitteln (Erscheinungsart, Ursachen, wirtschaftliche Bedeutung) und hinsichtlich der Tugend der Sparsamkeit (Begründung, normativer Bedingungsrahmen, Extensität). Sparsamkeit kann pragmatisch nicht absolut gelten, denn das hieße, vorhandene Mittel überhaupt nicht zu verausgaben (Sparsamkeit muss etwas anderes sein als Geiz).
2. Die ökonomische Rationalität ist eine Auswahllogik im *Binnenverhältnis* einer Zweck-Mittel-Relation, nicht dagegen eine Bestimmungslogik der Zwecke selbst. Sie muss folglich davon ausgehen, dass die Zweckbestimmung in einem vorgelagerten Handlungszusammenhang bereits erfolgt ist, und zwar mit externen, im menschlichen Wollen angesiedelten Begründungen. Die Verwechslung von Binnenlogik und äußerer Zweckbegründung ist einer der ärgsten Missgriffe, die man immer wieder in ökonomischen Lehrbüchern und sonstigen Texten findet.

Entscheidend für die Charakterisierung von Wirtschaftstätigkeit ist der *Ideenreichtum*, der das praktische und in der Produktion dann physische Handeln zum Erfolg leitet. *Die Ideen* und *Umsetzungsprojektionen* bestimmen, was im Wirtschaften geschieht. Daraus folgt ganz klar, dass ökonomische Rationalität ein *nachrangiges* Prinzip ist, welches als Konstituente einer ganzen Wissenschaft viel zu dürftig und zudem methodologisch zu problematisch ist, zumal das Postulat der Sparsamkeit im Umgang mit knappen Mitteln oder der Vermeidung von Verschwendung kein auf Wirtschaftsvorgänge beschränktes Anliegen ist, wie man regelmäßig den Berichten der Rechnungshöfe entnehmen kann. Andere Versuche der Bestimmung des Gegenstandes der Ökonomie, nämlich eine allgemeine Theorie der rationalen Wahl zu sein[32], entgeht ebenfalls nicht den Bedenken, sachlich dünn und methodologisch nicht eingrenzbar zu sein. Eine solche Theorie hängt in der Luft, denn sie hat keine realen Entsprechungen. Es gibt keine *nur* rationalen Entscheidungen. 42

Diese Kritik der Neoklassik in Sachen ökonomischer Rationalität bedeutet keinesfalls eine Absage an *wissenschaftliche* Rationalität als notwendiger Status des 43

32 Vgl *Homann, Karl und Suchanek, Andreas* Ökonomik: Eine Einführung, Tübingen 2000.

Geistes oder als Zustand konzentrierter, kontrollierter Aufmerksamkeit bei der Erkenntnis von gesetzesförmig wirkenden Kräften hinter den realen Erscheinungen. Wissenschaftliche Rationalität im Bereich der Erforschung der Wirtschaft würde, um dies an einem Beispiel zu demonstrieren, von der These ausgehen müssen, dass nicht die Waren, die man in den Regalen der Geschäfte liegen und sich selber anpreisen sieht, die Produkte sind, sondern die von den Herstellern intentional entwickelten Gestaltideen, von denen die Objekte in den Regalen jeweils nur konkrete, singuläre Exemplare sind.[33] Eine entsprechende ökonomische Analyse der Warenwelt müsste dann als eine Ideenexegese mit kulturellem Hintergrund angelegt werden, und sie hätte eher Ähnlichkeit mit ‚Cultural Studies' als mit mathematischen Modellen der optimalen Faktorkombination.

4. Erste Zwischenbemerkung: Ist die Spielteilnahme ein Produkt?

44 Im Zusammenhang mit den Vermarktungskonzepten für Lotterien und andere Glücksspiele (aber nicht nur hier) kursieren teils artifizielle, teils skurrile Vorstellungen über den Produktcharakter der angebotenen Spielteilnahme. Dies ist ein grundlegendes Problem, denn ohne ein definierbares Produkt gibt es weder einen Preis noch einen Markt. Hier kommt insbesondere die bereits angeführte Unterscheidung ins Spiel zwischen einer abstrakten Produkt- oder Gestaltidee und den dinglichen Exemplaren, wie sie etwa in Displays besichtigt werden können. Ein Blick in die Praxis könnte tagtäglich die Bedeutung des Verhältnisses zwischen Gestaltidee (die sich beispielsweise in der Werbung findet) und dinglichem Einzelobjekt (welches sich vielleicht gar nicht mit den Erwartungen des Käufers deckt und dessen Unbehagen auslöst) erhellen. Das ökonomisch relevante, weil Wertungen auslösende Objekt ist die Ästhetik der Gestalt, selbst dann, wenn bei einem Spontankauf nur ein singuläres Objekt zum Kauf vorgelegt wird. Wäre dies anders, kämen nicht das Erinnerungsvermögen und die Phantasie ins Spiel, wenn man ein verführerisch aufgemachtes Werbephoto oder die etwas umständliche, bildhafte Beschreibung einer feinen Speise vor sich hat, wären wir nicht in der Lage, in einem Restaurant eine Speisekarte nach dem zu durchstöbern, was einem behagen würde.

45 Große theoretische Probleme scheint der Umstand zu bereiten, dass bei Dienstleistungen[34] das Verhältnis zwischen Erzeuger und Abnehmer nicht über einen Ge-

33 Vgl *Bendixen, Peter* (2005) S 99 ff.

34 Nicht alle so genannten Dienstleistungen sind Dienste, die direkt von Person zu Person geleistet werden. Diese bedürfen keines dinglichen Mediums, zB ein geldwerter Ratschlag. Handel dagegen ist keine Dienstleistung, sondern eine Leistung an Sachen. Sähe man das anders, dann wären alle Leistungen der Wirtschaft Dienstleistungen. Das entspräche dann dem verbreiteten Verständnis von

genstand „dingfest" gemacht werden kann. Wer sich seiner Sache beim Autokauf nicht sicher ist, macht vor der Entscheidung eine Probefahrt. Wer sich beim Besuch eines Konzertes nicht sicher ist, kann nicht probeweise teilnehmen und sich danach entscheiden zu bleiben oder wieder zu gehen. Bei Dienstleistungen besteht folglich ein spezifischer Typus von Ungewissheit darüber, welches die tatsächliche Leistung sein wird, für die geworben wird. Auf Seiten der Anbieter besteht deshalb eine überragende Notwendigkeit für die nachhaltige Schaffung einer prägnanten, verlässlichen Reputation, dh qualitativ hochwertiger, publikumswirksam kommunizierbarer Gestalten oder Leistungsideen.

Es gibt nun Produkte oder besser: Dienste, für die aus inhaltlichen Gründen nur sehr schwer eine den Käufern hohe Gewissheit und Befriedigung gebende, vorauseilende Reputation gewährleistet werden kann. Das ist zum Beispiel der Fall, wenn jemand eine Eintrittskarte für ein Fußballspiel erwirbt, dessen Ausgang von Natur aus ungewiss sein *muss*. Ebenso kann ein Konzertbesucher enttäuscht sein oder ein Ratsuchender sich in die Irre geführt fühlen. Der Anbieter kann keinerlei Zusicherungen in dieser Richtung geben, also keine Entsprechung zu dem zusagen, was bei dinglichen Erzeugnissen eine Garantie oder eine justiziable Eigenschaft genannt zu werden pflegt. 46

Es liegt, wie die Erfahrung lehrt, ein besonderer Reiz in der Teilnahme an einem Spiel mit ungewissem Ausgang, der zu einem meist berechenbaren Wahrscheinlichkeitsquotienten auch positiv für den Teilnehmer ausgehen kann. Nach aller Erfahrung wird die Teilnahme an einem Glücksspiel nicht errechnet, ist also kein rationaler Wahlakt zwischen verschiedenen Spielalternativen mit unterschiedlichen Wahrscheinlichkeiten, zB Lotterie, Lotto oder Toto, sondern ein subjektives Nachgeben eines (psychologisch vermutlich komplizierten, über längere Lebenszeiten verinnerlichten) Reizmechanismus *unterhalb* der rationalen Selbstkontrolle, also dort, wo der Mensch ganz Mensch sein kann, indem er eben spielt (Schiller). 47

Es ist grundsätzlich problematisch, hier von Irrationalität zu sprechen, denn emotionale Zustände gehören zur Vitalität der menschlichen Existenz und werden im sozialen Zusammenleben durch Kultur geformt.[35] Kultur ist die Existenzweise des 48

Wirtschaft als Dienst an der Gesellschaft. Die offiziellen Statistiken gehen indessen von einer anderen Klassifikation aus.

35 Von der Gehirnforschung kann mittlerweile mit ziemlicher Sicherheit bestätigt werden, dass von einem rein rationalen, von allen Bewusstseinstiefen abgekoppelten Denken keine Rede sein kann. Reine Rationalität ist eine Fiktion. Das menschliche Denken hat keine absolute Kontrolle über alle Gehirnfunktionen. Vgl. *Singer, Wolf* Verschaltungen legen uns fest: Wir sollten aufhören, von Freiheit zu sprechen. In: Hirnforschung und Willensfreiheit – Zur Deutung der neuesten Experimente. Hrsg v Christian Geyer. Frankfurt/M. 2004, S 30–65; *ders* Vom Gehirn zum Bewusstsein. Frankfurt/M 2006; Ernst Pöppel: Der Rahmen. Ein Blick des Gehirns auf unser Ich, 2. Aufl München 2006; *ders* Zum Entscheiden geboren: Hirnforschung für Manager. München 2008; *Eric Kandel* Auf der Suche nach dem Gedächtnis: Die Entstehung einer neuen Wissenschaft des Geistes, München 2009.

Menschen, und die darin liegenden kreativen Kräfte, auf die ja Rationalisten letztlich selber größten Wert legen, gilt es nicht zu unterdrücken, sondern zu gestalten. Spielen hat konstruktive Bedeutung in der Bildung und in der permanenten Aktivierung von Kultur. Das gilt auch für Glücksspiele. Wenn hier staatliche Obhut vorgesehen wird, dann sind Glückspiele (ebenso wie Fastnachtspiele, Festspiele, Olympische Spiele und viele andere Kulturpraktiken auch) eigentlich eine Sache der Kulturpolitik, nicht der Wirtschaftspolitik, wohin es diejenigen gern schieben möchten, die im Glücksspiel ein Produkt sehen.

49 Die Vorstellung, es handele sich beim Glückspiel um ein Produkt von der Art des „Verkaufs von Hoffnung"[36], ist nicht nur psychologisch schief, sondern sachlich absurd und unehrlich. Ein Spieler hat vielleicht die Hoffnung auf Gewinn, aber die muss man ihm nicht verkaufen. Der Verkäufer weiß aus Erfahrung und vielleicht Wahrscheinlichkeitsberechnung, dass die Gewinnaussichten unverhältnismäßig gering sind. Wenn überhaupt, dann könnte er allenfalls „Gewinn *und* Verlust" oder „Hoffnung *und* Enttäuschung" anbieten und müsste dies auch wettbewerbsrechtlich tun, da er genau um diese „Qualitäten" weiß. Auch die Ausrede, man verkaufe nur die Berechtigung zur Teilnahme, zieht nicht. Anders als bei der Eintrittskarte für ein Museum, welche das Recht auf aktive Betrachtung der Exponate gewährt, ist die Teilnahme an einem Glücksspiel an die Zahlung des *Einsatzgeldes* (und nicht nur einer Gebühr!) gebunden und ist damit *selbst Teil des Spieles*. Eben deshalb liegen ja spezifische Gefährdungsmomente durch überreizte Leidenschaften beim Glücksspiel vor, Leidenschaften, die nicht durch einmalige Teilnahme, sondern *durch die Regelmäßigkeit der Wiederholung in kurzen Abständen* zu einer dauerhaften Schwäche führen können. Wenn es sich also nicht um ein Produkt handelt, um das es hier geht, dann kann es auch keinen Markt geben, der hier etwas zu regulieren hätte.[37] Um das zu entscheiden, bedarf es einer weiteren Zwischenbemerkung.

5. Zweite Zwischenbemerkung: Wertungen, Gefährdungen und Ethik

50 Wem diese Argumentation nicht genügt, weil sie zu sehr an der Oberfläche der Wahrnehmung von Produktgestalten verläuft und die Wertungen zu substanziell auf der Grundlage komplexer individueller Lebensentwürfe gesehen werden, der wird erst recht Einlassungen zurückweisen, die die Ebene der subjektiven Wertlehre, wie sie gerade rein formal von neoklassischen Ökonomen hingenommen wird,

36 *Adams/Tolkemitt* S 513.

37 Der Fachverband Glücksspielsucht wird in der Urteilsbegründung des BVerfG (Absch V, Ziffer 71) mit dem Argument zitiert: „Eine Vermarktung von Glücksspielen wie ein normales Gut sei ... als problematisch anzusehen." Das ist eine sehr vorsichtige Haltung, die aus unserer Sicht deutlich zu unterstreichen ist.

weit ins Reich der Psychologie hinein überschreiten. Dies obwohl Wirtschaften nahezu permanent aus Wertungen besteht, die zumindest in der Praxis substanziell verstanden werden müssen.

Wertungsvorgänge verweisen auf subjektive, wertbildende Erregungszustände 51
(des limbischen Systems unseres Gehirns[38]), die zur kombinierten kognitiven *und* emotionalen Beurteilung von Situationen und zur Auswahl unter konkurrierenden Sinneswahrnehmungen lebensnotwendig sind. *Wertungen sind daher Verstandesleistungen des Gehirns auf der Grundlage von erregbaren Reaktionsmustern.* Es gibt keine Entscheidungen ohne Wertungen. Werte auf eine rationale Ebene zu heben und formal als unspezifizierte Präferenzen auszugeben, ist eine theoretische Möglichkeit, aber keine pragmatische Lösung. In die subjektiven Wertungen gehen, auch dies ist unvermeidlich, die individuelle Moral ebenso wie die verinnerlichten gesellschaftlichen Verhaltensmuster ein. Angepasste Menschen binden sich stärker an die Ethik der Gesellschaft, unangepasste, nach Neuem drängende oder spielerisch veranlagte Menschen richten sich stärker an sich selbst aus; sie suchen im Spiel sich selbst zu erfahren.

Die Wirtschaftspraxis ist in die Sphäre moralischer Wertorientierungen einge- 52
flochten und kann sich weder auf der Produzenten- noch auf der Konsumentenseite aus dieser Lage herauswinden. Die Wertungen, die ein Kaufinteressent einem angebotenen Objekt oder Dienst entgegenbringt und die ihn schließlich zum Kauf animieren, spielen sich essenziell auf der konkreten Ebene der Entscheidungsfindung ab. Man kann sich natürlich auf den Standpunkt stellen, dass jeder Mensch die Freiheit hat, sich in Kenntnis der Umstände, auf die er sich als Käufer einlässt, zu entscheiden, Risiken einzugehen, auch solche, die sein persönliches Lebensschicksal tangieren, wie das beispielsweise bei Extremsportarten der Fall ist. Es gibt aber theoretisch wie praktisch gute Gründe, in einigen Risikobereichen staatlicherseits regulierend einzugreifen, nicht nur weil es darum geht, Gefahren für Leib und Leben der Betroffenen abzuwehren, sondern letztlich auch, um Kosten, die von der Allgemeinheit zu tragen wären, zu mindern.[39]

38 Das limbische System steuert die Wechselbeziehungen zwischen den elementaren körperlichen Trieben und den kognitiven Funktionen des Gehirns. Es ist die zentrale Bewertungsinstanz und als solches überlebenswichtig. Menschliche Geistesentwürfe als reine Verstandesleistungen zu präsentieren, ohne die vom limbischen System ausgehenden emotionalen Impulse zu berücksichtigen, ist im Grunde widersinnig, denn sie liegen den Entwürfen zu Grunde und werden über die Kommunikation mit der Außenwelt von den Adressaten auf ihre subjektive Weise wertend „zurückgelesen“ (dechiffriert). Aus neurologischer Sicht ist die Trennung von Verstand und Gefühl offenbar ebenfalls problematisch. Vgl dazu ausführlich und mit erhellenden Konsequenzen auch für die ökonomische Wertproblematik *Singer, Wolf* Der Beobachter im Gehirn. Essays zur Hirnforschung. Frankfurt/M 2002.

39 Wenn es nicht zynisch wäre, könnte man argumentieren, dass die Bereitschaft, selbst ruinierende Risiken (wie beim Glücksspiel; wer kennt nicht die vielen Geschichten und Schicksale aus

53 Die Fürsorge- und Vorsorgepflichten des Staates haben präventiven, kurativen, moderierenden oder alimentierenden Charakter und dienen der Erhaltung der gesellschaftlichen Stabilität und Wohlfahrtsentfaltung. Man kann und muss über die Ethik des Staatshandelns im Einzelnen streiten, und die politischen Parteien und Verbände tun dies im Rahmen der demokratischen Verfassung. Es kann in vielen Situationen auch befunden werden, dass die Eigenkräfte der Gesellschaft gestärkt werden müssen, zB durch ehrenamtliche Tätigkeiten. Schließlich gibt es ein weites Feld individueller Tätigkeits- und Entscheidungsfreiheit, für das der Staat bzw die Verfassung mitsamt der Rechtsordnung lediglich regulierende Rahmenbedingungen festlegt. Dies ist im Bereich des marktwirtschaftlichen Handelns ganz überwiegend der Fall. Die Frage, um die es beim Glücksspiel geht, muss folglich auf das entscheidende Problem eingehen, ob Glücksspiele Selbst- oder Fremdgefährdungsmomente enthalten, die sich durch das „freie Spiel" von Angebot und Nachfrage nicht von selbst angemessen regeln, und ob nicht die auf einen Markt auftreffenden kommerziellen Interessen möglicherweise sogar die Gefährdungsmomente noch verstärken.

54 Im Falle des Lotteriewesens stellt sich diese Frage nicht anders als in allen anderen staatlichen Leistungsfeldern, allerdings mit der Besonderheit, dass erhebliche Anteile am Spielaufkommen, quasi gewillkürte Überschüsse, nicht an die Teilnehmer entsprechend dem Spielausgang zurückfließen, sondern an andere fiskalische Bereiche oder gemeinnützige Institutionen weitergereicht werden, dies allerdings nicht nach Belieben, sondern mit der gesetzlichen Bindung, dass der Ertrag der Lotterie „Zwecken zugute kommt, die allgemeiner Billigung sicher sind".[40] In ihrem Beitrag zum staatlichen Lotteriewesen argumentieren Adams und Tolkemitt ebenso wie Bahrdt von der Annahme aus, es handele sich bei der Teilnahme an einer Lotterie um einen Markt. Es stehen sich nach deren Beurteilung der Veranstalter des Spiels und die interessierten Mitspieler gegenüber und tauschen eine Leistung oder ein Leistungsversprechen gegen Geld. Das ist der charakteristische Denkansatz der Neoklassiker, und der bestimmt nicht nur das Produkt auf seine Weise, sondern erklärt manche Erscheinungen als Marktversagen, und zwar dadurch, „dass die Kunden mangels hinreichender Kenntnisse den wirklichen Wert der mit der Lottoteilnahme verkauften Hoffnung nicht richtig einzuschätzen vermögen und sie damit auch nicht imstande sind, die Angemessenheit der dafür verlangten Preise zu beurteilen."[41]

Spielkasinos?) einzugehen auf der Untergrundgewissheit ruht, im schlimmsten Fall werde die Gemeinschaft oder der Staat die Sache irgendwie auffangen und den verirrten Spieler nicht ganz verkommen lassen.

40 *Adams/Tolkemitt* S 511.

41 *Adam/Tolkemitt* S 513. Auch hier stellt sich die Frage, ob sich an diesem Dilemma etwas ändern würde, wenn Glücksspiele privat betrieben würden.

In der Tat, wenn es sich wirklich um eine Marktbeziehung handelte[42], dann ginge es um eine Wertung, die für die Teilnahmeentscheidung höchst relevant ist. Die Frage ist allerdings, ob Wertung stets und ausschließlich über die Geldschiene verläuft oder ob nicht das ganze limbische System im Gehirn mitwirkt und Spieltriebe freisetzt, die dem Teilnehmer selbst dann keine rein rationale Entscheidung mehr erlauben, wenn er vollständige Kenntnis über Gewinnchancen und Ausschüttungsquoten konkurrierender Glücksspiele besitzt. In diese Bewertungssphäre reicht das neoklassische Denkschema nicht hinein. Zwar ist das, was dabei an Einsichten zu Tage gefördert werden kann, eine durchaus wichtige Dimension. Aber die politische Entscheidung darüber, ob dieser Leistungsbereich kommerzialisiert werden sollte, kann damit keinesfalls begründet werden. Besonders absurd, fast schon schockierend, wird der Anspruch von Neoklassikern, mit ihren Denkmodellen auch religiöse Beziehungen in das Schema der Marktbeziehungen zwängen und beurteilen zu sollen. Da ist im gleichen Atemzug mit den Glücksspielen (Verkauf von Hoffnung) auch von Märkten für „Religionsdienstleistungen" die Rede, die angeblich ebenfalls unter einem Mangel an Transparenz leiden.[43] 55

Das methodologische Dilemma von Wissenschaften wie der Ökonomie, die es mit vom Menschen gemachten Objekten, Zuständen und Welten zu tun haben, ist nicht mit wenigen Federstrichen auflösbar. Die Fähigkeit des Menschen, Dinge zu schaffen, die von Natur aus nicht von selbst da sind, ist einerseits eine schöpferische Kraft, die die Menschheit weiterbringen kann. Sie enthält aber auch zerstörerische Potenziale, die aus Unkenntnis oder bösem Willen sich verwirklichen können.[44] Deshalb muss die Freiheit des Gestaltens unabweislich an Ethik gebunden sein, um nicht blinder Willkür Raum zu geben, und es gehört zum Ethos solcher Wissenschaften, dies methodologisch in den Mittelpunkt zu stellen. Ansätze dieser Art gibt es durchaus in der Ökonomie[45], nur sucht man sie vergeblich in der Neoklassik. 56

42 Um einen Markt kann es sich schon deshalb gar nicht handeln, weil Spieleinsätze keine Preise sind, und selbst wenn man sie so deuten will, man dann erklären muss, wieso sich diese Preise nicht frei im „Spiel von Angebot und Nachfrage" als angemessen einpendeln, sondern diktiert werden.

43 *Adams/Tolkemitt* S 513, Fußnote 17. Da könnte man beinahe zynisch werden: Wäre Transparenz durch informiertes Denken erreichbar, dann hätten die Theologen und Philosophen sich nicht Jahrhunderte lang vergebens mit dem ontologischen Gottesbeweis abmühen müssen. Die Neoklassiker hätten das Problem dann längst gelöst.

44 *Jonas, Hans* Das Prinzip Verantwortung – Versuch einer Ethik für die technologische Zivilisation. Frankfurt/M. 1979.

45 Vgl zB *Peter Ulrich* Integrierte Wirtschaftsethik – Grundlagen einer lebensdienlichen Ökonomie. 3. Aufl Bern/Stuttgart/Wien 2001; *ders* Der entzauberte Markt – Eine wirtschaftsethische Orientierung. Freiburg/Basel/Wien 2002.

57 Die rationalistisch orientierte Neoklassik enthält keine inneren Anknüpfungspunkte für ethische Vernunftgründe, weshalb die meisten Schriften zur Wirtschaftsethik, die es natürlich in der Ökonomie auch gibt, nicht über eine merkwürdig additive Sicht hinausgelangen oder sogar zu dem Kunstgriff genötigt sind, das rationale Verfolgen von Gewinnmaximierung selber zum ethischen Prinzip zu erklären.[46]

58 Nach wie vor werden Einwände aus ethischen Vernunftgründen auf Seiten der Rationalisten als unzulässige oder lästige Einmischung begriffen. Tatsächlich gebietet aber die Tatsache, dass die Kulturwissenschaften im Allgemeinen und die Ökonomie im Besonderen sich mit Erscheinungen der Realität befassen, die von Menschen geschaffen sind, eine um Verstehen und Interpretieren bemühte Methodologie. Folglich sind ihre wissenschaftlichen Bestrebungen in gewisser Weise selbstreferenziell (Menschen befassen sich mit Menschen), was methodologisch eine rein rationalistische Versachlichung oder Verdinglichung wie in den Naturwissenschaften nicht erlaubt, denn das hieße Menschen zu Gegenständen zu machen.

V. Die Debatte um die Privatisierung öffentlicher Leistungsfelder

59 Anstrengungen zur Vermeidung von Unwirtschaftlichkeit gehen nicht nur die Wirtschaft an, sondern alle öffentlichen und privaten Subjekte, die limitierte Mittel, meist finanzieller Art, für sich einsetzen wollen. Diese Anstrengungen gehen indessen argumentativ und faktisch in die Leere, wenn keine Klarheit über die Zwecke (einer einzelnen Maßnahme, eines Projektes, einer ganzen Institution) besteht. Das Verlangen nach eindeutigen (dh nicht weiter interpretationsbedürftigen) Zwecken ist leichter aufgestellt als erfüllt, mit einer bedeutenden Ausnahme: Wenn der Zweck präzise in Kategorien des Geldes angegeben und die einzusetzenden Mittel in eben dieser Dimension bewertet werden können. Ist der Zweck in monetären Einheiten bestimmt und existieren hinsichtlich der Mittelkombination Alternativen zu dessen Erfüllung, dann ist die Regel, nach der finanziell günstigsten zu streben, logisch rational (*und zugleich banal!*). Ebenso vernünftig ist unter solchen Bedingungen dann auch der Versuch, nach neuen Mitteln zu forschen (technisch-organisatorischer Fortschritt) und die Resultate die Kosten mindernd oder die Resultate verbessernd umzusetzen (Rationalisierung).

60 Die meisten staatlichen Leistungsfelder sind, so lehrt die Erfahrung und will es die öffentliche Meinung wissen, hinsichtlich solcher Rationalisierungsreserven in ihren administrativen Bürokratien noch nicht restlos und stringent genug durchleuchtet. Im Vergleich zur privaten Wirtschaft, so heißt es vielfach, bleiben die staatlichen und kommunalen Bürokratien hinter ihren Möglichkeiten weit zurück.

46 Vgl *Herzinger, Richard* Kapitalismus als Ethos. In: Kapitalismus oder Barbarei? Sonderheft der Zeitschrift „Merkur", Heft 9/10 2003, S 747–757.

Aus dieser Sicht wird gefolgert, dass Staatsaufgaben, so weit sie nicht hoheitlicher Natur sind und dies nicht unbedingt bleiben müssen, in private Hände gegeben werden müssen (Privatisierung). Private Hände stehen dem Prinzip der Wirtschaftlichkeit weitaus näher, weil dies dank des Damokles-Schwertes des Wettbewerbs Teil ihrer Existenzbedingungen ist; denn private Betriebe sind nicht existenziell gesichert.

Interessant für die private Kapitalvermehrung sind allerdings staatliche Leis- 61
tungsfelder nur insoweit, als sie profitabel sind oder nach geeigneten Rationalisierungsmaßnahmen profitabel gestaltet werden können. Zweifellos gibt es zahlreiche Fälle dieser Art, die zum Teil damit zusammenhängen, dass die öffentliche Hand wegen einengender Normen des öffentlichen Rechts nicht den gleichen Handlungsspielraum hat wie die private Hand. Die tut sich nämlich leichter, unrentable Zweige eines Leistungsfeldes nicht mehr zu bedienen oder höhere Preise durchzusetzen. Gelegentlich kommt es auch zu Vereinbarungen über öffentliche Zuwendungen (Subventionen), damit schwächelnde Leistungsbereiche beispielsweise aus sozialen Gründen aufrechterhalten werden können. Durch diese Art des strukturellen Umbaus, der mit der Privatisierung einherzugehen pflegt, wird indirekt die Ausgangslage wieder hergestellt, nur dass jetzt die ertragreichen Leistungsbereiche privatisiert worden sind und zur Deckung der Subventionen die Mischkalkulation mit profitablen Teilen des Leistungsbereichs nicht mehr zur Verfügung stehen.

Die Argumentationsstrategien, die in der Debatte um die Privatisierung öffentli- 62
cher Leistungsfelder eine entscheidende Rolle spielen, müssen und können hier nicht detailliert ausgebreitet werden.[47] Der Hinweis, dass die Auseinandersetzungen darüber gewöhnlich auf monetärer Ebene geführt werden (müssen[48]), ist indessen grundsätzlicher Natur. Auf dieser Ebene wird nicht nur klar ersichtlich, welche ökonomischen Kategorien weit in das politische Entscheidungsklima vorgedrungen sind, sondern es können umgekehrt auch Scheinargumente entlarvt und ökonomistische Vorurteile auf ihren ideologischen Hintergrund projiziert werden. Ein verbreitetes, klassisches Scheinargument hat sich aus der Behauptung gebildet, dass ein und dieselbe Sache in privater Hand kostengünstiger geleistet werden könne als in öffentlicher Regie. Falls man nicht von der Annahme ausgehen will, dass Bedienstete der öffentlichen Hand von Natur aus und im Vergleich zu privaten Leistungsträgern markant weniger klug und leistungswillig sind, dann kommen nur strukturelle oder geistesklimatische Ursachen für Effizienzunterschiede in Betracht.

47 Einige wesentliche Gesichtspunkte finden sich bei *Broß, Siegfried* Daseinsvorsorge – Wettbewerb – Gemeinschaftsrecht. In: Juristenzeitung Nr 18/2003, S 874–879.

48 Nicht-monetäre Argumente haben es immer schwerer, im dominierenden Horizont neoklassischen Denkens auch in der politischen Praxis Gehör und Berücksichtigung zu finden. Beinahe schleichend haben sich das monetäre Denken und die Überzeugung, der Markt sei der beste Richter auch im Bereich öffentlicher Leistungsaufgaben, durchgesetzt.

63 Es wäre in jedem konkreten Fall zu untersuchen, welche gesetzlichen, verwaltungstechnischen, politischen oder konstitutionellen Faktoren eine messbare Minderleistung (gemessen ausschließlich in Geldgrößen!) der öffentlichen Hand verursachen. Hat man dies eruiert, steht man nicht vor einem Problem der Wirtschaftlichkeit, sondern vor einem Problem des Rückbaus öffentlicher Kompetenzen und Rahmenbedingungen. Das bedeutet argumentativ wie faktisch nichts anderes, als dass die Gesetze, Verwaltungsverordnungen und Verfassungsnormen, beispielsweise das verfassungsrechtlich verankerte Sozialstaatsprinzip[49], an der betreffenden Stelle nicht mehr gelten sollen. Damit wird aber eine ganz andere Debatte über die Effizienz der öffentlichen Hand ins Leben gerufen, für die das neoklassische Wettbewerbsmodell schlicht inkompetent ist. Hier geht es nämlich um veränderte Zweckdefinitionen, und diese sind – wie an anderer Stelle betont – nicht mit Mitteln der ökonomischen Rationalität begründbar.

64 Der Wettbewerb am Markt beschäftigt sich ausschließlich mit sich selbst. Seine Logik ist, wenn man sie gelten lassen will, eine *Binnenlogik*. „Außerhalb des Wettbewerbs liegende Gesichtspunkte, Rahmenbedingungen bezüglich eines verwerfungsfreien Zusammenlebens der Menschen oder innere Hemmungen sind ihm fremd."[50] Setzt man diese Binnenlogik simulativ auf Situationen außerhalb des konkreten Modellhorizontes an, um zu ermitteln, was der Wettbewerb dort leisten würde, kommt man zu dem absurden Ergebnis, dass durch diese Ausweitung die dort geltenden Normen und Regeln wiederum nach außen gedrängt werden müssen, um eine modelladäquate Situation zu schaffen. Der Beweis für die Leistungsfähigkeit des (neoklassischen) Marktmodells ist folglich eine Tautologie. Ihr Einsatz in der politischen Praxis hat einen Kehrbesen-Effekt ohne Entsorgungsverpflichtung.

65 Die von Neoklassikern regelmäßig ins Feld geführte Argumentation, dass im Interesse der Gesellschaft und der Wirtschaft im Besonderen die Effizienz in den staatlichen und kommunalen Leistungsfeldern deutlich gesteigert werden könnte, wenn nur der steife Wind des Wettbewerbs die Amtsstuben durchlüften würde oder besser noch auf Individuen und Institutionen treffen würde, die im alltäglichen Umgang mit diesem Element professionell trainiert sind, erweist sich so als substanzlos und wird in vielen Fällen – zahlreiche Beispiele finden sich in dem zitierten Beitrag von Siegfried Broß[51] – durch die Praxis ad absurdum geführt. Der Markt kann vieles richten, vieles andere aber auch hinrichten. Die Erfahrung (und ebenso wissenschaftliche Forschungsergebnisse[52]), dass fehlende Transparenz, unterschwellige Koali-

---

49 *Broß* S 875.

50 *Broß* S 875.

51 *Broß* S 875 ff.

52 Der US-amerikanische Ökonom Joseph Stiglitz erhielt für seine Forschungen auf diesem Gebiet im Jahre 2001 den Nobelpreis für Ökonomie. Stiglitz hat zusammen mit einem Kreis von Kollegen jahrelang mit dem Problem befasst, ob der Markt in der Realität tatsächlich das leisten kann, was

tionsbildung, Täuschungsmanöver gegenüber Shareholdern und Stakeholdern und vieles mehr den Marktoptimismus der Neoklassiker nicht rechtfertigen, soll hier keine weitere Rolle spielen. Im Prinzip ist ja der Markt ein wirksames Regulierungsinstrument, nicht unfehlbar, aber bisher hat man noch kein besseres mit Aussicht auf praktische Umsetzbarkeit gefunden.

Die argumentative Schieflage in der Privatisierungsdebatte ist in den meisten 66 Fällen nicht allein auf Scheinargumente zurückzuführen, sondern beruht auf dem Umstand, dass die neoklassische Logik, wenn sie überhaupt greifen soll, nur auf der monetären Denkebene ansetzen kann. Von dieser Plattform aus Leistungsbereiche der öffentlichen Hand zu attackieren, ist nichts als Spiegelfechterei, denn es ist *nicht* Zweck des Staatshandelns, Geld zu akkumulieren und für dessen Vermehrung zu sorgen oder seine politisch begründeten Handlungen ausschließlich oder auch nur primär über das Geldargument zu planen und zu begründen. Gerade weil dies gilt, wird den staatlichen Lotterieveranstaltern gesetzlich auferlegt, Einnahmen, soweit sie nicht Verwaltungskosten sind oder zur Ausschüttungsmasse gehören, Zwecken zuzuführen, die öffentlicher Billigung gewiss sein können, zB für Kultur, Bildung, Sport und Umwelt.

Würden sich kommerzielle Interessen politisch durchsetzen und diese Finanz- 67 quelle des Staates verschließen, blieben nur zwei mögliche Reaktionen: Entweder werden die Zuwendungen an gemeinnützige Zwecke unterbunden und damit deren Existenz aufs Spiel gesetzt oder die Zuwendungen müssen künftig aus allgemeinen Haushaltsmitteln finanziert werden. Eine erfolgreiche Attacke auf einen einträglichen staatlichen Leistungszweig, kann – muss nicht in jedem Fall – die Leistungsqualität dieses Bereichs beeinträchtigen, wenn nämlich mit der Zeit aus Rentabilitätsgründen Preiserhöhungen nötig werden. Wichtiger sind jedoch die strukturellen Umgebungswirkungen, weil es nicht um isolierte Leistungsbereiche geht, sondern um einen allgemeinen öffentlichen Leistungsverbund.

Die Rechnung ist im Fall der Lotterieeinnahmen eigentlich ganz einfach: Die 68 Spieleinnahmen teilen sich auf in die Ausschüttungssumme, die Verwaltungskosten und die verteilbaren Überschüsse. Fließt nach einer Privatisierung ein Teil der Einnahmen in den privatisierten Gewinntopf, dann geht das entweder zu Lasten der Ausschüttungssumme, zu Lasten des für Verwaltung zur Verfügung stehenden Betrages oder zu Lasten der gemeinnützigen Zuwendungen. Quartum non datur. Welches wäre die gegenüber den Spielern und der Öffentlichkeit moralisch vertretbare Entscheidung? Es kann kaum anders ausgehen, als dass die staatlichen Haushalte unter Druck geraten und folglich an irgendeiner Stelle öffentliche Leistungen gestrichen werden müssen. Die politischen Folgen sind absehbar: Schrittweise Dekomposition politischer Regulierungsmöglichkeiten in ethisch sensiblen Bereichen bei

---

sich die neoklassischen Theoretiker vorgestellt haben. Das Ergebnis war ein Nein bzw nur ein eingeschränktes Ja.

fortschreitender Installierung eines monetaristischen Darwinismus unter Ausnutzung des positiven Images, das die Marktwirtschaft (zu Recht, wenn sie ethisch rückgekoppelt bleibt) in der Öffentlichkeit genießt. Der ausgeübte Druck kommt mit der Zeit vor allem deshalb zum Erfolg, weil sowohl nach dem Grundgesetz (Art 110, 1) wie nach den Verpflichtungen des Staates zur Erhaltung der Geldwertstabilität (Stabilitätsgesetz von 1967) die öffentlichen Haushalte zur Ausgeglichenheit von Einnahmen und Ausgaben gehalten sind.

69 Mit Recht wird auch im Zusammenhang mit der Debatte um die Privatisierung staatlicher Leistungsbereiche auf das Verfassungsgebot des ausgeglichenen Staatshaushaltes (in jüngster Zeit zusätzlich verstärkt durch das Maastricht-Abkommen der EU) hingewiesen. Ein ausgeglichener Staatshaushalt ist indessen kein Zweck, sondern eine notwendige Nebenbedingung politischen Gestaltungshandelns (hauptsächlich wegen der konjunkturellen Wirkungen, insbesondere auf die Geldwertstabilität), und diese Nebenbedingung begrenzt die Handlungsspielräume, um im gesellschaftlichen Gesamtinteresse konstruktive Projekte einzuleiten und Gemeinschaftsaufgaben zu erfüllen. Aus dem gleichen Grund kann und muss der Staat bzw müssen die Kommunen Wege finden, um für diese Zwecke durch Steuern, Gebühren und andere Instrumente die Einnahmeseite der Haushalte zu sichern.

70 Das staatliche Streben nach Geldeinnahmen ist kein marktförmiges Handeln, selbst dann nicht, wenn für die Einnahmen Gegenleistungen erbracht werden müssen. Das Ziel ist nicht Kapitalvermehrung, sondern Umlenkung materieller Ressourcen zu Gunsten sensibler Lebensbereiche, in denen eine andere Art von Vernunft als das „Ethos des Kapitalismus" (Herzinger) gilt. Schon der Ansatz, solche Bereiche mit dem neoklassischen Marktmodell zu analysieren, geht grundsätzlich fehl.

VI. Folgerungen

71 Die anhaltende Debatte um die Privatisierung staatlicher Leistungsbereiche der Daseinsvorsorge ist gekennzeichnet durch eine unreflektiert für optimal und unumstößlich gehaltene Anwendung des neoklassischen Wettbewerbmodells. In einem Bericht der Europäischen Kommission aus dem Jahre 2001 an den Europäischen Rat[53] heißt es beinahe euphorisch:

> „Für eine Vielzahl von Dienstleistungen von allgemeinem öffentlichem Interesse haben sich offene Märkte als optimale Instrumente zur Befriedigung der Bedürfnisse der Bürger und Unternehmen erwiesen. In den durch Gemeinschaftsmaßnahmen liberalisierten Sektoren hat der Wettbewerb zu einer vergrößerten Angebotsvielfalt und zu Kostensenkungen für die Verbraucher wie auch für die gewerblichen Nutzer geführt ..."

53 Zitiert bei *Broß* S 875f.

Zu einer solchen Bewertung gelangt man, wenn man die liberalisierten Märkte mit der Binnenlogik des Wettbewerbmodells misst und den Kehrbesen-Effekt außer Acht lässt. Siegfried Broß legt in seinem Beitrag zahlreiche Beispiele vor, in denen teilweise die Kosten für die Verbraucher nach der Liberalisierung gestiegen sind, in denen Sortimente aus Rationalisierungsgründen eingekürzt und die Leistungsqualität in den betreffenden Bereichen gesunken ist.[54] Die Befürworter dieser Strategie werden natürlich Beispiele benennen können, in denen tatsächlich Verbesserungen erzielt wurden. 72

In allen Realität gewordenen Fällen von Liberalisierung wäre aber erst noch zu prüfen, welche Faktoren die jeweiligen Befunde (seien sie positiv oder negativ im Sinne des Marktmodells) tatsächlich bewirkt haben und welche Bewertungskriterien zugelassen und welche eliminiert wurden. Aus der Debatte um die Privatisierung staatlicher Leistungsfelder wird jedoch eines deutlich: Das neoklassische Wettbewerbsmodell ist in seiner gegenwärtigen Form keine geeignete Plattform zur Entwicklung des Staatswesens. Es ist ein äußerst reduziertes Urteilsschema, das sich – wenn überhaupt – ausschließlich für die Binnenlogik des bereits installierten Marktes eignet, das aber auf keinen Fall für eine strukturelle Entwicklungslogik eine ausreichende Basis abgibt. 73

Die entscheidende Frage, um die es in dieser Abhandlung ging, bezieht sich auf das eigenartige Feld der Glücksspiele und das Problem, ob hier freie Märkte zur Geltung kommen können oder ob staatliche Obhut erforderlich ist. Letztlich ist dies eine nicht wissenschaftlich begründbare politische Bewertung hinsichtlich des notwendigen Ausmaßes staatlicher Betreuungs- und Mäßigungsverpflichtungen in einem Sachzusammenhang, in dem ein Selbst- und Fremdgefährdungspotenzial akut ist und nicht sich selbst überlassen bleiben darf. Andererseits besteht durchaus eine generelle Aufklärungs- und Beratungspflicht im Rahmen des Wissenschaftsethos, mögliche Fehlentwicklungen aufzudecken und Empfehlungen zu deren Korrektur auszusprechen. 74

Im Ergebnis unserer Überlegungen kommt eine unspezifische, aber begründete Skepsis gegenüber der ethischen Kompetenz freier Märkte im Falle von Glücksspielen ganz besonders zum Tragen. Die kulturelle Bedeutung des Spielens im Allgemeinen und die Gefahren eines durch Wettbewerb leicht aufheizbaren „Spiels mit der Hoffnung" raten nach wie vor zu einer regulativen Zuständigkeit des Staates bzw der zuständigen staatlichen Organe, und zwar nicht bloß als geschehensferne Aufsicht über formal korrekte Abläufe in der Praxis, sondern als gestaltender Regulator mit Kompetenzen über Personen und Dispositionen, über Bedingungen der Spielteilnahme und die Verwendung von Spielerträgen. Wem die Staatsbürokratie zu ineffizient und intransparent ist, kann auch andere Lösungen finden als das ex- 75

54 *Broß* S 876 ff.

treme Gegenteil. Denkbar wäre die Umwandlung der Lottogesellschaften in öffentliche Stiftungen. Die massiv von Adams und Tolkemitt vorgetragenen Vorwürfe der unsachgemäßen Verwendung von Geldern und anderer Unregelmäßigkeiten mögen in Einzelfällen Substanz haben. Die daraus indirekt zu schließende Behauptung, dass kommerziell betriebene Glücksspiele gegen alle Irregularitäten gefeit seien, gehört wohl ins Reich der Märchen.

76 Dieses Ergebnis enthält keine Aussage über den Umfang von Ausschüttungsquoten und über die Abführung von Spieleinnahmen für andere staatliche Aufgaben. Würde der deutsche Lotto-Totoblock privatisiert, nähmen die Abführungen aus den Einspielungen den Charakter von Steuern an. Über eine Spielsteuer von 50% hätten dann die Parlamentarier zu entscheiden, denn die müssten möglicherweise entstehende Einnahmelücken im Staatshaushalt auf in der Öffentlichkeit vertretbare Weise ausgleichen.

77 Mit diesem Ergebnis wird nicht grundsätzlich gegen Privatisierungen argumentiert. Es gibt gute Gründe, ausufernde Bürokratien zu einem erträglichen Maß zurückzuschneiden und administrative Hemmnisse für eine kreative Entwicklung gesellschaftlicher Kräfte in der Wirtschaft, im Gesundheitswesen, zum Teil im Bildungsbereich und bei den Künsten abzubauen. Abbau von Bürokratie heißt jedoch nicht generell Privatisierung, sondern mehr Hinwendung zum Substanziellen, zB in der Bildung und den Künsten. Die angepeilte Privatisierung oder Entstaatlichung von Glücksspielen ist dagegen ein Modellfall für die gegenläufige Tendenz, das gesamte öffentliche Leben in (vermeintlich) rationale und irrationale Sektionen aufzuspalten, in den rationalen Bereichen solche herauszufiltern, die kommerziell einträglich gemacht werden können, und den unergiebigen Rest der allgemeinen Wohlfahrtspflege zu überantworten. Was für eine Kultur soll daraus hervorgehen?

Norman Albers/Luca Rebeggiani

§ 4 Struktur und ökonomische Beurteilung des Sportwettenmarktes in Deutschland

Übersicht

I. Einleitung

Der Sportwettensektor stellt einen besonderen Teilbereich des Glücksspiels dar. Die Sportwette ist eine Vorhersage, die sich auf den Ausgang eines natürlichen Ereignisses (ein Sportereignis) bezieht, das sich außerhalb des Glücksspielsektors befindet und daher durch zT andere Eigenschaften gekennzeichnet ist als ein klassisches Glücksspielereignis wie eine mechanische Lotterieziehung oder eine elektronische Ausspielung am Geldspielautomat. Trotzdem wird die Sportwette im allgemeinen Verständnis zu den Glücksspielen gezählt und untersteht auch juristisch derselben Regulierung. 1

Diese zeichnet sich in Deutschland durch eine vergleichsweise strenge Gesetzgebung des Staates und gleichzeitig durch eine eher widersprüchliche Handhabung in der Praxis aus. Der 2012 in Kraft getretene Glücksspieländerungsstaatsvertrag (GlüÄndStV) schrieb zunächst vor, dass Sportwetten nur von bis zu zwanzig staatlich konzessionierten Anbietern „ausnahmsweise“ angeboten werden dürfen. Eine solche Konzession hat aber bisher kein Unternehmen, die den bedeutenden deutschen Sportwettenmarkt bedienen, erhalten. Trotzdem werden alle Marktteilnehmer geduldet und es entrichten mittlerweile auch neunundsiebzig Sportwettanbieter Steuern und Abgaben[1] ohne eine Konzession in Deutschland zu haben. 2

1 Angabe des BMF, vgl Bundesministerium für Finanzen (BMF) (2016), Bericht der Bundesregierung in Abstimmung mit den obersten Finanzbehörden der Länder über die Wirkungen der Neuregelungen des Gesetzes zur Besteuerung von Sportwetten, vom 15. März 2016, Deutscher Bundestag, Finanzausschuss, Drs 18(7) – 289 vom 22. März 2016, S 9.

https://doi.org/10.1515/9783110259216-004

3 Damit spitzt sich derzeit eine Situation zu, die schon lange diesen Sektor charakterisiert hat: Faktisch liegt ein Versagen der bisherigen staatlichen Regulierung vor, die sich durch unzulässige Marktzugangsbeschränkungen für private Anbieter bei gleichzeitiger Koexistenz legaler, illegaler und „halblegaler" Anbieter zusammenfassen lässt. In kaum einem anderen Markt in der Bundesrepublik dürfte über viele Jahre hinweg zu beobachten gewesen sein, dass sich der größte Teil des Marktgeschehens im nicht offiziell genehmigten, „grauen" Bereich abspielt. Der erste Glücksspieländerungsstaatsvertrag sollte durch das dort vorgesehene Erlaubnisverfahren für die Sportwettenanbieter endlich Klarheit und Rechtssicherheit schaffen. In der Abgrenzung zum Schwarzmarkt bemühen sich die Anbieter des Graumarktes um die erforderliche Konzession und haben am zentralen Erlaubnisverfahren der Länder teilgenommen oder sind im Besitz einer Erlaubnis des Landes Schleswig-Holstein.[2] Dieser Beitrag liefert eine erste ökonomische Analyse der neuen Marktordnung nach dem Ersten GlüÄndStV und beleuchtet zudem mit der Besteuerung von Sportwetten einen der strittigsten Bereiche. Zwei Fragestellungen stehen dabei im Fokus:

1. Inwiefern stellt der rechtliche Rahmen des GlüÄndStV eine ordnungspolitisch angemessene Regulierung des Sportwettenmarktes dar?
2. Wie ist unter betriebswirtschaftlichen (für die Anbieter) und wohlfahrtsökonomischen (für die Gesamtgesellschaft) Gesichtspunkten der aktuell implementierte Steuersatz von 5% auf den Wetteinsatz zu bewerten? Welche Auswirkungen auf Staatseinnahmen und Unternehmerverhalten hat der 2012 eingeleitete Wechsel in der Besteuerung gehabt?

II. Historische Entwicklung und Status Quo der Gesetzgebung

4 Der Markt für Sportwetten in Deutschland ist in Deutschland traditionell stark reguliert. Die starke Einflussnahme des Staates wird noch dadurch verstärkt, dass mit *Oddset* ein öffentlich-rechtlicher Anbieter auf dem Markt agiert. Lange Zeit war *Oddset* sogar der einzige legale Anbieter am Markt. Dieses Glücksspielmonopol des Staates hatte in Deutschland bereits im Zuge der Wiedervereinigung, des europäischen Einigungsprozesses und der Internet-Revolution erste deutliche Risse erhalten. Es

2 In der Abgrenzung der EU-Kommission sind Anbieter des Graumarktes Veranstalter, die zumindest in einem EU-Staat eine Erlaubnis innehaben, aber auch in anderen nationalen Märkten (hier Deutschland) operieren. Dem wird hier angesichts der Tatsache, dass 25 Unternehmen eine Sportwett-Veranstaltungsgenehmigung des Landes Schleswig-Holstein erhalten haben und 35 Unternehmen die Mindestanforderungen im ländereinheitlichen Verfahren des Landes Hessen erfüllt haben, nicht gefolgt. Vgl *EU-Kommission* (2011), Grünbuch, Online-Glücksspiele im Binnenmarkt, S 3.

war weder mit europäischem Wettbewerbsrecht noch mit der ständigen Verfügbarkeit von Online-Glücksspielangeboten (von zT namhaften internationalen Anbietern) problemlos zu vereinbaren.[3] Außerdem bestand juristische Uneinigkeit im Umgang mit vier Erlaubnissen, die noch von Gewerbeämtern der DDR an private Anbieter vergeben worden waren.

Im März 2006 erklärte das BVerfG das Glücksspielmonopol in der damaligen Form für unzulässig und mahnte eine Neuordnung an.[4] Die Länder wählten aus den möglichen Optionen (man hätte sich auch für eine Liberalisierung entscheiden können) den Übergang zu einem noch strengeren Monopol, und haben dies mit dem nach dem Urteil allein zulässigem Ziel der konsequenten Ausrichtung an der Bekämpfung von Suchtgefahren begründet. Das Fiskalziel der Einnahmenerzielung durfte demnach nur eine „erfreuliche Nebenfolge" sein; schied aber als Begründung für ein Monopol selbstredend aus. 5

Dieser Glücksspielstaatsvertrag (GlüStV) trat 2008 in Kraft und war von Anfang an in der Forschung und der Praxis sehr umstritten.[5] Insbesondere erwies sich die angebliche Ausrichtung am Ziel der Spielsuchtprävention ziemlich schnell als inkohärent und wurde zT sogar als Deckmantel für wirtschaftliche Ziele der staatlichen Anbieter interpretiert.[6] Im September 2010 hat der EuGH die Europarechtswidrigkeit nationaler Monopolregelungen festgestellt, wenn sie nicht dazu beitragen, die Wetttätigkeiten in kohärenter und systematischer Weise zu begrenzen. Infolge der Unanwendbarkeit des deutschen Monopols wurde abermals eine Neuordnung angemahnt.[7] 6

Die Neuordnung ist am 1.7.2012 mit dem Glückspielstaatsänderungsvertrag (GlüÄndStV) in 14 Bundesländern in Kraft getreten; in Nordrhein-Westfalen gilt er seit dem 1. Dezember 2012, in Schleswig-Holstein seit dem 8. Februar 2013. In Schleswig-Holstein galt von Januar 2012 bis Januar 2013 das „Gesetz zur Neuordnung des Glücksspiels", welches eine regulierte Öffnung des Marktes für private Spielanbieter und eine Lockerung des Werbeverbots für Glücksspiele vorsah. Zudem können Casino- und andere Glücksspiele online angeboten werden. Im Zuge dieser neuen Gesetzgebung erhielten 36 Glücksspielanbieter eine oder mehrere Lizenzen (25 für Sportwet- 7

3 Eine Darstellung dieser Entwicklung findet sich in *Janssen/Rebeggiani* (2008) Das staatliche Sportwettenmonopol in Deutschland.

4 Urteil vom 28. März 2006 (1 BvR 1054/01).

5 Für eine Übersicht der Diskussion siehe auch *Rebeggiani* (2010) Deutschland im Jahr Drei des neuen GlüStV – Reformvorschläge zur Regulierung des deutschen Glücksspielmarktes.

6 Insbesondere das strikte Vorgehen gegen private Anbieter bei gleichzeitig kaum nachlassender Werbetätigkeit für die eigenen Produkte und faktischer Nichtregulierung des (eigentlich besonders suchtanfälligen) „Kleinen Spiels" erzeugten beim ersten GlüStV kaum den Eindruck eines kohärenten Entwurfs gegen Spielsucht. Siehe dazu ausführlich *Rebeggiani* (2010) aaO und *Albers* (2008). Struktur und ökonomische Beurteilung des Sportwettenmarktes in Deutschland, Kap IV.

7 EuGH-Urteil vom 8. September 2010 in den Rechtssachen C-409/06 ua.

ten und 23 für Online-Casinospiele), die bis mindestens 2018 Gültigkeit haben. Es handelt sich um eine insgesamt liberalere Regulierung, mit der der dortige Gesetzgeber auf verschiedene strittige Punkte der alten Ordnung einging und ua die Möglichkeit des Marktzutritts privater Anbieter für den Bereich Sportwetten und Online-Casinos schuf.

8 Der „Gegenentwurf“ der 14 Bundesländer sah im Ersten GlüÄndStV die Vergabe von 20 Lizenzen durch ein ländereinheitliches Bewerbungsverfahren mit zentraler Zuständigkeit des Bundeslandes Hessen vor. Demnach soll das staatliche Monopol nur zeitlich befristet „ausgesetzt“ werden. Nach diesem Verfahren wurde allerdings bis dato (Anfang 2017) keine einzige Lizenz vergeben. Sämtliche Anbieter auf dem Markt werden seitdem faktisch geduldet und eine rasche Lösung dieses Stillstandes ist nicht in Sicht. Der Grund für diese Verzögerung liegt wohl in der enormen rechtlichen Unsicherheit bezüglich der Konzessionsvergabe, da grundlegende Aspekte der Konzessionserteilung (zahlenmäßige Begrenzung der Konzessionen, das Auswahlverfahren zur Erteilung und insbesondere die unterschiedliche Gewichtung von fünf Beurteilungskriterien bei vier gleichrangigen Gesetzeszielen) juristisch stark umstritten sind.

9 Insbesondere die Begrenzung auf zwanzig Konzessionen begegnete rechtlichen Bedenken, zumal 35 Bewerber die Mindestanforderungen des Verfahrens erfüllt haben. Die Konzessionserteilung wurde daher als nicht gesetzeskonform, fehlerhaft und intransparent gerichtlich gestoppt.[8] Nicht ohne Grund ist die Befürchtung verbreitet, die Verzögerung würde unter den (in den Glücksspielaufsichten der Länder zahlreichen) Befürwortern eines staatlichen Monopols stillschweigend in Kauf genommen, damit sich in der Praxis kein Konzessionssystem etabliert. Die Konzessionserteilung ist im GlüÄndStV nämlich ausdrücklich als „Experimentierklausel“ vorgesehen. Nach Auslaufen der Experimentierphase von sieben Jahren könnten dann die Länder den Sportwettenmarkt wieder strenger regulieren, da eine abschließende Gesetzgebungskompetenz des Bundes für das Glücksspielrecht insgesamt nicht existiert.

10 Allerdings haben die Bundesländer jüngst nun doch reagiert und überraschend wesentliche Eckpunkte der Regulierung geändert. So soll künftig Nordrhein-Westfalen für Konzessionserteilungen nach dem ländereinheitlichen Verfahren, Interneterlaubnisse für Pferdewetten und die Konzessionsabgabe (Sportwettensteuer) zuständig sein. Die gemeinsame Geschäftsstelle des Glücksspiel-Kollegiums wird künftig von Sachsen-Anhalt geführt. Sachsen-Anhalt ist ebenfalls für die zentrale Sperrdatei zuständig. Die Begrenzung von zwanzig Konzessionen soll aufgegeben werden und eine Vergabe nach qualitativen Kriterien erfolgen.[9] Online-Casino Angebote bleiben allerdings weiterhin verboten. Inwieweit diese Ankündigungen zu

8 VGH Kassel, Beschl v 16.10.2015, Az: 8 B 1028/15.

9 Pressemitteilung der Ministerpräsidentenkonferenz Nr 228/2016 vom 28.10.2016.

einer tatsächlich geänderten Praxis führen werden, wird im Verlauf des Jahres 2017 und in der nächsten Legislaturperiode zu sehen sein.

III. Empirische Bestandsaufnahme: Der Markt für Sportwetten

Welches ökonomische Ausmaß hat überhaupt der Sportwettenmarkt in Deutsch- 11 land? Eine genaue Quantifizierung gestaltet sich seit jeher schwierig. Zeitreihen sind nur für die wenigen „legalen" Veranstalter ermittelbar. Spätestens seitdem mit Inkrafttreten des ersten GlüStV 2008 sämtliche privaten Anbieter in eine rechtliche Grauzone relegiert wurden und nur *Oddset* offizielle Umsatzzahlen meldet, sind nur grobe Schätzungen als Stichtagsschätzungen möglich. Von diesen Schätzungen sind die der Unternehmensberatung Goldmedia die medial am stärksten wahrgenommenen, auch wenn in der Forschung nicht unumstritten. Eine erste Studie bezifferte die gesamten Spieleinsätze des deutschen Sportwettenmarkt im Jahr 2009 auf etwa 7,8 Mrd Euro, was einem Graumarktanteil von 94% entsprochen hätte, da nur knapp eine halbe Mrd Euro Umsatz den staatlich lizensierten Angeboten (*Oddset* und Pferdewetten) entstammte.[10] Eine Schätzung der Universität Hohenheim, basierend auf einer repräsentativen Bevölkerungsumfrage der *BZgA* aus dem Jahr 2009,[11] war dagegen konservativer und bezifferte den Gesamtumsatz auf 3,48 Mrd Euro, davon 3,04 Mrd unlizenziert (87,5%).[12] Für das Jahr 2012, also dem ersten Jahr unter der neuen Regulierung, beläuft sich die Goldmedia-Schätzung des gesamten Umsatzes auf dem deutschen Sportwettenmarkt auf 6,8 Mrd EUR (1 Mrd Euro Bruttospielertrag), wovon ca. 6,5 Mrd EUR (96,5%) auf unregulierte und 245 Mio Euro (3,6%) auf regulierte Anbieter entfiel.[13]

Wir schätzen den Gesamtumfang des deutschen Glücksspielmarktes im Jahre 12 2015, gemessen an den Spieleinsätzen, auf insgesamt 76,6 Mrd Euro, was (zumindest nominal) mehr als einer Verdopplung seit 2005 entspricht. Für die Hochrechnung der klassischen Geldeinsätze (brutto) spricht vor allem die Bemessungsgrundlage der Besteuerung der Glücksspiele. Das Rennwett- und Lotteriegesetz (RWLG) als maßgebliches Steuergesetz für alle Glücksspiele außer dem Geldautomatenspiel

---

10 *Goldmedia* (2010), Glücksspielmarkt Deutschland 2015. Gemessen am Bruttospielertrag entstammten 168 Mio Euro (14%) dem regulierten Bereich, die restlichen 1,03 Mrd Euro (86%) dem unregulierten Bereich.

11 Siehe *Bundeszentrale für gesundheitliche Aufklärung* (BZgA) (2010), Glücksspielverhalten in Deutschland 2007 und 2009. Die Stichprobe umfasste 10.000 Befragte.

12 *Becker/Barth* (2012) Der deutsche Glücksspielmarkt: Eine Schätzung des nicht staatlich regulierten Marktvolumens.

13 *Goldmedia* (2013) Glücksspielmarkt Deutschland 2017. Zusätzlich zum unregulierten Sportwettenmarkt wurde der Schwarzmarkt für Sportwetten auf etwa 1 Mrd Euro Umsatz geschätzt.

besteuert nämlich den Einsatz der Spieler und nicht den Bruttospielertrag des Veranstalters. Das zu beobachtende starke Wachstum geht allerdings ausschließlich auf das Konto bestimmter Spielarten: Zunächst fallen die Online-Casinos auf, die vor 10 Jahren noch nicht Teil der Betrachtung waren und heute über ein Drittel der Einsätze auf sich vereinen (Abbildung 1). Betrachtet man die Bedeutung der einzelnen Spielangebote, so erweisen sich die klassischen Geldspielgeräte mit 32% als der zweitgrößte Posten des Gesamtmarktes und haben ihren Anteil seit 2005 mehr als verdoppeln können. Die Produkte des DLTB, also hauptsächlich das klassische Lotto „6 aus 49", machen dagegen mittlerweile nur noch knapp ein Zehntel der Gesamtumsätze aus, so dass ihr Marktanteil seit 2005 auf weniger als die Hälfte geschrumpft ist. Auch die Klassen- und Fernsehlotterien haben deutlich an Gewicht verloren, während der Anteil der klassischen Spielbanken sich mit nunmehr 8% ebenfalls seit 2005 mehr als halbiert hat.[14]

13 Den Umfang des Sportwettensektors schätzen wir 2015 auf insgesamt 8,5 Mrd Euro an Wetteinsätzen, also etwa 11% des Gesamtmarktes. Dabei machen mittlerweile die traditionellen Sektoren Pferdewetten und *Oddset* einen kaum noch wahrnehmbaren Anteil aus, während das Gros der Einsätze im Grau- und Schwarzmarkt platziert wird. Die Abgrenzung in Grau- und Schwarzmarkt soll hierbei durch die Unterscheidung in regulierungswillige Erlaubnisbewerber und Erlaubnisinhaber des schleswig-holsteinischen Gesetzes (online und stationär) gegenüber den illegalen Trittbrettfahrern unter den Anbietern getroffen werden. Letztere sind Profiteure der mangelhaften Vollzugspraxis der Länder, die sich in einer abwehrrechtlichen Distanziertheit gegenüber der bekannten, offen am Markt tätigen Akteuren erschöpft, wohingegen die in der Illegalität tätigen Anbieter weitgehend ungeschoren davonkommen.

14 Diese regulatorische Dysfunktionalität von Sportwettanbietern, die sich um eine Erlaubnis und Kooperation mit den Glücksspielaufsichtsbehörden bemühen und dem nicht bekämpften Schwarzmarkt, ist im Grundsatz auch den Glücksspielbehörden bekannt. Dies soll hier exemplarisch an zwei Beispielen verdeutlicht werden: Im Land Bremen ging die Anzahl der bekannten, offen am Markt agierenden Wettbüros im Jahr 2016 sogar von 30 auf 28 zurück. Der Schwarzmarkt wird auf etwa 31 bis 35 Sportwettvermittlungsstellen zuzüglich einer weiteren unbekannten Anzahl von Sportwetten annehmenden „Teestuben" geschätzt.[15]

---

14 Eine weitere Schätzung von Peren und Clement basiert auf dem Bruttospielertrag und beziffert die Größe des gesamten deutschen Glücksspielmarktes auf 13,7 Mrd Euro, wovon 77% der Erträge reguliert seien, 12,4% dem Graumarkt und 10,7% dem Schwarzmarkt zuzuordnen sind (*Peren/Clement* (2016) Der deutsche Glücks- und Gewinnspielmarkt, S 22).

15 *Der Senator für Inneres Bremen* (2016) Fortschreibung des Berichtes zur Glücksspielaufsicht, Vorlage 19/65 für die Sitzung der Staatlichen Deputation für Inneres vom 11.8.2016.

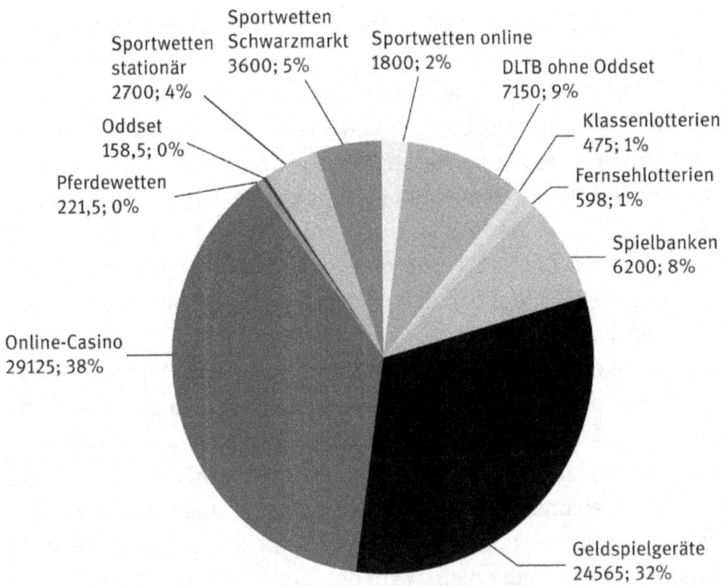

Abbildung 1: Spieleinsätze brutto in Mio EUR auf dem deutschen Sportwettenmarkt 2015
Daten: Deutscher Buchmacherverband eV

In NRW dagegen wurden in einer Totalerhebung in 138 Kommunen insgesamt 880 Wettvermittlungsstellen ermittelt.[16] Davon wurden als offen auftretende Wettbüros 420 nachgewiesen, das sind etwa 48%. In der Gastronomie und Kiosken wurden 375 Annahmestellen gezählt. Selbst in 49 Spielhallen und in 36 Vereinsheimen konnten Ende 2014 noch Sportwetten platziert werden. Obwohl die Vermittlung in Gaststätten, Spielhallen und Vereinsheimen von Sportstätten gegen das glücksspielrechtliche Trennungsgebot gemäß § 20 Abs 1 Satz 2, Abs 2 Satz 1 NRWGlüSpVO verstößt, werden diese relativ einfach zu bekämpfenden Tatbestände in der Verwaltungspraxis wenig geahndet. 15

Die Anbieterstruktur des Sportwettenmarktes in Deutschland 2015 ist demnach charakterisiert durch die Präsenz von bis zu ca 4.500 Wettvermittlungsstellen (Wettbüros, Sportbars, Wett-Terminals in Vereinsräumen etc), wovon nur etwa knapp die Hälfte den 35, die Anforderungen des hessischen Erlaubnisverfahrens erfüllenden, Sportwettveranstaltern zugeordnet werden können.[17] Darüber hinaus sind den Be- 16

16 *Trümper* (2015) Ergebnisbericht zur Feldstudie „Sportwetten in Spielstätten in Nordrhein-Westfalen".
17 Dies resultiert aus den vorstehenden Anteilsverhältnissen zwischen offen agierenden Sportwettbüros und den Teestuben und Vereinsheimen und korrespondiert auch mit bekannten Marktanteilen und der Anzahl der Vertriebsstellen.

hörden 130 deutschsprachige Internetportale ohne Teilnahme am Konzessionsverfahren bekannt.[18] Aber auch hier ist dies nur als „die Spitze des Eisbergs" zu bezeichnen, da eine Totalerhebung des Deutschen Sportwettenverbandes (DSWV) mehr als 500 Sportwettanbieter im Internet nachgewiesen hat, die von Deutschland aus zu erreichen sind und auch die Registrierung deutscher Spielteilnehmer akzeptieren.[19] Es ist daher von einer weiterhin hohen Dunkelziffer von illegalen Wett-Terminals, Annahmestellen unter der Theke und Online-Sportwetten (mittels PC und Smartphone) auszugehen. Die Schätzung von Peren und Clement, dass etwa 10% des Bruttospielertrages (BSE), auf den Schwarzmarkt entfallen würde, ist hierbei als absolute Untergrenze anzusehen.[20]

17 Wir gehen davon aus, dass zu den etwa 4,8 Mrd Euro an offenen Wetteinsätzen, die in Deutschland (online und terrestrisch) versteuert werden,[21] mindestens noch etwa 3,6 Mrd Euro an verdeckt im Schwarzmarkt platzierten Wetteinsätzen hinzu zu addieren sind.[22] Dies wäre ein realistischer Schwarzmarktanteil von etwa 40 Prozent bei den Sportwetten.[23] Die Gleichmäßigkeit der Besteuerung nach dem Grundgedanken des § 40 der Abgabenordung (AO), nach dem es für die Besteuerung unerheblich ist, ob ein Wettangebot zulässig ist oder nicht, wird deutlich in Frage gestellt.

18 Erste Ergebnisse für das Jahr 2016 zeigen eine Steigerung des Sportwettsteueraufkommens auf 307 Mio Euro, was einer Steigerung des besteuerten Wettumsatzes auf 6,13 Mrd Euro entspricht. Damit haben sich Umsatz und Steueraufkommen auf dem regulierten oder regulierungswilligen Sportwettenmarkt in Deutschland in nur einem Jahr um rund 28% erhöht.[24]

---

18 *Gemeinsame Geschäftsstelle Glücksspiel (GGS) der Länder* (2015), Jahresreport 2014 der Glücksspielaufsichtsbehörden der Länder, S 4.

19 *Deutscher Sportwettenverband* (DSWV) (2016), Auswahl von 500 Sportwettangeboten in Deutschland im Internet.

20 Vgl dazu ausführlich *Peren/Clement* (2016), Der deutsche Glücks- und Gewinnspielmarkt, Kap 2.4.

21 So betrug das Steueraufkommen aus der Sportwettensteuer im Jahr 2015 insgesamt 240,35 Mio Euro. Das Bundesland Hessen hat als Verwalter der Steuereinnahmen der ausländischen Sportwettveranstalter Kassenabgänge, die aus der Zerlegung des Aufkommens nach dem Königsteiner Schlüssel auf die anderen Länder verteilt werden. Vgl dazu Fachserie 14, Reihe 4 Steuerhaushalt des Statistischen Bundesamtes: 1.4 Nach Steuerarten und Ländern http://www.destatis.de/publikationen. Zur Besteuerung siehe ausführlich unten Kap. V.

22 So sind in Deutschland stationär etwa 40 Tsd bis 50 Tsd Wettautomaten in Betrieb, die monatlich durchschnittlich jeweils 6.000 Euro an Wetteinsätzen generieren. Der Betreiber muss lediglich eine Nutzungsgebühr für den Quoten- und Datenfeed via Internet bezahlen und kommt selbst für die Spielgewinne auf. Nach derzeitiger Rechtslage sind sie allesamt illegal.

23 Der Online-Casinomarkt mit über 29 Mrd Euro an Spieleinsätzen ist noch um ein Vielfaches größer, ist aber aktuell gar nicht erlaubnisfähig. Hier beruht die Hochrechnung auf der BSE-Schätzung der Länder von etwa 1,17 Mrd Euro. Vgl. GGS (2015) aaO, S. 11.

24 Vgl BMF (2017) Zusammenstellung der Ländersteuern im Kalenderjahr 2016 nach Ländern.

Einen speziellen Fall bilden im Bereich der Sportwetten die Pferdewetten, die historisch eine überragende Bedeutung für die Entwicklung des Sportwettensektors besitzen, quantitativ aber einen eher geringen Anteil am Gesamtmarkt ausmachen. Der deutsche Pferdewettensektor umfasste 2015 insgesamt 47 Rennvereine als Wett- und Freizeitveranstalter (für Galopp- und Trabrennveranstaltungen), 180 Wettannahmestellen (Buchmacher, Totalisator-Annahmestellen), davon 50 Totalisatorwettannahmestellen und 130 Wettbüros mit Buchmacherzulassung (die als zusätzliches Angebot 3 Geldspielgeräte betreiben können). Anders als in Gaststätten haben Jugendliche zu Buchmacherlokalen keinen Zutritt. Damit ist dieser Aufstellort aus Spielerschutzsicht für die Aufstellung von Geldspielgeräten vergleichsweise gut geeignet. Das Gesamtaufkommen der Pferdewetten am Totalisator belief sich 2015 auf ca. 52 Mio Euro, die Wetteinsätze bei Buchmachern auf ca. 169,5 Mio Euro, davon etwa 47,5 Mio Euro terrestrisch und 122,0 Mio Euro Online.[25] 19

IV. Ordnungsökonomische Aspekte

1. Allgemeines

Der Sportwettenmarkt als Teil des gesamten deutschen Glücksspielmarktes war lange Zeit, abgesehen von den seit 1922 erlaubten Pferdewetten, weitgehend unreguliert.[26] Erst durch die Verabschiedung des Glücksspielstaatsvertrages von 2008 sowie des Ersten Glücksspieländerungsstaatsvertrages vom 1. Juli 2012 wurden Regulierungen dieses Sektors vorgenommen. Glücksspiele werden als demeritorische Güter angesehen, die den Staat zu weitreichenden Eingriffen berechtigen.[27] Haben moralische Einwände gegen das Glücksspiel im 19. Jahrhundert noch zu einem allgemeinen Glücksspielverbot geführt, so hat sich der Staat im 20. Jahrhundert gerne als Monopolproduzent des Glücksspiels hervorgetan. Inzwischen dominieren in der Europäischen Union und auch in Deutschland Verbotsnormen mit spezifischen Ausnahmeregelungen, die den Charakter von Marktzugangsbarrieren haben.[28] An- 20

25 Alle Werte beruhen auf Eigenrecherchen der Autoren. Zu erwähnen ist noch, dass sich 2015 fünf deutschsprachige Onlineportale für Pferdewetten etabliert haben.

26 *Albers* (2008) aaO, Kap I.

27 Dieser von Robert A. Musgrave (1957) als „merit goods" entwickelte Begriff ist 1993 von Albers in das deutsche Schrifttum zum Glücksspielwesen eingeführt worden. Während der Konsum meritorischer Güter den gesamtgesellschaftlichen Nutzen erhöht (der Kollektivnutzen ist größer als der individuelle Nutzen; zB bei Bildung), verringert der Konsum von „demerit goods" den Kollektivnutzen, obwohl durchaus ein individueller Nutzen daraus gezogen werden kann (zB Kriminalität). Vgl *Albers* (1993) Ökonomie des Glücksspielmarktes in der Bundesrepublik Deutschland, S 114 ff.

28 Siehe dazu *Commission of the European Communities* (Hrsg.) (1991) Gambling in the Single Market – A Study of the Current Legal and Market Situation, Volume I–III, Luxembourg sowie *European*

ders als noch im ersten Glücksspielstaatsvertrag von 2008 wird nun auf die Konzessionierung der Sportwettveranstalter zurückgegriffen, bei der die Ausübung des Monopols zeitlich befristet an Private delegiert wird.[29] Über Jahrzehnte war das typische Beispiel dieser Delegierung der Spielbankensektor, in dem von privaten Unternehmen Spielbanken für die öffentliche Hand betrieben werden.[30] Ökonomisch ähnlich zu beurteilen sind Annahmestellen und gewerbliche Spielvermittler, die selbst über keine Zulassung verfügen und nur aufgrund einer zivilrechtlichen Vereinbarung mit dem (staatlichen) Veranstalter auf dem Markt tätig werden können.

21 Das Instrument der Konzessionierung – der Zulassung ohne Rechtsanspruch mit einem verwaltungsakzessorischen Strafvorbehalt – wurde seit 2012 auf weitere Marktsegmente ausgedehnt. Dies soll privaten Unternehmen jedoch nicht den Zugang zur Veranstaltung von Glücksspielen allgemein ermöglichen (in Gestalt der beschränkt zugelassenen Sportwetten gemäß § 10a GlüÄndStV), sondern teilweise den bisher möglichen Marktzugang deutlich beschränken und im Einzelfall sogar entziehen. Pferdewetten wurden bislang nur durch das Rennwett- und Lotteriegesetz überwiegend gewerberechtsähnlich geregelt. Durch die Ermächtigungsnorm des § 27 GlüÄndStV mit der, nicht unumstrittenen, Gesetzgebungskompetenz der Länder treten nun ordnungsrechtliche Vorschriften hinzu. So bedarf es einer gesonderten Erlaubnis für das Wettangebot im Internet und es besteht die Erlaubniserfordernis eines ausländischen Pferdewettanbieters bei einer inländischen Vermittlung an seinen Geschäftssitz.[31] Für das Automatenspiel mit Geldgewinn sieht das Gewerberecht nach § 33c ff GewO bei subjektiver Geeignetheit die (unbefristete) Erlaubnis für private Veranstalter vor. Nunmehr bedarf es jedoch auch einer glücksspielrechtlichen Erlaubnis nach § 24 GlüÄndStV,[32] die zum einen zeitlich befristet ist und zum anderen räumliche (Mindestabstand, Verbot der Mehrfachkonzession) wie auch zahlenmäßige Beschränkungen nach § 25 GlüÄndStV ermöglicht.[33]

Commission (Hrsg.) Study of Gambling Services in the Internal Market of the European Union, Lausanne, 2006. Diese neue Studie wurde vom *Schweizerischen Institut für Rechtsvergleichung* erstellt und ist abrufbar unter http://ec.europa.eu/internal_market/services/gambling_de.htm.

29 Vgl *Korte* (2004) Das staatliche Glücksspielwesen, S 2.

30 So wurden die niedersächsischen Spielbanken im Jahr 2004 von der Casino Austria GmbH erworben.

31 Vgl *Hambach/Brenner* (2014) in R. Streinz/M. Liesching/W. Hambach, Glücks- und Gewinnspielrecht in den Medien.

32 Einen Überblick über die diversen Rechtsnormen auf Bundes- und Länderebene für die Automatenbranche gibt http://www.awi-info.de/de/rechtliches (Zugriff am 25.5.2015).

33 Vgl *Berberich* (2014) in Streinz/Liesching/Hambach, Glücks- und Gewinnspielrecht in den Medien, GlüStV §§ 24–26, Rn 12ff.

Im besonders ertragreichen Lotteriesegment wurde das staatliche Veranstaltungsmonopol nach §10 GlüÄndStV für sogenannte große Lotterien wie dem „Lotto 6aus49" aus den Vorgängernormen praktisch unverändert übernommen. Eine Veranstaltererlaubnis kann nur eine öffentlich-rechtliche Anstalt oder ein Unternehmen erlangen, das sich unmittelbar oder mittelbar im Besitz der öffentlichen Hand befindet.[34] Die im Deutschen Lotto- und Totoblock (DLTB) zusammengeschlossen Gesellschaften bilden als Unternehmensvereinigung insoweit eine vertragliche Preis- und Konditionenabsprache in der Rechtsform einer Gesellschaft Bürgerlichen Rechts.[35] Die „GKL Gemeinsame Klassenlotterie der Länder" als Nachfolger der Süddeutschen Klassenlotterie (SKL) und der Nordwestdeutschen Klassenlotterie (NKL) und die beiden Fernsehlotterien von ARD und ZDF runden das öffentlich-rechtliche Lotterieangebot ab. 22

Die gebotene Regulierung von Veranstaltern, die sogenannte „Gewinnspiele" durch Teilnahme über Telekommunikationsdienste anbieten, ist hingegen erneut unterblieben. Dabei zeichnen sie sich durch Eigenschaften wie eine hohe Spielfrequenz, eine unübersichtliche Spielanlage und Geldgewinne bis in fünfstelliger Höhe aus, die nach gängigem Suchtforschungsstand zur Teilnahme animieren.[36] Da anzunehmen ist, dass die Gewinner zufällig ausgewählt werden, verschwimmt bei diesem Spielangebot zudem die Abgrenzung zum „klassischen" Glücksspiel. Selbst überwiegend zufallsabhängige 50-Cent Gewinnspiele je Teilnahme fallen allerdings nach der Rechtsprechung des Bundesgerichtshofs nicht unter dem Glücksspielbegriff im Sinne des § 3 Abs 1 GlüStV.[37] 23

34 Daneben gibt es besondere Unternehmensformen, die aber an den Marktzugangsbeschränkungen nichts ändern. Vgl *Albers* (1993) aaO, S 114 ff.

35 Es werden einheitliche Angebote mit einheitlichen Quoten und Einsätzen angeboten, um Wettbewerb zwischen den Gesellschaften weitgehend auszuschließen. Die im Staatslotterievertrag zusätzlich verankerte „Regionalisierung" der Einnahmen und der Spielteilnahme verstößt nach Einschätzung des Bundeskartellamtes gegen Kartellrecht, da es die Märkte unzulässig aufteilt und abschottet. Vgl *Entscheidung des Bundeskartellamtes* vom 23.8.2006 B 10-927 13 Kc 148/05 Rn 102–107 sowie www.bundeskartellamt.de/wDeutsch/download/pdf/Kartell/Kartell06/B10-148-05.pdfbestätigt OLG Düsseldorf, VI Kart 15/06 v 23.10.2006.

36 Das bekannteste Beispiel dürfte immer noch der interaktive TV-Spielsender „9Live" sein, der zeitweilig bis zu 20 Millionen Anrufe (Teilnahmen) monatlich erreichte. Dieser stellte allerdings im August 2011 den Sendebetrieb einstellte. Vgl http://www.rp-online.de/panorama/fernsehen/quiz-sender-9live-wird-eingestellt-aid-1.1349748 (Zugriff am 25.5.2015).

37 Die so getätigten Spieleinsätze sind mit der Portoaufwendung zur Teilnahme an einem Preisausschreiben vergleichbar und fallen deshalb unter die Geringfügigkeitsgrenze. Vgl OLG München (2005) – 6 W 2181/05 vom 22.12.2005, vgl BGH (2011) – I ZR 92/09, Rn 69.

2. Regulierungseingriffe

24 Die Reform der deutschen Glücksspielregulierung 2012 war infolge der Entscheidung des EuGHs[38] und der vorgehenden verfassungsrechtlichen Überprüfung des BVerfG[39] notwendig geworden. Der EuGH[40] prägt die Glücksspielregulierung in der EU und auch die *EU-Kommission* hat sich mit der Regulierung des deutschen Glücksspielsektors befasst.[41] Demnach hat sich die Glücksspielregulierung innerhalb der Rechtsordnung konsistent zwischen Bund und Bundesländern (vertikale Kohärenz) und auch im Horizontalverhältnis der Bundesländer untereinander darzustellen.[42] Dies dürfte jedoch bereits durch den Sonderweg Schleswig-Holsteins mit seinem eigenen Glücksspielgesetz von 2011 in Frage gestellt sein.

25 Ökonomisch können die regulativen Rahmenbedingungen auf zwei Arten beurteilt werden. Zum einen beeinflussen sie maßgeblich das Marktergebnis aus dem Zusammenspiel von Nachfrage- und Angebotsverhalten. Dabei bilden die gesetzlichen Rahmenbedingungen das Korsett der Marktstruktur. In betriebswirtschaftlicher Hinsicht sind Gebote und Verbote als Teil der Ordnungspolitik nicht nur „teuer", da sie direkte Kosten verursachen können, sondern auch den potentiellen Marktaustritt bedeuten können, nämlich dann, wenn ein zulässiges Angebot betriebswirtschaftlich nicht mehr kostendeckend erbracht werden kann,[43] weil die Spieler zunehmend zum attraktiveren illegalen Angebot ausweichen. Deshalb sind die regulativen Eingriffe selbst Objekt der ökonomischen Beurteilung anhand wohlfahrtstheoretischer Erwägungen. Dies ist Teil der ordnungspolitischen Diskussion.[44]

---

38 EuGH, Urteil vom 8.3.2010 Rs C-316/07, C-358/07 bis C-360/07 – *Markus Stoß ua.*

39 BVerfG, Urteil vom 28.3.2006 – 1 BvR 1054/01, ZfWG 2006, 16 (30).

40 EuGH, Urteil vom 24.3.1994 – C-275/92 – *Schindler*, zu Lotterien, Urteil vom 21.10.1999 – C-67/98 – *Zenatti*, Urteil vom 6.11.2003 – C-243/01 – *Gambelli*, Urteil vom 13.11.2003 – C-42/02 – *Lindman*, und Urteil vom 6.3.2007 – C-338/04 –, C-359/04 und C-360/04 – *Placanica ua* zu Sportwetten. Alle zitiert nach der Leitseite des EuGHs http://europa.eu.int/cj/de/index.htm.

41 *EU-Kommission*, Vertragsverletzungsverfahren 2005/4017, SG (2005) A/246 – Freier Dienstleistungsverkehr: Beschränkungen für Sportwetten in Dänemark, Finnland, Deutschland, Ungarn, Italien, den Niederlanden und Schweden, Pressemitteilung IP/06/436 vom 4.4.2006. Notifizierung 2006/658/D – Entwurf eines Staatsvertrags zum Glücksspielwesen in Deutschland. Ausführliche Stellungnahme vom 21. März 2007 (unveröffentlicht).

42 *Bahr* (2005) Glücks- und Gewinnspielrecht, S 37 ff.

43 Weiter unten wird beispielhaft auf den Austritt international agierender Wettanbieter wie *PaddyPower* und *Pinnacle* aus dem deutschen Markt infolge der Einführung der Sportwettensteuer, verwiesen.

44 *Albers* (1993) aaO, S 86 ff.

a) Verhaltensregulierung

Der in Deutschland nicht-regulierte Sportwettenmarkt (Grau- und Schwarzmarkt) hat sich deutlich zu Lasten des regulierten Marktes ausgeweitet, was negative volkswirtschaftliche und soziale Effekte zur Folge hat. Ziel der Politik sollte es sein, einen möglichst großen Teil des bis dato nicht-regulierten Marktes in einen geregelten Rahmen zu überführen. Gleichwohl sollte die Effektivität der Regulierung des Sportwettenmarktes unter gesamtwirtschaftlichen Kosten-Nutzen-Aspekten erfolgen und nicht nur unter dem Aspekt des pathologischen, übermäßigen Spiels betrachtet werden, wie dies aktuell überwiegend der Fall ist.[45] 26

Als soziale Kosten lassen sich auch die monetären „Regulierungsprofite" mithin also Fehlallokationen konstatieren, die aus der faktischen Deregulierung zugunsten des Schwarzmarktes resultieren. Volkswirtschaftlich ist dies zugleich nicht nur ein fiskalischer Verlust durch die damit verbundene Steuerhinterziehung im Schwarzmarkt, sondern löst auch zusätzliche soziale Folgekosten durch den fehlenden Jugend- und Spielerschutz als weiteres Ziel des GlüÄndStV (§ 1 Satz 1 Nr 3) aus. Ebenfalls wird das Ziel der Abwehr der Folge- und Begleitkriminalität (§ 1 Satz 1 Nr 4 GlüÄndStV) nachhaltig verletzt. 27

Rechtlich problematisch ist in diesem Zusammenhang die Vollzugspraxis der Länder „von oben nach unten", die in den letzten Jahren vor allem auf das Wettangebot und die Wettvermittlungsstellen der regulierungswilligen Bewerber um eine Sportwettkonzession fokussiert war. Begründet wurde dies mit materiell-rechtlichen Gesetzesregelungen, die auch ohne Genehmigung zu erfüllen seien. Um den Druck auf die illegalen, also nicht am Genehmigungsverfahren beteiligten Wettanbieter zu erhöhen, sollte dagegen die Kontrolle des Schwarzmarktes verstärkt werden, um somit auch die Anreize für einen Übertritt in den konzessionierten Markt zu erhöhen (also eine Vorgehensweise von „unten nach oben"). 28

aa) Werbebeschränkungen (§ 5, § 26 GlüÄndStV)

Vor diesem Hintergrund erscheinen die Auflagen des Glücksspielstaatsvertrages wie die Werbebeschränkungen für die am Erlaubnisverfahren beteiligten Sportwettanbieter, die als weiche „Verhaltensregulierungen" subsumiert werden können, als relativ gut handhabbar. 29

So enthält die Werberichtlinie der Länder, die gemäß § 5 Abs 4 Satz 1 GlüÄndStV am 7. Dezember 2012 verabschiedet worden ist, relativ weitreichende Zu- 30

45 *Bundeszentrale für gesundheitliche Aufklärung* (BZgA) (2016), Glücksspielverhalten und Glücksspielsucht in Deutschland. Ergebnisse des Surveys 2015 und Trends. Siehe auch *Forrest* (2008) Gambling Policy in the European Union: Too Many Losers? für ein Beispiel einer solchen gesamtwirtschaftlichen Kosten-Nutzen-Abwägung.

geständnisse hinsichtlich der allgemeinen Zulässigkeit des Sponsorings und der Dachmarkenwerbung der Sportwettveranstalter, die gerade im Fußball eine sehr große Bedeutung und Verbreitung erlangt haben. Werbung für Sportwetten im Fernsehen und Internet mit aktiven Sportlern als Testimonials bzw Identifikationsfiguren ist zwar nach § 5 Abs 2 GlüÄndStV der Werberichtlinie unzulässig, kann aber durch ehemalige Leistungssportler oder andere Prominente gleichwohl betrieben werden.

31 Ordnungspolitisch problematischer ist der generelle Erlaubnisvorbehalt für Werbung für Lotterien und Sport- und Pferdewetten im Fernsehen und Internet nach § 14 der Werberichtlinie. Zentrales Problem der Werberichtlinie ist hier die Einrichtung einer „Zensurbehörde" in der für die Erlaubnis zuständigen Behörde des Landes Nordrhein-Westfalen. Umstritten ist hier vor allem der Bestandschutz im Umgang mit den bereits in Schleswig-Holstein erteilten Lizenzen für Sportwetten, aber auch für Online-Casinos, die nach § 4 Abs 4 des Glückspieländerungsstaatsvertrag im Internet (Poker, Roulette etc) grundsätzlich verboten sind und deswegen von einem allgemeinen Werbeverbot gemäß § 5 Abs 5 umfasst sind.

32 Ebenfalls kritikwürdig ist aus ordnungspolitischer Sicht das bereits beschriebene, sich durch die gesamte Glücksspielregulierung ziehende Problem der mangelnden Gleichbehandlung: So wird das allgemeine Werbeverbot des § 5 Abs 5 bei den etwa 500 Internetanbietern für Sportwetten und auch für etwa 400 Online-Casinos nicht vollzogen. Es könnte jedoch bei Sportwettanbietern, die sich nicht am Erlaubnisverfahren beteiligt haben oder aber reine Online-Casino Anbieter (die ohne Lizenz des Landes Schleswig-Holstein sind), relativ leicht exekutiert werden. Auch dies dürfte verfassungsrechtlich gleichheitswidrig und EU-rechtlich inkohärent sein.

bb) Jugendschutz (§ 4 Abs 3 GlüÄndStV)

33 Die Einhaltung des Jugendschutzes gehört von jeher zu den Kardinalpflichten eines erlaubten Glücksspielangebotes. Dass Minderjährige (auch nicht in Begleitung) Spielhallen nicht betreten dürfen und an Glücksspielen nicht teilnehmen dürfen, war schon in der Urfassung des Jugendschutzgesetzes von 1951 im Regelungsumfang enthalten.[46] Dieses Anwesenheitsverbot ist gängige Verwaltungspraxis auch in den Auflagen für die Buchmachererlaubnisse nach dem Rennwett- und Lotteriegesetz, obwohl das Gesetz selbst dazu schweigt.

34 Die Aufnahme eines allgemeinen Teilnahmeverbotes für Jugendliche Im Glücksspielstaatsvertrag ist vor allem unter dem Aspekt der Gleichstellung von Online-

46 Jugendschutzgesetz vom 4. Dezember 1951 (BGBl I S 936).

Anbietern und terrestrischen Anbietern, die dem Jugendschutzgesetz unterfallen, zu begrüßen und ordnungsrechtlich unproblematisch.

cc) Sozialkonzept (§ 6 GlüÄndStV)

Die Aufstellung von Sozialkonzepten ist eine verbindliche Auflage für Buchmacher, Sportwettbürobetreiber und Spielhallen. Inzwischen haben Personalschulungen in der Früherkennung problematischen und pathologischen Spielverhaltens bzw zum Umgang mit betroffenen Personen aufgrund des Inkrafttretens des GlüÄndStV zum 1.7.2012 eine weite Verbreitung erfahren. 35

Auch wenn vereinzelt die Abkehr von „nutzlosen" Sozialkonzepten und stattdessen das Verbot von Glücksspielen gefordert wird,[47] erscheint die Weiterentwicklung der unternehmensbezogenen Sozialkonzepte auf der Mikroebene zu Screening-Instrumenten zur Früherkennung von problematischen Spielverhalten für die Fortbildung der Mitarbeiter durchaus sinnvoll. In der ökonomischen Analyse ist dies ordnungspolitisch nicht zu beanstanden: Ein gezieltes Instrument, das die negativen externen Effekte mindert ohne den Nutzen aus Produktion und Konsum eines Gutes durch weitgehende Verbote zu eliminieren, dürfte die gesellschaftliche Wohlfahrt erhöhen. Die Gesamtkosten-Nutzen-Relation für Glücksspiele wird so verbessert. 36

dd) Aufklärungspflicht (§ 7 GlüÄndStV)

Das BVerfG kritisierte in der Entscheidung von 2006, dass die staatlichen Veranstalter nicht hinreichend über die Suchtgefahren informierten und verlangte eine aktive Spielsuchtprävention, die über das bloße Bereithalten von Informationen hinausgeht. Gemeinsam mit der Verpflichtung, Sozialkonzepte zu erarbeiten, dienen die Vorgaben des § 7 GlüÄndStV den gleichrangigen Zielen der wirksamen Suchtbekämpfung sowie dem Jugend- und dem Spielerschutz. 37

Die Hinweise der Veranstalter auf die statistischen Wahrscheinlichkeiten von Gewinn und Verlust und anderen spielrelevanten Informationen, wie Mindest- und Höchsteinsätzen und Verfahren zur Gewinnermittlung, also zu festen Gewinnquoten oder variablen Totalisatorquoten, erhöhen die Transparenz für den Spielteilnehmer. Im Übrigen werden im Wesentlichen Angaben gefordert, die in den Wettbestimmungen und allgemeinen Geschäftsbedingungen der Sportwettanbieter, Totalisatorunternehmen und Buchmacher traditionell enthalten sind. 38

In der ökonomischen Analyse werden durch die Aufklärungspflichten vor der Spielteilnahme im Glücksspielwesen die wesentlichen Gesichtspunkte des Verbrau- 39

47 *Fiedler* (2016) Glücksspiele: Eine verhaltens- und gesundheitsökonomische Analyse mit rechtspolitischen Empfehlungen.

cherschutzes berücksichtigt, wobei allerdings Chancengleichheit zwischen Unternehmen und Verbrauchern nicht gegeben ist. Es fehlt eine der Verbraucherzentrale vergleichbare Institution, die eine aktive Rolle als Marktwächter für unbedenkliche, genehmigte Anbieter übernehmen kann.

40 Zwar bestehen mit den Vorgaben des § 6 und § 7 GlüÄndStV keine Zielantinomien mit den gleichrangigen Zielen des Glücksspieländerungsstaatsvertrages. Es fällt jedoch auf, dass trotz der verstärkten Transparenz der Anbieter des Graumarktes, die sich um eine Zulassung bemühen, dies dem Schwarzmarkt erkennbar keinen Abbruch beschert. Das Nachfrage- und Kaufverhalten der Spieler scheint hier nur indirekt zu reagieren. Aus der Sichtweise der Konsumenten ist vor allem die finanzielle Leistungsfähigkeit des Anbieters (Vermittler oder Veranstalter) entscheidend. Zudem ist in der Regulierungsdiskussion zu bedenken, dass durch das Umgehen der Steuerlast die Anbieter aus dem Schwarzmarkt generell an Attraktivität für die Verbraucher gewinnen.

ee) Spielersperre (§ 8 GlüÄndStV)

41 Der Anwendungsbereich der Spielersperre verpflichtet alle Veranstalter wie Lotterien oder gewerbliche Spielvermittler, aber auch die Buchmacher sowie die Konzessionsinhaber für Sportwetten nach §§ 4a und 10a GlüÄndStV, an einem zentralen Sperrsystem teilzunehmen. Damit soll dem Umstand Rechnung getragen werden, dass zum einen Spieler, die sich bei einem Veranstalter haben sperren lassen, nicht sogleich beim nächsten, konkurrierenden Veranstalter spielen können sollten. Zum anderen sollen Spieler, die ein problematisches Spielverhalten aufweisen und oftmals mehrere Angebote parallel wahrnehmen, wirksam auch von der Nutzung anderer Angebote ausgeschlossen werden.

42 Die Verpflichtung zur Teilnahme an der Sperrdatei wird jedoch für Lotterien mit (postuliertem) geringem Gefährdungspotential sowie Veranstalter der Wetten nach dem Totalisatorprinzip, also mit variablen Gewinnquoten, im Unterschied zu den Veranstaltern mit Wetten zu Festquoten, durchbrochen. Diese Differenzierung müsste aus ordnungspolitischer Sicht zumindest sorgfältiger begründet werden. Eine Begründung für die Freistellung gibt es allerdings nicht. Ferner ist auch hier das Problem des Schwarzmarktes, der an diesem System per se nicht teilnimmt, ungelöst. Weitere Implikationen sind die datenschutzrelevanten Vorgänge durch den Empfang und Abruf von Daten aus dem Sperrsystem durch Mitarbeiter sowie auch die Datenerhebung der gesperrten Spieler an sich.

43 Aus rechtlicher Sicht besonders kritisch sind die mit der Spielersperre verbundenen Folgen für den privaten Veranstalter und Vermittler von Sportwetten. Beim § 8 GlüÄndStV handelt es sich nicht um eine Norm öffentlichen Rechts. Ungeachtet der öffentlich-rechtlichen Konzessionserteilung wird deswegen der Sportwettveranstalter nicht in den Kreis der Träger (mittelbarer oder unmittelbarer) Staatsgewalt einbezogen. Ihrem Inhalt nach ist die Selbstsperre als vertragliche Verpflichtung

darauf gerichtet, zukünftig das Zustandekommen von Spielverträgen mit dem gesperrten Spieler zu verhindern.[48] Jeder Anbieter muss deshalb alle ihm möglichen und zumutbaren Anstrengungen – etwa sorgfältige Personenkontrollen mit anschließender Zurückweisung des Spielers – unternehmen, um eine erneute Teilnahme des Spielers am Glücksspiel zu verhindern. Anderenfalls macht er sich schadensersatzpflichtig.[49]

Will daher ein Spieler sich selbst sperren, geht er damit nicht nur eine zweiseitige privatrechtliche Bindung mit dem Veranstalter ein, der die Sperre verfügt hat. 44
Dabei geht der die Sperre entgegennehmende Unternehmer, mit der Annahme des Antrags, eine vertragliche Bindung gegenüber dem Spieler ein, um dessen Vermögensinteresse zu schützen und ihn vor wirtschaftlichen Schäden zu bewahren.[50] Die Selbstsperre entfaltet vielmehr Drittwirkung gegenüber jedem an der Sperrdatei teilnehmenden Unternehmen.

Bei jedem Zugangs- oder Teilnahmeversuch eines Spielkunden sind folglich des- 45
sen personenbezogene Daten zu erheben. Neben der Einschränkung des Rechts auf informelle Selbstbestimmung des Spielers, dass bei Konsum anderer demeritorischer Güter (Alkohol, Zigaretten) nicht eingeschränkt wird, ist vor allem die drohende Schadenersatzpflicht bspw. bei einem durch den Spieler absichtlich evozierten Missbrauch oder Fehlgebrauch (falsche Ausweisdaten) kaum überschaubar oder beherrschbar. Dies dürfte ebenfalls ein grundrechtsrelevanter Eingriff für den Sportwettunternehmer darstellen, der hoheitlich angeordnet dem Staat zuzurechnen ist.[51] Aus diesem Grunde besitzt diese rechtliche Problematik auch eine ordnungspolitische Dimension.

Eine mögliche Lösung, die zumindest die Rechtsunsicherheit und das wirt- 46
schaftliche Risiko der Unternehmer verringern würde, wäre es, Freibeträge für geringfügige Spieleinsätze einzuführen, bei denen die Erhebung personenbezogener Daten bei der Teilnahme unterbleiben kann. Spieleinsätze für Sportwetten, die sich im Bereich der Lospreise von ungefährlichen Lotterien bewegen, dürften für die allermeisten Spielteilnehmer harmlos sein. Solche Einsätze von etwa 2,50 Euro bis 5 Euro bedürfen keinem gesteigerten Schutzniveau im Vergleich zu „ungefährlichen" Lotterien, bei denen gleichwohl auch mehrere Tausend Euro mit einem Spielschein verspielt werden können.

---

48 BGH, Urteile vom 20.10.2011, aaO, Rn 9, und vom 15.12.2005, aaO, Rn 12.

49 BGH, Urteil vom 20.10.2011, aaO; vgl auch BGH, Urteile vom 15.12.2005, aaO, Rn 13.

50 BGH, Urteile vom 20.10.2011, aaO, vom 22.11.2007, aaO, und vom 15.12.2005, aaO.

51 *Liesching* (2014) § 8 GlüStV, Rn 6, in: Streinz, Liesching, Hambach (2014), Glücks-und Gewinnspielrecht in den Medien, Kommentar.

b) Angebotsregulierung

aa) Begrenzung der Anzahl der Erlaubnisse (§ 10 GlüÄndStV)

47 Die Begrenzung der Anzahl der Konzessionen stellt eine absolute Marktzugangsbeschränkung dar. Ursprünglich war die Begrenzung der Sportwettkonzessionen auf 20 Lizenznehmer vorgesehen. Das sehr formalisierte, stichtagsbezogene, dem Vergabeverfahren entlehnte „Konzessionsverfahren" hat sich aus ökonomischen und juristischen Gründen als nicht durchführbar erwiesen. Die Verwirklichung hätte weitere soziale Kosten bewirkt. Zahlreiche Sportwettanbieter, die leistungsfähig und wettbewerbsfähig gewesen wären, wären vom Marktzugang zum Nachteil der Spieler als Konsumenten ausgeschlossen worden, künftige Newcomer desgleichen. Eine ordnungspolitische und juristische Begründung dafür zu finden war von Anfang an aussichtslos.

48 Wie viele Anbieter sich nach der Grundsatzentscheidung, das Sportwettenmonopol aufzugeben, auf dem deutschen Markt etablieren, ist ordnungspolitisch unerheblich. Es bestehen auf dem Sportwettenmarkt keine Kostenersparnispotentiale durch die Größe der Marktteilnehmer („Economies of Scale"), so dass im Wettbewerb auf Dauer nur ein Unternehmen überleben würde. Die für das Vorliegen eines solchermaßen „natürlichen Monopols" notwendige Bedingung fehlt also auf diesem internationalen Wettbewerbsmarkt. Vielmehr begünstigt ein offener Marktzutritt die Funktionsfähigkeit des Marktes und führt damit zu einem besseren gesamtwirtschaftlichen Gleichgewicht. Anders liegt es beispielsweise bei Leitungsnetzen oder Verkehrswegen. Hier würde es sicher keinen Sinn machen, neben dem bestehenden Schienennetz der Deutschen Bahn ein weiteres zu bauen.

49 Nichtrivalität im Konsum und Nichtausschließbarkeit des Einzelnen (auch der Nichtzahler) von der Nutzung oder Teilnahme als Bedingung für ein „öffentliches Gut" (welches nur vom Staat angeboten werden kann), sind ebenfalls nicht gegeben. Anders als bei der Sicherheit auf der nächtlichen Straße durch Straßenbeleuchtung lässt sich bei Sportwetten und anderen Glücksspielen jeder Spielteilnehmer durch die Zahlung des Einsatzes von der Teilnahme ein- bzw ausschließen.[52]

50 Die Entscheidung, nur zwanzig Sportwettkonzessionen zu vergeben, war daher in erster Linie politisch motiviert, um den Ausnahmecharakter der Zulassung durch das zeitlich befristete Suspendieren des Monopols zu untermauern. Vergleichbar ist die Zulassung von Notaren, die als Träger eines öffentlichen Amtes mit einer Höchstzahlregelung oder dem Sozietätsverbot, weitreichenden Marktzugangsregelungen unterworfen sind.[53] Auch die „Konzessionsnehmer" für Sportwetten sollten

52 Zur Diskussion um die ordnungspolitische Legitimation des Glücksspielmonopols in Deutschland siehe ua *Rebeggiani* (2010) aaO, Kap 3.2., *Quitzau* (2007) Staatliches Wettmonopol – ohne ökonomische Legitimation, und *Daumann/Breuer* (2008) Zur Neuordnung des Lotteriemarktes in Deutschland.

53 BVerfG, Beschl v 22.4.2009 – 1 BvR 121/08.

quasi öffentlich „bestallt" werden und somit sehr viel einschneidenderen Berufsausübungsregelungen unterfallen können.

Die ab dem 1.1.2018 nach qualitativen Kriterien zu erlangenden Sportwettkonzessionen werden daher eher auch als gewerberechtliche Erlaubnisse zu bezeichnen sein. Es besteht zwar weiterhin ein präventives Verbot mit Erlaubnisvorbehalt, das Sportwettveranstalter aber nicht mehr generell verbietet, sie aber einer vorherigen Kontrolle unterzieht. Der Genehmigungsvorbehalt hat sicherlich auch rechtliche Auswirkungen auf die Verhältnismäßigkeit der Regulierung. Art 12 Abs 1 S 1 GG spricht zwar ausdrücklich nur von der Freiheit der Berufswahl. Da sich Berufswahl und Berufsausübung jedoch nicht klar voneinander trennen lassen, weil Anforderungen an die Berufsausübung auch die Berufswahl betreffen und in der Berufsausübung sich die Berufswahl manifestiert, schützt Art 12 Abs 1 GG die Berufsfreiheit als einheitliches Grundrecht.[54] 51

bb) Regulierung des Zuschnitts und Art des Glücksspielangebots (§ 21 GlüÄndStV)

Der Glücksspieländerungsstaatsvertrag von 2012 hat auch die Berufsausübungsregelungen im Hinblick auf das zulässige Wettangebot wesentlich geändert. Begleitende „Live-Wetten", also Wetten während des Sportereignisses „in play", sind nicht mehr gänzlich verboten, sondern als Wetten auf das Endergebnis zulässig. Außerdem wurde der Begriff der Abschnittswette neu eingeführt. Spezifische „Ereigniswetten" sollen jedoch weiterhin untersagt sein. Für die zugelassenen Wettarten nach § 21 Abs 1 GlüÄndStV wird folgende Regelung getroffen: 52

> *„Wetten können als Kombinationswetten oder Einzelwetten auf den Ausgang von Sportereignissen oder Abschnitten von Sportereignissen erlaubt werden. In der Erlaubnis sind Art und Zuschnitt der Sportwetten im Einzelnen zu regeln."*

Der § 21 Abs 1 war bereits im GlüStV alte Fassung enthalten und wurde dann mit dem Zusatz „oder Abschnitten von Sportereignissen" aber deutlich ausgedehnt. In § 21 Abs 4 Satz 3 werden erstmals die Begriffe „Endergebniswetten" und „Ereigniswetten" verwendet. Der ausdrückliche Verweis auf das Verbot von Ereigniswetten erfolgt im Zusammenhang mit der Ausnahmeregelung zu Live-Wetten. Im § 21 Abs 4, Satz 2 und Satz 3 GlüÄndStV heißt es weiter: 53

> *(4) (...) Wetten während des laufenden Sportereignisses sind unzulässig. Davon abweichend können Sportwetten, die Wetten auf das Endergebnis sind, während des laufenden Sportereignisses zugelassen werden (Endergebniswetten); Wetten auf einzelne Vorgänge während des Sportereignisses (Ereigniswetten) sind ausgeschlossen.*

54 Aus diesem Grund waren die Beschränkungen des Apothekengesetzes in der alten Fassung auch verfassungswidrig. Vgl BVerfGE 7, 377 (414 ff).

54 Die Gesetzbegründung ist für die Auslegung dieser Begrifflichkeiten denkbar knapp. In der amtlichen Begründung zu § 21 Abs 1 GlüÄndStV heißt es:

> *„Wetten können nach § 21 Abs. 1 künftig auch auf den Ausgang von Abschnitten von Sportereignissen zugelassen werden. Dies erfasst etwa Halbzeitwetten; nach wie vor ausgeschlossen werden alle Ereigniswetten (nächstes Foul etc.), die in besonderem Maße von Einzelnen manipulierbar sind.“*

55 Gemäß § 21 Abs 1 GlüStV sind Wetten auf den Ausgang des Sportereignisses und Abschnitte von Sportereignissen statthaft. Aus dem systematischen Zusammenhang ergibt sich nicht, dass Ereigniswetten, außer in der Form der Live-Wetten nach § 21 Abs 4, verboten sind. Wetten auf den Ausgang von Sportereignissen können auch Wetten auf die Anzahl der geschossenen Tore oder die Anzahl der verhängten Zeitstrafen sein. Beide Auslegungen sind denklogisch möglich. Zudem hätte das allgemeine Verbot der Ereigniswetten systematisch schon in § 21 Abs 1 erfolgen können und müssen: hier wird die Zulässigkeit von Sportwetten sui generis geregelt.

56 Ereigniswetten und Ergebniswetten sind im GlüÄndStV nicht definiert und daher auslegungsbedürftig. Es gibt einen Ermessenspielraum. Da die Ziele des § 1 GlüÄndStV gleichrangig sind, ist eine Abwägung mit dem weiteren Ziel der ausreichenden Versorgung mit legalen Spielangeboten und Bekämpfung der Schwarzmarktanfälligkeit notwendig. Per Definition besteht der folgende Zusammenhang von Ereignissen und Ergebnissen:

> *Ein **Ereignis** ist in der Wahrscheinlichkeitstheorie ein konkreter **Ausgang eines Zufallsvorgangs**. Alle möglichen Ereignisse eines Zufallsvorgangs bilden den **Ergebnisraum**.*[55]

57 Statistisch gesehen ist daher das Torergebnis von zB 2 : 1 für die Heimmannschaft ein Ereignis aus dem Ergebnisraum aller Torresultate und wäre daher als Vorhersage eine nicht zulässige „Ereigniswette“. Da diese enge Auslegung offensichtlich vom Gesetzgeber nicht gewünscht ist, müssen Ereignisklassen gebildet werden, um die zulässigen Ereigniswetten von den Wetten auf unzulässige Ereignisse abgrenzen zu können.[56]

58 Ereignisse im Sinne von Vorkommnissen, die im Spielgeschehen „auftreten“, sind relativ unstreitig Ereignisse im Sinne des Gesetzes. Dazu zählen Fouls und deren Sanktionen durch gelbe und rote Karten oder auch eine Spielunterbrechung, aber auch die Entscheidung über das Anstoßrecht durch Münzwurf des Schiedsrichters. Ökonomisch-statistisch haben diese Ereignisse auch keinen kausalen Einfluss

55 Vgl *Auer/Rottmann* (2015) Statistik und Ökonometrie für Wirtschaftswissenschaftler, S 150.
56 *Albers/Böhm/Rebeggiani* (2016), Ereigniswetten im Visier der Rechtsordnung, Kap III.

auf den Ausgang von Sportereignissen.[57] Insoweit kommen hier die rechtliche Auslegung wie auch der ökonomisch-statistische Beurteilung zum gleichen Ergebnis: Es fehlt diesen Ereignissen die „Ergebnisrelevanz“ im Sinne der Kausalität für das Ergebnis. Deutscher Fußballmeister wird nicht die Mannschaft, die die meisten Ecken zugesprochen bekommen oder die meisten Fouls begangen hat.

Betrachtet man jedoch Tore oder, je nach Reglement, die „Ereignisse“, die den Wettkampfsieg bewirken, so fällt die Beurteilung anders aus. So vereinigen Kombinationssportarten wie der Biathlon oder der Zehnkampf mehrere Sportarten, die für sich genommen als „Ereigniswetten“ anzusehen wären, da der Ausgang einer Teildisziplin das Endresultat noch nicht final bestimmt. So besteht ein Biathlon aus 2 oder 4 Laufrunden und Schießeinlagen, die jeweils für sich die Schnelligkeit und die Trefferleistung als abgrenzbare und bestimmbare Abschnitte auch „während“ des Sportereignisses (Ergebnis im Ereignis) ermöglichen. Ähnlich verhält es sich im Zehnkampf (Leichtathletik). Hier würde man der Vorhersage der Teildisziplinen sicherlich den Charakter von Abschnittswetten zuerkennen. Abschnitte von Sportereignissen können daher widerspruchsfrei zeitliche Unterabschnitte wie auch Untereinheiten (Satz im Tennis oder Etappen im Radrennsport) oder Teildisziplinen sein. Warum jedoch auf Etappensiege und den Gesamtsieg der Tour de France gewettet werden darf, nicht jedoch auf das nächste Tor in einem Fußballspiel oder den Torschützenkönig der Fußballbundesliga, ist aus statistischer Sicht unverständlich.[58] 59

Die abstrakte Manipulationsgefahr in Verbindung mit dem Schutz des Spielers vor betrügerischen Machenschaften sowie die Begrenzung des Glücksspiels werden als legitime Begründung für einen weitreichenden Eingriff in das Sportwettangebot angesehen, das bis auf eine einzelne Wettart heruntergebrochen, untersagt werden kann.[59] Ein Eingriff ist dann geeignet, wenn er den verfolgten Zweck fördert. Das Verbot wesentlicher Tipparten als nicht genehmigungsfähige „Ereigniswetten“ oder auch „Live-Wetten“ kann geeignet sein. Die entscheidende Frage ist daher, ob diese dezidierten Untersagungen von international üblichen Wettarten erforderlich sind, um die verfolgten Gemeinwohlziele nicht zu gefährden. 60

Zunächst ist es eine Tatsache, dass die Sportereignisse begleitenden Wetten für alle interessierten Spieler sehr wichtig geworden sind. Der Umsatz für Live-Wetten dürfte gegenüber den Pre-Match Wetten also Wetten, die bis zum Beginn des Sport- 61

57 *Ebd*, Kap IV.

58 Siehe dazu die ausführliche Diskussion in *Albers/Böhm/Rebeggiani* (2016) aaO.

59 Der Wettvermittler muss dann selbst einschätzen, ob eine Wettart zulässig ist oder nicht. Sie muss auch behördlich nicht explizit untersagt sein. Trotzdem sei der behördliche Verwaltungsakt hinreichend bestimmt. Vgl OVG Lüneburg 11. Senat, Beschl v 2.12.2016, 11 ME 219/16, Rn 40.

ereignisses platziert werden, inzwischen deutlich überwiegen.[60] Ein Verbot dieser Wetten stellt also eine weitreichende Einschränkung für die Angebotsseite dar und muss entsprechend ordnungspolitisch motiviert sein. Zudem stellt sich die Frage der Vereinbarkeit mit dem EU-Recht: In anderen EU-Staaten, die ebenfalls hohe gesundheitspolitische Standards für ihr Glücksspielangebot haben, bestehen keine vergleichbaren Verbote einzelner Wettarten, die sicher nicht ohne eine konsistente Definition vorstellbar wären.

62 Als eigentliche, primäre Bedrohung des Fußballsports, werden seit einigen Jahren völlig zurecht Spielabsprachen („Match-Fixing") identifiziert, was auch in der Bundesliga durch den Skandal um den Schiedsrichter Robert Hoyzer 2005 in den Fokus der Aufmerksamkeit rückte, aber auch schon früher im Zuge des Bundeligaskandals von 1971 ein Thema war.[61] Diese Form der Manipulationen werden durch die Regelungen des § 21 Abs 4, Satz 2 und Satz 3 GlüÄndStV nicht abgewehrt. Stattdessen wird die Konkurrenzsituation zwischen legalem und illegalem bzw dem frei verfügbaren „Offshore"-Sportwettangebot verschärft, da dieses keine Einschränkungen im Wettangebot zu beachten hat, also den Konsumenten eine breite Auswahl an besonders beliebten Live-Wetten anbieten kann. Damit werden die übrigen Gemeinwohlziele, insbesondere die Kanalisierung sowie der Spieler- und Jugendschutz, vor einem illegalen, aber durch die staatliche Regulierung indirekt gefördertem Wettangebot unterminiert. Fraglich ist zudem, ob Ereigniswetten tatsächlich stärker manipulationsanfällig sind: Angebotsseitig, also auch aus Sicht der beteiligten Manipulateure, sicherlich ja, da Absprachen, die ein einzelnes Ereignis betreffen, mit weniger Aufwand und geringerem Verlust an sportlichem Ansehen bewerkstelligt werden können als solche, die das Endergebnis betreffen. Nachfrageseitig, also aus Sicht der beteiligten „Financiers", aber nicht, da aufgrund der geringeren Marktgröße die Gewinnmöglichkeiten und die Aufdeckungswahrscheinlichkeit durch Frühwarnsysteme ungleich höher ist. Erste empirische Ergebnisse auf Basis von *Sportradar*-Daten scheinen zumindest gegen eine höhere Anfälligkeit zu sprechen.[62]

63 Insgesamt erscheint also die Eingriffsintensität der aktuell praktizierten Verbote bestimmter Wettarten unverhältnismäßig und ihre Begründung inkohärent. Die Eindämmung des unregulierten Glücksspielmarktes kann insbesondere im Online-

---

60 Der Datenanbieter *Sportradar* schätzt den Marktanteil von Live-Wetten weltweit auf ca 70% (Eigenrecherche der Autoren).

61 Match-Fixing ist nicht nur ein sportlich-ethisches Problem, sondern zerstört langfristig jegliche wirtschaftliche Grundlage des Profisports. Siehe dazu die ausführliche Diskussion in *Rebeggiani/Rebeggiani* (2013) Which factors favor betting related cheating in sports? Some insights from political economy.

62 Siehe dazu ausführlich *Rebeggiani* (2015) Use and misuse of regulation in fighting betting related corruption in sport – The German example.

Bereich insgesamt besser gelingen, wenn ein ausreichend attraktives legales Glücksspielangebot zugelassen wird. Eine Begrenzung des Glückspielangebotes kann auch in den umfangreichen Verhaltens- und Angebotsregulierungen angesehen werden, die der GlüÄndStV für in Deutschland zugelassene Anbieter vorsieht.

cc) Spieleinsatzbegrenzung des Online Angebots (§ 4 Abs 5 Nr 2 GlüÄndStV)

Im Interesse der Spielsuchtprävention und des Schutzes der Spieler vor übermäßigen Ausgaben sieht der § 4 Abs 5 Nr 2 des GlüÄndStV vor, dass die Summe aller Einsätze (nicht der Verlust) des Spielers 1.000 Euro im Monat nicht übersteigen darf. Allerdings kann in der Erlaubnis des Sportwettveranstalters ein abweichender Betrag festgelegt werden. Damit wird aus verfassungsrechtlichen Gründen in der Regel nur ein höherer Betrag festgelegt werden dürfen.[63] Anders als bei den Regelungen zur Spielersperrdatei, ist hier der Adressat der einzelne Sportwettveranstalter im Internet. Während die Verpflichtungen zum Unterhalt der Sperrdatei und die Sperrabfragen durch die verpflichteten Anbieter gemeinschaftlich durchgeführt werden, ist das Einsatzlimit eine unternehmensbezogene Begrenzung. 64

Der Schutz der Kunden vor überhöhten Wetteinsätzen stellt grundsätzlich ein legitimes politisches Ziel dar. Das starre Limit ist ordnungsökonomisch jedoch nicht unproblematisch. Es fördert beispielsweise auch die spielerseitige Eröffnung mehrerer Transaktionskonten, um parallel Spielangebote nutzen zu können oder im Falle des Erreichens des Limits auf andere Anbieter auszuweichen. Aus Anbietersicht ist es zudem für eine unerwünschte Anreizsetzung mitverantwortlich: Attraktive Spielangebote, die bspw. aufgrund besserer Quoten von vielen Spielteilnehmern vorgezogen werden, haben in der Verbrauchergunst zunächst einen Vorsprung. Ist jedoch das Setzlimit erreicht, müssen die Spieler auf andere Plattformen ausweichen, die sie aufgrund des schlechteren Online-Angebots sonst nicht nachfragen würden. Dieses als Problem der „Adversen Selektion" bekannte Phänomen der Negativ-Auslese ist gesellschaftlich suboptimal. Es lohnt sich im Zweifel für den besseren Anbieter nicht, auch ein besseres Angebot für den deutschen Markt bereit zu stellen. Diese eigentlich gut gemeinte Maßnahme könnte sich daher sogar insgesamt als wohlfahrtsmindernd erweisen. 65

Eine andere Variante dieser Maßnahme, die eine Selbstlimitierung mit einem individuellen Limit pro Tag, pro Woche und Monat ermöglichen soll, ist zwar international üblich, aus Spielerschutzsicht allerdings eher als unzureichend einzustufen. 66

63 *Bolay/Pfütze*, Glücksspielstaatsvertrag, zu § 4 allgemeine Bestimmungen, Rn 150.

(1) Regulierung des terrestrischen Angebots von Sportwetten (§ 21 GlüÄndStV)

67 Das Vermittlungsverbot von Sportwetten in Spielhallen ist rechtlich und ordnungsökonomisch unstreitig. Das Trennungsgebot nach § 21 Abs 2 GlüÄndStV enthält auch eine „Bannregelung" von Sportwettvermittlungsstellen in Bezug auf Spielhallen,[64] wobei das räumliche Ausmaß dieser Bannregelung wiederum rechtlich umstritten ist. Angeblich sei diese Bannregelung weniger restriktiv als das Verbot des baulichen Verbundes von Spielhallen gemäß § 25 Abs 1 und Abs 2 GlüÄndStV. Tatsächlich ist die vorliegende, auch obergerichtliche Rechtsprechung kontrovers. Während das OVG *Lüneburg* von einer recht extensiven Auslegung der Sichtbeziehung von Spielhallen und Sportwettvermittlungsstellen ausgeht, wonach auch ein Abstand von 30 Metern unzulässig ist, gehen das OVG *Münster* und einzelne bayerische Verwaltungsgerichte davon aus, dass eine ausreichende bauliche Trennung vorliegt, wenn der Spieler den öffentlichen Straßenraum betreten muss, um von einer Einrichtung in die nächste zu gelangen.

68 Das Trennungsgebot nach § 21 Abs 2 GlüÄndStV wird unter dem Gesichtspunkt der Spielsuchtprävention gerechtfertigt.[65] Soweit jedoch die Verfügbarkeit der Glücksspiele („Griffnähe") als tragende Erwägung eines Abstandsgebotes zwischen Spielhallen und Sportwettvermittlungsstellen herangezogen wird, so ist dies ordnungspolitisch problematisch, da es sich schlecht mit einer Reihe von grundlegenden Erkenntnissen aus der Suchtforschung vereinbaren lässt.

69 Die Griffnähe bezeichnet in der Suchtforschung konkret ein mehrstufiges Konstrukt. Zur physikalischen Verfügbarkeit der „äußeren Griffnähe" (Verfügbarkeit von bspw Alkohol oder Tabak in der Verkaufsstelle an entsprechender Stelle im Kassenbereich) und Überallerhältlichkeit in der distributiven Verbreitung (Einkaufsmöglichkeiten in der Nahversorgung), kommt die „innere Griffnähe" als Prädisposition und Einstellung des Konsumenten hinzu.[66]

70 Die Griffnähe beschreibt folglich keinen räumlichen/geografischen Zusammenhang oder gar eine Austauschbeziehung zwischen Glücksspielformen, sondern die Verfügbarkeit von Suchtmitteln in einem ökonomischen (zB niedriger Preis), sozialen (zB Bevorratung von Alkohol im Haushalt) und subjektiven (zB Einstellung zu, Wahrnehmung von Werbung) Kontext in einer Gesellschaft.[67]

71 Wenn jedoch die Verfügbarkeit nach den vorliegenden Erkenntnissen ein allgemeines Problem des Angebots von Glücksspielen ist und vor allem dabei das Online-Glücksspiel sowie das Geldautomatenspiel im Vordergrund steht, dann stellt

---

64 Vgl *Hecker/Ruttig*, in: Dietlein/Hecker/Ruttig, aaO zu § 21 Abs 2, Rn 40.

65 Vgl Erläuterungen zum GlüStV v 7.12.2011, S 40.

66 Vgl *Fengler* (2005) Handbuch der Suchtbehandlung: Beratung, Therapie, Prävention, S 16f, sowie *Singer/Schneider/Teyssen* (2005) Alkohol und Alkoholfolgekrankheiten: Grundlagen – Diagnostik – Therapie.

67 Vgl *Heigl-Evers/Vollmer* (2002) Therapien bei Sucht und Abhängigkeit, S 13.

sich die Frage, warum ausschließlich die terrestrischen Bezugswege Spielhalle und Sportwettvermittlungsstelle unter der einseitigen Privilegierung des Vorrangs der Spielhalle gemäß § 21 Abs 2 GlüÄndStV „räumlich entzerrt" werden sollen, nicht jedoch die weiteren Bezugswege von Glücksspielen wie Lotto-Toto-Annahmestellen, Gaststätten und Mikro-Gastronomie, Internet-Cafés, Spielbanken, Rennbahnen und Pferdewettbüros jeweils absolut und relativ zueinander in Beziehung gesetzt werden.

Durch das Gebot der Spielsuchtprävention müssten daher in verfassungsmäßig nicht zu beanstandender Weise für alle terrestrischen Bezugswege instrumental handhabbare Abstandsregelungen geschaffen worden sein. Dies ist jedoch nicht der Fall. Spielgeräte in Gaststätten sind gewerberechtlich gem § 3 Abs 1 SpielV und in den Landesausführungsgesetzen ohne weiteres zulässig. Desgleichen für Buchmacher. 72

Ordnungsrechtlich lässt sich das Trennungsgebot auch nicht aufgrund einer besonderen Spielsuchtproblematik dieser Angebotsformen rechtfertigen. Das von der Bundeszentrale für gesundheitliche Aufklärung (BZgA) empirisch ermittelte Korrespondenzspielverhalten über jeweils zwei Angebotsformen hinweg ergibt für das Automatenspiel in Spielhallen und Sportwetten keine gesteigerte Nachfragebeziehung, wohl aber für Sportwetten und Sofortlotterien oder Lotto „6 aus 49".[68] Die Untersuchung zeigt, dass Lotto vergleichsweise am häufigsten zusätzlich zu anderen Glücksspielen gespielt wird. Personen, die Internet-Casino oder die neue Eurojackpot-Lotterie als bevorzugte Spielformen angegeben haben, spielen sogar relativ am häufigsten weitere Glücksspiele. Hier gibt es jedoch keine Trennungsgebote. 73

(2) Begrenzung der Anzahl der Wettvermittlungsstellen durch die Ausführungsgesetze in den Ländern

Die Anzahl der Zulassungen in den Märkten für Pferdewetten und Geldspielgeräten war – von Begrenzungen der Anzahl aufgestellter Automaten in Gaststätten und Spielhallen abgesehen – vor Verabschiedung des Ersten Glücksspieländerungsstaatsvertrag nicht kontingentiert. Dies ermöglichte Wettbewerb zwischen den Veranstaltern, da bei objektiver Eignung eines interessierten Bewerbers der Marktzugang nicht verwehrt werden konnte. 74

Die jüngst aufgegeben Begrenzung der Konzessionen und die im Prinzip unbegrenzte Erteilung von Sportwett-„Konzessionen" nach qualitativen Gesichtspunkten bedeutet dagegen keine vollständige Marktöffnung für die Sportwetten. Die Anzahl der geplanten Wettvermittlungsstellen richtet sich – bis auf Schleswig-Holstein und 75

68 *Bundeszentrale für gesundheitliche Aufklärung* (BZgA) (2016), Glücksspielverhalten und Glücksspielsucht in Deutschland, S 63.

Hessen – nach wie vor an den landesrechtlichen Bestimmungen in den einzelnen Bundesländern (Tabelle 1). Schleswig-Holstein hat keine den Vergabekriterien entsprechende Vorgaben hinsichtlich der Anzahl der Konzessionen oder der Anzahl der Wettvermittlungsstellen gemacht. Auch Hessen hat nach Angaben des Glücksspielkollegiums im Vergabeverfahren bewusst keine Höchstzahl festgelegt, sondern will sich bei der Bemessung an den Zielen des GlüÄndStV orientieren.[69]

Tabelle 1: Zulässige Wettvermittlungsstellen nach Bundesländer
Quelle: Eigene Recherchen

Bundesland	**Zulässige Gesamtzahl**	**Einwohner**	**Anzahl Einwohner je Vermittlungsstelle**
Baden-Württemberg	600	10.814.000	18.023
Bayern	400	12.612.000	31.530
Berlin	200	3.515.000	17.575
Brandenburg	360	2.493.000	6.925
Bremen	140	661.000	4.721
Hamburg	200	1.806.000	9.030
Hessen		6.100.000	–
Mecklenburg-Vorpommern	95	1.633.000	17.189
Niedersachsen	2400	7.923.000	3.301
Nordrhein-Westfalen	920	17.838.000	19.389
Rheinland-Pfalz	240	3.997.000	16.654
Saarland	60	1.011.000	16.850
Sachsen	1300	4.128.000	3.175
Sachsen-Anhalt	60	2.304.000	38.400
Schleswig-Holstein		2.869.000	
Thüringen	100	2.214.000	22.140
Gesamtanzahl		**81.918.000**	

76 Nordrhein-Westfalen hat sich im Zuge des Gesetzgebungsverfahrens zum Ausführungsgesetz auf eine Höchstzahl von 920 Wettvermittlungsstellen festgelegt. Zusätzlich wurde in NRW, aber auch in Bremen, eine Mindestabstandsregelung von

69 Antwort zu Frage 203 vom 22.11.2012.

200 Metern zwischen Wettvermittlungsstellen auf dem Verordnungswege beschlossen, die allerdings keine Rechtsgrundlage im GlüÄndStV hat. Es fehlt der Vorbehalt des Gesetzes.[70]

Diese Begrenzung der Anzahl ist ordnungspolitisch nicht unproblematisch. Es 77
ist zunächst festzustellen, dass die drei wichtigsten sozioökonomischen Kriterien Agglomeration der Metropolregionen, soziodemographische Merkmale sowie Konsumentenmerkmale (Alter, Einkommen, Bevölkerung mit Migrationshintergrund) bei der Festlegung der Anzahl der Wettvermittlungsstellen in den Ländern keine Rolle gespielt haben. Der Vergleich der zulässigen Höchstanzahl bezogen auf die Einwohner kommt zu einer ziemlichen Streuung von 3.301 Einwohnern je Sportwettvermittlungsstelle (Niedersachsen) bis zu 38.400 Einwohner (Sachsen-Anhalt). Einen Sachgrund für diese Spreizung gibt es nicht.

Bereits durch das zweite Rechtsbereinigungsgesetz vom 29.12.1986 wurde eine 78
vergleichbare Begrenzung für Buchmacherlokale nach dem Rennwett- und Lotteriegesetz als verfassungswidrig aufgehoben. Die Begrenzung der Höchstzahl der Wettlokalitäten für Sportwetten ist wie eine Höchstgrenze von Lizenzen ebenfalls äußerst problematisch. Der Genehmigungsvorbehalt und die Beschränkung der Höchstzahl der Wettvermittlungsstellen greifen in das Grundrecht der Berufsfreiheit des Art 12 Abs 1 GG ein. Unmittelbar ist dies nicht für den Zugang des Berufs des Sportwettveranstalters ersichtlich, da dieser voraussichtlich nur qualitativen Begrenzungen unterliegen wird, aber es ist evident für den Beruf des Sportwettvermittlers gemäß § 3 Abs 6 GlüÄndStV,[71] der in den Landesausführungsgesetzen eigenen Zulassungsvoraussetzungen unterliegt und nicht subsidiär ist.

Zwar postuliert § 10 Abs 2 und 3 GlüÄndStV die Eingliederung des Vermittlers in 79
die Vertriebsorganisation des Veranstalters. Sollten die knappen Obergrenzen in einem Bundesland ausgeschöpft sein, so ist für Newcomer sowohl als Veranstalter als auch als Vermittler der Zugang zu ihrem Beruf verwehrt. Dies führt zu einem weiteren kommerziellen Handel mit solchen Zulassungen und entsprechenden „Windfall Profit" für die Veräußerer. Besonders in den Kerngebieten der Ballungsräume dürften so erhebliche Knappheitsrenten für Standortbetreiber entstehen können, die unter Konkurrenz nicht entstünden.

Der EuGH hat in einer vergleichbaren Regulierung der Zulassung von neuen 80
Apotheken in Asturien (Spanien) sowohl über eine demografische Begrenzung wie auch einen räumlichen Mindestabstand zu befinden gehabt.[72]

---

70 Vgl Glücksspielverordnung des Landes Nordrhein-Westfalen (GlücksspielVO NRW – GlüSpVO NRW) vom 29. März 2013, § 22.

71 Entscheidung des EuGH Rechtssache C-336/14 vom 4. Februar 2016 zur Frage der Sportwettvermittlung in Wettbüros (Ince-Entscheidung).

72 EuGH, Urt v 1. Juni 2010 – C-570/07 und C-571/07.

81 Die asturische Regelung sah keine absolute Obergrenze für die Anzahl der Apotheken vor, sondern eine Bevölkerungsdichte von 2.800 Einwohnern je Apotheke und einen Mindestabstand von 250 Metern zwischen den Apotheken. Beide Kriterien können jedoch im Fall einer beabsichtigten Neuerrichtung aufgeweicht werden.

- Eine zusätzliche Apotheke kann errichtet werden, wenn zumindest 2.000 Einwohner auf diese Apotheke entfallen.
- In Gebieten mit starker Bevölkerungskonzentration kann der Mindestabstand von 250 Metern unterschritten werden, wenn das vorgesehen Einzugsgebiet jeweils mehr als 2.800 Einwohner je Apotheke umfasst.

82 Diese Regelungen stellen zwar eine Beschränkung der Niederlassungsfreiheit dar, sind aber mit dem Unionsrecht vereinbar, vorausgesetzt, sie lassen sich so ausgestalten, dass in Bezirken mit besonderen demografischen Merkmalen die Errichtung einer hinreichenden Zahl von Apotheken nicht verhindert wird.

83 Angesichts dieser Rechtsprechung dürfte die Regulierung des GlüÄndStV mit starren Mindestabständen zwischen Spielhallen (und aufgrund des Trennungsgebotes des § 21 Abs 2 GlüÄndStV im Annex auch zu Sportwettvermittlungsstellen) und absoluten Kontingenten hinsichtlich der Anzahl der Sportwettvermittlungsstellen unionsrechtswidrig sein. Abgesehen davon steht den Kommunen durch das Bauordnungsrecht eine weitere Steuerungsmöglichkeit für die Ansiedelung von Wettbüros und Spielhallen zur Verfügung.

c) Angebotsprohibition

84 Ein Berufsverbot sieht der GlüÄndStV hinsichtlich des Angebots von Online-Casino und Online-Poker vor. Hier wurde außer des Sonderweges von Schleswig-Holstein ein Totalverbot kodifiziert. Begründet wird dies mit den besonderen Suchtgefahren aufgrund der Anreizwirkung, die von anonymen Automatenspiel im Internet ausgeht.

85 Auch wenn für diese Maßnahme aus Suchtpräventionssicht einiges sprechen könnte, da gerade Online-Casinos vermutlich eine überdurchschnittliche Suchtanfälligkeit aufweisen, so ist zunächst festzustellen, dass viele Sportwettanbieter im Internet ebenfalls Casino Angebote bereithalten. Darüber hinaus kann zumindest in Schleswig-Holstein legal an diesen Spielen teilgenommen werden. In der Folgenabwägung ist daher zu erkennen, dass die Länder einen großen Teilbereich des Internetangebotes nicht regulieren, gleichwohl jedoch die Teilnahme nicht unterbinden können. Dies dürfte zusätzliche soziale Folgekosten durch den fehlenden Spieler- und Jugendschutz verursachen, zumal dieses Marktsegment zu den am stärksten wachsenden Teilmärkten gehört. So geht der Evaluierungsbericht der Länder von einem Wachstum von mehr als 30% von 2014 auf 2015 aus.

d) Preisregulierung

Aus dem vielfältigen Instrumentarium der Eingriffsmöglichkeiten stellt die Preisregulierung ein besonders intensives Steuerungsinstrument dar. Die Länder haben den Besteuerungstatbestand der Sportwetten bereits im Zuge des Gesetzgebungsverfahrens zum GlüÄndStV deutlich ausgedehnt, die Steuerhöhe jedoch reduziert. Da nun alle Sportwetten mit Inlandsbezug besteuerbar sind, müssten alle fünfhundert Sportwettanbieter mit einem Angebot für deutsche Teilnehmer auch in Deutschland entsprechende Steuern abführen. Dies ist erkennbar nicht der Fall. 86

Als „Preis" des Glücksspiels wird, einer ökonomischen Konvention folgend, der (negative) mathematische Erwartungswert der Teilnahme, multipliziert mit dem nominellen Lospreis oder Preis einer Tippreihe, verwendet. Im Grunde kann man daher auch die Ausschüttungsquote als „Preisindikator" verwenden. Sinkt die Ausschüttung an die Wettnehmer, weil bspw die Wetteinsatzsteuer erhöht wird, so erhöht sich insgesamt der Preis des betreffenden Glücksspiels für die Gesamtheit der Teilnehmer und umgekehrt. 87

Ökonomisch bedeutsam ist in diesem Zusammenhang die Preiselastizität der Nachfrage, die eine Aussage darüber trifft, wie gut die Verbraucher infolge einer Preiserhöhung auf andere Wettangebote oder Glücksspiele ausweichen können, wenn der Preis der Sportwetten (zu stark) steigt. Gelingt dies, so ist die Nachfrage als elastisch zu bezeichnen. 88

Der intensive Quotenwettbewerb auf dem deutschen Sportwettenmarkt und die hohe Verfügbarkeit von Konkurrenzprodukten im Internet lassen eine Preiselastizität von größer 1 vermuten. Das bedeutet, dass eine Preiserhöhung um 1 Prozent einen überproportionalen Nachfragerückgang um mehr als einem Prozent evoziert. Empirische Untersuchungen gehen im Wettbereich von einer Preiselastizität von 1,25 bis 2,8 aus.[73] Die hohe Elastizität der Nachfrage dürfte mit ein Grund für den hohen Schwarzmarktanteil im Sportwettenmarkt sein. Anbieterseitig kann in den meisten Fällen die Sportwettensteuer von 5% des Wetteinsatzes nämlich nicht „unmerklich" in einem höheren Bruttospielertrag durch verringerte Wettquoten aufgefangen werden, sondern muss offen vom Spieler in Form einer Gebühr erhoben werden. 89

Die bislang vorliegenden Untersuchungen und die Reaktionen der Anbieter auf die Änderung der Bemessungsgrundlage durch die Änderung des Rennwett- und Lotteriegesetzes lassen von einer begrenzten Marktsegmentierung aufgrund unterschiedlicher Preiselastizität ausgehen. Die Elastizität der Nachfrager im Online-Markt erscheint noch deutlich höher zu sein als im landbasierten Vertrieb (vgl nachfolgend Abschnitt V.). Im Online-Bereich sind diverse anbieterseitige Reaktionen auf die Steuer erfolgt. Diese reichen von keiner Überwälzung über eine teilweise Überwälzung bis hin zu einem Marktaustritt des Anbieters. 90

73 Vgl *Albers* (2011) Grundzüge der Besteuerung von Sportwetten aus Sicht der Praxis, S 10.

91 Darüber hinaus erheben einzelne Kommunen weitere Vergnügungssteuern für die Sportwettvermittlungsstellen, in der Form der kommunalen Wettbürosteuer auf die Fläche des Geschäftslokales. Anknüpfungspunkt der Steuer ist hier das Vergnügen der Betrachtung und des Mitverfolgens von Live Übertragungen von Sportereignissen. Welcher Mehraufwand hier besteuert wird, zB im Vergleich zu einer Gaststätte, die dem Kunden über ein kostenloses WLAN die Teilnahme an Sportwetten via Internet ermöglicht oder einer Annahmestelle für Sportwetten, die ebenfalls dieser Steuer nicht unterfällt, ist nicht erkennbar.

92 Die Wettbürosteuer ist eine örtliche Aufwandsteuer und damit nach dem Grundgesetz zulässig, allerdings nur unter engen Voraussetzungen: Sie darf nicht gleichartig sein mit bundesrechtlichen Aufwandsteuern. Die Wettbürosteuer ist gleichartig mit der Sportwettensteuer auf den Wetteinsatz nach § 17 Abs 2 RWLG.

93 Es wird nämlich bereits durch die (unterstellte) Umsatzsteigerung eines Sportwettbüros mit Live-Übertragungen der Gesamtaufwand der Spieler auf ihre Wetteinsätze nach § 17 Abs 2 RWLG besteuert. Aufgrund der anbieterseitigen Umsatzmaximierung, die damit verbunden ist, wird auch ein wie immer gearteter Mehraufwand im Wettumsatz steuerlich erfasst. Für eine weitere pauschale Steuer auf die Fläche besteht jedoch kein Rechtsgrund, wenn der Wettumsatz ohne weiteres erfasst und nachgewiesen werden kann. Zudem werden erhebliche Lizenzkosten für die Übertragungsrechte in den Sportwettbüros vom Betreiber verlangt. Damit ist eine Besteuerung durch die Kommunen, die, für sich genommen, an dem gleichen Vorgang der Wetttätigkeiten anknüpfen wie die eigentliche Sportwettensteuer, verfassungs- und gleichheitswidrig sowie den Wettbewerb verzerrend.[74] Die ordnungspolitische Bewertung fällt also im Falle dieser Besteuerung eindeutig aus.

94 Aufgrund der Befreiung bei Gaststätten und sonstigen landbasierten Vertriebsformen wie den *Oddset*-Annahmestellen ist eine hinreichend bestimmbare Abgrenzung des Steuergegenstandes nicht gegeben. Damit läuft man zudem Gefahr, die sozialen Kosten zu erhöhen, wenn nämlich Anbieter versuchen sollten, der Besteuerung auszuweichen und nur noch ein illegales Wettangebot verdeckt vorhalten. Die betriebswirtschaftlichen Auswirkungen der verschiedenen Steuerarten werden im folgenden Abschnitt differenziert betrachtet.

74 VGH BaWü, Urt v 28. Januar 2016, Az 2 S 1019/15; anders das OVG NW Urt v 13.4.2016 – 14 A 1599/15, das einen „Wettmehraufwand" unterstellt, der nicht messbar sei. Nach unserer Meinung muß dies als denklogischen Fehler bezeichnet werden.

V. Besteuerung von Sportwetten

Die Debatte um die geeignete Besteuerungsform des Glücksspielsektors ist in Deutschland nur schwach entwickelt. Anders als im angelsächsischen Raum[75] existieren in Deutschland kaum Studien zu fiskalischen und wohlfahrtsökonomischen Aspekten der Regulierung. Nur punktuell wurden modellhafte Untersuchungen der Auswirkungen verschiedener Besteuerungsmodelle vorgenommen.[76] Es dominieren eindeutig juristisch geprägte Untersuchungen zur Verfassungsmäßigkeit der Gesetze und zu strafrechtlichen Fragen. 95

Dabei ist die Analyse der fiskalischen Folgen des GlüÄndStV von hoher ökonomischer und politischer Bedeutung. Zum einen stellt sich die Frage, welche Lenkungseffekte für die beteiligten Unternehmen ein neues Besteuerungssystem hat. Zum anderen steht eine wohlfahrtsökonomische Beurteilung aus. Hierbei grundlegend ist die Frage nach dem Steueraufkommen, dessen Höhe von verschiedenen Faktoren abhängt und ex ante nicht immer treffsicher prognostizierbar ist. Die wichtigsten Variablen sind dabei der Steuersatz und die Besteuerungsgrundlage. Als solche bieten sich die Wetteinsätze oder der Bruttospielertrag (BSE), also das, was dem Wettanbieter nach Auszahlung der Gewinne verbleibt. 96

Zu beachten sind auch andere Faktoren, wie die Ausschüttungsquote, die bei privaten Anbietern idR deutlich höher ausfällt (in Deutschland bei 91%) als bei den staatlichen, da diese eine Teil der Einnahmen für bestimmte Zwecke, zB Sportförderung, entrichten müssen.[77] Schließlich berührt die Wahl eines bestimmten Besteuerungssystems auch andere Aspekte, wie Suchtprävention und Manipulationsanfälligkeit. 97

Die Reform des deutschen RWLG ist begleitend zum GlüÄndStV am 1.7.2012 in Kraft getreten. Sie sieht eine Steuer von 5 Prozent auf den Wetteinsatz vor, wobei der Steuerschuldner der (in- oder ausländische) Veranstalter ist. Anknüpfungspunkt ist der Wettabschluss mit inländischen Spielern entweder als Rennwette gemäß § 11 oder als Sportwette gemäß § 17 Abs 2 RWLG. Dieser Steuersatz ist im internationalen Vergleich relativ hoch: Im Vereinigten Königreich beträgt er 15% des BSE, in Österreich 2% der Wetteinsätze, auf Malta 0,5% des Wetteinsatzes, um einige der wichtigsten Länder zu nennen, die Sportwettanbieter beheimaten. Vor der Reform betrug die Steuer für die *Oddset*-Produkte allerdings 16⅔ Prozent, also wesentlich mehr, für private Sportwetten war sie faktisch Null, da die Wettsteuer bislang nach dem Herkunftslandprinzip auf ausländische Sachverhalte nicht anfiel. Das anbietende Unternehmen war nur den gesetzlichen und steuerlichen Regelungen seines Heimatlandes unterworfen. 98

75 Vgl zB *Forrest* (2008) aaO, *Farrell* (2008), When Welfare Economics and Gambling Studies Collide, S 23–53 und *Smith* (2008): Lotteries as a Source of Revenue, S 99–125.

76 Eine der wenigen Beispiele ist *Albers* (2011) aaO.

77 So gibt *Oddset* eine Ausschüttungsquote von 58% an.

99 Die privaten Anbieter hätten eine Besteuerung des Bruttospielertrags präferiert, da diese eine bessere Planung ermöglicht: In diesem Falle würde der tatsächliche Ertrag des Sportwettenanbieters als Besteuerungsgrundlage herangezogen und nicht der Wetteinsatz, unabhängig davon, ob aus der Wette dem Buchmacher ein Gewinn oder ein Verlust erwächst. So ist in der Praxis sogar die kommunale Vergnügungssteuer für Geldspielgeräte tendenziell günstiger, da sie auf den Kassenerlös abstellt.

100 Analysiert man die Folgen der RWLG-Novelle, so muss man zwischen den Folgen für die öffentlichen Haushalte und den Folgen für die beteiligten Unternehmen unterscheiden. Für letztere entstehen durch die neue Besteuerung prinzipiell vier denkbare Reaktionsszenarien, die auch tatsächlich in der Praxis zu beobachten sind:[78]

1. Vollständige Überwälzung der Steuer auf die Spieler (beobachtet zB beim Anbieter *Mybet*).
2. 5%-Gewinnabschlag für erfolgreiche Wetten. Dabei trägt der Anbieter die Steuern auf verlorene Tipps (*Bwin, Bet365, Interwetten*). Allerdings wird auch die Ausschüttung an die Spieler reduziert, sodass diese die Steuer indirekt tragen.
3. Keine Überwälzung der Steuer auf die Spieler. Dies ist für große internationale Anbieter möglich, wenn der Eigenanteil des deutschen Marktes gering ist (*Tipico, Mobilbet*);
4. Möglich ist auch die schlichte Einstellung der Tätigkeit auf dem deutschen Markt (*PaddyPower, Pinnacle, Betfair*).[79]

101 Es ist also deutlich, dass der im internationalen Vergleich hohe Steuersatz beträchtliche Lenkungseffekte auf unternehmerischer Ebene hat. Da für die privaten Anbieter die Aussicht auf Legalisierung bereits ein großer Fortschritt gegenüber dem vormaligen strikten Monopol darstellte, wurden bislang die negativen Auswirkungen eher stillschweigend hingenommen. Dies könnte sich in einer künftigen Marktsituation mit erfolgter Lizensierung durchaus anders darstellen. Ein weiteres Problem stellt in diesem Zusammenhang der schon mehrfach erwähnte Schwarzmarkt dar, der auf eine Größenordnung von etwa 40% des gesamten Marktvolumens geschätzt werden muss und ebenfalls viele regulierungswillige Anbieter in ihrer Existenz bedroht, da sie idR mit den Angeboten von (nicht besteuerten) Schwarzmarktanbietern kaum mithalten können. Eine neue Herausforderung stellen hierbei (größtenteils illegale) Sportwettenautomaten dar, die in Kneipen, Teestuben oder Wettshops platziert werden.

78 Die Beispiele sind zum Stand Ende 2016. Selbstverständlich können sich Unternehmensstrategien (Preispolitik, Marktzutritt) auch wieder ändern.

79 Die weltweit größte Online-Wettbörse *Betfair* stellte im November 2012 aufgrund der 5%igen Sportwettsteuer seine Tätigkeiten in Deutschland ein.

Für die Staatseinnahmen sind die Folgen der RWLG-Novelle ebenfalls deutlich. Sie trug dazu bei, einen negativen Trend zu stoppen und sogar umzukehren, der seit langem zu beobachten war und sich seit 2008 drastisch verstärkte (Abbildung 2). In Zeitraum 2008–2011 ließen die strengen Vorgaben des Ersten GlüStV alle Staatseinnahmen aus Glücksspielen einbrechen. Den Sportwetteneinnahmen, die ohnehin allein aus den Steuern und Abgaben des Staatsmonopolisten *Oddset* bestanden, ereilte das gleiche Los, so dass sie in der Endphase des GlüStV 2010–2011 auf ein kümmerliches Niveau von ca 60 Mio EUR geschrumpft waren (Abbildung 3). Seit 2013 steigen sie wieder, so auch die Gesamteinnahmen, wobei sich der Zuwachs ziemlich relativiert, wenn man bedenkt, dass die Aufkommenssumme noch 2001 noch etwa 4,6 Mrd Euro betrug, dass ferner alle in Abbildung 2 aufgezeigten Werte nominal sind (also noch inflationsbereinigt werden müssten) und schließlich im gleichen Zeitraum die deutsche Wirtschaft eine robuste Wachstumsphase erlebte, die zB das Umsatzsteueraufkommen um ein Vielfaches steigerte. 102

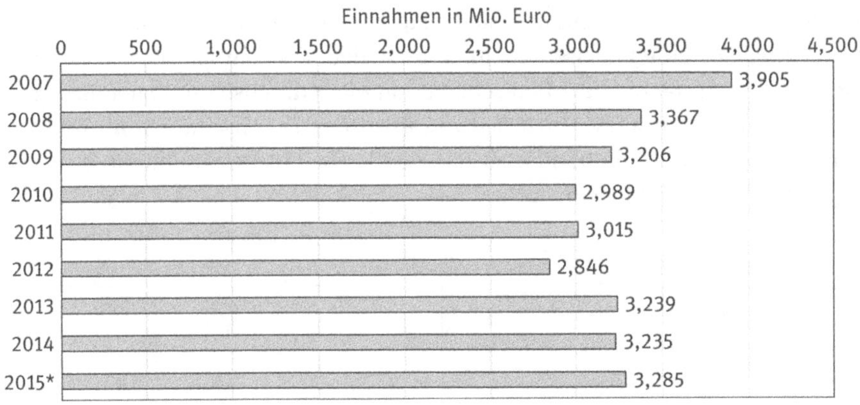

Abbildung 2: Einnahmen der Länder aus Glückspielen insgesamt in Mio Euro 2007–2015 (Steuer, Abgaben und Gewinnablieferung)
Daten: Statistisches Bundesamt (2015: Soll)

An diesen Daten lässt sich bereist erkennen, dass der GlüÄndStV durch die begleitende Novellierung des RWLG beträchtliche fiskalische Auswirkungen gehabt hat. Abbildung 3 verdeutlicht diesen Zusammenhang noch stärker. Nach einer langen Periode der Stagnation stieg im Jahr 2014 der Umsatz auf dem deutschen Sportwettenmarkt um 20% auf 4,5 Mrd EUR an. Dabei lagen die gesamten Staatseinnahmen aus Sportwetten bei 226 Mio EUR, wovon 219 Mio von privaten Anbietern getragen wurden. Für das Jahr 2016 zeigen erste Ergebnisse ein nochmaliges, starkes Ansteigen der Steuereinnahmen um 28% auf 307 Mio Euro, die ebenfalls größtenteils von privaten Anbieter entrichtet wurden. 103

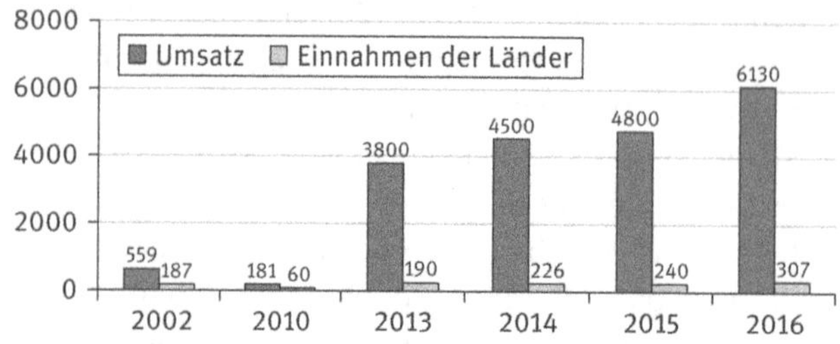

Abbildung 3: Eckdaten zum regulierten/regulierungswilligen Sportwettmarkt in Deutschland
Quelle: BMWi, Eigene Recherchen

104 Der Sportwettenmarkt ist kaum aus einem isolierten nationalen Blickwinkel zu betrachten, sondern muss in Zeiten des Online-Bettings und des gemeinsamen Binnenmarktes in einem internationalen, ja zumindest in einem europäischen Kontext eingebettet gesehen werden. Dies gilt auch für die Besteuerung, die die Wettquoten der Anbieter maßgeblich beeinflusst, da die Steuern idR direkt oder indirekt auf den Spieler überwälzt werden müssen. Im internationalen, insb europäischen Vergleich der 28 EU-Mitgliedsstaaten liegt Deutschland mit einer durchschnittlichen Besteuerung des Bruttospielertrages von 26% etwas über dem Durchschnitt von 23% (Abbildung 4). Hierbei wird ein normierter BSE von 19,5% ubterstellt, um die Besteuerungsbelastung vergleichbar zu machen.

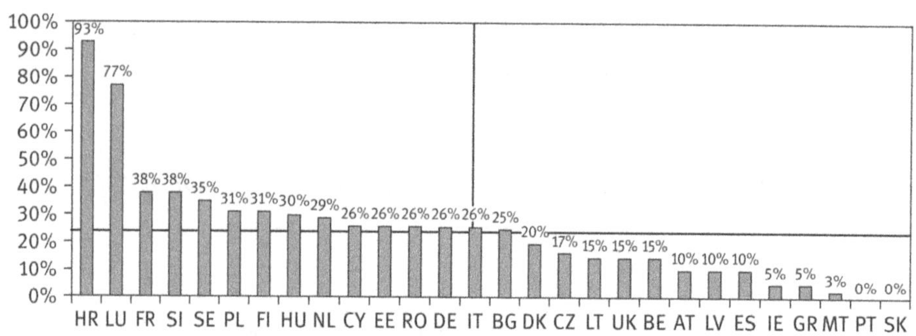

Abbildung 4: Sportwettenbesteuerung im EU-28-Vergleich
Anmerkung: Besteuerung von Wetten zu festen Gewinnquoten 2015 (in % des Bruttospielertrages (BSE)), stationärer Vertrieb[80]

80 Daten: *Schweizer Institut für Rechtsvergleichung* (2006) Studie über Glücksspiele, Legal Study Part 2, S 1063 ff; *H2 Gambling Capital* (2013), Benchmark of Gambling Taxation and Licence Fee in Eight European Member States; *Goldmedia* (2014) International vergleichende Analyse des Glücksspielwesens, eigene Berechnungen.

Dabei unterscheiden sich die einzelnen Länder hinsichtlich der Besteuerungsgrund- 105
lage: Während Deutschland und andere Staaten die Wetteinsätze als solche heranziehen, wird in vielen Ländern der Bruttospielertrag besteuert oder eine Kombination von beiden. In anderen Staaten gelten wiederum Spezialregelungen. Vor allem dann, wenn die Besteuerung am Bruttospielertrag (BSE) ansetzt, kann die Steuer relativ unmerklich in die Marge des Veranstalters eingepreist werden, sodass bei geringer Ertragsmarge auch die anteilige Steuer gering ausfällt. Einen ähnlichen Effekt hat lediglich eine äußerst geringe Wetteinsatzsteuer von 0,5% (Malta) oder 1% (Irland), die mit jedem Wettabschluss anfällt. Die Besteuerung des Wetteinsatzes bringt zudem einen Multiplikatoreffekt mit sich. Werden Wettgewinne (zB bei Live-Wetten) erneut eingesetzt, so ist auch erneut die Wettsteuer fällig. Tabelle 2 gibt eine Übersicht der Besteuerungsgrundlagen im europäischen Vergleich.

Tabelle 2: Besteuerung von Wetten zu festen Gewinnquoten 2015 in der EU
Daten: Eigene Recherchen

Bemessungsgrundlage Wetteinsätze	Kroatien (HR), Luxemburg (LU), Frankreich (FR), Polen (PL), Finnland (FI), Estland (EE), Deutschland (DE), Italien (IT), Tschechische Republik (CZ), Österreich (AT), Irland (IE), Malta (MT) Finnland (FI) Kombination aus Einsatz- und Ertragsbesteuerung
Bemessungsgrundlage Wettertrag	Schweden (SE), Ungarn (HU), Niederlande (NL), Belgien (BE), Zypern, (CY), Dänemark (DK), Litauen (LT), Vereinigtes Königreich (UK), Lettland (LV), Spanien (ES), Griechenland (GR), Bulgarien (BG) ab 2012
Sonstiges	Slowakei (SK) jährliches Fixum 40.500 € Portugal (PT), Slowenien (SI) – staatliches Monopol Finnland (FI) & Luxemburg (LU) nur Totalisatorwetten

Zusammenfassend lässt sich feststellen, dass der Staat durch die Novellierung seine 106
Einnahmen hat deutlich steigern können, während die privaten Anbieter recht stark belastet wurden. Allerdings sind die privaten Anbieter nunmehr endlich als Marktakteure präsent, wenngleich nur als Steuersubjekte und nicht als vollständig legalisierte Marktteilnehmer. Fraglich ist, ob dieser steuerrechtliche Status-Quo für die Zukunft einen zufriedenstellenden Kompromiss darstellen wird oder ob, nach einer erfolgreichen Konzessionierung, der international vergleichsweise hohe Steuersatz von den Marktakteuren zunehmend als betriebswirtschaftlich nicht tragbar angesehen werden wird.

Als Praxisbeispiel für die Chancen und Risiken privater Sportwettenanbieter in 107
Deutschland kann der folgende Rentabilitätsvergleich zwischen einer Spielothek, einem Wettbüro für Sportwetten und einem traditionellen Buchmacher für Pferde-

wetten dienen (Tabelle 3). Es wurden für alle Betriebsgrößen realistische Werte aus der Praxis genommen, also in der Größenordnung von durchschnittlich gut laufenden Unternehmen.

Tabelle 3: Rentabilitätsvergleich Spielothek-Wettbüros
Quelle: Eigene Recherchen

		12er Konzession	Sport-Wettbüro	Buchmacher
	Einwurf/Wetteinsatz	160.000,00	100.000,00	75.000,00
	Saldo (2)/BSE (Hold)	36.000,00	28.000,00	16.500,00
./.	Wettsteuer (5%)	–	5.000,00	3.750,00
./.	Vergnügungssteuer (20%)	7.200,00	–	
./.	Wettbürosteuer (250 € je 20 qm)	–	2.000,00	2.000,00
./.	Umsatzsteuer	6.840,00	–	1.792,65
	Ertrag netto vor Kosten	21.960,00	21.000,00	10.750,00
./.	Leasing MultiGamer	3.000,00	–	
./.	Holdanteil Veranstalter (75/25)	–	5.750,00	
	Bereinigter Ertrag	**18.960,00**	**15.250,00**	**10.750,00**
./.	Miete + NK	3.000,00	3.000,00	3.000,00
./.	TV-Rechte (SKY, PMU, SiS etc)		1.250,00	5.750,00
./.	kalkulatorische Personalkosten (MiLoG)	6.604,00	3.978,00	3.978,00
./.	Kopierkosten, Internet, Presse etc		472,00	685,00
	Betriebsergebnis pro Monat	***9.356,00***	***6.550,00***	***–2.663,00***
	Steuerquote in% (BSE)	39%	25%	35%
	Vorleistungen in% (BSE)	8%	25%	39%

108 Es zeigt sich, dass ein Wettlokal für Pferderennwetten (Buchmacher) isoliert betrachtet nicht mehr in der Lage ist, kostendeckend geführt zu werden. Ohne zusätzliche Erlöse aus der Aufstellung von Geldspielgeräten oder der Vermittlung von Sportwetten ist der Aufwand der Vorleistungen, insbesondere die Übertragungsrechte der Pferderennen, nicht zu erwirtschaften. Auch die rechtlich umstrittene Einführung der Wettbürosteuer auf die Fläche, die als kommunale Vergnügungssteuer für die Live-Übertragungen von Sportereignissen ausgestaltet ist, übersteigt die Leistungsfähigkeit des Buchmachers, da sie der Höhe nach unterschiedslos zu einem Sportwettbüro erhoben wird. Zudem ist der Spielermehraufwand, der mit der Wettbürosteuer für Buchmacher besteuert werden soll, nicht zu erkennen. Die Spieler selbst entrichten für die Übertragung der Pferderennen in einem Wettbüro

nichts. Andererseits würde ohne die Möglichkeit, die Rennen live mitverfolgen zu können, vermutlich niemand mehr auf Pferderennen setzen, weder im Wettbüro noch auf einer Rennbahn. Dass die Wettbürosteuer auf Rennbahnen jedoch nicht erhoben wird, macht die Besteuerung für das Wettlokal gleichheitswidrig.

Günstiger ist die betriebswirtschaftliche Betrachtung einer Spielhalle. Hier ist 109
der Ertrag von der kommunalen Vergnügungssteuer auf den Erlös zwar deutlich geschmälert, kann aber aufgrund der relativ günstigen Vorleistungen (Geräteleasing) noch kompensiert werden. Die Umsatzsteuerbelastung auf die Kassenerlöse der gewerblichen Geldspielgeräte ist zwar beträchtlich, es besteht aber der Vorsteuerabzug auf die Kosten (Mieten, Leasing etc).

Der Betrieb eines Sportwettbüros ist nur vermeintlich attraktiv. Durch die Ein- 110
führung der Wettsteuer auf vermittelte Wetten mit Inlandsbezug wurde, wie erwähnt, in 2012 erstmalig eine flächendeckende Besteuerung von zuvor nicht der Wettsteuer unterfallenden Sportwetten eingeführt. Nun greift die Besteuerung für Sportwetten unabhängig vom Veranstaltungsort (Sitz des Sportwettbuchmachers), wenn ein inländischer Spieler beteiligt ist.

Ordnungspolitisch ergibt sich hier wieder das Problem der Gleichbehandlung: 111
Unter Berücksichtigung des Grundsatzes der Gleichmäßigkeit der Besteuerung ist der Kreis der Steuerpflichtigen jeder Anbieter; nicht nur die 79 aktuell steuerabführenden Veranstalter. Die Sportwettsteuer wird im Allgemeinen auf den Spieler offen überwälzt. Insbesondere die Steuervermeidung der Sportwettensteuer ist ein Hauptmotiv des Schwarzmarktes. Viele Spieler sind grundsätzlich nicht bereit, 5% des Wetteinsatzes zu entrichten und wenden sich illegalen Wettangeboten zu, bei denen die Steuer nicht erhoben wird.

Warum die kommunale Wettbürosteuer vor allem mit der Begründung des Zu- 112
rückdrängens des illegalen Schwarzmarktes für Sportwetten erhoben wird, erschließt sich nicht. Zum einen wird die Steuer nur bei offen agierenden Wettbüros erhoben und nicht bei Gaststätten und Teestuben, die Sportwetten unter der Ladentheke vermitteln oder dem Internet. Zum anderen trägt diese weitere Abgabe gerade nicht zu einer Förderung der Kanalisierung der Nachfrage hin zu einem legalen Angebot bei. Angesichts eines Schwarzmarktanteils von etwa 40% dürfte die kommunale Wettbürosteuer zum jetzigen Stand ordnungspolitisch schwer begründbar sein, da sie nicht einheitlich vollzogen werden kann und nur einseitig die offen agierenden stationären Wettvermittler belastet.

VI. Fazit

Die aktuelle Rechtlage im Bereich der Sportwetten hat sich durch die Einführung 113
des GlüÄndStV vor allem dahingehend verbessert, als dass das ordnungsökonomisch problematische strikte staatliche Monopol der Jahre 2008–2011 zumindest in der Theorie durchbrochen wurde. Aufgrund der tatsächlichen Marktstruktur (iE In-

ternetanbieter) zeichnete sich dies vor allem durch ein strukturelles Vollzugsdefizit aus und drängte Konsumenten wie auch Buchmacher in den grauen Markt. Gleichwohl werden die rechtlichen Möglichkeiten bislang nicht ausgeschöpft, so dass der Markt weiterhin durch Ineffizienzen gekennzeichnet ist. Dies ist gesamtgesellschaftlich suboptimal, da die sozialen Kosten durch den fehlenden Jugend- und Spielerschutz sowie aufgrund der Existenz eines großen Schwarzmarktes beträchtlich sind. Die derzeitigen juristischen Auseinandersetzungen, die die Vergabe der Sportwettkonzessionen verhindert haben, waren aus ordnungsökonomischer Sicht leicht vorhersagbar,[81] so dass weiterhin am politischen Willen zur Lösung des Problems gezweifelt werden darf.

114 Hinsichtlich der Besteuerung der Sportwetten lässt sich festhalten, dass der neue Regulierungsrahmen das Potential hat, den in den letzten Jahren beobachteten Rückgang der Staatseinnahmen aus Glücksspiel (und speziell aus dem Sportwettensektor) aufzuhalten. Die Besteuerung erzielt einen beträchtlichen Lenkungseffekt, drängt die legalen, um eine Zulassung bemühten Anbieter bislang aber nicht aus dem Markt. Für eine abschließende Beurteilung der Praxistauglichkeit des Besteuerungsmodells wird die endgültige Umsetzung der neuen Rechtsordnung abzuwarten sein. Hier wird insbesondere die künftige Frage der Austrocknung des Schwarzmarktes durch die Verwaltungspraxis eine bedeutende Rolle spielen. Ein Vollzug, der sich nur an die zugelassenen Konzessionsinhaber richtet und illegale Sportwettvermittlungen unter der Theke oder im Internet ausblendet, wäre unverhältnismäßig und willkürlich. Eine Besteuerung, die zugelassene Veranstalter in der Belastungswirkung immerhin etwa 26% des (stationären) Bruttospielertrages in jeder Wettrunde einbehält, wäre dauerhaft sonst nicht durchsetzbar.

81 Siehe zB *Rebeggiani* (2011) Die Vorschläge der Länder zur Reform des GlüStV – Eine ökonomische Analyse.

Lothar Hübl

§ 5 Der Markt für Spielbanken in Deutschland

Übersicht

I. Spielbanken als Segment des Glücksspielmarktes

1. Legales Glücksspiel

Die Teilnahme an Glücksspielen in Deutschland ist in der Bevölkerung ausgesprochen weit verbreitet. Drei von vier Erwachsenen nehmen mindestens einmal im Quartal an irgendeinem Glücksspiel teil. Dieser Verbreitungsgrad überrascht, da Glücksspiel nach dem Strafgesetzbuch §§ 284 ff grundsätzlich verboten ist. Von diesem Verbot sind öffentlich veranstaltete und konzessionierte Glücksspiele ausgenommen. Die Gesetzgebungshoheit liegt nach Art 70 ff Grundgesetz bei den Bundesländern. Ausnahmen sind lediglich das so genannte Gewerbliche Spiel (Geldspielautomaten in Gaststätten und Spielhallen), das dem Wirtschaftsrecht unterliegt, aber inhaltlich reines Glücksspiel ist, und die Pferdewetten, die bundeseinheitlich im Rennwett- und Lotteriegesetz geregelt sind. Für beide Glücksspiele wurden mit dem Inkrafttreten des Glücksspieländerungsstaatsvertrages zusätzliche Regulierungen durch die Bundesländer eingeführt.[1] 1

1 Zu den rechtlichen Regelungen *Tolkemitt* Die Deutsche Glücksspielindustrie. Eine wirtschafswissenschaftliche Analyse mit rechtspolitischen Schlussfolgerungen, S 18 ff; *Bahr* Glücks- und Gewinn-

https://doi.org/10.1515/9783110259216-005

2 Zu den legalen Glücksspielen zählen die Angebote der Lotteriegesellschaften der 16 Bundesländer, die im „Deutschen Lotto-Totoblock" ihre Produkte zT gemeinsam vermarkten, wie zB Lotto mit mehreren Zusatzlotterien, Fußballtoto, Glücksspirale, Oddset, aber auch zT alleine vermarkten, wie zB Rubbellose, Sonderlotterien oder Bingo. Zum Glücksspielmarkt gehören weiter Klassenlotterien, Fernsehlotterien, Pferdewetten, die Geldspielautomaten in Gaststätten oder eigenen Spielhallen sowie die Hybridangebote des Gewinnsparens von Sparkassen bzw Banken und schließlich die Spielbankangebote. Eine Sonderstellung nahmen die sonstigen Sportwetten[2] ein. Ihr Angebot ist rechtlich umstritten. Es gibt Unternehmen mit Konzessionen aus der DDR-Nachwendezeit. Ob diese Konzessionen gelten ist strittig. Im Jahr 2011 wurden von diesen Unternehmen praktisch keine Umsätze getätigt. Mit dem GlüÄndStV ist die Vergabe von Konzessionen neu geregelt.

In den folgenden Ausführungen wird der Markt für Spielbanken analysiert. Zur allgemeinen Einordnung wird aber zunächst ein Überblick über den gesamten Glücksspielmarkt gegeben.

3 Das Marktvolumen des Glücksspielmarktes lässt sich auf zwei Arten beschreiben. Zum einen kann man auf die Umsätze der Anbieter abstellen, dh die Gesamteinsätze, die von den Spielteilnehmern getätigt werden; zum anderen ist eine Betrachtung der von den Teilnehmern endgültig verlorenen Beträge, dh ihr Nettoverlust, möglich. In ökonomischen Kategorien errechnet sich der Nettoverlust aus den Spieleinsätzen zzgl Transaktionskosten wie Bearbeitungsgebühren, Eintrittsgelder und Troncgelder abzüglich der Gewinnausschüttungen.[3]

4 Konsistente Daten zur Beschreibung des Gesamtmarktes stehen leider nicht zur Verfügung, so dass teilweise Schätzungen notwendig sind. Die Lottogesellschaften und Lotterien veröffentlichen zB die Einsätze, die bei ihnen getätigt werden.[4] Mit Hilfe der festgelegten Auszahlungen lassen sich die Nettoverluste jedoch nur näherungsweise ermitteln, da Bearbeitungsgebühren zu entrichten sind, aber nicht veröffentlicht und von den Spielteilnehmern zT auch nicht als „Verlust" wahrgenommen werden.[5] Die Spielbanken zB kennen die bei ihnen getätigten Einsätze nicht präzise, da ausgezahlte Gewinne wieder gesetzt werden. Spielbanken ermitteln den sog Bruttospielertrag, der ihnen verbleibt, das ist die Differenz zwischen allen Spieleinsätzen und den ausgezahlten Gewinnen.

---

spielrecht: Eine Einführung in die wichtigsten rechtlichen Aspekte; *Bardt* Staat und Glücksspiel in Deutschland; *Becker/Barth* Glücksspieländerungsstaatsvertrag.

2 Zu einer vertieften Diskussion der Problematik der Sportwetten *Albers* Struktur und ökonomische Beurteilung des Sportwettenmarktes in Deutschland, § 4, Rn 54–90.

3 *Albers* Ökonomie des Glücksspielmarktes in der Bundesrepublik Deutschland, S 133f.

4 *Archiv- und Informationsstelle der Deutschen Lotto- und Totounternehmen.*

5 So fordert zB *Adams* Fair Play! Zur Notwendigkeit einer Offenbarungspflicht des durchschnittlichen Verlustes bei Spiel-, Wett- und Lotterieverträgen, Zeitschrift für Rechtspolitik 1997, S 314 eine Offenlegungspflicht des durchschnittlichen Verlustes.

Die Bruttoumsätze der Spielbanken können nur geschätzt werden. Die Schätzung wird im Folgenden kurz beschrieben. Ein einfacher Rückschluss vom Bruttospielertrag auf Bruttoeinsätze über Gewinnquoten ist nicht möglich, da man die genaue Zusammensetzung der beim Roulette gespielten Setzvarianten – zB eine Zahl, mehrere Zahlen bzw Zahlenkombinationen oder einfache Chancen wie Rot oder Schwarz, gerade oder ungerade Zahl – nicht kennt und die Varianten unterschiedliche Gewinnquoten haben. 5

Aus dem Verhältnis von insgesamt verkauften Jetons zu insgesamt in der Bank schlussendlich verbleibenden Jetons, dem so genannten „hold", schätzen die Spielbankbetreiber, dass der Umsatz im Tischspiel sich auf etwa das 6,5-fache des Bruttospielertrages beläuft. Im Automatenspiel beträgt die Auszahlungsquote 92 vH, so dass der Umsatz das 12,5-fache des erzielten Bruttospielertrages ausmacht. Der Gesamtumsatz der Spielbanken belief sich demnach im Jahr 2011 auf € 6,0 Mrd. 6

Die Bruttoumsätze und die Nettoverluste auf dem legalen deutschen Glücksspielmarkt für die Jahre 2005 und 2011 sind in Tabelle 1 wiedergegeben. Auf dem legalen Glücksspielmarkt wurden 2005 rund € 29 Mrd umgesetzt und € 8,9 Mrd verloren. Im Jahr 2011 betrug der Umsatz nur knapp € 25 Mrd; der Spielverlust belief sich wegen Marktanteilsverschiebungen auf € 9,0 Mrd. Ein wesentlicher Grund für den Umsatzrückgang liegt in den inzwischen eingetretenen Beschränkungen durch den Glücksspielstaatsvertrag.[6] Hinzu kommt noch die konjunkturelle Schwäche und bei den Spielbanken die Auswirkungen des Nichtraucherschutzes. Die Geldspielautomaten in Gaststätten und Spielhallen, die bis 2012 nicht dem Staatsvertrag unterlagen, haben dagegen ihre Marktanteile in dem hier betrachteten Zeitabschnitt nahezu verdoppelt. 7

Das größte Marktsegment nach dem Maßstab Bruttoumsätze entfällt 2011 mit € 10,4 Mrd auf die Geldspielautomaten in Gaststätten und Spielhallen, gefolgt vom Lotto- und Totoblock mit € 6,7 Mrd. An dritter Stelle rangieren die Spielbanken mit € 6,0 Mrd. Stellt man auf die ökonomisch wichtigeren Nettoverluste, dh auf die von den Anbietern erwirtschafteten Bruttospielerträge ab, dann verändern sich die Gewichte. An den Geldspielautomaten, die eine Ausschüttungsquote von über 60 vH[7] aufweisen, wurden € 4,1 Mrd verloren; das entspricht 46 vH des erfassten Gesamtverlustes. Der Lotto- und Totoblock, der knapp 50 vH der Einsätze wieder ausschüttet, stellt mit einem Bruttospielertrag (Spielerverlust) von € 3,4 Mrd einen Anteil von 38 vH das zweitgrößte Segment. Mit deutlichem Abstand folgen die Spielbanken, die bei einer Ausschüttungsquote von gut 90 vH einen Bruttospielertrag (Spielerverlust) von € 0,6 Mrd verzeichnen, was einem Anteil von 7 vH am Gesamtmarkt entspricht. 8

6 *Rebeggiani* Deutschland im Jahr Drei des GlüStV, Refomvorschläge zur Regulierung des deutschen Glücksspielmarktes, S 16 f.

7 *Vieweg* Wirtschaftsentwicklung Unterhaltungsautomaten 2005 und Ausblick 2006, S 17.

Tabelle 1: Deutscher Glücksspielmarkt* 2005 und 2011
(geordnet nach der Höhe des Spielverlustes 2011)

Spielarten	Bruttospiel-einsatz in Mrd €		Spielverlust (Bruttospielertrag) in Mrd €		in vH		Einbehalt (Spielverlust zu Brutto-spieleinsatz) in vH
	2005	**2011**	**2005**	**2011**	**2005**	**2011**	
Geldspielautomaten	5,5	10,4	2,2	4,1	25	46	40**
Deutscher Lotto- und Totoblock	8,1	6,7	4,1	3,4	46	38	gut 50
Spielbanken	10,7	6,0	1,0	0,6	11	7	9
Fernsehlotterien	0,6	0,6	0,4	0,5	5	6	74
Klassenlotterien	1,3	0,4	0,7	0,2	8	2	53
PS-/Gewinnsparen	0,5	0,5	0,1	0,1	1	1	20
Pferdewetten	0,3	0,2	0,1	0,1	1	1	25
Andere Sportwetten	1,6	–	0,3	–	3	–	19
Insgesamt	**28,6**	**24,8**	**8,9**	**9,0**	**100**	**100**	**36**

* zT geschätzt

** Seit der Einführung der neuen, dem Automatenspiel in den Spielbanken ähnlichen Geräten ist davon auszugehen, dass der Einbehalt unter 40 vH liegt und damit der Bruttospieleinstz bei den Geldspielgeräten höher ausfällt als hier ausgewiesen.

Quelle: Archiv- und Informationsstelle der Deutschen Lotto- und Totounternehmen, Deutscher Buchmacher Verband, Unternehmensangaben

2. Illegales Glücksspiel

9 Bei einer Betrachtung des gesamten Glücksspielmarktes darf man das illegale Glücksspiel nicht außer Acht lassen. Dazu zählt das Spielen in sog Spielclubs, die über keine Konzession verfügen und demnach illegale Glücksspiele veranstalten. Kunden sind ua ausländische Mitbürger, die bestimmte Spiele aus ihren Heimatländern anderweitig nicht angeboten finden, zT auch von Spielbanken gesperrte Spieler oder Publikum, das eine Registrierung in legalen Spielbanken scheut. Illegale Angebote in Spielclubs sind häufig auch noch zu Ungunsten der Spieler manipuliert. Eine Abschätzung der im illegalen Glücksspiel getätigten Umsätze fällt naturgemäß schwer. Es handelt sich nach Meinung aus Polizeikreisen aber nicht um Bagatellbeträge.

10 Zum illegalen Glücksspiel zählt streng genommen auch das Spielen bei ausländischen Anbietern vom Standort Deutschland aus, zB über telefonische Kontakte

oder das Internet. Dieser Bereich zeichnet sich in der jüngsten Vergangenheit durch sehr hohe Wachstumsraten aus. Besonders groß ist das Angebot an Sportwetten[8] und das von Casinospielen. Auf Letzteres wird im Schlusskapitel noch gesondert eingegangen. Die Bruttospielerträge (Spielverluste) im sogenannten „unregulierten", genau genommen illegalen Markt schätzt Goldmedia[9] für das Jahr 2009 auf gut € 1,7 Mrd, was einem Bruttospieleinsatz von etwa € 13 Mrd entspricht. Becker/Barth schätzen für das gleiche Jahr den Bruttospielertrag (Spielverlust) im unregulierten Markt auf gut € 0,8 Mrd und den Bruttospieleinsatz ohne Poker auf € 4,2 Mrd.[10]

3. Neue Glücksspielprodukte, die in der Öffentlichkeit bisher nicht als solche wahrgenommen werden

Insbesondere in den Medien werden Mixturen aus unterschiedlichen Glücks-, Geschicklichkeits- und Gewinnspielen angeboten; hier soll nur ein Beispiel erläutert werden: TV-Spiele. Die Teilnahme an diesen Spielen erfordert kostenpflichtige Anrufe über Servicetelefonnummern bei den Fernsehanstalten. Es handelt sich um einfachste Fragen, deren Antwort praktisch jeder kennt. Gewinner werden aus der großen Zahl der Anrufer, aber letztlich willkürlich ermittelt. Der Ablauf des Spiels ist nicht transparent. Bei einer großen Zahl von Teilnehmern und wenigen zufällig ermittelten Gewinnern ist eine ökonomische Ähnlichkeit zum Glücksspiel gegeben. Die Sender erhalten einen Teil der Anrufgebühren und finanzieren damit die Sendung und die ausgeschütteten Gewinne, die nur einen Bruchteil der gesamten Anrufgebühren ausmachen. Im Jahre 2004 betrug der über Servicenummern abgerechnete „Einsatz" solcher Telefonaktionen nach Ansicht von Branchenkennern rund € 800 Mio. Da die Zahl der Spiele seither stark zugekommen hat, dürfte der Telefoneinsatz 2011 bei € 2–3 Mrd gelegen haben, und der Markt wächst weiter.[11] 11

4. Abschätzung des gesamten Marktvolumens

Addiert man die Umsätze auf dem legalen, illegalen und den TV- Spielmärkten für das Jahr 2011 auf, so ergibt sich ein Wert von € 40 Mrd bis € 44 Mrd. Die Spielverluste für den „Gesamtmarkt" dürften bei rd € 13 Mrd gelegen haben. 12

8 Ausführlich dazu *Albers* s.o. Fn 2.

9 *Goldmedia GmbH* Glücksspielmarkt Deutschland, Key Facts, S 6.

10 *Becker/Barth* Der deutsche Glücksspielmarkt: Eine Schätzung des nicht staatlich regulierten Marktvolumens.

11 Zur rechtlichen Problematik *Petring* Wettbewerbsrechtliche Spielregeln bei Gewinnspielen per Telefon.

II. Marktvolumen und Marktentwicklung des Spielbankenmarktes

1. Zusammensetzung und Entwicklung des Bruttospielertrages

13 Im Jahre 2011 wurde von den Spielbanken ein Bruttospielertrag (BSE) von gut € 550 Mio erwirtschaftet, dh von den Spielern endgültig verloren, wovon knapp € 170 Mio auf das Große Spiel (klassische Tischspiele) und gut € 390 Mio auf das Kleine Spiel (Automatenspiele) entfielen. Zusätzlich haben die Spieler noch € 74 Mio in den Tronc des Großen und € 22 Mio in den Tronc des Kleinen Spieles gegeben.

14 Vom erwirtschafteten BSE ist die Spielbankenabgabe an die Sitzländer zu entrichten, die davon ca 15 vH an die Sitzgemeinden weiterreichen. Über alle Bundesländer hinweg beträgt der durchschnittliche Abgabesatz[12] rd 38 vH (Stand 2010). Im Jahr 2005 lag der durchschnittliche Abgabensatz noch bei 79 vH und führte zu € 750 Mio Einnahmen der Länder. Im Jahr 2010 sind die Spielbankabgaben auf nur noch € 213 Mio gesunken. Die Spielbankenabgaben haben sich somit mehr als gedrittelt. Die Länder waren bei den rückläufigen Bruttospielerträgen gezwungen, die Abgabensätze zu senken, um die Spielbanken vor existenzgefährdenden Verlusten zu bewahren.

15 Bemerkenswert ist, dass 71 vH des Bruttospielertrages inzwischen im so genannten Kleinen Spiel (Automatenspiel) und nur noch gut 29 vH im so genannten Großen Spiel (Tischspiel) erzielt werden. Die Entwicklung des Bruttospielertrages insgesamt und die Aufteilung auf die beiden Spielarten seit 1989 ist in Abbildung 1 wiedergegeben. Von 1989 bis zum Jahre 2001 stieg der Bruttospielertrag mit der Ausnahme des Jahres 1995 laufend an. Eine vergleichbare Entwicklung war vorher schon seit dem Jahre 1950 gegeben. Ein besonders ausgeprägter Anstieg ist für die Jahre 1999 und 2000 zu beobachten und auf die Eröffnung einer Reihe von neuen Standorten zurückzuführen. So kamen 1998 mehrere Standorte in den neuen Ländern – wie etwa Cottbus, Warnemünde, Heringsdorf – sowie Kiel in den alten Ländern hinzu. Im Jahre 1999 wurden die Standorte Stralsund und Bad Füssing eröffnet, im Jahre 2000 noch Feuchtwangen, Kötzting, Wolfsburg und Flensburg, in 2001 Bad Steben, Frankfurt (Flughafen) und Osnabrück.

16 Bis zum Jahre 2005 erhöhte sich die Zahl der Standorte weiter: hinzu kamen Potsdam, Duisburg sowie Waren, Chemnitz, Erfurt und seitdem noch Frankfurt/Oder, Binz, Wernigerode, Nürburgring und Göttingen.[13] Das insgesamt erwirtschaftete BSE nahm jedoch zwischen 2001 und 2007 leicht, in den Jahren 2008 und 2009 drastisch und in 2010 noch deutlich ab. Das Jahr 2011 brachte einen leichten Rück-

12 Einschließlich der Gewinnabführung der staatlichen Banken in Bayern und Baden-Württemberg, *Statistisches Bundesamt* VI C-37114100 SF.

13 Dafür wurde die Spielbank (Automatensaal) in Borkum geschlossen.

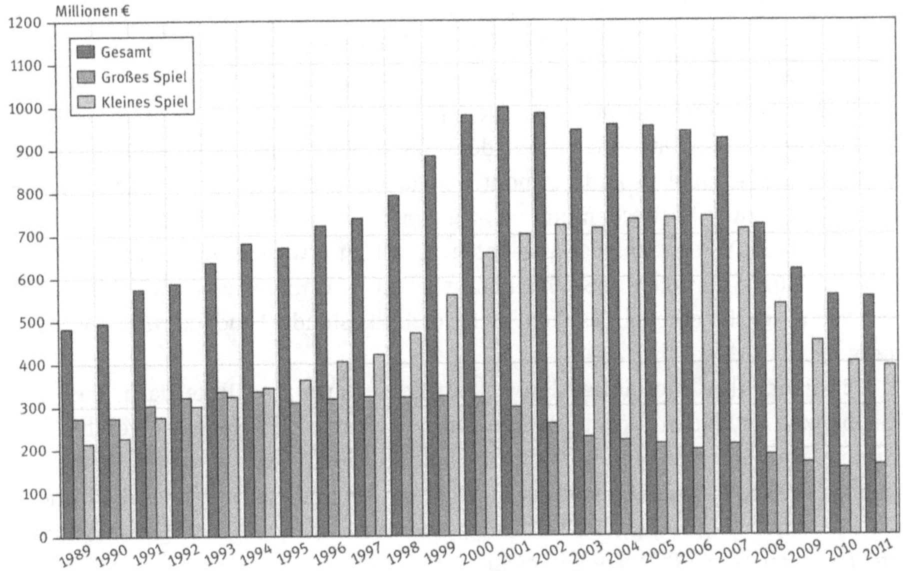

Abbildung 1: Entwicklung des BSE im Großen und im Kleinen Spiel 1989–2011

gang des BSE. Diese Abwärtsbewegung war nahezu identisch an allen Standorten zu beobachten.

Die Verschiebung des Umsatzes vom Tischspiel hin zum Automatenspiel wird ebenfalls aus Abbildung 1 ersichtlich. Im Jahre 1989 hatte das Große Spiel noch einen Anteil von 56 vH; seit dem Jahre 1994 übertrifft der Umsatz im Kleinen Spiel den des Großen Spiels. Seit diesem Jahr ist trotz der Neueröffnungen, die zum Teil auch klassisches Tischspiel anbieten, das BSE im Großen Spiel im Trend zurückgegangen, während es bis zum Jahre 2002 im Automatenspiel stieg, dann bis 2007 stagnierte und erst 2008 und 2009 einbrach und seitdem weiter leicht zurückging. Dieser anhaltende Einbruch fiel aber ausgeprägter als beim Großen Spiel aus. Insgesamt sind inzwischen über 8.000 Glücksspielautomaten bei den Spielbanken in Betrieb.[14] 17

Die rückläufige Bedeutung des Großen Spiels ist ein weltweit zu beobachtendes Phänomen,[15] das auf eine starke Präferenzveränderung schließen lässt. Die Automaten bieten mehr unterschiedliche Spielmöglichkeiten als die Tischspiele. Die Spieler 18

14 *Vieweg* s.o. Fn 7, S 19.

15 *Australian Government Productivity Commission* Australia's Gambling Industries, Report No 10; *National Opinion Research Center* Gambling Impact and Behavior Study, Report to the National Gambling Impact Study Commission.

können die Einsatzhöhe und den Spieltakt selbst gestalten. Die Spielfolge ist mit einigen Sekunden wesentlich kürzer als beim Tischspiel mit einigen Minuten. Durch die Vernetzung von Automaten, zT über alle Standorte der jeweiligen Spielbankengesellschaft, werden hohe Jackpots generiert.

19 Die rückläufige Nachfrage nach dem Tischspiel führte dazu, dass im Jahre 2004 das Große Spiel in Bad Pyrmont und in Hittfeld geschlossen wurde, nachdem es 1999 schon in Dresden und Leipzig eingestellt wurde. An diesen Standorten wird nur noch Automatenspiel angeboten. Es ist zu erwarten, dass in Zukunft an weiteren Standorten das Große Spiel aufgegeben wird, da es wegen der rückläufigen Nachfrage in etlichen Banken nicht mehr kostendeckend betrieben werden kann.

20 Die über Jahre rückläufige Entwicklung des Umsatzes führte dazu, dass die Spielbanken in Plauen, Görlitz, Waren und ein Standort in Hamburg geschlossen wurden. Der Spielbankgesellschaft in Sachsen-Anhalt wurde wegen Insolvenz Anfang 2012 die Konzession von der Landesregierung entzogen. Ob für die bisherigen Standorte Magdeburg, Halle (Saale) und Wernigerode wieder Konzessionen erteilt werden, ist zZt (2012) noch unklar.

Der seit dem Jahr 2002 rückläufige Gesamt-Bruttospielertrag ist vor allem durch die schwache Wirtschaftsentwicklung zu erklären, die eine Einkommensstagnation für breite Schichten brachte. Der Einbruch in 2008 und 2009 ist vornehmlich Folge der Beschränkungen durch den Glücksspielstaatsvertrag. Hinzu kommt, dass insbesondere in den letzten Jahren die ausländische Konkurrenz durch das vermehrte Angebot von Casinoprodukten im Internet gestiegen ist.

21 Vergleicht man längerfristig die Entwicklung des BSE mit relevanten ökonomischen Größen (Tabelle 2), so zeigt sich zB zwischen 1989 und 2001 eine ausgesprochen parallele Entwicklung mit den Konsumausgaben der privaten Haushalte. Während letztere um jahresdurchschnittlich 5,7 vH stiegen, nahm das BSE jahresdurchschnittlich um 6,3 vH zu. Zwischen den Jahren 2001 und 2009 stiegen die Konsumausgaben nur noch um jahresdurchschnittlich 2,1 vH, während im gleichen Zeitraum das BSE jahresdurchschnittlich um 5,7 vH zurückging.

22 Die Entwicklung zwischen 1989 und 2001 legt nahe, dass Spielbankprodukte grundsätzlich als superiore Konsumgüter anzusehen sind. Die Ausgaben für sie steigen normalerweise in etwa im gleichen Ausmaß wie die gesamten Konsumausgaben bzw das verfügbare Einkommen der privaten Haushalte. Bei starken Regulierungsverschärfungen kann eine entgegengesetzte Entwicklung ausgelöst werden, wie ein Vergleich der Werte für 2011 mit 2001 zeigt.

Tabelle 2: Entwicklung des Bruttospielertrages (BSE) im Vergleich zur Entwicklung des Einkommens und der Konsumausgaben

	Bruttospielertrag in Mio €	**Verfügbares Einkommen in Mrd €**	**Konsumausgaben Privater Haushalte in Mrd €**
1989	483	997	617
2001	1.002	1.754	1.194
2011	554	2.199	1.473
Jahresdurchschnittliche Veränderung in vH			
2001/1989	6,3	4,8	5,7
2011/2001	−5,7	2,3	2,1

Quelle: Statistisches Bundesamt: Volkswirtschaftliche Gesamtrechnungen; Unternehmensangaben

2. Entwicklung des Tronc

Neben dem BSE ist für die Spielbanken noch die Entwicklung der Tronc-Einnahmen 23
wichtig. Beim Tronc handelt es sich um Trinkgeld, das von Gewinnern für die Angestellten gegeben wird und aus dem traditionell die Mitarbeiter im Großen Spiel entlohnt wurden. In einer längerfristigen Betrachtung zeigt sich, dass der Tronc im Großen Spiel bis 1997 auf € 186 Mio anstieg und seitdem bis 2011 auf € 74 Mio zurückging. Der Anstieg bis 1997 war auf die neu in den Markt gekommenen Spielbanken zurückzuführen.

Betrachtet man nur die Banken, die 1994 schon im Markt waren, so ist bei ihnen 24
seitdem der Tronc zurückgegangen. Der Rückgang des Tronc korrespondiert ganz überwiegend mit dem Rückgang des Großen Spiels selbst. Die Bereitschaft der Spieler, den Tronc zu bedienen, hat sich in dem Betrachtungszeitraum nur leicht abgeschwächt. Während im Jahr 1994 der Tronc 54 vH des BSE des Großen Spiels ausmachte, waren es 2011 noch 46 vH.

Die rückläufigen Tronc-Einnahmen stellen die Banken vor große Herausforde- 25
rungen, weil das Personal im Großen Spiel nicht mehr aus dem Tronc zu bezahlen ist, so dass bei den Unternehmen die Personalkosten als „echte" Kosten anfallen.

Der Tronc im Kleinen Spiel war bis vor Jahren vernachlässigbar. Bei großen Ge- 26
winnen, die nicht mehr am Automaten, sondern an der Kasse ausgezahlt werden, wird von den Gewinnern durchaus auch Tronc gegeben. Seit einiger Zeit behalten zudem einige Spielbanken beim Automatenroulette einen Tronc ein. Die Tronc-Einnahmen im Automatenspiel beliefen sich im Jahre 2011 auf gut € 22 Mio, was 6 vH des BSE im Automatenspiel entspricht. Dieser Betrag reicht nicht aus, um den Ausfall im Großen Spiel auszugleichen.

3. Bruttospielertrag je Einwohner nach Bundesländern

27 Der gesamte Bruttospielertrag (Großes und Kleines Spiel) fällt je nach regionaler Lage der Banken unterschiedlich aus. Um diese Unterschiede aufzuzeigen, wird ein Vergleich des je Einwohner der Bevölkerung erwirtschafteten BSE nach Bundesländern durchgeführt (Tabelle 3). Dabei ist zu berücksichtigen, dass die Spielbankendichte in den Bundesländern unterschiedlich ist und dass die Bevölkerung natürlich nicht nur in ihrem eigenen Bundesland, sondern auch in anderen spielt. Einige Bundesländer haben daher Banken an den Grenzen zu Nachbarländern positioniert, um von deren Spielern zu profitieren. Besonders deutlich wird das bei den schleswig-holsteinischen und niedersächsischen Spielbanken Schenefeld und Seevetal gegenüber Hamburg und bei den bayrischen Spielbanken, zB Feuchtwangen gegenüber Baden-Württemberg. Da diese „Grenzwanderungen" sich jedoch zum Teil ausgleichen und die Spielbankbesucher keine beliebig weiten Anfahrtswege in Kauf nehmen, kann mit den Daten für die Bundesländer näherungsweise gearbeitet werden.

Daten auf Bundesländerebene stehen leider nur für das Jahr 2008 zur Verfügung. Da der Rückgang des BSE um 23 vH zwischen 2008 und 2011 praktisch alle Spielbankengesellschaften gleich getroffen hat, sind die Unterschiede zwischen den Bundesländern auch heute noch grundsätzlich aussagekräftig.

28 Das höchste BSE je Einwohner (2008) wird mit einem Wert von € 37 im Saarland erzielt, gefolgt von den Stadtstaaten Hamburg, Berlin und Bremen mit € 26 bzw 23. Die westdeutschen Flächenländer liegen zwischen € 7 (NRW) und € 12 (Hessen). In den neuen Bundesländern wird deutlich weniger gespielt; der niedrigste Wert wird in Thüringen mit € 1 je Einwohner erreicht.

29 Als Erklärungsgrund für diese Ergebnisse kann man folgendes anführen: das Saarland hat bei weitem die höchste Standortdichte (7,8 Spielbanken je 1 Mio Einwohner) aller Bundesländer. Die Standortdichte beträgt im Bundesdurchschnitt dagegen nicht ganz eine Spielbank je 1 Mio Einwohner. Bei sozioökonomischen Größen, die die BSE-Höhe beeinflussen, wie das verfügbare Einkommen und der Ausländeranteil, liegt das Saarland dagegen knapp über oder unter dem Bundesdurchschnitt. In den Stadtstaaten werden hohe Werte für das BSE/Kopf erreicht, weil dort die Spielbankendichte und vor allem der Ausländeranteil überdurchschnittlich hoch sind; hinzu kommt noch die hohe Bevölkerungsdichte, dh gute Erreichbarkeit der Standorte sowie in Bremen und Hamburg die höchsten verfügbaren Einkommen der privaten Haushalte aller Bundesländer. Der Stadtstaat Berlin erreicht dagegen beim verfügbaren Einkommen der Haushalte nur einen deutlich unterdurchschnittlichen Wert.

30 Die niedrigen Werte des BSE je Einwohner in den neuen Bundesländern gehen vor allem auf Unterschiede im Spielverhalten der Bevölkerung zurück. Die Bürger der neuen Länder besuchen deutlich seltener Spielbanken als die der alten Länder. Hinzu kommen das unterdurchschnittliche verfügbare Einkommen der privaten

Tabelle 3: Bruttoertrag je Einwohner und ökonomische Einflussgrößen nach Bundesländern (geordnet nach dem BSE je Einwohner)

Bundesland	**Bruttospiel-ertrag in Mio € (2008)**	**Einwohner in 1.000 (2008)**	**BSE/Einw in € (2008)**	**Spielbankendichte je Mio Einwohner (2009)**	**Verfügbares Einkommen der Priv Haushalte pa (2008)**	**Ausländeranteil a d Bevölkerung in vH (31.12.2008**
Saarland	38	1.030	37	7,8	19.022	8.3
Hamburg	46	1.782	26	2,3	23.455	13.8
Berlin	79	3.432	23	1,7	15.736	14.0
Bremen	15	662	23	4,5	21.068	12.3
Hessen	75	6.065	12	1,0	19.824	11.1
Rheinland-Pfalz	43	4.028	11	1,5	18.509	7.7
Niedersachsen	72	7.947	9	1,3	18.206	6.6
Schleswig-Holstein	25	2.839	9	2,1	18.446	5.2
Bayern	84	12.520	7	0,7	20.339	9,4
Baden-Württemberg	75	10.750	7	0.4	20.748	11.8
Nordrhein-Westfalen	130	17.933	7	0,3	19.837	10.5
Brandenburg	14	2.522	6	1,2	15.913	2,6
Mecklenburg-Vorpommern	8	1.664	5	3,6	14.944	2.4
Sachsen	12	4.193	3	1,2	15.708	2.7
Sachsen-Anhalt	5	2.382	2	1,3	15.192	1.8
Thüringen	3	2.268	1	0,4	15.297	2.1
Deutschland	**723**	**82.501**	**8**	**0,9**	**18.974**	**8,8**

Quelle: Statistisches Bundesamt, Statistische Ämter der Länder; www.regional-statistik-de/genesis; Unternehmensangaben

Haushalte, der geringe Ausländeranteil und die geringe Standortdichte. Trotz relativ hoher Standortdichte hat auch Mecklenburg-Vorpommern aufgrund der anderen Einflüsse nur unterdurchschnittliche Werte für das BSE je Einwohner (Tabelle 3).

III. Charakterisierung des Spielbankenmarktes

1. Anbieter auf dem Spielbankenmarkt

31 Der Betrieb von Spielbanken ist durch die Bundesländer strikt reglementiert. Alle Bundesländer haben Spielbankgesetze und Spielverordnungen erlassen, in denen die Ausgestaltung des Spielbetriebes geregelt ist. In dem Regelwerk einschließlich der Konzessionsverträge wird darüber hinaus die Zahl der Standorte und die Höhe der an das Land zu leistenden Spielbankabgabe festgelegt.

32 Die Bundesländer können je nach eigener Gesetzeslage Spielbanken selber in der Organisationsform von Regiebetrieben oder als privatwirtschaftliche organisierte Unternehmen betreiben, an denen sie direkt oder indirekt bestimmte Anteile halten, oder sie können Konzessionen an private in- oder ausländische Betreiber vergeben. So sind zB in Bayern die Spielbanken ein Regiebetrieb des Finanzministeriums, in Hamburg und Mecklenburg-Vorpommern haben private Betreiber eine Konzession, in Niedersachsen seit 2005 ein ausländischer Betreiber. In Sachsen ist die Spielbankgesellschaft eine privatwirtschaftliche organisierte GmbH, aber vollständig im Eigentum des Landes. In Nordrhein-Westfalen ist die Spielbankengesellschaft ein Tochterunternehmen der Landesförderbank.[16]

33 Die Aufsicht über die Spielbanken wird von den Innenministerien der Länder wahrgenommen bzw in Hessen ist sie an die Sitzgemeinden delegiert. Die Finanzkontrolle obliegt stets dem lokalen Finanzamt.

34 Durch die erforderliche Konzessionierung von Spielbanken entstehen strikt regulierte Angebotsstrukturen für das jeweilige Bundesland und damit auch für den Gesamtmarkt in Deutschland. Dies gilt aber nur für inländische Anbieter. Bis zur Ausbreitung der Internetangebote handelte es sich ökonomisch um regionale Monopole. Die Internetangebote – juristisch illegales Glücksspiel, das aber praktisch nicht kontrollierbar ist – haben dieses rechtlich geschaffene Monopol inzwischen ökonomisch außer Kraft gesetzt. Der Spielbankenmarkt ist ein Wettbewerbsmarkt, in dem die Aktivitäten der heimischen Anbieter streng reguliert sind, während die ausländischen Anbieter im Internet keine oder kaum Regulierung erfahren.

35 Das Angebot an heimischen Spielbanken, dh die Zahl der Spielbankstandorte, hat sich in den vergangenen Jahren deutlich erhöht. Auslöser war vor allem das fiskalische Interesse der Bundesländer; auch wollen sie vermeiden, dass ihre Bürger in

16 *Schippeinz* Spielbanken in Deutschland, Ü14 ff.

anderen Bundesländern spielen und dort zu den von den Spielbanken gezahlten Abgaben beitragen.

Die ersten Nachkriegsspielbanken wurden von den Alliierten in Bad Neuenahr, 36
Bad Dürkheim und Wiesbaden und dann in Bad Homburg, Baden-Baden und Konstanz zugelassen. Bis Anfang der 70er Jahre kamen nur 5 Standorte hinzu. Zwischen 1975 und 2005 vervierfachte sich dann die Zahl auf 81 Standorte. Diese Entwicklung wurde durch die deutsche Wiedervereinigung begünstigt. Bis Ende 2005 wurden in den neuen Ländern 17 Spielbankenstandorte eröffnet. In den vergangenen Jahren gab es aber auch Schließungen von Standorten und in Sachsen-Anhalt wurden die drei Konzessionen eingezogen. In den Jahren 2014 und 2016 wurde in Sachsen-Anhalt wieder je eine Spielbank eröffnet. Von den 74 aktiven deutschen Standorten (Stand Juli 2012) sind 47 Vollspielbanken, dh es werden die klassischen Tischspiele angeboten und an fast all diesen Standorten auch das Automatenspiel. Hinzu kommen noch 26 Standorte, an denen nur an Automaten, zT aber auch Poker und Black Jack, gespielt werden kann.

Die Verteilung aller Standorte in Deutschland zeigt Abbildung 2. Es wird deut- 37
lich, dass weite Teile der Bundesrepublik mit Standorten nahezu flächendeckend überzogen sind. Eine unterdurchschnittliche Spielbankendichte ist nur in Baden-Württemberg, Thüringen, Nordrhein-Westfalen und zT in Bayern gegeben.

Im Gegensatz zur Vorkriegs- und unmittelbaren Nachkriegszeit, als entspre- 38
chend des Gesetzes über die Zulassung von Spielbanken von 1933 Casinos nur in Kurorten zugelassen waren (eine ähnliche Regel sieht heute noch das bayrische Spielbankgesetz vor), werden seit etlichen Jahren auch Großstädte bzw Ballungsgebiete als Standorte gewählt, wie zB Stuttgart, Dresden, Leipzig, Duisburg, Dortmund-Hohensyburg, Berlin, Hannover, Hamburg und Kiel. Spielbanken in Großstädten sind nicht nur wirtschaftlich besonders attraktiv, sondern begegnen auch dem illegalen Glücksspiel, das sich sonst in den Ballungsgebieten konzentriert.

2. Nachfrager auf dem Spielbankenmarkt

Nachfrager auf dem Spielbankenmarkt, also die Spieler, sind in der Bevölkerung 39
grundsätzlich zufällig verteilt. Es gibt keine regionale Häufung von Spielern, wohl aber zeichnen sich Spieler durch „typische" sozioökonomische Merkmale aus. In seiner theoretisch und empirisch anspruchsvollen Arbeit hat *Albers*[17] die Determinanten individueller Glücksspielteilnahme ermittelt. In der von ihm ausgewerteten repräsentativen Stichprobe haben 11 vH der Befragten mindestens einmal pro Quartal eine Spielbank besucht. Dabei zeigte sich als statistisch gesichertes Ergebnis, dass die Wahrscheinlichkeit, eine Spielbank zu besuchen, positiv mit dem Einkom-

17 *Albers* s.o. Fn 3, S 185 f; *Hübl* Determinants of Gambling Participation S 3 f.

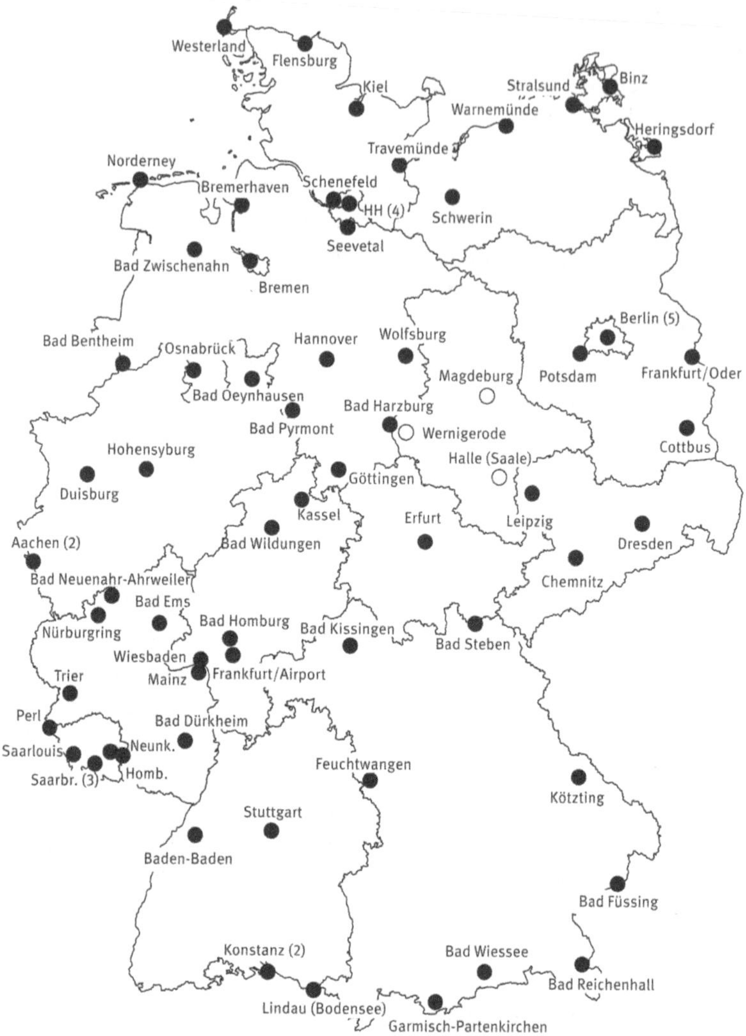

○ Die Konzessionen für Magdeburg, Halle (Saale) und Wernigerode sind 2012 eingezogen worden. In Magdeburg und Leuna bei Halle gibt es inzwischen wieder Spielbanken.

Abbildung 2: Standorte der Spielbanken in Deutschland (Stand 1.7.2012)

men korreliert ist, dh mit höherem Einkommen wird häufiger gespielt als mit niedrigem. Auch diese individuellen Auswertungen belegen, dass die Teilnahme am Glücksspiel in Spielbanken ein superiores Konsumgut ist.

40 Nach dem Ausschalten von sich überlagernden Effekten zeigt *Albers*, dass Männer häufiger Spielbanken besuchen als Frauen, dass mit steigender Bildung die Teil

Tabelle 4: Typisches sozialdemografisches Spielerprofil (in vH)*

	Lage des Standortes	Stammspieler	Gelegenheitsspieler	Männlich	Weiblich	18–60 Jahre	Über 60 Jahre	Besucher mit Migrationshintergrund
Großes Spiel	großstädtisch	75–80	20–25	70–75	25–30	70–75	25–30	20–30
	mittelstädtisch	60–65	35–40	60–65	35–40	65–70	30–35	10–20
Automatenspiel	großstädtisch	70–80	20–30	ca. 65	ca. 35	70–75	25–30	20–30
	mittelstädtisch	65–75	25–35	ca. 50	ca. 50	50–60	40–50	10–20

* Einzelstandorte können von diesen typischen Werten abweichen

Quelle: Eigene Untersuchungen von Standorten in unterschiedlichen Bundesländern

nahmewahrscheinlichkeit steigt, dass Singles besonders häufig unter den Besuchern zu finden sind, dass Arbeitslosigkeit die Teilnahmewahrscheinlichkeit nicht erhöht und dass Beamte leicht häufiger und Arbeiter deutlich seltener in die Spielbank gehen als der Durchschnittsbesucher.

41 Diese grundsätzlichen Ergebnisse lassen sich durch empirische Einzeluntersuchungen noch weiter differenzieren.[18] Zunächst empfiehlt es sich, zwischen Stamm- und Gelegenheitsspielern zu unterscheiden. Stammspieler kommen regelmäßig in die Spielbanken, meist in die von ihnen präferierte Bank. Sie setzen mehr als Gelegenheitsspieler und tragen damit überproportional zum Ergebnis der Banken bei. In empirischen Untersuchungen hat es sich bewährt, von Stammspielern zu sprechen, wenn sie sechsmal oder öfter im Jahr eine Spielbank besuchen. Gelegenheitsspieler kommen dagegen nur selten.

42 Weiter ist eine Unterscheidung zwischen Besuchern im Großen Spiel und solchen im Automatenspiel angezeigt sowie eine Unterscheidung bei der Größe des Standortes in Groß- oder Mittelstadt.

43 Ein typisches soziodemografisches Spielerprofil, auf das die genannten Kriterien angewendet werden, wird in Tabelle 4 gezeigt. Es muss betont werden, dass es sich dabei um eine durchschnittliche Ausprägung handelt, die im Einzelfall einer Bank abweichend ausfallen kann.

44 Sowohl im Großen als auch im Automatenspiel dominieren Stammspieler. Ihr Anteil an den Besuchen liegt bei 60–80 vH. Die Stammspieler kommen üblicherweise stärker aus der näheren Umgebung einer Bank als die Gelegenheitsspieler. Im Großen Spiel gibt es jedoch auch vereinzelte Stammspieler, die weite Anreisen in Kauf nehmen. Stammspieler präferieren Besuche unter der Woche, um ungestört spielen zu können; Gelegenheitsspieler kommen dagegen verstärkt am Wochenende im Rahmen ihrer Freizeitgestaltung.

45 Bei der Geschlechterverteilung der Besucher zeigt sich, dass Männer überwiegen; im Automatenspiel mit mittelstädtischer Prägung ist das Geschlechterverhältnis dagegen in etwa ausgeglichen. Ältere Besucher (über 60 Jahre) sind im Großen wie im Automatenspiel überproportional zu ihrem Anteil an der Bevölkerung vertreten, besonders ausgeprägt an mittelstädtischen Standorten.

46 Unter den Besuchern sowohl des Großen als auch des Automatenspiels finden sich überproportional viele Ausländer incl Inländern mit einem Migrationshintergrund, die in der Umgebung der Bank wohnen. Ihr Anteil an den Besuchern ist mehr als doppelt so hoch wie ihr Anteil an der Bevölkerung in Deutschland.

---

18 Verschiedene Gutachten des Verfassers für deutsche Spielbankgesellschaften.

3. Spielergebnisse

Im Großen Spiel muss schon immer jeder Besucher registriert werden. Seit dem Inkrafttreten des Glücksspielstaatsvertrages gilt dies auch für die Besucher im Automatenspiel. Damit kann die Zahl der Besuche und das erwirtschaftete BSE einer Bank in Beziehung gesetzt werden. 47

Im Jahr 2010 gab es knapp 6,3 Mio Spielbankbesuche. Insgesamt wurden ein BSE von € 557 Mio erwirtschaftet und € 101 Mio in den Gesamttronc gegeben.[19] Daraus errechnet sich ein durchschnittlicher Spielverlust je Besuch von rd € 88. Berücksichtigt man noch den Tronc, so wurden von den Besuchern je Besuch durchschnittlich rd € 104 aufgewendet.

Getrennte Besuchszahlen der einzelnen Banken für das Große und das Kleine Spiel liegen leider nicht vor, so dass die spezifischen Spielverluste nicht genau ermittelt werden können. Aus den Vorjahren und Erfahrung weiß man aber, dass im Kleinen Spiel die Verluste etwa doppelt so hoch ausfallen wie im Großen Spiel. Der durchschnittliche Spielverlust im Großen Spiel liegt somit in der Größenordnung von € 60, der im Kleinen Spiel von € 120.

Im Kleinen Spiel wird also je Besuch deutlich mehr gesetzt und verloren als im 48
Großen Spiel. In Großstädten wird dabei mehr als in Mittelstädten gesetzt und verloren.

IV. Perspektiven für den Spielbankenmarkt

Wie gezeigt, ist die Mehrheit der Bundesländer relativ dicht mit Spielbanken be- 49
setzt. Ob in den Ländern, in denen im Vergleich zum Rest eine unterdurchschnittliche Dichte zu beobachten ist, vor allem also in Baden-Württemberg, Nordrhein-Westfalen und Bayern, noch neue Standorte eröffnet werden, ist eine politische Entscheidung und nicht vorhersehbar.

Bei der angespannten Haushaltslage der Bundesländer spricht aber einiges da- 50
für, dass es auch in den Ländern mit höherer Standortdichte in den nächsten Jahren immer wieder zu Diskussionen über Neueröffnungen kommen wird, wenngleich die negative Marktentwicklung der letzten Jahre dämpfend wirken dürfte. Die Einnahmen der Länder aus allen Glücksspielsteuern und -abgaben sowie Gewinnabführungen von Tochterunternehmen, die Glücksspiele betreiben, machten 2008 immerhin 1,5 vH der gesamten Steuereinnahmen der Länder aus.[20]

---

19 *Reeckmann/Benert* Spielbanken gegen Spielhallen – eine Entgegnung.

20 *Statistisches Bundesamt* VI C-37114200 SF und Volkswirtschaftliche Gesamtrechnung. Zu der längerfristigen Entwicklung der fiskalischen Effekte des Glücksspiels *Bardt* Staat und Glücksspiel in Deutschland, S 27 ff.

51 Politischer Druck, ein Casino zu eröffnen, geht oft auch von Kommunen aus, die sich nicht nur eine touristische Attraktion erhoffen, sondern auch zusätzliche Einnahmen durch den Anteil der Sitzgemeinde an der Spielbankabgabe erwarten. Die Vorstellungen und Hoffnungen so mancher Tourismusförderer und Kommunalpolitiker, aber auch mancher Bewerber um Konzessionen sind recht optimistisch.

52 Die Potenziale möglicher Standorte lassen sich mit anspruchsvollen Modellrechnungen gut abschätzen. Für den Erfolg eines neuen Standortes ist neben der Attraktivität seines Spielangebotes die Lage zu Nachbarstandorten, die Bevölkerungszahl und -zusammensetzung im Einzugsgebiet sowie die Einkommenssituation der Bevölkerung entscheidend. Da das erwirtschaftete BSE überwiegend von Stammspielern abhängt, ist der Einfluss von Touristen in der Regel gering.[21]

53 Neben der Bedeutung des Standortes für das Abschneiden einer Bank sind die allgemeinen Perspektiven für den Spielbankenmarkt insgesamt zu beachten. Zwei wichtige Trends zeichnen sich deutlich ab: Das ist zum einen der weitere Bedeutungsgewinn des Automatenspieles gegenüber dem klassischen Tischspiel, das ist zum anderen aber auch das massiv steigende und auch zunehmend in Anspruch genommene Angebot von Casinospielen im Internet.

54 Nicht nur in Deutschland, sondern weltweit ist ein Bedeutungsverlust des Großen Spiels zu konstatieren. So hat sich zB der Automatenumsatz pro Kopf der erwachsenen Bevölkerung in Casinos in Australien, dem Land mit den höchsten Pro-Kopf-Umsätzen weltweit, in den 90er Jahren mehr als verdreifacht. Die Pro-Kopf-Umsätze im Tischspiel haben sich dagegen nur gut verdoppelt.[22] Eine gleiche Tendenz ist auch in den USA festzustellen.[23] Für ein Anhalten dieses Trends spricht, dass nicht nur die jüngeren Spielbankbesucher die lockere und technisch geprägte Atmosphäre und die schnelle Spielfolge in einem Automatensaal den mehr formalen Bedingungen und der langsamen Spielfolge im Großen Spiel vorziehen. Auch sind die Innovationen und Variationsmöglichkeiten beim Automatenspiel sehr viel ausgeprägter als beim Klassischen Spiel. Jede klassische Spielvariante kann heute auch an Automaten gespielt werden. Langfristig wird das Klassische Spiel, das auch noch besonders personalkostenintensiv ist, wohl nur an großen Standorten überleben. Dazu wird es erforderlich sein, den Besuch des Großen Spiels durch zusätzliche Unterhaltungsangebote in seiner Attraktivität zu steigern.

---

21 *Hübl et al* Marktpotenzial eines Spielbankenstandortes Frankfurt/Oder, Untersuchung im Auftrag des Landes Brandenburg, Ministerium des Inneren (unveröffentlicht); *Hohls-Hübl/Hübl* Erlebniswelt Wolfsburg – Marktpotenziale für die Spielbank, Untersuchung im Auftrag der Spielbanken Niedersachsen GmbH (unveröffentlicht); *Hohls-Hübl/Hübl* Marktpotential von touristischen Standorten für das Automatenspiel, Untersuchung im Auftrag der Spielbanken Niedersachsen GmbH (unveröffentlicht).

22 *Australian Government* Productivity Commission s.o. Fn 15; *Australasian Gaming Council* A Data Base on Australia's Gambling Industries, S 112.

23 *Eadington* The Economics of Casino Gambling, Journal of Economic Perspectives 1999, S 177.

Der zweite große Trend, die steigende Bedeutung von Online-Casinospielen, trifft sowohl das Große als auch das Kleine Spiel. Seitdem sich Mitte der 90er Jahre mit der Abwicklung von Sportwetten in Großbritannien das Spielen über das Internet etablierte und im Jahre 1999 das erste staatlich konzessionierte Online-Casino in Alice Springs in Australien eröffnet wurde, hat sich dieses Marktsegment rapide entwickelt. 55

Belastbare Statistiken über die Zahl der Online-Casinos gibt es nicht, da die Angebote auch von Ländern aus betrieben werden, die keine oder nur niedrigschwellige Konzessionen kennen. Man ist auf Schätzungen von Branchenkennern angewiesen. Das Angebot wird auf über 2.000 Webseiten geschätzt,[24] wobei mehr als die Hälfte der Anbieter als unseriös angesehen wird.[25] Die weltweiten Bruttospielerträge, dh Nettoverluste der Spielteilnehmer, wurden für das Jahr 2005 auf eine Größenordnung von € 2,5 Mrd geschätzt.[26] Bis zum Jahr 2009 wird eine Verdoppelung für realistisch gehalten. 56

Kenner der Szene gehen davon aus, dass es in Deutschland ca 500.000 Internetspieler gibt, die je Spielteilnahme € 100–200 setzen.[27] Eine Befragung von FORSA für den Verband BITKOM ergab, dass darüber hinaus über 400.000 Inländer Poker im Netz spielen.[28] Das Beratungsunternehmen Goldmedia schätzt den Bruttospielertrag, der in Deutschland 2009 im Online-Glücksspiel (Casinospiele, Poker) erzielt wurde, auf € 0,6 Mrd, was einem Bruttospielumsatz von € 6–7 Mrd entspricht.[29] 57

Gründe für die steigende Verbreitung von Glücksspielen im Internet liegen in der zunehmenden Durchdringung der Privaten Haushalte mit Breitband-Netzzugängen, in der jederzeitigen Spielmöglichkeit, in dem im Vergleich zu traditionellen Spielbanken sehr differenzierten Angebot an Spielalternativen und in der Anonymität.[30] 58

Als weitere Gründe nennt *I.K. Nevries*[31] noch: 59

- keine Anfahrtswege,
- kein Eintrittsgeld,
- keine Kleiderordnung,
- Chats und Erfahrungsaustausch mit anderen Spielern,

24 Eine Übersicht an Schätzungen bei *Nevries* Der deutsche Spielbankenmarkt im Umbruch – Ansätze zur Entwicklung eines Online Casinos, S 18.

25 *Schmitt* Mehr Sicherheit und Seriosität gegen illegale Online Casino Anbieter.

26 *Sinclair* Part as Prologue, E-Gambling: What does the future hold? Statement vor der NYSSA (New York Society of Security Analysts, 27.9.2005).

27 *Schmitt* Internet-Casinos und Internet Sportwetten ein Milliardengeschäft.

28 *BITKOM* Staatsmonopol bei Glücksspiel abschaffen, Presseerklärung 8. September 2009.

29 *Goldmedia GmbH* s.o. Fn 9, S 6.

30 *Griffith* Internet Gambling, an Online Empirical Study; *Gibson* Gambling on Mobile, S 3.

31 *Nevries* s.o. Fn 23.

- Einstieg über Fun-Games ohne Geldeinsatz,
- keine Überfallgefahr nach Spielgewinnen.

60 Hinzu kommt, dass sich inzwischen international akzeptierte Markenanbieter etabliert haben und in ca 60 Staaten Online-Casinos offiziell zugelassen worden sind.[32]

61 Ausländische Anbieter betreiben im Internet idR virtuelle Casinos mit anspruchsvollen Animationen. Zur Spielteilnahme muss die jeweilige Spielesoftware heruntergeladen werden, und es ist eine einfache Registrierung sowie eine Festlegung der Zahlungsmodalitäten erforderlich. Eine Überprüfung, ob im Aufenthaltsland des Spielers eine Online-Spielteilnahme erlaubt ist, findet nicht statt. Die Spieler können meist aus 40–60 unterschiedlichen Spielen wählen. Das Spielangebot ist damit viel umfangreicher als in durchschnittlichen terrestrischen Banken.[33]

62 In Deutschland ist nach dem Staatsvertrag kein konzessioniertes Online-Angebot von Spielbanken zugelassen. Ob eine solche Position bei der Globalisierung der Glücksspielmärkte auf Dauer durchhaltbar ist, kann angezweifelt werden.[34]

32 *Sinclair* s.o. Fn 25.

33 Zwei in Deutschland recht bekannte Angebote sind beispielsweise www.casino-club.com und www.partypoker.com.

34 Eine ausführliche Diskussion der wirtschaftlichen Ausgestaltung eines Online-Casinos findet sich bei *Nevries* s.o. Fn 23: die Rechtsproblematik behandeln zB *Klam* Die rechtliche Problematik von Glücksspielen im Internet; *Swiss Institute for Comparative Law* Cross-Border Gambling in the Internet: Challenging National and International Law.

Andreas Blaue

§ 6 Die Position des privaten Rundfunks zur Glücksspielregulierung

Übersicht

I. Einführung

Die privaten Rundfunkveranstalter haben schon seit Langem die Unternehmen der vornehmlich privaten Wett- und Glücksspielbranche als wichtige Werbekunden ausgemacht. So hat etwa der Free-TV-Sender *Sport1* (ehemals *DSF – Deutsches SportFernsehen*) schon im Jahr 2003 erste Werbeschaltungen für das auf einer sog „DDR-Lizenz“ beruhende Sportwettenangebot *betandwin.de* vorgenommen. Bereits zwei Jahre später, im Jahr 2005, folgte die Werbung für sog „Poker-Schulen“ (zB *pokerstars.de*), das heißt für Online-Poker-Plattformen, auf denen ohne Einsatz eines Entgelts gespielt werden kann. Ab 2011 schließlich nahm der Sender zudem die Bewerbung vergleichbarer Online-Casino-Portale, sog „free-to-play Casinos“ (zB *mrgreen.de*) auf. In beiden Fällen – Poker wie Casino – handelte es sich um Angebote internationaler Glücksspielunternehmen, die allein aufgrund der regulatorischen Bedingungen speziell für den deutschen Markt, nämlich entgeltfrei für den User, entwickelt wurden. Die wesentlichen Glücksspielbereiche werden in der Praxis von Rundfunk und Telemedien – neben TV und Radio vor allem auch auf den Online- und Mobile-Plattformen der privaten Sender (zB *sport1.de*) – heute bereits seit Jahren beworben. Dies ist Spiegel der wirtschaftlich erheblichen und weiter zunehmenden Bedeutung der Glücksspielbranche als Werbesegment für den privaten Rundfunk. 1

Besonders gilt das für die Sportberichterstattung. Hier sind die Einnahmen aus der Bewerbung von Sportwetten inzwischen eine wichtige Refinanzierungsquelle für den Erwerb von Sportrechten und die Programmgestaltung. Blickt man allein auf die letztjährige Vergabe der Audio- und audiovisuellen Verwertungsrechte an den 2

https://doi.org/10.1515/9783110259216-006

Spielen der deutschen Bundesliga (und 2. Bundesliga) für die vier Spielzeiten ab 2017/18 wird sehr klar: Kostendeckende Erlöse im Umfeld der Übertragungen von Bundesligaspielen in Radio, TV, Internet, über Apps oder sonstige Digitalplattformen zu erzielen, scheint angesichts gewaltig wachsender Rechtekosten praktisch kaum mehr möglich – vor allem für die werbefinanzierten frei empfangbaren Privatkanäle. Haben die Medienunternehmen für den Erwerb der Rechte in der laufenden Vergabeperiode 2013/14 bis 2016/17 pro Saison durchschnittlich 628 Millionen Euro bezahlt, werden es ab 2017/18 im Saison-Schnitt 1,16 Milliarden Euro sein.[1] Das entspricht einer Steigerung von rund 85%, verglichen mit den Kosten vor zehn Jahren sogar von 287%.[2] Ohne eine Querfinanzierung aus anderen, diversifizierten Erlösquellen, die häufig nur in Konzernstrukturen, meist größeren internationalen Unternehmensverbunden, realisierbar ist, werden frei zugängliche Rundfunksender – mit Ausnahme der gebührenfinanzierten öffentlich-rechtlichen – diese Rechtekosten nicht mehr aufbringen können. Daher verwundert es auch nicht, dass mit *Sky*, *Eurosport 2*, *Amazon* oder der *Perform Group* (mit dem Streamingportal *DAZN*) gerade solche privaten Sender und Content-Plattformen bei der Vergabe der Bundesligarechte erfolgreich waren, die zu internationalen Konzernen gehören und zudem auch nur gegen Entgelt empfangbar sind bzw sein werden. Für unabhängig von diesen Strukturen agierende frei empfangbare Sender ist diese Entwicklung hingegen ein wachsendes, möglicherweise existentielles Problem. Gleiches gilt für unser Rundfunksystem als Ganzes. Nur mit aufmerksamkeitsstarken und interessanten Programmrechten und Inhalten können Sender im Relevant Set der Nutzer bleiben. Nur damit wird die Vielfalt an Rundfunkangeboten, Informationen und Meinungen erhalten, die – mit Verfassungsrang – als Grundlage für die Meinungsbildung in unserer Demokratie unabdingbar ist. Umso wichtiger ist es, zentrale Refinanzierungsquellen ernst zu nehmen. Hierzu gehört die Wett- und Glücksspielbranche.

3 Damit einhergehend haben sich die privaten Rundfunkveranstalter bereits früh medienpolitisch engagiert, um eine den wirtschaftlichen Interessen – aber auch den Zielen der Glücksspielgesetzgebung, vornehmlich gerichtet auf die Kanalisierung legaler Angebote zum Schutze der Spieler – folgende Regulierung der Glücksspielangebote, insbesondere der privaten, in Deutschland zu erzielen. Neben den Initia-

---

1 Siehe *Lehnebach, Nils*, DFL-Rechte: Das zahlen die einzelnen Medien, 22.6.2016, abrufbar unter: http://www.sponsors.de/dfl-rechte-das-zahlen-die-einzelnen-medien, Abruf vom 5.1.2017; *Nünning, Volker*, TV-Rechte an der Fußball-Bundesliga: Rekorderlöse für die DFL, 26.6.2016, abrufbar unter: http://www.medien-korrespondenz.de/politik/artikel/tv-rechte-an-der-fussball-bundesliga-rekord erloese-fuernbspdienbspdfl.html, Abruf vom 5.1.2017.

2 Ebenda; vgl zudem auch *Schilling, Frieder*, DFL verkauft Medienrechte für 4,64 Mrd Euro, 9.6.2016, abrufbar unter: http://www.sponsors.de/dfl-verkauft-medienrechte-fuer-464-mrd-euro, Abruf vom 5.1.2017.

tiven einzelner Privatsender tritt vor allem der *Verband Privater Rundfunk und Telemedien eV (VPRT)* – mit rund 140 Mitgliedsunternehmen aus dem Radio- und TV-Bereich sowie der elektronischen Medienwirtschaft wichtigster Repräsentant der Branche – durch seinen *Arbeitskreis Wetten (AK Wetten)*[3] seit mehr als zehn Jahren intensiv für eine Liberalisierung des deutschen Glücksspiel- und Sportwettenmarktes ein. Studien wurden beauftragt und in die politische Debatte eingeführt, zB eine Berechnung der Wirtschaftsprüfungsgesellschaft *Deloitte* zur positiven Entwicklung des Steuer- und Abgabenaufkommens der Länder bei einem Nebeneinander von staatlichen und privaten Sportwetten[4] sowie ein Gutachten von *Professor Dr. Dr. h.c. Ulrich Sieber*, Direktor am Max Planck Institut für ausländisches und internationales Strafrecht in Freiburg, zur besseren Realisierung von Spielsuchtprävention und Jugendschutz in einem geöffneten und regulierten Sportwetten- und Online-Casino-Markt[5] im Jahr 2010. Konkrete Regulierungsmodelle wurden in die Politik getragen – so der Vorschlag einer dualen Regulierung des Sportwettenbereichs nach dem Vorbild des etablierten dualen Rundfunksystems als Reaktion auf die Grundsatzentscheidung des *Bundesverfassungsgerichts* (BVerfG) vom 28.3.2006 zur Verfassungswidrigkeit des Staatsmonopols für Sportwetten nach dem bayerischen Staatslotteriegesetz vom 29.4.1999 bzw nach dem Lotteriestaatsvertrag vom 18.12.2003/ 13.2.2004[6]. In der Entscheidung hatte das BVerfG darauf hingewiesen, dass eine ver-

---

3 Im *Arbeitskreis Wetten* haben sich zunächst im Frühjahr 2006 namenhafte Medienhäuser in Deutschland mit dem Ziel zusammengeschlossen, für eine Öffnung des Sportwettenmarktes für private Anbieter einzutreten. Hierzu gehörten zB die *ProSiebenSat.1-Gruppe*, *RTL Television*, *Bild. T-Online* (heute *Bild/Axel Springer*), *Premiere* (heute *Sky Deutschland*), *EM.TV* (heute *Constantin Medien*) und das *Deutsche SportFernsehen DSF* (heute *Sport1*). Seit 2007 ist der *Arbeitskreis Wetten* Teil der Verbandsarbeit des *VPRT* und in diesen eingegliedert. Er fokussiert heute die Liberalisierung nicht nur des Sportwettenmarktes, sondern auch weiterer Glücksspielbereiche in Deutschland.

4 *Deloitte & Touche GmbH Wirtschaftsprüfungsgesellschaft*, Studie zum deutschen Sportwettenmarkt 2010, München, 8.9.2010, abrufbar unter: http://www.vprt.de/sites/default/files/documents/o_document_20100922154620_stud_2009_09_15_Studie_deloitte_zumdeutschenSportwettenmarkt2010_lang.pdf, Abruf vom 3.1.2017. Siehe hierzu auch *VPRT*, Pressemitteilung: AK Wetten im VPRT legt aktualisierte Studie der Wirtschaftsprüfungsgesellschaft Deloitte zum deutschen Sportwettenmarkt vor: Einnahmepotenzial von 800 Mio bis zu 2 Mrd € Steuern im Falle einer Marktöffnung für den Zeitraum 2012–2015 prognostiziert, Berlin, 15.9.2010, abrufbar unter: http://www.vprt.de/verband/presse/pressemitteilungen/content/ak-wetten-im-vprt-legt-aktualisierte-studie-der-wirtschaft?c=4, Abruf vom 3.1.2017. Weiterführend in der Vorauflage *Kümmel, Annette*, Die Sicht der privaten Fernsehsender zur Regelung des Glücksspiels, in: *Gebhardt, Ihno/Grüsser-Sinopoli, Sabine Miriam* (Hrsg), Glücksspiel in Deutschland: Ökonomie, Recht, Sucht, Berlin, De Gruyter Recht, 2008, S 113 ff, Rn 18 ff.

5 *Sieber, Ulrich*, Möglichkeiten der Spielsuchtprävention und des Jugendschutzes in einem geöffneten Sportwetten- und Online-Casino-Markt: Gutachten im Auftrag der Constantin Medien AG, Freiburg im Breisgau, 6.9.2010, unveröffentlicht.

6 BVerfG, Urteil vom 28.3.2006 – 1 BvR 1054/01 – *Oddset* (sog. „Sportwetten-Entscheidung"), NJW 2006, 1261 ff. Durch den Staatsvertrag zum Lotteriewesen in Deutschland (Lotteriestaatsvertrag –

fassungskonforme Regulierung von Sportwetten auch durch die Zulassung privater gewerblicher Angebote erreicht werden könne. Die Genehmigung und Kontrolle von privaten Sportwetten wäre nach dem damaligen Ansatz der Medienhäuser – wie bei der Zulassung und Aufsicht über die privaten Rundfunkprogramme – neben staatliche Wettangebote getreten. Und das bei einer Beibehaltung des Lotteriemonopols der Länder.[7] Dieser Ansatz war mit dem Inkrafttreten des Staatsvertrages zum Glücksspielwesen in Deutschland (Glücksspielstaatsvertrag) am 1.1.2008, der auch das Sportwettenmonopol des Staates fortschrieb, bekanntermaßen vorerst erfolglos geblieben. Erst durch die probeweise Einführung der Möglichkeit von bis zu 20 Konzessionen für private Anbieter von Sportwetten mit dem seit 1.7.2012 bis heute gültigen, erstmals novellierten Glücksspielstaatsvertrag (GlüStV)[8] haben die Länder einen ersten Liberalisierungsschritt unternommen – zaghaft, ungenügend, von europarechtlichen Vorgaben gezwungen und – wie wir heute wissen – auch nur auf dem Papier.

II. Tatsächliche Situation der Glücksspielwerbung im Fernsehen

1. Markt und Funktion des privaten Fernsehens

4 Mit weit mehr als 200 bundesweit frei empfangbaren privaten TV-Programmen[9] sowie einer riesigen Anzahl regionaler und lokaler privater TV- und Hörfunksender hat Deutschland das vielfältigste Rundfunkangebot in Europa. Damit werden Rundfunk und insbesondere Fernsehen der Erfüllung ihrer verfassungsrechtlichen Aufgabe nach Art 5 Abs 1 Satz 2 Grundgesetz (GG) vollends gerecht. Diese besteht in der Ergänzung der Grundrechte des Art 5 Abs 1 Satz 1 GG. Der demokratische Meinungsbildungsprozess, für den einerseits die Freiheit, Meinungen zu äußern und zu verbreiten sowie andererseits die Freiheit, geäußerte Meinungen zur Kenntnis zu nehmen und sich zu informieren, kennzeichnend sind, soll durch die Rundfunkfreiheit des Art 5 Abs 1 Satz 2 GG geschützt werden. Rundfunk vermittelt Informationen und Meinungen – fremde wie eigene. Er ist Medium und Faktor im Prozess der Mei-

---

LottStV) vom 18.12.2003/13.2.2004 wurde die inhaltlich schon bis dahin in Bayern aufgrund des Gesetzes über die vom Freistaat Bayern veranstalteten Lotterien und Wetten (Staatslotteriegesetz) vom 29.4.1999 geltende Rechtslage bestätigt und für alle Länder anerkannt.

7 Siehe hierzu en détail in der Vorauflage *Kümmel, Annette*, aaO (Fn 4), Rn 23ff.

8 Glücksspielstaatsvertrag gemäß dem Ersten Staatsvertrag zur Änderung des Staatsvertrages zum Glücksspielwesen in Deutschland (Erster Glücksspieländerungsstaatsvertrag – Erster GlüÄndStV) vom 15.12.2011.

9 Nach *Kommission zur Ermittlung der Konzentration im Medienbereich (KEK)*, Programmliste 2015 (erstellt gemäß § 26 Abs 7 Rundfunkstaatsvertrag), Stand: Dezember 2015, abrufbar unter: http://www.kek-online.de/fileadmin/Download_KEK/Programmliste_2015.pdf, Abruf vom 3.1.2017.

nungsbildung und damit Basis der Demokratie. Aus diesem Grunde ist die Rundfunkordnung so auszugestalten, dass durch eine Vielfalt von Anbietern und Programmen die Pluralität der Meinungen in großer Breite und Vollständigkeit gewährleistet und dadurch eine umfassende Information ermöglicht wird. Teil dieser vielfaltssichernden Ordnung ist auch der Schutz der Finanzierbarkeit des Rundfunks. Die privaten TV-Veranstalter dürfen nicht Bedingungen unterworfen werden, welche die Veranstaltung ausschließen oder erheblich erschweren.[10]

Bei der Finanzierbarkeit der Programme spielen die Einnahmen aus der Fern- 5
sehwerbung für alle TV-Veranstalter eine herausragend wichtige Rolle. Für die privaten Anbieter freiempfangbarer Programme, die keine Erlöse aus dem Verkauf von Abonnementen oder sonstigen Pay-TV-Diensten generieren, sind sie von existentieller Bedeutung. Auch wenn die meisten Free-TV-Sender heute zusätzliche Einkünfte aus einigen anderen Quellen erzielen, wie etwa aus der Distribution und Lizenzierung ihrer Programme (für Infrastruktur-, App-Angebote ua) oder aus kostenpflichtigen Telefonmehrwertdiensten (durch Votings, Telefongewinnspiele etc), bleiben die Werbeinvestitionen der Wirtschaft die tragende Säule der Finanzierung des Privatfernsehens. Die Unternehmung privaten Fernsehens hängt folglich unmittelbar von der Werbewirtschaft, ihren Bedürfnissen und den sie umgebenden – zB regulatorischen – Bedingungen ab. Die hinreichende Finanzierbarkeit hierdurch sichert die Vielzahl der privaten Programme. Diese machen einen Großteil der publizistischen Vielfalt aus und tragen damit erheblich zur Stärkung des verfassungsgemäßen Meinungsbildungsprozesses bei.

2. Wirtschaftliche Dimension der Glücksspielwerbung

Der Glücksspielmarkt in Deutschland wächst stark – im gesamten unregulierten Be- 6
reich, vor allem beim Online-Glücksspiel von Sportwette und Casino. Gleichzeitig geht das regulierte Marktvolumen nachhaltig zurück. Gemäß einer Studie des *Wissenschaftlichen Instituts für Infrastruktur und Kommunikationsdienste (WIK)* entfiel im Jahr 2014 von einem Gesamtumsatz (ohne private gewerbliche Spielautomaten) in Höhe von 43 Mrd Euro nur noch weniger als die Hälfte, nämlich ca 19 Mrd Euro, auf den regulierten Bereich.[11] Dies, nachdem zehn Jahre zuvor, im Jahr 2005, noch knapp

10 Siehe zum Verfassungskontext – samt Nachweisen – insgesamt und weiterführend *Blaue, Andreas*, Werbung wird Programm: Rundfunkrechtliche Zulässigkeit und Regulierung von Sonderwerbeformen im privaten Fernsehen unter besonderer Berücksichtigung des Product Placements, Baden-Baden, Nomos, 2011, S 172ff.

11 *Henseler-Unger, Iris/Gries, Christin-Isabel/Strube Martins, Sonia*, „Bettertainment": Wirtschaftliche Bedeutung und Potenziale im Einklang mit Verbraucher-, Daten- und Jugendschutz – Endbericht, Bad Honnef, Oktober 2015, abrufbar unter: http://www.wik.org/fileadmin/Studien/2015/Bettertainment_Endbericht.pdf, Abruf vom 8.1.2017, S 10f.

30 Mrd Euro Spieleinsätze und Fiskaleinnahmen mit den staatlichen Glücksspielangeboten erzielt wurden.[12] Entsprechendes gilt bei einer Betrachtung der Bruttospielerträge (Spieleinsätze abzüglich ausgeschütteter Gewinne): Nach der Untersuchung von *Peren/Clement (Forschungsinstitut für Glücksspiel und Wetten)* betrugen diese auf dem regulierten Glücksspielmarkt in Deutschland (ohne das gewerbliche Spiel) im Jahr 2005 rund 6,2 Mrd Euro. 2014 waren es nur noch 4,9 Mrd Euro.[13] Ein Rückgang der Erträge aus den staatlichen Angeboten um mehr als 20%. Der privatwirtschaftlich organisierte unregulierte Markt hingegen wuchs rasant. So stiegen die Bruttospielerträge – nach den Schätzungen von *Peren/Clement* – im Marktsegment der privaten Sportwetten von 2009 bis 2014 um mehr als 60% von rund 407 Mio Euro auf 661 Mio Euro. Im Segment der Online-Casinos ist diese Entwicklung noch signifikanter. Hier wuchsen die Bruttospielerträge in demselben Fünfjahreszeitraum von ca 126 Mio Euro auf 736 Mio Euro – eine Steigerung um 584%![14]

7 Es überrascht nicht, dass damit einhergehend ebenso die Investitionen der Glücksspielbranche in die Werbung in Rundfunk und andere Werbeträger erheblich gestiegen sind. Gemäß der „Werbemarktanalyse Glücksspiel 2016" des Marktforschungsinstituts *research tools* hat diese von August 2015 bis Juli 2016 etwa 200 Mio Euro für mediale Werbung in Deutschland ausgegeben.[15] Nach ca 141 Mio Euro Netto-Werbespendings im Vorjahreszeitraum ist das zuletzt ein kräftiger Anstieg von mehr als 40%. Im Fünfjahresvergleich bedeutet das sogar einen Anstieg von rund 87%, nach einem Werbevolumen von etwa 107 Mio Euro in der Zeit von August 2011 bis Juli 2012.[16] Dieses Wachstum gilt nicht für alle Glücksspielbereiche im gleichen Maße. Es betrifft vor allem die Bewerbung der Sportwette in den Medien, für die in Deutschland tätige Anbieter im Untersuchungszeitraum August 2015 bis Juli 2016

---

12 Ebenda, S 11.

13 Siehe hierzu *Peren, Franz W./Clement, Reiner*, Der deutsche Glücks- und Gewinnspielmarkt: Eine quantitative Bemessung von regulierten und nicht-regulierten Glücks- und Gewinnspielangeboten in Deutschland, Sankt Augustin/München, Juli 2016, S 29 f.

14 Ebenda, S 32 f, 46 f und 49 f. Zum entsprechenden Anstieg der Spieleinsätze siehe auch die Ergebnisse der Studie von *Goldhammer, Klaus/Goldmedia GmbH Strategy Consulting*, The German Gambling Market 2016: Status Quo 2015 and Market Outlook 2016, Berlin, Juni 2016, als Probe abrufbar unter: https://www.goldmedia.com/fileadmin/goldmedia/2015/Studien/2016/Gluecksspiel_2016/Sample_Report_Gambling_Market_Germany_2016_Goldmedia.pdf, Abruf vom 8.1.2017, S 4.

15 *research tools*, Studiensteckbrief Werbemarktanalyse Glücksspiel 2016: Trends – Benchmarks – Strategien, Esslingen am Neckar, September 2016, abrufbar unter: http://research-tools.net/wp-content/uploads/Studiensteckbrief_Werbemarktanalyse-Gluecksspiel-2016.pdf, Abruf vom 8.1.2017, S 2. Ähnlich *Zentralverband der deutschen Werbewirtschaft ZAW eV*, Werbung 2016, Berlin, edition ZAW, 2016, S 156 f, der für das (Kalender-)Jahr 2015 sogar auf 258,4 Mio Euro kommt.

16 *research tools*, Glücksspielbranche steigert Werbevolumen deutlich, 28.9.2016, abrufbar unter: http://www.marktforschung.de/nachrichten/marktforschung/gluecksspielbranche-steigert-werbe volumen-deutlich/, Abruf vom 8.1.2017.

knapp 50 Mio Euro ausgaben, doppelt so viel wie noch im Jahr zuvor.[17] Ebenso beachtlich ist die Verteilung der Werbung im Mix der verschiedenen Medien. So ist das Topmedium der Glücksspielbranche das Fernsehen mit einem Anteil von 58%.[18] Die Glücksspielunternehmen verantworten damit heute bereits fast 5% aller TV-Netto-Werbeeinnahmen, Tendenz steigend.[19] Das entspricht etwa den Investitionen der gesamten Brauwirtschaft, das heißt dem Niveau der Bierwerbung im Fernsehen, oder auch der Größenordnung der TV-Werbung für Waschmittel.[20] Es ist eine ebenso gute wie wichtige Nachricht für die gegenwärtige und künftige Refinanzierung der privaten Sender.

III. Regulatorische Rahmenbedingungen der Glücksspielwerbung

1. Scheitern des Glücksspielstaatsvertrages

Das Regulierungskonzept des seit dem 1.7.2012 geltenden GlüStV muss vor dem Hintergrund des – gerade im unregulierten Bereich – stark wachsenden Glücksspielmarktes als gescheitert betrachtet werden. Die gesetzgeberischen Ziele des GlüStV – Eindämmung von Glücksspielsucht, Kanalisierung des natürlichen Spieltriebs der Bevölkerung in geordnete und überwachte Bahnen durch ein hierfür geeignetes erlaubtes Glücksspielangebot, Jugend- und Spielerschutz, Abwehr von Folge- und Begleitkriminalität und die Wahrung der Integrität sportlicher Wettbewerbe beim Angebot von Sportwetten – können damit tatsächlich nicht erreicht werden. 8

Hinzu kommt, dass auch von rechtlicher Seite heute fest steht, dass eine Umsetzung der Regulierung von Sportwetten nach dem geltenden GlüStV kaum mehr möglich ist. Die Konzessionsvergabe für Sportwetten-Veranstalter in Deutschland wurde spätestens durch die Entscheidung des *Hessischen Verwaltungsgerichtshofes* (VGH Hessen) vom 16.10.2015[21] gestoppt. Den vorgehenden Beschluss des *Verwaltungsgerichtes Wiesbaden* (VG Wiesbaden) vom 5.5.2015[22] bestätigend, hatte der VGH 9

17 Ebenda. Vgl auch *research tools*, Studiensteckbrief Werbemarktanalyse Glücksspiel 2016: Trends – Benchmarks – Strategien, aaO (Fn 15), S 2.

18 *research tools*, Studiensteckbrief Werbemarktanalyse Glücksspiel 2016: Trends – Benchmarks – Strategien, aaO (Fn 15), S 2. Siehe zudem *Zentralverband der deutschen Werbewirtschaft ZAW eV*, Werbung 2016, aaO (Fn 15), S 156, der hier 62,4 Mio Euro für das (Kalender-)Jahr 2015 ermittelt hat.

19 Vgl *Zentralverband der deutschen Werbewirtschaft ZAW eV*, Werbung 2016, aaO (Fn 15), S 9 f, 142.

20 Siehe ebenda, S 119, 143.

21 VGH Hessen, Beschl v 16.10.2015 – 8 B 1028/15, ZfWG 2015, 478 ff.

22 VG Wiesbaden, Beschl v 5.5.2015 – 5 L 1453/14.WI, ZfWG 2015, 276. Ebenso etwa auch VG Frankfurt am Main, Beschl v 27.5.2015 – 2 L 3002/14.F, ZfWG 2016, 169, und VG Hamburg, Beschl v

in dem Eilverfahren diverse Rechtsverstöße beim bisherigen Konzessionsvergabeverfahren festgestellt und dieses als insgesamt rechtswidrig betrachtet.[23] Eine Erteilung von Konzessionen kann daher nicht vor Abschluss des – regelmäßig mehrjährigen – zugehörigen Hauptsacheverfahrens erfolgen. Mit Blick auf die Laufzeit des Staatsvertrages und insbesondere auf das Ende des Erprobungszeitraums für die vorgesehenen Konzessionen am 30.6.2019 ist das wenig wahrscheinlich. Eine sinnvolle Nutzung und Erprobung bis dahin ausgegebener Lizenzen ist jedenfalls in der verbleibenden Zeit undenkbar. Der *Gerichtshof der Europäischen Union* (EuGH) hat zudem in der Sache „*Sebat Ince*" am 4.2.2016 höchstrichterlich festgestellt, dass das – ohne Konzessionen im Markt – faktisch weiter bestehende Sportwetten-Monopol des Staates rechtswidrig und nicht haltbar ist.[24] Für die privatwirtschaftlichen werbefinanzierten Rundfunk- und Telemedienanbieter in Deutschland ist das desaströs. Die mit dem Scheitern des GlüStV – mehr als vier Jahre nach seinem Inkrafttreten – weiter bestehende Rechts- und Investitionsunsicherheit gefährdet nicht nur die Kanalisierung der Bevölkerung hin zu erlaubten und geordneten Glücksspielangeboten durch funktionsgerechte Werbung und damit die Erreichung der Ziele des GlüStV. Sie gefährdet zudem die Refinanzierung der privaten Rundfunk- und Telemedien in Deutschland. Denn die immer noch vorenthaltenen Werbeerlöse aus dem wachsenden Glücksspielbereich können hierfür einen wesentlichen Beitrag leisten. Sie helfen die Existenzfähigkeit der Medien, die für unser Rundfunksystem notwendige Vielfalt gerade unabhängiger Medienhäuser sowie auch den Standort der Medienunternehmen und ihrer Beschäftigten in Deutschland zu sichern.

10 Für die Bewerbung von Sportwetten- und anderen Glücksspiel-Angeboten im privaten Rundfunk sowie den privaten Telemedien stellen vor dem Hintergrund bloße „minimalinvasive" Änderungen am Regelwerk des geltenden GlüStV keine hinreichende Zukunftsoption dar. In diesem Kontext müssen auch die von den Ländern zur Beseitigung der endgültig festgestellten Rechtswidrigkeit wesentlicher Teile des GlüStV infolge der Gerichtsentscheidungen aus Hessen und der EU eilig

---

29.6.2015 – 4 E 4214/14, abrufbar unter: http://justiz.hamburg.de/contentblob/4560020/data/4-e-4214-14-beschluss-vom-29-06-2015.pdf, Abruf vom 14.10.2016.

23 Zudem – so der VGH Hessen – sei die im GlüStV erfolgte Zuweisung von Entscheidungsbefugnissen an ein aus 16 Ländervertretern bestehendes Glücksspielkollegium mit dem Bundesstaatsprinzip und dem Demokratieprinzip des Grundgesetzes nicht vereinbar; siehe den Nachweis in Fn 21. Mit Blick auf die dem Glücksspielkollegium durch den GlüStV übertragenen Rechtsetzungsbefugnisse – zB bei Erlass einer normkonkretisierenden Werberichtlinie – kam bereits der BayVerfGH zuvor zu demselben Urteil am Maßstab der Verfassung des Freistaates Bayern; BayVerfGH, Urteil vom 25.9.2015 – Vf 9-VII-13, Vf. 4-VII-14, Vf 10-VII-14, NVwZ 2016, 137 ff. Demgemäß ist diese Werberichtlinie seitdem in Bayern nicht mehr anwendbar. Das sog „*Glücksspielkollegium*" ist ein von den Ländern geschaffenes Koordinierungsgremium bei der Glücksspielregulierung.

24 EuGH, Urteil vom 4.2.2016 – C-336/14 – *Ince*, ZfWG 2016, 115 ff.

beschlossenen Änderungen des Staatsvertrags bewertet werden. Der auf der *Konferenz der Regierungschefinnen und Regierungschefs der Länder* (der sog *„Ministerpräsidentenkonferenz“ – MPK*) am 27./28.10.2016 in Rostock-Warnemünde beschlossene Zweite Staatsvertrag zur Änderung des Glücksspielstaatsvertrages beschränkt sich im Kern darauf, die bisherige Begrenzung der Anzahl auch für private Anbieter zugänglicher Sportwetten-Konzessionen aufzuheben.[25] Ab dem 1.1.2018 sollen diese Konzessionen demnach – ohne Anzahllimit – anhand von qualitativen Mindeststandards, die mit Blick auf die Ziele des GlüStV von Anbietern bzw Angeboten zur Genehmigungsfähigkeit zu erfüllen sind, vergeben werden.[26] Gemeinsame Zuständigkeits- und Kostenregeln für die Erteilung von Sportwetten-Konzessionen, für die Glücksspiel-Aufsicht sowie die Geschäftsstelle des Glücksspielkollegiums folgten auf der *Ministerpräsidentenkonferenz* am 8.12.2016 im Bundesrat in Berlin.[27] Das erforderliche Notifizierungsverfahren bei der *Europäischen Kommission* läuft.

So weit, so gut – aber nicht gut genug. Die lediglich isolierte und punktuelle 11
Überarbeitung der Regulierung der Sportwette, ohne dass – den tatsächlichen Ordnungsbedürfnissen folgend – insbesondere auch Casino- und Pokerspiele im Internet mit einbezogen werden, greift zu kurz. Die nach dem rechtlichen Scheitern des geltenden GlüStV entstandene Handlungsnotwendigkeit des Gesetzgebers haben die Länder nicht als Chance genutzt, die Regulierung des Glücksspielwesens grundlegend zu reformieren und tatsächlich wie rechtskonform auf die effektive Erreichung der Ziele der GlüStV auszurichten.[28] Und dies, nachdem bereits alle Staatsverträge zum Glücksspielwesen, beginnend mit dem am 1.7.2004 in Kraft getretenen Lotteriestaatsvertrag (LottStV), der erstmals eine bundesweit einheitliche Regulierung etablierte, vor den Gerichten immer wieder gescheitert sind – sei es vor dem

25 *Ministerpräsident Mecklenburg-Vorpommern*, Pressemitteilung Nr 228/2016: Sellering und Haseloff informieren über Ergebnisse der MPK, Schwerin, 28.10.2016, abrufbar unter: http://www.regierung-mv.de/Landesregierung/stk/Presse/?id=121002&processor=processor.sa.pressemitteilung, Abruf vom 13.1.2017. Vgl auch *Lersch-Mense, Franz-Josef*, Die Zukunft der Glücksspielregulierung: Länder einigen sich auf Kompromisslösung, Beiträge zum Glücksspielwesen – Eine Fachreihe des Behörden Spiegel, Ausgabe 04/2016, S 26 ff, 27 f.

26 Ebenda.

27 *Ministerpräsident Mecklenburg-Vorpommern*, Konferenz der Regierungschefinnen und Regierungschefs der Länder 2016/2017: Bund-Länder-Finanzbeziehungen und Flüchtlingspolitik standen im Mittelpunkt der Ministerpräsidentenkonferenz am Mittag, Schwerin, 9.12.2016, abrufbar unter: http://www.regierung-mv.de/Landesregierung/stk/MPK/, Abruf vom 13.1.2017.

28 So auch der *Zentralverband der deutschen Werbewirtschaft ZAW eV*; vgl *ZAW*, Änderungen des Glücksspielstaatsvertrags sind nicht ausreichend (ZAW Pressemeldung Nr 01/17), Berlin, 19.1.2017, abrufbar unter: http://www.zaw.de/zaw/aktuelles/meldungen/170119_Aenderungen-des-Gluecksspielstaatsvertrags-sind-nicht-ausreichend.php, Abruf vom 20.1.2017. Ähnlich *Stahl, André (dpa)*, Verzockt: Auflagen für legales Glücksspiel fördern den Schwarzmarkt, 5.1.2017, abrufbar unter: http://www.die-wirtschaftsnews.de/verzockt-auflagen-fuer-legales-gluecksspiel-foerdern-den-schwarzmarkt/, Abruf vom 13.1.2017.

BVerfG, dem EuGH oder den Gerichtsbarkeiten der Länder.[29] Sämtliche Staatsverträge bis heute haben sich als untauglich für Suchtprävention, Spielerschutz und die Kanalisierung auf legale Angebote erwiesen.

2. Werbung im Konzept der Glücksspielregulierung

12 Damit kann auch die Werbung ihrer Funktion bei der Erreichung der Regulierungsziele bisher nicht gerecht werden. Kernanliegen des GlüStV ist die Stärkung von legalen Glücksspielangeboten als geeignete Alternative zum illegalen Glücksspiel, bei dem ein Schutz von Spielern und Allgemeinheit nicht gewährleistet werden kann, und die damit bezweckte Kanalisierungs- und Begrenzungsfunktion.[30] Werbung ist dabei ein zentrales Mittel der Kanalisierung. Es lenkt die Nachfrage auf die legalen Angebote. Werbung ermöglicht den legalen Anbietern auf die von ihnen veranstalteten Glücksspiele aufmerksam zu machen und damit auf Spiele, die gemäß den Zielen des GlüStV (§ 1) reguliert und geeignet sind, die Teilnehmer von unerlaubten, unkontrollierten Angeboten fernzuhalten und damit ein weiteres Anwachsen des Schwarzmarktes zu verhindern.[31] Ohne einen tatsächlich wie rechtlich funktionierenden regulierten Glücksspielmarkt in Deutschland können Werbemaßnahmen legale Angebote nicht effektiv kanalisieren und diesen wachsenden Schwarzmarkt nicht eindämmen.

13 Gleiches gilt für die Zukunft: Greift – wie gezeigt – die allein punktuell auf die Regulierung der Sportwette beschränkte Korrektur des GlüStV durch den von den Ländern am 27./28.10.2016 beschlossenen Zweiten Staatsvertrag zur Änderung des Glücksspielstaatsvertrages zu kurz, wird Werbung auch weiterhin nicht funktionsgerecht wirken können. Ohne eine Regulierung aller Marktsegmente, einschließlich Casino- und Pokerspielen im Internet, kann ein für die Erreichung der Regulierungsziele ausreichendes legales Angebot nicht entstehen. Die Nachfrage indes bleibt und steigt. Sie wird auch künftig durch den ungeregelten, einer inländischen Kontrolle entzogenen, meist internationalen Markt befriedigt.[32] Werbung ändert daran nichts – ihr Kanalisierungspotential bleibt ungenutzt.

---

29 Siehe hierzu weiterführend *Mayer, Christian A.*, Glücksspiel im Internet, in: *Bräutigam, Peter/ Rücker, Daniel* (Hrsg), E-Commerce: Rechtshandbuch, S 725 ff, Rn 1 ff, sowie in der Vorauflage *Kümmel, Annette*, aaO (Fn 4), Rn 11 ff.

30 Vgl (amtliche) Erläuterungen zum Ersten GlüÄndStV, Stand: 7.12.2011, abrufbar unter: http://www.gluestv.de/Gesetzesdatenbank/Staatsvertraege/Erster-Gluecksspielaenderungsstaatsvertrag, Abruf vom 15.1.2017, S 5 f, 15.

31 Ebenda, S 29.

32 AA wohl *Becker, Tilman*, Ergebnisse der Ministerpräsidentenkonferenz: Auf dem Weg zu einer konsistenten Regulierung, Beiträge zum Glücksspielwesen – Eine Fachreihe des Behörden Spiegel, Ausgabe 04/2016, S 8 ff, 13, der annimmt, dass ein fortbestehendes Verbot für das Anbieten von

Hinzu kommt, dass auch die Werbevorschriften des GlüStV selbst, einschließlich der zu ihrer Konkretisierung erlassenen und am 1.2.2013 in Kraft getretenen gemeinsamen Werberichtlinie der Länder (Werberichtlinie Glücksspiel),[33] vielfältigen, zum Teil gewichtigen Bedenken gegenüberstehen. So greift zuvorderst das gemäß § 5 Abs 3 Sätze 1 und 2 GlüStV generelle Verbot der Glücksspielwerbung in Fernsehen und Internet mit Erlaubnisvorbehalt empfindlich in den Schutzbereich der Meinungs- und Rundfunkfreiheit nach Art 5 Abs 1 GG ein. In Verbindung mit § 14 Werberichtlinie Glücksspiel wird ein System der inhaltlichen Vorabkontrolle für die Erlaubnis von Werbeaussendungen etabliert. Die konkreten medialen Inhalte beabsichtigter Werbekonzepte, die nach ganz herrschender Meinung vom Schutz der Rundfunkfreiheit umfasst sind,[34] müssen vorgelegt werden und unterfallen – entgegen dem Verbot aus Art 5 Abs 1 Satz 3 GG – einer Vorzensur. Besonders pikant dabei ist, dass – anders als im Bereich der (staatsfernen) Rundfunkzulassung und -aufsicht – das Erlaubnisverfahren unmittelbar von einer staatlichen Behörde selbst durchgeführt wird. Ebenso wenig nachvollziehbar sind zudem zB die Verbote von Dauerwerbesendungen und Teleshopping sowie der Werbung für unentgeltliche Online-Casinospiele (§ 8 Abs 3 und 5 sowie § 11 Abs 2 Werberichtlinie Glücksspiel). Einerseits stellen die im Staatsvertrag für Rundfunk und Telemedien (Rundfunkstaatsvertrag – RStV) sowie den gemeinsamen Werberichtlinien der Landesmedienanstalten für das Fernsehen (Werberichtlinien Fernsehen)[35] für Dauerwerbesendungen und Teleshopping enthaltenen inhaltlichen Anforderungen, Kennzeichnungspflichten und sonstigen Regeln sicher, dass dem Gebot der Transparenz und des Verbraucherschutzes hinreichend Rechnung getragen wird. Die mit dem Verbot dieser Werbeformen – ohne jede Begründung – weitergehende Einschränkung ist daher ein unnötiger und unverhältnismäßiger Eingriff in die Programmfreiheit. Andererseits ist die Regelung des Werbeverbots für unentgeltliche Casinospiele im Internet bereits deshalb hinfällig, weil es an einer Regelungskompetenz hierfür mangelt. Gemäß der kla- 14

Online-Casinospielen künftig deshalb eingehalten werde, weil sich der Markt vor dem Hintergrund ordnungsrechtlicher Durchsetzungsmöglichkeiten hieran halten würde. In den vorliegenden wirtschaftswissenschaftlichen Studien zur künftigen Entwicklung des Glücksspielmarktes in Deutschland ist dafür allerdings kein Anhaltspunkt zu finden – im Gegenteil, das massive Wachstum im unregulierten Markt wird sich fortsetzten; vgl nur *Peren, Franz W./Clement, Reiner*, aaO (Fn 13), S 78 ff, 115 f, 127 f, 132 f. Überdies ist es wenig wahrscheinlich, dass sich der (vor allem internationale und ordnungsrechtlichen Maßnahmen kaum zugängliche) Markt im Online-Casino-Segment – bei unveränderter Rechtslage – in Zukunft anders verhält als bis heute.

33 Werberichtlinie gemäß § 5 Abs 4 Satz 1 GlüStV vom 7.12.2012, Ministerialblatt NRW, Nr 02/2013, 31.1.2013, S 15 ff, auch abrufbar unter: https://recht.nrw.de/lmi/owa/br_vbl_detail_text?anw_nr=7&vd_id= 13689, Abruf vom 15.1.2017.

34 Vgl *Blaue, Andreas*, aaO (Fn 10), S 170 f, mit weiteren Nachweisen.

35 Gemeinsame Richtlinien der Landesmedienanstalten für die Werbung, die Produktplatzierung, das Sponsoring und das Teleshopping im Fernsehen (in der Fassung vom 18.9.2012), abrufbar unter: https://www.blm. de/files/pdf1/WerbeRili_TV_Sept12.pdf, Abruf vom 15.1.2017.

ren Begriffsbestimmung des § 3 Abs 1 Satz 1 GlüStV setzt der Begriff des „Glücksspiels“ die Erhebung eines Entgeltes für den Erwerb einer Gewinnchance voraus. Unentgeltliche Spiele stellen im Umkehrschluss kein „Glücksspiel“ im Sinne des GlüStV dar. Sie unterfallen nicht dem Anwendungsbereich des Staatsvertrags und damit auch nicht der gesetzlichen Ermächtigung zum Erlass der Werberichtlinie nach § 5 Abs 4 Satz 1 GlüStV. Auch mit Blick auf die derzeit geltenden Werbevorschriften des GlüStV genügen die „minimalinvasiven“ Änderungen am Regelwerk durch den Zweiten Staatsvertrag zur Änderung des Glücksspielstaatsvertrages daher keineswegs. Die Werbenormen bleiben inhaltlich von der Novelle unberührt,[36] die Probleme ungelöst. Sie bestehen in Zukunft weiter. Auch hier haben die Länder die nach dem Scheitern des GlüStV entstandene Chance einer notwendigen und grundlegenden Neuordnung der Glücksspielregulierung (bislang) vertan.

IV. Künftiger Rechtsrahmen für Glücksspiel und Glücksspielwerbung: Neuregelung nach dem Staatsvertrags-Entwurf des Landes Hessen

15 Der im Vorfeld der *Ministerpräsidentenkonferenz* vom 27./28.10.2016 als Alternative zum Zweiten Staatsvertrag zur Änderung des Glücksspielstaatsvertrages mit dem vom Land Hessen am 15.3.2016 vorgelegten Entwurf für einen Staatsvertrag zur Neuregelung des Glücksspielwesens in Deutschland und zur Errichtung der Gemeinsamen Länderanstalt für Glücksspielaufsicht (Entwurf GlüStV Hessen)[37] verfolgte Regulierungsansatz wird von den privaten Rundfunk- und Telemedienanbietern klar priorisiert. Auf Basis der damit vorgeschlagenen grundlegenden Neuordnung ergäben sich bessere Zukunftsoptionen für Medienanbieter im Bereich der Bewerbung von Sportwetten und auch von sonstigen Glücksspielen. Er kann in einer umfassenden Weise den regulatorischen Zielen der Glücksspielordnung tatsächlich, effektiv und rechtssicher dienen und letztlich auch zu erheblichen fiskalischen Mehreinnahmen führen.[38]

---

36 Mit Blick auf die Werberegeln wird im Zweiten Staatsvertrag zur Änderung des Glücksspielstaatsvertrages lediglich festgehalten, dass in § 5 Abs 4 Satz 1 GlüStV das Wort „Richtlinien“ durch das Wort „Auslegungsrichtlinien“ ersetzt wird – offensichtlich eine Reaktion auf die Gerichtsentscheidungen zur Verfassungswidrigkeit des Erlasses der Werberichtlinie Glücksspiel durch das Glücksspielkollegium und die derzeitige Unanwendbarkeit der Richtlinie im Freistaat Bayern; vgl hierzu Fn 23.

37 Entwurf GlüStV Hessen, abrufbar unter: https://innen.hessen.de/sites/default/files/media/hmdis/entwurf_eines_staatsvertrages_zur_neuregelung_des_gluecksspielwesens_in_deutschland.pdf, Abruf vom 17.1.2017.

38 Siehe ebenso zB *Henseler-Unger, Iris/Gries, Christin-Isabel/Strube Martins, Sonia*, aaO (Fn 11), S 10 f, 37 ff und insbesondere 40 ff, 43, auch mit konkreten Schätzungen zum massiven Wachstum des Steueraufkommens in dem Szenario (etwa um ca. 8 Mrd Euro kumuliert von 2016 bis 2020).

Dies mit den folgenden drei inhaltlichen Kernpunkten: 16

- Einerseits ist die Möglichkeit zur Genehmigung von Sportwetten-Angeboten (einschließlich Wettbörsen) – ebenso wie nach dem Zweiten Staatsvertrag zur Änderung des Glücksspielstaatsvertrages – weder stationär noch im Internet auf eine bestimmte Zahl von Anbieter beschränkt.
- Andererseits wird zudem aber auch Online-Casino (einschließlich Poker) erlaubt.
- Zum Dritten enthält der Entwurf GlüStV Hessen deutlich weniger Werbebeschränkungen als der geltende GlüStV und die hierzu erlassene Werberichtlinie Glücksspiel. Anders als im GlüStV steht Fernseh- und Internetwerbung nach dem Entwurf insbesondere nicht unter einem Verbot mit Erlaubnisvorbehalt, ist daher ohne eine weitere Genehmigung grundsätzlich erlaubt.

Mit dem Entwurf des Landes Hessen werden die ordnungspolitischen Ziele der 17 Glücksspielregulierung durch qualitative Anforderungen an die in allen marktrelevanten Glücksspielbereichen zu konzessionierenden Angebote erreicht. Das Abdrängen einer Vielzahl von Glücksspielanbietern in den unregulierten und stark wachsenden Schwarzmarkt durch eine – wie heute – rein quantitative Begrenzung der Anzahl von Konzessionen bzw den Ausschluss ganzer Glücksspielbereiche wird vermieden.[39] Insbesondere wird den fiskalischen Interessen, dem Anliegen eines effektiven Jugend- und Spielerschutzes und einer Kanalisierung zum erlaubten Glücksspiel durch die Möglichkeit einer Bewerbung entsprechender Glücksspielangebote Rechnung getragen. Dem Entwurf GlüStV Hessen kommt nach Auffassung der privaten Rundfunk- und Telemedienanbieter Vorbildfunktion für eine allseits interessengerechte Regulierung des Glücksspielwesens in Deutschland – an Stelle des heutigen GlüStV wie auch des Zweiten Staatsvertrags zu dessen Änderung – zu. Diese gilt es zu etablieren.[40]

---

39 Vgl im Ergebnis auch *Peren, Franz W./Clement, Reiner*, aaO (Fn 13), S 9, 115 f, 127 f, 132 f.

40 Eine gemäß §§ 39 ff des Entwurfs GlüStV Hessen zu errichtende Gemeinsame Länderanstalt für Glücksspielaufsicht – oder eine ähnliche gemeinsame Länderanstalt öffentlichen Rechts bzw eine gemeinsame Kommission, etwa nach dem Vorbild der *Kommission für Zulassung und Aufsicht (ZAK)* als Gemeinschaftseinrichtung der 14 Landesmedienanstalten bei der Regulierung des bundesweiten privaten Rundfunks – ist ebenso zu befürworten. Sie würde einerseits die zum bisherigen Glücksspielkollegium bestehenden verfassungsrechtlichen Zweifel (siehe hierzu Fn 23) beseitigen. Andererseits könnten mit dieser Organisationsform und einer entsprechenden Ausstattung die bisherigen Defizite bei Zulassung, Überwachung, Kontrolle und Vollzug sowie der erheblich steigende behördliche Regulierungsaufwand (zB durch Zulassung weiterer Glücksspielsegmente, wie dem Online-Casino) bei einer weitergehenden Liberalisierung nach dem Entwurf GlüStV Hessen besser bewältigt werden. Hinzu kommen Zuwachs und Konzentration von Know-how bei einer Stelle, wie das auch bei den zentralen *Gambling Commissions* im EU-Ausland zu beobachten war und ist. Siehe zustimmend und weiterführend hierzu *Becker, Tilman*, aaO (Fn 32), S 13 f, 15.

V. Fazit

18 Kernanliegen der privaten Rundfunk- und Telemedienanbieter im Bereich der Werbung für Sportwetten- und sonstige Glücksspiel-Angebote ist folglich die Forderung, inhaltlich den Regelungen des vom Bundesland Hessen am 15.3.2016 vorgelegten Entwurfes GlüStV Hessen Geltung zu verschaffen.

19 Nach dem Vorbild einer durch diesen Entwurf erfolgenden Regulierung des Glücksspielwesens wäre es einerseits möglich, eine grundsätzlich unbeschränkte Anzahl (genehmigter) privater Anbieter von Glücksspielen (Sportwetten wie auch Online-Casino-Spielen, einschließlich Poker) bei deutlich weniger Werbebeschränkungen als derzeit in bundesweiten Medien zu bewerben. Das schützt die Finanzierbarkeit der privaten Fernsehprogramme durch die hierfür weitgehend existentiellen Werbeeinnahmen. Es sichert die Anbieter- und Meinungsvielfalt und damit den unabhängigen verfassungsgerechten Meinungsbildungsprozess der Menschen in Deutschland. Andererseits bietet das Regelungswerk aus Hessen einen Ordnungsrahmen mit dem nicht nur dieselben gesetzgeberischen Ziele verfolgt werden können, wie sie den Normen des geltenden GlüStV zugrunde liegen, sondern mit dem diese Ziele mit höherer Rechtssicherheit und tatsächlich effektiver erreichbar sind. – Am Ende ist das ein doppelter Gewinn!

Andreas Blaue

Michael Adams/Ingo Fiedler

§ 7 Die sozialen Kosten von Glücksspielen

Übersicht

I. Einleitung

1 Glücksspiele sind seit jeher eine umstrittene und angefeindete menschliche Beschäftigung. Auf der einen Seite erzeugen sie Spielfreude, andererseits kosten sie produktive Zeit und führen zu Spielsucht und dem damit verbundenen menschlichen Leid. Seit Jahrtausenden müssen die Menschen auf die Frage nach der richtigen Regelung von Glücksspielen eine Antwort geben. Die Positionen reichen von der freien Verfügbarkeit bis hin zum vollständigen Verbot.

2 Ein neuerer Ansatz in den Wirtschaftswissenschaften zur Antwort auf den richtigen Umgang mit Glücksspielen ist der Versuch der quantitativen Bestimmung der sozialen Kosten von Glücksspielen und der Gesamtwirkung von Glücksspielen auf die sogenannte „soziale Wohlfahrt". Hierdurch erhofft man sich die genauere Erfassung der Wirkung von Glücksspielen in quantitativen Größen, um dadurch verschiedene Regelungsmöglichkeiten hinsichtlich ihrer Wohlfahrtswirkung bewerten zu können.

3 Die Berechnung von sozialen Kosten ist eine noch recht junge Aufgabe der Wirtschaftswissenschaften und ihre Methodik ist weder ausgereift noch einheitlich. Ihre Begriffe werden nicht selten in unterschiedlichen Bedeutungszusammenhängen verwendet. Die Folge sind Missverständnisse und eine eingeschränkte Vergleichbarkeit der Studien und Aussagen (Walker 2007, Köberl 2008, Fiedler 2008). Dieser Aufsatz soll die wesentlichen Probleme darlegen. Hierzu folgt zunächst ein Überblick über das ökonomische Konzept der sozialen Kosten und dessen Aussagekraft. Im Anschluss werden die verschiedenen Kosten, die mit dem Angebot von Glücksspielen einhergehen, klassifiziert sowie die Probleme bei der Quantifizierung dieser Kosten herausgearbeitet. Daraufhin folgt ein Überblick über die bisherigen Studien zur Angabe der sozialen Kosten von Glücksspielen und ihre unterschiedliche Vorgehensweise und die damit verbundenen Probleme. Der letzte Abschnitt diskutiert die Ergebnisse des Aufsatzes und gibt einen Ausblick.

https://doi.org/10.1515/9783110259216-007

II. Das ökonomische Konzept der sozialen Kosten

4 Der Begriff der sozialen Kosten wird in der Literatur unterschiedlich verwendet. In einigen Studien zur Berechnung der sozialen Kosten von Suchtgütern werden die *Gesamtkosten* einer Handlung in zwei Bestandteile aufgegliedert: in die „privaten" Kosten und die „sozialen" Kosten.[1] Die *sozialen Kosten* stellen dabei den Teil der Gesamtkosten dar, der nicht von den handelnden Akteuren getragen wird sondern von Dritten. In den Wirtschaftswissenschaften ist es üblich, diesen Kostenbestandteil als *externe Kosten* zu bezeichnen. Der Grund für diese Systematik liegt darin, dass bei der Existenz externer Kosten die handelnden Personen falschen Anreizen ausgesetzt sind und die Effizienzeigenschaften von Wettbewerbsmärkten nicht mehr gegeben sind. Die Summe aus privaten und externen Kosten – also die Gesamtkosten – werden von Ökonomen als soziale Kosten bezeichnet (de Graaff, 1987, S 393). Da die Berechnung von sozialen Kosten ein Gebiet der Wirtschaftswissenschaften ist, empfiehlt es sich, die dort üblichen Bezeichnungen zu verwenden.

DEFINITON 1: *Die sozialen Kosten einer Handlung lassen sich in einen privaten Teil und einen externen Teil unterteilen. Die Summe aus privaten und externen Kosten bezeichnet die „sozialen Kosten".*

5 Der soziale Nutzen einer Handlung ist analog definiert:

DEFINITON 2: *Der soziale Nutzen einer Handlung lässt sich in einen privaten und einen externen Teil unterteilen. Die Summe aus privatem und externen Nutzen bezeichnet den sozialen Nutzen.*

6 Da beide Größen in derselben Maßeinheit – in Geldeinheiten – angegeben werden, können sie miteinander verrechnet werden. Die sich hieraus ergebende Größe ist der Maßstab, an dem die Auswirkungen einer Handlung auf die gesamtgesellschaftliche Wohlfahrt gemessen werden können:

DEFINITION 3: *Der Nettowohlfahrtsgewinn bzw. der Nettowohlfahrtsschaden einer Handlung eines Akteurs ist die Differenz aus dem sozialen Nutzen und den sozialen Kosten, den diese Handlung verursacht.*

7 Abbildung 1 gibt einen Überblick über die Einordnung des Begriffs der sozialen Kosten bezogen auf das Glücksspiel.

1 Für Tabak vgl Markandya & Pearce (1989); für Glücksspiele vgl Productivity Commission (1999) oder Eadington, (2003).

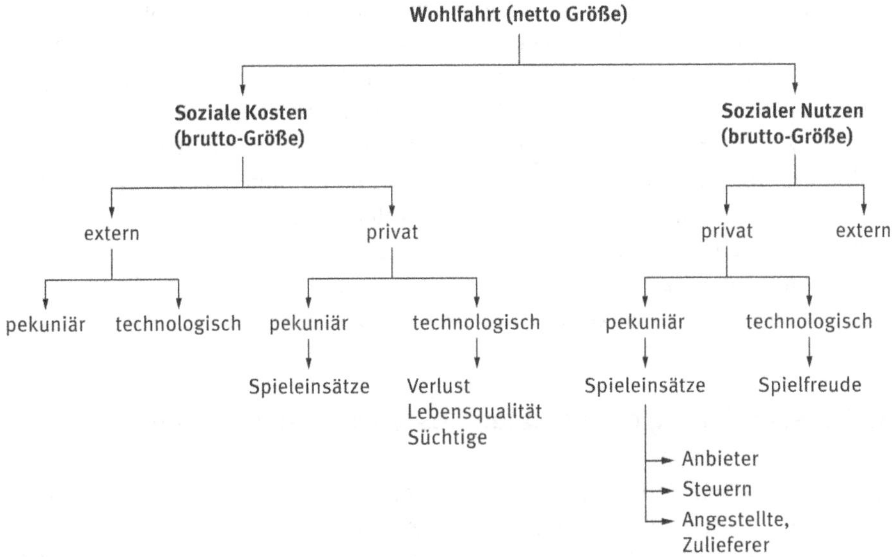

Abbildung 1: Wohlfahrt, soziale Kosten und sozialer Nutzen von Glücksspielen.

Aus gesamtgesellschaftlicher Sicht gilt es, die Wohlfahrt einer Gesellschaft zu maximieren. So ist das Angebot auf einem Markt wünschenswert, wenn der Nutzen die Kosten des Angebots für die Gesellschaft übersteigt. Es ergibt sich dann ein Wohlfahrtsgewinn. Übersteigen jedoch die Kosten den Nutzen, so ist das Angebot wohlfahrtsschädlich und nicht wünschenswert. Die Angabe der sozialen Kosten oder gar nur die Angabe der externen Kosten aus einer Handlung ist nicht ausreichend, um die Handlung aus gesamtgesellschaftlicher Wohlfahrtsperspektive zu beurteilen, da sie nur die negative Seite der Medaille wiedergibt. Sie bildet nur einen Teil des Gesamtbildes ab. Für eine richtige Gesamtbeurteilung müssen die Kosten dem Nutzen gegenüber gestellt werden. Auf der anderen Seite ist eine reine Darstellung des Nutzens aus Glücksspielen genauso irreführend. Dies gilt vor allem dann, wenn der Nutzen mehrfach aufgeführt wird. Dies ist zum Beispiel der Fall, wenn als Nutzen aus Glücksspielen die Einnahmen und die Steuerabgaben und die Arbeitsplätze genannt werden. Dabei werden die Steuerabgaben und die Arbeitsplätze aus dem Topf der Einnahmen finanziert. Sie nebeneinander und kumulativ aufzuführen bedeutet, sie doppelt zu zählen. Es ist dies allerdings ein nicht unübliches Vorgehen einer Lobbyargumentation im parlamentarischen Raum. 8

Trotz der aus wirtschaftswissenschaftlicher Sicht eindeutigen Definition der sozialen Kosten, wird diese Begrifflichkeit in den verschiedenen Studien zu den sozialen Kosten von Glücksspielen unterschiedlich verwendet (Fiedler 2010). Die Problematik der unterschiedlichen Verwendung derselben Begrifflichkeiten vergrößert sich zudem dadurch, dass die einzelnen Autoren von Studien weder die von ihnen 9 verwendeten Begriffe definieren noch ihre verwendete Methodik offenlegen (Walker 2007). Vielmehr wird oft eine subjektive ad-hoc-Einschätzung gegeben, welcher Effekt einen Bestandteil der sozialen Kosten von Glücksspielen darstellt und welcher nicht. Eine Begründung dieser Einschätzung – geschweige denn eine übergeordnete Methodik zur Einordnung – fehlt. Ein Grund hierfür ist sicherlich, dass die Autoren der Studien zum Teil keine Wirtschaftswissenschaftler sind. Allerdings bestehen auch unter den Ökonomen unterschiedliche Interpretationen des Begriffs soziale Kosten. Wichtig ist daher, dass die verwendete Begriffsbestimmung offen gelegt wird. Der folgende Abschnitt ordnet die einzelnen in der Literatur erwähnten Kostenformen in die hier vorgestellte Definition von sozialen Kosten ein.

III. Klassifizierung der sozialen Kosten von Glücksspielen

10 Glücksspiele ziehen eine Vielzahl von negativen Folgen nach sich. Die meisten entstammen dabei der Glücksspielsucht und dem pathologischem Glücksspiel. Der Großteil dieser Kosten wird von den Betroffenen selbst getragen, es handelt sich daher um private Kosten. Eine Vielzahl von Kosten wird allerdings auch von Dritten getragen. Diese Kosten stellen externe Kosten dar.

11 In den Wirtschaftswissenschaften werden externe Effekte in technologische und pekuniäre Externalitäten unterteilt (de Graaff 1987). *Technologische Externalitäten* sind dadurch gekennzeichnet, dass sie die Produktionsmöglichkeitskurve einer Gesellschaft verringern (Laffont 1991), oder in anderen Worten: Es handelt sich um Kosten, denen kein korrespondierender Nutzen gegenübersteht. Beispiel hierfür sind durch giftige Abwässer zerstörte Fischgründe. *Pekuniäre Externalitäten* bezeichnen monetäre Umverteilungseffekte zwischen verschiedenen Parteien (Walker 2007, S 93f). Die Kosten einer Partei stellen den Nutzen einer anderen Partei dar, die Gesamtwohlfahrt verändert sich nicht. Es handelt sich um eine reine Umverteilung. Beispiel hierfür ist das Zahlen einer Rechnung durch einen anderen. Die Unterscheidung dieser beiden Formen von Externalitäten erlaubt eine Vereinfachung bei der Berechnung des Wohlfahrtseffektes, da die pekuniären Externalitäten bei der Berechnung von sozialen Kosten vernachlässigt werden können, wenn auf den Einbezug des korrespondierenden Nutzens ebenfalls verzichtet wird. Bei der Bezahlung einer fremden Rechnung darf somit die Freude des Nichtzahlenden nicht erfasst werden, da ihm das Leid des Zahlenden ausgleichend gegenüber steht[2]. Die pekuniären Externalitäten stellen also einen Teil der sozialen Kosten dar, der keinen Wohlfahrtseffekt verursacht, während die technologischen Externalitäten wohlfahrtsre-

2 Allerdings werden bei dieser Form der Vereinfachung die teilweise komplexen Verhaltensanreize bei den von der Umverteilung Betroffenen nicht berücksichtigt. Je nach Fragestellung müssen diese Beachtung finden.

levant sind. In Tabelle 1 sind die verschiedenen Kostenformen aufgeführt und als technologische und pekuniäre Externalitäten oder als private Kosten klassifiziert. Eine detailliertere Beschreibung der einzelnen Kostenformen in qualitativer Natur findet sich bei Fiedler (2010) und Fiedler (2016).

Tabelle 1: Die verschiedenen Kosten des Angebots von Glücksspielen.

Kostenart
Technologische Externalitäten
Behandlung physischer/psychischer Leiden
Behandlung Substanzabhängigkeiten
Produktivitätsverluste Arbeitgeber
Erhöhtes Suchtrisiko Kinder von Süchtigen
Eintreiben von Schulden
Kosten der Abwicklung von Privatinsolvenzen
Folgekosten aus Beschaffungsdelinquenz
Anreize aus regressiver Vermögenswirkung
Kosten durch Lobbyarbeit und Korruption
Kosten der Regulierung
Kosten der Überwachung
Erleichterte Geldwäsche
Zerrüttung von Familienverhältnissen
Degentrifizierung durch Automatenhallen
Pekuniäre Externalitäten
Nichtbezahlte Schulden und Darlehen
Schuldensanierung durch Dritte
Erhöhte Sozialtransfers
Beschaffungskriminalität Glücksspielsüchtiger
Kannibalisierung anderer Branchen
Private Kosten
Spieleinsätze der Spieler
Betrug
Einkommensverluste durch Arbeitsplatzverlust
Verringerte Lebensqualität
Kosten aus dem Cue Management

IV. Probleme bei der Quantifizierung von Kosten

Die vorigen Abschnitte haben die verschiedenen Kosten von Glücksspielen in die Kostenkategorien technologische Externalitäten, pekuniäre Externalitäten und private Kosten eingeordnet. Die technologischen Externalitäten sind wohlfahrtsrelevant, die pekuniären Externalitäten werden nicht berücksichtigt, da ihnen an anderer Stelle ein vermutet ähnlich hoher Nutzen gegenüber steht. Die privaten Kosten sind bei Gültigkeit der Rationalitätshypothese von Glücksspielern ebenfalls kein 12

Anlass an Marktversagen zu denken, da sie durch den Nutzen der Spielfreude mindestens überkompensiert werden. Ist jedoch ein Glücksspiel nicht mehr mit Spielfreude verbunden, so sind auch die privaten Kosten kein Grund für Marktversagen – allerdings nur zu dem Teil, zu dem sie nicht durch Spielfreude gedeckt werden. Hier stellt sich die Frage nach dem Grad der ökonomischen Rationalität der Spieler.

13 Eine weitere Herausforderung bei der Beantwortung der Frage nach den sozialen Kosten ist eine schlechte oder fehlende Datengrundlage. Zwar ist ein Teil der Kosten aus dem Angebot von Glücksspielen grundsätzlich quantifizierbar, allerdings fehlt es an den dafür notwendigen Daten. Besonders deutlich ist das Problem im Zusammenhang mit der Kausalität bei Komorbiditäten. Daten über die Kosten durch Lobbyarbeit und Korruption sowie durch Geldwäsche fehlen gänzlich. Probleme bestehen zudem bei der Ursächlichkeit von Produktivitätsausfällen aufgrund von Spielproblemen.

14 Das Hauptproblem ist jedoch die fehlende Methodik zur Quantifizierung verschiedener Kostenformen, insbesondere der intangiblen Kosten. So stellt sich zB die Frage nach der Bewertung einer Depression. Entsprechend schwierig gestaltet sich ihre Berechnung (Reith 2007, S 15f). Ist eine Kostenform intangibel, so wird die Bewertung in der Literatur aufgrund der damit verbundenen Schwierigkeiten gescheut. Die National Research Commission der USA spricht sogar von einer Unmöglichkeit der Berechnung (NRC 1999). Die Frage etwa nach den Kosten des psychischen Leids einer Ehegattin, die unter der Glücksspielsucht ihres Mannes leidet, ist nicht leicht zu beantworten und beinhaltet einen großen subjektiven Spielraum bei der Bewertung. Zudem lassen sich die ermittelten Zahlen nicht addieren (Adams 2017).[3] Eine Option ist es daher, diese Kosten nur qualitativ aufzuführen. Keine sinnvolle Option hingegen ist es, diesen Kosten den Wert null beizumessen. Dies kommt allerdings einer Verneinung solcher Kostenformen gleich und widerspricht offenkundig der Wirklichkeit.

15 Im Vergleich zu Substanzabhängigkeiten wie im Fall der Alkohol- oder Tabaksucht entstehen durch die Glücksspielsucht wenige physische Krankheiten. Entsprechend gibt es – bis auf Suizidfälle – auch wenig messbare glücksspielbedingte Mortalität. Die Morbidität beschränkt sich vornehmlich auf psychische Krankheiten. Folglich ist der Großteil der sozialen Kosten von Glücksspielen intangibler Natur. Werden nur die sehr wenigen messbaren tangiblen Kosten angegeben oder sogar überhaupt keine Kosten angesetzt, so werden die negativen Auswirkungen von Glücksspielen deutlich unterschätzt. Auf der anderen Seite sind quantitative Schätzungen der intangiblen Kosten leicht angreifbar und nur schwer zu rechtfertigen.

3 *Michael Adams*, Zur Wohlfahrtsbewertung intangibler Güter, in: Festschrift für Theodor Baums zum siebzigsten Geburtstag, Hrsg: Helmut Siekmann.

V. Bisherige Studien zu den Kosten von Glücksspielen

Die Quantifizierung der sozialen Kosten von Glücksspielen wird in der Literatur un- 16
terschiedlich angegangen: Es werden nicht nur verschiedene Messkriterien verwendet, sondern mit diesen werden gänzlich unterschiedliche Dinge gemessen. Die bisherigen Studien sind in ihrer Methodik bezweifelbar, die Ergebnisse wenig aussagekräftig und untereinander nicht vergleichbar (Reith, 2007, S 14). Tabelle 2 führt verschiedene bisherige Studien zur Quantifizierung der sozialen Kosten von Glücksspielen auf. Sie alle sind – unzulängliche – Partialbetrachtungen. Fast ausschließlich werden die externen Kosten von Glücksspielen betrachtet und hier in aller Regel nur die technologischen Externalitäten. Pekuniäre Externalitäten werden außen vor gelassen, da angenommen wird, dass ihnen immer ein korrespondierender Nutzen gegenübersteht und sie daher in der aggregierten Netto-Wohlfahrtsbetrachtung irrelevant sind. Dies ist jedoch bei pathologischem Spiel keine sinnvolle Annahme.

Die privaten Kosten werden mit der Begründung der Spielerrationalität ausge- 17
klammert. So kompensieren rational handelnde Individuen ihre privaten Kosten durch ihren privaten Nutzen – andernfalls würden sie ja die betreffende Handlung nicht vornehmen. Dies erlaubt bei einer Wohlfahrtsbetrachtung, den privaten Nutzen und die privaten Kosten außen vor zu lassen, da dieser mindestens genauso groß ist wie die privaten Kosten. Diese Vereinfachung der Kostenbetrachtung greift jedoch nicht, wenn die Personen nicht rational handeln. Zumindest bei Glücksspielsüchtigen ist die Rationalität anzuzweifeln. Die Ursachen für ein nichtrationales Handeln können eingeteilt werden in (1) eine übermäßige Diskontierung der Zukunft während des Spielens, (2) ein zu kurzer Zeithorizont, also eine Unterschätzung der eigenen Spielhäufigkeit und (3) weitere Ursachen zur Überschätzung des Nutzens und Unterschätzung der Kosten bei der Teilnahme an Glücksspielen. Zu diesen gehören der Aberglaube als Korrelationsillusion (Petry 2005, S 217), die Verfügbarkeitsillusion (Tversky & Kahnemann 1973), das Framing (Tversky & Kahnemann 1986), die Kontrollillusion (Langer & Roth 1975), die Repräsentativitätsheuristik (Kahnemann & Tversky 1982), Fehleinschätzungen der Varianz und des Gesetzes der großen Zahl (Petry 2005, S 215f), die Unterschätzung von Sucht- und Krankheitskosten (Skog 2005, S 122). Es ist daher notwendig, die Annahme der Rationalität bei Spielsüchtigen aufzugeben (Fiedler 2016).

Bei Nicht-Rationalität müssen auch die privaten Kosten des Spielers zur Be- 18
stimmung der wohlfahrtsrelevanten sozialen Kosten berücksichtigt werden. Der bisher einzige Vorstoß in diese Richtung findet sich bei Fiedler (2016). Allerdings fehlt es an einer ausgereiften Methodik zur Quantifizierung des Rationalitätsgrades. Die Berücksichtigung privater Kosten bei Fiedler führt zudem dazu, dass die Zahlen nicht mehr mit Studien vergleichbar sind, die auf der Rationalitätsannahme basieren und die privaten Kosten ausklammern.

Tabelle 2: Verschiedene Kosten zur Quantifizierung der sozialen Kosten von Glücksspielen.

Studie	Land	Gemessene Kostenart	Geschätzte Kosten	Anmerkung
Becker 2011	GER	externe Kosten	325 Mio €/Jahr	Tech. Externalitäten
Grinols & Mustard 2001	USA	Externe Kosten	27,5–43 Mrd $/Jahr	Hauptsächlich tech. Externalitäten, lückenhaft
Fiedler 2008a/2008b	GER	Private Kosten Externe Kosten	40–60 Mrd €/Jahr	Spieleinsätze als Kosten auch intangible Kosten
Fiedler 2016	GER	private, externe tangible und intangible Kosten	3,6–9,6 Mrd €/Jahr	Wohlfahrtsrelevante Kosten
Köberl & Prettenthaler 2009	AT (Steiermark)	Externe Kosten tangibel Externe Kosten tangibel + intangibel	0,8–3,8 Mio €/Jahr 35,8–57,3 Mio €/Jahr	Behandlungs- und Kriminalitätskosten
Kindt 1994	USA	Kriminalitätskosten	28.200$/Spieler	
Kindt 1994a	USA	Arbeitgeberkosten	35.000$/Spieler	
Künzi et al 2009	CH	Externe Kosten	Tech.: 69,7 Mio Fr Pekuniär: 208 Mio Fr	Nur Kosten durch Casinos
Schwer et al	USA	Externe Kosten	19.085$/Spieler	lückenhaft
Thompson et al 1997	USA	Externe Kosten	9.469$/Spieler	Hauptsächlich tech. Externalitäten, lückenhaft
Productivity Commission 1999	AUS	Intangible externe Kosten	1,8–5,6 Mrd AUD/Jahr	

19 Alle anderen Autoren bleiben bei der empirisch nicht zutreffenden Rationalitätsannahme und quantifizieren lediglich die technologischen Externalitäten. Damit ist zwar eine Vergleichbarkeit mit Studien zu den sozialen Kosten anderer Produkte gegeben, jedoch werden bei diesem Vorgehen der Großteil der relevanten Kosten außen acht gelassen. Dies betrifft nicht nur die privaten Kosten, die teilweise wohlfahrtsrelevant sind, wenn die Annahme der Rationalität fallen gelassen wird, sondern vor allem auch die *intangiblen Kosten*. Zwar tauchen diese Kosten in verschiedenen Studien als Kostenform auf, werden jedoch ausschließlich als qualitative

Kosten aufgeführt (siehe etwa Walker, 2007). Eine Ausnahme stellt lediglich die Studie der Productivity Commission (1999) dar, die die intangiblen Kosten von Glücksspielen für ganz Australien auf 1,8–5,6 Mrd AUD beziffert. Die große Spannweite in diesen Ergebnissen spiegelt dabei die Probleme wider, intangible Kosten monetär zu bewerten (Köberl & Prettenthaler 2009). Lediglich Fiedler (2016) quantifiziert ebenfalls die intangiblen Kosten, muss jedoch aufgrund fehlender Methodik auf viele Annahmen zurückgreifen.

Allgemein lässt sich beobachten, dass die Auflistungs- und Bewertungshäufig- 20
keit einer Kostenform steigt, je tangibler die Kostenart ist. Ist eine Kostenform intangibel, so wird die Bewertung aufgrund der damit verbundenen Schwierigkeiten häufig vermieden. Viele Autoren entschließen sich, die Kosten nur qualitativ aufzuführen oder messen ihnen den Wert Null bei mit der Folge einer Verneinung solcher Kostenformen. Ein Blick in die psychologische Literatur verrät jedoch, dass bei den intangiblen Kosten die größten Kostenblöcke zu finden sind. Ihre Ausklammerung stellt damit einen erheblichen Fehler dar.

So quantifiziert zB Becker (2011) zwar minutiös die verschiedenen tangiblen 21
technologischen externen Kosten von Glücksspielen. Doch selbst in ihrer Summe sind diese verhältnismäßig unwichtig: wen interessieren 325 Mio € Kosten, wenn die Einnahmen von Staat und Anbietern bei über 10 Mrd € liegen? Im Endeffekt bleibt es daher bislang entweder bei einer detailgenauen Partialbetrachtung der – relativ gesehen – unwichtigen tangiblen externen Kosten von Glücksspielen in quantitativer Form oder es kommt zu einer Totalbetrachtung mit Limitierungen in der Methodik oder lediglich qualitativen Aussagen. Während die quantitative Partialbetrachtung das Problem drastisch unterschätzt, fehlt es den gesellschaftlichen Entscheidungsträgern bei der qualitativen Betrachtung an einer Vergleichsmöglichkeit mit den Nutzenkomponenten aus dem Glücksspiel.

VI. Diskussion

Die Schäden der Sucht für das Individuum, ihr Umfeld und die Gesellschaft sind 22
zum größten Teil intangibel und damit nicht unmittelbar einer Schadensmessung in Geldeinheiten zugänglich. Das macht diese Schäden jedoch nicht minder relevant. Allein die hohe Anzahl an psychischen und physischen Folgeerkrankungen wie Alkoholabhängigkeit und Depressionen sowie die glücksspielbedingten Suizidversuche zeugen von hohen Folgekosten der Glücksspielsucht. Doch fehlt es bislang an einer adäquaten Qunatifizierungsmethode dieser Kosten.

Das zweite große Problem bei der Bezifferung der Kosten aus dem Angebot von 23
Glücksspielen ist die Bestimmung der Rationalität der Spieler. Inwieweit kann die Annahme der Rationalität gehalten werden? Und wenn sie fallen gelassen wird: Welcher Anteil der privaten Kosten ist dann wohlfahrtsrelevant? Auch hier ist die Literatur fernab von einer Lösung. Es ist daher sinnvoll, alternative Ansätze zu ver-

wenden, um einen Einblick in das Schadenspotential von Glücksspielen für die gesamtgesellschaftliche Wohlfahrt zu erlangen. Hierzu bieten sich zwei Möglichkeiten an: (1) das Verhältnis von Industrieeinnahmen zu Spielsüchtigen und (2) der Anteil der Umsätze, der mit Spielsüchtigen erwirtschaftet wird.

24 Das *Verhältnis von Industrieeinnahmen zu Spielsüchtigen* gibt an, für welchen Bruttoumsatz die Gesellschaft derzeit einen Spielsüchtigen in Kauf nimmt. Bei einer Bevölkerung von etwa 53 Millionen zwischen 16 und 65 Jahren und einer 12-Monats-prävalenzrate von 0,37% pathologischer Spieler (BZgA 2016) ergibt sich eine absolute Anzahl von 196.100 pathologischen Spielern in der Bevölkerung. Ins Verhältnis zu den gesamten Bruttospieleinnahmen der Industrie (10,7 Milliarden € im Jahr) ergibt sich hieraus ein Wert von knapp 54.600 € pro pathologischem Spieler. Das bedeutet, dass im Durchschnitt für jede 54.600 € Industrieumsätze (aus denen Steuern, Abgaben, Arbeitskosten und Gewinne gezahlt werden) ein pathologischer Spieler entsteht. Werden die problematischen Spieler mit einbezogen, so kommt auf je 17.700 € Umsatz der Industrie ein pathologischer oder problematischer Glücksspieler. Diese Verhältniszahl ermöglicht den politischen Entscheidungsträgern eine Einschätzung, ob ein derartiger Bruttoumsatz dafür genügt, einen Spielsüchtigen und das damit verbundene menschliche Leid in Kauf zu nehmen.

25 Nimmt man als ein Beispiel die gewerblichen Spielhallen und die Automaten in Gaststätten, so haben die Spieler dort im Jahr 2011 5,3 Milliarden Euro an die Industrie verloren. Diesen Bruttospieleinnahmen ist die Anzahl der süchtigen Automatenspieler gegenüberzustellen. Wird unterstellt, dass das Verhältnis von gewerblichen Automatenspielern, die Hilfe in Therapie- und Beratungseinrichtungen suchen (73,9%), gleich ihrem Anteil an allen Glücksspielsüchtigen ist, so ergibt sich eine Anzahl von 144.918 pathologischen Spielern an den gewerblichen Automaten. Im Verhältnis zu den gesamten Einnahmen der Industrie ergibt sich hieraus ein Wert von ca 36.600 € pro pathologischem Spieler. Werden die rund 222.600 problematischen Spieler mit einbezogen, so kommt auf je 12.700 € Umsatz der Industrie ein pathologischer oder problematischer Automatenspieler.

26 Der *Anteil der Umsätze mit Spielsüchtigen* gibt an, wie viel Prozent der Einnahmen von kranken Spielern herrühren. Ein Großteil der Probleme von Spielsüchtigen entstammt ihren hohen finanziellen Verlusten, die oftmals ihre Mittel bei weitem übersteigen. Problemspielern fehlt die nötige Selbstkontrolle, um ihr ruinöses Verhalten zu korrigieren. Daher ist es wenig verwunderlich, dass problematische und pathologische Spieler deutlich häufiger, länger und intensiver spielen als Freizeitspieler. Im Ergebnis ist der Anteil der Einnahmen der Industrie von Spielsüchtigen sehr viel höher als deren Anteil an der Spielerpopulation (Ladouceur et al, 1994; Grinols & Mustard, 2001; Williams & Wood 2004; Williams & Wood, 2007; Productivity Commission 2009).

27 Diese Verhältniszahl gibt an, wie viel Prozent des Marktes gesellschaftlich unerwünscht sind. Sie zeigt ebenfalls auf, um welchen Betrag der Markt in dem hypothetischen Szenario zurück ginge, wenn eine 100% effektive Spielsuchtprävention

möglich wäre. Die Zahl verdeutlicht, in welchem Maße sich wirtschaftliche Interessen und Suchtprävention im Glücksspielmarkt gegenüber stehen.

VII. Zusammenfassung und Ausblick

Die Schwierigkeiten bei der Bestimmung der sozialen Kosten von Glücksspielen be- 28
ginnen bereits mit der Unklarheit, was gemessen werden soll. Sind mit den sozialen Kosten die Bruttokosten gemeint, die erst noch dem sozialen Nutzen gegenüber gestellt werden müssen? Oder wird hingegen der Netto-Effekt auf die gesamtgesellschaftliche Wohlfahrt gemessen?

Hinzu kommen drei weitere große Probleme: Die Bestimmung des Grades der 29
Rationalität der Spieler (und damit des Anteils der wohlfahrtsrelevanten privaten Kosten), die Quantifizierung intangibler Kosten und zudem eine ungenügende Datenlage für verschiedene Kostenformen. Die bisherigen Studien zu den sozialen Kosten von Glücksspielen erlauben daher nur eine unbefriedigende Antwort auf die Frage, was Glücksspiele die Gesellschaft „kosten". Zudem erscheint eine Überwindung der Herausforderungen bei der Beantwortung dieser Frage in näherer Zukunft nicht möglich.

Entsprechend sollte nach Alternativen Ausschau gehalten werden, die den poli- 30
tischen Entscheidungsträgern am Gemeinwohl orientierte Entscheidungen bei der Regulierung des Glücksspielmarktes ermöglichen. Eine Möglichkeit ist die Bestimmung des Verhältnisses von Einnahmen zu Spielsüchtigen. Diese Zahl gibt an, dass im Durchschnitt auf alle ca. 54.600 € Einnahmen der Industrie (pro Jahr) ein pathologischer Glücksspieler besteht. Die relevante Frage für den Gesetzgeber lautet dann, ob er gewillt ist, für diesen Profit das Leid eines Spielsüchtigen und seines Umfeldes in Kauf zu nehmen oder nicht. Eine weitere Alternative ist die Bestimmung der Umsätze der Industrie mit Süchtigen – also welcher Anteil des Marktes von Kranken stammt und damit unerwünscht ist. Die Ergebnisse beider alternativer Ansätze sind dabei je nach Spielform und in Abhängigkeit der Prävalenz von Spielproblemen stark unterschiedlich. So werden Lotterien besser und Automatenspiele schlechter als die Gesamtheit des Marktes abschneiden.

Michael Adams/Ingo Fiedler

§ 8 Wirksamkeit von Verhältnisprävention

Übersicht

I. Einleitung

Glücksspiele weisen ein Suchtpotential für einen Teil der Spieler auf. Die betroffenen erleiden schwere persönliche Schicksale und ihr Umfeld sowie die gesamte Gesellschaft ist durch verschiedene Formen der sozialen Kosten negativ betroffen (siehe § 7). Die Prävention von Spielsucht und damit die Verringerung der Prävalenz von Spielproblemen senken die sozialen Kosten und können auf diese Weise die gesamtgesellschaftliche Wohlfahrt steigern. 1

Prävention ist dreistufig (Williams et al, 2007b, S 400 f): Primäre Prävention soll verhindern, dass Individuen Spielprobleme entwickeln und ist auf die gesamte Bevölkerung ausgerichtet. Sekundäre Prävention fokussiert die Entwicklung von Spielproblemen bei Individuen, die ein erhöhtes Risiko der Entwicklung einer Spielsucht aufweisen. Tertiäre Prävention ist darauf ausgerichtet, das weitere Spielen von Personen, die bereits Spielprobleme aufweisen, zu vermindern. Alle Stufen sind darauf ausgerichtet, in der Zukunft auftretende Schäden zu verhindern oder zu verringern. Präventionsmaßnahmen lassen sich aber auch nach ihrer Vorgehensweise kategorisieren. Zum einen gibt es die Verhaltensprävention, die darauf ausgerichtet sind, den Personen Wissen zu vermitteln, Einstellungen und Glauben zu verändern und Fähigkeiten zu entwickeln, um das Individuum vor problematischem Spielen zu bewahren (Williams et al, 2007b, S 401). Andere Präventionsmaßnahmen lassen sich als Verhältnisprävention klassifizieren. Sie zielen darauf, das Umfeld der Menschen so zu verändern, dass problematisches Glücksspiel eingedämmt wird. In diesem Aufsatz geht es um die Verhältnisprävention von Glücksspielen. 2

Michael Adams/Ingo Fiedler

https://doi.org/10.1515/9783110259216-008

3 Die Verhältnisprävention fußt auf drei Säulen (vgl Abbildung 1): (1) Verfügbarkeitseinschränkung, (2) Preiserhöhung durch Lenkungsabgaben und (3) Änderung der Produkteigenschaften. Alle drei Maßnahmen führen über einen Nachfragerückgang und ein vermindertes Suchtpotential der einzelnen Glücksspielprodukte zur Spielsuchtprävention und damit einer geringeren Problemprävalenz. Verfügbarkeit kann allgemein als die Möglichkeit eines Individuums verstanden werden, ein Gut nutzen zu können. Die Verfügbarkeit stellt somit eine Voraussetzung für den Suchtmittelkonsum und damit auch für die Prävalenz von Sucht dar. Verkürzt gesagt, kann ohne verfügbare Suchtmittel kein Konsum stattfinden und somit auch kein Suchtverhalten und keine Sucht entstehen. Eine Preiserhöhung durch Lenkungsabgaben führt vor allem aufgrund der Verminderung der Nachfrage nach Glücksspielen zu einer Prävention der Glücksspielsucht. Die Änderung der Produkteigenschaften sind Regelungen über die Art des Glücksspiels. Ihre präventive Wirkung entfalten sie maßgeblich über die Reduzierung des Suchtpotentials des jeweiligen Glücksspiels.

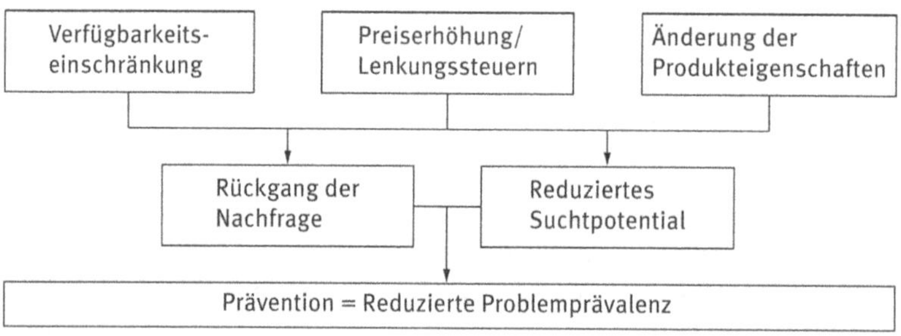

Abbildung 1: Die drei Säulen der Verhältnisprävention

4 Die Verhältnisprävention liegt in den Händen des Gesetzgebers. Sie wird legitimiert durch die Fürsorgepflicht des Staates für die Gesundheit und das Wohlergehen der Bürger und die begrenzte Einsicht von Spielern in ihre eigene Gefährdung. Ihr großer Vorteil ist die geringen Umsetzungskosten. Im Falle von Lenkungsabgaben können sogar Einnahmen für den Staat abfallen.

II. Verhältnisprävention durch Verfügbarkeitsbeschränkung

5 Die Verfügbarkeit eines Glücksspiels ist notwendige Voraussetzung für seine Schädlichkeit. Ist es nicht verfügbar, so kann auch kein Schaden entstehen. Verfügbarkeit wird oftmals unterschiedlich definiert und ist nur schwer zu messen (Fiedler 2016). Neben der Entfernung zum Veranstaltungsort können ökonomische, soziale, kulturelle oder gesetzliche Faktoren die Verfügbarkeit definieren (Abbott, 2007, S 252).

Die Verfügbarkeit beurteilt die Marktsituation eines Gutes aus dem Blickwinkel 6
der Nachfrage des Konsumenten und ist daher aus Sicht der Nachfrager zu operationalisieren. Sie lässt sich unterteilen in (1) Transaktionskosten und (2) Informationslage. Transaktionskosten beschreiben den Beschaffungsaufwand sowie die Konsum- und Griffnähe eines Spiels. Die Informationsdimension beinhaltet die bei den Nachfragern vorhandenen Informationen über das Gut sowie dessen Markt. Veränderungen dieser Dimensionen bewirken eine Veränderung der Verfügbarkeit. Je geringer die Transaktionskosten und je besser die Informationslage, desto höher ist die Verfügbarkeit. Umgekehrt verringert sich die Verfügbarkeit mit steigenden Transaktionskosten sowie sinkendem Informationsstand.

Unumstritten hängen Verfügbarkeit und Umsatz eines Glücksspiels positiv mit- 7
einander zusammen. Je größer die Verfügbarkeit, umso höher sind die gesamten Spieleinsätze der Bevölkerung (Abbott, 2007, S 256). Zwischen Verfügbarkeit und pathologischem Glücksspiel ist der Zusammenhang ebenfalls positiv.[1] So besteht eine starke Korrelation von Verfügbarkeit von Glücksspielen und der Spielsuchtprävalenz (vgl zB Lester, 1994, Shaffer, 2004, Welte et al, 2004). Beispielsweise hat sich nach der starken Ausdehnung des legalen Glücksspiels in den USA in den 1980er und 1990er Jahren die Anzahl der problematischen und pathologischen Spieler signifikant erhöht (vgl NRC, 1999 und Shaffer et al, 1997). Der positive Zusammenhang zwischen Verfügbarkeit und Spielproblemen ist von hoher Relevanz für den Gesetzgeber, da dieser die Verfügbarkeit über Maßnahmen der Verhältnisprävention steuern kann.

Ein Grund für den positiven Zusammenhang zwischen Verfügbarkeit und 8
Problemprävalenz liegt darin, dass die Verbreitung eines Spiels das Risikobewusstsein für das Produkt senkt. Eine größere Verfügbarkeit von Glücksspielen führt daher zu verstärkter Glücksspielteilnahme und entsprechend vermehrten problematischen Spielen (Petry, 2005, S 30ff; Abbott, 2007, S 252; NGISC, 1999). Entsprechend ist die Verfügbarkeit eines Glücksspiels ein entscheidendes Beurteilungskriterium für das von Glücksspielen ausgehende Gefährdungspotential.

Der Effekt zwischen Verfügbarkeit von Glücksspielen und Suchtprävalenz ist 9
nicht linear (Shaffer, 2004). Sobald ein kritischer Wert an Verfügbarkeit überschritten wird, nimmt der marginale Zusammenhang zwischen Verfügbarkeit von Glücksspielen und Spielproblemen ab (Productivity Commission, 2009, S 10.1). Nach einer Verfügbarkeitsausweitung steigt zunächst die Anzahl der Problemspieler stark an, stabilisiert sich jedoch im Zeitablauf und nimmt letztlich nur noch in geringem Ausmaß zu (Williams et al, 2007, S 406 oder Petry, 2005, S 32f). Diese Sättigungshypothese lässt sich dadurch erklären, dass bei einer Ausweitung des Angebots

1 Die Herausbildung einer Spielsucht bei einer Vielzahl australischer Frauen nach der Einführung von Geldspielautomaten sei „the most powerful evidence in favour of a connection between problem gambling and the availability of gaming machines“ (Productivity Commission, 1999, S 8.22).

zwar neue Spieler angesprochen werden, aber diese ein geringeres persönliches Gefährdungspotential mitbringen als die bereits existierenden Spieler. Abbildung 2 zeigt diesen Zusammenhang vereinfacht auf.

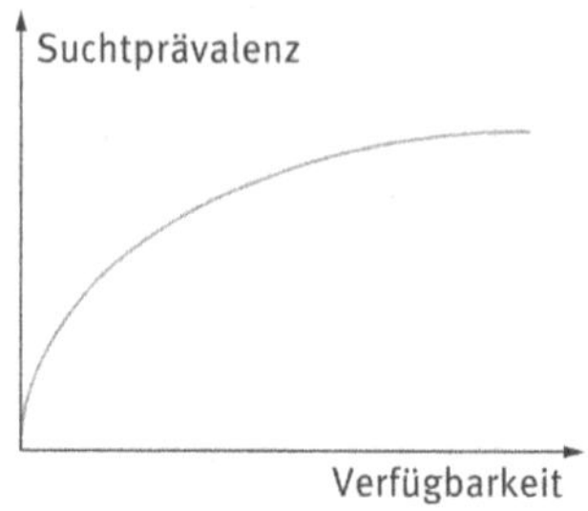

Abbildung 2: Der Zusammenhang zwischen Verfügbarkeit und Suchtprävalenz

10 Diese These bestätigt Abbott empirisch. Er zeigt anhand der Daten einer australischen Studie für 1998 (Productivity Commission, 1999), dass die Prävalenz von pathologischem Glücksspiel zwar mit steigender Verfügbarkeit von Geldspielautomaten ansteigt, dieser Effekt jedoch ab einer Verfügbarkeit von 6 bis 10 Maschinen pro 1.000 erwachsenen Einwohnern und durchschnittlichen Ausgaben pro Erwachsenem von 200 AUS$ abnimmt (Abbott, 2007, S 261). Es gibt demnach einen Punkt, ab dem durch gesteigerte Verfügbarkeit keine pathologischen Spieler mehr hinzukommen, da bereits alle mit entsprechender Prädisposition „eingefangen" wurden (Fiedler, 2016). Allerdings ist hier Verfügbarkeit ausschließlich über die Anzahl der Automaten im Verhältnis zur erwachsenen Bevölkerung operationalisiert. Es ist durchaus möglich, dass sich diese Größe auf andere Variablen wie zB den Preis auswirkt und der gemessene Effekt daher verzerrt ist.

11 Eine Erhöhung der Verfügbarkeitsbeschränkung vermindert somit die Suchtprävalenz – jedoch mit abnehmender Wirksamkeit. Im Folgenden werden verschiedene spezifische Möglichkeiten zur Verfügbarkeitseinschränkung je nach Dimension der Verfügbarkeit vorgestellt.

1. Transaktionskosten

12 Im Folgenden sind drei Beispiele für Transaktionskosten und ihre Wirkung auf die Prävalenz von Spielproblemen dargelegt.

a) Entfernung zur nächsten Spielstätte

Die geographische Entfernung zum nächsten Casino spielt eine wesentliche Rolle für die Verfügbarkeit von Glücksspielen und damit für die Suchtprävalenz. Personen mit Wohnsitz im Umkreis von 50 Meilen von einem Casino haben eine 50% höhere Wahrscheinlichkeit, ein pathologisches Spielverhalten zu entwickeln (NGISC, 1999). Eine andere Studie kommt zu dem Ergebnis, dass ein doppeltes Risiko der Spielsucht für einen 10-Meilenumkreis von Casinos besteht (Welte et al, 2004). Dieser Zusammenhang zwischen Casinodichte und Spielsucht in der umliegenden Bevölkerung wurde auch in Kanada festgestellt. So korreliert die Anzahl an pathologischen Spielern zu 68% mit der Anzahl an Geldspielautomaten pro 100.000 erwachsene Einwohner (Williams et al, 2007b, S 408f). Abbildung 3 zeigt den positiven Zusammenhang zwischen Nähe zu einem Casino und der Wahrscheinlichkeit einer Selbstsperre grafisch auf. Aufgrund dieses Zusammenhangs galt in Deutschland bis Mitte der 1980er Jahre ein Eintrittsverbot in Casinos für Anlieger (so genanntes „Residenzverbot"). Eine Reduzierung der Spielgelegenheiten führt somit zu einer Verringerung der Prävalenz von Spielproblemen. 13

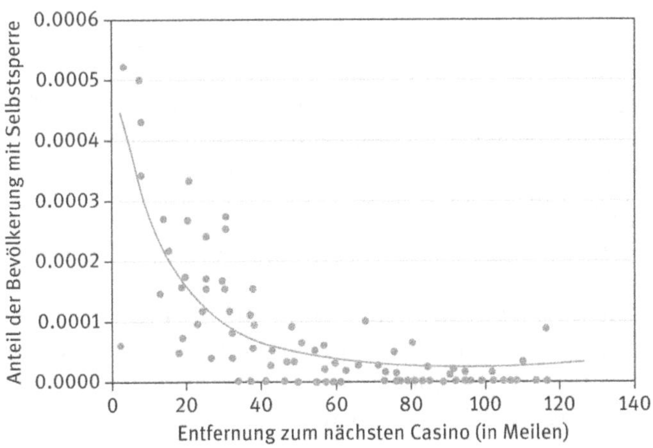

Abbildung 3: Der Zusammenhang zwischen Nähe zum Casino und der Wahrscheinlichkeit einer Selbstsperre (VEP=Voluntary Exclusion Program) teilzunehmen. Quelle: Policy Analytics (2006)

b) Öffnungszeiten von Casinos und Prävalenz von Spielproblemen

Auch die Öffnungszeiten einer Spielstätte bestimmen die Verfügbarkeit von Glücksspielen und damit ihr Suchtpotential. An den Öffnungszeiten zeigt sich zudem der nicht lineare Zusammenhang zwischen Verfügbarkeit und Suchtprävalenz. So reduzierte eine vierstündige Zwangsschließung von Automatenhallen in Victoria (Australien) pro Tag – also eine zeitliche Verfügbarkeitseinschränkung um 16,7% – den Umsatz um 3% (SACES, 2005). Unklar ist jedoch die Auswirkung der Öffnungs- 14 zeiten auf die Prävalenz von problematischen und pathologischen Spielen (Abbott, 2007, S 266).

c) Aufstellungsort

15 Werden Automaten an schwer einsehbaren und isolierten Plätzen aufgestellt, so begünstigt dies den Kontrollverlust und exzessives Spielen (Ladouceur et al, 2005). Dies wird auch von der australischen Productivity Commission bestätigt, die in ihrem Report angibt, dass die Aufstellung von Spielgeräten in einem wenig anonymen Bereich mit Zugang zu anderen Aktivitäten die soziale Interaktion fördere und sich damit moderierend auf die Entwicklung von Spielproblemen auswirke (Productivity Commission, 1999). In schwer einsehbaren Plätzen fühlen sich die Spieler unbeobachtet und neigen zum Weiterspielen, da niemand die Verluste und die Reaktionen des Spielers auf die Verluste mitbekommt. Einschränkungen beim Aufstellungsort von zB Spielautomaten können somit die Prävalenz von Spielproblemen reduzieren.

2. Informationen

16 Informationen beschreiben hauptsächlich die öffentliche Wahrnehmung eines Gutes. Beispielsweise erhöht die Ziehung der Lottozahlen nach der Tagesschau im öffentlich-rechtlichen Rundfunk die Präsenz und Informationslage über das Produkt Lotto 6 aus 49 und erhöht damit dessen Verfügbarkeit. Je vertrauter ein Spiel, umso mehr verleitet es zum Spielen. Die Gründe hierfür sind Vertrauen, Erfahrung und erhöhter Spielspaß (Parke & Griffiths, 2007, S 231).

17 Werbung ist der bedeutendste Weg, um Informationen über ein Produkt zu verbreiten und eine höhere Präsenz zu erreichen. Ein Internetcasino mag nur wenige Mausklicks von einem potentiellen Spieler entfernt sein. Aber wenn dieser das Casino nicht kennt und auch nicht zB durch Werbung darauf aufmerksam wird, so wird er sich nie dorthin verirren. Werbung ist zudem der am vierhäufigsten genannte Grund für das erstmalige Spielen (Abbott, 2001). Sie spielt eine wichtige Rolle bei der Normalisierung von Glücksspielen als Konsumangebot, erhöht insgesamt die Spielteilnahme und begünstigt somit die Entwicklung von problematischen Spielverhalten (Adams, 2004).

18 Werbung und pathologisches Spielen hängen eng miteinander zusammen. So gibt die Hälfte aller pathologischen Spieler an, dass Glücksspielwerbung bei ihnen als auslösendes Moment für die Glücksspielteilnahme wirkt (Grant & Kim, 2001). Dies mag auch darin begründet liegen, dass pathologische Spieler die weitaus besten Kunden für die Anbieter sind, da sie häufiger, länger und intensiver als Freizeitspieler spielen (Productivity Commission 2009). Aus dieser wirtschaftlichen Notwendigkeit zielt Werbung vornehmlich auf Populationen mit hoher individueller

Risikodisposition bezüglich der Entwicklung einer Spielsucht ab, wie beispielsweise ethnische Minoritäten (Adams, 2004). Empirische Studien, die den Zusammenhang zwischen Werbung und pathologischen Glücksspiel messen, fehlen jedoch (Abbott, 2007, S 272). Es kann daher zwar davon ausgegangen werden, dass Werbebeschränkungen und -verbote die Prävalenz von Spielproblemen reduzieren, jedoch nicht in welchem Ausmaß.

III. Verhältnisprävention durch Preiserhöhung

Bei Glücksspielen übersteigt die Einsatzhöhe den Erwartungswert des Spiels, weshalb die Spieler ihre Einsätze an die Anbieter verlieren. Der Erwartungswert wird auch als Ausschüttungsquote bezeichnet. Sie bezeichnet den Anteil der Einsätze, der in Form von Gewinnen an die Spieler ausgeschüttet wird. Der Rest verbleibt bei dem Anbieter als Gewinn. Der Preis eines Glücksspiels ist daher der Einsatz abzüglich der Gewinnerwartung. Die Gewinnerwartung ist der Einsatz multipliziert mit der Ausschüttungsquote, so dass gilt (Fiedler, 2016): 19

Preis = Einsatz • (1-Ausschüttungsquote) = durchschnittlicher Verlust pro Spielteilnahme

Mit steigender Ausschüttungsquote erhöht sich die Wahrscheinlichkeit einer Sucht. 20 Dies hat drei Gründe: 1) Die Abschreckung potentieller Verluste ist geringer, so dass die Hürde für die ersten Spielteilnahmen gering ist, 2) Geringere Verluste erlauben den Spielern längere Spielzeiten und je länger gespielt wird, umso höher ist das Suchtrisiko, 3) Je ausgeglichener das Verhältnis von Gewinnen zu Verlusten, umso schwieriger ist es für den Spieler, die langfristig auftretenden Verluste zu erkennen.

Daraus ergibt sich die Forderung nach geringeren Ausschüttungsquoten, um 21 das Suchtpotential zu begrenzen. Allerdings ist unklar, ob eine Erhöhung der Kosten für eine Spielteilnahme trotz der einschränkenden Wirkung auf das Suchtpotential tatsächlich einen *schaden*smindernden Effekt hat (Clotfelter, 2005). Ein Grund hierfür ist, dass die Konsumenten den Preis eines Glücksspiels aufgrund der streuenden Ergebnisse nicht erkennen, was sich an der hohen Beliebtheit von Spielen mit geringer Auszahlungsquote wie den Lotterien zeigt. Zudem erhöhen verringerte Ausschüttungsquoten die Kosten der Sucht.

Der bedeutendere Effekt des Preises auf die Problemprävalenz ergibt sich je- 22 doch durch die geringere nachgefragte Glücksspielteilnahme. Je höher der Preis, umso geringer ist die nachgefragte Menge (Pindyck & Rubinfeld, 2009, S 53). Der Grund hierfür liegt in dem beschränkten Einkommen der Spieler, ihrer Budgetrestriktion. Die Stärke dieses Effekts wird als Preiselastizität bezeichnet. Sie gibt die prozentuale Änderung der nachgefragten Menge in Folge eines Preisanstiegs um 1% an. Je stärker die Verminderung der Nachfrage (Spielteilnahme) bei einer Preisänderung ausfällt, desto höher ist die Elastizität. Und je geringer die nachgefragte Menge, umso geringer ist die Problemprävalenz.

23 Tabelle 1 gibt eine Übersicht über die verschiedenen Studien, die die Preiselastizität bei Glücksspielen gemessen haben. Je nach Produkt und Studie liegt die Preiselastizität zwischen −0,19 und −3,09. Das bedeutet, dass ein Preisanstieg um 1% zu einem Nachfragerückgang zwischen 0,19% und 3,09% führt. Die Schätzungen von Thalheimer & Ali (1995) weisen jedoch aufgrund der verwendeten Datenbasis methodische Schwierigkeiten auf und die geringe Elastizität bei US-Lotterien von −0,19 laut Gulley & Scott (1991) und damit die geringe Wirkung auf die Spielnachfrage ist der Betrachtung eines Sonderfalls geschuldet. Es ist daher anzunehmen, dass sich die Preiselastizität von Glücksspielen zwischen −0,75 und −2,17 bewegt. Preiserhöhungen bei Glücksspielen führen daher zu deutlichen verringerter Glücksspielteilnahmen. Die empirischen Ergebnisse lassen den Schluss zu, dass die Preiselastizität bei Wetten am höchsten ist. Dies liegt vermutlich an den vielen Alternativprodukten für Wetten. Die Preiselastizität für Casinoprodukte hängt maßgeblich von dem Angebotsort ab. Müssen die Spieler zum Beispiel weit reisen, um zu spielen, so reagieren sie auch weniger stark auf Preisänderungen.[2] Hier zeigt sich, dass der Preiseffekt nicht unabhängig von anderen Größen wie denen der Transaktionskosten ist. Über die Preisvariable lässt sich jedoch unzweifelhaft erheblicher Einfluss auf die Nachfrage nach Glücksspielen nehmen.

Tabelle 3: Preiselastizitäten bei verschiedenen Glücksspielprodukten.

	Preiselastizität		
Produkt	**Untergrenze**	**Obergrenze**	**Quelle**
Casino-Produkte	−0,75	−0,87	Landers 2008
Casino-Produkte	−0,9*	−1,5	Thalheimer & Ali 2003
UK-Lotterien	−0,66	−1,03	Forrest, Gulley, Simmons 1999
US-Lotterien	−0,19	−1,92	Gulley & Scott 1991
Pferdewetten	−1,64	−1,64	Suits 1979
Pferdewetten	−2,85	−3,09	Thalheimer & Ali 1995
Pferdewetten (Totalisator)	−1,59**	−2,73	Suits 1979
Sportwetten	−2,17	−2,17	Suits 1979
Wetten (Totalisator)	−1,3	−1,3	Morgan & Vasché 1982

*: langfristige Elastizität

**: laut Autor der wahrscheinliche Fall

2 „Small increases in the win percentage may not result in any marked decline in handle if most players have to travel a substantial distance to gamble at another casino.“ (Landers 2008).

Die Nachfrage nach Glücksspielen fällt aufgrund der durch die Sucht ausgelösten negativen Externalitäten zu hoch aus. Der Staat hat die Möglichkeit, über Lenkungsabgaben den Preis und damit die Nachfrage auf ein sozial erwünschteres Niveau zu verringern (Pigou-Lösung). Dies geschieht beispielsweise durch so genannte Lenkungsabgaben auf Lotterie- und Spielbankprodukte sowie das staatliche Sportwettangebot. Die Vorteile von Lenkungsabgaben sind erheblich aufgrund ihrer doppelten Wirkung: Zum einen wird die Nachfrage nach Glücksspielen und damit die Problemprävalenz und die damit verbundenen staatlichen Transferleistungen vermindert und zum anderen nimmt der Staat Steuern ein und kann Steuern an anderer Stelle senken. 24

Ein Problem bei Preiserhöhungen durch Lenkungsabgaben ist jedoch, dass die Nachfrage von Spielsüchtigen inelastischer ist als die von Freizeitspielern (Productivity Commission, 1999 oder Clarke, 2008). Das bedeutet, dass Preiserhöhungen vermehrt die Personen aus dem Markt drängen, die (bisher) keine negativen Externalitäten mit sich bringen und für die kein dringlicher Grund besteht, dass sie am Spielen gehindert werden sollten. Es ist daher sinnvoll, Glücksspiele in Relation zu ihrem Suchtpotential zu besteuern. 25

Im Falle von Substitutionseffekten durch andere verwandte Produkte oder den Schwarzmarkt sind neben dem Preiselastizitäten zudem die Kreuz-Preis-Elastizitäten zu anderen Produkten zu berücksichtigen. Es ist dabei also zu bedenken, ob und inwieweit sich eine zurückgehende Nachfrage eines Glücksspielprodukts auf ein anderes Spiel verschiebt. Empirisch zeigt sich beim Onlinepoker, dass es nicht zu einer Substitution – also einem Kampf um denselben Markt – kommt, sondern dass Onlinepoker ein Komplementärgut zu Casino- und Automatenspielen darstellt und keinen Effekt auf die Nachfrage nach Lotterien aufweist (Philander & Fiedler, 2012). Damit führte der Nachfragerückgang von Poker auch bei anderen Glücksspielen zu einer geringen Nachfrage. 26

IV. Verhältnisprävention durch Änderung der Produkteigenschaften

Der dritte Baustein der Verhältnisprävention neben der Einschränkung der Verfügbarkeit und der Preiserhöhung ist die Änderung von Produkteigenschaften. Die Möglichkeiten sind je nach Glücksspielprodukt unterschiedlich. Es ist kaum möglich, die einzelnen Effekte im Hinblick auf ihre Wirkung auf die Prävalenz von Spielproblemen in Ihrer Stärke empirisch zu evaluieren. 27

Im Folgenden wird ein ausgewählter Überblick über verschiedene bedeutende Produkteigenschaften von Glücksspielen sowie ihre Wirkung auf die Entwicklung von Spielproblemen gegeben. 28

1. Einsatzhöhe

29 Auf der einen Seite sind die Spielverluste und damit die Verluste der süchtigen Spieler umso höher, je höher der durchschnittliche Einsatz ist. Auf der anderen Seite ist das Suchtpotential höher, je geringer die Einsatzhöhe. Ausschlaggebend hierfür sind die so genannten „Response Kosten". Je geringer der Aufwand ist, um einen Verstärkungseffekt auszulösen, umso schneller wird gelernt (Miller, 1970). Auf das Glücksspiel bezogen lässt sich die Popularität von Automatenspielen, Bingo, Lotto und Rubbellosen durch die geringen Response-Kosten erklären (Petry, 2005, S 201). Bei Spielen mit geringen Einsätzen wird der Spieler schneller konditioniert und leichter in die Sucht getrieben, da die Hürde für die erste Spielteilnahme gering ist und die Hürde für weitere Spielteilnahmen gering ist und das Spiel häufig durchgeführt werden kann. Entsprechend rasch entwickelt sich die Toleranz im Sinne des DSM-IV Kriteriums und die Barriere vor höheren Einsätzen und anderen Spielen fällt.

2. Spielgeschwindigkeit

30 Beim Glücksspiel ist die Spielgeschwindigkeit die Dauer, die zwischen dem Abgeben eines Tipps und dem Bekanntwerden des Ergebnisses liegt. Beim Lotto sind das mindestens einige Stunden, beim Roulette eine bis zwei Minuten und beim Automatenspiel nur fünf Sekunden. Sie fördert zum einen das Suchtpotential von Spielen und zum anderen dient sie als Multiplikator der Ausnutzung von Irrationalität. Die Individuen machen dabei den Fehler, dass sie nicht die Anzahl der Spielrunden planen, an denen sie teilnehmen möchten, sondern die Zeit, die sie für das Spiel aufbringen wollen. Je kürzer also die Ereignisfrequenz, umso höher ist die Zahl der durchgeführten Spielrunden: doppelt so hohe Spielgeschwindigkeit = doppelt so viele Spielrunden (Ladouceur & Sévigny, 2006).

31 Die Spielgeschwindigkeit hat keine Bedeutung für einen Spieler, der rational ist und den Erwartungswert nicht systematisch überschätzt. Für die irrationalen Spieler ist sie jedoch ruinös. Die Bedeutung der Spielgeschwindigkeit hat auch Kellermann erkannt, der darin den maßgeblichen Grund für die Entwicklung von pathologischem Spielen sieht (Kellermann, 1999, S 52).

3. Jackpots

32 Einige Geldspiele bieten eine sehr hohe Gewinnsumme bei einer extrem geringen Gewinnchance an. Diese sogenannten „Jackpots" sind insbesondere in Lotterien verbreitet und wachsen zumeist von Spielrunde zu Spielrunde an, wenn sie nicht „geknackt" werden. Für einen rationalen Akteur macht diese Form der Ausschüt-

tung keinen Unterschied. Spieler, die sehr geringe Wahrscheinlichkeiten überschätzen, werden durch diese Ausschüttungsform jedoch angelockt. Sie setzen den potentiellen Gewinn in Relation zu dem Einsatz, ohne die dazugehörigen Wahrscheinlichkeiten entsprechend zu berücksichtigen (Petry, 2005). Bei einem Jackpot von 30 Mio Euro und einem Einsatz von einem Euro stehen die Spieler folglich Schlange, um Lose zu kaufen – auch wenn sich an der Ausschüttungsquote nur wenig verändert hat (Tolkemitt, 2000).

Ebenfalls wird die Verfügbarkeitsillusion von Spielern durch Jackpots ausge- 33
nutzt. Die seltenen Gewinner werden durch Marketingmaßnahmen aus der Masse hervorgehoben und im Sinne eines second-order-reinforcement in das Gedächtnis aller Spieler eingeprägt. Entsprechend verstärkt sich die Überschätzung der Gewinnwahrscheinlichkeit eines Jackpots und damit des Erwartungswertes eines Spiels. Mit Jackpots verkaufen die Anbieter Hoffnung[3] auf eine schnelle und nachhaltige Änderung der Lebensumstände (Tolkemitt, 2000). Es kann zudem argumentiert werden, dass Jackpots sich negativ auf die Arbeitseinstellung auswirken, da der Glauben an Reichtum ohne Arbeit genährt wird (Tolkemitt, 2000).

4. Kleingewinne

Trotz Jackpots bleiben Kleingewinne als sogenannte „Primer" notwendig, um die 34
Spieler zum Spielen anzuregen, wie bspw. die Unbeliebtheit von „Jackpot Only" Automaten in Las Vegas zeigt, bei denen lediglich Auszahlungen in der Jackpotklasse stattfinden, also nahezu jedes Spiel ohne Auszahlung endet (Petry, 2005, S 202). Und da kleine Gewinne in der Regel sofort wieder eingesetzt werden, führen sie zu vermehrter Spielteilnahme. Die Folge ist eine erhöhte Wahrscheinlichkeit der Abhängigkeit sowie ein schnelleres Erreichen von Spielsucht. Ein für den Anbieter gewinnmaximierendes Spiel bietet somit sehr wenige sehr große extrem unwahrscheinliche Gewinne an und viele sehr kleine Gewinne, allerdings kaum mittlere Gewinne. Solche Spiele sind besonders suchtfördernd und verstärken kognitive Verzerrungen und systematische Fehldeutungen der Spielmechanismen und des Erwartungswertes (Fiedler, 2016).

Werden die Ausführungen zu den Jackpots und den Kleingewinnen gemeinsam 35
betrachtet, so ergibt sich der in Abbildung 4 – sehr vereinfachte – Zusammenhang zwischen dem Suchtpotential und der Ausschüttungsstruktur (dem Anteil der Ausschüttung, der in Klein-, Mittel- und Jackpotgewinnen fließt).

3 Der Begriff des Verkaufs von Hoffnung entstammt dem Buch der Analyse des amerikanischen Lotteriemarktes mit dem Titel „Selling Hope" (Clotfelter and Cook, 1989).

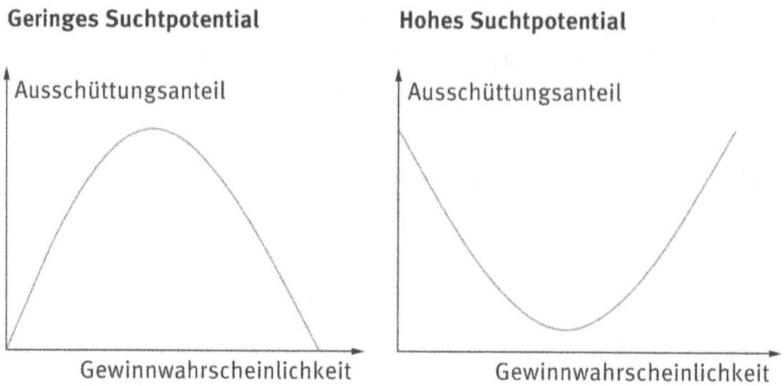

Abbildung 4: Der Zusammenhang zwischen Suchtpotential und Ausschüttungsstruktur.

5. Ton-, Licht- und Farbeffekte

36 Licht- und Farbeffekte können die Aufmerksamkeit der Spieler lenken und ihn in einen erhöhten Erregungszustand versetzen (Griffiths, 1993). Insbesondere Rottöne führen zu vermehrtem Spielen und werden gezielt von neueren Automatenspielen in Großbritannien eingesetzt (Parke & Griffiths, 2007, S 236).

37 Auch Soundeffekte können das Spielverhalten stimulieren (Parke & Griffiths, 2007, S 237). Sie dienen dabei vor allem als Verstärker von Emotionen. Die Frustration bei Verlusten wird durch das Abspielen negativ assoziierter Töne oder Lauten bei Verlusten erhöht. Nach der Präferenztheorie nach Kahneman und Tversky (1982) führt dies zu verstärktem Spielen. Dieser Effekt ist nach (Parke & Griffiths, 2007, S 237) jedoch nur kurzfristig und langfristig würden solche Spiele eher gemieden. Entsprechend wird die Freude über Gewinne über das Abspielen von positiv assoziierten Tönen und Lauten verstärkt. Diese können auch neutral sein und ihre positive Wahrnehmung erst durch einen Konditionierungsprozess erlangen. Positiv assoziierte Laute wie das Klimpern von Geldmünzen fungieren auch als so genannter „Cue“ und können damit den Spieltrieb erst auslösen.

38 Durch das schnellere Abspielen von Soundeffekten kann die Spannung erhöht werden, beispielsweise in Momenten, in denen Entscheidungen anstehen. Dies führt zu einer wahrgenommenen Dringlichkeit („perceived urgency“, Edworthy et al, 1991) und zu schnelleren Entscheidungen (Parke & Griffiths, 2007, S 237). Die Kombination mit Blinklichtern verstärkt diese Wirkung. Das Abspielen von Musik während eines Spiels kann die Zuversicht der Spieler erhöhen, ihre Erregung steigern oder entspannend wirken und vorherige Verluste vergessen lassen (Parke & Griffiths, 2005).

V. Widerstände der Industrie als Herausforderung von Verhältnisprävention

Aus Sicht der Anbieter bewirkt die Verhältnisprävention eine Verminderung ihrer Absatzmöglichkeiten und Gewinne. Dieses löst interessensbedingt Widerstände der Anbieter von Glücksspielen aus. Vorgesehene Spielerschutzmaßnahmen sollen abgeschwächt oder umgangen werden. Hier sei das Beispiel des Punktespiels bei den gewerblichen Automaten zur Umgehung der maximalen Einsatzhöhen und Verlustgrenzen als Beispiel genannt. Ein weiteres Problem ist, dass sich der Markt aus dem Bereich der Verhältnispräventionsmaßnahmen verschiebt, wie zB ins Ausland oder auf einen inländischen Schwarzmarkt. 39

Diese Probleme bestehen bei jeglichem wirksamen Spielerschutz. Wenn die bereits Spielsüchtigen am Spielen gehindert werden, so schrumpft der Markt mindestens um den Anteil, den diese Personen ausmachen. Dies ist auch der gewünschte Effekt und die Folgen für die Industrie müssen in Kauf genommen werden. Es gilt, jene Mittel zu finden, die den stärksten Effekt auf die Gruppe der Süchtigen haben und die Freizeitspieler nur so wenig wie möglich einschränken. Bei Spielen mit geringem Suchtpotential wie zB Lotto sind daher hohe Lenkungsabgaben unnötig, während sie beim Automatenspiel eine wirksame Maßnahme der Verfügbarkeitsbeschränkung darstellen. 40

Jens Beckert/Mark Lutter

§ 9 Umverteilung und schichtspezifische Nachfrage beim staatlichen Lotto in Deutschland

Übersicht

I. Einleitung[1]

Im Zuge der Diskussionen um die Regulierung des Glücksspielmonopols sind in Deutschland in der Mehrheit juristische, ökonomische und psychologische Untersuchungen herangezogen worden. Für die rechtliche Zulässigkeit des staatlichen Glücksspielmonopols ist besonders die Frage des Suchtpotentials des Glücksspiels und damit der Gefährdung der öffentlichen Ordnung durch das Glücksspiel ausschlaggebend. Forschungen, die das Ausmaß dieser Gefährdung analysieren, sind daher von unmittelbarer rechtlicher Relevanz. Eine bislang wenig beachtete Forschung zum Glücksspiel beschäftigt sich mit den sozialen Folgen auf einer ganz anderen Ebene, nämlich den steuerlichen Umverteilungswirkungen von Glücksspielen. Dabei ist offensichtlich, dass Glücksspiel zur Umverteilung der monetären Einsätze der Spieler zwischen den am Glücksspielmarkt beteiligten Akteuren führt, also zwischen den Spielern, den Veranstaltern und dem Staat. 1

Bezogen auf das deutsche Lotto lässt sich das so in Zahlen fassen: Ungefähr 48% der Spieleinsätze werden an die Gewinner verteilt, wobei die meisten Spieler ihren Einsatz verlieren und auf einige wenige Spieler (die Gewinner) die ausgezahlten Einsätze umverteilt werden. Ein Anteil von etwa 13% der Spieleinsätze wird zur Deckung der Kosten der Durchführung der Lotterie verwendet, 39% gehen als Steuern in die Länderhaushalte bzw als zweckgebundene Konzessionsabgaben an zivil- 2

1 Der Beitrag stellt eine in einigen Punkten erweiterte, in anderen Punkten gekürzte Fassung des Aufsatzes *Beckert, J./Lutter, M.*, Wer spielt Lotto? Umverteilungswirkungen und sozialstrukturelle Inzidenz staatlicher Lotteriemärkte. Kölner Zeitschrift für Soziologie und Sozialpsychologie, 60, 2008, 233–264 dar.

https://doi.org/10.1515/9783110259216-009

gesellschaftliche Destinatäre. In Deutschland werden jährlich rund fünf Mrd Euro aus staatlich konzessionierten Glücksspielen vom Staat vereinnahmt, das Spiel „6 aus 49", das klassische Lotto, steuert mit etwa zwei Mrd Euro den größten Anteil dazu bei. Lotterien stellen damit eine signifikante Einnahmequelle für die Länderhaushalte und Destinatäre dar.

3 Während die Umverteilung zwischen den Spielern konstitutiv für das Glücksspiel ist und von diesen mit ihrer Spielbeteiligung legitimiert wird und die Kosten für die Durchführung der Lotterie notwendige Transaktionskosten zur Ermöglichung des Spiels darstellen, stellt sich für die Rechtfertigung der staatlichen Anteile aus den Spieleinsätzen ein grundlegenderes Problem. Wenngleich es sich bei den staatlichen Einnahmen aus dem Glücksspiel nur teilweise um Steuern im juristischen Sinn handelt, sind es doch Einnahmen des Staates, die letztendlich unter denselben normativen Kriterien von Steuergerechtigkeit beurteilt werden müssen, wie sie auch für andere Einnahmequellen des öffentlichen Haushalts angelegt werden. Aus gesellschaftspolitischer Perspektive stellt sich außerdem die Frage, ob nicht bestimmte soziale Gruppen durch das Glücksspielangebot systematisch benachteiligt werden. Solche problematischen Effekte treten dann ein, wenn sich nicht alle Bevölkerungsschichten gleichermaßen am Lotteriespiel beteiligen, weil es für unterschiedliche Bevölkerungsschichten verschieden attraktiv ist, und außerdem die mit den Lotterieeinnahmen staatlich finanzierten Güter nicht von allen Bevölkerungsschichten gleichermaßen nachgefragt werden. Lotterien bewirken unter diesen Voraussetzungen ungerechte steuerliche Verteilungswirkungen und nutzen spezifische Lebenssituationen von Spielergruppen aus.

4 In diesem Beitrag gehen wir diesen Fragen der Verteilungswirkungen des Lottospiels nach. Welche Bevölkerungsgruppen tragen durch überdurchschnittliche Spielbeteiligung überproportional hohe Anteile zu den Einnahmen der Länder aus dem Lottospiel bei? Welche Bevölkerungsgruppen profitieren insbesondere von den durch die staatliche Lotterie finanzierten Gütern? Die Ergebnisse beziehen sich dabei nur auf das Lottospiel, das Gegenstand des dem Artikel zugrunde liegenden Forschungsprojektes ist.

5 Wir zeigen, dass untere Einkommensbezieher einen höheren Anteil ihres Einkommens für Lotterielose verausgaben als Bezieher höherer Einkommen. Als Steuer betrachtet stellt das Lottospiel somit eine Form der regressiven Besteuerung dar. Darüber hinaus untersuchen wir die Verwendungsseite der vom Staat aus dem Lotto erzielten Einnahmen. Zum Teil gehen die nicht ausgeschütteten Anteile der Spieleinsätze unmittelbar in die Länderhaushalte ein. Zum Teil fließen die Einnahmen aus Lottoeinsätzen aber auch zweckgebunden als Direktförderung bestimmten Destinatären aus Breitensport, sozialer Wohlfahrt, Kunst und Kultur zu. Daraus ergibt sich die Frage, ob die Zweckbindung dieser Abgaben die Regressivität der Umverteilung ausgleicht, abfedert oder gar verstärkt. Am Beispiel der Breitensportförderung zeigen wir, dass die durchschnittliche Nutznießung der Fördermittel sozialstrukturell nur eingeschränkt mit der Gruppe ihrer Beitragszahler übereinstimmt.

Die gezielte Verwendung der Beiträge trägt somit zur Verstärkung der Umverteilung durch das Lotteriespiel bei.

Zunächst diskutieren wir den Forschungsstand zur Umverteilungswirkung von Lotterien und erörtern anschließend Ansätze, die die überproportionale Nachfrage unterer sozialer Schichten erklären. Im dann folgenden Teil analysieren wir die durch Lotterien in Deutschland zu beobachtenden Umverteilungseffekte auf Basis einer telefonischen Bevölkerungsumfrage. 6

II. Die Verteilungseffekte von Lotterien

Die Problematik sozialer Umverteilung durch Lotterien gehört zu den bedeutendsten Gegenständen der sozialwissenschaftlichen Erforschung des Glücksspiels.[2] Die meisten Untersuchungen hierzu findet man für die Lotterien der US-amerikanischen Bundesstaaten. Ein Großteil dieser Studien kommt zu dem Schluss, dass Lotterien eine Form der regressiven Besteuerung sind und damit sozialstrukturell ungleiche Verteilungswirkungen haben. Dieser Befund erweist sich als relativ einheitliches Ergebnis, dessen Robustheit auch durch die Verwendung ganz unterschiedlicher Datentypen und Verfahrensweisen gestützt wird. Einige Arbeiten untersuchen ausschließlich makrostrukturelle Aggregatdaten, indem sie den Zusammenhang zwischen aggregierten Pro-Kopf-Umsätzen und dem Einkommensniveau bestimmter räumlicher Bezirke beleuchten.[3] Andere untersuchen die steuerliche Inzidenz des Lottospiels mittels Mikrodaten, zumeist unter Verwendung bevölkerungsrepräsentativer Umfragen.[4] Die Verteilungseffekte werden sehr unterschiedlich berechnet. 7

---

2 Für einen Überblick *Beckert, J./Lutter, M.*, Wer spielt Lotto? Umverteilungswirkungen und sozialstrukturelle Inzidenz staatlicher Lotteriemärkte. Kölner Zeitschrift für Soziologie und Sozialpsychologie, 60, 2008, 233–264. Vgl zudem *Lutter, M.*, Konkurrenten auf dem Markt für Hoffnung: Religiöse Wurzeln der gesellschaftlichen Problematisierung von Glücksspielen. Soziale Probleme, 22, 2011, 28–55.

3 *Clotfelter, C.T.*, Regressivity of State-Operated Numbers Games. National Tax Journal, 32, 1979, 543–548; *Hansen, A.*, The Tax Incidence of the Colorado State Lottery Instant Game. Public Finance Quarterly, 23, 1995, 385–398; *Jackson, R.*, Demand for Lottery Products in Massachusetts. Journal of Consumer Affairs, 28, 1994, 313–325; *Mikesell, J.L.*, A Note on the Changing Incidence of State Lottery Finance. Social Science Quarterly, 70, 1989, 513–521; *Vasche, J.D.*, Are Taxes on Lotteries Too High? Journal of Policy Analysis and Management, 4, 1985, 269–271.

4 *Borg, M.O./Mason, P.M.*, The Budgetary Incidence of a Lottery to Support Education. National Tax Journal, 41, 1988, 75–85; *Brinner, R.E./Clotfelter, C.T.*, An Economic Appraisal of State Lotteries. National Tax Journal, 28, 1975, 395–404; *Clotfelter, C.T./Cook, P.J.*, Selling Hope. State Lotteries in America. Cambridge, MA: Harvard University Press, 1991; *Kitchen, H./Powells, S.*, Lottery Expenditures in Canada: A Regional Analysis of Determinants and Incidence. Applied Economics Letters, 23, 1991, 1845–1852; *Livernois, J.R.*, The Redistributive Effects Of Lotteries – Evidence From Canada. Public Finance Quarterly, 15, 1987, 339–351; *Spiro, M.H.*, Tax Incidence of Pennsylvania Lottery. National Tax Journal, 27, 1974, 57–61; *Suits, D.B.*, Gambling Taxes: Regressivity and Revenue

Einige beschränken sich auf die Darstellung einfacher Assoziationen wie der Untersuchung bivariater Kreuztabellen, in denen der Zusammenhang zwischen dem als Anteil am Einkommen bemessenen Spieleinsatz und dem verfügbaren Nettoeinkommen gemessen wird. Ein verbreiteter Ansatz ist die Benutzung des Suits-Index, eines steuerlichen Konzentrationsmaßes, das analog dem Gini-Koeffizienten die Ungleichverteilung von Einkommen und Steuerlast zusammenfasst.[5] Nur wenige Untersuchungen spezifizieren multivariate Modelle, bei denen die Elastizität des Einkommens mit der Höhe des Steuerbeitrages modelliert wird.[6]

8 Die Studien unterscheiden sich in ihren Schlussfolgerungen hinsichtlich der Stärke regressiver Effekte. Einige Arbeiten signalisieren sehr starke regressive Effekte, andere belegen nur mäßig starke Effekte, einige wenige Studien konstatieren proportionale oder gar progressive steuerliche Effekte. Mikesell findet mithilfe von Aggregatdaten für den Staat Illinois ein proportionales Steueraufkommen aus Lotterieeinsätzen.[7] Jackson beschreibt in einer Untersuchung der Lotterie im Staate Massachusetts aus dem Jahr 1983 sogar Verteilungen von Lotterieeinsätzen, die überproportional zum Einkommen verlaufen.[8] Allerdings berichtet derselbe Autor anhand einer Replikation der Untersuchung mit Daten für das Jahr 1990 von einer Umkehrung der früheren Befunde und einem nun deutlich regressiven Verhältnis von Einkommen und Spieleinsätzen.

9 Eine Studie für den US-Bundesstaat Texas zeigt auf, dass die dortige Lotterielosbesteuerung in ihrer Regressivität weitaus ungleicher variiert als die durchschnittliche Beitragsverteilung der ebenso regressiven Belastung durch die Mehrwertsteuer.[9] Eine Zeitreihenstudie belegt eine zeitliche Zunahme der Regressivität.[10] Zudem scheint es nationale Unterschiede in der Stärke regressiver Effekte zu geben. Untersuchungen aus Kanada zeigen, dass kanadische Lotterien eine durchgängig geringere Regressivität als US-amerikanische Lotterien aufweisen.[11] Ebenfalls variieren die Befunde zwischen einzelnen Spielen. So sind tägliche Lotterien oder Rubbelloslotte-

---

Potential. National Tax Journal, 30, 1977, 19–35; *Vaillancourt, F./Grignon, J.*, Canadian Lotteries as Taxes: Revenues and Incidence. Canadian Tax Journal, 36, 1988, 369–388.

5 *Suits, D.B.*, Measurement of Tax Progressivity. American Economic Review, 67, 1977, 747–752.

6 *Borg/Mason*, The Budgetary Incidence of a Lottery to Support Education.

7 *Mikesell*, A Note on the Changing Incidence of State Lottery Finance.

8 *Jackson*, Demand for Lottery Products in Massachusetts.

9 *Price, D.I./Novak, E.S.*, The Tax Incidence of Three Texas Lottery Games: Regressivity, Race, and Education. National Tax Journal, 52, 1999, 741–751.

10 *Hansen, A./Miyazaki, A.D./Sprott, D.E.*, The Tax Incidence of Lotteries: Evidence from Five States. Journal of Consumer Affairs, 34, 2000, 182–203.

11 *Kitchen/Powells*, Lottery Expenditures in Canada: A Regional Analysis of Determinants and Incidence, *Livernois*, The Redistributive Effects Of Lotteries – Evidence From Canada, *Vaillancourt/Grignon*, Canadian Lotteries as Taxes: Revenues and Incidence.

rien stärker regressiv im Vergleich zu dem klassischen Lotto oder den Klassenlotterien.[12]

In weit geringerem Maß wird in der Forschungsliteratur die Frage der Vertei- 10
lungswirkungen der Verwendung der eingenommenen Gelder untersucht.[13] Wenn Bezieher geringer Einkommen nicht nur einen höheren Anteil ihres Einkommens für Lotterielose ausgeben, sondern diese auch noch in geringerem Maß von den Verwendungen der staatlich vereinnahmten Lottomittel profitieren – etwa weil Lottospieler weniger häufig die Güter nachfragen, die durch Lottomittel gefördert werden – verstärkt sich die Regressivität. Es stellt sich also die Frage, ob diejenigen, die die Abgaben bezahlen, auch im gleichen Maße von den Verwendungen der Gelder profitieren.

Die Untersuchung von Borg und Mason setzt den pro Haushalt für den Staat 11
Illinois geschätzten Nutzen eines aus Lotteriegeldern subventionierten Bildungsprogramms in Beziehung mit den pro Haushalt verausgabten Lotteriespieleinsätzen und schlussfolgert, dass die Art der Zweckbindung der Gelder den Grad regressiver Besteuerung durch Lotterielose zwar vermindert, jedoch von einer gänzlichen Ausgleichswirkung weit entfernt bleibt.[14] Eine Verstärkung regressiver Effekte zeigen Rubenstein und Scafidi, die für Georgia untersuchen, welche Lottospieler Mittel aus einem durch Lotteriemittel finanzierten Stipendienprogramm für den Collegebesuch erhalten.[15] Demnach tragen Haushalte der unteren Einkommensniveaus über ihre Lotterieausgaben zwar signifikant stärker zur Finanzierung dieses Stipendienprogramms bei, gleichzeitig profitieren Haushalte der höheren Einkommens- und Bildungsschichten weit überwiegend von diesen Geldern, da sie überproportional häufig die Stipendien in Anspruch nehmen.

III. Die Schichtgebundenheit der Nachfrage

Anhand der Untersuchungen zur Verteilungswirkung ist der schichtspezifische Cha- 12
rakter der Nachfrage nach Lotterielosen erkennbar. Ein regressives Steueraufkom-

---

12 *Mikesell*, A Note on the Changing Incidence of State Lottery Finance, *Price/Novak*, The Tax Incidence of Three Texas Lottery Games: Regressivity, Race, and Education.

13 Ausnahmen sind *Borg/Mason*, The Budgetary Incidence of a Lottery to Support Education; *Borg, M.O./Mason, P.M./Shapiro, S.L.*, The Economic Consequences of State Lotteries. New York: Praeger, 1991; *Livernois*, The Redistributive Effects Of Lotteries – Evidence From Canada; *Rubenstein, R./Scafidi, B.*, Who Pays and Who Benefits? Examining the Distributional Consequences of the Georgia Lottery for Education. National Tax Journal, 55, 2002, 223–238; *Stranahan, H.A./Borg, M.O.*, Some Futures are Brighter than Others: the Net Benefits Received by Florida Bright Futures Scholarship Recipients. Public Finance Review, 32, 2004, 105–126.

14 *Borg/Mason*, The Budgetary Incidence of a Lottery to Support Education.

15 *Rubenstein, R./Scafidi, B.*, Who Pays and Who Benefits? Examining the Distributional Consequences of the Georgia Lottery for Education. National Tax Journal, 55, 2002, 223–238.

men aus Lotterieeinnahmen impliziert, dass untere Einkommensbezieher einen relativ größeren Anteil ihres Einkommens für Lotterien ausgeben als Bezieher höherer Einkommen. Tatsächlich werden Lotterielose häufiger von Personen mit relativ geringerem Einkommen, formaler Bildung und Berufstatus nachgefragt.[16] Ebenso korreliert das Lottospiel mit einer häufigeren Zugehörigkeit zu ethnischen Minoritäten. Wie erklärt sich die schichtgebundene Nachfrageverteilung auf dem Lottomarkt?

13 Die größere Faszination unterer sozialer Schichten für das Glücksspiel könnte mit schichtspezifischen Lebenswelten und Bildungshintergründen zusammenhängen.[17] Die Beteiligung am Lottospiel kann etwa daher rühren, dass die Spieler die Gewinnwahrscheinlichkeiten zu optimistisch einschätzen. Kognitionspsychologische Ansätze erklären die Glücksspielteilnahme aus dem begrenzten kognitiven Leistungsvermögen der Spieler, die dazu neigen, die sehr niedrigen Gewinnchancen des Lottospiels systematisch zu überschätzen.[18] Dabei zeigt sich der schichtbezogene Charakter dieses Zusammenhangs daran, dass die Verkennung der statistischen Regeln des Spiels mit einem geringeren Bildungs- bzw Statusniveau der Spieler korrespondiert. Empirische Studien zeigen einen Zusammenhang zwischen geringer Bildung bzw Status und der verzerrt positiven Gewinnwahrnehmung des Lotteriehauptpreises.[19]

14 Soziologische Theorien des Spannungsmanagements deuten ebenfalls darauf, dass die Attraktion des Glücksspiels mit schichtspezifischen Erfahrungswelten in Verbindung steht. Die Spielbeteiligung wird hierbei aus der Ventilfunktion des Glücksspiels erklärt, mit dem Spieler gesellschaftlich auferlegten Spannungszustän-

---

16 *Beckert/Lutter*, Wer spielt Lotto? Umverteilungswirkungen und sozialstrukturelle Inzidenz staatlicher Lotteriemärkte; *Brown, D.J./Kaldenberg, D.O./Browne, B.A.*, Socioeconomic-Status and Playing the Lotteries. Sociology and Social Research, 76, 1992, 161–167.

17 *Beckert, J./Lutter, M.*, Why the Poor Play the Lottery: Sociological Approaches to Explaining Class-based Lottery Play. Sociology, 47, 2013, 1152–1170; *Beckert, J./Lutter, M.*, The Inequality of Fair Play. Lottery Gambling and Social Stratification in Germany. European Sociological Review, 25, 2009, 475–488.

18 *Rogers, P.*, The Cognitive Psychology of Lottery Gambling. A Theoretical Review. Journal of Gambling Studies, 14, 1998, 111–134; *Rogers, P./Webley, P.*, „It could be us!“: Cognitive and Social Psychological Factors in UK National Lottery Play. Applied Psychology, 50, 2001, 181–199.

19 *Beckert, J./Lutter, M.*, Wer spielt, hat schon verloren? Zur Erklärung des Nachfrageverhaltens auf dem Lottomarkt. Kölner Zeitschrift für Soziologie und Sozialpsychologie, 59, 2007, 240–270, S 248. Hieraus ließen sich auch die jüngst vom Bundesverfassungsgericht geforderten Auflagen an die Lotteriegesellschaften ableiten, zur Einhaltung des gesetzlichen Kanalisierungsauftrages in der Bewerbung des Spiels auf eine verzerrte Darstellung der Gewinnchancen zu verzichten und die Spieler über die tatsächlichen Gewinnwahrscheinlichkeiten stärker aufzuklären. Allerdings zeigt sich empirisch, dass für die überwiegende Mehrheit von Lottospielern keine nennenswert verzerrten Gewinneinschätzungen festzustellen sind (vgl *Beckert/Lutter*, Wer spielt, hat schon verloren? Zur Erklärung des Nachfrageverhaltens auf dem Lottomarkt).

den entrinnen können.[20] Spannungen können aus zueinander gegensätzlichen Handlungserwartungen entstehen, wenn Individuen etwa dazu aufgefordert sind, einerseits organisiert, diszipliniert und kontrolliert zu handeln, gleichzeitig auch flexibel, unternehmerisch und risikobereit. Man erwartet zugleich Strebsamkeit, Verzicht und Aufschub sowie Konsum, Bedürfnisbefriedigung, Vergnügen und Freizeit. Diese Gegensätze führen zu Handlungserwartungen, die sich nicht zur gleichen Zeit verwirklichen lassen, einander unverträglich gegenüberstehen und Spannungen erzeugen.

15 Zudem besteht für viele ein Missverhältnis zwischen Zielen und Mitteln, mit denen diese erreicht werden können. Eine zentrale Wertvorstellung ist das Motiv des Erfolgs, womit vor allem der materielle, finanzielle Erfolg gemeint ist. Dieses Ziel wirkt derart übergreifend, dass es als „Erfolgs-Norm" normativen Charakter entwickelt und zwingende Handlungserwartungen an die Individuen stellt. Wenn nun hohe Erfolgserwartungen bestehen, die Mittel zur Erlangung von Erfolg aber nicht zur Verfügung stehen und Unsicherheit darüber herrscht, welche Mittel überhaupt verwendet werden können, befinden sich diese Schichten in einem permanenten Spannungszustand.

16 Ein Glücksspiel wie das Lotto ist nun eine Einrichtung, die die Hoffnung aufrecht erhält, durch einen glücklichen Zufall großen materiellen Wohlstand zu erzielen. Es kompensiert die bei vielen vorherrschende Wahrnehmung, trotz täglicher Leistung und harter Arbeit materiellen Wohlstand nicht in dem gewünschten Maße erzielen zu können. Es dient zugleich der Kompensation von Eintönigkeit, die Disziplin und alltägliche Routinen erfordern, da es Nervenkitzel und Abwechslung verschafft. Gleichzeitig ist es als bewusst irrationales Verhalten eine Form des Protests gegen das gesellschaftlich als überbetont wahrgenommene Primat der Rationalität und des Leistungsgedankens.[21] Glücksspiele federn sozial induzierte Spannungen ab und stabilisieren darüber die bestehende Ordnung. „Gambling is a mechanism for relieving strain in a socially acceptable, not necessarily legal, manner"[22]. Aus diesen Gründen wäre ein Totalverbot des Glücksspiels ebenso kurzsichtig wie die vollständige Liberalisierung des Marktes.

17 Personen, die Spannungen verspüren, spielen in erhöhtem Maße Lotto, weil mit dem Lotteriegewinn die Hoffnung auf soziale Aufwärtskatapultierung verknüpft ist. Empirisch zeigt sich dieser Zusammenhang darin, dass insbesondere bei den unteren Mittelschichten eine verstärkte Spielbeteiligung vorliegt, die mit ihrer eigenen sozia-

20 *Bloch, H.A.*, The Sociology of Gambling. The American Journal of Sociology, 57, 1951, 215–221; *Devereux, E.C.J.*, Gambling and the Social Structure. A Sociological Study of Lotteries and Horse Racing in Contemporary America. New York: Arno Press, 1980; *Frey, J.H.*, Gambling: A Sociological Review. Annals of the American Academy of Political and Social Science, 474, 1984, 107–121.

21 *Murrell, M.E.*, Why People Gamble: A Sociological Perspective. In: Lester, D., Gambling Today, 1979, Springfield, Illinois: Charles.

22 *Frey*, Gambling: A Sociological Review.

len Position unzufrieden sind und die Monotonie und Autonomielosigkeit im Berufs- oder Alltagsleben verspüren.[23] Akteure neigen außerdem dazu, in verzweifelten finanziellen Lagen Lotterielose verstärkt nachzufragen, in der Hoffnung, ihre Situation durch den möglichen Gewinn radikal wenden zu können.[24] Da untere soziale Schichten eine größere Wahrscheinlichkeit haben, in solche Lebenssituationen zu geraten, liegt hierin ein zusätzliches schichtbezogenes Moment des Nachfragerverhaltens.

18 Vermutet wird außerdem, dass die stärkere Faszination des Lottospiels für untere soziale Schichten eine Erklärung in der völligen Gleichheit der Gewinnchancen findet.[25] Nicht persönliche Leistung, Talent, Kreativität oder soziales und kulturelles Kapital bestimmen den Spielerfolg. Stattdessen erhält jeder Spieler unabhängig von kognitiven, sozialen oder habituellen Fertigkeiten die gleiche Chance auf den Gewinn. Allein der Zufall entscheidet. Darin liegt ohne Zweifel eine Attraktivität des Spiels. Ein Großteil der Lottospieler stimmt der Aussage zu: „Ich schätze am Lotto besonders, dass jeder die gleiche Chance hat, unabhängig von Herkunft oder Talenten."[26] Die strikt gleich verteilten Chancen des Spiels stehen konträr zu den ungleich verteilten Chancen des alltäglichen Lebens. Diese Attraktion geht möglicherweise mit der verbreiteten Akzeptanz äußerer, auf Zufall und Glück beruhender Faktoren als Entscheid für Erfolg oder Misserfolg einher. Tatsächlich lässt sich ein größeres Maß fatalistischer Einstellungen bei regelmäßigen Lottospielern beobachten.[27] Für Angehörige unterer sozialer Schichten hat die egalitäre Chancenverteilung eine größere Attraktivität, weil im Vergleich mit meritokratischen oder askriptiv geprägten Verteilungssituationen die Chancen „zu den Gewinnern" zu gehören, relativ besser sind. Wenn Zugewinn an Leistung geknüpft ist, haben die Mitglieder der höher gebildeten Schichten die „besseren Karten"; wenn Zugewinn an Herkunft gebunden ist, haben die Mitglieder der nicht durch Herkunft privilegierten Gruppen ohnehin das Nachsehen.

19 Schließlich lässt sich die größere Attraktivität des Spiels für untere soziale Schichten aus den schichtenabhängigen Konsummöglichkeiten erklären. Neuere soziologische Konsumtheorien erklären die Nachfrage nach Konsumgütern in funktional gesättigten Märkten aus der durch den Erwerb von Konsumgütern ausgelösten

---

23 *Beckert/Lutter*, Wer spielt, hat schon verloren? Zur Erklärung des Nachfrageverhaltens auf dem Lottomarkt; *Downes, D.M./Davies, B.P./David, M.E./Stone, P.*, Gambling, Work and Leisure. London: Routledge and Kegan Paul Ltd, 1976.

24 *Blalock, G./Just, D.R./Simon, D.H.*, Hitting the Jackpot or Hitting the Skids: Entertainment, Poverty, and the Demand for State Lotteries. American Journal of Economics and Sociology 66, 2007, 545–570.

25 *McCaffery, E.J.*, Why People Play Lotteries and Why It Matters. Wisconsin Law Review, 71, 1994, 71–122, S 88.

26 *Beckert/Lutter*, Wer spielt, hat schon verloren? Zur Erklärung des Nachfrageverhaltens auf dem Lottomarkt.

27 *Lutter, M.*, Märkte für Träume. Die Soziologie des Lottospiels. Frankfurt/Main, New York: Campus, 2010, S 181.

Evokation von Phantasievorstellungen.[28] Das Konsumgut induziert Fantasien über die Realisierung materieller Träume und die damit verbundene gesteigerte soziale Anerkennung. Für Lotterielose gilt dies in besonderem Maße, denn das Lotto zeichnet sich als einziges Glücksspiel durch eine extreme Differenz zwischen Spieleinsatz und möglicher Gewinnsumme aus. Die Hauptgewinne des Spiels liegen regelmäßig im mehrfachen Millionenbereich. Nur das Lotto bietet für einen relativ geringen Spieleinsatz die Minimalchance auf einen Maximalgewinn, der für das Gros der Spieler eine katapultartige Transformation der materiellen Lebenssituation bedeuten würde. Zwei Drittel aller Lottospieler stellen sich vor, was sie mit dem möglichen Gewinn machen würden.[29] Während diese lottoinduzierten Phantasiewelten „billig" zu haben sind, sind untere soziale Schichten von den meisten anderen „evokativen Konsumgütern" ausgeschlossen. Hierzu zählen teure Positionsgüter wie exquisite Kleidung, erlesene Weine oder luxuriöse Automobile.[30] Untere soziale Schichten werden aufgrund ihres Ausschlusses vom Konsum solcher teuren Positionsgüter stärker auf Lotterielose gelenkt als Angehörige höherer sozialer Schichten.[31]

Diese empirisch bestätigten Zusammenhänge aus soziologischen Studien verweisen darauf, dass mit dem Lotteriespiel eine Quelle für staatliche Einnahmen besteht, die systematisch dazu führt, untere soziale Schichten stärker zu belasten. Obwohl die Spielbeteiligung natürlich freiwillig ist, nutzt das Spiel doch die spezifischen Bildungs- und Erfahrungshintergründe unterer sozialer Schichten aus, indem es für die Akteure mit diesen Hintergründen strukturell attraktiver ist als für Akteure aus sozialen Schichten mit höherem Bildungshintergrund und in besseren ökonomischen Lebenssituationen. 20

IV. Empirische Befunde

Viele der vorwiegend in den Vereinigten Staaten durchgeführten Studien zeigen, dass Lotterien eine Form der regressiven Besteuerung sind. Die angeführten theoretischen Ansätze können diese empirisch zu beobachtende Nachfrageselektion – die trotz der hohen allgemeinen Verbreitung des Spiels besteht – plausibel herleiten. Inwiefern lassen sich die in der internationalen Literatur festgestellten regressiven 21

28 *Beckert, J.*, The Transcending Power of Goods. Imaginative Value in the Economy. MPIfG Discussion Paper 10/4. Köln: Max-Planck-Institut für Gesellschaftsforschung, 2010; *Campbell, C.*, The Romantic Ethic and the Spirit of Modern Consumerism. Oxford, UK; New York, NY, USA: B. Blackwell, 1987; *Lutter*, Märkte für Träume. Die Soziologie des Lottospiels.

29 *Beckert/Lutter*, Wer spielt, hat schon verloren? Zur Erklärung des Nachfrageverhaltens auf dem Lottomarkt. , S 266.

30 *Cohen, L.R.*, The Lure of the Lottery. Wake Forest Law Review, 36, 2001, 705–745, S 730 ff.

31 *Blalock/Just/Simon*, Hitting the Jackpot or Hitting the Skids: Entertainment, Poverty, and the Demand for State Lotteries.

Verteilungswirkungen des Lottos auch für Deutschland bestätigen? Mit welchen Verteilungseffekten ist ferner durch die zweckgebundene Verwendung der Lottoeinnahmen zu rechnen? Diese Fragen wurden von uns auf Grundlage der Daten einer im Frühjahr 2006 erhobenen telefonischen Bevölkerungsumfrage von 1508 zufällig ausgewählten Personen untersucht.[32]

1. Wer zahlt die Steuer?

22 Eine erste deskriptive Annäherung aus den Daten unserer Umfrage verdeutlichen die in Abb 1 abgetragenen, absoluten wie relativ am Einkommen bemessenen mittleren, monatlichen Spielausgaben für Einkommensquintile des monatlich verfügbaren, bedarfsgewichteten Nettoeinkommens. Die Abbildung zeigt, dass der absolut bemessene Spieleinsatz mit Zunahme des Einkommens nahezu monoton ansteigt, der relativ am Einkommen bemessene Spieleinsatz mit steigendem Einkommen jedoch sehr deutlich abnimmt. Dies bestätigt auch für Deutschland, dass untere Einkommensbezieher einen höheren Anteil für Lottolose verausgaben als höhere Einkommensbezieher.

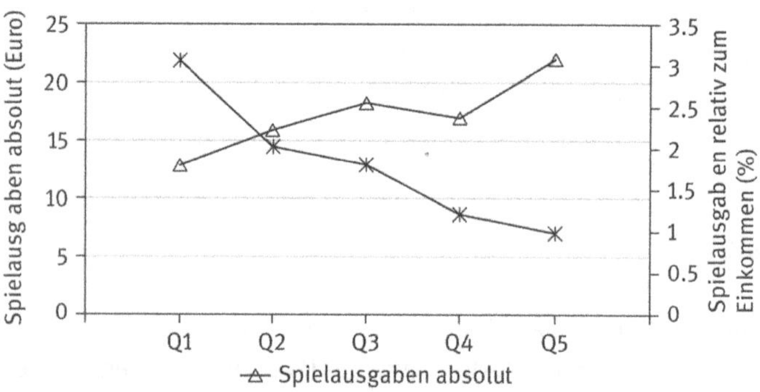

Abb. 1: Absolute und relativ zum Einkommen gemessene durchschnittliche monatliche Spielausgaben für Lotto nach Einkommensquintilen

23 Eine wesentlich differenziertere Möglichkeit der Regressivitätsanalyse liegt in der Schätzung multivariater statistischer Modelle. Im Folgenden schätzen wir drei Regressionsmodelle: Erstens bestimmen wir die soziodemographischen Determinanten der Entscheidung, einmal oder häufiger innerhalb des letzten Jahres Lotto gespielt zu haben. Mit diesem Modell erhalten wir einen Einblick in die soziale Rekrutierung der

32 Vgl für eine detaillierte Beschreibung der Stichprobe *Beckert/Lutter*, Wer spielt Lotto? Umverteilungswirkungen und sozialstrukturelle Inzidenz staatlicher Lotteriemärkte, S 244 ff.

Gruppe der Lottospieler, da es zeigt, in welchen sozialstrukturellen Charakteristika Unterschiede zwischen Spielern und Nichtspielern zu beobachten sind. Zweitens schätzen wir die Höhe der durchschnittlich im Monat verausgabten Spieleinsätze als Funktion soziodemographischer Größen. Wir verwenden dabei je zwei log-lineare Modellspezifikationen, in denen wir zuerst die Höhe der Spielausgaben absolut und im Anschluss in logarithmierter Form als abhängiges Merkmal einbeziehen. Der Regressionskoeffizient des logarithmierten Einkommens im zuletzt genannten Modell kann nun als Kriterium zur Beurteilung der Regressivität herangezogen werden. Liegt der Koeffizient unter Eins, so ist die Steuer regressiv, da in diesem Fall das Steueraufkommen unterproportional stark mit dem Einkommen wächst. Liegt der Koeffizient bei Eins, so steigt die Steuerlast proportional zum Einkommen, liegt der Wert aber oberhalb von Eins, so handelt es sich um eine progressiv zum Einkommen erbrachte Steuerlast.

Neben dem Einkommen verwenden wir die folgenden soziodemographischen Kovariaten: das Geschlecht (mit „Frauen“ als Referenzkategorie), das Lebensalter (in Jahren), das Bildungsniveau (fünfstufig, mit Hochschulabschluss als höchste Kategorie), Partnerschaft (mit 1 für „mit einem Partner zusammen lebend“; 0 = sonst), Urbanität (mit 1 für Regionen mit mehr als 150.000 Einwohner; 0 = sonst) und Staatsangehörigkeit (mit 1 für „deutsche Staatsangehörigkeit“ und 0 = sonst). Da die Höhe der Spielausgaben stark mit der Häufigkeit der Spielteilnahme kovariiert, kontrollieren wir in den Modellen zur Schätzung der Höhe der Spielausgaben zusätzlich für die geschätzte Anzahl der Spieltage im Jahr. 24

Tab 1 dokumentiert die Ergebnisse der mit unseren Umfragedaten vorgenommenen Modellschätzungen. Als eine der wichtigsten Determinanten sowohl für die Entscheidung zur Spielteilnahme als auch für die Höhe der Ausgaben erweist sich das Bildungsniveau. So sinkt mit jeder Zunahme auf der in fünf Stufen erhobenen Bildungsskala das statistische „Risiko“ einer Spielteilnahme um das 0,8-fache, dh jeweils um durchschnittlich 20% (s. den entsprechenden Koeffizienten in Modell 1). Im gleichen Maße sinkt die Spieleinsatzhöhe um rund 10% mit jedem Übergang in eine höhere Bildungsstufe (s Modell 3). Die Lotterielosnachfrage scheint daher sozioökonomisch in erster Linie eine Frage des Bildungsstandes zu sein, da für die ohnehin sich bereits überhäufig durch geringere formale Bildung auszeichnende Gruppe der Lotteriespieler zusätzlich eine Verausgabung deutlich höherer Spieleinsatzbeträge innerhalb dieser Bildungsschichten zu beobachten ist. 25

Gleichwohl kann hier keinesfalls von einem Phänomen gesprochen werden, das nur sozial abgehängte Schichten betrifft. Hiergegen spricht bereits die hohe Jahresprävalenz der Beteiligung am Lotto, die bei 40% der erwachsenen Bevölkerung liegt. Es zeigt sich aber auch, dass sich primär nicht etwa prekär Beschäftigte oder Arbeitslose an der Lotterie beteiligen. Deutlich häufiger zählen wir unter den Lottospielern Beschäftigte, die einer regelmäßigen Erwerbstätigkeit in Vollzeitbeschäftigung nachgehen. Gleichwohl gilt dieser Befund nur für die Spielentscheidung. Im Hinblick auf die Einsatzhöhe zeigt sich, das zeitlich geringer beschäftigte Lottospie- 26

Tab. 1: Regressionsmodelle zur sozialstrukturellen Inzidenz der Lotterien

	(1) **Spielteilnahme** (1 = Lottospieler; 0 = Nichtspieler)	(2) **Monatlicher Spieleinsatz** (in Euro)	(3) **Monatlicher Spieleinsatz** (in Euro; logarithm.)
Einkommen	1.205	3.537	0.280
(in Euro; logarithmiert)	(1.37)	(2.10)**	(3.95)***
Geschlecht	1.154	1.686	0.062
(1 = männlich)	(1.01)	(0.99)	(0.86)
Alter	1.087	−0.017	−0.003
(in Jahren)	(3.24)***	(0.25)	(1.19)
Alter	0.999		
(quadriert)	(2.54)**		
Bildung	0.800	−1.719	−0.094
(1 = gering; 5 = hoch)	(3.39)***	(2.25)**	(2.94)***
Erwerbstätigkeit	1.575	−3.427	−0.186
(1 = Vollzeitbeschäftigt; 0 = sonst)	(2.79)***	(1.79)*	(2.32)**
Partnerschaft	1.503	0.285	0.094
(1 = lebt mit Partner zus.; 0 = sonst)	(2.84)***	(0.16)	(1.26)
Urbanität	0.769	−2.829	−0.029
(1 = >150.000 Einw.; 0 = sonst)	(1.77)*	(1.53)	(0.38)
Staatsangehörigkeit	0.575	−10.637	−0.307
(1 = deutsch; 0 = sonst)	(1.16)	(1.81)*	(1.24)
Spielteilnahme		12.678	0.696
(in Tagen/Jahr; logarithmiert)		(12.48)***	(16.31)***
Konstante		−28.163	−1.104
		(2.26)**	(2.11)**
N	1.199	705	705
McFadden	0.05		
LR Chi2	66.10		
Adj. R-Quadrat		0.23	0.33

ler im Durchschnitt um etwa 19% höhere Spielbeträge verausgaben als Vollzeitbeschäftigte (s Modell 3). Diese Befunde können mit den oben angeführten Theorien des Spannungsmanagements erklärt werden. Selbst für den ersten Befund kann vermutet werden, dass in Vollzeitbeschäftigungen mit geringeren Handlungs- und Aufstiegsautonomien Aspirationen sozialer Mobilität häufiger über das Lottospiel kanalisiert werden.[33]

Die übrigen Merkmale lassen einige weitere statistisch signifikante Zusammenhänge erkennen. So korrespondiert das Lebensalter mit der Teilnahme am Lottospiel. Die maximale Teilnahmewahrscheinlichkeit liegt bei einem Alter von etwa 63 Jahren, wenn wir den Einfluss aller anderen Merkmale konstant halten. Nahezu jeder zweite „sozialstrukturell durchschnittliche" Bundesbürger im Alter zwischen 60 und 65 Jahren spielt Lotto. 27

Zu den weiteren signifikanten Determinanten der Spielwahrscheinlichkeit zählen die Merkmale Partnerschaft und Urbanität. Hierbei zeigt sich, dass Lotteriespieler häufiger in Gemeinschaft mit einem Partner zusammenleben und häufiger aus weniger urbanen Regionen mit Gemeinden unterhalb von 150.000 Einwohnern stammen. All diese Effekte weisen allerdings im Hinblick auf die Einsatzhöhe keine ausreichende statistische Signifikanz aus, weshalb die Variation des Spieleinsatzes weder durch das Lebensalter noch durch die Merkmale Partnerschaft oder Urbanität einen substantiellen Erklärungsbeitrag liefert. Darüber hinaus ergeben sich keine signifikanten Unterschiede im Geschlechterverhältnis. Befunde amerikanischer Studien zeigen, dass sich Angehörige ethnischer Minoritäten in stärkerem Maße an Glücksspielen beteiligen.[34] Ähnliches bestätigen unsere Daten für die als Approximation der Zugehörigkeit zu ethnischen Minoritäten zu verstehende Variable „Staatsangehörigkeit". Während diese in der Entscheidung zur Spielteilnahme keinen Unterschied aufzeigt, so erweist sich im zweiten Modell ein Effekt auf die Spieleinsatzhöhe. Personen ohne deutschen Pass verausgaben durchschnittlich um 10 Euro höhere Einsatzbeträge als Personen mit deutscher Staatsangehörigkeit, wobei dieser Wert allerdings eine größere statistische Fehlerspanne besitzt. 28

Welchen Einfluss jedoch hat das Einkommen als zentrales Merkmal unserer Untersuchung? In der ersten Spalte zeigt sich, dass die Höhe des Einkommens für die Entscheidung der Spielteilnahme statistisch irrelevant ist. Lottospieler verfügen im Durchschnitt nicht über höhere oder geringere Einkommen als Nichtspieler. Liegt allerdings die Entscheidung zur Spielteilnahme vor, dann ist das Einkommen eine bedeutsame Determinante der Spieleinsatzhöhe. Wie der positive Zusammenhang im zweiten Modell zeigt, wachsen die Spielausgaben mit zunehmendem Einkommen signifikant an. Dieser Befund ist auch in anderen Studien belegt,[35] stellt aber kein Argument gegen die These der Regressivität dar, da nicht die absolute Höhe, sondern die relativ am Einkommen bemessene Höhe der Spielausgaben zur Beurtei- 29

33 Vgl *Beckert, J./Lutter, M.*, Wer spielt, hat schon verloren? Zur Erklärung des Nachfrageverhaltens auf dem Lottomarkt, S 256.

34 *Clotfelter/Cook*, Selling Hope. State Lotteries in America, S 98.

35 *Kitchen/Powells*, Lottery Expenditures in Canada: A Regional Analysis of Determinants and Incidence, S 1847 f.

lung der Regressivität entscheidend ist. Dieses Verhältnis lässt sich adäquat nur mittels der log-linearen Modellspezifikation, dargestellt in der dritten Spalte, bemessen. Der dort ersichtliche Koeffizient liegt mit 0,28 bei einer statistischen Fehlertoleranz von +/–0,14 auf dem 95%-Niveau deutlich unterhalb von Eins und indiziert somit eine regressive Einkommenselastizität der Lotterielosnachfrage. Der Wert impliziert, dass ein Anstieg des Einkommens um ein Prozent lediglich mit einem Anstieg der Spielausgaben um durchschnittlich 0,28% korrespondiert. Die an den Staat geleisteten Abgaben aus der Spielteilnahme steigen nur unterproportional mit dem Einkommen an, was die These der Regressivität der Lotterielosbesteuerung bestätigt.

2. Wer profitiert von den Lotterieeinnahmen?

30 Die Ergebnisse des vorherigen Abschnittes bestätigen die Hypothese, dass auf dem deutschen Lottomarkt die Abgaben an den Staat aus der Spielbeteiligung eine regressive Verteilungsform haben. Die Lotterielosnachfrage ist sozialstrukturell vornehmlich durch untere Mittelschichten determiniert. Als untere Mittelschicht definieren wir Personen, die über mittleres Einkommen verfügen, aber geringe formale Bildungsabschlüsse besitzen und Berufen in Vollzeitbeschäftigung nachgehen, mit denen ein relativ geringes Sozialprestige verbunden ist. Im Folgenden gehen wir nun der Frage nach, ob die Verwendung der staatlichen Einnahmen aus dem Lotto der Gruppe der Lottospieler zugutekommt. Ist dem so, würde die Regressivität auf der Einnahmeseite durch die spezifische Verausgabung abgemildert oder sogar aufgehoben. Ist dies jedoch nicht der Fall, so verstärken sich die sozialstrukturell ungleichen Verteilungswirkungen.

31 Von den staatlichen Lotterieeinnahmen interessiert uns dabei der zweckgebundene Teil. In den meisten Bundesländern sind die Konzessionsabgaben Empfängern aus den Bereichen Breitensport, Wohlfahrt, Kunst und Kultur vorbehalten, in einigen Bundesländern (Bayern, Mecklenburg-Vorpommern, Hamburg und Sachsen) fließen sie ohne spezielle Verwendungsverpflichtung in den allgemeinen Haushalt ein.[36]

32 Der größte durch Zweckabgaben subventionierte Bereich ist der Bereich des Breitensports, der mit etwa 3% des Jahresumsatzes und etwa 15% der Konzessionsabgaben jährlich gefördert wird.[37] Hieran wollen wir steuerliche Umverteilungseffekte untersuchen. Die Breitensportförderung bietet sich auch deshalb zur genaue-

36 Vgl für eine Auflistung der Abgaben- und Verwendungsstruktur des deutschen Lotto- und Toto-Blocks *Beckert/Lutter*, Wer spielt Lotto? Umverteilungswirkungen und sozialstrukturelle Inzidenz staatlicher Lotteriemärkte, S 254 f.

37 Bei einer Zahl von etwa 27 Millionen Mitgliedern in deutschen Sportvereinen im Jahr 2005 liegt die Pro-Kopf-Förderung aus Zweckabgaben der Lotterien bei rund 6 Euro pro Mitglied im Jahr.

ren Untersuchung an, weil hier am ehesten vermutet werden kann, dass auch untere Einkommensschichten von der Förderung durch Lottomittel profitieren. Bei Förderung der Hochkultur ist hingegen ohnehin klar, dass diese vornehmlich von hohen und gut gebildeten sozialen Schichten nachgefragt wird.

In welchem Maße sind die Nutznießer der Breitensportförderung aus den Lotto- 33
einnahmen auch – durch ihren Spieleinsatz – die Träger der Kosten? Inwiefern stimmt also die Gruppe der Sportmitglieder mit der Gruppe der Lottospieler sozialstrukturell überein? Im Fragebogen haben wir neben der Teilnahme an der Lotterie innerhalb der letzten zwölf Monate auch die Teilnahme an Aktivitäten eines Sportvereins innerhalb dieses Zeitraumes abgefragt. Da der Grad der tatsächlichen Nutznießung der Sportförderung eine Größe ist, die sich jeder direkten Beobachtung entzieht, nehmen wir diese, in der Umfrage erfasste Abfrage der Teilnahmeentscheidung als Indikator der individuellen Nutznießung der Lottoförderung.

Um nun die soziale Zusammensetzung der Nutznießer der Sportförderung mit 34
der der Lottospieler vergleichen zu können, schätzen wir mit zwei Logitmodellen die individuelle Wahrscheinlichkeit der Zugehörigkeit beider Gruppen in Abhängigkeit der im ersten Modell herangezogenen soziodemographischen Merkmale. Aus diesen modelltheoretisch geschätzten Wahrscheinlichkeiten erhalten wir eine sozialstrukturell kanalisierte Wahrscheinlichkeitsverteilung der Mitgliedschaft beider Gruppen. Wie die in Abb. 2 dargestellte gemeinsame Verteilung dieser Wahrscheinlichkeiten illustriert, stehen die geschätzten Zugehörigkeiten in einer deutlich negativen Korrespondenz zueinander (Pearson Korr. = –.410; $p < .000$). Das Maximum der Anpassungskurve einer in dieses Diagramm gelegten quadratischen Spezifikation zeigt etwa, dass die höchste mittlere Teilnahmewahrscheinlichkeit am Lottospiel eine weit unterdurchschnittliche mittlere Benefizwahrscheinlichkeit von etwa 0,25 impliziert, was einer Abweichung über 1,4 Standardabweichungen vom Mittelwert entspricht.

Lottospieler stimmen demnach sozialstrukturell nur sehr bedingt mit der Grup- 35
pe überein, die über die Sportförderung von den Lottomitteln profitieren. Je höher also die sozialstrukturell bedingte Wahrscheinlichkeit, Nutznießer der Sportförderung zu sein, desto geringer ist gleichzeitig die Wahrscheinlichkeit, Beitragszahler dieser Mittel zu sein.

In Ergänzung dieser Untersuchung interessiert uns nun im Folgenden eine 36
Schätzung des *monetären* Nutzens aus der Sportförderung. Dieser ermittelt sich für jede Befragungsperson im Datensatz aus dem mit der modelltheoretisch vorhergesagten Wahrscheinlichkeit aktiver Teilnahme im Sportverein gewichteten Pro-Kopf-Aufkommen aus der Sportförderung. Daraus ergibt sich ein monetärer Schätzer des individuellen Bruttonutzens aus der Sportförderung. Zugleich resultiert aus dem durchschnittlichen Anteil der Mittelverwendung zur Förderung des Breitensports, etwa 3% des Gesamtspieleinsatzes, am individuell verausgabten Spieleinsatz ein monetärer Schätzer für den pro Befragungsperson erbrachten Beitrag, der der Sportförderung zugutekommt. Die Differenz beider Werte über alle Fälle führt nun in eine

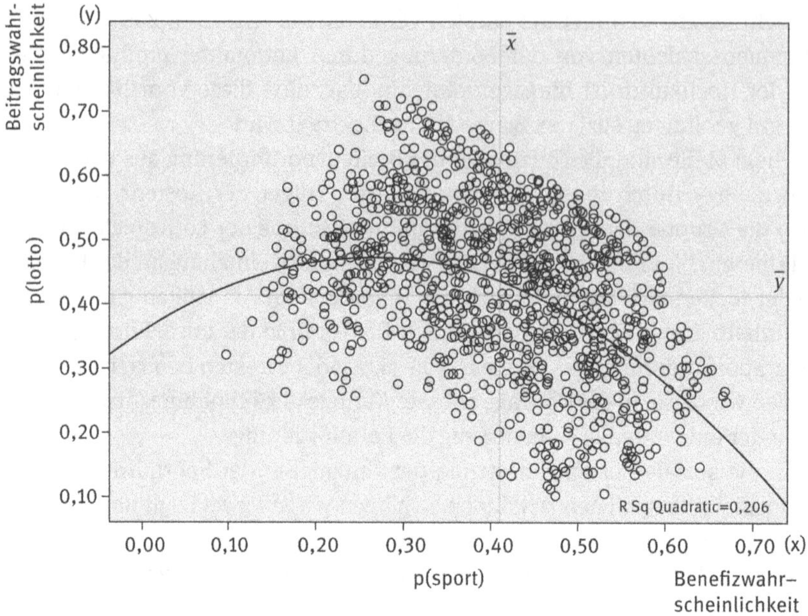

Abb. 2: Gemeinsame Verteilung der Beitrags- und Benefizwahrscheinlichkeiten

Verteilung, die für jede Befragungsperson eine um den geleisteten Beitrag bereinigten monetären Schätzer des individuell erlangten Nettonutzens aus der Sportförderung anzeigt. Wie Abb 4 dokumentiert, erzielen Nichtspieler mit etwa 2,5 Euro einen positiven mittleren Monetärnutzen. Für Lottospieler hingegen liegt der Wert bei mittleren –4 Euro im Jahr, was bedeutet, dass Lottospieler im Schnitt mehr zahlen als sie zurückbekommen (s unter Zeile „Total"). Es sind die Nichtspieler, die von der Verwendung der staatlichen Lotterieeinnahmen für den Breitensport profitieren.

37 Abb 3 zeigt weiter die Verteilung des mittleren Nettonutzens innerhalb verschiedener Kategorien sozialstruktureller Merkmale (Alter, Bildung und Einkommen). So erhalten insbesondere ältere Spieler, solche mit geringer Schulbildung und diejenigen im höchsten Einkommensquintil einen besonders ausgeprägten negativen Monetärnutzen. Letzterer Befund erklärt sich aus den höheren absoluten Ausgaben für das Lottospiel von Personen aus dem obersten Einkommensquintil. Bei den Nichtspielern sind die positiven Nutzenunterschiede zwischen den Kategorien der einzelnen soziodemographischen Gruppen nicht so stark ausgeprägt. Feststellen lässt sich jedoch ein ausgeprägter Nutzen bei den jüngeren Alterskohorten, die Sportvereine stärker nutzen.[38]

38 Vgl für weitergehende Analysen *Beckert/Lutter*, Wer spielt Lotto? Umverteilungswirkungen und sozialstrukturelle Inzidenz staatlicher Lotteriemärkte, S 259.

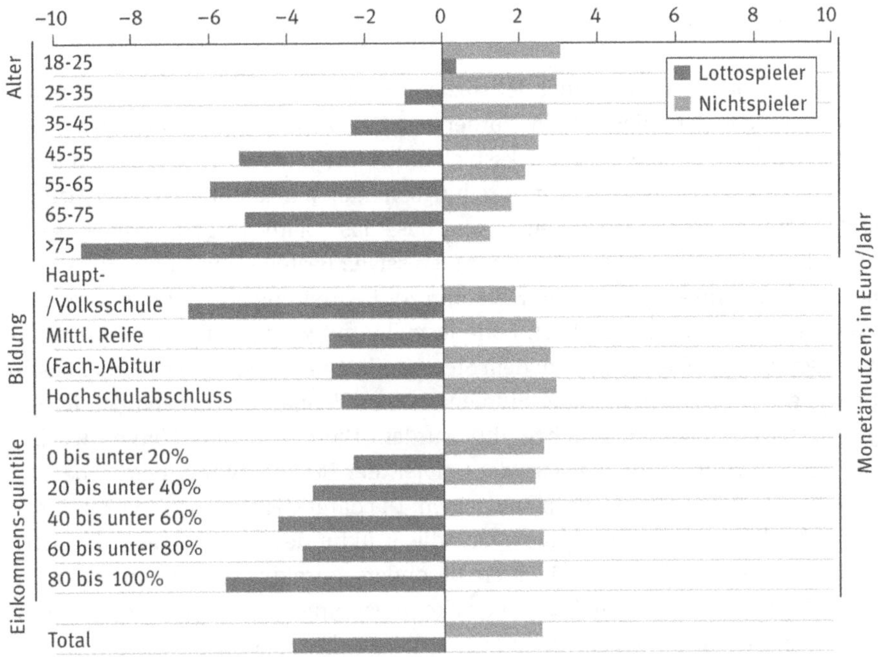

Abb. 3: Geschätzter mittlerer Monetärnutzen aus der Breitensportförderung, in Euro/Jahr; nach soziodemografischen Gruppen; je für Lottospieler u. Nichtspieler

Bilanzierend lässt sich festhalten, dass die aus den Lotterieeinnahmen generierten 38
Gelder über die Zweckbindung – wie hier am Fallbeispiel des Breitensports dargelegt – systematisch ungleich innerhalb sozialstrukturell relevanter Größen wie Einkommens- und vor allem auch Bildungsschichten umverteilt werden. Die im ersten Abschnitt dargelegten regressiven steuerlichen Effekte werden demnach durch die zweckgebundene Verwendung der Gelder nicht amortisiert oder abgefedert, sondern verstärken sich weiter. Dies würde ebenso gelten, so unsere Vermutung, hätten wir sämtliche zweckgebundenen Verwendungsbereiche von Wohlfahrt über Kunst und Kultur in vergleichbarer Weise untersucht. Denn wahrscheinlich generiert zwar die Mittelverwendung für Wohlfahrtsorganisationen mildernde Umverteilungswirkungen, doch ist von der übrigen Vergabestruktur in Bereichen wie Kunst und Kultur (Museen, Denkmalförderung, etc) eher mit verstärkenden Effekten zu rechnen, die stärker sind als die hier für das Beispiel des Breitensports festgestellten. Das von uns exemplarisch gewählte Beispiel dürfte, was die sozialstrukturelle Partizipation anbelangt, wohl in der Mitte der sonst vorkommenden Verwendungsbereiche liegen.

V. Schluss

39 In der juristischen Wahrnehmung der sozialen Folgen des Glücksspiels stehen insbesondere Fragen der Spielsucht im Vordergrund. In diesem Artikel haben wir einen anderen Aspekt der Folgen des Glücksspielmarkts untersucht: die mit dem Lotteriespiel verbundenen monetären Umverteilungseffekte. Wir konnten auf der Grundlage der von uns erhobenen Daten zeigen, dass das staatliche Lotteriespiel, wenn man es als Steuer auffasst, eine Form der regressiven Besteuerung ist und damit das in der Steuertheorie als normatives Kriterium zur Beurteilung einer Steuer angelegte Leistungsfähigkeitsprinzip verletzt. Lotteriespieler mit geringerem Einkommen tragen in signifikant höherem Maß zu dem Steueraufkommen bei. Dieser Befund bestätigt die Ergebnisse internationaler Studien zu dem Thema, die vornehmlich in den angelsächsischen Ländern durchgeführt wurden. Darüber hinaus können wir Zusammenhänge zum Bildungsniveau der Spieler, der Beschäftigung, dem Lebensalter und dem Migrationshintergrund aufzeigen. Die dargestellten Theorien zur Erklärung des Nachfrageverhaltens zeigen, dass die Struktur des Lotteriespiels für untere und bildungsfernere soziale Schichten besonders attraktiv ist und insofern die strukturelle Position benachteiligter Bevölkerungsgruppen zur Einnahmeerzielung für den Staat ausnutzt. Dabei ist es aus soziologischer Sicht unerheblich, ob die Einnahmeerzielungsabsicht des Staates ursächlich für die Spieldurchführung ist oder nur ein „angenehmer Nebeneffekt". Auch würde sich an der Problematik aus soziologischer Sicht durch die Privatisierung des Glücksspielmarktes nichts ändern – die strukturelle Position der Spieler würde dann nur zum Zweck der Erzielung privater Gewinne ausgenutzt.

40 Im zweiten Teil der empirischen Untersuchung haben wir die Übereinstimmung der als Konzessionsabgaben zweckgebunden speziellen Verwendungen zugeführten staatlichen Einnahmen aus dem Lotto mit dem tatsächlichen Nachfragerverhalten der Spieler in Beziehung gesetzt. Am Beispiel der Förderung des Breitensports, der die höchsten Zuwendungen aus den Lotterieeinnahmen erhält, konnten wir zeigen, dass die Lotteriespieler die finanzierten Angebote weit unterdurchschnittlich nutzen. Pointiert zusammengefasst bezahlen die Lottospieler die Kosten für Angebote, die (vornehmlich) von den Nichtspielern genutzt werden. Damit verletzt die Verwendungsseite der zweckgebundenen Lotterieeinnahmen auch das Äquivalenzprinzip als zweites normatives Gütekriterium für eine Steuer und verstärkt den regressiven Effekt des Lottospiels. Wenngleich letztendlich die Gesamtwirkung des Steuersystems für dessen normative Bewertung ausschlaggebend ist, erscheinen die Lotterieeinnahmen des Staates doch problematisch, da in Debatten um die Steuerprogression solche regressiven Teile des Systems unbeachtet bleiben.

41 Welche Schlussfolgerungen für die Gestaltung des Lotteriespiels lassen sich aus diesen Ergebnissen ziehen? In der Literatur zu dem Thema werden häufig Vorschläge unterbreitet, wonach die regressiven Besteuerungseffekte durch eine Ausweitung des Spiels kompensiert werden sollen. So sollen ua Lotterieprodukte stärker bewor-

ben und dadurch breitere Bevölkerungsschichten erreicht werden.[39] Angesichts der politischen Diskussion um die Bekämpfung von Spielsucht erscheint eine Ausweitung der Nachfragestruktur jedoch undenkbar. So ist die Bewerbung staatlicher Glücksspielprodukte mit dem gesetzlichen Kanalisierungsauftrag zwar dann vereinbar, wenn die Bewerbung dazu dient, illegale Glücksspielaktivitäten zu unterwandern und einzudämmen.[40] Eine Alternative zielt auf die Ausgabenseite der durch das Lotteriespiel staatlich vereinnahmten Gelder. Wenn es sich so verhält, dass das Steueraufkommen überproportional von Beziehern unterer Einkommen aufgebracht wird, dann sollte es Verwendungen zugeführt werden, von denen genau diese Personengruppe auch überproportional profitiert. Ein erster Schritt zum Abbau der Regressivität auf der Verwendungsseite wäre die generelle Zuführung der staatlichen Lotterieeinnahmen in die Landeshaushalte, deren Verwendung den Präferenzen für verschiedene öffentliche Güter eher genügen. Ein darüber hinausgehender Schritt wäre die Verausgabung als zweckgebundene Mittel etwa im Bereich der nichtgymnasialen schulischen und vorschulischen Bildung, wovon gerade einkommensschwächere Schichten profitieren würden.

39 Vgl etwa *Borg, M.O./Stranahan, H.A.*, Does Lottery Advertising Exploit Disadvantaged and Vulnerable Markets? Business Ethics Quarterly, 15, 2005, 23–35.

40 Vgl *Hecker, M.*, Das staatliche Glücksspiel zwischen ordnungspolitischer Aufgabenstellung und effizienzorientiertem Marketing: Widerspruch in sich oder Königsweg? In: Westlotto, Geschäftsbericht 2004, Münster: Westdeutsche Lotterie GmbH & Co OHG, S 4–9.

3. Teil: Recht

Abschnitt 1: Rahmen

Ihno Gebhardt

§ 10 Das bundes- und landesrechtliche Regelkonvolut zum Glücks- und Gewinnspiel

Übersicht

I. Rechtsgrundlagen des Bundesrechts

Im **Grundgesetz** findet das Glücksspiel ausdrücklich zum einen durch die Regelung 1
der alleinigen Steuerertragshoheit der Länder für die Abgaben der Spielbanken Erwähnung (Art 106 Abs 2 Nr 6 GG). Die Erträge aus der Besteuerung der öffentlichen Lotterien, Ausspielungen und Oddset-Wetten (mit Ausnahme der Rennwetten) stehen als spezielle Verkehrssteuern ebenfalls den Ländern zu.[1] Zum andern sind die Länder seit 2006 nach Art 74 Abs 1 Nr 11 GG zum Erlass von Gesetzen im Bereich des „Rechts der Spielhallen" regelungsbefugt. Art 74 Abs 1 Nr 11 GG berechtigt zur Regelung sämtlicher Voraussetzungen für die Erlaubnis von Spielhallen und der Art und Weise ihres Betriebs.[2] Dem Bund bleibt im Rahmen des Kompetenztitels „Recht der Wirtschaft" die Regelungshoheit für die produktbezogenen Anforderungen (Spielautomatengenehmigungsverfahren der Physikalisch Technischen Bundesanstalt). Im Übrigen sind Vorschriften der Länder über die Mindestabstände von Spielhallen untereinander oder zu Schulen etc nicht Teil des „Bodenrechts" nach Art 74 Abs 1 Nr 18 GG und auch nicht Regelungen über die „öffentliche Fürsorge" im Sinne des Art 74 Abs 1 Nr 7 GG.[3] Der Streit über Normen der Landesspielhallengesetze verdeutlicht zudem die Relevanz der Berufsfreiheit des Art 12 Abs 1 GG und des individuellen Eigentumsschutzes nach Art 14 GG für die Regulierung des Glücksspielwesens.

---

1 BVerwG DVBl 1995, 353.
2 So bereits BVerwG in der Pressemitteilung 108/2016 zu den Verfahren BVerwG 8 C 6/7/8.15, 8 C 4.16, 8 C 5.16 und 8 C 8.16 vom 16.12.2016; nunmehr grundlegend zur Regelungszuständigkeit der Länder für das Recht der Spielhallen BVerfG, Beschl v 7.3.2017, 1 BvR 1314/12 ua, juris, Rn 100 ff. Einzelheiten siehe bei *Dietlein*, § 13, Verfassungsrechtliche Aspekte des deutschen Glücksspiels.
3 Ebda.

https://doi.org/10.1515/9783110259216-010

2 Die Besteuerung von Lotterien, nicht aber deren Zulassung (die landesrechtlich durch Landeslotteriegesetze und den Glücksspielstaatsvertrag ermöglicht wird), ist in dem am 8. April 1922 als Reichsgesetz erlassenen **Rennwett- und Lotteriegesetz** (RWG)[4] geregelt, das als Bundesrecht fort gilt, soweit es dem Grundgesetz nicht widerspricht (Art 123 Abs 1 GG). Daneben enthält das RWG Strafvorschriften. Es bedroht denjenigen mit Strafe, der ohne Erlaubnis ein Totalisatorunternehmen betreibt oder gewerbsmäßig Wetten abschließt oder vermittelt (§§ 5 und 6 RWG). Weniger schwere Rechtsverstöße von Buchmachern und deren Gehilfen werden als Ordnungswidrigkeit durch Bußgelder sanktioniert (§ 7 RWG).

3 Die bundesstrafrechtlichen Verbote der §§ 284 und 287 des **Strafgesetzbuches** (StGB)[5] pönalisieren die unerlaubte Veranstaltung eines Glücksspiels und speziell einer Lotterie oder Ausspielung.

4 Die zivilrechtlichen Grundlagen des Lotteriewesens sind vor allem in § 763 des **Bürgerlichen Gesetzbuches** (BGB)[6] geregelt. Daneben regeln § 762 BGB das Spiel und die Wette, § 661 BGB das Preisausschreiben und § 661a BGB die Gewinnzusage.[7]

5 Sofern die Teilnahme an Gewinnspielen an den Warenabsatz gekoppelt wird oder mit dem Angebot eines Gewinnspiels andere wettbewerbsrechtlich relevante Handlungen verbunden sind, kommt ein Verstoß gegen die Vorschriften des **Gesetzes gegen den unlauteren Wettbewerb** (UWG)[8] in Betracht. Insbesondere derjenige handelt unlauter – unternimmt also Wettbewerbshandlungen, die geeignet sind, den Wettbewerb zum Nachteil der Mitbewerber, Verbraucher und sonstigen Marktteilnehmer „nicht nur unerheblich zu beeinträchtigen" (§ 3 UWG) –, der „bei Preisausschreiben oder Gewinnspielen mit Werbecharakter die Teilnahmebedingungen nicht klar und eindeutig angibt [oder] die Teilnahme von Verbrauchern an einem Preisausschreiben oder Gewinnspiel von dem Erwerb einer Ware oder der Inanspruchnahme einer Dienstleistung abhängig macht, es sei denn, das Preisausschreiben oder Gewinnspiel ist naturgemäß mit der Ware oder der Dienstleistung verbunden" (§ 4 Nr 5 u 6 UWG, Beispiele unlauteren Wettbewerbs).[9]

---

4 RGBl I S 335, 393 in der im BGBl Teil III, Gliederungs-Nr 611–614 veröffentlichten (bereinigten) Fassung, zuletzt geändert durch Art 119 der Verordnung v 31.10.2006 (BGBl I S 2407). Vom Abdruck der glücksspielrechtlich relevanten Vorschriften des Bundesgesetzgebers wird ausdrücklich abgesehen, weil diese insbesondere über das Internet jederzeit verfügbar sind.

5 IdF v 13.11.1998 (BGBl I S 3322), zuletzt geändert durch Art 6 des Gesetzes v 8.4.2006 (BGBl I S 666).

6 IdF v 2.1.2002 (BGBl I S 42), zuletzt geändert durch Art 4 des FamGMaßnG v 4.7.2008.

7 Einzelheiten hierzu siehe bei *Diegmann/Hoffmann/Ohlmann* Praxishandbuch für das gesamte Spielrecht, 2008, Rn 149 ff, die eine Systematisierung des Spielrechts (auch) nach den verschiedenartigen Spielangeboten vornehmen.

8 IdF v 8.7.2004 (BGBl I [Nr 32 v 7.7.2004] S 1414).

9 Siehe hierzu ebenfalls *Diegmann/Hoffmann/Ohlmann* ebd, Rn 56, 159, 161, 174.

Lotterien und Sportwetten bilden zudem auch einen Gegenstand kartellrechtlicher Betrachtung auf der Grundlage des **Gesetzes gegen Wettbewerbsbeschränkungen** (GWB)[10] und der europarechtlichen Regelungen der §§ 81ff EGV. 6

Wie bereits angedeutet, finden die (Geld-)Spielangebote in Spielhallen und anderen gewerblichen Spielstätten ihre rechtliche Grundlage in §§ 33c bis 33i der **Gewerbeordnung des Bundes** (GewO)[11] und in der diese ergänzenden **Verordnung über Spielgeräte und andere Spiele mit Gewinnmöglichkeiten** (Spielverordnung – SpielV).[12] Im Wirtschaftszweig „Spielhallen und Betrieb von Spielautomaten in Deutschland" soll der Umsatz der steuerpflichtigen 5.957 Unternehmen bei ca 5,3 Mrd Euro im Jahr 2015 liegen.[13] 7

II. Glücksspielrecht der Länder

Die Länder haben mit dem Lotteriestaatsvertrag im Jahr 2004 erstmals einen einheitlichen Rechtsrahmen für das Glücksspielwesen in Deutschland geschaffen. Derzeit gilt der zum 1. Juli 2012 in Kraft getretene **Glücksspielstaatsvertrag (GlüStV 2012)**; ein von den Regierungschefs und -chefinnen bereits unterzeichneter zweiter Änderungsstaatsvertrag zu diesem GlüStV2012 soll mit punktuellen Änderungen, die insbesondere die Regulierung von Sportwetten betreffen, zum 1. Januar 2018 in Kraft treten (GlüStV2018). Staatsvertraglich geregelt ist weiterhin der **Zusammenschluss der Süddeutschen und Norddeutschen Klassenlotterien zu einer gemeinsamen Klassenlotterie der Länder (GKL-StV)**.[14] Der glücksspielstaatsvertragliche Rahmen wird durch **Ausführungsgesetze** zum Glücksspielstaatsvertrag und jeweils **16 Landeslotterie-, Sportwetten-, Spielbank- und Spielhallengesetze** ausgefüllt. Weiterhin existieren Gesetze und Verordnungen zu Einzelfragen wie beispielsweise Regelungen über die Mindestabstandsflächen von Spielhallen (Mindestabstandsumsetzungsgesetz Berlin). 8

10 IdNeuF v 15.7.2005 (BGBl I S 2114), zuletzt geändert durch Art 1 und 1a des Gesetzes zur Bekämpfung von Preismissbrauch v 18.12.2007 (BGBl I [Nr 66 v 21.12.2007] S 2966).

11 IdF v 22.2.1999 (BGBl I S 202), zuletzt geändert durch Art 9 des Gesetzes v 17.3.2008 (BGBl I S 399).

12 IdF v 27.1.2006 (BGBl I S 280).

13 https://de.statista.com/statistik/daten/studie/235729/umfrage/anzahl-spielhallen-und-spiel automatenbetriebe, abgerufen am 26.3.2017.

14 Vom 19.1.2012 (GVBl I/12, [Nr 28]). Zudem haben die Länder eine Gründungssatzung für die GKL verabschiedet.

III. Glücksspielrecht als Teil des Ordnungsrechts und des Wirtschaftsrechts

9 Glücksspielrechtliche Regelungen als Teil des Ordnungsrechts (der Länder) sollen im Kern der Gefahrenabwehr dienen, glücksspielrechtliche Regelungen des Wirtschaftsrechts (des Bundes) demgegenüber den mit der Gewerbefreiheit verknüpften Zielsetzungen einer prosperierenden Wirtschaft. Sämtliche Regelungen – von Bund, Ländern (und Kommunen) – dienen zugleich der Einnahmebeschaffung. Die im Geltungsrahmen eines repressiven Verbotes ausnahmsweise zugelassene Betätigung ist im Grundsatz allerdings „unerwünscht", weshalb der Einzelne prinzipiell auch keinen Rechtsanspruch auf Zulassung zu dieser Betätigung haben kann **(repressives Verbot mit Ausnahme- oder Befreiungsvorbehalt).** Die dem Wirtschaftsrecht des Bundes zugeordnete grundsätzlich zugelassene Betätigung ist demgegenüber „erwünscht". Deshalb gewährleisten der Grundsatz der Gewerbefreiheit des § 1 GewO ebenso wie das Grundrecht der Berufsfreiheit des Art 12 Abs 1 GG dem Einzelnen einen gebundenen Zulassungsanspruch zu der angestrebten Tätigkeit, der nur bei Vorliegen negativer tatbestandlicher Voraussetzungen (individueller Mängel: Unzuverlässigkeit oder fehlender Qualifikation) versagt werden kann **(präventives Verbot mit Erlaubnisvorbehalt).**

10 Am Recht der Spielhallen zeigt sich die Überlagerung des ursprünglich wirtschaftsrechtlich geprägten Erlaubnistatbestandes durch ein repressives Instrumentarium. Die gegenteilige Entwicklung – die Überwindung des ordnungsrechtlichen Regulierungsansatzes – deutet sich für den Bereich der Sportwetten an: Mit der (für den 1. Januar 2018) beabsichtigten staatsvertraglichen Zulassung auch jener Bewerber um eine Sportwettenkonzession, die zuvor wegen der zahlenmäßigen Beschränkung auf 20 Konzessionen abgelehnt werden mussten, erfolgt ein wesentlicher Schritt in Richtung der von den Sportwettenfunktionären seit langem angestrebten „qualitativen" Regulierung.

Werner Meng (†)/Tilmann Lahann

§ 11 Glücksspiel-Dienstleistungen im Lichte des WTO-Rechts

Übersicht

I. Bedeutung des WTO-Rechts für das Glücksspiel

1 Das Angebot von Glücksspielen ist eine Dienstleistung. Dienstleistungen sind im quasi-globalen Maßstab zwischen nunmehr 164 Mitgliedstaaten Gegenstand des „General Agreement on Trade in Services", kurz GATS genannt. Der GATS-Vertrag ist ein Teil-Element der WTO-Rechtsordnung,[1] eines koordinierten Konglomerats von völkerrechtlichen Verträgen über den internationalen Handel unter dem Dach des WTO-Abkommens. Somit ist das WTO-Recht auch im Glücksspiel-Bereich ein Handlungs-Rahmen für die Mitglieder der WTO, darunter auch die Europäische Union und ihre Mitgliedstaaten.[2]

2 Die WTO, die Welthandelsorganisation (World Trade Organization) mit Sitz in Genf, ist eine internationale Organisation, deren Entstehung 1995 vor allem auch dem Bedürfnis entsprang, den weltweiten Freihandel zu fördern und zu lenken. Sie baut auf einem bereits vor dem zweiten Weltkrieg begonnenen – aber bis 1995 unvollendet gebliebenen – Prozess auf, dessen wichtigste Errungenschaft, das GATT

---

1 Die Texte aller WTO-Verträge, die 1995 in Kraft traten, finden sich in *WTO* (Ed), The Results of the Uruguay Round of Multilateral Trade Negotiations: The Legal Texts, 2007; grundlegend zur WTO-Rechtsordnung *Bossche, P. v. d.* The law and policy of the World Trade Organization: text, cases and materials, 2006; *Cottier, T./Oesch, M.* International trade regulation, 2005; *Herrmann, C./Weiß, W./Ohler C.*, Welthandelsrecht, 2. Aufl 2007; *Hilf, M./Oeter, S.* WTO-Recht. Rechtsordnung des Welthandels, 2005; *Jackson, J.H.* Sovereignty, the WTO and changing fundamentals of international law, Hersch Lauterpacht memorial lectures, 2006; *Stoll, P.-T./Schorkopf, F.* WTO – World Economic Order, World Trade Law, 2005; *Trebilcock, M.J./Howse, R.* The regulation of international trade, 3. Aufl 2005.

2 Die Europäische Union ist nach Art XI des WTO-Abkommens, aaO Anm 1, neben ihren Mitgliedstaaten Mitglieder der WTO.

https://doi.org/10.1515/9783110259216-011

(General Agreement on Tariffs and Trade), auch heute noch Kernbestandteil des materiellen WTO-Rechts ist. Mitglieder der WTO, die durch völkerrechtlichen Vertrag gegründet wurde, sind Staaten und unabhängige Zollgebiete, ausdrücklich zählt hierzu auch die EU[3].

3 Materiellrechtlich gibt es vor allem drei Bereiche, die durch WTO-Recht geregelt werden: Der Handel mit Gütern und die zollrechtliche Behandlung durch das GATT und eine ganze Reihe multilateraler Handelsabkommen, die Konkretisierungen der GATT-Regeln darstellen, der Handel mit Dienstleistungen durch das GATS[4] und der Umgang mit den handelsrelevanten Vorschriften über geistiges Eigentum und gewerblichen Rechtschutz im TRIPS.[5]

4 Das WTO-Recht ist für alle WTO-Mitglieder verbindlich und muss als Maßstab für staatliches Handeln beachtet werden, soweit sein Regelungsbereich geht. Die klare und eindeutige Interpretation wird dadurch gestärkt, dass die Regeln dieses Rechts durch eine verbindliche und exklusive Streitschlichtung ständig weiter konkretisiert werden.[6] In einem praktisch zweistufigen Verfahren werden WTO-Verstöße durch Staaten zunächst durch ein *Panel* geprüft, dessen Entscheidungen der Revision durch den *Appellate Body* zugänglich sind. Die Verbindlichkeit des WTO-Rechts wird durch ein detailliert geregeltes Durchsetzungsverfahren am Ende einer solchen Streitschlichtung weiter gestärkt. So ist in mehr als zwanzig Jahren Streitschlichtungspraxis eine am Völkerrecht gemessene erheblich verdichtete Rechtsordnung entstanden, welche den Bestand und die Entwicklung des Rechts in den Mitgliedstaaten erheblich beeinflusst hat.

5 Da es sich bei den Abkommen, welche die WTO-Rechtsordnung bilden, um völkerrechtliche Verträge handelt, können sie in den Mitgliedstaaten und auch in der Europäischen Union intern nur nach Maßgabe des jeweiligen Verfassungsrechts angewendet werde. Soweit die EU selbst als WTO-Mitglied Pflichten hat, sind die Mitgliedstaaten an das WTO-Recht gebunden.[7] Dieses nimmt am Vorrang des Unionsrechts und an seiner unmittelbaren Anwendbarkeit teil, wie sie beide vom EuGH in ständiger Rechtsprechung festgestellt wurden.[8] Dies gilt zunächst für den gesamten exklusiven Kompetenzbereich der Art 207 AEUV (ex Art 133 EGV), der im Gutachten 1/94 des EuGH[9] als der Handel mit Waren und der Handel mit Dienstleistungen,

---

3 Art XI und XII WTO-Abkommen, aaO Anm 1, vgl auch die vorstehende Anmerkung.

4 Dem General Agreement on Trade in Services, aaO Anm 1.

5 Dem Agreement on Trade Related Aspects of Intellectual Property Rights, s aaO Anm 1.

6 Siehe hierzu das Dispute Settlement Understanding (DSU), aaO Anm 1.

7 EuGH C-61/94, Slg 1996, I-3989, Rn 52.

8 EuGH 5.2.1963, 26/62 – „van Gend & Loos“, Slg 1963, 1; EuGH 15.7.1964, 6/64 – „Costa/ENEL“, Slg 1964, 1251; EuGH 16.6.1966, 57/65 – „Lütticke“ Slg 1966, 257. Für die Rechtssätze, auch für Verträge der EG, muss aber noch weiterhin gewährleistet sein, dass deren Rechtsbefehl bestimmt und unbedingt ist (EuGH 30.6.1987, 12/86 – „Demirel“ Slg 1987, 3719.

9 EuGH 15.11.1994, Gutachten 1/94, Slg 1994 I, 5267.

welcher nicht mit grenzüberschreitendem Personenverkehr einhergeht, umrissen wurde. Darüber hinaus gilt es für alle Bereiche, in denen die Europäische Union nach der AETR-Doktrin[10] des EuGH nach innen bereits ihre Gesetzgebungskompetenz wahrgenommen hat und daher nun nach außen eine ausschließliche Vertragsschlusskompetenz hat.[11] Diese Rechtsprechung ist mittlerweile auch in Art 3 Abs 2 AEUV festgeschrieben. Soweit die Europäische Union keine rechtliche Kompetenz hat, was mittlerweile aber nur noch in wenigen Politikbereichen der Fall ist, insbesondere für Dienstleistungen mit Personenverkehr[12] und für gewerblichen und geistigen Rechtsschutz (soweit in diesen Bereichen noch keine interne Regelungskompetenz wahrgenommen wurde), ist Deutschland als Mitgliedsstaat der WTO direkt an seine Verpflichtungen nach WTO-Recht gebunden. WTO-Recht hat insofern nach Art 59 II GG Gesetzesrang und seine Bindungskraft setzt sich innerstaatlich für die Bundesländer fort. Für die innerstaatliche Anwendbarkeit macht es also keinen Unterschied, ob im konkreten Fall die Europäische Union oder die Mitgliedstaaten die verpflichteten Vertragspartner sind.

Nach dem Gutachten 1/94 des EuGH gehören die Dienstleistungen des sog ers- 6
ten Modus, also die per Telekommunikation über die Grenzen ohne Personenverkehr gelangten, zum Bereich der exklusiven Außenkompetenz des Art 207 AEUV. Dies gilt also auch für das Internet-Glücksspiel. Andere Glücksspielarten gehören nur dann in den Bereich der Vertragsschlussbefugnis der Europäischen Union (und damit deren WTO-Mitgliedschaft), wenn sie die interne Rechtsetzungsbefugnis wahrgenommen hat, die ihr aus Art 3 bis 5 AEUV zukommt und die nur die grenzüberschreitenden Aspekte des Dienstleistungshandels betrifft. Wo also eine interne Regelungskompetenz durch die Unionsorgane wahrgenommen wurde, dort ist die Europäische Union auch selbst nach außen kraft ihrer WTO-Mitgliedschaft berechtigt und verpflichtet; ansonsten sind es die Mitgliedstaaten. In jedem Fall gilt auch im Glücksspielbereich: Die deutsche Hoheitsgewalt ist an die GATS-Regeln gebunden. Es fragt sich nur, in welchem Umfang und mit welchem Regelungsinhalt das der Fall ist, weil nämlich das GATS, wie zu sehen sein wird, nicht für alle Vertragsparteien identische Rechte und Pflichten enthält. Jedenfalls gilt das GATS grundsätzlich auch für das Recht des Glückspiels in den Mitgliedstaaten der WTO, wie der Appellate Body – der *Revisionsgerichtshof* der WTO – im Jahr 2005 speziell für die Regelung des „Internet Gambling“ in den USA befand.[13]

---

10 EuGH 31.3.1971, 22/70, Kommission/Rat (AETR), Slg 1971, 263; *Ohler, Christopf,* Die Bindung der Europäischen Union an das WTO-Recht, EuR-Bei 2012, 137.

11 Hierzu insgesamt EuGH Gutachten 1/03 v 7.2.2006 zum Abkommen von Lugano, Slg 2006, I-1145.

12 Dies gilt sowohl für die Reise des Empfängers zum Dienstleister wie auch für den umgekehrten Vorgang.

13 United States – Measures Affecting the Cross-Border Supply of Gambling and Betting Services (WT/DS285/AB/R); hierzu *Delimatsis, P.* Don't gamble with GATS. The interaction between Arti-

II. GATS – einschlägige Grundprinzipien

1. Das GATS – Verbindliche Regelungen mit größtmöglicher Flexibilität

7 Das GATS[14] (General Agreement on Trade in Services) regelt den Handel mit Dienstleistungen und stellt neben dem älteren GATT, das sich mit dem Handel von Gütern befasst, die zweite wesentliche Säule des materiellen WTO-Rechts dar. Die Erbringung von Dienstleistungen nimmt im heutigen Wirtschaftsleben eine immer wichtigere Rolle ein und stellt vor allem für die Industrieländer, deren Volkswirtschaften weitgehend den Wandel zu Dienstleistungsgesellschaften vollziehen oder bereits vollzogen haben, einen entscheidenden Wirtschaftsfaktor dar.[15] So entfallen nach Angaben von EuroStat zwischen 60% und 75% der wirtschaftlichen Tätigkeit in den Mitgliedstaaten der EU–25 und ein vergleichbarer (und steigender) Anteil an der Gesamtbeschäftigung auf den Dienstleistungssektor.[16] Auch im Bereich des Außenhandels gewinnt der Dienstleistungssektor an Bedeutung. In 2009 konnte im EU-Export ein Anteil von Dienstleistungen am Ausfuhr aller Waren und Dienstleistungen von 31,1% festgestellt werden. Dieser Anteil sank bis 2012 auf 28,2%, stieg aber bis 2013 wieder auf 28,7% an. Ähnlich verhält es sich bei der Einfuhr von Dienstleistungen: In 2009 konnte ein Anteil der Dienstleistungen an den Gesamteinfuhren von 26,1% ermittelt werden, dieser sank zunächst (2011 auf 21,9%), stieg aber in 2013 wieder auf 23,4% an.[17] Dementsprechend sind gerade die Industriestaaten sehr daran interessiert, ihre Dienstleistungen auch grenzüberschreitend in anderen Ländern anbieten zu können, weshalb der Handel mit Dienstleistungen in den letzten Jahren

---

cles VL, XVI, XVII and XVIII GATS in the light of the US-Gambling Case, 40 Journal of World Trade 2006, 1059–1080; *Guiguo, W.* New developments in service trade: US-Gambling Case, 2005; *Ortino, F.* Treaty Interpretation and the *WTO Appellate Body* Report in US-Gambling: A Critique, 9 JIEL 2006, 117–148; *Park, M.* Market access and exceptions under the GATS and online gambling services, 12 Southwestern University Journal of Law and trade in the Americas 2006, 495–523; *Wunsch-Vincent, S.* The Internet, cross-border trade in services, and the GATS. Lessons from US-gambling, 5 World Trade Review 2006, 319–355.

14 AaO Anm 1; hierzu neben den oben in Anm 1 zitierten Werken speziell auch *Köhler, M.* Das Allgemeine Übereinkommen über den Handel mit Dienstleistungen (GATS), 1999; *Krajewski, M.* National regulation and trade liberalization in services: the legal impact of the General Agreement on Trade in Services (GATS) on national regulatory autonomy, 2003; *Tietje, C.* Probleme der Liberalisierung des internationalen Diensleistungshandels – Stärken und Schwächen des GATS, Beiträge zum transnationalen Wirtschaftsrecht, 48, 2005; *WTO* (Ed), A handbook on the GATS agreement, 2005; *Zdouc, W.* Legal problems arising under the General Agreement on Trade in Services. Comparative analysis of GATS and GATT, 2002.

15 *Herrmann/Weiss/Ohler* aaO Anm 1, 354.

16 *EuroStat* Jahrbuch 2006/2007, 221.

17 *Eurostat* Jahrbuch 2014, siehe http://ec.europa.eu/eurostat/statistics-explained/index.php/International_trade_in_services/de (zuletzt gesichtet am 7. März 2017).

verstärkt in den Mittelpunkt der Diskussion von WTO-Verhandlungsrunden gerückt ist.

Andererseits ist die grenzüberschreitende Erbringung von Dienstleistungen in vielen Fällen an die Aus- und Einreise von Staatsbürgern geknüpft. Eine Liberalisierung des Dienstleistungshandels bedarf daher der Veränderungen im staatlichen Personenrecht, was traditionell eines der wichtigsten Hoheitsrechte der Staaten ist. Zudem lässt sich die Dienstleistungserbringung durch Ausländer oder im Ausland viel schwerer kontrollieren als die Wareneinfuhr an der Grenze. Die Anforderungen, die in den jeweiligen Staaten an die Erbringung von Dienstleistungen geknüpft werden, sind sehr unterschiedlich und oftmals detailliert geregelt, wie zum Beispiel Ausbildungsnachweise oder erforderliche Kammerzulassungen wie etwa in Deutschland bei Rechtsanwälten etc.[18] Die Liberalisierung des Handels mit Dienstleistungen hat demnach viel weitergehende Auswirkungen auf die nationalen Gesellschaften als die Liberalisierung des Warenhandels. Diesem Interessengemenge trägt das GATS einerseits mit Grundsätzen Rechnung, die für alle Mitgliedsstaaten verbindlich sind und andererseits mit einem System von spezifischen Dienstleistungs-Listen (so genannte „Verpflichtungs-Listen“), die jeder Mitgliedsstaat individuell mit den anderen WTO-Mitgliedsstaaten aushandelt. 8

2. Allgemeine Prinzipien

Das GATS sieht nur wenige, aber grundlegende allgemeine Prinzipien vor, die in den ersten Artikeln geregelt sind. Es hat drei grundlegende Bestandteile: das Rahmenabkommen, die nationalen Verpflichtungskataloge und die Annexe, die spezielle Dienstleistungen betreffen. Im Rahmenabkommen sind die 4 Grundprinzipien geregelt: Meistbegünstigung, Marktzugang, Inländergleichbehandlung und die Begrenzung für nationale Bestimmungen. 9

Nach Art II GATS gilt der Grundsatz der Meistbegünstigung. Alle Vertragspartner müssen die Dienstleister aus anderen Vertragsstaaten absolut gleich behandeln. Hier gilt aber nach Art V GATS eine Ausnahme zugunsten von regionalen Liberalisierungsabkommen wie etwa der Rechtsordnung der Europäischen Union. 10

Es gibt grundsätzlich keine Verpflichtung zur Öffnung des Marktes. Wird aber Marktzugang gewährt, so müssen die Pflichten aus Art XVI GATS beachtet werden. Diese Vorschrift bestimmt, dass die Dienstleister eines anderen Vertragsstaates nicht schlechter behandelt werden dürfen als dies im Verpflichtungskatalog des entsprechenden Staates festgelegt ist. Handelsbeschränkungen sind zulässig, aber nur dann, wenn sie im entsprechenden Verpflichtungskatalog festgehalten werden. 11

---

18 *Matsushita, M./Schoenbaum, T.J./Mavroidis, P.C.* The World Trade Organization – Law, Practise and Policy, 2003, 229.

Nach Art XVI Abs 2 GATS sollen jedoch in solchen Katalogen keine Begrenzungen enthalten sein über die Zahl der Dienstleistungs-Anbieter, dem Gesamtwert der Transaktionen, die Gesamtzahl der Angestellten in einem bestimmten Dienstleistungssektor, den Anteil ausländischen Kapitals und die Bestimmung bestimmter Gesellschaftsformen, durch die eine Dienstleistung ausgeübt wird. Artikel XVII GATS bestimmt, dass Dienstleistungen und Anbieter von Dienstleistungen aus einem anderen Vertragsstaat nicht schlechter behandelt werden dürfen als Dienstleistungsanbieter des eigenen Staates, soweit nicht das Recht zur Ungleichbehandlung in den Verpflichtungskatalogen ausdrücklich vorbehalten wurde.

12 Schließlich bestimmt noch Art VI GATS, dass nationale gesetzliche Bestimmungen die unterschiedslos für alle Dienstleistungsanbieter gelten, auf alle Personen, also auch auf Ausländer, angemessen, objektiv und unparteiisch angewendet werden müssen. Nationale Bestimmungen über Zulassungsverfahren dürfen keine unnötigen Handelsbarrieren darstellen (Art VI Abs 4 GATS). Diese vier Grundsätze zeigen, wie wichtig die nationalen Verpflichtungskataloge sind. Sie sind so genannte „Anfangsverpflichtungen“ (initial commitments), also der Ausgangspunkt, von dem aus weiter in Richtung Liberalisierung des internationalen Dienstleistungsverkehrs verhandelt werden soll. Diese Verpflichtungskataloge müssen alle Marktzugangsbegrenzungen sowie Ungleichbehandlungen von Ausländern gegenüber Inländern benennen, können aber auch positiv zusätzliche Anforderungen nach Art XVII GATS hinsichtlich der Qualifizierung oder Registrierung von Dienstleistungen enthalten.

13 Das GATS dient also in langfristiger Perspektive gesehen der Liberalisierung des internationalen Handels mit Dienstleistungen. Kurzfristig geht es aber darum, dass Hemmnisse des Dienstleistungshandels offengelegt werden und dadurch einerseits die Dienstleister selbst Rechtssicherheit gewinnen und andererseits ein Ausgangspunkt für die Verhandlung gegenseitiger Zugeständnisse festgelegt wird. Die allgemeinen Verpflichtungen gelten nur insoweit, als überhaupt ein Dienstleistungssektor Verpflichtungen unterworfen wurde und nur insoweit, als nicht in den Verpflichtungs-Listen („Schedules“) Ausnahmen hierzu festgelegt wurden.[19]

3. Das Prinzip der „Verpflichtungs-Listen“

14 Die Festlegung von „Verpflichtungs-Listen“ ist der entscheidende Aspekt für das Liberalisierungskonzept des GATS.[20] Jeder Mitgliedstaat verhandelt seine eigene

19 Dies ist der entscheidende Unterschied zwischen GATT und GATS. Ersteres gilt für alle Güter, mit Ausnahmen für Agrar-Güter. Letzteres dagegen ist nur ein flexibler Rahmen für nachfolgende sektorielle Verpflichtungen.
20 *Hilf/Oeter* aaO Anm 1, 392.

Liste, in der individuell festgelegt ist, inwieweit den anderen WTO-Mitgliedern im Bereich der Dienstleistungen Marktzugang und Inländergleichbehandlung gewährt wird. Dies bedeutet, dass es gerade keine einheitliche Bindung aller Mitgliedstaaten gibt, weil sich die „Verpflichtungs-Listen" verschiedener Staaten maßgeblich unterscheiden können. Das GATS zielt somit nicht auf eine weltweite Harmonisierung des Dienstleistungshandels ab[21] und der Vorteil dieses System liegt nicht in einer vollendeten Liberalisierung, sondern in der gewonnenen Transparenz und Vergleichbarkeit, die es den Staaten ermöglicht, gezielt in Liberalisierungsverhandlungen einzusteigen und die damit den Wirtschaftsteilnehmern verlässlichere Rahmenbedingungen bietet. Jeder Mitgliedstaat bestimmt den Inhalt seiner „Verpflichtungs-Liste" selbst, der aber nach Festlegung für ihn verbindlich ist.

Die Dienstleistungen sind in den „Verpflichtungs-Listen" in Sektoren aufgeteilt, deren Struktur üblicherweise einer WTO-Empfehlung, dem „Dokument W/120"[22] entspricht, das seinerseits wiederum auf ein statistisches Klassifikationsschema der Vereinten Nationen verweist.[23] Die hierdurch erreichte Harmonisierung der Klassifikationen erleichtert den Vergleich von Listen verschiedener Staaten. Für jeden Sektor und Subsektor wird entschieden, ob hinsichtlich der in diesem Sektor möglichen Dienstleistungen Marktzugang und/oder Inländergleichbehandlung gewährt wird und ob gegebenenfalls von dieser Gewährung wiederum Ausnahmen oder Einschränkungen festgelegt werden.

Dabei werden in Art I Abs 2 GATS vier verschiedene Arten (Modi) der Dienst- 15
leistungserbringung unterschieden. Diese Unterscheidung liegt auch den Angaben in den „Verpflichtungs-Listen" zugrunde. Die Modi differenzieren zwischen Dienstleistungen, die grenzüberschreitend aus dem Hoheitsgebiet eines Mitglieds in das Gebiet eines anderen Mitglieds erbracht werden (die Dienstleistung „reist", zB Telekommunikationsdienstleistungen), die im eigenen staatlichen Hoheitsgebiet an einen Dienstleistungsempfänger aus einem anderen Mitgliedstaat erbracht werden (der Dienstleistungsempfänger reist, zB Tourismus), die durch einen Dienstleistungserbringer eines Mitgliedsstaates mittels einer kommerziellen Präsenz in einem anderen Mitgliedstaat erbracht werden (der Dienstleistungserbringer hat eine Zweigstelle im Ausland) und schließlich solchen, die in einem anderen Mitgliedstaat durch Dienstleistungserbringer aus einem anderen Mitgliedstaat

21 *Hermann/Weiss* aaO Anm 1, 370.

22 Dokument MTN.GNS/W/120 vom 10. Juli 1991 sowie die 1993 Scheduling Guidelines zu finden unter http://tsdb.wto.org/wto/Public.nsf/WhatUGetFrmSet?OpenFrameset (zuletzt recherchiert am 7. März 2017).

23 Statistical Papers Series M No 77, Provisional Central Product Classification, Department of International Economic and Social Affairs, Statistical Office of the United Nations, New York, 1991; vgl jetzt United Nations Classification Registry, zu finden unter http://unstats.un.org/unsd/cr/registry/regcst.asp?Cl=9&Lg=1 (zuletzt recherchiert am 7. März 2017).

erbracht werden (der Dienstleistungserbringer reist, zB Projektbetreuung von Bauunternehmungen).

Jeder Mitgliedstaat kann souverän entscheiden, ob, in welcher Form, in welchem Umfang und unter welchen Bedingungen er den Handel mit Dienstleistungen mit dem Ausland zulässt. Um aber dafür zu sorgen, dass die Mitgliedstaaten transparente Regelungen schaffen, an denen sich die Marktteilnehmer orientieren können, wurden bestimmte Maßnahmen grundsätzlich verboten (Art XVI:2 GATS),[24] wenn sich die Staaten sie nicht ausdrücklich in ihren „Verpflichtungslisten" vorbehalten haben. Dies sind Maßnahmen, die den Zugang zu dem inländischen Markt beschränken und einem der in Art XVI:2 GATS vorgesehenen Regelungsmuster entsprechen, in erster Linie also alle Arten quantitativer Beschränkungen, wie zum Beispiel die Beschränkung der Anzahl der zu erbringenden Dienstleistungen oder der erlaubten Dienstleistungserbringer.

16 Verstöße gegen die Verpflichtungen aus den „Verpflichtungs-Listen" und selbst die Anwendung grundsätzlich verbotener Maßnahmen können allerdings nach Art XIV und Art XIVbis GATS gerechtfertigt werden, wenn die belastende Maßnahme aus den dort abschließend aufgeführten und im besonderen staatlichen Interesse liegenden Gründen erlassen wurde. Zu diesen Rechtfertigungsgründen zählen etwa die öffentliche Moral und Ordnung, das Leben oder die Gesundheit von Menschen, Tieren und Pflanzen, der Verbraucherschutz, der Schutz persönlicher Daten und der Sicherheit des Staates. Die Liste ist damit ähnlich derjenigen in Art XX GATT und auch in Art 36 AEUV.

17 Selbst auf solche Art und Weise an sich gerechtfertigte Maßnahmen sind aber wiederum dann verboten, wenn sie in einer Art und Weise ausgeführt werden, die willkürlich und unberechtigt Länder diskriminiert, in denen vergleichbare Bedingungen herrschen. Diese Rückausnahme von der Regel findet sich ebenfalls in Art XIV, in dem sog „chapeau" der Norm.

III. GATS – Regelungen zum Glücksspiel

18 Die grundsätzlichen Regelungen des GATS zum Bereich der Wett- und Glücksspiel-Dienstleistungen werden sehr instruktiv durch den Verlauf und die Ergebnisse des Streitfalls „United States – Measures Affecting the Cross-Border Supply of Gambling and Betting Services"[25] exemplifiziert, der seit 2003 die Streitschlichtungsorgane der WTO in verschiedenen Verfahrensarten und -stadien beschäftigt

24 Im Einzelnen geht es unter anderem um mengenmäßige Beschränkungen, Wertbeschränkungen und Bedürfnisprüfungen, Personalbeschränkungen, Beschränkungen der Rechtsform und Grenzen für ausländische Kapitalbeteiligungen.

25 AaO Anm 12.

und bis heute nicht vollständig abgeschlossen ist, da die von Antigua ergriffenen Maßnahmen bis heute andauern.[26] Er verdient deshalb an dieser Stelle eine besondere Darstellung.

1. Der Gambling-Fall

Antigua, als kleiner Inselstaat ohne wesentliche Rohstoffe maßgeblich auf die Einkommensquelle aus der Vergabe von Glücksspiellizenzen an Unternehmen angewiesen, hatte sich durch seine liberale (Steuer-)Gesetzgebung in den letzten Jahren zum El Dorado für Unternehmen entwickelt, die im Ausland lediglich „online" aktiv werden. Antigua war vor allem für jene Firmen interessant, die ihre Aktivitäten auf den US-Markt konzentrieren. 1997 waren in Antigua über 20 Unternehmen tätig, die Internet-Glücksspiel anboten. 1999 waren es 119 und die jährlichen Lizenzeinnahmen machten 10% des Bruttoinlandsprodukts aus.[27] 19

Die US-Regierung wie auch die Regierungen einiger US-Bundesstaaten hatten einige Jahre zuvor einschränkende Gesetze erlassen mit dem Ziel, die eigenen Bürger vor den negativen Folgen des Internet-Glücksspiels besser zu schützen.[28] Verboten wurden insbesondere die wissentliche Entgegennahme oder Versendung von Wetten oder von Informationen darüber per Telekommunikation zwischen den Bundesstaaten oder mit dem Ausland. Die Verbote wurden mit Strafdrohungen für Zuwiderhandlungen versehen. 20

Antigua machte geltend, dass diese Maßnahmen und deren praktische Umsetzung zu einem totalen Verbot von grenzüberschreitendem Internet-Glücksspiel von und mit Personen in den USA führe, während in verschiedenen amerikanischen Bundesstaaten durchaus Glücksspiele in mehr oder minder großem Umfang veranstaltet werden könnten. Damit gingen Antigua jedes Jahr bei konservativer Schätzung über US$ 3 Milliarden verloren.[29] 21

Ein *Panel* entschied den Rechtsstreit im November 2004 zugunsten Antiguas.[30] Auf die Berufung beider Parteien hin änderte der *Appellate Body*[31] die Begründung, nicht aber das Ergebnis der Entscheidung. Er befand zunächst, dass die von Antigua 22

26 April 2017.

27 *Thayer, J.D.* The Trade of Cross-Border Gambling and Betting: The WTO Dispute between Antigua and the United States, 13 Duke Law and Technology Review 2004, 33.

28 Zur Prüfung stand nach Auffassung des Appellate Body der „Wire Act" (18 USC § 1084), der „Travel Act" (18 USC § 1952) und der „Illegal Gambling Act" (18 USC § 1955).

29 Zu diesen ökonomischen Informationen s insbesondere den Antrag von Antigua nach Art 22.2 des Dispute Settlement Understanding (DSU) auf Ermächtigung zu Gegenmaßnahmen (WT/DS285/22).

30 WT/DS285/R.

31 WT/DS285/AB/R.

angeführten amerikanischen Gesetze im Ergebnis zu einem Ende des Dienstleistungshandels im Glücksspiel- und Wetten-Bereich zwischen den Parteien geführt hätten. Das Verbot jeglicher Art von Quotierungen im Dienstleistungshandel nach Art XVI Abs 2 lit a GATS werde hierdurch verletzt, denn der festgestellte Sachverhalt der Gesetzeswirkung komme einer „Null-Quote" gleich. Diese Vorschrift sei hier auch anwendbar, weil die USA in ihrer Verpflichtungsliste die Liberalisierung internationaler Glücksspiel-Dienstleistungen zugesagt habe und sich die konkret angegriffenen Behinderungen dort nicht ausdrücklich vorbehalten habe.[32]

23 Die USA hatten erfolglos bestritten, dass sie überhaupt eine Verpflichtung hinsichtlich der Glücksspiele und Wetten eingegangen seien. Antigua hatte nämlich geltend gemacht, die amerikanische Verpflichtung leite sich aus dem Sektor 10.D der entsprechenden Liste ab, der „Sporting and other recreational services" betraf. Die USA hatten „sporting" ausdrücklich von der Liberalisierung ausgeschlossen und machten geltend, nach ihrem Verständnis falle hierunter auch das Glücksspiel. Aus dem Dokument „W/10" und dem „1993 Scheduling Guide"[33] in Verbindung mit der statistischen Nomenklatur der Vereinten Nationen[34] ergab sich aber, dass das Glücksspiel unter „other recreational services" zu subsumieren ist, welche die USA gerade nicht beschränkt hatten. Der *Appellate Body* sah diese Dokumente als zusätzliche Auslegungshilfsmittel im Sinne von Art 32 der Wiener Vertragsrechtskonvention[35] an und gab Antigua Recht. Die amerikanische Erklärung schloss nach dem objektiven Empfängerhorizont Glücksspiele ein. Weiter enthielt sie keinerlei Beschränkungen für die Liberalisierung dieses Teilsektors, so dass die amerikanische Gesetzeslage und ihre Folgen prima facie WTO-rechtswidrig waren, weil sie gegen Art XVI Abs 2 GATS verstießen.

24 Ein solches Verhalten könnte aber wiederum nach Art XIV GATS gerechtfertigt sein, wenn die Maßnahme einem der in Art XIV GATS genannten Ziele dient, notwendig für dessen Erreichen ist und Unternehmen anderer WTO-Mitglieder nicht diskriminiert, wie dies den Anforderungen des „chapeaus" des Art XIV GATS[36] ent-

32 Art XVI Abs 2 GATS geht davon aus, dass das Verbot insbesondere mengenmäßiger Beschränkungen für ein Mitglied gelte „in Sektoren, in denen Marktzugangsverpflichtungen übernommen werden, ... sofern in seiner Liste nichts anderes festgelegt ist ...". Auch die Meistbegünstigungsverpflichtung des Abs 1 gilt nur nach Maßgabe der in den Listen übernommenen Verpflichtungen.

33 AaO Anm 22.

34 AaO Anm 23.

35 Wiener Übereinkommen über das Recht der Verträge vom 23.5.1968, UNDoc A/Conf.39/27; (BGBl 1985 II, S 927). Die Konvention ist nach Art 3 Abs 2 DSU als Ausdruck gewohnheitsrechtlicher Auslegungsregeln für die WTO-Verträge anwendbar.

36 So nennt man die Formel, wonach „Maßnahmen nicht in einer Weise angewendet werden, die ein Mittel zu willkürlicher oder unberechtigter Diskriminierung unter Ländern, in denen gleiche Bedingungen herrschen, oder eine verdeckte Beschränkung für den Handel mit Dienstleistungen darstellen würde", welche die allgemeine Voraussetzung jeder erlaubten Beschränkung ist.

spricht. Die USA trugen vor, dass die Gesetze dem Schutz der öffentlichen Ordnung und öffentlicher Moralvorstellungen nach Art XIV (a) GATS dienten, indem sie die Gesellschaft vor organisierter Kriminalität schützten und dem Jugendschutz, der Volksgesundheit, dem Schutz vor Geldwäsche sowie dem Schutz der Spieler vor Betrug dienten.

Dies akzeptierte der *Appellate Body* und sprach somit den Staaten einen weiten Beurteilungsspielraum zu, wenn es darum geht, einzuschätzen, ob die von ihnen getroffenen Maßnahmen einem erlaubten Ziel dienen oder nicht. Diese Haltung behielt er auch bei der Prüfung der „necessity" (= Notwendigkeit) der jeweiligen Maßnahme bei, indem er feststellte, dass den beklagten Staat in einer solchen Situation lediglich die Pflicht einer Prima Facie-Beweisführung trifft und der Klägerstaat diesen Beweis erschüttern muss, indem er konkret vorträgt, dass es andere Möglichkeiten gibt, das gewünschte Ziel zu erreichen. Dies gelang Antigua nicht, so dass die US-Gesetze durch den *Appellate Body* auch als „necessary" eingestuft wurden. Letztendlich scheiterten die USA in diesem Verfahren aber doch wegen einer innerstaatlichen Maßnahme, nämlich dem „Interstate Horseracing Act", daran, dass sich nach Ansicht des Appellate Body die in Frage stehenden Vorschriften einseitig gegen ausländische Unternehmen richteten (indem sie inländischen Anbietern die Betätigung in Telekommunikations-Wettgeschäften erlaubte) und somit diskriminierend wirkten, was dem „chapeau" des Art XIV GATS widerspricht und deshalb eine Rechtfertigung der Maßnahmen ausschließt. 25

Zur Abrundung der gerade berichteten Tatsachen sollte man noch anfügen, dass die USA sich einmal erfolglos bemühten, die Anforderungen der Verfahrens-Entscheidung[37] zu erfüllen. Ein Schiedsgerichtsverfahren, wie es Art 21 Abs 5 DSU vorsieht, befand aber, dass die amerikanische Rechtsänderung nicht den Anforderungen der Entscheidung entsprach.[38] Daraufhin änderten die USA ihre Strategie und erklärten gemäß Art XXI GATS, dass sie ihre festgestellte Verpflichtung hinsichtlich des Glücksspiels zurücknehmen wollten.[39] Da es sich hier nur um die Korrektur eines Missverständnisses, also eines Erklärungsirrtums handele, sei dieser Vorgang auch nicht kompensationspflichtig, wie dies von Art XXI Abs 2 GATS vorgesehen ist. 26

Allerdings ist diese Rechtsauffassung mit der gegenwärtigen Rechtslage nicht vereinbar, denn die Art. XXI GATS sieht klar eine Kompensationspflicht vor. Abs 3 a der Vorschrift sagt: „*Erzielen das ändernde Mitglied und ein betroffenes Mitglied vor* 27

37 Die formell übrigens nur eine – wenn auch im konkreten Fall bindende – Empfehlung ist, vgl Art 19 DSU.

38 United States – Measures Affecting the Cross-border Supply of Gambling and Betting Services – Recourse to Article 21.5 of the DSU by Antigua and Barbuda – Report of the Panel, WT/DS285/RW.

39 BRIDGES Weekly Trade News Digest – Vol 11, Number 16, 9. Mai 2007 "US snubs WTO ruling on internet gambling".

Ablauf der vorgesehenen Verhandlungsfrist keine Einigung, so kann das betroffene Mitglied die Angelegenheit einem Schiedsverfahren unterwerfen. Jedes betroffene Mitglied, das einen möglicherweise bestehenden Anspruch auf Ausgleich durchsetzen will, muss an dem Schiedsverfahren teilnehmen." Das Schiedsverfahren aber entscheidet nach Abs 4 lit a über „Ausgleichsmaßnahmen", die nach Abs 2 lit a so zu bemessen sind, dass „*ein allgemeines Maß gegenseitig vorteilhafter Verpflichtungen*" aufrechterhalten werden kann, „*das nicht weniger günstig für den Handel ist als das in den Listen spezifischer Verpflichtungen vor Aufnahme dieser Verhandlungen vorgesehene Maß.*" Die Vertragspartner der USA konnten auf die amerikanische Erklärung in ihrem objektiven Gehalt vertrauen und haben deshalb ein Recht auf Kompensation. Dies aber kann die USA teuer zu stehen kommen, denn neben Antigua haben auch die EU, Japan, Australien, Indien, Kanada, Costa Rica und Macau fristgerecht Kompensation beantragt.[40] Berücksichtigt man, dass Antigua für jedes Jahr seit Ablauf der Umsetzungsfrist der USA mit unzureichendem Ergebnis US$ 3,443 Milliarden verlangen möchte,[41] so kann man sich leicht vorstellen, welche Summen für eine Kompensation einer völligen Rücknahme des Zugeständnisses auf die USA zukommen können. Mit der EU wurden bereits Kompensationen vor allem im Brief- und Paketsektor vereinbart. Da die USA aber auch gegen EU-Glücksspielanbieter vorgehen, die noch vor dem völligen Verbot und den damit verbundenen Kompensationen in den USA aktiv waren, hat die EU-Kommission Anfang März 2008 ein förmliches TBR-Verfahren gegen die USA eingeleitet.[42] In 2009 wurden die Ergebnisse der internen Prüfung präsentiert und ein Verstoß der USA gegen WTO-Recht durch die EU-Kommission festgestellt. Ein WTO-Verfahren wurde durch die EU jedoch noch nicht angestrebt. Aber auch das ursprüngliche Verfahren zwischen den USA und Antigua ist noch nicht abgeschlossen. Antigua vertritt nach wie vor die Auffassung, dass die USA ihre Pflichten aus dem WTO-Recht verletzen und hat deshalb im Rah-

---

40 BRIDGES Weekly Trade News Digest – Vol 11, Number 24, 4. Juli 2007 "Antigua gambling dispute: major economies demand compensation from US".

41 WT/DS285/22. Dieser enthält einen Antrag auf die Ermächtigung zu Erzwingungsmaßnahmen in Form von „cross retaliation" im Bereich des geistigen und gewerblichen Rechtsschutzes (TRIPS), der einerseits ein bezeichnendes Schlaglicht auf die Probleme kleiner Entwicklungsländer wirft, großen Handelsstaaten mit Vergeltungsmaßnahmen schaden zu können, und der andererseits wieder das Problem der Reichweite und Schlagkraft von erlaubten TRIPS-Verletzungen aufwirft, welches im Bananenfall durch eine vergleichbare Maßnahme Ecuadors bereits zu Tage trat, vgl *Ierly, D.* Defining the Factors that Influence Developing Country Compliance with and Participation in the *WTO Dispute Settlement System*: Another Look at the Dispute Over Bananas, 33 Law and Policy in International Business Law and Policy in International Business 2002 615 und *Dunne III, M.S.* Note: Redefining Power Orientation: A Reassessment of Jackson's Paradigm in Light of Asymmetries of Power, Negotiation, and Compliance in the *GATT/WTO Dispute Settlement System*, 34 Law and Policy in International Business Law and Policy in International Business 2002, 277.

42 Mehr Informationen unter http://trade.ec.europa.eu/doclib/docs/2008/march/tradoc_138161.pdf (zuletzt gesichtet am 7. März 2017).

men der Sitzung des Dispute Settlement Bodys am 24. April 2012 erneut die Befassung mit der Angelegenheit nach Art 22 DSU beantragt. Mit Entscheidung vom 28. Januar 2013 wurde Antigua durch den Dispute Settlement Body das Ergreifen von Maßnahmen zur Entschädigung genehmigt. Antigua wurde berechtigt, jährlich bis zum Erreichen einer festgesetzten Wertgrenze gegen bestehende gewerbliche Schutzrechte von U.S.-Unternehmen zu verletzten und somit gegen seine Verpflichtungen aus dem TRIPS zu verstoßen. Dieses Zugeständnis existiert bis heute.[43]

Der Ausgang des Verfahrens zeigt in jedem Falle, dass grenzüberschreitende 28
Glücksspiele nur dann auf Grund völkerrechtlicher Verpflichtung zugelassen werden müssen, wenn diese Verpflichtung zusätzlich zu der allgemeinen WTO-Mitgliedschaft, die auch das GATS obligatorisch umfasst,[44] ausdrücklich übernommen wurde. Selbst wenn eine solche Verpflichtung gilt, so steht sie aber nicht Maßnahmen zum Schutz gegen die Spielsucht und zum Schutze der Jugend entgegen, wenn diese einerseits notwendig sind und andererseits nicht gegen oder zwischen Ausländern diskriminieren. In beider Fällen steht dem Staat ein weiter Beurteilungsspielraum zu.

2. Der Glückspielstaatsvertrag in Deutschland im Lichte des GATS

a) Anwendbarkeit des GATS auf den Staatsvertrag?

Die Verpflichtungsliste der Europäischen Union aus dem Jahre 1995 hat, anders als 29
die der USA, Glücksspiel ausdrücklich von der Liberalisierung im Sektor 10 D ausgenommen.[45] Zur Zeit könnten also keine Probleme der Europäischen Union (für den Glücksspielbereich mit Telekommunikation) oder der Mitgliedstaaten (für die anderen Modi nach Art 1 Abs 2 GATS) entstehen, welche denen des Gambling-Falles ähnlich wären. Auch ist nicht ersichtlich, dass sich die Rechtslage insoweit durch zusätzliche Liberalisierungsangebote der EU im Rahmen der Verhandlungen der Doha-Runde verändern könnte.[46]

Allerdings ist das GATS auf Dynamik angelegt, wie sein Art XIX feststellt. Es ist 30
also nicht auszuschließen, dass bei weiteren Verhandlungsrunden, seien sie allgemein oder nur sektoral das GATS betreffend, der Sektor „Sporting and other recrea-

43 Siehe Mitteilung der WTO, http://www.wto.org/english/tratop_e/dispu_e/cases_e/ds285_e.htm (zuletzt gesichtet am 7. März 2017).

44 Dies ist das so genannte „single undertaking"-Prinzip des Art 2 Abs 2 des WTO-Abkommens.

45 Schedule der EU und zugleich ihrer Mitgliedstaaten von 1995, zu finden im Internet unter: http://www.wto.org/english/tratop_e/serv_e/serv_commitments_e.htm (zuletzt gesichtet am 7. März 2017).

46 Das überarbeitete Angebot der EG zur weiteren Liberalisierung ist zu finden im Internet unter: http://trade.ec.europa.eu/doclib/docs/2005/june/tradoc_123488.reduced%20cells%20v2.pdf (zuletzt gesichtet am 7. März 2017).

tional services" als Liberalisierungsangebot ventiliert werden könnte. Dann ist es wichtig zu wissen, inwieweit der gegenwärtige Rechtszustand mit dem GATS entweder vereinbar ist oder welche zu erklärenden Vorbehalte zu einer generellen Liberalisierung dieses Sektors erforderlich wären, um den gegenwärtigen Rechtszustand in Deutschland aufrechterhalten zu können. Somit wird nachfolgend die Vereinbarkeit des Rechtszustandes nach dem Glücksspiel-Staatsvertrag mit dem WTO-Recht geprüft, als ob GATS auf diesen Bereich anwendbar wäre.

b) Eintragungspflichtige Maßnahme nach Art XVI GATS?

31 Der 2008 unterzeichnete Glücksspielstaatsvertrag zwischen den Bundesländern sollte das Glücksspiel in Deutschland zukunftsfähig regulieren, wurde aber bereits durch den Glücksspieländerungsstaatsvertrag, unterzeichnet am 15.12.2011 von den Bundesländern mit Ausnahme von Schleswig-Holstein, geändert und das staatliche Glückspielmonopol aufgeweicht. Das Verbot des Internet-Glücksspiels bestand zunächst fort, wurde aber in dem seit 2012 geänderten Glücksspielstaatsvertrag deutlich gelockert. An dieser Stelle soll untersucht werden, ob die Aufrechterhaltung eines absoluten staatlichen Glückspielmonopols verbunden mit dem Verbot des Internet-Glückspiels, wie es der Glücksspielstaatsvertrag 2008 vorsah, in Einklang mit den Anforderungen des WTO-Rechts zu bringen wäre. Wie bereits gesehen sind solche Verbote und Monopolisierungen Maßnahmen, die grundsätzlich gegen Art XVI Abs 2 GATS verstoßen, wenn sie nicht in einer zukünftig etwa geänderten Verpflichtungsliste ausdrücklich vorbehalten werden.

32 Hinsichtlich der grundsätzlichen Frage der Zulässigkeit von Dienstleistungsmonopolen in WTO-Mitgliedstaaten lässt sich aus Art VIII GATS entnehmen, dass Dienstleistungsmonopole nicht verboten sind. Vielmehr stellt dessen Abs 1 fest, dass solche Monopolisten nicht in einer Art und Weise handeln dürfen, die gegen das Meistbegünstigungsprinzip des Art II GATS oder gegen die spezifischen (Listen-)Verpflichtungen des betroffenen Mitgliedstaats verstößt. Besondere Pflichten im Sinne eines Missbrauchsverbots gelten nach Abs 2, wenn der Monopolist außerhalb seines Monopolbereichs in Wettbewerb mit Privaten tritt. Allerdings gelten Sonderregeln bei der Begründung eines neuen Monopols nach dem 1.1.1995, wenn dies in den Bereichen geschieht, welche durch die Verpflichtungslisten liberalisiert sind. Dies wird nämlich als eine Beendigung der Liberalisierung mit den Rechtsfolgen einer Kompensationspflicht nach Art XXI Abs 2–4 GATS angesehen. Im Falle des deutschen Glücksspielmonopols der Bundesländer entsteht hier aber auch in Zukunft kein Problem, weil dieser Bereich ja bis heute überhaupt nicht liberalisiert ist und mangels spezifischer Verpflichtungen heute auch keine Kompensationspflicht für die Zukunft entstehen könnte. Man muss lediglich das Glücksspielmonopol als Ausnahme in eine zukünftige Verpflichtungsliste aufnehmen, wenn nicht ohnehin die nachfolgend erörterte Ausnahme für hoheitliche Monopole auch dies noch unnötig machen sollte.

Denn schließlich nimmt Art I Abs 3 lit b und c die hoheitliche Tätigkeit des Staates im Dienstleistungsbereich ganz von der GATS-Bindung aus.[47] Dies ist jede Art von Dienstleistung, die weder zu kommerziellen Zwecken noch im Wettbewerb mit einem oder mehreren Dienstleistungserbringern erbracht wird. Zwar wird zum Teil für eine sehr enge Auslegung des Art 1 Abs 3 lit c GATS plädiert, da das GATS ja gerade auch die Möglichkeit bietet, entsprechende Einschränkungen in den „Verpflichtungs-Listen“ festzuschreiben und da es erklärtes Ziel des GATS ist, eine größtmögliche Transparenz zu erreichen, was nicht möglich wäre, wenn bestimmte Dienstleistungsangebote von vornherein ausgenommen sind.[48] Jedoch muss dieser Argumentation der eindeutige Wortlaut des Art 1 Abs 4 lit c GATS entgegen gehalten werden, der eine Ausdehnung des Regelungsbereiches in diesem Fall nicht zulässt. 33

Die Frage ist also, ob die Aufrechterhaltung des staatlichen Monopols kommerziellen Zwecken dient. In dem Glücksspielstaatsvertrag und den dazugehörigen Begründungen spielt das Argument der Finanzen keine Rolle. Der größte Vorwurf der Kritiker bezieht sich aber gerade darauf, dass die Länder, die Einnahmequelle, die sich für sie aus dem Glücksspielmonopol ergibt, nicht aufgeben wollen.[49] Insoweit ist die Höhe der jährlichen Einnahmen eindrucksvoll. So konnte allein die staatliche Sportwette Oddset im Jahre 2005 Roherträge in Höhe von € 216 Mio erwirtschaften.[50] Allerdings schätzt dieselbe Studie mögliche staatliche Einnahmen aus Glücksspiellizenzen im Bereich der Sportwetten als deutlich höher ein. Sie prognostiziert bei der Einführung eines Konzessionsmodells mit 15-prozentiger Rohertragssteuer Einnahmen von € 374 Mio gegenüber € 97 Mio im Monopolfall.[51] Rein fiskalische Interessen könnten also durchaus gegen die Aufrechterhaltung eines Monopols sprechen. Umgekehrt spricht dies dafür, den kommerziellen Charakter des Monopols zu verneinen. 34

Trotzdem spräche hier eine gewisse Unsicherheit der faktischen Situation dafür, den sicheren Weg einer ausdrücklich erklärten Liberalisierungsausnahme zu gehen, welcher die Möglichkeit einer Verletzung von Art XVI Abs 2 von Anfang an ausschlösse. Man kann aber immerhin noch weiter überlegen, ob nicht der Schutzzweck des deutschen Monopols ohnehin in jedem Falle einen Rechtfertigungsgrund nach Art XIV GATS darstellt. 35

---

47 S *Adlung, R.* Public services and the GATS, *JIEL* 2006, 455–485.

48 So auch *Krajewski, M.* Public Services and Trade Liberalization: Mapping the Legal Framework, 6 Journal of International Economic Law 2003, 341–367, 360.

49 So auch *Alexander Graf Lambsdorff*, FDP-Europaabgeordneter, in einem Interview mit dem Deutschlandfunk, 29.8.2006, http://www.dradio.de/dlf/sendungen/interview_dlf/536678/ (recherchiert am 7. März 2017).

50 *Hornuf, Lars* (Projektleiter), Auswirkungen des Bundesverfassungsgerichtsurteils zum Sportwettenmarkt auf die deutsche Volkswirtschaft, ifo Institut, 2006.

51 Ifo-Studie, aaO, s dort Fn 19.

c) Mögliche Rechtfertigung eines Glücksspielmonopols der Bundesländer

aa) Rechtfertigung nach Art XIV (a) GATS – Öffentliche Moralvorstellungen und öffentliche Ordnung

36 Art XIV (a) GATS ermöglicht eine Rechtfertigung von Verstößen nach Art XVI GATS. Ein Verstoß gegen Art. XVI GATS liegt vor, wenn die Mitgliedsstaaten eine „geächtete“ Maßnahme ergreifen, deren Anwendung sie sich nicht vorbehalten haben, obwohl sie den anderen Mitgliedern freien Marktzugang bzw Inländergleichbehandlung zugesagt haben. Eine Rechtfertigung kann nach Art XIV (a) GATS erfolgen, wenn die Maßnahmen zum Wohle der öffentlichen Moralvorstellungen und der öffentlichen Ordnung ergehen. Da schon frühzeitig erkannt wurde, dass eine solche Formulierung praktisch jede Maßnahme erfassen kann, wurde der Begriff im GATS in einer Fußnote zu dieser Vorschrift konkretisiert. Es heißt dort: „*The public order exception may be invoked only where a genuine and sufficiently serious threat is posed to one of the fundamental interests of society.*“[52]

37 Zur Rechtfertigung einer Maßnahme bedarf es demnach einer echten und ernsthaften Bedrohung eines der fundamentalen Prinzipien der Gesellschaft, das durch die ergriffene Maßnahme geschützt werden soll. Zwar umreißt auch diese Formulierung den Regelungsgehalt der Norm nur unwesentlich schärfer, jedoch gibt es einen anderen ganz wesentlichen Ansatz, der die Handhabung der Norm erleichtert. Es soll nämlich davon ausgegangen werden, dass jedem Staat ein weiter Beurteilungsspielraum zusteht, wenn es um die Definition der öffentlichen Moralvorstellungen bzw der öffentlichen Ordnung geht. Das Panel hat insofern in seiner Gambling-Entscheidung ausgeführt: „*Members should be given some scope to define and apply for themselves the concepts of ‚public morals‘ and ‚public order‘ in their respective territories, according to their own systems and scales of values.*“[53]

38 Bei der grundsätzlichen Einordnung einer Maßnahme als dienlich für die öffentlichen Moralvorstellungen oder die öffentliche Ordnung ist dem jeweiligen Staat also ein weiter Beurteilungsspielraum zuzugestehen und sie ist auch nur eingeschränkt überprüfbar. Zwar führt das *Panel* eine grobe Überprüfung durch, die aber lediglich geeignet ist, offensichtliche Falscheinordnungen durch die Staaten auszuschließen.

39 Das *Panel* und der *Appellate Body* haben die Regelungszwecke der USA wie Eindämmung der organisierten Kriminalität, Jugendschutz, Volksgesundheit, Schutz vor Betrug ohne weiteres akzeptiert. Die Regelungszwecke des Glücksspielstaatsvertrages sind in dessen § 1 festgelegt und umfassen Spieler- und Jugendschutz sowie die Entlastung der Gesellschaft vor den negativen Folgen des Glücksspiels. Aufgrund des nationalen Beurteilungsspielraums und der weiten Auslegung der Begrif-

---

52 Fn 5 zu Art XIV GATS.

53 *Panel* Report, United States – Measures Affecting the Cross-Border Supply of Gambling and Betting Services, WT/DS285/R, Rn 6.461.

fe der öffentlichen Moralvorstellungen und der öffentlichen Ordnung dient auch der Glücksspielstaatsvertrag mit Sicherheit dem Schutze sowohl der öffentlichen Moralvorstellungen als auch der öffentlichen Ordnung.

Die eigentliche inhaltliche Prüfung erfolgt auf der zweiten Prüfungsebene, nämlich bei der Frage, ob die Maßnahme auch „necessary“, also notwendig ist. Bereits in einer früheren Entscheidung hat der Appellate Body folgenden Standard für die Prüfung der Notwendigkeit einer Maßnahme entwickelt: „*Whether a measure is ‚necessary‘ should be determined through a process of weighing and balancing a series of factors.*“ Und weiter heißt es: „*[This is] comprehended in the determination of whether a WTO-consistent alternative measure which the Member concerned could reasonable be expected to employ is available, or whether a less WTO-inconsistent measure is reasonable available.*“[54] 40

Da der *Appellate Body* diese inhaltlichen Anforderungen mit einer Beweiserleichterung für den Beklagten verbindet, ist letztlich der Kläger gezwungen, einen Vorschlag für eine geeignete alternative Maßnahme zu machen, die einen geringeren Eingriff in die Rechte Dritter, die sich aus dem GATS ergeben, darstellen würde. 41

Im Falle des deutschen Glückspielstaatsvertrages könnte eine Alternative zur Aufrechterhaltung des Monopols und zum Verbot von Online-Glücksspiel die teilweise, lizenzierte Zulassung sein. Solange aber nicht konkret vorgetragen werden kann, dass durch eine kontrollierte Zulassung des Online-Glückspiels verbunden mit der Vergabe von Lizenzen, ein ebenso effektiver Schutz der Rechtsgüter, auf die der Glücksspielstaatsvertrag abzielt, gewährleistet wird, ist die Aufrechterhaltung von Monopol und Verbot unproblematisch. Gerade die Eröffnung eines weiten Beurteilungsspielraums für die Staaten führt dazu, dass auch die Geeignetheit einer weniger belastenden Handlungsalternative primär vom Staat zu bestimmen ist und nur auf missbräuchliche Annahme überprüft werden kann. Das Verbot und somit auch die Maßnahme Glücksspielstaatsvertrag sind somit notwendig, um die öffentlichen Moralvorstellungen und die öffentliche Ordnung zu schützen. 42

bb) Rechtfertigung nach Art XIV (b) GATS – Menschliches Leben und Gesundheit

Zu denken wäre daneben auch an eine Rechtfertigung der Maßnahme durch Art XIV (b) GATS. Der Glücksspielstaatsvertrag dient in seiner Eindämmung des Glücksspiels ausdrücklich auch der Gesundheit der Spieler und derjenigen, die zwar potentiell spielsuchtgefährdet wären, durch die eingeschränkten Spiel- und Werbemöglichkeiten aber vom Glücksspiel abgehalten werden. Die Suchtgefährdung von Spielern durch das Glücksspiel wird sowohl in Entscheidungen des EuGH und 43

54 *Appellate Body* Report, Korea – Measures Affecting Imports of Fresh, Chilled and Frozen Beef, WT/DS161, 169/AB/R.

der BVerfG als auch in wissenschaftlichen Gutachten immer wieder betont.[55] Der Glücksspielstaatsvertrag dient also dem legitimen Ziel der Förderung und Wahrung öffentlicher Gesundheit. Auch wären die erfolgten Regelungen „necessary", insbesondere das Online-Spiel-Verbot und das Werbeverbot, da eine weniger einschneidende Alternative nicht ohne weiteres gegeben wäre und auch ein erforderlicher Nachweis schwer fallen dürfte. Auch insofern ist also von einer möglichen Rechtfertigung nach Art XIV (b) GATS auszugehen.

cc) Der Chapeau des Art XIV GATS – Keine diskriminierende Anwendung der Maßnahme

44 In einem letzten Prüfungsschritt muss noch untersucht werden, ob durch die geplante Maßnahme keine Besserstellung nationaler Glücksspielanbieter im Vergleich zu ausländischen Glücksspielanbieter erfolgt. Auch an dieser Stelle kommt es wieder auf das wesentlichste Regelungselement des Glückspielstaatsvertrages an, nämlich die Aufrechterhaltung des Verbots des Internet-Glückspiels. Ein solches Verbot kann aber schon deshalb keine diskriminierende Wirkung gegenüber ausländischen Anbietern entfalten, da es für inländische und ausländische Anbieter gleichermaßen gilt. Auch ist nicht ersichtlich, dass ein sonstiger protektionistischer Zweck vorläge.

IV. Zusammenfassung

45 Unabhängig von der Beurteilung der Rechtmäßigkeit des Glücksspielstaatsvertrages im Lichte des europäischen Unionssrechts lässt sich also festhalten, dass kein Verstoß gegen WTO-Recht vorliegt. Zwar ist das WTO-Recht auch für die Bundesländer verbindliche Rechtsmaterie, die von ihnen beachtet werden muss. Jedoch haben die deutschen und europäischen Verhandlungsführer bei der Verhandlung der Freigabe von Dienstleistungssektoren für andere Staaten in ihren „Verpflichtungs-Listen" den Bereich des Glücksspiels ausdrücklich ausgenommen.

46 Darüber hinaus sind aber auch die materiellrechtlichen Vorgaben, die der Glücksspielstaatsvertrag macht, konform mit dem GATS. Deshalb ist es nicht unbedingt notwendig, wenngleich aber aus Gründen der Rechtssicherheit zu empfehlen, in der „Verpflichtungs-Liste" die Aufrechterhaltung eines öffentlichen Glücksspiel-Monopols ausdrücklich zu benennen und sich dadurch eine solche Beschränkung vorzubehalten.

---

55 Vgl EuGH Urt v 6.11.2003, C-243/01 – „Gambelli ua", Slg 2003, I-13076, Rn 67 mwN; BVerfG, Urt v 28.3.2006, S1263; *Hayer/Mayer* Das Suchtpotential von Sportwetten, in: Sucht 2003, 212.

Zwar beeinträchtigt der Glücksspielstaatsvertrag den Dienstleistungshandel 47
und beschränkt auch den Anteil der durch ausländische Unternehmen erbrachten Dienstleistungen quantitativ, was grundsätzlich eine Verpflichtung zum konkreten Vorbehalt der Maßnahme in den „Verpflichtungs-Listen" zur Folge hätte. Jedoch dient der Glücksspielstaatsvertrag dem Schutze der öffentlichen Moral und Ordnung und auch der Gesundheit von Menschen, also legitimen Zielen nach Art XIV GATS. Darüber hinaus sind die vorgesehenen Regelungen auch notwendig, um diese Ziele zu erreichen und diskriminieren auch nicht willkürlich Unternehmen anderer WTO-Mitglieder im Verhältnis zu inländischen Unternehmen. Art XIV GATS ist demnach voll einschlägig und die Aufrechterhaltung eines öffentlichen Monopols wäre gerechtfertigt. Somit sind Risiken für eine Zusage der Liberalisierung von „recreational services" bei zukünftigen Verhandlungsrunden nicht ersichtlich, soweit es die Aufrechterhaltung des staatlichen Glücksspielmonopols in Deutschland betrifft.

Jörg Ennuschat/Johannes Güldner

§ 12 Der unionsrechtliche Rahmen für Glücksspiele

Übersicht

https://doi.org/10.1515/9783110259216-012

I. Einleitung: kein echter Binnenmarkt im Glücksspielbereich

1 Der Glücksspielsektor ist traditionell umsatzstark und entwickelt sich dynamisch. Zugleich ist er eine der am intensivsten reglementierten Branchen Europas. Die jeweilige Ausgestaltung des Glücksspielrechts in den einzelnen Mitgliedstaaten ist sehr unterschiedlich: So unterfallen etwa in Deutschland Automatenspiele grundsätzlich der Gewerbefreiheit, während sie in Finnland in der Hand öffentlich-rechtlicher Körperschaften monopolisiert sind. Aus europäischer Perspektive stellt sich der Glücksspielmarkt daher als sehr zersplittert dar, geprägt durch nationale Besonderheiten und vielfach immer noch durch Staatsmonopole. Im Kontrast zum national regulatorisch abgeschirmten Markt stehen international agierende Glücksspielunternehmen, die nicht zuletzt unter Berufung auf Europäisches Unionsrecht versuchen, die mitgliedstaatlichen Barrieren rechtlich und tatsächlich zu durchbrechen.

2 Im Folgenden sollen zunächst die Eckpunkte des Europäischen Unionsrechts für den Glücksspielbereich dargestellt (unten II.–V.) und sodann einige Grundlinien der hierauf bezogenen Rechtsprechung europäischer Gerichte skizziert werden (unten VI.–VII.). Ferner sollen die aktuellen Initiativen und Politiken auf europäischer Ebene im Glücksspielbereich dargestellt werden (unten VIII.). Den Abschluss bildet ein kurzer Ausblick (unten IX.).

II. Grundfreiheiten des AEUV, insb Niederlassungs- und Dienstleistungsfreiheit, Art 49, 56 AEUV

3 Im Mittelpunkt der unionsrechtlichen Vorgaben für das Glücksspielrecht stehen die Grundfreiheiten. Die Veranstaltung und Vermittlung von Glücksspielen lassen sich, sofern ein grenzüberschreitender Bezug vorliegt, der Niederlassungsfreiheit (Art 49 AEUV, unten 1) und/oder der Dienstleistungsfreiheit (Art 56 AEUV, unten 2) subsumieren. Auch andere Grundfreiheiten können betroffen sein (unten 3). Die Bereichsausnahme der Art 51, 62 AEUV greift nicht (unten 4). Mitgliedstaatliche Beeinträchtigungen dieser Grundfreiheiten können durch zwingende Gründe des Gemeinwohls gerechtfertigt werden, sofern die beschränkenden Maßnahmen verhältnismäßig und nicht-diskriminierend sind (unten 5).

1. Schutzgehalt der Niederlassungsfreiheit, Art 49 AEUV

In sachlicher Hinsicht schützt die Niederlassungsfreiheit gem Art 49 AEUV das Recht, 4 in einem anderen EU-Staat eine selbstständige Erwerbstätigkeit auf Grundlage einer festen Einrichtung dauerhaft aufzunehmen.[1] Nötig ist also stets ein grenzüberschreitender Bezug. Der Schutzbereich der Niederlassungsfreiheit ist zB erfüllt, wenn ein Brite nach Deutschland kommt, um hier seinen beruflichen Hauptsitz zu nehmen, indem er ein Wettbüro eröffnet (sog primäre Niederlassung).[2] Möglich ist auch, dass zB ein österreichisches Wettunternehmen in Deutschland eine Zweigstelle einrichtet oder ein deutsches Tochterunternehmen gründet (sog sekundäre Niederlassung).[3] Der Anwendungsbereich ist beispielsweise eröffnet, wenn die durch eine italienische Regelung auferlegten Bedingungen für die Beteiligung an Ausschreibungen für eine Wettkonzession so gestaltet sind, dass nur (die bisherigen) inländischen Konzessionäre bei der Bewerbung erfolgreich sein können.[4] Der Schutzbereich der Niederlassungsfreiheit ist auch eröffnet, wenn ein unionsrechtswidriger Ausschluss bestimmter Wirtschaftsteilnehmer vom Wettsektor[5] durch eine Ausschreibung neuer Konzessionen behoben werden soll, die Geschäftspositionen bestehender Betreiber aber durch die Festlegung von Mindestabständen zwischen deren Wettannahmestellen und den Wettannahmestellen neuer Konzessionäre geschützt werden.[6] Der EuGH sieht in der Niederlassungsfreiheit eine Ausprägung des Diskriminierungsverbotes nach Art 18 AEUV,[7] jedoch erschöpft sich ihr Schutzgehalt nicht im Gebot zur Inländergleichbehandlung.[8] Vielmehr muss sie als weit reichendes Beschränkungs- und Behinderungsverbot verstanden werden.[9]

---

1 *Müller-Graff* in: Streinz, EUV/AEUV, 2. Aufl 2012, AEUV Art 49, Rn 11.

2 Vgl zum Begriff der primären Niederlassungsfreiheit etwa *Haratsch/Koenig/Pechstein* Europarecht, 10. Aufl 2016, Rn 962.

3 *Forsthoff* in: Grabitz/Hilf, Das Recht der Europäischen Union, Stand Okt 2016 (60. Egl), AEUV Art 49, Rn 52.

4 EuGH Urt v 6.11.2003, C-243/01 – „Gambelli", Slg 2003, I-13031, Tz 49.

5 Vgl EuGH Urt v 6.3.2007, C-338/04, C-359/04, C-360/04 – „Placanica", Slg 2007, I-1891.

6 EuGH Urt v 16.2.2012, C-72/10, C-77/10 – „Costa und Cifone", ECLI:EU:C:2012:80; EuGH Urt v 12.9.2013, C-660/11, C-8/12 – „Biasci", ECLI:EU:C:2013:550.

7 EuGH Urt v 7.2.1979, C-136/78 – „Auer I", Slg 1979, 437, Tz 14.

8 *Fischer* in: Lenz/Borchardt, EU-Verträge, 6. Aufl 2013, AEUV Art 49, Rn 10.

9 *Fischer* in: Lenz/Borchardt, EU-Verträge, 6. Aufl 2013, AEUV Art 49, Rn 10f; *Tiedje* in: von der Groeben/Schwarze/Hatje, Europäisches Unionsrecht, 7. Aufl 2015, AEUV Art 49, Rn 98.

2. Schutzgehalt der Dienstleistungsfreiheit, Art 56 AEUV

5 Die Dienstleistungsfreiheit schützt Angebot und Nachfrage grenzüberschreitend erbrachter selbstständiger entgeltlicher Leistungen, bei denen es an einer dauerhaften Niederlassung in anderem EU-Staat fehlt.[10] Im Verhältnis zu den anderen Grundfreiheiten beinhaltet sie gem Art 57 Abs 1 AEUV einen „Auffangtatbestand", kann mithin nur eingreifen, wenn sich die fragliche Tätigkeit nicht dem Schutzgehalt einer der anderen Grundfreiheiten zuordnen lässt.[11] Die Dienstleistungsfreiheit verbietet in ihrem Anwendungsbereich direkte und indirekte Diskriminierungen. Darüber hinaus ist sie als allgemeines Beschränkungsverbot ausgestaltet.[12] Dies bedeutet ein Verbot jeglicher Regelung, welche ohne zulässige Rechtfertigung die Leistung von Diensten zwischen Mitgliedstaaten im Ergebnis gegenüber der Leistung von Diensten im Inneren des Staates erschwert.[13]

6 Auf die Dienstleistungsfreiheit kann sich etwa ein Wettunternehmen mit Sitz auf Malta berufen, wenn es über das Internet Wetten innerhalb Deutschlands anbietet. Eine Beeinträchtigung der Dienstleistungsfreiheit liegt nicht nur beim Wettunternehmer, sondern auch bei dem einzelnen Wettkunden vor, wenn er von einem strafbewehrten Verbot der Teilnahme an Wetten, die in anderen Mitgliedstaaten als dem organisiert werden, in dessen Gebiet er ansässig ist, betroffen ist.[14] Schließlich ist es einem Mitgliedstaat im Hinblick auf Art 56 AEUV verwehrt, die ohne Erlaubnis erfolgende Vermittlung von Sportwetten an einen in einem anderen EU-Mitgliedstaat lizenzierten Wettanbieter strafrechtlich zu ahnden, wenn die Erlaubnispflicht im Rahmen eines staatlichen Monopols besteht, das die nationalen Gerichte für unionsrechtswidrig befunden haben.[15]

7 Gemeinsamer Hintergrund der Grundfreiheiten ist das Ziel, dass ein Anbieter, der auf seinem Heimatmarkt legal tätig ist, seine Leistungen zugleich auf dem gesamten Binnenmarkt anbieten darf. Die Dienstleistungsfreiheit greift nach Ansicht des EuGH dennoch auch im Fall sog Offshore-Lizenzen, wenn also ein Anbieter nur über eine Erlaubnis verfügt, eine bestimmte Dienstleistung im Ausland (aber nicht im Sitzstaat!) anzubieten.[16] Auf Rechtfertigungsebene ist freilich eine unionsrechts-

10 *Haratsch/Koenig/Pechstein* Europarecht, 10. Aufl 2016, Rn 1003 ff.

11 *Oppermann/Classen/Nettesheim* Europarecht, 7. Aufl 2016, § 25, Rn 6; aA *Tiedje* in von der Groeben/Schwarze/Hatje, Europäisches Unionsrecht, 7. Aufl 2015, AEUV Art 57, Rn 30.

12 *Haratsch/Koenig/Pechstein* Europarecht, 10. Aufl 2016, Rn 1031.

13 *Seyr* in: Lenz/Borchardt, EU-Verträge, 6. Aufl 2013, AEUV Art 56/57, Rn 20.

14 EuGH Urt v 6.11.2003, C-243/01 – „Gambelli", Slg 2003, I-13031, Tz 57.

15 EuGH Urt v 4.2.2016, C-336/14 – „Ince", ECLI:EU:C:2016:72.

16 EuGH Urt v 8.9.2010, C-46/08 – „Carmen Media", Slg 2010, I-8149.

konforme Beschränkung der Dienstleistungsfreiheit möglich, zB dergestalt, dass ein Mitgliedstaat inländische Erlaubnisse vorschreibt.[17]

3. Weitere Grundfreiheiten

Je nach Konstellation können auch weitere Grundfreiheiten betroffen sein, so die 8
Warenverkehrsfreiheit, wenn es zB um das Verbot der Einrichtung elektronischer Spiele für Rechner an öffentlichen und privaten Orten geht.[18] Um eine gesetzliche Beschränkung am Maßstab der Warenverkehrsfreiheit messen zu können, müssen jedoch nach Auffassung des EuGH hinreichend genaue Angaben zu den Auswirkungen dieser Beschränkung auf die Einfuhr der betroffenen (Glücksspiel-)Waren vorliegen.[19] Die Warenverkehrsfreiheit greift nicht, wenn die Dienstleistung, wie bei dem Betrieb von Geldspielgeräten, im Vordergrund steht.[20] Soweit die Mitgliedstaaten illegale oder ausländische Anbieter abwehren wollen, indem sie die Finanzströme zwischen Glücksspielveranstalter und Kunde durchbrechen (zB § 9 Abs 1 S 3 Nr 4 GlüStV), ist an die Zahlungsverkehrsfreiheit gem Art 63 AEUV zu denken. Für die Rechtfertigung von Eingriffen in die weiteren Grundfreiheiten gelten im Ansatz dieselben Anforderungen wie für die Eingriffe in die Dienstleistungs- und Niederlassungsfreiheit, die im Folgenden im Fokus stehen.

4. Bereichsausnahme: Ausübung öffentlicher Gewalt, Art 51, 62 AEUV

Gemäß Art 51 AEUV ist eine Bereichsausnahme vorgesehen, sofern sich die betrof- 9
fene Tätigkeit der Ausübung öffentlicher Gewalt zuordnen lässt. In diesem Fall greift der Schutzgehalt der Niederlassungsfreiheit gem Art 49 AEUV nicht. Dasselbe gilt gem Art 62 AEUV, der auf Art 51 AEUV verweist, für die Dienstleistungsfreiheit.

In Deutschland wird das Glücksspielangebot zum Zwecke der Gefahrenabwehr 10
bereitgehalten. Wenn der Staat die Glücksspielangebote im Rahmen seiner Verwaltung erbringt, handelt es sich damit um schlicht-hoheitliche Tätigkeit. Relevant ist dies für Bayern, wo Spielbanken und Lotterien durch die Staatliche Lotterieverwal-

17 EuGH Urt v 8.9.2009, C-42/07 – „Liga Portuguesa“, Slg 2009, I-7633; EuGH Urt v 8.9.2010, C-316/07 ua – „Markus Stoß“, Slg 2010, I-8069; EuGH Urt v 12.9.2013, C-660/11, C-8/12 – „Biasci“, ECLI:EU:C:2013:550.

18 EuGH Urt v 26.10.2006, C-65/05 – Kommission ./. Griechenland, ZfWG 2007, 22.

19 EuGH Urt v 21.9.1999, C-124/97 – „Läärä“, Slg 1999, I-6067, Tz 26; EuGH Urt v 11.6.2015, C-98/14 – „Berlington Hungary“, ECLI:EU:C:2015:386, Tz 32.

20 EuGH Urt v 11.9.2003, C-6/01 – „Anomar“, Slg 2003, I-8621, Tz 56.

tung (als rechtlich unselbstständiger Teil des Finanzministeriums) im Staatsmonopol veranstaltet werden. Dennoch sind Spielbanken und Lotterien sogar dann nicht vom Anwendungsbereich der Grundfreiheiten ausgenommen. Teils wird selbst nach deutschem Rechtsverständnis die Ausübung öffentlicher Gewalt bezweifelt, da es an dem Subordinationsverhältnis zwischen der Staatlichen Lotterieverwaltung und den Spielern fehle.[21] Ohnehin darf zur Ausfüllung des Merkmals „öffentliche Gewalt" iSd Art 51 AEUV nicht das nationale Verständnis zugrunde gelegt werden.[22] Vielmehr muss der Begriff unionsrechtsautonom ausgelegt werden. „Öffentliche Gewalt" iSd Art 51 AEUV liegt daher nur im Kernbereich staatlicher Hoheitsbefugnisse vor, etwa bei Polizei oder Justiz. Das Angebot von Glücksspielen ist mithin keine dem Anwendungsbereich von Art 56 AEUV entzogene Tätigkeit öffentlicher Gewalt nach Art 62, 51 AEUV.[23]

5. Rechtfertigung von Beeinträchtigungen der Grundfreiheiten

11 Staatliche Beschränkungen der privaten Veranstaltung und Vermittlung der Glücksspiele beeinträchtigen die Niederlassungs- und/oder die Dienstleistungsfreiheit, ggf auch andere Grundfreiheiten. Diese Beschränkungen können aber zulässig sein, wenn sie gerechtfertigt sind. Der AEUV kennt für die einzelnen Grundfreiheiten geschriebene Rechtfertigungstatbestände. Hinzu kommen ungeschriebene Rechtfertigungsgründe, die der EuGH entwickelt hat.

a) Geschriebene Rechtfertigungstatbestände, insb Art 52, 62 AEUV

12 Nach Art 52, 62 AEUV wäre es möglich, im Bereich der Niederlassungs- und Dienstleistungsfreiheit diskriminierende Sonderregeln für EU-Ausländer vorzusehen, wenn dies ausnahmsweise aus Gründen der öffentlichen Ordnung, Sicherheit oder Gesundheit gerechtfertigt ist. Nach st Rechtsprechung des EuGH gehören drohende Steuermindereinnahmen bei Tätigwerden ausländischer Glücksspielanbieter nicht zu den in Art 52 AEUV genannten Gründen.[24] Dem Rechtfertigungstatbestand des Art 52 AEUV kommt im deutschen Glücksspielrecht jedoch generell keine eigenständige Bedeutung zu, weil das staatliche Glücksspielmonopol deutsche wie aus-

---

21 So *Korte* Das staatliche Glücksspielwesen, 2004, S 62.

22 Vgl für die einheitliche Auslegung privatrechtlicher Termini: *Koch* JZ 2006, 277, 280.

23 *Pischel* GRUR 2006, 630, 633.

24 EuGH Urt v 16.7.1998, C-264/96 – „ICI", Slg 1998, I-4695, Tz 28; EuGH Urt v 3.10.2002, C-136/00 – „Danner", Slg 2002, I-8147, Tz 56; EuGH Urt v 6.11.2003, C-243/01 – „Gambelli", Slg 2003, I-13031, Tz 61; EuGH Urt v 8.9.2010, C-316/07 – „Markus Stoß", Slg 2010, I-8069, Tz 105.

ländische Glücksspielanbieter gleichermaßen beschränkt.[25] Es liegt darin also keine ausdrückliche Diskriminierung.[26]

b) Ungeschriebener Rechtfertigungstatbestand (Cassis-Formel): zwingende Gründe des Gemeinwohls

Neben den geschriebenen Rechtfertigungstatbeständen hat der EuGH zusätzliche ungeschriebene Rechtfertigungsgründe anerkannt (sog. immanente Schranken der Grundfreiheiten) und hierzu die sog *Cassis*-Formel entwickelt, auf die er auch im Glücksspielbereich zurückgreift.[27] „Außerdem hat der Gerichtshof entschieden, dass nationale Maßnahmen, die die vom Vertrag garantierten Grundfreiheiten beschränken, nur unter vier Voraussetzungen zulässig sind: Sie müssen in nichtdiskriminierender Weise angewandt werden, sie müssen zwingenden Gründen des Allgemeininteresses entsprechen, sie müssen zur Erreichung des verfolgten Zieles geeignet sein, und sie dürfen nicht über das hinausgehen, was zur Erreichung des Zieles erforderlich ist." Diese Voraussetzungen für einen ungeschriebenen Rechtfertigungstatbestand iSd *Cassis*-Formel sind durch den EuGH und den *EFTA-Gerichtshof* mit Blick auf staatliche Beschränkungen im Glücksspielsektor konkretisiert worden, wie unter VI. und VII. skizziert werden soll. 13

III. EU-Kartellrecht, Art 101ff AEUV

Seit dem Beschluss des Bundeskartellamtes vom 23.8.2006,[28] welcher sich insb auf die Vorschriften des Europäischen Kartellrechts (Art 81, 82, 86 EG = Art 101, 102, 106 AEUV) bezog, ist auch dieses von Relevanz für den Glücksspielbereich.[29] 14

Gegenstand des Beschlusses war ua die Frage, ob die staatlichen Lotterieanbieter berechtigt sind, die Annahme von Spieleinsätzen aus gewerblicher, terrestrischer Spielvermittlung gerade dann zu verweigern, wenn die Vermittlungstätigkeit die Ländergrenzen überschreitet. Weiter war zu klären, ob die Vereinbarung der Lottogesellschaften, Lotterien jeweils nur in dem Bundesland anzubieten, in wel- 15

25 *Jahndorf* VerwArch 95 (2004), 359, 373.

26 Vgl unten VI. 5.

27 EuGH Urt v 26.10.2006, C-65/05 – Kommission ./. Griechenland, ZfWG 2007, 22 Tz 49; ebenso EuGH Urt v 8.9.2016, C-225/15 – „Politanò", ECLI:EU:C:2016:645, Tz 40, 43.

28 BKartA Beschl v 23.8.2006; Entscheidung abrufbar unter: http://www.bundeskartellamt.de/SharedDocs/Entscheidung/DE/Entscheidungen/Kartellverbot/2006/B10-148-05.pdf?__blob=publicationFile&v=4; einleitende Zusammenfassung abgedr in ZfWG 2006, 224 ff.

29 Hierzu auch *Koenig/Fechtner* EWS 2007, 529; *Dietlein* ZfWG 2006, 197 ff; *Terhechte* ZfWG 2006, 203 ff.

chem sie über eine Genehmigung verfügen (sog Regionalitätsprinzip), zulässig ist.[30] Drittens stellte sich die Frage, ob die Mitteilung des Anteils von Einnahmen aus gewerblicher Spielvermittlung an den Gesamteinnahmen an die zuständigen Behörden und die entsprechende Aufteilung an die jeweils vermittelnden Bundesländer mit kartellrechtlichen Bestimmungen vereinbar war.

16 Diese Aspekte, welche von beträchtlicher wirtschaftlicher Relevanz sind, betreffen zwar nicht die Frage nach der unmittelbaren Zulässigkeit eines staatlichen Lotteriemonopols, tragen aber zur Klärung wettbewerbsrechtlicher Fragestellungen im Glücksspielsektor, wie etwa zur Auslegung der Art 101 ff AEUV, bei.

1. Verbot wettbewerbshindernder Vereinbarungen, Art 101 AEUV

17 Art 101 Abs 1 AEUV statuiert ein Verbot wettbewerbshindernder Vereinbarungen, indem es „alle Vereinbarungen zwischen Unternehmen, Beschlüsse von Unternehmensvereinigungen und aufeinander abgestimmte Verhaltensweisen, welche den Handel zwischen Mitgliedstaaten zu beeinträchtigen geeignet sind und eine Verhinderung, Einschränkung oder Verfälschung des Wettbewerbs innerhalb des Gemeinsamen Marktes bezwecken oder bewirken", untersagt. Art 101 AEUV gilt auch für staatliche Unternehmen, sofern es sich um eine wirtschaftliche Tätigkeit handelt, was uU selbst bei hoheitlicher Tätigkeit bejaht werden kann. Ausgenommen vom EU-Kartellrecht ist nur der Kernbereich hoheitlicher Staatstätigkeit iSd Art 45 Abs 4, 51, 62 AEUV, welchem die staatlichen Anbieter nicht zuzuordnen sind.[31]

18 Das Bundeskartellamt erkannte in der untereinander abgestimmten Weigerung der staatlichen Lotterieanbieter, mit terrestrisch tätigen gewerblichen Spielvermittlern zusammen zu arbeiten, einen Verstoß gegen Art 81 Abs 1 EG (= Art 101 Abs 1 AEUV).[32] Als unvereinbar mit Art 81 EG (= Art 101 AEUV) iVm Art 10 EG (ähnlich jetzt Art 4 Abs 3 S 2 u 3 EUV) erachtete es auch § 5 Abs 3 des damaligen Lotteriestaatsvertrages, der die Tätigkeit der einzelnen staatlichen Lotterieanbieter und den darauf bezogenen Vertrieb grundsätzlich nur im jeweiligen Land zuließ.[33] Hier sei jedoch eine gemeinschaftsrechtskonforme Auslegung dahingehend möglich und geboten, dass staatliche Lotterieunternehmen ihre Angebote in anderen Ländern vertreiben dürften, dann aber einer nachträglichen ordnungsrechtlichen Kontrolle des Landes unterworfen seien, in dem sie die Angebote vertreiben.[34]

30 Festgesetzt in § 2 des Blockvertrages der deutschen Lotto- und Totounternehmen v 22. Mai 2000, zit in OLG Düsseldorf Beschl v 23.10.2006, VI-Kart 15/06, Rn 4 u 5.

31 So auch das BKartA (Fn 28) Tz 80.

32 BKartA (Fn 28) Tz 71 ff.

33 BKartA (Fn 28) Tz 583 ff.

34 BKartA (Fn 28) Tz 600.

2. Verbot des Missbrauchs einer beherrschenden Marktstellung, Art 102 AEUV

Das Bundeskartellamt nahm zudem einen Verstoß gegen Art 82 Abs 1 EG (= Art 102 Abs 1 AEUV) durch die Aufforderung des Rechtssausschusses des DTLBs an.[35] Dieser verbietet „die missbräuchliche Ausnutzung einer beherrschenden Stellung auf dem Gemeinsamen Markt oder auf einem wesentlichen Teil desselben durch ein oder mehrere Unternehmen, soweit dies dazu führen kann, den Handel zwischen Mitgliedstaaten zu beeinträchtigen.“ 19

3. Ausnahmetatbestand des Art 106 Abs 2 AEUV

In seinem Beschluss wandte sich das Bundeskartellamt auch ausgiebig Art 86 Abs 2 EG (= Art 106 Abs 2 AEUV) zu, der unter bestimmten Voraussetzungen eine punktuelle Abweichung von den Vorschriften des AEUV, namentlich von Art 101 AEUV sowie den Grundfreiheiten, ermöglicht.[36] Diese Ausnahmevorschrift kann für Monopolunternehmen eingreifen, die mit Dienstleistungen von allgemeinem wirtschaftlichen Interesse betraut sind (Art 106 Abs 2 Var 1 AEUV) oder den Charakter eines Finanzmonopols haben (Art 106 Abs 2 Var 2 AEUV), sofern ihr Auftrag andernfalls verhindert würde.[37] 20

a) Dienstleistung von allgemeinem wirtschaftlichen Interesse

Für die Bejahung der ersten Tatbestandvariante müsste es sich bei der Lotterieveranstaltung um eine Dienstleistung von allgemeinem wirtschaftlichen Interesse handeln, worunter marktbezogene Tätigkeiten im Interesse der Allgemeinheit zu verstehen sind.[38] Typischerweise ist hiervon die Erbringung sog Universaldienste wie die Versorgung mit Elektrizität, Wasser, Telekommunikation erfasst.[39] Nicht ausreichend ist dagegen die Wahrnehmung privater Interessen, ebenso wenig die Verfolgung kultureller oder sozialer Belange.[40] Fraglich ist, ob diese Voraussetzung des Art 106 Abs 2 AEUV auch für Glücksspiele, wie im vorliegenden Fall Lotterien, angenommen werden kann. 21

35 BKartA (Fn 28) Tz 501 ff.

36 BKartA (Fn 28) Tz 567 ff, 737f.

37 Siehe näher – mit Blick auf das Glücksspiel – *Kazemi/Leopold* MMR 2004, 649, 652.

38 *Koenig/Paul* in: Streinz, EUV/AEUV, 2. Aufl 2012, AEUV Art 106, Rn 47.

39 *Grill* in: Lenz/Borchardt, EU-Verträge, 6. Aufl 2013, AEUV Art 106, Rn 26.

40 *Grill* in: Lenz/Borchardt, EU-Verträge, 6. Aufl 2013, AEUV Art 106, Rn 24; aA *Haratsch/Koenig/Pechstein* Europarecht, 10. Aufl 2016, Rn 1264.

22 Einige Stimmen in der Literatur verneinen die Vergleichbarkeit staatlicher Lotterieveranstaltung mit den genannten Universaldiensten und damit die Anwendbarkeit des Art 106 Abs 2 Var 1 AEUV. Die im Allgemeininteresse liegenden Ziele der Veranstaltung von Lotterien durch ein staatliches Monopolunternehmen seien vielmehr primär finanzpolitischer Natur, indem durch Steuern und Abgaben Staatseinnahmen gesichert und wohltätige Zwecke gefördert werden sollen.[41]

23 Stellt man die Bekämpfung der Suchtgefahren in den Vordergrund, wäre eine andere Bewertung möglich. So können im Rahmen des Art 106 Abs 2 AEUV entgegen des ausdrücklichen Wortlauts uU auch außerökonomische Gründe wie der Verbraucherschutz und die öffentliche Sicherheit zu einer Freistellung von den Bindungen an den AEUV führen.[42] Begründet ein staatlicher Lotterieveranstalter seine Monopolstellung mit Zwecken des Verbraucherschutzes, so könnte dies nach Art 106 Abs 2 AEUV zulässig sein. Dieser Sichtweise stand auch das Bundeskartellamt aufgeschlossen gegenüber: Es sei denkbar, die staatlichen Lottoanbieter als Unternehmen anzusehen, die Dienstleistungen von allgemeinem wirtschaftlichen Interesse erbringen.[43]

b) Betrauung

24 Geht man von einer Tätigkeit von allgemeinem wirtschaftlichen Interesse aus, so verlangt Art 106 Abs 2 AEUV weiter eine „Betrauung". Dabei genügt nicht das bloße Tätigwerden eines Unternehmens im Gemeinwohlinteresse. Nötig ist vielmehr die klare Formulierung einer Gemeinwohlaufgabe durch die öffentliche Hand, die dann die Erfüllung dieser Aufgabe durch einen sichtbaren und hinreichend bestimmten Akt auf das Unternehmen überträgt. Nach Ansicht des Bundeskartellamtes fehlt es indes an der nötigen Betrauung, sofern die staatlichen Lotterieunternehmen lediglich durch privatrechtlichen Vertrag vom Staat zu ihrer Tätigkeit beauftragt würden.[44] Nach neuerer, allerdings umstrittener Ansicht in der Literatur ist auch eine privatrechtliche Betrauung möglich, welche jedoch transparent und in ihrem Umfang präzise umrissen sein muss.[45]

---

41 *Braun* ZEuS 2005, 211, 228.

42 *Jung* in: Calliess/Ruffert, EUV/AEUV, 5. Aufl 2016, AEUV Art 106, Rn 36; vgl auch VGH BW Beschl v 16.10.2008, 6 S 1288/08, juris Rn 19; zur Rechtfertigung eines Dienstleistungsmonopols mit Erwägungen der öffentlichen Sicherheit schon EuGH Urt v 18.6.1998, C-266/96 – „Corsica Ferries", Slg 1998, I-3949, Tz 45/60.

43 BKartA (Fn 28) Tz 567.

44 BKartA (Fn 28) Tz 568.

45 *Emmerich/Hoffmann* in: Dauses, HdbEUWiR I, Stand Juni 2016 (40. Egl), H.II, Rn 159; *Haratsch/Koenig/Pechstein* Europarecht, 10. Aufl 2016, Rn 1239.

c) Gefahrenlage und Verhältnismäßigkeit

Weitere Voraussetzung ist, dass bei Anwendung des Wettbewerbsrechts die Erfüllung der Daseinsvorsorgeaufgabe rechtlich oder tatsächlich verhindert würde (Art 106 Abs 2 S 1 aE AEUV). Mit Blick auf die rechtliche oder tatsächliche Verhinderung der Erfüllung der Daseinsvorsorgeaufgabe legte der EuGH zunächst einen strengen Maßstab an. Die Unterwerfung unter die allgemeinen Wettbewerbsregeln müsse mit der Aufgabenerfüllung unvereinbar sein.[46] Mittlerweile ist die Handhabung des Art 106 Abs 2 AEUV durch den EuGH jedoch weniger restriktiv: Es genüge, wenn die Aufgabenerfüllung behindert werde.[47] In der Rechtsprechung des EuGH wurde hierzu – in Parallele zur Rechtfertigung von Beschränkungen der Grundfreiheiten – eine abgeschichtete Verteilung der Darlegungs- und Beweislast entwickelt. Das Unternehmen bzw der Mitgliedstaat muss die Gefährdung der Daseinsvorsorgeaufgaben darlegen, die Kommission dagegen die gleiche Eignung wettbewerblicher Lösungen.[48] 25

Darüber hinaus darf durch die Exemtion die Entwicklung des Handelsverkehrs nicht in einem Ausmaß beeinträchtigt werden, das dem Interesse der Gemeinschaft zuwiderläuft (Art 106 Abs 2 S 2 AEUV). Ob ein „Zuwiderlaufen" vorliegt, ergibt sich dabei nach einer Abwägung mit dem mitgliedstaatlichen Interesse an der Daseinsvorsorgeaufgabe[49] und ist von der Kommission darzulegen und zu beweisen.[50] 26

Entscheidend für die Anwendung des Art 106 Abs 2 AEUV ist schließlich die Einhaltung des Verhältnismäßigkeitskriteriums, wobei fraglich ist, welcher Maßstab daran angelegt wird. Vielfach wird mit Blick auf den Ausnahmecharakter ein strenger Prüfungsmaßstab angelegt.[51] Letzteres ist auch die Sichtweise des Bundeskartellamtes:[52] Die Aufgaben der Gefahrenabwehr könnten auch ohne die in Rede ste- 27

46 EuGH Urt v 18.6.1991, C-260/89 – „ERT", Slg 1991, I-2951, Tz 33; hierzu *Dörr/Haus* JuS 2001, 313, 319; *Paulweber/Weinand* EuZW 2001, 232, 236.

47 EuGH Urt v 19.5.1993, C-320/91 – „Corbeau", Slg 1993, I-2563, Tz 13f; EuGH Urt v 23.10.1997, C-159/94 – „EDF", Slg 1997, I-5819, Tz 59.

48 EuGH Urt v 23.10.1997, C-159/94 – „EDF", Slg 1997, I-5819, Tz 101f, 113, mit zust Anm *Litpher* RdE 1998, 72, 73. Hierzu siehe ferner *Wernicke* in: Grabitz/Hilf, Das Recht der Europäischen Union, Stand Okt 2016 (60. Egl), AEUV Art 106, Rn 103; *Pielow* Grundstrukturen öffentlicher Versorgung, 2001, S 89ff; *Schneider* Liberalisierung der Stromwirtschaft durch regulative Marktorgansiation, 1999, S 393ff; *ders* DVBl 2000, 1250, 1254; *Storr*, DÖV 2002, 357, 363f. Für vollständige Darlegungslast der Mitgliedstaaten aber etwa *Emmerich/Hoffmann* in: Dauses, HdbEUWiR I, Stand Juni 2016 (40. Egl), H.II, Rn 189.

49 *Jung* in: Calliess/Ruffert, EUV/AEUV, 5. Aufl 2016, AEUV Art 106, Rn 56; *Mann* JZ 2002, 819, 823.

50 EuGH Urt v 23.10.1997, C-159/94 – „EDF", Slg 1997, I-5819, Tz 113.

51 EuG 1. Inst Urt v 27.2.1997, T-106/95 – „FFSA", Slg 1997, II-229, Tz 173; *Jung* in: Calliess/Ruffert, EUV/AEUV, 5. Aufl 2016, AEUV Art 106, Rn 35; *Schweitzer* Daseinsvorsorge, „service public", Universaldienst, 2001/2002, S 217; *Badura* ZGR 1997, 291, 302; *Mestmäcker* FS Zacher, 1998, 635, 641.

52 BKartA (Fn 28), Tz 570.

hende Beschränkung der Vertriebsmöglichkeiten erfüllt werden.[53] Die Ausführungen des Bundeskartellamtes zum kartellrechtswidrigen Verhalten der staatlichen Glücksspielunternehmen haben eine gewisse Bekräftigung durch den Bundesgerichtshof erfahren.[54] Schon in seinem Beschluss vom 8.5.2007 führte der BGH aus, dass unter ordnungsrechtlichen Gesichtspunkten Monopole in den einzelnen Bundesländern zulässig sein könnten, dass jedoch eine Gebietsabsprache wie im damaligen § 2 des Blockvertrages der Deutschen Lotto- und Totounternehmen (DLTB), die auf einen Ausschluss jeglichen – auch potentiellen – Wettbewerbs zwischen den Unternehmen gerichtet ist, mit Art 81 EG (= Art 101 AEUV) nicht vereinbar sei.[55] Das OLG *Düsseldorf* hat in einer Entscheidung vom 9.4.2014 diese Auffassung auch schadensersatzrechtlich bestätigt und der Klage einer gewerblichen Spielvermittlerin gegen die Landeslotteriegesellschaft NRW aufgrund der kartellrechtswidrigen Praxis stattgegeben.[56] Der BGH hat in der Revision dieses Urteils die Schadensersatzpflicht wegen kartellrechtswidriger Praxis dem Grunde nach bestätigt, das Urteil aber dennoch aufgehoben, da die vom Berufungsgericht getroffenen Feststellungen keine abschließende Entscheidung über die Schadenshöhe zuließen.[57]

4. Das Regionalitätsprinzip in den Glücksspielstaatsverträgen

28 Am 1.1.2008 trat der von allen Ländern unterzeichnete Glücksspielstaatsvertrag (GlüStV 2008) in Kraft. Dieser wurde durch den am 1.7.2012 in Kraft getretenen Ersten Glücksspieländerungsstaatsvertrag (GlüStV 2012) abgelöst,[58] dem nach der Aufgabe des Schleswig-Holsteinischen Sonderweges mit Wirkung zum 8.2.2013 mittlerweile wieder alle Bundesländer angehören.[59] In beiden Glücksspielstaatsverträgen identisch sind ua die folgenden Vorschriften, die die Veranstaltung bzw Vermittlung von Glücksspielen und den Veranstaltungs- bzw Vermittlungsbereich

---

53 BKartA (Fn 28) Tz 570 ff.

54 BGH Beschl v 8.5.2007, KVR 31/06 (ZfWG 2007, 269); BGH Beschl v 14.8.2008, KVR 54/07; vgl auch *Rossi* VerwArch 2013, 283, 289.

55 BGH ZfWG 2007, 269 (Tz 22 ff) mAnm *Hecker* ZfWG 2007, 276 f; BGH Beschl v 14.8.2008, KVR 54/07, juris Rn 23 ff; vgl auch *Ristelhuber/Schmitt* ZfWG 2007, 261 ff; *Jarass* ZfWG 2013, 1 (6 f).

56 OLG Düsseldorf Urt v 9.4.2014, VI-U (Kart) 10/12 (ZfWG 2014, 327), mAnm *Meinzenbach/Koch* ZfWG 2014, 286 ff.

57 BGH Urt v 12.7.2016, KZR 25/14 – „Lottoblock II", Tz 10 mAnm *Brinker*, BB 2016, 2194.

58 Vgl *Dietlein* in: Dietlein/Hecker/Ruttig, Glücksspielrecht, 2. Aufl 2013, Einf Rn 1.

59 Vgl Art 1 u 4 des Gesetzes zur Änderung glücksspielrechtlicher Gesetze vom 1.2.2013 (GVOBl SH S 64). Am 16.3.2017 unterzeichneten die Ministerpräsidenten der Länder den zweiten Glücksspieländerungsstaatsvertrag, der am 1.1.2018 in Kraft treten soll. Für die hier betrachteten Vorschriften ergeben sich dadurch jedoch allenfalls Änderungen bei der Zuständigkeit für das ländereinheitliche Verfahren nach § 9a Abs 2 Nr 3 GlüStV.

betreffen: § 4 Abs 1 sieht zentral die Erforderlichkeit einer Erlaubnis für die Veranstaltung bzw Vermittlung öffentlicher Glücksspiele vor. Nach § 9 Abs 4 ist die Gültigkeit der Erlaubnis räumlich auf das Gebiet eines Bundeslandes oder auf einen Teil davon beschränkt. § 3 Abs 4 definiert als Veranstaltungs- bzw Vermittlungsort den Ort, an dem einem Spieler die Möglichkeit zur Teilnahme am Spiel eröffnet wird.[60]

Mit der Beschränkung des räumlichen Geltungsbereiches einer Erlaubnis auf 29
das Gebiet bzw Teilgebiet eines Bundeslandes findet sich also auch im aktuellen Glücksspielstaatsvertrag eine Regionalisierungstendenz.[61] Zwar ist es gewerblichen Spielvermittlern nunmehr grundsätzlich möglich, Wetten auch länderübergreifend zu vermitteln. So könnte etwa ein Spielvermittler mit einer bayerischen und einer nordrhein-westfälischen Erlaubnis eine in Bayern abgegebene Wette an die nordrhein-westfälische Landeslottogesellschaft vermitteln. Eine solche Möglichkeit bestand nach der früheren Gebietsabsprache im Blockvertrag nicht.[62]

Die von einem Bundesland erteilte Erlaubnis gilt allerdings nur für das Gebiet 30
dieses Bundeslandes. Im ländereinheitlichen Verfahren erteilte Vermittlungserlaubnisse mit Geltung für alle Länder gibt es nur für die Lotterie-Einnehmer der Gemeinsamen Klassenlotterie der Länder (§ 9a Abs 1 GlüStV) und die Vermittlung von Pferdewetten im Internet (§ 9a Abs 2 Nr 3 Var 2 iVm § 27 Abs 2 S 2 GlüStV). Auch die im ländereinheitlichen Verfahren erteilte Sportwettenkonzession umfasst die Erlaubnis zur Vermittlung der Sportwetten im Internet (§ 10a Abs 4 S 1 GlüStV). Im Übrigen gilt: Will ein gewerblicher Spielvermittler Wetten oder Lotterien aus dem gesamten Bundesgebiet vermitteln, muss er hierfür 16 verschiedene Erlaubnisse einholen. Für die bundesweite Vermittlung über das Internet fallen noch einmal 16 Erlaubnisse an.[63] Eine gewisse Erleichterung für Spielvermittler schafft dabei § 19 Abs 2 GlüStV 2012: Danach werden die für die länderübergreifende Vermittlung erforderlichen Erlaubnisse gebündelt vom Land Niedersachsen erteilt. § 19 Abs 2 GlüStV 2012 stellt allerdings lediglich eine Erleichterung des bürokratischen Aufwands für den Spielvermittler im Erlaubnisverfahren dar. Von der grundsätzlichen materiellen Pflicht zur Einholung einer Erlaubnis für jedes einzelne Bundesland nach den dort jeweils vorgesehenen Bestimmungen befreit die Vorschrift nicht.[64]

---

60 Vgl zu den vorangegangenen rechtlichen Ausführungen *Rossi* VerwArch 2013, 283, 285.

61 Die nachfolgende Darstellung orientiert sich an den Aufsätzen von *Fuchs* ZWeR 2013, 233 ff und *Rossi* VerwArch 2013, 283 ff.

62 *Fuchs* ZWeR 2013, 233, 238.

63 *Fuchs* ZWeR 2013, 233, 236 f; *Rossi*, VerwArch 2013, 283, 285.

64 *Schmitt* in Dietlein/Hecker/Ruttig, Glücksspielrecht, 2. Aufl 2013, GlüStV § 19, Rn 35; LT-Drs Bay 16/11995, S 29.

31 Zudem kann ein Bundesland unter ordnungsrechtlichen Gesichtspunkten die Annahme von Spielen aus anderen Bundesländern einschränken.[65] Auch kann in der Verwaltungspraxis die Erlaubniserteilung mit einer Nebenbestimmung dahingehend versehen werden, dass eine länderübergreifende Abgabe der Scheine unzulässig ist.[66] Von der theoretisch bestehenden Möglichkeit, die Erlaubnis für die Veranstaltung von Lotterien bzw Sportwetten in einem anderen als dem heimatlichen Bundesland einzuholen, hat keine Landeslotteriegesellschaft bislang Gebrauch gemacht.[67]

32 Im Bereich der nach dem Ersten Glücksspieländerungsstaatsvertrag grundsätzlich erlaubnisfähigen Lotterievermittlung über das Internet (§ 4 Abs 5 GlüStV 2012) erhalten die gewerblichen Spielevermittler außerdem Konkurrenz durch die gemeinsame Vermittlungsplattform der Länder (www.lotto.de). Auch hier findet sich das Regionalitätsprinzip wieder: Nutzer der Plattform werden lokalisiert, um eine Zuordnung der abgegebenen Wette zu der entsprechenden Landeslotteriegesellschaft vornehmen zu können. Die Vertriebskooperation der Länder über diese Plattform droht daher auch im Online-Bereich eine daneben bestehende länderübergreifende gewerbliche Spielvermittlung zu beeinträchtigen, zumal Werbung für die Plattformdomain weit verbreitet ist.[68]

33 Das Bundesverfassungsgericht hat im Regionalitätsprinzip des Glücksspielstaatsvertrages (hier: § 9 Abs 4 S 1 GlüStV 2008) mit den daraus resultierenden Beeinträchtigungen für gewerbliche Spielvermittler keinen unangemessenen Eingriff in die Berufsfreiheit gesehen.[69] Dem schließt sich die einfach-gerichtliche Recht-

---

65 BGH ZfWG 2007, 269, 274 (Tz 42); BGH Beschl v 14.8.2008, KVR 54/07, juris Rn 77 ff.

66 *Fuchs* ZWeR 2013, 233, 244 f.

67 Eine solche Möglichkeit mag im Einzelfall aufgrund einer landesgesetzlich angeordneten überwiegenden Beteiligung des jeweiligen Bundeslandes an der Lotteriegesellschaft nicht bestehen, vgl *Mailänder* ZfWG 2012, 314, 319 f.

68 Vgl zu dem vorstehenden Abschnitt ausführlich *Fuchs* ZWeR 2013, 233, 237 ff. Gegen eine unzulässige Wettbewerbsbeschränkung durch die Internet-Plattform des Deutschen Lotto- und Totoblocks allerdings OLG Celle Urt v 22.5.2014, 13 U 145/13 (Kart), juris Rn 38 ff: Angesichts der Genehmigungspraxis der Bundesländer finde ohnehin kein Nachfragewettbewerb zwischen den Landeslotteriegesellschaften nach gewerblicher Spielvermittlung statt und für eine Änderung der Genehmigungspraxis lägen keine konkreten Anhaltspunkte vor, sodass ein solcher Wettbewerb auch nicht mit hinreichender Wahrscheinlichkeit zu erwarten sei. Die Beschränkung der Vermittlung über die gemeinsame Internet-Plattform der Länder auf das jeweilige Landesgebiet könne indessen unter ordnungsrechtlichen Gesichtspunkten gerechtfertigt werden (bestätigend *Mailänder* ZfWG 2015, 330, 335). Nach Auffassung des OLG Brandenburg (Urt v 22.11.2011, Kart U 4/09, juris Rn 80 ff) kann eine Landeslottogesellschaft außerdem kartellrechtsgemäß unter ordnungsrechtlichen Gesichtspunkten von einer Ausdehnung ihres Angebots auf Spielteilnehmer aus anderen Bundesländern absehen, wenn ihr der Internetvertrieb im eigenen Bundesland untersagt wird (insofern bestätigend BGH ZfWG 2013, 417, 420 [Tz 33 f] – „Anybet").

69 BVerfG Beschl v 14.10.2008, 1 BvR 928/08, Tz 53; vgl auch *Mailänder* ZfWG 2008, 407 ff; *Jarass* ZfWG 2013, 1 (9 f); *Meinzenbach/Koch* ZfWG 2014, 286, 287.

sprechung an.[70] Die Gerichte sehen überdies in der Regionalisierung der Spielvermittlungsmärkte schon deswegen keinen Verstoß gegen die kartellrechtlichen Bestimmungen des Europarechts, weil diese keine Folge eines wirtschaftlichen Verhaltens der Landeslottogesellschaften, sondern einer legislativen Entscheidung sei. Die Festschreibung des Regionalitätsprinzips im Glücksspielstaatsvertrag sei jedoch ordnungspolitisch, nicht wettbewerbsrechtlich motiviert und daher nicht kartellrechtsrelevant.[71]

Auch das Bundeskartellamt nimmt immerhin an, dass die Möglichkeit einer Er- 34
laubnisversagung durch ein Bundesland für den Vertrieb von Glücksspielen, deren Veranstaltung in einem anderen Bundesland genehmigt wurde, aus (rein) ordnungsrechtlichen Gründen mit Art 81 EG (= Art 101 AEUV) vereinbar sei.[72] Im Übrigen verstoße es aber gegen Art 81 EG (= Art 101 AEUV), den Vertrieb solcher Glücksspiele in einem anderen Bundesland von einer Erlaubnis abhängig zu machen und die Erlaubnis auch aus anderen als rein ordnungsrechtlichen Gründen versagen zu können, insbesondere, wenn lediglich eine Marktaufteilung bezweckt werde.[73]

5. Weitere kartellrechtliche Aspekte des Lotterierechts

a) Vertriebsweg

Nach einer Entscheidung des BGH von März 2008 stehen Vorgaben des staatlichen 35
Anbieters hinsichtlich eines bestimmten Vertriebswegs an seine Handelsvertreter kartellrechtlichen Vorschriften nicht entgegen.[74] Im konkreten Fall hatte die Staatliche Lotterieverwaltung Bayern den Betreibern von Wettannahmestellen eine Internet-Plattform zur Verfügung gestellt, über die die Kunden direkt mit der Lotterieverwaltung selbst in geschäftlichen Kontakt treten konnten. Die Betreiber hatten im

70 VG Hannover ZfWG 2009, 133, 142 f; OVG SaAnh ZfWG 2009, 355, 361 f; VG Hannover ZfWG 2010, 190, 196 f; VG Regensburg Urt v 21.10.2010, RO 5 K 10.31 (red Leits u Kurzwgb in ZfWG 2011, 75), juris Rn 70; VG Wiesbaden Urt v 6.1.2011, 5 K 9/11.WI, juris Rn 75 f; VG Wiesbaden Urt v 17.2.2011, 5 K 122/09.WI (red Leits u Kurzwgb in ZfWG 2011, 150 f), juris Rn 84 f; VG Saarlouis Urt v 19.1.2012, 6 K 521/10 (red Leits u Kurzwgb in ZfWG 2012, 151), juris Rn 92, 136; VG Leipzig Urt v 20.9.2012, 5 K 948/10 (amtl Leits in ZfWG 2013, 74), juris Rn 82 ff; VG Regensburg Urt v 28.2.2013, RO 5 K 12.1196 (red Leits u Kurzwgb in ZfWG 2013, 227 f), juris Rn 128; VG Hamburg Urt v 3.7.2014, 4 K 2865/12, juris Rn 81 ff.

71 BayVGH ZfWG 2009, 27, 45 (Tz 123); VG Regensburg Urt v 21.10.2010, RO 5 K 10.31 (red Leits u Kurzwgb in ZfWG 2011, 75), juris Rn 71; VG Wiesbaden Urt v 6.1.2011, 5 K 9/11.WI, juris Rn 77; VG Wiesbaden Urt v 17.2.2011, 5 K 122/09.WI (red Leits u Kurzwgb in ZfWG 2011, 150 f), juris Rn 86 f; VG Regensburg Urt v 28.2.2013, RO 5 K 12.1196 (red Leits u Kurzwgb in ZfWG 2013, 227 f), juris Rn 129; VG Hamburg Urt v 3.7.2014, 4 K 2865/12, juris Rn 85.

72 Vgl oben III. 1. u BKartA (Fn 28), Tz 583.

73 BKartA (Fn 28) Tz 583; vgl dazu auch *Rossi* VerwArch 2013, 283, 289.

74 BGH Urt v 4.3.2008, KZR 36/05, juris Rn 40.

Wege der Klage ihr Interesse daran geltend gemacht, die Wetten selbst entgegenzunehmen und (nur) gegen eine Provision an die Lotterieverwaltung weiterzuleiten. Eine Ungleichbehandlung oder unbillige Behinderung gegenüber anderen Annahmestellen sah der BGH darin nicht.[75] In europarechtlicher Hinsicht interessant sind die Ausführungen des BGH zur Gruppenfreistellungsverordnung Nr 2790/1999. Diese sei wegen der Eingliederung der Betreiber der Annahmestellen in die Vertriebsorganisation der Staatlichen Lotterieverwaltung nicht anwendbar.[76] Die Verordnung wurde mittlerweile durch Verordnung (EU) Nr 330/2010 vom 20.4.2010 abgelöst. Die Argumentation mit der fehlenden Vertikalität im Verhältnis zwischen Annahmestellen und Lotterieverwaltung dürfte hier aber ebenso gelten.

b) Informationspflicht gemäß § 19 Abs 1 Nr 1 S 3 GlüStV

36 Einer Entscheidung des Kartellsenats des OLG Düsseldorf von Juni 2007 zur Informationspflicht gemäß § 14 Abs 2 Nr 3 S 2 LottStV (jetzt: § 19 Abs 1 Nr 1 S 3 GlüStV) zufolge steht Art 81 Abs 1 EG (= Art 101 Abs 1 AEUV) dieser Informationspflicht nicht entgegen.[77] Diese diene allein dem Schutz des Spielers und erleichtere keine kartellrechtlichen Absprachen zwischen Anbietern.[78]

IV. Unionsrechtlicher Staatshaftungsanspruch

37 In Deutschland haben Glücksspielanbieter, die von staatlichen Restriktionen wie Schließungsverfügungen betroffen sind, auf den unionsrechtlichen Staatshaftungsanspruch gestützte Schadensersatzklagen angekündigt und teils bereits geltend gemacht.[79] Insbesondere musste sich die Rechtsprechung verschiedentlich mit der Frage auseinandersetzen, ob angesichts der Unionsrechtswidrigkeit des Sportwettenmonopols behördliche Untersagungsverfügungen gegen private Sportwettenanbieter nationale oder gemeinschafsrechtliche Staatshaftungsansprüche auslösen. Es ist ein allgemeiner Grundsatz des Unionsrechts, dass die Mitgliedstaaten zum Ersatz derjenigen Schäden verpflichtet sind, die dem Einzelnen oder Unternehmen durch deren Verstöße gegen das Unionsrecht entstanden sind.

---

75 BGH Urt v 4.3.2008, KZR 36/05, juris Rn 40. Vgl dagegen zum Missbrauch einer marktbeherrschenden Stellung durch Kündigung eines Spielvermittlungsvertrages und Schließung der zur Spielvermittlung genutzten elektronischen Schnittstelle durch eine Landeslottogesellschaft OLG Brandenburg Urt v 31.3.2009, Kart U 4/08.

76 BGH Urt v 4.3.2008, KZR 36/05, juris Rn 40.

77 OLG Düsseldorf Urt v 6.6.2007, VI-U (Kart) 26/06.

78 OLG Düsseldorf Urt v 6.6.2007, VI-U (Kart) 26/06, juris Rn 52ff.

79 *FAZ* Nr 184 v 10.8.2006, S 11.

Ausgehend von der sog „Francovich-Doktrin“[80] haben drei Voraussetzungen vorzuliegen:[81] Erstens muss die verletzte Norm, auf welche die Klage gestützt ist, dem Einzelnen ein subjektives Recht verleihen, was für die Dienst- und die Niederlassungsfreiheit nach Art 49 und 43 EG (= Art 56, 49 AEUV) zutrifft. Zweitens muss der Verstoß hinreichend qualifiziert sein,[82] was bei offenkundigen Verstößen zu bejahen, dagegen bei einem entschuldbaren Rechtsirrtum oder bei einer vertretbaren Auslegung unionsrechtlicher Normen zu verneinen ist. 38

Ein Indiz für letzteren Fall kann sein, wenn (nahezu) alle Mitgliedstaaten die gleiche Auslegung zugrunde legen.[83] Mit Blick auf die Verletzung der Grundfreiheiten steht die Wertung im Vordergrund, ob die staatlichen Restriktionen verhältnismäßig sind. Angesichts der Offenheit dieser Wertung wäre die hinreichende Qualifizierung eines etwaigen Verstoßes nicht ohne weiteres zu begründen. Schließlich hat zwischen dem Verstoß gegen die dem Staat obliegende Verpflichtung und dem den Geschädigten entstandenen Schaden ein unmittelbarer Kausalzusammenhang zu bestehen.[84] Ersatzfähig ist im Ergebnis das positive Interesse, von dem auch entgangene Gewinne erfasst sind. Soweit ein unionsrechtlicher Schadensersatzanspruch besteht, ist er durch deutsches Recht zu konkretisieren (Art 34 GG, § 839 BGB), welches jedoch unionrechtlich überlagert wird, dh durch seine Anforderungen den Anspruch nicht ins Leere laufen lassen darf. Die im deutschen Recht vorgesehene Pflicht zur Schadensminderung ist mit dem Unionsrecht vereinbar. Der Geschädigte muss daher alles tun, was möglich ist, um den Schaden abzuwehren, insb gerichtliche Rechtsbehelfen einlegen, was bei der Fülle an nationalen Verfahren gegen Ordnungsverfügungen kaum einen Ausschlussgrund darstellen wird.[85] Die Haftungsvoraussetzungen sind grundsätzlich durch die innerstaatlichen Gerichte, in Deutschland die ordentlichen Gerichte, zu beurteilen,[86] wobei es in der Praxis aber häufig vorkommt, dass sich der EuGH selbst in einem Verfahren hierzu äußert.[87] 39

In den Fällen von Untersagungsverfügungen gegen private Sportwettenanbieter wurde von der Rechtsprechung das Vorliegen eines qualifizierten Verstoßes regelmäßig verneint.[88] Zur Begründung wird angeführt, dass die zuständigen Behörden 40

---

80 EuGH Urt v 19.11.1991, C-6/90 u C-9/90 – „Francovich“, Slg 1991, I-5357, Tz 33.

81 Vgl zu den Voraussetzungen *Pagenkopf* ZfWG 2012, 77, 85f.

82 Hierzu ausführlich *Kim/Dübbers* ZfWG 2006, 107, 114.

83 Näher *Haratsch/Koenig/Pechstein* Europarecht, 10. Aufl 2016, Rn 641.

84 EuGH Urt v 5.3.1996, C-46/93 u C-48/93 – „Brasserie du pêcheur und Factortame“, Slg 1996, I-1029, Tz 51.

85 Vgl nur OVG NRW ZfWG 2006, 144ff; VG Koblenz ZfWG 2006, 181ff; VG Dresden ZfWG 2006, 262ff.

86 EuGH Urt v 26.3.1996, C-392/93 – „British Telecommunications“, Slg 1996, I-1631, Tz 41.

87 EuGH Urt v 30.9.2003, C-224/01 – „Köbler“, Slg 2003, I-10239, Tz 101ff; EuGH Urt v 17.10.1996, C-283/94, C-291/94 u C-292/94 – „Denkavit“, Slg 1996, I-5063, Tz 49.

88 Dazu *Itzel*, MDR 2016, 195, 195f.

eine mögliche Unionsrechtswidrigkeit des Sportwettenmonopols angesichts der unklaren Rechtslage jedenfalls nicht schuldhaft verkannt hätten.[89]

41 Dem ist zuzustimmen. Zwar hatte das Bundesverfassungsgericht bereits 2006 im sog Sportwettenurteil die Grundrechtswidrigkeit des bayerischen Sportwettenmonopols angenommen und dabei im Wesentlichen die vom Europäischen Gerichtshof in der Gambelli-Entscheidung entwickelten Leitlinien übernommen.[90] Danach sei ein Sportwettenmonopol nur dann mit Niederlassungs- und Dienstleistungsfreiheit vereinbar, wenn es nach seiner konkreten Ausgestaltung tatsächlich den Zielen des Spielerschutzes und der Suchtbekämpfung Rechnung trage, mit denen es gerechtfertigt wird.[91] Das Bundesverfassungsgericht hatte zugleich dem Gesetzgeber eine Übergangsfrist zur Ausgestaltung eines in diesem Sinne konsistenten Regelungswerkes bis zum 31.12.2007 gesetzt.[92] Für die Behörden war allerdings auch nach Inkrafttreten des ersten Glücksspielstaatsvertrages am 1.1.2008 angesichts der komplizierten Begrifflichkeiten schwer erkennbar, ob das dort geregelte Sportwettenmonopol den europarechtlichen Vorgaben genügte.[93] Nach der vom BGH in einer Entscheidung vom 16.4.2015 noch einmal wiederholten Auffassung der Rechtsprechung sei erst mit den Entscheidungen *Winner Wetten*[94] und *Markus Stoß*[95] des EuGH deutlich geworden, dass die Ausgestaltung des Sportwettenmonopols im Glücksspielstaatsvertrag nicht notwendig mit Grundfreiheiten vereinbar sei.[96] In der konkreten Entscheidung nahm der BGH allerdings auch für den Zeitraum ab dem 8.9.2010, dem Zeitpunkt der vorgenannten EuGH-Entscheidungen, keinen qualifizierten Verstoß der Behörde durch das Unterlassen der Aufhebung der in Betracht stehenden Untersagungsverfügungen gegen den Betrieb einer Sportwettenannahmestelle an.[97] Ein Erlaubnisvorbehalt für die Tätigkeit als Wettanbieter und Beschränkungen auf bestimmte Wettarten seien

---

89 Vgl etwa OLG Düsseldorf Urt v 31.8.2016, I-18 U 217/07, 18 U 217/07; LG Hamburg Urt v 12.2.2016, 303 O 500/10; BGH Urt v 18.10.2012, III ZR 197/11; OLG Koblenz Urt v 22.8.2013, 1 U 551/12; OLG Hamm Urt v 3.5.2013, I-11 U 88/11; OLG Köln Urt v 3.5.2012, I-7 U 194/11; OLG Zweibrücken Beschl v 6.3.2013, 6 W 21/12; OLG Köln Urt v 23.2.2012, I-7 U 99/11; OLG Braunschweig Beschl v 5.5.2011, 3 W 24/11.

90 BVerfG Urt v 28.3.2006, 1 BvR 1054/01.

91 BVerfG Urt v 28.3.2006, 1 BvR 1054/01, Tz 119.

92 BVerfG Urt v 28.3.2006, 1 BvR 1054/01, Tz 156.

93 Vgl in jüngerer Zeit LG Hamburg Urt v 12.2.2016, 303 O 500/10, juris Rn 31; BGH Urt v 16.4.2015, III ZR 333/13, juris Rn 27; VGH BW Urt v 22.1.2015, 6 S 2234/13, juris Rn 26 f; ferner *Krewer/Untersteller* ZfWG 2012, 94, 101.

94 EuGH Urt v 8.9.2010, C-409/06 – „Winner Wetten", Slg 2010, I-8015.

95 EuGH Urt v 8.9.2010, C-316/07 ua – „Markus Stoß", Slg 2010, I-8069.

96 BGH Urt v 16.4.2015, III ZR 333/13, juris Rn 27; vgl ferner etwa BGH VersR 2013, 188, 191 (= Urt v 18.10.2012, III ZR 197/11); OLG Hamm Urt v 3.5.2013, I-11 U 88/11, juris Rn 63; OLG Köln Urt v 3.5.2012, I-7 U 194/11, juris Rn 28.

97 BGH Urt v 16.4.2015, III ZR 333/13, juris Rn 28; ebenso LG Hamburg Urt v 12.2.2016, 303 O 500/10, juris Rn 32.

auch nach der Rechtsprechung des EuGH möglich. Für einen Anspruch auf Erteilung einer Vermittlungserlaubnis für das von ihnen vermittelte Wettangebot sei aber von den Klägern nichts dargelegt.[98] Damit greift der BGH die wiederholt vom EuGH vertretene Auffassung auf, dass den Mitgliedstaaten zur Verfolgung der „richtigen“ Ziele wie insb der Suchtbekämpfung die Wahl der Mittel in gewissem Rahmen freistehe.[99] Erst recht ist also für den Zeitraum ab Inkrafttreten des Ersten Glücksspieländerungsstaatsvertrages am 1.7.2012 regelmäßig kein qualifizierter Verstoß durch ein Vorgehen gegen Annahmestellen eines ohne Erlaubnis operierenden Sportwettanbieters anzunehmen. Denn für diesen Zeitraum erfolgte überdies eine – wenn auch faktisch niemals zum angestrebten Erfolg gelangte – beschränkte Öffnung des Sportwettenmarktes für private Anbieter.[100]

V. Sekundärrecht

Eine umfassende sekundärrechtliche Umrahmung des Glücksspielrechts gibt es nicht und wird es vermutlich auch bis auf Weiteres nicht geben. Einige grundlegende Richtlinien für den Binnenmarkt klammern Glücksspiele explizit aus (unten 2., 5. und 7.). Dennoch hält das Sekundärrecht zunehmend häufiger Aussagen zum Glücksspielrecht bereit. 42

1. RL 98/34/EG

Hinzuweisen ist zunächst auf die RL 98/34/EG (idFd RL 98/48/EG) über ein Informationsverfahren auf dem Gebiet der Normen und technischen Vorschriften.[101] Art 8 RL 98/34/EG verpflichtet die Mitgliedstaaten zur Notifizierung neuer technischer und rechtlicher Vorschriften mit Relevanz für die Dienste der Informationsgesellschaft.[102] 43

Auf den ersten Blick handelt es sich um eine abseits gelegene Richtlinie, deren Regelungsansatz eher technisch ausgerichtet ist. Die Kommission nutzt sie gleich- 44

98 BGH Urt v 16.4.2015, III ZR 333/13, juris Rn 28.

99 BGH Urt v 16.4.2015, III ZR 333/13, juris Rn 28 verweist ausdrücklich auf EuGH Urt v 8.9.2010, C-46/08 – „Carmen Media“, Slg 2010, I-8149, Rn 84ff und 102ff. Vgl im letztgenannten Urt außerdem Rn 46 mwVw; ferner unten VI. 3.

100 So auch LG Hamburg Urt v 12.2.2016, 303 O 500/10, juris Rn 33.

101 RL 98/34/EG v 22.6.1998 über ein Informationsverfahren auf dem Gebiet der Normen und technischen Vorschriften (ABl EG L 204/37 v 21.7.1998), RL 98/48/EG vom 20.7.1998 zur Änderung der RL 98/34/EG (ABl EG L 217/18 v 5.8.1998).

102 Siehe hierzu EuGH Urt v 26.10.2006, C-65/05 – Kommission ./. Griechenland, ZfWG 2007, 22 (Tz 58ff).

wohl als Hebel zur umfassenden inhaltlichen Prüfung nationaler Vorschriften zum Glücksspielrecht. So meldete sie im Notifizierungsverfahren zum Entwurf des aktuellen Glücksspielstaatsvertrages am 20.3.2012 Bedenken hinsichtlich dessen Unionsrechtskonformität insbesondere im Hinblick auf die Kohärenz des (grundsätzlichen) Online-Verbotes an.[103] Von den Ländern sei zu prüfen, ob kriminelle Handlungen in spezifischem Zusammenhang mit Online-Glücksspiel stünden, ob eine besondere Suchtgefährdung in diesem Bereich bestehe und ob diesen Problemen durch das Verbot wirksam begegnet werden könne.[104] Der Entwurf ist allerdings ohne einen entsprechenden Nachweis durch die Länder in Kraft getreten – ohne dass die Kommission später dagegen protestiert hätte.[105]

45 Kritisch urteilte auch der EuGH in der Rechtssache *Ince* im Hinblick auf die Aufrechterhaltung des Glücksspielstaatsvertrages in Bayern durch das entsprechende Landesausführungsgesetz[106] nach Ablauf der in § 28 Abs 1 GlüStV 2008 geregelten Vierjahresfrist.[107] Demnach sei der Entwurf des Landesausführungsgesetzes gem Art 8 Abs 1 RL zu notifizieren, soweit er technische Vorschriften iSv Art 1 RL enthalte.[108] Die unter Verletzung dieser Pflicht erlassenen Vorschriften könnten daher einem Einzelnen nicht im Rahmen eines Strafverfahrens entgegengehalten werden.[109] Eine Erlaubnispflichtigkeit von bzw ein staatliches Monopol für Sportwetten seien allerdings keine notifizierungspflichtigen Vorschriften.[110]

46 Die zuletzt in der Rechtssache *M. und S.*[111] erfolgten differenzierten Ausführungen des EuGH zur fehlenden Notifizierungspflicht einer Regelung, die für den Betrieb von Spielautomaten das Innehaben einer Spielkasinokonzession voraussetzt,[112] zeigen einmal mehr die anhaltende Bedeutung der RL 98/34/EG für den Glücksspielbereich.[113]

---

103 *Fischer* CR 2014, 587, 588f; *Koenig/Bovelet-Schober* ZfWG 2012, 164, 164f; vgl zum Gang des Verfahrens auch *Dietlein* in: Dietlein/Hecker/Ruttig, Glücksspielrecht, 2. Aufl 2013, Einf Rn 27; zum vorangegangenen und von der Kommission beanstandeten Entwurf vom 18.7.2011 *Dünchheim/Sadowski* ZfWG 2011, 322ff.

104 *Koenig/Bovelet-Schober* ZfWG 2012, 164, 165.

105 *Fischer* CR 2014, 587, 589.

106 Vgl LT-Drs Bay 16/11995, S 16.

107 EuGH Urt v 4.2.2016, C-336/14 – „Ince“, ECLI:EU:C:2016:72.

108 EuGH Urt v 4.2.2016, C-336/14 – „Ince“, ECLI:EU:C:2016:72, Tz 84.

109 EuGH Urt v 4.2.2016, C-336/14 – „Ince“, ECLI:EU:C:2016:72, Tz 84.

110 EuGH Urt v 4.2.2016, C-336/14 – „Ince“, ECLI:EU:C:2016:72, Tz 76; vgl insofern auch die Schlussanträge des Generalanwalts *Szpunar* v 22.10.2015, C-336/14, Tz 61ff.

111 EuGH Urt v 13.10.2016, C-303/15 – „M. und S.“, ECLI:EU:C:2016:771.

112 EuGH Urt v 13.10.2016, C-303/15 – „M. und S.“, ECLI:EU:C:2016:771, Tz 29; vgl außerdem Tz 26 des vorgenannten Urteils zu den Voraussetzungen der Notifizierungspflicht einer Regelung, die die Veranstaltung von Roulette-, Karten-, Würfel- und Automatenspielen Spielkasinos vorbehält (mwN).

113 Vgl auch anhängig (Stand: 10.4.2017) EuGH C-255/16 – „Falbert ua“.

2. RL 2000/31/EG (e-commerce-Richtlinie)

Beispielhaft für die bisherige sekundärrechtliche Zurückhaltung gegenüber dem Glücksspielrecht ist die RL 2000/31/EG über den elektronischen Geschäftsverkehr vom 8.6.2000, sog e-commerce-RL.[114] Die Richtlinie des Europäischen Parlaments und des Rates dient der Förderung des freien Dienstleistungsverkehrs im Bereich der Teledienste durch Statuierung des sog Herkunftslandsprinzips. Dieses beinhaltet die Anerkennung mitgliedstaatlicher behördlicher Zulassungen auch bei Tätigwerden in einem anderen EU-Mitgliedstaat.[115] In Art 1 Abs 5 lit d der Richtlinie werden Glücksspiele aber ausdrücklich vom Herkunftslandsprinzip ausgeklammert. Dies bedeutet, dass zB ein in Irland zugelassenes Wettunternehmen sich mit Blick auf Online-Wettangebote in Deutschland nicht auf die irische Zulassung berufen kann, vielmehr eine gesonderte deutsche Zulassung benötigt. In dieser Richtlinie akzeptiert der Unionsrechtsgeber damit, dass es keinen europaweiten Binnenmarkt für Glücksspiele gibt, belässt vielmehr den nationalen Gesetzgebern Spielräume zur jeweiligen Ausgestaltung des Glücksspielrechts. 47

3. RL 2005/60/EG (Geldwäscherichtlinie)

Auf besondere Sachprobleme zugeschnittene Richtlinien kennen hingegen schon seit längerem die Einbeziehung glücksspielrechtlicher Sachverhalte in ihren Anwendungsbereich, so etwa die Richtlinie 2005/60/EG vom 26.10.2005, die als dritte Geldwäscherichtlinie an die Stelle ihrer Vorgängerrichtlinie 91/308/EWG trat (vgl Art 44 Abs 1 RL 2005/60/EG). Letztere sah bereits nach ihrer zwischenzeitlichen Reform durch Richtlinie 2001/97/EG vom 4.12.2001 in dem neu eingefügten Art 2a Nr 7 Spielbanken als Verpflichtete im Sinne der Richtlinie an. Damit waren die Mitgliedstaaten verpflichtet, gesetzliche Regelungen zu schaffen, die Spielbanken die in der Richtlinie näher geregelten Sorgfaltspflichten zur Verhinderung und Bekämpfung von Geldwäsche auferlegen. Insbesondere war für Spielbanken eine Pflicht zur Identifizierung von Kunden vorgesehen, die Spielmarken im Wert von 1.000 Euro oder mehr kaufen oder verkaufen (vgl Art 3 Abs 5 RL 91/308/EWG idFv 4.12.2001). Mit der dritten Geldwäscherichtlinie wurde diese Grenze auf 2.000 Euro angehoben (Art 10 Abs 1 RL 2005/60/EG). 48

Die dritte Geldwäscherichtlinie und Richtlinie 2006/70/EG vom 1.8.2006, die Durchführungsbestimmungen zur dritten Geldwäscherichtlinie enthielt, sind mitt- 49

114 RL 2000/31 EG des Europäischen Parlaments. und des Rates v 8.6.2000 über best rechtl Aspekte der Dienste der Informationsgesellschaft, insb des elektron Geschäftsverkehrs im Binnenmarkt, ABl L 178/1.

115 Vgl *Kugelmann* EuZW 2005, 327.

lerweile durch die vierte Geldwäscherichtlinie vom 20.5.2015 (RL (EU) 2015/849) abgelöst worden (vgl Art 66 Abs 1 RL).[116] Die vierte Geldwäscherichtlinie sieht allgemein Anbieter von Glücksspieldiensten als Verpflichtete iSd Richtlinie an (Art 1 Abs 3 lit f RL) und ist damit in Bezug auf den Glücksspielbereich weiter gefasst als ihre Vorgänger, die (nur) Kasinos als Verpflichtete regelten. Art 2 Abs 2 S 1 räumt den Mitgliedstaaten jedoch die Möglichkeit ein, Anbieter von Glücksspieldiensten – mit Ausnahme von Kasinos – von der Anwendung der nationalen Umsetzungsvorschriften auszunehmen, wenn das Risiko des Missbrauchs der betreffenden Dienstleister zu Zwecken der Geldwäsche oder der Terrorismusfinanzierung gering ist. Die am 26.6.2017 in Kraft getretene Neufassung des Geldwäschegesetzes, mit der die vierte Geldwäscherichtlinie in nationales Recht umgesetzt wurde, macht davon in Bezug auf Betreiber gewerblicher Geldspielgeräte, Totalisatorvereine nach § 1 RWG, staatliche terrestrische Lotterien und Soziallotterien Gebrauch (vgl § 2 Abs 1 Nr 15 GWG).

4. RL 2006/112/EG (Mehrwertsteuerrichtlinie)

50 Art 135 Abs 1 lit i RL 2006/112/EG sieht vor, dass die Mitgliedstaaten „unter den Bedingungen und Beschränkungen, die von jedem Mitgliedstaat [selbst] festgelegt werden“ Wetten, Lotterien und sonstige Glücksspiele mit Geldeinsatz von der Umsatzsteuer befreien. In der Grundsatzentscheidung *Leo-Libera*[117] zur Auslegung dieses Artikels entschied der EuGH, dass er den Mitgliedstaaten einen weiten Gestaltungsspielraum bei der Umsatzsteuerbefreiung von Glücksspielen und insbesondere die Möglichkeit zur Umsatzsteuerbefreiung (nur) bestimmter Glücksspiele einräume. Dem stehe auch der Grundsatz der Steuerneutralität nicht entgegen, sofern keine Ungleichbehandlung gleichartiger und daher miteinander in Wettbewerb stehender Glücksspiele vorliege.

51 In Deutschland sind gemäß § 4 Nr 9 lit b UStG grundsätzlich Umsätze steuerbefreit, die unter das Rennwett- und Lotteriegesetz (RWG) fallen. Dies gilt allerdings nicht für Umsätze, die von der Rennwett- und Lotteriesteuer befreit sind oder von denen diese Steuer allgemein nicht erhoben wird (S 2). Die früher ebenfalls in § 4 Nr 9 lit b UStG geregelte Steuerbefreiung für Umsätze öffentlicher Spielbanken wurde durch Art 2 des Gesetzes zur Eindämmung missbräuchlicher Steuergestaltungen vom 28.4.2006 (BGBl I S 1095) gestrichen. Hintergrund war ein vorangegangenes Urteil des EuGH zum wortgleichen Art 13 Teil B lit f der Vorgängerrichtlinie 77/388/EWG.[118] Hier hatte der EuGH eine Gleichartigkeit von typischen Casinospielen, die

116 Vgl Wessing BB Die erste Seite 2015, Nr 32 sowie BB 2015, 1705, 1706.
117 EuGH Urt v 10.6.2010, C-58/09 – „Leo-Libera“, Slg 2010, I-5189.
118 EuGH Urt v 17.2.2005, C-453/02 – „Linneweber und Akritidis“, Slg 2005, I-1131.

außerhalb einer Spielbank veranstaltet werden, und von einer öffentlichen Spielbank veranstalteten Spielen angenommen. Eine Steuerbefreiung (nur) für Umsätze öffentlicher Spielbanken verletze daher den Grundsatz der Steuerneutralität.[119]

Hinsichtlich der vergnügungssteuerlichen Ungleichbehandlung von Spielhallen und Spielbanken – nur Spielautomaten in Spielhallen unterliegen der Vergnügungssteuer – erachtet der EuGH den Grundsatz der steuerlichen Neutralität nicht für einschlägig.[120] Art 401 iVm Art 135 Abs 1 lit i RL 2006/112/EG sei dahingehend auszulegen, dass die Mehrwertsteuer und eine innerstaatliche Sonderabgabe auf Glücksspiele kumulativ erhoben werden dürften, sofern die Sonderabgabe nicht den Charakter einer Umsatzsteuer habe.[121] Letzteres sei bei der Vergnügungssteuer unstreitig der Fall.[122] Auch die nationale Rechtsprechung sieht in der vergnügungssteuerlichen Ungleichbehandlung weder einen Verstoß gegen Art 3 Abs 1 GG noch gegen die unionsrechtlichen Vorgaben.[123] 52

5. RL 2006/123/EG (Dienstleistungsrichtlinie)

Vom Anwendungsbereich der am 28.12.2006 in Kraft getretenen Richtlinie über Dienstleistungen im Binnenmarkt[124] sind Glücksspiele ausgeschlossen. In einem früheren Entwurf[125] war die Ausnahme des Glücksspielsektors gem Art 18 noch als vorübergehend angedacht. Aufgrund der erwarteten Widerstände in Rat und Parlament war die Kommission jedoch schnell bereit, Glücksspiele dauerhaft aus der Dienstleistungsrichtlinie auszuklammern.[126] Der Grund für die Ausnahme der Glücksspiele einschließlich Lotterien und Wetten liegt in der spezifischen Natur dieser Tätigkeiten, die von Seiten der Mitgliedstaaten Politikansätze zum Schutz der öffentlichen Ordnung und zum Schutz der Verbraucher bedinge.[127] 53

119 EuGH Urt v 17.2.2005, C-453/02 – „Linneweber und Akritidis", Slg 2005, I-1131, Tz 30.

120 Vgl EuGH Urt v 24.10.2013, C-440/12 – „Metropol Spielstätten", ECLI:EU:C:2013:687, Tz 30.

121 EuGH Urt v 24.10.2013, C-440/12 – „Metropol Spielstätten", ECLI:EU:C:2013:687, Tz 32.

122 EuGH Urt v 24.10.2013, C-440/12 – „Metropol Spielstätten", ECLI:EU:C:2013:687, Tz 31.

123 In jüngerer Zeit etwa OVG Nds Urt v 28.11.2016, 9 LC 335/14 juris Rn 73 ff mwVw; OVG NRW Beschl v 15.7.2016, 14 A 1149/16, juris Rn 24 ff; BFH Beschl v 10.6.2016, V B 97/15; OVG Nds Beschl v 13.5.2015, 9 LA 81/14, juris Rn 12 ff mwVw.

124 RL 2006/123/EG v 12.12.2006 über Dienstleistungen im Binnenmarkt (ABl EG L 376/36 vom 27.12.2006).

125 *Europäische Kommission* Vorschlag für eine RL des Europäischen Parlamentes und des Rates über Dienstleistungen im Binnenmarkt, KOM(2004) 2 endgültig.

126 Geänderter Vorschlag für eine RL des Europäischen Parlaments und des Rates über Dienstleistungen im Binnenmarkt, KOM(2006) 160 endgültig.

127 RL 2006/123/EG v 12.12.2006 über Dienstleistungen im Binnenmarkt (ABl EG L 376/36 (39) v 27.12.2006), Gemeinsamer Standpunkt des Rates v 17.7.2006, 10003/06, Tz 25.

6. RL 2010/13/EU (Richtlinie über audiovisuelle Mediendienste)

54 Glücks- und Gewinnspiele in audiovisuellen Sendungen unterfallen der Richtlinie über audiovisuelle Mediendienste.[128] Die herkömmlichen Internetseiten, auf denen Sportwetten, Poker, Automatenspiele etc angeboten werden, sind aber keine audiovisuellen Sendungen.[129]

7. RL 2011/83/EU (Verbraucherschutzrichtlinie)

55 Der Glücksspielbereich wird aus der Verbraucherschutzrichtlinie 2011/83/EU von vornherein ausgeklammert, und zwar mit der Begründung, die Mitgliedstaaten sollten auch andere, insbesondere strengere Verbraucherschutzvorschriften für Glücksspiele einführen können.[130]

8. RL 2014/23/EU (Konzessionsvergaberichtlinie)

56 Mit der am 26.2.2014 in Kraft getretenen und durch das Vergaberechtsmodernisierungsgesetz vom 17.2.2016[131] umgesetzten Richtlinie über die Konzessionsvergabe wird die Vergabe von Dienstleistungskonzessionen erstmalig sekundärrechtlich geregelt.[132] Grundsätzlich sind nunmehr auch Glücksspiele erfasst.[133] Nach Art 10 Abs 9 RL (umgesetzt in § 149 Nr 10 GWB) sind Lotteriekonzessionen im Monopolbereich allerdings vom Anwendungsbereich der Richtlinie ausgenommen. Auch hier steht hinter dem Ausschluss ua die Überlegung, dass es den Mitgliedstaaten möglich bleiben muss, aufgrund ihrer Verpflichtungen zum Schutz der öffentlichen und sozialen Ordnung den Bereich Spieltätigkeiten auf nationaler Ebene zu regeln.[134]

57 Noch unklar ist, was für die übrigen Glücksspiele gilt: Manche folgern aus Erwägungsgrund Nr 35 („Diese Richtlinie sollte das Recht der Mitgliedstaaten nicht beschränken, im Einklang mit dem Unionsrecht zu entscheiden, auf welche Weise – einschließlich durch Genehmigungen – der Spiel- und Wettbetrieb organisiert und kontrolliert wird. ...“), dass das gesamte Spiel- und Wettrecht von der Geltung der

---

128 RL 2010/13/EU v 10.3.2010, Erwägungsgrund Nr 22.
129 Vgl RL 2010/13/EU v 10.3.2010, Erwägungsgrund Nr 22.
130 RL 2011/83/EU v 25.10.2011, Erwägungsgrund Nr 31.
131 Gesetz zur Modernisierung des Vergaberechts (Vergaberechtsmodernisierungsgesetz – VergRModG) v 17.2.2016 (BGBl I S 203).
132 *Giesemann* GmbHR 2014, R60, R61.
133 Dazu ausführlich *Ennuschat* ZfWG 2015, 78, 79.
134 RL 2014/23/EU, Erwägungsgrund Nr 35.

Richtlinie ausgenommen wird.[135] So sicher ist das aber nicht, weil auch in diesem Erwägungsgrund ausdrücklich nur auf Lotterien im Monopolbereich abgestellt wird.[136]

Relevant ist die Frage der Anwendbarkeit der neuen Konzessionsvergaberichtlinie in Deutschland vor allem für Sportwetten. Hier ist die Zahl der Konzessionen zZt noch beschränkt (vgl § 10a Abs 3 GlüStV 2012: zwanzig), wobei angesichts des faktischen Stillstands des Verfahrens zur Vergabe von Sportwettenkonzessionen auf der Ministerpräsidentenkonferenz vom 28.10.2016 eine Aufhebung der Begrenzung beschlossen[137] und am 16.3.2017 ein entsprechender Entwurf eines zweiten Glücksspieländerungsstaatsvertrag unterzeichnet wurde. Ähnliches gilt im Spielbankenbereich, wo viele Bundesländer kein Staatsmonopol kennen, vielmehr Private als Spielbankenbetreiber zulassen, aber nur sehr wenige Konzessionen vergeben (zB in Baden-Württemberg: drei Standorte, für die eine [Bündel-]Konzession vorgesehen ist, vgl § 27 LGlüG BW). Aus den Grundfreiheiten folgt dann eine Art Vergaberecht light: Der EuGH hat dabei vier zentrale Anforderungen herausgearbeitet:[138] **(1)** Chancengleichheit (Diskriminierungsfreiheit) aller potentiellen Spielbankenbetreiber, **(2)** Transparenz, **(3)** Objektivität der Auswahl und vorherige Festlegung der Auswahlkriterien und **(4)** effektiver Rechtsschutz. Bislang galt auf sekundärrechtlicher und auf einfachrechtlicher Ebene jedoch nicht das allgemeine Vergaberecht. So richtete sich die Vergabe von Sportwett- und Spielbankenkonzessionen nicht nach §§ 97 ff GWB, sondern nach glücksspielrechtlichen Vorgaben (zB §§ 4 ff u 20 f GlüStV 2012, §§ 2, 20 u 27 ff LGlüG BW). **58**

Zur Frage der Anwendbarkeit der neuen Konzessionsvergaberichtlinie auf Sportwetten und Spielbanken: Da der Konzessionsinhaber vom Staat kein Entgelt erhält, um seine Tätigkeit auszuüben, könnte die Sportwett- oder Spielbankenkonzession allenfalls als sog Dienstleistungskonzession eingestuft werden – und wäre dann in den Anwendungsbereich des EU-Vergaberechts einbezogen (Art 1 Abs 2 RL 2014/23/EU). Aber handelt es sich um eine Dienstleistungskonzession? In Rechtsprechung und Literatur gibt es Stimmen, die diese Frage bejahen.[139] Auch eine jün- **59**

---

135 So ein Diskutant in einem mündlichen Beitrag auf der 10. Jahresfachtagung „Sportwetten und Glücksspiel" am 23.6.2015 in Frankfurt/Main.

136 Zum Folgenden *Ennuschat* ZfGW 2015, 78 ff.

137 Pressemitteilung Nr 228/2016 der Staatskanzlei Mecklenburg-Vorpommern v 28.10.2016, Ziff 3 Ordnungspkt 2.

138 EuGH ZfWG 2010, 415 ff – „Engelmann", Tz 49; ähnlich EuGH ZfWG 2010, 250 ff – „Sporting Exchange", Tz 39 sowie EuGH NVwZ-RR 2013, 959 ff – „Biasci", Tz 38; Urt v 22.1.2015, C-463/13 – „Stanley International Betting Ltd", Tz 35, 53. – Siehe hierzu *Arendts* ZfWG 2012, 391, 392 ff; *Ennuschat*, FS Hailbronner, 2013, 687, 692.

139 So nahm das OLG Stuttgart NJOZ 2003, 613, 614 bei einer Spielbankenkonzession gemäß dem SpBG BW aF eine Dienstleistungskonzession an. – Unter Geltung des Richtlinienpakets von 2004

gere Entscheidung des EFTA-Gerichtshofs zur Vergabe einer Spielbankenkonzession in Liechtenstein setzt dies anscheinend voraus:[140] Im Zusammenhang mit der Frage, welche Anforderungen aus dem EWR- bzw Europarecht an ein Verfahren zur Vergabe von Spielbankenkonzessionen folgen, gibt der Gerichtshof hier eine Stellungnahme der Kommission wieder. Darin bekräftigt diese ihren Standpunkt, dass der hinsichtlich des allgemeinen Transparenzgebots zu erfüllende Standard durch die Entscheidung *Costa und Cifone*[141] nicht angehoben worden sei, mit dem Argument, dass auch die neue Konzessionsvergaberichtlinie 2014/23/EU in Art 41 Abs 3 nur eine Angabe der Vergabekriterien in absteigender Reihenfolge ihrer Bedeutung vorsehe.[142] Der EFTA-Gerichtshof merkt dazu an, dass die Richtlinie noch nicht in das EWR-Recht aufgenommen sei, stellt aber eine grundsätzliche Anwendbarkeit der Richtlinie auf Konzessionen zur Vermittlung von Sportwetten (um die es in der Entscheidung *Costa und Cifone* geht) bzw Spielbankenkonzessionen (um die es in der Entscheidung des EFTA-Gerichtshofs selbst geht) nicht in Frage.[143]

60 Anders wohl bislang der EuGH: Dieser hat ausgeführt, dass eine Spielbankenkonzession *nicht* mit einem Dienstleistungskonzessionsvertrag gleichzustellen sei,[144] und unter letzterem augenscheinlich die Dienstleistungskonzession iSd vergaberechtlichen Terminologie verstanden.[145]

61 Man könnte zunächst daran denken, dass schon das hoheitliche Gepräge der Spielbankenkonzession dagegen spricht, sie als Dienstleistungskonzession einzuordnen. Allerdings wird die Ausübung öffentlicher Gewalt nicht von vornherein aus dem Anwendungsbereich des Vergaberechts ausgeschieden.[146] So ist weitgehend anerkannt, dass öffentlich-rechtliche Verträge dem Vergaberecht nicht schlechthin entzogen sind.[147] Gewichtigere Bedenken gegenüber der Einbeziehung der Spielbankenkonzession in das Vergaberecht folgen daraus, dass sie in aller Regel durch

---

führte die Einstufung als Dienstleistungskonzession dazu, dass das EU-Vergaberecht *nicht* griff (vgl Art 17 RL 2004/18/EG).

140 EFTA-Gerichtshof Urt v 29.8.2014, E-24/13; abrufbar unter http://www.eftacourt.int/uploads/tx_nvcases/24_13_Judgment_DE.pdf. Vgl auch unten VII. 2. b).

141 EuGH Urt v 16.2.2012, C-72/10, C-77/10 – „Costa und Cifone", ECLI:EU:C:2012:80.

142 EFTA-Gerichtshof Urt v 29.8.2014, E-24/13, Tz 46.

143 EFTA-Gerichtshof Urt v 29.8.2014, E-24/13, Tz 46.

144 EuGH ZfWG 2010, 415ff – „Engelmann", Tz 52. – Ebenso EuGH ZfWG 2010, 250ff – „Sporting Exchange", Tz 46, dort zu einer (Privaten zugänglichen) Monopolkonzession für Totalisatorwetten.

145 Vgl EuGH ZfWG 2010, 415ff – „Engelmann", Tz 49; ZfWG 2010, 250ff – „Sporting Exchange", Tz 39.

146 *Dietlein/Fandrey* in: Gabriel/Krohn/Neun, HdbVergabeR, 2014, § 4 Rn 15.

147 Siehe etwa BGH NZBau 2009, 201, 203, der einen öffentlich-rechtlichen Vertrag (hinsichtlich der Notfallrettungsdienstpflicht) als Auftrag iSd § 99 GWB eingestuft hat; ebenso *Wegener* in: Pünder/Schellenberg, Vergaberecht, 2. Aufl 2015, § 99 GWB Rn 5; *Ziekow* Öffentliches Wirtschaftsrecht, 4. Aufl 2016, § 9 Rn 18; *Burgi* NVwZ 2007, 383, 384.

Verwaltungsakt, also einseitig erteilt wird.[148] Nach Art 5 Nr 1b RL 2014/23/EU ist die Dienstleistungskonzession jedoch ein *Vertrag*, durch den ein Wirtschaftsteilnehmer mit der Erbringung einer Dienstleistung betraut wird, wobei die Gegenleistung im Recht zur Verwertung der vertragsgegenständlichen Dienstleistung besteht. Indessen kann in besonderen Fällen selbst eine Auftragserteilung durch Verwaltungsakt dem Vergaberecht unterworfen sein.[149] Zu berücksichtigen ist ferner, dass gem § 5 Abs 7 HessSpbG die Spielbankgemeinde mit dem Spielbankbetreiber einen zivilrechtlichen Betreibervertrag schließt. Zumindest hier liegt die Einstufung des Betreibervertrages als Dienstleistungskonzession nicht mehr allzu fern. Schon diese knappen Bemerkungen deuten jedenfalls an, dass es noch einige Unklarheiten gibt, welche durch Literatur und Rechtsprechung beseitigt werden müssen.

VI. Grundlinien der Rechtsprechung des EuGH

Der Rahmen für die Praxis des Glücksspielrechts in Europa wird nicht nur durch die Vorgaben des Primär- und Sekundärrechts, sondern auch, letztlich maßgeblich, durch die Rechtsprechung des EuGH gezogen. 62

Seit der Schindler-Entscheidung aus dem Jahre 1994 gibt es mittlerweile eine beachtliche Anzahl von Urteilen des EuGH zum Glücksspielrecht,[150] in denen die Anforderungen an die Gemeinschaftsrechtskonformität mitgliedstaatlicher Rege- 63

148 Vgl *Dietlein/Fandrey* in: Gabriel/Krohn/Neun, HdbVergabeR, 2014, § 4 Rn 14.

149 Näher *Ruhland* Die Dienstleistungskonzession, 2006, S 78 ff; *Burgi* NVwZ 2007, 383, 385.

150 EuGH Urt v 24.3.1994, C-275/92 – „Schindler", Slg 1994, I-1039; Urt v 21.9.1999, C-124/97 – „Läärä", Slg 1999, I-6067; Urt v 21.10.1999, C-67/98 – „Zenatti", Slg 1999, I-7289; Urt v 11.9.2003, C-6/01 – „Anomar", Slg 2003 I-8621; Urt v 6.11.2003, C-243/01 – „Gambelli", Slg 2003, I-13031; Urt v 12.11.2003, C-42/02 – „Lindman", Slg 2003, I-13519; Urt v 17.2.2005, C-453/02 – „Linneweber", Slg 2005, I-1131; Urt v 26.10.2006, C-65/05 – Kommission ./. Griechenland, ZfWG 2007, 22; Urt v 6.3.2007, verb C-338/04, C-359/04, C-360/04 – „Placanica", Slg 2007, I-1891; Urt v 13.3.2007, C-432/05 – „Unibet", Slg 2007, I-2271; Urt v 8.9.2009, C-42/07 – „Liga Portuguesa", Slg 2009, I-7633; Urt v 3.6.2010, C-258/08 – „Ladbrokes", Slg 2010, I-4757; Urt v 8.9.2010, C-316/07 ua – „Markus Stoß", Slg 2010, I-8069; Urt v 8.9.2010, C-46/08 – „Carmen Media", Slg 2010, I-8149; Urt v 8.9.2010, C-409/06 – „Winner Wetten", Slg 2010, I-8015; Urt v 30.6.2011, C-212/08 – „Zeturf", Slg 2011, I-5633; Urt v 15.9.2011, C-347/09 – „Dickinger und Ömer", Slg 2011, I-8185; Urt v 19.7.2012, C-470/11 – „Garkalns", ECLI:EU:C:2012:505; Urt v 24.1.2013, C-186/11 ua – „Stanleybet Ltd" bzw „OPAP", ECLI:EU:C:2013:33; Urt 30.4.2014, C-390/12 – „Pfleger", ECLI:EU:C:2014:281; Urt v 12.6.2014, C-156/13 – „Digibet Ltd und Albers", ECLI:EU:C:2014:1756; Urt v 22.10.2014, C-344/13 u C-367/13 – „Blanco und Fabretti", ECLI:EU:C:2014:2311; Urt v 22.1.2015, C-463/13 – „Stanley International Betting", ECLI:EU:C:2015:25; Urt v 11.6.2015, C-98/14 – „Berlington Hungary", ECLI:EU:C:2015:386; Urt v 28.1.2016, C-375/14 – „Laezza", ECLI:EU:C:2016:60; Urt v 4.2.2016, C-336/14 – „Ince", ECLI:EU:C:2016:72; Beschl v 7.4.2016, C-210/14 bis C-214/14 – „Tomassi", ECLI:EU:C:2016:245; Urt v 30.6.2016, C-464/15 – „Admiral Casinos & Entertainment", ECLI:EU:C:2016:500; Urt v 8.9.2016, C-225/15 – „Politanò", ECLI:EU:C:2016:645; Urt v 22.6.2017, C-49/16 – „Unibet International", ECLI:EU:C:2017:491. – Siehe zur

lungen herausgearbeitet wurden. Als zentral hat sich dabei in der Rechtsprechung des EuGHs insbesondere der Begriff der Kohärenz herauskristallisiert.

1. Gefahrenpotenzial von Glücksspielen

64 Der EuGH erkennt das dem Glücksspiel innewohnende Gefahrenpotenzial.[151] Die wesentlichen Problemfelder spricht der EuGH bereits in der *Schindler*-Entscheidung an. Im zugrunde liegenden Fall hatten Bevollmächtigte der Süddeutschen Klassenlotterie (SKL) Werbung und Lose von den Niederlanden aus an britische Staatsangehörige versendet, um diese zur Teilnahme an der in Deutschland veranstalteten 87. Ausspielung zu animieren. Die Ausspielung in der in Deutschland veranstalteten Form wäre nach britischem Recht verboten gewesen. Ebenso verboten war die Einfuhr von Werbematerial und Losen für eine solche Veranstaltung in das britische Gebiet. Der EuGH urteilte, dass die fraglichen britischen Vorschriften eine Einschränkung der Dienstleistungsfreiheit darstellten. Sie seien aber mit Europäischem Recht vereinbar: „Sie sollten Straftaten verhindern und sicherstellen, dass die Spieler fair behandelt werden, eine Anregung der Nachfrage nach Glücksspielen, die im Übermaß betrieben mit sozialschädlichen Folgen verbunden sind, verhindern und dafür sorgen, dass Lotterien nicht zu privaten oder gewerblichen Gewinnzwecken veranstaltet werden können, sondern ausschließlich zu wohltätigen oder sport- oder kulturfördernden Zwecken. Diese Gründe, die in ihrer Gesamtheit zu würdigen sind, beziehen sich auf den Schutz der Empfänger der Dienstleistung und, allgemeiner, der Verbraucher sowie den Schutz der Sozialordnung. Der Gerichtshof hat bereits entschieden, dass diese Gründe zu denjenigen gehören, die Beschränkungen des freien Dienstleistungsverkehrs rechtfertigen können ...“.[152] Der EuGH wiederholt diese Anforderungen in ähnlicher Form auch in späteren Entscheidungen.[153] Diese Anforderungen für die Einschränkung europäischer Grundfreiheiten im Hinblick auf das einer Branche innewohnende Gefahrenpotential gelten dabei für alle Glücksspiele, also neben Lotterien auch für Sportwetten,[154] Kasinospiele und Automatenspiele.

EuGH-Rechtsprechung ua *Ennuschat* DVBl 2005, 1288, 1289 f; *Pischel* GRUR 2006, 630, 633 f; *Postel* ZfWG 2006, 93 ff; *Stein/von Buttlar* ZfWG 2006, 273, 274 ff. Wesentliche Entscheidungen zu den Vergabegrundsätzen: EuGH Urt v 16.2.2012, C-72/10, C-77/10 – „Costa und Cifone“, ECLI:EU:C:2012:80; Urt v 3.6.2010, C-203/08 – „Sporting Exchange“, Slg 2010, I-4695; Urt v 9.9.2010, C-64/08 – „Engelmann“, Slg 2010, I-8219; Urt v 12.9.2013, C-660/11 – „Biasci“, ECLI:EU:C:2013:550.

151 Siehe zB EuGH (Fn 150) Schindler Tz 60; Läärä Tz 32 f; Zenatti Tz 30; Gambelli Tz 63, 67.

152 EuGH (Fn 150) Schindler Tz 57 f mwVw.

153 Vgl etwa EuGH (Fn 150) Placanica Tz 46.

154 EuGH (Fn 150) Placanica Tz 46.

In der *Gambelli*-Entscheidung führt der EuGH in Anknüpfung an die vorhergehende Rechtsprechung erstmals den Begriff der Kohärenz als Schlüsselbegriff in seine Argumentation ein. Demnach könnten die Spieltätigkeit beschränkende Regelungen aus den zuvor dargelegten Gründen des Allgemeininteresses gerechtfertigt sein; die Beschränkung müsse das Erreichen dieser Ziele aber auch dadurch gewährleisten, dass sie in kohärenter und systematischer Weise zur Begrenzung der Spieltätigkeit beitrage.[155] Daran fehle es, wenn der Staat ein Sportwettenmonopol etwa mit der Verminderung von Spielmöglichkeiten begründe, zugleich aber selbst verstärkt Spielanreize setze.[156] 65

2. Primäre Ausrichtung auf zwingende Gründe des Gemeinwohls; Unschädlichkeit fiskalischer Nebeninteressen

Zwingende Gründe des Allgemeinwohls könnten, wie der EuGH bestätigt, Restriktionen im Glücksspielrecht rechtfertigen. Als legitimen Grund des Allgemeinwohls erkennt er zunächst die Bekämpfung der glücksspielimmanenten Gefahren an.[157] Ferner rechnet der EuGH das Ziel, „die Ausnutzung der Spielleidenschaft der Menschen zu begrenzen",[158] sowie das Bestreben zu verhindern, dass Glücksspiele „zu einer Quelle persönlichen Gewinns" werden,[159] zu den zwingenden Gründen des Gemeinwohls. 66

Der EuGH verlangt, dass die einzelnen mitgliedstaatlichen Maßnahmen tatsächlich den dargelegten Zielen entsprechen.[160] Unbeanstandet lässt er dabei, dass der Staat mit den gesetzgeberischen Restriktionen für private Glücksspielanbieter fiskalische Interessen verknüpft, sofern dies „nur eine erfreuliche Nebenfolge, nicht aber der eigentliche Grund der betriebenen restriktiven Politik" sei.[161] Die Bewertung der gesetzgeberischen und behördlichen Motivation weist der EuGH in erster Linie den mitgliedstaatlichen Gerichten zu.[162] 67

155 EuGH (Fn 150) Gambelli Tz 67.
156 Gambelli, Tz 69.
157 Etwa EuGH (Fn 150) OPAP Tz 29; Placanica Tz 46.
158 EuGH (Fn 150) Läärä Tz 32 f.
159 So EuGH (Fn 150) Kommission ./. Griechenland Tz 35; zuvor schon Schindler Tz 60; Zenatti Tz 30; Läärä Tz 32 f.
160 EuGH (Fn 150) Digibet Ltd und Albers Tz 26; Placanica, Tz 58.
161 EuGH (Fn 150) Pfleger Tz 54; Dickinger und Ömer Tz 55; Zenatti Tz 36; Gambelli Tz 62.
162 EuGH (Fn 150) Placanica Tz 58.

3. Gestaltungsspielräume der Mitgliedstaaten bei der Mittelauswahl

68 Der EuGH räumt den Mitgliedstaaten dahingehend Ermessen ein, ob sie Glücksspielbeschränkungen für nötig halten und welche Mittel sie wählen, sofern diese verhältnismäßig und nicht-diskriminierend sind.[163] In der *OPAP*-Entscheidung führt er hierzu aus:[164] „In diesem Zusammenhang ist darauf hinzuweisen, dass die staatlichen Stellen in dem besonderen Bereich der Veranstaltung von Glücksspielen über ein ausreichendes Ermessen bei der Festlegung der Anforderungen verfügen, die sich aus dem Schutz der Verbraucher und der Sozialordnung ergeben, und dass – sofern die nach der Rechtsprechung des Gerichtshofs bestehenden Anforderungen im Übrigen erfüllt sind – es Sache jedes Mitgliedstaats ist, zu beurteilen, ob es im Zusammenhang mit den von ihm verfolgten legitimen Zielen erforderlich ist, Spiel- und Wetttätigkeiten vollständig oder teilweise zu verbieten, oder ob es genügt, sie zu beschränken und zu diesem Zweck mehr oder weniger strenge Kontrollformen vorzusehen."

69 Dabei ist Folgendes hervorzuheben: Diese Ermessensausübung kann von Land zu Land zu unterschiedlichen Ergebnissen führen. Der Gerichtshof ist auf Grund der eingeräumten Einschätzungsprärogative bereit, unterschiedliche nationale Regelungen hinzunehmen: Selbst ein Totalverbot bestimmter Glücksspiele oder ein Totalausschluss privater Veranstalter kann verhältnismäßig sein, obwohl in anderen Mitgliedstaaten größere Freiheiten bestehen, ohne dass sich dort unerträgliche Missstände eingestellt hätten.[165]

4. Verhältnismäßigkeit der gesetzgeberischen Restriktionen

70 Der Schwerpunkt der Verhältnismäßigkeitsprüfung liegt nach der Rechtsprechung des EuGH auf der Eignung und der Erforderlichkeit der gesetzgeberischen Restriktionen zur Verwirklichung der zwingenden Gründe des Gemeinwohls.[166] Die Beurteilung der Verhältnismäßigkeit ist nach Auffassung des EuGH zunächst die Sache der mitgliedstaatlichen Gerichte.[167] Zumindest zwei Aspekte im Zusammenhang mit der

163 EuGH (Fn 150) Digibet Ltd und Albers Tz 31 f; OPAP Tz 44; Schindler Tz 61; Gambelli Tz 63, 65; Läärä Tz 35; Zenatti Tz 31.

164 EuGH (Fn 150) OPAP Tz 44.

165 EuGH (Fn 150) Läärä Tz 36; Zenatti Tz 33; Anomar Tz 80, 93, 95 („Unstreitig obliegt es den nationalen Behörden, zu beurteilen, ob es im Rahmen des verfolgten Zieles notwendig ist, Tätigkeiten dieser Art vollständig oder teilweise zu verbieten, oder ob es genügt, sie zu beschränken und zu diesem Zweck mehr oder weniger strenge Kontrollen vorzusehen."); siehe auch EuGH Urt v 14.10.2004, C-36/02 – „Omega", Slg 2004, I-9609.

166 So zB EuGH (Fn 150) Pfleger Tz 43; Engelmann Tz 35; Placanica Tz 48 f.

167 EuGH (Fn 150) Digibet Ltd und Albers Tz 40; Pfleger Tz 48; Dickinger und Ömer Tz 50; Placanica Tz 58.

Verhältnismäßigkeit überprüft der Gerichtshof aber selbst (freilich meist auf Grundlage des Vorbringens des vorlegenden Gerichts): zum einen die Kohärenz des Glücksspielregimes (unten a), zum anderen die Überzeugungskraft der mitgliedstaatlichen Darlegung zur Verhältnismäßigkeit (unten b).

a) Erfordernis eines kohärenten und systematischen Glücksspielregimes

Der EuGH verlangt, dass das mitgliedstaatliche Glücksspielregime kohärent und systematisch ausgestaltet ist.[168] Dabei muss es tatsächlich dem Anliegen entsprechen, „die Gelegenheiten zum Spiel zu verringern, die Tätigkeiten in diesem Bereich zu begrenzen und die mit diesen Spielen verbundene Kriminalität zu bekämpfen".[169] Dies deckt sich mit den Grundprinzip der Eindämmung und Kanalisierung der natürlichen Spielleidenschaft, die das deutsche Glücksspielrecht ausweislich der amtlichen Begründungen seit jeher prägen soll.[170] 71

Der EuGH hat wiederholt eine mitgliedstaatliche Einschätzung, dass ein Totalverbot ungeeignet zur Gefahrenabwehr ist, gebilligt.[171] In jüngerer Vergangenheit hat der EuGH in der Entscheidung *Digibet Ltd und Albers* noch einmal ausgeführt, dass es „Sache jedes Mitgliedstaats [sei], zu beurteilen, ob es im Zusammenhang mit den von ihm verfolgten legitimen Zielen erforderlich ist, Spiel- und Wetttätigkeiten vollständig oder teilweise zu verbieten, oder ob es genügt, sie zu beschränken und zu diesem Zweck mehr oder weniger strenge Kontrollformen vorzusehen."[172] 72

Ist ein Totalverbot nach Auffassung eines Mitgliedstaates ungeeignet zur Gefahrenabwehr, ist der EuGH bereit, das Argument der Erforderlichkeit einer Kanalisierung zu akzeptieren:[173] „Wie die belgische und die französische Regierung zutreffend darauf ausgeführt haben, ist es zur Erreichung dieses Ziels [= Lenkung der Glücksspieltätigkeiten in kontrollierbare Bahnen] *erforderlich*, dass die zugelassenen Betreiber eine verlässliche und zugleich attraktive Alternative zur verbotenen Tätigkeit bereitstellen, was das Angebot einer breiten Palette von Spielen, einen gewissen Werbeumfang und den Einsatz neuer Vertriebstechniken mit sich bringen kann." 73

Mittel der Kanalisierung und Eindämmung kann ein Staatsmonopol sein. Zur Erforderlichkeit könnte man erstens darauf abstellen, dass von einem dem Gemeinwohl verpflichteten staatlichen Anbieter am ehesten eine konsequente Ausrichtung 74

---

168 EuGH (Fn 150) Placanica Tz 53 im Anschluss an Zenatti Tz 35 f; Gambelli Tz 62, 67.

169 EuGH (Fn 150) Pfleger Tz 49; Dickinger und Ömer Tz 56.

170 So schon die amtliche Begründung zum Rennwett- und Lotteriegesetz von 1922 (RT-Drs 1/2870, S 11, 13; abgedruckt bei *Mende* Das Rennwett- und Lotteriegesetz, 1922, S 8); ebenso zB die amtliche Begründung zu §§ 284, 287 StGB (BT-Drs 13/8587, S 67) oder § 1 Nr 2 des Glücksspielstaatsvertrages 2012 (LT-Drs Bay 16/11995, S 21).

171 EuGH (Fn 150) Läärä Tz 37; Zenatti Tz 35.

172 EuGH (Fn 150) Digibet Ltd und Albers Tz 32.

173 EuGH (Fn 150) Placanica Tz 55, noch einmal ausdrücklich bestätigt in Costa und Cifone Tz 61.

auf das Ziel der Suchtbekämpfung zu erwarten ist, die immerhin erfordert, unter Hinnahme von Umsatzeinbußen zur Dämpfung der Nachfrage nach Glücksspielen bereit zu sein. Zweitens ist es durchaus plausibel, dass ein staatliches Monopolunternehmen, zumal diesem bei der Erfüllung der Gefahrenabwehraufgabe keine Grundrechte zustehen, durch die Behörden wirksamer beaufsichtigt werden kann als eine Vielzahl von Privatunternehmen.

75 Milderes Mittel als ein Staatsmonopol könnte ein kontrollierter Wettbewerb der Anbieter von Glücksspielen sein. Diesbezüglich räumte der EuGH den Mitgliedstaaten bereits 1999 eine Einschätzungsprärogative ein.[174] Auch die Übertragung eines ausschließlichen Betriebsrechts auf ein privates Glücksspielunternehmen erachtet der EuGH als zulässig, wenn sie tatsächlich kohärent und systematisch der Verfolgung der dargelegten Ziele dient und eine strenge behördliche Kontrolle der Ausdehnung des Glücksspielsektors – soweit dies für die Bekämpfung von Straftaten im Zusammenhang mit Glücksspiel erforderlich ist – gewährleistet ist.[175]

b) Anforderungen an die mitgliedstaatliche Darlegung zur Verhältnismäßigkeit

76 Nach Auffassung des EuGH obliegt den Mitgliedstaaten die Darlegung der Umstände, aus denen sich die Verhältnismäßigkeit einer beschränkenden Maßnahme ergibt.[176] Im Fall einer griechischen Regelung waren fehlende Nachweise zur Verhältnismäßigkeit Anlass für den EuGH, diese im Ergebnis für unverhältnismäßig zu erachten.[177] Die Mitgliedstaaten sind daher gehalten, entsprechende Untersuchungen zur Unterstützung ihrer Einschätzungen durchzuführen und zu publizieren.

5. Grundsatz der Nichtdiskriminierung

77 Dem allgemeinen Diskriminierungsverbot gem Art 18 AEUV kommt im Anwendungsbereich der Grundfreiheiten zumeist keine eigenständige Bedeutung zu. Aspekte der Nichtdiskriminierung sind jedoch relevant für die Rechtfertigung eines Eingriffs in Grundfreiheiten.[178]

78 Bei einem Totalverbot eines Glücksspiels oder einer Vertriebsform für ein Glücksspiel (zB Internet-Verbot) liegt keine Diskriminierung vor, wie der EuGH in

174 EuGH (Fn 150) Läärä Tz 39.

175 EuGH (Fn 150) OPAP Tz 36.

176 EuGH (Fn 150) Dickinger und Ömer Tz 54; Markus Stoß Tz 71; vgl auch schon Lindman Tz 25 f.

177 EuGH (Fn 150) Kommission ./. Griechenland Tz 39.

178 So EuGH Urt v 22.10.2014, C-344/13, C-367/13 – „Blanco und Fabretti", ECLI:EU:C:2014:2311, Tz 37.

der *Schindler*-Entscheidung ausgeführt hat:[179] „Es steht nämlich außer Frage, dass ein Verbot, wie es die britischen Rechtsvorschriften vorsehen, das die Veranstaltung großer Lotterien ... betrifft, unabhängig von der Staatsangehörigkeit des Veranstalters der Lotterie ... und unabhängig davon gilt, in welchem Mitgliedstaat ... der Veranstalter niedergelassen ist. Durch das Verbot erfolgt keine Diskriminierung nach der Staatsangehörigkeit des betreffenden Wirtschaftsteilnehmers oder nach dem Mitgliedstaat, in dem diese niedergelassen sind."

Auch in Bezug auf ein Staatsmonopol für Glücksspiele hat der EuGH bereits 79
entschieden, dass damit keine diskriminierende Wirkung verbunden ist:[180] „Wie auch das vorlegende Gericht festgestellt hat, enthält eine nationale Regelung über Geldspielautomaten wie die finnische keine Diskriminierung aus Gründen der Staatsangehörigkeit, da jedem anderen als der zugelassenen öffentlich-rechtlichen Vereinigung der Betrieb dieser Apparate untersagt ist. Sie trifft insoweit unterschiedslos sowohl die in Finnland als auch die in einem anderen Mitgliedstaat ansässigen Wirtschaftsteilnehmer, die möglicherweise an einer solchen Tätigkeit interessiert sind." Im Übrigen unterfällt ein Staatsmonopol für Online-Glücksspiele auch nicht Art 37 AEUV, welcher zur Umformung von Handelsmonopolen verpflichtet.[181]

In jüngerer Zeit hat der EuGH die aus dem Diskriminierungsverbot folgenden 80
Anforderungen an das Verfahren zur Vergabe von Glücksspielkonzessionen an private Anbieter klargestellt bzw präzisiert.[182] Es gelte insbesondere das Transparenzgebot, „das ua dazu verpflichtet, zugunsten der potenziellen Bewerber einen angemessenen Grad an Öffentlichkeit sicherzustellen, der eine Öffnung der Konzessionen für den Wettbewerb und die Nachprüfung ermöglicht, ob die Vergabeverfahren unparteiisch durchgeführt worden sind.[183] (...) Er [der Grundsatz der Transparenz] verlangt, dass alle Bedingungen und Modalitäten des Vergabeverfahrens klar, genau und eindeutig formuliert sind, so dass zum einen alle durchschnittlich fachkundigen Bieter bei Anwendung der üblichen Sorgfalt die genaue Bedeutung dieser Informationen verstehen und sie in gleicher Weise auslegen können und zum anderen dem Ermessen der konzessionserteilenden Stelle Grenzen gesetzt werden und diese tatsächlich überprüfen kann, ob die Gebote der Bieter die für das Verfahren geltenden Kriterien erfüllen."[184]

179 EuGH (Fn 150) Schindler Tz 48; ähnlich EuGH Urt v 14.10.2004, C-36/02 – „Omega", Slg 2004, I-9609.

180 EuGH (Fn 150) Läärä Tz 28; ebenso Zenatti Tz 27. – *Stein* EuZW 2000, 153, 154, sieht hierin einen „recht großzügigen" Umgang des EuGH mit der Frage der Diskriminierung; ebenso *ders/von Buttlar* ZfWG 2006, 273, 275, Rn 11.

181 EuGH (Fn 150), Anomar Tz 74.

182 EuGH (Fn 150) Sporting Exchange; Engelmann; Costa und Cifone; Biasci.

183 EuGH (Fn 150) Costa und Cifone Tz 72.

184 EuGH (Fn 150) Costa und Cifone Tz 73; ähnlich auch Biasci Tz 38.

81 Auf sekundärrechtlicher Ebene finden sich umfangreiche Vorschriften zu den Grundsätzen der Konzessionsvergabe in den Art 30ff der Richtlinie 2014/23/EU. Diese gilt auch für Glücksspielkonzessionen mit Ausnahme von monopolistisch vergebenen Lotteriekonzessionen (s oben unter V. 8.).

6. EuGH und Staatsmonopol

82 Im Ergebnis lässt sich die Rechtsprechung des EuGH dahingehend verdichten, dass bei Beachtung bestimmter Kautelen ein Staatsmonopol gerechtfertigt werden kann. So hat er stets die Gestaltungsspielräume der Mitgliedstaaten hervorgehoben. In der Entscheidung *Läärä* hat er zudem ausdrücklich anerkannt, dass ein „ausschließliches Betriebsrecht“ einer „zugelassenen öffentlich-rechtlichen Vereinigung“ eine vom mitgliedstaatlichen Ermessen umfasste Option ist.[185] Darüber hinaus hat der EuGH gebilligt, „dass nationale Regelungen die Ausübung von Glücksspielen begrenzen oder sogar verbieten und verhindern, *dass diese zu einer Quelle persönlichen Gewinns* werden.“[186] Das Gewinnstreben ist die Triebfeder des Marktes. Wenn der EuGH akzeptiert, dass bei der Veranstaltung von Glücksspielen diese Triebfeder verhindert werden darf, deutet dies darauf hin, dass der EuGH bereit ist, auch ein Glücksspielregime außerhalb einer Wettbewerbslösung hinzunehmen.

VII. Die Rechtsprechung weiterer europäischer Gerichte

83 Neben dem EuGH haben sich weitere europäische Gerichte mit glücksspielrechtlichen Sachverhalten befasst.

1. Gericht der Europäischen Union (EuG)

84 In der Rechtsprechung des EuGH stehen die Grundfreiheiten im Vordergrund. Eine andere Prüfungsperspektive prägt die Rechtsprechung des Gerichts der Europäischen Union (früher: Gericht erster Instanz). Hier geht es um die Frage, ob die Bevorteilung einer bestimmten Glücksspielbranche oder eines Glücksspielunternehmens eine staatliche Beihilfe darstellt und ggf, ob diese als solche mit dem Bin-

---

185 EuGH (Fn 150) Läärä Tz 39; vgl auch Zenatti Tz 35.

186 EuGH (Fn 150) Kommission ./. Griechenland Tz 35 – Hervorhebung nicht im Original; ebenso Schindler Tz 60; Zenatti Tz 30; Läärä Tz 32f. – *Stein/von Buttlar* ZfWG 2006, 273, 282 weisen darauf hin, dass das BVerfG (ZfWG 2006, 16, 27) insoweit einen anderen Akzent setzt als der EuGH und den Ausschluss privaten Gewinnstrebens als *alleiniges* Ziel für illegitim halte.

nenmarkt vereinbar ist. Im Urteil *Dansk Automat Brancheforening*[187] hat das Gericht die Auffassung der Kommission nicht in Frage gestellt, dass es sich bei der Einführung niedrigerer Steuern für Online-Spiele als für Kasinos und Spielhallen mit dem Ziel, den dänischen Glücksspielmarkt zu liberalisieren, um eine Beihilfemaßnahme handele, die Klage des gleichnamigen Spielautomatenunternehmens jedoch an einer fehlenden Klagebefugnis scheitern lassen.[188] Im Kontext zur *OPAP*-Entscheidung des EuGH[189] erwähnenswert ist eine Entscheidung des Gerichts, in der dieses einen Beschluss der Kommission bestätigt, wonach die Einräumung eines Monopols durch den griechischen Staat in seiner konkreten Ausgestaltung keine Beihilfe dargestellt habe.[190] Zudem befasste sich das Gericht mit der Frage nach der Verbindlichkeit der Kommissionempfehlung vom 14.7.2014 zum Schutz von Verbrauchern und Nutzern von Online-Glücksspieldienstleistungen und dem Ausschluss Minderjähriger von Online-Glücksspielen.[191] Dabei kam es zu dem Ergebnis, dass diese eine „echte" Empfehlung sei, also keinen verbindlichen Charakter habe und daher auch nicht mit der Nichtigkeitsklage nach Art 263 AEUV anfechtbar sei.[192] Auch bei Entscheidungen im markenrechtlichen Bereich zu den von Glücksspielanbietern verwendeten Wortzeichen ist das Gericht bereits mit dem Glücksspielsektor in Berührung gekommen.[193]

2. Gerichtshof der EFTA

Neben dem EuGH bietet auch der EFTA-Gerichtshof eine authentische Interpretation 85
des europäischen Binnenmarktrechts: Er entscheidet über die Auslegung des EWR-Abkommens, soweit die EFTA-Mitglieder Norwegen, Island und Liechtenstein betroffen sind. Geht es um EU-Mitgliedstaaten, ist der EuGH berufen, das EWR-Abkommen anzuwenden. Dieses Abkommen erstreckt den gemeinschaftlichen Besitzstand (acquis communitaire) und die vier Grundfreiheiten des Binnenmarktes auf diese

187 EuG Urt v 26.9.2014, T-601/11 – „Dansk Automat Brancheforening".

188 EuG Urt v 26.9.2014, T-601/11 – „Dansk Automat Brancheforening", Tz 61.

189 S oben Fn 150.

190 EuG Urt v 8.1.2015, T-58/13 – „Club Hotel Loutraki ua/Kommission". Das von der Club Hotel Loutraki eingelegte Rechtsmittel wurde am 21.12.2016 vom EuGH zurückgewiesen (Rs C-131/15 P).

191 Empfehlung 2014/478/EU der Kommission v 14.7.2014 mit Grundsätzen für den Schutz von Verbrauchern und Nutzern von Online-Glücksspieldienstleistungen und für den Ausschluss Minderjähriger von Online-Glücksspielen (ABl EU L 214 v 19.7.2014, S 38).

192 EuG Beschl v 27.10.2015, T-721/14 – „Belgien/Kommission", Tz 37. Das Verfahren ist nach Rechtsmitteleinlegung Belgiens am 11.1.2016 als Rs C-16/16 P beim EuGH anhängig (Stand: 28.7.2017).

193 Etwa EuG Urt v 28.1.2016, T-687/14 – „African SIMBA/Simba"; Urt v 23.10.2013 T-155/12 – „NKL-Klassiklotterie"; Urt v 6.7.2011, T-258/09 – „BETWIN".

drei EFTA-Staaten und enthält in Art 31ff, 36ff inhaltsgleiche Parallelvorschriften zu Art 49ff, 56ff AEUV (Niederlassungs- und Dienstleistungsfreiheit). Der EFTA-Gerichtshof zieht daher dieselben Vorschriften heran wie der EuGH.

a) Zu einem Staatsmonopol im Glücksspielsektor

86 Mit Urteil vom 14.3.2007 (AZ: E-1/06) billigte der EFTA-Gerichtshof[194] explizit ein Staatsmonopol im Glücksspielsektor.[195] Anlass des Urteils war ein Vertragsverletzungsverfahren, welches die EFTA-Überwachungsbehörde, die in Parallele zur EU-Kommission die Einhaltung des EWR-Abkommens kontrolliert, gegen Norwegen eingeleitet hatte. Den Hintergrund bildete die gesetzliche Einführung eines Staatsmonopols für den Betrieb von Automatenspielen. Im völligen Ausschluss privater Betreiber sah die Behörde eine Verletzung der Niederlassungs- und Dienstleistungsfreiheit iSd EWR-Abkommens.

87 Der EFTA-Gerichtshof referierte in seinem Urteil vom 14.3.2007 die einschlägige Rechtsprechung des EuGH unter Einbezug der erst wenige Tage alten Entscheidung *Placanica*: Dem Gesetzgeber komme ein Gestaltungsspielraum zu, der ua durch das Verhältnismäßigkeitsprinzip begrenzt werde (Tz 29). Die gesetzgeberischen Restriktionen für private Glücksspielanbieter müssten auf Reduzierung der Gelegenheiten zum Spiel ausgerichtet sein; fiskalische Erwägungen dürften dagegen nicht der eigentliche Beweggrund sein (Tz 36). Der EFTA-Gerichtshof würdigte das Motivbündel des norwegischen Gesetzgebers dahingehend, dass trotz fiskalischer Interessen (hier: Sicherung des Glücksspiels als Einnahmequelle der Wohlfahrtsverbände) das Ziel der Gefahrenabwehr im Vordergrund stehe (Tz 37ff). Unbestritten sei die Suchtgefahr von Automatenspielen, aber auch von Sportwetten (Tz 45).

88 Mit Blick auf die Kohärenz des Glücksspielregimes hob der Gerichtshof hervor, dass das Ziel der Suchtbekämpfung eine effektive Kontrolle des staatlichen Monopolisten erfordere (Tz 46). Dabei akzeptierte er die gesetzgeberischen Einschätzungen, dass von einem dem Gemeinwohl verpflichteten Staatsunternehmen eine Ausrichtung auf das Ziel der Suchtbekämpfung eher zu erwarten sei als von gewinnorientierten Privatunternehmen und dass ein staatliches Monopolunternehmen durch die Behörden wirksamer beaufsichtigt werden könne als Privatunternehmen (Tz 51). Im Ergebnis sah der EFTA-Gerichtshof damit in einem Staatsmonopol für Automatenspiele keinen Verstoß gegen die Grundfreiheiten des Binnenmarktes.

---

194 Internetpräsenz: http://www.eftacourt.int/.

195 Abrufbar unter: http://www.eftacourt.int/uploads/tx_nvcases/1_06_Judgment_EN.pdf.

b) Zu den Anforderungen an das Vergabeverfahren bei einer Spielbankenkonzession

In einer Entscheidung vom 29.8.2014 hat sich der EFTA-Gerichtshof zu den Anforderungen an das Verfahren zur Vergabe einer Spielbankenkonzession geäußert.[196] Zugrunde lag hier die Ausschreibung einer Spielbankenkonzession durch das Fürstentum Liechtenstein, um die sich zwei Unternehmen bewarben. Die Voraussetzungen für die Erteilung der Konzession sind in Liechtenstein im Geldspielgesetz und in der Spielbankordnung geregelt. An diesen Voraussetzungen orientierten sich auch die eingereichten Anträge. Zur Beurteilung der Anträge entwickelte die zuständige Behörde ein internes Punktebewertungssystem, das selbst nicht veröffentlicht wurde. Anlässlich der Klage der im Bewerbungsverfahren unterlegenen Beschwerdeführerin hatte sich letztlich der EFTA-Gerichtshof mit der Frage auseinanderzusetzen, ob das Vergabeverfahren in seiner Ausgestaltung den Vorgaben des EWR-Rechts entsprach und welches die Konsequenzen aus einer eventuellen Verletzung des EWR-Rechts sind. 89

Der EFTA-Gerichtshof kam zu dem Schluss, dass zwar keine allgemeine Verpflichtung zur Veröffentlichung des Punktesystems bestand, dass aber bei der internen Bewertung das Diskriminierungsverbot zu beachten ist. Demnach darf die Bewertung insbesondere nicht in einer Weise erfolgen, die die öffentlich gemachten Standards für die Konzessionsvergabe verfälscht oder wesentlich auf Kriterien zurückgreift, die aus den öffentlich gemachten Standards nicht ersichtlich waren. Im Falle einer Verletzung des Diskriminierungsverbots bestehe kein Automatismus dahingehend, dass der getroffenen Entscheidung keine Wirksamkeit mehr zukomme. Das nationale Recht müsse aber Rechtsmittel vorsehen, mit Hilfe derer die unterlegene Partei die Entscheidung effektiv angreifen kann. 90

3. Europäischer Gerichtshof für Menschenrechte (EGMR)

Der *EGMR* hat sich in einer Entscheidung vom 27.11.2012 mit Glücksspiel auseinandergesetzt.[197] Konkret ging es dabei um die Vereinbarkeit eines Verbots von Internet-Glücksspiel mit der Eigentumsgarantie nach Art 1 des Protokolls Nr 1 zur EMRK. In seiner Entscheidung argumentiert der EGMR maßgeblich mit dem Gefahrenpotential des Internet-Glücksspiels. Aufgrund seiner leichten Zugänglichkeit und der Schnelligkeit der Spielvorgänge berge es ein besonders hohes Anreiz- und Suchtpotential, was insbesondere im Hinblick auf Jugendliche bedenklich sei. Die Argumentation mit dem Gefahrenpotential des Spiels, der Vermeidung von übermäßigen Spielanreizen und dem Jugendschutz ähnelt den vom EuGH geprägten Konzepten. 91

---

196 EFTA-*Gerichtshof* Urt v 29.8.2014, E-24/13; vgl oben Fn 125.

197 *EGMR* Urt v 27.11.2012, AZ: 21252/09.

VIII. Politiken und Initiativen der Europäischen Kommission

92 Bei den von der Europäischen Kommission in den letzten Jahren ins Leben gerufenen glücksspielrechtlichen Initiativen lassen sich insbesondere zwei schwerpunktmäßige Ziele identifizieren: Verbraucherschutz im Online-Bereich und die Bekämpfung von Spielabsprachen („*match fixing*").

1. Online-Glücksspiel

93 Bereits Anfang 2009 machte das Europäische Parlament mit einer Entschließung zu der Integrität von Online-Glücksspielen auf die Notwendigkeit ausreichender Verbraucherschutzstandards aufmerksam.[198] Mit dem Grünbuch zu Online-Glücksspielen im Binnenmarkt initiierte die Kommission 2011 eine umfassende Befragung von Regierungsstellen und Behörden, aber auch privaten Organisationen, Unternehmen und Verbänden zum Umgang mit dem Online-Glücksspiel und seinen möglichen Risiken.[199] Daran anknüpfend hat die Kommission 2012 mit dem Projekt „Ein umfassender europäischer Rahmen für das Online-Glücksspiel" einen Aktionsplan zur Förderung des Verbraucher- und Jugendschutzes sowie zur Verbesserung der Bekämpfung von Kriminalität im Zusammenhang mit Online-Glücksspiel ins Leben gerufen.[200] Zudem wurde eine regelmäßig zusammenkommende Expertengruppe eingesetzt, die sich über Initiativen im Glücksspielbereich austauschen und die Kommission bei ihrer Arbeit unterstützen soll.[201] Als Ergebnis dieser Arbeiten hat die Kommission Mitte 2014 den Mitgliedstaaten erste konkrete Empfehlungen zum wirksamen Verbraucherschutz im Online-Glücksspiel gegeben.[202] Ende 2015 schlossen die Mitgliedstaaten des EWR-Raums außerdem eine Kooperationsvereinbarung zum Online-Glücksspiel.[203]

94 Diese Initiativen der Kommission erklären sich dadurch, dass der grenzüberschreitende Charakter des Glücksspiels im Online-Bereich am deutlichsten ausge-

---

198 Dokument 2008/2215(INI) vom 10.3.2009.

199 *Europäische Kommission* Grünbuch Online-Gewinnspiele im Binnenmarkt, Dokument KOM (2011) 128 endgültig v 24.3.2011.

200 Vgl die Pressemitteilung der Kommission vom 23.10.2012 unter http://europa.eu/rapid/press-release_IP-12-1135_de.htm?locale=en.

201 Ein Überblick über die bisherigen Treffen dieser Gruppe findet sich unter http://ec.europa.eu/transparency/regexpert/index.cfm?do=groupDetail.groupDetail&groupID=2868&Lang=DE.

202 Vgl die Pressemitteilung der Kommission vom 14.7.2014 unter http://europa.eu/rapid/press-release_IP-14-828_de.htm?locale=en sowie o VII. 1.

203 Cooperation Arrangement between the gambling regulatory authorities of the EEA Member States concerning online gambling services; abrufbar unter http://ec.europa.eu/growth/tools-databases/newsroom/cf/itemdetail.cfm?item_id=8570.

prägt ist, sodass hier eine einheitliche Regulierung besonders nahe liege. Die Mitgliedstaaten stehen den Vorhaben der Kommission dennoch recht skeptisch gegenüber.

2. Spielabsprachen

Die Kommission machte bereits 2007 mit ihrem Weißbuch Sport auf kriminelle Phä- 95
nomene wie Korruption und Geldwäsche im Sportbereich aufmerksam.[204] Die Entwicklung von Initiativen gezielt gegen Spielabsprachen wurde maßgeblich durch eine Mitteilung der Kommission vom 18.1.2011 zur Entwicklung der europäischen Dimension des Sports in die Wege geleitet. Darin betonte sie die Notwendigkeit, die Integrität von sportlichen Wettkämpfen sicherzustellen und ein effektives Programm zum Umgang mit Spielabsprachen zu entwickeln.[205]

Neben einer weiteren Veröffentlichung der Kommission[206] und einer Veröffentli- 96
chung des Europäischen Parlaments[207] mit Leitlinien zur Bekämpfung von Spielmanipulationen im Sportwettbereich liegen mittlerweile zwei Arbeitspläne des Rates der Europäischen Union für den Sport vor.[208] Der Arbeitsplan für die Jahre 2011 bis 2014 betraute eine Expertengruppe zum Thema „Good Governance im Sport" mit der Entwicklung von Empfehlungen für die Bekämpfung von Spielabsprachen auf europäischer Ebene.[209] Der Arbeitsplan für die Jahre 2014 bis 2017 sieht sogar speziell für dieses Thema eine eigene Expertengruppe vor, in der bewährte Verfahren bei der Bekämpfung von Spielabsprachen ausgetauscht werden sollen.[210] Auf Betreiben der Kommission wurden zudem mehrere Studien zu Spielabsprachen im Wettbereich veröffentlicht.[211]

---

204 Weißbuch Sport vom 11.7.2011 – KOM(2007) 391 final.

205 Mitteilung der Europäischen Kommission zur Entwicklung der europäischen Dimension des Sports vom 18.1.2011 – KOM(2011) 12 endgültig.

206 Europäische Kommission „Roadmap" – Recommendation on best practices in the prevention and combatting of betting related match fixing, Dez 2012 (abrufbar auf Englisch unter: http://ec.europa.eu/internal_market/gambling/docs/121101_gambling-initiatives-roadmap_en.pdf).

207 Europäisches Parlament Gemeinsamer Entschließungsantrag zu Ergebnisabsprachen und Korruption im Sport vom 12.3.2013 – 2013/2567(RSP).

208 Dokument 2011/C 162/01 v 1.6.2011 und Dokument 2014/C 183/03 v 14.6.2014.

209 Vgl Anh I des Dokuments 2011/C 162/01 v 1.6.2011.

210 Vgl Anh I des Dokuments 2014/C 183/03 v 14.6.2014.

211 Die Europäische Kommission hat im November 2013 zwei Studien zu diesem Thema in Auftrag gegeben, die seit September 2014 verfügbar sind: „Study on risk assessment and management and prevention of conflicts of interest in the prevention and fight against betting – related match fixing in the EU 28" (T.M.C. Asser Instituut) und „Study on the sharing of information and reporting of suspicious sports betting activity in the EU 28" (Oxford Research and VU Amsterdam); abrufbar unter: http://ec.europa.eu/sport/news/2014/betting-related-match-fixing_en.htm. Eine weitere von

97 Parallel dazu gibt es – außerhalb des Unionsrechts – eine Konvention des Europarates zu diesem Thema.[212] Die Konvention des Europarates ist von einem noch umfassenderen Ansatz geprägt: Aufsichtsbehörden, Sportverbände und Sportwettunternehmen sollen demnach miteinander kooperieren, um Spielmanipulationen vorzubeugen bzw aufzuklären (vgl insb Art 1 Abs 2 lit b der Konvention). Der Europarat hat im Februar 2012 ebenfalls eine Studie zur Untersuchung rechtlicher Instrumente gegen Spielabsprachen veröffentlicht,[213] welche Grundlage für die später ausgearbeitete Konvention ist.[214] Insgesamt 29 Mitgliedstaaten des Europarates sendeten im Rahmen dieser Studie einen Fragebogen zu den von ihnen getroffenen rechtlichen Vorkehrungen gegen Spielabsprachen ein.[215] Auf nationaler Ebene beschloss der Bundestag am 9.3.2017 mit dem Sportwettbetrug und der Manipulation von berufssportlichen Wettbewerben die Einführung zweier neuer Straftatbestände in das StGB, die gezielt den Kampf gegen Spielabsprachen stärken sollen.

IX. Ausblick

98 Das Glücksspielrecht ist weiterhin im Fluss. Das gilt namentlich für Deutschland. Die Vergabe der Sportwettkonzessionen gem §§ 4aff GlüStV 2012 ist trotz mehrjährigen Vergabeverfahrens nicht gelungen. Augenscheinlich bewähren sich die entsprechenden Regelungen nicht; sie wurden auch von der Kommission in einer Stellungnahme vom 29.1.2015 kritisiert.[216] Ob sich die geplante Aufhebung der Begrenzung der Konzessionszahl[217] bewähren wird, bleibt abzuwarten. Die Kommission jedenfalls scheint nicht daran zu glauben und hat im Notifizierungsverfahren zum Entwurf des zweiten Glücksspieländerungsstaatsvertrag an den dort vorgeleg-

---

der Kommission in Auftrag gegebene Studie, die sich auf die Untersuchung der rechtlichen Regelungen der EU-Mitgliedstaaten zu Spielabsprachen fokussiert, wurde bereits im März 2012 veröffentlicht (*KEA European Affairs* Match-fixing in sport – A mapping of criminal law provisions in EU 27; abrufbar unter: http://ec.europa.eu/sport/library/studies/study-sports-fraud-final-version_en.pdf).

212 *Council of Europe* Convention on the Manipulation of Sports Competitions v 18.9.2014 – CETS no 215.

213 *European Committee on Crime Problems* Feasibility Study on Criminal Law on Promotion of the Integrity of Sport against Manipulation of Results, Notably Match-Fixing v 22.2.2012 – CDPC (2012) 1 Final.

214 Vgl *Council of Europe* Convention on the Manipulation of Sports Competitions – Explanatory Report, Ziff 15 (http://conventions.coe.int/Treaty/EN/Reports/Html/215.htm).

215 Vgl Ziff 9 der in Fn 213 zitierten Studie.

216 Abrufbar unter http://www.isa-guide.de/wp-content/uploads/2015/06/Anlage-5.pdf. Die dort geäußerte Kritik, dass durch das gescheiterte Vergabeverfahren faktisch das Staatsmonopol aufrecht erhalten werde, läuft allerdings ins Leere: Bei faktischer Betrachtung ist der Online-Sportwettenmarkt in Deutschland vollständig unreguliert. Staatliche Betreiber sind im Onlinebereich gerade nicht tätig.

217 S.o. V. 8.

ten Reformplänen erneute Kritik geübt. Angesichts der Ankündigung der Schleswig-Holsteinischen Regierung, den neuen Staatsvertrag nicht im Parlament ratifizieren zu wollen,[218] ist zudem unklar, ob dieser jemals in Kraft treten wird. Obwohl das Glücksspielrecht unionsrechtlich bislang nicht harmonisiert worden ist, sind aus Europa weitere Liberalisierungsimpulse zu erwarten. Ein erster Schritt in diese Richtung könnte mit der Richtlinie zur Vergabe von Dienstleistungskonzessionen bereits getan sein, sofern man ihre Anwendbarkeit auf den Glücksspielbereich annehmen will.[219]

218 Dazu *Krenzer*, Das Gezerre um die Sportwetten, Deutschlandfunk vom 1.7.2017, http://www.deutschlandfunk.de/gluecksspielstaatsvertrag-das-gezerre-um-die-sportwetten.1346.de.html?dram:aricle_id=390066.
219 S.o. V. 8.

Johannes Dietlein/Sascha D. Peters

§ 13 Verfassungsrechtliche Aspekte des deutschen Glücksspielrechts

Übersicht

I. Der Glücksspielbetrieb im System des Grundgesetzes

1 Der Bereich des Glücksspiels ist in Deutschland – wie auch in den meisten anderen Ländern – einer hohen Regulierungsdichte unterworfen. Ihren deutlichsten Niederschlag findet sie in der vorrangig ordnungsrechtlichen Ausrichtung der klassischen Glücksspielregulierung. Diese Regulierung zielt nicht in erster Linie darauf ab, einen offenen Markt für vielfältige Glücksspielangebote zu schaffen, sondern darauf, die mit dem Glücksspiel verbundenen Risiken für den Einzelnen sowie das Gemeinwesen unter Kontrolle zu halten. Im Fokus der Gesetzgebung stehen dabei namentlich die gesundheitlichen sowie wirtschaftlichen Gefahren eines ungebremsten Glücksspiels, aber auch das Ziel der Kriminalitätsbekämpfung, namentlich der Bekämpfung von Geldwäsche und Spielmanipulationen sowie der glücksspielspezifischen Beschaffungs- und Umfeldkriminalität. Diese spezifische Risikobewertung findet ihr Korrelat in der Rechtsprechung des BVerfG, die diese Gemeinwohlgefährdungen bei den grundrechtlichen Rechtfertigungsvoraussetzungen für gesetzliche Interventionen im Glücksspielsektor rezipiert und

https://doi.org/10.1515/9783110259216-013

die Regelungsspielräume des Gesetzgebers weiter bemisst als in anderen kommerziell relevanten Bereichen.[1]

2 Auch unter ökonomischen Gesichtspunkten bleibt dieser Regulierungsfokus, der für besonders gefährliche Glücksspiele bis hin zum vollständigen Ausschluss kommerzieller Aktivitäten oder zum Erliegen jeglicher Angebotstätigkeiten reicht, nicht ohne Logik. Denn anders als in den konventionellen Bereichen des Wirtschaftslebens geht das klassische Marktmodell, nach dem über eine möglichst umfassende, breitgefächerte und preisgünstige Versorgung der Bevölkerung mit Gütern und Dienstleistungen der Wohlstand gehoben wird, im Bereich des Glücksspiels nicht ohne Weiteres auf: Innovation und umfassende Verfügbarkeit attraktiver Glücksspielangebote führen hier nicht notwendig zu einer Steigerung des Gemeinwohls, vielmehr bergen wettbewerbliche Strukturen hier die Gefahr einer Anheizung des Spieltriebs mit womöglich beträchtlichen Risiken für das körperliche, psychische und soziale Wohlergehen des Einzelnen sowie der Gemeinschaft insgesamt in sich.[2] In der Ökonomie findet sich insoweit der Begriff des „demeritorischen Gutes".[3] Dabei hat die Attraktivität, Zugänglichkeit und Verfügbarkeit des Glücksspiels nach den Erkenntnissen der modernen Suchtforschung regelmäßig erhebliche Auswirkungen auf die mit dem Glücksspielangebot einhergehenden Suchtgefahren.[4] In der Kontrolle und Dämpfung des Glückspielangebotes zeigt sich somit keineswegs eine markt- oder wirtschaftsfeindliche Grundeinstellung des Gesetzgebers, sondern eine systemadäquate Differenzierung, die den Marktgesetzlichkeiten dort entgegen-

1 Dazu detailliert sogleich unten Rn 18 ff.

2 Vgl hierzu etwa die dezidierte Position von Generalanwalt *Yves Bot*, der sich in seinem Schlussantrag in der Rs C-42/07 (Liga Portuguesa) vom 14.10.2008 explizit dagegen gewandt hat, die Glücks- und Geldspiele über das Gemeinschaftsrecht den allgemeinen Marktgesetzen zu unterwerfen, da die unbestrittenen Vorteile eines freien Marktes speziell im Bereich des Glücks- und Geldspiels „nicht zum Tragen (kommen)" (Schlussantrag Rn 245 f, abgedruckt in: ZfWG 2008, 323 ff); aus suchtpsychologischer Sicht eingehend *G. Meyer/T. Hayer* Das Gefährdungspotenzial von Lotterien und Sportwetten – Eine Untersuchung von Spielern aus Versorgungseinrichtungen, Abschlussbericht an das Ministerium für Arbeit, Gesundheit und Soziales des Landes NRW und an die Westdeutsche Lotterie GmbH & Co KG, 2005.

3 Zum Begriff der demeritorischen Güter vgl *L. Wildmann*, Einführung in die Volkswirtschaftslehre, Mikroökonomie und Wettbewerbspolitik, 2. Aufl 2010, S 47. Ablehnend gegenüber der Einordnung von Glücksspielangeboten als demeritorische Güter dagegen *V. Heeg/T. Levermann*, GlüStV 2012 – Marktöffnung oder Scheinliberalisierung?, MMR 2012, 726 (729), deren Verweis auf einen vermeintlichen „Wertewandel" freilich insoweit ins Leere geht, als mit der Einordnung des Glücksspiels als demeritorisches Gut eine volkswirtschaftliche Schaden-/Nutzenabwägung ausgedrückt werden soll.

4 Hierzu vgl etwa Schweizerisches Institut für Rechtsvergleichung, International vergleichende Analyse des Glücksspielwesens, 2009, S 49 f; Bundeszentrale für gesundheitliche Aufklärung, Glücksspielverhalten und Glücksspielsucht in Deutschland 2013, Ergebnisbericht, 2014, S 22; auch *G. Meyer/M. Bachmann*, Spielsucht, 2. Aufl 2005, S 79 f.

steuert, wo diese ausnahmsweise zu unerwünschten Ergebnissen führen.[5] Eben hier kann denn – ökonomisch und juristisch gesehen – unter bestimmten Voraussetzungen auch ein legitimer Platz für staatliche Monopole sein. Ungeachtet dieser Differenzierungen steht heute außer Frage, dass die kommerzielle Betätigung als Veranstalter und Vermittler von Glücksspielen dem Schutzgegenstand des Grundrechts der Berufsfreiheit aus Art 12 GG unterfällt und diesbezügliche Beschränkungen daher einer verfassungsrechtlichen Rechtfertigung bedürfen.[6] Mit den folgenden verfassungsrechtlichen Ausführungen sollen vor allem die materiellen Maßstäbe für glücksspielrechtliche Regulierungen präzisiert werden (III.); ebenso aber ist der Blick auf die vorgelagerten kompetenzrechtlichen Fragen zu lenken (II.).

II. Kompetenzielle Aspekte der Glücksspielregulierung in Deutschland

1. Glücksspiel zwischen Sicherheits- und Wirtschaftsrecht

Das Grundgesetz kennt bislang keinen eigenständigen Kompetenztitel für das Glücksspielrecht.[7] Für die Segmente des (Glücks-)Spielautomatenrechts und des Rechts der Pferdewetten hat der Bundesgesetzgeber auf Grund der von ihm zugrunde gelegten, suchtwissenschaftlich freilich zunehmend umstrittenen Gefahrenbewertung eine gewerberechtliche Regulierung vorgenommen und insoweit seine wirtschaftsrechtliche Regelungskompetenz nach Art 74 Abs 1 Nr 11 GG in Anspruch genommen,[8] im Bereich der Pferdewetten aber jüngst mit einer einfachrechtlichen Öffnungsklausel 3

5 Vgl in diesem Sinne auch EuGH, Urt v 3.6.2010, Rs C-203/08 (Sporting Exchange), ZfWG 2010, 250 (Rn 58): „Die nachteiligen Folgen der Einführung des Wettbewerbs um diesen Markt, dh zwischen mehreren Veranstaltern, die das gleiche Glücksspiel betreiben dürfen, ergeben sich daraus, dass diese Veranstalter versucht wären, einander an Einfallsreichtum zu übertreffen, um ihr Angebot attraktiver zu machen, und damit für die Verbraucher die mit dem Spiel verbundenen Ausgaben sowie die Gefahr der Spielsucht erhöhen würden."; ähnlich auch EuGH, Urt v 24.1.2013, verb Rs C-186/11 ua (Stanleybet ua), ZfWG 2013, 95 (Rn 45).

6 Dazu noch ausführlich unten Rn 21 ff.

7 Zu den glücksspielrechtlichen Gesetzgebungskompetenzen im Überblick *J. Dietlein*, in: Dietlein/Hecker/Ruttig, Glücksspielrecht, 2. Aufl 2013, Einführung Rn 8 ff; ferner *J. Fischer*, Das Recht der Glücksspiele im Spannungsfeld zwischen staatlicher Gefahrenabwehr und privatwirtschaftlicher Betätigung, 2009, S 79 ff.

8 Vgl etwa BVerwG, Urt v 4.10.1994, 1 C 13/93, BVerwGE 97, 12 (13 ff); modifizierend aber zB *C. Freytag*, Erteilung der Buchmachererlaubnis nach dem RennwLottG an juristische Personen, GewArch 1994, 95 (97), der auch den Kompetenztitel „Förderung der landwirtschaftlichen Erzeugung" (Art 74 Abs 1 Nr 17 GG) ins Feld führt. Zur Problematik auch *J. Ennuschat*/*S. Klestil*, Pferdewetten zwischen Gewerbefreiheit und Ordnungsrecht, GewArch 2012, 417 ff.

auch den Ländern erhebliche Regelungsbefugnisse überantwortet.[9] Demgegenüber werden die „klassischen“ Glücksspiele wie Casinospiele in Spielbanken, Sportwetten und größere Lotterien traditionell gefahrenabwehrrechtlich reguliert und sind insoweit der diesbezüglichen originären Regelungszuständigkeit der Länder (Art 70 Abs 1 GG) zuzuordnen.[10]

4 Die überkommene kompetenzielle Zweiteilung ist freilich verstärkt in die Diskussion geraten, nachdem das BVerfG in seinem Sportwetten-Urteil vom 28.3.2006 darauf hingewiesen hat, dass der Sportwettensektor (optional) auch einer wirtschaftsrechtlichen Regulierung durch den Bundesgesetzgeber zugänglich sei.[11] Dies ist in der Literatur teilweise dahin interpretiert worden, dass auch eine gefahrenabwehrrechtlich ausgerichtete Regulierung dem Recht der Wirtschaft (Art 74 Abs 1 Nr 11 GG) zuzuordnen sei.[12] Diese Einschätzung vermag indes nicht zu überzeugen. Maßgeblich für die kompetenzielle Einordnung von Legislativakten ist nach ständiger Rechtsprechung des BVerfG deren Regulierungsschwerpunkt.[13] Liegt dieser im

---

9 Vgl insofern insbesondere § 25 Abs 3 RennwLottG, wonach die Länder weitergehende Vorschriften über das Veranstalten und Vermitteln von Pferdewetten, das Vermitteln von Pferdewetten über das Internet und in das Ausland sowie Vorschriften über Regelungen zur Spielersperre, Spielwerbung und zum Schutz Minderjähriger erlassen können, wobei die landesrechtlichen Vorschriften auch Regelungen zum Schutz der Allgemeinheit, insbesondere die Gefahrenaufklärung der Öffentlichkeit, umfassen können. Die Länder haben diese ihnen überantwortete Regelungsbefugnis mit dem Erlass des GlüStV 2012 genutzt und dort in § 27 GlüStV 2012 Vorgaben für Pferdewetten vorgesehen. Zur Verfassungsmäßigkeit der staatsvertraglichen Regelungen zu Pferdewetten vgl BayVerfGH, Entsch vom 23.11.2016, Vf 1-VII-15, juris.

10 Im Überblick *J. Dietlein*, in: Dietlein/Hecker/Ruttig, Glücksspielrecht, 2. Aufl 2013, Einführung Rn 8 ff; *P.J. Tettinger*, Lotterien im Schnittfeld von Wirtschaftsrecht und Ordnungsrecht, DVBl 2000, 868 ff; aA etwa *B. Berberich*, Das Internet-Glücksspiel, 2004, S 88, der Sportwetten pauschal dem Recht der Wirtschaft (Art 74 Abs 1 Nr 11 GG) zuordnen will.

11 BVerfG, Urt vom 28.3.2006, 1 BvR 1054/01, BVerfGE 115, 276 (304 und 318 f).

12 *C. Degenhart*, in: Sachs, GG-Kommentar, 7. Aufl 2014, Art 74, Rn 52; *B. Pieroth*, in: Jarass/Pieroth, GG-Kommentar, 14. Aufl 2016, Art 74 Rn 28 f; auch *B. Pieroth/C. Görisch*, Gewerbliche Lotteriespielvermittlung als Gegenstand der konkurrierenden Bundesgesetzgebungskompetenz, NVwZ 2005, 1225 ff; vgl auch *R. Sannwald*, in: Schmidt-Bleibtreu/Hofmann/Henneke, GG-Kommentar, 13. Aufl 2014, Art 74 Rn 119.

13 BVerfG, Urt vom 17.2.1997, 1 BvF 1/91, BVerfGE 97, 228 (252); Urt vom 27.10.1998, 1 BvR 2306/96 ua, BVerfGE 98, 265 (299); Urt vom 12.3.2008, 2 BvF 4/03, BVerfGE 121, 30 (47); vgl auch *B. Pieroth*, in: Jarass/Pieroth, GG-Kommentar, 14. Aufl 2016, Art 70 Rn 8; soweit das BVerfG davon ausgeht, dem Bund stehe, soweit er für ein bestimmtes Sachgebiet die Gesetzgebungszuständigkeit hat, als Annexkompetenz auch die Gesetzgebungsbefugnis für die damit in einem notwendigen Zusammenhang stehenden Regelungen zur Aufrechterhaltung von Sicherheit und Ordnung in diesem Bereich zu, vgl. BVerfG Urt vom 10.2.2004, 2 BvR 823/02 ua, BVerfGE 109, 190 (215); Beschl vom 3.7.2012, 1 PBvU 1/11, BVerfGE 132, 1 (6), ergibt sich daraus nichts anderes. Denn eine derartige Annexkompetenz setzte im Ausgangspunkt eine materielle Sachgesetzgebung im Bereich der Bundeskompetenz voraus, die nur bei einem entsprechenden Regelungsschwerpunkt angenommen werden

Bereich der Gefahrenabwehr, bedarf es einer gefahrenabwehrrechtlichen Regelungskompetenz; liegt er im Bereich des Wirtschaftslebens, also der kommerziellen Betätigung, bedarf es einer wirtschaftsrechtlichen Regelungskompetenz. Dass dabei schwerpunktmäßig wirtschaftsrechtliche Regelungen auch ordnungsrechtliche Aspekte abdecken bzw schwerpunktmäßig gefahrenabwehrrechtliche Regelungen auch begrenzte Freiräume für kommerzielle Betätigungen öffnen können, ist diesem Ansatz immanent.[14] Dabei wird die Abgrenzung zwischen gefahrenabwehrrechtlicher und wirtschaftsrechtlicher Regulierung hinsichtlich der klassischen Glücksspielsektoren freilich umso schwieriger, je mehr der Landesgesetzgeber neben den tradierten gefahrenpräventiven Zielsetzungen Freiräume für die kommerzielle Betätigung Privater schafft. Bleiben diese Freiräume von eher untergeordneter Natur, wird der gefahrenpräventive Ansatz überwiegen; geht es dem Gesetz dagegen eher oder gerade darum, kommerzielle Handlungsspielräume zu eröffnen, mutiert die Gesetzgebung in eine solche wirtschaftsrechtlicher Art.

Die Frage nach dem einschlägigen Kompetenztitel steht daher in untrennbarem 5
Verbund mit der Frage nach der konkreten inhaltlichen Konzeption der Glücksspielregulierung. Spielräume für eine Anwendbarkeit des Art 74 Abs 1 Nr 11 GG ergäben sich demnach allenfalls dann, wenn die Länder unter Aufgabe ihrer bisherigen schwerpunktmäßig gefahrenpräventiven Regelungsintention ein Glücksspielsegment als Raum für eine privatwirtschaftliche Betätigung öffneten und die gefahrenabwehrrechtlichen Aspekte nur noch als Annex zur wirtschaftlichen Regulierung betrachteten. Anderenfalls verbleibt es bei der ordnungsrechtlichen Regelungskompetenz der Länder.[15] Dabei wären die Länder jedenfalls kompetenzrechtlich durchaus befugt, die ordnungsrechtlichen Regelungssysteme in wirtschaftsrechtlich geordnete Systeme zu überführen.[16] Zu beachten ist freilich, dass eine etwaige Ab-

---

kann; liegt der Regelungsschwerpunkt eigenständig im Bereich der (allgemeinen) Gefahrenabwehr, bleibt es bei der originären Landeszuständigkeit.

14 BVerfG, Urt vom 28.3.2006, 1 BvR 1054/01, BVerfGE 115, 276 (318 f); zu grobrastig allerdings *W. Dürr*, Änderungsbedarf der Spielverordnung, GewArch 2011, 142 (145 Fn 114), der das Wirtschaftsrecht zugleich als Polizeirecht sui generis einordnet.

15 BVerfG *(K)*, Beschl vom 14.10.2008, 1 BvR 928/08, ZfWG 2008, 351 (358), das davon ausgeht, dass das staatliche Glücksspielangebot nach der gesetzlichen Konzeption *„lediglich der Kanalisierung des menschlichen Spieltriebs dienen, nicht jedoch einen förderungs- und ausbauwürdigen Wirtschaftszweig darstellen soll"*; das BVerfG verweist in der zitierten Passage ausdrücklich auf die Sportwetten-Entscheidung vom 28.3.2006, was als explizite Absage an anderweitige Interpretationen der Sportwetten-Entscheidung zu werten sein dürfte.

16 So geht das BVerfG in seiner Sportwetten-Entscheidung von der Gesetzgebungskompetenz des Landes Bayern zunächst allein aufgrund des Verweises aus, dass der Bund seine konkurrierende Gesetzgebungskompetenz für das Recht der Wirtschaft aus Art 74 Abs 1 Nr 11 GG nicht ausgeübt habe, vgl Urt vom 28.3.2006, 1 BvR 1054/01, BVerfGE 115, 276 (304); der konkreten Zuordnung kann sich das Gericht nur enthalten, weil auch eine wirtschaftsrechtliche Regulierung durch das Land möglich wäre.

kehr vom ordnungsrechtlichen Regulierungsansatz hin zu einer primär wirtschaftsrechtlichen Regulierung des Glücksspielbereiches den kompetenziellen Zugriff des Bundesgesetzgebers auf den betreffenden Regelungsbereich aufgrund dessen konkurrierender Gesetzgebungskompetenz nach Art 74 Abs 1 Nr 11 GG ermöglicht, soweit Gründe der Rechts- und Wirtschaftseinheit dies im Sinne des Art 72 Abs 2 GG erforderlich erscheinen lassen.

6 Ob der Bund auch ohne eine vorausgehende Systementscheidung der Länder, den tradierten ordnungsrechtlichen Regulierungsansatz nicht länger fortzuführen, auf die bislang landesstaatlich regulierten Glücksspielsektoren zugreifen und gegen eine von den Ländern ins Werk gesetzte gefahrenabwehrrechtliche Bewertung eine materielle Entscheidung zugunsten eines kommerziellen Glücksspielmarktes durchsetzen könnte,[17] ist bislang nicht geklärt. Jedenfalls bliebe ein derartiger Zugriff allenfalls unter den verschärften Anforderungen des Erforderlichkeitsgrundsatzes nach Art 72 Abs 2 GG denkbar, die solange nicht vorliegen, wie sich die Länder zu einer koordinierten Regulierung zusammenfinden.[18] Eine entsprechende Sperrwirkung ergibt sich allerdings grundsätzlich auch in umgekehrter Richtung, nämlich hinsichtlich der ausgeübten Wirtschaftsgesetzgebung des Bundes, die folgerichtig nicht ohne Weiteres durch einen gefahrenabwehrrechtlich begründeten Systemwechsel via Landesrecht abgelöst werden kann. Dessen ungeachtet unterliegt der Bund einer Beobachtungs- und Anpassungspflicht hinsichtlich seiner Gefahreinschätzung.[19] Mit Blick auf die unionsrechtlichen Kohärenzanforderungen[20] wird man

17 So die Forderung von *S. Kauder*, in: Schmittmann, Neuordnung des Glücks- und Gewinnspielmarktes in Deutschland, 2012, S 33 (35); höchst kritisch gegenüber der Stellungnahme *Kauders* aber der *Fachbeirat Glücksspielsucht*, Fact-Sheet zum Automatenglücksspiel vom 24.2.2012, Bl 5, wo von einem Höhepunkt des politischen Lobbyismus die Rede ist, abrufbar unter http://www.fachbeirat-gluecksspielsucht.de/.

18 *B. Pieroth*, in: Jarass/Pieroth, GG-Kommentar, 14. Aufl 2016, Art 72 Rn 18; *F. Wittreck*, in: Dreier, GG-Kommentar, 3. Aufl 2015, Art 72 Rn 20; vgl auch *P. Kunig*, in: v. Münch/Kunig, GG-Kommentar, 6. Aufl 2012, Art 72 Rn 27; aA aber wohl *C. Degenhart*, in: Sachs, GG-Kommentar, 7. Aufl 2014, Art 72 Rn 19; zurückhaltend auch *S. Oeter*, in: v. Mangoldt/Klein/Starck, GG-Kommentar, 6. Aufl 2010, Art 72 Rn 116.

19 Vgl zu Beobachtungs- und Nachbesserungspflichten des Gesetzgebers allgemein BVerfG, Beschl vom 18.12.1968, 1 BvL 5/64 ua, BVerfGE 25, 1 (12f); Beschl vom 8.8.1978, 2 BvL 8/77, BVerfGE 49, 89 (130); Urt vom 8.4.1997, 1 BvR 48/94, BVerfGE 95, 267 (314); Urt vom 16.3.2004, 1 BvR 1778/01, BVerfGE 110, 141 (158, 166); Urt vom 19.3.2013, 2 BvR 2628/10 ua, BVerfGE 133, 168 (236 Rn 121); dazu auch *W. Höfling/A. Engels*, Parlamentarische Eigenkontrolle als Ausdruck von Beobachtungs- und Nachbesserungspflichten, in: Kluth/Krings, Gesetzgebung, 2012, § 34 Rn 20 ff.

20 Vgl dazu im Überblick etwa *J. Dietlein*, in: Dietlein/Hecker/Ruttig, Glücksspielrecht, 2. Aufl 2013, Einführung Rn 44 ff; auch *J. Dietlein/S. Peters*, Gliedstaatliche Grenzen des Kohärenzgebots, ZfWG 2014, 281 ff; *J. Ennuschat*, Konsistenz und Kohärenz im Glücksspielrecht, WRP 2014, 642 ff; *W. Frenz*, Kohärente und systematische nationale Normgebung – nicht nur im Glücksspielrecht, EuR 2012, 344 ff; *B.J. Hartmann*, Kohärenz im Glücksspielrecht: vertikal – horizontal – intersektoral?, EuZW 2014, 814 ff; *N. Janson*, Zur interföderalen Kohärenz in Bundesstaaten, ZfWG 2015, 212 ff; *A. Lippert*,

darüber hinaus eine aus dem Grundsatz der Bundestreue abzuleitende Kooperationspflicht zwischen Bund und Ländern anzunehmen haben, um das erforderliche Mindestmaß an inhaltlicher Abstimmung bzw horizontaler Kohärenz zu gewährleisten.[21]

Für die Glücksspielregulierung des GlüStV 2012 wird man nach wie vor von einem ordnungsrechtlichen Schwerpunkt ausgehen müssen, wie insbesondere der 7
Ausschluss eines Zulassungsanspruches verdeutlicht, hinter dem letztlich die verwaltungsrechtliche Konstruktion eines repressiven Verbots mit Befreiungsvorbehalt steckt.[22] Die betreffenden Regelungen zielen damit schwerpunktmäßig gerade nicht darauf ab, einen Markt für die kommerzielle Betätigung Privater zu eröffnen, sondern im Gegenteil darauf, eine solche Marktöffnung aus Gründen der Sucht- und Kriminalitätsprävention zu vermeiden. Dies galt auch mit Blick auf die ursprünglich geplante kontingentierte Zulassung privater Sportwettenanbieter. Denn die begrenzte Eröffnung kommerzieller Betätigungsmöglichkeiten ist nach der eindeutigen Intention des Staatsvertrages kein (Selbst-)Zweck des Regelwerkes, sondern lediglich ein Mittel, um den überbordenden Schwarzmarkt zurückzudrängen und den Spieltrieb in legale Bahnen zurück zu führen.[23] Soweit die Länder bei der neuerlichen Reform des Glücksspielstaatsvertrages für die Experimentierphase ein Entfallen der Kontingentierung der Sportwettenkonzessionen anstreben,[24] dürften indes die Weichen in Richtung eines Wandels hin zu einer wirtschaftsrechtlichen Regulierung gestellt sein.

Das Kohärenzerfordernis des EuGH, EuR 2012, 90 ff; *J.-A. Makswit*, Unionsrechtliches Kohärenzgebot und das deutsche Glücksspielrecht – Ein (un-)lösbarer Widerspruch?, ZfWG 2014, 169 ff; *W. Michl*, Das Kohärenzkriterium in der Rechtsprechung des Europäischen Gerichtshofs, ZfWG 2016, 110 ff; *R. Streinz*, Das Kohärenzgebot in der Rechtsprechung des EuGH als Vorgabe für das nationale Glücksspielrecht und seine Folgen für Deutschland, ZfWG 2013, 305 ff; vgl auch *F. Heseler*, Der Einfluss des Europarechts auf die mitgliedstaatliche Glücksspielregulierung, 2013.

21 Vgl in diese Richtung auch *S. Janich*, Verfassungsrechtliche Aspekte des Ersten Glücksspieländerungsstaatsvertrags, 2015, S 56 ff; zur Bundestreue allgemein vgl *H. Bauer*, Die Bundestreue, 1992; gegen Bindungswirkungen des Kohärenzgebots im Verhältnis der Länder untereinander vgl aber EuGH, Urt vom 12.6.2014, Rs C-156/13 (Digibet und Albers), NVwZ 2014, 1001 ff; dazu *J. Dietlein/S. Peters*, Gliedstaatliche Grenzen des Kohärenzgebots, ZfWG 2014, 281 ff.

22 So zutreffend *J. Ennuschat*, Aktuelle Rechtsfragen des staatlichen Lotteriemonopols in Deutschland, ZfWG 2008, 83 (85) für den GlüStV 2008; für die spezielle glücksspielrechtliche Spielhallenerlaubnis nach § 24 Abs. 1 GlüStV wird in Abweichung hierzu teilweise eine Einordnung als präventives Verbot mit Erlaubnisvorbehalt angenommen, vgl etwa *C. Brüning/D. Bloch*, in: Becker/Hilf/ua, Glücksspielregulierung, 2017, § 24 GlüStv Rn 6; restriktiver aber wohl *M. Hecker*, in: *Dietlein*/Hecker/Ruttig, Glücksspielrecht, 2. Aufl. 2013, § 24 GlüStV Rn 25.

23 Vgl zu dieser Intention des GlüStV 2012 insgesamt auch § 1 Satz 1 Nr 2 GlüStV 2012; eingehend auch *J. Dietlein*, in: Dietlein/Hecker/Ruttig, Glücksspielrecht, 2. Aufl 2013, Einführung Rn 10.

24 Vgl dazu Art 1 Nr 4 lit b des Entwurfs für einen Zweiten Staatsvertrag zur Änderung des Glücksspielstaatsvertrages, enthalten in: Abgeordnetenhaus Berlin, Drucksache 18/0122, mit dem die Begrenzung der Zahl der Konzessionen für die Experimentierphase aufgehoben werden soll.

2. Die Gesetzgebungskompetenz für Spielhallen

8 Eine kompetenzielle Neuzuordnung hat seit der Föderalismusreform I im Jahre 2006 das „Recht der Spielhallen" gefunden, das vom grundgesetzändernden Gesetzgeber aus der wirtschaftsrechtlichen Gesetzgebungskompetenz des Bundes nach Art 74 Abs 1 Nr 11 GG ausdrücklich herausgenommen und damit der ausschließlichen Landeszuständigkeit auf Grundlage von Art 70 Abs 1 GG überwiesen wurde. Die hiermit verbundene weitere föderale Zersplitterung glücksspielspezifischer Lebensbereiche – nämlich in einen bundesrechtlich regulierten Bereich des Rechts der Geld-Gewinnspielgeräte einerseits sowie in einen landesrechtlich zu regulierenden Bereich des Rechts der Spielhallen andererseits – ist unter sachlichen Gesichtspunkten wohl vorrangig als politische Kompromisslösung erklärbar, birgt aber zugleich zusätzliche Herausforderungen für eine abgestimmte Regulierung des Lebensbereichs Glücksspiel in sich. Immerhin bietet die neue Spielhallenkompetenz der Länder einen Ansatzpunkt, um dem zuvor notorischen Reformunwillen des Bundes im Bereich des gewerblichen Automatenspiels[25] durch verstärkt suchtpräventiv ausgerichtete landesrechtliche Vorgaben an die Zulassung und den Betrieb von Spielhallen zumindest partiell entgegenzuwirken. Von der durch die kompetenzielle Neuzuordnung eröffneten Gesetzgebungsbefugnis haben die Länder zwischenzeitlich flächendeckend Gebrauch gemacht, wobei die von den jeweiligen Ländern gewählten Regulierungskonzepte im Einzelnen freilich nicht unerheblich differieren.[26]

9 Die Frage der Reichweite der Regelungszuständigkeit der Länder für das Recht der Spielhallen ist zwischenzeitlich zu einem zentralen Konfliktfeld des Verfassungsrechts geworden. Die umfänglichen Bestrebungen, die neue landesstaatliche Regelungsbefugnis in „normativ-rezeptivem" Verständnis von Art 74 Abs 1 Nr 11 GG nF auf den bisherigen Anwendungsbereich der gewerberechtlichen Einzelnorm des § 33i GewO zu verengen und allein auf die „örtlich" bzw „lokal radizierte" Regelung der Besonderheiten vor Ort und Fragen der von einer einzelnen Spielhalle ausgehenden Gefahren zu beschränken,[27] sind schon früh als verfassungsrechtlich nicht trag-

25 Zu der besonderen Suchtproblematik im Bereich des gewerblichen Automatenspiels sowie zu den unzureichenden Vorschlägen des zuständigen Bundesministeriums eingehend *G. Meyer*, Jahrbuch Sucht 2012, S 125 ff.

26 Vergleichend zu den landesrechtlichen Spielhallengesetzen bzw Entwürfen etwa *J. Wohlfarth*, Der Beginn einer Länderoffensive gegen ungebremstes Wachstum von Spielhallen, LKRZ 2012, 81 (83 ff); *T. Wild*, Strengere Regelungen des gewerblichen Automatenspiels in Spielhallen und Gaststätten durch den neuen Glücksspielstaatsvertrag seit 1. Juli 2012, ZfWG 2012, 247 ff.

27 *C. Degenhart*, Recht des gewerblichen Gewinnspiels und Recht der Spielhallen in der Kompetenzordnung des Grundgesetzes, DVBl 2014, 416 (421 f); *C. Degenhart*, Spielhallen und Geldspielgeräte in der Kompetenzordnung des Grundgesetzes, 2014, S 60 ff; *C. Degenhart*, in: Sachs, GG-Kommentar, 7. Aufl 2014, Art 74 Rn 47; zuvor schon *C. Degenhart*, Die Neuordnung der Gesetzgebungskompeten-

fähig kritisiert worden.[28] Konkret hätte diese – maßgeblich auf die der Anpassung der grundgesetzlichen Kompetenzordnung vorausgehenden Vorarbeiten der Föderalismuskommission verweisende – restriktive Lesart zur Folge gehabt, dass die Regelungsbereiche der §§ 33c, 33d und 33e GewO einschließlich der gem § 33f GewO zur Ausführung dieser Vorschriften ergangenen Bestimmungen der SpielV a priori aus dem Zuständigkeitsbereich der Landesgesetzgebung ausgegliedert gewesen wären, auch soweit diese spezifisch spielhallenrechtliche Regelungen enthalten.

Dem solchermaßen einschränkenden Verständnis der Landeskompetenz für das Recht der Spielhallen ist das BVerfG nach unterschiedlichen Nuancierungen auf Ebene der Landesverfassungsgerichte[29] zwischenzeitlich überzeugend entgegengetreten.[30] Ausdrücklich geht das Gericht in seinem Spielhallen-Beschluss vom 7. März 10

zen durch die Föderalismusreform, NVwZ 2006, 1209 (1213 f); *W. Höfling/S. Rixen*, Die Landes-Gesetzgebungskompetenzen im Gewerberecht nach der Föderalismusreform, GewArch 2008, 1 (7); *F. Hufen*, Die Einschränkung des gewerblichen Geld-Gewinnspiels, 2012, S 26 ff; *W. Kluth*, Die Gesetzgebungskompetenz für das Recht der Spielhallen nach der Neufassung des Art 74 Abs 1 Nr 11 GG, 2010; *B. Pieroth/T. Lammers*, Das Berliner Spielhallengesetz und die Kompetenzordnung des Grundgesetzes, GewArch 2012, 1 (2 ff); *B. Pieroth*, in: Jarass/Pieroth, GG-Kommentar, 14. Aufl 2016, Art 74 Rn 31a; *H.-P. Schneider*, Das Recht der Spielhallen nach der Föderalismusreform, 2009; *H.-P. Schneider*, Das Recht der „Spielhallen" nach der Föderalismusreform, GewArch 2009, 265 ff und 343 ff; *H.-P. Schneider*, Ultra Vires? Kompetenzprobleme im neuen Spielhallenrecht der Länder, GewArch 2013, 137 ff; *U. Schönleiter*, Föderalismusreform und Gewerberecht, GewArch 2006, 372 (373 f); *A. Uhle*, Normativ-rezeptive Kompetenzzuweisung und Grundgesetz, 2015, S 46 ff; *C. Weidemann/T. Krappel*, Das Recht der Automatenaufstellung nach der Föderalismusreform, NVwZ 2013, 673 (676); offenlassend *J. Ennuschat/C. Brugger*, Gesetzgebungskompetenzen im Spielhallenrecht nach der Föderalismusreform, ZfWG 2006, 292: *„zumindest § 33i GewO"*; ähnl *A. Schmitz*, in: Holtschneider/Schön, Die Reform des Bundesstaates, 2007, S 250 Fn. 17: *„jedenfalls § 33i GewO"*; in diese Richtung auch *C. Seiler*, in: Epping/Hillgruber, Beck'scher Online-Kommentar GG, 31. Edition (Stand: 12/2016), Art 74 Rn 44.3.

28 Vgl nur *J. Dietlein*, Verfassungsrecht als abstrahiertes Verwaltungsrecht?, in: Detterbeck/Rozek/von Coelln, Festschrift für H. Bethge, 2009, S 3 ff; *J. Dietlein*, Die Gesetzgebungszuständigkeit der Länder für das Spielhallenwesen – Kompetenzielle und materielle Fragen des neuen Art 74 Abs 1 Nr 11 GG, ZfWG 2008, 12 ff; *J. Dietlein*, in: Dietlein/Hecker/Ruttig, Glücksspielrecht, Kommentar, 2. Aufl 2013, Einführung Rn 13.

29 Vgl etwa für ein auf § 33i GewO beschränktes Verständnis der Länderkompetenz für das Recht der Spielhallen, das insbesondere Fragen des Geräte- und Aufstellungsrechts nicht umfasse, StGH *Bad-Württ*, Urt vom 17.6.2014, 1 VB 15/13, ZfWG 2014, 299 (Rn 309 ff); für ein weites Verständnis des Kompetenztitels für das Recht der Spielhallen im Sinne einer Vorgaben an den Betrieb der Spielhalle einschließlich der räumlichen Gegebenheiten vor Ort umfassenden Regelungszuständigkeit aber VerfGH Berlin, Beschl vom 20.6.2014, VerfGH 96/13, ZfWG 2014, 299 (300 f); offenlassend BayVerfGH Entsch vom 28.6.2013, Vf. 10-VII-12 ua, NVwZ 2014, 141 (141 f); zur landesverfassungsgerichtlichen Rechtsprechung eingehend *J. Dietlein*, Landesverfassungsgerichte als Hüter der gesamtstaatlichen Kompetenzordnung, ZfWG 2014, 261 ff.

30 Gegen das von Teilen der Literatur vorgeschlagene enge Verständnis der Länderkompetenz für das Recht der Spielhallen zuvor schon BVerwG, Urt vom 16.12.2016, 8 C 6.15, juris, Rn 19 ff; OVG

2017 davon aus, dass der Kompetenztitel des Rechts der Spielhallen nicht in erster Linie unter Rückgriff auf § 33i GewO zu bestimmen ist, sondern in Anknüpfung an den Lebenssachverhalt des Betriebs von Spielhallen alle gewerberechtlichen Anforderungen an den Betrieb und die Zulassung von Spielhallen erfasst.[31] Zu Recht verweist das Gericht insofern neben dem Wortlaut auf die Entstehungsgeschichte der Neufassung des Art 74 Abs 1 Nr 11 GG, die bei umfassender Betrachtung eine „normativ-rezeptive“ Beschränkung der Länderkompetenz auf den Regelungsbereich des § 33i GewO gerade nicht zu tragen vermag.[32] Dieses Verständnis der Reichweite der Länderkompetenz entspricht zudem systematisch der Reichweite der anderen den Ländern im Rahmen der Föderalismusreform I in Art 74 Abs 1 Nr 11 GG überwiesenen Kompetenzbereiche.[33] Auch methodisch kann die Interpretation des Verfassungsrechts am Maßstab des einfachen Rechts im Falle des Kompetenztitels Recht der Spielhallen in diesem Zusammenhang deshalb nicht überzeugen.[34]

11 Bei diesem weiten Verständnis begründet die Kompetenzausnahme in Art 74 Abs 1 Nr 11 GG das Recht der Länder, sämtliche Aspekte des Spielhallenrechts, angefangen von der Festlegung des Spielhallenbegriffs, über die Frage der Zulassung von Spielhallenbetrieben, die Modalitäten der Betriebsausübung einschließlich Art und Umfang der zugelassenen Spiele bis hin zu Fragen der Erlaubnisrücknahme und Betriebsschließung autonom zu regeln.[35] Die Grenze der Regelungszuständigkeit der Länder ist erst dort erreicht, wo allgemeine, nicht standortbezogene Fragen des Rechts der Spielautomaten – etwa technische Anforderungen an Spielgeräte

---

Niedersachsen, Beschl vom 7.1.2014, 7 ME 90/13, ZfWG 2014, 115 (Rn 20 f); OVG Berlin-Brandenburg, Beschl vom 29.10.2014, OVG 1 S 30.13, ZfWG 2015, 41 (Rn 22 ff); Urt vom 11.6.2015, OVG 1 B 5.13, juris, Rn 98 ff; HmbOVG, Urt vom 19.5.2015, 4 Bs 14/15, ZfWG 2015, 369 (Rn 71 ff).

31 BVerfG, Beschl vom 7.3.2017, 1 BvR 1314/12 ua, juris, Rn 100 ff.

32 BVerfG, Beschl vom 7.3.2017, 1 BvR 1314/12 ua, juris, Rn 102 ff.

33 BVerfG, Beschl vom 7.3.2017, 1 BvR 1314/12 ua, juris, Rn 102; ebenso BVerwG, Urt vom 16.12.2016, 8 C 6.15, juris, Rn 27.

34 Aus dem neueren Schrifttum etwa *W. Dürr*, Änderungsbedarf der Spielverordnung, GewArch 2011, 142 (145 Fn 109); *M. Pagenkopf*, Der neue Glücksspielstaatsvertrag – Neue Ufer, alte Gewässer, NJW 2012, 2918 (2922); *M. Reeckmann*, Gewerbliches Automatenspiel am Scheideweg – Zur Inkompatibilität von Glücksspiel und Gewerbefreiheit, ZfWG 2010, 229 (234 f); *J. Wohlfarth*, Der Beginn einer Länderoffensive gegen ungebremstes Wachstum von Spielhallen, LKRZ 2012, 81 (83); wie hier bereits *J. Dietlein*, Verfassungsrecht als abstrahiertes Verwaltungsrecht?, in: Detterbeck/Rozek/von Coelln, Festschrift für H. Bethge, 2009, S 3 ff; *J. Dietlein*, Die Gesetzgebungszuständigkeit der Länder für das Spielhallenwesen – Kompetenzielle und materielle Fragen des neuen Art 74 Abs 1 Nr 11 GG, ZfWG 2008, 12 ff und S 77 ff; *J. Dietlein*, in: Dietlein/Hecker/Ruttig, Glücksspielrecht, 2. Aufl 2013, Einführung Rn 13.

35 Zur Gerätehöchstzahl vgl etwa BVerfG, Beschl vom 7.3.2017, 1 BvR 1314/12 ua, juris, Rn 112; zur zulässigen Aufstellweise von Geldspielgeräten in Spielhallen vgl BVerfG (K), Beschl vom 31.3.2017, 1 BvR 8/13, juris, Rn 5 f.

oder Fragen der Geräteaufstellung unabhängig vom konkreten Aufstellungsort – zum Gegenstand der Regulierung gemacht werden.[36]

3. Das glücksspielrechtliche Regionalitätsprinzip und Selbstkoordinierung der Länder

Aus der jeweils eigenen und auf das eigene Hoheitsgebiet beschränkten Regelungsgewalt der Länder im Bereich der klassischen Glücksspiele (sog Glücksspiel- oder Lotteriehoheit der Länder) ergibt sich unmittelbar von Verfassung wegen das sog glücksspielrechtliche Regionalitätsprinzip.[37] Dieses auch vom BVerfG anerkannte Prinzip[38] besagt im Kern, dass die Länder die glücksspielrechtliche Regulierung autonom in ihrem Hoheitsbereich betreiben können. Dementsprechend bleibt auch die Legalisierungswirkung behördlicher Genehmigungen[39] – vorbehaltlich abweichender Vereinbarungen[40] – auf den Hoheitsbereich desjenigen Landes beschränkt, für das die zuständige Genehmigungsbehörde tätig wird. Jedes Land ist also für das andere im wahrsten Sinne des Wortes „Ausland".[41] Soweit daher durch Landesrecht 12

36 Vgl BVerfG, Beschl vom 7.3.2017, 1 BvR 1314/12 ua, juris, Rn 111; ebenso BVerwG, Urt vom 16.12.2016, 8 C 6.15, juris, Rn 27; so ausdrücklich auch *J. Dietlein*, in: Dietlein/Hecker/Ruttig, Glücksspielrecht, 2. Aufl 2013, Einführung Rn 13; aA aber *J. Brückner*/*T. Scheel*, Ausgezockt? – Zur verfassungs- und gemeinschaftsrechtlichen Zulässigkeit des staatlichen Sportwettenmonopols in Deutschland, in: Sander/Sasdi (Hrsg), Sport im Spannungsfeld von Recht, Wirtschaft und europäischen Grundfreiheiten, 2009, S 77 (96f), die davon ausgehen, dass der Begriff Spielhalle als pars-pro-toto Nennung für das gesamte gewerbliche Spielrecht anzusehen ist und daher eine umfassende Regelungsbefugnis der Länder annehmen und so auch das Automatenrecht in die ausschließliche Regelungszuständigkeit der Länder einbeziehen; einen vom Glücksspiel zu trennenden Kompetenzbereich bildet daneben selbstverständlich die städtebauliche Steuerung der Spielhallen, die als Teil des Bodenrechts der bundesrechtlichen Regelungskompetenz aus Art 74 Abs 1 Nr 18 GG unterliegt, hierzu *T. Jacob*, Die bauplanungsrechtliche Zulässigkeit von Spielhallen und Wettbüros – Systematik und aktuelle Regelungsansätze städtebaulicher Innenentwicklung, ZfWG 2012, 153 ff; zu baurechtlichen Aspekten etwa auch *O. Dziallas*/*C. Kullick*, Baurecht und Glücksspiel – aktuelle Tendenzen, NZBau 2012, 284 ff; zur Sonderproblematik von Vergnügungsteuersatzungen für den Spielhallenbetrieb krit *F. Balmes*, Rechtfertigungsdefizite der Vergnügungsteuer, BB 2012, 1259 ff.

37 Zu den verfassungsrechtlichen Wurzeln des Regionalitätsprinzips eingehend *J. Dietlein*, Ist der Bundesstaat kartellrechtswidrig? – Das lotterierechtliche Regionalitätsprinzip vor dem Bundeskartellamt, ZfWG 2006, 197 (200).

38 BVerfG (K), Beschl vom 14.10.2008, 1 BvR 928/08, ZfWG 2008, 351 (355) zur einfachgesetzlichen Rechtslage des GlüStV 2008.

39 Vgl zu § 284 StGB sogleich Rn 15.

40 Dazu noch unten Rn 14.

41 So bereits OLG Braunschweig, Urt vom 10.9.1954, Ss 128/54, NJW 1954, 1777 (1779); eingehend auch *J. Dietlein*, Das staatliche Glücksspiel auf dem Prüfstand, BayVBl 2002, 161 (166 f); *W. Ohlmann*,

die Legitimation für ein landesgrenzüberschreitendes Agieren privater oder staatlicher Anbieter erfolgte, wären die einschlägigen Bestimmungen wegen des Überschreitens der territorial begrenzten (Verbands-)Zuständigkeit verfassungswidrig.[42] Auch für die sog DDR-Konzessionen ergibt sich aus dem Prinzip der Länderhoheit über das Glücksspiel, dass Art 19 Einigungsvertrag, der die Fortgeltung von DDR-Verwaltungsakten festlegt, im Lichte dieses föderalen Prinzips interpretiert werden muss und somit keine territoriale Erstreckung dieser Verwaltungsakte auf den Hoheitsbereich der alten Länder rechtfertigen kann.[43] Erst recht können ausländische

---

Die deutschen Lotto- und Totounternehmen – Wettbewerbsakteure oder Kompetenzträger im kooperativen Lotterieföderalismus?, WRP 2001, 672 (676 f).

42 Namentlich das in Schleswig-Holstein am 1.1.2012 in Abkehr von dem bisherigen länderübergreifenden Kooperationsansatz in Kraft gesetzte Glücksspielgesetz war in dieser Hinsicht höchst problematisch, bleibt aber nach dem zwischenzeitlich eingetretenen Politikwechsel letztlich eine Episode; zur Aufhebung des GlüG S-H vgl das Gesetz zur Aufhebung des Glücksspielgesetzes vom 1.2.2013, GVBl S-H 2013, S 64; vor der Aufhebung erteilte Genehmigungen gelten freilich nach der Überleitungsvorschrift des Aufhebungsgesetzes fort. Zur Problematik der bisherigen Regelung s eingehend *J. Dietlein*, Stellungnahme zum Entwurf eines „Gesetzes zur Neuordnung des Glücksspiels (Glücksspielgesetz)" der Fraktionen von CDU und FDP im Landtag des Landes Schleswig-Holstein, LT-Umdruck SH 17/2219, S 13.

43 Zu dieser in der Rspr inzwischen weithin konsentierten Interpretation vgl nur BVerwG, Urt vom 21.6.2006, 6 C 19/06, BVerwGE 126, 149 (159 ff); bestätigend BVerwG, Urt vom 1.6.2011, 8 C 5/10, NVwZ 2011, 1319 (1325); BGH, Urt vom 28.9.2011, I ZR 92/09, MMR 2012, 191 (192); OVG Bautzen, Beschl vom 12.12.2007, 3 BS 286/06, GewArch 2008, 118 (120 f); OVG Hamburg, Beschl vom 25.3.2008, 4 Bs 5/08, ZfWG 2008, 136 (137); VGH Kassel, Urt vom 13.8.2008, 7 B 29/08, ZfWG 2008, 272 (274); in diesem Sinne ausführlich bereits *J. Dietlein*, „DDR-Verwaltungsakte" vor bundesdeutschen Gerichten, in: von Hansmann/Paetow/Rebentisch, Festschrift für E. Kutscheidt, 2003, S 119 ff; *M. Hecker/C. Schmitt*, Zur Strafbarkeit des privaten Anbietens von Sportwetten gem § 284 StGB, ZfWG 2006, 59 (65 ff); ausführlich auch *D. Postel*, Glücksspielrechtliche Wirkungen des tatsächlichen Inhalts der nach dem DDR-Gewerbegesetz erteilten Erlaubnisse, ZfWG 2007, 181 ff (Teil 1), 328 ff (Teil 2); aA *H.-D. Horn*, Zum Recht der gewerblichen Veranstaltung und Vermittlung von Sportwetten, NJW 2004, 2047 (2049); *N. Janz*, Rechtsfragen der Vermittlung von Oddset-Wetten in Deutschland, NJW 2003, 1694 (1698 f); *S. Lörler*, Zur Rechtswirksamkeit von Buchmachersportwettlizenzen der ehemaligen DDR, LKV 2009, 442 ff; ältere wettbewerbsrechtliche Entscheidungen der Zivilgerichte, die den fortgeltenden DDR-Erlaubnissen eine Legalisierungswirkung auch für Glücksspielangebote in den „alten Ländern" beimessen wollten (vor allem BGH, Urt vom 11.10.2001, I ZR 172/99, NJW-RR 2002, 395), sind heute obsolet und können richtigerweise auch keinen „unvermeidbaren Verbotsirrtum" von Vermittlern bzw Veranstaltern mehr begründen; nicht überzeugend und ohne Aufarbeitung der nahezu einhelligen verwaltungsgerichtlichen Rspr insoweit OLG Hamburg, Urt vom 12.8.2004, 5 U 23/04, – juris: „keineswegs geklärt"; unter Verkennung der st Rspr der Verwaltungsgerichte auch *J. Fischer*, Das Recht der Glücksspiele im Spannungsfeld zwischen staatlicher Gefahrenabwehr und privatwirtschaftlicher Betätigung, 2009, S 136; *D. Kreuz*, Staatliche Kontrolle und Beteiligung am Glücksspiel, 2005, S 167 ff; *S. Rixen*, Das öffentliche Sportwettenrecht der Länder und das DDR-Gewerberecht: Bricht Landesrecht Bundesrecht?, NVwZ 2004, 1410 (1412 ff); allein auf die obsolete Rspr rekurrierend auch *M. Rössel*, Verfassungswidrigkeit des bayerischen Sportwettenmonopols, ITRB 6/2006, 127 (128).

Genehmigungen, einschließlich solcher aus dem EU-Ausland, keine autonome Legalisierungswirkung für im Inland angebotene Glücksspiele entfalten.[44]

Die dargestellten kompetenziellen Grenzen aus dem glücksspielrechtlichen Regionalitätsprinzip treffen entgegen wohl überwiegender Auffassung in Rechtsprechung und Literatur zugleich landesstaatliche (öffentliche) Unternehmungen, soweit sie ohne spezielle Genehmigung des „aufnehmenden" Landes über die Landesgrenzen hinweg tätig werden wollen. Denn die Anbietertätigkeit staatlicher Unternehmungen basiert nicht auf privatautonomer Entscheidung, sondern auf staatlicher Kompetenz; sie ist insofern Verwaltung im materiellen Sinne und ihrerseits neben den grundrechtlichen auch den (verbands-)kompetenziellen Begrenzungen unterworfen. Dies gilt unabhängig davon, ob die betreffenden öffentlichen Unternehmungen öffentlich-rechtlich oder privatrechtlich organisiert sind. Entscheidend ist allein die Beherrschung des öffentlichen Unternehmens durch die öffentliche Hand.[45] Soweit die hiernach beachtliche territoriale Begrenzung des Aktionsbereiches staatlicher Anbieter daher – wie seitens des *Bundeskartellamtes*[46] – im Sinne eines europarechtswidrigen Kartells (miss-)verstanden wird, verfehlt diese Sicht nicht nur unter materiellen, sondern auch und zumal unter kompetenziellen Aspekten die verfassungsrechtlichen Grundlagen der nationalen Glücksspielregulierung.[47] Wer die Befugnis der Länder zu einer binnenstaatlichen Regulierung des Glücksspiels in Frage stellt, stellt letztlich die föderale Ordnung des Grundgesetzes insge- 13

44 Vgl nur BGH, Urt vom 1.4.2004, I ZR 317/01, CR 2004, 613 ff mit Anm *J. Dietlein*; OLG Bremen, Urt vom 11.11.2004, 2 U 39/2004, juris; *H.-D. Horn*, Zum Recht der gewerblichen Veranstaltung und Vermittlung von Sportwetten, NJW 2004, 2047 (2051 ff); *A. Mosbacher*, Ist das ungenehmigte Veranstalten und Vermitteln von Sportwetten noch strafbar?, NJW 2006, 3529 (3531); krit für den europäischen Kontext *B. Berberich*, Das Internet-Glücksspiel, 2004, S 124 f; teilw anders *A. Voßkuhle*, Glücksspiel ohne Grenzen – Zur rechtlichen Zulässigkeit der grenzüberschreitenden Vermittlung von Pferderennwetten, GewArch 2001, 177 ff.

45 Vgl hierzu auch die Fraport-Entscheidung des BVerfG, Urt vom 22.2.2011, 1 BvR 699/06, NJW 2011, 1201, die – spiegelbildlich hierzu – eine Grundrechtsberechtigung öffentlicher Unternehmungen verneint, soweit diese von der öffentlichen Hand beherrscht werden, auch wenn diese Beherrschung durch das Zusammenwirken verschiedener öffentlicher Rechtsträger bewirkt wird.

46 BKartA, Entsch vom 23.8.2006, ZfWG 2006, 224 (227); der Linie des BKartA folgend aus neuerer Zeit etwa *D. Uwer*, in: Schmittmann (Hrsg), Auf dem Weg zum GlüStV 2012, 2011, S 29 (44 ff).

47 Hierzu ausführlich *J. Dietlein*, Ist der Bundesstaat kartellrechtswidrig? – Das lotterierechtliche Regionalitätsprinzip vor dem Bundeskartellamt, ZfWG 2006, 197 ff. So bestreitet das BKartA nicht nur die kompetenzielle Fundierung der Anbietertätigkeit staatlicher Glücksspielunternehmungen, sondern verlangt überdies – in klarem Widerspruch zu den gesetzlichen Vorgaben – eine kommerziell orientierte Unternehmensführung durch die staatlichen Anbieter. Unzutreffend ist namentlich die Annahme, dass der Zustimmungsvorbehalt des vormaligen § 5 Abs 3 LottStV eine wirtschaftliche Absicherung des Glücksspielmonopols gewährleiste. Tatsächlich aber darf das durch diese Bestimmung eingeräumte Ermessen gem § 40 VwVfG allein nach Maßgabe ordnungsrechtlicher Kriterien ausgeübt werden.

samt in Frage.[48] Zu Recht hat daher auch der BGH die vom *BKartellA* behauptete Anwendungssperre für landesgesetzliche Erlaubnisvorbehalte zurückgewiesen.[49] Das schon staatsrechtlich begründete Verbot einer autonomen Ausdehnung der Geschäftstätigkeit einzelner Landeslotterieunternehmen auf das Gebiet anderer Länder ist nunmehr in § 10 Abs 2 Satz 2 GlüStV 2012 auch einfachgesetzlich wiederholt worden.

14 Vor dem Hintergrund der beschriebenen Parzellierung der Regelungszuständigkeiten haben sich die Länder für wesentliche Regulierungsaspekte des Glücksspiels zu einer Selbstkoordinierung zusammengefunden.[50] Im Wege des Staatsvertrages haben sie eine länderübergreifend koordinierte Regulierung entwickelt, die wesentliche Fragen der Veranstaltung und Vermittlung von Glücksspielen einheitlich regelt. In diesem Zusammenhang haben die Länder auch die intraföderale Kooperation im Wege der Zentralisierung von Landeskompetenzen zur Ausübung durch Einrichtungen oder Behörden bestimmter Länder beschritten. Die Einbindung des sog Glücksspielkollegiums als dem Behördenvollzug vorgeschaltetes internes Beschlussorgan der Länder mit mehrheitsbasierter Steuerung hat zwar einige verfassungsrechtliche Kritik erfahren,[51] erweist sich aber bei genauerer Betrachtung mit dem Bundesstaatsprinzip, dem Rechtsstaatsprinzip und dem Demokratieprinzip vereinbar.[52] Ob das Glücksspielkollegium aus verfassungsrechtlicher Perspektive auch zum Erlass außenwirksamer Regelungen ermächtigt werden darf, erscheint dagegen fraglich.[53]

---

48 *J. Dietlein*, Ist der Bundesstaat kartellrechtswidrig? – Das lotterierechtliche Regionalitätsprinzip vor dem Bundeskartellamt, ZfWG 2006, 197 ff.

49 BGH, Beschl vom 8.5.2007, KVR 31/06, ZfWG 2007, 269 (273 ff); zuletzt Beschl v 14.8.2008, KVR 54/07, ZfWG 2008, 359.

50 Zur Selbstkoordinierung der Länder im Wege des Staatsvertrages allgemein umfassend *C. Vedder*, Intraföderale Staatsverträge, 1996.

51 Dazu etwa *C. Degenhart*, Rechtsfragen des ländereinheitlichen Verfahrens nach dem Entwurf eines Ersten Staatsvertrags zur Änderung des Staatsvertrags zum Glücksspielwesen, 2011; *G. Kirchhof*, Das Glücksspielkollegium verletzt das Grundgesetz, ZfWG 2015, 301 ff; *G. Kirchhof*, Die verfassungsgeforderte Reform des Glücksspielwesens, NVwZ 2016, 124 ff; *C. Koenig*, Einbindung des Glücksspielkollegiums in die ordnungsrechtlichen Sanktionsverfahren der Länder, ZfWG 2016, 2 ff; *T. Würtenberger*, Rechtsgutachten zur Verfassungswidrigkeit des Glücksspielkollegiums vor dem Hintergrund der verfassungsrechtlichen Grenzen der dritten Ebene im Bundesstaat, 2014.

52 So ausführlich *J. Dietlein*, Das Glücksspielkollegium im ländereinheitlichen Verfahren – Die mehrheitsgesteuerte Beteiligungsverwaltung als Organisationsform intraföderaler Kooperation, ZfWG Beilage 4/2015, 1 ff; im Erg ebenso *H. Bethge*, Die Verfassungsmäßigkeit des Glücksspielkollegiums als länderübergreifendes mehrheitsgesteuertes Koordinationsorgan der Länder, ZfWG 2016, 386 ff.

53 Gegen die Zulässigkeit insofern BayVerfGH, Entsch vom 25.9.2015, Vf. 9-VII-13 ua, juris, Rn 205.

4. Die strafrechtliche Regelungskompetenz nach Art 74 Abs 1 Nr 1 GG

Losgelöst von den sachgebietsbezogenen Gesetzgebungskompetenzen des Bundes 15 und der Länder formuliert Art 74 Abs 1 Nr 1 GG schließlich eine allgemeine strafrechtliche Vorranggesetzgebung des Bundes, die dieser für den Bereich des Glücksspiels durch den Erlass der §§ 284 ff StGB ausgeübt hat. Die einschlägigen strafrechtlichen Bestimmungen, die zumal das ungenehmigte Veranstalten, Vermitteln und Bewerben von Glücksspielen sanktionieren, bleiben auch in Ansehung der Lotteriehoheit der Länder ohne Bedenken, da sie keine eigentliche materielle Regelungsentscheidung zu Gunsten monopolistischer oder liberalisierter Regulierungsmodelle treffen, sondern schlicht an den Tatbestand des „ungenehmigten" Tätigwerdens anknüpfen. Insofern wird § 284 StGB von der Rechtsprechung streng verwaltungsakzessorisch verstanden. Dies nicht nur dergestalt, dass die Strafbarkeit vom Vorliegen einer behördlichen Genehmigung abhängt.[54] Vielmehr soll eine Strafbarkeit selbst bei Nichtvorliegen einer behördlichen Genehmigung nur dann in Betracht kommen, wenn ein materielles Verbot durch den Sachgesetzgeber vorliegt. So haben die Gerichte namentlich eine Strafbarkeit für die ohne behördliche Genehmigung betriebene gewerbliche Vermittlung von Sportwetten während der verfassungswidrigen Rechtslage vor der Sportwetten-Entscheidung des BVerfG vom 28. März 2006 abgelehnt.[55] Ähnliches wird auch für den Fall der Unionsrechtswidrigkeit glücksspielrechtlicher Regelungen vorgeschlagen.[56] Aufgrund dieser mangelnden Eigenständigkeit der betreffenden Strafnormen dürften sich keine unionsrechtlichen Bedenken gegen die Sanktionsnormen ergeben.[57] Da

---

54 Hierzu zB *W. Wohlers*, in: Kindhäuser/Neumann/Paeffgen, Strafgesetzbuch, 3. Aufl 2010, § 284 Rn 21 f; *K. Kühl*, in: Lackner/Kühl, StGB, 28. Aufl 2014, § 284 Rn 12.

55 BGH, Urt vom 16.8.2007, 4 StR 62/07, NJW 2007, 3078 (3081); Urt vom 14.2.2008, I ZR 13/06, ZUM 2008, 594 (596); Urt vom 2.12.2009, I ZR 77/06, MMR 2010, 547 (548); vgl auch BVerfG (K), Beschl vom 22.11.2007, 1 BvR 2218/06, NVwZ 2008, 301 (302 f); BVerfG (K), Beschl vom 29.6.2009, 2 BvR 1499/05, NVwZ-RR 2009, 785 (786); auch für die Zeit zwischen der Unvereinbarkeitserklärung durch das BVerfG und dem Inkrafttreten des GlüStV 2008 haben die Gerichte eine Strafbarkeit nach § 284 StGB abgelehnt, denn zwar hatte das BVerfG eine übergangsweise Anwendung der verfassungswidrigen Vorschriften unter bestimmten Voraussetzungen zugelassen, aufgrund mangelnder Eindeutigkeit der tatsächlichen Umsetzung der Vorgaben des BVerfG verstieß eine Strafbarkeit allerdings gegen das verfassungsrechtliche Bestimmtheitsgebot des Art 103 Abs 2 GG, vgl BGH, Urt vom 18.11.2010, I ZR 168/07, GRUR 2011, 169 (173), sowie die Parallelentscheidungen des BGH, Az I ZR 156/07, ZfWG 2011, 41 (45 f), und Az I ZR 159/07, BeckRS 2011, 00441.

56 Vgl *K. Kühl*, in: Lackner/Kühl, StGB, 28. Aufl 2014, § 284 Rn 12; jedenfalls aus verwaltungsrechtlicher Perspektive ist dabei freilich die Möglichkeit einer fortgesetzten Anwendbarkeit des allgemeinen glücksspielrechtlichen Erlaubnisvorbehalts zu berücksichtigen, vgl dazu *J. Dietlein/S. Peters*, Unionsrechtliche Anforderungen an den Übergang zum Konzessionsmodell für die Veranstaltung von Sportwetten nach dem GlüStV 2012, ZfWG 2016, 78 ff.

57 Dies war vor der Sportwettenentscheidung des BVerfG vom 28.3.2006 durchaus str, vgl hierzu noch die im Kammerbeschluss des BVerfG vom 27.4.2005 (1 BvR 223/05, WRP 2005, 1001 ff mAnm

die §§ 284 ff StGB richtigerweise keine abschließende Regelung zur Sanktionierung glücksspielspezifischer Rechtsverletzungen enthalten, verbleiben den Ländern nicht unerhebliche Spielräume, ihre eigenen ordnungsrechtlichen Regulierungsvorgaben durch ergänzende straf- oder bußgeldbewehrte Sanktionsnormen zu flankieren.[58]

5. Reformbedarf

16 In der Gesamtschau ist kaum zu übersehen, dass die Verteilung der Gesetzgebungskompetenzen im Bereich des Glücksspiels von keinem klaren systematischen Konzept gesteuert ist. Das Verfassungsrecht steht damit einer Glücksspielregulierung „aus einem Guss" nach wie vor entgegen. Die bestehende Kompetenzzersplitterung erweist sich als wesentlicher Hemmschuh für eine vollinhaltlich abgestimmte Regulierung des Glücksspiels. Es wäre verfassungspolitisch gewiss sinnvoll, im Rahmen kommender Reformen – ähnlich der bereits bestehenden Ausnahme für das Spielhallenrecht in Art 74 Abs 1 Nr 11 GG – über die Schaffung eines einheitlichen Kompetenztitels „Glücksspiel- und Automatenspielrecht" in der Verfassung nachzudenken. Ob die grundsätzlich vorzugswürdige Zuordnung einer solchen Kompetenz zu den Ländern hierbei praktikabel ist, wird zu prüfen sein und setzt die fortdauernde Bereitschaft der Länder zur Selbstkoordinierung voraus.

III. Materiell-verfassungsrechtliche Aspekte der Glücksspielregulierung in Deutschland

1. Die Veranstaltung und Vermittlung von Glücksspielen als Schutzgegenstand der Berufsfreiheit nach Art 12 GG

17 Die Veranstaltung und Vermittlung von Glücksspielen zählen – wie die Rechtsprechung heute durchgängig anerkennt[59] – zu den vom Schutzgegenstand der Berufs-

---

J. Dietlein) geäußerten Bedenken, die sich freilich mit der Grundsatzentscheidung vom 28.3.2006 erledigt haben. So ergibt sich aus dem Urteil des BVerfG vom 28.3.2006 (1 BvR 1054/01, BVerfGE 115, 276 (319)), dass das Gericht die im Kammerbeschluss vom 27.4.2005 angemahnte Vorlage zum EuGH für nicht (mehr) erforderlich erachtet.

58 Tendenziell anders aber *G. Dannecker/R. Pfaffendorf*, Die Gesetzgebungskompetenz der Länder auf dem Gebiet des Straf- und Ordnungswidrigkeitenrechts – Zur Verfassungswidrigkeit der landesrechtlichen Straf- und Ordnungswidrigkeitentatbestände des Glücksspielrechts, NZWiSt 2012, 252 ff.

59 Vgl hierzu nur BVerfG, Urt vom 28.3.2006, 1 BvR 1054/01, BVerfGE 115, 276 (300); Beschl vom 7.3.2017, 1 BvR 1314/12 ua, juris, Rn 127, 129; eingehend *J. Dietlein/M. Thiel*, Zur Novellierung des nordrhein-westfälischen Sportwettengesetzes, NWVBl 2001, 170 (171 f), vgl auch *A. Bücker/U. Gab-*

freiheit (Art 12 Abs 1 GG) umfassten Tätigkeiten. Dies gilt selbst dann, wenn einzelne Ausübungsformen wie etwa der Betrieb einer Spielbank vom BVerfG ausdrücklich als „an sich unerwünschte Tätigkeit" bezeichnet worden sind.[60] In personeller Hinsicht steht der grundrechtliche Schutz des als Bürgerrecht konzipierten Grundrechts aus Art 12 Abs 1 GG allen natürlichen Personen und inländischen juristischen Personen des Privatrechts (vgl Art 19 Abs 3 GG) zu. Nachdem das BVerfG bereits anerkannt hat, dass Art 19 Abs 3 GG unter Berücksichtigung der Implikationen des Europarechts auch auf ausländische juristische Personen mit Sitz in der Europäischen Union zu erstrecken ist,[61] spricht vieles dafür, dass zukünftig auch für das Bürgerrecht der Berufsfreiheit aus Art 12 Abs 1 GG eine Anwendungserweiterung auf private Unternehmen aus dem EU-Ausland, die in Deutschland tätig sind oder tätig werden wollen, anzunehmen ist.[62] Versagt werden muss ein grundrechtlicher Schutz nach der Rechtsprechung des BVerfG dagegen staatlich getragenen oder

riel, Staatliches Sportwettenmonopol: „business as usual" oder neuer Aufbruch?, NVwZ 2006, 662ff; *R. Dübbers/J. Kartal*, Zur Verfassungskonformität eines staatlichen Sportwettenmonopols, ZfWG 2006, 33ff; *J. Ennuschat*, Zur Verfassungskonformität eines staatlichen Sportwettenmonopols, ZfWG 2006, 31ff; *M. Hecker*, Zur Verfassungskonformität des staatlichen Sportwettenmonopols, ZfWG 2006, 35ff; *H.-D. Horn*, Die Rechtsprechung des BVerfG zum staatlichen Sportwettenmonopol, JZ 2006, 789ff; *M. Kment*, Ein Monopol gerät unter Druck – Das „Sportwetten-Urteil" des BVerfG, NVwZ 2006, 617ff; *B. Kretschmer*, Karlsruhe, die Sportwetten und das Strafrecht – ein verfassungs- und europarechtliches Glücksspiel?, ZfWG 2006, 52ff; *C. Pestalozza*, Das Sportwetten-Urteil des BVerfG – Drei Lehren über den Fall hinaus, NJW 2006, 1711ff; *M. Rössel*, Verfassungswidrigkeit des bayerischen Sportwettenmonopols, ITRB 6/2006, 127f; *G. Schmid*, Das Vorgehen gegen illegale Sportwetten in Bayern, GewArch 2006, 177ff; *A. Vallone/A. Dubberke*, Karlsruhe locuta – causa non finita, GewArch 2006, 240ff; siehe aber auch zur früheren Zurückhaltung gegenüber einer Anwendung des Art 12 GG etwa BVerwG, Urt vom 17.5.1955, I C 133.53, BVerwGE 2, 110 (111).

60 BVerfG, Beschl vom 19.7.2000, 1 BvR 539/96, BVerfGE 102, 197 (215).

61 Zur allgemeinen Anwendbarkeit der Grundrechte auf juristische Personen aus Mitgliedstaaten der Europäischen Union über Art 19 Abs 3 GG vgl BVerfG, Beschl vom 19.7.2011, 1 BvR 1916/09, BVerfGE 129, 78 (94ff).

62 Vgl in diese Richtung auch *M. Breuer*, in Isensee/Kirchhof, HdBStR VIII, 3. Aufl 2010, § 170 Rn 43; *M. Ruffert*, in Epping/Hillgruber, Beck'scher Online-Kommentar GG, 31. Edition (Stand: 12/2016), Art 12 Rn 37; *H.D. Jarass*, in Jarass/Pieroth, GG-Kommentar, 14. Aufl 2016, Art 12 Rn 12; *L. Michael/M. Morlok*, Grundrechte, 4. Aufl 2014, § 11 Rn 448; hinsichtlich der Frage, ob sich in der EU ansässige ausländische juristischen Personen unmittelbar auf das Bürgerrecht des Art 12 GG berufen können, oder ob ihnen gegenüber das über das Grundrecht der Berufsfreiheit gewährleistete Schutzniveau über das subsidiär anwendbare allgemeine Freiheitsgrundrecht des Art 2 Abs 1 GG sicherzustellen ist, offenlassend BVerfG (K), Beschl vom 4.11.2015, 2 BvR 282/13 ua, NJW 2016, 1436 (1436f) mit umfassenden Nachweisen; für einen Schutz über Art 2 Abs 1 GG etwa *G. Manssen*, in: v. Mangoldt/Klein/Starck, GG-Kommentar, 6. Aufl 2010, Art 12 Abs 1 Rn 266f, 272; *J.A. Kämmerer*, in: von Münch/Kunig, GG-Kommentar, 6. Aufl 2012, Art 12 Rn 10; kritisch gegen eine derartige Erweiterung entgegen dem Wortlaut von Art 12 Abs 1 GG auch noch *J. Dietlein*, in: Stern, Das Staatsrecht der Bundesrepublik Deutschland, Bd IV/1, 2006, § 111 III 2.

„maßgeblich" dominierten Anbietern, wie sie insbesondere § 10 Abs 2 GlüStV 2012 vorsieht.[63]

2. Rechtfertigungsanforderungen an Beschränkungen der Berufsfreiheit im Bereich des Glücksspiels

18 Die Einbeziehung der Veranstaltung und Vermittlung von Glücksspielen in den Schutzgegenstand der Berufsfreiheit bedeutet freilich nicht, dass derlei Aktivitäten notwendig für eine kommerzielle Nutzung freigegeben werden müssten oder gar jeder gesetzlichen Reglementierung enthoben wären. Vielmehr ist es die zentrale Aufgabe der Gesetzgebung, die berechtigten Schutzinteressen des Einzelnen und der Allgemeinheit in einen angemessen Ausgleich mit den ebenfalls grundrechtlich fundierten kommerziellen Interessen der (möglichen) Anbieter zu bringen. Hinsichtlich der verfassungsrechtlichen Rechtfertigungsanforderungen an Beschränkungen der Berufsfreiheit im Bereich des Glücksspiels hat das BVerfG eine besondere Rechtfertigungsdogmatik entwickelt (a). Insofern sind zahlreiche Legitimationsgründe für Beschränkungen der Berufsfreiheit im Bereich des Glücksspiels anerkannt, gleichzeitig aber ist der Rekurs auf andere Zwecksetzungen explizit als illegitim ausgeschlossen (b). Dabei hat das Gericht in neuerer Zeit mit dem Erfordernis einer konsequenten Ausrichtung auf die Bekämpfung von Suchtgefahren spezifische Anforderungen an suchtpräventiv veranlasste Regulierungsmaßnahmen entwickelt (c). Daneben unterliegen berufsfreiheitsbeschränkende Regelungen im Bereich des Glücksspiels dem Verhältnismäßigkeitsgrundsatz, der den Gesetzgebern im Bund und vor allem in den Ländern freilich unter Berücksichtigung der ihnen vom BVerfG zugestandenen Einschätzungsprärogative und des hohen Gewichts der mit glücksspielbezogenen Regulierungsmaßnahmen verbundenen Gemeinwohlziele vielfältige Regelungsoptionen bis hin zu Staatsmonopolen eröffnet (d).

a) Rechtfertigungsdogmatik der Berufsfreiheit im Bereich des Glücksspiels

19 Das BVerfG hat in seiner früheren Rechtsprechung auf der Ebene der materiellen Eingriffsrechtfertigung für Beschränkungen der Berufsfreiheit im Bereich des Glücksspiels die Anforderungen am Maßstab seiner im Rahmen von Art 12 GG tradiert zur

63 BVerfG, Urt vom 22.2.2011, 1 BvR 699/06, BVerfGE 128, 226 (244 ff); vgl dazu schon *J. Dietlein*, in: Dietlein/Hecker/Ruttig, Glücksspielrecht, 2. Aufl 2013, Einführung Rn 15; zum im Bereich des Glücksspiels bislang nicht praktisch relevanten Fall der erwerbswirtschaftlich tätigen inländischen juristischen Person des Privatrechts, die vollständig von einem Mitgliedstaat der Europäischen Union getragen wird, im Zusammenhang mit einem Schutz aus Art 14 Abs 1 GG jüngst BVerfG, Urt vom 6.12.2016, 1 BvR 2821/11 ua, NJW 2017, 217 (218 ff).

Anwendung gebrachten „Dreistufenlehre“[64] herabgesetzt und damit die Regulierungsbefugnisse des Gesetzgebers in diesem Bereich über die allgemein anerkannten Spielräume hinaus nochmals deutlich erweitert. So sah das BVerfG hier selbst sog „objektive“, also personenunabhängige Beschränkungen des Zugangs zu kommerziellen Betätigungen im Glücksspielbereich – zB Staatsmonopole – bereits durch „wichtige Gemeinwohlziele“ gerechtfertigt,[65] wohingegen jenseits des Glücksspielsektors nach dem tradierten allgemeinen Maßstab der Dreistufenlehre im Grundsatz eine Rechtfertigung durch „überragend wichtige Gemeinschaftsinteressen“ gefordert ist.[66] Begründet hat das BVerfG diese Sonderkonstruktion mit der Erwägung, dass es sich bei dem Betrieb einer Spielbank um eine unerwünschte Betätigung handele,[67] was letztlich die Besonderheiten des Glücksspielsektors reflektiert, der eben nicht durch das rationale Aufeinandertreffen von Angebot und Nachfrage gekennzeichnet ist, sondern durch das mehr oder minder irrationale Bestreben des Spielers, jenseits der objektiven Marktgesetzlichkeiten „das Schicksal herauszufordern“.[68]

Nachdem das BVerfG in den nachfolgenden Entscheidungen zunächst nicht mehr ausdrücklich auf die in der Spielbanken-Entscheidung etablierten herabgesetzten Rechtfertigungsanforderungen Bezug genommen hatte,[69] hat das Gericht in seinem Spielhallen-Beschluss vom 7. März 2017 auf den ersten Blick die abgestuften Rechtfertigungsanforderungen an die staatliche Regulierung des Glücksspiels im Rahmen von Art 12 Abs 1 GG wieder aufgegriffen. So hat es zur Rechtfertigung der in dem Verfahren streitgegenständlichen Beschränkungen der Zulassung und des Betriebs von Spielhallen die Berufung auf „besonders wichtige Gemeinwohlziele“ ausreichen lassen, selbst wenn die Regelungen aufgrund ihrer kumulativen Belastungswirkung[70] am Rechtfertigungsmaßstab für objektive Berufszugangsvoraussetzungen zu messen sein sollten.[71] Dabei ist freilich hervorzuheben, dass das BVerfG 20

64 Vgl hierzu *J. Dietlein*, in: Stern, Das Staatsrecht der Bundesrepublik Deutschland, Bd IV/1, 2006, § 111 V 4 mit umfassenden Nachweisen.

65 BVerfG, Beschl vom 19.7.2000, 1 BvR 539/96, BVerfGE 102, 197 (215).

66 Allgemein zu den Rechtfertigungsanforderungen im Rahmen von Art 12 Abs 1 GG ausführlich *J. Dietlein*, in: Stern, Das Staatsrecht der Bundesrepublik Deutschland, Bd IV/1, 2006, § 111 V 4 mit umfassenden Nachweisen; auch *J. Dietlein*, in: Dietlein/Hecker/Ruttig, Glücksspielrecht, 2. Aufl 2013, Einführung Rn 16.

67 BVerfG, Beschl vom 19.7.2000, 1 BvR 539/96, BVerfGE 102, 197 (215); hierzu ausführlich *J. Dietlein*, Das staatliche Glücksspiel auf dem Prüfstand, BayVBl. 2002, 161 ff.

68 Hierzu etwa *P. Bendixen*, Ökonomie des Glücksspiels, in: Gebhardt/Grüsser-Sinopoli, Glücksspiel in Deutschland, 2008, § 3 Rn 9 und 44 ff.

69 Vgl insbesondere BVerfG, Urt vom 28.3.2006, 1 BvR 1054/01, BVerfGE 115, 276 (301); BVerfG (K), Beschl vom 14.10.2008, 1 BvR 928/08, ZfWG 2008, 351 (353 ff), wo das Gericht jeweils auf überragend wichtige Gemeinwohlziele zur Rechtfertigung objektiver Berufswahlbeschränkungen zurückgriff.

70 Dazu noch unten Rn 38.

71 BVerfG, Beschl vom 7.3.2017, 1 BvR 1314/12 ua, juris, Rn 132 f.

in seinem Beschluss wohl insgesamt eine Neujustierung der Rechtfertigungsdogmatik der Berufsfreiheit vorgenommen haben dürfte. So rekurriert das Gericht bereits bei der Konturierung der Entscheidungsmaßstäbe nicht mehr auf die tradierten Anforderungen der Dreistufenlehre, sondern unterwirft die verfassungsrechtliche Rechtfertigung von Beschränkungen des einheitlichen Grundrechts der Berufsfreiheit der in der allgemeinen Grundrechtsdogmatik klassischen Distinktion zwischen dem Erfordernis eines legitimen Gemeinwohlzwecks und der Anwendung des Verhältnismäßigkeitsgrundsatzes.[72] Freilich betont das Gericht zugleich, dass an objektive Berufszugangsregelungen grundsätzlich gesteigerte Anforderungen zu stellen sind,[73] lässt insofern im konkreten Fall aber gerade „besonders wichtige Gemeinwohlziele" zur Rechtfertigung hinreichen.[74] Darin dürfte nicht lediglich eine bereits in vorausgehenden Entscheidungen zu findende Flexibilisierung der Stufenanforderungen des Art 12 Abs 1 GG liegen,[75] sondern letztlich eine Abkehr von der stufenweisen Eingriffstypisierung der Dreistufenlehre zu erblicken sein, an deren Stelle nunmehr eine situationsbezogene Einzelfallbewertung am Maßstab des Verhältnismäßigkeitsgrundsatzes tritt. Ob das Gericht damit letztlich an seinem früheren Ansatz einer Herabsetzung der berufsfreiheitsbezogenen Rechtfertigungsanforderungen im Glücksspielbereich festhält, lässt sich auf dieser Grundlage nicht mit abschließender Sicherheit beurteilen. Immerhin stellt das BVerfG in seinem Spielhallen-Beschluss an anderer Stelle ausdrücklich auf die „Besonderheiten des Glücksspielsektors" ab, die etwa einen Schutz getätigter Investitionen nicht in gleichem Maße verlangten wie in anderen Wirtschaftsbereichen[76] und lässt damit weiterhin gewisse Abstufungen erkennen. Unabhängig davon kann festgehalten werden, dass das Gericht in der Sache kontinuierlich das verfassungsrechtliche Konzept weitgehender Eingriffsbefugnisse des Gesetzgebers bei Regulierungsmaßnahmen im Glücksspielsektor beibehält und wiederholt auch objektive Berufszugangsbeschränkungen in Form von (Staats-)Monopolen für verfassungsrechtlich zulässig erachtet.[77]

---

72 BVerfG, Beschl vom 7.3.2017, 1 BvR 1314/12 ua, juris, Rn 121; ebenso schon BVerfG, Beschl vom 12.1.2016, 1 BvR 3102/13, BVerfGE 141, 121 (133 Rn. 40).

73 BVerfG, Beschl vom 7.3.2017, 1 BvR 1314/12 ua, juris, Rn 121.

74 BVerfG, Beschl vom 7.3.2017, 1 BvR 1314/12 ua, juris, Rn 132 f.

75 Vgl dazu schon *J. Dietlein*, in: Stern, Das Staatsrecht der Bundesrepublik Deutschland, Bd IV/1, 2006, § 111 V 4 mwN.

76 BVerfG, Beschl vom 7.3.2017, 1 BvR 1314/12 ua, juris, Rn 190.

77 BVerfG, Urt vom 28.3.2006, 1 BvR 1054/01, BVerfGE 115, 276 (301); BVerfG (K), Beschl vom 14.10.2008, 1 BvR 928/08, ZfWG 2008, 351 (353 ff); aA aber *H.-D. Horn*, in: Hermes/Horn/Pieroth, Der Glücksspielstaatsvertrag, 2007, S 91 (107 f).

b) Rechtfertigende Gemeinwohlziele für grundrechtsbeschränkende Maßnahmen im Glücksspielbereich

Zu den verfassungsgerichtlich anerkannten Legitimationsgründen für Beschränkungen der Berufsfreiheit im Bereich des Glücksspiels zählen insbesondere die Verhinderung und Vorbeugung von Spielsucht in ihren unterschiedlichen Facetten.[78] Der suchtpräventive Regulierungsansatz wird angesichts der gravierenden Folgen von Spielsucht auch nicht durch den Primat der freien Selbstbestimmung in Frage gestellt, der zudem bei Jugendlichen oder spielsüchtigen Menschen ohnehin allenfalls eingeschränkt zum Tragen käme. Offengelassen hat das BVerfG dabei bislang allerdings, ob insofern eine Schutzpflicht des Staates für die Gesundheit der Bürger aus Art 2 Abs 2 Satz 1 GG besteht.[79] Vor dem Hintergrund der schwerwiegenden Folgen von Spielsucht für die Betroffenen, ihre Familien und die Gemeinschaft hat das Gericht das gesetzgeberische Bestreben der Verhinderung und Vorbeugung von Spielsucht in der Vergangenheit als überragend wichtiges Gemeinwohlziel qualifiziert.[80] In seinem Spielhallen-Beschluss vom 7. März 2017 hat das BVerfG die Vermeidung und Abwehr der vom Glücksspiel in Spielhallen ausgehenden Suchtgefahren dagegen nur noch als „besonders wichtiges Gemeinwohlziel" bezeichnet.[81] Ob damit eine grundlegende Neubewertung des materiell-verfassungsrechtlichen Gewichts der Spielsuchtbekämpfung und -prävention verbunden ist, erscheint zweifelhaft. Denn immerhin hat das Gericht trotz dieser formalen Herabstufung des Gewichts des Regelungsziels der Bekämpfung und Verhinderung von Glücksspielsucht hinreichende Bedeutung auch für die Rechtfertigung objektiver Berufszulassungsregelungen beigemessen. Die Einordnung der Spielsuchtbekämpfung als besonders wichtiges Gemeinwohlziel dürfte vielmehr als terminologische Folge der in der Entscheidung vollzogenen Neujustierung der Rechtfertigungsanforderungen an Beschränkungen der Berufsfreiheit zu bewerten sein, ohne dass damit substantielle Auswirkungen auf die rechtfertigende Kraft dieses Gemeinwohlbelangs einher gehen. 21

Daneben hat das BVerfG die Abwehr von Gefahren aus mit dem Glücksspiel verbundener Folge- und Begleitkriminalität als zur Rechtfertigung von Beschränkun- 22

78 Siehe nur BVerfG, Urt vom 28.3.2006, 1 BvR 1054/01, BVerfGE 115, 276 (304f); Beschl vom 7.3.2017, 1 BvR 1314/12 ua, juris, Rn 133; vgl auch Beschl vom 19.7.2000, 1 BvR 539/96, BVerfGE 102, 197 (216).

79 BVerfG, Urt vom 28.3.2006, 1 BvR 1054/01, BVerfGE 115, 276 (304 f).

80 BVerfG, Beschl vom 19.7.2000, 1 BvR 539/96, BVerfGE 102, 197 (216), Urt vom 28.3.2006, 1 BvR 1054/01, BVerfGE 115, 276 (306).

81 BVerfG, Beschl vom 7.3.2017, 1 BvR 1314/12 ua, juris, Rn 132f, wobei das Gericht freilich an einer Stelle im Subsumtionsvorgang (Rn. 159) doch noch vom „überragend wichtigen Gemeinwohlziel der Suchtprävention und -bekämpfung" spricht; vgl in Richtung einer Einordnung als „besonders wichtiges Gemeinwohlziel" auch schon BVerfG (K), Beschl vom 26.3.2007, 1 BvR 2228/02, NVwZ-RR 2008, 1 (2).

gen der Berufsfreiheit legitimes Gemeinwohlziel anerkannt.[82] So gehe von Glücksspielen aufgrund ihres Suchtpotenzials auch die typische Gefahr aus, dass Süchtige ihre Sucht durch kriminelle Handlungen finanzierten („Folgekriminalität").[83] Zudem könne einzelnen Glücksspielarten die Gefahr der „Begleitkriminalität" in Form von manipulativen Eingriffen in den Spielablauf innenwohnen, da bestimmte Glücksspielarten aufgrund ihrer Funktionsbedingungen bei den Teilnehmern zu der Versuchung führen könnten, den Spielausgang nicht dem Glück zu überlassen, sondern das Ergebnis in einem für sie günstigen Sinne zu manipulieren.[84] Entsprechende Erwägungen hat das BVerfG sowohl im Bereich der Sportwetten,[85] als auch für die Regulierung von Spielbanken[86] oder des Angebots von (Zahlen-)Lotterien[87] zur Rechtfertigung (mit-)herangezogen.

23 Anerkanntermaßen keinen legitimen Gemeinwohlbelang zur Regulierung oder gar zur Monopolisierung bestimmter Glückspielsektoren bildet dagegen das Ziel der Generierung staatlicher Einnahmen.[88] Allein aus fiskalischen Gründen können staatliche Regulierungsmaßnahmen im Glücksspielbereich mithin nicht gerechtfertigt werden. Allerdings bedarf es auch hier der Differenzierung. So hat das BVerfG es durchaus als legitimes Regulierungsziel anerkannt, die Einnahmen aus dem öffentlichen Glücksspiel (weitgehend) zur Förderung öffentlicher (sozialer, kultureller oder sonstiger gemeinnütziger) Zwecke abzuschöpfen und die Spielerträge möglichst vollständig zugunsten der Allgemeinheit zu verwenden, wenn Sinn und Zweck dieser Abschöpfung nicht vorrangig die Erhöhung der Einnahmen des Staates aus fiskalischen Gründen ist, sondern die Abschöpfung dem Ausgleich dafür dient, dass aufgrund der suchtpräventiv motivierten staatlichen Begrenzung des Spielmarktes auf wenige Anbieter hohe Gewinne relativ risikolos erzielt werden.[89] Die Anknüpfung der Abschöpfung an einen besonderen Vorteil des Glücksspielanbieters ist danach freilich akzessorisch zum Bestehen einer aus anderen legitimen Gemeinwohlzielen erfolgenden restriktiven Marktregulierung, sodass die Mittelabschöpfung

82 BVerfG, Urt vom 28.3.2006, 1 BvR 1054/01, BVerfGE 115, 276 (306).
83 BVerfG, Urt vom 28.3.2006, 1 BvR 1054/01, BVerfGE 115, 276 (306); vgl auch BVerfG *(K)*, Beschl vom 26.3.2007, 1 BvR 2228/02, NVwZ-RR 2008, 1 (2).
84 BVerfG, Urt vom 28.3.2006, 1 BvR 1054/01, BVerfGE 115, 276 (306).
85 BVerfG, Urt vom 28.3.2006, 1 BvR 1054/01, BVerfGE 115, 276 (306).
86 BVerfG (K), Beschl vom 26.3.2007, 1 BvR 2228/02, NVwZ-RR 2008, 1 (2).
87 BVerfG (K), Beschl vom 14.10.2008, 1 BvR 928/08, ZfWG 2008, 351 (352).
88 BVerfG, Urt vom 28.3.2006, 1 BvR 1054/01, BVerfGE 115, 276 (307); Beschl vom 7.3.2017, 1 BvR 1314/12 ua, juris, Rn 122; vgl auch schon BVerfG, Beschl vom 19.7.2000, 1 BvR 539/96, BVerfGE 102, 197 (216).
89 BVerfG, Beschl vom 19.7.2000, 1 BvR 539/96, BVerfGE 102, 197 (216); dabei hat das Gericht ergänzend auch auf den Umstand abgestellt, dass die von der Abschöpfung betroffenen Gewinne aus einer an sich unerwünschten, die Spielleidenschaft des Menschen ausnutzenden Tätigkeit stammten.

letztlich allenfalls „erfreuliche Nebenfolge",[90] nicht aber die Hauptmotivation der staatlichen Glücksspielregulierung sein darf.[91] Kein legitimes Ziel für Beschränkungen des Glücksspiels ist nach Auffassung des BVerfG schließlich, privates Gewinnstreben beim Angebot von Glücksspielen generell ausschließen zu wollen.[92]

Bereits bei der Frage des Vorliegens eines nach den genannten Maßstäben hinreichenden Interventionserfordernisses für staatliche Regulierungsmaßnahmen im Bereich des Glücksspiels billigt das BVerfG dem Gesetzgeber einen nicht unerheblichen, gerichtlich nur eingeschränkt überprüfbaren[93] Einschätzungs- und Prognosespielraum zu.[94] So ist es dem Gesetzgeber nicht verwehrt, auch bei nicht abschließend gesicherten, aber – etwa auf Grundlage suchtwissenschaftlicher Untersuchungen – plausibel prognostizierbaren Gefährdungslagen Regulierungstätigkeiten zum Schutz der betreffenden Gemeinwohlgüter zu ergreifen.[95] Erst dort, wo die gesetzgeberischen Erwägungen offensichtlich fehlsam sind und in einem Maße wirtschaftlichen Gesetzen oder praktischer Erfahrung widersprechen, dass sie vernünftiger Weise keine Grundlage für gesetzgeberische Maßnahmen abgeben können, entfällt die rechtfertigende Kraft des vom Gesetzgeber in Ansatz gebrachten Gemeinwohlziels.[96] 24

c) Konsequente Ausrichtung auf die Bekämpfung der Spielsucht als zusätzliches glücksspielspezifisches Rechtfertigungserfordernis

aa) Grundlagen der verfassungsrechtlichen Konsequenzforderung

In neuerer Zeit hat das BVerfG speziell für die Rechtfertigung von die Berufsfreiheit 25
einschränkenden Regelungen im Bereich des Glücksspiels das Erfordernis einer

90 So auch schon *J. Dietlein*, in: Dietlein/Hecker/Ruttig, Glücksspielrecht, 2. Aufl 2013, Einführung Rn 17.

91 Vgl BVerfG, Urt vom 28.3.2006, 1 BvR 1054/01, BVerfGE 115, 276 (316 f).

92 BVerfG, Urt vom 28.3.2006, 1 BvR 1054/01, BVerfGE 115, 276 (307); *J. Dietlein*, in: Dietlein/Hecker/Ruttig, Glücksspielrecht, 2. Aufl 2013, Einführung, Rn 17.

93 Vgl BVerfG, Beschl vom 8.6.2010, 1 BvR 2959/07, BVerfGE 126, 112 (141); Beschl vom 7.3.2017, 1 BvR 1314/12 ua, juris, Rn 137; so ist es den Gerichten nach der Rechtsprechung des BVerfG insbesondere verwehrt, ihre eigenen, ebensowenig strikt beweisbaren Überzeugungen über den voraussichtlichen Verlauf einer wirtschaftlichen Entwicklung den gesetzgeberischen Gefahreinschätzungen entgegen zu setzen, vgl BVerfG, Beschl vom 18.12.1968, 1 BvL 5/64 ua, BVerfGE 25, 1 (17).

94 Diese dem demokratischen Gesetzgeber eröffnete Einschätzungsprärogative hat das BVerfG gerade für die Rechtfertigung von besonders eingriffsintensiven objektiven Berufszulassungsregelungen anerkannt; auch hier gesteht das Gericht der Einschätzung des Gesetzgebers zur Gefahrenlage und zum Grad der Wahrscheinlichkeit eines Schadenseintritts besonderes Gewicht zu, vgl etwa BVerfG, Beschl vom 8.6.2010, 1 BvR 2959/07, BVerfGE 126, 112 (141) mwN; in der Sache ebenso BVerfG, Beschl vom 7.3.2017, 1 BvR 1314/12 ua, juris, Rn 136 ff.

95 Vgl insofern etwa BVerfG, Beschl vom 7.3.2017, 1 BvR 1314/12 ua, juris, Rn 137 ff.

96 BVerfG, Beschl vom 18.12.1968, 1 BvL 5/64 ua, BVerfGE 25, 1 (17); Beschl vom 8.6.2010, 1 BvR 2959/07, BVerfGE 126, 112 (141); Beschl vom 7.3.2017, 1 BvR 1314/12 ua, juris, Rn 140.

konsequenten Ausrichtung der gesetzgeberischen Regulierungsmaßnahmen auf das verfolgte Gemeinwohlziel etabliert.[97] Nicht zuletzt unter dem Eindruck entsprechender Tendenzen in der Rechtsprechung des Europäischen Gerichtshofs[98] hat das Gericht bereits in seinem Sportwetten-Urteil vom 28. März 2006 spezifische Anforderungen an die Konsequenz des staatlichen Regulierungshandelns gestellt. Ein staatliches Monopol für Sportwetten sei mit Art 12 Abs 1 GG nur vereinbar, wenn es konsequent am Ziel der Bekämpfung von Suchtgefahren ausgerichtet sei.[99] Diesen Ansatz hat das Gericht auch in seinem Spielhallen-Beschluss aufgegriffen und dort gefordert, dass die streitgegenständlichen staatlichen Maßnahmen konsequent auf die Bekämpfung der Spielsucht ausgerichtet sind.[100]

26 Die konkrete dogmatische Verortung der vom BVerfG aufgestellten Konsequenzforderung ist bislang nicht abschließend geklärt. Während das Erfordernis einer konsequenten Ausrichtung auf das Ziel der Vermeidung und Bekämpfung der Spielsucht im Sportwetten-Urteil noch auf der dritten Stufe der Verhältnismäßigkeitsprüfung angesiedelt und die Zumutbarkeit des seinerzeitigen Sportwettenmonopols von der Wahrung dieser Voraussetzung abhängig war,[101] hat das Gericht im Spielhallen-Beschluss die Forderung nach einer konsequenten Ausrichtung des staat-

---

97 In der Literatur wird insofern teilweise von einem verfassungsrechtlichen Konsistenzerfordernis oder – in Anlehnung an die Rechtsprechung des Europäischen Gerichtshofs – von einem verfassungsrechtlichen Kohärenzgebot gesprochen, was freilich die Terminologie des BVerfG nicht präzise reflektiert.

98 EuGH, Urt vom 6.11.2003, Rs C-243/01 (Gambelli), Slg 2003, I-13031; vorher bereits EuGH, Urt vom 21.10.1999, Rs C-67/98 (Zenatti), Slg 1999, I-7289; Urt vom 21.9.1999, Rs C-124/97 (Läärä), Slg 1999, I-6067; Urt vom 24.3.1994, Rs C-275/92 (Schindler), Slg 1994, I-1039; im Zusammenhang mit den Regelungen des deutschen Glücksspielrechts vgl EuGH, Urt vom 8.9.2010, Rs C-46/08 (Carmen Media), NVwZ 2010, 1422; Urt vom 8.9.2010, verb Rs C-316/07 ua (Markus Stoß ua), NVwZ 2010, 1409; Urt vom 12.6.2014, Rs C-156/13 (Digibet und Albers), ZfWG 2014, 193 ff. Zur unionsrechtlichen Kohärenzproblematik eingehend *J. Dietlein*, in: Dietlein/Hecker/Ruttig, Glücksspielrecht, 2. Aufl 2013, Einführung Rn 44 ff mwN. Das Verhältnis zwischen dem unionsrechtlichen Kohärenzgebot und den verfassungsrechtlichen Konsequenzforderungen ist dabei nicht abschließend geklärt. Während das BVerfG in seiner Sportwetten-Entscheidung annahm, dass die Anforderungen des deutschen Verfassungsrechts „parallel zu den vom Europäischen Gerichtshof zum Gemeinschaftsrecht formulierten Vorgaben (liefen)“ und insofern den Vorgaben des Unionsrechts „entsprächen“, vgl BVerfG, Urt vom 28.3.2006, 1 BvR 1054/01, BVerfGE 115, 276 (316), formuliert das Gericht in seinem Spielhallen-Beschluss zurückhaltender, die verfassungsrechtliche Konsequenzforderung werde den Anforderungen des Gerichtshofs der Europäischen Union an die staatliche Bekämpfung der Spielsucht im nicht monopolisierten Bereich „gerecht“, vgl BVerfG, Beschl vom 7.3.2017, 1 BvR 1314/12 ua, juris, Rn 124, und postuliert damit wohl nicht zwingend einen vollständigen inhaltlichen Gleichlauf der beiden Rechtsfiguren.

99 BVerfG, Urt vom 28.3.2006, 1 BvR 1054/01, BVerfGE 115, 276 (Leitsatz).

100 BVerfG, Beschl vom 7.3.2017, 1 BvR 1314/12 ua, juris, Rn 122 ff.

101 BVerfG, Urt vom 28.3.2006, 1 BvR 1054/01, BVerfGE 115, 276 (309 ff).

lichen Regulierungshandelns an die Legitimität des vom Gesetzgeber zur Rechtfertigung der Beschränkungsmaßnahme geltend gemachten Regulierungszweckes angekoppelt. Zwar stelle die Bekämpfung der Spiel- und Wettsucht und weiterer negativer Begleiterscheinungen des Spiel- und Wettbetriebs grundsätzlich ein legitimes Ziel für die Berufsfreiheit einschränkende Regelungen dar; im Kontext der Entscheidung unterliege die Bewertung der Legitimität des Regulierungszwecks aber besonderen Anforderungen, da der Staat zugleich auf Teilen des Spielmarktes selbst wirtschaftend tätig sei.[102] Hintergrund für die Entwicklung dieser Anforderungen ist der Umstand, dass nach überzeugender Ansicht des Gerichts bei einer Teilhabe des Staates am Spiel- und Wettmarkt die legitime Zielsetzung, die Wettleidenschaft zu begrenzen und die Wettsucht zu bekämpfen, in ein Spannungsverhältnis zu den fiskalischen Interessen des Staates geraten kann.[103] Es soll ausgeschlossen werden, dass berufsfreiheitsbeschränkende Regelungen indirekt auch fiskalische Interessen der Länder fördern.[104] Da das Ziel einer staatlichen Einnahmegenerierung – wie gezeigt[105] – zur verfassungsrechtlichen Rechtfertigung nicht herangezogen werden kann, soll so vermieden werden, dass der Gesetzgeber unter dem Deckmantel der Verfolgung suchtpräventiver Zielsetzungen verfassungsrechtlich nicht anerkannte Ziele verfolgt und sich zur Verfolgung fiskalischer Interessen missbräuchlich auf die legitimen Gemeinwohlinteressen beruft. Das entspricht in der Sache der Ratio des Sportwetten-Urteils des BVerfG aus dem Jahre 2006, wo das Gericht im Zusammenhang mit der Konsequenzforderung ebenfalls darauf abstellte, dass eine „wirkliche" Ausrichtung am Ziel der Bekämpfung der Spiel- und Wettsucht allein durch ein staatliches Monopol noch nicht gesichert sei, da dieses auch den fiskalischen Interessen des Staates dienen könne.[106]

Ausgangspunkt für die Anwendung des vom BVerfG entwickelten Konsequenz- 27
erfordernisses ist mithin immer, dass der Staat zugleich auf Teilen des Spielmarktes selbst wirtschaftend tätig ist.[107] Ist dies nicht der Fall, ist das staatliche Regulierungshandeln nach der Rechtsprechung den zusätzlichen verfassungsrechtlichen Konsequenzanforderungen nicht unterworfen.[108]

---

102 BVerfG, Beschl vom 7.3.2017, 1 BvR 1314/12 ua, juris, Rn 122.

103 BVerfG, Beschl vom 7.3.2017, 1 BvR 1314/12 ua, juris, Rn 122; vgl in diese Richtung auch BVerfG, Urt vom 28.3.2006, 1 BvR 1054/01, BVerfGE 115, 276 (310).

104 So BVerfG, Beschl vom 7.3.2017, 1 BvR 1314/12 ua, juris, Rn 142.

105 S.o. Rn 23.

106 BVerfG, Urt vom 28.3.2006, 1 BvR 1054/01, BVerfGE 115, 276 (311).

107 So ausdrücklich BVerfG, Beschl vom 7.3.2017, 1 BvR 1314/12 ua, juris, Rn 122.

108 Vgl BVerfG, Beschl vom 7.3.2017, 1 BvR 1314/12 ua, juris, Rn 141, wo das Gericht bei der verfassungsrechtlichen Prüfung der landesrechtlichen Spielhallenregelungen die gesetzgeberischen Regelungen zur Aufstellung von Geldspielgeräten in Gaststätten nicht in die Konsequenzprüfung einbezogen hat, weil mangels eigener staatlicher Betätigung in diesem Glücksspielsegment insofern keine gesteigerten fiskalischen Interessen auf Seiten der Länder erkennbar seien.

28 Das BVerfG hat die von ihm aufgestellten Konsequenzanforderungen zunächst im Zusammenhang mit der Ausgestaltung staatlicher Monopole zur Anwendung gebracht.[109] Daraus ist teilweise gefolgert worden, dass diese Anforderungen auf solche besonders schwerwiegende Einschränkungen der Berufsfreiheit beschränkt sind und glücksspielrechtliche Regelungen außerhalb des Monopolbereichs keinem verfassungsrechtlichen Konsequenzgebot unterliegen.[110] In seinem Spielhallen-Beschluss vom 7. März 2017 hat das Gericht nunmehr klargestellt, dass auch über Konstellationen des Staatsvorbehalts hinaus staatliche Regulierungsmaßnahmen dem verfassungsrechtlichen Konsequenzerfordernis unterfallen können.[111] Immerhin ist insofern hervorzuheben, dass das Gericht die im dortigen Verfahren streitigen Regelungen aufgrund ihrer Belastungsintensität an den gesteigerten Rechtfertigungsanforderungen für objektive Berufszugangsregelungen gemessen hat.[112] Damit ist jedenfalls noch nicht abschließend geklärt, ob auch bei weniger eingriffsintensiven Beschränkungsmaßnahmen die Konsequenzanforderungen des Gerichts zum Tragen kommen. Mit Blick auf die dargelegte Ausrichtung des Konsequenzgebots auf die Verhinderung einer unzulässigen Verfolgung fiskalischer Interessen spricht freilich einiges dafür, dass bei einer entsprechenden Ausgangslage staatliche Restriktionen, die lediglich die Berufsausübung betreffen, ebenfalls dem besonderen Erfordernis der konsequenten Ausrichtung der gesetzgeberischen Regulierungsmaßnahmen auf das Ziel der Spielsuchtbekämpfung unterliegen.

29 Ob die Anforderungen an eine konsequente Ausrichtung der staatlichen Regulierungsmaßnahmen jenseits des Ziels der Suchtprävention Platz greifen können, ist bislang nicht abschließend geklärt. Zwar erscheint nicht ausgeschlossen, dass Konfliktlagen mit Fiskalinteressen, auf die das BVerfG bei der Etablierung des glücksspielrechtlichen Konsequenzerfordernisses maßgeblich abgestellt hat, nicht nur in vorrangig suchtpräventiv ausgerichteten Regulierungsmodellen Platz greifen können, sondern vergleichbar etwa auch bei einer vorrangig auf Aspekte der Kriminalitätsprävention ausgelegten Regulierung. Umgekehrt ist allerdings zu beachten, dass das BVerfG bislang eine spezifische Fokussierung der Konsequenzanforderungen auf das Ziel der Suchtprävention besonders betont hat, sodass eine Übertragung jedenfalls nach dem bisherigen Stand der Rechtsprechung noch nicht gesichert ist. Ebenso nicht abschließend geklärt ist die – im hiesigen Kontext freilich nicht näher zu vertiefende – Frage, ob das vom BVerfG aufgestellte Konsequenzerfordernis eine spezifisch auf die Rechtfertigung glücksspielrechtlichen Regulierungshandelns des

---

109 BVerfG, Urt vom 28.3.2006, 1 BvR 1054/01, BVerfGE 115, 276 (Leitsatz).

110 So jüngst etwa noch BVerwG, Urt vom 16.12.2016, 8 C 6/15, juris, Rn 51, das unter Verweis auf die Gestaltungsfreiheit des Gesetzgebers erweiterte Konsequenzforderungen ihrerseits für verfassungsrechtlich nicht rechtfertigungsfähig hält.

111 BVerfG, Beschl vom 7.3.2017, 1 BvR 1314/12 ua, juris, Rn 122.

112 BVerfG, Beschl vom 7.3.2017, 1 BvR 1314/12 ua, juris, Rn 132.

Staates fokussierte Rechtsfigur darstellt, oder ob es sich darüber hinaus auf andere Bereiche staatlicher Wirtschaftsregulierung übertragen lässt.

bb) Inhaltliche Anforderungen der Konsequenzprüfung

In der Sache fordert das Gericht eine konsequente Ausrichtung der gesetzgeberischen Regulierungsmaßnahmen auf das vom Gesetzgeber zur Rechtfertigung in Ansatz gebrachte Gemeinwohlziel. Das BVerfG entnimmt dem Konsequenzerfordernis vorrangig Anforderungen an die Ausgestaltung des Regulierungshandelns in dem von staatlicher Beteiligung betroffenen Glücksspielsektor (1). Daneben hat das Gericht unter bestimmten Voraussetzungen aber auch andere Glücksspielformen in die Konsequenzprüfung einbezogen (2). 30

(1) Konsequent suchtpräventive Ausrichtung innerhalb des von staatlicher Beteiligung betroffenen Glücksspielsektors

Zentraler Anwendungsbereich der Verfassungsforderung nach einer konsequenten Ausgestaltung der Maßnahmen zur Vermeidung und Abwehr von Spielsucht und problematischem Spielverhalten ist das staatliche Regulierungshandeln innerhalb des Glücksspielsektors, in dem der Staat selbst als Anbieter aktiv ist. Das BVerfG prüft hier die konsequente Ausgestaltung des Präventionsmodells, das sich nicht in Widerspruch zu den verfolgten Zielen setzen darf.[113] Insofern verlangt die Rechtsprechung, dass die gesetzlichen Regelungsvorgaben hinreichende Gewähr für eine an den Zielen der Prävention ausgerichtete Anbietertätigkeit des Staates bieten.[114] Das BVerfG lässt allein die suchtpräventive Begründung einer staatlichen Anbietertätigkeit nicht ausreichen, sondern fordert materiell-rechtliche Regelungen und strukturelle Sicherungen, die verhindern, dass der Staat eine fiskalisch motivierte Bewirtschaftung der Wettleidenschaft betreibt.[115] Dabei muss sich die konsequente Ausrichtung an der Bekämpfung und Begrenzung der Spiel- und Wettsucht und von problematischem Spielverhalten in der rechtlichen wie tatsächlichen Ausgestaltung der staatlichen Anbietertätigkeit positiv ausdrücken.[116] 31

Konkret hält das BVerfG für erforderlich, dass die inhaltlichen Kriterien betreffend Art und Zuschnitt des staatlichen Glücksspielangebots sowie die Vorgaben zur Beschränkung von dessen Vermarktung gesetzlich geregelt sind.[117] Die Definition 32

113 So schon *J. Dietlein*, in: Dietlein/Hecker/Ruttig, Glücksspielrecht, 2. Aufl 2013, Einführung Rn 19.

114 BVerfG, Urt vom 28.3.2006, 1 BvR 1054/01, BVerfGE 115, 276 (310 und 312).

115 BVerfG, Urt vom 28.3.2006, 1 BvR 1054/01, BVerfGE 115, 276 (311).

116 BVerfG, Urt vom 28.3.2006, 1 BvR 1054/01, BVerfGE 115, 276 (311).

117 BVerfG, Urt vom 28.3.2006, 1 BvR 1054/01, BVerfGE 115, 276 (318).

der maßgeblichen inhaltlichen Anforderungen und die Ausgestaltung des tatsächlichen Glücksspielangebots dürfen nicht allein dem staatlichen Glücksspielanbieter obliegen, sondern Inhalt und Zuschnitt des Angebots müssen gesetzlich vorgeprägt sein.[118] Der Vertrieb darf nicht auf die wirtschaftlich effektive und expansive Vermarktung einer grundsätzlich unbedenklichen Freizeitbeschäftigung hinauslaufen und von dem Ziel der Markterschließung getragen zur Teilnahme am Glücksspiel anreizen oder ermuntern,[119] sondern muss zur Vermeidung eines Aufforderungscharakters darauf beschränkt bleiben, eine Information und Aufklärung über die legalen Möglichkeiten zur Teilnahme am Glücksspiel zu bieten.[120] Insofern bleibt ein sachbezogener und auf zusätzliche spielanheizende Effekte verzichtender Werbeauftritt mit Rücksicht auf die zur Verwirklichung des suchtpräventiven Regulierungsansatzes erforderliche Kanalisierung und Lenkung des vorhandenen Spieltriebs auf das legale staatliche (Monopol)-Angebot weiterhin zulässig.[121] Auch die Vertriebswege sind so zu gestalten, dass die Möglichkeit zur Teilnahme am staatlich veranstalteten Glücksspiel nicht zu einem allerorts verfügbaren Gut des täglichen Lebens wird[122] und so auszuwählen und einzurichten, dass Möglichkeiten zur Realisierung des Spieler- und Jugendschutzes genutzt werden.[123] Schließlich muss durch normative

118 BVerfG, Urt vom 28.3.2006, 1 BvR 1054/01, BVerfGE 115, 276 (312, 318).

119 BVerfG, Urt vom 28.3.2006, 1 BvR 1054/01, BVerfGE 115, 276 (314); auf die früher regelmäßig diskutierte Frage, ob die Werbung bereits als „aggressiv" einzustufen ist, kommt es dabei nicht mehr an.

120 BVerfG, Urt vom 28.3.2006, 1 BvR 1054/01, BVerfGE 115, 276 (318); soweit die Länder in § 5 Abs 3 GlüStV 2008 in Reaktion auf diese Vorgaben Werbung im Fernsehen, im Internet und per Telefon untersagt haben, ist dieses Verbot in der Kammerrechtsprechung des BVerfG explizit für verfassungskonform erachtet worden, vgl BVerfG (K), Beschl vom 14.10.2008, 1 BvR 928/08, ZfWG 2008, 351 (358).

121 BVerfG, Urt vom 28.3.2006, 1 BvR 1054/01, BVerfGE 115, 276 (314 f); dabei ist freilich zu berücksichtigen, dass auch die dosierten Angebote innerhalb eines suchtpräventiv ausgerichteten Systems einer gewissen Attraktivität und Präsenz bedürfen, um ihren Kanalisierungseffekt ausüben und Spieler von illegalen Angeboten und besonders riskanten Spielformen abschirmen und auf weniger riskante Spielformen umleiten zu können; vgl zu dieser Problematik umfassend *T. Becker*, Werbung für Produkte mit einem Suchtgefährdungspotential – Tabak-, Alkohol- und Glücksspielwerbung aus rechtlicher, ökonomischer und psychologischer Sicht, 2010. Es bleibt eine bis heute nicht abschließend bewältigte Herausforderung, verlässliche und praktisch umsetzbare Parameter für ein derart beschränktes Werbeangebot zu entwickeln.

122 BVerfG, Urt vom 28.3.2006, 1 BvR 1054/01, BVerfGE 115, 276 (314 f); dem Gericht geht es hierbei freilich wohl nicht um eine rein qualitative Bewertung.

123 BVerfG, Urt vom 28.3.2006, 1 BvR 1054/01, BVerfGE 115, 276 (318); das Gericht bewertet insofern mit Blick auf die damit einhergehende jederzeitige Verfügbarkeit insbesondere einen Vertrieb von Sportwetten über das Internet oder mittels Mobiltelefon (zB SMS oä) kritisch und hält insbesondere eine Verknüpfung von Wettmöglichkeiten des staatlichen Sportwettenveranstalters mit Fernsehübertragungen von Sportereignissen für nicht mit dem Ziel der Suchtbekämpfung vereinbar. Das in der Folge eingeführte Internetverbot hat das BVerfG dann auch durchgängig – namentlich auch

Vorkehrungen sichergestellt sein, dass das staatliche Glücksspielangebot von aktiven Maßnahmen zur Suchtbekämpfung und zur Begrenzung der Wettleidenschaft begleitet wird.[124] In organisatorischer Hinsicht hat der Gesetzgeber die Einhaltung der genannten Anforderungen durch geeignete Kontrollinstanzen sicherzustellen, wobei das BVerfG eine ausreichende Distanz zu den fiskalischen Interessen des Staates anmahnt,[125] die es etwa bei einer Beaufsichtigung durch die Finanzministerien der Länder nicht für gegeben erachtet,[126] wohl aber bei einer Aufsicht durch das für Inneres zuständige Ministerium.[127] Ohne dass das BVerfG sich bislang ausdrücklich hierzu geäußert hätte, bleibt auch unter Beachtung der verfassungsrechtlichen Konsequenzforderungen ein staatliches Vorgehen gegen illegale Anbieter mit den Mitteln des Ordnungsrechts ohne weiteres zulässig.[128]

(2) Anforderungen an die Regulierung unterschiedlicher Glücksspielformen

Neben diesen sektoral begrenzten Erwägungen hat das BVerfG in seinem Spielhallen-Beschluss vom 7. März 2017 bei der Prüfung einer konsequenten Ausrichtung des staatlichen Regulierungshandelns auf das verfolgte Gemeinwohlziel die Regulierung unterschiedlicher Glücksspielformen in den Blick genommen.[129] Es bestehe das Risiko, dass die legitime suchtpräventive Zielsetzung des Gesetzgebers in ein 33

im lotterierechtlichen Kontext – für verfassungskonform erachtet, vgl BVerfG (K), Beschl vom 14.10.2008, 1 BvR 928/08, ZfWG 2008, 351 (357).

124 BVerfG, Urt vom 28.3.2006, 1 BvR 1054/01, BVerfGE 115, 276 (313, 318); das Gericht hat dabei betont, dass sich die Maßnahmen zur Abwehr von Suchtgefahren nicht auf das Bereithalten von Informationsmaterial beschränken dürfen und insofern auf die Trias angebotsimmanente Aufklärung, Früherkennung problematischen Spielverhaltens und Förderung der Motivation zur Verhaltensänderung abgestellt, wobei es ausdrücklich auch auf besondere Schutzmöglichkeiten wie die Möglichkeit einer Selbstsperre verwiesen hat.

125 BVerfG, Urt vom 28.3.2006, 1 BvR 1054/01, BVerfGE 115, 276 (318).

126 BVerfG, Urt vom 28.3.2006, 1 BvR 1054/01, BVerfGE 115, 276 (312).

127 Vgl BVerfG, Beschl vom 7.3.2017, 1 BvR 1314/12 ua, juris, Rn 145. Unbeanstandet geblieben ist die privatrechtliche Organisationsform einzelner landesstaatlicher Anbieter, auch wenn im Schrifttum gelegentlich massive Kritik gegen Organisationsprivatisierungen im Bereich des staatlichen Glücksspielangebotes laut geworden ist, vgl etwa *H.-J. Papier*, Staatliche Monopole und Berufsfreiheit – dargestellt am Beispiel der Spielbanken, in: Burmeister, Festschrift für K. Stern, 1997, S 543 (560 f).

128 So hat nach § 9 Abs 1 Satz 1 GlüStV 2012 die Glücksspielaufsicht die Aufgabe, die Erfüllung der nach dem Staatsvertrag bestehenden oder auf Grund des Staatsvertrages begründeten öffentlich-rechtlichen Verpflichtungen zu überwachen sowie darauf hinzuwirken, dass unerlaubtes Glücksspiel und die Werbung hierfür unterbleiben; in diesem Sinne bereits § 12 Abs 1 S 1 LottStV, demzufolge die zuständigen Behörden darauf hinzuwirken hatten, dass unerlaubtes Glücksspiel unterbleibt. Hierzu und zu einer entsprechenden Ermessensreduzierung „auf Null" der zuständigen Behörden eingehend *J. Dietlein*, Illegales Glücksspiel und staatliche Gefahrenabwehr, GewArch 2005, 89 ff.

129 BVerfG, Beschl vom 7.3.2017, 1 BvR 1314/12 ua, juris, Rn 122.

Spannungsverhältnis zu den fiskalischen Interessen des Staates gerate,[130] wenn die restriktive Regulierung in einem Glücksspielbereich indirekt auch fiskalische Interessen des Gesetzgebers durch Verlagerung auf das Angebot in einem anderen Glücksspielbereich, in dem der Staat selbst auf Anbieterseite tätig ist, fördere.[131] Die suchtpräventiv ausgerichtete staatliche Regulierung in einem Glücksspielsegment darf danach nicht durch die fiskalische Ausrichtung der Regulierung in einem anderen konterkariert werden.[132] Damit kann bei staatlichen Regulierungsmaßnahmen in Glücksspielsektoren, in denen der Staat nicht selbst als Anbieter fungiert, eine Konsequenzprüfung dergestalt erforderlich werden, dass die dort vorgenommene Regulierung in Bezug gesetzt wird zu dem staatlichen Regulierungshandeln in einem anderen Glücksspielsektor, in dem der Staat selbst als Anbieter tätig ist.

34 Dabei hat das Gericht diese sektorenübergreifende Erweiterung der Konsequenzprüfung besonderen Anwendungsvoraussetzungen unterworfen. So kann die Regulierung anderer Glücksspielformen nur dann in die Prüfung der konsequenten Ausrichtung des staatlichen Regulierungshandelns einbezogen werden, wenn der Gesetzgeber (auch) eigene fiskalische Interessen verfolgt und die Glücksspielformen potentiell in Konkurrenz zueinander stehen.[133] Neben der allgemein für die Anwendung des Konsequenzerfordernisses notwendigen Beteiligung des Staates am Spiel- und Wettmarkt ist damit insbesondere ein Konkurrenzverhältnis zwischen den verschiedenen Glücksspielformen erforderlich. Ein solches Konkurrenzverhältnis hat das Gericht mit Blick auf die Vorhaltung eines „vergleichbaren" Glücksspielangebots an Spielautomaten bzw Geldspielgeräten etwa im Verhältnis von Spielhallen und Spielbanken angenommen.[134] Der vielfach vertretenen These einer (auch) verfassungsrechtlich geforderten Gesamtkohärenz der Glücksspielregulierung[135] ist das BVerfG damit letztlich nicht gefolgt.[136] Zwar hält das Gericht in bestimmten Konstellationen eine sektorübergreifende Abstimmung der Glücksspielregulierung für geboten. Eine übergreifend abgestimmte Regulierung aller Glücksspielsektoren verlangt das Gericht aber mit

130 BVerfG, Beschl vom 7.3.2017, 1 BvR 1314/12 ua, juris, Rn 122.

131 BVerfG, Beschl vom 7.3.2017, 1 BvR 1314/12 ua, juris, Rn 142.

132 BVerfG, Beschl vom 7.3.2017, 1 BvR 1314/12 ua, juris, Rn 122.

133 BVerfG, Beschl vom 7.3.2017, 1 BvR 1314/12 ua, juris, Rn 122.

134 BVerfG, Beschl vom 7.3.2017, 1 BvR 1314/12 ua, juris, Rn 143.

135 Vgl etwa *M. Liesching/B. Berberich*, in: Streinz/Liesching/Hambach, Glücks- und Gewinnspielrecht in den Medien, 2014, Art 12 GG Rn 71 ff; *H.-P. Schneider*, Staatliches Glücksspielmonopol auf dem Prüfstand, WiVerw 2014, 165 (183 ff); *D. Uwer/S. Koch*, in: Herrmann/Hufen/ua (Hrsg), Neuordnung des Glücks- und Gewinnspielmarktes in Deutschland, 2012, S 136 (144).

136 Ablehnend insoweit auch schon BVerfG (K), Beschl vom 20.3.2009, 1 BvR 2410/08, ZfWG 2009, 99 (101); dazu und zum Folgenden auch *J. Dietlein*, Zur Zukunft der Sportwettenregulierung in Deutschland, ZfWG 2010, 159 (161 ff); auch *B. Grzeszick*, Individualrechte und das Gebot konsistenter und kohärenter Rechtsetzung im deutschen und europäischen Recht, in: Sachs/Siekmann/ua, Festschrift für K. Stern, 2012, S 333 (338).

der Anknüpfung an eine staatliche Betätigung in dem heranzuziehenden Vergleichssektor und dem zusätzlichen Erfordernis des Bestehens einer Konkurrenzsituation nicht per se; vielmehr ist die Anwendung des Konsequenzerfordernisses am Maßstab der dargestellten Kriterien in besonderer Weise begründungsbedürftig.

Ausdrücklich akzeptiert hat das BVerfG unterschiedliche föderale Regulie- 35
rungsansätze. So betont das Gericht, föderal unterschiedliche oder auch konkurrierende Lösungswege seien im Bundesstaat angelegt und damit mit Blick auf die verfassungsrechtlichen Konsequenzanforderungen unbedenklich.[137] Damit kann der Rückgriff auf die verfassungsgerichtlich herausgebildeten Konsequenzanforderungen keine normübergreifenden Bindungen unterschiedlicher Zuständigkeitsträger legitimieren.[138] Im föderalen Kontext endet der Anspruch auf Gleichbehandlung spätestens an den föderalen Zuständigkeitsgrenzen von Bund und Ländern. Mit Blick auf die föderale Aufgliederung der Gesetzgebungszuständigkeiten im Bereich des Glücksspiels wird man daher autonome Regulierungsansätze in der Bundes- und Landesgesetzgebung sowie zwischen verschiedenen Ländern im Grundsatz verfassungsrechtlich nicht beanstanden können. Den jeweils zuständigen Gesetzgebern steht es damit frei, eigene Regelungssysteme zu konzipieren, ohne hierbei an die Konzepte eines anderen Gesetzgebers gebunden zu sein.[139]

In der Sache erfordert eine konsequente Ausrichtung der Maßnahmen zur Ver- 36
meidung und Abwehr von Spielsucht und problematischem Spielverhalten keinen strikten Gleichlauf des staatlichen Regulierungshandelns in den konkurrierenden Glücksspielsektoren. So hat das BVerfG ausdrücklich betont, dass unterschiedliche Regelungen verschiedener Glücksspielformen zulässig sind, sofern der Gesetzgeber eine angemessene Suchtprävention nicht außer Acht lässt.[140] Diese Anforderungen hat das Gericht etwa im Verhältnis der Regulierung zwischen Spielhallen und Spielbanken als gegeben erachtet, da der Betrieb der Spielbanken mit Blick auf die für sie geltenden umfangreichen Spielerschutzvorschriften und die strikte Begrenzung des Angebotsumfangs in eigener Weise an den Zielen der Bekämpfung der Glücksspielsucht (§ 1 Satz 1 Nr 1 GlüStV 2012) und der Begrenzung und Kanalisierung des Spieltriebs (§ 1 Satz 1 Nr 2 GlüStV 2012) ausgerichtet sei und durch die Aufsicht der für Inneres zuständigen Landesministerien hinreichende Sicherungen dafür bestünden, dass diese inhaltlichen Vorgaben vom Staat gegenüber den Spielbanken durchgesetzt werden könnten.[141] Daneben hat das BVerfG auf die tatsächliche Aus-

137 BVerfG, Beschl vom 7.3.2017, 1 BvR 1314/12 ua, juris, Rn 123.

138 Vgl mit Beispielen aus der Rechtsprechung ausführlich *C. Starck*, in: v. Mangoldt/Klein/Starck, GG-Kommentar, 6. Aufl 2010, Art 3 Rn 49 f.

139 BVerfG, Beschl vom 21.12.1966, 1 BvR 33/64, BVerfGE 21, 54 (68); Beschl vom 12.5.1987, 2 BvR 1226/83 ua, BVerfGE 76, 1 (73); Beschl vom 23.11.1988, 2 BvR 1619/83 ua, BVerfGE 79, 127 (158).

140 BVerfG, Beschl vom 7.3.2017, 1 BvR 1314/12 ua, juris, Rn 123.

141 BVerfG, Beschl vom 7.3.2017, 1 BvR 1314/12 ua, juris, Rn 144 f.

gestaltung des staatlichen Spielbankenangebots abgehoben und auch insofern keinen Widerspruch zu den Zielen der Bekämpfung der Spielsucht und der Kanalisierung des Spieltriebs oder eine Orientierung an fiskalischen Interessen der Länder feststellen können.[142]

d) Verhältnismäßigkeit

37 Darüber hinaus müssen die jeweiligen Restriktionen dem Grundsatz der Verhältnismäßigkeit genügen. Das erfordert, dass das beschränkende staatliche Regulierungshandeln zur Erreichung eines legitimen Eingriffsziels geeignet ist und nicht weiter geht, als es die Gemeinwohlbelange erfordern; ferner müssen Eingriffszweck und Eingriffsintensität in einem angemessenen Verhältnis stehen.[143] Dabei gesteht das BVerfG dem Gesetzgeber bei der Frage der Geeignetheit und Erforderlichkeit der konkreten Maßnahme einen nicht unerheblichen Einschätzungs- und Prognosevorrang zu.[144]

38 Mit Blick auf die oftmals gravierenden Beschränkungswirkungen der staatlichen Regulierungsmaßnahmen im Glücksspielbereich gewinnt die Stufe der Zumutbarkeit besondere Bedeutung. Dabei nimmt das BVerfG in neuerer Zeit bei der Bewertung der Eingriffsschwere auch die kumulative Belastung der Glücksspielanbieter in den Blick und berücksichtigt über die konkret angegriffene Regelung hinaus die den Anbieter treffende Belastungswirkung der weiteren einschränkenden Bestimmungen insgesamt, um auf dieser Grundlage eine Abwägung mit dem Gewicht und der Dringlichkeit der rechtfertigenden Gemeinwohlziele vorzunehmen.[145]

39 Namentlich die Suchtprävention bildet nach der Rechtsprechung des BVerfG ein hinreichend starkes Gemeinwohlinteresse, um auch schärfste Restriktionen bis hin zur Komplettsperrung bestimmter Sektoren des Glücksspiels zu legitimieren bzw ein dosiertes Angebot durch staatliche Anbieter zu rechtfertigen. Das gilt nicht nur für das Spielbankenwesen[146] und das Angebot von Sportwetten,[147] sondern –

142 BVerfG, Beschl vom 7.3.2017, 1 BvR 1314/12 ua, juris, Rn 146.

143 BVerfG, Beschl vom 7.3.2017, 1 BvR 1314/12 ua, juris, Rn 121.

144 BVerfG, Urt vom 28.3.2006, 1 BvR 1054/01, BVerfGE 115, 276 (308 f); Beschl vom 7.3.2017, 1 BvR 1314/12 ua, juris, Rn 149 und 153.

145 Vgl BVerfG, Beschl vom 7.3.2017, 1 BvR 1314/12 ua, juris, Rn 155 f; vgl auch BVerfG, Urt vom 20.4.2016, 1 BvR 966/09 ua, BVerfGE 141, 220 (280 Rn 130); aus der Literatur etwa *D. Winkler*, Der „additive Grundrechtseingriff“: eine adäquate Beschreibung kumulativer Belastungen?, JA 2014, 881 ff; *G. Kirchhof*, Kumulative Belastung durch unterschiedliche staatliche Eingriffe, NJW 2006, 732 ff; *J. Lücke*, Der additive Grundrechtseingriff sowie das Verbot der übermäßigen Gesamtbelastung des Bürgers, DVBl 2001, 1469 ff.

146 Grdl BVerfG, Beschl vom 18.3.1970, 2 BvO 1/65, BVerfGE 28, 119 (144 ff); iE auch BVerfG, Beschl vom 19.7.2000, 1 BvR 539/96, BVerfGE 102, 197 (214 f); BVerfG (K), Beschl vom 26.3.2007, 1 BvR 2228/02, NVwZ-RR 2008, 1 (2).

147 BVerfG, Urt vom 28.3.2006, 1 BvR 1054/01, BVerfGE 115, 276 (305).

entgegen teilweise vertretener Auffassung[148] – ebenso für das Angebot von Lotterien.[149]

40 Nicht abschließend geklärt ist, ob auch kriminalitätspräventiv begründete Staatsmonopole als zumutbar angesehen werden können. Das BVerfG hat dies in seiner glücksspielrechtlichen Rechtsprechung bislang nicht ausdrücklich thematisiert, obgleich nach der Ablehnung einer suchtpräventiven Rechtfertigung des Sportwettenmonopols hierzu im Sportwetten-Urteil durchaus Anlass und Gelegenheit bestanden hätte.[150] Allerdings findet sich auch in dieser Entscheidung die Formulierung, dass legitimes Ziel eines staatlichen Wettmonopols „außerdem" die Abwehr von Gefahren mit dem Wetten verbundener Folge- und Begleitkriminalität sei,[151] womit das Gericht diesem Ziel jedenfalls strukturell das Potential zumisst, ob-

---

148 Vgl zB *M. Diesbach/M. Ahlhaus*, Verfassungs- und europarechtliche Vorgaben für die Neuordnung des Glücksspielrechts, ZUM 2011, 129 (132).

149 Vgl BVerfG (K), Beschl vom 14.10.2008, 1 BvR 928/08, ZfWG 2008, 351 (354), wo das Gericht explizit hervorgehoben hat, dass der Gesetzgeber verfassungsrechtlich nicht gehalten ist, das Zahlenlotto als eine harmlose und nicht suchtgefährdende Art des Glücksspiels von dem Geltungsbereich des GlüStV auszunehmen; hierbei verweist das Gericht auf wissenschaftliche Studien, denen zu entnehmen ist, dass Lotterien in Abhängigkeit von den jeweiligen Veranstaltungsmerkmalen durchaus suchttypische Entwicklungsverläufe verursachen können. Die unstreitig insgesamt eher günstigen Prävalenzdaten im Bereich der Lotterien dürften zudem in nicht unerheblichem Maße die wettbewerbsdämpfenden Wirkungen der staatlichen Monopolisierung des Lotteriebetriebes reflektieren und bieten insofern kein durchschlagendes Argument für die These von der risikofreien Kommerzialisierbarkeit dieses Sektors; in diesem Sinne ausführlich *U. Haltern*, Lotteriemonopol und Öffnung des Sportwettenmarktes, ZfWG 2011, 13 (14f) mwN zum Forschungsstand; krit gegenüber dieser Gefahrenbewertung aber etwa *T. Becker*, Wie weit geht der Ermessensspielraum des Gesetzgebers bei der Regulierung des Glücksspielmarktes?, ZfWG 2009, 1ff; *J. Fischer*, Das Recht der Glücksspiele im Spannungsfeld zwischen staatlicher Gefahrenabwehr und privatwirtschaftlicher Betätigungsfreiheit, 2009, S 31f; *B. Grzeszick*, Individualrechte und das Gebot konsistenter und kohärenter Rechtsetzung im deutschen und europäischen Recht, in: Sachs/Siekmann/ua, Festschrift für K. Stern, 2012, S 333 (339); eingehend zur Prävalenz bei verschiedenen Glücksspielformen auch *T. Becker*, Glücksspielsucht in Deutschland, 2009.

150 So hat das Gericht die damaligen Regelungen für unvereinbar mit dem Grundgesetz erachtet, ohne eine denkbare Rechtfertigung durch die schon seinerzeit gesetzlich mitverfolgten Ziele der Kriminalitätsprävention abschließend in den Blick zu nehmen, obgleich die Entscheidung zeitlich mit der Aufdeckung spektakulärer Sportwetten-Manipulationen einhergegangen war. Vor diesem Hintergrund spricht manches dafür, dass das Gericht diesen Aspekt im entscheidungsspezifischen Kontext nicht für hinreichend erachtete, um das damalige Sportwettenmonopol als verfassungskonform einzustufen. Allerdings ist hervorzuheben, dass das Gericht den Sportwetten schon seinerzeit ein geringeres Betrugs- und Manipulationspotential beigemessen hat als anderen Glücksspielen, da auf ein von dritter Seite veranstaltetes Sportereignis gewettet wird, das der Wettunternehmer selbst nicht beeinflussen kann. Eine verallgemeinerbare Bewertung ergibt sich aus dem Sportwetten-Urteil mithin nicht.

151 BVerfG, Urt vom 28.3.2006, 1 BvR 1054/01, BVerfGE 115, 276 (306).

jektive Berufswahlbeschränkungen zu rechtfertigen.[152] Wenn das Gericht im Zusammenhang mit den glücksspielspezifisch entwickelten Konsequenzanforderungen verschiedentlich angenommen hat, objektive Berufswahlbeschränkungen im Glücksspielbereich seien mit dem Grundrecht der Berufsfreiheit des Art 12 Abs 1 GG nur vereinbar, wenn sie konsequent am Ziel der Bekämpfung von Suchtgefahren ausgerichtet seien,[153] erklärt sich dies schon daraus, dass das BVerfG das Konsequenzgebot im Kontext der Entscheidungen jeweils nur mit Blick auf das vom Gesetzgeber angestrebte Ziel der Suchtprävention zur Anwendung gebracht hat. Auch in verschiedenen nachfolgenden Kammerentscheidungen ging das Gericht davon aus, dass es sich bei der Prävention von Folge- und Begleitkriminalität des Glücksspiels um ein „überragend wichtiges Gemeinwohlziel" handele, das selbst zur Rechtfertigung objektiver Berufswahlbeschränkungen geeignet sei.[154] Insofern erschiene es nur folgerichtig, bei Vorliegen entsprechend gravierender Gefahrenlagen das Ziel der Bekämpfung der Folge- und Begleitkriminalität ebenfalls als ein zur Rechtfertigung von Staatsvorbehalten hinreichendes Gemeinwohlziel einzustufen.[155] Eine endgültige Klärung dieser Streitfrage dürfte freilich auch der GlüStV 2012 nicht erzwingen, da das verbliebene Lotterieveranstaltermonopol nicht allein kriminalpräventiv, sondern weiterhin auch suchtpräventiv begründet wird.

3. Zur Notwendigkeit von Übergangsregelungen und Ausgleichsleistungen im Hinblick auf die Neuregelungen zum Spielhallenwesen

41 In neuerer Zeit ist die Frage in den Fokus des Interesses gerückt, ob und inwieweit das Verfassungsrecht aus Gründen der Verhältnismäßigkeit eine zeitliche Abfederung neuer Restriktionen erfordert. Den zentralen Streitpunkt bilden insoweit die Übergangsregelungen des § 29 Abs 4 GlüStV 2012, der den Spielhallen in gewerberechtlicher Altkonzession (Stichtag 28.10.2011) eine fünfjährige Befreiung von der

---

152 In diese Richtung auch BGH, Urt vom 28.9.2011, I ZR 92/09, ZfWG 2012, 23 (Rn 32).

153 So etwa BVerfG, Urt vom 28.3.2006, 1 BvR 1054/01, BVerfGE 115, 276 (309 f und Leitsatz); Beschl vom 7.3.2017, 1 BvR 1314/12 ua, Rn 122 und Leitsatz 3.

154 BVerfG (K), Beschl vom 14.10.2008, 1 BvR 928/08, ZfWG 2008, 351 (352); vgl in diese Richtung wohl auch BVerfG (K), Beschl vom 26.3.2007, 1 BvR 2228/02, NVwZ-RR 2008, 1 (2).

155 Für die Möglichkeit einer Rechtfertigung staatlicher Monopolregelungen im Glücksspielbereich durch das Ziel der Kriminalitätsprävention etwa auch *H.-D. Jarass*, Verfassungs- und europarechtliche Fragen des Lotteriemonopols, Rechtsgutachten April 2010; ebenso *J. Hilf/B. Ploeckl*, Zukünftiges Nebeneinander von Lottomonopol und geöffnetem Sportwettenmarkt, EuZW 2010, 694 f; *D. Dörr/S. Janich*, Die verfassungsrechtliche Zulässigkeit der Teilliberalisierung des deutschen Glücksspielmarks, K&R Beihefter 3/2010, 1 (23 f); unter unionsrechtlichen Aspekten auch *B. Grzeszick*, Individualrechte und das Gebot konsistenter und kohärenter Rechtsetzung im deutschen und europäischen Recht, in: Sachs/Siekmann/ua, Festschrift für K. Stern, 2012, S 333 (348 ff).

neuen staatsvertraglichen Erlaubnispflicht einräumt, darüber hinaus die Möglichkeit der Befreiung von einzelnen Anforderungen des § 24 Abs 2 sowie des § 25 GlüStV 2012 zulässt. Diese Übergangsfristen werden zeitlich teilweise für unzureichend und unvereinbar mit Art 12 GG und dem in diesem Grundrecht enthaltenen Grundsatz des Vertrauensschutzes erachtet.[156] Die Kritik erscheint angesichts der nicht unerheblichen Folgewirkungen der nunmehr eingeleiteten Umsteuerung gewiss nachvollziehbar, rechtlich zu überzeugen vermag sie, wie zwischenzeitlich auch das BVerfG bestätigt hat, gleichwohl nicht.[157] So hat etwa das BVerfG seit jeher sogar den Verzicht auf Übergangsfristen für möglich gehalten, soweit das Ziel einer Neuordnung darin besteht, Missstände zu beseitigen.[158] Und auch im Zusammenhang mit der Übergangsregelung des § 29 Abs 4 GlüStV 2012 hat das Gericht die fünfjährige Übergangsfrist für Bestandsspielhallen als hinreichend erachtet. Dabei hat das Gericht zum einen maßgeblich auf die sich aus dem Spannungsverhältnis der wirtschaftlichen Betätigung zur Suchtbekämpfung ergebenden Besonderheiten des Glücksspiel- und insbesondere des Spielhallensektors verwiesen, aus denen folge, dass der Grundsatz des Vertrauensschutzes einen Schutz getätigter Investitionen nicht in gleichem Maße verlange wie in anderen Wirtschaftsbereichen.[159] Zusätzlich hat das BVerfG das Vertrauen der Spielhallenbetreiber in den Fortbestand der ihnen bestandskräftig erteilten gewerberechtlichen Erlaubnisse zu Recht durch die Entscheidung des BVerfG vom 28. März 2006[160] und die anschließenden breiten Diskussionen[161] um die Neuordnung des Automaten- und Spielhallenrechts als ge-

156 Eingehend hierzu zuletzt *F. Hufen*, Die Einschränkung des gewerblichen Geld-Gewinnspiels, 2012, S 50 ff und 84 ff; *F. Hufen*, in: Herrmann/Hufen/ua (Hrsg), Neuordnung des Glücks- und Gewinnspielmarktes in Deutschland, 2012, S 93 ff; *H.-P. Schneider*, Bestandsschutz im Rechtsstaat, GewArch 2011, 457 ff, der eine Übergangsfrist von 15 Jahren für erforderlich hält.

157 BVerfG, Beschl vom 7.3.2017, 1 BvR 1314/12 ua, juris, Rn 176 ff; aus der Rspr der Landesverfassungsgerichte etwa BayVerfGH, Entsch vom 28.6.2013, Vf. 10-VII-12, NVwZ 2014, 141 (143 ff); im Erg ebenso *StGH Bad-Württ*, Urt vom 17.6.2014, 1 VB 15/13, BeckRS 2014, 52775, der freilich den Stichtag für die Anwendbarkeit der fünfjährigen Übergangsfrist für (landes-)verfassungswidrig erachtet; für eine Verfassungsmäßigkeit des im GlüStV 2012 festgelegten Stichtages aber zu Recht BVerfG, Beschl vom 7.3.2017, 1 BvR 1314/12 ua, juris, Rn 196 ff.

158 BVerfG, Urt vom 27.10.1998, 1 BvR 2306/96 ua, BVerfGE 98, 265 (309 f); gerade im glücksspielrechtlichen Kontext hat das Gericht dem Gesetzgeber insoweit erhebliche Spielräume zuerkannt und im Rahmen des mit dem GlüStV 2008 eingeführten Internetverbots sogar hingenommen, dass Internetanbieter aus Gründen der Gefahrenprävention mit maximal einjähriger Übergangsfrist (§ 25 Abs 6 GlüStV 2008) zur vollständigen Berufsaufgabe gezwungen werden, vgl BVerfG (K), Beschl vom 14.10.2008, 1 BvR 928/08, ZfWG 2008, 351.

159 BVerfG, Beschl vom 7.3.2017, 1 BvR 1314/12 ua, juris, Rn 190.

160 BVerfG, Urt vom 28.3.2006, 1 BvR 1054/01, BVerfGE 115, 276 (305).

161 Vgl *T. Becker*, Wie weit geht der Ermessensspielraum des Gesetzgebers bei der Regulierung des Glücksspielmarktes?, ZfWG 2009, 1 ff; *F. Peters*, Das Spiel an den Geldspielgeräten der Spielhallen, ZfWG 2011, 1 ff.

mindert angesehen.[162] Zumal unter diesen Vorbedingungen hat das BVerfG die Landesgesetzgeber nicht für gehalten gesehen, den Spielhallenbetreibern in jedem Einzelfall eine verlustfreie Abwicklung ihrer zu schließenden Spielhallen zu ermöglichen und die fünfjährige Übergangsfrist für mit Art 12 Abs 1 GG vereinbar gehalten.[163]

42 Soweit teilweise versucht wurde, einen weitergehenden Vertrauensschutz aus der eigentumsrechtlichen Garantie des eingerichteten und ausgeübten Gewerbebetriebs abzuleiten,[164] stehen dem durchgreifende Bedenken entgegen. So sind Rechtsprechung und Literatur regelmäßig äußerst zurückhaltend, Art 14 GG auf Fallkonstellationen einer schwerpunktmäßig die berufliche Betätigung betreffende Regulierung anzuwenden.[165] Jedenfalls aber wird man aus Art 14 GG weder einen Schutz bloßer Gewinnerwartungen[166] noch einen Bestandsschutz für Unternehmensstrukturen ableiten können, die den Anforderungen an einen zeitgemäßen Spielerschutz nicht genügen.[167] Soweit jenseits dieser von Art 14 GG von vornherein nicht erfassten

---

162 BVerfG, Beschl vom 7.3.2017, 1 BvR 1314/12 ua, juris, Rn 190.

163 BVerfG, Beschl vom 7.3.2017, 1 BvR 1314/12 ua, juris, Rn 192 ff; ebenso BayVerfGH, Entsch vom 28.6.2013, Vf. 10-VII-12, NVwZ 2014, 141 (143 ff); mit Ausnahme des Stichtags für die Anwendbarkeit der fünfjährigen Übergangsfrist auch *StGH Bad-Württ*, Urt vom 17.6.2014, 1 VB 15/13, BeckRS 2014, 52775; s. auch *I. Gebhardt/D. Postel*, Der weite Weg zur Kohärenz – Erste Anmerkungen zum neuen Glücksspielstaatsvertrag, ZfWG 2012, 1 (11); *M. Reckmann*, Die Spielhallengesetzgebung der Länder: Chaos oder Gleichklang?, ZfWG 2012, 255 (258); zumindest tendenziell ebenso *J. Wohlfarth*, Der Beginn einer Länderoffensive gegen ungebremstes Wachstum von Spielhallen, LKRZ 2012, 81 (85); Zur Problematik auch *J. Dietlein*, in: Dietlein/Hecker/Ruttig, Glücksspielrecht, 2. Aufl 2013, Einführung Rn 22.

164 Hierfür etwa *H.-P. Schneider*, Bestandsschutz im Rechtsstaat, GewArch 2011, 457 ff; das BVerfG lässt in st Rspr offen, ob der eingerichtete und ausgeübte Gewerbebetrieb überhaupt unter Art 14 GG fällt, vgl etwa BVerfG, Beschl vom 22.5.1979, 1 BvL 9/75, BVerfGE 51, 193 (221 f); Beschl vom 25.1.1984, 1 BvR 272/81, BVerfGE 66, 116 (145); Beschl vom 31.10.1984, 1 BvR 35/81 ua, BVerfGE 68, 193 (222 f); Beschl vom 12.11.1997, 1 BvR 479/92 ua, BVerfGE 96, 375 (397); Beschl vom 26.6.2002, 1 BvR 558/91 ua, BVerfGE 105, 252 (278); Urt. vom 6.12.2016, 1 BvR 2821/11 ua, NJW 2017, 217 (224 Rn 240).

165 BGH, Urt vom 9.12.2004, III ZR 263/04, BGHZ 161, 305 (312); für eine Nachrangigkeit des Art 14 GG etwa auch *H.-D. Jarass*, in: Jarass/Pieroth, GG-Kommentar, 14. Aufl 2016, Art 14 Rn 9; vgl in diesem Kontext auch *BVerfG* (K), Beschl vom 14.10.2008, 1 BvR 928/08, ZfWG 2008, 351 (352); gegen einen weitergehenden Schutz aus Art. 14 Abs. 1 GG hinsichtlich der beruflichen Nutzung des Eigentums auch BVerfG, Beschl vom 7.3.2017, 1 BvR 1314/12 ua, juris, Rn 169; aA aber *StGH Bad-Württ*, Urt vom 17.6.2014, 1 VB 15/13, BeckRS 2014, 52775.

166 Vgl BVerfG, Beschl vom 18.3.1970, 2 BvO 1/65, BVerfGE 28, 119 (142); Beschl vom 16.3.1971, 1 BvR 52/66 ua, BVerfGE 30, 292 (334 f); Beschl vom 31.10.1984, 1 BvR 35/81 ua, BVerfGE 68, 193 (222 f); Beschl vom 6.10.1987, 1 BvR 1086/82 ua, BVerfGE 77, 84 (118); Urt. vom 6.12.2016, 1 BvR 2821/11 ua, NJW 2017, 217 (224 Rn 240).

167 Instruktiv hierzu etwa BVerfG, Urt vom 30.7.2008, 1 BvR 3262/07 ua, BVerfGE 121, 317 (382 f) (Sondervotum *Masing*): „Dass sich durch die Änderung von gesetzlichen Rahmenbedingungen zum Schutz der Gesundheit, der Umwelt oder zur Durchsetzung sozialer Belange auch die Marktchancen

Segmente Investitionen auf der Basis einer zeitlich unbefristeten gewerberechtlichen Genehmigung getätigt wurden, erscheint eine Einordnung legislativer Maßnahmen als Inhalts- und Schrankenbestimmungen iSd Art 14 Abs 1 GG zwar nicht ausgeschlossen,[168] es ergibt sich insofern allerdings kein über Art 12 Abs 1 GG hinausgehender Schutz.[169] Insbesondere ist die (Zumutbarkeits-)Grenze hin zu einer staatlichen Ausgleichspflicht nicht überschritten. Insoweit ist – wie bereits im Kontext des Art 12 GG – zu berücksichtigen, dass auf Seiten der Spielhallenbetreiber allenfalls ein geschmälerter Vertrauensschutz in Ansatz zu bringen ist, dem die in § 29 Abs 4 GlüStV 2012 nunmehr bis zum Jahre 2017 eingeräumte Übergangsfrist mit der Möglichkeit einer nachfolgenden Härtefallregelung hinreichend Rechnung trägt.

Im Zusammenhang mit dem Übergang zur reformierten Rechtslage nach dem GlüStV 2012 ergaben sich im Spielhallensektor zudem besondere verfassungsrechtliche Herausforderungen im Hinblick auf die administrative Umsetzung der mit den verschärften Regulierungsanforderungen einhergehenden Neuordnung des Marktes. Die mit der Neuregelung verbundene faktische (oder in manchen Ländern auch rechtliche) Entwertung der bestandskräftigen gewerberechtlichen Erlaubnisse im Zusammenwirken mit der – aufgrund der Auswirkungen von Verbundverbot und Abstandsgeboten – verringerten Möglichkeit der Neuerteilung glücksspielrechtlicher Erlaubnisse an Bestandsspielhallen macht Auswahlentscheidungen zwischen Bestandsspielhallen erforderlich, deren Kriterien die Landesgesetzgeber in sehr unterschiedlicher Regelungsdichte vorgesehen haben.[170] Die geringe gesetzliche De- 43

der betroffenen Gewerbetreibenden oder Unternehmen ändern, schließt Art 12 Abs 1 GG nicht aus. Er gewährleistet weder einen Anspruch auf gleichbleibende Wettbewerbsbedingungen noch auf Erfolg im Wettbewerb oder auf Sicherung künftiger Erwerbschancen".

168 Nicht haltbar ist dagegen die von *H.-P. Schneider*, Bestandsschutz im Rechtsstaat, GewArch 2011, 457 (462), angenommene Einordnung der Regulierungsmaßnahmen als Enteignung. Ihr steht nicht nur der abstrakt-generelle Charakter der Maßnahmen entgegen (s. zu diesem qualitativ-deskriptiven Begründungsansatz des BVerfG, Beschl vom 15.7.1981, 1 BvL 77/78, BVerfGE 58, 300 (330) sowie Beschl vom 9.1.1991, 1 BvR 929/89, BVerfGE 83, 201 (212)), sondern ebenso der von der neueren verfassungsgerichtlichen Rechtsprechung geforderte Güterbeschaffungscharakter der Enteignung (BVerfG, Beschl vom 25.5.2001, 1 BvR 1512/97 ua, NVwZ 2001, 1023; ähnl zuvor bereits BVerfG (K), Beschl vom 18.11.1998, 1 BvR 21/97, NJW 1999, 1176; nunmehr ausdrücklich auch BVerfG, Urt vom 6.12.2016, 1 BvR 2821/11 ua, juris, Rn 244 ff). Die Einordnung der Neuregelungen als Enteignung hat das BVerfG denn zwischenzeitlich auch ausdrücklich abgelehnt, vgl BVerfG, Beschl vom 7.3.2017, 1 BvR 1314/12 ua, juris, Rn 212; wie hier im Erg auch *J. Wohlfarth*, Der Beginn einer Länderoffensive gegen ungebremstes Wachstum von Spielhallen, LKRZ 2012, 81 (85).

169 BVerfG, Beschl vom 7.3.2017, 1 BvR 1314/12 ua, juris, Rn 212.

170 Zu den in einzelnen Ländern vorgesehenen Losverfahren vgl in diesem Zusammenhang *H.D. Jarass*, Losverfahren und Grundrechte, NVwZ 2017, 273 ff; *J. Krainbring*, Die Zulässigkeit eines Losverfahrens bei der Vergabe von glücksspielrechtlichen Erlaubnissen, ZfWG 2016, 200 ff.

terminierung von Kriterien für die bei der Entscheidung über die Wiedererteilung nach Ablauf der Übergangsfrist erloschener Erlaubnisse zu treffende Auswahl zwischen bestehenden Spielhallen mit Altgenehmigungen erachtete das BVerfG mit dem Grundsatz des Vorbehalts des Gesetzes für vereinbar, da der Eingriff in die Berufsfreiheit durch die fünfjährige Übergangsfrist und die Möglichkeit einer Härtefallbefreiung abgemildert war und die Überleitungsregelung nur für eine bestimmbare Anzahl von Bestandsspielhallen, nicht für eine unbestimmte Vielzahl von zukünftigen Auswahlentscheidungen zur Anwendung kommt.[171]

IV. Fazit

44 Das Grundgesetz der Bundesrepublik Deutschland kennt keinen einheitlichen Kompetenztitel für die Glücksspielgesetzgebung. Der föderalen Struktur entsprechend finden sich die Regelungskompetenzen aufgeteilt zwischen Bund und Ländern. Dem entspricht, dass das Grundgesetz nicht zu einer über die jeweiligen Kompetenzgrenzen von Bund und Ländern hinausgehenden, sektorübergreifend vereinheitlichten Regulierung verpflichtet. Die somit verbleibenden kompetenziellen Reibungsflächen sind rechtspolitisch unbefriedigend und unionsrechtlich problematisch. Entgegen vereinzelt vertretener Auffassung lassen sich diese Reibungsflächen auch nicht durch eine schlichte „Hochzonung" der Gesetzgebung auf den Bund bereinigen, da dem Bund zum einen eine Regelungskompetenz für das Spielhallenrecht fehlt und er zum anderen gem Art 74 Abs 1 Nr 11 GG lediglich eine wirtschaftsrechtliche Zuständigkeit reklamieren kann, die indessen nicht geeignet erscheint, den Bereich speziell der harten Glücksspiele, insbesondere der Spielbanken, sachgerecht zu regulieren. Die Frage einer möglichen Verfassungsänderung bleibt damit auf der Tagesordnung. Materiell-rechtlich zählen die Veranstaltung sowie die Vermittlung von Glücksspielen unstreitig zum Schutzgegenstand der Berufsfreiheit nach Art 12 GG. Staatliche Eingriffe in dieses Segment bedürfen daher einer hinreichenden grundrechtlichen Rechtfertigung. Eine solche Rechtfertigung liefern insbesondere der Schutz des Bürgers vor Gefahren des Glücksspiels, aber auch Aspekte der Kriminalitätsprävention, namentlich soweit es um glücksspieltypische Begleit- und Beschaffungskriminalität, aber auch um den Schutz der Integrität sportlicher Wettkämpfe geht. Eine komplette Schließung bestimmter Segmente des Glücksspiels bzw die Normierung von Vorbehaltsrechten für staatliche Anbieter ist nach wie vor unter Beachtung der

171 BVerfG, Beschl vom 7.3.2017, 1 BvR 1314/12 ua, juris, Rn 181 ff, wobei das BVerfG zur Konturierung der Auswahlkriterien im konkreten Fall auf die Härtefallregelung und die gesetzlich festgelegten Ziele des Spielhallengesetzes des betroffenen Landes verwies und ergänzend feststellte, eine ausdrückliche gesetzliche Regelung zur Bewältigung der vielgestaltigen Auswahlkonstellationen könne allenfalls ein geringes Mehr an Bestimmtheit und Rechtsklarheit schaffen.

verfassungsrechtlichen Voraussetzungen möglich, namentlich soweit es um die Verfolgung suchtpräventiver Ziele geht. Ob und inwieweit Aspekte allein der Kriminalitätsprävention ein Gleiches rechtfertigen können, ist bislang nicht abschließend geklärt, bleibt aber nach der derzeitigen Konzeption des GlüStV 2012 auch im Hinblick auf das fortdauernde Lotteriemonopol letztlich ohne Bedeutung.

Abschnitt 2: Zivil- und Strafrecht

Ihno Gebhardt

§ 14 Zivil- und strafrechtliche Grundlagen des Glücksspiels – eine kurze Vorbemerkung zu den historischen Quellen

1 In der römischen Antike waren Würfelspiele und andere Glücksspiele trotz strafrechtlicher Verbote in allen Schichten verbreitet: „Alea iacta!". Nur an den Festtagen zu Ehren des Gottes Saturn – den *Saturnalien* – war das Würfeln erlaubt. Auch die im Jahr 528 nChr vom oströmischen Kaiser *Justinian I.* in Auftrag gegebene, im Anschluss an deren erste Rezeption im Hochmittelalter (wohl um die Mitte des 13. Jahrhunderts) „corpus iuris civilis" genannte Neukodifikation des Römischen Rechts enthielt ein strafrechtliches Verbot von fünf besonders gefährlichen Glücksspielen.[1] Alles weitere zu Spiel und Wette überließ das Kaiserrecht den Zivilisten: Spielgeschäfte um Geld waren nichtig. Spielschulden konnten nicht eingeklagt, das Geleistete demgegenüber zurückgefordert werden. Nur für einige Kampfspiele um geringen Einsatz bestanden der römischen Tradition entsprechend Ausnahmen von diesen Grundsätzen.[2]

2 Der die römisch-rechtlichen Rechtssätze erneut rezipierende Entwurf eines Bürgerlichen Gesetzbuchs von 1888 behandelt in den §§ 664 und 665 BGB (im aktuellen Gesetzestext: §§ 762, 763 BGB) „nur gewisse Glücksverträge, den Spiel- und Wettvertrag und den Lotterie- oder Ausspielungsvertrag",[3] und versagt dem Spielvertrag jedenfalls die *vollständige* Anerkennung. Dabei ist es bis heute geblieben: „Durch Spiel oder durch Wette wird eine Verbindlichkeit nicht begründet." (§ 762 Abs 1 S 1 BGB) Mit dem Ausschluss des Rückforderungsrechtes in § 762 Abs 1 S 2 BGB[4] ist eine Erfindung des gemeinen Rechts in das BGB übernommen worden.[5] Etwas anderes gilt nach § 763 BGB nur, wenn der Lotterie-, Ausspielungs- oder sonstige Glücks-

---

1 Verboten war auch das *Ludus duodecim scripta* („zwölf Linien"), ein Vorläufer des heutigen *Backgammon* (und zugleich dem altägyptischen Spiel *Senet* nachgeahmt), obgleich Kaiser *Claudius* (10 vChr–54 nChr) ein begeisterter Anhänger dieses Spiels gewesen sein soll. Einzelheiten zum Glücksspiel in der klassisch römischen Epoche finden sich in den Digesten bei *Paulus* Dig 11, 5, 4, 2; 11, 5, 4, 1; 11, 5, 2, 1; Cod 3, 43, 1 (529).

2 Quod virtutis causa fiat; vgl Dig 11, 5 de aleatoribus; Cod 3, 43.

3 *Mugdan* Motive zu dem Entwurfe eines Bürgerlichen Gesetzbuches für das Deutsche Reich, Bd II, 1888, § 664.

4 „Das aufgrund des Spiels oder der Wette Geleistete kann nicht deshalb zurückgefordert werden, weil eine Verbindlichkeit nicht bestanden hat."

5 Vgl das Allgemeine Preußische Landrecht (ALR), Teil 1, Titel 11, §§ 577–579.

https://doi.org/10.1515/9783110259216-014

spielvertrag[6] über ein staatlich genehmigtes Glücksspiel geschlossen wird. Dieser „privilegierenden" Vorschrift liegt der Rechtsgedanke zugrunde, dass hinsichtlich des staatlich genehmigten Glücksspiels der Staat über einen geordneten und von Manipulationen und Betrügereien freien Spielablauf wacht und zudem dafür sorgt, dass sich Spieler mit problematischem Spielverhalten nicht ohne weiteres ihrer Spielsucht hingeben können. Der Spielvertrag über ein nicht staatlich genehmigtes (öffentliches) Glücksspiel (ein Spiel also, bei dem die Gewinnchance zumindest überwiegend vom Zufall abhängig ist und gegen Entgelt erworben wird) verstößt zugleich gegen geltendes Recht und ist unwirksam (§§ 134 BGB iVm §§ 284, 287 StGB). Der Glücksspielveranstalter hat in diesem Fall keinen Anspruch auf Vergütung oder Ersatz der Auslagen,[7] der Spieler keinen Erfüllungs- oder Ersatzanspruch wegen Nichterfüllung des Spiels.[8] Soweit der Glücksspielvertrag nichtig ist, gelten demnach die allgemeinen Regeln; insbesondere ist der einen wirksamen Spielvertrag voraussetzende § 762 Abs 1 S 2 BGB nicht anwendbar. Folgerichtig, aber nicht unumstritten ist, dass die Verfügung bei nichtigem Spielvertrag als *unentgeltlich* iSd § 816 Abs 1 S 2 BGB gilt, mit der Folge eines kondiktionsrechtlichen Rückforderungsanspruchs.

3 Die hier nur holzschnittartig skizzierten zivilrechtlichen Grundlagen des Glücksspiels haben in den letzten Jahren keinen Anlass zu Streitigkeiten über Grundsatzfragen gegeben. Ganz anders verhält es sich mit der für die Spielbanken wichtigen privatrechtlichen Frage, ob und unter welchen Voraussetzungen ein Spieler, der zunächst auf eigenen Wunsch hin von einer Spielbank gesperrt worden und sodann gleichwohl mangels hinreichend wirksamer Einlasskontrollen am Automatenspiel der Spielbanken teilnehmen konnte, seine Spielverluste von der Spielbank als Schadensersatz zurückfordern kann. Der *Bundesgerichtshof* hat in diesem Sinne völlig zu Recht und unter Aufgabe seiner früheren entgegen gesetzten Rechtsprechung[9] festgestellt, dass „eine wunschgemäß erteilte Spielersperre Ansprüche auf Ersatz von Spielverlusten begründen kann, wenn die Spielbank die Sperre nicht durch ausreichende Kontrollen durchsetzt."[10] Die Spielbank träfen bei einer antragsgemäß verhängten Spielsperre Schutzpflichten, die auf Wahrnehmung der Vermögensinteressen ihrer Gäste gerichtet seien. In einigen Ländern ist die Zugangskontrolle (auch) zum sog „Kleinen" (Automaten-)Spiel bereits in Erwartung dieser Judikate eingeführt worden; seitdem der Glücksspielstaatsvertrag am 1. Januar 2008 in Kraft

6 Bereits das Reichsgericht, RGZ 93, 348 (349 f), hat die Regelung des § 763 BGB auf andere staatlich erlaubte Glücksspiele angewendet.

7 BGH NJW 1985, 1706, 1707 f.

8 OLG Hamm NJW-RR 1997, 1007, 1008.

9 BGHZ 131, 136, Urt v 31.10.1995, XI ZR 6/95.

10 BGH Urt v 22.11.2007, III ZR 9/07, UA, Rn 7; zuvor bereits in diesem Sinne BGHZ 165, 276, Urt v 15.12.2005, III ZR 65/05.

getreten ist (nunmehr GlüStV 2012), wird sie ohnehin öffentlich-rechtlich angeordnet (§§ 8, 20 GlüStV). Auch dieser rechtliche Befund, der sogleich näher erläutert wird,[11] verdeutlicht die enge Verwobenheit der sonst üblicherweise streng abgegrenzten oder doch zumindest abgrenzbaren Teilrechtsgebiete. Im Strafrecht wird die rechtliche Gemengelage bereits durch die in § 284 Strafgesetzbuch (StGB) angelegte Verwaltungsakzessorietät augenfällig: „Wer *ohne behördliche Erlaubnis* ... ein Glücksspiel [öffentlich und entgeltlich] veranstaltet", macht sich strafbar.

11 Sogleich *Peters*, § 15.

Frank Peters

§ 15 Glücksspiel aus der Sicht des Zivilrechts

Übersicht

I. Privates und öffentliches Recht

Glücksspiel bedeutet die Gewährung einer Gewinnchance gegen die Zahlung eines Entgelts. Das ist ein genuin zivilrechtlicher Vorgang, so dass es überraschen muss, dass der Bestand an einschlägigen Normen im öffentlichen Recht ungleich höher ist als im Privatrecht. Letzteres enthält praktisch nur die eine Bestimmung des § 763 S 1 BGB, wie sie die Zulässigkeit seiner Veranstaltung betrifft, diese von der staatlichen Genehmigung abhängig macht, während dem öffentlichen Recht insbesondere die umfangreichen Normenkomplexe zB des Glücksspielstaatsvertrages, der §§ 33cff GewO sowie der Spielverordnung zugehören. 1

Dieser erste Eindruck täuscht freilich, wenn es denn der zivilrechtliche Gesetzgeber – zu Recht – nicht für nötig gehalten hat, für das Glücksspiel eigens die Geltung der allgemeinen Bestimmungen namentlich des BGB anzuordnen – das BGB sagt nicht mehr als notwendig. Anwendbar sind damit also insbesondere seine Regelungen über Schadensersatzpflichten, des § 138 BGB über sittenwidrige Geschäfte, 2

https://doi.org/10.1515/9783110259216-015

des § 134 BGB über gesetzlich verbotene Geschäfte. Angesichts der Gefahren des Glücksspiels für den Spieler finden sie sogar ein weites Anwendungsfeld.

3 Dabei ist die Regelungstechnik des BGB eigentümlich. Seine Bestimmungen haben durchweg nur eine geringe eigene Aussagekraft, sondern müssen anderweitig „aufgefüllt" werden – man denke nur an die §§ 134, 823 II BGB. Bestimmungen dieser Art sind dann Einfallstor für die Regelungen des öffentlichen Rechts zum Glücksspielrecht, wenn sich denn aus ihnen zB ergibt, was verboten ist oder welche Normen Pflichten generieren, deren Verletzung zu Schadensersatzpflichten führen kann.

4 Speziell zu der Frage, ob Glücksspiel im Privatrecht überhaupt zugelassen werden soll, enthält sich das BGB einer eigenen Regelung, sondern fragt in seinem § 763 S 1 nur danach, ob jeweils eine staatliche Genehmigung vorliegt.[1]

II. Der Glücksspielvertrag

5 Wie schon angemerkt bedeutet das Glücksspiel einen Austausch von Leistungen – Gewinnchance gegen Entgelt. Das setzt einen (gegenseitigen) Vertrag der beiden Beteiligten, Veranstalter und Spieler, voraus, wie er namentlich auch konkludent abgeschlossen werden kann, zB durch den Einwurf von Geld in das Geldspielgerät. Wenn es denn also zu einem Vertragsschluss kommt, bedeutet das zunächst, worauf noch näher einzugehen sein wird, dass insbesondere vorab die allgemeinen Pflichten der §§ 311 II, 241 II BGB zur Rücksichtnahme auf die Interessen des anderen Teils entstehen. Gerade der süchtige Spieler kann leicht ausgenutzt, ja ausgebeutet werden und bedarf deshalb dringend der Rücksicht auf seine (wahren) Interessen.

6 Außerdem kann dieser Vertrag – an sich voll wirksam auf Grund staatlicher Genehmigung, § 763 S 1 BGB – nach den allgemeinen Bestimmungen des BGB unwirksam sein, so dass sich ein Erstattungsanspruch des Spielers wegen seiner Einsätze aus § 812 BGB ergibt.

1. Fehlende Geschäftsfähigkeit

7 a) Es ist denkbar, dass der Spieler spielsüchtig ist; Spielsucht ist als Krankheit anerkannt. Dann liegt der Fall des § 104 Nr 2 BGB vor; der Spieler befindet sich in einem die freie Willensbildung ausschließenden Zustand krankhafter Störung der Geistestätigkeit. Seine Willenserklärung ist nichtig, und dies auch dann, wenn er anderwei-

1 Fehlt sie, kann § 284 StGB als Verbotsgesetz iSd § 134 BGB eingreifen. Die Bezugnahme des § 763 S 2 BGB auf § 762 BGB greift nur, wo die Voraussetzungen des § 284 StGB nicht erfüllt sind.

tig – fern vom Glücksspiel – durchaus in der Lage ist, seinen Willen ordentlich zu bilden und auszuüben.

Dabei bezieht sich das hier Gesagte auf die Teilnahme am Glücksspiel selbst. 8
Hier Geschäftsunfähigkeit des Spielers anzunehmen, wenn und weil er sein Spielverhalten nicht hinreichend steuern kann, bedeutet noch nicht, dass Geschäftsunfähigkeit auch dort gegeben ist, wo er sich auf illegale Weise Mittel für sein Spiel verschafft.[2]

b) Es ist ebenso denkbar, dass der Spieler nur spielsuchtgefährdet ist, also erst 9
im Laufe des Spiels die Kontrolle über sein Spiel verliert. Dann gilt von diesem Zeitpunkt an nichts anderes.

Der sich jeweils ergebende Erstattungsanspruch – aus § 812 BGB – ist von ei- 10
nem Verschulden der Gegenseite nicht abhängig. Freilich setzt seine Durchsetzung voraus, dass der Spieler das Fehlen seiner Selbstkontrolle oder ihren Verlust im Prozess nachweist. Das wird nicht ohne die Einholung des Gutachtens eines Sachverständigen möglich sein, wie es nicht nur mit uU erheblichen, vom Verlierer des Prozesses zu tragenden Kosten verbunden ist, sondern auch nicht immer zu den erhofften Ergebnissen gelangt; der Nachweis der Geschäftsunfähigkeit kann misslingen.

2. Sittenwidrigkeit

Nach § 138 I BGB ist ein Rechtsgeschäft nichtig, wenn es gegen die guten Sitten ver- 11
stößt. Das ist der Fall, wenn sich der Veranstalter des Glücksspiels bewusst zunutze macht, dass der Spieler spielsüchtig oder auch nur entsprechend gefährdet ist. Es ist schlechterdings nicht hinzunehmen, wenn jemand seinen Gewinn und speziell auch dessen Höhe auf die Krankheit seines Vertragspartners stützt. In der Folge ergibt sich dann ein Anspruch des Spielers auf Schadensersatz wegen sittenwidriger Schädigung aus § 826 BGB.

Sowohl § 138 I BGB als auch § 826 BGB setzen freilich Vorsatz voraus, wobei be- 12
dingter Vorsatz genügt, dh es reicht aus, wenn es billigend in Kauf genommen worden ist, dass der Spieler mental den Gefahren des Glücksspiels nicht gewachsen ist. Der Vorsatz steht zur Beweislast des Spielers. Vorsätzlich gehandelt haben muss der Anbieter des Spiels, er kann freilich auch nach § 831 BGB für den Vorsatz eines Mitarbeiters einzustehen haben. Den Vorsatz nachzuweisen wird nicht leicht sein, er kann allerdings auch mit Indizien geführt werden, zB damit, dass wegen der Art des Spiels des Spielers – Intensität und namentlich Dauer – die Spielsucht schlechterdings nicht hat verborgen bleiben können. Man wird als Veranstalter

2 Zur Schuldfähigkeit s. unten § 18.

des Glücksspiels auch nicht ohne weiteres darüber hinweggehen können, wenn sich der Spieler vorab als spielsüchtig „outet“. Ungleich hilfreicher ist es für den Spieler deshalb in diesem Zusammenhang, wenn er sich sperren lässt; das schafft klare Verhältnisse.

3. Gesetzliche Verbote

13 Nichtig ist der Spielvertrag schließlich, wenn er gegen ein gesetzliches Verbot verstößt, § 134 BGB. Ein derartiges Verbotsgesetz stellt namentlich § 284 StGB dar, der die öffentliche Veranstaltung von Glücksspiel ohne behördliche Erlaubnis unter Strafe stellt. Soweit es um das Glücksspiel Minderjähriger geht, enthält der Glücksspielstaatsvertrag selbst zwar keine Verbotsnorm, obwohl die Gewährleistung des Jugendschutzes nach seinem § 1 Nr 3 zu seinen ausdrücklichen Zielen gehört, es können aber landesrechtliche Normen zu § 134 BGB führen wie zB in Hessen § 5 I Nr 1 SpielhG HE. Findet sich eine solche landesrechtliche Norm, ist der Spielvertrag des Minderjährigen auch dann nichtig, wenn ihm seine Erziehungsberechtigten das Glücksspiel durchaus gestatten sollten.

14 Ein gesetzliches Verbot enthält § 20 II 1 GlüStV für das Spiel gesperrter Spieler in Spielbanken; dem entspricht in Hessen § 5 I Nr 5 SpielhG HE für Spielhallen. Außerdem enthält die Spielverordnung detaillierte Bestimmungen für die Gestaltung der Spielhallen und namentlich die Gestaltung der dort aufgestellten Automaten. Das sind Verbotsgesetze iSd § 134 BGB für Abweichungen zu Lasten der Spieler.

4. Verantwortungsbewusstes Spiel

15 Wenn der Veranstalter des Spiels und der Spieler nach dem Gesagten geschäftlichen Kontakt miteinander haben, gilt für sie ganz generell die Bestimmung des § 241 II BGB, dass sie – insbesondere der Veranstalter des Spiels – Rücksicht auf die Interessen des jeweils anderen Teils zu nehmen haben. § 311 II BGB erweitert dieses Gebot zeitlich auf den Zeitraum, in dem es noch nicht zu einem Vertragsschluss gekommen ist, ein solcher aber bevorsteht, der Spieler also in der Absicht zu spielen zB eine Spielhalle betritt.

16 Was diese Rücksichtnahme bedeutet verdeutlicht § 6 GlüStV. Danach sind die Spieler durch ein „Sozialkonzept“ zu einem „verantwortungsbewussten Spiel“ anzuhalten. Das kann nicht nur dadurch geschehen, dass Aufklärungsmaterial ausgelegt wird, sondern wenn nach derselben Bestimmung das Personal geschult zu sein hat, wiederum § 6 GlüStV, müssen die Mitarbeiter ihr Wissen auch einsetzen, das Spiel des Publikums also auf Auffälligkeiten überprüfen, darauf ob ein pathologisches Spielverhalten sichtbar wird. Gegebenenfalls ist der Spieler darauf anzusprechen und gar der Spielstätte zu verweisen, mag es sich nun um eine Spielbank,

eine Spielhalle oder gar auch nur um eine Gastwirtschaft mit Spielautomaten[3] handeln.

17 Die Verletzung dieser Pflichten führt zu einem Schadensersatzanspruch des Spielers aus § 280 I BGB. Dabei muss er beweisen, dass sein Spiel auffällig war und zu einem Einschreiten des Personals hätte Anlass geben müssen. Außerdem obliegt ihm die Beweislast für seine Verluste als seinem Schaden. Nach § 280 I 2 BGB trifft den Anbieter des Glücksspiels die Beweislast dafür, dass ihn oder sein Personal der (für eine Haftung auf Schadensersatz erforderliche) Vorwurf eines Verschuldens nicht trifft.

III. Die Sperre des Spielers

1. Allgemeines: Schutz des Spielers durch die Sperre

18 Dass ein Spieler, wie eben dargestellt, bei Besorgnis erregendem Spiel der Spielstätte zu verweisen ist, nützt ihm dann nicht viel, wenn er spielsüchtig oder entsprechend gefährdet ist; er wird anderweitig die Gelegenheit zum Spiel suchen und finden. Den intensivsten Schutz des Spielers vor den Gefahren des Glücksspiels – und vor sich selbst(!) – bietet deshalb seine Sperre. Sie wirkt zunächst präventiv, wenn sie es denn zu verhindern vermag, dass es überhaupt zu dem für ihn gefährlichen Glücksspiel kommt, und verschafft insofern dem Spieler einen gewissen Abstand zu diesem. Auch wenn die Sperre selbst sicherlich keine therapeutische Wirkung hat, wird es doch bei einer Therapie unumgänglich sein, dass der Spieler sein Glücksspiel einstellt. Dabei ist eine Sperre hilfreich.

19 Ist es aber trotz der Sperre zu erneutem Spiel gekommen, stellt eine Sperre Schadensersatzansprüche des Spielers auf ein sicheres Fundament. Ob er geschäftsunfähig war oder nicht, kann erhebliche Beweisprobleme aufwerfen, von denen die verhängte Sperre enthebt.

2. Die beiden Arten der Sperre

20 Die Sperre des Spielers kann zwei unterschiedliche Gründe haben. Sie kann zum einen auf gesetzlicher Anordnung beruhen wie nach § 8 GlüStV. Zum anderen steht es dem Anbieter des Glücksspiels und dem einzelnem Spieler aber doch auch frei, sich vertraglich auf eine Sperre des letzteren zu einigen.

21 Dieser letztere Sperrvertrag ist ein eigentümliches Phänomen. Anderweitig wirken Sperren zu Gunsten des Sperrenden. Man denke nur an Wettbewerbsverbote für

3 Nach § 2 IV GlüStV gilt dessen § 6 auch für Gaststätten mit Geldspielgeräten.

ausscheidende Mitarbeiter, hier dagegen – wohl einmalig – zu Gunsten des Gesperrten. Die Missachtung dieser Sperre kann Schadensersatzansprüche nur gegen den Sperrenden auslösen, nicht auch solche gegen den Gesperrten. Dabei ist sie mit ihrer beiderseits verbindlichen Natur deutlich von einem bloßen Hausverbot zu unterscheiden. Der Spieler, dem – zB wegen ungebührlichen, gar störenden Verhaltens – ein Hausverbot erteilt worden ist, kann daraus seinerseits Rechte nicht herleiten, wohl aber eben aus einer Sperre, mag sie nun gesetzlich oder vertraglich begründet worden sein.[4]

22 Die Sperre des Spielers kann zwei unterschiedliche Ursprünge haben, wie sie schon § 8 II GlüStV anspricht, einschlägig insbesondere für Spielbanken. Es gibt zum einen die von dem Spieler selbst beantragte sog Eigensperre, zum anderen die gegen ihn – und gegen seinen Willen(!) – verhängte sog Fremdsperre. Dabei ist der Wert der letzteren freilich durchaus zweifelhaft. Von der Notwendigkeit und Verbindlichkeit einer Sperre wird der Spieler eher überzeugt sein, wenn er sie selbst beantragt hat. Dagegen wird er die gegen seinen Willen verhängte Sperre leicht als Schikane und damit als nach Möglichkeit zu überwinden betrachten. Außerdem und vor allem besteht die Gefahr, dass eine Fremdsperre gar nicht erst verhängt wird, wenn sich der Spieler selbst offenbar nicht an seinem Spielverhalten stört. So können sich Veranstalter und Spieler leicht zu einer unheiligen Allianz zusammenfinden.

3. Die Eigensperre

23 Zunächst ist es also denkbar, dass der Spieler selbst um seine Sperre gebeten hat. Er mag zu der Einsicht gekommen sein, dass er den Gefahren des Glücksspiels nicht gewachsen ist und sich mit diesem nur ruiniert. § 8 II GlüStV knüpft die Eigensperre an keine weiteren Voraussetzungen als eben einen entsprechenden Antrag des Spielers. Der Gesetzgeber respektiert den freien Willen des Spielers, auch wenn er tatsächlich weder spielsüchtig ist, noch auch nur durch die Gefahr der Entwicklung einer Spielsucht gefährdet sein mag.

24 Dass man sich einverständlich verbindlich sperren lassen kann, begegnet auch keinerlei Bedenken. Glücksspiel ist schließlich gefährlich, und eine verhängte, nicht indizierte Sperre richtet geringeren Schaden an als eine indizierte, aber nicht verhängte Sperre. Bedenklich sein könnte allein eine gegen den Willen des Spielers

4 Spielhallen, für die § 8 GlüStV jedenfalls nicht gilt, sind daher allenfalls bereits, ein Hausverbot zu erteilen, nicht aber auch eine Sperre. Ob diese Strategie zur Meidung einer Haftung aufgeht, ist freilich zweifelhaft und im Ergebnis zu verneinen, vgl u V 2. Eigentlich belegt schon die Bereitschaft, auf Antrag ein Hausverbot zu erteilen, ein schlechtes Gewissen.

verhängte Sperre. Freilich wird auch sie durch ihre Voraussetzungen nach § 8 II GlüStV hinreichend legitimiert.

Die von § 8 GlüStV angesprochenen Anbieter von Glücksspiel, namentlich Spielbanken, unterliegen mithin der gesetzlichen Pflicht, die vom Spieler selbst beantragte Sperre zu verhängen. 25

Damit wird es zweifelhaft, ob es unter der Geltung des Glücksspielstaatsvertrages immer noch zu jenem Abschluss eines Sperrvertrages zwischen Spielbank und Spieler kommt, wie ihn die Rechtsprechung vor dem Glücksspielstaatsvertrag angenommen hatte: Angebot des Spielers durch seinen Antrag auf eine Sperre und dessen Annahme durch die Spielbank durch deren Verhängung.[5] Der Unterschied zwischen gesetzlich gebotener und vertraglich vereinbarter Sperre wirkt sich aus, wenn die Spielbank gegen ihre Pflicht verstößt, den Spieler vom Spiel auszuschließen. Bei einer vertraglich begründeten Pflicht haftet die Spielbank nach § 280 I BGB, bei einer bloß aus dem Gesetz herzuleitenden Pflicht nach § 823 II BGB. Bei der ersteren Einstandspflicht haftet sie unbedingt für ein Verschulden ihrer Mitarbeiter, § 278 BGB, und § 280 I 2 BGB bürdet der Spielbank den Beweis auf, dass ein Verschulden nicht vorgelegen hat. Liegt demgegenüber nur eine Einstandspflicht kraft Gesetzes vor, eröffnet § 831 I 2 BGB bei einem Fehlverhalten von Mitarbeitern dem Veranstalter die Möglichkeit, sich der eigenen Einstandspflicht durch den Nachweis zu entziehen, dass der betreffende Mitarbeiter ordnungsgemäß ausgewählt und angeleitet worden sei. Außerdem liegt bei bloß gesetzlichen Ansprüchen die Beweislast für ihre Voraussetzungen in weiterem Umfang bei dem, der ihn geltend macht; § 280 I 2 BGB ist hier nicht anwendbar. Doch sollte das praktische Gewicht dieser Unterschiede nicht überschätzt werden. Vor diesem Hintergrund lässt es sich sowohl annehmen, dass der Glücksspielstaatsvertrag (durch die Regelung des § 8) den Abschluss eines eigenen Sperrvertrages entbehrlich gemacht hat, als auch (demgegenüber), dass mit dem Staatsvertrag die Rechte des Spielers keinesfalls beschnitten werden sollten, so dass er also nach wie vor mit zB der Spielbank einen Sperrvertrag abschließen kann. 26

4. Die Fremdsperre

Die von § 8 II GlüStV als Fremdsperre bezeichnete Sperre wird jedenfalls gegen den Willen des Spielers verhängt, beruht also zweifellos nicht (auch) auf einer vertraglichen Basis. § 8 II GüStV nennt ihre Voraussetzungen. 27

5 Vgl BGHZ 165, 276, 280 = NJW 2006, 362; BGHZ 174, 255 = NJW 2008, 840.

a) Spielsucht und Spielsuchtgefährdung

28 Dazu gehört es zunächst, dass der Spieler spielsüchtig – dies von der Bestimmung nicht eigens genannt – oder doch jedenfalls spielsuchtgefährdet ist.

b) Ungeordnete finanzielle Verhältnisse

29 Freilich lässt die Bestimmung auch anderes ausreichen,[6] nämlich

- eine Überschuldung, wie sie vorliegt, wenn die Passiva des Betreffenden seine Aktiva dauerhaft übersteigen: Das ist bei einer natürlichen Person zwar noch kein Eröffnungsgrund für ein Insolvenzverfahren (vgl §§ 27 und 18 InsO), doch sollte Überschuldung für den Spieler Anlass genug sein, sich nun vorrangig um die Befriedigung der Gläubiger zu bemühen, statt das diesen haftende Vermögen in seinem Bestand nun noch weiter durch Glücksspiel zu gefährden. Namentlich wäre die Spekulation eines Spielers abwegig, dass ihm Glücksspiel die Mittel für die Befriedigung der Gläubiger verschaffen könnte. Gewinne treten nur kurzfristig ein, auf die Dauer verliert der Spieler nur.
- die Nichterfüllung finanzieller Verpflichtungen: Damit wird auf das tatsächliche Verhalten des Betreffenden abgestellt. Bevor er sich dem Glücksspiel zuwendet, soll er die fälligen Ansprüche Dritter befriedigen und die Erfüllung noch nicht fälliger sicherstellen.

30 Es liegt auf der Hand, dass diese beiden Sperrgründe zu einem dauerhaften Ausschluss des Spielers vom Glücksspiel führen können und werden. Nicht wenige Glücksspieler haben Schulden angehäuft, derer sie aus eigener Kraft voraussichtlich niemals Herr werden können.

31 Sperrgrund sind nach § 8 II GlüStV schließlich auch Einsätze, die in keinem Verhältnis zu Einkommen oder Vermögen des Spielers stehen.

c) Die Erkenntnisquellen

32 Subjektiv setzt eine Fremdsperre voraus, dass der Anbieter des Glücksspiels – bzw sein Personal – weiß oder annehmen muss, dass einer der genannten Sperrgründe vorliegt. § 8 II GlüStV nennt auch eigens die Erkenntnisquellen. Dies sind

- Meldungen Dritter. Ihr Kreis ist nicht begrenzt. Namentlich kommen Angehörige in Betracht, die sich um den Spieler und sein Spielverhalten Sorgen machen oder von dessen Folgen selbst betroffen sind, weil ihnen zB Unterhaltsansprüche zustehen, die wegen der Verluste des Spielers unerfüllt bleiben, ferner

6 Das Genannte wird regelmäßig mit einer Spielsucht einhergehen.

Freunde und Verwandte, die „angepumpt“ werden, sowie Geschäftspartner, insoweit namentlich auch Arbeitgeber, die vielleicht bereits die Veruntreuung von Geldern haben erleben müssen.

- Wahrnehmungen des Personals, wie es nach § 6 S 2 GlüStV geschult zu sein hat, also einen kritischen Blick für pathologisches Glücksspiel besitzen muss. Wo der Verdacht auf ein pathologisches Spielverhalten naheliegt, muss das Personal dem auch nachgehen und zB bei dem Spieler Nachfrage halten, damit er diesen Verdacht ggf ausräumen kann. Natürlich braucht er seine Vermögensverhältnisse nicht zu offenbaren; doch legt die verweigerte Auskunft dringend nahe, dass diese nicht hinreichend geordnet sind.
- sonstige tatsächliche Anhaltspunkte: Insoweit kann und wird es namentlich von Bedeutung sein, dass eine Sperre des Spielers bestanden hat, aber mittlerweile abgelaufen ist. Wenn sie nicht mehr als ein Jahr zu betragen braucht, § 8 III GlüStV, spricht eigentlich alles dagegen, dass sich die pathologische Einstellung des Spielers zum Glücksspiel gewandelt hat. Das bedürfte jedenfalls der positiven Feststellung; schon die Tatsache, dass der Spieler jetzt wieder am Spiel teilnehmen will, muss Verdacht erwecken, dass Spielsucht bei ihm fortbesteht. Und was ungeordnete finanzielle Verhältnisse betrifft, auf die § 8 II GlüStV ja ebenfalls abstellt, wird der Spieler kaum jemals gesicherte ordentliche Verhältnisse herstellen können. Dazu wird ihm meist nicht einmal ein Insolvenzverfahren mit Restschuldbefreiung verhelfen, denn von dieser bleiben Verbindlichkeiten aus vorsätzlicher unerlaubter Handlung ausgenommen – der Spieler mag sich das Geld für seine Einsätze zum Spiel durch Betrug, Untreue, Diebstahl oder Unterschlagung beschafft haben.

d) Verfahren

Eine vom Spieler selbst beantragte Sperre ist umgehend und ohne weitere Ermittlungen zu verhängen. Wenn sein Sperrantrag vorliegt, ist nichts zu ermitteln, und Verzögerungen könnten Unheil anrichten. Bei einer gegen den Willen des Spielers zu verhängenden Fremdsperre ist es zunächst selbstverständlich, dass dieser anzuhören ist, rechtliches Gehör genießen muss; er könnte schließlich zum Opfer von Missgunst geworden sein. Und wo Zweifel bestehen, wird der Spieler selbst am besten zur Aufklärung beitragen können. 33

Was das Ergebnis der Ermittlungen der zur Sperre verpflichteten Stelle betrifft, braucht diese nicht zu der vollen Überzeugung zu kommen, dass die Voraussetzungen des § 8 II GlüStV vorliegen. Nach der Fassung der Bestimmung genügt vielmehr ein „annehmen müssen“, so dass letzte verbleibende Zweifel der Verhängung der Sperre nicht im Wege stehen, vielmehr ist es bei einem solchen Beweismaß pflichtwidrig und damit haftungsbegründend, eine Sperre nicht zu verhängen. 34

e) Die Sperrdatei

35 Nach § 23 GlüStV wird eine bundesweite, vom Land Hessen geführte Sperrdatei eingerichtet, in die die persönlichen Daten des gesperrten Spielers eingetragen werden, damit die von einer Stelle ausgesprochene Sperre auch bundesweit beachtet werden kann. Namentlich bei Spielbanken hat sich nach § 20 II GlüStV jeder Spieler mit seinem Ausweis auszuweisen, damit er ggf zurückgewiesen werden kann.

f) Dauer der Sperre

36 Zur Dauer der Sperre verhalten sich in § 8 GlüStV die Absätze 3 und 5. Nach Abs 3 beträgt sie mindestens ein Jahr, nach Abs 5 darf sie auch frühestens nach einem Jahr – und auf entsprechenden Antrag des Spielers – wieder aufgehoben werden.

37 Das ist freilich missverständlich. Denn es wurde bereits darauf hingewiesen, dass nach § 8 II GlüStV insbesondere der Umstand, dass der Spieler einmal gesperrt gewesen ist, ein tatsächlicher Anhaltspunkt dafür sein kann (und wird), dass er jetzt wieder zu sperren ist bzw seine noch bestehende Sperre gar nicht erst aufgehoben werden darf. Es bedarf überzeugender Belege, dass sich seine Einstellung zum Glücksspiel nachhaltig geändert hat[7] – diese sind in aller Regel nicht ersichtlich. Und wenn § 8 II aE GlüStV auf den finanziellen Status des Spielers abstellt, wird sich auch dort kaum etwas hinreichend nachhaltig geändert haben können.

5. Die Haftung der Spielbank

a) Verletzung der Sperre

38 Die Spielbank – dh ihr Inhaber – haftet dem gesperrten Spieler auf Schadensersatz, wenn sie ihn trotz der Sperre zum Spiel zulässt.

39 a) Anspruchsgrundlage ist jedenfalls § 823 II BGB. Das nach dieser Bestimmung erforderliche Schutzgesetz ist in § 8 II GlüStV zu sehen; die Bestimmung dient dem Schutz der Spieler. Die zum Schadensersatz führende Handlung ist die Zulassung des Spielers zum Spiel trotz bestehender Sperre.

40 b) Es wird zur Begründung der Haftung Verschulden vorausgesetzt, § 823 II BGB. Dieses ist ohne weiteres in der Zulassung des Spielers zum Spiel trotz bestehender Sperre zu sehen.

41 Jene Spielbank, die die Sperre auf Antrag des Spielers verhängt hat, ist ihm nach den angestellten Überlegungen auch vertraglich zum Schadensersatz verpflichtet, § 280 I BGB.

42 Zuweilen wird der Spieler versuchen, sich durch Täuschung über seine Identität Zugang zum Spiel zu verschaffen. Wenn es denn Aufgabe der Spielbank ist, den

7 Vgl BGH NJW 2012, 48.

Spieler vor sich selbst zu schützen, kann dies nicht etwa nach § 254 I BGB als ein Mitverschulden des Spielers relevant sein, das seinen Schadensersatzanspruch mindert oder gar ausschließt. Ausnahmsweise ist es freilich denkbar, dass die Täuschung des Spielers so perfekt ist, dass sie nicht durchschaut werden konnte. Dann ist sein Anspruch überhaupt ausgeschlossen, weil es an seiner Voraussetzung eines Verschuldens der Spielbank bzw ihrer Mitarbeiter fehlt.

b) Haftung der Mitarbeiter, Ansprüche Dritter?

aa) Mitarbeiter der Spielbank

Haftpflichtig ist jedenfalls der Inhaber der Spielbank, der freilich selten selbst aktiv 43 werden wird. Die Beachtung und Durchsetzung der Sperre ist vielmehr Aufgabe seiner Mitarbeiter vor Ort. Das führt zu der Frage, ob auch diese ggf auf Schadensersatz in Anspruch genommen werden können. Auch sie zu verklagen, wird zwar regelmäßig aus wirtschaftlicher Sicht nicht interessant sein, weil von der Leistungsfähigkeit der Spielbank ausgegangen werden kann. Doch schließt eine Klage auch gegen sie die Möglichkeit aus, sie als Zeugen zu vernehmen (und überhaupt schon zu benennen).

Man wird ihre Haftung durchaus annehmen können.[8] Die aus § 8 II GlüStV fol- 44 genden Pflichten sind keine höchstpersönlichen Pflichten. Vielmehr ist es gerade die Aufgabe der Mitarbeiter einer Spielbank, pathologisches Glücksspiel zu verhindern. Und dass sie selbst ein persönliches Haftungsrisiko eingehen, wird sie vielleicht dazu veranlassen, diese Aufgabe ernst zu nehmen.

bb) Geschädigte Dritte

Dass § 8 II GlüStV auch die mögliche Schädigung Dritter als Anlass für eine Sperre 45 genügen lässt, führt zu der weiteren Frage, ob auch diese in den Schutzbereich der Norm einbezogen sind.[9] Dafür spricht freilich zunächst schon ihre Nennung in der Vorschrift. Diese belegt, dass die Verfasser des Staatsvertrages die Möglichkeit ihrer Schädigung und die Notwendigkeit ihres Schutzes durchaus bedacht haben. Es würde diesen Schutz verkürzen, wenn sie nicht selbst gegen die Spielbank vorgehen könnten, sondern darauf angewiesen wären, dass der Spieler selbst aktiv wird. Das werden Spieler nämlich erfahrungsgemäß regelmäßig nicht, wobei man über die Gründe nur spekulieren kann. Und Opfer seiner Apathie dürfen geschädigte Dritte nicht werden. Ihren legitimen Interessen kann es nicht genügen, auf die Abtretung seiner Ansprüche[10] oder sonst auf seinen guten Willen angewiesen zu sein. Auch

8 Gerichtlich geklärt ist das freilich bislang noch nicht.
9 Auch das ist bisher gerichtlich noch nicht geklärt.
10 Wie sie zudem auch schon anderweitig abgetreten sein können.

jener Anspruch auf Abtretung der Ansprüche des Spielers, der im Innenverhältnis sicher bestehen wird, müsste erst einmal durchgesetzt werden.

46 Anspruchsberechtigt sind also auch jene Gläubiger des Spielers, deren Ansprüche unerfüllt bleiben, weil der Spieler die ihm zur Verfügung stehenden Mittel verspielt hat. In Betracht kommen insbesondere der Arbeitgeber des Spielers, bei dem dieser in die Kasse gegriffen hat, oder die Behörde, die Vorschuss für den Unterhalt seiner Kinder geleistet hat.

c) Der zu ersetzende Schaden

47 Der Umfang der Haftung folgt aus § 249 I BGB: Der Spieler ist so zu stellen, wie wenn er nicht zum Spiel zugelassen worden wäre. Zu ersetzen sind ihm also zunächst seine Verluste;[11] er muss sie beweisen. Freilich kann er sich dabei uU auch – bei Spiel an Automaten – auf Aufzeichnungen der Spielbank stützen, sofern denn sein Spiel dort aufgezeichnet worden ist. Allerdings kann sein Schadensersatzanspruch auch weiter reichen, nämlich Folgeschäden erfassen. Es ist zB denkbar, dass es seine Spielverluste dem Spieler unmöglich machen, seine Miete zu zahlen, und in der Folge sein Vermieter kündigen kann und kündigt. Es ist noch nicht geklärt, inwieweit es dabei nach § 254 I BGB den Anspruch mindernd berücksichtigt werden kann, dass es der Spieler zu Mietrückständen hat kommen lassen.

d) Unterlassene Sperre

48 Eine Spielbank haftet auf Schadensersatz aber auch dann, wenn sie es unterlassen hat, eine nach § 8 II GlüStV gebotene Sperre zu verhängen. Zwischen ihr und dem Spieler als ihrem Kunden besteht ein vorvertragliches Vertrauensverhältnis nach § 311 II BGB, das zu ihrer Haftung nach den §§ 280 I, 241 II BGB führt. Und auch schon die Sperre als solche gehört zu dem, was ihm die Spielbank nach § 8 II GlüStV schuldet, so dass sie also auch nach § 823 II BGB haftet.

49 Es verschiebt und erweitert sich dann der zu ersetzende Schaden, wenn es denn nicht mehr nur um die Verluste geht, die der Spieler bei dieser Spielbank erleidet, sondern zusätzlich um seine Verluste bei anderen Spielbanken, die seine (unterbliebene) Eintragung in die Sperrdatei des § 23 GlüStV verhindert hätte. Im ureigenen Interesse muss also jeder Spielbank daran gelegen sein, ihren Pflichten aus § 8 II GlüStV nachzukommen.

---

11 Als die Differenz zwischen Einsätzen und Verlusten.

6. Die zur Sperre Verpflichteten

§ 8 II GlüStV zählt abschließend jene Glücksspielanbieter auf, die der von der Bestimmung statuierten Sperrpflicht unterliegen. Das sind primär die Spielbanken; hinzu kommen die Anbieter von Sportwetten und Lotterien mit besonderem Gefährdungspotential, also letztlich jene, die überregional angeboten werden. 50

Nicht erfasst werden Spielhallen, obwohl sie doch offenbar das höchste Gefährdungspotential haben.[12] Doch schließt § 3 III GlüStV die Anwendbarkeit des § 8 GlüStV auf Spielhallen ausdrücklich aus, womit dann auch eine entsprechende Anwendung des § 8 GlüStV unterbleiben muss und in der Konsequenz jedenfalls auch eine Eintragung pathologischer Spieler in Spielhallen in die Sperrdatei des § 23 GlüStV nicht erfolgen kann. 51

7. Sperre von Spielern in Spielhallen

Spielbanken haben ein hohes Suchtpotential. Das eben dargestellte Sperrsystem namentlich von Spielbanken ist jedenfalls lückenlos angelegt, auch wenn Vollzugsmängel nicht zu leugnen sind: Die Einsicht in seine Sucht oder Suchtgefährdung und damit in die Notwendigkeit eines eigenen Sperrantrages wird vielen Spielern schwerfallen, und vor der dann allfälligen Fremdsperre wird so manche Spielbank zurückscheuen, droht damit doch der Verlust eines der besten Kunden. 52

Das Gefährdungspotential der Spielhallen ist aber auch als besonders hoch einzuschätzen. Darauf hat das Bundesverfassungsgericht bereits 2006 mahnend hingewiesen, als es die Abwehr und Vermeidung von Suchtgefahren als ein überragend wichtiges Gemeinwohlziel bezeichnet hat.[13] Tatsächlich weist die deutliche Mehrzahl der Spieler, die wegen ihres Spiels professionelle Hilfe in Anspruch nehmen, auf ihr Spiel in einer Spielhalle hin. Und wenn das einzelne Spiel dort auch unvergleichlich „billiger“ ist als das in einer Spielbank, summieren sich doch die dort verursachten Verluste in einer existenzgefährdenden Weise, wenn das Spiel stunden-, ja tagelang fortgesetzt wird, wie dies bei den dortigen Spielern durchaus üblich ist, sofern sie denn nur in den Besitz von baren Geld gelangt sind. Und sie sind oft arbeitslos oder sonst sozial benachteiligt. Gleichwohl haben es die Väter des Glücksspielstaatsvertrages nicht für notwendig gehalten, das Sperrsystem von dessen §§ 8, 23 auch für Spielhallen zugänglich zu machen. 53

Nun steht es allerdings jedem Spielhallenbetreiber unstreitig frei, für „seine“ Spielhallen einen Sperrvertrag mit dem Spieler zu schließen, wie das früher ja auch bei den Spielbanken üblich war. Dabei ergeben sich freilich ein praktisches und ein 54

12 Zu ihnen aber sogleich.

13 BVerfGE 115, 276, 306.

rechtliches Problem. Das praktische besteht darin, dass jeder Spielhallenbetreiber einen Sperrvertrag immer nur für die eigenen Spielhallen abschließen kann. Will der Spieler einen umfassenden Schutz erreichen, muss er also eine Mehrzahl von Betreibern kontaktieren. Vorgelagert ist freilich das rechtliche Problem, ob ein Spielhallenbetreiber überhaupt verpflichtet ist, auf den Wunsch des Spielers nach einer Sperre einzugehen. Der Betreiber wird – wenn überhaupt – vielleicht nur zu einem Hausverbot bereits sein, das ihn zu nichts verpflichtet, und dieses auch nur für eine Filiale. Immerhin geben die eben Einschätzungen des Bundesverfassungsgerichts Anlass genug, die vorhandenen Normen soweit wie möglich im Sinne eines effektiven Spielerschutzes auszulegen.

a) Hessen

55 Das Land Hessen hat allerdings in seinem Spielhallengesetz ausdrücklich eine Sperrpflicht für die dortigen Spielhallen normiert und für ihren Bereich eine § 23 GlüStV entsprechende Sperrdatei eingerichtet. Das entspricht auch in den Details der Rechtslage für Spielbanken, so dass hier für die Einzelheiten nach oben verwiesen werden kann.

Für die anderen Bundesländer fehlt es an einem entsprechenden Regelwerk.

b) Die Rechtslage in den anderen Bundesländern

aa) Die Aussagen des Glücksspielstaatsvertrages

56 Auf den ersten Blick scheint es dort für die Inhaber von Spielhallen eine Sperrpflicht nicht zu geben, wenn § 2 III GlüStV unter den für sie geltenden Bestimmungen § 8 GlüStV eben gerade nicht aufführt. Aber das kann auch nur der erste Blick sein, denn gelten soll jedenfalls § 6 GlüStV, wie er[14] die Inhaber von Spielhallen verpflichtet, ein „Sozialkonzept“ vorzuhalten, mit dem die Spieler zu „verantwortungsbewusstem Spiel anzuhalten“ sind, wie es in Satz 1 derselben Bestimmung heißt. Fragt man sich nun, wie denn das verantwortungsvolle Spiel eines süchtigen oder auch nur entsprechend gefährdeten Spielers gestaltet ist, kann die Antwort nur lauten, dass er gar nicht spielt, also vom Spiel auszuschließen, mithin zu sperren ist. Ein Sozialkonzept“, das diese Bezeichnung auch verdient, muss mithin als letzte Konsequenz die Sperre eines Spielers vorsehen.

57 Gleiches gilt übrigens auch für jene Verhaltensweisen des Spielers, die § 8 II GlüStV als konkrete Anlässe für eine Sperre benennt. Wer überschuldet ist, seinen Verpflichtungen nicht nachkommt oder Einsätze riskiert, die in keinem Verhältnis zu seinem Einkommen oder Vermögen stehen, hat nicht nur in einer Spielbank,

14 Außerdem auch Gaststätten, die Geldspielgeräte vorhalten.

sondern auch in einer Spielhalle nichts zu suchen. Er möge vielmehr zunächst einmal seine finanziellen Verhältnisse regeln. Es mahnen namentlich jene Unterhaltsberechtigten, die wegen der Spielhallenbesuche des Spielers mit ihren Ansprüchen leer ausgehen.

In einer Spielbank ist nach § 8 II GlüStV gerade auch jener Spieler zu sperren, der dies selbst beantragt, und dies ohne alle weiteren einschränkenden Voraussetzungen. Wenn dahinter der Gedanke steht, das er seine Gefährdung durch Glücksspiel selbst schon am besten wird abschätzen können, ist das außer in Spielbanken auch in Spielhallen eine Überlegung, die eine Sperre hinreichend zu rechtfertigen vermag. 58

Mithin ergibt sich eine Sperrpflicht der Betreiber von Spielhallen zwar nicht aus § 8 II GlüStV, wohl aber aus § 6 GlüStV, dies als letzte Konsequenz des von jedem(!) Anbieter von Glücksspiel vorzuhaltenden Sozialkonzepts. 59

bb) Die Aussagen des BGB

Es wurde bereits eingangs darauf hingewiesen, dass Glücksspiel auf Grund eines Vertrages zwischen den Beteiligten stattfindet, wie er dem Zivilrecht zuzuordnen ist. Das Zivilrecht kennt nun die sog Verkehrssicherungspflichten: Wer eine Gefahrenquelle eröffnet, hat die zumutbaren Maßnahmen zu ergreifen, diese Gefahren einzudämmen; um eine Baugrube herum gehört ein Bauzaun, Alkohol darf an Minderjährige nicht abgegeben werden. In dem vorliegenden Zusammenhang ist es geeignet und zumutbar, gefährdete Spieler zu sperren, um die diesen drohenden Gefahren abzuwenden. Eine Spielhalle ist eine Quelle intensiver Gefahren besonderer Art. 60

An der Eignung einer Sperre zum Spielerschutz fehlt es auch dann nicht, wenn es – außerhalb von Hessen – eine umfassende Sperrdatei nicht gibt, der Spieler also nur in den Spielhallen dieses Anbieters gesperrt wird und er auf andere Spielhallen ausweichen könnte. Das ist jedenfalls ein partieller Schutz, und der Spieler, dem an seiner umfassenden Sperre gelegen ist, kann eine solche eben auch noch bei den anderen erreichbaren Anbietern beantragen. 61

Eine Sperre des Spielers ist dem Spielhallenbetreiber auch zumutbar. Zwar setzt sie einen gewissen Aufwand voraus, wenn er denn eine eigene Sperrdatei mit den Erkennungsmerkmalen der gesperrten Spieler unterhalten muss, aber die Alternative wäre unerträglich, dass er das Spiel gefährdeter Spieler in seinen Spielhallen billigend in Kauf nimmt. Namentlich braucht er auch nicht zu befürchten. dass er den Datenschutz der Spieler mit einer Sperrdatei gefährdet. Es ist legitim, jene Daten zu speichern, die ihm der Spieler selbst anvertraut hat, damit er vom Spiel ausgeschlossen werden kann. Aber auch die Sammlung und Speicherung jener Daten ist legitim, die sich bei der Beobachtung des Spiels des Spielers ergeben. Nach § 6 S 2 GlüStV hat das Personal der Spielhalle im Rahmen des Sozialkonzepts der Spielhalle geschult zu sein. Das ergibt nur dann Sinn, wenn die Beobachtungen des Personals auch (gesammelt und) ausgewertet werden können. Gleiches gilt für die in § 8 II GlüStV angesprochenen Meldungen Dritter. Konsequenzen aus diesen setzen 62 nur Gehör für den Spieler voraus. Es geht um den Schutz der Spieler, und insofern darf sich der Betreiber einer Spielhalle nicht vorsätzlich unwissend stellen. Dass dieser Spieler Schutz durch eine Sperre benötigt, darf er schlechterdings nicht ignorieren, sondern muss er im Gegenteil in Erfahrung zu bringen suchen.

63 Der Betreiber einer Spielhalle will mit seinen Kunden Spielverträge abschließen. Das erlegt ihm die Pflichten der §§ 311 II, 241 II BGB auf, auf ihre Interessen Rücksicht zu nehmen. Gegebenenfalls kann diese Rücksichtnahme darin bestehen, dass dem Kunden der von diesem begehrte Abschluss von Spielverträgen versagt wird. Dass der Ladenbesitzer alkoholische Getränke an Minderjährige nicht verkaufen darf, folgt nicht nur aus dem öffentlichen Recht, sondern ebenso zivilrechtlich aus den §§ 311 II, 241 II BGB mit ihrem Postulat der Rücksichtnahme auf die Interessen des anderen Teils. Für die Gewährung der Möglichkeit zum Glücksspiel an Automaten gilt nichts anderes, sofern derjenige, der darum nachsucht, spielsüchtig oder entsprechend gefährdet ist oder die sonstigen Voraussetzungen des § 8 II GlüStV erfüllt.

64 Es geht um den Schutz, den die zivilrechtlichen Normen der §§ 311 II, 241 II BGB für den pathologischen Spieler bieten. Dass die Länder deren Niveau mit ihrem Glücksspielstaatsvertrag absenken wollten, ist nicht ersichtlich, so dass die Frage dahinstehen mag, ob Art 74 I Nr 11 GG ihnen dies überhaupt gestatten würde. Sie dürfte freilich zu verneinen sein.

cc) Ausgestaltung der Haftung

65 Für die Ausgestaltung der Haftung des Betreibers einer Spielhalle gilt dann nichts anderes als bei den Spielbanken. Darauf kann Bezug genommen werden. Als Anspruchsgrundlage für Schadensersatzansprüche scheidet freilich – außer in Hessen – § 823 II BGB aus, weil es an einem einschlägigen Schutzgesetz fehlt. Die Sperre der Spieler beruht vielmehr auf einem mit dem Veranstalter des Glücksspiels abgeschlossenen Sperrvertrag, so dass Anspruchsgrundlage die §§ 241 II, 280 I BGB sind. Haftet der Betreiber einer Spielhalle, weil eine Sperre pflichtwidrig unterlassen worden ist, sind diese Bestimmungen um § 311 II BGB zu ergänzen.

66 Wenn aber die Haftung – außerhalb von Hessen – auf einem Vertrag des Spielers mit dem Anbieter des Glücksspiels beruht, hat dieser zwar für alle von ihm betriebenen Spielhallen einzustehen, nicht aber auch für jene anderer Anbieter. Das hat zur Konsequenz, dass sich der Spieler, der einen umfassenderen Schutz anstrebt, auch bei diesen um eine Sperre bemühen muss. Letztlich wäre es im Interesse beider Seiten, wenn es nach dem Vorbild von Hessen auch bei den Spielhallen zu einer umfassenden, übergreifenden Sperrdatei kommen würde. Die Seite der Anbieter könnte damit von einem zwar zumutbaren, aber doch nicht unerheblichen Verwaltungsaufwand entlastet werden.

8. Andere Anbieter von Glücksspiel

Die eben zu den Spielhallen angestellten Überlegungen gelten entsprechend, wo Glücksspiel anderweitig angeboten wird, zB im Internet. Dabei kommt es nicht auf die oft zweifelhafte Frage an, ob dieses Angebot legal ist oder nicht. Sollte es legal sein, kann sich der Anbieter ohnehin nicht seinen Schutzpflichten gegenüber den Spielern entziehen. Sollte es nicht legal sein, kann das seine Schutzpflichten gegenüber den Spielern aber schwerlich reduzieren. Der illegale Anbieter muss erst recht zu einer Sperre gefährdeter Spieler bereit sein. Vorbildlich verhalten sich die Finanzämter, die auch von illegalen Anbietern von Glücksspiel Steuern einziehen, denn auch vor der Steuerpflicht schützt Illegalität nicht. 67

Anbieter von Glücksspiel im Internet sind terrestrisch nicht gebunden, sondern können ohne weiteres vom Ausland aus tätig werden. Das ist sogar häufig der Fall, wenn zB Malta oder Gibraltar als Standort für das Glücksspielunternehmen gewählt werden. Sofern (auch) Glücksspieler als Verbraucher einzustufen sind, kann damit wegen Art 6 Rom I-VO das Schutzniveau des deutschen Rechts freilich nicht unterboten werden. 68

Peter Mailänder

§ 16 Glücksspiel im Kartellrecht

Übersicht

Peter Mailänder

https://doi.org/10.1515/9783110259216-016

I. Einführung

1 Die Aufgabenstellung des Kartellrechts lautet, den Wettbewerb, in dem Angebot und Nachfrage stimuliert und balanciert werden, vor Wettbewerbsbeschränkungen zu schützen. Passt dieses Wettbewerbsverständnis auch für die Glückspielbranche? Sollen staatliche Lotteriegesellschaften bei der Veranstaltung von Glückspielen und der (attraktiven) Bepreisung/Ausrichtung ihrer Spielangebote um die Gunst der Spielkunden konkurrieren? Die Auffassung von BKartA (und ebenso der Monopolkommission) hierzu lautet: Mehr Wettbewerb im staatlichen Lotto. Wie aber soll das funktionieren, wenn die staatlichen Landeslotteriegesellschaften als mit der Veranstaltung von Glücksspielen betraute Unternehmen zuvorderst das ordnungsrechtliche Regulierungsanliegen des deutschen Glücksspielgesetzgebers beobachten müssen? Die Veranstaltung von Glückspielen unterliegt der Gefahrenabwehr. Es sollen übermäßige Spielanreize vermieden und die Spielsuchtgefahr begrenzt werden. Die für die Gefahrenabwehr zuständigen Bundesländer haben entschieden, für das „Glücksspiel" ein ordnungsrechtliches Konstrukt zu schaffen. Dessen Veranstaltung ist exklusiv den unter Einhaltung staatlicher Vorgaben eingerichteten Landeslotteriegesellschaften nach einem strikten und strafbewehrten Zulassungsregime aufgegeben. Die Zielvorgabe lautet, ein hinlänglich attraktives sowie vertrieblich wahrgenommenes Glücksspielangebot zu konzipieren und zugleich aber das Glücksspielangebot so begrenzen,

- dass der natürliche Spielbetrieb in geordnete und überwachte Bahnen gelenkt,
- dass ein Ausweichen auf nicht erlaubte Glücksspiele verhindert wird und
- dass mit der Veranstaltung insbesondere keine Suchtgefahren oder sonstigen Risiken geschaffen werden.

2 Die für alle in der Glückspielbranche tätigen Unternehmen (also den Veranstaltern, Durchführern und Vermittlern von Glückspielen) geltenden und einzuhaltenden ordnungsrechtlichen Ziele sind als eine Art Manifest in § 1 des Staatsvertrags zum Glücksspielwesen in Deutschland, (*GlüStV*), zuletzt in der Fassung des am 1.7.2012 in Kraft getretenen *„Ersten Staatsvertrags zur Änderung des Staatsvertrags zum Glücksspielwesen in Deutschland"* (*GlüÄndStV*)) niedergelegt.[1] Die Einhaltung, Strenge und Rechtmäßigkeit wird von Interessensgruppen und Gegnern des staatlichen Modells mit voller Wucht angegriffen, auch mit dem Argument, das Ordnungsrecht diene nur als Fassade zur Abwehr eines für die Länderfinanzen schädlichen Wettbewerbs, der längst global vernetzt und national gar nicht beherrschbar sei. Steckt hinter der ordnungsrechtlichen Fassade ein Potemkin'sches Glücksspiel-Dorf, das wettbe-

1 Der GlüÄndStV soll bis (mindestens) 30. Juni 2021 gelten, vgl § 35 Abs 2 GlüÄndStV.

werblich wehrlos und deshalb schützenswert ist, oder schafft das Ordnungsrecht gerade die regulative Struktur, damit Glücksspiel überhaupt verantwortungsvoll funktionieren kann? Unabhängig von jedwedem Interesse, die Ausgangspunkte zwischen dem auf den Abbau wettbewerblicher Hemmnisse ausgerichteten Kartellrecht (*Wirksamer Wettbewerb*) und dem ordnungsrechtlichen Ansatz des landesgesetzlichen Glücksspielrechts (*Konsequente Regulierung*) liegen denkbar weit auseinander:

- Das **Kartellrecht** will Wettbewerbsbeschränkungen verhindern und den Wettbewerb zwischen Unternehmen ordnen. Durch den Abbau von Beschränkungen sollen die Kräfte des Wettbewerbs gestärkt werden und ein lebendiger Wettbewerb soll zu bestmöglichen Marktergebnissen führen. Bestmögliche Marktergebnisse aus Sicht der Spieler wären eine Vielzahl möglichst attraktiver Glücksspielangebote.
- Das **Glücksspielrecht** will das Spielverhalten ordnen und überwacht lenken, um ein Ausweichen auf verbotene Glücksspiele zu verhindern. Die Regelungen im GlüStV und in den Glücksspielgesetzen der deutschen Länder bezwecken eine konsequente und aktive Ausrichtung des zulässigen Glücksspielangebots am Ziel der Begrenzung der Spiel- und Wettleidenschaft sowie der Bekämpfung der Spiel- und Wettsucht. Erforderlichenfalls müssen dafür wettbewerbliche Chancen ausgelassen und zulasten der Attraktivität des Spielangebots gehandelt werden.

Das offenkundige Dilemma, dass die Glücksspielgesetzgeber ordnungsrechtlich das Gegenteil dessen anstreben, was der Bundesgesetzgeber kartellrechtlich bezweckt, definiert eine Kernfrage dieses Beitrags: Kann ein von ordnungsrechtlichen Anliegen geprägtes Glücksspielangebot – veranstaltet von staatlichen Lotteriegesellschaften – im Binnenverhältnis solcher Veranstalter überhaupt wettbewerbsbeschränkend sein? 3

II. Grundlagen im Kartellrecht

Bevor die Besonderheiten des Glücksspielbereichs beleuchtet werden, sind in der gebotenen Vereinfachung wesentliche Grundprinzipien des Kartellrechts vorab zu erörtern. 4

1. Rechtsquellen im Kartellrecht

Das Kartellrecht ist sowohl im europäischen (Art 101–106 AEUV, nebst den dazu ergangenen Verordnungen) als auch im deutschen Recht (*Gesetz gegen Wettbewerbsbeschränkungen, GWB*) kodifiziert. Die im Europäischen Gemeinschaftsrecht 5 verankerten Kartellvorschriften (*EU-Kartellrecht*) entfalten in jedem EU-Mitgliedstaat **unmittelbare Wirkung** für und gegen jedes Unternehmen. Für den **sachlichen Geltungsbereich** der Art 101ff AEUV ist anerkannt, dass grundsätzlich alle Wirtschaftsbereiche erfasst sind. Der **räumliche Geltungsbereich** des EU-Kartellrechts wird nach dem Auswirkungsprinzip definiert.[2]

6 Das EU-Kartellrecht und das GWB verfolgen das gemeinsame Ziel, den Wettbewerb dort, wo er Garant für Leistungsfähigkeit und allgemeine Wohlstandsförderung ist, vor Beschränkungen zu bewahren und strukturell zu sichern.[3] Die kartellrechtlichen Vorschriften sollen die Entstehung und den Missbrauch von Marktmacht sowie die Koordination und Begrenzung des Wettbewerbsverhaltens unabhängiger Marktteilnehmer kontrollieren und bekämpfen. Gegenstand des Kartellrechts ist insbesondere

- das Verbot bzw die Überprüfung von Kartellen, also von Vereinbarungen und abgestimmten Verhaltensweisen, die den Wettbewerb beschränken oder dies bezwecken (Art 101 AEUV bzw § 1 GWB);
- das Verbot des Missbrauchs einer marktbeherrschenden Stellung (Art 102 AEUV bzw §§ 19ff GWB);
- die Kontrolle von Unternehmenszusammenschlüssen (Europäische Zusammenschlusskontrolle (FKVO) bzw §§ 35ff GWB);
- die restriktive Freistellung von kartellrechtlichen Vorgaben (Art 106 Abs 2 AEUV bzw § 1 Abs 3 und § 45 GWB).

2. Durchsetzung des Kartellrechts

7 Auf **europäischer Ebene** übt die Europäische Kommission und dort primär der für den Sektor Wettbewerb zuständige Kommissar mit Unterstützung der Generaldirektion IV die Kartellaufsicht aus. Die Entscheidungen der Kommission unterliegen der Kontrolle der europäischen Gerichtsbarkeit (Gericht 1. Instanz [EuG] und EuGH).

8 Auf **nationaler Ebene** sind Kartellbehörden nach § 48 GWB das Bundeskartellamt, das Bundesministerium für Wirtschaft und Technologie und die nach Landesrecht zuständigen obersten Landesbehörden. Das Bundeskartellamt ist zuständig, wenn die kartellrechtsrelevante Wirkung einer Maßnahme über das Gebiet eines Bundeslandes hinausreicht. In der Praxis liegt der Vollzug des Kartellrechts ganz überwiegend beim Bundeskartellamt mit Sitz in Bonn (§ 51 GWB). Nationale Kartell-

2 Das EU-Kartellrecht ist daher auf Unternehmen unabhängig davon anwendbar, wo sie ihren Sitz haben; erfasst werden folglich auch Wettbewerbshandlungen außerhalb der EU, soweit diese Handlungen Wirkungen innerhalb der EU haben.

3 So ausdrücklich für den Regulierungszweck des GWB: Bechtold, GWB, 8. Aufl 2015, Einf. Rz 49ff.

verwaltungsverfahren können vor den Kartellsenaten des Oberlandesgerichts Düsseldorf als Beschwerdeinstanz überprüft werden.

3. Verhältnis des Europäischen Kartellrechts zum nationalen Recht

Die Regeln aus dem europäischen und deutschen Kartellrecht sind grundsätzlich 9
nebeneinander anzuwenden.[4] Im Konfliktfall ist das Gemeinschaftsrecht gegenüber dem nationalen Recht vorrangig.[5] Deshalb dürfen nationale Kartellvorschriften und ihr Vollzug die einheitliche Anwendung des EG-Kartellrechts nicht beeinträchtigen. Die Normenhierarchie kommt allerdings nur dann zum Tragen, wenn die kartellrechtlich erfasste Maßnahme geeignet ist, den zwischenstaatlichen Handel zu beeinträchtigen (sog. *Zwischenstaatsklausel*). Die **Zwischenstaatsklausel** wird vom EuGH und der EU-Kommission sehr weit ausgelegt. In der Praxis fallen nahezu alle wettbewerbsbeschränkenden Verhaltensweisen von einigem Gewicht in den Anwendungsbereich des EU-Kartellrechts. Der Handel zwischen Mitgliedstaaten kann sogar dann beeinträchtigt werden, wenn der relevante Markt nur das gesamte Gebiet eines einzigen Mitgliedstaates betrifft und eine Wettbewerbsbeschränkung eine Marktaufteilung entlang nationaler Grenzen verfestigt.[6]

III. Vorrang des Kartellrechts im Glücksspielwesen oder „Lex specialis"?

Für das Normenverhältnis innerhalb der EU, des Bundes und der Bundesländer gilt 10
grob vereinfacht folgende Hierarchie: Das Gemeinschaftsrecht verdrängt nationales Recht und Bundesrecht bricht Landesrecht (Art 31 GG). In dieser Reihenfolge sollen die für den Glücksspielbereich einschlägigen Vorschriften untersucht werden, ob sie für die kartellrechtliche Beurteilung relevante Spezialvorschriften beinhalten.

4 Dies besagt die sog Zweischrankentheorie, ferner ist dies ausdrücklich in § 22 GWB so geregelt.

5 Vgl die Nachweise zur Rspr. bei Bechtold/ua, EG-Kartellrecht, 3. Aufl 2014, Einl. Rz 55 ff.

6 Bekanntmachung der Kommission – Leitlinien über den Begriff der Beeinträchtigung des zwischenstaatlichen Handels in den Art 81 und 82 des Vertrages, ABl EG C 101, S 83, Rz 23, 77; zur Relevanz im Glücksspielbereich: OLG Düsseldorf, Beschluss vom 12.4.2006 (Az IV-Kart 5/06[V], Umdruck S 8, 40 unter Hinweis auf EuGH, Urteil vom 19.2.1999, Rs C-35/99, Slg 2002 I S 1529 Rz 33 – *„Manuele Arduino"*.

1. Keine Regelung des Glücksspielwesens im EU-Gemeinschaftsrecht?

11 Gemeinschaftsrechtliche Vorgaben für die Glücksspielregulierung können sich aus dem **Primärrecht** (namentlich dem EU-Vertrag) oder aus spezifischen Harmonisierungen im **Sekundärrecht** (Verordnungen, Richtlinien) ergeben.

a) Primäres Gemeinschaftsrecht

12 Das Primärrecht ist das ranghöchste Recht der EU. Es steht an der Spitze der europäischen Rechtsordnung und umfasst im Wesentlichen die Verträge zur Gründung der Europäischen Union. Das Glücksspielwesen ist als spezialgesetzliche Materie auf EU-Ebene unmittelbar nicht primärrechtlich geregelt.

13 Mittelbar war und ist das europäische Primärrecht aber für Glücksspielbelange von überragend wichtiger Bedeutung.

- Soweit ein Verhalten mit grenzüberschreitendem Bezug vorliegt, können sich die Bürger eines EU-Mitgliedstaates gegenüber beschränkenden Rechtsvorschriften auf die **Grundfreiheiten** berufen. Wesentlich für die gemeinschaftsrechtliche Bewertung der glücksspielrechtlichen Regelungen der Mitgliedstaaten sind ausweislich einer längst umfassenden Entscheidungspraxis des EuGH das Niederlassungsrecht und die Dienstleistungsfreiheit. Der EuGH hat in einer ganzen Vielzahl von Entscheidungen Leitplanken für die Glückspielregulierung auf mitgliedstaatlicher Ebene sowie allgemein gültige Grundsätze zur Rechtfertigung von Beschränkungen im Glücksspielbereich herausgearbeitet.[7]
- Ferner steht das EU-Kartellrecht (Art 101 AEUV) als primärrechtlicher Regelungskomplex im glücksspielrechtlichen Blickfeld.[8] Erstmals durch den Beschluss des Bundeskartellamtes vom 23. August 2006 und wenig später hat sich auch der EuGH – allerdings eher beiläufig in einem Parallelverfahren zur sog *Placanica*-Entscheidung vom 6. März 2007 – mit Art 86 EG (heute Art 106 AEUV) befasst und festgestellt, dass *„auf Grund der Interpretationen der Grundfreiheiten [für den Glücksspielbereich] keine spezifische kartellrechtliche Auslegung veranlasst ist"*.[9]

---

7 Der EuGH hat mehrfach entschieden, dass den Mitgliedsstaaten ein (weiter) Ermessensspielraum bei der Gestaltung ihrer Glücksspielpolitik eingeräumt wird, vgl etwa EuGH, Urt v 6.11.2003, C-243/01 – *Gambelli;* Urt v 6.3.2007, C-338/04 – *Placania;* Urt v 3.6.2010, C-203/08 und C-258/08 – *Ladbrokes.*

8 BKartA, Beschluss vom 23.8.2006, Az B 10 – 92713 Kc 148/05, WuW DE-U 1251; ZfWG 2006, 224 ff (auszugsweise).

9 EuGH, Beschluss vom 6.3.2007, C-395/05 (*Antonello D'Antonio ua*); hierzu sogleich unter Abschnitt VI, Ziff 1.

b) Sekundäres Gemeinschaftsrecht

Die Bestrebungen in der EU-Kommission, den Glücksspielbereich in den gemeinsamen Markt zu überführen und etwa im Zuge einer **sekundärrechtlichen Harmonisierung** des Glücksspielrechts auf das sog Herkunftslandprinzip abzustellen, sind bisher zaghaft und ergebnislos geblieben.[10] Insbesondere die deutsche Bundesregierung hatte sich ua gegen eine Harmonisierung ausgesprochen und dafür eingesetzt, dass Glücksspiele aufgrund ordnungsrechtlicher Erwägungen vom Anwendungsbereich der EU-Dienstleistungsrichtlinie ausgenommen wurden.[11] Etwaige kartellrechtliche Vorgaben zum mitgliedstaatlichen Glücksspielrecht ergeben sich – wegen des Fehlens materieller sekundärrechtlicher Harmonisierungsmaßnahmen – deshalb entweder aus dem gemeinschaftlichen Primärrecht (s.o. lit. a)) oder aus nationalem Recht. 14

2. Regelung des Glücksspielwesens im nationalen Recht

Da das Glücksspielrecht in Deutschland entweder als Recht zur Wahrung der öffentlichen Sicherheit und Ordnung in die ausschließliche Gesetzgebungszuständigkeit der Länder fällt oder der Bundesgesetzgeber von einer möglichen Zuständigkeit nach Art 74 Abs 1 Nr 11 GG *(Recht der Wirtschaft)* – von hier nicht zu vertiefenden Ausnahmen[12] abgesehen – keinen Gebrauch gemacht hat (Art 72 GG), ist die konkrete Ausgestaltung des Glücksspielwesens in den **Glücksspielgesetzen der Bundesländer** geregelt. 15

Sowenig wie sich im europäischen Recht und in Glücksspielgesetzen der Länder kartellrechtliche Sonderbestimmungen für den Glücksspielbereich finden, sowenig finden sich im deutschen Kartellrecht (GWB) sondergesetzliche Bestimmungen für das Glücksspielwesen. 16

10 Vgl hierzu die Nachweise bei Postel, EuR, 2007, S 317, 324.

11 In der Verhandlungsposition der Bundesregierung zur EU-Dienstleistungsrichtlinie vom 6.3.2006 heißt es im Abschnitt II.5 unter der Überschrift „Wahrung der Rechtssicherheit und der öffentlichen Sicherheit", unter Ziff.4, dass *„Glücksspiele aus dem Anwendungsbereich der Richtlinie herausgenommen werden müssen, weil diese sich aufgrund des erhöhten Betrugsrisikos und der Gefahr der Spielsucht grundlegend von anderen Dienstleistungen unterscheiden"*.

12 Pferdewetten und Glücksspiele sind in §§ 33c GewO geregelt. Die inhaltliche Ausgestaltung des Glücksspiels (Veranstalterqualifikation, Spielabläufe, Glücksspielaufsicht, etc) überlässt der Bundesgesetzgeber aber den Ländern. Ausdrücklich heißt es hierzu in § 33h) Nr 2 GewO, dass die §§ 33c) bis 33g) GewO **keine** Anwendung auf die Veranstaltung von Lotterien und Ausspielungen findet, sondern sich diese primär nach dem Polizei- und Ordnungsrecht der Länder richtet.

IV. Kartellrechtliche Verhaltenskontrolle (Kartellverbot gem Art 101 Abs 1 AEUV und § 1 GWB)

17 Nach Art 101 Abs 1 AEUV (bzw § 1 GWB) sind grundsätzlich verboten

- **Vereinbarungen zwischen Unternehmen, Beschlüsse von Unternehmensvereinigungen und aufeinander abgestimmte Verhaltensweisen** (dazu sogleich Ziff 1.),
- die eine **Verhinderung, Einschränkung oder Verfälschung des Wettbewerbs** (also eine Wettbewerbsbeschränkung) innerhalb des gemeinsamen Marktes bezwecken oder bewirken (dazu sogleich Ziff 2.) und
- welche den **Handel zwischen Mitgliedstaaten zu beeinträchtigen geeignet sind** (dazu sogleich Ziff 3.) und
- **spürbare Auswirkungen** auf den Wettbewerb haben (können) (dazu sogleich Ziff 4.).

1. Vereinbarung zwischen Unternehmen/Beschluss einer Unternehmensvereinigung

a) Unternehmen/Unternehmensvereinigung

18 Nach dem **funktionalen Unternehmensbegriff** ist in der Praxis jede Einheit, die eine **wirtschaftliche Tätigkeit** ausübt, als Unternehmen zu qualifizieren.[13] Der Staat und staatliche Einrichtungen können grundsätzlich erwerbswirtschaftlich handeln und daher Unternehmen sein.[14] Dies setzt allerdings voraus, dass die staatliche Einrichtung nicht hoheitlich handelt.[15] Als **hoheitlich** gelten alle Tätigkeiten, die im öffentlichen Interesse und nicht zu Erwerbszwecken ausgeübt werden.[16] Die öffentliche Organisationsform, etwa dass die Staatliche Lotterieverwaltung in Bayern eine Mittelbehörde oder die Deutsche Klassenlotterie Berlin als Anstalt des öffentlichen Rechts ist, mithin beide subjektidentisch mit den beteiligten Ländern sind, kann allenfalls ein erstes Indiz für die Verfolgung öffentlicher Ziele liefern. Die

---

13 Bechtold ua, EG-Kartellrecht, 3. Aufl 2014, AEUV Art 101 EG Rz 9; vertiefend zur wirtschaftlichen Tätigkeit vgl etwa EuGH, Urt v 10.1.2006, Rs C-222/04, *Ministero dell'Economica e delle Finanze ./. Cassa di Risparmio di Firenze ua*, Rn 107 ff; Urt v 22.1.2002, Rs C-218/00, Slg 2002, I-691, Rn 22 f, *Cisal ./. INAIL*.

14 Vgl EuGH, Urt v 18.3.1997, *Diego Calì ./. SEPG*, Rs C-343/95, Slg 1997, I-1547, 1587 Rn 16 ff; Urt v 16.6.1987, Rs C-118/85 *Kommission ./. Italien*, Slg 1987, 2599, 2622; für die nationale Rechtslage vgl hierzu § 130 GWB.

15 Vgl hierzu die klarstellenden Hinweise im Faber-Beschluss vom 9.3.1999, Az KVR 20/97, WRP 1999, 665 ff, 668.

16 EuGH, Urt v 14.12.1995, Rs C-387/93, *Banchero*, Slg 1995, I-4663, Rn 49; vgl hierzu Bechtold ua, EG-Kartellrecht, 3. Aufl 2014, Art 106 AEUV, Rz 21 f.

Organisation oder Rechtsform ist nicht entscheidend.[17] Entscheidend ist vielmehr, ob die Glücksspieltätigkeit (auch) erwerbswirtschaftlich orientiert ist. Obwohl die Landeslotteriegesellschaften bei der Veranstaltung/Durchführung von Glücksspielen die gesetzlich aufgegebenen ordnungsrechtlichen Ziele strikt einhalten müssen, unterstellt die Rechtsprechung eine kartellrechtlich hinlängliche Erwerbsorientierung. Sinngemäß heißt es, dass den Lottogesellschaften in ihrer Eigenschaft als Veranstalter von Lotterien und Sportwetten keine hoheitlichen Befugnisse eingeräumt worden seien, deshalb seien der DLTB als Unternehmensvereinigung und die einzelnen staatlichen Landeslotteriegesellschaften als Unternehmen zu qualifizieren.[18] Ohne weiteres wird für die weitere kartellrechtliche Beurteilung hiernach unterstellt, dass die staatlichen Landeslotteriegesellschaften Unternehmen im Sinne des deutschen und europäischen Kartellrechts sind.[19]

b) Vereinbarung zwischen Unternehmen

Eine **Vereinbarung** liegt vor, wenn die Beteiligten ihren gemeinsamen Willen zum Ausdruck gebracht haben, sich auf dem Markt in bestimmter Weise zu verhalten, ohne dass dies rechtlich oder tatsächlich oder moralisch verbindlich zu sein braucht.[20] An den gemeinsamen Willen werden keine strengen Anforderungen gestellt. Erfasst werden 19

> *„alle übereinstimmenden Willenserklärungen mehrerer Personen, durch die bestimmte Rechtsfolgen begründet werden sollen".*

Der BGH hat entschieden, dass der Gesellschaftsvertrag, in dem die staatlichen Lottogesellschaften die Eckpfeiler ihrer Zusammenarbeit für bestimmte, bundesweit einheitlich veranstalte Glücksspiele (zB Mittwoch-/Samstaglotto) regeln, eine Vereinbarung zwischen Unternehmen darstellt.[21] 20

---

17 Vgl Bechtold/ua, EG-Kartellrecht, 2014, Art 101 AEUV Rz 21.

18 BGH, Entsch. vom 9.3.1999 (Az KVR 20/97) – *Faber*, WRP 1999, 665 ff; ebenso BKartA, Beschluss vom 23.8.2006, Aktenzeichen: B 10-92713 – Kc – 148/05, dort insb. Rn 72 ff, 103 ff; 164 ff, 532; ferner erläutern in BKartA, Tätigkeitsbericht 2006/2007, BT-Drs 16/5710, S 182; OLG Düsseldorf, Beschluss vom 8.6.2007, KVR 15/06; BGH Beschluss vom 8.5.2007, KVR 31/06, Rz 23 sowie Urt v 14.8.2008, KVR, 54/07.

19 Die hiergegen vorgebrachten Argumente, etwa dass eine fiskalisch-unternehmerische Ausrichtung der staatlichen Glücksspielveranstaltung im Rahmen der ordnungsrechtlich begründeten lotterierechtlichen Staatsvorbehalte weder verfassungs- noch europarechtlich legitimierbar wäre, sind zwar triftig, aber durch die klare Festlegung in der kartellgerichtlichen Praxis obsolet, vgl hierzu kritisch Dietlein, ZfWG 2006, 197, 198.

20 Vgl Bechtold, ua, EG-Kartellrecht 3. Aufl 2014, AEUV Art 101, Rz 40 ff; ergänzend EuGH Rs 209–215/78 und 218/78 Slg 1980, 3125, 3250 (Rz 86) – *van Landewyck*.

21 BGH, Beschluss vom 14.8.2008, KVR 54/07. Wichtig ist hierfür die Klarstellung, dass der DLTB-Blockvertrag nicht die gemeinsame (sondern nur die einheitliche) Veranstaltung regelt, denn es gibt

c) Beschluss einer Unternehmensvereinigung

21 Der **Beschluss einer Unternehmensvereinigung** muss den gemeinsamen Willen der beteiligten Unternehmen ausdrücken, das Marktverhalten ihrer Mitglieder zu koordinieren. Ein bloß interner Beschluss (zB Festlegung der Mitgliedsbeiträge, innere Organisation, etc) unterliegt mangels Außenwirkung nicht dem Kartellverbot. Schwierig wird die Abgrenzung bei einer **Empfehlung**, die eine Unternehmensvereinigung durch Beschluss ausspricht.[22] Die Empfehlung gilt als Beschluss, wenn sie (zB in Verbindung mit der Satzung) verbindlich ist oder wenn die Empfehlung von den Mitgliedern angenommen und befolgt wurde.[23]

d) Abgestimmtes Verhalten

22 Der Begriff „**abgestimmte Verhaltensweisen**" ist ein Auffangtatbestand. Der EuGH definiert das abgestimmte Verhalten als

> *„Form der Koordinierung zwischen Unternehmen ..., die bewusst eine praktische Zusammenarbeit an die Stelle des mit Risiken verbundenen Wettbewerbs treten lässt."*[24]

23 Die Formel der *„bewussten praktischen Zusammenarbeit"* weist auf zwei wichtige Komponenten hin: Die beteiligten Unternehmen müssen zusammenwirken und außerdem muss das Zusammenwirken bewusst geschehen.

2. Wettbewerbsbeschränkung

24 Ob eine kartellrechtsrelevante Maßnahme eine Wettbewerbsbeschränkung bezweckt oder bewirkt, ist anhand der konkreten Marktverhältnisse zu ermitteln.[25] Voraussetzung für eine Beschränkung ist, dass es überhaupt einen Wettbewerb gibt. In Deutschland ist die Veranstaltung von Glücksspielen in den einzelnen Bundesländern stark reglementiert und ausschließlich den staatlichen Landeslotteriegesell-

---

kein Bundeslotto, hierzu vertiefend: Diegmann/Hoffmann/Ohlmann, Praxishandbuch für das gesamt Spielrecht, 2008, S 10.

22 Vgl Bechtold/ua, EG-Kartellrecht 3. Aufl 2014, Art 101 AEUV Rz 52.

23 Bechtold, GWB, 6. Aufl 2015, § 1 Rz 19; so zuletzt das BKartA im Beschluss vom 23.8.2006, aaO, Tz 72 ff.

24 EuGH, Slg 1972, 619, Rz 64, 67 – *BASF*; ergänzend hierzu Bechtold, GWB, 8. Aufl 2015, § 1 Rz 23.

25 Für den Zweck genügt schon ein „Inkaufnehmen". Auch der Begriff des „Bewirkens" ist eher weit als eng gefasst, denn dafür genügt schon, dass sich die Beschränkung nur auf Dritte auswirkt; zur potentiellen Wirkung vgl EuGH, Entsch. vom 8.6.1982 – Rs 258/78, *Nungesser und Eisele*, Slg 1982, 2015, 2059.

schaften (im Folgenden auch: *„Lotteriegesellschaften“* überantwortet.[26] Durch die Regelungen des Lotteriestaatsvertrags iV mit den jeweiligen Landesgesetzen wird somit ein staatliches Monopol[27] verankert, das der Alternative des kompletten Verbots des Glücksspiels aus ordnungsrechtlichen Gründen – um dem illegalen Glücksspiel keinen Vortrieb zu geben – vorgezogen wird.[28] Das heißt jedoch nicht, dass jeder Wettbewerb – insbesondere zwischen den Lotteriegesellschaften – ausgeschlossen sein muss. Der BGH hat in diesem Sinne entschieden, dass

> *„die Lotteriehoheit der Länder und insbesondere das zum Tätigwerden der Lotteriegesellschaften erforderliche Genehmigungserfordernis weder rechtlich noch logisch einen Wettbewerb unter den Lottogesellschaften ausschließen“.*[29]

Inwieweit ein (potentieller) „Wettbewerb“ zwischen den Lotteriegesellschaften in kartellrechtlich relevanter Weise etwaige Beschränkungen bezweckt oder bewirkt, ist anhand einer sachgerechten Abgrenzung der relevanten Märkte zu beurteilen. 25

a) Sachlich relevanter Markt

Die für die kartellrechtliche Beurteilung **sachlich relevanten Märkte** sind auf Grundlage des sog *„Bedarfsmarktskonzeptes“* voneinander abzugrenzen. Danach gehören Waren und Dienstleistungen, die sich nach ihren Eigenschaften, ihrem wirtschaftlichen Verwendungszweck und ihrer Preislage so nahe stehen, dass ein durchschnittlicher Nachfrager sie als austauschbar betrachtet, zu einem sachlichen Markt.[30] Für die sachliche Abgrenzung der Glücksspielangebote ist folglich die Austauschbarkeit der Glücksspielangebote aus Sicht der Spielteilnehmer maßgeblich. Dabei können der Einsatz für das jeweilige Glücksspiel, die zu zahlende Gebühr, die Häufigkeit der Ziehungen, der zu gewinnende Betrag und die Spielgestaltung oder 26

---

26 Eine Ausnahme gilt für Sportwetten. Hier soll aufgrund einer Experimentierklausel (§ 4a GlüStV) Sportwetten auch von privaten Konzessionsinhabern veranstaltet werden. Noch sind solche Konzessionen aber nicht erteilt worden. Einstweilen betreiben private Sportwettenanbieter ihre Sportwettenangebote in Deutschland ohne Genehmigung.

27 Kraft Gesetzes für Lotterien mit planmäßigem Jackpot. Zu den Ausnahmetatbeständen gem §§ 12 ff GlüStV, vgl Dietlein/Hecker/Ruttig, Glücksspielrecht 2. Aufl 2013, § 12 GlüStV Rz 5.

28 Vgl hierzu von *Hippel*, ZRP 2001, 558.

29 Beschluss vom 8. Mai 2007, KVR 31/06, Rz 27, unter Bezugnahme auf die *Faber*-Entscheidung.

30 Die Kommission hat in ihrer Bekanntmachung zur Definition des relevanten Marktes im Wettbewerbsrecht die allgemein gängige Formulierung niedergelegt, nach der der *„sachlich relevante Produktmarkt sämtliche Erzeugnisse und/oder Dienstleistungen umfasst, die von den Verbrauchern als hinsichtlich ihrer Eigenschaften, Preise und ihres vorgesehen Verwendungszwecks als austauschbar oder substituierbar angesehen werden“*, vgl ABl 1997 Nr C 372/5; ebenso *Möschel*, in Immenga/Mestmäcker, Wettbewerbsrecht, Band 2 (Teil 1) GWB, 5. Aufl 2014, § 19 Rz 24 (mzN).

gar Spielumgebung aus Sicht des Verbrauchers beachtlich sein. Auch das unterschiedliche Suchtpotential ist bei einer Abgrenzung der verschiedenen Spielarten nicht zu vernachlässigen.[31] Für die Beurteilung des Spielteilnehmers, ob die unterschiedlichen Glücksspielangebote und Spielteilnahmen austauschbar sind, sind aufgrund des Spielangebots und der Spielweise hiernach folgende Abgrenzungen entweder kartellbehördlich vorgenommen oder erwägenswert:

aa) Angebotsmärkte für Glücksspielprodukte

27 Nach Auffassung des Bundeskartellamtes grenzen
- Lotterien,
- Sportwetten,
- Spielbankangebote,
- Automatenspiele und
- Pferdewetten

jeweils eigene Märkte ab.[32] Hierzu im Einzelnen:

(1) Markt für Lotterien

28 Lotterien sind Glücksspiele, bei denen der Spieler ein Los mit einer bestimmten aufgedruckten oder von selbst eingetragenen Gewinnzahl oder Gewinnsymbolen erwirbt.[33] Bei teilweiser oder vollständiger Übereinstimmung mit den ausgespielten Zahlen/Symbolen erhält der Spieler einen Geld- oder Sachgewinn.[34] Das wichtigste Lotterieprodukt in Deutschland ist das staatliche veranstaltete **Zahlenlotto** (6 aus 49).

29 Vom klassischen Lottoprodukt (wöchentliche Ziehung (ein- bis zweimal) geringer Einsatz für ggf hohe (Jackpot-)Gewinne) sind Klassenlotterien abzugrenzen. Bei Klassenlotterien ist der Einsatz für ein Los deutlich höher und die Regellaufzeit länger; dafür sind die Gewinnchancen statistisch höher, auch wenn die maximale Gewinnhöhe geringer als beim klassischen Lotto ist. Aufgrund solcher gravierenden Unterschiede ist es plausibel, die **Klassenlotterien** (zB Glücksspirale, DKL) von den

---

31 Zutreffender Hinweis bei *Byok/Allonso*, WuW 2006, 1238, 1242.

32 BKartA, Beschluss vom 23.8.2006, Tz 177; ergänzend hierzu BKartA, Tätigkeitsbericht 2005/2006 (BT-Drs 16) 5710, S 180.

33 Der Spielteilnehmer hat mehrere Spielteilnahmemöglichkeiten: er kann sich als Einzelspieler ein Los kaufen und mit seinem Loseinsatz um den Hauptgewinn spielen, oder er kann eine private Spielgemeinschaft (§§ 705 ff BGB) organisieren bzw sich an einer solchen beteiligen oder er kann sich an einer von unabhängigen gewerblichen Spielvermittlern organisierten Spielgemeinschaften beteiligen, die wiederum ganz unterschiedliche Gestaltungsformen haben können (einfache Spielgemeinschaft, Systemlotto). Die Teilnahmeform begründet keine eigene Marktabgrenzung.

34 Ergänzend zur Regeldefinition, vgl § 3 Abs 3 GlüStV.

sonstigen Lotterieangeboten der Lotteriegesellschaften (zB 6 aus 49, Spiel 77, Keno, Eurojackpot) sachlich abzugrenzen.[35]

(2) Märkte für „Sportwetten“

Bei **Sportwetten** geht es nicht – wie bei Lotterien – um die Ziehung bestimmter Zahlen, sondern um den Ausgang eines konkreten Sportereignisses[36] (zB beim Fußballtoto wird auf Heimsieg/Auswärtssieg/Unentschieden bestimmter Fußballspiele, zu festen Quoten auf das genaue Ergebnis, auf den Sieger eines Auto- oder Pferderennens, etc gewettet). Auf das Ergebnis wird ein bestimmter Geldbetrag gesetzt.[37] Der Sportwettende glaubt/hofft, das Ergebnis mit seinem eigenen Wissen prognostizieren zu können und hieraus einen Gewinn zu erzielen. Weil insoweit mit der Sportwette andere Bedürfnisse als durch die Teilnahme an einer Lotterie befriedigt werden, definieren **Sportwetten ein eigenes Marktsegment.**[38] 30

Hieran knüpft die Folgefrage an, ob die Teilnahme an der Sportwette nur für solche Spieler in Frage kommt, die sich mit der Sportart auskennen. Dann wären nach einzelnen Sportarten zu unterscheidende Teilmärkte für Sportwetten voneinander abzugrenzen. Der Fußballbegeisterte fühlt sich weder kompetent, auf den Ausgang eines Tennismatches zu wetten, noch stellt eine Tenniswette für den Fußballfan ein gegenüber einer Fußballwette vergleichbares Produkt dar. Da die Fußballwette die wichtigste und auch klassische Sportwette darstellt, ist es zumindest plausibel, einen eigenständigen **Sportwettenmarkt für Fußballspiele** zu definieren und hiervon (mindestens) einen eigenen **Sportwettenmarkt für andere Sportarten** abzugrenzen. 31

---

35 Vgl BKartA, Beschluss vom 23.8.2006, Tz 177.

36 Sportwetten sind Glücksspiele, auf welche die besonderen Regelungen über Sportwetten im GlüStV (Anwendung finden; vgl BVerwG ZfWG 2011, 341 Rn 2; allg. Dietlein/Hecker/Ruttig, Glücksspielrecht 2. Aufl 2013 § 21 Rz 10; unrichtig ist demgegenüber die These, die etwa die Sportwetten Gera GmbH in ihrem Internet-Auftritt (www.sportwetten-gera.de) aufstellt, dass *„Sportwetten weder Glücksspiel noch Lotterie, sondern sportliches Tippen für den Informierten“* sind, zu weit. Dem ist der BGH längst unmissverständlich entgegengetreten und hat klargestellt, dass auch bei Sportwetten dem Zufallsmoment jedenfalls ein Übergewicht zukommt (vgl BGH vom 28.11.2002 – 4 StR 260/02), viele Nachweise hierzu bei VGH Baden-Württemberg, Beschl vom 12.1.2005, Az 6 S 1288/04, dort S 3; dezidiert hierzu auch Diegmann/Hoffmann, DÖV 2005, S 45, 48.

37 Vgl Regeldefinition in § 3 Abs 1 S 4 GlüStV, deshalb fällt nur das „staatliche ODDSET“ aber nicht länger das traditionelle TOTO unter den Begriff der Sportwette, daher wird plädiert, die Glücksspielart TOTO der Gattung der Lotterien gem § 3 Abs 3 GlüStV zuzuordnen, so etwa Dietlein/Hecker/Ruttig, aaO, § 21 Rz 11 (aber anders ebenda an § 9 Rz 11). Einen Überblick über die im Internet präsenten gewerblichen Sportwetten-Anbieter (tipico, mybet, bet365, digibet, ...) liefert die Domain: www.sportwettenanbieter.com.

38 So auch das BKartA, Beschluss vom 23.8.2006, Rz 177.

32 Die traditionell bestehende Sonderkonstellation bei Pferdewetten[39] spricht außerdem dafür, einen **eigenen Pferdewettenmarkt** abzugrenzen.[40]

(3) Markt für Spielbanken

33 Die in einer Spielbank (Casino) angebotenen Glücksspiele folgen anderen Regeln als Lotterien und Sportwetten. Die in einer Spielbank angebotenen Spiele sind örtlich[41] und zeitlich[42] streng begrenzt. Der Spieler muss sich in eine Spielbank begeben, sich dort ausweisen und ein Eintrittsgeld entrichten.[43] Außerdem ist der Spielbankbesuch mit einer gewissen Exklusivität verbunden. Die Gewinnmöglichkeiten, die Spieleinsätze, die Spielabläufe (Black Jack, Roulette) und die Gewinnerwartungen zwischen Lotterien und Spielbanken sind höchst unterschiedlich. Aus Sicht des Spielinteressenten handelt es sich bei den in Spielbanken angebotenen Glücksspielen um eigenständige Produkte, so dass ein **eigener Markt für Spielbanken** abzugrenzen ist.[44]

(4) Markt für Automatenspiele/Spielhallen

34 In Spielhallen sollen bei den dortigen Automatenspiele durch den Einwurf einer Geldmünze/über das Drücken bestimmter Gerätetasten ein Gewinn erzielt werden, der unmittelbar nach Spielende angezeigt und vom Automaten ausgezahlt wird (Drehautomat, Einarmiger Bandit). Gegenüber Lotterien sind die erzielbaren Spielgewinne gering. Überdies sind die Spielabläufe und Spielerlebnisse unterschiedlich. In Spielhallen stehen Unterhaltung und Zeitvertreib als Spielfaktoren im Vordergrund.[45]

---

39 Hier gilt es zwischen dem System der privaten Buchmacher (der Buchmacher gibt die Gewinnwahrscheinlichkeit vor) und der Totalisatorwette (alle Wetten werden indem großen Topf gesammelt und aus der Gesamtheit wird die Gewinnwahrscheinlichkeit bestimmt) zu unterscheiden.

40 So auch das Bundeskartellamt, vgl Beschluss vom 23.8.2006, Rz 182; die kartellbehördliche Annahme, dass Pferdewettenspieler am Renntag die Pferderennbahn aufsuchen und dafür Eintrittsgeld entrichten, ist allerdings längst überholt. Der weitaus größte Umsatz mit Pferdewetten wird bei stationären oder Sportwettenanbietern im Internet – also außerhalb der Rennbahn – platziert.

41 In einer der etwa 80 deutschen Spielbanken, vgl zur Übersicht: www.spielbankendeutschland.com.

42 An den von der Aufsichtsbehörde zugelassenen Spieltagen und Spielstunden.

43 Anders als bei einer Lotterie, wo er ohne größeren Aufwand schlicht ein Lotterielos kauft.

44 So lautet auch das Ergebnis der Europäischen Kommission, die in der Entsch vom 4.6.2004 *(Zusammenschluss Comb/M.3373-Accor/Colony/DesseigneBarrière/JV, Rz 21)* einen eigenständigen sachlich relevanten Markt für die Spiele in Spielbanken abgegrenzt hatte.

45 Demgegenüber beschränkt sich das Spielerlebnis für den Lotterieteilnehmer auf das Ausfüllen des Lottoscheins/Kauf eines Loses, das zwischenzeitlich bange Hoffen und den späteren Zahlenvergleich.

Es ist daher plausibel, einen **eigenständigen Markt für Automatenspiele in Spielhallen** abzugrenzen[46].

(5) Fazit zu den Märkten für Glücksspielangebote

Einen einheitlichen Glücksspiel(e)markt gibt es nicht. Dazu sind die angebotenen 35 Glücksspielprodukte zu unterschiedlich. Die Lotterien sind in ihrer Gesamtheit (mit einem Teilmarkt für Klassenlotterien) aus Sicht der nachfragenden Spieler nicht mit Sportwetten (wobei hier die Fußballwette von anderen Sportarten abzugrenzen ist), Pferdewetten, Glücksspielen in Spielbanken und Automatenspielen in Spielhallen austauschbar. Die Angebote bilden jeweils **eigenständige Teilmärkte** für Glücksspielangebote.

bb) Vertriebsmärkte für Glücksspielprodukte?

Die Spieler können in unterschiedlicher Weise an Glücksspielen teilnehmen: 36

- Der klassische Weg ist der Gang des Spielers zu einer **stationären Lottoannahmestelle.**[47] In der Lottoannahmestelle füllt der Spielteilnehmer seinen Tippschein aus/kauft sein Los und erhält dort bis zu einem bestimmten Betrag seinen Gewinn direkt ausbezahlt.
- Vorbehaltlich der Sonderregelung in § 4 Abs 5 GlüStV sind Spielteilnahmen via Internet ausgeschlossen: Gemäß § 4 Abs 4 GlüStV ist *„das Veranstalten/Vermitteln öffentlicher Glücksspiele verboten"*. Allerdings haben alle staatlichen Lotteriegesellschaften von dieser Ausnahmeregelung Gebrauch gemacht und dem Spielkunden (wieder) die Möglichkeit eingeräumt, seinen Spielschein „online" **im Internet** einzuspielen.
- Schließlich kann ein Spieler mittels der Dienste eines **gewerblichen Spielvermittlers** an einem Glücksspiel teilnehmen. Der vom Spielkunden beauftragte gewerbliche Spielvermittler, vermittelt Spielaufträge an die Lotteriegesellschaften. Aufgrund der vertraglichen und gesetzlich[48] auch so gewollten Anbindung,

---

46 Spielautomaten sind in Spielbanken, Spielhallen und Gaststätten zu finden. In Spielhallen und Gaststätten betrug 2014 der Umsatz der Geldspielautomaten mit Gewinnmöglichkeit 5,8 Mrd Euro. Der Bruttospielertrag der Glücksspielautomaten in Spielbanken belief sich im selben Jahr auf 736 Mio Euro. Wenn eine Ausschüttungsquote von 91% unterstellt wird, wäre dies ein Umsatz für die Glücksspielautomaten in Spielbanken von 8,18 Mrd Euro. Hieraus ergibt sich ein Gesamtumsatz bei allen Spielautomaten von 13,98 Mrd Euro.

47 Üblicherweise handelt es sich dabei um Kioske, Schreibwarengeschäfte, Tankstellen, etc.

48 Vgl Legaldefinition in § 3 Abs 3 GlüStV: *„gewerbliche Spielvermittlung betreibt, wer, ohne Annahmestelle oder Lotterieeinnehmer zu sein, einzelne Spielverträge an einen Veranstalter vermittelt [...]"*.

vermittelt der gewerbliche Spielvermittler die Spielaufträge im Auftrag des Spielers an die veranstaltende Lotteriegesellschaft,[49]

37 Aus Sicht des Spielers macht es keinen wesentlichen Unterschied, wie sein Spielschein zum Veranstalter kommt. Entscheidend ist für ihn die Spielteilnahme als solche. Dies gilt auch dann, wenn der Spieler für die Übermittlung einen gewerblichen Spielvermittler dazwischenschaltet. Da die Spielteilnahme als solche die gleiche bleibt, begründet die Vertriebsmodalität – also ob der Spielschein auf terrestrischem, via Internet, auf direktem oder vermittelten Weg beim Veranstalter ankommt – **keine eigenständige Abgrenzung für Vertriebsmärkte**[50]. Dies kann sich aber im Medienzeitalter und im Zuge des technischen Fortschritts (man denke an die bequeme Spielteilnahme über Smartphones) schnell ändern.

cc) Markt für gewerbliche Spielvermittlungsleistungen

38 Märkte werden nicht nur nach Angeboten, sondern auch nach Nachfrageleistungen abgegrenzt. Das Bundeskartellamt hat im Beschluss vom 23. August 2006 einen eigenen Nachfragemarkt betr. die Leistungen der gewerblichen Spielvermittler abgegrenzt:[51] Seinerzeit waren verschiedene gewerbliche Spielvermittler bundesweit tätig und hieraus resultierte für die regional ausgerichteten Lotteriegesellschaften (also der Glückspielveranstalter, die kraft ihrer Genehmigung ihr jeweiliges Spielangebot nur im Konzessionsgebiet – und das entsprach dem jeweiligen Bundesland – platzieren konnten) die Möglichkeit, Spielaufträge von Spielkunden außerhalb ihres Konzessionsgebietes eingespielt zu bekommen. Da einzelne Lottogesellschaften als Nachfrager von solchermaßen vermittelten Spielaufträgen sogar bereit gewesen sein sollen, den gewerblichen Spielvermittlern für die Vermittlung solcher Spielaufträge eine Provision zu bezahlen[52], sah es das Bundekartellamt als plausibel an, einen

49 Hierfür verlangt der Spielvermittler häufig vom Spielkunden eine Geschäftsbesorgungsvergütung (Serviceentgelt); diese Vergütung ist von der Bearbeitungsgebühr zu unterscheiden, die die Landeslotteriegesellschaften für die Spielteilnahme erheben.

50 Eigene Vertriebswege gehen die unter dem gemeinsamen GKL-Dach veranstalteten Klassenlotterien sowie die Deutsche Fernsehlotterie und die Veranstalter von Pferdewetten: Sei es über den eigenen Postvertrieb (Klassenlotterien) bzw über die Einschaltung gewerblicher Lotterieeinnehmer (zB Faber) oder durch die Verwendung von Zahlungsverkehrsvordrucken (Fernsehlotterie) oder die Beauftragung von Buchmachern (Pferdewetten). Allesamt handelt es sich zwar um Vertriebswege, die keine/geringe Überschneidungspunkte mit den von den Landeslotteriegesellschaften angebotenen Glücksspielen aufweisen.

51 Vgl Beschluss vom 23. August 2006, S 181.

52 Wozu sie nach Auffassung des OLG Düsseldorf, Beschl v 23.10.2006, Az VI-Kart 15/06, S 35 allerdings nicht verpflichtet sind. In manchen Glücksspielgesetzen sind Provisionszahlungen ausdrücklich verboten, zB Art 2 § 7 Abs 3 Glücksspielgesetz Brandenburg: *„Der Veranstalter oder eine*

eigenständigen Nachfragemarkt für die gewerbliche Vermittlung von Glücksspielen durch unabhängige Vermittler abzugrenzen.

b) Räumlich relevanter Markt

Für die Ermittlung des räumlich relevanten Marktes kommt es darauf an, auf welches räumliche Angebot ein Nachfrager zur Deckung seines Bedarfs zugreift. Der räumliche Markt endet dort, wo Anbieter oder Nachfrager nicht mehr auf örtlich weiter entfernte Partner ausweichen wollen/können/dürfen. 39

aa) Räumliche Marktabgrenzung für Lotterien

Der Gesetzgeber hat gesetzessystematisch in §§ 4, 10 GlüStV angeordnet, dass die für die Veranstaltung von Glücksspielen erforderlichen Erlaubnisse bundeslandbezogen erteilt werden, sog *„Regionalitätsprinzip"*. Die regional/territorial orientierte Erlaubnispraxis haben weder der EuGH noch das BVerfG noch der BGH beanstandet. Beispielsweise stellt der BGH klar: 40

> *„[...] Die Lottogesellschaften haben vor einer Ausdehnung ihrer Tätigkeit in andere Bundesländer einen nach deren Landesrecht bestehenden Erlaubnisvorbehalt zu beachten. Dieser Erlaubnisvorbehalt verstößt [nicht] gegen Art 10 EG iV mit Art 81 EG, [...]."*[53].

Die von den Landeslottogesellschaften bzw den Bundesländern veranstalteten Lotterien werden nicht bundesweit, sondern nur jeweils für ein Bundesland angeboten. Da – so lautet die Bestandsaufnahme seit Jahrzehnten – die in einem Bundesland eingerichteten und dort für die Glücksspielveranstaltung zugelassenen staatlichen Landeslottogesellschaften aufgrund des Fehlens von Erlaubnissen in anderen Ländern ihr Glücksspielangebot nur im *„eigenen"* Bundesland veranstalten/durchführen, bestehen aus Sicht der Spielteilnehmer insgesamt 16 nach Bundesländern abgegrenzte **regionale Lotteriemärkte**.[54] 41

bb) Räumliche Marktabgrenzung für Sportwettenangebote

Für die staatlich veranstalteten Sportwettenangebote wären[55] aufgrund der regionalen Ausrichtungen der einstweilen immer noch alleinveranstaltungsberechtigten 42

Annahmestelle darf dem gewerblichen Spielvermittler für die Vermittlung keine finanzielle Vergünstigung einräumen."

53 BGH, Entsch v 14.8.2008, Az KVR 54/07, Rz 135.

54 Vgl BKartA, Tätigkeitsbericht 2005/2006, aaO, S 180.

55 Jedenfalls solange die Experimentierklausel gem § 4b GlüStV nicht praktiziert ist.

Lottogesellschaften ebenfalls 16 nach Bundesländern abgegrenzte regionale Sportwettenmärkte – getrennt nach Fußball und sonstigen Sportarten – anzunehmen. Das staatliche Angebot (insbesondere die ODDSET-Wette) wurde und wird seit Jahren von privaten Sportwettenvermittlern, die sich nicht scheuen, ohne Erlaubnis tätig zu werden, auch weil die gebotenen staatlichen Gegenmaßnahmen ausbleiben, in den Hintergrund gedrängt. Zuletzt hatten die 16 staatlichen Veranstalter insgesamt noch einen Marktanteil < 5%.[56] Neben tausenden privaten Wettbüros (insbesondere in der Nähe von Sportstätten) gibt es unzählige Anbieter im Internet,[57] die kommerzielle Sportwetten bundesweit vermitteln und mit 95% Marktanteil längst den Sportwettenbereich dominieren. Da Sportwetten de facto bundesweit vermarktet und vertrieben werden, ist es plausibel, die **Märkte für Sportwettenangebote bundesweit** abzugrenzen.

43 Hierauf wollte der Gesetzgeber reagieren und hat im GlüStV eine sog „Experimentier-Klausel“ verankert, wonach das staatliche Monopol für Sportwetten probeweise für einen Zeitraum von sieben Jahren zu Gunsten eines Konzessionsmodells aufgegeben werden sollte. Unter dem Regime des GlüÄndStV können somit auch private Anbieter eine Erlaubnis für das Veranstalten von Sportwetten erhalten.[58] Detailliert wird in den §§ 4a bis 4e GlüÄndStV geregelt, dass und wie deutschlandweit höchstens 20 Konzessionen für Sportwetten ausgeschrieben werden.[59] Das sehr aufwendige Ausschreibungsverfahren wurde auf Beschluss des Verwaltungsgerichts Wiesbaden gestoppt. Das Gericht hatte im September 2014 in einem Eilbeschluss das Verfahren zur Vergabe von Sportwetten als intransparent und als Verletzung der EU-Dienstleistungsfreiheit bewertet. In einem Urteil vom 5. Mai 2015 bestätigte das Verwaltungsgericht den Beschluss. Das Land Hessen legte gegen den Beschluss Beschwerde beim Hessischen Verwaltungsgerichtshof ein. Die Beschwerde wurde zurückgewiesen. Der Verwaltungsgerichtshof rügte das Vergabeverfahren als intransparent und erklärte die Vergabe der Konzessionen durch das Glücksspielkollegium für verfassungswidrig. Die Bundesländer sind gefordert, sich auf eine rechtskonforme Regelung zu verständigen. Einstweilen bleibt der außerordentlich aktive Sportwettenmarkt in Deutschland somit de facto unreguliert.

56 Vgl hierzu die Feststellungen bei Pawlik, Forschungsinstitut für Glücksspiel und Wetten, Sportwettenmarkt, S 39.

57 Die Geschäftsmodelle der Veranstalter privater Sportwetten sind vielfältig, ihnen ist aber eines gemeinsam, nämlich dass sie für ein bundesweites Tätigwerden in Deutschland keine Veranstaltungskonzession innehaben (zB ist Tipico ein milliardenschwerer Konzern mit Sitz in Malta, das Unternehmen hält eine maltesische Lizenz, hat aber keine deutsche Erlaubnis).

58 Vgl § 10a Abs 1 GlüÄndStV.

59 Vgl § 10a Abs 3 GlüÄndStV.

cc) Räumliche Marktabgrenzung für die gewerbliche Vermittlung von Glücksspielen

Die gewerblichen Spielvermittler werben traditionell bundesweit um Interessenten für Spielteilnahmen. Unter dem Regime des Lottostaatsvertrags (außer Kraft seit 31.12.2007) praktizierten diverse gewerbliche Spielvermittler eine grenzüberschreitende Veranstaltung. Diesem Tätigkeitsverständnis hat der Gesetzgeber im GlüStV einen Riegel vorgeschoben. Seit dessen Inkrafttreten ist die gewerbliche Vermittlung innerhalb eines Bundeslandes nur noch mit Erlaubnis durch die zuständige Landesbehörde zulässig. Selbst wenn ein gewerblicher Spielvermittler für mehrere Bundesländer eine gewerbliche Vermittlungszulassung erlangt haben sollte bzw selbst wenn ein Vermittler von allen 16 Landesbehörden die entsprechende Erlaubnis erteilt bekommen hat, dann muss er die Spielscheine trotzdem nach der Herkunft des Spielteilnehmers regionalisieren, sprich: der Spielkunde aus Bremen muss an die Bremer Landeslotteriegesellschaft vermittelt werden. Die Wahrnehmung des Spielkunden mag zwar lauten, dass ihm ein bundesweites Vermittlungsangebot unterbreitet wird. Da ein Spielvermittler aus Rechtsgründen den Spielschein nur an diejenige Lottogesellschaft vermitteln darf, woher der Spielkunde stammt, ist die Nachfrage der gewerblichen Vermittlungstätigkeit nach Maßgabe des Erlaubnisregimes in 16 nach den Bundesländern aufgeteilte regionale Teilmärkte abzugrenzen. 44

c) Zwischenergebnis zur Marktabgrenzung

Im Glücksspielwesen bestehen eigenständige Angebotsmärkte für Glücksspielprodukte. Dabei bestehen räumlich regionale Märkte für die in Deutschland zugelassenen Lotterieangebote sowie für die Nachfrage nach Vermittlungsleistungen. Die (Teil)-Märkte für Sportwettenangebote werden aufgrund der tatsächlichen Marktbegebenheiten bundesweit abgegrenzt. 45

d) Konkrete Beschränkung auf dem relevanten Markt

Auf dem relevanten Markt muss die Maßnahme (Vereinbarung, etc) eine Wettbewerbsbeschränkung – aktuell oder auch nur potentiell – bezwecken oder bewirken. 46

In seiner bisherigen Prüfungs- und Spruchpraxis unterstellte das Bundeskartellamt (a) einen (potentiellen) Angebotswettbewerb zwischen den staatlichen Lotteriegesellschaften sowie (b) einen Nachfragewettbewerb um Vertriebsopportunitäten (insbesondere um die Vermittlung von Spielaufträgen von gewerblichen Spielvermittlern). Diese Behördenpraxis hat der Kartellsenat des BGH in seiner noch unter dem Regime des per 31.12.2007 außer Kraft getretenen Lotterie-Staatsvertrages getroffenen Grundsatzentscheidung vom 14.8.2008[60] bestätigt und ebenfalls 47

60 BGH, Entsch v 14.8.2008, Az KVR 54/07, darin heißt es wörtlich – ein „*Wettbewerb unter den Lottogesellschaften sowohl als Anbieter zugelassener Lotterien und Sportwetten wie auch als Nachfra-*

- einen **(potentiellen) Angebotswettbewerb** zwischen den staatlichen Lotteriegesellschaften auf den einschlägigen Glücksspielmärkten (insbesondere hinsichtlich ihrer Lotterieangebote) sowie
- einen **Nachfragewettbewerb** um Vermittlungsleistungen von gewerblichen Spielvermittlern

unterstellt. Seit Inkrafttreten des GlüStV bzw dessen Fortschreibung im GlüÄndStV sowie gewichtigen Neuausrichtungen in der Rechtsprechung haben sich die Vorzeichen geändert. Die **bisherigen Prämissen** für einen (potentiellen) Angebotswettbewerb zwischen den regional ausgerichteten staatlichen Lotteriegesellschaften sowie für den Nachfragewettbewerb sind **überholt.**

48 **a)** Den grenzüberschreitenden Nachfragewettbewerb um gewerblich vermittelte Spielaufträge hat der Gesetzgeber seit 1.1.2008 unterbunden. Der GlüStV hat ein bundeslandausgerichtetes **regionales Erlaubnisregime** eingeführt, das nicht nur für die Glücksspielveranstalter (= staatliche Unternehmen, vgl § 10 Abs 2 GlüStV), sondern auch für gewerbliche Glücksspielvermittler gilt. Zur Rechtmäßigkeit des für die gewerbliche Spielvermittlung einschlägigen regionalen Erlaubnisvorbehalts wurde höchstgerichtlich klargestellt, dass die einschlägigen Regelungen und mithin das Regionalitätsprinzip im Glücksspielwesen in Deutschland rechtmäßig sind.[61] Landesgrenzüberschreitende Vermittlungsleistungen dürften von einer Landeslotteriegesellschaft aus einem anderen Land nicht nachgefragt werden, weil Spielaufträge aus dem einen Land aus Rechtsgründen nicht an eine Lotteriegesellschaft aus einem anderen Land vermittelt werden dürfen. Folglich soll und kann es keinen Nachfragewettbewerb zwischen den jeweils für ein Bundesland konzessionierten Landeslotteriegesellschaften um gewerblich vermittelte Spielaufträge geben.

49 **b)** Die Lotteriegesellschaften befinden sich außerdem weder in einem aktuellen noch in einem potentiellen Angebotswettbewerb.

- Ein tatsächlicher Angebotswettbewerb besteht nicht. Jede Lotteriegesellschaft veranstaltet Glücksspiele nur in dem und für das Territorium, in dem sie konzessioniert ist. Es gibt es in jedem Bundesland nur eine Konzession für die Veranstaltung von Lotterien. Folglich gibt es keinen Angebotswettbewerb zwischen den jeweils regional ausgerichteten Lotteriegesellschaften.
- Ein potentieller Angebotswettbewerb wurde bis zuletzt behördlich/gerichtlich darauf gestützt, dass es einer regional konzessionierten Lotteriegesellschaft frei stehe, in einem anderen Bundesland eine Erlaubnis zu beantragen, um auch dort tätig werden zu dürfen. Allein aufgrund der rechtlichen Zulässigkeit, eine Erlaubnis in einem anderen Bundesland beantragen zu können, sei ein (poten-

---

ger von deren bundesweiter gewerblicher Spielvermittlung bestehen.“; ebenso OLG Düsseldorf, Beschluss v 8.6.2007.

61 BVerfG, Beschluss vom 14.10.2018, Az 1 BvR 928/08 – *Tipp 24*.

tieller) Angebotswettbewerb vorstellbar und schützenswert.[62] Nach aktueller Rechtsprechung ist eine nur auf vage Möglichkeiten gestützte Wettbewerbsannahme unzulässig. Der BGH hat entschieden, dass *konkrete Anhaltspunkte*" (zB für einen mittelfristigen Markteintritt) vorliegen müssen, damit ein potenzieller Wettbewerb unterstellt werden kann.[63] Umgekehrt gewendet ist ohne solche *„konkreten Anhaltspunkte"* ein potentieller Wettbewerb nach der aktuellen Rechtsprechung nicht begründbar. Im staatlichen Lotteriewesen fehlt jedweder konkrete Anhaltspunkt für die Annahme, dass nur eine einzige staatliche Landeslotteriegesellschaft sich innerhalb eines maßgeblichen Prognosezeitraums um eine räumlich über das Gebiet ihres jeweiligen Bundeslandes hinausgehende Veranstaltererlaubnis bemühen würde.[64] Dass solche konkrete Anhaltspunkte fehlen, belegen die nachfolgenden Erwägungen:

- Die wirtschaftlichen Markteintrittsbarrieren sind gewichtig. In jedem Bundesland werden seit Jahrzehnten öffentliche Glücksspiele von ein und demselben staatlichen oder staatlich konzessionierten Veranstalter angeboten. Die „besten" Standorte (zB Bahnhof, Einkaufsstraßen, Gegenden mit hoher Frequenz, Tankstellen, etc) sind langfristig besetzt. Anhaltspunkte für „grenzüberschreitende" Markteintrittsstrategien sind nicht ersichtlich.
- Jede Lotteriegesellschaft, die sich außerhalb „ihres" Landes um eine weitergehende Veranstaltererlaubnis bemühen würde, muss mit einem erheblichen bürokratischen Aufwand rechnen. Die Lotteriegesellschaft müsste mit einer anderen örtlich zuständigen Glückspielaufsicht und ihr unbekannten Glücksspielreferenten verhandeln. Solche Verhandlungen sind bisher in keinem deutschen Bundesland begonnen worden.
- Ein Antrag auf Erteilung einer Veranstaltererlaubnis hätte kaum Aussicht auf Erfolg. Denn nach § 10 Abs 1 Satz 1 GlüStV haben die Länder die Aufgabe, ein „ausreichendes" Glücksspielangebot sicherzustellen. Diese Aufgabe haben die Länder dadurch bereits erfüllt, dass sie entweder selbst (zB in Bayern) oder durch juristische Personen des Privatrechts, an denen Körperschaften des öffentlichen Rechts maßgeblich beteiligt sind (wie in den meisten anderen Bundesländern) ein jeweils ausreichendes Angebot für ihr Territorium organisiert haben. Eine Argumentation, die darauf abzielen würde, in dem eine Ausweitungsabsicht betreffenden Bundesland existiere noch kein ausreichendes Glücksspielangebot im Sinne des § 10 Absatz 1 Satz 1

62 So das BKartA in der Ausgansentscheidung *„Lottoblock"*, s. BKartA, Beschluss vom 23.8.2006, Tz 268.

63 Beschluss vom 19.6.2012, KVR 15/11, WuW/E DE-R 3695, 3700 – *Haller Tagblatt.*

64 Das Urteil erging unter dem Regime des GlüStV, während frühere Entscheidungen (insb. das Urteil des OLG Düsseldorf vom 8.6.2007 (Az VI Kart 15-06) betr. das Kartellverwaltungsverfahren *Lottoblock* noch unter dem Regime des Lotteriestaatsvertrages ergangen sind.

GlüStV, ist nicht aussichtsreich. Dies gilt umso mehr, als der BGH ausdrücklich es als Ausdruck der föderalen Ordnung und Möglichkeit der Bundesländer manifestiert hat, einen regionalen Erlaubnisvorbehalt für die Glücksspielveranstaltung vorzusehen; deshalb *„liege es nicht fern, als unzulässige Erweiterung staatlicher Wettveranstaltung im Sinne des Bundesverfassungsgerichts nicht nur neue Glücksspiele, sondern auch die Bereitstellung neuer oder zusätzlicher Vertriebsmöglichkeiten für bereits verfügbare Spielangebote durch weitere staatliche Lottogesellschaften anzusehen. [...]“*[65]

– Die deutschen Bundesländer haben sich im GlüStV auf eine regionale Ausrichtung der Glücksspielangebote verständigt. Das regionale Erlaubnisregime setzt dieses Ziel um. Die Lotteriegesellschaften berücksichtigen diese gesetzliche Ausrichtung bei ihrer unternehmerischen Entscheidungsfindung und machen deshalb keine Anstalten, ihre Angebote in andere Territorien auszurichten.

50 **c)** Das OLG Celle hat sich mit den vorstehend erörterten wettbewerblichen Parametern im staatlichen Glücksspielwesen unter dem Regime des GlüStV eingehend befasst.[66] Das OLG Celle hat entschieden,

- dass **keine hinreichenden Anhaltspunkte für einen (potentiellen) Angebotswettbewerb** zwischen den Lotteriegesellschaften bestehen (S 35f): *„Aufgrund des auf dem Regionalitätsprinzips beruhenden Gebietsmonopols der jeweiligen Landeslottogesellschaften besteht zwischen ihnen kein aktueller Wettbewerb [...] und auch kein potentielles Wettbewerbsverhältnis“*;
- dass es unter dem Regime des GlüÄndStV **keinen Nachfragewettbewerb zwischen den Lotteriegesellschaften** um (grenzüberschreitende) Spielaufträge aus gewerblicher Spielvermittlung gibt (S 37): *„Da unter Geltung des GlüStV aufgrund der Genehmigungspraxis der einzelnen Bundesländer eine grenzüberschreitende Vermittlung von Spielkunden aus einem Bundesland an die Landeslottogesellschaft eines anderen Bundeslandes ausscheidet, besteht ohnehin kein Nachfragewettbewerb zwischen den einzelnen Landeslottogesellschaften nach gewerblichen Spielvermittlern“.*

51 Die gegen das Urteil des OLG Celle eingelegte Nichtzulassungsbeschwerde, die insbesondere die vermeintliche Uneinheitlichkeit der höchstrichterlichen Rechtsprechung reklamiert, hat der BGH-Kartellsenat mit Beschluss vom 3.3.2015[67] abschließend zurückgewiesen. Die unter dem Regime des LotterieStV entwickelte Rechtsauffassung des BKartA und des BGH wurde somit unter Anwendung des GlüStV aktualisiert.

---

65 Vgl BGH, vom 8.5.2007, KVR 31/06, WuW/E DE-R 2035, Rn 40ff.
66 Urteil vom 22.5.2014 (Az 13 U 145/13 (Kart).
67 Vgl BGH, KZR 34/14.

d) Diese vom Gesetzgeber angeordnete Neuausrichtung ist für die kartellrechtliche Analyse von herausragender Bedeutung. Denn ohne Möglichkeit oder jedweden Anhaltspunkt für eine bundeslandübergreifende Ausweitung des Spielangebots sind die Voraussetzungen für die Annahme eines (potentiellen) Angebotswettbewerbs **nicht** gegeben. Ohne (potentielle) Wettbewerbsbeziehung ist eine wettbewerbliche Beschränkung zwischen den Lotteriegesellschaften (also die Annahme eines „Binnenwettbewerbs") denklogisch ausgeschlossen.[68] Da das Kartellrecht tatbestandlich einen Wettbewerb voraussetzt, würden die vorstehend beschriebenen Angebots- und Nachfragesachverhalte nicht der kartellrechtlichen Verhaltenskontrolle unterliegen. Daraus leitet sich die These ab, dass das Kartellrecht im originären Aufgabenbereich der Lotteriegesellschaften für deren Verhältnis untereinander **keine** Anwendung findet. 52

Stellungnahme: Der bisherige kartellbehördliche Ausgangspunkt, dass (potentielle) Wettbewerbsbeziehungen bestehen und Vereinbarungen oder andere koordinierende Verhaltensweisen eine Beschränkung des Wettbewerbs im Binnenverhältnis zwischen den Lotteriegesellschaften bezwecken oder bewirken können, ist überholt. Aufgrund der vom Gesetzgeber gewollten ordnungsrechtlichen Regionalität der Glücksspielveranstaltung und dem organisatorischen Ziel, die Lotteriegesellschaften – rechtssicher, effizient und gemeinsam – mit der Poolung zu beauftragen – wozu auch ein sachgerechter Informationsaustausch gehört – finden die kartellrechtlichen Bestimmungen dort keine Anwendung, wo der Gesetzgeber den Binnenwettbewerb ausgeschlossen hat, namentlich in den erörterten Angebots- und Nachfragesachverhalten. 53

3. Beeinträchtigung für den Handel zwischen den Mitgliedsstaaten

Zu den allgemeinen Voraussetzungen wurde im Abschnitt II, Ziff 3 schon Stellung genommen. Die Frage einer grenzüberschreitenden Beeinträchtigung stellt sich insbesondere im Kontext der Glücksspielerlaubnisse, nämlich ob eine nicht erlaubte Glücksspieltätigkeit (kartellrechtlich) überhaupt schützenswert sein kann. Kann sich der Inhaber einer nur territorial beschränkten ausländischen Erlaubnis (zB aus Malta) auf europäische Grundfreiheiten zur Durchsetzung etwaiger Rechte in Deutschland berufen? Allgemein gilt, dass die Grundfreiheiten (zB einen Dienstleistenden) nur schützen, wenn dieser in einem anderen Mitgliedsstaat rechtmäßig Dienstleistungen erbringt.[69] Da die Legalisierungswirkung einer behördlichen Er- 54

68 Vertiefend hierzu Mailänder, Das wettbewerbslose Binnenverhältnis zwischen den staatlichen Landeslotteriegesellschaften, ZfWG 2015, 223 ff.

69 Vgl EuGH, Urteil vom 29.11.2001, Rs C-17/00, abrufbar unter http://curia.europa.eu/de, dort Rn 29.

laubnis auf ihren verwaltungsrechtlichen Geltungsbereich beschränkt ist, darf jeder Glücksspielveranstalter nur innerhalb des Hoheitsgebiets seiner Genehmigungsbehörde Glücksspiele anbieten. Wenn die EU-grenzüberschreitende Tätigkeit (ohne Erlaubnis) rechtswidrig ist, fehlt der Glücksspieltätigkeit der gemeinschaftsrechtliche Bezug. Ohne diesen ist die Tätigkeit ungeeignet, den Handel zwischen den Mitgliedsstaaten zu beeinträchtigen. Dieser restriktiven Sichtweise steht die Auffassung entgegen, dass bereits das Teilgebiet zumindest eines größeren EU-Mitgliedsstaaten einen wesentlichen Teil des gemeinsamen Marktes darstellen kann (und Beschränkungen insoweit zwischenstaatliche Bedeutung erlangen können). Ein eigentlich nur „nationaler Sachverhalt" kann daher auch bzw schon dann auf dem gemeinschaftsrechtlichen Prüfstand stehen, wenn ein größerer Mitgliedsstaat betroffen ist und Anhaltspunkte für eine grenzüberschreitende Tätigkeit vorliegen. Auf die Rechtmäßigkeit von Erlaubnissen in anderen Hoheitsgebieten kommt es dann für die Beurteilung einer EU-Handelsrelevanz nicht an.

4. Spürbarkeit der Wettbewerbsbeschränkung

55 Um nicht jede Wettbewerbsbeschränkung aufgreifen zu müssen, hat die kartellbehördliche und -gerichtliche Praxis frühzeitig das ungeschriebene Tatbestandsmerkmal der **Spürbarkeit** in die kartellrechtliche Prüfung hineininterpretiert. Ein Kartellverstoß kann nur dann vorliegen, wenn die wettbewerbsbeschränkenden Konsequenzen spürbar und nicht bloß geringfügig oder unbedeutend sind,[70] also sich der Wettbewerb anders als ohne Absprache entwickeln könnte. Die Details und Leitplanken für die Spürbarkeitsschwelle sind nachzulesen in der Bekanntmachung der Kommission – Leitlinien über den Begriff der Beeinträchtigung des zwischenstaatlichen Handels in den Art 81 und 82 des Vertrages.[71]

V. Missbrauchskontrolle, insbesondere Missbrauch einer marktbeherrschenden Stellung (Art 102 Abs 1 AEUV)

56 Die **Missbrauchsaufsicht** ist, neben Kartellverbot und Zusammenschlusskontrolle, eine der drei Säulen des Kartellrechts. Die Missbrauchsaufsicht dient der Verhinderung des Ausnutzens einer marktbeherrschenden bzw im deutschen Recht unter bestimmten Voraussetzungen auch bloß marktstarken Stellung durch ein ohne

70 Ergänzend zur sog de minimis- oder Bagatellregel vgl Bechtold, GWB, aaO, § 1 Rz 31.

71 S. ABl EG C 101, S 83, Rz 23: die Rechtsprechung geht von einer Marktanteilsschwelle von 5% des relevanten Marktes aus. Die Kommission setzt die Bagatellschwelle bei einem Marktanteil von 10% an.

mehrere Unternehmen. Im Gegensatz zum (zweiseitigen) Kartellverbot umfasst die Missbrauchsaufsicht nur *einseitige Verhaltensweisen.*

1. Regelung der Missbrauchsaufsicht im Gemeinschaftsrecht und im GWB

Die **europäische Missbrauchsaufsicht** ist in Artikel 102 AEUV geregelt. Die **deutsche Missbrauchsaufsicht** ist in §§ 19–21 GWB geregelt. Das deutsche Recht ist strenger als das europäische. So können Verhaltensweisen, die vom europäischen Verbot nicht umfasst sind, nach strengerem deutschem Recht untersagt werden.[72] Auch hier gilt aber die primäre Einschlägigkeit der EG-Vorschriften, soweit der Missbrauch dazu führen kann, den Handel zwischen den Mitgliedstaaten zu beeinträchtigen. Einige Beispielsfälle des Missbrauchs werden in Art 102 Abs 2 AEUV konkret geregelt. 57

2. Tatbestandliche Anknüpfungspunkte

Die Missbrauchsaufsicht verbietet allen Unternehmen bestimmte missbilligte Wettbewerbsbeschränkungen (zB Boykottaufruf) und verbietet Unternehmen mit einer qualifizierten Marktstellung bestimmte Verhaltensweisen (zB Ungleichbehandlung ohne wichtigen Grund), die einem marktschwachen Unternehmen erlaubt sind. 58

3. Marktbeherrschung

Ein Unternehmen ist dann **marktbeherrschend**, wenn es auf dem relevanten Markt entweder keinem wesentlichen Wettbewerb ausgesetzt ist oder eine im Verhältnis zu seinen Wettbewerbern überragende Marktstellung hat. Eine Einzelmarktbeherrschung steht bei Monopolen außer Frage. Aufgrund der Veranstaltungsmonopole für Lotteriespiele muss in Deutschland von derzeit 16 Einzelmarktbeherrschungen (in 16 Bundesländern) ausgegangen werden. Anders verhält es sich auf den Sportwettenmärkten. Aufgrund der vielzähligen Anbieter und Angebote sind Marktbeherrschungen dort derzeit nicht gegeben. Das gleiche gilt für die Märkte für Spielcasinos bzw Automatenspiele in Spielhallen. Auch dort ist das Angebot zahlreich und es sind keine Marktbeherrschungen ersichtlich. 59

72 Vergleiche hierzu bspw § 20 Abs 2 GWB.

4. Missbrauch

60 Art 102 AEUV liefert keine für den Missbrauchsbegriff griffige Legaldefinition. Vielmehr sind die einzelnen Tatbestandsmerkmale funktional aufeinander bezogen. Es kommt entscheidend auf die konkreten Umstände des Einzelfalls an. Grundsätzlich gilt auch für marktstarke Unternehmen, dass sie ihre Tätigkeit und ihr Vertriebssystem nach eigenem Ermessen so gestalten dürfen, wie sie dies für wirtschaftlich sinnvoll halten;[73] Geschäfts- und Lieferverweigerungen marktstarker Unternehmen sind deshalb nur unter bestimmten, engen Voraussetzungen missbräuchlich, etwa wenn Geschäftspartner (oder solche, die es sein wollen) willkürlich unterschiedlich behandelt werden (sog Diskriminierungsverbot).

5. Missbrauchskontrolle im Glücksspielwesen

61 Mancherorts wird das mit dem Glückspielstaatsvertrag bzw den diesen umsetzenden gesetzlichen Regelungen bewirkte Glücksspielmonopol in den Bundesländern per se als missbräuchliche Ausnutzung marktbeherrschender Stellungen angeprangert. Ein Monopolist könne einen bedeutenden Teil der Gesamtnachfrage nach Dienstleistungen gar nicht befriedigen und dies allein sei missbräuchlich.[74] Diese Auffassung verkennt freilich, dass es weder von der europäischen noch von der deutschen Rechtsprechung je beanstandet wurde, dass mit der Einrichtung von Glücksspielmonopolen keine wirtschaftlichen, sondern die Durchsetzung ordnungsrechtlicher Ziele als öffentliche Aufgabe angestrebt ist (§§ 1, 10 Abs 1 und 2 GlüÄndStV). Es ist systematisch falsch, dem Gesetzgeber ein wettbewerblich missbräuchliches Verhalten vorzuwerfen, wenn er staatliche Glücksspielmonopole verankert. Adressaten der Missbrauchskontrolle sind nicht die (Landes)Gesetzgeber, sondern Unternehmen.[75]

62 Diese Leitplanke gilt ebenso für die Regulierung innerhalb der einzelnen Glücksspielmärkte. Es wurde ausgeführt, dass die Experimentierklausel (s.o. Abschnitt IV, Ziff 2.2.2) wegen einer willkürlichen Beschränkung auf 20 Lizenzen als (kartell)rechtswidrig angegriffen ist. Mit der (wettbewerbsrechtlichen) Zulässigkeit einer Höchstgrenze musste sich der EuGH schon in der Grundsatzentscheidung Placanica[76]

73 EuGH, Slg 1978, 207 (Rz 182/191) – *United Brand*; Ständige Rechtsprechung des BGH, zB BGH WuW/E BGH 2755, 2758 – *Aktionsbeträge;* BGH WuW/E BGH 2983, 2988 – *Kfz-Vertragshändler;* BGH WuW/DE-R 134, 136 – *Bahnhofsbuchhandel*; BGH WuW/DE-R 35, 39 – *Großbildprojektoren.*

74 EuGH Slg 2000, I-825, Rn 60/61 – *„Deutsche Post"*, folglich sei ein „Kontrahierungszwang" die strikte Ausnahme.

75 Vgl OLG Düsseldorf, Beschluss vom 17.9.2008, Az VI-Kart 19/07 (V).

76 Vgl EuGH, Urt vom 6.3.2007, Rs C-338/04.

befassen. Der EuGH hat entschieden, dass eine Konzessionsbeschränkung tatsächlich darauf abzielen muss, der Ausbeutung von Tätigkeiten im Glücksspielsektor zu kriminellen oder betrügerischen Zwecken vorzubeugen.[77] Demnach ist zu erforschen, welche Ziele der Gesetzgeber mit der zahlenmäßigen Beschränkung verfolgt. In den Erläuterungen zum GlüÄndStV ist nachzulesen, dass sich der deutsche Gesetzgeber diesem Ziel (Kriminalitätsvorsorge) verpflichtet sieht. Außerdem möchte der Gesetzgeber der Kanalisierung Vorschub leisten und will für den Ablauf der Konzessionserteilung sicherstellen, dass die Konzessionsvergabe diskriminierungsfrei und transparent sein muss.[78] Kartellrechtlich kann den Mitbewerbern – auch nicht den staatlichen Lotteriegesellschaften und (bisherigen) Monopolinhabern – kein kartellrechtlicher Vorwurf gemacht werden, dass sie sich im Zuge einer Ausschreibung um Konzessionen bewerben.

Inwieweit die Missbrauchvorschriften bei den von der Rechtsprechung als Un- 63
ternehmen iSd Kartellrechts qualifizierten Lottogesellschaften überhaupt einschlägig sind, hängt entscheidend davon ab, welche Bedeutung man der ordnungsrechtlichen Aufgabenerfüllung beimisst. Setzt man deren Bedeutung zutreffend hoch an, bleibt nur ein entsprechend geringerer Spielraum für Entscheidungen, die überhaupt Gegenstand einer Missbrauchskontrolle sein könnten.[79] Außerhalb ordnungsrechtlicher Tätigkeitspflichten gilt für marktstarke Landeslotteriegesellschaften die Leitplanke, dass sie sich ebenso wenig marktmissbräuchlich verhalten dürfen wie andere marktstarke Unternehmen aus anderen Branchen.

VI. Öffentliche und monopolartige Unternehmen (Art 106 AEUV)

Die nachstehenden Überlegungen unterliegen der Prämisse, dass die staatlichen 64
Landeslotteriegesellschaften gegründet worden sind, um im Allgemeininteresse liegende Aufgaben zu erfüllen. Für die kartellrechtliche Betrachtung resultiert hieraus die Grundsatzfrage, ob und falls ja, inwieweit die Erfüllung solcher öffentlicher Aufgaben eine (kartell)rechtliche Sonderbehandlung (gegenüber anderen Unternehmen) rechtfertigt.

---

77 Vgl EuGH, Urt vom 6.3.2007, Rs C-338/04, Leitsatz 2.

78 Erläuterungen zum GlüÄndStV (Stand 7.12.2011), S 20f unter Bezugnahme auf EuGH, Urt v 9.9.2010 – *Österreichische Spielbankenkonzession*; EuGH, Urt v 16.2.2012 – *Costa*; in dieser Entscheidung hat der EuGH die gemeinschaftsrechtlichen Anforderungen einer ordnungsgemäßen Vergabe von Glücksspielkonzessionen konkretisiert. Sinngemäß wird ergänzend zum Diskriminierungsverbot und Transparenzgebot verlangt, dass etablierten Konzessionsinhabern keine zusätzlichen Wettbewerbsvorteile eingeräumt werden dürfen und dass eine gerichtliche Nachprüfung Gewissheit dafür schaffen kann, dass die Vergabe unparteiisch durchgeführt wurde.

79 Vgl hierzu sogleich die Ausführungen zu Art 106 AEUV.

1. Art 106 Abs 1 AEUV

65 Grundsätzlich sollten staatliche Ausnahmeregelungen in einem engen Rahmen gehalten werden. Um zu vermeiden, dass die Wettbewerbsziele der Gemeinschaft durch staatliche Einrichtungen unterwandert werden, verpflichtet **Art 106 Abs 1 AEUV** die Mitgliedstaaten originär dazu, die Vertragsziele, insbesondere auch das Vertragsziel des unverfälschten Wettbewerbs (Art 3 Abs 1 lit g EG) einzuhalten.[80]

2. Freistellung von den Wettbewerbsvorschriften gem Art 106 Abs 2 AEUV

66 Zur Relativierung des in Art 106 Abs 1 AEUV verankerten industriepolitischen oder ordnungsrechtlichen Instrumentalisierungsverbot zugunsten öffentlicher Unternehmen, erlaubt Art 106 Abs 2 AEUV einen begrenzten Schutz des öffentlichen Sektors.[81] Nach Art 106 Abs 2 AEUV finden die Wettbewerbsvorschriften auf öffentliche Unternehmen, die mit **Dienstleistungen von allgemeinem wirtschaftlichem Interesse** betraut sind, ausnahmsweise dann keine Anwendung, wenn andernfalls die Erfüllung der ihnen übertragenen besonderen Aufgabe rechtlich oder tatsächlich verhindert würde *(„kartellprivilegierte Bereichsausnahme“)*.[82]

67 Zu einer grundsätzlichen Freistellung der Lotteriegesellschaften von den gemeinschaftsrechtlichen Wettbewerbsvorschriften sah der BGH im Kontext der regio-

80 Insofern stellt Art 106 Abs.1 AEUV eine Ausprägung der allgemeinen Loyalitätspflicht der Vertragsstaaten dar, die in Art 10 AEUV (zB iVm Art 3 Abs 1 lit g) AEUV) normiert ist. Nach ständiger Rechtsprechung des EuGH verbietet Art 10 AEUV (der eine Pflicht zur Zusammenarbeit der Mitgliedstaaten mit der Europäischen Gemeinschaft begründet) den Mitgliedstaaten, Maßnahmen, auch in Form von Gesetzen oder Verordnungen, zu treffen oder beizubehalten, die die praktische Wirksamkeit der für die Unternehmen geltenden Wettbewerbsregeln aufheben könnten, vgl EuGH, Slg 1977, 2115 Rn 31 – INNO/ATAB; Slg 1988, 4769 Rn 16 – Van Eycke; Slg 1993, I-5801 Rn 14 – Reiff; Slg 1994, I-2517 Rn 17 – Delta; Slg 1995, I-2883 Rn 20 – Centro Servizi Spediporto; Slg 2002, I-1529 Rn 34 – Arduino; Slg 2003, I-8079 Rn 45 – Consorzio Industrie Fiammiferi (CIF); Zur Klarstellung sei zu der CIF-Entscheidung darauf hingewiesen, dass es sich bei dem Consorzio Industrie Fiammiferi nicht um ein staatliches Monopol, sondern um einen Zusammenschluss privater Zündholzhersteller handelte und dass die italienischen Rechtsvorschriften dem Consorzio die Möglichkeit ließen, die Produktion von Zündhölzern durch autonome Unternehmensentscheidungen unter den Mitgliedern des Consorzio aufzuteilen; solche Entscheidungsspielräume sind aufgrund ordnungsrechtlicher Vorgaben den Lottogesellschaften gerade nicht eingeräumt.

81 Das Wechselspiel zwischen Art 106 Abs.1 und Abs.2 AEUV verkörpert eine Schnittstelle zwischen einer gebotenen staatlichen Aufgabenerfüllung einerseits und der wirtschaftsverfassungsrechtlichen Verpflichtung der Mitgliedstaaten andererseits, einen unverfälschten Wettbewerb zu fördern; Art 106 Abs 2 AEUV dient dazu, einen angemessenen Ausgleich zwischen der Durchsetzung einer Politik des freien Wettbewerbs und den wirtschafts- und sozialpolitischen Zielen der Mitgliedstaaten zu schaffen

82 Bechtold/ua, EG-Kartellrecht, 3. Aufl 2014, Art 106 AEUV Rz 11.

nalen Ausrichtung und obwohl die jeweiligen Bundesländer das Glücksspielwesen als **staatliche Monopole** ordnungsrechtlich im Rahmen der Gefahrenabwehr[83] ausgestaltet hat, bislang keine Veranlassung. Nach Auffassung des BGH liege eine Gefährdung der Aufgabenerfüllung fern, wenn ohnehin bundeseinheitlich angebotene Spiele innerhalb eines Bundeslandes künftig im Einklang mit dem dort anwendbaren Landesrecht durch staatlich kontrollierte und beherrschte Lotteriegesellschaften mehrerer Bundesländer angeboten würden. Soweit die Ausweitung eines Glücksspielangebots auf ein anderes Bundesland mit dessen öffentlichen Interessen unvereinbar sein sollte, stünde es diesem Bundesland schließlich frei, die ordnungsrechtlich erforderliche Erlaubnis für dieses Spielangebot zu versagen. Die landesrechtlich räumlich beschränkten Erlaubnisse von Glücksspielen könnten überdies von Land zu Land unterschiedlich erteilt werden. Aufgrund dieser ordnungsrechtlichen Möglichkeiten sei **keine generelle Freistellung** von den Wettbewerbsvorschriften erforderlich[84].

Vor dem Hintergrund der in Abschnitt II. beschriebenen Entwicklungen stellt sich aktuell die Frage, ob auch für eine Freistellung ein Paradigmenwechsel zeit- und sachgerecht ist. Für eine Freistellung von den Wettbewerbsvorschriften müssen alle vier Voraussetzungen von Art 106 Abs 3 AEUV kumulativ (insoweit aber auch abschließend) erfüllt sein.[85] Danach sind (eigentlich) wettbewerbsbeschränkende Maßnahmen vom Kartellverbot freigestellt, die 68

> *(1) unter **angemessener Beteiligung der Verbraucher** an dem entstehenden Gewinn zur **Verbesserung der Warenerzeugung oder -verteilung** oder **(2) zur Förderung des technischen oder wirtschaftlichen Fortschritts** beitragen, ohne dass den beteiligten Unternehmen (3) **Beschränkungen** auferlegt werden, die für die Verwirklichung dieser Ziele **nicht unerlässlich** sind, oder (4) Möglichkeiten eröffnet werden, für einen wesentlichen Teil der betreffenden Waren den **Wettbewerb auszuschalten.**"*

Ob für die originäre Aufgabenerfüllung der staatlichen Lotteriegesellschaften (also die Veranstaltung/Durchführung von Glücksspielen) die Voraussetzungen für eine kartellprivilegierte Bereichsausnahme vorliegen, beurteilt sich nach folgenden Erwägungen: 69

83 Das Bundeskartellamt räumt ein, dass die Veranstaltung von Glücksspielen als ordnungsrechtliche Tätigkeit **der Länder** zur Kanalisierung des Spieltriebs zu klassifizieren ist und damit „*zumindest auch im öffentlichen Interesse wahrgenommen wird*".

84 BGH, Beschluss vom 8.5.2007, Az KVR 31/06, Rz 34 ff unter Berufung auf die Grundsatzentscheidung des BVerfG vom 28.3.2006, BVerfGE 115, 276 sowie zur regionalen Legalisierungswirkung: BVerwGE 126, 149, 158 f.

85 Bekanntmachung der Kommission – Leitlinien zur Anwendung von Art 81 Abs 3 EG-Vertrag, ABl EG C 101, S 97, Rz 42.

3. Dienstleistung von allgemeinem wirtschaftlichen Interesse

70 Die Veranstaltung von Glücksspiel auf dem deutschen Markt ist als ordnungsrechtliche Tätigkeit der Länder zur Kanalisierung des Spieltriebs zu klassifizieren und wird damit *„zumindest auch im öffentlichen Interesse wahrgenommen wird"*.[86] Der EuGH hat festgestellt, dass der betroffene Mitgliedstaat berechtigt ist, an bestimmte Unternehmen oder Unternehmensgruppen ausschließliche Rechte zum Angebot der betroffenen Tätigkeit einzuräumen, wenn der Mitgliedstaat dies aus Gründen der öffentlichen Sicherheit für erforderlich hält. Auch in vorausgegangenen Urteilen hatte der EuGH[87] schon klargestellt, dass den Mitgliedstaaten eine Bestimmungsfreiheit hinsichtlich des Schutzbereichs des Art 106 Abs 2 AEUV und damit einhergehend eine Bestimmungsfreiheit hinsichtlich der Ausgestaltung der zu treffenden Maßnahmen zur Sicherung der Aufgaben im allgemeinen wirtschaftlichen Interesse zusteht:

> *„[...] Mitgliedstaaten [...] kann es nicht verboten sein, bei der Umschreibung der Dienstleistungen von allgemeinem wirtschaftlichen Interesse, mit denen sie bestimmte Unternehmen betrauen, die eigenen Ziele ihrer staatlichen Politik zu berücksichtigen und diese vermittels Verpflichtungen und Beschränkungen zu verwirklichen zu suchen, die sie den fraglichen Unternehmen auferlegen"*[88].

71 Welche Aufgaben konkret der Allgemeinheit zu Gute kommen (sollen), bestimmen die Mitgliedstaaten im Rahmen des ihnen zustehenden Ermessensspielraumes, für die Regulierung des Glücksspielbereichs billigt der EuGH den Mitgliedsstaaten eine besonders großzügige Einschätzungsprärogative zu.[89]

4. Betrauung

72 Eine Betrauung kann durch Erteilung einer Konzession oder durch den Abschluss öffentlich-rechtlicher sowie privatrechtlicher Verträge erfolgen.[90] Für die Prüfung

86 Der EuGH hat in seinem Urteil vom 18.6.1998 (Rs C-266/96 – *Corsica Ferries France*) festgestellt, dass Tätigkeiten, die aus Gründen der Sicherheit auf eine bestimmte Art und Weise ausgeübt werden müssen, in den Anwendungsbereich von Art 106 Abs 2 EG (damals Art 90 Abs 2 EG-Vertrag) fallen.

87 Vgl EuGH, Urt v 27.4.1994, Rs C-393/92 (Rz 47) – *Almelo*; und EuGH, Urt v 23.10.1997, Rs C-159/94 (Rz 65) *Monopole bei Strom und Gas*.

88 EuGH, Urt v 23.10.1997, Rs C-157/94 (Rz 40) – *Kommission/Niederlande*.

89 Der EuGH hat den Mitgliedsstaaten ausdrücklich das Recht anerkannt, Tätigkeiten im Glücksspielsektor einem großzügigen Erlaubnisvorbehalt zu unterstellen, EuGH, Urteil vom 6.3.2007, C-338/04, C-359/04 und C-360/04, Tz 45 ff – *Placanica*, so zuletzt auch bestätigt in EuGH, Urteil vom 4.2.2016, Rs C-336/14 – *INCE*.

90 Zuletzt beispielhaft herausgestellt in den EuGH-Entscheidungen (Große Kammer) betr *„Carmen Media"* (Urt v 8.9.2010, Rs C-48/08) und *„Winner Wetten"* (Urteil vom 8.9.2010, Rs C-409/06).

einer ausreichenden Aufgabenübertragung kommt es maßgeblich darauf an, ob das verpflichtete Unternehmen die ihm übertragene Dienstleistung selbst dann zu erbringen hat, wenn dies im Einzelfall wirtschaftlich nicht mehr rentabel sein sollte.[91] Das wirtschaftliche Eigeninteresse muss den tatsächlich übertragenen Aufgaben untergeordnet sein. Dies ist bei allen staatlichen Lotteriegesellschaften der Fall. Die Lotteriegesellschaften sind zur Glücksspieltätigkeit allein aufgrund der im GlüStV niedergelegten Ziele eingerichtet/konzessioniert. Über die Einhaltung der Vorgaben wacht die jeweilige Aufsichtsbehörde, die die Konzession erteilt hat. Die Lotteriegesellschaften sind verpflichtet, nach Maßgabe der in § 1 GlüStV festgelegten Ziele, ein gemeinwohlorientiertes Spielangebot sicherzustellen und insofern (hoheitlich) betraut.

5. Die kartellrechtlichen Vorgaben verhindern die Erfüllung der den staatlichen Landeslottogesellschaften übertragenen ordnungsrechtlichen Aufgaben

Eine Freistellung von wettbewerbsrechtlichen Verhaltenspflichten ist gerechtfertigt, 73
falls deren Beachtung dazu führen würde, dass das betraute Unternehmen die ihm übertragene Aufgabe nicht mehr erfüllen könnte.[92] Dies wäre dann der Fall, wenn die Erfüllung der den staatlichen Lotteriegesellschaften im allgemeinen wirtschaftlichen Interesse übertragenen Aufgaben durch die Einhaltung kartellgesetzlicher Vorgaben gefährdet sein würde.[93] Von einer *„Verhinderung"* ist nach der einschlägigen EuGH-Rechtsprechung dann auszugehen, wenn *„die Erfüllung der Aufgabe unter wirtschaftlich zumutbaren Bedingungen gefährdet wird."*[94] Zur Ermittlung, ob/inwieweit eine solche Gefährdung vorliegt, hat eine Abwägung stattzufinden zwischen der vermeintlichen Intensität etwaiger Wettbewerbsbeziehungen der Lotteriegesellschaften untereinander (die das Kartellrecht schützen könnte) und den kartellrechtlichen Verhaltenskonsequenzen, die den Landeslotteriegesellschaften die pflichtgemäße Aufgabenerfüllung erschweren (die den Landeslotteriegesellschaften freilich ordnungsrechtlich aufgegeben sind). Es wurde unter Ziff IV.2. dargelegt, dass im originären Aufgabengebiet der Landeslotteriegesellschaften kein Binnenwettbewerb stattfindet. Da kein Wettbewerb schützenswert ist, streitet hiernach die Abwägung zulasten einer Gefährdung und für eine Freistellung.

---

91 *Immenga/Mestmäcker*, Wettbewerbsrecht, EG Teil 1, Art 106 Abs 2 Rz 45.

92 Bechtold/ua, EG-Kartellrecht 3. Auflage 2014, Art 106 Rz 44; Immenga/Mestmäcker, Wettbewerbsrecht, EG/Teil 1, 5. Aufl 2012, Art 106 Abs 2 Rz 46

93 Vgl zu dieser Grundannahme schon BGH, Beschluss vom 8.5.2007 (Az KVR 54/07), Rz 30 bzw OLG Düsseldorf, Beschluss vom 8.6.2007, (Az VI Kart 15/06) S 41).

94 Vgl EuGH, Urteil vom 10.2.2000 (Rs (147/97) zitiert nach BGH, Urteil vom 14.8.2008 (KVR 54/07 – *Lottoblock*).

6. Keine maßgebliche Beeinträchtigung im Sinne des Art 106 Abs 2 Satz 2 AEUV

74 Die Freistellung für die originäre Aufgabenerfüllung der staatlichen Lottogesellschaften hätte keine maßgebliche Wettbewerbsbeeinträchtigung gem Art 106 Abs 2 Satz 2 AEUV zur Folge. Das Lotteriewesen ist in vielen EU-Mitgliedstaaten als staatliches Monopol ausgestaltet bzw zumindest staatlich kontrolliert. Es liegt in der Natur der staatlichen Regulierungsentscheidung, dass die Monopolausrichtung in den Ländern jeweils ein streng reguliertes Glückspielwesen konzipiert. Dazu zählt die An- und Einbindung der staatlichen Lottogesellschaften in die ordnungsrechtlichen Zielvorgaben. Eine nachteilige Beeinflussung des Lotteriemarktes ist nicht ersichtlich. Im Gegenteil: Die wettbewerblichen Mechanismen drohen die verfassungsgerichtlich vorausgesetzten Schutzmechanismen, die zur Durchsetzung der ordnungsrechtlichen Ziele durch die Monopolgestaltungen geeignet und verhältnismäßig sind, zu gefährden. Deshalb resultiert aus der Freistellung keine Beeinträchtigung, sondern eine Stärkung des Lotteriewesens, das unter der maßgeblichen Einschätzungsprärogative der Mitgliedsstaaten steht.

VII. Landesgesetzliche Regulierungen auf dem Prüfstand des EU-Kartellrechts

75 Gem Art 101 AEUV ist es nach der Rechtsprechung des EuGH den Mitgliedsstaaten verboten, mithin auch den deutschen Bundesländern, Maßnahmen zu treffen oder beizubehalten, die die praktische Wirksamkeit der für die Unternehmen geltenden Wettbewerbsregeln aufheben könnten.[95]

1. Einschätzungsprärogative und EU-Konformität

76 Der EuGH hat in ständiger Rechtsprechung anerkannt, dass die Mitgliedsstaaten aus Gründen des Allgemeininteresses, insbesondere zur Vorbeugung gegen Spielsucht, die Zulassung von Lotterien und Glücksspielen beschränken oder ausschließen können und dabei über erhebliches Ermessen verfügen.[96] Dass die aus den Allge-

95 EuGH, Urteil vom 9.9.2003 – C-198/01, Slg 2003, I-8079 Tz 45 – CIF, zitiert nach BGH, Beschluss vom 8.5.2007, Az KVR 31/06, Rz 35.

96 Vgl EuGH, Urteil vom 24.3.1994 – C-275/92, Slg 1994, I-1039 Tz 57 f, 61 – *Schindler*; Urteil vom 21.9.1999, C-124/97 Slg 1999, I-6067 Tz 32 f, 35 – *Läärä*; Urteil vom 21.10.1999 – C-67/98, Slg 1999, I-7289 Tz 14 ff – *Zenatti*, Urteil vom 6.11.2003 – C-243/01, Slg 2003, I-13031 Tz 63 – *Gambelli*; Urteil vom 6.3.2007 – C-338/04, C-359/04, C-360/04, WRP 2007, 525 Rz 47 – *Placanica* und zuletzt Urt v 8.9.2010, C-46/08 – *„Carmen Media“*.

meininteressen resultierenden „Schranken-Schranken“ nicht nur für Beschränkungen der Grundfreiheiten (Dienstleistungs- und Niederlassungsfreiheit) sondern auch für Kartellsachverhalte gelten, hat der EuGH in der Rechtssache D'Antonio (Rs C-395/05), klargestellt.[97] Wörtlich heißt es in der Entscheidung:

> *„Andererseits, was die Interpretation der Art 31 EG und 86 EG betrifft, muss keine Antwort gegeben werden, nachdem man die Entscheidung, die das Gericht bezüglich der Interpretation der Art 43 EG und 49 EG getroffen hat, in Betracht gezogen hat.“ (Hervorhebung durch Verf.)*[98]

Mit anderen Worten: Die für die Grundfreiheiten anerkannten **Allgemeininteressen gelten entsprechend für die Durchsetzung der Wettbewerbsvorschriften.** Wenn die Allgemeininteressen eine nationale Beschränkung der Grundfreiheiten rechtfertigen, so gilt im Kontext der Wettbewerbsvorschriften (auch für die Reichweite von Art 106 Abs 2 AEUV ist dies maßgeblich) nichts anderes. Da und soweit die nationalen Beschränkungen von der Einschätzungsprärogative gedeckt und aufgrund der Allgemeininteressen (Spielsuchtprävention) geboten sind, müssen auch die Wettbewerbsregeln zurückstehen. Um vor dem Gemeinschaftsrecht Bestand haben zu können, müssen die aus der Regulierung resultierenden Beschränkungen den Anforderungen genügen, die das Gemeinschaftsrecht an ihre Verhältnismäßigkeit stellt, namentlich müssen sie zur Verwirklichung der Regulierungsziele geeignet und erforderlich sein und dürfen nicht diskriminierend angewendet werden.[99] 77

2. Beurteilung landesgesetzlicher Erlaubnisvorbehalte

Was folgt aus diesen Vorgaben für eine Ausgestaltung des Glücksspielwesens als Staatsmonopol um gemeinschaftsrechtlich, mithin auch wettbewerbsrechtlich zu 78

97 EuGH, Urteil vom 6.3.2007, C-395/05, abrufbar unter www.curia.europa.eu; im Gegensatz zu den sechs anderen (verbundenen und nicht verbundenen) Vorabentscheidungsersuchen hat das vorlegende italienische Gericht in der Rechtssache C-395/05 nicht nur danach gefragt, ob die Bestimmungen des italienischen Gesetzes gegen die in den Artikeln 43 EG und 49 EG vorgesehenen Grundsätze der Dienstleistungsfreiheit und der Niederlassungsfreiheit verstoßen, sondern auch um Auslegung zu den Grundsätzen des freien Wettbewerbs in den Artikeln 31 EG und 86 EG (EG-Wettbewerbs-/Kartellrecht) ersucht.

98 EuGH, aaO, Rn 8; im Ergebnis bestätigte der EuGH den schon in der Entscheidung „Anomar“ vertretenen Standpunkt zu Art 31 EG, der wie folgt lautete: „Da Glücksspiele eine Dienstleistung im Sinne des Vertrages darstellen, wie in Randnummer 56 dieses Urteils entscheiden worden ist, ist ein eventuelles Monopol für die Veranstaltung von Glücksspielen vom Anwendungsbereich des Artikels 31 EG ausgeschlossen.“ (Rn 60). (Hervorhebung durch Verf.)

99 Ständige Rechtsprechung des EuGH, zuletzt betont im Urteil vom 6.3.2007, aaO Tz 48 f – *Placanica.*

bestehen.[100] Grundsätzlich ist es den Mitgliedsstaaten überlassen, mit welcher Strenge sie das Glücksspielwesen – sogar innerhalb eines Monopols – regulieren wollen.[101] Entscheidend ist allein, dass mit der Regulierung zulässige Ziele verfolgt werden. Soweit mitgliedstaatliche Maßnahmen aufgrund der Verfolgung der in § 1 GlüStV manifestierten Ziele, die legitime Allgemeininteressen definieren, die europäischen Grundfreiheiten beschränken dürfen, scheidet auch ein Verstoß gegen Art 10 EG iVm Art 81 EG (heute Art 101 AEUV) aus.[102] Dies gilt auch für die kartellrechtliche Beurteilung landesrechtlicher Erlaubnisvorbehalte zur Regulierung der Tätigkeit von staatlichen Landeslottogesellschaften anderer Bundesländer.[103]

79 Deshalb – und darin liegt die entscheidende Konsequenz für das kartellrechtliche Regime – dürfen sich die Bundesländer aufgrund und im Rahmen ihrer Lotteriehoheit für oder gegen die Schaffung eines Monopols entscheiden und den Wettbewerb im eigenen Land (zB durch eine strenge Erlaubnispraxis) wegen ordnungsrechtlicher Ziele ausschließen.[104]

3. Kohärentes Regulierungssystem auf verschiedenen Glücksspielmärkten

80 Zuletzt hat der EuGH seine Grundhaltung, dass es der Beurteilung jedes Mitgliedstaats unterliege, ob es im Zusammenhang mit den von ihm verfolgten legitimen Zielen erforderlich ist, Glücksspieltätigkeiten vollständig oder teilweise zu verbieten bzw mehr oder weniger strenge Kontrollformen vorzusehen[105], unter das **Primat einer Kohärenzkontrolle** gestellt. Die Erwartung eines kohärenten Regulierungssystems ist nicht neu. Im Rahmen seiner Verhältnismäßigkeitsprüfung verlangte der EuGH jedoch bisher nur den Nachweis, dass die Regulierung geeignet sein muss, in kohärenter und systematischer Art und Weise zu der Erreichung der Ziele der Regulierung beizutragen[106]. In seiner Entscheidung vom 8. September 2010 stellte der

100 EuGH, Urteil vom 21.9.1999, C-124/07, Slg 1999, I-6067, Tz 42 – *Läärä*; BVerfGE 115, 276, 318; BGH, Beschluss vom 8.5.2007, KVR 31/06, Tz 47.

101 Der BGH bringt dies mit einer einprägsamen Formulierung auf den Punkt: *„Die von den Mitgliedsstaaten im Glücksspielsektor verfolgen Ziele sind nicht Gegenstand dieser Verhältnismäßigkeitsprüfung, sondern ihr Ausgangspunkt.“*, vgl BGH, Beschluss vom 8.5.2007, KVR 31/06, Rz 37.

102 Vgl BGH, Beschluss vom 8.5.2007, Az KVR 31/06, Rz 38.

103 Der EuGH hat den Mitgliedsstaaten ausdrücklich das Recht anerkannt, Tätigkeiten im Glücksspielsektor einem großzügigen Erlaubnisvorbehalt zu unterstellen, EuGH, Urteil vom 6.3.2007, C-338/04, C-359/04 und C-360/04, Tz 45 ff – *Placanica*.

104 BGH, Beschluss vom 8.5.2007, Az KVR 31/06, Rz 47.

105 EuGH, Entscheidung vom 8.9.2010, Rs C-46/08 – *Carmen Media*.

106 Gambelli, Rs C-243/01, Rn 67: seither hängt die die Rechtfertigung einer Glücksspielregulierung davon ab, dass der Mitgliedstaat sein Regelungsanliegen in *„kohärenter und systematischer“* Weise verfolgt; ebenso *Placanica*, Rs C-338/04, Rn 53; *Liga Portuguesa*, Rs C-42/07, Rn 61.

EuGH fest, dass ein Sportwettenmonopol nur rechtskonform ist, wenn es dazu beiträgt, „*die Wetttätigkeiten in kohärenter und systematischer Weise zu begrenzen*“[107] In der konkreten Beurteilung äußerte der EuGH Bedenken an der Rechtmäßigkeit des deutschen Sportwettenmonopols, weil ua im Bereich der Geldspielgeräte, die ein höheres Suchtpotenzial aufweisen würden als Sportwetten, eine Politik der Angebotsausweitung betrieben werde.[108] Sinngemäß reklamiert der EuGH eine Gesamtkohärenz[109] für das nationale Glücksspielkonzept. Eine föderal bedingte Gesetzgebungskompetenz entbindet den Bund und die Länder nicht von seiner Verpflichtung zu einer konsistenten Regelung des gesamten Glücksspielsektors.[110] Als inkohärent galten bisher nur solche nationalen Regelungen, die innerhalb eines Sektors widersprüchlich sind.[111] Beispielhaft hat der EuGH im Verfahren *Loi Evin* auf den Einwand, dass sich das Verbot der Alkoholwerbung aus Gründen des Gesundheitsschutzes nur auf bestimmte Alkoholarten und nicht auch auf Tabakwerbung beziehe, lediglich festgestellt, dass es Sache der Mitgliedstaaten sei, zu entscheiden, auf welchem Niveau sie den Gesundheitsschutz sicherstellen wollten und wie dieses Niveau erreicht werden solle.[112] Nationale Gerichte verlangen keine Gesamtkohärenz, sondern stellen auf den jeweiligen Glücksspielsektor ab.[113] Nach Auffassung

107 Vgl EuGH, Rs C-46/08 – *Carmen Media*, Rz 63f; ebenso, EuGH, Rs ua C-316/07 – *Markus Stoß*.

108 Ob Regulierungsunterschiede aus einer innerstaatlichen Zuständigkeitsverteilung zwischen Bund und Ländern herrühren, kann dabei – so der EuGH – keine Rolle spielen.

109 Vgl EuGH Urt vom 8.9.2009, aaO, Rn 54ff, 69. Im Verfahren *Liga Portuguesa* (Rs C-42/07, Rn 68) hatte der EuGH bei der Prüfung, ob dort einschlägige Beschränkungen erforderlich sind, allein auf den „Sektor“ der dem Monopol unterliegenden, über das Internet angebotenen Glücksspiele abgestellt.

110 Der Bund muss im Rahmen eines Vertragsverletzungsverfahrens auch für einen etwaigen Kohärenzverstoß durch landesrechtliche Glückspielregelungen einstehen, vgl EuGH, Rs C-46/08 – Carmen Media, Rz 69f: „*Was den Umstand betrifft, dass die verschiedenen Glücksspiele zum Teil in die Zuständigkeit der Länder und zum Teil in die des Bundes fallen, ist darauf hinzuweisen, dass sich ein Mitgliedstaat nach ständiger Rechtsprechung nicht auf Bestimmungen, Übungen oder Umstände seiner internen Rechtsordnung berufen kann, um die Nichteinhaltung seiner aus dem Unionsrecht folgenden Verpflichtungen zu rechtfertigen. Die interne Zuständigkeitsverteilung innerhalb eines Mitgliedstaats, namentlich zwischen zentralen, regionalen und lokalen Behörden, kann ihn ua nicht davon entbinden, den genannten Verpflichtungen nachzukommen*“ (vgl in diesem Sinne ua Urteil vom 13. September 2001, Kommission/Spanien, C-417/99, Slg 2001, I-6015, Rn 37). (70) Dementsprechend müssen die Behörden des betreffenden Bundeslandes und die Bundesbehörden gleichwohl gemeinsam die Verpflichtung der Bundesrepublik Deutschland erfüllen, nicht gegen Art 49 EG zu verstoßen. Soweit die Beachtung dieser Bestimmung es erfordert, müssen diese verschiedenen Behörden die Ausübung ihrer jeweiligen Zuständigkeiten koordinieren.

111 Vgl EuGH, Urt v 10.3.2009, aaO, Rn 55ff – *Hartlauer*; Urt v 17.7.2008 – C-500/06 –, Rn 39f – *Dermoestetica*, zit. nach www.curia.europa.eu.

112 Vgl EuGH, Urt v 13.7.2004, aaO, Rn 33.

113 Beschl des BVerwG v 11.2.2009 und v 16.10.2008.

namhafter Oberverwaltungsgerichte unterliegt jede einzelne Form des Glücksspiels einer getrennten Beurteilung.[114] Dieses Ergebnis steht im Einklang mit der kartellrechtlichen Bewertung nach dem geltenden Bedarfsmarktkonzept. Es wurde dargelegt (s.o. Abschnitt IV.2.a) und b)), dass sachlich und geografisch – unterschiedliche Glücksspielmärkte für einzelne Glücksspielangebote bestehen. Ein bereichsübergreifenden Kohärenzanspruch für jeweils abgegrenzte Glücksspielsektoren (in der kartellrechtlichen Terminologie: für sachlich abgegrenzte Märkte) steht im Widerspruch zu den einschlägigen kartellrechtlichen Prämissen. Dies lässt sich auf die eingängige Formel bringen: Wer Lotto spielen möchte, dem ist nicht mit einer Sportwette oder einem Glücksspielautomaten geholfen. Es geht um unterschiedliche Bedürfnisse, verschiedene Kundengenre, womöglich auch um unterschiedliche Gefährdungspotentiale der Spielarten. Verschiedene Gefährdungspotentiale gibt es auch in anderen Branchen (Rauchwaren und alkoholische Getränke). Niemand käme auf die Idee, Märkte für Tabakwaren einerseits und Märkte für alkoholische Getränke andererseits miteinander zu vermengen, nur weil beide ein Suchtpotential beinhalten, und hieraus gesamtkohärente Regulierungserwartungen abzuleiten. Dem Gesetzgeber ist es unbenommen, das Rauchen in Restaurants zu verbieten, aber den Ausschank alkoholischer Getränke zu erlauben. Das Verbot des einen (Suchtmittels) bei gleichzeitig erlaubten Ausschank des anderen (Suchtmittels) ist nicht inkohärent. Für die Regulierung verschiedener Glücksspielbereiche und damit für die Kohärenzerwartung gilt nichts anderes.[115] Märkte werden voneinander abgegrenzt, weil sie unterschiedliche Bedürfnisse befriedigen. Und weil Märkte und Bedürfnisse unterschiedlich sind, können sie auch unterschiedlich geregelt werden. Regulierungsunterschiede zwischen den verschiedenen Bereichen (Märkten) sind folglich die Kehrseite eigenständiger Märkte und (gemeinschafts-) rechtlich nicht zu beanstanden. Die Erwartung einer Gesamtkohärenz für verschiedene Bereiche (Märkte) wäre kartellrechtlich sogar systemwidrig.

4. Fazit zur regionalen Ausrichtung staatlicher Glücksspieltätigkeit und zu den Erwartungen an ein kohärentes Regulierungssystem

81 Soweit man unterstellt, dass die Veranstaltung von Glücksspielen zwar eine öffentliche Aufgabe (§ 10 Abs 1 GlüStV) ist, aber die Gesetzgeber trotzdem den staatlichen Landeslotteriegesellschaften für deren Glücksspieltätigkeit keine hoheitliche Aufgabe übertragen haben, ist strikt zwischen der ordnungsrechtlichen Regelungs-

114 So auch HmbOVG, Beschl v 4.8.2009 – 4 Bs 92/09 –, Beschl v 25.3.2008, aaO; BayVGH, Urt v 18.12.2008, aaO, Rn 108; Beschl v 2.6.2008, aaO, juris, Rn 29; OVG NW, Beschl v 30.7.2008, aaO; vgl auch EFTA-Gerichtshof, Urt v 30.5.2007, aaO Rn 56.
115 Vgl Mailänder, ZfWG 2009, 334, 335.

kompetenz (der Länder) und der Glücksspieltätigkeit (der Lotteriegesellschaften) zu unterscheiden. Soweit man – ungeachtet der von den 16 Bundesländern gewollten Glücksspielmonopole (= kein Wettbewerb) und der Neujustierung des Gesetzgeber und der Obergerichte – der bisherigen kartellbehördlichen sowie kartellhöchstgerichtlichen Interpretation nahesteht, dass zwischen den Landeslotteriegesellschaften ein (potentieller) Angebotswettbewerb bestünde, so ist nach allen Auffassungen unstreitig, dass die staatlichen Glücksspielveranstalter im Rahmen des ordnungsrechtlich Zulässigen unternehmerische Entscheidungen treffen dürfen/müssen. Jedenfalls unterliegt es der Entscheidung jeder Lotteriegesellschaft, von einer Ausdehnung ihrer Tätigkeit auf andere Gebiete abzusehen.[116] Diese Entscheidung muss jede Lotteriegesellschaft für sich, dh unabhängig von anderen Lotteriegesellschaften treffen. Eine regionale Ausrichtung der Spielangebote einer Lotteriegesellschaft ist weder gemeinschaftsrechtlich noch kartellrechtlich zu beanstanden.

VIII. Andere, spezifisch nach deutschem Kartellrecht verbotene Verhaltensweisen

Zur Bekämpfung einseitiger Wettbewerbsbeschränkungen geht der nationale Ge- 82
setzgeber über das gemeinschaftsrechtliche Regelungswerk hinaus. Soweit für die staatlichen Lotteriegesellschaften kartellrechtliche Vorgaben gelten, sind den Lotteriegesellschaften – wie anderen Unternehmen auch – bestimmte einseitige wettbewerbsbeschränkende Verhaltensweisen verboten. Verboten sind insbesondere der Boykott (§ 21 Abs 1 GWB) und die Veranlassung zu einem Verhalten, das nicht zum Gegenstand einer vertraglichen Bindung gemacht werden darf (§ 21 Abs 2 GWB).

IX. Zusammenschlusskontrolle

Zusammenschlüsse unterliegen je nach ihrer Bedeutung der einzelstaatlichen oder 83
europäischen Zusammenschlusskontrolle. Für einen Zusammenschluss, der der EU-Fusionskontrolle unterliegt, findet eine mitgliedstaatliche Fusionskontrolle grundsätzlich nicht mehr statt.[117]

116 So BGH zuletzt in seinem Urteil v 12.7.2106 (Az BGH KZR 25/14, Rz 67) zur Frage, inwieweit eine Verpflichtung zur Kooperation mit gewerblichen Spielvermittlern besteht.

117 Es besteht allerdings laut Art 9 FKVO ein Mitteilungsrecht der Mitgliedstaaten, die Kommission zu unterrichten, wenn in diesem Land die Entstehung oder Verstärkung einer beherrschenden Stellung durch einen Zusammenschluss droht („*deutsche Klausel*"). Die Kommission entscheidet darauf hin, ob der Fall auf nationaler oder EU-Ebene weiterbehandelt werden soll. Entscheidet sie sich für eine Übertragung der Prüfung auf das nationale Recht des Mitgliedsstaates, dann erfolgt der

1. Zusammenschlusstatbestände

84 Der *„Zusammenschluss"* wird sowohl im europäischen als auch im einzelstaatlichen Recht in der Regel durch Zusammenschlusstatbestände definiert und konkretisiert:

85 In **Deutschland** unterliegt der Zusammenschluss den §§ 35ff GWB, die entsprechende Zusammenschlusstatbestände enthalten. Im **europäischen Recht** ist die Zusammenschlusskontrolle durch die so genannte Fusionskontrollverordnung[118] geregelt. An den jeweiligen Zusammenschlusstatbestand knüpft die Zusammenschlusskontrolle an. Eine Verbindung von Unternehmen, die einen Zusammenschlusstatbestand erfüllt und der Zusammenschluss eine bestimmte Mindestbedeutung erreicht, ist – in Deutschland beim Bundeskartellamt und auf EU-Ebene bei der Kommission der Europäischen Gemeinschaften – zur Zusammenschlusskontrolle anzumelden.

2. Aufgreifschwellen und Untersagungspraxis

86 Ein Zusammenschluss muss dem Bundeskartellamt förmlich angemeldet werden, wenn die beteiligten Unternehmen insgesamt weltweit Umsatzerlöse von mehr als 500 Millionen Euro erzielt haben und mindestens eines der beteiligten Unternehmen innerhalb Deutschlands Umsatzerlöse von mehr als 25 Millionen Euro und ein anderes beteiligtes Unternehmen Umsatzerlöse von mehr als EUR 5 Mio erzielt haben (§ 35 Abs 1 GWB).

87 Solange ein anmeldepflichtiger Zusammenschluss vom Bundeskartellamt nicht freigegeben worden ist, dürfen die beteiligten Unternehmen den Zusammenschluss nicht vollziehen.

88 Das Bundeskartellamt untersagt einen Zusammenschluss, wenn durch den Zusammenschluss auf einem der Märkte, die der Zusammenschluss betrifft, eine marktbeherrschende Stellung begründet oder verstärkt wird. Trotz marktbeherrschender Stellung wird ein Zusammenschluss ausnahmsweise dann nicht untersagt, wenn der Zusammenschluss auch zu Verbesserungen der Marktstrukturen führt und diese Verbesserungen so bedeutend sind, dass sie die Nachteile, die mit der marktbeherrschenden Stellung verbunden sind, aufwiegen.[119]

---

weitere Verlauf des Kontrollverfahrens ausschließlich nach den nationalen Regelbestimmungen und nicht nach den EU-Bestimmungen.

118 VO 139/2004/EG (zuvor VO 4064/89/EWG).

119 Ist das Zusammenschlussvorhaben sachlich unproblematisch, so wird es v Bundeskartellamt freigegeben (Monatsfrist gem § 40 Abs 1 GWB). Hält die Behörde das Vorhaben für problematisch, so eröffnet sie das Hauptprüfverfahren (§ 40 Abs 2 GWB). Im Hauptprüfverfahren hat das Bundeskartellamt maximal vier Monate seit Eingang der Anmeldung Zeit, um über die Freigabe oder Untersa-

3. Europäische Zusammenschlusskontrolle

Der Europäischen Zusammenschlusskontrolle unterliegen Zusammenschlüsse dann, wenn die beteiligten Unternehmen weltweit einen Umsatz von zusammen mehr als 5 Mrd Euro und mindestens zwei der beteiligten Unternehmen einen gemeinschaftsweiten Umsatz von mehr als 250 Mio Euro erzielt haben. 89

Werden diese Umsatzschwellen nicht erreicht, so findet die europäische Zusammenschlusskontrolle dennoch statt, wenn der weltweite Gesamtumsatz der beteiligten Unternehmen mehr als 2,5 Mrd Euro beträgt und weitere, in der Verordnung im einzelnen benannte Umsatzschwellen erreicht sind. Wie für die deutsche Fusionskontrolle, so gilt auch für die EU-Kontrolle, dass der gemeinschaftsrechtlich relevante Zusammenschluss nicht vollzogen worden werden darf, solange er von der Kommission nicht freigegeben worden ist. Die Freigabe wird nicht erteilt, wenn durch den Zusammenschluss wirksamer Wettbewerb im Gemeinsamen Markt verhindert wird, insbesondere durch Begründung und Verstärkung einer marktbeherrschenden Stellung. 90

4. Relevanz der Zusammenschlusskontrolle im Glücksspielbereich

Bislang ist kein Fall aus dem Glücksspielbereich bekannt, für den die **gemeinschaftsrechtliche Zusammenschlusskontrolle** einschlägig war. Anderes gilt für die nationale Zusammenschlusskontrolle nach den GWB Vorschriften: 91

- Das Vorhaben der Lotteriegesellschaften der Bundesländer Hessen, Rheinland-Pfalz und Baden-Württemberg, gemeinsam 75% und eine Aktie der Tipp24 AG, einem damals führenden deutschen Online-Lotto-Vermittler, zu erwerben[120], wurde vom Bundeskartellamt unter Bezugnahme auf die **nationale Zusammenschlusskontrolle** abgemahnt. Das angemeldete Vorhaben führte nach Einschätzung des Bundeskartellamts zur Verstärkung der bereits vor dem Zusammenschluss bestehenden marktbeherrschenden Stellungen der beteiligten Lotteriegesellschaften auf den Lotteriemärkten in ihrem jeweiligen Heimatbundesland. Da das *Bundeskartellamt* beabsichtigte, den Zusammenschluss zu untersagen, haben die Beteiligten das Vorhaben aufgegeben.
- In einem anderen Verfahren hatte das *Bundeskartellamt* dem Land Rheinland-Pfalz zunächst den Erwerb einer Mehrheitsbeteiligung von 51% an der Lotto Rheinland-Pfalz GmbH zur Umsetzung der nach dem Glücksspielvertrag gefor-

gung des Vorhabens zu entscheiden. Nach § 42 GWB kann der Bundesminister für Wirtschaft einen untersagten Zusammenschluss erlauben (Ministererlaubnis).

120 Der Sachverhalt zum Zusammenschussvorhaben, ist geschildert im „*Tipp 24*“ Tätigkeitsbericht des BKartA betr. Jahre 2005/2006, Drucksache 16/5710, S 180 f.

derten staatlichen Ziele für die Glücksspielveranstaltung untersagt. Das *Bundeskartellamt* vertrat die Auffassung, dass eine Mehrheitsbeteiligung des Landes Rheinland-Pfalz die marktbeherrschende Stellung von Lotto Rheinland-Pfalz auf dem rheinland-pfälzischen Lotteriemarkt verstärkt hätte.[121] Das OLG *Düsseldorf* hat den kartellbehördlichen Beschluss aufgehoben und den Vollzug des Zusammenschlusses erlaubt. Das Oberlandesgericht stützte seine Entscheidung maßgeblich darauf, dass die Entscheidung des Gesetzgebers, ein staatliches Glücksspielmonopol einzurichten, nicht dem Kartellrecht unterliegt und in seiner Ausgestaltung der kartellbehördlichen Prüfung entzogen ist.[122]
- Schließlich haben sich mehrere Landeslotteriegesellschaften in der ODS Oddset Deutschland Sportwetten GmbH für die gemeinsame Veranstaltung von Sportwetten zusammengeschlossen; das BKartA hat hierfür seine Freigabe erteilt.[123]

X. Fazit und Ausblick

92 Der Glücksspielstaatsvertrag manifestiert und stärkt zusammen mit den Ausführungsgesetzen der Länder die staatlichen Glücksspielmonopole in Deutschland. Gemeinschaftsrechtlich ist dieses Regelungsanliegen bei konsequenter Verfolgung legitimer Zwecke nicht zu beanstanden.[124] Nur für den Sportwettenbereich hat der EuGH entschieden, dass der GlüStV in betreffenden Regelungen während einer Übergangszeit nicht mit EU-Recht vereinbar war.[125] Für den besonders wichtigen Lotte-

121 BKartA, Beschl v 29.11.2007, B 6-92763-FA-158/07.

122 OLG Düsseldorf, Beschluss v 17.9.2008, Az VI-Kart 19/07 (V).

123 Beschluss v 15.2.2012, Az B6-13/12.

124 EuGH, Urteil v 12.6.2014 (Rs C-156/13) – *Digibet*; Der EuGH sah in der zeitweiligen unterschiedlichen Regelung durch das Bundesland Schleswig-Holstein kein Verstoß gegen das Kohärenzgebot. **Die Bundesländer haben durchaus das Recht, unterschiedliche Gesetzgebungen zu erlassen.** Der BGH hatte dem EuGH die Frage vorgelegt, ob die während des Zeitraums von über einem Jahr verfolgte liberalere Politik des Landes Schleswig-Holstein die Vereinbarkeit des in den übrigen Ländern geltenden Spieleverbots mit den Vorschriften über den freien Dienstleistungsverkehr in Frage stellen kann. Der **EuGH** entschied, dass aus EU-rechtlicher Sicht grundsätzlich keine Bedenken für die Verbotserteilung gegen den Anbieter von Online Glücksspielen Digibet bestanden und hat insoweit **den GlüStV als gemeinschaftsrechtskonform bestätigt**. Ausdrücklich haben ebenso der VGH Baden-Württemberg, Beschl v 17.3.2008 (6 S 3069/07) und Beschl v 10.12.21009 (6 S 1110/07) sowie das OVG Hamburg, Beschl v 25.3.2008 (4 Bs 5/08) die Verfassungs- und **Europakonformität** des Glücksspielstaatsvertrags und der jeweiligen Umsetzungsgesetze **festgestellt**. Die gegenteilige Auffassung vertreten einige Verwaltungsgerichte (zB VG Berlin, VG Freiburg), die jeweils davon ausgehen, dass das im Glücksspielstaatsvertrag verankerte staatliche Glücksspielkonzept, insbesondere die derzeitige Ausgestaltung des staatlichen Sportwettenmonopols europarechtswidrig sei und deshalb für nationale Gerichte die Pflicht bestehe, gemeinschaftsrechtswidriges nationales Recht von sich aus außer Anwendung zu lassen.

125 EuGH, Urteil v 4.2.2016, Rs C-336/14 – *INCE*.

riebereich gilt, dass eine ordnungsrechtlich erforderliche Ausgestaltung der vom Gesetzgeber selbstgesteckten Zielvorgabe und der ihm aufgegebenen regulativen Schutzpflicht dem Anliegen gerecht wird, das Spielpublikum vor den Risiken des Glücksspiels sachgerecht zu schützen. Begreift man richtigerweise die Landeslotteriegesellschaften als Vehikel der Länder zur Umsetzung der ordnungsrechtlichen Ziele im Glücksspielwesen, wäre es konsequent, die Lotteriegesellschaften vom Spagat zwischen unternehmerischer Opportunität (so will es das Kartellrecht) und konsistenter/kohärenter Suchtprävention (so will es das Ordnungsrecht) zu befreien. Das Hauptanliegen des Wettbewerbs liegt darin, die Attraktivität des Produkts, hier des Glücksspielangebots, zu steigern. Dies ist aber ordnungsrechtlich gerade unerwünscht und bedroht die Monopolkonzepte der Länder. Die Kompetenzfragen und insbesondere die ordnungsrechtlichen Befugnisse der Länder für das Glücksspielwesen sollten im Sinne einer effektiven und zeitgemäßen Suchtprävention und Kanalisierung rechtmäßiger Spielangebote geklärt werden. Im Ergebnis sollte der Gesetzgeber die mit dem GlüStV eingeschlagene Richtung fortsetzen und die staatliche Glücksspielveranstaltung so konzipieren, dass den staatlichen Lotteriegesellschaften eine optimale Aufgabenwahrnehmung ermöglicht wird. Für das (staatliche) Glücksspielwesen sollte daher nicht nur im Dienstleistungsbereich eine nationale Bereichsausnahme definiert werden, sondern es sollten sachgerechte Privilegierungen gem Art 101 Abs 3 AEUV bzw Freistellungen von kartellrechtlichen Vorgaben für staatliche Lottogesellschaften gem Art 106 AEUV anerkannt werden. Jedenfalls soweit die wettbewerbsrechtlichen Prämissen des einzelstaatlichen oder gemeinschaftlichen Kartellrechts das Erreichen der ordnungsrechtlichen Ziele gefährden.

Andreas Mosbacher

§ 17 Die Strafbarkeit von Glücksspiel, insbesondere der Sportwetten, unter Berücksichtigung des Europarechts

Übersicht

I. Einleitung

Glücksspiel ist seit der Antike Gegenstand rechtlicher Regelung gewesen.[1] Stets spielten dabei auch öffentliche Kontrolle und sanktionsbewehrte Verbote bestimmter Verhaltensweisen eine Rolle. Das deutsche Strafrecht enthält eine Reihe von Straftatbeständen (§§ 284 bis 287 StGB), die eine Veranstaltung und Beteiligung am öffentlichen Glücksspiel dann unter Strafe stellen, wenn das Glücksspiel nicht von den zuständigen staatlichen Behörden genehmigt wurde. Liegt der Strafbewehrung eine auch von fiskalischen Interessen bestimmte nationale Beschränkung des Glücksspielsektors zugrunde, die Anbietern aus anderen Mitgliedsstaaten der EU den Zugang zum nationalen Glücksspielmarkt unter Strafandrohung verwehrt, liegen Konflikte mit den europarechtlichen Grundfreiheiten der Niederlassungsfreiheit und des freien Dienstleistungsverkehrs auf der Hand. Insbesondere auf dem wirtschaftlich bedeutsamen Sportwettenmarkt hat der *Europäische Gerichtshof* durch mehrere Urteile Grenzen nationaler Regelungsbefugnis aufgezeigt, die auch erhebliche Auswirkungen auf das deutsche Strafrecht ha- 1

1 Vgl *Lampe* Falsches Glück, JuS 1994, 737 f; zum Nachfolgenden insgesamt auch: *Mosbacher* Ist das ungenehmigte Veranstalten und Vermitteln von Sportwetten noch strafbar? NJW 2006, 3529 ff; *Hofmann/Mosbacher* Finanzprodukte für den Fußballfan: Strafbares Glücksspiel? NStZ 2006, 249 ff.

https://doi.org/10.1515/9783110259216-017

ben.[2] Im Folgenden wird ein kurzer Überblick über das deutsche Glücksspielstrafrecht unter besonderer Berücksichtigung des rechtlich und wirtschaftlich bedeutenden Sportwettenbereichs gegeben. Dabei werden insbesondere die Auswirkungen der Rechtsprechung des *Europäischen Gerichtshofs* auf das nationale Strafrecht aufgezeigt.

II. Glücksspielstrafrecht

1. Systematik

2 Nach der Grundnorm des § 284 StGB ist strafbar, „wer ohne behördliche Erlaubnis ein Glücksspiel veranstaltet oder hält oder die Einrichtungen hierzu bereitstellt". Die Werbung für ein derartiges ungenehmigtes öffentliches Glücksspiel wird ebenso sanktioniert (§ 284 Abs 4 StGB) wie die Beteiligung daran durch Mitspielen (§ 285 StGB). Besondere Formen des Glücksspiels sind die Lotterie und die Ausspielung, deren ungenehmigte öffentliche Veranstaltung § 287 StGB gesondert unter Strafe stellt. Es handelt sich um verwaltungsakzessorische Strafnormen.[3] Ergänzt werden diese durch die verwaltungsrechtlichen Vorschriften über das Glücksspiel, insbesondere also die Normen des Glücksspielstaatsvertrages (GlüStV) nebst den entsprechenden Ländervorschriften.[4] Der durch Gesetz v 9.3.2017 neu eingeführte §265c StGB stellt den Sportwettbetrug – also Manipulationen bei Sportereignissen, auf die Sportwetten angeboten werden – gesondert unter Strafe.

3 Nach § 4 Abs 1 S 1 GlüStV dürfen öffentliche Glücksspiele nur mit Erlaubnis der zuständigen Behörde des jeweiligen Landes veranstaltet oder vermittelt werden. Das Veranstalten oder das Vermitteln ohne diese Erlaubnis (unerlaubtes Glücksspiel) sowie die Mitwirkung an Zahlungen im Zusammenhang mit unerlaubtem Glücks-

2 Vgl EuGH Urt v 21.10.1999 – „Zenatti" C-67/98, Slg 1999, I-7289, GewArch 2000, 19; Urt v 6.11.2003 – „Gambelli" C-243/01, Slg 2003, I-13031, NJW 2004, 139 m Bspr *Hoeller/Bodemann* NJW 2004, 122; Urt v 6.3.2007 – „Placanica ua" C-338/04, 359/04, 360/04, NJW 2007, 1515 mAnm *Haltern*; Urt v 8.9.2010 – „Carmen Media" C-46/08, Slg 2010, I-8175, NVwZ 2010, 1422; Urt v 8.9.2010 – „Stoß" C-316/07 ua, NVwZ 2010, 1409; Urt v 8.9.2010 – „Winner Wetten" C-409/06, Slg 2010, I-8041, NVwZ 2010, 1419; Urt v 24.1.2013 – „Stanleybet" C-186/11 ua, NVwZ 2013, 785; Urt v 12.6.2014 – „Digibet" C-156/13, NVwZ 2014, 1001; Urt v 4.2.2016 – „Ince" C-336/14, NVwZ 2016, 369; vgl auch BVerwG, Urt v 15.6.2016 – 8 C 5/15, ZfWG 2016, 433.

3 Vgl BGH NJW 2007, 3078, 3081; Fischer StGB, 63. Aufl 2017, § 284 Rn 2.

4 Vgl hierzu etwa *Pagenkopf* Der neue Glücksspielstaatsvertrag – Neue Ufer, alte Gewässer, NJW 2012, 2918 mwN; *Ahlhaus/Schmidt* Die Anwendung des Glücksspielstaatsvertrages – Ein Überblick über die verwaltungsrechtliche Praxis, MMR 2014, 443, *Wormit* Grundstrukturen und aktuelle Entwicklungslinien der deutschen Glücksspielregulierung, NVwZ 2017, 281; zur europarechtlichen Zulässigkeit vgl EuGH Urt v 12.6.2014 – „Digibet/Westdeutsche Klassenlotterie" C-156/13, NVwZ 2014, 1001.

spiel sind nach § 4 Abs 1 S 2 GlüStV verboten. Ebenso verboten ist nach § 4 Abs 4 GlüStV das Veranstalten oder das Vermitteln öffentlicher Glücksspiele im Internet, wobei § 4 Abs 5 allerdings Ausnahmen zulässt. Werbung für unerlaubte Glücksspiele ist nach § 5 Abs 5 GlüStV verboten.

2. Rechtsgut der §§ 284ff StGB

Keine Einigkeit besteht darüber, welches Rechtsgut die §§ 284ff StGB eigentlich schützen sollen.[5] Unmittelbar dienen die Strafnormen der Sicherstellung staatlicher Kontrolle über öffentlich veranstaltete Glücksspiele durch die Strafbewehrung von Verstößen gegen die verwaltungsrechtliche Genehmigungspflicht.[6] Mit diesem Hinweis auf den ordnungsrechtlichen Charakter ist jedoch noch nichts über die materiellen Rechtsgüter gesagt, zu deren Schutz der Gesetzgeber den Einsatz gerade des Strafrechts für notwendig befand. Ausgehend von dem anthropologischen Befund verbreiteter Spielleidenschaft[7] und der tatsächlichen historischen Ausprägung des Glücksspiels,[8] das stets auch mit Manipulation und Betrug einherging, lassen sich hier verschiedene Ansatzpunkte finden, die indes alle in einem Aspekt übereinstimmen: Es geht um den Schutz des Vermögens potentieller Spieler. Glücksspiel wäre kein Strafrechtsproblem, wenn man dabei nicht viel Geld verlieren könnte. 4

Nach Meinung einiger sollen Spieler durch die Absicherung eines ordnungsgemäßen Spielbetriebs mittels staatlicher Aufsicht und Kontrolle lediglich vor Manipulationen beim besonders betrugsanfälligen Glücksspiel geschützt werden.[9] Dies ist sicher ein zutreffender Gesichtspunkt, der den Gesetzgeber zum Einsatz des Strafrechts mit veranlasst hat. Damit ist der wohlverstandene Schutzzweck der Strafnormen jedoch noch nicht ausgeschöpft: Genehmigungspflicht und staatliche Kontrolle öffentlich veranstalteter Glücksspiele lassen sich nämlich weitergehend als ein Stück legitimer „Selbstpaternalismus" angesichts der Verleitbarkeit zum Glücksspiel und der bei verbreitetem Glücksspiel drohenden Vermögensverluste (gerade auch unter Berücksichtigung vielfältiger Manipulationsmöglichkeiten) verstehen.[10] Wer weiß, wie die Chance auf Gewinn selbst bei großer Wahrscheinlichkeit 5

5 Ausführlich: *Krehl* in: Leipziger Kommentar zum Strafgesetzbuch, 12. Aufl 2008, Vorb § 284 Rn 7ff mwN.

6 Vgl auch *Heine/Hecker* in: Schönke/Schröder StGB, 29. Aufl 2014, § 284 Rn 3ff mwN.

7 Vgl zur „Spielsucht" auch BGHSt 49, 365, 369f; *Kellermann* StV 2005, 287; je mwN.

8 Hierzu und zur Entwicklung der Strafbarkeit näher *Lampe* s.o. Fn 1, 737f.

9 Vgl *Heine* Oddset-Wetten und § 284 StGB, wistra 2003, 441, 442 mwN; *Lampe* s.o. Fn 1, 741.

10 Eine Form von „Selbstpaternalismus" mit der Folge vertraglicher Schutzpflichten ist die von ca 30.000 Spielern mit deutschen Spielbanken vereinbarte „Eigensperre"; die Spielersperre ist nunmehr ausdrücklich in §§ 8, 23 GlüStV geregelt; vgl auch BGH NJW 2006, 362, hierzu näher *Schimmel* Der Schutz des Spielers vor sich selbst, NJW 2006, 958.

von Vermögensverlusten zu leichtsinnigen Geldausgaben verführt, hat begründeten Anlass, diesen Verlockungen – wie Odysseus angesichts der Sirenen[11] – durch eine eigenbestimmt kollektive Selbstbeschränkung in Form eines Verbots mit Erlaubnisvorbehalt zu begegnen, damit zugleich Manipulationsmöglichkeiten zu verringern, die erzielten Gewinne durch hohe Abgabequoten weitgehend zu sozialisieren und die Einhaltung dieser Regeln angesichts der ökonomischen Anreize für einen Verstoß mittels Strafandrohung durchzusetzen.[12] Die §§ 284 ff StGB zielen in diesem Sinne nach Ansicht der höchstrichterlichen Rechtsprechung darauf ab, die wirtschaftliche Ausbeutung der Spielleidenschaft des Publikums unter staatliche Kontrolle und Zügelung zu nehmen.[13] Zweck solcher Beschränkungen bleibt letztlich, den Spieler vor leichtfertigen Vermögensverlusten zu schützen und seine Umwelt dadurch vor den negativen Folgen ruinösen Spielens zu bewahren.[14] Zudem sollen die Gewinne aus dem Glücksspiel nicht illegal in die Taschen von (teils betrügerisch vorgehenden) Privatleuten fließen, sondern zum wesentlichen Teil für gemeinnützige Zwecke abgeschöpft werden.[15]

6 Infolge der Partizipation an den bedeutenden durch lizenziertes Glücksspiel erworbenen Gewinnen hat die öffentliche Hand unter fiskalischen Gesichtspunkten ein erhebliches Interesse an der Sicherung ihres Genehmigungsvorbehalts, so dass die Strafnorm zumindest tatsächlich mittelbar auch die Möglichkeit staatlicher Einnahmen infolge Monopolisierung schützt.[16] Dieser Gesichtspunkt dürfte zwar häufig faktisch im Vordergrund mancher Überlegungen stehen;[17] er vermag allerdings nicht, die normative Begründungslast der Strafbewehrung des ungenehmigten Glücksspiels zu tragen. Denn ein solches fiskalisches Ziel könnte die öffentliche Hand bereits durch eine hinreichende Besteuerung von öffentlich veranstalteten Glücksspielen oder durch eine anderweitige Abschöpfung der Erträge beim Veranstalter erreichen. Dass für eine gleichförmige und wirksame Vermögensabschöpfung in den Mitgliedsstaaten der EU gemeinschaftsrechtliche Koordinierungsleistungen erforderlich sind, liegt – wie im Umsatzsteuerbereich – auf der Hand. Verhindern nationale Interessen eine einheitliche Regelung, kann daraus nicht der Strafgrund für unerlaubtes Glücksspiel konstruiert werden. Fiskalische Interessen werden insoweit durch das Steuer-

---

11 *Homer* Odyssee, XII. Gesang Vers 156 ff; vgl zur rechtstheoretischen Begründung dieses Arguments: *Regan* in: Sartorius (Hrsg), Paternalism, 1983, S 113 ff; *VanDeVeer* Paternalistic Intervention, 1986, S 224 ff.

12 Ähnlich BayObLG NJW 2004, 1057, 1058; vgl auch § 1 S 1 GlüStV.

13 BGHSt 11, 209, 210; *RGSt* 65, 194, 195; BayObLG NStZ 1993, 491, 492; ebenso: *Lackner/Kühl* StGB, 28. Aufl 2014, § 284 Rn 1; vgl auch *BVerGE* 102, 197, 215.

14 *Krehl* s.o. Fn 5, Vorb § 284 Rn 9; *Odenthal* NStZ 2002, 482, 483; *Lampe* s.o. Fn 1, JuS 1994, 737, 741; je mwN.

15 *BVerGE* 28, 119, 148.

16 Vgl LG München I NStZ-RR 2004, 142 f; *Heine*, wistra 2003, 441, 442.

17 Vgl LG München I NStZ-RR 2004, 142, 143.

und Zollstrafrecht geschützt, können aber nicht – gleichsam durch die Hintertür einer ohnehin nicht unproblematischen Monopolisierung des Glücksspielmarkts – zum Rechtsgut der §§ 284ff StGB werden. Ganz in diesem Sinne sieht auch der EuGH in der Erzielung höherer Staatseinnahmen keinen legitimen Zweck eines strafbewehrten Glücksspielverbots.[18] Die Ahndungskompetenz bei Verstößen gegen glücksspielregulierende Vorschriften dürfte dem Bundesgesetzgeber zufallen.[19]

3. Zur Auslegung von § 284 StGB unter besonderer Berücksichtigung von Sportwetten

Bei § 284 StGB handelt es sich um die Zentralnorm des Glücksspielstrafrechts. Bei 7
den meisten Rechtsfragen geht es um die Auslegung dieses Straftatbestandes, auf den sich die nachfolgenden Ausführungen aus Platzgründen konzentrieren müssen.

a) Der Begriff des „öffentlichen Glücksspiels"

Bei der Auslegung der Tatbestandsmerkmale des § 284 StGB geht es zunächst um 8
den gesetzlich nicht näher bestimmten Begriff des „Glücksspiels": Nach § 3 Abs 1 S 1 GlüStV liegt ein Glücksspiel vor, wenn im Rahmen eines Spiels für den Erwerb einer Gewinnchance ein Entgelt gezahlt wird und die Entscheidung über den Gewinn ganz oder überwiegend vom Zufall abhängt. Wesentlich ist also die zufallsbedingte Möglichkeit eines Gewinns. Das Zufallsmoment grenzt das Glücksspiel vom Geschicklichkeitsspiel ab,[20] die Gewinnmöglichkeit vom bloßen Unterhaltungsspiel.[21] Die Entscheidung hängt nach § 3 Abs 1 S 2 GlüStV vom Zufall ab, wenn dafür der ungewisse Eintritt oder Ausgang zukünftiger Ereignisse maßgeblich ist. Eine Unterform des Glücksspiels ist die Wette auf den Eintritt solcher ungewisser zukünftiger Ereignisse, insbesondere Sportergebnisse.[22] Sportwetten sind deshalb nach ganz überwiegender Auffassung Glücksspiel.[23] Dementsprechend legt § 3 Abs 1 S 3, 4 GlüStV fest, dass Wetten gegen Entgelt auf den Eintritt oder Ausgang eines zukünftigen Ereignisses generell als Glücksspiele gelten, worunter auch Sportwetten zäh-

---

18 Vgl EuGH Urt v 4.2.2016 – „Ince" C-336/14, NVwZ 2016, 369; vgl auch BVerwG Urt v 15.6.2016 – 8 C 5/15, ZfWG 2016, 433; hierzu näher auch *Streinz* JuS 2016, 568 mwN.

19 Vgl näher *Dannecker/Pfaffendorf* Die Gesetzgebungskompetenz der Länder auf dem Gebiet des Straf- und Ordnungswidrigkeitenrechts – Zur Verfassungswidrigkeit der landesrechtlichen Straf- und Ordnungswidrigkeitentatbestände des Glücksspielrechts, NZWiSt 2012, 212 und 252.

20 *Fischer* s.o. Fn 3, § 284 Rn 4; ausführlich hierzu (insb zu Poker) *Laustetter* Die Abgrenzung des strafbaren Glücksspiels vom straflosen Geschicklichkeitsspiel, JR 2012, 507.

21 *Lackner/Kühl* s.o. Fn 13, § 284 Rn 7; *Fischer* s.o. Fn 3, § 284 Rn 7.

22 *Fischer* s.o. Fn 3, § 284 Rn 10.

23 *Fischer* s.o. Fn 3, § 284 Rn 10 mwN.

len, die als Wetten zu festen Quoten auf den Ausgang von Sportereignissen oder Abschnitten von Sportereignissen definiert werden.

9 Teilweise wird die Auffassung vertreten, eine Sportwette mit feststehenden Wettquoten sei eher ein Geschicklichkeitsspiel, weil auch der Kenntnisstand des Wettenden über seine Gewinnchance mitentscheidet.[24] Dem ist die höchstrichterliche Rechtsprechung zu Recht entgegen getreten: Das Wesen des Glücksspiels im Sinne des § 284 StGB besteht nach Auffassung des *Bundesgerichtshofs* darin, dass die Entscheidung über Gewinn und Verlust nach den Vertragsbedingungen nicht wesentlich von den Fähigkeiten, den Kenntnissen und der Aufmerksamkeit der Spieler abhängt, sondern allein oder hauptsächlich vom Zufall.[25] Maßgebend für die Beurteilung sind dabei jedoch die Spielverhältnisse, unter denen das Spiel eröffnet ist und gewöhnlich betrieben wird, also die Fähigkeiten und Erfahrungen des Durchschnittsspielers. Den Maßstab hierfür bildet das Publikum, für das das Spiel eröffnet ist, nicht der geübtere oder besonders geübte Teilnehmer. Ist ein Spiel danach ein Glücksspiel, so behält es diese Eigenschaft auch für den besonders geübten oder versierten Spieler, der den Spielausgang besser abschätzen kann als ein weniger geübter oder versierter.[26]

10 Das Zufallsmoment meint demnach nicht, dass das zukünftige Wettereignis völlig unbestimmt und sein Ausgang nur vom Zufall abhängig wäre,[27] sondern es reicht hierfür aus, dass das Spielergebnis für den Durchschnittswetter nicht mit hinreichender Sicherheit (sondern allenfalls mit einiger Wahrscheinlichkeit) vorhergesehen werden kann.[28] Auch bei guten Kenntnissen über die Sportler und ihre Konkurrenten bleiben die Ergebnisse von Sportereignissen aufgrund des vielfältigen Zusammenspiels verschiedenster Ursachen in einem Umfang unvorhersehbar, der die Einstufung entsprechender Sportwetten als Glücksspiele auch dann rechtfertigt, wenn Wissen und Geschick ein begründetes Wahrscheinlichkeitsurteil über den Ausgang des Spiels erlauben mögen.[29] Dies zeigt sich anschaulich bei dem Fußball-

---

24 Vgl etwa OLG Hamm, NJW-RR 1997, 1008; LG Bochum NStZ-RR 2002, 170; *Kühne* Einige Bemerkungen zu Fragen des Glücksspiels bei Sportwetten, in FS F-C Schroeder, 2006, 545, 553; *Petropoulos* Die Strafbarkeit von Sportwetten mit festen Gewinnquoten, wistra 2006, 332, 334 mwN; vgl auch *Meyer* Sportwetten als illegales Glücksspiel? JR 2004, 447.

25 BGHSt 2, 274, 276; 29, 152, 157; 36, 74, 80; BGH NStZ 2003, 372, 373.

26 BGH NStZ 2003, 372, 373.

27 Dies ist in einer – naturwissenschaftlich gesehen – durchgängig kausal verknüpften Welt ohnehin nie der Fall; vgl *Mosbacher* Naturwissenschaftliche Scheingefechte um die Willensfreiheit, JR 2005, 61 mwN.

28 Vgl auch BGHSt 2, 274; 36, 74, 79 f.

29 BGH NStZ 2007, 151 – „Hoyzer" = NJW 2007, 782 mAnm *Feinendegen*; BGH NStZ 2003, 372, 373, mAnm *Wohlers* JZ 2003, 860, *Heine* wistra 2003, 441, *Beckemper* NStZ 2004, 39 und *Lesch* JR 2003, 344; BVerwGE 114, 92; BVerwG NVwZ 2006, 1175, 1177; *Hofmann/Mosbacher* s.o. Fn 1, NStZ 2006, 249, 250.

wettskandal, der mit dem Namen des Schiedsrichters *Hoyzer* verbunden wird: Trotz beträchtlicher Eingriffe in das Spielgeschehen hatten die manipulierten Spiele häufig nicht die gewünschten Ergebnisse; die Manipulation konnte also nur die Wahrscheinlichkeit eines bestimmten Spielausgangs um einen gewissen Grad erhöhen.[30]

Der Begriff des Glücksspiels setzt zudem notwendig einen nicht ganz un- 11
beträchtlichen Einsatz des Spielers („Entgelt" iSv § 3 Abs 1 S 1 GlüStV) voraus.[31] Hierunter fällt jede Leistung, die in der Hoffnung erbracht wird, im Falle des Gewinnens eine gleiche oder höherwertige Leistung zu erhalten, und in der Befürchtung, dass sie im Falle des Verlierens dem Gegenspieler oder Veranstalter anheim fällt.[32] Insoweit kann Glücksspiel von bloßen Unterhaltungsspielen abgegrenzt werden.[33] Kapitalanlagen wie herkömmliche Zertifikatetypen gelten auch dann nicht als Glücksspiel, wenn sie glücksspielähnlichen Charakter aufweisen.[34] Die Gewinnchance muss gerade aus dem Entgelt erwachsen, weshalb die Werbeaktion eines Möbelhauses, bei einem bestimmten Wetter gebe es Geld zurück, nicht als Glücksspiel gilt.[35] Gleiches dürfte für ähnliche Gewinnspiele gelten.[36] Einsätze bis zu 50 Cent sind glücksspielrechtlich unerheblich.[37] Zusammengefasst lässt sich unter „Glücksspiel" im Sinne von § 284 StGB damit jede zufallsbedingte Gewinnmöglichkeit verstehen, die durch einen nicht ganz unerheblichen Einsatz erkauft wird (vgl § 3 Abs 1 GlüStV).

Strafbar ist nur die „öffentliche" Veranstaltung eines Glücksspiels. Nach § 3 12
Abs 2 GlüStV liegt ein öffentliches Glücksspiel vor, wenn für einen größeren, nicht geschlossenen Personenkreis eine Teilnahmemöglichkeit besteht oder es sich um gewohnheitsmäßig veranstaltete Glücksspiele in Vereinen oder sonstigen geschlossenen Gesellschaften handelt. Entscheidend ist, dass eine Beteiligung in erkennbarer Weise einem nicht fest abgeschlossenen Personenkreis ermöglicht wird; bei einer Begrenzung des Teilnehmerkreises bleibt die Veranstaltung öffentlich, wenn prinzipiell jedermann Zugang haben könnte, der Personenkreis also nicht durch persönliche Beziehungen verbunden ist.[38] Nach § 284 Abs 2 StGB gelten – wie nach § 3 Abs 2 GlüStV – als „öffentlich veranstaltet" auch Glücksspiele in Vereinen und

---

30 Vgl BGH NStZ 2007, 151 = NJW 2007, 782 mAnm *Feinendegen*.

31 BGHSt 34, 171, 175 ff mwN.

32 BGHSt 34, 171, 176 f.

33 Vgl hierzu näher *Klinger/Kubik* VIP-Hospitalities bei Sportevents als verbotenes Glücksspiel iSv § 284 StGB, wistra 2015, 214.

34 Vgl hierzu näher *Salewski* Zertifikate – reguläre Finanzinstrumente oder unerlaubtes Glücksspiel?, BKR 2012, 100.

35 Näher BVerwG NJW 2014, 3175.

36 Vgl hierzu näher auch *Fröhlich/Wehler* Gewinnspiele als Mittel der Absatzförderung, GWR 2016, 433.

37 Vgl BGH MMR 2012, 191 (Sportwetten im Internet II).

38 Vgl BGHSt 9, 39, 42; *Fischer* s.o. Fn 3, § 284 Rn 22 mwN.

geschlossenen Gesellschaften, in denen Glücksspiele gewohnheitsmäßig veranstaltet werden.

b) Veranstalten und Vermitteln von Glücksspielen, insbesondere Sportwetten

13 „Veranstalter" eines Glücksspiels ist, wer verantwortlich und organisatorisch den äußeren Rahmen für die Abhaltung des Glücksspiels schafft und der Bevölkerung dadurch den Abschluss von Spielverträgen ermöglicht,[39] also insbesondere derjenige, der auf eigene Rechnung Sportwetten anbietet und hierfür die Wettquoten festsetzt. Ganz ähnlich wird das Merkmal des „Haltens" in § 284 Abs 1 StGB ausgelegt, nämlich als veranstalterähnliches Leiten des Spiels oder eigenverantwortliches Überwachen des Spielverlaufs.[40] Nach Auffassung des *Bundesgerichtshofs* und des *Bundesverwaltungsgerichts* kann aber auch der Vermittler ausländischer Sportwetten den Tatbestand des § 284 StGB erfüllen: Wer etwa zur Durchführung des Spielbetriebes unter einer eigenen Firmenbezeichnung Räumlichkeiten anmietet, Angestellte beschäftigt, die erforderliche Ausstattung bereitstellt, Wettprogramme auslegt, Einzahlungen der Spieler entgegennimmt und Gewinne auszahlt, erfüllt den Tatbestand des § 284 Abs 1 StGB auch dann, wenn er die Wettdaten an einen Dritten weiterleitet und an diesen auch monatlich das verbleibende Gewinnsaldo überweist. Der Begriff des „Veranstaltens" setzt nämlich nicht notwendig voraus, dass der Täter mit eigenen finanziellen Interessen am Ergebnis des Spielbetriebes tätig wird.[41] In derartigen Fällen liegt je nach den Umständen des Einzelfalls das Veranstalten eines Glücksspiels (§ 284 Abs 1 Var 1 StGB), das Bereitstellen von Einrichtungen für ein Glücksspiel (§ 284 Abs 1 Var 3 StGB) oder die Werbung für ein Glücksspiel vor (§ 284 Abs 4 StGB).[42] Von einem Veranstalten wird immer dann auszugehen sein, wenn sich der Sportwettenvermittler (wie es die Regel sein dürfte) nicht auf das Bereitstellen von Computern und/oder ähnlichen Hilfsmitteln zum eigenständigen Vertragsabschluss des Wettkunden mit dem Wettveranstalter beschränkt, sondern im Rahmen des Wettvorgangs selbst rechtsgeschäftlich tätig wird, also etwa den Abschluss von Spielverträgen anbietet oder auf den Abschluss solcher Spielverträge gerichtete Verbote annimmt (vgl § 287 Abs 1 StGB).[43] Systematisch stimmiger wäre eine Anpassung der Strafnorm des § 284 Abs 1 StGB an die verwaltungsrechtliche Verbotsnorm des § 4 Abs 1 GlüStV durch Ergänzung der Tatbestandsvariante „vermitteln".

---

39 BGH NStZ 2003, 372, 373.

40 *Fischer* s.o. Fn 3, § 284 Rn 20 mwN.

41 BGH NStZ 2003, 372, 373; BVerwG NVwZ 2006, 1175, 1178.

42 BGH aaO; BVerwG aaO; zur Abgrenzung näher auch *Janz* Rechtsfragen der Vermittlung von Oddset-Wetten in Deutschland, NJW 2003, 1694, 1696f.

43 Vgl hierzu auch *Fischer* s.o. Fn 3, § 284 Rn 18a mwN.

Das Bereitstellen von Einrichtungen für ein Glücksspiel, also das Zugänglichmachen von Spieleinrichtungen, ist als eigenständige Vorbereitungshandlung strafbar.[44] Hierunter fällt auch die Bereitstellung eines Raumes und technischer Übermittlungsgeräte für den Abschluss von Sportwetten. Nach Meinung des *Bundesgerichtshofs* und des *Bundesverwaltungsgerichts* kommt es nicht darauf an, ob die bereitgestellten Gegenstände „bauartbedingt" für ein Glücksspiel geeignet oder bestimmt sind, sondern es genügt, dass sie dafür tatsächlich genutzt werden können und sollen.[45] Nach diesem Ausgangspunkt der Rechtsprechung fallen nahezu alle Fälle der Sportwettenvermittlung unter den Straftatbestand des § 284 Abs 1 StGB, jedenfalls aber unter § 284 Abs 4 StGB, wonach die Werbung für unerlaubtes Glücksspiel strafbar ist. In Betracht kommt dabei uU auch die Teilnahme am unerlaubten Glücksspiel eines anderen. Veranstaltet und vermittelt wird nach § 3 Abs 4 GlüStV ein Glücksspiel dort, wo dem Spieler die Möglichkeit zur Teilnahme eröffnet wird. Nach der höchstrichterlichen Rechtsprechung[46] veranstaltet ein ausländischer Veranstalter in Deutschland ein Glücksspiel, wenn er Wettscheine nach Deutschland versendet und Wetten von dort auf dem Postwege, per Telefax oder telefonisch entgegennimmt. Entsprechendes gilt, wenn der Veranstalter oder ein Vermittler auf einer Internetseite die Möglichkeit eröffnet, sich am Glücksspiel zu beteiligen.[47] In diesem Fall wird das Glücksspiel auch an dem Ort veranstaltet oder vermittelt, wo der Nutzer des Internets das Wettangebot annehmen kann. Die Möglichkeit zur Teilnahme am Glücksspiel per Internet wird dort eröffnet, wo der Spieler die reale Möglichkeit hat, seinen Wetttipp gegenüber dem Vermittler oder Veranstalter verbindlich abzugeben. Dafür ist hinreichend, dass die Internetpräsenz auf die Entgegennahme von Spiel- oder Vermittlungsaufträgen zumindest auch aus dem betreffenden (Bundes-)Land angelegt ist und nicht durch technische oder andere Vorkehrungen verhindert wird. Die bloße Aufrufbarkeit (etwa von Internetseiten) ohne die Möglichkeit der Eröffnung der Spielteilnahme aus Deutschland heraus reicht dagegen nicht aus. 14

c) Handeln ohne behördliche Erlaubnis

Negatives Tatbestandsmerkmal des § 284 Abs 1 StGB ist das Handeln „ohne behördliche Erlaubnis". Die näheren Einzelheiten des Erlaubnisverfahrens regeln §§ 12ff GlüStV. Möglich ist nicht nur die individuelle Erlaubnis, sondern nach § 18 GlüStV iVm Ländervorschriften bei kleineren Lotterien und Ausspielungen mit gemeinnüt- 15

44 *Fischer* s.o. Fn 3, § 284 Rn 21.

45 Vgl BGH NStZ 2003, 372, 373; BVerwG NVwZ 2006, 1175, 1178; aA: *Janz* s.o. Fn 42, NJW 2003, 1694, 1697.

46 Vgl zum Nachfolgenden BVerwG ZfWG 2015, 227.

47 Vgl zu Online-Casinos *Duesberg/Buchholz* Aktuelle glücksspiel- und steuerstrafrechtliche Risiken der Nutzung von Online-Casinos, NZWiSt 2015, 16 mwN.

zigem Charakter auch eine Erlaubniserteilung in Form einer Allgemeinverfügung (vgl etwa Art 3 Abs 3 AGGlüStVBay). Besonderheiten des Konzessionsverfahrens regeln die §§ 4aff GlüStV. Nach den allgemeinen Grundsätzen der Verwaltungsakzessorietät wird der Tatbestand stets durch das Vorliegen einer wirksamen behördlichen Genehmigung ausgeschlossen; eine rechtswidrige Genehmigung reicht hierfür aus, sofern sie nicht nichtig ist.[48] Auch das Verhalten der Genehmigungsbehörde im Sinne der bewussten Duldung eines öffentlich veranstalteten Glücksspiels kann zur Straflosigkeit führen.[49] Nehmen die für die Genehmigung von Glücksspiel zuständigen staatlichen Behörden öffentlich veranstaltete Glücksspiele zur Kenntnis, gehen sie aber bewusst nicht gegen sie vor, führt eine solche objektiv nach außen erkennbare „aktive Duldung" wenn schon nicht zum Tatbestandsausschluss, dann doch in aller Regel zu einem unvermeidbaren Verbotsirrtum bei den Betroffenen und damit im Ergebnis zur Straffreiheit.[50] Äußerungen der genehmigungsbefugten Behörden in diesem Zusammenhang sind nicht bloße Rechtsauskunft unter anderen, sondern von genehmigungsähnlichem Gewicht, weil diese Stellen selbst über die Straffreiheit durch Genehmigung zu entscheiden haben. Die bloße Genehmigungsfähigkeit oder ein Anspruch auf Genehmigung schließen hingegen – wie auch sonst im verwaltungsakzessorischen Strafrecht – den Tatbestand grundsätzlich nicht aus.[51] Fraglich ist bei diesem (negativen) Tatbestandsmerkmal insbesondere, was genau der Erlaubnis bedarf und welche Reichweite eine erteilte Erlaubnis hat.

16 Nach dem Wortlaut des § 284 Abs 1 StGB können von der Erlaubnispflicht alle drei Handlungsvarianten erfasst sein: das Veranstalten und Halten des Glücksspiels wie das Bereitstellen von Einrichtungen. Demgegenüber sieht § 4 Abs 1 GlüStV eine Erlaubnis nur für das Veranstalten oder Vermitteln vor. Nach Sinn und Zweck des § 284 Abs 1 StGB gilt die Erlaubnispflicht nicht für Bereitstellen von Einrichtungen. In der Auslegung, die die Tathandlung „Bereitstellen von Einrichtungen" als eigenständig strafbare Vorbereitungshandlung in der höchstrichterlichen Rechtsprechung erfahren hat, kann sich die Erlaubnispflicht nur auf das öffentliche Glücksspiel beziehen.[52] Denn der Unwert einer Vorbereitungshandlung hängt von dem Unwert der eigentlichen Tathandlung ab. Dies wird durch die Überlegung bestätigt, dass nicht das Bereitstellen von Einrichtungen, sondern nur das Glücksspiel selbst öffentlich sein muss.[53] Werden Einrichtungen bereit gehalten, die der Teilnahme am behördlich erlaubten Glücksspiel dienen, wird damit nur die Beteiligung an einem

48 Vgl BGH NJW 2005, 2095.

49 Vgl *Hofmann/Mosbacher* s.o. Fn 1, NStZ 2006, 249, 251.

50 Hierzu näher *Heine/Hecker* in: Schönke/Schröder s.o. Fn 8, vor §§ 324 ff Rn 20 mwN.

51 Vgl zu Ausnahmen von diesem Grundsatz B*VerfG* NStZ 2003, 488 mAnm *Mosbacher*.

52 AA aber wohl (ohne derartige Abgrenzung) die hM, vgl BVerwG NVwZ 2006, 1175, 1179; BGH NStZ 2003, 372.

53 *Krehl* s.o. Fn 7, § 284 Rn 15.

Vorgang ermöglicht, der von der zuständigen staatlichen Aufsicht für unbedenklich erachtet wurde. Wer etwa an andere Wettscheine für eine genehmigte Lotterie oder Oddset-Wette verteilt, bedarf hierfür keiner gesonderten Genehmigung, um straffrei handeln zu können. Nur eine derartige Auslegung entspricht auch der Auffassung des Gesetzgebers und des *Bundesgerichtshofs* zur Neufassung des § 287 StGB durch das 6. Strafrechtsreformgesetz.[54] Die Ausdehnung der Strafbarkeit auf Vorbereitungshandlungen sollte danach allein Vorbereitungshandlungen für ungenehmigte Lotterien erfassen, nicht aber die Vorbereitungshandlungen selbst der Erlaubnispflicht unterwerfen.[55] Da Lotterien lediglich Unterformen des Glücksspiels sind, kann im Rahmen des § 284 Abs 1 StGB nichts anderes gelten. Keiner gesonderten behördlichen Erlaubnis bedarf auch die Werbung für öffentliches Glücksspiel; es kommt lediglich darauf an, ob dieses selbst erlaubt ist oder nicht (vgl § 5 Abs 5 GlüStV: Werbung für unerlaubtes Glücksspiel ist verboten). Dies folgt bereits aus der Tatbestandsfassung des § 284 Abs 4 StGB, der akzessorisch auf Glücksspiele im Sinne der Absätze 1 und 2 des § 284 StGB verweist, aber selbst kein Genehmigungserfordernis statuiert. Wirbt beispielsweise eine im Ausland gelegene (und dort erlaubte) Spielbank in Deutschland für einen Besuch bei ihr, unterliegt diese Werbung nicht als solche dem Genehmigungserfordernis. Anders kann es allerdings sein, wenn sich die Werbung dieser Spielbank auf ein (also solches im Bundesgebiet nicht genehmigtes) Spielangebot im Inland bezieht. Ein solches genehmigungspflichtiges Spielangebot liegt auch vor, wenn über das Internet eine unmittelbare Teilnahme am Glücksspiel ermöglicht wird, die sich – etwa durch deutschsprachige Internet-Seiten – gezielt auf das Bundesgebiet bezieht.[56] Dies ergibt sich auch aus § 3 Abs 4 GlüStV, wonach ein Glücksspiel dort veranstaltet oder vermittelt wird, wo dem Spieler die Möglichkeit zur Teilnahme eröffnet wird.

Im Ergebnis bedarf also nicht die Vorbereitungshandlung oder Werbung als sol- 17
che der Genehmigung, sondern die Vorbereitungshandlung oder Werbung muss sich auf ein genehmigtes Glücksspiel beziehen. Straflos ist deshalb nach der hier vertretenen Auffassung jedenfalls die Vermittlung von Sportwetten in Form des Bereitstellens entsprechender Einrichtungen, wenn die vermittelten Sportwetten in dem (Bundes-)Land erlaubt sind, in dem dieses Glücksspiel veranstaltet wird.

54 Vom 26.1.1998 (BGBl I 164).

55 Vgl BGH NJW-RR 1999, 1266, 1267; BT-Drs 13/8587, S 86; unklar insoweit allerdings BGH NStZ 2003, 372.

56 Vgl eingehend *Volk* Glücksspiel im Internet, 2005, insb 186, 220; *Kazemi/Leopold* Internetglücksspiel ohne Grenzen, MMR 2004, 649; *Fischer* s.o. Fn 3, § 284 Rn 19; OLG Hamburg NJW-RR 2003, 760, 761; vgl zu Hyperlinks LG Deggendorf MMR 2005, 124; zur Strafbarkeit der Teilnahme an unerlaubtem Glücksspiel im Internet auch AG München ZfWG 2015, 147 mAnm *Hambach/Berberich*.

18 Besonders problematisch sind die in der Schlussphase der DDR erteilten Lizenzen für private Anbieter.[57] Zu Recht hat das *Bundesverwaltungsgericht* darauf hingewiesen, dass derartige Genehmigungen jedenfalls keine Rechtswirkung über das Gebiet der ehemaligen DDR hinaus haben.[58] Welche Reichweite diesen Lizenzen in den fünf neuen Bundesländern zukommt und ob sie heute noch gültig sind, ist im Einzelnen umstritten.[59]

19 Die Strafbarkeit nach § 284 StGB entfällt nur, wenn sich das Handeln im Rahmen der erteilten Genehmigung hält; die strafrechtliche Legalisierungswirkung einer Erlaubnis ist dabei grundsätzlich mit ihrer verwaltungsrechtlichen Regelungswirkung identisch.[60] Die Reichweite der Genehmigung ergibt sich insbesondere aus der Kompetenz des Genehmigenden. Die Genehmigung eines Bundeslandes gilt deshalb nur in diesem und erlaubt nur die Veranstaltung des Glücksspiels in diesem Bundesland.[61] Allerdings gilt nach dem oben Ausgeführten, dass die Werbung und das Bereitstellen von Einrichtungen für ein derart im Bundesgebiet genehmigtes Glücksspiel auch außerhalb dieses Bundeslandes straffrei sein müssen.

20 „Behördliche Erlaubnisse" im Sinne von § 284 Abs 1 StGB können nur solche sein, die in Deutschland rechtswirksam sind (sei es aufgrund innerstaatlichen Rechts, sei es aufgrund europäischen Rechts).[62] Ausländische Zulassungen oder Erlaubnisse von Glücksspielen entfalten deshalb zunächst grundsätzlich keine Rechtswirkungen im Bundesgebiet,[63] sofern sich nicht – was gleich zu untersuchen sein wird – aus Gemeinschaftsrecht etwas anderes ergibt. Ist das im Ausland veranstaltete Glücksspiel nicht im Sinne von § 284 Abs 1 StGB im Bundesgebiet „behördlich erlaubt", ist auch das Bereitstellen von Einrichtungen hierfür sowie die Werbung für einen Spielabschluss im Inland – also alle Fälle der Vermittlung derartiger Sportwetten – strafbar.[64]

---

57 Vgl hierzu BVerwG NVwZ 2006, 1175.

58 BVerwG NVwZ 2006, 1175, 1179 und 1423; BVerwGE 140, 1.

59 Für die Wirksamkeit insb *Fischer* s.o. Fn 3, § 284 Rn 14 mwN; vgl auch *Rixen* Das öffentliche Sportwettenrecht der Länder und das DDR-Gewerberecht: Bricht Landesrecht Bundesrecht?; offen gelassen von BVerwG NVwZ 2006, 1175, 1180; vgl zum Erlaubnisumfang im Beitrittsgebiet etwa OVG Magdeburg NVwZ-RR 2006, 470 (Geltung nicht über die Grenzen eines Bundeslandes hinaus); grundsätzlich zudem BVerwGE 140, 1; BGH MMR 2012, 191.

60 BVerwG NVwZ 2006, 1175, 1178.

61 Vgl BVerwG NVwZ 2006, 1175, 1178 f.

62 Vgl hierzu näher *Heine/Hecker* s.o. Fn 5, § 284 Rn 22c f mwN.

63 Vgl BGHZ 158, 343, 351 – „Schöner Wetten" mwN; BGH GRUR 2002, 636, 637 – „Sportwetten".

64 Vgl *Fischer* s.o. Fn 3, § 284 Rn 15.

d) Irrtum über das Genehmigungserfordernis

Ein häufiger Einwand in Strafverfahren wegen unerlaubten Glücksspiels ist der Vortrag, man habe nicht gewusst, dass für dieses Handeln wie etwa die Sportwettenvermittlung eine behördliche Erlaubnis notwendig sei. Die Frage, wie ein solcher Irrtum einzuordnen ist, hat erhebliche Auswirkungen auf die Strafbarkeit: Wäre dieser Irrtum Tatbestandsirrtum, träte in jedem Falle nach § 16 Abs 1 StGB Straffreiheit ein, anderenfalls nach § 17 StGB nur dann, wenn der Irrtum unvermeidbar war. In den Fällen des Irrtums über das Genehmigungserfordernis ist nach der Rechtsprechung des *Bundesgerichtshofs* differenzierend nach den jeweils in Betracht kommenden Tatbeständen zu entscheiden. Dabei kommt es darauf an, ob die Genehmigung nur der Kontrolle eines im allgemeinen sozialadäquaten Verhaltens dienen soll und die Tat ihren Unwert erst aus dem Fehlen der Genehmigung herleitet (Tatbestandsirrtum) oder ob es sich um ein grundsätzlich wertwidriges Verhalten handelt, das im Einzelfall aufgrund der Genehmigung erlaubt ist (Verbotsirrtum).[65] 21

Ein Irrtum über die Erforderlichkeit einer behördlichen Genehmigung für das Veranstalten des Glücksspiels ist ein Verbotsirrtum.[66] Das in § 284 StGB enthaltene Verbot öffentlichen Glücksspiels stellt kein präventives Verbot mit Erlaubnisvorbehalt, sondern ein repressives Verbot mit Befreiungsvorbehalt dar, denn § 284 StGB ist eine Verbotsnorm für unerwünschtes, weil sozial schädliches Verhalten, das lediglich im Einzelfall gestattet werden kann.[67] Aus der Entscheidung des *Bundesverfassungsgerichts* vom 26.3.2006 ergibt sich nichts anderes.[68] Das *Bundesverfassungsgericht* hat den Charakter des Verbots nicht näher bezeichnet, sondern nur darauf hingewiesen, dass § 284 StGB keine inhaltlichen Vorgaben für die Ausgestaltung des Wettangebots enthält und deshalb auch das verwaltungsrechtliche Regelungsdefizit des bayerischen Staatslotteriegesetzes nicht beseitigt.[69] Damit hat das *Bundesverfassungsgerichts* hingegen nicht zum Ausdruck gebracht, dass öffentliches Glücksspiel sozialadäquat und § 284 StGB wertneutral im Sinne eines präventiven Verbots mit Erlaubnisvorbehalt zu verstehen wäre. Ob ein entsprechender Irrtum vermeidbar war oder nicht, ist Tatfrage. Allerdings sind gerade bei gewerblichen Anbietern aufgrund berufsspezifischer Erkundigungspflichten an die Unvermeidbarkeit hohe Anforderungen zu stellen.[70] 22

65 BGH NStZ 1993, 594, 595 mAnm *Puppe*; BGH wistra 2003, 65.

66 Vgl OLG Stuttgart NJW 2006, 2422, 2423 und KG, JuS 2013, 79 (*Jahn*), jeweils auch zu den Voraussetzungen der Unvermeidbarkeit; *Lackner/Kühl* s.o. Fn 13, § 284 Rn 13 mwN; *Fischer* s.o. Fn 3, § 284 Rn 25 mwN.

67 BVerwGE 114, 92; vgl auch BVerwG NVwZ 2006, 1175, 1177 u 1178: „Repressivverbot".

68 Vgl auch BVerwG NVwZ 2006, 1175 ff.

69 Vgl auch BVerwG NVwZ 2006, 1175, 1177 f.

70 Vgl *Fischer* s.o. Fn 3 § 17 Rn 9 ff mwN; *Mosbacher* s.o. Fn 1, NJW 2006, 3529, 3533.

4. Auswirkungen der Rechtsprechung des *Europäischen Gerichtshofs*

23 Weitgehende Auswirkungen auf das deutsche Glücksspielstrafrecht hat inzwischen – wie zunehmend auch bei anderen Straftatbeständen[71] – die Rechtsprechung des *Europäischen Gerichtshofs*. Nach dem sog „Gambelli"-Urteil des *Europäischen Gerichtshofs*[72] (und dem darauf aufbauenden Urteil vom 6.3.2007 in Sachen Placanica ua)[73] sowie weiteren Urteilen aus den Jahren bis 2016[74] können die Grundfreiheiten der Niederlassungs- und Dienstleistungsfreiheitsfreiheit verletzt sein, wenn trotz erheblicher wirtschaftlicher Ausbeutung der Spielleidenschaft in einem Mitgliedstaat die (ungenehmigte) Vermittlung von Sportwetten bestraft wird, deren Veranstalter seinen Sitz in einem anderen Mitgliedstaat hat und dort einer Kontroll- und Sanktionsregelung unterliegt. Zwar sind für das Strafrecht grundsätzlich die Mitgliedsstaaten zuständig. Jedoch setzt das Gemeinschaftsrecht dieser Zuständigkeit nach ständiger Rechtsprechung des *Europäischen Gerichtshofs* Schranken. Das Strafrecht darf nämlich nicht die durch das Gemeinschaftsrecht garantierten Grundfreiheiten unzulässig beschränken.[75] Zudem ist in der Rechtsprechung des *Europäischen Gerichtshofs* anerkannt, dass ein Mitgliedsstaat keine strafrechtlichen Sanktionen wegen einer nicht erfüllten Verwaltungsformalität verhängen darf, wenn er die Erfüllung dieser Formalität unter Verstoß gegen das Gemeinschaftsrecht abgelehnt oder vereitelt hat.[76]

24 Nationale Regelungen, die die Ausübung von Tätigkeiten im Glücksspielsektor ohne eine staatlich erteilte Genehmigung verbieten, stellen eine Beschränkung der Niederlassungsfreiheit und des freien Dienstleistungsverkehrs dar.[77] Derartige Beschränkungen müssen entweder aufgrund ausdrücklich vorgesehener Ausnahmeregelungen zulässig oder nach der Rechtsprechung des *Europäischen Gerichtshofs* aus zwingenden Gründen des Allgemeininteresses wie etwa Verbraucherschutz, Betrugsvorbeugung oder Vermeidung von Anreizen zu überhöhten Ausgaben für Glücksspiel gerechtfertigt sein.[78] Beschränkungen der Anzahl von Wirtschaftsteilnehmern können insbesondere dann gerechtfertigt sein, wenn dies die Gelegenhei-

---

71 Vgl nur BGH NJW 2007, 233 – „Entsendebescheinigung E 101".

72 EuGH NJW 2004, 139 mAnm *Hoeller/Bodemann* NJW 2004, 122.

73 EuGH Urt v 6.3.2007 – „Placanica ua" C-338/04, 359/04, 360/04, NJW 2007, 1515.

74 EuGH Urt v 8.9.2010 – „Carmen Media" C-46/08, Slg 2010, I-8175, NVwZ 2010, 1422; Urt v 8.9.2010 – „Stoß" C-316/07 ua, NVwZ 2010, 1409; Urt v 8.9.2010 – „Winner Wetten" C-409/06, Slg 2010, I-8041, NVwZ 2010, 1419; Urt v 24.1.2013 – „Stanleybet" C-186/11 ua, NVwZ 2013, 785; Urt v 12.6.2014 – „Digibet" C-156/13, NVwZ 2014, 1001; Urt v 4.2.2016 – „Ince" C-336/14, NVwZ 2016, 369.

75 EuGH Urt v 19.1.1999 – „Calfa" C348/96, Slg 1999, I-11 Rn 17.

76 EuGH Urt v 6.3.2007 – „Placanica ua" C-338/04, 359/04, 360/04, NJW 2007, 1515, 1519, Rn 69 mwN.

77 EuGH aaO 1517 Rn 42.

78 EuGH aaO Rn 45 f.

ten zum Glücksspiel wirklich vermindert sowie kohärent und systematisch begrenzt und dem Ziel entspricht, der Ausbeutung von Tätigkeiten in diesem Sektor zu kriminellen und betrügerischen Zwecken vorzubeugen.[79] Einschränkungen der Marktteilnahme dürfen hingegen nicht den vorrangigen Zweck verfolgen, dem Staat auf Kosten der übrigen Wirtschaftsteilnehmer lediglich eine beträchtliche Einnahmequelle zu erschließen.[80] Nach Auffassung des *Bundesverwaltungsgerichts* waren jedenfalls zu früherer Zeit die Sportwettenmonopole der Länder Nordrhein-Westfalen (2008 bis 2012) und Rheinland-Pfalz (im Jahr 2010) europarechtswidrig, weil sie diesen Vorgaben mangels Kohärenz des Sportwettenmonopols nicht entsprachen.[81] Entsprechendes dürfte für die übrigen Bundesländer gelten.

Daraus folgt: Sofern ein Mitgliedstaat das Glücksspiel in seinem Staatsgebiet nicht generell verbietet, sondern – wie Deutschland – in ganz erheblichem und wirtschaftlich bedeutsamen Maße zulässt, kann die Teilnahme an einem (hier der Art nach zugelassenen oder grundsätzlich zulassungsfähigen) Glücksspiel, das in einem anderen Mitgliedstaat veranstaltet sowie dort zugelassen und kontrolliert wird, nicht mehr ohne weiteres strafrechtlich sanktioniert werden.[82] Die Zulassung einer (hier grundsätzlich zulassungsfähigen) Sportwette durch einen anderen Mitgliedstaat der EU muss unter den derzeitigen Rahmenbedingungen zur Folge haben, dass dieses Glücksspiel als (dort) rechtmäßig veranstaltet gilt, sofern in dem Mitgliedsstaat eine wirksame Kontrolle gewährleistet ist.[83] Gewährleistung wirksamer Kontrolle in diesem Sinne meint insbesondere, dass die Legalisierungswirkung solchen Genehmigungen fehlt, die aus rein finanziellen Interessen missbräuchlich erteilt werden, zudem von vorneherein gezielt vorrangig das Glücksspiel im Ausland betreffen.[84] Keine strafausschließende Wirkung haben schon aus diesem Grund etwa sog „offshore-Lizenzen" aus Gibraltar oder Malta, die dem Lizenznehmer gegen Zahlung einiger tausend Euro die „Erlaubnis" erteilen, im gesamten EU-Gebiet (außer im Genehmigungsland) Glücksspiele zu veranstalten. 25

Gilt das Glücksspiel in dem entsprechenden Mitgliedsstaat als rechtmäßig veranstaltet, müssen nach der hier vertretenen Auffassung das Bereitstellen von Einrichtungen für ein solches Glücksspiel oder die Werbung hierfür auch im Bundesgebiet straflos sein; nur insoweit kann eine Strafbarkeit nach § 284 StGB aufgrund der 26

---

79 EuGH aaO 1518 Rn 53 ff.

80 Vgl auch BVerfG NJW 2006, 1261 ff.

81 BVerwGE 147, 47; BVerwG, Urt v 15.6.2016 – 8 C 5/15, ZfWG 2016, 433.

82 Wie hier insb *Barton/Gercke/Janssen* Die Veranstaltung von Glücksspielen durch ausländische Anbieter per Internet unter besonderer Berücksichtigung der Rechtsprechung des EuGH, wistra 2004, 321, 326; vgl zudem die ausführlichen Nachweise bei OLG Stuttgart NJW 2006, 2422; Zweifel an der Strafbarkeit in diesen Fällen haben auch BVerfG (Kammer) NVwZ 2005, 1303, 1304; BGH Beschl v 29.11.2006, 2 StR 55/06; BGH NJW 2007, 3078.

83 Vgl *Lackner/Kühl* s.o. Fn 13, § 284 Rn 12.

84 Vgl VGH Kassel NVwZ 2005, 99; *Fischer* s.o. Fn 3, § 284 Rn 15.

von einem Mitgliedsstaat erteilten Lizenz ausscheiden.[85] Anderes gilt jedoch für die Tatbestandsvarianten des Veranstaltens oder Haltens eines solchen Glücksspiels im Bundesgebiet selbst. Wer in Deutschland (auch über das Internet)[86] ein Glücksspiel veranstaltet, benötigt hierfür – wie in anderen europäischen Ländern auch – eine inländische Erlaubnis. Da die Sportwettenvermittlung je nach konkreter Ausgestaltung häufig schon das Veranstalten eines Glücksspiels im Inland beinhaltet,[87] ist eine differenzierte Betrachtung erforderlich. Allerdings kann auch die nationale Restriktion der Sportwettenvermittlung mit höherrangigem Europarecht unvereinbar sein. Nur wenn die Rahmenbedingungen dahingehend geändert werden, dass das nationale Glücksspielmonopol tatsächlich primär an der Vermeidung von Glücksspiel und der Bekämpfung der Spielsucht orientiert ist, dürften nach der Rechtsprechung des *Europäischen Gerichtshofs*[88] Strafvorschriften gegen die ungenehmigte Vermittlung von Sportwetten, die in einem anderen Mitgliedsstaat veranstaltet werden, jedenfalls aus gemeinschaftsrechtlicher Sicht unbedenklich sein.

27 Nach der neueren Rechtsprechung des *Europäischen Gerichtsh*ofs darf ein mit dem freien Dienstleistungsverkehr unvereinbares staatliches Sportwettenmonopol auch für eine Übergangszeit nicht weiter angewandt werden.[89] Die Dienstleistungsfreiheit des Art 56 AEUV steht danach auch der strafrechtlichen Ahndung unerlaubter Sportwettenveranstaltung und -vermittlung entgegen, wenn das für Private eröffnete Erlaubnisverfahren nicht transparent, diskriminierungsfrei und gleichheitsgerecht ausgestaltet ist oder praktiziert wird und deshalb faktisch weiterhin ein staatliches Sportwettenmonopol besteht. Davon ist insbesondere dann auszugehen, wenn ein privater Wirtschaftsteilnehmer zwar theoretisch eine Erlaubnis für die Veranstaltung oder die Vermittlung von Sportwetten erhalten kann, die Kenntnis über das Erlaubnisverfahren aber nicht sichergestellt ist. Insoweit verlangt das unionsrechtliche Transparenzgebot, dass die Eröffnung des Erlaubnisverfahrens und die Erlaubnisvoraussetzungen in einer Weise öffentlich bekannt gemacht werden, die potenziellen privaten Veranstaltern oder Vermittlern von Sportwetten die Kenntnisnahme ermöglicht.[90] Damit dürfte die europarechtskonforme Auslegung der §§ 284 ff

---

85 Vgl auch (wohl weitergehend) BayObLG NJW 2006, 3588, 3592; LG Hamburg NStZ 2005, 44; AG Heidenheim SpuRt 2005, 81 f; aA etwa VGH München NVwZ 2006, 1430, 1431.

86 Zutreffend deshalb im Ergebnis BGHZ 158, 343, 351 – „Schöner Wetten“: Die *Veranstaltung* von Glücksspielen über deutschsprachige Seiten im Internet ist für inländische Teilnehmer nicht erlaubnisfrei zulässig.

87 Vgl BGH NStZ 2003, 372, 373; BVerwG NVwZ 2006, 1175, 1178.

88 Vgl EuGH NJW 2004, 139 – „Gambelli“.

89 Vgl EuGH Urt v 8.9.2010 „Stoß“ C-316/07 ua, NVwZ 2010, 1409; Urt v 8.9.2010 – „Winner Wetten“ C-409/06, Slg 2010, I-8041, NVwZ 2010, 1419; Urt v 24.1.2013 – „Stanleybet“ C-186/11 ua, NVwZ 2013, 785.

90 Vgl EuGH Urt v 12.6.2014 – „Digibet“ C-156/13, NVwZ 2014, 1001; Urt v 4.2.2016 – „Ince“ C-336/14, NVwZ 2016, 369; vgl auch BVerwG, Urt v 15.6.2016 – 8 C 5/15, ZfWG 2016, 433.

StGB im Ergebnis dazu führen, dass die ohne Erlaubnis erfolgte Vermittlung von Sportwetten durch einen Wirtschaftsteilnehmer, der in einem anderen Mitgliedstaat eine Lizenz für die Veranstaltung von Sportwetten innehat, nicht geahndet werden kann.

5. Auswirkungen der Rechtsprechung des *Bundesverfassungsgerichts* zum Sportwettenmonopol

Das *Bundesverfassungsgericht* hat in seinem Urteil zum staatlichen Sportwettenmonopol entschieden, dass das – vor Neuregelung des Glücksspielrechts durch den GlüStV geltende – bayerische Staatslotteriegesetz nicht mit dem Grundgesetz vereinbar ist und neu geregelt werden muss, weil das Monopol nicht an dem Zweck der Bekämpfung von Spielleidenschaft ausgerichtet sei.[91] Dies gilt entsprechend für ähnliche Länderregelungen vor Inkrafttreten des GlüStV.[92] Für vor dem Urteil begangene Altfälle des Vermittelns von Sportwetten führt dies nach der Rspr des *Bundesgerichtshofs* aufgrund eines unvermeidbaren Verbotsirrtums regelmäßig zur Straffreiheit.[93] 28

Von manchen wird geltend gemacht, die Strafnorm des § 284 StGB sei nach der Entscheidung des *Bundesverfassungsgericht* nicht mehr im Sinne von Art 103 Abs 2 GG hinreichend bestimmt und deshalb verfassungswidrig. Begründet wird dies mit der Erwägung, dass die Strafbarkeit nunmehr gemäß den Vorgaben des *Bundesverfassungsgerichts* letztlich von dem konkreten Werbeverhalten von Oddset abhänge. Dem ist zu widersprechen. Das Bestimmtheitsgebot verpflichtet den Gesetzgeber, die Voraussetzungen der Strafbarkeit so genau zu umschreiben, dass Tragweite und Anwendungsbereich der Straftatbestände für den Normadressaten schon aus dem Gesetz selbst zu erkennen sind und sich durch Auslegung ermitteln und konkretisieren lassen. Das Grundgesetz will sicherstellen, dass jeder vorhersehen kann, welches Verhalten verboten und mit Strafe bedroht ist, damit er sein Tun oder Unterlassen auf die Strafrechtslage eigenverantwortlich einrichten kann und willkürliche staatliche Reaktionen nicht befürchten muss.[94] Nach diesen Kriterien ist die Strafnorm für sich gesehen ohne weiteres bestimmt genug. Der Inhalt der strafbewehrten 29

---

91 NJW 2006, 1261 mAnm *Horn* JZ 2006, 783, 789; hierzu näher *Bücker/Gabriel* Staatliches Sportwettenmonopol: „buisness as usual" oder neuer Aufbruch? NVwZ 2006, 662; *Kment* Ein Monopol gerät unter Druck – Das „Sportwetten-Urteil" des BVerfG, NVwZ 2006, 617; *Pestalozza* Das Sportwettenurteil des BVerfG – Drei Lehren über den Fall hinaus, NJW 2006, 1711.

92 Vgl BVerfG NVwZ 2009, 1281.

93 BGH NJW 2007, 3078; vgl auch OLG München NJW 2008, 3151; vgl demgegenüber *Mosbacher* o Fn 1 NJW 2006, 3529.

94 Vgl nur BVerfG NJW 2003, 1030 mwN.

Verhaltenspflicht ergibt sich ohne weiteres aus der Norm selbst: kein öffentliches Glücksspiel ohne Genehmigung!

30 Die Strafnorm des § 284 StGB ist auch nicht etwa aus anderen Gründen verfassungswidrig: Das *Bundesverfassungsgericht* hat in seiner Entscheidung vom 26.3.2006 nicht die Straf- bzw Verbotsnorm des § 284 StGB für mit dem Grundgesetz unvereinbar erklärt, sondern die landesrechtliche Genehmigungsregelung vor dem Hintergrund deren tatsächlicher Ausgestaltung. Nach der Entscheidung des *Bundesverfassungsgerichts* folgt aus der Grundgesetzwidrigkeit des bayerischen Lotteriegesetzes gerade nicht die Nichtigkeit des allgemeinen verwaltungsrechtlichen Verbots der unerlaubten Veranstaltung öffentlichen Glücksspiels und auch kein verwaltungsrechtlicher Anspruch auf Erlaubniserteilung für private Sportwettenanbieter. Deshalb ist auch ein Straftatbestand, der ein solches verbotenes Verhalten unter Strafe stellt, nicht verfassungswidrig. Die Entscheidung des *Bundesverfassungsgerichts* vom 26.3.2006 hat demnach nichts daran geändert, dass die Veranstaltung öffentlichen Glücksspiels ohne behördliche Genehmigung und die Vermittlung ungenehmigter Sportwetten – auch nach der Entscheidung – weiterhin nach § 284 StGB strafbar ist,[95] wenn auch im Einzelfall aufgrund unvermeidbaren Verbotsirrtums keine Bestrafung stattfindet.[96]

III. Schluss und Ausblick

31 Das Glücksspielstrafrecht ist noch immer im Fluss.[97] Bei der Vermittlung von Sportwetten aus einem Mitgliedstaat der Europäischen Union folgt aus den Entscheidungen des *Europäischen Gerichtshofs*, dass eine von einem Mitgliedstaat erteilte Erlaubnis bzw Zulassung einer Bestrafung derzeit entgegensteht, soweit sich die Sportwettenvermittlung auf das Bereitstellen von Einrichtungen oder die Werbung für dieses rechtmäßige Glücksspiel beschränkt und kein selbständiges Veranstalten eines Glücksspiels im Bundesgebiet beinhaltet. Die Praxis löst die durch die Entscheidungen des *Bundesverfassungsgerichts* und des *Europäischen Gerichtshofs* ausgelösten Bedenken an der Strafbarkeit der Vermittlung von in Mitgliedsstaaten behördlich genehmigten Sportwetten, die auch der *Bundesgerichtshof* teilt,[98] inzwischen wohl überwiegend durch die Einstellung entsprechender Verfahren nach §§ 153, 153a StPO.[99]

---

95 Wie hier *Fischer* s.o. Fn 3, § 284 Rn 16b.

96 BGH NJW 2007, 3078; vgl auch OLG München NJW 2008, 3151.

97 Vgl ausführlich *Weidemann* Glücksspielrecht – eine Rechtsmaterie im Umbruch, DVBl 2016, 665.

98 Vgl BGH Beschl v 29.11.2006, 2 StR 55/06; BGH NJW 2007, 3087.

99 Vgl BGH Beschl v 29.11.2006, 2 StR 55/06.

Eine Veränderung der deutschen Regelung und Praxis hin zu einer an kohärenter und systematischer Suchtvermeidung und Glücksspielverringerung orientierten Monopolisierung – wie durch den Glücksspielstaatsvertrag der Länder beabsichtigt (vgl insb § 1 GlüStV), vom *Europäischen Gerichtshof* als Voraussetzung gemeinschaftsrechtlich zulässiger Beschränkung von Dienst- und Niederlassungsfreiheit gefordert[100] und vom *Bundesverfassungsgericht* aus Verfassungsgründen ausdrücklich angemahnt[101] – kann auch heute noch nicht sicher attestiert werden.[102] Sie würde zunächst dazu führen, dass die Aufrechterhaltung des nationalen Glücksspiel-Monopols weder durchgreifenden verfassungsrechtlichen noch gemeinschaftsrechtlichen Bedenken mehr begegnet. Dies gilt indes etwa bei Sportwetten in gemeinschaftsrechtlicher Hinsicht wohl nur für den – eher unrealistischen – Fall, dass die Neuregelung zu einer erheblichen Einschränkung des monopolartig betriebenen Sportwettenbereichs führt, denn nur dann läge keine erhebliche wirtschaftliche Ausbeutung der Spielleidenschaft im Sinne der oben unter II. 4 dargestellten Rechtsprechung des *Europäischen Gerichtshofs* mehr vor. Bleibt der weitgehend monopolisierte Sportwettenmarkt hingegen auf dem derzeitigen wirtschaftlichen Niveau, spricht vieles dafür, dass die Teilnahme an einem in einem anderen Mitgliedsstaat der EU genehmigten und dort wirksamer Kontrolle unterliegenden Glücksspiel, das auch im Bundesgebiet prinzipiell genehmigungsfähig wäre, strafrechtlich dann nicht weiter verfolgt werden kann, wenn es lediglich um das „Bereitstellen von Einrichtungen" und die Werbung geht, das Glücksspiel selbst aber nicht im Bundesgebiet „veranstaltet" oder „gehalten" wird. Dies folgt nicht nur aus der hier vertretenen (oben dargelegten) Auslegung des § 284 Abs 1 StGB hinsichtlich des tatbestandsausschließenden Genehmigungserfordernisses, sondern auch aus der Überlegung, dass der Beschränkungscharakter des strafbewehrten Verbots bei Fortdauer eines Monopols auf dem derzeitigen wirtschaftlichen Niveau hinter dem Kontrollcharakter deutlich zurücktritt, die Kontrolle aber wirksam auch durch den Mitgliedsstaat gewährleistet werden kann, in dem das Glücksspiel veranstaltet wird. 33

Unbefriedigend bleibt weiterhin das Auseinanderfallen der Kompetenzen: Das Glücksspielstrafrecht ist vorrangig Bundesrecht.[103] Inhaltlich ausgefüllt werden die verwaltungsakzessorischen Straftatbestände in §§ 284 ff StGB aber durch die landesrechtlichen verwaltungsrechtlichen Regelungen darüber, welches Glücksspiel der behördlichen Erlaubnis bedarf und ob bzw wann eine derartige Erlaubnis erteilt wird. Zu welchen Friktionen dieses Auseinanderfallen der Kompetenzen führen kann, zeigt sich etwa bei dem grundlegenden Verbot der „Vermittlung" öffentlicher 34

100 Vgl EuGH NJW 2007, 1515, 1518 – „Placanica ua".

101 BVerfG NJW 2006, 1261, 1264.

102 Vgl die Schilderung des vorlegenden Gerichts in EuGH Urt v 4.2.2016 – „Ince" C-336/14, NVwZ 2016, 369; vgl demgegenüber etwa BGH MMR 2012, 191 (Sportwetten im Internet II).

103 Ausführlich hierzu *Dannecker/Pfaffendorf* s.o. Fn 19 NZWiSt 2012, 212 und 252.

Glücksspiele im Internet (vgl § 4 Abs 4 GlüStV). Diesem Verbot korrespondiert schon deshalb keine unmittelbar adäquate Strafnorm, weil § 284 Abs 1 StGB den Begriff des „Vermittelns“ nicht enthält. Sinnvoll und notwendig wäre deshalb eine Anpassung der (ohnehin in Aufbau und Diktion veralteten) bundesrechtlichen Strafnormen an die Neuregelung des Glücksspielrechts durch die Länder.

Josef Hoch

§ 18 Zur Einschränkung (straf-)rechtlicher Verantwortung infolge von „Spielsucht“

„... und wenn nicht Spiel und Scherz ein gewisses natürliches Vergnügen enthielte, würde nicht so eine heftige Begierde der Menschen danach streben; obgleich freilich ihr häufiger Genuss der Seele allen Gehalt und alle Kraft rauben würde.“ (Seneca, Von der Gemütsruhe)

Übersicht

I. Einleitung

Die Erkenntnis, dass Glücksspiel mit haltlosem Suchtverhalten einhergehen kann, ist ebenso alt wie das Bemühen, mit strafrechtlicher Repression seine befürchteten Gefahren einzudämmen.[1] Die Kriminogenität exzessiven Glücksspiels gehörte seit jeher zum Erfahrungsgut forensischer Praxis und spielte vorwiegend als Tatmotiv eine Rolle. Verbreitet war die Sicht, dass derartige „Charaktertäter“ aufgrund ihrer „bewusst antisozial“ geprägten Einstellung weder zu erziehen, noch zu bessern seien; vielmehr seien harte Strafen und, wenn notwendig, Sicherungsverwahrung allein geeignet, sie von weiteren Straftaten abzuhalten.[2] Ein Paradigmenwechsel setzte um 1980 ein. In diesem Jahr nahm die „American Psychiatric Association“ (APA) 1

1 Zur Entwicklung des Glücksspielstrafrechts vgl *Lampe* Falsches Glück, JuS 1994, 737.

2 *Eschenbach* in: Handwörterbuch der Kriminologie, Bd I, 1966, S 350, 363; mit umfangreichen Ausführungen zur Persönlichkeit des „Glücks- und Falschspielers“ S 357 ff.

https://doi.org/10.1515/9783110259216-018

das „pathological gambling“ als separate diagnostische Einheit in das Handbuch für psychische Störungen (DSM III)[3] auf. Das „pathologische Glückspiel“ hatte als Störung, welche die Verantwortung des Täters in Frage stellen könnte, bis dahin in Deutschland kaum Beachtung gefunden.[4] Seither setzte jedoch eine intensive Beschäftigung damit in der wissenschaftlichen Literatur ein,[5] die auf zunehmendes öffentliches Interesse stieß.[6] 1993 hat auch die Weltgesundheitsorganisation das pathologische Glücksspiel als Unterfall abnormer Gewohnheiten und Störungen der Impulskontrolle (ICD-10, F63.0) klassifiziert.[7] Mit dieser Entwicklung einhergehend war eine Zunahme der Strafverfahren zu beobachten, in denen Sachverständige mit der Begutachtung der Schuldfähigkeit von Spielern beauftragt wurden.[8] „Pathologisches Spiel“ ist heute – bei geschätzten 100.000 bis 170.000 Glücksspielern in Deutschland, die als behandlungsbedürftig angesehen werden[9] – als mögliche Ursache strafbarer Verhaltensweisen und eingeschränkter Verantwortlichkeit des Straftäters ein alltäglicher forensischer Sachverhalt geworden. Dessen Relevanz wird freilich ganz unterschiedlich eingeschätzt: Das Spektrum der Meinungen reicht von der Feststellung, dass den Spielsüchtigen als „pathologischen Handlungsaktiven“ §§ 20 oder 21 StGB zur Seite stehen müssen,[10] bis hin zur Ablehnung der schuldmindernden Berücksichtigung der Spielsucht als „behaviouristische Entschuldigungslogik“ und als

---

3 Diagnostic and Statistical Manual of Mental Disorders (DSM III).

4 Vgl aber *Rasch* Über Spieler, in: Randzonen menschlichen Verhaltens, FS Bürger-Prinz, H., 1962, S 173–184.

5 *Schuhmacher* Die Beurteilung der Schuldfähigkeit bei nichtstoffgebundenen Abhängigkeiten (Spielleidenschaft, Fetischismen, Hörigkeit), in: Hamm, R. (Hrsg), FS Werner Sarstedt, 1981, S 361–372. Zur Entwicklung vgl a *Kellermann* NStZ 1996, 335, 336, der in der seit etwa 1980 einsetzenden Verbreitung von elektronischen Glückspielautomaten eine wesentliche Ursache der Verbreitung von Glücksspielsucht (und der psychiatrischen und forensischen Beschäftigung damit) annimmt, während zuvor durch die konsequente Einschränkung der Verfügbarkeit von Glücksspielen mit hohem Suchtpotential durch § 284 StGB solche Fälle kaum aufgetreten seien.

6 Die Auffassung, dass „Spielsucht“ im Extremfall ein psychopathologisches Verhalten sein kann, wurde schließlich im März 1985 in der BT-Drs 10/3052 auch von der Bundesregierung vertreten. Eine umfangreiche Literaturliste deutschsprachiger Artikel und Bücher zum Thema findet sich auf der Homepage „Bundesweiter Arbeitskreis Glücksspielsucht“ unter *http://www.gluecksspielsucht.de*.

7 Internationale Klassifikation psychischer Störungen (ICD-10, F63.0). Für 2017 ist die Herausgabe der 11. Revision der ICD der WHO geplant; nach derzeitigem Stand (Onlinefassung ICD-11 Beta-Draft) dürfte sich an der Klassifizierung des pathologischen Glücksspiels nichts Wesentliches ändern.

8 Vgl *Gerhard Meyer* Die Beurteilung der Schuldfähigkeit bei Abhängigkeit vom Glücksspiel, MschrKrim 1988, 213; *Kellermann* aaO.

9 Dies entspricht einem Bevölkerungsanteil von 0,1 bis 0,2%, Schätzung nach *Meyer* Glücksspiel – Zahlen und Fakten, Jahrbuch Sucht 2007, Neuland 2007. Verlässliche Angaben über die Anzahl pathologischer Spieler und Spielerinnen in Deutschland liegen nicht vor. Einen weiteren Hinweis liefert die Zahl der 2001 registrierten 28.197 Zugangssperren zu Spielcasinos (einschließlich Sperren wegen Hausfriedensbruchs).

10 *Schreiber* Kriminalistik 1993, 469, 474.

„Paradebeispiel für den in unserer Rechtskultur sich ausbreitenden Exkulpationseifer."[11] Im Folgenden soll nach summarischer Erörterung der diagnostischen Kriterien sowie der rechtlichen Grundlagen der Umgang insbesondere der *Strafgerichte* mit dem Phänomen Spielsucht dargestellt und abschließend ein kurzer Blick auf disziplinarrechtliche und arbeitsgerichtliche Probleme geworfen werden.

II. Begriff des pathologischen Spielens

Nach den diagnostischen Kriterien der WHO wird unter pathologischem Spielver- 2
halten ein häufig wiederholtes episodenhaftes Glücksspiel verstanden, das die Lebensführung der betroffenen Person beherrscht und zum Verfall sozialer, beruflicher, materieller und familiärer Werte und Verpflichtungen führt.[12] Das DSM-IV,[13] auf dem die ICD-Klassifizierung im Wesentlichen beruht, gibt für das pathologische Spielen (312.31) zehn Merkmale[14] vor, von denen mindestens fünf für eine entsprechende Diagnose erfüllt sein müssen: (1) Starkes Eingenommensein vom Glücksspiel, (2) Spiel mit immer höheren Einsätzen, um sich die gewünschte Erregung zu verschaffen, (3) erfolglose Versuche, das Spielen zu kontrollieren, einzuschränken oder aufzugeben, (4) Unruhe oder Gereiztheit beim Versuch, das Spielen einzuschränken oder aufzugeben, (5) Versuche, depressive Stimmungen durch Spielen zu bessern oder zu erleichtern, (6) „Hinterherjagen" hinter Verlusten, (7) Bagatellisierungsversuche gegenüber dem sozialen Umfeld, (8) charakteristische illegale Handlungen wie Fälschung, Betrug, Diebstahl, Unterschlagung, (9) Verlust des Arbeitsplatzes infolge des Spielens und (10) Aufnehmen von Schulden, hoffnungslose finanzielle Situation. Abzugrenzen von diesem Störungsbild des pathologischen Glücksspiels ist das exzessive Spielen manisch Erkrankter und von Personen, die unter schizopathischen oder dissozialen Persönlichkeitsstörungen leiden. Denn in diesen Fällen ist das Spielen nur ein Symptom des Grundproblems und keine eigenständige Störung.

In der psychiatrischen Fachliteratur ist allerdings umstritten, ob exzessives 3
Glücksspielen überhaupt eine einheitliche psychische Störung darstellt. Während es

11 *Stoll* NStZ 97, 283.

12 ICD-10, F63.0.

13 Diagnostic and Statistical Manual of Mental Disorders, 4th Edition (DSM IV).

14 Abweichend davon zählt *Rasch* Die psychiatrisch-psychologische Beurteilung der so genannten schweren anderen seelischen Abartigkeit, StV 1991, 126, 129, folgende 10 Merkmale als charakteristisch für das pathologische Spiel, bei dem eine Verminderung oder Aufhebung der Schuldfähigkeit in Betracht zu ziehen sei, auf: 1. Progedienz, 2. Spielen als zentraler Lebensinhalt, 3. Verarmung in anderen Lebensbereichen, 4. Spielen, um zu Spielen, 5. Gefühl des Gezwungenseins, 6. Entziehungserscheinungen, 7. stereotypisiertes Verhalten, 8. Depravation, 9. Suizidalität, 10. Verlust an sozialer Kompetenz.

teilweise als „Sucht“ oder „nichtstoffgebundene Abhängigkeit“ eingeordnet wird,[15] betrachten andere die Verwendung der Einheitsdiagnose „Spielsucht“ als inadäquat und therapeutisch irreführend.[16]

Im aktuellen DSM-5[17] werden die bisherigen Kategorien Substanzmissbrauch („substance abuse“) und Abhängigkeit („dependence“) durch die neue Kategorie Sucht und verwandte Störungen („addiction and related disorders“) ersetzt. Die neue Kategorie umfasst auch die Spielsucht; dies wird damit begründet, dass beiden ähnliche Vorgänge im Gehirn zugrunde lägen. Auch die WHO plant in der ICD-11 eine Reklassifikation.[18] Der damit verbundene Paradigmenwechsel – stoffgebundene und stoffungebundene Suchterkrankungen stehen damit nun nosologisch gleichberechtigt nebeneinander –[19] hat bisher allerdings keine erkennbaren Auswirkungen auf die forensische Praxis gezeigt, die sich weiterhin am ICD-10 orientiert.

Unabhängig davon besagt die Aufnahme eines Krankheits- oder Störungsbildes in eines der anerkannten Klassifikationssysteme und die entsprechende Diagnose allein noch nichts über ihre forensische Relevanz bei der Beurteilung der Schuldfähigkeit eines betroffenen Delinquenten.[20] Dies ergibt sich schon aus dem mit der ICD-10 verfolgten Ansatz einer deskriptiven Klassifikation, die sich nicht an rechtlichen Vorgaben der Beurteilung strafrechtlicher Verantwortlichkeit, sondern an diagnostischen Kriterien und therapeutischen Zwecken orientiert. So wird der Begriff der psychischen Krankheit in der ICD-10 bewusst und konsequent durch den der „Störung“ (disorder) ersetzt.[21] Die verwendeten (verhaltens-)beschreibenden Kriterien sozial abweichenden Verhaltens erlauben keine zwingenden Schlüsse auf eine schwere psychische Erkrankung oder Störung.[22] Demzufolge setzt sich in der einschlägigen Fachliteratur mehr und mehr die Erkenntnis durch, dass die Relevanz einer klassifizierten Störung für die Schuldfähigkeit sich nicht aus einer bestimmten Diagnose, sondern dem Ausmaß der Störung ableitet.[23] Allerdings konzediert die Rechtsprechung des *Bundesgerichtshofes*, dass ein Befund nach ICD-10 in der Regel eine nicht nur ganz geringfügige Beeinträchtigung indiziert.[24] Fehlt dagegen eine

---

15 Vgl *Mayer, G.* MSchrKrim 1988, 213 ff.

16 Vgl *Kröber* JR 1989, 380.

17 Diagnostic and Statistical Manual of Mental Disorders (DSM-5).

18 WHO Gambling disorder (http://id.who.int/icd/entity/1041487064).

19 Vgl *G. Meyer* ZRP 5/2013, 140.

20 Vgl BGHSt 37, 397, 401; 49, 45; 49, 347; NStZ 95, 176 f; *Nedopil* Forensische Psychiatrie, 3. Aufl, S 99 f.

21 Vgl dazu ICD-10 Kapitel V, 2. Aufl, S 9, 22 f.

22 *Kröber* JR 1989, 380, 381.

23 *Nedopil*, aaO, S 100.

24 BGHSt 37, 397; NStZ-RR 98, 188. Die Ausnahme zu dieser Regel mögen Auffälligkeiten wie Daumenlutschen, Nasebohren, Nägelkauen, Stottern darstellen, die in ICD-10 Kap V F 98.8 bzw F 98.5 aufgenommen sind.

diagnostische Kategorie für das von der Norm abweichende Zustandsbild des Täters, sind keine forensisch-psychiatrischen Feststellungen und keine damit einhergehende Annahme der Schuldminderung möglich.[25]

III. Rechtliche Ausgangslage bei der Beurteilung strafrechtlicher Verantwortlichkeit (§§ 20, 21 StGB)

Unter welchen Voraussetzungen ein klassifiziertes und diagnostiziertes Krankheitsbild die Verantwortlichkeit des Täters für seine Straftaten zu beschränken oder ihn gar zu exkulpieren vermag, ist eine Frage juristischer Bewertung, deren Lösung nicht dem Arzt oder Sachverständigen überbürdet werden kann.[26] Der Gutachter hat die Anknüpfungstatsachen zu liefern, der Richter hat zu entscheiden.[27] Daher soll kurz die rechtliche Ausgangslage skizziert werden. 4

Dem Menschenbild des Grundgesetzes entsprechend beruht das Strafrecht auf dem Schuld- und Verantwortungsprinzip: **Strafe setzt Schuld des Täters voraus.**[28] Was unter Schuld zu verstehen ist, bestimmt das StGB indes nicht und beschränkt sich in §§ 17, 19, 20, 21, 29 StGB auf die Regelung der Folgen ihres Fehlens. Während der überholte **psychologische Schuldbegriff** das Wesen der Schuld in der subjektiv-seelischen Beziehung des Täters zu seiner Tat erblickte und zwischen „Vorsatz" und „Fahrlässigkeit" als Schuldformen differenzierte,[29] hat sich heute der sog **normative Schuldbegriff** durchgesetzt. Danach liegt das Wesen der Schuld in der Vorwerfbarkeit der Willensbildung und -betätigung, also in der **normativen Bewertung** eines psychischen Sachverhalts.[30] Es genügt mithin nicht die bloße Feststellung eines Krankheitsbildes oder gar nur abweichenden Verhaltens (denn mit solchem beschäftigt sich das Strafrecht ständig), vielmehr ist davon ausgehend rechtlich zu bewerten, ob die Zuschreibung von Verantwortung gehindert ist. Schuld bedeutet – so verstanden – Verantwortlichkeit für die Folgen normwidrigen 5

25 BGH NStZ 01, 83.

26 BGH 21.8.2003 – 3 StR 234/03 = StV 2004, 415.

27 Auch der Begriff „Erheblichkeit" einer in § 20 bezeichneten Störung betrifft nach st Rspr eine Rechtsfrage, die allein vom Gericht und nicht vom Sachverständigen zu beantworten ist; vgl *Fischer* StGB, 64. Aufl, § 21 Rn 7 mwN.

28 Grundlegend BGHSt GrS 2, 194, 200; BVerfGE 95, 96, 131; 96, 245, 249. Das heutige Rechtsfolgensystem des StGB sieht in § 61 StGB (eingeführt durch das GewohnheitsverbrecherG vom 24. November 1933) neben den Strafen auch sog Maßregeln der Besserung und Sicherung vor, die an die Sozialgefährlichkeit des Täters anknüpfen und neben seiner Besserung den Schutz der Allgemeinheit bezwecken. Die Anordnung solcher Maßregeln ist auch bei Schuldunfähigkeit möglich und tritt bei schuldfähigen Tätern ggf neben die Strafe.

29 *Mezger* Strafrecht, 3. Aufl 1949, § 33.

30 Vgl *Jakobs* Strafrecht AT, 2. Aufl, S 471; *Wessels/Beulke* Strafrecht AT, 32. Aufl, 406ff; je mwN.

Verhaltens.[31] §§ 20, 21 StGB fordern dabei, wie sich aus dem Wortlaut „bei Begehung der Tat" ergibt, eine einzeltatbezogene Betrachtung.[32] Nach § 20 StGB handelt ohne Schuld, wer unfähig ist, das Unrecht der konkret vorgeworfenen Tat einzusehen oder nach dieser Einsicht zu handeln, weil er bei Begehung der Tat unter einer krankhaften seelischen Störung (1. Alt), einer tiefgreifenden Bewusstseinsstörung[33] (2. Alt), Schwachsinn[34] (3. Alt) oder einer schweren anderen seelischen Abartigkeit[35] (4. Alt) leidet. Ist die Einsichts- oder Steuerungsfähigkeit des Täters aus einem der vorgenannten Gründe aufgehoben, verbietet sich gemäß § 20 StGB eine Bestrafung des Täters; ist seine Schuld deswegen erheblich vermindert, eröffnet § 21 StGB die Möglichkeit der Milderung der Strafe. Die scheinbar abschließende alternative Aufzählung der Eingangsmerkmale schließt nicht aus, dass diese in der Praxis nebeneinander vorliegen können, vielmehr sind solche Fälle aus psychiatrischer Sicht häufig.[36] Dem Tatrichter obliegt angesichts der Forderung des *Bundesgerichtshofes*, dass nicht offen bleiben darf, welche der Eingangsvoraussetzungen der §§ 20, 21 StGB vorliegen,[37] bei kumulativ wirkenden oder sich überschneidenden Störungen allerdings die schwierige, nach dem Stand der Bezugswissenschaften kaum lösbare Aufgabe, sich für eines der Eingangsmerkmale zu entscheiden.[38]

---

31 *Fischer* StGB, 64. Aufl, § 20 Rn 2.

32 BGH NJW 83, 350. Demgegenüber enthält § 19 StGB eine einzeltatunabhängige unwiderlegbare Vermutung der Schuldunfähigkeit des Kindes unter 14 Jahren.

33 Hierunter wird eine (zeitweise) Trübung oder Einengung des Bewusstseins verstandenen; insb affektive Erregungszustände, Übermüdung und Erschöpfung zählen zu dieser im Einzelnen sehr umstrittenen Merkmalsgruppe (vgl zum Meinungsstand *Fischer*, 64. Aufl, § 20 Rn 28 f). In der Praxis stehen hier nicht krankheitsbedingte Affektzustände im Vordergrund; die daneben genannten Fälle von Übermüdung und Erschöpfung (vgl BGH NJW 86, 77), Schlaf (BGH 38, 68) sowie persönlichkeitsfremdes Verhalten aufgrund gruppendynamischer Einflüsse (BGH StV 93, 549) spielen allenfalls eine untergeordnete Rolle.

34 Gemeint sind damit angeborene Intelligenzstörungen (Debilität, Imbezillität, Idiotie) unbekannter Ursache.

35 Vgl zur Fragwürdigkeit dieses terminologischen „Missgriffes" aus psychiatrischer und historischer Sicht *Raasch* StV 1991, 126; juristisch betrachtet wird man allerdings zugeben müssen, dass das Kriterium der „Abartigkeit" als Rechtsbegriff geeignet ist, eine Ausnahmeerscheinung zu kennzeichnen und das Bestreben des Gesetzgebers, eine uferlose Ausweitung exkulpierender Sachverhalte zu verhindern, erkennbar zu machen.

36 *Streng* StV 2004, 614 ff.

37 BGHSt 49, 347, 365. Dies gilt gleichermaßen für die Anordnung der Unterbringung in einem psychiatrischen Krankenhaus gem § 63 StGB, vgl BGH NStZ-RR 2003, 232.

38 Vgl zu dieser Problematik aus gutachterlicher Sicht *Nedopil* Forensische Psychiatrie, 3. Aufl S 23, der de lege ferenda für eine Aufgabe der Unterscheidung der Eingangsmerkmale und Einführung eines einheitlichen Begriffes, welcher den normativen Schweregrad der psychischen Störung charakterisiert, plädiert.

IV. Einordnung der Spielsucht unter die Eingangskriterien der §§ 20, 21 StGB

Bezogen auf das pathologische Glücksspiel kommt nur eine Einordnung unter die 6
1. oder 4. Alternative in Betracht. Dem gesetzlichen Merkmal der **krankhaften seelischen Störung** liegt nach vorherrschender Ansicht der „enge psychiatrische Krankheitsbegriff„[39] zugrunde, wie sich schon mit Blick auf die Ausgliederung der „seelischen Abartigkeiten" in die 4. Alternative ergibt.[40] Gemeint sind nach vorherrschender Auffassung mithin die auf krankhaften physischen Prozessen basierenden Krankheitsbilder,[41] also exogene Psychosen (die nachweisbar auf organischen Ursachen beruhen) sowie die endogenen Psychosen, bei denen traditionell somatische Ursachen angenommen werden, jedoch nicht nachgewiesen werden können.[42] Unter diese Alternative fallen im Übrigen Persönlichkeitsveränderungen infolge von Psychosen oder Hirnschädigungen, symptomatische Psychosen, Intoxikationen, Entzugserscheinungen, Alkoholismusfolgen und intellektuelle Störungen bekannter Genese.[43]

Dem Begriff der **schweren anderen seelischen Abartigkeit,**[44] welcher in der 7
Praxis die größten Schwierigkeiten bei der Rechtsanwendung aufweist,[45] werden demgegenüber Persönlichkeitsstörungen[46] (Psychopathien), Neurosen, abnorme Erlebnisreaktionen, sexuelle Perversionen, Alkoholismus, Drogensucht und psychopa-

39 Zur Kritik an diesem Krankheitsbegriff vgl *Schreiber* NStZ 81, 48 sowie *Rasch* StV 1984, 265. *Raschs* Konzept eines strukturell-sozialen Krankheitsbegriffes (vgl StV 91, 131) erhellt die Fragwürdigkeit der starren Einteilung psychischer Störungen in die gesetzlichen Kategorien der Eingangsmerkmale des § 20 StGB.

40 Zum Meinungsstreit in den Bezugswissenschaften, was als „krankhaft" zu bezeichnen ist, vgl weiterführend *Lenckner/Perron* in: Schönke/Schroeder StGB, 27. Aufl, § 20 Rn 10; *Jähnke* in: LK StGB, 47. Aufl, § 20 Rn 23.

41 Der 4. Strafsenat des Bundesgerichtshofes hatte sich demgegenüber in einer frühen Entscheidung im Jahre 1959 (BGHSt 14, 30) zum Begriff der „krankhaften Störung der Geistestätigkeit" nach § 51 StGB aF ausdrücklich von einem an vorhandenen körperlichen Störungen ausgerichteten Krankheitsbegriff distanziert: Alle Störungen der Verstandestätigkeit sowie des Willens-, Gefühls- oder Trieblebens seien darunter zu verstehen, wobei es auf die Veränderung körperlicher Merkmale nicht ankomme; allerdings sollten Willensschwäche oder sonstige reine Charaktermängel, die nicht selbst Folge einer krankhaften Störung der Geistestätigkeit sind, nicht die Annahme der verminderten Schuldfähigkeit rechtfertigen. Zur nachhaltigen Bedeutung dieser Entscheidung vgl *Rasch* StV 1991, 126, 127.

42 Hierzu zählen Geisteskrankheiten aus dem Formenkreis der Schizophrenie sowie der affektiven Störungen.

43 Vgl *Rasch* StV 1991, 126.

44 Zur Fragwürdigkeit dieses terminologischen „Missgriffes" vgl *Raasch* StV 1991, 126.

45 BGHSt 14, 30.

46 Vgl dazu BGHSt 42, 385 (388); NStZ-RR 2005, 38; NStZ-RR 2008, 104.

thologische Entwicklungen zugeordnet.[47] Kennzeichnend für dieses Eingangsmerkmal sind Veränderungen der Persönlichkeit, die keine krankhaften seelischen Störungen darstellen, das Leben des Täters aber in ihrer Gesamtheit vergleichbar schwer beeinträchtigen wie eine krankhafte seelische Störung.[48] Erfasst sind daher nur die den Persönlichkeitskern berührenden psychischen Störungen oder Abweichungen, die sich als Dauerzustände darstellen und im Einzelfall das Einsichts- oder Hemmungsvermögen beeinträchtigen können. Persönlichkeitsstörungen dieser Art sind allerdings nicht schon deshalb als andere seelische Abartigkeit zu deuten, weil sie die Begehung von Straftaten begünstigen. Missverständlich ist auch die Formel, eine seelische Abartigkeit müsse Krankheitswert haben, um „schwer“ im Sinne dieser Alternative zu sein.[49] Denn die Annahme der 4. Alt setzt gerade nicht voraus, dass die Persönlichkeitsstörungen des Täters auf einer Krankheit beruhen.[50] Vielmehr muss der Tatrichter zwischen einer krankhaften seelischen Störung und einer – nicht pathologisch bedingten – schweren anderen seelischen Abartigkeit unterscheiden.[51] Schwere andere seelische Abartigkeiten führen nach der Rechtsprechung des BGH grundsätzlich – von seltenen Ausnahmefällen abgesehen – nicht zur Schuldunfähigkeit,[52] können jedoch Anlass zur Feststellung erheblicher Schuldminderung geben.

8 Im Schrifttum wird vertreten, dass bei der nicht stoffgebundenen Spielsucht von einer krankhaften seelischen Störung[53] oder einer anderen seelischen Abartigkeit[54] gesprochen werden kann. Der Drang nach dem Glücksgefühl, dem Rausch, könne den Einzelnen so beherrschen, dass seine Steuerungsfähigkeit, gemäß seiner regelmäßig noch vorhandenen Einsicht zu handeln, eingeschränkt sei oder in Ausnahme-

47 Vgl *Raasch* StV 1991, 126.

48 BGHSt 37, 401. Zum Konzept einer bei der Beurteilung der Abartigkeit im Sinne der §§ 20, 21 StGB leitenden „strukturell-sozialen Krankheitsdefinition“, bei der die (vorgestellten oder angenommenen) Ursachen der Störungen völlig außer Betracht bleiben, vgl *Raasch* StV 1991, 126, 131.

49 *Fischer* StGB, 64. Aufl, § 20, Rn 38; aA *Lenckner/Perron* in: Schönke/Schröder StGB, 27. Aufl, § 20 Rn 22, mit Einschränkungen des Begriffs des „Krankheitswerts“ dahin, dass die in Rede stehende Abartigkeit den Betroffenen in ihren belastenden Wirkungen und im Hinblick auf seine Fähigkeit zu normgerechtem Verhalten von solchem Gewicht sein müsse, dass sie insoweit den krankhaften seelischen Störungen gleichwertig erscheine.

50 BGHSt 34, 24 = NJW 1986, 2893; BGH NJW 89, 918; 97, 3101.

51 BGHSt 49, 347, 355 (mit eingehender Darstellung der Anforderungen an ein psychiatrisches Sachverständigengutachten); BGH NJW 97, 3101.

52 BGH bei *Holtz* MDR 1984, 979; BGH NStZ 1991, 31, 32 mwN. Dies begründet nach der vorgenannten Entscheidung indes keine entsprechende Vermutung und daraus resultierende Beweiserleichterungen für das Tatgericht, welches insbesondere im Grenzbereich zu Psychosen sein Ergebnis detailliert begründen muss.

53 So *Schreiber* Kriminalistik 1993, 469, 474 unter besonderer Beschäftigung mit der Problematik der Beurteilung körpereigener Opioide.

54 *Mayer, G.* MSchrKrim 1988, 213, 225.

fällen ganz fehle.[55] Der abhängige Spieler sei motivationalen Zwängen ausgesetzt, die auf das Spiel als das eigentliche Suchtverhalten und die Geldbeschaffung dafür ausgerichtet seien, wobei die Steuerungsfähigkeit bei derartigen „Beschaffungsdelikten" erheblich einschränkt sei.[56] Wenn die Diagnose des pathologischen Glücksspielers nach den DSM-Kriterien gestellt und eine nachhaltige Persönlichkeitsveränderung zu erkennen sei, läge auch bei „indirekter Beschaffungskriminalität" eine erhebliche Einschränkung der Steuerungsfähigkeit nahe.[57] In seltenen Fällen sei eine Aufhebung der Steuerungsfähigkeit anzunehmen, wenn die Handlungsschritte nicht mehr sinnvoll aufeinander abgestimmt erfolgen, die Erinnerungsfähigkeit beeinträchtigt war und – man beachte die zirkuläre Begründung – „der zeitliche Rahmen, dh die unmittelbare Nähe zur Spielhandlung, so eng ist, dass ein Entgegensteuern nicht mehr möglich war."[58] Einzelne *Instanzgerichte* sind dieser Sichtweise beigetreten und haben das pathologische Spiel als solches als einen die Steuerungsfähigkeit einschränkenden Umstand angesehen[59] und in Einzelfällen sogar auf eine Aufhebung der Steuerungsfähigkeit erkannt. Beispielhaft sei etwa der Fall einer Münchener Lehrerin genannt, die der verbotenen Prostitution in ihrer im Sperrbezirk gelegenen Wohnung nachging, um sich finanzielle Mittel für Spielcasinobesuche zu beschaffen. Sie wurde vom *Amtsgericht* München wegen Schuldunfähigkeit freigesprochen.[60] Die Entscheidung wurde in der Berufungsinstanz vom *Landgericht* München, das die Möglichkeit einer Aufhebung der Steuerungsfähigkeit infolge Spielsucht verneinte, aufgehoben.[61]

Nach ständiger Rechtsprechung der Strafsenate des *Bundesgerichtshofes* stellt 9
das „pathologische Spiel" oder die „Spielsucht" für sich genommen weder eine die Schuldfähigkeit ausschließende krankhafte seelische Störung, noch eine Form der schweren anderen seelischen Abartigkeit iSd §§ 20, 21 StGB dar.[62] Maßgeblich ist in-

55 *Schreiber* Kriminalistik 1993, 469, 474.

56 *Mayer, G.* MSchrKrim 1988, 213, 225, der allerdings in keinem Fall seiner gutachterlichen Praxis eine so gravierende Abhängigkeit feststellen konnte, dass die Steuerungsfähigkeit ausgeschlossen und damit eine Exkulpation gemäß § 20 StGB angenommen werden konnte. Gegen die Besetzung des Begriffs „Beschaffungskriminalität" in diesem Zusammenhang *Hübner* MSchrKrim 1989, 236; vgl a die Erwiderung von *Mayer, G.* in: MSchrKrim 1989, 295.

57 *Mayer, G./Fabian/Wetzels* StV 1990, 464.

58 Ebd, 464, 468.

59 *Mayer, G./Fabian/Wetzels* StV 1990, ebd listen eine Reihe von Entscheidungen der Amts- und Landgerichte auf, die ihren Gutachten gefolgt sind, die *„aus psychologischer Sicht das Vorliegen der Voraussetzungen für die Annahme einer verminderten Schuldfähigkeit gem § 21 StGB als gegeben ansahen."*

60 AG München, Urt v 21.11.1994, NStZ 1996, 334, mit zustimmender Anm *Kellermann.*

61 LG München NStZ 1997, 282.

62 BGH 8.11.1988 – 1 StR 544/88, JR 89, 379; BGH 25.11.2004 – 5 StR 411/04, JR 2005, 294, mAnm *Schramm* JZ 2005, 418; *Bottke* NStZ 2005, 327 und *Schöch* JR 2005, 296; BGH 3.12.1991 – 1 StR 528/91; BGH 12.1.2005 – 2 StR 138/04, NStZ 2005, 281, mAnm *Kellermann* StV 2005, 257; *Park* StV 2005, 257;

soweit vielmehr, ob der Betroffene durch seine „Spielsucht“ gravierende psychische Veränderungen in seiner Persönlichkeit erfahren hat, die in ihrem Schweregrad einer krankhaften seelischen Störung gleichwertig sind.[63] Nur wenn die „Spielsucht“ zu schwersten Persönlichkeitsveränderungen führt oder der Täter bei Beschaffungstaten unter starken Entzugserscheinungen gelitten hat,[64] kann ausnahmsweise eine erhebliche Verminderung der Steuerungsfähigkeit im Sinne von § 21 StGB anzunehmen sein.[65] Ausdrücklich hat der BGH bisher allerdings offen gelassen, ob pathologisches Spiel eine eigenständige psychische Störung darstellt und auf die **normative Betrachtung des im Einzelfall** von Gutachtern unterbreiteten Sachverhaltes abgestellt. Maßgebend ist danach, inwieweit das gesamte Erscheinungsbild des Täters bei Zugrundelegung der in der Fachliteratur[66] aufgezeigten Beurteilungskriterien psychische Veränderungen der Persönlichkeit aufweist, die, wenn sie nicht pathologisch bedingt sind, als andere seelische Abartigkeit in ihrem Schweregrad den krankhaften seelischen Störungen **gleichwertig** sind.[67] Damit knüpft der BGH ausdrücklich an seine Rechtsprechung zu Delikten von Drogenabhängigen an: Auch bei diesen wird nur ausnahmsweise dann eine Schuldminderung angenommen, wenn die Drogensucht zu schwersten Persönlichkeitsveränderungen geführt oder der Täter bei Beschaffungstaten unter starken Entzugserscheinungen gelitten hat.[68] Die „Gleichwertigkeitsformel“ zeigt eine Grundtendenz der Rechtsprechung: Die **Intensität** psychologischer Abartigkeiten gewinnt gegenüber ihrer **Diagnose** in zunehmendem

---

BGH 22.7.2003 – 4 StR 199/03, NStZ 2004, 31; BGH 24.4.2003 – 4 StR 94/03, NStZ-RR 2003, 297; BGH 5.5.1999 – 2 StR 529/98, NStZ 1999, 448; BGH 3.11.1994 – 1 StR 423/94, wistra 1995, 102; BGH 18.5.1994 – 5 StR 78/94, NStZ 94, 501; BGH 21.4.1993 – 2 StR 54/93, wistra 1993, 261; BGH 7.1.1993 – 4 StR 597/92, StV 1993, 241; BGH 3.12.1991 – 1 StR 528/91; BGH StV 2015, 206. In der Rspr des BGH findet sich bisher kein Urteil, bei dem ein Ausschluss der Schuldfähigkeit nach § 20 StGB auf Spielsucht gestützt und bestätigt wurde. Selbst die Annahme verminderter Schuldfähigkeit wird regelmäßig von den Revisionsgerichten beanstandet.

63 Zur Beurteilung der Schuldfähigkeit bei Spielsucht siehe auch U. Schneider in FS für Tolksdorf, 2014, S 407, 410 ff.

64 BGH NStZ 2004, 31.

65 BGH StV 2015, 206; vgl a KG Beschluss vom 27. August 2013 – (4) 161 Ss 101/13 (116/13) –, juris zur Frage der Wirksamkeit einer Berufungsbeschränkung bei lückenhaften Feststellungen zur Spielsucht.

66 Insoweit bezieht sich der BGH in seiner Entscheidung vom 8.11.88 auf *Kröber* Forensia 1987, 113; *Schumacher* in: FS Sarstedt S 361; *Koehler/Saß* Diagnostisches und statistisches Manual psychischer Störungen, DSM III, S 303; *Rasch* Forensische Psychiatrie, 1986, S 224 und *Meyer* Kriminalistik, 1986, 212.

67 Zur „Gleichwertigkeitsformel“ sa BGHSt 34, 22, 24, 25; BGH StV 1988, 384 sowie LG Berlin StV 1993, 251; zustimmend *Kröber* JR 1989, 380, 381.

68 Vgl BGH NJW 1981, 1221; BGH JR 1987, 206; BGHR StGB, § 21 BtM, Auswirkungen 2 mwN.

Maße forensische Relevanz.[69] Dies lässt sich als geradezu zwingende Reaktion auf die große Offenheit des Eingangsmerkmals der anderen seelischen Abartigkeit für jedwede psychische Störung interpretieren.[70]

Schöch[71] problematisierte die Sichtweise des BGH, soweit dieser bei „Spiel- 10
sucht" die Möglichkeit einer Primärstörung mit ursächlicher Wirkung für strafbares Verhalten nicht kategorisch verneint, sondern eine relevante Beeinträchtigung der Steuerungsfähigkeit in Anlehnung an das Konzept von Rasch[72] für möglich halte, wenn durch das exzessive Spielen eine **„typisierende Umprägung" der Persönlichkeit** bzw eine „Persönlichkeitsentartung" eingetreten sei. Nach dieser vermittelnden, relativ offenen Position gerieten viele Spieler in den Kreis der sachverständig zu begutachtenden Personen. Da jedoch praktisch nur bei Zusammentreffen der Spielsucht mit anderen gravierenden psychopathologischen Auffälligkeiten ein der krankhaften seelischen Störung entsprechender Schweregrad der Störung erreichbar sei,[73] wäre es sachgerecht und aus verfahrensökonomischen Gründen sinnvoller, einem engen psychiatrischen Krankheitsbegriff den Vorzug zu geben und nicht auf die für die – klinische und therapeutisch sinnvolle, jedoch für die Bewertung der Verantwortlichkeit nicht maßgebliche – Einordnung im ICD-10 und DSM-IV abzustellen. Diese verfahrensökonomischen Befürchtungen bestätigen sich in der Praxis nicht. Denn bei der prozessualen Frage, welche Aufklärungsbemühungen das Gericht entfalten muss, wenn sich der Angeklagte auf pathologisches Spielen beruft, hat der BGH eine sehr restriktive Linie eingeschlagen.[74]

Ob Spielsucht zu Auswirkungen auf die Schuldfähigkeit des Täters geführt hat, **kann das Gericht in der Regel selbst beurteilen,**[75] denn die Spielleidenschaft ist nur beachtlich und die Zuziehung eines Sachverständigen nur dann geboten, wenn feststeht, dass der Angeklagte die Straftat zwecks Fortsetzung des Spielens begangen hat.[76] In vielen einschlägigen Fällen wird die kriminelle Beschaffung von Geld allerdings nicht nur diesem Ziel, sondern daneben der Begleichung von Schulden oder der Sicherung des Lebensunterhaltes dienen. Der Annahme einer erheblichen Verminderung der Steuerungsfähigkeit soll aber schon entgegenstehen, wenn der

---

69 Vgl *Meyer, J.E.* ZStW 88, 176, 48; sa *Roxin* Strafrecht AT Bd I, 4. Aufl 2006, S 902. Nur wenige Diagnosen, etwa die der akuten schizophrenen Psychose, schließen „quasi automatisch" die Schuldfähigkeit aus.

70 Zu rechtspolitischen Überlegungen bezüglich des Verzichts auf dieses Eingangsmerkmal vgl *Streng* StV 2004, 619 mwN.

71 In seiner Anmerkung zum Urt des BGH v 25.11.2004, JR 2005, 296, 297.

72 *Rasch* StV 1991, 129; *Rasch/Konrad* Forensische Psychiatrie, 3. Aufl 2004, 301 f.

73 Zu solchen Fällen der „Komorbidität" vgl a *Streng* StV 2004, 614 ff.

74 Vgl etwa BGH 18.5.1994 – 5 StR 78/94, NStZ 1994, 501.

75 *Meyer-Goßner* StPO, 50. Aufl, § 244 Rn 74c mwN.

76 BGH NStZ 94, 501; 2004, 31; 2005, 281; *Meyer-Goßner* StPO, 50. Aufl, § 244 Rn 74c.

Täter nur einen Teil der Beute zum Spielen verwendet.[77] Hierbei geht es letztlich um Sachverhalte mit erheblicher Indizwirkung, die der Tatrichter ohne sachverständige Hilfe aufklären und sich sodann gegebenenfalls eigene Sachkunde (§ 244 Abs 4 S 1 StPO) zutrauen kann. Zu beachten ist dabei, dass es bei der Frage, ob die Einsichts- oder Steuerungsfähigkeit des Angeklagten infolge von Spielsucht erheblich vermindert war, um eine Rechtsfrage geht, die der Wahrunterstellung nicht zugänglich ist. Bei Ablehnung von Beweisanträgen gemäß § 244 Abs 3 S 2 letzte Alt StPO, die auf Feststellung der Spielsucht zielen, ist daher zu beachten, dass eine verminderte Schuldfähigkeit nicht zugunsten des Angeklagten unterstellt werden darf.[78] Selbst wenn das Gericht einen Antrag auf Einholung eines Sachverständigengutachtens rechtsfehlerhaft ablehnt (für ein solches bestand Anlass, da im konkreten Fall eine bipolare Störung und „Spielsicht" zusammentrafen), muss dies den Bestand des Urteils in der Revision nicht zwingend gefährden, wie die Entscheidung des 3. Senats des BGH vom 30. September 2014[79] zeigt: Auf einem etwaigen Verfahrensfehler beruhe das Urteil jedoch nicht, weil ausgeschlossen werden könne, dass die Strafkammer – sachverständig beraten – zu der Überzeugung hätte gelangen können, der Angeklagte sei bei Begehung der Taten aufgrund einer bipolaren Störung und einer Spielsucht (je für sich oder in Kombination) in seiner Einsichts- oder Steuerungsfähigkeit erheblich beeinträchtigt gewesen.[80] Eine erhebliche Beeinträchtigung der Steuerungsfähigkeit zur Tatzeit – für eine Beeinträchtigung der Einsichtsfähigkeit sei angesichts des Krankheitsbildes ohnehin kein Raum – könne sicher ausgeschlossen werden. Denn schwerste Persönlichkeitsveränderungen oder starke Entzugserscheinungen bei Beschaffungstaten seien nach den getroffenen Feststellungen der Strafkammer mit Blick auf das planvolle Vorgehen des Angeklagten über einen längeren Zeitraum nicht ersichtlich.[81]

V. Annahme von strafschärfenden Regelbeispielen bei spielsuchtbedingten Beschaffungstaten

11 Nicht selten wird sich im Zusammenhang mit der Verurteilung von wiederholten Taten, die der Geldbeschaffung zum Glücksspiel dienten, die Frage besonders schwerer Fälle (zB §§ 243 Abs 2 S 2, 263 Abs 3 S 2, 263a Abs 2, 266 Abs 2, 267 Abs 3 StGB) wegen

77 BGH NStZ 2005, 281 f; BGHR StGB, § 21 seelische Abartigkeit 17; BGH NStZ 1994, 501.

78 BGH 7.1.1993 – 4 StR 597/92 – StV 1993, 241; vgl a BGHSt 8, 124; BGH 13.2.2007 – 5 StR 534/06.

79 BGH StV 2015, 206.

80 Mit ähnlicher Begründung für die Kombination aus Spielsucht und Betäubungsmittelkonsum siehe BGH, Beschluss vom 17. September 2013 – 3 StR 209/13 –, juris.

81 BGH *aaO.*

gewerbsmäßigen Handelns stellen.[82] Denn dieses subjektive Merkmal ist bereits dann erfüllt, wenn der Täter in der Absicht handelt, sich aus wiederholten Straftaten eine nicht nur vorübergehende Einnahmequelle zu verschaffen. Die indizielle Wirkung von Regelbeispielen kann jedoch durch andere günstige Strafzumessungsfaktoren kompensiert werden, sodass auf den Normalstrafrahmen zurückgegriffen werden kann. Bei der erforderlichen Gesamtabwägung der strafzumessungsrelevanten Gesichtspunkte kann auch eine suchtbedingte Schuldminderung einfließen.[83] Insbesondere kann das Vorliegen eines dem Angeklagten zugebilligten vertypten Strafmilderungsgrundes des § 21 StGB jedenfalls im Zusammenwirken mit den allgemeinen Strafmilderungsgründen Anlass geben, trotz Vorliegens eines Regelbeispiels einen besonders schweren Fall zu verneinen.[84]

Die Annahme der Gewerbsmäßigkeit kann allerdings auch gegen die Annahme 12 einer Schuldminderung sprechen. Insbesondere dann, wenn es um Falschspieler geht, die tatsächlich aus gewerbsmäßigem Falschspiel Einkünfte erzielen, liegt die Annahme einer pathologischen Spielsucht fern.[85] Dies hat der BGH jüngst im sog *Hoyzer*-Fall bestätigt und ausgeführt, dass es angesichts des jahrelangen professionellen Agierens des Angeklagten auf dem Sportwettenmarkt, seines kompliziert angelegten Wett- und Manipulationssystems und des damit verbundenen erheblichen organisatorischen Aufwands fernliegend sei, dass die Steuerungsfähigkeit bei der Begehung sämtlicher Taten wegen „Spielsucht" erheblich eingeschränkt gewesen sein soll.[86]

VI. Verhängung von Maßregeln der Besserung und Sicherung

1. Unterbringung in einer Entziehungsanstalt, § 64 StGB

In dem kriminalpolitisch nachvollziehbaren Anliegen, spielsüchtigen Tätern, deren 13 delinquentes Verhalten ähnlich wie bei der Alkohol- oder Drogensucht vornehmlich auf einer therapierbaren Zwangsstörung beruht, zur Verhinderung weiterer Straftaten eine möglichst optimale Behandlung zukommen zu lassen, haben einzelne *In-*

82 Vgl a BGH 8.4.2004 – 3 StR 465/03, NStZ 2004, 554 für den Fall der Erfüllung mehrerer Regelbeispiele.

83 So hat etwa das Landgericht in der durch Urteil des BGH v 25.11.2004, BGHSt 49, 365 = JR 2005, 294 aufgehobenen Entscheidung trotz Annahme des Regelbeispiels der Gewerbsmäßigkeit keine besonders schweren Fälle des Betruges gemäß § 263 Abs 3 StGB angenommen.

84 BGH 24.4.2003 – 4 StR 94/03, NStZ-RR 2003, 297.

85 BGH 17.4.1996 – 3 StR 34/96, NJW 1996, 2382.

86 BGH 15.12.2006 – 5 StR 181/06, NJW 2007, 782; NStZ 2007, 151.

stanzgerichte (bei angenommener konkreter Aussicht auf Behandlungserfolg)[87] die auf maximal zwei Jahre Dauer begrenzte[88] **Unterbringung in einer Entziehungsanstalt** angeordnet.[89] Dem steht, wie der BGH betont, schon der eindeutige Wortlaut des § 64 StGB entgegen, wonach diese Maßregel nur dann Anwendung findet, wenn der Täter den Hang hat, alkoholische Getränke oder andere berauschende Mittel im Übermaß zu sich zu nehmen.[90] Eine Ausdehnung des Anwendungsbereiches muss zwar nicht zwingend an dem Bestimmtheitsgebot des Art 103 Abs 2 GG[91] scheitern, da dessen Anwendungsbereich auf Maßnahmen beschränkt ist, die ein Übel verhängen, das dem Schuldausgleich dient.[92] Dies ist bei Maßregeln der Besserung und Sicherung gerade nicht der Fall. Eine analoge Anwendung des § 64 StGB auf den Fall der „Spielsucht" kommt jedoch mangels planwidriger Regelungslücke nicht in Betracht. Denn der Gesetzgeber hat bei Einführung der Vorgängernorm des heutigen § 64 StGB[93] nach der amtlichen Begründung den Fall des straffälligen Spielers bedacht und die Anordnung besonderer Maßregeln für ihn ausdrücklich abgelehnt.[94] Aus den amtlichen Begründungen zur Neufassung des § 64 StGB[95] und den seitherigen Reformvorhaben zur Änderung des Maßregelrechts ergeben sich keine Hinweise, die auf einen zwischenzeitlich geänderten Willen des Gesetzgebers schließen lassen.[96] Soweit er aus der Vielzahl delinquenzfördernder psychischer Fehlentwicklungen allein den Hang zum übermäßigen Konsum von Alkohol oder anderen berauschenden Mitteln als Voraussetzung der Unterbringung in einer Entziehungsanstalt normiert hat, ist dies verfassungsrechtlich unbedenklich und eine Erweiterung des Anwendungsbereiches des § 64 StGB auf nicht stoffgebundene Süchte wie die „Spielsucht" nicht geboten.[97] Auch der Verhältnismäßigkeitsgrundsatz (§ 62 StGB) mit seiner speziellen Ausprägung durch das Subsidiaritätsprinzip

---

87 Besteht diese nicht, ist die Maßregel des § 64 StGB unzulässig; soweit der Wortlaut darüber hinaus die Unterbringung erlaubt, ist § 64 StGB verfassungswidrig, BVerfGE 91, 1.

88 § 67d Abs 1 StGB.

89 Diese Entscheidungen fielen der Revision anheim, vgl zB BGHSt 49, 365 = JR 2005, 294, 295; BGH 16.6.2005 – 5 StR 140/05.

90 BGHSt 49, 365 = JR 2005, 294, 295.

91 Zu dem darin enthaltenen rechtsstaatlichen Prinzip (Berechenbarkeitsfunktion des Strafrechts) vgl BVerfGE 37, 201.

92 Vgl BVerfG NJW 2004, 739, BVerfGE 109, 133; *Fischer* StGB 64. Aufl, § 1 Rn 4; aA *Schramm* JZ 2005, 420.

93 Durch das Gesetz gegen gefährliche Gewohnheitsverbrecher und über die Maßregeln der Sicherung und Besserung vom 24. November 1933, RGBl I 995.

94 *ReichsAnz* Nr 277 v 27. November 1933, Erste Beilage S 3; hiermit war allerdings, wie *Schramm* JZ 2005, 418, 420, ausgeführt hat, nicht der Spielsüchtige, sondern der Teilnehmer an einem verbotenen Glücksspiel gemeint.

95 Durch das 2. StrRG vom 4. Juli 1969, BGBl I 717.

96 Vgl ausführlich dazu BGHSt 49, 365, JR 2005, 294, 295.

97 BGHSt 49, 365 = JR 2005, 294, 295; vgl a BGH 7. September 1993 – 1 StR 536/93.

des § 72 Abs 1 StGB drängt nicht zu einer über den Wortlaut hinausgehenden Erweiterung des Anwendungsbereichs von § 64 StGB.[98] Es bleibt daher dem Gesetzgeber de lege ferenda die Entscheidung vorbehalten, ob spielsüchtige Täter in den Anwendungsbericht des § 64 StGB einbezogen werden sollen. Gründe, die dafür sprechen könnten, hat G. Mayer nicht zuletzt unter Hinweis auf die Neuklassifizierung im DSM-5, das nicht mehr zwischen Substanzmissbrauch und stoffungebundenen Suchterkrankungen unterscheidet,[99] und auf die ähnlichen suchttherapeutischen Behandlungskonzepte dargelegt.[100]

2. Unterbringung in einem psychiatrischen Krankenhaus, § 63 StGB

Während die Unterbringung in der Entziehungsanstalt gemäß § 64 StGB in erster Linie der Heilung dient, steht im Falle der Unterbringung in einem psychiatrischen Krankenhaus nach § 63 StGB die Sicherung der Allgemeinheit vor einem gefährlichen Straftäter im Vordergrund; seine Heilung ist nur erwünschter Nebeneffekt.[101] Die Unterbringung ist zwingend, wenn ihre Voraussetzungen vorliegen, auf Heilungschancen kommt es insoweit nicht an.[102] Obwohl die Behandlungsfähigkeit nicht Voraussetzung der Unterbringungsanordnung ist, erfordert die Gesamtwürdigung des Täters im Rahmen der Entscheidung nach § 63 StGB gleichwohl auch eine Prüfung der Behandlungsaussichten (vgl § 246a StPO), da es ohne eine Klärung dieser Frage an einer geeigneten Grundlage für die Entscheidung, ob eine Bestimmung nach § 67 Abs 2 StGB zu treffen ist, fehlt.[103] Die mit dieser Bestimmung angestrebte Herbeiführung eines „Leidensdrucks“ ist nur sinnvoll, wenn eine Behandlung erfolgversprechend ist und es dazu der aktiven Mitwirkung des Untergebrachten bedarf. 14

Die Unterbringung in einem psychiatrischen Krankenhaus erfordert die zweifelsfreie[104] Feststellung der Voraussetzungen zumindest des § 21 StGB. Gerade dies ist aber angesichts des Streites in den psychiatrischen Bezugswissenschaften über den Krankheitswert der Spielsucht schwer möglich. § 63 StGB setzt nach der Rechtsprechung des *Bundesgerichtshofes* eine mit der Schuldfähigkeitsbeurteilung nicht identische „Zustands“-Feststellung voraus, an welche sehr hohe Anforderungen gestellt 15

98 BGHSt 49, 365 = JR 2005, 294, 295.
99 Siehe dazu oben zu II. und Fn 17–19.
100 In: ZRP 2013, 140–143.
101 BGH NStZ 1990, 122.
102 BGH NStZ 1990, 122 mwN.
103 BGH NJW 83, 350.
104 Vgl im Einzelnen *Fischer* StGB, 64. Aufl, § 63 Rn 11 f. mwN. Die Anwendung des Zweifelssatzes „in dubio pro reo“ bei Annahme der Voraussetzungen des § 21 StGB genügt nicht für die Verhängung der Maßregel.

werden.[105] Die bloße Möglichkeit des Vorliegens eines einer Krankheit gleichwertigen psychischen Defekts reicht nicht aus.[106] Die Voraussetzungen der §§ 20, 21 StGB und die Ursachen der Störung in ihren Auswirkungen auf die Schuldfähigkeit müssen zweifelsfrei aufgeklärt sein;[107] dabei reichen vage Diagnosen oder Symptombeschreibungen nicht aus. Es darf insbesondere nicht offen bleiben, welche Eingangsmerkmale der §§ 20, 21 StGB vorliegen und wie diese sich konkret auf die Schuldfähigkeit und die Gefährlichkeit des Täters ausgewirkt haben.[108] Auch eine psychiatrisch-klinische Diagnose nach den gängigen Klassifikationssystemen DSM-IV oder ICD-10 kann die sichere Feststellung einer zumindest erheblich geminderten Schuldfähigkeit weder ersetzen, noch für sich begründen.[109] Der die Schuldminderung auslösende Zustand des Täters muss selbstredend ein länger andauernder sein.[110] Persönlichkeitsstörungen können die Unterbringung nur dann rechtfertigen, wenn festgestellt ist, dass der Täter aus einem starken, wenn auch nicht unwiderstehlichen Zwang gehandelt hat.[111] Suchterkrankungen (Alkohol-, Medikamenten- und Betäubungsmittelabhängigkeit), die nicht auf einer psychischen Störung beruhen, reichen grundsätzlich nicht als Anlass der Unterbringung nach § 63 StGB aus,[112] auch infolge lang andauernden Mittelmissbrauchs eingetretene Persönlichkeitsstörungen können regelmäßig nicht die Unterbringung rechtfertigen.[113] Nur in den Fällen, in denen eine manifeste Suchterkrankung ihrerseits auf einer psychischen Störung beruht, die in ihren Auswirkungen den krankhaften seelischen Störungen gleichkommt, darf die Unterbringung angeordnet werden, wenn die Suchterkrankung immer wieder regelmäßig zu einem Zustand mit erheblich verminderter Steuerungsfähigkeit führt.[114] Die Maßregelanordnung setzt weiter voraus, dass die Gesamtwürdigung des Täters und seiner Tat(en) ergibt, dass von ihm infolge seines Zustandes weitere erhebliche rechtswidrige Taten zu erwarten sind und er deshalb für die Allgemeinheit gefährlich ist. Zudem ist im Hinblick auf die mit der Maßregel einhergehenden Beeinträchtigungen des Verurteilten und die grundsätzlich unbefristete Dauer[115] der Maßregel des § 63

---

105 Vgl *Fischer* StGB 64. Aufl, § 63 Rn 6 f. mit zahlreichen Nachweisen.

106 BGHSt 34, 22, 26.

107 BGH NStZ-RR 2003, 232; StraFo 2003, 282; 2006, 339; der Zweifelssatz findet insoweit keine Anwendung, vgl BGH 42, 385, 388.

108 BGHSt 49, 365, 369 f.

109 *Fischer* StGB 64. Aufl, § 63 Rn 7 und § 20 Rn 7.

110 BGHSt 44, 369 ff; BGH StV 1990, 260.

111 BGHSt 42, 385, 388; NStZ-RR 2003, 165 f; StV 2005, 20.

112 BGHSt 34, 28; 44, 338; NStZ-RR 1997, 97, 102; StV 2001, 677.

113 *Fischer* StGB 64. Aufl, § 63 Rn 9.

114 BGH NStZ 1990, 538; 98, 406; zur Verknüpfung einer schweren Persönlichkeitsstörung mit Entstehung oder Fortbestand einer Alkoholsucht als Anordnungsgrundlage iSd § 63 StGB vgl a BGH Urt v 8. Januar 1999 – 2 StR 430/98.

115 § 67e StGB sieht eine jährliche Prüfung der Fortdauer der Vollstreckung durch das Gericht vor.

StGB besonderes Augenmerk auf die Frage der Verhältnismäßigkeit (§ 62 StGB) zu legen. Liegen all diese Voraussetzungen vor, kann auch die Spielsucht zur Unterbringung nach § 63 StGB führen.[116] Solche Fälle sind in der Praxis allerdings selten;[117] entsprechende Entscheidungen der *Instanzgerichte* scheitern häufig in der Revisionsinstanz.[118] Selbst die sich schubweise in schweren Entzugserscheinungen äußernde Spielsucht des Angeklagten kann dessen Unterbringung in einem psychiatrischen Krankenhaus nicht begründen.[119] In der forensischen Praxis folgt daraus, dass zwar in manchen Zweifelsfällen bei der Strafzumessung zugunsten des Angeklagten davon auszugehen ist, dass seine Schuld infolge Spielsucht erheblich vermindert war, zugleich aber die Anordnung einer Maßregel unterbleibt, weil deren Voraussetzungen nicht sicher feststellbar sind. Kommt eine Maßregel nach § 63 StGB nicht in Betracht, bleibt nur die Möglichkeit, Fehlentwicklungen der Persönlichkeit im Strafvollzug im Rahmen der Bemühungen um ein Erreichen des Vollzugsziels (§ 2 S 1 StVollzG) mit den im Strafvollzug zur Verfügung stehenden Mitteln (vgl §§ 6 ff StVollzG, insbesondere §§ 7 und 9 StVollzG) zu behandeln, wozu es allerdings der Mitwirkung des Gefangenen bedarf (§ 4 Abs 1 StVollzG).

Eine **Zurückstellung der Strafvollstreckung** zwecks Durchführung einer stationären Therapie in analoger Anwendung der §§ 35, 36 BtMG ist ausgeschlossen. 16
Diese dem Grundsatz „Therapie vor Strafe" folgenden Bestimmungen sind nicht analogiefähig und allein drogenabhängigen Tätern vorbehalten. Eine Verfassungsbeschwerde gegen entsprechende Anordnungen des *Landgerichts* Berlin hat das *Bundesverfassungsgericht* nicht zur Entscheidung angenommen, da Grundrechte pathologisch spielsüchtiger Strafgefangener nicht verletzt seien; insbesondere lässt sich aus GG Art 103 Abs 2 kein Analogiegebot dahin ableiten, dass alle vergleichbaren Sachverhalte vom Gesetzgeber hinsichtlich der Zurückstellung der Strafvollstreckung gleichbehandelt werden müssten.[120]

Die **Aussetzung eines Strafrestes** nach einer bereits erfolgten Vollstreckung von zwei Dritteln der verhängten Strafe (§ 57 Abs 1 S 1 Nr 1 StGB) kann am fehlenden

116 *Schramm* JZ 2005, 418, 419.

117 BGH Urt v 27.4.1993 – 1 StR 838/92, wistra 1993, 263 betrifft einen Fall, in dem der BGH die Annahme des § 21 StGB bei einem Spielsüchtigen und neben einer Gesamtfreiheitsstrafe von 6 Jahren dessen Unterbringung ein einem psychiatrischen Krankenhaus bestätigt hat. Dem Landgericht war danach nicht verwehrt, trotz Annahme der Schuldminderung die bei der Ausführung der Taten zum Ausdruck gekommene „Hartnäckigkeit, Dreistigkeit und Unbelehrbarkeit" des Angeklagten bei der Strafzumessung zu berücksichtigen.

118 Vgl zB BGH NStZ 2004, 31 f; zur Unterbringung eines Heranwachsenden bei „Spielsucht bei ‚vorgeschalteter' Neurose vgl BGH 4.7.2002 – 4 StR 192/02, *vgl auch* BGH, Beschluss vom 9. Oktober 2012 – 2 StR 297/12 –, juris.

119 BGHSt 58, 192–197.

120 BVerfG Kammerbeschluss vom 24.2.1993 – 2 BvR 1663/92.

Nachweis der Heilung der Spielsucht scheitern.[121] Denn die Aussetzung setzt voraus, dass sie unter Berücksichtigung des Sicherheitsinteresses der Allgemeinheit verantwortet werden kann (§ 57 Abs 1 S 1 Nr 2 StGB), wenn also eine reelle Chance einer Legalbewährung besteht, wobei eine Gewissheit der künftigen Straffreiheit nicht erforderlich ist. Für eine positive Legalprognose komme aber dem **Nachweis einer nachhaltigen Heilung** der Spielsucht eine tragende Bedeutung zu.[122]

3. Sicherungsverwahrung, § 66 StGB

17 Diese schwerste Maßregel des Strafrechts, mit der die Allgemeinheit vor gefährlichen Rückfalltätern geschützt werden soll, setzt neben strengen formellen Voraussetzungen hinsichtlich der Höhe der zu erkennenden Strafe und der Zahl und Erheblichkeit der Vorverurteilungen und Strafverbüßungszeiten nach § 66 Abs 1 Nr 3 StGB voraus, dass die abgeurteilte Anlasstat sich als Symptomtat für den **„Hang, Straftaten zu begehen“**, darstellt. Unter „Hang“ ist dabei eine auf charakterlicher Anlage beruhende oder durch Übung erworbene intensive Neigung zu Rechtsbrüchen zu verstehen, die den Täter immer wieder straffällig werden lässt.[123] Der Hang selbst muss nicht vom Täter verschuldet sein. Seine Feststellung[124] setzt voraus, dass wiederholte erhebliche Straftaten auf einem **„eingeschliffenen Verhaltensmuster“** beruhen.[125] Da die Ursachen des Hanges grundsätzlich unerheblich sind,[126] kommt auch die Begehung wiederholter Straftaten im Zusammenhang mit Spielsucht in Betracht, die Annahme eines Hanges zu begründen. Ob es sich um ein eigenständiges Krankheitsbild handelt, spielt hier zunächst keine entscheidende Rolle. Wenn der im Rahmen von § 66 StGB vorausgesetzte Hang allerdings auf Umstände zurückgeht, welche gleichzeitig die erheblich verminderte Schuldfähigkeit begründen, ist die Unterbringung nach § 63 StGB in einem psychiatrischen Krankenhaus jedoch vorrangig und deren alleinige Anordnung im Regelfall auch ausreichend.[127] Die

---

121 Vgl OLG Köln, Beschluss vom 16. Mai 2014 – 2 Ws 227/14 –, juris.

122 OLG Köln aaO.

123 St Rspr, vgl BGH NStZ 2000, 578; 2005, 265. Das BVerfG sieht in dem „Hang“ eine „psychologische Tatsache“, vgl Beschl v 23. August 2006 – 2 BvR 226/06, Rn 21. Zur Kritik am Hangbegriff der Rechtsprechung vgl *Kinzig* NStZ 1998, 14, 15 f.

124 Prozessual ist zwingend die Hinzuziehung eines Sachverständigen gem §§ 80a, 246a StPO geboten. Diesem darf allerdings nicht die Feststellung des Hanges überlassen werden, sondern nur die sachverständige Äußerung zu den Anknüpfungstatsachen (Persönlichkeitsmerkmale, die den Hang ausmachen), vgl BGH MDR 1990, 97 [H]. Denn der Begriff des Hanges ist ein Rechtsbegriff und seine Feststellung keine empirische Aufgabe.

125 BGH NStZ 1988, 495; 1995, 178.

126 BGHSt 24, 160 f; NStZ 1995, 179; 1999, 502; 2003, 201 f.

127 BGHR StGB, § 72 Sicherungszweck 6; BGH NStZ-RR 2003, 107.

Rechtsprechung ist bei der Anordnung der Sicherungsverwahrung aus Anlass von Taten im Zusammenhang mit pathologischem Spiel zurückhaltend. Selbst bei der außergewöhnlichen Tatserie eines Spielsüchtigen, der vom *Landgericht* Hildesheim wegen schwerer räuberischer Erpressung bzw schweren Raubes zu einer Gesamtfreiheitsstrafe von 14 Jahren und sechs Monaten verurteilt wurde, hielt die daneben verhängte Sicherungsverwahrung der Revision nicht stand.[128] Der zuvor nur unwesentlich vorbestrafte Angeklagte, der große Geldsummen in Spielcasinos verloren hatte und nunmehr die wirtschaftliche Existenz seines Handwerksbetriebes bedroht sah, suchte binnen eines halben Jahres in acht Fällen jeweils ein Geldinstitut auf und erpresste dort maskiert und unter Drohung mit einem geladenen Gasrevolver die Herausgabe von Geld. In einem Fall schlug das Vorhaben fehl, da der Kassierer dem Angeklagten die Waffe, die dieser unbedacht am Bankschalter abgelegt hatte, wegnehmen konnte. In den anderen Fällen betrug die Summe der Beute insgesamt ca DM 528.000. Das *Landgericht* hatte – sachverständig beraten – eine „narzisstische Persönlichkeitsstörung“ und eine Spielsucht des Angeklagten festgestellt. Eine erhebliche Einschränkung der Schuldfähigkeit verneinte es, da das pathologische Spielen nicht zu einem Persönlichkeitswandel und einer Verarmung in anderen Lebensbereichen geführt habe. Denn dem Angeklagten sei es bei der Erlangung von Geld durch Raubüberfälle nicht allein um die Fortsetzung des Spielens, sondern auch um den Erhalt seines Malerbetriebes und die Fortführung seines aufwendigen Lebensstils gegangen. Der BGH bestätigte zwar die verhängte Freiheitsstrafe, rügte aber die angeordnete Sicherungsverwahrung als rechtsfehlerhaft, weil sich die durch Spielsucht verursachte Tatserie des ansonsten sozial integrierten Täters in einem überschaubaren Zeitraum abgespielt habe und sich das *Landgericht* nicht hinreichend mit den Wirkungen eines langjährigen Strafvollzugs sowie mit den Haltungsänderungen auseinandergesetzt, die mit dem Fortschreiten des Lebensalters erfahrungsgemäß eintreten.

VII. Rechtsprechung des Bundesverwaltungsgerichts

Die Rechtsprechung des *Bundesverwaltungsgerichts* steht im Wesentlichen im Einklang mit der zu Fragen der Schuldfähigkeit umfangreichen Spruchspraxis des *Bundesgerichtshofs* in Strafsachen[129] und sieht nur in wenigen extrem gelagerten Fällen die Spielsucht als seelische Abartigkeit mit der Folge einer möglichen Schuldausschließung oder -minderung an. Es entspricht ständiger Rechtsprechung des Disziplinarsenats, dass alle Suchtarten, wie Alkohol-, Drogen- oder Spielsucht, auch Bulimie, selbst wenn sie pathologischer Natur sind, als solche nicht immer und ohne 18

128 BGH Beschl v 11.9.2003 – 3 StR 481/02.

129 Insb BGH Beschl v 8. November 1988 – NStZ 1989, 113; Urt v 20.9.1988 – NStZ 1989, 17.

weiteres eine Schuldunfähigkeit des Betroffenen bezüglich der in diesem Zustand begangenen Eigentums- oder Vermögensdelikte zur Folge haben. Eine erhebliche Verminderung der Schuldfähigkeit oder in extremen Ausnahmefällen gar Schuldunfähigkeit komme nur dann in Betracht, wenn die Erkrankung zu schwersten Persönlichkeitsveränderungen geführt hat, wenn der Betroffene Beschaffungstaten unter starken Entzugserscheinungen oder die Tat im Zustand eines akuten Rausches verübt hat.[130] Spielleidenschaft eines Beamten als Ursache für die Veruntreuung von Geldbeträgen ist grundsätzlich kein Milderungsgrund und führt regelmäßig zur Entfernung aus dem Dienst.[131] Bei **Zugriffsdelikten** kann Spielsucht des Beamten für sich genommen nur berücksichtigt werden, wenn sie zur Schuldunfähigkeit (§ 20 StGB) geführt hat; eine Schuldminderung im Sinne des § 21 StGB kann dann nicht zur Milderung der Disziplinarmaßnahme führen, wenn es um die Verletzung einer leicht einsehbaren Kernpflicht geht.[132] Ein auf Wiederholung angelegtes Fehlverhalten, dessen Tragweite sich der Betroffene in Phasen nachlassenden Suchtdranges bewusst werden muss, schließt bei Spielsüchtigen die Anwendung des Milderungsgrundes des Handelns in einer unverschuldeten, ausweglosen wirtschaftlichen Notlage aus.[133] Allerdings kommt der Milderungsgrund der „abgeschlossenen negativen Lebensphase“ bei überwundener Spielsucht in Betracht.[134]

Der Wehrdienstsenat des BVerwG weicht von diesen Grundsätzen nicht ab.[135]

VIII. Rechtsprechung der Arbeitsgerichte

19 Die rechtlichen Probleme im Zusammenhang mit Beschaffungskriminalität zur Befriedigung der Spielsucht zulasten des Arbeitgebers hat *Freihube* unter Berücksichtigung einschlägiger Entscheidungen instruktiv dargestellt.[136] In solchen Fällen ist die Anwendung der Grundsätze einer (fristlosen) **verhaltensgebundenen Kündigung** gerechtfertigt; nicht aber die für den Arbeitnehmer günstigeren Maßstäbe der personen- oder **krankheitsbedingten Kündigung**. Soweit das *Arbeitsgericht* Berlin abweichend entschieden hat, dass die unterstellten Veruntreuungshandlungen der Klägerin auf ihre Suchterkrankung zurückzuführen sei und insoweit von ihrer Steuerungsunfähigkeit und Schuldunfähigkeit auszugehen sei, weshalb von den

130 St Rspr, vgl zB BVerwG Urt v 28. November 1995 – 1 D 43.94; BVerwG Urt v 16. März 1993 – „Bulimie“, 1 D 69.91 = NJW 1993, 2632; BVerwG Urt v 23.10.2002 – 1 D 5/02.

131 BVerwG Urt v 7.11.1989 – 1 D 65/88, zit nach juris.

132 BVerwG Urt v 23.10.2002 – 1 D 5/02.

133 Ebd.

134 VGH Baden-Würtemberg Urt v 7.4.2003 – DL 17 S 18/02, zit nach juris.

135 *Vgl zB* BVerwG Urteil vom 13. Dezember 2012 – 2 WD 29/11 –, BVerwGE 145, 269–275.

136 *Freihube* in: Der Betrieb, 2005, 1274.

Grundsätzen einer personenbedingten Kündigung auszugehen sei,[137] ist diese Entscheidung vom *Landesarbeitsgericht* Berlin aufgehoben worden. Denn im Gegensatz zur Alkoholerkrankung unterliege der Spielsüchtige nicht einer physisch bedingten Bewusstseinstrübung und bleibe zumindest außerhalb des Spiels „handlungsfähig".[138] Gegen einen Auszubildenden (zum Bankkaufmann), der Therapiesitzungen zur Behandlung seiner Spielsucht eingeräumt hat und im Verdacht steht, ein Vermögensdelikt gegen seinen Arbeitgeber begangen zu haben, kann wirksam die Kündigung ausgesprochen werden; nach Ansicht des BAG[139] kann dies einen wichtigen Grund zur Kündigung des Berufsausbildungsverhältnisses nach § 22 Abs 2 Nr 1 BBiG darstellen; dies bedarf indes der Würdigung der Umstände im Einzelfall. Auch wenn im zu entscheidenden Fall mangels Feststellung einer Spielsucht ein Rückschluss auf das künftige Verhalten des Klägers insoweit schwierig sei, durfte das Landesarbeitsgericht auf die unstreitigen Therapiestunden und auf die spielbedingten Fehlzeiten im Berufsschulunterricht hinweisen und musste keinen unbeanstandeten Verlauf des Ausbildungsverhältnisses hervorheben.[140]

X. Zusammenfassung

Die aktuelle Rechtsprechung des *Bundesgerichtshofs* lässt die in der psychiatrischen Fachliteratur umstrittene Frage, ob es sich bei der „Glücksspielsucht" um ein eigenständiges Krankheitsbild handelt, offen. Die Aufnahme des pathologischen Spielens in einschlägige Klassifikationssysteme psychischer Störungen besagt noch nichts über ihre forensische Relevanz. Eine erhebliche Verminderung der Steuerungsfähigkeit beim pathologischen Spielen kommt nach ständiger Rechtsprechung vielmehr nur ausnahmsweise und dann in Betracht, wenn die Sucht zu schwersten Persönlichkeitsveränderungen geführt oder der Täter bei Beschaffungstaten unter starken Entzugserscheinungen gelitten hat.[141] **Entscheidend ist nicht die psychiatrische Diagnose, sondern der Schweregrad der diagnostizierten psychischen Störung.** Die Annahme einer zur Strafmilderung führenden erheblichen Beeinträchtigung des Steuerungsvermögens im Sinne des § 21 StGB durch Spielsucht kommt daher nur in seltenen Fällen in Betracht; ein Schuldausschluss gemäß § 20 StGB allein wegen Spielsucht erscheint praktisch ausgeschlossen. Die Unterbringung eines Glückspielsüchtigen in einer Entziehungsanstalt (§ 64 StGB) ist rechtlich nicht zulässig, es kommt allerdings theoretisch die Unterbringung in einem psychiatri- 20

137 ArbG Berlin Urt v 13.2.2004 – 31 Ca 12306/03.

138 LAG Berlin Urt v 22.9.2004 – 9 Sa 1104/04.

139 BAG, Urteil vom 12. Februar 2015 – 6 AZR 845/13 –, zit nach juris.

140 BAG *aaO*.

141 BGH NStZ 2004, 31; BGHR StGB aaO 7, 17; BGH NStZ 1999, 448, 449; BGH StV 1993, 241.

schen Krankenhaus (§ 63 StGB) in Betracht, die sich aber nicht allein auf Glückspielsucht stützen lässt. Zur Sicherung der Allgemeinheit kommt (unter sehr engen Voraussetzungen) die Unterbringung in der Sicherungsverwahrung (§ 66 StGB) grundsätzlich in Betracht, bei deren Verhängung die Rechtsprechung bisher sehr zurückhaltend war.

21 Die Rechtsprechung des Disziplinarsenats des *Bundesverwaltungsgerichts* zur Verantwortlichkeit für Verfehlungen steht im Einklang mit den zur Spielsucht vertretenen Auffassungen des *Bundesgerichtshofes*. Auch die *Arbeitsgerichte* weichen – von einzelnen *Instanzgerichten* abgesehen – davon nicht ab und messen Kündigungen aus Anlass spielsuchtbedingter Verfehlungen nicht an den für den Arbeitnehmer günstigen Maßstäben der personen- oder krankheitsbedingten Kündigung.

Abschnitt 3: Öffentliches Recht

Ihno Gebhardt/Dirk Postel*

§ 19 Die Neuregelung des Glücksspielwesens in Deutschland seit 2004

Übersicht

* Der Beitrag gibt lediglich die persönliche Auffassung der Verfasser wieder.

https://doi.org/10.1515/9783110259216-019

I. Ausgangslage und zentrale Regelungsgegenstände

1. Tatsächliche Ausgangslage – einige Eckdaten

1 Die lange vernachlässigte Erforschung des Glücksspiels hat sich in den letzten 20 Jahren auch in Deutschland rasant entwickelt. Zahlreiche Studien zu problematischem und pathologischem Glücksspiel und dessen Auswirkungen für die Gesellschaft – insbesondere unter gesundheitspolitischen, ökonomischen und sozialen Gesichtspunkten – sind vorgelegt worden. Auch ist die ökonomische und zugleich politische Macht von Glücksspielunternehmen insbesondere in der „schwarz-gelben" (Bundes-) Regierungsperiode (2009–2013) deutlich geworden.

2 Die Untersuchungen verdeutlichen im Wesentlichen übereinstimmend die Umsatzverteilungen auf dem deutschen Glücksspielmarkt (damals, 2005: Spielbanken bei knapp 40 Prozent, der Lotto- und Totoblock mit ca 30 Prozent, das gewerbliche Gewinnspiel mit etwas über 20 Prozent und die Klassenlotterien mit knapp 5 Prozent bei einem Gesamtumsatz von 27 Mrd Euro[1]). Als weiterer Befund für die Jahre 2000 bis 2007 konnte eine große Dynamik im Bereich der außerhalb von Spielbanken an („gewerblichen") Spielautomaten generierten Umsätze und bei den Sportwetten der nicht durch die Länder lizensierten Anbieter festgestellt werden: Die Pro-Kopf-Ausgaben an den Spielautomaten in gewerblichen Spielhallen und Gaststätten hatten sich innerhalb von sieben Jahren fast verdoppelt.[2]

3 Ganz besonders, aber nicht nur, im Hinblick auf die Entwicklung der landesrechtlich nicht erlaubten Sportwettenangebote hat die zunehmende Bedeutung des Internets die entscheidende Rolle gespielt. Auf der Grundlage exemplarisch ausgewerteter Studien und Unterlagen bewegten sich die Markteinschätzungen für Online-Sportwetten in einem Bereich von 1,6 Mrd bis 3,9 Mrd Euro (Umsatz, Bruttoerträge in einer Größenordnung von rund 0,1 bis 0,3 Mrd Euro). In einer international vergleichenden Analyse des Glücksspielwesens ist die hohe Suchtgefahr des Internetglücksspiels aus gesundheitswissenschaftlicher Sicht bestätigt worden, wobei dies vor allem für Casinospiele, aber auch für Sportwetten angenommen wurde.[3]

---

1 Vgl BT-Drs 16/6551, S 3; die Fernsehlotterien rangierten einer Studie des Arbeitsausschusses Münzautomaten zufolge bei ca 2,1%, Prämien- und Gewinnsparen bei 1,8%, Pferdewetten bei 0,5%.

2 Vgl LT-Drs ST 6/914, S 103.

3 Ebda. Zu den sozialen Kosten des Glücksspiels in Deutschland siehe auch die Studie (mit gleichem Titel) von *T. Becker*, 2011, abrufbar unter https://gluecksspiel.uni-hohenheim.de/fileadmin/einrichtungen/gluecksspiel/Oekonomie/SozialeKostenDesGluecksspiels_Internet.pdf, aufgerufen am 21.3.2017, m zahlr wNachw.

2. Zentrale Regelungsgegenstände – Glücksspielangebot, Glücksspielvertrieb, Glücksspielwerbung

a) Glücksspielangebot

Das seit Jahrzehnten in Deutschland gesetzgeberisch zulassungsfähige und auch ordnungspolitisch erwünschte Glücksspielangebot lässt sich folgendermaßen skizzieren: 4

Sechzehn Landeslottounternehmen bieten – landesbehördlich erlaubt und grundsätzlich auf ihr jeweiliges Sitzbundesland beschränkt – jedenfalls die Lotterien „Lotto 6 aus 49", „Super 6", „Spiel 77" sowie die „GlücksSpirale" und die Sportwetten „Oddset" und „Fußballtoto" an; die höchsten Gewinne verspricht zudem die Teilnahme am „Eurojackpot" (mit einem Jackpot zB von 44 Mio Euro am 5. Februar 2017) bei einer Gewinnchance von 1:95 Millionen.[4] In einzelnen Ländern werden auf Grundlage behördlicher Erlaubnisse weitere Lotterien wie „Quickie", „Keno" und „Plus 5" angeboten, sowie „Bingo" und eine Vielzahl unterschiedlicher sogenannter Losbrief- bzw Sofortlotterien. 5

Entgegen der öffentlichen Wahrnehmung bestehen auch zwischen den von allen Landeslottounternehmen unter einheitlichem Namen veranstalteten Glücksspielangeboten durchaus Unterschiede: zum einen – gewissermaßen „materielle" Angebotsunterschiede – bei der Ausgestaltung im Detail (insbesondere in Form von regionalen Sonderauslosungen oder differierenden Teilnahmemöglichkeiten), zum anderen im Hinblick auf die erhobenen Bearbeitungsgebühren. Die von den einzelnen Lottounternehmen veranstalteten sogenannten Sofortlotterien unterscheiden sich zudem sowohl nach deren Zeitraum, als auch durch die Spiel- und Gewinnpläne, die Teilnahmebedingungen des Zahlenlottos im Hinblick auf die angebotenen Mehrwochenaufträge und Anteilscheine. Einsatzbegrenzungen reichten in der Vergangenheit etwa von 250 Euro pro Woche bis 2.300 Euro pro Woche. Auch ein landesrechtlicher Erlaubnisvorbehalt für die Tätigkeit von Landeslottounternehmen in anderen Ländern ist vor diesem Hintergrund geboten. Denn soweit die Ausweitung eines Spielangebots auf ein anderes Land mit dessen öffentlichen Interessen unvereinbar sein sollte, steht es diesem Land frei, die ordnungsrechtlich erforderliche Genehmigung für dieses Spielangebot zu versagen. Vor diesem Hintergrund gibt es auch berechtigte ordnungsrechtliche Gründe der Länder, auch konkret die Tätigkeit von Landeslottounternehmen anderer Länder von vornherein nicht zuzulassen oder einzuschränken, weil auch eine solche Öffnung aufgrund des dann entstehenden Wettbewerbs zu einer erheblichen Ausweitung von Angeboten und diese Ausweitung auch zu einer Zunahme von problematischem und suchtbeeinflusstem Verhalten führen kann. Von diesem ordnungsrechtlichen Erlaubnisvorbehalt der Länder 6

4 https://www.westlotto.de/de/lottoportal/eurojackpot, abgerufen am 5.2.2017.

für die Tätigkeit in ihrem Territorium ist die gelegentlich vorgesehene und auf Teilnehmer aus dem „eigenen" Land beschränkte Zulassung zum Spiel (Wohnort- statt Aufenthaltsprinzip) zu unterscheiden, denn der Schutz von Spielern in anderen Ländern obliegt jeweils nur den dortigen Behörden.[5]

7 Neben den Lotterien der Landeslottounternehmen existiert im gesetzlich „monopolisierten" Bereich eine aus der früheren Nordwestdeutschen Klassenlotterie (NKL) und der Süddeutschen Klassenlotterie (SKL) fusionierte Gemeinsame Klassenlotterie der Länder (mit Sitz in Hamburg und München: GKL), die bestimmte Arten von Lotterien[6] einschließlich unterschiedlicher Ergänzungsangebote auf Grundlage der jeweiligen Erlaubnisse vertreibt bzw vertreiben lässt.

8 Auf Grundlage der (seit 2004 nach dem Dritten Abschnitt des Lotteriestaatsvertrags – LottStV[7] – und den späterhin im Wesentlichen unveränderten Nachfolgeregelungen des GlüStV 2008 und des 1. GlüÄndStV = GlüStV 2012) erteilten Erlaubnisse der zuständigen Landesbehörden gibt es ferner die bundesweit veranstalteten Lotterien der Stiftung Deutsches Hilfswerk (ARD-Fernsehlotterie) sowie der Aktion Mensch eV (ZDF-Aktion Mensch), die in jeweils unterschiedlicher Ausgestaltung ihre Angebote bereitstellen.

9 Gestützt auf Rechtsgrundlagen derselben Regelungsabschnitte sind in mehreren Ländern (nicht bundesweit) die von Gewinnsparvereinen angebotenen Lotterien in Form des Gewinnsparens einiger Sparkassen oder Volks- und Raiffeisenbanken erlaubt. Dabei handelt es sich um Sparprodukte mit einer Lotteriekomponente. Schließlich gibt es die regelmäßig nur landesweit erlaubten Lotterien gemeinnütziger Veranstalter sowie eine Vielzahl regional oder lokal begrenzter Lotterien und Ausspielungen gemeinnütziger Anbieter, die teilweise auf Grund allgemeiner Erlaubnisse der obersten Glücksspielbehörden[8] angeboten werden dürfen.

10 Von diesem Bereich der Lotterien und Sportwetten grundsätzlich getrennt geregelt sind die Zulassung und der Betrieb von Spielbanken. In der Bundesrepublik Deutschland gab es im Jahr 2000 46 öffentliche Spielbanken, die – überwiegend landesgesetzlich „monopolisiert" – in unterschiedlichen Rechtsformen betrieben wurden. So gab es Staatsbetriebe des Freistaates Bayern, 25 Gesellschaften, deren Anteile vollständig vom jeweiligen Land gehalten werden, und weitere 15 Unterneh-

5 Vgl BGH, Beschl v 8.5.2007 – KVR 31/06, WRP 2007, 970 (974) Abs-Nr 49.

6 § 12 Abs 1 GlüG LSA aF enthielt eine Legaldefinition der „Klassenlotterie", die allerdings seit 2012 als entbehrlich angesehen wurde; vgl LT-Drs ST 6/914, S 38, 46. Einzelheiten zu den Klassenlotterien siehe bei *Rombach* § 22.

7 Fundstellen der Landeszustimmungsgesetze und -beschlüsse bei BVerfG, 1 BvR 939/05, Beschl v 10.1.2006.

8 Vgl zB Allgemeine Erlaubnis für die Veranstaltung von öffentlichen Ausspielungen in Sachsen-Anhalt, AV des MI vom 16.11.2012 – 21.21-12251-590200, MBl LSA 2012, S 626.

men in privater Trägerschaft.[9] Ende 2016 sind in den Ländern insgesamt 53 Spielbanken zugelassen.

Schließlich existierten auch Unternehmen, die sich für ihr Angebot auf eine ih- 11
nen oder anderen Privatpersonen im Jahre 1990 aufgrund des Gewerbegesetzes der DDR vom 6. März 1990 erteilte Erlaubnis beriefen. Es wurde allerdings durch die Rechtsprechung geklärt, dass diese Erlaubnisse, sofern überhaupt, allenfalls begrenzte Legitimationswirkung entfalteten. In der Praxis sind sie seit mehreren Jahren nicht mehr von erheblicher Bedeutung.[10]

b) Glücksspielvertrieb

Mit der Erlaubnispflicht des Vertriebes (und damit zugleich der Vertriebs*form*) eines 12
Glücksspiels wird dem Umstand Rechnung getragen, dass die Art des Vertriebs von Glücksspielen maßgeblich mitbestimmt, ob die Ziele der Glücksspielregulierung tatsächlich erreicht werden. Das BVerfG hat völlig zu Recht in seinem Grundsatzurteil vom 28. März 2006 die herausragende Bedeutung der Vertriebswege betont.[11] Der Zusammenhang zwischen der (leichten) Verfügbarkeit eines Spielangebotes und einem verstärkten Nachfrageverhalten mit allen potenziellen negativen Begleitfolgen kann schwerlich bestritten werden. Ein dichtes Netzwerk an Glücksspielangeboten einschließlich einer extensiven Vermarktung senkt potenzielle Hemmschwellen und fördert die gesellschaftliche Akzeptanz von Glücksspielen. Mit Blick auf den Internetvertriebsweg ist anzumerken, dass 87% der Haushalte einen Internetzugang (2016) und nur 5% der Privathaushalte kein mobiles Telefon besitzen (Anfang 2016: mehr Haushalte mit Handy als mit klassischem Telefon).[12] Die Regulierung des terrestrischen Glücksspielvertriebs sollte daher immer im Auge behalten, dass auch viele Glücksspielangebote „nur einen Klick" entfernt sind. Insofern ist es nicht für jedermann einleuchtend, dass durch Gesetz- und Verordnungsgeber einerseits detaillierte Abstandsregelungen zwischen unterschiedlichen Glücksspielangeboten im terrestrischen Bereich existieren und ausweislich einer Vielzahl von Gerichtsentscheidungen diese „Verbotszonen" auch durchgesetzt werden,[13] andererseits auch innerhalb dieser „Verbotszonen" mittels Smartphone jedenfalls nach

9 Deutsche Spielbanken Interessen- und Arbeitsgemeinschaft (De SIA), Branchenbericht 2005/2006, S 4. Die meisten Spielbanken findet man derzeit in Niedersachsen (10) und Bayern (9), wobei in vier der zehn niedersächsischen Spielbanken nur das Automatenspiel angeboten wird.

10 Vgl zB BVerwG Urt v 1.6.2011 – 8 C 5.10; nachfolgend BVerfG, Beschl v 30.9.2013 – 1 BvR 3196/11.

11 BVerfG, Urt v 28.3.2006, 1 BvR 1054/01, Rn 135 ff.

12 Statistisches Bundesamt, destatis.de, Daten abgerufen am 31.1.2017.

13 Vgl etwa BVerwG, Urt v 16.12.2016, 8 C 4.16.

Identifizierung und Authentifizierung[14] grundsätzlich ohne weitere Zugriffshürde an erlaubten Glücksspielen teilgenommen werden kann.

13 Die von den Landeslottounternehmen und der GKL angebotenen Glücksspiele werden auch weiterhin ganz überwiegend über „traditionelle" Annahmestellen oder Lotterieeinnehmer vertrieben (sog terrestrischer Vertrieb). Bei diesen handelt es sich regelmäßig um kleinere Verkaufsstellen, die für das jeweilige Unternehmen als Handelsvertreter von den Spielern die Spielscheine und den Spieleinsatz entgegennehmen sowie Gewinne bis zu einem bestimmten Höchstbetrag auszahlen.

14 Bei den Losen der sogenannten Fernsehlotterien handelt es sich demgegenüber häufig um besondere Zahlungsverkehrsvordrucke, mit denen der Spieler seinen Einsatz an den Lotterieveranstalter einzahlt, überweist oder vom Konto abbuchen lässt. Die Vordrucke werden – je nach Ausgestaltung der jeweiligen Erlaubnisse – über Banken, Sparkassen und die Postbank sowie wohl auch über Telefonbestellung, Internet, Zeitschriften-Beilagen und Postwurfsendungen verteilt. Die Gewinnsparangebote wiederum werden ausschließlich von Gewinnsparvereinen der Volks- und Raiffeisenbanken sowie der Sparkassen in ihren jeweiligen Filialen angeboten. Im Unterschied zu anderen Lotterieangeboten ist die Teilnahme am Gewinnsparen jeweils an die Errichtung eines Sparkontos bei dem jeweiligen Kreditinstitut gebunden. Regional oder lokal beschränkte Angebote schließlich erfolgen regelmäßig nur über den herkömmlichen terrestrischen Vertrieb.

15 Im Rahmen der öffentlichen Diskussion über die künftige Gestaltung des Glücksspielwesens wurde vielfach hervorgehoben, welche exorbitanten Wachstums- und Entwicklungschancen mit der Nutzung der neuen Informations- und Kommunikationstechnologien für den Glücksspielmarkt verbunden seien. Gerade in den letzten Jahren haben sich die Informations- und Kommunikationstechnologien immer schneller entwickelt, der Vormarsch dieser Technologien auf den Märkten der Informationsgesellschaft und der Medien erfolgt mittels schneller und weithin verfügbarer Kommunikationsverbindungen zwischen vielen unterschiedlichen Geräten weiterhin mit hoher Geschwindigkeit. Herkömmliche Inhalte werden zunehmend in digitalisierter Form angeboten, und es entstehen neue von vornherein (nur) digitale Dienste. Eine zunehmende digitale Konvergenz der Mediendienste, Netze und Geräte ermöglicht inzwischen diverse dreidimensionale multimediale Inhalte. Die vielfältigen Medieninhalte können in unterschiedlichsten Formaten unabhängig von Zeit und Ort zur Verfügung gestellt und an die individuellen Bedürfnisse und Anforderungen angepasst werden. Dementsprechend wird ein starkes weiteres Wachstum von Online-Inhalten und Endverbrauchermarkt prognostiziert.[15]

---

14 § 4 Abs 5 Nr 1 GlüStV 2012.

15 Im Einzelnen bereits Mitteilung der Kommission vom 1.6.2005: „i2010 – Eine europäische Informationsgesellschaft für Wachstum und Beschäftigung" [KOM (2005) 229 endg]).

c) Glücksspielwerbung

Werbung für in Deutschland *erlaubtes* Glücksspiel ist bei Einhaltung der vom BVerfG gesetzten Grenzen prinzipiell zulässig; Werbung für *nicht erlaubtes* Glücksspiel ist demgegenüber nach § 284 Abs 4 StGB u § 5 Abs 5 GlüStV 2012 generell verboten. Verboten ist gem § 5 Abs 3 GlüStV 2012 ausdrücklich auch die Werbung für öffentliches Glücksspiel „im Fernsehen (§ 7 des Rundfunkstaatsvertrages), im Internet sowie über Telekommunikationsanlagen". Die Realität sieht jedoch ganz anders aus. 16

Bei der verfassungsrechtlichen Analyse des Glücksspielwesens kommt dem *tatsächlichen* Werbeverhalten der erlaubten Glücksspielanbieter und -vermittler besondere Bedeutung zu, wie auch das BVerfG betont hat: Das konkrete Werbeverhalten kann Ausdruck eines bestehenden Regelungsdefizits sein.[16] Dies ist insofern nicht unproblematisch, als das Gericht in seiner *Sportwetten*-Grundsatzentscheidung die künftig zulässige Werbung im Rahmen eines auf staatlich getragene Anbieter beschränkten Monopols dahin umschrieben hat, dass sich diese „zur Vermeidung eines Aufforderungscharakters bei Wahrung des Ziels, legale Wettmöglichkeiten anzubieten, auf eine *Information* und *Aufklärung* über die Möglichkeit zum Wetten zu beschränken [hat]."[17] Diese minimalistische Formel entspricht schwerlich dem allgemein anzutreffenden Verständnis von „Werbung". Wie genau das Gericht zu verstehen ist, haben jedoch die obersten Fachgerichte des Bundes in einer Vielzahl von Verfahren klären können.[18] Demnach tritt an die Stelle der – unzulässigen – Werbung die Sachinformation und Aufklärung über das Glücksspielangebot, die im Übrigen gelegentlich bereits aus sich heraus einen Werbeeffekt erzeugt: Die mit sonorer Stimme im Radio vorgetragene Kurzinformation, dass der Jackpot XX Mio Euro beträgt, bedarf nach aller Erfahrung keiner weiteren Vertiefung, um die ohnehin Lotto-affinen Bevölkerungsteile zum Kauf zu bewegen und ggf. sogar darüber hinaus Neukunden zu gewinnen. Die Umsatzsteigerung allein aufgrund dieser Information ist gewiss und führt im Übrigen zwingend zu der Überlegung (eines guten Kaufmanns), ob allein durch – wie auch immer organisierte – hohe Ausschüttungssummen der Lotterieumsatz erheblich gesteigert werden kann. 17

Gesetzgeberisch ist jedenfalls seit 2008 – etwas versteckt und wenig systematisch – in § 6 Satz 2 GlüStV iVm Nr 2 des Anhangs „Richtlinien zur Vermeidung und Bekämpfung von Glücksspielsucht" festgelegt, dass eine Information über Höchstgewinne generell mit der Aufklärung über die Wahrscheinlichkeit von Gewinn und Verlust zu verbinden ist. Nach § 5 Abs 1 und 2 GlüStV 2008 war demnach auch staatlichen Lottounternehmen nicht generell verboten, mögliche Höchstgewinne von 18

16 BVerfG, 1 BvR 1054/01, Urt v 28.3.2006, Rn 120.

17 Ebd, Rn 151.

18 Vgl zB BVerwG, Urt v 20.6.2013 – 8 C 17.12; BGH, Urt v 16.10.2010 – I ZR 149/08; sowie zuletzt BVerwG, Urt v 15.6.2016 – 8 C 5.15, Rn 26 mwN.

über 10 Millionen Euro anzukündigen, sofern die Ankündigung in ihrer konkreten Gestaltung eine sachliche Information darstellte.[19]

19 Die Umsetzung der verfassungsgerichtlichen Vorgaben zur Glücksspielwerbung erfolgt durch die Reduktion des Werbedruckes. Weniger Werbe-(Informations-)zeiten gerade im Rundfunk und der Verzicht auf flächendeckende Plakatierung sind ebenso adäquate Mittel wie der Verzicht auf die üblichen Werbetricks – insbesondere starke assoziative Anreize – beim einzelnen Plakat. In diesem Sinne dürfte die Logo-Werbung (im Vergleich zur Produktwerbung) weniger Anreiz bieten. Am Ende ist es eine Illusion, auf einen föderalen Wettbewerb um die schlechteste „Werbung" zwischen den Glücksspielanbietern zu hoffen. Dementsprechend hatte das Bundesverwaltungsgericht in einer Grundsatzentscheidung für den Zeitraum bis zum Inkrafttreten des GlüStV 2012 auch geklärt, dass ua die Präsentation der Glücksspirale vor der Hauptausgabe der Tagesschau und auch die zum damaligen Zeitpunkt festgestellte konkrete Ausgestaltung der Jackpot-Werbung die Grenzen zulässiger Werbung missachteten.[20]

3. Verfassungs- und unionsrechtliche Ausgangslage

a) Regelungskonzepte und Verfassungsrecht

20 Das *Bundesverfassungsgericht* (BVerfG) hat mit seinem Grundsatzurteil vom 28. März 2006[21] die zentralen verfassungsrechtlichen Fragen zur Zulässigkeit staatlicher Glücksspielmonopole beantwortet. Es hat für die Rechtslage in Bayern festgestellt, dass das dort errichtete staatliche Sportwettmonopol[22] angesichts des mit ihm einhergehenden Ausschlusses gewerblicher Wettveranstaltung durch private Wettunternehmen in seiner damaligen gesetzlichen und tatsächlichen Ausgestaltung nicht mit dem Grundrecht der Berufsfreiheit vereinbar war. Das Gericht hat gleichwohl ein staatliches Sportwettmonopol als Mittel zur Wahrung und Erreichung besonders bedeutsamer Gemeinwohlziele ausdrücklich für zulässig erachtet, wenn das Monopol nicht nur nach den zu seiner Rechtfertigung angeführten Zielen, sondern auch in seiner konkreten Ausgestaltung der Vermeidung und Abwehr von Spielsucht und problematischem Spielverhalten dient. Der Schutz der Bevölkerung vor betrügeri-

19 BGH, Urt v 16.10.2010 – I ZR 149/08, Rn 11 ff.

20 Siehe BVerwG, Urt v 20.6.2013 – 8 C 17.12, Rn 53, 59 ff.

21 BVerfG, 1 BvR 1054/01, Urt v 28.3.2006 = BVerfGE 115, 276 ff = NJW 2006, 1261 ff = ZfWG 2006, 16 ff.

22 Die Verfassungsbeschwerde betraf das Veranstalten und Vermitteln von solchen Sportwetten, bei denen sich der Veranstalter gegenüber den einzelnen Wettteilnehmern für den Fall der richtigen Voraussage des Ergebnisses eines zukünftigen Sportereignisses zur Vervielfachung des Wetteinsatzes mit einer festen Gewinnquote verpflichtet (sog Oddset-Sportwetten).

schen Machenschaften und Manipulationen, vor der Unzuverlässigkeit und Zahlungsunfähigkeit des Veranstalters, ein weitergehender Verbraucher- und Jugendschutz, die Verhinderung der Ausnutzung des Spieltriebs sowie die Abwehr von Gefahren aus mit Wetten verbundener Folge- und Begleitkriminalität sind ebenfalls verfassungslegitime Ziele einer ordnungspolitisch geprägten Glücksspielregulierung, die allerdings für sich genommen, im Unterschied zur Zielsetzung der Spielsuchtvermeidung und -bekämpfung, ein staatliches Wettmonopol (als Mittel zur Zielerreichung) verfassungsrechtlich nicht rechtfertigen können.[23] Auch der Ausschluss privaten Gewinnstrebens kann nur ein seinerseits rechtfertigungsbedürftiges Mittel darstellen, mit dem die anderen legitimen Ziele erreicht werden sollen. Als Mittel zur Vermeidung und Abwehr von Spielsucht und problematischem Spielverhalten hält das Gericht insbesondere die Begrenzung der Werbung, eine der legitimen Zielsetzung entsprechende Ausgestaltung der Vertriebswege und die Schaffung von Kontrollinstanzen, die eine ausreichende Distanz zu den fiskalischen Interessen des Staates aufweisen, für geeignet und erforderlich.

Das BVerfG sieht sich mit diesen Anforderungen ausdrücklich in Übereinstim- 21
mung mit der Rechtsprechung des *Gerichtshofes der Europäischen Union* (EuGH), nach der ein staatliches Glücksspielmonopol unter Ausschluss von Veranstaltern aus anderen Mitgliedstaaten nicht gegen das Unionsrecht verstößt, wenn die Beschränkungen durch zwingende Gründe des Allgemeininteresses – wie den Verbraucherschutz, die Betrugsvorbeugung, die Vermeidung der leichten und rechtswidrigen Bereicherung der am Betrieb und dem Handel mit Glücksspielen Beteiligten, die Vermeidung von Anreizen zu überhöhten Ausgaben für das Spielen oder die Verhütung von Störungen der sozialen Ordnung im Allgemeinen – gerechtfertigt sind. Zwar ist das BVerfG für die Frage der Vereinbarkeit einer innerstaatlichen Norm des einfachen Rechts mit den Bestimmungen des Unionsrechts nicht zuständig. Es untersucht das Unionsrecht gleichwohl „indirekt", indem es die fachgerichtliche Anwendung und Auslegung des Unionsrechts überprüft und dazu beispielsweise hervorhebt, dass die Aussagen in der Rechtsprechung des EuGH zur Vereinbarkeit mitgliedstaatlicher Glücksspielmonopole mit den Grundfreiheiten eindeutig seien und die Auslegung auch ohne Vorlage an den EuGH vorgenommen werden könne.[24]

In diversen Folgebeschlüssen nach dem 28. März 2006 hat das BVerfG deutlich 22
gemacht, dass die Grundsatzentscheidung zu dem bayerischen Sportwettenfall nicht nur für Bayern, sondern für alle Länder der Bundesrepublik und nicht nur für die Sportwettenangebote, sondern für alle Glücksspielarten von Bedeutung ist.[25]

---

23 So wohl auch *Dietlein*, in ders/Hecker/Ruttig, Glücksspielrecht, 2. Aufl 2013, Einführung, Rn 17.

24 Ebd; vgl zu dieser Art indirekten Anwendung des Unionsrechts durch das BVerfG auch dessen Beschl v 7.12.2006, 2 BvR 2428/06, NJW 2007, 1521.

25 Zur Übertragbarkeit der bundesverfassungsgerichtlichen Feststellungen auf das damalige Sportwettenrecht der anderen Länder: BVerfG, 1 BvR 138/05 v 4.7.2006, ZUM-RD 2006, 433 – zu BaWü;

23 Für die verfassungsrechtliche Beurteilung der Einschränkung des Grundrechts aus Art 12 Abs 1 GG spielt es dabei grundsätzlich keine entscheidende Rolle, ob ein Grundrechtsträger zugunsten eines Wettmonopols des Staates selbst, einer von diesem maßgeblich beeinflussten juristischen Person oder eines von diesem exklusiv konzessionierten Privaten gesetzlich zum Verzicht auf eine Tätigkeit als Wettvermittler gezwungen wird. Demzufolge war es grundsätzlich auch nicht entscheidungserheblich, dass etwa das frühere Sportwettmonopol in Rheinland-Pfalz durch ein privatrechtlich organisiertes Unternehmen ohne gesellschaftsrechtliche Einflussnahmemöglichkeiten oder in Niedersachsen jedenfalls mit tatsächlich kaum erfolgter gesellschaftsrechtlicher Einflussnahme des Staates wahrgenommen wurde,[26] denn die Ausrichtung auf das Ziel der Bekämpfung von Spielsucht und problematischem Spielverhalten muss sich in der *rechtlichen* wie *tatsächlichen* Ausgestaltung des Monopols – unabhängig davon, ob dieses (auch) staatlich getragen ist – positiv ausdrücken. Sofern sich Umsetzungsdefizite bei der konkreten Handhabung eines monopolisierten Angebots feststellen lassen, birgt dies demnach die Gefahr in sich, dass Verfassungsgerichte zum Verdikt der Unverhältnismäßigkeit der dem Monopol zugrunde liegenden Regelungen gelangen.

24 Bereits in seiner Presseerklärung vom 28. März 2006 hat das BVerfG ausdrücklich darauf hingewiesen, dass ein verfassungsmäßiger Zustand der Glücksspielregulierung ebenfalls durch eine gesetzlich normierte und kontrollierte Zulassung gewerblicher Veranstaltung durch private Wettunternehmen erreicht werden könne.[27]

BVerfG, 2 BvR 2428/06 v 7.12.2006, NJW 2007, 1521 – zu NW; BVerfG, 1 BvR 874/05 v 18.12.2006, MMR 2007, 168 – zu SachsAnh; BVerfG, 1 BvR 973/05 v 22.10.2007 – zu Nds; BVerfG, 2 BvR 2320/00 v 21.1.2008, ZfWG 2008, 44 – zu Thür; BVerfG, 1 BvR 2783/06 v 10.11.2008 – zu RhPf. Die sachliche Erstreckung der verfassungsgerichtlichen Vorgaben auf die verschiedenen Segmente des Glücksspielwesens folgte bereits aus der nach den Gefahrenpotenzialen unterschiedlicher Glücksspielangebote vorgenommenen „Reihung" in dem Sportwetten-Grundsatzurteil (BVerfG, 1 BvR 1054/01 v 28.3.2006, Rn 99 bis 101) und fand ihre ausdrückliche Bestätigung durch den Beschl des Gerichts zum bayerischen Spielbankenmonopol vom 26.3.2007 – BVerfG, 1 BvR 2228/02, GewArch 2007, 242, Rn 22. Dabei hat das Gericht ausdrücklich offen gelassen, inwieweit die Ziele des Verbraucherschutzes und der Kriminalitätsbekämpfung durch die Normierung entsprechender rechtlicher Anforderungen an privat betriebene Spielbanken realisiert werden können. Der Gesetzgeber durfte und darf demnach davon ausgehen, dass den Suchtgefahren mit Hilfe eines auf die Bekämpfung von Sucht und problematischem Spielverhalten ausgerichteten Spielbankenmonopols effektiver begegnet werden kann als durch die (strenge) Kontrolle privater Spielbankunternehmer. Zur Bedeutung und Tragweite des Grundsatzurteils für die straf-, kartell- und landesverfassungsrechtliche Bewertung siehe bereits BGH Urt v 16.8.2007 – 4 StR 62/07, ZfWG 2007, 361; BGH Beschl v 8.5.2007 – KVR 31/06, ZfWG 2007, 269; LVerfG LSA Urt v 8.2.2007 – LVG 19/05, LKV 2007, 558; BayVerfGH Urt v 18.12.2007 – Vf 9 VII-05, GewArch 2008, 114; zum hessischen und bayerischen Zahlenlottomonopol vgl BVerfG, 1 BvR 1896/99 Beschl v 2.8.2007, NVwZ 2007, 1297; ausführliche Darstellung vgl LT-Drs ST 5/903, S 43ff.

26 Vgl zur damaligen abweichenden Rechtslage in RhPf BVerfG, Beschl v 10.11.2008 – 1 BvR 2783/06.

27 Presseerklärung zu BVerfG, 1 BvR 1054/01, Urt v 28.3.2006, Nr 3.

Im Anschluss an die Grundsatzentscheidung ergaben sich daher für *den* Gesetzgeber (alternativ: *den Bundes*gesetzgeber bei Verwirklichung der gewerberechtlichen Lösung, *die Landes*gesetzgeber bei einer ordnungsrechtlich geprägten Konzeption [in einem ersten Glücksspielstaatsvertrag]) vier Regelungsoptionen, die in der Diskussion Beachtung gefunden haben und daher der unions- und verfassungsrechtlichen Prüfung und einer Analyse im Hinblick auf die tatsächlichen Auswirkungen bedurften: 25

- erstens: die Fortschreibung und möglicherweise auch Erweiterung der bestehenden Monopolstrukturen bei gleichzeitiger Beseitigung der defizitären gesetzlichen Anforderungen,
- zweitens: die vom Gericht angesprochene gewerberechtliche Lösung,
- drittens: eine oligopolartige Struktur des Glücksspielwesens, bei der sich eine von vornherein begrenzte Anzahl privater Glücksspielanbieter den Markt mit den bisherigen staatlichen und privaten Monopolisten teilen müssten, und schließlich
- viertens: die „Liberalisierung" der Sportwetten bei gleichzeitigem Erhalt der Lotteriemonopole in den Ländern.

Das weiterhin denkbare Regelungsmodell einer „Erlaubnis mit Verbotsvorbehalt", also der generellen Freigabe des Angebotes mit der Möglichkeit, im jeweiligen Recht einen (repressiven) Verbotsvorbehalt bei Verstößen gegen die gesetzlich geregelten spezifischen Bedingungen des Glücksspielanbieter-Berufs vorzusehen, hat im weiteren Diskurs ebenso wenig Beachtung gefunden wie die Option einer ausschließlichen Begrenzung und Lenkung des Sportwettenwesens mit den Instrumenten des Abgabenrechts. Auch ein Totalverbot sämtlicher (auch bisher erlaubnisfähiger) Glücksspiele wurde und wird bis heute nicht ernsthaft diskutiert. 26

Der noch vor der Entscheidung des BVerfG – also ohne Kenntnis des vom Gericht eingeräumten Gestaltungsspielraums – veröffentlichte Vorschlag einer sogenannten „Sportwettkommission" für eine „Oligopol-Lösung" wurde mit der Begründung nicht aufgegriffen, dass er die rechtlich-ökonomischen Nachteile einer Monopollösung mit denen einer rein gewerberechtlichen Lösung (präventives Verbot mit Erlaubnisvorbehalt) zusammengeführt hätte: Ebenso wie bei der Monopolisierung eines Glücksspielbereiches und dem damit verbundenen absoluten und nicht durch subjektive Kriterien beeinflussbaren Ausschluss anderer potenzieller Marktteilnehmer bewirkt auch das Oligopol eine absolute Zulassungssperre für die nicht berücksichtigten Glücksspielanbieter. Dementsprechend ist auch eine derartige gesetzliche Regelung im Lichte des Art 12 Abs 1 GG daran zu messen, ob sie zur Verwirklichung eines überragend wichtigen Gemeinwohlziels wie der „Vermeidung und Bekämpfung von Glücksspielsucht" zwingend geboten ist. Da ein Nebeneinander von mehreren – zusätzlichen – Glücksspielanbietern aber zu einer erheblichen Ausweitung der Glücksspielangebote statt zu einer Minderung des Gefährdungspotenzials und, hiermit einhergehend, zu einer Ausweitung problematischen Spiel- 27 verhaltens führen würde, ließ die an den Eckpunkten der bundesverfassungsgerichtlichen Entscheidung orientierte Analyse das Oligopolmodell als inkonsistent und damit bereits verfassungsrechtlich kaum haltbar erscheinen: Mit dem bei der Oligopollösung verminderten Spieler- und Verbraucherschutz entfiele letztlich die verfassungsrechtliche Legitimation für die objektive Beschränkung der Berufs(wahl)freiheit.

28 Die weiteren gegen ein Konzessionsmodell geltend gemachten Einwände betrafen die mit der Ausweitung des Glücksspielangebotes verbundenen zusätzlichen Belastungen der Sozialsysteme infolge eines mit dem aufwachsenden Angebot korrespondierenden Anstiegs pathologischen Spiels. Auch ein für den deutschen Glücksspielstandort nachteiliger Wettlauf um den unter dem Gesichtspunkt der Abgabenlast günstigsten Unternehmensstandort schien denkbar. In einem steuerlich nicht harmonisierten und auf absehbare Zeit nicht harmonisierbaren Europa führte dies wiederum zu kaum kompensierbaren finanziellen Einbußen der öffentlichen Hand und damit zugleich zum teilweisen Wegfall der staatlichen Unterstützung der sog „good causes" (Sport- und Kulturförderung, Naturschutz und Denkmalpflege, etc). Schon rein fiskalisch wurde daher zum Konzessionsmodell die Prognose formuliert: Die Ausgaben in der Bevölkerung für Sportwetten würden steigen; die in den deutschen Ländern verbleibenden Erträge (oder sonstigen abgeschöpften Mittel) würden gleichzeitig deutlich sinken oder sich jedenfalls trotz erheblich steigender Glücksspielumsätze nicht entsprechend (parallel) entwickeln. Eine Privatisierung der Gewinne zu Lasten des Gemeinwohls wurde vielfach als denkbare Folge beschrieben.

29 Mit alledem war der rechtliche Problemhaushalt der Alternativszenarien zu den Glücksspielmonopolen in den Ländern allerdings noch nicht erschöpft: Der von den Befürwortern einer Teilliberalisierung des Glücksspielangebotes – insbesondere von einigen Abgeordneten des schleswig-holsteinischen Landtages und der Medienwirtschaft – in Anlehnung an die rundfunkrechtliche Ordnung in der Bundesrepublik „duales System"[28] genannte Vorschlag, wonach die Sportwetten vom übrigen Glücksspielwesen rechtlich abgespalten und liberalisiert werden, die Zahlenlottoangebote demgegenüber weiterhin als Monopole erhalten bleiben sollten, führten zu einer auf den ersten Blick erkennbaren, auf die Regelung des gesamten Glücksspielwesens bezogenen Inkonsistenz: Auch die zu dieser Einschätzung führenden Gründe lassen sich bereits aus der *Sportwetten*-Grundsatzentscheidung des BVerfG ableiten: Das Gericht hat völlig zu Recht auf die erkennbar unterschiedlichen Gefahrenpotenziale der verschiedenen Glücksspielangebote hingewiesen: Die bei weitem meisten Spieler mit problematischem oder pathologischem Spielverhalten spielten nach damaligem Erkenntnisstand an (den in Spielhallen und Gaststätten betriebenen) gewerbli-

28 Einzelheiten hierzu siehe bei *Koenig/Ciszewski* DÖV 2007, 313 und bei *Kümmel*, in: *Gebhardt/Grüsser-Sinopoli* (Hrsg), Glücksspiel in Deutschland, 1. Aufl 2008, § 6.

chen Spielautomaten. An zweiter Stelle in der Statistik folgten Casino-Spiele (in Spielbanken). Alle anderen Glücksspielformen trugen deutlich weniger zu problematischem und pathologischem Spielverhalten bei.[29]

Da eine gesetzgeberische Prognose zum Gefahrenpotenzial der Glücksspielange- 30
bote an die verfügbaren Erkenntnisse aus der Wissenschaft anzuknüpfen hat, kann die dort immer wieder beschriebene Grundannahme, dass „schnelle" Glücksspielangebote, also solche mit hoher Ereignisfrequenz, regelmäßig ein höheres Suchtpotenzial aufweisen als die „langsamen" Glücksspielvarianten nicht ignoriert werden. Sportwetten und andere Glücksspiele mit höherer Ereignisfrequenz haben maW regelmäßig ein höheres Suchtpotenzial als das (lediglich zwei Mal wöchentlich stattfindende) Zahlenlotto. Dementsprechend liegt die Schlussfolgerung nicht fern, dass eine Liberalisierung von Sportwetten mit einem je nach Ausgestaltung unterschiedlich hohen, in jedem Fall aber höheren Suchtpotenzial als das Zahlenlotto bei gleichzeitiger Monopolisierung des wohl (in seiner aktuellen Angebotsform) minder gefährlichen Glücksspielangebotes „Lotto 6 aus 49" zu einer signifikanten Minderung von Konsistenz und Kohärenz führt. Allerdings darf bei der erforderlichen Bewertung nicht verkannt werden, dass auch die Forderung nach einer übergreifenden Konsistenz und Kohärenz des Regelungsrahmens gerade in Anbetracht einer Vielzahl verfassungslegitimer Ziele nicht zu einer schlichten Abschichtung der gesetzlichen Beschränkungen nur anhand des Suchtgefährdungspotenzials führen kann. Sofern ein glücksspielrechtlicher Gesetzesrahmen auf mehr als einer legitimen Zielsetzung beruht, muss die Stimmigkeit und Konsequenz der Glücksspielpolitik im Hinblick auf jedes einzelne dieser legitimen Ziele überprüft werden. Dabei ist hinzunehmen, dass die mit der gesetzlichen Regelung verfolgten Ziele in ihrer Legitimationsfunktion nicht für alle von der „Glücksspielbereichsregulierung" erfassten Glücksspiele stets gleichermaßen stringent herangezogen werden können.[30]

Hieran ändert auch und gerade unter dem Gesichtspunkt der „Geeignetheit" 31
nichts, dass es am Ende keine Regelung gibt, die insbesondere das – von 2008 bis 2012 generell verbotene – Internetglücksspielangebot absolut verhindern wird. Die Frage der effektiven Durchsetzbarkeit einer Verbotsnorm ist ohnehin keine spezielle Problematik der Ausgestaltung des Glücksspielrechts als Monopol-, Konzessions- oder Erlaubnissystem; sie stellt sich vielmehr ungeachtet der gesetzgeberischen Dekretierung der einen oder anderen Glücksspielangebots-Struktur. Die mit dem Internet in vielfältiger Weise entstandenen rechtlichen Probleme sind ein unübersehbarer Beleg für diese Annahme. Es wird aber immer auch illegale Formen des Glücksspiels geben, die nicht völlig unterbunden werden können. Die aus der technischen und ökonomischen Entwicklung folgenden Vollzugsprobleme machen die

---

29 BVerfG, 1 BvR 1054/01, Urt v 28.3.2006, Rn 100, unter Hinweis auf die Untersuchung von *Hayer/Meyer* Die Prävention problematischen Spielverhaltens, J Public Health 2004, 293, 296.

30 Vgl dazu bereits EFTA-Gerichtshof Urt v 30.5.2007 – E-3/06, Rn 52.

prinzipiell geeignete Organisation staatlicher Gemeinwohlverfolgung auf nationaler Ebene gleichwohl nicht „ungeeignet“ in einem verfassungsrechtlichen Sinne.

32 Bereits der GlüStV 2008 enthielt zudem Regelungen zur Evaluierung und Befristung des Regelwerkes, die einen gewissen „Experimentalcharakter“ zum Ausdruck brachten. Auch bei im Übrigen erhöhter materiellen Kontrolldichte konnte daher die Annahme formuliert werden, dass etwaige Unschärfen eines auf Zeit verabschiedeten Evaluierungs-Gesetzes durch dessen teilweise fragmentarische und entwicklungsoffene Regelungen zu rechtfertigen waren.

33 Hiervon abgesehen deutete sich bereits bei Vereinbarung des GlüStV 2008 an, dass es aus Konsistenz- und Kohärenzerwägungen sowie möglicherweise aus föderalstaatlichen Gesichtspunkten längerfristig geboten sein würde, die bislang ausschließlich dem Bundesgesetzgeber obliegenden Regelungen des gewerblichen (Glücks-)Spiels und der Pferdewetten friktionslos in das System zur Suchtvermeidung und -Bekämpfung einzupassen.

34 Von den Protagonisten einer Liberalisierung des Glücksspielwesens wurde unter dem Verhältnismäßigkeitsgesichtspunkt allein eine gewerberechtliche Lösung für verfassungsgemäß gehalten, weil diese dem Monopol insbesondere unter dem Gesichtspunkt der Erforderlichkeit vorzuziehen sei: Es sei nicht zu erkennen, dass private Anbieter von Sportwetten nicht auch die gleichen Maßnahmen zum Schutz vor Spielsucht umsetzen könnten. Hierbei wurde allerdings zweierlei verkannt:

35 Erstens ist die gesetzgeberische Prognoseentscheidung für die Errichtung und/oder Erhaltung eines Glücksspielmonopols auch Ausdruck einer Einschätzung und Bewertung der Wirksamkeit von Regelungsmodellen, die nicht einer vollständigen antizipierten – wissenschaftlich fundierten – Beurteilung zugänglich sind. Auch das BVerfG hat den im Hinblick auf die Erforderlichkeit bestehenden gesetzgeberischen Beurteilungsspielraum hervorgehoben.[31] Weder Verfassungs- noch (andere) Höchstgerichte nehmen dabei die Aufgabe einer umfassenden politischen Alternativenprüfung für sich in Anspruch. Hinsichtlich der Suchtgefahren durfte der Gesetzgeber danach angesichts seines weiten Beurteilungsspielraums davon ausgehen, dass diese mit Hilfe eines auf die Bekämpfung von Sucht und problematischem Spielverhalten ausgerichteten Wettmonopols mit staatlich verantwortetem Wettangebot effektiver beherrscht werden können als durch die Zulassung und Kontrolle privater Wettunternehmen. Die gegenteilige Auffassung ersetzte demnach die verfassungsgerichtlich bestätigte Einschätzung des Gesetzgebers durch eigene rechtspolitische Vorstellungen, die in den Parlamenten nicht durchsetzbar waren.

36 Zweitens ist auch weiterhin ungeklärt, ob nicht auch die grundrechtliche Schutzpflichtendogmatik eine restriktive staatliche Glücksspielpolitik bis hin zur Monopolisierung des Angebotes (in staatlicher oder privater Trägerschaft) nicht lediglich recht-

31 BVerfG, 1 BvR 1054/01, Beschl v 28.3.2006, Rn 116, unter Hinweis auf BVerfGE 102, 197 (218).

fertigt, sondern geradezu erfordert. Das BVerfG hat hierzu nur, aber immerhin angedeutet, dass die Frage noch nicht entschieden ist, „*inwieweit* angesichts [des] Befundes [das Glücksspiele zu krankhaftem Suchtverhalten führen können und pathologische Spielsucht in die internationale Klassifikation psychischer Störungen aufgenommen worden ist] nach Art 2 Abs 2 Satz 1 GG *eine Pflicht des Staates zum Schutz der Gesundheit der Bürger besteht*".[32] Mit diesem Hinweis kann schwerlich gemeint sein, dass den Staat die Pflicht trifft, den Schutz der Gesundheit der Bürger „irgendwie", insbesondere durch eine im Vergleich zum Status quo umfassende Liberalisierung des Glücksspielwesens und damit zugleich einer zwangsläufigen Vervielfachung der Sucht- und weiterer Probleme (neu) zu regeln: Obgleich es prinzipiell außer Frage steht, dass der Gesetzgeber den spezifischen rechtlichen Konflikt „durch eine Abwägung der beiden einander gegenüberstehenden Grundwerte oder Freiheitsbereiche nach Maßgabe der grundgesetzlichen Wertordnung und unter Beachtung des rechtsstaatlichen Verhältnismäßigkeitsgrundsatzes" zu lösen hat,[33] kann gleichwohl konzediert werden, dass der grundlegende, vom BVerfG zunehmend prononcierte[34] und in einem Sekuritätsdenken wurzelnde gedankliche Ansatz der staatlichen Schutzpflichten als objektiv-rechtlicher[35] und genereller Schutzform der Grundrechte durch eine gewerberechtliche Regelung des Glücksspiels ins Gegenteil verkehrt würde: Die gewerberechtliche Lösung ist stets von dem – mit dem Schutzbereich des Art 12 GG *nicht* deckungsgleichen – Grundsatz der Gewerbefreiheit nach § 1 Abs 1 GewO und allenfalls durch die Rechtsfigur des präventiven Verbotes mit Erlaubnisvorbehalt geprägt. Das Ziel beider Prinzipien ist die gewerbliche Expansion (des Glücksspielmarktes). Eine auf die Freiheitsrechte der Glücksspielanbieter gestützte Gegenargumentation verfängt daher bereits aus diesen Gründen ebenso wenig, wie das auf die Primärfunktion der Grundrechte als Abwehrrechte gestützte Minderheitenvotum der Verfassungsrichter(in) *Rupp* und *Simon*, die in der Schutzpflichtendogmatik einen Funktionsverlust der Grundrechte als Abwehrrechte erblickten.[36]

---

32 Ebd Rn 99; Hervorhebung nicht im Original. Vgl dazu auch *Ibler*, Gefahrenabwehr und Internet-Spielcasinos, in: Hendler/ders/Martínez Soria (Hrsg), Für Sicherheit, für Europa, FS für Volkmar Götz zum 70. Geburtstag, 2005, S 421 (424) und zu Art 2 Abs 2 S 1 GG weiterhin: BVerfGE 39, 1 (41); 46, 160 (164); 49, 89 (140 ff); 53, 30 (57); 79, 124 (201 f); 81, 242 (254 ff); 85, 191 (212); 88, 203 (251 ff); aus der vielfältigen Literatur: *J. Dietlein*, Die Lehre von den grundrechtlichen Schutzpflichten, 1992, S 51 ff; *Unruh* Zur Dogmatik der grundrechtlichen Schutzpflichten, 1996.

33 BVerfGE 39, 1 (47).

34 Siehe nur BVerfGE 1, 97; 35, 79. Insbesondere im *Fristenlösungs*-Urteil (BVerfGE 39, 1) sind die mit der Schutzpflichtendogmatik zusammenhängenden Fragen gründlicher erörtert worden.

35 BVerfGE 39, 1 (41 f).

36 Ebd S 73 ff, Sondervotum der Richterin *Rupp* und des Richter *Simon*: Dass „eine objektive Wertentscheidung dazu dienen soll, eine Pflicht des Gesetzgebers zum Erlass von Strafnormen, also zum stärksten denkbaren Eingriff in den Freiheitsbereich des Bürgers zu postulieren, ... verkehrt die Funktion der Grundrechte in ihr Gegenteil."

37 Angesichts des auch gerade von den Liberalisierungsbefürwortern (auf der Grundlage von Vergleichsuntersuchungen zum deutschen und britischen Glücksspielmarkt) attestierten ökonomischen „Nachholbedarfs“ in Deutschland ließe sich bei Verwirklichung eines gewerberechtlichen Regelungsmodells eine unter Suchtvermeidungsgesichtspunkten problematische Angebotsausweitung demnach weder rechtlich noch tatsächlich verhindern.

38 Am Ende bleibt bei alledem gleichwohl ungeklärt, ob und inwieweit sich die Genese eines staatlichen Schutzauftrages für einen abgrenzbaren und sich durch ein bestimmtes Gefahrenpotenzial für Teile der Bevölkerung auszeichnenden Problembereich in eine unter systematischen und materiellen Gesichtspunkten geordnete grundrechtliche Schutzpflichtendogmatik einfügen lässt. Die sachliche Logik gebietet es, die gesetzgeberische Entscheidung zur Glücksspielsuchtvermeidung und -bekämpfung mit den Systementscheidungen in anderen – unter Suchtgesichtspunkten problematischen – Regelungsbereichen abzugleichen. Bislang sind die dogmatischen Anforderungen indes nicht allzu hoch, wie auch die Entscheidung des BVerfG aus dem Jahr 1994 verdeutlicht, mit der die gesetzgeberische Einschätzung zur Gefährlichkeit des Konsums von Cannabisprodukten gestützt worden ist. Zwar war (und ist) die Gefährlichkeit jener Droge stets umstritten. Die Grundentscheidung des Gesetzgebers, den Umgang mit Cannabisprodukten einschließlich des Erwerbs geringster Mengen von Haschisch zum Eigenverbrauch – mit Ausnahme des Konsums selbst – zu pönalisieren, hat das Gericht gleichwohl als geeignetes, erforderliches und angemessenes Mittel zur Erreichung der Gesundheitspräventionsziele gebilligt.[37] Erst 2005 und 2006 hat das BVerfG diese Grundtendenz erneuert.[38] Ungeachtet der noch notwendigen systematischen Durchdringung der grundrechtlichen Schutzpflichtendogmatik und deren Relevanz für das Glücksspielwesen könnte die staatliche Schutzverpflichtung – in welchem Umfang und in welcher Form auch immer – Ausdruck eines allgemeinen Rechtsgrundsatzes sein, soweit der Staat als Glücksspielanbieter agiert: Das Herbeiführen einer Gefahrenlage löst ganz allgemein die Rechtspflicht des Verursachers zur Vermeidung und Beseitigung des schädigenden Erfolges aus; die *staatliche Ingerenz* löst *staatliche Schutzpflichten* aus. Hier schließt sich im Übrigen der Kreis zur Forderung nach Konsistenz und Kohärenz eines staatlichen Glücksspielangebotes zur Vermeidung und Bekämpfung von Spielsucht.

b) Unionsrecht – die Judikatur des EuGH

39 Der EuGH hatte bereits in seiner Entscheidung in Sachen *Placanica* vom 6. März 2007 und damit wenige Monate vor dem Inkrafttreten des GlüStV 2008 erneut die

37 BVerfGE 90, 145 (182).

38 BVerfG, 2 BvR 1772/02, Beschl v 30.6.2005, BVerfGK 5, 365 ff; BVerfG, 2 BvR 1441/06, Beschl v 15.8.2006.

gesetzgeberische Freiheit der Mitgliedstaaten bekräftigt, „die Ziele ihrer Politik auf dem Gebiet der Glücksspiele festzulegen und gegebenenfalls das angestrebte Schutzniveau genau zu bestimmen".[39] Er hat damit auch seine ständige Rechtsprechung fortgeführt, dass Beschränkungen der Niederlassungsfreiheit und der Dienstleistungsfreiheit ausnahmsweise zulässig sind, wenn sie „aus zwingenden Gründen des Allgemeininteresses gerechtfertigt sind".[40] Diese „zwingenden Gründe" können demnach rechtfertigen, dass nationale Regelungen die Ausübung von Glücksspielen begrenzen, gänzlich verbieten und damit zugleich verhindern, dass Glücksspiele zu einer Quelle persönlichen Gewinns werden. In seiner Entscheidung vom 8. August 2009 – *Liga Portuguesa* – hat der EuGH ausdrücklich klargestellt, dass die Mitgliedstaaten berechtigt sind, auch *Internet*glücksspielangebote (zB zum Zwecke der Kriminalitätsbekämpfung) auf einen einzigen nationalen Anbieter zu beschränken.[41]

Im Zentrum der europagerichtlichen Überprüfung nationaler Glücksspielregulierung steht die Zauberformel *mitgliedsstaatlicher Glücksspiel-Kohärenz*: In Bereichen fehlender mitgliedsstaatlicher Einigungsbereitschaft über die europäische politisch-rechtliche Gesamtstruktur eines Politikfeldes – hier des Glücksspielwesens – entzieht sich der EuGH zu Recht der Beurteilung „der Sache selbst", also einer Beurteilung der politischen Grundsatzentscheidung des einen oder anderen Mitgliedsstaates über die liberale, ordnungspolitisch oder als Mischform geprägte Konzeption des nationalen Glücksspielmarktes.[42] Deshalb sind weder staatliche Glücksspielmonopole oder –Verbote, noch Erlaubnissysteme per se unionsrechtswidrig, eine Liberalisierung des Glücksspielwesens ist nicht erforderlich, und die Regulierung von Glücksspielen ist auch weiterhin auf Grundlage nationaler Politikentscheidung zulässig. Damit geht einher, dass Glücksspielerlaubnisse keine unionsweite Geltung beanspruchen können. 40

An die Stelle der unzulässigen Bewertung der mitgliedsstaatlichen Glücksspielpolitik-Entscheidung tritt mit dem unionsrechtlichen Kohärenzprinzip die Pflicht des Mitgliedsstaates, die politische Gestaltungsentscheidung insgesamt schlüssig zu erklären. Die erforderliche Kohärenz des nationalen Glücksspielwesens bedeutet zunächst, dass den Mitgliedsstaat eine Argumentationslast trifft; die Argumentation 41

39 EuGH Urt v 6.3.2007 – C 338/04 – *Placanica ua*, Rn 48.

40 EuGH Urt v 6.11.2003 – C 243/01 – *Gambelli ua*, Rn 60.

41 EuGH Urt v 8.8.2009 – C 42/07 – *Liga Portuguesa*, Rn 62f.

42 Auch gerade dort, wo sich Gerichte die größtmögliche Zurückhaltung „in der Sache" auferlegen, nämlich in Fragen der Religion, bietet die Kohärenzformel den Ausweg. Zu der Frage der Zulässigkeit eines Kopftuchverbotes in einer belgischen Sicherheitsfirma EuGH Urt v 14.3.2017 – C 157/15 – *G4S Secure Solutions*: Ein Kopftuchverbot ist zulässig, wenn es Ausdruck einer bereits geübten Unternehmenspolitik der Neutralität ist. Dem EuGH war die Zitierung glücksspielrechtlicher Entscheidungen in diesem Kontext wohl nicht geheuer; er hat vielmehr auf die steuerrechtlichen Wurzeln des Kohärenzprinzips hingewiesen (C 169/07, *Hartlauer*).

muss zudem stimmig sein: Wenn beispielsweise ein Sportwettenkonzessionssystem errichtet wird, in dessen Rahmen lediglich 20 bundesweit gültige Konzessionen vergeben werden sollen, muss es gute Argumente für diese zahlenmäßige Begrenzung geben. Wenn weiterhin Abstandsregelungen für Spielhallen getroffen werden, muss sich der Gesetzgeber mit der Frage der Kohärenz unter dem Aspekt jederorts verfügbarer Internetglücksspielangebote auseinandersetzen. Dabei dürfte allgemeinhin Einigkeit darüber bestehen, dass es eine absolute, vollständige Kohärenz in komplexen und vielgestaltigen Systemen nicht geben kann; bei der Kohärenz handelt es sich demnach um ein relationales System, dessen Bezugsrahmen immer wieder neu abgesteckt werden muss. Hierdurch wird die Funktion dieses Maßstabes nicht wesentlich beeinträchtigt, wie die Rechtsprechung des EuGH eindrucksvoll belegt.[43] Damit ist unionsrechtlich eigentlich seit Langem (fast) alles gesagt, wie auch das BVerfG frühzeitig ausdrücklich festgestellt hatte.[44]

c) Unionsrecht – die Rezeption durch deutsche Behörden und Gerichte

42 Die unionsrechtliche Beurteilung der Glücksspielmonopole hat allerdings nicht lediglich anhand der gesetzlichen Regelwerke, sondern – ggf sogar in erster Linie – anhand deren *tatsächlicher* Umsetzung und damit durch die nationalen Gerichte zu erfolgen.

43 Nach der Rechtsprechung des EuGH darf ferner ein mit dem freien Dienstleistungsverkehr unvereinbares staatliches Sportwettenmonopol auch für eine Übergangszeit nicht weiter angewandt werden.[45] Zwar kann für eine Übergangszeit bis zur Anwendung einer glücksspielrechtlichen Neuregelung das Erlaubnisverfahren für Private eröffnet werden; es steht jedoch die Dienstleistungsfreiheit des Art 56 AEUV der strafrechtlichen Ahndung unerlaubter Sportwettenveranstaltung und -vermittlung entgegen, wenn das für Private eröffnete Erlaubnisverfahren nicht transparent, diskriminierungsfrei und gleichheitsgerecht ausgestaltet ist oder prak-

---

43 Zweifel konnten insoweit noch am ehesten in Bezug auf das Kriterium der föderalen Kohärenz formuliert werden; allerdings hat der EuGH (C-156/13, *Digibet*) auch den zeitweisen Ausstieg von Schleswig-Holstein aus dem gesamtstaatlichen und ordnungspolitisch geprägten Glücksspielrahmen als unbeachtlich qualifiziert. Neben einer insgesamt schlüssigen gesetzgeberischen Konzeption erfordert der Kohärenzgrundsatz auch deren konsequente Umsetzung. Hierauf und auf bestehende Verletzungspotenziale haben *Gebhardt/Postel*, in ders./Grüsser-Sinopoli, Glücksspiel in Deutschland, 1. Aufl. 2008, § 21 Rn 76 und 48 ff (mwNachw) bereits hingewiesen.

44 BVerfG, 1 BvR 3082/06 v 27.12.2007, ZfWG 2008, 42: „... die mit den *eindeutigen Aussagen* in der Rechtsprechung des Europäischen Gerichtshofs *zur Vereinbarkeit mitgliedstaatlicher Glücksspielmonopole mit den Grundfreiheiten* nicht im Widerspruch stehen ...". (Hervorhebung nicht im Original).

45 EuGH, Urteile vom 8.9.2010 – C-409/06, *Winner Wetten*, Rn 69 und vom 24.1.2013 – C-186/11, *Stanleybet*, Rn 38.

tiziert wird und deshalb faktisch weiterhin ein staatliches Sportwettenmonopol besteht. Insoweit verlangt das unionsrechtliche Transparenzgebot, dass die Eröffnung des Erlaubnisverfahrens und die Erlaubnisvoraussetzungen in einer Weise öffentlich bekannt gemacht werden, die potenziellen privaten Veranstaltern oder Vermittlern von Sportwetten die Kenntnisnahme ermöglicht.[46]

Der EuGH, und ihm folgend die Höchstgerichte in Deutschland, hat die unions- 44
rechtlichen Anforderungen aus dem Kohärenzgebot für den Bereich des Glücksspiels dahin konkretisiert, dass Regelungen im Monopolbereich zur Sicherung ihrer Binnenkohärenz an einer tatsächlichen Verfolgung unionsrechtlich legitimer Ziele ausgerichtet sein müssen. Über den Monopolsektor hinausgreifend fordert das Kohärenzgebot, dass Monopolregelungen nicht durch eine gegenläufige mitgliedstaatliche Politik in anderen Glücksspielbereichen mit gleich hohem oder höherem Suchtpotenzial in einer Weise konterkariert werden dürfen, die ihre Eignung zur Zielerreichung aufhebt.[47] Der EuGH hat das unionsrechtliche Kohärenzgebot für das Glücksspiel in seiner bisherigen Rechtsprechung allerdings lediglich im Bereich staatlicher Monopolregelungen für relevant gehalten.[48]

Dabei ist auch zu berücksichtigen, dass in den letzten Jahren immer wieder Vor- 45
lagen den EuGH erreichten, die regelmäßig von tatsächlichen Voraussetzungen – auch zur vermeintlichen höchstrichterlichen Rechtsprechung in Deutschland – ausgingen, die so von den Ober- und Höchstgerichten gar nicht festgestellt wurden, namentlich vom rechtlichen oder faktischen Ausschluss jeder Erlaubniserteilung und von einer dauerhaften Untersagung unerlaubter Vermittlung und Veranstaltung von Sportwetten auf der Grundlage unionsrechtswidriger Gesetze.[49] Geklärt ist jedenfalls auch, dass die Erkenntnis der Unionsrechtswidrigkeit einer Monopolregelung es nicht ausschließt, ein unerlaubtes Glücksspielangebot auf der Grundlage eines unionsrechtskonform interpretierten Erlaubnisvorbehalts im Zeitraum bis zur Ablösung der rechtswidrigen Monopolregelung zu untersagen.[50] Die ministerielle Praxis scheint diese Möglichkeit jedoch nicht umsetzen zu wollen.[51]

---

46 EuGH, Urt v 4.2.2016 – C-336/14 – *Sebat Ince*, Rn 55, 57, 65.

47 Vgl zusammenfassend BVerwG, Urt v 20.6.2013, 8 C 10.12, BVerwGE 147, 47 (58 ff, 71 ff), mwN.

48 BVerwG, Urt v 16.12.2016, 8 C 4.16, Rn 31 ff.

49 Vgl etwa BVerwG, Beschl v 17.12.2015 – 8 B 10.15, Rn 23 zur Vorlage des AG Sonthofen im Verfahren *Sebat Ince*.

50 Zu dieser Möglichkeit vgl EuGH, Urt v 24.1.2013 – C-186/11, *Stanleybet Int Ldt ua* – NVwZ 2013, 785 Rn 38 f, 44, 46 ff; vgl auch BVerwG, Urt v 16.5.2013 – 8 C 14.12; BVerwGE 146, 303 Rn 56 f, und BVerwG, Beschl v 17.12.2015 – 8 B 10.15; siehe hierzu auch *Postel*, Eine kleine Historie des glücksspielrechtlichen Erlaubnisvorbehalts, in: Ruttig/Jung (Hrsg), liber amicorum für M. Hecker, 2017, S 253 (265 ff).

51 Vgl „Sportwetten in Dessau – Leuchtend rot im Graubereich" http://www.mz-web.de/dessau-rosslau/sportwetten-in-dessau-leuchtend-rot-im-rechtlichen-graubereich-26286776.

46 Von alledem unbeeindruckt und wegen tatsächlicher oder vermeintlicher Verstöße der Landeslotterieunternehmen der Länder gegen europäisches Kartellrecht hatte allerdings das Bundeskartellamt – eine Bundesoberhörde im Geschäftsbereich des damaligen Bundesministeriums für Wirtschaft und Technologie – (faktisch) den Ländern mit Verfügung vom 23. August 2006[52] wettbewerbsfördernde Maßnahmen aufgegeben, die als Streitgegenstand den Kartellsenat des Oberlandesgerichts Düsseldorf und auch den BGH beschäftigt haben. Bereits in seiner vorläufigen kartellrechtlichen Entscheidung zum Verfahren der staatlichen oder staatlich getragenen Lotterieunternehmen gegen diese Anordnung hatte der BGH die den Landesgesetzgeber bindenden unionsrechtlichen Rahmenbedingungen und insbesondere die Grenzen für die Anwendbarkeit des europäischen Kartellrechts verdeutlicht und damit das Bundeskartellamt – und auch das OLG Düsseldorf – in seine Schranken gewiesen. Gleichwohl hat dieser von Anfang an zweifelhafte Beschluss des Bundeskartellamtes noch heute Nachwirkungen: Der BGH musste noch im Jahr 2016, also zehn Jahre später, mittels einer das Berufungsurteil des OLG Düsseldorf (erneut) aufhebenden Leitsatzentscheidung den Umfang der Bindungswirkung nach § 33 Abs 4 GWB zu der Frage klären, inwieweit eine Zuwiderhandlung gegen Kartellrecht im Tenor oder in den tragenden Gründen der rechts- oder bestandskräftigen Entscheidung des Gerichts oder der Kartellbehörde festgestellt worden ist.[53] Und für das wiedereröffnete Berufungsverfahren gab der BGH dem OLG Düsseldorf erneut ausdrückliche Hinweise,[54] so dass ein Ende der dem Beschluss des BKatA aus dem Jahre 2006(!) zu Grunde liegenden Verfahren noch immer nicht absehbar ist.

47 Sehr apodiktisch hatte der Wettbewerbssenat des BGH zudem bereits 2008 entschieden, dass das Angebot der Gesellschaften des Deutschen Lotto- und Totoblocks (DLTB) räumlich auf deren jeweiliges Konzessionsgebiet beschränkt ist und die Unternehmen daher wettbewerbsrechtliche Ansprüche gegen die außerhalb des jeweiligen Konzessionsgebietes tätigen Glücksspielanbieter in sog Altfällen nicht geltend machen können; die Gesellschaften des *DLTB* stehen sich nach den Feststellungen des BGH in anderen Ländern nicht als Wettbewerber gegenüber.[55]

48 Zu einem Erkenntnisgewinn hat die von bundesweit operierenden sog gewerblichen Spielvermittlern initiierte kartellbehördliche Vorgehensweise immerhin insoweit geführt, als eine potenzielle Bruchstelle der Tragfähigkeit des Glücksspiel-(Teil-)Monopolsystems dechiffriert worden ist: Der von diesen Spielvermittlern organisierte und durchgeführte *bundesweite Vertrieb* von Glücksspielangeboten der Glücksspielunternehmen der Länder widersprach prinzipiell den in ihren rechtlichen und rechtstatsächlichen Wirkungen *auf das jeweilige Staatsgebiet der Länder*

52 BKartAmt B 10 – 92713 – Kc – 148/05.
53 BGH, Urt v 12.7.2016 – KZR 25/14 –.
54 BGH, Urt v 12.7.2016 – KZR 25/14 –, Rn 65 ff.
55 BGH Urt v 14.2.2008 – I ZR 207/05, Rn 28.

begrenzten Glücksspielmonopolen. Das OVG *Saarland* hatte in diesem Sinne bereits im Jahr 2007 deutlich formuliert, dass gerade die staatlichen Lotterieunternehmen unter den Augen der Aufsichtsbehörden und verbunden mit breiter Werbung eine Politik der kontinuierlichen Erweiterung des Spielangebotes verfolgt und damit zugleich den besonders problematischen Internetvertrieb gefördert hätten.[56] Ob die heute offenbar bestehende behördliche Praxis der vielfältigen und allem Anschein nach zahlenmäßig unbegrenzten Erlaubniserteilung, die im Widerspruch zum Ziel der Begrenzung des Glücksspielangebots und zur Vorgabe des § 4 Abs 2 Satz 3 GlüStV 2012[57] stehen dürfte, die Bruchstelle ernstlich zu beseitigen geeignet ist, darf sicherlich in Frage gestellt werden.

II. Struktur und Regelungsgehalt des Lotteriestaatsvertrages 2004

1. Vorgeschichte

Das deutsche Glücksspielrecht war vor dem Inkrafttreten des LottStV von einer kaum überschaubaren Vielzahl von teilweise auch vorkonstitutionellen bundes- und landesrechtlichen Rechtsquellen geprägt. Die Heterogenität der landesrechtlichen Regelungen und deren weitere Zerfaserung durch die seinerzeitige Rechtsprechung insbesondere zur Zulassung der sog privaten Lotterien[58] bildeten einen maßgeblichen Anlass für die Neuordnung und den Versuch der länderübergreifenden Vereinheitlichung der glücksspiel-(landes-)rechtlichen Rahmenbedingungen.[59] 49

2. Strukturelle Defizite des Lotteriestaatsvertrages 2004

Hierbei enthielt sich der LottStV allerdings einer kleinteiligen Regelung materieller Anforderungen für die Zulassung der von den staatlichen oder staatlich beherrschten Anbietern veranstalteten Lotterie- und Sportwettenangebote. § 4 LottStV bestimmte durch Verweis auf die Ziele des § 1 lediglich, dass die Veranstaltung, Durchführung 50

56 OVG Saarland Beschl v 4.4.2007 – 3 W 18/06, ZfWG 2007, 229 ff.

57 Zur Verfolgung der gewichtigen Gemeinwohlinteressen der Verhinderung und Bekämpfung der Glücksspielsucht ist ein Erlaubnisvorbehalt zulässig, der keinen Rechtsanspruch vorsieht, vgl BVerfG, Beschluss vom 14.10.2008 – 1 BvR 928/08, NVwZ 2008, 1338 Rn 52; vgl auch BVerwG, Urt v 16.12.2016, 8 C 6.15, Rn 39.

58 BVerwG Urt v 29.6.2000 – 1 C 26.99, DVBl 2000, 1625 m Anm *Ennuschat*. Vgl dazu auch *Ohlmann* WRP 2005, 48, mwN zur Rspr in Fn 2, und *Martell* LKV 2001, 452.

59 Siehe unter II. der Erläuterungen zum LottStV, die in den meisten Ländern Gegenstand der Gesetzesmaterialien waren, beispielsweise LT-Drs BY 15/716.

und gewerbliche Vermittlung von öffentlichen Glücksspielen den Erfordernissen des Jugendschutzes nicht zuwiderlaufen und Werbemaßnahmen nach Art und Umfang nicht irreführend und unangemessen sein durften, und dass die Veranstalter, Durchführer und gewerblichen Spielvermittler Informationen über Spielsucht, Prävention und Behandlungsmöglichkeiten bereitzuhalten hatten.

51 In Anbetracht dieses Befundes ist es nicht weiter erstaunlich, dass das vom BVerfG am 28. März 2006 festgestellte Regelungsdefizit, gemessen an den verfassungsrechtlichen Maßstäben für eine Monopolregelung, durch den von den Ländern ratifizierten LottStV nicht ausgeglichen werden konnte, zumal die landesrechtlichen, das jeweilige Monopol begründenden Komplementärbestimmungen der Staatslotterie-, Sportwetten- und/oder Lotto-Toto-Gesetze regelmäßig nahezu ausschließlich Bestimmungen zur Zuständigkeit und Organisation enthielten.[60] Dementsprechend hat das BVerfG in den Folgeentscheidungen seines *Sportwetten*-Grundsatzurteils zur bayerischen Rechtslage die Anforderungen zur verfassungsrechtlich defizitären Rechtslage auch in Bezug auf die Länder Baden-Württemberg, Niedersachsen, Nordrhein-Westfalen, Rheinland-Pfalz und Thüringen wiederholt.[61] Selbst für die Rechtslage in Sachsen-Anhalt, dessen im Dezember 2004 in Kraft getretenes Landesglücksspielgesetz einen Erlaubnisvorbehalt mit restriktiv ausgestalteten Erlaubnisvoraussetzungen auch für die Vermittlung von Glücksspielen enthielt,[62] hat das Gericht die jedenfalls *grundsätzliche* Geltung seiner Annahmen zur verfassungsrechtlich defizitären Lage des Sportwettenrechts formuliert.[63] Den landesrechtlichen Regelungen fehlten demnach ausnahmslos – bei allen Abweichungen im Detail – die für die Monopolrechtfertigung erforderlichen Regelungen mit konsequenter Ausrichtung des jeweiligen Glücksspielangebotes am Spielsuchtvermeidungs- und Bekämpfungsziel.

3. Einzelregelungen des Lotteriestaatsvertrages 2004

52 Neben einer Beschreibung der Ziele des LottStV (§ 1 LottStV) sowie einer erstmals bundeseinheitlich vorgesehenen Legaldefinition der Begriffe „Glücksspiel“ und „Lotterie“ (§ 3 Abs 1 u 3 LottStV) enthielt der LottStV im Ersten und Zweiten Abschnitt Re-

---

60 BVerfG, 1 BvR 1054/01, Urt v 28.3.2006 = BVerfGE 115, 276, Rn 128.

61 BVerfG, 1 BvR 138/05, Beschl v 4.7.2006, WM 2006, 1644; BVerfG, 1 BvR 973/05, Beschl v 22.10.2007; BVerfG, 2 BvR 2428/06, Beschl v 7.12.2006, NJW 2007, 1521; BVerfG, 1 BvR 2320/00, Beschl v 21.1.2008, ZfWG 2008, 44; für die Übertragung der Entscheidungsgründe auf alle Bundesländer zuvor bereits *Dietlein* K & R 2006, 307, 309.

62 Vgl dazu *Postel*, Eine kleine Historie des glücksspielrechtlichen Erlaubnisvorbehalts, in: Ruttig/Jung (Hrsg), liber amicorum für M. Hecker, 2017, S 253 (260 ff).

63 BVerfG, 1 BvR 874/05, Beschl v 18.12.2006, MMR 2007, 138; zur unterschiedlichen Ausgangsrechtslage vgl bereits BVerfG, 1 BvR 789/05, Beschl v 27.9.2005, BVerfGK 6, 276. Ebenso LVerfG LSA Urt v 8.2.2007, LVG 19/05, LKV 2007, 558, Rn 50 ff; vgl auch LT-Drs ST 5/903, S 43 ff.

gelungen zu den allgemeinen – und an jedermann adressierten – Anforderungen an die Veranstaltung, Durchführung und gewerbliche Vermittlung von öffentlichen Glücksspielen (§ 4 LottStV) sowie zur Sicherstellung eines ausreichenden Glücksspielangebots als ordnungsrechtliche Aufgabe der Länder im Rahmen eines grundsätzlich auf das jeweilige Landesgebiet beschränkten Monopols (§ 5 LottStV).

Bei § 5 Abs 1 u 2 LottStV, der sich (nur) an die Länder als Adressaten richtete, 53 handelte es sich um eine gegenseitige Verpflichtung der Länder, die Veranstaltung und Durchführung von Glücksspielen in dem Sinne zu monopolisieren, dass Glücksspiele nur durch die Länder selbst, durch juristische Personen des öffentlichen Rechts oder durch privatrechtliche Gesellschaften veranstaltet und durchgeführt werden dürfen, an denen juristische Personen des öffentlichen Rechts unmittelbar oder mittelbar maßgeblich beteiligt sind. Der damit einhergehende Ausschluss gewerblicher Veranstaltung durch private Wettunternehmen war ein am Maßstab des Grundrechts aus Art 12 Abs 1 GG zu rechtfertigendes Mittel zur Erreichung der in § 1 LottStV definierten Ziele, nicht aber Ausdruck eines hoheitlichen Charakters der betreffenden Tätigkeiten.[64]

§ 5 Abs 4 LottStV nahm die grundlegende Weichenstellung zum Landesmonopol 54 für das Zahlenlotto und Sportwetten und damit zugleich für einen letztlich geminderten Bedeutungsgehalt des Dritten Regelungsabschnitts (§§ 6 ff LottStV) dadurch vor, dass von anderen als den in § 5 Abs 4 LottStV Genannten (Länder, juristische Personen des öffentlichen Rechts, privatrechtliche Gesellschaften, an denen juristische Personen des öffentlichen Rechts unmittelbar oder mittelbar maßgeblich beteiligt sind) nur die zusätzlich reglementierten Lotterien und Ausspielungen nach dem Dritten Abschnitt veranstaltet werden konnten. Zu den Bedingungen einer behördlichen Erlaubnis an einen „privaten" Lotterieanbieter gehörte insbesondere die gemeinnützige Ertragsverwendung. Diese nach den §§ 6 ff LottStV grundsätzlich erlaubnisfähigen – gleichwohl in den Ländern im Einzelfall durchaus in unterschiedlichem Umfang behördlich erlaubten – Lotterien waren schließlich von den „Kleinen Lotterien und Ausspielungen" im Sinne des § 13 LottStV zu unterscheiden: nämlich solchen Lotterien und Ausspielungen, die aufgrund der geringen Gesamtentgeltgröße und einer unmittelbaren Bindung der Reinerträge in den Ländern durch Allgemeinverfügung[65] legalisiert werden konnten. Diese Regelungssystematik hat der GlüStV 2008 (wie auch der GlüStV 2012) fast ausnahmslos mit identischem materiell-rechtlichen Inhalt übernommen.

Etwas unsystematisch enthielt der Dritte Abschnitt – in § 12 LottStV – schließ- 55 lich auch eine Aufgaben- und Befugnisnorm für die zuständigen Behörden: § 12 Abs 1 S 2 Nr 1 LottStV bildete eine eigenständige Rechtsgrundlage für Anordnungen

---

64 BVerfG, 1 BvR 1054/01, Urt v 28.3.2006 = BVerfGE 115, 276, Rn 88.

65 Vgl beispielhaft *Allgemeine Erlaubnis für die Veranstaltung von öffentlichen Ausspielungen in Sachsen-Anhalt,* AV des MI vom 16.11.2012 – 21.21-12251-590200, MBl LSA 2012, S 626.

zur Durchsetzung der staatsvertraglichen Regelungen nicht nur des Dritten Abschnitts. Besondere Beachtung verdiente noch die Regelung des § 14 LottStV (Vierter Abschnitt), mit der die Tätigkeit gewerblicher Organisatoren von Spielgemeinschaften erstmals bundeseinheitlich – und unbeschadet sonstiger gesetzlicher Bestimmungen – ausdrücklich zum Gegenstand ordnungsrechtlicher Regulierung gemacht worden ist.

III. Konzept und Struktur des GlüStV 2008

1. GlüStV 2008 und ergänzendes Landesrecht

56 Der GlüStV 2008 ist unter Beachtung der bundesverfassungsgerichtlichen Vorgaben aus dem *Sportwetten*-Grundsatzurteil vom 28. März 2006[66] – und damit zugleich unter Beachtung der unionsrechtlichen Rahmenbedingungen – aus dem seit dem 1. Juli 2004 in allen Ländern geltenden Staatsvertrag zum Lotteriewesen in Deutschland (LottStV)[67] entwickelt worden. Die, gemessen an der Entscheidung des BVerfG, unproblematischen Regelungsteile des LottStV wurden beibehalten, während die am Maßstab der europa- und verfassungsgerichtlichen Rechtsprechung die Monopolrechtfertigung allein erzielende ordnungsrechtliche und ordnungspolitische Basis (in § 1 GlüStV 2008) deutlich verbreitert wurde.

57 Das (noch) bundesgesetzlich geregelte Spielautomaten- und Spielhallenrecht wurde in den ordnungspolitischen Ansatz des GlüStV 2008 allerdings noch nicht einbezogen. Auch der GlüStV 2008 war auf Ergänzung durch landesgesetzliche „Ausführungs"-Vorschriften angelegt, die ihrem Inhalte nach über bloße Vollzugsregelungen weit hinausgingen: Der in das Landesrecht transformierte Staatsvertrag bedurfte zur verfassungsrechtlichen Absicherung ergänzender landesrechtlicher Regelungen nicht nur im Hinblick auf behördliche *Zuständigkeiten* und Erlaubnis*verfahren* und hinsichtlich des *Systems der Spielersperrdatei*, sondern insbesondere auch im Hinblick auf *materielle* Erlaubnis(versagungs-)*Kriterien* für den Glücksspielveranstalter und -vermittler. Der Staatsvertrag überließ es den Ländern, Kriterien und Richtlinien zu entwickeln, anhand derer die zahlenmäßige Begrenzung der Glücksspielannahmestellen zu erfolgen hatte. Hier entfaltete sich der „Wettbewerbsföderalismus" in neuer Weise, nämlich im Ringen um ein erfolgreiches ordnungspolitisch motiviertes Regelungskonzept, das auch die Ausrichtung der Vertriebswege auf die Bekämpfung der Suchtgefahren und eine Begrenzung der Wettleidenschaft sicherstellen sollte. Die Möglichkeit zum Glücksspielen sollte auf

66 Siehe Fn 1.

67 Fundstellen der Landeszustimmungsgesetze und -beschlüsse bei BVerfG, 1 BvR 939/05, Beschl v 10.1.2006.

der Grundlage der bundesverfassungsgerichtlichen Vorgaben eben gerade nicht über ein breit gefächertes Netz von Annahmestellen in bewusster Nähe zum Kunden stattfinden und dadurch zum allerorts verfügbaren „normalen“ Gut des täglichen Lebens werden.

2. Alte und neue Regelungsteile – ein Experiment auf Zeit

Es liegt auf der Hand, dass ein unter hohem Zeitdruck konzipierter GlüStV 2008[68] 58 jene Regelungsteile eines Vorläuferstaatsvertrages aufgreift, die bislang keiner verfassungs- und unionsrechtlichen Kritik ausgesetzt waren und auch im Übrigen weniger Anlass zu gerichtlichen Auseinandersetzungen gegeben haben. Ein Nachteil der Übernahme ganzer Regelungsteile des LottStV mag allerdings bis heute (in Bezug auch auf den GlüStV 2012) darin erblickt werden, dass sich die Konzeption von Teilen dieses aufgehobenen Staatsvertrages nicht friktionslos in den insgesamt inhaltlich neu ausgerichteten GlüStV 2008 einfügt oder offenbar jedenfalls nicht jedem auf den ersten Blick erschließt.[69]

Der GlüStV 2008 regelte neben den Sportwetten in vollem Umfang auch die sog 59 staatlichen und privaten Lotterien. Zusätzlich wurden den Empfehlungen der Spielsuchtexperten entsprechend auch die für das Spielbankenwesen erforderlichen Vorschriften zum Spielerschutz, insbesondere zu den Spielersperren – für die Länder weitestgehend einheitlich – staatsvertraglich geregelt: Die Spielbanken fielen demnach nach Maßgabe des § 2 GlüStV in den Anwendungsbereich des GlüStV 2008.

Der im Vergleich zum LottStV umfassendere Ansatz des GlüStV 2008 wurde zu- 60 dem durch die Klarstellung verdeutlicht, dass auch die sogenannten Telefongewinnspiele in Fernsehen und Hörfunk eine Regulierung erfuhren. Denn § 8a RStV, der unter bestimmten Einschränkungen Gewinnspiele im Rundfunk gestattet, ließ nach der Begründung zum Zehnten Rundfunkänderungsstaatsvertrag die Regelungen des GlüStV 2008 unberührt.[70] Soweit demnach Rundfunkgewinnspiele nach § 3 GlüStV als Glücksspiele einzuordnen waren, waren sie ebenso erlaubnispflichtig

68 Der Auftrag hierzu folgte durch die Ministerpräsidentenkonferenz im Juni 2006 auf der Grundlage umfassender Analysen der *Sportwetten*-Grundsatzentscheidung des BVerfG und musste innerhalb von 18 Monaten umgesetzt sein: Entwurf des Staatsvertrages (hier: insbesondere Auswertung der zahlreichen Stellungnahmen) – Abstimmung zwischen den Ländern – Notifizierung durch die EU-Kommission – Erarbeitung und Abstimmung der ergänzenden Landesgesetze – parlamentarische Befassung durch 16 Landesparlamente – Ratifizierungsverfahren.

69 Siehe dazu *Postel*, Eine kleine Historie des glücksspielrechtlichen Erlaubnisvorbehalts, in: Ruttig/Jung (Hrsg), liber amicorum für M. Hecker, 2017, S 253 (268) zu den Schussanträgen im Verfahren „Ince“.

70 LT-Drs BY 15/9667, S 15 zu § 8a RStV; LT-Drs BY 15/8486, S 13 zu § 3 GlüStV.

und von denselben Erlaubnisvoraussetzungen abhängig wie die übrigen dem GlüStV 2008 unterfallenden Spiele; auch für sie bestanden die Internetverbote der § 4 Abs 4 und § 5 Abs 3 GlüStV 2008. Für Gewinnspiele in dem Rundfunk vergleichbaren Telemedien nach § 58 Abs 4 RStV galt dasselbe, da diese Vorschrift auf § 8a RStV verweist.[71]

61 Auch von einer Definition der für die Qualifizierung als erlaubnispflichtiges Glücksspiel maßgeblichen Entgelthöhe wurde im GlüStV 2008 – wie auch schon im LottStV – ausdrücklich abgesehen, so dass im Hinblick auf die mit dem Staatsvertrag verfolgten Ziele und den Rechtsgüterschutz eine „Geringfügigkeitsgrenze" als ungeschriebenes Tatbestandsmerkmal in die Regelung des § 3 GlüStV *nicht* hineininterpretiert werden konnte. Schon im Hinblick auf den für die Strafbarkeit nach § 284 StGB erforderlichen „nicht ganz unbeträchtlichen Einsatz" hatte die Rechtsprechung in der Vergangenheit Entgelte in Höhe von 20 bis 25 Cent pro Spiel als ausreichend angesehen, da auch bei relativ geringen (Einzel-)Einsätzen während eines längeren Spielzeitraums hohe Gesamtverluste entstehen könnten.[72]

62 Besondere Aufmerksamkeit musste in diesem Zusammenhang allerdings, wie stets, den „tatsächlichen Anwendungsmodalitäten" des GlüStV 2008-Vollzugs gewidmet werden: Bereits im laufenden Gesetzgebungsverfahren zum Zehnten Rundfunkänderungsstaatsvertrag wurde geltend gemacht, dass der glücksspielstaatsvertraglich geforderte Spielerschutz durch Gewinnspiele der TV- und Hörfunksender konterkariert werden könnte, da diese Spielangebote die rechtlich normierten Merkmale des Glücksspiels im Sinne des § 3 GlüStV 2008 erfüllten, die gesetzlichen Vorgaben aber nicht eingehalten würden – bei einem Blick ins tägliche Fernsehprogramm damals[73] ein nicht ganz von der Hand zu weisender Vorhalt.

3. Konsistenz, Kohärenz und Regelungszuständigkeiten im Bundesstaat

63 Wie bereits angedeutet, haben die Länder trotz der vielfach aufgestellten Forderung nach einer gesamtstaatlichen Konsistenz und Kohärenz für die Regelungen zu sämtlichen Glücksspielbereichen im Rahmen der Erarbeitung des GlüStV 2008 die im Verhältnis zum Bund gebotene Zurückhaltung (noch) geübt und der Versuchung widerstanden, Regelungen des GlüStV 2008 ausdrücklich auch auf die als „gewerbliches Spiel" bezeichneten Spielbereiche oder die sogenannten Pferdewetten zu erstrecken. Dabei legten die Hinweise aus der Suchtforschung die Kategorisierung

71 BVerwG, Urt v 31.5.2011 – 8 C 5.10, Rn 27.

72 BVerwG Urt v 24.10.2001 – 6 C 1/01, BVerwGE 115, 179, 184; OVG LSA Beschl v 29.9.2005 – 1 M 297/04, GewArch 2006, 163.

73 Pressemitteilung der Deutsche Spielbanken Interessen- und Arbeitsgemeinschaft (DeSIA) vom 6.4.2008.

jedenfalls des „gewerblichen (Unterhaltungs-)Spiels" um Geldgewinne als gefährlicheres Glücksspiel bereits nahe.[74] Wenngleich die Gesetzgebungszuständigkeit für das „gewerbliche Spielrecht" (insbesondere auch die „gewerblichen Spielautomaten") in der mittlerweile nicht mehr immer vorherrschenden Logik als Teil des Gewerberechts beim Bundesgesetzgeber liegt, konnten und mussten die Länder erst durch eine ordnungsrechtliche Regulierung des Rechtes der Spielhallen (in denen ua die auf Grundlage der SpielV konzessionierten Spielautomaten betrieben werden) im Rahmen des GlüStV 2012 handeln, nachdem sich das BVerwG gegen eine zu enge Interpretation des Kohärenzprinzips ausgesprochen hatte: Die Prüfung der Geeignetheit und Kohärenz der Beschränkung der unionsrechtlichen Dienstleistungs- und Niederlassungsfreiheit sei *nicht sektoral* auf den von der Monopolregelung erfassten Sportwettenbereich zu beschränken; sie müsse vielmehr auch das staatliche Verhalten im Bereich von Lotterien und anderen Glücksspielen mit vergleichbarem oder höherem Suchtpotenzial einbeziehen.[75]

Während das BVerfG im Jahr 2000 ausdrücklich festgestellt hat, dass das Spielbankenrecht *nicht* zum Recht der Wirtschaft (Art 74 Abs 1 Nr 11 GG) sondern zum Recht der öffentlichen Sicherheit und Ordnung (Art 70 Abs 1 GG) und damit in ausschließliche Länderkompetenz gehöre, da wirtschaftliche Aspekte nur Rand- und Folgeerscheinungen des Spielbankbetriebes seien,[76] hat es zum Sportwettrecht hervorgehoben, dass die Länder *schon deshalb* regelungszuständig seien, weil der Bund von einer *möglichen* Gesetzgebungszuständigkeit nach Art 74 Abs 1 Nr 11 GG (Recht der Wirtschaft), abgesehen vom Bereich des Wettens auf Pferdesportereignisse, *keinen Gebrauch gemacht* habe (Art 72 Abs 1 GG).[77] 64

Da das BVerfG den überkommenen ordnungsrechtlichen Regulierungsansatz auf Grundlage der gefahrenabwehrrechtlichen Gesetzgebungskompetenz der Länder (Art 70 Abs 1 GG) nicht einmal ansatzweise in Frage gestellt hat, haben sowohl die Bundesregierung als auch der Bundesgesetzgeber während der Länderberatungen zum GlüStV 2008 zu Recht deutlich gemacht, dass auf Seiten des Bundes kein Interesse bestehe, die bisher in Länderzuständigkeit geregelten Bereiche „an sich zu ziehen".[78] Darüber hinaus waren sich Bund und Länder jedenfalls zum Zeitpunkt der Erarbeitung des Staatsvertrages offenbar auch einig, dass die bisher in Bundeskompetenz geregelten Bereiche nicht zeitgleich vom Bund überarbeitet werden. 65

74 Vgl BVerfG, Fn 1, Rn 100; vgl auch *Grüsser/Albrecht/Mörsen/Plöntzke/Rosemeier*, The addictive potential of Lottery Gambling, Journal of Gambling Issues 2007, 19.

75 BVerwG, Urt v 11.7.2011 – 8 C 12/10.

76 BVerfG, 1 BvR 539/96, Beschl v 19.7.2000, BVerfGE 102, 197 (215), Abs-Nr 75 unter Bezugnahme auf BVerfGE 28, 119 (144 ff).

77 BVerfG, 1 BvR 1054/01, Urt v 28.3.2006, Abs-Nr 96.

78 BT-Drs 16/3506; BT-Drs 16/5166, S 20 ff.

66 In diesem Zusammenhang war allerdings bereits damals anzumerken, dass mit der „Föderalismusreform I" die (Vorrang-)Gesetzgebung des Bundes für das Recht der Wirtschaft nur noch „ohne das Recht [...] der Spielhallen [und] der Gaststätten" galt (Art 74 Abs 1 Nr 11 GG). Gerade auch vor diesem Hintergrund stellte sich bereits 2008 die Frage, ob und inwieweit eine durch den Bund (noch) ausgeübte Wirtschaftsgesetzgebung durch ordnungsrechtliche Regelungen der Länder abgelöst werden konnten, wenn diese die Gefahrenbewertung durch den Bundesgesetzgeber nicht (länger) teilten und eine schwerpunktmäßig gefahrenabwehrrechtliche Regulierung für unabdingbar hielten. Zwar gelangten die Oberverwaltungsgerichte seinerzeit fast einhellig zu der Einschätzung, dass die Abstinenz ordnungsrechtlicher Regelungen des „gewerblichen" Automatenspiels und der Pferdewetten der Kohärenz und Konsistenz eines Glücksspielregelwerkes nicht per se entgegenstünde.[79] Gleichwohl war die Gefahr keineswegs von der Hand zu weisen, dass sich die Gesetzgeber im Hinblick auf unterschiedliche Regelungsziele und die jeweils normierten Mittel zur Zielerreichung in Widersprüche verwickelten und hierdurch mit dem unionsrechtlichen Verhältnismäßigkeitsge- und Willkürverbot kollidieren konnten, sofern zentrale tatsächlichsuchtrelevante Bereiche mit nachweislich erheblichem Gefährdungspotenzial vom ordnungsrechtlichen Ansatz vollständig ausgeklammert blieben.[80]

4. Regelungsziele des GlüStV 2008

67 Die nach § 1 GlüStV 2008 verfolgten Regelungsziele waren unübersehbar an den verfassungsgerichtlichen Vorgaben orientiert. Der Gesetzestext stimmte mit diesen teilweise wörtlich überein: die Verhinderung von Glücksspiel- und Wettsucht sowie die Voraussetzungen für eine wirksame Suchtbekämpfung zu schaffen (Nr 1), die Begrenzung des Glücksspiels und den natürlichen Spieltrieb in geordnete und überwachte Bahnen zu lenken (Nr 2), den Jugend- und Spielerschutz zu stärken (Nr 3) sowie sicherzustellen, dass Glücksspiele ordnungsgemäß durchgeführt, die Spieler vor betrügerischen Machenschaften geschützt und die mit Glücksspielen verbundene Folge- und Begleitkriminalität abgewehrt werden (Nr 4). Wichtigstes Ziel des GlüStV 2008 war demnach – ausweislich der Erläuterungen zu diesem Ziel – die *Vermeidung und die Bekämpfung der Glücksspielsucht.*

---

79 Vgl beispielsweise OVG NRW Beschl v 22.2.2008 – 13 B 1215/07, ZfWG 2008, 122; VGH BaWü Beschl v 17.3.2008 – 6 S 3069/07, ZfWG 2008, 131. Grundlegend zur Regelungskompetenz der Länder für das Recht der Spielhallen nunmehr BVerfG, Beschl v 7.3.2017, 1 BvR 1314/ua, juris, Rn 100 ff. Einzelheiten siehe bei *Dietlein*, § 13.

80 So hatten einige erstinstanzliche Gerichte dem EuGH die Frage nach der „Gesamtkohärenz" des deutschen Glücksspielwesens bereits vorgelegt; vgl zum Schriftsatz der EU-Kommission vom 10.12.2007 (Auszug) sowie *Stein*, ZfWG 2008, 94 ff und 102 f.

5. Umfassende Erlaubnispflicht, ein Internet-Glücksspielverbot und Werbebeschränkungen als Mittel zur Erreichung der Ziele des GlüStV 2008

Zur Erreichung der Ziele des § 1 GlüStV 2008 sah § 4 GlüStV 2008 eine umfassende Erlaubnispflicht für die Veranstaltung und Vermittlung von Glücksspielen aller Art vor, die durch ergänzende Vorschriften der Glücksspielgesetze der Länder insbesondere hinsichtlich der Erlaubnisinhalte weiter präzisiert wurde. Auf die Erteilung der Erlaubnis bestand gem § 4 Abs 2 S 3 GlüStV 2008 **kein Rechtsanspruch**. In der Begründung zu § 4 GlüStV 2008 wurde verdeutlicht, dass durch die in das pflichtgemäße Ermessen der Glücksspielaufsichtsbehörde gelegte Entscheidung über ein (neues) Glücksspielangebot und die Beteiligung des Fachbeirates Sucht (§§ 9 Abs 5, 10 Abs 1 S 2 GlüStV 2008) eine Steuerung allein nach den ordnungsrechtlichen Zielen des § 1 erfolgen sollte. In § 4 Abs 4 GlüStV 2008 hat der Gesetzgeber zudem ein generelles Verbot des Veranstaltens und Vermittelns öffentlicher Glücksspiele im Internet sowie in § 5 GlüStV umfassende Werbebeschränkungen und -verbote geregelt. In §§ 6 u 7 GlüStV 2008 wurden Pflichten bezüglich der Erstellung von Sozialkonzepten sowie bestimmte Aufklärungsvorgaben bestimmt. 68

Der GlüStV 2008 übernahm und präzisierte damit das vom BVerfG in der *Sportwetten*-Entscheidung angedeutete trichotomische Regelungskonzept, das die zwischen den Regelungsgegenständen „Glücksspielart", „Vertriebsweg" und „Werbung" bestehenden Wechselbeziehungen als tatsächlichen Ausgangspunkt hatte: Ein den verfassungsrechtlichen Anforderungen genügendes Suchtvermeidungs- und Bekämpfungskonzept kann danach eine umso restriktivere Regelung der Glücksspielvertriebswege und der Werbung vornehmen, je höher das Gefahrenpotenzial der jeweiligen Glücksspielart ist. 69

6. Ordnungsrechtlich und ordnungspolitisch fundierte Monopolisierung des „gefährlicheren" Glücksspiels

Ein weiterer zentraler Bestandteil des GlüStV 2008 war die bereits in § 5 Abs 1 und 2 LottStV vorgesehene Verpflichtung der Länder, die Veranstaltung und Durchführung von Glücksspielen in dem Sinne zu monopolisieren, dass bestimmte Glücksspiele nur durch die Länder selbst, durch juristische Personen des öffentlichen Rechts oder durch privatrechtliche Gesellschaften veranstaltet und durchgeführt werden dürfen, an denen juristische Personen des öffentlichen Rechts unmittelbar oder mittelbar maßgeblich beteiligt sind (§ 10 Abs 1 u 2 GlüStV 2008). § 10 Abs 5 GlüStV 2008 bestimmte wie zuvor § 5 Abs 4 LottStV ausdrücklich, dass anderen als den in Abs 2 Genannten nur die Veranstaltung von Lotterien und Ausspielungen nach den Vorschriften des dritten Absatzes erlaubt werden. 70

7. Zweiter bis Siebter Abschnitt des GlüStV 2008

71 Neu im Zweiten Abschnitt des Staatsvertrages waren die weiteren Aufgaben und Pflichten des Staates wie beispielsweise die Sicherstellung der Aufsicht und der Forschung sowie die Unterstützung durch einen Fachbeirat, der sich aus Experten in der Bekämpfung der Glücksspielsucht zusammensetzt.

72 Im Dritten Abschnitt fanden sich – in weitest gehender Übereinstimmung mit den Regelungen des LottStV – die Voraussetzungen zur Veranstaltung sogenannter privater Lotterien. Nach Maßgabe der Regelungssystematik bedeutete dies ebenfalls unverändert, dass nur Lotterien mit geringerem Gefährdungspotenzial im Sinne der §§ 12ff GlüStV 2008 durch private Anbieter behördlich erlaubt veranstaltet werden dürfen.

73 Durch die teilweise Übernahme der Systematik des Lotteriestaatsvertrags gab es auch weiterhin einen Vierten Abschnitt, der sich mit der gewerblichen Spielvermittlung befasst. In dem neu eingeführten Fünften Abschnitt fanden sich die besonderen Bestimmungen für bestimmte Arten von Glücksspielen, die zu einem nach dem Gefährdungspotenzial abgestuften Beschränkungssystem führen, und im Sechsten Abschnitt die damit korrespondierenden Bestimmungen zu einem Spielersperrsystem. Nach den datenschutzrechtlichen Bestimmungen im neuen Sechsten Abschnitt enthielt der Siebte Abschnitt schließlich die erforderlichen Übergangs- und Schlussbestimmungen.

74 Verglichen mit dem bis zum Inkrafttreten des GlüStV 2008 geltenden Regelungsregime, das durch eine schier unüberschaubare Vielzahl an landesrechtlichen Glücksspielregelungen gekennzeichnet war, hat der GlüStV 2008 eine gewisse Vereinheitlichung des Glücksspielwesens in den Ländern bewirkt: Sehr viel umfassender und präziser als der Vorläuferstaatsvertrag regelte der GlüStV 2008 die Rahmenbedingungen für das monopolisierte Glücksspielangebot in den Ländern. Deshalb haben die Landesparlamente die Vielzahl der zuvor neben dem Staatsvertrag unverändert bestehenden glücksspielrechtlichen Regelungen auch fast ausnahmslos aufgehoben. Aus diesem Grund bildet der GlüStV 2008 nunmehr den Ausgangspunkt der rechtlichen Bewertung des (jeweiligen) Landesglücksspielrechts, während der LottStV bei den vielen gerichtlichen Auseinandersetzungen kaum noch eine Rolle gespielt hat. Die Struktur und wesentliche Regelungen des GlüStV 2008 bildeten sodann die Grundlage für den Ersten Glücksspieländerungs-Staatsvertrag bzw den GlüStV 2012.

IV. Der Erste Glücksspieländerungsstaatsvertrag/GlüStV 2012

1. Der neue/alte Glücksspielstaatsvertrag – die Weichenstellungen

75 Die Regierungschefs der Länder haben – zunächst ohne Beteiligung des schleswig-holsteinischen Ministerpräsidenten – den neuen Glücksspielstaatsvertrag (GlüStV

2012) im Dezember 2011 unterzeichnet. Er wurde mit Ausnahme Nordrhein-Westfalens bis zur Jahresmitte 2012 in Landesrecht transformiert und trat am 1. Juli 2012 in Kraft. Bis dahin galt der Inhalt des „alten" Glücksspielstaatsvertrags (GlüStV 2008) als Landesrecht fort.[81] Der neue Glücksspielstaatsvertrag (GlüStV 2012) ist in weiten Teilen der alte Glücksspielstaatsvertrag (GlüStV 2008). Die am Maßstab der jüngeren Rechtsprechung eher unproblematischen Regelungsteile des GlüStV 2008 wurden im Wesentlichen wiederum in den GlüStV 2012 übernommen. Demgegenüber hat das jahrelange zähe Ringen um eine duale Glücksspielordnung mit dem Ziel weiterhin monopolisierter (staatlicher) Lotterien einerseits, eines oligopolisierten Sportwettenangebotes andererseits, die Einigung auf ein Konzessionsmodell für Sportwetten hervorgebracht. Nach den Vorstellungen der Verfasser des GlüStV 2012 sollten 20 Konzessionen erteilt und die Funktionsfähigkeit dieses Modells in einer mehrjährigen Erprobungsphase untersucht werden. Im siebten und achten Abschnitt bezieht der GlüStV 2012 zudem die Spielhallen und Pferdewetten in das ordnungsrechtliche Regime des Landesrechts mit ein; hierin lag ein echter Meilenstein zur Herstellung einer erweiterten und nicht lediglich sektoralen Glücksspielregulierungs-Kohärenz.

2. Die wichtigsten Einzelregelungen

a) § 1 GlüStV 2012 – die „Gleichrangigkeit" der staatsvertraglichen Ziele

Die in § 1 GlüStV 2012 genannte Ziele des Staatsvertrages sind nunmehr ausweislich seines Wortlautes in Satz 1 „gleichrangig", auch wenn der Wortlaut schon im GlüStV 2008 keine Vorrangigkeit bestimmter Ziele vorgab, sich diese allerdings eindeutig aus der Begründung ergab. Die Gleichrangigkeit führt zu größerer Flexibilität bei der gesetzgeberischen Suche nach geeigneten Begründungsansätzen für unterschiedlich strenge Regulierungskonzepte einzelner Glücksspielarten mit unterschiedlichem Risikopotenzial. 76

b) § 4 Abs 4, 5 und 6 GlüStV 2012 – Lotterien und Sportwetten im Internet

Als Reaktion auf kartellbehördliche Anordnungen hatten sich die Länder auf ein generelles Internet-Glücksspielverbot des GlüStV 2008 geeinigt. Im Anschluss an die unionsgerichtliche Klärung der Streitfragen zum Online-Glücksspiel stellt die nunmehr normierte Zulassungsfähigkeit des Internetangebotes nach § 4 Abs 5 GlüStV 2012 eine Ausnahme (Befreiungsmöglichkeit) zu dem grundsätzlich weiterbestehenden Verbot nach § 4 Abs 4 GlüStV 2012 dar. 77

---

81 Vgl *Postel*, in: Dietlein/Hecker/Ruttig (Hrsg), Glücksspielrecht, Kommentar, Rn 5 zu § 24 GlüStV, mwN. In Baden-Württemberg hat der Landtag einer Fortgeltung des GlüStV 2008 erst am 23.11.2011 zugestimmt; vgl LT BW, PlPr 15/19, S 869 ff.

c) §§ 4a bis 4e, 10a GlüStV 2012 – Konzessionsmodell für Sportwetten

78 Mit den Vorschriften über eine zahlenmäßig auf 20 Konzessionen begrenzte, als Experiment(ierklausel) beschriebene Konzessionsvergabe für Sportwetten ist ein von Fachleuten ganz überwiegend abgelehnter und dem bisherigen Lotterie- und Sportwettenrecht fremder Regulierungstypus eingeführt worden, der von Beginn an jedenfalls in seiner konkreten Ausgestaltung zahlreichen konzeptionellen Bedenken begegnete. Hierzu zählen die Annahmen, dass eine Marktausweitung den Zielen der Spielsuchtvermeidung und -Bekämpfung zuwiderlaufen würde ebenso wie die Insuffizienz des Modells im Hinblick auf eine wirksame Bekämpfung illegaler Sportwettenangebote im Internet. Schließlich lassen sich auch mit Blick auf das gemeinhin höhere Suchtpotenzial von Sportwetten im Vergleich zur klassischen Zahlenlotterie (6 aus 49, zwei Ausspielungen wöchentlich), die auch weiterhin monopolisiert bleibt, Befürchtungen im Hinblick auf eine fehlende Gesamtkohärenz formulieren. An entsprechenden Hinweisen auf die Gefährdung der Lotteriemonopole der Länder durch die Sportwettenliberalisierung hat es in den letzten Jahren nicht gefehlt.[82] Der im Rahmen von Kohärenzerwägungen zu bildende Vergleichsmaßstab ist eben noch nicht für alle Gestaltungsszenarien des Glücksspielwesens geklärt. Sofern im Kohärenzerfordernis am Ende mehr als nur eine den nationalen Gesetzgeber treffende Argumentationslast erblickt wird, ist diese Maßstabbildung für das Ergebnis der Kohärenzprüfung von entscheidender Bedeutung.

d) § 5 GlüStV 2012 und Verwaltungsvorschrift zur Werbung

79 Werbung für in Deutschland erlaubtes Glücksspiel ist bei Einhaltung der vom EuGH und BVerfG gesetzten und ausformulierten Grenzen, die in § 5 Abs 1 und 2 GlüStV 2008 fast wortgleich wiederzufinden waren, grundsätzlich zulässig.[83] Ob auch die Einhaltung der neu formulierten und im Vergleich zum GlüStV 2008 deutlich weniger restriktiv formulierten Werbebeschränkungen des § 5 GlüStV 2012 unionsrechtlichen Anforderungen standhält oder die vom Wortlaut her offen gehaltenen und mit sehr vielen unbestimmten Rechtsbegriffen versehenen Formulierungen unionsrechtskonform restriktiv(er) ausgelegt werden müssen, bedarf noch einer Klärung. Dies gilt zumal vor dem Hintergrund, dass schon aus der unter Geltung des GlüStV 2008 höchstrichterlich festgestellten systematischen Missachtung der Werbebeschränkungen auf ein strukturelles Vollzugsdefizit geschlossen werde konnte.[84]

---

82 Vgl die „zusammengefassten" Hinweise bereits bei *Gebhardt/Postel*, Fn 43, § 21 Rn 8ff, S 426ff, mwNachw).

83 Siehe auch *Pagenkopf*, NVwZ 2011, 513 (519).

84 BVerwG, Urt v 20.6.2013 – 8 C 10.12., BVerwGE 147, 47 Rn 50; sowie zuletzt BVerwG, Urt v 15.6.2016 – 8 C 5.15, Rn 26.

Die Befürchtung, dass die einfachrechtlichen und unions- und verfassungsrechtlich geprägten Anforderungen an die „Werbung" eine Vielzahl gerichtlicher Verfahren wegen tatsächlicher und vermeintlicher Defizite beim Werbeverhalten nach sich ziehen würde, hat sich bewahrheitet. Allerdings ist dabei insbesondere zu berücksichtigen, dass die staatlich getragenen Monopolisten gerade im Bereich der Werbung nicht dazu beigetragen haben, die grundsätzlich legitime Annahme des Gesetzgebers zu stützen, ein staatlich verantwortetes Angebot und dessen Bewerbung könne effektiver beherrscht werden als gewerbliche Glücksspielangebote.[85] 80

Daher versuchen die Länder den spezifischen Problemen der Glücksspielwerbung nunmehr dadurch Herr zu werden, dass die in § 5 GlüStV 2008 normierten Grenzen zulässiger Werbung, insbesondere deren Beschränkung auf Information und Aufklärung, nicht in den Wortlaut des § 5 GlüStV 2012 übernommen wurden. Gleiches gilt für das ausdrückliche Verbot zum Glücksspiel gezielt anreizender oder ermunternder Werbung (so noch § 5 Abs 2 Satz 1 GlüStV 2008). Nach § 5 Abs 1 GlüStV 2012 ist die Werbung lediglich an den Zielen des – geänderten – Glücksspielstaatsvertrags auszurichten, wobei allerdings die zuvor nur allgemein statuierten Aufklärungspflichten nunmehr durch § 7 Abs 1 Satz 2 GlüStV 2012 weitgehend konkretisiert werden. Außerdem ermächtigt § 5 Abs 3 Satz 2 GlüStV 2012 dazu, ausnahmsweise auch die zuvor nach § 5 Abs 3 GlüStV 2008 absolut verbotene Werbung im Fernsehen, im Internet und über Telekommunikationsanlagen zuzulassen. 81

e) § 9a GlüStV 2012 – Glücksspielkollegium zur Sicherung eines ländereinheitlichen Verfahrens

Den sich bereits bei Unterzeichnung des GlüStV 2008 abzeichnenden und ausweislich der einschlägigen gerichtlichen Entscheidungen für die Unionsrechts- und Verfassungskonformität des Staatsvertrages entscheidungserheblichen Vollzugsproblemen[86] haben die Länder mit der Schaffung einer gemeinsamen Geschäftsstelle zu begegnen versucht. 82

Die zudem in § 9a Absätze 5 bis 8 GlüStV 2012 geregelte „Erfindung" eines Glücksspielkollegiums als Organ der obersten Glücksspielaufsichtsbehörden der Länder (nach dem Vorbild der Kommission für Jugendmedienschutz nach dem Jugendmedienschutz-Staatsvertrag [KJM] und der Kommission für Zulassung und Aufsicht nach dem Rundfunkstaatsvertrag [ZAK])[87] stellt die Reaktion auf die dringende Notwendigkeit dar, zu diversen glücksspielrechtlichen Fragen bereits mit Blick auf das unionsrechtliche Kohärenzerfordernis zu einer einheitlichen Beurteilung gelan- 83

85 Siehe hierzu bereits *Postel*, WRP 2005, 833, 848.
86 *Gebhardt/Postel*, Fn. 43, Rn 76, Seite 460.
87 Vgl § 9a Abs 5 GlüStV 2012 und § 35 Abs 2 RStV.

gen zu müssen und einer möglicherweise nur eingeschränkt erfolgreichen Arbeit der im Hessischen Innenministerium angesiedelten Ländergeschäftsstelle.

84 Die in einem Gutachten von *Degenhardt* präsentierten Zweifel an der Verfassungskonformität[88] sind bei einigen Instanzgerichten[89] auf fruchtbaren Boden gefallen. Wenngleich verfassungsgerichtliche Entscheidungen dieser instanzgerichtlichen Judikatur ihre Gefolgschaft versagt haben,[90] haben namentlich hessische Verwaltungsgerichte – wegen der staatsvertraglich geregelten Zuständigkeit des Landes Hessen für die Vergabe von Sportwettenkonzessionen – die behördliche Umsetzung des Konzessionssystems verhindert.

85 Hiervon abgesehen wurde bereits an anderer Stelle bezweifelt, dass die Konzeption eines zu Mehrheitsentscheidungen befugten Glücksspielkollegiums ein im bestehenden Gesamtsystem rechtspolitisch richtiger Schritt für einen besseren Vollzug der staatsvertraglichen Pflichten darstellte. Ob diese recht schwerfällige, im föderalen System wurzelnde und für politische Einflüsse anfällige Gesamtkonzeption künftig den wachsenden Anforderungen an eine effektive Regulierung gerecht wird, darf ebenfalls in Frage gestellt werden.

f) Siebter und Achter Abschnitt – Spielhallen und Pferdewetten, §§ 24 bis 27 GlüStV 2012

86 Das BVerwG hatte bereits in seinen Urteilen vom 24. November 2010 zum staatlichen Sportwettenmonopol und dessen Handhabung in Bayern[91] in Übereinstimmung mit der Rechtsprechung des EuGH festgestellt, dass es an einem Beitrag zur systematischen und kohärenten Begrenzung der Spiel- oder Wetttätigkeit schon dann fehle, wenn die legitimen Ziele des Sportwettenmonopols in anderen Glücksspielbereichen, namentlich in dem Bereich des Automatenspiels in Spielhallen, normativ oder durch die Praxis der Rechtsanwendung konterkariert würden. Dies könne auch dadurch geschehen, dass diesen Zwecken entgegenlaufende Ausgestaltungen geduldet würden. Auf die besondere Schwere eines solchen Widerspruchs komme es nicht an.

87 Diesen in der Rechtsprechung bereits früher geäußerten Bedenken gegen eine allzu entgegenkommende Behandlung von Spielautomaten in Spielhallen und Gast-

88 *Degenhardt*, Rechtsfragen des ländereinheitlichen Verfahrens nach dem Entwurf eines Ersten Staatsvertrages zur Änderung des Staatsvertrages zum Glücksspielwesen in Deutschland, Rechtsgutachten, 2011, Seite 4, mit weiteren Argumenten zur verfassungsrechtlichen Problematik des Kollegiums.

89 Namentlich VG Wiesbaden, Beschl v 5.5.2015 – 5 L 1453/14.WI, Rn 91 f.

90 BayVerfGH, Entsch v 25.9.2015, Vf. 9-VII-13, 4-VII-14 und 10-VII-14; BayVerfGH, Entsch v 23.11.2016, Vf.1-VII-15; jeweils mwN. Zur Meinungsvielfalt der Literatur vgl etwa *Bethge*, ZfWG 2016, 386 ff; *Kirchhof*, ZfWG 2015, 301 ff; *J. Dietlein*, ZfWG Sonderbeilage 4/2015, 1 ff.

91 BVerwG, Urt v. 24.11.2010 – 8 C 13/09, ZfWG 2011, 485 = NVwZ 2011, 549 = juris Rn 67, 69.

stätten[92] – auch in den Vorabentscheidungsverfahren an den EuGH – trägt der GlüStV 2012 erstmals Rechnung und belässt es nicht, wie noch in der Begründung des GlüStV 2008, bei einer (erfolglosen) „Ermahnung" des Bundes: Im Siebten Abschnitt wird nunmehr eine – je nach landesgesetzlicher Ausgestaltung zusätzliche oder die gewerberechtliche Erlaubnispflicht ersetzende[93] – glücksspielrechtliche Erlaubnispflicht konstituiert.

Weitere Regelungen des Staatsvertrages, die auf Spielhallen mit mindestens einem Geld- oder Warenspielgerät mit Gewinnmöglichkeit Anwendung finden, sind insbesondere § 4 Abs 3 GlüStV 2012 (Jugendschutz), § 4 Abs 4 GlüStV 2012 (Internetvertriebsverbot) und die §§ 5 bis 7 GlüStV 2012 (Werbebeschränkungen, Sozialkonzeptverpflichtung, Aufklärungspflichten). 88

Ein Ziel der glücksspielvertraglichen Regelungen liegt auch darin, die automatenbezogenen Regelungen des Bundes dahin zu ergänzen und flankieren, dass das bundesrechtlich geregelte Glücksspiel wieder stärker in Richtung seines ursprünglichen Charakters als bloßes Unterhaltungsspiel akzentuiert und einer weiteren Marktausweitung der als Glücksspiel iS des § 3 Abs 1 GlüStV und § 284 Abs 1 StGB zu qualifizierenden „Unterhaltungsautomaten" entgegengewirkt wird. Die nunmehr landesrechtliche Regulierung und mögliche zahlenmäßige Begrenzung der Spielhallen trägt dem glücksspielstaatsvertraglichen Ziel des Spieler- und Jugendschutzes Rechnung. Die gleichen Erwägungen gelten aus der Natur der Sache für Gaststätten sowie die Wettannahmestellen der Buchmacher, soweit sie Geld- oder Warenspielgeräte mit Gewinnmöglichkeit bereithalten. 89

Mit den Bestimmungen des Siebten Abschnitts wird allerdings (nur, aber immerhin) ein klar abgrenzbarer Teilbereich des „Rechts der Spielhallen" geregelt. Die Gewerbeordnung und die hierzu erlassene Spielverordnung gelten fort, soweit der GlüStV 2012 (und die Umsetzungs- und Ausführungsgesetze) dem nicht entgegenstehen. 90

Für die wenigen Länder, die bereits in der Vergangenheit weitergehende Sperrzeiten für Spielhallen vorsahen und noch vorsehen, erscheint der neue § 26 Abs 2 GlüStV 2012 allerdings eher als Rückschritt und nicht als ein Beitrag zur systematischen und kohärenten Begrenzung der Spiel- oder Wetttätigkeit. 91

Angesichts der Rechtsprechung des EuGH werden schließlich auch Pferdewetten, die ein historisch gewachsenes Sondersegment von Wetten auf eine Sportveranstaltung bilden, bei der unionsrechtkonformen Ausgestaltung des deutschen Glücksspielrechts berücksichtigt. Eine vollständig gleichförmige Regulierung der Pferdewette mit den sonstigen Sportwetten ist im GlüStV 2012 selbst weder vorgesehen noch geboten, zumal nach der Begründung des GlüStV 2012 die Buchmacher 92

92 Vgl auch *Gebhardt/Postel*, Fn 43, Rn 14, Seite 430 und Rn 51, Seite 450.

93 Vgl beispielsweise BVerwG, Urt v 16.12.2016, 8 C 6.15 zur Rechtslage in Berlin sowie BVerwG, Urt v 16.12.2016, 8 C 4.16 zur Rechtslage in Rheinland-Pfalz.

mittlerweile weit überwiegend als Wettvermittler tätig werden, und somit als relevante Wettveranstalter nur noch eine aus der Natur der Sache begrenzte Anzahl von Rennvereinen agiert, die Totalisatoren betreiben.

93 Im Achten Abschnitt (§ 27 GlüStV 2012) wird die bisher ausschließlich bundesrechtliche Regulierung dementsprechend ergänzt und dem Regulierungskonzept der Sportwetten in den Ländern angenähert. Das Internet, in dem Pferdewetten bislang nicht offeriert werden durften,[94] wird nur unter Berücksichtigung der auch für andere Glücksspielarten geltenden Beschränkungen des Online-Angebotes geöffnet.

94 Die Länder hielten es ferner für erforderlich, dass der Bundesgesetzgeber parallel zu den Gesetzgebungsverfahren für den GlüStV 2012 Regelungsspielräume für die Pferdewettenregulierung im Rennwett- und Lotteriegesetz eröffnet.[95] Mit einer entsprechenden Änderung und Ergänzung des § 25 RennwLottG wurde dann parallel zum Inkrafttreten des GlüStV 2012 sichergestellt, dass die prinzipiellen Anforderungen des Spielerschutzes und der Bekämpfung von Suchtgefahren auch in den Erlaubnisverfahren für Buchmacher und Totalisatoren Eingang finden.

95 Schon vor diesem Hintergrund stellt sich – ähnlich wie bei der neuen ausschließlichen Landesgesetzgebungskompetenz „Recht der Spielhallen" – die Frage, ob es im Sinne eines sichtbaren Beitrags zur systematischen und kohärenten Begrenzung der Spiel- oder Wetttätigkeit nicht auch naheliegender gewesen wäre bzw zukünftig naheliegender ist, bei gleichzeitiger Aufhebung des entsprechenden Abschnittes im Rennwett- und Lotteriegesetz die erforderlichen Bestimmungen vollständig in das Landesrecht zu übernehmen, das Bundesgesetz mithin auf steuerrechtliche Bestimmungen zu beschränken.

3. Das Scheitern des Sportwetten-Konzessionsmodells auf Grundlage der behördlichen Konzessionserteilung nach dem GlüStV 2012

a) Zuständigkeit des Landes Hessen

96 Auf Grundlage der Regelungen des GlüStV 2012 beabsichtigten die Länder, insgesamt 20 befristete Konzessionen für die bundesweite Veranstaltung von Sportwetten zu erteilen (§ 10 Abs 3 GlüStV 2012). Zuständige Behörde hierfür ist (noch) das Hessische Ministerium des Innern und für Sport (HMdIS), wobei diese Zuständigkeit des Landes Hessen „für alle Länder" (§ 4a Abs 2 Satz 1 GlüStV 2012) nur das Konzessionsverfahren für Sportwetten (vgl § 4a Abs 1 Satz 1 iVm § 10a GlüStV 2012) betrifft, ohne dass daraus eine Art glücksspielrechtliche Allzuständigkeit des Landes Hessen

94 BVerwG, Urt v. 1.6.2011 – 8 C 5/10 –, Rn 37.

95 Vgl BRat-Drs 761/11 (Beschl); vgl auch BayVerfGH, Entsch v 23.11.2016 – Vf.1-VII-15; jeweils mwN.

abgeleitet werden könnte.[96] Im Übrigen blieb es – mit Ausnahme der in § 9 Abs 1 Satz 4 und § 9a GlüStV 2012 geregelten Fälle – bei dem Grundsatz, dass „öffentliche Glücksspiele ... nur mit Erlaubnis der zuständigen Behörde des jeweiligen Landes veranstaltet oder vermittelt werden" dürfen (vgl auch § 9 Abs 1 Satz 2 GlüStV 2012).

b) 2-stufiges Auswahlverfahren

Das HMdIS hat das durch Ausschreibung im Amtsblatt der EU am 8. August 2012 97
eingeleitete Zulassungsverfahren zweistufig ausgestaltet: Auf der ersten Stufe sollten bis zum Ablauf einer Frist (zunächst: 4. September 2012) Nachweise über die Zuverlässigkeit und Sachkunde der für die Bewerber tätigen Personen beigebracht werden. Anschließend sollte unter jenen Bewerbern, die sich im ersten Schritt qualifizieren konnten, eine Auswahl erfolgen. Die Behörde behielt sich in der Ausschreibung vor, die Bewerber bei jedem Verfahrensstand aufzufordern, ihre Angaben, Nachweise und Unterlagen binnen angemessener Fristsetzung zu ergänzen oder weitere Angaben, Nachweise und Unterlagen beizubringen. Die zweite Verfahrensstufe sollte den qualifizierten Bewerbern die Gelegenheit zur Ergänzung der Bewerbungen zu bieten und eine vollständige Konzessionsbewerbung abzugeben. Als Fristende für den Eingang von Bewerbungen (im Sinne einer Ausschlussfrist) setzte die Behörde zunächst den 4. September 2012 fest. Mit Bekanntmachung vom 29. August 2012 verlängerte sie diese Frist bis zum 12. September 2012, 10.00 Uhr.[97]

c) Bewerberlage und Gang des Verfahrens

Insgesamt gingen beim HMdIS 77 (bzw 78) Bewerbungen ein. Von diesen entsprachen 98
nach Auffassung des HMdIS allerdings zunächst nur 19 den gestellten Anforderungen. Die insgesamt 54 fristgerecht eingereichten Bewerbungen waren in unterschiedlichem Maße (un)vollständig. Vor diesem Hintergrund forderte das HMdIS 37 Bewerber dazu auf, weitere Unterlagen einzureichen bzw Erklärungen abzugeben. Dabei bezeichnete es die jeweils konkret fehlenden Angaben oder Unterlagen und setzte mehrtägige Fristen. Bewerber, die nach Auffassung des HMdIS nicht die Voraussetzungen für die Zulassung zur zweiten Stufe erfüllten, wurden mit begründetem Bescheid vom 7. November 2012 nicht für die zweite Stufe des Konzessionsvergabeverfahrens zugelassen und erhielten zunächst keine weitere Aufforderung. Zur Begründung wurde beispielsweise ausgeführt, dass der Bewerber die Voraussetzungen nicht erfülle, da, bezogen auf die für den Betrieb als Konzessionsnehmer erforderlichen Personen, weder die erforderlichen Zuverlässigkeits- oder Sachkundenachwei-

---

96 In Bezug auf Sport-Live-Wetten ebenso: VGH München, Beschl v 1.8.2016 – 10 CS 16.893 – juris Rn 21ff.

97 Vgl dazu VG Berlin, Urt v 23.5.2014 – 23 K 512.12 – Rn 2.

se erbracht seien. Eine Nachforderung der fehlenden Unterlagen schied nach Auffassung des HMdIS aus, weil eine solche Nachforderung angesichts der Vielzahl der fehlenden oder unvollständigen Nachweise einer Neubewerbung gleichgekommen wäre. Eine solche Neubewerbung sei mit Blick auf die verbindlich festgelegte Antragsfrist unter Beachtung des Gleichbehandlungsgrundsatzes auch nicht zulässig.[98]

99 Nach Abschluss des Nachforderungsverfahrens hat sich das HMdIS sodann entgegen diesen vorherigen Ablehnungen dafür entschieden neben den ohnehin vollständigen 19 Bewerbungen weitere 37 der zuvor negativ beschiedenen Bewerber für das weitere Verfahren auf der zweite Stufe zuzulassen. Die übrigen fristgerechten, aber unvollständigen 17 Bewerbungen lehnte das HMdIS nunmehr „endgültig" ab.[99]

100 Nur, aber immerhin 41 dieser 56 zugelassenen Bewerber verfolgten ihre Bewerbungen auf der zweiten Verfahrensstufe weiter.[100] Von diesen gelangten insgesamt 35 Bewerber in das Auswahlverfahren. Sie erhielten allesamt mit Datum vom 2. September 2014 eine sog Vorabinformation des HMdIS, wonach die Prüfung der Anträge nunmehr abgeschlossen sei. Es seien zwanzig Bewerber nach einer Bewertungsreihenfolge ausgewählt worden. Eine Konzessionserteilung an die erfolgreichen Bewerber werde frühestens am 18. September 2014 vorgenommen. Die 15 erfolglosen Bewerber erhielten unter demselben Datum ablehnende Bescheide. Hiergegen wandte sich ein Teil dieser unterlegenen Bewerber mit Eilanträgen an die zuständigen Verwaltungsgerichte. Während das VG Wiesbaden dem HMdIS zunächst in einer Zwischenverfügung vom 17. September 2014 aufgegeben hat, das Konzessionsverfahren bis zu einer Entscheidung des Gerichts über den Eilantrag offen zu halten und zunächst keine Konzessionen an die ausgewählten Bewerber zu erteilen,[101] hat das VG Hamburg den Erlass einer solchen Zwischenregelung unter dem 16. September 2014 abgelehnt.[102] Danach haben die *VGe Wiesbaden und Frankfurt am Main* dem HMdIS in vier Verfahren einstweilen die Konzessionsvergabe untersagt.[103] Die hiergegen gerichteten Beschwerden wies der Hessische Verwaltungsgerichtshof durch Beschlüsse vom 2. und 5. November 2015 zurück.[104] Das Bundesverfassungsgericht nahm eine hiergegen gerichtete Verfassungsbeschwerde nicht zur Entscheidung an.[105]

---

98 Vgl OVG BB, Beschl v 12.5.2015 – OVG 1 S 102.14.

99 Vgl dazu VG Berlin, Urt v 23.5.2014 – 23 K 512.12 – Rn 4; zu dem – im Einzelnen nicht nachvollziehbaren – Vorgehen des HMdIS in der Zwischenzeit: VG Wiesbaden, Urt v 21.11.2016 – 5 K 1447/14.WI.

100 Hierzu auch VG Wiesbaden, Beschl v 5.5.2015 – 5 L 1453/15.Wi, Rn 10f; VG Berlin, Beschl v 21.10.2016 – 4 K 2.16, Rn 3.

101 Vgl dazu VGH Hessen, 7.10.2014 – 8 B 1686/14.

102 Vgl VG Berlin, Beschl v 24.9.2014 – 23 L 595.14, Rn 3.

103 Ua VG Wiesbaden, aaO; VG Frankfurt am Main, Beschl v 27.5.2015 – 2 L 3002/14.F.

104 Ua 8 B 1015.15, juris.

105 BVerfG, Beschl v 2.2.2016 – 1 BvR 3078/15.

d) Rechtliche Würdigung des Konzessionsvergabeverfahrens durch die befassten Verwaltungsgerichte

Nach Auffassung der überwiegenden Anzahl der bisher befassten Obergerichte bestehen gegen die *normative* Ausgestaltung des Konzessionserteilungsverfahrens keine rechtlichen Bedenken.[106] §§ 4a bis 4e GlüStV 2012 böten eine ausreichende gesetzliche Grundlage für die Durchführung des Erlaubnisverfahrens und seien insbesondere verfassungs- und unionsrechtlich nicht zu beanstanden.[107] Insbesondere genüge der Erlaubnisvorbehalt des – gemäß der Richtlinie 98/34/EG, geändert durch Richtlinie 98/48/EG, notifizierten (vgl Stellungnahme der Kommission vom 20. März 2012 – 2011/0188/D) – GlüStV 2012 den Anforderungen an eine die Dienstleistungsfreiheit nach Art 56 AEUV beschränkende Regelung. Denn §§ 4a bis 4e GlüStV 2012 legten – wie unionsrechtlich gefordert[108] – objektive, nicht diskriminierende und im Voraus bekannte Kriterien fest, auf denen die Konzessionsvergabe zu beruhen habe. Sie bestimmten, dass der Grundsatz der Gleichbehandlung und das Transparenzgebot zu beachten seien und setzten der Ermessensausübung durch die nationalen Behörden zum Schutz vor willkürlichen Entscheidungen hinreichende Grenzen. Demjenigen, der von einer auf dem System der vorherigen behördlichen Genehmigung beruhenden einschränkenden Maßnahme betroffen sei, stehe schließlich auch ein wirkungsvoller Rechtsweg offen.[109] 101

Die insoweit, zu den *rechtlichen Grundlagen* formulierten, abweichenden Auffassungen des VGH *Kassel*[110] und des VG Wiesbaden sind wenig überzeugend: Sie werden im Wesentlichen darauf gestützt, dass die Übertragung der verbindlichen Vergabeentscheidung auf das Glücksspielkollegium des Länder verfassungswidrig sei. Gleichwohl ist nicht von der Hand zu weisen, dass die *tatsächliche Ausgestaltung* des Konzessionsverfahrens durch das HMdIS Zweifel an der Einhaltung der einfachrechtlichen normativen Vorgaben des GlüStV 2012 und damit zugleich die Annahme einer Verletzung des Transparenzgebots wegen unzutreffender Angaben in der Ausschreibung hinsichtlich des maßgeblichen Auswahlkriteriums begründen kann:[111] 102

Nach § 4b Abs 5 GlüStV 2012 ist für die Auswahlentscheidung – am Ende des Verfahrens – allein entscheidend, welcher Bewerber mit Blick auf die in den Nummern 1 bis 5 dieser Vorschrift aufgelisteten Anforderungen „am besten geeignet ist". 103

106 So OVG BB, Beschl v 12.5.2015 – OVG 1 S 102.14.

107 Hierzu zB *Windoffer*, GewArch 2012, 388 ff; vgl auch EuGH, Urt v 12.6.2014 – C-156/13 (*Digibet Ltd*).

108 Siehe hierzu EuGH, Urt v 3.6.2010 – Rs C-203/08 (*Sporting Exchange*), NVwZ 2010, 1085 ff; v 9.9.2010 – Rs C-64/08 (*Engelmann*); vom 8.9.2010 – Rs C-46/08 (Carmen Media); v 16.2.2012 – Rs C-72/10 (*Costa und Cifone*) u v 24.1.2013 – Rs C-186/11 (*Stanleybet*).

109 Vgl zu allem OVG BB, Beschl v 12.5.2015 – OVG 1 S 102.14 – mHa OVG NW, Urt v 25.2.2014 – 13 A 2018/11, Rn 201 ff.

110 Hess VGH, Beschl v 16.10.2015 – 8 B 1028/15, NVwZ 2016, 171.

111 Ebenda, Rn 54 ff.

Die durch Bekanntmachung des HMdIS vom 8. August 2012 erfolgte Fixierung des „wirtschaftlich günstigsten Angebotes" als maßgebliches Auswahlkriterium ist demgegenüber als unzulässiges, nicht tragfähiges Zuschlagskriterium zu qualifizieren. Dementsprechend ist der durchschnittlich fachkundige Bieter unzutreffend über die wesentlichen Entscheidungsmaßstäbe informiert worden.

104 Die Auswahlkriterien des § 4b Abs 5 GlüStV 2012 sind nicht willkürlich gewählt. Sie sind vielmehr an dem gesetzgeberischen Bestreben ausgerichtet, die Berufs- und Dienstleistungsfreiheiten im Interesse des Allgemeinwohls einzuschränken und nur eine begrenzte Marktöffnung herbeizuführen. Ziel der Konzessionsvergabe ist nicht die Eröffnung eines Wettbewerbs, um das für den öffentlichen Auftraggeber „preiswerteste" oder „wirtschaftlich günstigste" Angebot zu ermitteln, sondern die ordnungsrechtlich motivierte Regulierung des Sportwettenmarktes zur Erprobung. Es soll erprobt werden, ob durch die Vergabe einer begrenzten Anzahl von Konzessionen an Private eine bessere Erreichung der Ziele des § 1 GlüStV, insbesondere auch bei der Bekämpfung des im Rahmen früherer Evaluierungen festgestellten Schwarzmarktes erreicht werden kann.[112]

105 Darüber hinaus sind nach Auffassung des VG Wiesbaden abgelehnte Bewerber durch die Ablehnung ihres Konzessionsantrags belastet, auch wenn das Konzessionsverfahren in der bisherigen Form ab 2018 durch ein geändertes Verfahren mit anderer Zuständigkeit ersetzt werden sollte. Nach dieser Auffassung hat der GlüStV 2012 zwar Geltung und seine Vorschriften sind geltendes Recht, allerdings gelte dies nur mit Ausnahme der vom Gericht für unanwendbar erklärten § 10a Abs 3 iVm §§ 4a Abs 2 Satz 2 und 4b Abs 5 GlüStV 2012.[113]

106 Unter Zugrundelegung dieser Rechtsauffassung hat das VG Wiesbaden zuletzt nur noch Ablehnungsbescheide des HMdIS vom 2. September 2014 aufgehoben. Weitergehende Verpflichtungsanträge, denen es in mehreren vorherigen Entscheidungen noch stattgegeben hat, wurde zuletzt auf Anraten des Gerichts nicht mehr gestellt, da eine Verpflichtung der Behörde zur Neubescheidung nach Auffassung des Verwaltungsgericht zwischenzeitlich „faktisch wirkungslos" bliebe. Es sei schließlich nicht zu erwarten, dass die Entscheidung des Gerichts vor Ende 2017 rechtskräftig und damit noch umsetzbar sein werde.

107 Eine neuartige Interpretation des Gewaltenteilungsgrundsatzes und der Aufgaben von Gerichten bei der Beurteilung und Anwendung des jeweils geltenden positiven Rechts sowie die Aufhebung bestehender Bindungen an das Verwaltungsprozessrecht und die höchstrichterliche Rechtsprechung ermöglicht es dem zudem mit gewissen hellseherischen Fähigkeiten zu einer künftigen Rechts- und Tatsachenlage ausgestatteten VG Wiesbaden, bereits im November 2016 die folgenden Feststellungen zu treffen: *„Ab Inkrafttreten des Zweiten Glücksspieländerungsstaatsvertrags im*

112 Insofern zutreffend VGH Kassel, Beschl v 16.10.2015 – 8 B 1028/15, NVwZ 2016, 171 = Rn 57 f.
113 VG Wiesbaden, Urt v 21.11.2016 – 5 K 1447/14.WI – mHa Urt v 15.4.2016 – 5 K 1431/14.WI.

Jahre 2018 wird der Beklagte [das HMdIS] nicht mehr passivlegitimiert sein und das Konzessionsverfahren wird jedenfalls nicht in der bisherigen Form fortgesetzt oder neu aufgelegt werden. Deshalb ist allein das Kassationsbegehren derzeit geeignet, der Klägerin zu wirksamem Rechtsschutz zu verhelfen. In der Übergangszeit gilt, dass allein das Fehlen einer Erlaubnis bei ansonsten rechtskonformer Betätigung weder strafrechtlich noch ordnungsrechtlich sanktioniert werden kann."

V. Der Entwurf des Zweiten Glücksspieländerungsstaatsvertrags/ GlüStV 2018

1. Ziele und Konzept des GlüStV 2018

Als Konsequenz dieses durch die in Hessen zuständigen Verwaltungsbehörden und -gerichte verursachten Zustands im Sportwetten-Regulierungsbereich haben Regierungschefs und Chefinnen der Länder auf ihrer Frühjahrskonferenz am 16. März 2017 den Entwurf eines Zweiten Staatsvertrages zur Änderung des Glücksspielstaatsvertrages (GlüStV 2018) unterzeichnet. 108

Sofern die Ratifikationsurkunden der Länder bis zum 31. Dezember 2017 bei der Staatskanzlei des MPK-Vorsitzlandes hinterlegt sind, tritt er am 1. Januar 2018 in Kraft (Art 2 Abs 1 Zweiter GlüÄndStV). 109

Die Ziele der nur punktuellen Änderungen des GlüStV 2012 liegen 110
- in einer längst überfälligen funktionierenden Regulierung des deutschen Sportwettenmarktes und damit zugleich
- darin, den Glücksspielaufsichtsbehörden die rechtliche Möglichkeit zu einer flächendeckenden Untersagung nicht erlaubter Sportwettenangebote zu eröffnen und so der fortschreitenden Erosion des Ordnungsrechts entgegenzutreten.

Nach Auffassung der MPK ist eine Begrenzung des Angebots durch eine Kontingentierung der Konzessionen nach der bisherigen verfassungsgerichtlichen Rechtsprechung ebenso verfassungsgemäß wie das Konzessionsverfahren mit abschließender Entscheidung durch das Glücksspielkollegium als Gemeinschaftseinrichtung aller Länder. Der Staatsvertrag könne jedoch weiterhin nicht umgesetzt werden, weil die hessischen Verwaltungsgerichte die Erteilung der Konzessionen bis zu einer zeitlich nicht abschätzbaren Entscheidung in der Hauptsache aufgeschoben hätten. Daher sollen 111

1. die Kontingentierung der Sportwettkonzessionen für die Dauer der Experimentierphase aufgehoben werden, so dass kein Auswahlverfahren (§ 4b Abs 5 GlüStV 2012) mehr erforderlich ist, und
2. durch eine Übergangsregelung allen Bewerbern im Konzessionsverfahren, die im laufenden Verfahren die Mindestanforderungen erfüllt haben, die Tätigkeit *durch Gesetz* vorläufig erlaubt wird.

112 Zudem werden 3. die bisher in der Zuständigkeit des Landes Hessen liegenden Aufgaben auf die Länder Nordrhein-Westfalen und Sachsen-Anhalt übertragen.

113 Zur Erreichung der durch den GlüStV 2012 definierten Ziele wird damit die Experimentierphase in § 10a GlüStV bis zum 30. Juni 2021 und möglicherweise auch nach Neubefassung der MPK über diesen Zeitpunkt hinaus verlängert. Die Regierungschefs reagieren damit auf genehmigungsbehördliche und verwaltungsgerichtliche Verfahren, die bereits mehr als die Hälfte des ursprünglich vorgesehenen „Experimentier"- und Evaluierungszeitraumes andauern. Zudem wird abweichend von § 4a Abs 3 Satz 1 GlüStV 2012 die Begrenzung der Anzahl möglicher Sportwettenkonzessionen für die Experimentierphase aufgehoben, um die für die Gestaltung des Sportwettenmarktes durch vorbeugende verwaltungsgerichtliche Entscheidungen erzeugten Friktionen zu beseitigen. Die befristete Abweichung vom Grundsatz der Begrenzung der Zahl der Konzessionen ist demnach nur als Ausnahme zu verstehen, die dem Verlauf und Stand der Gerichtsverfahren geschuldet ist. Die Übergangsregelung in § 29 Abs 1 Satz 3 GlüStV 2012 wird dementsprechend obsolet.

2. Bemerkungen der EU-Kommission

114 Der Staatsvertragsentwurf hat auch der EU-Kommission im Rahmen des Notifizierungsverfahrens gem der Richtlinie 2015/1535 vorgelegen. Diese begrüßt die Aufhebung der Begrenzung der Anzahl möglicher Sportwettenkonzessionen, kritisiert aber zugleich die faktische Verkürzung der Experimentierphase von ursprünglich sieben auf nunmehr dreieinhalb Jahre.[114] Auch dass künftige (Neu-/Mit-)Bewerber im Unterschied zu den 35 bereits gesetzlich legalisierten Sportwettenanbietern ein mindestens ein Jahr dauerndes Lizenzverfahren werden durchlaufen müssen, gibt Anlass zu einer Bemerkung. Diese Problematik stellt sich für Neubewerber eines nicht quantitativ geregelten Marktes indessen stets; mit diesem Einwand könnte maW jedwedes (neu eingeführte) Konzessionsverfahren ad absurdum geführt werden.

115 Gravierender ist sicherlich der die auch weiterhin bestehende Abstinenz von Regelungen für das Online-Glücksspiel betreffende Einwand: Online-Glücksspiel bleibt auch weiterhin – teilweise generell, teilweise grundsätzlich – verboten. Auch der novellierte Staatsvertrag sieht keine bundesdeutschen Online-Casino-Lizenzen vor. Im Rahmen der Verhandlungen über den GlüStV 2018 hatten sich insbesondere jene schleswig-holsteinischen Politiker erneut für die Regelung dieses Marktsegmentes stark gemacht, die bereits für den schleswig-holsteinischen Alleingang (die Erteilung von schleswig-holsteinischen Online-Glücksspiellizenzen) Anfang des

114 Mitteilung 304 der Kommission – TRIS/(2017) 00354, Notifizierung 2016/0590/D.

Jahrzehnts verantwortlich waren.[115] Aus Sicht der Liberalisierungsbefürworter ist es ein großer Fehler, dass auch Live-Wetten beispielsweise während eines laufenden Fußballspiels verboten bleiben.

3. Erste rechtliche Würdigungen des GlüStV 2018 durch die befassten Verwaltungsgerichte

Wie bereits angedeutet, soll durch Art 2 Abs 3 des GlüStV 2018 – eine neben die schon bestehenden Übergangsregelungen tretende und unter systematischen Gesichtspunkten daher nicht besonders gelungene Übergangsregelung – jenen Bewerbern des mit Ausschreibung vom 8. August 2012 eingeleiteten Konzessionsverfahrens, die nach Auffassung des HMdIS die Mindestanforderungen des Informationsmemorandums vom 24. Oktober 2012 erfüllt haben, die Veranstaltung von Sportwetten *vorläufig durch Gesetz* erlaubt werden. Die vorläufige Erlaubnis kraft Gesetzes soll (nur) unter der aufschiebenden Bedingung gelten, dass der Bewerber eine Sicherheitsleistung entsprechend § 4b Abs 3 Satz 1 GlüStV 2012 in Höhe von 2,5 Millionen Euro erbringt. Zur dauernden Sicherstellung der Konzessionsvoraussetzungen sowie zur Einhaltung und Überwachung der nach dem Staatsvertrag bestehenden Pflichten soll sie durch Inhalts- und Nebenbestimmungen behördlich näher ausgestaltet werden und spätestens ein Jahr nach Inkrafttreten des Änderungsstaatsvertrages durch Gesetz erlöschen. 116

Auch diese staatsvertraglichen Regelungen erfahren bereits jetzt – neun Monate vor ihrem Inkrafttreten und noch bevor sie durch die Landesparlamente erörtert sind – eine erste oberverwaltungsgerichtliche Würdigung: Dieser Änderungsstaatsvertrag müsse überarbeitet werden, weil andernfalls auf absehbare Zeit kein unionsrechtskonformes Erlaubnisverfahren zur Verfügung stehe. Diese Auffassung begründet das OVG Münster damit, dass die Ausschreibung nicht wiederholt werden solle, obwohl die Auftragsbekanntmachung vom 8. August 2012, wie soeben skizziert, im Widerspruch zu den Auswahlkriterien nach § 4b Abs 5 GlüStV 2012 gestanden habe und die nun vereinbarte Verlängerung der Experimentierphase sowie die Aufhebung der Kontingentierungen von Sportwettenkonzessionen seinerzeit den Bewerbern noch nicht bekannt gewesen seien. Das nunmehr geplante Gestattungsverfahren für eine Anzahl von Bewerbern in einem Verfahren, das den Anforderungen des Transparenzgebotes nicht entsprach und dem hiermit verbundenen Ausschluss anderer Bewerber könne daher nicht transparent, diskriminierungsfrei 117

115 Siehe nur das Interview mit dem FDP-Fraktionsvorsitzenden im sh Landtag *Kubicki*, http://www.t-online.de/regionales/id_80572570/streit-um-reform-des-glueckspielstaatsvertrages-im-norden.html, abgerufen am 25.3.2017.

ausgestaltet sein und auf objektiven Kriterien beruhen, die im Voraus bekannt seien.[116]

118 Es bleibt erkennbar ein weiter Weg zur Kohärenz des deutschen Glücksspielwesens. Im Hinblick auf die jahrelang heftig umkämpfte Teilliberalisierung des Sportwettenwesens bei gleichzeitigem Erhalt der Lotteriemonopole hat es an warnenden Stimmen nicht gefehlt. Diese Kohärenzfrage dürfte sich demnächst in aller Schärfe stellen, wenn die erste Bewerbung um eine Zulassung eines privaten Veranstalters zu dem bislang staatlich monopolisierten Lotteriemarkt die deutschen Gerichte und schließlich den EuGH beschäftigen wird.

119 Auch das Erfordernis föderaler Kohärenz dürfte erneut verhandelt werden, wenn die neue schleswig-holsteinische Regierungskoalition ihre Ankündigung wahr macht, den 2. GlüÄndStV nicht zu ratifizieren. Der Koalitionsvertrag von CDU, FDP und Grünen vom 27. Juni 2017 regelt hierzu, dass „Schleswig-Holstein ... den Glücksspielstaatsvertrag kündigen und mit anderen Ländern (zB Hessen, Rheinland-Pfalz und Nordrhein-Westfalen) nach einer tragfähigen, europarechtskonformen Lösung für den gesamten Bereich der Sportwetten einschließlich des Online Casinospiels sowie des Pokerspiels suchen [wird], die sich an den Regelungen des bis 2013 gültigen Glücksspielgesetzes Schleswig-Holstein orientiert." Chapeau!

116 Vgl OVG Münster, Beschl v 23.1.2017 – 4 A 3266/06, Rn 63ff.

Nicolas Klein/Pia Lange

§ 20 Das Recht der Sportwetten im GlüStV 2012

Übersicht

I. Einleitung

Wetten auf Sportereignisse haben eine lange Vergangenheit und – betrachtet man die Wachstumsraten der letzten Jahre – voraussichtlich auch eine große Zukunft.[1] Die ökonomischen Entwicklungsperspektiven für Sportwetten hängen dabei unmittelbar mit der rechtlichen Regulierung des Sportwettenangebots zusammen.[2] Während eine zunehmende Liberalisierung von Sportwetten den Anbietern weitere Gewinnmöglichkeiten verspricht, stellt sich aus ordnungsrechtlicher Perspektive stets die Frage, inwieweit die Gefahren des Glücksspiels – bzw spezifisch diejenigen von Sportwetten und deren immer weitergehende Vielfalt und Verfügbarkeit über das Internet – gesetzliche Einhegungen angebracht erscheinen lassen. Entscheidet sich 1

1 Vergleiche zur Entwicklung des regulierten Marktes in den letzten Jahren insb. die Entwicklung der Steuereinnahmen aus Sportwetten, Mitteilung des Deutschen Sportwettenverbands vom 11.3.2016, abrufbar unter: <https://dswv.de/deutscher-sportwettenmarkt-waechst/>; sowie Pressemitteilung des Deutschen Sportwettenverbands vom 30.1.2015, abrufbar unter: <https://dswv.de/wp-content/uploads/2015/01/DSWV-Pressemitteilung-Rekordsteuereinnahmen_aus_Sportwetten.pdf>. Der nicht regulierte Anteil des Marktes ist im Jahr 2014 nach dem Jahresreport der Glücksspielaufsichtsbehörden sogar knapp viermal so rasch gewachsen wie der regulierte Anteil, Jahresreport der Glücksspielaufsichtsbehörden der Länder 2014 vom 22.12.2015, S 4, abrufbar unter: <https://innen.hessen.de/sites/default/files/media/hmdis/jahresreport_2014.pdf>.

2 Zu der ökonomischen Komponente siehe Albers/Rebeggiani, Struktur und ökonomische Beurteilung des Sportwettenmarktes in Deutschland, § 4.

https://doi.org/10.1515/9783110259216-020

der Gesetzgeber für eine Regulierung des Sportwettenangebots, muss diese sich allerdings innerhalb der unions- und verfassungsrechtlichen Vorgaben bewegen. Im Unterschied zum früheren Regulierungsmodell eines strikten staatlichen Wettmonopols, eröffnet der Glücksspielstaatsvertrag (GlüStV 2012) über ein Konzessionsmodell erstmalig einer bestimmten Anzahl von staatlichen und privaten Wettanbietern im Rahmen einer zeitlich befristeten Experimentierklausel einen Marktzugang. Trotz dieser teilweisen Öffnung des Sportwettenmarktes wird insbesondere die Unions- und Verfassungsmäßigkeit des Konzessionsmodells fortwährend in Zweifel gezogen. Nach einem Überblick über die Regelungen der Sportwetten im GlüStV 2012 (II.), konzentriert sich der Beitrag daher auf die Unions- (III.) und Verfassungsmäßigkeit (IV.) des Konzessionsmodells unter Berücksichtigung geplanter Änderungen des GlüStV.

II. Die Regelung der Sportwetten im GlüStV 2012[3]

2 Vergleicht man die Zielsetzungen des GlüStV 2012 mit denjenigen des GlüStV 2008, stimmen diese weitgehend überein. Neu hinzugetreten ist in Reaktion auf die Wettskandale in jüngerer Zeit das insoweit sportwettenspezifische Ziel, Gefahren für die Integrität des sportlichen Wettbewerbs beim Veranstalten und Vermitteln von Sportwetten vorzubeugen (§ 1 Satz 1 Nr 5). Daneben bestehen gleichrangig die Zielsetzungen der Suchtprävention und Suchtbekämpfung (Nr 1), die Kanalisierung des Wettgeschehens (Nr 2), die Gewährleistung des Jugend- und Spielerschutzes (Nr 3) sowie der Schutz vor kriminellen insbesondere betrügerischen Machenschaften (Nr 4). Um die in § 1 Satz 1 genannten Ziele des Staatsvertrages zu erreichen und den spezifischen Sucht-, Betrugs-, Manipulations- und Kriminalitätspotentialen der einzelnen Glücksspielformen Rechnung zu tragen, haben die Länder differenzierte Maßnahmen für die einzelnen Glücksspielformen vorgesehen (§ 1 Satz 2). Im Hinblick auf die Veranstaltung und Vermittlung von Sportwetten hält der GlüStV 2012 das seit jeher bestehende staatliche Monopol zwar im Kern aufrecht, ergänzt dieses jedoch um ein befristetes Konzessionsmodell.

1. Begriff und Inhalt der Sportwette

3 Anwendung findet der Glücksspielstaatsvertrag auf jede Veranstaltung, Durchführung und Vermittlung von öffentlichen Glücksspielen. Eine Begriffsbestimmung des öffentlichen Glücksspiels sieht § 3 Abs 1 Satz 1, Abs 2 vor. Nach der Definition des § 3

3 Folgende §§ ohne Gesetzesbezeichnung sind solche des GlüStV 2012. Einen Überblick über die Neuregelungen geben *Kugler/Winter/Rötzer*, BayVBl 2015, 325 ff.

Abs 1 Satz 1 – die im Wesentlichen mit dem klassischen Glücksspielbegriff übereinstimmt[4] –, liegt ein Glücksspiel vor, „wenn im Rahmen eines Spieles für den Erwerb einer Gewinnchance ein Entgelt verlangt wird und die Entscheidung über den Gewinn ganz oder überwiegend vom Zufall abhängt." Die in zahlreichen Stellen des Glücksspielstaatsvertrages gesondert erwähnte Sportwette wird in § 3 Abs 1 Satz 3 legal definiert: Sportwetten sind hiernach „Wetten zu festen Quoten auf den Ausgang von Sportereignissen oder Abschnitten von Sportereignissen".[5] Nicht mehr als Sportwetten definiert sind damit die Wetten ohne feste Gewinnquote, die sog Totalisatorwetten. Diese kennzeichnet, dass die Einsätze eine gemeinsame Masse darstellen, die nach Abzug verschiedener Abgaben nach einem vordefinierten Schlüssel auf die Gewinner verteilt werden.[6] Keine Sportwette, sondern eine Pferdewette, die dem Regelungsregime des § 27 sowie insbesondere des Rennwett- und Lotteriegesetzes unterliegt, sind Wetten aus Anlass öffentlicher Pferderennen oder anderer öffentlicher Leistungsprüfungen für Pferde (§ 3 Abs 1 S 5).

Die Vorschrift des § 21 konkretisiert bzw beschränkt den zulässigen Inhalt des Sportwettenangebots. Neben den bisher allein zulässigen Kombinations- oder Einzelwetten auf den Ausgang eines Sportereignisses sind gemäß § 21 Abs 1 nunmehr auch Wetten auf den Ausgang von Abschnitten von Sportereignissen zugelassen. Weiterhin unzulässig sind hingegen gemäß § 21 Abs 4 Satz 4 Wetten auf einzelne Ereignisse während eines Sportwettkampfes, wie etwa das Wetten auf die nächste gelbe Karte, den nächsten Platzverweis oder das nächste Tor (sog Ereigniswetten), da diese extrem anfällig für Manipulationen sind.[7] Auch das schon vormals bestehende umfangreiche Trennungsgebot zwischen der Veranstaltung und Vermittlung von Sportwetten und der Veranstaltung von Sportereignissen wird durch § 21 Abs 3 Satz 1 aufrecht erhalten und durch Satz 2 noch auf ein Teilnahmeverbot für Akteure des Sportereignisses und von diesen beauftragte Dritte ausgedehnt. § 21 Abs 2 statuiert ein Trennungsgebot in räumlicher Hinsicht: Aus Gründen der Suchtprävention dürfen Sportwetten nicht in einem Gebäudekomplex vermittelt werden, in dem sich eine Spielhalle oder Spielbank befindet.[8] 4

4 *Dietlein/Hüsken*, in: Dietlein/Hecker/Ruttig, Glücksspielrecht, 2. Aufl 2013, § 3 GlüStV Rn 2. Zum Glücksspielbegriff umfassend *Korte*, Das staatliche Glücksspielwesen, 2004, S 24 ff.

5 Ausführlich zum Begriff der Sportwette *Hecker/Ruttig*, in: Dietlein/Hecker/Ruttig, Glücksspielrecht, 2. Aufl 2013, § 21 GlüStV Rn 10 ff; zur Sportwette *Voßkuhle/Bumke*, Rechtsfragen der Sportwette, 2002, S 17 ff; *Volkwein*, Die Rechtsproblematik der Sportwette, 2009, S 5 ff.

6 *Bolay/Pfütze*, in: Streinz/Liesching/Hambach, Glücks- und Gewinnspielrecht in den Medien, 2014, § 3 GlüStV Rn 18; *Brüggemann*, Die Besteuerung von Sportwetten, 2015, S 51.

7 LT-Drs Bay 16/11995, S 30; *Bolay/Pfütze*, in: Streinz/Liesching/Hambach, Glücks- und Gewinnspielrecht in den Medien, 2014, § 21 GlüStV Rn 21 f.

8 LT-Drs Bay 16/11995, S 30. Zum Begriff Gebäudekomplex, *Hecker/Ruttig*, in: Dietlein/Hecker/Ruttig, Glücksspielrecht, 2. Aufl 2013, § 21 GlüStV Rn 39 ff. Zum räumlichen Trennungsgebot insgesamt *Dietlein/Peters*, ZfWG 2014, 357 ff.

5 § 21 Abs 4 Satz 1 enthält darüber hinaus ein spezielles Verknüpfungsverbot zwischen der Veranstaltung und Vermittlung von Sportwetten und der Übertragung von Sportereignissen in Rundfunk und Telemedien. Da das Angebot von Live-Wetten – zusammen mit dem Internet – jedoch einen wesentlichen Faktor für das Florieren des Schwarzmarkts darstellte, sieht § 21 Abs 4 Satz 3 für Endergebniswetten eine behördliche Erlaubnismöglichkeit vor.[9] § 21 Abs 5 GlüStV übernimmt schließlich die Ausschlussregelung für gesperrte Spieler aus § 21 Abs 3 GlüStV 2008.

2. Begrenzte Öffnung des Sportwettenmarktes über das Konzessionsmodell

6 Um eine bessere Bekämpfung des umfangreichen Schwarzmarktes zu erproben, weicht der GlüStV 2012 im Bereich der Sportwetten von dem grundsätzlich gemäß § 10 Abs 6[10] fortbestehenden staatlichen Veranstaltungsmonopol im Rahmen einer Experimentierklausel für einen begrenzten Zeitraum von sieben Jahren ab Inkrafttreten des GlüStV 2012, das heißt bis zum 30. Juni 2019 ab (§ 10a Abs 1).[11] Der deutsche Sportwettenmarkt steht damit privaten Anbietern zwar offen, diese bedürfen allerdings nach § 10a Abs 2 einer Konzession gemäß den §§ 4a ff als einer Sonderform der Erlaubnis.[12] Die Zahl der zu vergebenden Konzessionen ist gemäß § 10a Abs 3 auf maximal 20[13] begrenzt (§ 4a Abs 3, § 10a Abs 3), um deren Erteilung private wie staatliche Anbieter miteinander konkurrieren.[14] Welche Voraussetzungen der Wettveranstalter erfüllen muss, um die Konzession zu erhalten, regelt § 4a Abs 4,

9 Die Regelung verfolgt insoweit die zielgerichtete Kanalisierung des natürlichen Spieltriebs, LT-Drs Bay 16/11995, 30.

10 Eine Veranstaltung durch private Anbieter sieht § 10 Abs 6 allein für Lotterien mit geringem Gefährdungspotential nach Maßgabe der Vorschriften des dritten Abschnitts des Glücksspielstaatsvertrages vor.

11 Die Befristung kann gemäß § 35 Abs 1 durch die Ministerpräsidentenkonferenz vom 28. Oktober 2016 mit mindestens 13 Stimmen nach den Ergebnissen der Evaluierung aufgehoben werden. Nach den geplanten Abänderungen des GlüStV 2012, welche auf der Ministerpräsidentenkonferenz vom 28. Oktober beschlossen worden sind, soll die Experimentierklausel zukünftig bis zum 30. Juni 2021 gelten und im Falle einer Fortgeltung des Staatsvertrages nach § 35 Abs 2 bis zum 30. Juni 2024 verlängert werden.

12 LT-Drs Bay 16/11995, 23.

13 Eine Abänderung der Höchstzahl ist gemäß § 4a Abs 3 durch die Ministerpräsidentenkonferenz mit mindestens 13 Stimmen unter bestimmten Voraussetzungen möglich. Nach den geplanten Abänderungen des GlüStV 2012 soll die Begrenzung der Zahl der Konzessionen jedoch zukünftig für die Experimentierphase vollständig entfallen.

14 Das bestehende staatliche Sportwettenangebot, einschließlich seiner Vermittlung, ist nach der Übergangsregelung des § 29 Abs 1 Satz 3 allerdings auch noch ein Jahr nach Konzessionserteilung zulässig. Diese Privilegierung staatlicher Sportwetten soll durch die Abänderung des GlüStV 2012 entfallen.

während die Auswahlkriterien und das Konzessionsverfahren in § 4b normiert sind. Hervorzuheben ist zudem die in § 4d vorgesehene Konzessionsabgabe.[15]

Abweichend von dem in § 9 Abs 4 Satz 1 normierten Grundsatz, dass eine glücksspielrechtliche Erlaubnis von der zuständigen Behörde für das Gebiet des jeweiligen Landes erteilt wird, sieht § 9a Abs 2 Nr 3 für die Konzessionsvergabe nach §§ 4a, 10a ein ländereinheitliches Verfahren vor. Zuständig für die Konzessionsvergabe für alle Länder ist danach das Land Hessen, welches gemäß § 9a Abs 3 Satz 1 zugleich gegenüber den Konzessionsnehmern, denen eine Erlaubnis im ländereinheitlichen Verfahren erteilt wurde, die Aufgaben der Glücksspielaufsicht mit Wirkung für alle Länder ausübt. 7

Für die ländereinheitlichen Verfahren hat der GlüStV 2012 ein Glücksspielkollegium der Länder errichtet. Es besteht aus 16 Mitgliedern und fasst seine Beschlüsse mit einer Mehrheit von mindestens 2/3 der Stimmen seiner Mitglieder (§ 9a Abs 6 und 7). Gemäß § 9a Abs 5 dient es der im ländereinheitlichen Verfahren zuständigen Behörde als Organ bei der Erfüllung ihrer Aufgaben. Die jeweils zuständige Behörde ist gemäß § 9a Abs 8 an die Beschlüsse des Glücksspielkollegiums inhaltlich gebunden. Im Außenverhältnis handelt jedoch weiterhin die jeweils zuständige Behörde.[16] Als Vorbild für die Einrichtung des Glücksspielkollegiums fungierte das Modell der Kommission für Jugendmedienschutz nach dem Jugendschutz-Staatsvertrag und der Kommission für Zulassung und Aufsicht nach dem Rundfunkstaatsvertrag.[17] 8

Inhaltlich gibt die Konzession dem Konzessionsnehmer nach Maßgabe der gemäß § 4c Abs 2 festgelegten Inhalts- und Nebenbestimmungen das Recht, abweichend vom Verbot des § 4 Abs 4 Sportwetten im Internet zu veranstalten und zu vermitteln (§ 10a Abs 4).[18] Die Erteilung einer weiteren Erlaubnis nach § 4 Abs 5 wird damit obsolet, vielmehr ist die Überprüfung der Voraussetzungen aus § 4 Abs 5 und 6 bereits integraler Bestandteil des Konzessionsvergabeverfahrens.[19] Anders als im Bereich der Lotterien gewährt § 4 Abs 5 bei Sportwetten dabei nicht nur die Mög- 9

15 Zur Konzessionsabgabe *Birk/Brügemann*, in: Dietlein/Hecker/Ruttig, Glücksspielrecht, § 4d GlüStV Rn 1 ff. Die nach dem Rennwett-und Lotteriegesetz gezahlten Steuern werden gemäß § 4e Abs 7 auf die Konzessionsabgabe angerechnet. Zur Besteuerung von Sportwetten siehe die Beiträge von *Birk/Brüggemann*, Glücksspiel und Abgaben, § 26 und *Moser*, Steuerrechtliche Aspekte der Rechtsprechung des EuGH im Bereich des Glücksspiels, § 27 sowie *Brüggemann*, Die Besteuerung von Sportwetten, 2015.

16 *Liesching/Brenner*, in: Streinz/Liesching/Hambach, Glücks- und Gewinnspielrecht in den Medien, 2014, § 9a GlüStV Rn 25.

17 LT-Drs Bay 16/11995, S 28.

18 Dazu ausführlich der Beitrag von *Korte*, Glücksspiel im und über Internet, § 24 Rn 7 ff. In Einklang mit § 4 Abs 5 sieht § 5 Abs 3 Satz 2 auch eine Ausnahme vom Werbeverbot über Internet und Fernsehen für Sportwetten vor.

19 *Gebhardt*, in: Dietlein/Hecker/Ruttig, Glücksspielrecht, 2. Aufl 2013, § 10a GlüStV Rn 22; *Bolay/Pfütze*, in: Streinz/Liesching/Hambach, Glücks- und Gewinnspielrecht in den Medien, 2014, § 10a GlüStV Rn 213.

lichkeit der Erlaubnis von Eigenvertrieb und Vermittlung[20], sondern ermöglicht die Erlaubnis der „Veranstaltung" und „Vermittlung" von Sportwetten im Internet. Die Länder gingen somit augenscheinlich davon aus, dass neben der bloßen Vermittlung von Sportwetten – etwa durch Abschluss des Wettvertrages über das Internet – auch eine Veranstaltung von Sportwetten im Internet möglich ist,[21] wobei der GlüStV 2012 bei der Definition des Glücksspielortes in § 3 Abs 4 nicht weiter zwischen den beiden Begriffen differenziert. Von einer Veranstaltung von Sportwetten im Internet ist jedenfalls dann auszugehen, wenn eine Teilnahme nur – wie bei einigen Anbietern – über das Internet möglich ist.[22] Ist eine Spielteilnahme sowohl virtuell als auch auf konventionellem Wege in einer Wettannahmestelle möglich, erscheint es notwendig, für die Abgrenzung zwischen der Veranstaltung einer Sportwette im Internet und einer Offline-Sportwette einen darüber hinausgehenden Online-Bezug zu fordern.[23] Allerdings kann dabei nicht wie bei der Veranstaltung von anderen Glücksspielen wie beispielsweise Roulette oder Poker auf das zufallsabhängige Ereignis selbst abgestellt werden, da sich bei Sportwetten gerade deren Veranstaltung und das von einem Dritten ausgerichtete Sportereignis unterscheiden.[24] Es kann daher nicht darauf ankommen, ob das Sportereignis selbst virtuellen Einflüssen unterliegt wie es nur beim sich wachsender Beliebtheit erfreuenden sog E-Sport[25] der Fall wäre. Entscheidend ist vielmehr, ob die verschiedenen Teilelemente der Veranstaltung der Sportwette in Gestalt der Auswahl der sportlichen Begegnungen, der Festsetzung der Quoten hierfür, oder der Erklärung, auf dieser Grundlage Wettangebote anzunehmen, überwiegend online erfolgen bzw dies zumindest aus Sicht des Teilnehmers der Fall ist,[26] auch wenn dadurch zugegebenermaßen eine trennscharfe Abgrenzung zwischen der Veranstaltung und Vermittlung von Sportwetten im Internet schwierig ist.[27]

---

20 Mit Eigenvertrieb meint der Normgeber wohl – jedenfalls im Bereich der Lotterien – den Vertrieb einer Lotterie durch den Veranstalter selbst und mit Vermittlung den Vertrieb durch Dritte. *Bolay/Pfütze*, in: Streinz/Liesching/Hambach, Glücks- und Gewinnspielrecht in den Medien, 2014, § 4 GlüStV Rn 142. *Korte*, Glücksspiel im und über Internet, § 24 Rn 25 weist richtigerweise auf eine gewisse Inkonsistenz der Normsetzung hin, da bei den Sportwetten nicht zwischen Eigenbetrieb und Vermittlung unterschieden wird.

21 AA *Korte*, Glücksspiel im und über Internet, § 24 Rn 24, der eine Veranstaltung von Sportwetten im Internet denklogisch ausschließt.

22 So auch *Korte*, Glücksspiel im und über Internet, § 24 Rn 13 f, der eine solche rechnerunabhängige Teilnahmemöglichkeit allerdings für Sportwetten ausschließt.

23 *Korte*, Glücksspiel im und über Internet, § 24 Rn 12 ff.

24 Siehe dazu auch schon das organisatorische Trennungsgebot des § 21 Abs 3.

25 Zur Einordnung des E-Sport als Sport *Holzhäuser/Bagger/Schenk*, SpuRT 2016, 94 ff.

26 *Korte*, Glücksspiel im und über Internet, § 24 Rn 13.

27 Zu Abgrenzungsschwierigkeiten zwischen Vermittler und Veranstalter *Bolay/Pfütze*, in: Streinz/Liesching/Hambach, Glücks- und Gewinnspielrecht in den Medien, 2014, § 3 GlüStV Rn 36.

Die Vermittlung konzessionierter Sportwetten kann neben dem Internet auch auf konventionellem Wege in Wettvermittlungsstellen erfolgen, die ihrerseits erlaubnispflichtig sind (§ 4 Abs 1 Satz 1, § 10a Abs 5). Der Antrag für den Betrieb einer Vermittlungsstelle ist von dem Sportwettenveranstalter als Konzessionsinhaber zu stellen (§ 10a Abs 5 Satz 2 iVm § 29 Abs 2 Satz 2), um eine Konzentration des Antragsverfahrens zu bewirken. Entsprechend der Regelung des § 10 Abs 4 begrenzen die Länder die Zahl der Wettvermittlungsstellen zur Erreichung der Ziele des § 1 (§ 10a Abs 5 Satz 1). Eine unmittelbare Begrenzung der Anzahl der Wettvermittlungsstellen erfolgt im GlüStV 2012 anders als in Vorentwürfen jedoch nicht. Die Festlegung obliegt daher den einzelnen Ländern.[28] 10

3. Konzessionsvergabe und Reformvorschläge

Zu einer Konzessionsvergabe durch das Land Hessen auf Grundlage des GlüStV 2012 11 ist es bislang noch nicht gekommen und wird es wohl auch zukünftig nicht mehr kommen. Denn das mit der europaweiten Ausschreibung der Konzessionen am 8. August 2012 begonnene Vergabeverfahren[29] wurde durch einen Beschluss des Hessischen Verwaltungsgerichtshofs – der sowohl die Ausgestaltung des Glücksspielkollegiums im GlüStV 2012 für verfassungswidrig und zudem das konkrete Vergabeverfahren für rechtswidrig hielt – gestoppt.[30]

Die Ministerpräsidenten haben sich daher auf ihrer Konferenz am 28. Oktober 12 2016 zu einer Abänderung des GlüStV entschlossen, die die bestehenden verfassungs- und unionsrechtlichen Bedenken ausräumen sollen. Unter anderem ist vorgesehen, die Beschränkung der Anzahl der Konzessionen auf 20 aufzuheben, die Vergabe der Konzessionen künftig anhand von qualitativen Mindeststandards durchzuführen und die Aufgabenzuweisung des Glücksspielkollegiums – zumindest sprachlich – in § 9a Abs 5 abzuändern.[31] Zudem soll die Möglichkeit vorgesehen werden, die Veranstaltung von Sportwetten durch die Bewerber des mit der Ausschreibung vom 8. August 2012 eingeleiteten Konzessionsverfahrens, welche die im

---

28 Diese haben überwiegend eine Höchstzahl zwischen 60–2.400 oder eine bestimmte Anzahl zulässiger Wettvermittlungsstellen pro Konzessionsnehmer festgelegt (so in Sachsen und Sachsen-Anhalt. In Bremen ist es eine Vermittlungsstelle pro Veranstalter und Stadtbezirk). In Hessen erfolgt die Festlegung durch die zuständige Behörde im Einzelfall, § 10 Abs 1 HGlüG. Zu der teilweise erfolgten problematischen Verknüpfung von Wettvermittlungsstellen und Annahmestellen gem § 10 Abs 4 *Bolay/Pfütze*, in: Streinz/Liesching/Hambach, Glücks- und Gewinnspielrecht in den Medien, 2014, § 21 GlüStV Rn 222f.

29 Zum genauen Ablauf des Verfahrens *Gersdorf*, WiVerw 2016, 156.

30 Beschluss des VGH Hessen vom 16. Oktober 2015, NVwZ 2016, 171.

31 Die „irreführende Bezeichnung" als Organ soll entfallen. Dazu BayVerfGH, Entscheidung vom 25.9.2015, BeckRS 2015, 52905, Rn 151; *Pagenkopf*, NJW 2012, 2918 (2921).

Informationsmemorandum vom 24. Oktober 2012[32] aufgeführten Mindestvoraussetzungen erfüllt haben, vorläufig zuzulassen.[33]

III. Vereinbarkeit mit dem Unionsrecht

13 Der EuGH gelangte in zwei Entscheidungen vom 8. September 2010 zum GlüStV 2008 zu der Auffassung, dass die vorlegenden Gerichte angesichts der Expansions- und Duldungspolitik der zuständigen Behörden in den nicht monopolisierten Glücksspielbereichen jeweils berechtigten Anlass zu der Schlussfolgerung hatten, dass das der Einrichtung des damals bestehenden staatlichen Monopols im Bereich der Lotterien und Sportwetten zugrunde liegende Ziel, Anreize zu übermäßigen Ausgaben für das Spielen zu vermeiden und die Spielsucht zu bekämpfen, nicht wirksam erreicht werden könne.[34] Es fehle insoweit an einem rechtlichen Rahmen der dazu geeignet sei, die Wetttätigkeiten in kohärenter und systematischer Weise zu begrenzen und damit das staatliche Monopol als Einschränkung der Dienstleistungsfreiheit aus Art 56f AEUV zu rechtfertigen.[35]

14 Diese Entscheidungen bezogen sich allerdings noch auf die alte Rechtslage und damit auf das dort normierte staatliche Sportwettenmonopol. Im März 2014 legte das Amtsgericht Sonthofen im Rahmen zweier verbundener Strafverfahren gegen Frau Ince dem EuGH erstmalig mehrere Fragen zur Vereinbarkeit der glücksspielrechtlichen (Neu-)Regelungen und der strafrechtlichen Sanktionierung ua mit Art 56 AEUV vor.[36] Frau Ince wurde in diesen Verfahren zur Last gelegt, in Bayern Sportwetten vermittelt zu haben, ohne dass von der zuständigen Behörde eine Erlaubnis erteilt worden wäre, wobei jedoch nur der Sachverhalt, der dem zweiten Tatvorwurf

32 Az: II – 21v08-01-12/002.

33 Entwurf Zweiter Staatsvertrag zur Änderung des Glücksspielstaatsvertrages vom 28. Oktober 2016.

34 EuGH, Rs C-46/08 (Carmen-Media), Rn 68; C-316/07 (Stoß ua), Rn 106. Den Aspekt der sog Kohärenz im Rahmen der Rechtfertigung von Einschränkungen der Dienstleistungsfreiheit hatte der EuGH bereits zuvor anhand des Glücksspielrechts anderer Mitgliedstaaten herausgearbeitet EuGH, Rs C-67/98 (Zenatti), Rn 35f; Rs C-243/01 (Gambelli), Rn 62, 67; Rs C-338/04 (Placanica ua), Rn 53; Rs C-169/07 (Hartlauer), Rn 55; Rs C-42/07 (Liga Portuguesa de Futebol Professional und BWin International), Rn 61.

35 EuGH, Rs C-46/08 (Carmen-Media), Rn 64ff; C-316/07 (Stoß ua), Rn 106ff. In der dritten Entscheidung vom selben Tag, EuGH, Rs C 409/06, (Winner Wetten) ging es um die Frage, inwieweit die vom BVerfG angeordnete Weitergeltung der im Landesrecht vorgesehen staatlichen Sportwettenmonopole mit dem Unionsrecht vereinbar ist. Dazu *Willers*, Verfassungsgerichtliche Übergangsfristen im Mehrebenensystem, 2011.

36 Siehe im Einzelnen den konkretisierten Vorlagebeschluss vom 6. März 2014, Az 1 Ds 400 Js 17155/11 sowie dazu ausführlich *Dietlein/Peters*, Das Sportwetten-Konzessionsmodell auf dem unionsrechtlichen Prüfstand, ZfWG 2015, 158ff.

zugrunde lag, zeitlich vom GlüStV 2012 erfasst wurde. Diesbezüglich urteilte der Gerichtshof, dass Art 56 AEUV dahin auszulegen sei, „dass er einen Mitgliedstaat daran hindert, die ohne Erlaubnis erfolgte Vermittlung von Sportwetten in seinem Hoheitsgebiet an einen Wirtschaftsteilnehmer, der in einem anderen Mitgliedstaat eine Lizenz für die Veranstaltung von Sportwetten innehat, zu ahnden,

- wenn die Erteilung einer Erlaubnis für die Veranstaltung von Sportwetten daran geknüpft ist, dass der genannte Wirtschaftsteilnehmer eine Konzession nach einem Konzessionserteilungsverfahren wie dem im Ausgangsverfahren in Rede stehenden erhält und das vorlegende Gericht feststellt, dass dieses Verfahren den Gleichbehandlungsgrundsatz, das Verbot der Diskriminierung aus Gründen der Staatsangehörigkeit und das daraus folgende Transparenzgebot nicht beachtet, und
- soweit trotz des Inkrafttretens einer nationalen Bestimmung, nach der privaten Wirtschaftsteilnehmern eine Konzession erteilt werden kann, die von den nationalen Gerichten für unionsrechtswidrig befundenen Bestimmungen, mit denen ein staatliches Monopol auf die Veranstaltung und die Vermittlung von Sportwetten eingeführt wurde, faktisch weiter angewandt werden."[37]

Die Bewertung des EuGH-Urteils im Fall „Ince" fiel erwartungsgemäß gemischt 15 aus.[38] Der EuGH stellt mit der Entscheidung jedenfalls klar, dass das Konzessionsmodell nicht im Einklang mit der Dienstleistungsfreiheit steht, solange ein unionsrechtswidriges staatliches Monopol auf die Veranstaltung und Vermittlung von Sportwetten faktisch weiter angewandt wird sowie, dass das Konzessionserteilungsverfahren dem Gleichbehandlungsgrundsatz, dem Diskriminierungsverbot und dem Transparenzgebot genügen muss.[39] Neben dem unionsrechtlichen Kohärenzgebot (1.) muss sich das Konzessionsverfahren somit auch an diesen Kriterien (2.) messen lassen.

---

37 EuGH, C-336/14 (Ince), Rn 95.

38 Während einige darin einen uneingeschränkten Sieg der privaten Sportwettenanbieter erblickten, siehe etwa *Meyer*, Glücksspielvertrag am Ende – Private Wettanbieter sind legal!, Beitrag vom 9.2.2016, abrufbar unter: <https://www.casinoonline.de/nachrichten/glucksspielvertrag-am-ende-private-wettanbieter-sind-legal-4383/> (zuletzt abgerufen am 30.12.2016); *Reichert*, Ince-Urteil des EuGH: Verbot privater Sportwettangebote unanwendbar, Beitrag vom 4.2.2016, abrufbar unter: <https://www.isa-guide.de/isa-law/articles/142859.html> (zuletzt abgerufen am 30.12.2016), sahen andere in dem Urteil einen bloßen „Pyrrhussieg" *Ruttig*, Ein Pyrrhussieg für Online-Sportwettangebote, LTO Beitrag vom 11.2.2016, abrufbar unter: <http://www.lto.de/recht/hintergruende/h/eugh-c33614-gluecksspiel-online-wettbuero-vergabe-eurecht/> (zuletzt abgerufen am 30.12.2016).

39 EuGH, C-336/14 (Ince), Rn 95.

1. Das unionsrechtliche Kohärenzgebot

16 Nach dem Kohärenzgebot[40] ist eine „nationale Regelung nur dann geeignet, die Verwirklichung des geltend gemachten Ziels zu gewährleisten, wenn sie tatsächlich dem Anliegen gerecht wird, es in kohärenter und systematischer Weise zu erreichen."[41] Dabei geht der EuGH davon aus, dass neben der sog „inneren oder vertikalen Kohärenz" (dh der Kohärenz innerhalb eines Glücksspielsektors) auch die sog „äußere oder horizontale Kohärenz" (dh die Kohärenz innerhalb des gesamten mitgliedsstaatlichen Regulierungssystems für Glücksspiel) erforderlich sei.[42] Eine weitere Ausprägung erfährt das Kohärenzkriterium im Bundesstaat. Die sog „räumliche oder interkompetenzielle Kohärenz"[43] basiert auf einem vertikalen Vergleich von Bundes- und Landesrecht sowie auf einem horizontalen Vergleich landesrechtlicher Vorschriften. Sie erweitert das Kohärenzkriterium folglich auch auf die Bereiche der Landesgesetzgebungskompetenzen und fordert ggf ein koordiniertes Vorgehen zwischen Bund und Ländern bzw den Ländern untereinander, stellt aber kein strenges Uniformitätsgebot dar.[44]

17 Da das dem GlüStV 2012 zugrundeliegende Konzessionsmodell jedoch in allen Ländern einheitlich Anwendung findet, steht das Erfordernis der räumlichen Kohärenz nicht so sehr im Fokus der Diskussion. Umstritten ist vielmehr vor allem, ob das Konzessionsmodell der Anforderungen der äußeren bzw horizontalen Kohärenz[45] – im Hinblick auf die unterschiedliche Behandlung von Online-Sportwetten einerseits und Online-Casino-Spielen inkl. Poker andererseits – gerecht wird.[46] Denn

---

40 Zur dogmatischen Einordnung des Kohärenzgebots hier nur *Lippert*, EuR 2012, S 90 (92f); *Makswit*, Auswirkungen des Föderalismus im Glücksspielrecht, 2015, S 115f.

41 EuGH, verb. Rs C-447/08 und C-448/08 (Sjöberg), Rn 41.

42 EuGH, Rs C-46/08 (Carmen-Media), Rn 71; C-316/07 (Stoß ua), Rn 107; *Lippert*, EuR, 2012, S 90 (95f); *Bolay/Pfütze*, in: Streinz/Liesching/Hambach, Glücks- und Gewinnspielrecht in den Medien, 2014, § 10a GlüStV Rn 21.

43 Neben den bereits erläuterten werden noch eine Vielzahl an anderen Begriffen wie „Binnenkohärenz" (für die vertikale Kohärenz) oder „intersektorielle Kohärenz" (für die horizontale Kohärenz) verwendet. Eine kohärente Terminologie hat sich insoweit noch nicht herausgebildet. Siehe dazu *Jarass*, EU-rechtliche Probleme der Vorgaben für die Veranstaltung von Lotterien nach dem neuen Glücksspielstaatsvertrag, Rechtsgutachten 2015, S 27f mwN.

44 EuGH, Rs C-46/08 (Carmen-Media), Rn 70; sowie Rs C-156/13 (Digibet), Rn 35. Dazu *Makswit*, Auswirkungen des Föderalismus im Glücksspielrecht, 2015, S 121ff.

45 Weitergehend werden auch Inkohärenzen in der unterschiedlichen Regulierung von Pferdewetten (ohne zahlenmäßige Begrenzung geregelt), von Lotterien (staatliches Monopol) und des gewerblichen Automatenspiels (restriktives Erlaubnismodell) ausgemacht, dazu umfassend *Makswit*, Auswirkungen des Föderalismus im Glücksspielrecht, 2015, S 153ff.

46 *Hambach*, K&R 2014, 570 (574); *Bolay/Pfütze*, in: Streinz/Liesching/Hambach, Glücks- und Gewinnspielrecht in den Medien, 2014, § 4 GlüStV Rn 37, 114ff und § 10a GlüStV Rn 96ff. Siehe auch schon die Bedenken der Monopolkommission, BT-Drs. 17/10365, 58, Rn 45 sowie der Kommission in

während für Sportwetten über das Konzessionsmodell auch die Veranstaltung und Vermittlung im Internet vorgesehen ist, gilt für Casino-Spiele inkl Poker weiterhin ein Totalverbot. Zur Begründung dieses Totalverbots von Online-Casino-Spielen verweist der Gesetzgeber auf die „hohe Manipulationsanfälligkeit", das „herausragende Suchtpotential" sowie die „Anfälligkeit für eine Nutzung zu Zwecken der Geldwäsche".[47] Angesichts des ebenfalls nicht unerheblichen Suchtrisikos im Bereich der Sportwetten wird zwar teilweise in Frage gestellt, dass die erhebliche Differenzierung im Schutzniveau zwischen Online-Casino/Poker (Totalverbot) und Sportwetten (beschränktes Erlaubnismodell) im Hinblick auf das Kohärenzgebot zu rechtfertigen sei.[48] Die erhöhte Gefahr von Geldwäsche und insbesondere eine erheblich erhöhte Manipulationsgefahr bei Spielen, die lediglich virtuell stattfinden, vermögen jedoch die unterschiedlichen Regulierungsansätze durchaus zu rechtfertigen. Rein virtuelle Spiele weisen nämlich im Gegensatz zu Sportveranstaltungen größere Manipulationsmöglichkeiten sowohl von „außen" als auch von „innen" auf, so dass ein pauschaler Verweis darauf, dass bei beiden eine gleich große Gefahr des Datenzugriffs von „außen" bestehe, nicht ausreicht, um die vom Gesetzgeber getroffene Einschätzung in Frage zu stellen. Zwar trifft grundsätzlich den jeweiligen Mitgliedstaat die prozessuale Darlegungslast für die Rechtmäßigkeit einer die Grundfreiheiten einschränkenden Maßnahme und damit für die eine Ungleichbehandlung rechtfertigenden Tatsachen.[49] Diese Verpflichtung ist jedoch nicht dahingehend zu verstehen, dass vor jeder Regulierungsmaßnahme schon eine abgeschlossene Untersuchung vorgelegt werden muss.[50] Der prinzipiell bestehende weite Beurteilungsspielraum des Gesetzgebers darf nicht durch übermäßige Darlegungs- und Beweiserfordernisse aufgehoben werden. Unter Berücksichtigung dessen verstößt die unterschiedliche Regulierung von Online-Sportwetten und Online-Casino/Poker nicht gegen das horizontale Kohärenzgebot.[51]

Unabhängig von der Frage, ob die Regulierung der Sportwetten über das Konzes- 18
sionsmodell auch im Übrigen mit dem horizontalen und vertikalen Kohärenzgebot vereinbar ist, ergeben sich – angesichts des bisherigen Verlaufs des Konzessionsvergabeverfahrens – indes erhebliche Zweifel hinsichtlich der sog „tatsächlichen Kohä-

der ausführlichen Stellungnahme der Kommission im Notifizierungsverfahren v. 18.7.2011, C (2011) 5319, 4f.

47 LT-Drs Bay 16/11995, 20.

48 *Hambach*, K&R 2014, 570 (574); *Bolay/Pfütze*, in: Streinz/Liesching/Hambach, Glücks- und Gewinnspielrecht in den Medien, 2014, § 4 GlüStV Rn 130ff.

49 Dazu umfassend *Zierke*, Die Steuerungswirkung der Darlegungs- und Beweislast im Verfahren vor dem Gerichtshof der EU, 2015, 89ff.

50 *Makswit*, Auswirkungen des Föderalismus im Glücksspielrecht, 2015, S 117.

51 Ausführlich *Korte*, Glücksspiel im und über Internet, § 24 Rn 51ff.

renz" bzw „Vollzugskohärenz".[52] Denn das Kohärenzgebot beschränkt sich nicht allein auf die gesetzliche Ausgestaltung der mitgliedstaatlichen Glücksspielregulierung, sondern erfordert auch eine Stimmigkeit in der konkreten Rechtsanwendung.[53] Erforderlich ist, dass die öffentliche Hand nach Kräften mit den ihr zur Verfügung stehenden Mitteln versucht, die Vorschriften des GlüStV auch durchzusetzen.[54]

19 Problematisch ist vor diesem Hintergrund, dass durch die Ausgestaltung und Durchführung des Konzessionsvergabeverfahrens bisher noch keine Konzessionen vergeben werden konnten, mit der Folge, dass das bereits von den nationalen Gerichten für unionsrechtswidrig befundene staatliche Monopol im Bereich der Sportwetten faktisch weiter fortbesteht[55], allerdings nur noch fragmentarisch durchgesetzt werden kann.[56] Um dem Erfordernis der Vollzugskohärenz zu genügen, ist der Gesetzgeber mithin gehalten, das Konzessionsmodell tatsächlich auch zu praktizieren. Eine Neugestaltung des Konzessionsverfahrens muss in diesem Sinne insbesondere auch darauf abzielen, dass das Konzessionsvergabeverfahren nunmehr ohne weitere Verzögerungen durchgeführt werden kann. Der geplante Wegfall der Höchstzahl der zu vergebenden Konzessionen[57] ist dabei ausdrücklich – im Hinblick auf das Kohärenzgebot insgesamt – zu begrüßen, da dieser Schritt wesentlich zur Vereinfachung und Beschleunigung des Verfahrens und damit zur Einhaltung der unionsrechtlichen Anforderungen beitragen kann.

2. Gleichbehandlungsgrundsatz, Diskriminierungsverbot und Transparenzgebot

20 Das Konzessionserteilungsverfahren muss auch dem Gleichbehandlungsgrundsatz, dem Diskriminierungsverbot und dem Transparenzgebot genügen.[58] Um diesen unionsrechtlichen Erfordernissen gerecht zu werden, sieht § 4b Abs 1 GlüStV 2012 ange-

52 *Bolay/Pfütze*, in: Streinz/Liesching/Hambach, Glücks- und Gewinnspielrecht in den Medien, 2014, § 10a GlüStV Rn 22.

53 Dazu *Grzeszick*, WiVerw 2016, 181 (198); *Bolay/Pfütze*, in: Streinz/Liesching/Hambach, Glücks- und Gewinnspielrecht in den Medien, 2014, § 10a GlüStV Rn 128 ff.

54 Ausführlich dazu *Korte*, Glücksspiel im und über Internet, § 24 Rn 57 ff; zum Problem eines strukturellen Vollzugsdefizits und insbesondere der Frage des sog „Financial Blockings", *Becker*, ZfWG 2015, S 410 (413 ff).

55 In diesem Sinne auch EuGH, Rs C-336/14 (Ince), Rn 95.

56 Siehe Beschluss des VG Wiesbaden vom 9.11.2016, Az 5L 1609/16.WI (nicht rechtskräftig) wonach Sportwettenanbieter, welche sich an dem Konzessionserteilungsverfahren beteiligt und die Mindestanforderungen erfüllt haben, einstweilen Anspruch auf Erteilung einer Konzession haben; zu dieser Problematik umfassend *Becker*, ZfWG 2015, 410 ff.

57 Entwurf Zweiter Staatsvertrag zur Änderung des Glücksspielstaatsvertrages vom 28. Oktober 2016.

58 EuGH, C-336/14 (Ince), Rn 95.

lehnt an vergaberechtliche Grundsätze[59] die Durchführung eines transparenten, diskriminierungsfreien Auswahlverfahrens sowie die Bekanntmachung im Amtsblatt der Europäischen Union vor. Die Vergabekriterien anhand derer die 20 Konzessionen vergeben werden sollen, sind darüber hinaus in §§ 4a und 4b des GlüStV 2012 festgelegt, die konkrete Ausgestaltung bleibt indes – unter Beachtung der gesetzlichen Vorgaben – der zuständigen Behörde vorbehalten. Diese hat sich für die nach den Vorschriften des GlüStV 2012 auch naheliegende Form eines zweistufigen Konzessionsvergabeverfahrens entschieden.[60] Die unionsrechtlichen Vorgaben des Gleichbehandlungsgrundsatzes, des Verbots der Diskriminierung aus Gründen der Staatsangehörigkeit und dem daraus folgenden Transparenzgebot können in diesem gewählten Verfahren grundsätzlich auch ausreichend Berücksichtigung finden.[61]

Allerdings hat der VGH Hessen kürzlich entschieden, dass das konkrete Verfahren unter Verletzung des Transparenzgebots durchgeführt worden ist, da in der Ausschreibung eine unzutreffende Aussage hinsichtlich der für die Vergabe der Konzessionen maßgeblichen Auswahlkriterien gemacht wurde.[62] Das europarechtliche Transparenzgebot verpflichtet die „konzessionserteilende Stelle, zugunsten der potenziellen Bewerber einen angemessenen Grad an Öffentlichkeit sicherzustellen, der eine Öffnung der Konzessionen für den Wettbewerb und die Nachprüfung ermöglicht, ob die Vergabeverfahren unparteiisch durchgeführt worden sind."[63] Die maßgeblichen Entscheidungskriterien müssen dabei so klar, präzise und eindeutig formuliert werden, dass alle interessierten Bewerber mit der üblichen anzulegenden Sorgfalt die genaue Bedeutung dieser Kriterien verstehen und beurteilen können, was von ihnen im Hinblick auf den Erfolg einer Bewerbung verlangt werden wird.[64] Dies war bei den in der Bekanntmachung aufgenommenen Auswahlkriterien nicht hinreichend gewährleistet.[65] Darüber hinaus stand auch die der Auswahlentscheidung zugrunde gelegte Bewertungsmatrix[66] nicht im Einklang mit den Vorgaben des Glücksspielstaatsvertrages.[67] 21

59 Förmliches Unionsvergaberecht ist nicht anwendbar, insbesondere greift die Richtlinie 2014/23/EU des Europäischen Parlaments und des Rates über die Konzessionsvergabe vom 26. Februar 2014 (ABl L 94 vom 28. März 2014, S 1) nicht ein, da sie jedenfalls erst ab dem 17. April 2014 Geltung beansprucht.

60 Zum Verfahrensablauf *Gersdorf*, WiVerw 2016, 156.

61 Siehe bezüglich der grundsätzlichen Anforderungen dieser Erfordernisse EuGH, Rs C-64/08 (Engelmann), Rn 52; Rs C-203/08 (Sporting Exchange), Rn 50 f.

62 VGH Hessen, Beschluss vom 16.10.2015, NVwZ 2016, 171 (174 ff.).

63 EuGH, verb. Rs C-72/10 und C-77/10 (Costa ua), Rn 55.

64 VGH Hessen, Beschluss vom 16.10.2015, NVwZ 2016, 171 (175).

65 Im Einzelnen VGH Hessen, Beschluss vom 16.10.2015, NVwZ 2016, 171 (175).

66 Dazu *Gersdorf*, WiVerw 2016, 156 (157 ff).

67 VGH Hessen, Beschluss vom 16.10.2015, NVwZ 2016, 171 (175 f.).

22 Eine Neuauflage des Konzessionserteilungsverfahrens muss diese vom VGH Hessen monierten Verfahrensfehler dementsprechend berücksichtigen und abstellen. Durch den Wegfall der zahlenmäßigen Beschränkung ist jedoch zu erwarten, dass es der zuständigen Behörde wesentlich leichter fallen sollte, ein den Anforderungen der Transparenz entsprechendes Verfahren durchzuführen. So entfällt durch die Begrenzung auf eine Höchstzahl insbesondere das bisherige Erfordernis, auf der zweiten Stufe des Auswahlverfahrens eine schrittweise Verringerung der Zahl der Antragssteller anhand einer Gewichtung der Auswahlkriterien herbeizuführen.[68]

IV. Vereinbarkeit mit dem Grundgesetz

23 Das dem GlüStV zugrundeliegende Konzessionsmodell muss sich als staatliche Regulierung – ebenso wie ein vollständiges staatliches Sportwettenmonopol – an den Vorgaben des Grundgesetzes messen lassen. In materieller Hinsicht steht dabei nach der als „Sportwettenurteil" bekannten Entscheidung des BVerfG vom 28. März 2006[69] vor allem die Berufsfreiheit im Zentrum (2.). Zunächst ist jedoch auf die formelle Gesetzgebungskompetenz der Länder einzugehen (1.). Abschließend stellt sich die Frage, ob und inwieweit die Aufgabenausgestaltung des Glücksspielkollegiums mit dem Grundgesetz vereinbar ist (3.).

1. Gesetzgebungskompetenz

24 Mit dem am 15. Dezember 2011 von 15 Ministerpräsidenten[70] unterzeichneten Glücksspielstaatsvertrages, der seine rechtliche Verbindlichkeit freilich erst durch die Transformation in das jeweilige Landesrecht erlangt hat[71], haben die Länder im Hinblick auf die Regulierung der Sportwetten eine entsprechende Gesetzgebungskompetenz für sich in Anspruch genommen. In Abkehr von seiner früheren Rechtsprechung[72] hatte das BVerfG im Sportwettenurteil das Recht der Sportwetten jedoch dem Kompetenztitel aus Art 74 Abs 1 Nr 11 GG und damit der konkurrieren-

---

68 Dazu *Bolay/Pfütze*, in: Streinz/Liesching/Hambach, Glücks- und Gewinnspielrecht in den Medien, 2014, § 4b GlüStV Rn 17.

69 BVerfGE 115, 276 ff.

70 Schleswig-Holstein entschied sich zunächst für eine eigene gesetzliche Regelung, trat dem GlüStV 2012 jedoch am 8. Februar 2013 bei, LT SH Drs 18/79.

71 Zum Status der Länderstaatsverträge *Gundel*, DÖV 2017, 15 ff.

72 BVerfGE 28, 119 (146 ff); 102, 197 (214).

den Gesetzgebungskompetenz des Bundes zugeordnet.[73] Demnach könnte der Bund gestützt auf Art 74 Abs 1 Nr 11 GG tätig werden, allerdings nur unter den Voraussetzungen des Art 72 Abs 2 GG. Solange die Länder sich jedoch untereinander abstimmen, erscheint eine bundesgesetzliche Regelung weder zur Herstellung gleichwertiger Lebensverhältnisse noch zur Wahrung der Rechts- und Wirtschaftseinheit erforderlich.[74] Dies gilt auch für die Veranstaltung und Vermittlung von Sportwetten im Internet.[75] Allein der Umstand, dass eine Tätigkeit über das Internet ausgeübt wird, kann nicht zwangsläufig die Erforderlichkeit einer bundeseinheitlichen Regelung gemäß Art 72 Abs 2 GG begründen. Anderenfalls würde die naturgemäß die Landesgrenzen überschreitende Wirkungsweise des Internets die konkurrierenden Gesetzgebungskompetenzen des Bundes aus Art 72 iVm Art 74 GG unzulässig ausdehnen.

Selbst wenn man davon ausgeht, dass eine bundesgesetzliche Regelung nicht 25
an der Erforderlichkeitsklausel des Art 72 Abs 2 GG scheitert, hat der Bund bislang jedenfalls nicht von der Gesetzgebungskompetenz aus Art 74 Abs 1 Nr 11 GG Gebrauch gemacht, mit der Folge, dass die Länder nach Art 72 Abs 1 GG weiterhin die Gesetzgebungsbefugnis inne haben.[76] Soweit diesbezüglich die §§ 35 Abs 9, 14 Abs 2 GewO zur Begründung eines Gebrauchmachens des Bundesgesetzgebers – auch und gerade für den Online-Vertrieb von Sportwetten – herangezogen werden, erscheint jedenfalls die Annahme einer abschließenden Regelung durch den Bundesgesetzgeber – zumal diese Vorschriften noch aus der Zeit vor der Entwicklung des Internets stammen – eher fernliegend,[77] da dort lediglich eine Anzeigepflicht sowie die Möglichkeit der Gewerbeuntersagung aus Gründen der persönlichen Unzuverlässigkeit geregelt sind.[78]

---

73 BVerfGE 115, 276 (318 f). Zur traditionellen Zweiteilung des Glücksspielrechts hier nur BeckOK GewO/*Ennuschat* GewO, § 33h Rn 1; *Kluth*, Die Gesetzgebungskompetenz, 2016, S 36 f.

74 *Ennuschat/Klestil*, Sportwetten im Fadenkreuz der Rechtsordnung – Europa- und verfassungsrechtlicher Rahmen, in: Höfling/Horst/Nolte (Hrsg.), Sportwetten in Deutschland, 2012, S 53 (54); ausführlich *Schlichtherle*, Die staatlich kontrollierte Öffnung des Sportwettensektors in Deutschland, 2014, S 102 ff.

75 AA hinsichtlich des Vermittelns von Sportwetten *Korte*, Glücksspiel im und über Internet, § 24 Rn 79 f.

76 *Janich*, Verfassungsrechtliche Aspekte des Ersten Glücksspieländerungsstaatsvertrags, 2015, S 60 f.

77 So aber *Horn*, JZ 2006, 783 (792); *Korte*, Glücksspiel im und über Internet, § 24 Rn 79.

78 *Thaysen*, Sportwetten in Deutschland, 2008, 38 ff (42 ff), die allerdings eine Landeskompetenz für das Veranstaltungs- und Vermittlungsverbot öffentlicher Glücksspiele im Internet im Ergebnis aufgrund der bundesgesetzlichen Vorschriften des Telemediengesetzes und des Teledienstedatenschutzgesetzes ausschließt. Siehe auch schon BVerfGE 115, 276 (304) sowie zu den Voraussetzungen einer abschließenden Regelung BVerfGE 138, 261 (290 ff), Sondervotum *Paulus*.

2. Vereinbarkeit mit der Berufsfreiheit

26 Für die Frage der Vereinbarkeit des dem GlüStV zugrundeliegenden Konzessionsmodells mit Art 12 GG[79] bzw bei Veranstaltern mit Sitz im EU/EWR-Ausland Art 2 Abs 1 GG[80] kann als Ausgangs- und Bezugspunkt das Sportwettenurteil des BVerfG herangezogen werden. Darin hat das Gericht die verfassungsrechtliche Zulässigkeit eines staatlichen Monopols grundsätzlich bejaht, das bayerische Staatslotteriegesetz vom 29. April 1999[81] jedoch insoweit als unvereinbar mit Art 12 Abs 1 GG angesehen, als es das Veranstalten von Sportwetten dem Freistaat Bayern und deren Durchführung der Staatlichen Lotterieverwaltung oder einer juristischen Person des Privatrechts, deren alleiniger Gesellschafter der Freistaat Bayern ist, vorbehielt, ohne zugleich konsequente materielle und strukturelle Sicherungen zur Erreichung der angestrebten Zielsetzungen der Begrenzung und Bekämpfung von Suchtgefahren vorzunehmen. Auch das Verfassungsrecht verlangt also – insoweit im Gleichlauf mit dem Unionsrecht – für die Rechtfertigung eines aus ordnungsrechtlichen Gründen beim Staat monopolisierten Sportwettenangebots, eine konsequente und konsistente Ausrichtung an den Zielsetzungen der Suchtbekämpfung und Suchtprävention.[82] Im Unterschied zum unionsrechtlichen Kohärenzerfordernis ist Bezugspunkt der Konsistenzprüfung jedoch nur der jeweils betroffene Glücksspielzweig.[83]

27 Für das Konzessionsmodell des GlüStV 2012 ergibt sich daraus, dass dieses – als gegenüber einem strikt ausgestalteten staatlichen Monopol mildere Maßnahme[84] – im Hinblick auf Art 12 Abs 1 GG grundsätzlich rechtfertigungsfähig ist. Die Rechtfertigung kann freilich nicht allein durch ein *argumentum a fortiori* herbeigeführt werden,[85] vielmehr muss sich die zahlenmäßig begrenzte Vergabe von Sportwettenkonzessionen im Zusammenspiel mit der erfolgten Öffnung des Internets als Vertriebsweg für Sportwetten am Konsistenzkriterium messen lassen. Gegen eine kon-

---

79 Ausführlich *Papier/Krönke*, Sportwetten und Verfassungsrecht, 2012, S 59 ff.

80 Zur generellen Grundrechtsfähigkeit juristischer Personen aus dem EU-Ausland BVerfGE 129, 78 (95 ff).

81 Bay GVBl 1999, 226.

82 BVerfGE 115, 276 (316 f); präzisiert durch BVerfGK 15, 263 (268) allerdings im Rahmen einer Nichtannahmeentscheidung.

83 BVerfGK 15, 263 (268). Siehe auch *Janich*, Verfassungsrechtliche Aspekte des ersten Glücksspieländerungsstaatsvertrags, 2015, S 112 f. Für einen auch sektorübergreifenden Gehalt des verfassungsrechtlichen Konsistenzkriteriums hingegen *Bolay/Pfütze*, § 10a GlüStV Rn 173 ff. sowie *Liesching/Berberich*, in: Streinz/Liesching/Hambach, Glücks- und Gewinnspielrecht in den Medien, Art 12 GG 2014, Rn 68 ff.

84 Es handelt sich jedoch weiterhin um eine objektive Berufswahlregelung. *Papier/Krönke*, Sportwetten und Verfassungsrecht, 2012, S 58; *Makswit*, Auswirkungen des Föderalismus im Glücksspielrecht, 2015, S 325.

85 LT-Drs Bay 16/11995, 19; *Windoffer*, DÖV 2012, 257 (264).

sistente Ausrichtung an den mit dem Glücksspielstaatsvertrag verfolgten Zielsetzungen der Suchtbekämpfung und Suchtprävention wird insbesondere angeführt, dass die partielle Öffnung des Sportwettenmarktes sowie die Öffnung des Vertriebsweges des Internets den eigentlichen Zielsetzungen des GlüStV 2012 entgegenlaufen und dadurch zugleich eine Aufwertung der Rechtspositionen möglicher Antragsteller einhergeht, welche mit dem abgesenkten Schutzniveau bei der Vermeidung und Bekämpfung der Glücksspiel- und Wettsucht nicht in Einklang zu bringen sei.[86] Diese Argumentation lässt jedoch unberücksichtigt, dass eine Gefährdung der Bevölkerung auch durch den vor allem im Bereich der Sportwetten bestehenden weit reichenden Grau- und Schwarzmarkt hervorgerufen wird, welche der Gesetzgeber mit der Entscheidung einer partiellen Öffnung des Sportwettenmarktes zu kanalisieren sucht. Dies ist bei der Bewertung des angestrebten Schutzniveaus miteinzubeziehen, mit der Folge, dass insgesamt nicht von einer Absenkung auszugehen ist.[87] Gleichzeitig erscheint die Annahme einer Aufwertung der gegenläufigen Belange der möglichen Antragsteller trotz der vom Gesetzgeber vorgenommenen Umstellung auf ein weniger eingriffsintensives Regulierungssystem verfehlt. Dies gilt – und an dieser Stelle kann diese Argumentation herangezogen werden – erst Recht, wenn mit der nächsten Abänderung des GlüStV die Beschränkung der Anzahl der Konzessionen vollständig aufgehoben wird. Denn damit sinkt der durch das Konzessionsmodell begründete Eingriff in Art 12 Abs 1 GG auf die Stufe einer subjektiven Berufszulassungsregelung herab. Durchschlagende Einwände gegen das Konzessionsmodell für Sportwetten als Regulierungsmodell bestehen damit im Ergebnis – jedenfalls im Hinblick auf die Verhältnismäßigkeit der Einschränkung der Berufsfreiheit – nicht.

3. Verfassungsmäßigkeit des Glücksspielkollegiums

Das Konzessionsmodell in seiner konkreten Ausgestaltung muss sich indes auch an 28
den sonstigen Vorgaben des Grundgesetzes messen lassen, um eine verfassungsmäßige Einschränkung der Grundrechte bewirken zu können. Bestärkt durch die Entscheidung des VGH Hessen vom 16. Oktober 2015[88] sieht sich die Einrichtung des Glücksspielkollegiums als Teil des Konzessionsmodells verfassungsrechtlichen

86 *Papier/Krönke*, Sportwetten und Verfassungsrecht, 2012, S 71 ff.; *Bolay/Pfütze*, in: Streinz/Liesching/Hambach, Glücks- und Gewinnspielrecht in den Medien, 2014, § 10a GlüStV Rn 185.
87 *Kugler/Winter/Rötzer*, BayVBl 2015, S 325 (330); *Janich*, Verfassungsrechtliche Aspekte des ersten Glücksspieländerungsstaatsvertrags, 2015, S 158 ff.
88 VGH Hessen, Beschluss vom 16.10.2015, NVwZ 2016, 171 ff.

Einwänden vor allem im Hinblick auf die bundesstaatliche Kompetenzordnung sowie das Demokratieprinzip ausgesetzt.[89]

29 Die bundesstaatliche Kompetenzordnung des Grundgesetzes weist die Ausübung der staatlichen Befugnisse entweder dem Bund oder den Ländern zu. Die Länder dürfen daher kein unzulässig verselbständigtes Rechtssubjekt schaffen, das für alle Länder verbindlich handelt, nach außen auftritt und Rechte erwerben sowie Verbindlichkeiten eingehen kann.[90] Das Glücksspielkollegium tritt zwar nicht nach außen auf, es trifft jedoch inhaltlich mit der Durchführung der Konzessions- und Erlaubnisverfahren sowie den Aufsichtsmaßnahmen die maßgeblichen Entscheidungen im Glücksspielwesen. Nach Auffassung des VGH Hessen führe die Einrichtung des Glücksspielkollegiums daher dazu, dass eine im Grundgesetz nicht vorgesehene und damit unzulässige „dritte" Ebene zwischen Bund und Ländern[91] geschaffen werde.[92] Aufgrund der im GlüStV 2012 vorgesehenen Möglichkeit von Mehrheitsentscheidungen sei nicht eindeutig, wem die Entscheidungen des Kollegiums zuzurechnen seien.[93] Als Verwaltungsträger komme – so der VGH Hessen – lediglich „die Gesamtheit der Länder" oder „eine Ländermehrheit" in Betracht, wodurch abweichend von der im Grundgesetz vorgesehenen Kompetenzordnung eine neue bundeseinheitliche Verwaltungsebene geschaffen werde.[94]

30 Diese Entscheidung berücksichtigt jedoch nicht hinreichend, dass heute prinzipielle Einigkeit darüber besteht, dass im Rahmen staatsvertraglicher Zusammenarbeit auch einzelne Länderaufgaben und die zu ihrer Erfüllung notwendigen Hoheitsbefugnisse der Behörde eines (anderen) Landes oder einer Gemeinschaftseinrichtung übertragen werden können.[95] Der VGH Hessen ging insoweit davon aus, dass es nicht genüge, dass die Entscheidungen des Glücksspielkollegiums durch die jeweils im ländereinheitlichen Verfahren zuständige Behörde umgesetzt werden.[96] Richtigerweise kann jedoch der Umstand, dass das Glücksspielkollegium nicht selbstständig nach außen hin tätig wird, sondern im Außenverhältnis weiterhin die jeweils zuständige Behörde der einzelnen Länder handelt, als ausreichend angese-

---

89 Insbesondere *Kirchhof*, NVwZ 2016, 124 ff; *Würtenberger*, Rechtsgutachten zur Verfassungswidrigkeit des Glücksspielkollegiums vor dem Hintergrund der verfassungsrechtlichen Grenzen der Dritten Ebene im Bundesstaat, 2014.

90 *Kirchhof*, NVwZ 2016, 124, Fn 13 mwN.

91 Allgemein hierzu *Kisker*, Kooperation im Bundesstaat, 1971, S 246 ff.

92 VGH Hessen, Beschluss vom 16.10.2015, NVwZ 2016, 171 ff.

93 VGH Hessen, Beschluss vom 16.10.2015, NVwZ 2016, 171 (172 f.).

94 VGH Hessen, Beschluss vom 16.10.2015, NVwZ 2016, 171 (173); siehe auch *Würtenberger*, Rechtsgutachten zur Verfassungswidrigkeit des Glücksspielkollegiums, 2014, S 52 ff (55).

95 BVerfGE 87, 181 (196 f); BVerwGE 22, 299 (306 f); BayVerfGH, Entsch v 25.9.2015, BeckRS 2015, 52905, Rn 142 mwN.

96 VGH Hessen, Beschl v 16.10.2015, NVwZ 2016, 171 (172 f.).

hen werden, um den notwenigen Zurechnungszusammenhang zu einem Hoheitsträger herzustellen.[97]

Die im GlüStV 2012 vorgesehene Mehrheitsentscheidung durch das Glücksspielkollegium, die Entscheidungen gegen den Willen einzelner beteiligter Länder ermöglicht, führt zudem nicht dazu, dass der verfassungsrechtlich nach dem Demokratieprinzip erforderliche notwendige Legitimationszusammenhang in dem überstimmten Land unterbrochen wird.[98] Die fehlende personelle demokratische Legitimation wird insoweit – neben der gesetzlichen Bindung an die Vorschriften des Staatsvertrags – durch eine zusätzliche sachlich-inhaltliche Legitimation, die über das Glücksspielkollegium der Länder vermittelt wird und sich damit auf die einzelnen Landesregierungen und die demokratisch gewählten Landesparlamente zurückführen lässt, ausgeglichen.[99] 31

V. Fazit

Das Sportwettenrecht befindet sich – mehr noch als viele andere Bereiche des Glücksspielrechts[100] – im Umbruch. Obwohl viele unions- und verfassungsrechtliche Zweifel am bestehenden Konzessionsmodell des GlüStV 2012 letztlich nicht durchdringen, besteht aufgrund des misslungenen Konzessionserteilungsverfahrens gesetzgeberischer Nachholbedarf. Der faktische Nichtvollzug des GlüStV 2012 hat dazu geführt, dass die Ziele des Glücksspielstaatsvertrages nicht erfüllt werden, sondern ein weitgehend unregulierter Markt besteht, der den gesetzgeberischen Interessen zuwiderläuft. Ziel muss es daher sein, eine transparente, einheitlich an objektiv nachvollziehbaren Kriterien ausgerichtete Konzessionsvergabe herbeizuführen. Dafür ist die Aufhebung der Begrenzung der Anzahl der Konzessionen für Sportwetten zusammen mit der geplanten Vergabe der Konzessionen anhand von qualitativen Mindeststandards der richtige Weg. Diesen gilt es nun schnellstmöglich zu beschreiten. 32

97 BayVerfGH, Entscheidung vom 25.9.2015, BeckRS 2015, 52905, Rn 144 f.

98 So jedoch VGH Hessen, Beschl v 16.10.2015, NVwZ 2016, 171 ff; *Kirchhof* NVwZ 2016, 124 ff; ausführlich *ders*, Das Glücksspielkollegium – eine verfassungswidrige Kooperation zwischen den Ländern, Rechtsgutachten, 2015; auch schon *Degenhart*, Rechtsfragen des ländereinheitlichen Verfahrens, Rechtsgutachten 2011.

99 BayVerfGH, Entsch v 25.9.2015, BeckRS 2015, 52905, Rn 149 ff. Mit der Neufassung des § 9a Absatz 5 Satz 2, wonach, das Glücksspielkollegium den Ländern zur Umsetzung einer gemeinschaftlich auszuübenden Aufsicht der jeweiligen obersten Glücksspielaufsichtsbehörden" dient, wird diese Rechtsprechung des BayVerfGH aufgegriffen und – sprachlich etwas missglückt – klargestellt, dass das Glücksspielkollegium nur als Instrument einer (gemeinschaftlich auszuübenden) Fachaufsicht der glücksspielrechtlich zuständigen Landesministerien über die länderübergreifend tätige Vollzugsbehörde zu verstehen ist.

100 *Würtenberger* WiVerw 2016, 153.

Ihno Gebhardt/Thomas Gohrke

§ 21 Spielbankenrecht

Übersicht

I. Rahmenbedingungen und Rechtsquellen des Spielbankwesens

1. Zur Rechtsentwicklung im Spielbankwesen (1720 bis 1949)

Die Tradition der Spielbanken in Deutschland reicht bis in das Jahr 1720 zurück. **1**
Damals wurde die erste deutsche Spielbank in Bad Ems gegründet; die Gründung der Spielbank Wiesbaden folgte im Jahr 1771.[1] Die Vorgänger-Einrichtungen der Spielbanken, die sog „Spielhäuser", gibt es allerdings viel länger: Das erste deutsche Spielhaus in Frankfurt am Main wird auf das Jahr 1396 datiert. Nach anfänglichen Startschwierigkeiten haben im 19. Jahrhundert insbesondere die Glücksspielverbote in Frankreich und England zu einem wahren Boom in den deutschen Spielbanken geführt. Damit eng verbunden war ein wirtschaftlicher Aufschwung in den Spielbankgemeinden aufgrund ihrer unmittelbaren Beteiligung am Spieler-

1 Einzelheiten zur europäischen Entwicklung des Spielbankwesens siehe bei *Rombach*, § 2.

https://doi.org/10.1515/9783110259216-021

lös.[2] Dieser Entwicklung wurde mit dem am 1. Juli 1868 in Kraft getretenen preußischen Gesetz zur Schließung und Beschränkung der Spielbanken zunächst ein jähes Ende bereitet.[3] Von diesem Zeitpunkt an durften öffentliche Spielbanken weder konzessioniert noch öffentlich geduldet werden. Bestehende Spielbanken mussten bis spätestens zum 31. Dezember 1872 geschlossen werden. Eine Lockerung dieser prohibitionistischen Reglementierung erfolgte erst 1933 mit der Verabschiedung des Gesetzes über die Zulassung öffentlicher Spielbanken[4] sowie der auf § 3 Abs 1 dieses Gesetzes basierenden und vom Reichsminister des Innern erlassenen Verordnung über die öffentlichen Spielbanken vom 27. Juli 1938.[5] Ab diesem Zeitpunkt war der Betrieb einer Spielbank in Deutschland wieder grundsätzlich möglich. Eine Fortgeltung des Reichsspielbankengesetzes und der dazugehörigen Reichsverordnung nach dem Inkrafttreten der bundesstaatlichen Verfassung (Art 125 GG) war mit der Qualifizierung des Spielbankenrechts als Ordnungsrecht und damit zugleich als Landesrecht ausgeschlossen.[6] Dementsprechend gibt es in den Ländern 16 Spielbankgesetze mit Unterschieden nicht nur im Detail.

2. Was ist eine Spielbank?

2 Eine gesetzliche Definition der „Spielbank“ gibt es nicht. *Lauer* spricht von einer in privater oder staatlicher Trägerschaft liegenden Einrichtung, in der mit staatlicher Erlaubnis bestimmte – ohne behördliche Erlaubnis nach §§ 284 ff StGB verbotene – Glücksspiele veranstaltet werden.[7] Der Bundesgerichtshof (BGH) hat klargestellt, dass es sich bei einer Spielbank aber nicht um eine öffentliche Einrichtung handelt, für die nach öffentlich-rechtlichen Bestimmungen ein Zugangsanspruch besteht, und zwar selbst dann nicht, wenn der Staat am Betreiberunternehmen beteiligt ist.[8] Vielleicht am besten lässt sich die „Spielbank“ anhand ihres Spielangebotes und in Abgrenzung zur gewerblichen Spielhalle beschreiben: Die Spielbank ist – wie die

2 Auch heute noch wird den Spielbankgemeinden vielfach ein Anteil an den vom Spielbankunternehmen zu leistenden Abgaben zugestanden. Vgl zB § 1 der brandenburgischen Spielbankabgabenanteilverordnung (SpielantV) v 22.10.1998, GVBl II/98, [Nr 27], S 603: „Die Gemeinde, die Sitz einer Spielbank ist, erhält vom Land Brandenburg einen Anteil von 15 vom Hundert an der von dieser Spielbank zu entrichtenden Spielbankabgabe.“

3 Gesetz betreffend die Schließung und Beschränkung der öffentlichen Spielbanken vom 1. Juli 1868, Bundesgesetzblatt des Norddeutschen Bundes, 367.

4 GBl I, S 480. Dieses Gesetz wird Baden-Baden bezeichnet, da sich die Stadt Baden-Baden mit den Einnahmen bei Erteilung der Spielbankenkonzession wirtschaftlich konsolidieren wollte.

5 RGBl 1938 I, S 955.

6 BVerfG, 2 BvO 1/65, Beschl v 18.3.1970 = BVerfGE 28, 119.

7 *Lauer*, Staat und Spielbanken, 1993, S 7.

8 BGH, III ZR 137/93, Urt v 7.7.1994 = MDR 1995, 105.

Spielhalle – Veranstaltungsort für Glücksspiele, denn dort kann gegen Entgelt eine Gewinnchance erworben werden.[9] Traditionell sind allerdings bestimmte „harte“ Glücksspiele – also solche mit einem höheren Verlustrisiko – dem Angebot öffentlicher Spielbanken vorbehalten. Demgegenüber werden „sanfte“ Spiele, also solche mit geringerem Risiko eines Vermögensverlustes in kurzer Zeit, in Spielhallen und als Lotterien und Ausspielungen in weiteren Spielstätten angeboten oder vermittelt. Das sog „Große Spiel“, auch „Klassisches Spiel“ genannt, wie zB das Roulette, bei dem der Spieler größere Beträge auf einmal setzen kann, wird ebenso wie das schnelle Automatenspiel – auch „Kleines Spiel“ genannt – legal nur in den behördlich besonders zugelassenen Spielbanken angeboten.[10] Die Differenzierung zwischen Großem und Kleinem Spiel hat sich aus der Höhe der Spieleinsätze abgeleitet. Beim Roulette (dem Tischspiel) wurden früher die höheren Beträge gesetzt. Die kleineren Beträge wurden am Automaten und sonstigen Spielen gesetzt. Aufgrund der im Großen und im Kleinen Spiel im Vergleich zu Spiel*hallen* höheren Gewinn- und Verlustchancen in Spiel*banken* werden diese seit langem von den Landesgesetzgebern besonderen (spezialgesetzlichen) Regelungen unterworfen. Die wegen der Umwälzung enormer Geldsummen besondere „Gefahrengemengelage“ in Spielbanken hat in der Vergangenheit immer wieder zu Untersuchungen von Korruptionsvorwürfen, Betrugsvorwürfen und einem möglichen Versagen der Aufsicht geführt.[11]

Demnach gibt es heute 16 unterschiedliche Spielbankgesetze, denen eine Viel- 3
zahl von staatlichen und privaten Spielbankbetreibern unterworfen ist, und zugleich das bundesrechtlich in der GewO und der Verordnung über Spielgeräte und andere Spiele mit Gewinnmöglichkeit (Spielverordnung, SpielVO) geregelte „gewerbliche“ Spiel.

Mit Blick auf die gewachsenen Verlust- und Suchtrisiken von Spielangeboten in 4
Spielhallen und die insoweit bestehenden unionsrechtlichen Kohärenzanforderungen in Bezug auf die gesetzliche Ausgestaltung des gesamten Glücksspielangebotes sind inzwischen auch Glücksspielangebote in Spielhallen einem ergänzenden[12] landesrechtlichen Regime unterworfen: Die Spielhalle ist in § 3 Absatz 7 GlüStV

---

9 BVerwG, Urteil v. 9.7.2014, Az 8 C 7.13, Rn 10; *Frentz/Masch*, ZUM 2006, 189, 190. Dies ist zB auch der Fall, wenn der Erwerb einer „Verzehrkarte“ erfolgt, die zur Teilnahme am Roulettespiel berechtigt, vgl BGH, Urt v 4.2.1958, NJW 1958, 758.

10 Zu den Begrifflichkeiten „Kleines“ und „Großes Spiel“ sowie zur Zuordnung der Spielangebote zu den Spielbanken einerseits und den Spielhallen andererseits vgl. BVerfG Beschl v 7.3.2017, 1 BvR 1314/12 ua, Rn 141 ff. Siehe ferner auch *Odenthal*, § 23.

11 So hat beispielsweise der bayerische Untersuchungsausschuss zur Prüfung der Vorgänge um die Hornberger Spielbank (im Jahr 1957) in 43 Sitzungen 56 Zeugen vernommen, unter diesen die Spielbankbewerber, „ein Völkchen, das außerhalb von bürgerlichen Maßstäbe zu messen ist“ (so Ausschussmitglied Franz Zdralek, SPD, siehe hierzu *Kock*, Der Bayerische Landtag – Eine Chronik, 5. Aufl 2006, S 118).

12 Das Verhältnis der beiden Regelungsregime wirft eine Vielzahl komplexer Rechtsfragen auf.

(2012)[13] und die Landesspielhallengesetze gesetzlich definiert als ein Unternehmen oder Teil eines Unternehmens, das ausschließlich oder überwiegend der Aufstellung von Spielgeräten im Sinne des § 33c Absatz 1 Satz 1, der Veranstaltung anderer Spiele im Sinne des § 33d Absatz 1 Satz 1 GewO oder der gewerbsmäßigen Aufstellung von Unterhaltungsspielen ohne Gewinnmöglichkeit dient. Sie muss – um nicht verwechselt werden zu können – in einigen Ländern sogar die Bezeichnung „Spielhalle" führen.[14] Bei Spielbanken und Spielhallen handelt es sich gleichwohl – auch weiterhin und bereits deshalb – rechtlich um ein „aliud",[15] weil sie unterschiedlichen Regelungsregimen unterworfen sind.[16]

3. Unionsrecht

5 Die Vertragswerke der Europäischen Union enthalten keine Regelungen zum Spielbankwesen, und auch im sekundären Unionsrecht gibt es keine spezifischen Vorgaben für diesen Regelungsbereich. Zwar hat die EU-Kommission mehrfach Versuche einer glücksspielrechtlichen Harmonisierung unternommen. Diese blieben allerdings insoweit erfolglos, als das Glücksspiel am Ende des jeweiligen politischen Gestaltungsprozesses aus den Anwendungsbereichen der e-commerce-Richtlinie[17] und der Dienstleistungsrichtlinie[18] herausgenommen wurden. Auch die zuletzt beschlossene (bis zum 18. April 2016 umzusetzende) Dienstleistungskonzessionsrichtlinie[19] regelt das Glücksspiel in Spielbanken auf Basis behördlicher Erlaubnisse nicht.

6 Der Europäische Gerichtshof (EuGH) geht in ständiger Rechtsprechung davon aus, dass regulierende und begrenzende nationale Regelungen zum Glücksspielwesen zugleich eine Beschränkung der Dienstleistungsfreiheit beinhalten können. Es liegt aber nach ständiger Rechtsprechung des EuGH im Ermessen der Mitgliedstaaten, die diese Beschränkung rechtfertigenden Ziele ihrer Glücksspielpolitik festzule-

---

13 Erster Staatsvertrag zur Änderung des Staatsvertrages zum Glücksspielwesen in Deutschland (Erster GlüÄndStV, Art 1) vom 15.12.2011.

14 Der Begriff des „Casino" wurde vom BGH mangels Unterscheidungskraft und damit auf Grund des bestehenden Allgemeininteresses für die Freihaltung als nicht eintragungsfähig angesehen, vgl BGH GRUR 2006, 503 („Casino Bremen") und BPatG, Beschl v 27.8.2009, 22 W (pat) 143/08 („Casino de Monte Carlo").

15 Wenngleich auch in Teilen im selben „Markt" tätig, wie die Regelung des § 2 Abs 3 des Hamburger Spielhallengesetzes zeigt, wonach in einem Gebäude nicht Spielbank und Spielhalle zusammen untergebracht sein dürfen.

16 Grundlegend BVerfG Beschl v 7.3.2017, 1 BvR 1314/12, Rn 141 ff. OVG Münster, Beschl v 20.8.2014, 14 A 1353/14 (zur unterschiedlichen Behandlung bei der Vergnügungssteuer).

17 Vgl Art 1 Abs 5 lit d) der RL 2003/31/EG.

18 Vgl Art 2 Abs 1 lit h) der RL 2006/123/EG.

19 RL 2014/23/EU vom 26.4.2014 über die Konzessionsvergabe; ABl L 94/1 vom 28.3.2014.

gen und das angestrebte Schutzniveau zu bestimmen.[20] Der EuGH überprüft im Wege einer Gesamtwürdigung, ob die von den Mitgliedstaaten angegebenen Ziele die Beschränkungen der europäischen Grundfreiheiten rechtfertigen können und ob die zur Zielerreichung getroffenen Regelungen und ergriffenen Maßnahmen verhältnismäßig sind.[21] Im Grundsatz als rechtfertigende Ziele anerkannt sind zwingende Gründe des Allgemeininteresses, insbesondere der Verbraucherschutz, die Betrugs- und Kriminalitätsvorbeugung, die Vermeidung von Anreizen für die Bürger zu überhöhten Ausgaben für das Glücksspiel und die Verhütung von Störungen der sozialen Ordnung im Allgemeinen. Die Gestaltungsfreiheit der Mitgliedstaaten findet nach dieser Rechtsprechung dort ihre Grenze, wo mit unverhältnismäßigen Mitteln ordnungsrechtliche oder allein fiskalische Interessen verfolgt werden.[22]

4. Verfassungsrecht

a) Spielbankunternehmer als „Beruf"

Die Verwaltungsgerichte gingen lange Zeit davon aus, dass nicht jedwede Erwerbs- 7
tätigkeit als *Beruf* vom Schutzbereich des Art 12 GG erfasst sei und geschützt werde.[23] Auch für das grundsätzlich verbotene Glücksspiel bzw dessen Veranstaltung sollte es einen Grundrechtsschutz nicht geben, da die Verfassung nur erlaubte Tätigkeiten schütze.[24] Diese Rechtsprechung wurde dadurch gestützt, dass das Bundesverfassungsgericht (BVerfG) in seiner *ersten Spielbank*-Entscheidung (1970) urteilte, dass der *Betrieb einer Spielbank kein wirtschaftliches Unternehmen* sei, das eine Bundesregelungskompetenz als Recht der Wirtschaft nach Art 74 GG begründete.[25] Das BVerfG hat an dieser Auffassung jedoch nicht festgehalten: Bereits in einem unveröffentlichten Beschluss aus dem Jahre 1975 hat das Gericht dem Spielbankunternehmen den Schutz des Art 12 GG angedeihen lassen.[26] Die hiervon abweichende verwaltungsgerichtliche Judikatur hielt sodann der späteren verfassungsgerichtli-

---

20 EuGH, Urt v 24.3.1994, C-275/92 (*Schindler*), Rn 61; Urt v 21.9.1999, C-124/97 (*Läärä*), Rn 35; Urt v 21.10.1999, C-67/98 (*Zenatti*), Rn 33; Urt v 11.9.2003, C-6/01 (*Anomar*), Rn 79; Urt v 6.3.2007, C-338/04 (*Placanica*), Rn 48; std Rspr.

21 EuGH, Urt v 24.3.1994, C-275/92 (*Schindler*), Rn 58; Urt v 21.9.1999, C-124/97 (*Läärä*), Rn 33; Urt v 21.10.1999, C-67/98 (*Zenatti*), Rn 31; Urt v 11.9.2003, C-6/01 (*Anomar*), Rn 73.

22 EuGH, Urt v 6.3.2007, C-338/04 (*Placanica*), Rn 46; Urt v 21.9.1999, C-124/97 (*Läärä*), Rn 33; Urt v 21.10.1999, C-67/98 (*Zenatti*), Rn 31.

23 Nachweise bei *Papier*, FS für Klaus Stern, 543, 547.

24 BVerwGE 2, 110; E 22, 286; OVG Münster, GewArch 1968, 89; BayVerfGH, BayVBl 1990, 526 und GewArch 1991, 102.

25 BVerfG, 2 BvO 1/65, Beschl v 18.3.1970; BVerfGE 28, 119, 146.

26 BVerfG, 1 BvR 455/74 (unveröffentlicht), Beschl v 23.4.1975; vgl auch OVG Koblenz NJW 1959, 229, 230 (Spielbanken sind privatwirtschaftliche Unternehmen).

chen Überprüfung nicht länger stand.[27] Seither ist die *Tätigkeit des Spielbankbetreibers* als *Beruf iS des Art 12 Abs 1 GG* anzusehen. Das prinzipielle Glücksspielverbot des § 284 StGB steht dem nicht länger entgegen, weil es durch behördliche Erlaubnis suspendiert werden kann. Im Übrigen spricht für die Annahme eines Berufes auch die insoweit fehlende Definitionsmacht des einfachen Gesetzgebers. Andernfalls könnte die Berufsfreiheit einfachgesetzlich ausgehöhlt werden. Das Grundrecht bildet den Maßstab für die Entscheidung über die Verfassungskonformität eines gesetzlichen Tätigkeitsverbotes; der grundrechtliche Schutzbereich kann demgemäß nicht bereits durch das Kriterium des Erlaubtseins begrenzt sein.[28] Das BVerfG hat die Beachtlichkeit des Art 12 GG für den – gleichwohl atypischen – Spielbank-Beruf in seiner *zweiten Spielbankentscheidung* nochmals klargestellt.[29]

b) Kompetenzfragen

8 Spielbankenrecht ist auch weiterhin, im Anschluss an die *Sportwetten*-Grundsatzentscheidung vom 28. März 2006[30] und dem *Spielbanken*-Beschluss des BVerfG vom 26. März 2007[31], als *Ordnungsrecht der Länder* (Art 70 GG) zu qualifizieren: In der *zweiten Spielbanken*-Entscheidung – der sog *Baden-Baden*-Entscheidung[32] – vom 19. Juli 2000 hatte das Gericht diese Zuordnung ausdrücklich hervorgehoben, weil wirtschaftliche Aspekte nur Rand- und Folgeerscheinungen des Spielbankbetriebes seien; eine Regelungskompetenz des Bundes für das Spielbankwesen als „Recht der Wirtschaft" (Art 74 Abs 1 Nr 11 GG) scheidet damit aus.[33] Eine Neubewertung dieser Kompetenzfrage hat auch die *dritte Spielbanken*-Entscheidung vom März 2007 nicht vorgenommen. Es gab auch keinen Anlass zu einer Neubewertung, weil die Regelungszuständigkeit von Bund oder Ländern nach dem Inhalt der gesetzlichen Regelung zu bestimmen ist. Solange der materiell-rechtliche Schwerpunkt spielbankenrechtlicher Regelungen auf der Gefahrenabwehr – also konkret: der Vermeidung und Bekämpfung von Spielsucht, der Verhinderung von Manipulationen und Betrugshandlungen, etc – liegt, fehlt es bereits insoweit an einem Zugriffsrecht des Bundesgesetzgebers. Dieses Ergebnis entspricht der in Art 70 Abs 1 GG angelegten

---

27 BVerwGE 96, 302 = GewArch 1995, 24 = NVwZ 1995, 478.

28 Statt aller *Tettinger*, in: Sachs (Hrsg.), Grundgesetz-Kommentar, 2. Aufl 1999, Art 12, Rn 36.

29 BVerfG, 1 BvR 539/96, Urt v 19.7.2000, BVerfGE 102, 197.

30 BVerfG, 1 BvR 1054/01, Urt v 28.3.2006 = BVerfGE 115, 276 ff = NJW 2006, 1261 ff = ZfWG 2006, 16 ff.

31 Siehe Fn 6.

32 BVerfG, 1 BvR 539/96, Urt v 19.7.2000 = BVerfGE 102, 197.

33 Der Blick in die Literatur hinterlässt allerdings den Eindruck, dass sich das BVerfG mit seinen Erklärungen zur Verteilung der Gesetzgebungszuständigkeiten für die verschiedenen Glücksspielregelungsgegenstände am Ende nicht hinreichend deutlich positioniert haben könnte. Siehe hierzu statt vieler *Pestalozza*, NJW 2006, 1711 (1713) und *Kment* NVwZ 2006, 617, 619.

Zuständigkeitsvermutung zugunsten der Länder, solange ein Kompetenztitel zugunsten des Bundes für das Spielbankenrecht aus dem Grundgesetz nicht ableitbar ist. Hieran ändert auch die vom BVerfG in der *Sportwetten*-Entscheidung getroffene Aussage nichts, der zufolge die Länder schon deshalb – *für das Sportwettenrecht* – regelungszuständig seien, weil der Bund von einer möglichen Gesetzgebungszuständigkeit nach Art 74 Abs 1 Nr 11 GG (Recht der Wirtschaft) – abgesehen vom Bereich des Wettens auf Pferdesportereignisse – keinen Gebrauch gemacht habe. Der verfassungsgerichtliche „Schlenker" in der Bewertung der Kompetenzfrage für Teile des Glücksspielrechts findet seine Erklärung vermutlich darin, dass das traditionell vom Bundesgesetzgeber geregelte *Pferdesportwetten*recht bereits begrifflich einen Teil des von den Ländern normierten *Sportwetten*rechts bildet. Da sich diese kompetenzrechtliche „Notlage" durch eine parzellierte Qualifizierung des Sportwetten-Regelungsgegenstandes – als teilweise Ordnungsrecht und teilweise eben nicht Ordnungsrecht – nicht auflösen lässt, bietet die konkurrierende Gesetzgebungszuständigkeit des Art 74 Abs 1 Nr 11 GG den einzigen Ausweg: Die Entscheidung über die Regelungszuständigkeit der Länder *für das Spielbankenwesen* hat auf der Grundlage des Art 70 Abs 1 GG auch weiterhin nach dem Muster eines „entweder ... oder" zu erfolgen; tertium non datur.[34]

5. Bundesrecht

a) Nichtanwendbarkeit der Gewerbeordnung

Das Betreiben einer Spielbank erfüllt zwar die hergebrachte Definition für ein Gewerbe, dennoch ist es keines, weil es sich nach bisherigem Verständnis nur um eine ordnungsbehördlich zugelassene Tätigkeit handelt.[35] Dementsprechend fällt der Spielbankbetrieb auch nicht in den Anwendungsbereich der bundesrechtlichen Gewerbeordnung (GewO); § 33h Nr 1 GewO stellt dies ausdrücklich klar.[36] Auch das BVerfG 9

34 Mit anderer Begründung zum selben Ergebnis gelangt auch *Dietlein*, Rechtsfragen einer kohärenten Glücksspielregulierung in der Bundesrepublik Deutschland, Gutachten, S 17 ff, mwNachw. Die Länder besitzen auch die ausschließliche Zuständigkeit zur Regelung der gewerblichen Anforderungen an den Betrieb und die Zulassung von Spielhallen (Art 70 Abs 1 iVm Art 741 Nr. 11 GG) – BVerfG Beschl v 7.3.2017, 1 BvR 1314/12 ua, Rn 97 ff.

35 *Lauer*, Staat und Spielbanken, 1993, S 36.

36 Die gewerberechtliche Regelung zur Abgrenzung des gewerblichen „Gewinn"-Spiels zum Glücksspiel unter ordnungsrechtlichem Regime lautet: „Die §§ 33c bis 33g finden keine Anwendung auf 1. die Zulassung und den Betrieb von Spielbanken, 2. die Veranstaltung von Lotterien und Ausspielungen, mit Ausnahme der gewerbsmäßig betriebenen Ausspielungen auf Volksfesten, ..., bei denen der Gewinn in geringwertigen Gegenständen besteht, 3. die Veranstaltung anderer Spiele iS des § 33d Abs 1 Satz 1, die Glücksspiele iS des § 284 StGB sind." Dies gilt auch, soweit Spielbanken (nur) ein Online-Angebot haben; vgl *Ennuschat*, in Tettinger/Wank/ders, GewO, § 33h, Rn 65.

muss in seiner *ersten Spielbanken*-Entscheidung dahin verstanden werden, dass der Spielbankbetrieb lediglich oder zumindest in erster Linie einen durch entsprechende Erlaubnis ordnungsrechtlich ermöglichten – permanent und mit einer für gewerbliche Tätigkeiten untypischen „Dichte" staatlich überwachten und daher nicht gewerblichen – Betätigungsbereich darstellt. Der Gesichtspunkt der wirtschaftlichen Betätigung des Spielbankunternehmers genießt seither Nachrang. Ob an dieser Sichtweise im Anschluss an die *Sportwetten*-Entscheidung des BVerfG vom 28. März 2006 dauerhaft festgehalten werden kann, wird in der Literatur teilweise angezweifelt.[37] In diesem Zusammenhang darf sicherlich nicht ignoriert werden, dass sich nur deshalb private Spielbankbetreiber finden, weil sie sich mit dem Betrieb wirtschaftlich betätigen und einen angemessenen Unternehmergewinn erwirtschaften wollen und zur Vermeidung falscher Anreize auch erwirtschaften müssen.[38]

b) Das bundesstrafrechtliche Glücksspiel-Repressivverbot mit Befreiungsvorbehalt

10 Bundesstrafrechtlich geregelt und auf spielbanktypische Glücksspielangebote anwendbar ist das Glücksspielverbot des § 284 Abs 1 StGB. Hiernach sind das öffentliche Veranstalten eines Glücksspiels und die Bereitstellung entsprechender Einrichtungen für öffentliches Glücksspiel mit Strafe bedroht. Als „Erlaubnis" iS des § 284 StGB kommt nur eine von der nach dem jeweiligen Landesrecht zuständigen Glücksspielaufsichtsbehörde erteilte Spielbankerlaubnis und insbesondere nicht eine offshore- oder sonstige Erlaubnis[39] eines anderes (EU-)Staates in Betracht. Die prinzipielle Zulässigkeit der Spielbankenmonopole – sowohl unions- als auch verfassungsrechtlich – der Mitgliedsstaaten bzw Länder erlaubt keine hiervon abweichende Interpretation zu diesem Tatbestandsmerkmal des § 284 StGB. Durch die Spielbankerlaubnis wird die grundsätzlich verbotene Tätigkeit legalisiert. Dementsprechend wird der Verbotstatbestand im Zusammenspiel mit den legalisierenden landesrechtlichen Bestimmungen und der konkreten Erlaubnis zu Recht als repressives Verbot mit Befreiungsvorbehalt qualifiziert.[40]

11 Mit der Dispensierung des bundesgesetzlichen Verbotes durch eine Spielbankenerlaubnis erfolgt demgemäß eine Erweiterung des Rechtskreises des Betreibers, die sodann dem Schutz des Art 12 Abs 1 GG unterfällt.[41] Die Erteilung der Spielbank-

---

37 *Kment*, NVwZ 2006, 617, 619.

38 BVerfGE 28, 119.

39 Als offshore-Erlaubnis wird die Genehmigung zur Veranstaltung von Glücksspielen in allen anderen Mitgliedstaaten, nur nicht im Ausstellerstaat[!], verstanden.

40 BVerfG, 2 BvO 1/65, Beschl v 18.3.1970, BVerfGE 29, 119, 146; BVerwGE 96, 302, 312; *Lauer*, Staat und Spielbanken, 1993, S 32.

41 BVerfG, 1 BvR 455/74, Beschl v 23.4.1975 (unveröffentlicht).

erlaubnis dient gleichwohl – aus ordnungsrechtlicher Perspektive – in erster Linie *nicht* dem Zweck, eine wirtschaftliche Tätigkeit zu ermöglichen, sondern der Bevölkerung eine legale Spielmöglichkeit zu schaffen und so den nicht gänzlich unterdrückbaren Spieltrieb der Bevölkerung in staatliche überwachte Spielangebote zu kanalisieren.[42] Eine Folge dieser rechtlichen Rahmenbedingungen besteht darin, dass die konkret erteilte Spielbankerlaubnis das öffentliche Bedürfnis nach einem legalen Spielangebot widerspiegeln muss. Die Marktpotenzialanalyse eines Spielbankstandortes stellt demnach einen gewichtigen ordnungsrechtlichen Belang dar und erfolgt jedenfalls nicht nur zum Zwecke der wirtschaftlichen Absicherung des konkreten Spielbankvorhabens (und damit zugleich der prospektiven Vermeidung von Betrugs- und Manipulationsanreizen). Keinen Zweifeln unterliegt nach alledem, dass ein Rechtsanspruch auf Erteilung einer Spielbankerlaubnis nicht besteht. Gerade in dieser Hinsicht ist das spielbankenrechtliche Regelwerk deutlich vom Präventivinstrumentarium des Gewerberechts unterscheidbar. Aus diesem Grunde wird die Spielbankerlaubnis auch als verwaltungsrechtliche Konzession im Sinne der Einräumung eines ausschließlichen Rechtes bezeichnet.[43]

II. Landesspielbankenrecht: Spielbankengesetz, Spielordnung, Spielbankenkonzession und Konzessionäre

1. Spielbankengesetze

Die Spielbankengesetze der Länder enthalten Regelungen zur Zulassung der Spielbankstandorte und zu der Frage, wer im Falle der Konzessionierung als Spielbankunternehmer tätig werden darf. Die Anforderungen an den Erlaubnis-/Konzessionsnehmer, das Erlaubnisverfahren und die möglichen Inhalte der Spielbankerlaubnis sind zumeist in einer zentralen Vorschrift zusammengefasst. Weiterhin gibt es regelmäßig aufsichtsrechtliche Befugnisnormen und diverse abgabenrechtliche Bestimmungen. 12

2. Spielordnungen

Die Spielbankengesetze sehen allesamt den Erlass von Spielordnungen durch die jeweilige Landesregierung vor. Typische Inhalte der Spielordnungen sind die Regelung der zugelassenen Spiele, weiterhin Spielregeln, Spieleinsätze, Öffnungszeiten, 13

42 *Lauer*, ebda, S 57 bezeichnet Spielbanken deshalb als „*gewinnmitnehmende Einrichtungen der Gefahrenprävention*".

43 *Pieroth/Störmer*, GewArch 1998, 177, 183 (Konzession als besondere Genehmigung, die ein Recht verleiht und auf das kein Anspruch besteht.).

Spielverbote (Spielsperren) und das Verbot technischer Hilfsmittel zur Vermeidung von Manipulationen. Die meisten Spielordnungen sind als Rechtsverordnung ins Werk gesetzt worden,[44] im Land Berlin durch einen Verwaltungsakt an den Spielbankbetreiber.[45] Der Freistaat Sachsen verpflichtet den Spielbankunternehmer zum Erlass einer – freilich zustimmungspflichtigen – Spielordnung, die gleichwohl als zivilrechtliche Hausordnung zu qualifizieren sein wird.[46]

3. Spielbankerlaubnis

a) Spielbankerlaubnis ist verwaltungsrechtliche Konzession

14 Bei der Erlaubnis zum Betreiben einer Spielbank handelt es sich um eine verwaltungsrechtliche Konzession.[47] Durch sie wird dem Erlaubnisinhaber (Konzessionär) das Recht zum Betrieb einer Spielbank auf eigenes wirtschaftliches Risiko eingeräumt, und es werden spielbankbezogene Abgaben erhoben, die regelmäßig – ohne dass dies Bedingung wäre – höher liegen als die allgemeinen Unternehmenssteuern.[48]

15 Die Qualifizierung der Spielbankerlaubnis als verwaltungsrechtliche Konzession hat insbesondere zur Folge, dass die europarechtlichen Vorgaben zur nichtförmlichen Konzessionsvergabe – einschließlich der hierzu vom EuGH entwickelten Grundsätze – auf die Vergabe von Erlaubnissen zum Betrieb von Spielbanken anzuwenden sind.[49]

b) Keine Geltung des förmlichen Konzessionsvergaberechts

16 Die Dienstleistungskonzessionsrichtlinie[50] wurde zum 18. April 2016 durch einen neuen Teil 4 des Gesetzes gegen Wettbewerbsbeschränkungen (GWB) umgesetzt. Die

44 Vgl nur die Spielbankordnung für die öffentlichen Spielbanken in Niedersachsen in der Fassung vom 22.6.2005 (GVBl 2005, S 193).

45 Der Erlass adressatenbezogener Verwaltungsakte hat allerdings den erheblichen Nachteil, dass ein solcher VA keine Verbindlichkeit gegenüber den Spielbankbesuchern hat, selbst wenn ein öffentlicher Aushang erfolgt.

46 VG Regensburg, Urt v 16.10.2014, RN 5 K 13.1706.

47 OLG Stuttgart, Beschl v 4.11.2002, 2 Verg 4/02, NJOZ 2003, 613, 614 (zur Spielbankenkonzession, damals noch davon geprägt, dass der Verweis auf eine Dienstleistungskonzession die Nachprüfung bei Vergabekammer und Vergabesenat ausgeschlossen hat. Heute ist genauer zu differenzieren.)

48 EuGH, Urt v 9.9.2010 – C 64/08 (*Engelmann*), Rn 52.

49 EuGH Urt v 3.6.2010, C-203/08 *(Sporting Exchange)* Rn 46 und Urt v 9.9.2010 C 64/08 *(Engelmann)* Rn 52.

50 Richtlinie 2014/23/EU des Europäischen Parlaments und des Rates vom 26. Februar 2014 über die Konzessionsvergabe, ABl EU 2014, L 94/1.

Einzelheiten der Vergabe von Dienstleistungskonzessionen werden in einer neuen Verordnung über die Vergabe von Konzessionen (Konzessionsvergabeverordnung – KonzVgV) geregelt. Dieses formelle Konzessionsvergaberecht gilt aber nicht für Spielbankerlaubnisse, denn der Staat beschafft durch behördliche Erlaubnisse keine Spielbankbetreiber.[51]

Bereits in den Vorbemerkungen der Dienstleistungskonzessionsrichtlinie findet 17
sich der Erwägungsgrund (35), wonach die „Richtlinie ... das Recht der Mitgliedstaaten nicht beschränken, im Einklang mit dem Unionsrecht zu entscheiden, auf welche Weise – einschließlich durch Genehmigungen – der Spiel- und Wettbetrieb organisiert und kontrolliert wird." Erkennbar sollte mit der Richtlinie nicht in die Regelungskompetenz der Mitgliedsstaaten für den Glücksspielbereich eingegriffen werden. OVG Münster, Beschl v 8.6.2017, 4 B 307/17 Rn 86 schließt daraus zu Recht, dass ein – die Besonderheiten des Mitgliedsstaates nicht beachtendes – rein wettbewerbliches Verfahren für eine Auswahl ungeeignet ist. Es verwundert daher, dass im Folgenden nur bestimmte „Konzessionen für den Betrieb von Lotterien aus dem Anwendungsbereich der Richtlinie" ausgeschlossen werden sollen und es nur insoweit „den Mitgliedstaaten möglich bleiben muss, aufgrund ihrer Verpflichtungen zum Schutz der öffentlichen und sozialen Ordnung den Bereich Spieltätigkeiten auf nationaler Ebene zu regeln." Den Materialien der EU ist nicht zu entnehmen, welchen sachlichen Unterschied es für (ausgenommene) Lotterien und andere Glücksspiele gibt. Dies wird ggf gerichtlich zu klären sein. Die EU Kommission ist jedenfalls – gestützt vom Wortlaut der Richtlinie – der Auffassung, dass Glücksspielkonzessionen auf Grundlage von Verträgen von der Richtlinie erfasst sind.[52]

Nach Art 5 Nr 1 lit a) der Dienstleistungskonzessionsrichtlinie und § 105 GWB 18
sind Dienstleistungskonzessionen nur solche, die durch einen „entgeltlichen Vertrag" begründet und zwischen einem öffentlichen Auftraggeber und einem Konzessionsnehmer geschlossen werden („Consession Contracts"). Die Glücksspielkonzessionen wie die Spielbankerlaubnisse werden in Deutschland aber bislang[53] – bis auf ganz wenige Ausnahmen – durch behördlichen Bescheid erteilt. Einseitige behördliche Genehmigungen sind keine „Aufträge; Ordnungsbehörden keine „Auftraggeber" und Bescheide keine Dienstleistungskonzession im Sinne der Richtlinie. Dies ergibt sich aus dem Erwägungsgrund (14) der Dienstleistungskonzessionsrichtlinie.

Der Richtliniengeber und der bundesdeutsche Gesetzgeber regeln demgemäß 19
nur Dienstleistungskonzessionen, die mit einer wechselseitigen vertraglichen Bindungswirkung verbunden sind; sie regeln indes nicht (einseitige) öffentlich-recht-

51 So auch OVG Münster, Beschl v 8.6.2017, 4 B 307/17 Rn 70 ff zu Spielhallenerlaubnissen.

52 European Commission, Memo 14/19 vom 15. Januar 2015, Frage 20.

53 Mit dem 2. GlüÄndStV (GlüStV 2018) wird allerdings die Sportwettenkonzessionierung unmittelbar durch Gesetz erwartet.

liche Erlaubnisse oder Genehmigungen als Teil des Verwaltungshandelns.[54] Die behördliche Glücksspielerlaubnisse sind keine entgeltlichen Verträge und werden von der Dienstleistungskonzessionsrichtlinie nicht erfasst. Es mangelt insbesondere auch an einer Beschaffung des Staates und einer Betriebspflicht des jeweiligen Erlaubnisinhabers.

20 Für die Erteilung und Vergabe von behördlichen Spielbankerlaubnissen bleibt es unverändert bei der Geltung der landesrechtlichen Regelungen im jeweiligen Spielbankgesetz. Die Dienstleistungskonzessionsrichtlinie und der neue 4. Teil des GWB gelten nicht. Nach der deutschen Verfassung liegt das Spielbankenrecht ohnehin nicht in der Gesetzgebungskompetenz des Bundes, der das GWB ändert. Spielbankenrecht ist vielmehr Landesrecht (Ordnungsrecht), so dass eine Normierung über das GWB als Bundesgesetz auch aus kompetenziellen Erwägungen nicht möglich ist.

21 Für das Verfahren bleibt es vielmehr bei der Geltung der allgemeinen europarechtlichen Vergabegrundsätze, insbesondere des Gleichbehandlungs-, Nichtdiskriminierungs- und Transparenzgrundsatzes. Im Falle der gerichtlichen Überprüfung bleibt es bei der Zuständigkeit der Verwaltungsgerichte. Förmliche Vergabevorschriften außerhalb der jeweiligen spielbankenrechtlichen Regelungen bestehen dementsprechend auch weiterhin nicht.

22 Dasselbe gilt für den Inhalt von behördlichen Spielbankerlaubnissen, der sich allein aus dem jeweiligen Landesrecht ergibt. Die erkennbar für Verträge kodifizierten Regelungen der Dienstleistungskonzessionsrichtlinie zur Laufzeit, Kündigung etc kommen weder direkt noch indirekt zur Anwendung.

c) Spielbankerlaubnis ist Personal- und Sachkonzession

23 Das allgemeine Verwaltungsrecht unterscheidet zwischen Personal- und Sachkonzessionen: Während die „reine" Personalkonzession ausschließlich an Merkmale und Bedingungen anknüpft, die in der Person des Antragstellers selbst liegen, stellt die Sachkonzession zumindest auch auf sachliche, äußere Gegebenheiten ab, die in der Eigenart des jeweiligen Betriebes liegen (zB Standortfragen). Alle Spielbankengesetze machen die Erteilung einer Spielbankerlaubnis von der Zuverlässigkeit oder sonstigen Eignung des Spielbankbetreibers und der dort verantwortlich Handelnden abhängig. Spielbankenerlaubnisse sind damit immer Personalkonzessionen.[55] Der Sachbezug der Konzessionen ist unterschiedlich geregelt. Es gibt Länder, in denen der Mindestinhalt, den eine Konzession für den Betrieb einer Spielbank aufweisen muss, gesetzlich normiert ist. Dazu zählen Bayern, Baden-Württemberg, Niedersachsen, Sachsen und Sachsen-Anhalt. Die dort erteilten Konzessionen müssen in

---

54 So auch EuGH Urt v 3.6.2010, C-203/08 *(Sporting Exchange)* Rn 46 und Urt v 9.9.2010 C 64/08 *(Engelmann)* Rn 52.

55 *Pieroth/Störmer*, GewArch 1998, 177, 183.

jedem Fall die Räume, in denen der Spielbankbetrieb vonstattengeht, bezeichnen. Daneben gibt es noch weitere zwingende Inhalte, die aber landesweit differenzieren. In Bayern müssen zB nach Art 2 Abs 4 BaySpielbG neben dem Gebäude und den Räumlichkeiten auch die Nebenbetriebe bezeichnet werden, die gemeinsam mit der Spielbank betrieben werden dürfen. Gleiches gilt für die Konzession in Sachsen.[56] Das baden-württembergische und niedersächsische Spielbankgesetz wiederum verlangen die Auflistung jener Spiele, deren Angebot in der Spielbank erlaubt sein soll.[57] Darüber hinaus muss die Konzession den Berechtigten benennen und den Zeitraum, für den sie erteilt wird.

Insgesamt sind die Eignungskriterien der Konzessionäre in den Spielbankgesetzen durchaus unterschiedlich gestaltet, wie die folgende Übersicht zeigt: 24

Tabelle 1: Spielbankunternehmer

Bundesland	Spielbankunternehmer
Baden-Württemberg	Die Konzession wird grundsätzlich einem Betreiber für den Betrieb aller Spielbanken im Land erteilt (§ 27 Abs 2 LGüG). Betreiber kann ein öffentlicher oder privater Erlaubnisinhaber sein, sofern dieser Gewähr für den ordnungsgemäßen Betrieb der Spielbank bietet (§§ 27 Abs 2, 2 Abs 1 LGlüG)
Bayern	Staatsbetrieb des Freistaats Bayern (Art 2 Abs 2 S 1 SpielbG)
Berlin	Öffentlicher oder privater Spielbankunternehmer, die Gesellschafter und die sonst verantwortlichen Personen des Spielbankunternehmers besitzen die für die ordnungsrechtlich und wirtschaftlich einwandfreie Veranstaltung des Spielbetriebes erforderliche Zuverlässigkeit (§ 2 Abs 3 SpG)
Brandenburg	Juristische Person des öffentlichen Rechts oder eine privatrechtliche Gesellschaft, an der das Land Brandenburg unmittelbar oder mittelbar mehrheitlich beteiligt ist (§ 3 SpielbG)
Bremen	Gesellschaften, deren Gesellschafter juristische Personen des öffentlichen Rechts oder solche juristischen Personen des privaten Rechts sind, deren Anteile ausschließlich juristischen Personen des öffentlichen Rechts gehören (§ 2 SpielBG)
Hamburg	Natürliche Personen und juristische Personen des öffentlichen Rechts; Personengesellschaften, an denen ausschließlich natürliche Personen beteiligt sind; Gesellschaften, an denen juristische Personen des öffentlichen Rechts sämtliche Gesellschaftsanteile unmittelbar oder mittelbar halten (§ 2 Abs 3 HmbSpielbG)

56 Vgl § 3 Abs 3 SächsSpielbG.
57 § 2 Abs 1 Satz 1 SpielbG Nds.

Bundesland	Spielbankunternehmer
Hessen	Nur in den Gemeinden Bad Homburg v.d. Höhe, Frankfurt am Main im Transitbereich des Flughafens Frankfurt, Kassel, Wiesbaden je eine Spielbank nach Zulassung durch das zuständige Ministerium (§§ 2 Abs 1, 1 Abs 2, 3 Abs 1 SpielbG). Die Gemeinden können Dritten die Ausübung des Spielbetriebes überlassen (§ 3 Abs 4 SpielbG). Der Spielbankunternehmer muss die Gewähr für eine ordnungsrechtlich und wirtschaftlich einwandfreie Führung der Spielbank bieten. (§ 4 Abs 2 SpielbG).
Mecklenburg-Vorpommern	Einzelperson, auf Dauer angelegte Personenvereinigung oder juristische Person des Privatrechts, deren Anteile nicht-juristischen Personen des öffentlichen Rechts gehören (§ 4 S 1 Nr 1 SpbGb M-V)
Niedersachsen	Öffentliche oder private Antragsteller, wenn diese Gewähr für den ordnungsgemäßen Betrieb der Spielbank bieten (§ 2 Abs 2 NSpielbG)
Nordrhein-Westfalen	Gesellschafter eines Unternehmens zum Betrieb einer Spielbank dürfen nur juristische Personen des öffentlichen Rechts oder solche juristischen Personen des privaten Rechts sein, deren Anteile überwiegend dem Land Nordrhein-Westfalen gehören (§ 3 Abs 1 SpielbG)
Rheinland-Pfalz	Öffentliche oder private Spielbankunternehmer, die über die erforderliche Zuverlässigkeit, finanzielle Leistungsfähigkeit und fachliche Kompetenz für einen ordnungsrechtlich und wirtschaftlich einwandfreien Betrieb der Spielbank verfügen (§§ 4, 3a Abs 1 SpielbG)
Saarland	Träger eines Spielbankunternehmens dürfen nur Gesellschaften in der Rechtsform des privaten Rechts sein, deren Anteile zu mehr als der Hälfte unmittelbar oder mittelbar dem Saarland gehören (§ 5 Abs 3 Satz 1 SpielbG-Saar)
Sachsen	Erlaubnis darf nur dem Freistaat Sachsen oder einem Unternehmen des privaten oder öffentlichen Rechts, das ausschließlich dem Freistaat Sachsen gehört, erteilt werden (§ 2 Abs 1 SächsSpielbG)
Sachsen-Anhalt	Zulassungsinhaber darf nur eine natürliche oder juristische Person, oder Vereinigung, soweit ihr ein Recht zustehen kann, sein (§ 3 Abs 1 des SpielbG LSA). Der Zulassungsinhaber muss fachlich geeignet sein und einen ordnungsgemäßen Betrieb gewährleisten (§ 2 Abs 4 SpielbG LSA).
Schleswig-Holstein	Öffentliche oder private Antragsteller, die eine fachliche Eignung aufweisen, zuverlässig sind und einen ordnungsgemäßen Betrieb der Spielbanken gewährleisten (§ 3 Abs 2 Nr 3 SpielBG SH)
Thüringen	Öffentlicher oder privater Erlaubnisinhaber und sonst verantwortliche Personen bieten Gewähr für den ordnungsgemäßen Betrieb der Spielbank; Erlaubnisinhaber, Gesellschafter und sonst verantwortliche Personen sind weder mittelbar noch unmittelbar an Unternehmen beteiligt, die Spielgeräte oder Spielsicherheitstechnik für das Spiel herstellen oder vertreiben; dies gilt entsprechend für den Fall, das eine am Erlaubnisinhaber beteiligte Gesellschaft selbst Gegenstand einer mittelbaren oder unmittelbaren Beteiligung eines solchen Unternehmens ist (§ 2 Abs 2 ThürSpbG)

d) Keine Anerkennung von ausländischen Konzessionen

Zum gegenwärtigen Zeitpunkt ist der Rechtsrahmen für Glücksspielerlaubnisse im Allgemeinen und damit zugleich für Spielbankkonzessionen im Speziellen innerhalb der EU nicht harmonisiert. Vielmehr ist anerkannt, dass die spielbankenrechtliche Regelungsmaterie wie die des Glücksspielwesens insgesamt in der Verantwortung der Mitgliedsstaaten bleibt. Dementsprechend gibt es weder eine Praxis, noch eine Verpflichtung, Spielbankenkonzessionen aus dem einen EU-Mitgliedsstaat in einem anderen Mitgliedsstaat anzuerkennen. Daher darf auch jedes Bundesland den Betrieb einer öffentlichen Spielbank von der Erteilung einer landesrechtlichen Erlaubnis nach den jeweils geltenden landesrechtlichen Regelungen abhängig machen.[58] 25

e) Spielbankenmonopole zugunsten öffentlicher und privater Spielbankbetreiber

aa) Staatsmonopole

In sechs Ländern (Bayern, Brandenburg, Bremen, Nordrhein-Westfalen, Saarland und Sachsen) können nur juristische Personen des öffentlichen Rechts oder von Ihnen beherrschte Unternehmen Konzessionär sein.[59] Das BVerfG und der EuGH haben ein derartiges Staatsmonopol für zulässig erachtet, wenn es mit Blick auf den verfolgten Zweck verhältnismäßig und im Gesamtsystem konsistent bzw kohärent ist. 26

Unter Hinweis auf die in der *Sportwetten*-Entscheidung vom 28. März 2006 entwickelten Grundsätze hat das BVerfG das bayerische Spielbankenmonopol in dessen rechtlicher und tatsächlicher Ausgestaltung für zulässig erachtet.[60] Ebenso wie die staatlichen Zahlenlotto- und Sportwettenmonopole lassen sich auch die spielbanktypischen Glücksspielangebote wegen des schwerwiegenden Eingriffs in die Berufs(wahl)freiheit des Art 12 Abs 1 GG allerdings (künftig) nur durch *gesetzliche Regelungen* zugunsten staatlicher oder privater Anbieter monopolisieren, die *konsequent auf die Vermeidung und Bekämpfung von Glücksspielsucht ausgerichtet* sind. Dabei können auch *Mängel in der konkreten Ausgestaltung* des monopolisierten staatlichen Spielbankangebotes ein Regelungsdefizit indizieren, das die Unverhältnismäßigkeit und Verfassungswidrigkeit des Spielbankmonopols nach sich zieht.[61] Als Kontrollauftrag an die Länder lässt sich der Hinweis des BVerfG interpretieren, dass die rechtlichen Vorkehrungen, „die eine konsequente Ausrichtung des Spielbankenmonopols auf das Ziel der Bekämpfung von Spielsucht und problemati- 27

58 EuGH Urt v 12.9.2013 – C660/11 ua (*Biasci*).

59 Zur Zulässigkeit des Ausschlusses privater Spielbankbetreiber vgl BayVGH, GewArch 2003, 115 ff; VG Leipzig, 5 K 658/01, Urt v 6.2.2003.

60 BVerfG, 1 BvR 2228/02, Beschl v 26.3.2007; aA *Papier*, Staatliche Monopole und Berufsfreiheit – dargestellt am Beispiel der Spielbanken in FS für Klaus Stern (1997), S 543 ff.

61 Ebda, Rn 48 f.

schem Spielverhalten sicherstellen, ... neben dem Spielbankgesetz auch in der Spielbankordnung und ergänzend in der Spielbankerlaubnis vorgesehen werden" können.[62] Auch die Spielbankerlaubnisse sind demnach künftig für den Ausgang spielbankenrechtlicher Verfahren von besonderem Interesse, wenn das gesetzgeberische Suchtvermeidungsinstrumentarium für sich genommen nicht ausreichend sein sollte.

28 Die verfassungsrechtliche Lage stimmt in wesentlichen Punkten mit den Vorgaben des EuGH überein, der glücksspielrechtliche Monopole und auch Totalverbote bei Beachtung der unionsrechtlichen Rahmenbedingungen für prinzipiell zulässig hält.[63] Auch der EFTA-Gerichtshof hat bereits ein staatliches Glücksspielmonopol (das norwegische Automatenspielmonopol) im Geltungsbereich des EWR-Abkommens gebilligt.[64]

bb) Private Spielbankmonopole

29 In den übrigen zwölf Ländern (Baden-Württemberg, Berlin, Hamburg, Hessen, Mecklenburg-Vorpommern, Niedersachsen, Rheinland-Pfalz, Thüringen, Sachsen-Anhalt und Schleswig-Holstein) können auch bzw nur Private Spielbankunternehmer sein. In Hessen besteht die Besonderheit, dass die Spielbankerlaubnisse zwar nur den im Gesetz genannten Gemeinden erteilt werden können. Diese können – und haben – ihrerseits mit Zustimmung der Spielbankenaufsicht den tatsächlichen Spielbetrieb einem (privaten) Dritten zur Ausübung überlassen. Dieser Dritte ist dann der „Spielbankunternehmer".[65] Zwei Länder, die eine Spielbankerlaubnis an private Unternehmen gesetzlich zulassen, schaffen eine Art „privates Monopol", denn trotz mehrerer Spielbankstandorte kann es (Sachsen-Anhalt) bzw soll es (Baden-Württemberg) im jeweiligen Land nur eine Spielbankerlaubnis geben. In diesen Ländern wird zugunsten der Erlaubnisinhaber die Regel aufgestellt: Es kann nur einen geben. Begründet wird diese Monopolstruktur mit dem altbekannten Argument, dass der Spielerschutz effektiver gewährleistet werden könne: Wettbewerb zwischen verschiedenen Anbietern hat nach Auffassung der (Glücksspiel-)Monopolbefürworter zur Folge, dass das Spielverhalten der Spieler zum Zwecke der Gewinnsteigerung – durch Angebotserweiterung und Werbemaßnahmen – weiter angereizt werde.[66] Daher sei eine

---

62 Ebda.

63 EuGH, Urt v 24.3.1994, C-275/92 (*Schindler*), Rn 61; Urt v 21.9.1999, C-124/97 (*Läärä*), Rn 35; Urt v 21.10.1999, C-67/98 (*Zenatti*), Rn 33; Urt v 11.9.2003, C-6/01 (*Anomar*), Rn 79; Urt v 6.3.2007, C-338/04 (*Placanica*), Rn 48.

64 EFTA Court, E-1/06, Urt v 14.3.2007 (*Staatsmonopol für den Betrieb von Automatenspielen in Norwegen*); siehe dazu *Ennuschat*, ZfWG 2007, 77.

65 Es gibt daher eine Art Standortgenehmigung (Spielbankerlaubnis der Gemeinde) und eine Betriebserlaubnis (Zustimmung der Spielbankenaufsicht zur Ausübung des Spielbetriebes durch Dritte).

66 LSA, LT-Drs 5/1785, S 44.

wettbewerbsfreie Monopolstruktur zur Gewährleistung eines risikoarmen und sicheren Spielgeschehens sowie zur Eindämmung des Glücksspiels insgesamt notwendig.[67] Zudem werde das Vergabeverfahren sowohl für den Bewerber als auch für das Land effizienter, transparenter und kostengünstiger.[68]

Ob die Ausgestaltung privater Spielbankmonopole den in den letzten 20 Jahren entwickelten, insbesondere aus dem Verhältnismäßigkeitsgrundsatz folgenden Anforderungen genügt, ist bislang gerichtlich nicht geklärt.[69] Mit der Monopolisierung geht einher, dass von vornherein nur wenige – besonders leistungsfähige – Unternehmen in der Lage sind, sich um eine Spielbankerlaubnis für ein ganzes Bundesland zu bewerben. Der Nachweis der ordnungsrechtlichen Notwendigkeit für Wahl des maximal größten Loses (der „landesweiten Konzession“) ist bisher nicht erbracht. Zudem wird durch die in den übrigen Ländern geltenden Regelungsregime verdeutlicht, dass auch die Aufsicht über mehrere Erlaubnisinhaber möglich ist. Aus diesem Grund spricht § 20 Absatz 1 GlüStV (2012) auch nur davon, dass die Anzahl der Spielbanken in den Ländern nach den Zielen des § 1 GlüStV zu begrenzen ist, nicht die Anzahl der Erlaubnisinhaber. 30

cc) Beurteilungs- und Prognosespielraum

Auf der Grundlage der bundesverfassungsgerichtlichen Judikatur hat der Gesetzgeber einen gerichtlich nur begrenzt überprüfbaren Beurteilungs- und Prognosespielraum bei der Entscheidung, ob er Spielbanken als öffentliches (oder privates) Monopol betreibt oder auch mehrere private Betreiber zulässt: Zwar ist der Spielbankbetrieb nicht von vornherein ein (geborenes) staatliches bzw „öffentliches“ Monopol; die Errichtung staatlicher und privater Spielbankmonopole ist gleichwohl unter Beachtung der verfassungsrechtlichen Vorgaben zulässig.[70] Das BVerfG geht davon aus, dass, mangels gegenteiliger Erfahrungen, die gesetzgeberische Annahme einer *im Vergleich zur externen Kontrolle von Unternehmen* höheren Effektivität der (in Bayern internen) *Kontrolle des Staates über eigene Spielbankunternehmen* nicht fehlerhaft ist.[71] Die bei landeseigenen und ebenso bei anderen Unternehmen in öffentlicher – zB kommunaler – Trägerschaft (zusätzlich zu den gesellschaftsrechtlichen Einflussnahmemöglichkeiten) zur Verfügung stehenden allgemeinen haus- 31

---

67 Ebda.

68 Baden-Württemberg. LT-Drs 15/2431, S 1 f, 88 ff.

69 *Ennuschat*, Festschrift für Kay Hailbronner, Vergabe von Spielbankkonzessionen, S 695 ff hält dies für ordnungs- und vergaberechtlich vertretbar.

70 BVerwGE 96, 302 = GewArch 1995, 24 = NVwZ 1995, aA die Vorinstanz BayVerfGH, BayVBl 1990, 526 und GewArch 1991, 102 (*staatl. Verwaltungsmonopol in Bayern*).

71 BVerfG, 1 BvR 539/96, Urt v 19.7.2000, NVwZ 2001, 790, 794; BVerfG, 1 BvR 2228/02, Beschl v 26.3.2007 (*Spielbankenmonopol in Bayern*).

haltsrechtlichen Kontroll- und Ingerenzbefugnisse werden mancherorts als Beleg für die Richtigkeit dieser Einschätzung herangezogen. Ganz in diesem Sinne hat das BVerwG entschieden, dass die ausschließliche oder vorzugsweise Konzessionierung staatlicher Spielbankbetriebe auch dort in Betracht komme, wo der Gesetzgeber der Erlaubnisbehörde im Hinblick auf den Erlaubnisempfänger einen Spielraum eingeräumt hat.[72] Auch der EuGH billigt den Erlaubnisbehörden insoweit einen Beurteilungsspielraum zu.[73]

f) Konzessionsbescheid und Konzessionsvertrag

32 Die Spielbankgesetze regeln übereinstimmend, dass die Spielbankerlaubnis schriftlich zu erteilen ist. Die Erlaubnis wird damit überall in Form eines schriftlichen Verwaltungsaktes (*Konzessionsbescheid*) erteilt. Er kann als Ermessenentscheidung mit sachdienlichen Nebenbestimmungen ausgestaltet sein (§ 36 Abs 2 VwVfG oder Spielbankgesetz des Landes).

33 Nur noch das Spielbankgesetz von Bremen sieht die Möglichkeit vor, Einzelfragen durch *Konzessionsvertrag* zu regeln. Der Abschluss derartiger öffentlich-rechtlicher Verträge ist grundsätzlich zulässig. Unzulässig mit der Folge der Unwirksamkeit entsprechender Verträge ist demgegenüber eine Verwaltungspraxis, wonach diese auch Regelungen über Abgaben enthalten.[74] Rechtlichen Bedenken begegnet insoweit auch die Regelung in § 5 Abs 7 des SpielbG Hessen: Dort will der Landesgesetzgeber regeln, dass die Spielbankkonzession, die das Land den im Gesetz genannten Gemeinden erteilt, durch „privatrechtlichen Vertrag" an einen privaten Dritten zur Ausübung überlassen werden und in den Verträgen auch weitere Abgaben vereinbart werden können. Materiell-rechtlich handelt es sich bei dieser Überlassung um eine Konzessionsvergabe an einen Privaten, der dann nach § 4 Abs 1 SpielbG Hessen der Spielbankunternehmer ist. Es ist aber aus prinzipiellen rechtlichen Erwägungen nicht möglich, eine Konzession durch privatrechtlichen Vertrag zu überlassen. Die Überlassung der Spielbankkonzession ist bereits ihrem Wesen nach – als Personalkonzession – ausgeschlossen, die privatrechtliche Gestaltung korrespondiert nicht mit dem materiellen Regelungsgehalt. Die Verfassungskonformität dieser Bestimmungen ist dementsprechend nur bei deren Interpretation als öffentlich-rechtlicher Konzessionsvertrag mit den begünstigten Gemeinden im Benehmen mit dem Innenministerium gegeben.[75] Exakt in dieser Form erfolgt auch die

---

72 BVerwG, Beschl v 25.2.2004, 6 B 10.04, GewArch 2004, 476.

73 EuGH Urt v 9.9.2010 – C64/08 (*Engelmann*) Rn 46 ff.

74 BVerfG, 1 BvL 3/01, Beschl v 28.4.2003; BFH, II R 58/93, Urt v 8.3.1995 = BStBl 1995 II, 438; *Thieme*, DB 1994, 149.

75 Die Vergabe einer Spielbank-(Betriebs-)erlaubnis durch Vertrag wirft die Frage nach der Geltung des förmlichen Konzessionsvergaberechtes auf (Rn 16 ff.).

gemeinsame Ausschreibung der „Spielbankverträge“ für die Hessischen Spielbanken.[76]

g) Laufzeit der Erlaubnis

In den Landesspielbankgesetzen wird die Laufzeit der Erlaubnis zur Errichtung und 34
zum Betreiben einer Spielbank entweder gar nicht geregelt oder auf eine Laufzeit zwischen 10 und 15 Jahren beschränkt. Regelmäßig findet sich der Hinweis, dass die Erlaubnis verlängert werden kann bzw bei Vorliegen bestimmter Bedingungen zumindest einmalig zu verlängern ist.

In Ländern, in denen Konzessionen auch an Private vergeben werden können 35
und insoweit ein Wettbewerb besteht, muss sichergestellt sein, dass keine übermäßigen Beschränkungen des Wettbewerbs um die Spielbankerlaubnis erfolgen. Für die Laufzeit einer Konzession ist der Wettbewerb naturgemäß ausgesetzt. Nach europarechtlichen Grundsätzen ist die Laufzeit einer Spielbankenkonzession zeitlich so zu wählen (befristen), dass innerhalb der Laufzeit die notwendigen Investitionen durch den Konzessionär refinanziert werden und er zudem einen angemessenen Unternehmergewinn erwirtschaften kann.[77] Die Begrenzung der Konzession auf einen 15-Jahreszeitraum hat der Gerichtshof insoweit als gerechtfertigt angesehen.[78] Nach Ablauf des Geltungszeitraumes ist die Konzession wieder in den Wettbewerb zu geben. Dies gilt auch, wenn die Spielbankgesetze eine „Verlängerung“ der Konzession zulassen. Für die bisher nicht konzessionierten Wettbewerber sind die Rechtswirkungen der „überlang“ erteilten Konzession identisch mit denen einer (ein- oder mehrfach) verlängerten Konzession. Verlängerungen nach Ablauf einer angemessenen Konzessionslaufzeit sind deshalb wie Neuerteilungen auszuschreiben.

h) Betriebspflicht?

Es gibt die sehr verbreitete Vorstellung, dass mit der Spielbankerlaubnis auch die 36
Verpflichtung zu deren Betrieb mit dem erlaubten Spielangebot und innerhalb der regelmäßig in der Spielordnung vorgesehenen Öffnungszeiten verbunden ist. Dies ist aber nicht der Fall. In keinem Spielbankgesetz findet sich bisher eine gesetzliche

76 Hessen geht insgesamt (im Hinblick auf seine Spielbanken) besondere Wege: Es ist zB das neben dem Saarland (§ 6 Abs 5 SpbGSaar) das einzige Bundesland, in dem das Rauchverbot des Nichtraucherschutzgesetzes für Spielbanken nicht gilt (§ 2 Abs 5 Nr 5 HessNRSG).

77 EuGH Urt v 9.9.2010 – C-64/08 (*Engelmann*) für Österreich; vgl allgemein EuGH Urt v 9.3.2006 – C-323/03 (*Kommission/Königreich Spanien*), NZBau 2006, 386 ff, zu einer Konzession mit einer Laufzeit von 20 Jahren.

78 EuGH Urt v 9.9.2010 – C-64/08, (*Engelmann*) Rn 48.

Grundlage für eine Betriebspflicht und in keiner Spielbankerlaubnis kann sie daher unmittelbar vorgegeben werden: Öffentlich-rechtliche Betriebspflichten sind erhebliche Eingriffe in die Rechtsposition des privaten Unternehmers. Art 12 GG schützt mit dem Berufswahlrecht auch davor, einen Beruf ausüben zu müssen (neg Berufswahl- und/oder neg Berufsausübungsfreiheit)[79]. Soll neben dem *Recht* zur Berufswahl und -ausübung zugleich eine Betriebs*pflicht* begründet werden, ist dies derart wesentlich, dass es hierfür einer besonderen gesetzlichen Regelung bedarf.[80] Die Betriebspflicht lässt sich demnach nicht als frei „kreierbare" Nebenbestimmung auf § 36 Abs 2 VwVfG stützen, auch nicht mit dem Argument eines – gegenüber der hinsichtlich des „Gebrauchmachens" bestehenden Dispositionsbefugnis des Spielbankunternehmers – vorrangigen öffentlichen Betriebsinteresses.[81] Es muss für einen Antragsteller zudem klar sein, unter welchen Voraussetzungen im Falle eines positiven Spielbankbescheides auch eine Betriebspflicht (örtlich, räumlich, zeitlich, inhaltlich) bestehen soll und wann diese entfällt (Anspruch auf Entlassung).

37 Macht daher ein Erlaubnisinhaber von seiner Erlaubnis zum Betrieb einer Spielbank keinen Gebrauch, so kann weder im Wege der Verwaltungsvollstreckung der Betrieb ersatzweise übernommen werden, noch können Ersatzansprüche (zB Kosten für ein neues Vergabeverfahren, entgangene Abgaben etc) geltend gemacht werden. Der entschädigungslose Entzug der Erlaubnis stellt die einzige, in einigen Spielbankgesetzen auch ausdrücklich geregelte (mittelbare) Rechtsfolge dar. Aus der aufsichtsbehördlichen Perspektive ist es demnach erforderlich, die Fälle eines Erlaubnisentzuges bei unzureichendem Spielbetrieb klar zu regeln.

i) Verfahren zur Vergabe von Spielbankerlaubnissen

38 Das Verfahren zur Erteilung einer Spielbankenkonzession richtet sich im Wesentlichen danach, wer nach den Bestimmungen des Landesspielbankengesetzes Spielbankunternehmer sein darf. In Ländern, in denen nur das Land selbst oder eine landeseigene Gesellschaft Konzessionär sein kann, besteht ein öffentliches Monopol, bei der – vergaberechtlich „in-house", dh ohne Berücksichtigung vergaberechtlicher Regelungen – die Konzessionsvergabe erfolgen kann.[82] Wird demgegenüber im Spielbankgesetz festgelegt, dass allgemein „öffentliche Körperschaften"[83] oder

79 *Baumann*, GewA 2004, 448.

80 *Waechter*, Verwaltungsrecht im Gewährleistungsstaat, S 197 (zu den Fällen der gesetzlichen Betriebspflicht in der sog Grundversorgung).

81 *Baumann*, ebda.

82 EuGH Urt v 3.6.2010 – C 203/08 (*Sporting Exchange*) = NVwZ 2010, 1085.

83 Hier ist zB ein Wettbewerb zwischen Landesgesellschaft und Kommune oder zwischen Kommunen, Landkreisen etc denkbar, der in einem ordnungsgemäßen, gesetzlich geregelten Verfahren zu entscheiden ist.

auch Private Spielbankbetreiber sein können, ist die Konzession im Wettbewerb nach Durchführung eines vergabeähnlichen Verfahrens zu vergeben. Dieses Verfahren ist zwar kein formelles Vergabeverfahren nach dem zwingenden europarechtlichen oder bundesrechtlichen Vergaberegime. Allerdings ist verfassungsrechtlich erforderlich, dass der Landesgesetzgeber selbst im Spielbankengesetz die maßgeblichen sachlichen Kriterien und das Verfahren zur Konzessionsvergabe regelt.[84] Im wettbewerblichen Vergabeverfahren sind nach der EuGH-Rechtsprechung die Grundsätze der Gleichbehandlung, Transparenz, Nichtdiskriminierung, ein angemessener Grad an Öffentlichkeit, Nachprüfbarkeit und eine unparteiische Vergabe zu gewährleisten.[85]

Die Dispensierung der vergaberechtlichen Vorgaben des Europarechts und der bundesrechtlichen Vorschriften der §§ 97 ff GWB hat ihren Grund in der Qualifizierung der Spielbankerlaubnis als verwaltungsrechtliche Konzession. Bei dieser handelt es sich nicht um die Vergabe eines öffentlichen Auftrags oder eines förmlich zu vergebenden Dienstleistungskonzessionsvertrages nach § 105 GWB.[86] Die Überprüfung der eine Spielbankenkonzession betreffenden Vergabeentscheidung obliegt aus diesem Grund auch den Verwaltungsgerichten und nicht den Vergabekammern.[87] 39

Die wesentlichen Entscheidungsmaßstäbe und -kriterien für die Erteilung einer Spielbankerlaubnis sind zunächst durch den Gesetzgeber selbst zu regeln und dann in transparenter und nicht diskriminierender Weise durch die Verwaltung auszufüllen. Dem Grundsatz der Gleichbehandlung und dem daraus folgenden Transparenzgebot wird entsprochen, wenn die Erlaubnisvoraussetzungen auf objektiven, nicht diskriminierenden und im Voraus bekannten Kriterien beruhen, so dass der Aus- 40

84 BVerfG, 1 BvR 539/96, Beschl v 19.7.2000; BVerfGE 102, 197 = NVwZ 2001, 790 = GewArch 2001, 61; BVerfGE 73, 280, 294 (*Notare*); BVerfGE 86, 28, 41 (*Sachverständige nach § 36 GewO*); *Pieroth/Störmer* GewArch 1998, 177, 187.

85 EuGH, Urt v 7.12.2000, C-324/98 (*Telaustria*) = EuZW 2001, 90; Urt v 13.10.2005 (*Parking Brixen*) = EuZW 2005, 727; Urt v 6.4.2006, C-410/01 (*Gemeinde Bari*) = NVwZ 2006, 555; Urt v 11.5.2006, C-340/04 (*Carbotermo*) = NJW 2006, 2679; vgl auch Mitteilung der Kommission zu Auslegungsfragen im Bereich Konzessionen im Unionsrecht, ABl C 121/2 vom 29.4.2000 und die Schlussanträge der Generalanwältin *Sharpston* vom 29.3.2007 zum Verfahren C-260/04 (*Vergabe von Sportwetten-Konzessionen in Italien nur nach Ausschreibung und transparentem Auswahlverfahren*); siehe hierzu ferner *Böckel*, LKV 2003, 393.

86 OLG Stuttgart, Beschl v 4.11.2002, 2 Verg 4/02, NJOZ 2003, 613, 614 f. (kein Auftrag) und OVG Münster, Beschl v 8.7.2017, 4 B 307/17 (keine Dienstleistungskonzession). Dies schließt gleichwohl nicht aus, dass der Konzessionär für die Konzessionierung ein Entgelt oder sonstige Gegenleistung erbringt. So hat es das BVerfG in der *zweiten Spielbanken*-Entscheidung für denkbar gehalten, dass eine Spielbankenkonzession unter mehreren Bewerbern versteigert wird. Dies erforderte allerdings eine entsprechende gesetzliche Regelung.

87 Vgl. Fn. 86.

übung des Ermessen durch die Behörde hinreichende, eine missbräuchliche Ermessensbetätigung hindernde Grenzen gesetzt sind.[88] Dies bedeutet maW, dass vor Beginn der Bewerbungsfrist die wesentlichen Bedingungen und Modalitäten (insb die Auswahlkriterien) für das Verfahren klar, präzise und eindeutig formuliert sind.[89] Alle interessierten Wirtschaftsteilnehmer sollen auf Grundlage sämtlicher einschlägiger Informationen die Möglichkeit zur Teilnahme an den Ausschreibungsverfahren – die nicht zwingend sind, wohl aber ein angemessener Grad an Öffentlichkeit – haben, so dass die Gefahr von Günstlingswirtschaft und willkürlichen Entscheidungen ausgeschlossen wird.[90] Sachlich dürfen nur solche Erlaubnisvoraussetzungen aufgestellt werden, die als Rechtfertigung für die Beschränkungen der Dienstleistungs- und Niederlassungsfreiheit bzw der Grundrechte dienen können. Hierzu zählen weder die Absicht der Einnahmeerzielung (auch nicht durch den Verkauf von Spielbanken, denen deshalb Spielarten vorbehalten bleiben sollen[91]) noch die verwaltungstechnische Erleichterung der Spielbankenaufsicht.[92] Ebenso dürfe die vermeintlich geringere Gewinnorientierung eines öffentlichen Unternehmens problematisch sein, denn der EuGH geht davon aus, dass bei *allen* Anbietern – auch öffentlichen oder karitativen Einrichtungen – ein Interessenkonflikt besteht, und zwar zwischen der Notwendigkeit der Einnahmenverbesserung und dem Ziel, die Gelegenheiten zum Spiel zu reduzieren.[93] Einer konkreten Erlaubnis bzw einem Bewerber entgegenstehende Gründe der öffentlichen Sicherheit und Ordnung bilden demgegenüber den typischen und systemkonformen Ablehnungsgrund.[94]

---

88 EuGH, Urt v 3.6.2010 – C 203/08 (*Sporting Exchange*) Rn 50 = NVwZ 2010, 1085.

89 EuGH, Urt v 16.2.2012 – C-72/10 (*Costa und Cifone*) Rn 73; VGH Lichtenstein, Urt v 31.5.2012, VGH 2012/030; bestätigt durch StGH, Urt 16.12.2014, 2013/44.

90 EuGH, Fn 85. Das Erfordernis klar formulierter Kriterien ist indes nicht leicht zu erfüllen. So zeigt ein die Spielbank in Wien betreffendes Verfahren (BVwG, 21.7.2015 – Az W 139 2010500-1/81E und Verwaltungsgerichtshof, Urt v 28.6.2016, Ra 2015/17/0082-7 und 0083-5), dass Gerichte allgemeine Anforderungen („bestmögliche Ausübung der Konzession") für zu unpräzise halten und erklärende Unterkriterien mit einer eigenen Gewichtung erwarten, die den Verfahrensteilnehmern vorab auch mitgeteilt werden. Andernfalls kann ein Verfahren auch nach Jahren aufgehoben werden.

91 VGSH, Urt v 11.9.2014, 12 A 10/14.

92 EuGH Urt v 30.6.2011 – C 212/08 (*Zertuf*), Rn 48: „In diesem Zusammenhang ist darauf hinzuweisen, dass die bloße Tatsache, dass die Zulassung und die Kontrolle einer gewissen Anzahl von privaten Betreibern sich für die nationalen Behörden kostspieliger erweisen kann als die Aufsicht über einen einzigen Betreiber, unerheblich ist. Aus der Rechtsprechung des Gerichtshofes ergibt sich, dass verwaltungstechnische Nachteile die Beeinträchtigung einer durch das Unionsrecht gewährleisteten Grundfreiheit nicht rechtfertigen können."

93 Ebda, Rn 59.

94 EuGH, Urt v 19.7.2012 – C-470/11 (*SIA Garkalns*) = NVwZ 2012, 1162.

j) Auswahl unter mehreren Bewerbern

Im Regelfall muss die Vergabeentscheidung zwischen mehreren Bewerbern erfolgen; die Spielbankerlaubnisbehörde muss maW eine Auswahlentscheidung treffen. Das BVerfG fordert in diesem Zusammenhang zunächst, dass die Auswahlkriterien vom Gesetzgeber selbst definiert werden.[95] Es reicht also aus verfassungsrechtlicher Perspektive nicht aus, wenn die Spielbankgesetze in Berlin und Hamburg die Festlegung der Auswahlkriterien der Erlaubnisbehörde überlassen. 41

Eine Auswahl kommt nur unter solchen Bewerbern in Betracht, die die ordnungsrechtlichen Eignungsvoraussetzungen erfüllen, bei denen also eine hinreichende Eignung, Leistungsfähigkeit und Zuverlässigkeit festgestellt werden können. Unter den hiernach geeigneten Bewerbern erfolgt sodann eine Bestenauswahl.[96] Diese bezieht sich sowohl auf die Person der Bewerber als auch auf die vorgelegten Konzepte.[97] 42

Die Gewichtung der gesetzlich normierten Auswahlkriterien und der ggf. weiteren Unterkriterien ist Aufgabe der Erlaubnisbehörde. Allerdings muss mit Blick auf die zwingend ordnungsrechtliche Rechtfertigung der grundrechtsrelevanten Entscheidung sichergestellt werden, dass vorrangig ordnungsrechtliche Kriterien für die Auswahlentscheidung herangezogen werden.[98] Die Bewertungsmatrix mit allen Kriterien und deren Gewichtung ist vor Bekanntmachung des Verfahrens festzulegen. 43

k) Zahlenmäßige Beschränkung der Spielbanken

Die Eröffnung eines Verfahrens über die Erteilung einer Spielbankenkonzession bzw deren „In-house-Vergabe“ erfolgt, wenn das betreffende Land feststellt, dass ein ausreichendes Glücksspielangebot durch Spielbanken nicht vorhanden ist. Für die Konzessionserteilung muss es demnach ein öffentliches Bedürfnis geben. In mittlerweile stetiger Rechtsprechung gesteht das BVerfG dem Landesgesetzgeber einen Einschätzungs- und Prognosespielraum bei der Ausgestaltung des Glücksspielangebotes zu.[99] Rechtlich unbedenklich ist es, wenn der Landesgesetzgeber das öffentliche Bedürfnis 44

---

95 BVerfG, 1 BvR 539/96, Urt v 19.7.2000, BVerfGE 102, 197. Dies kann allerdings bei Härtefallregelungen teilweise anders sein, vgl BVerfG, 1 BvR 1314/12, Beschl v 7.3.2017, Rn 182.

96 Die Einzelheiten sind ungeregelt und den Gerichten überlassen, ähnlich der beamtenrechtlichen Bestenauslese.

97 Ob dabei ein „Mehr an Eignung“ im Rahmen der Auswahlentscheidung Berücksichtigung finden darf, oder das strenge vergaberechtliche Trennungsprinzip angewendet werden soll, ist umstritten. Es spricht aber einiges dafür, die Eignung als Mindestvoraussetzung zu betrachten, so dass die Bestenauslese nur noch zwischen den präsentierten Spielbankkonzepten erfolgt.

98 So auch *Arendts*, ZfWG 2012, 391, 392.

99 BVerfG, 1 BvR 455/74, Beschl v 23.4.1975; 1 BvR 539/96, Beschl v 19.7.2000 (sprechen jeweils noch von „weitem Ermessen“); 1 BvR 2228/02, Beschl v 26.3.2007.

an Spielbanken auf ausreichender sachlicher Grundlage[100] definiert und die Höchstzahl der Spielbanken normiert.[101] Der Gesetzgeber darf dabei davon ausgehen, dass die Gefahr der Ausbeutung der Spielleidenschaft größer ist, je mehr Glücksspielangebote zugelassen werden.[102] Dabei ist es zulässig, dass sich die Anzahl der Spielbanken an die Bevölkerungszahl zB im betreffenden Regierungsbezirk anlehnt, weil auf diese Weise eine zu hohe Verdichtung des Spielangebotes vermieden werden kann.[103] Das OVG *Saarlouis*[104] und diesem folgend das BVerwG[105] haben die gesetzgeberische Fixierung der Spielbanken-Höchstzahl gebilligt, da eine hinreichende Flexibilität durch die zulässige Errichtung von Zweigspielbetrieben erzielt wird. Der EuGH pflichtet ebenfalls bei, dass nur eine begrenzte Zahl an Spielbankkonzessionen ausgegeben wird.[106]

45 Der Klage eines potenziellen Spielbankkonzessionärs, der mit dem Bedürfnis nach weiteren Spielbanken im Saarland argumentierte, hielten die Gerichte auch entgegen, dass im Vergleich zu anderen Bundesländern nach der Bevölkerungsanzahl und der Gesamtzahl der Spielbanken in den „Vergleichs"-Ländern kein gerichtlich feststellbares Bedürfnis für weitere Spielbanken bestünde. Die Entscheidung des Gesetzgebers zur Anzahl zugelassener Spielbanken in einem Bundesland könne mit Blick auf dessen Beurteilungsspielraum nur dann beanstandet werden, wenn nach den diesem bekannten Tatsachen und im Hinblick auf die bisher gemachten Erfahrungen feststellbar sei, dass eine weniger beschränkende Regelung die gleiche Wirksamkeit habe. Anzumerken ist, dass das Saarland im Vergleich mit den anderen Ländern die Spitzenstellung bei der „Versorgung" der Bevölkerung mit Spielbankbetrieben einnimmt.

46 Gleichwohl kann es sachgerecht sein, die standortbezogene Entscheidung über die Erteilung der Spielbankerlaubnis an einem vom Gesetzgeber prinzipiell zugelassenen Standort von den Ergebnissen einer aktuellen Marktpotenzialanalyse abhängig zu machen. Andernfalls müsste der Gesetzgeber selbst auf demographische und andere für den Spielbankstandort relevante Entwicklungen reagieren. Die wenig überzeugende Alternative zu diesem zweistufigen, gewissermaßen legislativ-administrativ-kondominialen Verfahren besteht in der Übertragung der gesetzgeberischen Standortentscheidung auf den Verordnungsgeber.[107]

100 Der Gesetzgeber wird das öffentliche Bedürfnis regelmäßig durch sachverständige Erhebungen feststellen lassen müssen.

101 BVerfGE 102, 197 = NVwZ 2001, 790 = GewArch 2001, 61.

102 BVerwGE 96, 293 = NVwZ 1995, 475 = GewArch 1995, 22.

103 BVerfG, 1 BvR 2228/02, Beschl v 26.3.2007, Rn 52.

104 OVG Saarlouis, Beschl v 21.11.2003, 3 R 7/02 = NVwZ-RR 2004, 740.

105 BVerwG, 6 B 10.04, Beschl v 25.2.2004.

106 EuGH Urt v 9.9.2010 – C64/08 (*Engelmann*), Rn 44 ff (zu den zwölf Konzessionen für Österreich mit dem Ergebnis von einer Spielbank auf 750.000 Einwohner).

107 Siehe die Regelung des § 1 Abs 5 des Spielbankgesetzes des Landes Mecklenburg-Vorpommern (SpbG M-V) vom 17.12.2009 (GVOBl M-V 2009, S 721).

l) Übertragbarkeit der Konzession und Wechsel des Konzessionärs

Die Spielbankenkonzession als besondere Personalkonzession ist untrennbar mit der Person des ausgewählten Konzessionärs verbunden. Demnach ist eine *Übertragung der Konzession* aufgrund ihrer Bindung an die persönlichen Voraussetzungen des Inhabers – wie in den meisten Spielbankgesetzen ausdrücklich geregelt – *grundsätzlich nicht möglich*. Dieser Grundsatz gilt auch ohne explizite landesrechtliche Regelung. Etwas anderes ergibt sich auch nicht aus dem Ausnahmetatbestand des § 5 des Hessischen Spielbankgesetzes (HessSpielbG).[108] Auch danach kann die, bestimmten hessischen Gemeinden erteilte Spielbankerlaubnis selbst (§ 3 Abs 1 HessSpielbG) nicht auf Dritte übertragen werden. Die Erlaubnisnehmerin überträgt allerdings nach hessischer Rechtslage regelmäßig durch weitere Konzessionierung[109] einem Dritten das Recht „Spielbankunternehmer" zu sein; die konkreten Anforderungen an den Spielbankunternehmer werden von der Spielbankgemeinde zu Beginn des Verfahrens im Benehmen mit dem hessischen Innenministerium festgelegt (§ 5 HessSpielbG). Von dieser besonderen Rechtslage abgesehen, ist die Einbeziehung Dritter in die Leistungserbringung generell von einer unzulässigen Übertragung und Überlassung einer Spielbankenkonzession abzugrenzen. Üblich und sachgerecht ist zB die Beauftragung einer IT-Firma mit der Bereitstellung von Software für den Spielbetrieb. Obgleich hiermit für die Funktionsfähigkeit der modernen Spielbank zentrale Aufgaben ausgelagert werden, verbleiben der konzessionierte Spielbetrieb und das wirtschaftliche Risiko beim Konzessionär. 47

Soweit die Spielbankenkonzession einer Gesellschaft erteilt ist, können die Gesellschafter des Konzessionärs wechseln, und auf diese Weise kann wirtschaftlich eine Konzessionsübertragung erfolgen. Den Ländern fehlt die Kompetenz für Regelungen, die zB eine Übertragung von Geschäftsanteilen einer Betreiber-GmbH erschweren oder ausschließen könnten. Dies obliegt dem Bundesgesetzgeber, der insoweit keine Regelung im GmbHG geschaffen hat. Die Länder haben gleichwohl die Möglichkeit – und nutzen diese auch – die Änderung von Beteiligungsverhältnissen dem Zustimmungsvorbehalt der Aufsichtsbehörde zu unterwerfen, bei dessen Missachtung die Konzession widerrufen werden kann. Entsprechende Regelungen, die mit Blick auf die ordnungsrechtliche Regelungskompetenz der Länder verfassungs(kompetenz)rechtlich nicht zu beanstanden sind, finden sich in fast allen Spielbankgesetzen und regelmäßig auch als Nebenbestimmung in den Konzessionsbescheiden selbst. Allerdings muss wohl die Einschränkung gemacht werden, dass ein Konzessionswiderruf regelmäßig nur dann zulässig sein wird, wenn der neue (Mehrheits-)Gesellschafter des Konzessionärs die gesetzlich normierten Eignungs- 48

108 Hessisches Spielbankgesetz (HessSpielbG) vom 15.11.2007 (GVBl I S 753).

109 Aus diesem Grunde werden die Verfahren zur Auswahl eines privaten Spielbankbetreibers als Verfahren zur „Konzessionsvergabe" bezeichnet und nach den dafür geltenden (nichtförmlichen) Vergabegrundsätzen durchgeführt.

voraussetzungen an den Erlaubnisnehmer nicht erfüllt. Soweit die Anforderungen an einen neuen Gesellschafter im Gesetz selbst nicht geregelt sind, gilt auch für diesen jener Maßstab, der für den Konzessionär selbst (die Gesellschaft) heranzuziehen ist. Der Gesellschafterwechsel kann deshalb als „Quasikonzessionsvergabe" qualifiziert werden.

49 Allein das Spielbankgesetz des Landes Sachsen-Anhalt enthielt bis 2009 eine ausdrückliche Regelung, wonach das Land seine Geschäftsanteile an der Landesspielbankengesellschaft unter Fortbestand der Konzessionen veräußern konnte. Zugleich wurde dieser Vorgang aber einem gesonderten Vergabeverfahren unterworfen, das dem Konzessionsvergabeverfahren gleicht.[110] Die anderen Länder oder Gesellschafter sind allerdings wegen der gesellschafts- und damit bundesrechtlichen Vorgaben auch ohne ausdrückliche landesgesetzliche Ermächtigung zur Veräußerung der Geschäftsanteile an einem Spielbankunternehmen unter Fortbestand der Konzession berechtigt. Den Landesgesetzgebern mangelt es an einer Kompetenz, die Übertragung von Spielbankunternehmen zu untersagen oder zu erschweren. Zulässig ist es gleichwohl, den Fortbestand der Spielbankkonzessionen an die Qualität der jeweiligen Gesellschafter zu knüpfen und damit an einen Gesellschafterwechsel das Erlöschen oder die Möglichkeit des Widerrufes der Konzession zu knüpfen. Grundsätzlich bedarf es bei einem reinen Gesellschafterwechsel auch keines Vergabeverfahrens.[111] Sofern allerdings im engen zeitlichen Zusammenhang mit einer Konzessionserteilung die Veräußerung von Spielbankbeteiligungen durch einen öffentlichen Auftraggeber (Konzessionsgeber) erfolgt, ist trotz fehlender landesgesetzlicher Regelung ein dem verwaltungsrechtlichen Konzessionsvergabeverfahren entsprechendes Verfahren über die Veräußerung der Beteiligung erforderlich.[112]

m) Erlöschen der Spielbankenkonzession

50 Eine Spielbankerlaubnis erlischt durch Zeitablauf, durch den Eintritt auflösender Bedingungen (zB bei längerem Nichtbetrieb der Spielbank bzw Nichtaufnahme des Spielbetriebes) oder durch Widerruf durch die Aufsichtsbehörde. Die in allen Spielbankgesetzen vorgesehene Widerrufsmöglichkeit ist notwendig, um den Schutz der öffentlichen Sicherheit und Ordnung zu gewährleisten. Der Widerruf wird möglich und regelmäßig auch notwendig, wenn die notwendigen Erteilungsvoraussetzungen ganz oder teilweise entfallen sind und nicht innerhalb angemessener Zeit wiederhergestellt werden. Werden Spielbankenkonzessionen, die privaten Betreibern

---

110 Vgl §§ 1 Abs 2 Satz 2, 2 Abs 7 SpielbG LSA (aF).

111 EuGH, Urt v 19.6.2008, C-454/06, Rn 50.

112 EuGH Urt v 10.11.2005, C-29/04 (NVwZ 2006, 70); Urt v 19.6.2008, C-454/06 Rn 47, 48 (sog *eingekapselte Auftrags- bzw Konzessionsvergabe*).

erteilt wurden, entzogen oder nicht verlängert, machen die Konzessionäre regelmäßig Entschädigungsansprüche geltend. Die Länder haben gerichtliche Auseinandersetzung hierzu bislang vermieden und Vergleichsregelungen unter Übernahme von Wirtschaftsgütern der bisherigen Betreiber getroffen,[113] die eine Fortsetzung des Spielbetriebes an den Spielbanken ermöglichte.[114]

n) Insolvenz des Erlaubnisinhabers

Bis vor wenigen Jahren war die Insolvenz eines Spielbankunternehmers kaum vorstellbar. Die Marktentwicklung führt aber zunehmend zu wirtschaftlichen Schieflagen, denen die Länder in unterschiedlicher Weise zu begegnen versuchen, zB durch Privatisierung bislang staatlicher Spielbanken. Der sachsen-anhaltinischen Privatisierungsstrategie war allerdings kein dauerhafter Erfolg beschieden; sie führte zu der möglicherweise nicht letzten Insolvenz einer konzessionierten privaten Betreibergesellschaft. 51

Die Insolvenz eines Spielbankunternehmers führt in aller Regel dazu, dass der Erlaubnisinhaber den als Konzessionsvoraussetzung erforderlichen wirtschaftlich einwandfreien Betrieb[115] nicht länger gewährleisten kann. Die Spielbankgesetze sehen für diesen Fall (und das Fehlen anderer notwendiger Konzessionsvoraussetzungen) Widerrufsmöglichkeiten vor.[116] Wenn der Spielbetrieb eingestellt werden muss, kann dies auch für sich genommen dazu führen, dass die Spielbankerlaubnis erlischt. 52

Im Insolvenzfall stellt sich zudem die Frage, wer die Rechte aus und im Zusammenhang mit der Spielbankerlaubnis geltend machen kann. Der Insolvenzverwalter wird im Regelfall versuchen, dieses zentrale „Asset" zu verwerten, in dem ein Verkauf an einen neuen Unternehmer erfolgt. Ein solcher Konzessionsverkauf durch den Insolvenzverwalter kommt aber nur in Betracht, wenn 53

- die Spielbankzulassung zur Insolvenzmasse gehört und folglich gemäß § 148 InsO vom Insolvenzverwalter in Besitz und Verwaltung genommen werden kann
- und eine Trennbarkeit von Unternehmen und Erlaubnis gegeben ist.

---

113 Entsprechende Verträge wurden zB bei der Verstaatlichung der Spielbanken in Niedersachsen und Sachsen geschlossen.

114 Vgl zB § 1 Abs 2 des Gesetzes über die Zulassung öffentlicher Spielbanken im Land Brandenburg (Spielbankgesetz – SpielbG) vom 18.12.2007, GVBl I/07, [Nr 17], S 218, 223.

115 In Brandenburg insbesondere „den ordnungsrechtlich und wirtschaftlich einwandfreien Betrieb", § 4 Abs 2 Nr 3 SpbG Bbg; in Hamburg „wirtschaftlich einwandfreie Durchführung", § 2 Abs 2 Satz 1 SpbG HH; in Berlin: „wirtschaftlich einwandfreie Veranstaltung", § 2 Abs 3 SpielbG Bln.

116 Vgl § 2 Abs 8 S 3 SpielbG SA, § 2 Abs 9 S 2 SpielbG Berlin, § 2 Abs 7 SpbG Nds, § 5 SpielbG RPF; §4 Abs 7 SpielbG NRW.

54 Beides ist indessen nicht der Fall. Die Insolvenzmasse umfasst zwar gemäß § 35 InsO das gesamte Vermögen, das dem Schuldner zur Zeit der Eröffnung des Verfahrens gehört und das er während des Verfahrens erlangt. Eine nicht übertragbare Zulassung ist damit aber nicht Bestandteil der Insolvenzmasse, denn sie ist untrennbar mit der Person des Erlaubnisinhabers verbunden und damit eine höchstpersönliche Rechtsposition.[117] Der Insolvenzverwalter ist dementsprechend im Falle des Widerrufs einer Spielbankzulassung auch nicht klagebefugt.

4. Die spielbankenrechtlichen Regelungen des Glücksspielstaatsvertrages 2012 (GlüStV 2012)

a) Übersicht

55 Im Anschluss an die Grundsatzentscheidung des Bundesverfassungsgerichts (BVerfG) zum Sportwettenmonopol des Freistaates Bayern vom 28. März 2006[118] und die Entscheidung über die Gültigkeit des bayerischen Spielbankengesetzes[119] vom 26. März 2007[120] haben auch die Spielbankgesetze einen Gegenstand intensiver gesetzgeberischer Befassung gebildet: Über den am 1. Januar 2008 in Kraft getretenen Ersten GlüStV wurde das Spielbankenwesen mit den übrigen in die Landesregelungszuständigkeit fallenden Glücksspielangeboten verklammert. Dieser wurde durch den zweiten Glücksspielstaatsvertrag („Erster Glücksspieländerungsstaatsvertrag") vom 15. Dezember 2011 abgelöst. Der GlüStV2012 galt zunächst jedoch nur in 15 Bundesländern, da Schleswig-Holstein mit dem Gesetz zur Neuordnung des Glücksspiels, welches am 1. Januar 2012 in Kraft trat, gesonderte Regelungen traf. Dieses Gesetz wurde jedoch im Februar 2013 aufgehoben, und Schleswig-Holstein trat schließlich doch dem Glücksspielstaatsvertrag bei.

56 Durch den Staatsvertrag werden die für das Spielbankenwesen erforderlichen Regelungen zur Spielsuchtvermeidung und Spielsuchtbekämpfung ländereinheitlich geregelt.[121] § 1 GlüStV2012 führt die Ziele des Staatsvertrags auf, insbesondere die Vermeidung und Bekämpfung von Spielsucht. § 2 Absatz 2 GlüStV2012 erklärt (nur) die Regelungen des § 1 (Ziele des Staatsvertrages, insbesondere die Spiel-

---

117 OVG Magdeburg, LKV 2014, 136, 137.

118 BVerfG, 1 BvR 1054/01, Urt v 28.3.2006 = BVerfGE 115, 276 ff = NJW 2006, 1261 ff = ZfWG 2006, 16 ff.

119 Vom 26.7.1995 (GVBl 1995, S 350), zuletzt geändert durch Gesetz vom 9.5.2006 (GVBl 2006, S 193).

120 BVerfG, 1 BvR 2228/02, Beschl v 26.3.2007, GewArch 2007, 242.

121 Auf Grund der technischen Regelungen zur Durchführung von Glücksspielen sind derartige Regelungen nach der RL 98/34/EG notifizierungspflichtig; vgl EuGH Urt v 19.7.2012 – C 213/11 ua (*Fourtuna* ua).

suchtvermeidung und Bekämpfung), der §§ 3 bis 8 (Begriffsbestimmungen und allgemeine Bestimmungen, damit auch und gerade das Verbot des Online-Gaming, Regelungen zur Werbung [Werbeverbot via Fernsehen, Internet und Telefon] und über das Sozialkonzept, Aufklärungspflichten und die Spielersperre) und der §§ 20 und 23 (Regelungen zur Wirkung und Durchsetzung der Sperre und über die mit der Sperrdatei verbundenen datenrechtlichen Eingriffe) für anwendbar.

Der GlüStV enthält auch weiterhin keine Regelungen zu Fragen der Organisation des Spielbankbetriebes in den Ländern, insbesondere nicht zu der Frage, wer Betreiber einer Spielbank (der Spielbankunternehmer) sein kann; auch hinsichtlich der spielbankbezogenen Abgaben gibt es keine staatsvertraglichen Vorfestlegungen. Diese bislang landesrechtlich zumindest in Detailfragen durchaus unterschiedlich geregelten Gesetzgebungsmaterien bleiben auch weiterhin Sache des jeweiligen Landes. Trotz der thematisch eingrenzbaren Vereinheitlichungen hinsichtlich der genannten Teilaspekte des Spielbankenrechts wird es demnach auch künftig eine heterogene Spielbankenlandschaft in den deutschen Ländern geben. 57

b) Die Kernregelung des Spielerschutzes: die Selbst- oder Eigensperre

Jedermann hat einen diskrimierungsfreien Zugang zu legalen Spielangeboten, 58 wenngleich ein Kontrahierungszwang nicht besteht.[122] Allerdings kann neben „normalen" Gründen für ein zivilrechtliches Hausverbot ein problematisches Spielverhalten den Anlass für eine Spielersperre in Spielbanken geben. Die *Spielersperre* – gemeint ist die *Selbst-* oder *Eigensperre* wegen einer Spielleidenschaft mit pathologischen Zügen und nicht die durch die Spielbank veranlasste Sperre von Spielern wegen Bandenspiels, anderer Betrugshandlungen oder sonstiger vorsätzlicher Verstöße gegen die Regeln der Spielbank – ist ein *wichtiges Mittel der Spielsuchtprävention.* § 8 Abs 1 GlüStV 2012 verpflichtet dementsprechend die Spielbanken, ein „übergreifendes Sperrsystem zu [errichten und zu] unterhalten". Durch § 20 Abs 2 GlüStV werden gesperrte Spieler vom Spielbetrieb in Spielbanken ausgeschlossen; sie dürfen am Spielbetrieb nicht teilnehmen (und nach § 22 Abs 2 auch nicht an Lotterien mit besonderem Gefährdungspotenzial).[123] Mit dieser Regelung wird die Zugangskontrolle verbindlich und für die Tischspielräume (Großes Spiel) und die Automatenspielsäle (Kleines Spiel) unterschiedslos eingeführt. Damit ist einer zentralen Forderung von Suchtverbänden entsprochen und ein jahrelanger Streit zwischen Innen- und Finanzressorts über die Zugangskontrolle zum Kleinen Spiel vom Gesetzgeber beendet worden. In einigen Ländern wie dem Saarland und Brandenburg ist die Zugangskontrolle zum Kleinen Spiel gewissermaßen im Vorgriff auf die neue Gesetzeslage bereits vor Inkrafttreten des GlüStV eingeführt worden, nicht zu-

122 LG Berlin Urt v 19.2.2013, 37 O 262/12.
123 Einzelheiten bei *Fiedler*, ZfWG 2015, 188.

letzt, um den vom BVerfG für den Übergangszeitraum bis zum Inkrafttreten des neuen Glücksspielrechts dekretierten verfassungsgerichtlichen Anforderungen gerecht zu werden.[124]

59 Bei alledem darf nicht übersehen werden, dass der Gesetzgeber – und in noch stärkerem Maße die Spielbankunternehmer selbst – durch die neuere Judikatur des OLG Hamm und, diesem folgend, des BGH zu *Schadensersatzansprüchen* gesperrter Spieler *im Falle unwirksamer oder fehlender Zugangskontrollen* erheblich unter Druck geraten sind: Der BGH hat nämlich seine frühere Rechtsprechung aufgegeben, wonach er gesperrten Spielern Ansprüche auf Ersatz von Spielverlusten in derartigen Fällen stets vorenthalten hatte.[125] Nachdem zunächst das OLG Hamm in einer Entscheidung vom 7. Oktober 2002 eine Spielbank zur Rückzahlung von Spieleinsätzen an einen gesperrten Spieler verpflichtet hat,[126] ist auch der BGH in einem Urteil vom 15. Dezember 2005 zu der Einschätzung gelangt, dass die Spielbank mit der Annahme eines Antrags auf Selbstsperre eine vertragliche Bindung gegenüber dem Antragsteller einginge, die gerade darauf gerichtet sei, ihn vor den wirtschaftlichen Schäden seiner Spielsucht zu bewahren. Das OLG Hamm wiederum hat diese Verpflichtung des Spielbankunternehmers unter Hinweis auf die bundesverfassungsgerichtliche *Sportwetten*-Grundsatzentscheidung in einer Folgeentscheidung vom 4. Dezember 2006 ausdrücklich auf die Automatenspielsäle – das Kleine Spiel – erstreckt.[127] Der BGH bestätigt nunmehr auch diese Ausweitung der Haftung des Spielbankunternehmers unter Hinweis darauf, dass es dringend geboten sei, eine Spielersperre effektiv durchzusetzen, damit diese ihre Schutzfunktion auch entfalten könne. Die generelle Kontrollpflicht des Spielbankunternehmers ist nach Auffassung des Senats auch zumutbar.[128]

60 Anders wurde allerdings vom BGH der Fall bewertet, in dem Spieler sich beim Online-Roulette der Spielbank Wiesbaden ohne Limit registrieren konnten, obwohl hierdurch gegen eine Auflage der Konzession verstoßen wurde. Der Verstoß führte nach Auffassung des BGH weder zur Nichtigkeit der Spielverträge, noch habe die Einhaltung durch die Spielbank überwacht werden müssen, da die Eingabe eines Limits durch den Spieler nicht dieselbe Funktion wie eine Spielsperre habe.[129]

61 Das OLG Celle hatte sich mit einem kuriosen Fall zu befassen, in dem sich eine Spielbank nach jahrelang unkontrolliertem Spiel eines gesperrten Spielers bei einem beachtlichen Gewinn dieses Spielers auf die über 15 Jahre alte Sperre berufen

124 BVerfG, 1 BvR 1054/01, Urt v 28.3.2006 (*Sportwetten*), Rn 157 ff.

125 So noch BGHZ 131, 136, Urt v 31.10.1995, XI ZR 6/95 = NJW 1996, 248.

126 OLG Hamm, U 119/02 = NJW-RR 2003, 971. Siehe hierzu auch – mit demselben Ergebnis – den „Wegbereiter" i. d. Literatur *Peters*, JR 2002, 177, 181 f und ZfWG 2007, 321, 324, sowie *Peters* in § 15.

127 OLG Hamm, 22 U 250/05, OLGR Hamm 2007, 197 = VersR 2007, 552, mAnm *Klöhn*.

128 BGH, III ZR 9/07, WM 2008, 38 = NJW 2008, 840, mAnm *Klöhn*.

129 BGH, III ZR 190/07, NJW 2008, 2026.

wollte. Das Gericht ist der Berufung auf die Spielersperre „aus heiterem Himmel“ entgegengetreten und hat die Spielbank zur Gewinnauszahlung verpflichtet.[130]

62 Auch die Aufhebung einer Spielersperre unter Missachtung von Überprüfungs- und Kontrollpflichten stellt eine Verletzung des Sperrvertrags dar.[131] Nach § 8 Abs 5 S 1 GlüStV ist es frühestens nach einem Jahr möglich, eine Sperre aufzuheben. Dem Sperrvertrag und dessen Schutzzweck würde es allerdings nicht gerecht, wenn die Aufhebung ohne weiteres möglich wäre. Da der Spielbank mit Beantragung der Sperre tatsächliche Anhaltspunkte für eine Spielsuchtgefährdung vorliegen, bedarf es eines sicheren Nachweises, dass die Sperrgründe nicht länger vorliegen. Da aus dem Zeitablauf und/oder der Normalisierung der wirtschaftlichen Verhältnisse keine hinreichenden Erkenntnisse zum (pathologischen) Zustand des Spielers abgeleitet werden können, lässt sich auch die Aufhebung der Spielersperre nicht allein auf diese Umstände stützen. In der Praxis stützen die Spielbankunternehmer ihre Aufhebungsentscheidung daher zu Recht auf die gutachterlichen Einschätzungen (zB von Ärzten, Suchtberatern). Ob eine gesetzgeberische Normierung sowohl materieller Kriterien als auch des Verfahrens aus Rechtsgründen geboten ist, mag dahinstehen.[132] Sie wäre sicherlich für alle Beteiligten hilfreich. Unstreitig dürfte jedenfalls sein, dass den Spieler, der die Aufhebung einer Eigensperre verlangt, die Beweislast dafür trifft, dass Hinderungsgründe nicht länger vorliegen.[133]

Mit Blick auf moderne Zugangskontrollen (zB Biometrie) stellen sich im Bereich der Spielsperren neue Fragen der Zulassung und der Notwendigkeit eines – konturierten – Sperrvertrages. Hier ist die Entwicklung erst am Anfang.

5. Online-Gambling

63 Spielbankenkonzessionen werden auf landesgesetzlicher Grundlage erteilt und entfalten damit auch nur für das betreffende Bundesland Wirkung. Das Spielangebot einer Spielbank ist grundsätzlich auf das sog Präsenzspiel ausgerichtet, dh der Spieler muss sich zur Spielteilnahme in die Spielbank begeben. Anders als im Lotteriebereich gibt es deshalb keine gewerbliche Spielvermittlung an staatlich zugelassene Spielbanken.

64 Seit langem wird die Frage diskutiert, ob staatlich zugelassene Spielbanken auch online ein Spielangebot eröffnen dürfen oder sogar sollen. Die Spielbankengesetze von Niedersachsen, Hessen und Mecklenburg-Vorpommern ließen dies ursprünglich zu. In Hamburg wurde das Online-Gambling durch Änderung der

130 OLG Celle, Beschl v 20.11.2007, 4 W 206/07, OLGR Celle 2008, 44.
131 BGH, NJW 2012, 48, 49.
132 Vergleichbar etwa der MPU-Normierung im Fahrerlaubnisrecht.
133 VG Regensburg Urt v 16.10.2014, RN 5 K 13.1706.

Spielordnung im Jahre 2002 eingeführt. Diese Maßnahme hat das Landesverfassungsgericht allerdings mit dem Hinweis auf die Notwendigkeit einer besonderen *parlamentsgesetzlichen* Regelung mit dem Verdikt der Verfassungswidrigkeit belegt.[134] Ein von den niedersächsischen Spielbanken gestellter Antrag auf Zulassung des Internetspielangebotes wurde 2007 abgelehnt. Die Verwaltungsgerichte haben zwar eine Zulassung (dem Grunde nach) in den fortbestehenden Konzessionen gesehen.[135] Allerdings kann auch in Niedersachsen ein Spielbetrieb mangels der weiterhin erforderlichen Zustimmung der Spielbankenaufsicht zur Aufnahme des Spielbetriebes nicht erfolgen. Tatsächlich online gespielt wurde bis Ende 2007 nur von der Spielbank Wiesbaden aus. Dieses Online-Angebot, bei dem Spielwillige, die sich in Hessen aufhielten, via Internet an einem per Livekamera übertragenen Roulettespiel teilnehmen konnten, fand seine rechtliche Grundlage in § 2 Abs 1 S 4 HessSpielbG aF, der nach Inkrafttreten des GlüStV zum 1. Januar 2008 und damit zugleich nach dem Wirksamwerden des staatsvertraglich vereinbarten generellen Internet-Glücksspielverbotes ersatzlos gestrichen worden ist.

65 Die Befürworter der Zulassung des Online-Gambling der zugelassenen Spielbanken gehen davon aus, dass die glücksspielaffinen Bevölkerungsteile bei fehlendem legalen Online-Angebot zur Teilnahme an den zahlreichen illegalen Online-Casinos „gezwungen" sind, die (in Deutschland) weder kontrolliert noch besteuert werden. Zum Teil wird deshalb zum Schutze der Spieler gefolgert, dass die Länder wegen ihrer Verpflichtung zur Kanalisierung des Spieltriebes Online-Spielangebote zulassen müssten.[136]

66 Die Gegner des Online-Gambling sehen dieses demgegenüber als besonders gefährlich an, weil dem Online-Spiel die bei einem Präsenzspiel vor Ort vorhandenen sozialen Kontrollmechanismen fehlen. Die besonderen Gefahren einer Spielteilnahme in völliger Anonymität und ohne jegliche soziale Kontrolle, verstärkt noch durch Spielteilnahmemöglichkeiten unter Nutzung von Kreditkarten und möglicherweise sogar „auf Kredit", sind das zentrale Argument für ein generelles Internet-Glücksspielverbot ebenso wie für die Annahme einer Notwendigkeit eines legalen, staatlich zugelassenen Online-Angebotes, wie es zB in Österreich eingeführt wurde.[137]

67 Mit dem Inkrafttreten des GlüStV 2012 zum 1. Juli 2012 sind das Veranstalten und Vermitteln von Spielen im Internet (gemäß §§ 2 Abs 2, 4 Abs 4 GlüStV 2012) grund-

134 HambVerfG, HVerfG 10/02, Urt v 21.10.2003, MMR 2004, 169.

135 OVG Lüneburg, Beschl v 31.3.2008, 11 LA 458/07 (vorgehend VG Hannover Urt v 20.8.2007, 10 A 1224/07).

136 *Ibler*, Rechtsgutachten zum Online-Gaming, 2003.

137 Die zu diesem Thema international geführte Diskussion hat in den USA zum Erlass des *Unlawful Internet Gambling Enforcement Act 2006* geführt, wonach jeglicher Geldtransfer, insbesondere elektronischer Art, der im Zusammenhang mit Glücksspielen im Internet erfolgt, verboten wird.

sätzlich verboten.[138] Dieses Verbot ist unionsrechtlich zulässig.[139] Allein Schleswig-Holstein nimmt insoweit eine zeitlich befristete Sonderstellung ein: Nach §§ 18 ff des schleswig-holsteinischen Gesetzes zur Neuordnung des Glücksspiels war in Schleswig-Holstein von Januar 2012 bis Februar 2013 die Erteilung von Genehmigungen für ein Online-Casinospiel möglich.[140] Die Laufzeit der Genehmigung war nach § 4 Abs 3 S 1 des Gesetzes zur Neuordnung des Glücksspiels im Falle der Ersterteilung auf sechs Jahre zu befristen. Zwar ist auch Schleswig-Holstein mittlerweile dem GlüStV 2012 beigetreten. Die bereits erteilten 23 Genehmigungen legalisieren das genehmigte Online-Casinospiel gleichwohl für die Dauer von sechs Jahren, wobei sich die Rechtswirkungen dieser Erlaubnisse nur auf das schleswig-holsteinische Landesgebiet erstrecken können. Dieser Befund soll nach Auffassung des EuGH einer kohärenten Glücksspielregelung im föderalen Mitgliedsstaat nicht entgegenstehen.[141]

6. Spielbankenaufsicht

a) Gegenstand der Spielbankenaufsicht

Die staatlich zugelassenen, öffentlichen und privaten Spielbanken unterstehen der **68** Aufsicht durch den jeweiligen Konzessionsgeber und die Finanzbehörden. Die Aufsicht ist zum einen spielbetriebsbezogen (ordnungsrechtliche Spielbankenaufsicht), zum anderen abgabenbezogen (Finanzaufsicht). Die ordnungsrechtliche Spielbankenaufsicht dient maW dem Schutz der öffentlichen Sicherheit und Ordnung sowie sonstiger öffentlicher Belange. Sie kontrolliert insbesondere die Einhaltung der Bestimmungen des jeweiligen Spielbankgesetzes, der Spielordnung und der Konzession einschließlich ihrer Nebenbestimmungen. Die Finanzaufsicht dient der Feststellung der Besteuerungsgrundlage und beugt damit zugleich dem Verlust von Spieleinsätzen durch Betrugshandlungen vor.

Spielmanipulationen sind in ihrem vielfältigen Erscheinungsbild ein unüber- **69** sehbarer Beleg für die menschliche Fähigkeit zu Spitzenleistungen, wenn Erfindungsreichtum auf kriminelle Energie trifft. Dementsprechend anspruchsvoll ist die ordnungsbehördliche Aufgabe, Manipulationen von Spielabläufen und Spielgeräten auf die Spur zu kommen. Die hierzu eingesetzten Maßnahmen reichen von der

---

138 Gewinne aus unerlaubtem Online-Glücksspiel unterliegen der Einziehung, vgl AG München 1115 Cs 254/176411/13.

139 EuGH Urt v 8.9.2009 – C 42/07 (*Liga Portuguesa de Futebol Profissional/Bwin*) = NMR 2009, 823; aA *Schenke*, ZfWG 2015, 170.

140 Eine Auflistung der Anbieter, denen das Innenministerium Schleswig-Holstein eine Genehmigung nach dem Glücksspielgesetz erteilt hat, findet sich online unter: http://www.schleswig-holstein.de/IM/DE/Service/Gluecksspiel/Gluecksspiel_node.html (Stand: August 2014).

141 EuGH Urt 12.6.2014 – C-156/13 (*Digibet*) = EuZW 2014, 628 (mit Anm. *Michl*); auf die Vorlage des BGH GRUR 2013, 527.

Sichtkontrolle des Tischspielgerätes und dessen Zerlegung in die Einzelkomponenten bis hin zur gutachterlichen Prüfung und Lizenzierung der eingesetzten Spielsoftware. Dabei muss nicht jede Auffälligkeit eines Spielgerätes Folge betrügerischer Einflussnahme auf den Spielablauf sein: Die Häufung bestimmter Zahlen beim Roulette innerhalb eines kürzeren Zeitraums beispielsweise – die „Permanenzen", nach denen die sog „Kesselgucker" Ausschau halten, in der Annahme, gezielt auf diese setzen zu können – ist regelmäßig nichts anderes als eine *zufällige* Zahlenhäufung, die mittel- und langfristig ausgeglichen wird. Andernfalls ist das Spielgerät defekt und muss aus dem Spielbetrieb entfernt werden.

70 Der Spielbankunternehmer selbst hat ein besonderes Interesse daran, den Griff in die Kasse durch eine flächendeckende Videoüberwachung, den Einsatz anspruchsvoller elektronischer Kontrollsysteme und verbindlicher Prozeduren zumindest zu erschweren und das „Entdeckungsrisiko" deutlich zu erhöhen. Es ist feststellbar, dass die technischen Überwachungsstandards in den letzten Jahren deutlich gestiegen sind. „Spielbankskandale" sind daher nicht selten auch Ausdruck der durch eine verbesserte Spielbankenaufsicht zunehmend ermöglichten Entdeckung und Aufklärung von Betrugsstraftaten, an denen leider gelegentlich auch Spielbankpersonal beteiligt ist.

b) Das aufsichtsrechtliche Instrumentarium

71 Die rechtlichen Aufsichtsinstrumente sind in den Spielbankengesetzen und Erlaubnissen in unterschiedlicher Dichte normiert. In allen Ländern finden sich Regelungen über den *Entzug der Erlaubnis* als ultima ratio. Die unterhalb dieser Schwelle liegenden Möglichkeiten der Aufsicht in Form von Auskunfts-, Vorlage-, Betretungs- und Prüfungsrechten sind zum Teil geregelt, zum Teil werden sie nach dem Verhältnismäßigkeitsgrundsatz als milderes Mittel auch dort zulässig sein, wo nur der Widerruf einer Erlaubnis ausdrücklich im Gesetz genannt wird.[142] Einige Länder (zB Baden-Württemberg, Niedersachsen, Thüringen) haben in erheblichem Umfang von der Möglichkeit Gebrauch gemacht, Einzelfragen in *Nebenbestimmungen* der Spielbankerlaubnisse zu regeln. Dort finden sich zB Regelungen zur

- Zulässigkeit von Rechtsgeschäften mit Spielbankbezug (Übertragung von Geschäftsanteilen, Verpfändung, Treuhandverhältnisse etc),
- Veränderung beim eingesetzten Personal (Geschäftsführerwechsel),
- Vorlage von Unterlagen (geprüfter Jahresabschluss, Lagebericht),
- Beteiligung der Aufsicht bei Gesellschafterversammlungen,
- Vorhaltung einer ausreichenden Spielbanksicherheit (Barreserve, Bankbürgschaft),

142 ZB nach § 5 SpielBG Rh-Pf.

- Unzulässigkeit der Gewährung von Krediten an Spielbankbesucher,
- Spielgerätesicherheit und -kontrolle und zur
- Videoüberwachung, Datenschutz.

Nicht nur die Erhebung personenbezogener Daten im Rahmen der Zutrittskontrolle, 72 auch die Videoüberwachung von öffentlich zugänglichen Betriebsräumen (der Spielbank) muss den arbeits- und datenschutzrechtlichen Anforderungen entsprechen.[143] Sie dient dem Arbeitsschutz[144] und der Sicherheit des Spielbetriebes (zB Klärung von streitigen Einsätzen, Manipulation). Die Spielbankgesetze enthalten daher zu Recht Regelungen zur Aufzeichnung und Verwendung personenbezogener Daten.[145] Mit Blick auf die Tendenz, die Spielbankenaufsicht (insbesondere die Finanzaufsicht) von der traditionellen personellen Vorortkontrolle auf eine Überwachung durch elektronische Überwachungssysteme umzustellen, wird die quantitative Datenerfassung voraussichtlich weiter anwachsen. In einem, bezogen auf die Zielsetzungen des Glücksspielstaatsvertrages 2012 einerseits und den mit der Überwachung verbundenen Eingriff in das allgemeine Persönlichkeitsrecht von Mitarbeitern und Spielbankbesuchern andererseits angemessenen Rahmen ist diese weitere Zunahme der Kontrolldichte hinzunehmen.

c) Bekämpfung der Geldwäsche

Nachdem zunächst die Kredit- und Finanzinstitute mit Blick auf die europaweit er- 73 forderlichen Maßnahmen zur Verhinderung von Geldwäsche in den vergangenen Jahren unter besonderer Beobachtung der EU-Institutionen gestanden haben, rückten auch die „Kasinos“ in den Fokus des Interesses,[146] die ausdrücklich in den Geltungsbereich der Richtlinie 2005/60/EG des Europäischen Parlaments und des Rates vom 26. Oktober 2005 zur Verhinderung der Nutzung des Finanzsystems zum Zwecke der Geldwäsche und der Terrorismusfinanzierung fallen[147] (Art 2 Abs 1 Nr 3f). Das hat – einerseits – insofern durchaus einen Sinn, als in Spielbanken immense Geldbeträge „bewegt“ werden. Andererseits gibt es wohl nur wenige Örtlichkeiten

143 Gemäß § 6 Abs 1 BGV C 3 iVm § 15 Abs 1 SGB VII muss jedes Spielcasino und jeder Automatensaal einer Spielbank mit einer optischen Raumüberwachungsanlage ausgerüstet sein.

144 *Tiedemann*, ZD 2013, 352, 354.

145 Vgl § 16 SpielbG Hessen, § 3d SpielbG Bremen, § 8 SpielbG NRW, § 11 SpielbG Saarland, § 13a SpielbG Schleswig-Holstein.

146 So hat die Financial Action Task Force on Money Laundering (FATF) bereits in den Annexes zu ihrem Jahresbericht 2003/2004 Lücken bei der Geldwäschebekämpfung in Deutschland kritisiert. Insbesondere wurde moniert, dass es an speziellen Strafbestimmungen für Fälle fehle, in denen Informationen an die zuständigen Behörden über verdächtige Geldtransaktionen unterlassen würden.

147 Amtsblatt der Europäischen Union, L 309/15 v. 25.11.2005.

mit einer größeren Überwachungsdichte, die (bislang) gerade auch durch Mitarbeiter der Finanzbehörden erzeugt wird.[148] Auch bestehen erhebliche Hürden für die Umwandlung von Bargeld in Buchgeld, so dass der Legendenbildung für größere Geldbeträge unklarer Herkunft von vornherein Grenzen gesetzt sind. Zu Recht hat die Rechtsprechung in diesem Zusammenhang klargestellt, dass einem Spielbankbesucher unter keinem rechtlichen Gesichtspunkt ein Anspruch auf eine Rechnung zusteht.[149]

74 Das Gesetz über das Aufspüren von Gewinnen aus schweren Straftaten, das Geldwäschegesetz (GWG), sieht eine allgemeine Identifizierungspflicht der Spielbanken gegenüber Kunden vor, in denen diese Spielmarken im Wert von 2.000 Euro oder mehr kaufen oder verkaufen § 3 Abs 3 S 1 GWG).[150] In Verdachtsfällen besteht zudem nach § 6 Abs 1 GWG eine spezielle Identifizierungspflicht, und § 9 GWG regelt besondere Aufzeichnungs- und Aufbewahrungspflichten. Nach § 11 GWG müssen Geldwäscheverdachtsanzeigen unverzüglich gegenüber den zuständigen Strafverfolgungsbehörden erfolgen; gleichzeitig ist eine Kopie der Verdachtsanzeige an die Financial Intelligence Unit des Bundeskriminalamtes (BKA/FIU) zu übermitteln. Die Einschätzung des BKA, dass deutsche Spielbanken für Geldwäsche genutzt werden, hat in der Vergangenheit jedenfalls durch entsprechende Verdachtsmeldungen aus dem Spielbankmilieu keine Nahrung erhalten: Im Jahr 2012 gab es von deutschen Spielbanken 22 von insgesamt 14.361 Verdachtsmeldungen, im Jahr 2011 waren es lediglich vier von insgesamt 12.868 Verdachtsmeldungen.

d) Werbung

75 Werbung für Spielbanken ist erforderlich. Die Ziele des GlüStV2012 und der Spielbankgesetze sind nur erreichbar, wenn potenzielle Spieler von den legalen Angeboten Kenntnis erhalten. Hierzu ist es erforderlich und zugleich erlaubt, dass sich die zugelassenen Spielbanken als verlässliche und attraktive Alternative zu verbotenen Glücksspielarrangements präsentieren und dazu ein breites Spielangebot vorweisen können. Sie müssen dieses bewerben und auch neue Vertriebstechniken erproben und wählen dürfen.[151] Auch eine allgemeine Imagewerbung und die Verwendung einer Dachmarke können zulässig sein, wenn sie sich auf sachliche Information und

148 Teilweise ist die Spielbankaufsicht durch Finanzbeamte vor Ort weitgehend durch elektronische Überwachungsmethoden ersetzt worden: Finanzbeamte sind dann nicht mehr dauerhaft präsent; sie stellen vielmehr nur noch den Bruttospielertrag fest.

149 Vgl LG Bielefeld, Hinweisbeschluss v. 8.1.2013 – 21 S 194/12.

150 In der Fassung der Bekanntmachung vom 25.10.1993 (BGBl I S 1770), zuletzt geändert durch Art 5 des Gesetzes vom 21. Dezember 2007 (BGBl I S 3089).

151 EuGH, Urt v 3.6.2010 – C 258/08 (*Ladbrokes*) = MMR 2010, 854.

legale Spielangebote bezieht.[152] Diese Anforderungen dürfen nicht durch Werbung in einem Nachbarland mit geringeren Anforderungen an den Spielerschutz umgangen werden.[153]

III. Spielbank-Abgabenrecht

1. Historie des Spielbankenabgabenrechtes

Traditionell unterliegen Spielbanken einer besonderen Besteuerung, die zunächst mit einer umfassenden Befreiung von den „gewöhnlichen" Steuern einherging. Dabei sollten die Gewinne aus dem Spielbankbetrieb weitgehend abgeschöpft und für gemeinnützige Zwecke verwendet werden. Bereits § 1 Abs 1 der Spielverordnung vom 27. Juli 1920[154] bestimmte: 76

> *„Die behördliche Erlaubnis zum öffentlichen Glücksspiel darf nur ... unter der Bedingung erteilt werden, dass der Spieleinsatz nicht mehr als eine Mark beträgt und dem Spielunternehmer kein höherer Verdienst als 10 vom Hundert der Spieleinsätze zufließt."*

Das spätere Gesetz über die Zulassung öffentlicher Spielbanken vom 14. Juli 1933 regelte in § 1 Abs 2: 77

> *„Das Aufkommen aus den Spielergebnissen ist, soweit es nicht nach den* ***Grundsätzen der Wirtschaftlichkeit*** *dem Spielunternehmer zu belassen ist, für gemeinnützige Zwecke zu verwenden."*[155]

In einem Gutachten vom 21. Oktober 1954 ging der BFH[156] – gestützt auf das SpielbG 1933 – davon aus, dass die Spielbankabgabe das Aufkommen aus den Spielergebnissen erfasst, soweit es nicht nach den Grundsätzen der Wirtschaftlichkeit zu belassen ist. Diese vom Gesetzgeber gewollte „*umfassende Abschöpfung*" sei durch die besonderen Verhältnisse der Spielbanken veranlasst. 78

Der BFH hat sich (auch) später mit der Frage befasst, ob die Spielbankabgabe eine Steuer ist und (nur insoweit) zur Begründung ausgeführt: 79

152 BVerwG, Urt v 11.7.2011 – 8 C 11/10.

153 EuGH, Urt v 12.7.2012 – C 176/11 („*HIT*") = EuZW 2012, 820.

154 RGBl 1920, S 1482.

155 Hervorhebung nicht im Original.

156 BFH, Gutachten vom 21.1.1954 = BFHE 58, 556.

„Mit der Konzession zum Betrieb einer Spielbank wird regelmäßig die Möglichkeit zur Erzielung sehr hoher Gewinne eröffnet. Diese Gewinne sollen zugunsten des Staatshaushaltes möglichst weitgehend, dh bis zur Wirtschaftlichkeitsgrenze abgeschöpft werden. ***Dem Unternehmer soll lediglich ein angemessener Gewinn verbleiben.*** *Dieses Ziel könnte mit der herkömmlichen Besteuerung nicht erreicht werden ...*

Die möglichst hohe Abschöpfung soll einerseits durch den – gemessen an herkömmlichen Steuern – exorbitant hohen Steuersatz erreicht werden, andererseits dadurch, dass die Spielbankabgabe nicht nach dem Gewinn, sondern nach dem Bruttospielertrag bemessen wird, dh die Kosten des Spielbankunternehmers sich nicht abgabenmindernd auswirken.

Die Regelung über die Spielbankabgabe einerseits und die umfassende Steuerbefreiung andererseits stehen in untrennbarem Zusammenhang. Nur so wird die notwendige Transparenz erreicht, die es dem Gesetzgeber ermöglicht, die durch die Spielbank erzielten Gewinne bis zur Grenze der Wirtschaftlichkeit tatsächlich abzuschöpfen, diese Grenze aber andererseits nicht zu überschreiten ...

Bereits aus dieser Abgeltungswirkung der Spielbankabgabe gegenüber den sonst zu erhebenden Steuern wird deutlich, dass die Spielbankabgabe ... Steuer sein muss."[157]

80 Der Bundesgesetzgeber ist allgemein der Auffassung, dass eine Mindestabschöpfung von Glücksspielgewinnen von 25% zu erfolgen habe, indem er in der Begründung des 6. Gesetzes zur Strafrechtsänderung vom 26. Januar 1998 ausführt:

„In Deutschland dürfen Glücksspiele nur mit behördlicher Erlaubnis öffentlich veranstaltet werden ... Zweck dieser Regelungen ist es

1. *eine übermäßige Anregung der Nachfrage nach Glücksspielen zu verhindern,*
2. *durch staatliche Kontrolle einen ordnungsgemäßen Spielablauf zu gewährleisten,*
3. *eine Ausnutzung des natürlichen Spieltriebes zu privaten und gewerblichen Zwecken zu verhindern und*
4. *einen nicht unerheblichen Teil der Einnahmen aus Glücksspielen (mindestens 25%) zur Finanzierung gemeinnütziger oder öffentlicher Zwecke heranzuziehen."*[158]

81 In der Rechtsprechung hat sich auf dieser historischen Grundlage der Grundsatz der Beschränkung von Bereicherungen aus dem Glücksspiel herausgebildet, wonach unangemessene Bereicherungen verhindert werden sollen.[159] Das BVerwG hat diesen Grundsatz folgendermaßen umschrieben:

„Nach § 1 Abs. 2 Spielbankgesetz 1933 ist das Aufkommen aus den Spielergebnissen für gemeinnützige Zwecke zu verwenden, soweit es nicht nach den Grundsätzen der Wirtschaftlichkeit dem Spielbankunternehmer zu belassen ist. Es kann daher keine Rede davon sein, dass ohne Übernahme des Spielbankbetriebes in staatliche Regie dem privaten Unternehmer unangemessen hohe Gewinne verbleiben ...

---

157 BFH, BFH/NV 1995, 1013 ff, Hervorhebung nicht im Original.

158 BT-Drs 13/8587, S 67.

159 BayVerfGH, BayVBl 1990, 526, 528.

Die Erlaubnisbehörde hat es also in der Hand und ist auch dazu verpflichtet, durch eine sachgerechte Festsetzung der Abgabe zu verhindern, dass privaten Betreibern von Spielbanken außerordentlich hohe Gewinne automatisch und risikolos zufallen.“[160]

Das geltende Spielbankenabgabenrecht findet sich heute sowohl im Bundes- als auch im Landesrecht. Mit der Umsetzung des Glücksspielstaatsvertrages und den Nichtraucherschutzgesetzen der Länder sowie einem sich ändernden Freizeitverhalten der potenziellen Spieler – und den Möglichkeiten des mobilen Spielens – sind erhebliche Umsatzrückgänge in allen deutschen Spielbanken zu verzeichnen. Einige Bundesländer haben bereits auf die veränderten Bedingungen durch Anpassungen der bislang recht statischen Abgabenkonzepte reagiert. Dieser Prozess dürfte noch nicht abgeschlossen sein. 82

2. Bundessteuern

In der Tradition des § 6 Abs 1 der Spielbankverordnung von 1938 wird der Spielbankunternehmer noch heute von laufenden Steuern des „Reichs“ und gem § 3 Nr 1 GewStG von der Gewerbesteuer befreit. Zum 6. Mai 2006 wurde die überkommene Befreiung der Spielbanken von der Umsatzsteuer allerdings aufgehoben.[161] Seither unterliegen Spielbanken der Umsatzsteuer. Um eine Doppelbesteuerung durch die Spielbankabgabe und die Umsatzsteuer zu vermeiden, haben die Länder eine Anrechnung der gezahlten Umsatzsteuer auf die Spielbankabgabe vorgesehen.[162] Die danach vorgesehene betragsgenaue Anrechnung der Umsatzsteuer auf die Spielbankabgabe verstößt nicht gegen den steuerlichen Neutralitätsgrundsatz.[163] Der Verstoß gegen den Neutralitätsgrundsatz aufgrund der Umsatzsteuerbefreiung der Spielbanken ist durch die Änderung des § 4 Nr 9 Buchst b UStG vielmehr gerade beseitigt worden.[164] Auch eine 83

160 BVerwG, GewArch 1995, 24, 27.

161 Gesetz zur Eindämmung missbräuchlicher Steuergestaltungen (BStBl I 2006, 253); vgl dazu *Dziadkowski*, DStR 2006, 1678 ff und die Entscheidung des EuGH, Urt v 17.2.2005, C-453/02 (*Linneweber*) = NJW 2005, 2842; zum Verhältnis von Spielverordnung und UStG vgl BFH Beschl v 14.7.2016, V B 17/16.

162 Vgl § 5 Abs 1 Satz 2 SpielbG SH; § 7 Abs 7 Satz 2 SpielbG MV; § 3 Abs 2 SpielbG HH; § 5 Abs 2 Satz 1 HS 2 SpielbG Brem; § 4 Abs 9 SpielbG Nds; § 12 Abs 5 SpielbG LSA; § 11 Abs 9 SpielbG Bbg; § 3 Abs 8 SpielbG Bln; § 11 Abs 8 SpielbG Sachs; § 3 Abs 5 SpielbG Thür; § 8 Abs 5 SpielbG Hess; § 12 Abs 3 Satz 2 SpielbG NRW; § 14 Abs 1 Satz 3 SpielbG Saarl; § 6 Abs 4 Satz 1 SpielbG RhPf; § 33 Abs 5 LGlüG BaWü; Art 5 Abs 8 SpielbG Bay.

163 Siehe EuGH, Urt v 24. Oktober 2013, Rs C-440/12, UR 2013, 866, Rn 55 ff; vgl auch BFH, Urt v 1.9.2010, V R 32/09, BStBl II 2011, 300; FG Hamburg, Urt v 15.7.2014, 3 K 207/13, EFG 2015, 1315; OVG Lüneburg, Beschl v 13.5.2015, 9 LA 81/14, juris, mwN.

164 So BFH, Beschl v 19.10.2009, XI B 60/09, BFH/NV 2010, 58; FG Hamburg, Urt v 15.7.2014, 3 K 207/13, EFG 2015, 1315; OVG Lüneburg, Beschl v 13.5.2015, 9 LA 81/14, juris, mwN.

unzulässige Beihilfe im Sinne von Art 107 AEUV oder ein Verstoß gegen den allgemeinen Gleichheitssatz im Verhältnis zu anderen Glücksspielbetreibern (insbesondere Spielhallenbetreibern) sind in der Rechtsänderung nicht zu erblicken.[165]

84 Die jeweiligen Bestimmungen zur Anrechnung der Umsatzsteuer auf die Spielbankabgabe haben gleichwohl schwierige Fragen mit sich gebracht. Das beruht einerseits auf der zum Teil nur rudimentären Ausgestaltung der Anrechnungsbestimmungen und andererseits auf deren recht unterschiedlicher Ausgestaltung in den verschiedenen Landesspielbankgesetzen. So heißt es in einigen der Gesetze wie folgt oder ähnlich:

> *„Auf die Spielbankabgabe wird die nach dem Umsatzsteuergesetz geschuldete und* ***entrichtete*** *Umsatzsteuer aufgrund von Umsätzen, die durch den Betrieb der Spielbank bedingt sind, angerechnet."*[166]

Andere landesrechtliche Regelungen lauten folgendermaßen oder ähnlich:

> *„Die tarifliche Spielbankabgabe [...] ermäßigt sich um die nach dem Umsatzsteuergesetz geschuldete und* ***zu entrichtende*** *Umsatzsteuer auf Grund von Umsätzen, die durch den Betrieb der Spielbank bedingt sind."*[167]

85 Im ersten Fall scheint der Landesgesetzgeber die Anrechnung der tatsächlich entrichteten Steuer nur insoweit zu beabsichtigen, als diese auch objektiv nach dem Gesetz entstanden und tatsächlich entrichtet ist. In der zweiten Regelungsvariante geht es dem Gesetzgeber augenscheinlich um die Anrechnung der objektiv zu entrichtenden Umsatzsteuer. Relativiert wird diese Objektivierung jedoch dadurch, dass die maßgeblichen Umsatzsteuerfestsetzungen zu Grundlagenbescheiden nach § 171 Abs 10 AO erklärt werden.[168] Wird die Umsatzsteuer folglich falsch festgesetzt, dürfte auch nur diese falsche Umsatzsteuer anzurechnen sein.

86 Ein möglicher (teilweiser) Erlass der Umsatzsteuer nach § 227 AO ebenso wie eine verspätete Zahlung dürfte sich demnach im Fall der zweiten Regelung nicht auswirken. Kommt es demgegenüber auf die tatsächlich „entrichtete" Umsatzsteuer an, wirkt sich die geringere Anrechnung erhöhend auf die Spielbankabgabe aus. Hierdurch würde ein Umsatzsteuererlass (oder -Nachlass) in der Summe aus Umsatzsteuer und Spielbankabgabe zu keiner Entlastung führen. Zu beachten ist indessen die Beobachtung, dass die Bundesländer bestrebt sind, ihre im Einzelnen recht unterschiedlichen Anrechnungsbestimmungen ohne Rücksicht auf deren Wortlaut einheitlich „auszulegen".

Im Folgenden soll nur auf einige weitere Problemfelder eingegangen werden:

---

165 Vgl OVG Lüneburg, Beschl v 13. Mai 2015, 9 LA 81/14, juris, mwN.

166 Vgl nur § 5 Abs 1 Satz 2 SpielbG SH.

167 § 3 Abs 2 Satz 1 SpielbG HH.

168 § 3 Abs 2 Satz 2 SpielbG HH.

a) Vorsteuer

Die Vorsteuer mindert die geschuldete und zu entrichtende bzw entrichtete Umsatzsteuer. Da jedoch nur die geschuldete und zu entrichtende bzw entrichtete Umsatzsteuer auf die Spielbankabgabe anzurechnen ist, wirkt sich der Vorsteuerabzug erhöhend auf die Spielbankabgabe aus. Die Spielbankunternehmer haben daher einen Anreiz, Lieferungen und Leistungen ohne Umsatzsteuervorbelastung zu beziehen, die aufgrund des Vorsteuerabzugs die auf die Spielbankabgabe anrechenbare Umsatzsteuer mindern könnte. 87

Da ein Bezug von Lieferungen und Leistungen vollständig ohne Umsatzsteuervorbelastung sich in der Regel nicht realisieren lässt, stellt sich das Problem des Umgangs mit Vorsteuerüberhängen im Rahmen der Umsatzsteueranrechnungsregelungen. Ein solcher Überhang wird sich regelmäßig vor der Aufnahme des Spielbetriebs ergeben, wenn noch kein der Umsatzsteuer unterliegender Bruttospielertrag erzielt wird, aber Investitionen getätigt werden oder wenn während des laufenden Spielbetriebs sehr hohe Investitionen anfallen, die zu erheblichen Vorsteuerbeträgen führen. 88

Grundsätzlich ist in den Spielbankgesetzen lediglich von der Anrechnung geschuldeter, zu entrichtender bzw entrichteter Umsatzsteuer die Rede. Umsatzsteuererstattungen (aufgrund von Vorsteuerüberhängen) finden demgegenüber regelmäßig keine Erwähnung. Der Wortlaut der Bestimmungen spricht mithin dafür, dass in Anmeldungszeiträumen mit einem Vorsteuerüberhang die Spielbankabgabe durch Umsatzsteuer weder gemindert noch (um den Vorsteuerüberhang) erhöht wird. In der Praxis wird jedoch ein solcher Vorsteuerüberhang mit in künftigen Anmeldungszeiträumen anfallender Umsatzsteuer verrechnet, so dass die Umsatzsteueranrechnung schließlich doch um die Vorsteuerüberhänge gemindert wird. In der Regel enthalten die Gesetze jedoch keine verfahrensrechtlichen Vorschriften, die einen solchen Vortrag eines Vorsteuerüberhangs rechtfertigen könnten. 89

Eine Ausnahme bildet insoweit § 33 Abs 5 LGlüG Baden-Württemberg, der lautet: 90

> *„Die tarifliche Spielbankabgabe [...] ermäßigt sich um die nach dem Umsatzsteuergesetz geschuldete und entrichtete Umsatzsteuer aufgrund von Umsätzen, die durch den Betrieb der Spielbank bedingt sind. Die insoweit entrichtete Umsatzsteuer wird auf die nach diesem Gesetz entrichtete Spielbankabgabe solange angerechnet, bis sie vollständig verrechnet ist. Entsprechende Umsatzsteuererstattungen [also insbesondere Vorsteuerüberhänge] führen zu einer Erhöhung der Spielbankabgabe.“*

Die Minderung der während des laufenden Spielbetriebs anzurechnende Umsatzsteuer durch Vorsteuerüberhänge aus Zeiträumen vor der Aufnahme des „eigentlich“ steuerlich relevanten Spielbetriebs begründet die Finanzverwaltung damit, dass die Steuerpflicht nach den SpielbG bereits mit Aufnahme der auf den Betrieb der Spielbank gerichteten unternehmerischen Tätigkeit im Sinne des § 2 UStG und damit zugleich *vor* Aufnahme des eigentlichen Spielbetriebs beginne. Aus dem 91

Wortlaut „Betrieb einer Spielbank“ könne nicht gefolgert werden, dass die Spielbankabgabepflicht erst mit der konkreten Aufnahme des Spielbetriebes entstehen sollte.

92 Die Unternehmereigenschaft gem § 2 UStG beginnt mit dem ersten nach außen erkennbaren, auf eine Unternehmertätigkeit gerichteten Tätigwerden, wenn die Ausführung entgeltlicher Leistungen beabsichtigt ist und die Ernsthaftigkeit dieser Absicht durch objektive Merkmale nachgewiesen oder glaubhaft gemacht wird.[169] Als Nachweis für die Ernsthaftigkeit sind Vorbereitungshandlungen anzusehen, wenn bezogene Gegenstände oder in Anspruch genommene sonstige Leistungen ihrer Art nach nur zur unternehmerischen Verwendung oder Nutzung bestimmt sind oder in einem objektiven und zweifelsfrei erkennbaren Zusammenhang mit der beabsichtigten unternehmerischen Tätigkeit stehen, es sich also um unternehmensbezogene Vorbereitungshandlungen handelt.[170]

93 Damit geht die Finanzverwaltung von einem sehr frühzeitigen Beginn der Spielbankabgabenpflicht aus.

b) Anrechnung nur der durch den Betrieb der Spielbank bedingten Umsatzsteuer

94 Ferner wird diskutiert, welche Umsätze von der inzwischen abgeschafften Umsatzsteuerbefreiung für Spielbanken nach § 4 Nr 9 Buchst b Satz 1 UStG aF erfasst werden. In der aktuellen Diskussion geht es vornehmlich um die Frage, welche Umsatzsteuerbeträge durch den Betrieb der Spielbank bedingt und damit auf die Spielbankabgabe anrechenbar sind: So dürfte die auf Personalgestellungs- und Beratungsleistungen einer Spielbank entfallende Umsatzsteuer nicht auf die Spielbankabgabe anrechenbar sein, weil die Erlöse aus diesen Leistungen nicht durch den Spielbankbetrieb bedingt sind und nicht zum Bruttospielertrag gehören.[171] Mit dieser Begründung hat der BFH auch entschieden, dass Einkünfte aus der Verpachtung eines Bar- oder Gaststättenbetriebs ebenso wie deren unmittelbarer Betrieb durch die Spielbank selbst nicht von der Abgeltungswirkung der Spielbankabgabe erfasst seien. Sie fielen daher auch nicht unter die entsprechenden Steuerbefreiungen nach § 2 Abs 5 SpielbG Berlin und § 6 Abs 1 SpielbVO 1938.[172] Dementsprechend dürfte auch die hierauf entfallende Umsatzsteuer nicht auf die Spielbankabgabe anrechenbar sein.

---

169 Siehe Abschn 2.6 Abs 1 Satz 1 UStAE.

170 Vgl Abschn 2.6 Abs 2 Satz 1 UStAE.

171 So BFH, Urteil vom 19.10.2011 (XI R 20/09, BStBl II 2012, 374) im Zusammenhang mit der Frage, ob Umsätze einer Spielbank aus Personalgestellung und Beratung nach § 4 Nr 9 Buchst b Satz 1 UStG aF bis zum 5. Mai 2006 von der Umsatzsteuer befreit waren.

172 BFH, Beschl v 30.10.2014, IV R 2/11, BStBl II 2015, 565.

Zudem lässt sich darüber diskutieren, welches die nach dem Umsatzsteuergesetz geschuldete Umsatzsteuer ist. So hat der BFH erst mit Urteil vom 1. September 2010 entschieden, dass der beim Automatenglücksspiel automatisch einbehaltene Tronc (sog Zwangstronc) als Teil des Entgelts in die Bemessungsgrundlage der Umsatzsteuer einzubeziehen ist, die zudem nicht um die Troncabgabe gemindert wird.[173] Das Hessische Finanzgericht hat klargestellt, dass die auf den automazischen Tronc-Einbehalt entfallende Umsatzsteuer aus dem Aufkommen der Spielbankabgabe zu tilgen, also auf die Spielbankabgabe anzurechenen ist.[174] 95

Als durch den Betrieb der Spielbank bedingt werden dagegen insbesondere die Veranstaltung von Glücksspielen selbst angesehen, ferner die Tronc-Einnahmen, Eintrittsgelder, Garderobengelder, Parkgebühren, sowie der Verkauf von Casino-Zeitungen und Permanenzen.[175] Die auf diese Leistungen entstehende Umsatzsteuer ist damit auch auf die Spielbankabgabe anrechenbar. 96

c) Anrechnung der Umsatzsteuer und Vortrag von Umsatzsteuerüberhängen

Die Anrechnungsregelungen einiger Landesspielbankgesetze werfen weiterhin die Frage auf, wie damit umzugehen ist, wenn in einem definierten Zeitraum die Umsatzsteuer die Spielbankabgabe übersteigt (Umsatzsteuerüberhänge). Häufig regeln die Spielbankgesetze insoweit lediglich, die maßgeblichen Umsatzsteuerfestsetzungen gälten für die Umsatzsteueranrechnung als Grundlagenbescheide im Sinne des § 171 Abs 10 AO, und auf die Abgaben nach dem jeweiligen Spielbankgesetz fänden die Vorschriften der Abgabenordnung entsprechende Anwendung, soweit sich aus dem Spielbankgesetz nichts Abweichendes ergebe.[176] Hieraus ergibt sich im Grundsatz, dass für die monatliche Anmeldung der Spielbankabgabe die Umsatzsteuervoranmeldung für den entsprechenden Monat maßgeblich ist. Eine Jahreserklärung (bzw -anmeldung) der Spielbankabgabe – anders als beispielsweise für die Gewinnabgabe oder Zusatzabgabe – ist zudem regelmäßig nicht vorgesehen.[177] Damit ist nicht hinreichend klar, inwieweit etwaige Abweichungen der mit den Umsatzsteuervoranmeldungen angemeldeten Umsatzsteuer von der mit der Jahreserklärung angemeldeten Umsatzsteuer für die Anrechnung auf die Spielbankabgabe zu behandeln sind. Insoweit stellt sich die Frage, ob die Umsatzsteuerjahreserklärung „maßgeblich" für eine monatlich anzumeldende Spielbankabgabe sein kann. Denkbar wäre es, dass Wort „maßgeblich" zeitraumbezogen zu verstehen, so dass es 97

173 Siehe BFH, Urt v 1.9.2010, V R 32/09, BStBl II 2011, 300.

174 HessFG, Urt v 17.12.2016, ZfWG 2016, 273.

175 Vgl *Dziadkowski*, UR 2009, 227, 229.

176 Siehe nur § 4 Abs 9 Satz 2 und § 6 Abs 2 SpielbG Nds; § 12 Abs 5 Satz 2 und § 16 Abs 3 SpielbG LSA; § 14 Abs 1 Satz 4 und § 18 Abs 2 SpielbG Saarl.

177 Vgl § 4 Abs 8 SpielbG Nds; § 15 Abs 2 SpielbG LSA; § 17 Abs 3 SpielbG Saarl.

mangels Jahreserklärung für die Spielbankabgabe keine Anrechnungsmöglichkeit für Nachzahlungen aufgrund einer Umsatzsteuerjahreserklärung gäbe. Falls man jedoch aufgrund von Sinn und Zweck der Anrechnungsregelung – richtigerweise – von einer Maßgeblichkeit auch der Umsatzsteuerjahresfestsetzung ausgeht, bleibt die Frage, in welcher Anmeldung der Spielbankabgabe die Anrechnung zu erfolgen hat.

98 Die Finanzverwaltung vertritt insoweit regelmäßig die Auffassung, dass sich die aufgrund der Grundlagenfunktion (Grundlagenbescheid entsprechend § 171 Abs 10 AO) gegebene Bindungswirkung der Umsatzsteuerfestsetzung nicht auf den Zeitraum beziehe, in dem die entsprechende Umsatzsteuer anzurechnen sei.

99 Offen bleibt jedoch bei diesem im Ergebnis zutreffenden, weil sachgerechten Verständnis, welchen Regelungsgehalt das Wort „maßgeblich" hat. Die Regelung des LGlüG Baden-Württemberg, wonach die „*entrichtete Umsatzsteuer [...] auf die [...] zu entrichtende Spielbankabgabe solange angerechnet [wird], bis sie vollständig verrechnet wird*", wird faktisch auch andernorts angewendet, obwohl oder gerade weil es keine entsprechenden Regelungen in den übrigen Spielbankgesetzen gibt.[178] Hier ist jedoch auch nirgends von der Anrechnung der „maßgeblichen" Umsatzsteuer die Rede.[179]

100 Als Ergebnis lässt sich festhalten, dass ein Vortrag von Umsatzsteuerüberhängen in andere Spielbankabgabe-Anmeldungszeiträume praktiziert wird.

3. Landessteuern

101 Allen Spielbankengesetzen liegt der historische Gedanke zu Grunde, dass übermäßige Gewinne aus dem zugelassenen Glücksspiel vermieden werden sollen. Dem Spielbankbetreiber soll neben den Mitteln für die Bezahlung der Beschäftigten nur ein angemessener Unternehmergewinn verbleiben. Die Abschöpfung der „überschießenden" Spielbankeinnahme wird durch die Spielbankabgabe und ergänzende Abgaben, zum Teil ganz ausdrücklich zur Verwendung für gemeinnützige Zwecke abgeschöpft.[180] Dazu treten an die Stelle der „normalen" Steuern die besonderen Spielbankenabgaben. Mit anderen Worten wird der Spielbankbetrieb einer besonderen Besteuerung unterworfen und zugleich von den Gewerbe- und Vergnügungssteuern[181] sowie den Ertragssteuern befreit. Die Spielbankabgabe hat indes nur für den „echten"

178 § 33 Abs 5 Satz 2 LGlüG BaWü.

179 Vgl § 33 Abs 5 Satz 1 LGlüG BaWü.

180 Vgl §§ 13 iVm 19a ff SpielbG NW (Stiftung des Landes Nordrhein-Westfalen zur Wohlfahrtspflege).

181 Zur Gewerbesteuer vgl § 3 Nr 1 GewStG; siehe auch OVG Münster, Beschl v 20.8.2014, 14 A 1353/14 (zur Vergnügungssteuer in Abgrenzung zur Spielhalle).

Spielbankbetrieb eine Abgeltungswirkung, nicht zB für die aus der Vermietung von Flächen für eine Bar in den Räumen der Spielbank folgenden Steuerpflichten.[182]

a) Spielbankabgabe

Die Spielbankabgabe ist eine Steuer,[183] deren Erhebung seit 1955 allein den Ländern zusteht (Art 106 Abs 2 Nr 6 GG).[184] Die Spielbankabgabe dient einerseits zur Kompensation, der – nunmehr mit Ausnahme der Umsatzsteuer – vorhandenen Abgabenfreistellung des Spielbankenbetriebes und andererseits der Begrenzung der aus dem Spielbankenbetrieb relativ risikolos anfallenden Gewinne.[185] Dem Spielbankunternehmer soll lediglich ein angemessener Gewinn verbleiben.[186] 102

In vielen Ländern wird der Spielbankgemeinde ein gewisser Anteil an der Spielbankabgabe zugebilligt.[187] Dem liegt die Überlegung zu Grunde, dass der Gemeinde anstelle der Vergnügungssteuer, die auf Grund der *umfassenden* landesgesetzlichen Steuerbefreiung nicht erhoben werden kann, eine andere Einnahmequelle erschlossen wird. Eine Verpflichtung der Länder zu dieser Kompensation besteht allerdings nicht, denn Spielbanken sind seit jeher gegenüber den Kommunen nicht abgabepflichtig; es ist maW zulässig, die Kommunen von den spielbankbezogenen Abgaben bei gleichzeitigem Dispens von der Vergnügungssteuer auszuschließen.[188] 103

b) Zusatzabgabe

Die Zusatzabgabe – die in den Ländern unterschiedliche Bezeichnungen hat[189] – ist ein originärer Teil der Spielbankenabgabe und damit ebenso eine Steuer,[190] die aber zur Verminderung der Ausgleichsmasse im Rahmen des Länderfinanzausgleichs[191] in Form einer gesonderten Abgabe erhoben wird. Die Zusatzabgabe erhe- 104

182 BFH, Beschl v 30.10.2014, IV R 2/11, BStBl II 2015, 565.

183 BFH, II R 58/93, Urt v 8.3.1995, II R 10/93 = BStBl II 1995, 432; siehe auch *Müller-Franken*, DStZ 2012, 506; *Nitschke*, UVR 2007, 379, 380 f.

184 *Kahle*, ZfWG 2006, 45, 59.

185 BVerfG 102, 197, 216; *Strnad/Weidt*, DB, 2003, 1763.

186 BFH, Urt v 8.3.1995, II R 11/93, BFH/-NV 1995, 1013.

187 Vgl § 11 Abs 10 SpbG Bbg.

188 BVerwG, Urt v 28.8.2007, B 14/07, NVwZ 2008, 89; NdsStGH, 1/05, Urt v 11.6.2007, NdsVBl 2007, 239; FG Hmbg, Beschl v 17.1.2008, 7 V 166/07, juris.

189 ZB „Zusatzabgabe" (Nds, LSA, SH), „weitere Leistung" (BaWü, RhPf, Saarl, Thür), „zusätzliche Leistungen" (Hess).

190 BFH, Urt v 8.3.1995, II R 58/93 = BStBl II 1995, 438.

191 Vgl in dieser Deutlichkeit der schlesw.-holstein. Landesgesetzgeber zur Einführung der Zusatzabgabe in LT-Drs 16/1156 vom 9.1.2007.

ben die Länder deshalb regelmäßig – wie die Spielbankabgabe selbst – als prozentualen Anteil vom Bruttospielertrag, zum Teil gestaffelt nach BSE-Schwellenwerten.

c) Weitere Abgabe

105 Zur Vermeidung übermäßiger Bereicherungen aus dem Glücksspiel wird in einigen Bundesländern über die Spielbank- und Zusatzabgabe hinaus eine weitere Abgabe – wiederum auch mit unterschiedlichen Bezeichnungen[192] – erhoben. Die Bemessungsgrundlage der weiteren Leistungen sind zu einem Teil die steuerbilanziellen,[193] zu einem anderen Teil die handelsbilanziellen[194] Ergebnisse des Spielbankunternehmers. Auch bei diesen Abgaben handelt es sich um Steuern, deren alleinige Festsetzung in einer Spielbankkonzession oder Vereinbarung in einem Konzessionsvertrag wegen des Grundsatzes der Gesetzmäßigkeit der Besteuerung unzulässig ist.[195]

d) Angemessener Unternehmergewinn bei sich verändernden Rahmenbedingungen

106 In der *ersten Spielbanken*-Entscheidung hat das BVerfG geurteilt, dass spielbankenabgaben-rechtlichen Bestimmungen der Gedanke zu Grund liege, dass das Aufkommen aus der Spielbank abgeschöpft und für gemeinnützige Zwecke verwendet wird, soweit es nicht *nach den Grundsätzen der Wirtschaftlichkeit dem Unternehmer oder diesem zur angemessenen Entlohnung seiner Beschäftigten* belassen wird.[196] Demnach korrespondiert der angemessene Unternehmergewinn mit der Spielbankbesteuerung und deren Obergrenze oder, anders ausgedrückt, mit der Abgabenbelastungsgrenze, bei deren Überschreitung eine erdrosselnde Wirkung gegenüber dem Spielbankunternehmer einsetzt. Gleichwohl wird diese – auch prozentual nicht exakt bezifferbare – Angemessenheitsgrenze von den Ländern bislang unterschiedlich definiert.[197] Die Gefahr einer Erdrosselung des Spielbankunternehmers wird noch dadurch gesteigert, dass mit der BSE-bezogenen Besteuerung *der Umsatz* und nicht wie sonst üblich *der Ertrag* besteuert wird. Dies bedeutet, dass für die Steuer-

---

192 ZB „weitere Abgabe“ (Nds), „Zusatzabgabe“ (MV), „Gewinnabgabe“ (Bln).

193 Vgl § 8 Abs 2 SpielBG M-V.

194 Vgl § 5 Abs 2 NdsSpielBG, § 4 Abs 4 SpbG Bln.

195 So aber geregelt in § 10 SpielbG Hessen.

196 BVerfGE 28, 119, 146 = BayVBl 1970, 321. Dies entspricht der Regelung des § 1 Abs 2 des Gesetzes über die Zulassung öffentlicher Spielbanken vom 14.7.1993.

197 Vgl nur § 14 SpielbG NRW; Bemerkungen 2003 des Landesrechnungshofes Schleswig-Holstein mit Bericht zur Landeshaushaltsrechnung 2001, S 123; für eine Gesamtbetrachtung des Unternehmergewinns über die Laufzeit der Spielbankerlaubnis vgl FG MV, Urt v 20.1.2016, 3 J 234/13.

last die Personal- und sonstigen Kosten des Spielbankunternehmers zunächst keinerlei Bedeutung haben.

Mit Blick auf die durch den Glücksspielstaatsvertrag und einschlägige Recht- 107
sprechung veränderten rechtlichen Rahmenbedingungen für den Betrieb von Spielbanken (Zugangskontrollen, Werbebeschränkungen) und die Auswirkungen der Nichtraucherschutzgesetze der Länder und der weiterhin bestehenden – bislang nicht wirksam bekämpften – illegalen spielbanktypischen Internet-Glücksspielangebote werden die Spielbankunternehmer die „Verschonungsgrenze" des angemessenen Unternehmergewinns bei der Neuermittlung der zulässigen Höhe der Spielbankbesteuerung (Abschöpfung) neu zu definieren versuchen. Der Anfang ist gemacht, aber es bleibt abzuwarten, auf welchem Niveau sich die Abgabenlast am Ende einpendeln wird.

e) Tronc-Abgabe

Der Tronc ist ein nach internationalem Spielbankbrauch entrichtetes Trinkgeld der 108
Besucher an das Spielpersonal.[198] Der Tronc wird damit Teil der Entlohnung der Beschäftigten einer Spielbank. Dem Gesetzgeber ist es dennoch gestattet, eine Troncabgabe zu erheben, soweit der Tronc die Personalkosten übersteigt. Dies gebietet nach der Rechtsprechung des BVerfG der Grundsatz der Vermeidung unangemessener Bereicherungen.[199] Die Troncabgabe wurde früher als Sonderabgabe eingestuft,[200] ist heute aber nach der Rechtsprechung des BFH ebenfalls eine Steuer.[201] Arbeitsrechtlich ist die Beteiligung der Mitarbeiter am Tronc ebenso wiederholt Gegenstand gerichtlicher Auseinandersetzungen gewesen,[202] wie die steuerliche Frage, ob es sich um steuerfreie Trinkgelder handelt.[203] Mit Rücksicht darauf, dass der Tronc seit geraumer Zeit nicht mehr zur Deckung der Personalkosten ausreicht, haben einige Länder bereits gesetzlich von der Erhebung einer Troncabgabe abgesehen.[204]

---

198 Steuerlich unterschiedlich behandelt wird dabei der sog Zwangstronc im Automatenspiel, der durch Einbehalt der elektronisch gesetzten Spielmarke (sog Pleinstück) anfällt: Zum Teil wird er als BSE und damit steuerpflichtiger Umsatz behandelt (vgl § 15 Abs 1 S 3 SpielbG NRW), zum Teil als Tronc und damit als steuerbefreite Mittel zur Deckung der Personalkosten (vgl § 9 Abs 1 S 2 SpielbG Niedersachsen).

199 BVerfG, 1 BvR 481/84, Beschl v 21.6.1988.

200 Ebda.

201 BFH, II R 58/93, Urt v 8.3.1995 = BStBl 1995 II, 438.

202 BAG, 5 AZR 665/03, Urt v 3.11.2004 und 5 AZR 487/01, Urt v. 6.11.2002, NZA 2003, 400; 5 AZR 256/65, Urt v 30.6.1966, BAGE 19, 14.

203 Vgl FG Brandenburg, EFG 2005, 1099 mwNachw.

204 ZB Baden-Württemberg (vgl das Auslaufen nach § 9 Abs 3 SpielbG).

IV. Ausblick

109 Der deutsche Spielbankenmarkt ist und bleibt in Bewegung: Ende 2014 schlossen einerseits in Erfurt und am Flughafen Frankfurt/Mainz zwei Spielbanken, für die entweder das Land oder der Betreiber keine Notwendigkeit mehr sahen; andererseits eröffnete in Sachsen-Anhalt eine der modernsten Spielbanken Europas. Neue Unternehmen interessieren sich für den Spielbankbereich, insbesondere die Akteure im Bereich des nach den glücksspiel-staatsvertraglichen Neuregelungen stark unter Druck geratenen gewerblichen Spiels suchen nach neuen Geschäftsfeldern. Gleichwohl ist absehbar, dass es insgesamt zu einer Reduzierung der Spielbankstandorte kommen wird. Einer der Gründe liegt sicherlich darin, dass die Nachfrage an einem traditionell an Bädern und Kurhäusern ausgerichteten Spielbankangebot stark nachgelassen hat.

110 Das Spielangebot der Spielbanken wird sich zudem weiter verändern. Poker ist mittlerweile ein fester Bestandteil, das Online-Gaming wird – unvermeidlich – hinzukommen. Die weiteren Entwicklungen im Sportwettenbereich werden möglicherweise auch auf die Spielbankenlandschaft ausstrahlen.

Gerhard Rombach

§ 22 Klassenlotterien gestern, heute, morgen? Konstanten in der Lotteriegeschichte – Ordnungsmodelle in Gegenwart und Zukunft?

Übersicht

I. Einleitung*

„Das Leben ist einer der seltenen Gewinne in dieser Lotterie, und die Vernunft ist ein noch ungewöhnlicherer Gewinn in weiteren Ziehungen ...“[1] Wer sich – wie *Stanislav Lem* – der „Lotterie“ aus einer wahrlich galaktischen Perspektive nähert und sich die Überzeugung zu Eigen macht, dass unser Planetensystem und unsere Welt aus der Sicht des gesamten Weltalls und zeitlich betrachtet über Jahrmilliarden nicht trotz des Zufalls, sondern durch ihn entstanden sind, verlässt für einen Moment die bei Betrachtungen zum Lotteriewesen gewohnten Denkmuster: Denn zweifellos lässt sich das Phänomen „Zufall“ mit wissenschaftlichen Kategorien schwer erklären. Erste Annäherungen erfolgen über die Stochastik und die Quantenphysik. Generell betrachtet die Wissenschaft den Zufall eher als noch nicht erforschtes Defizit. *Einstein* – mit seinem Satz: „Gott würfelt nicht“ – führt dieses wissenschaftliche 1

* Das Manuskript wurde im Frühjahr 2015 abgeschlossen.

1 *Stanislav Lem* Evolution und Katastrophen, S 45, in: Provokationen, 1990, zit aus: Lektüre zwischen den Jahren, Alles auf der Welt ist Wandel, 2003.

https://doi.org/10.1515/9783110259216-022

Manko darauf zurück, dass es schwierig sei, die Ordnung der Welt zu erkennen. Aber zumindest ist es möglich, weil sie der Vernunft zugänglich sein muss. Diese von deterministischem Denken geprägten Defizite sind also (wissenschaftlich) Ausdruck der noch vorhandenen Unwissenheit.

Domestizierung und Ökonomisierung des Zufalls

2 Auch die Religionen können mit dem Zufall eher wenig anfangen. Überall soll alles einem einzigen Ordnungsrahmen unterliegen: „Das Zufällige haben die Kulturen in kleinen vorsichtigen Dosen in sich aufgenommen – in Gestalt von Spielen und Vergnügungen, zum Zweck der Unterhaltung. Als Spiel oder Lotterie gezähmt und gebändigt, hat der Zufall aufgehört, eine bedrückende und gefährliche Kategorie zu sein."[2]

3 Wer den ordnungsrechtlichen Rahmen von Lotterien darlegt, sollte das angedeutete Dilemma nicht vergessen: das Dilemma nämlich, das darin besteht, den der Reglementierung im Grunde nicht zugänglichen Zufall am „juristischen Schopf" zu packen und zu kategorisieren. In der Tat wird alles einfacher, je mehr sich die Analyse auf die praktischen, handfesten Fragen zu den einzelnen Spielformen und den hierzu aufgestellten Regeln und ihrer Organisation und weniger auf die geradezu philosophisch anmutenden Grundfragen über den domestizierten und ökonomisierten Zufall konzentriert. Der Schwachpunkt des gesamten Glücksspielrechts ist und bleibt demnach – und das ist ein ironischer Reflex des skizzierten Dilemmas – die Zufälligkeit und teilweise Unzulänglichkeit des materiellen Regelungs*kern*bereichs.

4 Spätestens seit dem Moment, als Glücksspiele im Zusammenhang mit Einsätzen in Geld und entsprechenden Geldgewinnen gekoppelt wurden, ist gleichwohl die materielle Erdung des – ganz „praktischen" und ordnungs- und fiskalpolitisch wichtigen – *Rand*bereichs gelungen: Regelungsintensität, Aufkommensverteilung, Spielerschutz: dies sind Bestandteile des juristischen Handwerkszeugs. Bis vor kurzem ist aber auch hier dem modernen Gesetzgeber die eigentliche Causa fremd geblieben: Erstmals im Jahr 2004 kodifizierten die Länder ein Ziel ihrer lotterierechtlichen Regelung, nämlich den „natürlichen Spieltrieb der Bevölkerung in geordnete Bahnen zu lenken."[3] Wissenschaftliche Literatur zu diesem „natürlichen Spieltrieb" oder auch nur eine Erwähnung in den klassischen Triebkategorien[4] oder in den einzelnen Triebentwicklungsphasen[5] finden sich nicht. Eher finden sich Beiträge zur

2 *Lem* aaO, S 51; neuerdings auch zum Phänomen des Zufalls umfassend: *Klein* Alles Zufall, 2004.

3 § 1 Nr 1 Staatsvertrag zum Lotteriewesen in Deutschland; siehe dazu auch *Rombach* Monopol(y) für Staatslotterien, in Merkur plus, Rheinischer Merkur Nr 47 v 18.11.2004, S 39.

4 Pschyrembel, Klinisches Wörterbuch 285. Auflage, 1998, S 1599 „Trieb".

5 Ebd S 434 „Entwicklungsphasen".

Spiellust und ihren positiven Aspekten.[6] Könnte man noch meinen, der natürliche Spieltrieb wäre entwicklungspsychologisch ein positives Element, spielt urplötzlich in der Diskussion der Jahre 2006 und 2007 der außer Kontrolle geratene Spieltrieb in Form der Spielsucht die zentrale Rolle. Immerhin ist das Phänomen der Spielabhängigkeit als Krankheit bekannt.[7] Den unbefangenen und sich dem Thema erstmals annähernden Leser mag es in Erstaunen versetzen, mit welcher Leidenschaft der Gesetzgeber sich plötzlich aufgerufen fühlt, in Schwarz-Weiß-Manier[8] Spielsuchtbekämpfung zum Thema eines gesetzgeberischen Gesamtkonzeptes zu machen.[9] Die Erklärung ist simpel: Die für viele überraschende Grundsatzentscheidung des *Bundesverfassungsgerichts* zum *Sportwetten*wesen in Bayern vom 28. März 2006[10] – übertragen auf alle Glücksspielformen und alle Länder – hat den Ländern die Möglichkeit eröffnet, ihre Glücksspielmonopole zu erhalten und sogar noch auszubauen. Die Rechtfertigung für den mit der Monopolisierung des Glücksspiels verbundenen Eingriff in das Grundrecht der Berufsfreiheit (Art 12 Abs 1 Grundgesetz) kann hierbei allerdings *ausschließlich* aus der mit dem Monopol verfolgten Primärzielsetzung der Suchtvermeidung und Suchtbekämpfung abgeleitet werden. Manchmal ist die Erklärung für einen starken ordnungspolitischen Regulierungswillen auch und gerade in Zeiten der vielerorts geforderten Deregulierung – dem Rückzug des Staates aus allen nicht zu den staatlichen Kernaufgaben zählenden Bereichen, wie gesagt – recht einfach. Überse-

6 *Buland* Spiellust – Acht Kapitel zur Re-Habilitierung einer Lebensqualität, in: Homo ludens, Der spielende Mensch, Band IV, Internationale Beiträge des Instituts für Spielforschung und Spielpädagogik an der Hochschule „Mozarteum" Salzburg, Salzburg 1994, S 232 ff; sa die Definition von Spieltrieb in: *http://de.wikipedia.org/wiki/Spieltrieb:* **Spieltrieb** ist eine Metapher für ein bei Säugetieren (einschließlich des Menschen) zu beobachtendes, angeborenes Sozialverhalten, das vor allem während der Kindheit auftritt. Der „Spieltrieb" ermöglicht das Lernen durch Versuch und Irrtum (im englischen Sprachraum:*trial and error*) und dient der Ausbildung von Kenntnissen und Fähigkeiten des Lebewesens; *Laudenbach* Machen Sie Ihr Spiel, brand eins 2006, S 92 ff.

7 Pschyrembel, aaO, S 1484 „Spielabhängigkeit"; *Meyer/Bachmann* Glücksspiel, 1993, S 18 f, verweist auf die Aufnahme in die beiden klassischen Klassifikationssysteme psychischer Störungen (DSM-III-R und ICD-10) und gleichzeitig darauf, dass nur das Spielverhalten krankhafte Formen annehmen kann; *Bönner* Was ist Sucht?, in: Homo ludens, Der spielende Mensch, Band V, Internationale Beiträge des Instituts für Spielforschung und Spielpädagogik an der Hochschule „Mozarteum" Salzburg, 1995, S 37 ff, weist dann sogleich auf den schwer zu definierenden schillernden Begriffsinhalt und die Notwendigkeit einer Unterscheidung von Abhängigkeit von psychotropen Substanzen einerseits und darauf hin, dass man „süchtig" nach nahezu allem sein kann.

8 Dies scheint aber ein Phänomen der Lotteriegeschichte zu sein, vgl *Bauer* Vorwort zu Lotto und Lotterie, in: Homo ludens, Der spielende Mensch, Band VII, Internationale Beiträge des Instituts für Spielforschung und Spielpädagogik an der Hochschule „Mozarteum" Salzburg, 1997, S 10 f.

9 Auch *Bauer* aaO, Fn 8, „6 aus 45", Das österreichische Lotto von 1751–1876, S 60, fordert, dass sich eine korrekte Glücksspielforschung künftig mehr mit den positiven Erscheinungsformen insbesondere bei den Gewinnern beschäftigen muss und weist darauf hin, dass die Argumente der Lottogegner auch historisch immer mehr Gewicht hatten.

10 BVerfG 1 BvR 1054/01.

hen hat der hoch motivierte Gesetzgeber bei Erarbeitung des am 1. Januar 2008 in den Ländern als Landesrecht in Kraft getretenen Glücksspielstaatsvertrages (GlüStV) möglicherweise, dass es Spielformen gibt, die schon vom Grundsatz her die Spielsuchtkriterien nicht erfüllen und damit kein Gefährdungspotenzial haben.

5 Im folgenden Beitrag wird daher – im Anschluss an die Erörterung der historischen Entwicklung der Klassenlotterien und der heute für eine ordnungsgemäße und kontrollierte Durchführung von Lotterien wesentlichen Grundsätze[11] – eine Bewertung der Einordnung der Klassenlotterien zunächst im Gefüge des GlüStV 2008 vorgenommen. Die daraus resultierenden Konsequenzen in rechtlicher und ökonomischer Sicht werden dann ebenso dargelegt wie die Forderungen an die Novellierung des Glücksspielstaatsvertrags, die dann im Jahr 2012 erfolgte. Parallel dazu wird die Entstehung der Gemeinsamen Klassenlotterie der Länder (GKL) geschildert sowie Ziele, Struktur und ein erster Erfahrungsbericht hierzu vorgelegt.

II. Klassenlotterien gestern: Brüche und Konstanten in der Geschichte des Lotteriewesens

Etappen der Entwicklung der Klassenlotterien und ihre historische Konstanz[12]

6 Die erste Klassenlotterie in Sachsen wurde in Leipzig am 23. Juli 1697 unter *August dem Starken* durch den Königl Polnischen und Kurfürstl Sächsischen Appellationsrat *Dr. Rivinus* gegründet und bis zum 15. Juli 1699 durchgeführt. Damit wurde die erste „eigentliche" Geldlotterie in 6 Klassen für die Armenpflege und den Bau eines Waisenhauses ins Leben gerufen. Diese wurde 1771 zur „churfürstlichen Lotterie zum Besten der Zucht- und Arbeitshäuser". Auch Leipzig hatte eine Lotterie, die mit Dresden 1831 zur Sächsischen Landeslotterie zusammengeschlossen wurde.

7 In Preußen ließ *Friedrich der I.* keine Möglichkeit aus, die Staatskasse aufzufüllen und erteilte die Konzession einer Klassenlotterie an einen privaten Unternehmer. 6% der Einnahmen waren an den Staat für gemeinnützige Zwecke zu entrichten. *Friedrich Wilhelm II.* legte mit dem Lotterieedikt vom 20. Juni 1794 fest, dass der Staat das Lotto und die Klassenlotterie übernimmt und damit beide auf Rechnung des Staates durchgeführt werden. Dieses Edikt war die erste gesetzliche Grundlage für die Verstaatlichung der Klassenlotterie. Mit Ausbruch der Französischen Revolution kamen in manchen Ländern die Lotterien zum Stillstand. Preußen baute seine Klassenlotterie indes weiter aus und konnte die Losauflage erhöhen. Mit der Er-

11 Vgl insbesondere *Rombach* unter § 2 zur Lotteriegeschichte Rn 10.

12 Zur Entwicklung der Klassenlotterien danke ich Frau *Sabine Schönbein* für die Recherche zu den nachfolgenden Ausführungen. Ausführlicher und sehr dezidiert *Schönbein* Das Millionenspiel mit Tradition – Die Geschichte der Klassenlotterie, S 76 ff, 104 ff, 167 ff; vgl auch *Schönbein* Vom Glückshafen zur Lotterie, stark gekürzter Vorabdruck in Merkur plus, Rheinischer Merkur Nr 47 vom 18.11.2004, S 37.

oberung der Städte Dresden (1805), Berlin und Hamburg (1806) durch *Napoleon I.* wurden als Erstes die Spielcasinos und Lotterien übernommen. Kaiser *Napoleon* verfolgte persönlich die Organisation der Lotterien; denn ab sofort sollte dort die Französische Lotterie durchgesetzt werden. In Berlin konnte die Ziehung der Klassenlotterie nicht mehr durchgeführt werden, da die Einnahmen der Klassenlotterie zur Auszahlung des Lottos verbraucht waren. Im Jahr 1809 wurden keine Ziehungen mehr durchgeführt. *Friedrich Wilhelm III.* vertrat die Meinung, Lotto sei für das Volk schädlich. Mit dieser Begründung wurde das Zahlenlotto am 23. Mai 1810 in Preußen eingestellt. Im zweiten Lotterie-Edikt vom 28. Mai 1810 wurde dafür die Wiederaufnahme der Klassenlotterie angeordnet. Seit 1808 wird der konkrete Zweck der Verwendung der Lotterie nicht mehr begründet. Damit nimmt sie den Charakter einer „freiwilligen Steuer“ an.

In Bayern gab es immer wieder Versuche, die Lotterie dauerhaft zu etablieren. 8
Doch durch viele Kriege und wegen der überwiegend herrschenden Armut konnten nur wenige Lotterien und Klassenlotterien durchgeführt werden. Pächter hätten sich schon gefunden, doch die Mittel für die Durchführung fehlten. Die bedeutendsten Lotterien, die in München durchgeführt wurden, sind die Armen- und die Leibrentenlotterie von 1748 und 1770.

Auf dem Wiener Kongress erfolgte am 8. Juni 1815 die Gründung des Deutschen 9
Bundes. In der Folgezeit wurde das Lotteriewesen in den einzelnen Staaten auf eine neue Grundlage gestellt: Die Preußische General-Lotterie-Direktion erhielt die Ermächtigung, rechtsverbindliche Spielpläne aufzustellen und allgemeine Lotteriebestimmungen zu erlassen. Träger der Klassenlotterie war nun der Staat selbst. Allerdings kämpften Gegner bald gegen die Lotterien. 1828 ging die erste Eingabe des Rheinischen Provinzial-Landtags an den König mit dem Antrag auf Einstellung der Lotterien ein. 1832 wurden sämtliche kleinen Lotterien sowie kleine und große Staatslotterien für aufgehoben erklärt; allein die Klassenlotterie blieb bestehen. Trotz der glänzenden Resultate wurden vielfach Bedenken auch gegen die Klassenlotterie geltend gemacht. Diese Bewegung beschränkte sich nicht nur auf Preußen, sondern in ganz Europa strebten Gegner die Aufhebung der Staatslotterien an. Durch Kabinettsorder vom 21. Juli 1841 wurde die Klassenlotterie in ihrem Betrieb eingeschränkt und die Spielteilnahme erschwert. Privatlotterien gestattete die Regierung lediglich zu gemeinnützigen Zwecken.

Nach Gründung des Norddeutschen Bundes fielen Frankfurt und Hannover an 10
Preußen. 1867 wurde die Auflösung der beiden im Jahr 1774 dort gegründeten Klassenlotterien angeordnet. Sie konnte aber erst 1869 durchgeführt werden. Im Königreich Hannover waren 112 Collekteure und 483 Untercollekteure tätig, die sich aus den verschiedensten Gesellschaftsklassen zusammensetzten und zu denen unter anderem auch kleine Beamte, „Thierärzte“, Auktionatoren und auch Frauenspersonen (Witwen) gehörten. Frankfurt hatte 22.000 Lose und Spielteilnehmer aus Österreich, Russland, Frankreich, Italien, Spanien, England und Amerika. Die Frankfurter Klassenlotterie wurde 1872 nach 165 Jahren aufgehoben.

11 Mit Errichtung des Deutschen Reiches 1871 wurde Berlin Reichshauptstadt. Dem Deutschen Reich gehören unter der Vorherrschaft Preußens als „ewigem Bund“ 22 Fürstentümer und drei freie Städte an. Ein 1885 erlassenes Reichsgesetz verbot jeglichen Handel mit Losen *auswärtiger* Lotterien. Ausländische Lotterien durften also weder gespielt werden, noch durften die fremden Lotteriebetreiber Gewinnlisten veröffentlichen. Um die eigene Lotterie zu stärken, verfolgte Preußen fremde Lotterieeinnehmer strafrechtlich und suchte sie sogar über die Zeitung; hohe Geld- oder Gefängnisstrafen drohten als Sanktion. Die Lotteriehoheit der Bundesstaaten wurde von der Reichsgründung 1871 vorerst nicht berührt. Versuche von Lotteriegegnern (zwischen 1869 und 1881), die Auflösung der Klassenlotterie mittels eines Beschlusses der Reichsvertretung durchzusetzen, hatten ebenso wenig Erfolg wie entsprechende, auf das Lotteriewesen insgesamt gerichtete Klagen in den Provinziallandtagen. Durch Landtagsbeschlüsse wurde die Reichsregierung 1904 aufgefordert, ein Reichsgesetz zur Regelung des Lotteriewesens in die Wege zu leiten und mit den anderen deutschen Staaten nach Möglichkeit eine Lotteriegemeinschaft zu bilden.

12 Der Preußischen Klassenlotterie wurden in den Jahren 1904 bis 1907 neunzehn der einundzwanzig bestehenden Klassenlotterien angegliedert. Die Länder Bayern, Baden und Württemberg, die bis dahin keine eigene Klassenlotterie betrieben hatten, schlossen sich ebenfalls der Preußischen Klassenlotterie an. In diesem Zusammenhang wurde der Name von Königlich Preußische Staatslotterie in Königlich Preußisch-Süddeutsche Klassenlotterie geändert. Jetzt gab es in Deutschland nur noch die Hamburgische-, die Sächsische- und die Königlich Preußisch-Süddeutsche Klassenlotterie. Die Preußische Staatslotterie bezahlte den betreffenden Bundesstaaten als Entschädigung für die aufgelösten Lotterien eine jährliche Rente. Für die Preußische Klassenlotterie war jetzt der Weg frei, ihre Lose im ganzen Land abzusetzen. Infolge der Erweiterung des Absatzgebietes musste auch die Losauflage erhöht werden.

13 Nach dem 1. Weltkrieg wurde aus der Königlich Preußisch-Süddeutschen-Klassenlotterie nun die Preußisch-Süddeutsche Klassenlotterie. Wappen, Hoheitszeichen und Adler wurden aus dem Lotteriezeichen entfernt und durch ein Kleeblatt ersetzt. Die mit der bisherigen Lotteriegestaltung unzufriedenen süddeutschen Staaten Bayern, Baden und Württemberg erhielten einen stärkeren Einfluss auf die Lotterieverwaltung. Die alte preußische Institution wurde auf der Grundlage eines Staatsvertrages zwischen Preußen und den Ländern Bayern, Baden und Württemberg zur Regelung der Lotterieverhältnisse in eine rechtsfähige Anstalt umgewandelt. Zu dieser Zeit waren genau 1.000 Lotterieeinnehmer für die Preußisch-Süddeutsche Klassenlotterie tätig. Die Sächsische und Hamburgische Klassenlotterie wurden vorerst noch selbständig durchgeführt. Die Verkaufsaktivitäten auch dieser beiden Klassenlotterien erstreckten sich über das ganze preußisch-süddeutsche Absatzgebiet auf Basis der Gegenseitigkeit, waren aber durch die Vorherrschaft der Preußisch-Süddeutschen Klassenlotterie keine echte Konkurrenz.

14 Mit dem Gesetz über die Deutsche Reichslotterie vom 21. Dezember 1938 übernahm das nationalsozialistische Deutsche Reich die Staatslotterien der Länder (ein-

schließlich derer von Hamburg und Sachsen) mit allen damit verbundenen Vermögenswerten, Rechten und Pflichten. Die seit 1913 existierende österreichische Klassenlotterie ging während des Krieges ebenfalls in der Reichslotterie auf. Im Januar 1939 durften die aufgelösten Lotterien letztmalig ihre Ziehungen durchführen. Mit einem Spielkapital von über 102 Millionen Reichsmark pro Lotterie war die Reichslotterie 1938 das größte Lotterieunternehmen der Welt.

Mit dem Zusammenbruch des Deutschen Reiches fiel die Lotteriehoheit wieder an 15
die Länder zurück. Deutschland lag in Schutt und Asche und es wurden sehr schnell Wiederaufbau-Lotterien gegründet: Sachsen baute seine Landeslotterie 1945 mit Genehmigung der sowjetischen Militäradministration wieder auf, die erst 1975 gänzlich eingestellt wurde. Berlin konnte 1947 seine alte Lotterie wieder aufleben lassen. Ebenfalls 1947 wurde der Verkauf der ersten von Bayern, Württemberg-Baden und Hessen neu gegründeten Süddeutschen Klassenlotterie begonnen und im Jahr 1948 durch einen Staatsvertrag geregelt, dem sich 1955 Rheinland-Pfalz anschloss. Eine Neufassung des Staatsvertrags erfolgte 1992 nach dem Beitritt von Sachsen und Thüringen zur SKL. 1948 erfolgte die Gründung der Nordwestdeutschen Klassenlotterie in Form einer Ländervereinbarung, der nach der Wiedervereinigung die Länder Brandenburg, Mecklenburg-Vorpommern und Sachsen-Anhalt beitraten.

Nach allem lassen sich wesentliche Entwicklungsschritte der Lotteriegeschichte 16
folgendermaßen beschreiben: Vom 15. bis 18. Jahrhundert gelangten die sog italienische Lotterie (in Form von Lottoangeboten) und die holländische Lotterie (als Vorgänger der Klassenlotterie) in den damaligen Welthandelszentren zur Blüte und verbreiteten sich in ganz Europa. Wechselnde moralisch-sittliche Anschauungen zur Lotterie an sich, aber auch betrügerische Vorkommnisse bei der Abwicklung führten europaweit zu einem Lottoverbot im 19. Jahrhundert.[13] Klassenlotterien überlebten als Konstanten; in Deutschland dominierten sie im 19. Jahrhundert und insbesondere bis 1955 die staatlichen Angebote. Überregionale Zusammenschlüsse führten auch zu einem konkurrierenden Angebot mehrerer Lotterien ohne Monopolstruktur. Gesellschaftlich schädliche Auswirkungen wurden nicht festgestellt. Erst in der zweiten Hälfte des 20. Jahrhunderts wurde Lotto wieder eingeführt. Im Laufe der Zeit wurden wesentliche Kriterien für eine ordnungsgemäße Durchführung von Lotterien bei der Veranstaltung und insbesondere im Zusammenhang mit der Ziehung entwickelt. Diese Anforderungen haben noch heute Gültigkeit. Die Formen der Veranstaltung und des Vertriebs waren mannigfaltig. Die Teilnahme an ausländischen Lotterien bei fehlendem eigenem Lotterieangebot war üblich. Aber auch der Finanzierungscharakter für gemeinnützige oder fiskalisch-öffentliche Zwecke ist seit Beginn der Lotteriegeschichte ein wesentliches Motiv. Zusammenfassend lässt sich demnach festhalten, dass die Lotteriegeschichte durch lebhafte Zyklen geprägt ist,

13 Dazu eingehend *Rombach* aaO Fn 11 Rn 5, 14ff, unter 7.

die Lotteriegründungen und eine erfolgreiche wirtschaftliche Tätigkeit einerseits, aber auch Beschränkungen bis hin zu Verboten andererseits in deutlicher Abhängigkeit vom jeweiligen Zeitgeist zuließ und weiterhin zulässt. Die Lotteriegeschichte lässt sich demnach durch Begriffe wie „Unterdrückung, Beharrung, Toleranz, Reglementierung, fiskalische Nutzung, Integration und Ausgrenzung“[14] beschreiben.

III. Klassenlotterien und ihre Konstanten: Fakten, ordnungsrechtliche und wirtschaftliche Rahmenbedingungen

1. Fakten

a) Rechtsformen

17 In Deutschland existierten bis zum 30.Juni 2012 zwei Klassenlotterien: Die Nordwestdeutsche Klassenlotterie (NKL) mit Sitz in Hamburg und die Süddeutsche Klassenlotterie (SKL) mit Sitz in München. Beide sind in unterschiedlicher rechtlicher Ausgestaltung Staatslotterien der Trägerländer: Die SKL ist eine rechtsfähige Anstalt des öffentlichen Rechts. Anders als die SKL war die NKL bis Anfang 2009 keine juristische Person des öffentlichen Rechts, sondern laut Handelsregistereintrag ein „gemeinschaftlicher Eigenbetrieb öffentlichen Rechts“ ihrer Trägerländer.[15] Erst die Entscheidung des BVerfG zu Sportwetten im Jahr 2006 schärfte das Verständnis für die Grundrechtsbezogenheit staatlicher Lotterieorganisation. Dass Art 12 GG einen Grundrechtseingriff nur auf gesetzlicher Grundlage ermöglicht, gilt selbstverständlich auch für die Lotterieform einer Klassenlotterie und ihre Vertriebsmodalitäten, die zudem die Berufsausübung von Lotterieeinnahmen reglementierten. Diese Erkenntnis hat sich offenbar erst nach der Entscheidung des BVerfG zu Sportwetten vom 28.3.2006 bei den Trägerländern der NKL durchgesetzt[16]. Für die NKL wurde somit erst mit dem Staatsvertrag zur Errichtung der NKL[17] die gesetzliche Grundlage für eine grundrechtsfeste Organisationsform geschaffen. Beide Klassenlotterien waren bislang (bis zum 31. Dezember 2007) entgegen dem grundsätzlich – für das Glücksspielrecht als Ausfluss der ordnungsrechtlichen Gesetzgebungskompetenz

14 So der Begriffskanon von *Zollinger* Geschichte des Glücksspiels, 1997, S 283.

15 In der sog Ländervereinbarung der NKL vom 4. Dezember 1947 (LV) mit anschließenden Ergänzungsvereinbarungen wurde die NKL (ohne Nennung einer Rechtsform) zum gemeinsamen Betrieb einer staatlichen Klassenlotterie errichtet. Die Durchführung der Lotterie wurde einem Bankenkonsortium übertragen (Art 3 Abs 1 LV). „*Das Bankenkonsortium betreibt die Lotterie im Namen und für Rechnung der Länder*“ (Art 3 Abs 3 LV).

16 In der Begründung etwas verbrämt dargestellt, wenn lediglich auf die in § 10 Abs 2 des GlStV 2008 notwendige gesetzliche Grundlage abgestellt wird.

17 In den NKL-Vertragsländern zwischen dem 27.6.2008 und dem 1.9.2008 unterzeichnet und mit Wirkung zum 1.4.2009 in Kraft getreten, vgl GVBl NRW 2008, 722 ff.

der Länder nach Art 70 GG – geltenden Regionalitätsprinzip des LoStV 2004 mit Einverständnis aller Länder bundesweit tätig.[18] Die Spielform Klassenlotterie wird ansonsten in Europa nur noch in Österreich, Dänemark und Island angeboten.

b) Definition der Klassenlotterie

Eine Klassenlotterie ist eine Lotterie, die in mehrere Spielabschnitte eingeteilt ist, 18
die so genannten Klassen. Jede Lotterie besteht bei den traditionellen Angeboten aus sechs Klassen. Jede Klasse dauert genau einen Monat. Eine Lotterie dauert sechs Monate, wobei weder die Anzahl der Klassen noch deren Dauer vorbestimmt sein müssen. Die Lotterien der SKL beginnen immer am 1. Dezember und am 1. Juni eines Jahres, die der NKL jeweils am 1. April und am 1. Oktober. Im Gegensatz zu Lotto und anderen Gewinnspielen ist die Höhe der Gewinne von Anfang an in einem Plan genau festgelegt, unabhängig von der Anzahl der verkauften Lose. Das heißt, alle Gewinne werden auf jeden Fall ausgespielt – staatlich garantiert. Die Anzahl der Losnummern und der Gewinne stehen im Voraus fest. Auch steigen in der Regel von Klasse zu Klasse Anzahl und zum Teil auch die Höhe der Gewinne an, so dass eine Teilnahme über alle 6 Klassen attraktiv ist. Die Lospreise bleiben pro Klasse gleich. Bei späterem Einstieg in die Lotterie müssen versäumte Klassen nachbezahlt werden. Es werden ganze Lose oder Losanteile (bei der SKL im Wert von 10%,bei der NKL mindestens $^1/_{16}$ des festgelegten Lospreises von € 150 [SKL] bzw € 160 [NKL] pro ganzem Los) angeboten. Dem Spieler steht eine Reihe von Optionen frei, um die Höhe der Gewinne, die sich nach dem Wert der gespielten Anteile berechnen (ganzes Los oder nur Anteile einer Losnummer), oder auch die Gewinnchancen durch Kombination verschiedener Losnummern zu erhöhen (Hochgewinn- oder Gewinnchancenstrategie). Alle Spieler werden namentlich erfasst und über alle Gewinne automatisch informiert. Der Zahlungsvorgang verläuft zu 99% unbar und zu knapp 90% durch SEPA-Basislastschriften. Aus dem festgelegten Spielangebot ergeben sich für den Veranstalter Risiken, falls wenige Lose verkauft sind und die garantierten Gewinne aufgrund der Ziehungsergebnisse die Einnahmen aus dem Loseverkauf übersteigen. Für diesen Fall galt die staatliche Auszahlungsgarantie aufgrund der Anstaltsträgerhaftung bei der SKL und aufgrund der unmittelbar im Länderauftrag veranstalteten NKL. Ab dem 1. Juli 2012 ist klar eine Gewährträgerhaftung aller Länder festgelegt.

In den letzten Jahren wurden Spielergänzungen in Form von Jokerspielen einge- 19
führt, die zunächst nur gekoppelt mit einer Teilnahme am Grundspiel gespielt wer-

18 So in den Erläuterungen zu § 5 Abs 3 LStV: dieses Einverständnis liege „... in allen Ländern hinsichtlich der Klassenlotterien ... (vor), ... die seit langem mit gefestigten Vertriebsstrukturen ländergreifend veranstaltet werden". Kritisch dazu: *Ohlmann* WRP 2005, 48, 62/63 und *Bahr* Glücks- und Gewinnspielrecht, 2. Auflage 2007, Rn 209ff.

den durften. Diese Angebote wurden zum Teil zwischenzeitlich entkoppelt angeboten und erfüllen die oben genannten Merkmale der Klassenlotterien nicht mehr in Bezug auf den über mehrere Monate angelegten Spielplan mit steigenden Gewinnhöhen und steigender Anzahl von Gewinnen. Insoweit muss man diese Anforderungen an die Definition von Klassenlotterien reduzieren. Wesentlich sind damit Permanenz des Angebots, festgelegte Losauflage, festgelegter Spielzeitraum, festgelegte Zahl und Höhe von Gewinnen.

Auch boten beide Klassenlotterien im Spielplan enthaltene Sonderziehungen in Form von TV-Sendungen an, in denen ausschließlich aktuelle Spielteilnehmer gewinnberechtigt sind.[19]

Insgesamt kann das Produkt Klassenlotterie als passives Lotterieangebot eingeordnet werden. Der Spielteilnehmer erhält seine Losnummer zugeteilt, muss lediglich die Anzahl der zu spielenden Losanteile festlegen und kann sich im Übrigen dem Convenience- und Servicegedanken entsprechend auf die Gewinninformation und die monatlich erfolgenden Abbuchungen verlassen, um seine Gewinnchancen wahrzunehmen. Die Spielteilnahme hat daher Ähnlichkeiten zu einem Abonnementvertrag, der allerdings keinerlei Weiterspielverpflichtung beinhaltet. Durch die Spielerregistrierung wird auch der Minderjährigenschutz gewährleistet.

c) Vertriebssystem und Marketing

20 Das Vertriebssystem der Klassenlotterien kann, obgleich die Lose in Form von Abonnements veräußert werden, als aktives Verkaufssystem charakterisiert werden. Hierfür werden alle Instrumente des modernen Direktmarketings genutzt. Die Zentralen der Klassenlotterien führen lediglich eine Dachmarkenkampagne mit dem Schwerpunkt auf Image, die Internetangebote sowie die TV-Shows durch, während die staatlichen Lotterieeinnahmen die unmittelbare Abverkaufswerbung in Form von Mailings, Postwurfsendungen, Beilagen und Beiklebern durchführen. Insbesondere durch Kombination mit den TV-Aktivitäten der SKL-Shows verlagerte sich der Schwerpunkt des Vertriebs von 2001 bis zum Jahr 2007 auf Telefonmarketing. Dies geschah zunächst durch Inboundtelefonie – dh Interessenten rufen aufgrund eines konkreten Interesses, das in einer Ziehungsshow geweckt wurde, selbst an und werden dann informiert mit der Möglichkeit zur Losbestellung. Zunehmend und zum Teil ausufernd entwickelte sich dann sog Outboundtelefonie; die Lotterieeinnahmen riefen aktiv mögliche Kunden an und boten Lose an. Die nach UWG notwendigen Einverständniserklärungen der Angerufenen war zum Teil nicht vorhanden, so dass die Direktionen der Klassenlotterien organisatorisch zunehmend strikte Vorgaben und bei Verstoß Sanktionsmaßnahmen einleiten mussten. Durch

19 Bei der SKL die „5-Millionen-SKL-Show“, bei der NKL „Mega Clever – Die NKL Show“ mit einem Gewinn von € 1 Mio.

Diffundierung der Verantwortung auf sog Sub-Callcenter war die Durchsetzung von Ansprüchen zum Teil erschwert. Später entwickelte sich hieraus ein weiteres Problem, indem die dadurch gewonnenen Daten in strafbarer Form weitergegeben und/oder durch Dritte genutzt rechtswidrig genutzt wurden. Erst durch rigide gesamtheitliche Datenschutzkonzepte der Veranstalter und letztlich durch ein gesetzliches Verbot der Outboundtelefonie für den Glücksspielbereich konnte diese Entwicklung gestoppt werden. Der stationäre Verkauf über Verkaufsstellen (bei der SKL ca 1.000) spielt nur eine untergeordnete Rolle.

d) Gefährdungspotentiale

Die Beurteilung eventueller Spielsucht- und sonstiger Gefahrenpotenziale aus der 21
Veranstaltung von Klassenlotterien hat produktbezogen und unter Heranziehung der Erkenntnisse aus der Spielsuchtforschung auch im Vergleich zu anderen Glücksspielangeboten zu erfolgen. Hieraus ergibt sich die folgende Übersicht:

– Spielsuchtpotenzial
  In keiner der bislang abgeschlossenen wissenschaftlichen Untersuchungen wurde für die Klassenlotterien ein eigenständiges Spielsuchtpotential festgestellt:
  In der Studie von *Mayer/Hayer* aus dem Jahr 2005 sind (zwar) erstmals mit 0,7% 22
  auch Klassenlotteriespieler bei Spielsüchtigen erwähnt; bei dieser Studie wurden bei den Probanden allerdings Mehrfachnennungen erfasst. Im Ergebnis weisen die Klassenlotterien dennoch die niedrigsten Werte für ein Spielsuchtpotenzial aus. Dies ist auch einfach zu erklären, wenn man sich die wissenschaftlich anerkannten Suchtkriterien vergegenwärtigt[20]: Suchtaffine Spiele wie Kasino- und Automatenspiele zeichnen sich durch eine hohe Ereignisfrequenz, dh durch eine kurze Zeitspanne zwischen Einsatz und Gewinn oder Verlust bzw bis zum Beginn eines neuen Spiels aus. Hierin liegt die Spieler gefährdende Stimulanzwirkung des Glücksspielangebotes. Bei Spielautomaten ist die Mindestspieldauer auf 5 Sekunden festgelegt.[21] Die Ereignisfrequenz bei Klassenlotterien liegt demgegenüber (regelmäßig) bei einem halben Jahr! Bei der Klassenlotterie handelt es sich zudem um ein hochgradig geregeltes Spiel mit vorab festgelegtem Gewinnplan und fixen Gewinnen. Dem Spielteilnehmer wird kein eigener Handlungsspielraum im Hinblick auf die Spielgestaltung („schnell" oder „langsam")

20 *Mayer/Hayer* Das Gefährdungspotenzial von Lotterien und Sportwetten – Eine Untersuchung von Spielern aus Versorgungseinrichtungen, Mai 2005, S 35. Auch neuere Untersuchungen bestätigen diesen Befund, so zusammenfassend *Becker* Werbung für Produkte mit einem Suchtgefährdungspotential, Frankfurt aM 2010, 17,33; ebenso *Becker* Glücksspielsucht in Deutschland 2009 S 68.

21 § 13 Abs 1 Ziff 1 SpielVO in der Bekanntmachung vom 27.1.2006.

Tabelle 1: Spielsuchtpotenzial

	Meyer (1989) n = 437	Denzer et al (1995) n = 558	Meyer et al (1998) n = 300	Schwickerath et al (2004) n = 196	Meyer/ Hayer (2005) n = 489
	„Glücksspiele, die zu Problemen geführt haben"	„Art des dominierenden Glücksspiels"	„Glücksspiele, die zu Problemen geführt haben"	„bevorzugte Spielart"	„Problemverursachende Glücksspielformen"
Automaten	–	–	–	80,6	–
Geldspielautomaten	91,8	93,7	91,3	–	79,3
Glücksspielautomaten	25,4	–	30,1	–	32,4
Roulette	15,6	–	16,1	– 2	16,8
Illegales Glücksspiel	12,4	–	–	–	5,6
Black Jack/Baccarat	10,7	–	11,0	–	–
Lotto/Toto	5,0	7,5[1]	6,1	19,4	–
Lotto „6 aus 49"	–	–	–	–	6
Spiel 77/Super 6/ GlücksSpirale	–	–	–	–	3,5
Toto	–	–	–	–	2,2
ODDSET-/TOP-Wette	–	–	–	–	10
Glücksspiel im Internet	–	–	–	–	1,1
Private Spielcasinos	5,0	–	–	–	–
Pferdewetten	2,3	3,6	6,0	– 2	4,5
Rubbellotterien	1,6	–	6,4	–	2,4
PS-/Gewinnsparen	0,7	–	–	–	0,9
Börsenspekulationen	0,5	–	1,7	–	2,7
Fernsehlotterie	0,2	–	–	–	–
Klassenlotterie	**0**	**–**	**–**	**–**	**0,7**
Kasinospiele	–	19,1	–	–	–
Karten- und Würfelspiele	–	12,4	31,1	10,9	15,9
24er Roulette, etc	–	–	11,4	–	–
Sportwetten in privaten Wettbüros	–	–	–	–	5,1

zugestanden; zwischen Spielteilnahme und Gewinnerlebnis vergehen idR mehrere Monate. Das unter dem Gesichtspunkt der Spielsucht als besonders gefährlich einzustufende Prinzip des Chasing, dh erlittene Verluste durch Erhöhung der Spieleinsätze auszugleichen, ist dem Klassenlotteriespiel fremd. Der sofortige Wiedereinsatz eines Gewinnes zur Nutzung weiterer Gewinnchancen durch Erwerb eines Folgeloses[22] kostet keinen zusätzlichen Einsatz und beruht allein auf der Entscheidung des Spielers. Weiterhin gibt es anders als zB bei den Oddset-Sportwetten nicht die potenziell spielsuchtfördernde Illusion, das richtige Ergebnis aufgrund vermeintlicher eigener Fähigkeiten vorhersagen zu können. Schließlich ist die Nichtbezahlung des Spieleinsatzes oder die Rückgabe des Los-Abonnements jederzeit möglich und wird ohne Angabe von Gründen akzeptiert. In diesen Fällen kommt ein Spielvertrag nicht zustande.

- Jugendschutz 23
  Aufgrund des Premiumcharakters der Klassenlotterien in Verbindung mit dem langsamen Spielablauf ist diese Spielart für Jugendliche uninteressant. Das belegt auch die Spielerstruktur.
- Verhinderung von Betrug
  Auch die zB durch manipulierte Spielgeräte oder Spielmittel weiterhin bei anderen Glücksspielangeboten bestehenden Gefahrenpotenziale spielen bei den Klassenlotterien keine Rolle.
- Irreführende Werbung
  Ein verfassungslegitimes Ziel für die staatliche Reglementierung der Glücksspielangebote liegt in der Unterbindung von irreführender Werbung und der damit verbundenen Täuschung der Kunden. Neben den im Wettbewerbsrecht allgemein anerkannten Irreführungskriterien bildet speziell im Lotteriebereich die falsche Darstellung der Gewinnchancen einen relevanten Rechtsverstoß. Diese Gefahr ist bei Klassenlotterien wegen der von vorneherein im Spielplan festgelegten festen Anzahl und Höhe von garantierten Gewinnen ausgeschlossen. Anders als bei Totalisatorspielen ist nur theoretisch die Gefahr einer Zahlungsunfähigkeit des Veranstalters gegeben[23], faktisch aber wegen der bereits erwähnten Anstaltsträgerhaftung bzw unmittelbaren Haftung der Länder ausgeschlossen. Auftretende Beanstandungen wie zum Beispiel bei der oben erwähnten Outboundtelefonie oder in Einzelfällen bei der Gestaltung von Maßnahmen der Vertriebsorganisation können durch Kontrolle und Eingreifen des

22 § 9 Spielbedingungen der 134. NKL-Lotterie, § 6 der Amtlichen Lotteriebestimmungen der 136. SKL-Lotterie.

23 Im Extremfall: wird nur eine einzige Losnummer verkauft und fällt auf diese Nummer bei der Ziehung der Höchstgewinn, wird die Auszahlung des Gewinns nicht aus den Einnahmen aus dem Losverkauf finanziert werden können.

Veranstalters abgestellt und sanktioniert werden. Ein äußerst wirksames Mittel – unabhängig von jeder glücksspielrechtlichen Besonderheit – stellt hier faktisch die Haftung des Veranstalters als Geschäftsherr nach § 8 Abs 2 UWG für alle Maßnahmen dar, die Mitarbeiter oder beauftragte Lotterieeinnehmer begangen haben.

- Folge- und Begleitkriminalität
  Auch die verfassungslegitime und notwendige Aufgabe, Folge- und Begleitkriminalität abzuwehren, wie sie insbesondere bei Spielangeboten mit hoher Suchtgefahr als Beschaffungskriminalität (des organisierten Verbrechens) anzutreffen ist, spielt im Zusammenhang mit den Klassenlotterien keine Rolle. Anders als bei den Sportwetten gibt es für das Klassenlotterie-Glücksspiel auch keinerlei Anreiz, den Ausgang bestimmter externer Ereignisse zu manipulieren. Das allgemein bei Glücksspielen anzutreffende Betrugsrisiko ist selbstverständlich durch entsprechende Sicherheitskonzepte zu beachten.

Insgesamt sind demnach bei Klassenlotterien keine relevanten Gefährdungspotenziale zu erkennen.

Diesen Befund bestätigen auch die von beiden Klassenlotterien nach dem GlStV 2008 im Rahmen der Sozialkonzepte angebotenen Präventions- und Beratungsangebote. Hier kann statistisch nachgewiesen werden, dass gefährdete Spieler die professionellen Hilfsangebote zwar angenommen haben, aber in den Beratungsgesprächen klar zum Ausdruck kam, dass die Ursache der Beratung, wie in den og wissenschaftlichen Studien erwiesen, zu über 80% im Spielautomatenbereich liegt. In den 6 Jahren der Beratung gab es gerade einmal einen Anrufer, der neben seiner Gefährdung durch Spielautomaten auch ergänzend das Klassenlotteriespiel als komorbide Ursache erwähnte.

2. Ordnungsrechtliche Rahmenbedingungen

24 Das festgestellte Gefährdungspotenzial eines Glücksspielangebotes – die besondere Eignung, die Entstehung von Spielsucht zu begünstigen – sollte sich auch durch die vom Gesetzgeber geschaffenen ordnungsrechtlichen Rahmenbedingungen abbilden lassen. Zum besseren Verständnis der Ausgangslage für „den Gesetzgeber" des GlüStV 2008 im Hinblick auf die Klassenlotterien muss zunächst ein Blick auf die bis Ende 2007 geltenden rechtlichen und tatsächlichen Bedingungen für die Veranstaltung dieser Lotterien geworfen werden. Das bisherige ordnungsrechtliche System lässt sich durch die Stichworte „präventive und repressive", „objektive wie subjektive" Maßnahmen und Anforderungen umschreiben, das im Übrigen, im Fall der SKL, durch die Tätigkeit einer Anstalt des öffentlichen Rechts mit Selbstverwaltungsrecht *und* die Kooperation mit den Lotterieeinnehmern durch das Schlagwort „private public partnership" gut beschrieben wird. Dieses seit Jahrzehnten erfolg-

reich geübte Kooperationsmodell hat den großen Vorteil der Flexibilität, da es sich unschwer an neue Entwicklungen wie den Internetvertrieb oder das Telefonmarketing anpassen kann. Die im Folgenden genauer skizzierte unternehmerische Struktur und die ordnungsrechtliche Kontrolle der bisherigen Rechts- und Sachlage konnten dementsprechend als „dynamisch“ qualifiziert werden.

a) Produktimmanente Regulatoren

Das Spielangebot und die Geschäftspolitik der SKL sind seit der Errichtung im Jahr 25 1947 im Wesentlichen konstant. Das Produkt Klassenlotterien wird im halbjährlichen Zyklus seit 1948 angeboten. Dies bedeutet für die teilnehmenden Spieler, dass eine lang andauernde Bindung notwendig ist, um die angebotenen Gewinnmöglichkeiten wahrzunehmen. Durch diese zeitliche Streckung des Gewinnangebots werden aus ordnungsrechtlicher und suchtpräventiver Sicht in jedem Fall eine Stimulationswirkung zu Impulskäufen und die damit verbundene Suchtgefahr vermieden. Im Laufe der Jahrzehnte sind bei der Klassenlotterie Produktentwicklungen lediglich im Hinblick auf die Lospreise und die Gewinne in der Anzahl und der Höhe vorgenommen worden. Auch die in den letzten Jahren neu eingeführten Spielergänzungen (jetzt auch teilweise als eigenständige Spielangebote möglich und mit dem Zusatz „Joker“ oder bei der NKL als „NKL-Rentenlotterie“ bezeichnet) und TV-Sonderziehungen führen zu keiner anderen Beurteilung. Die Teilnahme an diesen Spielergänzungen setzt aufgrund der Regelungen in den Amtlichen Lotteriebestimmungen entweder eine Kopplung mit dem Grundprodukt Klassenlotterie oder eine eigenständige Teilnahme voraus. Von daher ist sichergestellt, dass auch bei den Jokerspielen oder neuen Spielangeboten die gleichen spielregulatorischen Grenzen bestehen, die eine übermäßige Stimulation verhindern; insbesondere die Mindestlaufzeit von einem Monat trägt dazu bei.

Auch die Entwicklung der Höchstgewinne, die eine kritische Stimulanzwirkung 26 entfalten könnten, ist beim Klassenlotterieprodukt nicht problematisch: Infolge der festgelegten Anzahl und der Höhe der Gewinne, die auch vom Staat garantiert werden, wurde der Höchstgewinn bei der SKL auf € 16 Mio festgelegt; bei der NKL betrug der Höchstgewinn von der 128. bis zur 130. Lotterie mit einem sog Jackpotsystem max 32 Mio €, wurde aber dann wieder auf 16 Mio € reduziert, ohne dass dies relevante Auswirkungen auf die aktuellen Spielteilnehmer hatte; insofern wirkt nicht jeder Höchstgewinn unmittelbar spielanreizend. Dieser Höchstgewinn wird 2 × im Jahr ausgespielt. Gewinnberechtigt sind nur diejenigen Spieler, die am Ende von sechs Monaten noch ein gültiges Los besitzen. Anreize wie bei einem auf dem Totalisatorprinzip aufgebauten Gewinnspiel (mit Jackpotbildungen in kürzeren Intervallen) sind durch die der Höhe nach fest geplanten und auf einen bestimmten Zeitpunkt fixierten Gewinne bei den Klassenlotterien ausgeschlossen. Zudem ist auch die Ausschüttungsquote der SKL – ein weiterer Indikator für das Suchtpotenzial des konkreten Glücksspielangebotes –, die über viele Jahre bei 55,17% lag, deutlich reduziert worden und liegt nun bei 51,36%.[24] Durch die weiterhin eingeführte (noch) stärkere Stückelung (von 1/8-Teilung der Lose hin zu einem Dezimalsystem), wird der Spielanreiz weiter reduziert (beim Millionengewinn: statt bisher € 125.000 künftig bei dem 1/10-Los ein Gewinn von € 100.000).

27 Zusammenfassend ist festzuhalten, dass auch die skizzierten spielangebotsimmanenten Begrenzungen – die bisherigen Befunde der Spielsuchtforschung ergänzend – Bedenken hinsichtlich eines spielsuchtfördernden Charakters des Klassenlotterieangebotes weitgehend zerstreuen dürften. Im Übrigen war die Entwicklung der von beiden Klassenlotterien abgesetzten Lose in den letzten Lotterien rückläufig: Die im gesamten Lotteriemarkt für Klassenlotterieangebote erzielten Umsatzanteile lagen zwischen 2000 und 2005 mit sinkender Tendenz zwischen 13,5% und 12,1%.[25] Zu den weiteren Entwicklungen ab 2006 siehe unten.

b) Präventive Vorkehrungen durch das Vertriebssystem, Werbung

28 Das Vertriebssystem der SKL war bislang durch Art 7 des SKL-Staatsvertrages in Form Staatlicher Lotterieeinnahmen geregelt. Es hat in den letzten Jahrzehnten seinen absoluten Schwerpunkt im Versandhandel gebildet. Die hauptsächlich genutzten Werbeträger sind damit unmittelbar an Empfängeradressen adressierte Werbebriefe (Mailings), Zeitungsannoncen mit Couponbeiklebern oder -abschnitten, Postwurfsendungen, Anzeigen in Tageszeitungen oder Wochenzeitschriften mit angegebenen Telefonnummern für Rückrufbestellmöglichkeiten (Call-In oder Inbound) und im Zusammenhang mit Fernsehsendungen ausgestrahlte TV-Spots mit Rückrufmöglichkeiten (sog DRTV-Spots). In den Jahren seit 2003 hat sich außerdem aktive Telefonie in Form des Call-Out oder Outbound entwickelt. Vom Gesamtabsatz der SKL werden circa 99% über die oben genannten Verkaufsaktivitäten erzielt und lediglich rund 1% von kleineren Verkaufsstellen, oftmals in Kombination mit den vom Deutschen Lotto- und Totoblock angebotenen Produkten; ähnliche Zahlen gelten für die NKL-Produkte. Allen über die Direktmarketingaktivitäten abgesetzten Losen ist gemeinsam, dass für einen Bestellvorgang jeweils nach Empfang des Werbemittels ein aktives selbständiges Tätigwerden des Angesprochenen erforderlich ist. Er hat also eine Überlegungsfrist, bevor eine Antwort mit der Anforderung eines Angebots abgesandt wird. Auch bei einer Reaktion auf eine Fernsehausstrahlung mit einer Rückrufmöglichkeit wird niemals unmittelbar eine Bestellung aufgenommen; dem Anrufer steht es frei, für einen Rückruf seine Daten zu hinterlassen. Der „eigentliche" Akquisevorgang erfolgt dann Tage später, wenn von dem beauftragten Call-Center ein Rückruf an den Kunden erfolgt. Erst dann entscheidet sich der Kunde nach Information für oder gegen eine Losanforderung. Alle genannten Direkt-

---

24 Daten der 136. Lotterie der SKL vom 1.12.2014 bis 31.5.2015.

25 Quelle: Archivstelle des Deutschen Lotto- und Totoblocks.

marketingaktivitäten fallen unter die nunmehr im BGB enthaltenen Regelungen zu Verbraucherverträgen, insbesondere zu Fernabsatzverträgen (§§ 312c ff) mit den dort vorgesehenen, dem Schutz des Verbrauchers dienenden Informations- und Aufklärungspflichten.[26] Hinzu kommt die Besonderheit des Vertragsschlusses bei der SKL. Der Spielvertrag kommt erst durch die Buchung in der Datenbank der SKL und mit der rechtzeitigen Bezahlung durch den Spielteilnehmer zustande.[27] Aleatorische Anreize oder zeitlicher Druck sind im gesamten Vorgang des Vertragsschlusses ausgeschlossen. Dementsprechend enthalten bereits die bisherigen objektiven Rahmenbedingungen für das Vertriebssystem der SKL verbraucherschützende Regelungen.

Die für die subjektive Zuverlässigkeit der Lotterieeinnehmer installierten Regelungen basierten zunächst ausschließlich auf Art 7 des SKL-Staatsvertrags. Danach unterhalten die Vertragsländer in allen größeren Städten und Gemeinden Staatliche Lotterieeinnahmen in der gebotenen Anzahl. Die Staatlichen Lotterieeinnehmer werden von dem Finanzministerium des Landes bestellt, in dem die Staatliche Lotterieeinnahme ihren Sitz hat. Schon mit dieser Regelung kommt zum Ausdruck, dass die bedarfsgerechte Versorgung mit der notwendigen Anzahl von Lotterieeinnehmern einer staatlichen Kontrolle unterliegt. Die Auswahl, Zulassung und das hierfür vorgesehene Verfahren entsprechen somit einer Berufszulassungsregelung, deren Auswahlkriterien im Staatsvertrag angelegt sind. Auch wurden die entsprechenden Verwaltungsakte der Bestellung der Staatlichen Lotterieeinnehmer bislang vom jeweiligen Finanzministerium vorgenommen. 29

Neben dem öffentlich-rechtlichen Auswahlverfahren unterliegen die Lotterieeinnehmer auch bei der Durchführung ihrer Tätigkeit einer permanenten Kontrolle. Die Staatlichen Lotterieeinnehmer sind zivilrechtlich Beauftragte der Süddeutschen Klassenlotterie. Sie haben die Ihnen obliegenden Geschäfte nach den Weisungen der Anstalt zu besorgen. Ihre Aufgaben, Rechte und Pflichten werden in einer Geschäftsanweisung festgelegt. Die Anstalt übt die Aufsicht über die Staatlichen Lotterieeinnehmer aus (vgl Art 7 Abs 3 des SKL-Staatsvertrages). Die für die Durchführung der Geschäfte erlassene Geschäftsanweisung der Staatlichen Lotterieeinnehmer der Süddeutschen Klassenlotterie (zuletzt vom 15. September 1999) regelt unter ausdrücklicher Bezugnahme auf Art 7 des SKL-Staatsvertrages das Rechtsverhältnis zwischen den Staatlichen Lotterieeinnehmern und der SKL. Dabei wird bereits in der Präambel der Geschäftsanweisung darauf hingewiesen, dass die in der Geschäftsanweisung geregelten Pflichten der Lotterieeinnehmer sowie die umfassenden Informations- und Kontrollrechte der SKL in besonderem Maße die ordnungsrechtliche Dimension 30

26 Beachte aber die Ausnahmeregelung für Lotterieverträge zum Widerrufsrecht in § 312g Abs 2 Nr 12 BGB, es sei denn der Verbraucher hat die Vertragserklärung telefonisch abgegeben oder der Vertrag wurde außerhalb der Geschäftsräume geschlossen.

27 § 1 Abs 7 Amtliche Lotteriebestimmungen der SKL (136. Lotterie).

des Lotteriewesens berücksichtigen, die insbesondere in der Vorschrift des §§ 284ff StGB sowie zum Teil in ergänzenden landesrechtlichen Vorschriften zum Ausdruck kommt. Dieser Aspekt wurde mit dem GlüStV 2008 durch die dort vorgesehene Erlaubnis deutlich stärker hervorgehoben[28].

31 Der Lotterieeinnehmer ist zur Sicherstellung der ordnungsrechtlichen Vorgaben verpflichtet, seine Dienste persönlich zu leisten. Hilfspersonen darf der Lotterieeinnehmer nur nach Maßgabe spezieller Regelungen heranziehen (vgl §§ 7, 8 und 9 der Geschäftsanweisung). Die Aufgaben des Lotterieeinnehmers beziehen sich auf die Themenbereiche des Vertriebs der von der SKL zugewiesenen Lose (im Namen und für Rechnung der SKL), auf die Werbung, die umfassende und fortlaufende Betreuung der geworbenen Spielteilnehmer, die Auszahlung der Gewinne (soweit die Auszahlung nicht über die SKL unmittelbar erfolgt), eine umfassende Treuhandkontenführung über den gesamten mit dem Verkauf zusammenhängenden finanziellen Bereich und die Rechenschaftspflicht gegenüber der staatlichen Anstalt, die wiederum über umfängliche Kontroll- (insb Einsichts-) und Sanktionsrechte gegenüber dem Lotterieeinnehmer verfügt (§§ 13 und 14 der Geschäftsanweisung): Die Einhaltung der Bestimmungen wird auch durch regelmäßig stattfindende Revisionen geprüft. Die SKL hatte hierzu einen eigenen, unmittelbar der Direktion unterstellten Bereich eingerichtet, von dem turnusgemäß in den letzten Jahren Prüfungen vor Ort durchgeführt wurden. Große Lotterieeinnahmen werden jährlich geprüft. Bei den örtlichen Prüfungen werden durch spezialisierte Revisoren nach einem festgelegten einheitlichen Prüfungsschema die gesamte Lotterieabwicklung und die Einhaltung der Geschäftsanweisung geprüft. Sofern hierbei Beanstandungen festgestellt werden, werden die Lotterieeinnehmer über die Feststellungen unterrichtet. Außerdem wird auf Beseitigung der festgestellten Mängel bestanden. Sodann erfolgt eine Nachschauprüfung.

32 Die Lotterieeinnehmer sind außerdem verpflichtet, bei der SKL selbstverfasste Werbetexte und ihre sonstigen Werbemaßnahmen, wie Gesprächsleitfäden für Telefonmarketing oder die Internetauftritte der Direktion zur Genehmigung vorzulegen. Während viele kleinere Lotterieeinnehmer die von der Direktion vorgegebenen und entwickelten Werbemittel verwenden, betrifft die Vorlage- und Genehmigungspflicht insbesondere die großen Lotterieeinnehmer. In diesem Zusammenhang ist erwähnenswert, dass durch diese Präventivmaßnahmen in den letzten Jahren schriftlich durchgeführte Werbemaßnahmen von Dritter Seite nach dem UWG nicht beanstandet wurden.

33 Es hat sich in der Vergangenheit herausgestellt, dass auch außerhalb der Vertriebsorganisation der SKL und der NKL unautorisierte Telefonmarketingunternehmen in eindeutig rechtswidriger Weise versuchen, ‚ins Blaue hinein' den guten Ruf

28 Siehe dazu unten Rn 69 mit Fn 72.

der Marke auszunutzen und Kunden zu werben, wobei sich diese Unternehmen in bewusster Täuschungsabsicht wettbewerbswidrig als Mitarbeiter bzw Beauftragte der SKL ausgeben. Wurden der SKL-Direktion derartige rechtswidrige Fälle bekannt, wurden sämtliche rechtlichen Möglichkeiten ausgeschöpft, um dagegen vorzugehen. Maßnahmen sind allerdings nur dann möglich, wenn über Rückrufnummern oder auf sonstigem geeigneten Weg die verantwortlichen Personen oder Telefonmarketing-Unternehmen identifiziert werden können. Manchmal ist eine endgültige Klärung nicht oder nur schwierig möglich. Um unseriöses Telefonmarketing für das Leistungsangebot der SKL auszuschließen, hat die SKL in ständiger Abstimmung mit dem Staatslotterieausschuss eine Vielzahl von Qualitätssicherungsmaßnahmen beschlossen und umgesetzt; die Qualitätssicherung wird auch fortlaufend überprüft und den Gegebenheiten angepasst.

Die Einhaltung dieser Vertragspflichten wurde fortlaufend überwacht und im 34
Verletzungsfall mit empfindlichen Sanktionen versehen. Denn bei allen Vorgaben darf nicht übersehen werden, dass bei der Menge der durchgeführten Telefonanrufe und der Vielzahl der in diesem Bereich durch die Lotterieeinnehmer beschäftigten Call-Center (zB ca 850 Call-Center im Jahr 2005) und Mitarbeiter (ca 3.800 Mitarbeiter) eine Null-Fehler-Strategie trotz aller Anstrengungen realistisch kaum zu erreichen ist. Ergänzend zu den vorgenannten Qualitätsvorgaben und Aufklärungsaktivitäten hat die SKL als eines der ersten Unternehmen – vergleichbar mit der Robinson-Liste des Deutschen Direktmarketing Verbandes – eine eigene Sperrliste für Personen- und Telefondaten eingeführt, in die sich Personen selbst auf www.skl.de eintragen konnten. Diese extern zugriffsgeschützte Sperrliste diente dem Zweck, innerhalb der Vertriebsorganisation sicherzustellen, dass Personen, die keine weiteren Anrufe (mehr) wünschen, nicht mehr angerufen werden. Die Staatlichen Lotterieeinnehmer der SKL wurden vertraglich verpflichtet, diese Sperrliste täglich durchzusehen und sicherzustellen, dass von Ihnen bzw in Ihrem Auftrag von Telefonmarketingunternehmen angesprochene Personen nicht mehr behelligt werden. Diese Maßnahmen wurden dann im Wesentlichen auch von der NKL übernommen. Die Probleme im Telefonmarketing wiederholten sich im Bereich der damaligen NKL, da durch die Tatsache der sog Doppellotterieeinnehmerschaft (darunter sind entweder personenidentische Zulassungen bei beiden Lotterieveranstaltern oder solche mit nahen Angehörigen oder enger Verflechtung zu verstehen; in manchen Fällen sind auch noch für die Lottogesellschaften gewerbliche Spielvermittlungen angeboten worden, dies zwar wieder durch eigenständige Gesellschaften, deren Inhaberschaft aber wieder stark verflochten war) die Vertriebsmethoden oftmals für beide Produkte eingesetzt wurden oder sich (zB nach einer Beanstandung durch die SKL) in die andere Lotterie verlagert haben; bei der Einschaltung von Sub-Callcentern für Telefonmarketingmaßnahmen kommt die Gefahr „vagabundierender" Sub-Callcenter hinzu, denen nach Beanstandung ihrer Tätigkeit durch den Lotterieeinnehmer oder den Veranstalter zwar der konkrete Vertrag gekündigt wurde, die aber dennoch ihre (zumeist wieder zu beanstandende) Tätigkeit für einen anderen

Lotterieeinnehmer in einem neuen Vertragsverhältnis oder in einer geringfügig modifizierten Gesellschafts- bzw Geschäftsführungsstruktur fortsetzen konnten. Dieser Jo-Jo-Effekt von Schlechtleistung ist bei der vorhandenen Vertriebsstruktur in der Tat sehr schwer steuerbar, obgleich sowohl Lotterieeinnehmer wie auch der Veranstalter (insbesondere wegen § 8 Abs 2 UWG und nicht aus originär öffentlich-rechtlichen ordnungsrechtlichen Gründen) nicht nur jeweils eigene Organisations-, sondern auch Überwachungs- und Handlungsverpflichtungen einzuhalten haben, zumal bei dem im Telefonmarketing stark zu beachtenden Schutz der persönlichen Daten des Anrufers. Auch haben später bekannt gewordene Missbrauchsfälle dieser durch Callcenter gesammelten Daten gezeigt, dass weder durch die Datenschutzbehörden noch durch die Staatsanwaltschaften die zahlreich eingereichten Strafanzeigen durch den Veranstalter SKL effektiv verfolgt wurden und geahndet werden konnten.

Insofern ist die Marktmacht der großen Lotterieeinnahmen, die für beide Lotterieangebote zugelassen waren, nicht zu unterschätzen. Denn im Kern handelt es sich trotz der beschriebenen Restriktionen der Veranstalter durch die faktische Steuerungsmöglichkeit der Werbeinvestitionen des zivilrechtlich als Handelsvertreter einzuordnenden Vertragsverhältnisses auch um rein unternehmerische Entscheidungen des Lotterieeinnehmers, wo er den Schwerpunkt seiner Werbeausgaben setzt. Wenn dann durch konkurrierende Vergütungs-, aber auch Sanktionssysteme (insbesondere in der tatsächlichen Anwendung der Instrumente) durch die Veranstalter Anreize geschaffen werden, sind insoweit die ordnungsrechtlichen Prämissen zumindest eingeschränkt. Auch das theoretische Ordnungsmodell selbst ist dadurch betroffen.

35 Es versteht sich von selbst, dass auch sämtliche Ziehungen ordnungsgemäß durchgeführt und überwacht werden: Die Ziehungen sind öffentlich und werden nach einer Ziehungsordnung durchgeführt und durch staatliche Aufsichtsbeamte überwacht. Die gesamte Organisation und die Prozesse zur Sicherheit des Ziehungsverfahrens wurden durch unabhängige Wirtschaftsprüfungsgesellschaften geprüft.

3. Wirtschaftliche Bedeutung

36 Die Darstellung der wirtschaftlichen Bedeutung des staatlich regulierten Lotteriemarkts seit der Jahrtausendwende soll hier in 2 Stufen vorgenommen werden. Denn nur so wird verständlich, dass unmittelbar durch regulatorische Maßnahmen erhebliche Konsequenzen für die wirtschaftliche und gesellschaftspolitische Bedeutung eingetreten sind. Zunächst lässt sich aus der nachfolgenden Darstellung sehr klar ersehen, dass sich die gesamten staatlichen Lotterieangebote bis ins Jahr 2005 in etwa so entwickelt haben wie die in der Grafik enthaltenen volkswirtschaftlichen indizierten Kenngrößen BIP, verfügbares Einkommen oder privater Verbrauch:

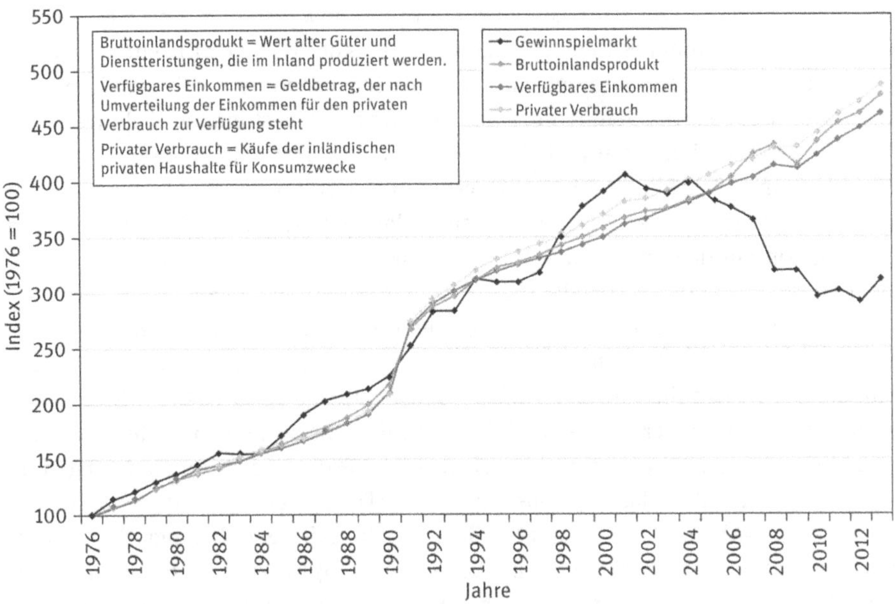

Abb. 1: BIP, verfügbares Einkommen und Gewinnspielmarkt

Eine Detailbetrachtung der Entwicklung bis zur Bruchstelle im Jahr 2005 zeigt, dass in 2005 lediglich noch die SKL und die Fernsehlotterien Zuwächse erzielen konnten und alle anderen Angebote bereits Einbrüche verzeichneten. Das Jahr 2006 ist gekennzeichnet von den sogleich zu betrachtenden Auswirkungen des Urteils des BVerfG vom 28.3.2006. Man sollte dabei auch nicht vergessen, dass im Jahr 2006 auch die in Deutschland ausgerichtete Fußballweltmeisterschaft an sich die Sportwettumsätze von Oddset hätte beflügeln müssen. Das Gegenteil war der Fall. Vom deutschen Lottoblock, den Klassen- und Fernsehlotterien wurden seit dem Jahr 2000 bis 2006 folgende Umsätze erzielt:[29]

Tabelle 2: Umsatzentwicklung auf dem Lotteriemarkt

in Mio €	2006	2005	2004	2003	2002	2001	2000
Lotto	7.900,2	8.064,0	8.439,0	8.256,0	8.311,0	8.480,6	8.127,6
davon Oddset	310,9	431,8	481,5	463,5	541,2	513,0	540,4
SKL	722,5	831,7	827,2	760,7	777,8	816,5	895,3
NKL	470,8	493,8	549,7	523,3	558,0	667,0	545,7
Fernsehlotterien	617,1	578,8	543,6	441,0	427,6	411,4	354,2

29 Quelle: Archivstelle des Deutschen Lottoblocks.

37 Die Zeitreihe belegt auch, dass das erst zur Jahrtausendwende bundesweit eingeführte Sportwettenprodukt des Deutschen Lotto- und Totoblocks (DTLB) kein permanenter Erfolg war und zeigt andererseits, dass die insbesondere durch vielfältige TV-Aktivitäten der SKL (namentlich die Ausstrahlung von bestimmten Ziehungen des Spielplans mit bestimmten unterhaltsamen Ziehungsverfahren, die insgesamt zB als „Die 5 Millionen SKL Show" mit dem bekannten Moderator Günther Jauch mehrfach im Jahr Bestandteile des Abendprogramms darstellten) seit 1998 konsequent in Kombination mit dazu passenden Vertriebsmaßnahmen (Telefonmarketing) für die Klassenlotterien und insbesondere die SKL sehr erfolgreich waren. Dabei wird den Klassenlotterien im Vergleich zu den Abgaben des Lottoblocks oft die geringere Abführung an den Staat (neben der Lotteriesteuer in Höhe von $16\frac{2}{3}$% werden die Gewinne mit einer Rendite von bis zu 7%, insgesamt also ca bis zu 23% der Umsätze abgeführt; beim Lottoblock werden inkl. Lotteriesteuer bis zu 33% abgeführt)[30] und die hohen Werbe- und Vertriebsprovisionen (bis zu 33%) entgegengehalten. Dabei ist aber zu beachten, dass das Vertriebssystem einer Direktmarketinglotterie für die Gewinnung der Abonnenten deutlich höhere Aufwendungen bedingt. Der volkswirtschaftlich bisher unerwähnt gebliebene Wertschöpfungsfaktor durch die Wertschöpfungskette SKL → Lotterieeinnehmer → Werbeagenturen → Druckereien → Lettershops → Postzustellung/Printmedien bei der schriftlichen Werbung wird dabei oftmals völlig übersehen. Gleiches gilt im Hinblick auf sonstige Medienunternehmen wie Radio- und Fernsehanstalten beim Einsatz von Radio- und Fernsehspots bzw beim Einsatz von Call-Centern im Bereich des Telefonmarketings. So hat eine bei der SKL im Juli 2006 durchgeführte Erhebung der unmittelbar und mittelbar in dieser Wertschöpfungskette Beschäftigten zu folgenden Ergebnissen geführt:

Tabelle 3: Erhebung zu den in der SKL Beschäftigten (2006)

	Anzahl Arbeitnehmer
Direktion	50
LE/SKL	559
Call-Center	3.964
Druckereien	353
Werbeagenturen	197
Verkaufsstellen	182
Lettershops	118
Sonstige	563
GESAMT	5.986

30 Vgl London Economics, The case for State Lotteries, 2006, S 25.

Umgerechnet auf den von der SKL erreichten Gesamtumsatz betrug somit die Wertschöpfung pro in dieser Kette Beschäftigtem rund € 140.000 pro Jahr und bedeutet einen im gesamten Glücksspielbereich extrem hohen Arbeitsplatzeffekt.[31] Die Gesamtbewertung dieser Zahlen belegt eine intensive Wertschöpfungskette. Das geschätzte Gesamtvolumen aus den Sozialversicherungsbeiträgen und der Lohnsteuer beträgt für diesen Beschäftigungsbestand rund € 109 Mio im Jahr. Im Einzelnen werden € 76 Mio aus der Sozialversicherung und ca € 33 Mio aus der Lohnsteuer eingenommen. Dies ist eine rein ökonomische Betrachtung, die sogleich durch die eingetretenen Entwicklungen relativiert werden wird. 38

IV. Klassenlotterien heute und morgen: Veränderungen durch die Glücksspielstaatsverträge 2008 und 2012

Der am 1. Januar 2008 in Kraft getretene und zuvor heftig diskutierte GlüStV[32] hatte wie von den Veranstaltern prognostiziert massive Auswirkungen auf das System der Klassenlotterien bis hin zur Existenzgefährdung.[33] Erst durch den GlüStV 2012, der zum 1.7.2012 in Kraft trat, wurden dringend notwendige materielle, verfahrensrechtliche und für die Klassenlotterien begleitend durch den Staatsvertrag über die Gründung der GKL Gemeinsame Klassenlotterie der Länder (GKL-StV) notwendige strukturelle Reformen vorgenommen, die im Folgenden dargestellt werden. 39

1. Ausgangslage für den Glücksspielstaatsvertrag 2008

a) Die Entscheidung des BVerfG vom 28. März 2006[34]

Die Entscheidung des BVerfG vom 28. März 2006 befasst sich mit der Monopolregelung im Bayerischen Staatslotteriegesetz zur Veranstaltung von Sportwetten. Prüfungsgegenstand vor dem Hintergrund eines Eingriffs in die Berufsfreiheit nach Art 12 GG war allein diese Monopolregelung und die Prüfung der für Eingriffe in die Berufsfreiheit entwickelten „3-Stufen-Theorie". Danach ist ein Eingriff in die Berufsfreiheit nur gerechtfertigt, wenn er auf einer gesetzlichen Grundlage erfolgt, die den Kompetenzregelungen des Grundgesetzes entsprechend erlassen wurde, aus Gründen des Gemeinwohls gerechtfertigt ist und dem Verhältnismäßigkeitsgrundsatz 40

31 Vgl London Economics, The case for State Lotteries, 2006, S 28 f.

32 Basis der nachfolgenden Zitate und Überlegungen ist die Fassung des Glücksspielstaatsvertrages in der Bekanntmachung vom 5.12.2007 BayGVBl Nr 28/2007 S 906 ff.

33 *Süddeutsche Zeitung* vom 15.9.2006, S 23, Staatliche Klassenlotterien vor dem Aus; *Handelsblatt* vom 7.9.2006, S 12.

34 1 BvR 1054/01, NJW 2006, 1261 ff, im Folgenden zit nach Rn des Originalurteils.

entspricht. Die Monopolisierung des Glücksspielbereiches, die sich gegenüber privaten Mitbewerbern als objektive Berufszulassungsregelung auswirkt, lässt sich nur durch ein überragend wichtiges Gemeinschaftsgutsinteresse rechtfertigen, als das die Spiel- und Wettsuchtbekämpfung vom Gericht unter Hinweis auf einschlägige Befunde aus der Glücksspielforschung qualifiziert worden ist.[35] Das Gericht selbst weist darauf hin, dass unterschiedliche Glücksspielformen unterschiedliche Suchtpotenziale aufweisen können.[36] Daneben sind weitere Gemeinwohlziele wie Schutz vor Betrug, Abwehr von Folge- und Begleitkriminalität und die Ausnutzung des Spieltriebs (allerdings in gegenüber § 1 Nr 3 LoStV 2004 modifizierter Form) anerkannt worden. Nicht ausreichend sind hingegen die in § 1 Nr 5 LoStV 2004 genannten fiskalischen Interessen zur Rechtfertigung eines Monopols;[37] im Gegenteil: sie können zu Interessenskonflikten führen.[38] Die bis zum 28. März 2006 geltende bayerische Regelung war also deshalb verfassungswidrig, weil das Wettmonopol in seiner damaligen rechtlichen und tatsächlichen Ausgestaltung nicht der Vermeidung und Abwehr von Spielsucht und problematischem Spielverhalten diente.[39]

b) Übertragbarkeit der Ausgangssituation auf Klassenlotterien

41 Für Klassenlotterien gab es bislang keine dem Sportwettenbereich vergleichbare Monopolregelung, sondern nur Ländervereinbarungen wie den SKL-Staatsvertrag oder die NKL-Ländervereinbarung. Aus beiden ergibt sich aber keine Ausschließlichkeitsregelung zur Veranstaltung einer Klassenlotterie, sondern allenfalls eine gegenseitige Verpflichtung der Länder, für die Laufzeit des Vertrags selbst keine Klassenlotterie zu betreiben (vgl Art 12 des SKL-StV).[40] Tatsächlich existierte auf

35 Vgl Rn 96–100.
36 Rn 100.
37 Rn 107.
38 Rn 125.
39 Rn 119–142. Zum Urteil allgemein vgl *Kment* Ein Monopol gerät unter Druck, NVwZ 2006, 617 ff; *Ruttig* Anmerkung zu BVerfG, Urt v 28. März 2006 – 1 BvR 1054/01, ZUM, 400 ff; *Pestalozza* Das Sportwetten-Urteil des BVerfG – Drei Lehren über den Fall hinaus, NJW 2006, 1711 ff; *Bücker* Staatliches Sportwettenmonopo: „business as usual“ oder neuer Aufbruch?, NVwZ 2006, 662 ff; *Fassbender* Einstweilen kein „Rien ne va plus“ für das staatliche Sportwettenmonopol, VR 2006, 181 ff; *Schmid* Das Vorgehen gegen illegale Sportwetten in Bayern, GewArchiv 2006, 177 ff; *Janz* 1 : 0 für private Wettanbieter? – Die Sportwettenentscheidung des BVerfG v. 28.3.2006, NWVBl 2006, 248 ff; *Kretschmer* Karlsruhe, die Sportwetten und das Strafrecht – Ein verfassungs- und europarechtliches Glücksspiel, ZfWG 2006, 52 ff; 3 Kommentare zum Urteil von *Ennuschat, Dübbers/Kartal* und *Hecker* ZfWG 2006, 31 ff; *Horn* Anmerkung zum Urteil des BVerfG vom 28.3.2006 (Bayerisches Sportwettenmonopol derzeit verfassungswidrig), JZ 2006, 789 ff.
40 Auch Rn 88 des Urteils zu Art 5 LStV; *Postel* Der Begriff „Glücksspiel(monopol)“ und die Einheit der Rechtsordnung, JurPC Web-Dok 71/2005, Abs 1–10 vertritt die Auffassung, dass es kein generelles Glücksspielmonopol in Deutschland gibt.

dem Klassenlotteriemarkt seit Jahrzehnten ein konkurrierendes Angebot zwischen SKL, NKL und zum Teil der ÖKL. Allenfalls kann eingewandt werden, dass wegen der Beschränkungen in §§ 6ff LoStV 2004 sich faktisch kein konkurrierendes Angebot entwickeln konnte und daher ein faktisches Oligopol besteht.

c) Gliederungsstruktur des Glücksspielstaatsvertrages 2008

Dem GlüStV 2008 wurde die Struktur des LoStV 2004 zugrunde gelegt, ergänzt um eine Reihe neuer Regelungen zur Präzisierung des durch die Verfassungsrechtsprechung vorgegebenen Hauptziels zur Erhaltung einer Monopolregelung, nämlich „das Entstehen von Glücksspiel- und Wettsucht zu verhindern und die Voraussetzungen für eine wirksame Suchtbekämpfung zu schaffen".[41] In einem Ersten Abschnitt werden neben der noch weiter konturierten Zielsetzung der Anwendungsbereich (§ 2 GlüStV) festgelegt, Begriffsbestimmungen (§ 3) vorgenommen, für Veranstalter und Vermittler eine allgemeine Erlaubnispflicht (ohne Rechtsanspruch) eingeführt (§ 4), Vorschriften für die Werbung erlassen (§ 5), von Veranstaltern und Vermittlern die Erstellung eines Sozialkonzepts zur Suchtbekämpfung sowie entsprechende Aufklärungspflichten gefordert (§§ 6 und 7) sowie ein veranstalterübergreifendes Sperrkonzept (§ 8) etabliert. Im Zweiten Abschnitt werden die Aufgaben des Staates zunächst durch Schaffung einer unabhängigen Glücksspielaufsicht festgelegt (§ 9) und die Sicherstellung eines staatlichen Glücksspielangebots auf gesetzlicher Grundlage staatlich beherrschten Einrichtungen vorbehalten sowie die Finanzierung der Suchtforschung gesichert (§ 11). In einem Dritten Abschnitt (§§ 12–18) werden sodann im Wesentlichen aus dem LoStV 2004 übernommene Voraussetzungen für die Genehmigung von Lotterien mit geringerem Gefährdungspotential beschrieben, die in der Regel nur staatlichen Veranstaltern oder gemeinnützigen Einrichtungen erteilt werden kann. Schließlich werden noch Ausnahmeregelungen für Fernsehlotterien, solche des Bayerischen Roten Kreuzes, für Angebote des Gewinnsparens und für Kleine Lotterien (§ 18) aufgenommen, bevor § 19 den Vierten Abschnitt für gewerbliche Spielvermittler enthält. Der Fünfte Abschnitt regelt die Tätigkeit von Spielbanken (§ 20), Sportwetten (§ 21) und Lotterien mit besonderem Gefährdungspotential (§ 22). Im Sechsten Abschnitt werden die datenrechtlichen Voraussetzungen für das übergreifende Sperrkonzept geregelt (§ 23), bevor der Staatsvertrag mit den Übergangs- und Schlussvorschriften des Siebten Abschnitts (§§ 24–29) seinen Abschluss findet; dort sind Klassenlotterien in Form einer Kollisionsregel (§ 26) mit dem Inhalt erwähnt, dass die Regelungen des GlüStV im Fall einer Kollision mit bestehenden Regelungen vorrangig sind. 42

41 § 1 Ziff 1 GlüStV-E.

43 Die Entstehungsgeschichte des GlüStV wird im Einzelnen zu untersuchen sein, wenn von den Betroffenen die Frage der Verfassungs- und Rechtmäßigkeit der restriktiven Regelungen gestellt wird.[42] Insbesondere die repressiven Verbote mit einem im Ermessen der Genehmigungsbehörde liegenden Erlaubnisvorbehalt haben bei gewerblichen Spielvermittlern, die ihren Tätigkeitsschwerpunkt im Internet oder im Direktmarketingbereich haben, bereits zu ersten Anstrengungen zur Erzielung schneller gerichtlicher Klärung geführt.

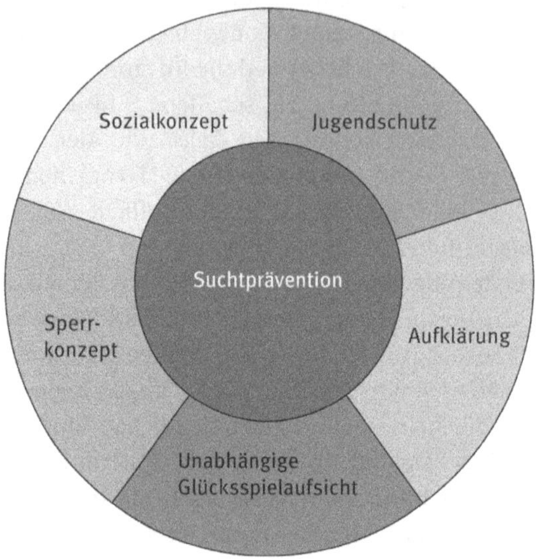

Abbildung 2: Suchtprävention – die Bestandteile

44 Generell ist die Systematik des GlüStV zu beanstanden, die sich ohne erkennbaren Grund an dem Aufbau des LoStV 2004 anlehnt und die materiell und formell wirkenden Restriktionen nicht logisch weder an der sich durch das BVerfG in seiner Entscheidung vom 28. März 2006 vorgegebenen Systematik ausrichtet noch an dem neu formulierten Hauptziel in § 1 Nr 1, die Entstehung von Wett- und Glücksspiel-

42 Hierbei wird insbesondere das politische Pingpong-Spiel mit den zeitlich parallel ablaufenden Beanstandungen des Bundeskartellamts (vgl Verfügung des BKartA vom 23.8.2006 und der hierzu geführten rechtlichen Auseinandersetzung) zu verfolgen sein, indem nämlich in den im Zeitstrahl ablesbaren unterschiedlichen Fassungen des GlüStV-E die jeweiligen Entscheidungen sofort insbesondere in den formellen Anforderungen einer Genehmigungspflicht in jedem einzelnen Land und der Beschränkung der Anzahl der terrestrischen Annahmestellen „verarbeitet" wurden. Der Vorwurf gewerblicher Spielvermittler im Anhörungsverfahren, die gesamten Regelungen seien zum Schutz von Lotto gemacht, finden in diesem Verfahren eine Stütze.

sucht zu verhindern. So bleibt es bei dem Versuch einer in der Begründung des GlüStV[43] zwar angesprochenen, aber tatsächlich nicht in konkreten Regelungen nachvollzogenen und konkretisierten Differenzierung nach der Gefährlichkeit des jeweiligen Spielangebots. Dabei ist im Ansatz mit den geschilderten Anforderungen im Allgemeinen Teil zwar ein konsequentes formelles Suchtpräventionsinstrumentarium geschaffen, das schematisiert werden kann (s Abbildung 2).

Restriktionen der Werbung gelten allerdings undifferenziert für alle Anbieter gleichermaßen.[44] 45

2. Wesentliche Änderungen für Klassenlotterien

Auch die Klassenlotterien wurden einer Vielzahl von neuen Regelungen unterworfen. 46

a) Unklare Systematik der Einordnung von Klassenlotterien

Im GlüStV 2008 ist zunächst die systematische Einstufung der beiden Klassenlotte- 47
rien in die Struktur des Regelungskonzeptes ungeklärt. Dies ist deshalb von Bedeutung, weil nach dem erklärten Willen des Gesetzgebers die politische Grundentscheidung getroffen wurde, dass die zur Vermeidung von Glücksspielsucht notwendigen Schranken allgemein für staatliche wie für private Anbieter gelten sollen und Abstriche von diesem Schutzniveau nur für Glücksspiele mit geringerem Gefährdungspotential zugelassen werden sollen.[45] Diese Einschätzung der Länder wird durch die bei Erstellung des Entwurfs einbezogenen Suchtexperten gestützt. Die Suchtfachleute teilen in der dem Entwurf beigefügten Expertise die auch von SKL und NKL bisher vertretenen Position, dass Klassen- und Fernsehlotterien mit dem Gewinnsparen zu den „weichen" Glücksspielen mit dem geringsten Gefährdungspotential gehören.[46] Aus dieser wissenschaftlich fundierten Feststellung sind dann aber auch aus verfassungsrechtlichen Gründen (insbesondere wegen des Verhältnismäßigkeitsgrundsatzes) abgestufte, differenzierende Folgerungen zu ziehen. Bisher gilt aber der 1. Abschnitt – Allgemeine Vorschriften – auch mit den dortigen Werbeschränkungen ohne Unterschied für alle Glücksspiel- und Spielbankangebote. Dies vorausgeschickt, ist es einerseits systematisch korrekt, die Klassenlotterien auch künftig als staatliche Lotterien gem § 10 Abs 2 zur „Sicherstellung eines ausreichenden Glücksspielange-

43 Vgl S 1 der Begründung unter A I.1 zum GlüStV vom 14.12.2006.

44 Von der in § 12 Abs 2 enthaltenen fragwürdigen Ausnahme für Fernsehlotterien vom Fernsehwerbeverbot nach § 5 Abs 3 einmal abgesehen.

45 Vgl dezidiert Begründung GlüStV, S 5 Mitte.

46 Vgl Anlage zur Begründung: Tabelle Spielsucht Zeile 3, Spalte 2.

bots" einzustufen. Dieses würde der Regelung im bisherigen LoStV entsprechen. Nachdem es sich bei dieser Formulierung der Norm nur um eine Aufgabenzuweisungs-, nicht aber um eine Eingriffsnorm handelt, wären aber noch Regelungen notwendig, die festlegen, nach welchen materiellen Voraussetzungen bei der seit jeher länderübergreifenden Veranstaltung die Erlaubnis nach § 4 Abs 1 erteilt wird, und zwar sowohl für die Veranstaltung als auch für die Vermittlung von Klassenlotterien. Dies erfolgt nunmehr erst in den sehr unterschiedlichen Anforderungen der Ausführungsgesetze der Länder, die alles andere als konsistent geraten sind.

48 Die Verfasser des GlüStV 2008 haben in den Erläuterungen zum Vertrag vom 25. Oktober 2006 – im Gegensatz zu den Erläuterungen eines Vorentwurfs vom 29. August 2006[47] – darauf verzichtet, die Klassenlotterien bei den Lotterien des 3. Abschnitts „Lotterien mit geringem Gefährdungspotential" als Beispiel zu erwähnen. Falls dies bedeuten sollte, dass die Klassenlotterien weiterhin ausschließlich zu den Lotterien des 2. Abschnitts gem § 10 Abs 2 gezählt werden, ist die Frage zu lösen, nach welchem verfassungsfesten Maßstab künftig Staatslotterien Genehmigungen erteilt werden. Allein auf die Erfüllung der Ziele in § 1 GlüStV 2008 abzustellen, dürfte sich als zu unbestimmt erweisen. Gegen dieses Lösungsmodell spricht indes die Erwähnung der Staatslotterien in §§ 14 Abs 1 S 2 GlüStV 2008. Denn hieraus lässt sich ableiten, dass Staatslotterien durchaus auch dem 3. Abschnitt unterliegen können. Eine Subsumtion der Klassenlotterien unter der Rubrik „Lotterien mit geringerem Gefährdungspotential" ist unter der Voraussetzung sachgerecht, dass auch für die Klassenlotterien Erleichterungen von den Beschränkungen und Verboten im allgemeinen Teil des GlüStV 2008 vorzusehen sind, wie es ausdrücklich für Fernsehlotterien in § 12 Abs 2 GlüStV 2008, aber nur für diese, geregelt ist. Dies ist aber entgegen der in der Begründung auf Seite 5 zum Ausdruck gekommenen differenzierenden Schutzniveaufestlegung nicht der Fall. Stattdessen werden den Klassenlotterien bei Zuordnung zu den Lotterien mit geringerem Gefährdungspotenzial ohne einen Dispens iSd § 12 Abs 2 zahlreiche Restriktionen auferlegt, die die Marktfähigkeit der Klassenlotterien gefährden. So ist bei Heranziehung der §§ 12ff für die Erlaubnis das derzeitige Spielangebot der Klassenlotterien aus mehreren Gründen problematisch: Zwingende Versagungsgründe sind gem § 13 Abs 2 Ziff 1a und 1b gegeben. Auch die Forderung in § 15 Abs 1, dass im Spielplan mind 30% der Entgelte für den Reinertrag vorgesehen sein sollen, ist für die Klassenlotterien nicht erfüllbar. Gleiches gilt für die Reinertragsverwendung (§ 16) sowie das Verbot umsatzabhängiger Vergütungsberechnung bei Einschaltung von Dritten (§ 15 Abs 2 S 2). Das Angebot der Klassenlotterien wird unter diesen Bedingungen so unattraktiv werden, dass eine Weiterführung nicht gewährleistet ist. Hier könnte als Lösung nur § 25 Abs 4 helfen, der aber voraussetzt, dass eine Lotterie beim Inkrafttreten des

47 Siehe S 17 der Erläuterungen „zu § 14 (Veranstalter)".

Vertrages von mehreren Veranstaltern in allen Ländern durchgeführt wird.[48] Dann wären die oben genannten Genehmigungshindernisse größtenteils beseitigt. Man kann es also drehen und wenden, wie man will: die Klassenlotterien sind systematisch nicht eindeutig und konsequent in das „System" des GlüStV 2008 eingearbeitet worden. Dies führte nicht nur zu zahlreichen Anwendungs- und Auslegungsproblemen für den GlüStV selbst, sondern auch bei den Ausführungsgesetzen der Länder.[49] Zudem waren die materiellen Auswirkungen fatal.

Dieser Befund verdeutlicht zugleich eine gesetzgeberische Unschärfe im Hinblick auf die Gefährlichkeitsprognose insgesamt: Es gibt im Gesetz drei Varianten zur Beurteilung des Gefährdungspotenzials: Entweder ist eine Lotterie gefährlich, wenn sie öfter als zweimal pro Woche veranstaltet wird (§ 22 Abs 2 GlüStV), wenn die Bekanntgabe der Ziehungsergebnisse (Was ist das? Die offizielle Bekanntgabe in Gewinnlisten, die Information der Medien oder die gegebenenfalls dauerhafte Bekanntgabe in Internetangeboten und Mediendiensten?) öfter als zweimal wöchentlich erfolgt (§ 13 Abs 2 Nr 1a GlüStV) oder wenn mehr als zwei Gewinnentscheide pro Woche stattfinden (§ 25 Abs 6 Nr 3 GlüStV). Nach allen Erkenntnissen der Suchtforschung ist es jedenfalls falsch, allein an diese Kriterien anzuknüpfen. 49

Am Beispiel der Klassenlotterien zeigt sich, welche Inkonsequenzen dies hat: Die Klassenlotterie wird halbjährlich, allenfalls monatlich veranstaltet, führt aber täglich bzw im Ergänzungsspiel stündlich einen Gewinnentscheid durch und gibt diesen auch zeitnah in den Medien, aber nur einmal monatlich offiziell in der Amtlichen Gewinnliste bekannt. Demnach wäre eine gefährliche Lotterie zu bejahen, obgleich auf der Grundlage der bisherigen Suchtforschung die Einschätzung überwiegt, dass von den Klassenlotterien keine oder nur eine verschwindend geringe Gefährdung ausgeht.[50]

b) Kollisionsregel

Die Kollisionsregel in § 26 besagt, dass vorrangige Bestimmungen des GlüStV 2008 die bisherigen Vorschriften des SKL-Staatsvertrages und der NKL-Ländervereinbarung derogieren. Namentlich ist die bisher bei den Staatslotterieausschüssen liegende Zuständigkeit für die Genehmigung der konkreten Spielpläne in § 26 Abs 2 GlüStV nunmehr auf die zuständigen Landesbehörden übertragen. 50

---

48 Die bundesweite Durchführung der Klassenlotterien ist erfüllt. „Mehrere Veranstalter" müssten dann die Trägerländer der Klassenlotterien sein.

49 Dieser Befund lässt sich schon jetzt belegen, wenn die unterschiedlichsten Regelungen in den Ausführungsgesetzen der Länder synoptisch betrachtet werden.

50 Vgl oben unter Rn 21–23.

c) Erlaubnispflicht

51 Die Erlaubnispflicht für den Veranstalter nach § 4 Abs 1 GlüStV 2008 ist nicht nur eine bürokratisch aufwendige Regelung, wenn die Klassenlotterien in jedem Trägerland die Erlaubnis für ein einheitliches Produkt mit ggf. unterschiedlichem Ergebnis beantragen müssen. Nachdem auch die bisher im LoStV 2004 enthaltene Möglichkeit einer länderübergreifenden Genehmigungserteilung gestrichen und auf das in der dortigen Begründung zu § 5 Abs 3 LoStV festgeschriebene überregionale bundesweite Angebot beider Klassenlotterien nicht mehr Bezug genommen wird, sind die Genehmigungen in allen 16 Ländern zu beantragen, es sei denn § 12 Abs 3 GlüStV 2008 ist anwendbar. Danach kann eine Lotterie mit geringerem Gefährdungspotential mit einem einheitlichen länderübergreifenden Spielplan von dem Land, in dem der Veranstalter seinen Sitz hat, eine Erlaubnis auch mit Wirkung für die Länder erteilen, die hierzu ermächtigt haben. Welche inhaltlichen Kriterien für die Erlaubnis zu erfüllen sind, ist offen. Allein der Hinweis auf § 1 GlüStV 2008 ist schon mangels Bestimmtheit schwer umzusetzen.

52 Schwerer noch wiegt die für Vermittler neu eingeführte Erlaubnispflicht. Auf die Zulassung besteht kein Rechtsanspruch. Auch ist offen, ob die bisherigen Auswahl- und permanenten Kontrollkonzepte[51] nach Art 7 SKL-Staatsvertrag durch die Kollisionsregel obsolet werden. Die neuen Regelungen sind als berufszulassende Regelungen zu verstehen und enthalten möglicherweise nicht die der Wesentlichkeitstheorie[52] entsprechenden inhaltlichen Anforderungen. Danach muss der Gesetzgeber in allen wesentlichen Bereichen, namentlich bei unmittelbar belastenden Eingriffen in die grundrechtlich geschützte Sphäre, alle wesentlichen Entscheidungen selbst treffen. Dies sind die wesentlichen materiellen Eingriffsvoraussetzungen und auch verfahrensrechtliche Voraussetzungen, soweit diese der Effektuierung des Grundrechtsschutzes dienen. Im Regelungszusammenhang des GlüStV 2008 geht es letztlich um Fragen der Berufszulassung iSd Art 12 Abs 1 GG. Die gesetzlichen Regelungen machen insoweit einen allenfalls fragmentarischen Eindruck; auch die im Rahmen der genetischen Auslegung – wohl nur eingeschränkt – heranzuziehende Begründung des GlüStV 2008 enthält keine weiteren Anhaltspunkte zur Rechtfertigung der mit den Regelungen des GlüStV 2008 verbundenen Grundrechtseingriffe. Insofern spricht einiges für die Einschätzung, dass das bisher bei der SKL praktizierte umfängliche Erlaubnis-, Kontroll- und Revisionssystem in der Mischung aus öffentlich-rechtlicher Zulassung und zivilrechtlichen, dem Handelsvertreterrecht vertrauten Weisungsrechten auch unter Beachtung der verfassungsrechtlichen Kategorien, insbesondere des Verhältnismäßigkeitsgrundsatzes, das im Vergleich zur Neuregelung des GlüStV 2008 bessere, weil erprobte und mit Blick auf die tatsächlichen Gegebenheiten deutlicher differenzierende Rechtsregime darstellt.

---

51 Vgl oben Rn 29–35.

52 BVerfGE 61, 260, 275, 88, 103, 116.

Hinsichtlich des nach § 6 GlüStV 2008 zu erstellenden Sozialkonzeptes ist in diesem Zusammenhang – bei derselben Logik – lediglich anzumerken, dass diese ordnungsrechtliche Vorgabe umso einfacher zu erfüllen sein dürfte, je geringer die von dem konkreten Spielangebot ausgehenden Suchtgefahren sind. 53

d) Sperrkonzept

Einen bei Beachtung der Erkenntnisse aus der Spielsuchtforschung sich möglicherweise aufdrängenden Regelungswiderspruch enthält § 8 iVm § 22 GlüStV 2008. Alle staatlichen Anbieter haben die Sperrdatei mit umfänglichem Inhalt (vgl § 23 GlüStV) vorzuhalten. Allerdings sind von der Spielteilnahme als solche nach § 22 Abs 2 nur die Spieler auszuschließen, wenn das Lotterieangebot öfter als zweimal pro Woche veranstaltet wird. Es sind also weder Lottospieler (obwohl der Jackpot in § 22 Abs 1 GlüStV 2008 gerade noch als besonders gefährlich qualifiziert wurde!) noch Klassenlotteriespieler betroffen. Die Begründung führt aber zu § 8 GlüStV 2008 aus: „Absatz 1 der Vorschrift verpflichtet die Spielbanken und die in § 10 Abs 2 genannten Veranstalter, ein Sperrsystem zu unterhalten, das gewährleistet, dass Spieler, die für eine Form des Glücksspiels gesperrt sind, auch von sonstigen Glücksspielen ausgeschlossen sind. Die bislang ausschließlich im Bereich der Spielbanken bestehende und bewährte Möglichkeit der Sperre gilt damit auch für die staatlichen oder staatlich beherrschten Veranstalter im Sinn des § 10 Abs 2. Das übergreifende Sperrsystem trägt der im Rahmen der Suchtforschung gewonnenen Feststellung Rechnung, dass eine große Gruppe von sog Problemspielern mehrere Angebote zum Glücksspiel parallel wahrnimmt bzw mehrfach spielsüchtig ist“.[53] Die Aufwendungen für die Sperrdatei, die auch die Vertriebsorganisation mit abdecken muss, sind erheblich. Verstößt der Veranstalter gegen die Sperrverpflichtung, sind Schadensersatzverpflichtungen zu erwarten.[54] 54

e) Materielle Anforderungen

Neben den formellen Anforderungen bewirkten gerade die neuen materiellen Regelungen, insbesondere die Werbebeschränkungen für Direktmarketinglotterien wie die Klassenlotterien, eine existenzielle Bedrohung. Ursprünglich war im Entwurf des GlüStV – Stand 22. August 2006 – in § 5 Abs 3 ein Verbot der unverlangten Übermittlung von Werbematerial oder Angeboten zum Glücksspiel enthalten und hätte das 55

53 Begründung zum GlüStV-E , S 18.

54 OLG Hamm v 4.12.2006, Az: 22-U-250/05, http://gluecksspiel-und-recht.de/urteile/Oberlandesgericht-Hamm–20061204.html; BGH v 15.12.2005, Az: III ZR 65/05: http://gluecksspiel-und-recht.de/urteile/Bundesgerichtshof-–20051215.html.

unmittelbare „Aus“ für die Klassenlotterien bedeutet. Dieses ist zwar gestrichen worden. Damit bleibt der Postweg als traditionelle, keine unmittelbare Reaktion des Empfängers anreizende Werbeform und damit hinsichtlich des Suchtpotentials als weiterhin vertretbarer Vertriebsweg der Klassenlotterien zugelassen, wobei die Werbung selbst aber den Zielen und Anforderungen des Staatsvertrags entsprechen muss (vgl § 5 Abs 1 und Abs 2 iVm § 1 GlüStV 2008). Es ist ausdrücklich zu begrüßen, dass Direkt-Mailings und Postwurfsendungen von dem Werbeverbot des GlüStV-E ausgenommen wurden. Nicht sachgerecht ist jedoch die weitgehende Einschränkung, dass Mailings und Postwurfsendungen gem § 5 Abs 1 und Abs 2 S 1 keinen Aufforderungscharakter haben dürfen. Mailings und Postwurfsendungen sind die klassischen Instrumente des Direktmarketings. Sie ersetzen das persönliche Verkaufsgespräch in der Annahmestelle und versuchen stattdessen, den Empfänger auf schriftlichem Wege zu einem bestimmten Verhalten zu veranlassen. Ein gewisser Aufforderungscharakter ist deshalb jeder Werbung und damit auch dem Direktmarketing immer immanent,[55] aber im Gegensatz zu Spontankäufen oder einem ggf psychologisch persuasiven Verkaufsgespräch in einer Annahmestelle erfolgt die Kaufentscheidung nach eigenbestimmter Überlegung, ohne Zeitdruck und mit der Option, die Lektüre des Mailings jederzeit einzustellen. Gerade der Faktor Zeit spielt ja bei durch (Spontan-)Impulse gesteuertem Suchtverhalten eine wichtige Rolle.

56 In der Begründung des GlüStV 2008 wird der der Werbung immanente Aufforderungscharakter und die zitierte BGH-Rechtsprechung bestätigt.[56] Vor diesem Hintergrund soll sich das Verbot des gezielten Aufforderns, Anreizens oder Ermunterns zur Teilnahme am Glücksspiel in S 1 vor allem gegen unangemessene unsachliche Werbung richten. Verboten sind insbesondere die Glücksspielsucht fördernde Formen der Werbung etwa durch verkaufsfördernde Maßnahmen wie Rabatte, Gutscheine und ähnliche Aktionen.[57] Wenn es aber bei den Klassenlotterien um die Teilnahme an einem hochgradig regulierten staatlichen Glücksspiel geht, das ein äußerst geringes Gefährdungspotential aufweist, sind die im Gesetzestext zu erkennenden gesetzgeberischen Intentionen nicht angemessen. Ein bloßes, nüchtern gehaltenes Informationsschreiben ohne Responseelement, welches nicht die Vorzüge des „beworbenen“ Spiels darstellen darf, widerspricht allen Regeln des Marketings

55 So definiert der BGH Werbung generell als „jede Äußerung bei der Ausübung eines Handels, Gewerbes, Handwerks oder freien Berufs mit dem Ziel, den Absatz von Waren oder die Erbringung von Dienstleistungen zu fördern“ (Urt v 9. Juni 2005, I ZR 279/02). Damit ist der Gesetzgeber in Übereinstimmung mit der im betriebswirtschaftlichen Marketing gebräuchlichen AIDA-Formel, die die Werbewirkungslehre als Stufenmodell entwickelt hat und den Kaufvorgang mit den Teilstufen Attention-Interest-Desire-Action beschreibt, vgl statt vieler *Taschenlexikon zur Marken- und Werbewirkungsforschung* 2006, S 80.

56 Begründung GlüStV, S 15 f.

57 Ebd S 16.

und auch der AIDA-Formel,[58] auf die der Gesetzgeber und der BGH letztlich rekurrieren. Nach dem Stand der wissenschaftlichen Direktmarketing-Lehre[59] und auch aus wirtschaftlicher Sicht ist die Vorstellung des Gesetzgebers von schriftlicher Direktwerbung ohne Aufforderungscharakter eine nicht zu erfüllende Forderung, ja gerade ein Widerspruch in sich selbst. Es bedarf daher zum Sinnverständnis des § 5 Abs 1 und 2 GlüStV 2008 der Auslegung der Norm unter Zuhilfenahme der Begründung. Wenn sich demnach die inhaltlichen Werbebeschränkungen tatsächlich nur auf die in der Begründung genannten Sonderformen wie Rabattierungen, Gratisspiele usw beziehen sollen, müsste in verfassungskonformer teleologischer Reduktion der Wortlaut von § 5 Abs 1 und 2 dementsprechend ausgelegt werden. Hinzu kommt: Sollte eine weitergehende restriktivere Regelung beabsichtigt sein, wäre das Kollisionsproblem mit geltendem Bundesrecht zu lösen, Art 72, 31 GG. Denn für derartige Werbeformen enthält ja bereits das geltende Wettbewerbsrecht in § 4 Ziff 4–6 UWG Verbraucher schützende Anforderungen, die allesamt dadurch begründet sind, die aus Gewinnspielen resultierenden aleatorischen Anreize nicht in Form unsachlicher Beeinflussung, Irreführung durch unzureichende Informationen oder durch Ausnutzung der Spiellust und der Produktion psychologischen Kaufzwangs in irreführender Form zu nutzen.[60]

Werbung für öffentliches Glücksspiel über Telefon ist gem § 5 Abs 3 GlüStV 2008 57
ohne Ausnahme verboten. Das Verbot wird in der Gesetzesbegründung nicht näher erläutert; es erfolgt lediglich der Hinweis, dass das Verbot aber über die bundesrechtlich normierten Anforderungen an zulässige Telefonwerbung nach § 7 Abs 2 Nr 2 UWG hinausgeht. Bei dem vorgesehenen Verbot muss zunächst die Vereinbarkeit mit Bundesrecht und ein ggf zu beachtender Vorrang des Bundesrechts (Art 31 GG) geprüft werden. Denn die derzeit geltende UWG-Regelung in § 7 Abs 2 Nr 2 setzt zum Schutz des Verbrauchers und des informationellen Selbstbestimmungsrechts voraus, dass er nur angerufen werden darf, wenn ein Anrufeinverständnis vorliegt. Insofern dürften die Schutzzwecke der Normen gleichgerichtet sein, die bundesrechtliche Regelung würde aber dann dem Verhältnismäßigkeitsprinzip als weniger einschneidende Maßnahme eher entsprechen.

Das vollständige Verbot der Telefonwerbung für öffentliche Glücksspiele könnte 58
aber auch den Zielen des GlüStV 2008 selbst entgegenlaufen. Bei richtiger Ausgestaltung und geeigneten Maßnahmen stellt die telefonische Kundenansprache ein effektives Instrument zur Spielsuchtgefährdung und -prävention dar. Genau wie in einer Annahmestelle kann auch telefonisch eine qualifizierte Beratung der Interessenten gewährt werden. Durch die direkte Kommunikation kann etwaiges sozial-

58 Vgl oben, Fn 52.

59 Vgl statt vieler *Greff/Töpfer* (Hrsg), Direktmarketing mit neuen Medien, 1993, S 5.

60 *Baumbach/Köhler* Wettbewerbsrecht, 24. Aufl 2006, § 4 UWG Rn 4.2 und Rn 6.2.

schädliches Spielverhalten bereits im Ansatz erkannt werden. Immerhin wird in der Begründung zum Staatsvertrag zwischen aktiver (sog Outbound-Telefonie) und passiver (sog Inbound-Telefonie) Werbung über Telefon differenziert.

59 Die Veranstaltung und Vermittlung von Lotterien im Internet soll gem § 4 Abs 4 GlüStV 2008 grundsätzlich verboten bleiben. Eine zeitlich auf 1 Jahr befristete Erlaubnismöglichkeit in § 25 Abs 6 GlüStV ermöglichte bei Erfüllung bestimmter Voraussetzungen eine Übergangsregelung. Die Werbung im Internet ist nach § 5 Abs 3 GlüStV ebenfalls verboten. Auch in diesem Zusammenhang ist mit Blick auf die existierenden Kontrollmechanismen zur Gewährung des Jugendschutzes (Schufa-Identitätscheck auf der Grundlage mindestens einer durchgeführten face-to-face-Kontrolle) auf die nur geringe oder gar nicht vorhandene Gefährlichkeit der Klassenlotterieangebote hinzuweisen; auch hier stellt sich die Frage, ob die Verbotsregelungen eine Überregulierung am Maßstab des Verhältnismäßigkeitsgrundsatzes darstellen. Es ist darauf hinzuweisen, dass das BVerfG in seiner Grundsatzentscheidung vom 28. März 2006 völlig zu Recht die jederzeitige Möglichkeit zum Sportwetten, insbesondere die Wettteilnahme über das Internet *„jederzeit und von jedem Ort aus“* als besonders problematisch herausgestellt hat. Aufgrund der bereits angedeuteten Vertriebswegebesonderheiten der Klassenlotterien, der Spielfrequenz und der Regeln über das Zustandekommen des konkreten Spielvertrages sind die Grundbedingungen bei Sportwetten und Klassenlotterien (via Internet) auch insoweit höchst unterschiedlich: Durch die Vertragsgestaltung bei den Klassenlotterien ist sichergestellt, dass der Spielvertrag regelmäßig erst 2 bis 4 Wochen nach Eingang der Bestellung zustande kommt. In Abhängigkeit von der Vorlaufzeit zum Lotteriebeginn bzw zur nächsten Klasse kann es zu einer weiteren mehrwöchigen „Verzögerung“ zwischen Losbestellung und Vertragsabschluss kommen. Auch die zusätzliche Forderung nach einer sog Authentifizierung kann für die Klassenlotterien mangels einer unmittelbaren Spielbeteiligung über das Internet nicht mit Sinn gefüllt werden: Die bestellten Lose werden auf dem Postweg an den – als volljährig überprüften und bestätigten – Besteller versandt. Ebensowenig kann die Regelung des § 25 Abs 6 Nr 4 GlüStV 2008 gegenüber den Anbietern von Klassenlotterien Relevanz entfalten, soweit dort eine dem Stand der Technik entsprechende Sicherstellung der Lokalisierung des Spielinteressenten gefordert wird. Diese Lokalisierung erfolgt derzeit und kann auch künftig – während der Übergangsregelung – allein durch die Übersendung der bestellten Lose an die vom Besteller angegebene Adresse erfolgen. Die Prüfung der örtlichen Voraussetzung ist daher ohne weiteres gewährleistet.

60 Werbung für öffentliches Glücksspiel im Fernsehen ist gem § 5 Abs 3 GlüStV 2008 verboten. Dabei wird auf den rundfunkrechtlichen Werbebegriff gem der Definition in §§ 7 und 8 Rundfunkstaatsvertrag Bezug genommen. Klassische Fernsehspots, Sponsoring und Dauerwerbesendungen sind verboten. Vom Verbot nicht umfasst sind – weil als redaktionelle Beiträge qualifiziert – die Ziehung der Lottozahlen und Sendungen, die zugelassene Lotterien zum Gegenstand haben. Im Hinblick auf die Soziallotterien (Fernsehlotterien und Glücksspirale) ist wegen des zu vernachlässi-

genden Suchtpotentials[61] durch eine Ausnahmeregelung in § 12 Abs 2 GlüStV 2008 die Befreiung vom Verbot der Fernsehwerbung vorgesehen. Diese gilt für „Veranstaltungen, die traditionell in Verbindung mit dem Fernsehen präsentiert werden und bei denen vorrangig die gemeinnützige Verwendung der Reinerträge dargestellt wird."

Für Klassenlotterien müsste mit dieser Begründung ebenfalls wegen ihrer nur 61 geringen Spielsuchtgefährdung über die seit Jahren ausgestrahlten Ziehungssendungen und redaktionellen Beiträge hinaus auch Werbung im Fernsehen künftig weiterhin erlaubt sein. Eine Bevorzugung der privaten Fernsehlotterien durch einen Ausnahmetatbestand ist nicht zielführend und zudem diskriminierend, wenn entsprechende Erlaubnisse für staatliche Lotterien mit ebenfalls geringerem Gefährdungspotential nicht vorgesehen sind. Es werden dabei gleiche Sachverhalte ohne sachlichen Grund ungleich behandelt (Art 3 GG und europarechtliches Diskriminierungsverbot). Zudem verliert der Gesetzgeber mit diesen Regelungsinkonsistenzen das in § 1 Ziff 2 GlüStV 2008 vorgegebene Kanalisierungsziel und die insoweit bestehende Möglichkeit, durch Fernsehwerbung auf nicht oder kaum suchtgefährdende Angebote wie die Klassenlotterien hinweisen zu lassen. Eine Befreiungsmöglichkeit wäre rechtlich daher geboten.[62]

f) Gesamtbewertung

Eine generelle Übernahme des für Sportwetten möglichen Monopolmodells für alle 62 anderen Glücksspiele wirkt auf Grund der Konsequenzen langfristig kontraproduktiv. Die Anforderungen im tatsächlichen und rechtlichen Bereich führen bei allen anderen Glücksspielen zu erheblichen Umsatzrückgängen. Davon sind auch Klassenlotterien sowohl finanziell wie auch im Hinblick auf die Arbeitsplatzeffekte extrem betroffen. Zudem besteht trotz gesetzgeberischer Prärogative ein hohes verfassungsrechtliches Risiko, da im Hinblick auf alle begrenzenden Regelungen des GlüStV 2008 die verfassungsrechtliche Prüfung an den Maßstäben

- wichtiges Gemeinwohlziel
- Geeignetheit des Mittels
- Erforderlichkeit
- Verhältnismäßigkeitsprüfung

erfolgen muss. Hierbei bildet die der grundrechtsbeschränkenden Regelung (objektive Berufszulassungsregelung) – im Rahmen des gesetzgeberischen Beurteilungs-

61 Begründung GlüStV-E, S 24.

62 Kritisch zum Werbeverbot auch *Schmits* Betrachtung von Werbeverboten unter anderem für Lotterien im Rundfunk, gleichzeitig eine Besprechung des VG München Beschl v 18. August 2006, ZfWG 2007, 197 ff, 202, der allerdings von – dem Verfasser nicht bekannten und im GlüStV-E nicht auffindbaren – Ausnahmeregeln für Klassenlotterien berichtet, die die Geeignetheit der Werbeverbote in Frage stellt; im Übrigen bezweifelt er auch die Erforderlichkeit der Regelungen.

spielraums jedenfalls nicht offensichtlich zu Unrecht – unterstellte Gefahrenlage die zwingende verfassungsrechtliche Grundlage für alle weiteren gesetzgeberischen Überlegungen.

63 Die weitere verfassungsrechtliche Rechtfertigung erfährt die Eingriffsregelung nur insoweit diese auch verhältnismäßig, also geeignet, erforderlich und angemessen bzw zur Abwehr nachweisbarer oder höchstwahrscheinlicher Gefahren für ein überragend wichtiges Gemeinschaftsgut zwingend geboten ist. Nach beiden Prüfungsmaßstäben genügt es mithin nicht, dass die objektive Berufszulassungsschranke das Ziel verfolgt, einen wichtigen Gemeinwohlbelang bzw ein überragend wichtiges Gemeinschaftsgut zu schützen. Vielmehr ist eine verfassungsrechtlich entscheidende Frage in diesem Zusammenhang, ob (nachweisbare oder höchstwahrscheinliche) Gefahren für das geschützte Gemeinschaftsgut bestehen und in rechtlicher und tatsächlicher Hinsicht in allen Bereichen eine kohärente Glücksspielpolitik gewährleistet wird. Europarechtlich stellt sich die Frage, ob die gesetzgeberischen Nachweispflichten für die nach der Rechtsprechung des EuGH[63] möglichen Beschränkungen der Niederlassungs- und Dienstleistungsfreiheit eingehalten sind. Gerade für den Bereich der Klassenlotterien fehlen nach dem bisher vorliegenden statistischen Material solche Nachweise. Schließlich sind die erlassenen totalen Werbeverbote für bestimmte Bereiche kaum mit der in der *Placanica*-Entscheidung des EuGH[64] vertretenen These der kontrollierten Expansion in Einklang zu bringen, wenn es dort heißt: „Eine Politik der kontrollierten Expansion im Bereich der Glücksspiele kann nämlich ohne weiteres mit dem Ziel in Einklang stehen, Spieler, die als solchen verbotenen Tätigkeiten geheimer Spiele oder Wetten nachgehen, dazu zu veranlassen, zu erlaubten und geregelten Tätigkeiten überzugehen .... Zur Erreichung dieses Ziels [ist es] erforderlich, dass die zugelassenen Betreiber eine verlässliche und zugleich attraktive Alternative zur verbotenen Tätigkeit bereitstellen, was das Angebot einer breiten Palette von Spielen, einen gewissen Werbeumfang und den Einsatz neuer

63 So fordert die ständige EuGH-Rechtsprechung von den Mitgliedsstaaten zum Nachweis der Rechtfertigungsgründe für beschränkende Maßnahmen, dass diese von einer Untersuchung zur Zweckmäßigkeit und zur Verhältnismäßigkeit der von diesem Staat erlassenen beschränkenden Maßnahme begleitet werden müssen, vgl EuGH 30.11.1995, C-55/94 – „Gebhard“, Slg 1995, I-4165, Rn 15; EuGH 26.11.2002, C-100/01 – „Oteiza Olazabal“, Slg 2002, I-10981; EuGH 13.1.2003, C-42/02 – „Lindman, Slg 2003, I-13519, Rn 25, insb Rn 26: „Im Ausgangsverfahren weisen die dem Gerichtshof vom vorlegenden Gericht übermittelten Akten kein Element statistischer oder sonstiger Natur auf, das einen Schluss auf die Schwere der Gefahren, die mit dem Betreiben vom Glücksspielen verbunden sind, oder gar auf einen besonderen Zusammenhang zwischen solchen Gefahren und der Teilnahme der Staatsangehörigen des betreffenden Mitgliedstaats an in anderen Mitgliedstaaten veranstalteten Lotterien zuließe.“

64 EuGH v 6.3.2007, verb C-338/04, C-359/04 und C-360/04 – „Placanica“, ZfWG 2007, 125ff.

Vertriebstechniken mit sich bringen kann."[65] Auch in dieser Entscheidung ist trotz aller daraus abgeleiteten unterschiedlichsten (zum Teil merkwürdigen) Interpretationen[66] eindeutig vom Gericht die Beachtung des Verhältnismäßigkeitsgrundsatzes als elementarer Maßstab betont worden.[67]

Unbestritten bedarf jede Glücksspielform der ihr eigenen angemessenen Kontrolle. Es wäre politisch und verfassungsrechtlich angezeigt, einem Differenzierungsmodell folgend daraus für die unterschiedlichen Spielformen – möglicherweise als ein Ergebnis der vom GlüStV vorgegebenen Evaluierung – besser abgestimmte Lösungen zu suchen. Hierbei kann auf die skizzierten Erfahrungen mit private public partnership zurückgegriffen werden, die bereits in der Vergangenheit ein flexibles und auch im Hinblick auf die gestiegenen ordnungsrechtlichen Anforderungen dynamisches System belegen. 64

3. Glücksspielstaatsvertrag 2012 (GlüStV 2012)

a) Ökonomische und rechtliche Konsequenzen des Glücksspielstaatsvertrags 2008 für die staatlichen Lotterieformen Lotto und Klassenlotterien

Die dargestellten rechtlichen Problemfelder haben sich ökonomisch bei Lotto und den Klassenlotterien bereits seit dem Jahr 2006 in einer prognostizierten, aber vom Gesetzgeber und den Eigentümern nicht ernst genommenen Form ausgewirkt, wie die Grafik (Abb 3)[68] aufzeigt. 65

Der Rückgang der Umsätze auf dem legalen deutschen Glückspielmarkt betrug in der Summe im Berichtszeitraum insgesamt über 2 Mrd € (minus 19%). 66

Detailliert auf die einzelnen Angebote heruntergebrochen ist sehr schnell ersichtlich, dass bei den Klassenlotterien der Rückgang mit einem Verlust von fast 1 Mrd (minus 73%) am höchsten war[69] (Abb 4). 67

Die Ursachen dieser Entwicklung sind eindeutig auf die oben beschriebenen Werberestriktionen zurückzuführen. Dies gilt mit jeweils rd 1 Mrd € Rückgang so- 68

65 EuGH, aaO Fn 67, Tz 55.

66 Die bis zur Manipulation des Gerichts für die jeweils verfolgten Zwecke ging.

67 EuGH, aaO Fn 67, Tz 48, 58; zur fehlenden Gemeinschaftsrechtsverträglichkeit des GlüStV-E vgl auch *Wiring* Das deutsche Glücksspielmonopol – politisch gewollt, gemeinschaftsrechtlich nicht haltbar?, ZfWG 2007, S 203ff. Aufschlussreich auch der Schriftverkehr der Bundesregierung mit der Kommission zum Notifizierungs- und Vertragsverletzungsverfahren, zB in ZfWG 2007, 208ff, 210ff, 268ff, 2008, S 32.

68 *Engelsberg,* Vergleich der Entwicklung des Lotteriemarktes in Deutschland mit anderen Ländern, Symposium Universität Hohenheim 6.3.2014 unter Verwendung der Daten der Archivstelle des deutschen Lotto- und Totoblocks, S 8.

69 *Engelsberg* aaO Fn 68, S 9.

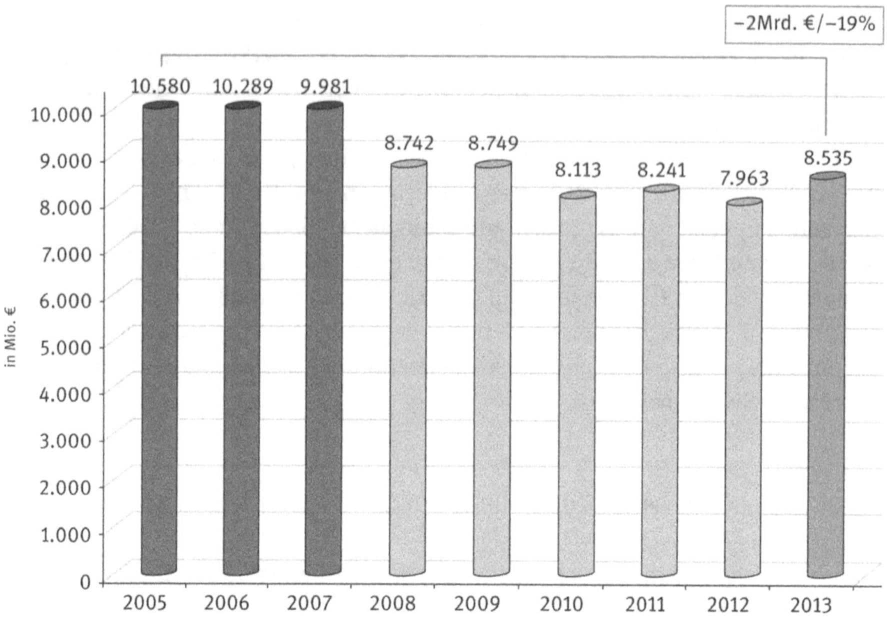

Abbildung 3: Entwicklung der Umsätze auf dem Lotterie- und Wettspielmarkt in Mio € (ohne Spielbanken, gewerbliches Automatenspiel) Zeitraum 2005 bis 2013

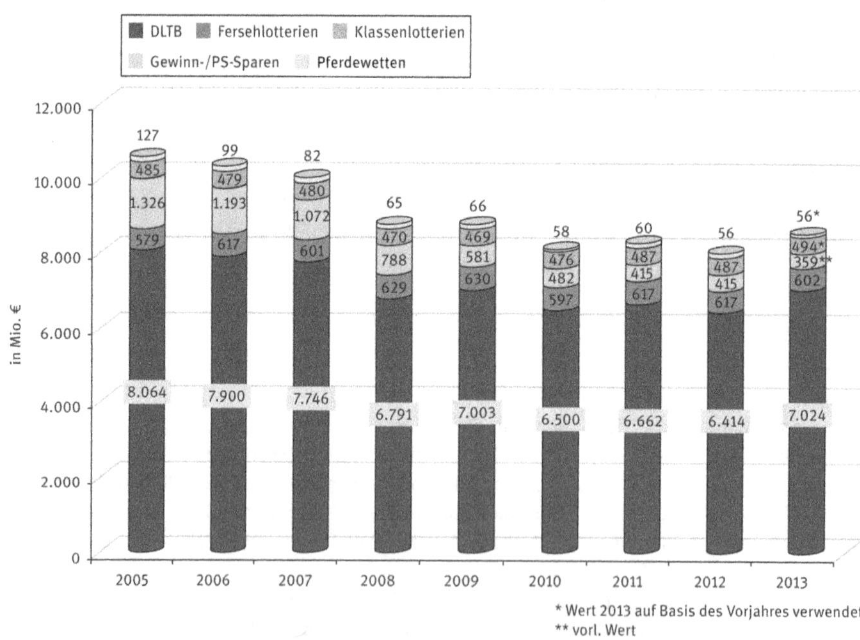

Abbildung 4: Umsatzentwicklung der einzelnen Angebote

Gerhard Rombach

wohl für den deutschen Lotto- und Totoblock wie insbesondere für die Klassenlotterien. Durch eine Vielzahl von Gerichtsverfahren haben Gegner des GlüStV 2008 systematisch die Gerichte bemüht, um in zahlreichen Verfahren Auslegungsfragen des GlüStV 2008 klären zu lassen, oftmals mit Erfolg und infolgedessen mit erheblichen Konsequenzen für das Angebot der Lottoblockprodukte. Auch hier ist der schon oben gemachte Befund festzuhalten, dass diese Verfahren über wettbewerbsrechtliche Unterlassungsklagen sehr effizient geführt werden konnten und wegen der besonderen Struktur des Lottoblocks mit seinen 16 Einzelgesellschaften der Multiplikatoreffekt solcher Entscheidungen faktisch sehr hoch war[70]. Erst mit der Einführung des neuen Produkts Eurojackpot im Jahr 2012 und mit einer Preiserhöhung im Jahr 2013 konnte der permanente Rückgang der Vorjahre zumindest gestoppt werden.

Im Gegensatz zu den exogenen Faktoren sind die Rückgänge bei den Klassenlotterien im Wesentlichen über endogene Faktoren zu erklären; es gab kein einziges wettbewerbsrechtliches Unterlassungsverfahren gegen die Klassenlotterien. Denn die oben ausführlich erwähnte Vertriebsstruktur über staatliche Lotterieeinnahmen hat nach Bekanntwerden der Regelungen des GlüStV 2008 eine rein marktwirtschaftliche Reaktion vorgenommen. Zum einen sind die bis dahin erfolgreichen, aber rechtlich in manchen Fällen durchaus zweifelhaft durchgeführten und durch die Vielzahl der beteiligten Callcenter schwer durch die Lotterieeinnahmen kontrollierbarenTelefonmarketingaktivitäten durch das Telefonmarketingverbot des GlüStV 2008 in Form der Outboundtelefonie schlichtweg verboten worden. Damit war die damals aktuelle Vertriebsgrundlage im Gegenzug zu Internetaktivitäten ohne jede Übergangsfrist weggebrochen. Durch die weiteren restriktiven Vorgaben des GlüStV sind aber auch alle weiteren aktiven Direktmarketingmaßnahmen bis hin zur Bedeutungslosigkeit zurückgefahren worden. Jedes Mailing mit den im Direktmarketing über Jahrzehnte entwickelten speziellen Mechanismen stand mit der Brille des Aufforderungs- und Anreizverbots betrachtet unter dem Generalverdacht der Rechtswidrigkeit. Aus Sicht des Lotterieeinnehmers sind die von ihm vorzufinanzierenden Werbemaßnahmen für Klassenlotterien damit nicht mehr investitionssicher geworden[71]. Die großen Lotterieeinnahmen, die zum Teil mehr als 80% der Klassenlotte- 69

70 *Ennuschat/Klestil*, Stand der Rechtsprechung zum Glücksspielstaatsvertrag, Glücksspielsymposium 2010 der Universität Höhenheim, die ebenfalls eine restriktive Auslegung der Zivilgerichtsbarkeit konstatieren.

71 Hierzu auszugsweise der Lagebericht der SKL zum Jahresabschluss 2011: *„Dokumentiert wird dies zB durch eine weitere Minderung der durch die SKL-Lotterieeinnahmen versandten Mailings gegenüber dem Vorjahr von 11,2 Mio auf 10,6 Mio, ein Minus von rund 5% (Quelle: Nielsen-Direkt Mail-Panel). Eine ähnliche – allerdings noch wesentlich dramatischere – Situation ergibt sich für das gesamte Mailingaufkommen der NKL-Lotterieeinnahmen. Während 2010 noch 45,5 Mio Mailings gemessen wurden, waren es 2011 nur mehr 11,7 Mio Mailings, dies entspricht einem Rückgang von fast 75%. Dem gegenüber steht tendenziell ein leicht bis stärker steigendes Mailingaufkommen im Bereich der*

rieumsätze generierten, wollten die deutlich erhöhten Risiken nicht mehr tragen und haben ihre Geschäftsmodelle kaufmännisch nachvollziehbar auf die Bestandskundenpflege (mit dem Effekt hoher Renditen gemäß dem cash-cow-Modell) oder auf andere dem Direktmarketing naheliegende Geschäftsmodelle außerhalb des Glücksspielbereichs umgestellt oder haben komplexe internetbasierte Varianten für Glücksspiele im Ausland gegründet. Bei der SKL kam hinzu, dass die Niedersächsische Landesmedienanstalt mit Schreiben vom 1.7.2008 unmittelbar dem Sender RTL gegenüber die seit 10 Jahren ausgestrahlte „5 Millionen SKL Show" mit dem Moderator und Werbeträger Günther Jauch untersagte. Zur Begründung wurde vorgetragen, dass nach Auffassung der Medienaufsicht die Ausstrahlung gegen die Vorschriften des GlüStV 2008 verstoße, da die SKL die Sendung sponsere. Tatsächlich hat der Gesetzgeber des GlüStV 2008 in § 5 Abs 3 Werbung im Fernsehen verboten und dabei eine eigene glücksspielrechtliche Legaldefinition der gemeinten Fernsehwerbung vorgenommen, die die im Rundfunkstaatsvertrag in 2 Artikeln getrennten und jeweils eigenständig verstandenen Begriffe von Werbung und Sponsoring (Art 7 und 8 Rundfunkstaatsvertrag) als Legaldefinition schlicht und einfach zusammengefasst hat. Geradezu ironisch ist es, wenn man weiß, dass alle 16 Glücksspielaufsichtsbehörden die Fortführung der SKL Show geprüft und gutgeheißen haben. Dem Autor ist auch durch ein Gespräch mit der Niedersächsischen Landesmedienanstalt bekannt, dass bei der Entstehung des Staatsvertrags die durch die Glücksspielaufsichten vorgenommene neue Legaldefinition von Werbung weder mit den Landesmedienanstalten abgestimmt noch gutgeheißen wurde. Es ist daher nicht auszuschließen, dass man das Schreiben gegenüber RTL zur SKL-Show somit auch mittelbar als Ausdruck dieser Nichtabstimmung und somit auch als politisches Statement der Landesmedienanstalten verstehen kann. Faktisch wurde die SKL-Show bei RTL abgesetzt, auch weil man dem Sender und Moderator ggf. drohende rundfunkrechtliche Sanktionen aufgezeigt hat. Dass dies rechtlich unverhältnismäßig war, dürfte unzweifelhaft sein[72]. Mit dem Wegfall der erfolgreichen Show, die seit 10 Jahren mit dem Publikumsliebling Nr 1 des deutschen Fernsehens als Moderator zweimal jährlich ausgestrahlt und eine Vielzahl von Live-Millionären hervorgebracht hatte, war aber die Basis für die vernetzten Marketingaktivitäten zwischen Veranstalter SKL und ihrer Vertriebsorganisation weggebrochen. Das mag ökonomisch bedauerlich sein. Für die Monopolbegründung zählt das nicht. Sehr wohl hätte aber zählen müssen, dass bei dem fehlenden Suchtgefährdungspotential der Klassenlotterieangebote ein wichtiges Element der Kanalisierung der Spielangebote hin

---

Soziallotterien. Während die ARD- Fernsehlotterie die Mailingauflagen nur geringfügig von 14,4 Mio auf 14,5 Mio erhöhte, steigerte die Aktion Mensch die Auflagen ihrer Werbemailings von 11,5 Mio auf 13,4 Mio (+ ca. 16%).“

72 So auch *Becker*, Werbung für Produkte mit einem Suchtgefährdungspotential, Frankfurt aM 2010, 106.

zu unkritischen Angeboten weggefallen ist. Diesen Kollateralschaden des GlüStV 2008 für die Klassenlotterien haben sowohl die Eigentümer und die 16 Glücksspielaufsichtsbehörden in Kauf genommen. Zu sehr wurde die Suchtargumentation insgesamt in den Vordergrund gestellt, die Prävention über ein ungefährliches Angebot aber vernachlässigt.

Ein weiterer Grund spielte für die Vertriebsorganisation eine Rolle. Durch die 70
neu angeordnete Erlaubnispflicht auch für die Vermittler von Glücksspielangeboten musste jeder Lotterieeinnehmer über seinen Veranstalter bei allen 16 Länderaufsichtsbehörden einen Antrag auf Vermittlungserlaubnis stellen, sofern er bundesweit vertreiben wollte, was in den meisten Fällen Usus war. Nun ist es nicht so, dass sich die Länder dann auch auf einheitliche Antragsunterlagen oder insgesamt gar auf vereinfachte Verfahren verständigt hätten. Auch die Auslegung verschiedener Vorschriften und insbesondere die erteilten Auflagen waren unterschiedlich, die Gebühren ohnehin. Gleiches galt für die ca 1000 Verkaufsstellen der SKL. Aus Sicht der Lotterieeinnehmer bekam das Wort Schilda eine neue Bedeutung[73]. Für viele stand der bürokratische Aufwand in keinem Verhältnis zu dem zudem unsicheren „Ertrag" unter den neuen gesetzlichen Rahmenbedingungen. Gestützt wurden diese Befürchtungen durch die eingangs erwähnten zahlreichen wettbewerbsrechtlichen Unterlassungsverfahren im Lottobereich. Viele Verkaufsstellen bei Lotto waren auch durch Beanstandungen bei der Sicherstellung des Minderjährigenschutzes betroffen. Die Gesamtschau der bürokratischen Anforderungen und Hindernisse veranlasste auch den Bayerischen Obersten Rechnungshof, den Gesetzgeber bei einer Novellierung zur Vereinfachung der Verfahren zu mahnen.

Noch im Umfeld der ökonomischen Auswirkungen des GlüStV 2008 muss auf 71
eine weitere elementare Folge hingewiesen werden, die letztlich auch zum europarechtlichen Scheitern des GlüStV 2008 führte. Die eben dargestellten Auswirkungen auf den geregelten legalen Glücksspielmarkt hat sowohl der Bundesgesetzgeber durch eine Neufassung der Spielverordnung (SpielV)[74] konterkariert, die zu einem erheblichen Anstieg der Umsätze mit Geldspielgeräten geführt hat, mit einer Spielform also, die bekanntlich die höchste Suchtgefährdung beinhaltet. Nicht zu übersehen war aber auch die Entwicklung von in Deutschland nicht zugelassenen Internetspielangeboten und die über Jahre hinweg faktische Untätigkeit der Vollzugsbehörden. Das zeigt die aus Vergleichbarkeitsgründen auf Bruttospielerträgen (Spieleinsätze abzüglich Gewinnauszahlungen) basierende Tabelle unter Einbeziehung dieser Spielformen folgende Entwicklung des Glücks- und Gewinnspielmarktes (dh des Lotterie- und Wettspielmarktes + Spielbanken + gewerbliches Auto-

73 Konkrete Ausführungen dazu bei *Rombach* GKL Gemeinsame Klassenlotterie der Länder – Ein Erfahrungsbericht – in: *Becker* (Hrsg) Der neue Glücksspielstaatsvertrag 181ff.

74 In der Fassung der Bekanntmachung vom 27.1.2006.

matenspiel mit Gewinnmöglichkeit, aber ohne ausländische Internetangebote) seit 2005[75] (s Abb 5).

72 Während die staatlichen Spielbanken – auch wegen der in diesem Zeitraum wirksam werdenden Rauchverbote zusätzlich betroffen – ebenfalls erhebliche Rückgänge zu verzeichnen hatten (– 46%), erhöht sich der BSE des gewerblichen Automatenspiels auf 4,3 Mrd € (+ 85%)!

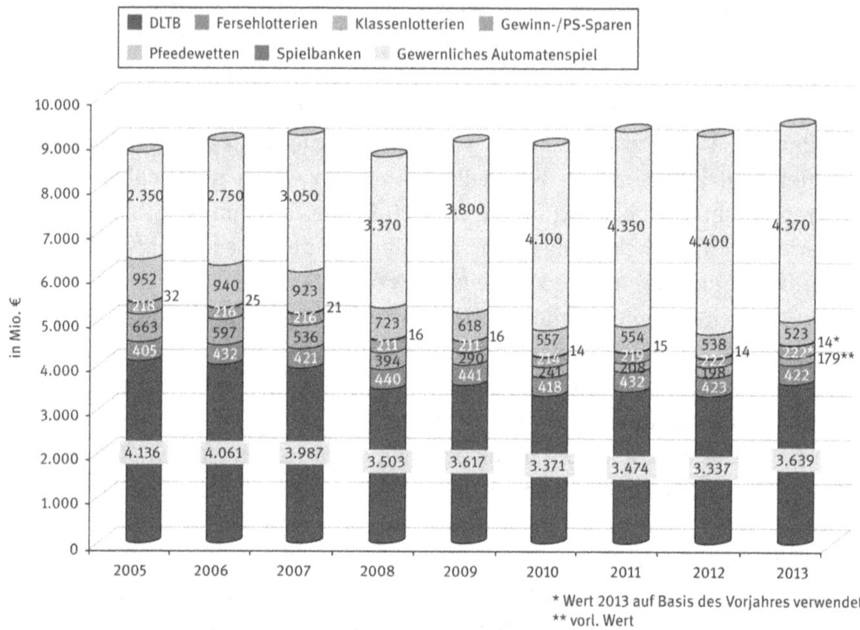

Abbildung 5: Entwicklung des Glücks- und Gewinnspielmarktes

73 Nimmt man dann aus den sehr unterschiedlichen Schätzungen zum Umfang des illegalen Glücksspielmarktes in Deutschland nur eine der niedrigeren Zahlen aus den vorliegenden Studien[76] hinzu (Tabelle 4), wird ein dramatisches Dilemma einer gesetzgeberischen Fehlallokation offensichtlich: Mit Inkrafttreten des GlüStV 2008 haben sich die gefährlichen Spielformen wie Geldspielautomaten und Internetspielangebote, letztere sogar völlig unkontrolliert, erheblich entwickeln können, während die auch suchtgefährdungstechnisch harmloseren staatlich kontrollierten Angebote, allen voran die Klassenlotterien, sich bis hin zu marginalen Anteilen

75 *Engelsberg* aaO Fn 68, S 13.

76 *Engelsberg* aaO Fn 68, S 20, wobei Sportwetten, Onlinecasinospiele inkl. Poker erfasst werden sollten.

entwickelt haben. Wenn das gesetzgeberisch gewollt gewesen sein sollte, gliche es einer Selbstkasteiung und schlimmer noch: die Schutzzwecke des Konzepts wurden verfehlt.

Tabelle 4: Umfang des illegalen Glücksspielmarktes in Deutschland

Verfasser	Jahr	Schätzung Bruttospielertrag
Forschungsstelle Glücksspiel/Uni Hohenheim, Dr. Dietmar Barth, Dez. 2013	2008 2012	902 Mio € 980 Mio €
Glücksspielaufsichten der Länder Evaluierung GlüStV 2010	2010	600 Mio €
MECN (Auftragsstudie) „The German Betting and Gambling Market“, Mrz. 2013	2011	1.229 Mio €
Goldmedia (Auftragsstudie) „Glücksspielmarkt Deutschland 2017“, Okt. 2013	2009 2012	1.326 Mio € 1.571 Mio €

An dieser Stelle kann nicht auf die gesamte rechtliche Auseinandersetzung zum GlüStV 2008 näher eingegangen werden. Aus der Perspektive der Klassenlotterien sind die obigen Erfahrungen und Erkenntnisse im Hinblick auf die Befristung und auch die erwartbare und tatsächlich so eingetretene Judikatur des EuGH zum deutschen GlüStV genutzt worden, um Kernforderungen für die Neufassung des GlüStV 2012 zu formulieren und diese in die politische Diskussion einzubringen. Soweit notwendig, wurde die Zusammenarbeit mit wissenschaftlichen Institutionen wie der Forschungsstelle Glücksspiel der Universität Hohenheim[77] gesucht. 74

Nur soviel zum Gesamtzusammenhang: In den Urteilen des EuGH vom 8. und 9.9.2010[78] standen die Anforderungen an ein mit dem Europarecht systematisch und kohärenten Monopolmodell auf dem Prüfstand. In diesem Handbuch wird an anderer Stelle ausführlich darauf eingegangen[79]. Jedenfalls war der Gesetzgeber zu Entscheidungen gezwungen, die den EuGH-Vorgaben entsprechen. 75

77 Beispielsweise *Becker* Fn 71.

78 In Sachen Markus Stoß (C-316/07 und andere verbundene Verfahren) http://curia.europa.eu/juris/document/document.jsf?text=&docid=80772&pageIndex=0&doclang=de&mode=lst&dir=&occ=first&part=1&cid=95664 in Sachen Engelmann (C-64/08) : http://curia.europa.eu/juris/document/document.jsf?text=&docid=110821&pageIndex=0&doclang=DE&mode=req&dir=&occ=first&part=1.

79 Vgl näher dazu *Ennuschat/Güldner* in § 12.

b) Strukturelle Änderungen im Glücksspielstaatsvertrag 2012 (GlüstV 2012)[80]

76 In dem zur Vorbereitung des GlüStV 2012 folgenden Evaluierungs- und Diskussionsprozess sind elementare Entscheidungen getroffen worden. Die Länder haben zur Zielerreichung des GlüStV 2012 ein ausreichendes Glücksspielangebot sicherzustellen, § 10 Abs 1 GlüstV 2012. Wie sie diese originäre Aufgabe im Einzelnen erfüllen, ob selbst oder über eine Anstalt oder eine privatrechtlich Lösung, die maßgeblich von der öffentlichen Hand getragen wird, lässt der GlüstV 2012 im Einzelnen offen. § 10 Abs 3 GlüstV 2012 ist die Kernregelung für Klassenlotterien: Sie dürfen künftig nur mehr durch eine von allen Vertragsländern getragene Anstalt des öffentlichen Rechts veranstaltet werden.

77 Neben dem gerade geschilderten und vom Gesetzgeber beibehaltenen Monopolmodell dürfen Lotterien und Ausspielungen nach § 10 Abs 6 GlüstV 2012 nur bei geringerem Gefährdungspotential nach den Vorschriften des Dritten Abschnittes GlüstV 2012 durchgeführt werden. Betroffen sind im Wesentlichen die beiden Fernsehlotterien, Gewinnsparlotterien und Kleine Lotterien.

78 Ganz neu ist die teilweise Abkehr vom Monopolmodell für den Sportwettenbereich. Nachdem politisch offenbar keine Einigkeit erzielt werden konnte, wird 7 Jahre experimentiert: es soll ein Konzessionsmodell mit max. 20 Konzessionen eingeführt werden (§§ 10a und §§ 4a bis e GlüstV 2012). Bis zum Beginn des Jahres 2015 sind die Konzessionen allerdings noch nicht vergeben worden.

79 Neu und dringend notwendig war die Einbeziehung von Spielhallen in den Anwendungsbereich des GlüstV 2012.

Aus der Perspektive der Klassenlotterien waren für die Novellierung von Anfang an rechtlich 3 Elemente wesentlich:

- Die dringlich notwendige Differenzierung im Zielkatalog des GlüStV, um die Fokussierung auf die Suchtbekämpfung als Hauptziel zu relativieren und weitere verfassungs- und europarechtlich zulässige Ziele gleichberechtigt darzustellen.
- Daraus folgend war eine Differenzierung der Regelungen zur Werbung notwendig, um insbesondere den Kanalisierungsauftrag hin zu weniger gefährlichen Angeboten erfolgreich wahrnehmen zu können. Denn es konnte nachgewiesen werden, dass für eine fundierte Kenntnis zur Bedeutung von Werbung im Monopolbegründungszusammenhang zum einen die Kenntnis der Wirkung von Werbung und zum anderen das Spielsuchtpotenzial des beworbenen Produkts unerlässlich sind. Denn Werbung für Glücksspielprodukte mit geringem Suchtgefährdungspotential führt grundsätzlich nicht zu einem pathologischen Spielverhalten. Allenfalls führt eine solche Werbung zu Problemen, wenn sie Elemente benutzt, die pathologische Spieler als „Trigger" für gefährliche Spiel-

80 ZB *Sächsisches Gesetz- und Verordnungsblatt* Nr 9 2012 S 275 ff.

formen wahrnehmen. Dies bedeutet einerseits, dass gesetzliche Werberestriktionen das unterschiedliche Suchtgefährdungspotential verschiedener Glücksspielprodukte beachten sollten, auf der anderen Seite aber auch im Hinblick auf die notwendige Kanalisierungsfunktion, dass durch eine „agressivere" Werbung für ungefährliche Glücksspielprodukte versucht werden kann, eine Kanalisierung weg von den gefährlichen zu den ungefährlichen Produkten zu erreichen[81].
- Schließlich war es ein Ziel, die bürokratischen Hindernisse der Erlaubnisverfahren zu minimieren und ein einheitliches konzentriertes Erlaubnisverfahren zu fordern.

Diese Kernforderungen einer Differenzierung konnten auch erreicht werden. § 1 80
GlüStV 2012 beinhaltet nun 5 Ziele[82]. Die Ziele 1,3 und 4 blieben identisch. Nr 5 wurde eingeführt, um die Integrität des sportlichen Wettbewerbs bei Sportwetten zu schützen. Für das staatliche Angebot ist das unter Ziff 2 beschriebene Ziel wesentlich, durch ein begrenztes, eine geeignete Alternative zum nicht erlaubten Glücksspiel darstellendes Glücksspielangebot den natürlichen Spieltrieb der Bevölkerung in geordnete und überwachte Bahnen zu lenken sowie der Entwicklung und Ausbreitung von unerlaubten Glücksspielen entgegenzuwirken. Damit steht nicht mehr die Begrenzung des Spieltriebs wie im GlüStV 2008, sondern die Kanalisierung dieses Spieltriebs im Vordergrund und bedeutet inzident einen Handlungs- und Entwicklungsauftrag für die Monopolverpflichteten. Der Gesetzgeber greift in Satz 2 von § 1 GlüStV 2012 dann noch ausdrücklich das Differenzierungsgebot auf, wonach die einzelnen Glücksspielformen je nach ihren spezifischen Sucht-, Betrugs-, Manipulations- und Kriminalitätsgefährdungspotentialen betrachtet und geregelt werden sollen. Ein wichtiger (Fort-) Schritt auch im Hinblick auf die aus europarechtlicher Sicht immer notwendige Begründung der getroffenen gesetzgeberischen Einschätzungen.

Das Differenzierungsgebot setzt sich auch bei den Vorschriften zur Werbung 81
fort (§ 5 GlüStV 2012). Unmittelbar wird einleitend auf die Ziele des § 1 verwiesen. Hieraus sollen sich Art und Umfang der Werbung ableiten. Minderjährigenschutz ist weiterhin zu gewährleisten, irreführende Werbung, speziell unzutreffende Aussagen über Gewinnchancen oder Art und Höhe der Gewinne, sind weiterhin verboten. Abs 3 der Werbevorschrift hält an dem Werbeverbot für öffentliches Glücksspiel im Fernsehen und Internet grundsätzlich fest. Im Gegensatz zum GlüStV 2008 korrigiert der Gesetzgeber seine damals vermutlich unüberlegt vorgenommene Legalde-

---

81 *Becker* Fn 75 insbesondere S 158 f, 160 ff.

82 Eine gute synoptische Übersicht zu den Veränderungen seit dem LoStV 2004 über den GlüStV 2008 bis hin zum GlüStV 2012 sowohl zum Zielkatalog wie auch zu den Veränderungen bei der Werbung bietet *U. Engelsberg* aaO Fn 68 S 5 und 6 sowie eine kompakte Darstellung bei *Becker/Barth* Die Forschungsstelle Glücksspiel informiert: Der erste Glücksspieländerungsstaatsvertrag, Pressemitteilungen der Forschungsstelle Glücksspiel, Universität Hohenheim, 4. Juli 2012.

finition und verweist jetzt nur noch richtigerweise auf § 7 des Rundfunkstaatsvertrages; die klammheimliche Umdefinition von Sponsoring (§ 8 Rundfunkstaatsvertrag) als Werbung wird aufgegeben. Noch wichtiger ist aber die Erlaubnismöglichkeit für Fernseh- und Internetwerbung für Lotterien und Sport- und Pferdewetten „zur besseren Erreichung der Ziele des § 1“. Der Gesetzgeber ist damit wieder im wirklichen (Lotterie-)Leben angelangt und anerkennt die Wirksamkeit und Bedeutung der genannten Medien. Wer kanalisieren soll, muss dort tätig sein können, wo auch die Medienströme fließen und die Menschen erreichbar sind. Schließlich wird in Abs 4 des § 5 GlüStV 2012 eine Ermächtigungsnorm zum Erlass einer Werberichtlinie geschaffen. Endlich sollen dabei auch die wissenschaftlichen Erkenntnisse zur Wirkung von Werbung auf jugendliche sowie problematische und pathologische Spieler berücksichtigt werden. Ein weiterer Schritt zur dringend notwendigen Differenzierung, die die in der Folge nach Anhörung von Fachleuten erlassenen Werberichtlinien dann inhaltlich ausfüllen[83].

82 Abschließend soll erwähnt werden, dass auch die Forderung nach Konzentration der Erlaubnisse in § 9 a GlüStV 2012 erfüllt wurde, indem für Klassenlotterieanbieter und deren Lotterie-Einnehmer eine einzige Behörde im Außenverhältnis zuständig ist. Dieses Modell wurde auch für weitere Themen wie Internet- und Fernseherlaubnisse oder für die Konzessionsvergabe gewählt. Im Innenverhältnis dieses ländereinheitlichen Verfahrens wurde das sog Glücksspielkollegium errichtet.

83 Alles in allem kann man aus Sicht der Klassenlotterien feststellen, dass mit dem GlüStV 2012 aus der Sicht der Klassenlotterien wichtige und gute Entscheidungen getroffen wurden, die Perspektiven für die Zukunft eröffnen.

4. Der Weg zur Gemeinsamen Klassenlotterie der Länder – GKL

a) Vorüberlegungen

84 Erinnern wir allerdings die dramatische negative ökonomische Entwicklung der Klassenlotterien, den Verlust an Kunden[84] und die von der Vertriebsorganisation gezogenen Konsequenzen von Deinvestition und der Verlagerung der Werbeinvestitionen in verlässlichere Geschäftsmodelle außerhalb des Glücksspiels, waren trotz verbesserter gesetzlicher Rahmenbedingungen dringend Überlegungen notwendig und Entscheidungen zu treffen, wie man die Zukunft der Klassenlotterien denn grundsätzlich und überhaupt gestalten kann. Denn letztlich war auch das Vorhan-

---

83 Werberichtlinie gemäß § 5 Abs 4 Satz 1 GlüStV vom 7. Dezember 2012, vgl Ministerialblatt NRW (MBl NRW) 2013 Nr 2 vom 31.1.2013 Seite 15.

84 Allein die Spielerreichweiten des gewerblichen Glücksspiels sind nach Angaben der Bundeszentrale für gesundheitliche Aufklärung zwischen 2007 und 2013 bei Klassenlotterien um 3,4 Mio auf 0,5 Mio zurückgegangen, vgl *Engelsberg* Fn 78 S 18.

densein von zwei überregional agierenden Anstalten des öffentlichen Rechts mit zudem noch ähnlichen Spielangeboten methodisch mit dem Monopolmodell des Gesetzgebers inkompatibel. Daher befasste sich seit Januar 2011 eine Arbeitsgruppe der Länder mit Strukturüberlegungen zur Zukunft der Klassenlotterien. Die Ergebnisse wurden in die parallel laufenden Beratungen zur Gestaltung des GlüStV 2012 aufgenommen. Man kann daher die Regelungen nur im Gesamtzusammenhang verstehen. § 10 Abs 3 des GlüStV 2012 regelt nämlich zur Sicherstellungsaufgabe eines ausreichenden Glücksspielangebotes, dass Klassenlotterien nur von einer von allen Vertragsländern gemeinsam getragenen Anstalt des öffentlichen Rechts veranstaltet werden dürfen. Die Gesetzesgründung hierfür lautet: „In § 10 Abs 2 ist schon bislang aus ordnungsrechtlichen Gründen eine restriktive Marktzugangsregelung geregelt. Dies wird für den Bereich der Klassenlotterien dahin weiterentwickelt, dass die Veranstalterfunktion bei einer gemeinsamen, als Anstalt des öffentlichen Rechts organisierten Einrichtung aller Länder konzentriert wird“, letztlich eine elegant umschriebene Lösung des oben dargestellten Dilemmas.

Damit werden die institutionellen Voraussetzungen für eine bundeseinheitliche 85
Ausübung des Kanalisierungsauftrags aus Absatz 1 geschaffen. Die bisher nebeneinander bestehenden, länderübergreifend tätigen öffentlichen Anbieter, die Süddeutsche Klassenlotterie (SKL) und die Nordwestdeutsche Klassenlotterie (NKL), verlieren mit dem Inkrafttreten dieses Staatsvertrages ihren Status als Veranstalter von Klassenlotterien. Die Veranstalterfunktion kann nur noch von der in Absatz 3 vorgesehenen, von allen Ländern gemeinsam getragenen Anstalt des öffentlichen Rechts ausgeübt werden. Damit denken erstmals die Länder suprafföderal und erkennen die Notwendigkeit, strukturell Voraussetzungen für die künftige Strategie des staatlichen Glücksspiels zu schaffen. Zum ersten Mal in der bundesdeutschen Geschichte entsteht ein bundesweit tätiger Glücksspielveranstalter.

Zur institutionellen Errichtung der GKL bedarf es eines weiteren Staatsvertra- 86
ges, der die Einzelheiten regelt. Die etwas verbrämte Formulierung einer restriktiven Marktzugangsregelung und deren konsequenter Weiterentwicklung nimmt die oben aufgeführten Erkenntnisse zu den tatsächlichen Entwicklungen der Klassenlotterien auf. Der Gesetzgeber korrigiert damit auch das über Jahrzehnte geduldete Konkurrenzmodell der beiden Klassenlotterien und war letztlich dazu gezwungen, um das insgesamt zu verteidigende Monopolmodell halten zu können.

b) Ziele und Struktur der GKL

In der Begründung zum Staatsvertrag über die Gründung der GKL Gemeinsame 87
Klassenlotterie der Länder (GKL-StV)[85] wird dies auch klar angesprochen: „Die nun

85 Vgl Landtag Sachsen-Anhalt Lt-Drs 6/815 vom 15.2.2012.

vorgesehene länderübergreifende Zusammenfassung des Glücksspielangebots im Bereich von Klassenlotterien bei einem einzigen, von sämtlichen Vertragsländern getragenen und bundesweit agierenden staatlichen Veranstalter soll eine konsequente Ausrichtung des staatlich organisierten Glücksspielangebots an den Zielen des GlüStV bzw der Glücksspielgesetze der Länder erleichtern und durch den Abbau von Mehrfachstrukturen die Transparenz gegenüber den spielinteressierten Bürgern und die Effizienz bei der Aufgabenerfüllung steigern. Zur Erreichung dieser Zielsetzungen haben die Länder eine konsequente Strukturentscheidung getroffen. Künftig werden Klassenlotterien ausschließlich und bundesweit einheitlich von der *GKL* veranstaltet. Allein dieser Anstalt obliegt die ordnungsrechtliche Aufgabe der Gewährleistung eines an den Zielen des GlüStV bzw der Glücksspielgesetze der Länder ausgerichteten Spielangebots im Bereich der Klassenlotterien. Es ist beabsichtigt, dass die *GKL* die von ihr veranstalteten Glücksspiele grundsätzlich selbst durchführt". Die Begründung enthält also eine Mixtur aus ökonomischen (Abbau von Mehrfachstrukturen, Effizienzsteigerung) und ordnungsrechtlichen Elementen (Monopolzuweisung für Klassenlotterien, Transparenzerhöhung). Der grundsätzlich beabsichtigte Eigenvertrieb dürfte beiden Begründungselementen zuzuordnen sein.

88 Der Anstaltszweck ist in § 2 GKL-StV geregelt. Die Aufgabe der GKL ist dabei weiter als bisher beschrieben, nämlich zunächst als Wahrnehmung einer ordnungsrechtlichen Aufgabe mit der Sicherstellung eines ausreichenden Glücksspielangebotes „durch Veranstaltung von staatlichen Klassenlotterien und ähnlichen Spielangeboten (Glücksspiele)". Mit dieser weiten Definition hat der Gesetzgeber zum einen auf die Grundaufgabe der Sicherstellung eines ausreichenden Glücksspielangebotes als Ausprägung des Monopolauftrags in § 10 GlüStV 2012 reagiert, er hat auch, um hier Flexibilität bei der Auftragserfüllung zu erreichen, den engen Klassenlotteriebegriff durch die Ergänzung mit ähnlichen Spielangeboten erweitert und letztlich durch die in Klammer gesetzte Legaldefinition des Anstaltszwecks auf Glücksspiele erweitert. Dass damit die Legaldefinitionen in den ersten drei Absätzen des § 3 GlüStV 2012 gemeint sind, liegt auf der Hand. Insbesondere § 3 Abs 3 GlüStV 2012 enthält Teilelemente der früheren Definition von Klassenlotterien, nämlich das Angebot an eine nicht geschlossene Benutzergruppe nach einem bestimmten Plan gegen ein bestimmtes Entgelt mit der Chance, einen Geld- oder Sachgewinn zu erlangen. Welche inhaltlichen Anforderungen an den dort aufgeführten Plan zu stellen sind, ist offen geblieben und ergibt sich auch nicht aus den Begründungen. Jedenfalls sind die früher an Klassenlotterien gestellten inhaltlichen Anforderungen und die zwischenzeitlich durch neue Produktangebote der SKL und NKL bereits eingetretenen Änderungen ein klares Indiz dafür, dass man nicht mehr eine fixierte Definition einer Klassenlotterien verlangen kann. Jedenfalls dürften die früher geforderten Kriterien an einen Spielplan mit festgelegten, sich über eine Periode der Veranstaltung sich steigernden festen Gewinne – sowohl im Hinblick auf die Zahl wie auch auf die Höhe der Gewinne –

überholt sein[86]. Spätestens mit der ergänzten Definition der „Ähnlichkeit" müsste ein bestimmter Plan im Sinne des § 3 Abs 3 GlüStV 2012 ausreichend sein, ohne dass die einzelnen Planelemente allesamt fixiert sind. Strategisch ergibt sich damit für den Veranstalter auch und gerade zur Wahrnehmung des ordnungsrechtlichen Auftrags ein deutlich breiteres Spektrum, mit angemessenen Spielangeboten den Anstaltszweck und Sicherstellungsauftrag zu erfüllen. Insoweit spielt auch die weitere Neuerung bei der Vertriebsstruktur eine wesentliche Rolle. Denn § 8 Abs 1 GKL-StV geht insoweit von dem Grundsatz aus, dass die Anstalt selbst die von ihr veranstalteten Glücksspiele vertreiben kann. Auch der Vorbehalt bestimmter Kundengruppen oder Vertriebswege kann exklusiv von der GKL ausgeübt werden (§ 8 Abs 2 S 4 GKL-StV). Mit diesen klaren gesetzlichen Regelungen können auch ggf Konflikte mit der Vertriebsorganisation gelöst werden, da immerhin die Lotterieeinnehmer als Handelsvertreter auch entsprechende Vertriebsrechte ableiten könnten, soweit dies nicht wie hier geschehen sogar auf gesetzlicher Grundlage anders geregelt ist. Dies gilt eindeutig für Neuprodukte der GKL. Selbst für Altprodukte dürfte der Eigenvertriebsansatz unproblematisch sein; zwar verweist § 8 Abs 3 GKL-StV auf besondere Regelungen in § 17 GKL-StV, die primär eine Zerlegungsregelung für die Lotteriesteuer bei den Altprodukten der Altanstalten SKL und NKL regeln, in Abs 2 aber auch die Gesamtrechtsnachfolge (neben § 12 GKL-StV) der getroffenen Vertriebsregelungen und den Bestandsschutz der bisherigen Vertriebsorganisation fortschreiben. Nach den alten Regelungen dürfte aber auch kein handelsvertreterrechtliches Exklusivvertriebsrecht ableitbar sein. Diese Frage ist somit für die Zukunft klar geregelt.

Die komplizierten Verteilungsregeln für Gewinn und Lotteriesteuer, die bei den 89
Altanstalten gegolten haben, sind mit einem Federstrich dahingehend vereinfacht worden als mit dem Grundsatz des Lotteriepotentials ein Maßstab gefunden wurde, der die in jedem Vertragsland erzielten Losumsätze ins Verhältnis zum Gesamtumsatz setzt und entsprechend dieser Relation die Verteilung an die vertragsschließenden Länder stattfindet. Damit sind auch die nach den alten Staatsverträgen von SKL und NKL sich ergebenden faktisch erfolgten Verschiebungen des Steuer- und Gewinnaufkommens (sowohl innerhalb der jeweiligen Vertragsländer wie auch über die ehemaligen Lotteriegebiete hinausgehend mit einem entgegen den sonstigen Strömen des Länderfinanzausgleichs wirkenden Ergebnis zu Gunsten der Südländer bei deutlich höheren Umsätzen der SKL) ein für allemal egalisiert[87]. Es zählt allein das Lotteriepotential des jeweiligen Landes.

86 Zu den zwischenzeitlichen Veränderungen im tatsächlichen Produktangebot bereits oben Rn 18 f.

87 Ob sich aus der Verteilungsregel auch für die Anstalt eine Gleichbehandlungsverpflichtung zB bei der Steuerung und beim Mitteleinsatz für Werbung ergibt, ist offen; immerhin lassen sich Anzeigen, Radiowerbung und je nach Sender TV-Spots sehr spezifisch bei der Schaltung regional aus-

90 Zur weiteren Struktur der Anstalt nur wenige Anmerkungen. Die Anstalt hat 2 Organe, die Versammlung der Trägerländer und den Vorstand (§§ 3 bis 5 GKL-StV) und unterliegt der Glücksspiel- und Staatsaufsicht (§§ 6 und 7 GKL-StV). Die Vertragsländer haben eine Gewährträgerhaftung übernommen (§ 10 GKL-StV) und ebenso eine Sicherstellungsverpflichtung für die Kapitalausstattung, die mit 25 Mio € festgeschrieben wurde (§ 13 Abs 2 mit Detailregelungen im Übrigen zur Mittelaufbringung), wovon 2 Mio € Grundkapital darstellen (§ 14 GKL-StV). Ungewöhnlich ist die Geltung des Bundespersonalvertretungsgesetzes für die Anstalt (§ 15 GKL-StV), ist letztlich aber als Kompromissregelung zu verstehen, da die Anstalt auch für jeden Standort in Hamburg und München eine eigene Personalvertretung hat und diese Standorte jeweils eigene Dienststellen sind. Diese Regelung erklärt sich aus der Doppelsitzregelung des § 1 Abs 2 GKL-StV; lediglich für den Gerichtsstand und die Bestimmung der zuständigen Behörden ist der Sitz Hamburg unter den ansonsten gleichberechtigten Sitzregelungen bestimmt worden; im Übrigen gilt das Recht der Freien und Hansestadt Hamburg, soweit Staatsvertrag und die Satzung der Anstalt nichts anderes bestimmen. Rechtstechnisch ist die GKL als neue Anstalt des öffentlichen Rechts zum 1.7.2012 mit dem Recht der Selbstverwaltung errichtet worden (§ 1 Abs 1 GKL-StV). Mit Ablauf des 30.6.2012 sind die Altanstalten SKL und NKL aufgelöst worden und wurden im Wege der Gesamtrechtsnachfolge in die neu errichtete Anstalt GKL eingebracht (§§ 12 und 13 Abs 1 GKL-StV). Einige Übergangsregelungen (§§ 16 und 17 GKL-StV) sowie Kündigungs- und Vermögensauseinandersetzungsregelungen schließen den GKL-StV ab (§§ 18 bis 20 GKL-StV).

c) Erster Erfahrungsbericht

91 Die Zusammenführung der Altanstalten, die über Jahrzehnte faktisch bundesweit und im Wettbewerbsmodell tätig waren, stellte nicht nur für den Gesetzgeber eine Herausforderung dar. Auch die Mitarbeiter und Vertriebsorganisationen, deren Mitglieder zum Teil für beide Altanstalten tätig waren, waren einschließlich des Vorstands gefordert. Neben den aus der Entscheidung zu treffenden Konsequenzen für die Neuorganisation der Anstalt (viele Funktionen waren zum Teil doppelt vergeben) war die Marktpositionierung und die Strategie der Anstalt zu entwickeln. Organisatorisch wurde zunächst eine flache übergreifende funktionale Organisation gewählt, die die notwendigen Doppelungen nur beibehielt, soweit dies zur Fortführung des laufenden Betriebs notwendig und geboten war (IT-Systeme, Spielbetrieb); die bisherigen Angebote der SKL und NKL wurden als Produktlinien im Außenverhältnis un-

steuern. Grundsätzlich dürfte eine Treuepflicht gegenüber den Ländern bestehen, hier keine einseitig zu Gunsten einer bestimmten Region austarierten Maßnahmen durchzuführen es sei denn, der öffentlich-rechtliche Auftrag erfordert hier eine Kanalisierung, wozu keinesfalls eine besondere Effizienz der Werbemaßnahmen allein ausreichen dürfte.

verändert weiter angeboten, wobei sich lediglich – für den Kunden kaum erkennbar – die Veranstaltereigenschaft änderte. Im Übrigen wurde von Anfang an versucht, die zusammengehörenden Funktionseinheiten zusammenzuführen, eine Herausforderung, die logistisch durch die Entfernung der beiden Sitze erschwert und andererseits durch technische Hilfsmittel (Videokonferenzsysteme, Intranetaustausch usw) unterstützt wurde. Dass wie bei jeder Zusammenführung die Unternehmenskulturen und Menschen mit ihren jeweiligen Einstellungen, Arbeitsmethoden, Ängsten und Eigenheiten sich einem Veränderungsprozess stellen müssen, versteht sich von selbst. Dieser kann auch nicht von heute auf morgen abgeschlossen sein.

Strategisch hat sich die Anstalt als Vision gesetzt, zunächst die Kontinuität der 92
bereits angebotenen tradierten Klassenlotterieprodukte zu pflegen und diese weiter zu unterstützen, sich aber auch auf die im Rahmen des GKL-StV nunmehr mögliche Entwicklung von aktuellen und zeitgemäßen Spielangeboten in modernen Vertriebswegen zu konzentrieren und insoweit den Kanalisierungsauftrag wahrzunehmen[88]. Wie oben bereits erwähnt hat der Gesetzgeber über die weite Definition des Anstaltszwecks und die klaren Regelungen zum Vertrieb wichtige strategische und konzeptionelle Grundlagen geschaffen. Es ist zu hoffen, dass damit die jahrhunderte alte Rolle der Klassenlotterien in neuem Licht und mit zeitgemäßen Produkten in dem nunmehr geschaffenen modernen Rahmen und mit den neuen Möglichkeiten erfolgreich genutzt werden kann, um auch den staatlichen Monopolauftrag erfolgreich erfüllen zu können.

5. Ein Ausblick

Dieser Beitrag beschäftigte sich im Wesentlichen mit Klassenlotterien und sollte 93
auch mit dem ausführlichen geschichtlichen Bezug darlegen, dass Glücksspielpolitik und Glücksspielrealität immer eine Symbiose bilden. Gerade weil Glücksspiel stark durch emotionale und manchmal triebhafte Elemente gesteuert wird, ist der rechtlich kodifizierte Zugang zu dem Thema besonders schwer. Eine allzu starke Regulierung steht dann auch einer zeitnahen Fortentwicklung der Angebote zumindest dann entgegen, wenn die Instrumente nicht vorhanden sind oder die Regelungen dies nicht zulassen. Die Erfahrungen mit dem GlüStV 2008 haben gezeigt, dass auch allzu strikte Verbote aus dem besagten Grund sogar das Gegenteil dessen bewirkt haben, was man erreichen wollte. Die politischen Grundentscheidungen wurden zu schnell und zu unüberlegt getroffen. Der GlüStV 2012 enthält hier wieder deutlich mehr Optionen. Ob er dauerhaft zum Erfolg führt, wird die Zeit zeigen. Der Autor hat gegenüber den Glücksspielaufsichten mehrfach den Wunsch nach der

88 Ausführlicher dazu *Rombach* aaO Fn 71 S 192ff.

Notwendigkeit eines Glücksspielplanungsrechts formuliert. Gemeint ist damit, dass bei der gewählten Monopolstruktur der Sicherstellungsauftrag des GlüStV von irgendjemandem geplant und gesteuert werden muss. Diese Aufgabe haben eindeutig die Länder. Das müsste dann aber bedeuten, dass von den Ländern entsprechende Überlegungen zur Entwicklung, zum Bedarf und zu Lösungsmöglichkeiten des Glücksspielangebots mit Unterstützung des Fachbeirats anzustellen sind, ob und wie die Ziele des GlüStV erreicht oder noch besser erreicht bzw gesteuert werden können. Entsprechende Ergebnisse sind bisher nicht bekannt. Das Glücksspielkollegium versteht sich und agiert gem seinem gesetzlichen Auftrag erkennbar nur als internes Fachkollegium im Rahmen des ländereinheitlichen Erlaubnisverfahrens, also ausschließlich im Bereich der Eingriffsverwaltung. Es wirkt auch noch bei der Erstellung der Werberichtlinien mit[89]. Eine weitergehende Planungsaufgabe ist dem Kollegium nicht zugewiesen. Fällt sie damit den Einrichtungen zu, die die Länder zur Aufgabenerfüllung im Sinne der Abs 2 und 3 von § 10 GlüStV 2012 einsetzen, also den Gesellschaften des Deutschen Lotto- und Totoblocks und der GKL? Originär wird das wohl zu verneinen sein. Denn je nach konkreter Konstellation sind die Lottogesellschaften nur Hilfsorgane bzw Beauftragte bei der Erfüllung der öffentlichen Aufgabe. Formal kann damit sicher jedes Land unterschiedliche Produkte und Lösungen zur Aufgabenerfüllung wählen; das entspräche auch dem föderalen Konzept. Die Rolle des deutschen Lotto- und Totoblocks als genehmigtes Kartell bedürfte insoweit einer eigenen Darstellung. Unklar sind auch die Kompetenzen, wenn zB die Lottogesellschaften oder Teile davon ähnliche Produktüberlegungen hätten wie die GKL. Sollte hier wirklich ein reines Windhundprinzip über das schneller durchgeführte Erlaubnisverfahren entscheidend sein? Das ist auch nicht wünschenswert und widerspräche der Gestaltungsaufgabe, die originär die Länder wahrnehmen sollten[90]. Mit dem ersten bundesweiten Veranstalter von Klassenlotterien und ähnlichen Spielangeboten haben die Länder Mut bewiesen und können mit dem weiten Anstaltszweck die auch aus dem internationalen Kontext des Glücksspiels erwachsenden Anforderungen deutlich besser und effizienter lösen als bisher. Selbst eine grenzüberschreitende Zusammenarbeit mit ausländischen Veranstaltern ist möglich[91]. Ob das GKL-Modell dann auch für die Lottogesellschaften zum Tragen kommt, wird sich zeigen (vielleicht wollte der Gesetzgeber mit der GKL ein weiteres Experimentiermodell im Rahmend es GlüStV 2012 testen); naheliegend wäre es sowohl

89 Geschäfts- und Verfahrensordnung des Glücksspielkollegiums vom 19.2.2014.

90 Als rechtliche Lösung käme hier in Betracht, bei inhaltlich ähnlichen und konkurrierenden Anträgen der beiden Monopolinhaber den Versagungsgrund aus § 4 Abs 2 S 1 GlüStV 2012 heranzuziehen, der unter Verweis auf § 1 S 1 Nr 2 GlüStV 2012 die Erlaubnis für den Zweitantragsteller aus dem Grund einer übermäßigen Angebotsverdoppelung und damit das Gegenteil einer Kanalisierung heranziehen könnte.

91 So ausdrücklich die Begründung zu § 2 Abs 2 des GKL-StV.

glücksspielrechtlich wie ökonomisch[92]. Die Grundlagen dafür sind mit § 10 Abs 2 GlüStV 2012 bereits geschaffen[93]. Der Gesetzgeber erwartet dabei ein hohes Maß an Effizienz und Vereinheitlichung. Damit wäre die dringend notwendige gesamtplanerische Steuerung des deutschen Glücksspiels auch besser möglich.

92 Allein die Overhead-Kosten von 16 Gesellschaften sind nicht unbeträchtlich; rechnet man die zudem nicht vereinheitlichten IT-Systeme mit jeweils einem back-up-System hinzu und kennt die Abhängigkeit der Gesellschaften von den maximal 3 Weltmarktanbietern, ist allein schon im IT-Bereich ein erheblicher Kostenblock identifiziert.

93 So die Begründung zu § 10 Abs 2 GlüStV 2012: „Darüber hinaus können die Länder die ordnungsrechtliche Aufgabe, ein ausreichendes Glücksspielangebot sicherzustellen, durch eine von allen Vertragsländern gemeinsam geführte Anstalt erfüllen. Dies sieht die entsprechende Ergänzung des Satzes 1 vor. Die damit verbundene Zentralisierung der glücksspielrelevanten Entscheidungen bietet ein hohes Maß an Effizienz und Vereinheitlichung. Die Anstaltslösung schließt nicht aus, dass die Veranstalter nach § 10 Abs 2 und 3 als Durchführer des staatlichen Glücksspielauftrages tätig werden".

Hans-Jörg Odenthal

§ 23 Das gewerbliche Spielrecht

Übersicht

I. Entwicklung und Systematik des gewerblichen Spielrechts

1. Historische Entwicklung

Das gewerbliche Spielrecht hat sich historisch im Windschatten des staatlichen Glücksspielmonopols entwickelt. Nach § 284 des am 15.5.1871 in Kraft getretenen RStGB war die gewerbsmäßige Veranstaltung von Glücksspielen strafbar. Dieses Verbot hat, trotz einiger Änderungen, die die Vorschrift erfahren hat, bis heute Bestand. Danach wird bestraft, wer ohne behördliche Erlaubnis öffentlich ein Glücksspiel veranstaltet. 1

Da die Strafbarkeit das Fehlen einer behördlichen Erlaubnis voraussetzt, eröffnet die Verwaltungsakzessorietät der Vorschrift die Möglichkeit, durch Gesetz Ausnahmen zuzulassen. Hiervon hat der Gesetzgeber nach anfänglicher Zurückhaltung in zunehmenden Umfang zugunsten staatlicher Monopolbetriebe Gebrauch gemacht. Die wichtigsten Regelungen finden sich in den Spielbank- und Lotteriegesetzen der Länder.[1] Die meisten Landesgesetze gestatten nur dem Staat den Betrieb von Spielbanken sowie die Veranstaltung von Lotterien und Sportwetten. Das strafrechtliche Glücksspielverbot dient dem Schutz des Spielers vor wirtschaftlicher Ausbeutung seiner Spielleidenschaft. § 284 StGB soll danach die staatliche Kontrolle über 2

1 Nachw bei *Bahr* Glücks- und Gewinnspielrecht, 2005, Rn 183 ff, 248 ff.

https://doi.org/10.1515/9783110259216-023

eine Kommerzialisierung der natürlichen Spielleidenschaft sichern.[2] Nach noch herrschendem Verständnis dient die Zulassung von Ausnahmen allein der Kanalisierung eines nicht völlig zu unterdrückenden Spieltriebes, wobei das staatliche Monopol gewährleisten soll, dass die Veranstaltung von Glücksspielen nicht vorrangig aus kommerziellen Erwägungen erfolgt, sondern an dem Ziel ausgerichtet wird, die Spielleidenschaft einzudämmen. Angesichts der ständigen Ausweitung staatlich konzessionierter Glücksspiele, die mit dieser Zielsetzung offenkundig nicht in Einklang steht, werden allerdings die Rechtfertigung des staatlichen Monopols und die Berechtigung der Strafvorschrift im Schrifttum zunehmend in Zweifel gezogen.[3]

3 Erstmals im Jahre 1920 wurde in einer Ausführungsvorschrift zum Gesetz gegen das Glücksspiel vom 27.7.1920 (RGBl S 1482) in einem allerdings sehr begrenzten Umfang die Möglichkeit geschaffen, eine den Tatbestand des § 284 StGB ausschließende behördliche Erlaubnis für die gewerbsmäßige Veranstaltung von Glücksspielen zu erteilen. Erlaubt werden konnten Gewinnspiele auf Jahrmärkten, Schützenfesten sowie ähnlichen unter freiem Himmel gelegentlich stattfindenden Veranstaltungen von vorübergehender Dauer, wenn der Einsatz eine RM nicht überstieg und nicht mehr als zehn Prozent der Einsätze dem Veranstalter verblieb.[4] Damit wurde von dem Gesetzgeber erstmals eine Unterscheidung zwischen den staatlich konzessionierten Gewinnspielen in Casinos, deren Gewinn- und Verlustmöglichkeiten unbegrenzt sind, und dem hinsichtlich der Höhe des Einsatzes und des wieder auszuschüttenden Gewinns reglementierten gewerblichen Spiels getroffen, das gewerbsmäßig veranstaltet werden durfte. Diese im Jahre 1920 erstmals vorgenommene Unterscheidung ist im Grundsatz bis heute unverändert geblieben. Das „Große Spiel“ findet in den staatlichen Spielcasinos statt und ist in den Spielbankengesetzen der Länder gesetzlich geregelt. Das „Kleine Spiel“ hat demgegenüber seine gesetzliche Regelung in der Gewerbeordnung gefunden. Dieser Dualismus von dem durch den Grundsatz der Gewerbefreiheit geprägten, bundesrechtlich in den §§ 33c ff GewO geregelten gewerblichen Spielrecht und dem durch ein staatliches Monopol gekennzeichneten Glücksspielrecht der Länder prägt das deutsche Glücksspielrecht bis heute.

2 BVerfG v 18.3.1970, BVerfGE 28, 119, 148 = NJW 1970, 1363 – „Spielbanken-Urteil“; BGH v 4.2.1958, BGHSt 11, 209; BayObLG v 11.2.1993, NStZ 1993, 491; wN bei *Krehl* in: Leipziger Kommentar StGB, 12. Aufl, vor § 284 Rn 7 ff; *Brandl* Spielleidenschaft und Strafrecht, 2003, 16 ff.

3 Vgl *Heine* in: Schönke/Schröder StGB, 28. Aufl, § 284 Rn 2b; *Fischer* StGB, 58. Aufl, § 284 Rn 1; *Wohlers* Nomos Kommentar StGB, 2. Aufl, § 284 Rn 2 ff jeweils mwN.

4 *Kummer* Das Recht der Glücksspiele und der Unterhaltungsautomaten mit Gewinnmöglichkeit, 1977, 17 f; *ders* GewArch 1988, 264; *v Rosen*/*v Hoewel* Handbuch der Deutschen Automatenwirtschaft, 1956, 50 ff.

2. Das Sportwettenurteil des BVerfG

Im Sportwettenurteil vom 28.3.2006[5] hat das BVerfG aufgezeigt, unter welchen Voraussetzungen im Glückspielwesen Gemeinwohlinteressen ein staatliches Monopol und den damit verbundenen Ausschluss privater Veranstalter rechtfertigen können. Das BVerfG hat die Einschränkung gewerblicher Betätigungsmöglichkeiten nur unter der Voraussetzung für verfassungsgemäß erklärt, dass übergeordnete Belange des Gemeinwohls dies rechtfertigen. Das sind in keinem Fall, wie das BVerfG betont hat, fiskalische Interessen. Vielmehr kann allein der Zweck, den Spieler vor den Gefahren einer ausufernden Spielleidenschaft zu schützen, ein staatliches Monopol rechtfertigen. Die im Sportwetturteil des BVerfG aufgestellten Grundsätze gelten über den engen Bereich der Sportwetten hinaus für das gesamte Recht des Glückspielwesens. Das Urteil zeigt nämlich auf, dass nur eine konsequent am Schutz des Spielers orientierte Ausübung staatlicher Monopolrechte mit dem Grundgesetz vereinbar ist. Dabei lassen sich dem Urteil des BVerfG zwei Grundaussagen entnehmen. Zum Einen: Auch in einer liberalen und pluralistischen Gesellschaft haben Vorschriften zum Schutz des Spielers vor den spezifischen Gefahren des Glücksspiels durchaus eine Berechtigung. Diese Gefahren bestehen einmal für den einzelnen, indem dieser sich in übersteigerter Gewinnerwartung dem Risiko hoher Vermögensverluste und damit im schlimmsten Fall dem Vermögensverfall aussetzen kann. Für die Gemeinschaft wiederum hat der durch die Spielleidenschaft verursachte Vermögensverfall vielfältige, die Sozialkassen belastende, nachteilige Folgen. Der Schutz des Spielers und der Gemeinschaft vor diesen Gefahren rechtfertigt nicht nur eine Beschränkung der gewerblichen Betätigungsfreiheit desjenigen, der Glücksspiele veranstalten will, sondern unter Umständen auch die Errichtung eines staatlichen Monopols. 4

Die andere Aussage ist die: Wenn der Staat zum Schutz des Spielers ein Monopol begründet, hat er dessen Ausübung streng an eben diesem Schutzweck zu orientieren. Er darf, mit anderen Worten, nicht den Spielerschutz nur als Vorwand dafür benutzen, vorrangig aus fiskalischen Interessen ein staatliches Monopol zu errichten. Die Tragweite dieser Aussage reicht weit über den Bereich der Sportwetten hinaus. Sie hat Gültigkeit für den gesamten Bereich des Glücksspielrechtes. Auch dessen Recht hat sich an den vom BVerfG aufgestellten Grundsätzen zu orientieren, wobei der Gesetzgeber allerdings einen weiten Gestaltungsspielraum hat.[6] 5

5 1 BvR 1054/01 BVerfGE 115, 276 = NJW 2006, 1261; s dazu ua *Hecker* ZfWG 2006, 89; *Pestalozza* NJW 2006, 1711; *Scheidler/Büttner* GewArch 2006, 401; *Schmid* GewArch 2006, 177; *Vallone/Dubberke* GewArch 2006, 240.

6 Vgl die Spielbankenentscheidung des BVerfG v 19.7.2000, BVerfGE 102, 197 („Einschätzungsprärogative"); kritisch *Papier* FS Stern, 1997, 543 (Öff Monopol für Spielbanken mit Art 12 GG unvereinbar).

3. Vom Glücksspielstaatsvertrag zur Carmen Media-Entscheidung des EuGH

6 Die Länder haben auf das Urteil des BVerfG mit dem am 1.1.2008 in Kraft getretenen Glücksspielstaatsvertrag (GlüStV) reagiert.[7] Damit sollten die landesrechtlichen Glücksspielgesetze stärker als bisher auf eine Begrenzung des Glücksspielangebots und der Bekämpfung der negativen Begleiterscheinungen des Glücksspiels ausgerichtet werden.[8] Ob das in einer Weise gelungen ist, die den verfassungs- und europarechtlichen Anforderungen an die Rechtfertigung eines staatlichen Sportwettenmonopols genügt, ist von den nationalen Gerichten unterschiedlich beurteilt worden.[9] Zweifel sind vor allem unter zwei Aspekten geäußert worden:[10]

7 Zum einen wegen der systematisch zu Wetten anreizenden, auf die Gewinnung neuer Kunden abzielenden Werbepraxis der staatlichen Monopolträger, die im Widerspruch zu den die Werbung für Glücksspiele *normativ* einschränkenden Vorschriften des GlüStV steht. Zum anderen wegen der Entwicklung im Bereich des – im Vergleich zu Sportwetten als suchtgefährdender geltenden – gewerblichen Automatenspiels, das im Zuge einer Ende 2005 erfolgten Änderung der SpielV[11] erheblich zugenommen hat. Die Zunahme des gewerblichen Automatenspiels hat durch die Carmen Media-Entscheidung des EuGH vom 8.9.2010[12] eine besondere Sprengkraft entwickelt, weil sie die Schlussfolgerung erlaubt, dass das staatliche Sportwettenmonopol auf Dauer nicht ohne weitreichende Einschränkungen des gewerblichen Automatenspiels weiter aufrechterhalten werden kann. Denn in diesem Urteil hat der EuGH – deutlicher als in vorangegangenen Entscheidungen – eine Gesamtkohärenz des nationalen Glücksspielrechts eingefordert. Zwar dürfe es für verschiedene Arten von Glücksspielen grundsätzlich auch unterschiedliche Regelungen geben. Unabhängig von dieser sektoralen Betrachtung müsse aber innerhalb des nationalen Glücksspielrechts auch eine globale Kohärenz bestehen. Angesichts der Expansion des gewerblichen Automatenspiels haben hieraus die Verwaltungs-

---

7 www.gluestv.de; s dazu *Backu* GewArch 2007, 226; *Kim/Dübbers* ZfWG 2006, 220; *Scholz/Weidemann* WiVerw 2007, 105.

8 Vgl § 1 GlüStV.

9 S hierzu BVerwG v 24.11.2010 – 8 C 13/09, NVwZ 2011, 549; 8 C 14/09, NVwZ 2011, 554; 8 C 15/09, Beck Rs 2011, 47354; dazu *Pagenkopf* NVwZ 2011, 513; VGH Mannheim v 16.10.2008, GewArch 2009, 73; BayVGH v 2.6.2008, ZfWG 2008; 197; OVG Hamburg v 25.3.2008, ZfWG 2008, 136; OVG NW v 22.2.2008, ZfWG 2008, 122; OVG NW v 30.7.2008, ZfWG 2008, 264; HessVGH v 13.8.2008, 272; OVG Lüneburg v 8.7.2008, GewArch 2008, 76.

10 Eingehend OVG NW v 29.9.2011, GewArch 2012, 25; BVerwG v 1.6.2011 – 8 C 2.10 u 8 C 4.10, GewArch 2011, 46 (nur Leitsätze); s auch OVG Lüneburg v 8.7.2008, GewArch 2009, 76.

11 ÄnderungsVO v 17.12.2005, BGBl I 3495; s dazu *Hahn* GewArch 2007, 89.

12 Rs C-46/08, GewArch 2010, 448; s dazu auch die am selben Tag ergangenen, allerdings die Rechtslage vor dem GlüStV betreffenden Entscheidungen C-409/06 (Winner Wetten), GewArch 2010, 442 und C-316/07 (Markus Stoß), GewArch 2010, 444; dazu *Ennuschat* GewArch 2010, 425; *Krause* GewArch 2010, 428.

gerichte geschlossen, dass die Regelungen des gewerblichen Spielrechts angesichts ihrer tatsächlichen Auswirkungen dem Erfordernis einer systematischen und kohärenten Begrenzung der Glücksspiele widersprechen sollen.[13]

4. Der Erste Glücksspieländerungsstaatsvertrag

Dem haben die Länder mit dem am 1.7.2012 in Kraft getretenen Ersten Glücksspiel- 8
änderungsstaatsvertrag (1. GlüÄndStV) Rechnung zu tragen versucht.[14] Er erhält erstmals Regelungen auch für einen Teilbereich des gewerblichen Automatenspiels, nämlich für Spielhallen. Die Voraussetzung hierfür ist 2006 durch eine Änderung der Kompetenzordnung des Grundgesetzes[15] geschaffen worden. Das gewerbliche Spielrecht ist, anders als das Spielbankenrecht[16], Teil des Wirtschaftsrechtes, das nach Art 74 Abs 1 Nr 11 GG der konkurrienden Gesetzgebung des Bundes unterliegt. Der Bund hat von dieser Gesetzgebungskompetenz in den §§ 33ff Gewerbeordnung (GewO) und den aufgrund der Ermächtigung in § 33f GewO erlassenen Rechtsverordnungen, von denen die Verordnung über Spielgeräte und andere Spielgeräte mit Gewinnmöglichkeit (Spielverordnung – SpielV)[17] die mit Abstand wichtigste ist, Gebrauch gemacht. Erst im Zuge der am 1.9.2006 in Kraft getretenen so genannten „Föderalismusreform" ist das Recht der Spielhallen, das allerdings nur ein Ausschnitt des gewerblichen Spielrechts darstellt, in die ausschließliche Gesetzgebungskompetenz der Länder übertragen worden. Diese haben die Länder mit dem 1. GlüÄndStV in Anspruch genommen. Gegenüber dem bisher bundesrechtlich in § 33i GewO geregelten Rechtszustand ergeben sich aus ihm und den Ausführungsgesetzen der Länder[18], durch die der 1. GlüÄndStV in Landesrecht transfor-

13 BVerwG, OVG NW o Fn 10.

14 www.gluestv.de.

15 Gesetz zur Änderung des Grundgesetzes v 28.8.2006, BGBl I 2034; s dazu *Dietlein* ZfWG 2008, 12ff, 77ff; *Ennuschat/Brugger* ZfWG 2006, 292; *Höfling/Rixen* GewArch 2008, 7; *Ipsen* NJW 2006, 2801; *Kluth* Die Gesetzgebungskompetenz für das Recht der Spielhalle nach der Neufassung des Art 74 Abs 1 Nr 11 GG (2009); *Pieroth/Lammers* GewArch 2012, 1ff; *Schneider* Das Recht der Spielhallen nach der Föderalismusreform (2009) und GewArch 2009, 265ff, 343ff; *Schönleiter* GewArch 2006, 373.

16 BVerfG v 18.3.1970, BVerfGE 28, 119 (Recht der öffentl Sicherheit u Ordnung).

17 IdF d Bek v 27.1.2006, BGBl I 280.

18 *Baden-Württemberg:* Gesetz zu dem Ersten Glücksspieländerungsstaatsvertrag und zu dem Staatsvertrag über die Gründung der GKL gemeinsame Klassenlotterie der Länder vom 26. Juni 2012, GBl 2012, 385; *Bayern:* Gesetz zur Änderung des Gesetzes zur Ausführung des Staatsvertrages zum Glücksspielwesen in Deutschland und anderer Rechtsvorschriften vom 25. Juni 2012, BayGVBl 2012, 270; *Brandenburg:* Gesetz zur Neuregelung des Glücksspiels im Land Brandenburg vom 28. Juni 2012, GVBl 2012, Nr 29; *Berlin:* Spielhallengesetz Berlin (SpielhG Bln) vom 20. Mai 2011, GVBl 2011, 223, s dazu *Pieroth/Lammers*, GewArch 2012, 1ff; *Bremen:* Bremisches Spielhallengesetz (BremSpielhG) vom 17. Mai 2011, BremGBl S 327; *Hamburg:* Zweites Gesetz zur Neuregelung des Glücks-

miert[19] und um weitere Vorschriften ergänzt wird, weitreichende Einschränkungen nicht nur für die Errichtung neuer, sondern auch den Betrieb bestehender Spielhallen, auf die später näher einzugehen ist (unten II 3).

5. Die Systematik des geltenden Rechts

9 Das gewerbliche Spielrecht ist vor allem ein Recht der Spiele und der Spielgeräte *mit Gewinnmöglichkeit*. Spiele und Spielgeräte ohne Gewinnmöglichkeit haben keine vergleichbare geschlossene gesetzliche Regelung erfahren. Nur ganz vereinzelt finden sich Vorschriften, die sie zum Gegenstand haben.[20] Das erklärt sich damit, dass allein von Gewinnspielen die spezifischen Gefahren ausgehen können, die eine gesetzliche Regelung zum Schutz vor allem der Spieler erforderlich macht. Systematisch ist das gewerbliche Spielrecht durch eine Zweiteilung in Spielgeräte und in Spiele mit Gewinnmöglichkeit und hier wiederum durch die Unterscheidung zwischen der Zulassung der Spielgeräte/Spiele mit Gewinnmöglichkeit und ihrer Aufstellung/Veranstaltung gekennzeichnet. Hiervon geht auch die nachfolgende Darstellung aus.

---

spielwesens vom 29. Juni 2012, HmbGVBl 2012, 235; *Hessen:* Hessisches Gesetz zur Neuregelung des Spielhallenrechts vom 28. Juni 2012, GVBl 2012, 213; *Mecklenburg-Vorpommern:* Erstes Glücksspieländerungsstaatsvertragsgesetz und Gesetz zur Änderung glückspielrechtlicher Vorschriften vom 22. Juni 2012, GVBl 2012, 215 u 232; *Niedersachsen:* Gesetz zur Änderung von Vorschriften über das Glücksspiel vom 21. Juni 2012, NdsGVBl Nr 13/2012; *Nordrhein-Westfalen:* Entwurf der Landesregierung NW eines Gesetzes zum Ersten Staatsvertrag zur Änderung des Staatsvertrages zum Glücksspielwesen in Deutschland (Drs 16/17); *Rheinland-Pfalz:* Landesgesetz zu dem Ersten Glücksspieländerungsstaatsvertrag und dem Staatsvertrag über die Gründung der GKL Gemeinsame Klassenlotterie der Länder vom 22. Juni 2012 (Landesglücksspielgesetz – LGlüG), GVBl 2012, 166; *Saarland:* Gesetz Nr 1772 zur Neuregelung des Glücksspielwesens im Saarland vom 20. Juni 2012, ABl 2012, 156; *Sachsen:* Gesetz zum Ersten Glücksspieländerungsstaatsvertrag, zum Staatsvertrag über die Gründung der GKL Gemeinsame Klassenlotterie der Länder und zur Änderung des Sächsischen Ausführungsgesetzes zum Glücksspielstaatsvertrag vom 14. Juni 2012, GVBl 2012, 270; Entwurf eines Gesetzes zum Ersten Glücksspieländerungsstaatsvertrages (Drs 5/8722); *Sachsen-Anhalt:* Zweites Gesetz zur Änderung glücksspielrechtlicher Vorschriften vom 25. Juni 2012, GVBl LSA 2012, 204; *Thüringen:* Thüringer Gesetz zur Anpassung an Neuregelungen im Bereich des Glücksspielwesens vom 21. Juni 2012, GVBl 2012, 153; *Schleswig-Holstein:* Gesetz zur Errichtung und zum Betrieb von Spielhallen (SpielhG) vom 17. April 2012, GVBl 2012, 431.

19 Zur Notwendigkeit einer solchen Transformation s BVerfG v 22.2.1994, BVerfGE 90, 60, 86 (zum Rundfunkstaatsvertrag); zum GlüStV *Postel* in Dietlein/Hecker/Ruttig, Glücksspielrecht (2008), § 24 GlüStV Rn 1.

20 Vgl §§ 13 JuSchG („Bildschirmspielgeräte") und § 33i GewO („Unterhaltungsspiele ohne Gewinnmöglichkeit"). Dagegen nicht § 6a SpielV („Fun-Games"), der bei zutreffendem und mit der Ermächtigungsgrundlage in § 33f GewO allein vereinbaren Verständnis eine (Abgrenzungs-)Regelung für Spielgeräte mit Gewinnmöglichkeit trifft.

II. Spielgeräte mit Gewinnmöglichkeit

1. Die Zulassung der Spielgeräte

a) Das Spielgerät mit Gewinnmöglichkeit

Das Spielgerät mit Gewinnmöglichkeit ist gesetzlich definiert in § 33c Abs 1 S 1 GewO. Danach bedarf derjenige, der gewerbsmäßig Spielgeräte aufstellen will, „*die mit einer den Spielausgang beeinflussenden technischen Vorrichtung ausgestattet sind und die Möglichkeit eines Gewinnes bieten*“, der Erlaubnis der zuständigen Behörde. „*Die Erlaubnis berechtigt nur zur Aufstellung von Spielgeräten, deren Bauart von der Physikalisch-Technischen-Bundesanstalt* [PTB] *zugelassen ist*“ (S 2). 10

11 Da die technische – also mechanische oder elektronische – Vorrichtung einen eigengesetzlichen Ablauf entwickeln und neben der Einwirkung des Spielers als „zweite Kraft“ den Spielerfolg *ausschlaggebend* beeinflussen können muss,[21] handelt es sich bei den Spielgeräten im Sinne des § 33c GewO rechtstechnisch um Glücksspiele.[22] Allerdings erfolgt die Veranstaltung dieser Glücksspiele, dh die Aufstellung der Geräte, nicht unerlaubt im Sinne des § 284 StGB, wenn die Bauart durch die *PTB* zugelassen ist. Die Bauartzulassung ist also die den § 284 StGB ausschließende Erlaubnis. Daneben sind für die Aufstellung der Geräte zwar weitere Erlaubnisse, die die Person des Aufstellers (§ 33c Abs 1 S 1 GewO), die Eignung des Aufstellortes (§ 33c Abs 3 GewO) oder diesen selbst (§ 33i GewO und/oder nach Landesrecht erforderlichen Spielhallenerlaubnisse) betreffen, notwendig, die allerdings nicht die Zulassung, sondern die Aufstellung der Geräte regeln und daher für die strafrechtliche Einordnung des Spielgerätes unerheblich sind. Das Fehlen einer sich auf die Person des Aufstellers bzw die Eignung des Aufstellortes beziehenden Erlaubnis stellt folgerichtig auch nur eine Ordnungswidrigkeit dar (§ 144 Abs 1 Nr 1d GewO).

b) Bauartzulassung

12 Die Zulassung der Spielgeräte mit Gewinnmöglichkeit erfolgt in Form einer Bauartzulassung. Kennzeichnend hierfür ist, dass für serienmäßig angefertigte Anlagen oder Anlagenteile lediglich ein Baumuster geprüft wird. Entspricht dieses den einschlägigen Anforderungen, wird die Zulassung für den gesamten Serientyp erteilt.[23]

---

21 Vgl BVerwG v 9.6.1960, GewArch 1961, 34; v 27.10.1966, BVerwGE 25, 204, 205; v 24.10.2001, GewArch 2002, 76.

22 *Ennuschat* in: Tettinger/Wank/Ennuschat, GewO, 8. Aufl, § 33c Rn 8; *Hahn* in: Friauf, Kommentar zur GewO, § 33c Rn 5; *Marcks* in: Landmann-Rohmer, Kommentar zur GewO, § 33c Rn 4; *Odenthal* GewArch 1989, 223.

23 Vgl *Redeker* GewArch 1971, 244; *v Rosen*/*v Hoewel* s.o. Fn 4, 93; s dazu a BVerfG v 15.3.1960, BVerfGE 11, 6, 16 (zu Dampfkesselanlagen).

Die Bauartzulassung ersetzt also die sonst notwendige Zulassung der einzelnen Geräte, indem anstelle einer Vielzahl von Einzelerlaubnissen eine Erlaubnis zur Serienherstellung in der Form einer Allgemeinverfügung ergeht. Mit der Zulassung der Bauart wird materiell gleichzeitig die Serienherstellung freigegeben. Für die Nachbaugeräte muss gewährleistet sein, dass sie mit der zugelassenen Bauart übereinstimmen. Hierdurch unterscheidet sich die Zulassung der Spielgeräte mit Gewinnmöglichkeit von der der Spiele mit Gewinnmöglichkeit, bei der für jedes Spiel eine Einzelerlaubnis notwendig ist.

13 Einer Zulassung bedürfen nur Spielgeräte mit Gewinnmöglichkeit. Spielgeräte, die aufgrund ihrer technischen Ausstattung die Möglichkeit eines Gewinns bieten könnten, nach ihrem aktuellen Spielabläufen aber tatsächlich nicht bieten, sind keine Spielgeräte mit Gewinnmöglichkeit.[24]

c) § 33e GewO als „Magna Charta" des gewerblichen Spielrechts

14 Unter welchen Voraussetzungen die Bauart eines Spielgerätes zugelassen werden muss, regelt § 33e Abs 1 S 1 GewO. Danach darf die Zulassung der Bauart eines Spielgerätes nur versagt werden, wenn die Gefahr besteht, dass der Spieler unangemessen hohe Verluste in kurzer Zeit erleidet. § 33e Abs 1 S 1 GewO ist die Zentralnorm des gewerblichen Spielrechts schlechthin, die das mit der gesetzlichen Regelung verfolgte Ziel, nämlich den Schutz des Spielers, in einem Leitsatz zusammenfasst. Darin kommt zugleich der wesentliche Unterschied des gewerblichen Spiels zu den in staatlicher Regie veranstalteten Gewinnspielen zum Ausdruck, die eine Beschränkung der Verlustrisiken für die Spieler nicht kennen.[25] § 33e GewO will, wie das Bundesverwaltungsgericht wiederholt formuliert hat, *„nicht die noch so ausgedehnte spielerische Unterhaltung, sondern nur die im wirtschaftlichen Sinne ausbeuterische Ausnutzung eines durch gesteigerte Gewinnerwartung geschaffenen Anreizes, sich mit unkontrollierter Risikobereitschaft einer großen Verlustgefahr auszusetzen, verhindern."*[26] Das hierin zum Ausdruck kommende Grundanliegen des Gesetzes gilt nicht nur für das Zulassungsverfahren, sondern ist zugleich Richtschnur für die Auslegung aller Vorschriften des gewerblichen Spielrechts. Denn nur eine streng an diesem Schutzzweck ausgerichtete Auslegung und Anwendung der gesetzlichen Vorschriften kann verhindern, dass fragwürdige Moral- und Ordnungsvorstellungen über den sozialen Wert von Gewinnspielen, die staatlichen Instanzen vor dem Hintergrund der Kommerziali-

---

24 OVG NW v 3.4.2007, GewArch 2007, 386 gegen OVG Rh-Pf v 8.5.2006, GewArch 2007, 38; HessVGH v 23.3.2005, GewArch 2005, 255. Der HessVGH hat seine gegenteilige Rspr zu Recht aufgegeben, vgl HessVGH v 16.1.2007, GewArch 2007, 290.

25 Vgl *Odenthal* GewArch 2001, 276.

26 BVerwG v 9.10.1984, GewArch 1985, 64, 65; v 30.3.1993, GewArch 1993, 323, 324; v 23.1.1996, GewArch 1996, 279.

sierung des Spieltriebes durch den Staat selbst ohnehin schlecht anstehen, die Rechtsanwendung beeinflussen. Die Bedeutung der Leitnorm des § 33e Abs 1 S 1 GewO für das gewerbliche Spielrecht kann also nicht hoch genug veranschlagt werden.

d) Zulassungsverfahren

Das Zulassungsverfahren für Spielgeräte mit Gewinnmöglichkeit ist im IV. Titel der SpielV geregelt. Nach § 33e S 1 GewO darf die Zulassung für die Bauart eines Spielgerätes mit Gewinnmöglichkeit nur versagt werden, wenn die Gefahr besteht, dass der Spieler unangemessen hohe Verluste in kurzer Zeit erleidet. Dieser nach der Konzeption des Gesetzes für Spielgeräte im Sinne des § 33c GewO einzige gesetzliche Versagungstatbestand wird durch die Vorschriften der SpielV nicht ergänzt, sondern nur konkretisiert. Deshalb darf die SpielV die sich aus § 33e GewO ergebenden Anforderungen nicht verschärfen.[27] 15

Die SpielV unterscheidet für das Zulassungsverfahren zwischen Spielgeräten mit Geld- (§ 13 SpielV) und mit Warengewinnmöglichkeit (§ 14 SpielV). Die Unterscheidung ist zwar teilweise auf ein übertriebenes Differenzierungsstreben des Verordnungsgebers zurückzuführen, insoweit aber berechtigt, als es auch sachliche Unterschiede, insbesondere hinsichtlich der technischen Ausgestaltung der Gewinnausgabe gibt, die eine unterschiedliche Regelung rechtfertigen. Praktisch bedeutsam ist sie nicht, weil Spielgeräte mit Warengewinnmöglichkeit wirtschaftlich so gut wie keine Rolle spielen. Das ist darauf zurückzuführen, dass Spielgeräte mit Gewinnmöglichkeit nur in begrenzter Anzahl aufgestellt werden dürfen und die Begrenzung gleichermaßen für Spielgeräte mit Geld- und Warengewinnmöglichkeit gilt. Die Aufstellung eines Spielgerätes mit Warengewinnmöglichkeit ist daher nur auf Kosten des – wirtschaftlich attraktiveren – Geldspielgerätes möglich. 16

§ 13 SpielV regelt unter anderem den für Geldspielgeräte höchstens zulässigen Einsatz und Gewinn pro Spiel, die Mindestspieldauer sowie eine Höchstgrenze für die Summe der Verluste und der Gewinne im Verlauf einer Stunde Spielzeit. In ihrer Gesamtheit stellen diese Regelungen sicher, dass auch bei einem längeren Bespielen der Geräte nicht die Gefahr unangemessen hoher Verluste in kurzer Zeit besteht.[28] 17

---

27 BVerwG v 26.6.1979, GewArch 1979, 371, 372; *Ennuschat* § 33e Rn 10; *Hahn* § 33e Rn 8; *Marcks* § 33e Rn 7 alle o Fn 22; *Meßerschmidt* in: Pielow Gewerbeordnung § 33e Rn 13; *v Ohlshausen/Schmidt* Automatenrecht, 1972, Rn F 89.

28 Hierzu eingehend *Hahn* aaO Rn 7 ff; kritisch *Gallwas* FS Helmrich, 1994, 933 ff (mit Ermächtigungsgrundlage zT unvereinbar).

e) Exkurs: „Fun-Games"

18 In den letzten Jahren hat die Rechtsprechung die rechtliche Einordnung von Spielautomaten beschäftigt, die als „Fun-Games" bezeichnet werden.[29] Hierbei handelt es sich um Um- oder Nachbauten klassischer Casino-Geräte („Slot-Machines"), von denen sie sich dadurch unterscheiden, dass keine (Geld-)Gewinnmöglichkeit besteht. Stattdessen konnten an diesen Geräten aber Punkte und als Gegenwert hierfür Weiterspielmarken, so genannte „Token", gewonnen werden. Im Übrigen waren die Spielabläufe, insbesondere die Schnelligkeit des Spiels und die Möglichkeit hoher Punktegewinne und -verluste nicht anders als bei den Casino-Geräten. Lange Zeit war fraglich, ob diese Automaten als Spielgeräte mit oder ohne Gewinnmöglichkeit zu qualifizieren sind. Diese Qualifikation hat nach der Systematik des gewerblichen Spielrechts weitreichende Konsequenzen: Während nämlich die Herstellung und Aufstellung von Spielgeräten mit Gewinnmöglichkeit stark reglementiert ist, gibt es für Unterhaltungsautomaten ohne Gewinnmöglichkeit keine vergleichbaren Beschränkungen. Die Unterscheidung hat wegen § 284 StGB sogar strafrechtliche Auswirkungen. Dabei sieht das Gesetz keine Möglichkeit vor, die Einordnung eines Spielautomaten in einen solchen mit oder ohne Gewinnmöglichkeit in einem präventiven Verwaltungsverfahren verbindlich zu klären. Das darin liegende Dilemma lässt sich auf eine simple Formel zurückführen: Handelt es sich um einen Unterhaltungsautomaten, ist eine Erlaubnis weder möglich noch erforderlich. Handelt es sich demgegenüber um ein Spielgerät mit Gewinnmöglichkeit, ist dieses genehmigungspflichtig und – weil die in der SpielV geregelten Zulassungskriterien nicht erfüllt werden – nicht genehmigungsfähig.

19 Schwierig ist die damit notwendige Abgrenzung deshalb, weil Einigkeit darüber besteht, dass nicht jedwede Vergünstigung einen Gewinn im Sinne der spielrechtlichen Vorschriften darstellt. Kein Gewinn ist zB das Freispiel an einem Unterhaltungsautomaten, das eine kostenlose Fortsetzung des Spiels ermöglicht.[30] Etwas anderes gilt nach der verwaltungsgerichtlichen Rechtsprechung aber dann, wenn über das Freispiel eine Wertmarke ausgegeben wird, über die der Spieler beliebig verfügen und die er insbesondere veräußern kann.[31] In diesem Fall soll aus dem erlaubnisfreien Unterhaltungsspielgerät ein nach § 33c genehmigungspflichtiges Spielgerät mit Gewinnmöglichkeit werden. Damit hat sich der Begriff der Gewinnmöglichkeit in § 33c GewO, wie er von der verwaltungsgerichtlichen Rechtsprechung interpretiert wird, von dem strafrechtlichen Begriff der Gewinnmöglichkeit entfernt. Denn die Strafgerichte gehen davon aus, dass ein unerlaubtes Glücksspiel

29 Vgl BVerwG v 23.11.2005, GewArch 2006, 123; OVG Hamburg v 4.3.2005, GewArch 2005, 252 je mwN; s dazu auch *Dahs/Dierlamm* GewArch 1996, 272; *Mohr* GewArch 2000, 190.

30 Vgl *Marcks* s.o. Fn 22, § 33c Rn 6.

31 Grundlegend OLG Hamm v 28.7.1969, GewArch 1970, 41; VG Sigmaringen v 2.5.2005, GewArch 2005, 291 mwN.

erst dann vorliegt, wenn die Wertmarke von dem Veranstalter oder mit dessen Wissen und Billigung von Dritten in Geld in einer Höhe umgetauscht wird, die den Einsatz übersteigt.[32]

Der Verordnungsgeber hat auf diese Entwicklung reagiert, indem er mit der am 1.1.2006 in Kraft getretenen Änderung der SpielV[33] einen neuen § 6a eingefügt hat, der der Sache nach ein Verbot so genannter „Fun-Games" enthält. Allerdings verwendet die äußerst umständliche und gesetzestechnisch missglückte Vorschrift nicht den – nicht definierten – Begriff des Fun-Games, sondern verbietet die Aufstellung und den Betrieb bestimmter Unterhaltungsautomaten, bei denen aufgrund der Spielabläufe die (nahe liegende) Gefahr besteht, dass sie zu Glücksspielen umfunktioniert werden. Vergleichen lässt sich diese Regelung mit der in § 33e Abs 1 S 2 GewO getroffenen, wonach für andere Spiele im Sinne des § 33d die Unbedenklichkeitsbescheinigung auch versagt werden kann, wenn das Spiel durch Veränderung der Spielbedingungen oder durch Veränderung der Spieleinreichung mit einfachen Mitteln als Glücksspiel im Sinne des § 284 StGB veranstaltet werden kann.[34] Derselbe Gedanke, nämlich die präventive Verhinderung von Missbräuchen, die mit repressiven Maßnahmen und Kontrollen der Ordnungsbehörden allein nicht wirksam bekämpft werden können, liegt der Regelung in § 6a SpielV zugrunde. Dementsprechend weit ist die Vorschrift von der Rspr ausgelegt worden.[35] Die geringe Zahl veröffentlichter Entscheidungen erlaubt den Schluss, dass das Verbot von „Fun-Games" in der Praxis relativ schnell und konsequent durchgesetzt werden konnte.[36] Dazu hat neben dem Umstand, dass sich die rechtlichen Bedenken gegen diese in der Grauzone zwischen erlaubnisfreiem Unterhaltungsspiel und verbotenem Glücksspiel bewegenden Spielgeräten schon aufgrund der Rspr vor der Verordnungsänderung abgezeichnet haben, ganz entscheidend beigetragen, dass das Verbot flankiert worden ist von einer mit derselben ÄnderungsVO erfolgten Lockerung der Aufstell- und Zulassungsbedingungen für Geldspielgeräte, aufgrund deren der durch die „Fun-Games" ausgelöste Bedarf durch eine größere Anzahl neuer Geldspielgerätetypen befriedigt werden konnte.[37] 20

---

32 LG Krefeld v 10.3.2003, GewArch 2003, 294; *Fischer* s.o. Fn 3, § 284 Rn 4a; *Lesch/Wallau* GewArch 2002, 447.

33 BGBl I 3495; s dazu *Hahn* GewArch 2007, 89; *Odenthal* ZfWG 2006, 286.

34 Zu den Hintergründen dieser Regelung *Fuchs* GewArch 1994, 316; *Peter* GewArch 1994, 187; sa *Odenthal* GewArch 1989, 222.

35 S HessVGH v 16.1.2007, GewArch 2007, 290; Nieders OVG v 10.1.2008, GewArch 2008, 214; OVG Berlin v 21.10.2010, GewArch 2011, 155; OVG NW v 3.4.2007, GewArch 2007, 386; VG Stuttgart v 8.3.2007, GewArch 2007, 254.

36 Vgl auch *Trümper* Umsetzung der novellierten Spielverordnung – Feldstudie 2010 S 24 (Rückgang von durchschnittlich 8,3 „Fun-Games" je Spielhallen-Konzession in 2005 auf 0,075 in 2010).

37 Dieser Zusammenhang klingt auch im Urt d OVG NW v 29.9.2011, GewArch 2012, 25 (28) an.

2. Die Aufstellung von Spielgeräten mit Gewinnmöglichkeit

a) Grundvoraussetzung: Persönliche Zuverlässigkeit

21 Wer gewerbsmäßig Spielgeräte mit Gewinnmöglichkeit aufstellen will, bedarf nach § 33c Abs 1 S 1 GewO einer auf seine Person bezogenen allgemeinen Aufstellerlaubnis. Diese Erlaubnis ist nach § 33c Abs 2 zu versagen, wenn der Antragsteller nicht die erforderliche Zuverlässigkeit besitzt, was vom Gesetz („in der Regel") vermutet wird, wenn er wegen eines Verbrechens, wegen bestimmter Vermögensdelikte, wegen der unerlaubten Veranstaltung eines Glücksspiels oder wegen eines Vergehens nach dem JuSchG verurteilt worden ist. Diese Regelung stellt eine weitere Ausprägung des das gesamte gewerbliche Spielrecht beherrschenden Ziels des Spielerschutzes dar, weil im Falle eines Verstoßes gegen die im Gesetz genannten Straftatbestände befürchtet werden muss, dass der Antragsteller sich unter Umständen aus Eigennutz über gesetzliche Bestimmungen hinwegsetzen könnte. Die Anforderungen an die persönliche Zuverlässigkeit desjenigen, der Spielgeräte mit Gewinnmöglichkeit aufstellen will, sind damit höher als die sonst im Gewerberecht geltenden. Der Begriff der Unzuverlässigkeit ist hier zwar kein anderer als im Anwendungsbereich des § 35 GewO.[38] Dieser kennt jedoch keine vergleichbaren Regelfälle, bei denen allein aus einer strafrechtlichen Verurteilung unabhängig von der in Art und Höhe der Strafe zum Ausdruck kommenden Schwere des Verstoßes auf die gewerberechtliche Unzuverlässigkeit geschlossen wird.

22 Für denjenigen, der Spiele mit Gewinnmöglichkeit veranstalten will, gelten über § 33d Abs 3 GewO dieselben Anforderungen. Ein rechtstechnischer Unterschied besteht nur insoweit, als die Prüfung dort im Rahmen der Erteilung der Erlaubnis für die Veranstaltung eines bestimmten Spiels an einem bestimmten Ort erfolgt und dementsprechend bei jedem Wechsel des Spiels oder des Veranstaltungsortes durch die jeweils örtlich zuständige Behörde neu vorgenommen werden muss, während beim Spielgeräteaufsteller die Prüfung der persönlichen Zuverlässigkeit in einem quasi vor die Klammer gezogenen Verfahren durch die für den Firmensitz zuständige Behörde nur einmal erfolgt und in Form der allgemeinen Aufstellerlaubnis bescheinigt wird, die dann bei der wechselnden Aufstellung von Spielgeräten eine jeweils erneute Prüfung der persönliche Zuverlässigkeit entbehrlich macht.

b) Geeignete Aufstellorte

23 Spielgeräte mit Gewinnmöglichkeit dürfen nur an bestimmten Orten, nämlich in Gaststätten, in Wettannahmestellen der konzessionierten Buchmacher und in Spiel-

---

38 *Hahn* s.o. Fn 22, § 33c Rn 25, der aber ebenfalls auf die besondere Bedeutung der Regelbeispiele in Satz 2 verweist (aaO Rn 26).

hallen aufgestellt werden. Die Einzelheiten sind im I. und III. Titel der SpielV geregelt.

aa) Gaststätten

24 Nach den §§ 1, 3 Abs 1 SpielV dürfen in Gaststätten, sofern diese nicht ihrer Betriebsart nach allgemein oder tatsächlich vorwiegend von Kindern oder Jugendlichen besucht werden, zwei, bei zusätzlichen technischen Sicherungen gegen eine Benutzung durch Jugendliche drei Geldspielgeräte aufgestellt werden. Allerdings muss es sich um „echte" Gaststätten handeln, also solche, bei denen die Verabreichung von Speisen und/oder Getränken nicht bloß Nebenzweck ist, sondern den Betriebscharakter prägen. Gewerbebetriebe, bei denen die Abgabe von Speisen und Getränken nur eine Nebenleistung darstellt, sind keine geeigneten Aufstellorte.[39] Allerdings werden die Grenzen in der Rechtsprechung teilweise zu eng gezogen. Warum zB Kaffee-Shops,[40] ein Imbiss auf einem Großmarkt[41] – anders als ein „normaler" Imbiss[42] – oder eine Warenhausgaststätte[43] – anders als eine Betriebskantine[44] – keine „echten" Gaststätten und daher keine geeigneten Aufstellorte sein sollen, leuchtet nicht ein. Richtigerweise sollte sich die Abgrenzung an dem Zweck der gesetzlichen Vorschrift orientieren, bei der offensichtlich im Vordergrund steht, dass sich Kinder und Jugendliche üblicherweise nicht länger und unbeaufsichtigt in Gaststätten aufhalten dürfen. Daher bietet es sich an, bei der notwendigen Abgrenzung im Zweifelsfall zu berücksichtigen, ob es sich um einen Betrieb handelt, für den die Beschränkungen des § 4 JuSchG für Gaststätten gelten.

bb) Wettannahmestellen der konzessionierten Buchmacher

25 Ebenfalls geeignete Aufstellort sind die Wettannahmestellen der konzessionierten Buchmacher, was sich ohne weiteres damit erklärt, dass dieses Gewerbe eine Nähe zur Veranstaltung oder Vermittlung von Gewinnspielen aufweist. Es handelt sich um einen in der Praxis unproblematischen Aufstellort, der die Gerichte bislang nicht beschäftigt hat. Möglicherweise wird sich allerdings in Zukunft die Frage stellen, ob die Vorschrift analog auf andere Sportwettannahmestellen anzuwenden ist.

---

39 *Marcks* s.o. Fn 22, § 1 SpielV Rn 2 mwN.

40 *Hahn* s.o. Fn 22, Anh 1 zu §§ 33c bis 33i, § 1 SpielV Rn 13; *Pauly/Brehm* GewArch 2003, 57, 59.

41 VG Düsseldorf v 21.8.1990, GewArch 1991, 300.

42 VG Minden v 2.5.1985, GewArch 1985, 333.

43 VGH Baden-Württemberg v 29.4.1997, GewArch 1997, 294; kritisch zu Recht *Marcks* s.o. Fn 22, Rn 2a.

44 *Fuchs* GewArch 1999, 102; *Hahn* s.o. Fn 22, § 1 SpielV Rn 14.

Ein Sportwettbüro, in dem alkoholfreie Getränke als Nebenleistung angeboten werden, ist jedenfalls kein geeigneter Aufstellort.[45]

cc) Spielhallen

26 Spielhallen sind aufgrund ihrer Zweckbestimmung die „geborenen" Aufstellorte für Spielgeräte und haben eine eigene gesetzliche Regelung in § 33i GewO sowie inzwischen im 1. GlüÄndStV und den Ausführungsgesetzen der Länder erfahren. Die damit zusammenhängenden Fragen werden dort behandelt (unten 3).

dd) Geeignetheitsbestätigung

27 Ob ein Betrieb für die Aufstellung von Spielgeräten mit Gewinnmöglichkeit geeignet ist, kann zweifelhaft sein. Insbesondere bei Gaststättenbetrieben ist die Abgrenzung unter Umständen schwierig. Hinzu kommt, dass der Automatenaufsteller, soweit er nicht selbst Spielhallen betreibt, typischerweise in Fremdbetrieben, namentlich in Gaststätten, aufstellt, deren Betriebseigentümlichkeiten für ihn nicht ohne weiteres erkennbar sind. Daher darf er gemäß § 33c Abs 3 GewO die Spielgeräte mit Gewinnmöglichkeit erst aufstellen, wenn ihm die zuständige Behörde die Eignung des Aufstellortes schriftlich bestätigt hat. Das Instrument der Geeignetheitsbestätigung hat sich in der Praxis bewährt.[46] Seine Bedeutung wird deutlich, wenn man die hierdurch erzielte Verfahrensvereinfachung mit dem nach wie vor komplizierten Genehmigungsverfahren bei der Veranstaltung von anderen Spielen mit Gewinnmöglichkeit vergleicht.[47] Dort muss der Veranstalter für jedes Spiel und jeden Veranstaltungsort eine eigene Erlaubnis beantragen. Jeder Wechsel des Spiels oder des Veranstaltungsortes macht eine neue Erlaubnis erforderlich, womit zumindest dann, wenn der neue Veranstaltungsort im Zuständigkeitsbereich einer anderen Behörde liegt, eine jeweils neue Prüfung auch der persönlichen Zuverlässigkeit verbunden ist. Demgegenüber ermöglicht es die Geeignetheitsbestätigung dem Aufsteller von Spielgeräten mit Gewinnmöglichkeit an dem betreffenden Aufstellort grundsätzlich jedes von der *PTB* zugelassene Spielgerät mit Gewinnmöglichkeit aufzustellen. Damit ist es entbehrlich, bei jedem Gerätewechsel oder auch bei einem Wechsel des Inhabers des Betriebes, in dessen Räumen die Geräte aufgestellt werden, eine neue Erlaubnis einzuholen.

28 So sinnvoll dieses Verfahren bei Gaststätten und möglicherweise auch bei Wettannahmestellen ist, so wenig überzeugt seine gedankenlose Übertragung auf Spiel-

45 VG Stuttgart v 16.9.2008, GewArch 2009, 41.
46 Vgl dazu *Odenthal* GewArch 1988, 183.
47 Zur Einführung der Vorschrift im Jahre 1979 s *Marcks* GewArch 1979, 362.

hallen. Spielhallen sind immer geeignete Aufstellorte,[48] so dass die Geeignetheitsbestätigung hier ihren Zweck, die geeigneten von den ungeeigneten Orten zu trennen, nicht erfüllen kann. Zudem erfolgt hier typischerweise keine Aufstellung in Fremdbetrieben, sondern ist es der Spielhallenbetreiber selbst, der auch die Geräte aufstellt. Gleichwohl bedarf auch er nach dem Wortlaut des Gesetzes einer Bestätigung, wonach „seine" Spielhalle, an deren Eignung für die Aufstellung von Geldspielgeräten weder er noch sonst jemand den geringsten Zweifel hat, für die Aufstellung von Geldspielgeräten auch geeignet ist. Diese undurchdachte Gleichstellung der Spielhallen mit den Gaststätten und Wettannahmestellen erzeugt nur bürokratischen Aufwand und Kosten, ohne dass dem ein praktischer Nutzen gegenüberstünde. Seitdem infolge des 1. GlüÄndStV Spielhallen, in denen Geldspielgeräte aufgestellt werden, anstelle oder sogar zusätzlich zu der Erlaubnis nach § 33i GewO einer landesrechtlichen Betriebserlaubnis bedürfen, hat diese undurchdachte Gleichstellung der Spielhallen mit Gaststätten vollends jede Berechtigung verloren.

3. Spielhallen

a) § 33i GewO und die Genehmigung nach dem 1. GlüÄndStV

Für den Betrieb von Spielhallen ist nach § 33i Abs 1 GewO eine Erlaubnis erforderlich, deren Erteilung sowohl von personen- als auch von raumbezogenen Voraussetzungen abhängt. Neben oder – das hängt von der jeweiligen Ausgestaltung in den infolge des 1. GlüÄndStV ergangenen Ausführungsgesetzen der Länder ab – an die Stelle der Erlaubnis nach § 33i Abs 1 GewO ist eine landesrechtliche Genehmigung getreten. Das Verhältnis zwischen bundes- und landesrechtlicher Genehmigungspflicht ist nicht hinreichend klar, weil sich die landesgesetzlichen Regelungen zum Teil nur als Ergänzung des Bundesrechts verstehen und zudem noch Überschneidungen mit dem bundesrechtlich geregelten Spielgerätezulassungsrecht bestehen. Die Darstellung des Ineinandergreifens von Bundes- und Landesrecht wird zudem noch dadurch erschwert, dass der 1. GlüÄndStV und die Ausführungsgesetze der Länder noch nicht einmal im Ansatz den Versuch unternehmen, das Spielhallenrecht systematisch zu gestalten und mit dem Bundesrecht abzustimmen. Vielmehr sind die Vorschriften erkennbar allein von dem Bestreben gelenkt, den Bedenken, die der EuGH gegen die Gesamtkohärenz des deutschen Glücksspielrechts 29

48 Vgl § 3 Abs 2 SpielV. Das gilt selbst dann, wenn die Spielnutzfläche unter 12 m² liegen sollte, also nach dem derzeit geltenden Flächenmaß kein Geldspielgerät aufgestellt werden kann, da § 33c Abs 3 GewO nur die *generelle* Eignung eines Aufstellortes bescheinigt, weshalb die zulässige Anzahl an Geldspielgeräten auch nicht durch eine Nebenbestimmung zur Geeignetheitsbestätigung festgeschrieben werden darf; vgl BVerwG v 22.10.1991, GewArch 1992, 62; *Hahn* s.o. Fn 22, § 33c Rn 46.

insbesondere wegen der Zunahme des gewerblichen Automatenspiels geäußert hat, durch eine Vielzahl von Restriktionen für eben dieses gewerbliche Automatenspiel zu zerstreuen. Ergebnis ist eine Aneinanderreihung von Verboten und Einschränkungen, von denen bei einigen die Gesetzgebungskompetenz der Länder zweifelhaft ist, andere inhaltlich nicht aufeinander abgestimmt und teilweise zu unbestimmt sind und gegen die unter verschiedenen Gesichtspunkten verfassungsrechtliche Bedenken angemeldet werden.[49] Die unsystematische und zum Teil bloß lückenhafte Ersetzung des Bundesrechts durch die landesrechtlichen Vorschriften sowie die nach der Übergangsregelung in § 29 des 1. GlüÄndStV für bestehende Spielhallen für einen Übergangszeitraum vorgesehene Fortgeltung des Bundesrechts lässt es zweckmäßig erscheinen, nachfolgend zunächst die bundesrechtliche Regelung des Spielhallenrechts darzustellen (unten b), um dann erst auf die abweichenden Bestimmungen des 1. GlüÄndStV einzugehen (unten c).

b) § 33i GewO

aa) Begriff der Spielhalle

30 Für den Betrieb von Spielhallen ist nach § 33i Abs 1 GewO eine Erlaubnis erforderlich, deren Erteilung sowohl von personen- als auch von raumbezogenen Voraussetzungen abhängt. Eine Spielhallenerlaubnis ist immer dann erforderlich, wenn eine Betriebsstätte durch die Aufstellung von Spielgeräten und/oder die Veranstaltung von Spielen mit Gewinnmöglichkeit ihr „Gepräge" erhält.[50] Die Abgrenzung kann, wie häufig in Grenzbereichen, schwierig sein, wenn es zB darum geht, ab wann eine Gaststätte durch die Aufstellung von Spielgeräten in eine Spielhalle „umkippt" oder in einem Internet-Café die dort aufgestellten Internet-Terminals derart überwiegend zu Spielzwecken genutzt werden, dass dahinter jede andere Nutzung in den Hintergrund tritt.[51] Die grundsätzlichen Abgrenzungskriterien sind jedoch durch die „Gepräge"-Rechtsprechung geklärt. Eine Spielhallenerlaubnis ist immer dann erforderlich, wenn der Raum oder die Betriebsstätte derart durch die Aufstellung von Spielgeräten geprägt wird, dass die typische Atmosphäre einer Spielhalle entsteht.

49 Vgl *Hufen* Die Einschränkung des gewerblichen Geld-Gewinnspiels (2012); *Schneider* GewArch 2011, 457 ff.

50 Vgl *Marcks* s.o. Fn 22, § 33i Rn 4 f mwN; *Buchholz* GewArch 2000, 457.

51 Vgl BVerwG v 9.3.2005, GewArch 2005, 292; *Hahn* GewArch 2005, 393; *Schönleiter* BLA Gewerberecht, GewArch 2005, 414.

bb) Aufstellung von Spielgeräten mit Gewinnmöglichkeit

Die Aufstellung von Spielgeräten mit Gewinnmöglichkeit ist Voraussetzung dafür, dass überhaupt eine erlaubnispflichtige Spielhalle vorliegt. 31

Nach § 3 Abs 2 SpielV darf in Spielhallen je 12 m^2 Grundfläche höchstens ein Geld- oder (praktisch bedeutungslos) Warenspielgerät aufgestellt werden; die Gesamtzahl darf jedoch zwölf Geräte nicht übersteigen. Eine vergleichbare Begrenzung gilt für die in staatlicher Regie betriebenen Spielbanken nicht, obgleich die dort aufgestellten „Slot-Machines" ungleich größere Verlustrisiken beinhalten. Die Rechtsprechung hält diese Regelung gleichwohl für verfassungsgemäß.[52] Außerdem dürfen in einer Spielhalle nach § 4 SpielV bis zu drei andere Spiele mit Gewinnmöglichkeit veranstaltet werden. Von dieser Möglichkeit wird jedoch nur selten Gebrauch gemacht, da es hierfür aus den noch zu erörternden Gründen (sogleich III 1a) kaum geeignete Spiele mit Gewinnmöglichkeit gibt. 32

cc) Benachbarte Spielhallen

Der Flächenmaßstab (ein Gerät je 12 m^2 Grundfläche) führt in Verbindung mit der Begrenzung auf derzeit höchstens zwölf Geräte zu einer vom Gesetzgeber gewollten „Ausdünnung" der Spielgeräte mit Gewinnmöglichkeit. Anders als in den Automatensälen der Spielbanken sollen diese Geräte also nicht zahlenmäßig unbegrenzt und in einer engen, den Spieltrieb anheizenden räumlichen Atmosphäre aufgestellt werden. Das schließt es aber nicht aus, mehrere Spielhallen nebeneinander zu betreiben. Wie das BVerwG in drei rechtsgrundsätzlichen Urteilen vom 9.10.1984 klargestellt hat, kann ein Spielhallenbetreiber wie jeder andere Gewerbetreibende auch mehrere Betriebsstätten in einem Gebäude nebeneinander betreiben.[53] Hierin liegt keine Umgehung des Gesetzes. Voraussetzung ist lediglich, dass jede Spielhalle selbstständig und unabhängig von den Nachbarspielhallen betrieben werden kann und die Sonderung der einzelnen Betriebsstätte auch optisch in Erscheinung tritt. Insbesondere zu der Frage der optischen Sonderung hat sich eine stark kasuistische Rechtsprechung entwickelt, die maßgebend auf die bauliche Geschlossenheit der einzelnen Spielhallen abstellt. Dabei steht allerdings das Vorhandensein von Gemeinschaftseinrichtungen, wie zB eine gemeinsame Toilettenanlage und ein gemeinsamer Aufsichtsraum, einer Genehmigung benachbarter Spielhallen nicht entgegen, solange sie unabhängig voneinander genutzt werden können.[54] Die dadurch eröffnete Möglichkeit, auf größeren Flächen mehrere Spielhallen nebeneinander zu betreiben, hat den Nebeneffekt, dass sich der Standort von Spielhallenbetrieben 33

---

52 BVerfG v 27.3.1987, GewArch 1987, 194; OVG Hamburg v 19.11.2001, GewArch 2002, 164.

53 GewArch 1985, 62ff; s dazu *Dickersbach* WiVerw 1985, 23; *Backherms* GewArch 1984, 49; *Odenthal* GewArch 1985, 257; *Strohmeier* BayVBl 1985, 649; *ders* NVwZ 1984, 422.

54 Vgl *Hahn* s.o. Fn 22, § 33i Rn 10; *Marcks* s.o. Fn 22, § 33i Rn 6 je mwN.

zunehmend aus den Kerngebieten in den Zentren der Städte in Gewerbegebiete am Stadtrand verlagert. Diese Entwicklung ist in anderen Gewerbezweigen schon länger zu beobachten (Einzelhandel), bei Spielhallenbetrieben aber in der Regel städtebaulich nicht unerwünscht, weil sie dem bei einer Häufung derartiger Betriebe in den Stadtzentren befürchteten „Trading Down Effekt" entgegenwirkt. Die Standortverlagerung aus den zentralen Kern- in die dezentralen Gewerbegebiete hat wegen der dort zur Verfügung stehenden deutlich größeren Flächen ganz wesentlich zur Entwicklung großer, aus mehreren Spielhallen bestehender sog „Entertainment-Center" beigetragen.

dd) Versagungsgründe

34 Die Spielhallenerlaubnis ist zu versagen, wenn einer der in § 33i Abs 2 GewO geregelten Versagungsgründe vorliegt. Die Versagungsgründe sind persönlicher und sachlicher Natur. Der Betreiber der Spielhalle muss persönlich zuverlässig sein. Hier gelten dieselben Maßstäbe wie für die Erteilung der allgemeinen Aufstellerlaubnis in § 33c Abs 1 GewO. Von den nicht personenbezogenen Versagungsgründen stehen die baurechtlichen ganz im Vordergrund. Das liegt daran, dass Spielhallen als Vergnügungsstätten bauplanungsrechtlich nur in einigen wenigen Baugebieten, nämlich generell nur in Kerngebieten und ausnahmsweise noch in Gewerbe-, Misch- und besonderen Wohngebieten genehmigungsfähig sind. Die damit zusammenhängenden Fragen werden üblicherweise aber nicht im gewerberechtlichen Erlaubnisverfahren, sondern im Baugenehmigungsverfahren geklärt. Zwar gibt es keinen gesetzlichen Vorrang des einen vor dem anderen Verfahren. In der Praxis hat es sich aber eingebürgert, dass vor Einholung der Spielhallenerlaubnis die hierfür erforderliche baurechtliche Nutzungsgenehmigung beantragt wird. Wird diese erteilt, ist sie für das gewerberechtliche Genehmigungsverfahren bindend.[55] Die gewerberechtliche Erlaubnis kann dann nicht mehr aus baurechtlichen Gründen versagt werden. Eine eigenverantwortliche Prüfung baurechtlicher Versagungsgründe erfolgt daher im gewerberechtlichen Genehmigungsverfahren nur dann, wenn ausnahmsweise keine Baugenehmigung vorliegt. In diesem Fall kann allerdings die gewerberechtliche Erlaubnis nicht allein schon wegen des Fehlens der Baugenehmigung versagt werden, eben weil es keine gesetzliche Vorschrift gibt, die den Antragsteller zwingt, die Baugenehmigung vor der Spielhallenerlaubnis einzuholen. Liegt also keine Baugenehmigung vor, müssen baurechtliche Versagungsgründe im gewerberechtlichen Genehmigungsverfahren mitgeprüft werden, ohne dass allerdings das Ergebnis der Prüfung für ein nachfolgendes Baugenehmigungsverfahren bindend wäre.

---

55 Eingehend zum Verhältnis der Spielhallenerlaubnis zur Baugenehmigung *Hahn* s.o. Fn 22, § 33i Rn 62ff; *Odenthal* GewArch 1992, 261.

Andere raum- oder umweltbezogene Versagungsgründe spielen demgegenüber eine nur untergeordnete Rolle. Insbesondere rechtfertigt weder die Nähe zu schulischen Einrichtungen noch der Standort in einem Bahnhofsviertel mit höchst problematischem Milieu die Versagung der Erlaubnis.[56] Die Gerichte haben ihre Entscheidungen hier – von wenigen Ausnahmen abgesehen – stets strikt an dem verfassungsrechtlichen Grundsatz der Verhältnismäßigkeit orientiert, wonach dahingehenden Bedenken in der Regel durch entsprechende Auflagen Rechnung getragen werden kann, die eine Versagung der Erlaubnis unverhältnismäßig erscheinen lassen.[57] Den – auch nachträglichen – Erlass solcher Auflagen lässt § 33i Abs 1 S 2 GewO ausdrücklich zu. Auflagen sind allerdings nur zulässig, wenn sie zum Schutz der in § 33i GewO genannten Rechtsgüter *konkret* erforderlich sind. Das Instrument der Auflage darf nicht, woran das Bundesverwaltungsgericht nicht ohne Grund erinnern musste, dazu dienen, den Gewerbetreibenden kleinlich zu gängeln.[58] 35

c) Landesrechtliche Erlaubnisse nach dem 1. GlüÄndStV

aa) 1. GlüÄndStV und Ausführungsgesetze der Länder

Der zwischen den Bundesländern – mit Ausnahme von Schleswig-Holstein[59] – geschlossene 1. GlüÄndStV regelt gemäß seinem § 2 Abs 1[60] die Veranstaltung, Durchführung und Vermittlung von öffentlichen Glücksspielen. Er gilt für Spielhallen (§ 2 Abs 3), Gaststätten und Wettannahmen der Buchmacher (§ 2 Abs 4) nur, soweit dort Spielgeräte mit Geld- oder Warengewinnmöglichkeit aufgestellt werden. Daran zeigt sich die Diskrepanz zwischen den Zielen des Staatsvertrages und der begrenzten Gesetzgebungskompetenz der Länder für das gewerbliche Spielrecht: Die Vorschriften müssten sich *formal* auf Spielhallen oder Gaststätten beziehen, weil nur insoweit eine Gesetzgebungskompetenz der Länder besteht, sollen aber *materiell* die dort aufgestellten Spielgeräte mit Gewinnmöglichkeit treffen, weil nur dadurch auf die vom EuGH geforderte „Kohärenz" des Glücksspielrechtes Einfluss genommen 36

---

56 OVG NW v 25.11.1985, GewArch 1986, 369 (Schulen); BayVGH v 31.7.2002, GewArch 2002, 471 (Bahnhofsviertel); BVerwG v 7.1.2003, GewArch 2003, 165; dazu *Hahn* GewArch 2003, 441.

57 Vgl OVG Bremen v 1.12.1989, GewArch 1990, 96; dazu *Hahn* aaO Rn 87 (Kein „Gesinnungskampf gegen Spielhallen").

58 Vgl BVerwG v 17.7.1995, GewArch 1995, 473; *Schulze-Werner* GewArch 2004, 9; zu sog „Zwickel-Erlassen für Spielhallen" s *v Ebner* GewArch 1990, 343; *ders* 1992, 324; *Gallwas* GewArch 1993, 41.

59 Schleswig-Holstein ist dem Vertrag nicht beigetreten, hat aber ein Landesspielhallengesetz (v 17.4.2012, GuV Schl-H S 431) erlassen, das ähnliche Regelungen wie der 1. GlüÄndStV enthält, aber nicht in demselben Umfang dessen verfassungsrechtlich bedenkliche Anwendung auf bestehende Betriebe übernimmt.

60 §§ ohne Gesetzesangaben sind im Folgenden solche des 1. GlüÄndStV.

werden kann.[61] Für Regelungen, die sich nicht auf Spielhallen als solche, sondern originär auf die dort aufgestellten Spielgeräte mit Gewinnmöglichkeit beziehen,[62] fehlt es jedenfalls an einer Gesetzgebungskompetenz der Länder. Die Regelungen des 1. GlüÄndStV werden durch Ausführungs- oder Spielhallengesetze der Länder, die dessen Vorgaben übernehmen, zum Teil aber auch durch weitere Vorschriften ergänzen, in Landesrecht transformiert.

bb) Betrieb von Spielhallen

37 Der 1. GlüÄndStV enthält zum einen Regelungen in Bezug auf den Betrieb von Spielhallen, die auch für zum Zeitpunkt des Inkrafttretens des Vertrages bereits bestehende Spielhallen gelten: Er schränkt die zulässige Werbung für Spielhallen und für die dort veranstalteten Glücksspiele ein (§§ 5, 26 Abs 2), schreibt die Entwicklung eines Sozialkonzepts zur Vermeidung und Bekämpfung von Glücksspielsucht vor (§ 6) und statuiert Aufklärungspflichten in Bezug auf die Risiken des Glücksspiels (§ 7). Dabei gehen die sehr weitgehenden Werbeverbote nicht nur über das, was zur Vermeidung der negativen Begleiterscheinungen des Glücksspiels erforderlich ist, hinaus, sondern sind teilweise auch zu unbestimmt. Es bleibt abzuwarten, ob es der Rechtsprechung durch eine im Einzelfall restriktive Auslegung gelingt, allzu grotesken Auswüchsen einer teilweise kleinlichen Reglementierung zu begegnen.[63] Absurd ist es jedenfalls, wenn einige Landesspielhallengesetze vorschreiben, dass Spielhallen von außen nicht einsehbar sein dürfen[64], also eine Anonymität erzwingen, die sonst (vgl zB das Verbot nach § 4 Abs 4, im Internet Glücksspiele zu vermitteln) als besonders schädlich angesehen wird.

38 Die Öffnungszeiten für Spielhallen sind auf der Grundlage der Ermächtigung in § 18 Abs 1 GastG seit jeher durch Rechtsverordnung der Länder geregelt. Die Öffnungszeiten sind – insbesondere im Vergleich zu Gaststätten – deutlich eingeschränkt.[65] Nach der Rspr soll eine solche „spielhallenspezifische" Sperrzeit zur Eindämmung des Spieltriebs zulässig sein.[66] Deshalb hält es die Rechtsprechung auch für ermessensfehlerfrei, wenn eine Verkürzung der Sperrzeit für Spielhallen, auch wenn die hierfür erforderlichen tatbestandlichen Voraussetzungen in Form besonderer örtlicher Verhältnisse oder eines öffentlichen Bedürfnisses vorliegen, mit der

---

61 S dazu *Odenthal* GewArch 2012, 345.

62 Wie die – von der bundrechtl Regelung in § 3 Abs 2 SpielV abweichende – Begrenzung der zulässigen Anzahl der Geräte in § 4 Abs 2 SpielhG Bln; s auch *Hufen* o Fn 49 S 73; *Pieroth/Lammers* GewArch 2012, 5.

63 Krit auch Hufen o Fn 48 S 83f.

64 § 5 Abs 1 BremSpielhG; § 4 Abs 1 SpielhG Bln; Art 5 Abs 3 bayAG GlüÄndStV.

65 Vgl *Hahn* s.o. Fn 22, § 33i Rn 90ff; kritisch *Thieme* GewArch 1992, 289.

66 BVerwG v 15.12.1994, GewArch 1995, 157.

Begründung versagt wird, dass dem Spieltrieb nicht durch die Gewährung längerer Öffnungszeiten Vorschub geleistet werden soll. Das berührt merkwürdig, wenn in der unmittelbaren Nachbarschaft Spielbanken oder Spielbanken-Dependancen betrieben werden, für die keinerlei Einschränkungen der Öffnungszeit gelten.[67] § 26 Abs 2 schränkt diese ohnehin restriktive Regelung zusätzlich ein, indem es die Länder verpflichtet, für Spielhallen Sperrzeiten festzusetzen, die drei Stunden nicht unterschreiten dürfen. Diese „Mindestsperrzeit" muss auch im Falle einer Sperrzeitverkürzung eingehalten werden.

cc) Zulassung von Spielhallen

Daneben sieht der 1. GlüÄndStV weitgehende Beschränkungen für die Zulassung 39 neuer Spielhallen (§§ 24 und 25) sowie einen zeitlich begrenzten Bestandsschutz für bestehende Spielhallen (§ 29 Abs 4) vor. Nach § 24 Abs 2 ist die Erlaubnis zu versagen, wenn die Errichtung und der Betrieb einer Spielhalle den Zielen des § 1 zuwiderlaufen. Angesichts der weiten Allgemeinheit dieser Ziele, die in der Gewährleistung eines begrenzten Glücksspielangebotes unter Bekämpfung aller negativen Begleiterscheinungen des Glücksspiels liegen, ist dieser Versagungsgrund nicht hinreichend bestimmt und auch nicht durch Auslegung hinreichend bestimmbar, so dass von seiner Nichtigkeit auszugehen sein dürfte. Weitere Versagungsgründe enthält § 25: Nach § 25 Abs 1 ist zwischen Spielhallen ein Mindestabstand einzuhalten, der nach den Ausführungsgesetzen der Länder zwischen 250 m und 500 m beträgt.[68] § 25 Abs 2 schließt die Erteilung einer Erlaubnis für eine Spielhalle, die in einem baulichen Verbund mit weiteren Spielhallen steht, aus. Damit sind benachbarte Spielhallen, wie sie nach der Rechtsprechung des BVerwG zu § 33i GewO unter bestimmten Voraussetzungen genehmigungsfähig waren (o Rz 28), nicht mehr zulässig. Schließlich ermächtigt § 25 Abs 3 die Länder, die Anzahl der in einer Gemeinde zu erteilenden Erlaubnisse zu begrenzen, was der Sache nach auf eine Art „Bedürfnisprüfung" hinauslaufen dürfte, ohne dass dem Gesetz Kriterien entnommen werden könnten, wie dieses Bedürfnis zu ermitteln oder zu bewerten ist.

---

67 Zu Recht kritisch *Dickersbach* GewArch 2006, 183; sa OVG Hamburg v 22.3.1994, GewArch 1994, 409, 411, wonach ein Spielhallenbetreiber uU aus Art 3 GG einen Anspruch auf Gleichbehandlung der Öffnungszeiten von Spielhalle und benachbarter Spielbanken-Dependance herleiten kann.

68 Vgl zB § 2 Nr 1 BremSpielhG (250 m); § 2 Abs 1 Satz 2 SpielhG Bln (500 m); Art 9 Abs 3 S 1 des bayAG GlüÄndStV (250 m); § 3 Abs 1 ThürSpielhallenG (500 m); § 3 Abs 2 HessSpielhG (500 m); § 10a Abs 1 Nr 4 LGlüG Rh-Pf (500 m).

dd) Übergangsregelung

40 Für bestehende Spielhallen sieht § 29 Abs 4 eine Übergangsregelung vor, die für Spielhallen, die bis zum 28.10.2011 genehmigt worden sind, fünf Jahre und für Spielhallen, die erst danach genehmigt worden sind, ein Jahr nach Inkrafttreten des Vertrags am 1.7.2012 beträgt.[69] Im Hinblick darauf, dass die weitaus überwiegende Zahl der zum Zeitpunkt des Inkrafttretens des 1. GlüÄndStV genehmigten Spielhallen entweder, weil sie im räumlichen Zusammenhang mit anderen Spielhallen betrieben werden, oder weil sich innerhalb ihrer durch den Landesgesetzgeber festgelegten „Bannmeile" noch eine weitere Spielhalle befindet, nach neuer Rechtslage nicht mehr erlaubnisfähig sind, sind gegen diese für viele bestehende Spielhallenunternehmen existenzvernichtende Regelung gewichtige verfassungsrechtliche Bedenken erhoben worden.[70] Das BVerfG und das BVerwG haben aber die Vorschriften als verfassungskonform erkannt.[71]

III. Spiele mit Gewinnmöglichkeit (§ 33d GewO)

1. Die Zulassung der Spiele

a) Begriff

41 Nach § 33d Abs 1 GewO bedarf der Erlaubnis, wer gewerbsmäßig ein anderes Spiel mit Gewinnmöglichkeit veranstalten will. Die Erlaubnis darf nach Abs 2 nur erteilt werden, wenn der Antragsteller im Besitz einer vom *Bundeskriminalamt* (BKA) erteilten Unbedenklichkeitsbescheinigung ist. Obwohl die Regelung an die des § 33c GewO angelehnt ist, besteht ein wesentlicher Unterschied darin, dass der Veranstalter eines anderen Spiels mit Gewinnmöglichkeit für jeden Aufstellort eine Einzelerlaubnis benötigt (Abs 1), die immer nur für ein konkretes Spiel gilt, dessen Unbedenklichkeit das *BKA* zuvor bescheinigt haben muss (Abs 2), während bei den Spielgeräten des § 33c GewO nur einmal eine personenbezogene Erlaubnis erteilt wird (§ 33c Abs 1 GewO), die dann zur Aufstellung von allen Spielgeräten berechtigt, deren Bauart von der *PTB* zugelassen worden ist.

42 Andere Spiele iSd § 33d GewO sind nur solche, die weder Spielgeräte nach § 33c Abs 1 GewO noch Glücksspiele nach § 284 StGB sind.[72] Letzteres folgt aus § 33h Nr 3 GewO. Da das Verbot des § 284 StGB nur für die Veranstaltung von Glücksspielen gilt, können nach § 33d GewO, von wenigen, praktisch nicht bedeutsamen Ausnah-

69 Zu den zahlreichen hierdurch aufgeworfenen Zweifelsfragen s *Odenthal* GewArch 2012, 345, 348 f.

70 Vgl *Hufen* o Fn 48 S 84 ff; *Schneider* GewArch 2012, 475.

71 BVerfG, Beschluss vom 7.3.2017 – 1 BvR 1314/12 ua; BVerwG, Urteil v 16.12.2016 – 8 C 6.15.

72 *Marcks* GewArch 1987, 328; *Schaeffer* GewArch 1980, 112.

men abgesehen, nur Geschicklichkeitsspiele genehmigt werden. Das macht es notwendig, diese von den Glücksspielen abzugrenzen. Während beim Geschicklichkeitsspiel das Ergebnis wesentlich von den Fähigkeiten und Kenntnissen des Spielers beeinflusst wird, entscheidet beim Glücksspiel maßgebend der Zufall über den Spielausgang. Spiele, bei denen entweder ausschließlich der Zufall oder allein die Geschicklichkeit des Teilnehmers das Spielergebnis beeinflussen, sind allerdings selten. In der Lebenswirklichkeit dominieren die so genannten gemischten Spiele, bei denen Zufalls- und Geschicklichkeitselemente nebeneinander wirksam werden. Die praktische Schwierigkeit liegt daran, den Anteil, den Glücks- und Geschicklichkeitsfaktoren am Spielausgang haben, zu messen und zu gewichten.[73] Hierzu sind im Lauf der Jahrzehnte von der Rechtsprechung höchst unterschiedliche Abgrenzungsmethoden entwickelt worden, von denen keine für sich in Anspruch nehmen kann, die allein Richtige zu sein. Möglicherweise gibt es auch nicht *eine* Methode, die bei allen Arten von Spielen gleichermaßen zur Unterscheidung der Glücks- von den Geschicklichkeitsfaktoren geeignet ist. Bei Spielgeräten, die, wenn sie nicht solche iSv § 33c Abs 1 GewO, also nicht mit einer den Spielausgang ausschlaggebenden beeinflussenden technischen Vorrichtung ausgestattet sind, unter § 33d GewO fallen, nimmt die Rechtsprechung an, dass ein Glücksspiel im Sinne des § 284 StGB schon dann anzunehmen sein soll, wenn der Durchschnitt der Spieler in nicht in mehr als fünfzig von hundert der nicht als Turnier veranstalteten Spiele einen Spielerfolg erzielt.[74] Diese, auch vom BKA im Verfahren auf Erteilung der Unbedenklichkeitsbescheinigung angewendete Abgrenzungsmethode führt dazu, dass es kaum eine Möglichkeit gibt, mit Spielgeräten Geschicklichkeitsspiele *wirtschaftlich* zu betreiben.[75] Denn wenn der Spielautomat gewährleisten muss, dass schon der Durchschnittsspieler in mindestens fünfzig von hundert Fällen einen Erfolg, also einen Gewinn erzielt, besteht immer die Gefahr, dass ein besonders geschickter Spieler, der so genannte „Automatenschreck“, das Gerät binnen kürzester Zeit leer spielt. Diese Abgrenzungsmethode ist m E schon im Ansatz verfehlt, weil sie den Schwierigkeitsgrad eines Spiels mit seinem Glücks oder Geschicklichkeitscharakter verwechselt. Aus diesem Grund ist es bis heute nicht gelungen, auf dem Markt Spielgeräte zu etablieren, mit denen als Geschicklichkeitsspiel anerkannte Gewinnspiele dauerhaft wirtschaftlich betrieben werden können.

b) Umgehungsversuche

Die nicht nur bei Spielgeräten, sondern bei allen Spielen bestehenden Schwierigkeit, einerseits ein hohes Maß an Beeinflussbarkeit des Spielergebnisses durch Ge- 43

73 Vgl *Schilling* GewArch 1995, 318.

74 BVerwG v 24.10.2001 GewArch 2002, 77; dazu *Hahn* GewArch 2002, 41.

75 Vgl *Dickersbach* GewArch 1998, 265; *Odenthal* GewArch 2001, 276, 279.

schicklichkeitsfaktoren garantieren zu müssen, andererseits aber die für einen wirtschaftlichen Betrieb notwendige Durchschnittsrendite kalkulieren zu können, hat dazu beigetragen, dass es bis zu einer Änderung des § 33e GewO im Jahre 1993 eine weit verbreitete Umgehung des Gesetzes in – zur Abgrenzung von Spiel*hallen* so bezeichneten – privaten Spiel*casinos* gegeben hat.[76] Dort wurden Spiele angeboten, die nach § 33d GewO als Geschicklichkeitsspiele genehmigt worden waren, tatsächlich aber nach den Regeln klassischer Glücksspiele veranstaltet wurden. Dabei haben sich die Veranstalter zu Nutze gemacht, dass im Verfahren auf Erteilung der Unbedenklichkeitsbescheinigung der Prüfung der von dem Veranstalter beschriebene Spielablauf zugrunde gelegt werden und die nahe liegende Gefahr einer hiervon abweichenden Handhabung nach Erteilung der Unbedenklichkeitsbescheinigung außer Betracht bleiben musste.[77] Das führte zu Auswüchsen wie denen, dass nur mühsam als Geschicklichkeitsspiel getarnte klassische Glücksspiele, wie die dem Roulette nachempfundenen so genannten „Kesselbeobachtungspiele“, genehmigt werden mussten. Inzwischen hat der Gesetzgeber auf diesen kaum verschleierten Missbrauch durch ein Änderung des § 33e GewO reagiert. Danach ist die Bauartzulassung für andere Spiele im Sinne des § 33d GewO nicht mehr nur – wie bei den Spielgeräten des § 33 cGewO – zu versagen, wenn die Gefahr übermäßig hoher Verluste in kurzer Zeit besteht, sondern zusätzlich auch dann, wenn das Spiel einem klassischen Glücksspiel ähnlich oder zu einem solchen leicht abänderbar ist. Damit ist der Genehmigung von Glücksspielen, die nur mühsam getarnt im Gewand von Geschicklichkeitsspielen einhergehen, ein Ende bereitet.

44 Nachdem diese verbreitete Missbrauchsmöglichkeit beseitigt worden ist, ist es allerdings umso notwendiger, Spielen im Sinne des § 33d GewO nicht nur theoretisch, sondern auch praktisch einen Anwendungsbereich zuzugestehen, was bisher dadurch verhindert wird, dass im Zulassungsverfahren eine zu hohe Messlatte an den Geschicklichkeitscharakter von Spielen angelegt wird.

c) Verfahren

45 Das Genehmigungsverfahren ist in der Verordnung über das Verfahren bei der Erteilung von Unbedenklichkeitsbescheinigungen für andere Spiele im Sinne des § 33d Abs 2 GewO geregelt. Dabei erfolgt eine im Wesentlichen dreistufige Prüfung. Die Unbedenklichkeitsbescheinigung ist zu erteilen, wenn (1) es sich um ein Geschicklichkeitsspiel handelt, das (2) keinem Glücksspiel nachempfunden ist und (3) nicht die Gefahr unangemessen hoher Verluste in kurzer Zeit besteht (§ 33e GewO). Obwohl der zuletzt genannte Aspekt der Verlustgefahr den nach der Konzeption des

---

76 Vgl *Fuchs* GewArch 1994, 316; *Peter* GewArch 1994, 187; *Odenthal* GewArch 1989, 222.

77 BVerwG v 28.9.1982, GewArch 1983, 60; v 9.10.1984, GewArch 1985, 59; s dazu *Ahlf* GewArch 1977, 321.

Gesetzes maßgebenden Gesichtspunkt zum Ausdruck bringt, scheitern in der Praxis die meisten Spiele schon an der ersten Hürde. Da das Prüfungsverfahren zudem sehr zeitaufwendig ist, haben Spiele im Sinne des § 33d GewO wirtschaftlich bislang nur eine geringe Bedeutung erlangt.

d) § 5a SpielV

Das gilt nicht in dem gleichen Maße für die erlaubnisfreien Spiele des § 5a SpielV, 46
die in Gaststätten und auf Jahrmärkten veranstaltet werden dürfen. Rechtssystematisch handelt es sich hierbei um andere Spiele im Sinne des § 33d GewO, deren Veranstaltung aber unter bestimmten, in § 5a SpielV geregelten Voraussetzungen keiner Erlaubnis bedarf.[78] Zurückführen lässt sich diese gesetzliche Ausnahmeregelung darauf, dass traditionell auf Jahrmärkten bestimmte Gewinnspiele veranstaltet werden durften. Die Spielbedingungen waren in einer Verordnung über die Veranstaltung unbedenklicher Spiele im Einzelnen minutiös geregelt. Die hiermit gemachten positiven Erfahrungen haben den Gesetzgeber veranlasst, in § 5a SpielV unter bestimmten Voraussetzungen Spiele generell von der Erlaubnispflicht auszunehmen. Die Einzelheiten sind in § 5a SpielV und der Anlage hierzu geregelt. Die wesentlichen Voraussetzungen sind:

(1) Der Gewinn darf nur in Waren (und nicht in Geld) bestehen;

(2) es muss sich, von der traditionell bedingten Ausnahme der nur auf Volksfesten etc zulässigen Ausspielungen sowie der erstmals mit ÄnderungsVO vom 24.4.2003 zugelassenen Jahrmarktspielgeräten,[79] um ein Geschicklichkeitsspiel handeln;

(3) das Spiel darf nur in Schank- und Speisewirtschaften bzw. auf Volksfesten etc. veranstaltet werden;

(4) die Höhe des Einsatzes bzw. die Gestehungskosten des Warengewinns übersteigen nicht € 15/€ 60;

(5) die Veranstaltung ist zeitlich begrenzt.

Die Einzelheit ergeben sich aus der Anlage zu § 5a SpielV. Gerichtliche Entschei- 47
dungen zu dieser Vorschrift sind äußerst selten, was ein Indiz dafür sein dürfte, dass sich die vom Gesetzgeber mit der Liberalisierung dieses Teilbereiches verbundenen Erwartungen erfüllt haben und die gesetzliche Regelung sich bewährt hat. Das sollte dem Gesetzgeber Mut geben, auch weitere Bereiche des zT kleinkariert[80] reglementierten gewerblichen Spielrechts zu liberalisieren.

78 S dazu *Kummer* GewArch 1985, 108; *Marcks* GewArch 1984, 353; *Odenthal* GewArch 1990, 165.

79 BGBl I 2003, 550; s dazu *Odenthal* GewArch 2003, 404.

80 Vgl *Gallwas* FS Helmrich, 1994, 933; *Odenthal* GewArch 2001, 276.

2. Die Veranstaltung der Spiele mit Gewinnmöglichkeit

48 Für die Veranstaltung eines Spiel mit Gewinnmöglichkeit, für welches das Bundeskriminalamt eine Unbedenklichkeitsbescheinigung erteilt hat, bedarf der Veranstalter nach § 33d Abs 1 GewO noch einer Erlaubnis der Ordnungsbehörde. Diese Erlaubnis bezieht sich auf seine Person, den Veranstaltungsort und das veranstaltete Spiel. Jede Änderung auch nur eines dieser drei Faktoren macht eine neue Erlaubnis erforderlich. Die geeigneten Aufstellorte sind im II. Titel der SpielV geregelt. Danach dürfen andere Spiele, wenn der Gewinn in Geld besteht, nur in Spielhallen, und wenn der Gewinn in Waren besteht, nur in Schank- oder Speisewirtschaften sowie auf Volksfesten, Jahrmärkten etc veranstaltet werden. Während die Beschränkung auf die genannten Aufstellorte den für Spielgeräte geltenden Regelungen entspricht und sachgerecht ist, lässt sich für die nach der Art des Gewinns (Geld- oder Warengewinn) getroffene Unterscheidung zwischen Spielhallen (= Geldgewinn) und Gaststätten sowie Volksfesten etc (= Warengewinn) schlechterdings kein vernünftiger Grund finden. Die Unterscheidung ist allein historisch bedingt, weil auf Volksfesten etc schon seit jeher Spiele mit Warengewinnmöglichkeit veranstaltet worden sind. Die Unterscheidung ist sachlich nicht gerechtfertigt und ist durch die Ermächtigungsgrundlage in § 33f GewO nicht gedeckt. Dass sie bis heute Bestand hat, ist allein damit zu erklären, dass aus den oben genannten Gründen Spiele mit Gewinnmöglichkeit – anders als Spiel*geräte* mit Gewinnmöglichkeit – in der Praxis eine eher untergeordnete Rolle spielen.

IV. Die Weiterentwicklung des gewerblichen Spielrechtes

49 Das partielle Nebeneinander zwischen staatlichem Glücksspiel und gewerblichem Spiel hat sich in der Vergangenheit im Wesentlichen bewährt. Es handelt sich um einen durchaus geeigneten Weg, den vom BVerfG im *Sportwett*urteil aufgestellten Grundsätzen gerecht zu werden. Die Zulassung des gewerblichen Spiels ist mit den durch das strafrechtliche Glücksspielverbot verfolgten Zielen vereinbar, weil das gewerbliche Spiel konsequent dem Spielerschutz verpflichtet ist. Sichtbaren Ausdruck findet diese Verpflichtung in § 33e GewO, wonach nur solche Gewinnspiele erlaubt werden können, bei denen nicht die Gefahr übermäßig hoher Verluste in kurzer Zeit besteht. Dadurch ist sichergestellt, dass die gewerblich veranstalteten Gewinnspiele nicht in Bereiche vordringen, die dem staatlichen Glücksspiel vorbehalten sind, dessen Gewinn- und Verlustmöglichkeiten unbegrenzt sind.

50 Dass auch das staatliche Glücksspiel mit dem Zweck des strafrechtlichen Glücksspielmonopols vereinbar ist, lässt sich nicht mit derselben Bestimmtheit feststellen. Die Einschränkungen, denen das staatliche Glücksspiel unterworfen ist, sind in den vergangenen Jahren immer weiter gelockert worden. Dafür ist die Entwicklung im Spielbankenbereich symptomatisch. Während diese ursprünglich nur

an einigen wenigen privilegierten Standorten zulässig waren, deren Auswahl (Kurorte) jedenfalls auch mit dem Gedanken des Spielerschutzes begründet war, und für deren Besuch ein Residenzverbot galt, orientiert sich inzwischen Anzahl und Standort der Spielbanken sowie ihrer Dependancen, der Automatensäle, ausschließlich an wirtschaftlichen Gesichtspunkten.[81] Insbesondere für die Automatensäle der Spielbanken werden dabei Standorte ausgewählt, die eher das genaue Gegenteil der früheren Kurorte mit ihren idR wohlhabenden Kurgästen sind und für die – folgerichtig – natürlich auch kein Residenzverbot gilt. Damit drängt das staatliche Spiel zunehmend in Bereiche, die früher dem gewerblichen Spiel vorbehalten waren, ohne allerdings dessen dem Spielerschutz dienenden Einschränkungen zu übernehmen. Einen weiteren Schritt in diese Richtung stellt das von der niedersächsischen Spielbank im Großraum Hannover im Jahre 2005 gestartete Spielsystem „Lotto-Quicky" dar, das mit der Veranstaltung in Gaststätten in Kernbereiche des gewerblichen Spielrechts eindringt und – worauf die Bund-Länder-Gewerberechtsreferenten zu Recht hingewiesen haben – die Annahme nahe legt, *„dass es hier in erster Linie um eine fiskalisch motivierte Steigerung der Einnahmen geht und weniger um eine polizeilich motivierte Kanalisierung des* Spieltriebs."[82] Mit dem behaupteten Ziel, den Spieltrieb *„unter staatliche Kontrolle und Zügelung(!) zu nehmen,"*[83] ist das nicht zu vereinbaren.

Diese Entwicklung hat dazu geführt, dass der Anteil des gewerblichen Spiels an 51
den Gesamtumsätzen der Anbieter von Glücks- und Gewinnspielen von 1995 bis 2005 Jahren immer mehr zulasten der staatlichen Monopolbetriebe zurückgegangen ist. Lag der Anteil des gewerblichen Spiels am Gesamtumsatz im Jahre 1995 noch bei ca 25%, betrug er im Jahre 2004 nur noch knapp 21%. Im gleichen Zeitraum ist demgegenüber der Umsatzanteil der Spielbanken von 35% auf knapp 39% und der des Lotto- und Totoblocks von 29% auf knapp 31% gestiegen.[84] Dieser stetige Rückgang des Anteils des gewerblichen Spiels an den gesamten Glücksspielumsätzen zugunsten der staatlichen Monopolbetriebe ist erst mit der am 1.1.2006 in Kraft getretenen Änderung der SpielV[85] gestoppt worden. Hierdurch ist die zulässige Anzahl von Geldspielgeräten in Spielhallen von (höchstens) 10 auf 12 und in Gaststätten von 2 auf 3 erhöht und die Zulassung von neuen Geldspielgerätetypen ermöglicht worden, die bei im Vergleich mit früheren Gerätegenerationen nicht höheren Verlustrisiken

81 Vgl *Odenthal* GewArch 2001, 276 (280).

82 *Schönleiter* GewArch 2005, 413 (414 f); s auch OLG Celle v 5.9.2007, GewArch 2010, 311 (wettbewerbswidrig).

83 BGH v 4.2.1958 BGHSt 11, 209.

84 Quelle: Archiv- und Informationsstelle der Deutschen Lotto- und Totounternehmen; ähnliche Zahlen nennen *Meyer* Jahrbuch Sucht 2006 hrsg vd Deutschen Hauptstelle für Suchtfragen eV, 114 ff und *Bornecke* Glücks- und Gewinnspiele in Deutschland in Taschenbuch der Unterhaltungsautomaten-Wirtschaft, 2006, 8 ff.

85 O Fn 33.

schnellere und zeitgemäßere Spiele erlauben.[86] Während die Zahl der zugelassenen Geldspielgeräte im Jahre 2005 mit ca. 183.000 Geräten (gegenüber ca. 245.000 Geräten 1995) an ihrem absoluten Tiefpunkt angekommen war, hat sie zum 31.12.2011 mit ca 242.000 Geräten fast wieder den Stand von 1995 erreicht.[87] Diese Entwicklung war vom Verordnungsgeber durchaus gewollt, sollte hierdurch doch auch ein gewisser Ausgleich für das Verbot der „Fun-Games" geschaffen werden.[88] Es muss daher verwundern, dass sie für die am Gesetzgebungsverfahren beteiligten Bundesländer[89] als Vorwand dient, um mit dem 1. GlüÄndStV das gewerbliche Automatenspiel zahlreichen einschneidenden Restriktionen zu unterwerfen, die dazu führen werden, dass der Anteil des gewerblichen Spiels an den Glücksspielumsätzen zugunsten des staatlichen Spiels, aber auch illegaler Spielangebote, massiv zurückgehen wird. Die vom EuGH geforderte globale Kohärenz des Glückspielrechts wird jedenfalls durch eine derart einseitige Regelung nicht herzustellen sein.

---

86 Vgl BR-Drs 655/05 (Begründung) S 23; *Hahn* GewArch 2007, 91.

87 *Vieweg* Ifo-Institut für Wirtschaftsforschung an der Universität München, Wirtschaftsentwicklung Unterhaltungsautomaten 2011 und Ausblick 2012, S 12.

88 Vgl BR-Drs 655/05 (Beschluss) S 2 („maßvolle Anpassung nicht zuletzt im Hinblick auf das in § 6a neu aufgenommene Verbot von „Fun Games" ordnungspolitisch vertretbar").

89 Nach § 33f GewO kann das Bundesministerium für Wirtschaft und Technologie die SpielV nur „mit Zustimmung des Bundesrates" erlassen.

Stefan Korte

§ 24 Glücksspiel im und über Internet*

Übersicht

Seit Jahren werden Glücksspiele auch im Internet angeboten. Es handelt sich – wie Berichte über steigende Umsätze belegen[1] – um einen Wachstumsmarkt, der nach wie vor das ordnungsrechtliche Interesse auf sich zieht. Daher finden sich auch im Glücksspielstaatsvertrag der Bundesländer von 2012 (hier sog GlüStV), der dem Abkommen von 2008 nachfolgt[2], Vorschriften über Online-Glücksspiele. Diese Normen sind genauso wie die Vorgängerregeln Gegenstand einer intensiven juristischen Debatte, die die folgenden Ausführungen aus der Perspektive des höherrangigen und des einfachen Rechts bereichern wollen. Dazu werden zunächst (gewissermaßen als Ausgangspunkt der Untersuchung) die spezifischen Gefahren des Internet-Glücksspiels beleuchtet, um danach die Voraussetzungen des § 4 Abs 4f GlüStV zu erörtern. Ausführungen zur Vereinbarkeit der dortigen Bestimmungen mit dem Unions- und Verfassungsrecht schließen sich an. Zu guter Letzt wird dann die Vollziehbarkeit des § 4 Abs 4f GlüStV diskutiert. Unbehandelt bleiben die Regeln über die Online-Werbung. 1

* Der Beitrag ist in ähnlicher Form abgedruckt in GewArch 1/2017 und 4/2017.

1 Vgl dazu zB „www.zdnet.de/news/tkomm/0,39023151,39140662,00.htm“ (Abruf 11/2015); s. auch *Brüning* NVwZ 2013, 23, 24 sowie *Deiseroth* DVBl 2013, 1545, 1546.

2 Folgende §§ sind, sofern nicht anders gekennzeichnet, solche des GlüStV; der GlüStV von 2012 findet sich unter: http://revosax.sachsen.de/vorschrift_gesamt/12481.html; die Fassung von 2008 findet sich unter: http://www.dvtm.net/fileadmin/pdf/gesetze/Gesetz_2008-01-03_Gl%Ccksspiel staatsvertrag.pdf (Abruf 6/16).

https://doi.org/10.1515/9783110259216-024

I. Gefahren des Internet-Glücksspiels

2 Bevor die Rechtsregeln über das Internet-Glücksspiel inhaltlich ausgelotet werden, ist die spezifisch ordnungsrechtliche Frage zu stellen, welche Gefahren sie minimieren wollen. Deren Beantwortung ist schon deshalb notwendig, weil § 4 Abs 4 Internet-Glücksspiele für grundsätzlich verboten erklärt und davon in Absatz 5 nur einige wenige Ausnahmen zulässt, so dass die Regulierungsdichte sehr hoch ist und das Internet-Glücksspielrecht einem intensiveren Rechtfertigungsdruck als in anderen Bereichen des Ordnungsrechts unterliegt.

1. Die internet-spezifische Gefahrenlage ...

3 Die Notwendigkeit einer strengen Regulierung ergibt sich nach den Überlegungen der Bundesländer zunächst daraus, dass das Internet-Glücksspiel wegen des fehlenden unmittelbaren Kontakts des Spielers mit dem Anbieter, wegen der fehlenden sozialen Kontrolle sowie wegen der Anonymität und Isolation am heimischen PC insbesondere jugendliche, spielsuchtgefährdete und spielsüchtige User zu exzessivem Spiel verleitet.[3] Denn die daraus folgenden Gesundheitsgefahren sollen deutlich über die des konventionellen Glücksspiels hinausgehen, zumal sie durch die ständige und bequeme Verfügbarkeit von Internet-Glücksspielen und deren Abhängigkeit schürende hohe Ereignisfrequenz noch einmal verstärkt werden.[4]

4 Nach Ansicht der Bundesländer als maßgebliche Initiatoren des Glücksspielstaatsvertrags kommen zu diesen Gesundheitsgefahren spezifische Unwägbarkeiten für das Vermögen (vor allem) des Spielers hinzu: So wird insbesondere befürchtet, dass der User zwar seinen Einsatz erbringt, er aber während des Spiels oder im Falle eines Gewinns um den ihm zustehenden Erlös gebracht wird. Infolgedessen sollen Online-Angebote gegenüber dem konventionellen Glücksspiel erhöhte Manipulationsrisiken bergen – sei es aufgrund des fehlenden unmittelbaren Kontakts von Spieler und Veranstalter oder sei es aufgrund von Geldwäscheaktivitäten.[5]

---

3 Vgl dazu EuGH Rs C-42/07, Slg 2009, I-7633, Rn 70 – Liga Portuguesa; BVerfGE 115, 276, 315; BVerwGE 140, 1, 12; BGH WRP 2012, 201, 205.

4 Ausf. zum Ganzen *Kramer* WRP 2011, 180, 181 ff; vgl dazu aber auch die Entgegnung von *Reeckmann/Benert* WRP 2011, 538, 538 ff; s Begr GlüStV 2012, S 7.

5 Vgl dazu EuGH Rs C-42/07, Slg 2009, I-7633, Rn 70 – Liga Portuguesa; BVerfGE 115, 276, 315, BVerwGE 140, 1, 12; BGH WRP 2012, 201, 205.

2. ... und ihre Existenzberechtigung

Diese dem Internet-Glücksspiel nach Ansicht der Glücksspielstaatsvertragsgeber zugrunde liegenden Gefahren sind in ihrer Existenzberechtigung nicht unbestritten. Im Gegenteil finden sich immer wieder Stimmen im noch dazu juristischen Schrifttum, die auf Basis mehr oder weniger überzeugender Studien, bisweilen sogar auf Basis nicht belegter Annahmen Zweifel an den spezifischen Vermögens-[6] und Gesundheitsgefahren[7] des Internet-Glücksspiels schüren, obwohl damit weniger juristische als vielmehr sozialwissenschaftliche und suchtmedizinische Problemstellungen angesprochen werden.[8] 5

Gerade deshalb überschreitet die Rechtswissenschaft ihre Kompetenz, wenn sie eigene Überlegungen zum Gefahrenpotenzial des Internet-Glücksspiels anstellt. Sie sollte stattdessen vielmehr an nachbarwissenschaftlich festgestellte empirische Evidenzen anknüpfen als sich in Mutmaßungen zu verlieren. Fehlt diese Möglichkeit aufgrund von Forschungslücken, hat die Jurisprudenz daraus die rechtlichen Schlüsse zu ziehen, zB indem Darlegungs- und Beweislastregeln angewendet sowie Beobachtungspflichten[9] wahrgenommen werden; nicht belegte Hypothesen über etwaige Gefahrenpotenziale verbieten sich hingegen. 6

II. Inhalt des § 4 Abs 4f GlüStV

Legt man die Erwägungen der Länder zu den Gefahren des Internet-Glücksspiels zugrunde, zeigt sich zunächst, dass sich die in § 4 Abs 4f niedergelegten Regeln nicht nur an die zugelassenen staatlichen,[10] sondern auch an private Veranstalter und Vermittler richten müssen,[11] sind doch die dem Internet-Glücksspiel danach eigenen Gesundheits- und Manipulationsgefahren unabhängig von der Person oder Trägerschaft des Initiators. Somit findet sich in § 4 Abs 4 ein jeden Veranstalter und Vermittler treffendes Verbot, von dem nur unter bestimmten Voraussetzungen, die dessen Absatz 5 festlegt, Ausnahmen möglich sind. 7

---

6 Siehe dazu beispielsweise *Bolay/Pfütze*, in: Streinz/Liesching/Hambach (Hrsg) Glücks- und Gewinnspielrecht in den Medien, 2014, § 4 Rn 132.

7 *Koenig/Bovolet-Schober* GewArch 2013, 59, 60f sowie *Wächter* WRP 2011, 1278, 1280 ua per Verweis auf VG Halle ZfGW 2011, 61.

8 Vgl dazu auch *Makswit*, Auswirkungen des Föderalismus auf das Glücksspielrecht, 2015, S 56f.

9 *Bolay/Pfütze*, Fn 7, § 4 Rn 121.

10 So aber *Koenig* EWS 2011, 508, 511; *ders*, MMR 2010, 657, 658; in diese Richtung auch BVerwGE 138, 201, 205; ähnl BayVGH GewArch 2012, 304, 305; vgl auch *Liesching* MMR 2010, 196, 197 sowie *Schmittmann* CR 2011, 805, 806.

11 BVerwGE 140, 1, 4; BGH WRP 2012, 201, 203; BGH WRP 2012, 965, 968.

1. Veranstaltung von Glücksspielen im Internet

8 In inhaltlicher Hinsicht untersagt § 4 Abs 4 in seiner ersten Alternative, die über § 2 Abs 2 auch für Spielbanken im World Wide Web gilt, die „Veranstaltung von Glücksspielen im Internet". Dieser Passus stellt drei verschiedene Voraussetzungen auf, deren Reichweite derzeit alles andere als geklärt ist, gleichwohl aber für die Regulierung von Internet-Glücksspielen Weichen stellen. Denn § 4 Abs 5 GlüStV lässt (wenn überhaupt) schon dem Wortlaut nach vom grundsätzlichen Verbot der Veranstaltung von Glücksspielen im Internet aus Absatz 4 nur Ausnahmen zu, wenn es um Sportwetten geht, im Übrigen aber nicht.

a) Veranstaltung ...

9 Im Einzelnen prägt die Veranstaltung im Unterschied zur Vermittlung, dass der Organisator maßgeblichen Einfluss auf die Ausgestaltung des Spielgeschehens nehmen kann, aber auch etwaige Gewinne auskehren muss. Im Gegensatz zum Vermittler stellt der Veranstalter also nicht nur den Kontakt zum Spieler her,[12] sondern trägt auch das Auszahlungsrisiko. Umgekehrt kann er aber auch die Einsätze einbehalten, wenn der Spieler verliert. Der Vermittler wird hingegen „nur" über eine erfolgsunabhängige Provision entlohnt.[13]

b) ... von Glücksspielen

10 Abgesehen von einer Veranstaltung bedarf es auch eines Glücksspiels, damit das Verbot aus § 4 Abs 4 Alt 1 greift. Im Unterschied zum Geschicklichkeitsspiel prägt es ein überwiegender[14] Einfluss des Zufalls auf den Spielausgang. Entscheidender Maßstab sind dabei die tatsächlichen (und nicht die erlernbaren) Fähigkeiten eines Durchschnittsspielers, nicht eines Profis oder geübten Amateurs.[15] Kann der User aufgrund seines Wissens bzw aufgrund anderer, zB motorischer Fertigkeiten entscheidenden Einfluss auf den Spielausgang nehmen, liegt somit kein Glücksspiel vor – so insbesondere dann, wenn die erfolgreiche Gewinnspielteilnahme ausschließlich von der richtigen Beantwortung einer Quizfrage abhängt.[16] Probleme ergeben sich indes, wenn Zufalls- und Geschicklichkeitsmomente gleichermaßen

---

12 In diese Richtung aber *Postel*, in: Dietlein/Hecker/Ruttig (Hrsg), Glücksspielrecht, 2. Aufl 2013, § 4, Rn 28; Begr. GlüStV 2008, S 12f.

13 *Korte* Das staatliche Glücksspielwesen, 2004, S 19, 275.

14 Vgl jüngst BVerwG K&R 2014, 365, 366 und dazu *Heeg* K&R 2014, 367, 368.

15 Ausf dazu *Korte*, Fn 14, S 24ff; BGH WRP 2012, 965, 973.

16 *Bahr* K&R 2007, 307, 312; insoweit zutreffend auch *Hüskens* GewArch 2012, 336, 338f; vgl zum Ganzen auch VG Münster NWVBl 2010, 442, 444.

auf den Ausgang des (dann gemischten) Spiels Einfluss nehmen.[17] In solchen Konstellationen kann die Lehre von der objektiven Zurechnung ein brauchbares Abgrenzungskriterium liefern. Daran anknüpfend läge zB ein Geschicklichkeitsspiel vor, wenn das Verhalten Dritter zwischen Spielteilnahme und Spielerfolg tritt – so bei der Sportwette das Verhalten der Sportler.[18]

Anders als Unterhaltungsspiele[19] prägt Glücksspiele anknüpfend an ihr spezifisches Gefährdungspotenzial[20], dass ein Entgelt für den Erwerb einer Gewinnmöglichkeit und nicht für die Teilnahme[21] oder für den Erwerb von Sachgegenständen[22] entrichtet werden muss. Zudem muss dieser Einsatz genauso wie innerhalb des § 284 StGB erheblich sein,[23] weil ansonsten[24] keine trennscharfe Abgrenzung von Bundes- und Landesrecht gewährleistet wäre, obwohl sie namentlich § 33h Nr 3 GewO voraussetzt, der Glücksspiele im Sinne des § 284 StGB zum insoweit maßgeblichen Kriterium erhebt.[25] Inhaltlich wird in der Regel auf das Porto für eine Postkarte abgestellt, um die Erheblichkeitsschwelle zu konkretisieren.[26] Dem entsprechen die §§ 8a, 58 Abs 4 RStV, wonach Gewinnspiele auf Internet-Plattformen einen Einsatz von 0,50 € nicht überschreiten dürfen, um rechtlich zulässig zu sein[27]. Liegen die Kosten für die Teilnahme am einzelnen Spiel darunter, kann ein erheblicher Einsatz nur bei einer Mehrfachteilnahme gegeben sein. Sie darf aber nicht nur möglich[28], sondern muss vom Anbieter aufgrund der Umstände des Einzelfalls – so zB der Ausgestaltung des Spiels – aktiv intendiert sein.[29] 11

17 S dazu am Beispiel der Sportwette *Towfigh* JZ 2010, 1027.

18 Ausf dazu *Korte*, Fn 14, S 35 ff.

19 Vgl dazu zB EuGH Rs C-65/05, Slg 2006, I-10341, Rn 36 – Griechenland/Kommission; zum Spielcharakter jüngst VGH BW GewArch 2014, 124, 124 f.

20 BVerwGE 148, 146, 153 f.

21 BVerwG NJW 2014, 2299, 2300; BVerwGE 148, 146, 151; *Ahlhaus/Mayer* GewArch 2014, 122, 123.

22 *Heeg* MMR 2014, 784.

23 So *Korte*, Fn 14, S 26 ff; *Kruis* NVwZ 2012, 797; *Heeg*, K&R 2014, 367, 368; BGH WRP 2012, 965, 972.

24 So zB *Hüskens* GewArch 2010, 336, 336 und *Ruttig* WRP 2011, 174; *Hecker* WRP 2012, 523, 526 f; vgl auch *Dietlein/Hüskens*, Fn 13, § 3 Rn 6 sowie Hessischer VGH MMR 2011, 849, 850.

25 So auch BVerwGE 148, 146, 152; *Liesching* MMR 2011, 850, 851.

26 So *Laukemann/Junker*, AfP 2000, 254, 255 f; vgl auch *Korte*, Fn 14, S 25.

27 *Kruis* NVwZ 2012, 797, 799; *Liesching* MMR 2010, 196, 196; vgl dazu auch *Korte*, Fn 14, S 26 f.

28 So Hessischer VGH MMR 2011, 849, 850.

29 *Liesching* MMR 2011, 850, 851; *Löber/Neumüller* MMR 2010, 295, 299; BGH WRP 2012, 965, 973; insoweit zutreffend auch *Hüskens* GewArch 2012, 336, 337, 339.

c) ... im Internet

12 Schließlich muss für Online-Glücksspiele in Abgrenzung zu ihrem konventionellen Pendant ein von der körperlichen Anwesenheit des Spielers abstrahierender[30] und auch im Übrigen dominierender Internet-Bezug der Veranstaltung bestehen, damit § 4 Abs 4 Alt 1 greift.

aa) Ausschließlich virtuelle Spielmöglichkeit

13 Er ist schon aus Gründen der Rechtssicherheit und wegen der dem Glückspielrecht maßgeblich zugrunde liegenden Zielsetzung „Spielerschutz" aus Sicht eines objektiven Dritten in der Rolle des Users zu bestimmen und hängt unter Berücksichtigung dieser Perspektive insbesondere vom jeweils angesprochenen Teilnehmerfeld ab. Daher ergibt sich, soweit ausschließlich die User am heimischen PC spielen können, das Überwiegen einer virtuellen Komponente bereits aus dieser Tatsache als solche.

14 Dasselbe gilt, falls man allein über ein nicht-öffentliches Rechnernetzwerk spielen kann, weil auch dann aufgrund der Nutzung dieses Intranet eine rechnerabhängige Teilnehmergruppe vorliegt. Daran anknüpfend kann auch die Übertragung eines herkömmlichen Roulette-Spiels per Web-Cam einen dominierenden Online-Bezug aufweisen, wenn die in der Spielbank anwesenden Gäste am übertragenen Spiel nur über PC-artige Terminals teilnehmen dürfen und keine anderweitige Zugangsmöglichkeit zum Spiel besteht.

bb) Konventionelle und virtuelle Spielmöglichkeit

15 Kann auch die Außenwelt rechnerunabhängig am Glücksspiel partizipieren, hängt die Existenz eines dominierenden Online-Bezugs vom konkreten Spielablauf ab. Daher liegt ein Internet-Glücksspiel vor, wenn ein softwaregesteuerter Zufallsgenerator über Gewinn oder Verlust entscheidet, weil dann der Spielausgang einem maßgeblichen virtuellen Einfluss unterliegt. Aber auch wenn sich das für die Außenwelt zugängliche Spiel trotz mechanischer Steuerung wegen seines äußeren Erscheinungsbildes – vor allem durch Animation des zufallsabhängigen Ereignisses – nicht von einem PC-Spiel unterscheidet, wird ein Internet-Glücksspiel veranstaltet, weil das Angebot dann in seinen wesentlichen Abläufen aus der Sicht eines objektiven Dritten in der Rolle des Users internet-bezogen ist. Erforderlich ist dann aber jedenfalls eine zumindest auch über Internet mögliche Spielteilnahme. Werden im World Wide Web nur Informationen bereitgehalten, wird folglich kein Online-Glücksspiel veranstaltet, wie die Existenz des § 5 Abs 3 über die Zulässigkeit von Werbung im Internet zeigt.[31]

---

30 Vgl zu diesem Aspekt die Legaldefinition im GlüG SH und *Langer* CR 2013, 237, 238.
31 Vgl dazu *bay* VGH GewArch 2012, 304, 306.

cc) Fallgruppen

16 In Umsetzung dieser Grundsätze wird ein Glücksspiel beispielsweise dann im Internet veranstaltet, wenn dort animierte Automatenspiele angeboten oder virtuelle Poker-Räume vorgehalten werden. Hingegen dürfen zB Hausverlosungen nicht aufgrund des Erfordernisses einer weiten Auslegung des § 4 Abs 4 Alt 1 generell als Glücksspielveranstaltungen im Internet eingestuft werden,[32] sondern fallen solange nicht unter diese Norm, wie dort nur Auskünfte bereitgestellt werden, während die eigentliche Ausspielung außerhalb des World Wide Web erfolgt.[33] Zudem wird dann kein Glücksspiel im Internet veranstaltet, wenn ein reales Roulette-Spiel per Web-Cam übertragen wird und daran online teilgenommen werden kann, aber nicht muss.[34] Denn dann unterliegt weder der Ausgang des Glücksspiels noch die Teilnahme daran bzw dessen Erscheinungsbild einem dominierenden virtuellen Einfluss.

17 Für Online-Sportwetten gilt, dass sie selbst im Falle einer Übertragung des bewetteten Ereignisses per Web-Cam nicht im Internet veranstaltet werden,[35] mag § 4 Abs 5 auch eine andere Vorstellung zugrunde liegen, weil er (anders als § 25 Abs 3 S 1 RennwLottG (siehe näher unten)) die Veranstaltung von Sportwetten im Internet für erlaubnisfähig erklärt. Denn Sportwettangebote prägt eine rechnerunabhängige Teilnahmemöglichkeit, ohne dass das zufallsabhängige Sportereignis animiert würde oder virtuellen Einflüssen unterläge.[36] Etwas anderes gilt lediglich, wenn das bewettete Ereignis dominierende Online-Bezüge aufweist – so ggf[37] beim sog E-Sport, der sich derzeit wachsender Beliebtheit erfreut. Nur soweit über dessen Ausgang Wetten abgeschlossen werden, bleibt der Alternative der Veranstaltung in § 4 Abs 5 somit ein eigenständiger Anwendungsbereich – freilich aber nur, soweit die dortige Befreiung vom Verbot des Absatzes 4 für die Veranstaltung von Sportwetten im Internet höherrangigem Recht entspricht.

2. Vermittlung von Glücksspielen über Internet

18 Neben Veranstaltern gibt es Vermittler virtueller Glücksspiele. Diese Tätigkeit untersagt § 4 Abs 4 Alt 2 dem Grunde nach ebenfalls, während dessen Absatz 5 ggf Aus-

32 So aber *Heger* ZIS 2012, 396, 400 per Verweis auf OVG BB ZfGW 2012, 137.

33 BayVGH GewArch 2012, 304, 306.

34 Vgl *Brock* CR 2011, 517, 518; s auch *Fischer* Das Recht der Glücksspiele im Spannungsfeld zwischen staatlicher Gefahrenabwehr und privatwirtschaftlicher Betätigungsfreiheit, 2009, 25f.

35 So aber zB *von Coelln* jurisPR-ITR 3/2006, Anm 6; *ders* jurisPR-ITR 15/2007, Anm 3; vgl auch *Kaminski/Kraas* E-Business, 2002, 908, 909.

36 So schon *Korte*, Fn 14, S 276.

37 Vgl zur Einordnung als Sport *Bagger/Schenk* SpuRT 2016, 94, 94ff.

nahmen zulässt. Gerade deshalb bedarf es einer trennscharfen Abgrenzung zur Veranstaltung.

a) Erfasste Distributionsformen

19 Daran anknüpfend bezieht sich der Anwendungsbereich des § 4 Abs 4 Alt 2 auf die Fälle, in denen die virtuelle Komponente (zumindest auch) distributions- und nicht (auch noch) veranstaltungsbezogen ist. Denn anderenfalls greift § 4 Abs 4 Alt 1, weil dann das Internet nicht nur Vertriebskanal ist,[38] sondern dem Spiel ein eigenständiges Gepräge gibt. In der Folge handelt es sich also nur um eine Vermittlung über Internet, wenn zumindest auch eine PC-abhängige Glücksspielteilnahme möglich ist und zugleich ein faktischer Medienbruch – sei es wegen des Fehlens eines softwaregesteuerten Zufallsgenerators oder einer computertypischen Animation – zwischen realer Veranstaltung und virtueller Distribution besteht. Dieser Anforderung, die zu einer rechtssichereren Abgrenzung führt als ein undifferenziert diffuses Abstellen auf einen übergreifenden „Vertriebsweg Internet“[39], hätten die Bundesländer freilich besser entsprochen, wenn sie in § 4 Abs 4 die Veranstaltung von Glücksspielen „im“ und die Vermittlung von Glücksspielen „über“ Internet grundsätzlich verboten hätten.[40]

20 Auf Basis der hier vorgeschlagenen Abgrenzungslinie kann eine Vermittlung im Internet insbesondere dann bejaht werden, wenn eine Sportwette online abgeschlossen oder ein Lottoschein virtuell abgegeben wird. Zudem erfüllt aber auch der Fall die Voraussetzung einer Vermittlung über Internet, dass das virtuelle Element auf den Ein- bzw Auszahlungsvorgang bezogen ist, zumal sich auch daraus Gefahren für das Spielvermögen ergeben können. Infolgedessen liegt zwar keine Vermittlung von Glücksspielen über Internet vor, wenn man in Anwesenheit Dritter – so in einer Annahmestelle – einen Spielvertrag abschließt.[41] Etwas anderes gilt jedoch, falls ein Lottoschein zwar per Hand ausgefüllt, aber online bezahlt[42] oder vom Vermittler über Internet weitergeleitet wird.[43] Für Hausverlosungen gilt, dass sie dann, wenn die Losbestellung zumindest auch über eine Homepage möglich ist, zwar nicht im Internet veranstaltet[44], sehr wohl aber über dieses Medium vermittelt werden, solange die Verlosung real erfolgt.[45]

---

38 So *Heseler* Der Einfluss des Europarechts auf die mitgliedstaatliche Glücksspielregulierung, 2012, S 38.

39 So aber gleichwohl *Postel*, Fn 13, § 4, Rn 78.

40 So schon *Korte*, Fn 14, S 19 f.

41 Insoweit zustimmend *Postel*, Fn 13, § 4, Rn 78 per Verweis auf VG Hamburg ZfGW 2011, 75.

42 Ähnl *Postel*, Fn 13, § 4, Rn 78.; vgl auch BayVGH GewArch 2012, 304, 306.

43 So OVG BB ZfGW 2011, 76 sowie ZfGW 2012, 130.

44 In diese Richtung aber offenbar VG Göttingen NJW 2010, 885, 886.

45 Ähnl BayVGH GewArch 2012, 303, 306; vgl dazu auch *Postel*, Fn 13, § 4, Rn 78.

b) Ausnahmen vom Vermittlungsverbot

Liegt eine Glücksspielvermittlung im Internet auf Basis der soeben geschilderten Grundsätze vor, ist diese Tätigkeit nach § 4 Abs 4 Alt 2 grundsätzlich untersagt. Dessen Absatz 5 lässt aber in bestimmten Fällen Ausnahmen von diesem Verbot zu und stellt es so unter einen an die frühere Übergangsnorm aus § 25 Abs 6 GlüStV aF angelehnten[46] Befreiungsvorbehalt.[47] 21

aa) Adressatenkreis

§ 4 Abs 5 richtet sich an „die Länder". Sie sind nicht verpflichtet, sondern „können" unter den dort genannten Voraussetzungen Ausnahmen vom Verbot des Absatzes 4 normieren und ggf weitergehende Anforderungen im Sinne zusätzlicher Befreiungsvoraussetzungen stellen, soweit sie dem höheren Recht entsprechen. Diese Befugnis ergibt sich aus § 28.[48] In der Regel wird im jeweiligen Landesrecht allerdings lediglich auf § 4 Abs 5 verwiesen. 22

Dieser Verweis adressiert dann erstens die staatlichen Veranstalter im Sinne des § 10 Abs 2, zweitens aber auch private Inhaber von Sportwettkonzessionen im Sinne des § 4a, weil sie in § 10a Abs 4 vom Verbot des § 4 Abs 4 befreit werden und weil der Verlust des Vertriebswegs Internet deren Konkurrenzfähigkeit gerade im Vergleich zu staatlichen Anbietern schmälern würde.[49] Schließlich erfasst § 4 Abs 5 drittens private Glücksspielvermittler.[50] 23

bb) Anwendungsbereich

Der Anwendungsbereich des § 4 Abs 5 ist auf „[...] den Eigenvertrieb und die Vermittlung von Lotterien sowie die Veranstaltung und Vermittlung von Sportwetten im Internet [...]" bezogen. Diese Regelung ist gesetzgebungstechnisch wenig gelungen, weil es Sportwettveranstaltungen im Internet – sieht man von einigen wenigen zwar denkbaren, in praxi aber derzeit irrelevanten und vom Gesetzgeber auch nicht gemeinten Fällen ab – wie gesagt denklogisch nicht gibt. § 4 Abs 5 erklärt damit de facto auch nur die Sportwett- und Lotterievermittlung über Internet für grundsätzlich erlaubnisfähig, andere virtuelle Angebote sind hingegen verboten – so Lotterieveranstaltungen im World Wide Web, Kasinospiele[51], soweit sie 24

46 *Bolay/Pfütze*, Fn 7, § 4 Rn 139.
47 *Windoffer* GewArch 2012, 388, 390; vgl Begr GlüStV 2012, S 8 ff.
48 *Postel*, Fn 13, § 4, Rn 86, § 28, Rn 9 ff.
49 S dazu Begr GlüStV 2012, S 37; *Bolay/Pfütze*, Fn 7, Vorb §§ 4a–e, Rn 17.
50 Vgl dazu *Brock* CR 2011, 517, 518.
51 *Windoffer* DÖV 2012, 257, 259; *Ennuschat* WRP 2014, 642, 647.

online angeboten werden, oder Sozialwetten mit (hinreichendem) Bezug zum virtuellen Raum.[52]

25 Zu dieser Ungenauigkeit in der Struktur des § 4 Abs 5 kommen andere Webfehler hinzu: So sind der Eigenvertrieb und die Vermittlung von Lotterien nicht etwa, wie es der Wortlaut vermuten lässt, zwei abgrenzbare Alternativen zulässiger Glücksspieldistribution – nämlich durch den Lotteriebetreiber oder durch Dritte[53]. Denn würde man § 4 Abs 5 derart auslegen, dürfte ein konzessionierter Sportwettveranstalter den Vertriebsweg Internet entgegen der ihm in § 10a Abs 4 an sich eingeräumten Möglichkeit des Online-Vertriebs nicht nutzen, weil § 4 Abs 5 anders als bei Lotterien nur die Vermittlung und nicht den Eigenvertrieb von Sportwetten für erlaubnisfähig erklärt. Infolgedessen ist diese Norm so zu verstehen, dass die Vermittlung eine Art Oberbegriff bildet – dies dann freilich mit der gesetzgebungstechnisch fragwürdigen Folge, dass der Eigenvertrieb in § 4 Abs 5 nicht hätte erwähnt werden müssen.

26 Für Pferdewetten findet sich in § 27 Abs 2 ein Erlaubnisvorbehalt, der auf § 4 Abs 5 und die dortigen Anforderungen verweist.[54] Dieser Verweis ist ebenfalls zu weit geraten, weil auch Pferdewetten wie gesagt nicht online veranstaltet werden können.[55] Dem entspricht die Vorstellung des Bundesgesetzgebers, der in § 25 Abs 3 S 1 RennwLottG den Ländern ausschließlich „weitergehende Vorschriften über ... das Vermitteln von Pferdewetten über Internet" erlaubt, dh also gerade nicht über die Veranstaltung, deren Regulierung dann aber auch der Landesgesetzgeber nicht einfach an sich ziehen darf, zumal § 25 Abs 3 S 1 RennwLottG auf Basis der Art 74 Abs 1 Nr 11, 72 Abs 2 GG[56] erlassen wurde und Ausdruck eines im Sinne des Art 72 Abs 1 GG[57] abschließenden Gebrauchs dieses Kompetenztitels ist.

cc) Voraussetzungen

27 Neben den auch für konventionelle Glücksspiele geltenden Anforderungen aus § 4 Abs 2 macht dessen Absatz 5 verschiedene kumulative Vorgaben. Sie müssen erfüllt sein, damit eine Erlaubnis erteilt werden kann. So verlangt diese Norm zunächst, dass die Genehmigung zu einer besseren Erreichung der Ziele des § 1 führt. In der Regel wird insbesondere[58] der in Nr 2 dieser Vorschrift niedergelegte Gedanke der Kanalisierung des natürlichen Spieltriebs in geordnete, staatlich überwachte Bah-

---

52 *Brock* CR 2011, 517, 518.
53 *Bolay/Pfütze*, Fn 7, § 4 Rn 142.
54 *Ennuschat/Klestil* GewArch 2012, 417, 420; vgl auch *Brock* CR 2011, 517, 518.
55 So aber *Postel*, Fn 13, § 4, Rn 85.
56 Vgl BVerfGE 115, 276, 304.
57 Ausf dazu *Korte*, Standortfaktor Öffentliches Recht, 2016, S 398 f.
58 Vgl zu den anderen Zielen *Postel*, Fn 13, § 4, Rn 5.

nen angesprochen sein, um der Entwicklung und Ausbreitung von unerlaubten Internet-Glücksspielen auf Schwarzmärkten entgegenzuwirken. Denn ausweislich der Erwägungsgründe zum Staatsvertrag ging es bei der Schaffung des § 4 Abs 5 insbesondere darum, der Tendenz zur Abwanderung der Spieler in Richtung illegaler Glücksspielangebote zu begegnen und legale, sichere Spielmöglichkeiten im Internet zu schaffen.[59]

Zudem fordert § 4 Abs 5 Nr 1 den Ausschluss minderjähriger und gesperrter Spieler durch Identifizierung und Authentifizierung. Diese Anforderung dient dem Spieler- und Jugendschutz. Da sich die Länder für ein hohes Schutzniveau entschieden haben, ist jedenfalls eine geschlossene Benutzergruppe[60] zu schaffen,[61] so dass nur die Personen spielen dürfen, die ihre Volljährigkeit per Face-to-Face-Kontrolle anhand eines amtlichen Ausweises nachgewiesen haben (Identifizierung) und sich bei jeder Portal-Nutzung durch von Tippabgabe zu Tippabgabe wechselnde Teilnahmecodes aufs Neue legitimieren (Authentifierung). Etwaige Schutzlücken, die zB dadurch entstehen können, dass Kinder Zugriff auf die Listen haben, dürften gerade im Glücksspielsektor kaum nachhaltig sein,[62] weil die Verlustrisiken für die die Listen verwaltenden Eltern immens sind, werden doch Einsätze von deren Konto abgebucht.[63] 28

§ 4 Abs 5 Nr 2 stellt Anforderungen an den Einsatz des Spielers. Er legt einerseits eine monatliche Höchstgrenze von 1.000 € fest (S 1)[64], von der in der Erlaubnis nicht nur nach oben[65], sondern auch nach unten[66] abgewichen werden darf, um den Zielen des § 1 gerecht zu werden (S 2). Abgesehen davon bietet § 4 Abs 5 Nr 2 andererseits aber auch die Möglichkeit zur Selbstlimitierung[67] im Zuge der Registrierung (S 5) bzw im Anschluss daran (S 6), wobei eine Anhebung des Limits erst nach sieben Tagen (S 7) und eine Verringerung sofort (S 8) wirksam wird. Hinzu kommen Verrechnungs- (S 3) und Kreditverbote (S 4), um den Spieler vor übermäßigen Ausgaben während des Spiels und einer Ausnutzung seiner Spielleidenschaft zu schützen. Infolgedessen trägt § 4 Abs 5 Nr 2 auch dazu bei, eine soziale Verelendung des Spielers und ggf seiner Angehörigen zu verhindern.[68] 29

---

59 *Bolay/Pfütze*, Fn 7, § 4 Rn 139.
60 So auch *Koenig/Ciszewski* K&R 2007, 257, 260 f.
61 *Bolay/Pfütze*, Fn 7, § 4 Rn 147.
62 So aber *Hoeren/Sieber/Altenhain* Hdb. Multimedia-Recht, 42. EL 2015, Teil 20, Rn 73 ff; vgl auch *Raitz von Frentz/Masch* ZUM 2006, 189, 194, allerdings ohne eingehende Prüfung.
63 Zumindest die Möglichkeit hinreichenden Jugendschutzes bejaht *Dietlein* K&R 2006, 307, 315.
64 Vgl dazu *Heeg/Levermann* MMR 2012, 726, 726.
65 *Bolay/Pfütze*, Fn 7, § 4, Rn 150.
66 So auch *Postel*, Fn 13, § 4, Rn 91.
67 *Bolay/Pfütze*, Fn 7, § 4, Rn 151.
68 *Postel*, Fn 13, § 4, Rn 91 ff.

30 In § 4 Abs 5 Nr 3 wird verlangt, dass besondere Suchtanreize durch schnelle Spielwiederholung ausgeschlossen sind, um die Gesundheit des Spielers zu schützen. Da sie nicht dadurch gefährdet wird, dass der Spieler mehrmals an der gleichen Ausspielung oder Wette teilnimmt, sondern eher dadurch, dass er in kurzen Zeitabständen verschiedene Spiele spielt, bezieht sich § 4 Abs 5 Nr 3 primär auf das vermittelte Glücksspiel. Diese Norm ist bewusst offen formuliert und erfasst daher verschiedene konventionelle Lotterie- und Sportwettangebote, soweit sie hohe Ereignisfrequenzen prägen, weil sie in kurzer Folge offeriert werden.[69] Ob darunter entsprechend der Begründungserwägungen zu § 25 Abs 6 Nr 3 GlüStV aF[70] auch schon Glücksspiele mit mehr als zwei Gewinnentscheidungen pro Woche fallen,[71] hängt wie erwähnt davon ab, ob sich medizinisch belegen lässt, dass bereits dann pathologische Zustände drohen.

31 Außerdem verlangt § 4 Abs 5 Nr 4, dass ein an das Internet angepasstes Sozialkonzept im Sinne des § 6, das der jeweilige Anbieter auf eigene Kosten regelmäßig evaluieren muss[72], entwickelt und eingesetzt wird. Dieses Konzept muss einerseits darauf reagieren, dass der User am heimischen PC keiner Sozialkontrolle unterliegt, sondern für sich „im stillen Kämmerlein" spielen kann, hat andererseits aber auch die beliebige Abrufbarkeit und Verfügbarkeit virtueller Glücksspiele als weiteres Spezifikum des Internets einzubeziehen. Daran anknüpfend wären zB eine zeitliche Begrenzung der Zugangsrechte pro Tag oder automatische Pausenzeiten[73] denkbar. Soweit wettbewerbsrechtlich zulässig, käme ggf auch ein gemeinsames Vorgehen der Internet-Anbieter in Betracht, um zu verhindern, dass der Spieler zur nächsten Plattform wechselt, wenn er an der vorher genutzten nicht mehr spielen darf.

32 Der Suchtbekämpfung dient auch § 4 Abs 5 Nr 5, wonach Wetten und Lotterien weder über dieselbe Internet-Domain angeboten noch dort verlinkt werden dürfen, weil dann die Gefahr besteht, dass verschiedene Spiele gespielt werden.[74] Die Reichweite dieser Norm lässt sich mit Hilfe des § 4a Abs 4 Nr 3 lit d) bestimmen, der die Anbieter von Glücksspielen im Internet zwar nicht auf bestimmte Server-Standorte, jedenfalls aber auf die Nutzung von „.de"-Adressen verpflichtet, um mit Hilfe der infolgedessen erforderlichen Registrierung bei der DENIC eG den Spielablauf besser überwachen zu können.[75] Denn im Verbund führen die §§ 4 Abs 5 Nr 5, 4a Abs 4 Nr 3 lit d) dazu, dass dieselbe Internet-Domain nicht schon dann genutzt wird, wenn die

69 *Hecker* WRP 2012, 523, 529.
70 *Bolay/Pfütze*, Fn 7, § 4, Rn 154.
71 So *Postel*, Fn 13, § 4, Rn 94.
72 *Bolay/Pfütze*, Fn 7 § 4, Rn 154.
73 *Dietlein/Woesler* K&R 2003, 458, 465.
74 *Bolay/Pfütze*, Fn 7, § 4, Rn 156; Begr GlüStV 2012, S 19.
75 *Ruttig*, Fn 13, § 4a Rn 30; Begr GlüStV 2012, S 22; vgl auch OVG NW MMR 2010, 435, 435.

Adresse auf „.de“ endet, weil diese Pflicht jeden Anbieter trifft, sondern erst, wenn die Bezeichnung davor, dh also die Second-Level-Domain, übereinstimmt.[76]

Weitere Vorgaben macht § 4 Abs 5 nicht, so dass dort anders als noch in § 25 Abs 6 GlüStV aF nicht verlangt wird, dass durch Lokalisierung der Teilnehmerkreis auf die Personen beschränkt wird, die sich im Geltungsbereich der erteilten Erlaubnis aufhalten.[77] Zu berücksichtigen ist aber, dass eine Erlaubnis im Sinne des § 4 Abs 5 grundsätzlich nur im Hoheitsgebiet des jeweiligen Bundeslandes gilt[78] und dass nach § 3 Abs 4 ein Glücksspiel dort angeboten wird, wo daran teilgenommen werden kann. Denn infolgedessen dürfte, falls ein Spiel nur in Teilen des Bundesgebiets zulässig ist,[79] die Lokalisierung des Spielers nicht verzichtbar,[80] sondern für den Glückspielanbieter geboten[81] und ggf sogar mit Hilfe von Nebenbestimmungen im Sinne des § 9 Abs 4[82] einzufordern sein, um Rechtsverletzungen vorzubeugen. Technisch lassen sich Lokalisierungen in Anwendung der Erfahrungen aus anderen Gebieten[83] über die IP-Adresse oder Handy-Ortung[84], nicht aber über Disclaimer[85] sicherstellen. 33

dd) Rechtsfolge

Liegen die Voraussetzungen des § 4 Abs 5 und ggf die zusätzlichen Anforderungen des jeweiligen Landesrechts vor, besteht kein Anspruch auf Genehmigung.[86] Die Erteilung der begehrten Erlaubnis, der keine glücksspielrechtliche Konzentrationswirkung zukommen soll,[87] steht stattdessen im behördlichen Ermessen (vgl zB Art 2 Abs 3 Bay AGGlüStV). Es ist insbesondere im Lichte der Anforderungen des höherrangigen Rechts auszuüben.[88] 34

Da nach § 4 Abs 5 das jeweilige Bundesland darüber entscheidet, ob es die Internet-Vermittlung zulässt oder nicht, kommt eine gebündelte Erlaubnis mit bundesweiter Gültigkeit normalerweise nicht in Betracht. Etwaige Konzessionen sind also anders als innerhalb der §§ 9a, 4a Abs 2 an sich nur im jeweiligen Landesgebiet 35

76 *Postel*, Fn 13, § 4, Rn 96.
77 Vgl dazu OVG Nds GewArch 2011, 205, 207.
78 *Schliesky/Schulz* Die Umsetzung der EU-Dienstleistungsrichtlinie, 2008, S 175, 183.
79 Vgl *Dietlein/Hüskens*, Fn 13, § 3, Rn 14; s auch BVerwG MMR 2011, 843, 844.
80 So *Heeg/Levermann* MMR 2012, 20, 24.
81 So auch *Ibler*, in: Hendler/Ibler/Martinez-Soria (Hrsg), Götz-FS, 2005, S 421, 425 ff.
82 Vgl *Oldag*, Fn 13, § 9, Rn 52.
83 *Hoeren* MMR 2007, 1, 3 f.
84 *Ohler* EuR 2010, 253, 259 f; OVG NW NWVBl 2010, 321, 324; vgl dazu auch *Heseler*, Fn 39, S 42 ff.
85 *Postel*, Fn 13, § 4, Rn 97.
86 *Brock* CR 2011, 517, 518.
87 Vgl *Postel*, Fn 13, § 4, Rn 81; implizit zweifelnd allerdings *Bolay/Pfütze*, Fn 7, § 4, Rn 160.
88 S allg dazu *Stober*, in: Wolff/Bachof/Stober/Kluth, Verwaltungsrecht I, 13. Aufl 2016, § 31, Rn 7 ff.

rechtlich wirksam.[89] Ausnahmen macht der GlüStV 2012 lediglich für die Vermittlung von Sport- bzw Pferdewetten über das Internet aufgrund von § 10a Abs 4 S 3[90] bzw wegen § 9a Abs 2 Nr 3[91].

III. Vereinbarkeit des § 4 Abs 4f mit höherrangigem Recht

36 Im Ergebnis zeigt eine einfachgesetzliche Analyse des Internet-Glücksspielrechts, dass dessen Ausgestaltung einige Schwachstellen aufweist – gerade soweit es um die Begrifflichkeiten geht. Abgesehen davon ist aber auch zu erörtern, inwieweit § 4 Abs 4f GlüStV mit dem höherrangigen Recht harmoniert.

1. Die unionsrechtliche Perspektive

37 Misst man § 4 Abs 4f am Maßstab des Unionsrechts, so fällt auf, dass das Sekundärrecht soweit ersichtlich bislang (noch[92]) keine Vorgaben für die Veranstaltung oder Vermittlung von Internet-Glücksspielen macht. Im Gegenteil wird das Online-Gambling dort in der Regel vom Anwendungsbereich ausgenommen – so namentlich in Art 1 Abs 5 lit d) Sp 3 der E-Commerce-Richtlinie bzw in Art 2 Abs 2 lit h) der Dienstleistungsrichtlinie[93]. Daher ist § 4 Abs 4f primär an der in Art 56f AEUV normierten Dienstleistungsfreiheit zu messen.

a) Eröffnung des Schutzbereichs

38 Basale Voraussetzung dafür ist, dass der Veranstalter bzw Vermittler eines Internet-Glücksspiels Unionsbürger ist oder als Gesellschaft die Voraussetzungen der Art 62, 54 AEUV erfüllt. Hinzukommen muss, dass der Anwendungsbereich der Dienstleistungsfreiheit eröffnet ist, weil das Glücksspiel im Sinne des Art 56 Abs 1 AEUV „... innerhalb der Union ...“ angeboten wird. Damit ist der räumliche Geltungsbereich der Verträge angesprochen, der sich nach den allgemeinen Grundsätzen und damit nach den Art 52 EUV, 355 AEUV richtet.[94] Probleme kann diese Anforderung

89 *Windoffer* GewArch 2012, 388, 391.
90 *Bolay/Pfütze*, Fn 7, § 10a, Rn 213.
91 *Ennuschat/Klestil* GewArch 2012, 417, 422.
92 Vgl zu entsprechenden Absichten der Kommission *Brüning* NVwZ 2013, 23.
93 RL 2000/31/EG des Parlaments und des Rates vom 8.6.2000, ABl Nr L 178/1 v 17.7.2000 bzw RL 123/2006/EG des Parlaments und des Rates vom 12.12.2006, ABl Nr L 376/36 v 27.12.2006.
94 *Korte*, in: Calliess/Ruffert (Hrsg), EUV/AEUV, 5. Aufl 2016, Art 49 AEUV, Rn 38.

bereiten, wenn es um eine Genehmigung zur Veranstaltung von Glücksspielen im Internet geht, die aus einem der in Art 355 AEUV genannten Gebiete stammt.[95]

Sachlich setzen die Art 56f AEUV zunächst voraus, dass eine Dienstleistung im 39
grenzüberschreitenden Verkehr erbracht wird. Diese Anforderung des Schutzbereichs erfüllen virtuelle Glücksspielveranstaltungen und -vermittlungen schon deshalb, weil sie wie fernmündliche Angebote über das jeweilige Medium – sei es das Internet oder das Telefon – in andere Mitgliedstaaten transportiert werden. Denn bei derartigen Korrespondenzdiensten reicht es aus, wenn das unkörperliche Produkt, nicht aber der Dienstleistungserbringer bzw -empfänger die Grenze überschreitet.[96] Zudem sind Glücksspielangebote, weil sie dem Spieler eine kostenpflichtige Spielmöglichkeit mit Gewinnchance einräumen, als in der Regel gegen Entgelt erbrachte Leistungen im Sinne des Art 57 Abs 1 AEUV einzuordnen.

Abgesehen davon verlangt die Dienstleistungs- in Abgrenzung zur Niederlas- 40
sungsfreiheit im Lichte des Art 57 Abs 3 AEUV, dass Internet-Glücksspiele vorübergehend im Zielstaat veranstaltet bzw vermittelt werden, so dass dort keine Niederlassung gegründet werden darf. Sie fordert eine dauerhafte Integration in die fremde Volkswirtschaft mittels einer festen Einrichtung, mit der der Kontakt zum Kunden hergestellt wird.[97] Daran fehlt es bei Internet-Glücksspielen schon deshalb, weil sie dem Spieler per Website angeboten werden. Aber auch falls im Zielstaat ein Server aufgestellt oder dort EDV-Support-Dienste in Anspruch genommen werden,[98] wird keine Niederlassung gegründet, weil sich der Kontakt zum Zielstaat dann in der Bereitstellung bzw Inanspruchnahme betriebsnotwendiger Infrastruktur erschöpft, so dass es an einer hinreichend dauerhaften Integrationsleistung, wie sie Art 49 AEUV fordert,[99] fehlt.

b) Beeinträchtigung des Schutzbereichs

Ist der Schutzbereich eröffnet, greifen die Garantien der Dienstleistungsfreiheit nur, 41
falls § 4 Abs 4f diese Grundfreiheit auch beeinträchtigt. Die dazu nötige Beschränkung kann einerseits in Form einer unmittelbar auf die Nationalität bezogenen Diskriminierung gegeben sein, ist andererseits aber auch dann zu bejahen, wenn die mitgliedstaatliche Maßnahme zwar nur mittelbar, dafür aber in ihrer Wirkung typischerweise an die Staatsangehörigkeit anknüpft.[100] Hinzu kommt die Möglichkeit, dass die Beeinträchtigung zwar nationalitätsneutral, aber marktzugangsbezogen ist,

---

95 Vgl dazu *Brock* CR 2011, 517, 521; *Dietlein*, CR 2004, 372, 373.
96 *Kluth*, Fn 95, Art 56/57, Rn 32f.
97 *Korte*, Fn 95, Art 49 AEUV Rn 25f.
98 So auch EuGH Rs C-347/09, Slg 2011, I-8185, Rn 34ff – Dickinger und Ömer.
99 Vgl dazu *Calliess/Korte* Dienstleistungsrecht in der EU, 2011, § 3, Rn 47.
100 *Haratsch/König/Pechstein*, Europarecht, 10. Aufl 2016, Rn 835f.

weil die mitgliedstaatliche Maßnahme die Konkurrenzfähigkeit der Dienstleistung im Zielstaat gegenüber den dort angebotenen Produkten mit nachteiligen Folgen für die Binnenmarktverwirklichung schmälert.[101] Um zu überprüfen, ob eine Beeinträchtigung vorliegt, sind die in § 4 Abs 4f grundsätzlich untersagte Veranstaltung und die zumindest teilweise erlaubnisfähige Vermittlung von Internet-Glücksspielen zu differenzieren:

42 Daran anknüpfend folgt aus § 4 Abs 4 für die Veranstaltung von Glücksspielen im Internet wie schon gesagt ein absolutes Verbot, weil der in Absatz 5 normierte Ausnahmetatbestand insoweit nicht greift. Da diese Vorschrift unterschiedslos alle Glücksspielanbieter trifft, handelt es sich weder um eine mittelbare noch um eine unmittelbare Diskriminierung.[102] Gleichwohl könnte aber eine Beschränkung des Marktzugangs vorliegen. Voraussetzung dafür ist, dass der Markt für Internet-Glücksspiele von dem für andere Spielangebote abgrenzbar und damit eigenständig ist[103], was sich im Lichte der gesonderten Regulierung des Internet-Glücksspiels auch nach Ansicht der Bundesländer wie schon gesagt mit den spezifischen Spielgewohnheiten[104] des Users am heimischen PC, dessen sozialer Isolation, der ggf sehr hohen Spielfrequenz und der bequemen und ubiquitären Verfügbarkeit des Internet-Glücksspiels begründen lässt. Die zudem nötige Zugangsbeschränkung folgt dann daraus, dass wegen § 4 Abs 4 kein Unternehmen im Bundesgebiet Internet-Glücksspiele veranstalten darf, so dass der Binnenmarkt mit nachteiligen Folgen für etwaige in anderen Mitgliedstaaten zugelassene Anbieter segmentiert ist.

43 Für die Vermittlung von Glücksspielen über Internet ergibt sich aus § 4 Abs 4f demgegenüber ein grundsätzliches Verbot mit Befreiungsvorbehalt[105] – jedenfalls soweit es um die virtuelle Sportwett- und Lotterievermittlung geht. Aufgrund der daraus resultierenden Erlaubnisfähigkeit dieser Formen des Glücksspielvertriebs – im Übrigen gilt das Verbot aus § 4 Abs 4 und damit das oben Gesagte – wird für die Einordnung des § 4 Abs 4f als Beeinträchtigung der Dienstleistungsfreiheit die unionsgerichtliche Spruchpraxis relevant. Denn danach bildet das Internet einen wichtigen, weil kostengünstigen Distributionskanal für den Zugang zu fremden Märkten in anderen Mitgliedstaaten ab,[106] so dass § 4 Abs 4 und 5 in ihrem Zusammenspiel als mittelbare Diskriminierung einzustufen sind, sind doch typischerweise ausländische Anbieter auf die Nutzung des World Wide Web als Distributionskanal angewiesen,

101 Ausf dazu *Calliess/Korte*, Fn 100, § 3 Rn 74 ff.

102 So aber EuGH Rs C-212/08, Slg 2011, I-5633, Rn 74 – Zeturf Ltd wonach „alle Beschränkungen, die das Glücksspiel im Internet betreffen" Ausländer aus anderen Mitgliedstaaten stärker treffen sollen; in diese Richtung auch *Wächter*, WRP 2011, 1278, 1286 und BGH WRP 2012, 965, 970.

103 Ausf dazu *Streinz/Dietz*, EuR 2015, 50, 61.

104 Siehe dazu OVG Nds GewArch 2011, 205, 206.

105 *Postel*, Fn 13, § 4 Rn 81.

106 EuGH Rs C-322/01, Slg 2003, I-14887, Rn 74 – Doc Morris.

um auf dem bundesdeutschen Glücksspielmarkt Fuß zu fassen und um mit den heimischen Anbietern auf Basis gleicher Wettbewerbsbedingungen zu konkurrieren.[107]

c) Rechtfertigung der Beeinträchtigungen

Diese Beeinträchtigungen der Art 56f AEUV könnten allerdings gerechtfertigt sein, 44
wenn sie auf einem tauglichen Rechtfertigungsgrund fußen und verhältnismäßig sind.

aa) Generierung von Rechtfertigungsgründen

Da mit § 4 Abs 4f, wie gesagt, keine unmittelbare Diskriminierung einhergeht, be- 45
steht diese Möglichkeit dann, wenn die belastende Maßnahme auf „zwingenden Allgemeinwohlgründen" basiert.[108] Sie ergeben sich nach den insoweit, wie gesagt, zunächst maßgeblichen Überlegungen der Bundesländer als Urheber des Glücksspielstaatsvertrags von 2012 aus den verbraucherschützenden Zielen des § 4 Abs 4f, vor allem weil Internet-Glücksspiele wegen des mit ihnen verbundenen Suchtpotenzials die Gesundheit des Users gefährden und wegen ihrer Manipulationsanfälligkeit dessen Vermögen bedrohen.[109] Diese Unwägbarkeiten dürfen aber nicht nur behauptet werden, um sie zur Rechtfertigung einer Beschränkung der Art 56f AEUV heranzuziehen.

Stattdessen muss die öffentliche Hand die Existenz der §4 Abs 4f zugrunde 46
gelegten Gesundheits- und Manipulationsgefahren tatsächlich mit Hilfe fachwissenschaftlicher Erkenntnisse nachweisen.[110] Falls in Umsetzung dessen (weitere) Untersuchungen und Studien nötig werden, müssen sie jedoch nicht von Anfang an vorliegen. Vielmehr genügt es, wenn sie im Streitfall beigebracht werden.[111] Dadurch dynamisiert der EuGH die Nachweispflichten, auch um dem Gesetzgeber das Sammeln von Erfahrungen bei Neuregelungen zu ermöglichen. Gerade das Gefährdungspotenzial des Internet-Glücksspiels ziehen indes jüngst entsprechende Studien[112] in

---

107 Insoweit zutreffend EuGH Rs C-212/08, Slg 2011, I-5633, Rn 74f – Zeturf Ltd; vgl auch *Koenig/Ciszewski* K&R 2007, 257, 258.

108 Siehe zB *Müller-Graff*, in: Streinz (Hrsg), EUV/AEUV, 2. Aufl 2012, Art 56, Rn 107, 110; *Korte*, Fn 14, S 71f; EuGH Rs 33/74, Slg 1974, 1299, Rn 10/12 – van Binsbergen.

109 Begr GlüStV 2012, S 10, 15; vgl dazu auch EuGH Rs C-243701, Slg 2003, I-13031, Rn 60, 67 – Gambelli.

110 *Marberth-Kubicki/Hambach/Berberich* K&R 2012, 27, 30; BGH, MMR 2012, 191, 193.

111 EuGH Rs C-42/02, Slg 2003, I-13519, Rn 25f – Lindman; Rs C-316/07, Slg 2010, I-8069, Rn 70ff – Stoß ua; siehe auch *Dederer* NJW 2010, 771, 773; vgl auch BGH WRP 2012, 201, 205.

112 Vgl http://ec.europa.eu/ineRnal_market/services/docs/gambling/workshops/workshop-ii-conclusions_en.pdf (Abruf 8/16); siehe auch *Hambach* K&R 2014, 570, 574.

Zweifel,[113] so dass die Bundesländer im Streitfall in der Pflicht sind, diese Untersuchungen zu entkräften und ggf eigene fachwissenschaftliche Erkenntnisse beizubringen.

bb) Verhältnismäßigkeit

47 Gelingt dieses Unterfangen, müssen die in § 4 Abs 4f enthaltenen Regeln schließlich und vor allem verhältnismäßig sein, wobei die unionsgerichtliche Spruchpraxis den Mitgliedstaaten im Glücksspielrecht[114] seit jeher einen in seinen dogmatischen Grundlagen nur wenig vermessenen[115] Beurteilungsspielraum zugesteht und nur evidente Fehler rügt. Um sie zu ermitteln, ist schon wegen der insoweit unterschiedlichen Rechtsfolgen des § 4 Abs 4f zwischen der Veranstaltung und der Vermittlung von Internet-Glücksspielen zu differenzieren.

(1) Veranstaltung von Glücksspielen

48 Daran anknüpfend ist die Veranstaltung von Glücksspielen im Internet in nicht monopolakzessorischer Weise[116], dh also für jedermann und nicht nur für die staatlichen Anbieter generell verboten. Es wird also anders als im konventionellen Glücksspielrecht keine Politik der kontrollierten Expansion betrieben, um den Spieltrieb in geordnete, weil staatlich verantwortete Bahnen zu lenken. Da die Mitgliedstaaten nach der unionsgerichtlichen Spruchpraxis zur Festlegung des Schutzniveaus befugt sind,[117] ist diese Verschärfung der Vorgaben für virtuelle gegenüber herkömmlichen Glücksspielen an sich zulässig, mögen infolge absoluter Verbote auch ggf illegale Märkte entstehen[118] und mag sich der User auch selbst bewusst und gewollt in die Gefahr des Spiels begeben haben und damit weniger schutzwürdig sein.[119] Es fragt sich aber, ob § 4 Abs 4 Alt 1 ein geeignetes und erforderliches Mittel ist, um den aus Ländersicht bestehenden Spielsucht- und Manipulationsgefahren des Online-Gambling zu begegnen.

---

113 *Koenig/Bovolet-Schober* GewArch 2013, 59, 60f; *Wächter* WRP 2011, 1278, 1280ff; *Brock*, CR 2011, 517, 522; vgl auch *Hambach* K&R 2014, 570, 574.

114 Vgl dazu EuGH Rs C-275/92, Slg 1994, I-1039, Rn 61 – Schindler; *Ohler* EuR 2010, 253, 257.

115 Ausf dazu *Korte*, Fn 58, S 331ff.

116 *Hecker* WRP 2012, 523, 527; BGH WRP 2012, 201, 205.

117 Siehe dazu zuletzt EuGH Rs C-156/13, ECLI:EU:C:2014, 1756, Rn 24, 32 – Digibet.

118 Ausf dazu *Marberth-Kubicki/Hambach/Berberich* K&R 2012, 27, 32; vgl auch *Heeg/Levermann* MMR 2012, 726, 728; *Möschel* EuZW 2013, 252, 254f; *Kramer* WRP 2011, 180, 187 und *Koenig* MMR 2010, 657, 658.

119 So aber insb *Mintas* SpuRT 2010, 98, 99 und *Schmittmann* CR 2011, 805, 806.

(a) Eignung

Im Rahmen der Eignung fragt der EuGH danach, ob die mitgliedstaatliche Maßnahme systematisch und kohärent den damit verfolgten Zweck fördert.[120] 49

(aa) Kohärenztest

Diesen sog Kohärenztest richtet die Unionsgerichtsbarkeit an die mitgliedstaatliche Hoheitsgewalt in Gänze, dh also an die nationale Exekutive und Legislative, aber auch an die Judikative, die infolgedessen das streitentscheidende Recht ggf kohärenzkonform[121] auslegen muss. Ob die Voraussetzungen dieses Gradmessers gewahrt sind, darf überdies nicht nur vermutet werden, sondern ist unter Beachtung aller relevanten Aspekte tatsächlich zu überprüfen.[122] Ganz konkret sind drei Ausprägungen der Kohärenz – nämlich eine vollzugs-, eine sach- und eine raumbezogene – zu unterscheiden[123] und auf virtuelle Glücksspielveranstaltungen, die wie gesagt aufgrund ihrer spezifischen Spielabläufe einen eigenen Markt bedienen, zu projizieren: 50

(aaa) Vollzugsbezogene Dimension

Im Rahmen der vollzugsbezogenen, auch sog vertikalen, weil auf einzelne Spiele zugeschnittenen[124] Dimension der Kohärenz ist das tatsächliche hoheitliche Verhalten im Bereich Internet-Glücksspiel auf seine Zweckförderlichkeit hin zu untersuchen, indem es mit dem gesetzlichen Schutzkonzept verglichen wird.[125] Probleme bei der Durchsetzung internet-bezogener Glücksspielvorschriften gegenüber Anbietern aus dem Ausland genügen daran anknüpfend allerdings nicht, um eine vollzugsbezogene Inkohärenz zu bejahen,[126] zumindest solange die Hoheitsgewalt die ihr zur Seite stehenden Mittel in den Grenzen des Zumutbaren ausschöpft.[127] Aus 51

---

120 EuGH Rs C-384/08, Slg 2010, I-2055, Rn 51 – Attanasio Group unter Bezugnahme auf Rs C-169/08, Rs C-409/06, Slg 2010, I-8015, Rn 68 – Winner Wetten.

121 Vgl dazu jedenfalls in der Tendenz BGH MMR 2012, 191, 194.

122 EuGH Rs C-347/09, Slg 2011, I-8185, Rn 56 – Dickinger und Ömer; vgl auch *Schorkopf* DÖV 2011, 260, 265 f; *Koenig* EWS 2010, 449, 454 (dort Fn 26); *ders* EWS 2011, 508, 509; *Reichert* EuZW 2011, 679, 680 sowie BGH WRP 2012, 965, 968.

123 Ausf dazu *Schorkopf* DÖV 2011, 260; *Hartmann* EuZW 2014, 814; *Hecker* DVBl 2011, 1130.

124 Vgl zB *Lippert* EuR 2012, 90, 96; EuGH Rs C-316/07, Slg 2010, I-8069, Rn 103 – Stoß ua.

125 So schon EuGH Rs C-243/01, Slg 2003, I-13031, Rn 62, 67 f – Gambelli und dazu *Korte* NVwZ 2004, 1449, 1450; siehe auch EuGH Rs C-338/04, 359/04, 360/04, Slg 2007, I-1891, Rn 54 – Placanica.

126 In diese Richtung aber wohl *Mintas* SpuRT 2010, 94, 96; ähnl schon *Albrecht/Gabriel* WRP 2007, 616, 620; *Hausberger/Basta* MuR 2006, 175, 177; vgl auch *Kramer* WRP 2011, 180, 183; *Möschel* EuZW 2013, 252, 253; *Koenig/Bovolet-Schober* GewArch 2013, 59, 60.

127 S dazu EuGH Rs C-316/07, Slg 2010, I-8069, Rn 107 – Stoß ua; OVG NW NWVBl 2010, 321, 324; *Ennuschat* GewArch 2010, 425, 426; vgl auch BGH WRP 2012, 201, 205; *Windoffer* GewArch 2012, 388, 391.

diesem Grunde bleibt das in § 4 Abs 4 enthaltene Verbot der Veranstaltung von Internet-Glücksspielen kohärent, auch wenn dadurch illegale Märkte entstehen – jedenfalls solange die öffentliche Hand nach Kräften mit den verfügbaren Mitteln versucht, diese Vorschrift durchzusetzen.

52 Daran anknüpfend ist die öffentliche Hand verpflichtet, ihr eigenes administratives Verhalten auf § 4 Abs 4 auszurichten: So dürfen namentlich keine Online-Glücksspiele auf Basis des § 33c GewO zugelassen werden. Zudem sind die ordnungsrechtlichen Möglichkeiten auszuschöpfen, um gegen illegale, weil generell nicht oder unzureichend (zB auf Basis der sog „DDR-Erlaubnisse"[128]) genehmigte Veranstaltungen von Glücksspielen im Internet[129] vorzugehen – so zB indem Sperrverfügungen[130] erlassen werden. Ferner müssen anlassbezogene Maßnahmen, bei denen sich die Verwaltung auf die Verfolgung bestimmter (und nicht aller) Einzelfälle beschränkt, begründet werden.[131] Nur soweit die Hoheitsgewalt auf Länderebene diesen und ähnlichen Anforderungen an die Regulierung der Veranstaltung von Internet-Glücksspielen gerecht wird, ist der vollzugsbezogenen Dimension des Kohärenztests entsprochen. Ob sie diese Vorgabe wahrt, ist aber eine tatsächliche und dann weniger eine rechtswissenschaftliche Frage.

(bbb) Sachbezogene Dimension

53 Abgesehen davon existiert eine sachliche, die Gefahrneigung der verschiedenen Spielformen mit der jeweiligen Schutzintensität vergleichende[132] und daher oft auch als horizontal bezeichnete[133] Dimension der Kohärenz. Sie verlangt nach einer Betrachtung des Regelungssystems des gesamten Glücksspielmarktes in dem Sinne, dass vergleichbar gefahrgeneigte und aus Konsumentensicht austauschbare[134] Spiel- oder Vertriebsformen gleich zu behandeln sind.[135] Für Online-Glücksspiele ist insoweit auf solche Unwägbarkeiten abzustellen, die nicht aus der Nutzung des World

128 Vgl dazu *Korte*, Fn 89, § 48, Rn 84.

129 Vgl im Übrigen *Korte* WiVerw 2008, 85, 87, auch zu den einzelfallabhängigen Aufhebungsmöglichkeiten.

130 Siehe zu deren Zulässigkeit noch unten unter D.

131 VGH BW GewArch 2014, 124, 128.

132 Siehe dazu EuGH Rs C-316/07, 358–360/07, 409/07, 410/07, Slg 2010, I-8069, Rn 100 – Stoß ua; vgl auch BVerwG NVwZ-RR 2014, 181.

133 Vgl zB *Lippert* EuR 2012, 90, 96; EuGH Rs C-124/97, Slg 1999, I-6067, Rn 15 – Läärä.

134 EuGH Rs C-212/08, Slg 2011, I-5633, Rn 76, 81 – Zeturf Ltd; vgl auch *Schmittmann* CR 2011, 805, 807.

135 So schon *Korte*, Fn 14, S 111 f, 169 f, 209 f, 315 f; vgl auch *Ruttig* WRP 2007, 621, 626; *Leupold* WRP 2011, 324, 326; *Dederer* NJW 2011, 771, 773; *Ennuschat* WRP 2014, 642, 645; EuGH Rs C-46/08, Slg 2010, I-8149, Rn 71 – Carmen Media; EFTA-Gerichtshof Urt v 14.3.2007, Case E-1/06 ZfWG 2007, 134, 134.

Wide Web im Allgemeinen entstehen,[136] sondern auf solche, die sich aus dem spezifischen Internet-Bezug des Glücksspiels ergeben[137] – so aus den unterschiedlichen Verfügbarkeiten, Spielfrequenzen, Sozialkontroll- und Abwicklungsmöglichkeiten[138]. Der maßgebliche Bezugspunkt ist insoweit der des Spielers, dessen Rechtsgüter die Regelung schützen will.

Daran anknüpfend führt die sachliche Ausprägung des Kohärenztests insbesondere nicht[139] dazu, dass die unterschiedliche Regulierung von konventionellem und virtuellem Glücksspiel unsystematisch wäre.[140] Denn der EuGH verlangt bisher nur eine übergreifende Gleichbehandlung des offline und online betriebenen Glücksspiels, wenn der nationale Gesetzgeber – anders als die Länder im Glücksspielstaatsvertrag – in der Regelungsintensität vergleichbare Rechtsgrundlagen schafft. Denn nur dann[141] gibt die mitgliedstaatliche Legislative zu erkennen, dass sie die aus verschiedenen Spielformen resultierenden Gefahren für gleich hoch hält.[142] Inkohärenzen folgen zudem auch nicht daraus, dass Unterhaltungs- oder Gewinnspiele im Internet auf Basis der §§ 8a, 58 Abs 4 RStV erlaubt sind,[143] da es sich insoweit um Unterhaltungsspiele mit Gewinnmöglichkeit handelt, die aufgrund ihres wie gesagt unerheblichen Einsatzes nicht mit Internet-Glücksspielen im Sinne des § 4 Abs 4 Alt 1 vergleichbar sind.[144] 54

(ccc) Räumliche Dimension

Schließlich unterliegen föderal organisierte Mitgliedstaaten wie Deutschland einer räumlichen Ausprägung des Kohärenzkriteriums. Sie basiert auf einem vertikalen Vergleich von Bundes- und Landesrecht sowie auf einem horizontalen Vergleich landesrechtlicher Vorschriften, setzt allerdings in beiden Fällen kompatible Re- 55

136 So aber insb *Schmittmann* CR 2011, 805, 807 per Verweis auf EuGH Rs C-108/09, Slg 2010, I-12213, Rn 58, 65 ff, 75 – Ker Optica, wo es um Regeln über die Nutzung des Internet zum Vertrieb von Brillen ging.

137 BGH WRP 2012, 201, 208.

138 Vgl dazu *von Hippel* ZRP 2001, 558, 559; *Dietlein/Woesler* K&R 2003, 458, 465; *Krieger* JZ 2005, 1021, 1022; VGH BW GewArch 2014, 124, 128.

139 So aber *Mintas* SpuRT 2010, 94, 96; *dies* MMR 2010, 843, 843 f; *Liese* GewArch 2011, 199, 202; *Koenig/Bovolet-Schober* GewArch 2013, 59, 62; *Wächter* WRP 2011, 1278, 1287 ff; weitergehend auch *Koenig/Ciszewski* DÖV 2007, 313, 316; *dies* K&R 2007, 257, 260.

140 So auch EuGH C-46/08, Slg 2010, I-8149, Rn 105 – Carmen Media; *Heger* ZIS 2012, 396, 399.

141 Weitergehend allerdings *Reichert* EuZW 2011, 679, 680.

142 EuGH Rs C-212/08, Slg 2011, I-5633, Rn 81 f – Zeturf Ltd; BGH WRP 2012, 965, 970; vgl auch *Korte*, Fn 14, S 90, 384; siehe auch *Marberth-Kubicki/Hambach/Berberich* K&R 2012, 27, 30.

143 So aber *Ruttig* K&R 2014, 219, 220; *Brock* CR 2011, 517, 522 f; ähnl. *Langer* CR 2013, 237, 240.

144 BGH WRP 2012, 201, 207.

gelungsgegenstände voraus.[145] Ist diese Vorgabe gewahrt, verbieten sich vertikale Differenzierungen schon dem Grunde nach, weil der Normadressat dann unterschiedlichen Normbefehlen trotz vergleichbarer Inhalte unterliegt. Hingegen sind horizontale Unterscheidungen nicht zuletzt wegen der in Art 4 Abs 2 EUV geschützten nationalen Identität der Mitgliedstaaten – sie manifestiert sich in Deutschland auch in der bundesstaatlichen Zuständigkeitsverteilung[146] – im Falle ihrer Abgewogenheit möglich, damit die Länder regionale Besonderheiten in ihre Rechtsvorschriften einspeisen können.[147]

56 Da § 4 Abs 4 mittlerweile bundesweit[148] die Veranstaltung von Glücksspielen im Internet untersagt, sind die Vorgaben des räumlichen Kohärenzkriteriums gewahrt. Etwas anderes[149] gilt auch nicht deshalb, weil die Rechtslage zwischenzeitlich in Schleswig-Holstein, das bis vor kurzem eine Ausnahme von diesem Verbot machte, abwich[150]. Denn insoweit lag lediglich eine horizontale Differenzierung vor, die noch dazu keine nachhaltigen Auswirkungen hatte. Denn diese Sonderreglung war nur für einen begrenzten Zeitraum geltendes Recht und die auf deren Basis erteilten Genehmigungen gelten nur übergangsweise in einem noch dazu örtlich beschränkten Gebiet.[151] Eine räumliche Inkohärenz ergäbe sich daran anknüpfend denn auch nur, wenn die in Schleswig-Holstein zugelassenen Internet-Glücksspiele auch außerhalb dieses Bundeslandes abrufbar wären,[152] was aber – soweit ersichtlich – derzeit nicht der Fall ist und zB per Geolokalisation des Spielers verhindert werden kann,[153] aber auch muss.

(bb) Eingrenzungen

57 Die Kohärenzprüfung setzt umfassend und gewaltenübergreifend an, so dass sie grundsätzlich jeden Widerspruch zwischen Sein und Sollen, der sich bei der Konzeption, dem Vollzug und der Kontrolle der Glücksspielpolitik der Mitgliedstaaten ergeben kann, zu erfassen scheint. Gleichwohl sollen sich namentlich in der uni-

---

145 Siehe dazu EuGH Rs C-156/13, ECLI:EU:C:2014:1756, Rn 35 – Digibet; Rs C-46/08, Slg 2010, I-8149, Rn 70 – Carmen Media Group.

146 Siehe dazu *Puttler*, Fn 95, Art 4 EUV, Rn 15.

147 EuGH Rs C-159/10 u. 160/10, Slg 2011, I-6919, Rn 96 f – Fuchs und Köhler.

148 *Dietlein*, Fn 13, Einf Rn 7.

149 So aber *Ahlhaus/Mayer* GewArch 2013, 207, 208; ähnl *Dörr/Janisch* K&R Beih 1/2012, 1, 9 ff; *Brock* CR 2011, 517, 524; vgl auch *Marberth-Kubicki/Hambach/Berberich* K&R 2012, 27, 33.

150 Siehe dazu *Heeg/Levermann* MMR 2012, 20 ff.

151 EuGH Rs C-156/13, ECLI:EU:C:2014, 1756, Rn 36 – Digibet; ähnl der Vorlagebeschl d BGH GewArch 2013, 205, 207; vgl dazu auch *Ennuschat* WRP 2014, 642, 647; skeptisch *Ahlhaus/Mayer* GewArch 2013, 207, 208; allg dazu *Epiney* EuR 1994, 301, 319 ff.

152 *Michl* EuZW 2014, 630, 631; vgl dazu auch *Heeg/Levermann* MMR 2012, 20, 24.

153 Siehe dazu noch unten unter D.

onsgerichtlichen Rechtsprechung gewisse Grenzen andeuten – so insbesondere in den Entscheidungsgründen zur Rechtssache *Stoß ua*[154]. Dort heißt es, dass ein Widerspruch zwischen der Glücksspielpolitik in einem Sektor und der Monopolisierung eines anderen Bereichs nur dann berechtigten Anlass zur Annahme der Inkohärenz gibt, wenn er „... zur Folge hat, dass das der Errichtung dieses Monopols zugrunde liegende Ziel, Anreize zu übermäßigen Ausgaben für das Spielen zu vermeiden und die Spielsucht zu bekämpfen, mit ihm nicht mehr wirksam verfolgt werden kann ...". In ähnlicher Weise wird in der Rechtssache *Digibet*[155] zumindest hilfsweise darauf hingewiesen, dass eine etwaige Inkohärenz des bestehenden Glücksspielrechts jedenfalls „... zeitlich und räumlich auf ein Bundesland begrenzt ..." war und daher die Zielverwirklichung nicht „... erheblich beeinträchtigt ...".

In Anknüpfung an diese Ausführungen des EuGH geht jedenfalls die bundes- 58 verwaltungsgerichtliche Rechtsprechung davon aus, dass Inkohärenz nur auf Basis zusätzlicher einschränkender Kriterien bejaht werden kann. Ganz konkret wird eine weitere Voraussetzung in Form eines intersektoriellen Wirkungszusammenhangs postuliert. Danach müssen, wenn die Glücksspielpolitik in zwei Sektoren miteinander verglichen wird, etwaige Unterschiede in der Behandlung des einen Bereichs – mögen sie nun auf einer divergierenden Regelungsdichte oder aber auf einer divergierenden Vollzugspolitik fußen – auf den anderen Bereich in dem Sinne ausstrahlen, dass dort die hoheitlichen Zielsetzungen nicht mehr erreicht werden können.[156] Diese Restriktion ist – wie sich aus den Ausführungen des BVerwG ergibt – Ausdruck des Bemühens, die föderalen Glücksspielstrukturen im bundesdeutschen Rechtsraum in die Kohärenzprüfung einzuspeisen.[157] Sie wird insbesondere deshalb wegen der Landesblindheit des Unionsrechts kritisiert[158]. Für § 4 Abs 4 Alt 1 dürfte diese intersektoriell wirkungsbezogene Einschränkung allerdings ohnehin keine Rolle spielen – zumindest solange die obigen Anforderungen an das behördliche Handeln eingehalten werden.

Wohl auch in Reaktion auf die unions- und verwaltungsgerichtliche Rechtspre- 59 chung, jedenfalls aber wegen des Beurteilungsspielraums der Mitgliedstaaten bei der Konzeption des Glücksspielrechts, wird vor allem in der Literatur eine noch weitergehende Zurückhaltung bei der Anwendung des Kohärenztests erwogen. Gefordert wird eine gewisse Spürbarkeit im Sinne einer ggf zeitlich determinierten[159],

154 EuGH Rs C-316/07, Slg 2010, I-8069, Rn 106 – Stoß ua.
155 EuGH Rs C-156/13, ECLI:EU:C:2014, 1756, Rn 36 – Digibet.
156 BVerwG NVwZ-RR 2014, 181 188 f; *Deiseroth* DVBl 2013, 1545, 1552.
157 *Makswit*, Fn 9, S 128 f.
158 Vgl dazu *Hartmann* EuZW 2014, 814, 817 ff.
159 Siehe *Hambach* K&R 2014, 570, 573.

auswirkungsbezogenen (Stichwort: Marktumfang)[160] und/oder materiell-rechtlich orientierten (Stichwort: Aushöhlung)[161] Erheblichkeitsschwelle. Schränkt man den Kohärenztest derart ein, besteht allerdings die Gefahr, dass der Spieler als maßgebliches Schutzobjekt des § 4 Abs 4 Alt 1[162] außer Betracht bleibt. Hinzu kommt, dass die Grenzen eines solchen Vorbehalts noch nicht vermessen sind[163]. Daher ist jedenfalls dessen umfassende, die gesamte Kohärenzprüfung umspannende Existenzberechtigung zweifelhaft. Für § 4 Abs 4 Alt 1 dürfte dieser weitere Einhegungsversuch des Kohärenzerfordernisses allerdings auf Basis der obigen Ausführungen ebenfalls unerheblich sein.

(b) Erforderlichkeit

60 Solange und soweit die zuständigen Behörden ihren Verpflichtungen gerecht werden, ist das in § 4 Abs 4 Alt 1 angelegte Verbot der Veranstaltung von Online-Glücksspielen nach der unionsgerichtlichen Rechtsprechung ein kohärentes Mittel zur Verwirklichung der verbraucherschützenden Ziele dieser Norm. Die daran anschließende Prüfung der Erforderlichkeit, in deren Rahmen den Mitgliedstaaten ebenfalls ein Beurteilungsspielraum zugestanden wird, fragt nach milderen, gleich geeigneten Mitteln im Vergleich zu § 4 Abs 4 Alt 1. Sie sind namentlich wegen der hohen Gefahrenintensität der Veranstaltung von Internet-Glücksspielen – soweit sie sich für alle von § 4 Abs 4 Alt 1 erfassten Spiele nachweisen lässt[164] – nicht ersichtlich, zumal gerade die Forderung nach weniger restriktiven Regeln (zB in Form der Marktöffnung[165]) Gefahr liefe, den Mitgliedstaaten das über die Einschätzungsprärogative zugestandene Recht zur autonomen Beurteilung des Schutzniveaus zu nehmen.[166]

61 Zudem besteht keine Pflicht zur (gegenseitigen) Anerkennung von Genehmigungen aus anderen Mitgliedstaaten, auch wenn sie die Veranstaltung von Glücksspielen im Internet – sei es mit Wirkung für das eigene oder für fremdes Hoheitsgebiet (sog offshore Lizenz[167]) – legalisieren.[168] Denn die soziokulturellen Besonderheiten und die je Mitgliedstaat in individueller Weise historisch gewachsenen Regelungsstruk-

---

160 Vgl dazu auch BGH WRP 2012, 201, 207; BGH GewArch 2013, 205, 207 sowie die aktuelle verwaltungsgerichtliche Rechtsprechung zB in BVerwG NVwZ 2011, 1319, 1324 f.

161 So explizit *Ennuschat* WRP 2014, 642, 648.

162 Vgl *Brock* CR 2011, 517, 523.

163 *Liesching* MMR 2012, 196, 197; allg krit auch *Schmittmann* CR 2011, 805, 807 sowie die frühere verwaltungsgerichtliche Rechtsprechung; vgl dazu BVerwG NVwZ 2011, 554, 562.

164 Vgl dazu schon oben unter A.

165 In diese Richtung *Schmittmann* CR 2013, 805, 808.

166 Vgl dazu *Korte* NVwZ 2004, 1449, 1450; ähnl *Dederer* NJW 2010, 771, 773; *Frenz/Ehlenz* EuR 2010, 490, 514 f; BGH WRP 2012, 965, 971.

167 *Leupold* WRP 2011, 324, 325; EuGH Rs C-46/08, Slg 2010, I-8149, Rn 42 – Carmen Media.

168 *Brüning* NVwZ 2013, 23, 27; *Ennuschat* WRP 2014, 642, 645.

turen führen dazu, dass es am für die Aktivierung des Anerkennungsgrundsatzes nötigen gegenseitigen Vertrauen[169] fehlt. Infolgedessen kommt es für die Beurteilung der Erforderlichkeit des § 4 Abs 4 Alt 1 letztlich auch nicht darauf an, wie gut sich etwaige Angebote ggf mit Hilfe von Behörden aus anderen Mitgliedstaaten[170] überwachen lassen und ob sie in der Heimat tatsächlich angeboten werden[171]. Im Ergebnis verstößt § 4 Abs 4 Alt 1 somit nicht gegen die Art 56f AEUV.

(2) Vermittlung von Glücksspielen

Anders als für die Veranstaltung besteht für die Internet-Vermittlung von Glücks- 62 spielen in Form von Sportwetten und Lotterien ausweislich des § 4 Abs 4f ein grundsätzliches Verbot mit Befreiungsvorbehalt, weil unter den Voraussetzungen des Absatzes 5 dieser Vorschrift für den Fall weniger spielsuchtgefahrgeneigter Online-Vertriebsformen die Möglichkeit einer „Wiederzulassung"[172] besteht. Dadurch verfolgen die Länder als Initiatoren des Glücksspielstaatsvertrags im Bereich der Vermittlung – anders als im Falle des ausnahmslosen Veranstaltungsverbots – zumindest parziell auch das Ziel der Kanalisierung des Spieltriebs in geordnete, weil staatlich überwachte Bahnen[173], um zu verhindern, dass illegale Märkte entstehen. Es fragt sich aber, ob die mit dieser (gegenüber § 4 Abs 4 abweichenden) Regelungsstruktur einhergehende Beschränkung der Art 56f AEUV gerechtfertigt werden kann. Dazu müsste § 4 Abs 4f im Lichte der diese Norm tragenden Gemeinwohlgründe verhältnismäßig sein.

(a) Eignung

Innerhalb der Eignung ist erneut vor allem die Kohärenz des in § 4 Abs 4f. niederge- 63 legten Verbots mit Befreiungsvorbehalt für die Vermittlung von Glückspielen über Internet zu überprüfen. Insoweit dürften für die räumliche und für die vollzugsbezogene Dimension die obigen Ausführungen entsprechend gelten. Daher muss einerseits zB durch Geolokalisation sichergestellt werden, dass an den in Schleswig-Holstein zugelassenen Formen des Glücksspielvertriebs via Internet nicht von einem anderen Bundesland aus teilgenommen werden kann. Zum anderen bedarf es aber auch eines konsequenten Vorgehens gegen Anbieter im deutschen Raum,[174] soweit sie jenseits der Vorgaben des § 4 Abs 5 zB auf Basis der sog DDR-Erlaub-

---

169 Ausf dazu *Korte*, Fn 14, S 347; vgl auch *Calliess/Korte*, Fn 100, § 3 Rn 137.

170 Vgl dazu *Reich* EuZW 2011, 454, 455.

171 In diese Richtung *Mintas* SpuRT 2010, 94, 96.

172 *Postel*, Fn 13, § 4 Rn 5.

173 *Heeg/Levermann* MMR 2012, 20, 22.

174 Siehe dazu *Mintas* SpuRT 2010, 94, 98.

nisse[175] Online-Portale anbieten. Auch die Zulässigkeit des E-Postbriefs[176] ist an den Anforderungen des dortigen Befreiungsvorbehalts zu messen. Fraglich bleibt somit einzig, ob § 4 Abs 4 f der sachbezogenen Dimension des Kohärenztests gerecht wird.

(aa) Spielsuchtgefahren

64 Sie knüpft, wie gesagt, an die Gefahrneigung an und verlangt, dass all diejenigen Tätigkeiten, die ein vergleichbares Spielsuchtpotenzial aufweisen wie die Glücksspielvermittlung über Internet, auch ähnlichen Regelungsintensitäten unterliegen. Die nach § 4 Abs 4 f erlaubnisfähigen Vertriebsformen weisen allerdings, wenn überhaupt, nur geringfügige Gesundheitsgefahren auf. Denn etwaige spielsuchtfördernde Momente werden durch die in § 4 Abs 5 Nr 3 (Verbot hoher Ereignisfrequenzen[177]), in § 4 Abs 5 Nr 2 (Einsatzhöchstgrenzen), in § 4 Abs 5 Nr 4 (Begrenzung der je Portal verfügbaren Spiele) und in § 4 Abs 5 Nr 5 (Erfordernis eines Sozialkonzepts) enthaltenen Mechanismen minimiert.[178] Aufgrund der somit eher unbeträchtlichen Gesundheitsgefahren unterscheidet sich der Anknüpfungspunkt der Prüfung sachlicher Kohärenz im Falle der Online-Vermittlung aber wiederum erheblich von den üblichen Konstellationen, die ein hohes Suchtpotenzial des regulierten Glücksspiels im Vergleich zu anderen Spielformen prägte.

65 Vor diesem Hintergrund dient der in § 4 Abs 4 f für erlaubnisfähig erklärte Internet-Vertrieb denn auch gelegentlich dazu, die inkohärente Regelungsstruktur in anderen Glücksspielbereichen zu belegen: So wird beispielsweise angemahnt, dass Online-Poker und Internet-Casinos generell verboten worden seien, obwohl die damit einhergehenden Risiken für die Gesundheit des Spielers genauso groß seien wie bei der Sportwett- und Lotterievermittlung über Internet[179]. Bisweilen wird aber auch § 4 Abs 4 f selbst der Vorwurf sachlicher Inkohärenz gemacht – so insbesondere weil der Vertrieb per SMS bisher keine spezialgesetzliche Regelung erfahren hat,[180] obwohl er ähnliche Gesundheitsgefahren mit sich bringt wie die Vermittlung von Sportwetten und Lotterien über Internet. Ob bzw inwieweit dieses Vorbringen zutrifft und zur sachlichen Inkohärenz der zugehörigen Regelungsstrukturen führt, ist indes keine juristische, sondern eine suchtwissenschaftliche Frage. Die Vertragsgeber sind, wenn sie derartigen Vorwürfen begegnen wollen, also in der (ggf nachbarwissenschaftlichen[181]) Nachweispflicht.

175 Vgl zur Reichweite und Aufhebbarkeit OVG BB GewArch 2010, 209, 209 ff; BVerwGE 140, 1, 22.
176 Siehe *Postel*, Fn 13, § 4, Rn 78; vgl auch *Leupold* WRP 2011, 324, 334.
177 VGH BW GewArch 2014, 123, 124; *Windoffer* GewArch 2012, 388, 390.
178 Vgl dazu auch OVG Nds GewArch 2011, 205, 207.
179 So namentlich *Makswit*, Fn 9, S 183 ff; *Bolay/Pfütze*, Fn 7, § 4 Rn 97, 101 ff, 109 ff.
180 So namentlich *Postel*, Fn 13, § 4 Rn 82; ähnl *Koenig/Bovolet-Schober* GewArch 2013, 59, 62.
181 Vgl dazu schon oben unter A.

Für die Pferde- und Sportwettvermittlung über Internet bestehen (unabhängig von der Vergleichbarkeit ihres jeweiligen Suchtpotenzials[182]) derartige Obliegenheiten demgegenüber nicht mehr, weil sie über den wegen § 25 Abs 3 RennwLottG zulässigen Verweis in § 27 Abs 2 auf § 4 Abs 4f gleich behandelt werden,[183] so dass etwaige frühere Inkohärenzen[184] zumindest nunmehr beseitigt sind. Unterschiede in der Regelungsstruktur bestehen daher nur insoweit, als für die Sportwettvermittlung über Internet die in § 4 Abs 6 normierten Mitteilungspflichten bestehen, insbesondere weil § 10a Abs 4 S 2 auch auf diese Vorschrift verweist, während in § 27 Abs 2 kein derartiger Verweis besteht. Dieser Unterschied lässt sich wohl nur damit erklären, dass Pferdewetten weniger nachgefragt werden als sonstige Sportwetten, so dass den Vertragsgebern eine Evaluierung in diesem Bereich nicht nötig erschien. Im Lichte des Erfordernisses sachlicher Kohärenz verfängt diese Argumentation jedoch nur, wenn dieser Prüfungspunkt einem Erheblichkeitsvorbehalt unterliegt, was aber, wie gesagt, zweifelhaft ist. 66

(bb) Manipulationsgefahren

Die Forderung nach sachlicher Kohärenz wirkt sich in § 4 Abs 4f zudem insoweit aus, als das dortige Verbot mit Befreiungsvorbehalt auch vor Manipulationen schützen soll. Denn im Hinblick auf diese Zielsetzung des Glückspielrechts wird lebhaft diskutiert, ob die mit der Online-Vermittlung von Lotterien und Sportwetten einhergehenden Gefahren höher sind als beim herkömmlichen Vertrieb[185]. Das geltende Recht reagiert auf diesen Diskurs[186], indem es den konventionellen und den internet-gestützten Glücksspielvertrieb gleichermaßen unter einen ermessensabhängigen Erlaubnisvorbehalt stellt, so dass beide Vertriebsformen sachlich kohärent der gleichen Regelungsintensität unterliegen. Soweit sich aufgrund entsprechender fachwissenschaftlicher Erkenntnisse erweisen sollte, dass beide Vertriebsformen ähnlich manipulationsanfällig sind, dürfte freilich die vollzugsbezogene Dimension des Kohärenztests dazu führen, dass eine großzügige Genehmigungspraxis in einem Bereich auf den anderen zurück wirkt.[187] 67

---

182 Vgl dazu OVG Nds GewArch 2011, 205, 206f sowie BVerwG NVwZ 2011, 549, 553 einerseits sowie *Dederer* NJW 2010, 198, 200, *Voigt* MMR 2011, 848, 849 und *Schmittmann* CR 2011, 805, 806 andererseits.

183 *Ennuschat*, Fn 13, § 27 Rn 20.

184 Vgl *Leupold* WRP 2011, 324, 332 entgegen BGH WRP 2012, 201, 206f und Begr GlüStV 2012, S 12.

185 Vgl dazu *Mintas* SpuRT 2010, 94, 96.

186 Vgl *Krause* GewArch 2010, 428, 430.

187 *Ennuschat/Klestil* GewArch 2012, 417, 422.

(b) Erforderlichkeit

68 Geht man von der Eignung des § 4 Abs 4f aus, fragt sich schließlich, ob es im Vergleich zu dem dort normierten Befreiungsvorbehalt mildere, gleich geeignete Mittel gibt, um den Interessen etwaiger Vermittler von Glücksspielen über Internet zu entsprechen. Wegen des insoweit bestehenden Beurteilungsspielraums zugunsten der Mitgliedstaaten ist erneut eine zurückhaltende Kontrolle geboten. Sie schlägt auch auf die Anwendbarkeit des Grundsatzes gegenseitiger Anerkennung[188] auf Genehmigungen aus anderen Mitgliedstaaten durch, die die Vermittlung von Glücksspielen im Internet legalisieren. Daran anknüpfend ist wie folgt zu differenzieren: Soweit es um eine Genehmigung geht, die den virtuellen Vertrieb von in einem anderen Mitgliedstaat zugelassenen Lotterien und Sportwettveranstaltungen erlaubt, darf sie nicht dazu führen, dass nunmehr auch der Vertrieb dieser Glücksspiele im Bundesgebiet zulässig wäre. Denn dadurch würden dort zusätzliche Glücksspielveranstaltungen aus anderen Mitgliedstaaten angeboten werden können, was den Umfang der verfügbaren Lotterie- und Sportwettveranstaltungen erheblich steigern würde, obwohl es dem Glücksspielstaatsvertrag insoweit um eine Kanalisierung des Spieltriebs mit Hilfe eines begrenzten Spielangebots geht[189].

69 Davon zu unterscheiden ist der Fall, dass die Voraussetzungen einer Vermittlungserlaubnis, die in einem anderen Mitgliedstaat erfüllt worden sind, auf die Erteilung einer Genehmigung für den Online-Vertrieb eines im Gebiet eines Bundeslandes bereits zugelassenen Glücksspiels angerechnet werden sollen. Denn dann vergrößert sich die Anzahl der verfügbaren Lotterie- und Sportwettveranstaltungen nicht, so dass eine Weitung des Kreises der Vermittler nicht zugleich zu einer Weitung der verfügbaren Glücksspiele führt. Hinzu kommt, dass die eigentlichen Spielsuchtgefahren aus der Veranstaltung und weniger aus dem Vertrieb resultieren,[190] so dass insoweit keine soziokulturellen Besonderheiten bestehen, die der Anwendbarkeit des Grundsatzes gegenseitiger Anerkennung entgegenstehen.[191] Infolgedessen sind dann im Rahmen der Prüfung der Anforderungen des § 4 Abs 5 aber auch etwaige im Herkunftsstaat erworbene Fertigkeiten und Qualifikationen im Falle ihrer Gleichwertigkeit mit den glücksspielstaatsvertraglichen Vorgaben anzuerkennen. Etwas anderes würde nur dann gelten, wenn dem Vertrieb von Sportwetten und Lotterien über Internet ein eigenständiges Manipulationspotenzial innewohnt, so dass nur der Zielstaat eine redliche und qualitativ hochwertige Kontrolle sicherstellen kann.[192] Diese

---

188 Vgl dazu schon *Korte*, Fn 14, S 116f.
189 *Dietlein/Postel*, Fn 13, § 10 Rn 6.
190 *Korte* NVwZ 2009, 283, 284; *Pieroth/Görisch* NVwZ 2005, 1225, 1227f.
191 Vgl auch *Mintas* SpuRT 2010, 94, 96.
192 EuGH Rs C-42/07, Slg 2009, I-7633, Rn 69f – Liga Portuguesa.

spezifische Gefahr wäre dann aber mit Hilfe fachwissenschaftlicher Erkenntnisse nachzuweisen[193] und nicht nur zu behaupten.

2. Die grundgesetzliche Perspektive

Problematisch bleibt damit nur, ob § 4 Abs 4f mit dem Grundgesetz vereinbar ist. Auch insoweit sind die Glücksspielveranstaltung und -vermittlung im Internet zu unterscheiden. 70

a) Veranstaltung von Glücksspielen

Betrachtet man das Verbot der Veranstaltung von Internet-Glücksspielen aus § 4 Abs 4 Alt 1, geraten vor allem die Kompetenzordnung und die Unternehmergrundrechte in den Blick. 71

aa) Formelle Bindungen

Daran anknüpfend wäre diese Vorschrift dann nicht formell verfassungskonform, wenn die Länder für die Regulierung der Veranstaltung von Glücksspielen im Internet unzuständig wären. Die dazu nötige Gesetzgebungskompetenz des Bundes könnte sich aus den Art 74 Abs 1 Nr 11, 72 Abs 2 GG ergeben.[194] Ob deren Voraussetzungen tatsächlich vorliegen, kann an dieser Stelle aber offen bleiben, weil der Bund von diesem Zuständigkeitstitel im Sinne des Art 72 Abs 1 GG Gebrauch gemacht haben muss, damit die Bundesländer nicht mehr regelungsbefugt sind; das hat er jedoch nicht getan. 72

Denn dazu wäre eine bundesrechtliche Vorschrift über die Veranstaltung von Glücksspielen im Internet nötig, die den Regelungsgegenstand erschöpfend, dh abschließend[195] regelt. Die einschlägigen Bestimmungen wie zB die §§ 284 ff StGB bzw die §§ 762 f BGB betreffen aber nur Teile des Glücksspielrechts, weil sie die Strafbarkeit unerlaubten Glücksspiels und die zivilrechtliche Wirksamkeit etwaiger Glücksspielverträge regeln. Dasselbe gilt für die telemedienrechtlichen Vorschriften über Zulassungserfordernisse (§ 4 TMG) und Verantwortlichkeiten (§§ 8 ff TMG), so dass sie sich ebenfalls nicht als abschließendes Gebrauchmachen[196] im Sinne des Art 72 Abs 1 GG verstehen lassen. 73

Dem entspricht auch § 33h Nr 3 GewO, der Glücksspielveranstaltungen im Sinne des § 284 StGB aus den §§ 33c ff GewO ausklammert und damit zeigt, dass sie im 74

193 Zweifelnd *Mintas* SpuRT 2010, 94, 96.

194 Vgl dazu *Korte*, Fn 13, S 315 f; krit aber bspw *Dietlein*, Fn 19, Einf Rn 8 ff.

195 *Sannwald*, in: Schmidt-Bleibtreu/Klein/Hofmann/Henneke, GG, 13. Aufl 2014, Art 72 Rn 27.

196 In diese Richtung aber *Fischer*, Fn 35, S 105 f.

Landesrecht zu regeln sind[197], weil sonst die Anzeigepflicht aus den §§ 1, 14 GewO gelten würde, was den spezifischen Bedingungen des Internet-Glücksspiels noch weniger entspräche als die §§ 33c ff GewO. Der Begriff des Gewerbes ist insoweit also teleologisch zu reduzieren, was § 6 Abs 1 S 2 GewO bestätigt, wonach für den von der Veranstaltung abhängigen[198] und weniger gefahrgeneigten Glücksspielvertrieb die Gewerbeordnung nur bei besonderer Regelung gilt.[199] Im Ergebnis ist damit auch das Gewerberecht kein Ausdruck eines Gebrauchs im Sinne des Art 72 Abs 1 GG, soweit es um die Veranstaltung von Internet-Glücksspielen geht.

bb) Materielle Bindungen

75 Hält man § 4 Abs 4 Alt 1 für formell verfassungskonform, bleibt dessen materielle Vereinbarkeit mit dem Grundgesetz und insbesondere mit der Berufsfreiheit zu überprüfen. Das BVerfG geht insoweit von einer Parallelität des Art 12 Abs 1 GG zu den Art 56 f AEUV aus, indem es fordert, dass das Glücksspielrecht „konsistent" sein muss[200] – eine Anforderung, die der vollzugsbezogenen Dimension des Kohärenztests entspricht.[201] Die unterschiedlichen Schutzrichtungen der Grundrechte, die Hoheitsgewalt legitimieren wollen, gegenüber den Grundfreiheiten, die interföderale Gefährdungslagen abbauen wollen, sprechen jedoch eher dafür, dass Art 12 Abs 1 in seiner marktöffnenden Schlagkraft hinter den Art 56 f AEUV zurückbleibt.[202] Unabhängig davon, welcher Ansicht man folgt, wird § 4 Abs 4 Alt 1 aber jedenfalls der Berufsfreiheit gerecht, weil diese Norm, wie erörtert, auch die Dienstleistungsfreiheit nicht verletzt und damit auch bzw erst recht Art 12 Abs 1 GG entspricht.[203]

b) Die Vermittlung von Glücksspielen

76 Da diese Erkenntnis auf § 4 Abs 4 f übertragbar ist, bleibt, soweit man das dortige Verbot mit Befreiungsvorbehalt für die Vermittlung von Sportwetten und Lotterien über Internet in den Blick nimmt, nur dessen Vereinbarkeit mit der grundgesetzlichen Kompetenzordnung zu überprüfen. Sie wäre mangels Einschlägigkeit einer ausschließlichen Gesetzgebungskompetenz des Bundes für diesen Bereich nur nicht

---

197 BT-Drs 8/1863 v 12.6.1978, S 10; BGH WRP 2012, 965, 968.

198 Siehe dazu schon *Korte*, Fn 13, S 19 f.

199 *Korte*, in: Schmidt/Wollenschläger (Hrsg), Öffentliches Wirtschaftsrecht, 4. Aufl 2015, § 9 Rn 35; *Pieroth/Görisch* NVwZ 2005, 1225, 1228.

200 BVerfGE 115, 276, 316.

201 Vgl dazu *Windoffer* GewArch 2012, 388, 391; *Ennuschat* WRP 2014, 642, 648.

202 *Korte*, Fn 58, S 404 ff.

203 Vgl insg *Makswit*, Fn 9, S 303 ff.

gegeben, wenn der Bund den Online-Vertrieb auf Basis einer ihm zustehenden Gesetzgebungskompetenz abschließend geregelt hätte.

aa) Gesetzgebungskompetenz

Die dazu erforderliche Gesetzgebungskompetenz ergibt sich aus Art 74 Abs 1 Nr 11 GG. Nach dieser Verfassungsnorm ist der Bund zuständig für das Recht der Wirtschaft, das sich auf alle Vorschriften mit markt- bzw wirtschaftsordnendem Charakter bezieht.[204] Diese Voraussetzung wahrt das Recht der Internet-Glücksspielvermittlung trotz der ihm nach Ansicht der Bundesländer zugrunde liegenden Gesundheits- und Vermögensgefahren schon deshalb, weil die Anbieter von Online-Vertriebssystemen ihren Betrieb nach kaufmännischen Grundsätzen führen, so dass es sich wie bei jedem anderen Unternehmen auch um Gebilde des Wirtschaftslebens handelt. Die unbestreitbar auch ordnungsrechtliche Prägung des § 4 Abs 4f tritt hinter dieser Ausrichtung der Internet-Vermittlung auch nach Ansicht der Länder, die insoweit gerade kein absolutes Verbot normiert haben, deutlicher als bei der Veranstaltung von Glücksspielen im World Wide Web[205] zurück, so dass Art 74 Abs 1 Nr 11 GG greift.[206] 77

Damit dem Bund eine Gesetzgebungskompetenz auf Basis des Art 74 Abs 1 Nr 11 GG zusteht, müssten aber auch die Vorgaben des Art 72 Abs 2 GG vorliegen. Diese Norm greift insbesondere, wenn eine bundeseinheitliche Regelung zur Wahrung der Rechts- und Wirtschaftseinheit im gesamtstaatlichen Interesse erforderlich ist. Diese Vorgaben sind gewahrt, weil im Bereich der Glücksspielvermittlung über Internet wegen der naturgemäß Landesgrenzen überschreitenden Wirkungsweise des World Wide Web im Falle einer Rechtszersplitterung durch unterschiedliches Landesrecht erhebliche Gefahren drohen – einerseits für den Verbraucher, der sich ggf unterschiedlichen Schutzstandards ausgesetzt sieht, andererseits aber auch für den Anbieter, der ggf je Bundesland unterschiedliche Unternehmerpflichten erfüllen muss.[207] Dem entspricht das koordinierende Vorgehen der Länder, da sie mit der Konzeption des Glücksspielstaatsvertrags zeigen, dass bundesweit einheitliche Normen nötig sind.[208] 78

204 *Pieroth*, in: Jarass/Pieroth, GG, 14. Aufl 2016, Art 74 Rn 21.

205 *Korte*, Fn 13, S 315f.

206 Im Ergebnis ebenso BVerfGE 115, 276, 316f; *Degenhart*, in: Sachs (Hrsg), GG, 7. Aufl 2015, Art 74 Rn 52; vgl auch *Pieroth/Görisch* NVwZ 2005, 1225, 1226.

207 *Korte*, Fn 13, S 316.

208 *Umbach/Clemens*, in dies (Hrsg), GG, 2003, GG, Art 72 Rn 25; vgl auch *Korte*, Fn 13, S 202f.

bb) Gebrauchmachen des Bundes

79 Fraglich bleibt damit nur noch, inwieweit der Bundesgesetzgeber von der ihm somit dem Grunde nach zustehenden Befugnis zur Regulierung der Vermittlung von Glücksspielen über Internet im Sinne des Art 72 Abs 1 GG Gebrauch gemacht hat, indem er eine abschließende Regelung[209] getroffen hat. Insoweit geraten die §§ 35 Abs 9, 14 Abs 2 GewO in den Blick, die für den Lotterieloshandel – also aufgrund des offenen Wortlauts für den Losvertrieb,[210] aber auch die gewerbliche Spielvermittlung[211] – bzw für Wettannahmestellen aller Art eine Anzeigepflicht statuieren und bei Unzuverlässigkeit eine Untersagungsmöglichkeit eröffnen.[212] Denn diese Vorschriften sind ebenso auf die Vermittlung von Glücksspielen – eine gewerbliche Tätigkeit[213] – anwendbar wie § 4 Abs 4f. Hinzu kommt, dass sich die §§ 35 Abs 9, 14 Abs 2 GewO auch auf den Online-Betrieb beziehen, weil Begriffe wie „Wettannahmestelle" noch dazu „aller Art", „Handel" oder „Los" nicht zwingend nach einer Verkörperung verlangen. Stattdessen dürfte es gerade bei einem Los ausreichen, dass es durch Ausdruck körperlich gemacht werden kann. Fügt man nun beide Aspekte zusammen, spricht vieles dafür, dass der Bund umfassend innerhalb der Aufnahmeüberwachung von den Art 74 Abs 1 Nr 11, 72 Abs 2 GG Gebrauch gemacht hat, indem er in den §§35 Abs 9, 14 Abs 2 GewO (auch) für den Online-Vertrieb von Lotterien und Sportwetten einen Anzeigevorbehalt mit unzuverlässigkeitsabhängiger Untersagungsmöglichkeit geschaffen hat. Infolgedessen ist aber § 4 Abs 4f, der sich ebenfalls auf die Tätigkeitsaufnahme bezieht, formell verfassungswidrig.[214] Denn die Länder sind lediglich befugt, Regeln über das „Wie" des Internet-Glücksspielvertriebs zu treffen, weil der Bund nur insoweit die Art 74 Abs 1 Nr 11, 72 Abs 2 GG nicht gebraucht hat.

80 Die bundesverwaltungsgerichtliche Spruchpraxis verschließt sich jedoch diesem Ergebnis und damit auch der sog Polizeifestigkeit der Gewerbeordnung über das „Ob" der Tätigkeit aus § 1 Abs 1 GewO[215], indem sie sich darauf bezieht, dass die Gewerbeordnung nur anwendbar ist, wenn es um personenbezogene Verhaltensdefizite geht, während sie dann nicht greift, wenn die Tätigkeit selbst bzw als solche verboten ist, so dass etwaige Gefahren entstehen, ohne dass es auf das Verhalten des konkreten Gewerbetreibenden ankommt.[216] Diese Einschätzung war jedoch

---

209 *Sannwald*, Fn 115, Art 72 Rn 27.

210 Vgl *Korte* JA 2005, 770, 773.

211 Insoweit abw offenbar *Pieroth*, in: Hermes/Horn/Pieroth (Hrsg), Der Glücksspielstaatsvertrag 2006, S 1, 18; vgl auch *Pieroth/Görrisch* NVwZ 2005, 1225, 1230.

212 Ähnl *Kendziur* ZUM 2007, 193, 197.

213 *Repkewitz*, in: Friauf (Hrsg), GewO, 293. EL 2016, § 6 Rn 85.

214 *Horn*, Fn 220, S 91, 112f; *ders* JZ 2006, 789, 792.

215 Ausf. dazu *Huber*, in: Schoch (Hrsg), Besonderes Verwaltungsrecht, 15. Aufl 2013, Kap 3 Rn 296; *Schliesky* Öffentliches Wirtschaftsrecht, 4. Aufl 2014, S 234.

216 Vgl BVerwGE 126, 149, 154f; allg zu dieser Konstellation *Korte*, Fn 200, § 9 Rn 40.

schon für das generelle Verbot der Vermittlung von Glücksspielen im Internet aus § 4 Abs 4 Alt 2 GlüStV aF kaum haltbar, insbesondere weil die Verletzung einer Verbotsnorm den Verstoß gegen objektives Recht versubjektiviert und daher einen Unzuverlässigkeitsvorwurf begründet[217]. Abgesehen davon begegnet die aktuelle Fassung des § 4 Abs 4f aber auch weiteren Bedenken: Denn die dortigen Regelungen zeigen, dass die Vermittlung von Glücksspielen im Internet nach Ansicht der Bundesländer gerade nicht mehr generell als solche verboten sein soll, sondern vielmehr einem Verbot mit Befreiungsvorbehalt unterliegt. Der Online-Vertrieb von Sportwetten und Lotterien ist somit also genehmigungsfähig, wenn die in § 4 Abs 4f im Einzelnen aufgestellten Anforderungen vom Anbieter eingehalten werden und eine Erlaubnisversagung zB im Lichte des Art 3 Abs 1 GG[218] im Verbund mit den zugelassenen Lotterievermittlungsportalen hoheitlicher, aber auch privater Anbieter[219] ermessensfehlerhaft ist. Die bundesverwaltungsgerichtliche Argumentation verfängt infolgedessen aber nicht (mehr), so dass es bei der formellen Verfassungswidrigkeit des § 4 Abs 4f über die Vermittlung von Glücksspielen via Internet bleibt, da der Bund insoweit von seiner Kompetenz aus den Art 74 Abs 1 Nr 11, 72 Abs 2 GG abschließend Gebrauch gemacht hat.

IV. Vollziehbarkeit des § 4 Abs 4 und 5

Hält man § 4 Abs 4f GlüStV entgegen der hier vertretenen Auffassung für in Gänze 81
mit höherrangigem Recht vereinbar, ist gerade im Lichte der beliebigen Einstell- und Abrufbarkeit von Internet-Diensten zu erörtern, ob und wie diese Bestimmungen durchgesetzt werden können, wenn sie nicht eingehalten werden. Um diese Frage zu beantworten, sind die verwaltungsrechtlichen Anforderungen an den Grund-Verwaltungsakt und an etwaige darauf basierende Vollzugsmaßnahmen zu differenzieren.

1. Erlass von Ordnungsverfügungen

Eine taugliche Grundlage zum Erlass von Ordnungsverfügungen enthält § 9. 82

217 Insoweit zutreffend auch BVerwGE 126, 155, das dann aber die Sperrwirkung des § 1 Abs 1 GewO verkennt.

218 *Ennuschat*, Fn 13, § 27 Rn 20.

219 Vgl dazu zB https://www.lotto-niedersachsen.de/ (Abruf 8/16).

a) Behördliche Zuständigkeit

83 Damit eine Maßnahme auf diese Vorschrift gestützt werden darf, sind vorbehaltlich unbeachtlicher Fehler im Sinne der §§ 45f VwVfG die formellen Anforderungen einzuhalten. Daher muss unstreitig die sachlich nach Landesrecht[220] zuständige Behörde handeln. In örtlicher Hinsicht können sich indes wegen der beliebigen Einstell- und Abrufbarkeit von Internet-Glücksspielen Probleme ergeben. So stößt insbesondere § 3 Abs 1 Nr 2 VwVfG an Grenzen, wenn sich ein Unternehmen außerhalb des räumlichen Einflussbereichs der Behörde befindet. Soweit diese Bestimmung nicht greift, kann aber § 3 Abs 1 Nr 4 VwVfG herangezogen werden, wonach die Behörde örtlich zuständig ist, in deren Bezirk der Anlass für die Amtshandlung – das ist das illegale, weil zB nicht konzessionierte Internet-Angebot – hervortritt.

84 Dieser Ort wird durch § 3 Abs 4 konkretisiert, wonach Glücksspiele dort veranstaltet oder vermittelt werden, wo dem Spieler die Chance zur Teilnahme eröffnet wird. Damit kommt es nicht auf den Wohn- oder Aufenthaltsort des Users[221], sondern darauf an, von wo das Online-Angebot abgerufen werden kann,[222] so dass Anbieter, die nur über in Teilen des Bundesgebiets gültige Erlaubnisse verfügen, ggf verlässliche Geolokalisationen vornehmen müssen, um dem Vorwurf illegaler Angebote zu entgehen.[223] Die rechtliche Zulässigkeit des § 3 Abs 4 ist wegen dessen immenser Reichweite nicht unbestritten[224]. Anwendungsfähig ist diese Norm daher auch nur, wenn man sie am Schutzzweck des Internet-Glücksspielrechts misst und sie auf Angebote beschränkt, die auf das Bundesgebiet abzielen.

85 Fordert man eine solche Verknüpfung, erscheint es zu eng, sich an der Existenz von Werbung im Bundesgebiet oder an der Spezifität der Ansprache deutscher Spieler zu orientieren – so weil die Website eine Länderauswahl anhand einer unter anderem auch deutschen Flagge ermöglicht. Stattdessen genügt es aus Gründen effektiver Gefahrenabwehr trotz drohender Kollateralschäden[225], wenn das Online-Glücksspiel deutschsprachig angeboten oder die Internet-Adresse entsprechend konzipiert wird[226]. Soweit dann mehrere Behörden zuständig sind, wird insbesondere § 9 Abs 1 S 4 relevant, wonach jedes Land die zuständige Behörde eines anderen Landes im Einzelfall ermächtigen kann, die im Falle einer Verletzung des GlüStV nötigen Anordnungen auch mit Wirkung für das eigene Hoheitsgebiet zu erlassen.

---

220 *Hambach/Brenner*, Fn 7, § 9, Rn 11.
221 So noch das GlüG SH, vgl dazu *Langer* CR 2013, 237, 238.
222 Begr GlüStV 2012, S 12, 15.
223 *Dietlein/Hüskens*, Fn 13, § 3, Rn 14.
224 Vgl *Liesching* MMR 2010, 136, 137; *Ohler* EuR 2010, 253, 259 f; BGH WRP 2012, 965, 969.
225 *Bolay/Pfütze*, Fn 7 § 3, Rn 31.
226 Näher *Korte*, Fn 14, S 287 f; *Lesch* wistra 2005, 241, 242 f; *Horn/Fischer*, GewArch 2005, 217, 220.

b) Materielle Anforderungen

Die materiellen Anforderungen an eine Verfügung folgen aus § 9 Abs 1. 86

aa) Tatbestand

Diese Norm weist der Glücksspielaufsicht in Satz 1 die Aufgabe zu, die Erfüllung der 87
staatsvertraglichen Pflichten zu überwachen und darauf hinzuwirken, dass unerlaubtes Glücksspiel sowie die Werbung dafür unterbleiben. Daraus ergibt sich, weil in der Eingriffsverwaltung nicht von der Aufgabe auf die Befugnis geschlossen werden darf, aber noch keine Ermächtigung zum Einschreiten. Sie folgt stattdessen aus § 9 Abs 1 S 2. Nach dieser glücksspielrechtlichen Generalklausel dürfen die zur Erfüllung des Satz 1 erforderlichen Anordnungen erlassen werden; sie wird in § 9 Abs 1 S 3 nicht abschließend („insbesondere") konkretisiert.[227]

(1) Anforderungen an erlaubte Glücksspiele

Für das Internet-Glücksspiel in spezifischer Weise relevant ist zunächst § 9 Abs 1 S 3 88
Nr 2, wonach die Behörde Anforderungen an die Vermittlung und die Veranstaltung von erlaubten Glücksspielen sowie an deren Durchführung stellen kann. Diese Norm richtet sich nur an den Konzessionsinhaber und ermöglicht – soweit verhältnismäßig und nicht bereits im Wege einer Nebenbestimmung zur Erlaubnis im Sinne des § 9 Abs 4 vorgegeben – bei entsprechendem Anlass[228] auch die Verpflichtung des Erlaubnisinhabers, per Geolokalisation oder über andere vergleichbare Mittel sicherzustellen, dass nur User aus dem Konzessionsgebiet spielen.

(2) Vorgehen gegen nicht erlaubte Glücksspiele

Hinzu kommt § 9 Abs 1 S 3 Nr 3, wonach die Veranstaltung, Vermittlung und Durch- 89
führung unerlaubter Glücksspiele untersagt werden kann. Der Wortlaut dieser Norm ist deshalb lückenhaft, weil die unerlaubte Vermittlung erlaubter Glücksspiele nicht erfasst wird. Insoweit kann allerdings auf die Generalklausel des § 9 Abs 1 S 2 zurückgegriffen werden.

Sie ist zudem anwendbar, wenn im Sinne des mittlerweile gestrichenen § 9 Abs 1 90
S 3 Nr 5 GlüStV aF gegen Dienstanbieter, die am Zugang zu unerlaubtem Glücksspiel mitwirken, eingeschritten werden soll.[229] Denn die Streichung des § 9 Abs 1 S 3 Nr 5 GlüStV aF darf schon aus Gründen effektiver Gefahrenabwehr keine Freistellung

227 *Oldag*, Fn 13, § 9, Rn 7.
228 *Hambach/Brenner*, Fn 7, § 9, Rn 41.
229 *Oldag*, Fn 13, § 9, Rn 39.

bewirken,[230] zumal die Regeln über die Polizeipflichtigkeit insoweit einen hinreichenden Kontrollfilter bieten.

(3) Abbruch von Zahlungsströmen

91 Ferner kann nach § 9 Abs 1 S 3 Nr 4, der an die in § 4 Abs 1 S 2 Hs 2 enthaltene Verbotsnorm anknüpft, den am Zahlungsverkehr Beteiligten – dh also insbesondere, aber nicht nur den Kredit- und Finanzinstituten[231] – ihre Mitwirkung daran untersagt werden. Voraussetzung dafür ist die vorherige behördliche Mitteilung, dass ein Internet-Glücksspiel nicht erlaubt ist,[232] was im Rahmen der vor Maßnahmeerlass nötigen Anhörung[233] erfolgen kann. Im Übrigen reicht dieser Tatbestand sehr weit, zumal das entscheidende Merkmal der Mitwirkung jede Unterstützung einer Finanztransaktion im Zuge der Abwicklung einer unerlaubten Glücksspielveranstaltung oder -vermittlung unabhängig von der Innentendenz des Finanzinstituts[234] und dem Erfolg der Transaktion erfassen kann.[235]

92 Die Zulässigkeit des in § 9 Abs 1 S 3 Nr 4 normierten Financial-Blocking ist auch deshalb verfassungsrechtlich im Lichte der Berufsfreiheit[236] sowie unionsrechtlich im Lichte der Zahlungsverkehrs- und Dienstleistungsfreiheit[237] überaus umstritten. So fragt sich vor allem, welche Einflussmöglichkeiten die am Zahlungsverkehr Beteiligten auf den bemakelten Zahlungsvorgang haben müssen, damit eine Untersagung ihrer Mitwirkung verhältnismäßig ist. Zudem ist erörterungsbedürftig, inwieweit sie es hinzunehmen haben, dass eine hoheitliche Maßnahme zu einem Over-Blocking führt, weil die untersagte Mitwirkung neben den bemakelten auch zulässige Zahlungsvorgänge mit der Folge von Regressansprüchen trifft.[238]

93 Diese Fragen lassen sich nur anhand des Einzelfalls beantworten, so dass nicht § 9 Abs 1 S 3 Nr 4 selbst,[239] sondern allenfalls die konkrete Untersagungsverfügung dem höheren Recht widersprechen kann. Folglich müssen die spezifischen Umstände des jeweiligen Sachverhalts in die Auslegung des Merkmals „Mitwirkung" oder in die Ermessensausübung („kann") einfließen und im Lichte des Ziels des § 9 Abs 1 S 3 Nr 4 – nämlich unerlaubtes Glücksspiel durch Austrocknung der Finanzströme un-

---

230 *Makswit*, Fn 9, S 166 f.
231 Vgl dazu *Hambach/Brenner*, Fn 7, § 9, Rn 85 ff.
232 Vgl dazu *Hecker* WRP 2012, 523, 531.
233 So *Oldag*, Fn 13, § 9, Rn 37.
234 So aber *Frey/Rudolph/Oster* MMR Beil 3/2012, 1, 16.
235 Begr GlüStV 2008, S 19.
236 Vgl *Hambach/Brenner*, Fn 7, § 9, Rn 61 ff.
237 *Brugger* Abbruch der Zahlungsströme als Mittel zur Bekämpfung unerlaubter Glücksspiele, 2012, S 224 ff.
238 *Hambach* K&R 2014, 570, 575.
239 So aber *Hambach/Brenner*, Fn 7, § 9, Rn 72.

attraktiv zu machen – gewürdigt werden, zB indem man auf die Nähe zum Anbieter des unerlaubten Glücksspiels[240] abstellt.

bb) Verfügungsadressat

Eine Untersagungsverfügung ist zudem an einen tauglichen Adressaten zu richten. 94

(1) in den Fällen des § 9 Abs 1 S 3 Nr 2 bis 4

Insofern können die Veranstalter und Vermittler als sog Content-Provider (dh also 95 Inhalte-Anbieter) schon wegen des Wortlauts des § 9 Abs 1 S 3 Nr 3 in Anspruch genommen werden. Sie sind im Lichte des Erfordernisses einer verhältnismäßigen Störerauswahl in der Regel vorrangig vor anderen Störern verantwortlich, weil sie als Urheber der Angebote der Gefahr am nächsten stehen, so dass ihre Inanspruchnahme besonders effektiv ist.[241]

Dieser Grundsatz kommt – wenn auch in praxi wohl nur in Ausnahmefällen, 96 weil ein Einschreiten gegen Veranstalter und Vermittler oftmals nicht möglich sein wird – insbesondere denjenigen zugute, die § 9 Abs 1 S 3 Nr 4 adressiert. Denn gegen sie darf – soweit sie überhaupt Verhaltensstörer sind[242] – deshalb nur subsidiär eingeschritten werden.[243] Wirken mehrere Beteiligte im Sinne dieser Norm mit, hängt die Auswahl zwischen ihnen wiederum von den Umständen und vor allem der Effektivität der Gefahrenabwehr sowie der Gefahrennähe ab.[244]

(2) im Falle des § 9 Abs 1 S 2

Zudem können Dienstanbieter im Sinne des § 2 Nr 1 TMG – also die sog Service- oder 97 Access-Provider[245] – ggf auf Basis der in § 9 Abs 1 S 2 enthaltenen glücksspielrechtlichen Generalklausel herangezogen werden. Da § 7 Abs 2 S 2 TMG insoweit auf die allgemeinen Gesetze verweist, ist deren Polizeipflichtigkeit nach den ordnungsrechtlichen Störerregeln unter Einbeziehung der Privilegierungen in den §§ 8 ff TMG zu ermitteln.[246]

---

240 Vgl dazu *Brugger*, Fn 237, S 196 ff.

241 Vgl dazu *Schenke*, Polizei- und Ordnungsrecht, 8. Aufl 2013, S 191 f.

242 *Hambach/Brenner*, Fn 7, § 9, Rn 58 ff.

243 *Oldag*, Fn 13, § 9, Rn 37.

244 *Hambach/Brenner*, Fn 7, § 9, Rn 79.

245 Allg. dazu *Ricke*, in: Spindler/Schuster (Hrsg), Recht der elektronischen Medien, 3. Aufl 2015, § 2 TMG, Rn 2.

246 Vgl dazu *Schenke*, Fn 241, S 246.

(a) Service-Provider

98 Unter Berücksichtigung dessen können Service-Anbieter, die fremde Telemedien auf eigenen Computern bereithalten (sog Hosting), zumindest als Zustandsstörer in Anspruch genommen werden, da sie die tatsächliche Gewalt über die Rechner innehaben und auf die dort niedergelegten Daten zugreifen können. Denn die zu beseitigende Gefahr geht vom physikalischen Zustand ihrer Rechneranlage aus.[247]

99 Das gilt auch beim sog Caching, auch wenn bei dieser Form des Hosting etwaige Online-Glücksspiele oder Vermittlungsdienste nur für kurze Zeit auf schnelleren Medien zwischengelagert werden, um einen sonst eventuell (sehr) zeitaufwendigen Abruf zu beschleunigen. Denn wegen seiner zumindest vorübergehenden Zugriffsmöglichkeiten übt der Provider auch insoweit die tatsächliche Sachherrschaft über die jeweiligen Daten aus und ist Zustandsstörer.

100 Soweit ein Einschreiten gegen die an sich verantwortlichen Veranstalter und Vermittler, wie regelmäßig, unmöglich ist, hängt die Auswahl zwischen Service-Anbietern und den am Zahlungsvorgang mitwirkenden Unternehmen von den allgemeinen Kriterien ab. Zu beachten ist allerdings, dass auch ein Zugriff auf den Service-Anbieter oft nicht möglich ist – so, wenn er im Ausland ansässig ist.

(b) Access-Provider

101 Die sog Access-Provider gewährleisten den Zugang zu fremden Daten, indem sie den technischen Kommunikationsvorgang ermöglichen. In diese Kategorie fallen in einem weiteren Sinne auch Registrare wie die DENIC eG, weil sie den Domain-Namen mit einer IP-Adresse verknüpfen und so den Zugang zur Nutzung von Drittinformationen vermitteln.[248]

(aa) als Zustands- oder Verhaltensstörer

102 Da Access-Provider selbst keine eigenen Informationen bereitstellen, sondern fremde verwalten, sind sie jedenfalls nicht als Verhaltensstörer zu qualifizieren. Aber auch eine Inanspruchnahme als Zustandsstörer kommt nicht in Betracht, weil die Gefahrenschwelle erst dann überschritten wird, wenn der User das virtuelle Glücksspiel oder den Vermittlungsdienst abruft. Denn auf diesen Vorgang kann der Access-Provider nicht über seine Infrastruktur einwirken.[249] Diese Grundsätze gelten selbst dann, wenn der Access-Provider die Rechtswidrigkeit eines Angebots, zu dem

---

247 *Zimmermann* NJW 1999, 3145, 3148.
248 Vgl dazu VG Düsseldorf K&R 2012, 228, 230.
249 *Germann* Gefahrenabwehr und Strafverfolgung im Internet, 2000, S 447.

er den Zugang vermittelt, kennt. Anderenfalls liefen die den §§ 8ff TMG zugrunde liegenden Wertungen und Haftungsprivilegien leer.[250]

(bb) als Nichtstörer

Jedoch könnte man den Zugangs-Anbieter eventuell als Nichtstörer heranziehen. Die dazu erforderliche gegenwärtige Gefahr für die öffentliche Sicherheit – also eine hohe Wahrscheinlichkeit eines baldigen Schadenseintritts beispielsweise für die Unverbrüchlichkeit der Rechtsordnung[251] – liegt im Falle einer Verletzung des § 4 Abs 4f jedenfalls vor. Deren Erheblichkeit ist dann keine Frage juristischer Mutmaßung, sondern sozialwissenschaftlicher bzw suchtmedizinischer Erkenntnisse. Soweit die Spielergesundheit nicht hinreichend gefährdet ist, kommt es auf die Manipulationsanfälligkeit des Internet-Glücksspielangebots an. Um deren Intensität festzulegen, dürfte sich insbesondere ein Vergleich zur Sicherheit des Geschäftsverkehrs in anderen Bereichen des E-Commerce anbieten.[252] 103

Wegen der strengen Subsidiarität der Notstandshaftung dürfen den Behörden ferner keine anderen Gefahrenabwehrmöglichkeiten zur Verfügung stehen. Ein Vorgehen gegen die Anbieter von Online-Glücksspielprodukten ist insoweit oftmals genauso ausgeschlossen wie gegen die Service Provider, weil sie in der Regel jenseits der Landesgrenzen sitzen. Da auch die Einleitung eines Amtshilfeverfahrens in der Regel keinen Erfolg verspricht,[253] bleibt allenfalls eine Inanspruchnahme solcher Unternehmen, die § 9 Abs 1 S 3 Nr 4 adressiert. Ist sie nicht möglich, darf deren Verantwortlichkeit auch nicht über die Nichtstörerhaftung begründet werden.[254] Geht man schließlich davon aus, dass bei der Inanspruchnahme des Access-Providers grundsätzlich keine erheblichen Gefahren drohen und auch keine höherwertigen Pflichten verletzt werden, ist dessen Notstandshaftung an sich möglich. 104

Dazu muss die zuständige Behörde aber ermessensgerecht handeln. Infolgedessen darf sie jedenfalls keine Auswahl zwischen mehreren marktpräsenten Access-Providern zB anhand ihrer Marktanteile vornehmen, sondern muss alle Anbieter gleichermaßen adressieren; anderenfalls bliebe die Gefahrenabwehr lückenhaft.[255] Eine Ermessensreduzierung auf Null mit der Folge einer Pflicht zur Inanspruchnahme von Access-Providern wird man aber gleichwohl nicht bejahen dürfen. Voraus- 105

---

250 Vgl *Spindler*, in: Schütz/Geis/Spindler, TDG, 2004, § 9 Rn 6; VG Düsseldorf K&R 2012, 228, 230; VG Köln MMR 2012, 204.
251 *Schenke*, Fn 241, S 42.
252 Vgl dazu *Mintas* SpuRT 2010, 94, 96.
253 *Mayer* Öffentliches Recht und Internet, 1998, S 230; *Fritzemeyer/Rinderle* CR 2003, 599, 602.
254 S dazu *Hambach/Brenner*, Fn 7, § 9, Rn 83.
255 OVG NW MMR 2010, 349, 350; VG Düsseldorf CR 2012, 155, 57.

setzung dafür wäre nämlich nach allgemeinen Grundsätzen, dass ein besonders wichtiges Rechtsgut nachhaltig gefährdet wäre.[256] Diese Anforderung bejaht die verwaltungsgerichtliche Rechtsprechung bisher trotz der mit dem Internet-Glücksspiel ggf verbundenen Spielsuchtgefahren aber nicht.[257]

cc) Rechtsfolge

106 Auch im Übrigen dürfen Untersagungsverfügungen auf Basis des § 9 Abs 1 S 2 oder 3 nur nach pflichtgemäßer Ermessensausübung ergehen. Soweit es um das „Ob" geht, wird in der Regel eine Verpflichtung zum Einschreiten bestehen. Dafür sprechen vor allem die Erwägungen zum GlüStV, die ein konsequentes Verbot postulieren, und das ggf hohe Gefahrenpotenzial für die Spielergesundheit. Demgegenüber gelten für die Störerauswahl und damit für das „Wer" zwar grundsätzlich die abgestuften Verantwortlichkeiten des TMG.[258] Sie werden jedoch auf Basis der obigen Ausführungen kaum einmal relevant werden, weil die Glücksspielanbieter und die Service-Provider in der Regel nicht im Bundesgebiet ansässig sind. Daher bleibt es normalerweise bei einer Inanspruchnahme der am Zahlungsverkehr mitwirkenden Institutionen und der Zugangs-Anbieter, die sich nach den bereits oben im Rahmen der Diskussion um die Polizeipflichtigkeit entfalteten Vorgaben richtet. Weitere und insoweit auch echte Ermessensspielräume kommen den zuständigen Behörden daher vor allem insoweit zu, als es um die Modalitäten der Inanspruchnahme und somit um das „Wie" geht.

107 Im Einzelnen können im Falle einer Verfügung nach § 9 Abs 1 S 3 Nr 3 und 4 die dort aufgeführten Maßnahmen ergriffen werden, während die glücksspielrechtliche Generalklausel sogar alle im Einzelfall erforderlichen Anordnungen erlaubt. Soweit § 9 Abs 1 S 2 angewendet wird, steht die Mittelauswahl damit vor allem unter dem Vorbehalt der Verhältnismäßigkeit. Daran anknüpfend dürfte, soweit sich hinreichend intensive Gesundheits- bzw Manipulationsgefahren nachweisen lassen, namentlich eine möglichst schonende[259] Sperrung des rechtswidrigen Glücksspielportals in Betracht kommen. Insbesondere wegen des ordnungsrechtlichen Gebots einer möglichst effektiven Gefahrenabwehr spricht dagegen dann auch nicht der in der Literatur oft erhobene Vorwurf, dass dadurch verschiedene mehr oder weniger deutlich betroffene nationale[260] oder unionale Grundrechte[261] verletzt werden, auch

---

256 Vgl dazu *Denninger*, in: Lisken/Denninger (Hrsg), Polizeirecht, 3. Aufl 2001, E Rn 139.
257 OVG NW DVBl 2010, 442, 443 f; VG Düsseldorf K&R 2012, 228, 230.
258 Begr GlüStV 2008, S 15, 19.
259 OVG NW MMR 2003, 348, 352; VG Düsseldorf CR 2012, 155, 158.
260 Vgl dazu *Frey/Rudolph/Oster* MMR Beil 3/2012; *Engel*, MMR 4/2003.
261 Vgl *Makswit*, Fn 9, S 166 f per Verweis auf EuGH Rs C-70/10, Slg I-11959, Rn 51 – Scarlet Extended.

wenn Sperren gewisse Umgehungsrisiken bergen und immense Kosten nach sich ziehen.[262]

Daran anknüpfend ließen sich Sperren praktisch realisieren, indem die einschlägige, aus Nummern bestehende IP-Adresse blockiert wird. Diese Maßnahme würde dann aber alle auf dem Zielserver abgelegten Daten und damit auch die ohne Gefahrenpotenzial treffen.[263] Zudem könnte man einen sog Proxy-Server zwischenschalten, der anhand von Schlüsselworten bestimmte Internet-Angebote ausfiltert und deren Abruf hindert. Diese Methode hat aber den Nachteil, dass auch andere ungefährliche Seiten, auf denen diese Schlüsselworte zu finden sind, blockiert werden.[264] In praxi wird daher auf den Domain-Name-Server zugegriffen und der Portal-Bezeichnung („www.glücksspielen.com“) ihr Nummern-Code („174.136.172.164“) entzogen, so dass der Abruf ins Leere läuft. Diese Veränderung lässt sich zwar umgehen, zB indem der Nummern-Code eingegeben wird.[265] Möglich ist das aber nur dem, der sich den Code beschafft, während der Durchschnittsnutzer diesen Aufwand scheut, weil sein Interesse an illegalem Glücksspiel nur geweckt wird, wenn er (zufällig) darauf stößt.[266] 108

2. Durchsetzung der Verfügungen

Soweit die Glücksspielaufsicht eine Verfügung auf Basis des § 9 Abs 1 S 2 bzw 3 ausspricht, folgt daraus nicht unbedingt, dass der jeweilige Adressat der ihm auferlegten Handlungspflicht auch nachkommt. Fehlt es an einer entsprechenden Bereitschaft, kann die öffentliche Hand gegenüber dem Verpflichteten mit Zwangsmaßnahmen vorgehen. Etwaige Vollstreckungshandlungen sind auf die landespolizeirechtlichen Normen über den Verwaltungszwang zu stützen. Denn eine nach § 9 Abs 1 ergangene Untersagungsverfügung dient, wie gesagt, der Gefahrenabwehr und fällt somit unter das allgemeine Polizeirecht. 109

In Betracht kommt vor allem ein Vorgehen im mehraktigen Verfahren,[267] zumal etwaige Rechtsbehelfe gegen Anordnungen im Sinne des § 9 Abs 1 nach dessen Abs 2 keine aufschiebende Wirkung im Sinne des § 80 Abs 2 S 1 Nr 3 VwGO entfalten und die Vollstreckungsvoraussetzungen in der Regel gegeben sein werden. Insbesondere dürfte eine Androhung meist entbehrlich sein, da zB im Falle der Verlet- 110

262 *Schöttle* K&R 2007, 366, 369 f.
263 Vgl *Dietlein/Heinemann* K&R 2004, 418, 423; *Schöttle* K&R 2007, 366, 367 f.
264 *Engel* MMR-Beilage 4/2003, 1, 24 ff.
265 Eingehend dazu *Schöttle* K&R 2007, 366, 368; vgl auch *Dietlein/Heinemann* K&R 2004, 418, 423.
266 Ähnl OVG NW MMR 2003, 348, 351 ff; vgl zum Ganzen auch *Heseler*, Fn 39, S 45 ff.
267 Vgl *Schoch*, in: Schoch (Hrsg), Besonderes Verwaltungsrecht, 15. Aufl 2013, 125, 294 ff.

zung des § 4 Abs 4 eine Störung der Unverbrüchlichkeit der Rechtsordnung besteht, die sofort beseitigt werden darf. Als Zwangsmittel kommt insbesondere die Ersatzvornahme in Betracht, wobei dann die soeben skizzierten Blockademaßnahmen die „vertretbare Handlung" darstellen.

V. Fazit

111 Im Ergebnis ist das einfache Internet-Glücksspielrecht somit weniger im Hinblick auf die behördlichen Möglichkeiten zum Einschreiten oder im Hinblick auf die Vollziehbarkeit etwaiger Maßnahmen defizitär, sondern vielmehr bereits im Grundsätzlichen – nämlich insbesondere soweit es um die Weichen stellende Festlegung geht, wann eine Veranstaltung und wann eine Vermittlung von Glücksspielen vorliegt. Betrachtet man demgegenüber die Vorgaben des höheren Rechts, harmoniert die derzeitige Ausgestaltung des § 4 Abs 4f GlüStV anders als die Vorgängernormen mit den Grundfreiheiten und Grundrechten. Einzig zur Kompetenzordnung besteht eine juristische Schieflage – jedenfalls soweit es um die Regeln über die Online-Vermittlung geht. Sie muss genauso wie die anderen Unzulänglichkeiten des einfachen Rechts dringend begradigt werden, wenn die nächste Novellierung des Glücksspielstaatsvertrags ansteht[268], gerade weil Online-Gambling ein Wachstumsmarkt ist.

268 Vgl zu deren Notwendigkeit beispielsweise *Weidemann* DVBl 2016, 665.

Dirk Postel*

§ 25 Glücksspiel und Jugend(medien)schutz

Übersicht

I. Einleitung

Ist Bingo eine Sucht? Clara aus Harrislee findet das nicht. Sie muss es wissen. Seit Jahren fährt die 88-jährige mit dem Sammeltaxi zum Bingo nach Kruså – jeden Tag.

Mit diesen Worten endete ein Artikel in einer überregionalen Wochenzeitung bereits im Jahre 1998.[1] Das Angebot in der Bingo-Halle an der deutsch-dänischen Grenze gibt es auch Jahre später noch: „35 volle Spiele. Jedes 2. Spiel 100 €" heißt es beispielsweise im Mai 2010 und „30 volle Spiele. Jede 10. volle Karte 300 €" zu Weihnachten 2010.[2] 1

II. Suchtpotenzial von Glücksspielen

Nach dem Stand der Forschung steht fest, dass Glücksspiele jeglicher Art zu krankhaftem Suchtverhalten führen können.[3] Die Weltgesundheitsorganisation hat die 2

* Der Beitrag gibt lediglich die persönliche Auffassung des Verfassers wieder.

1 *Eckert* Zum Bingo nach Kruså, in: ZEIT 17/1998, 64.

2 *Dithmarscher Landeszeitung* v 21.5.2010, 27; *Dithmarscher Landeszeitung* v 24.12.2010, 25; das aktuelle Angebot unter http://bingohalle.webnode.com/.

3 *Landgraf* Glücksspielsucht, Beiträge zum Glücksspielwesen 3/16, 11 ff; *Grüsser/Thalemann* Verhaltenssucht – Diagnostik, Therapie, Forschung, 2006; *Albrecht/Grüsser* Diagnose Glücksspiel-

https://doi.org/10.1515/9783110259216-025

pathologische Spielsucht in die internationale Klassifikation psychischer Störungen aufgenommen.[4] Eine zunehmende Anzahl an Forschungsbefunden sowie Erkenntnisse aus der medizinischen Rehabilitation führten Anfang 2001 dazu, dass das pathologische Spielverhalten auch durch die Spitzenverbände der Krankenkassen und Rentenversicherungsträger als rehabilitationsbedürftige Krankheit anerkannt worden ist.[5] Schon in dem im Juni 2003 verabschiedeten Aktionsplan Drogen und Sucht ging die Bundesregierung von 50.000 bis 80.000 Menschen in Deutschland aus, die wegen pathologischer Spielsucht behandlungsbedürftig sind; andere und aktuellere Schätzungen weisen weitaus höhere Zahlen aus.[6] Ferner stellt pathologisches Spielen oder Spielsucht zwar für sich genommen keine die Schuldfähigkeit erheblich einschränkende oder ausschließende krankhafte seelische Störung oder schwere andere seelische Abartigkeit im Sinne des § 20 StGB dar,[7] allerdings kann eine erhebliche Verminderung der Steuerungsfähigkeit im Sinne von § 21 StGB anzunehmen sein, wenn die „Spielsucht" zu schwersten Persönlichkeitsveränderungen führt oder der Täter bei Beschaffungstaten unter starken Entzugserscheinungen gelitten hat.[8]

3 Zwar haben die unterschiedlichen Glücksspielformen – wie beispielsweise Roulette, Poker, Bingo, Telefongewinnspiele, Automatenspiele, Lotterien oder Wetten – für die große Mehrheit der Spieler reinen Erholungs- und Unterhaltungscharakter.[9] Eine vergleichsweise kleine, aber keineswegs unbedeutende Anzahl von Personen entwickelt gleichwohl glücksspielbezogene Probleme bei den unterschiedlichsten

---

sucht?, psychomed 2003, 59, 60; LVerfG LSA, Urt v 8.2.2007, LVG 19/05, LKV 2007, 558 (559); vgl bereits BVerfG Beschl v 1.3.1997, 2 BvR 1599/89 ua, NVwZ 1997, 573, 575.

4 *Grüsser/Poppelreuter/Heinz/Albrecht/Saß* Verhaltenssucht – eine eigenständige Diagnoseeinheit, Nervenarzt 2007; *Saß/Wittchen/Zaudig/Houben* Diagnostische Kriterien, 2003; *Dilling/Mombour/Schmidt* Internationale Klassifikation psychischer Störungen, 2000.

5 *Hayer/Meyer* Die Prävention problematischen Spielverhaltens – Eine multidimensionale Herausforderung –, J Public Health 2004, 293, 294.

6 Vgl etwa *Landgraf* s.o. Fn 3, 11 ff mwN; vgl *Buschle* Der Spieler – Schreckgespenst des Gemeinschaftsrechts, European Law Reporter 2003, 471, der bereits 2003 darauf hinweist, dass es in Deutschland zwischen 90.000 und 500.000 Glücksspielabhängige gebe; vgl auch *Hayer/Meyer* Glücksspielsucht: Problemausmaß, Risikofaktoren und Spielerschutz, Public Health Forum 18 Heft 67 (2010), die aufgrund empirischer Daten aus dem Jahr 2008 von 252.000 bis 640.000 Personen mit glücksspielbezogenen Belastungen ausgingen.

7 BGH Beschl v 30.9.2014, 3 StR 351/14, StV 2015, 206, mwN; vgl aus forensisch-psychiatrischer und kriminologischer Sicht bereits *Mergen,* in: FS für Werner Sarstedt, 1981, 189; *Schumacher* ebd S 361, 367 ff; *Meyer/Fabian/Wetzels* StV 1990, 464; *Rasch* StV 1991, 126 129 f; *Kellermann* NStZ 1996, 335.

8 Zur Beschaffungskriminalität eines Spielsüchtigen sowie möglicher eingeschränkter Schuldfähigkeit aufgrund pathologischen Spielens vgl bereits BGH Urt v 25.11.2004, 5 StR 411/04, NJW 2005, 230; vgl auch *Brandl* Spielleidenschaft und Strafrecht, Frankfurt 2003, 225 ff.

9 Vgl *Schmidt/Kähnert* Konsum von Glücksspielen bei Kindern und Jugendlichen – Verbreitung und Prävention, Abschlussbericht vom August 2003, 166 mwN.

Arten von Glücksspielen.[10] Anstelle des Erlebens von Spaß und Spannung dient die Beteiligung an Glücksspielen bei dieser Spielergruppe ausnahmslos einer grundlegenden Veränderung der eigenen Befindlichkeit: So „berauschen“ sich Personen mit einem problematischen Spielverhalten zunehmend an der unmittelbaren psychotropen Wirkung des Glücksspiels, blenden belastende oder frustrierende Alltagserfahrungen (zB Stress, Langeweile oder Gefühle der Sinnlosigkeit) aus oder suchen auf eine exzessive Art und Weise Zustände extremer Erregung („Kick“, „Nervenkitzel“).[11] Im Suchtstadium wird das Glücksspiel bewusst aufgesucht, um psychische Probleme „wegzuspielen“; es kann delinquentes Verhalten auftreten, um die Sucht weiterhin finanzieren zu können. Starke Persönlichkeitsveränderungen, sozialer und beruflicher Abstieg sowie erhöhte Suizidgefahr ergänzen das Vollbild des pathologischen Glücksspielers.[12]

Glücksspielsucht kann dabei nicht nur ein Problem für die eingangs beispiel- 4
haft genannte Altersgruppe sein; gerade unter Jugendlichen ist eine Hinwendung beispielsweise zu Wetten auffällig und eine Ausprägung problematischen Spielverhaltens bereits im Alter zwischen 13 und 19 Jahren erkennbar.[13] Im „Hoyzer-Prozess“ stellte das Landgericht Berlin fest, dass einer der Angeklagten als Grundschüler begonnen hat, regelmäßig „Rubbellose“ zu kaufen. Im Alter von 12 oder 13 Jahren habe er über seine Brüder Zugang zu den ersten, in Berliner Lokalen aufgestellten Geldspielautomaten gehabt. Im Alter von 15 oder 16 Jahren habe er sich zunehmend den Sportwetten zugewandt, wobei er diese heimlich auf den Namen eines seiner erwachsenen Brüder abschloss, um nicht als Minderjähriger aufzufallen. Nach den gerichtsgutachterlichen Bekundungen lag bei dem Angeklagten ein exzessiv ausgestaltetes pathologisches Spielen vor, das zu einer erheblichen Veränderung, einer Umprägung seiner Persönlichkeit geführt habe, indem das Spielen zum zentralen und nahezu einzigen Lebensinhalt geworden ist. Dies sei von „Suchtdruck“ (dem

10 *Meyer/Bachmann* Spielsucht – Ursachen und Therapie, Heidelberg 2000; *Petry* Glücksspielsucht, Entstehung, Diagnostik und Behandlung, 2003; *Plöntzke/Albrecht/Thalemann/Grüsser* Formen des pathologischen Glücksspiels, WMW 2004, 372–377.

11 *Scheithauer/Petermann/Meyer/Hayer*, Entwicklungsorientierte Prävention von Substanzmissbrauch und problematischem Glücksspielverhalten im Kindes- und Jugendalter, in: *Schwarzer* (Hrsg), Enzyklopädie der Psychologie, Themenbereich C: Theorie und Forschung, Serie X: Gesundheitspsychologie, Band 1: Gesundheitspsychologie, 503 ff; *Schmidt* Zur Epidemiologie der Glücksspielteilnahme im Kindes- und Jugendalter, Sucht 2003, 274 ff.

12 *Grüsser* in: Schwarzer/Jerusalem/Weber, Handwörterbuch Gesundheitspsychologie, 230, 232; vgl auch *Potenza* Gambling: an addictive behavior with health and primary care implications, J Gen Intern Med 2002, 721, 732.

13 Vgl BVerfG v 28.3.2006, 1 BvR 1054/01, Absatz-Nr 71, http://www.bverfg.de mwN; im Einzelnen *Hayer* Jugendliche und Glücksspielprobleme, KJug 2013, 3 ff; *Pauly/Haß/Brand/Schoelen/Lang* Glücksspiel bei Jugendlichen, KJug 2013, 8 ff; *Schütze/Kalke* Jugendschutz und jugendspezifische Suchtprävention im Glücksspielbereich, ZfWG 2015, 206 ff, jeweils mwN.

Drang, weiter zu spielen) und psychovegetativer Entzugssymptomatik begleitet gewesen. Sein andauerndes und wiederkehrendes fehlangepasstes Spielverhalten habe persönliche, familiäre und berufliche Zielsetzungen gestört.[14]

5 Inzwischen belegt eine Vielzahl an publizierten Forschungsstudien aus verschiedenen Ländern die Prävalenz problematischen Spielverhaltens im Jugendalter. Die vorliegenden Befunde verweisen in konsistenter Weise darauf, dass zwar auch die meisten Heranwachsenden ihr Spielverhalten kontrollieren können und in Maßen Geld für Glücksspiele ausgeben.[15] Im Vergleich zu Erwachsenen entwickeln jedoch weitaus mehr Jugendliche Probleme im Zusammenhang mit ihrer Glücksspielbeteiligung.[16] Bei den Jugendlichen sind ferner die Gefährdungspotenziale unterschiedlicher Glückspielformen nicht von (so) maßgeblicher Bedeutung für die Entwicklung problematischen Spielverhaltens.[17]

6 In Kanada stellt die Glücksspielsucht unter Jugendlichen sogar ein größeres Problem als Alkohol und Nikotin dar.[18] Umfragen in Griechenland haben ergeben, dass Kinder an Glücksspielen mit den Kreditkarten ihrer Eltern teilgenommen haben, und Studien in Österreich und dem Vereinigten Königreich zufolge wurde das Thema Glücksspiel von Kindern selbst bereits vor über 15 Jahren als sehr problematisch eingestuft.[19] Gerade für die Generation der technologisch versierten und erfah-

---

14 Im Einzelnen vgl LG Berlin Urt v 17.11.2005, 68 Js 451 05 Kls (42 05), http://www.aufrecht.de; dem BGH erschien es allerdings im Revisionsverfahren angesichts des jahrelangen professionellen Agierens des Angeklagten auf dem Sportwettmarkt, seines kompliziert angelegten Wett- und Manipulationssystems und des damit verbundenen erheblichen organisatorischen Aufwands eher fernliegend, dass bei diesem Angeklagten die Steuerungsfähigkeit bei der Begehung sämtlicher Taten wegen Spielsucht erheblich eingeschränkt gewesen sein soll, vgl BGH Urt v 15.12.2006, 5 StR 181/06, ZfWG 2007, 35, 41.

15 Vgl etwa *Stinchfield/Winters* Gambling and problem gambling among youths, Annals of the American Academy of Political and Social Science 1998, 172–185; *Gupta/Derevensky* Adolescent gambling behavior: A prevalence study and examination of the correlates associated with problem gambling, Journal of Gambling Studies 1998, 319–345; *Griffiths* The acquisition, development and maintenance of fruit machine gambling, Journal of Gambling Studies 1990, 193–204; *Shaffer/Hall* Updating and refining prevalence estimates of disordered gambling behaviour in the United States and Canada, Canadian Journal of Public Health 2001, 168–172; zusammenfassend *Schmidt/Kähnert* s.o. Fn 9, 26.

16 *Hayer* s.o. Fn 11 und Fn 13; *Schmidt* s.o. Fn 11, 274, 276; *Schütze/Kalke* s.o. Fn 13.

17 *Kalke/Farnbacher/Verthein/Haasen* Das Gefährdungs- und Abhängigkeitspotenzial von Lotterien – Erkenntnisstand in Deutschland, Suchtmed 2006, 183, 187 mwN.

18 BVerfG s.o. Fn 13, Absatz-Nr 75.

19 Forschung im Rahmen des EU-Internetaktionsplans, durchgeführt von: *European Research into Consumer Affairs* E.K.A.T.O., Griechenland und LAK, Österreich; vgl dazu Stellungnahme des *Wirtschafts- und Sozialausschusses* zum Thema „Ein Programm für den Schutz von Kindern im Internet" ABl C 48 vom 21.2.2002, S 27.

renen Jugendlichen scheint im Übrigen das Online-Glücksspiel einen besonderen Aufforderungscharakter aufzuweisen.[20]

Das *Bundesverfassungsgericht* (BVerfG) hat daher im Zusammenhang mit der möglichen Abwehr einer höchstwahrscheinlichen Gefahr von Glücksspielangeboten den Jugendschutz völlig zu Recht besonders hervorgehoben.[21] 7

Dem Jugendschutz steht heutzutage insbesondere durch das Internet eine kaum bezwingbare Herausforderung gegenüber. Größe und Struktur des Internets bieten den Anbietern jugendgefährdender oder entwicklungsbeeinträchtigender Inhalte eine optimale Plattform für die Verbreitung ihrer Angebote. Vom Pornohändler zum Neonazi sind alle nur erdenklichen „Interessenvertreter" im Internet zu finden. Diese Herausforderung wird noch größer werden, da das Potenzial des elektronischen Geschäftsverkehrs auch aufgrund der Entwicklung von Breitband- und Multiplattformtechnologien immer weiter zunimmt und immer mehr Möglichkeiten bietet. 8

III. Verfassungs- und unionsrechtliche Vorgaben zur Glücksspielregulierung

Schon aufgrund des dargelegten Erkenntnisstandes darf der Gesetzgeber aus verfassungsrechtlicher Perspektive von einem nicht unerheblichen Suchtpotenzial bestehender Glücksspielangebote ausgehen und dies zum Anlass für Spielsuchtprävention nehmen.[22] Eine weitgehende „Liberalisierung" im Bereich der Glücksspiele widerspricht dabei den Zielen, die bereits mit der Pönalisierung des Glücksspiels durch das Bundesstrafrecht und auch durch glücksspielbezogene Vorschriften des Steuerrechts verfolgt werden. Ein Alleingang eines Landes zur weitgehenden „Liberalisierung" des Glücksspielrechts ohne eine Anpassung des Bundesstrafrechts wäre aus unionsrechtlicher Perspektive daher wohl genauso wenig überzeugend wie eine weitergehende „Liberalisierung" des Spielrechts des Bundes ohne Berücksichtigung des Glücksspielrechts der Länder. Auch wenn das Unionsrecht einer internen Zuständigkeitsverteilung, nach der für bestimmte Glücksspiele die Länder zuständig sind und für andere der Bund, nicht entgegensteht, müssen in einem solchen Fall Bund und Länder gleichwohl gemeinsam die Verpflichtung der Bundesre- 9

---

20 Vgl *Derevensky/Gupta/Magoon* Adolescent problem gambling: Legislative and policy decision. Gaming Law Review 2004, 107–117; *Messerlian/Byrne/Derevensky* Gambling, youth and the internet: Should we be concerned?, The Canadian Child and Adolescent Psychiatry Review 2004, 3–6; vgl bereits *Postel* WRP 2005, 833, 844 mwN; *EGMR*, Urt v 27.11.2012, 21252/09, EuGRZ 2013, 274 ff.

21 BVerfG s.o. Fn 13, Absatz-Nr 102; BVerfG Beschl v 14.10.2008, 1 BvR 928/08, BVerfGK 14, 328 ff; *EGMR* s.o. Fn 20.

22 BVerfG s.o. Fn 13, Absatz-Nr 102; LVerfG LSA s.o. Fn 3, Absatz-Nr 44; vgl auch BVerfG v 26.3.2007, 1 BvR 2228/02, Absatz-Nr 47, http://www.bverfg.de.

publik Deutschland erfüllen, nicht gegen das Unionsrecht zu verstoßen. Soweit die Beachtung es erfordert, müssen sie die Ausübung der jeweiligen Zuständigkeiten daher koordinieren. Entsprechendes gilt für jugendschutzrechtliche Bestimmungen, gerade soweit sich diese auf den Zugang zu Glücksspielen beziehen.

10 Auf europäischer Ebene besteht Einigkeit zwischen den Mitgliedstaaten der Europäischen Union und darüber hinaus, die Regelungen zu Glücksspielen jeglicher Art den Mitgliedstaaten zu überlassen; in fast allen europäischen Ländern ist die Veranstaltung von bestimmten Glücksspielen monopolartig organisiert oder jedenfalls auf anderem Wege strikt reglementiert. Erst im Oktober 2014 hat der Bundesrat unter Bezugnahme auf Vorhaben der Europäischen Kommission und die ständige Rechtsprechung des *Europäischen Gerichtshofs* (EuGH) seine Auffassung bekräftigt, dass ein Bedürfnis für eine Harmonisierung im Bereich des Glücksspiels nicht besteht und es Sache der Mitgliedstaaten ist, im Einklang mit dem Subsidiaritätsprinzip gemäß ihren eigenen kulturellen, sozialen und gesellschaftspolitischen Vorstellungen und Traditionen zu beurteilen, was erforderlich ist, um den Schutz vor den spezifischen Gefahren des Glücksspiels zu bewirken; die Mechanismen eines freien Wettbewerbs auf dem sehr spezifischen Markt für Glücksspiele können (auch) nach der Rechtsprechung des EuGH nachteilige Folgen für die Verbraucher und gefährdete Spieler haben.[23]

11 Der EuGH hat in ständiger Rechtsprechung eine Reihe von zwingenden Gründen des Allgemeininteresses anerkannt, nämlich den Verbraucherschutz, die Betrugsvorbeugung und die Vermeidung von Anreizen für die Bürger zu überhöhten Ausgaben für das Spielen sowie die Verhütung von Störungen der sozialen Ordnung im Allgemeinen, die eine Beschränkung der Grundfreiheiten bis hin zu einer staatlichen Monopolbildung und den damit verbundenen Ausschluss privater Anbieter rechtfertigen können.[24] Es steht den Mitgliedstaaten in dieser Hinsicht grundsätzlich frei, die Ziele ihrer Politik auf dem Gebiet der Glücksspiele festzulegen und gegebenenfalls das angestrebte Schutzniveaugenau zu bestimmen, jedoch müssen die von ihnen vorgeschriebenen Beschränkungen den sich aus der Rechtsprechung des EuGH ergebenden Anforderungen hinsichtlich ihrer Verhältnismäßigkeit genügen; der EuGH hat mehrfach darauf hingewiesen, dass die Regelung der Glücksspiele zu den Bereichen gehört, in denen beträchtliche sittliche, religiöse und kulturelle Unterschiede zwischen den Mitgliedstaaten bestehen. In Ermangelung einer Harmoni-

---

23 Bundesrat, Beschlussdrucksache 424/14 vom 10.10.2014 m.w.N.

24 Vgl in diesem Sinne bereits EuGH Urt v 24.3.1994 – „Schindler“, C-275/92, Slg 1994, I-1039, Rn 57 bis 60; Urt v 21.9.1999, – „Läärä ua“, C-124/97, Slg 1999, I-6067, Rn 32 und 33; Urt v 21.10.1999 – „Zenatti“, C-67/98, Slg 1999, I-7289, Rn 30 und 31; zu Regelungen in Norwegen und der Schweiz vgl EFTA-Gerichtshof, Urt v 14.3.2007, „EFTA-Überwachungsbehörde ./. Königreich Norwegen“, E-1/06, http://www.eftacourt.lu; Absatz-Nr 50 ff; *Schweizerisches Bundesgericht* Urt v 4.8.2003, 2 A.32/2003, Absatz-Nr 4.4; http://www.srv-bger.ch.

sierung dieses Bereichs durch die Union verfügen die Mitgliedstaaten bei der Bestimmung des ihnen am geeignetsten erscheinenden Niveaus des Schutzes der Verbraucher und der Sozialordnung daher über ein weites Ermessen.[25] Die gesetzgeberische Annahme, dass eine Marktöffnung aufgrund des dann entstehenden Wettbewerbs zu einer erheblichen Ausweitung von Glücksspielangeboten und diese Ausweitung auch zu einer Zunahme von problematischem und suchtbeeinflusstem Verhalten führen würde, haben weder Verfassungsgerichte noch der EuGH beanstandet.[26]

Trotz solcher – schon früher vorhandener – Erkenntnisse und der gesetzgeberischen Vorgaben ließ sich auf dem deutschen Glücksspiel-„Markt" ebenso wie in den anderen EU-Mitgliedstaaten schon seit Mitte der 70er Jahre ein ungebrochener Trend zur Expansion erkennen. Diese Feststellungen gelten zweifelsohne unabhängig von der Beantwortung der Frage, ob sich die Gesetzgeber für eine konsequente Ausgestaltung eines – ggf „staatlichen" – Glücksspielmonopols[27] entscheiden, das *wirklich* der Suchtbekämpfung dient, oder eine gesetzlich normierte und kontrollierte Zulassung gewerblicher Veranstaltungen durch private Unternehmen regeln. Denn mit einem erweiterten Glücksspielangebot ist nach Erkenntnissen der epidemiologischen Forschung untrennbar eine Ausweitung von Spielsucht und problematischem Spielverhalten verbunden, und zwar unabhängig davon, ob Glücksspiele in öffentlicher oder in gewerblicher Regie veranstaltet werden.[28] Dementsprechend geht das BVerfG für den Sportwettbereich davon aus, dass zumindest nicht von vornherein ausgeschlossen ist, den Jugendschutz prinzipiell auch durch die Normierung entsprechender rechtlicher Anforderungen an ein gewerbliches Glücksspielangebot zu verwirklichen, sofern die Einhaltung jugendschutzrelevanter Belange durch Genehmigungsvorbehalte und behördliche Kontrolle mit den Mitteln der Wirtschaftsaufsicht sichergestellt wird.[29] 12

Die mit Glücksspielen verbundenen Einnahmeeffekte können insofern zweifellos dazu (ver)führen, dass der Staat oder die Aufsichtsbehörden und insbesondere die Glücksspielanbieter – ggf entgegen den gesetzgeberischen Vorgaben – die Zulassung von Glücksspielen und das Eröffnen von Glücksspielangeboten letztlich im 13

25 EuGH Urt v 6.3.2007 – „Placanica ua", C-338/04, C-359/04, C-360/04, Slg 2007, I-1891, Rn 48; dazu auch *Postel* EuR 2007, 317 ff; vgl zuletzt in diesem Sinne EuGH Urt v 8.9.2016, – „Politano", C-225/15 –, Rn 39; EuGH Urt v 22.1.2015, – „Stanley International Betting und Stanleybet Malta", C-463/13, EU:C:2015:25, Rn 51 und 52 und die dort angeführte Rechtsprechung.

26 BVerfG s.o. Fn 13, Absatz-Nr 113; LVerfG LSA s.o. Fn 3, Absatz-Nr 48.

27 Zu den – weitgehend unberücksichtigt gebliebenen – Ausgestaltungsvarianten *Postel* Der Begriff „Glücksspiel(monopol)" und die Einheit der Rechtsordnung, JurPC Web-Dok 71/2005.

28 BVerfG s.o. Fn 13, Absatz-Nr 71; vgl auch Schweizerisches Bundesgericht s.o. Fn 24, Absatz-Nr 4.4.

29 BVerfG s.o. Fn 13, Absatz-Nr 118; nachfolgend allerdings ausdrücklich offen gelassen für den Spielbankenbereich, vgl BVerfG s.o. Fn 22, Absatz-Nr 44.

Sinne einer Bewirtschaftung der Spielleidenschaft betreiben, indem die Glücksspiele wie eine grundsätzlich unbedenkliche Freizeitbeschäftigung vermarktet werden.[30] Zwar hat in Anbetracht dieser Entwicklungen jedenfalls auch das von den Landesgesetzgebern zur möglichst effektiven Bekämpfung von Suchtgefahren vorgesehene Mittel eines „staatlichen Sportwettenmonopols" bis zur Entscheidung des BVerfG vom 28. März 2006 die gesetzgeberischen Ziele nicht hinreichend erfüllen können oder wollen; und auch das durch § 10 Abs 2 GlüStV (2008) vorgegebene und in den jeweiligen Ausführungsgesetzen begründete Sportwetten(veranstaltungs)monopol verstieß nach insofern geklärter höchstrichterlicher Rechtsprechung gegen die europarechtliche Niederlassungsfreiheit oder subsidiär jedenfalls gegen die Dienstleistungsfreiheit, was sich in dem entscheidungserheblichen Zeitraum bis 2012 jedenfalls aus einer systematisch zum Glücksspiel anreizenden – und entgegen der Durchgriffsmöglichkeiten des Staates unbeanstandet gebliebenen – Werbung der Monopolträger und dem daraus folgenden behördlichen Verstoß gegen das Gebot der Verhältnismäßigkeit ergab.[31]

14 Jedoch dürfen die Gesetzgeber hinsichtlich der Suchtgefahren angesichts ihres weiten Beurteilungsspielraums weiterhin davon ausgehen, dass sie mit Hilfe eines auf die Bekämpfung von Sucht und problematischem Spielverhalten ausgerichteten Monopols mit staatlich verantwortetem Angebot effektiver beherrscht werden können als im Wege einer Kontrolle privater Unternehmen.[32] Als *weitere verfassungslegitime Ziele* für die die objektive und subjektive Berufszulassungsfreiheit beschränkenden Glücksspielregelungen, *nicht* hingegen als in diesem Sinne hinreichende Monopolrechtfertigung, werden der Schutz der Bevölkerung vor betrügerischen Machenschaften und Manipulationen, vor der Unzuverlässigkeit und Zahlungsunfähigkeit des Glücksspielveranstalters, ein weitergehender Verbraucher- und Jugendschutz, die Verhinderung der Ausnutzung des Spieltriebs sowie die Abwehr von Gefahren aus mit Wetten verbundener Folge- und Begleitkriminalität beschrieben.

15 Zum 1. Juli 2012 wurde mit den Vorschriften über eine zahlenmäßig auf 20 Konzessionen begrenzte, als Experiment(ierklausel) beschriebene Konzessionsvergabe (nur) für Sportwetten zu festen Quoten nach § 3 Abs 1 Satz 4 GlüStV (2012) ein gegenüber des bisherigen Lotterie- und Sportwettenrechts neuer Ansatz eingeführt. Dieser soll keine dem Ziel der Spielsuchtvermeidung und -bekämpfung zuwiderlau-

---

30 BVerfG s.o. Fn 13, Absatz-Nr 125; *Dietlein/Postel* in: Dietlein/Hecker/Ruttig, § 10 GlüStV, Rn 13, 18 ff.

31 BVerfG s.o. Fn 13, Absatz-Nr 120 ff; BVerwGE 147, 47; BVerwG, ZfWG 2014, 7; vgl zusammenfassend auch *Postel* Eine kleine Historie des glücksspielrechtlichen Erlaubnisvorbehalts, in: *Ruttig/Jung* Liber amicorum für Manfred Hecker, Köln 2017, 253 (254).

32 BVerfG s.o. Fn 13, Absatz-Nr 118; BVerfG, Urt v 19.7.2000, 1 BvR 539/96, BVerfGE 102, 197, 218 f; *Gebhardt/Postel* in: Gebhardt/Grüsser-Sinopoli, Glücksspiel in Deutschland, § 21, Rn 1 ff.

fende erhebliche Marktausweitung bewirken, obwohl gerade Angebotsoligopole aus mikroökonomischer Perspektive zu einem sehr intensiven Wettbewerb führen können. In verfassungsrechtlicher Hinsicht wird daher durch die Rechtsprechung noch zu klären sein, ob eine solche die Lotteriemonopole tragende gesetzgeberische Spielsucht-Risikobewertung noch tragfähig sein kann, wenn gerade die mit höherem Suchtpotenzial ausgestatteten Sportwetten (nur zu festen Quoten) eine Teilliberalisierung erfahren. Soweit jedoch im GlüStV (2012) gewisse Lockerungen in Bezug auf Pferdewetten (§ 27 Abs 2 Satz 2 GlüStV), Sportwetten (§ 10a Abs 4 GlüStV) und Lotterien (§ 4 Abs 5 GlüStV) vorgesehen sind, beruht dies nicht darauf, dass der Gesetzgeber nicht mehr von einer besonderen Gefährlichkeit des Internetangebotes (an sich) ausgeht, sondern vielmehr auf einer differenzierten Betrachtung der Gefährlichkeit einzelner im Internet dargebotener Glücksspiele. Auch bei Lotterien mit hoher Ziehungsfrequenz, die dadurch zum Weiterspielen animieren, sowie Sportwetten, bei denen nach § 21 Abs 4 Satz 2 GlüStV (2012) ein grundsätzliches Verbot von Live-Wetten besteht, hat keine andere Einschätzung des Gesetzgebers stattgefunden; denn auch diese Glücksspielarten im Internet sind nach wie vor nicht erlaubnisfähig.

Demnach ist ein behördliches Einschreiten nach ständiger verwaltungsgerichtlicher Rechtsprechung zulässig, um zu verhindern, dass durch die gemäß § 4 Abs 4 GlüStV (2012) formell unbestreitbar verbotene und nicht gemäß § 4 Abs 1 GlüStV (2012) erlaubte Tätigkeit weiterhin vollendete Tatsachen geschaffen und die mit der Verbotsnorm abzuwehrenden Gefahren durch illegales Glücksspiel im Internet weiterhin ungeprüft verwirklicht werden. Auch gilt insofern unverändert, dass nicht von einer offensichtlichen Rechtswidrigkeit etwaiger Untersagungsanordnungen ausgegangen werden kann, soweit die Erlaubnisvoraussetzungen für die untersagten Spielformen nicht offensichtlich gegeben sind, was zumindest unter dem Aspekt der fehlenden Gewährleistung des Jugendschutzes (§ 1 Satz 1 Nr 3, § 4 Abs 3 und 5 GlüStV) in der Praxis regelmäßig zweifelhaft sein dürfte. 16

Zudem hat die MPK am 28. Oktober 2016 beschlossen, dass die Begrenzung der Anzahl der Konzessionen für Sportwetten für die verlängerte Dauer der Evaluierungsphase aufgehoben und durch eine Übergangsregelung den Bewerbern des mit Ausschreibung vom 8. August 2012 eingeleiteten Konzessionsverfahrens, die bestimmte Mindestanforderungen erfüllt haben, die Veranstaltung von Sportwetten vorläufig durch eine erneute Änderung des GlüStV *gesetzlich* erlaubt werden soll. Das soll den verwaltungsgerichtlichen Entscheidungen in Hessen Rechnung tragen, die auf Anträge von Konkurrenten vorbeugend bereits die Erteilung von Konzessionen unterbunden und damit eine rechtliche Ordnung des Sportwettenmarktes in absehbarer Zeit unmöglich gemacht haben. 17

Diese bereits beschlossenen, aber noch nicht in allen Facetten umgesetzten Änderungen an den Mono- bzw Oligopolvorschriften änder(te)n jedoch nichts an dem verfassungsrechtlichen Ausgangspunkt, dass der Jugendschutz unabhängig von der Frage der Angebots- bzw Anbieterbeschränkung durch die Normierung entspre- 18 chender rechtlicher Anforderungen an ein Glücksspielangebot zu verwirklichen ist und die Einhaltung jugendschutzrelevanter Belange durch Genehmigungsvorbehalte und behördliche Kontrolle sicherzustellen ist.

IV. Verfassungsrechtliche Vorgaben zum Jugendschutz

19 Der in Art 5 Abs 2 GG und entsprechenden landesverfassungsrechtlichen Normen (zB Art 10 Abs 2 Verf LSA) ausdrücklich erwähnte Jugendschutz genießt vor allem aufgrund des in Art 6 Abs 2 S 1 GG (Art 11 Abs 2 Verf LSA) verbrieften elterlichen Erziehungsrechtes und daneben aus Art 1 Abs 1 in Verbindung mit Art 2 Abs 1 GG (Art 4 Abs 1, Art 5 Abs 1, Art 11 Abs 1 Verf LSA) Verfassungsrang.[33] Kinder und Jugendliche haben maW ein verfassungsrechtlich verbürgtes Recht auf Entfaltung ihrer Persönlichkeit und bedürfen des Schutzes und der Hilfe, um sich zu eigenverantwortlichen Persönlichkeiten innerhalb der sozialen Gemeinschaft zu entwickeln.[34]

20 Dieses Recht, das zugleich einen Schutz*auftrag* beinhaltet, berechtigt und verpflichtet den Staat, Einflüsse von Kindern und Jugendlichen fernzuhalten, die sich auf die Entwicklung ihrer Persönlichkeit nachteilig auswirken können. Die Auswahl der Mittel, mit denen den Gefahren für die ungestörte Entwicklung von Kindern und Jugendlichen zu begegnen ist, obliegt dabei zunächst dem Gesetzgeber. Die Zulässigkeit der konkreten Beschränkungen Dritter zum Zwecke des Jugendschutzes wiederum hängt im Wesentlichen von der Abwägung der diesen Dritten zur Verfügung stehenden Schutzgüter (etwa aus Art 12 Abs 1, Art 5 oder Art 2 Abs 1 GG und entsprechenden landesverfassungsrechtlichen Bestimmungen) und dem verfassungsrechtlich hervorgehobenen Interesse an einem effektiven Jugendschutz ab. Auch und gerade in einer wissenschaftlich ungeklärten Situation ist der Gesetzgeber befugt und aufgefordert, die Gefahrenlagen und Risiken abzuschätzen und zu entscheiden, ob er Maßnahmen ergreifen will oder nicht. Den ihm zustehenden Entscheidungsraum würde der Gesetzgeber nur dann verlassen, wenn eine Gefährdung Jugendlicher nach dem Stand der Wissenschaft vernünftigerweise auszuschließen wäre.

21 Das BVerfG hat demzufolge bereits entschieden, dass – auch ohne wissenschaftlich-empirischen Nachweis – der Gesetzgeber zum Beispiel davon ausgehen durfte, dass bestimmte Schriften jugendgefährdende Wirkung haben können.[35] Und die vom Gesetzgeber seinerzeit als noch nicht abschließend geklärt angesehene

---

33 BVerfG, Beschl v 27.11.1990, 1 BvR 402/87, BVerfGE 83, 130, 139f, mwN; vgl zuletzt BVerfG, Beschl v 21.12.2011, 1 BvR 2007/10, NJW 2012, 1062; vgl zum entsprechenden Landesverfassungsrecht LVerfG LSA, Urt v 15.1.2002, LVG 9/01, http://verfassungsgericht.sachsen-anhalt.de/.

34 BVerfG Beschl v 12.10.1988, 1 BvR 818/88, BVerfGE 79, 51 63.

35 BVerfG s.o. Fn 33, 130, 140ff.

Frage der möglichen schädlichen Auswirkungen ist auch heute nicht durch einen gesicherten Kenntnisstand der für die Beurteilung dieser Problematik zuständigen Fachwissenschaften – insbesondere der Medienwissenschaft unter Einschluss der Medienwirkungsforschung, der Entwicklungs- und Sozialpsychologie, der Pädagogik und der Kriminologie – in eindeutiger Weise beantwortet, so dass dem Gesetzgeber hinsichtlich der jugendgefährdenden Wirkung eines Mediums weiterhin die Einschätzungsprärogative zukommt.

Der Gesetzgeber darf ferner die in den Art 5 Abs 1, Art 12 Abs 1 GG garantierten 22
Grundrechte Dritter – auch die in Art 5 Abs 3 S 1 GG umfassend garantierte Kunstfreiheit – durch eine präventiv-generalisierende Regelung für bestimmte Vertriebsarten einschränken, wenn ohne eine solche Regelung ein effektiver Jugendschutz nicht sichergestellt wäre. Selbst die vorbehaltlos gewährleistete Kunstfreiheit muss in ihrer Ausübung mit den widerstreitenden Belangen des Kinder- und Jugendschutzes zur Konkordanz gebracht werden; keinem der Rechtsgüter kommt insofern von vornherein Vorrang gegenüber dem anderen zu.[36]

Das vorrangige Ziel des verfassungsrechtlich gebotenen Jugendschutzes besteht 23
schließlich darin, den Eintritt von Gefahren zu verhindern und nicht lediglich darin, den Verantwortlichen nach Eintritt des Schadens zu verfolgen. Der Versuch den Jugendschutz lediglich durch Strafandrohungen oder deren Verschärfung, Berufsverbote und weitere repressive Mittel zu verwirklichen, ist dementsprechend von vornherein zum Scheitern verurteilt. Der Jugendschutz bedarf vielmehr in erster Linie wirkungsvoller Präventivmaßnahmen, um erkannte Gefahrenquellen rechtzeitig auszuschalten; diese können durch Strafandrohungen oder deren Verschärfung, Berufsverbote und weitere repressive Maßnahmen ergänzt und verstärkt werden. Nur durch einen im Grundansatz präventiv ausgeformten Jugendschutz entspricht der Gesetzgeber demnach den verfassungsrechtlichen Anforderungen an den Jugendschutz.[37] Folglich bedarf es in Anbetracht des bereits vorhandenen Erkenntnistandes über die Gefahren des Glücksspiels auch keiner weitergehenden Darstellung und Vertiefung, um zu dem Ergebnis zu gelangen, dass der Gesetzgeber die Teilnahme Minderjähriger an Glücksspielen für generell unzulässig erklären durfte. Das BVerfG hatte den Stellenwert des Jugendschutzes nämlich auch bereits bei anderer Gelegenheit hervorgehoben.[38]

Unter dem Gesichtspunkt eines effektiven Jugendschutzes können daher bei- 24
spielsweise als besonders gefährlich angesehene Vertriebsarten mit einem absolu-

---

36 BVerfG s.o. Fn 33, 140.

37 Grundlegend BVerfG Beschl v 23.3.1971, 1 BvL 25/61 und 3/62, BVerfGE 30, 336 349; vgl auch *Grüsser/Backmund/Albrecht* Glücksspiele: Spieler- und Jugendschutzmaßnahmen, Suchtmed 2006, 145, 148; *Günter/Schindler* Technische Möglichkeiten des Jugendschutzes im Internet, RdJB 2006, 341ff.

38 Siehe zB BVerfG Beschl v 13.1.1988, 1 BvR 1548/82, BVerfGE 77, 346, 356.

ten Verbot belegt werden, mit der Folge, dass auch die weniger gefährdeten Erwachsenen das Angebot über diesen Vertriebsweg nicht mehr erreichen können. Die Grundrechte Dritter müssen bei solchen einfachgesetzlichen Verboten als Ergebnis einer Güterabwägung möglicherweise zurücktreten. Das BVerfG hat sich in der Vergangenheit mehrfach mit den Vorschriften des Gesetzes über die Verbreitung jugendgefährdender Schriften auseinandergesetzt und dabei auch die Regelung über die Eintragung von Medien in die Liste jugendgefährdender Schriften unter den Gesichtspunkten der Kunstfreiheit, der Wissenschaftsfreiheit und der Meinungsfreiheit nicht beanstandet. So beruhte das dem Versandhandel auferlegte absolute Vertriebsverbot für jugendgefährdende Schriften auf der Erwägung, dass der erforderliche Ausschluss von Kindern und Jugendlichen von offensichtlich schwer jugendgefährdenden Schriften wegen der dem Versandhandel eigenen Struktur und der ihm eigenen Art des Vertriebs durch keine sonstige praktikable Maßnahme sichergestellt werden könne. Der Gesetzgeber durfte dabei ohne Verfassungsverstoß davon ausgehen, dass sämtliche in Erwägung gezogenen Methoden für eine zuverlässige Altersprüfung und damit zugleich für einen effektiven Jugendschutz nicht ausreichen.

25 Einschränkungen des Vertriebs bis hin zu generellen Verboten sind demzufolge erst recht verfassungsrechtlich tragfähig, wenn – wie im Fall des Angebots von Glücksspielen – Ziel der gesetzlichen Regelungen gerade nicht ein ungehindertes und unbeschränktes Angebot für die Allgemeinheit ist. Da auf Grundlage der gesetzgeberischen Einschätzungsprärogative auch Erwachsene als gefährdet angesehen werden können und auch diese nicht auf jedem Vertriebsweg an die Glücksspielangebote gelangen müssen bzw sollen, kann eine auf dieser Einschätzung beruhende gesetzlich vorgesehene Vertriebswegbeschränkung sogar als generelles Verbot kohärent und systematisch zur Begrenzung der Spieltätigkeiten – auch der erwachsenen Bevölkerung – beitragen.[39]

26 Es mag schließlich ein schwerwiegender Eingriff in Grundrechte Dritter – etwa in die Freiheit der Berufsausübung der Glücksspielunternehmen selbst oder deren Vertriebspartner – insoweit sein, als ihnen hierdurch ein für sie besonders gewinnbringender Markt verschlossen wird. Dieser Eingriff ist jedoch zur Erreichung eines effektiven Jugendschutzes notwendig. Das Interesse der Allgemeinheit an einem wirkungsvollen Jugendschutz verdient den Vorrang vor den wirtschaftlichen Interessen der am Vertrieb Beteiligten oder der Glücksspielunternehmen. Entsprechende Vorschriften verletzen deshalb nicht den auch bei der Regelung der Berufsausübung zu beachtenden Grundsatz der Verhältnismäßigkeit.

27 Das BVerfG hatte in diesem Zusammenhang mit zu Tatsachenfragen ungewohnt deutlichen Worten in seinem Grundsatzurteil vom 28. März 2006 festgestellt, dass vor dem Hintergrund der rechtlich gebotenen Ausrichtung des Glücksspielangebots

39 Vgl dazu EuGH Urt v 6.11.2003, C-243/01, – „Gambelli", Slg 2003, I-13076, Rn 65; BVerfG s.o. Fn 13, Absatz-Nr 125, 149; BVerfG s.o. Fn 21, BVerfGK 14, 328 ff.; *EGMR*, s.o. Fn 20, EuGRZ 2013, 274 ff.

am Ziel der Bekämpfung von Spiel- und Wettsucht und der Begrenzung der Spiel- und Wettleidenschaft die Möglichkeit der Teilnahme über das Internetangebot der Staatlichen Lotterieverwaltung *bedenklich* sei. Der Vertreter der Staatlichen Lotterieverwaltung habe in der mündlichen Verhandlung selbst dargelegt, dass sich über diesen Vertriebsweg jedenfalls derzeit der im Rahmen der Suchtprävention besonders wichtige Jugendschutz nicht effektiv verwirklichen lasse. Gleiches gelte auch für die Nutzung von SMS, die Sportwetten mittels Mobiltelefon jederzeit und von jedem Ort aus grundsätzlich spielbar mache.[40] Die Vertriebswege sind jedoch insbesondere vor diesem Hintergrund so auszuwählen und einzurichten, dass vorhandene Möglichkeiten zur Realisierung des Spieler- und Jugendschutzes zu nutzen sind – gerade auch von den staatlich getragenen Anbietern, die einer besonderen Gemeinwohlverpflichtung unterliegen und sich ohnehin nicht auf Grundrechte berufen können.

V. Einfachgesetzlicher Jugendschutz (JuSchG und JMStV)

Seit mittlerweile fast 15 Jahren sind die für den Jugendschutz maßgeblichen Spezialgesetze, namentlich der Jugendmedienschutz-Staatsvertrag (JMStV) und das Jugendschutzgesetz (JuSchG) in Kraft.[41] Die Ursache für die Zweiteilung des Jugend(medien)schutzes in das JuSchG und den JMStV liegt in der Verteilung der Gesetzgebungskompetenzen für bestimmte Mediensparten zwischen Bund und Ländern. Während der Bund traditionell den Jugendschutz in „Trägermedien“ regelt, beanspruchen die Länder die Gesetzgebungsbefugnis für Bestimmungen zum Rundfunk und grundsätzlich auch für Telemedien. 28

Während das JuSchG daher im Wesentlichen den Jugendschutz in der Öffentlichkeit und Verbreitungsbeschränkungen bei so genannten jugendgefährdenden Trägermedien (Druckschriften, Videos, DVD, CD-ROM etc) regelt, dient der JMStV vor allem dem Schutz von Kindern und Jugendlichen vor Angeboten in sämtlichen elektronischen Medien, die ihre Entwicklung oder Erziehung beeinträchtigen oder gefährden können. Der Geltungsbereich des JMStV umfasst nach seinem § 2 Rundfunk und Telemedien (Teledienste und Mediendienste) und damit alle elektronischen Informations- und Kommunikationsmedien. JuSchG und JMStV regeln dabei unterschiedliche Prozesse, die unterschiedliche Risiken und Gefahren für Kinder und Jugendliche so reduzieren sollen, wie es die jeweilige gesetzliche Zielvorstellung verlangt. 29

40 BVerfG s.o. Fn 13, Absatz-Nr 139.

41 Vgl die Übersicht des Wissenschaftlichen Dienstes des BT, „Vorschriften des Bundes und des Länder zum Jugendschutz in Internet und neuen Medien“, WD 10-3000-011/16, abrufbar unter www.bundestag.de; vgl auch *Liesching*, KJug 2013, 11 ff.

30 Zudem werden übereinstimmend Medieninhalte ausdrücklich benannt, welche die gesetzlichen Vertriebs- und Verbreitungsverbote automatisch (also ohne vorherige Indizierung oder Altersfreigabebeschränkung) auslösen. Allerdings weichen die Verbote für die einzelnen Medienbereiche in ihren Rechtsfolgen ab. Und die beiden Gesetzeswerke verfolgen auch insofern durchaus unterschiedliche Konzeptionen. Was beispielsweise als Internet-Angebot generell untersagt ist, darf gleichwohl als DVD im Einzelfall Erwachsenen zugänglich gemacht werden. In Deutschland haben Bund und Länder jedoch Vorschriften zum Jugendmedienschutz erlassen, die eine grundsätzlich kohärente und durchführbare regulatorische Struktur innerhalb ihrer Anwendungsbereiche sicherstellen.

VI. Glücksspiel im Jugendschutzgesetz des Bundes

31 Auch das JuSchG enthält einzelne Bestimmungen, die für das Angebot von Glücksspielen von Bedeutung sind. § 6 Abs 1 JuSchG sieht etwa vor, dass in öffentlichen Spielhallen oder ähnlichen vorwiegend dem Spielbetrieb dienenden Räumen Kindern und Jugendlichen (nach § 1 Abs 1 Nr 1 und 2 JuSchG also Personen unter 18 Jahren) der Aufenthalt generell nicht gestattet werden darf. Für den Begriff der Spielhalle ist dabei wesentlich, dass das Unternehmen ausschließlich oder überwiegend der Aufstellung von Spielgeräten oder der Veranstaltung anderer Spiele iSd § 33c Abs 1 S 1 GewO oder des § 33d Abs 1 S 1 GewO oder der gewerbsmäßigen Aufstellung von Unterhaltungsspielen ohne Gewinnmöglichkeit dient. Eigenständige, aber im Wesentlichen inhaltsgleiche Begriffsbestimmungen enthalten die zwischenzeitlich in Kraft getretenen Landesspielhallengesetze (zB § 1 Abs 2 SpielhG LSA).

32 Spielhallen stellen nach der Einschätzung des Bundesgesetzgebers allgemein eine potentielle Gefahr für Kinder und Jugendliche dar, da Kinder und Jugendliche vor Spielleidenschaft und deren Folgen (Geldbedarf, Taschengeldproblemen und Beschaffungskriminalität) bewahrt werden sollen.[42] Der Begriff der Spielhalle ist dabei im JuSchG und in der GewO grundsätzlich gleich auszulegen.[43] Obwohl eine gewisse Gefährdung Minderjähriger mit jedem Verstoß gegen die vorgenannten Verbote verbunden ist, liegt es auf der Hand, dass das Ausmaß der Gefährdung oder des Schadens von der Dauer des Aufenthalts in der Spielhalle abhängt. Der Schaden, der von einem kurzen Aufenthalt in einer Spielhalle und von einem nur einige Minuten dauernden Spiel an einem Geldspielgerät ausgehen kann, ist relativ gering. Dies wird, soweit es um eine kurzfristige Anwesenheit von Minderjährigen in einer Spielhalle ohne Betätigung von Spielgeräten geht, auch gesetzgeberisch anerkannt,

---

42 BVerwG Urt v 2.7.1991, 1 C 4.90, BVerwGE 88, 348; vgl dazu BT-Drs 10/722, Begründung zu § 8, 11 und BT-Drs 9/1992, 11; ebenso *Hahn* GewArch 2007, 89, 93.

43 Vgl BT-Drs 9/1992, 11.

indem Kindern und Jugendlichen der Besuch von Gaststätten in gewissen Grenzen erlaubt ist und der Gesetzgeber damit in Kauf nimmt, dass sie dem Spiel Erwachsener zuschauen und die Verlockungen des Glücksspiels bei anderen Personen miterleben. Ob die zu Grunde liegende gesetzgeberische Einschätzung und die dadurch in Kauf genommenen Folgen noch tragfähig sind, erscheint zweifelhaft, soll an dieser Stelle aber nicht erörtert werden.

Eher ins Gewicht fällt jedoch der Schaden, der Minderjährigen durch den „Kontakt" zum Geldspielgerät erwachsen kann, jedenfalls dann, sofern sie sich selbst an solchen Geräten betätigen können. Und dieser Schaden – namentlich der mögliche finanzielle Verlust oder das Fördern des Interesses an Glücksspielen – bleibt allenfalls dann gering, wenn der etwaige Aufenthalt des Jugendlichen auch am Spielgerät nur einige Minuten dauern kann.[44] Die mit der Erlaubnispflicht in § 33i GewO oder den ersetzenden landesgesetzlichen Regelungen wie § 2 Abs 1 SpielhG LSA verbundene Präventivkontrolle ist daher jedenfalls geeignet und erforderlich, die in den Versagungsgründen des § 33i Abs 2 GewO (oder den ergänzenden landesgesetzlichen Versagungsgründen wie § 2 Abs 4 SpielhG LSA) zum Ausdruck kommenden Schutzzwecke wirksam zu verfolgen, namentlich den Jugendschutz zu verwirklichen, dem § 6 JuSchG dient. 33

Der Schutz der Jugend rechtfertigt zweifellos einen Erlaubnisvorbehalt und Kontrollen der Einhaltung der Jugendschutzbestimmungen. Auch Verfassungsrecht gebietet es insbesondere nicht, dass etwa der Betreiber einer Spielhalle ungehindert ein Geschäftsmodell realisieren kann, das auf die Nutzung durch Jugendliche abzielt, deren Schutz gerade durch den Erlaubnisvorbehalt und die Vorschriften des Jugendschutzrechts bewirkt werden soll.[45] 34

Weiterhin darf nach § 6 Abs 2 JuSchG die Teilnahme an Spielen mit Gewinnmöglichkeit in der Öffentlichkeit Kindern und Jugendlichen nur auf Volksfesten oder ähnlichen Veranstaltungen und nur unter der Voraussetzung gestattet werden, dass der Gewinn in Waren von geringem Wert besteht. Dieser geringe Wert und die Beschränkung auf bestimmte Veranstaltungen soll jeglichen übermäßigen Spielanreiz bei Kindern und Jugendlichen verhindern. Die Vorschrift lehnt sich in ihrem Wortlaut auch auf Grund der Gesetzgebungskompetenz des Bundes eng an die Bestimmung des § 33h Nr 2 GewO an. Sowohl für § 6 Abs 1 als auch für § 6 Abs 2 JuSchG gilt jedoch, dass nicht generell oder grundsätzlich, sondern nur in Zweifelsfällen eine Überprüfung des Alters erfolgen muss (§ 2 Abs 2 Satz 2 JuSchG). 35

An den Geräten außerhalb von Spielhallen ist nach § 3 Abs 1 SpielV durch eine ständige Aufsicht und ggf zusätzliche technische Sicherungsmaßnahmen die Einhaltung von § 6 Abs 2 JuSchG sicherzustellen. Ferner sieht § 10 SpielV vor, dass der 36

44 Zu technischen Schutzvorkehrungen am Geldspielgerät vgl *Hahn* s.o. Fn 42, 89, 93; zum Anreiz durch Werbung und Verfügbarkeit vgl *Grüsser/Backmund/Albrecht* s.o. Fn 37, 145, 148.

45 BVerwG Urt v 9.3.2005, 6 C 11.04, CR 2005, 594.

Veranstalter eines anderen Spieles (§ 33d Abs 1 GewO) Kindern und Jugendlichen den Zutritt zu den Räumen, in denen das Spiel veranstaltet wird, grundsätzlich nicht gestatten darf.

37 Da das materielle Glücksspielrecht mit Ausnahme der gewerberechtlich erlaubnisfähigen Glücksspiele nach der GewO und den nach dem Rennwett- und Lotteriegesetz erlaubnisfähigen Glücksspielen in die Gesetzgebungskompetenz der Länder fällt, wird jedoch teilweise angenommen, dass das auszugsweise vorgestellte Jugendschutzgesetz des Bundes lediglich das so genannte gewerbliche Spiel an Spielautomaten und in Spielhallen betrifft.[46] Nach dieser Auffassung existierte vor In-Kraft-Treten des Lotteriestaatsvertrags bis Mitte 2004 kein bundeseinheitliches und damit flächendeckendes Verbot für Kinder und Jugendliche, Geld auf den Ausgang von landesgesetzlich regulierten Glücksspielen aller Art zu setzen, sofern die landesgesetzlich geregelten Glücksspielangebote ein solches generelles Teilnahmeverbot nicht selbst vorsahen.[47] Entsprechende Verbote waren in den Landesglücksspielgesetzen bis 2004 nicht generell bestimmt; lediglich die Spielbankgesetze der Länder beinhalteten ausnahmslos Teilnahmeverbote für Minderjährige, in einigen Ländern auch für unter 21-Jährige.[48] Ohne entsprechende ausdrückliche landesgesetzliche Verbote galten danach vielmehr die Bestimmungen des BGB, wonach 7- bis 18-jährige Personen beschränkt geschäftsfähig sind und Kinder ab 7 Jahren sich im Rahmen ihres zur Verfügung stehenden Taschengeldes auch an den Angeboten der staatlichen oder staatlich getragenen Landeslotterieunternehmen rechtmäßig beteiligen konnten.[49]

38 Ungeachtet dessen wurde und wird gleichwohl mit gerade verfassungsrechtlich überzeugenden Gründen vertreten, dass bereits § 6 Abs 2 JuSchG – unbeeinflusst vom Inkrafttreten des Lotteriestaatsvertrages im Jahr 2004 und des nachfolgenden GlüStV – ein generelles Verbot der Teilnahme Minderjähriger jedenfalls an Online-Glücksspielen enthielt.[50]

VII. Glücksspiel im Jugendmedienschutz-Staatsvertrag der Länder

39 Auch der JMStV enthält diverse Bestimmungen, die für das Angebot von Glücksspielen in Rundfunk und Telemedien von Bedeutung sind. Der zwischen den Ländern

46 *Schmidt/Kähnert* s.o. Fn 9, 7.
47 Vgl auch *Hayer* s.o. Fn 11, 2.
48 BVerfG s.o. Fn 22, Absatz-Nr 6.
49 *Schmidt/Kähnert* s.o. Fn 9, 7 (zu freiwilligen Selbstbeschränkungen von Landeslotterieunternehmen bzw deren zweifelhafter Verzicht darauf); vgl auch *Hayer* s.o. Fn 11, 2.
50 Vgl *Erdemir* CR 2005, 275, 282.

geschlossene JMStV dient dem einheitlichen Schutz der Kinder und Jugendlichen vor Angeboten in elektronischen Informations- und Kommunikationsmedien (§ 1 JMStV). Nach der Konzeption des JMStV orientiert sich dieser im Gegensatz zum JuSchG letztlich an der telekommunikativen Verbreitung von Inhalten und weniger an den Inhalten selbst.

§ 4 JMStV bestimmt als grundsätzliche Verbotsnorm – in einem zweistufigen Konzept – zum einen diejenigen Angebote, die *generell* unzulässig sind und ausnahmslos weder im Rundfunk noch in Telemedien verbreitet oder zugänglich gemacht werden dürfen (Abs 1), zum anderen solche Angebote, die (nur) in Telemedien in geschlossenen Benutzergruppen zulässig sind (Abs 2). Die Verbotsbestimmungen orientieren sich dabei an den auch in der Vorgängernorm vor dem 1. April 2003 geltenden Verboten für unzulässige Angebote im Bereich des Jugendmedienschutzes und gelten ferner „unbeschadet strafrechtlicher Verantwortlichkeit".[51] 40

In den in § 4 Abs 1 JMStV aufgeführten Fällen genereller Unzulässigkeit finden sich dem Wortlaut nach – im Gegensatz zum JuSchG – Glücksspiele ebenso wenig wie in § 4 Abs 2 S 1 Nr 1 und 2 JMStV. Nach § 4 Abs 2 S 1 Nr 3 JMStV sind allerdings „Angebote" – und damit nach § 3 Abs 2 Nr 2 JMStV Rundfunksendungen oder Inhalte von Telemedien – generell unzulässig, wenn sie „*offensichtlich geeignet sind, die Entwicklung von Kindern und Jugendlichen oder ihre Erziehung zu einer eigenverantwortlichen und gemeinschaftsfähigen Persönlichkeit unter Berücksichtigung der besonderen Wirkungsform des Verbreitungsmediums schwer zu gefährden*", es sei denn, dass in Telemedien „*von Seiten des Anbieters sichergestellt ist, dass sie nur Erwachsenen zugänglich gemacht werden*" (§ 4 Abs 2 S 2 JMStV). § 4 Abs 2 S 1 Nr 3 JMStV erfasst damit als Generalklausel diejenigen Angebote, die zu entsprechenden Gefährdungen Jugendlicher geeignet sind, und die nicht unter die ausdrücklich benannten Fälle seines Satzes 1 subsumierbar sind. 41

Demgegenüber sieht § 5 Abs 1 JMStV eine weitere Absenkung des Schutzniveaus insofern vor, als dass bei Angeboten, die „nur" geeignet sind, die Entwicklung von Kindern oder Jugendlichen zu einer eigenverantwortlichen und gemeinschaftsfähigen Persönlichkeit zu beeinträchtigen, die Anbieter „nur" dafür Sorge zu tragen haben, dass Kinder oder Jugendliche der betroffenen Altersstufen diese Angebote üblicherweise nicht wahrnehmen. 42

51 Seit dem 1.4.2003 folgt eine mögliche Strafbarkeit, soweit sie sich nicht aus dem durch den JMStV nicht derogierten sonstigen Strafrecht ergibt, für Trägermedien aus den mit den Strafvorschriften des GjSM vergleichbaren § 15 JuSchG und für Telemedien aus § 23 JMStV. § 23 JMStV erklärt im Gegensatz zu § 15 JuSchG nur solche Handlungen für strafbar, die sich auf Angebote beziehen, die „offensichtlich geeignet sind, die Entwicklung von Kindern oder Jugendlichen oder ihre Erziehung zu einer eigenverantwortlichen und gemeinschaftsfähigen Persönlichkeit unter Berücksichtigung der besonderen Wirkungsform des Verbreitungsmediums schwer zu gefährden"; vgl zu § 24 JMStV auch BVerfG Beschl v 2.12.2013, 1 BvL 5/12.

43 Die *Kommission für Jugendmedienschutz* (KJM), die für die abschließende Beurteilung von Angeboten nach dem JMStV zuständig ist,[52] hat sich bereits 2004 und 2005 – und damit *vor* der mit deutlichen Worten zum bedenklichen Internetangebot des „staatlichen Monopolanbieters" verbundenen Grundsatzentscheidung des BVerfG vom 28. März 2006 – mit den gesetzlichen Anforderungen hinsichtlich Glücksspielangeboten im Internet befasst.

44 Nach Auffassung der *KJM* fanden sich die Bestimmungen zu Glücksspielen im Internet zwar vorrangig im damals noch geltenden Lotteriestaatsvertrag, darüber hinaus müssten bei Glücksspielangeboten im Internet jedoch auch die Vorschriften des JMStV beachtet und unter Jugendschutzaspekten daraufhin geprüft werden, ob es sich gemäß § 4 Abs 2 S 1 Nr 3 JMStV um ein offensichtlich schwer jugendgefährdendes oder gemäß § 5 Abs 1 JMStV um ein entwicklungsbeeinträchtigendes Angebot handelt. Für eine offensichtlich schwere Jugendgefährdung im konkreten Einzelfall spreche nach Auffassung der *KJM*, wenn durch Glücksspielangebote im Internet der Spieltrieb der Bevölkerung gefördert und übermäßige Spielanreize geschaffen würden. Es müsse dabei der Umstand berücksichtigt werden, dass die Gefahr der Ausnutzung des Spieltriebs Jugendlicher in besonders hohem Maße bestehe, da die Jugendlichen in der Regel durch die in Aussicht gestellten Gewinne für das Glücksspiel leichter zu begeistern seien als Erwachsene. Glücksspielangebote im Internet, in denen der Nutzer schnell aktiv und von anderen Personen unbeobachtet am Geschehen mitwirken kann, brächten einen stärkeren Wirkungseffekt mit sich, der gerade für Kinder und Jugendliche eine große Gefahr bedeuten könne. Es sei zu befürchten, dass gerade junge Heranwachsende nicht in der Lage seien, ein entsprechendes Verantwortungsbewusstsein im Umgang mit Geld im Rahmen des Glücksspiels zu entwickeln. Die *KJM* war damit im Rahmen ihrer Befassung nicht nur zur Anwendbarkeit des JMStV für Glücksspiele sondern auch zu der Auffassung gelangt, dass bestimmte Glücksspielangebote den Anforderungen des § 4 Abs 2 JMStV unterlägen und derartige Internetangebote daher schon seit dem 1. April 2003 nur innerhalb geschlossener Benutzergruppen im Sinne des § 4 Abs 2 S 2 JMStV zulässig seien.[53]

45 Diese nachvollziehbar kritische Einschätzung des Gefährdungspotenzials von Glücksspielen für Jugendliche ist dabei auch nicht nur auf spielbanktypische Glücksspiele (wie Poker, Roulette oä) oder Sportwetten begrenzt; sie schließt vielmehr andere Glücksspiele wie Lotterien (Lotto, Klassenlotterien, Rubbellose, Keno

52 Die *KJM* dient nach den §§ 13, 14, 16 JMStV der jeweils zuständigen Landesmedienanstalt als Organ bei der Erfüllung ihrer Aufgaben nach dem JMStV bei länderübergreifenden Angeboten; sie kann auch mit nichtländerübergreifenden Angeboten gutachtlich befasst werden.

53 Jugendschutzbericht 2/04 der *BLM* vom Januar 2005, 19 f; Jugendschutzbericht 2/05 der *BLM* vom Januar 2006, 12; jeweils abrufbar unter http://www.blm.de; KJM, 2. Bericht, 17; *Günter/Schindler* s.o. Fn 37, 346.

oder Quicky) grundsätzlich mit ein. Die Vertretbarkeit der Annahme eines spezifischen Gefahrenpotenzials auch dieser regelmäßig – aber nicht generell – weniger „aufregenden“ Glücksspielangebote sowohl für die Entwicklung Minderjähriger als auch die Förderung oder Aufrechterhaltung von Spielsucht wird durch Einschätzungen aus der Wissenschaft seit Langem belegt.[54] Trotz bestehender Altersbeschränkungen verweist dabei ein Großteil an Kindern und Jugendlichen über Spielerfahrungen mit Lotterien, wobei im Wesentlichen zwei Zugangsmöglichkeiten existieren: der direkte Kauf von Spielscheinen und der indirekte Erwerb über Eltern oder ältere Freunde.

Im Übrigen ist gerade zu dem in Rede stehenden Gefährdungspotenzial für Kinder und Jugendliche zu berücksichtigen, dass die *rechtliche* Abgrenzung zwischen Glücksspielen und Lotterien (§§ 284 und 287 StGB bzw § 3 Abs 1 und 3 GlüStV) für die Einschätzung eines Suchtgefahrenpotenzials oder eines solchen im Sinne des § 4 Abs 2 JMStV nicht entscheidungserheblich ist, denn in *rechtlicher* Hinsicht ist für die Abgrenzung zwischen Lotterien und anderen Glücksspielen wesentlich, ob eine Gewinnchance von einem bestimmten Plan sowie fest vorgegebenen Einsatzmöglichkeiten abhängt.[55] Auch eine „Lotterie“ im Rechtsinne kann jedoch ein erhebliches Suchtpotenzial haben, wie insbesondere die als Lotterie geltenden Glücksspiele „Keno“ oder „Quicky“ zeigen, denn die vom Glücksspiel ausgehenden Suchtgefahren werden in erster Linie durch die Art, Anzahl und Zugriffsnähe der angebotenen Glücksspiele sowie der Möglichkeit zur Teilnahme an diesen Spielen bestimmt. Ebenso bedeutend für das Suchtpotenzial können die hohe Geschwindigkeit eines Spiels, die sofortige Gewinn- bzw Verlustbestätigung, die Einbindung des Spielers, die Auszahlungsquote oder eine besonders hohe Einsatz- oder Verlustmöglichkeit sein. Das Risiko für Kinder und Jugendliche kann auch nicht nur aufgrund der unterschiedlichen Vertriebsarten bei unterschiedlichen Glücksspielarten zu einer unterschiedlichen Rezeptionssituation führen, sondern auch die Kontrolle darüber, ob einem Kind oder Jugendlichen der Kontakt zu einem bestimmten Glücksspiel ermöglicht wird. 46

54 Vgl etwa *Hayer/Meyer* Das Gefährdungspotenzial von Lotterien und Sportwetten – Eine Untersuchung von Spielern aus Versorgungseinrichtungen, Mai 2005, S 150 f; *Grüsser/Plöntzke/Albrecht/Mörsen*, The addictive potential of lottery gambling, Journal of Gambling Issues: Issue 19, January 2007; *Kalke/Farnbacher/Verthein/Haasen* s.o. Fn 17, 183, 187; *Braun* Mitgliedstaatliche Glücksspielmonopole vs EG-Wettbewerbsrecht, ZEuS 2005, 211, 237.

55 Vgl grundlegend BGH Urt v 28.5.1957, 1 StR 339/56, ZfWG 2007, 16, 17 mAnm *Ohlmann*; OLG Köln Urt v 22.10.1999, 6 U 53/98, http://www.justiz.nrw.de; zum davon abweichenden DDR-Recht vgl *Postel* ZfWG 2007, 181 (192).

1. Einordnung eines Glücksspielangebotes im Jugendmedienschutz-Staatsvertrag

47 Unter Berücksichtigung der dargestellten (bundes- und landes-)gesetzgeberischen Einschätzungen, des erreichten wissenschaftlichen Erkenntnisstands zum Suchtpotenzial von Glücksspielen jeglicher Art für Minderjährige und der bisherigen Bewertungen und Praxis der *KJM* zu anderen jugendschutzrelevanten Bereichen drängt sich die Schlussfolgerung auf, dass die Forderung des § 4 Abs 2 S 2 JMStV (geschlossene Benutzergruppe) für das Angebot von solchen Glücksspielen erfüllt werden muss, für die ein *generelles gesetzliches* Verbot der Teilnahme Minderjähriger gilt. Denn bei solchen trägt bereits die gesetzgeberische Einschätzung, die ein *generelles* Verbot für angemessen und erforderlich hält, die Annahme einer *offensichtlichen* Jugendgefährdung im Sinne des § 4 Abs 2 S 1 Nr 3 JMStV.

48 Auch der Regelschutz des § 4 Abs 1 und Abs 2 S 1 Nr 1 und 2 JMStV gründet sich letztlich in der vorgegebenen gesetzlichen Einschätzung einer Jugendgefährdung unter Bezugnahme auf anderweitige gesetzliche Verbote. Zwar trifft § 4 Abs 2 S 1 Nr 3 JMStV nur für den Sonderfall Vorsorge, dass ein Angebot, das offensichtlich eine schwere Gefahr für die Jugend bilden kann, nicht oder noch nicht in den in § 4 Abs 2 S 1 Nr 1 und 2 JMStV genannten Bestimmungen aufgenommen ist. Die Regelung soll insofern den andersartigen Prüfungsbedingungen, die bei dem von der Verpflichtung betroffenen Personenkreis im Gegensatz zu den zuständigen Behörden herrschen und unter Umständen eine schnelle Prüfung durch Nichtfachleute verlangen, dadurch Rechnung tragen, dass die Beschränkungen des § 4 Abs 2 S 2 JMStV nur solche Angebote erfassen, deren schwere Jugendgefährlichkeit *offensichtlich* ist. Er hat damit klar gemacht, dass nicht Grenzfälle, sondern nur jedem unbefangenen Beobachter erkennbar jugendgefährdende Angebote erfasst werden sollen.[56] Gleichzeitig bringt das Merkmal der „Offensichtlichkeit" jedoch zum Ausdruck, dass zur Feststellung der schweren Jugendgefährdung keine detaillierte Kontrolle der Angebote verlangt werden darf; die Gefährdung muss sich vielmehr aus dem Gesamteindruck oder aus besonders ins Auge springenden Einzelheiten ergeben.

49 Diese „Offensichtlichkeit" der Gefährdung liegt jedoch auch dann vor, wenn schon durch anderweitige gesetzliche Bestimmungen für jeden unbefangenen Beobachter offensichtlich erkennbar ist, dass ein *generelles* gesetzliches Verbot für bestimmte Angebote gilt. Bei Glücksspielangeboten handelt es sich daher schon durch das gesetzlich bestimmte generelle Teilnahmeverbot für Minderjährige in § 4 Abs 3 S 2 GlüStV bzw § 6 Abs 2 JuSchG um einen unter § 4 Abs 2 S 1 Nr 3 JMStV fallenden „Sonderfall", der eine schwere Gefahr für die Jugend annehmen lässt und lediglich nicht ausdrücklich in den in § 4 Abs 2 S 1 Nr 1 und 2 JMStV genannten Be-

56 Vgl dazu auch BVerfG Beschl v 22.6.1960, 2 BvR 125/60, BVerfGE 11, 234, 238; BVerfG Beschl v 13.1.1988, 1 BvR 1548/82, BVerfGE 77, 346, 357.

stimmungen aufgenommen wurde. Die besonders ins Auge springenden Einzelheiten einer möglichen Jugendgefährdung bei einem Glücksspielangebot ergeben sich daher aus der den Anbietern bekannten gesetzgeberischen Einschätzung, die in den jugendschutzspezifischen Bestimmungen im Bundes- und Landesglücksspielrecht ihren Niederschlag gefunden hat.

Vor diesem Hintergrund beschränken sich Ausnahmemöglichkeiten von dem grundsätzlichen Verbot nach § 4 Abs 3 S 2 GlüStV auf die in § 18 GlüStV aufgenommenen Regelungen, die ihre Begründung in der geringen ordnungspolitischen Bedeutung der in aller Regel nur auf lokaler oder regionaler Ebene veranstalteten Kleinlotterien mit geringem Gesamtspielkapital finden, denen nach Einschätzung des Gesetzgebers kein erhebliches Suchtpotenzial innewohne. Während einige Länder in ihren Ausführungsgesetzen auf dieser Grundlage Abweichungen von § 4 Abs 3 GlüStV zugelassen haben (zB Art 3 Abs 3 AGGlüStV BY), gilt das Teilnahmeverbot Minderjähriger in anderen Ländern trotz des § 18 GlüStV generell und ohne „Lockerung" des Jugendschutzes (zB § 16 Abs 1 GlüG LSA). 50

Entsprechend dieser Einschätzung ist dann davon auszugehen, dass *nur* für das Angebot von solchen Glücksspielen, für die ein generelles *gesetzliches* Verbot der Teilnahme Minderjähriger *nicht* gilt, die Erfüllung der Forderung des § 5 Abs 3 JMStV als ausreichend erachtet werden kann und die strengeren Anforderungen des § 4 Abs 2 S 2 JMStV *nicht* anwendbar sind. § 5 JMStV enthält insofern Einschränkungen für die Verbreitung und das Zugänglichmachen von „nur" entwicklungsbeeinträchtigenden Angeboten, die nicht unter die Verbote für jugendgefährdende Angebote nach § 4 JMStV fallen. Das sind Angebote, die zwar die Entwicklung von jungen Menschen beeinträchtigen können, die aber nicht den strengeren Beschränkungen unterliegen müssen wie bei einer Jugendgefährdung im Sinne von § 4 JMStV. Bei Angeboten, die nach dem Jugendschutzgesetz für Kinder oder Jugendliche der betreffenden Altersstufen nicht freigegeben sind oder die im Wesentlichen inhaltsgleich mit solchen Angeboten sind, wird eine solche entwicklungsbeeinträchtigende Wirkung vermutet. Will ein Anbieter entsprechende Angebote verbreiten oder zugänglich machen, so muss er dieser Vermutung durch geeignete Maßnahmen nach § 5 Abs 3 bis 6 JMStV begegnen. 51

Diese Abgrenzung zwischen jugendgefährdenden und entwicklungsbeeinträchtigenden Glücksspielangeboten hat zur Folge, dass *nur* für die Arten von Glücksspielen, die unter die Ausnahmeregelung des § 18 GlüStV oder die Ausnahme des § 33h Nr 2 GewO[57] fallen, die Anforderungen des § 5 Abs 3 JMStV gelten und *alle* anderen 52

57 Für den Betrieb von Spielbanken, die Veranstaltung von Lotterien und Ausspielungen sowie die Veranstaltung anderer Spiele mit Gewinnmöglichkeit, die Glücksspiele iSd §§ 284 ff StGB sind, bestimmt § 33h GewO, dass die §§ 33c, d GewO keine Anwendung finden. Lediglich § 33h Nr 2 GewO bildet davon eine Ausnahme, wenn es sich um gewerbsmäßige Ausspielungen auf Volks-, Schützenfesten oder ähnlichen Veranstaltungen handelt, bei denen der Gewinn in geringwertigen Gegen-

Glücksspielangebote schon seit spätestens 2004 – mit Inkrafttreten des gesetzlichen Verbots der Glücksspielteilnahme Minderjähriger in § 4 Abs 2 LottStV – nur dann als zulässig und in diesem Sinne als rechtmäßig qualifiziert werden konnten, sofern bei ihrem Angebot in Telemedien die Anforderungen des § 4 Abs 2 S 2 JMStV eingehalten, dh sie lediglich innerhalb geschlossener Benutzergruppen Erwachsenen zugänglich gemacht wurden. Auf Grundlage dieser an Wortlaut, Systematik und Sinn und Zweck orientierten Auslegung existiert ferner eine trennscharfe und anwenderfreundliche Abgrenzung, die sich nicht nur am Einzelfall, sondern an der gesetzgeberischen Einschätzung orientiert, die grundsätzlich von einem erheblichen Gefährdungspotential von den im LottStV/GlüStV, im Rennwett- und Lotteriegesetz und in der GewO geregelten Glücksspielen ausgeht. Anhand dieser Abgrenzung kann auch für die jeweiligen Glücksspielangebote in Rundfunk und Telemedien zwischen den nach dem JMStV zu erfüllenden Anforderungen des § 4 Abs 1 und Abs 2 S 2 bzw des § 5 Abs 3 JMStV getrennt werden.

53 Dabei kann dahinstehen, ob sich das grundsätzliche Erfordernis der Sicherstellung geschlossener Benutzergruppen bei Glücksspielangeboten im Anwendungsbereich des JMStV bereits direkt aus § 4 Abs 2 S 1 Nr 3 JMStV unter Berücksichtigung der Wertung in § 4 Abs 3 S 2 GlüStV und § 6 JuSchG ergibt, ob dafür die Anwendungsklausel des § 4 Abs 3 S 1 GlüStV zusätzlich heranzuziehen ist, oder ob eine entsprechende gesetzliche Forderung auch unmittelbar aus § 6 Abs 2 JuSchG abzuleiten ist. Denn gerade die deutlichen Worte des BVerfG in seiner Entscheidung aus dem Jahr 2006 lassen letztlich keinen Zweifel daran, dass vorhandene Möglichkeiten im Bereich der Gewährleistung eines effektiven Jugendschutzes auch zu nutzen und damit „geschlossene Benutzergruppen" grundsätzlich bei allen Glücksspielangeboten in Telemedien – insbesondere solchen via Internet – zu fordern sind, sofern entsprechende Vertriebswege überhaupt eröffnet werden.[58] Auf Grundlage dieser Normexegese lassen sich auch die – bereits aufgezeigten – teilweise sogar vorbehaltlos gewährleisteten Grundrechte Dritter mit den widerstreitenden Belangen des Kinder- und Jugendschutzes zur Konkordanz bringen.

54 Auch die Rechtsprechung zum JuSchG in vergleichbaren Bereichen bestätigt die dargelegte Interpretation der Rechtslage zur Erreichung eines effektiven Jugendschutzes. Ziel der besonderen Regelungen für die vom Jugendschutzgesetz als Versandhandel bezeichneten Geschäfte ist es beispielsweise zu verhindern, dass Minderjährige jugendschutzrelevante Inhalte wahrnehmen. Deshalb ist auch bei an Träger gebundenen Inhalten darauf abzustellen, ob Minderjährige den Gewahrsam an den Trägern erlangen, ohne den die Wahrnehmung der Inhalte nicht möglich ist. § 12 Abs 3 Nr 2 JuSchG untersagt demzufolge die Überlassung von Bildträgern „im

ständen besteht; vgl dazu im Einzelnen *Brandl* s.o. Fn 3, 151 mwN; BVerwG Urt v 16.10.2013, 8 C 21.12, BVerwGE 148, 146 ff, Rn 24 ff.

58 *Erdemir* s.o. Fn 50, 275, 282; vgl auch BVerfG Beschl v 14.10.2008, 1 BvR 928/08, Rn 40.

Versandhandel", geht also davon aus, dass nicht nur das Absenden, sondern auch die Überlassung – dh die Verschaffung des Gewahrsams – Teil des Versandhandels ist. Effektiv kann ein solcher Schutz dann aber nur sein, wenn nicht allein auf das Geschehen auf der Absenderseite, sondern auch auf das auf der Empfängerseite abgestellt wird. So wird zwar anerkannt, dass beispielsweise durch das Postident-Verfahren ausreichend sichergestellt ist, dass der Kunde volljährig ist. Allerdings ist zusätzlich durch eine Übersendung in einer Weise, die regelmäßig gewährleistet, dass die Warensendung dem volljährigen Kunden, an den sie adressiert ist, persönlich ausgehändigt wird – wie etwa bei der Versendung als „Einschreiben eigenhändig" – ausreichend sicherzustellen, dass der Versand nicht an Minderjährige erfolgt.

Auch der vom Bundes- wie von den Landesgesetzgebern beabsichtigte Gleich- 55
klang der Anforderungen im Jugendschutzbereich wäre nicht gewährleistet und würde sogar konterkariert, sofern für den Bereich „Trägermedien" Sicherstellungen für einen effektiven Jugendschutz gefordert würden, die sogar noch über die Anforderungen an „geschlossene Benutzergruppen" im Sinne des § 4 Abs 2 S 2 JMStV hinausgehen, andererseits bei Glücksspielangeboten im Internet oder anderen Telemedien, bei denen nicht nur das Glücksspielangebot selbst, sondern darüber hinaus auch das Medium an sich – etwa das Internet – süchtige Verhaltensmuster fördern kann, nicht einmal Anforderungen wie die Einrichtung einer „geschlossenen Benutzergruppe" gestellt würden.[59] Damit würde im Übrigen auch die gesetzgeberische Vorgabe unterlaufen, dass die Bestimmung zum generellen Teilnahmeverbot für Jugendliche und Kinder in § 4 Abs 3 S 2 GlüStV gerade nicht zwischen unterschiedlichen Vertriebsarten – etwa Annahmestellen einerseits, Internet und andere Telemedien andererseits – unterscheidet.

2. Schutzniveau einer „geschlossenen Benutzergruppe" im Sinne des § 4 Abs 2 S 2 JMStV

Gerade auch unter den herausgearbeiteten verfassung- und einfachrechtlichen 56
Prämissen ist darauf hinzuweisen, dass beispielsweise personalausweisziffergestützte Altersverifikationssysteme den Anforderungen an geschlossene Benutzergruppen nach § 4 Abs 2 S 2 JMStV nicht genügen. Eine vermeintlich verfassungsrechtlich gebotene einschränkende Auslegung des § 4 Abs 2 S 2 JMStV lässt sich auch nicht daraus ableiten, dass im Internet zahlreiche ausländische oder sonstige nicht nach dem jeweiligen Landesrecht erlaubte Glücksspielangebote ohne Weiteres oder durch einfache Umgehungsmaßnahmen abrufbar sind. Das BVerfG hat zu

59 Vgl auch *MSA*, Bericht über die Durchführung der Bestimmungen des Jugendmedienschutz-Staatsvertrages in Sachsen-Anhalt, S 39 ff (LT-Drs 7/49 neu); *Liesching* Glücks- und Gewinnspielrecht, JMS_Report 3/2013, 3 ff; *Schütze/Kalke* s.o. Fn 13, 206 ff.

Recht hervorgehoben, dass es immer auch illegale Formen des Glücksspiels geben werde, die nicht völlig unterbunden werden könnten; aus der technischen und ökonomischen Entwicklung folgende Vollzugshindernisse machten jedoch eine prinzipiell geeignete Organisation staatlicher Gemeinwohlverfolgung auf nationaler Ebene nicht ungeeignet.[60]

57 Gesetzgeberische Entscheidungen auch im Jugendschutzrecht können im Übrigen ausschließlich auf der Grundlage der Verhältnisse innerhalb des Geltungsbereichs der jeweiligen Gesetze getroffen werden. Entscheidend für die Beurteilung der Verhältnismäßigkeit des § 4 Abs 2 S 2 JMStV und dessen Anwendung auf alle Glücksspielangebote, die ein generelles gesetzliches Teilnahmeverbot für Minderjährige auslösen, sind insoweit die Normadressaten der Regelungen des § 4 JMStV, namentlich die Anbieter im Sinne des § 3 Abs 2 Nr 3 JMStV, die ihr Angebot auf Interessenten in Deutschland ausgerichtet haben.[61] Insoweit kann aber nicht zweifelhaft sein, dass die gesetzliche Beschränkung der Verbreitung von bestimmten Angeboten in Telemedien in geschlossenen Benutzergruppen geeignet ist, Kinder und Jugendliche vom Zugang zu gerade diesen Angeboten weitestgehend auszuschließen.

58 Wie damit bereits angedeutet, können nur restriktive Altersverifikationssysteme, die Umgehungsmöglichkeiten (anders als die Personalausweiszifferkontrolle) weitgehend ausschließen, gewährleisten, dass die (erwachsenen) Eltern selbst die Entscheidungsmöglichkeit über die Nutzung von bestimmten Angeboten durch ihre Kinder behalten, ohne befürchten zu müssen, dass diese sich selbständig – durch über Suchmaschinen gefundene oder eigens generierte Personalausweisnummern – Zugang verschaffen. Auch der Hinweis auf etwaige Rechtsbrüche durch Kinder und Jugendliche ändert nichts an der Pflicht des Anbieters zur „Sicherstellung" des Ausschlusses Minderjähriger vom jeweiligen Glücksspielangebot. Eine Einschränkung, dass diese „Sicherstellung" nur unter der Prämisse ausschließlich rechtskonformer Zugangsversuche Minderjähriger gelten solle, hat der Gesetzgeber gerade nicht vorgenommen. Dem Normzweck des Jugendschutzes würde durch eine solche Einschränkung im Übrigen auch nicht annähernd Rechnung getragen. Insofern fordert der § 4 Abs 2 S 2 JMStV für Telemedien letztlich ein mit der Überwachung durch Personal gleichwertigen technischen und personalen Schutz vor Jugendgefährdungen. Gleichwertigkeit setzt dabei voraus, dass neben einer zuverlässigen erstmaligen Alterskontrolle im System angelegte Vorkehrungen vorhanden sind, die Minderjährigen die Teilnahme an Glücksspielen im Sinne einer *effektiven Barriere* regelmäßig unmöglich machen.[62] Es muss also beispielsweise gewährleistet sein, dass die tech-

60 BVerfG s.o. Fn 13, Absatz-Nr 114; BVerfG v 24.9.2009, 1 BvR 1184/08, http://www.bverfg.de mwN.

61 Vgl dazu *Postel*, in: Dietlein/Hecker/Ruttig, § 4 GlüStV, Rn 29 f; *Dietlein/Hüsken* in: Dietlein/Hecker/Ruttig, § 3 GlüStV, Rn 13 f.

62 BVerwG Urt v 202.2002, 6 C 13.01, NJW 2002, 2966; *Postel* s.o. Fn 61, Rn 87 ff mwN.

nischen Kennungen zur Überwindung der Zugangshindernisse nur an Erwachsene ausgegeben werden.[63] Gewährleistet wird die „geschlossene Benutzergruppe“ durch technische Zugangsschutzvorkehrungen, die eine Alterskontrolle durch persönlichen Kontakt vornehmen und nicht durch anonyme Eingabe von Daten; die *KJM* hat für den Bereich der „geschlossenen Benutzergruppen“ daher konkrete Anforderungen aufgestellt, die in Rechtsprechung und Literatur Bestätigung fanden.[64] Dabei hat sie in einer Vielzahl von Prüfungen und Verfahren die Anforderungen konkretisiert, die Systeme erfüllen müssen, um ein Sicherstellen im Sinne des § 4 Absatz 2 Satz 2 JMStV zu gewährleisten.

Nach dieser Praxis, die in den vergangenen Jahren zu erheblichen Verbesserun- 59
gen und der merklichen Erhöhung des faktischen Schutzniveaus auch in anderen jugendgefährdenden Angebotsbereichen geführt hat, ist der Zugangsschutz durch zwei Schritte zu gewährleisten: 1. durch eine Volljährigkeitsprüfung, die über persönlichen Kontakt erfolgen muss *(Identifizierung)* und 2. durch *Authentifizierung* bei jedem Nutzungsvorgang, um das Risiko einer Weitergabe von Zugangsdaten an Minderjährige wirksam zu reduzieren. Dabei ist unter „persönlichem Kontakt“ für die *Identifizierung* ein Vergleich mit amtlichen Ausweisdaten und die Erfassung dieser Daten in einer Datenbank verpflichtend. Neben dieser *Identifizierung* durch geschultes Personal (zB in einem Filialsystem eines Anbieters oder per PostIdent-Verfahren) kommen dabei auch andere Varianten der Volljährigkeitsprüfung in Betracht, die eine ausreichende Verlässlichkeit bieten (zB Vergleich von Personendaten mit besonders qualifizierten Schufa-Daten, die nach dem Geldwäsche-Gesetz erhoben wurden, in Verbindung mit einer persönlichen Zustellung der Zugangsdaten). Neben der *Identifizierung* dient die erforderliche *Authentifizierung* in Form eines Gesamtkonzepts der Sicherstellung, dass nur identifizierte und altersgeprüfte Personen Zugang zur geschlossenen Benutzergruppe erhalten, und soll die Weitergabe von Zugangsdaten an unautorisierte Dritte erschweren. Um die Vervielfältigung von Zugangsdaten zu verhindern, wird in der Regel eine Hardwarekomponente eingesetzt, die nur mit hohem Aufwand zu kopieren sein darf. Ferner sind zusätzliche „subjektive Risiken“ für den autorisierten Nutzer vorzusehen, um die Weitergabe von Zugangsdaten wirksam zu unterbinden.

Zwar hat die KJM keine gesetzliche Befugnis Richtlinien zu erlassen, jedoch sind 60
die von der KJM in der Praxis entwickelten Anforderungen durch die auf der Grundlage des § 15 Abs 2, § 8 Abs 1 und § 9 Abs 1 JMStV erlassenen Jugendschutzrichtlinien der Landesmedienanstalten (JuSchRiL) vom 8./9. März 2005 anerkannt worden. Auch nach Nr 5.1 JuSchRiL sind von Seiten der Anbieter die Anforderungen an § 4

63 BGH Urt v 22.5.2003, 1 StR 70/03, MMR 2003, 582 mAnm *Liesching*; vgl auch *Lenckner/Perron* in Schönke/Schröder StGB, 26. Aufl, § 184 Rn 15.

64 Vgl auch *MSA*, Bericht über die Durchführung der Bestimmungen des Jugendmedienschutz-Staatsvertrages in Sachsen-Anhalt, S 39 ff (LT-Drs 7/49 LSA).

Abs 2 Satz 2 JMStV durch die beschriebenen Schritte sicherzustellen. Die Rechtsprechung hat in den letzten Jahren das so entwickelte Schutzniveau bestätigt.

3. Werbebeschränkungen und Jugendmedienschutz

61 Darüber hinaus ergänzen auch die in § 6 JMStV zur Werbung enthaltenen Anforderungen die allgemeinen Beschränkungen der §§ 4 und 5 JMStV in Bezug auf unzulässige bzw jugendgefährdende und entwicklungsbeeinträchtigende Glücksspielangebote.[65] Es entspricht dabei dem Willen des Gesetzgebers, für die Auslegung der Tatbestandsmerkmale auf die rundfunkstaatsvertraglichen Begriffsbestimmungen zurückzugreifen. „Werbung“ ist mithin auch im Bereich des JMStV in Anlehnung an § 2 Abs 2 Nr 5 Rundfunkstaatsvertrag (RStV) zu bestimmen. Um keine Werbung im Sinne des § 6 JMStV handelt es sich daher, wenn der werbliche Effekt von Personen ausgeht, die ohne oder gegen den Willen des Veranstalters auftreten.

62 Werbung, die sich auch an Kinder oder Jugendliche richtet oder bei der Kinder oder Jugendliche als Darsteller eingesetzt werden, darf nach § 6 Abs 4 JMStV nicht den Interessen von Kindern oder Jugendlichen schaden oder deren Unerfahrenheit ausnutzen. Diese Generalklausel des § 6 Abs 4 JMStV stellt ergänzend zu den übrigen Werbebeschränkungen sicher, dass auch sonstige Entwicklungsbeeinträchtigungen in Rundfunk und Telemedien nicht erfolgen dürfen; sie greift zB ein, wenn die Werbung strafbare Handlungen (vgl etwa § 285 StGB) als nachahmenswert oder billigenswert darstellt.

VIII. Jugendschutz im Glücksspielstaatsvertrag der Länder

63 Durch die Ausgestaltung der jugendschutzrechtlichen Anforderungen im Glücksspielstaatsvertrag und den jeweiligen Ausführungsgesetzen der Länder sind die dargelegten Anforderungen jedenfalls seit dem Inkrafttreten des GlüStV (2008) am 1. Januar 2008 weitestgehend konsistent auf die schon zuvor geltenden Anforderungen im JMStV und JuSchG abgestimmt.

64 Nach § 4 Abs 3 Satz 2 GlüStV ist die Teilnahme von Minderjährigen an öffentlichen Glücksspielen unzulässig. Die Veranstalter und Vermittler haben nach § 4 Abs 3 Satz 3 GlüStV sicherzustellen, dass Minderjährige von der Teilnahme ausgeschlossen sind. Diese Verpflichtung geht über die allgemeinen Anforderungen des JuSchG noch hinaus, denn nach § 2 Abs 2 Satz 2 JuSchG haben Veranstalter und Gewerbetreibende bei Personen, bei denen Altersgrenzen zu beachten sind, *nur* in

65 Im Einzelnen vgl *Ukrow* Jugendschutz und Werbung, Vortrag zu „Das Jugendmedienschutzrecht in der Praxis – Alte Fragen, neue Antworten“, Düsseldorf, 6.5.2004.

Zweifelsfällen das Lebensalter zu überprüfen und sie trifft ausweislich des Wortlauts dieser Norm des JuSchG keine generelle Prüfungspflicht. Die neubegründete Pflicht im GlüStV sieht aber solche Ausnahmen von einer Prüfungspflicht nicht vor.

Bei den Sicherstellungsmaßnahmen muss es sich insofern um eine „effektive Barriere" handeln, dass Minderjährige von der Teilnahme ausgeschlossen sind. Die von interessierten Kreisen noch immer in Zweifel gezogene gesetzgeberische Wertung, dass die mit einer Teilnahme Minderjähriger an Lotterien verbundenen Gefahren so groß sind, dass diese ausgeschlossen werden muss, ist angesichts der besonderen Bedeutung, die dem Jugendschutz im Rahmen der Suchtprävention zukommt, nach der Rechtsprechung des BVerfG nicht zu beanstanden. Die Sicherstellungspflicht des § 4 Abs 3 Satz 3 GlüStV differenziert auch nicht zwischen unterschiedlichen Vertriebswegen und Glücksspielarten. Es muss deshalb beim Versand der Lose per Post eine vergleichbar hohe effektive Barriere bestehen, wie bei einer direkten Ausweiskontrolle, die sicherstellt, dass Minderjährige auch bei diesem Vertriebsweg von der Teilnahme ausgeschlossen sind. Zur Recht wird daher im Rahmen von Nebenbestimmungen zu Erlaubnissen beim Versand von Losen oder Loszertifikaten verlangt, die Volljährigkeit mittels bestimmter, konkret vorgegebener Angebote bestimmter Dienstleister oder der Identifizierung der Vorlage eines amtlichen Ausweisdokumentes in einer Verkaufsstelle, zu überprüfen. Sofern bestimmte Arten von Kontrollen bei Anbietern zur Unrentabilität führen, so ist auch dies nicht zu beanstanden; denn gerade die Vertriebswege sind so auszuwählen und einzurichten, dass Möglichkeiten zur Realisierung des Spieler- und des Jugendschutzes sachgerecht genutzt werden. 65

Mit § 4 Abs 3 S 3 GlüStV korrespondiert schließlich die Bestimmung des § 4 Abs 5 Nr 1 GlüStV, die weitgehend unverändert aus der Übergangsvorschrift des § 25 Abs 6 GlüStV(2008) übernommen wurde. Durch die Bestimmung des § 25 Abs 6 Nr 1 GlüStV wurde bereits 2008 die v.g. Auslegung des § 4 Abs 2 JMStV in Bezug auf bestimmte Glücksspiele bestätigt: Denn für den schon nach dem JMStV erforderlichen Ausschluss minderjähriger Spieler durch Identifizierung und Authentifizierung wurde gesetzgeberisch auf die Richtlinien der *KJM* zur geschlossenen Benutzergruppe Bezug genommen und damit nochmals deutlich gemacht, dass eine Jugendgefährdung im Sinne des § 4 Abs 2 S 1 Nr 3 JMStV für jegliche Glücksspielangebote im Anwendungsbereich des GlüStV anzunehmen ist. 66

Systematisch stellt sich § 4 Abs 5 GlüStV als ein eigenständiges Erlaubnisverfahren mit besonderen Erlaubnisvoraussetzungen für den (grundsätzlich nach § 4 Abs 4 GlüStV verbotenen) Vertriebsweg „Internet" dar. Die Erlaubniserteilung setzt demnach voraus, dass der Ausschluss minderjähriger Spieler durch Identifizierung und Authentifizierung gewährleistet ist. Die Heranziehung der bewährten KJM-konformen Verfahren wird in der Rechtsprechung nicht beanstandet. § 4 Abs 5 Nr 1 GlüStV konkretisiert die jugendschutzrechtlichen Anforderungen an eine „Sicherstellung" iSd § 4 Abs 3 Satz 3 GlüStV speziell für den Vertriebsweg Internet. Zwar ist die Systematik der Absätze 4 und 5 des § 4 GlüStV vor dem Hintergrund wenig über- 67 zeugend, gleichwohl schließt es die Verknüpfung der Absätze nicht aus, die speziellen Voraussetzungen des § 4 Abs 5 GlüStV im Rahmen der sonstigen Versagungsgründe bzw Erlaubnisvoraussetzungen nach § 4 Abs 2 GlüStV iVm den Ausführungsgesetzen auch für andere Vertriebswege entsprechend heranzuziehen, sofern deren spezifische Gefahren vergleichbar sind (zB SMS, E-Mail).

68 Dass der GlüStV (2012) nicht mehr explizit auf die KJM-Richtlinie Bezug nimmt, führt zu keiner anderen Bewertung. Von der möglichen Anwendung der Richtlinie auch nach Novellierung des GlüStV ging laut Gesetzesbegründung auch der Gesetzgeber aus. Für die Gewährleistung der „Identifizierung und Authentifizierung" nach § 4 Abs 5 Nr 1 GlüStV sind daher weiterhin die Richtlinien der *KJM* zur geschlossenen Benutzergruppe („Identifizierung und Authentifizierung") zu beachten, ohne dass in der Schutzwirkung gleichwertige Lösungen ausgeschlossen wären. Eine Altersverifikation für geschlossene Benutzergruppen nach dieser Norm ist demnach durch zwei Schritte, einer einmaligen Identifizierung mittels Face-to-Face-Kontrolle und einer Authentifizierung beim einzelnen Nutzungsvorgang, sicherzustellen.

69 Die Länder haben sich damit sowohl im GlüStV(2008) als auch im GlüStV (2012) für Glücksspiele im Internet bewusst und ausdrücklich für das hohe Schutzniveau des § 4 Abs 2 Satz 2 JMStV – und nicht für das niedrigere in § 5 Abs 3 JMStV – entschieden.

70 Eine weitere Abstufung des Schutzniveaus für unterschiedliche Arten von Lotterien oder Sportwetten sieht § 4 Abs 5 GlüStV nicht vor. Denn die Differenzierung erfolgt bereits dadurch, dass besonders gefährliche Glücksspiele – wie Spielbank- und Spielhallenangebote – im Internet im GlüStV (2012) weiterhin generell verboten und auch nicht unter den Voraussetzungen des § 4 Abs 5 GlüStV erlaubnisfähig sind. Spielbank- und Spielhallenangebote im Internet entsprechen damit dem in § 4 Abs 1 JMStV vorgesehenen Schutzniveau.

71 In den Ausführungsgesetzen zum GlüStV sind teilweise weitere Spezifizierungen zum Jugendschutz enthalten, die als erhöhte Anforderungen durch § 28 Satz 2 GlüStV gedeckt sind; so erweitert bspw § 13a Abs 1 Satz 2 GlüG LSA das Gebot der effektiven Barriere des § 4 Abs 3 Satz 3 GlüStV dadurch, dass Veranstalter und Vermittler in ihrem jeweiligen Verantwortungsbereich über die „effektive Barriere" hinaus auch alles organisatorisch Notwendige zu veranlassen haben, damit Minderjährige schon von sich aus nicht an Glücksspielen teilnehmen (wollen) und das Interesse einer Umgehung des Verbots durch Minderjährige möglichst gering gehalten wird, was im Wesentlichen durch zusätzliche aktive Aufklärungs- und Überwachungsmaßnahmen umzusetzen sein wird.

72 Teilweise parallel zu § 6 JMStV sieht der GlüStV auch jugendschutzspezifische Anforderungen an die Werbung vor. So darf sich nach § 5 Abs 2 Satz 1 GlüStV die Werbung generell nicht an Minderjährige richten; und bei der Konkretisierung der Anforderungen sind auch ausdrücklich die vorliegenden wissenschaftlichen Erkenntnisse zur Wirkung von Werbung auf jugendliche Spieler zu berücksichtigen. Nach § 4 Abs 1 der – hinsichtlich ihres Konkretisierungsgrades allerdings wenig

überzeugenden – Werberichtlinie (gemäß § 5 Abs 4 Satz 1 GlüStV) vom 7. Dezember 2012 entspricht Werbung für öffentliches Glücksspiel, die sich an Minderjährige richtet, insbesondere Darstellungen und Aussagen enthält, die Minderjährige besonders ansprechen oder Minderjährige darstellt, die an öffentlichen Glücksspielen teilnehmen, nicht den Anforderungen des § 5 Abs 1 und 2 GlüStV und ist nicht erlaubt. § 11 Abs 2 der Werberichtlinie bewertet zudem Werbung für öffentliches Glücksspiel auf Trikots von Kinder- oder Jugendmannschaften und Bandenwerbung, die bei Sportwettkämpfen von Minderjährigen eingesetzt wird, als unzulässig.

Auch ist die Bedeutung des Jugendschutzes nochmals in den Zielen (§ 1 Satz 1 73 Nr 3 GlüStV) und den darauf Bezug nehmenden Vorschriften ausdrücklich hervorgehoben (zB § 4 Abs 3 Satz 1 und 4, § 4b Abs 2 Satz 2 Nr 3 und Abs 5 Nr 1 GlüStV). Darüber hinaus sind Sozialkonzepte einschließlich der Maßnahmen zur Sicherstellung des Ausschlusses minderjähriger Spieler zu erstellen, mit denen die Veranstalter und Vermittler von öffentlichen Glücksspielen dazu verpflichtet sind, der Entstehung von Glücksspielsucht vorzubeugen (§ 6 iVm dem Anhang zu § 6 GlüStV, § 4b Abs 2 Satz 2 Nr 3 GlüStV). Zudem haben die Veranstalter und Vermittler von öffentlichen Glücksspielen über das Verbot der Teilnahme Minderjähriger aktiv aufzuklären (§ 7 Abs 1 Satz 1 GlüStV).

IX. Zusammenfassung

Das Bundesverwaltungsgericht hat schon 1991 festgestellt, dass konkrete Gefahren 74 im Zusammenhang mit Verstößen gegen Jugendschutzbestimmungen nicht generell unterstellt werden können, sofern die konkreten Umstände eines Glücksspielangebots so beschaffen sind, dass eine einzige Aufsichtsperson bei Anwendung der Umsicht und Sorgfalt, die man billigerweise von einer solchen Kraft erwarten darf, voraussichtlich in der Lage sein wird, jugendliche Besucher wenn nicht sofort beim Eintreten in eine Spielhalle, so doch spätestens nach einigen Minuten zu entdecken und vom Spiel abzuhalten. Anders sei es freilich zu beurteilen, wenn jugendliche Besucher mit einer Aufsichtsperson rechnen könnten, die nicht ernstlich gewillt ist, dem Jugendschutz(gesetz) Geltung zu verschaffen.[66]

Spätestens seit 2004 muss für ein rechtskonformes Glücksspielangebot, das in 75 den Anwendungsbereich des GlüStV fällt, bei dem Vertrieb über Telemedien die Forderung des § 4 Abs 2 S 2 JMStV erfüllt werden; dh sie dürfen lediglich innerhalb geschlossener Benutzergruppen und nur unter dieser Einschränkung Erwachsenen zugänglich gemacht werden. Ein Angebot von Glücksspielen im Rundfunk ist generell schon jugendmedienschutzrechtlich verboten. Für das Angebot von solchen

66 BVerwG Urt v 2.7.1991, 1 C 4.90, BVerwGE 88, 348.

Glücksspielen, für die ein generelles gesetzliches Verbot der Teilnahme Minderjähriger *nicht* gilt, sind auch die strengen Anforderungen des § 4 Abs 2 S 2 JMStV nicht anwendbar und die Erfüllung der Forderung des § 5 Abs 3 JMStV ist als ausreichend anzuerkennen. Dieses abgesenkte Schutzniveau gilt jedoch nur für Glücksspiele, die unter die Ausnahmeregelung des § 18 GlüStV oder die Ausnahme des § 33h Nr 2 GewO fallen.

76 In § 4 Abs 3 S 2 GlüStV ist korrespondierend mit den dargelegten jugendmedienschutzrechtlichen Anforderungen die Teilnahme von Minderjährigen an öffentlichen Glücksspiele uneingeschränkt verboten. Mit § 4 Abs 3 S 3 GlüStV korrespondierte schließlich auch die Bestimmung des § 4 Abs 5 Nr 1 GlüStV. Durch diese Bestimmung wurde gesetzgeberisch nochmals ausdrücklich auf die Richtlinien der *KJM* zur geschlossenen Benutzergruppe Bezug genommen und damit erneut deutlich gemacht, dass eine Jugendgefährdung im Sinne des § 4 Abs 2 S 1 Nr 3 JMStV für jegliche Glücksspielangebote im Anwendungsbereich des § 4 GlüStV anzunehmen ist. Hinzu kommt, dass nach wie vor erhebliche Bedenken bestehen, ob sich bei einer Teilnahme an Glücksspielen per Internet der im Rahmen der Suchtprävention besonders wichtige Jugendschutz überhaupt effektiv verwirklichen lässt. Auch zur Vermeidung derartiger Präventionslücken ist das grundsätzliche „Internetverbot“ nach Auffassung des BVerfG das geeignete Mittel.[67]

77 Es ist im Sinne des verfassungsrechtlich gebotenen effektiven Jugendschutzes folglich geboten, auch im Glücksspielbereich dem Jugendschutz hinreichende Geltung zu verschaffen und Vollzugsdefizite konsequent abzustellen. Um zur Möglichkeit einer konsequenten und effektiven Überwachung der gesetzlichen Vorgaben zu gelangen, bleibt zu hoffen, dass die im GlüStV vorgesehenen jugendschutzrelevanten Bestimmungen tatsächlich umgesetzt werden, um auch dadurch zu einer effektiven Motivierung der Glücksspielanbieter zur Einhaltung des Jugendschutzes kommen zu können. Dafür ist es nicht von Bedeutung, ob Glücksspiele zukünftig ausschließlich oder überwiegend in öffentlicher oder in gewerblicher Regie veranstaltet werden, denn die Einhaltung jugendschutzrelevanter Belange durch Genehmigungsvorbehalte und behördliche Kontrolle sind unabhängig davon zu gewährleisten. Auch und gerade die staatlichen und damit gesetzlich unmittelbar gebundenen Veranstalter halten sich an diese Vorgaben offenbar noch immer nicht konsequent oder versuchen ihre Verantwortung jedenfalls zu relativieren[68], was zugleich die Glaubwürdigkeit der gesetzgeberischen Einschätzung zur Effektivität eines staatlich getragenen Monopols nachhaltig erschüttert.

78 Es kann unter der Geltung des unverändert ordnungspolitisch geprägten Glücksspielregimes in Bund und Ländern erwartet werden und ist auch zu hoffen, dass im Glücksspielbereich jugendliche Interessenten in keinem Fall damit rechnen können,

67 BVerfG s.o. Fn 58, Rn 40.
68 Vgl beispielhaft BGH Urt v 24.1.2013, I ZR 52/11, http://juris.bundesgerichtshof.de/.

an Personen zu gelangen, die dem Jugendschutz keine hinreichende Geltung verschaffen. Es bedarf daher einer konsequenten und effektiven Überwachung der gesetzlichen Vorgaben; zusätzlich erforderlich ist natürlich die Motivierung der Glücksspielanbieter, die Notwendigkeit des Jugendschutzes und ihre Verantwortung anzuerkennen und nicht aus Gründen des Profits oder der Bequemlichkeit gesetzliche Altersbeschränkungen zu ignorieren oder sogar gezielt den Verkauf von Glücksspiel-„produkten“ an Minderjährige zu fördern.[69]

69 Ebenso bereits *Hayer* s.o. Fn 11 und Fn 13; *Schütze/Kalke* s.o. Fn 13; *Pauly/Haß/Brand/Schoelen/Lang* s.o. Fn 13; vgl zum staatlichen Anbieterverhalten auch bereits *Gebhardt/Postel,* ZfWG 2012, 1 (6); zuletzt *Postel* s.o. Fn, 31, 253 (255), jeweils mwN.

Abschnitt 4: Steuerrecht

Dieter Birk/Lennart Brüggemann

§ 26 Glücksspiel und Abgaben

Übersicht

I. Einleitung

„Rien ne va plus" heißt es beim Roulette, einem der bekanntesten Glücksspiele. 1
Fortan ist ein Einsatz nicht mehr möglich. Der Blick des Spielers wandert gespannt auf den Verlauf der Kugel. Bringt sie Glück oder Pech, Gewinn oder Verlust? *Ein* Gewinner steht schon im Vorfeld fest: der Staat. Bund, Länder und Gemeinden nehmen den Spieltrieb des Menschen zum Anlass, unterschiedliche Abgaben auf Glücksspiele zu erheben. Regelmäßig wird der Unternehmer, der die Glücksspiele veranstaltet oder vermittelt, herangezogen. Es kann aber auch den Spieler selbst treffen, etwa wenn sein Spielverhalten in den Anwendungsbereich des Einkommensteuergesetzes fällt, und er den Spielgewinn versteuern muss. Die Zeiten, in denen noch Streit darüber herrschte, ob es redlich ist, Abgaben auf Glücksspiele zu erheben, sind längst vorbei.[1] Insbesondere die Haushalte von Gemeinden sind angespannt, die Kommunen suchen nach weiteren Finanzquellen. Hinzu kommen die von Glücksspielen ausgehenden Suchtgefahren, denen das Ordnungsrecht der Län-

1 Exemplarisch die am 4.5.1904 stattgefundene Beratung des Entwurfs eines Gesetzes, betreffend Wetten bei öffentlich veranstalteten Pferderennen, Verh d RT, Bd 200, S 2649 (A) (B) (C), 2658 (C) (D).

https://doi.org/10.1515/9783110259216-026

der offenbar allein nicht Herr werden kann, sodass das Abgabenrecht auch zur Eindämmung der Spielsucht eingesetzt wird. Es verwundert daher nicht, dass vielfältige Abgabeformen für Glücksspiele existieren, die teilweise als Steuern, teilweise als nichtsteuerliche Abgaben ausgestaltet sind.

II. Bundesrechtlich geregelte Steuern auf Glücksspiele

2 Will der Bund Glücksspiele einer *speziellen* Steuer unterwerfen, kommt nur die konkurrierende Gesetzgebungskompetenz (Art 105 Abs 2 GG) in Betracht. Diese setzt voraus, dass ihm entweder das Aufkommen aus diesen Steuern ganz oder teilweise zusteht oder die Voraussetzungen des Art 72 Abs 2 GG vorliegen. Da der Bund im Rahmen des Art 106 Abs 1 Nr 2 GG die *Verbrauchsteuern* vereinnahmt, wäre allenfalls nach dem Vorbild der abgeschafften Spielkartensteuer[2] eine vergleichbare Verbrauchsteuer für bestimmte Glücksspiele denkbar (Art 105 Abs 2 Alt 1 GG). Deutlich relevanter ist jedoch die 2. Alternative des Art 105 Abs 2 GG. Dafür muss der Bund darlegen, dass die Voraussetzungen des Art 72 Abs 2 GG vorliegen. In Betracht kommt hierbei insbesondere die Wahrung der Rechtseinheit im gesamtstaatlichen Interesse. Denn häufig droht auf Länderebene ein Wettbewerb um die attraktivsten Glücksspielsteuern, welcher einzelnen Ländern das Erreichen ihrer Fiskal- und Lenkungszwecke zunichtemacht oder zumindest gefährdet.[3] Beispiele für spezielle Bundessteuern auf Glücksspiele sind die im Rennwett- und Lotteriegesetz geregelten Rennwett-, Sportwetten- und Lotteriesteuer. Daneben existieren *allgemeine* Bundessteuern, die unter bestimmten Bedingungen auch Glücksspiele zum Gegenstand haben können (zB Umsatz- und Einkommensteuer).

1. Besteuerung nach dem Rennwett- und Lotteriegesetz (RennwLottG)

3 Im Wesentlichen hervorgegangen aus dem Reichsstempelgesetz[4] ist das Rennwett- und Lotteriegesetz (RennwLottG) das Gesetz mit den ältesten verkehrsteuerrechtlichen Vorschriften[5]. Datiert auf den 8.4.1922 gilt es noch heute über Art 123, 125 GG

2 Spielkartensteuergesetz v 9.7.1923, RGBl I 1923, 564, neu gefasst durch Gesetz v 3.6.1961, BGBl I 1961, 681, aufgehoben durch Gesetz v 3.7.1980, BGBl I 1980, 761.

3 So schon für besondere Verkehrsteuern auf Oddset-Wetten BVerfGK 3, 241 (247). Ausführlich FG Thüringen Beschl v 15.1.2004 – I 1216/03 V, EFG 2004, 431 (433).

4 Ausführlich zur Entwicklung *Brüggemann* Die Besteuerung von Sportwetten im Rennwett- und Lotteriegesetz, 2015, S 63 ff.

5 *Birk* in Dietlein/Hecker/Ruttig (Hrsg), Glücksspielrecht, 1. Aufl, 2008, Steuer Syst A Rn 5; *Bruschke* Grunderwerbsteuer, Kraftfahrzeugsteuer und andere Verkehrsteuern, 6. Aufl, 2011, S 396.

als Bundesrecht fort.[6] Hierbei steht dem Bund die konkurrierende Gesetzgebungskompetenz aus Art 105 Abs 2 Alt 2 iVm Art 72 Abs 2 GG zu[7], während die Verwaltungs- (Art 108 Abs 2 GG) und Ertragskompetenz (Art 106 Abs 2 Nr 3 GG) den Ländern zukommt[8].

Das Rennwett- und Lotteriegesetz besteuert drei eigenständige Bereiche: Sportwetten mit der *Sportwettensteuer*, Rennwetten mit der *Rennwettsteuer* sowie Lotterien und Ausspielungen mit der *Lotteriesteuer*. 4

a) Die Sportwettensteuer

Eingeführt im Jahr 2012 durch das Gesetz zur Besteuerung von Sportwetten[9] bietet § 17 Abs 2 RennwLottG für Sportwetten einen eigenen Besteuerungstatbestand[10]. Nach der Legaldefinition sind Sportwetten alle Wetten aus Anlass von Sportereignissen. Hierbei schließt der Begriff der Wette alle widerstreitenden, von einer Gewinnabsicht getragenen Behauptungen mit ein, grenzt spiegelbildlich alle Behauptungen aus, die zur Bekräftigung eines ernsthaften Meinungsstreites getätigt werden.[11] Irrelevant ist die Wettart, maW ob der Spieler eine Festquotenwette oder eine Wette nach dem Totalisatorprinzip (zB Fußballtoto-Wette) bevorzugt. Anders als im Ordnungsrecht (§ 3 Abs 1 S 4 Erster GlüÄndStV) fallen beide Arten unter den tatbestandlichen (Sport-)Wettbegriff.[12] 5

Eine Sportwette im Sinne des § 17 Abs 2 S 1 RennwLottG stellt eine solche Wette aber nur dann dar, wenn sie sich auf ein Sportereignis bezieht. Der bloße äußere Zusammenhang reicht nicht aus. Sie muss einen inneren Zusammenhang zum Er- 6

6 BVerwG Urt v 4.10.1994 – 1 C 13/93, DVBl 1995, 353.

7 BFH Beschl. v. 22.3.2005 – II B 14/04, BFH/NV 2005, 1379 (1382); *Seer* in Tipke/Lang, Steuerrecht, 22. Aufl, 2015, § 2 Rn 40. Zu den Gründen speziell im Bereich der Sportwettenbesteuerung *Brüggemann* Die Besteuerung von Sportwetten im Rennwett- und Lotteriegesetz, 2015, S 117 ff.

8 Näher zur Ertragskompetenz *Englisch* in Streinz/Liesching/Hambach (Hrsg), Glücks- und Gewinnspielrecht in den Medien, 2014, Syst Darst Rn 8; *Siekmann* in: Sachs (Hrsg), Grundgesetz, 7. Aufl, 2014, Art 106 Rn 11.

9 Gesetz v 29.6.2012, BGBl I 2012, 1424.

10 *Birk/Brüggemann* in Dietlein/Hecker/Ruttig, Glücksspielrecht (Hrsg), 2. Aufl, 2013, § 17 RennwLottG Rn 1; *Welz* UVR 2013, 276 (277); *Brüggemann* Die Besteuerung von Sportwetten im Rennwett- und Lotteriegesetz, 2015, S 135 . Anders noch *Vondenhoff/Welz*, UVR 2012, 375 (376).

11 Ausdrücklich *Brüggemann* Die Besteuerung von Sportwetten im Rennwett- und Lotteriegesetz, 2015, S 149. Ähnlich *Englisch* in Streinz/Liesching/Hambach (Hrsg), Glücks- und Gewinnspielrecht in den Medien, 2014, Syst Darst Rn 14, 65.

12 *Birk/Brüggemann* in Dietlein/Hecker/Ruttig (Hrsg), Glücksspielrecht, 2. Aufl, 2013, § 17 RennwLottG Rn 24; *Englisch* in Streinz/Liesching/Hambach (Hrsg), Glücks- und Gewinnspielrecht in den Medien, 2014, Syst Darst Rn 65; *Brüggemann* Die Besteuerung von Sportwetten im Rennwett- und Lotteriegesetz, 2015, S 149 ff.

eignis aufweisen, was in der Formulierung „aus Anlass von" nur zaghaft zum Ausdruck kommt.[13] Charakteristisch für ein solches Sportereignis ist eine körperliche Betätigung eines Menschen.[14] Wetten auf den Ausgang von Veranstaltungen, die lediglich zwischen Tieren stattfinden (zB Hunderennen)[15] oder bei denen geistige Fähigkeiten im Vordergrund stehen (zB Schachpartien)[16] kommen als Sportereignis daher nicht in Betracht. Zugleich differenziert die Steuerpflicht nicht nach der Wettform. Sie greift unabhängig davon ein, ob der Spieler auf den Ausgang einer Veranstaltung (zB Endergebnis eines Fußballspiels) oder ob er auf ein bestimmtes Ereignis innerhalb der Veranstaltung (zB nächste Gelbe Karte für die Heimmannschaft) wettet.[17] Der Tatbestand ist bewusst weiter gefasst als derjenige des Ordnungsrechts.[18] Aus dieser Intention heraus kann es für die Steuerpflicht auch nicht darauf ankommen, ob es sich bei der bewetteten Sportveranstaltung um eine Einzelveranstaltung (zB Sieger eines Fußballspiels) oder eine Gesamtveranstaltung (zB Sieger einer Fußball-Weltmeisterschaft) handelt.[19]

7 Setzt der Spieler seinen Einsatz auf ein öffentlich veranstaltetes Pferderennen, unterliegt die Wette nur dann der Sportwettensteuer, wenn die Rennwettbesteuerung (§§ 10 Abs 1, 11 Abs 1 RennwLottG) nicht eingreift. In dieser Hinsicht genießt die Rennwettsteuer Vorrang, was der Gesetzgeber im Wortlaut des § 17 Abs 2 S 1 RennwLottG andeutet und in den Gesetzesmaterialien hervorhebt.[20]

8 Was die territorialen Grenzen der Besteuerung anbelangt, ist ein steuerlicher Zugriff auf die Sportwette stets dann möglich, wenn sie im Inland veranstaltet wird (§ 17 Abs 2 S 1 Nr 1 RennwLottG). Entscheidend ist, dass diejenigen Tätigkeiten, die

---

13 Zum Ganzen *Brüggemann* Die Besteuerung von Sportwetten im Rennwett- und Lotteriegesetz, 2015, S 169.

14 *Brüggemann* Die Besteuerung von Sportwetten im Rennwett- und Lotteriegesetz, 2015, S 165f.

15 AA *Welz* UVR 2012, 274 (279); *Englisch* in Streinz/Liesching/Hambach (Hrsg), Glücks- und Gewinnspielrecht in den Medien, 2014, Syst Darst Rn 67; *Leipold* in Sölch/Ringleb, Umsatzsteuergesetz, § 4 Nr 9 Rn 61 (Loseblatt, Sept. 2015). Anders noch *Birk/Brüggemann* in: Dietlein/Hecker/Ruttig (Hrsg), Glücksspielrecht, 2. Aufl, 2013, § 10 RennwLottG Rn 2. Diese Auffassung wird aufgegeben.

16 Ebenso *Englisch* in Streinz/Liesching/Hambach (Hrsg), Glücks- und Gewinnspielrecht in den Medien, 2014, Syst Darst Rn 67.

17 *Welz* UVR 2012, 274 (276); *ders* UVR 2014, 253; *Birk/Brüggemann* in Dietlein/Hecker/Ruttig (Hrsg), Glücksspielrecht, 2. Aufl, 2013, § 17 RennwLottG Rn 25; *Englisch* in Streinz/Liesching/Hambach (Hrsg), Glücks- und Gewinnspielrecht in den Medien, 2014, Syst Darst Rn 65.

18 BT-Drs 17/8494, 8.

19 Ausführlich dazu sowie zu der Frage, wie der Fall zu behandeln ist, wenn eine Gesamtveranstaltung sowohl sportliche als auch nicht-sportliche Einzelveranstaltungen vereinigt *Brüggemann* Die Besteuerung von Sportwetten im Rennwett- und Lotteriegesetz, 2015, S 166ff.

20 BT-Drs 17/8494, 9. Dazu *Welz* UVR 2012, 274 (276); *Brüggemann* Die Besteuerung von Sportwetten im Rennwett- und Lotteriegesetz, 2015, S 170.

den Veranstaltungsbegriff ausfüllen, im Inland vorgenommen werden.[21] Liegt der Veranstaltungsort dagegen im Ausland, bleibt ein Zugriff auf die Sportwette nur unter den Voraussetzungen des § 17 Abs 2 S 1 Nr 2 RennwLottG möglich. Einerseits muss der Spieler bei Abschluss des Wettvertrages seinen Wohnsitz oder gewöhnlichen Aufenthalt (natürliche Person) bzw seine Geschäftsleitung oder seinen Sitz (juristische Person) im Inland haben. Andererseits muss er sich bei Abschluss des Wettvertrages im Inland aufhalten und die zur Entstehung erforderlichen Handlungen (Abgabe des Vertragsangebots) hier vornehmen.[22] Gegen die hierbei mitunter auftretende Doppelbesteuerung bestehen keine durchgreifenden Bedenken.[23]

Bemessungsgrundlage der Sportwettensteuer ist der Nennwert der Wettscheine **9**
bzw der Spieleinsatz, § 17 Abs 2 S 2 RennwLottG. Dies gilt auch für Sportwetten, die Spieler an der Wettbörse abschließen. Das Gesetz lässt eine Auslegung, wonach nur die dem Betreiber der Wettbörse zu zahlende Provision die Bemessungsgrundlage bildet, nicht zu.[24]

In die Bemessungsgrundlage fließen alle für den Wettschein an den Veranstal- **10**
ter oder den steuerlichen Beauftragten zu erbringende Leistungen mit ein (§ 37 Abs 1 S 1 AB RennwLottG), beispielsweise in Rechnung gestellte Auszahlungsgebühren.[25] Hierzu gehört auch die dem Spieler in Rechnung gestellte Sportwettensteuer (§ 37 Abs 1 S 2 AB RennwLottG) und zwar auch derjenige Betrag, den der Veranstalter unter dem Vorwand der Beteiligung an der Sportwettensteuer zusätzlich auf den Spieler abwälzt.[26]

Der Steuersatz der Sportwettensteuer beträgt 5 vH, § 17 Abs 2 S 2 RennwLottG. **11**
Die damit einhergehende Begünstigung gegenüber der höheren Bemessung der Lot-

---

21 *Brüggemann* Die Besteuerung von Sportwetten im Rennwett- und Lotteriegesetz, 2015, S 171 f. In diesem Sinne auch *Englisch* in Streinz/Liesching/Hambach (Hrsg), Glücks- und Gewinnspielrecht in den Medien, 2014, Syst Darst Rn 70.

22 Näher dazu *Brüggemann* Die Besteuerung von Sportwetten im Rennwett- und Lotteriegesetz, 2015, S 176.

23 So bereits *Welz* UVR 2012, 274 (280); *Englisch* in Streinz/Liesching/Hambach (Hrsg), Glücks- und Gewinnspielrecht in den Medien, 2014, Syst Darst Rn 86. Ausführlich *Brüggemann* Die Besteuerung von Sportwetten im Rennwett- und Lotteriegesetz, 2015, S 178 ff. Spiegelbildlich bei der Rennwettbesteuerung *Wernsmann/Loscher* DVBl 2014, 211 (216 f). An den zuvor noch geäußerten Bedenken (vgl *Birk/Brüggemann* in Dietlein/Hecker/Ruttig (Hrsg), Glücksspielrecht, 2. Aufl, 2013, § 17 RennwLottG Rn 28) wird nicht mehr festgehalten.

24 *Englisch* in Streinz/Liesching/Hambach (Hrsg), Glücks- und Gewinnspielrecht in den Medien, 2014, Syst Darst Rn 74 sowie *Brüggemann* Die Besteuerung von Sportwetten im Rennwett- und Lotteriegesetz, 2015, S 197 ff.

25 *Englisch* in Streinz/Liesching/Hambach (Hrsg), Glücks- und Gewinnspielrecht in den Medien, 2014, Syst Darst Rn 73.

26 *Brüggemann* Die Besteuerung von Sportwetten im Rennwett- und Lotteriegesetz, 2015, S 201 ff.

teriesteuer ist im Lichte des Art 3 Abs 1 GG gerechtfertigt.[27] Entgegen den im Gesetzgebungsverfahren geäußerten Bedenken[28] wird man der Sportwettensteuer für den Bereich der Internet-Wetten wohl weder eine „erdrosselnde Wirkung" noch einen unverhältnismäßigen Eingriff in die Berufsausübungsfreiheit (Art 12 Abs 1 GG) attestieren können[29].

12 *Schuldner* der Sportwettensteuer ist in erster Linie der Veranstalter, § 19 Abs 2 S 1 RennwLottG. Dies ist derjenige, der die planmäßige Ausführung des gesamten Unternehmens selbst oder durch andere ins Werk setzt und dabei das Wettgeschehen maßgeblich gestaltet.[30] Es ist also danach zu fragen, wer die Wettquoten festlegt, die bewettbaren Ereignisse auswählt und dazu befugt ist, das Wettgeschehen vertragsrechtlich zu ordnen.[31] Lasten die Tätigkeiten auf mehreren Schultern, kommt es darauf an, wer die *beherrschende Stellung* einnimmt.[32] An der Wettbörse ist dies der Wettbörsenbetreiber.[33]

13 Neben dem Veranstalter schuldet der steuerliche Beauftragte die Sportwettensteuer, § 19 Abs 3 S 5 RennwLottG. Dieser ist vom Veranstalter aber nur zu benennen, wenn er seinen Wohnsitz oder Sitz nicht in einem Mitgliedstaat der Europäischen Union oder einem Vertragsstaat des Abkommens über den Europäischen Wirtschaftsraum hat (§ 19 Abs 3 S 1 RennwLottG).

b) Die „Rennwettsteuer"

14 Spezielle Wettsteuern, namentlich die Totalisator- (§ 10 RennwLottG) und Buchmachersteuer (§ 11 RennwLottG), regelt das Rennwett- und Lotteriegesetz in seinem ersten Gesetzesabschnitt. Worauf sich die Steuern dabei beziehen, wird auf den ers-

---

27 Näher dazu *Brüggemann* Die Besteuerung von Sportwetten im Rennwett- und Lotteriegesetz, 2015, S 203 ff.

28 *Eilers* Rechtliche Stellungnahme zur Vereinbarkeit der im Entwurf eines Gesetzes zur Besteuerung von Sportwetten vorgesehenen Steuer auf Basis der Spieleinsätze mit der Berufsfreiheit privater Veranstalter von Sportwetten, 2012, 14 f (http://webarchiv.bundestag.de/cgi/show.php?fileToLoad=3615&id=1223 [Letzter Zugriff am 14.4.2017]).

29 Ausführlich *Brüggemann* Die Besteuerung von Sportwetten im Rennwett- und Lotteriegesetz, 2015, S 215 ff.

30 BT-Drs 17/8494, 8.

31 *Brüggemann* Die Besteuerung von Sportwetten im Rennwett- und Lotteriegesetz, 2015, S 184 f.

32 In diese Richtung auch BFH Beschl v 22.3.2005 – II B 14/04, BFH/NV 2005, 1379 (1380), soweit derjenige Veranstalter ist, der das Wettgeschehen *maßgeblich* gestaltet. Ergänzend BFH Urt v 2.4.2008 – II R 4/06, BStBl II 2009, 735 (739), wonach dem Veranstalter eine *beherrschende* Stellung zukomme. Ferner *Brüggemann* Die Besteuerung von Sportwetten im Rennwett- und Lotteriegesetz, 2015, S 190.

33 *Englisch* in Streinz/Liesching/Hambach (Hrsg), Glücks- und Gewinnspielrecht in den Medien, 2014, Syst Darst Rn 75; *Brüggemann* Die Besteuerung von Sportwetten im Rennwett- und Lotteriegesetz, 2015, S 190 ff.

ten Blick nicht deutlich. In ihren Tatbeständen ist nur von den „gewetteten Beträgen" sowie der „abgeschlossenen Wette" die Rede. Die Überschrift des ersten Abschnitts und der Wortlaut des § 17 Abs 2 S 1 RennwLottG verraten jedoch, dass sie gemeinsam auf „Rennwetten" zugreifen. Hieraus erklärt sich zugleich, warum häufig von der „Rennwettsteuer" die Rede ist.[34] Gerechtfertigt ist diese Bezeichnung allerdings nur als Oberbegriff für *beide* Steuern.[35]

Aus dem systematischen Zusammenhang wird deutlich, dass unter einer Renn- **15**
wette eine Wette auf ein Pferderennen oder eine andere öffentliche Leistungsprüfungen für Pferde zu verstehen ist.[36] Wetten auf andere Ereignisse unterliegen den §§ 10 Abs 1, 11 Abs 1 RennwLottG nicht, auch nicht über § 12 RennwLottG.[37] Steuerbar ist nur die beim Totalisatorunternehmer oder Buchmacher abgeschlossene Rennwette, mithin der sich zwischen dem Wetthalter und dem Spieler realisierende, im Wettvertrag manifestierende Wettvorgang. Der bloße Vermittlungsakt bleibt dem steuerlichen Zugriff der Totalisator- und Buchmachersteuer entzogen.[38] Das Gleiche gilt für Rennwetten, deren Abschluss im Ausland erfolgt.[39] Öffentlich muss zwar das Wettereignis (Leistungsprüfung für Pferde), nicht aber die Wettveranstaltung selbst sein.[40] Daher unterliegen auch Rennwetten, die nur einem erlesenen Teilnehmerkreis angeboten werden (zB Vereinsmitglieder) der Rennwettbesteuerung. Demge-

34 Etwa *Kahle* ZfWG 2006, 45 (46); *ders* DStZ 2006, 520 (522); *Diegmann/Hoffmann/Ohlmann* Praxishandbuch für das gesamte Spielrecht, 2008, Rn 47; *Birk* ZfWG 2011, 229 (232); *Bruschke* Grunderwerbsteuer Kraftfahrzeugsteuer und andere Verkehrsteuern, 6. Aufl, 2011, S 396; *Welz* UVR 2012, 274 (276); *Englisch* in: Streinz/Liesching/Hambach (Hrsg), Glücks- und Gewinnspielrecht in den Medien, 2014, Syst Darst Rn 13; *Wernsmann/Loscher* DVBl 2014, 211.

35 Näher dazu *Brüggemann* Die Besteuerung von Sportwetten im Rennwett- und Lotteriegesetz, 2015, S 254 f.

36 *Kahle* DStZ 2011, 520 (522 f); *Birk/Brüggemann* in Dietlein/Hecker/Ruttig (Hrsg), Glücksspielrecht, 2. Aufl, 2013, § 10 RennwLottG Rn 1; *Brüggemann* Die Besteuerung von Sportwetten im Rennwett- und Lotteriegesetz, 2015, S 266 f.

37 *Birk/Brüggemann* in Dietlein/Hecker/Ruttig (Hrsg), Glücksspielrecht, 2. Aufl, 2013, § 12 RennwLottG; *Englisch* in Streinz/Liesching/Hambach (Hrsg), Glücks- und Gewinnspielrecht in den Medien, 2014, Syst Darst Rn 19. Ausführlich *Brüggemann* Die Besteuerung von Sportwetten im Rennwett- und Lotteriegesetz, 2015, S 267 ff.

38 So bereits zur Buchmachersteuer *RFHE* 13, 340. Aus jüngerer Zeit *Birk/Brüggemann* in Dietlein/Hecker/Ruttig (Hrsg), Glücksspielrecht, 2. Aufl, 2013, § 11 RennwLottG Rn 2; *Englisch* in Streinz/Liesching/Hambach (Hrsg), Glücks- und Gewinnspielrecht in den Medien, 2014, Syst Darst Rn 17; *Brüggemann* Die Besteuerung von Sportwetten im Rennwett- und Lotteriegesetz, 2015, S 271 f.

39 Im Umkehrschluss bereits *Reinhardt* Die Verkehrsteuern, 1937, S 65. Zur Herleitung dieser territorialen Eingrenzung siehe *Brüggemann* Die Besteuerung von Sportwetten im Rennwett- und Lotteriegesetz, 2015, S 273 ff.

40 Ausführlich *Brüggemann* Die Besteuerung von Sportwetten im Rennwett- und Lotteriegesetz, 2015, S 276 ff.

genüber greift die Sportwettensteuer auf Wetten zu, die nicht öffentliche Pferderennen oder andere Leistungsprüfungen für Pferde zum Gegenstand haben.[41]

16 *Bemessungsgrundlage* ist im Falle der Totalisator- und Buchmachersteuer der Wetteinsatz. Hierzu gehört auch die etwaig auf den Spieler übergewälzte Steuer.[42] Der *Steuersatz* beträgt wie bei der Sportwettensteuer 5 vH.

17 *Schuldner* der *Totalisatorsteuer* ist der Unternehmer des Totalisators, wobei es sich um einen Renn- oder Pferdezuchtverein handelt, § 13 Abs 1 S 1 Alt 1 iVm § 1 Abs 1 RennwLottG.[43] *Schuldner* der *Buchmachersteuer* ist der die Rennwette haltende Buchmacher, § 13 Abs 1 S 1 Alt 2 RennwLottG. Gemäß § 2 Abs 1 RennwLottG ist dies jede Person, die gewerbsmäßig Wetten bei öffentlichen Leistungsprüfungen für Pferde abschließen oder vermitteln will.[44]

c) Die Lotteriesteuer

18 Gemäß § 17 Abs 1 S 1 RennwLottG unterliegen im Inland veranstaltete öffentliche Lotterien und Ausspielungen einer Steuer. Nicht das Gesetz selbst, sondern die Ausführungsbestimmungen (zB § 28 AB RennwLottG) sprechen in diesem Zusammenhang von der *Lotteriesteuer*.

19 Gesetzlich definiert sind die Begriffe Lotterie und Ausspielung nicht. Da es sich bei ihnen aber um einen Unterfall des Glücksspiels handelt, hat die Rechtsprechung[45] auf die Definition des Glücksspiels zurückgegriffen, um entscheiden zu

41 Gleichsam *Englisch* in Streinz/Liesching/Hambach (Hrsg), Glücks- und Gewinnspielrecht in den Medien, 2014, Syst Darst Rn 15 Fn 34. Anders noch *Birk/Brüggemann* in Dietlein/Hecker/Ruttig (Hrsg), Glücksspielrecht, 2. Aufl, 2013, § 10 RennwLottG Rn 2 unter Berufung auf *Bruschke* Grunderwerbsteuer Kraftfahrzeugsteuer und andere Verkehrsteuern, 6. Aufl, 2011, S 401. An dieser Auffassung, wonach mit Blick auf § 10 Abs 2 RennwLottG auch Wetten auf nicht öffentliche Pferderennen der Rennwettbesteuerung unterlägen, wird nicht festgehalten.

42 *Möllinger*, StW 1978, 27 ff; *Englisch* in Streinz/Liesching/Hambach (Hrsg), Glücks- und Gewinnspielrecht in den Medien, 2014, Syst Darst Rn 20; *Brüggemann* Die Besteuerung von Sportwetten im Rennwett- und Lotteriegesetz, 2015, S 285 f. AA FG Köln Urt v 16.11.2005 – 11 K 3095/04, EFG 2006, 849 (853) sowie aus der Literatur *Blencke* NWB 33/1977, Fach 8b, S 409 (412); *Hicks* UVR 1991, 46 (49); *Bruschke* Grunderwerbsteuer Kraftfahrzeugsteuer und andere Verkehrsteuern, 6. Aufl, 2011, S 405.

43 Unter einem Totalisator versteht man einerseits eine bestimmte Art der Wettveranstaltung, andererseits eine im 19. Jahrhundert eingeführte, der Ermittlung der Gewinnquoten bei Pferderennen dienende Wettmaschine. Nachweislich etwa *Mirre/Baumann* Das Rennwett- und Lotteriegesetz, 1934, § 1 Anm 1; *Ennuschat/Klestil* GewArch 2012, 417 (419). Was die Art der Wettveranstaltung anbelangt, kennzeichnet die Wette nach dem Totalisatorprinzip, dass alle auf das Ereignis getätigten Wetteinsätze addiert und nach Abzug der laufenden Kosten (Steuern etc) und des Veranstaltergewinns auf die Gewinner verteilt werden. Vgl zum Verständnis *Barth* Die Ökonomie von Sportwetten, 2012, S 133 f.

44 Zur Auslegung des Begriffs „gewerbsmäßig" siehe *Brüggemann* Die Besteuerung von Sportwetten im Rennwett- und Lotteriegesetz, 2015, S 281 ff.

45 BFH Urt v 19.6.1996 – II R 29/95, BFH/NV 1997, 68 (69).

können, ob eine lotteriesteuerpflichtige Lotterie oder Ausspielung vorliegt. Eine *Lotterie* liegt danach vor, „wenn jemand für eigene Rechnung sich einem anderen gegenüber schuldrechtlich verpflichtet, nach einem festgelegten Plan beim Eintritt eines ungewissen, wesentlich vom Zufall abhängigen Ereignisses dem anderen einen bestimmten Geldgewinn zu gewähren, während der andere unbedingt einen bestimmten Geldbetrag, den Einsatz, zu zahlen hat“ [46]. Anders formuliert muss einer Mehrzahl von Personen die Möglichkeit eröffnet werden, nach einem bestimmten Plan gegen einen bestimmten Geldeinsatz ein vom Eintritt eines zufälligen Ereignisses abhängiges Recht auf einen bestimmten Geldgewinn zu erwerben.[47]

Eine *Ausspielung* unterscheidet sich nach heutigem Verständnis von der Lotterie allein darin, dass bei ihr nur Sachwerte oder Sachwerte und Geld gewonnen werden können.[48] In der Praxis kommt sie deutlich häufiger vor als die Lotterie.[49] 20

In Abgrenzung zu sonstigen Glücksspielen ist zunächst zu untersuchen, ob ein festgelegter Spielplan vorliegt. Dieser regelt den Spielbetrieb im Allgemeinen, bestimmt die Bedingungen, unter denen eine Mehrzahl von Personen die Möglichkeit der Beteiligung erhält, sowie die Voraussetzungen, nach denen die Gewinne festgesetzt und verteilt werden.[50] 21

Zugleich muss die Möglichkeit der Beteiligung einer Mehrzahl von Personen bestehen[51], wofür es genügt, wenn nur ein Spieler von der ihm zu Teil werdenden Teilnahmeoption Gebrauch macht[52]. 22

Näherer Prüfung bedarf regelmäßig die Frage, ob die Gewinnchance gegen ein bestimmtes Entgelt (sog. *Einsatz*) gewährt wird. Eindeutig ist dies, wenn der Spieler allein für die Teilnahme einen Geldbetrag leistet (*offener Einsatz*).[53] Schwierigkeiten bestehen hingegen, wenn für den Erwerb eines Gegenstandes kombiniert mit einer 23

46 *RGZ* 77, 341 (344); BFH, Urt v 19.6.1996 – II R 29/95, BFH/NV 1997, 68 (69).

47 BFH Urt v 19.8.2009 – II R 16/07, BStBl II 2010, 236.

48 *Birk/Brüggemann* in Dietlein/Hecker/Ruttig (Hrsg), Glücksspielrecht, 2. Aufl, 2013, § 17 RennwLottG Rn 4; *Englisch* in Streinz/Liesching/Hambach (Hrsg), Glücks- und Gewinnspielrecht in den Medien, 2014, Syst Darst Rn 31. Mit umfassenden Nachweisen *Brüggemann* Die Besteuerung von Sportwetten im Rennwett- und Lotteriegesetz, 2015, S 292.

49 Im Umkehrschluss *Vondenhoff/Welz* UVR 2011, 373 (375).

50 BFH Urt v 2.2.1977 – II R 11/74, BStBl II 1977, 495 (496). Näher zum festen Spielplan *Englisch* in Streinz/Liesching/Hambach (Hrsg), Glücks- und Gewinnspielrecht in den Medien, 2014, Syst Darst Rn 32.

51 Nach *Möllinger* DVR 1979, 54 (55) ist eine Personenmehrzahl bereits gegeben, wenn sich der Veranstalter an mehr als eine Person richtet. Allerdings sei bei besonders kleinen Teilnehmerkreisen das Merkmal der „Öffentlichkeit“ problematisch.

52 *Vondenhoff/Welz* UVR 2011, 375 (377); *Klenk* in Rau/Dürrwächter, Kommentar zum Umsatzsteuergesetz, Bd III, § 4 Nr 9 Rn 156 (Loseblatt, Okt 2011).

53 BFH Urt v 7.2.1962 – II 182/59 U, BStBl III 1962, 166 (167); FG Rheinland-Pfalz Urt v 17.9.2009 – 4 K 1976/06, EFG 2009, 2051 (2052).

Gewinnchance gezahlt wird. Insofern kann ein *verdeckter Einsatz* vorliegen.[54] Voraussetzung ist, dass „der Erwerb des Gegenstandes ***objektiv*** unabdingbare Voraussetzung für die Teilnahme an der Lotterie ist" und ***subjektiv*** „ein nennenswerter Teil der Teilnehmer in der von ihm zu erbringenden Leistung zugleich eine Voraussetzung für den Erwerb der gebotenen Gewinnaussicht erblickt".[55] Hiervon ist sowohl die Frage abhängig, ob eine Lotteriesteuerpflicht besteht, als auch – sofern sie bejaht wird – in welcher Höhe sie anfällt.

24 Weiter setzt der Glücksspielbegriff für Lotterie und Ausspielung das Verschaffen einer Gewinnmöglichkeit sowie einer überwiegenden Zufallsabhängigkeit voraus. Eine echte Gewinnmöglichkeit wird jedenfalls nicht erbracht, wenn nur der Einsatz zurückerlangt werden kann.[56] Das Merkmal der Zufallsabhängigkeit kennzeichnet die Abgrenzung zum Geschicklichkeitsspiel.[57] Hierbei stellt der BFH[58] auf die Möglichkeiten und Fähigkeiten eines Durchschnittsspielers ab: Kann dieser den Spielausgang beeinflussen und insofern vorhersagen, fehlt es an der Zufallsabhängigkeit.

25 Diejenigen Wetten, die nicht unter den Begriff der Sport- oder Rennwette fallen, fallen auch nicht unter den Lotteriebegriff. Der Gesetzgeber hat im Zuge der Änderungen durch das Gesetz zur Besteuerung von Sportwetten den gesetzlichen Rahmen für die Wettbesteuerung klar festgelegt. Eine subsidiäre Anwendung der Lotteriesteuer auf Wetten nach dem Totalisatorprinzip ist daher – anders als nach der alten Rechtslage[59] – nicht möglich[60].

26 Neben diesen dem Glücksspielbegriff innewohnenden Merkmalen setzt § 17 Abs 1 S 1 RennwLottG weiter voraus, dass die Lotterie oder Ausspielung *öffentlich* ist.[61] Hiervon ist nach Satz 2 auszugehen, wenn die Genehmigungsbehörde von der Genehmigungspflichtigkeit ausgeht. Allgemein ist das Merkmal der Öffentlichkeit zu bejahen, wenn sich Teilnahme an der Lotterie oder Ausspielung an einen unbe-

---

54 BFH Urt v 7.2.1962 – II 182/59 U, BStBl III 1962, 166 (167); FG Rheinland-Pfalz Urt v 17.9.2009 – 4 K 1976/06, EFG 2009, 2051 (2052). Ausführlich dazu *Birk/Brüggemann* in: Dietlein/Hecker/Ruttig (Hrsg), Glücksspielrecht, 2. Aufl, § 17 RennwLottG Rn 9 ff sowie *Englisch* in Streinz/Liesching/Hambach (Hrsg), Glücks- und Gewinnspielrecht in den Medien, 2014, Syst Darst Rn 51 ff.

55 FG Rheinland-Pfalz Urt v 17.9.2009 – 4 K 1976/06, EFG 2009, 2051 (2052)(Hervorhebung nicht im Original); krit zum subj Tatbestandsmerkmal *Leipold* HFR 2010, 138 (139).

56 *Klenk* in: Rau/Dürrwächter, Kommentar zum Umsatzsteuergesetz, Bd III, § 4 Nr 9 Rn 163 (Loseblatt, Okt 2011); *Leipold* in Sölch/Ringleb, Umsatzsteuergesetz, § 4 Nr 9 Rn 68 (Loseblatt, Sept 2015).

57 Etwa *Reinhardt* Die Verkehrsteuern, 1937, S 69; *Schmitz* Rennwett- und Lotteriesteuer für die Praxis, 1951, Rn 93, 102, 106; *Blencke* NWB 33/1977, Fach 8b, S 409 (414 f); *Sensburg* BB 2002, 126 (128); *Strahl/Eich* UVR 2006, 246 (248); *Bruschke* Grunderwerbsteuer, Kraftfahrzeugsteuer und andere Verkehrsteuern, 6. Aufl, 2011, S 411.

58 BFH Urt v 8.6.1961 – II 115/57 U, BStBl III 1961, 553 (554).

59 BFH Urt v 20.7.1951 – II 32/51 U, BStBl III 1951, 166 (Fußballtoto).

60 *Brüggemann* Die Besteuerung von Sportwetten im Rennwett- und Lotteriegesetz, 2015, S 291 ff.

61 Näher dazu *Heeg* ZfWG 2016, 105 (108 f).

grenzten Personenkreis richtet.[62] Hieran fehlt es etwa, soweit nur Personenkreise teilnehmen können, die durch Beruf, gemeinsame Interessen oder in ähnlicher Weise so stark untereinander verbunden sind, dass sie in einem näheren, ihnen bewussten inneren Zusammenhang stehen.[63]

Lotteriesteuer fällt nur an, wenn die Lotterie oder Ausspielung im *Inland* veranstaltet wird. Abzustellen ist demnach auf den Ort, an dem die planmäßige Ausführung des gesamten Unternehmens ins Werk gesetzt, anders ausgedrückt, wo das Spielgeschehen in tatsächlicher oder rechtlicher Hinsicht maßgeblich gestaltet wird[64].[65] Ein wesentliches Indiz soll der Ort der Losziehung sein.[66] 27

Ist danach der Tatbestand der Lotteriesteuer erfüllt, wird ein Steuersatz von 20 vH auf den planmäßigen Preis sämtlicher Lose ausschließlich der Steuer erhoben (§ 17 Abs 1 S 3 RennwLottG). *Steuerschuldner* ist – wie im Fall der Sportwettensteuer (s Rn 12) – der *Veranstalter*, § 19 Abs 1 S 1 RennwLottG, also derjenige, der das Spielgeschehen maßgeblich gestaltet. In rechtlicher Hinsicht ist danach zu fragen, wem das Ausgestaltungsrecht für die vertragsrechtliche Ordnung des Spielgeschehens zusteht.[67] Dieses besteht vor allem darin, die regelungsbedürftigen Fragen im Verhältnis zu den teilnehmenden Spielern zu ordnen (zB durch vorformulierte Vertragsbedingungen). In tatsächlicher Hinsicht ist etwa relevant, wer den Spielplan festlegt und umsetzt.[68] 28

Um auch *ausländische Lose* und *Ausweise über Spieleinlagen* zu erfassen, existiert in § 21 Abs 1, 3 HS 1 RennwLottG ein in seinem Wesenskern seit 1922 unveränderter „Nebentatbestand" der Lotteriesteuer.[69] Einzige Voraussetzung ist das Einbringen der Lose oder Ausweise ins Inland. Durch den technischen Fortschritt haben sich mittlerweile verschiedene Auslegungsfragen um die Anwendbarkeit der 29

62 BFH Urt v 27.4.1951 – II 111/50 S, BStBl III 1951, 112 (113); Urt v 2.4.2008 – II R 4/06, BStBl II 2009, 735 (737).

63 *RFHE* 8, 179 (181). Aufgegriffen von BFH Urt v 29.7.1953 – II 120/53 U, BStBl III 1953, 258 (259).

64 So die Definition des Veranstaltungsbegriffs. Jüngst BFH Urt v 2.4.2008 – II R 4/06, BStBl II 2009, 735 (739). Zu den Merkmalen siehe Rn 12 und 28.

65 Gleichsam *Englisch* in Streinz/Liesching/Hambach (Hrsg), Glücks- und Gewinnspielrecht in den Medien, 2014, Syst Darst Rn 38.

66 Etwa *Möllinger* DVR 1979, 54 (55); *Hicks* UVR 1991, 46 (49); *Strahl/Eich* UVR 2006, 246 (251); *Sterzinger* NJW 2009, 3690 (3692); *Welz* UVR 2010, 308 (309); *Kahle* DStZ 2011, 520 (526); *Englisch* in Streinz/Liesching/Hambach (Hrsg), Glücks- und Gewinnspielrecht in den Medien, 2014, Syst Darst Rn 38. Modifizierend FG Saarland Urt v 1.12.2014 – 1 K 1258/13, EFG 2015, 1574 (1575): Ort der Billigung.

67 Dazu und zum Folgenden BFH Beschl. v. 22.3.2005 – II B 14/04, BFH/NV 2005, 1379 (1380); Urt v 2.4.2008 – II R 4/06, BStBl II 2009, 735 (739).

68 Ebenso *Englisch* in Streinz/Liesching/Hambach (Hrsg), Glücks- und Gewinnspielrecht in den Medien, 2014, Syst Darst Rn 38.

69 *Welz* UVR 2010, 308 (310).

Norm ergeben (zB Losverkauf während eines Flugs[70]; Teilnahme an ausländischen Online-Lotterien[71]). Auf der Grundlage des planmäßigen Preises beträgt die Lotteriesteuer 25 vH pro angefangenem Euro. Steuerschuldner ist nach § 21 Abs 3 HS 2 RennwLottG die Person, die die Lose oder Ausweise ins Inland einbringt oder in Empfang nimmt. Empfänger kann nach dem Gesetzeswortlaut auch der Teilnehmer des Glücksspiels sein, etwa derjenige, der ein Los einer ausländischen Lotterie erwirbt und dem dieses Los per Postversand zugeschickt wird.[72]

30 Bestimmte Lotterien und Ausspielungen sind derweil von der Lotteriesteuer befreit. § 18 RennwLottG hält hierzu verschiedene Ausnahmen bereit. Von der Lotteriesteuer ausgenommen sind beispielsweise genehmigte Lotterien und Ausspielungen, die zu gemeinnützigen, mildtätigen oder kirchlichen Zwecken erfolgen und bei denen der Gesamtpreis der Lose den Wert von 40.000 Euro nicht überschreitet (§ 18 Nr 2 Buchst a) RennwLottG).[73]

2. Glücksspiele und Umsatzsteuer

31 Wer als Unternehmer gegen Entgelt im Inland Glücksspiele veranstaltet oder vermittelt, erbringt eine sonstige Leistung iSd § 3 Abs 9 UStG[74] und unterliegt mit seinen Umsätzen der Umsatzsteuer (§ 1 Abs 1 Nr 1 UStG), sofern seine Umsätze nicht ausnahmsweise von der Umsatzsteuer befreit sind (§ 4 Nr 9 Buchst b) UStG)[75]. Diese Glücksspiele kann der Gesetzgeber zu Lasten des Unternehmers sogar mit einer weiteren Abgabe belegen, ohne gegen Unionsrecht zu verstoßen, vorausgesetzt die Abgabe entspricht in ihrem Charakter nicht der Umsatzsteuer.[76]

---

70 Näher *Welz* UVR 2014, 280 ff.

71 Dazu etwa *Englisch* in Streinz/Liesching/Hambach (Hrsg), Glücks- und Gewinnspielrecht in den Medien, 2014, Syst Darst Rn 40.

72 Gleichsinnig *Bühler* Lehrbuch des Steuerrechts, II. Band, 1938, S 548.

73 Ausführlich zu den Möglichkeiten der Steuerbefreiung nach § 18 RennwLottG *Vondenhoff/Welz*, UVR 2012, 375 ff; *Englisch* in Streinz/Liesching/Hambach (Hrsg), Glücks- und Gewinnspielrecht in den Medien, 2014, Syst Darst Rn 42 ff.

74 In der Einschätzung wie hier etwa *Englisch* in Streinz/Liesching/Hambach (Hrsg), Glücks- und Gewinnspielrecht in den Medien, 2014, Syst Darst Rn 170; *Schmittmann* ZfWG 2015, 92 (94).

75 Ausführlich zur Umsatzbesteuerung *Englisch* in Streinz/Liesching/Hambach (Hrsg), Glücks- und Gewinnspielrecht in den Medien, 2014, Syst Darst Rn 169 ff.

76 EuGH Urt v 24.10.2013 – C-440/12, UR 2013, 866 (869, Rn 28) (*Metropol Spielstätten Unternehmergesellschaft*). Im Anschluss BFH Beschl v 26.2.2014 – V B 1/13, BFH/NV 2014, 915; Beschl v 10.6.2016 – V B 97/15, BFH/NV 2016, 1497 (1498 Rn 7).

a) Steuerbarkeit und Bemessungsgrundlage

Steuerbar sind nur die Umsätze eines *Unternehmers*. Unternehmer ist gemäß § 2 Abs 1 S 1 UStG, wer eine gewerbliche oder berufliche Tätigkeit selbständig ausübt. Problematisch wird die Beurteilung bei Personen, die an Glücksspielen teilnehmen. Hier ist im Einzelfall zu prüfen, ob die Schwelle vom „Freizeitspieler" zum „Berufsspieler" überschritten wird. So hat das FG *Münster*[77] die Spielgewinne, die ein durch jahrelange Übung erfahrener Spieler durch die Teilnahme an jährlich fünf bis acht Pokerturnieren sowie an Cash-Games und Internetspielen erzielt hat, als steuerbare Umsätze angesehen. Eine Entscheidung des BFH über die eingelegte Revision (Az XI R 37/14) und damit die Klärung der Frage, unter welchen Voraussetzungen ein Teilnehmer an Glücksspielen (hier: Pokerturniere und Cash-Games) als Unternehmer im Sinne des UStG zu qualifizieren ist, steht noch aus (Stand: April 2017). Klärungsbedürftig ist ferner, inwiefern die bloße Teilnahme eine sonstige Leistung gegen Entgelt darstellt.[78] 32

Maßgebliche Voraussetzung für den steuerlichen Zugriff auf die Umsätze aus Glücksspielen ist ferner die Ausführung der unternehmerischen Leistung im *Inland*.[79] In der Praxis entstehen hier je nach der Art des Glücksspiels und des Vertriebs die meisten Anwendungsschwierigkeiten. Nach der Grundregel des § 3a Abs 1 UStG wird eine sonstige Leistung an dem Ort ausgeführt, von dem aus der Unternehmer sein Unternehmen ausführt (Unternehmenssitz). Führt er die Leistung von einer Betriebsstätte aus, gilt diese als Leistungsort. Diese Grundregel wird allerdings durch Spezialregelungen überlagert (§ 3a Abs 2 bis 8 UStG). 33

Gemäß § 3a Abs 3 Nr 3 Buchst a UStG werden *unterhaltende* Leistungen (als Unterart der sonstigen Leistungen) an Nichtunternehmer dort ausgeführt, wo sie der Unternehmer tatsächlich erbringt. Nach Auffassung des EuGH[80] gehört dazu etwa der Betrieb von Geldspielgeräten in einer Spielhalle, da das Hauptziel des Unternehmers darin bestehe, in einer besonders dafür eingerichteten Örtlichkeit die Benutzer der Geldspielgeräte zu unterhalten und nicht ihnen einen Geldgewinn zu verschaffen. Ob dies auch gilt, wenn ausländische Wettanbieter im Inland eigene Wettbüros betreiben, die den Kunden die Möglichkeit bieten, bei gleichzeitiger Verpflegung die Wettereignisse live am Fernsehen zu verfolgen und ihre Wetten zu platzieren, ist noch ungeklärt.[81] Der Betrieb von Geldspielgeräten außerhalb von Spielhallen (zB in einer Gaststätte) soll dagegen keine unterhaltende Leistung darstellen.[82] 34

77 FG Münster Urt v 15.7.2014 – 15 K 798/11 U, EFG 2014, 1823 (1825 f). Zustimmend *Fink* EFG 2014, 1828.

78 Ablehnend *Frieling/Süß* DStR 2014, 2365 (2366 f). Zweifelnd *Geißler* ZfWG 2014, 396 (397).

79 Ausführlich dazu *Englisch* in Streinz/Liesching/Hambach (Hrsg), Glücks- und Gewinnspielrecht in den Medien, 2014, Syst Darst Rn 173 ff.

80 EuGH Urt v 12.5.2005 – C-452/03, Slg 2005, I-3947, Rn 30 f, 34 (*Channel Islands*).

81 Tendenziell ablehnend *Englisch* in Streinz/Liesching/Hambach (Hrsg), Glücks- und Gewinnspielrecht in den Medien, 2014, Syst Darst Rn 175.

82 So die Finanzverwaltung, vgl Abschnitt 3a.6 Abs 6 UStE. Zustimmend *Englisch* in Streinz/Liesching/Hambach (Hrsg), Glücks- und Gewinnspielrecht in den Medien, 2014, Syst Darst Rn 175.

35 Für *Vermittlungsleistungen* des Unternehmers regelte § 3a Abs 3 Nr 4 UStG in der bis zum 31.12.2009 geltenden Fassung als speziellen Leistungsort den Ort, an dem der vermittelte Umsatz ausgeführt wurde. Verwendete der Leistungsempfänger gegenüber dem Vermittler eine ihm von einem anderen Mitgliedsstaat erteilte USt-IdNr., lag der Leistungsort in diesem Mitgliedsstaat. Bedeutung erlangte die Vorschrift insbesondere im Wettbereich. Vielfach unterhält ein selbständiger Unternehmer für den im EU-Ausland ansässigen Wettveranstalter ein Wettbüro im Inland, wo er im Wesentlichen den Abschluss des Wettvertrages zwischen dem Spieler und dem Wettveranstalter vermittelt, den Wetteinsatz gegen Aushändigung des Wettscheins entgegennimmt und den Gewinn auszahlt. Weitere Aktivitäten des Wettbürobetreibers hängen vom Einzelfall ab (zB Werbung, Live-Übertragung der Wettereignisse). In der Praxis ist um die Anwendbarkeit der Vorschrift vermehrt Streit entstanden. Die Finanzverwaltung qualifizierte die Tätigkeit des Wettvermittlers als Bündel verschiedener Leistungen, die bei wertender Betrachtung eine Leistung eigener Art darstellten, deren Leistungsort sich einheitlich nach § 3a Abs 1 UStG aF richte.[83] Demgegenüber bejahten das *Hessische* FG[84] und das FG *Saarland*[85] die Anwendbarkeit der Vorschrift. Sie beurteilten die Vermittlung der Wettabschlüsse als Hauptleistung und die übrige Tätigkeit als Nebenleistungen, die das Schicksal der Hauptleistung teilten. Dieser Aufassung hat sich der BFH jüngst angeschlossen (Az XI R 21/15). Die heutige Fassung des § 3a Abs 3 Nr 4 UStG dürfte für die Wettvermittlung im Wesentlichen keine Rolle mehr spielen; denn Leistungsempfänger der Vermittlungsleistung ist nach Auffassung der Rechtsprechung der Wettveranstalter.[86] Auf Unternehmer als Leistungsempfänger findet § 3a Abs 3 Nr 4 UStG nF aber keine Anwendung, sodass sich die Beurteilung nach § 3a Abs 2 UStG (Empfängerortsprinzip) richtet.[87]

36 Erbringt der Unternehmer seine Leistung *auf elektronischem Weg* an einen Nichtunternehmer, ist der Leistungsort abweichend von der Grundregel des § 3a Abs 1 UStG der Ort, an dem der Leistungsempfänger seinen Wohnsitz, gewöhnlichen Aufenthalt oder Sitz hat (§ 3a Abs 5 S 1, 2 Nr 3 UStG). Anwendung findet die Vorschrift auf alle „Dienstleistungen, die über das Internet oder ein ähnliches elektronisches Netz erbracht werden, deren Erbringung aufgrund ihrer Art im Wesentlichen automatisiert und nur mit minimaler menschlicher Beteiligung erfolgt und

83 Hessisches FG Urt v 21.5.2014 – 6 K 2858/11, Rn 46 juris; FG Saarland Urt v 4.11.2015 – 1 K 1173/13, Rn 16 f juris.

84 Hessisches FG Urt v 21.5.2014 – 6 K 2858/11, EFG 2014, 1716 (1719).

85 FG Saarland Urt v 4.11.2015 – 1 K 1173/13, EFG 2016, 1203 (1204 Rn 31 ff).

86 Hessisches FG Urt v 21.5.2014 – 6 K 2858/11, EFG 2014, 1716 (1719); FG Saarland Urt v 4.11.2015 – 1 K 1173/13, EFG 2016, 1203 (1204 Rn 29).

87 Siehe auch *Lang* in Weymüller (Hrsg), Umsatzsteuergesetz, 2015, § 3a Rn 211; *Stadie* in Rau/Dürrwächter, Kommentar zum Umsatzsteuergesetz, Bd II, § 3a Rn 440 f (Loseblatt, Juli 2015); *Korn* in Bunjes, UStG, 16. Aufl, 2016, § 3a Rn 73 f.

ohne Informationstechnologie nicht möglich wäre".[88] Nach Auffassung des BFH[89] ist die Dienstleistung nicht schon dann ohne Informationstechnologie möglich, wenn es (theoretisch) denkbar wäre, dieselbe Leistung ohne Internetnutzung zu erbringen. Maßgeblich sei allein, wie die Ausführung der Leistung *tatsächlich* geschehe.[90] Im Lichte dessen ist § 3a Abs 5 S 1, 2 Nr 3 UStG insbesondere auf das Angebot von Online-Casinospielen[91], Online-Glücksspielautomaten sowie Online-Lotterien, bei denen die Gewinnzahlen elektronisch ermittelt werden[92], anwendbar.

Bemessungsgrundlage der Umsatzsteuer ist der Umsatz, der nach dem Entgelt bemessen wird (§ 10 Abs 1 S 1 UStG). Entgelt ist alles, was der Leistungsempfänger aufwendet, um die Leistung zu erhalten, jedoch abzüglich der Umsatzsteuer (§ 10 Abs 1 S 2 UStG). Im Verhältnis zwischen dem Glücksspielveranstalter und seinem Vermittler, der ihm den Abschluss des Spielvertrages mit dem Spieler vermittelt, ist dies die an den Vermittler gezahlte Provision.[93] Geht es hingegen um die Leistung des Glücksspielveranstalters gegenüber dem Spieler (Gewährung einer Gewinnchance), ist streitig, worin das Entgelt besteht. Ist dies der gesamte Spieleinsatz oder nur der Bruttospielertrag, also die Summe der Spieleinsätze abzüglich des Gewinns?[94] 37

Anhaltspunkte zur Beantwortung der aufgeworfenen Rechtsfrage bietet die Rechtsprechung des EuGH. In ständiger Praxis hebt dieser hervor, dass Besteuerungsgrundlage nur die tatsächlich erhaltene Gegenleistung für die erbrachte Leistung ist.[95] Maßgeblich sei dabei nur der Teil, über den der Veranstalter selbst effektiv verfügen kann.[96] Nicht frei verfügen könne der Veranstalter jedenfalls über den Teil, den er aufgrund zwingender gesetzlicher Vorschriften an den Spieler auszah- 38

88 Jüngst BFH Urt v 1.6.2016 – XI R 29/14, BStBl II 2016, 905 (908 Rn 42).

89 BFH Urt v 1.6.2016 – XI R 29/14, BStBl II 2016, 905 (909 Rn 49).

90 BFH Beschl v 14.5.2008 – V B 227/07, BFH/NV 2008, 1371 (1373); Urt v 1.6.2016 – XI R 29/14, BStBl II 2016, 905 (909 Rn 50).

91 *Ismer* MwStR 2016, 99; *Schenke*, UR 2016, 253.

92 Beispiele nach *Englisch* in Streinz/Liesching/Hambach (Hrsg), Glücks- und Gewinnspielrecht in den Medien, 2014, Syst Darst Rn 176.

93 Gleichsam *Englisch* in Streinz/Liesching/Hambach (Hrsg), Glücks- und Gewinnspielrecht in den Medien, 2014, Syst Darst Rn 188.

94 Anschaulich aus jüngerer Zeit *Schenke* UR 2016, 253 (255).

95 EuGH Urt v 5.5.1994 – C-38/93, Slg 1994, I-1679 Rn 8 (*Glawe*); Urt v 17.9.2002 – C-498/99, Slg 2002, I-7173 Rn 27 (*Town & County Factors*); Urt v 19.7.2012 – C-377/11, UR 2012, 803 (805 Rn 25) (*International Bingo Technology*).

96 EuGH Urt v 5.5.1994 – C-38/93, Slg 1994, I-1679 Rn 9 (*Glawe*); Urt v 19.7.2012 – C-377/11, UR 2012, 803 (806 Rn 26) (*International Bingo Technology*); Urt v 24.10.2013 – C-440/12, UR 2013, 866 (870 Rn 40) (*Metropol Spielstätten*). Gleichsinnig EuGH Urt v 17.9.2002 – C-498/99, Slg 2002, I-7173 Rn 30 f (*Town & County Factors*).

len muss.[97] Das ist etwa der Fall, wenn aufgrund einer gesetzlichen Mindestausschüttungsquote Geldspielgeräte so eingestellt sind, dass sie einen bestimmten Anteil der Spieleinsätze als Gewinne wieder an die Spieler auszahlen.[98] Dieser Teil fließt nicht in die Bemessungsgrundlage ein. Ob dies auch gilt, wenn keine gesetzliche Ausschüttungsquote existiert, allerdings aus anderen Gründen (zB vertragliche Bindungen) der Anteil der Spieleinsätze, der als Gewinn wieder an die Spieler ausgeschüttet wird, im Vorfeld zwingend feststeht, ist umstritten.[99] In seiner Entscheidung zur Versteuerung von Wettumsätzen bei Brieftaubenrennen unterstrich der BFH[100] unter Berufung auf die EuGH- Rechtsprechung das Erfordernis einer gesetzlichen Ausschüttungsquote. Da eine solche gesetzliche Bindung im Streitfall – wie auch sonst im Wettbereich – fehlte, legte er die vollen Wetteinsätze ohne Abzug der ausgeschütteten Gewinne als Bemessungsgrundlage der Umsatzsteuer zugrunde.[101] Zur Begründung nahm der BFH[102] ferner auf die *Town & County Factors*-Entscheidung[103] des EuGH Bezug und hob hervor, dass im Streitfall die wieder ausgeschütteten Einsätze auch nicht technisch und gegenständlich von den Einsätzen getrennt waren, die der Veranstalter für sich verbuchen konnte. Hierbei gab er zu erkennen, dass nach seiner Lesart die freie Verfügbarkeit nur fehle, wenn sowohl eine gesetzlich zwingende Ausschüttungsquote als auch eine technisch sowie gegenständliche Trennung der Spieleinsätze existiert. Ob diese Trennung der Einsätze tatsächlich ein unbedingtes Merkmal darstellt, erscheint fragwürdig.[104] So hat der EuGH[105] in nachfolgenden Entscheidungen die freie Verfügbarkeit allein wegen des Bestehens zwingender gesetzlicher Ausschüttungsquoten abgelehnt und diesen Teil nicht in die Bemessungsgrundlage miteinbezogen[106].

---

97 EuGH Urt v 5.5.1994 – C-38/93, Slg 1994, I-1679 Rn 9, 12 (*Glawe*); Urt v 19.7.2012 – C-377/11, UR 2012, 803 (807 Rn 32) (*International Bingo Technology*); Urt v 24.10.2013 – C-440/12, UR 2013, 866 (870 Rn 40, 42) (*Metropol Spielstätten*).

98 EuGH Urt v 5.5.1994 – C-38/93, Slg 1994, I-1679 Rn 9 (*Glawe*); Urt v 24.10.2013 – C-440/12, UR 2013, 866 (870 Rn 40) (*Metropol Spielstätten*).

99 Eine weite Auslegung befürworten etwa *Englisch* in Streinz/Liesching/Hambach (Hrsg), Glücks- und Gewinnspielrecht in den Medien, 2014, Syst Darst Rn 189; *Ismer* MwStR 2016, 99 (103 ff); *Schenke* UR 2016, 253 (264).

100 BFH Urt v 18.8.2005 – V R 42/02, BStBl II 2007, 137 (138 f).

101 BFH Urt v 18.8.2005 – V R 42/02, BStBl II 2007, 137 (139).

102 BFH Urt v 18.8.2005 – V R 42/02, BStBl II 2007, 137 (139).

103 EuGH Urt v 17.9.2002 – C-498/99, Slg 2002, I-7173 Rn 30.

104 Ablehnend *Englisch* in Streinz/Liesching/Hambach (Hrsg), Glücks- und Gewinnspielrecht in den Medien, 2014, Syst Darst Rn 189; *Ismer* MwStR 2016, 99 (103); *Schenke* UR 2016, 253 (262 ff).

105 EuGH Urt v 19.7.2012 – C-377/11, UR 2012, 803 (806 Rn 32) (*International Bingo Technology*); Urt v 24.10.2013 – C-440/12, UR 2013, 866 (870 f Rn 42 f) (*Metropol Spielstätten*).

106 Hierauf haben auch schon *Englisch* in Streinz/Liesching/Hambach (Hrsg), Glücks- und Gewinnspielrecht in den Medien, 2014, Syst Darst Rn 189; *Ismer* MwStR 2016, 99 (103) und *Schenke* UR 2016, 253 (263) hingewiesen.

b) Die Steuerbefreiung des § 4 Nr 9 Buchst b) UStG und ihre Vereinbarkeit mit Europarecht

Damit die Belastung mit Verkehr- und Verbrauchsteuern nicht weiter kumuliert, befreit § 4 Nr 9 Buchst b) S 1 UStG Umsätze, die unter das Rennwett- und Lotteriegesetz fallen, von der Umsatzsteuer. Dem Grundgedanken einer Begrenzung der Kumulationswirkung entsprechend gilt diese jedoch nur dann, wenn die dem Rennwett- und Lotteriegesetz unterfallenden Umsätze dort nicht selbst steuerfrei gestellt sind (vgl § 18 RennwLottG) und wenn die Rennwett- und Lotteriesteuer auch erhoben wird (vgl § 4 Nr 9 Buchst b) S 2 UStG). Aus dem Verständnis der Vorschrift heraus findet die Steuerbefreiung ferner nur Anwendung, wenn die Glücksspielumsätze nach den §§ 10, 11 oder 17 RennwLottG steuerbar sind.[107] 39

Obschon damit Rennwetten, Lotterien und Ausspielungen sowie Sportwetten von der Umsatzsteuer in der Regel freigestellt sind, gibt es dennoch eine Reihe von Glücksspielen, die weiterhin der Umsatzsteuer unterliegen. Als bisher wohl wichtigster, gleichzeitig rechtsprechungslastigster Fall ist die Nutzung von Geldspielautomaten zu nennen[108], deren Besteuerung durch die Umsatzsteuer heute für unionskonform und verfassungsgemäß gehalten wird[109]. Ebenso gehören beispielsweise Casinospiele wie Roulette-, Karten- und Würfelglücksspiele zu den umsatzsteuerpflichtigen Glücksspielen. 40

Inwieweit der deutsche Gesetzgeber bei der Konzeption der Steuerbefreiung europarechtliche Vorgaben beachtet hat, ist immer wieder Gegenstand von Kontroversen. Freigestellt von der Umsatzsteuer waren nach § 4 Nr 9 Buchst b) UStG aF bis zum 5.5.2006 auch die Umsätze öffentlich zugelassener Spielbanken.[110] Da aber die Umsatzsteuerbefreiung nicht auch Umsätze privater Spielhallen erfasste, sah der EuGH hierin eine Verletzung des *steuerlichen Neutralitätsgrundsatzes*.[111] Zwar komme den Mitgliedsstaaten bei der Umsetzung von Art 135 Abs 1 Buchst i MwStSysRL, wonach die EU-Mitgliedsstaaten zur Umsatzsteuerbefreiung von Glücksspielen mit Geldeinsatz verpflichtet sind, ein Gestaltungsspielraum zu; allerdings gebiete es der steuerliche Neutralitätsgrundsatz, miteinander im Wettbewerb stehende Waren und 41

---

107 Unterstrichen etwa von *Huschens* in Schwarz/Widmann/Radeisen (Hrsg), UStG, Bd 2, § 4 Nr 9 Rn 3f (Loseblatt, Sept 2015) sowie *Englisch* in Streinz/Liesching/Hambach (Hrsg), Glücks- und Gewinnspielrecht in den Medien, 2014, Syst Darst Rn 183.

108 *Hildesheim* in Offerhaus/Söhn/Lange (Hrsg), Umsatzsteuer, Bd 1, § 4 Nr 9 Rn 51a (Loseblatt, Sept 2014). Näher zu deren Umsatzsteuerpflichtigkeit *Bruschke* UVR 2014, 77 ff.

109 So jedenfalls FG Hamburg Urt v 15.7.2014 – 3 K 207/13, EFG 2015, 1315; Urt v 1.7.2016 – 3 K 264/15, Rn 28 juris sowie FG Münster Urt v 16.6.2016, 5 K 998/14 U, EFG 2016, 1558 (1559 Rn 23 ff).

110 Durch diese Spezialregelung wurde die Steuerbefreiung gemäß § 6 Abs 1 SpielbkV, wonach Spielbankunternehmer für den Betrieb einer Spielbank ua von den laufenden Steuern vom Umsatz befreit wurden, verdrängt. So BFH Beschl v 14.7.2016 – V B 17/16, BFH/NV 2016, 1593.

111 EuGH Urt v 17.2.2005 – C-453/02, C-462/02, Slg 2005, I-1131 (*Linneweber/Akritidis*).

Dienstleistungen bezüglich der Mehrwertsteuer gleich zu behandeln.[112] Infolge dieser Rechtsprechung konnten sich die privaten Spielhallenbetreiber unmittelbar auf Art 135 Abs 1 Buchst i) MwStSysRL berufen und waren insofern von der Umsatzsteuerpflicht befreit. Nachdem auch der BFH § 4 Nr 9 Buchst b) UStG aF für europarechtswidrig erklärt hatte[113], schloss der Gesetzgeber im Wege der Gesetzesänderung Spielbanken ganz von der Umsatzsteuerbefreiung aus[114].

42 Schon kurz nach der Gesetzesänderung mehrten sich Stimmen, die an der Richtlinienkonformität des § 4 Nr 9 Buchst b) UStG zweifelten. Art 135 Abs 1 Buchst i) MwStSysRL gebe den Mitgliedsstaaten schließlich vor, Umsätze aus Wetten, Lotterien *und sonstigen Glücksspielen mit Geldeinsatz* von der Umsatzsteuer zu befreien. Der Anwendungsbereich der Richtlinie sei so zu verstehen, dass alle Glücksspiele mit Geldeinsatz von der Umsatzsteuer zu befreien sind. Nur für den Fall greife die in Art 135 Abs 1 Buchst i MwStSysRL benannte Befugnis der Mitgliedstaaten, die Bedingungen und Beschränkungen der Steuerbefreiung festzulegen. Sie erlaube es dagegen nicht, die Steuerbefreiung auf die Umsätze einzelner Glücksspielarten zu begrenzen. Zu diesem Regelungsgehalt der Richtlinie setze sich der Gesetzgeber in Widerspruch und verletze damit den Neutralitätsgrundsatz.[115]

43 Auf Vorlage des BFH[116] entschied der EuGH[117], dass Art 135 Abs 1 Buchst i) MwSt-SysRL die Mitgliedsstaaten nicht daran hindere, nur bestimmte Glücksspiele mit Geldeinsatz von der Mehrwertsteuer zu befreien, auch wenn diese nur einen geringen Teil der Spielvorgänge und des dabei erzielten Umsatzes im Mitgliedsstaat ausmachen. Den Mitgliedsstaaten stehe hinsichtlich der Reichweite der Steuerbefreiung ein weiter Wertungsspielraum zu.[118] Insbesondere sei eine unterschiedliche Behandlung von Glücksspielen, die nicht miteinander in Wettbewerb stehen, mit dem steuerlichen Neutralitätsgrundsatz vereinbar.[119] Auf dieser Grundlage ließ der BFH[120] seine unionsrechtlichen Bedenken gegen den engen Rahmen der Steuerbefreiung fallen[121].

---

112 EuGH Urt v 17.2.2005 – C-453/02, C-462/02, Slg 2005, I-1131, Rn 23 f (*Linneweber/Akritidis*).

113 BFH Urt v 12.5.2005 – V R 7/02, BStBl II 2005, 617 (619).

114 Gesetz v 28.4.2006, BGBl I 2006, 1095.

115 *Weymüller* in: Hartmann/Metzenmacher, Umsatzsteuergesetz, Bd 3, § 4 Nr 9 Rn 212ff (Loseblatt, Mai 2006). Kritisch auch *Thill/Puls* UStB 2006, 166 (169).

116 BFH Vorl v 17.12.2008, XI R 79/07, BStBl II 2009, 343.

117 EuGH Urt v 10.6.2010 – C-58/09, Slg 2010, I-5189, Rn 31 (*Leo Libera*).

118 EuGH Urt v 10.6.2010 – C-58/09, Slg 2010, I-5189, Rn 26, 29 (*Leo Libera*). Gleichsam im Nachgang EuGH Urt v 10.11.2011 – C-259/10, C-260/10. Slg 2011, I-10947, Rn 40 (*Rank Group*).

119 EuGH Urt v 10.6.2010 – C-58/09, Slg 2010, I-5189, Rn 34 f (*Leo Libera*).

120 BFH Urt v 10.11.2010 – XI R 79/07, BStBl II 2011, 311. Bekräftigt durch BFH Beschl v 14.12.2015 – XI B 113/14, BFH/NV 2016, 599 (601 Rn 15); Beschl v 10.6.2016 – V B 97/15, BFH/NV 2016, 1497 (1498 Rn 7).

121 Weiterhin kritisch *Englisch* in Streinz/Liesching/Hambach (Hrsg), Glücks- und Gewinnspielrecht in den Medien, 2014, Syst Darst Rn 185. Speziell bei umsatzsteuerpflichtigen Wettumsätzen *Klenk* HFR 2010, 885 f.

Restlos ausgeräumt waren die Zweifel in der Finanzrechtsprechung dennoch nicht. Das FG *Hamburg*[122] bezweifelte, ob die *steuerliche Neutralität* gewahrt bleibe, wenn die Umsatzsteuer beitragsgenau auf eine nicht harmonisierte Abgabe angerechnet werde, während eine Anrechnung bei der Umsatzbesteuerung vergleichbarer Glücksspiele unterbleibe. Vor Augen hatte das Finanzgericht die Situation bei der Besteuerung der Umsätze von Geldspielgeräten: Die Umsätze von Betreibern öffentlicher Spielbanken werden zwar nach dem UStG besteuert, jedoch auf die zusätzlich zu leistende Spielbankenabgabe üblicherweise angerechnet (zB § 12 Abs 3 S 2 SpielbG NRW). Die von den Betreibern privater Spielhallen zu entrichtende Umsatzsteuer kumuliert dagegen mit der örtlichen Vergnügungsteuer. 44

Auf Vorlage des Finanzgerichts hob der EuGH[123] hervor, dass der Grundsatz der steuerlichen Neutralität nur im harmonisierten Mehrwertsteuersystem Anwendung finde. Insoweit bestünden keine Bedenken, die Umsatzsteuer auf eine nicht harmonisierte Abgabe, wie die Spielbankabgabe, anzurechnen.[124] Problematisch könne allein die Einhaltung des Grundsatzes der Gleichbehandlung sein. Dies setzte aber voraus, dass die in den Vergleich einbezogenen Sachverhalte derselben nicht harmonisierten Abgabe unterlägen, woran es im Vorlagefall gerade fehlte.[125] Damit waren die unionsrechtlichen Bedenken in der Finanzrechtsprechung ausgeräumt.[126] 45

3. Einkommensteuer auf Spielgewinne

„Wie gewonnen, so zerronnen." Diese Redensart wird jedenfalls teilweise zur Gewissheit, wenn das Finanzamt auf den Gewinn des Spielers zugreift und diesen der Einkommensteuer unterwirft. In der Praxis ist dies allerdings die Ausnahme. 46

122 FG Hamburg Vorl v 21.9.2012 – 3 K 104/11, EFG 2012, 2241 (2245 f).

123 EuGH Urt v 24.10.2013 – C-440/12, UR 2013, 866 (872, Rn 56 f) (*Metropol Spielstätten Unternehmergesellschaft*). Vgl auch die Urteilsanmerkung von *Heinze* ZfWG 2014, 7 ff.

124 EuGH Urt v 24.10.2013 – C-440/12, UR 2013, 866 (872, Rn 57, 60) (*Metropol Spielstätten Unternehmergesellschaft*).

125 EuGH Urt v 24.10.2013 – C-440/12, UR 2013, 866 (872, Rn 57) (*Metropol Spielstätten Unternehmergesellschaft*). Einen Verstoß gegen den allgemeinen Gleichheitssatz (Art 3 Abs 1 GG) hat das FG Hamburg Urt v 27.8.2014 – 2 K 257/13, EFG 2014, 2098 ebenso verneint (Revision Az II R 21/15). Kritisch *Dziadkowski* BB 2015, 3094 (3102 f).

126 FG Hamburg Urt v 15.7.2014 – 3 K 207/13, EFG 2015, 1315 (1317). Jüngst unterstrichen von BFH Beschl v 10.6.2016 – V B 97/15, BFH/NV 2016, 1497 (1498 Rn 7).

a) Spielgewinne grundsätzlich nicht steuerbar

47 Steuerbare Einkünfte iSd EStG müssen grundsätzlich auf einem *erwerbswirtschaftlichen Verhalten* beruhen[127]; es bedarf eines auf Einkommensmehrung gerichteten *Leistungsaustauschs*[128]; das vereinnahmte Entgelt (Gegenleistung) muss also durch eine am Markt erbrachte Leistung veranlasst sein[129]. Der Gewinn, den das Glücksspiel dem Spieler beschert, ist folglich in den weit überwiegenden Fällen jedenfalls aus diesem Grunde nicht einkommensteuerbar, da er nach dem Verständnis des Einkommensteuerrechts nicht durch eine Leistung am Markt „erzielt" (vgl § 2 Abs 1 Satz 1 EStG) wird, sondern auf einem glücklichen Zufall beruht.

48 Deutlich wird dies bei Rennwetten[130], beim Lotto[131], beim Roulette[132] und anderen reinen Glücksspielen[133]. Der Spieler hat keinen maßgeblichen Einfluss auf den Erhalt der Gewinnsumme.[134] Nicht sein Verhalten – sei es seine Spieltätigkeit, sei es die Zahlung des Spieleinsatzes[135] –, sondern der Zufall löst die Gewinnauszahlung aus[136]. Insofern fehlt es am erforderlichen Veranlassungszusammenhang zwischen Leistung und Gegenleistung[137] oder anders formuliert an der Verknüpfung von Leistung und Gegenleistung[138]. Anschaulich wird dies insbesondere bei der Sportwette. Wenn der Spieler den Ausgang eines Fußballspiels vorhersagt und hierzu einen Einsatz aufwendet, hängt sein Erfolg (Gewinnauszahlung) – sei er auch der größte Fußballkenner – nicht von seinen Fähigkeiten und Leistungen ab, sondern von denjenigen der Fußballspieler, gepaart mit den Entscheidungen des Schiedsrichters. Zeitgleich mit der Abgabe des Wettscheins gibt er das zum Gewinn führende maßgebliche Geschehen aus den Händen. Ähnlich ist es beim Roulette. Der Spieler setzt seine Jetons und tippt, auf welchem Feld die Kugel liegen bleibt. Die den Gewinn begründenden Umstände liegen außerhalb seines Einflussbereichs. Es liegt am Croupier, wie er die Roulette Scheibe in Bewegung setzt und die Kugel einwirft,

---

127 BFH Urt v 24.4.2012 – IX R 6/10, BStBl II 2012, 581 (583 Rn 29).

128 Exemplarisch BFH Urt v 14.9.1999 – IX R 88/95, BStBl II 1999, 776 (777).

129 BFH Urt v 24.4.2012 – IX R 6/10, BStBl II 2012, 581 (583 Rn 28 ff). Ähnlich BFH Urt v 16.9.2015 – X R 43/12, BStBl II 2016, 48 (50 Rn 19).

130 *RFHE* 21, 244; *RFH* Urt v 30.6.1927 – VI A 261/27, RStBl 1927, 197; Urt v 14.3.1928 – VI A 783/27, RStBl 1928, 181 (181 f); BFH Urt v 24.10.1969 – IV R 139/68, BStBl II 1970, 411 (412).

131 BFH Urt v 16.9.1970 – I R 133/68, BStBl II 1970, 865 (866).

132 *Binnewies* DStR 2012, 1586 (1587).

133 *Birk* ZfWG 2011, 229 (231); *Binnewies* DStR 2012, 1586 (1587); *Schnittmann* ZfWG 2014, 153 (154).

134 Angelehnt an BFH Urt v 24.4.2012 – IX R 6/10, BStBl II 2012, 581 (584 Rn 36) und FG Münster Urt v 15.1.2014 – 4 K 1215/12 E, EFG 2014, 638 (639).

135 Hierauf abstellend BFH Urt v 16.9.2015 – X R 43/12, BStBl II 2016, 48 (50 Rn 19).

136 Wie hier *Lühn* BB 2012, 298 (299). Gleichsinnig *Binnewies* DStR 2012, 1586 (1587).

137 Allgemein BFH Urt v 24.4.2012 – IX R 6/10, BStBl II 2012, 581 (584 Rn 36); FG Münster Urt v 15.1.2014 – 4 K 1215/12 E, EFG 2014, 638 (639).

138 BFH Urt v 16.9.2015 – X R 43/12, BStBl II 2016, 48 (50 Rn 19).

gleichsam an der Kugel selbst, wie sie ihre Runden dreht und die Nummernfächer kreuzt.

b) Zufallskomponente und Geschicklichkeit des Spielers

Anders ist es jedoch, wenn das Spielerverhalten maßgeblichen Einfluss auf den Spielerfolg hat. Klassischerweise ist dies ist bei reinen Geschicklichkeitsspielen der Fall.[139] In Betracht kommen aber auch Spiele, die sowohl Glücks- als auch Geschicklichkeitselemente enthalten.[140] Ihre Einordnung und insbesondere die Gewichtung beider Elemente sind eine vom Gericht zu beurteilende Tatsachenfrage.[141] Eine Verknüpfung von Leistung und Gegenleistung besteht jedenfalls, wenn beim Spieler die Geschicklichkeitskomponente überwiegt.[142] Die Rechtsprechung nimmt dies bereits dann an, wenn bei einem *Durchschnittsspieler* das Geschicklichkeitsmoment nur noch wenig hinter dem Zufallselement zurücktritt.[143] Maßgeblich bleiben aber die Umstände des Einzelfalls. So kann das Gericht bei der Beurteilung der Geschicklichkeitsfaktoren auch Rückschlüsse aus den Fähigkeiten des konkreten Spielers ziehen.[144] Steht danach fest, dass der Spieler durch sein Verhalten den Erhalt des Spielgewinns veranlasst hat, ist ein erwerbswirtschaftliches Verhalten, das unter § 2 Abs 1 Nr 2 bzw Nr 7 EStG fällt, anzunehmen. Steuerbar ist der Gewinn aber erst, wenn die weiteren Voraussetzungen der Einkunftsart bei individueller Betrachtung des Spielers vorliegen, bei gewerblichen Einkünften etwa die Merkmale der Nachhaltigkeit und der Gewinnerzielungsabsicht sowie die Abgrenzung zur privaten Vermögensverwaltung (§ 15 Abs 2 EStG).[145] 49

Die Rechtsprechung hat dies insbesondere in den Fällen bejaht, in denen der Spieler regelmäßig an Turnierpokerspielen in den Varianten „Texas Hold'em" und „Omaha" teilnimmt und dabei eine gewisse Professionalität an den Tag legt.[146] Der BFH[147] stellt auf das Gesamtbild der Verhältnisse ab und bejaht Einkünfte aus Ge- 50

---

139 BFH Urt v 11.11.1993 – XI R 48/91, BFH/NV 1994, 622 (623).

140 BFH Urt v 16.9.2015 – X R 43/12, BStBl II 2016, 48 (51 Rn 28).

141 BFH Urt v 16.9.2015 – X R 43/12, BStBl II 2016, 48 (51 Rn 29).

142 Jüngst FG Münster Urt v 18.7.2016 – 14 K 1370/12 E,G, EFG 2016, 1864 (1867 Rn 65 ff). Gleichsam BFH Urt v 16.9.2015 – X R 43/12, BStBl II 2016, 48 (51 Rn 28). Anders FG Köln Urt v 31.10.2012 – 12 K 1136/11, EFG 2013, 612 (614).

143 BFH Urt v 16.9.2015 – X R 43/12, BStBl II 2016, 48 (51 Rn 28).

144 BFH Urt v 16.9.2015 – X R 43/12, BStBl II 2016, 48 (54 Rn 55) (Berufliche Fähigkeiten). Vgl im Einzelnen die Vorinstanz FG Köln Urt v 31.10.2012 – 12 K 1136/11, EFG 2013, 612 (614).

145 BFH Urt v 16.9.2015 – X R 43/12, BStBl II 2016, 48 (51 Rn 31).

146 BFH Urt v 16.9.2015 – X R 43/12, BStBl II 2016, 48; FG Köln Urt v 31.10.2012 – 12 K 1136/11, EFG 2013, 612 (Vorinstanz) sowie FG Münster Urt v 18.7.2016 – 14 K 1370/12 E,G, EFG 2016, 1864. Siehe auch FG Münster Urt v 15.7.2014 – 15 K 798/11 U, EFG 2014, 1823 (1825 f).

147 BFH Urt v 16.9.2015 – X R 43/12, BStBl II 2016, 48 (52 Rn 36 ff).

werbebetrieb (§ 15 Abs 1 Satz 1 Nr 1 EStG), wenn der Spieler durch die Teilnahme am Turnier nicht allein seine privaten Spielbedürfnisse gleich einem Freizeit- oder Hobbyspieler befriedigt, sondern wie ein gewerblicher Unternehmer professionell wirtschaftlich tätig wird. Dafür sprechen regelmäßige Teilnahmen an großen, auch im Ausland ausgetragenen Turnieren, der Umfang der jährlich bzw über die Jahre hinweg erzielten Preisgelder, die Zahlung von Einstiegsgeldern („Buy-Ins"), die vertragliche Einkleidung der Turnierteilnahme, die pokerbezogene mediale Präsenz bzw Vermarktung der eigenen Person und Fähigkeiten.[148] Wesentlich ist die Gesamtwürdigung dieser Umstände, die den Schluss nahelegen, dass der Spieler seine erworbenen Fähigkeiten mit Gewinnerzielungsabsicht in das Turnierspiel professionell einbringt. Auf einen kurzen Nenner gebracht, wird man sagen können, dass die regelmäßige Teilnahme an Glücksspielen, die nachweislich mit dem Erwerb spielerischer Fähigkeiten verbunden ist, welche sich in einem wachsenden Spielerfolg niederschlagen, zu steuerpflichtigen Einkünften führen kann. Gegen die Entscheidung des BFH wurde Verfassungsbeschwerde eingelegt, über die noch nicht entschieden ist (Stand: April 2017).[149]

III. Landesrechtliche Abgaben auf Glücksspiele

51 Die Möglichkeiten der Länder, sich Glücksspiele finanziell nutzbar zu machen, sind vielfältig – sei es durch Steuern, sei es durch nicht-steuerliche Abgaben. Unbegrenzt sind sie allerdings nicht.

1. Die Gesetzgebungshoheit der Länder und ihre Grenzen

52 Eine nicht zu unterschätzende Hürde stellt die Gesetzgebungshoheit dar. Dies gilt zunächst für den Bereich der *Steuern*. Hier verfügen die Länder über einen nur geringen Gestaltungsspielraum. Sieht man von der ausschließlichen Befugnis für die örtlichen Verbrauchs- und Aufwandsteuern (Art 105 Abs 2a S 1 GG) ab, die die Länder den Gemeinden über ihre Kommunalabgabengesetze übertragen haben, verbleibt zwar das Recht zur Erhebung einer Spielbankabgabe (Art 105 Abs 2 Alt 1 iVm Art 106 Abs 2 Nr 5 GG). Darüber hinaus bestimmte Glücksspiele einer Landessteuer zu belegen, stößt aber auf Schwierigkeiten. Im Regelfall hat der Bund von seiner konkurrierenden Gesetzgebungsbefugnis (Art 105 Abs 2 GG) Gebrauch gemacht und die Steuerquelle speziell (zB Sportwettensteuer) oder allgemein (zB Umsatzsteuer) erschlossen. Damit bleibt den Ländern der Zugriff auf diese Quelle verwehrt, es sei

148 BFH Urt v 16.9.2015 – X R 43/12, BStBl II 2016, 48 (52 Rn 36).
149 Az BVerfG: 2 BvR 2387/15.

denn der Bund hat die Materie nicht abschließend geregelt. Im Bereich der *nicht-steuerlichen Abgaben,* die sich auf die allgemeine Sachkompetenz (Art 70 ff GG) stützen müssen, bedarf es zudem einer besonderen Rechtfertigung, um sie klar von den Steuern abzugrenzen.[150]

Die Reichweite der Gesetzgebungshoheit ist ferner territorial begrenzt. Einseitig 53 können die Länder nur solche Glücksspiele mit Abgaben belegen, die einen *hinreichend sachgerechten Anknüpfungspunkt* zum eigenen Bundesland aufweisen.[151] Dieses Prinzip wurde im Völkerrecht für die grenzüberschreitende Abgabenerhebung entwickelt, um eine völkerrechtswidrige Einmischung in den Hoheitsbereich eines fremden Staates zu verhindern.[152] Es lässt sich jedoch vor dem Hintergrund des *Bundesstaatsprinzips* (Art 20 Abs 1, 28 Abs 1 GG) auf innerstaatliche Sachverhalte zwischen den Ländern übertragen, um Anwendungskonflikte und Regelungswidersprüche zu vermeiden.[153] Danach sind die Bundesländer „als Glieder des Bundes Staaten mit eigener – wenn auch gegenständlich beschränkter – nicht vom Bund abgeleiteter, sondern von ihm anerkannter staatlicher Hoheitsmacht"[154], haben aber durch die Landesgrenzen abgegrenzte Territorien und üben ihre Staatsgewalt zugleich im räumlichen Nebeneinander auf einer Ebene der staatsrechtlichen Gleichordnung aus, die jener des Völkerrechts vergleichbar ist.[155]

Hieran gemessen hat das Land Schleswig-Holstein seine Gesetzgebungsbe- 54 fugnis bei der Konzeption der inzwischen außer Kraft getretenen Glücksspielabgabe (§ 35 GlSpG S-H[156]) teilweise überschritten[157]. Es fehlt an einem hinreichend sachgerechten Anknüpfungspunkt im eigenen Herrschaftsbereich für den Abgabengegenstand (Vertrieb von Glücksspielen), soweit die Glücksspielabgabe gem § 35 Abs 2 S 1 GlSpG S-H auch Fälle erfassen sollte, in denen der Spieler seinen Wohnsitz oder ge-

150 Zu den Voraussetzungen der Erhebung nicht-steuerlicher Abgaben vgl BVerfGE 108, 1 (13, 16 f); 108, 186 (212, 215 f); 123, 132 (140 f); 135, 155 (206 Rn 121) stRspr.

151 *Birk/Brüggemann,* Rechtsgutachten zur Erhebung der Glücksspielabgabe auf Sportwetten (§ 35 Glücksspielgesetz Schleswig Holstein), 2013, S 20 (nicht veröffentlicht).

152 BVerfGE 63, 343 (369).

153 Ausführlich *Birk/Brüggemann,* Rechtsgutachten zur Erhebung der Glücksspielabgabe auf Sportwetten (§ 35 Glücksspielgesetz Schleswig Holstein), 2013, S 15 ff (nicht veröffentlicht). Im Kern gleich FG Schleswig-Holstein Beschl v 17.9.2015 – 5 V 242/14, ZfWG 2015, 491 (494).

154 BVerfGE 1, 14 (34); 60, 175 (207). Ähnlich BVerfGE 139, 321 (352 Rn 97).

155 So *Isensee,* in: Isensee/Kirchhof (Hrsg), Handbuch des Staatsrechts, Bd VI, 3. Aufl, 2008 § 126 Rn 34. Gleichsam – ohne den Vergleich zum Völkerrecht zu ziehen – OVG NRW Urt v 14.3.2011 – 19 A 3006/06, NWVBl 2011, 347 (350).

156 Gesetz v 20.10.2011, GVOBl 2011, 280. Das Gesetz trat am 1.1.2012 in Kraft. Mit Wirkung zum 8.2.2013 wurde es durch das Gesetz zur Änderung glücksspielrechtlicher Gesetze v 1.2.2013, GVOBl 2013, 64 aufgehoben. Lediglich für Genehmigungen, die auf seiner Grundlage erteilt worden sind, sollte das Gesetz weiter Anwendung finden. Mittlerweile hat es keine praktische Bedeutung mehr.

157 Ausführlich *Birk/Brüggemann,* Rechtsgutachten zur Erhebung der Glücksspielabgabe auf Sportwetten (§ 35 Glücksspielgesetz Schleswig Holstein), 2013, S 21 ff (nicht veröffentlicht).

wöhnlichen Aufenthaltsort nicht in Schleswig-Holstein, sondern in einem anderen Bundesland hat und von dort aus mit einem außerhalb von Schleswig-Holstein ansässigen Glücksspielanbieter, der über eine schleswig-holsteinische Lizenz verfügt, Glücksspiele abschließt (insbesondere Online-Glücksspiel mit Anbietern aus der EU). Denn einziger Anknüpfungspunkt hierbei ist die durch das Bundesland Schleswig-Holstein erteilte *Genehmigung*. Diese stellt jedoch keinen der vom BVerfG angeführten territorialen Anknüpfungspunkte dar (Niederlassung, Wohnsitz oder Aufenthalt im Inland, die Verwirklichung eines Abgabentatbestandes im Inland oder die Herbeiführung eines abgabenrechtlich erheblichen Erfolges im Inland).[158] Als bloßer Rechtsakt ist sie mit ihnen auch nicht vergleichbar, da sie *allein* eine sachliche, auf das Besteuerungsgut abzielende Verbindung zum steuererhebenden Bundesland nicht herzustellen vermag. Hinzu kommt, dass die zur Veranstaltung und Vermittlung von Glücksspielen berechtigenden Genehmigungen der Bundesländer nur für das Hoheitsgebiet des jeweiligen Bundeslandes gelten.[159] Die von Schleswig-Holstein erteilte Genehmigung besitzt daher für den Vertrieb von Glücksspielen im Hoheitsgebiet anderer Bundesländer gar keine Wirkung, womit sie als rechtfertigender Anknüpfungspunkt der Abgabenerhebung zwingend ausscheiden muss.[160]

55 Diesen Bedenken ist das FG *Schleswig-Holstein*[161] nicht gefolgt, das ua mit der Zielsetzung des Glücksspielgesetzes und den Zweck der Glücksspielabgabe (Liberalisierung des schleswig-holsteinischen Glücksspielmarktes sowie Eindämmung der Suchtgefahren) argumentiert. Diese Begründung überzeugt nicht. Denn der Verweis auf die Zielsetzung des Glücksspielgesetzes und den Zweck der Glücksspielabgabe kann die fehlende Gesetzgebungskompetenz nicht ersetzen.[162] Die einseitige länderübergreifende Erhebung einer Landesabgabe ohne territoriale Anknüpfung zum eigenen Herrschaftsbereich greift in den *Kernbereich* der Hoheitsmacht anderer abgabeberechtigter Bundesländer ein und ist deshalb verfassungsrechtlich unzulässig.

2. Die Konzessionsabgabe nach § 4d Erster GlüÄndStV

56 Im Zuge der Novellierung des alten Glücksspielstaatsvertrages haben sich die Länder innerhalb einer siebenjährigen Erprobungsphase nicht nur für eine begrenzte Öff-

158 BVerfGE 63, 343 (369). Die vom BVerfG als weiteren Anknüpfungspunkt benannte Staatsangehörigkeit ist für innerstaatliche Konflikte irrelevant.

159 BVerwGE 126, 149 (163 f Rn 56); 140, 1 (20 Rn 48). Ausführlich *Makswit* Auswirkungen des Föderalismus im Glücksspielrecht, 2015, S 353 ff.

160 Zur Legalisierungswirkung nur für Schleswig-Holstein OVG Saarland Beschl v 17.7.2015 – 1 B 50/15, ZfWG 2015, 388 (390).

161 Zum Ganzen FG Schleswig-Holstein Beschl v 17.9.2015 – 5 V 242/14, ZfWG 2015, 491 (494).

162 Angelehnt an *Isensee* in Isensee/Kirchhof (Hrsg), Handbuch des Staatsrechts, Bd VI, 3. Aufl, 2008 § 126 Rn 39.

nung des Glücksspielmarktes für private Sportwettenanbieter entschieden (vgl §§ 4a Abs 1 S 1, 10a Abs 1 u 2 Erster GlüÄndStV). Zugleich sieht § 4d Abs 1 Erster GlüÄndStV vor, dass derjenige, dem eine der zahlenmäßig begrenzten Konzessionen erteilt wird, verpflichtet ist, eine Konzessionsabgabe zu zahlen. Diese beläuft sich auf 5 vH des *Spieleinsatzes*, § 4d Abs 2 S 1 Erster GlüÄndStV. Nach § 4d Abs 3 Erster GlüÄndStV wird die Konzessionsabgabe monatlich erhoben. Die nach dem Rennwett- und Lotteriegesetz gezahlte Steuer wird angerechnet, § 4d Abs 7 Erster GlüÄndStV.

Die Konzessionsabgabe nach § 4d Erster GlüÄndStV lässt sich weder als Steuer **57**
noch als Gebühr einordnen.[163] Ihrer Konzeption entsprechend[164] handelt es sich um eine *Vorteilsabschöpfungsabgabe* – mit der Besonderheit, dass die „abgeschöpfte" Privilegierung des Abgabepflichtigen nicht auf der Nutzung natürlich begrenzter Ressourcen (so in den vom BVerfG entschiedenen Fällen „Wasserpfennig"[165], „Fehlbelegungsabgabe"[166]), sondern auf der vom Staat selbst geschaffenen Begrenzung der Sportwettkonzessionen beruht[167]. Würde eine solche *künstliche Verknappung* allein als Rechtfertigung der Erhebung einer Konzessionsabgabe ausreichen[168], würde dem Staat gewissermaßen ein Freibrief zur nichtsteuerlichen Abgabenerhebung ausgestellt werden, was unweigerlich die Gefahr einer *Aushöhlung der Finanzverfassung* nach sich zöge[169]. Er müsste lediglich einen tragfähigen Grund für die Verknappung finden und könnte sich in der Folge lukrative Finanzierungsmittel verschaffen.

Um dieser Gefahr zu begegnen, ist eine Konzessionsabgabe nur in *engen Grenzen* **58**
zulässig (rechtmäßige Verknappung; materielle Erweiterung der Rechtsstellung/ wirtschaftlichen Position durch Konzessionserteilung; besondere Verantwortung des Abgabepflichtigen).[170] Diese Grenzen dürfte der Gesetzgeber, vorausgesetzt die zahlenmäßige Begrenzung der Konzessionen wahrt verfassungs- und unionsrechtliche Maßstäbe, eingehalten haben.[171]

---

163 *Müller Franken* VerwArch 103 (2012), 314 (316 ff); *Birk/Brüggemann* in Dietlein/Hecker/Ruttig (Hrsg), Glücksspielrecht, 2. Aufl, 2013, § 4d Erster GlüÄndStV Rn 4 ff; *Englisch* in Streinz/Liesching/Hambach (Hrsg), Glücks- und Gewinnspielrecht in den Medien, 2014, Syst Darst Rn 91 ff.

164 Exemplarisch LT-Drs BY 16/11995, 24 f.

165 BVerfGE 93, 319 (345 f).

166 BVerfGE 78, 249 (267 ff).

167 *Birk/Brüggemann* in Dietlein/Hecker/Ruttig (Hrsg), Glücksspielrecht, 2. Aufl, 2013, § 4d Erster GlüÄndStV Rn 9.

168 So im Wesentlichen *Müller-Franken* VerwArch 2012, 315 (329 f).

169 Näher hierzu sowie den folgenden Aspekten *Birk/Brüggemann* in Dietlein/Hecker/Ruttig (Hrsg), Glücksspielrecht, 2. Aufl, 2013, § 4d Erster GlüÄndStV Rn 9 f.

170 Ausführlich zu diesen (möglichen) Grenzen *Birk/Brüggemann* in Dietlein/Hecker/Ruttig (Hrsg), Glücksspielrecht, 2. Aufl, 2013, § 4d Erster GlüÄndStV Rn 11 ff. Einen (punktuell abweichenden) Alternativvorschlag unterbreitet *Englisch* in Streinz/Liesching/Hambach (Hrsg), Glücks- und Gewinnspielrecht in den Medien, 2014, Syst Darst Rn 95.

171 Anders noch die frühere Einschätzung: *Birk/Brüggemann* in Dietlein/Hecker/Ruttig (Hrsg), Glücksspielrecht, 2. Aufl, 2013, § 4d Erster GlüÄndStV Rn 15. Mit Blick auf die tatsächliche Entwick-

3. Die Spielbankabgabe

59 Zu den traditionellen Glücksspielabgaben gehört auch die Spielbankabgabe, die durch die Verordnung über öffentliche Spielbanken vom 27.7.1938 (SpielbkV)[172] eingeführt wurde[173]. Ihr Ziel war seit jeher, die sozialschädlichen Folgen des Glücksspiels zu kompensieren und auf Gewinne zuzugreifen, die angesichts der nur spärlich vergebenen Konzessionen unter günstigen Wettbewerbsbedingungen und unter Ausnutzung des missbilligten menschlichen Spieltriebs erwirtschaftet worden sind.[174]

60 Nach dem Inkrafttreten des Grundgesetzes galt die Spielbankverordnung, einschließlich der Spielbankabgabe, über Art 123 Abs 1 GG fort[175] und zwar im Range eines förmlichen Gesetzes[176]. Hierbei wurden ihre abgabenrechtlichen Bestimmungen Teil des Bundesrechts (Art 125 GG).[177] Heute ist die Spielbankabgabe zusammen mit dem übrigen Spielbankenrecht in den Landesgesetzen geregelt (zB § 12 Abs 1 S 1 SpielbG NRW[178]).

61 Bei der Gesetzgebungskompetenz ist zu differenzieren. Das Spielbankenrecht ist dem Polizei- und Ordnungsrecht und damit der Ländergesetzgebung zuzuordnen.[179] Hingegen unterfällt die Spielbankabgabe der konkurrierenden Gesetzgebungskompetenz aus Art 105 Abs 2 GG, sofern man sich der Auffassung des BFH[180] anschließt, die Spielbankabgabe als Steuer einzuordnen[181]. Für eine solche Einordnung spricht der Wortlaut von Art 106 Abs 2 Nr 6 GG („Aufkommen der folgenden Steuern"), der die Ertragskompetenz der Abgabe von Spielbanken den Ländern zuweist. Zwar heißt es entgegen der übrigen aufgeführten Abgaben nicht Spielbanksteuer. Augen-

---

lung in der Sportwettenbranche, der gebotenen Vorsicht bei der Beurteilung der Abgabeneignung und der dämpfenden Funktion des Spieleinsatzes (näher hierzu *Brüggemann* Die Besteuerung von Sportwetten im Rennwett- und Lotteriegesetz, 2015, S 209 ff sowie S 229 ff) lassen sich die dort geäußerten Bedenken wohl nicht mehr aufrechterhalten.

172 RGBl I 1938, 955.

173 Ausführlich zur Spielbankabgabe, insbesondere zur historischen Entwicklung *Benert/Reeckmann* ZfWG 2012, 87 ff. Ferner *Englisch* in Streinz/Liesching/Hambach (Hrsg), Glücks- und Gewinnspielrecht in den Medien, 2014, Syst Darst Rn 145 ff.

174 BVerfGE 102, 197 (216); BFH Urt v 8.3.1995 – II R 10/93, BStBl II 1995, 432 (437).

175 BFH Gut v 21.1.1954 – V D 1/53 S, BStBl III 1954, 122 (123 f).

176 Statt vieler *Nitschke* UVR 2007, 379 (381).

177 BFH Gut v 21.1.1954 – V D 1/53 S, BStBl III 1954, 122 (124).

178 Gesetz v 13.11.2012, GV NRW 2012, 524, 530.

179 BVerfGE 28, 119 (148 f). Aus der Literatur etwa *Kunig* in: v Münch/ders, Grundgesetz Kommentar, 6. Aufl, 2012, Art 70 GG Rn 8; *Sannwald* in Schmidt-Bleibtreu/Hofmann/Henneke, GG, 13. Aufl, 2014, Art 70 Rn 24.

180 BFH Urt v 8.3.1995 – II R 57/93, BFH/NV 1995, 1093 (1097). Offen gelassen durch BVerfGE 28, 119 (150 f).

181 Ausführlich zur Einordnung der Spielbankabgabe *Müller-Franken* DStZ 2012, 506 (507 ff).

scheinlich ist dies aber auf die durch § 5 Abs 1 SpielbVO alt hergebrachte Bezeichnung zurückzuführen.

Alleinige Voraussetzung für die Steuerpflicht ist der Betrieb einer Spielbank.[182] 62
Bemessen wird die Spielbankabgabe nach dem *Bruttospielertrag*. Entscheidend ist also der Betrag, der von den geleisteten Spieleinsätzen nach Auszahlung der Gewinne übrig bleibt. Der *Steuersatz* ist in den Bundesländern in der Regel nach dem Bruttospielertrag gestaffelt, wobei Staffelung und Höhe variieren. So beträgt der Steuersatz in Bayern bei einem jährlichen Bruttospielertrag bis 25 Mio Euro 30 vH, darüber hinaus 35 vH (Art 5 Abs 1 S 1 u. 2 SpielbG Bayern[183]), während etwa in Brandenburg[184] der Steuersatz bis 3 Mio Euro 25 vH beträgt und dann hinsichtlich des übersteigenden Bruttospielertrags fortlaufend ansteigt (übersteigender Ertrag von 3 Mio bis 4 Mio Euro: 30 vH; bis 5 Mio Euro: 35 vH; bis 7,5 Mio Euro: 45 vH; über 7,5 Mio Euro: 60 vH). Einen komplexeren Weg zur Bemessung der Spielbankabgabe wählt Niedersachsen. Vom jährlichen Bruttospielertrag gewährt das Land einen Freibetrag in Höhe von 1 Mio Euro, der sich an den Spieltagen unter bestimmten Voraussetzungen erhöhen kann (§ 4 Abs 1 S 2 u 5 NSpielbG[185]). Auf der Grundlage des den Freibetrag übersteigenden Bruttospielertrages wird ein Steuersatz von 50 vH erhoben, § 4 Abs 1 S 3 NSpielbG. Dieser Steuersatz ermäßigt sich jedoch im Geschäftsjahr der Eröffnung und in den vier folgenden Geschäftsjahren auf 40 vH, wenn die Spielbank in einer Gemeinde eröffnet wird, die in den letzten 10 Jahren seit Eröffnung keine Spielbank besaß (§ 4 Abs 1 S 4 NSpielbG). Übersteigt der Bruttospielertrag der Spielbank allerdings im Kalenderjahr 1 Mio Euro, ist auf den übersteigenden Betrag eine Zusatzabgabe zu entrichten, deren Höhe je nach Größe des Bruttospielertrages variiert (§ 4 Abs 2 NSpielbG).

Steuerschuldner ist der Unternehmer der Spielbank (tatsächlicher Betreiber [zB 63
§§ 3 Abs 2, 12 Abs 1 SpielbG NRW] bzw der Zulassungsinhaber [zB § 4 Abs 1 S 1 NSpielbG]).

Gemein ist den Spielbankengesetzen, dass sie auf die Spielbankabgabe die zu 64
entrichtende Umsatzsteuer für Umsätze, die durch den Betrieb der Spielbank bedingt sind, *anrechnen* (zB § 4 Abs 9 S 1 NSpielbG).[186] Dies gilt nur für Umsätze aus Tätigkeiten, die im unmittelbaren Zusammenhang mit dem Betrieb der Spielbank stehen.[187] Daher unterliegen gastronomische Umsätze des Spielbankbetreibers nicht

182 Gleichsam *Englisch* in Streinz/Liesching/Hambach (Hrsg), Glücks- und Gewinnspielrecht in den Medien, 2014, Syst Darst Rn 150.

183 Gesetz v 26.7.1995, GVBl 1995, 350, zuletzt geändert durch VO v 22.7.2014, GVBl 2014, 286.

184 § 11 Abs 2 des Gesetzes über die Zulassung öffentlicher Spielbanken im Land Brandenburg v 18.12.2007, GVBl I 2007, 218, 223, zuletzt geändert durch Gesetz v 28.6.2012, GVBl I Nr 29.

185 Niedersächsisches Spielbankengesetz v 16.12.2004, Nds GVBl 2004, 605, zuletzt geändert durch Gesetz v 21.6.2012, Nds GVBl 2012, 190.

186 Zu den hiergegen geäußerten Bedenken siehe die Ausführungen Rn 44 f.

187 BFH Beschl v 30.10.2014 – IV R 2/11, BStBl II 2015, 565 (566 f Rn 19).

der Anrechnung.[188] Was die der Spielbankabgabe unterliegenden Tätigkeit betrifft, werden die Unternehmer der zugelassenen öffentlichen Spielbanken zudem von der Einkommen-, Körperschaft- und Lotteriesteuer (§ 6 SpielbkV) sowie der Gewerbesteuer (§ 3 Nr 1 GewStG) befreit. Hierdurch soll eine steuerliche Doppelbelastung vermieden werden.[189] Ferner finden sich in den Spielbankgesetzen der Bundesländer Steuerbefreiungen für Landes- und Gemeindesteuern, die mit dem Betrieb der Spielbank in unmittelbarem Zusammenhang stehen (etwa § 18 SpielbG NRW).

65 Vielfach werden die Innenminister der Länder ermächtigt, durch Rechtsverordnung einen Anteil zu bestimmen, der den Gemeinden, in denen die Spielbank jeweils ansässig ist, zukommt (zB § 19 SpielbG NRW). Ein verfassungsrechtlicher Anspruch auf die Zuweisung des vollständigen Anteils an dem Aufkommen der Spielbankabgabe steht den Gemeinden hierbei nicht zu.[190]

IV. Kommunale Steuern auf Glücksspiele

66 Vielfältigste Lebenssachverhalte werden von den Gemeinden, denen die Bundesländer ihre Gesetzgebungskompetenz aus Art 105 Abs 2a GG auf der Grundlage der Kommunalabgabengesetze übertragen haben (zB § 1 Abs 1 KAG NRW[191]), mit *örtlichen Verbrauch- oder Aufwandsteuern* erfasst. Ausschlaggebend hierfür wird meist der kommunale Finanzbedarf sein. Denn das Aufkommen aus diesen Steuern steht der steuererhebenden Gemeinde zu, Art 106 Abs 6 GG. Daher verwundert es nicht, dass die Gemeinden auch die potenziell finanzkräftige Glücksspielbranche für sich entdecken und einzelne Glücksspielarten herausgreifen, um sie einer Steuer zu unterwerfen.

1. Die Vergnügungsteuer auf Geldspielgeräte

67 In der Vorstellung, dass demjenigen, der sich ein Vergnügen leistet, auch eine zusätzliche Abgabe zugemutet werden kann, erheben die Gemeinden seit jeher eine

188 BFH Gut v 21.1.1954 – V D 1/53 S, BStBl III 1954, 122 (123); Beschl v 30.10.2014 – IV R 2/11, BStBl II 2015, 565 (566 f Rn 19).

189 BFH Gut v 21.1.1954 – V D 1/53 S, BStBl III 1954, 122 (124); Beschl v 30.10.2014 – IV R 2/11, BStBl II 2015, 565 (566 Rn 16).

190 So jedenfalls *Siekmann* in: Die Spielbankabgabe und die Beteiligung der Gemeinden an ihrem Aufkommen – zugleich ein Beitrag zu den finanzverfassungsrechtlichen Ansprüchen der Gemeinden, FS Schnapp, 2008, 319 (345).

191 Kommunalabgabengesetz für das Land Nordrhein-Westfalen v 21.10.1969, GV NRW 1969, 712, zuletzt geändert durch Gesetz v 13.12.2011, GV NRW 2011, 687.

Steuer auf bestimmte Vergnügungen (sog *Vergnügungsteuer*).[192] Zur Entrichtung der Steuer ziehen sie jedoch nicht den Spieler, sondern den jeweiligen Veranstalter des Vergnügens heran.[193] Welches Vergnügen sich im Einzelnen als besonders steuerwürdig erweist, obliegt dem Regelungsspielraum der Gemeinde. Den klassischen Anwendungsfall bildet das Spiel an Geldspielgeräten privater Aussteller. Allerdings wird deren Besteuerung von rechtlichen Bedenken begleitet, insbesondere was ihren Maßstab und die Steuerbelastung anbelangt.

a) Pauschale Stückzahlsteuer versus Besteuerung des Einspielergebnisses oder Spieleinsatzes

Lange Zeit hielten das BVerwG[194] und der BFH[195] die Entrichtung eines pauschalen 68
Betrags pro aufgestellten Spielgerät (sog. *pauschale Stückzahlsteuer*) mit Art 3 Abs 1 GG für vereinbar, vorausgesetzt der tatsächliche Spielaufwand des Spielers war technisch nicht oder nur sehr schwer zu ermitteln und der Stückzahlmaßstab spiegelte den Spielaufwand jedenfalls grob typisierend wider.

Erst im Zuge der technischen Fortentwicklung setzte eine Rechtsprechungsän- 69
derung ein. Das BVerwG[196] und im Anschluss der BFH[197] sahen in der pauschalen Stückzahlbesteuerung eine Verletzung von Art 105 Abs 2a GG und Art 3 Abs 1 GG. Wichen die Einspielergebnisse einzelner Spielautomaten mehr als 50 vH von den durchschnittlichen Einspielergebnissen der Automaten in der Gemeinde ab (jeweils 25 vH hiervon nach oben oder unten), erweise sich der Stückzahlmaßstab als untauglich für die Erhebung der Vergnügungsteuer.[198] Es fehle am lockeren Bezug zwischen dem gewählten Maßstab und dem Vergnügungsaufwand, sodass die Steuer nicht mehr dem Typus einer Aufwandsteuer entspreche.[199] Freilich habe der Satzungsgeber einen Gestaltungs- und Pauschalierungsspielraum. Dieser befreie ihn aber nicht davon, den Vergnügungsaufwand wirklichkeitsnah zu erfassen.[200] Insbesondere stehe dem Satzungsgeber mit der elektronischen Ermittlung der Einspielergebnisse ein zuverlässiger Maßstab zur Verfügung, der den Vergnügungsaufwand erheblich wirklichkeitsnäher erfasse.[201]

192 BVerfGE 14, 76 (79).
193 BVerfGE 14, 76 (79).
194 BVerwGE 110, 237.
195 BFH Urt v 29.3.2006 – II R 59/04, BFH/NV 2006, 1354.
196 BVerwGE 123, 218; BVerwG Urt v 14.12.2005 – 10 CN 1/05, NVwZ 2006, 461 (463).
197 BFHE 217, 280 (286).
198 BVerwGE 123, 218 (219).
199 BVerwGE 123, 218 (219 f).
200 BVerwGE 123, 218 (220).
201 BVerwGE 123, 218 (222 ff); BFHE 217, 280 (286 f).

70 Das BVerfG[202] hat zwar in der Folge einen Verstoß gegen Art 105 Abs 2a GG verneint, da die Untauglichkeit des Steuermaßstabes den Typus der Abgabe und damit ihren Charakter als Aufwandsteuer unberührt lasse. Bekräftigt hat es aber, dass die Anwendung des Stückzahlmaßstabs Art 3 Abs 1 GG verletze.[203] Diese führe dazu, dass das Halten von Geldspielautomaten unabhängig vom konkreten Vergnügungsaufwand des einzelnen Spielers gleich hoch besteuert werde, so dass wesentlich ungleiche Sachverhalte gleich behandelt würden.[204] Die Gleichbehandlung ungleicher Sachverhalte könne angesichts der nunmehr erwiesenen generellen Ungeeignetheit des Stückzahlmaßstabs für die Bemessung der Spielgerätesteuer mit der Folge eines fehlenden Bezugs zwischen Steuerbemessung und Vergnügungsaufwand sachlich nicht mehr gerechtfertigt werden, insbesondere nicht aus Praktikabilitätsgründen.[205] Insofern sieht das BVerfG die *Stückzahl* als Steuermaßstab *generell* für *untauglich* an, verzichtet damit auf eine Einzelfallbetrachtung der Schwankungsbreite der durchschnittlichen Einspielergebnisse.[206]

71 Als *verfassungsmäßiger Besteuerungsmaßstab* kommt zum einen das *Einspielergebnis* des Automaten in Betracht[207], genauer gesagt die Anknüpfung an die Bruttokasse zzgl. Röhrenentnahme, abzgl. Röhrenauffüllung, Falschgeld und Fehlgeld[208]. Ist der Kalendermonat der Besteuerungszeitraum, kann es vorkommen, dass das Einspielergebnis in einem Monat einen negativen Saldo aufweist (sog „Minuskasse"). In diesem Fall schuldet der Automatenaufsteller keine Vergnügungsteuer. Er hat aber auch keinen Anspruch auf Verrechnung der Minuskasse mit dem positiven Einspielergebnis des Folgemonats, da die Vergnügungsteuersatzungen keinen „Verlustausgleich" vorsehen und ein solcher auch nicht verfassungsrechtlich geboten ist.[209] Enthält die Satzung eine Mindestbesteuerung bzw erhöhte Mindestbesteuerung, kann sie im Einzelfall zu einer Ungleichbehandlung von Spielautomatenaufstellern führen. Allerdings kann diese Ungleichbehandlung durch das besonders wichtige Gemeinwohlziel der Bekämpfung und Eindämmung der Spielsucht verfas-

202 BVerfGE 123, 1 (16 f).

203 BVerfGE 123, 1 (18 f). Bekräftigt durch BVerfGE 135, 238 (244 f Rn 18, 21).

204 BVerfGE 123, 1 (23).

205 BVerfGE 123, 1 (26 ff). Im Anschluss BVerfGE 135, 238 (244 f Rn 21).

206 *Eichberger* Die Spielgerätesteuer und das Verfassungsrecht – eine unendliche Geschichte in: FS Spindler, 2011, 67 (76).

207 BVerwGE 153, 116 (118 f Rn 12).

208 Hessischer VGH Urt v 13.1.2010 – 5 A 1794/09, LKRZ 2010, 137; Beschl v 4.1.2011 – 5 A 847/10, Rn 27 ff juris; Beschl v 1.3.2011 – 5 A 2928/09, LKRZ 2011, 219 (220); OVG Sachsen-Anhalt Urt v 23.8.2011 – 4 L 323/09, KStZ 2012, 31 (33).

209 OVG Sachsen-Anhalt Urt v 23.8.2011 – 4 L 323/09, KStZ 2012, 31 (34); VGH BW Beschl v 9.7.2012 – 2 S 740/12, ESVGH 63, 67 (69); OVG NRW Beschl v 27.7.2015 – 14 A 1107/15, NVwZ 2015, 1703 (1704 Rn 11).

sungsrechtlich legitimiert sein.[210] Verfassungswidrig wäre sie aber jedenfalls dann, wenn das Ziel einer gleichheitsgerechten Erfassung des Vergnügungsaufwands des Spielers an Geldspielgeräten insgesamt nicht mehr erreicht würde.[211]

Zum anderen ist es auch möglich, die Vergnügungsteuer auf der Grundlage des *Spieleinsatzes* zu erheben, wie es beispielsweise die Hansestadt Hamburg geregelt hat (vgl § 4 Abs 1 HmbSpVStG[212]).[213] Etwaige Bedenken, der *Spieleinsatz* sei als Maßstab für den Aufwand des Spielers untauglich[214], hat der BFH[215] verworfen und die Abwälzbarkeit der dem Urteil zugrunde liegenden Hamburgischen Spielvergnügungsteuer bejaht. 72

b) Erdrosselungswirkung und Berufsfreiheit (Art 12 Abs 1 GG)

Häufig müssen sich die Gerichte mit dem Vorwurf auseinandersetzen, die Vergnügungssteuer auf Geldspielgeräte mit Gewinnmöglichkeit entfalte eine *erdrosselnde Wirkung*. Erdrosselnd soll sie erst dann wirken, wenn die Aufsteller von Geldspielgeräten im Erhebungsgebiet *in aller Regel* und nicht nur in Ausnahmefällen wirtschaftlich nicht mehr in der Lage sind, ihren gewählten Beruf ganz oder teilweise zur Grundlage der Lebensführung zu machen, was durch Art 12 Abs 1 GG (Berufswahlfreiheit) garantiert ist.[216] Entscheidend ist der durchschnittliche Betreiber im Gemeindegebiet.[217] 73

Zur Feststellung der Erdrosselungswirkung bedienen sich die Gerichte einer *Rentabilitätsrechnung*. Hierbei ist zu ermitteln, „ob der durchschnittlich von den Aufstellern erzielte Bruttoumsatz die durchschnittlichen Kosten unter Berücksichtigung aller anfallenden Steuern einschließlich eines angemessenen Betrages für Eigenkapitalverzinsung und Unternehmerlohn abdecken kann".[218] Maßgeblich ist eine kostensparende marktgerechte Betriebsführung, sodass unwirtschaftliche Geldspielgeräte herauszurechnen sind.[219] In den Grenzen des Vertrauensschutzes und der Zumutbar- 74

210 BVerfG Beschl v 3.9.2009 – 1 BvR 2384/08, NVwZ 2010, 313 (316).

211 BVerfG Beschl v 3.9.2009 – 1 BvR 2384/08, NVwZ 2010, 313 (317).

212 Hamburgisches Spielvergnügungsteuergesetz v. 29.9.2005, HmbGVBl 2005, 409, zuletzt geändert durch Gesetz v 6.10.2006, HmbGVBl 2006, 509.

213 Ausführlich zum Begriff des Spieleinsatzes im Sinne der §§ 1 Abs 3, 4 Abs 1 HmbSpVStG BFH Beschl v 19.2.2010 – II B 122/09, BFH/NV 2010, 1144 (1145 f, Rn 16 ff); Urt v 7.12.2011 – II R 51/10, BFH/NV 2012, 790 (793 f, Rn 28 ff).

214 In diese Richtung *Paschke Frhr v Senden*, GewArch 2007, 280 (282).

215 BFH Beschl v 1.2.2007 – II B 51/06, BFH/NV 2007, 987 (989).

216 BVerfGE 31, 8 (29); BVerwGE 123, 218 (236); 135, 367 (383 Rn 44). Prägnant OVG NRW Urt v 23.6.2010 – 14 A 597/09, Rn 93 juris.

217 BVerwGE 123, 218 (236); 135, 367 (383 Rn 44); 153, 116 (121 Rn 17).

218 BVerwGE 135, 367 (383 Rn 45). Im Kern gleich BVerwGE 153, 116 (121 Rn 17).

219 BVerfGE 31, 8 (30); BVerwGE 135, 367 (388 Rn 45).

keit ist ferner zu berücksichtigen, ob der Betreiber die steuerlichen Belastungswirkungen durch eine Preiserhöhung (zB Einbau von Geräten mit einem höheren durchschnittlichen Kasseninhalt) auffangen kann.[220] Stets ist aber zu beachten, dass die Möglichkeiten des Betreibers, eine höhere Abgabenbelastung betriebswirtschaftlich auszugleichen, begrenzt sind, da ihn neben der Vergnügungsteuer weitere Steuern und umfangreiche gewerbe- und glücksspielrechtliche Beschränkungen treffen.[221] In der Praxis bringt diese Methode wegen ihrer Ausrichtung auf einen durchschnittlichen Betreiber durchaus Schwierigkeiten bei der Tatsachenfeststellung mit sich. An der praktischen Durchführbarkeit hat das BVerwG[222] aber keine Bedenken.

75 Zudem stellen die Gerichte für die Feststellung der Erdrosselungswirkung auf die *Branchenentwicklung* ab. Danach müssen aufgrund der wirtschaftlichen Auswirkungen der Vergnügungsteuer die schwächsten Anbieter den Markt verlassen, ohne durch neue Anbieter ersetzt zu werden. Es müsste eine Tendenz zum Absterben der Spielgeräteaufstellerbranche im jeweiligen Gemeindegebiet erkennbar sein.[223] Der Rückzug aus dem Markt darf nicht die Ausnahme, muss vielmehr den Regelfall darstellen.[224] Fehlt es im Gemeindegebiet an aussagekräftigen Vergleichszahlen, etwa weil es in der Gemeinde keine hinreichende Zahl von Spielhallen gibt, kann sich die Beurteilung auf die Marktlage in den Nachbargemeinden oder in der Region stützen.[225] Lässt sich auf dieser Grundlage mit hinreichender Gewissheit eine Erdrosselungswirkung der Vergnügungsteuer verneinen, bedarf es keiner Rentabilitätsrechnung mehr.[226] Dementsprechend ist die Ermittlung der Branchenentwicklung die in der Praxis wohl am häufigsten verwendete Methode zur Feststellung einer Erdrosselungswirkung.

76 Überlegungen des OVG *NRW*[227], unter Heranziehung des *Gebots der Verhältnismäßigkeit im engeren Sinne* der Spielgerätebesteuerung auch unterhalb der Schwelle

220 BVerwGE 153, 116 (123 ff Rn 22 f, 26, 30).

221 BVerwGE 153, 116 (121 f Rn 18).

222 BVerwGE 153, 116 (122 Rn 19).

223 Grundlegend zum Ganzen OVG NRW Urt v 23.6.2010 – 14 A 597/09, Rn 97; Urt v 21.6.2011 – 14 A 2552/08, Rn 37; Beschl v 16.5.2012 – 14 A 996/12, Rn 12; Beschl v 4.6.2013 – 14 A 1118/13, Rn 17; Urt v 24.7.2014 – 14 A 692/13, Rn 50; Beschl v 20.5.2015 – 14 A 831/15, Rn 10 jeweils juris; Urt v 12.9.2016 – 14 A 1501/15, KStZ 2016, 215 (216). Im Anschluss Hessischer VGH, Beschl v 4.1.2011 – 5 A 847/10, Rn 43 juris; VGH *BW* Urt v 13.12.2012 – 2 S 1010/12, KStZ 2013, 116 (117) sowie OVG Nds Beschl v 18.2.2014 – 9 LA 45/12, NdsVBl 2014, 256 (257). In diesem Sinne auch BVerwGE 135, 367 (384, Rn 46); BVerwG Beschl v 26.10.2011 – 9 B 16.11, NVwZ-RR 2012, 38 (39, Rn 7); Beschl v 24.2.2012 – 9 B 80.11, NVwZ-RR 2012, 368 (370, Rn 19 f).

224 Hessischer VGH Beschl v 4.1.2011 – 5 A 847/10, Rn 43 juris; VGH *BW* Urt v 13.12.2012 – 2 S 1010/12, KStZ 2013, 116 (117).

225 BVerwGE 153, 116 (122 f Rn 20).

226 So jedenfalls BVerwG Beschl v 26.10.2011 – 9 B 16.11, NVwZ-RR 2012, 38 (Leitsatz); Beschl v 24.2.2012 – 9 B 80.11, NVwZ-RR 2012, 368 (370 Rn 20).

227 OVG NRW Urt v 24.7.2014 – 14 A 692/13, Rn 46 ff juris.

der Erdrosselungswirkung Belastungsobergrenzen zu ziehen, hat das BVerwG[228] im Wesentlichen verworfen. Nach Auffassung des BVerwG[229] sei für eine allgemeine, unterhalb der Erdrosselungsgrenze liegende Schwelle einer unverhältnismäßig hohen Steuerbelastung kein Raum. Wirke die Steuer nicht erdrosselnd, weil sie dem umsichtigen Durchschnittsunternehmer die Möglichkeit belasse, einen angemessenen Gewinn zu erwirtschaften, sei sie in der Regel nicht unverhältnismäßig. Etwas anderes komme nur in besonders gelagerten Ausnahmefällen in Betracht.

Praktisch läuft der Rechtsschutz der Betroffenen angesichts des strengen Prü- 77
fungsmaßstabes und der Ausrichtung auf den Durchschnittsbetreiber ins Leere. Die Schwelle der Erdrosselungswirkung ist so hoch, dass ihre Feststellung im Bereich der Spielgerätebesteuerung bisher – soweit ersichtlich – Theorie geblieben ist.[230] Die ausschließliche Fokussierung auf den Makel der „Erdrosselungsteuer" als unzulässigen Eingriff in die Berufswahl greift zu kurz. Unberücksichtigt bleibt ein möglicher Grundrechtsschutz gegenüber einer Sondersteuer, die die *Berufsausübungsfreiheit* massiv beeinträchtigt und damit eindeutig berufsregelnde Tendenz hat. Die Heranziehung des Gebots der Verhältnismäßigkeit böte die Möglichkeit einer flexiblen Einzelfallprüfung und gewährte Rechtsschutz vor Überschreiten der Schwelle zur Unmöglichkeit der beruflichen Tätigkeit. Angezeigt wäre hierbei eine Beurteilung der wirtschaftlichen Auswirkungen am einzelnen Betreiber und nicht nur am Durchschnittsbetreiber, wie sie auch in der Entscheidung des BVerfG[231] zum Halbteilungsgrundsatz bei der Einkommen- und Gewerbesteuer angedeutet wird. Allerdings wäre die Belastungsobergrenze erst dort überschritten, wo der wirtschaftliche Erfolg *grundlegend* beeinträchtigt wäre.[232] Im Lichte der Berufsausübungsfreiheit müssten demnach nachteilige Auswirkungen auf den *wirtschaftlichen Kern* der Berufsausübung zu spüren sein. Anders gewendet müsste die Steuer den Betreiber veranlassen, gravierende Einschnitte im Umfang seiner Tätigkeit vorzunehmen.[233] Zudem bliebe es den Gerichten unbenommen, die Belastungsgrenze in besonders begründeten Ausnahmefällen höher anzusetzen bzw zu verschieben.[234] Unter diesen Aspekten würde das Übermaßverbot den Betreibern voraussichtlich in eng umgrenzten Sonderkonstellationen helfen.

---

228 BVerwGE 153, 116 (126 f Rn 30).

229 BVerwGE 153, 116 (127 Rn 30).

230 So auch die allgemeine Kritik bei *Hey* in Tipke/Lang, Steuerrecht, 22. Aufl, 2015, § 3 Rn 184.

231 BVerfGE 115, 97 (117). Hier heißt es nämlich: „Für den Streitfall ist nicht erkennbar, dass eine verfassungsrechtliche Obergrenze zumutbarer Belastung durch Einkommens- und Gewerbesteuer – sei es im typischen Fall, sei es speziell im Fall des Beschwerdeführers – erreicht wäre, und zwar auch dann nicht, wenn man die Berechnung des Beschwerdeführers zugrunde legt".

232 BVerfGE 115, 97 (117).

233 *Brüggemann* Die Besteuerung von Sportwetten im Rennwett- und Lotteriegesetz, 2015, S 233.

234 BVerfGE 115, 97 (1106 f). Näher dazu *Brüggemann* Die Besteuerung von Sportwetten im Rennwett- und Lotteriegesetz, 2015, S 234 f.

78 Abzulehnen ist die sich auf den steuerlichen Lenkungszweck der Suchtbekämpfung stützende Auffassung des FG *Bremen*[235], wonach die Grenze zur Unverhältnismäßigkeit erst dann überschritten sei, wenn die Vergnügungsteuer eine erdrosselnde Wirkung entfalte. Diese „Rolle rückwärts" ist zu pauschal. Sie entzieht den Betreibern von vornherein den Mehrwert, den die Anwendung des Verhältnismäßigkeitsgrundsatzes grds. mit sich bringen soll, ohne ihre Belange zu berücksichtigen.[236] Nach dem vorgezeichneten Maßstab (Rn 77) ist es überzeugender, erst im zweiten Schritt unter Berücksichtigung des Schwere der Beeinträchtigung und der widerstreitenden Grundrechtspositionen im Einzelfall zu prüfen, ob der verfolgte Lenkungszweck ausnahmsweise die Belastungsobergrenze erhöhen kann.

2. Die Wettbürosteuer

79 In jüngerer Zeit haben einzelne Kommunen (zB Hagen[237], Gronau[238], Freiburg[239]) neben der Vergügungsteuer auf Geldspielgeräte eine neue Einnahmenquelle entdeckt: die *Wettbürosteuer*. Vorreiter waren die Städte Freiburg und Hagen.

a) Beispielhaft: Wettbürosteuer der Stadt Hagen

80 Seit dem 1.8.2014 unterliegt in *Hagen*, dessen Satzung hier beispielhaft herangezogen wird, das Vermitteln und Veranstalten von Pferdewetten und Sportwetten in Einrichtungen, die neben der Annahme von Wettscheinen auch das Mitverfolgen der Wettergebnisse ermöglichen (sog *Wettbüros*), der Wettbürosteuer (§ 1 Abs 1 Wettbürosteuersatzung Hagen). Nicht der Besteuerung unterliegen Einrichtungen, in denen die Spieler die Wettscheine lediglich abgeben können, ohne dass ihnen ein weiterer Service angeboten wird (§ 1 Abs 2 Wettbürosteuersatzung Hagen).

81 *Bemessungsgrundlage* der Wettbürosteuer ist die Fläche der genutzten Fläche, wozu insbesondere die Fläche der Wettannahme, der Verfolgung der Wettereignisse sowie des Getränkeausschanks gehören (§ 3 Abs 1 S 1 Wettbürosteuersatzung Hagen). Unberücksichtigt bleiben die Bereiche für Garderoben, Toiletten oder ähnliche

---

235 FG Bremen, Urt v 11.4.2012, 2 K 2/12 (1), EFG 2012, 1408 (1411); Urt v 20.2.2014, 2 K 84/13 (1), Rn 132 juris.

236 Ebenso ablehnend im Bereich der Sportwettenbesteuerung *Brüggemann* Die Besteuerung von Sportwetten im Rennwett- und Lotteriegesetz, 2015, S 232f.

237 Satzung über die Erhebung der Wettbürosteuer in der Stadt Hagen (Wettbürosteuersatzung) v 9.7.2014, ABl Nr 26/2014, 131.

238 Satzung über die Erhebung der Wettbürosteuer in der Stadt Gronau (Westf) Wettbürosteuersatzung vom 26.11.2014, ABl Nr 21/2014, 9.

239 Satzung über die Erhebung einer Vergnügungsteuer in der Stadt Freiburg i.B. vom 20.11.2012, ABl Nr 588, 8.

Nebenräume (§ 3 Abs 1 S 2 Wettbürosteuersatzung Hagen). Wer ausschließlich Pferdewetten vermittelt, muss dabei eine Wettbürosteuer von 100 Euro je angefangene 20 m^2 zahlen (§ 3 Abs 2 Buchst a) Wettbürosteuersatzung Hagen). Wer dagegen nur Sportwetten oder Sportwetten- und Pferdewetten in seinem Wettbüro vermittelt, zahlt den doppelten Preis (§ 3 Abs 2 Buchst b) u c) Wettbürosteuersatzung Hagen).

Steuerschuldner ist der Betreiber des Wettbüros, wobei § 2 Abs 1 der Hagener Wettbürosteuersatzung den Personenkreis auf *Wettvermittler* eingrenzt. Existieren mehrere Steuerschuldner, haften sie als Gesamtschuldner (§ 2 Abs 2 Wettbürosteuersatzung Hagen). 82

b) Die Wettbürosteuer als kommunale Aufwandsteuer

Gegen die Wettbürosteuer als örtliche Aufwandsteuer (Art 105 Abs 2a GG) bestehen eine Reihe verfassungsrechtlicher Bedenken.[240] Die Rechtsprechung beurteilt sie unterschiedlich.[241] Eine Entscheidung des BVerwG steht noch aus (Az BVerwG 9 C 7.16) (Stand: April 2017). Nach Auffassung des VGH *Baden-Württemberg* fehlt es an einem besteuerbaren Aufwand iSd Art 105 Abs 2a GG, da die Steuersatzung an die Möglichkeit des Mitverfolgens von Wettereignissen anknüpft, die als rein tatsächliche Vorgang nicht typischerweise mit einem Aufwand verbunden sei.[242] Die Gegenposition vertritt das OVG NRW, das davon ausgeht, dass die Wettbürosteuer den Konsumaufwand des Wettkunden für das Wetten in einem Wettbüro erfasse.[243] 83

Unabhängig von der Frage des besteuerbaren Aufwands bestehen aber auch erhebliche Zweifel, ob die Wettbürosteuer nicht der bundesgesetzlich geregelten Sportwettensteuer gleichartig ist, was Art 105 Abs 2a GG nicht zulässt. Zwar sind die bundesgesetzlich geregelte Sportwettensteuer (oben Rn 5) und kommunale Wettbürosteuer in ihrer gesetzlichen Ausgestaltung nicht vollständig deckungsgleich, insbesondere in der Bemessungsgrundlage (Spieleinsatz versus Fläche) unterscheiden sie sich deutlich, was das OVG NRW dazu veranlasste, eine Gleichartigkeit zu verneinen.[244] Das BVerfG fordert aber, dass die Unterschiede gewichtig sein müssen. Entscheidend sei, ob dieselbe Quelle wirtschaftlicher Leistungsfähigkeit ausge- 84

240 Dazu *Birk* ZfWG 2015, 2.

241 Für unbedenklich hält sie das OVG NRW Urt v 13.4.2016 – 14 A 1599/15, ZfWG 2016, 251; dazu Anm *Schmittmann* ZfWG 2016, 263. Die Gegenposition vertritt der VGH *BW* Urt v 28.1.2016 – 2 S 1019/15, ZfWG 2016, 229 (dazu Anm *Reeckmann,* ZfWG 2016, 236); Urt v 11.2.2016 – 2 S 1025/14, Rn 20ff juris.

242 VGH *BW* Urt v 28.1.2016 – 2 S 1019/15, ZfWG 2016, 229 (232); Urt v 11.2.2016–2 S 1025/14, Rn 28 juris.

243 OVG NRW Urt v 13.4.2016 – 14 A 1599/15, ZfWG 2016, 251 (252f).

244 OVG NRW Urt v 13.4.2016 – 14 A 1599/15, ZfWG 2016, 251 (254ff).

schöpft wird[245], was bei beiden Steuern der Fall ist[246]. Allein durch eine verschiedene Formulierung der Steuertatbestände kann der Steuersatzungsgeber die Gleichartigkeit nicht vermeiden. Da Sportwettensteuer und Wettbürosteuer beide letztlich den Wettaufwand des Spielers erfassen wollen, fallen die Unterschiede in der steuertechnischen Ausgestaltung nicht ins Gewicht. Der VGH Baden-Württemberg[247] hat die Frage des Verstoßes gegen das Gleichartigkeitsverbot offengelassen.

85 Im Ergebnis bestehen jedenfalls erhebliche Bedenken, ob die Gemeinden die Kompetenz haben, Wettbürosteuern zu erheben, wenn auch das „letzte Wort" des BVerwG und ggfs des BVerfG noch aussteht.[248]

c) Gleichheitsrechtliche Bedenken

86 Nicht von der Hand zu weisen sind auch *gleichheitsrechtliche Bedenken*, die sich gegen den anzuwendenden Flächenmaßstab richten. Die Wettbürosteuer pauschaliert den Aufwand des Spielers, indem sie die Fläche des Wettbüros zugrundelegt. Diese Pauschalierung ist realitätsfremd und untauglich. Das BVerfG hat einen im Pauschalierungsgedanken wurzelnden Ersatz- oder Wahrscheinlichkeitsmaßstab im Vergnügungsteuerrecht nur dann als Rechtfertigung der Ungleichbehandlung akzeptiert, wenn ein tauglicher Wirklichkeitsmaßstab nicht zur Verfügung steht.[249] Die Spielgerätesteuer, die den Vergnügungsaufwand früher nach der Gerätestückzahl pauschalierte, hat das BVerfG[250] deshalb mit Verweis auf den in Zähleinrichtungen ermittelten Spieleinsatz, der den wirklichen Vergnügungsaufwand widerspiegelt, für verfassungswidrig erklärt. Die Ausführungen des BVerfG zur Spielgerätesteuer können auf die Wettbürosteuer übertragen werden. Auch für die Wettbürosteuer existiert ein tauglicher und praktikabler Wirklichkeitsmaßstab, der den Vergnügungsaufwand des Spielers exakt wiedergibt und die gravierenden Abweichungen im getätigten Vergnügungsaufwand bei Anknüpfung an die Fläche des Wettbüros vermeidet. Es ist kein Grund ersichtlich, warum nicht auch bei der Wettbürosteuer als Vergnügungsteuer der Aufwand durch Anknüpfung an den Wert der Wette bzw den Spieleinsatz gemessen wird. Das Pauschalierungsargument trägt die Ungleichbehandlung nicht.[251] Das sieht auch der VGH Baden-Württem-

---

245 BVerfGE 65, 325 (351).

246 Näher dazu und zum Prüfungsmaßstab *Birk* ZfWG 2015, 2 (3 ff). AA OVG NRW Urt v 13.4.2016 – 14 A 1599/15, ZfWG 2016, 251 (256): Ausschließliche Abschöpfung des Wettmehraufwandes gegenüber reiner Wettannahmestelle.

247 VGH *BW* Urt v 28.1.2016 – 2 S 1019/15, ZfWG 2016, 229 (234); Urt v 11.2.2016 – 2 S 1025/14, Rn 28.

248 Näher zu den Bedenken *Birk*, ZfWG 2015, 2 (4 ff).

249 BVerfGE 123, 1 (21).

250 BVerfGE 123, 1 (23).

251 *Birk* ZfWG 2015, 2 (8). AA OVG NRW Urt v 13.4.2016 – 14 A 1599/15, ZfWG 2016, 251 (261 f).

berg[252] so, wenn er ausführt, dass durch einen Flächenmaßstab „der unterstellte entgeltliche Vergnügungsaufwand nicht hinreichend realitätsnah abgebildet" werde.

V. Schluss

Glücksspiele sind nicht nur Gegenstand des Ordnungsrechts, sondern auch in vie- 87
lerlei Weise Anknüpfung für abgabenrechtliche Belastungen. Das war schon in der Vergangenheit so. Bund, Länder und Kommunen machen sich den menschlichen Trieb der Glückssuche im Spiel zu Nutze, indem sie daran Abgaben knüpfen und so eine zusätzliche Finanzierungsquelle zur Deckung des staatlichen Finanzbedarfs ausschöpfen. So inspiriert der Anreiz, im Spiel sein Glück zu suchen, seit jeher nicht nur den Spieler, sondern auch den Staat, der in Form von drei Akteuren, nämlich Bund, Ländern und Gemeinden auf das Spielgeschehen zugreift. Auch wenn sich die staatlichen Akteure – anders als die Spieler – regelmäßig als Gewinner fühlen dürfen, so sind sie doch an diverse verfassungsrechtliche Vorgaben gebunden und – wie manche Versuche auf landesrechtlicher und kommunaler Ebene gezeigt haben – in ihrem Bestreben nach Erschließung neuer Steuerquellen nicht davor gefeit, sich auch mal zu „verzocken".

252 VGH *BW* Urt v 28.1.2016 – 2 S 1019/15, ZfWG 2016, 229 (235); Urt v 11.2.2016 – 2 S 1025/14, Rn 48 juris.

Martin K. Moser

§ 27 Steuerrechtliche Aspekte der Rechtsprechung des EuGH im Bereich des Glücksspiels*

Übersicht

I. Einleitung und Überblick

Der anhaltende Diskurs über eine unionsrechtskonforme Regelung des Glücksspielwesens in Deutschland und anderen Mitgliedstaaten der Europäischen Union wird sicherlich primär unter ordnungsrechtlichen Gesichtspunkten geführt. Es geht hierbei um die Frage, inwiefern die vielfach in Bezug auf die Veranstaltung von Glücksspielen bestehenden rechtlichen Beschränkungen und staatlichen Maßnahmen der Reglementierung und (Angebots-)Kontrolle, insbesondere staatliche Konzessionssysteme und Monopole, mit den Erfordernissen des Binnenmarktes vereinbar sind bzw in Einklang gebracht werden können. 1

In diesen Themenkreis „Marktzugang versus staatliche Ordnungspolitiken“ lässt sich auch der weitaus überwiegende Teil der bisherigen Entscheidungen des 2

* Der Verfasser arbeitet derzeit am EuGH als Referent im Kabinett des Richters *Siniša Rodin* und war zuvor in dieser Funktion ua in den Kabinetten des Generalanwalts *Ján Mazák* und der Generalanwältin *Christine Stix-Hackl* tätig. Der vorliegende Beitrag ist ausschließlich als Ausdruck der persönlichen bzw akademischen Rechtsansichten des Verfassers selbst, nicht der Institution, für die er arbeitet, zu verstehen.

https://doi.org/10.1515/9783110259216-027

EuGH im Glücksspielbereich einordnen. Diesbezüglich verfügt das Unionsrecht mittlerweile mit *Schindler*[1], *Läärä*,[2] *Zenatti*,[3] und *Anomar*[4], über *Gambelli*[5] und *Placanica*[6] *bis Liga Portuguesa*[7] und *Ince*[8], um nur einige der einschlägigen Urteile zu nennen, über einen beachtlichen Rechtsprechungsacquis zur Frage der Vereinbarkeit von nationalen Regelungen mit den Grundfreiheiten.[9]

Darüber hinaus hatte sich der EuGH in einer Reihe von Fällen aber auch mit spezifisch steuerrechtlichen Aspekten des Glücksspiels zu befassen. Diese Steuerrechtsprechung bildet den Untersuchungsgegenstand des vorliegenden Beitrags.

3 Zunächst hat sich der EuGH vereinzelt mit steuerlichen Aspekten des Glücksspiels außerhalb bzw im „Randbereich" des Mehrwertsteuerrechts befasst, wie mit der Frage der Vereinbarkeit einer besonderen Glücksspielsteuer mit dem Verbot diskriminierender inländischer Abgaben, wie es in Art 110 AEUV (ex-Art 90 EGV bzw ex-Art 95 EWG) niedergelegt ist, sowie mit dem Verbot, andere Abgaben als die Mehrwertsteuer zu erheben, die umsatzsteuerlichen Charakter aufweisen.

4 Der überwiegende Teil der hier relevanten Entscheidungen des EuGH zum Glücksspielwesen betrifft allerdings den Bereich der Umsatz- bzw Mehrwertsteuern und hier insbesondere Fragen der Auslegung der Mehrwertsteuerrichtlinie in ihrer jeweiligen Fassung.[10] Im Zentrum der gerichtlichen Befassung steht dabei der An-

---

1 Urt v 24. März 1994, C-275/92 – „Schindler", Slg 1994, I-1039.

2 Urt v 21. September 1999, C-124/97 – „Läärä", Slg 1999, I-6067.

3 Urt v 21. Oktober 1999, C-67/98 – „Zenatti", Slg 1999, I-7289.

4 Urt v 11. September 2003, C-6/01 – „Anomar", Slg 2003, I-8621.

5 Urt v 6. November 2003, C-243/01 – „Gambelli ua", Slg 2003, I-13031.

6 Urt v 6. März 2007 verb C-338/04, C-359/04 und C-360/04 – „Placanica", – „Palazzese" und – „Sorricchio", Slg 2007, I-1891.

7 Urt v 8. September 2009, C-42/07 – „Liga Portuguesa", Slg 2009, I-7633.

8 Urt v 4. Februar 2016, C-336/14 – „Ince", ECLI:EU:C:2016:72; dieses Urteil betrifft im Übrigen die Frage der Notifizierungspflichten für nationale Glücksspielregelungen nach der Richtlinie 98/34/EG des Europäischen Parlaments und des Rates vom 22. Juni 1998 über ein Informationsverfahren auf dem Gebiet der Normen und technischen Vorschriften und der Vorschriften für die Dienste der Informationsgesellschaft (ABl L 204, S 37), welcher inzwischen in der Rechtsprechungspraxis des EuGH im Bereich des Glücksspiels, ebenso wie Fragen des Vergabeverfahrens, eine nicht unerhebliche Bedeutung zukommt.

9 Siehe dazu *Ennuschat/Güldner* § 12.

10 Die Sechste Richtlinie 77/388/EWG des Rates vom 17. Mai 1977 zur Harmonisierung der Rechtsvorschriften der Mitgliedstaaten über die Umsatzsteuern – Gemeinsames Mehrwertsteuersystem: einheitliche steuerpflichtige Bemessungsgrundlage, ABl L 145, S 1 (im Folgenden: Sechste Richtlinie) wurde mit Wirkung ab 1. Januar 2007 durch die Richtlinie 2006/112/EGV des Rates vom 28. November 2006 über das gemeinsame Mehrwertsteuersystem (ABl L 347, S 1) aufgehoben und ersetzt (im Folgenden: Richtlinie 2006/112 oder Mehrwertsteuerrichtlinie). Die Neufassung entspricht jedoch inhaltlich im Wesentlichen den Regelungen der Sechsten Richtlinie, insbesondere, was die hier relevanten Bestimmungen betrifft (so ist die Steuerbefreiung für Glücksspiele in Art 13 Teil B Buchstabe f der Mehrwertsteuerrichtlinie alter Fassung wortgleich in Art 135 Abs 1 Buchsta-

wendungsbereich der Mehrwertsteuerrichtlinie, insbesondere die Bestimmung der Tragweite der in Art 135 Abs 1 Buchstabe i der Richtlinie 2006/112 (ex-Art 13 Teil B Buchstabe f der Sechsten Richtlinie) niedergelegten Steuerbefreiung für „Wetten, Lotterien und sonstige Glücksspiele mit Geldeinsatz“. In diesem Zusammenhang kommt dem Grundsatz der steuerlichen Neutralität in der Rechtsprechung eine entscheidende Rolle zu.

In einigen Fällen sind dem EuGH auch Fragen zur korrekten Ermittlung der Be- 5
steuerungsgrundlage bei Glücksspielumsätzen vorgelegt worden. Da sich Glücksspiele von ihrer Struktur her grundsätzlich schlecht für die Anwendung der Mehrwertsteuer eignen, werfen diese Rechtssachen durchaus interessante Probleme des Mehrwertsteuerrechts auf und regen so gewissermaßen zu einer Reflexion über dessen Grundlagen und Begriffe an.

Schließlich ist auf eine Rechtsprechungslinie des Gerichtshofs einzugehen, in 6
der, in Fortführung der eingangs erwähnten (*Schindler*-)Rechtsprechung, jeweils steuerliche Maßnahmen im Glücksspielsektor auf ihre Vereinbarkeit mit den Grundfreiheiten, insbesondere der Dienstleistungsfreiheit, sowie mit den grundrechtlichen Gewährleistungen des Unionsrechts geprüft worden sind.

II. Zur Unterscheidung und zum Verhältnis, bei der Besteuerung von Glücksspielen, zwischen Umsatzsteuern und anderen Steuern und Abgaben ohne Umsatzsteuercharakter

Urteile Bergandi, Lambert ua, Careda ua und Metropol (Teil 1)

In einer ganzen Reihe von Fällen ist der EuGH im Wege der Vorabentscheidung mit 7
Auslegungsfragen im Zusammenhang mit verschiedenen nationalen Steuern auf den Betrieb von Spielautomaten befasst worden.[11] Im Zentrum dieser Urteile steht die Auslegung von Art 401 der Richtlinie 2006/112 (ex-Art 33 der Sechsten Richtlinie), der über die verschiedenen Fassungen dieser Richtlinie hinweg im Wesentlichen inhaltsgleich bestimmt, dass die Bestimmungen dieser Richtlinie – unbeschadet anderer Bestimmungen des Unionsrechts – einen Mitgliedstaat nicht daran hindern, Abgaben auf Versicherungsverträge, auf Spiele und Wetten, Verbrauchsteuern, Grunderwerbssteuern sowie ganz allgemein alle Steuern, Abgaben und

be i der Mehrwertsteuerrichtlinie neuer Fassung übernommen worden; vgl hierzu a Urt v 10. Juni 2010, C-58/09 – „Leo Libera“, Slg I-5189, Rn 5); aus Gründen der besseren Lesbarkeit wird im Folgenden durchgehend in erster Linie auf die entsprechenden Bestimmungen der aktuellen Richtlinie 2006/112 verwiesen.

11 Die Rechtssachen wurden jedoch zumeist wegen ihres weitgehend identischen Charakters zu gemeinsamer Behandlung und Entscheidung verbunden.

Gebühren, die nicht den Charakter von Umsatzsteuern haben, beizubehalten oder einzuführen.

8 Umgekehrt ausgedrückt ist die Beibehaltung oder Einführung von Steuern, Abgaben oder Gebühren auf Lieferungen von Gegenständen, Dienstleistungen und Einfuhren durch einen Mitgliedstaat nur zulässig, wenn sie nicht den Charakter von Umsatzsteuern haben.[12] Der Zweck dieser Bestimmung liegt darin, Beeinträchtigungen der Funktion des gemeinsamen Mehrwertsteuersystems zu verhindern.[13] Ob eine Steuer, Abgabe oder Gebühr den Charakter einer Umsatzsteuer im Sinne des Art 401 der Richtlinie 2006/112 (ex-Art 33 der Sechsten Richtlinie) hat, hängt daher vor allem davon ab, ob sie das Funktionieren des gemeinsamen Mehrwertsteuersystems beeinträchtigt, indem sie den Waren- und Dienstleistungsverkehr sowie kommerzielle Umsätze so belastet, wie es für die Mehrwertsteuer kennzeichnend ist.[14]

9 Im Bereich des Glücksspielwesens ist in diesem Zusammenhang an erster Stelle das Urteil vom 3. März 1988 in der Rechtssache *Bergandi*[15] zu nennen, in dem es um eine „Staatsabgabe" genannte Steuer ging, mit der in Frankreich Spielautomaten, die an einem öffentlichen Ort aufgestellt waren und Bilder, Töne, Spiele oder Unterhaltung lieferten, belegt waren, und deren Jahresbetrag je nach Art des Apparates FF 500 oder FF 1.500 betrug, wobei der letzte Betrag auf FF 1.000 herabgesetzt wurde, wenn die erste Inbetriebnahme länger als drei Jahre zurücklag. In einem Rechtsstreit wegen Erstattung der jährlichen Abgabe auf die von Herrn *Bergandi* betriebenen Spielautomaten für das Jahr 1985 legte das französische *Tribunal de grande*

12 Siehe ua die Urt v 8. Juni 1999, verb C-338/97, C-344/97 und C-390/97 – „Pelzl ua", Slg 1999, I-3319, Rn 19 und Urt v 3. Oktober 2006, C-475/03 – „Banca popolare di Cremona", Slg 2006, I-9373, Rn 24.

13 Vgl Urt v 26. Juni 1997, verb C-370/95, C-371/95 und C-372/95 – „Careda ua", Slg 1997, I-3721, Rn 24.

14 Steuern, Abgaben und Gebühren, die die wesentlichen Merkmale der Mehrwertsteuer aufweisen, sind nach der Rechtsprechung auf jeden Fall als Maßnahmen anzusehen, die den Waren- und Dienstleistungsverkehr in einer der Mehrwertsteuer vergleichbaren Art und Weise belasten, auch wenn sie sich nicht in allen Punkten mit der Mehrwertsteuer decken. Siehe zu diesen Punkten ua Urt – „Pelzl ua", zit in Fn 12, Rn 20, sowie – „Banca popolare di Cremona" zit in Fn 12, Rn 25 u 26. In seiner jüngeren Rechtsprechung hat der EuGH die (vier) wesentlichen Merkmale der Mehrwertsteuer wie folgt zusammengefasst: allgemeine Geltung der Mehrwertsteuer für alle sich auf Gegenstände und Dienstleistungen beziehenden Geschäfte; Festsetzung ihrer Höhe proportional zum Preis, den der Steuerpflichtige als Gegenleistung für die Gegenstände und Dienstleistungen erhält; Erhebung dieser Steuer auf jeder Produktions- und Vertriebsstufe einschließlich der Einzelhandelsstufe, ungeachtet der Zahl der vorher bewirkten Umsätze; Abzug der auf den vorhergehenden Produktions- und Vertriebsstufen bereits entrichteten Beträge von der vom Steuerpflichtigen geschuldeten Mehrwertsteuer, sodass sich diese Steuer auf einer bestimmten Stufe nur auf den auf dieser Stufe vorhandenen Mehrwert bezieht und die Belastung letztlich vom Verbraucher getragen wird: s Urt v 11. Oktober 2007 verb C-283/06 und C-312/06 – „KÖGÁZ rt ua", Slg 2007, I-8463, Rn 37, sowie – „Banca popolare di Cremona", zit in Fn 12, Rn 28.

15 Urt v 3. März 1988, 252/86 – „Bergandi", Slg 1988, 1343.

instance Coutances mehrere Fragen nach der Auslegung des Art 401 der Richtlinie 2006/112 (ex-Art 33 der Sechsten Richtlinie) sowie der Art 95 und 30 EWG-Vertrag (jetzt Art 110 und 34 AEUV) zur Vorabentscheidung vor.

Im Sinne der genannten Grundsätze zu Art 401 der Richtlinie 2006/112 (ex-Art 33 10
der Sechsten Richtlinie) stellte der EuGH zunächst fest, dass eine Abgabe, die jährlich auf die Aufstellung von Spielautomaten an einem öffentlichen Ort nach einem je nach Art des Apparates unterschiedlichen festen Tarif erhoben wird, nicht den Charakter einer Umsatzsteuer aufweist.[16] Der EuGH führte dazu aus, dass eine Steuer, die lediglich auf die Bereitstellung eines Gegenstandes für die Öffentlichkeit gelegt wird, ohne dass es auf dessen tatsächliche Benutzung ankommt, und die nicht von den durch diese Bereitstellung erzielten Einnahmen abhängt, nicht die Merkmale einer allgemeinen Verbrauchsteuer auf den Preis der Dienstleistungen aufweise, was besonders dann gelte, wenn die Steuer auch für den Fall geschuldet werde, dass die Bereitstellung unentgeltlich erfolge. Der EuGH ergänzte, dass eine Steuer zu einem fixen Satz zwar unter bestimmten Voraussetzungen als eine pauschale Besteuerungen der Einnahmen betrachtet werden könne, sofern nämlich der Steuersatz aufgrund einer objektiven Bewertung der Einnahmen festgelegt würde und die Steuer auf den Preis der betreffenden Dienstleistung abgewälzt werden könne, damit sie letztlich vom Verbraucher getragen werde. Im konkreten Fall sah es der EuGH jedoch als erwiesen an, dass der gegenständliche Steuertarif vielmehr das Resultat sozialer Erwägungen darstellte, die dahin gingen, die Benutzung bestimmter Arten von Apparaten zu erschweren.

Im selben Urteil ging es ferner um die Frage, ob die gegenständliche Abgabe auf 11
den Betrieb von Glücksspielautomaten gegen Art 95 EWG-Vertrag (jetzt Art 110 AEUV) verstößt, der es untersagt, auf Waren aus anderen Mitgliedstaaten inländische Abgaben zu erheben, die höher sind als bei gleichartigen inländischen Waren oder die geeignet sind, andere Produktionen mittelbar zu schützen.[17] Zunächst geht aus dem Urteil hervor, dass dieses Verbot nach dessen Sinn und Zweck nicht nur in Bezug auf die unmittelbare Besteuerung eingeführter Erzeugnisse gilt, sondern auch für inländische Abgaben, die auf die Benutzung eingeführter Erzeugnisse gelegt werden, wenn diese im Wesentlichen für eine solche Benutzung bestimmt sind und nur für deren Zwecke eingeführt werden.

Allerdings qualifizierte der EuGH die gegenständliche Staatsabgabe bzw die ihr 12
zugrunde liegenden tariflichen Differenzierungen im Hinblick auf den mit dieser Steuerregelung verfolgten *legitimen sozialen Zweck*, die Benutzung bestimmter Arten von Apparaten zu fördern und die anderer Art zu erschweren, nicht als verbotene Abgabe mit diskriminierenden und schützenden Zügen.[18] Der EuGH entschied

16 Siehe dazu auch im Folgenden die Rn 12 bis 20 des Urt.

17 Siehe Rn 22 bis 32 des Urt.

18 Siehe dazu insb die Rn 29 bis 31 des Urt.

daher, dass „ein System der progressiven Besteuerung nach Maßgabe der verschiedenen Arten von Spielautomaten, das legitime soziale Ziele verfolgt und nicht der inländischen Erzeugung zu Lasten der eingeführten, ähnlichen oder konkurrierenden Erzeugnisse einen steuerlichen Vorteil verschafft, mit Art 95 EWG-Vertrag (jetzt Art 110 AEUV) nicht unvereinbar ist."[19]

13 Im Urteil vom 15. März 1989 in den verbundenen Rechtssachen *Lambert ua*[20] antwortete der EuGH auf im Wesentlichen identische Fragen in derselben Weise wie im Urteil *Bergandi*.

14 In den verbundenen Rechtssachen *Careda ua*[21] sollte schließlich auf Ersuchen der spanischen Audiencia Nacional festgestellt werden, ob, wie die Kläger im Ausgangsverfahren geltend gemacht hatten, eine in Spanien erhobene Ergänzungsabgabe zur Steuer auf Gewinnspiele, Wetten und Glücksspiele gegen Art 401 der Richtlinie 2006/112 (ex-Art 33 der Sechsten Richtlinie) verstößt.

15 Der EuGH stellte dazu zum Ersten fest, dass es zu den wesentlichen Merkmalen der Umsatzsteuer gehört, dass sie auf den Verbraucher abgewälzt werden kann, dass aber andererseits eine Abgabe auch dann den Charakter einer Umsatzsteuer im Sinne von Art 401 der Richtlinie 2006/112 (ex-Art 33 der Sechsten Richtlinie) haben kann, wenn die auf sie anwendbare nationale Regelung *nicht ausdrücklich* vorsieht, dass sie auf die Verbraucher abgewälzt werden kann.[22]

16 Zum Zweiten stellte der EuGH vor dem Hintergrund, dass die Ausstellung einer Rechnung oder eines an deren Stelle tretenden anderen Dokuments an den Benutzer von Spielautomaten tatsächlich unmöglich erschien, klar, dass der Besitz oder die Ausstellung einer Rechnung kein wesentliches Merkmal der Umsatzsteuer im Sinne des Art 401 der Richtlinie 2006/112 (ex-Art 33 der Sechsten Richtlinie) darstellt und daher eine Abgabe wie die gegenständliche Zusatzabgabe auf die Glücksspielsteuer auch dann den Charakter einer Umsatzsteuer haben kann, wenn ihre Abwälzung auf die Verbraucher nicht in einer Rechnung oder einem anderen Dokument festgehalten ist.[23]

17 Das Urteil unterstreicht somit insgesamt, dass Art 401 der Richtlinie 2006/112 (ex-Art 33 der Sechsten Richtlinie) in einem umfassenderen Sinn Beeinträchtigungen des Funktionierens des gemeinsamen Mehrwertsteuersystems durch Steuern, Abgaben und Gebühren verhindern soll und es daher im Hinblick auf die Frage des

---

19 Rn 32 des Urt. Da es in diesem Verfahren um die Vereinbarkeit von möglichen steuerlichen Beschränkungen mit dem Vertrag ging, welche nur anhand von Art 95 EWG-Vertrag (jetzt Art 110 AEUV) zu beurteilen ist, musste der EuGH nicht auf die Frage nach der Auslegung von Art 30 EWG-Vertrag (jetzt Art 34 AEUV) eingehen, s Rn 33 u 34 des Urt.

20 Urt v 15. März 1989 verb 317/86, 48/87, 49/87, 285/87, 363/87 bis 367/87, 65/88 und 78/88 bis 80/88 – „Lambert ua", Slg 1989, 787.

21 Urt – „Careda", zit in Fn 13.

22 Siehe Rn 14 bis 18 des Urt.

23 Siehe dazu Rn 20 bis 23 des Urt.

umsatzsteuerlichen Charakters primär auf die inhaltliche Ausgestaltung bzw Wirkungsweise der betreffenden Abgabe, nicht auf formale Aspekte ankommt.

Zuletzt hatte der EuGH in der vom *Finanzgericht Hamburg* zur Vorabentschei- 18
dung eingereichten Rechtssache *Metropol*[24], auf die im Folgenden erneut zurückzukommen sein wird, Gelegenheit, die dargestellte Rechtsprechungslinie zum Verhältnis zwischen Mehrwertsteuern und anderen Steuern auf Glücksspiele fortzuführen bzw zu konkretisieren. Abermals im Kontext der Besteuerung von Glücksspielautomaten – in diesem Fall in mehreren deutschen Bundesländern – bestätigte er, wie es sich im Grunde bereits aus dem Wortlaut des Art 401 der Richtlinie 2006/112 (ex-Art 33 der Sechsten Richtlinie) ergibt, dass die Mehrwertsteuer und eine innerstaatliche Sonderabgabe auf Glücksspiele kumulativ erhoben werden dürfen, sofern die Sonderabgabe nicht den Charakter einer Umsatzsteuer hat; das Fehlen des Umsatzsteuercharakters war bezüglich der im Ausgangsverfahren in Rede stehenden Vergnügungssteuern allerdings unstreitig.[25]

Außerdem stellte der EuGH in diesem Urteil fest, dass das Unionsrecht, bzw 19
konkret Art 1 Abs 2 der Richtlinie 2006/112, einer betragsgenauen Anrechnung der geschuldeten Mehrwertsteuer auf eine nicht harmonisierte Abgabe, wie der Spielbankabgabe im Ausgangsfall, nicht entgegensteht.[26]

III. Mehrwertsteuerpflicht und Mehrwertsteuerbefreiung von Glücksspielen nach der Mehrwertsteuerrichtlinie

1. Zum Steueranwendungsbereich

Urteile Fischer (Teil 1), RAL und Town & County (Teil 1)

Nach der Rechtsprechung des EuGH sind Glücksspiele mit Geldeinsatz grundsätz- 20
lich vom Anwendungsbereich der Mehrwertsteuerrichtlinie erfasst. Dies ergibt sich schon aus dem Urteil *Fischer*,[27] das einen Rechtsstreit über die Zahlung der Umsatzsteuer bei unerlaubten Glücksspielen zum Gegenstand hatte. Herr Fischer, der an mehreren Orten in Deutschland Glücksspiele veranstaltete, verfügte zwar über die behördliche Genehmigung für das Betreiben eines Geschicklichkeitsspiels mit einer Spielvorrichtung namens „Roulette Opta II", wich aber von dieser Erlaubnis derart ab, dass das Spielen dem Roulettespiel gleichkam, dessen (gewerbliche) Veranstaltung jedoch den in Deutschland zugelassenen öffentlichen Spielbanken vorbehalten war.

24 Urt v 24. Oktober 2013, C-440/12 – „Metropol", ECLI:EU:C:2013:687.
25 Siehe Rn 27 bis 32 des Urt.
26 Rn 60 des Urt.
27 Urt v 11. Juni 1998, C-283/95 – „Fischer", Slg 1998, I-3369.

21 Das *Finanzgericht Baden-Württemberg* ersuchte den EuGH um Auskunft darüber, ob die Veranstaltung unerlaubter Glücksspiele – hier des Roulettespiels – nach der Mehrwertsteuerrichtlinie steuerbar ist und wie gegebenenfalls die Bemessungsgrundlage zu ermitteln ist. Der EuGH verwies darauf, dass die Richtlinie in Art 135 Abs 1 Buchstabe i und Art 401 der Richtlinie 2006/112 (ex-Art 13 Teil B Buchstabe f und Art 33 der Sechsten Richtlinie) ausdrücklich Regelungen für Glücksspiele gegen Geldeinsatz trifft, sodass diese Umsätze nicht als solche der Anwendung der Mehrwertsteuerrichtlinie entzogen seien.[28]

22 Ähnlich wie im Urteil *Schindler*[29] in Bezug auf die Dienstleistungsfreiheit stellte der EuGH außerdem klar, dass Glücksspiele, auch wenn sie in einigen Ländern verboten sind – und auch wenn es im Anlassfall um eine in Deutschland unerlaubte Veranstaltung eines Glücksspiels ging – nicht mit Tätigkeiten wie der strafbaren Lieferung von Betäubungsmitteln oder Falschgeld gleichzusetzen sind, die gänzlich außerhalb des Wirtschaftskreislaufes lägen und dem Anwendungsbereich der Mehrwertsteuerrichtlinie entzogen seien. Der EuGH verwies darauf, dass Glücksspiele, darunter das Roulettespiel, jedenfalls in mehreren Mitgliedstaaten rechtmäßig veranstaltet werden. Die konkreten unerlaubten Geschäfte konkurrierten somit mit erlaubten Tätigkeiten, sodass sie nach dem Grundsatz der steuerlichen Neutralität unter dem Gesichtspunkt der Mehrwertsteuer nicht anders behandelt werden durften.[30]

23 Im Urteil *RAL*, das vor allem die Bestimmung des Ortes der Leistungserbringung zum Gegenstand hatte, stellte der EuGH weiterhin fest, dass es sich bei der Tätigkeit, die darin besteht, der Allgemeinheit gegen Entgelt in Spielhallen aufgestellte Geldspielautomaten zur Verfügung zu stellen, um eine Dienstleistung iSv Art 24 Abs 1 der Richtlinie 2006/112 (ex-Art 6 Abs 1 der Sechsten Richtlinie) handelt.[31] Tätigkeiten der Glücksspielveranstaltung sind also in der Regel als Lieferungen von Dienstleistungen gegen Entgelt iSv Art 2 Abs 1 Buchst a und c der Richtlinie 2006/112 (ex-Art 2 Nr 1 der Sechsten Richtlinie), der den Steueranwendungsbereich festlegt, zu qualifizieren.

24 Erwähnenswert ist in diesem Zusammenhang auch die Feststellung im Urteil *RAL*, wonach das Hauptziel der Zurverfügungstellung von Geldspielautomaten in der Unterhaltung der Benutzer der Geldspielautomaten bestehe, nicht darin, ihnen einen Geldgewinn zu verschaffen, zumal „die Ungewissheit in Bezug auf den Geldgewinn gerade ein wesentlicher Bestandteil der von den Benutzern von Geldspielautomaten angestrebten Unterhaltung“ sei.[32]

---

28 Siehe Rn 18 des Urt.

29 Urt zit in Fn 1, Rn 31 u 32.

30 Siehe zu diesen Punkten Rn 19 bis 23 des Urteils. Vgl a Urt v 12. Januar 2006, verb C-354/03, C-355/03 und C-484/03 – „Optigen ua“ Slg 2006, I-483, Rn 49.

31 Urt v 12. Mai 2005, C-452/03 – „RAL“ Slg 2005, I-3947, Rn 22.

32 Rn 31 des Urt.

Mit einer rechtlichen Besonderheit, die Glücksspielgeschäften in mehreren mitgliedstaatlichen Rechtsordnungen gemein ist, nämlich der Begründung von lediglich nicht einklagbaren Ehrenschulden, hat sich der EuGH schließlich in der Rechtssache *Town & County*[33] im Hinblick auf Art 2 der Richtlinie 2006/112 (ex-Art 2 der Sechsten Richtlinie) befasst. In diesem Fall ging es um einen im Vereinigten Königreich wöchentlich veranstalteten Ratewettbewerb namens „spot-the-ball", bei dem der Spieler auf einem während eines Fußballspiels aufgenommenen Foto die Position des wegretuschierten Balles erraten musste. Mit der Teilnahme an diesem Wettbewerb verpflichtete sich der Spieler zur Einhaltung aller Spielregeln und Vertragsbestimmungen inklusive jener, dass durch dieses Geschäft nur eine Ehrenschuld begründet werde. 25

Das vorlegende *Manchester Tribunal Centre* wollte vor diesem Hintergrund wissen, ob ein solches Glücksspielgeschäft im Lichte der *Tolsma*-Rechtsprechung dennoch einen steuerbaren Umsatz gemäß Art 2 Abs 1 Buchst a und c der Richtlinie 2006/112 (ex-Art 2 Nr 1 der Sechsten Richtlinie) darstellen kann. Im Urteil *Tolsma* hatte der EuGH nämlich entschieden, dass es sich bei der Tätigkeit des Straßenmusikers um keine Dienstleistung gegen Entgelt im Sinne dieses Artikels handelt und dazu in der Begründung ausgeführt, dass „eine Dienstleistung nur dann im Sinne von Art 2 Nr 1 der Sechsten Richtlinie ‚gegen Entgelt' erbracht wird und somit steuerpflichtig ist, wenn zwischen dem Leistenden und dem Leistungsempfänger ein Rechtsverhältnis besteht, in dessen Rahmen gegenseitige Leistungen ausgetauscht werden, wobei die vom Leistenden empfangene Vergütung den tatsächlichen Gegenwert für die dem Leistungsempfänger erbrachte Dienstleistung bildet."[34] 26

In ihren Schlussanträgen zu *Town & County* stellt Generalanwältin *Stix-Hackl* das hier formulierte „Kriterium des Rechtsverhältnisses" in den Kontext der Richtlinie und legt dar, dass dieses nicht selbständig als spezielle rechtliche Eigenschaft zu verstehen ist, die der Umsatz aufweisen müsste, sondern dass dieses Kriterium dazu dient, den Zusammenhang zwischen Leistung und Entgelt herzustellen. Auf das Vorliegen „spezieller rechtlicher, insbesondere vertraglicher oder prozessualer Eigenschaften" komme es nicht an, sondern darauf, „ob die Leistungen im Rahmen von – und seien es auch nur ehrenhalber verbindlichen – Vereinbarungen ausgetauscht würden, aus denen hervorgeht, dass die wechselseitig erbrachten Leistungen unmittelbar zusammenhängen."[35] 27

Der EuGH folgt in seinem Urteil im Wesentlichen dieser Auffassung und argumentiert zudem, dass die Vereinbarung der Ehrenschuld bzw der fehlenden Einklagbarkeit gerade zum Ausdruck bringe, dass ein Rechtsverhältnis im Sinne des 28

---

33 Urt v 17. September 2002, C-498/99 – „Town & County", Slg 2002, I-7173.

34 Urt v 3. März 1994, C-16/93 – „Tolsma" Slg 1994, I-743, Rn 14.

35 Schlussanträge von Generalanwältin *Stix-Hackl* vom 27. September 2001, C-498/99, Urt zit in Fn 33, Nr 36 bis 39.

Urteils *Tolsma* vorliege.[36] Glücksspielumsätze können nach dem Urteil *Town & County* also auch steuerbare Umsätze im Sinne von Art 2 Abs 1 Buchst a und c der Richtlinie 2006/112 (ex-Art 2 Nr 1 der Sechsten Richtlinie) darstellen, wenn rechtlich lediglich eine Ehrenschuld begründet wird.

2. Zur Tragweite der Steuerbefreiung gem Art 135 Abs 1 Buchstabe i der Richtlinie 2006/112 (ex-Art 13 Teil B Buchstabe f der Sechsten Richtlinie)

Urteile United Utilities, Fischer (Teil 2), Linneweber u Akritidis, Leo-Libera und Rank Group

- **Zum Begriff des Glücksspielumsatzes**

29 Ob grundsätzlich steuerbare Glücksspielumsätze im Einzelnen tatsächlich mehrwertsteuerpflichtig sind, hängt sodann von der Anwendbarkeit der in Art 135 Abs 1 Buchstabe i der Richtlinie 2006/112 (ex-Art 13 Teil B Buchstabe f der Sechsten Richtlinie) für „Wetten, Lotterien und sonstige Glücksspiele" vorgesehenen Steuerbefreiung ab.

30 Was die Auslegung dieser Bestimmung betrifft, so ist zum Ersten zu beachten, dass diese Steuerbefreiung als Ausnahmetatbestand eng auszulegen ist.[37]

31 Zum Zweiten sind die in dieser Bestimmung verwendeten Begriffe im Einklang mit den Zielen auszulegen, die mit der Befreiung verfolgt werden.[38] In diesem Zusammenhang hat der EuGH in ständiger Rechtsprechung betont, dass die den Wetten, Lotterien und sonstigen Glücksspielen nach Art 135 Abs 1 Buchstabe i der Richtlinie 2006/112 (ex-Art 13 Teil B Buchstabe f der Sechsten Richtlinie) zugute kommende Steuerbefreiung durch praktische Erwägungen veranlasst ist, da sich Glücksspielumsätze schlecht für die Anwendung der Mehrwertsteuer eignen, und nicht, wie es bei bestimmten im sozialen Bereich erbrachten Dienstleistungen von allgemeinem Interesse der Fall ist, durch den Willen, diesen Tätigkeiten eine günstigere mehrwertsteuerliche Behandlung zu gewährleisten.[39]

32 Zum Dritten ist zu beachten, dass es sich bei den Begriffen, mit denen diese Befreiung umschrieben wird, um Begriffe des Unionsrechts handelt, die autonom auszulegen sind. Sie müssen daher mit nationalen Definitionen des Glücksspielbegriffs nicht übereinstimmen.

33 So ist der EuGH beispielsweise in der Rechtssache *Glawe* nicht der Argumentation der deutschen Bundesregierung gefolgt, wonach es bei dem Spiel am Automa-

36 Siehe Urt – „Town & County", zit in Fn 33, insb Rn 23.

37 Vgl Urt v 13. Juli 2006, C-89/05 – „United Utilities", Slg 2006, I-6813, Rn 21 sowie Urt v 10. Juni 2010, C-58/09 – „Leo-Libera", Slg 2010, I-5189, Rn 22.

38 Vgl Urt – „United Utilities", zit in Fn 37, Rn 22 sowie Urt – „Leo-Libera", zit in Fn 37, Rn 23.

39 Siehe ua Urt – „United Utilities", zit in Fn 37, Rn 23 sowie Urt – „Leo-Libera", zit in Fn 37, Rn 24.

ten, um welches es in diesem Fall ging, auch auf Geschicklichkeit ankomme und dieses daher nicht als (steuerbefreites) Glücksspiel angesehen werden könne.[40]

Kennzeichnend für einen Glücksspielumsatz im Sinne des Art 135 Abs 1 Buchstabe i der Richtlinie 2006/112 (ex-Art 13 Teil B Buchstabe f der Sechsten Richtlinie) ist nach ständiger Rechtsprechung vielmehr die (entgeltliche) **Einräumung einer Gewinnchance** an die Spielteilnehmer und im Gegenzug die Übernahme des Risikos, diese Gewinne auszahlen zu müssen.[41] Der Verweis auf „Wetten, Lotterien und sonstige Glücksspiele" exemplifiziert somit lediglich den durch die Gewinnchance gekennzeichneten Gattungsbegriff des Glücksspiels, sodass es insofern nicht auf eine genaue Abgrenzung zwischen diesen Begriffen bzw Spielformen ankommt. 34

Im Lichte der genannten Auslegungsgrundsätze hat der EuGH beispielsweise in der Rechtssache *United Utilities* festgestellt, dass Call-Center-Dienstleistungen, die zugunsten eines Organisators von Telefonwetten erbracht werden und die die Annahme der Wetten im Namen des Wettorganisators durch das Personal des Erbringers dieser Dienstleistungen einschließen, selbst nicht durch die Einräumung einer Gewinnchance gekennzeichnet sind und deshalb keine Wettumsätze darstellen, denen als solchen die in Art 135 Abs 1 Buchstabe i der Richtlinie 2006/112 (ex-Art 13 Teil B Buchstabe f der Sechsten Richtlinie) vorgesehene Steuerbefreiung zugute käme.[42] 35

Im Gegensatz dazu hat der EuGH in der Rechtssache *Henfling* die Dienstleistung eines Wettbürobetreibers, der als Kommissionär im eigenen Namen, aber für Rechnung eines die Tätigkeit eines Wettannehmers ausübenden Kommittenten auftritt, als Wettumsatz im Sinne der genannten Bestimmung qualifiziert.[43] Im Unterschied zum Fall der Call-Center-Dienstleistungen in *United Utilities* erfolgte die Annahme der Wetten nämlich zwar für Rechnung, aber nicht im Namen des Wettorganisators (sondern im eigenen Namen des Wettbürobetreibers). Daher konnte – anders als in der Rechtssache *United Utilities* – die Bestimmung des Art 28 der Richtlinie 2006/112 (ex-Art 6 Abs 4 der Sechsten Richtlinie) greifen, wonach Steuerpflichtige, die bei der Erbringung von Dienstleistungen im eigenen Namen, aber für Rechnung Dritter tätig werden, so behandelt werden, als ob sie diese Dienstleistungen selbst erhalten und erbracht hätten.[44] 36

---

40 Aus dem Urt v 5. Mai 1994, C-38/93 – „Glawe", Slg 1994, I-1679 in Verbindung mit den Schlussanträgen von Generalanwalt *Jacobs* vom 3. März 1994 in dieser Rechtssache, Nr 12.

41 Vgl im Umkehrschluss Urt – „United Utilities", zit in Fn 37, Rn 26, sowie Urt v 14. Juli 2011, C-464/10 – „Henfling ua", ECLI:EU:C:2011:489, Rn 30. Siehe auch die Schlussanträge von Generalanwältin *Stix-Hackl* vom 27. September 2001 in der Rechtssache Town & County (Urt zit in Fn 33), Nr 74. Die Chance auf einen Geldgewinn erachtet der EuGH ebenso in seiner Rechtsprechung zu den Grundfreiheiten als Wesensmerkmal der Glücksspiele: s Urt v 26. Oktober 2006, C-65/05 – „Kommission/Griechenland", Slg 2006, I-10341, Rn 36, mit Verweis auf das Urt – „Läärä", zit in Fn 2, Rn 17.

42 Urt zit in Fn 37, Rn 29.

43 Urt zit in Fn 41, Rn 44.

44 Siehe die Rn 32 bis 36 des Urt zit in Fn 41.

- **Zum Ermessensspielraum und zum Grundsatz der steuerlichen Neutralität**

37 Wie der EuGH seit dem Urteil *Fischer* in ständiger Rechtsprechung festgestellt hat, ergibt sich aus Art 135 Abs 1 Buchstabe i der Richtlinie 2006/112 (ex-Art 13 Teil B Buchstabe f der Sechsten Richtlinie), dass Glücksspiele mit Geldeinsatz grundsätzlich von der Mehrwertsteuer zu befreien sind, wobei die Mitgliedstaaten aber dafür zuständig bleiben, die Bedingungen und Grenzen dieser Befreiung festzulegen.[45]

38 Wie sich insbesondere dem Urteil *Leo-Libera*[46] entnehmen lässt, welches die Erhebung der Umsatzsteuer auf Einnahmen aus Glücksspielen mit Geldspielautomaten betraf, wird den Mitgliedstaaten mit dieser Bestimmung grundsätzlich ein weiter Wertungsspielraum hinsichtlich der Befreiung oder Besteuerung der betreffenden Glücksspielumsätze eingeräumt.[47] Der EuGH hat diesbezüglich auch eine Parallele zur *Schindler*-Rechtsprechung im Zusammenhang mit den Grundfreiheiten gezogen,[48] wonach es dem Ermessen der Mitgliedstaaten überlassen ist, Tätigkeiten dieser Art vollständig oder teilweise zu verbieten oder sie zu beschränken und zu diesem Zweck mehr oder weniger strenge Kontrollen vorzusehen.[49]

39 Konkret hat der EuGH in diesem Lichte in *Leo-Libera* klargestellt, dass Art 135 Abs 1 Buchstabe i der Richtlinie 2006/112 (ex-Art 13 Teil B Buchstabe f der Sechsten Richtlinie) entgegen dem Parteienvortrag der Leo-Libera GmBH einen Mitgliedstaat nicht dazu verpflichtet, einen bestimmten Mindestprozentsatz der zugelassenen Spiele und/oder die Arten solcher Spiele, mit denen auf dem Markt für alle Glücksspiele mit Geldeinsatz ein bestimmter Mindestanteil des Umsatzes erzielt wird, von der Mehrwertsteuer zu befreien; den Mitgliedstaaten ist es demnach unbenommen, die Steuerbefreiung nur für bestimmte Glücksspiele mit Geldeinsatz vorzusehen.[50]

40 Bei der Ausübung des ihnen hinsichtlich der Festlegung der Bedingungen und Grenzen der Mehrwertsteuerbefreiung für Glücksspiele eingeräumten Ermessens müssen die Mitgliedstaaten aber in jedem Fall die der Richtlinie zugrunde liegenden Grundsätze beachten, wobei diesbezüglich dem Grundsatz der steuerlichen Neutralität zentrale Bedeutung zukommt.[51]

41 Dieser Grundsatz verbietet es insbesondere – als mehrwertsteuerrechtliches Pendant zum allgemeinen Grundsatz der Gleichbehandlung –,[52] gleichartige und

45 Urt – „Fischer“, zit in Fn 27, Rn 25, Urt v 17. Februar 2005, verb C-453/02 und C-462/02 – „Linneweber u Akritidis“, Slg 2005, I-1131, Rn 23, sowie Urt – „Leo Libera“, zit in Fn 37, Rn 28.

46 Urt zit in Fn 37.

47 Siehe insbes die Rn 26 des Urt zit in Fn 37.

48 Uzw Urt – „Schindler“, zit in Fn 1, Rn 61, und – „Läära u. a.“, zit in Fn 2, Rn 35.

49 Siehe Urt – „Leo Libera“, zit in Fn 37, Rn 29.

50 Rn 31 u 39 des Urt; ebenso Urt – „Metropol“, zit in Fn 24, Rn 29.

51 Siehe ua Urt – „Fischer“, zit in Fn 27, Rn 27 und – „Linneweber u Akritidis“, zit in Fn 45, Rn 24.

52 In diesem Sinne siehe insb Urt v 29. Oktober 2009, C-174/08 – „NCC Construction Danmark“, Slg 2009, I-10567, Rn 41.

deshalb miteinander im Wettbewerb stehende Waren oder Dienstleistungen hinsichtlich der Mehrwertsteuer unterschiedlich zu behandeln. Auf solche Waren oder Dienstleistungen ist daher ein einheitlicher Steuersatz anzuwenden.[53]

Der EuGH hatte in den Rechtssachen *Fischer*[54], *Linneweber u. Akritidis*[55] sowie *Rank Group*[56] Gelegenheit, die Bedeutung des Grundsatzes der steuerlichen Neutralität im Hinblick auf die Mehrwertsteuerbefreiung für Glücksspiele schrittweise zu konkretisieren. 42

Im Hintergrund der Urteile *Fischer* und *Linneweber u. Akritidis* steht zunächst jeweils die deutsche Regelung (in ihrer damaligen Fassung), wonach die gewerbliche Veranstaltung von Glücksspielen den zugelassenen öffentlichen Spielbanken vorbehalten ist.[57] Angesichts der Tatsache, dass auf in öffentlichen Spielbanken veranstaltete Glücksspiele keine Mehrwertsteuer erhoben wurde, stellte sich die Frage nach der Steuerpflichtigkeit von außerhalb solcher Spielbanken – meistenteils unerlaubt – veranstalteten Glücksspielen. 43

Im Urteil *Fischer* prüfte der EuGH die Frage, ob Art 135 Abs 1 Buchstabe i der Richtlinie 2006/112 (ex-Art 13 Teil B Buchstabe f der Sechsten Richtlinie) es den Mitgliedstaaten verbietet, unerlaubte Glücksspiele der Mehrwertsteuer zu unterwerfen, wenn die entsprechende Tätigkeit, falls sie in ordnungsgemäß zugelassenen öffentlichen Spielbanken rechtmäßig ausgeübt wird, steuerfrei ist. Der EuGH bejahte diese Frage unter Hinweis darauf, dass der Grundsatz der steuerlichen Neutralität eine allgemeine Differenzierung zwischen erlaubten und unerlaubten Geschäften verbietet.[58] Das Urteil ließ allerdings insofern einen gewissen Interpretationsspielraum offen, als der EuGH einerseits davon ausging bzw ausgehen konnte, dass die fraglichen Glücksspiele (im Anlassfall Roulettespiele) ihrer Art nach den in den öffentlichen Spielbanken angebotenen entsprechen, und er sich andererseits auf die Differenzierung „erlaubt/unerlaubt“ konzentrierte, ohne aus- 44

53 Vgl ua Urt v 11. Oktober 2001, C-267/99 – „Adam“, Slg 2001, I-7467, Rn 36; Urt v 23. Oktober 2003, C-109/02 – „Kommission/Deutschland“, Slg 2003, I-12691, Rn 20 sowie Urt v 10. März 2010, C-309/06 – „Marks & Spencer“, Slg 2008, I-2283, Rn 47.

54 Zit in Fn 27.

55 Urt zit in Fn 45.

56 Urt v 10. November 2011, verb C-259/10 und C-260/10 – „Rank Group“, ECLI:EU:C:2011:719.

57 Um die Vereinbarkeit mit den Grundfreiheiten von (strafbewehrten) Verboten bezüglich der Veranstaltung von Glücksspielen bzw elektronischen Spielen außerhalb von staatlich zugelassenen Spielbanken bzw Spielkasinos ging es a in den Urt – „Anomar“, zit in Fn 4, sowie – „Kommission/Griechenland“, zit in Fn 41.

58 Rn 28 bis 31. Den Einwand der deutschen Regierung, wonach die Vergleichbarkeit nicht gegeben sei, weil die zugelassenen Spielbanken einer auf der Grundlage ihrer Spielerträge berechneten Spielbankabgabe unterlägen, wies der EuGH zurück. Zum einen bestünde nämlich die Gefahr einer Verfälschung des gemeinsamen Mehrwertsteuersystems, und zum anderen würde nichts dagegen sprechen, auch die Veranstalter von unerlaubten Glücksspielen zu entsprechenden Abgaben heranzuziehen, vgl Rn 29 u 30 des Urt.

drücklich auf die gleichzeitig bestehende Differenzierung „Veranstaltung von oder in zugelassener öffentlicher Spielbank/Veranstaltung durch Wirtschaftsteilnehmer, die nicht Spielbankbetreiber sind" einzugehen.[59]

45 So wurden diese Aspekte denn auch mit Blick auf das Urteil *Fischer* im Folgefall *Linneweber u Akritidis*[60] ausdrücklich thematisiert. Den faktischen Hintergrund im Falle der Frau Linneweber bildete die Besteuerung von Umsätzen aus Geldspielautomaten, die mit behördlicher Genehmigung in Gaststätten und Spielhallen betrieben wurden. Herr Akritidis veranstaltete demgegenüber Roulette- sowie Kartenspiele, für die zwar zunächst auch eine gewerberechtliche Erlaubnis vorgelegen hatte, von der er jedoch durch Veränderung der Spiele in der Folge abwich. Während in diesem Fall bereits das *Finanzgericht* auf der Grundlage des Urteils *Fischer* die Steuerfreiheit der Roulettespiel-Umsätze anerkannt hatte, blieb vor dem mit der Revision befassten Bundesfinanzhof die Frage streitig, ob dies auch im Hinblick auf das Kartenspiel gelten sollte.

46 Der *Bundesfinanzhof* befragte den EuGH also dahin gehend, ob Art 135 Abs 1 Buchstabe i der Richtlinie 2006/112 (bzw ex-Art 13 Teil B Buchstabe f der Sechsten Richtlinie) bereits dann der Besteuerung eines bestimmten Glücksspiels entgegensteht, wenn die Veranstaltung von Glücksspielen derselben Art – wie der Betrieb eines Geldspielautomaten oder die Veranstaltung eines Kartenspiels – durch eine zugelassene öffentliche Spielbank steuerfrei ist oder nur dann, wenn die durch eine öffentlichen Spielbank veranstalteten Glücksspiele mit den außerhalb von diesen Spielbanken veranstalteten Glücksspielen in wesentlichen Punkten, wie zB bei den Spielregeln, beim Höchsteinsatz und Höchstgewinn, vergleichbar sind. Im Wesentlichen ging es also um die Frage, wann Glücksspiele im Sinne des Grundsatzes der steuerlichen Neutralität vergleichbar bzw gleichartig sind und daher steuerlich gleich behandelt werden müssen.

47 Vor dem Hintergrund, dass das deutsche Umsatzsteuergesetz in Bezug auf die Steuerbefreiung für Glücksspielumsätze nicht an bestimmte Spielformen – oder -modalitäten anknüpfte, sondern daran, ob diese von zugelassenen öffentlichen Spielbanken bewirkt werden, stellte der EuGH – den Ausführungen der Generalanwältin folgend[61] – fest, dass es ua nach dem Urteil *Fischer* für die Prüfung der Gleichartigkeit von Waren oder Dienstleistungen grundsätzlich nicht auf die Identität des Herstellers oder des Dienstleistungserbringers und die Rechtsform, in der diese Tätigkeiten ausgeübt werden, ankommt. Glücksspiele unterschieden sich daher auch im Hinblick auf die steuerliche Neutralität nicht allein dadurch wesentlich,

59 Vgl insb die Rn 24 u 28; s dazu auch die Nr 25 u 27 der Schlussanträge von Generalanwalt *Jacobs* vom 20. März 1997 in dieser Rechtssache.

60 Urt zit in Fn 45.

61 Schlussanträge von Generalanwältin *Stix-Hackl* vom 8. Juli 2004 in der Rechtssache – „Linneweber u Akritidis", Urt zit in Fn 45, insb Nr 37 u 38.

dass sie von oder in zugelassenen öffentlichen Spielbanken oder an anderen Orten veranstaltet werden.[62]

48 Die deutsche Bundesregierung hatte in ihrer Stellungnahme versucht, dieses Spannungsfeld[63] mit der Argumentation aufzulösen, dass sich die innerhalb und außerhalb von zugelassenen öffentlichen Spielbanken betriebenen Glücksspiele von ihrer Art her (nach Spielgestaltung, Höchsteinsatz und Gewinnchancen) wesentlich unterschieden, sodass eine steuerliche Differenzierung zwischen diesen Glücksspielen mit dem Grundsatz der steuerlichen Neutralität vereinbar sei. Dieser Ansicht ist der EuGH demnach nicht gefolgt. Auffallend ist in diesem Zusammenhang, dass, während sich die Generalanwältin in ihren Schlussanträgen ausführlich mit der „Kernfrage" befasst hatte, ob bzw unter welchen Bedingungen die in den Ausgangsverfahren streitigen Glücksspiele als Glücksspiele anzusehen sind, wie sie durch die öffentlichen Spielbanken veranstaltet werden und von der Steuer befreit sind,[64] es der EuGH im Grunde bei der Feststellung bewenden ließ, dass in zugelassenen öffentlichen Spielbanken *jedenfalls auch* Glücksspiele und Glücksspielgeräte veranstaltet bzw betrieben werden können, wie sie von privaten Betreibern angeboten werden. So hat der EuGH die – von ihm entsprechend umformulierte – Vorlagefrage dahin gehend beantwortet, dass Art 135 Abs 1 Buchstabe i der Richtlinie 2006/112 (ex-Art 13 Teil B Buchstabe f der Sechsten Richtlinie) jedenfalls nationalen Rechtsvorschriften entgegensteht, „wonach die Veranstaltung oder der Betrieb vom Glücksspielen und Glücksspielgeräten aller Art in zugelassenen öffentlichen Spielbanken steuerfrei ist, während diese Steuerbefreiung für die Ausübung der gleichen Tätigkeit durch Wirtschaftsteilnehmer, die nicht Spielbankbetreiber sind, nicht gilt", ohne konkret auf die Gleichartigkeit bestimmter Spielarten einzugehen.[65]

49 In der Tat wirft die Feststellung der Gleichartigkeit heikle Abgrenzungsfragen auf. Die Generalanwältin hatte jedenfalls in *Linneweber u Akritidis* vorgeschlagen, in

62 Siehe dazu Rn 26 bis 28.

63 So Generalanwältin *Stix-Hackl* in ihren Schlussanträgen in der Rechtssache – „Linneweber u Akritidis", zit in Fn 45, Nr 29.

64 Siehe Nr 39 bis 59 der Schlussanträge.

65 Siehe insb Rn 20 u 30 des Urt; dies stieß in der Literatur verschiedentlich auf Kritik: s für Urteilsanmerkungen zu – „Linneweber u Akritidis" beispielsweise *Thym, D.* Mehrwertsteuerpflicht für Glücksspielbetrieb außerhalb von Spielbanken europarechtswidrig, EuZW 7/2005, 210, 212; *Leonard/Szczekalla* Anwendungsvorrang und Bestandskraft, UR 8/2005, 421, 421.
Im übrigen hat der EuGH in *Linneweber u Akritidis* im Gleichklang mit der Generalanwältin die unmittelbare Wirkung des Art 13 Teil B Buchstabe f der Sechsten Richtlinie (jetzt Art 135 Abs 1 Buchstabe i der Richtlinie 2006/112) – jedenfalls im Hinblick auf die Ausgangskonstellation – trotz des den Mitgliedstaaten eingeräumten Ermessensspielraums bejaht und keine Veranlassung gesehen, dem von der deutschen Bundesregierung gestellten Antrag auf Beschränkung der zeitlichen Wirkung des Urteils Folge zu leisten.

Analogie zur Rechtsprechung zu Art 110 AEUV (ex-Art 90 EGV) darauf abzustellen, ob die betreffenden Spiele aus der Sicht der Verbraucher in der Verwendung vergleichbar sind und daher miteinander im Wettbewerb stehen, wobei, wie die Generalanwältin präzisierte, insbesondere Faktoren wie die mögliche Gewinnhöhe und das Spielrisiko zu berücksichtigen wären.[66]

50 Dieser Orientierung scheint der EuGH in seinem Urteil *Rank Group* im Wesentlichen gefolgt zu sein.[67] In diesen verbundenen Rechtssachen waren ihm – im Zusammenhang mit der Besteuerung von „mechanisiertem Bingo mit in Bargeld ausgezahlten Gewinnen“ sowie von Geldspielautomaten – vom *Court of Appeal* und vom *Upper Tribunal* im Vereinigten Königreich mehrere detaillierte Fragen zur Auslegung des Grundsatzes der steuerlichen Neutralität vorgelegt worden.

51 In seiner Würdigung stellte der EuGH zunächst unter Berufung auf seine ständige Rechtsprechung zum Grundsatz der steuerlichen Neutralität fest, dass es für die Feststellung einer Verletzung dieses Grundsatzes genügt, dass zwei aus Sicht des Verbrauchers gleiche oder gleichartige Dienstleistungen, die dieselben Bedürfnisse des Verbrauchers befriedigen, hinsichtlich der Mehrwertsteuer unterschiedlich behandelt werden. Einer zusätzlichen Feststellung dahingehend, dass die betreffenden Dienstleistungen tatsächlich in einem Wettbewerbsverhältnis zueinander stehen oder dass der Wettbewerb wegen dieser Ungleichbehandlung verzerrt ist, bedürfe es dagegen nicht, da dies in der Regel bereits aus dem Vorliegen der Gleichartigkeit folge.[68]

52 Des Weiteren konnte der EuGH mit Blick ua auf *Fischer* sowie *Linneweber und Akritidis* bekräftigen, dass der Grundsatz der steuerlichen Neutralität eine Ungleichbehandlung von Glücksspielen hinsichtlich der Mehrwertsteuerbefreiung nicht schon aus dem Grunde zulässt, dass die betreffenden Glücksspiele zu unterschiedlichen Lizenzkategorien gehören und unterschiedlichen rechtlichen Regelungen hinsichtlich ihrer Aufsicht und Regulierung unterliegen; auf diese Kriterien komme es für die Beurteilung der Vergleichbarkeit nicht an.[69]

53 Eine wichtige Frage in *Rank Group* betraf schließlich die Prüfung der Gleichartigkeit *zweier Arten von Geldspielautomaten* im Hinblick auf den Grundsatz der steuerlichen Neutralität.[70]

54 Wie der EuGH in diesem Zusammenhang zunächst ausführte, gestattet es dieser Grundsatz in der Regel, wie sich bereits aus dem Urteil *Leo-Libera* ergibt,[71] hinsichtlich der Gewährung der Mehrwertsteuerbefreiung für Glücksspiele *nach verschiede-*

66 Siehe Nr 51 u 58 der Schlussanträge.
67 Urt zit in Fn 56.
68 Siehe dazu die Rn 31 bis 36 des Urt.
69 Siehe die Rn 37 bis 51 des Urt.
70 Siehe die Rn 52 bis 58 des Urt.
71 Vgl Urt -„Leo Libera“, zit in Fn 10, Rn 9, 10 u 36.

nen Formen oder Kategorien von Glücksspielen, also etwa zwischen Geldspielautomaten und Pferderennwetten oder Lotterien, zu differenzieren.

Was dagegen mögliche Unterschiede *innerhalb derselben Kategorie* von Glücksspielen betrifft, so stellte der EuGH einerseits klar, dass eine Ungleichbehandlung bei der Mehrwertsteuer diesbezüglich nicht auf Detailunterschiede in der Struktur, den Modalitäten oder den Regeln der betreffenden Glücksspiele gestützt werden kann, da dies auf eine Aushöhlung des Grundsatzes der steuerlichen Neutralität hinauslaufen könnte. Andererseits können jedoch – da die Anziehungskraft von Glücksspielen mit Geldeinsatz in erster Linie auf der Möglichkeit eines Gewinns beruht – Gesichtspunkte wie die Mindest- und Höchsteinsätze und -gewinne und die Gewinnchancen bei der im Hinblick auf den Grundsatz der steuerlichen Neutralität vorzunehmenden Prüfung berücksichtigt werden, ob zwei Arten von Glücksspielgeräten aus der Sicht des Durchschnittsverbrauchers vergleichbar sind und dieselben Bedürfnisse des Verbrauchers befriedigen.[72] 55

3. Zur Ermittlung der Steuerbemessungsgrundlage

Urteile Glawe, Town & County (Teil 2), International Bingo und Metropol (Teil 2)

Wie oben bereits ausgeführt[73] ist die Steuerbefreiung für Glücksspiele insofern durch rein praktische Erwägungen veranlasst, als sich Glücksspiele schlecht für die Anwendung der Mehrwertsteuer eignen.[74] 56

Die Ursache ist darin zu finden, dass die Mehrwertsteuer an das Leitbild eines reziproken Leistungsaustausches (Erbringung von Gegenständen oder Dienstleistungen gegen Entgelt) anknüpft. Beim Glücksspiel findet dagegen, wie es Generalanwältin *Stix-Hackl* in der Rechtssache *Town & County* ausgedrückt hat, „typischerweise [...] eine weitere Art des (glücksbedingten) Austausches von Leistungen statt, der mit den Konzepten des Steuerrechts nur schwer zu erfassen ist". Beim Glücks- 57

72 Vgl hierzu insbes die Rn 55 bis 58 des Urt. Im Übrigen stellte der EuGH im Hinblick auf zwei sich in diesem Fall stellende Sonderproblematiken fest, dass ein steuerpflichtiger Betreiber von Glücksspielgeräten, der sich unter Berufung auf den Grundsatz der steuerlichen Neutralität gegen die Besteuerung seiner Umsätze zu wehren sucht, sich nicht gegenüber den Steuerbehörden darauf berufen kann, dass diese gleichartige Dienstleistungen *in der Praxis* wie steuerfreie Umsätze behandelt hätten, obwohl diese Leistungen nach der einschlägigen nationalen Regelung nicht mehrwertsteuerfrei sind und auch nicht darauf, dass ein Mitgliedstaat, der eine Kategorie von bestimmte Kriterien erfüllenden Spielgeräten von der Mehrwertsteuerbefreiung ausgenommen hat, nicht mit der gebotenen Sorgfalt auf die Entwicklung einer neuen Geräteart, die diese Kriterien nicht erfüllt, reagiert habe (vgl die Rn 59 bis 74 des Urt).

73 Siehe Rn 31 und die dort zit Rsp.

74 Vgl Urt – „United Utilities", zit in Fn 37, Rn 23; s in diesem Sinne übrigens bereits Generalanwalt *Jacobs* in den Schlussanträgen in der Rechtssache Glawe, zit in Fn 40, Nr 16.

spiel wird nämlich „die tatsächliche Vermögensverschiebung letztlich durch die Verwirklichung einer Chance bestimmt. Die Vermögensverschiebung erfolgt bei wirtschaftlicher Betrachtung unter Zwischenschaltung eines „Vermögenspools“, der ein Verrechnungselement enthält (die Verluste des einen Spielers speisen die Gewinne des anderen Spielers).“[75]

58 Die Begriffe, mit denen die Mehrwertsteuerrichtlinie arbeitet („Gegenleistung“, „Lieferung“ etc) müssen also gewissermaßen erst auf die strukturellen Besonderheiten der durch das Wesen der Gewinnchance gekennzeichneten Glücksspielumsätze „heruntergebrochen“ werden. Es kommt daher bei der Ermittlung der Mehrwertsteuer sehr auf die konkrete Ausgestaltung der Spielstruktur und den Verlauf des einzelnen Spiels an.

59 Dies führt eine Gegenüberstellung der hier einschlägigen Urteile *Glawe*[76] und *Town & County*[77] deutlich vor Augen. In beiden Rechtssachen ging es um die korrekte Ermittlung der Besteuerungsgrundlage, namentlich um die Frage, inwiefern die Spieleinsätze in diese einzubeziehen sind. Während der EuGH in der Rechtssache *Glawe*, in der es um in Gaststätten betriebene Geldspielautomaten ging, feststellte, dass der wieder als Gewinn an die Spieler ausgezahlte Teil der Spieleinsätze nicht zur Besteuerungsgrundlage gehört,[78] gelangte er im Urteil *Town & County* („Spot-the-ball“-Ratewettbewerb) zum Ergebnis, dass der Gesamtbetrag der vom Veranstalter eingenommenen Teilnahmegebühren die Besteuerungsgrundlage für diesen Wettbewerb bilde.[79]

60 Ausgangspunkt für diese unterschiedlichen Feststellungen ist, dass nach Art 73 der Richtlinie 2006/112 (ex-Art 11 Teil A Abs 1 Buchstabe a der Sechsten Richtlinie), in seiner Auslegung nach der ständigen Rechtsprechung des EuGH, die Besteuerungsgrundlage die tatsächlich erhaltene Gegenleistung ist.[80] Somit war zu klären, ob der Veranstalter die Spieleinsätze jeweils als Gegenleistung tatsächlich erhalten hat.

61 Für die Geldspielautomaten, auf die sich das Urteil *Glawe* bezog, war insofern kennzeichnend, dass sie im Einklang mit durch Gesetz zwingend vorgeschriebenen Verpflichtungen so konzipiert waren, dass ein bestimmter Mindestprozentsatz, nämlich 60%, der von den Spielern geleisteten Einsätze als Gewinn an die Spieler ausgeschüttet wurde und dass diese Einsätze technisch und gegenständlich von jenen Einsätzen getrennt waren, die der Betreiber tatsächlich für sich verbuchen

75 Schlussanträge zit in Fn 35, Nr 68 bis 74.
76 Urt zit in Fn 40.
77 Urt zit in Fn 33.
78 Rn 13 des Urt – „Glawe“, zit in Fn 40.
79 Rn 31 des Urt – „Town & County“, zit in Fn 33.
80 Ua Urt – „Town & County“, zit in Fn 33, Rn 26 u 27 sowie vom 16. Oktober 1997, C-258/95 – „Fillibeck“, Slg 1997, I-5577, Rn 13.

konnte. Der EuGH stellte daher fest, dass der Betreiber über diesen wieder ausgeschütteten Teil der Einsätze nicht effektiv selbst verfügen könne und daher nicht als „tatsächlich erhaltene" Gegenleistung anzusehen sei.[81] Dagegen wies der in der Rechtssache *Town* & *County* fragliche Wettbewerb keines dieser Merkmale auf, sodass der Veranstalter über sämtliche eingenommenen Teilnahmegebühren frei verfügen konnte. Der EuGH qualifizierte somit diese Teilnahmegebühren unter der Bedingung, dass „der Veranstalter über diesen Betrag frei verfügen kann," als Teil der Besteuerungsgrundlage.[82]

Dieses Kriterium ist im Zusammenhang mit Bingospielen in der Rechtssache *International Bingo*[83] bestätigt worden, in welcher der EuGH zur Besteuerungsgrundlage für die Mehrwertsteuer beim Verkauf von Bingocoupons befragt wurde. In Bezug auf die in diesem Fall gegenständlichen Bingospiele war eine Gewinnauszahlungsquote von 69% des Nennwerts der verkauften Coupons gesetzlich zwingend vorgeschrieben.[84] In Anwendung der *Glawe* und *Town & County*- Rechtsprechung hat der EuGH daher entschieden, dass die Besteuerungsgrundlage für die Mehrwertsteuer beim Verkauf von Bingocoupons nicht diesen zwingend als Gewinne an die Spieler auszuzahlenden Anteil des Verkaufspreises erfasst, sondern lediglich den Differenzbetrag zwischen dem Verkaufserlös und diesen Gewinnbeträgen, da der Veranstalter nur über diesen Teil des Verkaufspreises effektiv selbst verfügen könne.[85] 62

Insofern war sodann auf die beiden übrigen Vorlagefragen in *International Bingo*, die sich auf die Auslegung der Art 173 Abs 1 und Art 174 Abs 1 der Richtlinie 2006/112 (bzw ex-Art 17 Abs 5 und 19 Abs 1 der Sechsten Richtlinie) bezogen, konsequenterweise zu antworten, dass der im Vorhinein gesetzlich festgelegte Teil des Verkaufspreises der Bingocoupons, der an die Spieler als Gewinne auszuzahlen ist, für die Zwecke der Berechnung des Pro-rata-Satzes des Vorsteuerabzugs nicht zum Umsatz gehört, der im Nenner des in Art 174 Abs 1 der Mehrwertsteuerrichtlinie (ex-Art 19 Abs 1 der Sechsten Richtlinie) genannten Bruchs zu stehen hat.[86] 63

Die bisher letzte Illustration des „*Glawe*"-Ansatzes zur Ermittlung der Bemessungsgrundlage für Glücksspielumsätze bietet schließlich die Rechtssache *Metropol*,[87] in deren Rahmen sich der EuGH ua mit der Frage zu befassen hatte, ob beim Betrieb von Spielgeräten die Höhe der Kasseneinnahmen dieser Geräte nach Ablauf eines bestimmten Zeitraums als Bemessungsgrundlage herangezogen werden kann. 64

81 Vgl Rn 9 des Urt – „Glawe", zit in Fn 40.
82 Vgl Rn 29 bis 31 des Urt – „Town & County", zit in Fn 33.
83 Urt v 19. Juli 2012 , C-377/11 – „International Bingo", ECLI:EU:C:2012:503.
84 Rn 17 u 27 des Urt.
85 Siehe Rn 28 bis 33 des Urt.
86 Insbes Rn 38 u 39 des Urt.
87 Urt zit in Fn 24.

65 Der EuGH stellte dazu zunächst, unter Bezugnahme auf die Proportionalität der Mehrwertsteuer zu den Preisen der betreffenden Dienstleistungen oder Gegenstände als wesentliches Merkmal dieser Steuer, fest, dass eine derartige Besteuerungspraxis, dh bei der als Bemessungsgrundlage für Umsätze mit Spielgeräten die monatlichen Kasseneinnahmen zugrunde gelegt werden, die ihrerseits von der Höhe der Gewinne und Verluste der jeweiligen Spieler abhängen, nicht schon deshalb gegen das Unionsrecht verstößt, weil keine Proportionalität zwischen der geschuldeten Mehrwertsteuer und den isoliert betrachteten Einsätzen der einzelnen Spieler besteht.[88]

66 Die Betonung liegt hier, was die Bemessungsgrundlage betrifft, also eher darauf, was der Steuerpflichtige tatsächlich als Gegenleistung erhalten hat, als darauf, was ein bestimmter Adressat in einem konkreten Fall zahlt. Dies erscheint im Hinblick auf den das Glücksspiel kennzeichnenden „mediatisierten" Vermögensaustausch, wie er bereits unter Rn 57 angesprochen worden ist, nur konsequent, zumal unter diesem Aspekt ein striktes Proportionalitätserfordernis die Anwendbarkeit der Mehrwertsteuer auf Glücksspielumsätze ganz erheblich einschränken würde.

67 Sodann war in *Metropol* zu entscheiden, wie die Bemessungsgrundlage gem Art 73 der Richtlinie 2006/112 im faktischen und rechtlichen Kontext der verfahrensgegenständlichen Geldspielautomaten festzulegen ist, wobei hier va in Abwandlung der den Rechtssachen *Glawe* oder *International Bingo* zugrundeliegenden Sachverhalte keine eigentliche, fest vorgegebene Gewinnauszahlungsquote bestand, sondern nach der maßgeblichen deutschen Spielverordnung die – etwas weiter gefasste – Regelung galt, dass bei Geldspielgeräten „Gewinne in solcher Höhe ausgezahlt werden müssen, dass bei langfristiger Betrachtung kein höherer Betrag als 33 Euro je Stunde als Kasseninhalt verbleibt".[89]

68 Der EuGH bewertete diese Regelung dennoch als „zwingende gesetzliche Vorschrift", welche im Sinne der *Glawe-* und *International Bingo*-Rechtsprechung den effektiv verfügbaren Teil der Spieleinsätze dergestalt begrenzt, dass als tatsächlich erhaltene Gegenleistung lediglich die „Kasseneinnahmen nach Ablauf eines bestimmten Zeitraums" anzusehen sind.[90] Dieses Ergebnis wird, nach den weiteren Ausführungen des EuGH, nicht dadurch in Frage gestellt, dass, anders als in *Glawe*, keine physische Separierung der auszuzahlenden Gewinne über ein Münzstapelrohr stattfindet, zumal die gegenständlichen Spielgeräte mit einem technisch unterschiedlichen, aber in funktioneller Hinsicht vergleichbaren sog „Hopper" ausgestattet sind und jede Bestandsänderung des Hoppers elektronisch registriert wird. Folglich ließen sich die Kasseneinnahmen, über die der Betreiber effektiv verfügen kann, genau ermitteln.[91]

---

88 Rn 38 u 39 des Urt.
89 Rn 41 des Urt.
90 Rn 42 des Urt.
91 Rn 43 des Urt.

Obwohl also mittlerweile eine gefestigte Rechtsprechung zur Ermittlung der Bemessungsrundlage für Glücksspielumsätze vorliegt, zeigt nicht zuletzt die Rechtssache *Metropol*, dass sich bei der Anwendung des hier maßgeblichen Kriteriums der effektiven Verfügung über die Einsätze im konkreten Fall, dh im Lichte der rechtlichen oder technischen Ausgestaltung des jeweiligen Glücksspiels, weiterhin recht schwierige Bewertungsfragen stellen dürften, wenn man beispielsweise an ein klassisches Roulettespiel denkt. 69

Zu bedenken ist auch, dass gerade bei Glücksspielen mit einer hohen Gewinnausschüttungsquote eine Besteuerung auf der Grundlage der Gesamtheit der Spieleinsätze schnell dazu führen kann, dass die Mehrwertsteuer den größten Teil der Einnahmen des Glücksspielveranstalters beträgt oder diese sogar übersteigt. Für bestimmte Spielformen liegt daher, weil sie eben für die Erhebung der Mehrwertsteuer schlecht geeignet sind, die Befreiung von der Mehrwertsteuer und stattdessen die Erhebung einer besonderen Glücksspielsteuer von vornherein nahe. 70

IV. Steuerliche Maßnahmen betreffend Glücksspiele im Lichte der Grundfreiheiten

Urteile Lindman, Kommission/Spanien, Blanco und Berlington Hungary

Nach ständiger Rechtsprechung des EuGH fallen die direkten Steuern zwar in die Zuständigkeit der Mitgliedstaaten, jedoch müssen diese ihre Befugnisse in diesem Bereich unter Wahrung des Unionsrechts ausüben.[92] Daher müssen sich steuerliche Regelungen der Mitgliedstaaten unter anderem mit den Vertragsbestimmungen über die Grundfreiheiten im Einklang befinden. Dies gilt für das nationale Steuerrecht auch insofern, als es sich auf die Veranstaltung von Glücksspielen bezieht, da diese Tätigkeiten, wie der EuGH seit *Schindler* in ständiger Rechtsprechung festgestellt hat, nicht vom Anwendungsbereich der Grundfreiheiten ausgeschlossen sind.[93] 71

Um die Vereinbarkeit der Erhebung der Einkommenssteuer auf Lotteriegewinne mit Art 56 AEUV (ex-Art 49 EGV) über die Dienstleistungsfreiheit ging es erstmals im Urteil *Lindman*.[94] Die finnische Staatsbürgerin hatte sich während eines Aufenthalts in Schweden bei einer dortigen Lotteriegesellschaft ein Los gekauft, das ihr einen Gewinn in der Höhe von SEK 1.000.000 einbrachte. Der schwedische Lotteriegewinn wurde in Finnland als Erwerbseinkommen eingestuft, weshalb Frau Lindman auf diesen Staatssteuer, Kommunalsteuer, Kirchensteuer sowie einen Krankenversicherungsbetrag zu 72

92 Ua Urt v 6. Juni 2000, C-35/98 – „Verkooijen“, Slg 2000, I-4071, Rn 32; Urt v 3. Oktober 2002, C-136/00 – „Danner“, Slg 2002, I-8147, Rn 28 sowie Urt v 26. Oktober 2006, C-345/05 – „Kommission/Portugal“, Slg 2006, I-10633, Rn 10.

93 Urt – „Schindler“, zit in Fn 1, Rn 19.

94 Urt v 13. November 2003, C-42/02 – „Lindman“, Slg 2009, I-13519.

entrichten hatte. Nach dem finnischen Lotterieskattelag stellten dagegen Gewinne aus in Finnland veranstalteten Glücksspielen keine steuerbaren Einkünfte dar.

73 Der EuGH sah diese unterschiedliche steuerliche Behandlung von Gewinnen aus in Finnland veranstalteten Glücksspielen und solchen aus ausländischen Lotterien als offensichtlich diskriminierend an.[95] Wie aus dem Urteil hervorgeht, räumte die finnische Regierung zwar den diskriminierenden Charakter der nationalen Steuervorschriften ein, brachte jedoch vor, dass diese aus zwingenden Gründen des Gemeinwohls wie die Prävention von Missbräuchen und Betrugstaten, die Verringerung des durch das Spiel verursachten gesellschaftlichen Schadens, die Finanzierung gemeinnütziger Tätigkeiten oder die Wahrung der Rechtssicherheit gerechtfertigt seien.[96]

74 Hervorzuheben ist, dass der EuGH in seinem Urteil diesbezüglich auf seine Rechtsprechung verweist, wonach eine nationale Maßnahme, mit der eine Grundfreiheit beschränkt wird, nur gerechtfertigt sein kann, wenn diese Maßnahme dem Grundsatz der Verhältnismäßigkeit entspricht.[97] Die übermittelten Akten wiesen jedoch „kein Element statistischer oder sonstiger Natur auf, das einen Schluss auf die Schwere der Gefahren, die mit dem Betreiben von Glücksspielen verbunden sind, oder gar auf einen besonderen Zusammenhang zwischen solchen Gefahren und der Teilnahme der Staatsangehörigen des betreffenden Mitgliedstaats an in anderen Mitgliedstaaten veranstalteten Lotterien zuließe," sodass der EuGH zu dem Ergebnis gelangte, dass Art 56 AEUV (ex-Art 49 EGV) Steuerregelungen wie der finnischen entgegensteht.[98]

75 Aus den Vorbringen, mit denen die finnische Regierung die fragliche Regelung zu rechtfertigen versuchte und mit denen sich die Generalanwältin in den Schlussanträgen detaillierter auseinandergesetzt hat,[99] wird eine gewisse, argumentativ schwerlich „wasserdicht" zu überbrückende Ambivalenz exemplarisch sichtbar, in der sich viele Mitgliedstaaten befinden, seit *Giacomo Casanova Friedrich dem Großen* das Glücksspiel als „Steuer der besonderen Art" empfohlen haben soll. Einerseits sind Glücksspiele in fiskalischer wie allgemein wirtschaftlicher Hinsicht für die öffentlichen Haushalte von großer Bedeutung und so werden auch die von den staatlichen Monopolisten veranstalteten Glücksspiele teilweise massiv beworben. Andererseits wird argumentiert, dass Glücksspiele auf Grund der mit ihnen verbundenen gesellschaftlichen Risiken ordnungspolitisch kontrolliert und beschränkt werden müssen.

76 Der EuGH hat bekanntermaßen auf Grund der spezifischen, mit der Veranstaltung von Glücksspielen verbundenen Gefahren in ständiger Rechtsprechung aner-

95 Siehe Rn 21 u 22 des Urt.

96 Rn 23 des Urt.

97 Rn 25 des Urt.

98 Rn 26 u 27 des Urt.

99 Siehe dazu die Schlussanträge von Generalanwältin *Stix-Hackl* vom 10. April 2003 – „Lindman", Urt zit in Fn 94, Nr 84 ff, insb 96 bis 119.

kannt, dass Beschränkungen der Grundfreiheiten im Bereich des Glücksspielwesens aus Gründen, die sich, allgemein gesprochen, auf den Schutz der Verbraucher sowie der Sozialordnung beziehen, unter Berücksichtigung der soziokulturellen Besonderheiten im betreffenden Mitgliedstaat gerechtfertigt werden können.[100] Jedoch ist festzustellen, dass das Urteil *Lindman* konform geht mit einer – bereits mit der Rechtssache *Zenatti*[101] eingeleiteten und über *Gambelli*[102], *Placanica*[103] oder *Liga Portuguesa*[104] konkretisierten – Entwicklung in der Rechtsprechung zu einer, im Vergleich zu den früheren Urteilen *Schindler*[105] oder *Läärä*,[106] strengeren Überprüfung der tatsächlichen sowie systematischen und kohärenten Verfolgung dieser (nichtwirtschaftlichen) Ziele durch die mitgliedstaatliche Ordnungspolitik.[107] Die Verfolgung solcher Ziele und die Wahl des Schutzniveaus bleiben zwar nach Unionsrecht grundsätzlich im Ermessen der Mitgliedstaaten, nicht zulässig sind dagegen jedenfalls „Doppelstandards" in Bezug auf Glücksspiele mit grenzüberschreitendem Bezug bzw im Anwendungsbereich des Unionsrechts.

In der Folge von *Lindman* hatten ebenfalls die Rechtssachen *Kommission/Spanien*[108], *Blanco*[109] und *Berlington Hungary*[110] die Vereinbarkeit von steuerlichen Maßnahmen auf Glücksspielen mit den Grundfreiheiten zum Gegenstand, wobei auch in diesen Urteilen jeweils der – wie erwähnt mittlerweile strengeren – Prüfung der Rechtfertigung der diskriminierenden oder beschränkenden Steuerregelung entscheidende Bedeutung zukommt. 77

Mit ihrer Vertragsverletzungsklage nach Art 226 EG (jetzt Art 258 AEUV) in der Rechtssache *Kommission/Spanien*[111] machte die Kommission angesichts des Urteils *Lindman* geltend, dass eine steuerrechtliche Regelung in Spanien, wonach Gewinne 78

---

100 Ua die Urt – „Schindler", zit in Fn 1, Rn 58, – „Läärä", zit in Fn 2, Rn 33, sowie – „Kommission/Griechenland", zit in Fn 41, Rn 33 u 34.

101 Urt zit in Fn 3.

102 Urt zit in Fn 5.

103 Urt zit in Fn 6.

104 Urt zit in Fn 7.

105 Urt zit in Fn 1.

106 Urt zit in Fn 2.

107 Zusammenfassend etwa das Urt – „Placanica", zit in Fn 6, Rn 46 ff; für eine ausführlichere Besprechung dieser Rechtsprechung zu den Grundfreiheiten im Glücksspielbereich s ua *Alber, S.* Freier Dienstleistungsverkehr auch für Glücksspiele? Zur Rechtsprechung des EuGH zum Glücksspielbereich, ERA Forum 8/2007, 321; *Straetmans, G.* Case Note, Common Market Law Review 41/2004, 1409; *Buschle, D.* ‚Der Spieler' – Schreckgespenst des Gemeinschaftsrechts", European Law Reporter 12/2003, 467; *Torsten, S.* Die Entwicklung der europäischen Glücksspielrechtsprechung und deren Auswirkung auf den deutschen Glücksspielmarkt, EWS 9/2002, 416.

108 Urt v 6. Oktober 2006, C-153/08 – „Kommission/Spanien" – Slg 2009.

109 Urt v 22. Oktober 2014, verb C-344/13 und C-367/13 – „Blanco", ECLI:EU:C:2014:2311.

110 Urt v 11. Juni 2015, C-98/14 – „Berlington Hungary", ECLI:EU:C:2015:386.

111 Urt zit in Fn 108.

aus allen außerhalb Spaniens veranstalteten Lotterien, Glücksspielen und Wetten besteuert werden, während Gewinne aus bestimmten in Spanien veranstalteten Lotterien, Glücksspielen und Wetten von der Einkommensteuer befreit sind, gegen Unionsrecht und insbesondere gegen die Dienstleistungsfreiheit verstoße. Konkret erfasste die streitige Einkommenssteuerbefreiung lediglich Gewinne aus Glücksspielen, die in Spanien von einigen öffentlichen Einrichtungen und dort ansässigen gemeinnützigen Einrichtungen, die sozial oder karitativ tätig sind – wie bestimmte Einrichtungen der autonomen Gemeinschaften, das spanische Rote Kreuz und die nationale Organisation der spanischen Blinden – veranstaltet werden.

79 Der EuGH stufte diese Regelung insofern als diskriminierend ein, als dadurch Gewinne aus Glücksspielveranstaltungen von Einrichtungen, die ihren Sitz in einem anderen Mitgliedstaat haben, die aber ansonsten hinsichtlich ihres gemeinnützigen und sozial-karitativen Charakters mit den begünstigten spanischen Einrichtungen objektiv vergleichbar sind, eine steuerlich ungünstigere Behandlung erfuhren.[112] Da es sich somit nicht um eine unterschiedslos anwendbare, sondern um eine diskriminierende Beschränkung oder Maßnahme handelte, kamen im Einklang mit ständiger Rechtsprechung für eine Rechtfertigung nur die dazu ausdrücklich im Vertrag vorgesehenen Gründe, dh jene der öffentlichen Ordnung, Sicherheit oder Gesundheit, in Betracht.[113]

80 Der EuGH gelangte nach Prüfung der in diesem Rahmen von der spanischen Regierung ins Treffen geführten Rechtfertigungsgründe und -ziele, wie die Verhütung von Geldwäsche und Steuerhinterziehung, die Bekämpfung der Glücksspielabhängigkeit und die gemeinnützige Verwendung der Spieleinnahmen, jedoch zum Ergebnis, dass die gegenständliche diskriminierende Steuerbefreiung – in Ermangelung der erforderlichen Eignung und Verhältnismäßigkeit zur Erreichung dieser Ziele – nicht gerechtfertigt war.[114] In diesem Zusammenhang verwies der EuGH insbesondere erneut auf seinen Prüfungsmaßstab aus *Liga Portuguesa*, wonach „eine nationale Regelung nur dann geeignet ist, die Verwirklichung des geltend gemachten Ziels zu gewährleisten, wenn sie tatsächlich dem Anliegen gerecht wird, es in kohärenter und systematischer Weise zu erreichen".[115]

81 Im Ergebnis wurde somit eine Verletzung der Dienstleistungsfreiheit festgestellt, soweit sich die Einkommenssteuerbefreiung nicht auch auf solche Gewinne aus Glücksspielen erstreckte, die von ausländischen Einrichtungen veranstaltet wurden, welche gleichartige Tätigkeiten ausübten wie die in Spanien ansässigen öffentlichen und gemeinnützigen Einrichtungen, deren Gewinnausschüttungen von der Steuerbefreiung profitierten.

---

112 Insbes Rn 33 bis 35 des Urt.

113 Rn 37 u 38 des Urt.

114 Siehe Rn 39 bis 47 des Urt.

115 Rn 38 des Urt mit Verweis auf Urt – „Liga Portuguesa", zit in Fn 7, Rn 61.

Gleichfalls als diskriminierende Beschränkung der Dienstleistungsfreiheit qualifizierte der EuGH in *Blanco*[116] eine italienische Regelung, welche Gewinne aus Spielkasinos in Italien von der Einkommensteuer befreite, während Gewinne bei Glücksspielen in ausländischen Spielkasinos als steuerpflichtige Einkünfte anzusehen waren.[117] 82

Ohne sich darauf festzulegen, ob die zur Rechtfertigung dieser Regelung angeführten Ziele, Geldwäsche und Eigengeldwäsche im Ausland zu verhindern und die Verbringung von Kapital äußerst ungewissen Ursprungs ins Ausland oder seine Einfuhr nach Italien zu beschränken, jeweils den ausdrücklich in Art 52 AEUV genannten Gründen zugeordnet werden können,[118] kam der EuGH nach Prüfung der Vorbringen zum Ergebnis, dass die in Rede stehende Diskriminierung nicht im Sinne dieses Artikels gerechtfertigt ist.[119] 83

Zum einen seien die der fraglichen Regelung zugrundeliegenden Annahmen zu allgemein oder unbewiesen (insbes die Annahme, dass die Erträge aus organisiertem Verbrechen in Italien, auch wenn sie hohe Beträge erreichen, vollständig oder überwiegend im Ausland erzielt worden sind),[120] zum anderen stellte der EuGH mit Blick auf das Kohärenzgebot fest, dass unter den gegebenen Umständen die Besteuerung durch einen Mitgliedstaat von Gewinnen aus Spielkasinos in anderen Mitgliedstaaten und die Steuerbefreiung für solche Gewinne aus Spielkasinos im Inland nicht geeignet sind, die Verwirklichung des Ziels der Bekämpfung der Spielsucht in kohärenter Weise zu gewährleisten, da eine solche Befreiung vielmehr einen Anreiz für die Verbraucher darstellen könnte, an Glücksspielen teilzunehmen, die ihnen diese Befreiung ermöglichen.[121] 84

In der Rechtssache *Berlington Hungary*[122] schließlich wurden dem EuGH insgesamt 15 Fragen zur Vorabentscheidung vorgelegt, die dem vorlegenden nationalen Gericht dazu dienen sollten zu entscheiden, ob bestimmte ungarische Regelungen über den Betrieb von Geldspielautomaten gegen das Unionsrecht verstießen und den klagenden Betreibern daraus ein Anspruch auf Schadenersatz entstanden sein könnte. 85

Im Einzelnen ging es um zwei – ohne Übergangszeiten erfolgte – Gesetzesänderungen bezüglich des Betriebs von Geldspielautomaten in Spielhallen. Mit der ersten Gesetzesänderung von 2011 war, soweit hier relevant, der Betrag der monatlichen Pauschalsteuer für den Betrieb von in Spielhallen aufgestellten Geldspielhal- 86

116 Urt zit in Fn 109.
117 Rn 30 bis 33 des Urt.
118 Siehe insbes Rn 35, 41 und 44 des Urt.
119 Rn 47 des Urt.
120 Rn 41 bis 43 des Urt.
121 Rn 46 des Urt.
122 Urt zit in Fn 110.

len verfünffacht und gleichzeitig eine Proportionalsteuer in Gestalt eines Prozentsatzes des vierteljährlichen Nettoumsatzes jedes Automaten eingeführt worden, während die Höhe der Steuer für den Betrieb von in Spielkasinos aufgestellten Geldspielautomaten unverändert blieb. Mit der zweiten Gesetzesänderung im darauffolgenden Jahr wurde dann der Betrieb von Geldspielautomaten außerhalb von Spielkasinos schlichtweg verboten.

87 In beiden Fällen handelte es sich um unterschiedslos auf ungarische Staatsangehörige und auf Angehörige anderer Staaten anwendbare Maßnahmen.[123] Der EuGH sah jedoch den Anwendungsbereich der Dienstleistungsfreiheit angesichts dessen eröffnet, dass einerseits zu den Kunden der betreffenden Betreiber auch Unionsbürger gehörten, die ihren Urlaub in Ungarn verbrachten, und sich andererseits nicht ausschließen ließe, dass Anbieter, die in anderen Mitgliedstaaten als Ungarn ansässig sind, ein Interesse an der Eröffnung von Glücksspielstätten in diesem Mitgliedstaat hätten.[124]

88 Soweit sich der EuGH sodann den – für den vorliegenden Beitrag allein relevanten – steuerlichen Aspekten dieser Rechtssache, also der Einführung der Pauschalsteuer und der Proportionalsteuer durch die Gesetzesänderung von 2011, widmete, so ist zunächst herauszustreichen, dass der EuGH diese Steuererhöhung als mögliche (bloße) Beschränkung der Dienstleistungsfreiheit qualifiziert hat.[125] Dies ist insofern bemerkenswert, als durchaus umstritten ist, inwiefern unterschiedslos anwendbare fiskalische Maßnahmen die Grundfreiheiten beschränken können, zumal im Unions-Mosaik aus nebeneinander bestehenden nationalen Steuersystemen und Steuerzuständigkeiten[126] im Grunde jede Steuererhöhung, bzw allgemeiner, jede Steuer gewissermaßen als Dienstleistungshindernis angesehen werden könnte.

89 Dementsprechend hat aber der EuGH bereits in bisheriger Rechtsprechung, auf die in *Berlington Hungary* rekurriert wird, die Hürde für eine Beeinträchtigung der Dienstleistungsfreiheit durch unterschiedslos anwendbare steuerliche Maßnahmen etwas höher gelegt, so dass jedenfalls solche Maßnahmen nicht erfasst werden, deren einzige Wirkung es ist, zusätzliche Kosten für die betreffende Leistung zu verursachen, und die die Erbringung innerhalb eines einzigen Mitgliedstaats berühren.[127] Während diesbezüglich sichtlich Abgrenzungsfragen offen bleiben, konnte der EuGH, der im Übrigen die abschließende Prüfung des Vorliegens einer Beschränkung dem nationalen Gericht vorbehielt, im vorliegenden Fall jedoch angesichts des drastischen Ausmaßes der streitigen Steuererhöhung auf deren verbotsähnliche

---

123 Rn 24 u 37 des Urt.

124 Rn 24 bis 28 des Urt.

125 Rn 42 des Urt.

126 Vgl Schlussanträge von Generalanwalt Mazák v 9. Dezember 2010 in der Rechtssache C-253/09 – „Kommission/Ungarn", EU:C:2010:754, Nr 42.

127 Rn 35 u 36 des Urt.

Wirkung für den Betrieb von Geldspielautomaten außerhalb von Spielkasinos verweisen, was nach ständiger Rechtsprechung jedenfalls als Dienstleistungshindernis anzusehen wäre.[128]

Die Anerkennung der erklärten Ziele der streitigen Gesetzesänderungen, näm- 90
lich des Schutzes der Verbraucher vor Spielsucht und die Verhinderung von Kriminalität und Betrug im Zusammenhang mit dem Spielen als Rechtfertigungsgründe für (bloße) Beschränkungen von Glücksspieltätigkeiten konnte in *Berlington Hungary* auf der Grundlage ständiger Rechtsprechung ohne weiteres erfolgen.[129]

Weniger auf der Hand lag die Rechtfertigungsmöglichkeit angesichts dessen, 91
dass der ungarische Gesetzgeber gleichzeitig bzw im Anschluss an die streitigen Beschränkungen für Geldspielautomaten in Spielhallen den Betrieb von Online-Glücksspielkasinos liberalisiert und neue Konzessionen zum Betrieb von Spielkasinos erteilt hatte.[130]

Unter derartigen Umständen konnte dem Kohärenzerfordernis nur unter Rück- 92
griff auf die – vom EuGH in ständiger Rechtsprechung akzeptierte, aber im Hinblick auf das Verbot von Doppelstandards mit Umsicht anzuwendende – These der „kontrollierten Expansion" bzw „Kanalisierung" entsprochen werden, wonach unter bestimmten Bedingungen selbst eine Politik, die zugelassenen Anbietern bzw dem Inhaber des staatlichen Glücksspielmonopols eine Ausweitung oder Attraktivierung ihres Glücksspielangebots gestattet, als mit dem Schutz vor den mit dem Glücksspiel zusammenhängenden Gefahren in Einklang stehend betrachtet werden kann.[131]

In diesem Zusammenhang trug der EuGH dem vorlegenden Gericht in *Berlington* 93
Hungary auf, eine entsprechende Gesamtwürdigung der Umstände vorzunehmen.[132]

Ein besonderer Aspekt dieser Rechtssache lag schließlich in den Modalitäten der 94
Annahme der in Frage stehenden Rechtsänderungen, dh ohne angemessenen Übergangszeitraum und ohne Entschädigung der betroffenen Wirtschaftsteilnehmer.

Insofern war daran zu erinnern, dass eine nationale, eine Grundfreiheit be- 95
schränkende Regelung – der Bereich des Glücksspiels bildet hier keine Ausnahme – nur dann gerechtfertigt werden kann, wenn sie auch im Einklang mit den allgemeinen Grundätzen des Unionsrechts und insbesondere der Grundrechte, wie sie in der Charta der Grundrechte der Europäischen Union garantiert werden, steht.[133]

128 Rn 39 bis 41 des Urt.

129 Rn 58 des Urt.

130 Rn 66 und 67 des Urt.

131 Siehe Rn 68 bis 70 des Urt.

132 Rn 72 und 73 des Urt; der EuGH stellte hierzu insbes fest, dass eine Politik der kontrollierten Expansion von Glücksspieltätigkeiten nur dann als kohärent angesehen werden kann, wenn zum einen die mit dem Spielen verbundenen kriminellen und betrügerischen Tätigkeiten und zum anderen die Spielsucht zur maßgeblichen Zeit in Ungarn ein Problem darstellen konnten und eine Ausweitung der zugelassenen und regulierten Tätigkeiten geeignet war, diesem Problem abzuhelfen (Rn 71 des Urt).

133 Rn 74 des Urt.

96 Im vorliegenden Fall waren die Grundsätze der Rechtssicherheit und des Vertrauensschutzes sowie das in Art 17 der Charta verankerte Eigentumsrecht einschlägig und Gegenstand entsprechender Auslegungshinweise durch den EuGH.[134]

V. Schlussbemerkungen

97 Wie der hier dargestellte Rechtsprechungsacquis aufzeigt, unterliegen mitgliedstaatliche Regelungen im Bereich der Glücksspiele auch in Bezug auf ihre steuerrechtlichen Dimensionen zahlreichen Vorgaben des Unionsrechts.

98 Mehrwertsteuerbefreiungen für Glücksspiele dürfen nicht zu sachlich ungerechtfertigten Unterscheidungen zwischen Glücksspielumsätzen führen. Insbesondere müssen – aus der Sicht des Verbrauchers – gleichartige Formen von Glücksspielen nach dem Grundsatz der steuerlichen Neutralität hinsichtlich der Befreiung von der Mehrwertsteuer gleich behandelt werden.

99 Soweit sodann auf einen Glücksspielumsatz die Mehrwertsteuer erhoben wird, liegt es nicht im Ermessen der Mitgliedstaaten, diese Umsätze anders zu besteuern als in den Bestimmungen der Mehrwertsteuerrichtlinie vorgesehen, wobei deren Anwendung auf Grund der strukturellen Besonderheiten von Glücksspielumsätzen in der Praxis schwierig sein kann. So ist die Bemessungsgrundlage jeweils im Lichte der Spielstruktur und des rechtlichen Kontexts auf der Grundlage des Kriteriums der effektiven Verfügbarkeit der Spieleinsätze zu ermitteln.

100 Abgesehen von der Mehrwertsteuer dürfen keine anderen Steuern erhoben werden, die den Charakter einer Umsatzsteuer haben. Eine innerstaatliche Abgabe oder Steuer ohne Umsatzsteuercharakter kann andererseits auch kumulativ mit der Mehrwertsteuer auf Glücksspiele erhoben werden.

101 Schließlich dürfen besondere Glücksspielsteuern – oder, ganz allgemein, Steuern, die auf Einnahmen bzw Gewinne aus Glücksspielen erhoben werden – weder diskriminierenden Charakter haben, noch dürfen steuerrechtliche Maßnahmen in diesem Bereich die Grundfreiheiten auf ungerechtfertigte Weise beschränken, wobei insbesondere die Verhältnismäßigkeit, Kohärenz und Schlüssigkeit der nationalen ordnungsrechtlichen Maßnahmen konkret nachzuweisen ist. Diese Maßnahmen dürfen also weder in Wirklichkeit durch wirtschaftliche oder fiskalische Interessen motiviert sein, noch allgemein auf eine Abschottung des Marktes zugunsten bestimmter nationaler Anbieter abzielen.

102 Eine mitunter schwierige Gratwanderung stellt diesbezüglich die Rechtfertigung von Maßnahmen zur Eindämmung der Spielsucht oder Kriminalität unter Berufung auf eine Politik der „kontrollierten Expansion" von Glücksspieltätigkeiten dar.

134 Siehe Rn 76 bis 92 des Urt.

Anzumerken ist auch, dass eine nationale Regelung wie ein Vorbehalt zugunsten zugelassener öffentlicher Spielbanken, soweit auch steuerliche Regelungen an diesen Tatbestand anknüpfen, unter Umständen sowohl im Hinblick auf das Mehrwertsteuerrecht als auch aus der Sicht der Freizügigkeiten europarechtliche Probleme aufwerfen kann.[135] **103**

Vielleicht noch mehr als etwa in Bezug auf die Urteile zu den Grundfreiheiten ist abschließend vor voreiligen Verallgemeinerungen aus der Rechtsprechung zu den steuerrechtlichen Aspekten des Glücksspiels zu warnen. Zu beachten ist nämlich in jedem Fall, dass diese Urteile in ganz spezifischen steuerrechtlichen Zusammenhängen ergangen sind und in diesem Lichte auch verstanden werden müssen. **104**

---

135 Vgl etwa einerseits das Urt – „Fischer", zit in Fn 27, und andererseits das Urt – „Anomar", zit in Fn 4, sowie das Urt – „Kommission/Griechenland", zit in Fn 41.

Abschnitt 5: Prüfwesen

Ihno Gebhardt

§ 28 Begrenztes Glück – Die Gewährleistung gesetzlicher und allgemeinverbindlicher Sicherheitsstandards

Übersicht

I. Von rotierenden Walzen zu Hightech-Computerprogrammen

Die Zeiten rotierender Walzen in Geldspielautomaten sind lange vorbei. Sie sind im Zuge der quantensprungartigen Entwicklungen in den Bereichen der Daten- und Informationstechnologien virtuellen Animationswalzen und Gewinnanzeigen gewichen, die durch anspruchsvolle und regelmäßig vernetzte Computerprogramme gesteuert werden.[1] IT-Spezialisten und IT-Ingenieure sind notwendig, um die komplexen Programmierungen und Rechenprozesse hinter den bunten Bildschirmen zu verstehen und zu überprüfen. Dies gilt gleichermaßen für die terrestrischen Glücksspielangebote in Spielhallen (Geldspielautomaten mit Gewinnmöglichkeit, die schon lange keine „Daddelautomaten“ mehr sind) und Spielbanken (Geldspielautomaten, automatisierte Casinotische, etc) wie auch für zahlreiche Glücksspielangebote im Internet (in unzähligen Erscheinungsformen). 1

1 Einzelheiten zu dieser Entwicklung siehe sogleich bei *Richter*, § 30.

https://doi.org/10.1515/9783110259216-028

II. Spielgeräte mit Gewinnmöglichkeiten in Spielhallen und Gaststätten

1. Rechtsrahmen – § 33i, § 33c Gewerbeordnung, die Spielverordnung und Technischen Richtlinien 5.0

2 Spielhallen werden auf gewerberechtlicher Grundlage (§ 33i GewO) betrieben, die in Spielhallen und Gaststätten aufgestellten „gewerbsmäßigen Spielgeräte, die mit einer den Spielausgang beeinflussenden technischen Vorrichtung ausgestattet sind und die Möglichkeit eines Gewinnes bieten" nach § 33c GewO genehmigt.[2] Die auf die Verordnungsermächtigung in § 33f Abs 1 und § 60a Abs 2 Satz 4 GewO gestützte Verordnung über Spielgeräte und andere Spiele mit Gewinnmöglichkeit (Spielverordnung – SpielV)[3] und die hierzu erlassenen Technischen Richtlinien (in der aktuellen Version 5.0)[4] regeln die Zulassung und Aufstellung von Geldspielgeräten und die Verpflichtungen bei der Ausübung des Gewerbes im Detail.[5] Die Physikalisch-Technische Bundesanstalt (PTB), eine Art gesetzlich dekretierter Monopolist für die Zertifizierung von Glücksspielautomaten für Spielhallen und Gaststätten – entscheidet gem § 11 SpielV (im Benehmen mit dem Bundeskriminalamt) über den Antrag auf Zulassung der Bauart eines Spielgerätes im Sinne des § 33c Abs 1 Satz 1 GewO. Anders als in Spielbanken ist das potentielle Glück deutlich begrenzt: Nach § 13 Nr 5 SpielV darf die Summe der Gewinne abzüglich der Einsätze im Verlaufe einer Stunde 400 Euro nicht übersteigen (Jackpots und andere Sonderzahlungen jeder Art sind ausgeschlossen); aber auch die Summe der Verluste darf nach Nr 4 im Verlauf einer Stunde 60 Euro nicht übersteigen. Die Bauartanforderungen sind allerdings um ein vielfaches komplexer, als diese ersten Hinweise es vermuten lassen.[6]

3 Gleichwohl hat es immer wieder Berichte von Manipulationen und zum Teil systemimmanenten Problemen bei der Kontrolle ganzer Reihen von Geldspielgeräten gegeben:[7] Zum einen wird berichtet, dass es Hackerangriffe auf die Automatensoftware gebe, so dass sich die PTB und Betrüger ein Katz- und Mausspiel lieferten.[8]

---

2 Zu den rechtlichen Details des gewerblichen Spielrechts siehe *Odenthal*, § 23, zur Zertifizierung von Spielhallen siehe *Gesmann-Nuissl*, § 29.

3 SpielV id Fassg d Bekanntmachg v 27.1.2006 (BGBl I S 280), die zuletzt durch Artikel 4 Absatz 61 des Gesetzes vom 18. Juli 2016 (BGBl I S 1666) geändert worden ist. Stand: Neugefasst durch Bek v 27.1.2006 I 280; zuletzt geändert durch Art 4 Abs 61 G v 18.7.2016 I 166.

4 Erlassen auf Grundl d SpielV id Fassg d Bekanntmachg v 27.1.2006 (BGBl I S 280), die zuletzt durch Artikel 1 der VO vom 8. Dezember 2014 (BGBl I S 2003) geändert worden ist.

5 Siehe hierzu ausführlich *Richter*, § 30.

6 Siehe hierzu *Richter*, ebda.

7 Siehe beispielsweise den Bericht „Dressierte Schimpansen" im Spiegel 4/2009, Seite 38.

8 Ebda.

Zum andern bemängeln unabhängige vereidigte Sachverständige (im Kontext der sechsten Novellierung der SpielV[9]), dass elementare Voraussetzungen für einen seriösen Überprüfungsprozess der fehlerfreien und normgerechten Funktionsfähigkeit der Spielgeräte nicht eingehalten würden: So „merke" die Maschine sofort, wenn sie getestet werde, und schalte in einen Prüfmodus mit entsprechendem Output. Auch wird für problematisch gehalten, dass die Überprüfung mit Software des Automatenherstellers selbst erfolgen müsse.[10] Weil die Sachverständigen auch den von der PTB entwickelten, die SpielV ergänzenden Technischen Richtlinien Mängel attestiert haben und zudem eine nur unzureichende Überwachung bzw Durchsetzung dieser Richtlinien bei der Bauartprüfung von Geldspielgeräten festgestellt haben wollen, gehen deren Empfehlungen (aus dem Jahr 2011) dahin, die SpielV beizubehalten, diese aber künftig konsequenter, genauer und ohne Interpretationsspielraum umzusetzen. In diesem Zusammenhang werden zweifelsfrei nachvollziehbare Protokoll- und Abrechnungsdaten zu Geldspielvorgängen gefordert, um

- einer Umgehung der Regelungen der SpielVO und
- Geldwäsche in großem Umfange entgegenzuwirken.[11]

2. Spielhallenboom – Geldwäsche – Steuerhinterziehung

Auch der Bund Deutscher Kriminalbeamter (BDK) hat 2012 vor dem nach Novellie- 4
rung der SpielV im Jahr 2006 feststellbaren Spielhallenboom und den hiermit verbundenen Folgen gewarnt. Im Zeitraum seit 2006 hatte sich die Anzahl der Spielautomaten vervierfacht,[12] der Umsatz der Branche legte um etwa 40 Prozent zu. Der Verdacht lag nahe, dass nicht lediglich eine Ausweichbewegung von Glücksspielern aus den nunmehr – durch das glücksspielstaatsvertragliche Regime – strenger reglementierten Spielbanken, sondern auch die in/durch Spielhallen eröffneten Mög-

9 *Th. Noone* als Sachverständiger aus der Gruppe der öffentlich bestellten und vereidigten Sachverständigen, Deutscher Bundestag, 17. Wahlperiode, 67. Sitzung des Ausschusses für Gesundheit, 21.3.2012, BT-Drs 17/6338, Wortprotokoll, S 15, 22, 23. Siehe weiterhin ausführlich zu den Problemen der SpielVO 2006 das Positionspapier von *U. Alt, M. Benzinger* und Kollegen „Auslöser und Ursachen für die aktuelle Entwicklung des Marktes für Geldspielgeräte nach Novellierung der Spielverordnung im Jahre 2006 – Probleme und Lösungsvorschläge", vom 18.4.2011.

10 Spiegel, ebda. Dies ist insbesondere unter dem Gesichtspunkt problematisch, dass die Automaten- und Softwareproduzenten ihre Quellcodes nicht preisgeben. Der Nachweis von Manipulationsmöglichkeiten zB an Punktezählern wird hierdurch deutlich erschwert. *U. Alt, M. Benzinger* ua, Fn 9 (7.1. Steuerliche Aspekte und Geldwäsche), weisen (2011) darauf hin, dass daher auch die PTB als zulassende Behörde auf „schriftliche Versprechen" der Automatenhersteller angewiesen seien.

11 *U. Alt, M. Benzinger* und Kollegen, ebda, Seite 1.

12 Zuvor, im Zeitraum von 1995 bis 2005 verminderte sich die Anzahl der aufgestellten Geldspielgeräte trotz immer anspruchsvollerer Animationen von 245.000 auf 183.000 Geräte. Siehe hierzu *Viehweg*, Wirtschaftsentwicklung Unterhaltungsautomaten 2010 und Ausblick 2011, S 14.

lichkeiten zu einer relativ leichten und risikoarmen Begehung von Geldwäsche- und Steuerhinterziehungsstraftaten eine maßgebliche Ursache dieses immensen Wachstums bildeten, zumal viele Spielhallen dem äußeren Anschein nach nicht auf florierende Geschäfte schließen ließen. Da zudem die italienische Polizei härter gegen die Geldwäsche der Mafia in Italien vorginge, verlagerte sich diese auch nach Deutschland. Nach Schätzungen der OECD wurden 2012 zwischen 43 und 57 Milliarden Euro durch deutsche Unternehmen in den legalen Geldkreislauf geschleust.[13] Bei etwa 13.000 Verdachtsanzeigen im Jahr 2012 hat sich in rund 44 Prozent der Fälle der Verdacht einer Straftat erhärtet.[14] Als Reaktion auf diese Entwicklungen und entsprechende Hinweise vereidigter Sachverständiger auf die Geldwäschegefahr in Spielhallen plante die Bundesregierung eine geldwäscherechtliche Gleichbehandlung von Spielhallen mit den Spielbanken[15] und stellte im Rahmen der Novellierung des Geldwäschegesetzes den Entwurf eines neuen Paragraphen 16a[16] vor: „Geldwäscherechtliche Aufsicht über den Betrieb von Spielhallen". Die Begründung dieses Regelungsentwurfs des Bundesfinanzministeriums lautete auszugsweise:

> „Bei Spielhallen kommt hingegen – anders als bei Spielbanken – nicht der Kunde (mithin der Spieler), sondern allein der Spielhallenbetreiber selbst in Betracht, der den Betrieb der Spielhalle dazu nutzt, auf andere Weise erlangte illegale Gelder über den Betrieb der Spielhalle dadurch zu waschen, dass für diese Gelder ein legaler Hintergrund vorgespiegelt wird (Einnahmen aus dem Spielbetrieb). Es wäre damit offenkundig das falsche Mittel, wenn der potenzielle Geldwäscher gegenüber seinem Kunden untaugliche Sorgfaltspflichten erfüllen müsste. Da sich jedoch der Spielhallenbetrieb aufgrund der hohen Bargeldeinsätze und des Potenzials ei-

---

13 Spiegel, Bericht v 29.10.2012, abrufbar unter http://www.spiegel.de/wirtschaft/soziales/ermittler-warnen-vor-geldwaesche-in-deutschland-a-863950.html.

14 http://www.t-online.de/finanzen/id_60690596/geldwaesche-mafia-waescht-immer-mehr-schmutziges-geld-in-deutschland-.html.

15 Zum Themenkomplex Spielbanken und Geldwäsche siehe *Gebhardt/Gohrke*, § 21, Rn 73 f.

16 BR-Drs 459/12 v 10.8.2012: Entwurf d BReg zu einem Gesetz zur Ergänzung des Geldwäschegesetzes (GwGErgG). In der Begründung des Gesetzentwurfs wird ausgeführt, dass die für andere Risikobranchen und Berufe bereits bestehende geldwäscherechtliche Aufsicht ist in einer Weise differenziert ausgestaltet sei, die den unterschiedlichen, spezifischen Risiken in den unterschiedlichen Berufsgruppen und Branchen Rechnung tragen solle. Daneben spiele bei der Konzeption des Geldwäscheregimes auch die Erkenntnis eine Rolle, dass Geldwäscheaktivitäten, die aus den Aktivitäten des Verpflichteten selbst resultierten, nicht durch Kundensorgfaltspflichten minimiert werden könnten. Dieser Ansatz entspricht auch dem Präventionskonzept der Richtlinie 2005/60/EG (3. Geldwäscherichtlinie). Das GwG verfolgt demnach „ebenso wie die Finanzmarktaufsichtsgesetze (Kreditwesengesetz [KWG], Versicherungsaufsichtsgesetz [VAG], Zahlungsdiensteaufsichtsgesetz [ZAG]) oder die Gewerbeordnung (GewO) einen *präventiv-gewerberechtlichen Ansatz* [HniO]. Das GwG sieht besondere Pflichten vor für bestimmte Branchen, Berufsgruppen, Produkte und Kundensegmente, bei denen ein erhöhtes Risiko besteht, dass sie für Geldwäschezwecke missbraucht werden. Hierzu zählen Sorgfaltspflichten gegenüber den Kunden sowie Organisations-, Dokumentations- und Meldepflichten. Diese Konzeption entspricht den maßgeblichen internationalen Standards der Financial Action Task Force (FATF) sowie den europarechtlichen Vorgaben."

nes Automatenspielgeräts, rein rechnerisch Umsätze bis zu 30.000 Euro im Jahr zu generieren, für dessen Betreiber gut eignet, illegal erlangte Gelder als Einnahmen aus dem Automatenspiel zu verbuchen, muss dem mit spezifischen Maßnahmen zur Geldwäscheprävention entgegen getreten werden. Die hierfür vorgesehenen Maßnahmen knüpfen an die bewährten Instrumente an, die die Bundesanstalt für Finanzdienstleistungsaufsicht im Rahmen der geldwäscherechtlichen Aufsicht nach § 25 Absatz 4 Kreditwesengesetz zur Verfügung stehen. Soweit bei dem Betrieb einer Spielhalle die in Rede stehenden Risiken vorliegen, kann die zuständige Behörde angemessene Gegenmaßnahmen treffen. Hierfür enthält § 16a einen abgestuften, am Prinzip der Verhältnismäßigkeit ausgerichteten Maßnahmenkatalog."[17]

Gesetzeskraft hat dieser Entwurf allerdings nicht erlangt; er wurde ersatzlos gestrichen. Ein Lobbyverband der Deutschen Automatenwirtschaft hat im Rahmen seiner Stellungnahme zum Gesetzesvorhaben unter Hinweis darauf, dass den Verbänden bislang (2012) „kein einziger Fall bekannt" sei, bei dem Automaten zum Zwecke der Geldwäsche manipuliert worden seien, die Ergänzung des Geldwäschegesetzes für überflüssig erklärt. Eine Lösung des Problems sah die Lobbyorganisation vielmehr darin, die SpielV dahin zu ändern, dass die Betreiber künftig nachweisen müssten, dass ihre Automaten gegen Manipulationen geschützt seien.[18] Während das Geldwäschegesetz einen eigenen Abschnitt (2a) mit „Vorschriften für das Glücksspiel im Internet" enthält *(§ 9a: Interne Sicherungsmaßnahmen der Verpflichteten ..., § 9b: Spieleridentifizierung, § 9c: Spielerkonto und Transparenz der Zahlungsströme, §9d: Besondere Sorgfaltspflichten für Verpflichtete nach ...)*, findet sich der normative Anknüpfungspunkt für die Bekämpfung von Geldwäsche in Spielhallen dementsprechend in der SpielV, speziell in den verschärften Bauartzulassungsanforderungen des § 13 Nr 9a SpielV: 5

---

17 BR-Drs 459/12 v 10.8.2012: Entwurf d BReg zu einem Gesetz zur Ergänzung des Geldwäschegesetzes (GwGErgG).

18 Das an den Verhandlungen zur Novellierung des GwG beteiligte (damals) FDP-geführte Wirtschaftsministerium hat sich die Argumentation der Automatenlobby zu Eigen gemacht, wonach „entsprechende Regelungen in die anstehende Spielverordnung aufzunehmen" seien. Eine zusätzliche Regelung im GwG sei angesichts dessen überflüssig. *Bewersdorff*, ZfWG 3/4/15, 182, 187, weist in seiner Analyse der Neuregelungen der SpielV (7. Novelle) darauf hin, dass die nunmehr durch die sehr restriktiven Vorgaben erforderlichen aufwändigen technischen Entwicklungen in nächster Zukunft zu einer nur geringen Anzahl von Anträgen für Bauartzulassungen führen würden. Er fordert die Entwicklung einer universellen und umfassenden Messsystematik für Glücksspiel-Sequenzen; die heutigen Anforderungsformulierungen wie in § 13 Nr 1 und 6a SpielV hinkten den Erkenntnissen der Stochastik 100 Jahre hinterher. Durch universelle Systematik und Sequenzen würde eine kohärente Bewertung aller Spiele dieser einheitlichen, globalisierten Spielkultur einschließlich der Casino-Slots und des Online-Casinos möglich. Es könnten so transparent vergleichbare Obergrenzen auf Basis eines ganzheitlichen Ansatzes des Spielerschutzes festgelegt werden. Sehr kritisch zur 6. SpielV-Novelle (aus der Perspektive der Glücksspielsuchtforschung): *Gerhard Meyer*, Stellungnahme zu dem Entw d 6. VO zur Änderg d SpielVdes Bundesministeriums für Wirtschaft und Technologie v 8.2.2012, http://gerhard.meyer.unibremen.de/index_dateien/Stellungnahme_SpielV_0802 2012.pdf.

„… 9. Das Spielgerät beinhaltet eine Kontrolleinrichtung, die sämtliche Einsätze, Gewinne und den Kasseninhalt zeitgerecht, unmittelbar und auslesbar erfasst. Die Kontrolleinrichtung gewährleistet die in den Nummern 1 bis 5 Satz 1 und Nummer 6a aufgeführten Begrenzungen.

9a. Das Spielgerät zeichnet nach dem Stand der Technik die von der Kontrolleinrichtung gemäß Nummer 8 erfassten Daten dauerhaft so auf, dass
a) sie jederzeit elektronisch verfügbar, lesbar und auswertbar sind,
b) sie auf das erzeugende Spielgerät zurückgeführt werden können,
c) die einzelnen Daten mit dem Zeitpunkt ihrer Entstehung verknüpft sind,
d) ihre Vollständigkeit erkennbar ist und
e) feststellbar ist, ob nachträglich Veränderungen vorgenommen worden sind.“[19]

6 Dabei geht der Verordnungsgeber in der Begründung zur sechsten Verordnung zur Änderung der SpielV selbst davon aus, dass die zuvor geltenden Regelungen der SpielV *nicht ausreichend* mit den steuerlichen und den geldwäscherechtlichen Regelungen *verzahnt* seien. Manipulationen von Daten, die vom Geldspielgerät erzeugt und außerhalb des Gerätes für steuerliche Zwecke weiterverwendet würden, ließen sich nur schwer oder gar nicht nachweisen.[20] Mit den präzisierten Aufzeichnungspflichten und Änderungen beim Manipulationsschutz – die sich *Richter* zufolge als Paradigmenwechsel beschreiben lassen[21] – sollen diese Lücken daher geschlossen werden; im Falle einer Überprüfung könnten Manipulationen aufgedeckt und gerichtsfest nachgewiesen werden, da Zahlungsströme transparent seien und sich zurückverfolgen ließen.[22] Eine (Neu-)Bewertung der novellierten SpielV und der hierzu erlassenen Technischen Richtlinie für Geldspielgeräte der PTB (Version 5.0 vom 27. Januar 2015) unter diesen Aspekten ist, soweit ersichtlich, noch nicht erfolgt.[23]

III. Technische Standards/Zertifizierung in Spielbanken und im Online-Glücksspiel

7 Für Geldspielgeräte in deutschen Spielbanken gibt es keinen der SpielV und den Technischen Richtlinien vergleichbaren gesetzlichen Regelungsrahmen. Die auf Grundlage der Spielbankgesetze der Länder erlassenen Spiel(ver)ordnungen regeln zwar, welche Spiele gespielt werden dürfen, wie und in welcher Höhe (Mindest- und

19 Siehe hierzu die Präzisierungen der Technischen Richtlinie 5.0, 5.14 bis 5.16, abrufbar unter https://www.ptb.de/cms/fileadmin/internet/fachabteilungen/abteilung_8/8.5_metrologische_informationstechnik/8.54/Richtlinien_Merkblaetter_PDF/2015-0068-D.pdf.

20 BRat-Drs 437/13 v 23.6.2013, Seite 14.

21 *Richter*, § 30, Einleitung.

22 Fn 20.

23 Erlassen auf Grundlage der SpielVO id Fassg d Bekanntmachung v 27.1.2006 (BGBl I S 280), die zuletzt durch Artikel 1 der VO vom 8. Dezember 2014 (BGBl I S 2003) geändert worden ist.

Höchstbeträge) die Spieleinsätze zu erbringen sind, wie Gewinne festgestellt und ausgezahlt werden, zu welchen Zeiten nicht gespielt werden darf, wie die Datenerfassung zu erfolgen hat und welche Daten in der Besucherdatei zu speichern sind.[24] Es bestehen aber keine (dem gewerblichen Geldspielautomatenrecht vergleichbare) Reglementierungen im Hinblick auf die Höhe von Gewinnen und Verlusten. Der Glücksspieler ist demnach – jenseits der glücksspielstaatsvertraglichen Schutzpflichten – grundsätzlich frei in seinen „Investitions"-Entscheidungen, sobald ihm Einlass in die Spielbank gewährt worden ist.

Mangels rechtlicher Regulierung und bereits aus ökonomisch-rechtlichem Ei- 8
geninteresse an einer uneingeschränkten Funktionsfähigkeit der Spielbankautomaten orientieren sich deutsche Spielbankunternehmer an gängigen internationalen Zertifizierungsstandards, an „common sense rules", wie sie vom Marktführer *Gaming Laboratories International* (GLI, New Jersey, USA, World Headquarters[25]) angeboten werden. Dieser kann – dem Internetauftritt zufolge – auf eine mehr als 25-jährige Zertifizierungs- und Beratungspraxis zurückblicken, hat weltweit mehr als 475 Klienten, Glücksspielregulierer, Hersteller und Lieferanten von Glücksspielgeräten und Glücksspielbetreiber. GLI hat für alle Glücksspielsegmente global gültige Zertifizierungsstandards entwickelt, die durchaus eine Ähnlichkeit zB zu den Technischen Richtlinien der SpielV für Geldspielautomaten mit Gewinnmöglichkeit aufweisen.[26] In den letzten Jahren hat GLI die ersten interaktiven Glücksspielsysteme in Australien, Asien (auf den Philippinen) und auch in Europa (Kanalinseln, Alderney), die ersten kanadischen Online-Lotterien, Online-Casinos und Online-Sportwettensysteme (in British Columbia, Manitoba und Quebec) zertifiziert. Unterstützt werden Investoren, die in Dänemark, Spanien, Portugal, Italien, Malta und Rumänien tätig sind. Es findet demnach eine (faktische) Vorwegnahme von Regulierungen statt, dort wo und solange wie es noch keine staatliche Regulierung von Glücksspielgerät in Casinos gibt; und dies gilt sowohl für das terrestrische als auch das rein stochastisch-virtuelle Internetglücksspielangebot.[27] Neben GLI gibt es einige weitere, teilweise national, teilweise international operierende Zertifizierungsunternehmen (*gaming labs*). Auch die Untergliederungen des TÜV spielen bei der Zertifizierung von Spielgeräten in deutschen Spielbanken eine nicht unbeachtliche Rolle.

---

24 Siehe zB § 10 des Gesetzes über die Zulassung öffentlicher Spielbanken im Land Brandenburg (SpielbGBbg) v 18.12.2007, GVBl I/07, [Nr 17], S 218, 223.

25 Mit mehr als 400 für das Unternehmen tätigen Ingenieuren und europäischen Firmensitzen in den Niederlanden, Österreich und Polen.

26 So zB der Standard GLI-11: Gaming Devices in Casinos, Version 2.1, Release Date: 25.8.2011, abrufbar unter http://www.gaminglabs.com/pdfs/GLI-11_v2.1.pdf, oder GLI-25: Dealer Controlled Electronic Table Games, Version 1.2, Release Date: 6.9.2011, abrufbar unter http://www.gaminglabs.com/pdfs/GLI-25_v1.2_Standard.pdf.

27 Zu den rechtlichen und sonstigen Rahmenbedingungen der Zertifizierung des Online-Glücksspiels siehe ausführlich *Gesmann-Nuissl*, § 29.

9 Internationale Glücksspielstandards werden auch im Rahmen der Tätigkeit großer Vereinigungen wie der *Gaming Standards Association* erarbeitet, zu deren Mitgliedern beispielsweise die *Konami Gaming Inc.*, die *Novomatic Gaming Industries GmbH*, die *Atlantic Lottery Corporation*, die *adp Gauselman GmbH*, die *Casinos Austria AG*, die *European Casino Association*, die *Macau Gaming Equipment Manufacturers Association* und die *Seoul National University of Science and Technology* gehören.

10 In den deutschen Ländern gibt es keine einheitliche Behördenpraxis in Bezug auf den Nachweis von GLI- oder ähnlichen Zertifikaten bzw die Erfüllung internationaler Standards für die in den Spielbanken aufgestellten Geldspielgeräte. Zulassungs-, Zertifizierungs- oder Akkreditierungsverfahren sind, soweit ersichtlich, bislang nicht geregelt. Dies ist mit Blick auf das Eigeninteresse der Spielbankbetreiber an der Einhaltung verbindlicher und hochwertiger Zertifizierungsstandards auch nicht notwendig. Die Abstinenz gesetzlicher Regelungen hat, wie bereits angedeutet, ihre Ursache maßgeblich darin, dass es, im Unterschied zu dem gewerberechtlichen Rahmen für das Spielhallenrecht und die in Spielhallen und Gaststätten betriebenen Geldspielgeräte gerade keinen gesetzlichen, die Einsatz-, Gewinn- und Verlustgrenzen definierenden Regelungsrahmen gibt/geben muss. Sofern sich die Landesgesetzgeber gleichwohl eines Tages zu einer Regulierung auch der Zertifizierung (oder der Akkreditierung bestimmter Zertifizierungsangebote) insbesondere von Geldspielgeräten (aber auch zB Roulettekesseln) in Spielbanken entscheiden sollten, ist die Beachtung der folgenden Regelungsmaximen geboten:

- ländereinheitliche Regelungen, so dass keine unterschiedlichen Standards zwischen den Spielbanken der Länder geschaffen werden,
- äußerste Zurückhaltung im Hinblick auf Detailregulierungen, weil diese zu erheblichen Verzögerungen bei der notwendigen Reaktion auf technische Neuerungen führen können,
- Akzeptanz der international anerkannten Standards, Akkreditierung langjährig erprobter Verfahren,
- Schaffung eines verbindlichen, internationalen Informationsaustausches der Aufsichtsbehörden über die internationalen Zertifizierungsstandards.

11 Der Informationsaustausch der deutschen Glücksspielaufsicht(en) mit den teilweise hochspezialisierten Regulierungsbehörden anderer Staaten sollte ohnehin, unabhängig von der Schaffung oder Erweiterung des bestehenden Rechtsrahmens, intensiviert werden. Der Zeitpunkt wäre gut gewählt, da sich die Aufsichten, namentlich im Glücksspielkollegium, ohnehin neu sortieren müssen, nachdem kürzlich der Doyen und maßgebliche Gestalter des deutschen Glücksspielwesens der letzten Dekade, *Thomas Gößl*, von Bord gegangen ist.

Dagmar Gesmann-Nuissl

§ 29 Online-Glücksspiel und Zertifizierung

Übersicht

Der Staatsvertrag zum Glücksspielwesen in Deutschland von 2012 (Glücksspielstaatsvertrag; im Folgenden: GlüStV)[1] steht ebenso wie seine Vorgängermodelle[2] in der Kritik, wobei zunehmend das Vermitteln und Veranstalten von Glücksspielen im Internet in den Fokus der Betrachtungen gerät und die bestehende Regulierung gerade in diesem Bereich – selbst nach Einführung des beschränkten Konzessionsmodells nach § 4 Abs 4 und 5 GlüStV und der Experimentierklausel für Sportwetten (§§ 4a–4e, 10a GlüStV) – für nicht mehr zeitgemäß erachtet wird. Nicht nur die Politik sieht (einmal mehr) einen erheblichen Nachbesserungsbedarf,[3] sondern auch die Gerichte urteilen durchaus unterschiedlich. Zum einen kommen sie zu dem Ergeb- 1

1 Staatsvertrag zum Glücksspielwesen in Deutschland v 15.12.2011, in Kraft getreten am 1.7.2012, BayGVBl 2012, 318.

2 Der am 1.7.2004 in Kraft getretene Staatsvertrag zum Lotteriewesen in Deutschland (LottStV), BayGVBl 2004, 230 wurde als verfassungswidrig eingestuft, da das Sportwetten-Monopol nicht konsequent genug am Ziel der Bekämpfung der Suchtgefahr ausgerichtet war, BVerfGE 115, 276 (303) = NJW 2006, 1261. Der Staatsvertrag zum Glücksspielwesen in Deutschland vom 30.1.2007, BayGVBl 2007, 906, in Kraft getreten am 1.1.2008, BayGVBl 2008, 20, wurde wegen der Ausdehnung des staatlichen Glücksspielmonopols auf das Internet und damit auch auf ausländische Anbieter als verfassungs- und europarechtswidrig eingestuft, vgl Aufforderungsschreiben der EU-Kommission zum Vertragsverletzungsverfahren Nr 2007/4866.

3 Vgl nur den Entwurf „Zweiter Staatsvertrag zur Änderung des Glücksspielstaatsvertrages" vom 28.10.2016 nach welchem die Begrenzung der Zahl der Sportwettkonzessionen für die Experimentierphase ab dem 1.1.2018 wieder aufgehoben werden soll. Der Länderbeschluss erfolgte am 16.3.2017.

https://doi.org/10.1515/9783110259216-029

nis, dass der Staatsvertrag und dessen Vollzug seiner Zielsetzung gemäß § 1 GlüStV, nämlich Spieler, Jugendliche und Verbraucher vor illegalen Glücksspielen zu schützen, gerade im Online-Sektor nicht hinreichend nachkomme und der nicht regulierte „Grau- und Schwarzmarkt" einen alarmierenden Aufschwung verzeichne.[4] Zum anderen bemängeln sie das deutsche Glücksspielrecht, welches aufbauend auf landesrechtlichen Wettmonopolen und traditionellen ordnungsrechtlichen Regelungsstrukturen innovative und internetgestützte Spielumgebungen der „digitalen Generation", wie zB eSports- oder ePoker-Turniere und 3D-Casinos, die im Ausland keinerlei Einschränkungen erfahren, kategorisch vom Marktzugang ausschließe[5] und sich deshalb als europarechtswidrig erweise.[6]

2 In diesem, kaum aufzulösenden Spannungsfeld, in welchem eine kohärente Regelung durch europäisches Sekundärrecht aufgrund der unterschiedlichen, auch monetären Interessen der Mitgliedstaaten wohl nicht zu erwarten ist, scheint es legitim, auch über andere, alternative bzw ergänzende Mechanismen nachzudenken, welche den europäischen Mitgliedstaaten ihre nationalen Regelungen und Werteordnungen im Grunde belassen, aber einen präventiv wirkenden Schutzmechanismus daneben stellen, der mit der Technizität und Dynamik in diesem Bereich – künftig wird es zB hybride Spiel- und Finanzplattformen (zB Binary Slots) geben, welche die virtuelle mit der realen (Glücks-)Spielwelt unauflösbar verzahnen – vielleicht besser und flexibler Schritt halten kann, als dies die derzeit existierende „starre" Regelungssystematik des Staatsvertrages mittels Ge- und Verboten zu leisten vermag.

3 Das System, welches diese Technologieoffenheit und Flexibilität besäße, weil es die Anbieter selbst sowie den privaten Sachverstand gezielt miteinbezieht und die dort zu schaffenden bzw bereits geschaffenen Selbstkontrollmechanismen unter eine staatliche Aufsicht stellt, ist das im europäischen Rechtsraum bekannte System der Konformitätsbewertung mit anschließender (gesetzlich geregelter) Zertifizierung und Marktüberwachung. Inwieweit ein solches System, welches derzeit für Spiel-

---

4 VGH Mannheim, Urt v 23.5.2013 – 6 S 88/13, GewArch 2014, 124 ff; ähnlich *Schenke* ZfWG 2015, 170 (174); zum mangelhaften Vollzug: *EU-Kommission*, EU PILOT 7625/15/GROW – Deutsche Glücksspielgesetzgebung, S 5.

5 *Schenke* ZfWG 2015, 170 im Hinblick auf das kategorische Verbot des Internetglücksspiels.

6 EuGH, Urt v 4.2.2016 – Rs C-336/14 (Ince/Deutschland), NVwZ 2016, 369 ff mit Anmerkung *Weidemann*, der die verwirrende und widersprüchliche Rechtsprechung zum Glücksspielrecht nachzeichnet, S 374 f. Ferner EuGH, Urt v 8.9.2009 – Rs C-42/07 (Liga Portuguesa), NJW 2009, 3221 ff, EuGH, Urt v 6.11.2003 – Rs C-243/01 (Gambelli), EuZW 2004, 115 ff sowie EuGH, Urt v 11.6.2015 – Rs C-98/14 (Berlington Hungary), der in den Regelungen der Mitgliedstaaten zwar stets eine Beschränkung der Dienstleistungs- und Niederlassungsfreiheit (Art 56, 49 AEUV) erblickt, diese jedoch mangels Harmonisierung des Glücksspielwesens billigt, weil die Einschränkungen aus zwingenden Gründen des Allgemeininteresses der betroffenen Mitgliedstaaten, namentlich zum Schutz der Verbraucher und der Sozialordnung (Verhinderung von kriminellen Handlungen), gerechtfertigt sind.

stätten ausgiebig diskutiert (und zum Teil bereits angewandt) wird,[7] auch für den Online-Glücksspielsektor passend sein könnte, soll nachfolgend beleuchtet werden.

I. Staatliche Verantwortung für den Glücksspielsektor

Das Glücksspielrecht ist eine Querschnittsmaterie, zählt jedoch in Deutschland traditionell zum Gefahrenabwehrrecht.[8] Zentrale Rechtsquelle ist der zwischen allen Bundesländern geschlossene Glücksspielstaatsvertrag (GlüStV), der durch landesrechtliche Ausführungsgesetze sowie durch die Spielbankengesetze der Länder ergänzt wird (§ 28 GlüStV). Die Bundesländer haben den Glücksspielstaatsvertrag geschlossen, um das Glücksspiel bundeseinheitlich zu regeln. Er bildet daher den ordnungsrechtlichen Rahmen zur Veranstaltung und Vermittlung von Glücksspielen sowie der Werbung hierfür. Sein zentrales Anliegen besteht darin, das Glücksspiel insgesamt in geordnete und überwachte Bahnen zu lenken, ein ausreichendes Glücksspielangebot sicherzustellen sowie Gefahren zu verhindern, die mit dem Glücksspiel in Verbindung gebracht werden (vgl § 1 GlüStV), wie die Bekämpfung der Spiel- und Wettsucht, den Schutz der Spieler vor betrügerischen Machenschaften seitens der Wettanbieter, den Schutz vor irreführender Werbung sowie die Abwehr von Gefahren, die sich aus der mit dem Glücksspiel verbundenen Folge- und Begleitkriminalität ergeben. Die im GlüStV postulierte Verhinderung der vorgenannten Gefahren dient dabei – wie das BVerfG in ständiger Rechtsprechung formuliert[9] – der Verwirklichung eines „überragend wichtigen Gemeinwohlziels", welches in der Lage ist, selbst die grundrechtlich geschützten Interessen einzelner Anbieter (Art 12 GG, Art 14 GG) zurückzudrängen. 4

1. Instrumente staatlicher Gefahrenabwehr

Zentrale Instrumente der gesetzlich veranlassten Gefahrenabwehr sind einerseits das staatliche Veranstaltungsmonopol (§ 10 Abs 1, 2 und 6 GlüStV) verbunden mit der Regelung nach § 4 Abs 1 GlüStV, wonach öffentliche Glücksspiele nur mit Erlaubnis der zuständigen Landesbehörde veranstaltet und vermittelt werden dürfen und unerlaubtes Glücksspiel per se als verboten gilt (Verbot mit Erlaubnisvorbehalt). Andererseits das in § 4 Abs 4 GlüStV normierte Internetvertriebsverbot, welches das Veranstalten und das Vermitteln jeglicher öffentlicher Glücksspiele im Internet verbietet, jedoch den Bundesländern die Möglichkeit einräumt, von diesem 5

7 *Schneider* GewArch Beil 4/2016, 297 ff.

8 Vgl *Dietlein*, in: Dietlein/Hecker/Ruttig, Glücksspielrecht, Komm, 1. Aufl 2008, Art 70 ff GG, Rn 3 ff.

9 BVerfG v 23.6.2006 – 1 BvR 1054/01, NJW 2006, 1261 (1263, Rn 97 ff); BVerfG v 5.8.2015 – 2 BvR 2190/14, WM 2015, 1827 ff (Rn 22).

generellen Verbot Ausnahmen für wenige Bereiche, namentlich Lotterien (§ 3 Abs 3 S 1 GlüStV), Sportwetten (§ 3 Abs 3 S 3, § 10a GlüStV[10]) und erlaubte Pferdewetten (§ 27 Abs 2 S 2, § 3 Abs 1 S 5 GlüStV) zuzulassen, sofern keine Versagungsgründe nach § 4 Abs 2 GlüStV vorliegen, insbesondere die Erlaubnis mit der Zielsetzung des § 1 GlüStV in Einklang zu bringen ist und obendrein die Voraussetzungen des § 4 Abs 5 Nr 1–Nr 5 GlüStV erfüllt sind. Hierbei steht der Minderjährigen- und Spielerschutz im Vordergrund. Daher wird die Identifizierung und Authentifizierung der Spieler gefordert. Der monatliche Höchsteinsatz ist je Spieler prinzipiell auf 1.000,00 Euro zu begrenzen und besondere Suchtanreize durch schnelle Wiederholungen auszuschließen. Außerdem ist ein den besonderen Bedingungen des Internets angepasstes Sozialkonzept nach § 6 GlüStV zu entwickeln, einzusetzen und fortlaufend zu evaluieren.

6 Die Einhaltung des vorgenannten Regelungsregimes, welches um verbindliche Richtlinien zur zulässigen Werbung ergänzt wird (§ 5 Abs 4 GlüStV), wird durch die Überwachung seitens der zuständigen Landesbehörden sichergestellt (zB § 47 LGlüG BW; § 15 LGlüG RP) und von einem Sanktionskatalog insbesondere in Form von Bußgeldvorschriften begleitet (zB § 48 LGlüG BW; § 16 LGlüG RP). Über Erlaubnisse zum Veranstalten und Vermitteln öffentlicher Glücksspiele im Internet entscheidet das Glücksspielkollegium, eine gemeinsame Einrichtung der Bundesländer. Die Konzession darf nur erteilt werden, wenn der Konzessionsnehmer erweiterte Zulässigkeitsvoraussetzungen erfüllt, seine dauerhafte Leistungsfähigkeit ua durch Sicherheitsleistungen und Ausfallversicherungen abgesichert und die Transparenz und Sicherheit des Glücksspiels gewährleistet ist (§ 4a Abs 4 GlüStV). Erteilt werden diese Konzessionen zentral von der Glücksspielaufsichtsbehörde des Landes Hessen (§ 9a Abs 2 S 1 Nr 3 Alt 2 GlüStV).

7 Im Kern – und dies sei hier nochmals hervorgehoben – beruht das deutsche Glücksspielrecht also auf Verboten mit äußerst restriktiv ausgestalteten Erlaubnistatbeständen, die in der Praxis obendrein nur sehr eingeschränkt zur Anwendung gebracht werden und damit faktisch den allgemeinen Eintritt insbesondere privater Anbieter in den Glücksspielmarkt verhindern.

8 Letzteres gilt speziell für den Glücksspielmarkt im Internet, der trotz der zuletzt geschaffenen Öffnungsklauseln in § 4 Abs 5 GlüStV (siehe oben) sowie der Experimentierklausel in § 10a GlüStV, ausschließlich für Sportwetten privater Anbieter,

---

10 Die Experimentierklausel für Sportwetten nach § 10a GlüStV stellt eine Ausnahme vom allgemeinen Regelungsregime dar. Sportwetten dürfen für einen Zeitraum von sieben Jahren auch von privaten Anbietern mit entsprechender Konzession veranstaltet werden, wobei die Höchstzahl der Konzessionen auf 20 festgelegt wurde. Ferner gewährt eine solche Konzession dem Konzessionsnehmer abweichend von dem im Glücksspielstaatsvertrag geregelten Verbot, das Recht, Sportwetten auch im Internet zu veranstalten und zu vermitteln, wobei allerdings die Vorgaben aus § 4 Abs 5 und 6 GlüStV zu wahren sind (§ 10a Abs 4 GlüStV).

keine tatsächliche Belebung bzw Konkurrenz zum staatlichen Angebot[11] erfahren hat. Die seitens der Länder betriebene quantitative Selektion, die im Wesentlichen mit dem Schutz der zuvor genannten wichtigen Gemeinschaftsgüter und der Verwirklichung des Gemeinwohlziels begründet wurde, muss daher bislang als gescheitert gelten.[12] Denn weder ist es gelungen im Sportwettensektor die Türen auch für private Anbieter zu öffnen und den als gemeinwohlverträglich eingestuften Internet-Angeboten bzw deren Anbietern einen geregelten Zugang zum Glücksspielmarkt zu gewähren, noch haben die Regelungen dazu beigetragen, nicht erlaubte, besonders gefährdende Angebote flächendeckend zu unterbinden und den existierenden Schwarzmarkt in diesen Bereichen zu bekämpfen.[13] Daher – und um überhaupt noch Konzessionen in dem sich öffnenden Sportwettensektor erteilen zu können – haben die Länder aktuell einen neuen Anlauf gestartet, indem sie vorerst die Aufhebung der Kontingentierung für die Dauer einer obendrein verlängerten Experimentierphase beschlossen haben.[14]

2. Grenzen staatlicher Gefahrenabwehr

Bei oberflächlichem Hinsehen scheint es, als haben die öffnenden Regelungen im Sportwetten-Sektor dazu geführt, die vormals funktionierende strikt monopolistisch-ordnende Idee des Online-Glücksspielsektors zu konterkarieren. Die zuletzt erzeugte Unruhe könnte den Vertretern des Totalverbots daher sehr gelegen kommen. Ebenso könnte man aber auch einwenden, dass die rechtliche (Neu-)Ordnung des Sportwettenmarktes geradewegs offenbart hat, dass ein Totalverbot (zB Online-Casinos, Online-Poker) oder ein Totalverbot mit restriktiv ausgestaltetem Konzessionssystem (Sportwetten) der vollkommen falsche Weg ist, „um die Nachfrage dauerhaft und zukunftsfähig in Richtung eines legalen Angebots zu kanalisieren“[15] und dabei zugleich einen effektiven Spieler- und Jugendschutz im Online-Glücksspielmarkt her- 9

11 Den Landes-Lotteriegesellschaften wurden entsprechende Ausnahmen erteilt.

12 Nach Durchführung eines europaweiten Ausschreibungs- und Vergabeverfahrens wurde zwar im Herbst 2014 die Auswahlentscheidung (Auswahl der 20 besten Bewerber aus einem verbliebenen Kreis von 35 Bewerbern) getroffen. Allerdings haben anschließend sowohl die 15 unterlegenen Bewerber als auch die bereits zuvor auf der ersten Stufe des Verfahrens ausgeschlossenen Bewerber durch erfolgreiche Eilanträge und Hauptsacheentscheidungen – VG Wiesbaden, WiVerw 2016, 223 ff (Rn 40 ff); VGH München, Beschl v 6.5.2015 – 10 CS 14.2669, Rn 58 ff – eine Umsetzung der Auswahlentscheidung durch Erteilung von Konzessionen erfolgreich verhindert. Das Land Hessen ermöglicht zur Überbrückung der Situation seit 9/2016 den Antrag auf eine zeitlich befristete Duldungsverfügung.

13 Es wird derzeit von einem Schwarzmarkt-Umsatz in Höhe von ca 35 Milliarden Euro ausgegangen, FAZ v 3.3.2017 unter Bezugnahme auf die EU-Kommission, GD Binnenmarkt.

14 S.o. Fn 3, wenngleich auch hierzu bereits erste Kritik von der EU-Kommission geäußert wird.

15 Erläuterungen zum Entwurf des GlüÄndStV (LT-Drucks BW 15/1570), S 6.

beizuführen. Im Gegenteil werden doch die Anbieter von Online-Sportwetten und Glücksspielen aufgrund des Verbots direkt in den illegalen, unregulierten und vom Staat nicht mehr zu beaufsichtigenden „schwarzen bzw grauen Markt" gedrängt.[16] Der Staat kann seine Schutzziele („Schutz des überragend wichtigen Gemeinziels") dort gewiss nicht verfolgen; das Online-Glücksspiel entzieht sich sonach jeglicher sozialen Kontrolle. Dass obendrein Steuereinnahmen verloren gehen, sei hier nur am Rande erwähnt.

10 Ein Weiteres tritt hinzu. Der mit Abstand größte Marktanteil von Internet-Glücksspielen wird derzeit von ausländischen, nicht in Deutschland ansässigen Anbietern bedient,[17] so dass repressive ordnungsrechtliche Mechanismen, gleich wie streng sie im Einzelnen ausgestaltet sein mögen, hier ohnehin zu kurz greifen, weil sie außerhalb des Bundesgebiets keine (Vollzugs-)Wirkung entfalten. Und selbst wenn man die im Bundesgebiet ansässigen Intermediäre, hier insbesondere die Access-Provider[18] mit in die Verantwortung nehmen könnte, dh auch gegen diese Diensteanbieter ordnungsrechtliche Maßnahmen möglich wären,[19] so bliebe es stets ein „Hase und Igel"- Rennen, da im Moment einer Untersagungsanordnung, einer (nunmehr eingeschränkt zulässigen[20]) Sperr-Verfügung gegenüber einem Diensteanbieter verbunden mit einem payment-blocking, das illegale „Glücksspielprodukt" an anderer Stelle, vermittelt durch einen anderen Diensteanbieter von einem anderen „Offshore-Standort", erneut auftauchen und angeboten würde. Welche Formen dies annehmen kann, lässt sich sehr gut bei Verstößen gegen das Urheberrecht beobachten, wo eine ähnliche Ausgangslage – wenngleich privatrechtlich begleitet – zu beobachten ist. Auch dort kann der in seinem Recht verletzte Urheber, zB eines Film- oder Musikwerkes, zwar gegen einen im Inland ermittelten Diensteanbieter im Wege der Störerhaftung vorgehen,[21] allerdings nicht vermeiden, dass der ausländische

---

16 *Goldmedia* (Hrsg), Glücksspielmarkt Deutschland 2017 (2013).

17 Die „Top 3-Länder" in Bezug auf Marktanteile sind die USA, China und Japan, gefolgt von Italien, Großbritannien und Australien. Ihre Websites betreiben die Anbieter ua in Ländern wie Malta, Niederländische Antillen, Costa Rica und Alderney, von denen sie auch Betreiberlizenzen erhalten.

18 Access-Provider ist derjenige, der fremde Informationen im Internet oder anderen Netzen lediglich vermittelt bzw durchleitet oder den Zugang zum Internet sowie den darin befindlichen Angeboten ermöglicht.

19 Dies ist nicht unumstritten, da die Diensteanbieter über das Telemediengesetz (§§ 8 ff TMG) privilegiert sind und grds nicht für die reine Durchleitung von fremden Inhalten in Anspruch genommen werden können, es sei denn sie haben einen eigenen Tatbeitrag geleistet oder positive Kenntnis von der konkreten Rechtsverletzung.

20 Zuletzt BGH, Urt v 26.11.2015 – I ZR 3/14, GRUR-Prax 2016, 59 ff – Störerhaftung des Access-Providers; EuGH v 27.3.2014 – C-314/12, GRUR 2014, 468 ff (Rn 64) – kino.to/UPC. In anderen europäischen Ländern wird mit solchen Sperrverfügungen bereits gearbeitet, zuletzt hat das Parlament der Schweiz angekündigt, den Internetzugang zu in der Schweiz nicht zugelassenen Online-Geldspielen sperren zu wollen (Nachricht vom 2.3.2017).

21 BGH, Urt v 26.11.2015 – I ZR 3/14, GRUR-Prax 2016, 59 ff – Störerhaftung des Access-Providers.

Verletzer sich einfach eines anderen Access-Providers zur Durchleitung seiner rechtswidrigen Inhalte bedient.[22] Dasselbe Phänomen zeigt sich im Rahmen des – dem öffentlichen Recht näher stehenden – Produktsicherheitsrechts und dem Vertrieb unsicherer Produkte über Online-Handelsplattformen. Auch hier stoßen die Marktüberwachungsbehörden – trotz des weitgehend europäisch harmonisierten Produktsicherheitsrechts sowie der dort verankerten Eingriffsbefugnisse – mit ihren ordnungsrechtlichen Instrumenten an Grenzen, wenn die Plattformbetreiber lediglich die aus dem außereuropäischen Ausland kommenden Produkte an die Abnehmer durchleiten.[23]

Und schließlich ist darauf hinzuweisen, dass bei jeder Form der Regulierung 11
durch Totalverbot mit restriktivem Konzessionssystem – wie es derzeit gesetzlich verankert und wohl fortgeschrieben wird (vgl §§ 4 Abs 5, 4a Abs 4 GlüStV) – ein Kriterienkatalog zugrunde liegt, der einer eingehenden Überprüfung bedarf, bevor das bestehende Verbot zugunsten einer Erlaubnis ausgesetzt werden kann. Nicht nur, dass die hierfür vorgegebenen Tatbestandsvoraussetzungen ua der „Zuverlässigkeit", der „öffentlichen Sicherheit und Ordnung", des „angepassten Sozialkonzepts" unbestimmte Rechtsbegriffe mit erheblichem Konkretisierungsbedarf darstellen,[24] müssen sie obendrein behördlicherseits ermittelt und anschließend zuverlässig und auf Dauer bewertet werden. Eine Aufgabe, die sowohl Zeit und Fachkenntnisse erfordert, als auch personelle und finanzielle Ressourcen bindet, jedoch erforderlich und unverzichtbar ist, um die gemeinwohlverträglichen Angebote von den illegalen und das Gemeinwohl gefährdenden zu unterscheiden. Insofern war die quantitative Begrenzung auf bislang nur 20 Konzessionen bei den Online-Sportwetten auch der länderseitigen Befürchtung geschuldet, nicht alle um Zulassung drängenden privaten Anbieter dauerhaft und nachhaltig kontrollieren zu können.[25] Bei einer europäisch geforderten Öffnung des Online-Glücksspielmarktes und der damit verbundenen Zunahme von um Lizenzierung nachsuchenden privaten Anbietern wird diese Kontrolle und Kanalisierung legaler Glücksspielangebote ungleich schwieriger. Denn die Anbieter der Internet-Glücksspiele sind zum einen – wie bereits dargelegt – nicht immer in Deutschland ansässig. Daher lässt sich deren Zuverlässigkeit, Leistungsfähigkeit, Transparenz und Sicherheit sowie das Vorliegen eines anbieterseitigen Sozialkonzepts jedenfalls nicht mehr in herkömmlicher Weise durch physi-

22 Besonders augenscheinlich wurde dies bei der Internet-Plattform „kino.to", die raubkopierte Filmwerke zugänglich machte und mit ihrem in Tonga gehosteten Angebot nach Untersagungen bzw Sperren einfach mit neuem, leicht verändertem Namen (zZt „kinox.to") von Land zu Land zog.

23 *Gesmann-Nuissl*, Weiterentwicklung des BAuA-Produktsicherheitsportals: Internethandel und Produktsicherheit, 2014.

24 *G. Kirchhof*, Das Glücksspielkollegium – eine verfassungswidrige Kooperation zwischen den Ländern, S 12, 14.

25 Siehe dazu die Erläuterungen zum GlüStV v 7.12.2011, abgedr Bayerischer Landtag, Drucks 16/11995, S 19.

sche Begehungen, Stichproben oder Sichtungen von Vor-Ort-Dokumentationen überprüfen und anschließend fortlaufend kontrollieren (§ 9 Abs 1 S 3 GlüStV). Diese physischen Instrumente der Glücksspielaufsicht mögen innerhalb des Bundesgebietes noch tauglich sein, versagen aber, wenn die Anbieter ihren Sitz außerhalb der Bundesgrenze haben. Dann wird es mühsam, zum Teil gar nicht leistbar, die erforderlichen Informationen zu ermitteln oder beizuziehen. Und dass die Anbieter die notwendigen Informationen freiwillig und vollständig offenlegen, darf jedenfalls bei den „schwarzen Schafen des Gewerbes" nicht erwartet werden. Zum anderen würde die unbeschränkte Öffnung des Marktes sofort die Anzahl der Bewerber deutlich erhöhen, so dass sich auch die zur Prüfung erforderlich werdenden Ressourcen – selbst bei Einrichtung einer geeigneten IT-Infrastruktur[26] – proportional erhöhen müssten. Ein Erfordernis, das angesichts der Sparzwänge auf Länderebene wohl kaum zu realisieren ist. Insofern würde die Glücksspielaufsicht bei der geforderten Marktöffnung ganz sicher unter einem massiven Vollzugsdefizit leiden und ihre Aufgabe eben nicht im Sinne einer umfassenden Gefahrenabwehr erfüllen können. Schließlich ist nicht nur praktisch, sondern ohnehin auch rechtlich umstritten, ob das Glücksspielkollegium diese Aufgabe tatsächlich ausfüllen könnte.[27]

II. Privatisierung staatlicher Aufgaben durch Zertifizierung

12 Nicht alle vorgenannten Probleme des Online-Glücksspielsektors lassen sich kurzfristig überwinden. Erst recht nicht, wenn die Rechtsetzer in den bestehenden Strukturen des Glücksspielrechts verharren. Daher sollte, insbesondere auch wegen des immer lauter werdenden Rufs nach Marktöffnung und der Androhung von Vertragsverletzungsverfahren durch die Europäische Kommission, über Regelungsalternativen nachgedacht werden, welche die duale Glücksspielordnung in Richtung Marktöffnung sinnvoll ergänzen und gleichsam dazu beitragen (können), die öffentliche Hand zu entlasten, verwaltungsorganisatorische Abläufe effizienter, digitaltechnisch sachkundiger sowie Ressourcen schonender zu gestalten, ohne dass Einbußen in der Qualität der Glücksspielüberwachung zu befürchten sind. Ähnlich wie im französischen Rechtssystem (Art 23, 21 Loi N° 2010-476) könnte eine kontinuierliche „qualitätsorientierte Zertifizierung durch Private" einen solchen Unterstützungsbeitrag leisten.

26 *König/Jäger* ZfgW 2016, 286 (291), die als Handlungsoptionen ua eine „digitaltechnische Reform" hin zu einem „technischen Safe-System" vorschlagen.

27 Vgl nur VGH Kassel, 16.10.2015 – 8 C 5.15, ZfWG 2015, 478 ff; BayVerfGH 25.9.2015 – Vf 9-VII-13, Vf 4-VII-14, ZfWG 2015, 457 (Ls).

1. Privatisierung staatlicher Aufgaben

Die Kernbereiche der staatlichen Wohlfahrtspflege, die Bereiche der inneren Sicherheit und die Daseinsvorsorge wurden bis Mitte der 80er Jahre traditionell als Aufgaben des Staates verstanden und in Deutschland stets durch Bundes- oder Landesbehörden wahrgenommen. Seitdem verstärkte sich allerdings die Einsicht, dass die staatlichen Aufgaben nicht notwendig vom Staat (Bund und Länder) und den Trägern der öffentlichen Verwaltung selbst erfüllt werden müssen, sondern zur Aufgabenerfüllung auch private Einrichtungen herangezogen werden können. In den verschiedensten Bereichen (zB im Telekommunikationssektor, im Postsektor, in der Energiewirtschaft oder auch im Produktsicherheitsrecht) und in unterschiedlichen Ausgestaltungen (zB Kooperationen, gestufte oder vollständige Privatisierung) ist es seitdem zu einem stetigen Abbau staatlicher Aufgabenwahrnehmungen zugunsten Privater gekommen.[28] Trotz dieses Paradigmenwechsels hat sich der Staat in diesen Bereichen nicht vollständig zurückgezogen. Sondern dort, wo verfassungsrechtlich garantierte Rechtsgüter ohne ein Minimum an Schutz blieben, wenn der Staat nicht (mehr) tätig sein würde, hat er sich die verpflichtend wahrzunehmende „Rest- oder Einstandsverantwortung" (Art 2 Abs 2 GG, Art 1 GG) vorbehalten.[29] Denn der Staat hat bei der Privatisierung von Aufgabenwahrnehmung die Versorgung der Gesellschaft zB mit „daseinsnotwendigen Gütern und Dienstleistungen" fortwährend sicherzustellen und die in freiheitlichen Systemen notwendigen Sicherheits-Mindeststandards zur Sicherung des Allgemeinwohls zu gewährleisten („ob"). Allerdings bleibt er hinsichtlich seiner Entscheidung frei, „wie" er diese „Letzt-, Rest- oder Einstandsverantwortung" auszufüllen gedenkt.[30] Dies bleibt am Ende eine politische Entscheidung – verfassungsrechtliche Anforderungen werden hierfür nicht mehr gestellt. Der Staat kann die öffentliche Aufgabe weitgehend selbst wahrnehmen und damit die „Erfüllungsverantwortung" vollständig tragen.[31] Er kann sich aber auch auf eine Art „Auffangverantwortung" zurückziehen, indem er tatsächlich nur noch dann eingreift, wenn die öffentliche Aufgabenwahrnehmung durch die privaten Akteure überhaupt nicht funktioniert, etwa weil Gefahrenlagen oder eklatante Versorgungslücken auftreten (mate- 13

---

28 *Gramm*, Privatisierung und notwendige Staatsaufgaben, S 17.

29 *Schmidt-Aßmann*, Das allgemeine Verwaltungsrecht als Ordnungsidee, 2. Aufl 2004, Kap 3, Rn 81; *Ensthaler/Gesmann-Nuissl/Strübbe*, Gestaltung von Aufsichtssystemen im Produktsicherheitsrecht, S 4 ff, 47 ff.

30 *Hoffmann-Riem* DÖV 1997, 433 ff; *ders*, Verantwortungsteilung als Schlüsselbegriff moderner Staatlichkeit, FS Klaus Vogel, 2000, S 47 (52 ff); *Ossenbühl* VVDStRL 29 (1971), S 137 (149); *Schmidt-Aßmann*, Das allgemeine Verwaltungsrecht als Ordnungsidee, 2. Aufl. 2004, Kap 3, Rn 109 ff; *Voßkuhle* VVDStRL 62 (2003), S 266 (307 ff).

31 *John-Koch*, Organisationsrechtliche Aspekte der Aufgabenwahrnehmung im modernen Staat, 2005, S 146 f.

rielle Privatisierung).[32] Und schließlich bleibt ihm die dazwischen angesiedelte Möglichkeit einer sog „Gewährleistungsverantwortung“, bei welcher der Staat im Vorfeld der Aufgabenwahrnehmung die inhaltlichen Anforderungen klar definiert, die Wahrnehmung der Aufgaben abgibt und sodann durch eine nachgelagerte dauerhafte Überwachung darauf hinwirkt, dass die vormals öffentlichen Aufgaben von den Privaten auch gemeinwohlförderlich wahrgenommen werden (funktionale Privatisierung).[33] Letzteres könnte – gerade weil die inhaltlichen Anforderungen im GlüStV und den Ausführungsgesetzen der Länder bereits gesetzlich festgelegt sind – auch ein taugliches Modell zur Sicherung der Qualität der Online-Glücksspielanbieter sein und zugleich ein Bindeglied zwischen der staatlichen Wirtschaftsüberwachung einerseits und der anbieter- und unternehmensseitigen Eigenverantwortung andererseits.

2. Zertifizierung zur Unterstützung einer modernen Marktüberwachung im Online-Glücksspielsektor

14 In Umsetzung einer solchen kooperativen Strategie ist es – wie bereits erwähnt – naheliegend an die Möglichkeit der Konformitätsbewertung mit Zertifizierung zu denken, die bereits in vielen anderen, auch grundrechts- und sicherheitsrelevanten Bereichen als Ausdruck eines gewandelten Staats- und Ordnungsverständnisses zur rechtsverträglichen Deregulierung sowie dem Einbezug privaten Sachverstands geführt hat (zB bei der Zertifizierung von Altersvorsorge- und Basisrentenverträgen,[34] von stationären Rehabilitationseinrichtungen[35] oder von medizinischen und technischen Produkten[36]).

15 Mit einem solchen Instrument könnte die Qualität eines Online-Glücksspielanbieters sowie seines -angebots von einer unabhängigen, beliehenen, benannten oder staatlich akkreditierten Stelle bewertet sowie die Konformität mit den bereits bestehenden gesetzlichen (§§ 4 Abs 5, 4a Abs 4 GlüStV) oder neuen, noch zu kreierenden Vorgaben bestätigt werden. Das die anbieter- und produktseitige Konformität bestätigende Zertifikat würde bewirken, dass sich die Anbieter mit qualitativ hochwertigen Angeboten aus dem allgemeinen Marktumfeld herausheben, wohl wissend, dass die „weichen Kriterien“ des GlüStV wie ua Fachkompetenz, Zuverlässigkeit, Erfahrung, Leistungsfähigkeit, Unabhängigkeit, transparente und sichere

32 *Gramm*, Privatisierung und notwendige Staatsaufgaben, 1998, S 108.

33 *Gesmann-Nuissl/Strübbe* DÖV 2007, 1046 (1947 f); ferner allgemein zur Privatisierung von Staatsaufgaben: *Butzer*, in: Kirchhof/Isensee, HStR IV, § 74; *Burgi*, in: Kirchhof/Isensee, HStR IV, § 75; *G. Kirchhof* AöR 2007, 215 ff.

34 Gesetz über die Zertifizierung von Altersvorsorge- und Basisrentenverträgen.

35 § 20 Abs 2 SGB IX.

36 § 9 MPG; § 29 StVZO; §§ 3 ff ProdSG, § 18 EMVG.

Struktur des Anbieters sowie Suchtvermeidung oder Sozialverträglichkeit des Glücksspiels zuvor von der Konformitätsbewertungsstelle als vorliegend festgestellt wurden. Letzteres bietet außerdem die Chance, zuverlässige, allgemeinwohlverträgliche Anbieter mit ihren Produkten aus dem Milieu des „schwarzen bzw grauen Marktes", in welchen sie derzeit hineingedrängt werden, in die Legalität zurückzuholen. Gleichsam könnte das erteilte Zertifikat das Vertrauen der Nutzer in die Anbieter und in ihre Produkte erhöhen, die obendrein – da bei Prüfung der Konzessionsvoraussetzungen durch Private eine größere Anbieterzahl zugelassen werden könnte – auch eine größere Auswahl an vergleichbaren Anbietern und Produkten bei festgestellt identischer Qualität zur Verfügung hätten. Aus anderen Bereichen ist schließlich bekannt, dass solche geregelten Zertifikatslösungen am Ende sogar einen Beitrag zum „Selbstreinigungsprozess einer Branche" leisten können[37] und nebenbei die vormals „schwarzen Schafe der Branche" geläutert werden.

a) Begriff der Zertifizierung und Zertifizierungssysteme

Als „Zertifizierung" bezeichnet man ein Verfahren, mit dessen Hilfe für Produkte, 16
Dienstleistungen, Prozesse oder Personen die Einhaltung bestimmter Anforderungen – gesetzlicher Vorgaben oder freiwilliger Standards – nachgewiesen wird.[38] Die Zertifizierung ist dabei zumeist Teilprozess eines umfassenden Konformitätsbewertungsverfahrens, welches – je nach Art der Zertifizierung – durchaus unterschiedlich ausgestaltet sein kann. In der Regel erfolgt jedoch zunächst eine Konformitätserklärung im Sinne einer Konformitätsaussage durch den um Zertifizierung Nachsuchenden selbst. Er erklärt nach einer internen Prüfung die Konformität seines Produkts, seiner Dienstleistung oder seines Systems mit den normativen Grundlagen, welche eine bestimmte Qualität der Produkte, Dienstleistungen oder Prozesse oder die Eignung von Personen vorschreiben oder empfehlen (internes Audit). Die Konformitätserklärung wird sodann von einer fachkundigen, unabhängigen und unparteilichen,[39] entweder einer beliehenen, einer staatlich benannten oder zumindest akkreditierten Stelle (sog „Beliehene", „benannte Stelle" oder „Konformitätsbewertungsstelle") auf deren Validität hin begutachtet und bewertet (externes Au-

---

37 *Schneider* GewArch Beil WiVerw 4/2016, 297 (301).

38 *Zollondz/Ketting/Pfundtner* (Hrsg), Handbuch des modernen Managements, Stichwort „Zertifizierungssysteme", S 1268 ff.

39 Vgl zu den Anforderungen, die eine notifizierende Stelle (Konformitätsbewertungsstelle) im Allgemeinen zu erfüllen hat: Art R 17 Beschluss Nr 768/2008/EG v 9.7.2008. Auch wenn diese Vorschrift für den Rechtsrahmen zur Vermarktung von Produkten geschaffen wurde, sind die geforderten Inhalte als „common elements" bei allen prüfenden Einrichtungen vorauszusetzen. Dazu: *Gesmann-Nuissl/Ensthaler/Edelhäuser*, Akkreditierung von Konformitätsbewertungsstellen, KAN-Bericht 47, 2011 sowie *dies*, KAN-Studie 43b, 2012.

dit).[40] Diese Konformitätsbewertung schließt weitere Tätigkeiten, wie etwa Prüfungen, Untersuchungen, Inspektionen sowie abschließende Dokumentationen, mit ein. Sofern das Zertifizierungsaudit erfolgreich war und keine Nachbesserungen erforderlich werden, wird abschließend das die Konformität bestätigende Zertifikat ausgestellt. Damit die so ausgewiesene Konformität auch auf Dauer gesichert bleibt, sehen die verschiedenen Zertifizierungssysteme die Wiederholung dieser externen Audits unter Einhaltung bestimmter Zeitabstände vor.

17 Zertifizierungen auf der Grundlage von Konformitätsbewertungen finden heute schon in vielen Bereichen statt. Dabei unterscheidet man zwischen dem sog gesetzlich geregelten Bereich und dem sog gesetzlich ungeregelten Bereich.

18 Als gesetzlich geregelt gelten diejenigen Bereiche, in denen durch nationale und/oder europäische Rechtsvorschriften bereits Regelungen zur Konformitätsbewertung und Zertifizierung festgeschrieben sind. In diesen zumeist sektorspezifischen Regelungen sind dann sowohl die Anforderungen an die Produkte, Dienstleistungen und Systeme als auch an die Art und Weise der konformitätsbestätigenden Prüfungen, der Ausstattung der Prüfeinrichtungen sowie an die Kompetenz der Prüfpersonen uvm normiert. Dass die normativen Anforderungen eingehalten werden, überprüfen – wie bereits erwähnt – staatlich beliehene oder benannte private Prüfstellen, die sog „Konformitätsbewertungsstellen“, welche ihrerseits einer fortwährenden hoheitlichen Kontrolle unterliegen. Der Prozess der Konformitätsbewertung mit Zertifizierung wird sonach vom Staat marktüberwachend begleitet. Dabei wird die Marktüberwachung von Behörden des Bundes oder der Länder ausgeübt, die ihrerseits aufgrund spezieller bundes- oder landesrechtlicher Ermächtigungen tätig werden. Zum Teil wird die Art und Weise der Marktüberwachung durch sog Zentralstellen der Länder koordiniert.[41]

19 Die Bereiche, in denen keine europäischen und nationalen Rechtsvorschriften zur Konformitätsbewertung und Zertifizierung existieren, gelten als gesetzlich nicht geregelte Bereiche. In ihnen sind die Unternehmen vollkommen frei, eine Zertifizierung zu verfolgen oder nicht. Häufig betreiben die Unternehmen jedoch die Zertifizierung auf vertraglicher Basis, insbesondere aus Gründen der marktlichen Vertrauensbildung und der Imagepflege. Die Konformitätsbewertung und Zertifizierung wird in diesem ungeregelten Bereich ebenfalls von privaten Prüfeinrichtungen erbracht, die nicht notwendig, aber zumeist von einer nationalen Akkreditierungsstelle[42] – in Deutschland ist dies die DAkkS (Deutsche Akkreditierungsstelle

---

40 Die Konformitätsbewertung erfolgt nach einem Verfahren, welches in der Normenreihe ISO/IEC 17000 ff näher beschrieben ist.

41 ZB die Zentralstelle der Länder für Gesundheitsschutz bei Arzneimitteln und Medizinprodukten (ZLG) oder die Zentralstelle der Länder für Sicherheitstechnik im Bereich der Produktsicherheit nach dem Produktsicherheitsgesetz (ZLS).

42 Art 4 Abs 1 VO 765/2008/EG.

GmbH)[43] – akkreditiert, dh als zu einer bestimmten Aufgabenwahrnehmung von staatlicher Seite[44] fachlich und organisatorisch als hinreichend kompetent erklärt wurden bzw ihnen bestätigt wurde, dass sie ihre Tätigkeit auf international vergleichbarem Niveau erbringen können.[45]

b) Aktuelle Situation im Online-Glücksspielmarkt

Derzeit gibt es keine sektorspezifischen EU-Rechtsvorschriften oder -Standards eigens für Glücksspieldienste.[46] Insofern ist auf europäischer Ebene keine Konformitätsbewertung und Zertifizierung für den Bereich des Online-Glückspiels, gleich welcher Kategorie, verpflichtend vorgesehen. Ebenso wenig gibt es im deutschen Rechtssystem eine solche Regelung. Das Online-Glücksspiel bewegt sich daher im gesetzlich ungeregelten Bereich. 20

Da allerdings in einigen EU-Mitgliedstaaten die Konformitätsbewertung und Zertifizierung als unterstützender Nachweis für die Seriosität des Glücksspiel-Anbieters oder seines Angebots gesetzlich vorgesehen ist (vgl Art 23, 21 Loi N° 2010-476) und obendrein die Online-Glücksspiel-Anbieter selbst ein Interesse daran haben Vertrauen durch Zertifikate aufzubauen, bedienen verschiedene Prüfeinrichtungen diesen Nachfragemarkt, indem sie die Online-Glücksspiel-Anbieter als auch die Online-Glücksspiel-Software und -Systeme überprüfen und zertifizieren. 21

Zu den im Online-Sektor bekannteren Zertifizierern gehören zB die eCOGRA („eCommerce Online Gaming Regulierung und Versicherung“), eine im Jahr 2003 im Vereinigten Königreich gegründete, unabhängige und international anerkannte private Prüfeinrichtung für die Online-Glücksspielindustrie, welche durch die britische Akkreditierungsstelle (UKAS)[47] für das Vereinigte Königreich und Dänemark nach ISO EN 17025:2005 (Allgemeine Voraussetzungen für die Kompetenz von Prüflaboratorien) und ISO EN 17021-1:2015 (Anforderungen an Stellen, die Audits und Zertifizierungen von Managementsystemen erbringen) akkreditiert wurde. Die eCOGRA konzentriert sich in ihrem Betätigungsfeld nach eigenem Bekunden auf ein faires Spielangebot, den Spieler-Schutz und auf das verantwortungsbewusste Verhalten des Betreibers.[48] Weitere Zertifizierer, die originär im Online-Glücksspielbereich operieren, sind die ebenfalls von der UKAS akkreditierte britische 22

43 § 1 AkkStelleG-Beleihungsverordnung.

44 Die DAkkS agiert als „Beliehene“ nach § 1 Abs 1 AkkStelleGBV.

45 Die Anforderungen an Akkreditierungsstellen, die Konformitätsbewertungsstellen wie Laboratorien, Inspektions- und Zertifizierungsstellen akkreditieren, sind dabei in der Norm DIN EN ISO/IEC 17011 festgelegt.

46 Ausführungen der Kommission auf ihren Websites: http://ec.europa.eu/growth/sectors/gambling_de (abgerufen am 22.3.2017).

47 Die United Kingdom Accreditation Service (UKAS) ist das britische Pendant zur DAkkS.

48 http://www.ecogra.org/ (abgerufen am 22.3.2017).

GamCare[49] sowie die international aufgestellten Unternehmen GLI („Gaming Laboratories International“)[50] und iTechLabs[51].

23 Dabei ist all diesen Zertifizierern zunächst einmal gemeinsam, dass sie, sofern es um die Bewertung der Unternehmensprozesse der Online-Glücksspiel-Anbieter geht, die allgemeinen und bekannten Managementstandards zugrunde legen, abprüfen und kontinuierlich überwachen. Dazu gehören unter anderem das Vorhandensein eines Qualitätsmanagementsystems nach ISO EN 9001:2008/2015, das Vorhalten eines Informationssicherheitsmanagementsystems nach ISO/IEC 27001:2015 oder das Einhalten des Payment Card Industry Data Security Standards (PCI-DSS). Daneben – und hierdurch unterscheiden sie sich dann von anderen Prüfeinrichtungen, welche die vorgenannten Prozess-Standards ebenfalls zertifizieren (zB TÜVCert) – haben die „Online-Glücksspiel-Zertifizierer“ bezogen auf das Online-Glücksspiel und in Anlehnung an die zumeist recht gleichförmigen gesetzlichen Regelungen weltweit jeweils eigene qualitative Anforderungen an die Online-Glücksspiele-Anbieter sowie an ihre Produkte geschaffen, deren Einhaltung zur Erteilung eines Zertifikats vorausgesetzt wird.[52] Solche Anforderungen, die in den Kriterienkatalogen der Zertifizierer zu finden sind und sich je nach Schwerpunkt und Expertise des Zertifizierers unterscheiden, sind beispielsweise

- anbieterseitige Maßnahmen zum Schutz anfälliger und minderjähriger Spieler (ua durch Identitätsprüfung und Authentifizierungsverfahren) sowie zur Begrenzung der Spielsucht (ua durch Systembegrenzungen, Registrierung mit Einsatz- und Verlustlimits bzw einer Selbstlimitierung durch den Spieler);
- das Vorhalten eines dem Spieler- und Jugendschutz dienenden Sozialkonzepts, die damit im Zusammenhang stehenden Handlungsanweisungen für die Mitarbeiter sowie die Bestellung eines Beauftragten zur Sicherung des Konzepts;
- anbieterseitige Maßnahmen zur Bekämpfung von betrügerischem und kriminellem Verhalten (ua IT-gestützte Geldstromkontrollen, Anzeigepflichten);
- anbieterseitige Maßnahmen zum Schutz der Privatsphäre (ua Passwortschutz, Pseudonym-/Alias-Nutzung, Datenschutz);
- Gewährleistung einer sicheren und zuverlässigen Betriebsumgebung (ua durch Random Number Generator Tests bezüglich Unberechenbarkeit, Zufälligkeit

49 http://www.gamcare.org.uk (abgerufen am 22.3.2017).

50 http://www.gaminglabs.com/certification (abgerufen am 22.3.2017).

51 http://www.itechlabs.com.au/ (abgerufen am 22.3.2017).

52 Das Vorliegen der Anforderungen wird bei den Zertifizierern zumeist unter Einbezug eines Punktesystems erhoben und bewertet, wobei einzelne Kriterien durchaus einen höheren Wert als andere erhalten können. Ab einer bestimmten Einhaltungsquote – von 95% bis 100% – wird das Zertifikat erteilt.

und Nichtwiederholbarkeit des Spielverlaufs sowie Funktions- und Regressionsprüfungen);

- das Vorhalten fairer Spielumgebungen (ua mit der Möglichkeit der kundenseitigen Bewertung, der Einrichtung eines Beschwerdemanagements sowie das Vorhalten von Netzwerken zu Hilfseinrichtungen);
- das Nutzen bewährter, nicht-anonymer Zahlungssysteme;
- sowie das Betreiben eines verantwortungsvollen Marketings.

Nach Durchsicht der diversen Anforderungskataloge, deren Inhalte hier nicht abschließend dargestellt sind, kann festgehalten werden, dass es private Prüfeinrichtungen gibt, die umfassende Qualitätskontrollen von Online-Glücksspiel-Anbietern und deren Produkten durchführen und dabei durchaus die Kriterien des Erlaubnisvorbehalts nach §§ 1, 4 Abs 5, 4a Abs 4 GlüStV mit aufnehmen und sogar im Schutzumfang darüber hinaus gehen. Insofern könnten die Zertifikate (Qualitätsnachweise) bereits in ihrer aktuellen Form dazu beitragen, eine Auswahlentscheidung der Glücksspielbehörden – etwa im Sportwettenbereich (aber auch darüber hinaus) – zu unterstützen. 24

c) Exkurs: Zertifizierung von Spielhallen

Eine vergleichbare Ausgangssituation findet sich derzeit im Bereich von stationären Spielhallen bzw Spielstätten. Auch hier haben sich aktuell Prüfeinrichtungen des TÜVs, namentlich die „TÜV-Rheinland Cert GmbH" (Regelmäßig geprüfte Spielstätte) und die „TÜV-InterCert Saar GmbH" (Geprüfter Jugend- und Spielerschutz) der Zertifizierung von Spielhallen angenommen und die ersten TÜV-Standards zur Überprüfung von Spielstätten geschaffen auf deren Basis sie Überprüfungen durchführen und Zertifikate erteilen.[53] Im Prüfkatalog der TÜV-InterCert Saar GmbH befinden sich bis zu 80 Kriterien, welche dem Spielumfeld, der universellen sowie der indizierten Prävention zuzuordnen sind und die im Einzelnen im Rahmen von Vor-Ort-Audits abgeprüft werden.[54] Dazu gehören beispielsweise 25

- das Vorhalten eines Sozialkonzepts, dessen vollständige Transparenz nach innen und nach außen sichergestellt sein muss, sowie die Bestellung eines Beauftragten für das Sozialkonzept,

---

53 Die TÜV-InterCert Saar GmbH hatte Mitte 2016 nach Auskunft des Verbands der Deutschen Automatenwirtschaft eV (VDAI) ca 600 Spielhallen (mit rd 1.500 Konzessionen) und 25 Gaststätten zertifiziert, die TÜV-Rheinland Cert GmbH zur selben Zeit ungefähr 800 Spielhallen. Weitere Zertifizierungen wurden erwartet.

54 http://www.spielzert.de/wp-content/uploads/2015/04/Anforderungskatalog_kurz_Spielhalle.pdf (abgerufen am 22.3.2017).

- das Vorhalten von präventiven Spielerschutzmechanismen, wie Authentifizierung, optische Überwachung oder Verbote von Anreizmechanismen,
- Anforderungen zur Gestaltung der Spielumgebung,
- die Pflicht zur aktiven Ansprache von Spielkunden, das Führen von Gesprächsprotokollen sowie die Präventionsberatung von Service-Mitarbeitern,
- das Unterhalten eines Beschwerdemanagements und die Einrichtung eines Vermittlungsnetzwerkes zu Hilfseinrichtungen uvm.

26 Die sozial-präventiven Inhalte der zugrunde liegenden Zertifizierungsstandards sind durchaus mit den Anforderungskatalogen der Online-Glücksspiel-Zertifizierer vergleichbar. Dies ist auch naheliegend, da die Prüfeinrichtungen – hier wie dort – die aktuellen Erkenntnisse der Präventionsforschung und die Notwendigkeit eines individualisierten Spielerschutzes bei der Festlegung der Prüfinhalte berücksichtigen.

d) Problem der ungeregelten Zertifikatslösungen

27 Unabhängig davon, dass die zugrunde liegenden Prüfkriterien – sowohl im Online-Glücksspielsektor als auch bei der Zertifizierung von Spielhallen bzw Spielstätten – allesamt nachvollziehbar sind, nach Aussage der Prüfeinrichtungen sogar jeweils gemeinsam mit international anerkannten Wissenschaftlern aus der Glücksspielforschung definiert wurden, bleibt es bei der Problematik, dass es sich bei den vorliegenden Standards um solche des sog ungeregelten Bereichs handelt. Damit bleibt es den Glücksspiel-Anbietern selbst überlassen, sich einem solchen Prüf-/Zertifizierungs-Standard zu unterwerfen oder nicht. Die Zertifizierung ist freiwillig.

28 Ferner sind – betrachtet man die den Zertifizierungen zugrunde liegenden Standards im Detail – die Anforderungen für die Zertifikate zwar vergleichbar, aber gerade nicht identisch. Je nach Prüfeinrichtung, die im ungeregelten Bereich auch nicht notwendig akkreditiert sein muss, findet eine andere Schwerpunktsetzung statt, was insbesondere im Online-Glücksspielsektor deutlich wird (siehe b)). Letzteres ist sowohl für die Glücksspieleanbieter, als auch für die Glücksspieleaufsicht außerordentlich unbefriedigend.

29 Die Anbieter von (Online-)Glücksspielen müssten, um Regelkonformität über alle Bereiche hinweg zu signalisieren (Qualitätsmanagement, IT-Sicherheit, Sozialkompetenz, Jugend- und Spielerschutz), gegebenenfalls mehrere Zertifikate gleichzeitig, zum Teil sogar von verschiedenen Zertifikatsanbietern erwerben. Dadurch entstünden mitunter erhebliche Kosten, welche am Ende nur die größeren Glücksspiel-Anbieter tragen können. Kleinere, aber ebenso redlich agierende Anbieter würden eine solche „wirtschaftliche Selektion" wohl nur schwer verkraften. Und dass hierdurch auch ein kartellrechtliches Problem befördert wird, sei nur am Rande erwähnt.

30 Die Glücksspielaufsicht ist ebenfalls in der Bredouille, da sie die Inhalte der diversen Anforderungskataloge genau kennen müsste, um die Qualität des Zertifikats

einschätzen zu können, welches auf die Konzessionsentscheidung Einfluss nehmen soll. Mag dies innerhalb Deutschlands bezogen auf die stationären Spielstätten noch lösbar sein, weil bislang nur wenige Zertifizierer ihre Dienstleistungen in diesem Bereich anbieten und ihre Anforderungskataloge hinreichend transparent sind, wird der Umgang mit den Zertifikaten zur „Herkulesaufgabe“, wenn es um Online-Glücksspiele geht und die Glücksspiel-Zertifizierer aus dem europäischen oder internationalen Raum heraus agieren, ihre Dienstleistungen von dort aus anbieten und dabei nicht einmal mehr von europäischen Stellen akkreditiert, dh nicht von staatlicher Seite unabhängig und neutral geprüft wurden.

Ein Weiteres tritt hinzu. Eine Erlaubnis der Behörde zum Veranstalten oder 31
Vermitteln von Internet-Glücksspielen auf der Grundlage von §§ 4 Abs 5, 10a GlüStV unter Bezugnahme auf das Vorliegen eines entsprechenden Zertifikats hat, ebenso wie das Versagen der Konzession mangels Zertifikat, eine doppelte Grundrechtsrelevanz. Zum einen bezogen auf den Marktzugang des Glücksspielanbieters (Art 12 Abs 1, Art 14 Abs 1 GG), der durch die behördliche Entscheidung in der Ausübung seiner unternehmerischen Berufs- bzw Gewerbefreiheit berührt ist, zum anderen auf den Spieler- und Jugendschutz (Art 1 Abs 2, 2 Abs 1 GG), der bei einer Fehleinschätzung hinsichtlich der Qualität des Zertifikats – zB betreffend des dahinter liegenden Sozialkonzepts oder der Authentifizierungsverfahren – unmittelbar betroffen wäre. Auch wenn die Erteilung oder die Versagung der Konzession nach § 4 Abs 5 GlüStV am Ende im Ermessen der Glücksspielbehörde der Länder liegt („können die Länder“), muss die Entscheidungsgrundlage angesichts der hohen Schutzgüter, die betroffen sind (Schutz des Gewerbetreibenden, der Verbraucher und der Sozialordnung), bestimmt, dh hinreichend klar und transparent sein. Hieran mag man angesichts der unbestimmten Rechtsbegriffe, die in § 4 Abs 5 Nr 1 bis Nr 5, § 1 GlüStV benannt sind (zB „angepasstes Sozialkonzept“, „Spieler- und Jugendschutz“), bereits jetzt zweifeln,[55] es wird allerdings unvertretbar, wenn die Glücksspiel-Anbieter gemeinsam mit privaten Prüfeinrichtungen, die unter Umständen nicht einmal staatlich akkreditiert sind, über die Zulassung bzw Nicht-Zulassung (mit-) entscheiden. Dies wäre mit rechtsstaatlichen Grundsätzen nicht mehr zu vereinbaren. Vielmehr setzen auch die Instrumente der sog Selbstregulierung einen rechtsstaatlichen Rahmen voraus, innerhalb dessen die Glücksspiel-Anbieter, die Zertifizierer sowie die Marktüberwachung die ihnen zugewiesenen Rollen einzunehmen haben, die im Einzelnen überprüft und gegebenenfalls – bei Nichteinhaltung – auch sanktioniert werden können.[56]

---

55 VGH Kassel v 16.10.2015 – 8 C 5.15, ZfWG 2015, 478 ff; BayVerfGH v 25.9.2015 – Vf 9-VII-13, Vf 4-VII-14, ZfWG 2015, 457 (Ls).
56 *Haase* ZfWG 2016, 400 (404).

e) Lösungsansatz: Gesetzlich geregelte Zertifizierung

32 Um einerseits den privaten, sich dynamisch fortentwickelnden, technischen sowie sozio-wissenschaftlichen Sachverstand zu nutzen und gleichsam den rechtsstaatlichen Grundsätzen gerecht zu werden, kommt daher nur die gesetzlich geregelte Zertifizierung in Betracht, welche einerseits den materiellen Zertifizierungsstandard vorgibt, indem sie ihn selbst definiert (zB über die Konkretisierung der unbestimmten Begriffe in Richtlinien zum Staatsvertrag) oder auf einen allgemeingültigen Standard verweist (zB auf einen DIN ISO EN Standard bzw eine europäische Richtlinie) und zum anderen das Konformitäts- und Zertifizierungsverfahren sowie deren Marktüberwachung verfahrens- und organisationsrechtlich ausgestaltet und damit das Online-Glücksspielwesen – im Sprachgebrauch der Zertifizierung – vom „ungeregelten“ in den „geregelten“ Bereich überführt.

33 Solche gesetzlich angeordneten Zertifizierungspflichten sind dem deutschen und europäischen Rechtssystem nicht fremd. Sie sind – wie bereits erwähnt – für private Anbieter von sog Riester- und Rürup-Renten (AltZertG), stationäre Rehabilitationseinrichtungen (§ 20 Abs 2, 2a SGB IX), in der Abfallwirtschaft (§ 56 KrW-/AbfG) sowie insbesondere im medizinisch-technischen Produktsicherheitsrecht (zB ProdSG iVm harmonisierten Richtlinien[57] oder dem MPG iVm der RL 93/42/EWG) vorgesehen.[58] Gerade Letzteres scheint hier von besonderem Interesse, da der Vertrieb von unsicheren, gefährdenden Produkten die Sicherheitsinteressen der Verbraucher und damit das Allgemeinwohl in ähnlich intensiver Weise berührt wie das Glücksspiel (im Produktrecht das Leben und die Gesundheit), außerdem der Vertrieb von unsicheren, Verbraucher gefährdenden Produkten ebenfalls online stattfinden kann[59] und schließlich die Länder auch dort den Vollzug sicherstellen und die Marktaufsicht führen. In diesem sicherheitsrelevanten Bereich – dem Produktsicherheitsrecht – ist es gut gelungen, die privatrechtliche Zertifizierung mit dem staatlichen Gemeinwohlinteresse zusammenzuführen, so dass dieses Regelungsumfeld auch als Vorbild für das Glücksspielwesen dienen kann.

---

57 Allgemeine Produktsicherheitsrichtlinie (RL 2001/95/EG) sowie die produktspezifischen europäischen Harmonisierungsrichtlinien (zB Spielzeug RL 2009/48/EG; Maschinen RL 2006/42/EG; elektromagnetische Verträglichkeit RL 2004/108/EG).

58 *Schneider* GewArch Beil 4/2016, 297 (305f); *Seiche*, Beiträge zum Glücksspielwesen 4/2016, 32 (33ff).

59 *Gesmann-Nuissl*, Weiterentwicklung des BAuA-Produktsicherheitsportals: Internethandel und Produktsicherheit, 2014.

III. Ausgestaltung der gesetzlich geregelten Zertifizierung

Wendet man sich nunmehr der Frage zu, „wie" die gesetzlich geregelte Zertifizierung in das bestehende Glücksspielrecht eingefügt werden kann, so sind hierfür drei Stufen zu berücksichtigen. 34

1. Erste Stufe: Zweck der Zertifizierung

Vorab ist festzulegen, welchen Zweck die Zertifizierung im Bereich des Online-Glücksspiels erfüllen soll. Nach den bisherigen Ausführungen ist festzuhalten, dass eine Zertifizierung die gewerbliche Erlaubnis wohl nicht ersetzen kann. Denn in Anbetracht des grundrechtssensiblen Bereichs – die Ausgestaltung des Glücksspielrechts greift in erheblichem Umfang in das Grundrecht der Berufsfreiheit ein und tangiert obendrein den Verbraucherschutz – kann die Gestattung nicht alleine durch die Entscheidung Privater erfolgen, sondern muss auch weiter der behördlichen Entscheidung auf der Basis einer eindeutigen gesetzlichen Normierung vorbehalten bleiben (sog Wesentlichkeitstheorie). 35

Allerdings kann die Zertifizierung – wie ausgeführt – die behördliche Entscheidung unterstützen. Sie kann – ähnlich wie im Produktsicherheitsrecht – eine zentrale Voraussetzung für eine Marktteilnahme des Online-Glücksspiel-Anbieters und seiner Produkte sein, dh eine Tatbestandsvoraussetzung für die gewerbliche Ausnahme-Erlaubnis nach § 4 Abs 5 GlüStV bilden. Daneben könnte die erfolgreiche Zertifizierung – will man ihren Bedeutungsgehalt stärken – durchaus auch eine Vermutungswirkung für eine Regelkonformität bzw die Einhaltung der in § 4 Abs 5 GlüStV genannten Voraussetzungen auslösen.[60] 36

Die Zertifizierung – wie hier vorgeschlagen – zur verpflichtenden Voraussetzung der Ausnahme-Erlaubnis zu erklären, lässt sich – ähnlich wie im Produktsicherheitsrecht – mit dem Grundgesetz vereinbaren. Eine solche Zertifizierungsverpflichtung würde zwar für den Glücksspiel-Anbieter zunächst eine Beschränkung seiner Berufsausübungsfreiheit aus Art 12 Abs 1 S 2 GG bedeuten, sie wäre jedoch nach der sog Stufentheorie des BVerfG durch wichtige Gemeinwohlbelange, hier der qualitativen Verbesserung des Spieler- und Jugendschutzes sowie dem staatlichen Interesse an einem gleichförmigen, geordneten Gesetzes- und Verwaltungsvollzug,[61] gerechtfertigt.[62] Die Regelung wäre auch verhältnismäßig, dh geeignet, erforderlich 37

60 Vgl dazu beispielsweise § 5 Abs 2 ProdSG.

61 *Schneider* GewArch Beil 4/2016, 297 (307).

62 BVerfGE 102, 197 (215) – Spielbanken; 115, 276 (303 f) – Sportwetten; BVerfG, Beschl v 14.10.2008 – 1 BvR 928/08, NVwZ 2008, 1338 (1340) – Internetvermittlung von Lotterieprodukten.

und angemessen die legitimen Ziele zu erreichen, und würde ohne Weiteres das rechtsstaatliche Konsistenzgebot erfüllen.

2. Zweite Stufe: Festlegung des Zertifizierungsstandards

38 Auf der zweiten Stufe müsste der Zertifizierungsstandard definiert, dh die Anforderungen/Kriterien festgelegt werden, nach denen die Konformitätsbewertung und Zertifizierung erfolgen soll. Sie bilden zugleich die Anforderungen, welche ein Online-Glücksspiel-Anbieter zum Eintritt in den europäischen/nationalen Markt verpflichtend nachzuweisen hätte. Zur inhaltlichen Ausgestaltung und Implementierung des Zertifizierungsstandards stehen im Prinzip zwei Wege zur Verfügung.

39 Zum einen könnte man die inhaltliche Ausgestaltung des Standards, dh die Festlegung der Anforderungen, den Privaten selbst überlassen und im GlüStV an geeigneter Stelle – namentlich in § 4 Abs 5 GlüStV – darauf verweisen.[63] Dies setzt allerdings – in Anbetracht der doch unterschiedlichen Inhalte bei den bereits vorliegenden Standards (siehe II.2.b)) – voraus, dass sich die Privaten auf einen gemeinsamen Standard für das Online-Glücksspiel verständigen, zB einen einheitlichen „DIN ISO EN – Standard" schaffen.[64] Dieser Standard, der auf Bestehendem aufbauen könnte (siehe II.2.b)), sollte sich jedoch von Anfang an diversen Online-Glücksspielkategorien (Online-Sportwetten, Online-Casinos, Online-Poker etc)[65] annehmen, um hinreichend differenziert deren technische als auch deren sozio-wissenschaftliche Besonderheiten abzubilden. Mit einem solchen Standard ließe sich eine europäische ggf. auch internationale Unität einschließlich eines vergleichbaren Sicherungs- und Schutzniveaus herbeiführen, der Verwaltungsaufwand bei der europäischen (und ggf internationalen) Zusammenarbeit verringern und die Interoperabilität sichern. Obendrein besäße er eine über die fach- und sachkundigen privaten Einrichtungen angetriebene Dynamik, die schließlich über die gesetzliche Verweistechnik in das nationale Glücksspielrecht hineinwirken würde.

40 Zum anderen könnte der nationale/europäische Gesetzgeber aber auch selbst tätig werden, indem er aus der Vielfalt der bereits bestehenden „Online-Glücksspiel-Standards" (eCOGRA, GamCare etc) die „must to have"-Anforderungen – die „com-

63 Vgl dazu beispielsweise die Verweistechnik in § 5 Abs 1 ProdSG.

64 Derzeit prüft die Europäische Kommission bereits, welche Vorteile die Einführung einer europäischen Norm für die Zertifizierung von Glücksspielgeräten hätte – dies ließe sich ohne weiteres auf den Bereich des Online-Glücksspiels ausweiten.

65 Auch wenn derzeit nur die Online-Sportwetten erlaubnisfähig sind, wäre es in Anbetracht künftiger Entwicklungen (siehe dazu etwa die Vorstöße des hessischen Innenministers *Beuth*, der sich für ein legales und umfassendes Online-Glücksspielangebot ausspricht) sowie des möglichst europa- und weltweiten Gültigkeitsbereichs eines solchen Standards zu empfehlen, sofort weitere Glücksspielformen mit abzudecken.

mon elements“ – herauslöst und in das nationale oder europäische Recht überführt. Auf der nationalen Ebene könnte dies zB in Richtlinien zum GlüStV erfolgen, auf europäischer Ebene ließen sich die Anforderungen – ähnlich wie im Produktsicherheitsrecht – in europäischen Richtlinien verorten und anschließend in das nationale Recht transferieren.

In welcher Form die Festlegung des Zertifizierungsstandards erfolgt, ist am 41
Ende eine politische Entscheidung und soll daher hier nicht vorweggenommen werden. Entscheidend ist aber, dass die Anforderungen an die Online-Glücksspiel-Anbieter und deren Produkte deutlich konkreter ausgestaltet sein müssten, als dies bislang in den §§ 1 Abs 5, 10a GlüStV erfolgt. So müssten etwa die Anforderungen an ein „Sozialkonzept“ erheblich präzisiert werden, um überhaupt die qualitativen Anforderungen, welche die Prüfeinrichtungen/Zertifizierer bei ihrer Tätigkeit zugrunde legen und als vorhanden abprüfen sollen, definierbar, vergleichbar, über ein einheitliches Konformitätszeichen ausweisbar und im Anschluss daran auch für die staatliche (Markt-)Überwachung überprüfbar zu halten. Nur so kann die gesetzlich geforderte Zertifizierung ihrem Ziel, der Absicherung eines „zuvor definierten Schutzstandards zu dienen“[66], auch tatsächlich gerecht werden.

3. Dritte Stufe: Zertifizierende Einrichtung, Verfahren und Organisation sowie Überwachung

Schließlich muss die zertifizierende Einrichtung bestimmt, verfahrens- und organi- 42
sationsrechtlich begleitet sowie die staatliche Überwachung sichergestellt werden. Es geht hierbei insbesondere um die Frage, „wer“ prüft und „wer“ überwacht. Auch dafür gibt es unterschiedliche Ansätze im geltenden Recht, so dass verschiedene Verfahrens- und Organisationsformen vorstellbar sind.

a) Zertifizierende Einrichtung

Die hoheitliche Aufgabe der Zulassung bzw Zertifizierung von Online-Glücksspiel- 43
Anbietern und deren Produkten nach dem zuvor geschaffenen Zertifizierungsstandard (s.o. III.2.) könnte auf Beliehene oder Private übertragen werden.

aa) ... durch Beliehene

Durch Beleihung weist der Gesetzgeber einem Rechtssubjekt des Privatrechts – ei- 44
ner natürlichen oder juristischen Person – auf der Grundlage eines Gesetzes (es

66 *Seiche*, Beiträge zum Glücksspielwesen 4/2016, 32.

greift insofern der sog institutionelle Gesetzesvorbehalt) die Kompetenz zu, in der Handlungsform des öffentlichen Rechts Verwaltungsaufgaben selbständig wahrzunehmen.[67] Die Beleihung privatisiert daher nur bedingt eine staatliche Aufgabe. Die Aufgabe wird nicht in private Hände abgegeben, sondern die private Einrichtung wird auf staatlicher Seite hoheitlich tätig;[68] die Einrichtung wird zu einer Behörde im verfahrensrechtlichen Sinne (§ 1 Abs 4 VwVfG), ihr werden die Hoheitsbefugnisse ausgeliehen.[69]

45 Die private Einrichtung unterliegt daher, sobald sie hoheitlich agiert, öffentlichrechtlichen, insbesondere grundrechtlichen Bindungen.

46 Die Beleihung findet gerade deshalb insbesondere in grundrechtssensiblen Bereichen statt (zB entscheidet der TÜV hoheitlich darüber, ob ein Kraftfahrzeug die erforderliche Prüfplakette nach § 29 StVZO erhält) oder in Bereichen in denen bereits eine lange Rechtstradition des hoheitlichen Handelns besteht (Schornsteinfeger nach § 17 Schornsteinfeger-HandwerksG; Jagdaufseher gemäß § 25 Abs 2 BJagdG).

47 Im Rahmen des Glücksspielrechts hätte die Beleihung als Organisationsform den Vorteil, dass weiterhin eine behördliche Aufgabenwahrnehmung erfolgen würde, so dass zwar die Beleihung in einer Beleihungsverordnung geregelt werden müsste, im Übrigen aber das Verfahren, die Überwachung, die Haftung usw den allgemeinen, bereits bestehenden verfahrensrechtlichen Bestimmungen folgen könnten. Nachteil der Beleihung wäre jedoch, dass die Aufgabenwahrnehmung bei der beliehenen Einrichtung monopolisiert wäre.

bb) ... durch Private

48 Im modernen Verwaltungsrecht wird daher, insbesondere um die vorgenannte Monopolisierung zu vermeiden und um den Wettbewerb der Prüfeinrichtungen untereinander um die beste einsetzbare Technologie und das beste Wissen anzuregen, eine Aufgabenwahrnehmung zwar durch private, aber nicht beliehene Einrichtungen favorisiert.

49 Dabei wird die Auswahl der „richtigen" Prüf- und Zertifizierungseinrichtungen von Gesetzes wegen dahin gehend präzisiert, dass nur „staatlich benannte" oder „staatlich überwachte", dh von einer nationalen europäischen Stelle (zB DAkkS) akkreditierte Prüf- und Zertifizierungsstellen, zur Aufgabenwahrnehmung zugelassen werden. Letzteres erfordert, dass die „benannten Stellen" oder „akkreditierten Stellen" vor ihrer Zulassung die europäischen Mindestanforderungen an Konformitäts-

67 *Ronellenfitsch*, in: Bader/Ronellenfitsch (Hrsg), Beck'scher OK-VwVfG, § 1 Rn 70; zum Begriff s.a. § 24 Abs 1 des Allgemeinen Verwaltungsgesetzes für das Land Schleswig-Holstein.

68 *G. Kirchhof* AöR 132 (2007), 215 (223).

69 *Ronellenfitsch*, in: Bader/Ronellenfitsch (Hrsg), Beck'scher OK-VwVfG, § 1 Rn 73.

bewertungsstellen erfüllen (Art R 17 Beschluss Nr 768/2008/EG) und gegebenenfalls – insbesondere bei den „benannten Stellen" – weitere prüfspezifische Eigenschaften nachweisen, die in europäischen Richtlinien, Gesetzen oder Rechtsverordnungen ausgewiesen werden.[70] Hierdurch kann sichergestellt werden, dass die zertifizierenden Prüfeinrichtungen tatsächlich die Fachkompetenz, Ausstattung und Qualität besitzen, um die ihnen übertragenen Prüfaufgaben (hier der Überprüfung des Online-Glücksspiel-Anbieters und seiner Produkte) im Interesse der Allgemeinwohlbelange wahrzunehmen.

Nur ergänzend sei erwähnt, dass, sofern eine Prüfeinrichtung von einer natio- 50
nalen europäischen Stelle eines anderen Landes akkreditiert wurde, auf deren Unabhängigkeit, Unparteilichkeit und Fachkompetenz sowie das Vorliegen weiterer normierter Anforderungen vertraut werden darf. Das europäische Akkreditierungssystem hat sich unter dem New Legislative Framework (NFL) nämlich genau diesem Ziel verschrieben, die Konformitätsbewertungen durch eine europaweit einheitliche Akkreditierung qualitativ anzugleichen. Den einheitlichen Rechtsrahmen für die Erteilung und Überwachung von Akkreditierungen innerhalb der Europäischen Union schafft dabei die VO 765/2008/EG. Durch sie wird eine unionsweite einheitliche Handhabung von Akkreditierungen sichergestellt und zugleich die hoheitliche Akkreditierung als höchste Kontrollebene im System der Konformitätsbewertung gestärkt (Art 4 VO 765/2008/EG). Dies soll zum einen das Vertrauen in die Konformitätsergebnisse der europäisch akkreditierten Prüfeinrichtungen erhöhen und obendrein die Marktüberwachungsbehörden der Mitgliedstaaten dazu verpflichten, Akkreditierungsergebnisse anderer mitgliedstaatlicher Stellen als gleichwertig anzuerkennen (Prinzip der gegenseitigen Anerkennung). Vorstehendes gilt allerdings nicht, wenn eine nicht-akkreditierte Prüfeinrichtung zB aus dem außereuropäischen Ausland untersucht, bewertet und zertifiziert. Ihre Tätigkeit muss nicht als Äquivalent anerkannt werden, so dass unter solch einer Konstellation die Zertifizierung auch als nicht erbracht gelten würde, die Konformität mit dem Zertifizierungsstandard nicht vermutet werden könnte und die Ausnahme-Erlaubnis nach § 4 Abs 5 GlüStV nicht gewährt werden müsste.

Insofern führt die gesetzliche Beschränkung der Aufgabenwahrnehmung nur 51
durch „benannte" oder „akkreditierte" Stellen unmittelbar zu „vertrauenswürdigen

70 Im Bereich der sensiblen „Medizinprodukte" regelt zB die Durchführungsverordnung (EU) Nr 920/2013 der Kommission vom 24.9.2013 über die Benennung und Beaufsichtigung benannter Stellen gemäß der Richtlinie 90/385/EWG des Rates über aktive implantierbare medizinische Geräte in der Richtlinie 93/42/EWG des Rates über Medizinprodukte das Benennungsverfahren. Gemäß § 15 Abs 4 MPG werden die deutschen benannten Stellen im Bereich Medizinprodukte mit ihren jeweiligen Aufgaben und Kennnummern von der ZLG als der zuständigen deutschen benennenden Behörde auf deren Internetseite bekannt gemacht.

Zertifizierern", was gerade im Glücksspielwesen von besonderer Bedeutung ist (s.o. II.2.d)).

b) Verfahren

52 Gleich welchem organisatorischen Ansatz man folgt, müssten im GlüStV die begleitenden verfahrens- und organisationsbezogenen Vorschriften verortet werden.

53 Im Zusammenhang mit der Aufgabenwahrnehmung durch Private müsste beispielsweise festgelegt werden, welche Behörde die zertifizierenden Stellen benennt und wie das Benennungsverfahren ausgestaltet sein soll. Außerdem wären Regelungen ua zu den Nachweispflichten, zur Dokumentation und zum Rhythmus der Zertifizierung erforderlich, wobei man angesichts der derzeit geführten Diskussion zur Zertifizierung von Spielhallen durchaus generelle Verfahrensregelungen zur „Zertifizierung von Glücksspielen" in Betracht ziehen könnte – die Inhalte wären hinsichtlich der die Zertifizierungspflicht begleitenden verfahrens- und organisationsrechtlichen Vorschriften wohl vergleichbar.

54 Ohne im Detail auf die verfahrens- und organisationsrechtlichen Bestimmungen eingehen zu wollen, sei an dieser Stelle darauf hingewiesen, dass es sich in anderen Rechtsgebieten und ebenso in anderen Ländern[71] als sinnvoll erwiesen hat, dass diese regulierungsbegleitenden Tätigkeiten nicht auf föderaler Ebene, sondern zentral wahrgenommen oder zumindest koordiniert werden. In Deutschland könnte eine zentrale Länderstelle – ähnlich wie die ZLG[72] im Medizinproduktebereich – diese Aufgabe übernehmen. Ob hierfür das bereits existierende Glücksspielkollegium in Betracht gezogen werden kann oder ob es einer neuen Einrichtung bedarf, wie die der von den Experten im Übergang vom staatlichen Monopol zum Konzessionssystem ohnehin als dringend notwendig erachtete Glücksspielkommission,[73] bliebe zu entscheiden. Neben Vollzugs- und Überwachungsaufgaben könnte dieser zentralen Stelle dann auch die Aufgabe zukommen, an der Standardisierung und der Weiterentwicklung des Zertifizierungssystems mitzuwirken, wie auch an der Regulierung des Online-Glücksspiels überhaupt. Ferner könnte sie ein zentrales Bindeglied zwischen den vollziehenden Landesbehörden, den betroffenen Bundesbehörden, -anstalten und Organisationen sowie der Europäischen Kommission bilden.

71 In Frankreich nimmt diese Aufgabe die ARJEL (Autorité de régulation des jeuy en ligne) wahr, die Regulierungsbehörde für Online-Glücksspiele.

72 Zentralstelle der Länder für Gesundheitsschutz bei Arzneimitteln und Medizinprodukten.

73 *Becker* ZfWG 2017, 2 (11 ff).

c) Kennzeichen

Die erfolgreiche Durchführung der Zertifizierung muss für die Marktüberwachung gerade im Online-Bereich leicht zu kontrollieren sein. Insofern müsste neben dem Zertifikat ein passendes Zeichen geschaffen werden, welches den erfolgreichen Zertifizierungsprozess auch nach außen hin sichtbar werden lässt. Darüber hinaus bedürfte die Verwendung des Zeichens, etwa „wo" und „wie" es auf den Websites der Anbieter zu platzieren ist, ob es zur Werbung eingesetzt werden darf, usw, ebenfalls gesonderten Regelungen. 55

d) Überwachung und Sanktionen

Schließlich wäre die (Markt-)Überwachung sicherzustellen, wobei – ähnlich wie im Produktsicherheitsrecht – die Zuständigkeit, die Marktüberwachungsmaßnahmen sowie die Adressaten derselben festzulegen wären. Hierbei sollte auch an die Intermediäre (Plattformen, Content- und Access-Provider) gedacht werden, die als Adressaten der Marktüberwachung benannt werden sollten. Dann wäre es ohne Weiteres möglich, an Glücksspielsoftware und -produkte zu gelangen und sie einer Überprüfung zuzuführen.[74] Ferner könnte die Zertifizierungspflicht an Überzeugungskraft gewinnen, wenn bei Zuwiderhandlung Sanktionen ausgesprochen oder Rechtsfolgen angekündigt würden, die bei erfolgreicher Zertifizierung die Glücksspiel-Anbieter, über das Vorliegen des Tatbestandsmerkmals für die Ausnahme-Erlaubnis (§ 4 Abs 5 GlüStV) und einer damit ggf verbundenen Vermutungswirkung hinaus, weiter begünstigten.[75] 56

IV. Fazit

Viele Rechtsbereiche werden bereits heute durch das Rechtsinstrument der „Zertifizierung" beeinflusst. Dieses Instrument hilft, staatliche Überwachungsaufgaben dynamisch und technologieorientiert zu unterstützen. Eine gesetzlich geregelte Zertifizierungspflicht im grenzüberschreitenden Online-Glücksspielsektor könnte allgemeinwohlverträgliche Anbieter und Produkte erkennbar werden lassen und als Voraussetzung zur Konzessionserteilung zugleich einen wichtigen Beitrag zur Marktöffnung im Online-Glücksspielbereich leisten. 57

---

74 Im Produktsicherheitsrecht besteht eine ähnliche Problematik – hier haben es die Gesetzgeber bislang versäumt, die Intermediäre als Adressaten der Marktüberwachung zu benennen, was gerade im Online-Handel zu erheblichen Vollzugsproblemen führt, siehe dazu: *Gesmann-Nuissl*, Weiterentwicklung des BAuA-Produktsicherheitsportals: Internethandel und Produktsicherheit, 2014.

75 *Schneider* GewArch Beil Nr 4/2016, 297 (307).

Dieter Richter[1]

§ 30 Über die Zulassung von Geldspielgeräten

Übersicht

1 Prof. Dr. Dieter Richter war bis 2014 Leiter des Fachbereiches „Metrologische Informationstechnik“ an der Physikalisch-Technischen Bundesanstalt. Der Fachbereich ist für die Zulassung von Geldspielgeräten zuständig.

https://doi.org/10.1515/9783110259216-030

I. Einleitung

1 Der gewerbliche Betrieb von Geldspielgeräten[2] unterliegt in Deutschland gesetzlich geregelten Bestimmungen. Zu diesen Bestimmungen gehören Einschränkungen an die Bauweise der Geldspielgeräte. Eine zentrale Rolle bei der Absicherung der den Geldspielgeräten auferlegten Beschränkungen nimmt die Bauartzulassung ein. Der gewerbliche Betrieb der Geldspielgeräte ist erst dann erlaubt, wenn deren Bauart[3] eine Zulassung durch die Physikalisch-Technische Bundesanstalt (PTB) erhalten hat.

2 In der letzten Dekade haben Geldspielgeräte eine zunehmende Aufmerksamkeit ausgelöst. Sehr unterschiedliche Aspekte sind diskutiert bzw Sichten und Zielvorstellungen für gesetzliche Regelungen artikuliert worden. Das gilt im Grunde auch für das Bauartzulassungsverfahren, an das bisweilen überfrachtete Erwartungen gerichtet sind.

3 Die PTB ist die einzige Stelle, die Zulassungen für Geldspielgeräte in Deutschland erteilen darf. Entsprechend sind die Abläufe, die technischen Anforderungen und die Probleme im Zusammenhang mit Bauartzulassungen außerhalb der unmittelbar einbezogenen Kreise wenig bekannt.

4 Dieser Beitrag strebt an, breitere Kreise mit wesentlichen Abläufen, Bedingungen, Problemen, aber auch Grenzen des Bauartzulassungsverfahrens bekannt zu machen sowie über Erfahrungen aus der Durchführung der Bauartzulassungen zu berichten. Darüber hinaus wird erläutert, wie nachgelagerte Prozesse von der Bauartzulassung Gebrauch machen bzw Gebrauch machen könnten.

5 Im Hauptabschnitt I werden zunächst die rechtlichen und organisatorischen Rahmenbedingungen für die Zulassung von Geldspielgeräten dargelegt.[4] Haupt-

---

2 Es gibt verschiedene Bezeichnungen für Geldspielgeräte. Neben diesem Begriff werden auch die Bezeichnungen Geldgewinnspielgeräte oder Unterhaltungsspielgeräte mit Gewinnmöglichkeit benutzt. Wir verwenden hier durchgehend den auch in gesetzlichen Regelungen verwendeten Begriff Geldspielgeräte bzw nur kurz Spielgeräte, wenn Verwechslungen mit anderen Spielgerätetypen ausgeschlossen sind.

3 Die Bauart besteht aus einem zur Serienfertigung geeigneten Baumuster und den dazugehörigen Dokumentationen, die die Eigenschaften des Baumusters näher charakterisieren.

4 Im November 2014 ist eine Spielverordnungsnovelle in Kraft getreten. Die daraus resultierenden Änderungen werden hier berücksichtigt. Allerdings lagen zum Zeitpunkt der Abfassung dieses Beitrages immer noch keine umfassenden Erfahrungen mit der Umsetzung dieser Novelle vor. Eine weitere Novellierung vom Dezember 2014 hat keine Auswirkungen auf das hier dargestellte Zulassungsverfahren.

abschnitt II befasst sich mit der Wechselwirkung in der Entwicklung von Technik und gesetzlichen Regelungen. Dabei wird auf die Entwicklung seit etwa 1950 eingegangen. Das Verständnis der dargelegten Entwicklung führt zur Erklärung der jüngsten Regelungen. Danach werden im Hauptabschnitt III Spielabläufe, Geldflüsse und entstehende Daten in Geldspielgeräten erläutert. Schließlich werden darauf aufbauend im Hauptabschnitt IV die Schwerpunkte der Zulassungsprüfung beschrieben.

Die Hauptabschnitte V und VI widmen sich Verfahren, die selbst nicht mehr Bestandteil der Bauartzulassung sind, sich aber auf die mit dem Bauartzulassungsverfahren abgesicherten Eigenschaften und Dokumente stützen. Das sind zum einen die Überwachungsverfahren im Hauptabschnitt V und zum anderen die Verfahren zur Umsatzsteuererhebung im Hauptabschnitt VI. Auch die Erhebung von Vergnügungssteuern kann sich auf die gesicherten Eigenschaften und Daten der Spielgeräte stützen. Dieses Thema wird aber in diesem Beitrag nicht behandelt, da Vergnügungssteuern kommunal unterschiedlich festgesetzt und nicht (bundes-)einheitlich diskutiert werden können. 6

II. Rechtliche und organisatorische Rahmenbedingungen

1. Der Rechtsrahmen

Die öffentliche Durchführung von Glücksspielen ist in Deutschland grundsätzlich verboten, es sei denn, es liegt eine behördliche Erlaubnis dafür vor.[5] Für den Betrieb von Geldspielgeräten in Spielhallen oder Gaststätten ist die gesetzliche Grundlage in der Gewerbeordnung[6] (GewO), §§ 33cff, geschaffen worden. Insbesondere in Bezug auf die Zulassung von Geldspielgeräten sind geregelt: 7

- Eine Zulassungspflicht für Bauarten von Geldspielgeräten, die „mit einer den Spielausgang beeinflussenden technischen Vorrichtung ausgestattet sind und die die Möglichkeit eines Gewinns bieten“.[7]
- Die Zuständigkeit der PTB für die Bauartzulassung.[8]

5 Das Strafgesetzbuch behandelt in § 284 Abs 1 die unerlaubte Veranstaltung von Glückspielen: „Wer ohne behördliche Erlaubnis öffentlich ein Glücksspiel veranstaltet oder hält oder die Einrichtungen hierzu bereitstellt, wird mit Freiheitsstrafe bis zu zwei Jahren oder mit Geldstrafe bestraft.“

6 Gewerbeordnung in der Fassung der Bekanntmachung vom 22. Februar 1999 (BGBl I 1999 S 202), zuletzt im Teil Spielrecht geändert am 5. Dezember 2012 (BGBl I 2012 Nr 57, S 2415–2417).

7 Geregelt in § 33c Abs 1 GewO.

8 Geregelt in § 33c Abs 1 GewO.

- Der gesetzliche Maßstab für die Versagung von Bauartzulassungen: „Die Zulassung der Bauart eines Spielgerätes oder [...] sind zu versagen, wenn die Gefahr besteht, dass der Spieler unangemessen hohe Verluste in kurzer Zeit erleidet".[9]
- Eine Verpflichtung der Hersteller, nur Geräte in Verkehr zu bringen, die der zugelassenen Bauart entsprechen: „Die Zulassung ist ganz oder teilweise [...] zurückzunehmen oder zu widerrufen, [...] wenn der Antragsteller zugelassene Spielgeräte an den in dem Zulassungsschein bezeichneten Merkmalen verändert [...]".[10]
- Eine Ermächtigung für den Verordnungsgeber, in einer Rechtsverordnung weitere Einzelheiten zu den Anforderungen an die Bauarten und zum Zulassungsverfahren festzulegen.[11]

8 Die in § 33c Abs 1 GewO genannte technische Vorrichtung, die den Spielausgang bestimmt, meint eine technische Komponente, die grundsätzlich unabhängig vom Spieler über die Gewinnzuteilung entscheidet. In der einschlägigen Kommentierung[12] wird davon gesprochen, dass der Spielerfolg durch eine selbst wirkende Kraft entscheidend beeinflusst wird. Im Sprachgebrauch der modernen Informationstechnik ist dies ein Zufallsgenerator, der maßgeblich über Gewinn oder Verlust entscheidet.

9 Die Rechtsverordnung, die unter der Bezeichnung Spielverordnung (SpielV) bekannt ist, wird vom Bundesministerium für Wirtschaft und Energie (BMWi) im Einvernehmen mit den Bundesministerien des Inneren, für Familie, Senioren, Frauen und Jugend und für Gesundheit sowie mit Zustimmung des Bundesrates erlassen.

10 In der Spielverordnung[13] sind in den §§ 11 ff nähere Vorschriften zum Zulassungsverfahren und zu den Anforderungen an zulassungsfähige Spielgerätebauarten erlassen worden. Die Anforderungen untersetzen den gesetzlichen Maßstab der Vermeidung der Gefahr eines unangemessenen Verlustes in kurzer Zeit sowie weitere Schutzaspekte, zu deren Regelung die Ermächtigung in § 33f GewO vorhanden ist. Die Zulassung einer Bauart darf nur dann erteilt werden, wenn die geltenden Anforderungen für diese Bauart erfüllt sind. Die Zulassungsbehörde muss Untersuchungen und Prüfungen in einem Umfang und in einer Tiefe durchführen, dass die Erfüllung der Anforderungen bestätigt werden kann. Es liegt in ihrem Ermessen, sich auf

---

9 Geregelt in § 33e Abs 1 GewO.

10 Geregelt in § 33e Abs 2 GewO.

11 Geregelt in § 33f Abs 1 und 2 GewO.

12 Landmann/Rohmer: Gewerbeordnung und ergänzende Vorschriften, Ausgabe 2013, § 33c Spielgeräte mit Gewinnmöglichkeiten, Rn 4.

13 Spielverordnung in der Fassung der Bekanntmachung vom 27. Januar 2006 (BGBl I 2006 S 280), zuletzt geändert am 8. Dezember 2014 (BGBl I 2014 Nr 57 S 2003).

Prüfungen vertrauenswürdiger Dritter zu stützen.[14] Eine Ausnahme bilden die Anforderungen in § 12 Abs 2 SpielV. Sie haben einen ergänzenden Charakter zu den Kernanforderungen in § 13 SpielV und sind von einer Art, dass sie bereits im Entwicklungsprozess zu berücksichtigen sind, später aber nicht mehr erschöpfend überprüft werden können.

Da die Spielverordnung bereits die grundsätzlichen Regelungen der Gewerbeordnung konkretisiert, entfällt diese Aufgabe für die Bauartzulassung. Es kommt bei der Bauartzulassung vielmehr darauf an, die bereits konkretisierten Vorgaben auf die unterschiedlichen technischen Entwürfe der Spielgerätebauarten abzubilden. 11

Die genannten gesetzlichen Regelungen stellen den spielrechtlichen Handlungsrahmen für die Bauartzulassung dar. Darüber hinaus sind in der Spielverordnung weitere Vorschriften zu Geldspielgeräte niedergelegt. Das betrifft zB die erlaubten Aufstellorte, Pflichten der Spielgeräteaufsteller, Regelungen zu Gebühren und Ordnungswidrigkeiten. Diese Aspekte tangieren aber nicht die Bauartzulassung und werden deshalb in diesem Beitrag nicht behandelt. 12

2. Konsequenzen für die Bauartzulassung

Die dargestellte Einordnung der Geldspielgeräte in das Gewerberecht und die Ausführungsbestimmungen in Form der Spielverordnung machen das Zulassungsverfahren zu einem Verwaltungsakt mit zwei unmittelbaren Konsequenzen: 13

(1) Die Zulassungsbehörde hat die Konformität einer vorgestellten Bauart mit den gesetzlichen Anforderungen zu prüfen und im positiven Fall zu bescheinigen. Sie hat nicht das Recht, zusätzliche, spielrechtlich nicht verankerte Anforderungen aufzustellen.

(2) Der Hersteller von Spielgeräten ist dort frei bei der Gestaltung seines Produktes, wo es gesetzlich geregelten Beschränkungen nicht berührt.

Das Zulassungsverfahren beschränkt sich also auf die Feststellung und Bescheidung der gesetzlich geforderten Eigenschaften. Darüber hinausgehende Erwartungen an das Zulassungsverfahren sind nicht erfüllbar. Dazu zählen: 14

- Allgemeine Qualitätssicherung der Spielgeräte: Obwohl nicht immer scharf abgrenzbar gehört die Qualitätssicherung von Merkmalen, die in den spielrechtlichen Vorschriften nicht geregelt sind, nicht zum Leistungsumfang einer Bauartzulassung.

14 Mit der Novellierung der Spielverordnung vom 4. November 2014 ist zB die verpflichtende Beibringung von Sicherheitsgutachten, auf die sich die Zulassungsbehörde stützen kann, eingeführt worden.

- Einhaltung steuerrechtlicher Vorschriften: Maßnahmen zur Einhaltung steuerrechtlicher Vorschriften, die über die zulassungsrelevanten spielrechtlichen Vorschriften hinausgehen, gehören ebenfalls nicht zum Leistungsumfang von Bauartzulassungen.
- Prüfung anderer Spielhallentechnik: Technik, die in Spielstätten genutzt wird, aber nicht zur Bauart eines Spielgerätes gehört (zB Geldwechsler, Komponenten der Vernetzungstechnik, Datenauslesegeräte) unterliegt nicht der Bauartzulassung.
- Beurteilung des Suchtpotentials von Spielfeatures: Es findet im Rahmen von Bauartzulassungen keine Bewertung von Spielelementen hinsichtlich des Potentials zur Förderung der Spielsucht statt.
- Prognose des Spielverhaltens: Bei der Bauartzulassung bleibt unberücksichtigt, welche Spielelemente durch welche Spielergruppen in welcher Häufigkeit genutzt werden könnten. Es werden allein die (technischen) Eigenschaften der Geräte bewertet.
- Einflussnahme auf die Werbung: Die Bauartzulassung kann nicht berücksichtigen, wie die später in Verkehr gebrachten Geräte beworben werden.
- Marktregulierung: Die Bauartzulassung nimmt keinen Einfluss auf das Kräfteverhältnis am Markt. Die Zulassung erfolgt allein nach den gesetzlichen Kriterien und unabhängig von der Marktposition des Antragstellers.
- Überwachung aufgestellter Geräte: Die Zulassung bezieht sich ausschließlich auf die Bauart und erfolgt, bevor ein Gerät der zuzulassenden Bauart in Verkehr gebracht worden ist. Die Überwachung der aufgestellten Geräte ist gesondert geregelt.

3. Antragsverfahren und Zulassungsscheine

15 Die Antragstellung auf Bauartzulassung von Geldspielgeräten erfolgt grundsätzlich durch den Hersteller dieser Geräte. Der Antragsteller erhält den Zulassungsschein und wird damit zum Inhaber der Zulassung. Wenn der Zulassungsinhaber nicht identisch mit dem Hersteller ist, übernimmt er die Pflichten, die der Gesetzgeber dem Hersteller auferlegt hat, wie zB die Sicherung der Baugleichheit der Seriengeräte mit der Bauart. Eventuelle Differenzen zwischen Antragsteller und Hersteller sind in diesen Fällen allein zwischen ihnen zu klären.

16 Zum Zulassungsantrag gehören die beschreibenden Unterlagen und ein Mustergerät, das so genannte Baumuster. Das Mustergerät muss vollständig und funktionsfähig sein.

17 Zur Durchführung der Bauartprüfung ist es wichtig, dass die Unterlagen richtig und konsistent untereinander sind sowie der Funktionsweise des Baumusters entsprechen. Unvollständige, ungenaue oder inkonsistente Angaben behindern eine zügige Bearbeitung, führen zu Unterbrechungen oder können im Extremfall die

Beendigung der Bearbeitung ohne Erteilung einer Bauartzulassung nach sich ziehen.

18 Eingehende Anträge werden einer Eingangskontrolle unterzogen. Wird dabei festgestellt, dass Unterlagen fehlen, weitere Unterlagen erforderlich sind oder am Gerät solche Mängel bestehen, dass sie die Prüfung behindern, wird der Antragsteller aufgefordert, entsprechende Nachreichungen vorzunehmen oder Korrekturen durchzuführen.

19 Die Prüfung wird an einem Mustergerät durchgeführt. Die am Ende erteilte Zulassung bezieht sich auf das geprüfte Bauartmuster und die dazugehörigen Unterlagen.

20 Die PTB informiert den Antragsteller im Verlauf der Bearbeitung, wenn Probleme besonderer Art aufgetreten sind. Das betrifft insbesondere solche Fälle, in denen auf Grund von neuen technischen Lösungen und Erkenntnissen veränderte Anforderungsauslegungen entstehen, die der Antragsteller so nicht berücksichtigt hat.

21 Nach Erteilung der Bauartzulassung sind die geprüften Baumuster solange beim Zulassungsinhaber aufzubewahren, wie Geräte dieser Bauart in Verkehr sind. Andere Antragsunterlagen einschließlich Programmspeicherbausteine oder Kopien der Programme werden in der PTB verwahrt. Sie können zB für gerichtliche Gutachten Verwendung finden.

22 Nach positiver Beendigung der Prüfungen und der nach § 11 SpielV vorgesehenen Beteiligung des Bundeskriminalamtes[15] erhält der Antragssteller den Zulassungsschein. Eine Beendigung der Bearbeitung ohne Erteilung der Zulassung kann wegen unvollständiger Anträge, nicht prüffähiger Mustergeräte oder einer Verletzung von Anforderungen der Spielverordnung erfolgen.

23 Gemäß § 15 Absatz 2 SpielV[16] wird die Zulassung der Bauart eines Spielgerätes durch die PTB bekannt gemacht. Die Bekanntmachung erfolgt über Internet.[17]

24 Der Zulassungsschein dokumentiert die Konformität des geprüften Baumusters mit den geltenden Anforderungen. Er enthält Angaben zur Charakterisierung der Bauart. Dieser Charakterisierung müssen die Seriengeräte entsprechen. Die Gültigkeit des Zulassungsscheins ist auf ein Jahr begrenzt. In dieser Zeit kann der Zulassungsinhaber Nachbaugeräte in Verkehr bringen. Auf Antrag kann die Gültigkeit verlängert werden.

---

15 § 11 SpielV regelt: „Über den Antrag auf Zulassung der Bauart eines Spielgerätes im Sinne des § 33c Abs 1 Satz 1 der Gewerbeordnung entscheidet die Physikalisch-Technische Bundesanstalt im Benehmen mit dem Bundeskriminalamt.

16 § 15 Abs 2 SpielV fordert: „Die Zulassung der Bauart eines Spielgerätes wird durch die Physikalisch-Technische Bundesanstalt bekannt gemacht. Das gleiche gilt, wenn die Zulassung geändert, zurückgenommen oder widerrufen wurde."

17 Internetadresse: www.ptb.de/Spielgeraete.

25 Änderungen zu einer erteilten Bauartzulassung sind möglich, wenn eine Fehlfunktion des Spielgerätes beseitigt oder eine begründete Ergänzung von Sicherungsmaßnahmen vorgenommen werden soll. Sie erfordern eine erneute Prüfung. Die Änderungen werden in einem Zulassungsnachtrag, der ebenfalls veröffentlicht wird, bescheinigt. Änderungen der angebotenen Spiele sind nicht möglich. Sie erfordern eine neue Bauartzulassung.

4. Kennzeichnung der zugelassenen Spielgeräte

26 Um aufgestellte Spielgeräte als Seriengeräte einer zugelassenen Bauart zu erkennen und sie von anderen, nicht zulassungspflichtigen Unterhaltungsspielgeräten unterscheiden zu können, werden sie mit einem nummerierten Zulassungszeichen (siehe Abb. 1)[18] speziell gekennzeichnet. Das Verfahren und der Inhalt der Kennzeichnungen ist in § 15 SpielV geregelt.

PTB

Zulassungszeichen
Bundesrepublik Deutschland

Nr.	9999.00001
Spielgerät	GLÜCKSGELD D-JOKER–6
Inhaber der	Musterfirma GmbH
Zulassung	12345 Berlin
gültig	vom 01.06.2005 bis 31.05.2007

Abb. 1: Muster eines Zulassungszeichens

27 Die Regelung sieht über die Kennzeichnung hinaus weiter vor, dass jedem Einzelgerät ein so genannter Zulassungsbeleg zugeordnet wird. Diesen Beleg erhält der Aufsteller des Spielgerätes über den Zulassungsinhaber der Bauart. Dieser wiederum bestellt die Belege bei der PTB. Nur der Zulassungsinhaber ist berechtigt, Zulassungsbelege abzufordern. Der Zulassungsbeleg wird von der PTB ausgestellt, solange die Bauartzulassung gültig ist. Der Spielgeräteaufsteller kann mit dem amtlichen Zulassungsbeleg dokumentieren, dass das Geldspielgerät zu einer zugelassenen Bauart gehört und zu welcher Bauart es gehört.

28 Wenn die aufgestellten Geldspielgeräte spätestens nach zwei Jahre Aufstellzeit einer Überprüfung unterzogen worden sind (siehe Abschnitt V.2), wird zusätzlich eine Plakette angebracht, die die erfolgreiche Überprüfung anzeigt (Abb. 2).

---

18 Dieses und das folgende Muster sind freundlicherweise von der PTB zur Verfügung gestellt worden.

Abb. 2: Muster einer Prüfplakette

III. Wechselwirkung von Technik und gesetzlichen Anforderungen

1. Die erste gesetzliche Regelung in der Bundesrepublik

Nachdem bereits am Ende der 40er Jahre in verschiedenen Bundesländern wieder gesetzliche Regelungen für das Spielgerätegewerbe entstanden sind, ist 1951 die erste bundeseinheitliche Verordnung zur Durchführung von Automatenspielen geschaffen worden.[19] Sie basierte auf einer entsprechenden gesetzlichen Regelung in der Gewerbeordnung, die zunächst in der Fassung von 1933[20] fortbestand, bis 1960[21] aber in allen Teilen, die Spielgeräte betreffen, eine Neufassung erfahren hatte. **29**

Die Verordnung von 1951 enthielt noch einheitliche Anforderungen an zufalls- und an geschicklichkeitsabhängige Spielgeräte. Dies ist später getrennt worden. **30**

Es gab in dieser ersten bundeseinheitlichen Nachkriegsverordnung bereits das Verfahren der Bauartzulassung. Es war der Physikalisch-Technischen Bundesanstalt übertragen worden. **31**

Die wesentlichen technischen Anforderungen in der Verordnung von 1951 an die Bauarten kann man wie folgt zusammenfassen: **32**
- Mindestens 15 Sekunden Spieldauer pro Spiel,
- Maximal 10 Pfennig Einsatz und 1 DM Gewinn pro Spiel,
- Mindestens 60% Auszahlquote; verringerte Auszahlquote bei Spielen, die länger als eine Minute dauern, erlaubt,
- Gleiche Gewinnchance bei jedem Spiel.

19 Verordnung zur Durchführung des § 33d der Gewerbeordnung in der Fassung der Verordnung vom 27. Juli 1951 (BGBl I 1951 S 748).
20 § 33d der Gewerbeordnung in der Fassung des Gesetzes vom 18. Dezember 1933 (RGBl I 1933 S 1080).
21 Viertes Bundesgesetz zur Änderung der Gewerbeordnung vom 5. Februar 1960 (BGBl I 1960 Nr 6, S 61–63).

33 Der Regelungsbedarf orientierte sich ganz offensichtlich an den damaligen technischen Möglichkeiten. Geldspielgeräte waren mechanisch konstruiert. Der Spielausgang bestimmte sich durch den Lauf bzw Stillstand von Walzen oder Scheiben, die durch eine mechanische Vorrichtung (zB durch eine gespannte Feder) in Gang gesetzt wurden und deren Laufzeit durch den Spieler nicht so beeinflussbar war, dass gezielt ein bestimmter Stillstand angesteuert werden konnte. Aus dem Stillstand der Walzen oder Scheiben ergab sich eine Zahlen- oder Symbolkombination, die je nach Zusammensetzung einen Gewinn ergab. Abb. 3[22] zeigt ein typisches, mechanisches Gerät aus den 50er Jahren. Mit dem Hebel („einarmiger Bandit") wurden die Walzen in Betrieb setzt. Der Gestaltung von Spielen waren aufgrund der technischen Möglichkeiten enge Grenzen gesetzt.

Abb. 3: Mechanisches Spielgerät

2. Die erste Spielverordnung

34 Die Verordnung von 1951 ist in den 50er Jahren noch mehrfach geändert worden, wobei die Änderungen eher aufstellungsbezogene und Verfahrensfragen betrafen. Bei den technischen Anforderungen an Geldspielgeräte hat es zunächst keine Änderungen gegeben.

35 Technisch liefen die rein mechanischen Spielgeräte aus und wurden durch elektromechanische Gerätetypen ersetzt. Bei diesen Geräten wird der Anstoß zum

22 Dieses und die folgenden Bilder von Spielgeräten stammen aus dem Archiv der PTB.

Drehen von Walzen und Scheiben nicht mehr von einer mechanischen Kraft, sondern durch einen elektrischen Impuls ausgelöst. Am Prinzip der Zufallsbildung, dem nicht vorhersehbaren Stillstand der Drehteile, hat sich nichts verändert. Das Gerät in Abb. 4 ist ein Vertreter dieser Generation von Geldspielgeräten.

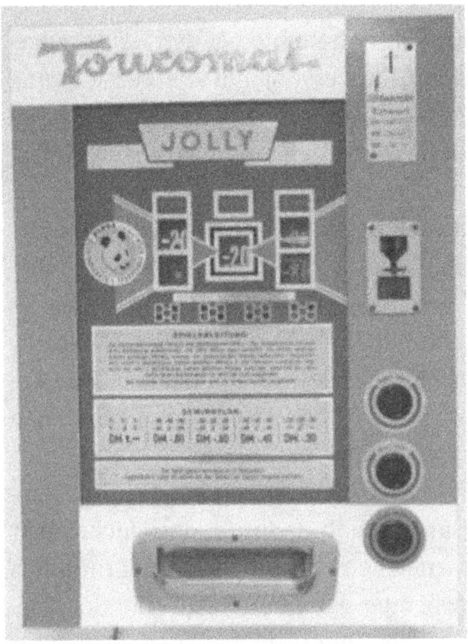

Abb. 4: Elektromechanisches Spielgerät

Offensichtlich waren aber bereits in der Frühzeit Manipulationen und Umgehungen 36
der Anforderungen festgestellt worden. Nur so lässt sich erklären, dass mit der ersten Spielverordnung im Jahre 1962,[23] die die vorherigen Durchführungsbestimmungen ersetzte und neu strukturiert worden war, erstmals absichernde Eigenschaften als technische Anforderungen aufgenommen worden sind. Zu den im Abschnitt II.1 genannten Anforderungen kamen hinzu:

- Das Spielgerät soll mit einfachen Mittel nicht veränderbar sein.
- Die Mindestlaufzeit für Spiele wurde dahingehend präzisiert, dass der Abstand von Spielbeginn zum nächsten Spielbeginn mindestens 15 Sekunden betragen soll.
- Vorabeinsätze für mehrere Spiele wurden untersagt.

23 Verordnung über Spielgeräte und andere Spiele mit Gewinnmöglichkeit (SpielV) vom 6. Februar 1962 (BGBl I 1962, S 153–156).

37 Die ab 1962 gültigen technischen Anforderungen blieben für etwa 10 Jahre die Grundlage für die Bauartzulassung.

3. Die Einführung der Sonderspiele

38 Im Laufe der Zeit, beginnend am Ende der 60er Jahre, tauchte bei den Geldspielgeräten ein bis dahin unbekanntes Phänomen auf, das erst später die Bezeichnung „Sonderspiele" erhielt. Es wurde die Möglichkeit eingeführt, innerhalb einer Spielserie bestimmter Länge über den Durchschnitt liegende Gewinnerwartungen zu realisieren.

39 Die Entwicklung[24] vollzog sich allmählich. Sie begann Ende der 60er Jahre damit, dass nach einer bestimmten Spielkombination (zB 7 7 7) jeder zufällig einlaufende Gewinn in einer bestimmten Anzahl von Folgespielen (zunächst waren es neun Spiele) auf den Höchstgewinn von damals 1,– DM erhöht worden ist. Die durch diese Art von Sonderspielen zusätzlich geschaffene Gewinnmöglichkeit war bescheiden und überschritt in der Summe der neun Sonderspiele im Allgemeinen nicht 2 DM. Zu dieser Zeit lag die Gewinnobergrenze noch bei 1,– DM pro Spiel.

40 In der zweiten Stufe dieser Entwicklung wurde die Trefferquote für Spielausgänge mit hoher Gewinnerwartung erhöht. Das geschah dadurch, dass nicht mehr die Symbole auf drei Walzen oder Scheiben entscheidend für die Gewährung des Gewinns waren, sondern nur noch jene auf zwei oder gar einer Walze oder Scheibe. Zudem wurden Symbole auf den Drehelementen bei Sonderspielen zugunsten eines Gewinneintritts umgedeutet.

41 Die dritte Entwicklungsstufe in den 70er Jahren war die Erhöhung der Anzahl von Sonderspielen in Verbindung mit einer Erhöhung der Trefferquote bei Sonderspielen. Die Entwicklung eskalierte zu Serien von Sonderspielen in dreistelliger Länge. In Verbindung mit dem inzwischen geltenden Höchstgewinn von 3,– DM pro Spiel waren Gewinnerwartungen von 200,– DM für eine Sonderspielserie möglich geworden.

42 Um diese Entwicklung einzudämmen, sind die technischen Anforderungen in der Spielverordnung erweitert worden. 1982 wurde eine Verordnungsänderung[25] durchgeführt, die zu den vorhandenen Anforderungen zwei neue hinzufügte:

– Begrenzung der in einem Spiel gewinnbaren Sonderspiele auf 100 und Festlegung, dass von einem Sonderspiel dann auszugehen ist, wenn die Gewinnerwartung den Einsatz übersteigt,

24 Die Darlegung der Entwicklung stützt sich auf ein Schreiben der PTB an das Bundesministerium für Wirtschaft vom 21.9.1977.

25 Verordnung zur Änderung der Spielgerätezulassungsverordnung und der Spielverordnung vom 22. Dezember 1982, BGBl 1982 I, S 2013–2014.

- Festlegung einer Trefferquote für spielentscheidende Ereignisse auf mindestens ein Mal in 34.000 Spielen.

Die zweite Ergänzung sollte die Prüfbarkeit von Ereignissen wie den Gewinn von Sonderspielserien sichern. Gleichzeitig ist die bis dahin noch gestaffelte Auszahlquote auf einheitlich 60% festgelegt worden. 43

Zwischen 1962 und 1982 waren die Einsatz- und Gewinngrenzen in zwei Stufen von 10 Pfennig auf 30 Pfennig bzw von 1,– DM auf 3,– DM angehoben worden[26].[27] 44

Nachdem Sonderspiele in den 70er Jahren zum unverzichtbaren Bestandteil der Spielangebote geworden waren, sind sie danach weiter kultiviert worden. Bis heute sind sie unter verschiedenen Bezeichnungen (zB Multi-, Jumbo-, Super-, Actionspiele) in nahezu jedem Automatenspiel zu finden. 45

4. Der Einfluss der Computerisierung

Die in den 80er Jahren beginnende Einführung elektronischer Bauteile hat die Möglichkeiten zur Gestaltung von Spielen und insbesondere von Sonderspielen weiter verbreitert. Das hat aber auch dazu geführt, dass die als Gewinnanreizbegrenzung gedachte Einführung einer Obergrenze von 100 Sonderspielen, die in einem Spiel gewonnen werden dürfen, zwar weiterhin eingehalten wurde, aber durch intelligente andere Gewinnangebote ihre Wirkung verlor. So wurden zB bestimmte Signale (Merkmale) gesetzt, die ankündigten, dass über 100 gewonnene Sonderspiele hinaus in den Folgespielen voraussichtlich weitere Sonderspiele gewonnen werden. Zum anderen begann in den 80er Jahren die Einbindung so genannter Risikoschritte, bei denen unter Gefahr des Verlustes eines bereits erspielten Gewinnanspruchs der mögliche Gewinn eines noch höheren Geldbetrages angeboten wurde. Dieses Risikoprinzip wurde dann auf Sonderspiele übertragen, indem eine geringere Zahl von Sonderspielen gegen eine höhere Anzahl riskiert werden konnte. Daraus entwickelten sich Angebote vieler aufeinander folgender Risikoschritte, die so genannten Risikoleitern. Sonderspiele und Risikoleitern prägten das Bild der Spielgeräte von den 80er Jahren bis in die 2000er Jahre hinein. 46

Wegen der Umgehungsmöglichkeiten der Sonderspielbegrenzung und wegen des Spielanreizes, der den Risikoleitern zugeschrieben wurde, hat der Verordnungsgeber abermals die Verordnung ergänzt. 1985[28] wurden die folgenden drei Anforderungen hinzugefügt: 47

26 Neufassung der Verordnung über Spielgeräte und andere Spiele mit Gewinnmöglichkeit (SpielV) vom 27.8.1971 (BGBl I 1971 S 1441–1444).

27 Verordnung zur Änderung der Verordnung über Spielgeräte und andere Spiele mit Gewinnmöglichkeit vom 23. Februar 1976 (BGBl I 1976, S 389).

- In Risikospielen dürfen nicht mehr als 50 Sonderspiele gewonnen werden.
- Merkmale, die Sonderspiele auslösen, dürfen nicht von einem Spiel auf ein anderes übertragen werden.
- Die Auszahlquote von 60% wurde ausdrücklich auch für Risikospiele gefordert.

48 Die letzte der drei zusätzlichen Anforderungen war so formuliert, dass die Quote „auch bei dauerhafter Betätigung der Risikotaste" gelten soll, was zu einer nur begrenzten Wirkung führte. Ursache dieser Formulierung dürfte gewesen sein, die Prüfbarkeit zu sichern. Denn es war schon damals nicht mehr machbar, alle möglichen Kombinationen bei der Risikoauswahl hinsichtlich der Auszahlquote zu untersuchen. Vermutlich lag die Annahme zu Grunde, dass von der Erfüllung der Quote bei den Randstrategien, dh gar keine Nutzung der Risikooption und ständige Nutzung der Risikooption, auch auf die Erfüllung bei gemischten Strategien, dh teilweise Nutzung der Risikooption, geschlossen werden kann. Diese Annahme trifft aber nicht durchgängig zu.

Abb. 5 zeigt ein typisches Gerät aus dieser Zeit.

Abb. 5: Spielgerät mit Sonderspielen und Risikoleitern

28 Bekanntmachung der Neufassung der Spielverordnung vom 11. Dezember 1985 (BGBl I 1985, S 2245–2250).

Schaut man sich die Entwicklung von Spielangeboten, die durch die technische Entwicklung möglich wurden, und die Entwicklung der gesetzlichen Anforderungen bis 1985 an, so fällt auf, dass die ergänzenden gesetzlichen Anforderungen jeweils eine Reaktion auf die technische Entwicklung waren. Es fällt (aus heutiger Sicht) weiter auf, dass die gesetzlichen Beschränkungen stets die sichtbaren Spielelemente (Sonderspiele, Risiko, Merkmale) zum Gegenstand hatten. Was damals vermutlich noch nicht erkennbar war, später mit der fortschreitenden Computerisierung der Spielgeräte aber offensichtlich wurde, ist die Tatsache, dass die immer größere Vielfalt von Spieldarstellungen, Darstellung von Gewinnerwartungen, Entscheidungssituationen und Gewinnangeboten nicht mehr durch Regulierung der zusammengefasst als Spielfeatures bezeichneten äußeren Darstellungselemente beherrscht werden kann. Denn für jedes regulierte Spielfeature entwickelten sich beliebig viele alternative Features, die nicht reguliert sind, aber vergleichbare Spielanreizwirkung auslösen. 49

Auch nach der Novellierung von 1985 ging die Entwicklung der Spielangebote entsprechend weiter. Als Kompensation zur begrenzten Länge von Sonderspielserien entstanden unterschiedliche Wertigkeiten von Sonderspielen (Gewinnwahrscheinlichkeiten und Gewinnhöhen) und die Möglichkeit, aus Sonderspielen heraus neue Sonderspiele zu gewinnen (Kumulation von Sonderspielen). Letzteres war der Schlüssel, einerseits der geltenden Längenbeschränkung von Sonderspielserien gerecht zu werden, andererseits aber doch Sonderspielserien beliebiger Länge nach und nach zu generieren. Ein neues Spielfeature, die so genannten Ausspielungen, wurden eingeführt. Das waren äußerlich neu gestaltete, zufällige Gewinnangebote, die es immer schwerer machten, beherrschbare Spielanreizbeschränkungen zu formulieren. Gefördert wurde diese Entwicklung nun durch die aufkommende Verwendung von programmierten Spielgerätesteuerungen. Die Gestaltung von Spielfeatures wurde zu einer Frage der Programmierkunst mit einem weit offenen neuen Gestaltungsspielraum. 50

In der der bisherigen Wechselwirkung von technischer Entwicklung und gesetzlichen Regelungen innewohnenden Logik wäre eine abermalige Erweiterung der Anforderungen an Geldspielgeräte fällig gewesen. Diesen Weg ist der Verordnungsgeber aber zum ersten Mal nicht mehr gegangen, sondern hat die Industrie aufgefordert, bestimmte kritische Entwicklungen durch Selbstbeschränkungen einzudämmen. In diesem Zuge sind die Selbstbeschränkenden Vereinbarungen der Automatenwirtschaft[29] entstanden, in denen unter anderem die Kumulation von Sonderspielen auf 150 begrenzt worden ist. Im Übrigen ist in diesen Vereinbarungen auch erstmalig eine Zwangspause nach einer Stunde Spielbetrieb eingeführt worden. 51

29 Bericht der Bundesregierung über Selbstbeschränkungsvereinbarungen der Automatenwirtschaft vom 15.1.1990, Unterrichtung des Deutschen Bundestages durch die Bundesregierung, Drucksachen 11/6224.

52 Hinsichtlich der gesetzlichen Anforderungen an die Bauart von Geldspielgeräten blieb es, abgesehen von zwei Ausnahmen, bis zur Novellierung im Jahre 2006[30] bei den 1985 festgelegten Vorgaben in der Spielverordnung und den Ergänzungen in den Selbstbeschränkungsvereinbarungen der Automatenwirtschaft von 1990. Die Ausnahmen betrafen zum einen eine Erhöhung von Einsatz und Gewinn pro Spiel auf 40 Pfennig bzw 4,– DM im Jahre 1993[31] und zum anderen die mit der Währungsumstellung verbundene Neufestlegung von Einsatz und Gewinn pro Spiel auf 20 Cent bzw 2 Euro sowie eine Verkürzung des Abstandes zwischen dem Beginn zweier aufeinander folgender Spiele auf 12 Sekunden ab dem Jahr 2002.[32]

53 Die technische Entwicklung ging aber auch nach 1990 weiter. Die später durchweg softwaregesteuerten Geldspielgeräte bauten die Spielfeatures immer weiter aus. In der Folge wurde die Wirkung der geltenden Anforderungen, insbesondere der featureorientierten Anforderungen, immer fraglicher. In einer Studie hat die PTB im Jahre 1999[33] zB nachgewiesen, dass unter Einhaltung der in der Spielverordnung verankerten Bedingungen sehr lange Sonderspielserien durch Kumulation erreicht werden konnten, die in Verbindung mit einem Höchstgewinn von 4,– DM und der damals üblichen Trefferquote von knapp 80% bei Sonderspielen zu Gewinnerwartungen von bis zu 2.000 DM in drei Stunden und 4.200 DM in zehn Stunden führen konnten. Natürlich waren solche lange Serien äußerst selten. Ebenso verlor das Verbot der so genannten Merkmalsübertragungen (Transportverbot von Anrechten auf Sonderspielgewinne von einem Spiel auf ein anderes Spiel) seine Wirkung, weil die Übertragung solcher Eigenschaften nun viel subtiler möglich war als durch offensichtlich ins Auge fallende Anzeigen. Auch die Anforderung nach einer Mindestauszahlquote von 60% (später dann noch verringert um den geltenden Umsatzsteuersatz), die ohnehin als Spielerschutzfunktion schon fraglich ist, verfehlte immer mehr das Ziel. Mit der Einführung von Risikoschritten sind so viele Spielkombinationen entstanden, dass es unmöglich war, all diese Kombinationen hinsichtlich Einhaltung der Auszahlquotenregelung zu prüfen. In der Spielverordnung behalf man sich mit der Festlegung, dass die Quote beim „unbetätigten Spiel“ und bei „dauerhafter Betätigung der Risikotaste“ zu gelten habe. Für Mischstrategien, die in der Praxis überwiegend gespielt wurden, gab es keine Festlegungen. Zuletzt kam sogar ein Grundelement des gesamten Regelungssystems, „das Spiel“, um das herum nahezu alle Anforderungen angesiedelt waren, ins Wanken. Die subjektive

30 Neufassung der Spielverordnung vom 27. Januar 2006, BGBl I 2006 S 280–286.

31 Dritte Verordnung zur Änderung der Spielverordnung vom 19. April 1993, BGBl I 1993, S 460.

32 Gesetz zur Umstellung von Gesetzen und Verordnungen im Zuständigkeitsbereich des Bundesministeriums für Wirtschaft und Technologie sowie des Bundesministeriums für Bildung und Forschung auf Euro (9. Euro-Einführungsgesetz) vom 10. November 2001, BGBl I 2001 Nr 58, S 2992 ff.

33 Untersuchungen zu Vorgaben für die Regelung von Geldspielgeräten, Studie des Fachbereichs „Metrologische Informationstechnik“ der PTB vom 30. November 1999.

Wahrnehmung des Spiels und die technisch erfassbaren Parameter eines Spiels drifteten auseinander. Es wurde zwar immer noch der geforderte Abstand zwischen dem Beginn eines Spiel und dem Beginn des nächsten Spiels von zuletzt 12 Sekunden, wahrgenommen durch die Abbuchung des Einsatzes von Geldspeicher, eingehalten, aber die Spiele wurden unterschiedlich lang, überlappten sich bzw liefen parallel, und Gewinne waren nicht mehr klar einem Einsatz zuordenbar. Schließlich wurde im Jahre 2005 – vor der Novellierung im darauf folgenden Jahr – bereits ein so genanntes Punktespiel vorgestellt. Es erhielt die Zulassung, weil es für Punkte oder andere Geldäquivalente keine Regelungen in der Verordnung gab.

5. Die Notwendigkeit eines grundlegenden Wandels

Die oben beschriebene Situation vor Augen drängte die PTB ab Mitte der 90er Jahre 54
auf einen grundlegenden Wandel bei den gesetzlichen Anforderungen. Die Sicherheit beim Erlassen rechtskräftiger Bescheide, so dass sie einer Überprüfung vor dem Verwaltungsgericht standhalten können, nahm ab. In der Tat häuften sich zu dieser Zeit die Verfahren beim Verwaltungsgericht. Der damalige Präsident der PTB, Herr Prof. Dr. Ernst Otto Göbel, fasste 1998 die Situation wie folgt zusammen: „Die PTB sieht aus technischer Sicht einen Handlungsbedarf zur grundsätzlichen Neuordnung jenes Teils der Spielverordnung, der die Grenzen zulassungsfähiger Spielgeräte absteckt. Denn immer mehr technische Neuerungen können hinsichtlich einer zulassungsrelevanten Bewertung nicht mehr direkt auf die gültige Spielverordnung zurückgeführt werden.“[34]

Da ein grundlegender Wandel der Spielverordnung zunächst nicht möglich er- 55
schien, hat die PTB in den Jahren 1996 und 1997 die Prüfverfahren modernisiert, schriftlich niedergelegt[35] und ab 1998 angewendet. Dabei wurden einige Anforderungen der Spielverordnung durch weitestgehend identische mathematische und technische Formulierungen ersetzt, die dem Anliegen der Anforderung entsprachen, aber nicht immer wörtlich identisch waren. Das war ein bis dahin ungewöhnliches Vorgehen, hat aber in einer Situation nur noch bedingt anwendbarer gesetzlicher Anforderungen die Subjektivität von Zulassungsentscheidungen reduziert und damit zu klareren Bescheiden und zur Gleichbehandlung der Antragsteller geführt. Es zählten die mathematischen und technischen Fakten wieder mehr als die subjektive Argumentationskraft über die Auslegung von Verordnungsteilen.

Die Entwicklung hatte sich im Laufe der Zeit so weit zugespitzt, dass eine ab- 56
nehmende Wirkung der in der Spielverordnung niedergelegten Beschränkungen zu

34 Aus der Festrede von Prof. Göbel zu Eröffnung der 19. Internationale Fachmesse für Unterhaltungs- und Warenautomaten (IMA) 1998 in Frankfurt/M (persönliche Aufzeichnung des Autors).
35 PTB-Prüfregel, Band 23 „Geldspielgeräte nach § 33c Gewerbeordnung“, 1997.

verzeichnen war, gleichzeitig aber der Aufwand für ihre Prüfung wuchs. Es waren immer mehr und immer wieder neue Spielsituationen zu analysieren, was den Anteil (subjektiver) Interpretationen der gesetzlichen Vorschriften bei der Bewertung von Zulassungsanträgen ständig erhöhte. Prüfaufwand und Nützlichkeit der geprüften Eigenschaften drifteten auseinander. Neben dem schon dargestellten Missverhältnis zwischen dem Charakter der (featureorientierten) Anforderungen an Spielgeräte und der technischen Entwicklung der Spielgeräte war ein zweiter Aspekt maßgebend für die entstandene Situation: Dem Charakter der Anforderungen lag die Annahme zu Grunde, dass das gesamte Verhalten eines Gerätes vorab am Baumuster geprüft werden kann und damit jede erdenkliche Situation im realen Betrieb der baugleichen Spielgeräte vorab bewertet worden ist. Diese Annahme war in der Frühphase der mechanischen Spielgerätetechnik aufgrund der geringen Variabilität der Spielangebote noch gerechtfertigt. Sie begann sich aber nach und nach aufzulösen. Heute ist die Annahme, nach der abgeschlossenen Entwicklung und unabhängig von der Entwicklung alle im Spielbetrieb möglichen Situationen im Voraus erkennen und bewerten zu können, realitätsfern.

6. Die Novellierung der Spielverordnung im Jahre 2006

57 1999 wurde vom Verordnungsgeber die Diskussion um eine Novellierung der Spielverordnung, die auch die grundlegenden Probleme berücksichtigen sollte, angestoßen. Die Diskussionen und Vorarbeiten für eine Erneuerung der Spielverordnung führten 2006 zu wesentlich erneuerten gesetzlichen Vorschriften. Einer der Gründe für die lange Vorbereitungszeit waren die grundlegenden Umstellungen, die mit der Novelle 2006 vorgenommen wurden und die erheblichen Klärungsbedarf auslösten.

58 Die Novelle 2006 nahm zwei Paradigmenwechsel vor, in denen die oben dargestellten Erfahrungen ihren Niederschlag fanden. Zum einen wurden sämtliche featureorientierten Anforderungen und relativen Verlustbeschränkungen (Auszahlquoten) gestrichen. Das Spielerschutzziel ist durch direkte Geldmengenbegrenzungen für Gewinne und Verluste in Bezug auf bestimmte Zeitabschnitte umgesetzt worden. Zum anderen ist die Vorabprüfung aller Spielgeräteeigenschaften durch den verpflichtenden Einbau einer so genannten Kontrolleinrichtung (symbolische Darstellung in Abb. 6), die im laufenden Betrieb die Einhaltung der Vorschriften überwacht und bei Bedarf erzwingt, ersetzt worden. Ihre Funktion wird im Abschnitt III.2 noch näher erläutert. Beide neuen Paradigmen bedingen sich, denn eine automatische Überwachung im laufenden Betrieb erfordert mathematisch exakte, programmtechnisch umsetzbare Anforderungen. Dies trifft bei Geld-Zeit-Bedingungen zu.

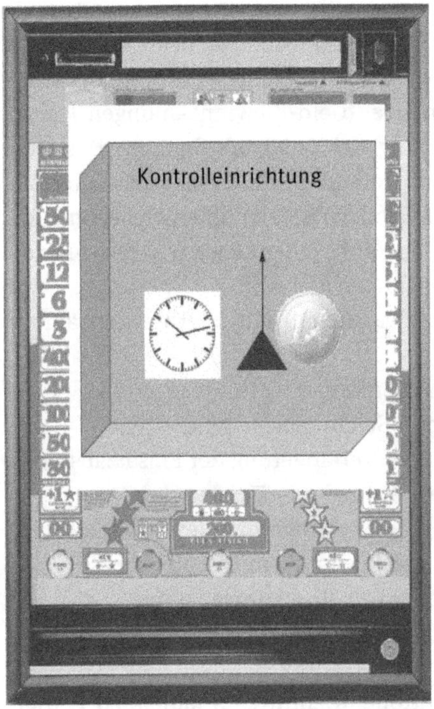

Abb. 6: Symbolisierte Funktion der Kontrolleinrichtung

Die in der Novelle 2006 vorgenommenen grundlegenden Umstellungen sind in der Novelle von November 2014[36] beibehalten worden. Jedoch wurden dort einige Parameter verändert und zusätzliche begleitende Anforderungen aufgestellt. Zunächst wird in diesem Abschnitt die neue Struktur der technischen Anforderungen erläutert, wie sie mit der Novellierung im Jahre 2006 entstanden ist. Im Abschnitt II.8 werden dann die weiteren Änderungen und Ergänzungen dargestellt. 59

Die technischen Anforderungen, die im § 13 Abs 1 SpielV[37] niedergelegt sind und 60
die im Rahmen des Zulassungsverfahrens zu prüfen sind, lassen sich in drei Gruppen aufteilen:

- Geldmengenbegrenzungen für Verluste und Gewinne in Bezug auf Zeiteinheiten,
- Technische Anforderungen an den Umgang mit Geld,
- Anforderungen zur Sicherung der Prüfbarkeit und zum Manipulationsschutz.

36 6. Änderungsverordnung zur Spielverordnung vom 4. November 2014 (BGBl I 2014 Nr 50, 1678–1682).

37 Fassung der Spielverordnung vom 27. Januar 2006, BGBl I 2006, S 280–286.

61 Bei den Geldmengenbegrenzungen wird nun erstmalig nicht mehr auf das Grundelement „Spiel" abgestellt, sondern es werden Obergrenzen für Geldgewinne und Geldverluste in bestimmten Zeiteinheiten sowie zeitliche Mindestabstände zwischen zwei (Geld-)Einsatzleistungen und zwischen zwei (Geld-)Gewinnzahlungen festgelegt (siehe auch Begründung zur Novellierung der Spielverordnung).[38] Das Verständnis hat sich entsprechend dahin gehend verändert, dass nicht mehr ein Einsatz für ein Spiel entrichtet wird, sondern dass sich der Spieler für einen bestimmten Einsatz eine bestimmte Spielzeit mit der Option kauft, einen Gewinn in festgelegten Grenzen erzielen zu können. Folgende Begrenzungen gibt es:[39]

- Mindestabstand zwischen je zwei Einsatzleistungen und zwei Gewinnzahlungen von 5 Sekunden,
- Höchsteinsatz von 20 Cent für 5 Sekunden Spielzeit,
- Höchstgewinn von 2,– Euro innerhalb von 5 Sekunden,
- Degressive Steigerung von Einsätzen mit der Verlängerung der Einsatzabstände bis zu 2,30 Euro Einsatz bei einem Mindestabstand von 75 Sekunden,
- Degressive Steigerung von Gewinnen mit der Verlängerung der Gewinnabstände bis zu 23,– Euro Gewinn bei einem Mindestabstand von 75 Sekunden,
- Höchstverlust (Einsätze abzüglich Gewinne) von 80,– Euro je Stunde,
- Höchstgewinn (abzüglich Einsätze) von 500,– Euro je Stunde.

62 Diese Anforderungen werden durch die Kontrolleinrichtung im laufenden Betrieb überwacht und durchgesetzt.[40]

63 Tab. 1 vergleicht tabellarisch die Eckwerte für Verlust und Gewinn der ab 2006 geltenden Regelung mit der Regelung davor. Vor 2006 waren nicht alle Eckwerte explizit geregelt. Sie ergaben sich jedoch rechnerisch aus anderen geregelten Größen.

Tab. 1: Vergleich der Eckwerte

	Vor 2006	Ab 2006
Eckwerte		
Verlust pro Stunde	60 €	80 €
Gewinn pro Stunde	600 €	500 €
Einsatz-/Gewinn-Frequenz	12 Sek.	5 Sek.

38 Verordnung des Bundesministeriums für Wirtschaft und Arbeit vom 30.8.2005: Fünfte Verordnung zur Änderung der Spielverordnung, Bundesrat, Drucksache 655/05.

39 Geregelt in § 13 Abs 1 Nr 1 bis 4 SpielV in der Fassung vom 27. Januar 2006, jetzt § 13 Nr 2 bis 5 SpielV.

40 Geregelt in § 13 Abs 1 Nr 8 SpielV in der Fassung vom 27. Januar 2006, jetzt § 13 Nr 9 SpielV.

Wertmäßige Beschränkungen für jedwede Art von dargestellten Spielelementen nichtmonetärer Art gibt es nicht mehr. Das trifft sowohl für Darstellungselemente mit völlig unbestimmtem Wert, für Darstellungselemente, denen eine Wahrscheinlichkeitsverteilung für den Wert zugeordnet ist, als auch für Darstellungselemente mit einer festen Wertzuordnung (zB Punkte) zu. Die Gründe für diese Umstellung sind weiter oben dargelegt. 64

In die Kategorie der geld- bzw zeitbezogenen Begrenzungen fällt auch die Einführung einer Zwangspause.[41] Diese Anforderung ist aus den Selbstbeschränkungsvereinbarungen von 1990[42] übernommen und gesetzlich verankert worden. Sie schreibt in ihrem Kern vor, dass das Gerät nach einer Stunde ununterbrochenen Spielbetriebs zwangsweise eine Pause von 5 Minuten einzulegen hat. 65

Der Umgang mit Geld unterliegt in der Spielverordnung aus Spielerschutzgründen einer besonderen Aufmerksamkeit. Die seit 2006 geltenden Vorschriften sind zum Teil aus der davor geltenden Fassung und zum Teil aus den Selbstbeschränkungsvereinbarungen übernommen sowie durch weitere Anforderungen ergänzt worden, die sich aus den praktischen Erfahrungen ergeben haben. Die folgenden Anforderungen sind zum Umgang mit Geld festgelegt:[43] 66

- Einsätze und Gewinne sind nur in Euro-Bargeld erlaubt.
- Einsatzleistung und Gewinnauszahlung dürfen nur unmittelbar am Gerät erfolgen.
- Der Geldspeicher darf höchstens 25 Euro vom Spieler annehmen.
- Beträge, die auf dem Geldspeicher gebucht sind, müssen jederzeit für den Spieler als Bargeld verfügbar gemacht werden können.
- Der Spieler muss entscheiden können, ob Einsätze manuell oder automatisch getätigt werden.

Hinsichtlich der Prüfbarkeit unterscheidet die Spielverordnung zwischen der Prüfung im Rahmen der Bauartzulassung und der Überprüfung der Nachbaugeräte auf Baugleichheit mit der zugelassenen Bauart. Für die Bauartzulassung sind die erforderlichen Voraussetzungen durch den Antragsteller zu schaffen.[44] Diese Regelung gehört zur Absicherung des Zulassungsverfahrens. Die Überprüfbarkeit der Nachbaugeräte mit der zugelassenen Bauart ist dagegen eine technische Anforderung an die Spielgeräte.[45] 67

---

41 Geregelt in § 13 Abs 1 Nr 5 SpielV in der Fassung vom 27. Januar 2006, jetzt § 13 Nr 6 SpielV.

42 Bericht der Bundesregierung über Selbstbeschränkungsvereinbarungen der Automatenwirtschaft vom 15.1.1990, Unterrichtung des Deutschen Bundestages durch die Bundesregierung, Drucksachen 11/6224.

43 Geregelt in § 13 Abs 1 Nr 6 und 7 SpielV in der Fassung vom 27. Januar 2006, jetzt § 13 Nr 7 und 8 SpielV.

44 Geregelt in § 12 SpielV.

45 Geregelt in § 13 Abs 1 Nr 10 SpielV in der Fassung vom 27. Januar 2006, jetzt § 13 Nr 12 SpielV.

68 Die Manipulationsschutzanforderung[46] ist mit der Novelle 2006 wesentlich verstärkt worden. War vor 2006 nur der Schutz gegen Veränderungen mit einfachen Mitteln gefordert, ist seit 2006 eine dem Stand der Technik entsprechende Sicherung des Spielgerätes bzw seiner einzelner Komponenten vorgeschrieben. Der Verordnungsgeber hat dabei ein Angemessenheitsgebot vorgesehen, indem für die jeweiligen Funktionen eine der Bedrohungslage adäquate Sicherung zu erreichen ist. Vorschriften über die Anwendung bestimmter Sicherungsverfahren gibt es nicht.

69 Eine Besonderheit der Spielverordnungsnovelle von 2006 ist, dass über die zu prüfenden Eigenschaften im § 13 Abs 1 hinaus weitere Anforderungen im § 12 Abs 2 verankert wurden. Das sind Eigenschaften, die ihrem Charakter nach nur im Entwurfs- bzw Entwicklungsprozess der Spielgerätesoftware berücksichtigt werden können und sich einer nachträglichen erschöpfenden Bewertung entziehen. Diese Anforderungen haben ergänzenden Charakter. Ihre Erfüllung ist durch den Antragsteller schriftlich zu erklären. Sie können, falls Missachtungen festgestellt werden, auch zur Versagung der Bauartzulassung führen. Folgende Anforderungen sind dort aufgestellt:

- Begrenzung des langfristigen Durchschnittsverlustes an einem Geldspielgerät auf 33 Euro je Stunde,
- Zufälligkeit der Gewinnaussichten,
- Chancengleichheit für alle Spieler,
- Automatische Leerung der Geldspeicher bei Beginn einer Zwangspause,
- Dokumentationsfähigkeit der erfassten Daten für steuerliche Erhebungen.

70 Mit der ersten Anforderung, die auf eine absolute Obergrenze für den Durchschnittsverlust pro Stunde abstellt, wurde auch Abstand von der früheren Vorgabe einer minimalen Auszahlquote, dh einer relativen Verlustgrenze, genommen. Die Auszahlquote ist hinsichtlich des Spielerschutzes kaum von Bedeutung. Sie ist eher von geschäftlichem Interesse für die Spielgerätebetreiber. Zudem haben moderne Geräte aufgrund ihrer Variabilität keine feststehende Auszahlquote mehr. So ist es nur konsequent, als Spielerschutzmaßnahme eine Grenze für den absoluten Geldverlust einzuziehen.

71 Bei der letzten Anforderung ist zu beachten, dass die steuerlichen Dokumentationspflichten selbst außerhalb des gewerblichen Spielrechts geregelt sind. Sie sind nicht Gegenstand des Zulassungsverfahrens für Geldspielgeräte.

46 Geregelt in § 13 Abs 1 Nr 9 SpielV in der Fassung vom 27. Januar 2006, jetzt § 13 Nr 11 SpielV.

7. Eigenschaften heutiger Geldspielgeräte

Die Technik moderner Geldspielgeräte ist weiter perfektioniert worden. Es wird inzwischen durchgängig Bildschirmtechnik zur Darstellung der Spiele verwendet. Hochauflösende Bildschirme mit Darstellungen in hD-Qualität sind zum Standard geworden. Der hohe Qualitätsmaßstab gilt entsprechend auch für die Audiotechnik. 72

Moderne Spielgeräte nutzen heute überwiegend eingebettete PC und Standard-Betriebssysteme sowohl aus der Windows- als auch aus der Linux-Familie. Damit wird auch die für PC bereits existierende Software für die Spielgeräte nutzbar. Das betrifft zB Software für graphische Darstellungen, Akustik und Animationen, aber auch für Zufallsgeneratoren und Datensicherungsverfahren. Die Vorteile liegen auf der Hand, denn die Spielgeräteindustrie profitiert direkt von der Entwicklung der PC-Technik und von Anwendungen in anderen Bereichen. 73

Diese Entwicklung bringt aber auch neue Gefahren mit sich, indem die Schwachstellen und Angriffsszenarien auf PC-Betriebssysteme ebenfalls in den Bereich der Geldspielgeräte importiert werden. Insbesondere wird dies zu einem Problem, wenn neue Angriffsszenarien auf Betriebssysteme erst bekannt werden, nachdem diese Systeme mit den Spielgeräten in die Nutzung gegangen sind. Tatsächlich sind auf diese Weise, dh über die Ausnutzung von Schwachstellen der Betriebssysteme in aufgestellten Geldspielgeräten, erfolgreiche Angriffe gelungen, bei denen zB der Zufall umgangen und künstlich Gewinne erzeugt worden sind. 74

Ein neues, erst in den letzten 10 Jahren entstandenes Phänomen ist die hohe Verbreitungsgefahr solcher Manipulationen, insbesondere bei Geräten von Herstellern mit einem größeren Marktanteil. Denn die auf Betriebssystemen basierenden Kerne der Spielgerätesoftware sind identisch für viele Bauarten. Damit erschließt sich der Hersteller zwar ein enormes Rationalisierungspotential, nicht nur in der Entwicklung und Herstellung, sondern auch bei der Wartung der Spielgeräte. Die Technologie eines erfolgreichen Angriffs ist damit aber nicht nur auf Geräte der gleichen Bauart, sondern auch auf die Geräte all jener Bauarten übertragbar, die den gleichen Softwarekern, einschließlich Betriebssystem, verwenden. 75

Die Spielangebote (im Folgenden kurz als Spiele bezeichnet, aber nicht zu verwechseln mit dem vor 2006 geregelten Einzelspiel) sind in den letzten Jahren enorm verbreitert worden. Es ist inzwischen üblich, ein Geldspielgerät mit vielen, nicht selten bis zu 200 und sogar mehr unterschiedlichen Spielen zu bestücken, unter denen der Spieler eine Auswahl treffen kann. In der Regel werden nicht alle Spiele sofort beim Inverkehrbringen angeboten, sondern nach und nach zur Nutzung freigegeben. Dahinter verbirgt sich eine Vermarktungsstrategie, die jenseits des Zulassungsverfahrens liegt. Aus Sicht der Zulassung ist es nur wichtig, dass alle, auch die erst zur späteren Freischaltung vorgesehen Spiele, Bestandteil der Bauartzulassung sind. Ein späteres Hinzufügen von Spielen, die nicht im Umfang der Bauartzulassung enthalten sind, ist nicht erlaubt. 76

77 Neben der großen Anzahl von Spielen in den Geldspielgeräten ist heute charakteristisch, dass die Spiele selbst sehr komplex geworden sind. Sie enthalten viele Verzweigungen und bieten dem Spieler zahlreiche Entscheidungssituationen an. Mit solchen Entscheidungen kann der Spieler zwar nicht die grundsätzlich zufälligen Gewinnentscheidungen aushebeln, aber in kleinem Rahmen die Wahrscheinlichkeitsparameter, wie zB die Gewinnstreuung, beeinflussen oder auch nur eine Illusion der Beeinflussung vermittelt bekommen.

78 Die Komplexität der Spielangebote macht es schwer, die Abläufe nachzuvollziehen. Hinter der vielfältigen Spielgestaltung verbergen sich aufwändige mathematische Algorithmen. Es bleibt nicht aus, dass bei der Implementierung solcher Algorithmen Fehler unterlaufen. Werden solche Fehler entdeckt, führt dies zu Änderungen der Software, die auch dem Zulassungsverfahren zu unterwerfen ist. Solche Änderungen werden in Zulassungsnachträgen genehmigt. Diese Entwicklung trägt dazu bei, dass die Anzahl der Zulassungsnachträge inzwischen sehr hoch ist.

79 Eine weitere Erscheinung bei modernen Spielgeräten sind die so genannten Mehrfachspielgeräte. Solche Bauarten sind nicht auf die Benutzung von nur einer Person, sondern auf die gleichzeitige Benutzung durch mehrere Personen an je einer Spielstelle ausgelegt. Die einzelnen Spielstellen erfüllen jede für sich die Vorgaben der Spielverordnung, und die Gewinnchancen an einer Spielstelle hängen nicht davon ab, ob an anderen Spielstellen gespielt und wie dort gespielt wird. Zu einem Mehrfachspielgerät werden die Spielstellen erst dadurch, dass sie gemeinsame Komponenten nutzen, wie zB eine Monitoranlage mit Anzeigen, die für alle Spielstellen gelten. Im Rahmen der Zulassung wird geprüft, ob jede Spielstelle in Kombination mit den gemeinsam genutzten Komponenten die Bedingungen der Spielverordnung erfüllt. Dass Mehrfachspielgeräte grundsätzlich erlaubnisfähig sind, ist 1968 in einem Urteil des Bundesverwaltungsgerichtes[47] festgestellt worden.

80 Zum neuen Erscheinungsbild der Geldspielgeräte gehört auch das so genannte Punktespiel. Das sind Spielabläufe, bei denen die Geldeinsätze zunächst in Geldäquivalente, in der Regel als Punkte bezeichnet, gewandelt, und danach im Punktebereich mit der Möglichkeit, weitere Punkte zu gewinnen oder Punkte zu verlieren, fortgesetzt werden. Schließlich werden die angesammelten bzw verbliebenen Punkte wieder in Geld zurückgewandelt. Dabei entscheidet sich der Spieler zu einem bestimmten Zeitpunkt, einen erspielten Punktevorrat in Geld zu wandeln, oder dieser Wandlungsprozess wird zwangsweise vom Spielgerät angestoßen. Was bei dieser Art von Spielgestaltung passiert, ist die Abtrennung der spielerischen Abläufe vom Geld und damit die Freiheit, bei der Gestaltung sich nicht mehr an die für Geld geltenden Begrenzungen halten zu müssen. Das ist für die Spieleentwicklung von Vorteil, denn auf der nicht regulierten Punkteebene können die Zufallsprozesse ohne

47 Urteil des Bundesverwaltungsgerichtes vom 5.3.1968 – I C 21/67 – in Gewerbearchiv 14 Nr 1 (1968) S 129–130.

Einschränkungen laufen. Gleichzeitig generieren diese Prozesse auf Punkteebene aber keine unmittelbaren Geldgewinne, sondern nur Zustände, die zu Geldgewinnen werden können. Und bei diesem Übergang von Geld in Spielzustände und umgekehrt werden die geldbezogenen Begrenzungen der Spielverordnung eingehalten. Insofern trifft es nicht zu, wenn behauptet wird, das so genannte Punktespiel verletze die in der Spielverordnung gesetzten Gewinn- und Verlustbeschränkungen.

Freilich werden die Punktespiele benutzt, um den Anschein von Gewinnerwar- 81
tungen in einer Höhe zu wecken, wie sie im Geldbereich gar nicht möglich sind. Unterstützt wird das durch Darstellungen, die der Geldmengendarstellung sehr nah sind und durch die Verwendung von Begrifflichkeiten wie Spiel, Einsatz und Gewinn im Punktebereich. Das hat zu scharfer Kritik am Punktespiel geführt. Diese Kritik differenziert jedoch kaum zwischen den tatsächlichen Gewinnmöglichkeiten und dem im Punktebereich erweckten, aber so nicht realisierbaren Anschein von Gewinnen. Es wurde massiv die Forderung nach dem Verbot des so genannten Punktespiels erhoben und schließlich – auf den ersten Blick – mit der Novellierung im November 2014 auch umgesetzt (siehe Abschnitt II.8).

Bei näherer Betrachtung darf jedoch bezweifelt werden, dass die Erwartungen, 82
die an das Verbot des Punktespiels geknüpft sind, erfüllt werden. Denn Punktespiele sind lediglich eine Extremvariante für die Darstellung von Gewinnaussichten im nicht regulierten Bereich der Spiele. Wird der Regulierungsbereich ausgedehnt, wie in der Novellierung 2014 mit dem Darstellungsverbot von Geldäquivalenten geschehen, verschiebt sich die Darbietung von Gewinnaussichten auf andere Formen, die nicht mehr im regulierten Bereich liegen, wie gegenwärtig zB auf Sonderspiele oder Geldäquivalente ohne festen Gegenwert.

Erinnert sei an die negativen Erfahrungen mit der Regulierung von Sonderspie- 83
len (siehe Abschnitt II.3). Nachdem Sonderspiele eingeführt worden waren und die über Sonderspielserien in Aussichten gestellten Gewinne immer höher wurden, führte man eine Begrenzung der Anzahl von erlaubten Sonderspielen ein. Als Ausweg wurden Sonderspiele unterschiedlicher Qualität eingeführt. Der Versuch, auch hier gesetzliche Barrieren einzufügen, scheiterte jedoch, weil die gewünschte Begrenzung nicht mehr fassbar war. Man darf annehmen, dass dies das Schicksal aller Regulierungsversuche ist, die Einfluss auf die Darstellungsart von Gewinnaussichten nehmen wollen.

Zum Schluss sei noch darauf hingewiesen, dass Punktespiele nicht ein Resultat 84
der Spielverordnungsnovellierung von 2006 sind, wie es oft behauptet wird. Die erste Bauartzulassung für ein Geldspielgerät mit Spielabläufen auf Punktebasis stammt aus dem Jahre 2005, also noch auf der Basis der vor 2006 geltenden Spielverordnung. Punktespiele haben dann erst später, ca ein Jahr nach Inkrafttreten der Novellierung von 2006, eine größere Verbreitung erfahren. Die Entwicklung hat mit dem Agieren der Marktteilnehmer zu tun; sie hätte auch früher oder später einsetzen können.

8. Die Novellierung der Spielverordnung im November 2014

85 Schon mit der Novellierung der Spielverordnung im Jahre 2006 war zwischen Bund und Ländern vereinbart worden, die Entwicklung aufmerksam zu verfolgen und vier Jahre nach Inkrafttreten eine Evaluierung vorzunehmen. Ende 2010 wurde dann der Evaluierungsbericht[48] vorgelegt. Er basiert wesentlich auf einer Studie[49] des Institutes für Therapieforschung München. Der Evaluierungsbericht setzt sich kritisch mit dem von den Geldspielgeräten ausgehenden Gefährdungspotential, insbesondere für pathologische Spieler, auseinander. Als Schlussfolgerung werden Vorschläge entwickelt, wie die gesetzliche Regelung weiterentwickelt werden sollte, um das Gefährdungspotential einzudämmen. Auf der Grundlage des Evaluierungsberichtes begann im Jahre 2011 der Prozess einer erneuten Novellierung, der im November 2014 zur 6. Änderungsverordnung zur Spielverordnung[50] führte.

86 Mit dieser Novellierung sind bei allen drei Kategorien der technischen Anforderungen (siehe Abschnitt II.6) Veränderungen vorgenommen worden, dh bei den Geldmengenbegrenzen und Pausenregelungen, bei technischen Anforderungen an den Umgang mit Geld und bei den Anforderungen an die Prüfbarkeit und den Manipulationsschutz. Hinzugekommen ist eine vierte Kategorie von Anforderungen: Vorschriften für die Spielgestaltung.

87 Im Folgenden werden die mit der Novelle 2014 bewirkten Änderungen im Vergleich zur seit 2006 gültigen Spielverordnung beschrieben.[51]

88 Zunächst sind die Eckwerte für Verluste und Gewinne durchweg gesenkt worden. Die entsprechenden Werte, auch im Vergleich zu den vorhergehenden Regelungen, sind in der Tabelle 2 dargestellt.

89 Diese Eckwerte werden in den Spielgeräten durch die Kontrolleinrichtung überwacht. Insofern waren bei der Zulassungsprüfung nicht die Prüfverfahren, sondern nur die entsprechenden Parameter umzustellen. Höher war dagegen der einmalige Aufwand für die Anpassung der Referenzdaten zur Prüfung der Kontrolleinrichtung (siehe Abschnitt IV.3).

48 Bundesratsdrucksache 881/10: Bericht zur Evaluierung der Fünften Novelle der Spielverordnung, insbesondere im Hinblick auf die Problematik des pathologischen Glücksspiels, Bundesministerium für Wirtschaft und Technologie, 8. Dezember 2010.

49 Institut für Therapieforschung: Abschlussbericht, Untersuchung zur Evaluierung der Fünften Novelle der Spielverordnung vom 17.12.2005, München, 9. September 2010 (Bestandteil der Bundesratsdrucksache 881/10).

50 6. Änderungsverordnung zur Spielverordnung vom 4. November 2014 (BGBl I 2014 Nr 50, 1678–1682).

51 Es erfolgt hier eine Beschränkung auf jenen Teil der Verordnung, in dem die für die Zulassung relevanten Anforderungen festgelegt sind. Weggelassen wurden jene Anforderungen, die aufgrund von Widersprüchlichkeiten im Maßgabebeschluss des Bundesrates gegenstandslos oder so unpräzise sind, dass sie keine Wirkung entfalten.

Tab. 2: Vergleich von Eckwerten

Eckwerte (in Euro bzw Sekunden)	Vor 2006[52]	Ab 2006	Ab 11.11.2014
Maximaler durchschnittlicher Verlust pro Stunde	28,97	33	20
Maximaler Verlust pro Stunde	60	80	60
Maximaler Gewinn pro Stunde	600	500	400
Einsatz-/Gewinnfrequenz	12	5	5

Neu ist die Einführung einer zweiten Pausenart. Während bereits mit der Novelle 2006 eine Unterbrechungspause nach je einer Stunde Spielbetrieb eingeführt worden war, ist nun zusätzlich eine zwingende Ruhepause nach jeweils drei Stunden Spielbetrieb aufgenommen worden.[53] Der Unterschied ist, dass im Gegensatz zur Unterbrechungspause, wo zwar kein Spielbetrieb stattfindet, der Zustand des Gerätes aber nicht verändert wird, in der Ruhepause alle im Gerät erreichten Zwischenstände auf den Anfangszustand zurückgesetzt werden müssen. Das Gerät verliert also seine Spielhistorie. Es soll sich auf diese Weise nicht mehr für die Langzeitbindung von Spielern eignen. Beide Pausenarten werden durch die Kontrolleinrichtung im laufenden Betrieb überwacht. Entsprechend ist dieser Überwachungsteil auch Gegenstand der Zulassungsprüfung. 90

Beim Ungang mit Geld sind zwei Änderungen vorgenommen worden.[54] Zum einen ist der automatische Spieleinsatz verboten worden. Jeder Einsatz muss durch eine Einzelbetätigung erfolgen. Zum anderen ist die Einwurfmenge von Geld in den Geldspeicher (siehe Abschnitte III.3 und III.4) auf 10 Euro begrenzt worden. Beide Bestimmungen sollen den exzessiven Spielbetrieb eindämmen, indem der Geldfluss gehemmt wird. 91

Im weiteren Sinne gehört auch die verpflichtende Einführung einer Spielerkarte zur Beschränkung des Umgangs mit Geld[55].[56] Die Spielerkarte soll die exzessive Spielgerätenutzung weiter eindämmen, indem vor dem Geldeinwurf noch eine Anmeldung bei einem Gerät mithilfe der Spielerkarte zu erfolgen hat und eine gleichzeitige Benutzung von mehreren Spielgeräten unterbunden wird. Das soll durch die vorgeschriebene gerätegebundene, aber personenunabhängige Karte erreicht werden. Für diesen Typ von Spielerkarte sind grundsätzlich zwei unterschiedliche Modelle möglich: Eine Karte als auszuliefernder Gerätebestandteil, die nur für das zu- 92

52 Mit Ausnahme der Frequenz sind das rechnerische Werte, die sich aus anderen Festlegungen ergeben.

53 Geregelt in § 13 Nr 6a SpielV.

54 Beides geregelt in § 13 Nr 7 SpielV.

55 Gereglt in § 6 Abs 5 und § 13 Nr 10 SpielV.

56 Der Begriff „Spielerkarte" steht hier synonym für alle denkbare Identifikationsmittel.

geordnete Gerät verwendbar ist, oder eine Karte (bzw ein anderes Mittel), die vom Gerät vor Ort für das jeweilige Gerät generiert wird.

93 Im Bereich der Anforderungen zur Prüfbarkeit ist nun auch die Überwachung der Spielgeräte durch örtliche Überwachungsbehörden berücksichtigt worden (siehe auch Abschnitt V.3). Die Zulassungsbehörde PTB ist ermächtigt worden, in die technische Richtlinie „bauartabhängige Voraussetzungen einer wirksamen Überprüfung aufgestellter Spielgeräte" aufzunehmen.[57] Davon hat die PTB Gebrauch gemacht und einen entsprechenden Abschnitt in die Technische Richtlinie aufgenommen.[58] In diesem Abschnitt sind solche Fragen geregelt wie Anbringungsorte für Zulassungsbeleg, Prüfplakette und Warnhinweise, einheitliche Abrufformate für Softwareinformationen, etc. All diese Vorgaben erleichtern die Kontrolle der Geräte vor Ort.

94 Der Sicherheit von Spielgeräten wurde nach der Novelle 2006 abermals erhöhte Aufmerksamkeit geschenkt. Gespeist aus den Erfahrungen der jüngeren Vergangenheit, wo hochprofessionelle Angriffe auf die Software von Spielgeräte vorgenommen worden waren, werden nun bei der Sicherheit entsprechende Spezialisten einbezogen. Es ist festgelegt worden, dass nach einer inzwischen abgelaufenen Übergangsphase die Spielgerätebauarten von IT-Sicherheitsspezialisten zu begutachten sind.[59] Die Gutachten sind den Zulassungsanträgen beizufügen. Die PTB hat in der Technischen Richtlinie Näheres dazu ausgeführt.

95 Ebenfalls zum Bereich der Sicherheit, nicht der Spielgeräte unmittelbar, sondern der von den Spielgeräten erzeugten Daten, gehören die erhöhten Schutzanforderungen für die im laufenden Betrieb entstehenden Einsatz- und Gewinndaten.[60] Dieser Teil der Verordnungsänderung kommt dem Anliegen der Finanzverwaltungen entgegen, die sich bei der Steuererhebung auf zuverlässige Daten stützen wollen (siehe auch Abschnitt VI.3). Mit diesen neuen Bestimmungen wird die durchgängige Sicherheit der Daten von ihrer Entstehung bis zur dauerhaften Ablage innerhalb oder außerhalb der Spielgräte gewährleistet (siehe Abschnitt III.5).

96 Wieder bzw neu eingeführt wurden Vorschriften zur Spielgestaltung. Das sind zum einen Vorschriften für so genannte Mehrfachspielgeräte[61] und zum anderen das Verbot der Spielgestaltung mit Geldäquivalenten.[62] Bei Mehrfachspielgeräten geht es lediglich um die direkte gesetzliche Verankerung jener Anforderungen, die die PTB bereits zuvor aus anderen Anforderungen abgeleitet und angewendet hatte (siehe Abschnitt II.7).

57 Geregelt in § 12 Abs 4 SpielV.
58 Technische Richtlinie 5.0, abrufbar unter www.ptb.de/spielgeraete.
59 Geregelt in § 12 Abs 3 SpielV.
60 Geregelt in § 13 Nr 9a SpielV.
61 Geregelt in § 13 Nr 8a und 8b SpielV.
62 Geregelt in § 13 Nr 1 SpielV.

Das beabsichtigte Verbot der Verwendung von Geldäquivalenten bei der Spielgestaltung (Punktespielverbot) soll in der Novelle vom November 2014 mit § 13 Nr 1 (neu) erreicht werden.[63] Es ist insofern Resultat der mehrjährigen Diskussion um das so genannte Punktespiel (siehe auch Abschnitt II.7). Allerdings ist die Textfassung von § 13 Nr 1 SpielV keineswegs so eindeutig, dass sich das gewünschte Verbot unmittelbar ergibt. Die Umsetzung orientiert sich daher eher am Ziel dieser neuen Bestimmung.[64] Allerdings müssen bei der Umsetzung dieses Zieles andere, schon bestehende Vorschriften berücksichtigt werden. So ist zu beachten, dass gemäß § 13 Nr 3 SpielV Geldgewinne bis zu einer Höhe von 23 Euro entstehen können. Solche Gewinne müssen dann auch symbolhaft darstellbar sein.[65] 97

Diese neue Anforderung ist hinsichtlich der Wirkung als auch des Aufwandes und der Folgen für rechtskräftige Bescheide fragwürdig (siehe auch Abschnitt IV.5). Die Negativerfahrungen mit dieser Art von Anforderungen aus der Zeit vor 2006 sind 2014 nicht berücksichtigt worden. 98

IV. Spielabläufe, Geldflüsse und Daten in Spielgeräten

1. Geregelte und nicht geregelte Spielabläufe

Die Spielverordnung in der seit 2006 geltenden Fassung enthielt zum ersten Mal in der Geschichte der Verordnungen keine Vorgaben über Art, Inhalt und Darstellung der erlaubten Spiele. Erst mit der Novellierung im November 2014 sind Beschränkungen für den Spielaufbau, wie zB das Verwendungsverbot von Geldäquivalenten (siehe Abschnitt II.8), wieder eingeführt worden. Es gibt aber nach wie vor keinen Ausschluss von bestimmten Spieletypen, wie zB Roulette- oder Pokerspielen, oder von bestimmten Spielelementen, wie zB Risikoschritte, keine Vorgaben für die zeitliche Abfolge von Spielsequenzen und keine Beschränkungen für die Verwendung von Symbolen. Die Kernanforderung an Spielabläufe reduziert sich auf den überwiegend zufälligen Charakter der Gewinnaussichten. Das ist aber bereits durch die Bestimmung im § 33c GewO zur technischen Vorrichtung, die den Spielausgang beeinflusst, vorgegeben (siehe auch Abschnitt I.1). 99

Das Zufallsgebot wird in der Begründung zur Spielverordnungsnovellierung 2006 in Bezug auf Geldspielgeräte mit den nachfolgenden drei Kriterien untersetzt:[66] 100

63 Das Ziel ist im Maßgabebeschluss des Bundesrates formuliert worden.

64 Eine rechtliche Bewertung der Vorgehensweise erfolgt hier nicht.

65 Gegenstandslos ist dagegen die weitere Anforderung aus dem Maßgabebeschluss des Bundesrates geworden, Gewinnaussichten in Form von Geldäquivalanten auf 300 Euro zu beschränken.

66 Verordnung des Bundesministeriums für Wirtschaft und Arbeit vom 30.8.2005: Fünfte Verordnung zur Änderung der Spielverordnung, Bundesrat, Drucksache 655/05, S 22.

- Die Gewinnerwartungen dürfen für den Spieler vorab nicht erkennbar sein.
- Es darf auf lange Sicht keine Veränderungen der Gewinnerwartungen geben.
- Es darf keine Abhängigkeit der Gewinnerwartung von der spielenden Person geben.

101 An dieser Untersetzung des Zufallsgebots hat der Verordnungsgeber mit der Novellierung 2014 keine Veränderungen vorgenommen. Aus der geltenden, sehr allgemeinen Charakterisierung des Zufalls für Geldspielgeräte leiten sich keine speziellen mathematischen Eigenschaften der Zufallsprozesse, die einzuhalten wären, ab.

102 Das Zufallsgebot bezieht sich auf die Erwartung eines Gewinns in Bezug auf getätigte Einsätze. Bei Geldspielgeräten besteht Gewinn ausschließlich in verfügbar gemachtem Geld. Die auf Geldspeichern aufgebuchten Beträge sind dem verfügbaren Geld gleichgestellt, da ihre vollständige Auszahlung möglich sein muss. Bei der Beurteilung der Zufälligkeit werden sämtliche Abläufe von der Einsatzleistung bis zur Gewinnerzielung einbezogen. Es ist damit nicht ausgeschlossen, dass einzelne Zwischenstände und Teilabläufe nicht die Zufallskriterien erfüllen, solange die Zufälligkeit des Gesamtprozess nicht beeinträchtigt ist. Das ist zB bei solchen Teilabläufen der Fall, wenn ein Einsatz bei Beibehaltung des Wertes in ein Symbol gewandelt oder umgekehrt, wenn ein symbolhafter Wert, der im Spielverlauf entstanden ist, wertgleich in Geld gewandelt wird. Der nicht auszuschließende Sonderfall, dass zwischen Wert erhaltenden Wandlungen von Geld in Symbolen und zurück in Geld keine zufälligen spielerischen Abläufe stattfinden, ist insofern ohne Bedeutung, als dass hierbei keine Verlustgefahr für den Spieler besteht. Zudem entsteht bei solch einem Sonderablauf auch keine Gewinnmöglichkeit, so dass kein Regelungsinteresse an solchen Abläufen unterstellt zu werden braucht. Dass mit der Novellierung 2014 das Spiel mit Geldäquivalenten untersagt worden ist, begründet sich im Übrigen nicht aus der Sorge um eine unzureichende Umsetzung des Zufallsprinzips, sondern soll der Dämpfung des Spielanreizes, der beim so genannten Punktespiel als besonders hoch angenommen wird, dienen.

103 Der Teil der Spielabläufe, in dem mit Geld operiert wird, ist vollständig geregelt. Dieser Teil wird im laufenden Betrieb durch die Kontrolleinrichtung überwacht. Er umfasst die Vereinnahmung von Einsätzen und die Gutschreibung von Gewinnen durch das Spielgerät. Vereinnahmung eines Geldbetrages heißt, der Betrag wird vom Geldspeicher (Nähere Erläuterungen dazu im Abschnitt III.4) abgebucht und der Einnahmebilanz des Spielgerätes hinzugefügt. Dabei ist es unerheblich, wie das Spielgerät auf die Vereinnahmung reagiert, ob zB direkt eine spielerische Aktion mit zufälligem Ausgang ausgelöst wird oder ob zunächst eine symbolhafte Darstellung ohne Veränderung des Wertes erzeugt wird, die später spielerische Aktionen auslöst. Gutschreibung von Gewinnen heißt, der Betrag wird der Gewinnbilanz des Spielgerätes hinzugefügt und auf dem Geldspeicher aufgebucht. Damit wird der Betrag dem Spieler als Bargeld zugänglich gemacht.

Über die geregelten Abläufe im Zusammenhang mit Einsätzen und Gewinnen hinaus gibt es Regelungen, die den Umgang mit Geld außerhalb der eigentlichen Spielabläufe betreffen. Das sind die schon im Abschnitt II.6 dargestellten und mit der Novellierung 2014 teilweise veränderten Vorschriften zur Verwendung von Bargeld, zur Abwicklung von Einsatz- und Gewinnaktionen unmittelbar am Gerät, zur Füllmenge des Geldspeichers und zur Auszahlpflicht des Geldspeichers. 104

2. Überwachung der geregelten Spielabläufe durch die Kontrolleinrichtung

Die verpflichtend einzubauende Kontrolleinrichtung hat gemäß Spielverordnung die Aufgabe,[67] die geld- und zeitbezogenen Anforderungen im laufenden Spielbetrieb zu überwachen. Mit der eingebauten Kontrolleinrichtung werden beide im Abschnitt II.6 dargestellten Paradigmenwechsel erst umsetzbar. 105

Die Kontrolleinrichtung ist jeder Einsatzleistung und jeder Gewinnzuteilung vorgeschaltet. 106

Das Funktionsprinzip der Kontrolleinrichtung ist in Abb. 7 schematisch dargestellt. Auf Anfrage durch das Spielprogramm wird geprüft, ob mit dem nächsten vorgesehen Einsatz bzw dem nächsten vorgesehenen Gewinn eine Beschränkung aus § 13 Nr 2 bis 5 SpielV verletzt wird. Ist dies der Fall, wird der Einsatz bzw Gewinn nicht erlaubt. Wird eine Verletzung nicht festgestellt, kann der Einsatz bzw der Gewinn wie geplant gewährt werden. Dafür werden die für die Prüfung erforderlichen Daten erfasst und so lange in der Kontrolleinrichtung aufbewahrt, wie sie zur Prüfung der nachfolgenden Anfragen benötigt werden. Das sind aufgrund der Spezifik der vorgegebenen Beschränkungen die Daten der jeweils letzten Stunde. 107

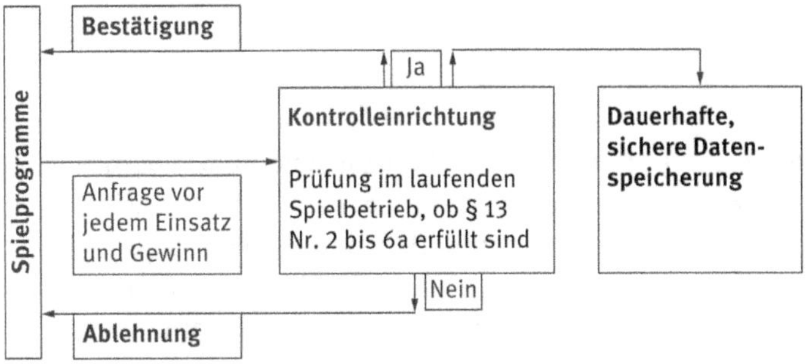

Abb. 7: Funktionsprinzip der Kontrolleinrichtung

67 Geregelt in § 13 Nr 9 SpielV.

108 Die Kontrolleinrichtung überwacht auch die Pauseneinhaltung gemäß § 13 Nr 6 und 6a SpielV. Dazu sind in festgelegten Abständen bestimmte Signale an die Kontrolleinrichtung zu senden. Mit diesen Signalen wird mitgeteilt, ob am Spielgerät ein Spielbetrieb stattfindet oder ein Pausenzustand herrscht. Diese Signale sind notwendig, um auch solche Phasen als Spielbetrieb zu erfassen, in denen weder Einsatz geleistet noch Gewinn angeboten wird, ein Spielgeschehen jedoch noch stattfindet. Andererseits sollen aber auch Phasen, in denen das Spielgerät nicht genutzt wird, als Pausenzeit anerkannt werden.

109 Die Anforderungen aus § 13 Nr 2 bis 6a SpielV haben den Charakter von Geld-Zeit-Beziehungen, wobei die Pausenbedingungen aus Nr 6 und 6a reine Zeitbedingungen sind. Es muss also neben den Einsätzen und Gewinnen auch die Zeit erfasst werden. Die Zeit wird durch die in Spielgeräten eingebauten Uhren geliefert. Es kommt bei den Anforderungen allerdings nicht auf die exakte gesetzliche Zeit an, sondern auf Zeitdifferenzen. Das beginnt bei 5 Sekunden für den Mindestabstand zwischen Einsätzen und Gewinnen, geht über erhöhte Zeitabstände bei höheren Einsätzen und Gewinnen, schließt die Zeitdifferenz von einer Stunde für die auf eine Stunde bezogenen Höchstverluste und -gewinne ein und endet beim Höchstabstand von einer bzw drei Stunden Spielbetrieb zwischen den Spielpausen. Um akzeptable Genauigkeiten für diese Zeitdifferenzen zu sichern, müssen keine besonderen Anforderungen an die verwendeten Uhren in Spielgeräten gestellt werden. Wenn bis zu 1% Abweichung bei den Zeitdifferenzen als akzeptabel angenommen wird, bewegt sich die geforderte Genauigkeit der Uhren im Bereich von bis zu ca 14 Minuten Abweichung pro Tag. Das ist eine Abweichung, die ohne besondere Hilfsmittel festgestellt werden kann.

110 In der Praxis sind die eingesetzten Uhren um Potenzen besser als diese erlaubte Abweichung. Tatsächlich stellen sich auch höhere Genauigkeitsansprüche aufgrund der Anforderungen zur Datensicherheit (Siehe Abschnitt III.5).

3. Physische Geldflüsse

111 Geldspielgeräte müssen in der Lage sein, Bargeld anzunehmen und auszuzahlen. Das ergibt sich aus § 13 Nr 8 SpielV, wo gefordert wird, dass der Spielbetrieb nur mit Bargeld und nur am Gerät ermöglicht werden darf. Damit scheiden alle anderen Formen des Spielbetriebs, wie zB die Zahlungsabwicklung durch Verwendung von Jetons, über Bankkonten, über spezielle Spielerkonten, über Kreditkarten, spezielle Spielerkarten und durch andere unbare Zahlungsformen aus.

112 Bei den Geldflüssen ist zwischen dem physischen Geldfluss und dem logischen Geldfluss zu unterscheiden. Während ersterer die physische Geldannahme, -aufbewahrung und -ausgabe umfasst, meint der logische Geldfluss die Registrierung von Einsätzen und Gewinnen. Der physische Geldfluss ist die Bewegung realen Geldes ohne Bezug zu spielerischen Abläufen, der logische Geldfluss besteht aus Daten, die im Spielbetrieb entstehen und weiter verarbeitet werden.

Für die Abwicklung des physischen Geldflusses ist in den Spielgeräten die entsprechend erforderliche Technik eingebaut. Das sind Münz- und Geldscheinannahmevorrichtungen für die Geldannahme, Münz- und Geldscheinausgabevorrichtungen für die Geldausgabe und Vorrichtungen für die Geldaufbewahrung. 113

Die Annahmevorrichtungen bestehen aus äußeren Einwurf- bzw Einführungsschlitzen und innerer Geldführungstechnik sowie der Münz- bzw Geldscheinprüftechnik (Münzprüfer, Geldscheinprüfer). Diese Prüfer haben die Funktion, den Wert der Münze bzw des Geldscheins festzustellen und ungültiges Geld (Falschgeld) sowie Bargeld anderer Währungen zurückzuweisen. 114

Die Ausgabevorrichtungen bestehen äußerlich aus Auswurf- bzw Ausgabeschalen und innerer Geldführungstechnik. Sie ermöglichen, eine vorbestimmte Geldmenge auszuzahlen. 115

Bei den Vorrichtungen für die Geldaufbewahrung unterscheidet man zwischen Vorrichtungen, aus denen Geld ausgegeben werden kann und solchen ohne Ausgabemöglichkeit. Zu ersteren zählen Münzröhren und Hopper für Münzen sowie Dispenser für Geldscheine. Ohne Ausgabemöglichkeit sind die so genannten Überlaufbehälter für Münzen und Geldscheinakzeptoren für Banknoten. Überlaufbehälter[68] sind Sammelbehälter, die Geld dann aufnehmen, wenn das entsprechend technisch bedingte oder eingestellte Fülllimit der ausgabefähigen Aufbewahrungsvorrichtungen für die jeweilige Münzart überschritten ist. Außerdem nehmen die Überlaufbehälter auch jene Geldstücke auf, die zwar angenommen werden, aber für die keine Auszahlung vorgesehen ist. Das ist in der Regel bei 5-Cent-Münzen, oft auch bei Münzen im Wert von 10 Cent, 50 Cent und 1 Euro der Fall. 116

4. Logische Geldflüsse

Die Verbindung vom physischen zum logischen Geldfluss stellt eine Anzeige dar, die Geldspeicher genannt wird. Obwohl die Bezeichnung dies nicht unmittelbar erahnen lässt, ist diese Anzeige eine logische Größe, die kein direktes physisches Äquivalent hat. Der Geldspeicher zeigt die Summe der Geldmengen an, die der Spieler in das Spielgerät eingeworfen, aber noch nicht zum Spielen verwendet hat und die der Spieler als Gewinn erzielt hat, aber noch nicht hat auszahlen lassen oder noch nicht wieder zum Spielen verwendet hat. Der Geldspeicher zeigt den Betrag des Geldes an, der dem Spieler gehört. Es ist explizit in der Spielverordnung geregelt,[69] dass die im Geldspeicher angezeigten Beträge jederzeit für den Spieler (als Bargeld) verfügbar sein müssen. Erlaubt wäre auch die Verwendung mehrerer Geld- 117

68 Die Überlaufbehälter werden oft einfach als Kasse bezeichnet, weil sich darin Geld sammelt, das in der Regel beim Automatenbetreiber verbleibt.
69 Geregelt in § 13 Nr 7 SpielV.

speicher, zB getrennt für Einzahlungen und erzielte Gewinne. Davon wird aber bislang kein Gebrauch gemacht. Physisch befindet sich das im Geldspeicher angezeigte Geld entsprechend verteilt in solchen Geldaufbewahrungsbehältern, aus denen Geld ausgegeben werden kann. Je nach Art der verwendeten Münzen und Geldscheine und in Abhängigkeit von den Füllständen können die Aufbewahrungsorte variieren.

118 Die Konsequenz aus der Rolle des Geldspeichers ist, dass ein dort angezeigter Geldbetrag spielrechtlich gleichwertig zu Bargeld ist, da Bargeld unter Berücksichtigung der geltenden Bedingungen jederzeit eingeworfen und im Geldspielgerät verwahrt, aber zur Verfügung des Spielers gehalten werden muss. Umgekehrt muss im Geldspeicher angezeigtes Geld jederzeit in Bargeld umwandelbar sein. Nur unter diesen Bedingungen berührt das Prinzip der Geldspeicher nicht die anderen spielrechtlichen Anforderungen. Diese Feststellung geht im Grunde auf ein Urteil des Bundesverwaltungsgerichtes aus dem Jahre 1968[70] zurück, in dem die Zulässigkeit der damals so genannten Zehnervorlage[71] bestätigt worden ist. Obwohl in den 60er Jahren unter anderen technischen Voraussetzungen bewertet, ist das heute in Geldspeichern realisierte Grundprinzip unverändert: Damalige Zehnervorlage wie heutige Geldspeicher sind Bereitstellungsformen von Bargeld für die spätere, erleichterte Verwendung zum Spielen. Die Bereitstellung selbst ist noch keine Beteiligung am Spiel oder mit anderen Worten, ein Geldeinwurf[72] ist noch nicht der Beginn des Spielbetriebs; es ist lediglich ein Vorbereitungsschritt, der jederzeit rückgängig gemacht werden kann. Insofern ist für diesen Schritt keine Gewinn- bzw Verlustbilanzierung erforderlich. Dass dennoch eine Obergrenze für die Geldaufnahme durch Geldspeicher in der Spielverordnung vorgeschrieben ist, soll den Spieler daran hindern, größere Geldmengen in einem Zuge für das Spielen bereitzustellen. Ähnlich gilt für den Auswurf von angezeigtem Geld, dass dies außerhalb der Gewinn- und Verlustbilanzierung stattfindet. Hier gibt es keine Obergrenze, denn die angezeigte Geldmenge muss jederzeit vollständig in Bargeld ausgegeben werden können.

119 Die Klarheit über die Rolle von Einwurf und Auswurf und deren Platzierung außerhalb der vorgeschriebenen Geldgewinn- und -verlustbilanzierungen ist wichtig für das Verständnis der die logischen Geldflüsse repräsentierenden Datenprozesse mit Bezug auf Einsatz und Gewinn bei Geldspielgeräten. Denn bei der Betrachtung der Datenprozesse wird beim Geldspeicher angesetzt. Die konkreten physischen Einwurf- und Auswurfvorgänge bleiben dabei außer Betracht.

70 BVG-Urteil vom 30.1.1968, I C 44/67 (OVG Berlin), Gewerbearchiv 14 (1968), S 81–82.

71 Die Zehnervorlage war eine mechanische Vorrichtung zur Aufnahme von Zehnpfennigstücken, aus denen heraus entsprechend den Regeln der Spielverordnung die Verwendung als Spieleinsatz erfolgte.

72 Der Einfachheit halber wird im Folgenden nur noch von Geldeinwurf und -auswurf gesprochen. Das schließt die Einführung und Entnahme von Geldscheinen ein.

Wenn nun ein Einsatz getätigt wird, heißt das logisch, der Einsatzbetrag wird vom Geldspeicher subtrahiert. Der dem Spieler zur Barauszahlung zur Verfügung stehende Geldbetrag verringert sich um den entsprechenden Einsatzbetrag. Der Einsatzbetrag wird als Entgelt für die Spielteilnahme, die mit einer Gewinnchance verbunden ist, entrichtet. Dabei ist es unerheblich, ob dieser Einsatz gerade eingeworfen oder vom vorher eingeworfenen oder gewonnenen Vorrat, der durch den Geldspeicher angezeigt wird, entnommen worden ist. Zeigt der Geldspeicher kein vorrätiges Geld an, kann kein Einsatz getätigt werden. 120

Bevor das Begehren, einen Einsatz tätigen zu wollen, in einen tatsächlichen Einsatz übergeht, prüft die Kontrolleinrichtung, ob die Verlustgrenzen durch diesen konkreten Einsatz nicht überschritten werden, ob der zeitliche Mindestabstand zum vorhergehenden Einsatz eingehalten worden ist und ob zu dem konkreten Zeitpunkt, wo die Anfrage gestellt wird, das Gerät sich nicht in einer vorgeschriebenen Pause befindet. Sind diese drei Bedingungen erfüllt, wird der Einsatz freigegeben. Der Spieler registriert das Prüfungsergebnis in der Form, dass entweder ein Einsatz stattfindet oder ein Einsatz nicht möglich ist. Die Datenprozesse für diese Prüfschritte selbst laufen in Bruchteilen einer Sekunde ab. 121

Wird ein Einsatz durch die Kontrolleinrichtung freigegeben, erhält das Spielprogramm eine entsprechende Mitteilung. Der rechnerische Buchungsvorgang auf dem Geldspeicher, dh die Reduzierung des angezeigten Betrages um den getätigten Einsatz, wird durchgeführt. Gleichzeitig erfolgt eine dauerhafte Erfassung und Sicherung der Einsatzdaten auf einer gesonderten Speichereinheit, zB zur späteren Verwendung bei steuerlichen Erhebungen (siehe Abschnitt III.5). 122

Wird einem Einsatzbegehren durch die Kontrolleinrichtung nicht entsprochen, weil eine der oben genannten Bedingungen nicht erfüllt ist, darf der Einsatz nicht getätigt werden. Dass dies funktioniert, wird im Zulassungsverfahren geprüft (siehe Abschnitt IV.3). Das Spielprogramm erhält eine entsprechende Mitteilung und kann in einer nicht weiter vorgeschriebenen Weise ohne Einsatz fortgesetzt werden. Die Reaktionen hängen von der konkreten Situation ab. Ist zB die zeitliche Differenz zwischen zwei Einsätzen nicht eingehalten worden, ist es durchaus Erfolg versprechend, die gleiche Einsatzanfrage mit einer gewissen Verzögerung zu wiederholen. Sind die Obergrenzen für den Verlust in einer Stunde erreicht, wird im Allgemeinen das Spielgerät solange stillgelegt, bis wieder Spielraum für Einsätze vorhanden ist. Diese Vorgehensweise ist nicht vorgeschrieben; sie wird aber weitgehend so praktiziert. Für die dauerhafte Erfassung sind im Ablehnungsfall keine Daten angefallen. 123

Wenn im Laufe des Spiels ein Gewinn erzielt wird, erfolgt rechnerisch eine Addition des Gewinnbetrages auf dem Geldspeicher. Dem Spieler steht ein um den Gewinnbetrag erhöhter Geldbetrag zur Barauszahlung zur Verfügung. Dabei ist es unerheblich, ob der gewonnene Betrag sofort als Bargeld ausgezahlt, später ausgezahlt oder für die spätere Verwendung als Einsatz auf dem Geldspeicher belassen wird. 124

Hinsichtlich der Prüfung durch die Kontrolleinrichtung, der Absetzung von Mitteilungen an das Spielprogramm und der dauerhaften Erfassung der Daten laufen 125 die analogen Schritte wie bei der Einsatzprüfung ab. Das Gleiche gilt für den Fall, dass einer Gewinnabfrage nicht stattgegeben wird.

126 Andere Daten als Einsätze, Gewinne und Zeit werden im Spielbetrieb nicht erfasst. Es ist einerseits mit Blick auf die physischen Geldflüsse, wie weiter oben schon dargelegt, nicht erforderlich, die Einwürfe und Auswürfe von Geld zu erfassen, weil diese Vorgänge keinen Spielbetrieb darstellen und zudem über die Spielverordnung abgesichert ist, dass die durch den Geldspeicher angezeigten Geldbeträge jederzeit als Bargeld auszahlbar sein müssen. Andererseits finden jenseits der zu Veränderungen auf dem Geldspeicher führenden Einsätze und Gewinne im Spielbetrieb keine Geldflüsse statt. Damit besteht keine Notwendigkeit, sonstige im Spielbetrieb anfallenden Daten zu erfassen, ganz abgesehen von der Schwierigkeit der Datenerfassung jenseits des Geldbereiches.

5. Datenaufzeichnung

127 Die erfassten Einsatz-, Gewinn- und Zeitdaten, die die logischen Geldflüsse repräsentieren, werden zum einen verwendet, um im laufenden Spielbetrieb die Einhaltung der Vorgaben aus § 13 Nr 2 bis 6a SpielV durch die Kontrolleinrichtung vorzunehmen (siehe Abschnitt III.2). Für diesen Zweck werden die Einsatz- und Gewinndaten der zurückliegenden Stunde, gemessen vom aktuellen Zeitpunkt, an dem eine Prüfung der Verordnungsvorgaben erfolgt, benötigt. Die Aufzeichnung dieser Daten erfolgt unmittelbar in der Kontrolleinrichtung. Sie werden nur innerhalb der Kontrolleinrichtung verwendet; ein Zugriff von außen ist nicht vorgesehen und wird aus Sicherheitsgründen auch nicht erlaubt. Die Daten sind im selben Maße geschützt wie die gesamte Kontrolleinrichtung.

128 Zum anderen stellen die Einsatz- und Gewinndaten auch das grundlegende Datenmaterial für steuerliche Erhebungen sowie für nachträgliche, rückwärtsgerichtete Kontrollen dar. Für diese Zwecke ist eine dauerhafte Aufzeichnung und Sicherung der Daten erforderlich.

129 Zwar erfolgt die Erhebung der Umsatzsteuer immer noch mit einem Verfahren, das die gesicherten, von der Kontrolleinrichtung gelieferten Daten gar nicht verwendet (siehe Abschnitt VI.2). Diese Daten sind aber geeignet, bei Überprüfungen der steuerlichen Deklarationen herangezogen zu werden. Darüber hinaus bieten sie auch Potenzen für ein einfacheres und vor allem vertrauenswürdigeres Steuererhebungsverfahrens als es derzeitig praktiziert wird.

130 Die aufgezeichneten Daten sind auch geeignet, die Eigenschaften der Spielgeräte nachträglich zu untersuchen. Es gibt zwar keine gesetzlichen Vorschriften, die nachträgliche Untersuchungen vorschreiben, aber die Daten könnten für Hersteller und Betreiber sowie bei gerichtlichen Untersuchungen von Interesse sein. ZB ist es möglich, das tatsächliche Gewinnverhalten mit den geplanten Modellen zu vergleichen, um so festzustellen, ob die umgesetzten Modelle fehlerhaft waren oder ob

manipulative Eingriffe stattgefunden haben könnten. Es ist weiter möglich festzustellen, wann Einsätze getätigt und Gewinn erzielt wurden. Es kann der tatsächlich erzielte langfristige Durchschnittsverlust nachträglich berechnet werden. All diese und weitere Analysen sind mit den dauerhaft aufgezeichneten Einsatz- und Gewinndaten möglich.

Mit der Novellierung der Spielverordnung im November 2014 sind bestimmte Mindeststandards an die dauerhafte Aufzeichnung der von der Kontrolleinrichtung gelieferten Einsatz- und Gewinndaten eingeführt worden.[73] Es wird ein Aufzeichnungsverfahren verlangt, das die folgenden Eigenschaften erfüllt: 131

- Die Daten sollen elektronisch verfügbar, lesbar und für die Auswertung geeignet sein.
- Die Daten sollen auf das erzeugende Spielgerät zurückführbar sein.
- Die einzelnen Einsatz- und Gewinndaten sollen mit dem Zeitpunkt ihrer Entstehung verknüpft sein.
- Die Vollständigkeit der Daten soll erkennbar sein.
- Es soll erkennbar sein, wenn nachträglich, dh nach der Erstablage, Veränderungen vorgenommen worden sind.

Diese Anforderungen an die Datenaufzeichnung haben einige Konsequenzen. Be- 132
züglich der Speichertechnik sind Massenspeicher mit einem Standardzugang erforderlich, wie zB USB-Sticks. Eine Vorschrift, dass die Speicher im Spielgeräte fest eingebaut sein müssen, gibt es nicht. Für die Daten ist der Betreiber der Spielgeräte verantwortlich. Um die Sicherheitseigenschaften (Rückführung auf das erzeugende Speigerät, Erkennbarkeit von Verfälschungen) zu erfüllen, ist nach heutigem Stand der Technik ein Verfahren erforderlich, das auf der Basis von digitalen Signaturen arbeitet. Um die Auswertung der Daten für alle interessierten Behörden und Stellen unabhängig vom Hersteller der Spielgeräte auf einfache Weise zu sichern, sind Standards für die Datenablage einschließlich der verwendeten Sicherheitsstandards erforderlich. Ein solcher Standard ist von der PTB in der Technischen Richtlinie 5.0 vorgegeben worden. Darauf aufbauend kann Software zur Weiterverarbeitung entwickelt und bereitgestellt werden.

V. Die Bauartprüfung

1. Auslegung der gesetzlichen Anforderungen

Das Ziel der Bauartprüfung ist die Feststellung durch die Zulassungsbehörde, ob die 133
zur Zulassung eingereichte Bauart die gesetzlich festgelegten Anforderungen erfüllt.

73 Geregelt in § 13 Nr 9a SpielV.

Der Bauartprüfung liegen ein Baumuster und die dazugehörigen Unterlagen zugrunde. Die Prüfungen werden in einer solchen Tiefe und Gründlichkeit durchgeführt, dass eine eigene Beurteilung über die Erfüllung der Anforderungen möglich ist. Es liegt im Ermessen der Behörde, sich bei Teilaspekten auf die Prüfergebnisse anderer Stellen zu stützen. Davon wird im Zusammenhang mit der Sicherheit von Spielgeräten jetzt Gebrauch gemacht. Denn mit der Novellierung 2014 ist eingeführt worden, dass zur Manipulationsfestigkeit von Spielgeräten ein Sicherheitsgutachten von einer anerkannten Stelle beizubringen ist.

134 Eine grundsätzliche Frage bei der Bauartprüfung ist die technische Auslegung der im Allgemeinen kaum technisch formulierten gesetzlichen Anforderungen. Auslegungsfragen stellen sich aufgrund der unterschiedlichen Konstruktionsprinzipien von Spielgeräten in sehr vielfältiger Weise. Und sie stellen sich mit der fortschreitenden technischen Entwicklung immer wieder neu. Auslegungsfragen stellen sich sowohl bei der Zulassungsbehörde im Zusammenhang mit dem Zulassungsverfahren als auch beim Hersteller bzw bei dem von ihm beauftragen Subunternehmer während der Entwicklung. Divergieren die Auslegungen zu ein und demselben Sachverhalt, kann es zu unterschiedlichen Bewertungen über die Zulässigkeit bestimmter Eigenschaften der Spielgeräte kommen. Das ist nicht nur eine theoretische Option, sondern geschieht real. In der Regel wird in solchen Fällen das Fachgespräch gesucht, um zunächst auf diesem Wege Auslegungsdifferenzen auszuräumen. Gelingt dies in einzelnen Fällen nicht, muss die Zulassungsbehörde über akzeptable Auslegungsvarianten entscheiden.

2. Technische Richtlinie

135 Aus den besagten Gründen, aber auch um möglichst viel Transparenz zu schaffen, gibt die PTB Technische Richtlinien[74] heraus, in der unter anderem solche technischen Auslegungen der gesetzlichen Anforderungen niedergelegt sind, von denen ein breiteres Interesse angenommen wird. Die Hersteller können sich bei der Entwicklung neuer Spielgerätetypen daran orientieren. Es wird auch dringend empfohlen, diese Hinweise zu beachten, um die Bauartprüfungen nicht mit grundsätzlich gelösten Auslegungsfragen zu belasten. Für Hersteller, die erstmalig einen Antrag auf Bauartzulassung stellen wollen, wird durch die Veröffentlichung der Technischen Richtlinie die Unsicherheit über die Auslegung der gesetzlichen Bestimmungen genommen.

74 Die jeweils aktuelle Technische Richtlinie für Geldspielgeräte ist unter www.ptb.de/spielgeraete abrufbar. Zum Zeitpunkt der Abfassung dieses Beitrages wird die Technische Richtlinie 5.0 vom 27. Januar 2015 bei der Bauartzulassung angewendet.

Eine weitere Funktion der Technischen Richtlinie ist die Bekanntmachung aller technischen Spezifikationen, die ein Baumuster einhalten muss. Das betrifft insbesondere Datenübertragungsprotokolle und Datenformate. Ein Teil der Prüfungsabschnitte (siehe insbesondere Abschnitt IV.3) besteht aus automatischen Teilprozessen. Dabei kommuniziert das Spielgerät mit einem Prüfrechner, der die übertragenen Daten auswertet. Die Einhaltung der vorgegebenen Schnittstellen ist unabdingbar. Sonst kann die Kommunikation mit dem Prüfrechner nicht durchgeführt werden, und das Spielgerät ist nicht prüfbar. 136

Die Technische Richtlinie beschreibt auch wesentliche Prüfkonfigurationen und -abläufe, die bei der Zulassungsprüfung stattfinden. Das ist zunächst auch ein Beitrag zur Transparenz des Zulassungsverfahrens. Es soll aber insbesondere die Hersteller der Spielgeräte motivieren, vor Einreichung eines Zulassungsantrages im Rahmen ihrer Qualitätskontrolle im Grunde die gleichen Prüfungen durchzuführen, die dann später im Zulassungsverfahren angewendet werden. Damit kann das Ergebnis der Zulassungsprüfung für die Hersteller weitgehend vorhergesehen werden. Ggf. erforderliche Korrekturen können so bereits vor dem Einreichen des Antrages vorgenommen werden. 137

3. Prüfung der Kontrolleinrichtung

Die Kontrolleinrichtung (kurz KE) stellt eine in das Geldspielgerät integrierte Überwachungseinheit dar, die laufend die Einhaltung der gesetzlichen Anforderungen gemäß § 13 Nr 2 bis 6a SpielV prüft und, falls erforderlich, weitere Einsatzleistungen oder Gewinngewährungen zeitweilig unterbindet. Das ist ein hoher Anspruch und erfordert die Absicherung, dass die KE die erforderlichen Prüfungen korrekt durchführt, die „Anweisungen" der KE an die Spielprogramme befolgt werden und die KE gegen Veränderungen gesichert ist. Die Prüfung der funktionalen Korrektheit und die Umsetzung der KE-Anweisungen an das Spielprogramm werden im Folgenden beschrieben. Der Sicherungsaspekt wird unter IV.6 behandelt. 138

Zur Prüfung der funktionalen Korrektheit der Kontrolleinrichtung selbst und der von ihr ausgelösten Wirkungen sind drei verschiedene Prüfkonfigurationen erforderlich (siehe Abb. 8). 139

Bei der ersten, als Prüfkonfiguration A bezeichneten Konfiguration geht es um die korrekte Funktionsweise der im Geldspielgerät eingebauten Kontrolleinrichtung. Das Ziel ist die Feststellung, ob sämtliche Funktionen der Kontrolleinrichtung korrekt ausgeführt werden und ob die korrekten Daten zu Einsätzen und Gewinnen für die dauerhafte Erfassung zur Verfügung gestellt werden. Dazu wird die Kontrolleinrichtung des Spielgerätes über einen angeschlossenen Prüfrechner mit Testdaten beschickt. Diese Testdaten stellen Serien von Einsatz- und Gewinnanfragen sowie Zustandsinformationen dar. Die Sollreaktion der zu prüfenden KE ist durch die gesetzlichen Anforderungen in § 13 Nr 2 bis 6a vorbestimmt. Zur Ermittlung der Sollre- 140

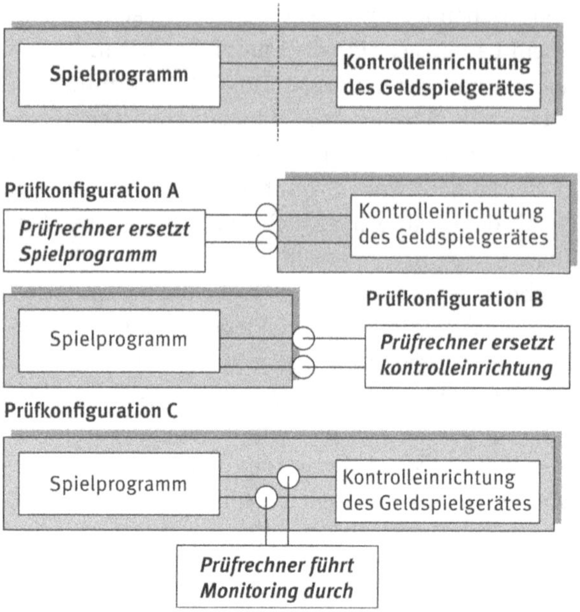

Abb. 8: Prüfkonfigurationen der Kontrolleinrichtung

aktion für jeden einzelnen Datensatz wird eine Referenzkontrolleinrichtung verwendet, die in der PTB entwickelt worden ist.

141 Die tatsächliche Reaktion der zu prüfenden KE wird jeweils mit der Sollreaktion verglichen. Zu diesem Zweck sind in der PTB über 20.000 Testdatensätze entstanden, die alle erdenklichen Entscheidungssituationen für eine KE simulieren. Wenn im realen Testbetrieb, dh bei Prüfungen im Rahmen der Prüfkonfiguration C, interessante neue, meist grenzwertige Entscheidungssituationen beobachtet werden, wird die Datenbank der Testdatensätze erweitert. Die Prüfungen in der Konfiguration A sind bestanden, wenn für alle Testdatensätze die richtigen Reaktionen beobachtet worden sind. Die Aufzeichnung und die Auswertung der Ergebnisse erfolgt ebenfalls rechnergestützt. In besonderen Fällen können zusätzliche Analysen durch die Prüfingenieure erforderlich werden. Das gesamte Verfahren wird einheitlich mit den gleichen Testdatensätzen bei allen Zulassungsprüfungen angewendet.

142 Bei der Prüfkonfiguration B besteht das Prüfziel in der Feststellung, ob das Spielgerät bestimmungsgemäß auf die Anweisungen der KE reagiert. Das betrifft die Umsetzung der Ab- bzw Aufbuchung am Geldspeicher in genau der Höhe, wie die KE den Einsatz bzw den Gewinn bestätigt hat. Das betrifft weiter das Unterlassen von Ab- und Aufbuchungen am Geldspeicher, wenn die KE eine Anfrage nicht bestätigt hat. Es muss gesichert sein, dass ohne Freigabe durch die KE keine Einsatz- oder Gewinnbuchungen im Geldspeicher vorgenommen werden können.

Schließlich wird bei der Prüfkonfiguration C ein Monitoring des Datenverkehrs zwischen dem Spielprogramm und KE des Gerätes im Realbetrieb durchgeführt. Das Prüfziel ist hier die Feststellung, ob der reale Datenverkehr zwischen Spielprogramm und KE identisch zur Kommunikation in den Prüfkonfigurationen A und B ist, wo einmal das Spielgerät und das andere Mal die KE durch den Prüfrechner ersetzt worden sind. Diese Identität und die Gültigkeit der vom Spielgerät gesetzten Zeitstempel sind eine Voraussetzung für die Gültigkeit der Prüfergebnisse in den Konfigurationen A und B für den Realbetrieb. 143

Das Monitoring wird durchgeführt, indem der Datenverkehr zwischen dem Spielprogramm und der KE des Gerätes in einem bestimmten Zeitabschnitt im Realbetrieb aufgezeichnet und mit dem Datenverkehr und den Reaktionen des Spielgerätes in der Prüfkonfigurationen A verglichen wird. Die aufgezeichneten Daten aus dem Realbetrieb werden verifiziert, indem sie in der Prüfkonfiguration A als Input verwendet und die Daten des Realbetriebes mit der Referenz-KE geprüft werden. In dieser Konfiguration wird auch die Zuverlässigkeit der vom Spielgerät vergebenen Zeitstempel bewertet. Darüber hinaus wird in der Prüfkonfiguration C auch die Pauseneinhaltung geprüft. Beim Wechsel zwischen den Spielbetriebs- und Pausenzuständen werden vom Prüfprogramm zusätzlich optische und akustische Signale gesendet, so dass diese Wechsel verifizierbar werden. 144

Mit den beschriebenen Tests in den drei Prüfkonfigurationen ist die gesamte Funktionalität der KE abgedeckt. Das Verfahren ist aufgrund seiner überwiegend automatischen Abläufe, der Verwendung der gleichen Referenz-KE und der gleichen Testdatensätze für alle Bauartprüfungen objektiv. Die Kontrolleinrichtungen aller Bauarten unterliegen einem einheitlichen Bewertungsverfahren. Das Prüfverfahren ist insofern erfolgreich, als dass bisher keine einzige Fehlfunktion einer KE in einem aufgestellten Spielgerät bekannt geworden ist. 145

4. Prüfung der Geldein- und -ausgabe

Bei der Prüfung der Geldein- und -ausgabe stehen die drei folgenden Ziele im Mittelpunkt: 146

- Zuverlässigkeit der Geldprüfung,
- Verfügbarkeit des Geldes, das dem Spieler gehört,
- Obergrenze für die Geldannahme.

Die Zuverlässigkeit der Geldprüfung meint, dass gültige Euro-Münzen und Euro-Geldscheine mit dem richtigen Wert sicher erkannt werden. Alle anderen Münzen und Banknoten oder münz- bzw banknotenähnliche Einwürfe müssen zurückgewiesen werden. 147

Geldspielgeräte verwenden für die Münz- bzw Banknotenprüfung durchgängig Standardtechnik, die von dafür spezialisierten Anbietern stammt. Das ist die gleiche 148

Prüftechnik, die in vielen anderen Automaten (Warenautomaten, Ticketautomaten, etc) Verwendung findet. Solche Prüftechnik erfüllt wegen der weiten Verbreitung und der unmittelbaren Betroffenheit der Kunden beim Versagen einen hohen Qualitätsstandard. Dieser Standard erfüllt auch die Zuverlässigkeitsanforderungen bei Geldspielgeräten. Aus diesem Grund ist im Allgemeinen keine besondere Aufmerksamkeit für die Geldprüftechnik im Rahmen der Bauartprüfung erforderlich.

149 Eine Besonderheit der Geldprüftechnik bei Spielgeräten stellt die Anforderung dar, dass nur Euro-Bargeld angenommen werden darf. Das hat zur Folge, dass die meist in der Geldprüftechnik enthaltene Umschaltbarkeit auf andere Währungen, manchmal auch auf die Akzeptanz von Bons, Barcodes oder ähnlichem, hier entweder nicht enthalten oder nicht aktivierbar sein darf.

150 Bei der Frage der Verfügbarkeit des Geldes geht es zum einen darum, dass am Geldspeicher angezeigtes Geld durch den Spieler ohne Einschränkungen und ohne die Einschaltung anderer Personen bzw Nutzung anderer Hilfsmittel als Bargeld ausgegeben werden kann. Dazu ist zu prüfen, ob eine leicht als solche erkennbare Bedienvorrichtung für die Geldauszahlung zur Verfügung steht und zuverlässig funktioniert. Weiter ist zu prüfen, dass der angezeigte Betrag am Geldspeicher bei einem zeitweiligen Stromausfall nicht verloren geht. Der angezeigte Betrag muss auch im aktuellen Stand erhalten bleiben, wenn Münzröhren, Hopper oder Dispenser leer sind, und der Auszahlungsvorgang muss nach Geldauffüllung durch den Gerätebetreiber an der Unterbrechungsstelle fortgesetzt werden.

151 Es geht zum anderen im Zusammenhang mit der Verfügbarkeit von Geld auch darum, dass eingeworfenes Geld richtig auf dem Geldspeicher verbucht wird. Das ist ein durchaus reales Problem, wie einige Problemfälle zeigen. Sämtliche bisher festgestellten Fehler waren dabei nicht durch fehlerhafte Geldprüfer verursacht worden, sondern auf die fehlerhafte Verarbeitung der von der Geldprüftechnik gelieferten Information im Geldspielgerät zurückzuführen.

152 Die Spielverordnung schreibt eine Obergrenze von 10 Euro für Geldspeicher bei Geldannahme vor. Diese Grenze soll die Spieler vor unkontrolliertem Geldeinwurf bewahren. Es muss geprüft werden, ob diese Obergrenze in allen erdenklichen Situationen eingehalten wird. Akzeptiert wird, wenn Münzen oder Geldscheine gar nicht angenommen werden, falls mit ihnen die Obergrenze überschritten wird. Akzeptiert wird auch, wenn der 10 Euro übersteigende Anteil sofort wieder ausgezahlt wird.

153 Die Spielverordnung schreibt weiter vor, dass Geld nur durch eine manuelle Betätigung zum Einsatz gelangen darf. Entsprechend ist die Betätigungsvorrichtung für den manuellen Einsatz und insbesondere ihre Manipulationsfestigkeit gegen die Aushebelung des Einzeleinsatzes Gegenstand der Prüfung.

154 Die Prüfung der Geldtechnik im Rahmen der Bauartprüfung wird von erfahrenen Technikern durchgeführt. Sie haben im Laufe der Jahre eine besondere Fähigkeit zum Aufspüren von kritischen Situationen entwickelt.

5. Prüfung des Verwendungsverbotes von Geldäquivalenten

Das Verwendungsverbot von Geldäquivalenten ist aus prüftechnischer Sicht problematisch. Es läuft daraus hinaus, dass jede mögliche Spielsituation dahingehend untersucht werden muss, ob symbolhafte Darstellungen mit einem festen Gegenwert von über 23 Euro vorhanden sind. Symbolhafte Darstellungen können Graphiken, Texte, akustische Signale, Animationen, etc sein. 155

Dieser Prüfaufwand ist beim heutigen Angebot von 200 oder mehr Spielen auf einem Spielgerät praktisch nicht mehr zu leisten. Jedes Spielangebot kann aus Hunderten von Spielsituationen bestehen und sehr viele Symbole, Animationssequenzen und akustische Signale enthalten. Das kann zu 10.000 und mehr Einzelsituationen führen, die dahingehend zu bewerten sind, ob sie ein geldäquivalentes Symbol mit einem Wert von über 23 Euro benutzen. Die Schwierigkeit beginnt schon damit zu erkennen, welche Spielsituationen überhaupt eintreten und wie sich Symbolwerte möglicherweise additiv zu Werten über 23 Euro ergeben können. Eine Automatisierung dieser Prüfung ist nicht möglich. 156

Das alles ist mit einem unvertretbar hohen Aufwand verbunden und birgt zudem die Gefahr in sich, dass nicht alle Spielsituationen erkannt und bewertet werden. Die PTB versucht, dieses Dilemma mit vernünftigem Aufwand so zu beherrschen, dass sie den Herstellern eine Eigenprüfungspflicht auferlegt und selbst nur geeignete, auf Erfahrungen basierende Stichprobenprüfungen durchführt.[75] Es liegen bislang erst wenig Erfahrungen mit dieser Art von Prüfungen und noch keine Rückkopplungen aus der Nutzung solcher Geräte vor, die diesen neuen Bedingungen unterliegen. Es bleibt zunächst die auf langjährige Erfahrungen basierende grundsätzliche Erkenntnis, dass das Aufwands- und Nutzensverhältnis der der Prüfung zugrunde liegenden Vorschrift unangemessen ist.[76] 157

6. Prüfung weiterer funktionaler Anforderungen

Mit den in den Abschnitten IV.3 und IV.4 beschriebenen Prüfungen der Kontrolleinrichtung und der Geldtechnik ist der größte Teil der in § 13 SpielV niedergelegten funktionalen Anforderungen abgedeckt. Es verbleibt der Ausschluss von sonstigen verordnungswidrigen Eigenschaften, wie zB unerlaubte Einflüsse über Schnittstellen, Betreibereinstellungen am Gerät mit unerlaubten Einwirkungen auf das Gerät, etc. 158

Während bei Kontrolleinrichtung und Geldtechnik die Prüfverfahren im Grunde bei allen Bauarten gleichartig strukturiert sind und Sonderuntersuchungen mit ei- 159

75 Siehe Technische Richtlinie 5.0, Ziffer 5.1

76 Diese Erkenntnis ist im diesbezüglichen Teil des Maßgabebeschlusses des Bundesrates zur Spielverordnungsnovellierung 2014 nicht berücksichtigt worden.

ner individuell zu entwickelnden Vorgehensweisen eher eine Ausnahme darstellen, sind bei der Untersuchung zum Ausschluss von verordnungswidrigen Eigenschaften individuelle Analysen erforderlich. Daraus geht erst hervor, welche weiteren Tests bzw Untersuchungen durchzuführen sind.

160 Verordnungswidrige Eigenschaften können vielfältige Ursachen haben. Ein Bereich von großer Bedeutung ist die Kontrolle der Einstellungen, die dem Spielgerätebetreiber angeboten werden. Mit solchen Einstellungen können zB Spiele freigeschaltet oder abgeschaltet werden, die Aufnahmelimits der Geldaufbewahrungstechnik verändert werden, betriebswirtschaftliche Daten ausgelesen werden, etc. Erlaubt sind grundsätzlich solche Funktionen, für die es keine gesetzlichen Einschränkungen gibt und die den für Geldspielgeräte vorgeschriebenen Eigenschaften nicht entgegenstehen (siehe auch Abschnitt I.2). Ob durch bestimmte Einstellungen die gesetzlich vorgeschriebenen Eigenschaften verletzt werden können, muss im Rahmen der Bauartprüfung festgestellt werden. Dazu ist es notwendig, die Funktionen mit ihren Einstellmöglichkeiten zu analysieren. Das geschieht durch Studium der Dokumentation zum Baumuster und die vergleichende Analyse des Geräteverhaltens. Erst wenn bestätigt werden kann, dass die dokumentierten Eigenschaften und die tatsächlichen Eigenschaften des Baumusters übereinstimmen, können die Eigenschaften bewertet werden. Im Abweichungsfall bleibt offen, wodurch diese verursacht worden ist. Eine Bewertung ist dann nicht möglich. Solche Analyseprozesse sind im Allgemeinen aufwändig.

161 Zum Bereich des Ausschlusses verordnungswidriger Eigenschaften gehört auch die Untersuchung von besonderen Konstruktionen. Das sind zB Mehrfachspielgeräte mit mehreren Spielstellen und gemeinsam genutzten Bauteilen oder Anzeigen. Die Zulassungsprüfung für Mehrplatzspielgeräte ist im Vergleich zu einzelnen Spielgeräten mit einem deutlichen Mehraufwand verbunden. Denn neben der Absicherung der auch für Einzelgeräte geltenden Anforderungen kommt bei Mehrfachspielgeräten die Unterbindung von nicht erlaubten Wechselwirkungen zwischen den Spielstellen hinzu.

162 Zum Ausschluss verordnungswidriger Eigenschaften gehört weiterhin die Untersuchung aller Schnittstellen und Kommunikationsverbindungen. Es muss gesichert sein, dass nur spezifizierte Daten oder Kommandos mit bekannten Eigenschaften an das Spielgerät übermittelt werden können. Dieser Problemkreis wird als Rückwirkungsfreiheit der Geräte bezeichnet. Zur Prüfung erfolgen eine Sichtung der zutreffenden Spezifikationen in den Unterlagen und ein Vergleich mit der dokumentierten Implementation. Zusätzlich werden die Schnittstellen entsprechend Dokumentation getestet bzw Reaktionstests mit nicht erlaubten Kommunikationen durchgeführt. Der Nachweis der Rückwirkungsfreiheit ist wesentlich dafür, dass ein Spielgerät nicht später durch Außeneinwirkung in einen nicht erlaubten oder in einen nicht kontrollierten Zustand überführt werden kann. Ebenso dürfen die Spielgeräteeigenschaften nicht von der aktuell spielenden Person abhängig gemacht werden können.

Genauso wichtig zur Verhinderung verordnungswidriger Funktionen ist die Prüfung der aus dem Spielgerät übertragbaren Informationen. Denn es darf nicht möglich sein, mit Hilfe von Daten aus dem Spielgerät Funktionen außerhalb des Gerätes auszuführen, die im Spielgerät nicht erlaubt wären. Hier entsteht eine Konfliktsituation mit den Interessen der Spielgeräteaufsteller, die Informationen aus dem Spielgerät zeitnah analysieren wollen, um zB Fehler schnell zu erkennen oder Rückschlüsse aus der Gerätenutzung für zukünftige Spielangebote ziehen zu können. Solche Informationen sind in der Regel auch zur nicht erlaubten Verwertung außerhalb der Spielgeräte geeignet. Dieser Konflikt hat sich mit der Novellierung der Spielverordnung im November 2014, speziell mit der Anforderung, nach drei Stunden Spielbetrieb den Ruhezustand herzustellen, zwar abgemildert, ist aber grundsätzlich noch vorhanden. Denn es müssen genau die Informationen, die für eine externe Verwertung geeignet sein könnten, gelöscht bzw auf definierte Ruhewerte gesetzt werden. Dieser Konflikt wird durch eine vorgeschriebene Verzögerung von 24 Stunden für die Auslesung von Analyseinformationen gelöst.[77] 163

7. Sicherheitsprüfung

Da sich das gesamte Überwachungsverfahren von Geldspielgeräten auf die Baugleichheit der aufgestellten Geräte mit der jeweiligen zugelassenen Bauart stützt, müssen Schutzmaßnahmen gegen nicht autorisierte Veränderungen vorgenommen werden. Die Eignung der Schutzmaßnahmen ist ein wichtiges Prüfziel. Die Schutzmaßnahmen müssen insbesondere die Kontrolleinrichtung, die Spielprogramme, die Ansteuerung der Anzeigen und der Geldtechnik, die Schnittstellen und die Rückwirkungsfreiheit sonstiger, spielrechtlich nicht relevanter Funktionen einbeziehen. Insofern ist die im vorhergehenden Abschnitt erwähnte Kontrolle des Imports und Exports von Informationen auch als ein Sicherheitsaspekt von Geldspielgeräten einzustufen. 164

Es gibt keine gesetzlichen Vorschriften über die Art der anzuwendenden Sicherungsverfahren. Die Hersteller von Spielgeräten haben individuelle Methoden entwickelt, die in der Regel durchgängig für alle ihre Bauarten zur Anwendung kommen. Eine Besonderheit bei der Sicherheitsprüfung ist, dass der Verordnungsgeber einen Spielraum gelassen hat, in dem nicht ein einheitlicher Sicherheitsmaßstab für alle Komponenten des Spielgerätes gefordert ist, sondern komponentenbezogene Sicherheitsmaßstäbe möglich sind.[78] Diese sollen sich nach dem Stand der Technik unter Zugrundelegung der jeweiligen Risikobeurteilung richten. 165

77 Siehe Technische Richtlinie 5.0, Ziffer 5.20.

78 Geregelt in § 13 Nr 10 SpielV.

166 Bei der Eignungsprüfung der Schutzmaßnahmen wird zunächst wie bei der Prüfung der funktionalen Korrektheit von der Dokumentation des Spielgerätes ausgegangen und ihre Nachvollziehbarkeit und Eindeutigkeit untersucht. Ebenso erfolgt ein Vergleich mit der tatsächlichen Implementation im Spielgerät. Erst wenn keine Widersprüche bestehen, erfolgt eine Eignungsbewertung der implementierten Sicherungsmaßnahmen unter Zugrundelegung der differenzierten Sicherheitsziele für die Spielgerätekomponenten. Die Bewertung, insbesondere für Komponenten mit hohen Sicherheitsanforderungen, orientiert sich an den Stand der Technik bei Produkten mit vergleichbaren IT-Sicherheitsanforderungen. Langjährige Erfahrungen mit bewährten Methoden in der Spielgeräteindustrie spielen aber auch eine Rolle.

167 So wird, wie oben schon erwähnt, für die Geldprüftechnik der gleiche Maßstab wie bei anderen Automaten mit Geldprüftechnik angelegt. Das ist in diesem Fall schon dadurch umgesetzt, dass die gleiche Technik von den gleichen Herstellern der Geldprüfer verwendet wird.

168 Für den Schutz der Software, die in der Regel die Spielprogramme, die Kontrolleinrichtung und die Ansteuerungen von gesetzlich vorgeschriebenen Anzeigen und Geldtechnik umfassen, sind die Sicherheitsanforderungen so angesetzt, dass Dritte nicht in der Lage sein sollen, mit überschaubarem Aufwand nicht erkennbare Veränderungen vorzunehmen. Wenn es, wie in der Vergangenheit doch in einigen Fällen, gelungen ist, die Sicherheitsmaßnahmen zu durchbrechen, werden geeignete Verstärkungen eingefordert. Der Sicherheitsmaßstab wird grundsätzlich dem sich verändernden Manipulationsrisiko angepasst. Das Manipulationsrisiko verändert sich zB auch dadurch, dass Manipulationsfälle bekannt werden und damit die Einschätzung über die Angriffsgefahren sich verändert. Das Ganze ist ein dynamischer Prozess.

169 Geringer wird dagegen das Manipulationsrisiko bei Software eingestuft, die gesetzlich nicht geregelte Funktionen ausführt. Das ist zB bei der Software für die Graphik und Animationen der Fall.

170 Mit der Novellierung der Spielverordnung vom November 2014 wird der Sicherheitsprüfung von Spielgeräten noch mehr Bedeutung beigemessen. Es ist erstmals eingeführt worden, dass die hinreichende Manipulationsfestigkeit von Spielgeräten durch ein so genanntes Sicherheitsgutachten zu bestätigen ist. Diese Gutachten sollen durch BSI-anerkannte[79] oder in Bezug auf Geldspielgeräte gleichwertige[80] Stellen angefertigt und den Zulassungsanträgen beigefügt werden. Die PTB wird diese Gutachten in der Regel anerkennen und die entsprechenden Prüfungen nicht wiederholen.

---

79 Näheres zur Anerkennung von Prüfstellen durch das BSI sowie eine aktuelle Liste der anerkannten Stellen findet man unter www.bsi.de.

80 Die PTB hat in der Technischen Richtlinie TR 5.0, veröffentlicht unter www.ptb.de/spielgeraete, erläutert, unter welchen Voraussetzungen eine Prüfstelle zu einer BSI-anerkannten Stelle gleichwertig ist.

Es ist davon auszugehen, dass die Stellen, die Sicherheitsgutachten anfertigen, Spezialisten für IT-Sicherheit, aber nicht für Spielgeräte sind. Um zu sichern, dass die tatsächlichen Sicherheitsrisiken bei Spielgeräten in den Gutachten adressiert werden, hat die PTB in der Technischen Richtlinie 5.0 ein Bedrohungsszenarium veröffentlicht, das den Sicherheitsgutachten als Grundlage dienen soll. Dieses Bedrohungsszenarium ist methodisch federführend durch das Fraunhoferinstitut AISEC[81] und unter Einbeziehung der Erfahrungen aus der PTB und aus der Industrie entstanden. 171

8. Sicherstellung der Überprüfbarkeit

Im § 13 Nr 11 SpielV ist vorgeschrieben, dass die Übereinstimmung der aufgestellten Spielgeräte mit der zugelassenen Bauart überprüfbar sein muss. Das ist als technische Anforderung an die Bauart zu verstehen, die im Rahmen der Bauartzulassung abgesichert werden muss. Die Baugleichheit kann grundsätzlich angenommen werden, wenn die verbauten Teile den jeweiligen Teilen im Baumuster entsprechen und wenn die gesamte Software im aufgestellten Gerät bitweise identisch zur Software im Baumuster ist. 172

Bei den verbauten Teilen ist abzusichern, dass sie zur Beurteilung der Baugleichheit im aufgestellten Spielgerät identifizierbar sind, um mit den Angaben im Zulassungsschein verglichen werden zu können. Bei einer Reihe von Bauteilen kommt es nicht auf die vollständige Gleichheit mit den Teilen im Baumuster an, sondern auf die ausreichende Kompatibilität, um die gleiche Funktion zu garantieren. In den veröffentlichten Zulassungsscheinen ist bei der Benennung der Bauteile auch der Spielraum gekennzeichnet, der für die einzelnen Geräte möglich ist. Die Prüfer, die die Überprüfung der aufgestellten Geräte vor Ort vornehmen,[82] müssen ggf beurteilen, ob das vorgefundene Bauteil im vorgegebenen Spielraum liegt (siehe auch Abschnitt V.2). 173

Bei der Software ist eine bitweise Identität gefordert. Der Nachweis dieser Identität ist durch einfachen Vergleich der Software im Baumuster mit der Software im aufgestellten Gerät möglich. Dafür gibt es frei verfügbare Hilfsmittel. Im Rahmen der Bauartzulassung muss nur abgesichert werden, dass die Software der aufgestellten Spielgeräte für den Vergleich zugänglich ist, dh ausgelesen werden kann. 174

Für die Feststellung der Baugleichheit kommt es grundsätzlich darauf an, dass gesetzlich relevante Eigenschaften unverändert sind. Bei Eigenschaften, die hinsichtlich der gesetzlichen Anforderungen unbeachtlich sind und die keine Rückwirkung auf die gesetzlich relevanten Eigenschaften haben, darf eine gewisse Flexibili- 175

81 Fraunhofer-Institut AISEC, Parkring 4, 85748 Garching bei Münschen, www.aisec.fraunhofer.de.
82 Die Überprüfung der aufgestellten Spielgeräte ist in § 7 SpielV geregelt.

tät bestehen. Der Zulassungsschein enthält Hinweise, in welchem Rahmen die Flexibilität möglich ist. Das hat Auswirkungen auf den Mindestprüfumfang, der zur Feststellung der Baugleichheit als erforderlich angesehen wird. Dieser Mindestprüfumfang ist mit erfahrenen Prüfern abgestimmt und von der PTB veröffentlicht worden.[83]

9. Plausibilitätsbetrachtungen zu Herstellererklärungen

176 Eine Besonderheit stellen die Herstellererklärungen gemäß § 12 Abs 2 SpielV dar (siehe Abschnitt I.1). Die Angaben unterliegen keiner Regelprüfung, sondern werden gelegentlich einer Plausibilitätsbetrachtung unterzogen. Anlass dafür können besondere Ereignisse oder besondere Beobachtungen der Prüfingenieure sein, insbesondere wenn Zweifel an einer Herstellererklärung aufkommen.

177 Plausibilitätsbetrachtung heißt Durchführung von Untersuchungen, um Zweifel entweder als vermutlich unbegründet einordnen zu können oder zu bestätigen. Im zweiten Fall wird der Antragsteller zunächst zu ergänzenden Erläuterungen aufgefordert. Die Untersuchungen werden fortgeführt, bis die Zweifel nicht mehr bestehen. Dazu kann es notwendig sein, Änderungen am Spielgerät bzw den Spielprogrammen vorzunehmen.

178 Der Umfang von Plausibilitätsbetrachtungen ist nicht festgelegt. Hier spielt das Erfahrungswissen der Prüfingenieure eine große Rolle. Das betrifft sowohl das Aufspüren von Anlässen für Plausibilitätsbetrachtungen als auch den Entscheidungspunkt, wann eine Erklärung als ausreichend plausibel eingestuft werden kann.

10. Zusammengefasste Erfahrungen mit der Bauartprüfung

179 Die nachfolgenden Darstellungen beziehen sich auf Erfahrungen auf der Basis der seit 2006 geltenden Spielverordnung. Erkenntnisse aus der Zeit davor sind in die Beschreibung der Wechselwirkung von Technik- und Verordnungsentwicklung im Hauptabschnitt II eingeflossen. Erfahrungen mit der ab November 2014 geltenden Spielverordnung liegen bisher nur im geringen Umfang vor.

180 Die Zahl der Anträge auf Bauartzulassung ist seit 2006 kontinuierlich gestiegen. Die Bearbeitungskapazität der PTB musste entsprechen angepasst werden. Sie war zuletzt, bis November 2014, so ausgelegt, dass unter Zugrundelegung eines Durchschnittsaufwandes jährlich ca. 200 Bauarten bearbeitet werden können, wovon ca 150 zur Zulassung führen. Hinzu kommen Zulassungsnachträge, die zuletzt in der

83 Die Veröffentlichung ist unter www.ptb.de/spielgeraete, Menüpunkt „Überprüfung gemäß § 7“ erfolgt.

gleichen Größenordnung wie Neuzulassungen lagen. Der erforderliche Prüfungsaufwand bemisst sich an den Untersuchungen, die notwendig sind, um die Einhaltung der gesetzlichen Anforderungen beurteilen zu können. Bei Anträgen ohne besondere neue Eigenschaften lag der Gesamtaufwand für die Prüfung einer Bauart in der Regel bei 60 bis 80 Stunden Arbeitszeit. Abweichungen nach oben sind jedoch nicht selten. Nicht eingerechnet sind die Wartezeiten, die entstehen, wenn Nachbesserungen angefordert werden, und Liegezeiten, die ablaufbedingt in der PTB entstehen.

Weil in der öffentlichen Wahrnehmung nicht unbedingt sichtbar, ist zu beto- 181
nen, dass die Geldspielgeräteprüfung eine rein technische Aufgabe ist. Sie zerfällt, wie aus den vorangehenden Abschnitten erkennbar ist, in eine Reihe von Prüfschritten und technischen Bewertungen. Die besondere Herausforderung besteht in der Bewertung von immer wieder neuartigen, vorwiegend informationstechnischen Komponenten. Jede neue Komponente und jedes veränderte Zusammenspiel von Komponenten ist hinsichtlich ihrer Haupt- und Nebenwirkungen zu analysieren, um ihre Vereinbarkeit mit den Vorschriften bewerten zu können. Das Kreativitätspotential auf Seiten der Spielgerätehersteller ist enorm.

Während die Prüfung der Kontrolleinrichtung und der Geldtechnik zwar nicht 182
immer ohne Beanstandungen ausgeht, aber im Groben planbar ist, ist der Aufwand für die Untersuchungen neuartiger Komponenten im Vornhinein oft nicht bestimmbar. Dabei kommen verschiedene Aspekte zusammen: Funktion und Wirkung der technischen Komponente, Gründlichkeit und Verständlichkeit der Dokumentation, Beurteilung der Konformität mit den gesetzlichen Anforderungen, Recherche nach ähnlichen Komponenten und Vergleich mit den getroffenen Bewertungen, ggf Aufbereitung von Prüfverfahren und Testdaten. Aufwandserhöhend wirkt sich aus, wenn während der Prüfung Nachbesserungen eingefordert werden müssen. Das führt in der Regel dazu, dass eine Reihe von Prüfabschnitten zu wiederholen ist.

Zu den Erfahrungen zählt auch, dass ein systematischer Grundkonflikt sich bis 183
in die Bauartprüfung hinein auswirkt. Es geht dabei um den grundsätzlichen Konflikt zwischen den wirtschaftlichen Interessen der Hersteller bzw Aufsteller und den aus Spielerschutzgründen vorgenommen Beschränkungen. Auch wenn die Spielerschutzmaßnahmen nicht direkt auf die Minderung des wirtschaftlichen Erfolgs mit Geldspielgeräten ausgerichtet sind, stellt die eine oder andere Einschränkung aber eine Behinderung für noch mehr Umsätze oder für Kostensenkungen beim Betrieb der Geräte dar. Es ist natürlich und legitim, dass die Hersteller im Rahmen der gesetzlichen Vorgaben nach konstruktiven Lösungen streben, die den vollen gesetzlichen Spielraum ausschöpfen und dabei neuartige Spielangebote oder kostengünstige Betriebsformen entwickeln, die sich im Grenzbereich der gesetzlichen Vorgaben bewegen. Es bleibt in solchen Fällen nicht aus, dass je nach Auslegung der Vorschriften in der Spielverordnung eine bestimmte Konstruktion als zulässig bewertet wird oder nicht. Solche Konflikte sind im Zulassungsprozess auszutragen (siehe auch Abschnitt IV.1).

Dieter Richter

184 Einige der Interessenskonflikte, die in der Vergangenheit aufgetreten, inzwischen aber gelöst sind, werden im Folgenden kurz beschrieben, um eine Vorstellung zu vermitteln, um welche Fragen es sich dabei handelt. Keine Konflikte gibt es bei der Auslegung der Höchstverlust- und -gewinngrenzen sowie der Pausenzeiten, so wie in § 13 Nr 2 bis 6a SpielV festgelegt. Die Überwachung erfolgt automatisch und einheitlich durch die Kontrolleinrichtung.

185 Ein Bereich von Konflikten betrifft die Ausgabe von Informationen, die für die Analyse der Spielnutzung geeignet sind. Betreiber und Hersteller interessieren sich zB dafür, welche Spiele bzw welche Spielfeatures wie häufig genutzt werden und welche Gewinne dabei erzielt werden. Aus solchen Informationen können Erkenntnisse für zukünftige Angebote gewonnen werden. Solche Informationen können aber auch Anhaltspunkte dafür liefern, ob bei der mathematischen Modellierung oder Implementierung der Spielprogramme möglicherweise Fehler unterlaufen sind, die zu nicht vorgesehenen Gewinnhäufigkeiten führen. Eine zeitnahe Auswertung solcher Informationen – möglichst automatisch unter Nutzung von online verfügbaren Daten – ist im wirtschaftlichen Interesse der Spielgerätebetreiber und -entwickler. Sie steht aber im Widerspruch zur Anforderung in § 13 Nr 8 SpielV, wonach der Spielbetrieb nur unmittelbar am Gerät stattfinden darf. Das schließt die Gewährung von Gewinnen ein. Die Analyseinformationen sind im Allgemeinen auch zur Extrahonorierung besonderer Spielsituationen geeignet, die bei Übertragung nach außen extern möglich wird. Das soll aber verhindert werden. Weil Analyseinformationen und honorierbare Sondersituationen nicht klar unterscheidbar sind, kann der unmittelbare Export von Analyseinformationen aus dem Spielgerät nicht gestattet werden. Um den berechtigten Interessen von Aufstellern und Herstellern dann zu entsprechen, wenn ihnen keine Anforderungen der Spielverordnung entgegenstehen, wird die Ausgabe von Analyseinformationen aber mit gewissen Verzögerungen erlaubt.[84] Es wird davon ausgegangen, dass nach der Verzögerung die Informationen für die Extrahonorierung von Spielsituationen uninteressant sind. Zu dieser Annahme gibt es bisher keine gegenteiligen Erkenntnisse.

186 Ein zweiter Bereich betrifft die Anzeige von bestimmten erreichten Höchstständen in Bezug zu der Person, die den Höchststand erreicht hat (so genannte High-Score-Listen). Man kann davon ausgehen, dass solche High-Score-Listen einen zusätzlichen Spielanreiz darstellen und zur Umsatzsteigerung führen, also das Geldspielgerät wirtschaftlich attraktiver machen. Dem steht aber entgegen, dass die Forderung nach der Zufälligkeit des Spielausgangs auch die Unabhängigkeit der Spielergebnisse von der spielenden Person umfasst. Um die Erfüllung dieser Anforderung durchzusetzen, wird untersagt, dass personenbezogene Daten durch das

84 Begonnen wurde mit einer Verzögerung von mindesten 7 Tagen. Gegenwärtig wird eine Verzögerung von mindestens 24 Stunden angewendet.

Geldspielgerät erfasst werden können. Damit ist es auch nicht möglich, personenbezogene High-Score-Listen zu führen. In dieser Frage wird keine Möglichkeit gesehen, den wirtschaftlichen Interessen zu entsprechen.

Ein dritter Bereich, der hier noch genannt werden soll, betrifft das Softwareup- 187
date bei aufgestellten Spielgeräten. Die Aufsteller haben ein Interesse, bei festgestellten Fehlern in der Software, insbesondere wenn sich diese Fehler wirtschaftlich negativ auswirken, schnell ein Update vornehmen zu können. Dem schnellen Update steht aber die Notwendigkeit entgegen, zunächst durch den Inhaber der Zulassung einen Zulassungsnachtrag zu erwirken, der dazu berechtigt, diese Software mit dem Gerät zu betreiben. Die Vorbereitung des Antrages und die erforderliche Prüfung können jedoch einige Zeit in Anspruch nehmen. Der Ursprung dieses Konfliktes ist grundsätzlicher Natur. Er ergibt sich bereits aus der Zulassungspflicht. Eine gewisse Entspannung wird dadurch erreicht, dass Anträge für Zulassungsnachträge nicht in die normale Bearbeitungsfolge eingereiht, sondern nach Möglichkeit sofort nach Eingang bearbeitet werden.

VI. Das Kontrollsystem für Geldspielgeräte

1. Aufbau des Kontrollsystems

Das Kontrollsystem für Geldspielgeräte, das in Abb. 9 schematisch dargestellt ist, 188
beginnt mit der Zulassung der Bauarten und kennt zwei weitere Kontrollstufen. Die weiteren Stufen sind nicht mehr Bestandteil des Zulassungsverfahrens, stehen aber in unmittelbarem Zusammenhang damit bzw greifen auf Ergebnisse und Daten der Zulassung zurück. Auch sind die Zuständigkeiten für die weiteren Stufen anders geregelt.

Die Zulassung ist insofern Bestandteil des Kontrollsystems, da sie die Kon- 189
formität mit den gesetzlichen Anforderungen sichert und dadurch Einzelprüfungen an den aufgestellten Geldspielgeräten nicht erforderlich sind. Um dies abzusichern, sind die Hersteller verpflichtet, nur Seriengeräte, die baugleich zum zugelassenen Baumuster sind, in Verkehr zu bringen. Bei Zuwiderhandlungen droht die Rücknahme oder der Widerruf der Zulassung.[85]

Die zweite Stufe des Kontrollsystems stellt die Überprüfung der aufgestellten 190
Geldspielgeräte auf Gleichheit mit der zugelassenen Bauart dar. Sie wird von Sachverständigen oder dafür zugelassenen Stellen durchgeführt.[86] Eine Überprüfung der

85 § 33e Abs 2 GewO regelt: „Die Zulassung ist ganz oder teilweise [...] zurückzunehmen oder zu widerrufen, [...] wenn der Antragsteller zugelassene Spielgeräte an den in dem Zulassungsschein bezeichneten Merkmalen verändert [...].“

86 Diese Überprüfung ist in § 7 SpielV geregelt.

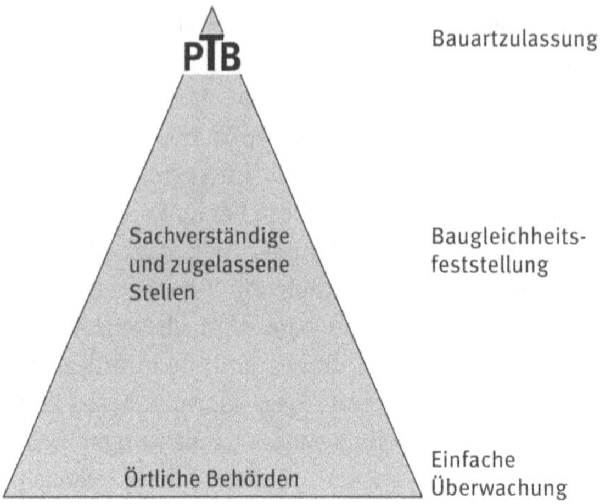

Abb. 9: Kontrollsystem für Geldspielgeräte

Spielgeräte vor der Erstaufstellung ist nicht vorgesehen, da der Hersteller bereits verpflichtet ist, die Baugleichheit abzusichern. Es geht vielmehr darum festzustellen, ob im laufenden Betrieb Veränderungen eingetreten oder vorgenommen worden sind, die die Baugleichheitseigenschaft in Frage stellen. Bei dieser Überprüfung soll nicht erneut geprüft werden, ob die Geräte die Vorgaben der Spielverordnung erfüllen. Denn mit der Gleichheitsfeststellung unter Bezug auf geprüfte und zugelassene Bauarten ist die Erfüllung der Spielverordnungsvorgaben auch für die einzelnen Geräte festgestellt.

191 Die dritte Stufe des Kontrollsystems wird durch die zuständigen kommunalen Gewerbeaufsichtsbehörden wahrgenommen. Die Überprüfungen vor Ort sind nicht nur auf die Aufstellung zulassungskonformer Geldspielgeräte ausgerichtet, sondern verfolgen auch Ziele, die im Zusammenhang mit den Spielstätten und ihren Genehmigungsverfahren stehen. Eine technische Überprüfung der Geldspielgeräte ist im Rahmen dieser Überwachung nicht vorgesehen bzw vorgeschrieben.

192 Um die benötigten Informationen für die Überwachung verfügbar zu haben, veröffentlicht die PTB alle Bauartzulassungen, die zu Aufstellungen geführt haben, einschließlich der Nachträge.[87] Die veröffentlichten Zulassungsscheine enthalten neben dem förmlichen Zertifikat drei weitere Teile:

- Teil I: Informationen zur Kennzeichnung der Bauart,
- Teil II: Weitere Bauarteigenschaften,
- Teil III: Weitere Bestimmungen.

87 Die Bauartzulassungen können unter www.ptb.de/spielgeraete, Menüpunkt „Zulassungen" eingesehen werden.

Die Veröffentlichung der Zulassungsscheine mit den darin enthaltenen Informationen dient nicht nur der Überprüfung der Geldspielgeräte bzw der Wahrnehmung der Kontrollfunktion durch die Gewerbeaufsichtsbehörden, sondern kann auch für andere berechtigte Behörden oder interessierte Kreise von Interesse sein. Für einfache Überprüfungen sind keine besonderen technischen Kenntnisse oder Hilfsmittel erforderlich. 193

2. Überprüfung der Geldspielgeräte auf Übereinstimmung mit der Bauart

Der Verordnungsgeber hat seit der Novellierung der Spielverordnung im Jahre 2006 194
eine Überprüfung der aufgestellten Geldspielgeräte durch Sachverständige oder zugelassene Stellen als zusätzliche Absicherungsmaßnahme vorgesehen. Bei dieser Überprüfung soll festgestellt werden, ob die aufgestellten Spielgeräte noch baugleich zur zugelassenen Bauart sind. Nach erfolgreicher Überprüfung wird an den Geräten eine vorgeschriebene Plakette angebracht (Muster in Abschnitt I.4). Die Überprüfung muss erstmalig vor Ablauf von zwei Jahren Aufstellzeit durchgeführt und dann ggf. nach zwei Jahren wiederholt werden.[88] Mit dieser Plakette verlängert sich die Berechtigung zur Aufstellung des Gerätes um zwei Jahre. Die Überwachungsbehörden (siehe Abschnitt V.3) überprüfen das Vorhandensein der Plakette, falls das Gerät bereits mehr als zwei Jahre in der Aufstellung ist und prüfen die Gültigkeit.

Die Überprüfung auf Baugleichheit zur zugelassenen Bauart wird von dafür be- 195
stellten Sachverständigen oder von zugelassenen Stellen durchgeführt. Die Sachverständigen erhalten ihre Bestellung durch die für sie zuständigen Industrie- und Handelskammern, nachdem sie das dafür vorgeschriebene Verfahren durchlaufen haben. Die zur Überprüfung berechtigten Stellen werden von der PTB zugelassen.[89] Die jeweiligen Sachkundefeststellungsverfahren für Personen, die bei zugelassenen Stellen tätig sind, und für Sachverständige, die von einer IHK bestellt werden, sind abgestimmt. Damit wird gesichert, dass unabhängig von den Durchführenden der gleiche Qualitätsstandard gilt.

Bei der Überprüfung wird auf die veröffentlichten Zulassungsscheine mit den 196
darin enthaltenen Informationen über die Bauart zurückgegriffen. Alle drei Teile des Zulassungsscheins werden für die Überprüfung benötigt. Während die Teile I und III auch anderweitig Verwendung finden, ist der Teil II speziell für die Überprüfung der Geldspielgeräte ausgelegt.

88 Durch die mit der Novellierung im November 2014 eingeführten Begrenzung der Aufstelldauer von Geldspielgeräten auf vier Jahre ist eine weitere Überprüfung nur dann erforderlich, wenn die erste Überprüfung bereits vor Ablauf von zwei Jahren stattgefunden hat.

89 Das Zulassungsverfahren wird im Einzelnen auf www.ptb.de/spielgeraete, Menüpunkt „Überprüfungen gemäß § 7“ beschrieben.

197 Die PTB hat eine Empfehlung für den Mindestumfang bei der Überprüfung von Geldspielgeräten erarbeitet und mit Sachverständigen und zugelassenen Stellen abgestimmt.[90] Sachverständige sind frei, andere Mittel und Verfahren anzuwenden, wenn das gleiche Ziel damit erreicht wird.

198 Die Überprüfung der aufgestellten Geldspielgeräte mit dem Ziel, die Übereinstimmung mit der zugelassenen Bauart festzustellen, erfordert eine Kontrolle und ggf. Bewertung, ob die im zu prüfenden Gerät vorhandenen Bauteile identisch mit den in der Bauartzulassung beschriebenen sind. Diese Kontrolle erfolgt zunächst anhand der Typbezeichnungen, kann aber in Zweifelsfällen weitergehende Untersuchungen und Bewertung erforderlich machen. Hier ist der Sachverstand der Ingenieure gefragt, die die Überprüfung durchführen. Der Sachverstand ist ebenfalls erforderlich, wenn zu beurteilen ist, ob der im Teil III der Bauartzulassung beschriebene Spielraum für Bauteile eingehalten worden ist. Es ist im Rahmen der im Teil III beschriebenen Flexibilität durchaus möglich, dass bei späteren Auslieferungen, die längere Zeit nach der Bauartzulassung erfolgen, oder bei Gerätereparaturen nicht exakt die gleichen Bauteile verwendet werden wie in der Bauartzulassung bezeichnet. Es kommt immer wieder vor, dass wegen der Umstellung bei den Zulieferern die Bauteile, die im Baumuster verwendet worden sind, gar nicht mehr lieferbar sind.

199 Von besonderer Bedeutung ist die Überprüfung der Software in Geldspielgeräten. Diese Überprüfung erfordert einen Vergleich der Software im aufgestellten Gerät mit der Software des Baumusters. Um die Gleichheit auf Bitebene, die so verlangt ist, festzustellen, genügt es, qualifizierte Prüfsummen[91] der zwei Softwarepakete zu vergleichen. Das ist praktisch identisch mit dem Vergleich der vollständigen Software. Diese Verlagerung auf die Ebene der Prüfsummen erlaubt es auch, den Nominalwert, dh die Prüfsumme der Software im Baumuster, zu veröffentlichen, ohne die Eigentumsrechte des Herstellers zu berühren. Bei der Überprüfung wird die zu prüfende Software aus dem aufgestellten Geldspielgerät ausgelesen. Unabhängig vom Gerät wird dann die Prüfsumme dieser Software berechnet. Stimmt die Prüfsumme mit der veröffentlichten Prüfsumme überein, kann die Gleichheit der Software angenommen werden. Zur Auslesung muss meist ein spezielles Hilfsmittel, das der Hersteller des Spielgerätes bereitstellt, verwendet werden. Das ist notwendig, um zum Beispiel bei den jeweils speziellen Sicherheitsmaßnahmen den Zugang zu ermöglichen. Bedenken, dass die Bereitstellung des Hilfsmittels durch die Hersteller die Objektivität der Überprüfung beeinträchtigen könnte, müssen nicht bestehen. Denn

---

90 Der Mindestumfang in Form einer Checkliste ist ebenfalls unter www.ptb.de/spielgeraete, Menüpunkt „Überprüfungen gemäß § 7" veröffentlicht.

91 Eine Prüfsumme gilt als qualifiziert, wenn sich bei Änderung der Daten (hier der Software), über die die Prüfsumme gebildet wird, sich auch die Prüfsumme ändert bzw wenn die Wahrscheinlichkeit, dass sich die Prüfsumme nicht ändert, vernachlässigt werden kann. Derzeitig werden so genannte Hashcodes verwendet, die diese Bedingung erfüllen.

die PTB prüft diese Hilfsmittel, bevor sie zur Verwendung freigegeben werden. Der Nachweis, dass ein verwendetes Hilfsmittel auch tatsächlich dem entspricht, das von der PTB geprüft worden ist, erfolgt wieder über einen Vergleich von Prüfsummen. Hierzu veröffentlicht die PTB die Prüfsumme des von ihr geprüften Hilfsmittels.

Eine Manipulation bzw Veränderung der Software wird dadurch festgestellt, 200 dass sich die berechnete Prüfsumme über die zu prüfenden Software von der veröffentlichten Prüfsumme über die Software im Baumuster unterscheidet.

3. Überwachung der Geldspielgeräte durch die Gewerbeaufsicht

Bei der Überwachung der aufgestellten Geldspielgeräte geht es nicht um weitere 201 technische Prüfungen, sondern um behördliche Kontrollen der einzelnen aufgestellten Geräte. Während die Bauartzulassung bundeseinheitlich durch die PTB durchgeführt wird, ist die Überwachung bei den örtlichen Behörden auf der Grundlage von Regelungen in den Bundesländern organisiert. Die Überwachung stützt sich ebenfalls auf die Bauartzulassung und verwendet Daten und Informationen aus der Bauartzulassung.

Dieser Abschnitt befasst sich nur mit den im Zusammenhang mit der Bauartzu- 202 lassung stehenden Überwachungsaufgaben, nicht mit weiteren Aufgaben der Gewerbeaufsicht. Der Zusammenhang zur Bauartzulassung wird wesentlich durch die Dokumente hergestellt, die im Rahmen der Bauartzulassung und bei der Ausgabe der Zulassungsbelege für die einzelnen Spielgeräte ausgestellt werden. Ein weiterer Zusammenhang besteht durch die Abgleichsmöglichkeit von Geräte begleitenden Zulassungsunterlagen mit der bei der PTB geführten Datenbank, um zB bei Verdacht auf Fälschungen Nachweise führen zu können.

Grundsätzlich wird die Prüfung der Aufstellberechtigung eines Geldspielgerätes 203 durch die Gewerbeaufsichtsbehörden mit Hilfe des Zulassungszeichens bzw des Zulassungsbeleges und der Prüfplakette festgestellt. Diese Dokumente werden als Nachweis der Zugehörigkeit eines konkreten Gerätes zu einer zugelassenen Bauart bzw zur Durchführung der vorgeschriebenen Überprüfung ausgegeben (siehe Abschnitte I.4 und V.2).

In der PTB wird eine Datenbank mit den Daten aller ausgegebenen Zulassungs- 204 belege geführt. Dadurch ist es möglich, bei Verlust oder Beschädigung eines Zulassungszeichens festzustellen, ob eine Berechtigung für die Ausgabe von Ersatzbelegen besteht. Ersatzbelege werden bei positiver Berechtigungsprüfung ausgegeben. Es ist mithilfe der Datenbank aber auch möglich festzustellen, ob ein vorgefundenes Zulassungszeichen noch die Originaldaten enthält oder gefälscht worden ist. Fälschungen werden zwar wegen der Verwendung von Dokumentenpapier und Sicherheitsmerkmalen für die Belege erschwert, jedoch nicht immer sicher erkannt. In einem solchen Fall hilft die Datenbank bei der PTB.

205 Die Informationen im Teil I des veröffentlichten Zulassungsscheins sind geeignet, eine weitergehende Überprüfung der Konformität des aufgestellten Spielgerätes mit der zugelassenen Bauart vorzunehmen, als es allein mit Hilfe des Zulassungszeichens und der Prüfplakette möglich ist. Dafür sind keine besonderen technischen Kenntnisse oder Hilfsmittel erforderlich. So sind die Identifikatoren und Checksummen der zugelassenen Software im Teil I angegeben. Weiter ist die Vorgehensweise beschrieben, wie die Identifikatoren und Checksummen der aktuell aufgespielten Software abgefragt werden können. Ein Vergleich gibt Hinweise, ob die aktuelle Software zugelassen ist. Stimmen die angezeigten Daten nicht mit den im Zulassungsschein veröffentlichten Daten überein, ist von einer nicht zugelassenen Software auszugehen. Stimmen sie überein, stellt dies zwar noch keinen rechtskräftigen Beweis der Übereinstimmung mit der zugelassenen Software dar, sie kann aber vermutet werden. Mehr ist durch einfache Überprüfungen nicht zu leisten. Die Frage, dass die Anzeige verfälscht worden sein könnte, um die gewünschten Daten vorzutäuschen, bedarf weitergehender Untersuchungen, die nur im Rahmen der Überprüfung gemäß § 7 SpielV oder aus besonderem Anlass durch die PTB vorgenommen werden können.

206 Der guten Ordnung halber muss hier auch erwähnt werden, dass die Veröffentlichung der Zulassungsscheine mit technischen Informationen zur Bauart nicht bestimmte Kontrollen durch die Gewerbeaufsichtsbehörden impliziert. Die Veröffentlichung bietet Optionen. Diese Optionen können auch durch andere Behörden, zB von Finanzbehörden, genutzt werden.

207 Für Betreiber der Spielgeräte stellen diese Informationen eine Quelle für die Selbstkontrolle zur rechtmäßigen Aufstellung von Geldspielgeräten dar. Zu einer solchen Kontrolle sind die Betreiber mit der Spielverordnungsnovelle von November 2014 verpflichtet worden.[92]

208 Die weiteren Bestimmungen im Teil III des Zulassungsscheins beschreiben neben dem Spielraum für die einzelnen Bauteile auch Auflagen für den Zulassungsinhaber. Dieser Teil richtet sich also primär an den Zulassungsinhaber. Er kann hilfsweise in besonderen Fällen für die Aufsichtsbehörden von Bedeutung sein.

VII. Die Erhebung von Umsatzsteuern

1. Grundsätzliches

209 Die Einnahmen aus dem gewerblichen Betrieb von Geldspielgeräten unterliegen der Umsatzsteuer. Maßgeblich dafür ist ein Erlass des Bundesministeriums für Finanzen

92 Geregelt in § 7 Abs 4 Ziffer 2 SpielV.

(BMF) aus dem Jahre 1994,[93] in dem festgelegt ist, dass als Bemessungsgrundlage für die Umsätze des Geldspielgeräteaufstellers der Teil seiner Einnahmen anzusetzen ist, über den er selbst verfügen kann. Dieser Erlass basiert auf einem entsprechenden Urteil des Gerichtshofes der Europäischen Gemeinschaften (EuGH).[94]

Bei der Umsatzsteuererhebung für Geldspielgeräte ist die Frage von Interesse, 210 wie die Einnahmen aus den Geldspielgeräten, über die der Aufsteller verfügen kann, in Beziehung zu den beim Betrieb der Spielgeräte anfallenden Daten stehen. Die Abschnitte VI.2 und VI.3 widmen sich dieser Frage, einmal in Bezug auf das derzeit angewendete Steuererhebungsverfahren und im anderen Fall in Bezug auf ein mögliches neues Verfahren.

Während die im Hauptabschnitt V dargestellte Kontrolle der aufgestellten Gerä- 211 te sich wesentlich auf die veröffentlichten bzw auf die mit den Geräten mitgelieferten Dokumente stützt, werden bei der Umsatzbesteuerung Daten benötigt, die im Spielbetrieb entstehen.

Der Klarheit wegen wird hier betont, dass sich die Umsatzsteuer auf Einnahmen 212 des Aufstellers bezieht, die er mit einem Geldspielgerät erzielt, nicht aber auf die jeweiligen Einsätze oder Gewinne eines Spielers an diesem Gerät. Einzelne Personen spielen bei der gerätebezogenen Bilanzierung grundsätzlich keine Rolle.

Bei einsatzbezogenen Vergnügungssteuern, die auf kommunaler Ebene hier 213 und da erhoben werden, besteht in der Regel auch ein Bezug zu Daten, die im Spielbetrieb entstehen. Das hängt aber von der jeweiligen Satzung ab. Eine Diskussion der Vergnügungssteuererhebung ist nicht einheitlich möglich und aus diesem Grunde nicht Gegenstand dieses Beitrages.

Das Spielrecht – sowohl in den zutreffenden Paragraphen der Gewerbeordnung 214 als auch in der Spielverordnung – nimmt keine abgaberechtlichen Regelungen vor. Es gibt lediglich zwei Bezugspunkte. Der erste Bezugspunkt ist die von den Herstellern der Geldspielgeräte geforderte Erklärung, dass „die Möglichkeit besteht, sämtliche Einsätze, Gewinn und Kasseninhalte für steuerliche Erhebungen zu dokumentieren."[95] Der zweite Bezugspunkt ist die neu eingeführte Anforderung zur dauerhaften und sicheren Speicherung der erfassten Einsatz- und Gewinndaten.[96]

Näheres zu den steuerlichen Erhebungsverfahren ist nicht Bestandteil des Spiel- 215 rechts, sondern den dafür geltenden Regelungen des Abgaberechts zu entnehmen. Infolgedessen sind spezielle Fragen des Abgaberechts nicht Gegenstand der Bauartzulassung.

Im Kontext der auch öffentlich geführten Diskussion um Steuerhinterziehung 216 und Manipulation von Geldspielgeräten ist unter Beachtung der oben dargestellten

93 Bundesministerium für Finanzen, Erlass IV C 3 – S 7200 – 80/94 vom 5. Juli 1994.

94 Urteil des EuGH vom 5. Mai 1994, Rs C-38/93 (BStBl II S 548).

95 Geregelt in § 12 Abs 2 Nr 4 SpielV.

96 Geregelt in § 13 Nr 9a SpielV.

Abgrenzung von Spiel- und Abgaberecht zwischen Manipulationen an den Spielgeräten, zB mit dem Ziel, hohe Gewinne unter Ausschaltung des Zufalls zu erzielen, und Manipulation an den vom Spielgerät erzeugten Daten, zB um die Steuerlast nach unten zu korrigieren, zu unterscheiden.

217 Die Manipulationen an Spielgeräten sind eine Angelegenheit des Spielrechts; der Schutz gegen Manipulationen ist Bestandteil der Zulassungsprüfung. Die Maßnahmen sind mit der jüngsten Novellierung der Spielverordnung noch einmal verstärkt worden. Dass es einige Fälle erfolgreicher Manipulationen an aufgestellten Geldspielgeräten gegeben hat, ist ein grundsätzliches Problem, das alle IT-Systeme betrifft, selbst die mit höchsten Schutzanforderungen.[97] Bei Bekanntwerden der Manipulationen und nach Auswertung der Vorgehensweise werden die Erkenntnisse in zusätzlich eingeforderte Schutzmaßnahmen umgesetzt. Die Lücken werden nicht nur bei neuen Bauarten, sondern auch bei den aufgestellten Geldspielgeräten durch Zulassungsnachträge für die betroffenen Bauarten mit Teilrücknahmen der Zulassung für die entsprechende Software geschlossen.

218 Bei der Manipulation von Daten handelt es sich um ein abgaberechtliches Problem. Die zu versteuernden Einnahmen werden nach unten korrigiert, um eine geringere Abgabeverpflichtung vorzutäuschen.[98] Die Manipulationen nutzen Schwächen des derzeitigen Steuererhebungsverfahrens aus, indem außerhalb des Spielgerätes oder beim Auslesen der Daten aus dem Spielgerät mithilfe eines Auslesegerätes Veränderungen an den Daten vorgenommen werden. Der technische Manipulationsvorgang liegt nicht mehr in dem Bereich, der durch die Bauartzulassung abgedeckt wird. Das derzeitige Steuererhebungsverfahren nutzt nicht die dauerhaft gespeicherten und gesicherten Daten der Einsätze und Gewinne. Zwar eignen sich die gesicherten Daten für eine Überprüfung der steuerlichen Deklarationen, anzustreben wäre aber eine direkte Verwendung dieser Daten (siehe Abschnitt VI.3).

2. Das gegenwärtige Besteuerungsverfahren

219 Das gegenwärtig angewendete Verfahren zur Erhebung von Umsatzsteuern knüpft an die typische Bauweise der Geldspielgeräte aus den 80er und beginnenden 90er Jahren des letzten Jahrhunderts an. Die Geldspielgeräte hatten damals noch keine Hopper und keine Geldscheinannahmetechnik, sondern allein Münzröhren als ausgabefähige Geldaufbewahrungsbehälter. Zusätzlich gab es den so genannten Überlaufbehälter, der nicht auszahlungsfähig ist (siehe Abschnitt III.3 zu physischen Geldflüssen). Im Überlaufbehälter (im Allgemeinen als Kasse bezeichnet) sammel-

97 Man denke hier zB an öffentlich bekannte, erfolgreiche Hackerangriffe mit hoher politischer Brisanz.

98 Eine manipulative Korrektur nach oben wäre als Geldwäsche einzustufen.

ten sich die verfügbaren Einnahmen des Aufstellunternehmers, und über diese Einnahmen verfügte der Aufstellunternehmer in der Regel tatsächlich. Das Geld aus der Kasse wurde regelmäßig entnommen. Im Sprachgebrauch der Branche heißt das „Kassierung". Das in den Geldröhren verbleibende Geld wurde zur Auszahlung von Gewinnen benötigt und daher vom Aufstellunternehmer in der Regel nicht als Einnahme entnommen.

Aus dieser technischen Konstruktion und der damit verbundenen typischen 220
Vorgehensweise ist das Grundprinzip[99] entstanden, das bis heute noch für die Umsatzsteuererhebung angewendet wird. Diesem Prinzip liegt die Annahme zugrunde, dass es beim Besteuerungsverfahren grundsätzlich nur darauf ankommt, die in die Kasse fallende Geldmenge zu ermitteln. Kennt man diese Geldmenge, kennt man im Grunde das zu versteuernde Einkommen. Kleinere Abweichungen werden durch Korrekturgrößen dargestellt. Dieses Verständnis ist heute noch die Grundlage des Besteuerungsverfahrens, obwohl es inzwischen mit Hoppern und Dispensern auszahlungsfähige Geldaufbewahrungstechnik gibt, die ein Vielfaches der Geldmenge von Münzröhren aufnehmen können und aus denen ebenfalls Geld entnommen wird. Das wird schon aus Sicherheitsgründen gemacht. Die Geldmenge in Überlaufbehältern ist also längst nicht mehr das Maß für die verfügbaren Einnahmen des Aufstellunternehmers. Korrekturgrößen zum ermittelten Kasseninhalt haben eine ganz andere Bedeutung bekommen. Das führt zu neuen Problemen. Die von der Kontrolleinrichtung erfassten Daten werden dagegen nicht verwendet. Auf die Probleme wird weiter unten ausführlicher eingegangen.

Im Mittelpunkt des derzeitigen Steuererhebungsverfahrens steht die Bestim- 221
mung des Inhaltes des Überlaufbehälters (kurz: des Kasseninhaltes). Als Korrekturgrößen, die automatisch erfasst werden, kommen die Geldmenge hinzu, die bereits zuvor aus der Kasse entnommen wurde sowie jene Geldmenge, die der Aufstellunternehmer nachfüllen musste, um Gewinnauszahlungen zu sichern. Nachfüllungen werden zB notwendig, wenn zur Auszahlung von Gewinnen bestimmte Münzen benötigt werden, aber nicht mehr vorrätig sind. Die automatisch ermittelten, zu versteuernden Einnahmen (Saldo 2) ergeben sich dann aus dem aktuellen Kasseninhalt, addiert um die Geldmenge, die zuvor entnommen worden ist und reduziert um den so genannten Nachfüllbetrag (siehe Beispielrechnung in Abb. 10, unterer Teil). Die zu versteuernden Einnahmen können ggf noch um solche Fehlbeträge reduziert werden, die nicht automatisch ermittelt werden (zB angenommenes Falschgeld, Fehlbeträge in Röhren und Hoppern, zum Testen verwendetes Geld).

Der Kasseninhalt könnte durch einfache Auszählung ermittelt werden. In diesem Fall wäre der obere Teil in der Beispielrechnung nicht erforderlich. Die Kasse, die in der Regel ein einfacher Plastikbehälter ist, hat aber bis auf ihre Platzierung

99 Hier wird das Grundprinzip dargestellt. Konkrete Datenausdrucke können herstellerabhängig ihre jeweils spezifischen Ausprägungen haben.

Ermittlung der zu versteuermden Einnahmen	
Einwurf	3652,70
Auswurf	−2724,70
Saldo (1)	**928,00**
Nachfüllung	+ 105,90
Entnahme	− 90,00
Füllstan dsänderung	+ 194,80
Fehlbetrag	− 5,10
Kasse (Elektronisch gezählt)	**1133,60**
Entnahme	+ 90,00
Nachfüllung	− 105,90
Saldo (2)	**1117,70**

Abb. 10: Beispielrechnung zur Ermittlung der zu versteuernden Einnahmen

222 hinter einer verschlossenen Gerätetür keine besonderen Schutzvorkehrungen. Entnahmen sind ohne Nachweis für jeden, der Zugriff zum Gerät hat, möglich. Deshalb fehlt bei einem Verfahren das auf der einfachen Auszählung der Kasse basiert, ein ausreichendes Vertrauen in die Korrektheit der Einnahmeermittlung.

223 Anstelle der manuellen Kassenauszählung wird ein Verfahren zur elektronischen Ermittlung des Kasseninhaltes angewendet (oberer Teil der Beispielrechnung). Dieses Verfahren zählt nicht direkt den Kasseninhalt, sondern basiert auf der Ermittlung verschiedener Größen mithilfe elektronischer Zählwerke oder Angaben des Aufstellers und berechnet daraus den Kasseninhalt. Der so ermittelte Kasseninhalt wird als elektronisch gezählte Kasse bezeichnet. Unter den elektronisch gezählten Größen sind nur solche, die es zum Zeitpunkt der Entwicklung des Verfahrens bereits gab. Deshalb finden die von der Kontrolleinrichtung erfassten Daten, über die der kürzeste und sicherste Weg zur Ermittlung der Einnahmen gehen würde, keine Verwendung. Neben den elektronisch gezählten Daten kommen noch Angaben hinzu, die nur der Aufsteller machen kann. Das betrifft zB Angaben über Geldentnahmen und Fehlbeträge.

224 Wie der Beispielrechnung zu entnehmen ist, beginnt die Berechnung der elektronisch gezählten Kasse mit der Ermittlung des summarischen Einwurfs und Auswurfs der Spieler (in der Beispielrechnung nur kurz als Einwurf und Auswurf bezeichnet). Der Differenzbetrag wird als Saldo 1 bezeichnet. Diese Daten stellen noch keinen Einsatz oder Gewinn dar (siehe Abschnitt III.4 zur spielrechtlichen Einordnung), können aber elektronisch gezählt werden. Durch die Differenzbildung heben sich eingeworfene Geldbeträge, die nicht zum Spielen verwendet werden, wieder auf.

225 Die Differenz aus summarischem Einwurf und Auswurf der Spieler ergibt aber noch nicht den Kasseninhalt. Es sind einige Korrekturgrößen erforderlich. Die erste Korrektur betrifft die Geldmengen, die der Betreiber dem Spielgerät zuführt (in der Beispielrechnung als Nachfüllung bezeichnet) oder entnimmt (als Entnahme be-

zeichnet). Nachfüllungen werden dem Saldo 1 hinzugerechnet und Entnahmen vom Saldo 1 subtrahiert. Die Korrekturen werden zunächst in voller Höher vorgenommen, unabhängig davon, woraus die Entnahmen genommen werden und dass in der Regel die Auffüllungen nicht in die Kasse vorgenommen werden. Für diesen Ausgleich ist ein zweiter Korrekturschritt erforderlich.

Im zweiten Korrekturschritt werden die Geldanteile zurückgerechnet, die beim 226 Einwurf bzw bei der Nachfüllung direkt in einen auszahlungsfähigen Geldbehälter gelenkt und die beim Auswurf bzw bei der Entnahme aus einem auszahlungsfähigen Geldbehälter gekommen bzw genommen worden sind. In diesen Fällen hat eine Veränderung der Kasse nicht stattgefunden. Es muss eine entsprechende Korrektur gemacht werden. Die Korrekturgröße wird summarisch durch die Füllstandsänderung[100] erfasst. Wenn der in den auszahlungsfähigen Geldaufbewahrungsbehältern gelagerte Betrag sich verringert hat, sind mehr Auszahlungen bzw Entnahmen aus diesen Behältern vorgenommen worden als Geld durch Einwürfe und Nachfüllungen dort hingelenkt worden ist. Diese Mehrauszahlungen verringern also nicht die Kasse und sind deshalb der Kassenbilanz wieder hinzuzurechnen (trifft in der Beispielrechnung zu). Hat sich umgekehrt der in den auszahlungsfähigen Geldaufbewahrungsbehältern gelagerte Betrag erhöht, ist die Differenz von der Kassenbilanz abzuziehen, denn es sind in diesem Fall weniger Auszahlungen und Entnahmen von dort vorgenommen worden, als Geld durch die Einwürfe und Nachfüllungen hingelenkt worden sind. Diese Mehreinwürfe bzw Mehrnachfüllungen erhöhen nicht den Kassenbestand und sind deshalb von der Bilanz abzuziehen. Die Ermittlung der Füllstände kann durch Zählwerke unterstützt werden, kann aber auch auf Angaben des Aufstellers basieren.

Schließlich wird noch eine Korrekturgröße Fehlbetrag subtrahiert. Dabei han- 227 delt es sich um sonstige Differenzen, die bekannt geworden sind.[101]

Das dargestellte Verfahren hat einige Schwachstellen. Es basiert auf nicht ge- 228 prüften Zählwerken oder stützt sich auf Größen, die von Aufstellern erst manuell einzugeben sind, bevor sie weiter elektronisch verarbeitet werden. Zudem können die elektronischen Zählwerke bei der Geldentnahme umgangen werden. Das Verfahren bietet nicht die Sicherheit, die für die Steuerhebung erforderlich wäre.

Es stellt sich die Frage, ob dieses Verfahren ausreichend sicher gemacht werden 229 kann. Grundsätzlich müssten dazu sämtliche Geldzuführungs- und -entnahmevorgänge so gestaltet werden, dass zwangsweise eine (elektronische) Protokollierung jeder Geldzuführung oder -entnahme erfolgt. Jeglicher manueller Eingriff in die

100 Für diese Größe werden von Herstellern unterschiedliche Bezeichnungen verwendet, wie zB Auszahlvorrat oder Röhreninhalt.

101 Beim Umgang mit automatisch sowie nicht automatisch ermittelten Fehlbeträgen gibt es Spielraum. Über die Praxis und die Akzeptanz durch die Finanzbehörden liegen dem Autor keine Erkenntnisse vor.

Geldtechnik müsste unterbunden werden. Das allein ist aber bereits praxisfremd, denn keine Geldtechnik ist so stabil, dass sie ganz ohne manuelle Eingriffe, zB zur Wartung oder bei Verklemmungen von Münzen oder Geldscheinen, auskommt. Des Weiteren dürften nur noch ausreichend zuverlässige und geprüfte elektronische Zählwerke für die Geldzuführung und -entnahme sowie für die Bestandsermittlung in den Geldaufbewahrungsbehältern zur Anwendung kommen dürfen. Das führt aber zu einem nicht vertretbaren Aufwand-Nutzen-Verhältnis. Insgesamt hat also der Weg, der über die Verbesserung der Sicherheit des gegenwärtigen Verfahrens führt, keine Zukunft. Es besteht auch keine Notwendigkeit, diesen Weg weiterzugehen, denn es gibt eine Alternative, die effektiver, transparenter, weniger aufwändig und sicherer ist.

3. Das Potential der Kontrolleinrichtung für die Umsatzsteuererhebung

230 Im Folgenden wird ein Ansatz vorgestellt, der die Umsatzsteuererhebung bei Geldspielgeräten im Vergleich zum bisherigen Verfahren völlig umstellt. Der neue Ansatz stützt sich auf die folgenden zwei Fundamente:

(1) Auf das Prinzip, dass der Aufsteller jene Einnahmen zu versteuern hat, über die er verfügen kann (Grundlage: EuGH-Urteil, BMF-Erlass, siehe Abschnitt VI.1).

(2) Auf die spielrechtlich geforderte Kontrolleinrichtung (KE), die sämtliche Einsätze und Gewinne erfasst (Grundlage: § 13 Nr 9 SpielV).

231 Bei dem neuen Ansatz wird vollständig auf die Erfassung des physischen Geldverkehrs verzichtet. Dafür werden die Daten zugrunde gelegt, die die KE als Einsatz und Gewinn erlaubt und entsprechend erfasst hat (siehe Abschnitt III.2). Das ist möglich, weil zum einen die korrekte Abbuchung der Einsätze vom Geldspeicher und die korrekte Aufbuchung von Gewinnen auf den Geldspeicher im Rahmen der Bauartzulassung geprüft werden. Zum anderen ist spielrechtlich verankert und damit auch Gegenstand der Zulassungsprüfung, dass die am Geldspeicher angezeigten Beträge jederzeit verfügbar sein müssen. Diese Absicherung bietet die Möglichkeit, die von der KE erfassten Daten über Einsatz und Gewinn einem physischen Geldeinsatz bzw Geldgewinn gleichzusetzen. (siehe auch Abschnitt III.4 zur Verbindung von logischen und physischen Geldflüssen). Die Absicherung über die Bauartzulassung ist eine Besonderheit bei Geldspielgeräten, deren Ausnutzung zu einer erheblichen Vereinfachung bei der Umsatzsteuererhebung führen würde.

232 Die für den Aufstellunternehmer verfügbaren Einnahmen ergeben sich im Wesentlichen aus den von der Kontrolleinrichtung aufgezeichneten Daten. Die folgende Formel stellt das Berechnungsverfahren dar:

Verfügbare Einnahmen	=	*Summe der Einsätze*
	–	*Summe der Gewinne*
	+/–	*Veränderung der gebundenen Betriebsmittel*

Als einzige Korrekturgröße kommt die Veränderung der gebundenen Betriebsmittel (Geldmittel) in der Besteuerungsperiode hinzu, die zur Abwicklung des Zahlungsverkehrs im Geldspielgerät vorrätig gehalten werden müssen. Hat sich die Menge der gebundenen Betriebsmittel erhöht, ist der Änderungsbetrag von den verfügbaren Einnahmen abzuziehen. Umgekehrt ist der Änderungsbetrag zu den verfügbaren Einnahmen hinzuzurechnen. Fehlbeträge wären ggf. auch noch von den verfügbaren Einnahmen abzuziehen. Welche Art von Fehlbeträgen aber steuerrechtlich anerkannt wird, liegt außerhalb der Betrachtung dieses Beitrages. Fehlbeträge werden deshalb hier nicht weiter diskutiert. 233

Die Daten aus der KE können als sicher angesehen werden. Denn die KE wird bei der Bauartzulassung einer gründlichen Prüfung unterzogen. Zudem unterliegt die KE einem hoch angesetzten Manipulationsschutz. Der Manipulationsschutz ist Bestandteil der Bauartzulassung. Die Sicherheit der Daten für die Umsatzbesteuerung, die von der KE geliefert werden, wird über das Bauartzulassungsverfahren gewährleistet. Diese Einbettung in das Zulassungsverfahren ist beim derzeitigen Verfahren zur Umsatzsteuererhebung nicht gegeben. 234

Bei der Veränderung der gebundenen Betriebsmittel handelt es sich nicht um Daten aus der KE. Das sind Angaben, die am Geldspielgerät zu ermitteln sind. Das kann unter Verwendung elektronischer Füllstandsanzeigen oder Münzwaagen, aber auch durch manuelles Auszählen geschehen. Ob auch Schätzungen akzeptiert werden und ggf. mit welcher Fehlertoleranz, müssten die Finanzbehörden entscheiden. In jedem Fall würden Verfahren und ggf technische Hilfsmittel zur Anwendung kommen, die nicht der Bauartzulassung unterliegen. Diese Daten müssten vom Aufstellunternehmer ermittelt werden. Sie sind also nicht über ein behördliches Verfahren gesichert. 235

Es gibt aber eine Reihe von Zusammenhängen, die für Überprüfungen der Daten über die Füllstandmengen bzw deren Veränderung herangezogen werden können. Zunächst gilt für die gesamte Aufstellzeit eines Geldspielgerätes, dass die verfügbaren Einnahmen sich allein aus der Differenz der Einsatzsumme und der Gewinnsumme über die Aufstellzeit ergeben. Für diese Zeitspanne ist die Veränderung der gebundenen Betriebsmittel Null, denn vor und nach der Aufstellzeit sind keine Betriebsmittel durch das jeweilige Gerät gebunden. Somit errechnet sich die Gesamtbilanz über die Aufstellzeit eines Gerätes allein aus Daten, die von der Kontrolleinrichtung stammen, also sicher sind. Die dafür geltende Formel verkürzt sich wie folgt: 236

Verfügbare Einnahmen = *Summe der Einsätze*
– *Summe der Gewinne*

Sollte der Aufstellunternehmer zwischenzeitlich unrichtige Angaben über die gebundenen Betriebsmittel gemacht haben, wird das spätestens bei der Außerbetriebnahme des Geldspielgerätes festgestellt. Es ist also gesichert, dass keine Umsatzsteuer verloren geht. Die Einziehung könnte sich schlimmstenfalls verzögern. 237

Dieter Richter

238 Eine weitere Möglichkeit zur Überprüfung der deklarierten gebundenen Betriebsmittel besteht während der Aufstellzeit eines Geldspielgerätes, wenn die Füllstände vor Ort überprüft werden. Für die Überprüfung können die im Geräte vorhandenen elektronischen Hilfsmittel (Zähler) oder Münzwaagen genutzt werden oder aber die Füllmenge kann manuell ausgezählt werden. Hat man vertrauenswürdige Daten über die Füllstände zu einem bestimmten Zeitpunkt, kann man für die Zeit vom Aufstellungsbeginn bis zum Prüfzeitpunkt die verfügbaren Einnahmen zuverlässig bestimmen. Dafür gilt die folgende Formel:

Verfügbare Einnahmen = *Summe der Einsätze*
– *Summe der Gewinne*
– *Füllmenge zum Prüfzeitpunkt*

239 Mit der Wahl von Prüfzeitpunkten steht ein Instrument zur Verfügung, entweder regelmäßig oder anlassbedingt die Korrektheit von Aufstellerangaben zu überprüfen. Wird dieses Instrument nicht angewendet, bleibt immer noch die ggf erforderliche Korrektur bei Außerbetriebnahme der Geräte.

240 Über die Prüfung der Angaben zur Veränderung der gebundenen Betriebsmittel hinaus gibt es eine Reihe von Zusammenhängen, die für Plausibilitätsprüfungen von solchen Angaben zur Verfügung stehen. Das sind:

- Im Regelfall findet nur zur Inbetriebnahme eine große Veränderung der Füllstandsmenge statt (Anfangsauffüllung). Das gleiche gilt im Grunde auch für die Außerbetriebnahme (Endentnahme).
- Es gibt Obergrenzen für die Füllmengen in den auszahlungsfähigen Behältern, dh die Menge der gebundenen Betriebsmittel ist nach oben entsprechend begrenzt.
- Es gibt die Möglichkeit, die Widerspruchsfreiheit einer aktuellen Steuerdeklaration mit den vorhergehenden Steuerdeklarationen zu prüfen.
- In der Regel genügt eine Inaugenscheinnahme der auszahlungsfähigen Geldbehälter, um ihren Füllstand grob zu schätzen.

241 Vergleicht man das derzeitig angewendete Verfahren mit dem hier skizzierten Vorschlag, dann sind folgende Vorteile des Vorschlages zu nennen:

(1) Das vorgeschlagene Verfahren ist transparent und leicht verständlich.
(2) Das vorgeschlagene Verfahren nutzt die über das Bauartzulassungsverfahren gesicherten Daten aus der Kontrolleinrichtung.
(3) Das vorgeschlagene Verfahren benötigt keine Daten, die von ungeprüfter Zähltechnik stammen.
(4) Das vorgeschlagene Verfahren nutzt überprüfbare Angaben des steuerpflichtigen Aufstellunternehmers zu den gebundenen Betriebsmitteln..
(5) Bei Zwischenprüfungen, spätestens bei der Außerbetriebnahme eines Geldspielgerätes sind zwischenzeitlich unrichtigen Angaben zu den gebundenen Betriebsmitteln korrigierbar.

(6) Das vorgeschlagene Verfahren stützt sich auf das Bauartzulassungsverfahren. Es stellt keine zusätzlichen Prüfanforderungen.[102]

---

102 **Danksagung:** Meinen ehemaligen Kollegen Kerstin Thiele, Reiner Kuschfeldt, Dr. Florian Thiel und Prof. Dr. Hans Koch gebührt herzlicher Dank für die sorgfältige Durchsicht und wertvollen Hinweise zum ersten Entwurf, der noch während meiner aktiven Dienstzeit im Jahre 2014 entstanden ist. Der Autor bedankt sich bei der PTB für die Überlassung von Fotokopien aus ihrem Archiv.

Dieter Richter

4. Teil: Sucht

Ulrike Albrecht-Sonnenschein/Ihno Gebhardt

§ 31 Glücksspiel und Sucht – eine Vorbemerkung

So alt wie das Glücksspiel ist auch die Kehrseite dieses spannungsgeladenen Unterhaltungsmediums: exzessives, krankhaftes Glücksspielen um jeden Preis – mit gravierenden psychischen, sozialen und materiellen Folgen. Besondere Aufmerksamkeit in den Bereichen der Medizin genießt die Glücksspielsucht allerdings erst seit wenigen Jahrzehnten: So wurde das pathologische Glücksspiel von der „American Psychiatric Association" (APA) erst/immerhin 1980 in das „Diagnostische und statistische Manual psychischer Störungen" (DSM-III) und von der Weltgesundheitsorganisation (WHO) 1991 in die „Internationale Klassifikation psychischer Störungen" (ICD-10) als eigenständige psychische Erkrankung aufgenommen. 1

Die in den letzten Jahren intensivierte Grundlagenforschung zum pathologischen Glücksspiel hat spürbare Fortschritte für die Betroffenen gebracht: Während das pathologische Glücksspiel in den internationalen Diagnosemanualen psychischer Störungen zunächst als Impulskontrollstörung klassifiziert wurde, wird es nunmehr – im Rahmen der 5. Revision des DSM (DSM-5) – als Ergebnis eines intensiven fachlichen Diskurses als erste Form der Verhaltenssucht nosologisch den Suchterkrankungen zugeordnet. Diese Einordnung ist für die Wahl der therapeutischen Methode von großer Bedeutung: Die Betroffenen können hiernach mit suchttherapeutischen Methoden behandelt werden, die sich in der ambulanten wie stationären Praxis als langfristig effektiv erwiesen haben. In der noch aktuellen Fassung des ICD (ICD-10) wird allerdings noch an der Konzeptualisierung des pathologischen Glücksspiels als Impulskontrollstörung festgehalten, so dass die Diskussion über dessen adäquate Klassifikation noch nicht abgeschlossen ist. 2

Inzwischen gibt es auch für Deutschland epidemiologische Befunde, die darauf hinweisen, dass es sich bei dem pathologischen Glücksspielverhalten um ein gravierendes Gesundheitsproblem handelt. Die weitere Erforschung – einschließlich der Präventions- und Therapieforschung – ist bereits deshalb dringend geboten, weil durch vielfache Internetangebote eine erhebliche Ausweitung der Glücksspielangebote stattgefunden hat und weiterhin stattfindet. 3

Das chronologische Geschehen einer Glücksspielsucht entwickelt sich im vielschichtigen Wechselspiel persönlicher, sozialer und gesellschaftlicher sowie konkret glücksspielbezogener Parameter. Die fließenden Übergänge des Glücksspielverhaltens, von der ersten Durchführung über den Genuss und die Gewöhnung bis hin zu problematischem, missbräuchlichem und schließlich süchtigem, pathologischem Glücksspiel, werden von zahlreichen und unter Umständen auch wechselnden Merkmalen bestimmt. Einzelne Theorieansätze liefern daher keine Antwort auf die Frage nach den Ursachen dieser Suchterkrankung. Nur integrative – „theorieübergreifende" – Erklärungsmodelle werden den komplexen Vorgängen um die Ent- 4

Ulrike Albrecht-Sonnenschein/Ihno Gebhardt

https://doi.org/10.1515/9783110259216-031

stehung und Aufrechterhaltung süchtigen Glücksspielverhaltens gerecht; nur der die spezifischen Wechselbeziehungen aufgreifende Erklärungsansatz eines integrativen Modells liefert brauchbare Hinweise für die möglichst differentielle Therapie und Prävention von Glücksspielsucht.

5 Für die Ableitung bzw Entwicklung wirksamer Präventions- und Frühinterventionsmaßnahmen bedeutet dies Folgendes: Die Vermeidung von Glücksspielsucht und damit zugleich ein wirksamer Spieler- und Jugendschutz wird nur dann gelingen, wenn die Maßnahmen einen umfassenden, die Glücksspielsegmente übergreifenden, klinisch und praktisch begründbaren und operativen Schutzstandard widerspiegeln, dessen regelhafte Umsetzung mit einem begrenzten legalen Glücksspielangebot korrespondiert. Hierzu gehört auch ein verstärkt auf die Glücksspielsuchtprävention gerichteter Fokus. Es ist ein Allgemeinplatz, dass Investitionen in die Prävention mit Blick auf die erheblichen Folgekosten süchtigen Verhaltens auch volkswirtschaftlich sinnvoll sind. Neben Präventionsmaßnahmen für die (erwachsene) Allgemeinbevölkerung muss die Zusammenarbeit von Eltern, Pädagogen, Sportvereinen usw geschaffen und gefördert werden, die im Einklang mit weiteren differentiellen Maßnahmen die Chance nutzt, Kinder und Jugendliche in ihren Lebenskompetenzen umfassend zu stärken und so schließlich auch das Risiko der Entwicklung einer (Glücksspiel-)Sucht zu verringern. Auch Sozialkonzepte, wie sie zunehmend von Glücksspielanbietern genutzt werden (vgl das im Anhang abgedruckte Sozialkonzept der Spielbank Berlin), können in diesem Kontext einen Beitrag leisten.

Ulrike Albrecht-Sonnenschein/Klaus Wölfling/
Sabine Grüsser-Sinopoli (†)

§ 32 Glücksspielsucht: Diagnostische und klinische Aspekte

Übersicht

I. Glücksspielsucht: Phänomenologie und Klassifikation

Bereits 1561 beschrieb der flandrische Arzt Pasqual Joostens das süchtige Spiel mit den damals beim Volk äußerst beliebten Würfeln[1]. So birgt das – seit jeher als ein faszinierendes Unterhaltungs- und Freizeitvergnügen geltende – Spiel mit dem zufälligen Glück stets auch die Gefahr des unkontrollierten, süchtigen Glücksspiels als chronifizierende **Suchterkrankung** mit gravierenden psychosozialen Konsequenzen für den Betroffenen und die Angehörigen. In diesem Zusammenhang stellt die literarische Darstellung des „Spielers" durch Fjodor Dostojewski (1866), der dem Rausch des Roulettespiels verfiel, noch immer eines der eindrucksvollsten Werke dar. 1

Heute gehören neben den weit verbreiteten gewerblichen **Geldspielautomaten,** dem Glücksspielangebot in den staatlich konzessionierten **Spielbanken** (Glücksspielautomaten, Poker, Roulette, Black Jack usw), **Lotterien** (Lotto/Toto, Rubbellose, Keno, Eurojackpot usw.), Bingo, **Sport- und Pferdewetten** und **Börsenspekulationen** vor allem auch Glücksspiele im Internet zu den alltäglich genutzten Glücksspielformen. Im Zuge der fortschreitenden Digitalisierung führt eine bis dahin nicht gekannte Medienkonvergenz dazu, dass fast alle terrestrisch angebotenen Glücksspiele wie beispielsweise Poker, Casinospiele, „Slotmachines" oder Sportwetten heute auch über das Internet und damit über Computer, Tablets und Smartphones jederzeit genutzt werden können. Gleichzeitig weitet sich das Glücks- 2

1 Zitiert in *Bauer, G.G.* (1985). Homo Ludens – der spielende Mensch. München: Katzbichler.

https://doi.org/10.1515/9783110259216-032

spielen im Internet bspw. auch durch die Integration von „Fungames" (Glücksspiele mit Geschicklichkeitsanteil) oder von glücksspielnahen Internetapplikationen, wie zB Glücksspielangeboten in Online-Spielen oder free-to-play-Spiele mit Monetarisierung, aus. So können in Online-Computerspielen geldwerte virtuelle Gegenstände oder Sachpreise gewonnen und mit realem Geld Spielerweiterungen, „Ausrüstungen" für die Spielfiguren und „Coins" als virtuelle Währung gekauft werden. Hinzu kommt, dass Glücksspielangebote in den sozialen Netzwerken vielfältig beworben und entsprechend zur unmittelbaren Nutzung verlinkt werden. Glücksspiele sind damit heute mehr denn je allgegenwärtig.

3 Bereits Ende des 19. Jahrhunderts wurden von den Fachleuten die Trunk-, Morphium-, Kokain- und **Spielsucht** als wesentliche Suchtarten beschrieben. Dabei war es unumstritten, dass sich Sucht sowohl auf **psychotrope** (die Psyche beeinflussende) Substanzen wie zB Alkohol und Kokain (substanzgebundene Sucht) als auch auf exzessives Verhalten (**substanzungebundene Sucht**) beziehen kann. So formulierten Gabriel und Kratzmann 1936[2] den Begriff der **„Tätigkeitssüchte"**. Auch von Gebsattel[3] favorisierte eine von Toxikomanien, also von substanzgebundener Sucht, unabhängige Bezeichnung für das Phänomen menschlicher Süchtigkeit. Diese historischen Wurzeln finden sich in der seit den 80er Jahren des letzten Jahrhunderts betriebenen Diskussion um **substanzgebundene** wie substanzungebundene Suchterkrankungen und somit auch in der bis heute andauernden Kontroverse um die adäquate Klassifizierung des **pathologischen** **Glücksspiel**s sowie anderer Formen der substanzungebundenen Sucht, resp. der Verhaltenssucht[4] wieder. In den beiden internationalen **Klassifikationssystemen psychischer Störungen**, der Internationalen Klassifikation psychischer Störungen (ICD-10)[5] und dem bisherigen Diagnostischen und Statistischen Manual Psychischer Störungen (DSM-IV-TR)[6] werden verbindlich die Kriterien festgeschrieben, die eine evtl. betroffene Person erfüllen muss, um eine entsprechende Diagnose einer bestimmten **psychischen Störung** stellen zu können. In beiden Manualen wurde das „Pathologische (Glücks-) Spielen" bislang unter der Kategorie der „Psychischen und Verhaltensstörungen" als „Abnorme Gewohnheit und Störung der Impulskontrolle" eingeordnet. In der

---

2 *Gabriel, E., Kratzmann, E.* (1936). Die Suechtigkeit – eine Seelenkunde. Berlin.

3 *von Gebsattel, V.E.* (1954). Prolegomena einer medizinischen Anthropologie. Springer, Berlin.

4 *Grüsser, S.M., Poppelreuter, S., Heinz, A., Albrecht, U., Saß, H.* (2007). Verhaltenssucht – eine eigenständige Diagnoseeinheit? Nervenarzt, 78, 9: 997–1002.

5 *Dilling, H., Mombour, W., Schmidt, M.H.* (2000). Internationale Klassifikation psychischer Störungen ICD-10, Klinisch-diagnostische Leitlinien, Weltgesundheitsorganisation. 4., durchges und erg Aufl, Huber, Bern.

6 *Saß, H., Wittchen, H.-U., Zaudig, M., Houben, I.* (2003) Diagnostische Kriterien des Diagnostischen und Statistischen Manuals psychischer Störungen DSM-IV-TR. Hogrefe, Göttingen, Bern, Toronto, Seattle.

Kategorie „Abnorme Gewohnheiten und Störungen der Impulskontrolle“ sind andernorts nicht einzuordnende Verhaltensstörungen zusammengefasst, die sich in dem Merkmal eines als unkontrollierbar beschriebenen Impulses ähneln. In diese Kategorie fallen Verhaltensweisen, bei denen der Betroffene nicht in der Lage ist, den Impuls oder Trieb, eine Handlung auszuführen, zu unterdrücken. Dabei ist die Handlung für die betroffene Person selbst oder andere schädlich. Als diagnostisches Kriterium steht der von den Betroffenen erlebte innere Spannungszustand vor der Handlung und die Entlastung nach der Handlung im Vordergrund.[7] Betroffene berichten nach Durchführung der Handlung häufig von Gefühlen der Reue oder Schuld sowie von schweren Selbstvorwürfen. Die Handlung geschieht ohne vernünftige Motivation. Die Ursachen dieser Störungen sind noch nicht geklärt. Zu dieser Kategorie psychischer Störungen werden ua auch das „krankhafte Haare ausreißen“ (Trichotillomanie), Feuer legen (Pyromanie) und Stehlen (Kleptomanie) gezählt.

Diese Klassifikation des pathologischen Glücksspielverhaltens als Impulskon- 4
trollstörung gilt mittlerweile nur noch für das ICD-10[8]. In der aktuellen Version des Diagnostischen und Statistischen Manuals Psychischer Störungen[9], dem DSM-5, wurde das „Pathologische Glücksspiel“ aufgrund klinischer Beobachtungen, epidemiologischer Untersuchungen sowie neurowissenschaftlicher Studien in „Gambling disorder“ („Störung durch Glücksspielen“[10]) umbenannt und als erste Form der Verhaltenssucht nosologisch den Suchterkrankungen („Störungen im Zusammenhang mit psychotropen Substanzen und abhängigen Verhaltensweisen“) zugeordnet. Aus dem Kriterienkatalog für die Diagnose „Störung durch Glücksspielen“ wurde das Kriterium der Beschaffungsdelinquenz von den ursprünglich 10 diagnostischen Kriterien gestrichen, da es unter pathologischen Glücksspielern nur selten vorkommt und wenig zur diagnostischen Trennschärfe beiträgt.[11] Obwohl dieses Kriterium nicht mehr explizit aufgeführt ist, wird „Illegalität“ als potentielles Merkmal der Störung in der Beschreibung des Kriteriums „Lügen/Belügen“ weiterhin berücksichtigt. Im Zuge dieser Kriterienselektion wurde die Schwelle für die Diagnose „Störung durch Glücksspielen“ auf vier Kriterien abgesenkt. Verschiede-

7 *Herpertz, S.* (2001). Impulsivität und Persönlichkeit. Zum Problem der Impulskontrollstörungen. Stuttgart: Kohlhammer.

8 *Dilling, Mombour, Schmidt,* 2000.

9 *American Psychiatric Association* (2013). Diagnostic and Statistical Manual of Mental Disorders (Fifth ed). Arlington, VA: American Psychiatric Publishing

10 *Falkai, P., Wittchen, H.-U.* (2015). Diagnostisches und Statistisches Manual psychischer Störungen DSM-5. Göttingen: Hogrefe.

11 *Petry, N.M., Blanco, C., Auriacombe, M., Borges, G., Bucholz, K., Crowley, T.J., O'Brien, C.* (2014). An Overview of and Rationale for Changes Proposed for Pathological Gambling in DSM-5. Journal of Gambling Studies, 30(2), 493–502.

ne Studien verweisen auf eine dadurch erhöhte Genauigkeit der Diagnose.[12] Differentialdiagnostisch kann pathologisches Glücksspielen darüber hinaus auch als Symptom einer bestehenden psychiatrischen Erkrankung auftreten.[13]

5 Die diagnostischen Kriterien des pathologischen Glücksspielverhaltens im Kapitel „Störungen im Zusammenhang mit psychotropen Substanzen und abhängigen Verhaltensweisen" in der deutschen Übersetzung des DSM-5[14] der American Psychiatric Association (APA) lauten:

A. Dauerhaftes und häufig auftretendes problematisches Glücksspielen führt nach Angaben der Person in klinisch bedeutsamer Weise zu Beeinträchtigungen oder Leiden, wobei mindestens vier der folgenden Kriterien innerhalb eines Zeitraums von 12 Monaten vorliegen:
   1. Notwendigkeit des Glücksspielens mit immer höheren Einsätzen, um die gewünschte Erregung zu erreichen.
   2. Unruhe oder Reizbarkeit bei dem Versuch, das Glücksspielen einzuschränken oder aufzugeben.
   3. Wiederholte erfolglose Versuche, das Glücksspielverhalten zu kontrollieren, einzuschränken oder aufzugeben.
   4. Starke gedankliche Eingenommenheit durch Glücksspielen (zB starke Beschäftigung mit gedanklichem Nacherleben vergangener Spielerfahrungen, mit Verhindern oder Planen der nächsten Spielunternehmung, Nachdenken über Wege, Geld zum Glücksspielen zu beschaffen).
   5. Häufiges Glücksspielen in belastenden Gefühlszuständen (zB bei Hilflosigkeit, Schuldgefühle, Angst, depressiver Stimmung).
   6. Rückkehr zum Glücksspielen am nächsten Tag, um Verluste auszugleichen (dem Verlust „hinterherjagen" („Chasing")).
   7. Belügen anderer, um das Ausmaß der Verstrickung in das Glücksspielen zu vertuschen.
   8. Gefährdung oder Verlust einer wichtigen Beziehung, eines Arbeitsplatzes, von Ausbildungs- oder Aufstiegschancen aufgrund des Glücksspielens.
   9. Verlassen auf finanzielle Unterstützung durch andere, um die durch das Glücksspielen verursachte finanzielle Notlage zu überwinden.

B. Das Glücksspielen kann nicht besser durch eine manische Episode erklärt werden.

---

12 *American Psychiatric Association,* 2013.

13 *Saß, H., Wiegand, C.* (1990). Exzessives Glücksspielen als Krankheit? Kritische Bemerkungen zur Inflation der Süchte. Der Nervenarzt, 61, 435–437.

14 *Falkai, Wittchen,* 2015.

Mit dem aktuellen DSM-5 ergibt sich diagnostisch darüber hinaus die Neuerung, dass zusätzlich Verlauf wie Schweregrad des pathologischen Glücksspielverhaltens bestimmt werden können: 6

Als „**episodisch**" wird definiert: Die diagnostischen Kriterien werden zu mehr als einem Zeitpunkt erfüllt, wobei die Symptome zwischen den Phasen der Störung durch Glücksspielen für mindestens einige Monate abklingen. 7

Als „**andauernd**" wird definiert: Es werden durchgängig Symptome erlebt, die die diagnostischen Kriterien dauerhaft über mehrere Jahre erfüllen. 8

Als „**frühremittiert**" wird definiert: Nachdem zuvor die Kriterien für eine Störung durch Glücksspielen vollständig erfüllt waren, wird seit mindestens 3 Monaten, aber weniger als insgesamt 12 Monaten keines der Kriterien für eine Störung durch Glücksspielen erfüllt. 9

Als „**anhaltend remittiert**" wird definiert: Nachdem zuvor die Kriterien für eine Störung durch Glücksspielen vollständig erfüllt waren, wird zu keinem Zeitpunkt der letzten 12 Monate oder länger eines der Kriterien für eine Störung durch Glücksspielen erfüllt. 10

Als aktuelle **Schweregrade** der Störung durch Glücksspielen werden differenziert: 11

Leicht: 4 bis 5 Symptomkriterien sind erfüllt.

Mittel: 6 bis 7 Symptomkriterien sind erfüllt.

Schwer: 8 bis 9 Symptomkriterien sind erfüllt.[15]

Das für die Substanzabhängigkeit wesentliche Kriterium der **Entzugserscheinungen** wird auch im aktuellen DSM-5 nicht explizit aufgeführt. Dabei können, wie aus der Praxis bekannt und in der Literatur beschrieben, auch bei Glücksspielsüchtigen ausgeprägte körperliche (zB Unruhe, Zittern und Schwitzen) und psychische (zB Konzentrationsstörungen, erhöhte Aggressionsbereitschaft) Entzugserscheinungen auftreten. Diagnostisch im Vordergrund stehen weiterhin das ebenfalls abhängigkeitstypische starke **Verlangen zu spielen** und die eingeschränkte Kontrolle über das **Glücksspielverhalten**, das trotz negativer Konsequenzen oft noch gesteigert fortgesetzt wird. 12

Das pathologische Glücksspiel wird bislang im ICD-10[16] unter die **Impulskontrollstörungen** eingeordnet, seine **diagnostischen Kriterien** wurden in der Historie jedoch in Anlehnung an die Kriterien der Substanzabhängigkeit formuliert. Die entsprechenden diagnostischen Merkmale „Pathologischen (Glücks)Spielens" nach ICD-10 lauten: 13

15 *Falkai, Wittchen*, 2015.

16 *Dilling, Mombour, Schmidt*, 2000.

- beharrliches, wiederholtes Spielen über einen Zeitraum von mindestens einem Jahr,
- kaum kontrollierbarer, intensiver Drang zu spielen,
- anhaltendes und oft noch gesteigertes Spielen trotz negativer sozialer Konsequenzen (wie Verarmung, gestörte Familienbeziehungen und Zerrüttung der persönlichen Verhältnisse) sowie
- ständiges gedankliches und vorstellungsmäßiges Beschäftigtsein mit dem Glücksspiel.

14 Die adäquate nosologische Einordnung des pathologischen, resp. süchtigen Glücksspielverhaltens in die internationalen Klassifikationssystemen psychischer Störungen wird trotz beeindruckender Belege aus der Grundlagenforschung, die das gestörte Glücksspielverhalten als Verhaltenssucht darstellen, weiterhin kontrovers diskutiert. Die im ICD-10 noch bestehende Einordnung des pathologischen Glücksspiels als Impulskontrollstörung erfasst das Störungsbild nicht in seinem vollen Umfang. So ist zB die beim Glücksspielen berichtete **Toleranzentwicklung** (zB an mehreren Automaten gleichzeitig zu spielen, sich häufiger und länger mit dem Glücksspiel zu beschäftigen, höhere Einsätze zu tätigen) und die damit einhergehende Zentrierung der Lebensinhalte um das „**Suchtmittel** Glücksspiel" sowie die längere Vorbereitungszeit schwer mit dem Konstrukt der ausschließlichen Impulskontrollstörung zu vereinbaren.[17] Der in verschiedenen Studien replizierte Befund, dass pathologische Spieler erhöhte Raten an Impulskontrollstörungen aufwiesen[18], stellt weder eine hinreichende noch notwendige Bedingung für die Klassifizierung des pathologischen Glücksspiels als Impulskontrollstörung dar, da eine solche zusätzliche psychische Störung (sog. **Komorbidität**) sich ebenso bei substanzgebundener Sucht feststellen lässt.[19, 20]

15 Die weitere Einordnung des pathologischen Spielens als Impulskontrollstörung insbesondere im Klassifikationssystem der WHO, dem ICD-10 sollte daher kritisch betrachtet werden, da damit ua die inhaltliche Ableitung eines klaren Behandlungskonzeptes erschwert wird.[21, 22, 23, 24]

---

17 *Albrecht, U.* (2006) Reizreaktionen und Verlangen bei pathologischen Glücksspielern: psychologische und physiologische Parameter, Logos Verlag, Berlin.

18 *Grant, J.E., Kim, S.W.* (2003). Comorbidity of impulse control disorders in pathological gambling. Acta Psychiatrica Scandinavica, 108, 203–207.

19 *Petry, N.M.,Casarella, T.* (1999). Excessive discounting of delayed rewards in substance abusers with gambling problems. Drug and Alcohol Dependence, 56, 25–32.

20 *Petry, J.* (2001). Vergleichende Psychopathologie von stationär behandelten „Pathologischen Glücksspielern". Zeitschrift für Klinische Psychologie, 30, 123–135.

21 *Grüsser, S.M., Plöntzke, B., Albrecht, U.* (2005). Pathologisches Glücksspiel – eine empirische Untersuchung des Verlangens nach einem stoffungebundenen Suchtmittel. Nervenarzt, 76, 592–596.

Andere Autoren wiederum fassen das pathologische Glücksspiel als eine sog **„Zwangsspektrumstörung“** auf.[25, 26] Zu diesem Bereich werden Störungen gezählt, die va durch den intensiven, unangenehm empfundenen Drang, eine bestimmte Handlung durchführen zu müssen, gekennzeichnet sind.[27, 28] Das zwanghafte Verhalten, das oft mehrmals hintereinander stereotyp durchgeführt wird, wird nicht lange vorbereitet und dient dem Betroffenen als Vorbeugung gegen ein objektiv unwahrscheinlich auftretendes Ereignis (wie zB „100 mal die Haustür auf- und wieder zuschließen, damit meinen Kindern kein Unfall auf der Straße passiert“). Von dieser Störungsklasse jedoch unterscheidet sich das pathologische Glücksspiel zT grundlegend. So wird zB das nächste Glücksspielereignis von den Betroffenen idR auch längerfristig geplant. Darüber hinaus dient das Glücksspielverhalten nicht der Vorbeugung gegen ein unwahrscheinlich eintretendes inhaltlich vom Glücksspiel unabhängiges Unheil. Weiterhin treten Verlagerungen oder Ausweitungen zu anderen Formen des Glücksspiels auf, bei denen unterschiedliche Handlungsabläufe gefordert werden. Dass damit diese Zuteilung dem Störungsbild des krankhaften Glücksspielens nicht umfassend gerecht wird, spiegelt sich auch in der aktuellen Änderung der nosologischen Einordnung im DSM-5 wider.[29] 16

Alternativ zum Konzept der Impulskontroll- bzw Zwangsspektrumstörung, wie es im ICD-10 derzeit noch klassifiziert wird, wird das pathologische Glücksspiel ua in Anlehnung an das historische Konzept der „Tätigkeitssüchte“ von Gabriel und Kratzmann[30] als eine substanzungebundene Sucht bzw Form der **Verhaltenssucht** verstanden.[31, 32, 33, 34, 35, 36, 37, 38, 39, 40] 17

---

22 *Grüsser, S.M., Albrecht, U.* (2007). Rien ne va plus – wenn Glücksspiele Leiden schaffen. Huber, Bern.

23 *Meyer, G., Bachmann, M.* (2005). Spielsucht – Ursachen und Therapie. Springer, Heidelberg.

24 *Rosenthal, R.J.* (2003). Distribution of the DSM-IV criteria for pathological gambling. Commentaries. Addiction, 98, 1674–1675.

25 *Black, D.W., Moyer, T.* (1998). Clinical features and psychiatric comorbidity of subjects with pathological gambling behavior. Psychiatric Service, 49, 1434–1439.

26 *Hollander, E., Wong, C.M.* (1995). Obsessive-compulsive spectrum disorders. Journal of Clinical Psychiatry, 56, 3–6.

27 *Cartwright, C., De Caria, C., Hollander, E.* (1998). Pathological gambling: a clinical review. Journal of Practical Psychiatry and Behavioral Health, 4, 277–286.

28 *McElroy, S., Hudson, J., Pope, H., Keck, P., Aizley, H.* (1992). The DSM-II-R Impulse control disorder not elsewhere classified: clinical characteristics and relationship to other psychiatric disorders. American Journal of Psychiatry, 149, 318–327.

29 *American Psychiatric Association*, 2013.

30 *Gabriel, Kratzmann*, 1936.

31 *Albrecht*, 2006.

32 *Blanco, C., Moreyra, P., Nunes, E.V., Saiz-Riuz, J., Ibáñez, A.* (2001). Pathological gambling: addiction or compulsion? Seminars in Clinical Neuropsychiatry, 6, 167–176.

18 Dabei wird postuliert, dass die Merkmale pathologischen Glücksspiels den Merkmalen **einer Suchterkrankung** vergleichbar sind.[41, 42, 43]

19 Diese Konzeptualisierung wird dadurch unterstützt, dass vergleichbar zu Verstärkern (belohnende Funktion) wie pharmakologischen Substanzen, die direkt auf die Botenstoffe im Gehirn (**Neurotransmitter**) einwirken, auch Verhaltensweisen, die wie andere Umweltreize indirekt auf das Gehirn einwirken, eine **Belohnung** für das Gehirn darstellen (siehe auch § 32).[44] Der psychotrope (die Psyche beeinflussende) Effekt solcher **exzessiven belohnenden Verhaltensweisen** wie zB des Glücksspielens ergibt sich damit aus körpereigenen biochemischen Veränderungen im Gehirn, die durch die Verhaltensdurchführung ausgelöst werden. Entsprechend spiegeln sowohl das unwiderstehliche Verlangen pathologischer Glücksspieler nach dem nächsten Glücksspielereignis als auch das physische wie psychische Unbehagen, wenn das Glücksspiel unterbrochen wird bzw nicht durchgeführt werden kann, das Verlangens- und Entzugsgeschehen von „Substanzabhängigen" wider.

20 Bei dem süchtigen Glücksspielverhalten geht es grundsätzlich darum, dass von den Betroffenen durch das Glücksspielen schnell und effektiv Gefühle im Zusammenhang mit Frustrationen, Ängsten und Unsicherheiten reguliert bzw verdrängt werden. Analog zum Effekt bei dem Gebrauch von psychotropen Substanzen kann eine aktive Auseinandersetzung des Betroffenen mit Problemen dabei immer mehr in den Hintergrund rücken und „verlernt" werden. Uneingeschränktes exzessives (Glücksspiel-)Verhalten erhält somit, wie der Gebrauch einer psychotropen Sub-

---

33 *Böning, J.* (1999). Psychopathologie und Neurobiologie der „Glücksspielsucht". In: G. Alberti & B. Kellermann (Hrsg), Psychosoziale Aspekte der Glücksspielsucht (pp. 39–50). Neuland, Geesthacht.

34 *Grüsser, S.M., Thalemann, C.N.* (2006). Verhaltenssucht – Diagnostik, Therapie, Forschung. Huber, Bern.

35 *Holden, C.* (2001). "Behavioral" addictions: do they exist ? Science, 294, 980–982.

36 *Marks, I.* (1990). Behavioural (non-chemical) addictions. British Journal of Addiction, 85, 389.

37 *Orford, J.* (Ed.). (2001). Excessive appetites: a psychological view of addictions (2nd ed.). Chichester: John Wiley.

38 *Petry, N. M.* (2002). How treatments for pathological gambling can be informed by treatments for substance use disorders. Experimental and Clinical Psychopharmacology, 10, 184–192.

39 *Poppelreuter, S., Gross, W.* (Hrsg). (2000). Nicht nur Drogen machen süchtig – Entstehung und Behandlung von stoffungebundenen Süchten. Beltz, Weinheim.

40 *De Ruiter, M.B., Oosterlaan, J., Veltman, D.J., van den Brink, W., Goudriaan, A.E.* (2011) Similar hyporesponsiveness of the dorsomedial prefrontal cortex in problem gamblers and heavy smokers during an inhibitory control task. Drug Alcohol Dependence, 121, 81–89.

41 *Albrecht, U., Grüsser, S.M.* (2003). Diagnose Glücksspielsucht? Psychomed, 15/2, 96–99.

42 *Lejoyeux, M., Mc Loughlin, M., Adès, J.* (2000). Epidemiology of behavioral dependence: literature review and results of original studies. European Journal of Psychiatry, 15, 129–134.

43 *Petry, N.M., Stinson, F.S., Grant, B.F.* (2005). Comorbidity of DSM-IV Pathological Gambling and Other Psychiatric Disorders: Results From the National Epidemiologic Survey on Alcohol and Related Conditions. Journal of Clinical Psychiatry, 66, 564–574.

44 *Böning, J., Meyer, G., Hayer, T.* (2013). Glücksspielsucht. Nervenarzt, 84, 563–568.

stanz, die Funktion, das Leben für den Betroffenen erträglich zu gestalten und Stress inadäquat zu bewältigen. Dieses suchtartige (Glücksspiel-)Verhalten wird im Laufe einer pathologischen Verhaltensentwicklung oftmals zur noch einzig vorhandenen Bewältigungsstrategie (siehe Abbildung 1).[45, 46]

So verweisen auch Untersuchungen zum Zusammenhang zwischen Stress bzw Stresserleben und pathologischem Glücksspiel[47, 48, 49, 50, 51] auf die Analogie zu entsprechenden Zusammenhängen zwischen substanzgebundenem Suchtverhalten und dem Stresserleben.[52, 53, 54] Bei Untersuchungen über den Zusammenhang zwischen Stresserleben und Glücksspielsucht zeigte sich zum einen, dass pathologische Glücksspieler ein weitaus höheres Stressniveau als gesunde Probanden aufweisen, zum anderen, dass Personen mit pathologischem Glücksspielverhalten mit zunehmendem psychosozialen Stress auch einen erhöhten Drang zum Spielen erleben.[55, 56] 21

Die Pathophysiologie des pathologischen Glücksspiels ist bisher noch nicht hinreichend geklärt. Die klinisch beobachtbaren Gemeinsamkeiten mit substanzgebundenen Abhängigkeitserkrankungen lassen jedoch ähnliche zugrunde liegende psychobiologische Prozesse vermuten.[57, 58, 59, 60, 61, 62, 63, 64] 22

---

45 *Albrecht,* 2006.

46 *Grüsser, Albrecht,* 2007.

47 *Coman, G.J., Burrows, G.D., Evans, B.J.* (1997). Stress and anxiety as factors in the onset of problem gambling: implications for treatment. Stress Medicine, 13, 235–244.

48 *Griffiths, M.D.* (1995). The role of subjective mood states in the maintenance of fruit machine gambling behaviour. Journal of Gambling Studies, 11, 123–135.

49 *Grüsser, Plöntzke, Albrecht,* 2005.

50 *Sharpe, L.* (2002). A reformulated cognitive-behavioral model of problem gambling: a biopsychosocial perspective. Clinical Psychology Review, 22, 1–25.

51 *Toerne, I.V., Konstanty, R.* (1992). Gambling behavior and psychological disorders of gamblers on German-style slot-machines. Journal of Gambling Studies, 8, 39–59.

52 *Cooney, N.L., Litt, M.D., Morse, P.A., Bauer, L.O., Gaupp, L.* (1997). Alcohol cue reactivity, negative-mood reactivity and relapse in treated alcoholic men. Journal of Abnormal Psychology, 106, 243–250.

53 *Stewart, J.* (2000). Pathways to relapse: the neurobiology of drug- and stress-induced relapse to drug-taking. Journal of Psychiatry & Neuroscience, 25, 125–136.

54 *Volpicelli, J., Balaraman, G., Hahn, J., Wallace, H., Bux, D.* (1999). The role of uncontrollable trauma in the development of PTSD and alcohol addiction. Alcohol Research and Health: The Journal of the National Institute on Alcohol Abuse and Alcoholism, 23, 256–262.

55 *Elman, I., Tschibelu, E., Borsook, D.* (2010). Psychosocial stress and its relationship to gambling urges in individuals with pathological gambling. Am J Addict, 19, 332–339.

56 Für eine Übersicht siehe *Albrecht,* 2006.

57 *Bechara, A.* (2003). Risky business: emotion, decision-making and addiction. Journal of Gambling Studies, 19, 23–51.

58 *Boyer, M., Dickerson, M.* (2003). Attentional bias and addictive behavior: automaticity in a gambling-specific modified Stroop task. Addiction, 98, 61–70.

59 *Crockford, D.N., Goodyear, B., Edwards, J., Quickfall, J., el-Guebaly, N.* (2005). Cue-induced brain activity in pathological gamblers. Biological Psychiatry, 58, 787–795.

Abbildung 1: Der negative Kreislauf Stress und exzessives Glücksspielen nach Grüsser & Albrecht, 2007[65]

23 Auch Forschungsergebnisse aus dem Bereich der Neuropsychologie unterstreichen diese Gemeinsamkeiten. In einer experimentellen Untersuchung[66] konnten mithilfe

---

60 *Perez de Castro, I., Ibáñez, A., Saiz-Ruiz, J., Fernandez-Piqueras, J.* (1999). Genetic contribution to pathological gambling: association between a functional DNA polymorphism at the serotonin transporter gene (5-HTT) and affected males. Pharmacogenetics, 9, 397–400.

61 *Reuter, J., Raedler, T., Rose, M., Hand, Y., Gläscher, J., Büchel, C.* (2005). Pathological gambling is linked to reduced activation of the mesolimbic reward system. Nature Neuroscience, 10, 1–2.

62 *Shah, K.R., Potenza, M.N., Eisen, S.A.* (2004). Biological basis for pathological gambling. In J.E. Grant, & M.N. Potenza (Eds.), Pathological gambling. A clinical guide to treatment (pp 127–139). Washington DC: American Psychiatric Publishing.

63 *Leeman, R.F., Potenza, M.N.* (2012). Similarities and differences between pathological gambling and substance use disorders: a focus on impulsivity and compulsivity. Psychopharmacology, 219, 469–490.

64 *Conversano, C., Marazziti, D.,Carmassi C., Baldini, S., Barnabei, G., Dell'Osso, L.* (2012) Pathological Gambling: A Systematic Review of Biochemical, Neuroimaging, and Neuropsychological Findings. Harvard Review of Psychiatry. 20, 130–148.

65 *Grüsser, Albrecht*, 2007.

66 *Wölfling, K., Mörsen, C.P., Duven, E., Albrecht, U., Grüsser, S.M., Flor, H.* (2011). To gamble or not to gamble: at risk for craving and relapse–learned motivated attention in pathological gambling. Biological psychology, 87(2), 275–281.

der Analyse von ereigniskorrelierten Potenzialen, die mittels Elektroenzephalografie (EEG) erfasst wurden, spezifische Verarbeitungsmuster pathologischer Glücksspieler detektiert werden. Dabei zeigte sich, dass die kortikale Reizverarbeitung suchtmittelassoziierter Reize bei pathologischen Glücksspielern in vergleichbarer Weise verändert ist, wie es aus dem Bereich der substanzgebundenen Abhängigkeitserkrankungen, zB bei der Alkoholabhängigkeit,[67] bekannt ist. Anders als bei gesunden Kontrollpersonen werden suchtmittelassoziierte Reize emotional hoch aktivierend verarbeitet.[68] Es wird vermutet, dass dieser Befund mit konditionierten Aufmerksamkeitsprozessen, der sog Anreizhervorhebung, die bei Glücksspielsüchtigen durch Spielreize hervorgerufen wird, zu erklären ist.

Neben dem dysfunktionalen Einsatz des Glücksspiels als zunehmend allein wirksames Mittel zur **Gefühlsregulation** bei Betroffenen[69] weist ua die hohe Komorbidität (Auftreten von zwei oder mehreren psychischen Störungen bei einer Person) von pathologischem Glücksspiel und Substanzabhängigkeit als auch das gehäufte Auftreten mit weiteren psychischen Störungen (siehe auch Abschnitt III.) auf eine adäquate Kategorisierung pathologischen Glücksspiels als substanzungebundene Sucht bzw Verhaltenssucht hin.[70] 24

Die pragmatische Übereinstimmung zwischen dem pathologischen Glücksspiel als Verhaltenssucht und der Abhängigkeit von psychotropen Substanzen wird phänomenologisch auch bei der phasenhaften Entwicklung einer sog Glücksspielsucht deutlich. Nach Custer[71] kann in Anlehnung an Jellineks Phasenmodell der Alkoholabhängigkeit[72] (1) ein positives Anfangsstadium, die sog Gewinnphase, (2) das Gewöhnungsstadium als sog Verlustphase und (3) das Suchtstadium als sog Verzweiflungsphase beobachtet werden. 25

(1) Das *positive Anfangsstadium* ist durch erste Kontakte zum Glücksspiel sowie durch die ersten, anregend wirkenden Gewinne, die überwiegend den eigenen Fähigkeiten als dem Zufall zugeschrieben werden[73], gekennzeichnet.

---

67 *Herrmann, M.J., Weijers, H., Wiesbeck, G.A., Aranda, D., Böning, J., Fallgatter, A.J.* (2000). Event-Related Potentials and Cue-Reactivity in Alcoholism. Alcoholism. Clinical and Experimental Research, 24 (11), 1724–1729.

68 *Wölfling et al*, 2011.

69 *Grüsser, Albrecht*, 2007.

70 *Moreyra, P., Ibáñez, A., Saiz-Ruiz, J., Blanco, C.* (2004). Categorization. In J.E. Grant, & M.N. Potenza (Eds.), Pathological gambling. A clinical guide to treatment (pp. 55–68). Washington DC: American Psychiatric Publishing Inc.

71 *Custer, R.* (1987). The diagnosis and scope of pathological gambling. In: T. Galski (Ed.), The handbook of pathological gambling (pp 3–7). Thomas, Springfield.

72 *Jellinek, E.M.* (1946). Phases in the drinking history of alcoholics: analysis of a survey conducted by the official organ of the Alcoholics Anonymous. Quarterly Journal of Studies on Alcohol, 7, 1–88.

73 *Argo, T.R., Black, D.W.* (2004). Clinical characteristics. In J.E. Grant, & M.N. Potenza (Eds), Pathological gambling. A clinical guide to treatment (pp 39–55). Washington DC: American Psychiatric Publishing.

(2) Der Übergang in die folgende *Verlustphase* ist fließend und durch das sog **„chasing"**, die „Jagd" nach dem Verlustausgleich und die Toleranzentwicklung, die Steigerung des Glücksspielverhaltens, bestimmt. Der Betroffene setzt immer mehr Geld und Zeit ein, um zu gewinnen bzw die bisherigen Verluste auszugleichen und spielt zB an mehreren Geldspielautomaten gleichzeitig, um die erwünschte Wirkung zu erzielen. Im Zuge der **Eigendynamik** des Glücksspiels verliert der Betroffene jedoch immer weiter, verschuldet sich, verstrickt sich in Ausreden und Lügen und entflieht den zunehmenden Problemen zB in der Partnerschaft durch erneutes Glücksspiel. Jedoch kann er in dieser Phase unter Umständen noch zeitweise abstinent leben und sein Glücksspielverhalten kontrollieren.[74,75]

(3) In der *Verzweiflungsphase (Suchtphase)* sind dann sowohl der **Kontroll- als auch Abstinenzverlust** als charakteristische Merkmale süchtigen Verhaltens eingetreten. Kennzeichnend ist nun die trotz der überwiegenden Verluste dauerhaft gesteigerte Spielfrequenz, die vor allem auch durch sog kognitive (die Erkenntnis betreffende) Verzerrungen wie die angenommene Fähigkeit zur Spielvorhersage oder abergläubische Überzeugungen (zB Talisman bei sich tragen, bestimmte Rituale durchführen) aufrechterhalten wird.[76] Das notwendige Spielkapital wird, wenn alle legalen Geldquellen erschöpft sind, dann ggf auch illegal beschafft (**Beschaffungsdelinquenz**). Vor allem die hohen Verluste gehen mit Schuld- und Panikgefühlen bis hin zu **Suizidgedanken** einher. Für diese von einer potentiellen Grundstörung wie zB Depressivität, Selbstwertproblematik, akuter Stressreaktion unabhängigen Suchtsymptomatik sind dann starke **Persönlichkeitsveränderungen** (zB Stimmungslabilität, mangelnde Kritikfähigkeit) sowie der soziale Abstieg (zB emotionale Entfremdung, Verlust des Freundeskreises, Trennung bzw Scheidung vom Lebenspartner) charakteristisch.[77,78]

26 Wie die Entwicklung einer Abhängigkeit zB von Alkohol ist auch die Entwicklung einer Glücksspielsucht ein längerer Prozess, der sich in der Regel über mehrere Jahre erstreckt. Bis jedoch das professionelle Hilfesystem genutzt wird, vergehen oft – nicht zuletzt wegen unzureichender Informationen über das Störungsbild als auch ausgeprägter motivationaler Ambivalenz seitens des Glücksspielsüchtigen – noch weitere Jahre, in denen sich das dann süchtige Glücksspielverhalten weiter chroni-

---

74 *Meyer, Bachmann,* 2005.

75 *Albrecht,* 2006.

76 *Toneatto, T.* (1999). Cognitive psychopathology of problem gambling. Substance Use and Misuse, 34, 1593–1604.

77 *Lesieur, H.R., Rosenthal, R.J.* (1991). Pathological gambling: a review of the literature. (Prepared for the APA Task Force on DSM-IV Committee on Disorders of Impulse Control Not Elsewhere Classified). Journal of Gambling Studies, 7, 5–37.

78 *Rosenthal, R.J.* (1992). Pathological gambling. Psychiatric Annals, 22, 72–78.

fiziert. So werden die Chancen auf eine frühe Hilfe und ambulante Rehabilitation Glücksspielsuchtgefährdeter und -erkrankter kaum genutzt. Manche Betroffene sind schließlich so weit chronifiziert, dass ihnen nur stationär zu helfen ist, weil sie sozial stark auffällig, psychisch entmutigt und zT somatisch geschädigt sind.

In Deutschland haben sich vor allem auch im Zuge des Glücksspielstaatsvertrages die Beratungs- und Therapiemöglichkeiten für pathologische Glücksspieler entscheidend verbessert. 27

Derzeit erfolgt die Behandlung pathologischer Glücksspieler je nach Indikation ambulant (sofern im lokalen Suchthilfesystem vorhanden) oder stationär. Aufgrund von Empfehlungen der Spitzenverbände der Krankenkassen und Rentenversicherungsträger für die **medizinische Rehabilitation** bei pathologischem (Glücks-) Spielen ist es seit 2001 möglich, Betroffene einer geeigneten stationären Einrichtung für Abhängigkeitserkrankungen bei komorbider Substanzabhängigkeit bzw psychosomatisch-psychotherapeutischen Rehabilitationseinrichtungen bei entsprechend behandlungsbedürftiger psychischer Störung zuzuweisen. Vor ambulantem wie stationärem Behandlungsbeginn ist es empfehlenswert, den Betroffenen und die mitbetroffenen Angehörigen im Rahmen einer spezifischen ambulanten Suchtberatung über die Kennzeichen des süchtigen Glücksspielens zu informieren und grundlegende Schritte zum Stoppen des problematischen Glücksspielverhaltens und ggf destruktiven Verhaltens seitens der Angehörigen einzuleiten. 28

Für die sich anschließende Behandlung lassen sich die folgenden globalen **Therapieziele** unterscheiden: 29

1. Schaffung einer **Therapiemotivation** bzw umfangreiche Förderung der Veränderungsbereitschaft und weiterführend das Stoppen des Glücksspielverhaltens bzw Einleitung sowie Stabilisierung der **Abstinenz**, um die Basis für dauerhafte Veränderungsprozesse zu schaffen,
2. die Entwicklung von Fertigkeiten zur Lebensbewältigung (Training der Problemlösefähigkeiten, ein Training sozialer Fertigkeiten, den Aufbau alternativer Aktivitäten zum Glücksspiel und konkretes Rückfallpräventionstraining) im Sinne umfassender **Rückfallprävention** und grundlegender Verhaltensänderung, Erlernen von adäquaten **Stressverarbeitungsstrategien** und
3. die Behandlung der individualspezifischen Hintergründe und komorbider Störungen nach stabilisierter Abstinenz, um den Suchtkreislauf langfristig zu beenden.

Parallel zu diesen Therapiemaßnahmen ist bei der Mehrzahl der pathologischen Glücksspieler **Schuldenmanagement** indiziert. 30

II. Differentialdiagnostik: Spielertypologie und Subgruppen pathologischen Glücksspiels

31 In der Literatur werden unterschiedliche **Spielertypologien** bzw **Subgruppen** von Glücksspielern beschrieben.

Rosenthal[79] unterscheidet beispielsweise im Spektrum vom Gelegenheitsspieler zum pathologischen Spieler

- den *intensiven sozialen Spieler*, der sich im Spiel häufig und gern entspannt, ohne andere Lebensbereiche zu vernachlässigen,
- den *problematischen Spieler*, der mit dem Spiel Probleme zu lösen versucht, jedoch nicht die Kontrolle verliert oder „chasing"-Verhalten (der Spieler „jagt" den zurückliegenden Verlusten hinterher) aufweist,
- den *Gewohnheitsspieler*, der regelmäßig und kontrolliert spielt, um hedonistische Wünsche zu befriedigen oder „um Geld zu machen", daraufhin va finanzielle, aber auch psychosoziale Probleme bekommt und dann das Glücksspiel jedoch auch längerfristig wieder einschränken kann,
- den *professionellen Spieler*, der in Deutschland selten zu finden und va im illegalen Bereich mit dem Glücksspiel seinen Lebensunterhalt verdient, und schließlich
- den *pathologischen Spieler*.

32 Die Gruppe der *pathologischen Glücksspieler* wurde von Moran[80] differenziert nach

- *subkulturellem* (exzessives Glücksspiel im sozialen Umfeld),
- *neurotischem* (Glücksspiel als Stress- bzw Problemlösevariante),
- *impulsivem* (gekennzeichnet durch Kontrollverlust und Tendenz zu spontanen Reaktionen),
- *psychopathischem* (Glücksspiel im Bedingungsgefüge einer Persönlichkeitsstörung) und
- *symptomatischem* Glücksspiel (basierend auf einer belastenden psychischen Grundstörung wie zB affektive Störungen).

33 Kröber[81] unterscheidet verschiedene Störungsbilder *pathologischen Glücksspiels* und zwar als symptomatisches Verhalten im Kontext

79 *Rosenthal, R.J.* (1989). Pathological gambling and Problem gambling: problems of definition and diagnosis. In: H.J. Shaffer et al. (Eds.) Compulsive gambling. Lexington Books, Lexington (USA), 101–125.

80 *Moran, E.* (1970). Varieties of pathological gambling. British Journal of Psychiatry, 116, 593–597.

81 *Kröber, H.-L.* (1996). Die Differenzierung unterschiedlicher Störungsbilder bei pathologischen Glücksspielern als Grundlage gezielter Therapiestrategien, Sucht, 42, 399–409.

- akuter *Lebenskrisen* oder anhaltender Konfliktsituationen (zB in der Partnerschaft) als angst- und spannungsminderndes Rückzugsverhalten,
- depressiver Verstimmungen (die sich eher symptomarm gestalten und länger anhalten) als „Selbstmedikation",
- narzisstischer oder Borderline-***Persönlichkeitsstörungen*** (va nach persönlichen Niederlagen uä),
- *psychischer Störungen* (va manisch-depressive, sog bipolare Störungen und hirnorganische Beeinträchtigungen) und
- *primär dissozialer Entwicklung* (deviant und unstrukturiertes Freizeitverhalten, oft im Zusammenhang mit Alkoholmissbrauch).

Diesen Subgruppen pathologischen Glücksspiels ist gemeinsam, dass sie zur Stagnation in der Lebensentwicklung, Progredienz des Glücksspielverhaltens und negativen Konsequenzen wie Verschuldung und Delinquenz führen.[82] 34

Petry und Jahrreiss[83] unterscheiden innerhalb der *pathologischen Glücksspieler* 35
- eine Patienten-Subgruppe mit Merkmalen einer *narzisstischen Persönlichkeitsstörung*, suchttypischer Eigendynamik, Straffälligkeit und verminderter Verhaltenskontrolle sowie
- eine Patienten-Subgruppe mit den depressiv-neurotischen Merkmalen und Merkmalen der *selbstunsicher-vermeidenden Persönlichkeitsstörung* sowie Suizidalität, hohen Leidensdruck und umschriebenen Konfliktfokus.

Aufgrund ihrer Typologie empfehlen Petry und Jahrreiss die stationäre Behandlung der va narzisstisch getönten Subgruppe in entsprechenden Kliniken für die Abhängigkeitsbehandlung mit Teilnahme an Indikationsgruppen zB zur Verbesserung der Gefühlswahrnehmung und der va durch Selbstunsicherheit gekennzeichneten Subgruppe in psychosomatischen Behandlungseinrichtungen mit Teilnahme an bspw. Selbstsicherheitstrainings. 36

In einem Review von Milosevic und Ledgerwood[84] werden drei Subtypen von Glücksspielern unterschieden: 37
- Der *„verhaltenskonditionierte Typ"* ist wenig psychopathologisch und zeigt keine maladaptive Persönlichkeitseigenschaften. Sein Glücksspielverhalten wird vor allem von sozialen Aspekten und schadhaften kognitiven Prozessen beeinflusst. Das Spielen dient bei dieser Form nicht zur Emotionsregulation.

---

82 *Kröber*, 1996.

83 *Petry, J., Jahrreiss, R.* (1999). Stationäre medizinische Rehabilitation von „Pathologischen Glücksspielern": Differentialdiagnostik und Behandlungsindikation. Deutsche Rentenversicherung, 4, 196–218.

84 *Milosevic, A., Ledgerwood, D.M.* (2010). The subtyping of pathological gambling: A comprehensive review. Clinical Psychology Review, 30, 988–998.

- Der „*emotional vulnerable Typ*" zeichnet sich dementgegen durch depressive oder ängstliche Tendenzen aus. Er zeigt wenig Impulsivität oder Sensationssuche („sensation seeking"). Das Glücksspielverhalten dient bei dieser Form eher der Regulation von dysphorischen Gefühlen.
- Den „*antisozial, impulsiven Typ*" kennzeichnet eine erhöhte Bereitschaft, antisoziale Verhaltensweisen durchzuführen sowie eine begleitende erhöhte Impulsivität und verstärkte Sensationssuche. Das Spielen dient bei dieser Form eher dazu, positive Gefühle zu verstärken und wird durch die zugrundeliegende Persönlichkeitseigenschaft der Impulsivität angetrieben.

38 Die verschiedenen Modellvorstellungen zu den Subgruppen pathologischen Glücksspiels machen deutlich, dass eine ausführliche Anamnese (Krankheitsgeschichte) und Differentialdiagnostik für eine störungsspezifische, individuell effektive Behandlung unerlässlich ist.

39 Die internationalen Klassifikationssysteme psychischer Störungen verweisen differentialdiagnostisch zB eindeutig auf exzessives Glücksspiel im Verlauf manischer Phasen. Weiterhin wird zwischen gewohnheitsmäßigem Spielen und Wetten sowie Spielen bei Personen mit soziopathischer bzw dissozialer Persönlichkeitsstörung bzw zwischen sozialem Spielen, professionellem Spielen sowie Spielen bei antisozialer Persönlichkeitsstörung (Doppeldiagnose möglich) differentialdiagnostisch unterschieden.

III. Differentialdiagnostik: Komorbiditäten des pathologischen Glücksspiels

40 Pathologisches Glücksspiel, so deuteten es bereits die obigen Ausführungen zu den Subgruppen des pathologischen Glücksspiels an, geht oft mit einer zusätzlichen psychischen Störung (**Komorbidität**) einher.

41 So zeigt eine repräsentative Bevölkerungsstudie aus den USA, dass unter pathologischen Glücksspielern bei 73,2% eine Alkoholabhängigkeit, bei 60,8% eine Nikotinabhängigkeit, bei 49,6% eine affektive Störung, bei 41,3% eine Angststörung und bei 60,8% eine Persönlichkeitsstörung vorlag.[85] Ähnliche Befunde zeigten sich auch in der Metaanalyse von Lorains und Kollegen.[86]

42 Verschiedene Autoren gehen davon aus, dass affektive Störungen und Angststörungen eine wesentliche Rolle bei der Entstehung der Glücksspielsucht spie-

85 *Petry, Stinson, Grant*, 2005

86 *Lorains, F.K.; Cowlishaw, S., Thomas, S.A.* (2011). Prevalence of comorbid disorders in problem and pathological gambling: systematic review and meta-analysis of population surveys. Addiction, 106, 490–498.

len. So verweisen zahlreiche Untersuchungsergebnisse auf die erhöhte Prävalenz von Angststörungen sowie von Depressionen unter pathologischen Glücksspielern.[87, 88]

Andere Studien zeigten, dass sich bei glücksspielsüchtigen Personen weitere Abhängigkeit(en) diagnostizieren ließen.[89, 90, 91] Dieser Zusammenhang könnte auf einer primären **Disposition** zur Abhängigkeitsentwicklung basieren. So ist davon auszugehen, dass das Glücksspiel analog zum Gebrauch psychotroper Substanzen als effektive, jedoch inadäquate Verarbeitungsstrategie von Stress oder Belastungen funktioniert.[92, 93, 94] Einige Autoren schlussfolgern hieraus auch, dass **Glücksspielsucht** und substanzgebundene Abhängigkeit auf einen gemeinsamen kausalen Mechanismus zurückzuführen sind und das pathologische Glücksspiel folgerichtig als Suchterkrankung aufzufassen sei.[95, 96] 43

Exemplarisch für diese typische Komorbidität des pathologischen Glücksspiels und anderer Abhängigkeitserkrankungen sei auf das Ergebnis einer Studie verwiesen, bei der 28% der untersuchten pathologischen Glücksspieler die Doppeldiagnose akuter Alkoholabhängigkeit erhielten.[97] Es wird davon ausgegangen, dass mehr als die Hälfte der Glücksspielsüchtigen auch substanzabhängig ist.[98] 44

Die **Impulsivität** bzw geringe **Impulskontrolle** bei der Glücksspielsucht – die, wie oben erwähnt, im ICD-10 als Impulskontrollstörung, im DSM-5 dagegen als Verhaltenssucht aufgefasst wird – wird oft als essentieller Bedingungsfaktor verstan- 45

---

87 *Cunningham-Williams, R.M., Cottler, L.B., Compton, W.M., Spitznagel, E.L.* (1998). Taking chances: problem gamblers and mental health disorders – results from the St. Louis Epidemiologic Catchment Area Study. American Journal of Public Health, 88, 1093–1096.

88 *Grant, J.E., Kim, S.W.* (2001). Demographic and clinical features of 131 adult pathological gamblers. Journal of Clinical Psychiatry, 62, 957–962.

89 *Erbas, B., Buchner, U.G.* (2012) Review Article: Pathological Gambling Prevalence, Diagnosis, Comorbidity, and Intervention in Germany. Deutsches Ärzteblatt, 109, 173–179.

90 *Cunningham-Williams, R.M., Cottler, L.B.* (2001). The epidemiology of pathological gambling. Seminars in Clinical Neuropsychiatry, 6, 155–166.

91 *De Pablo, J., Pollan, M., Varo, J.* (2003). Analysis of comorbidity between alcohol dependence syndrom and pathological gambling in patients receiving treatment in mental health centres. Anales Del Sistema Sanitario de Navarra, 25, 31–36.

92 *Grüsser, Albrecht,* 2007.

93 *Albrecht, Grüsser,* 2003.

94 *Grüsser, Plöntzke, Albrecht,* 2005.

95 *Raylu, Oei,* 2002.

96 *Cunningham-Williams, Cottler,* 2001.

97 *Welte, J., Barnes, G., Wieczorek, W., Tidwell, M.-C., Parker, J.* (2001). Alcohol and gambling pathology among U.S. adults: prevalence, demographic patterns and comorbidity. Journal of Studies on Alcohol, 62, 706–712.

98 *Cunningham-Williams et al,* 1998.

den.[99, 100, 101] Die bisherige Datenlage dazu ist jedoch wenig evident. Viele Befunde lassen darauf schließen, dass geringe Impulskontrolle und pathologisches Glücksspiel komorbid zusammenhängen.[102, 103] Ergebnisse anderer Untersuchungen widersprechen jedoch diesen Annahmen, da sich hier keine Anhaltspunkte für einen Zusammenhang zwischen der Impulsivität als Persönlichkeitsmerkmal und dem pathologischen Glücksspiel finden ließen.[104]

46 Die Hypothese, dass Impulsivität ein grundlegendes Merkmal des allgemeinen, also sowohl substanzgebundenen als auch substanzungebundenen Suchtgeschehens darstellt, findet ihre Bestätigung ua in verschiedenen Studien zur Substanzabhängigkeit, die zeigen, dass sich auch bei Abhängigen von psychotropen Substanzen (substanzgebundene Sucht) erhöhte Raten an Impulsivität messen lassen.[105, 106, 107, 108] Hiermit wird nochmals unterstrichen, dass die Beobachtung impulsiven Verhaltens keinen eineindeutigen Rückschluss auf die adäquate Klassifikation des pathologischen Glücksspiels als Impulskontrollstörung zulässt.

47 Die Bemühungen, umschriebene Persönlichkeitsmerkmale wie zB die Impulsivität, die mittlerweile als Risikofaktor pathologischen Glücksspiels gilt, zu untersuchen, lenkten den Blick auch auf eine insgesamt gestörte Persönlichkeitsstruktur pathologischer Glücksspieler. Die bisherigen Untersuchungsergebnisse dazu sind jedoch inkonsistent und die Spannweite der Auftrittswahrscheinlichkeit komorbider **Persönlichkeitsstörungen** außerordentlich hoch, so dass davor gewarnt werden muss, eine bestimmte „Spielerpersönlichkeit", Kausalitäten bzw

---

99 *Petry, Casarella,* 1999.

100 *Steel, Z., Blaszczynski, A.* (1996). The factorial structure of pathological gambling. Journal of Gambling Studies, 12, 3–20.

101 *Vitaro, F. , Arsenault, L., Tremblay, R. E.* (1999). Impulsivity predicts problem gambling in low SES adolescent males. Addiction, 94, 565–575.

102 *Blaszczynski, A., Steel, Z., McConaghy, N.* (1997). Impulsivity in pathological gambling: the antisocial impulsivist. Addiction, 92, 75–87.

103 *Vitaro, F., Arseneault, L., Tremblay, R.E.* (1997). Dispositional predictors of problem gambling in male adolescents. American Journal of Psychiatry 154, 1769–1770.

104 *Allcock, C.C., Grace, D.M.* (1988). Pathological gamblers are neither impulsive nor sensation-seekers. Australian and New Zealand Journal of Psychiatry, 22, 307–311.

105 *Koob, G.F.* (2003). Alcoholism: allostasis and beyond. Alcoholism: Clinical and Experimental Research, 27, 232–243.

106 *Koob, G.F., Ahmed, S.H., Boutrel, B., Scott, A.C., Paul, J.K., Markou, A., O'Dell, L., Parsons, L.H., Sanna, P.P.* (2004). Neurobiological mechanisms in the transition from drug use to drug dependence. Neuroscience and Biobehavioral Reviews, 739–749.

107 *Grant, J.E., Kim, S.W.* (2003). Comorbidity of impulse control disorders in pathological gambling. Acta Psychiatrica Scandinavica, 108, 203–207.

108 *Vitaro et al,* 1998.

Prädispositionen daraus abzuleiten. Black und Moyer berichten beispielsweise, dass 87% der untersuchten pathologischen Glücksspieler komorbide Persönlichkeitsstörungen vor allem aus dem sog Cluster B der Persönlichkeitsstörungen (umfasst Persönlichkeitsstörungen, die durch Impulsivität und emotionale Instabilität gekennzeichnet sind wie die Borderline, antisoziale, histrionische und narzisstische Persönlichkeitsstörung) aufwiesen.[109] Andere Studien verweisen hingegen nur bei 25% der Befragten auf eine komorbide Persönlichkeitsstörung.[110] Derzeit besteht zunehmend Konsens darüber, dass sich die Persönlichkeitsprofile entsprechend verschiedener Subtypen pathologischen Glücksspiels unterscheiden (siehe Abschnitt II) und somit evtl zur Bevorzugung unterschiedlicher Glücksspielformen führen.[111]

IV. Genese: Das Vulnerabilitäts-Stress-Modell pathologischen Glücksspiels

Die Vulnerabilitäts-(Verletzlichkeit-)Stress-Modelle psychischer Störungen werden heute als integrative Erklärungsmodelle favorisiert und lassen sich auch auf das pathologische Glücksspiel übertragen. So formulierte zB Sharpe[112] die Entstehung problematischen Glücksspiels im Rahmen eines biopsychosozialen Störungsmodells, welches verschiedenste (kognitive, lerntheoretische, physiologische) Bedingungsfaktoren berücksichtigt (siehe Abb 2).[113, 114] 48

Sharpe geht zunächst von einer genetischen **Vulnerabilität** aus, die durch biologische Veränderungen in der Neurotransmission des dopaminergen, noradrenergen und/oder serotonergen Systems bedingt ist. Ob eine solche genetische Vulnerabilität im Zusammenhang mit problematischen Glücksspielverhalten spezifisch wirkt oder eine eher globale Vulnerabilität auch für andere psychische Probleme darstellt, ist noch ungeklärt. Diese genetische Vulnerabilität bedingt wiederum psychische Besonderheiten wie zB Impulsivität, Aufmerksamkeitsstörungen oder Hyperaktivität, Depressivität und Ängstlichkeit. Frühe Erfahrungen bedingen ebenfalls eine psychische Vulnerabilität und können somit das Risiko pathologischen Glücksspiels erhöhen. Wesentliche vulnerabel wirksame psychologische Merkmale sind ua 49

109 *Black, Moyer,* 1998.

110 *Specker, S.M., Carlson, G.A., Edmonson, K.M., Johnson, P.E., Marcotte, P.E.* (1996). Psychopathology in pathological gamblers seeking treatment. Journal of Gambling Studies, 12, 67–81.

111 *Petry, N.M.* (2003). A comparison of treatment-seeking pathological gamblers based on preferred gambling activity. Addiction, 98, 645–655.

112 *Sharpe,* 2002.

113 *Albrecht,* 2006.

114 *Grüsser, Albrecht,* 2007.

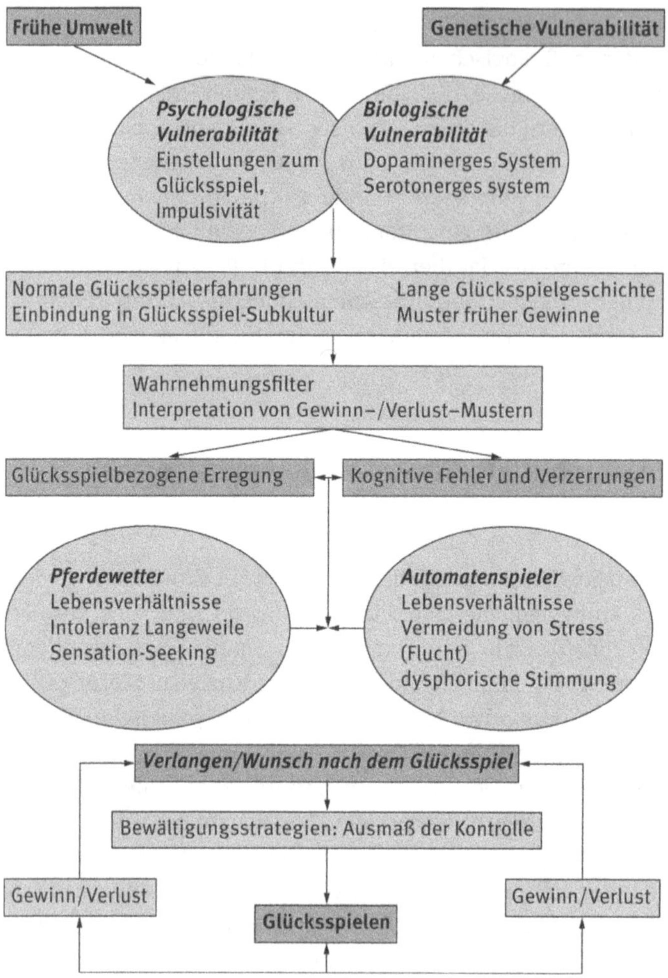

Abbildung 2: Biopsychosoziales Störungsmodell in Anlehnung an Sharpe (Sharpe 2002) (Abbildung modifiziert nach Grüsser & Albrecht, 2007)[115]

unzureichend entwickelte oder fehlende Bewältigungs- bzw Problemlösefähigkeiten, Substanzgebrauch und Auftreten lebenskritischer bzw traumatisierender Ereignisse wie zB der Tod naher Angehöriger.[116, 117]

50 Wesentlich im Rahmen des von Sharpe dargestellten Vulnerabilitäts-Stress-Konzepts ist, dass das einmal etablierte Glücksspielmuster mit der zunehmenden Häufig-

115 *Grüsser/Albrecht* 2007, Seite 86.

116 *Sharpe* 2002.

117 *Albrecht* 2006.

keit des Glücksspiels automatisierter und eigendynamischer abläuft und sich damit das Risiko erhöht, dass der Betroffene die Kontrolle über sein Glücksspielverhalten verliert. Es können nun unter Berücksichtigung der Art der gewählten Glücksspielform spezifische, aktuelle Lebensverhältnisse (Stress, Isolation, Konflikte) einen solchen Kontrollverlust begünstigen. Während des Glücksspiels kann die autonome Stress-Erregung („**arousal**") als mit dem Glücksspiel zusammenhängend (Aufregung) interpretiert werden. Der unangenehme Stress, der beispielsweise im Zusammenhang mit aktuellen Partnerschaftskonflikten entsteht, wird also neu und positiv bewertet, was das Glücksspielverhalten wiederum (negativ) verstärkt (Stressreduktion) und damit wahrscheinlicher macht. Auf dieser Stufe des Kontrollverlustes wird ein bereits etabliertes Glücksspielverhalten als inadäquate Stressbewältigungsstrategie funktionalisiert und weiter verstärkt.[118] Sharpe geht weiter davon aus, dass die klassisch konditionierten internalen (Langeweile, Stress) oder externalen (zB Lohnauszahlung, Treff mit alten Spielerfreunden) glücksspielassoziierten Reize nun eine erhöhte Erregung erzeugen können. Diese Erregung kann in Verbindung mit glücksspielbezogenen **Kognitionen** (Verluste in Verbindung mit zukünftigen Gewinnerwartungen akzeptieren, der Glaube an persönliche Fähigkeiten) Verlangen nach dem Glücksspiel auslösen. Je nach Verfügbarkeit effektiver Bewältigungsstrategien (zB die Fähigkeit, Glaubenssätze realistisch zu analysieren) folgt diesem ausgelösten Verlangen erneutes oder kein erneutes Glücksspielverhalten (siehe Abb 2). Dabei sind die zur Verfügung stehenden Bewältigungsmechanismen und damit Kontrollfähigkeiten wiederum individuell abhängig von psychologischen Besonderheiten wie der Impulsivität oder gelernten Lebenskompetenzen (zB Entspannungsfähigkeit, Problemlösefähigkeiten). Sie werden zusätzlich noch durch situative Einflüsse wie zB Alkoholeinfluss[119], Stress[120] und negative Gefühlszustände wie Frustration und Depression[121,122] modifiziert.

Zusammenfassend sind nach dem oben dargestellten **Vulnerabilitäts-Stress-Modell** besonders die Glücksspieler im Sinne eines Kontrollverlustes gefährdet, die aufgrund biologischer, sozialer oder psychologischer Besonderheiten hohe positive Erwartungen an das Glücksspiel haben, über wenig Lebensbewältigungs-, insb Problemlösestrategien verfügen und ein grundsätzlich erhöhtes dispositionelles Ausgangsniveau **autonomer Erregung** (evtl. im Zusammenhang mit verminderter Fähig- 51

118 *Albrecht*, 2006.

119 *Baron, L., Dickerson, M. D.* (1999). Alcohol consumption and self-control of gambling-behavior. Journal of Gambling Studies, 15, 3–15.

120 *Friedland, N., Keinan, G., Regev, Y.* (1992). Controlling the uncontrollable: effects of stress on illusory perceptions of controllability. Journal of Personality and Social Psychology, 63, 923–931.

121 *Corless, T., Dickerson, M.* (1989). Gambler's self-perceptions of the determinants of impaired control. British Journal of Addiction, 84, 1527–1537.

122 *Dickerson, M.G.* (1993). Internal and external determinants of persistent gambling: problems in generalising from one form of gambling to another. Journal of Gambling Studies, 9, 225 –245.

keit zur Selbstkontrolle[123]) haben.[124] In komplexer Interaktion mit diesen **Risikofaktoren** führen die mit dem exzessiven Glücksspiel zusammenhängenden negativen Folgen (wie zB zunehmende finanzielle Verluste und Schulden, Belügen nahestehender Personen, kriminelle Verwicklungen) und individuellen Fehlentwicklungen (zB komorbide Abhängigkeit von psychotropen Substanzen, geringer Selbstwert) zu einer potenziert verminderten Verfügbarkeit und Effizienz alternativer Bewältigungsstrategien, einer negativen Stimmungslage, erhöhtem Stress sowie damit verbundener erhöhter, aversiver autonomer Erregung. Diesem Zustand kann der Betroffene scheinbar nur durch erneutes Glücksspielverhalten entkommen: ein Teufelskreis eigendynamischen, süchtigen Glücksspielens entsteht, der einmal in Gang gesetzt, schwer zu unterbrechen ist.[125]

V. Epidemiologie: Prävalenz des pathologischen Glücksspiels und aktuelle Entwicklungen der Angebotsstruktur von Glücksspielen und glücksspielnahen Internetapplikationen

52 Der Großteil der Bevölkerung in Deutschland hat schon einmal Erfahrungen mit Glücksspielen gemacht. Verschiedene Studien zeigen, dass etwa 70 bis 90% der Deutschen mindestens einmal in ihrem Leben ein Glücksspiel gespielt haben.[126,127,128] Dabei werden von den Befragten häufig Lotterien wie „6 aus 49" genannt.[129] Und es wird in den verschiedenen Studien deutlich, dass Männer häufiger spielen als Frauen.

53 Eine aktuelle Studie zum Glücksspielverhalten in Deutschland ergab, dass 77,6% der 16- bis 70-jährigen Bevölkerung irgendwann in ihrem Leben schon einmal an Glücksspielen teilgenommen hat.[130] In dieser Repräsentativbefragung zum Glücks-

---

123 *Sharpe, L., Tarrier, N.* (1993). Towards a cognitive-behavioural model of problem gambling behaviour. British Journal of Psychiatry, 162, 407–412.

124 *Albrecht*, 2006.

125 *Albrecht*, 2006.

126 *Sassen, M., Kraus, L, Bühringer, G, Pabst, A, Piontek, D, Taqi, Z.* (2011). Gambling among adults in Germany: Prevalence, disorder and risk factors. Sucht, 57, 249–257.

127 *Meyer, C., Rumpf, H.-J., Kreuzer, A., de Brito, S., Glorius, S., Jeske, C., Kastirke, N., Porz, N., Schön, D., Westram, A., Klinger, D., Goeze, C., Bischof G., John, U.* (2011). Pathologisches Glücksspielen und Epidemiologie (PAGE): Entstehung, Komorbidität, Remission und Behandlung. Endbericht an das Hessische Ministerium des Inneren und für Sport. Greifswald und Lübeck.

128 *Bühringer, G., Kraus, L., Sonntag, D., Pfeiffer-Gerschel, T., Steiner, S.* (2007). Pathologisches Glücksspiel in Deutschland: Spiel- und Bevölkerungsrisiken. Sucht, 53, 296–308.

129 *Haß, W., Lang, P.* (2016). Glücksspielverhalten und Glücksspielsucht in Deutschland. Ergebnisse des Surveys 2015 und Trends. Forschungsbericht der BZgA. Köln: Bundeszentrale für gesundheitliche Aufklärung.

130 *Haß, Lang*, 2016.

spielverhalten der deutschen Allgemeinbevölkerung gaben insgesamt 57,1% der Befragten an, schon einmal im Leben Lotto gespielt zu haben. Hinsichtlich der Nutzung von Geldspielautomaten gaben 19,4% an, bereits einmal an diesen Geräten gespielt zu haben. Im Rahmen der Erhebung gaben 4,9% der Befragten an, schon einmal Internet-Casinospiele genutzt zu haben.

Die **Lebenszeitprävalenz** für pathologisches Glücksspiel (hier: Erfüllung von 5 oder mehr Kriterien des DSM-IV) liegt bei 1%, die für problematisches Glücksspiel (hier die Erfüllung von 3 bis 4 DSM-IV-Kriterien) liegt bei 1,4%. Risikoreiches Glücksspiel (hier die Erfüllung von 1 bis 2 DSM-IV-Kriterien) zeigt sich bei 5,5% der Bevölkerung im Lebensverlauf.[131, 132] 54

Allgemein liegt die **12-Monats-Prävalenz** für problematisches bzw pathologisches Glücksspiel in Deutschland bei 0,2 bis 0,6%.[133] 55

Eine aktuelle Repräsentativbefragung kommt für die 16- bis 70-jährigen bevölkerungsweit auf eine Schätzung der 12-Monats-Prävalenz des pathologischen Glücksspiels von 0,37% (männliche Befragte: 0,68%, weibliche: 0,07%) und des problematischen Glücksspiels von 0,42% (männliche Befragte: 0,66%, weibliche: 0,18%).[134] Die relativ stabilen Durchschnittsprävalenzen (durchschnittliche Auftrittswahrscheinlichkeit) für Deutschland, die je nach Studienlage zwischen 0,19% und 0,56% schwanken, wurden im Rahmen der repräsentativen Untersuchung von Meyer und Kollegen auf 1,0% für das pathologische Glücksspiel korrigiert.[135] Diese Auftrittswahrscheinlichkeit ist vergleichbar mit der von psychischen Störungen allgemein. Demzufolge ist pathologisches Glücksspiel ein relevantes Problem für die medizinisch-therapeutische wie psychosoziale Praxis.

Anhand einer Delphi-Studie[136] konnte auf Basis von Experteneinschätzungen und Befragungen von betroffenen Glücksspielern eine Liste von suchtfördernden Merkmalen zur Einschätzung des Gefährdungspotenzials von verschiedenen Glücksspielformen erstellt werden. Aus der Anwendung der Merkmale und deren Gewichtung geht deutlich hervor, dass das Automatenspiel sowohl in den Spielhallen und Gaststätten als auch in den Spielbanken das größte Gefährdungspotential birgt. In einem zweiten Gefährdungs-Cluster befinden sich Poker und Sportwetten im Internet sowie Roulette in der Spielbank. Dies deutet darauf hin, dass diese Glücksspielangebote ebenfalls ein hohes Gefährdungspotential aufweisen. Laut der Merkmale der Delphi-Studie geht von den Lotterien im Vergleich das geringste Suchtrisiko aus. 56

---

131 *C. Meyer et al.*, 2011.
132 *Erbas, Buchner*, 2012.
133 *Erbas, Buchner*, 2012
134 *Haß, Lang*, 2016.
135 *Meyer, C. et al*, 2011.
136 *Meyer, G., Häfeli, J., Mörsen, C., Fiebig, M.* (2010). Die Einschätzung des Gefährdungspotentials von Glücksspielen. SUCHT-Zeitschrift für Wissenschaft und Praxis/Journal of Addiction Research and Practice, 56(6), 405–414.

57 Neuere Erkenntnisse aus repräsentativen Studien zeigen, dass ein deutlicher Zusammenhang besteht zwischen der Entwicklung eines pathologischen Glücksspielverhaltens und der Nutzung bestimmter Glücksspielformen. So konnten Meyer und Kollegen zeigen, dass Spieler von Sportwetten, Geldspielautomaten in Spielhallen bzw in der Gastronomie, Automatenspiel in der Spielbank und Poker eine erhöhte Wahrscheinlichkeit für die Diagnose „Pathologisches Glücksspiel" haben. Am deutlichsten zeigt sich dieser Effekt bei den sog Geldspielautomaten in den Spielhallen und in der Gastronomie. Bei Nutzern dieser Geräte war der Faktor um das 6,3-fache erhöht, die Diagnose Glücksspielsucht zu erhalten.[137]

58 In einer aktuellen Repräsentativbefragung zum Glücksspielverhalten in Deutschland zeigte sich, dass sich die höchsten Anteile problematischen oder pathologischen Glücksspielverhaltens im Zusammenhang mit der Nutzung von Keno, Geldspielautomaten, Oddset-Sportwetten und Glücksspielangeboten in der Spielbank finden.[138]

59 Insbesondere für junge Männer scheinen Geldspielautomaten zunehmend an Attraktivität zu gewinnen. In den vergangenen Jahren ist in dieser Gruppe vor allem der Anteil derjenigen gestiegen, die wöchentlich und häufiger Geldspielautomaten nutzen.[139]

60 Mit Zunahme der Glücksspielerfahrung in der Bevölkerung zeigt sich auch ein Anstieg glücksspielsuchtgefährdeter Personen. Insbesondere auch für Jugendliche gehören Glücksspiele zum Lebensalltag.[140] Prävalenzstudien verweisen insbesondere auch darauf, dass die Zahl problematisch bzw pathologisch glücksspielender Kinder und Jugendlicher – die für die Entwicklung glücksspielbezogener Probleme als besonders vulnerable Gruppen gelten – ansteigt. Die zunehmenden Prävalenzraten zeigen sich dabei in verschiedenen europäischen Ländern: Norwegen 2,8%; Finnland 2,3%, Deutschland 3%, Großbritannien 5 bis 6%.[141]

61 Die Ambulanz für Spielsucht der Klinik und Poliklinik für Psychosomatische Medizin und Psychotherapie der Universitätsmedizin Mainz hat im Auftrag des Ministeriums für Soziales, Arbeit, Gesundheit und Demografie im Jahr 2011 eine repräsentative Fragebogenstudie zur Glücksspielnutzung an 3.967 Kindern und Jugendlichen zwischen 12 und 18 Jahren durchgeführt.[142] In der Studie wurde die Nutzung

137 *Meyer et al.*, 2010.

138 *Haß, Lang*, 2016.

139 *Meyer et al*, 2010.

140 *Wölfling, K., Müller. K.W.* (2010). Pathologisches Glücksspiel und Computerspielsucht – Wissenschaftlicher Kenntnisstand zu zwei Varianten substanzungebundener Abhängigkeitserkrankungen. Bundesgesundheitsblatt – Gesundheitsforschung – Gesundheitsschutz, 53 (4), 306–312.

141 *Todirita, I.R., Lupu V.* (2013) Gambling Prevention Program Among Children. Journal of Gambling Studies, 29,161. doi:10.1007/s10899-012-9293-1.

142 *Duven, E., Giralt, S., Müller, K.W., Wölfling, K., Dreier, M., Beutel, M.E.* (2011). Problematisches Glücksspielverhalten bei Kindern und Jugendlichen in Rheinland-Pfalz. Universitätsmedizin Mainz.

von zwölf verschiedenen Glücksspielen im vergangenen Jahr erfragt. Zusätzlich wurde die Lebenszeit-Nutzungsprävalenz ermittelt, die einen Überblick über das Glücksspielverhalten der Jugendlichen im Verlauf ihres bisherigen Lebens bietet. Es zeigte sich, dass fast zwei Drittel (64,3%) der befragten 12- bis 18jährigen in Rheinland-Pfalz Glücksspiele mindestens einmal im Leben genutzt haben. Die Auswertung der jugendlichen Glücksspielnutzung innerhalb der vergangenen zwölf Monate zeigt, dass 41,2% der Jugendlichen im genannten Zeitraum aktiv an Glücksspielen teilgenommen haben. Zu den beliebtesten Glücksspielen zählten dabei Kartenspiele (23,7%), Rubbellose (15,8%) und Geldspielautomaten (14,2%).

Die Studie zeigte zudem, dass 2,2% der befragten Kinder und **Jugendlichen** in 62
den letzten zwölf Monaten mindestens vier der Kriterien pathologischen Glücksspiels erfüllten und somit als problematische Glücksspieler eingestuft werden mussten. Weitere 3,7% der untersuchten Jugendlichen erwiesen sich als gefährdete Glücksspieler. Bei Betrachtung der regelmäßigen Nutzer waren es sogar 17,1%. Die Prävalenz für problematisches Glücksspiel unter den befragten Minderjährigen (im Alter von 12 bis 17Jahren) betrug 1,9% (im Vergleich zu 4,5% bei den Volljährigen). Obwohl es Kindern und Jugendlichen unter 18 Jahren vom Gesetzgeber generell untersagt ist, an öffentlichen Glücksspielen teilzunehmen, hatten die Minderjährigen in den letzten 12 Monaten am häufigsten Internetcasinos (50%), Internetsportwetten (37%) sowie Geldspielautomaten (33,8%) genutzt und damit illegal an Glücksspielangeboten teilgenommen. Dabei ist die Nutzung der Geldspielautomaten mit dem höchsten Risiko für problematisches Glücksspielverhalten verbunden. Die Analysen der **Personenmerkmale** Jugendlicher weisen aus, dass vor allem männliche Jugendliche betroffen sind. Analysen bzgl der Schulform und Schullaufbahn ergaben, dass problematisches Glücksspielen am seltensten an Gesamtschulen und am häufigsten an Haupt- bzw Berufsschulen verbreitet ist. Jugendliche mit Migrationshintergrund wiesen mit 4,4% problematischem Glücksspiel eine deutlich höhere Prävalenz problematischen Glücksspiels im Vergleich zur Gesamtstichprobe auf.[143]

Unterschiedliche epidemiologische Erhebungen aus dem Jugend- und jungem 63
Erwachsenenalter weisen aus, dass die **Angebotsstruktur** von Glücksspielen, die durch diese Personengruppe vermehrt genutzt wird, einer Veränderung unterliegt. Insbesondere ist eine Veränderung hin zum Online-Glücksspiel feststellbar. [144, 145]

URL: http://www.unimedizin mainz.de/fileadmin/kliniken/verhalten/Dokumente/Broschuere_KIJU-RLP.pdf.

143 *Duven et al,* 2011.

144 *Duven et al.,* 2011

145 *Müller, K. W., Dreier, M., Duven, E., Giralt, S., Beutel, M. E., & Wölfling, K.* (2014). Abschlussbericht zur Studie Konsum von Glücksspielen bei Kindern und Jugendlichen: Verbreitung und Prävention. an das Ministerium für Gesundheit. *Emanzipation, Pflege und Alter des Landes Nordrhein-Westfalen.*

64 Wie unterschiedliche Breitenbefragungen nahe legen, nutzen Jugendliche und junge Erwachsene Glücksspielangebote und Onlinemedien intensiv bis problematisch. Der Anteil derer, die Glücksspielangebote problematisch nutzen, liegt bei einer Befragung von 5.976 Jugendlichen in Nordrhein-Westfalen im Alter von 12 bis 19 Jahren bei 1,9%. Es zeigte sich, dass häufig onlinebasierte Glücksspielangebote im problematischen Bereich genutzt werden. Die Nutzung dieser Form der Glücksspielangebote ist ein Risikofaktor für die Entwicklung eines problematischen Glücksspielverhaltens.[146]

65 Onlinebasierte Glücksspielangebote finanzieren sich häufig durch Geldeinsätze für ein bestimmtes Spielevent oder spezielle Items. Im Spielverlauf können Items, Features und erweiterte Optionen gegen echtes Geld eingetauscht werden. Bezüglich eines suchterzeugenden Potenzials wurden Item-Skins und Skin-Betting besonders diskutiert. Skin-Betting wurde insbesondere im Kontext des Spiels „CS:GO“ (Counter Strike Global Offensive, Valve Corporation, Hidden Path Entertainment, 2012) thematisiert. Hier konnten Spielende casinoartig wertvolle Waffen gewinnen. Wegen der zumeist jugendlichen (oder minderjährigen) Zielgruppe dieses Spiels wurde die Frage nach der ethischen und moralischen Vertretbarkeit, welche die Vermischung von Glücksspielangeboten und klassischen Spielen meint, aufgeworfen.[147]

66 Über die als reine Glücksspielangebote zu klassifizierenden, onlinebasierten Angebote hinaus, werden zusätzliche **glücksspielnahe Internetangebote** genutzt. Diese Formen des Investierens von echtem Geld in einem (Computer-)Spiel werden als Mikrotransaktionen bezeichnet. Der Bundesverband Interaktive Unterhaltungssoftware berichtet auf Basis des Marktforschungsunternehmens GfK einen deutlichen Zuwachs von Mikrotransaktionen.[148] Dies unterstreicht die seit Jahren zunehmende Bedeutung von Mikrotransaktionen in Computerspielen oder Apps. Das Tätigen von Mikrotransaktionen in klassischen Spielen ist ein wesentlicher Prädiktor für die Migration von Free-to-play Spielen mit Monetarisierung hin zu Glücksspielen.[149,150] Besonders häufig finden sich derartige Mikrotransaktionen in Free-to-play Spielen wie-

---

146 *Müller et al.*, 2014.

147 *Brustein, J. & Novy-Williams, E.* (2016). Virtual Weapons are turning Teen Gamers into serious Gamblers. Bloomberg. Available online: https://www.bloomberg.com/features/2016-virtual-guns-counterstrike-gambling/.

148 *BIU Bundesverband Interaktive Unterhaltungssoftware* (2017). Umsatz mit Spiele-Apps 2016. Available online: https://www.biu-online.de/blog/2016/09/14/umsatz-mit-spiele-apps-fuer-smartphones-und-tablets-waechst-um-27-prozent/.

149 *Kim, H. S., Wohl, M. J. A., Salmon, M. M., Gupta, R. & Derevensky, J. L.* (2015). Do social casino gamers migrate to online gambling? An assessment of migration rate and potential predictors. Journal of Gambling Studies, 31, 1819–1831.

150 *Meyer, G., Brosowski, T., von Meduna, M., & Hayer, T.* (2016). Simuliertes Glücksspiel. Zeitschrift für Gesundheitspsychologie.

der. Free-to-play-Games und Glücksspiele sind nicht gleichzusetzen, jedoch finden sich verstärkt Mechanismen des Zufalls und glücksspielartiger Angebote in diesem Spiele-Meta-Genre. Die Monetarisierungskonzepte dieser Spiele entwickeln sich stetig weiter. Es wird so eine immer größere Masse an Spielern erreicht.[151]

Das reale Geld wird gegen eine virtuelle Premiumwährung getauscht und so für 67
den Spieler weniger greifbar. Analog zur Merkmalsverschiebung des Glücksspiels bewirkt diese abstrakte künstliche Veränderung eine geringere Kontrolle über den tatsächlichen Geldwert. Bei Kindern und Jugendlichen wird dies bereits auch von der Justiz kritisch betrachtet. So beschäftigte sich der BHG wegen offensiver Werbung für free-to-play-Games mit dem Thema. Hintergrund war eine Werbung mit dem Slogan: *„Schnapp Dir die günstige Gelegenheit und verpasse Deiner Rüstung & Waffen das gewisse Etwas"*, welche Spieler direkt zum Onlineshop des Anbieters geführt hatte. Zuvor wurde dieser Sachverhalt bei LG und KG Berlin diskutiert und als zulässig beschrieben. In den Versäumnisurteilen (Urt v 17.7.2013 – Az: I ZR 34/12) und (Urt v 18.9.2014 – Az: I ZR 34/12) wurde diese Form der Werbung vom BGH jedoch als unzulässig eingestuft. In der Urteilsbegründung wurde insbesondere mit (UWG) § 3 Verbot unlauterer geschäftlicher Handlungen gegenüber Kindern argumentiert.[152, 153]

Für Free-to-play-Spiele ist es erwiesen, dass bereits Kinder diese Spielformen in 68
klinisch relevanter Art nutzen.[154, 155] Sie verbringen nicht nur signifikant mehr Zeit im Spiel, sondern geben auch signifikant mehr Geld für diese Spiele aus. Sie leiden vermehrt an emotionalen Problemen, Verhaltensprobleme (auch mit Gleichaltrigen), einer höhere Hyperaktivität sowie an geringerem prosozialen Verhalten. Ferner berichten missbräuchliche oder abhängige Free-to-play-Spielende höheren wahrgenommenen Stress und reagieren eher mit dysfunktionalen Stressverarbeitungsstrategien auf belastende Lebenssituationen. Besonders problematisch ist dies, da diese Klientel ihren Stress medienfokussiert verarbeitet und Free-to-play-Spiele künstliche In-Game-Stresssituationen beinhalten. Hier kann ein Teufelskreis begünstigt werden, der Suchtverhalten hervorruft; gleichfalls können vulnerable Personen eher in Verschuldungssituationen geführt werden.[156]

Wegen dieser notwendigen kritischen Betrachtung von onlinebasierten Glücks- 69
spielangeboten und Free-to-play-Spielen mit Monetarisierung veröffentlichte der

151 *BIU Bundesverband Interaktive Unterhaltungssoftware* (2017).

152 BGH (2013). Urt. v. 17.07.2013 - Az.: I ZR 34/12.

153 BGH (2014). Urt. v. 18.09.2014 - Az.: I ZR 34/12.

154 *Duven et al.*, 2011

155 *Müller et al.*, 2014

156 *Dreier, M., Wölfling, K., Duven, E., Giralt, S., Beutel, M. E., & Müller, K. W.* (2017). Free-to-play: About addicted Whales, at risk Dolphins and healthy Minnows. Monetarization design and Internet Gaming Disorder. Addictive behaviors, 64, 328-333.

Fachverband Medienabhängigkeit mit Sitz in Hannover ein Positionspapier, in welchem verschiedene Forderungen zur gesetzlichen Regulation derartiger Spiele gestellt werden. Darin wird gefordert, dass tatsächliche Geldbeträge nicht durch In-Game-Währungen verschleiert werden. Diese Forderung unterstreicht die besondere Nähe dieser Spiele zu Glücksspielangeboten. Zusätzlich kann für die Nutzenden ein besserer Überblick über das gesamt aufgewendte Geld nach dem Login dazu führen, dass das eigene Spielverhalten besser reflektiert, resp. kontrolliert wird und finanzielle Entgleisungen zügiger auffallen können. Ähnlich verhält es sich mit der geforderten Funktion eines retrospektiven Warenkorbes. Unreflektierte Kaufentscheidungen während eines spannenden Gefechts können durch One-Click-Buys (1-Klick-Käufe) begünstigt werden. Die Option, derartige Spiele zu beenden und nicht mit einer finanziellen Aufwendung den Spielverlauf fortzuführen, könnte ebenfalls eine protektive Wirkung haben. Dichotomisierte Ranglisteninformation über Echt-Geld-Einsatz auf Accounts kann den Spieldruck mindern, denn so wird der Wettbewerb zwischen Freeloadern und den geldaufwendenden Spielergruppen in zwei Gruppen aufgeteilt. Letztlich wäre ein Rückgaberecht für ungenutzte In-Game-Käufe diskussionswürdig.[157]

70 Die Ausführungen zum Störungsbild des pathologischen Glücksspiels unterstreichen die gesundheits- wie vor allem auch gesellschaftspolitische Bedeutung dieses Themas. Sie verdeutlichen vor allem aber die Notwendigkeit, diesem Abhängigkeitsgeschehen mit negativen Konsequenzen sowohl für den Betroffenen als auch seine Angehörigen rechtzeitig *vorzubeugen* bzw möglichst frühzeitig einzugreifen, um weitere Chronifizierungen zu verhindern. Unter dieser Prämisse müssen effektiv umsetzbare **Präventions- und Interventionsmaßnahmen** auf verschiedenen Ebenen fokussiert werden.[158]

71 Angesicht der Ausweitung der insbesondere auch für Jugendliche besonders reizvollen internetbasierten Glücksspielmöglichkeiten und den steigenden Prävalenzzahlen problematischen wie pathologischen Glücksspielverhalten unter den diesbezüglich als besonders gefährdet geltenden Minderjährigen sind neben der an effektivem Spieler- und Jugendschutz orientierten gesetzlichen Regulierung und deren konsequentem Vollzug insbesondere auch wissenschaftlich fundierte, evidenzbasierte Maßnahmen der Glücksspiel-/Suchtprävention bereits im Kindes- und Jugendalter indiziert. Diese sollten optimalerweise auch im Rahmen einer bundesweit einheitlichen Strategie implementiert werden. Konkret könnte eine solche

157 *Dreier, M., Gohlke, A., Wirtz, M., Teske, A., Knothe, M., Scholz, D. & Müller, K.W.* (2015). Handlungsempfehlungen des Fachverbands Medienabhängigkeit eV für den Bereich Free-to-Play-Games und kostenlose Apps. Available online: http://www.fv-medienabhaengigkeit.de/fileadmin/images/Dateien/Handlungsempfehlungen_Free-to-Play-Games_02-2015.pdf.

158 *Grüsser, S.M., Albrecht, U., Backmund, M.* (2006). Glücksspiele: Spieler- und Jugendschutzmaßnahmen. Suchtmedizin in Forschung und Praxis, 8, 145–149.

bspw. spezielle Curricula zum Thema Stochastik für den Mathematikunterricht oder umfassende Aufklärungsarbeit unter dem Motto „Kinder stark machen für ein suchtmittelfreies Leben“[159] beinhalten.[160, 161]

Mit politischer wie fachlicher Unterstützung kann bereits frühzeitig eine prä- 72
ventiv wirksame Zusammenarbeit von Eltern, Pädagogen, Sportvereinen usw erreicht werden, die in Kombination mit späteren, spezifischen und optimalerweise verzahnten Interventionsmaßnahmen schließlich das Entstehen bzw Chronifizieren einer Glücksspielsuchterkrankung verhindern kann.

159 Siehe die entsprechende Initiative der Bundeszentrale für gesundheitliche Aufklärung, www.kinderstarkmachen.de.

160 Siehe auch *Kalke, J., Schütze, C., Rosenkranz, M.* (2016). Schulungen in Profivereinen. Prävention von Glücksspielsucht und Spielmanipulation in den Nachwuchsleistungszentren der Fussballbundesligisten. proJugend, 3, 21–23.

161 Siehe auch *Hayer, T.* (2012). Jugendliche und glückspielbezogene Probleme: Risikobedingungen, Entwicklungsmodelle und Implikationen für präventive Handlungsstrategien. Schriftenreihe zur Glücksspielforschung, Bd 9, Peter-Lang-Verlag.

Jobst Böning/Ulrike Albrecht-Sonnenschein

§ 33 Wie kann glücksspielsüchtiges Verhalten entstehen?

Übersicht

I. Vorwort

Dostojewskijs „Spieler" (1866) ist bis heute eines der bekanntesten literarischen Werke über eine krankhafte „Glücksspielleidenschaft". Fjodor Dostojewskij war dem Rausch des Roulettespiels verfallen. Der Roman schildert in anschaulicher Weise das Störungsbild „Glücksspielsucht" mit dem Bann, in den der Spieler gezogen wurde und den daraus resultierenden negativen Folgen und den unvermeidlichen Leidensweg, den er gehen muss. 1

Warum wurde der Spieler Fjodor Dostojewskij süchtig?

Dieses Kapitel versucht eine Antwort auf diese Frage zu geben. Es können hier zwar nicht alle ursächlichen Bedingungen erklärt werden; Ziel dieses Buchkapitels ist es jedoch, zu einem besseren Verständnis für die Entwicklung eines Suchtgeschehens und speziell des glücksspielsüchtigen Verhaltens beizutragen. 2

Dazu bedarf es der komplementären Einbeziehung der Ergebnisse von Verhaltensneurobiologie, **Lerntheorie** und **Biochemie,** um zu akzeptieren, dass stoffgebundene wie stoffungebundene Abhängigkeiten in dieselben verhaltensbiologischen Regulationsmechanismen des Gehirns eingreifen. Eine für die Entstehung und Aufrechterhaltung von Suchterkrankungen entscheidende Rolle spielt belohnungsassoziiertes Lernen in phylogenetisch sehr alten Hirnsystemen (siehe Abbildung 1). Im Mittelpunkt steht dabei das vorwiegend opioderg – dopaminerg gesteuerte sog mesokortikolimbische Belohnungssystem. Dessen Projektionen reichen vom ventralen Tegmentum des Mittelhirns in das ventrale Striatum und von dieser subkortikalen Umschaltstation in den dorsolateralen Anteil des präfrontalen Kortex.[1] Dazu bestehen 3

1 *Lishman, J., Grace, A.* (2005). The hippocampal-VTA loop: controlling the entry of infomation into long-term memory. Neuron, 46: 703–713.

https://doi.org/10.1515/9783110259216-033

vielfältige reziproke Verbindungen zwischen dem ventralen Tegmentum und den Amygdala und dem Hippokampus als wichtige Regionen für das motivational beeinflusste, explizite Langzeitgedächtnis.[2] Das Gehirn unterscheidet letztendlich aber nicht die Art der jeweiligen Suchtform, so dass der Unterschied zwischen stoffgebundenen und nichtstoffgebundenen Suchtformen geringer ist als bisher angenommen.[3,4]

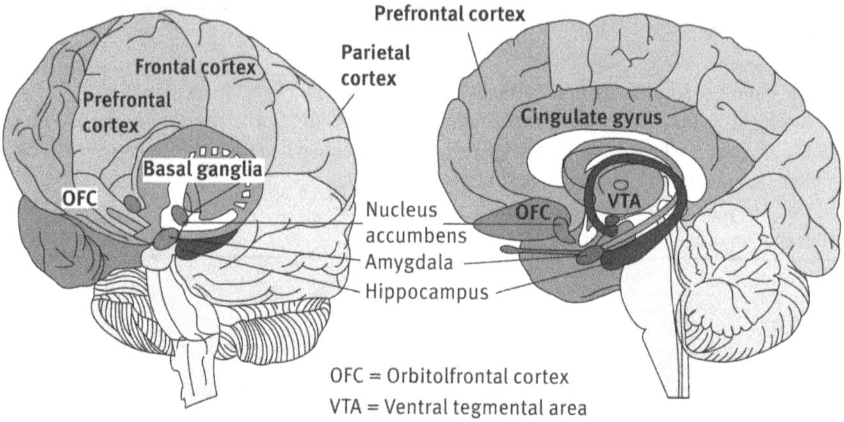

Abbildung 1: Das mesokortikolimbische Belohnungssystem (Fowler et al, 2007)

II. Einleitung

4 Der Weg in süchtiges Verhalten kann nicht durch einen isolierten Faktor beschrieben werden. So wird die Entstehung einer missbräuchlichen und süchtigen Substanzeinnahme bzw eines entsprechenden exzessiven Verhaltens durch unterschiedliche Bedingungen und Voraussetzungen geprägt. Einflussfaktoren, die zum Einstieg führen, unterscheiden sich qualitativ von denen des fortgesetzten Konsums bzw süchtigen Verhaltens. Das initial positiv verstärkte, ich – syntone Belohnungserleben wandelt sich nämlich unter belohnungs – und bestrafungsassoziiertem Lernen zum final autonom gewordenen, ich – dystonen „Sich – so – Verhalten – Müssen".[5]

---

2 *Lishman, J., Grace, A.* (2005). The hippocampal-VTA loop: controlling the entry of infomation into long-term memory. Neuron, 46: 703–713.

3 *Dilling, H.* (2007). Vorwort in Grüsser & Albrecht (2007). Rien ne va plus – wenn Glücksspiele Leiden schaffen. Bern: Huber.

4 *Böning, J.* (1991). Zur Neurobiologie und Psychopathologie süchtigen Verhaltens. In: Wanke, K.; Bühringer, G. (Hrsg), Folgen der Sucht. Stuttgart, S 83–99.

5 *Böning, J.,Grüsser-Sinopoli, S.* (2009) Neurobiologie der Glücksspielsucht. In: Batthyany D, Pritz A. Rausch ohne Drogen: Substanzungebundene Süchte. Wien: Springer.

Bei Verhaltenssüchten werden mit denen der Abhängigkeit von psychotropen Substanzen „wesensgleiche" **Diagnosekriterien** beschrieben. Dazu müssen die der jeweiligen Verhaltenssucht angepassten abhängigkeitstypischen Kriterien denen des Substanz– Abhängigkeitssyndrom entsprechen (siehe Tab 1).[6, 7] Dies findet auch seinen Niederschlag in der fünften Revision des Diagnostischen und Statistischen Manuals psychischer Störungen im Jahr 2013 (DSM-5, American Psychiatric Association, 2013).[8] Das internationale Expertengremium befürwortet die Einführung für das bisher als Impulskontrollstörung klassifizierte pathologische Glücksspielverhalten als „gambling disorder" im Kapitel substanzgebundene und verwandte Suchterkrankungen („substance-related and addictive disorders"). Auch hier wird betont, dass sowohl das **Verlangen** von Verhaltenssüchtigen, ihrer Verhaltensroutine nachzugehen, als auch das auftretende psychische und körperliche Unbehagen bei Verhinderung desselben die **Verlangens- und Entzugssymptomatik** von Substanzabhängigen widerspiegeln.[9, 10] Weiterhin wird eine **Toleranzentwicklung** in Form einer Intensivierung des Verhaltens beschrieben, um den gewünschten (euphorisierenden oder stressreduzierenden) Effekt zu erhalten.[11, 12, 13, 14] 5

Der synonym genutzte Begriff der „Verhaltensabhängigkeit" bzw „Verhaltenssucht" impliziert, dass jede **Belohnung** für das Gehirn verstärkend wirkt. Dies ist unabhängig davon, ob es sich bei den (sekundären) Verstärkern um pharmakologische Substanzen handelt, die direkt auf **Neurotransmitter** wie das **dopaminerge mesokortikolimbische Belohnungssystem** einwirken, oder ob die Verhaltensweisen wie andere Umweltreize indirekt über die gleichen Prozesse auf das Gehirn einwirken. Verschiedene Studien zeigen, dass pathologische Glücksspieler die Kriterien einer **Substanzabhängigkeit** erfüllen.[15, 16] Im Mittelpunkt stehen dabei der **Kontrollverlust** über das Verhalten und die Vernachlässigung anderer wichtiger Le- 6

6 *American Psychiatric Association.* (2013). Diagnostic and Statistical Manual of mental disorders. 5. edition. Washington DC: American Psychiatric Press.

7 *Böning, J.* (1999), Psychopathologie und Neurobiologie der Glücksspielsucht. In: Alberti, G./Kellermann, B. (Hrsg). Psychosoziale Aspekte der Glücksspielsucht, pp. 39–50, Neuland. *Böning, Grüsser,* 2009, *Böning* et al, 2013.

8 American Psychiatric Association, 2013.

9 *Grüsser, S.M., Popplreuter, S., Heinz, A., Albrecht, U., Saß, H.* (2007). Verhaltenssucht – eine eigenständige diagnostische Einheit, Nervenarzt, 78: 997–1002.

10 *Bönning,* 1999, *Bönning, Grüsser,* 2009, *Bönning et al.,* 2013.

11 *Orford, J.* (1985). Excessive appetites: a psychological view of addictions. Chichester: Wiley.

12 *Marks, I.* (1990). Behavioural (non-chemical) addictions. British Journal of Addiction, 85: 389.

13 *Lejoyeux, M., McLoughlin, M., Adès, J.* (2000). Epidemiology of behavioral dependence: literature review and results of original studies. European Psychiatry, 15: 129–134.

14 *Holden, C.* (2001). „Behavioral" Addictions: Do they exist? Science, 294: 980–982.

15 für eine Übersicht s. *Grüsser, Thalemann,* 2006.

16 *Meyer, G., Bachmann, M.* (2005). Spielsucht – Ursachen und Therapie. Heidelberg: Springer.

bensbereiche und **Entzugserscheinungen** wie Stimmungsschwankungen, Unruhe und Gereiztheit. Jedoch geht es va um die Funktion des Verhaltens: Eine Regulationsmöglichkeit, die „Biochemie der Gefühle“ wieder ins Gleichgewicht zu bringen.[17]

Tabelle 1: Gegenüberstellung diagnostischer Merkmale am Beispiel der Glücksspielsucht und der Substanzabhängigkeit

Pathologisches Spielen	Substanzabhängigkeit
Drang zum Spielen/Eingenommensein	Verlangen, die Substanz zu konsumieren
Toleranzentwicklung (zB immer höhere Einsätze)	Toleranzentwicklung (vgl Dosissteigerung)
Wiederholte, erfolglose Versuche, das Spiel zu kontrollieren, einzuschränken oder aufzugeben	Kontrollverlust über Beginn, Ende und Menge des Konsums/Abstinenzversuch
Entzugssymptome (zB Unruhe, Gereiztheit)	Körperliche Entzugssymptome
Spielen als Flucht vor Problemen oder negativen Stimmungen, „chasing“ – dem Verlust „hinterherjagen“	Vernachlässigung anderer Aktivitäten oder Interessen
Gefährdung sozialer Beziehungen/des Arbeitsplatzes, Lügen, illegale Handlungen, Finanzierung des Spielens durch Andere, Fortführung des Spielens nach Geldverlusten	Fortgesetzter Konsum wider besseren Wissens und trotz psychischer oder körperlicher Folgeschäden

7 In einem bio-psycho-sozialen Modell der Entstehung und Aufrechterhaltung glücksspielsüchtigen Verhaltens („Glücksspielsucht“) kommt neben psychischen, sozio-strukturellen, kultur-anthropologischen und genetischen Faktoren insbesondere auch neurobiologischen Prozessen eine wichtige Bedeutung zu.[18, 19, 20] Die individuelle **Disposition** zur Glücksspielsucht wurzelt dabei sowohl in genetisch-konstitutionellen Anfälligkeiten als auch in psychischen Verletzungen und einer Interaktion beider Faktoren.[21, 22, 23, 24, 25] Eine genetisch vulnerable, individuelle

17 *Grüsser, Albrecht*, 2007.

18 *Böning, J.* (2001). Neurobiology of an addiction memory. Journal of Neurotransmission, 108: 755–765.

19 *Böning, J.* (2005). Allgemeine und spezielle Modellvorstellungen zur Sucht. In P. Riederer, G. Laux (Hrsg), Neuro – Psychopharmaka (Bd 6, 2. Aufl, S 209–233), Wien: Springer.

20 *Grüsser, S.M., Thalemann, C.N.* (2006). Verhaltenssucht – Diagnostik, Therapie, Forschung. Bern: Huber.

21 *Sharpe, L.* (2002). A reformulated cognitive-behavioral model of problem gambling: a biopsychosocial perspective. Clinical Psychological Review, 22:1–25.

22 *Grüsser, Albrecht*, 2007.

23 *Petry, N.M.* (2006): Should the scope of addictive behaviors be broadened to include pathological gambling? Addiction, 101:152–160.

„Suchtaffinität“[26] durch besonders gefährdende biopsychologische Personenmerkmale (ua „sensation seeking“ oder „novelty seeking“, „harm avoidance“, „neuroticism“) und konfundierend hiermit durch molekulargenetische Besonderheiten im Sinne eines „Reward – Deficiency – Syndroms“[27] vornehmlich in opioderg – dopaminergen Strukturen des Belohnungssystem trifft für alle Suchtformen zu. Im Mittelpunkt der psychischen **Vulnerabilität** steht häufig die schwere Selbstwertstörung der Persönlichkeit mit starken Ängsten vor engen Bindungen und Defiziten bei der Bewältigung negativer Gefühle. Es kann beobachtet werden, dass ein Suchtverhalten häufig in schwierigen Lebensphasen beginnt. In solch schwierigen Zeiten verschafft ein bestimmtes Verhalten plötzlich Erleichterung, sei es auch nur für einen Moment. Bekannt ist auch, dass süchtiges Verhalten vielfach nur eine Folge oder Begleiterkrankung einer bereits vorhandenen anderen psychischen Störung ist.

Kognitiv-behaviorale Entstehungskonzepte wie Modelle der kognitiven Etikettierung und der positiven Erwartungen, die süchtiges Verhalten über Konstrukte wie Erwartungen, **Attributionen** und **Selbstwirksamkeit** erklären, oder Hypothesenkonstrukte wie das duale **Affektmodell** und das **kognitive Prozess-Modell** mit Automatisierung des süchtigen Verhaltens[28] sind nur im Zusammenhang mit neurobiologischen Vorgängen zu verstehen. 8

Abhängigkeit ist ein über einen längeren Zeitraum hinweg stabiles Phänomen, welches immer auch **Lernvorgängen** unterliegt. Der Betroffene lernt schnell und effektiv seine Gefühle durch den Suchtmittelgebrauch bzw das süchtige Verhalten zu regulieren, wobei gleichzeitig andere adäquate – zuvor zB Freude bringende und die Gefühle regulierende – Verhaltensweisen in den Hintergrund treten. Diese werden dann als nicht mehr so attraktiv und belohnend empfunden und somit auch nicht mehr angewendet.[29] Der Betroffene verlernt über die Zeit regelrecht, seine Gefühle mittels anderer Strategien als das Suchtverhalten – wenn auch nur kurzzeitig, dafür in der **Eigenwahrnehmung** aber äußerst wirkungsvoll – angemessen und effektiv zu regulieren. Das (Sucht-)Verhalten entwickelt sich somit zur einzigen noch wirkungsvollen Strategie, Gefühle zu regulieren (siehe auch Kapitel 25, Abb 1).[30] Diese als sehr entlastend empfundene und häufig wiederholte (Stressverarbeitungs-)Strategie wird im Gedächtnis fest veran- 9

24 *Potenza, M.N.* (2006). Should addictive disorders include non-substance-related conditions? Addiction, 101(s1): 142–151.

25 *Comings, D.E.* (1998). The molecular genetics of pathological gambling. CNS Spectrum, 3: 20–37.

26 *Böning*, 2005.

27 *Comings*, 1998.

28 Für eine detaillierte Übersicht zu den verschiedenen kognitiven Modellen s. *Grüsser, Thalemann*, 2006.

29 *Grüsser, Albrecht*, 2007.

30 *Grüsser, Albrecht*, 2007.

kert. Wenn zwischenzeitlich keine alternativen belohnenden Verhaltensweisen erlernt wurden, kann das Suchtverhalten uU noch nach Jahren der Abstinenz wieder in bestimmten **Reizkonstellationen** (zB extremes Stresserleben) aktiviert werden.[31, 32]

III. Mechanismen der Entstehung und Aufrechterhaltung süchtigen Verhaltens

10 Schon vor vielen Jahren wurde postuliert, dass die zugrunde liegenden Mechanismen einer nichtstofflichen Sucht, also einer **„Tätigkeits**"- bzw. **„Verhaltenssucht"**, vergleichbar mit denen einer **Substanzabhängigkeit** sind. Aktuelle Forschungsergebnisse zeigen, dass bestimmte Prozesse, die ein Zusammenwirken unterschiedlicher Botenstoffe im Gehirn beinhalten, nicht nur bei der Einnahme psychotroper Substanzen zur Suchtentwicklung beitragen können, sondern auch bei der Entstehung von substanzungebundenen Suchterkrankungen relevant sind.[33] Klinisch-empirische und grundlagenwissenschaftliche Erkenntnisse zur **Neurobiologie** und **Psychopathologie** bestätigen auch unter der Berücksichtigung psychodynamischer Entwicklungslinien und genetischer Dispositionen, dass die **psychische Abhängigkeitsdimension**, die die körperlichen **Entzugssymptome** überdauert, die eigentliche Süchtigkeit darstellt und damit als kohärentes Kernkriterium aufzufassen ist.[34] Im Mittelpunkt einer psychischen Abhängigkeit steht dabei va, dass die belohnende, stressreduzierende und gefühlsregulierende Wirkung des Verhaltens (**Suchtmittel**s) in bestimmten – im Laufe einer Suchtentwicklung dann alltäglichen – Situationen gelernt und erinnert wird.[35]

11 Neben der psychischen Abhängigkeit ist substanzgebundener Sucht und (substanzungebundener) Verhaltenssucht gemeinsam, dass eine stetige Steigerung des Nutzungsverhaltens zu beobachten ist (Toleranzentwicklung). Das initial bewusst ausgeführte Verhalten wird in diesem Zusammenhang nicht länger als angenehm empfunden (sog „liking"). Stattdessen wird immer häufiger der unwiderstehliche Drang („craving") verspürt, das Suchtverhalten ausführen zu müssen (sog „wanting"). Über Lernprozesse automatisiert diese Handlungsschablone im Rahmen der Entste-

---

31 *Grüsser, Albrecht*, 2007.

32 *Albrecht, U.* (2006). Reizreaktionen und Verlangen bei pathologischen Glücksspielern: psychologische und physiologische Parameter, Berlin: Logos Verlag.

33 *Frascella, J., Potenza, M.N., Brown, L.L., Childress, A. R.* (2010). Shared brain vulnerabilities open the way for nonsubstance addictions: carving addiction at a new joint?. Annals of the New York Academy of Sciences, 1187(1): 294–315.

34 *Böning*, 1999, 2005.

35 *Grüsser, Albrecht*, 2007.

hung einer Suchterkrankung.[36] Wenn die Ausführung des Suchtverhaltens blockiert wird, kann es aufgrund von psychobiologischen Dysregulationen zu entzugsähnlichen Symptomen kommen (zB starke Unruhe, depressive Verstimmung, Gereiztheit). Das Verhalten wird trotz negativer Konsequenzen wie bspw familiäre Konflikte, berufliche Leistungseinbußen oder gesundheitliche Beeinträchtigungen fortgeführt. Klinisch beobachtbar sind außerdem Kontrollverlust, Craving und Entzugssymptome. Beide Suchtformen weisen darüber hinaus hohe Rückfallraten auf.[37,38,39]

Aktuelle neurowissenschaftliche Befunde legen nahe, dass dies vor allem über 12
die Modulation des dopaminergen mesokortikolimbischen Belohnungssystems im Gehirn vermittelt wird. Im Rahmen der Entwicklung einer Suchterkrankung – und damit auch bei der Entstehung süchtigen Glücksspielverhaltens – werden andere, zuvor lustbetonte Verhaltensweisen „überlernt". In emotionalen und stressbetonten Situationen wird somit das exzessive (Glücksspiel-)Verhalten nach und nach zur einzig noch wirkungsvollen Strategie, Gefühle zu regulieren (Stressverarbeitungsstrategie) und der Betroffene hält sogar alltägliche Situationen ohne seine „Droge Glücksspiel" nicht mehr aus.[40] Diese gefühlsregulierende Funktionsweise verankert sich fest in den **Kognitionen** und somit in den **Grundannahmen** (zB „nur spielen hilft mir …"). Durch die herausragende Bedeutung wird das Suchtverhalten zur wichtigsten Aktivität des Individuums und dominiert schließlich Gedanken, Gefühle und übriges Verhalten.[41]

1. Die wichtige Rolle neurobiologischer Lernprozesse bei der Suchtentstehung

Es werden verschiedene Formen des Lernens beschrieben. Neben dem **Lernen am** 13
Modell (zB die Eltern haben ebenfalls Drogen konsumiert oder Glücksspiele gespielt) wird va der erlernten positiven **Drogenwirkung** und der daraus resultierenden **Wirkungserwartung** eine besondere Bedeutung bei der Identifizierung der involvierten **psychobiologischen Mechanismen** zugemessen.[42, 43, 44, 45] In zahlrei-

---

36 *Berridge, K.C., Robinson, T.E., Aldridge, J.W.* (2009). Dissecting components of reward: 'liking', 'wanting', and learning. Current Opinions in Pharmacology, 9: 65–73. doi: 10.1016/j.coph.2008.12.014.

37 *Potenza*, 2006.

38 *Albrecht, U., Grüsser, S.M.* (2003). Diagnose Glücksspielsucht? Psychomed, 15/2: 96–99.

39 *Grüsser, S.M., Poppelreuter, S., Heinz, A., Albrecht, U., Saß, H.* (2007). Verhaltenssucht – eine eigenständige diagnostische Einheit, Nervenarzt, 78 (9): 997–1002.

40 *Albrecht*, 2006; *Grüsser, Albrecht*, 2007.

41 *Albrecht*, 2006; *Grüsser, Albrecht*, 2007.

42 *Beck, A.T., Wright, F.D., Newman, C.F., Liese, B. S.* (1997). Kognitive Therapie der Sucht (J. Lindenmeyer, Übers.). Weinheim: Beltz (Original veröffentlicht 1993).

43 *Grüsser, S.M., Heinz, A., Flor, H.* (2000). Standardized stimuli to asses drug craving and drug memory in addicts. Journal of Neural Transmission, 107: 715–720.

chen Untersuchungen aus den letzten Jahren spielen insbesondere zwei Formen des Lernens, die *klassische* und die *operante* Konditionierung eine wesentliche Rolle, um die zugrundeliegenden Mechanismen einer Abhängigkeitserkrankung zu erklären.

14 Das Modell der ***klassischen*** **Konditionierung** hat maßgeblich dazu beigetragen, die Entstehung des Suchtverhaltens, aber auch die Mechanismen des ***Rückfalls*** zu erklären.[46, 47] So können zuvor neutrale Reize (zB externale Stimuli wie der Anblick eines Bierglases oder eines Spielautomaten oder internale Reize wie bestimmte Gefühlszustände oder Stresszustände) mit dem Suchtverhalten und der Suchtmittelwirkung assoziiert werden und dann als erlernte (konditionierte) Reize eine erlernte (konditionierte) Reaktion auslösen. Sobald diese sogenannten Auslösereize als solche etabliert sind, kann ihr Auftreten genügen, um „Suchtdruck" auszulösen.

15 Die Art der erlernten Reaktion kann gleichsinnig wie gegensätzlich sein. Somit werden auch bei einer Abhängigkeit zwei Kategorien konditionierter Reaktionen unterschieden: suchtmittelgegensätzliche (konditionierte Toleranz und konditionierte Entzugserscheinungen) und suchtmittelgleichsinnige (positiv emotional gefärbte Zustände/Euphorie).[48, 49] Dieses soll an einem Beispiel aus dem Glücksspielbereich verdeutlicht werden. So kann der Anblick eines Sportereignisses, einer Jackpotzahl, eines Kartenspiels oder das Klimpern von Jetons bei einem süchtigen Spieler entweder einen dem Suchtmittelverhalten gleichsinnigen, also euphorisierenden und positiv erregenden Zustand auslösen oder aber einen der Wirkung gegenläufigen (kompensatorisch vorbereitenden) Zustand etwa in Form von Unruhe und Nervosität. Glücksspieler beschreiben häufig ein „Kickerleben", wenn Sie bestimmte Kleidungsstücke für den Gang in die Spielstätte anziehen, aber auch ein starkes „Kribbeln", wenn sie Geldstücke in der Hand halten.[50]

16 Unabhängig jedoch von der Richtung und der Art der erlernten Reaktion, entsteht ein erlernter (konditionierter) **motivationaler Zustand**, der **Suchmittelverlangen** auslöst und zum erneuten **Suchtverhalten** motiviert. Auf der kognitiven wie auch auf der Verhaltensebene zeigen sich dann – bei fehlendem Abstinenzwunsch – die entsprechenden Komponenten einer Fortsetzung süchtigen Verhal-

---

44 *Berridge, K.C., Robinson, T.E.* (1998). What is the role of dopamine in reward hedonic impact, reward learning, or incentive salience? Brain Research Reviews, 28: 309–369.

45 *Böning,* 2001.

46 *O'Brien, C.P., Childress, A.R., McLellan, A.T., Ehrman, R.* (1992). A learning model of addiction. In: C. P. O'Brien & J.H. Jaffe (Eds.), Addictive States (pp. 157–177). New York: Raven Press.

47 *Everitt, B., Dickinson, A., Robbins, T.* (2001). The neuropsychological basis of addictive behavior. Brain Research. Brain Research Reviews, 36: 129–138.

48 *O'Brien et al,* 1992.

49 *Grüsser, S.M., Flor, H., Heinz, A.* (1999). Drogenverlangen und Drogengedächtnis. In: J. Gölz (Hrsg), Moderne Suchtmedizin (pp. 611–614, 3.NL, 11, B2). Stuttgart: Thieme.

50 *Albrecht,* 2006.

tens. Es wird ein Zusammenhang zwischen den erlernten **Stimuli** (zB Anblick des Spielautomaten) und einer erhöhten **Rückfallgefährdung** in das alte Suchtverhalten gesehen.[51] Erschwerend kommt hinzu, dass das durch die Stimuli ausgelöste Verlangen nicht immer der bewussten Verabreitung zugänglich ist. Die automatische Handlungsschablone wird dann ohne ein klar formuliertes Verlangen „angeworfen". ZB greift der Raucher bei dem Wort „Pause" oder nach einer Mahlzeit reflexartig nach seiner Zigarettenschachtel, ohne dabei vorher „bewusst" darüber nachzudenken, dass er jetzt ein Verlangen zu Rauchen hat.[52] Deshalb kann ein kognitiver Ansatz zu automatisierten süchtigen Handlungsprozessen eine „Bewusstmachung" desselben erst dann formulieren, wenn der automatische Prozess unterbrochen wird.[53] Dh, wenn die Zigarettenschachtel leer ist, tritt das Verlangen (der Gedanke) in die bewusste Verarbeitung des Rauchers und er sucht nach einer alternativen (nicht automatisierten) Möglichkeit der Suchtmittelbeschaffung.

Die Lerngeschichte dieses **Reiz-Reaktions-Lernens** ist individuell und entspre- 17
chend sind auch die jeweiligen Reize, an die der „Spieldruck" und das Glücksspielverhalten assoziiert sind, für den Betroffenen meist sehr individuell. So kann es zB für den Pferdewetter der Stallgeruch, für den Sportwetter das Fußballspiel, für den Automatenspieler das Klingeln des Automaten, für den Lottospieler die Lotto-/Jackpotzahlen oder auch das beängstigende Gefühl drohender Armut und für den Roulettespieler das Rollen der Kugel im Kessel sein. Für alle **Glücksspielarten** können auch das innere Gefühl der Leere und der Langeweile oder unangenehm erregende Gefühle wie starke Versagensängste als Auslöser wirken.[54]

Ein weiterer Lernprozess, die ***operante*** **Konditionierung**, dient ebenfalls zur 18
Erklärung der **Suchtentstehung.** Nachdem das süchtige Verhalten ausgeführt wurde, wirkt der angenehme **Suchtmitteleffekt** (zB Euphorie) belohnend – also (positiv) verstärkend – auf das Verhalten. Damit steigt die Wahrscheinlichkeit, dass dieses gelernte Verhalten auch wiederholt wird. Wenn nun Entzugserscheinungen oder Anspannungszustände, also unangenehme Situationen, vermieden oder beseitigt werden, wirkt dieses ebenfalls (nun aber negativ) verhaltensverstärkend. Demnach tragen sowohl positives Verstärkungslernen als auch negatives Vermeidungslernen dazu bei, dass entsprechend süchtige Verhaltensequenzen wiederholt werden (siehe Abbildung 2).[55, 56]

---

51 siehe *Grüsser, Heinz, Flor,* 2000.

52 *Grüsser, Albrecht,* 2007.

53 *Tifanny, S.T.* (1990). A cognitive model of drug urges and drug-use behavior: role of automatic and nonautomatic pocesses. Psychological Review, 97: 147–168.

54 *Albrecht,* 2006; *Grüsser, Albrecht,* 2007.

55 Vgl zB *O'Brien et al,* 1992.

56 *Grüsser et al,* 1999.

19 Für das Gehirn ist es zunächst nicht von Bedeutung, ob sich hierbei ein sinnvolles oder ein krankhaftes Verhalten entwickelt. Es registriert lediglich, dass sich das für eine **Verhaltensstabilisierung** verantwortliche **biochemische Gleichgewicht** wieder eingestellt hat.[57] Dabei werden in einem für Belohnung zuständigen **neuronalen Substrat** im Gehirn (dem mesokortikolimbischen Belohnungssystem) entsprechende Botenstoffe (zB **Dopamin**) ausgeschüttet. Dieser Vorgang ist dann dafür verantwortlich, dass der Betroffene sich auch beim nächsten Mal in einer vergleichbaren Reizkonstellation an die Belohnung des Verhaltens erinnert (su **Suchtgedächtnis**). Beispielsweise erlebt der Alkoholabhängige oder der Spieler durch sein stattgegebenes Suchtverhalten, dass er zunächst gelöster und entspannter wird. Weiterhin lernt er, dass durch Alkohol bzw Glücksspielen aktuelle Probleme in den Hintergrund rücken oder die im Laufe der Suchtentwicklung auftretenden Entzugserscheinungen beseitigt werden.[58] Das exzessive belohnende Verhalten ist nun in der Hierarchie der Verhaltensweisen an oberste Stelle gerückt und ist damit über andere **homöostatische** und **nicht-homöostatische Triebe** gestellt. So werden selbst Nahrungsaufnahme und sexuelle Aktivitäten, aber auch andere belohnende Verhaltensweisen und adäquate Stressverarbeitungsstrategien einseitig und zweckentfremdet zugunsten des süchtigen Verhaltens vernachlässigt (siehe Abbildung 2).

- Glücksspiel hat eine euphorisierende und stressregulierende Wirkung und löst somit eine als belohnend empfundene Reaktion aus
- die Wahrscheinlichkeit, dass das als positiv empfundene Glücksspielverhalten erneut durchgeführt wird, erhöht sich somit
- zuvor nicht mit dem Glücksspiel in Verbindung stehende visuelle, akustische Reize (zB Geldscheine, Zahlen), aber auch emotional-motivationale (Stress-) Zustände werden in Verbindung mit dem Glücksspiel gebracht
- nach mehrfachem gemeinsamen Auftreten (oder Darbietung) mit dem Glücksspiel können diese Reize nun als erlernte (konditionierte) glücksspielassoziierte Reize eine (erlernte/konditionierte) Reaktion auslösen, die zu einem nur schwer erträglichen bzw unwiderstehlichem Verlangen und erneuten Glücksspielverhalten führen
- durch die erzielte – erwünschte und als belohnend empfundene – Wirkung des erneuten Glücksspiels wird das Glücksspielverhalten wiederum verstärkt
- diese **Verhaltensverstärkung** bewirkt eine weitere Erhöhung der Wahrscheinlichkeit, dass dieses Verhalten in einer bestimmten Reizkonstellation bzw Situation wieder durchgeführt wird
- je häufiger ein Verhalten in bestimmten Situationen durchgeführt wird, um so automatischer läuft es – erst einmal reizinduziert angestoßen – ab; im Laufe einer Abhängigkeitsentwicklung wird dann durch die Reize ausschließlich das Glücksspielverhalten ausgelöst, wobei andere Verhaltensschablonen nicht mehr aktiviert werden.

Abbildung 2: Lernprozesse (Konditionierung) bei einer Glücksspielsucht nach Grüsser & Albrecht (2007)[59]

57 *Grüsser, Albrecht,* 2007.
58 *Albrecht,* 2006; *Grüsser, Albrecht,* 2007.
59 *Grüsser, Albrecht,* 2007.

2. Erworbenes Suchtgedächtnis als Teil des autobiographischen Gedächtnisses

Wie bei der Substanzabhängigkeit kann auch bei der Entstehung und Aufrechterhaltung von Verhaltenssüchten wie der Glücksspielsucht über dieselben verhaltensbiologischen Gehirnprozesse mit Sensitivierung des dopaminergen Verhaltensverstärkungssystems[60,61,62] im jeweiligen Erfahrungs- und Lernkontext ein individuelles Suchtgedächtnis[63,64,65,66] geprägt werden, dem auch eine besondere Bedeutung für das Rückfallgeschehen zukommt. Innerhalb dieses Verhaltensverstärkungssystems findet sich ein hochkomplexes Zusammenspiel bestimmter Botenstoffe (Neurotransmitter, welche Informationen von Zelle zu Zelle weiterleiten) wie **Dopamin, Serotonin und verhaltensmodulierender Neuropeptide** (zB aus der Gruppe der Endorphine) sowie für molekulares Lernen im Gehirn wichtige Botenstoffe aus dem glutamatergen System.[67] 20

Im Rahmen kognitiv – affektiver und neuronaler, handlungsgesteuerter Bahnungsprozesse spielen die Grundfunktionen wie Motivation, Gedächtnis, Lernen und Stressregulation genauso eine zentrale Rolle wie Emotions-, Handlungs- und natürliche Impulskontrolle. Im Laufe der erlernten Suchtentwicklung finden dann auch substratnahe neurobiologische Veränderungen im Gehirn statt. Sie reichen von einer spezifisch veränderten molekularen Trägerebene über eine neu programmierte Musterebene **neuronaler Netzwerke** bis zu einem, in der psychologischen Bedeutungsebene im **episodischen (autobiographischen) Gedächtnis** verankerten individuellen *Suchtgedächtnis*.[68,69,70] 21

Ein solches löschungsresistentes **Suchtgedächtnis** bildet sicht nicht nur für den belohnenden Effekt von Substanzen, sondern auch für die durch exzessives Verhalten induzierte körpereigene Ausschüttung neurobiologisch wirksamer Botenstoffe. Das Gehirn unterscheidet demnach nicht zwischen einem stoffgebundenen Suchtmittel wie zB Alkohol und einem stoffungebundenen Suchtmittel wie zB dem 22

60 *Everitt et al*, 2001.
61 *Robbins, T.W., Everitt, B.J.* (2002). Limbic-striatal memory systems and drug addiction. Neurobiology of Learning and Memory, 78: 625–636.
62 *Böning, J.* (1994). Warum muß es ein „Suchtgedächtnis" geben? Klinische Empirie und neurobiologische Argumente. Sucht, 4: 244–252.
63 *Grüsser, Albrecht*, 2007; *Grüsser, Thalemann*, 2006.
64 *Böning*, 1999, 2005.
65 *Berridge, Robinson*, 1998.
66 *Robinson, T.E., Berridge, K.C.* (2001). Incentive-sensitization and addiction. Addiction, 96: 103–114.
67 *Everitt et al*, 2001; *Robbins, Everitt*, 2002.
68 *Böning*, 1994.
69 *Böning, J., Weiyers H.G., Herrmann M.J.* (2002). Suchtgedächtnis und Cue-Reaktivität – eine neuropsychobiologische Synopsis. Psychomed, 14, 74–80.
70 *Böning*, 1999, 2001, 2005.

Glücksspiel. So werden die mit einer Glücksspielsucht assoziierten Lernprozesse nachhaltig gespeichert und können auch noch nach jahrlanger Abstinenz, zumal bei fehlendem Aufbau alternativer belohnender Verhaltensweisen, in bestimmten Situationen wieder aktiviert werden.[71] Verhaltensmodulierende Prozesse in funktionell komplex verschalteten **Hirnarealen** sind nämlich gleichermaßen bedeutsam für **Motivation** und Lernvorgänge wie für die erlebensgesteuerte **Gedächtnisprägung** mit einer **Abhängigkeitsentwicklung.**[72]

23 Durch die **Sensitivierung** des (mesokortikolimbischen) **Belohnungssystems** erhalten suchtmittelassoziierte Reize einen erhöhten Anreizwert und dadurch auch eine erhöhte **Aufmerksamkeitszuwendung.** Diese zeigt sich in einer erhöhten Aufmerksamkeit für und im bevorzugten Aufsuchen von solchen Stimuli und des Suchtmittels selbst und stellt eine eigenständige Komponente der Motivation und Verstärkung dar.[73] Durch einen solchen Vorgang wird dem Menschen signalisiert, welche Reize ihm gut getan haben bzw eine Belohnung anzeigen. Diese assoziative Verbindung der Reizpräsentation mit dem mesokortikolimbischen Dopaminsystem und **subkortikaler Strukturen** führt über die Funktionsweise des perzeptuellen und „Priming"-Gedächtnisses[74] zur Bildung neuer Gedächtnisinhalte, die der bewussten Verarbeitung nicht zugänglich sind und schließlich im episodischen Gedächtnis zum biographischen Bestandteil des Süchtigen werden.[75, 76]

24 In diese Lernprozesse sind spezifische funktionstragende Hirnareale wie zB die **Amygdala** (ua Steuerung von Emotionen), der **Hippocampus** (ua Gedächtnis, Erinnerung) sowie der **Präfrontalkortex** (ua exekutive Entscheidungen, episodisches Gedächtnis) und der inferiore **Parietalkortex** (ua Arbeitsgedächtnis, Integration sensorischer und motorischer Informationen) involviert. Sie wiederum beeinflussen **kortiko-striatale Regelkreise** und Rückkopplungsschleifen, welche bei der Entstehung und Aufrechterhaltung süchtigen Verhaltens als auch bei der Verarbeitung von Emotionen als zentral beteiligte Hirnstrukturen verstanden werden.[77] Im Rahmen der süchtigen Lerngeschichte kann demnach die assoziative Verbindung von **Reizpräsentation** mit dem motivationalen Verstärkersystem mittels neuronaler **Konditionierungs- und Bahnungsprozesse** ein auch personenspezifisches Suchtgedächtnis entstehen lassen.[78]

---

71 *Grüsser, Albrecht,* 2007.
72 *Böning,* 1999, 2005.
73 *Berridge, Robinson,* 1998; *Robinson, Berridge,* 2001.
74 *Markowitsch, H.J.* (1999). Gedächtnisstörungen. Stuttgart: Kohlhammer.
75 *Böning,* 1999; 2001.
76 *Markowitsch, H.J., Welzer, H.* (2005/2006). Das autobiografische Gedächtnis. Hirnorganische Grundlagen und biosoziale Entwicklung, Stuttgart: Klett-Cotta.
77 *Everitt et al,* 2001; *Robbins, Everitt,* 2002.
78 *Böning,* 2001, 2005.

3. Stressvulnerabilität und Suchtverhalten

Dieses Suchtgedächtnis kann noch nach Jahren der Abstinenz durch entsprechende Reize bzw Reizkonstellationen aktiviert werden und – va in besonders „stressbehafteten“ Zeiten – einen Rückfall in das alte Glücksspielverhalten herbeiführen. Es konnte entsprechend gezeigt werden, dass ein im zeitlichen Zusammenhang mit einer Drogeneinnahme stehendes, erhöhtes Stresserleben einerseits die Sensitivierungsprozesse im (mesolimbischen) dopaminergen Strukturen verstärkt und andererseits diese Sensitivierungsprozesse wiederum zu einer erhöhten Stressvulnerabilität führen. Dies könnte erklären, warum Suchtentwicklung, Drogenverlangen und Rückfälle va in starken Stresssituationen auftreten.[79, 80, 81, 82, 83] Vergleichbar mit Studien aus dem Bereich der Substanzabhängigkeit[84, 85] verweisen auch Untersuchungen zum pathologischen Glücksspiel auf einen Zusammenhang zwischen **Stress** bzw Stresserleben.[86, 87, 88, 89, 90] 25

So werden zB Ängste, Einsamkeit und Versagenserlebnisse im Sinne einer „Selbstbehandlung“ durch exzessives Glücksspiel verdrängt bzw unterdrückt. Die fehlende Aufarbeitung dieser Ursachen verschlimmert diese noch im Laufe der Zeit und diese wirken – da kurz vor dem Glücksspiel präsent und an das Verhalten asso- 26

---

79 *Greeley, J.D., Swift, W., Heather, N.* (1992). Depressed affect as a predictor of increased desire for alcohol in current drinkers of alcohol. British Journal of Addiction, 87: 1005–1012.

80 *Grüsser, S.M., Mörsen, C.P., Wölfling, K., Flor, H.* (2007). The relationship of stress, coping, effect expectancies and craving. European Addiction Research, 13: 31–38.

81 *Kalivas, P.W., Stewart, J.* (1991). Dopamine Transmission in the initiation and expression of drug- and stress-induced sensitization of motor activity. Brain Research Reviews, 16: 223–244.

82 *Stewart, J.* (2000). Pathways to relapse: the neurobiology of drug and stress-induced relapse to drug-taking. Journal of Psychiatry & Neuroscience, 25: 125–136.

83 *Piazza, P.V., Le Moal, M.* (1998). The role of stress in drug self-administration. Trends in Pharmacological Sciences, 19: 67–74.

84 *Sinha, R.* (2001). How does stress increase risk of drug abuse and relapse? Psychopharmacology, 158: 343–359.

85 *Stewart, J.* (2003). Stress and relapse to drug seeking: studies in laboratory animals sheet light on mechanisms and sources of long-term vulnerability. The American Journal on Addiction, 12: 1–17.

86 *McCartney, J.* (1995). Addictive behavior: relationship factors and their perceived influence of change. Genetic, Social and General Psychology Monographs, 121, 39–64.

87 *Coman, G.J., Burrows, G.D., Evans, B.J.* (1997). Stress and anxiety as factors in the onset of problem gambling: implications for treatment. Stress Medicine, 13: 235–244.

88 *Friedland, N., Keinan, G., Regev, Y.* (1992). Controlling the uncontrollable: effects of stress on illusory perceptions of controllability. Journal of Personality and Social Psychology, 63: 923–931.

89 *Grüsser, S.M., Plöntzke, B., Albrecht, U.* (2005). Pathological gambling. An empirical study of the desire for addictive substances. Nervenarzt, 76: 592–596.

90 *Toerne, I.V., Konstanty, R.* (1992).Gambling behavior and psychological disorders of gamblers on German-style slot-machines. Journal of Gambling Studies, 8: 39–59.

ziiert – wiederum auch als jeweils spezifischer, erlernter (konditionierter) Reiz mit Motivierung zum erneuten Glücksspielverhalten. So schließt sich das Bedingungsgefüge im „Teufelskreis“ einer Glücksspielsucht.[91]

27 Entsprechend postuliert wird ein integratives Vulnerabilitäts-(Verletzlichkeit-) Stress-Modell der Glücksspielsucht, in dem verschiedene (kognitive, lerntheoretische, physiologische) Bedingungsfaktoren berücksichtigt werden[92] (siehe ausführlich dazu Kapitel § 31). So wird zunächst von einer genetischen Vulnerabilität ausgegangen, die durch neurochemische Veränderungen in der dopaminergen, noradrenergen und/oder serotonergen Neurotransmission bedingt ist. Diese genetische Vulnerabilität bedingt wiederum psychische Auffälligkeiten. Weiterhin gelten auch frühkindliche Erfahrungen und unzureichend entwickelte oder fehlende Bewältigungs- bzw Problemlösefähigkeiten, Substanzgebrauch und das Auftreten lebenskritischer bzw traumatisierender Ereignisse als Vulnerabilitätsfaktoren.[93,94] Sie können den Kontrollverlust über ein einmal etabliertes Glücksspielmuster, das mit der zunehmenden Häufigkeit des Glücksspiels automatisierter und eigendynamischer abläuft, begünstigen.[95]

28 Weiterhin deuten verschiedene neuropsychologische und neurokognitive Befunde sowie aktuelle Forschungsergebnisse psychophysiologischer Studien auf eine Übereinstimmung der Mechanismen bei Substanzabhängigkeit und pathologischem Glücksspiel.[96,97,98,99,100,101]

---

91 *Albrecht*, 2006; *Grüsser, Albrecht*, 2007.

92 *Sharpe, L.* (2002). A reformulated cognitive-behavioral model of problem gambling: a biopsychosocial perspective. Clinical Psychology Review, 22: 1–25.

93 *Sharpe, L., Tarrier, N.* (1993). Towards a cognitive-behavioural model of problem gambling behaviour. British Journal of Psychiatry, 162: 407–412.

94 *Albrecht*, 2006; *Grüsser, Albrecht*, 2007.

95 *Albrecht*, 2006.

96 *Bechara, A.* (2003). Risky business: emotion, decision-making and addiction. Journal of Gambling Studies, 19: 23–51.

97 *Blum, K., Wood, R., Sheridan, P., Chen, T., Comings, D.* (1995). Dopamine D2 receptor gene variants: association and linkage studies in impulsive, addictive and compulsive disorders. Pharmacogenetics, 5: 121–14.

98 *Crockford, D.N., Goodyear, B., Edwards, J., Quickfall, J., el-Guebaly, N.* (2005). Cue-induced brain activity in pathological gamblers. Biological Psychiatry, 58: 787–95.

99 *Perez des Castro, I., Ibânez, A., Saiz-Ruiz, J., Fenandez-Piqueras, J.* (1999). Genetic contribution to pathological gambling: association between a functional DNA polymorphism at the serotonin transporter gene (5-HT) and affected males. Pharmacogenetics, 9: 397–400.

100 *Reuter, J., Raedler, T., Rose, M., Hand, Y., Glascher, J., Büchel, C.* (2005). Pathological gambling is linked to reduced activation of the mesolimbic reward system. Nature Neuroscience, 8: 147–148.

101 *Grüsser, Plöntzke, Albrecht*, 2005.

Die „Umfunktionalisierung" des Glücksspiels als alleiniges wirksames Mittel zur **Gefühlsregulation**[102] erklärt auch das häufige Wechseln zwischen Glücksspielsucht und Substanzabhängigkeit im Sinne einer Suchtverlagerung. Dies beruht schließlich auf den gleichen pathogenetischen Mechanismen und ist ein gutes Beispiel für das Axiom der gegenseitigen Ersetzbarkeit von „Suchtmitteln". Vergleichbar zu Studienergebnissen bei Substanzabhängigkeit bestehen auch bei Glücksspielsucht sehr hohe Komorbiditäten (Auftreten von zwei oder mehreren psychischen Störungen bei einer Person)[103] und ein signifikant erhöhtes Auftreten von traumatischen Kindheitserlebnissen (mit Missbrauchserfahrungen) und sog „Lifetime-Belastungen".[104] 29

4. Neuropsychologische Erklärungsansätze

Ein vergleichsweise neuer Ansatz zur Beschreibung und Erklärung von Verhaltenssüchten stammt aus dem Bereich der Neuropsychologie. Forschungsergebnisse zeigen hierbei, dass bei Menschen mit Verhaltenssüchten unterschiedliche Prozesse im Gehirn verändert auftreten. Die kortikale Verarbeitung suchtmittelassoziierter Reize ist bei Menschen mit einer Suchterkrankung verändert. Dies zeigte eine experimentelle Untersuchung mit pathologischen Glücksspielern.[105] In Bezug auf Prozesse der kortikalen Reizverarbeitung waren die Befunde vergleichbar mit solchen aus dem Bereich der substanzgebundenen Abhängigkeitserkrankungen, zB bei der Alkoholabhängigkeit.[106] 30

Diese suchtmittelassoziierten Reize werden anders als bei gesunden Kontrollpersonen hoch aktiviert verarbeitet. Es ist anzunehmen, dass dies die erhöhte Aufmerksamkeitszuwendung dieser Reize mitbedingt. Solche neuropsychologischen Korrelate der Suchterkrankung konnten auch Untersuchungen in einem analogen experimental-psychologischen Paradigma des Tests zur Entscheidungsfindung (Iowa Gambling Task) bei pathologischen Glücksspielern in der Positronen-Emis- 31

102 *Grüsser, Albrecht*, 2007.

103 *Böning*, 1991.

104 *Scherrer, J.J., Xian, H., Kyapp, J. M. et al.* (2007). Association between exposure to childhood and lifetime traumatic events and lifetime pathological gambling in a twin cohort. Journal of Nervous and Mental Disease, 195: 72–78.

105 *Wölfling, K., Mörsen, C.P., Duven, E., Albrecht, U., Grüsser, S.M., Flor, H.* (2011). To gamble or not to gamble: at risk for craving and relapse–learned motivated attention in pathological gambling. Biological Psychology, 87(2): 275–281.

106 *Herrmann, M.J., Weijers, H., Wiesbeck, G.A., Aranda, D., Böning, J., Fallgatter, A.J.* (2000). Event-Related Potentials and Cue-Reactivity in Alcoholism. Alcoholism: Clinical and Experimental Research, 24(11): 1724–1729.

sions-Tomographie zeigen.[107] Die pathologischen Glücksspieler zeigten während des Tests eine höhere Dopamin-Ausschüttung im ventralen Striatum und eine schlechtere Performanz im Iowa Gambling Task im Vergleich zu gesunden Kontrollen. Es wird vermutet, dass die erhöhte Dopamin-Freisetzung und die damit verbundene Erregung zu geringeren Erfolgsraten im Iowa Gambling Task bei pathologischen Glücksspielern und damit zur Aufrechterhaltung von unvorteilhaften Entscheidungen im Rahmen des Glücksspielverhaltens führt. Die Störungsgenese wird somit aufrechterhalten.

IV. Schlussbemerkung

32 Die kategorial unterschiedlichen, aber in der Evolution wohl miteinander in Beziehung stehenden Phänomene Glücksstreben, Spielbedürfnis und Suchtverhalten können ganz offensichtlich im jeweiligen gesellschaftlich – biographischen Kontext und bei individueller Disposition eine Krankheitsentität Glücksspielsucht wie bei dem Spieler Fjodor Dostojewski generieren.[108] Aufgrund der aktuellen Erkenntnisse und in Anlehnung an den oben aufgezeigten, psychologische und verhaltensbiologische Aspekte integrierenden Ansatz, muss festgehalten werden, dass die Etablierung glücksspielsüchtigen Verhaltens stets mit einer neurobiologischen Dimension einhergeht und sogar gedächtnismäßig programmiert ist. In diesem autonom gewordenen Zustand geht es dem süchtigen Spieler in der Regel nicht mehr vordergründig um Gewinn und Verlust, denn in der Realität verspielt er seinen Gewinn sofort wieder.[109] Im Mittelpunkt steht die Wirkung bzw der Effekt, der durch das Glücksspielen ausgelöst oder bezweckt wird. Spielen – auch rein gedanklich – dominiert jetzt das Leben und eine angemessene aktive Auseinandersetzung mit den alltäglichen Problemen mittels alternativer Verhaltensweisen wird „verlernt".[110]

33 Klinisch kann sich angesichts der Orientierung an den kurzfristig positiven Konsequenzen unter Vernachlässigung der langfristigen Nachteile der ständige Kreisprozess von Schuld- und Schamgefühlen weiter über Jahre erstrecken bis schließlich die sozialen, psychischen und körperlichen Kosten den subjektiven Nutzen überwiegen.[111] Erst wenn der Leidensdruck stark genug ist, ist der Glücksspielsüchtige bereit, sein Fehlverhalten zu verändern und einen Ausstieg aus der Sucht zuzulas-

---

107 *Linnet, J., Møller, A., Peterson, E., Gjedde, A., Doudet, D.* (2011). Dopamine release in ventral striatum during Iowa Gambling Task performance is associated with increased excitement levels in pathological gambling. Addiction, 106(2): 383–390.

108 *Böning et al*, 2013.

109 *Albrecht*, 2006.

110 *Grüsser, Albrecht*, 2007.

111 *Orford, J.* (2001). Addiction as excessive appetite. Addiction, 96: 15–31.

sen.[112] Denn erst wenn das süchtige Verhalten bzw die damit assoziierten Reize an Anreiz verloren haben und somit die positive Wirkungserwartung am Glücksspiel reduziert ist, können langsam wieder alternative Verhaltensweisen attraktiv werden. Dies ist ein Weg, damit sich der Spieler besser davor schützen kann, vornehmlich in Stresssituationen wieder in sein altes, süchtig „wirkungsvolles" Verhaltensmuster zurückzufallen.[113, 114]

Aus all diesen Gründen ist es so wichtig, das Phänomen Glücksspielsucht klar 34
zu definieren und entsprechend valide operationalisierte Diagnose-Kriterien aufzustellen, um eine Glücksspielsucht von einem lediglich exzessiv durchgeführten Verhalten unterscheiden zu können. Damit kann gleichzeitig der Gefahr eines inflationären Gebrauchs des Begriffes vorgebeugt werden.[115, 116, 117]

---

112 *Potenza, M.N., Fiellin, D.A., Heininger, G.R., Raunsaville, B.J., Mazure, C.M.* (2002). Gambling: an addictive behavior with health and primary care implications. Journal of General Internal Medicine, 17: 721–732.

113 *Linnet, J., Møller, A., Peterson, E., Gjedde, A., Doudet, D.* (2011). Dopamine release in ventral striatum during Iowa Gambling Task performance is associated with increased excitement levels in pathological gambling. Addiction, 106(2): 383–390.

114 Siehe auch *Marlatt, G.A., Witkiewitz, K.* (2005). Relapse prevention for alcohol and drug problems. In G.A. Marlatt and D.M. Donovan (Eds.), Relapse prevention: Maintenance strategies in the treatment of addictive behaviors (2nd ed., pp. 1–44). New York: Guilford Press.

115 *Böning, J.* (1991). Glücksspielen als Krankheit? Kritische Bemerkungen zur Inflation der Süchte. Nervenarzt, 62: 706–707.

116 *Grüsser, S.M., Poppelreuter, S., Heinz, A., Albrecht, U., Saß, H.* (2007). Verhaltenssucht – eine eigenständige diagnostische Einheit, Nervenarzt, 78 (9): 997–1002.

117 *Heinz, A.* (2014). Die Grenzen des Suchtbegriffes. In: K. Mann (Hrsg). Verhaltenssüchte. Springer, Berlin, Heidelberg, S 196–203.

Nancy M. Petry, Ph.D.

§ 34 Gambling and Substance Abuse

Übersicht

I. Zusammenfassung[1]

1 In Ihrem Beitrag zum Thema „Glücksspiel und Substanzmissbrauch" beschreibt *Petry* zunächst die Symptome pathologischen Glücksspiels und die Parameter für dessen Klassifikation als Sucht oder Impulskontrollstörung. Sie weist darauf hin, dass diese Kriterien etwa zur Hälfte den für substanzgebundene Süchte feststellbaren Parametern entsprächen. Die übrigen Kriterien seien glücksspielspezifisch. Die in diesem (DSM-5-)Rahmen erfolgten Erhebungen hätten zu dem Befund geführt, dass etwa 1% der Bevölkerung unter pathologischem und 2% unter problematischem Glücksspiel litten. Diese Zahlen seien deutlich höher, wenn man nur diejenigen Bevölkerungsteile betrachtete, die gleichzeitig Substanzen wie Alkohol oder Drogen zu sich nähmen. Hierbei spielte es keine Rolle, ob die behandlungssuchenden Patienten oder diejenigen Betroffenen, die keine Behandlung suchten, den Maßstab bildeten. Dieser empirisch evidente Zusammenhang führe dazu, dass das pathologische Glücksspiel nicht mehr lediglich als Impulskontrollstörung, sondern als suchtverwandte Störung zu begreifen sei. Für die Fälle von Komorbiditäten hält *Petry* das Behandlungserfordernis im Übrigen für besonders ausgeprägt, da häufig deutlicher ausgeprägte psychologische und berufliche Probleme bestünden und die Betroffenen auch häufiger mit dem Gesetz in Konflikt gerieten.

2 In ihren folgenden Ausführungen geht *Petry* darauf ein, dass bisher nur relativ wenige kontrolliert randomisierte Therapiestudien zum pathologischen Glücksspielverhalten auch unter Berücksichtigung komorbider Störungen wie insbesondere

1 Von *Stefan Korte.*

https://doi.org/10.1515/9783110259216-034

Substanzabhängigkeit durchgeführt wurden. Gleichwohl böten sich, angelehnt an die Behandlungsansätze bei substanzbezogenen Störungen drei Interventionsmöglichkeiten an, wobei Studienergebnisse darauf hinwiesen, dass deren Kombination den größten Behandlungserfolg verspreche.

3 Erstens sei eine psychosoziale Behandlung denkbar. Sie sei insbesondere dann effektiv, wenn Teilnahme an Selbsthilfegruppe wie den „Anonymen Spielern" mit einer professionellen psychologischen Beratung kombiniert werde. Zweitens könnten kognitiv-behaviorale Therapieansätze (KBT) zum Erfolg führen. Sie zielten darauf ab, dem Patienten sein Glücksspielverhalten in der entsprechenden pathologischen Funktionalität verständlich zu machen. Hierzu werden beispielsweise in einer KBT-Methode nach *Petry* (2005) zunächst die „spezifischen internalen und externalen Auslöser" sowie positiven und negativen Konsequenzen des Glücksspielverhaltens mit dem Patienten analysiert. In einem weiteren Schritt erstellen die Betroffenen ein alternatives Freizeitprogramm, auf dessen aktive Inhalte in hoch rückfallriskanten Situationen und Stimmungen prophylaktisch zurückgegriffen werden kann. Bei dieser typischen KBT-Methode ist die Verdeutlichung und Eliminierung der kognitiven Verzerrungen (irrationaler Annahmen, beispielsweise die Überschätzung der Gewinnwahrscheinlichkeiten und auch abergläubisches Verhalten) geboten, die wesentlich zur Entstehung und Aufrechterhaltung des Glücksspielsuchtverhaltens beitragen. Schließlich erläutert *Petry*, dass – drittens – sog Kurzinterventionen im Sinne der Motivational Enhancement Therapy (MET) empfehlenswert seien. Diese Behandlungsform sei auf ein Stufenprogramm gegründet, das die Änderung unerwünschter Verhaltensweisen ermögliche. Danach folgt dem ersten Stadium der Absichtslosigkeit ein zweites der Absichtsbildung (Glücksspielabstinenz erreichen), verlange hieran anknüpfend das dritte Stadium des „entsprechenden Handelns" und schließlich viertens dessen langfristige „Aufrechterhaltung".

4 Pathological gambling is a psychiatric disorder characterized by "persistent and recurrent maladaptive gambling behavior that disrupts personal, family, or vocational pursuits" (American Psychiatric Association, 1994). This disorder has many similarities to substance use disorders, and it also shares high rates of comorbidity with drug and alcohol abuse, as reflected in both epidemiological and treatment studies. This chapter describes the current symptoms and criteria for pathological gambling, and the recommendations for moving the classification of pathological gambling into the chapter related to substance use disorders for the upcoming Diagnostic and Statistical Manual of Mental Disorders (DSM), Revision V. In addition, this chapter describes interventions for disordered gambling, and it also provides suggestions for treatments for individuals with combined gambling and substance use disorders.

Nancy M. Petry

II. Classification and Recommended Changes for DSM-5

The third revision of the DSM (APA, 1980) first introduced pathological gambling as a 5
psychiatric disorder. It included this disorder as a Disorder of Impulse Control, Not Elsewhere Classified. In DSM-IV (APA, 1994), pathological gambling remains in the impulse control section. However, the new DSM-5 are to include it in the chapter with substance use disorders, as a non-substance related addictive behavior (Petry, 2006).

In DSM-IV, 10 criteria for pathological gambling are listed, and an individual 6
must meet at least 5 of the 10 to be diagnosed with pathological gambling (APA, 1994). Half of the 10 current pathological gambling criteria parallel substance use disorder criteria: having preoccupations with gambling or ways to get money with which to gamble, increasing the frequency or amount of money gambling over time, feeling restless or irritable when unable to gamble, unsuccessfully attempting to stop or reduce gambling on repeated occasions, and forgoing important relationships or other activities because of gambling. The other criteria for pathological gambling involve chasing lost money (or betting more to cover previous losses), gambling in order to escape or reduce other problems or adverse moods, lying to others to hide gambling, committing illegal acts to support gambling, and depending upon others to relieve gambling-induced financial difficulties.

As outlined in the next section, there is strong empirical evidence for an asso- 7
ciation between pathological gambling and substance use disorders with respect to prevalence rates and comorbidities. Thus, the Substance Use Disorder Workgroup moved pathological gambling to a substance use and related disorders chapter, rather than retaining its position in the Impulse Control Disorders section.

In addition to moving pathological gambling to the substance use and related 8
disorders chapter, the Workgroup has suggested removal of the committing illegal acts criterion from the diagnosis. The illegal behavior criterion (e.g., committing illegal acts such as forgery, fraud, theft or embezzlement to finance gambling) is the least often endorsed item (Blanco, Hasin, Petry, Stinson & Grant, 2006; Gerstein, Volberg, Toce, Harwood, Johnson, Buie, et al, 1999; Strong & Kahler, 2007) and appears to add little to diagnostic accuracy. Hence, the Workgroup has suggested that this criterion be dropped in the revision 5 of the DSM.

Another suggestion was to decrease the number of criteria needed for a diagno- 9
sis from five to four. Several analyses of independent databases reveal that providing a diagnosis upon meeting four criteria improves classification accuracy (Jiménez-Murcia, Stinchfield, Alvarez-Moya, Jaurrieta, Bueno, & Granero 2009; Stinchfield, 2003; Stinchfield, Givoni & Frisch, 2005). Thus, in order to meet diagnostic criteria for pathological gambling in DSM, one needs to endorse four of nine criteria (rather than five of ten).

The Workbook has also suggested altering the name of the disorder, as the term 10
"pathological" appears outdated and pejorative. It is now termed "gambling disorder."

Nancy M. Petry

11 Although the name of the disorder and the threshold for diagnosis changed with DSM-5, the term "pathological gambling" will be utilized throughout this chapter to refer to individuals who are classified under the DSM-IV system of meeting five or more of the ten criteria. Note also that the classification system in DSM does not include a subthreshold condition. Many persons in epidemiological studies have some gambling-related problems, but do not meet five criteria for a diagnosis of pathological gambling. Throughout the remainder of this chapter, the subthreshold condition will be referred to as "problem gambling," and it usually comprises those who endorse three or four of the ten diagnostic criteria.

III. Prevalence Rates of Problem and Pathological Gambling in Epidemiological Surveys

12 General population surveys have evaluated the prevalence rates of problem and pathological gambling. Initially, studies from the United States are described, and then studies conducted in other countries around the world are briefly reviewed.

13 To date, five national studies have been conducted in the United States (US). The first took place prior to the inclusion of the disorder in the DSM-III, and therefore it evaluated gambling behaviors and attitudes, and not diagnoses per se. Kallick, Suits, Dielman and Hybels (1976) interviewed 1,749 randomly-selected US residents by phone, and 0.8% had a lifetime gambling problem, and 2.3% moderate gambling problems. The next nationally-based survey was conducted as part of the National Gambling Impact Study Commission (NGISC). Gerstein et al (1999) conducted phone interviews with 2,417 randomly selected US residents. The lifetime prevalence rate of pathological gambling was found to be 0.8%, and the lifetime prevalence rate of problem gambling was 1.3%. Past-year rates were much lower, at 0.1% for pathological gambling and 0.4% for problem gambling. In another phone survey of 2,638 adults conducted by Welte et al (2001), lifetime prevalence rates of pathological and problem gambling were estimated to be higher, at 2.0% and 2.8%, respectively. In this survey, respective rates of past-year pathological and problem gambling were 1.3% and 2.2%.

14 The two most recent US surveys are the National Epidemiologic Survey on Alcohol and Related Conditions (NESARC) and the National Comorbidiy Survey Replication (NCS-R). The NESARC was an in-person survey of over 43,000 respondents and is the largest nationally-based survey. Petry, Stintson & Grant (2005) reported results from this survey and estimated that the lifetime prevalence rate of pathological gambling was 0.4%. The NCS-R included 9,282 respondents and reported rates of lifetime pathological gambling to be 0.6%, with rates of problem gambling of 2.3% (Kessler et al, 2008). Thus, the lifetime prevalence rate of pathological gambling in the United States are estimated to vary between 0.4% to 2%, and past-year rates between 0.1% and 1.3%. Prevalence rates for lifetime problem gambling range from

1.3% to 2.8%, and past-year prevalence rates for problem gambling are about 0.4% to 2.2%.

Prevalence rates reported in US studies tend to parallel prevalence rates from studies conducted in countries around the world. Stucki and Rihs-Middel (2007) examined prevalence surveys from 10 countries in which prevalence surveys were available. These included Australia, Canada, China, Italy, New Zealand, Norway, Singapore, Sweden, Switzerland, and the US. The weighted means across studies were 1.2% to 2.4% for problem gambling and 0.8% to 1.8% for pathological gambling. These estimates are similar to the ranges of prevalence rates found in the US studies. 15

IV. Comorbidities with Substance Use Disorders in Epidemiological Surveys

Some epidemiological studies assessed co-occurrence between pathological gambling and substance use disorders. Across all known general population surveys in which both pathological gambling and substance use were assessed, statistically significant increases in substance use disorders were noted among individuals identified with pathological gambling. 16

For example, in the National Gambling Impact Survey, Gerstein et al (1999) reported that 9.9% of persons identified with pathological gambling, along with 12.4% identified with problem gambling, met criteria for any lifetime substance use diagnosis (including alcohol or illicit drugs). In contrast, only 1.1% of non-gamblers and 1.3% of recreational (non-problem) gamblers had a substance use diagnosis. In the NCS-R, Kessler et al (2008) found that 76.3% of pathological gamblers had a lifetime substance use disorder. Similar results are noted in surveys from other countries. In a Canadian survey of 14,934 respondents, el-Guebaly et al (2006) found that nearly 50% those identified as problem gamblers had substance dependence or reported harmful use of alcohol, versus 7.6% of non-problem gamblers. 17

In terms of alcohol use diagnoses specifically, Gerstein et al (1999) noted that 9.9% of problem and pathological gamblers were also diagnosed with lifetime alcohol dependence versus 1.1% of persons who were non-gamblers. Welte et al (2001) found that among past-year pathological gamblers identified in their survey, 25% were also currently alcohol dependent. Rates of current alcohol dependence were only 1.4% in non-pathological gamblers in that survey, and the odds ratio of current alcohol dependence and pathological gambling was estimated at 23.1. The NESARC study also found a high odds ratio of 6.0; Petry et al (2005) noted that 25.4% of those identified with lifetime pathological gambling also met criteria for lifetime alcohol abuse, and 47.8% for lifetime alcohol dependence. 18

Fewer epidemiological studies have examined comorbidity of gambling and specific drug use disorders. In the Gerstein et al (1999) study, formal drug use diagnoses were not made, but 8.1% and 16.8% of lifetime pathological and problem 19 gamblers, respectively, reported illicit drug use in the past year. Rates of past-year illicit drug use were much lower in social and non-gamblers at 4.2% and 2.0%, respectively. In the NESARC study, Petry et al (2005) reported that 26.9% of pathological gamblers met criteria for a lifetime drug abuse disorder and 11.2% for drug dependence, with odds ratios of 3.5.

V. Comorbidity of Pathological Gambling in Treatment-Seeking Substance Abusers

20 Consistent with data from general population surveys, many individuals seeking treatment for substance use disorders also have problem or pathological gambling. Below, rates of problem and pathological gambling are reviewed in patients seeking treatment for substance use disorders in general outpatient clinics, and then in specific populations of patients who abuse alcohol, cocaine, marijuana and opioids.

21 Some studies have assessed problem and pathological gambling in substance abuse treatment patients who were not differentiated by substance use diagnoses. Across a number of studies, rates of pathological gambling varied from 5% to 33% (Castellani et al, 1996; Ciarrocchi, 1993; Cunningham-Willams et al, 2000; Daghestani et al, 1996; Langenbucher et al, 2001; Lesieur et al, 1986; McCormick, 1993; Rupcich et al, 1997; Toneatto & Bennan, 2002). The rates of problem gambling ranged from 5% to 22% in these patient populations (Ciarrocchi, 1993; Cunningham-Willams et al, 2000; Lesieur et al, 1986; Rupcich et al, 1997; Toneatto & Bennan, 2002). As general population surveys find rates of problem and pathological gambling to be 0.4% to 2.8%, rates in samples seeking substance abuse treatment are clearly elevated.

22 In patients seeking treatment specifically for alcohol use disorders, between 4% and 13% also have pathological gambling (Cho et al, 2002; Elia & Jacobs, 1993; Lejoyeux et al, 1999; Lesieur et al, 1986; McCormick, 1993; Sellman et al, 2002; Toneatto & Brennan, 2002). Among patients seeking treatment for cocaine abuse, rates of pathological gambling vary from 8% to 15% (Hall et al, 2000; Lesieur et al, 1986; Steinberg et al, 1992; Toneatto & Brennan, 2002). Between 5% and 29% of methadone-maintained, opioid-dependent patients have pathological gambling (Feigelman et al, 1995; Ledgerwood & Downey, 2002; Lesieur et al, 1986; Peles, Schreiber, & Adelson, 2009; Spunt et al, 1995; Toneatto & Brennan, 2002; Weinstock et al, 2006).

23 Thus, pathological gambling is relatively prevalent in substance abuse treatment populations, and patients with these dual diagnosis (substance abuse and pathological gambling) tend to have more severe problems than individuals with just substance abuse or gambling alone.

24 The number and intensity of substance use problems are higher in substance abusers with gambling problems than their counterparts without gambling problems. For example, pathological gambling substance abusers began using drugs at

an earlier age, abused more substances, endorsed more dependence symptoms, and reported more prior treatment attempts than cocaine abusers without gambling problems (Daghestani et al, 1996; Langenbucher et al, 2001; McCormick, 1993; Steinberg et al, 1992).

Pathological gambling in substance abusers is also related to employment, legal, and psychiatric problems. Cocaine-dependent patients with pathological gambling are more often unemployed, are more likely to participate in illegal activities, have more arrests and convictions, and serve more time in prison than cocaine-dependent patients without pathological gambling (Hall et al, 2000; Steinberg et al, 1992). Rates of attention deficit disorder, conduct disorder, and antisocial personality disorder are higher among substance abusers with gambling problems compared to those without (Hall et al, 2000; Langenbucher et al, 2001). Petry (2000) found those with both disorders had increased symptoms of somatization, obsessive-compulsive, interpersonal sensitivity, hostility and paranoia than those with substance use disorders alone. 25

VI. Comorbidity of Substance Use Disorders in Treatment-Seeking Pathological Gamblers

As noted above, treatment-seeking substance abusers have high rates of disordered gambling, and the converse relationship also holds. As detailed below, individuals who seek treatment for pathological gambling also have high rates of substance use disorders. 26

Up to 60% of gamblers who seek treatment have a past or current substance use problem. In studies in the United States, Ramirez et al (1983), for example, found that among 51 veterans admitted to a gambling treatment program, 39% had a past-year diagnosis of a drug or alcohol use disorder, and 47% had a lifetime substance use disorder. In surveys of Gamblers Anonymous (GA) members, 26% have alcohol abuse and 48% alcohol dependence (Lesieur & Blume, 1991; Linden et al, 1986). Among pathological gamblers treated on an in-patient unit, McCormick et al (1984) found 32% had alcohol use disorders and 4% drug use disorders. Specker et al (1996) performed diagnostic evaluations on outpatient gamblers and found 60% had one or more substance use disorders; 50% met criteria for alcohol abuse or dependence, 23% for cannabis, 8% for stimulants, 5% each for cocaine and sedatives. 27

High rates of substance use problems are noted in pathological gamblers treated in other countries as well. Twenty-three percent of pathological gamblers in Spain were currently abusing or dependent on alcohol, and 35% had lifetime diagnoses of an alcohol use disorder (Ibanez et al, 2001). In Australia, 16% of pathological gamblers met criteria for alcohol abuse, 8% for alcohol dependence, 37% for nicotine dependence, 5% for cannabis abuse, 5% for cannabis dependence, and 1% each for amphetamine and inhalant abuse (Maccallum & Blaszczynski, 2002). Thus, 28 both treatment and epidemiological data indicate high rates of comorbidity between pathological gambling and substance use disorders.

29 Although substance use disorders are common in pathological gamblers, most gamblers who seek treatment have a past history, not current problems, with alcohol and/or drugs. For example, in two large studies of treatment seeking gamblers, only about 10% reported current use of illicit drugs or regular, heavy use of alcohol (Ladd & Petry, 2003; Stinchfield & Winters, 1996). Nevertheless, even prior histories of substance abuse confer greater problems. Treatment-seeking gamblers with a history of substance use problems had more severe gambling, psychiatric, and other psychosocial difficulties than pathological gamblers without prior substance abuse problems (Ladd & Petry, 2003). Specifically, those with a history of substance abuse gambled for a longer duration of time, wagered more frequently, and reported more gambling-related problems than pathological gamblers without prior substance abuse problems. They were also more likely to be receiving other mental health treatment than pathological gamblers without previous substance use problems.

VII. Treatments for Gambling

30 Relatively few randomized controlled trials of treatments for pathological gambling have been conducted, and only one known randomized study has examined interventions specifically for substance abusing pathological gamblers. This lack of data makes treatment recommendations speculative, especially among dual diagnosis patients. Further, although pharmacotherapy studies have been conducted in pathological gamblers, no medication has an approved indication for treatment of pathological gambling. Psychosocial interventions are reviewed below, and suggestions are provided for treating substance abusing gamblers.

1. Psychosocial Treatments for Gambling

a) Gamblers Anonymous

31 Stemming from Alcoholics Anonymous (AA), Gamblers Anonymous (GA) is a self-help fellowship that considers pathological gambling to be a disease that cannot be cured but managed only by abstinence. Many substance abuse treatment programs in the US refer substance-abusing gamblers to GA as they do AA, because the philosophies are similar. The empirical data on the effectiveness of GA, however, are scarce. Stewart and Brown (1988) found that less than 10% of 232 attendees at GA became actively engaged and were abstinent a year later.

32 Combining GA with professionally-delivered counseling may help to improve outcomes. Four studies examined treatment-seeking gamblers who received combined GA and professional therapy (Lesieur & Blume, 1991; Petry, 2003; Russo et al

1984; Taber et al, 1987). Rates of gambling abstinence 6 to 14 months following treatment ranged from 25 to 50% across studies, and attendance at GA was positively associated with outcomes. However, random assignment procedures were not used so the efficacy of GA has not been established.

b) Cognitive-behavioral Therapy

Cognitive-behavioral therapy (CBT), modeled after that for substance use disorders, has been evaluated in controlled trials for pathological gambling. In randomized trials, CBT was more efficacious than a wait-list condition, no further treatment, or referral to GA alone (Echeburúa, et al, 2000; Grant et al, 2009; Ladouceur et al, 2001, 2003; Petry et al, 2006; Sylvian et al, 1997). Several types of CBT for pathological gambling have been described, varying in emphasis on behavioral or cognitive aspects. Some approaches are relapse-prevention oriented and based on traditional models of cognitive-behavioral therapy for substance use disorders, while others focus much more on altering irrational cognitions associated with gambling. 33

One CBT approach (Petry, 2005) focuses upon restructuring the environment to increase reinforcement from non-gambling sources. Gamblers identify triggers of gambling, which consist of internal states (e.g., moods) or external circumstances (e.g., having excess money, weekends, drug use). In sessions, therapist instruct patients how to conduct functional analyses of gambling, that involve breaking gambling into its precipitants or triggers, and examining the positive and negative consequences of gambling in specific situations. They also complete a "leisure checklist," containing activities and hobbies, and indicate those they once liked to do or would like to try. Gamblers are encouraged to participate in such activities during high-risk gambling times and moods. They also "brainstorm" about methods to manage specific internal and external gambling triggers. Because conflicts can trigger gambling, skills training and role-playing for handling interpersonal issues are included. One session details cognitive biases associated with gambling, such as overestimating the odds of winning and engaging in superstitious behaviors. Sessions have homework exercises to monitor and practice skills between meetings with the therapist. 34

c) Brief Interventions and Motivational Enhancement Therapy

Another approach toward treating gambling, which is also based on interventions for substance abuse, is motivational enhancement therapy (MET; Prochaska & DiClemente, 1984, 1986). This treatment is based on the conceptualization that change occurs through four stages: precontemplation, contemplation, action, and maintenance. In MET treatments, the therapist elicits patients' understanding of their behavior (substance use or gambling) and attempts to strengthen their commitment to 35 change. These interventions are efficacious in reducing alcohol use in heavy alcohol users (Miller et al, 1995).

36 Grant, Donahue, Odlaug, Kim, Miller and Petry (2009) randomized 68 pathological gamblers to referral to GA alone or 6 sessions of a MET plus CBT, similar to that outlined above but also including imaginal desensitization (i.e., imagining gambling or high risk situations and differential responses to those situations). This combined intervention improved outcomes relative to GA referral, but because a CBT alone condition was not included, the additive benefit of MET over CBT alone cannot be determined. Calbring et al (2010) randomized 150 pathological gamblers to a no-treatment wait-list control condition, four individual sessions of MET, or eight sessions of CBT. Relative to the waitlist condition, both interventions showed some improvement, but no differences were found between the MET and the CBT interventions.

37 Using a minimal treatment approach, Hodgins et al (2001) randomly assigned 105 individuals with problem or pathological gambling to one of three conditions: a one-month wait-list control condition, a cognitive-behavioral skills training workbook, or the workbook plus a one-session MET telephone intervention. The workbook plus MET condition significantly reduced gambling relative to the wait-list condition. Throughout the follow-up period, patients in the workbook plus MET condition showed trends toward maintaining their gains better than those who received only the workbook (Hodgins et al, 2004).

38 In another study of brief interventions, Petry et al (2009) randomized 117 non problem and pathological gambling college students to an assessment-only control, 10 minutes of brief advice, one session of MET, or one session of MET plus three sessions of CBT. The MET condition significantly reduced dollars wagered over time, and it also increased the odds of a clinically significant reduction in gambling at a 9-month follow-up relative to the assessment-only condition, even after controlling for baseline indices that could impact outcomes. The Brief Advice and MET + CBT conditions had benefits on some, but not all, indices of gambling. None of the interventions differed significantly from one another, suggesting the efficacy of brief interventions including a single session of MET for reducing gambling problems in college students.

39 Hodgins, Currie, Currie, and Fick (2009) also found that briefer interventions may be as effective as more extensive ones. They randomized 314 pathological gamblers to one of four conditions: a waitlist no treatment condition, a CBT workbook only condition, a single telephone based MET intervention and the mailed workbook, that same treatment plus 6 booster MET interventions over 9 months. Although the participants in the two MET conditions gambled less frequently than those in the workbook only condition during the first 6 months, there were no differences among these groups at a one-year follow-up.

40 Together, these studies indicate possible efficacy of several types of psychosocial treatments for problem and pathological gambling, including CBT, MET, and

brief advice. However, more research on these interventions is needed and the populations with whom brief interventions are best suited.

2. Treatments of Comorbid Gambling and Substance Use

Only one known study has focused exclusively on substance abusing pathological gamblers. Toneatto, Brands and Selby (2009) randomized 52 pathological gamblers with concurrent alcohol abuse or dependence to CBT with either naltrexone (an opioid antagonist) or placebo. No between-group differences were noted with respect to reducing alcohol or gambling, suggesting that naltrexone is not efficacious in this population. Nevertheless, most patients reduced their gambling over the study period, indicating possible effectiveness of CBT in dual diagnosis gamblers. There was no control psychotherapy condition included in the study design, however, so other psychotherapies may have been equally effective to CBT, as noted in the previous section. 41

Petry et al (2008) screened patients from substance abuse treatment clinics and other settings and identified those with problem and pathological gambling who were not actively seeking gambling treatment. Individuals (N = 180; approximately 50% of whom were in treatment for a substance use disorder) were randomized to one of four conditions: assessment only, 10 minutes of Brief Advice, 1 session of MET, or 1 session of MET plus 3 sessions of CBT. The Brief Advice involved therapists pointing out patients' level of gambling relative to the general population and describing specific strategies to ensure gambling did not progress to more problematic levels. Gambling was assessed at time of study initiation, 6 weeks later, and at a 9-month follow-up. Compared to the assessment only condition, Brief Advice significantly decreased gambling between baseline and week 6, and it was also related to clinically significant reductions in gambling at month 9. These data indicate that this very brief intervention can have substantial effects on reducing gambling in problem and pathological gamblers not actively seeking gambling treatment. Effects of severity of current drug and alcohol problems were not associated with outcomes, suggesting equally efficacy of these treatments in substance abusing and non-substance abusing gamblers. 42

A number of studies have conducted retrospective analyses of the effects of substance use and gambling treatment outcomes, but they have yielded inconsistent results. Two studies found that pathological gamblers with a past or current substance use disorder were less likely to relapse to gambling than those without other addictive disorders (Hodgins et al, 2005; Zion et al, 1991), one found those with a lifetime drug use diagnosis were less likely to achieve gambling abstinence and those with a current alcohol use diagnosis had greater risk of relapse (Hodgins & el-Guebaly, 2010), and still others found no relationship between past or current substance use and gambling treatment outcomes (Leblond et al, 2003; Petry et al, 2008; 43

Stinchfield, Kushner & Winters, 2005). Future, prospective randomized studies evaluating interventions for problem and pathological gambling substance abusers are needed to better elucidate the role of substance use in gambling treatment outcomes.

Nancy M. Petry

Meinolf Bachmann/Andrada A. Bachmann

§ 35 Die Behandlung pathologischen Glücksspiels

Übersicht

I. Einleitung und Zusammenfassung

Anfang 1985 wurde bei uns der erste pathologische Glücksspieler zu einer mittelfristigen stationären Entwöhnungsbehandlung aufgenommen. Bis heute sind es ca 1.500, zum größten Teil männliche Spieler. Davon sind ca 80–90% Automatenglücksspieler. Verluste bei dieser Spielform erreichen leicht € 300–400 pro Tag, was noch erheblich dadurch steigerungsfähig ist, dass gleichzeitig an mehreren Automaten gespielt wird und damit schnell Vermögenswerte „auf dem Spiel" stehen. Wobei Sportwetten und Internetglücksspiele insgesamt stark ansteigen. Der Rest verteilt sich ua auf Roulette, Lotto und diverse Kartenspiele. Im Jahre 2002 kam der erste Internetroulettespieler zur Behandlung in die Klinik (vgl *Hayer/Bachmann/Meyer* 2005). Über 50% der Spieler in der Klinik litten außerdem unter einer substanzgebundenen Abhängigkeit. Bis Ende der achtziger Jahre gab es noch intensive Auseinandersetzungen darüber, ob es sich bei dem Glücksspielen wirklich um eine eigenständige Krankheit handelt. Diese Diskussion ließ beträchtlich nach, als das **pathologische Glücksspiel** in die anerkannten Diagnoseschemata DSM 3 (vgl *Wittchen* et al 1989, *Saß* et al 1996) und die ICD-10 der WHO (*Dilling* et al 1991), als **Störung der Impulskontrolle**, aufgenommen wurde. 1

Durch die 2012 erfolgte Aufnahme des pathologischen Glücksspiels als bisher einzige Verhaltenssucht in das Suchtkapitel des DSM-5 (2015), scheint sich die Dichotomie aufzuheben, das gestörte Spielen einerseits als „Impulskontrollstörung" einzuordnen und andererseits, so wie wir dies schon seit 1985 getan haben, von einer gewissen Ausprägung an als Sucht zu behandeln. Es bleibt allerdings abzuwarten, ob sich die ICD-10 Normen (F63.0: **Pathologisches Spielen**) ebenso in Richtung „Suchtklassifikation" verändern. 2

Meinolf Bachmann/Andrada A. Bachmann

https://doi.org/10.1515/9783110259216-035

3 *Mann* et al (2013) betonen, dass zur Klassifikation als Verhaltenssucht die epidemiologische wie neurowissenschaftliche Forschung einen wichtigen Beitrag geleistet haben. So werde von *überzeugenden Übereinstimmungen* zwischen „substanzgebundenen" und „nichtsubstanzassoziierten Süchten" *sowohl* hinsichtlich des *Krankheitsverlaufs* (chronisch rezidivierender Verlauf mit höherer Verbreitung und Prävalenz unter Jugendlichen und jungen Erwachsenen), *der Phänomenologie* (positive Verstärkerwirkung der Substanz oder des Verhaltens zumindest in den ersten Stadien der Störung, subjektives Craving, Toleranzentwicklung und Entzug), *möglicher Komorbiditäten, des Behandlungsverlaufs* als auch im Hinblick auf *genetische Veranlagungen* und *neurobiologische Mechanismen* berichtet.

4 Die bisherigen Behandlungsansätze in der Spielsuchttherapie sind überwiegend kognitiv-verhaltenstherapeutisch (KVT) orientiert. Der von uns angewandte KVT Ansatz integriert die suchtspezifischen Ausprägungen der Erkrankung (vgl *Bachmann* 2000, 2004a; *Bachmann* et al 2015; *Meyer/Bachmann* 2005). Dazu gehören die „Eigendynamik" (Kontrollverlust) des Suchtverhaltens, die meist ambivalente Motivation und Krankheitseinsicht, unterschiedliche Bedingungsgefüge der Entstehung und Aufrechterhaltung der Störung und die mit dem Suchtverhalten assoziierten neurophysiologischen Veränderungen. Insbesondere die Annahme der „Dysfunktionalität" des Belohnungssystems stellt die Behandler vor besondere Herausforderungen. Nur eine konsequente Re- und Neukonstruktion suchtinkompatibler, **belohnungsfähiger** kognitiver und verhaltensbezogener **Alternativen** (Abbau negativer und Generierung positiver Gefühlszustände) schafft die Voraussetzung dafür, notwendige neurobiologische Veränderungen herbeizuführen und die Funktionalität des Belohnungssystems wieder herzustellen. Eine ausgewogene Lebensgestaltung (*Marlatt* 1985) ist die beste Rückfallprävention. Es geht darum, vielfältige sozial-, psychisch- und gesundheitsfördernde Alternativen zum Glücksspiel aufzubauen, die Lebenszufriedenheit erheblich zu steigern und damit die Bedingungen dafür zu schaffen, die Abstinenz langfristig nicht als Verzicht, sondern als Vorteil zu erleben. Im Sinne einer operanten Konditionierung sind neue Verknüpfungen zwischen spielinduzierenden Reizen (zB psychische Belastungen, Langeweile) und suchtinkompatiblen Reaktionen (zB ein Gespräch suchen, Sport treiben) herzustellen und fest im Verhaltensrepertoire zu verankern. Der Umsetzung der Therapieziele wird eine besondere Aufmerksamkeit geschenkt. Es bedarf überwiegend einer erheblichen Anstrengung und Einübung, psychische Hemmnisse (zB Versagensängste auf Grund häufig erlebter Misserfolge) und neuro-physiologische Widerstände (Dominanz bestimmter Verhaltensweisen im Belohnungssystem) einer **monistischen Verhaltensausbildung** zu überwinden und gewünschte Veränderungen nachhaltig zu verwirklichen.

5 Schon früh haben wir begonnen, Arbeitsmaterial für ein umfassendes Therapiemanual zu entwickeln, das wir 2014 veröffentlichten (*Bachmann/El-Akhras*). Die Module des Therapiemanuals „Glücksspielfrei" sind: Theoretischer Überblick, Therapiebeginn, Therapieüberblick, Geld zum Thema machen, Abergläubische Ideen zum

Glücksspielen, sich zu sehr in ein PC- oder Internet-(Rollen-)Spiel hineinsteigern, Beziehungen und soziale Kompetenzen, Gefühle zeigen – „Gefühlskiste“, Stressabbau und Entspannungstechniken, Rückfallverhütung, Alternativen zum Suchtverhalten, Struktur und Aktivitätsplan, Übergang: Therapieabschluss und Nachsorge.

Eine systematische Strukturierung und ein gründliches Durcharbeiten der Themen auf verschiedenen Kognitionsebenen (Verarbeitungsmodi) wurden einer offenen Gruppendynamik vorgezogen, ohne jedoch die Bearbeitung von Konflikten und so genannten „Störungen“ auszuschließen. Eine gute Atmosphäre, Interesse und Freude an den Gruppenstunden zu vermitteln, zudem das sehr effektive und kooperative Arbeiten in Kleingruppen einzubeziehen, haben zur Zielsetzung, möglichst optimale Lernbedingungen zu erreichen. 6

Auf diese Weise können die Patienten wichtige Erfahrungen austauschen, wie Spielabstinenz zu erreichen ist, welche Empfindungen dabei zu verarbeiten sind, wie die erste Zeit des Entzugs zu gestalten, die Krankheitseinsicht und Akzeptanz zu fördern und der Abstinenzwunsch dauerhaft zu festigen ist. Fortgeschrittene Patienten haben für neue Gruppenmitglieder wichtige Vorbildfunktionen, sich offen und ohne Vorbehalte über die Suchtproblematik auseinanderzusetzen und die oft massiven, durch die schädlichen Folgen der Spielsucht verursachten, Scham- und Schuldgefühle zu bewältigen. Sowohl die Gruppentherapie als auch zusätzliche Einzel- und Familientherapeutische Maßnahmen (vgl *Bachmann* 2004a; *Meyer/Bachmann* 2005; *Bachmann/El-Akhras* 2014) bieten vielfältige Möglichkeiten, die multifaktoriellen Ursachen der Krankheitsentwicklung einzusehen, notwendige Änderungen in Einstellungen und im Verhalten einzuleiten, Therapieziele tatsächlich umzusetzen, den Umgang mit Geld zu korrigieren, Alternativen zum Glücksspielen auszubauen, eine dauerhafte Stabilisierung des Patienten und eine zufriedene Abstinenz zu erreichen. 7

II. Spieler in Behandlung

Es ist keine Frage, dass eine Krankheit immer mit dem möglichst geringsten persönlichen und ökonomischen Aufwand zu behandeln ist. Dieser allgemeine Grundsatz macht jedoch die Entscheidung für Betroffene und Behandelnde nicht einfacher, die individuell richtige Therapieform zu wählen. Inzwischen gibt es ca 1 Dutzend **Kliniken** in Deutschland, die spezielle Konzepte für die Therapie von pathologischen Glücksspielern entwickelt haben (vgl *Custer/Milt* 1985; *Kellermann* 1988; *Bachmann* 1989, 2000, 2004a; *Schwarz/Lindner* 1990; *Lesieur/Blume* 1991). Wie bei anderen Abhängigkeitserkrankungen kommt ein Teil der pathologischen Glücksspieler ohne professionelle Hilfe aus und schafft es mit Unterstützung einer Selbsthilfegruppe, vom Glücksspielen loszukommen. In der gesamten Bundesrepublik haben sich parallel zu den Anonymen Alkoholikern (AA) Gruppen der **Anonymen Spieler** (GA) gebildet, deren Zentrale sich in Hamburg befindet (vgl *Gamblers Anonymous* 1984; *Anonyme Spieler* 1986; *Meyer* 1989). **Ambulante Suchtberatungsstellen** haben 8 (häufig gemäß „Empfehlungsvereinbarungen" der Krankenkassen und Rentenversicherungsträger) eigene **Spieler- und Angehörigengruppen** gegründet. Suchttherapie hat generell in enger Zusammenarbeit stattzufinden. Die unterschiedlichen „Institutionen" bilden einen **Behandlungsverbund**, durch den beispielsweise die notwendige Vorbereitung und Beantragung eines stationären Aufenthalts sowie dessen wichtige Nachbetreuung gewährleistet ist. Für eine frühzeitige Kontaktaufnahme mit einer stationären Einrichtung spricht: 1. örtlich sind keine ambulanten Behandlungsmöglichkeiten gegeben, 2. ambulante Therapieversuche sind gescheitert, 3. es ist ein „Schutzraum" notwendig, weil das soziale Umfeld zu schwierig ist, 4. es liegen starke psychische oder soziale Notlagen vor.

9 Internetberatung: Sie bewegt sich allerdings auf einer Plattform in der Nähe zu Glücksspielangeboten, die dazu in der Lage sind, Rückfallgefahren zu initiieren. Eichenberg und Ott (2011; *Cuijpers* et al 2008, 2010) legen dar, dass ua bei internetbasierten Interventionsprogrammen (IBI) für Suchtkranke mit beträchtlichen Drop-out-Raten zu rechnen sei, so dass der Anteil der erfolgreichen Nutzer tendenziell überschätzt werde. Psychisch belastete Menschen sind nicht auf Internet Beratungs- und Behandlungsangebote zu verweisen, die keine von Fachleuten durchgeführte sprachliche Kommunikation gewährleisten, so dass bei Online-Angeboten obligatorisch sein sollte (*Meyer/Bachmann* 2017)[1]:

- zunächst durch Face-to-Face-Sessions mit geschulten Fachleuten eine differenzierte Diagnose erstellen
- den Hausarzt oder einen niedergelassenen Psychotherapeuten in die Behandlung einbeziehen
- Informationen über offline Glücksspielberatungs- und Therapieangebote vermitteln: zB auf Verzeichnisse hinweisen, in denen die nächste örtliche Sucht-

1 Burgdorf (2014) erläutert die rechtlichen und berufsrechtlichen Aspekte von Online-Angeboten, woraus hier einige Gesichtspunkte fragmentarisch (es sei ausdrücklich auf die Primärquelle verwiesen) wiedergegeben sind: Die Begriffe „Internettherapie", „Internetpsychotherapie", „Onlinetherapie" oder „computergestützte Behandlung" sind nicht legal definiert. Es werden derzeit sehr verschiedene therapeutische Angebote unter diese Begriffe subsumiert. Im Kontext der berufsrechtlichen Debatte hat sich der Begriff der **„psychotherapeutischen Fernbehandlung"** herausgebildet, um **internetgestützte** neue Therapieformen zu bezeichnen. Die **Psychotherapie-Richtlinie sieht derzeit keinen Ansatz für Fernbehandlungen vor.** Es sind Haftungsrechtliche Rahmenbedingungen einzuhalten. Psychotherapeutische Behandlung findet jederzeit in einem rechtlich geprägten Rahmen statt und sollte sich an den haftungsrechtlichen Standards orientieren.

- Aus rechtlicher Sicht ist insbesondere die Einhaltung der Sorgfaltsregeln der Psychotherapie entscheidend für die Beurteilung, ob eine richtige oder falsche Behandlung gewählt wurde vgl Rechtsprechung zum Behandlungsfehler bzw zur **„schuldhaften Standardunterschreitung."**
- An diesen Sorgfaltsregeln haben sich alle internetbasierten Therapieformen zu orientieren auch wenn derzeit noch keine expliziten Gesetzesregelungen für Fernbehandlung existieren.
- Was ist der aktuelle berufsfachliche Standard? Dieser sei durch den Berufsstand zu definieren.

beratungsstelle, stationäre oder teilstationäre Klinik, Krisenintervention und Selbsthilfegruppe zu ermitteln sind
- ist eine Indikation für das Internetangebot gegeben, sind ca einmal wöchentlich wiederum live Kontakte anzubieten, um eine Überprüfung des Fortschritts im Programm vorzunehmen
- falls eine Offline-Behandlung indiziert ist, sind die Möglichkeiten abzuwägen, Arbeitsmaterialien aus dem Online-Programm in die Therapie einzubeziehen.

Komorbidität: Der größte Fehler in der Evaluationsforschung ist wohl, Folgen des Suchtverhaltens als Ursachen einzuschätzen. Eine sorgfältige individuelle Krankheitsanamnese und psychologische Testung sind deshalb unumgänglich. Nach *Ladouceur* und *Lachance* (2007) sind in verschiedenen Behandlungsinstitutionen bei 30–70% der pathologischen Glücksspieler zusätzliche Probleme mit einer oder mehreren **psychotropen Substanzen**, in erster Linie Alkohol, festzustellen. Bei 30–76% war außerdem eine affektive Störung, ganz überwiegend **Depressionen**, vorhanden. Bei 36–50% kam es zu **Suizidgedanken** und bei 12–16% zu **Suizidversuchen.** Es gibt Anhaltspunkte dafür (*Whelan* et al 2007), dass ein recht großer Teil (33–76% in verschiedenen Studien) der Spieler **schon vor Ausprägung der Suchterkrankung** unter Depressionen litt bzw diese Symptomatik eine deutliche Begleit- und Folgeerscheinung der Glücksspielproblematik darstellt. Hinweise auf Komorbiditätsraten liefert die derzeit umfassendste Studie zum „Pathologischen Glücksspiel" in Deutschland (PAGE; *Meyer* et al 2011). Besonders häufig vertreten waren unipolare affektive Störungen (63,1 %), wie depressive Episoden (57,2%). Auch Angststörungen (zB soziale Phobie mit 13,4%) waren mit 37,1% häufig vertreten sowie Abhängigkeitserkrankungen (89,9%), insbesondere Alkoholabhängigkeit (54,9%). 10

Von medizinischer und psychotherapeutischer Seite ist zu klären, ob zunächst andere Symptome (zB akute Suizidalität, Psychose) als das pathologische Glücksspiel einer Behandlung bedürfen und erst wenn diese abgeklungen sind, die eigentliche (Sucht-)Entwöhnungsbehandlung erfolgt. 11

Medikamentöse Behandlung: Aus neurobiologischer Sicht betont *Hüther* (2008), dass der Schwerpunkt in der Suchttherapie auf der Überwindung dysfunktionaler Bewältigungsstrategien liege und Versuche, das „Suchtgedächtnis" durch pharmakologische oder gar neurochirurgische Eingriffe aufzulösen, wenig sinnvoll seien. *Whelan* et al (2007) bemängeln in diesem Zusammenhang, dass es sich bei den meisten Studien zur Pharmakotherapie des pathologischen Glücksspiels um Einzelfallstudien oder kleinere Stichproben ohne Kontrollgruppe, mit geringer psychometrischer Unterstützung, handle. Es fehle außerdem an Langzeitnachuntersuchungen. Die Pharmakotherapie sei deshalb bisher als weitgehend experimentell einzustufen. Es ist festzustellen (*Derevensky* et al 2004), dass in der Spielerbehandlung häufiger Antidepressiva, **wie** dies **bei konventionellen Psychotherapien** der Fall ist, zum Einsatz kommen. Leibetseder et al (2011) schlussfolgern aus einer Metanalyse zur Wirksamkeit psychologischer und psychopharmakologischer Interven- 12 tionen, dass bezüglich der Frage nach Indikatoren für eine Standardtherapie bisher keine verbindlichen Aussagen möglich seien. Es mangele insbesondere bei den pharmakologischen Methoden an längeren Katamnesen. Außerdem seien die Indikatoren für den Therapieerfolg sehr heterogen. Mittels Selbsteinschätzungen sei zB eine sichere Bewertung des Spielverhaltens nicht vorzunehmen.

III. Das Suchtmodell und die therapeutischen Schlussfolgerungen

13 Nur schwerpunktmäßig unterscheiden sich die Behandlungsschritte und Therapieziele ambulanter und stationärer Einrichtungen. In der ambulanten Behandlung (vgl *Füchtenschnieder* 1994; *Düffort* 1989) ergibt sich die Schwierigkeit, einen Suchtkranken überhaupt erst an die Annahme von Hilfe heranzuführen, dann den Kontakt aufrechtzuerhalten und das Abstinenzziel in der realen Lebenssituation mit den dort zahlreich vorhandenen Suchtauslösern zu bewerkstelligen. Möglichst früh sind die Angehörigen einzubeziehen, was in erheblichem Maße zum Erfolg und Durchhalten der Therapie beiträgt. Das Suchtmodell, in dem sich die bisherigen theoretischen Überlegungen integrieren lassen, unterscheidet zwischen Einstiegs- und Suchtphase. Dabei werden Bedingungen der Entstehung (Einstiegsphase) und der Aufrechterhaltung (Suchtphase) sowie therapeutische Schlussfolgerungen einander gegenübergestellt (Abb 1 u 2).

14 Das **Suchtmodell** (s Abb 1) unterscheidet zwischen Einstiegs- und Suchtphase.

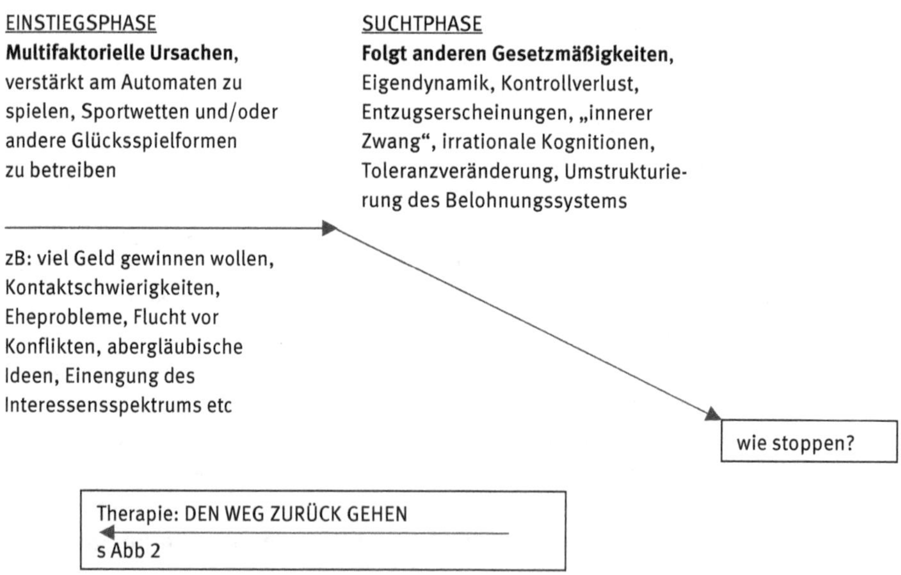

Abbildung 1: Suchtmodell (Bachmann 2017c)

1. Phase des Einstiegs

Beobachtungen zeigen, dass es multifaktorielle Ursachen gibt, die zum Einstieg und zu einem verstärkten Interesse am Glücksspielen führen. Hierzu gehört, mit wenig Einsatz viel Geld gewinnen zu wollen. Früh kann eine irrationale Einschätzung (Kognition) hinzukommen, über besondere Fähigkeiten oder Glück bei bestimmten Spielen zu verfügen. Der „Nervenkitzel" des Glücksspiels, der nicht nur von den Gewinnaussichten, sondern ebenso durch einen drohenden ökonomischen Existenzverlust hervorgerufen wird, lenkt in disfunktionaler Weise (positive Effekte nur kurzfristig/negative Folgen nehmen zu) von drückenden Problemen ab und fördert eine Flucht vor Konflikten (vgl Bachmann 2017c). Während des Spielens wird von psychischen Belastungen abgeschaltet, potentielle Defizite im Selbstvertrauen und den sozialen Kompetenzen werden nicht mehr so bewusst wahrgenommen. Im Spielrausch entstehen sogar Omnipotenzgefühle. 15

In den letzten Jahren kommen verstärkt Patienten in die Beratungsstellen und Kliniken, die sich an **Glücksspielen im Internet** beteiligt haben. Dabei handelt es sich in erster Linie um „typische" Casinospiele mit hoher Ereignisfrequenz (Spielabfolge) wie Roulette, Black Jack, Poker, aber auch Live-Wetten und Lotterien, die sich durch ein hohes Suchtpotential auszeichnen. Das hohe Gefährdungspotential des Internetglücksspiels lässt sich aus den folgenden Kriterien ableiten (vgl *Hayer/Bachmann/Meyer* 2005; *Meyer/Bachmann* 2005): 16

Verfügbarkeit und Griffnähe – quasi von zu Hause und zu jeder Zeit; **Ereignisfrequenz** – hohe Anzahl an Spielen („Kicks") pro Zeitintervall; **Interaktivität** – die Einbindung des Spielers in den Ablauf des Geschehens fördert irrationale Kompetenzgefühle; **Bargeldloser Zahlungsverkehr** – die finanziellen Transaktionen erfolgen über Kreditkarte oder alternative bargeldlose Zahlungsmittel (Überweisungen, Lastschriften, E-Payment), wodurch ein höheres Risiko entsteht, den Überblick über die Geldausgaben zu verlieren und sich stärker zu verschulden; **Anonymität** – soziale Hemmungen sind unter Wahrung der Anonymität leichter zu überwinden; **Realitätsflucht** – hohe Ereignisfrequenz und Anonymität fördern ein Abtauchen in einen bewusstseinsveränderten Zustand, der ein geeignetes Mittel zur Ablenkung von Alltagssorgen, Konflikten und Stress darstellt; **Abbau von Hemmschwellen** – Wegfall langer Anfahrtswege, keine Ausweiskontrollen, Aufenthalt in einer bekannten Umgebung und keine Kleiderordnungen; **Vielfalt der Angebotspalette** – die Angebotspalette im Internet umfasst ein breites Spektrum an Spielformen und Einsatzmöglichkeiten, Chat-Rooms, in denen Kontakt zu Mitspielern oder Angestellten aufgenommen werden kann; **Vermarktung** – die Vermarktung von Glücksspielen im Internet wird insbesondere durch marktschreierische Selbstdarstellungen der privaten Betreiber (wie zB „höchste Auszahlungsquote", „die meisten Spielteilnehmer" oder „ältestes Kasino der Welt") gefördert; **Kundenfreundliche Angebote** – Anbieter von Online-Glücksspielen sind wegen niedriger Betriebskosten und geringen Investitionserfordernissen in der Lage, günstigere Auszahlungsquoten (zB an Spiel- 17 automaten) und benutzerfreundlichere Spielformen (zB das Roulette ohne Null) als Offline-Anbieter zu gewähren.

18 Bei einigen Spielern in der Klinik gestalteten sich erste Onlinespielversuche so verlustreich, dass sie schockiert zu ihrer ursprünglichen Glücksspielart zurückkehrten und das Ereignis sogar letztlich zum Anlass nahmen, sich zu einer Behandlungsaufnahme zu entschließen.

19 Schon in der Einstiegsphase können erhebliche Auffälligkeiten auftreten. Es wird über die eigenen finanziellen Verhältnisse gespielt. Der Spieler überschreitet einen zeitlichen Rahmen und erste Pflichten werden vernachlässigt. In dieser Phase zielen therapeutische Bemühungen, wie bei der Behandlung neurotischer Störungen, darauf ab, Ursachen für die Spielproblematik einzusehen, zu bearbeiten und alternative Verhaltensweisen zum Glücksspielen zu entwickeln. Nicht jedes abweichende Glücksspiel ist als süchtig zu bezeichnen. Damit eine weitere Gefährdung unterbleibt und weil ein völliger Verzicht auf Glücksspiele leichter zu verwirklichen ist als ein „kontrollierter" Umgang, dürfte bereits bei diesem **problematischen Glücksspielen** Abstinenz angebracht sein.

2. Phase der Sucht

20 In der Suchtphase ist das Spielverhalten durch eine starke **psychische Abhängigkeit**, eine **Dysfunktionalität des Belohnungssystems, den Kontrollverlust bzw die Unfähigkeit zur Abstinenz gekennzeichnet.** Das **Glücksspielen** hat eine starke **Eigendynamik entwickelt,** was durch die abfallende Linie in Abb 1 gekennzeichnet ist, und der Spieler verspürt phänomenologisch einen **unwiderstehlichen Drang** oder **„inneren Zwang"** zum Weiterspielen. Selbst massive negative Folgeerscheinungen, erhebliche ökonomische, soziale und psychische Nachteile können das Spielverhalten nicht stoppen, verschlimmern es häufig eher noch. Berufliche und häusliche Pflichten, andere Interessen und Verhaltensweisen, die bisher den Lebensinhalt bestimmten und zur Entspannung und einem psychischen Ausgleich beigetragen haben, werden vernachlässigt. Der Spieler ist so immer stärker auf das Glücksspielverhalten fixiert und angewiesen. Es entwickelt sich eine Abhängigkeit, die mit strukturellen Veränderungen des Belohnungssystems assoziiert ist (Abschn IV.1.). Wie bei Drogen tritt eine Toleranzveränderung ein, muss der abhängige Spieler die „Dosis" steigern, um die erwartete psychische Wirkung zu erzielen. Es entsteht eine **psychische Abhängigkeit,** die dadurch gekennzeichnet ist, dass alltägliche lebensnotwendige Gefühle und Empfindungen, wie Freude, Hoffnung, Enttäuschung, Ärger etc, die ansonsten mit anderen Ereignissen im Familien-, Berufs- und Freizeitleben verbunden sind, sich allmählich fast ausschließlich auf den Glücksspielverlauf beziehen. Glücksspielen wird zum zentralen Lebensinhalt. Unterschiedliche Signale wie Geräusche, Töne und Lichter, die den Spielablauf begleiten, übernehmen die **Auslösefunktion für seine Emotionen.** Findet kein Spiel statt, fühlt sich der Spieler leer, gelangweilt, unruhig.

Entzugsähnliche Erscheinungen, wie starke Nervosität, Schwitzen bis hin zu Herzbeschwerden, treten auf. Insbesondere die große Existenzgefährdung und eine damit verbundene hohe Erregung, Aufmerksamkeit und Konzentration führen dazu, dass sich die mit dem Spielablauf einhergehenden **Signale und Empfindungen** sehr stark miteinander **verknüpfen** (**konditioniert werden**) und sich nur schwer wieder lösen. Trotz der immer drückender werdenden negativen **sozialen** und **psychischen Folgeerscheinungen**, einer oft vorhandenen steigenden Suizidgefährdung und Delinquenz, sind **suchtspezifische Abwehrhaltungen** aktiv, die dazu führen, dass aus **Scham- und Schuldgefühlen** heraus **Spielprobleme geleugnet** und **bagatellisiert** werden. Häufig ist es nur durch eine massive Intervention anderer möglich, diesen Teufelskreis zu durchbrechen. **Verzerrte Kognitionen** (Denkstrukturen) haben zudem zur Folge, dass der Ausweg aus der bedrohlichen Situation nach wie vor in einem schnellen großen Gewinn oder einer Gewinnserie gesehen wird und die Hoffnung weiter besteht, mehr Glück oder Kompetenzen als andere zu haben, den Zufall doch noch überlisten zu können. Je größer der Schuldenberg geworden ist, umso weniger scheint der Spieler kognitiv und emotional dazu in der Lage zu sein, aufzugeben, zu „kapitulieren", die Verluste endgültig hinzunehmen, ihnen nicht mehr nachzujagen (chasing).

Neben den erwähnten DSM und ICD **Diagnosekriterien** ist das klinische 21
Screening-Verfahren KFG (Kurzfragebogen zum Glücksspielverhalten) ein geeignetes Mittel zur Erfassung eines gestörten Glücksspielverhaltens (vgl *Petry* 1996). An Hand einer 20 Item-Selbsteinschätzungsskala lässt sich ermitteln, ob eine beratungs- bzw behandlungsbedürftige Problematik vorliegt und wie stark sie ausgeprägt ist (beginnende Glücksspielproblematik, mittelgradige Glücksspielsucht, fortgeschrittene Glücksspielsucht).

3. Therapeutische Schlussfolgerungen

In der Suchttherapie müssen die zuletzt gezeigten Symptome als Erstes in die Be- 22
handlung einbezogen werden, das heißt die Krankheitsentwicklung wird zurückverfolgt (s Abb 2).

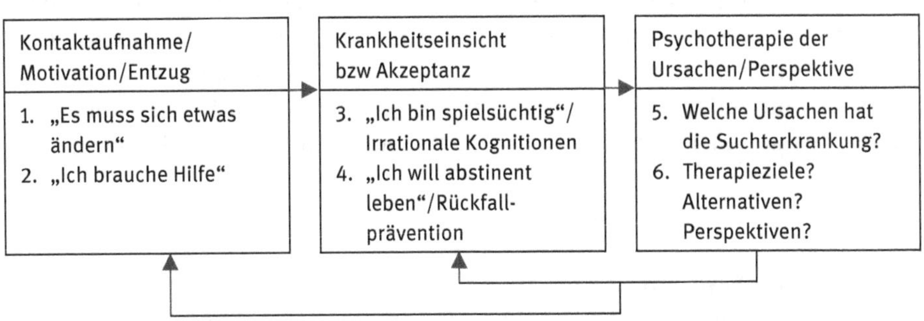

Abbildung 2: Therapieschritte und Fragestellungen (Bachmann 2017c)

23 Dies wird in der Abb 1 als „den Weg zurück gehen" beschrieben. Um das Suchtverhalten zu stoppen, benötigt der Spieler zunächst Unterstützung, Hilfe zu akzeptieren, Kontakte zu einer Selbsthilfegruppe bzw Suchtberatungsstelle aufzunehmen. Er muss die **Illusion aufgegeben, mit dem Problem allein fertig zu werden**. Hier kann häufig der Angehörige den ersten Schritt machen, indem er selbst Hilfe in Anspruch nimmt, für sich etwas tut, regelmäßig zu Gesprächen geht und sich somit das innerfamiliäre „System" verändert und damit das Verhalten des Suchtkranken in Richtung Therapie beeinflusst. Der nächste Schritt wäre, sich dem Suchtverhalten **zu entziehen** (s Abb 2). Um das **Glücksspielverhalten** zu **stoppen**, ist z B notwendig: vorübergehende Fremdverwaltung des Geldes, schonungslose Bilanz über Verschuldung ziehen, Selbstkontrollmethoden, was sind Alternativen zum Spielen, die früher geholfen haben, es zu lassen? In der stationären Therapie ist dieser Schritt wegen des Schutzes durch die Klinik und der freiwillig eingeschränkten Ausgangsmöglichkeiten, den therapeutischen Rahmenbedingungen, meist einfacher. Als nächstes ist die **Motivation** zu einer umfassenden Veränderung zu fördern. Eine wachsende **Krankheitseinsicht** bzw Akzeptanz festigt zunächst die Abstinenz, während dann die nachfolgende **Aufarbeitung der ursprünglichen Ursachen** der Krankheitsentwicklung eine dauerhafte Stabilisierung einleitet, der Patient somit nicht an den Ausgangspunkt der Krankheitsentwicklung zurückkehrt. Bei der Erreichung der Therapieziele ist eine gewisse Reihenfolge einzuhalten. Es macht kaum Sinn, mit dem Patienten an den Ursachen seiner Erkrankung zu arbeiten, wenn er die Behandlung für sich noch ablehnt oder keine ausreichende Krankheitseinsicht zeigt. Die **unteren Pfeile** in der Abb 2 (s oben) bedeuten, dass es sich bei der **Therapie** um einen längerfristigen **Prozess** handelt, **bei dem die einzelnen Schritte immer wieder überprüft und vertieft werden müssen.** Neben der Erläuterung der einzelnen Behandlungsschritte sind hierzu in den anschließenden Abschnitten beispielhaft Fragestellungen dargestellt.

24 Um den Patienten einen Überblick über die Zusammenhänge des Suchtmodells und die therapeutischen Schlussfolgerungen zu vermitteln, wurden die Arbeitsblätter (*Bachmann/El-Akhras* 2014): „Stationen der Suchtentwicklung und des Therapieprozesses", die Selbsteinschätzungsskalen „Therapiemotivation" (TMO), „Krankheitseinsicht/Abstinenz" (KE) und „Therapie der Ursachen" (TdU) entwickelt. Die Materialien werden in Gruppen- und Einzeltherapieverfahren eingesetzt und sind sowohl im ambulanten als auch stationären Bereich anwendbar. Die Skalen dienen dazu, eine intensive Auseinandersetzung mit den therapeutischen Fragestellungen zu gewährleisten und im Verlauf des Therapieprozesses Fortschritte und Veränderungen erkennbar zu machen. Je nach Dauer der Therapie sind Mehrfacheinschätzungen möglich.

a) Motivation – Beweggründe

25 Häufig war es die angedrohte oder schon ausgesprochene Scheidung, der befürchtete Verlust des Arbeitsplatzes, die Ankündigung der Angehörigen, dass anderenfalls

die elterliche Wohnung zu verlassen sei, oder eine angedrohte Anzeige wegen illegaler Geldbeschaffung, bis endlich der Anstoß zur Einwilligung in eine Therapie gegeben wurde. *Prochaska* et al (1992) teilen den Veränderungsprozess in fünf Phasen: 1. Präkontemplation – geringste Einsichts- und Veränderungsbereitschaft; 2. Kontemplation – bereit über Probleme zu reden, nachzudenken, ohne jedoch praktische Handlungen vorzunehmen; 3. Vorbereitung – Veränderungen wollen, Hilfe suchen; 4. Aktiv werden – sich für Veränderungen entscheiden und beginnen, Verhältnisse zu ändern; 5. Aufrechterhaltung – Veränderungsprozesse weiter führen.

Es ist darauf zu achten, dass sich **Therapeut** und **Patient** im Gespräch **auf der** 26
gleichen Ebene befinden. Die Motivation des pathologischen Glücksspielers ist **nicht** als ein statischer Zustand anzusehen. Der Wunsch mit dem Spielen aufzuhören ist zunächst ausreichend, um eine Behandlung zu beginnen. Um Fluktuationen bei Behandlungsangeboten entgegenzuwirken, ist eine möglichst baldige Kontaktaufnahme zu Bezugspersonen und deren Einbeziehung in die Therapie anzustreben. Mit folgenden *beispielhaften* **Fragestellungen** kann die vorhandene **Motivation überprüft** und **gefördert** werden (sa Abb 2 oben):

1. „Es muss sich etwas ändern“: *Leiden Sie unter Ihrem Glücksspielverhalten? Gab* 27
es Behandlungsversuche? Was war der auslösende Anlass, um eine Therapie zu beginnen? Was erwarten Sie von der Therapie? Haben Sie den Wunsch, mit dem Glücksspiel aufzuhören? Hat das Glücksspielen nahe stehende Personen in Mitleidenschaft gezogen? Finden andere wichtig, dass Sie eine Therapie machen? Hat Sie jemand zur Therapie gedrängt? Stehen Ihre Familie und der Arbeitgeber hinter Ihnen?

2. „Ich brauche Hilfe“: *Schaffen Sie es allein, Ihr Spielverhalten zu stoppen? Woran* 28
merken Sie, dass Sie Hilfe brauchen? Woran sind Ihre eigenen Versuche, mit dem Spielen aufzuhören, gescheitert? Besteht die Möglichkeit, Ihre Angehörigen bzw Bezugspersonen in die Behandlung einzubeziehen? Gab es in der Vergangenheit Umstände, die zeitweise zu einer Reduktion oder einer Abstinenzphase beigetragen haben? Lässt sich hier erfolgreich anknüpfen?

b) Krankheitseinsicht und Abstinenz

Gerade dann, wenn ein Genesungsprozess erfolgreich eingeleitet ist, gewährleistet 29
die weiter vorhandene Akzeptanz der Suchtkrankheit die notwendige Bereitschaft, Wachsamkeit und Vorsicht, nicht wieder mit dem Spielen zu beginnen. Die Erfahrungen zeigen, dass suchtkranken Glücksspielern eine Rückkehr zum so genannten „kontrollierten Glücksspielen“ nicht möglich ist. Rückfallanalysen machen deutlich, dass auch nach Jahren der Abstinenz oft schon kleinere Spieleinsätze ausreichen, in kürzester Zeit das gesamte Krankheitsbild zu reaktivieren. Aber die Krankheitseinsicht ist wie die Motivation kein statischer Zustand. Erste Ahnungen des

Spielers, dass mit seinem Glücksspielverhalten etwas nicht stimmt, liegen oft schon Jahre zurück. Aufkommende Zweifel und Vergleiche, „andere spielen viel schlimmer, ich bekomme die Situation schon in den Griff", haben gute Vorsätze, mit dem Spielen aufzuhören, oft wieder zunichte gemacht. In der Behandlung erlebt es der Patient dann zunächst häufig als Erleichterung, wenn er diesen inneren Kampf aufgeben und sich **zur Abhängigkeit bekennen** kann. Durch das Suchtverhalten sind **abergläubische Gedanken** (irrationale Kognitionen) und Ideen entstanden, die **in Frage zu stellen und zu verändern** sind (kognitives Umstrukturieren). Es scheint besonders schwer zu sein, die Überzeugung aufzugeben, in dem oft jahrelang bis zur Selbstaufgabe ausgeübten (Glücks-)Spiel ein Experte zu sein. Die oft völlig oder stark vom Zufall abhängigen Spiele täuschen sehr geschickt vor, dass die Spieler während des Spiels Kompetenzen erwerben, um so das „Schicksal" zu besiegen oder das Glück zu beeinflussen. Sie gehen dem Spielverhalten mit einer solchen Intensität nach, dass sie nur schwer glauben können, dabei nichts gelernt zu haben. Eine solche Annahme scheint der menschlichen Natur zu widersprechen. Deshalb dauert es manchmal Wochen oder sogar Monate, bevor irrationale Gedanken zurückgehen oder aufgegeben werden.

30 Eine der hartnäckigsten und verhängnisvollsten Überzeugungen ist die, weiterspielen zu müssen, um die Verluste wieder hereinzuholen.

31 Die abergläubische Gedankenwelt ist ein wichtiger Faktor zur Aufrechterhaltung des Suchtverhaltens. Es ist eine offene Auseinandersetzung über Illusionen und falsche Hoffnungen im Zusammenhang mit dem (Glücks-)Spielverhalten notwendig, die mit viel Geduld und nicht verletzend zu führen ist. Von der Einstiegs- bis zur Suchtphase vertiefen und verfestigen sich die irrationalen Überzeugungen weiter und sind deshalb **frühzeitig in den Therapieprozess einzubeziehen**.

32 An Hand von Skaleneinschätzungen aus dem Manual „Glücksspielfrei" (*Bachmann/El-Akhras* 2014), die jeweils zu den nachfolgenden abergläubischen Kognitionen 1–8 vorzunehmen sind, findet eine Reflektion und Disputation statt und gleichzeitig sind Veränderungen bzw Therapiefortschritte messbar. Es wird deshalb zwischen den Einschätzungen, „Bedeutung dieser Aussage in der Spielphase", „im Therapieverlauf" und „die Bedeutung dieser Aussage im Jetzt", unterschieden.

33 Irrationale Kognitionen:

1. Ich kann mit dem Spielen Geld verdienen
2. Ich habe so viel verloren, jetzt muss der Gewinn kommen
3. Ich muss spielen, um die Verluste wieder hereinzuholen
4. Ich kann den Zufall bzw den Apparat überlisten und besiegen
5. Mit einem bestimmten Gerät oder Glücksspiel komme ich besonders gut zurecht
6. Der Gedanke, große Gewinne vorausahnen zu können („Heute ist ein Glückstag")

7. Spezielle Methoden („Drücken“ oder „Spielsysteme“) werden angewandt
8. Nur durch einen größeren Gewinn kann ich mich aus der schlimmen Lage befreien

Im Verlauf der Behandlung erkennt der Patient außerdem, dass **Verhaltensweisen**, die ihm **selbst als fremd** erschienen, wie Verheimlichen und Leugnen des Spielens, andere zu täuschen, zu lügen und sich gegen eigene Wert- und Moralvorstellungen Geld zu beschaffen, **als Symptome einer Krankheit** und **Folgen des Kontrollverlustes** zu sehen sind. Es scheint jedoch das Verhängnis der Suchtkrankheit zu sein, dass schon nach recht kurzer Zeit der Abstinenz keine unmittelbaren Krankheitssymptome mehr zu spüren sind, nichts mehr „wehtut“, kein Leidensdruck mehr vorhanden ist und dadurch die Krankheitseinsicht wieder wankt oder verloren geht, es somit auch keinen Grund mehr gibt, das Glücksspielen gänzlich einzustellen. Der dauerhafte Besuch von Selbsthilfegruppen steuert dieser Entwicklung am ehesten entgegen. 34

Die **Arbeitsdefinition für Abstinenz** lautet: Der Spieler unterlässt alle Geld- und Automatenglücksspiele (zB auch Pokerautomaten um Punkte). Für die schwierige Zeit der Entwöhnung verzichtet er außerdem auf alle Glücksspiele mit ähnlichen Wirkungsmustern, um keinen Rückfall zu provozieren. *Beispielhafte* Fragen, mit denen die **Krankheitseinsicht** und der Wunsch zur Abstinenz **überprüft** und **gefördert** werden können, lauten (sa Abb 2 oben): 35

3. „Ich bin spielsüchtig“: *Haben Sie die Kontrolle über das Glücksspiel verloren? Welches Ausmaß hat Ihr Geldspielverhalten angenommen? Wann und in welchen Situationen spielen Sie (morgens, abends, den Tag über verteilt)? Wie hoch war Ihr Spieleinsatz (pro Tag/Woche/Monat)? An welchen Glücksspielen haben Sie sich beteiligt? Gab es abergläubische Ideen (Techniken des Drückens, Auswahl bestimmter Geräte), den Zufall zu überlisten? Hatten Sie den Gedanken, über besondere Fähigkeiten, Tricks oder ein System zu verfügen? Spielen Sie heimlich? Fühlen Sie sich von anderen ertappt, wenn Sie spielen? Sind Sie schon einmal von anderen auf Ihr Spielverhalten angesprochen worden (Ehefrau, Kinder, Arbeitgeber, Umfeld)? Hatten Sie Entzugserscheinungen? Müssen Sie oft an das Spielen denken, wenn ja, in welchen Situationen? Haben Sie körperliche Beschwerden durch mangelnde Ernährung, hohen Kaffee- und Nikotinmissbrauch? Hat sich Ihr persönliches Umfeld verändert? Welche Auswirkungen hatte das Spielen auf die Familie, den Beruf? Haben Sie sich auf illegale Weise Geld beschafft? Gab es Straftaten wegen der Geldbeschaffung? Sind Schulden vorhanden? Können Sie sich als spielsüchtig akzeptieren?* 36

4. „Ich will abstinent leben“: *Was ist für Sie Abstinenz? Können Sie sich vorstellen, auf Dauer glücksspielabstinent zu leben? Wollen Sie bestimmte Gewohnheiten (zB exzessives Video-, Fernsehen, Computerspielen) verändern, um keinen Rückfall zu pro-* 37 *vozieren? Wie verliefen bisherige Rückfälle und wie können Sie diese Risiken zukünftig vermeiden? Wollen Sie eine Selbsthilfegruppe besuchen, um sich bewusst zu machen, dass die Suchterkrankung trotz Abstinenz weiter fort besteht?*

c) Psychotherapie der Ursachen, die Familie des Glücksspielers und der Umgang mit Geld

38 Damit der Spieler nicht an den Ausgangspunkt der Spielproblematik zurückkehrt und sich somit eine neue Krankheitsdynamik entwickeln kann, besteht der nächste Schritt darin, **die weiterhin vorhandenen Ursachen der Krankheitsentwicklung,** wie zB Kontaktprobleme, geringes Selbstwertgefühl, mangelndes Selbstvertrauen oder intrapsychische Konflikte aus der Kindheit, **aufzuarbeiten.** Wie bei anderen Abhängigkeitserkrankungen lassen sich bisher nur sehr vage Hypothesen darüber bilden, was eine Spielsucht verursacht, welche Gründe dafür verantwortlich sind, dass jemand verstärkt spielte und in eine Abhängigkeit geriet, die dann aber eigenen Gesetzmäßigkeiten (Kontrollverlust, Eigendynamik) folgte. Bisher lassen sich keine Kausalzusammenhänge zwischen Persönlichkeitsauffälligkeiten, biografischen Besonderheiten und der Genese des pathologischen Glücksspiels feststellen. Vielmehr ist davon auszugehen, dass die Ursachen der Erkrankung multifaktoriell sind, sowohl Determinanten des sozialen Umfeldes (Zugang zum Glücksspiel, peer group, Familienbiografie) und des Individuums in eine Behandlungsstrategie einzubeziehen sind. Eine sorgfältige **sozial-anamnestische klinisch-psychologische Exploration** und **Diagnostik** sollten deshalb selbstverständlich sein, um den Patienten bei seiner Ursachenforschung zu unterstützen.

39 „Ich konnte zum Schluss nicht mehr in den Spiegel schauen", ist eine häufige Aussage der Patienten. Die Frage bleibt unbeantwortet, ob das Selbstwertgefühl (vgl *Petry,* 1996) schon vor der Suchtentwicklung oder erst infolge dessen beeinträchtigt wurde. Dies trifft ebenfalls für Untersuchungsergebnisse mit dem Persönlichkeitstest 16PF (vgl *Meyer/Bachmann* 2005) zu, die Hinweise ergaben, dass Spieler leichter emotional störbar und spontaner sind. *Beispiele* für Fragestellungen, mit denen der Patient unterstützt werden kann, die **Ursachen** seiner Krankheitsentwicklung zu **erkennen** und daraus **Änderungen abzuleiten,** lauten zB (sa Abb 2 oben):

40 **5. „Welche Ursachen hat die Suchterkrankung?":** *Was müssen Sie künftig konkret anders machen, um auf das Glücksspielen zu verzichten zu können? Hatten Sie die Idee, mit dem Glücksspielen viel Geld zu gewinnen? Haben Sie angenommen, besondere Fähigkeiten für ein Glücksspiel zu besitzen? Haben Sie Glücksspielen verstärkt eingesetzt, um Spannungs- und Belastungssituationen (familiär, beruflich) besser zu bewältigen, sich zu betäuben und zu erleichtern? Wie würden Sie Ihr Befinden beschreiben, wenn Sie gespielt haben? Möchten Sie Ihre Fähigkeiten ausbauen, über*

belastende Gefühle zu sprechen und mit Konflikten umzugehen? Möchten Sie kontaktfähiger werden und wie lässt sich dies konkret üben? Hatten Sie ein besonderes Erlebnis, wodurch sie verstärkt gespielt haben? Gibt es Dinge in Ihrem Leben, worüber Sie bisher nicht reden konnten und die Sie nicht verarbeitet haben? Gibt es Verhaltensänderungen, neue Interessen und Hobbys, die behilflich sein könnten, den Stellenwert des Glücksspiels insgesamt stark zu reduzieren? Sich intensiv über Sorgen und Nöte auszutauschen, Fähigkeiten auszubauen, mit Konflikten besser umzugehen, stellen möglicherweise schon entscheidende Alternativen dar? Suchthistorie in der Familie? Co-Abhängigkeit? Folgen für Partner, Eltern und Kinder?

6. Perspektiven: *Welche konkreten Persönlichkeitseigenschaften, Verhaltensweisen, Wertvorstellungen und Lebensumstände müssen verändert werden, um das Suchtverhalten dauerhaft einzustellen? Was erwartet Sie nach der Therapie hinsichtlich Partnerschaft, Wohnung, Arbeitsplatz, Freunde und Bekannte? Sind weitere Partnergespräche,* ***familientherapeutische Maßnahmen*** *notwendig? Therapeutische Übergangseinrichtung? Berufliche Rehabilitation? Wie gestaltet sich der weitere* ***Umgang mit dem Geld****, Schulden?* 41

Der Glücksspieler und die Familie: Die Familienangehörigen pathologischer Glücksspieler sind in unterschiedlicher Weise in das Krankheitsgeschehen involviert. So tragen Bedingungen des familiären Umfeldes einerseits zur Entstehung und Aufrechterhaltung süchtigen Spielverhaltens bei. Andererseits sind Familienmitglieder jedoch auch als „Leid-Tragende" von der Spielsucht betroffen. Eine Vielzahl sozialer, psychologischer und ökonomischer Probleme führt für die Partnerinnen und Kinder ebenso wie für die Eltern von Spielern zu hohen **Belastungen**, die sich wiederum in emotionalen und verhaltensbezogenen Auffälligkeiten manifestieren (*Bachmann/El-Akhras* 2014; *Bachmann* 2017b). 42

Die Kinder machten die Erfahrung von schwerwiegenden Verlusten an Sicherheit und Vertrauen, Geborgenheit und Liebe sowie finanzieller Versorgung. Substanzielle Bedürfnisse der Kinder wurden vernachlässigt und die Kinder machten das Glücksspiel für die Trennung bzw Scheidung der Eltern verantwortlich. Sie befürchteten, die Familie breche auseinander. Sie hatten das Gefühl, dass die Spieler nicht mehr die Personen seien, die sie vorher gekannt hätten. Sie seien durch das Spielen in ihrer Persönlichkeit stark verändert. Der spielende Elternteil sei ihnen fremd geworden, er habe sie nicht mehr gern und keine Zeit und kein Interesse mehr für sie. Die Spieler sorgten nicht ausreichend für sie und würden mit ihnen nicht genügend über ihre Sorgen und Nöte sprechen. Das Spielen sei ihnen immer wichtiger, und man könne nicht abschätzen, wo sie sich aufhielten und wann sie nach Hause kämen. Stattdessen müssten sie selbst viel Verantwortung übernehmen, zB für die jüngeren Geschwister sorgen. In einigen Familien habe es zu Weihnachten keine Geschenke gegeben, Geld für Ferien und Ausflüge in der Schule, Kleidung und die notwendigsten Lebensmittel habe ge- 43 fehlt, so dass die Kinder hungrig ins Bett gegangen seien. Die eigene Wohnung, das Haus, alles sei durch das Spielen verloren gegangen (*Darbyshire* et al 2001; *Bachmann* 2004a).

44 Die meisten **Spielerfrauen** (Informationserhebung mittels Fragebogen bei einem „Angehörigen-Selbsthilfegruppentreffen der Gamblers Anonymous" in den USA) berichteten von einer relativ normalen Kindheit, während jedoch 19% in Familien aufwuchsen, in denen Glücksspiel oder Zwangsneurosen vorhanden waren. In weiteren 9% waren andere verschiedene psychische Störungen festzustellen, 17% erlebten längere Perioden der Trennung der Eltern, wovon dann viele in der Scheidung endeten. Durchschnittlich waren die Ehefrauen 22 Jahre alt, als sie den Spieler heirateten, wobei ca 60% angaben, dass sich die Ehemänner zu diesem Zeitpunkt schon zwanghaft an Glücksspielen beteiligten, allerdings hatten sie die Bedeutung und Schwere dieses Problems überwiegend nicht richtig eingeschätzt. Schon nach zwei Jahren Ehe war jedoch über 80% der Frauen bewusst, wie massiv die Probleme des Mannes waren. 84% der Spielerfrauen beschrieben sich selbst infolge der Erfahrungen mit dem pathologischen Glücksspieler als emotional krank. Dabei hatten sie selbst Zuflucht zu exzessivem Trinken, Rauchen, übermäßigem Essen und Hungern oder impulsivem Einkaufen gesucht. In 43% der Fälle war es zu emotionalen, verbalen und physischen Misshandlungen gekommen. Über die Hälfte der Frauen berichtete, dass die Spieler in der Zeit aktiven Glücksspiels das Interesse an Sexualität verloren hatten. 78% der Frauen hatten bereits mit Trennung oder Scheidung gedroht, wobei 94% der Befragten weiterhin mit ihrem Partner zusammenlebten. 12% der Spielerfrauen begingen Suizidversuche (Suizidrate in der Gesamtbevölkerung: 12,7 per 100.000), was zum Teil damit zusammenhing, dass physische und verbale Misshandlungen vorkamen und Auseinandersetzungen über Trennungs- und Scheidungsabsichten stattfanden.

45 Vor diesem Hintergrund erscheint die Einbeziehung der Familie in den Therapieprozess nicht nur plausibel, sondern unbedingt notwendig. Hierzu gehören folgende Maßnahmen: separate Gespräche mit der Partnerin bzw den Eltern (unter ausdrücklichem Einverständnis des Patienten), zu denen der Spieler später hinzukommt, Paargespräche- und Seminare, Familiengespräche bzw -therapie unter Einbeziehung der Kinder. Untersuchungen zeigen, dass Kinder suchtkranker Eltern ein höheres Risiko haben ebenfalls eine Abhängigkeitserkrankung zu entwickeln. Für Partner, Eltern und Kinder der Spielsüchtigen mag zudem häufiger angeraten sein, außerhalb der Suchtbehandlung zusätzliche therapeutische Hilfe in Anspruch zu nehmen.

46 **Geld zum Thema machen:** Die drogenartige Wirkung des Spielens besteht darin, die eigene Existenz zu riskieren. Geld verliert den eigentlichen Wert, das Bewusstsein geht verloren, dass es die Gegenleistung meist harter Arbeit darstellt. Eng mit dem Suchtverhalten verknüpft wird es zum „Spielgeld", und es ist schon beruhigend, wenn das Konto möglichst vollständig geleert und die Brieftasche gefüllt ist, alle Möglichkeiten zum Glücksspielen offen stehen. In der Behandlung findet

eine intensive Auseinandersetzung mit den problematischen Einstellungen und Verhaltensweisen dem Geld gegenüber statt, die eine bessere Planung und Verhaltensänderungen zum Ziel haben.

Dabei sind folgende Faktoren in die Überlegungen einzubeziehen:

- ☐ Überblick über Ausgaben verschaffen
(Haushaltsbuch, kontrollierte Ausgaben, Einkaufzettel)
- ☐ Rücklagen bilden – nie bis auf Null ausgeben
- ☐ Nicht zuviel Geld bei sich führen (€ 25–50)
- ☐ Keine spontanen oder sinnlosen Einkäufe
- ☐ Kein Geld leihen und nicht verleihen
- ☐ Unnötige Kosten vermeiden
(Größe des Autos, Wohnung, Telefon, Strom ...)
- ☐ Guthabenkonto
- ☐ Nicht über die eigenen Verhältnisse leben
- ☐ Bei Bedarf professionelle Schuldnerberatung
- ☐ Rechnungen und Schulden bezahlen
- ☐ Keine Rateneinkäufe
- ☐ Klare Absprachen mit dem Lebenspartner treffen
- ☐ Altersvorsorge
- ☐ Verzichten lernen, sich trotzdem etwas gönnen
- ☐ Lernen zu Sparen
- ☐ Überblick über Kreditkarten behalten
- ☐ Wert des Geldes kennen lernen bzw wieder erlernen
- ☐ Finanzielle Freiräume für Hobbys einplanen, einkalkulieren
- ☐ Möglichkeit des eigenen Taschengeldes prüfen
- ☐ Wenn notwendig, vorübergehende Fremdverwaltung des Geldes
- ☐ Größere Anschaffungen an das Ende des Monats legen

IV. Alternativen/Rückfallprävention

1. Theoretischer Ansatz: Umstrukturierung des Belohnungssystems – Verhaltens-/Konditionierungsmodell

Wie bei der Substanzabhängigkeit wird auch bei der Entstehung und Aufrechterhaltung der Glücksspielsucht dem verhaltensverstärkenden Belohnungssystem eine zentrale Rolle zugeschrieben (*Grüsser* et al 2002). Dieser Ansatz betont vor allem die „belohnende" Wirkung eines Suchtverhaltens und die damit in Verbindung stehenden Lernerfahrungen, zB mehr Selbstvertrauen zu haben, gut gelaunt zu sein (= positive Verstärkung), aber auch den Wegfall bzw die Linderung von unangenehmen Gefühlszuständen wie depressiven Verstimmungen und Ängsten (= negative Verstärkung). Aufgrund der positiven Erfahrungen kommt es zum erneuten Glücks- 47 spiel: „Wenn ich spiele, fühle ich mich besser“ (Lernen durch positive Konsequenzen; *Elsesser/Sartory* 2001).

48 Wodurch entstehen aber diese belohnenden Wirkungen? Psychisch wirksame Substanzen (Alkohol, Drogen) und exzessives Glücksspielen beeinflussen den Botenstoffhaushalt des Gehirns. Körpereigene „Glückshormone“ (zB Endorphine, Dopamin) sind ua in einem kleinen, aber sehr bedeutsamen Teil des Gehirns aktiv: dem Belohnungszentrum. Es steuert die emotionale Befindlichkeit des Menschen, belohnt mit guter Laune und Schwung bei der Bewältigung täglicher Aufgaben. Das Belohnungszentrum ist sozusagen der Sitz aller Lust- bzw Unlustgefühle des Menschen. Bei Ausfall dieses Systems hätten wir zu nichts mehr Lust, nicht einmal auf Nahrungsaufnahme oder Sexualität. Durch das anhaltende und regelmäßige Glücksspielen vollziehen sich grundlegende strukturelle Veränderungen im Gehirn, in dem Wohlbefinden in immer stärkerem Ausmaß von der Ausübung des Glücksspiels abhängig ist. Man spricht in diesem Zusammenhang von dem Suchtgedächtnis. Es merkt sich, in welcher Situation, in welcher Umgebung, bei welchen Gefühlszuständen etc (Dinge, die mit dem Suchtverhalten verknüpft/konditioniert sind) Spielen eine bestimmte angenehme Wirkung hatte (vgl *Böning/Grüsser-Sinopoli* 2008). Bei Aktivierung des Suchtgedächtnisses werden die unerwünschten Nebenwirkungen ausgeblendet, und stattdessen treten die positiven Erfahrungen hervor (*Lindenmeyer* 2005). Es wird angenommen, dass das Suchtgedächtnis (auch nach langer Zeit der Abstinenz) nicht erlischt und in bestimmten Situationen „blitzschnell“ ein starkes Verlangen („Craving“) nach dem Suchtverhalten auslösen und einen Rückfall initiieren (hervorrufen) kann.

49 Wie ist es möglich, auf anderem Wege das Belohnungszentrum zu aktivieren bzw den Stellenwert des Glücksspielens wieder zu reduzieren? Auch andere als angenehm empfundene Verhaltensweisen, zB Erfolgserlebnisse in Schule/Beruf, „gute“ Gespräche, befriedigende Beziehungen, Bewegung, Sport treiben, funktionale Problem- und Stressbewältigungsstrategien, eigene Gefühle benennen und ausdrücken, Musik hören, Musizieren, Tanzen, Singen, Schauspielen usw, können den Belohnungsschaltkreis anregen. Hierbei sind selbstverständlich individuelle Neigungen und Bedürfnisse zu berücksichtigen. Der Weg aus der Abhängigkeit bedeutet, psychische Belastungen auf konstruktive Weise zu bewältigen und an vielen anderen Lebensaspekten wieder Interesse und Freude zu haben. Gute Vorsätze und Absichten sind in die Tat umzusetzen, um alternative Verhaltensweisen aufzubauen, die belohnende Wirkung des Suchtverhaltens durch den Effekt von anderen positiv wirksamen Verhaltensweisen zu ersetzen und das Suchtgedächtnis, da es auch nach längerer Zeit der Abstinenz nicht löscht, sozusagen zu „überschreiben“. Diese Sachverhalte sind in der Abb 3 zusammengefasst.

50 Nur so ist es möglich, die Prozesse im Gehirn langfristig zu verändern und die Abstinenz nicht dauerhaft als unangenehm zu erleben. Eine allgemeine Regel lautet, dass es sich am besten abschalten und entspannen lässt, wenn man sich auf etwas anderes stark konzentriert.

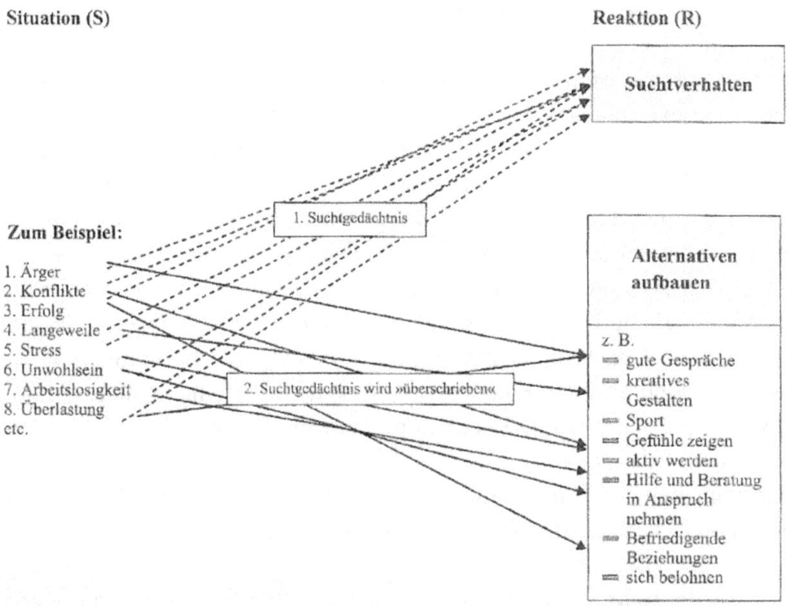

Abbildung 3: Strahlenmodell-Entstehung und „Überschreibung" des Suchtgedächtnisses (*Bachmann/El-Akhras* 2014)

Die entsprechenden Untersuchungsergebnisse (*Grüsser/Wölfling* 2003; *Lindenmeyer* 2004) stimmen darin überein, dass es sich bei der Spielsucht um eine durch Lernen entstandene, dauerhafte neurostrukturelle Veränderung des Gehirns handelt. In all diesen Fällen kann sich die Behandlung jedoch nicht darauf beschränken, den Betroffenen den Verzicht auf die Verstärkungswirkung ihres Problemverhaltens durch die Bereitstellung von Alternativressourcen zu erleichtern. Sie muss die Betroffenen außerdem in Form einer gezielten Rückfallprävention zusätzlich dazu befähigen, in persönlich relevanten Rückfallrisiko-Situationen die automatisch reaktivierende Tendenz zu ihrem Suchtverhalten zu überwinden bzw unter Kontrolle zu halten. Da es sich bei einer solchen Sensitivierung des Belohnungssystems auf störungsspezifische Auslöser um unterschwellige Wahrnehmungs-, Aufmerksamkeits- und Gedächtniseffekte handelt, ist den Betroffenen mitunter nicht bewusst, warum sie ihr Problemverhalten immer wieder ausführen. Sie können sich oft selbst nicht verstehen, wenn sie nach längerer Abstinenz wieder rückfällig werden, obwohl sie die Schädlichkeit dieses Handelns längst erkannt haben. 51

2. Alternativen – Rekonstruktion, Neuaufbau des Belohnungssystems

52 Eine weitere Frage ist, *wieviel Anstrengung* es bedarf, *eine quasi reflexartige Reaktion* (auf intern oder extern ausgelöste stressinduzierende Reize) *zu unterbinden* bzw alternativ zu reagieren? Um diese Zielsetzungen zu erreichen, sind die *vorhandenen Ressourcen zu aktivieren* (*Grawe/Grawe-Gerber* 1999) und darüber hinaus das *Potenzial auszubauen*, individuell schwierige Situationen konstruktiv zu bewältigen. Dabei sind sowohl nutzbringende kurzfristig als auch langfristig anhaltend wirksame Methoden zu entwickeln, die negative Affektlage herunter zu regulieren und Lebenssituationen zu verbessern. Erst die *dauerhafte Ausbildung von vielfältigen, suchtinkompatiblen und belohnungsfähigen Alternativen*, die Initiierung von Handlung, Bewegung und positiver Erlebnisse eröffnen dauerhaft die Chance, eine innere Balance von psychischer Be- und Entlastung aufrecht zu erhalten und das Wohlbefinden insgesamt zu steigern.

53 Es ist plausibel, dass eine häufige Wiederholung und gewisse Regelmäßigkeit Voraussetzungen dafür sind, dass beherrschende *dysfunktionale Verhalten abzulösen und die Alternativen fest im Belohnungssystem zu verankern.*

54 **Nicht der Verzicht steht im Vordergrund der Therapie sondern die positiv wirksamen Alternativen**: Wie oft gab es schon den Vorsatz, das Suchtverhalten einzustellen? Abhängigkeit bedeutet, viele andere Dinge nicht zu tun.

Hier ein kleines Experiment:

Wenn man sich mehrmals vorsagt: „Ich esse **keine** Apfelsine“, stellen die meisten Menschen fest, dass auch bei dem „Verzichtsgedanken“ der übliche Speichelfluss in Gang gesetzt wird. Besser ist es, an etwas anderes zu denken, das positive Erwartungen weckt und sich tatsächlich verwirklichen lässt!

Therapeutische Ziele verwirklichen, Aufschiebeverhalten (Prokrastination):

55 Wie häufig scheitern gute Vorsätze, sei es der Besuch des Fitnessstudios oder das Ernährungsverhalten zu optimieren. Es muss keine psychische Erkrankung vorliegen, um sich in diesen Sachverhalt hineinzuversetzen. Trotzdem fehlt den Außenstehenden da häufig völlig das Verständnis, *„warum gibt die/der Betroffene das selbst- und fremdschädigende Suchtverhalten nicht einfach auf?“* Die hier ausgeführten neurobiologischen Annahmen zu strukturellen Veränderungen des Belohnungssystems, die eine ausgeprägte monistische Verhaltenspräferenz fundieren, tragen wesentlich zur Erklärung einer Ziel-Umsetzungs-Problematik bei. Das Aufschieben ist möglicherweise eine Reaktion auf das Vorhandensein sowohl psychischer (zB Erfahrungen des Scheiterns, einen leistbaren „Einstieg“ – kleine Schritte – nicht zu finden) als auch der beschriebenen physiologischen Widerstände (Dominanz bestimmter Verhaltensweisen im Belohnungssystem). Für eine Verbesserung der Umsetzbarkeit von Zielen ist nicht entscheidend, erst die Einstellung zu

den gesteckten Zielen zu verändern und zu erwarten, dass damit quasi eine automatische Umsetzung des gewünschten Verhaltens erfolgt. Sondern eher umgekehrt: Eine Umsetzung der Verhaltensänderung in kleinen Schritten und die damit verbundenen ersten *Erfolgserlebnisse führen zu einer Veränderung der Einstellung* („macht ja sogar Spaß, so schlimm ist das ja gar nicht") und einem gesteigerten Selbstvertrauen, das gesteckte Ziel zu verwirklichen, so dass sich positives Denken, Selbstbewusstsein und Selbstwertgefühl durch erfolgreiches Handeln ausprägen. Nicht nur die Klientel scheint insgesamt „kopflastiger", (viel PC-Beschäftigung – kaum Bewegung, bis hin zu einer verkümmerten Psychomotorik) zu sein, sondern auch das therapeutische Vorgehen, in dem kognitive Veränderungen nicht ausreichend durch einen „Verhaltensaufbau" gestützt bzw untermauert werden. Zum „positiv-konstruktiven Denken" gehört das „positiv-konstruktive Handeln" oder sogar in umgekehrter Reihenfolge. Während der andere Weg, „wenn ich nur lange genug nachdenke, verändert sich das Verhalten", weniger positive Resultate zu zeigen scheint. Der Erfolg stellt sich also eher im Sinne eines „*Bottom-up*"- (von unten nach oben) statt „*Top-down*"- (von oben nach unten) Prozesses ein (*Rist* et al 2006). Therapeutische Bemühungen zielen deshalb darauf ab, konkrete Pläne zu entwickeln, das gewünschte Verhalten umzusetzen, den Tagesablauf sinnvoll zu strukturieren und alltäglich für Ausgleich und Entspannung zu sorgen. Dabei sind „Highlights" (Höhepunkte) einzuplanen, damit nicht der „graue Alltag" Einzug hält und die Frage aufkommt: „Was darf ich überhaupt noch?" Nicht da „wo es weh tut geht es lang", sondern wo durch eigene Initiative und eine gute Vorausschau Pflichten und eine interessante, abwechslungsreiche Tages- und Wochengestaltung in einer guten Balance stehen.

Eine in diesem Sinne ausgewogene Lebensgestaltung ist der beste Garant dafür, 56
Rückfallgefahren zu reduzieren. Um vorhandene Hypothesen zu verifizieren, stehen die Erfassung monistischer vs vielfältiger belohnungsfähiger Interessens- und Verhaltensausprägungen sowie Vergleiche auf dieser Ebene zwischen Kontrollpersonen und verschiedenen Störungsgruppen zur Zeit im Mittelpunkt unserer empirischen Untersuchungen.

3. Rückfälligkeit

Ein großer Teil der Forschung in der Suchttherapie konzentriert sich auf die Rück- 57
fallverhütung. Zunächst mag es für den Patienten unangenehm sein, „lieber nicht an so etwas denken", sich mit dieser Fragestellung auseinander zu setzen. Da das Suchtverhalten nicht geheilt (persistierendes Suchtgedächtnis), sondern nur zum Stillstand gebracht werden kann, besteht die Gefahr des Rückfalls jedoch auch nach einer Therapie fort und dies besonders kurze Zeit danach, in der die Unsicherheit am größten ist, neu Gelerntes auf die reale Lebenssituation zu übertragen. Es gibt verschiedene „Modelle" und wissenschaftliche Erkenntnisse, wie Rückfälligkeit

entsteht und zu verhindern ist (vgl *Marlatt* 1985; *Bachmann* 1999; *Lindenmeyer* 2001; *Koerkel/Schindler* 2003; *Meyer/Bachmann* 2005). Hier gibt es kaum Unterschiede zwischen den Suchtformen. Die Ursachen können vielfältig sein und reichen vom „Leichtsinn" auf Grund einer mangelnden oder zurückgehenden Krankheitseinsicht/Wachsamkeit bis hin zu schwierigen „Problemsituationen". Es ist Aufgabe der Rückfallprävention, persönliche Gefahrensituationen zu erkennen und entsprechende Bewältigungsstrategien zu entwickeln. Hierzu sind ebenfalls manualisierte Arbeitsmaterialien (*Bachmann/El-Akhras* 2014) vorhanden, die in Form von Skalen eine Auseinandersetzung über persönliche Rückfallgefährdungen und Bewältigungsressourcen zur Zielsetzung haben. Ein weitere Fragestellung lautet, ob die Abstinenz weiterhin als Vorteil wahrgenommen wird oder was dem entgegensteht? Eine intensive Auseinandersetzung mit diesen Themen ist obligatorisch. Auf einem „Notfallkärtchen", das der Patient zB in der Geldbörse bei sich führt, ist festzuhalten, wie er bei einer unmittelbaren Rückfallgefahr reagiert. Meist ist es günstiger, erst wenn die kritische Situation gestoppt ist, Maßnahmen dahingehend zu treffen, die Ursachen zu klären und wie ähnliche Risikosituationen zukünftig zu vermeiden sind.

58 Ein offener, nicht von Schuldgefühlen geprägter, Umgang mit einem eingetretenen Rückfall, die rechtzeitige Inanspruchnahme von Hilfe (zB Suchtberatungsstelle, Selbsthilfegruppe, nahestehende Personen, Psychotherapeut/Hausarzt) wirken einer Vertiefung des Glücksspielverhaltens entgegen. Unter diesen Voraussetzungen sind wichtige Lernprozesse zur Festigung des Abstinenzwunsches möglich und insgesamt ist häufig eher ein Fortschritt, denn ein Rückschritt zu verzeichnen. Eine abwechslungsreiche Lebensgestaltung, ein konstruktiver Umgang mit Stress sowie eine Wachsamkeit gegenüber „scheinbar" ungefährlichen Entscheidungen (zB höhere Geldsummen bei sich zu tragen, mit früheren Spielkumpanen zusammen zu sein) sowie Offenheit sind Strategien, nicht wieder in früheres Suchtverhalten zurückzufallen.

59 Sowohl innerpsychische oder zwischenmenschliche Konflikte als auch der Wunsch, einen erneuten „kontrollierten" Spielversuch zu wagen, sind Auslöser für Rückfälle. Unter Berücksichtigung der individuellen Ausprägung lassen sich ohne Anspruch auf Vollständigkeit folgende Rückfallrisiken hervorheben (*Bachmann* 2017b):

- mangelnde Krankheitseinsicht/Wachsamkeit,
- Kontrollversuche („ein kleiner Einsatz schadet nicht"),
- unausgewogener Lebensstil (zB familiäre, berufliche Belastungen),
- negatives emotionales Befinden,
- geringes, einseitiges Interessenspektrum und Mangel an suchtinkompatiblen Alternativen,
  - Langeweile, Fehlen an Herausforderungen und Unternehmungen, die ein „gesundes" Risikoverhalten und Bedürfnis nach Abwechslung „Abenteuer" (zB gemäßigter sportlicher Wettbewerbe) befriedigen,

- fehlende Tagesstruktur,
- Irrationale Kognitionen: falsches Interpretieren der Zufälligkeit/Optimismus zu gewinnen,
- Komorbidität (Neurosen, Psychosen, Abhängigkeiten),
- ungünstige Bewältigungsstrategien (zB mangelnde Konfliktbewältigung),
- mangelnde Stressbewältigung,
- Ausmaß der Impulsivität (Bedürfnisse und Wünsche nicht aufschieben können),
- Sensationssuche (übersteigertes Bedürfnis nach Erregung, Vergnügen),
- scheinbar unbedeutende Entscheidungen (zB Kaffeetrinken in der Spielhalle),
- intensive Beschäftigung mit Geld (Schulden; Konsumwünsche),
- Bedürfnis, Geld zu gewinnen,
- Verfügbarkeit höherer Beträge,
- Konditionierungen innerer und äußerer Reize mit dem Glücksspiel,
- Verfügbarkeit von Glücksspielen,
- Glücksspielverhalten in der Familie und dem sozialen Umfeld.

Rückfälligkeit darf in der Therapie generell kein Tabuthema sein. Verhaltensstrate- 60
gien nach einem möglichen ersten Rückfall sind vorbeugend zu diskutieren. Der regelmäßige Besuch von Selbsthilfegruppen, insbesondere nach ambulanten oder stationären Therapiemaßnahmen, stellt eine wichtige Rückfallprävention dar und sorgt dafür, dass die notwendige Wachsamkeit und Krankheitsakzeptanz erhalten bleiben. Aus der Rückfallforschung lassen sich wichtige Rückschlüsse für die Verwirklichung und Stabilisierung des Abstinenzziels gewinnen.

Koch et al (2016) beschreiben in einer Katamnese qualitativ erhobene **Strate-** 61
gien, rückfallriskante Situationen zu bewältigen – daran angelehnt:

- **Positive Ablenkung suchen** – in Form alternativer Handlungen (zB sich aussprechen, sportliche Betätigung).
- **Soziale Unterstützung nicht verlieren** (bloß nicht wieder verheimlichen müssen, kann wieder offen reden, werde besser verstanden, nicht wieder schämen oder Schuldgefühle haben – Bezugspersonen von vorneherein damit vertraut machen, dass es zu Rückfallgefahren kommt und diese bewältigbar sind).
- **Strategien zum Umgang mit Geld** (Verfügbarkeit des Bargelds/der Karte einschränken).
- **Sich negative Konsequenzen vor Augen führen** (die Lebensqualität nicht aufgeben, „nicht wieder lügen müssen"; sich positive Dinge vorstellen, die dann verloren gehen, nicht wieder vor einem „Scherbenhaufen" stehen).
- **Verlangen ist beherrschbar** (sich nicht vor aufkommendem Spielverlangen fürchten, diese Situation zwingt nicht zum Spielen, ist beherrschbar – „heute nicht!").
- **Keine Resignation oder Hilflosigkeit** (auch wenn die Situation schwierig ist, für etwas Positives kämpfen – kann wieder Sachen unternehmen, die Spaß

machen, sich aufs Rad schwingen/schon nach einigen Kilometern lässt der Druck nach; sich überwinden anzurufen; was hat beim letzten Mal geholfen?).

- **Nachsorge nicht vergessen** („von der schwierigen Situation berichte ich in der Gruppe, erzähle dem Therapeuten davon oder kann vielleicht sogar ihn oder jemanden aus der Selbsthilfegruppe unmittelbar anrufen").
- **Soziale Verpflichtungen einhalten** (denke an die Kinder, Partnerin; die positive Entwicklung nicht gefährden).

62 **Erfolgsmessung/Katamnesen:** In einer Studie über 9 veröffentlichte deutsche Katamnesen zur stationären Behandlung von pathologischen Spielern findet Petry (2001) die Ein-Drittel-Faust-Regel aus der Alkoholismusbehandlung bestätigt: Danach führt die Behandlung bei einem Drittel zur vollständigen Abstinenz, ein weiteres Drittel zeigt sich gebessert, und das letzte Drittel erweist sich zunächst als ungebessert. Neuere deutsche Erhebungen, 1-Jahres follow-ups (*Premper* et al 2014; *Koch* et al 2015/2016) bestätigen in etwa diese „Regel" (Erfolgsquote ca 57–71%). Langzeituntersuchungen (zB *Hartmann* 2005; vgl *Bachmann* 2017b) aus der Alkoholismusforschung, zB über 25 Jahre, weisen jedoch darauf hin, dass die Hoffnung, ein Teil der Suchtkranken könne wieder einen gebesserten oder kontrollierten Konsum pflegen, wahrscheinlich eine Illusion ist, da sich diese Gruppe in längeren Zeiträumen zur Abstinenz oder andauernder Rückfälligkeit hin auflöst. Aus dieser Perspektive ist zu schlussfolgern, dass 1-Jahres Katamnesen noch kein realistisches Abbild des Therapieerfolges wiedergeben.

V. Suchtformel – Zusammenhänge Suchtgenese und Therapie

63 In der Suchtformel (*Bachmann* 2017c) sind, unter Einbeziehung der **Entstehung/Aufrechterhaltung** (*Einstiegsphase, Kontrollverlust*) der Spielsucht, die grundlegenden **therapeutischen Implikationen** (*Motivation, Krankheitseinsicht, Therapie der Ursachen, Alternativen, Rückfallprävention*) zusammengefasst. Die multiplikative Verknüpfung bedeutet, dass alle Faktoren, unter Aufklärung der Zusammenhänge zwischen Suchtentstehung und Suchttherapie, in die Behandlung aufzunehmen (s Abb 4) sind.

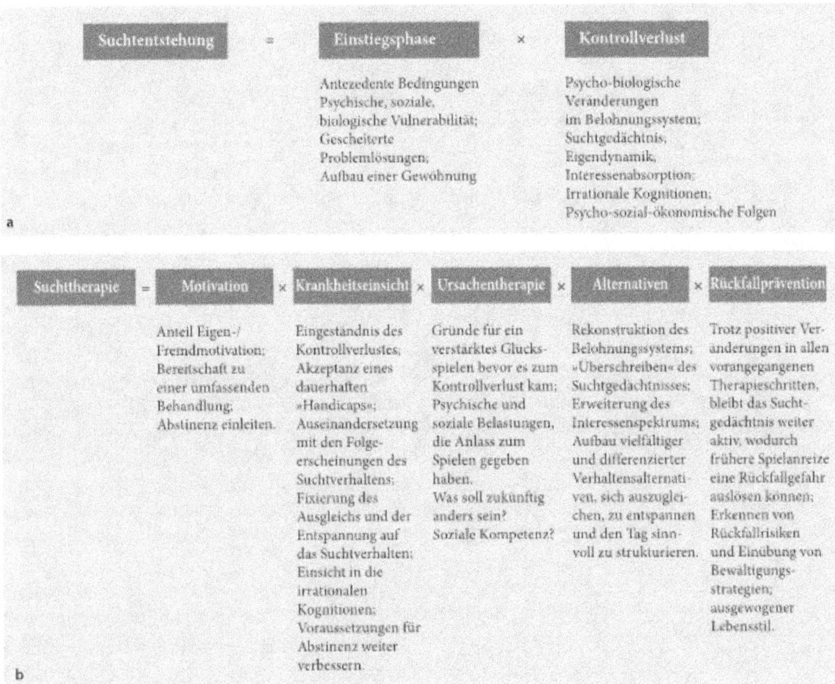

Abbildung 4: Die Suchtformel (Bachmann 2017c)

Jens Kalke/Sven Buth

§ 36 Spieler- und Jugendschutz in Deutschland – wissenschaftlicher Kenntnisstand

Übersicht

I. Einleitung

In Deutschland gibt es verschiedene Maßnahmen des Spieler- und Jugendschutzes im Glücksspielbereich. Hierbei handelt es sich sowohl um verhaltens- als auch verhältnisbezogene Maßnahmen, die sich in einem unterschiedlichen Ausmaß auf die einzelnen Glücksspiele beziehen. Maßnahmen, die auf eine Veränderung im Verhalten von Individuen oder Gruppen abzielen, werden unter dem Begriff *Verhaltensprävention* subsumiert. Unter *Verhältnisprävention* ist hingegen die Veränderung sozial-ökologischer Einflussfaktoren zu verstehen, die zumeist außerhalb der individuellen Handlungsmöglichkeiten liegen. Sie steht also für eine Strategie, die auf die Kontrolle, Reduzierung und Beseitigung von Gesundheitsrisiken in den Umwelt- und Lebensbedingungen setzt. 1

Darüber hinaus können Präventionsansätze hinsichtlich ihrer Zielgruppe klassifiziert werden: Von *universeller Prävention* wird gesprochen, wenn sich die entsprechenden Aktivitäten und Programme an die gesamte Bevölkerung oder bestimmte Personengruppen richten, ohne dass dabei besondere Risikogruppen berücksichtigt werden. Die *selektive Prävention* zielt auf bestimmte Einzelpersonen oder Gruppen ab, die einem erhöhten Risiko ausgesetzt sind und dadurch Gefahr laufen, problematische Verhaltensweisen zu entwickeln. Die *indizierte Prävention* richtet sich an Einzelpersonen, die bereits problematische Verhaltensweisen zeigen, die aber noch nicht erkrankt sind bzw noch keine Störung entwickelt haben. 2

Entlang der eben erläuterten Klassifizierungsmerkmale lassen sich insgesamt 14 verschiedene Maßnahmen identifizieren, die in Deutschland in der Glücksspielsucht-Prävention eine Rolle spielen. Übersichtlich sind diese in der folgenden Tabelle 1 dargestellt. 3

Zu 12 von ihnen finden sich gesetzliche Regelungen im Glücksspielstaatsvertrag (GlüStV) (bzw deren Ausführungsgesetze in den Bundesländern) und in der Spiel- 4

https://doi.org/10.1515/9783110259216-036

verordnung. Die schul- und freizeitbasierten Maßnahmen finden als freiwillige Leistungen statt. Insgesamt handelt es sich um sieben verhaltens- und um sieben verhältnispräventive Ansätze, die im Sinne eines universellen, selektiven oder indizierten Ansatzes auf unterschiedliche Zielgruppen ausgerichtet sein können.

5 Es ist also in der Glücksspielpolitik ein breit angelegter Instrumentenkasten vorhanden, der von Informationsbroschüren über Personalschulungen bis hin zu Limits beim Geldeinsatz reicht. In der Fachöffentlichkeit wird häufig eine Kombination aus verhältnis- und verhaltenspräventiven Elementen als die beste Strategie der Glücksspielsucht-Prävention angesehen. Gestützt wird diese Annahme von positiven Befunden aus der Forschung über Alkohol- und Tabakprävention.

Tabelle 1: Verhaltens- und verhältnispräventive Maßnahmen und ihre Zielgruppen

	Verhalten	Verhältnis	universell	selektiv	indiziert
schulbasierte Programme	X		X		
freizeitbasierte Programme	X		X	X	
Information (Flyer, Internet)	X		X	X	X
Personalschulungen		X			X
Öffentliche Kampagnen	X		X		
Spielersperren		X			X
Selbsttest	X			X	X
Beratungstelefon	X				X
Limits		X			X
Eingriffe Spielstruktur		X		X	X
Reduzierung Spielangebot		X	X		
Reduzierung Werbung		X	X		
Spielverbot Minderjährige		X		X	
Alterskontrollen		X		X	

6 In die folgende Literaturanalyse wurden Evaluationen aus Deutschland mit eingeschlossen, in denen die Wirkung der entsprechenden Maßnahme hinsichtlich Reichweite, Akzeptanz, Wissen, Einstellung und Verhalten der jeweiligen Zielgruppe untersucht worden ist. Die Studien weisen eine unterschiedliche methodische Qualität auf; teilweise handelt es sich um Kontrollgruppendesigns, mitunter sind ausschließlich Befragungen von Teilnehmerinnen und Teilnehmern vorgenommen worden. Die Literaturanalyse basiert auf Artikeln aus Fachzeitschriften, aber auch auf einigen Buchveröffentlichungen und Forschungsberichten. Insgesamt handelt es sich um 11 Studien, die zwischen 2010 und 2016 veröffentlicht worden sind (vor

diesem Zeitraum lassen sich quasi überhaupt keine Evaluationsstudien finden). Sie beziehen sich auf folgende Maßnahmen des Spieler- und Jugendschutzes: schul- und freizeitbasierte Programme, Personalschulungen und Frühinterventionen, Informations- und Beratungsangebote, Internetsozialkonzepte sowie Spielersperren.

II. Schul- und freizeitbasierte Programme

Es liegen insgesamt drei Evaluationsprojekte zu schul- und freizeitbasierten Maß- 7
nahmen aus Deutschland vor. Walther et al. haben ein Unterrichtsprogramm zur Förderung von Medienkompetenz für die 6. und 7. Klassenstufe evaluiert.[1] Dieses enthält auch eine 90minütige Einheit zum Thema Glücksspiel. In dieser werden insbesondere Informationen zu den Merkmalen eines Glücksspiels, der Entwicklung und Charakteristika einer Spielsucht, den glücksspielbezogenen Risikofaktoren und zu Gewinnwahrscheinlichkeiten vermittelt. Die Vermittlung des Wissens erfolgt überwiegend interaktiv, inklusive Einzel- und Kleingruppenarbeit, und umfasst insgesamt vier Teilmodule (Aktivitäten) sowie eine Abschlussrunde.[2]

Für die Prüfung der Wirksamkeit des Programms ist ein randomisiertes Kon- 8
trollgruppendesign mit Vor- und Nachbefragung gewählt worden. Die Zufallsauswahl der befragten Jugendlichen erfolgte auf Schulebene, stratifiziert nach den Schultypen Gymnasium, Hauptschule/Regionalschule/Realschule und Gemeinschaftsschule/Gesamtschule. Insgesamt konnten 2.109 Schülerinnen und Schüler in die Studie eingeschlossen werden – 888 für die Interventionsgruppe und 1.221 für die Kontrollgruppe, welche hinsichtlich eigenem Spielverhalten, glücksspielbezogenen Einstellungen und Wissen bezüglich der Gewinnwahrscheinlichkeiten befragt worden sind. Der erstellte Fragebogen kam sowohl vor als auch 3 bis 6 Monate nach der Intervention in beiden Gruppen zum Einsatz. 30% der Befragten gaben an, jemals im Leben an Glücksspielen teilgenommen zu haben. Als aktuell Glücksspielende lassen sich 7% charakterisieren. Die Effekte der Intervention sind mit Hilfe von Mehrebenenanalysen (multilevel mixed-effects linear bzw logistic regression) bestimmt worden. Hierbei erfolgte eine Adjustierung nach Alter, Geschlecht, sozioökonomischer Status, Zugang zu Computern und Medien sowie Schultyp. Die Analyse zeigt eine signifikante Verbesserung des glücksspielbezogenen Wissens im

1 Walther, Birte, Hanewinkel, Reiner und Morgenstern, Matthis Short-Term effects of a school-based program on gambling prevention in adolescents, Journal of Adolescent Health 52 (5) 2013, 599–605.

2 Walther, Birte, Hanewinkel, Reiner und Morgenstern, Matthis Vernetzte www.Welten – Entwicklung und Prozessevaluation eines Unterrichtsprogramms zur Prävention problematischen Computer- und Glücksspiels. in: Buth, Sven, Kalke, Jens und Reimer, Jens (Hrsg) Glücksspielsuchtforschung in Deutschland. Wissenschaftliche Erkenntnisse für Prävention, Hilfe und Politik, Freiburg im Breisgau 2013, 101–115.

Vergleich zur Kontrollgruppe. Gleiches gilt für die Einstellungen in Bezug auf das Glücksspiel. Des Weiteren sind die Jugendlichen der Interventionsgruppe zum Zeitpunkt der Nachbefragung von einem geringeren Risiko betroffen, aktuell an Glücksspielen teilzunehmen. Die diesbezüglich berichteten Effektstärken sind jedoch als eher gering zu bewerten. Dennoch ziehen Walther et al ein positives Resümee. Aufgrund der Kürze des Programms seien die gemessenen Effekte vielversprechend. Sie empfehlen, es auch in andere, bereits bestehende Unterrichtseinheiten mit Bezug zur Mediennutzung einzubeziehen.

9 Ausgehend vom internationalen Kenntnisstand wurden in einem Forschungsprojekt Maßnahmen der Glücksspielsucht-Prävention für das schulische Setting entwickelt (2008–2012). Damit sollte eine Lücke in der Praxis der bundesdeutschen Suchtprävention geschlossen werden. Die Maßnahmen wurden in Form von Unterrichtsprogrammen für die Sekundarstufe I (8.–10. Klassen) und die Sekundarstufe II (Oberstufe, Berufliche Schulen) konzipiert. Das Herzstück stellt jeweils ein Parcours zum Thema Glücksspiel dar, der aus verschiedenen interaktiven Stationen besteht. Es gibt beispielsweise interaktive Übungen zu den Themen Gefährdungspotentiale einzelner Glücksspiele, Gewinnwahrscheinlichkeiten und Schutzfaktoren. In der Sekundarstufe I wird zusätzlich die Problematik des Computer-Onlinespiels mit Übungen zur Stärkung der Medienkompetenz behandelt.

10 Die Unterrichtsprogramme – so die Zielsetzungen – sollen die Schülerinnen und Schüler in ihrer Glücksspiel-Abstinenz bestärken und erste Spielerfahrungen hinauszögern (vor allem Sek I) sowie auf einen reflektierten, kontrollierten Umgang mit Glücksspielen hinwirken (letzteres vor allem in Bezug auf Sek II).

11 Die Evaluation der beiden Maßnahmen erfolgte im Rahmen einer Follow-up-Untersuchung (Befragungen vor und 8 Monate nach der Intervention) mit Experimental- und Kontrollgruppen.[3] Die Effektmessung wurde mittels einer logistischen Regression durchgeführt. Als Hauptzielkriterien galten Wissen und Einstellungen in Bezug auf das Glücksspiel; mögliche Veränderungen im Glücksspielverhalten stellten ein sekundäres Kriterium dar. Die Grundlage der Analyse für die Sekundarstufe I und II bildeten insgesamt 1.090 Schülerinnen und Schüler (Abschlussbefragung).

12 Die Experimentalgruppe der Sekundarstufe I zeigt nach der Intervention hinsichtlich des glücksspielspezifischen Wissens und der Einstellungen gegenüber Glücksspielen (rationale Annahmen) signifikant bessere Werte als die Kontrollgruppe. So besitzen die Schülerinnen und Schüler der Experimentalgruppe eine 1,9-fach

3 Kalke, Jens, Buth, Sven und Hiller, Philipp Glücksspielsucht-Prävention an Schulen. Entwicklung und Evaluation eines Stationenparcours, Abhängigkeiten. Forschung und Praxis der Prävention und Behandlung 18 2012, 27–44. Buth, Sven, Kalke, Jens und Hiller, Philipp Evaluation einer Maßnahme der Glücksspielsucht-Prävention für das schulische Setting. in: Buth, Sven, Kalke, Jens und Reimer, Jens (Hrsg) Glücksspielsuchtforschung in Deutschland. Wissenschaftliche Erkenntnisse für Prävention, Hilfe und Politik, Freiburg im Breisgau 2013, 87–100.

erhöhte Wahrscheinlichkeit, über ein sehr gutes präventionsbezogenes Wissen zu verfügen, als die Personen der Kontrollgruppe. Bei den erwünschten Einstellungen ist die Wahrscheinlichkeit bei der Experimentalgruppe um das 1,6-fache erhöht. Beim Glücksspiel- und Computerspielverhalten zeigen sich hingegen zwischen beiden Untersuchungsgruppen keine Unterschiede.

In der Sekundarstufe II, in der die Teilnahme an Glücksspielen um Geld wesent- 13
lich verbreiteter ist als bei der jüngeren Schülerschaft, schneidet die Experimentalgruppe beim Wissen und den Einstellungen ebenfalls besser ab als die Kontrollgruppe: Die Personen der Experimentalgruppe haben jeweils eine 2,0-fach erhöhte Wahrscheinlichkeit, über ein sehr gutes Wissen zu verfügen bzw die intendierten Einstellungen zu besitzen, als die Personen der Kontrollgruppe. In der Sekundarstufe II ergeben sich zudem signifikante Unterschiede zugunsten der Experimentalgruppe in Bezug auf die monatliche Teilnahme an Glücksspielen. Hier besitzt die Schülerschaft der Kontrollgruppe gegenüber derjenigen der Experimentalgruppe eine 1,8-fach höhere Wahrscheinlichkeit, mindestens monatlich Glücksspiele um Geld zu spielen. In Anbetracht dieser positiven Befunde empfehlen die Autoren, das Programm vor allem in der Sekundarstufe II zu implementieren, bei neueren Entwicklungen im Glücksspielbereich (zB bei Onlinespielen) Anpassungen im Parcours vorzunehmen.

Eine Studie gibt es über eine Intervention, die im Freizeitsetting angesiedelt und 14
der selektiven Prävention zuzuordnen ist. Dabei handelt es sich um das interaktive Browsergame „Spielfieber“, das als Präventionstool konzipiert worden ist. Die Evaluation ging zum einen der Frage nach, ob ein solcher Präventionsansatz geeignet ist, Veränderungen auf der Wissens- und Einstellungsebene zu bewirken.[4] Zum anderen wurde untersucht, auf welche Akzeptanz „Spielfieber“ bei der Zielgruppe stößt. Das Studiendesign bestand aus einer Prä-/Post-Messung mit einer Onlinebefragung unmittelbar vor und direkt nach der Intervention. Während die zufällig der Experimentalgruppe (EG) zugewiesenen Probanden „Spielfieber“ testeten (N=257), spielten die Mitglieder der Kontrollgruppe (KG) ein alternatives Spiel ohne Glücksspielbezug (N=142). Die EG unterteilte sich zudem in die Subgruppen der Gewinner (N=167) und der Verlierer (n=90). Die Evaluation ergibt signifikante Unterschiede zugunsten der EG auf der Einstellungsebene: das erfolgreiche Durchspielen von „Spielfieber“ führt zu einer Verringerung von glücksspielbezogenen Fehleinschätzungen. Die Mehrheit der EG bewertet das Browsergame positiv: 71% hat es eher oder sehr gut gefallen; 60% würden es weiter empfehlen. Gleichzeitig berichten über 70% der Teilnehmenden, durch das Spiel (eher) nichts Neues dazugelernt zu haben. Ferner brachen viele Jugendliche (N=393) „Spielfieber“ vorzeitig ab. Brosowski und Hayer konstatieren zwar in einigen Punkten einen inhaltlich-techni-

4 Brosowski, Tim und Hayer, Tobias Evaluation des Browsergames „Spielfieber“: Akzeptanz, Effekte und Potential. Forschungsbericht, München 2014.

schen Optimierungsbedarf, bewerten „Spielfieber“ aber insgesamt als sinnvollen Beitrag der Glücksspielsucht-Prävention.

III. Personalschulungen, Frühinterventionen

15 In einer zusammenfassenden Sekundäranalyse wurden die Evaluationsergebnisse der Personalschulungen von sechs Lotteriegesellschaften ausgewertet.[5] Dabei umfasste die Datengrundlage die Angaben von insgesamt 5.191 Personen. 15% von ihnen hatten zum Zeitpunkt der Befragung (erstes Halbjahr 2008, 6 bis 9 Monate nach den Schulungen) noch nicht an einer Personalschulung teilgenommen (N=781). Die Ergebnisse dieser Personen wurden mit denen der Teilnehmenden verglichen (N=4.410). Als zentrales Ergebnis der Evaluation kann festgehalten werden, dass das geschulte Personal beim Wissensstand bezüglich der Themenbereiche Recht, Glücksspielsucht und Hilfeangebote besser abschneidet als die nicht geschulten Personen. Das Gleiche gilt für die Wahrnehmung von und den Umgang mit Problemspielern. So geben 58% der Schulungsgruppe an, Problemspieler schon einmal angesprochen (Vergleichsgruppe: 47%) bzw 42% schon einmal ein Faltblatt zur Glücksspielsucht mit Hilfeadressen ausgeteilt zu haben (Vergleichsgruppe: 32%). Diese offensichtlich durch die Schulungen hervorgerufenen Effekte sollten nach Ansicht der Autoren durch geeignete Maßnahmen – wie beispielsweise Auffrischungsschulungen – nachhaltig abgesichert werden.

16 Ein zentrales Ziel der Schulungen im Glücksspielbereich ist es, dass bei Problemspielern in der Spielstätte von Seiten des Personals frühzeitig interveniert wird (zB Gespräch führen, Flyer mitgeben, Selbstsperre empfehlen). Meyer und Kollegen haben die Praxis mit Hilfe von Testspielern und Beobachtern in 29 Spielhallen in Bremen überprüft.[6] Dabei wurden Merkmale problematischen Spielverhaltens simuliert und der Wunsch nach einer Spielsperre ausgesprochen. Die entsprechenden Reaktionen des Personals wurden in Protokollbögen festgehalten und diese dann systematisch ausgewertet. Es zeigte sich, dass die Umsetzung der gesetzlich geforderten Maßnahmen nur in einem geringen Ausmaß stattfindet. Auf erkennbare Merkmale problematischen Spielverhaltens gab es lediglich in 6 von 112 Fällen angemessene Reaktionen des Personals. Letztendlich wurde in 18 Fällen eine Sperre, ein Hausverbot oder eine sperrähnliche Absprache verhängt. Bei den nachfolgenden 15 Kontrollbesuchen konnten 13 gesperrte Testspieler problemlos ihre Einsätze

5 Kalke, Jens, Verthein, Uwe, Buth, Sven und Hiller, Philipp Glücksspielsucht-Prävention bei den staatlichen Lotterien: Evaluation der Schulungen des Annahmestellenpersonals, Suchttherapie 12 2011, 178–185.

6 Meyer, Gerhard, von Meduna, Marc und Brosowski, Tim Spieler- und Jugendschutz in Spielhallen: Ein Praxistest, SUCHT 61 (1) 2015, 9–18.

beim Automatenspiel tätigen. Die Autoren schlussfolgern aus diesem defizitären Handeln, dass Staat und Politik die Einhaltung der gesetzlichen Vorgaben viel stärker als bisher überwachen müssten, um die Compliance der Mitarbeiterschaft in den Spielhallen zu erhöhen.

IV. Informations- und Beratungsangebote

Eine telefonische Glücksspiel-Hotline stellt eine niedrigschwellige Ergänzung zu den klassischen Beratungs- und Behandlungsangeboten dar. In einer Untersuchung wurden erstmalig in Deutschland Analysen zum Profil der Anrufenden vorgelegt.[7] Damit sind Aussagen zur Reichweite eines solchen Hilfeangebotes möglich. 17

Die ausgewerteten Daten umfassen alle Anrufe bei der „Hotline Glücksspielsucht" der Landeskoordinierungsstelle Glücksspielsucht NRW, die dort zwischen 2005 und 2014 stattgefunden haben. Diese wurden standardisiert dokumentiert. Insgesamt gingen in dem Zeitraum 21.832 Anrufe ein. 19% stammten von Angehörigen, 18% von Glücksspielenden und 6% von sonstigen Personen (ua Fachkollegen/innen) (Rest: Fehlanrufe, zB Lottospielanfragen und Scherzanrufe). Die Anteile der Angehörigen und Glücksspielenden haben sich im Laufe der Zeit erhöht und zwar auf 21% bzw 22% im Jahr 2014. Bei 14% aller Anrufenden hatte das Beratungsgespräch einen Zeitumfang von über 30 Minuten. 18

Ein direkter Vergleich von Glücksspielenden und Angehörigen zeigt, dass die Glücksspielenden größtenteils männlichen, die Angehörigen mehrheitlich weiblichen Geschlechts sind. Bei den männlichen Glücksspielenden fällt die Gesprächsdauer kürzer aus als bei den Frauen. Etwa 60% der Spielerinnen und Spieler hatten im Vorfeld des Anrufs noch keine (professionelle) Hilfe wahrgenommen. Im Durchschnitt berichten die Betroffenen von einer Problemdauer von knapp acht Jahren. Ein durchaus relevanter Anteil von ihnen weist suizidale Tendenzen auf (5%). Die Autoren deuten ihre empirischen Befunde derart, dass Telefon-Hotlines aufgrund ihres niedrigschwelligen Zugangs und ihres frühinterventionellen Charakters einen wichtigen Beitrag zur Verbesserung der Versorgungslage für glücksspielende Personen und ihre Angehörigen leisten können. 19

Erste empirische Befunde aus Deutschland zu internetbasierten Hilfen betreffen die Plattform „Check Dein Spiel" (CDS) der Bundeszentrale für gesundheitliche Aufklärung und verweisen auch auf den grundsätzlichen Nutzen dieses niedrigschwelligen Interventionsansatzes.[8] CDS bietet unter anderem ein strukturiertes mehr- 20

7 Hayer, Tobias und Brosowski, Tim Evaluation der Telefon-Hotline NRW für Glücksspielsüchtige und Angehörige. Differenzierte Analysen zum Anruferprofil. Forschungsbericht, Bremen 2017.

8 Jonas, Benjamin, Tossmann, Peter et al. Check dein Spiel: Internetbasierte Prävention von problematischem Glücksspiel, SUCHT 58 (1) 2012, 63–68.

wöchiges Beratungsangebot zur Verhaltensänderung an, das von insgesamt 464 Personen nachgefragt wurde. Im Vergleich zu traditionellen Hilfeangeboten setzt sich diese Subgruppe eher aus jüngeren Personen und – wenngleich auf niedrigem Niveau – aus Frauen zusammen. Auffallend sind darüber hinaus relativ große Anteile von Online-Spielerinnen und -spielern sowie Personen mit einem vergleichsweise hohen Bildungsniveau. Immerhin 64% der Nutzer äußerten, vorher noch nie Kontakt zum professionellen Suchthilfesystem aufgenommen zu haben. Zudem scheint die Problemdauer bei diesem Personenkreis kürzer auszufallen als bei Spielerinnen und Spielern aus dem terrestrischen Versorgungssegment. Daten, die direkt nach Abschluss des Programms erhoben worden sind, implizieren eine angemessene Haltequote und Programmakzeptanz: So durchliefen 56% aller Teilnehmenden (mindestens) die Gesamtdauer von vier Wochen; 94% berichteten in einer Nachbefragung (N=161) davon, mit dem Programm (sehr) zufrieden zu sein. Hingegen erweist sich die Follow-Up-Erhebung drei Monate nach Programmende aufgrund des hohen Anteils an Drop-Outs als wenig aussagekräftig. Unabhängig davon deutet sich an – so die beteiligten Wissenschaftler –, dass internetgestützte Beratungsangebote wie CDS von Betroffenen wahrgenommen werden und mit ihnen zum Teil sogar neue Zielgruppen erreicht werden können.

V. Internetsozialkonzepte

21 Für Glücksspielangebote im Internet gelten in Deutschland besondere gesetzliche Spielerschutzbestimmungen. So muss gewährleistet sein, dass minderjährige oder gesperrte Spielerinnen und Spieler durch Identifizierung und Authentifizierung von der Teilnahme ausgeschlossen bleiben. Der Höchsteinsatz je Teilnehmenden darf grundsätzlich einen Betrag von 1.000 Euro pro Monat nicht übersteigen. Bei Registrierung sind die Glücksspielenden dazu aufzufordern, ein individuelles tägliches, wöchentliches oder monatliches Einzahlungs- oder Verlustlimit festzulegen. Die Art und Weise der Umsetzung dieser Maßnahmen ist durch die Onlineglücksspielanbieter in Form eines Sozialkonzeptes zu beschreiben und deren Effekte sind zu evaluieren.

22 Vor diesem Hintergrund entschlossen sich die Lotteriegesellschaften der Bundesländer Bayern, Hamburg und Niedersachsen die Auswirkungen ihrer bestehenden Sozialkonzepte wissenschaftlich untersuchen zu lassen.[9] Hierzu sind insgesamt fast 200.000 Onlinespieler der drei Gesellschaften gebeten worden, an einer Onlinebefragung teilzunehmen. Insgesamt waren 9.137 Personen bereit, die vorgegebenen Fragen zur Kenntnis, Nutzung und Bewertung bestehender Spielerschutzmaß-

9 Kalke, Jens und Buth, Sven Internetsozialkonzepte der Lotteriegesellschaften – Ergebnisse erster Evaluationen, Zeitschrift für Wett- und Glücksspielrecht 10 (3/4) 2015, 202–206.

nahmen, der Auswirkungen des Onlineglücksspielangebotes sowie bestehender Glücksspielprobleme zu beantworten.

Der Mehrheit der Spielerinnen und Spieler sind die Spielerschutzmaßnahmen der Lotteriegesellschaften bekannt. So haben etwas mehr als drei Viertel die Hinweise hierzu auf der Webseite bemerkt, etwa zwei Drittel haben Kenntnis von den Möglichkeiten einer Selbstlimitierung und Fremdsperre. Dass auch Angehörige eine Spielsperre beantragen können, war hingegen nur einem Fünftel bekannt. 23

Da nur wenige der befragten Onlinespielerinnen und -spieler von glücksspielbedingten Problemen betroffen sind (PGSI-Problemspieler = 0,3%), überrascht es nicht, dass nur ein Teil aller Teilnehmenden die vorgehaltenen Informations- und Hilfeangebote tatsächlich nutzt. Aber immerhin hat sich jeweils etwa jeder Vierte die Spielerschutzseite angesehen bzw die Einsatzhöhe limitiert. Ein Selbsttest hinsichtlich bestehender Spielprobleme ist von lediglich 4% vorgenommen worden. Die beiden letztgenannten Maßnahmen werden von jüngeren Personen signifikant häufiger angewandt, als von den älteren Spielerinnen und Spielern. 24

Die Befragten sind auch gebeten worden einzuschätzen, ob im Vergleich zum früheren (ausschließlich) terrestrischem Glücksspiel die Teilnahme am Onlineglücksspiel zu höheren Geldeinsätzen geführt hat. Dies wird von nur 5% bejaht. Noch geringer ist der Anteil derer, die seit Beginn des Onlinespielens bei den Lotteriegesellschaften auch bei anderen, privaten Onlineglücksspielanbietern um Geld gespielt haben (2%). Nach Ansicht der Autoren haben sich somit insgesamt keine Hinweise ergeben, dass Kundinnen und Kunden aufgrund des Onlinespiels bei den Lotteriegesellschaften ein unkontrolliertes Spielverhalten entwickelt haben. 25

Die oben genannten Bestimmungen für das Vorhalten von Glücksspielangeboten im Internet gelten sowohl für klassische Glücksspielanbieter als auch für Veranstalter von Wohlfahrtslotterien. Zu letzteren gehört auch das von der Hamburger Sparkasse durchgeführte „Haspa LotterieSparen“. Von den Kosten von fünf Euro für ein Los werden 0,25 Euro für einen guten Zweck gespendet, vier Euro angespart und 0,65 Euro in die Lotterie gegeben. Weitere 10 Cent werden als Verwaltungsaufwand einbehalten. Jeden Monat werden aus den Lotterieeinnahmen Gewinne gelost, die einen Maximalbetrag von 50.000 Euro erreichen können. 26

Die Evaluation des Sozialkonzeptes des Haspa LotterieSparens fußt, wie schon bei der oben berichteten Studie zum Internetglücksspielangeboten, auf einer Kundenbefragung.[10] Von den insgesamt etwa 4.000 Online-LotterieSparern füllten 205 Personen den Fragenbogen aus. Begonnen wurde die Befragung mit der Erfassung der Gründe für die Teilnahme am LotterieSparen. Die Ergebnisse machen bereits deutlich, dass es sich bei den Beteiligten nicht um klassische Glücksspielerinnen bzw -spieler handelt. Mehr als zwei Drittel geben an, dass das Ansparen von 27

10 Buth, Sven und Kalke, Jens Lotterie-Sparen – Ergebnisse der Evaluation eines Internetsozialkonzeptes, Zeitschrift für Wett- und Glücksspielrecht 11 (5) 2016, 322–327.

Geldbeträgen ein wichtiger Grund für die Teilnahme war. Die Anteile für die Gründe Helfen und Gewinnen fallen mit etwas weniger als der Hälfte der Befragten hingegen geringer aus. Die Anzahl der pro Monat gekauften Lose variiert. Am häufigsten wird eine Anzahl von zehn genannt. Von mehr Losen berichtet etwas mehr als ein Zehntel. Die weit überwiegende Mehrzahl der Kundinnen und Kunden behält die Anzahl der Lose bei. Nur etwa jede/r Zehnte gab an, zum Zeitpunkt der Befragung mehr Lose erworben zu haben, als zu Beginn der Teilnahme am LotterieSparen. Diese internetgestützte Lotterieform entfaltet offensichtlich auch keinen Anreiz, andere Glücksspielangebote im Internet auszuprobieren. Vier Fünftel nutzen solche überhaupt nicht. Lediglich 3% berichten von einem Beginn der Glücksspielteilnahme bei anderen Anbietern, welche dem Beginn des LotterieSparens zeitlich nachgelagert war.

28 Die Hinweise zu den Risiken des Spielens sind von drei Viertel der befragten Personen wahrgenommen worden. Etwa drei von zehn wissen um die Möglichkeit der Limitierung der maximalen Anzahl zu kaufender Lose bzw haben Kenntnis darüber, dass es eine telefonische Hotline gibt, an die man sich im Falle von Spielproblemen wenden kann. Die festgeschriebene Limitierung des monatlichen Erwerbs von Losen ist dagegen den allermeisten Lotterie-Sparern nicht bekannt. Nur 6% nennen das richtige Limit von 1.000 Losen. Ein kleiner Teil der Lotterie-Sparer hat die verschiedenen Spielerschutzmaßnahmen der Haspa bisher aktiv genutzt. So hat etwas mehr als ein Drittel die Hinweise zum Spielerschutz vollständig durchgelesen. Die Selbstlimitierung und die Nutzung der telefonischen Hotline fanden hingegen nur bei wenigen Einzelfällen Anwendung. Angesichts der geringen Ausprägung von Spielproblemen unter den Befragten (1,0% moderate Probleme, 0,0% Problemspieler) ist diese zurückhaltende Nutzung der Spielerschutzangebote nicht überraschend. Die Autoren halten resümierend fest, dass die Ergebnisse der Befragung keine Anhaltspunkte dafür ergeben haben, das bestehende Internetsozialkonzept zu überarbeiten.

VI. Spielersperren

29 Meyer und Hayer haben vor einigen Jahren eine umfassende Untersuchung zur Effektivität der Spielersperre (terrestrisch und online) vorgelegt.[11] Einbezogen wurden dabei Personen, bei denen eine Sperre für Kasinos in Österreich, Deutschland oder der Schweiz verhängt worden war. Das multimodulare Untersuchungsdesign beinhaltete eine mehrfache schriftliche Befragung und telefonisch durchgeführte qualitative Interviews. Für den Kasinobereich konnten insgesamt 152 gesperrte Spieler

11 Meyer, Gerhard und Hayer, Tobias Die Effektivität der Spielsperre als Maßnahme des Spielerschutzes. Eine empirische Untersuchung von gesperrten Spielern, Frankfurt aM 2010.

für eine Eingangsbefragung gewonnen werden. Allerdings reduzierte sich deren Zahl im Laufe der nachfolgenden Befragungen auf 39 (nach vier Wochen), 32 (nach 6 Monaten) und 28 (nach 12 Monaten). Bezogen auf die verschiedenen Untersuchungszeitpunkte zeigten die gesperrten Spieler eine deutliche Verbesserung ihres Problemstatus: So sank der Anteil pathologischer Spieler innerhalb von 12 Monaten von 61% auf 14% (nach DSM-IV). Ferner reduzierte sich die Intensität der Glücksspielbeteiligung. Das Gleiche gilt für das Verlangen nach Glücksspiel um Geld oder glücksspielassoziierte emotionale Belastungen. Damit einhergehend nahm aus Sicht der Befragten die Lebensqualität signifikant zu. Eine vollständige Glücksspiel-Abstinenz nach Ende des zwölfmonatigen Untersuchungszeitraumes war für etwa ein Fünftel der Teilnehmer nachzuweisen. Darüber hinaus konnte in der Studie festgestellt werden, dass die Entscheidung pro Online-Spielsperre spontaner ausfällt, wie ein direkter Vergleich zwischen Kasino-Spielern und Online-Spielern (N=259) zeigt. Für diese Studie wird bilanzierend festgehalten, dass von Spielsperren ein Nutzen ausgeht, der über eine optimierte Ausgestaltung der Sperrprogramme in der Praxis sowie eine verbesserte Vernetzung mit dem Hilfesystem noch weiter erhöht werden könnte.

Fiedler (2014) hat mit Hilfe einer Nutzungsanalyse das Sperrsystem in Spielbanken evaluiert.[12] Er hat dabei die Anzahl von Sperreinträgen in Beziehung zu bundesweiten Prävalenzzahlen gesetzt. Nach seinen statistischen Auswertungen sind 15 von 100 pathologisch Glücksspielenden mit Lebenszeitdiagnose in der Sperrdatei enthalten und nur 5 von 100 akut pathologischen Spielerinnen und Spielern werden pro Jahr in das Sperrsystem aufgenommen. Aus seiner Sicht kommen deshalb die Spielbanken ihrer Sperrverpflichtung von Spielsuchtgefährdeten nicht nach: nur 0,4% der akut Spielsüchtigen werden aktiv durch die Spielbanken gesperrt. Er zieht daraus den Schluss, die Spielbanken aus ihrer anreizinkompatiblen Pflicht zu entlassen, indem eine unabhängige dritte Instanz das Sperrsystem übernimmt. Diese sollte zudem für eine bessere Verzahnung der Spielsperren mit therapeutischen Hilfsangeboten sorgen. 30

VII. Fazit

In Anbetracht der geringen Anzahl an qualitativ höherwertigen Studien zu den Effekten von Maßnahmen des Spieler- und Jugendschutzes muss resümierend festgehalten werden, dass die Evaluationsforschung zu diesem Themenbereich in Deutschland noch in den Kinderschuhen steckt. Die folgende Tabelle 2 zeigt übersichtsartig den aktuellen Kenntnisstand (Stand: Ende 2016). 31

12 Fiedler, Ingo Evaluierung des Sperrsystems in deutschen Spielbanken, Forschungsbericht. Hamburg 2014.

Tabelle 2: Wissenschaftlicher Kenntnisstand über Maßnahmen des Spieler- und Jugendschutzes in Deutschland

	Kenntnisstand	**einbezogene GS-Arten**
schulbasierte Maßnahmen	positive Hinweise	alle
freizeitbasierte Maßnahmen	positive Hinweise	alle
Information (Flyer, Internet)	keine Ergebnisse bekannt	
Personalschulungen	positive Hinweise	Lotto
Öffentliche Kampagnen	keine Ergebnisse bekannt	
Spielersperren	positive Hinweise	Spielbank
Selbsttest	keine Ergebnisse bekannt	
Beratungstelefon	positive Hinweise	alle
Limits	positive Hinweise	Lotto online
Eingriffe Spielstruktur	keine Ergebnisse bekannt	
Reduzierung Spielangebot	keine Ergebnisse bekannt	
Reduzierung Werbung	keine Ergebnisse bekannt	
Spielverbot Minderjährige	keine Ergebnisse bekannt	
Alterskontrollen	keine Ergebnisse bekannt	

32 Nichtsdestotrotz ergeben sich aus dem vorliegenden Erkenntnisstand einige wichtige Ansatzpunkte für eine Erfolg versprechende Präventionsarbeit im Glücksspielbereich. Das betrifft die konzeptionelle Gestaltung von schulbasierten Programmen, die nachhaltige Schulung des Personals von Glücksspielanbietern, den umfassenden technischen Spielerschutz beim Internetspiel (zB festgeschriebene Einsatzlimits) sowie den Aufbau eines übergreifenden Sperrsystems. Diese empirischen Erkenntnisse sollten bei der weiteren Gestaltung von Präventionsmaßnahmen im Glücksspielbereich berücksichtigt werden.

33 Es sollte dabei geprüft werden, inwieweit die schulische Glücksspielsucht-Prävention als Regelangebot verankert werden könnte. Die Personalschulungen, die mit dem Glücksspielstaatsvertrag von 2012 (GlüStV) für alle Glücksspielarten verbindlich geworden sind, müssten qualitativ hochwertig evaluiert und die Ergebnisse offengelegt werden, damit weitere Erkenntnisse über die Wirksamkeit dieser präventiven Maßnahme gesammelt werden können. Das Gleiche gilt für den technischen Spielerschutz im Internet. Auch hier schreibt der GlüStV (§ 4) eine Evaluierung der Sozialkonzepte für das Internetspiel vor. Hierzu sind bisher überhaupt keine Ergebnisse aus dem Bereich der Sportwetten veröffentlicht worden.

34 Ferner sollte das Sperrsystem verbessert werden. Konkrete Ansatzpunkte beziehen sich auf den Aufbau einer spielformübergreifenden Sperrdatei sowie auf einen niedrigschwelligen Zugang zum Sperrprogramm. Darüber hinaus gibt es Maßnah-

men, über deren Effektivität noch gar nichts bekannt ist, beispielsweise über Selbsttests oder die (zurückhaltende) Werbung. Des Weiteren fehlen Langzeitstudien, die langfristige Auswirkungen von präventiven Interventionen auf das Spielverhalten der jeweiligen Zielgruppe untersuchen. Der GlüStV mit seiner Forschungsklausel – die Länder stellen die wissenschaftliche Forschung zur Vermeidung und Abwehr von Suchtgefahren durch Glücksspiele sicher (§ 11) – bietet einen guten Rahmen, um die Präventionsforschung im Glücksspielbereich weiter voranzubringen.

Jens Kalke/Sven Buth

Mark Griffiths

§ 37 Gambling Regulation from a Psychologist's Perspective: Thoughts and Recommendations

Übersicht

I. Zusammenfassung[1]

In seinem Beitrag zu den Inhalten einer sinnvollen Glücksspielregulierung aus psychologischer Sicht stellt *Mark Griffiths* zunächst heraus, dass es durchaus möglich ist, die durch exzessives Glücksspiel verursachten Schäden mit Hilfe rechtlicher Mittel zu mindern. Diese Regelungsmechanismen sollten nicht in ein Verbot münden, weil die gefährdeten Spieler dann verstärkt illegale Angebote nachfragen würden. Stattdessen bedürfe es psychologisch zielführender Regelungen zu den einzelnen Glücksspielangeboten. Sie könnten nach *Griffiths* einerseits am individuellen Glücksspiel ansetzen, müssten andererseits aber auch berücksichtigen, dass die Bekämpfung der Glücksspielsucht wegen ihrer gesellschaftlich nachteiligen Folgen Teil der öffentlichen Gesundheitsfürsorge sei, zumal mehr Jugendliche als Erwachsene gefährdet seien. 1

Im Einzelnen tritt *Griffiths* für ein Mindestspielalter ein. Zudem fordert er eine breitenwirksame Aufklärung der Bevölkerung, aber auch der behandelnden Ärzte über die Folgen exzessiven Glücksspiels, weil die Glücksspielsucht anders als zB der Alkoholismus nicht nach außen hin sichtbar würde. Präventiv wirkende Mechanis- 2

1 Von *Stefan Korte.*

https://doi.org/10.1515/9783110259216-037

men wie die Einrichtung von Hotlines bzw von Beratungsdiensten und die Unterstützung von Selbsthilfegruppen müssten hinzutreten. Von den politischen Entscheidungsträgern erwartet *Griffiths* überdies ganzheitlich ansetzende Planungen zur Bekämpfung von Spielsucht, deren Erfolg ständig überprüft werden müsse, und die ständig zu optimieren seien. Er setzt sich dafür ein, dass die Glücksspielsucht genauso wie zB die Alkohol- oder Nikotinsucht ihren Standort in der Gesundheitspolitik findet.

3 *Griffiths* identifiziert drei Anknüpfungspunkte für eine sachgerechte Regulierung von Glücksspielangeboten: Erstens sei an den strukturellen Spielmerkmalen anzusetzen. Insoweit komme es vor allem auf die Häufigkeit der Spielmöglichkeit und auf die Spielgeschwindigkeit an. Diese Parameter sind nach seiner Auffassung für das Spielsuchtpotenzial von entscheidender Bedeutung. Zweitens seien Regelungen über die situativen Merkmale, also das Spielumfeld zu treffen: über die Verfügbarkeit und Umfang der Glücksspielangebote, über die Werbung und etwaige Zusatzangebote. So seien zB Regelungen erforderlich, die den Konsum von Alkoholika während des Spiels unterbinden. Drittens seien Regelungen zum Spielablauf denkbar, durch die beispielsweise die Spielzeit begrenzt/verkürzt oder Entgeltgrenzen festgesetzt würden.

4 All over the world, governments and gambling regulators are having to deal with increase of opportunities to gamble and how to protect players and minimize the potential harm from excessive gambling. In this short chapter, I briefly recommend some of the issues and approaches that regulators should take or think about when dealing with issues concerning harm minimization. For many years, my approach has been to have in place measures that maximise fun for those that enjoy gambling and minimise harm for those that are vulnerable and susceptible. Even though I have been carrying out research on problem gambling for 30 years, I am not (and never have been) anti-gambling. My stance is one of being pro-responsible gambling. The remainder of this brief chapter highlights five recommendations for regulators and policymakers.

II. View Problem Gambling as a Public Health Issue

5 Although gambling is clearly of psychological interest, traditionally it has not been viewed as a public health matter. Research into the health, social and economic impacts of gambling are still at a relatively early stage. There are many specific reasons why gambling should be viewed as a public health issue – particularly given the massive expansion of gambling opportunities across the world. The costs of problem gambling are large, on both an individual and societal level. For adults, personal costs can include irritability, extreme moodiness, problems with personal relationships (including divorce), absenteeism from work, family neglect, and bankruptcy. There can also be adverse health consequences for both the gambler and

their partner including depression, anxiety, insomnia, intestinal disorders, migraines, and other stress-related disorders, stomach problems, and suicidal ideation (Griffiths, 2004).

Many similar effects have been found in adolescents, although education rather than work is compromised. Furthermore, problem gambling is much more prevalent in adolescents than it is in adults – and in some cases two to four times more prevalent (Calado, Alexandre & Griffiths, 2016; Volberg, Gupta, Griffiths, Olason & Delfabbro, 2010). Although gambling in its most excessive forms can be viewed as a behavioural addiction (American psychiatric Association, 2013), the fact that gambling does not involve the ingestion of a psychoactive substance makes it a very different kind of addiction from (say) alcohol addiction, particularly as there are no observable signs or symptoms. This may lead to people not taking it seriously if they cannot see the problem for themselves. However, regulators need to take the issue seriously given the potential impacts on individuals, their families, and society more generally. A public-health approach to gambling related harm adopts a broader conception of the causes of gambling-related problems. Traditional approaches tend to focus on the characteristics that predispose some gamblers to develop problems, whereas a public health approach focuses on the characteristics of the environment that encourages excessive gambling (e.g. advertising, time restrictions, etc). 6

III. Do not Prohibit Gambling as a Solution to Reducing Problem Gambling

There is little doubt that opportunities to gamble has increased significantly over the last 15 years (Calado & Griffiths, 2016) and that where accessibility increases, there tends to be an increase in the numbers of people that gamble and develop problems (i.e., the 'availability hypothesis'; Orford, 2002). This has led some jurisdictions to consider capping the number of outlets and opportunities to gamble or to ban gambling altogether. While some kinds of restriction may be appropriate (e.g., limiting gambling to gambling-only venues such as casinos, betting shops and bingo halls rather than allowing slot machines to be housed in non-gambling venues such as cafes and restaurants), massive reductions in opportunities to gamble (e.g., significant reductions in the number of slot machines within a specific jurisdiction) or outright prohibition are unlikely to curb problem gambling. 7

Problem gambling will never be eliminated but it can be minimised. Problem gamblers will not stop gambling if opportunities for legal gambling are reduced or banned. They will simply move to the grey markets (e.g., online gambling sites) or black markets (e.g., illegal gambling venues). Reducing opportunities to gamble will mean less regular gamblers might not gamble as much but for those who want to gamble every day (including problem gamblers) will simply migrate 8 their gambling behaviour to less regulated venues or websites and not be given the same level of player protection that they would receive from regulated gambling operators. It is far better to protect players and provide the responsible gambling tools and help they need within a regulated sector than an unregulated one.

IV. Raise the Minimum Age of all Forms of Commercial Gambling to 18 Years

9 Raising the minimum age to gamble in all jurisdictions and across all gambling media could significantly reduce the number of children who gamble. This would also help gaming operators and shopkeepers prevent under-age gambling. Research by psychologists has consistently shown that the younger a person starts to gamble, the more likely they are to develop problems (Griffiths, 2002). Furthermore, problem gambling, like addictions involving alcohol and illicit drug use, are 'disorders of youthful onset' (Teeson, Degenhardt & Hall, 2002). At present, many young adolescents as young as 11 and 12 years of age can pass for 16 years when buying lottery tickets or scratchcards in the UK. An age rise to 18 years would stop a lot of the very young adolescents gambling in the first place.

V. Introduce Programs that Raise Awareness about Gambling among Health Practitioners and the General Public

10 Problem gambling is very much the 'hidden' addiction. Unlike (say) alcoholism, there is no slurred speech and no stumbling into work. Yet problem gambling can be an addiction that destroys families and has medical consequences, so there is an important a pressing need to enhance awareness about gambling-related problems within the general public and the medical and health professions. General practitioners routinely ask patients about smoking and drinking, but gambling is something that is not generally discussed (Setness, 1997; Rigbye & Griffiths, 2011). Problem gambling may be perceived as a somewhat 'grey' area in the field of health, and it is therefore very easy to deny that health professionals should be playing a role. Psychologists have a clear role in educating both practitioners and the public about the psychosocial risks involved in excessive gambling. In the UK, the gambling industry has now started informing the general public via advertising campaigns in both the print and broadcast media that problem gambling is an issue (e.g., "*When the fun stops, stop gambling*" advertising campaign). Such initiatives are to be commended.

VI. Consider Regulation in Terms of Structural Characteristics of Games Rather than Game Type

Anyone coming into the gambling studies field from a psychological perspective would probably conclude from reading the literature that problem and pathological gambling is associated with particular game types. More specifically, there appears to be a line of thinking in the gambling studies field that casino-type games (and particularly slot machines) are more likely to be associated with problem gambling than lottery-type games (Griffiths, 1994; Meyer, Hayer & Griffiths, 2009). 11

However, when it comes to problem gambling, Griffiths and Auer (2013) asserted that game-type is irrelevant and that the most important factors along with individual susceptibility and risk factors of the individual gambler, are the structural characteristics relating to the speed and frequency of the game (and more specifically event frequency and bet frequency) rather than the type of game. Gambling policymakers and regulators need to think about game parameters rather than game type when it comes minimising problem gambling. 12

Event frequency refers to the number of events that are available for betting and gambling within any given time period (Griffiths, 1993, 1999; Parke & Griffiths, 2006, 2007). For example, a lottery draw may occur once a week but a slot machine may allow 15 chances to gamble inside one minute. In this example, slot machine gambling has a higher event frequency than lottery gambling. Bet frequency refers to the number of bets or gambles placed in any given time period. Using lottery playing as example, Parke and Griffiths (2007) note that multiple tickets (e.g., 10 tickets) can usually be purchased as frequently as desired before any single lottery draw. In this instance, bet frequency would be equal to 10 but event frequency would be equal to 1. Therefore, event frequency can often be much lower than bet frequency and it is possible for players to spend more than they can afford even with a low event frequency. 13

The following examples provided by Griffiths and Auer (2013) highlight the irrelevancy of game type and demonstrate that it is the structural characteristics rather than the game type that is critical for those who are vulnerable and/or susceptible to problem gambling. A "safe" slot machine could be designed in which no-one would ever develop a gambling problem. The simplest way to do this would be to ensure that whoever was playing the machine could not press the 'play button' or pull the lever more than twice a week (once on a Wednesday evening and once on a Saturday evening). An enforced structural characteristic of an event frequency of twice a week would almost guarantee that players could not develop a gambling problem. Alternatively, a problematic form of lottery could be designed where instead of the draw taking place weekly, bi-weekly or daily, it would be designed to take place once every few minutes. Such an example is not hypothetical and resembles lottery games that already exist in the form of rapid-draw lottery games like keno (Griffiths & Wood, 2001). 14

Mark Griffiths

15 Griffiths and Auer (2013) argue that the frequency of opportunities to gamble within a given time period (i.e., event frequency) when combined with other speed and frequency structural characteristics (such as bet frequency, payout interval, event duration), appears to be a major contributory factor in the development of gambling problems and gambling pathology (Griffiths, 2008). The general rule is that the higher the event frequency, the more likely it is that the gambling activity will cause problems for the individual (particularly if the individual is susceptible and vulnerable). Problem and pathological gambling are essentially about rewards, and the speed and frequency of those rewards. Almost any game could be designed to either have high event frequencies or low event frequencies. Therefore, the more potential rewards there are, the more problematic an activity is likely to be and this is irrespective of game type as games such as diverse as lotteries and slot machines could have identical event frequencies and event durations.

VII. Regulate in Relation to the Situational Features of Gambling

16 In addition to structural characteristics, other factors central to understanding and regulating gambling behaviour are the situational characteristics of gambling activities. These are the factors that often facilitate and encourage people to gamble in the first place (Griffiths & Parke, 2003). Situational characteristics are primarily features of the environment (e.g., accessibility factors such as location of the gambling venue, the number of venues in a specified area and possible membership requirements) but can also include internal features of the venue itself (décor, heating, lighting, colour, background music, floor layout, refreshment facilities) or facilitating factors that may influence gambling in the first place (e.g., advertising, free travel and/or accommodation to the gambling venue, free bets or gambles on particular games) or influence continued gambling (e.g., the placing of a cash dispenser on the casino floor, free food and/or alcoholic drinks while gambling) (Griffiths & Parke, 2003). These variables may be important in both the initial decision to gamble and the maintenance of the behaviour. Many of these situational characteristics are thought to influence vulnerable gamblers and regulators could enforce restrictions relating to macro-situational characteristics (such as limiting advertising and marketing, or not allowing gambling venues to be located next to educational establishments) and micro-situational characteristics (such as prohibiting cash dispensers in the gambling venue, or prohibiting free alcoholic drinks while gambling).

VIII. Introduce Policies to Help Promote Gamblers Using Responsible Gambling Tools

Responsible gambling tools (e.g., limit-setting tools, pop-up messaging, personalized feedback, self-exclusion tools) have become increasingly popular as a way of facilitating players to gamble in a more responsible manner (Griffiths, Parke & Wood, 2009). As gambling products become more technologically sophisticated, the same technological innovation can be used to facilitate the development of harm-minimisation tools to assist gamblers in maintaining self-control and make rational and controlled gambling-related decisions. Harm-minimisation tools aim to make the time spent gambling safer, without reducing the uptake of gambling *per se*. Recent research has shown that such tools can help in reducing the time and money spent gambling. This includes limit setting tools (e.g., Auer & Griffiths, 2013; Kim, Wohl, Stewart, Sztainert & Gainsbury, 2014; Wohl, Parush, Kim & Warren, 2014), pop-up messaging (Auer & Griffiths, 2015a; Auer, Malischnig & Griffiths, 2014; Cloutier, Ladouceur & Sevigny, 2006; Floyd, Whelan & Meyers, 2006; Kim, Wohl, Stewart, Sztainert & Gainsbury, 2014), personalized feedback (Auer & Griffiths, 2014, 2015b; Celio & Lisman, 2014), and the use of behavioural tracking tools such as *PlayScan* and *Mentor* that track and monitor the totality of a gambler's activity (Griffiths et al, 2009; Wood & Wohl, 2016). Regulators could make it a condition of gambling companies receiving an operating licence that they use current technology to facilitate players gambling more responsibly. 17

IX. Initiate Both General and Targeted Gambling Prevention Initiatives

According to Korn (2002), the goals of gambling intervention are to (a) prevent gambling-related problems, (b) promote informed, balanced attitudes and choices, and (c) protect vulnerable groups. The guiding principles for action on gambling are therefore prevention, health promotion, harm reduction, and personal and social responsibility. Throughout the world there are many actions and initiatives that are carried out as preventive measures in relation to gambling. In addition to these preventive measures the government needs to introduce gambling support initiatives. Many (but not necessarily all) would require input by psychologists. These include problem-gambling helplines as a referral service, telephone counselling or web-based chatrooms for problem gamblers and those close to them, residential and outpatient treatment, and training and certification for problem gambling counsellors. 18

X. Embed Problem Gambling in Public Health Policy

19 It is clear that the increasing amount of psychological research on problem gambling is being taken seriously by many countries across the world. This needs to be embedded into public health policy and practice (Shaffer & Korn, 2002). Such measures include the adoption of strategic goals, the endorsement of public health principles, and the adoption of harm reduction strategies. At present many governments are not doing enough to make problem gambling a focus for public health action and accountability. Therefore, they need to adopt goals that prevent gambling-related problems among individuals and groups at risk for gambling addiction. They also have to pay more than lip service to the endorsement of public health principles. Prevention at all levels (primary, secondary and tertiary) is clearly a priority that needs adequate financial resourcing.

20 In short, problem gambling needs to be added to the public health agenda along with drug abuse, problem drinking, and cigarette smoking. We need to develop strategies that are directed at minimising the adverse health, social and economic consequences of problem-gambling behaviour. Such initiatives should include healthy-gambling guidelines for the general public (similar to low-risk drinking guidelines), vehicles for the early identification of gambling problems, and surveillance and reporting systems to monitor trends in gambling-related participation and the incidence and burden of gambling-related illnesses. Incorporating a mental health promotion approach to problem gambling will help foster personal and social responsibility for gambling policies and practices.

Mark Griffiths

5. Teil:
Das Glücksspielwesen in Europa, Asien und den USA – Ökonomie und Recht

Winfried Wortmann/Philippe Vlaemminck

§ 38 Europäische Aspekte zur Lage des Glücksspiels

Übersicht

Seit den 90er Jahren ist das Glücksspiel zu einem europäischen Thema geworden. Alle Institutionen der Europäischen Union sind damit befasst: Europäische Kommission, Rat, Europäisches Parlament und Europäischer Gerichtshof waren und bleiben gefordert. Ein Hauptgrund dafür ist, dass gesellschaftspolitische Aspekte und rechtliche Fragestellungen miteinander verwoben werden. Damit entsteht der Eindruck, dass politische Entscheidungen über den Glücksspielsektor durch die europarechtlichen Rahmenbedingungen weitgehend vorgezeichnet sind. Dies ist nicht zutreffend. Die Frage um die Gestaltung des Glücksspiels ist eine gesellschafts- und sozialpolitische. Dabei geht es um die Konsistenz der strategischen Entscheidung wie um die Glaubwürdigkeit und Wirksamkeit der operativen Umsetzung in gleicher Weise. Der folgende Beitrag macht sich zur Aufgabe, die gesellschaftspolitische Dimension von den europarechtlichen Aspekten zu trennen und so zu einer Versachlichung der Diskussion beizutragen. 1

Das Verständnis der auch heute noch schwer überschaubaren Lage setzt die Klärung der Rollenverteilung der im europäischen Entscheidungsprozess Handelnden voraus. Dabei ist die Beziehung nationaler Regierungen zu europäischen Institutionen auf der einen Seite und das Zusammenwirken der nationalen Gerichte und des Gerichtshofes der Europäischen Gemeinschaften (EuGH) auf der anderen Seite zu beleuchten. Daneben spielen – in keinem anderen gesellschaftlichen Bereich so 2

https://doi.org/10.1515/9783110259216-038

virulent wie im Glücksspielsektor – die gesellschaftlichen Intermediäre (Sport, Kultur, Heimatpflege, Sozialeinrichtungen) eine bedeutsame Rolle; sie sind als finanzielle Destinatäre in der Refinanzierung ihrer Aktivitäten in praktisch allen europäischen Staaten auf die Abschöpfungen aus dem staatlich kontrollierten Glücksspiel angewiesen.

3 Kern des Beitrages ist eine europarechtliche Positionsbestimmung, ausgehend von den Entscheidungen des EuGH. Denn anders als in vielen anderen Bereichen europäischer Politik fehlt für den Glücksspielsektor eine europäische sekundäre Gesetzgebung, kommt es beim Aufeinandertreffen von einzelstaatlichen Gesetzen und dem EU-Vertragsrecht zum Gang nach Luxemburg. So wächst dem EuGH eine Gestaltungsaufgabe zu, mit der sich das Gericht zunehmend unwohl fühlt und die es auf anderen Feldern so nicht kennt.

I. Die Ausgangslage

4 In der glücksspielpolitischen Auseinandersetzung ist „Europa" zur argumentativen Keule geworden, die von vielen Seiten geschwungen wird: Verwaltungsgerichte gründen die Nichtvollziehbarkeit von Schließungsverfügungen gegen inländische konzessionslose Sportwettenangebote auf die von ihnen unterstellte „Europainkonformität" der einschlägigen straf- und ordnungsrechtlichen Regelungen.

5 Sportorganisationen fordern die Liberalisierung der Sportwetten und sehen im Europarecht die Basis für private Konzessionsmodelle. Access-Provider-Sperrungen wegen unerlaubten Internet-Glücksspiels werden von Verwaltungsgerichten mit Blick auf EuGH-Vorlageentscheidungen als rechtswidrig aufgehoben. Staatshaftungsansprüche nach behördlicher Untersagung privater Sportwettangebote werden an EuGH-Grundsätzen festgemacht. Und die Ministerpräsidenten der Länder machen im Dezember 2011 die Gültigkeit ihrer Unterschrift unter den 1. Glücksspieländerungsstaatsvertrag von einem Notifizierungsschreiben der EU-Kommission abhängig.

6 Auch das Bundesverfassungsgericht nahm in seinem Grundsatzurteil zum Sportwettenrecht[1] Bezug auf die Entscheidungen des EuGH und stellte ausdrücklich fest, dass es sich im Einklang mit der europäischen Rechtsprechung sieht. Es stellte die Verfassungswidrigkeit der damaligen Sportwettenregulierung fest und verlangte eine gesetzliche Neuordnung. Im Glücksspielstaatsvertrag von 2008 haben die Länder diese Forderung umgesetzt – und damit folglich auch die europarechtlichen Vorgaben.

1 Urteil des Ersten Senats vom 28.3.2006, 1 BvR 1054/01, Rz 118, 136.

Gleichwohl wurden die Vorlageentscheidungen des EuGH vom 8. September 2010 als Todesstoß für den soeben erst umgesetzten Staatsvertrag empfunden – nicht nur von den kommerziellen, bis dato illegalen Sportwettanbietern, sondern auch von den Ländern selbst. 7

Irrte möglicherweise bereits das BVerfG und verkennt die Position des EuGH? 8 Hat der GlüStV die Vorgaben nicht sachgerecht aufgegriffen? Oder ist der glücksspielrechtliche Befund des EuGH so zwiespältig, dass Missverständnisse unausweichlich sind?

Die Unsicherheit in der Auslegung der Urteile des EuGH und die große Band- 9 breite in der öffentlichen Bewertung stellen kein Novum dar.

Bereits nach der Verkündung der EuGH-Entscheidung in der Sache *Gambelli* im 10 November 2003[2] gab es Siegesmeldungen auf „beiden Seiten" – und das Urteil war eigentlich keineswegs missverständlich. In einer Pressemitteilung eines Sportwettenanbieters hieß es beispielsweise:

> „Die Liberalisierung der europäischen Sportwettenmärkte schreitet ... erwartungsgemäß voran ... Gemäß der EuGH-Entscheidung müssen zukünftig alle EU-Mitgliedstaaten gewährleisten, dass es jedem in einem Mitgliedstaat niedergelassenen Dienstleister möglich ist, seine im Herkunftsland zugelassene Dienstleistung zu erbringen, soweit innerstaatliche Beschränkungen nicht aus Gründen des Allgemeininteresses gerechtfertigt sind."[3]

Und:

> „Sportwetten aus dem europäischen Ausland sind auch nach der Gambelli-Entscheidung des EuGH unzulässig; ...
> Damit (Entscheidung des OVG Münster 9. Juni 2004) ist jedenfalls für Nordrhein-Westfalen klar festgestellt, dass auch nach dem Gambelli-Urteil keine Öffnung des deutschen Marktes für Glücksspielanbieter aus dem europäischen Ausland erfolgen kann ..."[4]

Auch nach der Verkündung des lange erwarteten EuGH-Urteils im Fall *Placanica* 11 gab es nur Sieger; jede Seite erkannte die zuvor veröffentlichten Erwartungen an die Entscheidung im Urteilsspruch sofort wieder. Europaweit sahen sich Regierungen, private Buchmacher, gewerbliche Glücksspielvermittler und staatlich konzessionierte Lotterie- und Sportwettenunternehmen in ihrer Rechtsposition gestärkt. Die Medien spiegelten eine unfassbar breite Spanne von Urteilsauslegungen:

2 EuGH, Urt vom 6.11.2003, C- 243/01.

3 Presseportal.de vom 1.4.2004.

4 Pressemitteilung einer Anwaltskanzlei, isa-casinos.de vom 2.9.2004.

„Das mit Spannung erwartete Urteil des Europäischen Gerichtshofes in Sachen *Placanica* ist gefallen – mit folgenschweren Konsequenzen für das deutsche Wettmonopol. Die Richter entschieden, dass auch private Wettanbieter bei der Vergabe von Konzessionen zugelassen werden müssen. ... Das *Placanica*-Urteil bedeutet rein rechtlich auch das Aus für den angestrebten neuen Staatsvertrag der deutschen Ministerpräsidentenkonferenz, da dieser auf Grund der jetzigen Rechtslage eine Prüfung durch die EU nicht bestehen könnte."[5]

„...

- EuGH stärkt Dienstleistungsfreiheit innerhalb der EU
- Richtungsweisendes Urteil für Öffnung der europäischen Sportwettenmärkte
- GlüStVsentwurf der Länder nicht mehr haltbar

...

Nach der EuGH-Entscheidung sind Monopole im Sportwettenbereich innerhalb der EU praktisch nicht mehr durchsetzbar ..."[6]

„Anders als oft behauptet, hat sich der EuGH mit keinem Wort für eine europaweite Anerkennung ausländischer Glücksspiellizenzen ausgesprochen. Zudem hat er sich in keinster Weise negativ über Glücksspielmonopole geäußert. ... Seit dem *Schindler*-Urteil in 1994, so auch im aktuellen *Placanica*-Urteil (Rz 45 ff), erkennt der EuGH in ständiger Rechtsprechung für Glücksspiele einschließlich der Sportwetten zwingende Gründe des Allgemeininteresses als Rechtfertigung für Beschränkungen der Niederlassungs- und Dienstleistungsfreiheit an, nämlich Verbraucherschutz, Betrugsvorbeugung, Vermeidung von Anreizen für die Bürger zu überhöhten Ausgaben für das Spielen sowie die Verhütung von Störungen der sozialen Ordnung im Allgemeinen."[7]

12 Auffällig ist in beiden Fällen der Rezeption sowohl der *Gambelli*- als auch der *Placanica*-Entscheidung, dass die Medien in der ersten Interpretationswelle ganz überwiegend Deregulierungspositionen in den Mittelpunkt der Berichterstattung gestellt haben. Argumente, die für die Beibehaltung ordnungsrechtlicher Lösungen sprechen, fanden sich zunächst kaum. Sie tauchen erst auf, wenn die Spektakularität des Urteils verblichen ist. Regierungen und staatliche Glücksspielveranstalter hatten und haben das Problem, dass die traditionelle ordnungsrechtliche Position kaum mehr dem Medienzeitgeist entspricht. Das kommt nicht von ungefähr. Insbesondere vier Gründe schwächen die politische Position einer streng ordnungsrechtlichen Lösung:

1. Die langjährig geübte Monopol-Praxis war unspektakulär. Gerade in Deutschland sind Lotterien restriktiv gefahren worden. Im Pro-Kopf-Spieleinsatz wie in der Wachstumsrate liegt Deutschland deutlich unter dem europäischen Durchschnitt. Sportwetten mit Festquoten sind erst 1999 zugelassen worden. Damit ist

5 Irischer Buchmacher, isa-casinos.de vom 7.3.2007.

6 Österreichischer Sportwettenanbieter, Juraforum.de vom 6.3.2007.

7 European Lotteries, isa-casinos.de vom 13.3.2007. European Lotteries (EL) ist die Vereinigung der europäischen staatlichen Lotterie- und Totogesellschaften und vertritt 74 Organisationen. Weitere Informationen über EL finden Sie im Internet unter www.european-lotteries.org.

die Gefährlichkeit von Lotterien, die von ihrer Ausgestaltung abhängt, nie erlebt worden – Lotto ist eben die Lösung, nicht das Problem.

2. Die Abschöpfungsquote aus dem Spieleinsatz, die ein zentraler Dämpfungshebel des Spiels ist und immanentes Regulativ jeder staatlichen Regulierung sein muss, führt aus der Mechanik der Lotterie heraus zu hohen Erträgen. In allen europäischen Staaten – und nicht nur dort – sind sie stets für gemeinnützige Zwecke eingesetzt worden und haben damit zumindest indirekt die staatlichen Haushalte entlastet. Zur Einschätzung, die Regulierung des Glücksspiels geschähe nicht aus gesellschaftspolitischer Verantwortung, sondern, (allein) aus fiskalischer Motivation, ist es nur ein kleiner Schritt.
3. Die Wachstumslücke, die von den staatlichen Anbietern als Konsequenz der regulierten Geschäftspolitik ausgemacht wurde, wird von interessierten kommerziellen Anbietern als unausgeschöpftes Marktpotenzial erkannt. Ein deregulierter Wettbewerb führte nicht nur zu höherem Pro-Kopf-Spieleinsatz, sondern begleitend zu wachsenden Werbeausgaben. Zudem bietet sich zugleich ein hochinteressanter neuer Content für die Medien.
4. Der – nur in Deutschland zu beobachtende – Konflikt zwischen staatlichen Veranstaltern und gewerblichen Lotterievermittlern ist auch über gerichtliche Auseinandersetzungen ausgetragen worden. Sie haben den Eindruck entstehen lassen, die staatlichen Veranstalter respektierten nicht die gesetzlichen Vorgaben zu Jugendschutz und Werbung und – verheerender noch – die Aufsichten der Länder vernachlässigten ihre Eingriffspflicht. Obwohl die europäischen Vorgaben für alle Mitgliedstaaten doch gleich sind, hat es nur in Deutschland derartige Kontroversen zur Werbung gegeben. Sie haben die Position des gemeinwohlgebundenen Glücksspiels in staatlicher Hand geschwächt.

Da die europäischen Staaten bisher eher im ordnungspolitischen Schulterschluss 13
marschierten, gibt es keinen spektakulären Referenzfall, an dem das Gefährdungspotenzial politisch nachvollziehbar gemacht werden kann. Die Besonderheit des Glücksspiels, vor allem die latente Gefährlichkeit von Lotterien, erschließt sich nicht unmittelbar.

II. Rückblick

Die europaweite Auseinandersetzung um Glücksspiele ist neueren Datums. Für die 14
Väter der Römischen Verträge spielten Lotterien und Sportwetten keine Rolle. Im Mai 1957 gab es in Frankreich, den Niederlanden und Belgien kein Lotto, in Deutschland war es keine zwei Jahre alt. Großbritannien war nicht Mitglied der EWG, große Lotterien waren dort verboten. Zudem war die Nähe dieser Aktivitäten zur öffentlichen Hand in den Gründerstaaten ausgeprägt, der Bereich der öffentli-

chen Sicherheit blieb vom EWG-Vertrag ausgespart. Und nicht zuletzt: Die ökonomische Rolle war gesamtwirtschaftlich unbedeutend.

15 Erstmals hat das BKartAmt 1961 zum Blockvertrag der deutschen Lotto-Unternehmen vom 21. April 1960 Stellung genommen – und ihn als kartellrechtlich unbedenklich beurteilt. Zwar waren (und sind) aus Sicht des BKartAmt die Lotto-Veranstalter – unabhängig von ihrer konkreten Rechtsform – als wirtschaftliche Unternehmen tätig. Die – teilweise sehr enge – Bindung der Lotto-Unternehmen an die Länder, die sich ua in der Beteiligung der Länder oder öffentlich-rechtlicher Körperschaften an der Gründung des Lotto-Unternehmens und in der Staatsaufsicht zeigt, hinderte nicht, die Unternehmenseigenschaft der Lottounternehmen und ihre Unterwerfung unter das GWB zu bejahen. Nach Auffassung des Amtes hätten daher gegen den Blockvertrag der Lotterieunternehmen kartellrechtliche Bedenken bestehen können, wenn es nur auf ihn angekommen wäre und er für sich allein zu betrachten gewesen wäre. Genau dies, so hat das Amt festgestellt, war aber nicht der Fall. Entscheidend sei, dass der Blockvertrag ohne Zustimmung der Aufsichtsbehörden nicht hätte zustande kommen können.[8]

16 Mit dem Auftauchen deutscher Klassenlotterielose im wettfreudigen, aber lotteriefreien Großbritannien beginnt die europäische Auseinandersetzung über Glücksspiele. Die aus diesem Anlass 1994 erarbeitete Position hat der EuGH bis heute nicht verlassen. Er hat sie über eine Serie von Folgeentscheidungen aus jeweils unterschiedlicher Perspektive beleuchtet und damit ein zunehmend anspruchsvolles Gesamtbild entworfen.

17 Der Sport, insbesondere der Fußball, ist von Beginn an in einer Sonderrolle gewesen. Das erklärt auch zum Teil die Schärfe der heutigen Auseinandersetzung.

18 Die Förderung des Sports war in den Jahren 1947–49 das Kernargument, das für die Einführung der Toto-Wetten sprach. Wie sonst hätten der Wiederaufbau der Sportstätten finanziert und das Vereinsleben reaktiviert werden können? Der Sport war gewissermaßen der „natürliche Destinatär" für die Toto-Sportwetten. Diese setz(t)en – sowohl als Ergebniswetten als auch in der späteren Auswahlwette – auf Fußballergebnissen auf. Folgerichtig erhielten zunächst überwiegend Fußball- und Breitensportverbände Konzessionen für Totalisatorwetten; die dazu gegründeten regionalen Toto-Gesellschaften waren Träger der Genehmigungen und Veranstalter der Wetten.

19 Ein Interessenkonflikt zwischen den Rollen des Sportveranstalters und des Wettunternehmens wurde damals nicht gesehen: Die Toto-Wetten sind Totalisatorwetten; der Wettveranstalter hat aus den Sportergebnissen heraus kein wirtschaftliches Risiko. Es wird kein fester Gewinn garantiert; das Ausschüttungsvolumen wird gemäß Gewinnplan (Totalisator) auf die Gewinner verteilt. Dies ist bei den – gerade

8 BKartAmt, Beschl v 27.7.1961, S 3.

dadurch für die Wetter interessanteren – Festquotenwetten anders. Hier geht der Veranstalter ins wirtschaftliche Risiko. Aus diesem Grunde enthält der Sportwetten-Code of Conduct der Europäischen Lotterie- und Toto-Vereinigung EL konsequenterweise eine Unvereinbarkeitsfeststellung.

Nach der Einführung von Lotto (6 aus 49) brach die wirtschaftliche Bedeutung 20
der Toto-Wetten ein. Die Finanzierung des Breitensports wurde ab 1957 weitestgehend aus dem Lotterieaufkommen finanziert. Die Frage einer Exklusivdestination bei Sportwetten wurde zur akademischen Frage. Das war für den professionellen Fußball allerdings anders. Wegen seiner kommerziellen Ausrichtung aus der Förderkulisse der Lotterien ausgeblendet, suchte er beständig nach Wegen, die „Lücke in der Wertschöpfungskette" des Profifußballs zu schließen. Bereits vor Einführung der Festquotenwette Oddset durch den Deutschen Lotto- und Toto-Block gab es das Bestreben des DFB, Mitveranstalter von Wettangeboten zu werden. Damals sahen die Länder darin einen Bruch mit dem ordnungsrechtlichen Grundverständnis. Als der Fußball nach Einführung der Oddset-Wette in einigen Bundesländern nicht exklusiver Destinatär von Oddset wurde, verfestigte sich der Konflikt.

III. Die Akteure der Auseinandersetzung

Die *Staaten der Europäischen Union* haben das Glücksspiel insgesamt von Beginn an 21
für regelungsbedürftig gehalten. Dabei stand die Sorge um gesellschaftliche Destabilisierung im Vordergrund. Wichtig blieb allerdings auch, dass die dem kontrollierten Glücksspiel inhärente Abschöpfung aus dem Spieleinsatz in erheblichem Umfang zur Refinanzierung gemeinnütziger Aufgaben herangezogen werden konnte. Dies galt und gilt für Lotterien und Sportwetten in gleicher Weise.

Es ist das Konstruktionsmerkmal der Lotterie, aus Millionen von kleinen Einzel- 22
beiträgen über ein flächendeckendes Vertriebssystem eine zentrale Ausspielung zu bedienen, die enorme Gewinne möglich macht, obwohl in der Regel nur 50% oder weniger der Spieleinsätze ausgeschüttet werden. Da die Produktions- und Distributionskosten überschaubar sind (wegen der bedeutsamen Economies of scale in der Regel zwischen 10 und 15%) verbleibt ein beachtliches Abschöpfungspotenzial. Es ist mit einer Monopolrente vergleichbar; wie dort erfordert sie zu ihrer Abschöpfbarkeit die monopolistische Angebotsstruktur. Die Monopolrente entsteht eben nur im Monopol. Diese Gestaltungsform ist Ausdruck der gesellschaftspolitischen Entscheidung, dass im Falle des Glücksspiels nicht die Kundenpräferenzen, sondern eine politisch definierte Angebotspolitik Vorrang haben soll. Dann muss zwangsläufig der Wettbewerb ausgeschaltet sein – eine Entscheidung in der zunehmend globalisierten Welt, die nach der Ausrichtung der EU an den Lissabon-Zielsetzungen dem Zeitgeist entgegenläuft. Die Unpopularität der Monopolentscheidung wird dadurch verstärkt, dass die Erfahrungen der letzten 50 Jahre mit Lotterien ausgesprochen positiv waren und die Argumentation stärken, Lotterien

seien harmlos und so zu behandeln wie andere Dienstleistungen auch. So wird der Interventionserfolg der Glücksspielpolitik der letzten Jahre in der heutigen Auseinandersetzung zur *self destroying prophecy.* Neben dem Eindruck der vermeintlichen Harmlosigkeit hat die restriktive Politik der Vergangenheit eine weitere Folge: Im Zuge der Umorientierung weiter gesellschaftlicher Bereiche zur kommunikationsintensiven Unterhaltungsgesellschaft signalisiert die Marktforschung für den Glücksspielsektor ein beachtliches Wachstumspotenzial. Die Politik des gedrosselten Wachstums, die von den staatlichen Lotterie- und Sportwettenanbietern verfolgt wurde, hat die Attraktivität dieses Geschäftsfeldes für kommerzielle Anbieter erhöht. Dies gilt insbesondere für elektronische Vertriebskanäle. Aus kommerzieller Sicht sind sie ausgezeichnete Anwendungsfelder elektronischer Distribution: reine Informationsprodukte, die preiswert produziert und distribuiert werden und in der Kombination von attraktivitätsstarker und vertrauensbildender Präsenz in den Medien und Akquisition im Internet äußerst erfolgreich sein können.

23 Kommt es zur Deregulierung, entsteht für die Mitgliedstaaten ein doppeltes Problem: Sie haben die Folgen sozialer Verwerfungen aufzufangen und verlieren gleichzeitig die finanziellen Mittel zur Refinanzierung gemeinnütziger Aufgaben. Immerhin geht es bei den Mitgliedern der European State Lotteries and Toto Association um ein an ihre Staaten abgeführtes Volumen von (2011) über 25 Mrd EUR.

24 Einen Vorstoß der Mitgliedstaaten, das Glücksspiel aus dem europäischen Vertragswerk auszuklammern, hat es nicht gegeben. Vorüberlegungen dazu sind in den 90er Jahren an der erforderlichen Einstimmigkeit gescheitert. Damit gelten die Europäischen Verträge auch für das Glücksspiel.

25 Die Politik der Europäischen Kommission in ihrer Rolle als Garant der Europäischen Verträge und als Initiatorin der europäischen Gesetzgebung ist daher auf die Realisierung des Binnenmarktes auch im Glücksspiel ausgerichtet.

26 Für die Europäische Kommission, insbesondere für die Generaldirektion Binnenmarkt, ist die Erfolgsgeschichte Europas die Geschichte der Deregulierung, der befreiten Märkte. In praktisch allen ehemals regulierten Märkten haben die traditionellen Anbieter ihre Privilegien mit der Besonderheit ihrer Produkte und der Notwendigkeit langfristiger Angebotssicherung verteidigt. Gleichwohl ist bislang in keiner Branche eine Grundsatzentscheidung zu Gunsten einer reglementierten Angebotsstruktur monopolistischer Provenienz gefallen. Die Wettbewerbslösung überwölbt als Zielstruktur alle Bereiche des Binnenmarktes.

27 Die Heterogenität der Mitgliedstaaten gerade im Hinblick auf die mit dem Glücksspiel gemachten Erfahrungen führt zu Schwierigkeiten bei der Prognose der für das jeweilige Land zu erwartenden Konsequenzen einer Deregulierung: Lässt sich aus der Vertrautheit der britischen Bevölkerung mit Wetten ableiten, dass auch die Deutschen nach 5–10 Jahren mit einer geöffneten Wettlandschaft zurechtkommen? Oder kommt das mittelfristig von kommerziellen Wettanbietern prognostizierte Wachstum aus immer intensiverem Wetten auch weiterhin nur aus einer kleinen Bevölkerungsgruppe? Für die Abschätzung der sozialen Folgen sind dies entschei-

dende Fragen. Aussagekräftige Untersuchungen dazu liegen nicht vor. Die von der Kommission 1991 vorgelegte Studie „Gambling in the Single Market" wurde von ihr als Handlungsauftrag interpretiert. Sie stellt eine generell restriktive Regulierungslandschaft in der Gemeinschaft fest und berichtet über eine verwirrende Vielfalt einzelstaatlicher Verbots- und Ausnahmevorschriften:[9]

Drei Vorstöße binnenmarktorientierter Kommissionspolitik lassen sich unterscheiden: 28

1. Einbeziehung in die Dienstleistungsrichtlinie (2004–2006)
2. Anstoß von Vertragsverletzungsverfahren (2007–2010)
3. Konsultationsmodell mit dem Ziel konvergierender Regulierungsstandards (seit 2011)

Nicht zuletzt die frühen Urteile des EuGH in Sachen Schindler und insbesondere Gambelli legten es aus Kommissionssicht nahe, das Glücksspiel in die von Binnenmarktkommissar Frits Bolkestein umfassend angedachte Dienstleistungsrichtlinie einzubeziehen. Er wollte mit seiner am 13. Januar 2004 vorgelegten ersten Fassung den freien Binnenhandel auch für Dienste verwirklichen; das Glücksspiel gehörte dazu. Im Mittelpunkt stand dabei das Herkunftslandprinzip. 29

Der Entwurf der Richtlinie stieß auf massive Vorbehalte. Europaweit kam es zu Demonstrationen, vor allem aus Sorge um die Qualitätssicherung im Gesundheits- und Sozialsektor. Der Bericht des Europäischen Parlamentes von 2005 sah im Änderungsantrag 10 vor, Lotterien und Wetten aus der Dienstleistungsrichtlinie herauszunehmen, was mit der am 24.7.2006 verabschiedeten Endfassung auch geschah. Der erste Versuch einer deregulierenden sekundärrechtlichen Regelung des Glücksspiels in Europa war damit gescheitert. 30

Mitgliedsland für Mitgliedsland begann die Kommission nach 2006, die jeweiligen Regulierungen des Glücksspiels an den Kriterien zu messen, die der EuGH in seinen Einzelfallentscheidungen als Maßstab (in Interpretation des EU-Vertragsrechtes) gesetzt hatte. Es ging vor allem um Sportwetten, denn für diesen Sektor lagen der Kommission zahlreiche Beschwerden privater Anbieter, vor allem aus Großbritannien, Malta und Österreich, vor. Das politische Interventionsinstrument der Kommission ist das Vertragsverletzungsverfahren nach Art 260 AEUV. Es hat eine vorgerichtliche Phase und kann in der Anrufung des Gerichtshofes münden. Vorgerichtlich erster Schritt ist ein Fristsetzungsschreiben, mit dem der Mitgliedsstaat aufgefordert wird, zur Problematik Stellung zu beziehen. Überzeugt die Ant- 31

9 Studie "Gambling in the Single Market", Juni 1991: "Throughout the Member States, betting, gaming and lotteries are illegal, except where specific legislative exemptions provide otherwise. In general, gambling is not considered to be in the public interest, however, it is recognised that a level of natural demand exists and, as a result, legislation has evolved in each of the Member States to allow betting, gaming and lottery activities."

wort die Kommission nicht, kommt es zur „begründeten Stellungnahme" (detailed opinion), mit der die Aufforderung verbunden wird, den von der Kommission festgestellten Verstoß abzustellen. Es ist ins Ermessen der Kommission gestellt, daraufhin Vertragsverletzungsklage beim EuGH anzustrengen.

32 Allein 2008 leitete die Kommission gegen elf Mitgliedstaaten Vertragsverletzungsverfahren ein. Keines davon mündete in der Anklageerhebung, nicht, weil Binnenmarktkommissar McCreevy dies nicht gewollt hätte oder der Verstoß abgestellt war, sondern weil Kommissionspräsident Barroso nach 2009 an einer Eskalation nicht gelegen war: Zu deutlich zeichnete sich ab, dass die Glücksspielfrage über Vertragsverletzungsverfahren auf der Basis des EU-Primärrechtes nicht zu lösen war. Binnenmarktkommissar Barnier wählte mit seinem im März 2011 vorgelegten Grünbuch den Weg einer umfassenden Konsultation und breiten Einbeziehung sämtlicher Stakeholder, insbesondere der mitgliedstaatlichen Glücksspielaufsichten. Anders als unter seinem Vorgänger wurde das Subsidiaritätsprinzip, an dem vor allem Frankreich und Deutschland festhalten, plakativ hochgehalten, Mit der „Commission Communication" vom Oktober 2012[10] hat sich die Kommission zuletzt einen mittelfristigen Aktionsplan gegeben, in dessen Kern es um den Verbraucherschutz im Online-Glücksspiel geht. Informationsaustausch und Verwaltungskooperation der Aufsichten sollen über Best-Practice-Erfahrungen und Empfehlungen einer Expertengruppe zu einer schrittweisen Konvergenz führen. Von diesen Empfehlungen zu verbindlichen Mindeststandards ist es nur ein kleiner Schritt; in jedem Fall werden sich die nationalen Gerichte daran orientieren. Gelingt dies nicht, wird die Kommission voraussichtlich ein zweites Mal den Versuch einer Dienstleistungsrichtlinie Glücksspiel wagen.

33 Die *staatlichen Lotterie- und Wettanbieter* stehen in einem Spagat zwischen formalrechtlicher Monopolstellung und tatsächlichem Wettbewerb. Die elektronischen Medien, die gewerblichen Vermittler, die enormen Arbitragemöglichkeiten zwischen den Steuersätzen einzelner Länder haben zu einer vielfach unkontrollierten Werbe- und Distributionslandschaft für Glücksspiele in Europa geführt, vor allem im Internet. Staatliche Anbieter sehen sich, rechtlich als Angebotsmonopolisten behandelt, im operativen Alltag einem spürbaren Wettbewerb ausgesetzt, in einer „Gleichzeitigkeit des Ungleichzeitigen". So hat in Deutschland der staatliche Wettanbieter Oddset 2012 weniger als 5% Anteil am Markt der Sportwetten – eher ein Nischenanbieter als ein Angebotsmonopolist.

34 Eine durchschlagende Marktbereinigung ist der staatlichen Aufsicht bislang weder unter der Rechtsherrschaft des Lotteriestaatsvertrages von 2004 noch mit dem Glücksspielstaatsvertrag von 2008 gelungen. Die Dauer des rechtlichen Klä-

10 Ein umfassender europäischer Rahmen für das Online-Glücksspiel, COM (2012) 596 vom 23.10.2012.

rungsprozesses höhlt sowohl die sozialpolitische Korrektivfunktion wie auch die finanzielle Ergiebigkeit des Monopolmodells aus.

IV. Die europarechtlichen Rahmenbedingungen für die glücksspielpolitische Entscheidung

Nach den Entscheidungen des EuGH ist der rechtliche Rahmen für die gesetzgeberischen Entscheidungen der EU-Mitgliedstaaten abgesteckt. Gleiches gilt für die EFTA-Staaten nach den parallelen Entscheidungen des EFTA-Gerichtes.[11] 35

Neuere Erkenntnisse und die regelmäßig wiederholten Aussagen des Gerichtshofs machen klar, dass der Grundsatz gegenseitiger Anerkennung von Genehmigungen im Glücksspielsektor nicht anzuwenden ist.[12] Diese Klärung ist für die zukünftige Politik der Mitgliedstaaten entscheidend; sie stärkt das Subsidiaritätsprinzip. 36

Nach heutigem Stand des EU-Vertragsrechts ist es den Mitgliedstaaten daher erlaubt, den Marktzugang für Anbieter zu begrenzen, selbst wenn diese für sich in Anspruch nehmen können, aus einer gültigen Lizenz in ihrem Heimatland heraus zu handeln. Ein Mitgliedstaat kann eine nationale Genehmigung verlangen und er kann diese Genehmigung nach seinen nationalen Glücksspielregelungen gewähren oder verweigern. 37

---

11 Vgl zB Rechtssache E-1/06 EFTA-Überwachungsbehörde gegen das Königreich Norwegen vom 14. März 2007 oder Rechtssache E-3/06 Ladbrokes Ltd gegen Norwegische Regierung vom 30. Mai 2007.

12 Sog Heimatregel, dazu insbesondere Entscheidung Liga Portuguesa de Futebol Profissional, Rechtssache C-42/07 vom 8. September 2009, Rz 69:
„Dazu ist festzustellen, dass der Sektor der über das Internet angebotenen Glücksspiele in der Gemeinschaft nicht harmonisiert ist. Ein Mitgliedstaat darf deshalb die Auffassung vertreten, dass der Umstand allein, dass ein Wirtschaftsteilnehmer wie Bwin zu diesem Sektor gehörende Dienstleistungen in einem anderen Mitgliedstaat, in dem er niedergelassen ist und in dem er grundsätzlich bereits rechtlichen Anforderungen und Kontrollen durch die zuständigen Behörden dieses anderen Mitgliedstaats unterliegt, rechtmäßig über das Internet anbietet, nicht als hinreichende Garantie für den Schutz der nationalen Verbraucher vor den Gefahren des Betrugs und anderer Straftaten angesehen werden kann, wenn man die Schwierigkeiten berücksichtigt, denen sich die Behörden des Sitzmitgliedstaats in einem solchen Fall bei der Beurteilung der Qualitäten und der Redlichkeit der Anbieter bei der Ausübung ihres Gewerbes gegenüber sehen können."
Vgl auch Entscheidung Sjöberg/Gerdin, Rechtssachen C-447/08 und C-448/08 vom 8. Juli 2010, Urteil 1:
„Art 49 EG ist dahin auszulegen, dass er einer Regelung eines Mitgliedstaates wie der in den Ausgangsverfahren fraglichen nicht entgegensteht, die an die Bevölkerung des Mitgliedstaats gerichtete Werbung für Glücksspiele verbietet, die von privaten Anbietern in andern Mitgliedstaaten zu Erwerbszwecken veranstaltet werden."

38 Damit hat der Gesetzgeber im Ergebnis einen weiten Entscheidungsspielraum für die Ausrichtung der Glücksspiele; doch sein Modell darf nicht willkürlich sein. Denn unbestritten ist, dass Glücksspiele, mag die Dienstleistung auch noch so speziell sein, dem EU-Vertrag unterliegen. Damit gilt die Dienstleistungsfreiheit nach Art 49 EU auch für das Glücksspielwesen – und zwar für Veranstalter, Vermittler und auch die Spieler selbst. Greift der nationale Gesetzgeber restriktiv in diesen Bereich ein, handelt es sich nach europäischem Grundverständnis um eine Behinderung. Grundfreiheiten werden eingeschränkt. Dafür muss es eine Rechtfertigung geben.

39 Die Frage der inneren Konsistenz einer restriktiv ausgelegten nationalen Glücksspielpolitik rückt immer mehr in den Fokus des EuGH. Danach müssen „... die Beschränkungen jedenfalls wirklich dem Ziel dienen, die Gelegenheiten zum Spiel zu vermindern, die Finanzierung sozialer Aktivitäten mit Hilfe einer Abgabe auf die Einnahmen aus genehmigten Spielen darf nur eine erfreuliche Nebenfolge, nicht aber der eigentliche Grund der betriebenen restriktiven Politik sein.“[13]

40 Es gilt die grundsätzliche Anforderung, dass der Mitgliedstaat eine gesetzliche Ausstattung haben muss, die sicherstellt, dass der (monopolistische) Anbieter in systematischer und konsistenter Weise die Zielsetzungen, die die Regierung ihm vorgibt, erfüllt. Gerade wenn ein Staat die Monopollösung wählt, muss der gesetzliche Rahmen ein besonders anspruchsvolles Niveau des Verbraucherschutzes sicherstellen.[14]

41 Andererseits muss das Regelungsmodell auch marktwirksam sein, gerade wenn es darum geht, die

> „... Glücksspielaktivitäten in kontrollierte Bahnen zu lenken, um ihrer Ausbeutung zu kriminellen und betrügerischen Zwecken vorzubeugen. Eine Politik der kontrollierten Expansion im Glücksspielsektor kann nämlich ohne weiteres mit dem Ziel in Einklang stehen, Spieler, die als solchen verbotenen Tätigkeiten geheimer Spiele oder Wetten nachgehen, dazu zu veranlassen, zu erlaubten und geregelten Tätigkeiten überzugehen. Wie die belgische und die französische Regierung zutreffend ausgeführt haben, ist es zur Erreichung dieses Ziels erforderlich, dass die zugelassenen Betreiber eine verlässliche und zugleich attraktive Alternative zur verbotenen Tätigkeit bereitstellen, was das Angebot einer breiten Palette von Spielen, einen gewissen Werbeumfang und den Einsatz neuer Vertriebstechniken mit sich bringen kann.“[15]

42 Nach europäischem Recht ist es einem Staat durchaus möglich, für verschiedene Arten von Glücksspielen unterschiedliche Regelungsmodelle zu praktizieren (zB für Lotterien, Sportwetten, Casinospiele oder slot machines).

43 Klarer noch: Die Tatsache, dass einige Glücksspiele im Monopol, andere hingegen in einem Lizenzsystem mit einer Mehrzahl privater Anbieter geregelt sind, be-

13 Rechtssache Gambelli, C-243/01 vom 6. November 2003, Rz 62.
14 Rechtssache Markus Stoß, C-316/07 vom 8. September 2010, Rz 83.
15 Rechtssache Placanica, C-338/04 vom 6. März 2007, Rz 55.

gründet für sich betrachtet noch keine Inkonsistenz in einer insgesamt restriktiven Glücksspiellandschaft.[16]

Durch alle EuGH-Entscheidungen zieht sich der Gedanke der Wahlfreiheit eines Mitgliedstaates, sich vor dem Hintergrund eines breiten Entscheidungsspektrums im Sinne seiner Werteordnung frei zu positionieren für 44

- die Ziele seiner restriktiven Glücksspielpolitik,
- die Anforderungen, die erfüllt sein müssen, um das angestrebte Niveau von Verbraucherschutz und öffentlicher Ordnung auch tatsächlich zu erreichen,
- die erlaubten und verbotenen Glücksspiele,
- die Sanktionen und Durchsetzungsmaßnahmen
- und letztlich die strafrechtlichen Konsequenzen, die unrechtmäßigen Spielangeboten und der Werbung dafür drohen.

Ausgehend von der besonderen Natur der Glücksspiele hat der Gerichtshof mehrfach die Meinung vertreten, dass ein monopolistischer Ansatz angemessener ist als ein wettbewerbsorientiertes Lizenzsystem, das immer den Verdacht nach sich zieht, refinanzierungsmotiviert zu sein.[17] 45

Gerade für Online-Glücksspiele hält der Gerichtshof zuletzt eine strenge Regelung für erforderlich, wobei Online-Glücksspiele ausdrücklich nicht als besondere Spielangebote, sondern als neue Vertriebsschiene gesehen werden.[18] 46

Eine restriktiv orientierte Glücksspielpolitik wird vom Gerichtshof aber nicht als konsistent angesehen, wenn eine restriktive Monopolregelung für Spiele wie Lotterien oder Sportwetten angewandt wird, für Glücksspiele mit deutlich höherem Spielsuchtpotential demgegenüber eine Politik verfolgt wird, die erkennbar auf Wachstum setzt. 47

Auch in anderen Märkten sind von den Mitgliedstaaten aus Gründen des Allgemeininteresses Beschränkungen von Grundfreiheiten vorgenommen worden. Seit 1995 hat der EuGH quasi als Benchmark für deren Zulässigkeit vier Kriterien formuliert:[19] 48

16 Vgl Entscheidung Läärä, C-124/97, vom 21. September 1999, Rz 35.

17 So in Entscheidung Liga Portuguesa, Rechtssache C-42/07.

18 Ebendort, Rz 70.

19 EuGH, Urteil vom 30.11.1995, Rs C-55/94, Rz 37 „Aus der Rechtsprechung des Gerichtshofes ergibt sich jedoch, dass nationale Maßnahmen, die die Ausübung der durch den Vertrag garantierten grundlegenden Freiheiten behindern oder weniger attraktiv machen können, vier Voraussetzungen erfüllen müssen: Sie müssen in nichtdiskriminierender Weise angewandt werden, sie müssen aus zwingenden Gründen des Allgemeininteresses gerechtfertigt sein, sie müssen geeignet sein, die Verwirklichung des mit ihnen verfolgten Zieles zu gewährleisten, und sie dürfen nicht über das hinausgehen, was zur Erreichung dieses Zieles erforderlich ist (vgl Urteil vom 31. März 1993 in der Rechtssache C-19/92, Kraus, Slg 1993, I-1663, Rz 32)."

- Diskriminierungsfreiheit
- Zwingend aus Gründen des Gemeinwohls
- Verhältnismäßigkeit
- Wirksamkeit (Geeignetheit)

49 In den glücksspielrelevanten Verfahren zwischen 1994 und 2014 hat der EuGH diese Kriterien erläutert und sie nicht nur abstrakt in den Raum gestellt. So hat er in mehreren Urteilen, sehr klar im Fall *Zenatti* (1999)[20] das Verhältnis von „zwingendem Allgemeininteresse" und der Finanzierung von „good causes" behandelt, und zwar in dem Sinne, dass fiskalische Gründe, für welchen Zweck auch immer, nicht unter das so zu verstehende Allgemeininteresse fallen.[21]

50 Ein Grund für die Schärfe der innerstaatlichen Auseinandersetzungen um das Glücksspiel liegt darin, dass der EuGH die Würdigung der nationalen Gesetze und deren Anwendung den nationalen Gerichten zuweist.[22] Diese haben zu entscheiden, ob die vier Ausnahmekriterien erfüllt sind und damit die Beschränkung der Freiheitsrechte privater Glücksspielanbieter und -vermittler aus Artikel 43 EG (Niederlassungsfreiheit) und Artikel 49 EG (Dienstleistungsfreiheit) gerechtfertigt ist.

V. Die Kontinuität der EuGH-Rechtsprechung

51 In der Verhandlung vor dem BVerfG ist am 8. November 2005 an den Vertreter von European Lotteries, dem Verband der staatlichen europäischen Lotto- und Toto-Gesellschaften, die Frage gerichtet worden, was aus europäischer Sicht dafür spricht, den Glücksspielsektor im Monopol zu organisieren – anstelle von Lizenzsystemen mit einer Vielzahl von Anbietern. Misst man die am 8. November 2005 gegebene Antwort an den bisherigen Entscheidungen (*Placanica* des EuGH, *Ladbrokes* des EFTA-Gerichts), ergibt sich folgendes Bild: Vorgetragen wurde, dass der EuGH über alle seine Entscheidungen zum Glücksspielsektor hinweg – *Schindler*,[23] *Läärä*,[24]

---

20 EuGH, Urteil vom 21.10.1999, C-67/98, Verweis auf Rz 36.

21 Die Positionierung fiskalischer Interessen wird 2003 im Verfahren Gambelli in besonders deutlicher Weise wieder aufgegriffen; vgl Rz 62, Rz 69.

22 EuGH Urteil vom 21.10.1999 (Zenatti) C-67/98, Rz 37 und Urteil vom 6.11.2003 (Gambelli) Rz 66.

23 Case C-275/92, Her Majesty's Customs and Excise v G. Schindler and J. Schindler, 1994 ECR I-1039.

24 Case C-124/97, Markku Juhani Läärä, Cotswold Microsystems Ltd, Oy Transatlantic Software Ltd v Kihlakunnansyyttäjä, Suomen Valtio, 1999 ECR I-6067.

Zenatti,[25] *Anomar*,[26] *Gambelli*,[27] *Lindman*[28] – den europäischen Staaten das abschließende Recht zuerkannt hat, diesen Bereich aus dem jeweiligen sozio-kulturellen Hintergrund heraus zu gestalten. Ausgangspunkt dafür war ja die Feststellung, dass Glücksspiel keine normale ökonomische Aktivität ist, da es ein ungewöhnlich hohes Risiko von unerwünschten Nebenfolgen (Betrug, Gewaltkriminalität, Spielsucht) mit sich bringt. Optimale Marktversorgung im Sinne der Konsumentensouveränität kann folglich nicht das Ordnungsziel sein.

Im *Schindler*-Fall hat Generalanwalt *Gulmann* sehr deutlich vor einem im Wett- 52
bewerb organisierten Glücksspielmarkt gewarnt. Er sah Marktüberhitzung als zwangsläufige Folge des Wettbewerbs.[29] Eine solche Entwicklung zeichnet sich derzeit bereits in Deutschland ab – contra legem. Im *Läärä*-Fall hat der EuGH nicht nur die strikte staatliche Begrenzung des Angebotes akzeptiert; er hat den besonderen Vorteil herausgestellt, durch Angebotsverknappung, durch Angebotskanalisierung die sozialen Schäden abzufangen und im gleichen Zuge mit den abgeschöpften Geldern gemeinnützige Zwecke sinnvoll zu bedienen. Ausdrücklich stellt das Gericht die Überlegenheit des kanalisierenden Monopols gegenüber einem Besteuerungsmodell mit einer Vielzahl von Anbietern heraus – weil eben das Glücksspiel an seinen Rändern und gerade an seinen Rändern ungemein lukrativ sein kann.[30] Auch die in den Diskussionen immer wieder als milderes Mittel gepriesene Vergabe einer limitierten Anzahl von Lizenzen ua an private Anbieter stellt gegenüber dem staatlichen Monopol keine neue Qualität dar. Diese Modelle gleichen letztlich einem Staatsmonopol und funktionieren daher naturgemäß im ordnungsrechtlichen Sinne. Konzessionsmodelle, in denen die Suchtbekämpfung ernst genommen wird, vereinen zudem die eigenen, strukturellen Nachteile mit denen eines Monopols: Für den Glücksspielanbieter oder -vermittler, der nicht zum Zuge kommt, stellt sich das Konzessionsmodell gleichermaßen wie das Monopol als objektive Berufszulassungs-

---

25 Case C-67/98, Questore di Verona v Diego Zenatti, 1999 ECR I-7289.

26 Case C-6/01, Associação Nacional de Operadores de Máquinas Recreativas (Anomar) v Portuguese State, 2003 ECR I-08621.

27 Case C-243/01, Procuratore della Repubblica v Piergiorgio Gambelli, 2003 ECR I-13031.

28 Case C-42/02, Diana Elisabeth Lindman v Skatterättelsnämnden, 2003 ECR I-13519.

29 See Paragraph 114 of the Opinion of Advocate General Gulmann in Schindler: *"It is undoubtedly also important for the Member States to be able to prevent free competition arising between lotteries at European level as the main practical result would be that the exchequers or public-interest purposes of the various countries would compete for the money which European citizens spend on lotteries."*

30 Case C-124/97 Läärä, mentioned above, paragraph 41: It is true that the sums thus received by the State for public interest purposes could equally be obtained by other means, such as taxation of the activities of the various operators authorised to pursue them within the framework of rules of a non-exclusive nature; however, the obligation imposed on the licensed public body, requiring it to pay over the proceeds of its operations, constitutes a measure which, given the risk of crime and fraud, is certainly more effective in ensuring that strict limits are set to the lucrative nature of such activities.

schranke dar. Zugleich führt die Ersetzung eines Monopols durch miteinander konkurrierende Anbieter zwangsläufig zur Angebotsausweitung und damit zur Verschärfung der Suchtproblematik.

53 Der EuGH hat das exklusive nationale Gestaltungsrecht für den Glücksspielsektor nie in Frage gestellt. Das bedeutet allerdings nicht, dass die Mitgliedstaaten „carte blanche" für die Regulierung dieses Bereiches haben: Ziel jeder Regulierung muss die Begrenzung der Spielmöglichkeiten sein. Gerade das *Gambelli*-Urteil unterstreicht, dass die Verfolgung anderer Ziele nicht geeignet ist, die Beschränkung der Dienstleistungsfreiheit zu rechtfertigen. Andere, auch ohne weiteres verfassungslegitime, gesetzgeberische Zielsetzungen können damit zugleich auch nicht Ausdruck der vom EuGH geforderten kohärenten Glücksspielpolitik sein.

54 Zwischen 2000 und 2005 sind in zahlreichen Mitgliedstaaten die obersten Gerichte angerufen worden, um die Kompatibilität der nationalen Regeln mit dem EU-Vertrag zu überprüfen. In Belgien,[31] Finnland,[32] Italien,[33] den Niederlanden[34] und in Schweden[35] haben die obersten nationalen Gerichte die Rechtsprechung[36] des EuGH seinerzeit analysiert, mit der nationalen Glücksspielpolitik abgeglichen, und alle haben zugunsten der bestehenden angebotsrestriktiven nationalen Modelle entschieden. 1999, nach der *Schindler*-Entscheidung und nach den Schlussplädoyers der Generalanwälte in den Verfahren *Zenatti* und *Läärä* hat der UK Highcourt of Justice den staatlichen Stellen in Großbritannien das Recht zugesprochen, eine Internet-Lotterie aus Liechtenstein zu stoppen.[37]

55 Fast ausnahmslos haben die europäischen Staaten zunächst von der Gestaltungsmöglichkeit Gebrauch gemacht, aus dem jeweiligen sozio-kulturellen Hintergrund heraus insbesondere Lotterien monopolartig zu organisieren. Abschließend wurden in der mündlichen Verhandlung des BVerfG die möglichen Konsequenzen eines im Vergleich zu den übrigen europäischen Staaten niedrigeren Regulierungsniveaus in Deutschland für die anderen Mitgliedstaaten betont: Fakt ist, dass der deutsche Pro-Kopf-Umsatz im Glücksspielsektor, auch bei Sportwetten, deutlich unterhalb des europäischen Durchschnittes liegt – und das in einem Land mit 80 Millionen Menschen. Sollte die Öffnung des deutschen Glücksspielmarktes von den Gerichten erzwungen werden, würden sich die global operierenden Glücksspielanbieter dieses dann einzigen liberalisierten und zudem größten und vom Po-

31 Decision of 10 March 2004 of the Belgian Constitutional Court.

32 Decision of 24 February 2005 of the Finnish Supreme Court.

33 Decision of 26 April 2004 of the Italian Supreme Court.

34 Decision of 18 February 2005 of the Dutch Supreme Court (in summary proceedings).

35 Decision of 26 October 2004 of the Swedish High Administrative Court.

36 It is important to stress that the Supreme Courts have analyzed the recent jurisprudence of the European Court of Justice, including Gambelli and Lindman. This is a further example that the latest ECJ jurisprudence did not have a particular impact in the other EU Member States.

37 Decision of 14 June 1999 of the UK High Court of Justice.

tenzial interessantesten Marktes in Europa in einer noch nie beobachteten Weise „bemächtigen" – so die damals vorgetragene Sorge.

Klar wird: In der „Europäischen Frage" des Glücksspiels reden wir über gesell- 56
schaftspolitische Strategie und operative Konsequenz – nur nachrichtlich über Rechtsfragen. Nur wenn dem Gesetzgeber und der Exekutive ein kohärentes Gesetz und eine glaubwürdige, nachhaltig konsequente Umsetzung *nicht* zugetraut werden könnten, wäre ein restriktives Glückspielmonopol aussichtslos. Das Glücksspielmonopol muss kein „armes Monopol" sein, doch darf die Restriktion nicht um der Erträgnisse willen motiviert sein – auch nicht über Hintergedanken.

Kann aber in den historisch gewachsenen, europäischen Glücksspielmärkten 57
ein kohärentes System über die heutigen Widersprüche hinweg überhaupt entwickelt werden? Muss der Gesetzgeber angesichts der Herausforderung nicht scheitern? Für die europäische Glücksspielzukunft spielt die Frage nach der Kohärenz eine zentrale Rolle. Doch sie darf nicht überfrachtet werden – zumindest nicht aus der Perspektive des EuGH.

Die EU-Kommission fordert eine „kohärente und konsistente" Regelung über 58
die Teilmärkte hinweg sowohl in ihrem Schreiben zum GlüStV-Notifizierungsverfahren als auch im Vertragsverletzungsverfahren gegen die Bundesrepublik besonders nachhaltig ein. Doch was ist der Anwendungsbereich der Konsistenzforderung? Der Glücksspielsektor insgesamt – wie auch immer definiert? Der Anwendungsbereich des GlüStVes der Länder? Können Sportwetten und Lotterien abgegrenzt und abweichend geregelt sein – wie zB in Großbritannien, Irland und Österreich? Wer entscheidet darüber? Und was geschieht, wenn sich eine Regelung als inkohärent erweist? Gibt es Nachbesserungsfristen?

In der Entscheidung *Schindler* (1994) billigt der EuGH die Entscheidung der bri- 59
tischen Regierung, Lotterien isoliert zu verbieten – auch wenn andere Glücksspielbereiche unterschiedlich geregelt sind:

> „Angesichts der ganz besonderen Natur der Lotterien, die von vielen Mitgliedstaaten betont worden ist, sind diese Gründe geeignet, Beschränkungen bis hin zum Verbot von Lotterien im Gebiet eines Mitgliedstaats im Hinblick auf Artikel 59 EWG-Vertrag zu rechtfertigen."[38]

> „Zunächst einmal können nämlich die sittlichen, religiösen oder kulturellen Erwägungen, die in allen Mitgliedstaaten zu Lotterien ebenso wie zu den anderen Glücksspielen angestellt werden, nicht außer Betracht bleiben. Sie sind allgemein darauf gerichtet, die Ausübung von Glücksspielen zu begrenzen oder sogar zu verbieten und zu verhindern, dass sie zu einer Quelle persönlichen Gewinns werden. Sodann ist festzustellen, dass die Lotterien angesichts der Höhe der Beträge, die durch sie eingenommen werden können, und der Höhe der Gewinne, die sie den Spielern bieten können, vor allem wenn sie in größerem Rahmen veranstaltet werden, die Gefahr von Betrug und anderen Straftaten erhöhen. Außerdem verleiten sie zu Ausgaben,

38 EuGH, Urteil vom 24.3.1994, C-275/92, Rz 59.

die schädliche persönliche und soziale Folgen haben können. Schließlich ist, ohne dass dies allein als sachliche Rechtfertigung angesehen werden könnte, nicht ohne Bedeutung, dass Lotterien in erheblichem Maße zur Finanzierung uneigennütziger oder im Allgemeininteresse liegender Tätigkeiten wie sozialer oder karitativer Werke, des Sports oder der Kultur beitragen können."[39]

60 Generalanwalt *Gulmann* hatte die Sonderstellung der Glücksspiele pauschal bejaht, allerdings die Anwendbarkeit des EU-Vertrages deutlich eingefordert. „Die von den Mitgliedstaaten angeführten Umstände zeigen, dass Glücksspiele gesellschaftlich eine Sonderstellung gegenüber den meisten normalen wirtschaftlichen Tätigkeiten haben. Es handelt sich um Umstände, die für die Beurteilung der Bedeutung der Vertragsvorschriften auf diesem Gebiet natürlich wichtig sind, doch handelt es sich nicht um Umstände, die die Anwendung des Vertrags als solchen oder seiner Vorschriften über Dienstleistungen grundsätzlich ausschließen."[40] Ein isoliertes Verbot der Lotterien, unabhängig von der Regelung in anderen Glücksspielbereichen, hat er an keiner Stelle für kritisch gehalten. „Ich meine, dass sich sehr gute Gründe dafür anführen lassen, dass nationale Rechtsvorschriften, die ein allgemeines Verbot einer bestimmten Tätigkeit und keine offene oder verschleierte Diskriminierung enthalten, nicht gegen Artikel 59 EWG-Vertrag verstoßen."[41] „Die britischen Rechtsvorschriften behandeln verschiedene Formen von Glücksspielen unterschiedlich, und die Tatsache, dass es in gewissem Masse um miteinander konkurrierende Tätigkeiten geht, ist an und für sich nicht gleichbedeutend damit, dass eine verschleierte Diskriminierung vorliegt."[42]

61 Auch im *Gambelli*-Urteil des EuGH wird die Kohärenzforderung auf einen Teilbereich, nicht auf den Gesamtsektor Glücksspiel projiziert: „... jedoch müssen die Beschränkungen, die auf solche Gründe sowie auf die Notwendigkeit gestützt sind, Störungen der sozialen Ordnung vorzubeugen, auch geeignet sein, die Verwirklichung dieser Ziele in dem Sinne zu gewährleisten, dass sie kohärent und systematisch zur Begrenzung der Wetttätigkeiten beitragen."[43] Die geforderte Unterschiedslosigkeit bezieht sich auf die potentiellen Anbieter, nicht auf die angesprochenen Glücksspielsektoren

„Ferner müssen die durch die italienische Regelung auferlegten Beschränkungen im Bereich der Ausschreibungen in dem Sinne unterschiedslos anwendbar sein, dass sie in gleicher Weise

39 EuGH, Urteil vom 24.3.1994, C-275/92, Rz 60.

40 Schlussantrag des Generalanwaltes *Gulmann* vor dem Europäischen Gerichtshof vom 16. Dezember 1993 im Fall *Schindler*.

41 Ebda.

42 Ebda.

43 EuGH, Urteil vom 6.11.2003, C-243/01, Rz 67.

und mit den gleichen Kriterien für in Italien ansässige Wirtschaftsteilnehmer wie für solche aus anderen Mitgliedstaaten gelten."[44]

„Das vorlegende Gericht wird zu prüfen haben, ob die Voraussetzungen für die Beteiligung an Ausschreibungen für Konzessionen zur Durchführung von Wetten über Sportereignisse so festgelegt sind, das sie in der Praxis von den italienischen Wirtschaftsteilnehmern leichter erfüllt werden können als von denjenigen aus dem Ausland. Gegebenenfalls wäre durch diese Voraussetzungen das Kriterium der Nichtdiskriminierung nicht beachtet."[45]

Auch im Urteil *Placanica* findet sich keine Kohärenz- oder Konsistenzanforderung in 62
Bezug auf das Verhältnis der Glücksspielsektoren zueinander. Umso deutlicher sind die Anforderungen an die Verhältnismäßigkeit und Diskriminierungsfreiheit im behandelten Sektor Sportwetten

„Es steht den Mitgliedstaaten in dieser Hinsicht zwar frei, die Ziele ihrer Politik auf dem Gebiet der Glücksspiele festzulegen und gegebenenfalls das angestrebte Schutzniveau genau zu bestimmen, jedoch müssen die von ihnen vorgeschriebenen Beschränkungen den sich aus der Rechtsprechung des Gerichtshofs ergebenden Anforderungen hinsichtlich ihrer Verhältnismäßigkeit genügen."[46]

„Daher ist gesondert für jede mit den nationalen Rechtsvorschriften auferlegte Beschränkung namentlich zu prüfen, ob die Beschränkung geeignet ist, die Verwirklichung des von dem fraglichen Mitgliedstaat geltend gemachten Ziels oder der von ihm geltend gemachten Ziele zu gewährleisten, und ob sie nicht über das hinausgeht, was zur Erreichung dieses Ziels oder dieser Ziele erforderlich ist. Auf jeden Fall dürfen die Beschränkungen nicht diskriminierend angewandt werden."[47]

Mit der Vorlageentscheidung Winner Wetten vom 8. September 2010[48] war das Bild 63
entstanden, dass es nach Feststellung der Europarechtswidrigkeit einer einzelstaatlichen Regulierung keine Nachbesserungs- oder Übergangsfrist gibt, in der Anträge auf Glücksspielerlaubnisse zurückgestellt werden könnten. Denn wenn die nationale Regelung nicht weiter angewandt werden kann, gelten die Freiheiten des Gemeinschaftsrechts:

„Aufgrund des Vorrangs des unmittelbar geltenden Unionsrechts darf eine nationale Regelung über ein staatliches Sportwettenmonopol, die nach den Feststellungen eines nationalen Gerichts Beschränkungen mit sich bringt, die mit der Niederlassungsfreiheit und dem freien Dienstleistungsverkehr unvereinbar sind, weil sie nicht dazu beitragen, die Wetttätigkeiten in

44 EuGH, Urteil vom 6.11.2003, C-243/01, Rz 70.
45 Ebda, Rz 71.
46 EuGH, Urteil vom 6.3.2007, C-338/04, Rz 48.
47 Ebda, Rz 49; vgl in diesem Sinne Urteile *Gebhard*, Rz. 37, *Gambelli ua*, Rz 64 und 65, sowie vom 13. November 2003, *Lindmann*, C-42/02, Slg 2003, I-13519, Rz 25.
48 Rechtssache C-409/06 vom 8. September 2010.

> kohärenter und systematischer Weise zu begrenzen, nicht für eine Übergangszeit weiter angewandt werden."[49]

64 Hat mit dieser EuGH-Entscheidung der Mitgliedstaat sein Gestaltungsrecht bis zur Neuregelung verwirkt? Diesen Eindruck hat der EuGH zuletzt in seiner Entscheidung Stanleybet International[50] korrigiert.

65 Das Gericht bestätigt zunächst die Position aus dem Winner-Wetten-Urteil, dass auch eine Entscheidung des BVerfG das Unionsrecht nicht aushebeln kann. Aber ungeachtet der Bearbeitungs- und Prüfungspflicht von Anträgen auf Spielerlaubnis würdigt der EuGH die Einschätzungsprärogative des Mitgliedstaats, indem er feststellt

> „(...), dass (...) die Betreibung eines derartigen Wettbewerbs auf dem sehr spezifischen Markt für Glücksspiele, dh zwischen mehreren Veranstaltern, die die gleichen Glücksspiele betreiben dürfen, (...) nachteilige Folgen haben könnten (...)."[51]

66 Er kommt zu dem Ergebnis:

> „Es ist daher festzustellen, dass, falls die innerstaatliche Regelung mit den Art 43 EG und 49 EG unvereinbar ist, die Versagung einer Übergangszeit nicht zwangsläufig zur Folge hat, dass der betroffene Mitgliedstaat, wenn er eine Liberalisierung des Glücksspielmarkts mit dem von ihm angestrebten Schutz der Verbraucher und der Sozialordnung nicht für vereinbar hält, zu einer derartigen Liberalisierung verpflichtet wäre. Nach dem gegenwärtigen Stand des Unionsrechts steht es den Mitgliedstaaten nämlich frei, das bestehende Monopol zu reformieren, um es mit den Bestimmungen des Vertrags in Einklang zu bringen, indem es insbesondere einer wirksamen und strengen behördlichen Kontrolle unterworfen wird."[52]

67 Was dies konkret bedeutet, wird das nationale Gericht im Einzelfall zu entscheiden haben.

68 Doch was gilt, wenn in einem föderalen Mitgliedstaat wie Deutschland ein Bundesland sich für eine liberalere Regelung des Glücksspiels entscheidet als andere Länder? Kann dann noch von Kohärenz gesprochen werden?

69 Im Rechtsstreit Digibet Ltd[53] hat der BGH diese Frage dem EuGH im Jahr 2013 vorgelegt. In der Sache ging es darum, ob die – für einen begrenzten Zeitraum- weniger strenge Glücksspielregelung in Schleswig-Holstein die restriktiveren Gesetze (GlüÄndStV) der übrigen Bundesländer unionsrechtlich aushebelt.

49 Ebendort, Urteil Rz 71.
50 Rechtssachen C-186/11 und C-209/11 vom 24. Januar 2013.
51 Ebendort, Rz 45.
52 Ebendort, Rz 46.
53 Rechtssache EuGH C-156/13, Urteil vom 12. Juni 2014.

Im Urteil Winner Wetten aus 2010[54] hatte der EuGH festgestellt, dass deutliche Regelungsunterschiede zwischen dem Bund (bezüglich der Geldspielautomaten) und den Ländern (für Lotterien und Sportwetten) keinen Bestand haben, selbst wenn sie Verfassungsrang besitzen, sobald sie Geltung und Wirksamkeit des Unionsrechtes beeinträchtigen.[55] 70

Im Fall Digibet Ltd. arbeitete der EuGH demgegenüber einen Unterschied heraus: Anders als in Fällen vertikaler Koordinierung zwischen Behörden eines Bundeslandes und den Bundesbehörden, so bei Winner Wetten, haben die Gesetzgebungsbefugnisse der Länder im horizontalen Verhältnis durchaus Bestand. Die föderale Verteilung der Zuständigkeiten steht unter dem Schutz von Art 4 Abs 2 EUV, „nach dem die Union verpflichtet ist, die jeweilige nationale Identität der Mitgliedstaaten zu achten, die in ihren grundlegenden politischen und verfassungsmäßigen Strukturen einschließlich der lokalen und regionalen Selbstverwaltung zum Ausdruck kommt".[56] 71

Ein zumal zeitlich begrenztes Nebeneinander von weniger restriktiven in einem und deutlich restriktiveren Regelungen für Veranstaltung und -vermittlung in anderen Ländern verstößt nicht gegen Art 56 AEUV, wenn die restriktivere Regelung der Rechtsprechung des EuGH entspricht, was, auch hier, das nationale Gericht zu prüfen hat.[57] 72

VI. Tendenzen zur Liberalisierung

2012 ist ein Jahr der Entscheidung geworden, gekennzeichnet durch Bestrebungen in mehreren EU-Staaten, ihre Märkte teilweise zu öffnen (so Spanien, Dänemark, Deutschland). 73

Bemerkenswert war das deutliche Signal der EU-Kommission, die Marktöffnung für das Online-Glücksspiel zu unterstützen, wie das Beihilfeverfahren Dänemark eindrucksvoll belegt. Dort hatte die Kommission entschieden, dass es mit den Regeln des Binnenmarktes (hier insbes Art 107 TFEU) vereinbar sei, für Online-Casinos im Internet niedrigere Steuersätze zu verlangen als bei Offline-Casinos: der positive Effekt aus der Marktliberalisierung durch die Öffnung des Casino-Online-Spiels wiege die Wettbewerbsstörungen durch die staatliche Beihilfe, die der ermäßigte Steuersatz darstelle, bei weitem auf.[58] 74

54 Rechtssache C-409/06, Urteil vom 8. September 2010.

55 Ebendort, Rz 61.

56 EuGH C-156/13, Rz 34.

57 Ebendort, Rz 41.

58 Beschluss der Kommission zum Fall Dänemark (C-35/10 vom 20. September 2011), dort insbesondere Rz 144 und 145, Beschluss Art 1:

75 In zwei Verfahren hat der EuGH mit Urteil vom 26. September 2014 diese Maßnahmen der Kommission anerkannt und die eingelegten Rechtsmittel verworfen.[59]

76 In Frankreich wurde 2010 eine neue Gesetzgebung verabschiedet, die den Online-Markt teilweise öffnet und Jugendschutz sowie die Bekämpfung von Betrug und Geldwäsche in den Mittelpunkt stellt. Mit der „Autorité de Régulation des Jeux en Ligne" (ARJEL) wurde eine neue Aufsichtsbehörde geschaffen. Das Gesetz schließt Anbieter, die nicht in der EU oder EFTA residieren, grundsätzlich vom französischen Markt aus. EU-Kommission und EuGH haben die mit dem Gesetz eingeführten restriktiven Maßnahmen auf Konsistenz und Angemessenheit geprüft und akzeptiert. Über einige Aspekte führt die Kommission allerdings seit 2013 noch Gespräche.

77 Belgien hat ebenfalls 2010 ein neues Glücksspielgesetz verabschiedet, mit dem das sogenannte „Licence plus"-System eingeführt wird. Danach werden Veranstalter verpflichtet, in Belgien eine ständige Basis zu haben, und eine Lizenz für das terrestrische Spiel ist Grundlage für eine darauf aufbauende Online-Genehmigung. Die Kommission war der Meinung, diese Regelung sei unverhältnismäßig restriktiv und die gleichen Ziele könnten durch weniger restriktive Regelungen gesichert werden. Belgien begründete sein Vorgehen daraufhin vor allem mit der 3. Geldwäsche-Direktive.

78 In Italien sind zuletzt zahlreiche bisherige Restriktionen zurückgenommen worden. Sowohl im Spiele- als auch im Sportwettenbereich sind neue, offensive Produkte zugelassen worden.

79 In der Costa e Cifone-Entscheidung[60] urteilte der EuGH zuletzt, dass es grundsätzlich Sache jedes Mitgliedstaates ist, Mindestabstände zwischen Glücksspielverkaufsstellen festzulegen. Das Gericht hat dabei noch einmal das Recht des Mitgliedstaates anerkannt, die Bedingungen und Verfahrensregeln für Ausschreibungen und für den Entzug von Lizenzen im Detail festzulegen. Insgesamt sind in dieser Entscheidung die bekannten Grundlinien, gerade was Betrugsbekämpfung und Verbraucherschutz betrifft, erneut bestätigt worden.

80 Auch in der Stanley International Betting-Entscheidung[61] hat der EuGH anerkannt, dass die nationalen Behörden, in einem Bereich, der wie das Glücksspiel, nicht harmonisiert ist, in ihrem Ermessen frei sind.[62] Dabei sind allerdings die Grundsätze von Wirksamkeit und Gleichbehandlung zu beachten:

„(...) Das angemeldete Gesetz wird daher als staatliche Beihilfe angesehen."
„Die Kommission vertritt jedoch die Auffassung, dass die Beihilfe die Voraussetzungen erfüllt, um nach Artikel 107 Abs 3 (c) AEUV als mit dem Binnenmarkt vereinbar angesehen zu werden."

59 Rechtssache Royal Scandinavian Casino Arhus I/S, T-615/11, Urteil vom 26. September 2014 und Rechtssache Dansk Automat Brancheforening, T-601/11, Urteil vom 26. September 2014.

60 Entscheidungen C-72/10 und C-77/10 vom 16. Februar 2012.

61 Entscheidung C-463/13 vom 22. Januar 2015.

62 Entscheidung C-463/13 vom 22. Januar 2015, Rz 36.

> „Die Art 49 AEUV und 56 AEUV sowie die Grundsätze der Gleichbehandlung und der Effektivität sind dahin auszulegen, dass sie einer nationalen Regelung wie der im Ausgangsverfahren in Rede stehenden, die aufgrund einer Neuordnung des Konzessionierungssystems durch eine Anpassung der Zeitpunkte, zu denen die Konzessionen ablaufen, die Durchführung einer neuen Ausschreibung zur Vergabe von Konzessionen mit gegenüber der Laufzeit früher erteilter Konzessionen verkürzter Laufzeit vorsieht, nicht entgegenstehen".[63]

Damit bekräftigt der EuGH zuletzt sogar seine bekannten Grundsätze über das Ermessen der Mitgliedstaaten in diesem nicht harmonisierten Bereich. 81

Was die EU-Kommission angeht, ist davon auszugehen, dass in naher Zukunft in Italien weitere Überprüfungen stattfinden, die in der Wiederaufnahme alter oder dem Anstoßen neuer Vertragsverletzungsverfahren enden können. 82

Denn wie in ihrem Aktionsplan vom Oktober 2012 an prominenter Stelle angekündigt, wird die Kommission den Glücksspielsektor (online wie offline) fest im Auge behalten und Dialog und Erfahrungsaustausch zwischen Kommission und Mitgliedstaaten voranbringen. 83

Ihr erklärtes Ziel ist es dabei, ausgehend von der Durchsetzung eines wirksamen Verbraucherschutzes im Online-Glücksspiel, einer Harmonisierung der Vorgaben für das gesamte Glücksspiel näher zu kommen. 84

Auch weiterhin können die Mitgliedstaaten im Rahmen ihrer oben erläuterten Entscheidungskompetenz eine eigenständige Glücksspielpolitik und den dazu passenden Rechtsrahmen gestalten. Aber die Kommission wird nicht nachlassen, Konsistenz und Kohärenz der nationalen Glücksspielregelungen und Glücksspielpraxis im Auge zu behalten.[64] Dazu wird sie nicht zuletzt vom Europäischen Parlament auch weiterhin angehalten werden. 85

VII. In Ermangelung einer Harmonisierung ...

Auch nach 20 Jahren und einer Vielzahl von EuGH-Entscheidungen zum Glücksspiel ist noch keine Orientierungssicherheit für die nationale Rechtsprechung erreicht. 86

Das muss nachdenklich machen.

Offenbar ist der Spannungsbogen zwischen der Einbeziehung des Glücksspiels in den EU-vertraglich freien Binnenmarkt auf der einen und der Berücksichtigung der sittlichen, religiösen und kulturellen Unterschiede zwischen den Mitgliedstaaten auf der anderen Seite kritischer als bisher angenommen. Das liegt nicht nur, 87

---

63 Entscheidung C-463/13 vom 22. Januar 2015, Rz 55.

64 Vgl Commission Communication, Mitteilung der Kommission an das Europäische Parlament, den Rat, den Europäischen Wirtschafts- und Sozialausschuss und den Ausschuss der Regionen: Ein umfassender Rahmen für das Online-Glücksspiel, 23.10.2012, insbes Seite 4.

vielleicht sogar weniger als üblicherweise unterstellt, an den finanziellen Auswirkungen.

88 Es hat vielmehr zu tun mit der für das Glücksspiel suboptimalen Eignung eines freien Marktes für eine sozial- und gesellschaftspolitisch angemessene Steuerung dieses speziellen Dienstleistungssektors.

Der EuGH weist darauf seit 20 Jahren nachhaltig hin.[65]

89 Für ihn ist die „Ermangelung einer Harmonisierung" kein zu beklagendes Defizit, sondern natürlicher Reflex der Besonderheiten des Glücksspiels und der gewachsenen Unterschiede in den Mitgliedstaaten.

90 Ganz anders die Position der Kommission. Sie sieht in der Harmonisierung der Rahmenbedingungen bei weitgehender Deregulierung die auch für das Glücksspiel angemessene Organisationsform.

91 In der Durchsetzung dieses Konzeptes hat sie beachtliche Fortschritte gemacht – von zwei Seiten her.

92 Den Vorstellungen der Kommission kommt entgegen, dass sich das Glücksspiel in wichtige Kommissions-Richtlinien einbeziehen lässt, ja diese Miterfassung sachlich geboten erscheint: 4. Anti-Money-Laundering Directive (AMLD),[66] Directive on Consumer Rights[67] und Unfair Commercial Practices Directive[68] sind aktuelle Beispiele. Zug um Zug wird damit ein Stück Harmonisierung erreicht, das rechtlich bindenden Charakter hat. Zu diesem Grundverständnis gehört auch, die Vergleichbarkeit des Glücksspiels mit anderen Dienstleistungen zu betonen, was sich in den gewählten Begrifflichkeiten spiegelt: „Verbraucherschutz", „Gesundheitsschutz" – anstelle von „Spielerschutz" und „Spielsuchtprävention" etc.

93 Noch bedeutender ist die Kommissionsempfehlung mit „Grundsätzen für den Schutz von Verbrauchern und Nutzern von Online-Glücksspieldienstleistungen".[69] Sie ist Konsequenz des umfassenden Rahmens für das Online-Glücksspiel,[70] den die Kommission im Oktober 2012 vorgestellt hat; sie geht in der Regelungstiefe weit über dieses Rahmenpapier hinaus. Beide Papiere, aus den Konsultationen des Jahres 2011 und den Expertentreffen der Glücksspielaufsichten entwickelt, geben der Kommission einen Handlungsauftrag, der zur Harmonisierung führt:

---

65 Beginnend mit Rechtssache Schindler, C-275/92, Rz 61, Rechtssache Gambelli, C-101/01, Rz 67; Placanica, C-338/04, Rz 46; Liga Portugesa C-42/07 Rz 67; Stanleybet C-186/11, Rz 29; Markus Stoß, C-316/07, Rz 79–82; Digibet Ltd C-156/13, Rz 24, 31.

66 Rat der Europäischen Union, 5933/4/15, REV 4 vom 20. April 2015.

67 Directive on Consumer Rights, (2011/83/EC) vom 13. Juni 2014.

68 Unfair Commercial Practices Directive, (2005/29/EC) vom 11. Mai 2005.

69 Empfehlung der Kommission vom 14. Juli 2014, 2014/478/EU.

70 „Ein umfassender europäischer Rahmen für das Online-Glücksspiel", 23. Oktober 2012, KOM (2012) 596 final.

„Während eine wachsende Zahl von Mitgliedstaaten ihre nationale Glücksspielregelung überarbeitet, können sie die größeren regulatorischen, gesellschaftlichen und technischen Probleme jedoch nicht alleine lösen".

Die Kommission stützt ihre Empfehlungen auf Artikel 292 VAEU und die Ergebnisse der von ihr durchgeführten Konsultationen: 94

„Im Jahr 2011 hat die Kommission im Rahmen ihres „Grünbuchs zum Online-Glücksspiel im Binnenmarkt" eine öffentliche Konsultation durchgeführt. Diese hat es ermöglicht, gemeinsame Ziele der Mitgliedstaaten bei der Regulierung von Online-Glücksspieldienstleistungen und die Schwerpunktbereiche, in denen Maßnahmen der EU erforderlich sind, zu ermitteln".[71]

...

„Zur Verfolgung von Zielen des öffentlichen Interesses haben die Mitgliedstaaten sehr unterschiedliche Vorschriften und politische Maßnahmen eingeführt. Maßnahmen auf Unionsebene regen die Mitgliedstaaten dazu an, ein hohes Schutzniveau in der gesamten Union zu schaffen[72] ...

...

Bei der Ausarbeitung dieser Empfehlung hat sich die Kommission an vorbildlichen Praktiken der Mitgliedstaaten orientiert"[73]

Angesichts der strategischen Bedeutung der Empfehlung überrascht es nicht, dass ein Mitgliedstaat beim EuGH Klage[74] dagegen eingereicht hat – mit der Zielsetzung, die Empfehlung für nichtig zu erklären. Dies nicht, weil er aus einzelstaatlicher Sicht den Inhalt der Empfehlungen für falsch in der Sache hält, sondern weil die Empfehlung die Subsidiarität aushebelt und am Ende Harmonisierung bedeutet. 95

Mit der Klage wird insbesondere „... ein Verstoß gegen den Grundsatz der begrenzten Einzelermächtigung gerügt, weil die Verträge die Kommission nicht ermächtigen, im Glücksspielbereich einen Rechtsakt mit harmonisierender Wirkung zu erlassen".[75] 96

Auch wenn der EuGH die Klage inzwischen als unzulässig abgewiesen hat, – das klagende Land Belgien hat erreicht, dass die Kommission klarstellend eine Harmonisierungsabsicht verneint und eine Bindungswirkung der Empfehlung ausgeschlossen hat.[76] 97

Es bedarf wahrscheinlich eines neuen, europäischen Verständnisses von „Public Order" im Glücksspiel, um den Widerspruch zwischen wettbewerbsorientiertem Binnenmarkt und gemeinwohlgebundener Kanalisierung zu überwinden.[77] 98

---

71 Empfehlung 2014/478/EU, Rz (1).

72 Ebendort, Rz (8).

73 Ebendort, Rz (9), letzter Satz.

74 Klage Belgien/Kommission, Rechtssache T-721/14, eingereicht am 13. Oktober 2014.

75 Ebendort, Rz 2.

76 Rechtssache T-721/14 Beschluss vom 27. Oktober 2015, insbes Rz 34 und 37.

77 Vgl dazu: Philippe Vlaemminck, Bart Van Vooren et Lucas Falco, Jeux de hasard: vers un nouvel ordre public dans la jurisprudence européenne?, Journal de droit européen 2015, S 186–191.

99 Kanalisierung setzt ein restriktives operationalisierbares Ziel voraus; das wettbewerbsgesteuerte offene Marktergebnis kann sie nicht zulassen.

100 Konsumentensouveränität und wettbewerbsgetragene Versorgungsoptimierung sind unter Gemeinwohlbindung gesellschaftspolitisch gerade nicht gewünscht.

101 Legt man auf der Suche nach Bausteinen für ein unionsrechtlich tragfähiges Konzept von europäischer Public Order die Aussagen des EuGH aus seinen Entscheidungen nebeneinander, zeichnen sich denkbare Kernlinien ab. Sie werden möglich, weil das Gericht seit dem ersten Urteil in Sachen Glücksspiel konsistent geurteilt hat:

- Die Zielsetzung muss in Regelwerk und Umsetzungspraxis erkennbar restriktiv sein. Nicht ohne Grund arbeitet der EuGH mit einer weiten Definition von Glücksspiel, sieht im Online-Glücksspiel nur eine, wenn auch besonders sensible Vertriebsform. Flucht in Randbereiche ist verstellt.
- Die religiösen, ethischen und kulturellen Voraussetzungen sind in den Mitgliedstaaten unterschiedlich. Um eine dies berücksichtigende, wirksame Glücksspielkonzeption zu erreichen, ist Subsidiarität eine notwendige Voraussetzung.
- Um trotz der daraus folgenden operativen Vielgestaltigkeit eine „Einheit in der Vielfalt" zu erreichen, bedarf es eines gemeinsamen restriktiven Grundverständnisses für gemeinwohlgebundenes Glücksspiel auf europäischer Ebene, als hinreichende Bedingung.[78]
- Intransparenz ist dem Produkt Glücksspiel immanent; das Produkt lebt auch davon, dass die Bedeutung der Wahrscheinlichkeiten, selbst wenn sie offengelegt sind, nicht voll realisiert wird. Damit entfällt beim Glücksspiel eine der Voraussetzungen für ein wohlfahrtoptimierendes Wettbewerbsergebnis.
- Restriktive Steuerung des Angebots gelingt im staatlichen Monopol besser als mit liberaleren Angebotsformen. Konsequenterweise sind die Restriktionsanforderungen des Gerichts im staatlichen Monopol stets besonders anspruchsvoll.
- Finanzielle Abschöpfung ist ein zentrales Steuerungsinstrument; sie darf glaubwürdig und nachvollziehbar prioritär nicht der Refinanzierung staatlicher Aufgaben dienen.
- Dynamische Kanalisierung entspricht dem Verständnis des EuGH nur in ordnungsrechtlich unübersichtlichen, historisch begrenzten Situationen.
- Angesichts der Usurpierbarkeit des Glücksspiels und der produktimmanenten Marktunvollkommenheit liegt es nahe, die Erträge daraus dem Gemeinwohl zuzuordnen.

102 Entscheidet sich ein Mitgliedstaat demgegenüber aber für eine durchgängige Deregulierung, kann er sich der Zustimmung der Kommission sicher sein. Auch der EuGH wird keine Einwände erheben.

78 Vgl hierzu auch: Philippe Vlaemminck ua, ebendort.

Die Ausrichtung des Glücksspiels an einem konsequenten Konzept einer europäischen Public Order wäre eine nachhaltig attraktive Alternative. 103

Zwiespältig waren und bleiben wahrscheinlich Mischformen. Die Erfahrung der letzten 20 Jahre belegt, dass die Abgrenzung von restriktiv geregelten Segmenten horizontal schwierig ist und die Begrenzung der Marktteilnehmer in der vertikalen Kette von Veranstaltern und Vermittlern sensibel bleibt. 104

Wo immer der EuGH Kohärenz und Konsistenz der Glücksspielpolitik verletzt sieht, wird er – wenn angerufen – kritisch sanktionieren. Den nationalen Gerichten fällt dabei die Rolle zu, die Glaubwürdigkeit von Regelwerk und Umsetzung in diesem Lichte zu beurteilen. 105

Dazu hat der EuGH vor kurzem über Einzelheiten entschieden, die bei der Beurteilung der Verhältnismäßigkeit durch die nationalen Richter zu berücksichtigen sind, um die Kohärenz- and Konsistenzforderung der nationalen Einschränkung des Dienstleistungsverkehrs zu beurteilen.[79] Der EuGH erklärt, dass „[aus dem] Gebrauch der Wendung ‚in kohärenter und systematischer Weise' unmittelbar hervorgeht, dass die betreffende Regelung nicht nur im Moment ihres Erlasses, sondern auch danach dem Anliegen entsprechen muss, die Gelegenheiten zum Spiel zu verringern oder die mit Spielen verbundene Kriminalität zu bekämpfen".[80] Der EuGH fügt hinzu, dass die nationalen Richter nicht verpflichtet sind, „empirisch mit Sicherheit" das Vorhandensein von bestimmten Auswirkungen der nationalen Regelung nach ihrem Erlass zu überprüfen. 106

Man muss kein Prophet sein um vorherzusagen, dass, solange die Formel „In Ermangelung einer Harmonisierung ..." Gültigkeit behält, der EuGH das letzte Wort behält – wie er ja auch schon das erste Wort hatte. Diese Schlussfolgerung liegt nahe, wenn man die Anzahl der beim EuGH noch anhängigen Rechtssachen sieht.[81] 107

Auch die Brexit-Konsequenzen für die Lage des Glückspieles in der EU verdienen Aufmerksamkeit. In seinen Schlussanträgen vom 19. Januar 2017 hat Generalanwalt Maciej Szpunar betont, dass „das Vereinigte Königreich und Gibraltar für die Zwecke der Anwendung von Art 56 AEUV als ein einziger Mitgliedstaat anzusehen sind".[82] Immerhin sind heute zahlreiche Glücksspiel-Online-Anbieter grenzüberschreitend aus Gibraltar heraus tätig. 108

79 Rechtsache EuGH C-464/15, Urteil vom 30. Juni 2016.

80 Rechtsache EuGH C-464/15, Urteil vom 30. Juni 2016, Rz 34.

81 Rechtsache EuGH C-16/16, Rechtsache EuGH C-591/15, Rechtsache EuGH C-192/16, Rechtsache EuGH C-49/16, Rechtsache EuGH C-685/16, Rechtsache EuGH C-255/16, Rechtsache EuGH C-322/16, Rechtsache EuGH C-568/16.

82 Rechtsache EuGH C-591/15, Schlussanträge des Generalanwalts Maciej Szpunar vom 19. Januar 2017, Rz 58.

VIII. Länderübersichten[83]

1. Belgien

109 Das Glücksspiel in Belgien hat eine lange und facettenreiche Historie; das erste Lotteriegesetz datiert aus 1851, das erste Casinoprivileg aus 1763.[84] Zunächst als staatliches Monopol startete 1934 die Loterie Coloniale, im 2. Weltkrieg Loterie de Secours D'Hiver; sie wurde 1962 die Loterie Nationale, die 1991 eigene Rechtspersönlichkeit bekam[85] und seit 2010 auch online vertreibt. Ihre Rechtsgrundlage ist das Lotteriegesetz vom 19. April 2002.[86]

110 Für die übrigen Sektoren des Glücksspiels galt lange das Gesetz vom 7. Mai 1999,[87] das, ausgehend von einem grundsätzlichen Glücksspielverbot, der neugeschaffenen Glücksspielkommission die Aufgabe zuwies, Spieler und Wetter zu schützen, das Spiel- und Wettgeschehen zu kontrollieren und Vergabe und Entzug von entsprechenden Lizenzen zu entscheiden. Sportwetten waren nicht restriktiv geregelt, terrestrisch herrschte Wettbewerb. Ergänzend zu Totalisator-Sportwetten wurden 2001 auch Festquoten-Wetten zugelassen. Internet-Angebote waren generell verboten. Nach langer und kontroverser Diskussion wurde zum 1.1.2012 eine überarbeitete Gesetzgebung wirksam,[88] die den Spielerschutz und die Kanalisierung hin zu legalen Glücksspielangeboten in den Mittelpunkt stellt. Dazu kann die Glücksspielkommission auch das Spielen im Internet erlauben. Dort dürfen Sportwetten und Lotterien mit 18 Jahren, die übrigen Glücksspiele mit 21 Jahren gespielt werden.

111 Nicht nur die Veranstaltung und Vermittlung, auch die Teilnahme an illegalen Glücksspielen sind verboten. Die Kommission kann Spielersperren, auch auf die

---

83 Neben den angegebenen Einzelhinweisen liegen den Übersichten die „Study of Gambling Services in the Internal Market of the European Union, Schweizerisches Institut für Rechtsvergleichung, Final Report 14. Juni 2006 und Länderberichte des Beratungsunternehmens Gambling Compliance Ltd, London 2012, zugrunde.

84 Lotterien: Gesetz vom 31. Dezember 1851; Spielbanken: von 1872–1885 verboten, Gesetz vom 7. Mai 1999, Art 28 ff.

85 Gesetz vom 22. Juli 1991, Quelle: Loterie Nationale Historique.

86 Gesetz vom 19. April 2002, zur Arbeitsweise der Loterie Nationale.

87 Gesetz vom 7. Mai 1999, (geändert am 10. Januar 2010), über das Glücksspiel, die Einrichtungen des Glücksspiels und den Schutz der Spieler, mit 5 Lizenztypen:

a. Casinos
b. Spielhallen/Spielotheken
c. Gaststätten mit Automaten
d. für die Personalführung in a und b
e. Produktion, Verkauf, Vermietung von Glücksspieleinrichtungen.

88 Gesetz vom 3. Dezember 2009.

Bitte von Familienmitgliedern hin, verhängen. Glücksspiel auf Kredit und Bezahlung mit Kreditkarte sind unzulässig.

Die Vergabe einer Internet-Lizenz ist limitiert und setzt eine entsprechende terrestrische Lizenz voraus (System Licence plus).[89] Anfang 2013 sind 6 terrestrische Casinolizenzen mit kombinierter Internetlizenz (Lizenz A+) erteilt worden, so dass im Internet 6 Anbieter präsent sind. Die Internetserver für Belgien müssen in Belgien stationiert sein, wobei technische Kooperationen zugelassen werden. Steuern und Abgaben sind nach Produkten und Regionen unterschiedlich, die Abgabenkompetenz liegt bei den Regionen. Besteuerungsgrundlage ist der Spieleinsatz. Erfolgreiche Kanalisierung setzt ein attraktives Spielangebot und die Unterbindung nicht lizensierter und damit nicht regulierter Angebote voraus. Damit die interessierten Spieler, vor allem im Internet, die erforderliche Orientierung haben können, veröffentlicht die Glücksspielkommission weiße und schwarze Listen.[90] Website blocking und ein partielles Einfrieren von glücksspielbezogenen Finanztransaktionen sind vorgesehene Interventionsinstrumente. Die Abgabensätze liegen zwischen 11% und 15%, bei Poker zwischen 30% und 44% des Spielertrages. 112

Mit dem Schreiben der EU-Kommission an die belgische Regierung vom 23. Oktober 2012, in dem die Erläuterung der restriktiven Internet-Regelung angemahnt wird, ist die Diskussion um die terrestrische Präsenzpflicht, die Limitierung der Lizenzen und die Sanktionsmechanismen aufs Neue geöffnet. Eine Entscheidung steht auch 2016 noch aus. 113

2. Dänemark

Auch in Dänemark geht das rechtliche Grundkonzept für Glücksspiele auf Entscheidungen aus dem 19. Jahrhundert zurück; das grundsätzliche Glücksspielverbot, das die Veranstaltung der Glücksspiele nur mit staatlicher Genehmigung zuließ, datiert auf das Jahr 1869.[91] Seit 1949 können Totalisatorwetten bei Danske Spil legal gespielt werden. Ein Lotto wurde 1989 eingeführt; der Lotteriesektor fächerte sich im Laufe der Jahre auf. Veranstalter in diesem Bereich sind die Staatsunternehmen Danske Klasselotterie (für Klassenlotterien), Danske Spil für die Lotterien und zwei Charity-Lotterie-Veranstalter mit gemeinnützigem Hintergrund.[92] Lotterie- und Sport- 114

89 Ebendort, Art 43/8.

90 Commission des jeux de hasard, nouvelles 2013, Liste des sites de jeux interdits, gemäß Art 43/8 § 2 Nr 5 des Gesetzes vom 7. Mai 1999. Die schwarze Liste enthält die 3 Spalten: Verbotene Seiten, Entscheidungsdatum der Glücksspielkommission, Veröffentlichungsdatum im Belgischen Staatsblatt.

91 Gesetz Nr 18027 vom 6. März 1869, Art 203 und 204.

92 Vgl Gesetz Nr 901 vom 12.11.2003, Det Danske Klasselotterie A/S; Nr 1077 vom 11.12.2003 (Lotterieerlass).

wettenveranstalter Danske Spil gehört auch DanskeToto und (seit 2000) Danske Automatspil. Damit hat das Unternehmen ein breites Produktportfolio: Zahlenlotterien wie Lotto, Joker, Boxen, Keno, Bingo und zuletzt Eurojackpot; Sportwetten wie Tips, Oddset, Maljagt, Dan Toto; Instant-Spiele wie Mini-Quick, Sudoku-Quick und Bingo-Quick. Schätzungen gehen davon aus, dass in Dänemark rd 27.000 Geldspielautomaten aufgestellt sind und damit ein Bruttospielertrag von (2011) knapp 240 Mio EUR erzeugt wurde, ca 100 Mio EUR an Steuern, Abgaben für gemeinnützige Zwecke und Spielsuchtbekämpfung wurden daraus abgeführt. Der Anteil von Danske Spil am gesamten Automatenspiel lag 2011 bei rd 30%.[93]

115 Dänemark hat sechs privat operierende Spielcasinos (zwei weitere wurden zuletzt lizensiert) und ein Casino auf der Fähre von/nach Oslo. Seit dem Jahr 2007 mit einem geschätzten BSE von 77 Mio EUR ist das Spielergebnis stetig gefallen (2010 < 55 Mio EUR).

116 Seit 2005 verstärkten sich Klagen vor allem britischer Wettanbieter gegen die Privilegierung von Danske Spil als staatlichem Monopolisten für terrestrische und (seit 2001) Online-Angebote für Lotterien, Casino-Spiele, Poker, Sport- und Pferdewetten.

117 Das am 23. März 2007 gegen Dänemark eingeleitete Vertragsverletzungsverfahren[94] bewirkte eine Neuorientierung der dänischen Glücksspielpolitik. Nach intensiven Recherchen, auch auf anderen europäischen Märkten, entschied sich die Regierung, mit Ausnahme der terrestrischen Lotterien, eine Liberalisierung vorzunehmen. Damit sollte die Übereinstimmung mit dem Unionsrecht hergestellt und der Bedrohung durch illegale, von außen einströmende Online-Angebote entgegengewirkt werden. § 1 des neuen Glücksspielgesetzes fordert

- den Glücksspielkonsum auf einem moderaten Niveau zu halten,
- gefährdete Personen vor Ausbeutung und Glücksspielsucht zu schützen,
- die Glücksspielveranstaltung fair, verlässlich und transparent stattfinden zu lassen und
- die öffentliche Ordnung sicherzustellen[95]

118 Marktstudien führten die dänische Regierung dazu, für Online-Casinospiele im Internet einen Steuersatz von 20% des BSE vorzusehen, wohingegen für Geldspielautomaten in Spielhallen und Restaurants der Steuersatz bei 41% lag. Auch die Lizenzgebühren waren unterschiedlich ausgelegt. Grundlage dafür war die Markteinschätzung, dass bei einem Abgabensatz von 41% für Online-Casinospiel keine ausreichende Kanalisierung erreicht werden würde; andererseits bei einer Abgabe von nur 20% im terrestrischen Automatenspiel eine unverantwortbare Überhitzung eintreten

93 Danske Spil, Årsrapport 2011, S 4.

94 Nr 2007/4365.

95 Verkürzt, vgl Beschluss der Kommission 2012/140/EU vom 20.9.2011, Rz 28.

könnte. Daraufhin leitete die EU-Kommission das Beihilfe-Prüfverfahren nach Art 107 Abs 1 EU-Vertrag ein, weil eine rechtwidrige staatliche Beihilfe vermutet wurde.

Das Verfahren führte zu einem bemerkenswerten Ergebnis: Am 20. September 2011 entschied die EU-Kommission, dass es sich bei der dänischen Regelung zwar um eine Beihilfe nach Art 107 Abs 1 EU handelt, diese aber nach den Bestimmungen der Art 2 und 3 als mit dem Binnenmarkt vereinbar angesehen werden kann.[96] In der Bewertung der Kommission überwiegen die positiven Wirkungen der Liberalisierung die negativen Folgen einer partiellen Benachteiligung terrestrischer Anbieter.[97] 119

Von 2012 bis 2016 ist das staatlich verfasste und regulierte Glücksspiel um 18% auf rund 1.19 Mrd EUR gewachsen; während terrestrische Casinos und Lotterien stagnierten, wurden Sportwetten und Online-Casinospiele erwartungsgemäß zu Motoren des Wachstums. Der Anteil der Lotterien am Gesamtmarkt sank von 42% auf 36%; Wetten machten zuletzt 24%, Online-Casinos 16% des Marktes aus. Rund 65% der Wetteinsätze werden online platziert. Die Ausschüttungsquote der Online-Casinos lag bei 96%; bei Sportwetten durchschnittlich um 90%. 120

Gleichzeitig hat sich das Spielverhalten intensiviert. Nahmen 2005 rund 76% der Erwachsenen gelegentlich an Glücksspielen teil, so sank diese Quote bis 2016 auf 63% – bei deutlich gestiegenen Ausgaben pro Kopf auf durchschnittlich 260 EUR.[98] 121

Die Danish Gambling Authority geht von 1.000 Personen mit Spielsuchtproblemen im Lande aus; bei der öffentlichen Sperrdatei RUFUS (Regsiter Over Frivilligt Udelukkende Spillere) waren 2016 6.000 Personen erfasst.[99] 122

3. Frankreich

Das Grundmuster für das Glücksspiel in Frankreich stammt bereits aus dem frühen 19. Jahrhundert; es ist restriktiv und zentralistisch.[100] Ausgehend von einem generellen Verbot von Lotterien, Wetten und Casinos konnte der Innenminister Ausnahmen vorsehen. Sie wurden im jeweiligen Sektor als Monopol genehmigt und berichteten an den Finanzminister bzw die Budgetbehörde. Das Gesetz stellt das Angebot und die Vermittlung von illegalen Glücksspielen unter Strafe. 123

Auch das Gesetz von 1983 folgte der traditionellen Grundlinie einer Zuweisung von Monopolveranstaltern für die einzelnen Glücksspielsektoren.[101] La Française des 124

96 Ebendort, Rz 103 f.
97 Ebendort, Rz 141.
98 Spillemyndigheden, Data fort he Gambling Market in Q4 2016, Statistics 27. Frebruary 2017.
99 Danish Gambling Authority, Press release, August 30, 2016.
100 Gesetz vom 21. Mai 1836.
101 Gesetz vom 12. Juli 1983.

Jeux[102] hielt das Monopol für die Veranstaltung von Lotterien (einschl scratch games) und Sportwetten. Le PMU[103] erhielt (vom Landwirtschaftsminister) die Genehmigung für die Totalisatorwetten auf Pferderennen. Die (vom Innenminister) lizensierten Casinos hatten das Monopol auf Tisch-Spiele und den Einsatz von Geldspielautomaten. Wohlfahrtslotterien mit begrenzter Spielzeit konnten projektgebunden genehmigt werden.

125 Das von der EU-Kommission 2006 eingeleitete Vertragsverletzungsverfahren[104] und nicht zuletzt die Ergebnisse der vom Kabinett beauftragten Studie zur Wachstumsbedeutung des Internet[105] führten 2010 zu einem neuen Modell französischer Glücksspielpolitik: dem Prinzip der gesteuerten Marktöffnung (ouverture maîtrisée).[106]

126 Es ist darauf ausgerichtet, unter Wahrung der öffentlichen Ordnung, des Spielerschutzes, der Betrugsabwehr und der Integrität des Glücksspiels das Internet dem Wettbewerb für die Sektoren Pferdewetten, Sportwetten und Poker zu öffnen. Im Monopol bleiben die Tisch-Spiele und Spielautomaten der Spielbanken, Spielclubs, die Lotterien und sonstigen Gewinnspiele (offline wie online), die LFJ veranstaltet, sowie die Totalisator-Pferdewetten (soweit offline) von PMU. Bei Pferdewetten im Internet steht PMU, bei Sportwetten und Poker im Internet steht LFJ im Wettbewerb.

127 Kein legales Angebot ist zugelassen für Geldspielautomaten und Casino-Tischspiele im Internet, für Börsenspiele, Tordifferenzwetten, Werbe-Gewinnspiele mit Kaufverpflichtung und Wetten auf allgemeine Ereignisse, die keinen sportlichen Hintergrund haben.

---

102 Einrichtung durch Gesetz vom 31. Mai 1933.

103 Das Gesetz vom 2. Juni 1891 regelt erstmals die Genehmigung und Ausrichtung von Pferdewetten; die letzte konsolidierte Überarbeitung ist der arrête vom 13. September 1985.

104 IP 06/1362, eingestellt am 24.11.2010.

105 Rapport de la Commission sur l'économie de l'immatériel, La croissance de demain, Paris, 16.3.2006

« De nombreuses activités font aujourd'hui l'objet d'un accès réglementé destiné à encadrer l'action des acteurs économiques ...

Deuxième exemple, l'activité de jeux sur l'Internet ....

Ce monopole d'organisation et d'exploitation des jeux n'est pas unique en Europe. D'autres États ont en effet historiquement considéré, comme la France, qu'il constituait un moyen efficace pour prévenir l'addiction des joueurs et la fraude, le blanchiment ou les trafics. Son effectivité est cependant aujourd'hui remise en cause par le développement de sites de jeux en ligne ....

... il serait nécessaire de lui substituer un nouveau dispositive, qui pourrait par exemple consister à mettre sur le marché un nombre défini de licences d'exploitation et à taxer le produit net des jeux. »

Rz 97.

106 Gesetz No 2010-476 vom 12. Mai 2010.

Mit der „Autorité de Régulation des Jeux en Ligne“ (ARJEL)[107] wurde eine neue Behörde geschaffen, die für das Glücksspiel im Internet hinsichtlich Anforderung, Genehmigung, Vergabe und laufende Überwachung zuständig ist (mit Ausnahme des Internet-Lotterieangebotes von LFJ). ARJEL erhält von den lizensierten Internetveranstaltern eine exklusive, gesicherte Real-Time-Schnittstelle, die den jederzeitigen Zugriff auf die aktuellen und gespeicherten Daten erlaubt. Global operierende Anbieter müssen eine für Frankreich separierte Buchhaltung haben und einen Korrespondentensitz nachweisen; technische Einrichtungen in Frankreich sind nicht gefordert. Instrumente wie Selbst- und Fremdsperre, Guthaben- und Einsatzbegrenzungen, Gewinn- und Verlustübersichten sollen die Suchtprävention unterstützen. Die Strafen für illegale Angebote sind durch das Gesetz von 2010 deutlich verschärft. 128

Abgabensätze werden grundsätzlich auf den Spieleinsatz bezogen, um die Gewinnausschüttung steuerbar zu machen. Sie betragen: 129

- für Pferdewetten 7,5% (Steuer) und 1% Rennsportunterstützung;
- für Sportwetten 7,5% (Steuer) und (ab 2012) 1,8% Sportunterstützung;
- für Poker 2% (Steuer).

Über die verschiedenen Spielangebote hinweg lag die Gewinnausschüttung an die Spieler bei LFJ für 2011[108] bei 64,3% (7,4 Mrd EUR), die Abgabenquote bei 24,6% (2,8 Mrd EUR). 46% der Spieleinsätze entfielen auf die Ziehungslotterien, vor allem Loto und Euromillions, 44% auf Scratch Games und 10% auf Sportwetten. 130

Zu Beginn des Jahres 2012 hielten nach Angaben von ARJEL[109] 34 Veranstalter insgesamt 46 Internet-Lizenzen. Sie erreichten damit für 2011 einen BSE von 670 Mio EUR (Poker 314, Pferdewetten 243, Sportwetten 115 Mio EUR). Im Durchschnitt zahlten die Spieler 2011 pro Monat 71 EUR auf ihr Internet-Spielkonto ein. 131

Aus Sicht des Jahres 2016 hat die partielle Marktöffnung in Frankreich die traditionellen Veranstalter, vor allem LFJ, gestärkt; nur 13% der Spieleinsätze bzw 5% des Bruttospielertrages entfallen auf die „neuen“ Sportwetten- und Pokeranbieter im Internet, während FDJ über terrestrisches und Online-Spiel hinweg 29% der Spieleinsätze (48% des BSE) und PMU 20% der Spieleinsätze (25% des BSE) auf sich vereinigen.[110] 132

In den Casinos haben Geldspielautomaten, die seit 1988 verstärkt aufgestellt wurden, mittlerweile (2014) einen Anteil an den Spieleinsätzen von 89%.[111] 133

107 ARJEL, Autorité de régulation des jeux en ligne, Intervention de M. Jean-Francois VILOTTE, Président de l'ARJEL, Bruxelles le 12 octobre 2010.

108 Vgl FDJ, Chiffres Clés 2011, S 2.

109 ARJEL, Analyse trimestrielle du marché des jeux en ligne en France, 1er trimestre 2012.

110 Vgl Cour des Comptes, La Regulation des Jeux d'Argent et de Hasard, Octobre 2016, S 23.

111 Ebenda, S 24.

134 Die Zahlen gelten für das offiziell erfasste Glücksspiel; die Abschätzung des illegalen Spiels bleibt schwierig. Der Observatoire des Jeux (ODJ) geht für Pferdewetten von einer Kontrollquote von 70%, für den Sektor Poker nur von 53% aus.

135 ARJEL verfolgte Ende 2015 4.435 Internet-Seiten, davon 3.003 im Rahmen des Gesetzes vom 12. Mai 2010. 2.717 Angebote waren gesetzeskonform, 1.506 davon, ohne dass eine Intervention nötig gewesen wäre.[112]

136 Auf kritischem Pfad sind in Frankreich die 201 terrestrischen Casinos; ihr Bruttospielertrag geht seit 2007 kontinuierlich zurück (–22% zwischen 2007 und 2014). Auch das Wachstum von PMU schwächt sich ab. Mit einem durchschnittlichen Spieleinsatz von 164 EUR und einer Geschäftsstellendichte von 24,4 auf 100.000 Einwohner bleibt der Pferdewettsport der PMU aber die Nummer 3 in Frankreich – nach den Lotterien und Scratch Games.

137 Francaise des Jeux (FDJ), zu 72% in Staatsbesitz, erreichte 2014 Spieleinsätze von 13 Mrd EUR. An den Lotterien nehmen in Frankreich (2014) rd 50% der Bevölkerung teil; es gibt 32.000 Annahmestellen und der Durchschnittseinsatz pro Jahr liegt bei 188 EUR.[113]

138 Für das gesamte Glücksspiel in Frankreich gilt, dass das wachsende Volumen des Marktes aus einer insgesamt stagnierenden Zahl von Spielern erzeugt wird.

4. Italien

139 Im 16. Jahrhundert war Italien zum Vorreiter für neuzeitliches Glücksspiel geworden. Die nationale Lotteriepolitik begann mit der Einigung Italiens 1863. Seit 1927 wurden die staatlichen Monopole, so auch die Glücksspielmonopole, in einer Amministratione di Monopoli di Stato verwaltet.[114] Casinos wurden durch Einzelgesetze zwischen 1928 und 1946 legalisiert.[115] Nicht konzessioniertes und damit illegales Glücksspiel stand und steht unter Strafe. Grundverständnis der italienischen Glücksspielpolitik ist die Bündelung der Veranstalter – und Vertriebsrechte bei der heutigen AAMS und einer Einzellizensierung von Anbietern durch sie.[116] Die entgegen der gesetzlichen restriktiven und präventiven Ausrichtung[117] eindeutig wachstumsorientierte Politik der AAMS bei gleichzeitiger Abschottung der lizensierten

112 Ebenda, S 169.

113 Les notes de l'Observatoire des Jeux (ODJ), No 7/Septembre 2016.

114 Dekret Nr 2258 vom 8.12.1927.

115 Gesetz vom 27. Dezember 1928 für Casino San Remo, Gesetz vom 8. März 1933 für Casino Campione; Gesetz vom 14. Januar 1937 für Casino Venedig; Dekret vom 3. April 1946 für die Region Aostatal. Seit 2006: 5 Casinos lizensiert.

116 Gesetze vom 13. Dezember 1989 bis 8. August 2002, Übertragung aller Glücksspielbereich (außer Casinos) auf AAMS (1988: Lotterien, 1994 Instant Lotterien, Bingo).

117 Vgl Rechtssache C-338/04 EuGH, Placanica, Urteil vom 6. März 2007, Rz 54.

Veranstalter bei den Sportwetten führte zu den EuGH-Vorlageverfahren Gambelli und Placanica. Sie löste auch Vertragsverletzungsverfahren seitens der EU-Kommission aus.[118] In sukzessiven Marktöffnungsschritten sucht Italien nach einem finanziell ergiebigen Mittelweg zwischen staatlichem Monopol und offenem Markt.

Der mit zuletzt rd 55% der Spieleinsätze größte Sektor, die slot machines, ist 140
2004/2005 nach Anzahl der vergebenen Lizenzen, zugelassenen Maschinen und erlaubten Produkten spürbar liberalisiert worden. Gleichzeitig erhielt AAMS die Berechtigung des Realzeit-Zugriffs auf die Daten aller Maschinen.[119]

Auch die Sportwetten wurden nach 2006, als Konsequenz aus dem Urteil Gam- 141
belli, dem zu erwartenden Urteil im Fall Placanica und dem im gleichen Jahr eingeleiteten Vertragsverletzungsverfahren, umfassend neu geregelt.[120]

Pferdewetten und Sportwetten duften zunächst nur durch den nationalen Pfer- 142
dezüchterverband (UNIRE) bzw das Nationale Olympische Komitee (CONI) veranstaltet werden; nach 2002 gingen diese Rechte an die AAMS (offline wie online), die ihrerseits Veranstalterrechte im engen Rahmen vergab.

Im Tenderverfahren für Sportwetten und Pferdewetten 2006 kamen insgesamt 143
112 Anbieter zum Zuge. Der Staat nahm nach Presseberichten 430 Mio EUR aus dem Verfahren ein. Insgesamt wurden fast 17.000 Verkaufsstellen zugelassen. AAMS als Aufsichtsbehörde war klar, dass der „Eintrittspreis" für den italienischen Markt nur zu rechtfertigen war, wenn eine Abschottung gegenüber konzessionslosen Anbietern, insbesondere im Internet, gelang. Die Schließung illegaler Internet-Angebote wurde zu einer neuen, prioritären Aufgabe.

Basis dafür waren das Strafgesetz (mit Freiheitsstrafen bis zu drei Jahren) und 144
die Schaffung neuer Kontrollinstrumente (Schließung und Blockade von Websites, Strafen für Provider, Listung der blocked sites) mit den Dekreten der Jahre 2006 bis 2008).[121]

Danach liefert AAMS den Internet-Service-Providern monatliche Listen nicht 145
genehmigter Internet-Glücksspielanbieter, die der Provider bis zu einem vorgegebenen Zeitpunkt abzustellen hat. Er hat dies zu melden. Im Falle des fehlenden Vollzugs können Strafen von 30 bis 180 TEUR pro Fall verhängt werden. Entsprechend hat AAMS, zusammen mit einer dafür vorgesehenen Abteilung des Wirtschafts- und Finanzministeriums, die Internet-Glücksspielszene laufend zu beobachten. Die

118 Urteil Gambelli, EuGH C-101/01 vom 6. November 2003 und Placanica C-338/04 vom 6. März 2007, Schlussanträge des Generalanwaltes Colomer vom 16. Mai 2006.

119 Gesetz Nr 223 vom 4. Juli 2006 bzw Nr 248 vom 4. August 2006 und Gesetz Nr 296 vom 27. Dezember 2006.

120 Vertragsverletzungsverfahren IP/o6/436 und IP/06/1362.

121 So AAMS-Dekret No 24504 vom 2. Januar 2007 (Listung der unautorisierten Anbieter an internet-Provider) in Verbindung mit Art 4 des Gesetzes No 401 vom 13. Dezember 1989 (Strafnorm) Verpflichtung der Provider nach Art 5 (3) des Ministerialerlasses 24504 vom 2. Januar 2007.

Überwachungsliste vom März 2011 erfasst 2.976 Angebotsseiten, die zu schließen waren. Nach Presseangaben schätzt AAMS die Zahl der zwischen 2008 und 2011 so verhinderten Kontakte im Internet auf rd 500 Millionen. In welchem Umfang damit illegales Spiel hat verhindert werden können, lässt sich empirisch nicht belegen.

146 Für 2012 berichtet AAMS[122] über einen Internet-Bruttospielertrag (BSE) von 749 Mio EUR. Dominierend sind dabei die Casinospiele, die einen Anteil von fast 68% haben; Sport- und Pferdewetten machen knapp 25% aus. Die Ausschüttungsquote bei Sportwetten lag 2012 bei 86,5%. Die Spieleinsätze im Internet lagen nach Schätzungen 2012 bei rd 8,5 Mrd EUR. Zusammen mit dem terrestrischen Glücksspiel lag das Gesamtmarktvolumen in Italien (2011) bei 79,8 Mrd EURO, davon wurden 61,3 Mrd EUR (77%) ausgeschüttet. Bei den Lotterien lagen die Spieleinsätze bei 9,2 Mrd EUR und die Ausschüttungsquote bei 54%.

147 Auch nach 2012 sind das Spektrum der für das Internet zugelassenen Spiele und die Zahl der zugelassenen Anbieter schrittweise erweitert wurden. So ist mit dem Gesetz von Dezember 2016 der Umfang der Casinospiel- und Wettlizenzen für den Zeitraum bis 2022 um 120 erhöht worden.[123]

148 Insgesamt sind die Spieleinsätze von 79,9 Mrd EUR in 2011 auf 96 Mrd EUR in 2016 gestiegen; die Gewinnausschüttungen an die Spieler wuchsen im gleichen Zeitraum von 61,5 Mrd EUR auf 77 Mrd EUR, da die seit den 90er Jahren neu zugelassenen Spiele, vor allem im Internet, hohe Ausschüttungsquoten haben. In der Folge stieg der Bruttospielertrag (BSE) nur von 18,4 Mrd EUR (2011) auf 19 Mrd EUR (2016).[124]

149 Das Spielen im Internet konzentriert sich zu fast 93% (2013) auf Casinospiele, Sportwetten und Poker. Von den Sportwetten insgesamt werden rd 34% im Internet gespielt. Der online erzielte Bruttospielertrag lag 2013 bei nur 217 Mio EUR.

5. Norwegen

150 Nach Kriegsende stand, wie in vielen europäischen Staaten, die Fußballwette im Zentrum der Glücksspielpolitik; seit 1946 war Norsk Tipping der staatlich autorisierte und kontrollierte Veranstalter.[125] Lotto wird seit 1985 angeboten.[126] Mit der Bündelung aller Gesellschafteranteile beim Finanzministerium wurde 1992 Norsk Tipping

122 AAMS, Comunicato Stampa, Il Gioco a Distanza al 31.12.2012, Tabellen 1–10, Internet-Veröffentlichung.

123 Legge 11.12.2016 n 232, S 400 ff.

124 Aams, Comunicato Stampa, 13 febraio 2017.

125 Erlass vom 21. Juni 1946 No 2, hier nach: EFTA-Surveillance Authority, Event No 365965, 10. März 2006, Rz 11.

126 Erlass No 92 vom 20. Dezember 1985.

als staatliches Monopol weiter konsolidiert. Die Erträge aus den Spielen wurden zu gleichen Teilen zwischen Sport und Kultur aufgeteilt, wobei aus letzterem Anteil auch humanitäre und soziale Einrichtungen bedacht werden.[127]

Pferdewetten wurden seit 1927 zunächst rennbahnbezogen als Totalisatorwet- 151
ten veranstaltet; nach der Schaffung von Norsk Rikstoto 1982 wurde auch dieser Bereich 1997 monopolisiert. Die Altersgrenze liegt bei 16 Jahren (Internet-Teilnahme: 18 Jahre).[128]

Nach norwegischem Recht sind Geldspielautomaten Lotterien und fielen damit 152
unter das Lotteriegesetz von 1995, das 1998 mit Blick auf die technische Geräteentwicklung weiterentwickelt wurde. Genehmigungen (erteilt seit 2001 vom Norwegian Gaming Board) konnten nur an wohltätige Einrichtungen vergeben werden, die ihre Glücksspielautomaten teilweise selbst, überwiegend aber in gewerblicher Regie führen. Im Jahr 2004 sind von 138 Betreibern landesweit rd 15.000 Geldspielautomaten unterhalten worden.[129]

Ende 2001 setzte in Norwegen die Diskussion darüber ein, zum Zwecke einer 153
konsequenten Steuerung alle Geldspielautomaten im Lande online zu vernetzen und die Veranstaltung in staatliche Hand (i.e. Norsk Tipping) zu legen. Ein entsprechendes Gesetz wurde 2003 verabschiedet.

Ein massiver Rechtsstreit über die Vereinbarkeit dieses Gesetzes mit den Grund- 154
sätzen der Dienstleistungs-und Niederlassungsfreiheit in der EFTA[130] führte zur Vorlageentscheidung des EFTA-Courts vom 14. März 2007, die die Übertragung eines ausschließlichen Veranstalterrechtes für Geldspielautomaten in konsequenter restriktiver Ausrichtung als legitim ansah.

Am 30. Mai 2007 wurde mit dem Ladbroke-Urteil seitens des EFTA-Courts ent- 155
schieden, dass auch das Monopol für Sportwetten, Lotterien und die übrigen Glücksspiele keinen Verstoß gegen die Freiheiten nach Artikel 31 EWR und 36 EWR darstellt.[131]

Internet-Glücksspiel wird aus Norwegen 2012 von Norsk Tipping (Lotterien, 156
Sportwetten), Norsk Rikstoto (Pferdewetten) und in begrenztem Umfang von Bingo-Veranstaltern erlaubt.

Der Bruttospielertrag (ohne Casinos) wird seitens des Norwegian Gaming Board 157
für 2011 mit 1,1 Mrd EUR angegeben, der Spieleinsatz betrug 2011 rd 3,5 Mrd EUR. Der Anteil von Norsk Tipping lag bei 58%.[132]

127 EFTA-APPLICATION, Rz 12.
128 Ebendort, Rz 18 und 20.
129 Statement of Defence, By the Government of the Kingdom of Norway, 18. Mai 2006, Abschn 3.4 Rz 114 ff.
130 Rechtssache E-1/06.
131 Rechtssache E-3/06.
132 Arsmeldung 2011, AN 2011, S 28.

158 2015 ist der norwegische Glücksspielmarkt nur schwach gewachsen (plus 75 Mio EUR); die Spieleinsätze lagen insgesamt bei 1,2 Mrd EUR. Norsk Tipping hat als Marktführer seine Position auf einen Marktanteil von 65% ausgebaut.[133]

159 Trotz der sehr weitgehenden Regulierung des Angebotes nimmt die grenzüberschreitende Einstrahlung, insbesondere der Glücksspielwerbung, massiv zu. Mit zwei Studien ist die Diskussion über eine mögliche Marktöffnung weg vom Monopol- zu einem offeneren Lizenzmodell eingeleitet.[134]

160 Traditionell ist der Lotteriebereich das dominante Marktsegment (rd 50%), gefolgt von den Spielautomaten und Sportwetten. Der Internet-Anteil insgesamt liegt bei rd 15%.

6. Österreich

161 Seit dem Ende des 18. Jahrhunderts sind die Lotterien in Österreich in staatlicher Regie; die umfassende gesetzliche Regelung von 1813 hatte bis 1986 Bestand.

162 Wiederum neu geregelt wurde das Glücksspielwesen 1989.[135] Abgesehen von Sportwetten, Bagatellglücksspielen und dem kleinen Automatenspiel galt für alle übrigen Sektoren ein staatliches Monopol.

163 Verstöße gegen das GlSpG stehen nach § 168 StGB unter Strafe:

> Träger der Konzessionen waren für Lotterien und elektronische Glücksspiele die Österreichischen Lotterien GmbH, für das Casinospiel die Casinos Austria AG; beides Unternehmen in zuletzt überwiegend privater Trägerschaft.

164 Im April 2006 begann die Europäische Kommission ein Vertragsverletzungsverfahren, in dem es um das Verbot der Werbung für ausländische Casinos ging; sie setzte das Verfahren im Juni 2007 aus, da die Regierung eine entsprechende Gesetzesrevision ankündigte.[136]

165 Für die rechtlichen Auseinandersetzungen auf europäischer Ebene seit 2008 war von Bedeutung, dass das Glücksspielgesetz selbst zwar keine Aussagen zur Zielsetzung Österreichs für die Regulierung des Glücksspiels enthält, den Begleittexten allerdings zweierlei zu entnehmen war: Kanalisierung des immanent vorhandenen Spieltriebs in geordnete Bahnen und Überwachung im Interesse des Spieler-

133 Norsk Tipping, Annual Report 2015.

134 A Study oft he economic consequences of a possible future gaming licensing system, June 2015; The Norwegian Gaming Authority, The socio- and criminal political consequences of licensing in the Norwegian gaming sector, Mai 2015.

135 GSpG Österreich vom 28. November 1989, BGBl Nr 620/1989.

136 Vertragsverletzungsverfahren IP/2006/1362 vom 12.10.2006.

schutzes haben höchste Priorität (1); gleichzeitig wird ein möglichst hoher Ertrag aus dem staatlichen Monopol angestrebt (2). Damit stand diese Regulierung im Widerspruch zu den Feststellungen des EuGH im Fall Gambelli.[137]

Im September 2010 entschied der EuGH in der Vorlagesache Engelmann,[138] dass **166** die (bisherige) Konzessionsvergabe, die ohne Ausschreibung erfolgte, gegen das Transparenzgebot und das Diskriminierungsverbot nach Art 43 und 49 EG verstößt und eine Beschränkung auf Wirtschaftsteilnehmer mit Sitz im Mitgliedstaat unzulässig ist.

Die Auseinandersetzungen um Sportwetten dagegen betrafen Österreich nicht, **167** da Sportwetten nicht unter das (bundesstaatliche) Glücksspielgesetz fallen, sondern auf Landesebene mit Öffnung für Lizenznehmer aus allen EU-Staaten geregelt werden.[139]

Toto ist seit 1989 den Lotterien zugeordnet.

Ausgehend von der Gesetzesnovelle von 2010[140] erhielten die Österreichischen **168** Lotterien GmbH aus der Ausschreibung von 2011 erneut die Lizenz für das Lotteriemonopol für 15 Jahre, beginnend mit dem 1.10.2012. Drei andere Konzessionsbewerber wurden abgewiesen. Alle dagegen erhobenen Beschwerden sind zugunsten des BMF abgewiesen worden.

Die Vergabe der Casino-Lizenzen ist zuletzt in Abschnitte geteilt worden. Das **169** sogenannte Stadtpaket ist mit Wirkung ab 1. Januar 2013 für 15 Jahre an Casinos Austria vergeben worden; das sogenannte Landpaket, das ebenfalls 6 Standortkonzessionen umfasst, ist mit Bescheid des BMF vom 23.9.2013 ebenfalls an die Casinos Austria gegangen. Daneben existiert ein Paket mit 3 Einzelkonzessionen.

Die Spielbankabgabe beträgt 30 vH des BSE, abzüglich der Umsatzsteuer.[141]

Die jährliche Konzessionsabgabe für Lotto, Toto und Zusatzspiel liegt (für die **170** ersten 400 Mio EUR) bei 18,5%; für alle weiteren Beträge bei 27,5% der Spieleinsätze. Sie beträgt für Online-Lotterien 40% des BSE.[142]

Der Umsatz der Österreichischen Lotterien lag (2011) bei 2,9 Mrd EUR; an Abga- **171** ben wurden (für 2012) 376 Mio EUR abgeführt. Der Konzernumsatz von Casinos Austria lag 2012 bei 3,4 Mrd EUR.

Nach leichtem Anstieg in 2014 ist der Lotterieumsatz in 2015 auf knapp 3,1 Mrd **172** EUR stehen geblieben. Der Konzernumsatz von Casinos Austria insgesamt lag 2015 bei 3,6 Mrd EUR.

---

137 EuGH-Rechtssache C-243/01 vom 6. November 2003, Rz 62.

138 EuGH-Rechtsssache C-64/08 vom 9. September 2010.

139 Z.B. Gesetz über den Abschluss und die Vermittlung von Wetten LGBl Nr 27/2005, Burgenland.

140 Glücksspielgesetz, geändert durch das Budgetbegleitgesetz 2011 vom 30. Dezember 2010, BGBl. Nr 111/2010.

141 Vgl § 28 GSpG, (3).

142 Vgl § 17, (3), GSpG.

7. Schweiz

173 Artikel 106 der Bundesverfassung macht die Gesetzgebung über Glücksspiele zur Sache des Bundes. Eine breite Glücksspiellandschaft kennt die Schweiz erst seit jüngerer Zeit.

174 Casinos waren (nach einem entsprechenden Referendum) von 1920 bis 2000 nicht zugelassen; erst das Bundesgesetz vom Dezember 1998 schuf die Grundlage für die heute 21 Casinos.[143]

175 Lotterien und Wetten waren lange durch das Lotteriegesetz von 1923 geregelt; dabei wird den 26 Kantonen die Kompetenz über die konkrete Ausgestaltung, Bewilligung und Aufsicht zugewiesen.[144] Seit 2006 existiert eine interkantonale Vereinbarung, mit der ua die Lotterie- und Wettkommission Comlot geschaffen wurde. Sie übt die Aufsicht über die beiden großen Lotterien Swisslos und Loterie Romande aus. Eine gemeinsame Fachdirektorenkonferenz der Regierungsvertreter der Kantone ist für die glücksspielpolitische Strategie verantwortlich.[145]

176 Auch über die Ertragsverwendung wird aufgrund eines interkantonalen Konkordates entschieden.

177 Glücksspielautomaten außerhalb von Casinos sind grundsätzlich verboten. Im Juni 2004 kam es über die Tactilo-Automaten von Loterie Romande zum Rechtsstreit, als Swisslos dieses Spiel auch im deutschsprachigen Teil der Schweiz ausbreiten wollte. Die für die Spielbanken zuständige Aufsichtsbehörde DFMJ intervenierte, weil sie in den Spielgeräten unzulässige slot machines sah, die ja außerhalb ihrer Casinos nicht zugelassen waren. Im Januar 2010 entschied der Schweizer Verwaltungsgerichtshof aber, dass in Tactilo eine virtuelle Version von Sofortlotterien zu sehen sei, deren Angebot durch die beiden Lotterien legal sei.[146] Einer neuen Maschinengeneration wurde 2011 von COMLOT zugestimmt; das Spiel wird seither „Elektronische Lotterie" genannt.

178 Zusammen erreichten die Schweizer Lotterieveranstalter 2011 ein Umsatzvolumen von 2,79 Mrd SF, wovon auf die Loterie Romande 1,62 und auf Swisslos

---

143 Bundesgesetz vom 18. Dezember 1998 über Glücksspiel und Spielbanken (SBG, SR 935.52).

144 Bundesgesetz betreffend die Lotterien und die gewerbsmäßigen Wetten vom 8. Juni 1923 (letzter Stand: 1.2011

Art 1, Satz 1: Die Lotterien sind verboten.

Art 38: Wer eine durch dieses Gesetz verbotene Lotterie ausgibt oder durchführt, wird mit Gefängnis oder mit Haft bis zu drei Monaten oder mit Buße bis zu 10.000 Franken bestraft. Die beiden Strafen können verbunden werden.

Straffrei ist das Einlegen in eine Lotterie.

145 Vgl Eidgenössisches Justiz- und Polizeidepartement, Internet-Seite: Der rechtliche Rahmen des Glücksspiels in der Schweiz und Revision des Lotteriegesetzes (16.12.2010).

146 ESBK-Medienmitteilung vom 29.1.2010: Bundesverwaltungsgericht unterstellt die Geldspielautomaten „Tactilo" dem Lotteriegesetz.

1,17 Mrd SF entfielen. Der BSE lag insgesamt bei 913 Mio SF, wovon Swisslos 540 Mio SF, LoRo 370 Mio SF hatte.[147]

Nach einem jackpotbedingten Anstieg auf 955 CHF in 2014 ist der Umsatz da- 179
nach auf 896 MioCHF zurückgefallen (LoRo 377 Mio, Swisslos 519).

Die Schweizer Casinos haben seit 2007 an Umsatz verloren und führen dies vor 180
allem auf illegales Spiel im Internet zurück. Es ist zu erwarten, dass das Internet-Verbot für Casinos gelockert wird. Swisslos schätzt das illegale Internet-Glücksspiel auf 400 Mio CHF:

> Seit der höchstrichterlichen Entscheidung des Bundesgerichtes aus 2010 sind "Texas Hold'em"-Pokerturniere nur noch in konzessionierten Spielbanken erlaubt.[148] Die Marktauswirkungen bleiben begrenzt.

In den Casinos lag der Bruttospielertrag 2015 bei 682 Mio CHF. Deutlicher noch sind 181
die Besucherzahlen gesunken; sie lagen mit 4'720 000 2015 um 14% unter dem Stand von 2012.

8. Vereinigtes Königreich

Glücksspiel hat im Vereinigten Königreich eine hohe Akzeptanz und eine starke 182
Verbreitung – mehr als 70% der erwachsenen Bevölkerung nehmen gelegentlich an Glücksspielen teil. Während Wetten, vor allem Sportwetten, Casinos und seit Kriegsende auch Bingo eine lange Tradition haben, blieben (große) Lotterien bis 1993 verboten.[149]

Gesetzliche Meilensteine waren die Lottery Act von 1934, die Gaming acts von 183
1968[150] und insbesondere von 2005.[151] Das Gesetz unterscheidet drei Sektoren des Glücksspiels mit jeweils unterschiedlichen Anforderungen an eine von der UK

---

147 Bundesamt für Justiz, Statistik 2011, Umsatzzahlen BSE, S 10 ff. Auf Kleinlotterien entfiel ein Umsatz von 4,6 Mio SF und ein BSE von 2,3 Mio SF.

148 Pressemitteilung des Bundesgerichts, Urteil 2 C 694/2009 vom 2. Juni 2010.

149 Betting and Lotteries Act, 1934

Port II, 21. Illegality of lotteries: "Subject to the provisions of this Port of this Act, all lotteries are unlawful."

National Lottery etc., Act 1993: "An Act to authorize lotteries to be promoted as part of a National Lottery; to make provision with respect to the running and regulation of that National Lottery....; to increase the membership and extend the powers of the Trustees of the National Heritage Memorial Fund ...."

150 Vgl Schaffung eines Gaming Board for Great Britain, Gaming Act 1968, Part II, Gaming on Premises licensed or registered under this Part of this Act, 10. Gaming Board for Great Britain.

151 Gambling Act 2005, An Act to make provision about gambling (7th April 2005).

Gambling Commission (für Lotterien bis 2013 von der National Lottery Commission) zu erteilende Lizenz:
- Wetten (auf Rennen, Fußball, Wettbewerbe, allgemeine Ereignisse)
- Glücksspiele (die auch Geschicklichkeits- und Erfahrungsbestandteile haben können)
- Lotterien.

184 Zielsetzung der Gambling Act 2005 ist es, Glücksspiel nicht zu einer Quelle von Verbrechen und Störung werden zu lassen, sicherzustellen, dass fair und transparent veranstaltet wird und Kinder sowie andere ungeschützte Personen durch Glücksspiel nicht geschädigt werden.[152]

185 Im Sektor Wetten sind die Markteintrittsbarrieren niedrig, die Wachstumsraten und in der Folge der Wettbewerbsdruck hoch. Der Markt ist zu zwei Dritteln durch ein Oligopol weniger großer Veranstalter, daneben durch eine Vielzahl kleiner Anbieter gekennzeichnet. Die Gesamtzahl der Wettbüros wird auf bis zu 18.000 angegeben. Der Steuersatz beträgt 15% des BSE (hier: net stake receipt). Das terrestrisch erzielte Marktvolumen/BSE) wird auf jährlich über 3,5 Mrd EUR geschätzt.

186 Die jeweiligen Lizenzanforderungen sind detailliert und werden von der Aufsicht aufmerksam verfolgt.

187 Online-Wetten sind sehr freizügig gestaltet, insbesondere für offshore-Veranstalter. Eine Operationsbasis im Vereinigten Königreich ist nicht gefordert; Lizenzhalter zahlen, unabhängig vom Produkt, die Steuer von 15% auf den BSE. Seit August 2012 gilt eine Doppelbesteuerungs-Verrechnung, um Veranstalter aus UK im Exportgeschäft vor Doppelbesteuerung zu schützen.

188 Casinos, Bingo, Geldspielautomaten und Spielhallen sind Teil des speziellen Glücksspielsektors, der zwei große Casino-Ketten und eine Vielzahl kleiner Häuser mit insgesamt über 130 Casinos, rd 6.000 Tischen und mehr als 2.700 Spielautomaten umfasst. Der BSE ist zuletzt auf fast 1 Mrd EUR gewachsen. Die Abgabensätze beziehen sich auf den BSE und sind gestaffelt, von 15% bis 50%. Auch außerhalb von Casinos gewinnen Geldspielautomaten an Bedeutung. Sie finden sich in Spielhallen und mit geringeren Anforderungen in Pubs.

189 Seit 1994 gibt es die National Lottery, die bis 2011 ein privates Veranstaltermonopol (Camelot plc) hatte. Camelot erreicht mit seinem Lotterieportfolio (seit 2004 auch Euromillions) Spieleinsätze von (2011) rd 7 Mrd EUR – 45% werden ausgeschüttet, 28% sowie die nicht abgeholten Gewinne fließen in den fund for good causes, innerhalb dessen Sportförderung eine besondere Bedeutung hat. Weitere 12% gehen an den Staat. Der Anteil für den Veranstalter beträgt 15%. 2011 wurde nach

152 Rbenda, 1 The Licensing objectives.

heftigen Kontroversen die Lizenz einer Health Lottery an die Unternehmensgruppe Northern and Shell vergeben.

Die vom Unterhaus 2012 angestoßene Untersuchung der Wirkungen des Glücksspielgesetzes von 2005 („The Gambling Act 2005: A bet worth taking?")[153] hat Konsequenzen ausgelöst: 190

> Die Zusammenführung von Gambling Commission und National Lottery Commission zur UK Gambling Commission in 2014 [154] hat eine Aufsichtsbehörde mit weitreichender Transparenz geschaffen. Das gilt auch für das Online-Glücksspiel, das europaweit einen Anteil von schätzungsweise 11%, in UK einen Anteil am Gesamtmarkt von 28% hat. Klammert man die National Lottery aus, sind es 37,5% (in BSE).

Eine neue, auf der Verbraucherseite ansetzende Regelung fordert von allen in UK Anbietenden (immerhin 85% von außerhalb des UK), unabhängig vom Unternehmensstandort, eine Lizenz – und die remote gaming duty von 15% auf die aus Großbritannien erzielten Gewinne. 191

Allein im 1. Quartal 2016 spielten oder wetteten 45% der Bevölkerung; 32% spielten die National Lottery, 18% nur diese. Von den Jüngeren (18–24) sind 33% Glücksspielteilnehmer, von den Älteren (45–54) sind es 54%. Insgesamt 15% spielen (auch) online. 192

Gerade im Online-Geschäft hat sich der Wettbewerb verschärft. 2015 hat es mehrere Konsolidierungen auf der Anbieterseite gegeben. 193

Für den Zeitraum April 2015 bis März 2016 ist festzuhalten: 194

> der Bruttospielertrag des Glücksspiels erreichte in UK 13.6 MrdL; das Online –Spielen hatte mit 4,5 Mrd L dabei einen Anteil von 26%.

Es gab 8.709 Wettbüros und 167.839 registrierte „gaming machines", 575 Bingo-Hallen und 148 Casinos. Die National Lottery verbuchte Spieleinsätze von 7,6 Mrd £ und einen BSE von 3,4 Mrd £. 4,2 Mrd £ wurden als Gewinne ausgeschüttet, 1,79 Mrd £ konnten an die "good causes" überwiesen werden. 195

---

153 House of Commons, Culture, Media and Sport Committee; The Gambling Act 2005: A bet worth taking?, ua S 6: "While the Act permitted UK-based companies to offer online gambling services and continued to allow non UK-providers to target UK consumers, only the UK-based providers were made subject to regulation by the Gambling Commission. The decision to regulate online gambling at the point-of-supply rather than the point-of-consumption and to allow non UK regulated providers to operate into the UK was widely criticized. This together with significant tax increases had led to migration of online providers offshore. There was broad consensus that the 2005 Act has, thus far, failed to produce a future-proofed regulatory structure for the remote and offshore gambling industry."

154 Gambling (Licening and Advertising)Act, 14th May, 2014.

I. Nelson Rose

§ 39 Gambling in the United States (Law & Economy)

Übersicht

I. Zusammenfassung[1]

1 *I. Nelson Rose* stellt in seinem Beitrag zur US-amerikanischen Glücksspielrechtslage zunächst heraus, dass der Glücksspielmarkt ein Wachstumsmarkt ist, wenn man die Bruttospielerlöse betrachtet. Dieser Umsatzanstieg wurde möglich durch eine Liberalisierung der Rechtslage seit 1986. Rose beschreibt glücksspiel-geschichtliche Zyklen, die er als Wellen bezeichnet und vergleicht den Ist-Zustand mit den Gegebenheiten in früheren Glücksspielepochen: Er stellt Parallelen der heutigen Situation mit früheren Epochen fest, die durch ein immenses Wachstum des Glücksspielmarktes gekennzeichnet waren: Eine erste Welle betraf den Zeitraum vom Vorgründungsstadium der USA bis zur Mitte des 19. Jahrhunderts und die zweite Welle die Zeit des Bürgerkriegs bis zum Ende des 19. Jahrhunderts. Die dritte Welle

1 Von *Stefan Korte.*

https://doi.org/10.1515/9783110259216-039

habe in den 30er Jahren nach der großen Depression begonnen und dauere bis heute an.

2 *Rose* betont, dass alle drei Wellen ihren Ausgangspunkt in einem Vollverbot des Glücksspiels hatten, das nach und nach für einzelne Glücksspiele gelockert worden sei. Diese Lockerungen seien in Form von Spillovers in andere Glücksspielbereiche übergeschwappt. Im Anschluss daran hätten sich Vollzugsprobleme insbesondere aufgrund technischer Entwicklungen ergeben – sei es die Dampfschifffahrt während der ersten Welle (Stichwort: Flussboot-Glücksspiel), seien es drahtlose Kommunikationsmittel während der zweiten Welle (Stichwort: Telegraphische Pferderennwetten) oder sei es das Internet während der derzeit noch andauernden dritten Welle (Stichwort: Online-Gambling). Die ersten beiden Wellen habe in Skandale in Form von organisierten Betrügereien gemündet. Dies wiederum habe Totalverbote in nahezu allen amerikanischen Staaten zur Folge gehabt. Man könne aus der Geschichte lernen und das Ende der dritten Welle antizipieren.

3 Unter Hinweis auf eine Vielzahl von Beispielen identifiziert *Rose* sodann jene Gründe, die für die wachsende Beliebtheit des Glücksspiels zum Ende des 20. Jahrhunderts verantwortlich seien: so insbesondere die zurückgehende Bedeutung moralischer Wertvorstellungen, die Duldung des Glücksspiels durch die Regierung, die schrittweise Liberalisierung des Marktes, der Effekt der Nachahmung in den einzelnen Staaten und nicht zuletzt das hoheitliche Interesse an zusätzlichen Einnahmen. Probleme aus der Liberalisierung des Glücksspiels folgten nun vor allem aus dem wachsenden Internet-Glücksspielmarkt, weil das Recht auf die technischen Entwicklungen nur reagieren könne und im Falle zahlreicher Neuerungen regelmäßig nicht mehr zeitgemäß sei. Diesen Mangel verdeutliche der – bereits im Jahre 1961 – als Waffe im Kampf gegen die organisierte Kriminalität erlassene (Federal/Interstate) Wire-Act, weil er (naturgemäß) keine Mechanismen zur Bekämpfung des illegalen Internet-Glücksspiels zum Gegenstand habe.

4 Neue Vorschriften litten schließlich oft unter Webfehlern oder anderen Regulierungsdefiziten. *Rose* weist in diesem Zusammenhang insbesondere auf die Schwächen des am 13. Oktober 2006 in Kraft getretenen und auf die Beseitigung illegalen Online-Glücksspiels gerichteten bundesrechtlichen *Unlawful Internet Gambling Enforcement Act* (UIGEA) hin. Das lückenhafte und konzeptionell mangelhafte Bundesrecht führte zu der Notwendigkeit, dass die Bundesstaaten – lückenschließend – (nach)regulieren müssten. Die verantwortlichen Politiker eine das Interesse an den Glücksspieleinnahmen; ein darüber hinausgehendes Interesse sei häufig nicht feststellbar. Wenig einheitliche Regeln und unterschiedliche Vollzugspraktiken und in deren Gefolge unterschiedlichste Judikate seien eine unvermeidbare Folge.

I. Nelson Rose

II. Introduction

In the author's 1986 book, GAMBLING AND THE LAW,[2] the proliferation of gambling was described as a third wave. Twice before in American history, legal gambling has spread across the nation, only to crash down in scandal and complete prohibition. In the 21st century, the description of the spread of legal gaming as a "wave" appears too conservative, unless the wave is a tsunami. 5

Every year Americans buy about $11 billion in tickets[3] at the nation's approximately 41,000 movie screens.[4] By comparison, lotteries operating in 44 states, the District of Columbia and three U.S. possessions,[5] sell more than $77 billion in lottery tickets.[6] And the comparison is appropriate. A potential customer can decide to spend about $7 for a little entertainment by buying a movie ticket, or can buy seven $1 lottery tickets. But, where American spent a near-record $10.46 billion on 1.33 billion movie tickets in 2010,[7] they spent approximately six times as much, buying 40 times as many lottery tickets.[8] 6

Add to this total all of the "action" in casinos and on slot machines; parimutuel bets on horses, dogs, and jai-alai; legal wagers on sports; bets made in licensed card rooms; and expenditures before prize payments in charity gaming and Indian bingo, and the total amount wagered legally in the United States is undoubtedly well over a trillion dollars.[9] 7

However, the amount wagered, called the "handle," is inflated, because it includes all bets: If a player bets $25 and wins and then bets $25 and loses, a total of $50 has been wagered, even though no money has changed hands. A more accurate number for making comparisons with other industries is the gross revenue or "win," i.e. the amount players lose. Since this is money left behind by customers after the gambling transaction, it corresponds nicely with gross revenue or sales from other retail businesses. Looking just at revenue, Americans spent more money on gambling, $92.3 billion,[10] 8

2 Rose, I. Nelson, GAMBLING AND THE LAW (1986).

3 http://www.natoonline.org/data/us-movie-screens/.

4 http://www.natoonline.org/statisticsscreens.htm.

5 Puerto Rico, Virgin Islands, and the Northern Mariana Islands.

6 http://www.naspl.org/nasplmembers/.

7 http://www.the-numbers.com/market/2010.php.

8 The numbers are only approximate for state lotteries, since some tickets do cost more than $1 each, and a few states have Video Lottery Terminals ("VLTs"), which operate like slot machines and do not dispense paper tickets.

9 It was estimated to be $638.6 billion in 1997, when the gaming industry was much smaller. Christiansen, Eugene Martin, "The United States Gross Annual Wager: 1997," *International Gaming & Wagering Business*, Aug. 1998 at 3.

10 This is the most recent estimate available, for 2007, by the leading authority on the size of legal gambling in the U.S., Christiansen, Eugene Martin, *Insight*.

than they did on all live events, concerts, plays, all movie theaters, all spectator sports, and all forms of recorded music — combined. It may say something about us as a nation, or it may just be that Baby Boomers' children are growing up, but in 1994, for the first time, adults in America spent more money on their gambling games than they did on toys for their children.[11]

9 It is not just the money, but rather the general availability of gambling venues that is the real story. At least 24 states have commercially owned riverboat, dockside or landbased casinos and another five have card clubs. Commercial casinos alone won a record $38.54 billion in 2015. Some of these overlap with the 29 states that have what are known as Class III casinos, usually indistinguishable commercial casinos, except they are owned by federally recognized Indian tribes. Many tribes also have Class II gaming, primarily bingo played on machines almost identical to slot machines as well as on paper, and poker and other non-banking card games. Racinos, merely casinos located at race tracks, are in 13 states.[12] There is legal gambling in the territories and possession of the United States, including major casinos in Puerto Rico and the Commonwealth of the Northern Mariana Islands. Every state except Utah and Hawaii had some form of commercial gambling; and the Hawaii Legislature has considered authorizing both casinos and Internet poker.

10 Imagine telling someone from 1909, when there was virtually universal prohibition on legal gambling in this country, or even a visitor from the America of President Dwight D. Eisenhower, that there is a state in the United States that has the following forms of legal gaming:

- Casinos
- A state lottery
- Video poker machines in nearly every bar
- Racetracks and parimutuel betting on horse racing and dog racing
- Internet betting within the state and across state lines on racing
- Charity bingo
- and the State itself takes bets on sports events

and that that state is not Nevada, but Oregon.

11 The most dramatic reversal of the law's traditional antipathy toward gambling may have been as early as 1986, when the U.S. Supreme Court ruled that a full-time gambler could declare himself to be in the trade or business of gambling for tax purposes.[13]

11 Total sales of durable toys & goods were $39.0 billion compared to the $39.9 billion in gross revenue for gambling. Eugene Martin Christiansen & William E. Cummings, "The United States Gross Annual Wager," *International Gaming & Wagering Business* at p 29 (Aug. 1, 1995).

12 https://www.americangaming.org/research.

13 *Commissioner of Internal Revenue v. Groetzinger*, 480 U.S. 23 (1986).

Even Indian gaming has become so commonplace and respectable that it has passed the ultimate tests: gaining access to legitimate financing. The Mohegan Sun was the first tribal casino to receive financing from Wall Street, placing $175 million in high-yield bonds with institutional investors. The Mashantucket Pequots rattled the bond markets in 2009 when they announced that they could not make payments on literally billions of dollars in loans, bringing into question whether gaming tribes are legally obligated to pay back anything, and even if they are, were there any remedies available to lenders. 12

The proliferation of legal gambling is shaped by such factors as historical legal baggage, feelings of morality and tradition, demographics, social and psychological factors, and pure irrationality. Gambling spreads in a haphazard manner, with long-term recurring patterns played out against a background of local politics and unpredictable technology. 13

For players, except for compulsive gamblers, this proliferation looks like an unmixed blessing. With only a little effort, bettors can find any type of game or bet they want. And since these wagers are legal, and usually heavily regulated, they know that the game is honest. They will be paid if they win and will not be robbed on the way to the car, and they will not be arrested for simply making a bet. But, we really do not know where players are getting the money to wager on the new forms of gambling. A small, but significant, portion is money that would have otherwise been spent on long-established operations, like racetracks. Most people appear to not treat gambling money as merely part of their entertainment budget. The amounts spent on movies and beer are about the same as they were before the current gambling boom. So where is the money coming from? A large state lottery, for example, sells more than $4 billion in tickets each year, and keeps half. Two billion dollars is spent on such useful items as teachers' salaries; but, it had to come from somewhere. Perhaps part of the answer is that with locally owned and operated gaming creating local jobs, and especially if winners are also locals, the two billion dollars never left the state. 14

For legal gambling operations, the explosive spread of gaming jurisdictions is definitely a mixed blessing. New games introduce new players to gambling, but competition for the gambling dollar is fierce. The more available betting opportunities are, the more people will wager; however, players can only lose their gambling dollar once. 15

What does the spread of gambling mean for the future? It is important to remember that the prior two gambling waves ended with nationwide prohibitions on virtually all forms of gaming. Is the current boom headed toward the same bust? 16

I. Nelson Rose

III. Cycles of Legalization

17 Like a prophecy fulfilled, it looks like we are doomed to repeat our history, having failed to learn the lessons of the past. Twice before in American history, players could make legal bets in almost every state, but these waves of legal gambling came crashing down in scandal and ruin.

18 Americans are not sure of what role law should have in society. Should the law be used only against acts that everyone agrees should be illegal, like murder? Or, should law be used as a tool to enforce morality, like Prohibition? We have the most trouble with the morally suspect industries – alcohol, drugs, abortion and gambling. Although the Prohibition Era is the best example, there have always been limits and prohibitions in American law that large numbers of the population violated on a fairly regular basis, often without even knowing they have broken the law.

19 The anti-gambling prohibitions epitomize the traditional approach taken by American laws. These laws are not only designed to protect people from themselves. They are part of a greater moral framework, designed by policy-makers as a reflection of an imagined ideal society. Surveys and election results have shown that voters want most of the anti-gambling laws to stay on the books, even if they do not want those laws actively enforced (unless they are used against a noisy neighbor).[14]

20 Perhaps our cycles of complete prohibition to complete permissiveness and back again can be explained by the tendency of Americans to go to the limits, and beyond. Congress passed the Indian Gaming Regulatory Act with the image of tribal bingo halls in mind. Entrepreneurs took the poorly written law and used it to create some of the largest casinos in the world. Legislators in Missouri and Mississippi thought they were legalizing picturesque riverboats. Operators brought in 40,000-square-foot barges and built dockside casinos and boats-in-a-moat that are indistinguishable from non-floating casinos.

21 Sometimes it is unfortunate that our memories are so short. We believe that what we see about us has always existed and will continue unchanged indefinitely. Of course, there are natural restrictions. Even the best memory cannot stretch beyond a human lifetime. Historical writings allow us to reach backwards in time, but we lose the emotional feel of what went before.

22 Gambling has had a recurring, consistent pattern throughout the country's history. When gambling is illegal, there is pressure for legalization, first of one game and then, gradually, of all forms. Although it may be illegal, many people are gambling, at either social games or underground commercial lotteries, race books or casinos. The laws are difficult to enforce and the general population does not want arrests made anyway, if it means taking police resources away from more serious

14 Mangione, T.W., Fowler, F.J., Pratter, F.E., & Martine, C.L., "Citizen Views of Gambling Enforcement," GAMBLING IN AMERICA, Appendix 1, pp. 240–300 (1976).

crimes. The result is widespread evasion of the law, leading to disrespect and corruption. The response by the public is a demand for reform, for something to be done to prevent involvement by officials in these areas of moral ambiguity. The perceived solution is often a demand for legalization – if it is not a crime, there would be no reason to bribe law enforcement or public officials.

Sometimes the breakthrough comes from the legalization of a seemingly benign form, such as charity bingo. Once one form of gambling has been legalized, the anti-gambling arguments based on morality begin to fade away. Legalization of gambling seems to correspond with a general trend toward permissiveness in society. The Victorian morality that says *nothing is permitted* is replaced by the belief that *everything is permitted, so long as you do not hurt another person*. And gambling is the least harmful of the victimless crimes. **23**

People see hypocrisy in the remaining prohibitions. "[J]urors in Atlanta in the mid-1990s started acquitting sports bookmaking defendants on a regular basis, even though such cases were usually slam dunks. In post-trial interviews, jurors said they saw no moral difference between sports betting and playing the Georgia lottery."[15] Even the legalization of a game by a neighboring state can start the decline of the moral barriers against gambling. It is difficult for a state official to argue that a lottery would be immoral when his constituents are going across the state line by the millions to buy tickets. **24**

Proponents can direct discussion toward cost/benefit analyses of various other games that might be legalized. Once all of the states in a region have the same game, the first to legalize a new game has an advantage and can siphon off the disposable income of its neighbors. A domino effect is created. **25**

Meanwhile, the police and prosecutors are finding it increasingly difficult to enforce those anti-gambling laws that are still on the books, and venality is growing. Even the police begin to see hypocrisy in trying to prohibit a wager when an almost identical game is being actively promoted by the state. **26**

Most of the states are presently at this point in the cycle. The wave of legalized gambling is still rising throughout the nation, although some forms, like state lotteries, have already captured virtually every state. In the past, the wave continued to grow until many forms of gambling became legal, widespread and commercialized. In the past, everyone seemed to be playing and the amounts of money involved were staggering. Those few prohibitions that still existed were virtually ignored by the police, and venality and corruption became widespread and open. **27**

Historically, the next stage has been a devastating deluge of public scandals. Legal gambling is very big business with very few paper records; of the at least $1 trillion that is bet each year, most is in the form of untraceable cash. It is not diffi- **28**

---

15 Curriden, Mark, "Power of 12," *ABA Journal* 36, 39 (Aug. 2001).

cult to understand the temptation to try and go beyond what is allowed, both by inventing new, faster forms of gambling or even rigging the outcome of a legal game.

29 But cheating can be fatal to the industry. In the past, the combination of highly publicized scandals and a reawakened morality closed down the games. Constitutional amendments were passed, with the intent of outlawing gambling forever. Of course, constitutions can be re-amended. Prohibition only leads, inevitably, to the next stage where demand once again builds for the legalization of some forms of gambling.

IV. History and Historical Baggage From the First Wave

30 America's first wave of legal gambling began even before there was a country: The earliest settlements were funded, in part, by lotteries in England.[16] The first race track was set up in New York in 1666.[17] Gaming was usually outlawed by statute; the Massachusetts Bay Colony banned the possession of cards, dice, or gaming tables, even in private homes.[18] But the colonies were awash in lotteries, licensed by both states and the newly formed federal government.[19] In part this is because during the colonial period and even after the American Revolution, America lacked a fiscal infrastructure: there simply were too few banks and other large financial institutions to provide capital for building roads, or even loans for mortgages. Running a lottery (today we would call it a raffle) might be the only way for an individual to sell a house. It appears to have been easier to buy a lottery ticket during George Washington's time than the present.

31 Technological and social developments radically changed the nation's attitude toward gambling between the colonial period and the Civil War. The invention of the steamboat led to the establishment of riverboat commerce. The Golden Age of the almost always crooked riverboat gamblers ended with Civil War blockades and the invention of the railroad.[20]

16 Ezell, John Samuel, FORTUNE'S MERRY WHEEL: THE LOTTERY IN AMERICA 30–32, 177, 204–405 (1960) (hereinafter "Ezell").

17 National Institute of Law Enforcement and Criminal Justice, Law Enforcement Assistance Administration, United States Department of Justice, THE DEVELOPMENT OF THE LAW OF GAMBLING: 1776-1976 at p 41 (hereinafter "THE DEVELOPMENT OF THE LAW OF GAMBLING").

18 Records of the Court Assistants of the Colony of Massachusetts Bay, vol 2, p 12 (1631), cited in THE DEVELOPMENT OF THE LAW OF GAMBLING at p. 41 (1976).

19 Chafetz, Henry, PLAY THE DEVIL: A HISTORY OF GAMBLING IN THE UNITED STATES FROM 1492 TO 1955 c IV (1960).

20 Jones, J. Philip, GAMBLING YESTERDAY AND TODAY: A COMPLETE HISTORY 23 (1973).

Lotteries were everywhere, including in older, large cities. Private individuals ran early American lotteries with no government oversight. A fee was paid to the state for a license, but no one except the operators looked at the books. Licensed by the state, but without any regulation or governmental controls, the lotteries were hit by widespread scandals, the worst being that drawings were often not held at all. Operators would stall for months and years, claiming they had not sold enough tickets, and then disappear. A gambler will put up with terrible odds, or even a rigged game, if it is the only game in town. But no one tolerates the lottery con game where there is no winner at all. 32

In addition, the 1820s and 1830s saw the birth of a reform movement. The movement became centered on Andrew Jackson's call for a clean sweep and to "throw the rascals out." Although Jackson himself was a noted gambler, his movement to bring in the common man, and to eliminate corruption, lent support to growing anti-lottery feelings. 33

The mix of the two – lottery scandals and a newfound morality – led to the near-complete prohibition of lotteries. The feelings of emotional revulsion were so strong that reformers attempted to lock out lotteries for what they thought was forever, by writing bans into their state constitutions. As new states were born, their constitutions also contained flat prohibitions on lotteries. Settlers in frontier states like Nevada, Texas and California brought these strong anti-lottery feelings with them. Delegates to the constitutional conventions creating these new states had personal knowledge of lottery scandals back East. 34

There is usually no mention in the state constitutions of the era of other forms of gambling. Casino games might not have been legal (the author has been unable to find a single statute permitting riverboat gambling), but the public felt betting at games of chance, where players had to go to a place to participate, was a relatively easy problem that could be handled by the legislature. The lottery, on the other hand, was viewed as particularly insidious. By 1862 Missouri and Kentucky were the only states that had not banned lotteries altogether.[21] 35

The most important pieces of legal debris from the fall of the first wave of legal gambling are the state constitutional bans on lotteries. So much time has passed that sometimes the meaning of the term "lottery" has been lost or warped to include other forms of gambling, creating enormous problems for proponents of bingo, parimutuel wagering and casinos. 36

Amending a state constitution is difficult, requiring a vote of the people. A century after the anti-lottery provisions were written in, long after the memory of the scandals that led to their creation had died away, proponents of state lotteries were able to win constitutional elections in more than three dozen states. 37

21 See, Sullivan, George, BY CHANCE A WINNER: THE HISTORY OF LOTTERIES 50–51 (1972).

38 Proponents of casinos have not fared as well. Voters have almost always rejected amending their state constitutions to bring in high-stake casinos. However, many state legislature have been able to legalize casinos, where no vote was required. These include some of the leading casino states, including Nevada, Mississippi, and now Pennsylvania, where the constitutional ban on "lotteries" has been interpreted as being limited to true lotteries, enabling state legislatures to legalize casinos, without a statewide vote.

39 The crash of the first wave also led to the enactment of the first federal anti-lottery statutes. The federal laws were weak, because, at this time, in the 1840s, 1850s and 1860s, it was widely believed that the federal government did not have much power.

V. History and Historical Baggage From the Second Wave

40 The second wave began with the Civil War and the continuing expansion of the western frontier.

41 The South turned to state-licensed lotteries as a painless way to raise revenue.[22] Legal gambling is often seen as a painless, or voluntary, tax. Many southern states reopened state-licensed lotteries.[23] State constitutional prohibitions were ignored or rewritten by the governments imposed by the victorious North to allow state statutes to be rewritten during the Reconstruction era to allow lotteries, primarily for good purposes, such as the founding of the University of Mississippi.

42 Throughout the Wild West, gambling was ubiquitous. When the frontier developed, it was common to see casino games being played openly, although whether these games were technically legal was not considered a major issue at the time. Licensed casinos dominated the heart of Gold Rush San Francisco. Frequently, gaming houses were explicitly made legal so that government could raise revenue through licensing, and to avoid the problem epitomized by *Prohibition*, having criminal statutes on the books that no one obeyed. Often the games were illegal but ignored by law enforcement, because it was difficult to outlaw this typical frontier diversion.[24]

43 From memoirs of 19th century casino operators, it appears that all of these games were crooked. In addition, neither laymen nor lawmakers understood the mathematics of probabilities. The debates over prohibiting not only banking games,

---

22 Ezell at ch. 12; THE DEVELOPMENT OF THE LAW OF GAMBLING at p 282.
23 Id.
24 Peterson, Virgil W., "Obstacles To Enforcement Of Gambling Law," 269 *Annals of the American Academy of Political and Social Science: Gambling* 9 (1950); Peterson, Virgil W., "Gambling – Should It Be Legalized?," 40 *J. Crim. L. & Criminology* 259, 290 (Sept. 1949).

where the house takes on all players, but percentage games, where the house participates as a player but has a percentage advantage, show that there was a general perception that having a built-in edge was considered the same as cheating. Poker and other round games, where players play against each other with no one participant having a continuous advantage, were normally allowed to continue and are still legal in California today.

The establishment of permanent cities brought the desire for law and order, and Westerners wanted to be viewed as respectable in the eyes of the established East Coast.[25] With civilization often came statutory prohibitions on casinos. 44

Betting on horse races was not viewed as a problem, when bettors had to be physically present at the track. The invention of the telegraph, telephone, and totalizer machines in the late 19th century made it possible for the average working man to bet on races taking place in another part of the country. The establishment of these "pool rooms" led to the passage of anti-bookie statutes prohibiting the transmission of gambling information. 45

The 19th century ended with a second round of lottery scandals. The Louisiana Lottery was the greatest, both in the size of its operation and in the magnitude of the scandal. The lottery operators were accused, correctly, of attempting to buy the Louisiana State Legislature. Operators promoted their legal lottery tickets throughout the nation. Technological advances had allowed the Louisiana Lottery to operate without being in close geographic proximity to its customers. 46

Some states, like New York, reacted to the opening of Louisiana Lottery stores in their major cities by enacting statutes making it a crime to sell a lottery ticket within their borders, even if the lottery is legal where the drawing is held. These statutes are still on the books today, although they are of questionable constitutionality, since they interfere with interstate commerce. The new laws had little effect. The states were no more able to stop the selling of Louisiana Lottery tickets in the 1880s and 1890s than they were in the 1950s and 1960s with the Irish Sweepstakes. It became clear that the states could not control this state licensed lottery, either because they did not wish to do so, or because of jurisdictional limits on their power to regulate legal activities originating in other states. 47

Since the states were helpless, President Benjamin Harrison asked Congress to pass legislation to close down the Louisiana Lottery. Congress responded by using the various constitutional provisions and federal powers it thought it had at the time. Congress first used its power to regulate the U.S. mails, which, at the time, was the federal government's most powerful weapon.[26] In 1890, Congress passed a law barring lottery material from the mail. At that time 45% of the entire New Orleans 48

---

25 Findlay, John M., PEOPLE OF CHANCE: GAMBLING IN AMERICAN SOCIETY FROM JAMESTOWN TO LAS VEGAS at ch 3 (1986).
26 Now at 18 U.S.C. §1302.

post office business concerned the Lottery. The law, codified as section 1302 of title 18 of the United States Code, specifically prohibits the use of the mails for lottery tickets, for checks for the purchase of tickets, and even for "any newspaper, circular, pamphlet, or publication of any kind containing any advertisement of any lottery, gift enterprise, or scheme of any kind offering prizes dependent in whole or in part upon lot or chance ..."[27] In 1893 the United States Supreme Court upheld its use against a foreign legal lottery.[28] The Court held that an advertisement for certain bonds, issued by the government of Austria, could not be sent through the U.S. mails because they were considered a form of lottery. The prohibitions have been expanded as technology developed, now including radio, television and the use of agents.[29]

49 The rise of Victorian morality, scandals, and the desire for respectability brought the second wave crashing down in the West. The territories of New Mexico and Arizona were told that to gain statehood they would have to close their casinos.[30] In 1909, even the Nevada Legislature outlawed casinos.[31] By 1910 only Maryland, Kentucky and New York were left, and in that year New York closed its racetracks. The United States was once again virtually free of legalized gambling.[32]

50 The most important legal debris of the crash of the second wave were the federal anti-lottery laws passed in response to the Louisiana Lottery scandal and other problems in the late 19th century associated with legal lotteries licensed by various states. The federal anti-lottery laws were so successful that all lotteries were destroyed and no legal lottery existed in the United States for almost 70 years. These laws also helped create the modern United States.

51 The 1892 Louisiana Legislature passed a bill prohibiting ticket sales after December 31, 1893. In October 1893 the organizers of the Lottery announced that after January 1, 1894 the business would operate out of Honduras. However, they used a loophole in Florida's anti-lottery law to distribute the tickets out of Port Tampa,

---

27 The main mail fraud statute gives the Postal Service the authority to intercept and return lottery mail. 39 U.S.C. §3005(a)(1). Publications containing advertisements for foreign legal lotteries and envelopes containing lottery tickets are often intercepted and returned or destroyed.

28 Horner v. United States, 147 U.S. 449 (1893).

29 18 U.S.C. §1301.

30 Nevada made casino gambling legal in 1869, Act of March 4, 1869, 71, Nev. Laws 119; legal casino gambling in the territories of New Mexico and Arizona is described in Currie, "The Transformation of the Southwest: Through the Legal Abolition of Gambling," *The Century Magazine*, at p 905 (April 1908); Ariz. Laws 1909, c 92.

31 Act of March 24, 1909, ch 210, Nev. Laws 307: "An Act prohibiting gambling, providing for the destruction of gambling property and other matters relating thereto;" Currie, Id. For a discussion of Nevada's changing public policy toward gambling during this era, see West Indies v First Nat. Bank of Nevada, 67 Nev. 13, 23, 214 P.2d 144, 149 (1950).

32 Weinstein, David and Deitch, L., THE IMPACT OF LEGALIZED GAMBLING: THE SOCIOECONOMIC CONSEQUENCES OF LOTTERIES AND OFF-TRACK BETTING 13–14 (1974).

while holding the drawings in Honduras or at sea. Having relocated, the Lottery switched to using private express carriers, to continue operation without violating U.S. postal laws. Congress was thus forced to push the power given it under the Constitution to the limit to prevent the Lottery from reappearing.[33] It turned to the Interstate Commerce Clause.

At that time, the prevailing thought in the law was that "interstate commerce" 52
was limited to literally commerce that was inter-state, for example, shipping on rivers between states. The idea that Congress could regulate legal commerce that happened to cross a state line was a radical idea. Congress passed the bill and it was signed in 1895 with two minutes to spare. It was now a federal crime to carry or send a lottery ticket, or lottery information, or a list of lottery prizes in interstate or foreign commerce.[34] The Supreme Court, in The Lottery Case, upheld this great expansion of the federal government's power in 1903.

VI. The Third Wave: The Depression to the Present

The Depression gave birth to the third wave of legal gambling. Nevada re-legalized 53
casino gambling in 1931.[35] Twenty-one states opened racetracks with parimutuel betting in the 1930s, with additional states allowing parimutuel betting in every decade since.[36] Charities played Bingo, at first illegally, until many of the states changed their laws in the 1940s and 1950s to permit charitable and social gambling. And then New Hampshire re-discovered the state lottery in 1964.

For the last 60 years, the fight has been over everything from bingo, lotteries 54
and horse and dog racing to poker, Internet gaming and casinos. But the big money prize is legalizing gaming machines. Part of the problem comes from sloppy legal work done decades ago. Operators of roulette wheels and conventional slot machines were sometimes convicted of running illegal "lotteries." In some jurisdictions the states' highest courts ruled the word "lottery" was synonymous with gambling.

Today, state attorneys general find themselves making exactly the opposite ar- 55
gument. Federally recognized Indian tribes are allowed to operate any form of gam-

33 The Development of the Law of Gambling at p. 520 (1977).

34 Now codified as 18 U.S.C. §1301.

35 Nevada Act of March 4, 1869, 71, Nev. Laws 119 (made casino gambling legal); Act of March 24, 1909, c 210, Nev. Laws 307 (outlawed casinos); Act of March 19, 1931, c 99, Nev. Laws 165 (made casino gambling legal again).

36 Dombrink, John & William N. Thompson, The Last Resort: Success And Failure In Campaigns For Casinos 11 (1990) (hereinafter "Dombrink & Thompson"); Joseph F. McDonald, "Gambling in Nevada," 269 *Annals of the American Academy of Political and Social Science: Gambling* 30 (1950).

bling permitted by state law.[37] A federal judge in Wisconsin ruled that "lottery" means any game of prize, chance and consideration. The state operates a lottery; therefore, the state had to negotiate to allow Indian tribes to have any games of prize, chance and consideration, including blackjack and video poker machines.[38]

VII. What Happens When Prohibition Is Repealed?

56 It is widely believed in this Third Wave of Legal Gambling that anyone, including governments, can get rich quick. All one needs to do to grab a piece of the action is to own, operate, or tax some form of legal gambling. An endless flow of instant, unlimited wealth will follow. This delusion is a typical symptom of a classic speculative bubble.

57 All bubbles grow out of unrealistic expectations, like the one preceding the Great Crash of 1929,[39] the South Sea Bubble and Dutch Tulipmania.[40] Fortunes really can be made during such wild speculation. The word *millionaire* came into use for the first time during France's Mississippi Company bubble of 1716–1720.[41]

58 The dream of instant, unending riches is not limited to Americans. Canada, Australia, and Europe have the legal gambling bug as badly, or worse. "With the opening of Ontario's Casino Niagara, Canada's gaming industry employs more than 46,000 people – 12 times the size of the nation's commercial fishing industry."[42] And nothing compares to the percentage growth of lotteries, casinos, and parimutuel betting in the newly freed former Soviet bloc, and the truly fantastic developments in Macau and Singapore.

59 Unlike tulip bulbs, commodities or stock index futures, legal gambling can, in fact, generate revenue. However, it will not be on the scale imagined nor can it expand endlessly in the face of direct competition. As much as they might wish, not every town can become the next Las Vegas. There is a big difference between being the only legal casino on the East Coast and owning a riverboat in Iowa when there is a competing riverboat in Illinois with unlimited stakes a 10 minute drive away.

---

37 California v. Cabazon Band of Mission Indians, 480 U.S. 202 (1987); Indian Gaming Regulatory Act, Pub. L. 102 Stat. 2467, 100-497 (Oct. 17, 1988).

38 *Lac du Flambeau Band of Lake Superior Chippewa Indians v. Wisconsin*, 770 F. Supp. 480 (W.D.Wisc. 1991), appeal dismissed 957 F.2d 515 (7th Cir. 1992) (appeal dismissed for lack of jurisdiction).

39 Galbraith, John Kenneth, THE GREAT CRASH 1929 (1961).

40 Bulgatz, J., PONZI SCHEMES, INVADERS FROM MARS & MORE EXTRAORDINARY POPULAR DELUSIONS AND THE MADNESS OF CROWDS 101 (1992). Hereinafter "Bulgatz."

41 Dreman, D., CONTRARIAN INVESTMENT STRATEGY: THE PSYCHOLOGY OF STOCK MARKET SUCCESS 63 (1979).

42 *Casino J.'s National Gaming Summary* at 10 (Dec. 23, 1996).

Suppose Prohibition of alcohol had just been repealed. The hypothetical owner of the first and only liquor store in a state would make a fantastic return on investment. But soon, if there were no government controls, there would be liquor stores throughout the state, as there are few barriers to entry. Excess profits would disappear and returns on investment would descend to normal levels, after a large number went bankrupt and that over-supply disappeared. 60

Government makes the situation worse. The fantasy that there is an infinitely elastic demand for gambling seems to hit politicians harder than entrepreneurs. Sin taxes are always the easiest to raise. Casinos, like liquor stores and tobacco retailers, are easier targets than more politically acceptable businesses. Government's thinking is that people should not be gambling anyway and they will continue to make wagers, no matter how much the cost. So, even though a quarter of the gaming establishments in a jurisdiction might go bankrupt, the state continues to consider raising taxes on gaming. 61

Resorts International opened the first legal casino on the East Coast on May 26, 1978, spending $45.2 million to refurbish the old Chalfonte-Haddon hotel in Atlantic City.[43] Its first year gross revenue of $224.6 million made it the most profitable casino in the world.[44] The state of New Jersey, for merely allowing the casino to open, collected $18 million in taxes that first year.[45] Twelve more casinos quickly followed. The Trump Taj Mahal, the thirteenth Atlantic City casino to open, cost over $1.1 billion, in 1990 dollars.[46] The Taj opened in April 1990; it declared bankruptcy in July 1991. Of the thirteen casinos that had opened in Atlantic City, eight had been involved in formal bankruptcy proceedings.[47] 62

The explosion of legal gambling has finally settled the question of whether availability creates demand. The metropolitan area of Biloxi-Gulfport-Pascagoula, near the Mississippi casinos, with a population of 112,993,[48] ranks eighth in the na- 63

43 Satchell, M., "Atlantic City's great gold rush," *Parade* at p. 8 (June 10, 1979).

44 N. J. Casino Control Commission, ANNUAL REPORT 3 (1979); D. Janson, "Resorts wins a permanent license to operate a casino in Atlantic City," *N.Y. Times* at pp. A1, B5 (Feb. 27, 1979).

45 N. J. Casino Control Commission id. In their first 15 years in operation, the casinos of Atlantic City, which never numbered more than 13, claim they paid a total of $6 billion in local, state and federal taxes.

46 Sloan, A., "And now, Trump's Taj Mahal: The soap opera," *LA Times* at p.D5 (Nov. 12, 1990).

47 "Atlantic City's Sands declares chapter 11 bankruptcy," *Casino J.* at p 30 (Feb. 1998); "Playboy tangles with casino in chapter 11," *LA Times* at p IV 1 (Nov. 16, 1985); Hancock Institutional Equity Services, *Industry review, United States casino gaming industry update: Hedge your bets* 4 (June 19, 1992); "Resorts International files for bankruptcy under chapter 11," *LA Times* at p D1 (Dec. 23, 1989); "Resorts International-Bankruptcy," *AP Newswire story number 2013* (March 21, 1994).

48 WORLD ALMANAC AND BOOK OF FACTS 381, 403 (Mahwah, New Jersey: Funk & Wagnalls 1995).

tion as the most important feeder market for casino gaming, far above such massive cities as Houston and Seattle, which did not even make the top 10.[49]

64 Although availability creates demand, that demand is not endless. Even a casino in New Orleans will fail, if Louisiana and Mississippi are already saturated with competing forms of gambling.

65 In January 1993, the small Mashantucket Pequot tribe,[50] which had opened what it called the Foxwoods High Stakes Bingo & Casino in Connecticut in February 1992, began operating the only legal slot machines between Atlantic City and Canada. The initial 260 machines produced slightly over $2 million that first month. By July 1993 Foxwoods had 1,471 operating machines, earning $26.2 million for the month, for a daily average win of $575 per machine per day. The slot machines at Foxwoods were earning twice as much per device as the slot machines in Atlantic City,[51] and four times the $140 per day won by $1 slot machines on the Las Vegas strip.[52] By October 1993 the numbers had doubled again: The tribe now had 4,800 slot machines generating $1.625 million per day.[53]

66 Foxwoods demonstrates the power of a monopoly, now an oligopoly, as well as the dangers.[54] Foxwoods reported that $660 million was wagered (the "slot handle") at its 4,585 slot machines during November 1996, resulting in a "slot win" of $38 million for the month. Although the number of machines is comparable, the Trump Plaza's slots attracted less than half the amount wagered at Foxwoods: The slot handle was $272 million, producing a slot win of $22 million.[55] By 1997 no one disputed that Foxwoods was the most profitable casino in the world. The tribe is only required to report the amounts wagered on slot machines and bingo, but the numbers support the conclusion that Foxwoods is the first casino in history to win over $1 billion from its patrons. The state of Connecticut failed to include any restrictions in its compact with the tribe, so Foxwoods keeps growing and growing, swallowing up nearby forested land for parking lots, hotels, and more casino games. As of 2010, Foxwood's has three hotels with 1,916 rooms, 344,000 square feet of casino gaming

49 Casino J.'s NATIONAL GAMING SUMMARY *Top Ten Casino Feeder Markets* (April 3, 1995) (Quoting Harrah's Survey of Casino Entertainment (1995)).

50 The tribe grew from 150 to more than 250 members after getting the right to open a casino.

51 Atlantic City slots win a daily average of $275. *Slots yield bonanza for Foxwoods casino*, Reno-Gazette J. at p 8B (Aug. 7, 1993).

52 Id.

53 Diamond, J., *Indian casino's take far exceeds industry norm*, Reno-Gazette J. at p 2F (Oct. 11, 1993).

54 On October 12, 1996 a second federally recognized tribe in Connecticut opened a casino. The count in November 1996 was 4,585 slots in Foxwoods and 2,548 in the Mohegan Sun. Casino Revenue November 1996, 10 CASINO J. at p 20–21 (March 1997).

55 Id.

space including 7,200 gaming machines and 380 table and poker games.[56] This is twice as large as the largest casino in Las Vegas.

Political and economic pressure to break Foxwoods' monopoly in the Northeast 67
U.S. market made competition inevitable. Even before the Mohegan Sun opened the second casino in Connecticut, another tribe, the Oneidas, opened Turning Stone, an Indian casino then without slot machines, in 1993 in the middle of New York state. Casino ships with slots started operating out of ports in Connecticut. Tribes in Rhode Island, Massachusetts, and Maine fought in court and sought political allies in their battles to open casinos. And legislation for slot machines, Video Lottery Terminals, and more casinos on riverboats and on land were introduced in state legislatures in New York, New Hampshire, Massachusetts, Pennsylvania, Connecticut and every other jurisdiction north of Atlantic City.

The Mashantucket Pequot Tribal Nation expected its casino gaming to grow for- 68
ever. Equally strange, so did its banks and other sophisticated lenders. Today, Foxwoods is in default on billions of dollars in loans.[57]

VIII. Elections Show A Tidal Change In Attitudes Toward Legal Gambling

Until the November 1996 elections, all high-stakes casino-style gambling in Amer- 69
ica, with the exception of Atlantic City, had been created without the approval of the electorate of a state. High-stake casinos were authorized by state legislatures acting on their own – even Nevada voters were never asked whether they wanted casinos – and Indian Tribes.[58] Prior to 1996, high-stakes casinos had won only one statewide election, in 1976 in New Jersey.[59] And that was not really a contest. The opposition was so over-confident, having defeated casinos at the polls by 60% only two years earlier, that they literally ran no campaign against the Atlantic City proposal: Committees opposing casinos took in only $23,230 and did not even spend it all! Proponents spent $1,330,615.

So, it was possible to say that no state had ever voted to amend its state consti- 70
tution to allow high-stake casinos in the face of active opposition.

56 http://foxwoods.casinocity.com/.

57 Toensing, Gale Courey, "Mashantucket and lenders extend debt forbearance agreement," *Indian Country Today*, http://www.indiancountrytoday.com/home/content/82383472.html (Jan. 25, 2010).

58 Other political players have been involved. In the case of Indian casinos, for example, tribal governments, state governors, federal agencies and Congress have given their approval, often because of adverse court rulings.

59 Dombrink & Thompson at p 37.

71 There had been a few successful elections at the local level, with cities and counties approving high-stakes casinos. But statewide, the only way to win a casino election had been to promise the voters that gaming would be isolated onto a mountaintop or surrounded by water with low stakes. Colorado and South Dakota voters approved $5 maximum blackjack and slots and Missouri voters accepted riverboats with $500 loss limits. But, even these casino electoral victories all occurred in the prior decade.

72 Every attempt to raise the stakes had also been soundly rejected by voters. In South Dakota, for example, to justify building a massive casino-resort, Dan and Kevin Costner attempted to have bet limits raised from $5 to $100 and to allow more slot machines per casino. Low-stakes casinos were already operating in Deadwood and on Indian land, while the state was operating thousands of Video Lottery Terminals. The Costner's spent at least 10 times as much as their opponents. Yet, in September 1993 only 42% of South Dakota's voters voted in favor of bringing in high-stakes casinos.

73 Part of the reason for such electoral defeats in the past can be seen in Americans' attitudes toward legal gambling. It is still the overwhelming rule that most people simply do not take gambling seriously, unless they are asked to approve it in their own backyards. Then, if it is viewed as one of the "safe kinds," bingo or a state lottery, it will be allowed. If it can be isolated to a mountain town, or somehow sanitized by surrounding it with 30 feet of river water, it is somehow also viewed as all right. But if the general population is asked to vote for casino gambling or slot machines where their children might be tempted to play them, then they will say no.

74 But, November 1996 marked a turning point, and the greatest victory in American history for legal gambling, particularly for casino gaming. Unprecedented breakthroughs occurred in virtually every area of the country. For the first time in American history, the citizens of a state (actually two – Michigan and Arizona) voted, in the face of active opposition, to bring in new, high-stakes casinos. Also for the first time in American history, local citizens throughout a state (Louisiana) voted unanimously, in the face of active opposition, to retain high-stakes casinos.

75 News articles written immediately after the election called the results mixed, contrasting these wins against an even greater number of losses, including casino initiatives losing in Arkansas, Colorado, Guam and Ohio. What is not recognized is that 20 years earlier casino gambling would have lost every election. The votes to keep casinos, and especially to bring in new ones, indicate there has been a tidal change in the way Americans feel about legal gambling. Voters, for the first time ever, have accepted local gaming as a normal part of their lives. Voters have in the past approved state lotteries. They often vote in favor of horse racing. But, in deserves repeating: In dozens of attempts over the last 200 years, never before had the citizens of a state voted, in the face of active opposition, to bring in new, high-stakes casinos.

I. Nelson Rose

Despite their claims, organized anti-gambling activists have almost never been a significant factor.[60] In 1990, professors William N. Thompson, University of Nevada Las Vegas, and John Dombrink, University of California Irvine, published their study, THE LAST RESORT: SUCCESS AND FAILURE IN CAMPAIGNS FOR CASINOS.[61] Examining virtually every election up to the date of publication, Thompson and Dombrink found that statewide casino campaigns never succeeded, as long as a single powerful political actor was opposed. They called this the veto factor. 76

Until November 1996 the veto factor had held true for all statewide votes for high-stakes casinos. Thus, the campaigns to bring casinos to Ohio and Arkansas in 1996 had as little chance of succeeding as the Florida campaigns had in 1994 or 1978. 77

But something new and unprecedented occurred in Michigan and Arizona in 1996. There, all political voices seemed to be unified in opposition to casinos. The governors of both states actively campaigned against the initiatives. Yet, statewide voters approved allowing new casinos, without limiting the size of wagers nor restricting the gaming onto riverboats or mountaintops. 78

Also, for the first time in American history, local citizens throughout a state voted unanimously, in the face of active opposition, to retain their high-stakes casinos. Six parishes in Louisiana have riverboat casinos and Orleans Parish has a land-based casino. All seven voted, by enormous margins of up to 71% to 29%, to keep their casinos: Statewide, voters approved riverboat casinos by 58% to 42%.[62] 79

In November 1996 commercial gambling also won scattered victories in every region of the country, even in the most conservative states. Twenty-three additional parishes in Louisiana approved the option of establishing new riverboat casinos. Jefferson County, West Virginia approved up to 1,000 Video Lottery Terminals ("VLTs") at the Charles Town racetrack. Michigan rejected a ban on bingo for political fund-raisers. And, Marion County, Indiana, voted in favor of building a harness racetrack outside Indianapolis. 80

Why are voters accepting legal gambling as a regular part of their lives? One answer is the power of incremental change: The unthinkable becomes commonplace if taken in small doses. In November, 1996, when Michigan voters approved casinos for Detroit, the state already had 11 high-stakes Indian casinos. Two of the most pro- 81

---

60 Opponents of legal gambling have become more organized and do, occasionally, make a difference in a close election. In November, 1999, anti-gambling activists, led by churches and the National Coalition Against Legalized Gambling, won a surprising victory against a proposed state lottery in Alabama. Of course, the massive casino industry in neighboring Mississippi and Alabama's own racetracks might also have played a role in blocking the creation of a new competitor.

61 Dombrink & Thompson, at p 11.

62 Burhop, Gary L., "In '96, Gambling Gained New Voter Acceptance," *N.Y. Times* at A12 (Letters Nov. 26, 1996).

fitable casinos in the world were already open in Windsor, Ontario, across the river from Detroit. Arizona's Governor Symington had already signed compacts with 16 tribes; in 1996, voters told him to let the five tribes that had been left out also have casinos. West Virginia already allowed VLTs at four other racetracks. Indiana already had other racetracks.

82 It can be argued that the unprecedented casino victories in Michigan and Arizona were the result of special factors. But every election has special factors. And every state either already has casino-style gaming or is near another state with tribal, land-based or riverboat casinos.

83 Were there unique factors in Michigan and Arizona? Perhaps – both states already had tribal casinos within their borders and privately operated casinos next door. Ohio, Arkansas, and Florida, on the other hand, had no tribal casinos.

84 But, the tidal change in the public's attitude toward legal gambling was confirmed two years later. Proponents of legalized gaming won virtually every race in the November 1998 elections. Proposition 5 in California received the most attention. Proponents of Indian casinos had enormous financial and political resources. But the size of the landslide, 63–37 percent, shows California voters simply do not fear casinos or slot machines, any more.[63] In Missouri, voters approved "riverboat" (actually "boats in moats") casinos for the third time. In New Jersey, voters approved off-track phone betting; in 1980 they had voted down innocuous Sunday racing. In Arizona, a large majority voted to extend the state lottery, despite repeated crises and religious opposition.

85 Gaming opponents rarely can gather enough signatures to get repeal on the ballot. They failed in 1998 in both Michigan and Mississippi. But the vocal opposition can sometimes force fearful legislators to let the voters decide.

86 Anti-gambling forces did have a couple of victories. A nasty fight in Maryland ended with a win for incumbent Gov. Parris Glendening, a vocal opponent of racetrack slot machines. Even here, surveys showed that gambling was not an issue; voters were most concerned about education. The only wins in 1998: in Arizona and Missouri voters outlawed cockfighting.

87 The November 2000 elections reconfirmed the tidal change in the way voters view legal gambling. In a self-congratulatory (and fund-raising) newsletter to its followers, the Rev. Tom Grey, Executive Director of the National Coalition Against Legalized Gambling, portrayed the results of the Nov 7, 2000 races as follows: "By

63 Citing the author's 1986 book, Gambling and the Law, the California Supreme Court ruled that Proposition 5 violated the California Constitution. Hotel Employees and Restaurant Employees Int'l. Union v Davis, 21 Cal.4th 585, 981 P.2d 990, 88 Cal.Rptr.2d 56 (1999). The state's tribes easily gathered enough signatures to put the issue back on the ballot, this time as an amendment to the State Constitution. Voters approved Proposition 1A in March, 2000 by an overwhelming margin, giving tribes a monopoly on casinos in California.

their votes at the polls Americans proved that they are waking up to the threat facing our country and have soundly rejected legalized gambling in Arkansas, Maine, West Virginia, New Mexico and Wisconsin."[64]

Not exactly.

Arkansas certainly was an election defeat. But the proposal was so bizarre that 88
it was not a fair test of the voters' feelings toward legal gambling. West Virginia's election was even stranger. Only voters in rural Greenbrier County cast ballots. There were only 7,065 "No" and 5,109 "Yes" votes. They rejected the plan to put a casino, open only to registered guests of the Greenbrier Hotel, in a converted bomb shelter.[65]

Elsewhere legal gambling won big. In South Dakota, voters approved keeping 89
their video lottery terminals and raising the maximum betting limits in casinos in Deadwood from $5 to $100. South Carolinians voted to establish a state lottery. Voters in Colorado approved joining multi-state lotteries, and those in Massachusetts voted to keep their greyhound racing.

The best the Rev. Grey could say about these smashing state-wide defeats of the 90
anti-gambling movements was, "In those states where gambling was defeated, it was by a much higher margin than in those states where gambling initiatives passed." The margins of victory could be significant if they were part of a national trend. But history has demonstrated that the trend is exactly the opposite of what the anti's want. Fifty years ago every one of these pro-gambling proposals would have been defeated at the polls, and by margins of two- or three-to-one. The fact that any of them made the ballot, let alone won, shows that voters have come to accept legal gambling as merely another part of everyday life.

One of the most interesting results of the Fall 2000 election shows how political 91
power has shifted in the last decade. Democrat Maria Cantwell beat Washington State's most powerful politician, incumbent Sen. Slade Gorton, by less than one-tenth of one percent, with the help of $1 million from gaming tribes.

Most proposals for legalization still do fail. For example, a plan in 2010 for an 92
Indian casino to be opened in Youngstown, Ohio, has gone nowhere, in part, because there are no federally recognized tribes in Ohio, and in part because the plan comes from a former member of Congress who had been convicted of corruption![66] Still, the fact that even such a ridiculous proposal could get any attention at all, shows how widespread the dream of legalizing gaming has spread.

---

64 Letter dated November 2000 to "Dear Friend:" accompanying NCALG Newsletter vol 8, No 3 (Nov. 2000).

65 See, West Virginia Limited Gaming Facility Act, W.Va. Code §§29-25-1 et seq.

66 "Ohio casino plan from convicted ex-Rep. draws no interest," *The Associated Press: The Herald-Dispatch* http://www.herald-dispatch.com/news/briefs/x802129380/Ohio-casino-plan-from-convicted-ex-Rep-draws-no-interest (Feb. 6, 2010 @ 06:04 PM).

93 The tsunami nature of the third wave of legal gambling has been confirmed in actual, as well as hoped for, developments over the past few years, including events which would have been considered impossible a decade or two earlier. Voters approved amending the State Constitution to allow high-stakes casinos in Ohio's four largest cities, while the governor got the state legislature to approve gaming machines for the state's racetracks. Kansas became the first state to own true casinos, considered "lotteries" under Kansas state law, which therefore could be operated by the State Lottery. Delaware legalized and opened massive sports books, the only ones east of the Mississippi, and then approved table games to add to its racinos. Maryland approved slot machines, and is on the verge of allowing table games. Tracks and other operators of certain gaming devices opened magnificent casinos in Alabama, using machines that may or may not be legally bingo. The governor of Pennsylvania worked hard to get table games approved, to join the 60,000 slot machines at that state's casinos. In a world on the brink of an economic depression, where attention is naturally drawn to casino bankruptcies and gaming tribes defaulting on multi-million dollar loans, it is natural that almost no one noticed that in 2009 the legal, licensed slot machines in Pennsylvania made more money that all the slot machines in Atlantic City. By December 2010 Pennsylvania became the number one state in the nation in public revenue received from legal gambling, beating out even Nevada (which has a much lower tax rate).[67]

IX. Reasons for the Spread of Legal Gambling

1. The morality argument is dead

94 It is no longer considered acceptable to oppose gambling on the ground it is immoral. This reflects a general trend throughout the United States of the rise of situational ethics. But gambling opponents lost their main moral spokesmen, once churches started running bingo games and government began selling lottery tickets. Ninety years ago all gambling was illegal and it was a crime to sell someone a drink. Today, government is selling lottery tickets and taking bets on football games and there is talk of legalizing, or at least decriminalizing, drugs. On November 5, 1996, voters in California and Arizona approved the use of marijuana for medical treatment.[68] With no one to say what is right or wrong, everything has become a cost/benefit analysis. Gambling makes money, even accounting for social costs, particularly if it is run as a monopoly.

67 Conte, Andrew, "Rendell touts start of casinos," *Pittsburgh Tribune-review*, http://www.pittsburghlive.com/x/pittsburghtrib/news/s_714811.html (Dec. 22, 2010).
68 Balzar, J., *Voters Approve Measure to Use Pot as Medicine*, LA TIMES at p A1 (Nov. 6, 1996).

2. Government has said it is okay

A large segment of society believe government knows best. With all the talk about 95
forbidden fruit, it is important to remember that most people will not break the law, even if they will not get caught; drivers stop at red lights at 3 a.m. in the open desert. There are also millions of adults who believe government knows best and will protect them; it is not a coincidence that George Orwell called his 1984 dystopia dictator "Big Brother."

3. The outrageous becomes acceptable if taken in small doses

As mentioned previously, there is tremendous power in incremental change. The 96
first state lottery of this century, the New Hampshire Sweepstakes in 1964, cost $3, required players to fill out a form and was held twice-a-year; it was a financial failure. But drawings went from twice-a-year to weekly to daily to rub-off tickets. We now have Video Lottery Terminals, where the lottery player can put money into a machine and be paid on the spot. Thirty years ago it would have been unthinkable that states would be operating such slot machines.

4. The domino effect

New Hampshire was first with a state lottery this century, but 80% of its players 97
came from New York, Massachusetts and Connecticut. The second lottery was New York and the third, its neighbor, New Jersey. When every state has lotteries, the first to introduce off-track betting or casinos has an advantage, until that spreads.

5. The easy money is not so easy; states are hooked on gambling revenues

Lottery tickets are poor consumer items – people buy them for a while and stop. Sta- 98
tes are forced constantly to come up with more promotions and new games. States like Iowa, which thought they could sit back and make millions on $5 maximum casinos on riverboats, find that the state has to constantly support the enterprises, particularly during winter, and come to the rescue of failing operations. After half its casino riverboats sailed south, the Iowa Legislature raised the betting limits to match nearby Illinois.

I. Nelson Rose

6. Gambling begets gambling

99 Players always want games that are faster and easier, with at least the illusion of player control. Many casinos are becoming nothing more than video slot machine warehouses. Eventually, we may well see video poker machines and lottery terminals in every city.

7. Competition for the gambling dollar is fierce

100 Casinos in Nevada have had to introduce Megabucks and million dollar Keno games to compete against California's lottery. The racing industry has been particularly hard hit by the introduction of lotteries and tribal casinos. The surviving tracks are asking state legislatures to let them have slot machines and Internet betting, to avoid putting hundreds of people out of work.[69]

8. Operators push to the limits

101 If the law allows "pull-tabs," operators will construct devices with a slot and video screen and call the machines "video pull-tabs." Every time the rules are relaxed for one form of gambling or operators, political opponents immediately demand "a level playing field."

X. The Impact of Technology on Legal Gambling

102 Although it is possible to see the general trends and cycles in gambling, it is impossible to predict how exactly it will develop, because the games are so much dependent on technology. Daniel J. Boorstin, in his book CLEOPATRA'S NOSE,[70] analyzed the differences between what he calls the new "Machine Kingdom," and the traditional designations of the "Animal, Vegetable and Mineral Kingdoms." The development of the Internet in general and online gaming in particular, illustrate how invention creates a demand that did not formally exist, because the technology itself did not exist.

103 Inventions redefine experience. Modern technology has played havoc with traditional legal categories. The New Jersey State Lottery and casinos in Atlantic City

69 63 *Bulletin of the Association of Racing Commissioners International, Inc.* at p 1 (No 16, May 9, 1997) (asking for Internet betting).

70 Daniel J. Boorstin, CLEOPATRA'S NOSE: ESSAYS ON THE UNEXPECTED, c 14 (1994).

battled over which would have the right to run Keno games. The law can react to unexpected technological developments. However, inventions cannot be uninvented. If the demand has been created, technology will eventually find ways of getting around the legal barriers.

Boorstin points out that the "most potent machines assimilate all environments." Every form of gambling can now be played on a computerized video screen. Inventions expand experience – technology creates its own demand. One of the most popular forms of gambling is on video poker machines: Did anyone want to play video poker, before it was invented? Video games and home computers created the ability to play faster games more conveniently; the video poker machine created the need for games that play like video poker machines. Inventions are increasingly intrusive. "The advance of technology in our times attests our increasing inability to exclude novelties or their consequences from our daily lives." 104

Whether this is a bad thing is difficult to judge. "Our nation has grown by its need for the unnecessary, another name for human progress." Law constantly has to adjust to technological developments in gambling, designing new means of control. As Boorstin put it, "For us invention has become the mother of necessity." 105

Changes in the law always trail changes in society. As gambling becomes more accepted, and technology makes the games more interesting, intrusive and easily available, prohibitions will continue to fall. 106

History tells us that this is the Golden Age of Legal Gambling. Because "golden ages" are always recognized only in retrospect, after everything has once again been made illegal. 107

XI. Internet Gambling

On Friday, April 15, 2011, the federal Department of Justice ("DoJ") disclosed its grand jury indictments of the three largest poker sites taking money bets from U. S. players, as well as their founders, some payment processors and a Utah bank official.[71] The DoJ also released a civil complaint[72] and a press release.[73] The federal government sought a minimum of $3 billion in forfeitures and civil money laundering penalties. It obtained an order from the District Court for the Southern District of New York, "restraining approximately 76 bank accounts in 14 countries containing 108

71 *United States v Scheinberg, et al* Copy available at http://www.scribd.com/doc/53107543/Indictment-DOJ-vs-Scheinberg-Bitar-Tom-et-al.

72 *United States v. PokerStars, et al* Copy available at http://www.scribd.com/doc/53170382/3bb-Civil-Complaint-DOJ-vs-PokerStars-Full-Tilt-UB-AP-et-al.

73 Copy available at http://www.justice.gov/usao/nys/pressreleases/April11/scheinbergetalindictmentpr.

the proceeds of the charged offenses." It arrested three of the named defendants, found in the United States.

109 But, its most dramatic, immediate action was to secure a warrant for arrest in rem from the Court, allowing the DoJ to seize the domain names of five of the largest Internet poker sites. The warrant was served on the central registrar. This had the immediate impact of preventing not only Americans but everyone in the world from using those sites to play poker for money. This also made it nearly impossible for players, even in countries where the activities were 100% legal, from receiving payments due them, or obtaining back their deposits. Eerily reminiscent of attempts by major industrialists to stave off the Great Stock Market Crash of 1929, some professional poker players attempted to prevent a run on the bank by saying they would "guarantee" the money that regular players had in two of the poker sites.[74] Of course, their offer of a few million dollars could have actually made the situation worse, since players knew that hundreds of millions of dollars had been frozen.

110 The 52-page Superseding Indictment contained nine counts: violation of the Unlawful Internet Gambling Enforcement Act ("UIGEA"),[75] conspiracy,[76] illegal gambling business ("IGB"),[77] bank and wire fraud,[78] and money laundering.[79] The criminal charges were carefully structured for maximum legal and public relations impacts.

111 Most of the bank fraud counts involve defendants lying to banks to disguise the fact that online poker was involved. Phony companies were allegedly created and transactions labeled as sales of jewelry and golf balls. It will be interesting to see if a jury can be convinced that bank fraud exists when the supposed victims, the banks, are tricked into making millions of dollars, without ever being charged themselves with a crime or even faced with civil penalties.

112 Despite the dramatic events of online poker's Black Friday, the control of gambling was, and still remains, primarily a state interest. The federal Department of Justice is waging a war of intimidation against foreign operators it sees as violating present anti-gambling laws. The criminal charges were carefully structured for maximum legal and public relations impacts. But, it is not deciding what the law of Internet gambling should be.

113 In the United States, gambling has always been a public policy issue left to the individual states. Congress has only passed laws when it constitutionally had to, as

74 Brett Collson, "Tom Dwan, Phil Galfond Guarantee Payouts from PokerStars and Full," Tilt http://www.pokernewsdaily.com/tom-dwan-phil-galfond-guarantee-payouts-from-pokerstars-and-full-tilt-18836/(April 19, 2011).

75 Specifically 18 U.S.C. §§1563 and 1566.

76 18 U.S.C. §371.

77 18 U.S.C. §1955 [also known as the Organized Crime Control Act].

78 18 U.S.C. §1349.

79 18 U.S.C. §§1956 and 1957.

with Indian gaming, or when a problem seemed so large that it required the federal government to become involved, such as fighting organized crime. In fact, there are very few federal laws on the books dealing with either legal or illegal gambling, because the primary role of the national government has only been to aid the states in enforcing their decisions about how to handle gaming. Even the only statute passed by Congress directly aimed at online betting, the UIGEA, is, as its name declares, merely an enforcement act.

A prime example of the limits of federal law is the main anti-gambling statute, 114
the Wire Act.[80] It was passed as part of Attorney General Robert F. Kennedy, Jr.'s war on organized crime in 1961. At the time, there was virtually no legal gambling in any state, except for some licensed racetracks, charity bingo halls and a few commercial poker rooms. Obviously, there was no Internet gaming. But there were not even any state lotteries. The federal law was enacted to aid the states in their policy of prohibition against gambling.

The problem for prosecutors in 2017 is that the Wire Act was expressly designed 115
to cut "the Wire," i.e. the telegraph wire services illegal bookies used to get horse-race results before their patrons.[81] A federal Court of Appeal ruled that the Wire Act is limited to bets on sports events and races.[82] Using a law to go after Internet poker with a statute designed for telegraphs is like performing brain surgery with stone tools: it might work, but the results will be very messy.

The Black Friday prosecutors recognized their problem: The indictments do not 116
mention the Wire Act. The only anti-gambling statutes specifically mentioned are New York state misdemeanors, which are used as the predicate crimes to base charges of violating federal organized crime laws. In fact, almost all of the DoJ's legal action depend on the underlying activity, online poker, being illegal. Since the Wire Act won't work, prosecutors used the IGB. That statute makes it a federal felony if five or more people do more than $2,000 in business a day in violation of state gambling laws. The indictment relies on "New York Penal Law 225 and 225.05 and the laws of other states."

There are obvious problems with both the indictment and complaint. The fed- 117
eral government of the United States seized the dot-com names of poker sites that were licensed by foreign jurisdictions, including the Isle of Man, Costa Rica and the Kahnawake Mohawks in Québec, Canada. This raises not only due process issues, but both national and international concerns. Assuming the operators were violat-

80 18 U.S.C. §1084.

81 David G. Schwartz, CUTTING THE WIRE: GAMING PROHIBITION AND THE INTERNET (Reno: University of Nevada Press, 2005).

82 *In Re MasterCard International Inc.*, 313 F.3d 257 (5th Cir. 2002), affirming 132 F.Supp.2d 468 (E.D.LA. 2001). See also, *Jubelirer v. MasterCard International, Inc.*, 68 F.Supp.2d 1049 (W.D.Wis. 1999).

ing New York state's anti-gambling laws, does this mean that players in other states could not participate? More importantly, there are other countries, including the United Kingdom, where there is no doubt that neither the players nor operators were violating any law. Besides the international outrage created by these seizures, the DoJ created a dangerous precedent. There are many Islamic countries which outlaw not only the sale of alcohol beverages, but its advertisements. Do they now have the right to seize the worldwide domain names of every retailer and restaurant that advertises beer or wine?

118 The freezing of players' funds around the world was also a public relations disaster. Even in the U.S., there is no federal law against merely playing poker on the Internet, even with an illegal operator. Approximately half the states do have laws, usually ancient, on the books that might make it a crime to merely make a bet, but these are never used in practice against players. In the other states, including in New York, anti-gambling laws simply do not apply to mere players.

119 Even in the states where making poker bets online might be illegal, there are again questions of due process. The money frozen was not all wagers. It was a mix of money deposited for both wagers and purchases from the sites' stores, and winnings and other credits paid to players. The UIGEA only applies to payments going from players to operators for illegal online gambling, not the other way around.

120 The bank accounts seized were in 13 foreign countries. No attempt was made to show how the money in an account, in, say, Panama, was related to illegal gambling that supposedly took place in New York.

121 The history of the law of Internet gaming in the United States has been shaped almost entirely by politics and not by reasoned decisions about what the public policy should be. It was politics and not reason that motivated Congress to reverse history in 2006 and impose a national anti-Internet gaming policy on all states, even those that wanted to make it legal.

122 Very few in Congress care about gambling even enough to outlaw it. For more than 10 years, a handful of conservative Republicans, led by Sen. Jon Kyl (R.-AZ), tried to get a bill through Congress to outlaw all Internet gambling. They finally partially succeeded in 2006, with the passage of the UIGEA.

123 The UIGEA was rammed through Congress by Bill Frist (R.-TN), then Majority Leader of the U.S. Senate. Frist did not care about online gaming, but a then-powerful member of Congress, Jim Leach (R.-IA), did. Frist wanted to run for President and needed the help of Leach, who was from Iowa, where the first presidential caucuses are held. Leach knew that the Democrats would be taking over at least the House of Representatives in the November 2006 elections, so he told Frist to get his pet anti-Internet gambling bill through any way he could.

124 Frist tacked the UIGEA onto the end of a completely unrelated but must-pass bill, the SAFE Port Act; any member of Congress voting against this bill would be painted as being pro-terrorist. The SAFE Port Act, with the UIGEA attached at the last minute as Title VIII, was approved literally in the dead of night, hours before

the Senate adjourned for the November 2008 elections. Most of the Senators who voted for this measure had no idea the gambling language was even there.

Pres. Bush signed the Act into law on October 13, 2006. A good indication of how quickly the law had been written is that it does not even have a good acronym: UIGEA is unpronounceable. There were no hearings, no studies conducted. So, no thought was given to the practical or legal impacts this Act would have on the rest of the world, for example on the ongoing complaint by Antigua against the U.S. in the World Trade Organization. 125

The UIGEA is often characterized as outlawing Internet gambling in the U.S. It actually does only two things. It creates a new crime: being a gambling business that accepts money for unlawful transactions. And it requires that new regulations be written by the Secretary of the Treasury and Governors of the Federal Reserve Board, in consultation with the Attorney General, meaning the Department of Justice. 126

What it does not do is make it a crime to merely make bets on the Internet. It does not directly restrict players from sending or receiving money. It does not spell out what forms of gambling are "unlawful." Specifically, it does not do what the DoJ wanted, which was to "clarify" that the Wire Act, does, in fact, cover all forms of Internet gaming. 127

The publicly traded foreign Internet gaming companies, led by PartyGaming, misread the UIGEA and overreacted, some actually announcing they were pulling out of the U.S. market before the bill was even signed into law. The bill actually did much less than these operators thought. It created a new crime, but only for gambling businesses that were already violating some other federal or state law. And it called for regulations for banks and other payment processors to identify and block money from players to operators for illegal online gambling; which the regulators quickly discovered was an impossible task. 128

As a great irony, after devastating licensed overseas-based operators, the UIGEA has spurred the growth of many forms of Internet gaming. It is so poorly written that its exceptions have been treated as if they were declarations of legalization. This was aided by the adoption of final regulations, which went into effect on June 1, 2010. Although the UIGEA was the product of an opponent of Internet gambling, an "anti," the regulations make it clear that many forms of Internet gaming are, in fact, legal. 129

The main beneficiaries at first were games of skill, games with free alternative means of entry, interstate wagering on horse races and dog races, multi-state lotteries, fantasy sports leagues and linked progressive slot machines. But the clear statement in the UIGEA that intra-state online wagers are exempt has led virtually everyone to believe that Internet gambling is now legal, if a state says so, and players are limited to individuals who are physically within that state. 130

New laws on Internet gaming are still being considered. But the political forces in favor of prohibition, which had been triumphant, are now in retreat. The linger- 131 ing effects of the Great Recession are forcing elected legislators and governors to look for ways to increase revenues for the states.

132 The Great Recession tore enormous holes in state budgets, and legal gambling is often seen as a painless tax. States have been looking at authorizing, and taxing, Internet gaming for years. But they were always afraid of running afoul of federal anti-gambling laws. That all changed with a Christmas "present" from the Obama Administration in 2011.

133 Two days before Christmas, the United States Department of Justice issued a formal opinion from the highest level that the major federal anti-gambling statute, the Wire Act,[83] applies only to bets on sports events and races.[84] And the DoJ no longer cares if a communication wire carrying legal intra-state wagers happens to cross temporarily into another state.

134 This announcement allows the states, which are desperate to find ways to raise revenue without raising taxes, to legalize any form of intra-state gambling. The only exception is sports betting, which cannot be introduced into a state that does not already have it, due to a different federal statute, the Professional and Amateur Sports Protection Act ("PASPA").[85]

135 PASPA was enacted in 1992 after the states of Oregon and Delaware started taking bets on National Football League ("NFL") games through their state lotteries. This federal law grandfathered-in about half a dozen states which were operating various forms of sports betting. But it expressly outlawed any state from introducing any form of sports betting it was not operating in 1991. New Jersey voters amended their constitution in November 2011 to allow sports betting at the state's casinos and racetracks. The NFL and National Collegiate Athletic Association ("NCAA") sued and won: federal courts repeatedly held that PASPA was constitutional and that it prevented New Jersey from authorizing sports betting. The state is currently asking the U.S. Supreme Court to throw out PASPA.[86]

136 California is another good example of how politics is now pushing for legalization, not prohibition. The state government is desperate for revenue. Unlike the federal government, which can print money, the California Constitution does not allow the state to have a budget deficit. The state has tried everything, from raising sales taxes to the highest in the nation to closing not just courtrooms, but courthouses, to solve its budget crisis. Gov. Arnold Schwarzenegger even ordered state employees'

---

83 18 U.S.C. §1084.

84 Virginia Seitz, Whether Proposals By Illinois and New York To Use The Internet And Out-Of-State Transaction Processors To Sell Lottery Tickets To In-State Adults Violate The Wire Act, Memorandum Opinion for the Assistant Attorney General, Criminal Division, Sept. 20, 2011.

85 28 U.S.C. §3702.

86 Supreme Court asks Trump team for New Jersey sports betting views, http://www.reuters.com/article/us-usa-court-gambling-idUSKBN1512C5 (Jan. 17, 2017).

pay cut to the federal minimum, and, in some cases, he eliminated salaries completely.

Ironically, proposals to legalize intra-state Internet poker could not get traction in the last few years in California because the state's deficit was too large. It did not make sense to spend political time and capital discussing a controversial plan to raise on the order of $200 million per year when the state needed $20 billion. But things have become so desperate that politicians will look at literally anything that could bring in any money – legalizing marijuana for its tax revenue was on the November 2016 ballot, and it passed. 137

Bills to legalize Internet gaming, principally poker, are now working their way through the Legislature. One of the primary authors was State Sen. Rod Wright. At a public hearing, a critic contended online poker would raise only $25 million, not the $250 million proponents projected for the state. Wright responded, "That's $25 million that we don't now have." 138

So, the budget crisis has changed the political fight. Today, it is all about money. But the same political reality that makes Internet gambling possible also creates barriers to its legalization. There is so much legal gambling in every state that allowing one more form is no big deal. But, there is so much legal gambling that every state is faced with powerful landbased gaming operators, who are only in favor of Internet gambling if they get to run it. The states are looking to legalize commercial online gaming purely to raise money, not to protect local special interests. 139

In some cases, like New Jersey and Nevada, the local operators are the giant gaming companies with the money the states are seeking. In those cases, it is easy for legislators to vote in favor of legalizing the same forms of gambling allowed in landbased casinos to be operated online, and limited to state licensees. 140

But in other states, the local operators are small, without the great financial resources state lawmakers are hoping to attract. In California, for example, Sen. Wright was forced to table his bill in 2010, when the state's most powerful cardclubs and tribes came out against it. Their opposition was based on the bill allowing out-of-state operators, including European websites, to bid on the three contracts that would be available for hub operators. The bill was written so that at least one of those hub operators would be a wealthy out-of-state operator, who could come up with an enormous amount of cash up front and agree to give the state 20% of the gross gaming revenue. I expect the lump sum payment would be on the order of $200 million. Since even the state's casino tribes cannot raise that much cash, given the recession, they united temporarily against the bill. 141

Meanwhile, the state's clubs and tribes are fighting to restrict bidders to current California gaming operators. They are unlikely to succeed. By limiting operators to California tribes and clubs the state would lose gaining hundred of millions of dollars, or more. Big out-of-state operators, including European giants like Bwin-PartyGaming, can pay large amounts up front and up to 20% of gaming revenue to the state, both of which are now expressly listed as criteria for getting a hub. 142

I. Nelson Rose

143 Other states are equally as desperate. Nevada has now legalized Internet poker, and New Jersey and Delaware have licensed full online casinos.

144 There is less likelihood of a federal bill loosening the restrictions on interstate Internet gaming becoming law. Almost no one in a position of power in Washington, D.C., cares about the issue. Republicans now control both the House and Senate, and they are split between fiscal conservatives, who like legal gambling as a painless way to raise revenue, and social conservatives, who believe government should tell people what to do in the privacy of their own homes. Of course, even before the election of Donald Trump as president, Congress passed virtually no new laws for more than six years.

145 Meanwhile, the states are moving ahead. But one question that has to be answered is whether licenses can be given to companies that took poker bets from the U.S. These are called "bad actor" laws, and are introduced when a powerful operator wants to eliminate its potential competitor.

146 The major problem with all of the proposals to legalize online gaming in the U.S. is that they are driven by the desire to raise revenue. Therefore, they would all impose taxes much higher than those of foreign jurisdictions.

147 Why would an operator choose to come to the U.S. when it could operate so much more cheaply from overseas? Some American proposals offer a carrot and stick approach, similar to that tried, so far unsuccessfully, by the United Kingdom: U.S. licensed operators would be allowed to advertise and take credit cards, while unlicensed operators who take bets from the U.S. would clearly be committing a crime. But foreign websites are doing fairly well right now, running "dot net" ads for free websites with name nearly identical to their "dot com" pay for play sites, and utilizing alternative methods of payment processing. And there is no real risk that American law enforcement will suddenly be able to arrest foreign nationals operating from their own countries.

148 Besides high taxes, the drive for revenue has led to provisions that would put American licensed operators at a distinct disadvantage. Licensed websites would be required to obtain from all players, and report to state or federal taxing authorities, names, addresses and Social Security numbers, and the amounts won; information competing unlicensed foreign operators do not give to the I.R.S.

149 Still, it has to be an advantage to be able to operate legally, including advertising and taking credit cards. And once the states start permitting intra-state, Internet gambling, they will lobby Congress to allow bets from other states and nations that have legal online gaming. In December 2000, Congress amended the Interstate Horseracing Act to expressly allow states to decide whether their residents can make bets by phone and computer on horse races taking place in other states. More than 30 states have passed laws to allow betting with other states on horse races. If California, Nevada and New Jersey decide that their licensed operators and players can all participate in each others' poker games, why should the federal government care?

I. Nelson Rose

The criminal indictment against PokerStars, Full Tilt, Absolute and their founders, was unsealed by the U.S. Attorney for New York on April 15. Why now? 150

Maybe this just happened to be when the cases came together, when investigators had verified all the information about bank accounts they got almost exactly a year before. The source was apparently Daniel Tzvetkoff, arrested in April 2010, apparently turned in by these very same websites for embezzling tens of millions of dollars while doing payment processing. 151

So, maybe it was merely a coincidence that recent developments had given Internet poker an air of respectability, a feeling that legalization was inevitable. Nevada regulators approved Caesars Entertainment's partnership with 888, a company that used to take bets from the U.S. Steve Wynn upped the stakes by announcing a joint venture with PokerStars, which was still accepting American poker players. The Nevada Assembly Judiciary Committee approved a bill to regulate online poker. And the District of Columbia actually made it legal. 152

The DoJ has been waging a war of intimidation against Internet gambling for years, successfully scaring players, operators, payment processors and affiliates into abandoning the American market. 153

What is the federal government accomplishing with these legal actions? Certainly the prosecutors are scaring a lot of people and making it difficult for average citizens to even get their money to a foreign site, let alone place and collect a bet. 154

But prohibition is not regulation. When people want something, businesses arise to fill the demand. How much more so when the activity, online poker, is not even clearly illegal? 155

If the commercial goods or services are not legal, then by definition, the organizations will be criminal. Prohibition created modern organized crime, by outlawing alcoholic beverages. 156

Every action by the federal government makes it more difficult for it to go after the next operator. The UIGEA, rammed through by the failed politician Bill Frist (R.-TN), scared all of the publicly traded gaming companies out of the U.S. market. It thus became harder to know who the real owners were, or where they were located. 157

Then prosecutors went after payment processors, making it more difficult for players to find legitimate ways to send their money to betting sites. The vacuum was filled by foreign operatives, not subject to controls by the U.S. 158

Now the feds have seized dot-com domain names and charged operators with bank fraud. So, gaming sites are switching to .eu and .uk, and cutting off all physical contact with the U.S. Even the present American operators can't be extradited, so what hope is there for the DoJ to bring future foreign operators here to stand trial? 159

Scaring away well-known poker names means that newcomers, some of whom will undoubtedly be undesireables, will take their places. If the multi-billion-dollar U.S. online poker market becomes too risky for licensed companies, operators without any licenses, who won't even reveal what country they are in, will be glad to run the games. 160

I. Nelson Rose

161 It is important to remember that not only did Prohibition create modern organized crime, it did not stop people from drinking.

162 The ultimate irony is that it was the UIGEA, written by a conservative Republican "anti" to outlaw Internet gambling that allowed the states to move forward. For the UIGEA has an express exemption for purely intra-state online gaming. Although other federal laws, like the Wire Act, could conceivably still stand in the way, virtually everyone, including federal agencies and the states, take the UIGEA as a clear expression of Congressional intent: States are free, once again, to decide what they want their public policies to be about gambling within their own borders.

163 There has always been a latest new thing in gaming. But those are coming faster and faster, usually in completely unpredictable ways. In the last few years, it has been daily fantasy sports.

164 Fantasy sports is played by fans who pay a fee to enter and compete against each other for valuable prizes. Players create and manage their "teams," made up of real-world athletes. But the athletes are not normally actually competing against each other in real-world games. Rather, the fantasy sports team consists of athletes from different real-world teams and events. The only thing that is real is the statistics generated by the individual athletes. Computers combine the information about real-world performances to determine which fantasy team has won.

165 Until recently, fantasy sports was season-long. But this appealed mostly to only the most devoted of sports fans, who follow a sport over weeks or months. Technology has shortened our attention spans. And the brilliant idea that a fantasy league could be started and finished on the same day, using statistics generated by real-world contests on that day, led to an explosion of interest in fantasy sports. The introduction of daily games has been as big a boost to the world of fantasy sports betting as the invention of the under-the-table camera was to T.V. poker.

166 Fantasy sports has always been problematic for law enforcement. Sports betting is one of the few forms of gaming that clearly is illegal under just about every anti-gambling law. Illegal bookies have been using telephones since they were first invented to take bets on horse races and sports events. In fact, the first prohibitions on remote wagering were enacted before the phone was invented, because criminals were taking bets by telegraph.

167 But everyone charged with enforcing the laws against gambling also knows that contests of skill are almost never illegal. Gambling requires prize, consideration and chance. If any one of those elements are absent the activity can still be regulated, but not under the anti-gambling laws.

168 A game whose outcome is determined entirely by the skill of the players is simply not gambling. The prize of value might still be cash. But the consideration is no longer considered a bet. Paying to play a contest of skill is an entry fee, not a wager.

169 But a fantasy game that starts and ends in a single day and involves as few as two real-world sports events is another matter. Some of the skill elements of the season-long fantasy leagues are missing. For example, the "manager" of a daily fantasy

team has no opportunity to make trades. Fortuitous events, like injuries and weather, are much more likely to not only occur, but to determine which fantasy team wins.

There are no court cases yet on whether a daily fantasy game has enough skill elements remaining to keep it out of the category of sports betting. The question will be determined entirely by state law. Which means it is very possible that courts in different states will come to different conclusions as to whether daily fantasy is legal. 170

Besides the question of whether daily or even season-long fantasy competitions have enough skill elements to make them non-gambling, very powerful political players have entered the arena. The sports leagues, until recently consistently united in their opposition to sports betting, are very much in favor of fantasy sports, to the point where they are partnering and investing tens of millions of dollars in the companies that run the games. The reason is obvious: Fantasy players will continue to watch a game to the end, even if one team is wiping out the other, because they want to know how their individual fantasy team players do. More viewers mean more advertising revenue. 171

Although a few state legislatures are considering expressly outlawing fantasy sports, the trend is definitely in the opposite direction. The two big operators, Fan Duel and Draft King, have been using their tremendous financial resources and powerful political allies to lobby for new laws. In the last year they succeeded in getting fantasy sports made legal in nine states. 172

There may also be another, more subtle factor. Sports betting is here to stay, whatever federal or state laws are passed. The professional and collegiate teams and leagues are beginning to recognize that wagering on sports events has been and continues to be a significant factor in the popularity of athletic contests. 173

Fantasy sports is a way for the individuals and organizations that have said that they would never support sports betting to get many of the benefits without having to be openly hypocritical. And it doesn't require them lobbying to repeal the very same anti-sports-betting laws that they worked so hard to have passed only a few years ago. 174

I. Nelson Rose

Jorge A.F. Godinho

§ 40 Casino Gaming in Macau and other Asian Jurisdictions

Übersicht

Jorge A.F. Godinho

https://doi.org/10.1515/9783110259216-040

I. Zusammenfassung[1]

1 *Jorge Godinho*, der seit mehr als zwei Jahrzehnten die Glücksspielentwicklung in Macao und der Pazifikregion insgesamt begleitet, schildert in seinem Beitrag im Schwerpunkt die Entwicklungen und Rechtslage des Spielbankwesens in Macao (und einen Überblick über die Entwicklungen des Glücksspielwesens in Japan, Südkorea, Taiwan und auf den Philippinen). Dabei stellt er zunächst heraus, dass die Erlöse aus den Glücksspielabgaben die Haupteinnahmequelle – um nicht zu sagen: die Lebensgrundlage – der chinesischen Sonderwirtschaftszone Macao bildeten.

2 Spielbanken werden in Macao auf Grundlage von Konzessionen veranstaltet, die turnusmäßig (das nächste Mal ab 2020) auf Basis von Ausschreibungen vergeben werden. Die Abhängigkeit Macaos vom Glücksspiel führe auch zu einer besonderen Bedeutung des Tourismus für diese Region. Die vermögenden Chinesen fahren maW nach Macao, wenn sie Spielbanken besuchen wollen; die enge Anbindung an Hong Kong (mit der Fähre dauert der Transfer vom Flughafen Hong Kong ca 1 Stunde) ist in diesem Zusammenhang ein Standortvorteil. Von einer weiteren Öffnung Chinas – auch für die „Normal"-Bevölkerung erhofft sich Macao weitere Steigerungen der Glücksspielumsätze.

3 Das Glücksspiel-Regulierungssystem in Macao besteht *Godinho* zufolge aus einer verwaltungs- und einer strafrechtlichen Komponente. Das Glücksspielverwaltungsrecht unter der Zuständigkeit des/der *The Gaming Inspection and Coordination Bureau* (DICJ) sei auf ein Konzessionssystem für den Spielbankbetrieb und ein Zulassungssystem für die Spielvermittlung gegründet. Das bestehende Konzessionssystem lässt nach *Godinho* die Qualifizierung des legalen Glücksspielangebotes als eine „privilegierte Aktivität" zu, als „public service", ähnlich dem Angebot von Wasser, Elektrizität, Telekommunikation usw.

4 Die konzessionierten Unternehmen unterlägen dementsprechend auch strengen Auflagen; die Glücksspielanbieter müssten insbesondere zuverlässig sein, über einen guten Leumund verfügen und hinreichende Erfahrungen aufweisen. Hinzu kämen verschiedene, in der Konzession bzw in der Genehmigung enthaltene Unternehmerpflichten. Von Bedeutung sei ferner, dass ein Spielvermittler nur in Kooperation mit einem Konzessionär tätig werden dürfe. Glücksspielunternehmen könnten auch aus dem Ausland stammen. Schließlich seien Glücksspielunternehmen befugt, dem Spieler Kredite einzuräumen. Altersbeschränkungen und Regelungen zur Spielersperre rundeten die Rechtslage ab.

5 *Godinho* verschweigt allerdings nicht, dass das Glücksspielverwaltungsrecht auch in Macao auf eine Vielzahl von Herausforderungen stoße und dass Vollzugsmängel feststellbar seien: So bestünden Probleme, die Altersbeschränkungen ange-

---

1 Von *Stefan Korte*.

sichts der Vielzahl an Spielern durchzusetzen. Zudem würden Drittunternehmen, die weder Vermittler noch Konzessionäre seien, die aber zB als Betreiber jener Hotels, in denen sich ein Kasino befinde, an den Glücksspieleinnahmen beteiligt seien, nicht hinreichend kontrolliert. Insoweit fehle es bereits an entsprechenden Rechtsvorschriften. Weitere Probleme ergäben sich aus unbesteuerten Spielformen: so insbesondere bei Umgehungsspielen, die an die „offiziellen" Spielbankspiele anknüpften. Der Wechsel der Konzessionäre ab dem Jahr 2020 lässt spannende Zeiten erwarten.

Das Glücksspielstrafrecht, für dessen Überwachung das Gabinete de Informacao Financera (GIF, Financial Intelligence Office) zuständig ist, hat nach *Godinho* vor allem die Bekämpfung der Geldwäsche zum Ziel, weil Glücksspielveranstaltungen eine Hauptquelle verdächtiger Transaktionen bildeten. Dementsprechend gebe es Vorschriften, die die Verbesserung der Identifikation des Spielers bezweckten, Pflichten zur Aufbewahrung von Dokumenten statuierten und Meldepflichten festlegten. Hinzu komme die Einführung eines Compliance-Systems. All diese Verpflichtungen adressierten die Konzessionäre und die Spielvermittler gleichermaßen. *Godinho* weist allerdings darauf hin, dass es eine Vielzahl von Vollzugsmängeln gebe: So sei die Bekämpfung der Korruption im Beamtenapparat schwierig. Zudem seien die Ermittlungen und die Folgen der Verletzung von Strafrechtsbestimmungen oft nicht hinreichend transparent. Ferner fehlten insoweit verfahrensrechtliche Bindungen. 6

II. Introduction: A Total Dependency on Gaming

Macau has first legalized the commercial operation of games of chance in 1849, starting with the game of *fantan* 番攤, then under colonial Portuguese rule. This decision of the Government of the time was taken in order to generate desperately needed tax revenue, essential to sustain the functioning of the colony. The public budget had been seriously impacted by the creation of the British settlement in Hong Kong island in 1842: most of the commerce and shipping activities moved there, causing Macau to lose tax revenue and forcing a major reorientation of its economy.[2] 7

Over 160 years have passed but the need for Macau to rely on the revenue generated by the gaming industry has not diminished. Today, it is clear that various efforts and attempts to diversify the economy made over the years have for the most part failed. Macau is nowadays *totally dependent* on the gaming industry: around 80% of the public budget comes from its taxation. Traditional industries such as textiles and toy factories have been steadily disappearing or moving elsewhere, 8

2 See, in detail, Jorge Godinho, 'A History of Games of Chance in Macau, Part 2, The Foundation of the Macau Gaming Industry', in *Gaming Law Review and Economics*, vol 17(2), March 2013, pp 107 ff.

namely to mainland China where costs such as labour or electricity are lower and land is available more easily. Recent efforts to diversify, namely relating to creative industries, have so far only produced negligible results. The gaming industry is absolutely necessary if Macau is to financially survive. If games of chance were authorized in Guangdong province or in Hong Kong, Macau as we know it would disappear.

III. Legal Framework and Recent Evolution

9 The following discussion considers casino games of chance only and does not touch upon horse racing, dog racing, the *Pacapio* 白鴿票 (*Baige Piao*, 'white pigeon') lottery or instant lotteries and sports betting. Macau has not regulated online casino games and is not likely to do so.

10 The key point is that the current legal framework governing the gaming industry is based on the administrative law concept of *concession*. This is a temporary contract between the Government and a private entity that has been selected by means of a public tender. This legal technique has been adopted, in its current format, since 1961, and it follows a model that has been created in Portugal in 1927.

11 In a system of concessions, gaming is an activity reserved for the Government. It is seen as a privileged activity that is part of the public economy. Therefore, it is not allowed for the private sector, except with the permission of the Government. Legally, gaming is a 'public service', much like the supply of water, electricity, telecommunications, and so on. Under this model, access is permanently closed but once every few years the Government organizes a public tender to issue temporary concessions. All decisions are taken within such tender process, which can be said to be a sort of 'big bang' that sets or is supposed to set the scene for years or even decades. This 'big bang' happened in 1961/2 and then in 2001/2; it may happen again around 2020 to 2022, when the current concessions are scheduled to expire.

12 In a system of concessions the concessionaire is under the obligation to perform certain investments, especially the construction of a casino-hotel, which should be executed within specific deadlines; if not, the concession may be withdrawn. When the concession expires, the assets used and the casino space that has been built revert to the State. After the expiry of the concession, the Government is free to 'deal' again.

13 In Macau the system of concessions does not operate as 'one concession, one casino'. A concessionaire may be allowed to open as many casinos as it may be feasible, provided that the Government permits such development. In addition, the Macau Government has in the past allowed or tolerated 'partnerships' between concessionaires and other investors.

14 The origin of the current market structure comes partly from the 1960s and 1970s, and partly from the events subsequent to 2001/2002.

The Portuguese government of Macau under Governor Silvério Marques (g. 1959–1962) granted a monopoly casino concession in December 1961 to STDM, a company with four main shareholders: Stanley Ho (born 1921), Henry Fok (1923–2006), Teddy Yip (1907–2003) and Yip Hon (1904–1997). This included the obligation to build a top notch casino and a luxury hotel. The key objective was to create tourism and raise the funds needed to develop new areas of the city, infrastructures and the economy in general. 15

STDM started its operations in Casino Estoril in 1962. The landmark Lisboa casino-hotel complex entered operation in 1970. STDM opened many other operations around Macau over the following years and became a very profitable company. 16

In 1982 a new gaming law then approved actually mentioned the possibility of opening the sector to other competitors, thereby enabling the end of the STDM monopoly. But this legal possibility was not acted upon. Among other factors, the political climate was not appropriate: there were too many uncertainties regarding the future of Macau. Portugal and China were focusing on the transfer of sovereignty, which was a very complex process already, and it would be strange for such major transformation to be conducted by the last Portuguese Governor. Instead, what did happen was a steady increase of the taxation of gaming throughout the 1980s and 1990s. Overall, the STDM monopoly concession was renewed and renegotiated several times and lasted 40 years and 3 months, ending on 31 March 2002. 17

The opening of the gaming industry to competition in 2001–2002 was partly driven by various factors besides the basic purpose of enabling a competitive environment. One was the perception that STDM had too much power over the Macau Government and was not improving its facilities as it should. Another was the crime wave of the 1990s, which was still very present in the collective memory of Macau society. 18

On 20 December 1999 the transfer of sovereignty over Macau from Portugal to the PRC took place. The Basic Law assigned the definition of gaming policy to the Macau Special Administrative Region.[3] The Government of the Chief Executive Edmund Ho immediately started working on the opening of the gaming market to competition soon after the transfer of sovereignty. The historic Law 16/2001 was approved in September 2001. It stated that three gaming concessions would be awarded by means of an international public tender process. 19

Such international bidding process was launched very rapidly, on November 2001. A total of 21 companies and joint ventures participated, including many household names of the gaming industry from all over the world. The results were announced on 8 February 2002. The tender process culminated with the awarding of three casino gaming concessions to Wynn Resorts (ranked first); a joint venture be- 20

3 For the context, see Jorge Godinho, *Macau business law and legal system*, LexisNexis, Hong Kong, 2007, pp 4 ff.

tween Galaxy Entertainment of Hong Kong and Las Vegas Sands (second); and SJM (of Stanley Ho; third).

21 The legal framework approved in 2001 is substantially in force at the time of writing and it is designed to apply at least until 2020 to 2022, when the current concessions and subconcessions are scheduled to expire.

22 From 2002 to 2006 three additional subconcessions were authorized by the Macau Government: in 2002, the subconcession from Galaxy to Las Vegas Sands; in 2005, the subconcession from SJM to a joint venture between the US gaming operator MGM and Pansy Ho, the daughter of Stanley Ho; and in 2006, the subconcession from Wynn Resorts to a joint venture between Melco of Hong Kong (of Lawrence Ho, son of Stanley Ho) and Crown (which acquired the gaming assets formerly of Publishing and Broadcasting Limited, known as PBL) of Australia.

23 The subsequent regulatory evolution was highlighted by a number of developments, especially the increasingly important role of gaming promoters.

IV. Regulatory Developments

24 Gaming promoters were first regulated by a law of 2002, which was part and parcel of the package of laws introducing competition. Prior to that, gaming promoters (known as junkets) had been operating since 1976 without a formal legal framework in place. Starting from 2002, gaming promoters are required to be licensed and must comply with various legal requirements and procedures; especially, they must be and remain suitable. Their arrangements with the sub/concessionaires are subject to regulatory review. Gaming promoters are necessary to recruit and retain premium players for the so-called VIP rooms of the casinos, where baccarat is nearly the only game. Their importance, in a somewhat unexpected manner, grew considerably in the 2000s, to the point where it became a political issue. Gaming promoters personally know and recruit the patrons, especially in mainland China. Gaming promoters also grant credit for gaming at their own considerable risk: credit for gaming is not legally enforceable in mainland China but it is enforceable in Hong Kong. Gaming promoters also often play a key role making funds of players available in Macau, as with credit it may happen that no money needs to be transferred. In late 2012 and early 2013 there were insistent suggestions that mainland China was about to enforce stricter controls on outward financial flows.

25 Credit for gaming was regulated in 2004.[4] Up to this time all credit fell under a criminal law prohibition, the crime of usury for gaming. There was pressure from

4 Jorge Godinho, 'Credit for gaming in Macau', in *Gaming Law Review and Economics*, vol 10, no 4, 2006, 363 ff; Jorge Godinho, 'The regulation of gaming and betting contracts in the 1999 Macau Civil Code', in *Gaming Law Review and Economics*, vol 11, no 3, 2007, 572 ff; Jorge Godinho, 'Should Credit

the industry, especially from Wynn Resorts, to have credit legalized and regulated and today a substantial part of the gross gaming revenue is generated by it. Macau implemented a legal framework that allows concessionaires, subconcessionaires and gaming promoters to grant credit. On the other hand, credit for gaming granted by unauthorized parties is considered a crime of loansharking (usury) and prosecuted as such.

In 2009 a maximum limit on the commissions paid to gaming promoters was 26
imposed.

Anti-money laundering laws were first enacted in 1997 and 1998. They were 27
then subsequently further developed during 2006, in the wake of the new international standards approved after the terrorist attacks of 9/11, and also following the local bank run on the Delta Asia Bank (which was alleged to have ties with North Korea by the previous US Administration; such claims were never substantiated and the bank is currently operating normally after a period of public administration).

A law was passed in 2012 raising to 21 years the minimum age to work in the 28
gaming industry and enter casinos and gamble. The general age of majority in Macau continues to be 18. The same law also regulated exclusion programs for the first time.

New regulations on gaming machines were passed in 2012 and a partial smoke 29
ban in casinos, covering 50% of the floor area, came into force on 1 January 2013.

V. Visitors and Tourism

The number of visitors to Macau has grown quite rapidly in the last decade. Today, 30
the main tourist market is the mainland of China, followed by Hong Kong and Taiwan. This has to do with the fact that in July 2003 an 'Individual Visit Scheme' was started, whereby visitors from mainland China were permitted to visit Hong Kong and Macau on an individual basis, not needing to be part of a group. This has caused a rapid rise in the number of arrivals. In addition, levels of wealth and economic development have also been going up at a fast pace in mainland China. These visitors bring with them large amounts of money; while technically there are currency controls in place, these are mostly avoided by anyone willing to do so, for example by using debit cards while in Macau.

The Macau international airport was built during the Portuguese administration 31
and opened for traffic on November 1995. It is a relatively small airport serving regional destinations that has not yet reached its capacity.

Agreements Between Casinos and Patrons Be Subject to Prior Government Approval? A Note on Wynn Resorts (Macau) S.A. v Mong Henry', in *Gaming Law Review and Economics*, vol 14, no 7, 2010, 541ff.

Game Types	2003	2004	2005	2006	2007	2008	2009	2010	2011	2012	rank
Roulette	47	128	186	248	371	693	694	672	783	892	8
Black Jack	637	1,211	1,459	1,622	1,917	2,247	1,903	2,290	2,712	2,950	5
VIP Baccarat	22,178	29,783	28,864	36,783	55,762	73,772	79,834	135,648	196,126	210,850	1
Baccarat	3,102	5,617	9,929	11,526	16,211	21,052	25,498	34,917	48,669	66,251	2
Mini Baccarat	–	363	519	385	304	212	added up	–	–	–	–
Fantan	136	147	143	145	164	190	174	183	211	249	11
Cussec/Sic Bo	682	1,212	1,526	1,923	2,755	3,043	2,826	3,555	4,774	5,546	4
Paikao	149	136	95	76	77	54	44	86	114	87	17
Boule	4.2	5.7	0.2	–	–	–	–	–	–	–	–
Mahjong	–	–	–	–	–	9	27	34	70	203	15
Slot Machines	236	640	1,250	2,053	3,594	5,653	6,503	8,618	11,425	13,244	3
Mahjong Paikao	54	35	6	4	3	2	0.4	–	–	4.7	20
Makccarat	–	–	–	–	9	16	8	4	4	–	–
3-Card Poker	185	199	172	128	114	73	94	131	191	211	13
Fish-Prawn-Crab	1,071	1,295	1,053	874	654	264	152	93	51	22	19
3-Card Baccarat	153	225	257	247	231	209	184	219	281	347	9
Craps	–	–	–	–	9	89	92	163	151	137	16
Texas Holdem Poker	–	–	–	–	–	54	146	216	277	289	10
Pachinko	8	8	2	–	–	–	–	–	–	–	–
Tombola	1.6	1.3	1.2	2.0	2.0	1.8	1.8	1.7	1.4	1.4	21
Lucky Wheel	7	32	39	27	17	21	25	32	35	35	18

Game Types	2003	2004	2005	2006	2007	2008	2009	2010	2011	2012	rank
Live Multi Game	–	–	–	–	–	–	–	153	311	895	7
Football Poker	4	2	–	–	–	–	–	–	–	–	–
Stud Poker	16	337	522	556	750	925	938	1060	1309	1472	6
Q Poker	–	–	24	24	20	7	5	1	–	–	–
Casino War	–	–	–	0.1	61	185	164	157	226	246	12
Fortune 3 Card Poker	–	–	–	–	–	–	55	109	141	206	14
Dragon Phoenix	–	–	–	–	–	–	–	–0.04	5.03	0.81	22
Fortune 8	–	–	–	–	–	–	2.5	–	–	–	–

Table 1: Gross revenue games of fortune 2003–2012
(source: DICJ) (Highest year is highlighted)

32 There are very good maritime transportation links between Macau and Hong Kong. In fact, passengers can fly to the Hong Kong international airport and proceed directly to Macau via a ferry link, without the need to pass Hong Kong immigration. This ferry link can only be used by passengers in international transit. Other passengers must go from Macau to Hong Kong airport via the ferry to Hong Kong central.

33 A new high-speed rail line to Zhuhai opened in 2013 and made it faster to reach Macau from Guangdong province.

34 A bridge linking Macau with Hong Kong is under construction and is expected to enter operation in 2016.

VI. Gaming Patterns and Market Evolution

35 Table games clearly dominate the Macau market. This is a constant feature, which, in this regard, is totally opposite from Nevada. When Western games were introduced in 1962 the most popular were blackjack and roulette. Since the 1970s the most popular game is by very far baccarat, a simple and fast game with a low house advantage that depends wholly on chance. The baccarat VIP market today generates around 70% of the total gross gaming revenue. *Sic bo* (a Chinese dice game also known as *cussec*) and blackjack follow. Slot machines are currently of relatively small importance, but their revenue is growing more rapidly than that of the overall market (see table 1 on page 1034).

36 VIP Baccarat absolutely dominates, and has had a phenomenal growth. Mass market Baccarat takes the second spot, followed by slot machines (which, in fact, includes many machines which are electronic versions of various table games). The best of the rest are *Cussec* (also known as *Big and Small* or *Sic Bo*), a Chinese game played with three dice. The next on the list are *Black Jack*, *Stud Poker* and *Roulette*, all of which have been recording new all-time highs. The biggest novelty in the last years is the stunning rise in 'live multi game' gambling, the so-called 'stadiums' where a live dealer is dealing a game (typically baccarat) to a large number of players who bet using electronic terminals. More than 160 years down the road, the venerable game of *Fantan*, which once was the biggest game, continues to do very well and had another record year in 2012. The same cannot be said of *Craps*.

37 In general, the expansion of gaming in Macau over the past 10 years has been staggering, and way beyond any predictions that could have been made in 2001 when the reforms were set in motion. It effectively may represent the biggest explosion of gambling in world history, a time when large numbers of players from the increasingly affluent mainland of China started to be allowed to travel to Macau on a regular basis. This was coupled with a very large expansion in the offer of gaming on all variables: number of casinos, tables and machines.

	Gross gaming revenue (10^3 MOP)	Casinos (no.)	Table games (no.)	Slot machines (no.)
2002	22.842.627	11	339	808
2003	29.475.855	11	424	814
2004	42.305.640	15	1.092	2.254
2005	46.046.926	17	1.388	3.421
2006	56.623.468	24	2.762	6.546
2007	83.022.245	28	4.375	13.267
2008	108.772.000	31	4.017	11.856
2009	119.369.000	33	4.770	14.363
2010	188.343.000	33	4.791	14.050
2011	267.867.000	34	5.302	16.056
2012	304.139.000	35	5.485	16.585

Table 2: Gross gaming revenue, casinos tables and machines 2002–2012 (source: DICJ)

The number of casinos has been growing rapidly. When the concession to STDM expired on 1 April 2002, all its 11 casinos were transferred to SJM and continued in operation. This situation remained stable from the start of the new concession to SJM until the opening of the first casinos of other sub/concessionaires in May and June 2004. Since then, 24 more casinos have opened. 38

The years from 2001 to 2003 were a period for the discussion and design of the new system, approval of the legislation, the organization of the tender process, the signature of the concession contracts, and the start of the licensing of gaming promoters. A subconcession (the first one) was authorized to the Venetian in order to avoid what would be perceived as a major failure if this company would not operate in Macau. 39

The years from 2004 to 2006 can be best described as a 'boom' period. A large number of casinos were opened or started construction. The gaming revenue increased dramatically. Two more concessions were authorized, but these were 'sold' for large amounts of money. 40

From 2007 to 2009 the market slowed the rate of growth and was affected by various issues. This was due first to the political developments (the Ao Man Long corruption and money laundering scandal which erupted in December 2006) and then also due to the impact of the global economic crisis. A freeze on the approval of new projects was announced. A cap on the commissions payable to gaming promoters was imposed. A cap on the number of tables was also imposed in March 2010, at 5500 tables. 41

Since 2010, under the Government of Chief Executive Fernando Chui Sai On pace of growth of the industry has again accelerated. 42

Jorge A.F. Godinho

VII. Gaming Promoters and the VIP Market

43 One of the specific features of the Macau gaming market is the considerable importance of gaming promoters. Gaming promoters in fact have existed for many years, since 1976. But they were never formally regulated prior to 2002. Immediately after the 2001/2002 tender process, the Macau Government moved to license and regulate them, so as to have transparency and clarity in this important segment of the gaming market. For this purpose, a new law was published on 1 April 2002.

44 Under the system approved, the licensing of gaming promoters is carried out by means of administrative permissions (or administrative licenses), which need to be renewed every year. Therefore, it is not done by means of concessions and concession contracts. On the other hand, the licensing process is ongoing, which means that any interested party can apply at any point in time: there are no predefined application periods.

45 Gaming promoters are important as a result of various features. They recruit new customers and arrange for the funds for gambling to be available in the casino in a context where there is no free movement of capital from mainland China. Another essential aspect is that gaming promoters are allowed to issue credit to patrons and assume the corresponding risk of default.

46 Each gaming promoter must register at least with one concessionaire with which they wish to conduct business in the upcoming year. Gaming promoters are free to work with more than one concessionaire if they wish to.

47 VIP rooms are gaming areas normally operated in association with gaming promoters who bring their customers to play there. For this purpose, VIP rooms will have separate accounting and may have separate gaming chips. VIP rooms are legally recognized for tax and statistics purposes. There may be service agreements between the sub/concessionaires and the gaming promoters or other entities for the purpose of allocating and occupying a specific space or room in a casino.

48 In abstract, a gaming promoter may be paid on different bases: a percentage of front money; a commission on dead chips; a commission on live chips; a commission on the losses; a percentage of the net rolling. The law of Macau is liberal in the sense that it does not regulate the method of payment and leaves that to the market.

49 It is now illegal for the concessionaires to pay commissions which exceed the amount set by law. A law passed in 2009 states that the Secretary may set limits on the commissions payable and regulate their method of payment. Payment is defined as including funds and any bonuses, free goods, services or any other forms of remuneration. The limit was set at 1,25% of net rolling, regardless of the exact basis of calculation adopted.[5]

---

5 See also William Eadington and Wang Wuyi, 'The VIP-Room Contractual System and Macao's Traditional Casino Industry', in *China: An International Journal*, vol 6(2), 2008, pp 237 ff. An older

Gaming promoters can come from anywhere: Macau, Hong Kong, China, Taiwan, Japan, Korea, Singapore, Malaysia, Thailand, etc. Foreign companies can also register as gaming promoters in Macau. A look at the list of approved gaming promoters reveals a number of foreign names.[6] 50

Casinos can also work directly with customers, taking the credit risk involved. The decision will likely depend on where the gambler lives. If the gambler lives in Hong Kong this is not a problem, as credit for gaming is enforceable in the courts of Hong Kong. If the gambler lives in mainland China, the fact that credit for gaming and gambling debts cannot be collected through the courts there suggests that the use of gaming promoters may be advisable, even if it is less profitable in the short term. In the long term, patrons who have already made a few trips to Macau and established a good credit record may prefer at some point to deal directly with the casino and not with the agents (gaming promoters). 51

Attracting high rollers is a key marketing issue, as the business is highly competitive. Each marketing department will have a specific view on how best to approach the matter but in general it can be said that at the top end the casinos may provide executive suites, hosts, transportation in private jets owned by the company, food and beverage and other complimentary services ('comps' in casino jargon). It should be mentioned that this segment of the market is also more risky for the casino, especially due to increased volatility and lower margins.[7] 52

VIII. Integrity and Reputation Requirements

By law, suitability requirements must be complied with in order to obtain and keep an authorization in force. The need for suitability means an appropriate standard of professional integrity, reputation, character and experience. 53

This requirement is clearly stated in the laws on both casino sub/concessionaires and gaming promoters, and DICJ must conduct a number of checks and enquiries so as to determine whether it is met. Regular background checks are to take 54

study still worth reading is Angela Leong, 'The "bate-ficha" business and triads in Macau casinos', in *Queensland University of Technology Law and Justice Journal*, 2002.

6 There are various gaming promoters that have become very large companies and are listed in stock markets, including the following: Asia Entertainment & Resources Ltd, listed in the NASDAQ (stock code: AERL); Dore Holdings Limited, listed in Hong Kong (stock code: 0628); Neptune Group Ltd, listed in Hong Kong (stock code: 0070). It is not known if these are the main promoters, but at least they have a high degree of visibility and information on them is more easily accessible. The Government simply releases a list of licensed promoters, without providing any further information.

7 See Robert C. Hannum and Sudhir H. Kale, 'The mathematics and marketing of dead chip programmes: finding and keeping the edge', *International Gambling Studies*, vol 4(1), June 2004, pp 33 ff.

place after a concession or license has been granted. Information from other gaming jurisdictions may be deemed relevant and, where available, may be taken into account. The extent to which there is information exchange with the regulators of other jurisdictions is not known to the public.

55 Given the existence of an annual regulatory cycle, the number of licensed gaming promoters changes every year; it increased steadily from 2005, the first year for which there is data, and then declined in 2008. This was possibly related with unforgiving competition in the sector (especially after the emergence of so-called 'super-junkets' such as A-Max Holdings), consolidation, as well as the impact of the financial crisis. The number increased again after that and is now over 200. Such high number of gaming promoters licensed to operate in Macau, which can work with a large number of employees, makes the local junket market challenging to supervise.

56 The law attempts to control this by requiring that all shareholders be individuals and, in the case of public companies, that all shares be nominative. However, the possibility of strawmen shareholders remains.

IX. The Prevention of Money Laundering

1. Overview[8]

57 In 2006 new laws and regulations for the prevention and repression of money laundering and financing of terrorism were passed by the Macau Legislative Assembly, the Chief Executive and the various regulators of specific economic activities and professions including DICJ.

58 In general, it can be said that today Macau follows very closely the international standards issued by the Financial Action Task Force (FATF), as adopted in the European Union. The Macau SAR is a member of the Asia/Pacific Group on Money Laundering (APGML), which conducts mutual evaluation exercises regularly.

59 The prevention and detection mechanisms for the gaming industry have been developed on the basis of FATF recommendations, as implemented in the latest European Union directive. The Macau SAR has ratified the 1988 UN Vienna convention against drug trafficking, the 1999 UN convention against the financing of terrorism, the 2000 UN Palermo convention on transnational organized crime and the 2003 UN convention against corruption.

8 See Jorge Godinho, 'Financial strategies of crime control in the Macau SAR', in Jorge Godinho (ed), *Studies in Macau civil, commercial, constitutional and criminal law*, LexisNexis, Hong Kong, 2010, pp 259 ff; Jorge Godinho, 'The prevention of money laundering in Macau casinos', in *Gaming Law Review and Economics*, vol 17(4), May 2013, pp 262 ff.

The regulator of the gaming sector, DICJ, has issued in late 2006 an instruction for the entire gaming sector which includes various basic components. 60

- *'Know your customer' or customer due diligence*. Identification of patrons is required in the case of suspicious transactions and also in relation to all transactions above a specified amount, which currently stands at MOP/HKD 500.000 (around USD 62.500).
- *Record-keeping* of relevant documents is required for a period of at least 5 years, in order to make it possible to later retrace the details of the transactions and the associated flow of funds.
- *Transactions reporting* covers the following types of operations: placing bets and paying winnings; purchase and sale of chips, tickets and tokens; granting and collecting credit for gaming.
- *Suspicious transactions* must be reported to the Macau financial intelligence unit, known as GIF (*Gabinete de Informação Financeira*), irrespective of the amount. This requirement arises from general law and is no different from any other sector of financial activity.
- In addition, *all transactions above HKD/MOP 500.000* must be reported to DICJ. This rule is specific to the gaming sector. There is no systematic threshold reporting in banking, insurance or any other sectors, following the influence of EU directives on anti-money laundering. This means that the gaming sector follows a stricter requirement, which causes a very large number of reports.
- The existence of specific *internal procedures and control mechanisms* as well as *staff training* are also required by current law.
- A *compliance officer* should be appointed by every entity subject to the supervision of DICJ. The person appointed must have appropriate experience and functional autonomy. DICJ may veto the name or request the replacement of the compliance officer if reasons related to suitability or technical capacity so require. The compliance officer is a company official who is especially tasked with reviewing, evaluating, following up both types of reports, on a daily basis, and with submitting suspicious transaction reports to GIF.
- There is a prohibition of *tipping-off*: it is unlawful to inform a patron that a report has been or will be filed, so as not to compromise the operation of the regulatory system.
- *Cooperation* with the authorities is required, in accordance with the law.

The Macau financial intelligence unit (GIF) was created in the summer of 2006. Prior to its creation the reports on suspicious transactions, which have been required since 1998, were sent to the Judiciary Police. 61

However, it should be noted that the reports on all gaming transactions above HKD/MOP 500.000 are to be sent to the gaming regulator, DICJ (not to the GIF) and DICJ has not been releasing information on the matter, namely on how many such 62 reports it has received, and from which operators. There were allegedly around 14.000 such transactions per month on average, in 2009; if this figure is correct, that means roughly one every three minutes.

63 The statistics released by GIF on suspicious transactions show that the leading source of reports in Macau is indeed the gaming sector, surpassing the financial sector and growing significantly in recent years.

64 Suspicious transactions received by the GIF since 2007, its first full year of operation, are as follows:

	2007	*2008*	*2009*	*2010*	*2011*	*2012*
Banks and insurance	343	386	382	338	477	510
Gaming sector	374	443	767	814	1082	1328
Other sectors	8	9	7	68	4	2
Total	725	838	1156	1220	1536	1840

Table 3: Number of STR's received by the GIF 2007-2011 (source: Financial Intelligence Office, Annual Report 2011, Macau, 2012, p. 45)

65 This data shows that the gaming industry is by far the sector generating the largest quantity of suspicious transactions. Moreover, the volume has been increasing rapidly, although it should be noted that from 2007 to 2012 the gaming sector also grew considerably. There is a more or less linear correlation between the number of suspicious transactions and the gross gaming revenue, as both roughly quadrupled between 2007 and 2012.

66 The 2006 law applies to gaming sub/concessionaires of casino games of chance as well as to gaming promoters. All these entities must comply with the legal obligation to report suspicious transactions. Therefore, gaming promoters (junket operators) must comply with general rules on anti-money laundering as described above. This is of particular importance, since some of the VIP rooms are run by gaming promoters more or less directly and promoters are allowed to grant credit for gaming. Gaming promoters usually know the background of their customers reasonably well and may be able to assess if a certain transaction is suspicious and is to be reported. The main concern regarding money laundering has to do with the existence of a significant number of authorized gaming promoters which play a role in channeling financial flows from mainland China, the origin of the majority of 'high rollers' coming to casinos in Macau.

2. Gaps or Shortcomings

There are various visible gaps or shortcomings in the current regulatory system. 67

The first relates to politically exposed persons (PEPs). The DICJ instruction defines a PEP as follows: "*a person, a family member or an associate of such person who performs or has performed the functions of prominent political positions in a foreign country or territory, including prime minister, government leader, chief executive, judicial or military officials, managers of state enterprises or representatives of political parties*" (underline added). Therefore, PEPs are currently defined as *foreign* PEPs. This definition is indeed in line with international standards, namely the FATF recommendations, which define a PEP as a foreign one. The DICJ regulation requires enhanced due diligence in the case of PEPs.

However, in the case of Macau it can be argued that the domestic PEP's (from 68 Macau, mainland China and Hong Kong) are of higher interest. This was highlighted in the banking sector by the Ao Man Long case, a former secretary of Government of the Macau SAR, who was arrested in 2006 and subsequently convicted of corruption and other crimes including money laundering to a prison term of 28 and a half years. In addition, many cases of corrupt public officials from mainland China gambling in Macau with diverted funds have been documented.[9]

The second shortcoming relates to the statistics released by GIF to the public, 69 which are not too detailed. In particular, there is no separation between the various components of the gaming sector, which makes it difficult to analyze in detail the figures. It is namely impossible to determine which market segments are generating reports and which ones are not, or to attempt to relate market share with the number of suspicious transaction reports generated by each sub/concessionaire. This would be helpful to assess how the various local operators are implementing and complying with the obligation to report suspicious transactions. In particular, it is not possible to determine how many reports were filed by gaming promoters.

The third issue relates to the lack of public information on enforcement actions 70 adopted by DICJ. While DICJ is known to take appropriate actions where required, it does not make public its findings and enforcement measures. Namely, there is no public data on penalties applied or licenses cancelled. This information would be helpful to assess the overall compliance of the industry with anti-money laundering regulations and the level of impact of the enforcement of the suitability requirements.

A final matter relates to the absence of a legal régime to deal with cases where a 71 gaming concessionaire breaches or fails to comply with relevant provision of applicable laws, regulations, or of the concession contract. Such actions are considered

9 See Zhonglu Zeng and David Forrest, 'High-rollers from mainland China; a profile based on 99 cases', *UNLV Gaming Research & Review Journal*, vol 13(1), 2009, pp 29 ff.

as an offence, punishable with fines. While some offences and penalties are mentioned directly in the concession contracts and in some laws, and major breaches may cause the rescission of the concession, for all other issues further regulation is needed and expected. This is long overdue. The current situation is one where the Government does not have the means to punish minor offences.

X. Underage Gambling and Exclusions

1. Underage Persons

72 Underage persons for the purpose of casino gambling are defined, under a law passed in 2012, as persons who have not yet completed 21 years of age, and they cannot enter and play in casinos. Prior to 2012 the limit was 18 years old. The casino sub/concessionaires are under a legal duty to enforce this rule. The matter has generated some legal debate in Macau as to whether it is constitutionally permissible to elevate the minimum age for specific purposes while at the same time keeping the age of majority at 18.

73 However, given that there is very large number of patrons visiting the casinos on a daily basis, it may be difficult to completely avoid breaches of this rule. In addition, Macau casinos are not required check the identification of every single person, as happens in some jurisdictions such as Singapore. Such checks are seen as not feasible given the sheer number of persons that visit the properties every day.

74 The legal evolution of this topic has been marked by a well-known case that occurred in early 2007. A 16 year old girl from Hong Kong gambled and won a very large jackpot in the Sands casino. After some debate, the DICJ took the view that the jackpot should be paid, although the justification for this opinion was not made public. That was, in our opinion, with due respect, an unfortunate decision, which was not based on a correct reading of the law.[10] Enforcement of the prohibition to enter the gaming venues by minors has been considerably strengthened in the wake of this case and identity cards are regularly required by security staff to all persons who may appear not to be of legal age. Underage persons can be fined for entering casinos.

10 For a detailed discussion, see Jorge Godinho, 'Menores em casinos: é necessário alterar a lei?', in *Revista de Direito Público*, vol. II(4), Jul–Dec 2010, pp 127 ff.

2. Exclusions

A law passed in 2012 has regulated exclusions for the first time. A person can ask to be barred entry from casinos, or may confirm a request made by a family member, for a maximum of two years. The exclusion shall automatically lapse after such period. 75

If a person wins money while the exclusion is in force, such moneys shall not be paid and shall revert to the Government. The excluded person may also be prosecuted for the crime of disobedience, a consequence that seems unduly severe. 76

The excluded person may ask for the cancellation of the exclusion at any time, but such request shall only take effect 30 days after the day in which it was filed. There is no requirement show evidence, such a statement by a medical practitioner, affirming that any gambling addiction from which the person had been suffering is now controlled. 77

XI. Regulation, Supervision and Enforcement

1. DICJ

As mentioned, DICJ is the Government department primarily in charge of gaming supervision. It is regulated by a specific organic law approved in 2003 that sets out in detail its structure and powers. 78

It should be mentioned that DICJ is an administrative body. It is not a law enforcement agency. The Judiciary Police is the body that has competence over criminal law issues, namely those arising in the gaming sector, and it has a special division for this purpose. The Judiciary Police is present in all casinos. DICJ works closely with other law enforcement agencies. 79

The DICJ is a standard government department. As such, it is part of the local government, not an independent regulatory agency. DICJ executes public policy on gaming and there is no evidence of regulatory capture by the industry. However, there is a lack of public information regarding enforcement actions, penalties applied, licenses revoked and instructions issued. There is also the lack of publication of an annual report of its activity, which is not usually required of standard Government departments, but would be helpful. DICJ is an internationally respected agency. 80

The DICJ inspectors are supposed to be on the floor in all casinos, 24 hours a day. DICJ staff also tracks the money played per table for tax purposes. The number of DICJ inspectors has been increasing steadily in the last years to keep up with the expansion of gaming venues operating in Macau. In addition, operators are to have internal review and control mechanisms. 81

82 In any event, the Macau casino market is inherently difficult to supervise due to its sheer size, which is constantly growing. Another factor relates to the VIP rooms, which pose challenges, as mentioned.

2. GIF

83 GIF is a government office created in 2006 which is chiefly tasked with combating money laundering and the financing of terrorism. It is part of the local government and is staffed mainly by former banking regulators and law enforcement personnel. GIF publishes a relatively detailed annual report, available in three languages in its website.

84 GIF is perceived to be very dynamic and is developing international cooperation with a number of entities and agencies, via the signature of Memorandums of Understanding with other jurisdictions. It participates actively in the APGML and is a member of the Egmont Group of financial intelligence units. Like in many other jurisdictions the sheer number of suspicious transactions reports submitted to GIF is challenging to manage and assess for merits.

85 Overall, the Macau SAR is perceived internationally as being seriously committed to anti-money laundering efforts, having ratified and implemented the relevant legal instruments and devoted sufficient resources and staff.

XII. Final Observations about Macau

1. Overview

86 Macau has made considerable progress in gaming regulation and supervision since 2001. International standards applicable, where available, are being followed.

87 As a result, Macau is considered to be a credible and safe gaming jurisdiction by the financial markets and therefore has attracted the attention of all major international gaming operators. Massive investments have taken place in recent years. The financial crisis has impacted the progress of some projects, but it subsided and a rapid rate of investment continued. The awarding of new land for future casino gaming projects in 2012 and 2013 has paved the way for the next wave of openings of integrated resorts, expected from 2015 onwards. There are many new projects in the pipeline, including the Wynn Cotai, the MGM Cotai, Galaxy's phase II, the Parisian (by the Venetian, to be built in lot 3), SJM Cotai, and Macau Studio City. When all these projects will be completed the Cotai will be a heavily built up area and possibly already congested.

2. Outstanding Issues

A number of gaps or issues other than those already stated can be mentioned. 88

In general, the progress in regulation has been slow since 2004, but this is not specific to gaming and is rather part of a broader pattern of governance where decisions are often not taken very rapidly. It is widely known that extensive preparatory works exist and draft laws are ready to be enacted when deemed necessary. Still, 2012 saw the passing of new laws on access to casinos, a new regulatory framework for slot gaming machines and measures towards the adoption of a partial smoking ban in casinos.

Other problems needing attention are profit-sharing agreements, by which par- 89
ties that have not been subject to suitability investigations may be able to gain access to the market.

It is clear that there are a number of casinos that are being operated as a joint 90
venture between one of the sub/concession holders and one other party, such as the owner of an hotel (such as: Golden Dragon; Emperor; Babylon and Legend; Greek Mythology; Taipa Square). It is also clear that the Government has in the past authorized this type of agreements, although this was stopped since 2008. The main problems with these agreements is that the party who owns the hotel: may not be subject to a suitability investigation; is not selected by a public tender. This is a major regulatory problem that needs to be addressed.

Side-betting, that is, agreements between a third party and a patron whereby 91
the amount formally credited is only a fraction of the real amount, which remains concealed, poses a considerable challenge. In side-betting the real value of each bet is multiplied: the nominal value is not the real value. This creates a parallel betting scheme that is not taxed, but goes through official casinos and follows the rules of the games. In side betting the person taking bets is authorized: it is the casino. The side betting is done by agreement with a junket, who is also authorized. The casino is unwittingly used by the junket for a parallel and untaxed betting scheme. This generates a direct erosion of the tax revenue. Side-betting, from a contract law point of view, is a sham transaction or simulation, so that a fraction of the transactions goes untaxed, but not all. It is difficult to avoid altogether side-betting from taking place, but efforts must be done to mitigate these practices. Casinos are also interested parties in avoiding that side-betting takes place, since it erodes the revenue of the industry.

A perennial concern relates to the tax rates, which is widely perceived as being 92
quite high.[11] There have been frequent claims for the tax rate to be lowered. However, the Government has made it clear that is has no intention to change it.

11 Luís Pessanha, 'Gaming taxation in Macau', in *Gaming Law Review and Economics*, vol 12, no 4, 2008, 344 ff.

93 In 2020 and 2022 the current concessions and subconcessions shall expire. The Government of Macau has not yet initiated studies on what should be the next step in the evolution of the market, or at least this is not known. The new Macau Chief Executive which has taken office on 20 December 2009, and is likely to be reappointed in 2014, has the chance to review and revisit the main policy options that are currently in place.

XIII. Other Asian Jurisdictions

1. Evolution

94 It is clear that Macau will have increased levels of competition. There is an ongoing expansion of casino gaming in East and Southeast Asia, and it will likely continue at a rapid pace in the coming years. This section tries to provide an overview of the regional developments that have taken place and are expected in the coming years.

95 Macau effectively has played a trigger role in this expansion of casino gaming and the start of the new era can be safely identified as having taken place in 2004. In May of this year the Sands casino opened its doors in Macau. It is a beautiful building, designed by architect Paul Steelman, and was the first casino not operated by Stanley Ho. It showed to anyone who could still have doubts the enormous potential of the 'mass market'.

96 Perhaps more importantly, a cultural transformation of other type was also accomplished: the financial markets embraced gaming companies. In fact, many analysts started following gaming stocks and the industry became closely associated with investments, MBA-holding casino executives, the creation of jobs, tourism visitation, and a range of other managerial-economic tools, measurements, metrics and benchmarks. The financial culture arrived in full force.

97 Various jurisdictions took good note of the potential of gaming and of how the industry could now be developed, regulated and operated in a modern and efficient setting, just like any other respectable and profitable business. Among such jurisdictions, Singapore was the most important, and quickly took decisive action. Other jurisdictions have followed and very much wish to develop similar magnets for tourism, conventions, entertainment and reap the corresponding revenues for public budgets.

98 However, in analyzing the regional developments there should not be hasty generalizations, as the gaming industry continues to be a very domestic affair in each specific jurisdiction, and the public policy priorities and concerns surrounding casino legalization are not always the same. Each jurisdiction does it in different ways. Therefore, each case should be considered separately.

2. Singapore

The possible legalization of gaming in Singapore was initially alluded to in 2004 and after various stages of debate and consultation the Casino Control Act was passed in 2006, enabling the opening of casino gambling.[12] The next stage was the selection of two operators, in what was a very competitive process. Construction then started and, despite the impact of the global economic crisis, in 2010 the two integrated resorts opened: Resorts World Sentosa (of Genting Berhad, Malaysia) and the Marina Bay Sands (of Las Vegas Sands, Nevada). 99

Both integrated resorts are located in prime real estate and are quite impressive from an architectural point of view, especially the iconic buildings and rooftop swimming pool and bars at the Marina Bay Sands. They have a different character, as was intended and planned by the Singapore government. The Marina Bay Sands is located across from the financial district and the city center, has very large convention facilities and is oriented towards business tourism, meetings, exhibitions and shopping. On the other hand, Resorts World Sentosa is more oriented towards families, theme parks and holiday or weekend activities. A common feature, imposed by law, is that the casino cannot occupy more than 5% of the total area; this probably was a lesson learned from Macau, where currently there is no such limit and the natural tendency of the operators is to try to expand the gaming areas and shrink the others. Overall, Singapore developed casinos with very specific tourism and town planning goals in sight. As the revenue to be gained from the industry was not a priority, the tax levels are relatively low. 100

A new public body, the Casino Regulatory Authority, set up in 2008 to oversee the gaming industry, has been performing its mission with a very high degree of transparency.[13] 101

Credit for gaming is authorized, and legally enforceable. Gaming promoters can be licensed in Singapore, but there has been some caution in this regard due to concerns such as on money laundering. 102

One of the particular issues in Singapore is that it has tried to discourage the local citizens and permanent residents from gambling. This was pursued by implementing an entry fee of SGD 100 (around 60 euros) for them to gain access for a 24-hours period or of SGD 2000 (around 1200 euros) for a full year. Tourists do not have to pay to enter the casinos. There is a check of the documents of every single person going in and out of the casinos. When this measure was approved it was thought that it would be sufficient to prevent most Singaporeans from excessive gambling. However, that proved not the case and in fact quite many Singaporeans are willing 103

12 See Derek da Cunha, *Singapore places its bets. Casinos, foreign talent and remaking a city-Sate*, Straits Times Press, Singapore, 2010.
13 See Casino Regulatory Authority, *Annual Report 2011/12*, Singapore, 2012.

to pay the entry fee and play. Other restrictive measures are now being considered to try to lower a somehow unexpected surge of gambling in Singapore.

3. Taiwan

104 After Singapore came Taiwan. In 2009 the *Offshore Islands Development Act* was passed, adopting a development model whereby casinos may be operated in offshore islands only and not on the main island, Formosa. The law states that for casinos to open they need to be approved by a referendum of the local population. However, the first that was held resulted in a failure in Penghu (Pescadores) islands in 2009, although another one may take place in the coming years. This means that probably the first Taiwan casinos will open in Matsu islands, where a referendum was passed in 2012. The situation of Taiwan is addressed in more detail by other contribution to this volume.

4. Japan

105 Japan has been debating the legalization of casinos for quite many years. The country in fact already has one of largest segments of the gaming industry in the world, the ubiquitous *pachinko* parlors.

106 It seems possible that Japan will have casinos in the next few years. The general expectation is that once a law is passed the country may have two very large integrated resorts located in prime touristic areas of Tokyo and Osaka, much like Singapore. It is likely that there will be a number of relatively smaller casinos in other counties around the country, from Sapporo to Okinawa.

5. South Korea

107 South Korea has had casino gaming for some time; there are 17 casinos around the country including 8 small casinos located in Jeju island. The policy followed for the casino industry is very much tourism-oriented. As a result, Korean nationals are only allowed to play in the Kangwonland casino, which is located in a relatively remote area that used to thrive on mining; the Kangwonland casino is quite profitable.[14]

108 South Korea is now moving ahead with an expansion of gaming in the Incheon free economic zone, located right next to the country's main international airport.

14 For details, see the website of the Korea Casino Association (www.koreacasino.or.kr).

This may attract international visitors, and especially from China, given the close proximity to Shanghai and Beijing.

6. Philippines

In the Philippines casino gaming in controlled by a State-owned entity, the Philippines Amusement and Gaming Corporation (PAGCOR), which performs the roles of both regulator and operator. PAGCOR operates casinos and licenses other operators. 109

The industry has been expanding rapidly. Resorts World Manila opened in 2009 and a new Entertainment City is taking shape in Manila, where various resorts are planned and the first, Solaire, opened in 2013. 110

Other operators include First Cagayan, which is taking bets remotely from China by means of proxy betting.[15] 111

7. Vietnam

Vietnam has five casinos, located in touristic areas including the border with China, which can only be visited by foreign tourists. Vietnam is developing a casino strip in Ho Tram, a beach town located 125 km southeast of Ho Chi Minh, and the first hotel is scheduled to open in 2013. 112

8. Cambodia

In Cambodia there is gaming operated by NagaCorp in Phnom Penh. NagaWorld is the only casino in the capital; it was granted a license for 70 years starting from 1995 and including 41 years of exclusivity over a radius of 200 km.[16] 113

There are also around 30 casinos in the borders with Thailand (which does not have legal casinos) and Vietnam (which does not allow nationals to gamble in the country). 114

15 Katrina L. Nepomuceno, 'Philippines proxy betting', in *Gaming Law Review and Economics*, November 2010, vol 14(9), pp 673 ff.

16 See NagaCorp, *Annual report 2012*, p 15. The company is listed in the Hong Kong stock exchange (3918).

9. Malaysia

115 Malaysia has had casino gaming since 1971 at the Genting Highlands (of Genting Berhad), a resort located at the top of a mountain 58 km from Kuala Lumpur, about 1,800 metres above sea level, which can be reached by road or by cable-car. Resorts World Genting is the only location for onshore casino gambling in the country, but there are also cruise boats offering casino gaming in international waters.

116 This situation is stable and not foreseen to change, due to religious and practical reasons. Malaysia is a multicultural but majority Muslim country, and if sharia law was expanded this could spell the end of legalized gambling. If there was a new casino development at lower altitude in peninsular Malaysia that would present a massive reason not to go all the way up to the Genting Highlands. After a general election in 2013 won by the pro-business Barisan National party, Genting announced plans for the renovation and expansion of the facilities at the Genting Highlands.

10. Final Notes

117 No jurisdiction likes to see its citizens spend their money abroad. When Japan opens casinos and Korea expands the offer in Incheon, this will likely generate much traffic from north China. Russia is also setting up a casino zone in Vladivostok. As a result, there may be pressure to open gaming in Beijing and Shanghai; the southern island of Hainan would also like to have gaming.

118 The overall effect will be increased competition. However, Macau will remain by very far the largest gaming market, in a situation similar to that of Las Vegas, which now also has plenty of competitors but continues to be the gambling and entertainment capital of the US.

119 The concept of very large integrated resorts with casino gambling is now about to effectively spread to Europe: the Las Vegas Sands will be building an extremely ambitious resort in Madrid, and other company may build in Barcelona.

Chen-Jung Chan/Jörg Ennuschat/Ziang-Yi Wang

§ 41 Das Glücksspielrecht in Taiwan und in der Volksrepublik China

Übersicht

I. Einleitung

„Die Chinesen: Ein Volk von Zockern“,[1] „China soccer boom sparks online gambling craze“,[2] „Betting that China takes to gambling“,[3] „Das größte Zockerparadies der Welt“,[4] „China's secret gambling problem“,[5] „Glücksspiel, Bestechung und Spielabsprachen“[6] – diese Schlagzeilen einiger europäischer Medien der letzten Jahre umreißen wesentliche Eckpunkte der Entwicklung des Glücksspielmarktes in der Volksrepublik China. Nach der Machtübernahme durch die Kommunisten im Jahre 1949 wurde das Glücksspiel verboten. Seit 1987 hat die Volksrepublik China den Glücksspielmarkt für Lotterien und seit 1995 auch für Sportwetten vorsichtig ge- 1

1 Badische Zeitung vom 4.12.2013, http://www.badische-zeitung.de/panorama/die-chinesen-ein-volk-von-zockern--77974551.html.
2 Reuters vom 2.7.2016, http://www.reuters.com/article/china-soccer-gambling-idUSL4N19M1O6.
3 The Irish Times vom 24.4.2012, http://www.irishtimes.com/newspaper/finance/2012/0424/1224315099972.html.
4 Focus Money vom 10.1.2010, http://www.focus.de/finanzen/news/tid-16764/china-das-groesste-zockerparadies-der-welt_aid_468166.html.
5 The Telegraph vom 9.1.2010, http://www.telegraph.co.uk/news/worldnews/asia/china/6942975/Chinas-secret-gambling-problem.html.
6 Frankfurter Allgemeine Zeitung vom 29.5.2009, http://www.faz.net/aktuell/sport/fussball/fussball-in-china-gluecksspiel-bestechung-und-spielabsprachen-1797192.html.

https://doi.org/10.1515/9783110259216-041

öffnet, hält aber bislang an einer sehr restriktiven Glücksspielpolitik fest.[7] Davon profitieren Hongkong und vor allem Macau:[8] Deren dort legale Glücksspielangebote (Pferderennen in Hongkong und Spielcasinos in Macau) locken viele Festlandchinesen an. In Taiwan gibt es mittlerweile ebenfalls Überlegungen, Glücksspielangebote zu schaffen, die insbesondere an Besucher aus der Volksrepublik China gerichtet sein sollen.[9] Die schiere Größe und die nicht zuletzt in Hongkong und Macau sichtbare Spielleidenschaft der chinesischen Bevölkerung wecken nunmehr Hoffnungen auf ein rasantes Wachstum des Glücksspielmarktes in China, wenn dieser weiter liberalisiert wird. Auch europäische Glücksspielunternehmen wollen sich beteiligen.[10] Schon jetzt sind freilich die Schattenseiten des Glücksspiels in der Volksrepublik erkennbar: Wettbetrug, illegales Glücksspiel, Spielsucht.[11]

2 Trotz des viel kleineren Umfangs seines Glücksspielmarktes ist Taiwan aus europäischer Sicht schon deshalb von besonderem Interesse, weil es sich dort um das Glücksspielrecht eines demokratischen Rechtsstaates handelt. Im Folgenden soll daher ein Überblick über das Glücksspielrecht in Taiwan[12] und in der Volksrepublik China geboten werden.

II. Taiwan

3 Der Glücksspielmarkt in Taiwan wird geprägt durch Lotterien und Sportwetten. Künftig könnten Spielbanken hinzutreten.

1. Lotterien

4 Die Lotterie in Taiwan ist als Wohlfahrtslotterie ausgestaltet und bietet einige bemerkenswerte Ansätze zur Einbeziehung von Gemeinwohlbelangen.

---

7 Näher *Bieker*, China. Das größte Zockerparadies der Welt, Focus Money vom 10.1.2010, http://www.focus.de/finanzen/news/tid-16764/china-das-groesste-zockerparadies-der-welt_aid_468166.html; siehe im Übrigen unten III.

8 Zum Glücksspielrecht in Hongkong und Macau siehe in diesem Band § 40 sowie *Brugger/Reith*, Das Glücksspielwesen in Taiwan und Hongkong, ZfWG 2011, 27 (30 ff); *Klestil/Volino*, Das Spielbankenwesen in Macao, ZfWG 2011, 248 ff.

9 Unten II. 4.

10 Vgl The Irish Times vom 24.4.2012, http://www.irishtimes.com/newspaper/finance/2012/0424/1224315099972.html.

11 China's secret gambling problem, The Telegraph vom 9.1.2010, http://www.telegraph.co.uk/news/worldnews/asia/china/6942975/Chinas-secret-gambling-problem.html.

12 Hierzu bereits *Brugger/Reith*, Das Glücksspielwesen in Taiwan und Hongkong, ZfWG 2011, 27 ff.

a) Konzessionsmodell auf Grundlage eines Staatsmonopols

Im Zentrum des Lotterierechts steht seit 1999 der Public Welfare Lottery Issue Act (PWLIA),[13] der das Lotteriewesen auf eine neue Grundlage gestellt hat. Das vorherige Gesetz hatte sich nicht bewährt, weil die Kompetenzen für die Durchführung von Lotterien nicht klar genug zwischen der Zentralregierung und den Lokalverwaltungen[14] abgeschichtet waren. Der PWLIA normiert nunmehr ein staatliches Lotteriemonopol für den Zentralstaat. 5

Der Staat übt das Monopolrecht jedoch nicht selbst oder durch eigene Unternehmen aus. Vielmehr vergibt das Finanzministerium nach einer Ausschreibung eine zeitlich befristete Alleinveranstaltungskonzession. Diese Konzession können nur Bankunternehmen erlangen (§ 4 Abs 1 PWLIA). Grund hierfür ist zum einen die dadurch erzielte Einsparung von Personalkosten und sonstiger Kosten für die Finanzierung der Lotterien zwecks Entlastung des Staatshaushaltes und zum anderen die Erwartung der Zuverlässigkeit und der finanziellen Solidität dieser Unternehmen.[15] Maßgebliches Auswahlkriterium für die Vergabe der Konzession ist die Höhe des durch den Konzessionsnehmer garantierten Mindestüberschusses, der in die öffentlichen Haushalte eingespeist wird.[16] Von 2002 bis 2006 war die Taipei Fubon Commercial Bank Co Ltd. Konzessionsinhaberin.[17] Seit 2007 richtet die Taiwan Lottery Co, die zu Taiwans siebtgrößtem Finanzunternehmen, der Chinatrust Financial Holding Co gehört, die nationale Lotterie aus.[18] 6

b) Verfolgung von Gemeinwohlbelangen

Die Wohlfahrtslotterie wird in Taiwan in mehrfacher Weise in den Dienst des Gemeinwohls gestellt. Dies gilt einmal für die Verwendung der Lotterieüberschüsse. Diese werden zur Hälfte den Kommunen zugewiesen, welche die Mittel insbesondere für soziale Zwecke verwenden müssen. Weitere 45% kommen dem Fonds für die gesetzliche Rentenversicherung zugute, 5% der gesetzlichen Krankenversicherung. 7

---

13 Der Public Welfare Lotterie Issue Act, das zuletzt am 28.5.2008 geändert wurde, ist in englischer Fassung abrufbar unter http://law.moj.gov.tw/Eng/LawClass/LawAll.aspx?PCode=G0380187.

14 Unter Lokalverwaltungen sind Landkreise, Kreisstädte und regierungsunmittelbare Städte zu verstehen; näheres dazu in der vom taiwanesischen Außenministerium herausgegebenen Broschüre „Die Republik China auf einen Blick" von 2016, S. 30, abrufbar unter http://www.mofa.gov.tw/en.

15 Vgl die Begründung zum Entwurf des PWLIA in chinesischer Sprache unter http://lis.ly.gov.tw/lgcgi/lgmeetimage?cfcbcfcececacfcfc5cdcdc6d2cdcbce.

16 *Brugger/Reith*, ZfWG 2011, 27 (28).

17 *Brugger/Reith*, ZfWG 2011, 27 (28).

18 *Brugger/Reith*, ZfWG 2011, 27 (28); siehe ferner http://www.taiwanlottery.com.tw/eng_about_tlc.asp.

Im Übrigen partizipiert der Fiskus durch eine Steuer iHv von 20% auf Lotteriegewinne der Spieler, die 2.000 NT Dollar (umgerechnet ca 50 EUR) übersteigen.[19]

8 Die Verwendung der Lotterieeinnahmen für wohltätige Zwecke und andere Gemeinwohlbelange ist auch aus Deutschland bekannt. Die Wohlfahrtslotterie in Taiwan nutzt jedoch schon die Durchführung der Lotterie zur Verfolgung von Gemeinwohlzielen: Wenngleich der PWLIA das Internet nicht explizit als Vertriebsweg untersagt, gibt es die Lotterien gegenwärtig nur im terrestrischen Vertrieb. Hierfür gab es in Taiwan Ende 2016 mehr als 5.700 Lottoshops.[20] Gemäß § 8 PWLIA ist vorrangig den Angehörigen gesellschaftlicher Randgruppen, namentlich Menschen mit einer Behinderung, Mitgliedern indigener Stämme und Alleinerziehenden mit geringem Einkommen, eine Lizenz zum Betrieb einer Lottoannahmestelle zu erteilen.

9 Schließlich verfolgen manche Spielangebote öffentliche Belange. Das gilt allerdings weniger für die Wohlfahrtslotterie. Präzise gesetzliche Vorgaben für das Spielangebot und die Veranstaltungsmöglichkeiten sind im PWLIA nicht enthalten. Der Konzessionsinhaber muss immerhin sein Veranstaltungs- und Spielkonzept dem Finanzministerium zur Billigung vorlegen.[21] Das aktuelle Spielangebot umfasst insbesondere klassische Zahlenlotterien (zB „Super Lotto“ und „Lotto 6/49“ mit zwei Ziehungen pro Woche und hohem Jackpot).[22]

10 Der Verfolgung öffentlicher Belange gilt vielmehr für folgendes Spielangebot: Jeder Kassenbon, den ein Kunde bei der Zahlung in einem Geschäft bekommt, enthält den Aufdruck einer Losnummer. Alle zwei Monate finden Auslosungen statt. Diese Verlosung wirkt zum einen auf eine ordnungsgemäße Buchführung und Besteuerung der Geschäftsinhaber hin. Zum anderen stellen Wohltätigkeitsorganisationen Sammelboxen auf, in denen Passanten ihre Kassenbons hineinwerfen können und so ihr Los spenden. Dieses Spielangebot leistet damit einen Beitrag für öffentliche und soziale Zwecke. Diese Auslosung ist jedoch keine Lotterie iSd PWLIA und unterliegt daher auch nicht dessen Anwendungsbereich. Stattdessen findet das Spielangebot seine Rechtsgrundlage in § 58 des Value-added and Non-value-added Business Tax Act[23] und der auf diesem Gesetz beruhenden Rechtsverordnung „Uniform Invoice Award Regulations“.[24]

---

19 Angaben nach *Brugger/Reith*, ZfWG 2011, 27 (28).

20 Vgl dazu http://www.taiwanlottery.com.tw/agencyap/login.asp.

21 *Brugger/Reith*, ZfWG 2011, 27 (28).

22 Vgl dazu http://www.taiwanlottery.com.tw/SuperLotto638/index.asp und http://www.taiwanlottery.com.tw/Lotto649/index.asp.

23 Der Value-added and Non-value-added Business Tax Act, zuletzt geändert am 23.11.2011, ist in englischer Fassung abrufbar unter http://law.moj.gov.tw/Eng/LawClass/LawContent.aspx?PCODE=G0340080.

24 Die Uniform Invoice Award Regulations, zuletzt geändert am 23.2.2011, ist in englischer Fassung abrufbar unter http://law.moj.gov.tw/Eng/LawClass/LawAll.aspx?PCode=G0340083.

2. Sportwetten

Legale Sportwetten gibt es in Taiwan seit 2008. Sie werden als Sportlotterien verstanden und stützten sich zunächst auf den oben genannten Public Welfare Lottery Issue Act. Heutige Gesetzesgrundlage für das Sportlotteriewesen ist der Act for Issuance of Sports Lottery (AISL), der zum 1.1.2010 in Kraft trat und zuletzt am 26.1.2011 geändert worden ist.[25] Im Februar 2012 beschloss die taiwanesische Regierung einen Gesetzesentwurf über die Änderung des AISL, der strengere Bestimmungen hinsichtlich der Verantwortung und Kontrolle des Konzessionsinhabers vorsieht.[26] 11

Der Staat behält sich auch im Bereich der Sportlotterien ein Monopol vor, dessen Ausübung er durch eine befristete Konzession einem Privatunternehmen, das wiederum eine Bank sein muss, überträgt. Konstituiert wird dadurch, wie im Bereich der Lotterien, ein zeitlich befristetes Privatmonopol. Konzessionsinhaberin für den Zeitraum von 2008 bis 2013 war die Taipei Fubon Commercial Bank.[27] Seit 2014 richtet die ADATA Technology Co. die nationale Sportlotterie aus. Ihre Angebotspalette umfasst derzeit insbesondere Wetten auf ausländische Baseball-, Basketball- und Fußballspiele sowie auf inländische Baseballspiele.[28] Wetten auf Pferde- oder Hunderennen sind – im Unterschied zu Hongkong – aufgrund von Vorgaben des Tierschutzgesetzes unzulässig.[29] 12

Vertrieben werden Sportwetten zum einen in Sportwettbüros, zum anderen – anders als im Bereich der Lotterien – auch über Callcenter und das Internet. Für letzteres bietet § 11 Abs 1 AISL eine ausdrückliche Rechtsgrundlage. Die Wettüberschüsse werden zu 90% der Sportförderung und zu 10% anderen Gemeinwohlbelangen zugeführt.[30] In ähnlicher Weise wie bei Lotterien ist zudem vorgesehen, Angehörige sozial benachteiligter Bevölkerungsgruppen in den Vertrieb einzubeziehen. 13

---

25 Näheres zum Act for Issuance of Sports Lottery (AISL) ist in chinesischer Sprache bereitgestellt unter http://www.ly.gov.tw/05_orglaw/search/lawView.action?no=15601.

26 Näheres dazu in englischer Fassung unter http://www.taipeitimes.com/News/taiwan/archives/2012/02/17/2003525700.

27 Siehe *Brugger/Reith*, ZfWG 2011, 27 (29), sowie Wang, Taipei Fubon wins right to run nation's first sports lottery, Taipei Times vom 4.9.2007, http://www.taipeitimes.com/News/front/archives/2007/09/04/2003377108.

28 Vgl dazu unter http://www.i-win.com.tw/tsl/sites/cms_admin/cms/match_pre-schdl_bsb_iwin cms.html; siehe auch *Brugger/Reith*, ZfWG 2011, 27 (29).

29 *Brugger/Reith*, ZfWG 2011, 27 (29).

30 *Brugger/Reith*, ZfWG 2011, 27 (29).

3. Spielgerätehallen

14 In Taiwan gibt es Spielgerätehallen, in denen Geschicklichkeits- und Unterhaltungsspiele gespielt werden können. Gemäß § 4 Abs 2 des Gesetzes über die Regulierung der Spielgerätehallen[31] sind dort jedoch Geld-Glückspielautomaten verboten. Spielgerätehallen dürfen von jedermann errichtet und betrieben werden, wenn ihm eine Gewerbeerlaubnis von der zuständigen Behörde der Kommune erteilt worden ist. Die Regulierung der Spielgerätehallen gehört zu den Angelegenheiten kommunaler Selbstverwaltung. Allerdings hat das Parlament die Kompetenz, Rahmenvorschriften zu erlassen.

4. Spielbanken

15 Spielbanken waren in Taiwan ursprünglich vollständig verboten. Das änderte sich im Januar 2009, als das taiwanesische Parlament nach einer fast 20 Jahre währenden Diskussion und zwei gescheiterten Gesetzesvorlagen durch eine Änderung des Offshore Islands Development Act[32] die Zulassung von Spielbanken auf den kleineren, zu Taiwan gehörenden Inseln ermöglichte (dazu § 10-2 des Act). Ziel des Gesetzes ist es, durch die Errichtung von Urlaubsressorts mit Spielbanken Touristen anzulocken und dadurch die wirtschaftliche Situation dieser Inseln zu verbessern. In Betracht kommen vor allem die taiwanesischen Inseln in der Nähe des chinesischen Festlandes – was bereits andeutet, dass das Kasinoangebot insbesondere auf Besucher aus der Volksrepublik China gerichtet sein soll. Spielbanken sollen auf einer Insel aber nur dann betrieben werden dürfen, wenn die Inselbevölkerung durch Volksentscheid der Errichtung von Spielbanken mehrheitlich zustimmt und dabei die Wahlbeteiligung mindestens 50% beträgt. Die Einwohner der Penghu-Inseln, die aufgrund ihrer Lage, Größe, Infrastruktur und Natur am ehesten für eine Ansiedlung von Urlaubsressorts mit Spielbanken geeignet wären, haben in einem Plebiszit zum ersten Mal am 26.9.2009 und zum zweiten Mal am 15.10.2016 jedoch gegen die Errichtung großer Spielcasino-Komplexe gestimmt.[33] Im Gegensatz dazu haben die Einwohner der Matsu-Inseln in einem Plebiszit am 7.7.2012 für die Errichtung großer Spielcasino-Komplexe gestimmt. Allerdings sind bisher noch keine Spielbanken auf Taiwan errichtet worden.

---

31 Dieses Gesetz ist in chinesischer Fassung abrufbar unter http://www.6law.idv.tw/6law/law/%E9%9B%BB%E5%AD%90%E9%81%8A%E6%88%B2%E5%A0%B4%E6%A5%AD%E7%AE%A1%E7%90%86%E6%A2%9D%E4%BE%8B.htm.

32 Der Offshore Islands Development Act, zuletzt geändert am 22.6.2011, ist in chinesischer Sprache abrufbar unter http://law.moj.gov.tw/LawClass/LawAll.aspx?PCode=A0030121.

33 *Brugger/Reith*, ZfWG 2011, 27 (30).

5. Bekämpfung der Gefahren des Glücksspiels

Die deutsche Gesetzgebung für Glücksspiele stellt die Gefahrenabwehr in den Vordergrund, während in Taiwan eher die Chancen für die Förderung von Gemeinwohlbelangen gesehen werden, welche die kontrollierte Zulassung von Glücksspielen bietet. Deshalb werden Glücksspiele in der Praxis sowohl von den beiden Konzessionsinhabern als auch von der Regierung gefördert. Demgegenüber steht die Bekämpfung der Spielsucht nicht im Mittelpunkt. Auf den Internetseiten der Taiwan Sports Lottery und der Public Welfare Lottery finden sich aber Warnhinweise zu Gefahren der Spielsucht.[34] Nach § 9 PWLIA und § 13 AISL ist die Spielteilnahme von Minderjährigen verboten. In der Gesetzgebung gegen die Geldwäsche (Money Laundering Prevention And Control Law)[35] gibt es zurzeit keine expliziten Aussagen mit Glücksspielbezug. Dies dürfte sich ändern, wenn künftig Spielcasinos betrieben werden. Schließlich findet sich, wie überall, auch in Taiwan illegales Glücksspiel. So soll es etwa Wetten auf Taubenwettflüge geben.[36] 16

III. Volksrepublik China

Nach der geltenden Rechtsordnung der Volksrepublik China werden nur Lotterien und Sportwetten gesetzlich erlaubt, aber keine Spielbanken. 17

1. Lotterien

Das Totalverbot aller Glücksspiele ist in der Volksrepublik China zunächst zugunsten von Wohlfahrtslotterien gelockert worden. 18

a) Staatsmonopol mit der Möglichkeit der Übertragung auf Private

Lotterien unterliegen einem Staatsmonopol. Rechtsgrundlage ist gegenwärtig § 3 des Gesetzes[37] über die Regulierung der Lotterien (LRG), das am 1.7.2009 in Kraft 19

34 Siehe dazu unter http://www.i-win.com.tw/.

35 Siehe dazu in englischer Sprache unter http://glin.ly.gov.tw/web/nationalLegal.do?isChinese=false&method=legalSummary&fromWhere=legalAnnounce&id=4496.

36 So *Brugger/Reith*, ZfWG 2011, 27 (30).

37 Dies wurde vom Staatsrat, als Teil der Exekutiven, erlassen. Daher handelt sich hierbei um ein Gesetz im materiellen Sinne. Die chinesische Verfassung räumt in Art 89 Abs 1 dem Staatsrat unmittelbar Befugnisse zur Rechtssetzung ein. Näher dazu siehe *Bu*, Einführung in das Recht Chinas, 1. Aufl 2009, S 36.

getreten ist.[38] Darin wird bestimmt, dass der Staatsrat die Wohlfahrtslotterie[39] und die Sportlotterie[40] ausnahmsweise gestattet. Ohne Genehmigung des Staatsrates sind andere Lotterien untersagt. Im Rahmen der Wohlfahrtslotterie und der Sportlotterie werden ua Zahlenlotterien angeboten, die es in unterschiedlichen Spielarten gibt, zB „Zweifarbige Kugeln"[41] oder „Großes Lotto"[42]. Außerdem ist der Verkauf ausländischer Lotterielose in der Volksrepublik China verboten.[43] Für die Veranstaltung der landesweiten Wohlfahrts- und Sportlotterien sind nur die vom Innenministerium und Generalsportamt errichteten Organisationen berechtigt.

20 Von der Veranstaltung ist der Vertrieb zu unterscheiden. Gem § 6 Abs 2 LRG steht den zuständigen Stellen der lokalen Regierungen die Kompetenz zu, Einrichtungen für den Vertrieb der Lotterielose zu errichten. Zu den lokalen Regierungen zählen die Provinzen, autonomen Gebiete und die regierungsunmittelbaren Städte (vgl § 6 Abs 2 LRG). Gem § 5 Abs 1 und 2 LRG sind für die Aufsicht und die Regulierung, je nach Aufgabenbereich, das Finanzministerium, Innenministerium, Generalsportamt oder die zuständigen Stellen der lokalen Regierungen zuständig.

21 Die Rechte zum Vertrieb der Lotterien dürfen gem § 15 Abs 1 LRG von der jeweils berechtigten staatlichen Einrichtung auf Private übertragen werden. Hierfür ist der Abschluss eines Übertragungsvertrages zwischen der staatlichen Einrichtung und dem Privaten erforderlich. Eine Weiterübertragung auf Dritte ist verboten (§ 15 Abs 2 LRG). Die von Privaten zu erfüllenden Voraussetzungen für den Erwerb der Berechtigung zum Vertrieb der Lotterien und die Vorgaben für den Inhalt des Übertragungsvertrags werden in den §§ 23ff der Ausführungsverordnung zum LRG geregelt, die am 1.3.2012 in Kraft getreten ist.[44] In § 26 Abs 1 der Ausführungsverordnung zum LRG wird bestimmt, dass nach Abschluss des Vertrages die staatlichen Einrichtungen den Privaten einen entsprechenden Berechtigungsnachweis ausstellen, den diese nach § 26 Abs 3 der Ausführungsverordnung zum LRG nicht an Dritte verleihen, vermieten oder verkaufen dürfen.

22 Die Lotterieüberschüsse dürfen gemäß § 33 LRG ausschließlich für soziale Zwecke, die Sportförderung und andere Gemeinwohlbelange verwendet werden. Sie fließen nicht in den allgemeinen Staatshaushalt ein.

---

38 Das Gesetz in chinesischer Sprache ist abrufbar unter http://www.gov.cn/zwgk/2009-05/12/content_1311668.htm.

39 Zur Wohlfahrtslotterie in chinesischer Sprache siehe http://www.cwl.gov.cn/.

40 Näheres zur Sportlotterie in chinesischer Sprache unter http://www.lottery.gov.cn/.

41 Siehe hierzu in chinesischer Sprache unter http://www.zhcw.com/ssq/.

42 Hierzu in chinesischer Sprache http://www.lottery.gov.cn/dlt/index.html.

43 Siehe dazu § 3 S 2 LRG.

44 Die Ausführungsverordnung zum LRG in chinesischer Sprache ist abrufbar unter http://www.china.com.cn/policy/txt/2012-02/02/content_24528362.htm.

b) Verbot der Glücksspiele im Internet?

Gemäß § 303 Abs 2 des Chinesischen Strafgesetzes iVm Punkt 2 der justiziellen Auslegung des § 303 des Chinesischen Strafgesetzes durch das Oberste Volksgericht und die Oberste Staatsanwaltschaft vom 11.5.2005[45] sind das Anbieten und der Vertrieb von Glücksspielen im Internet strafbar. Diese Rechtsauffassung wird durch die Anmerkungen des Obersten Volksgerichts, der Obersten Staatsanwaltschaft und des Ministeriums für öffentliche Sicherheit über die Anwendung des § 303 des Chinesischen Strafgesetzes auf Glücksspiele im Internet vom 31.8.2010[46] ergänzt. 23

Das Totalverbot aller Glücksspiele umfasst nicht die vom Staatsrat genehmigten Wohlfahrts- und Sportlotterien. Gemäß der Mitteilung des Finanzministeriums zur Ausführungsverordnung zum LRG vom 1.2.2012,[47] der vorläufigen Verwaltungsvorschriften des Finanzministeriums über die Regulierung des Vertriebs von Lotterien im Internet vom 26.9.2010[48] und der Verwaltungsvorschriften des Finanzministeriums über die Regulierung der Veranstaltung und des Vertriebs von Lotterien vom 28.12.2012[49] ist der Vertrieb von Lotterien im Internet ohne eine Genehmigung des Finanzministeriums untersagt. Lizenzen für den Vertrieb von Lotterien im Internet wurden bislang nicht erteilt.[50] 24

Seit Inkrafttreten der oben genannten Ausführungsverordnung wurde der Online-Vertrieb der genannten Lotterien streng verfolgt.[51] Zwischenzeitlich wurden diese Online-Angebote wieder geduldet. Seit der Bekanntmachung von ua des Finanzministeriums vom 3.4.2015[52] wird der Online-Vertrieb dieser Lotterien erneut streng verfolgt.[53] 25

45 Die justizielle Auslegung des § 303 des Chinesischen Strafgesetzes in chinesischer Sprache ist abrufbar unter http://www.spp.gov.cn/site2006/2006-02-22/00024-327.html.

46 Diese Anmerkungen sind in chinesischer Sprache abrufbar unter http://www.spp.gov.cn/flfg/gfwj/201208/t20120830_2438.shtml.

47 Die Mitteilung zur Ausführungsverordnung zum LRG in chinesischer Sprache ist abrufbar unter http://zhs.mof.gov.cn/zhengwuxinxi/zhengcefabu/201202/t20120214_627873.html.

48 Diese Verwaltungsvorschriften sind in chinesischer Sprache abrufbar unter http://www.mof.gov.cn/zhengwuxinxi/caizhengwengao/2010nianwengao/wengao8/201011/t20101117_349236.html.

49 In chinesischer Sprache sind die Verwaltungsvorschriften abrufbar unter http://www.mof.gov.cn/zhengwuxinxi/caizhengwengao/wg2013/wg201302/201304/t20130415_824900.html.

50 Mittels einer Mitteilung des Finanzministeriums vom 29.9.2012 gestattete das Finanzministerium zwei Unternehmen im Rahmen eines Pilotprojekts, Sportlotterien im Internet anzubieten. Näher dazu in chinesischer Sprache siehe unter http://zhs.mof.gov.cn/zhuantilanmu/caipiaoguanli/201310/t20131030_1005120.html.

51 Näheres dazu in chinesischer Sprache siehe unter http://zhs.mof.gov.cn/zhengwuxinxi/zhengcefabu/201202/t20120214_627873.html.

52 Siehe dazu Näheres in chinesischer Sprache unter http://zhs.mof.gov.cn/zhuantilanmu/caipiaoguanli/201504/t20150403_1212979.html.

53 Näheres dazu in chinesischer Sprache unter http://news.xinhuanet.com/fortune/2015-04/08/c_127666482.htm.

Es bleibt daher abzuwarten, ob das Finanzministerium künftig entsprechende Lizenzen erteilen wird.

2. Sportwetten

26 Für Sportwetten (Sportlotterien)[54] gelten die gleichen rechtlichen Bestimmungen wie für Lotterien. Der vorstehend genannte Lotterieveranstalter für Sportlotterien bietet neben den Zahlenlotterien auch Sportwetten auf ausländische Fußballspiele an, die vorher von einer staatlichen Stelle ausgewählt werden, so auch Wetten auf Spiele aus der Deutschen Bundesliga oder aus der Champions League.[55] Es gibt unterschiedliche Wettmöglichkeiten, zB „Sieg/Niederlage"[56], „Halbzeit"[57] oder „Tortreffer"[58].

3. Spielbanken und sonstiges Glücksspiel

27 In der Volksrepublik China sind Spielbanken verboten. Gemäß § 303 Abs 2 des Chinesischen Strafgesetzes[59] wird das Betreiben von Spielbanken strafrechtlich geahndet. Dieses Verbot bildet letztlich die Grundlage für das Geschäftsmodell der Spielbanken in Macao. Gemäß § 303 Abs 1 des Chinesischen Strafgesetzes wird die Veranstaltung von Glücksspielen strafrechtlich verfolgt. Es besteht jedoch die Möglichkeit, dass der Staatsrat eine entsprechende Gesetzesgrundlage schafft, die bestimmte Glücksspiele gestattet, wie dies für die Wohlfahrts- und Sportlotterien erfolgt ist. Da derzeit noch kein entsprechendes Spezialgesetz für Geld-Glücksspielautomaten erlassen worden ist, folgt daraus, dass auch das Betreiben solcher Automaten untersagt ist. Ebenfalls verboten sind Pferdewetten. Anlässlich von Pferderennen gibt es jedoch Wettspiele, bei denen Einkaufsgutscheine oder Lotterielose gewonnen werden können.[60] Es

54 Der chinesische Begriff Sportlotterie (体育彩票) umfasst sowohl Zahlenlotterien als auch Sportwetten.

55 Vgl etwa die Vorankündigung der staatlichen Stelle unter http://www.lottery.gov.cn/zctz/index.html.

56 Siehe http://www.lottery.gov.cn/news/10006635.shtml.

57 Vgl http://www.lottery.gov.cn/news/10006636.shtml.

58 Näher http://www.lottery.gov.cn/news/10006637.shtml.

59 Das Gesetz ist in chinesischer Sprache abrufbar unter http://www.lawtime.cn/faguizt/23.html; ein Teil des Strafgesetzes in englischer Fassung ist abrufbar unter http://www.lehmanlaw.com/resource-centre/laws-and-regulations/general/amendment-6-to-the-criminal-law-of-the-peoples-republic-of-china-vi-2006.html.

60 Angaben nach The Irish Times vom 24.4.2012, abrufbar unter http://www.irishtimes.com/newspaper/finance/2012/0424/1224315099972.html.

zeichnet sich überdies ein Trend ab, dass die chinesische Regierung das Angebot der zugelassenen staatlichen Anbieter ausweitet, um dem verbreiteten illegalen Glücksspiel entgegen zu wirken.[61]

4. Bekämpfung der Gefahren des Glücksspiels

Laut einer von der Beijing Normal University durchgeführten Umfrage leiden derzeit etwa 6,4 Millionen Chinesen unter der Spielsucht.[62] § 17 S 2 LRG bestimmt, dass in den Lotterieannahmestellen Warnhinweise vor den Gefahren der Spielsucht anzubringen sind. Um Jugendliche vor den Gefahren des Glücksspiels zu schützen, enthalten das LRG und die dazu erlassene Ausführungsverordnung Jugendschutzbestimmungen, die die Teilnahme am Glücksspiel für Personen unter 18 Jahren[63] untersagt. Beispielhaft gibt § 41 LRG vor, dass der Verkauf von Lotterielosen an Minderjährige eine Ordnungswidrigkeit darstellt, die mit einer Geldbuße geahndet wird. Damit die zum Verkauf berechtigen Privaten ihre vorhandenen Zweifel hinsichtlich des Alters des Lotterieloskäufers ausräumen können, sind sie gemäß § 31 der Ausführungsverordnung befugt, die Vorlage des Ausweises zu verlangen. 28

Um gegen die Geldwäsche vorzugehen, wurde eine staatliche Anti-Geldwäsche-Kampagne für die Jahre 2008–2012 ins Leben gerufen.[64] Im Jahre 2009 wurde der Anwendungsbereich des Straftatbestandes der Geldwäsche gemäß § 191 des Chinesischen Strafgesetzes erweitert. Das Oberste Volksgericht hat im Rahmen einer justiziellen Auslegung des Absatzes 1 Variante 5 dieses Straftatbestandes erklärt, dass er auch die Fälle erfasse, in denen mit Hilfe des Handels von Lotterielosen und des Glücksspiels Geldwäsche betrieben werden.[65] Dem Kampf gegen die Geldwäsche 29

61 So *Bieker*, China. Das größte Zockerparadies der Welt, Focus-Money vom 10.1.2010, http://www.focus.de/finanzen/news/tid-16764/china-das-groesste-zockerparadies-der-welt_aid_468166.html.

62 Siehe näher unter http://german.china.org.cn/china/2012-03/27/content_24999778.htm; ferner The Telegraph vom 9.1.2010, http://www.telegraph.co.uk/news/worldnews/asia/china/6942975/Chinas-secret-gambling-problem.html.

63 Gemäß § 11 Abs 1 der Allgemeinen Grundsätze des Zivilrechts der Volksrepublik China tritt die Volljährigkeit mit der Vollendung des 18. Lebensjahres ein. Diese Grundsätze sind in deutscher Fassung abrufbar unter http://www.chinas-recht.de/zivilrecht.htm und in chinesischer Fassung unter http://www.npc.gov.cn/wxzl/wxzl/2000-12/06/content_4470.htm.

64 Näheres dazu in chinesischer Sprache siehe dazu unter http://news.xinhuanet.com/2009-12/31/content_12732827.htm.

65 Siehe dazu § 2 Abs 4 und 5 der justiziellen Auslegung des § 191 Abs 5 des Chinesischen Strafgesetzes; in chinesischer Sprache, abrufbar unter http://www.court.gov.cn/fabu-xiangqing-74.html.

dienen auch Beschränkungen der Ausreise von Festlandchinesen nach Macau, die die dortigen Spielcasinos besuchen.[66]

30 Gemäß § 38 LRG iVm den Vorschriften des Chinesischen Strafgesetzes werden Verstöße gegen die Bestimmungen des LRG als Ordnungswidrigkeit oder als Straftat verfolgt. Ferner haben das Oberste Volksgericht und die Oberste Staatsanwaltschaft in Punkt 6 der justiziellen Auslegung des § 303 des Chinesischen Strafgesetzes mitgeteilt, dass ua der ungenehmigte Verkauf von Lotterielosen den Straftatbestand gemäß § 225 Abs 4 erfüllt.[67] Trotz dieser Vorschriften ist das illegale Glücksspiel in der Volksrepublik China weit verbreitet und erstreckt sich insbesondere auf Fußballwetten sowie auf das Internet.[68]

IV. Resümee

31 In Taiwan steht dem Zentralstaat für Lotterien und Sportwetten ein Monopol zu, dessen Ausübung er jeweils an ein Bankunternehmen als Konzessionär überträgt. Die Durchführung von Lotterien und Sportwetten dient wohltätigen Zwecken, die nicht erst bei der Verteilung der Überschüsse, sondern schon bei der Organisation (zB durch Einbindung sozial benachteiligter Personen in den Vertrieb) Berücksichtigung finden. Spielcasinos könnten von Gesetzes wegen zugelassen werden, existieren aber noch nicht.

32 In der Volksrepublik China sind Glücksspiele grundsätzlich verboten. Für Lotterien und Sportwetten gibt es gesetzliche Verbotsausnahmen zugunsten von Staatsmonopolen. Die lizenzierten staatlichen Stellen können jedoch den Vertrieb auf Private übertragen. Lizenzen für Online-Glücksspiele sind bislang nicht erteilt worden. Dennoch gibt es im Internet viele illegale Glücksspielangebote.

---

66 Näher The Economist vom 10.12.2011, http://www.economist.com/node/21541417; *Wanner*, China bremst Zocker-Boom in Macau, Spiegel online vom 18.8.2008, http://www.spiegel.de/wirtschaft/0,1518,druck-570694,00.html.

67 Siehe dazu in chinesischer Sprache unter http://www.spp.gov.cn/site2006/2006-02-22/00024-327.html.

68 Dazu http://europe.chinadaily.com.cn/sports/2012-04/26/content_15143150.htm; *Bieker*, China. Das größte Zockerparadies der Welt, Focus Money vom 10.1.2010, http://www.focus.de/finanzen/news/tid-16764/china-das-groesste-zockerparadies-der-welt_aid_468166.html; The Telegraph vom 9.1.2010, http://www.telegraph.co.uk/news/worldnews/asia/china/6942975/Chinas-secret-gambling-problem.html und dazu in chinesischer Sprache siehe unter http://news.xinhuanet.com/2014-01/20/c_119035048.htm – Über den Kampf gegen das illegale Glücksspiel wird berichtet unter http://german.china.org.cn/fokus/2010-05/25/content_20115830.htm; http://www.chinadaily.com.cn/china/2012-03/30/content_14952242.htm.

Anhang

Stumpf, A./Münstermann, G./Albrecht-Sonnenschein, U. (2016)

A.1 Der Berliner Standard zur Frühintervention bei Glücksspielsuchtgefährdung

Präambel (Dr. Ulrike Albrecht-Sonnenschein)

Seit der ersten Auflage dieses Buches hat sich im Glücksspielbereich vieles verändert. Im Erscheinungsjahr 2008 war die Glücksspielsucht immer noch nicht als Abhängigkeitserkrankung anerkannt. Im Rahmen der Interdisziplinären Suchtforschungsgruppe Berlin (ISFB) fanden unter der Leitung von Frau Univ.-Prof. Sabine Grüsser-Sinopoli seit 1999 an der Humboldt-Universität zu Berlin und später an der Charité-Universitätsmedizin Berlin Grundlagenforschungen zur Glücksspielsucht als sog Verhaltenssucht statt. Neben den richtungsweisenden wissenschaftlichen Arbeiten insbesondere von Gerhard Meyer und Meinolf Bachmann und den unermüdlichen Bestrebungen des Fachverbands Glücksspielsucht (fags) unterstützten auch diese Forschungsergebnisse die Anerkennung der Glücksspielsucht als Abhängigkeitserkrankung. Sie schufen damit auch die Basis zur Ableitung effektiver Präventions- wie Interventionsmaßnahmen.

Ein zielführender Ansatz vor allem für die Frühintervention kann die Zusammenarbeit mit Anbietern von Glücksspielen sein. Durch solche Kooperationen kann es gelingen, Nutzer von Glücksspielen über deren Risiken einer Suchtentwicklung aufzuklären sowie potentiell Betroffene möglichst frühzeitig zu erreichen und an das professionelle Hilfesystem anzubinden. So entwickelten Univ.-Prof. Dr. Sabine Grüsser-Sinopoli und Dr. Ulrike Albrecht-Sonnenschein bereits im Jahr 1999 auf Grundlage ihrer Forschungs- und Behandlungsexpertise das Präventions- und Interventionsprogramm „Glücksspielsucht und Spielerschutz", das hohe Standards für effektive, möglichst bundesweit einheitliche Spielerschutzmaßnahmen formulierte.[1,2]

Zu den wesentlichen Säulen dieses Spielerschutzkonzeptes nach Grüsser und Albrecht (1999) zählen bis heute Früherkennungsstandards, die Entwicklung und Bereitstellung von Informationsmaterialen (off- und online) zum Thema „Glücksspielsucht und Spielerschutz" mit entsprechendem Selbsttest für die Kunden des Glücksspielanbieters, Mitarbeiterschulungen, das Angebot einer bundesweiten Hotline für Betroffene und Angehörige, die Vernetzung mit dem lokalen Hilfesystem mit dem Ziel einer schnellstmöglichen Weiterleitung beratungsbedürftiger Personen sowie die Implementierung unternehmensinterner Spielerschutzbeauftragter, die zentral und weisungsfrei die Koordinierung und Umsetzung der einzelnen Spielerschutzmaßnahmen verantworten. Darüber hinaus umfasst das Präventions- und Interventionsprogramm „Glücksspielsucht und Spielerschutz" nach Grüsser und Albrecht (1999) Maßnahmenkataloge zum Umgang mit gefährdeten oder süchtigen Glücksspielern, standardisierte Beobachtungs- und Gesprächsprotokolle, umfassende Maßnahmen für den Jugendschutz sowie die kontinuierliche Begleitforschung zur Evaluation der umgesetzten Maßnahmen.[3]

Das Programm ist ein geeignetes Mittel, um die gefährdeten Personen frühzeitig an das Hilfesystem heranzuführen und weitere Faktoren der Entstehung einer evtl. Glücksspielsucht zu identifi-

---

1 Siehe auch Grüsser, S.M., Backmund, M., Albrecht, U. (2006). Glücksspiele: Spieler- und Jugendschutzmaßnahmen. Suchtmedizin, 8 (3), 145–149.

2 Siehe auch Grüsser, S.M., Albrecht, U. (2007). Rien ne va plus – wenn Glücksspiele Leiden schaffen. Bern: Huber.

3 Grüsser, Backmund, Albrecht, 2006.

Stumpf, A./Münstermann, G./Albrecht-Sonnenschein, U.

https://doi.org/10.1515/9783110259216-042

zieren und zu unterbinden. Im Zuge der Kooperation von Glücksspielanbietern und professionellen Hilfesystemen kann damit die Chance zur Aufrechterhaltung von verantwortungsvollem, kontrolliertem Glücksspielverhalten insb bei Glücksspielsuchtgefährdeten erhöht werden.

Das Spielerschutzprogramm wurde Ende des Jahres 2000 – weit vor den Erfordernissen durch den späteren Glücksspielstaatsvertrag – als deutschlandweit erstes Modellprojekt mit der Spielbank Berlin umgesetzt.

Das Sozialkonzept der Spielbank Berlin – der „Berliner Standard zur Frühintervention bei Glücksspielsuchtgefährdung" (Stumpf, Münstermann, Albrecht-Sonnenschein, 2012) wurde auf Basis dieses Spielerschutzprogramms, der langjährigen praktischen Erfahrung und fortlaufender klinisch-therapeutischer sowie wissenschaftlicher Begleitung entwickelt.

Im Folgenden wird dieses Sozialkonzept mit freundlicher Genehmigung der Spielbank Berlin in gekürzter Fassung dargestellt.

Berliner Standard zur Frühintervention bei Glücksspielsuchtgefährdung – das Sozialkonzept der Spielbank Berlin

Übersicht

Stumpf, A./Münstermann, G./Albrecht-Sonnenschein, U.

I. Einleitung

Die SPIELBANK BERLIN ist sich ihrer gesellschaftlichen Verantwortung, die mit dem Anbieten von Glücksspielen verbunden ist, bewusst. Die Nutzung von Glücksspielen als Möglichkeit der Freizeitgestaltung birgt für manche Menschen die Gefahr, im Rahmen eines schleichenden Prozesses vom sog positiven Anfangsstadium über die kritische Gewöhnungsphase in das Suchtstadium, die Verzweiflungsphase, abzugleiten.[4,5] Eine Glücksspielsucht zeigt sich als krankhaftes, dh andauerndes und unkontrolliertes Glücksspielverhalten, das trotz schwerwiegender psychosozialer Konsequenzen für den Betroffenen und seine Angehörigen fortgesetzt wird.[6] Die für eine Abhängigkeitserkrankung typischen Merkmale zeigen sich auch bei Glücksspielsüchtigen: unwiderstehliches Verlangen nach dem Glücksspiel mit entsprechendem Verlust der Kontrolle und Abstinenzfähigkeit, Toleranzentwicklung mit Dosissteigerung und Entzugserscheinungen sowie Begleiterkrankungen (sog komorbide Störungen wie Depressionen) und Folgeschäden wie zB zerrüttete Familienverhältnisse, Arbeitsplatzverlust, Verschuldung, drohende Obdachlosigkeit. Eine Glücksspielsucht ist wie alle anderen Abhängigkeitserkrankungen nicht heilbar.[7] In der aktuellen Version des Diagnostischen und Statistischen Manuals Psychischer Störungen, dem DSM-5[8] wurde das „Pathologische Glücksspiel" aufgrund klinischer Beobachtungen, epidemiologischer Untersuchungen sowie neurowissen-

4 Grüsser, S.M., Albrecht, U. (2007). Rien ne va plus – wenn Glücksspiele Leiden schaffen. Bern: Huber.

5 Custer, R.L. (1987). The diagnosis and scope of pathological gambling. In: Galski, T. (Ed), The handbook of pathological gambling, pp 3–7.

6 Grüsser, Albrecht, 2007.

7 Grüsser, Albrecht, 2007 ebda.

8 American Psychiatric Association (2013). Diagnostic and Statistical Manual of Mental Disorders (Fifth ed.). Arlington, VA: American Psychiatric Publishing.

schaftlicher Studien in „Gambling disorder" („Störung durch Glücksspielen") umbenannt und als erste Form der Verhaltenssucht nosologisch den Suchterkrankungen („Störungen im Zusammenhang mit psychotropen Substanzen und abhängigen Verhaltensweisen") zugeordnet. Die Bundeszentrale für gesundheitliche Aufklärung (BZgA) geht in ihrem Bericht über das „Glücksspielverhalten in Deutschland 2007 bis 2015"[9] davon aus, dass zukünftig auch die Weltgesundheitsorganisation (WHO) in der geplanten ICD-11[10], der aktuell erarbeiteten Revision der internationalen Klassifikation psychischer Störungen, das „Pathologische Glücksspiel", welches dort aktuell noch als „Störung der Impulskontrolle (F63.0)" eingeordnet wird, als stoffungebundene Form einer Abhängigkeitserkrankung, resp. als Verhaltenssucht klassifizieren wird.[11,12]

Es ist bereits seit mehr als 15 Jahren und aktuell auch vor dem Hintergrund dieser nunmehr diagnostischen Neuordnung des pathologischen Glücksspiels erklärtes Ziel der SPIELBANK BERLIN, mit der Umsetzung und stetigen Weiterentwicklung aller im folgenden Sozialkonzept benannten Spielerschutzmaßnahmen Glücksspiele unter sozialverträglichen Bedingungen und Spielerschutzaspekten anzubieten und den sozialschädlichen Folgen von problematischem wie pathologischem, resp. süchtigem Glücksspielverhalten durch geeignete, suchtspezifische Maßnahmen der Prävention und (Früh-) Intervention entgegenzuwirken, um so schließlich weitere Chronifizierungen zu verhindern.[13]

Zu diesen Maßnahmen gehören im Einzelnen die

- Umsetzung der gesetzlichen Vorgaben zu Jugend- und Spielerschutz, Werbung und Aufklärung,
- Umsetzung der gesetzlichen „Richtlinien zur Vermeidung und Bekämpfung von Glücksspielsucht",
- Bereitstellung von ausführlichen Informationsmaterialien zur Sensibilisierung der Gäste über die mit der Teilnahme an Glücksspielen verbundene Suchtgefahr als universelle, selektive und indizierte Präventionsmaßnahme[14],
- Sensibilisierung der Mitarbeiter für das Thema „Glücksspielsucht und Spielerschutz" und die Vermittlung von Handlungskompetenzen im Rahmen von ausführlichen Schulungen, Folgeschulungen, Intensivschulungen sowie Kommunikationsmodulen zur Prävention und Intervention bei problematischem oder süchtigem Glücksspielverhalten,
- Implementierung standardisierter Abläufe zur Früherkennung auffälligen Glücksspielverhaltens,
- Spielersperre als indizierte Maßnahme der Glücksspielsuchtprävention sowie
- Zusammenarbeit mit dem regionalen Hilfesystem.

---

9 Haß, W., Lang, P. (2016). Glücksspielverhalten und Glücksspielsucht in Deutschland. Ergebnisse des Surveys 2015 und Trends. Forschungsbericht der BZgA. Köln: Bundeszentrale für gesundheitliche Aufklärung.

10 International Advisory Group for the Revision of ICD-10 Mental and Behavioural Disorders: A conceptual framework for the revision of the ICD-10 classification of mental and behavioural disorders. World Psychiatry 2011; 10, 86–92.

11 Siehe auch Böning, J. (1999). Psychopathologie und Neurobiologie der „Glücksspielsucht". In: G. Alberti & B. Kellermann (Hrsg), Psychosziale Aspekte der Glücksspielsucht (pp. 39–50). Geesthacht: Neuland.

12 Siehe auch Grüsser, S.M., Poppelreuter, S., Heinz, A., Albrecht, U., Saß, H. (2007). Verhaltenssucht – eine eigenständige diagnostische Einheit. Nervenarzt, 78, 997–1002.

13 Siehe auch Grüsser, Backmund, Albrecht, 2006.

14 Siehe auch Kalke J, Buth S, Hayer T. (2012). Indizierte Prävention im Glücksspielbereich. Wissenschaftlicher Kenntnisstand und zukünftige Herausforderungen. Sucht, 58(6), 359–368.

Mit diesem umfassenden Portfolio werden geeignete Präventions- wie Interventionsmaßnahmen bereitgestellt, die es gemäß dem Ansatz von Grüsser und Albrecht (1999) einerseits ermöglichen, dem Entstehen von Glücksspielsucht vorzubeugen sowie bereits gefährdete Spieler so frühzeitig wie möglich zu erkennen und geeignete Mittel und ausreichende Ressourcen zur Verfügung zu stellen, um das Abgleiten von betroffenen Spielern in die Glücksspielsucht zu verhindern.

II. Entwicklung des Sozialkonzepts

Die SPIELBANK BERLIN setzt bereits seit mehr als 15 Jahren ein Präventions- und Frühinterventionsprogramm zum Thema Glücksspielsucht um. Dieses umfassende Präventions- und Interventionsprogramm „Glücksspielsucht und Spielerschutz" nach Grüsser und Albrecht (1999) wurde Ende des Jahres 2000 in Kooperation mit Frau Univ.-Prof. Dr. Sabine-Grüsser-Sinopoli und Frau Dr. Ulrike Albrecht-Sonnenschein als deutschlandweit erstes Modellprojekt mit der SPIELBANK BERLIN umgesetzt und kontinuierlich weiterentwickelt.

Das Spielerschutzkonzept der SPIELBANK BERLIN geht damit über den gesellschaftlichen Auftrag, resp. die Erfordernisse des Glücksspielstaatsvertrages, hinaus und ist seit Jahren verpflichtender Bestandteil der unternehmerischen Verantwortung der SPIELBANK BERLIN.

Im Rahmen der og Kooperation wurde bereits im Jahr 2001 der erste Selbsttest zur Überprüfung und kritischen Selbstreflexion des eigenen Glücksspielverhaltens[15] den Besuchern der SPIELBANK BERLIN zur Verfügung gestellt. Dieser Selbsttest „Checkliste zur Überprüfung des eigenen Glücksspielverhaltens" sowie weitere Bausteine des Präventions- und Interventionsprogramms „Glücksspielsucht und Spielerschutz" nach Grüsser und Albrecht (1999) gehören seit dem Inkrafttreten des ersten Glücksspielstaatsvertrages im Jahr 2008 zum Standard der Präventionsmaßnahmen jedes Glücksspielanbieters.

Auch die „Beobachter-Checkliste zur Erkennung gefährdeter/süchtiger Glücksspieler"[16] war ein Ergebnis der og Kooperation. Sie ermöglichte den Mitarbeitern in ihrem Arbeitsalltag erstmalig standardisiert, potentiell betroffene Gäste möglichst frühzeitig zu identifizieren und an die Abteilung Spielerschutz bzw direkt an das professionelle Hilfesystem weiterzuleiten.

Die Fragen des Selbsttests zur Überprüfung des eigenen Glücksspielverhaltens sowie die Merkmale der Beobachter-Checkliste basierten auf den diagnostischen Kriterien für pathologisches Glücksspielverhalten nach den internationalen Klassifikationssystemen für psychische Störungen, dem ICD-10[17] und DSM-IV[18] und wurden von Grüsser und Albrecht (2001) im Rahmen des von ihnen entwickelten Präventions- und Interventionsprogrammes „Glücksspielsucht und Spielerschutz" entsprechend an die Spielbank- bzw Arbeitssituation angepasst. Zur Weiterentwicklung im Sinne einer Optimierung der einzelnen Erkennungsmerkmale der Beobachter-Checkliste wurde im Rahmen der ab dem Jahr 2001 regelmäßig stattfindenden Mitarbeiterschulungen und Supervisionen des ersten Spielerschutzkernteams der SPIELBANK BERLIN durch Frau Univ.-Prof. Dr. Grüsser-Sinopoli und Frau Dr. Albrecht-Sonnenschein vor allem auf die praktischen Erfahrungen der Spielbankmitarbeiter zurückgegriffen. Der Idee, die meist langjährige Expertise der Mitarbeiter der Glücks-

15 Grüsser, Albrecht, 2007.

16 Grüsser, Albrecht, 2007.

17 Dilling, H., Mombour, W., Schmidt, M. H. & Schulte-Markwort, E. (Hrsg) (2006). Internationale Klassifikation psychischer Störungen: ICD-10 Kapitel V (F) – Diagnostische Kriterien für Forschung und Praxis. Bern: Huber.

18 American Psychiatric Association, (APA), 2013.

spielanbieter einzubeziehen, folgten später auch Hayer und Kollegen[19] bei der Entwicklung und Validierung eines Screeninginstrumentes zur Früherkennung von Problemspielerinnen und Problemspielern.

Im Verlauf der langjährigen Zusammenarbeit der SPIELBANK BERLIN mit wissenschaftlichen Experten und erfahrenen Praktikern ist nunmehr ein wirksames Sozialkonzept entstanden, das auf der zunehmenden Kompetenz der Spielerschutz- bzw Sozialkonzeptbeauftragten durch die spezifischen Praxiserfahrungen der SPIELBANK BERLIN als verantwortungsvollem Glücksspielanbieter als auch klinischen wie wissenschaftlichen Erkenntnissen zum Thema Glücksspielsucht beruht (siehe Abbildung 1). Es bietet sich damit als Standard für alle Spielbanken bzw Glücksspielanbieter an.

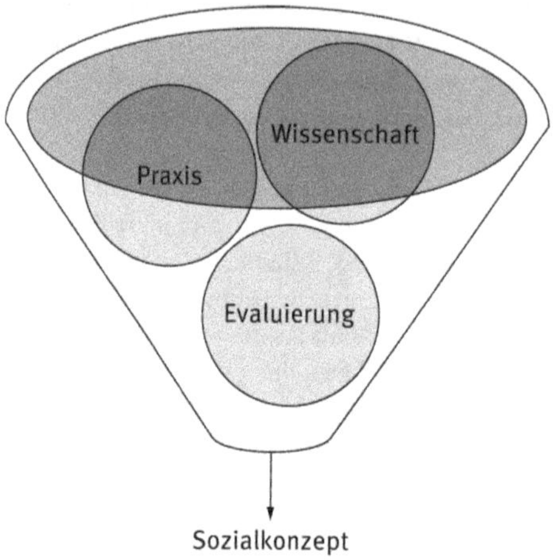

Abbildung 1: Die stetige Weiterentwicklung des Sozialkonzeptes der SPIELBANK BERLIN

III. Komponenten des Sozialkonzeptes

1. Strukturelle Verankerung

1.1 Unternehmensleitbild

Die erfolgreiche Implementierung und Umsetzung aller im folgenden Sozialkonzept beschriebenen Spielerschutzmaßnahmen ist maßgeblich davon abhängig, welchen Stellenwert der Bereich Spielerschutz im Unternehmen hat. Die Aufgabe, Glücksspiel unter sozialverträglichen Aspekten anzubieten und die Verantwortung für diese sensible Dienstleistung zu übernehmen, ist bereits seit mehr als 15 Jahren fester Bestandteil des Unternehmensleitbildes der SPIELBANK BERLIN. Das Bewusstsein, dass die in der SPIELBANK BERLIN angebotenen Glücksspiele ein hohes Suchtpotential haben[20] sowie der

19 Hayer T, Kalke J, Buth S & Meyer G. (2014). Die Früherkennung von Problemspielern: Entwicklung eines Screening-Instrumentes. Sucht. Zeitschrift für Wissenschaft und Praxis, 60 (6), 323–330.

20 Siehe ua Meyer, G., Häfeli, J., Mörsen, C. & Fiebig, M.. (2010). Die Einschätzung des Gefährdungspotentials von Glücksspielen. Ergebnisse einer Delphi-Studie und empirischen Validierung der Beurteilungsmerkmale. Sucht, 56(6), 405–414.

ehrliche Umgang mit der Tatsache, dass die Wahrscheinlichkeit für die Entwicklung, resp. das Auftreten problematischen bzw süchtigen Glücksspielverhaltens unter den regelmäßigen Nutzern eines Glücksspielangebotes höher ist als in der Allgemeinbevölkerung, sind Grundvoraussetzungen für die tiefe und breite Verankerung des Sozialkonzepts im Unternehmensleitbild der SPIELBANK BERLIN (siehe Abbildung 2). So wird das Thema Spielerschutz gegenüber den Mitarbeitern aller Arbeitsbereiche als integraler Bestandteil des verantwortungsvollen unternehmerischen Handelns kommuniziert. Damit können sich die Mitarbeiter der SPIELBANK BERLIN mit dem Thema verantwortungsvolles Glücksspiel ohne Ambivalenzen identifizieren und sehen die persönliche Unterstützung bei der Umsetzung der Spielerschutzmaßnahmen als wichtige Komponente ihrer Tätigkeit an.

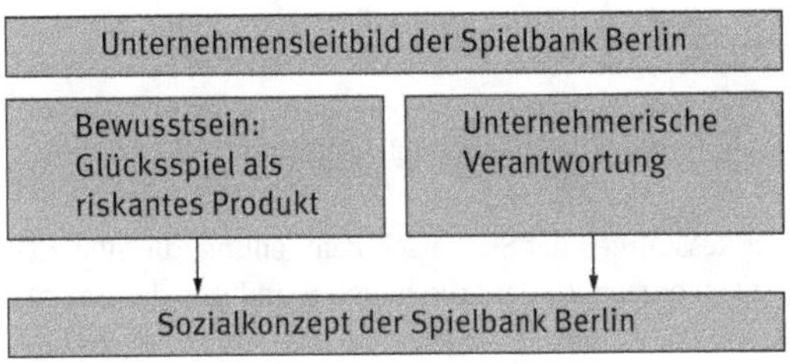

Abbildung 2: Die Verankerung des Sozialkonzeptes im Unternehmensleitbild der SPIELBANK BERLIN

1.2 Die Spielerschutzabteilung

Es ist der Anspruch der SPIELBANK BERLIN, die gewissenhafte Umsetzung aller Maßnahmen zur Prävention und (Früh-)Intervention problematischen und süchtigen Glücksspielverhaltens nach Grüsser und Albrecht (1999) sowie die strikte Einhaltung der gesetzlichen Vorgaben zum Jugend- und Spielerschutz durch die Bereitstellung der notwendigen Ressourcen und der Schaffung der erforderlichen Voraussetzungen zu ermöglichen und ggf zu optimieren. So wurde bspw. die im Glücksspielstaatsvertrag geforderte (§ 6 GlüStV Anhang: Richtlinien zur Vermeidung und Bekämpfung von Glücksspielsucht 1.a), ausschließliche *Benennung* eines Beauftragten für die Entwicklung von Sozialkonzepten von der SPIELBANK BERLIN als nicht hinreichend genug angesehen, um den hohen Anforderungen an die verantwortungsvolle Umsetzung ihrer umfassenden Spielerschutzmaßnahmen gerecht zu werden. Daher installierte die SPIELBANK BERLIN bereits im Mai 2009 eine eigenständige Spielerschutzabteilung mit zu diesem Zeitpunkt zwei Sozialkonzept- bzw Spielerschutzbeauftragten, die als Stabsstelle direkt an den für das Sozialkonzept verantwortlichen Geschäftsführer angegliedert ist. Die im Laufe der Zeit ausgebaute Spielerschutzabteilung besteht heute aus der Sozialkonzeptbeauftragten, dem Spielerschutzbeauftragten, seinen Stellvertretern und den Mitgliedern des Kernteams Spielerschutz (siehe Abbildung 3). Die direkte Angliederung der Spielerschutzabteilung an die Geschäftsführung gewährleistet va die Unabhängigkeit, die notwendig ist, um bspw. Ambivalenzen im Sinne des Spielerschutzes lösen zu können (zB Sperren eines hochspielenden Gastes etc). Des Weiteren verdeutlicht diese Struktur allen Mitarbeitern die hohe interne Priorität des Themas „Spielerschutz".

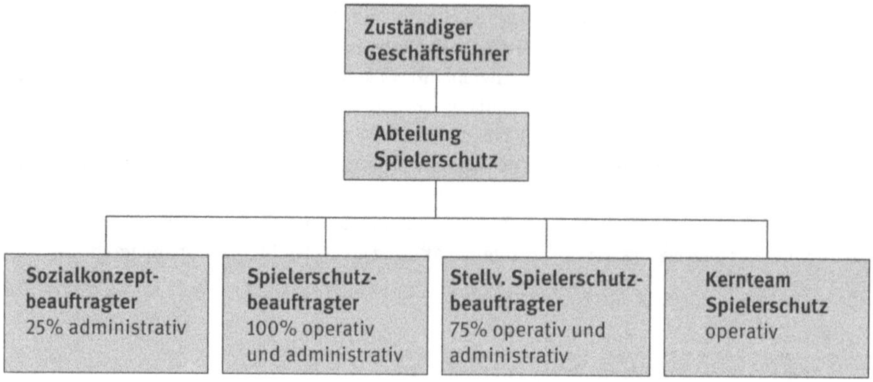

Abbildung 3: Die Angliederung der Spielerschutzabteilung an die Geschäftsführung

Durch die umfangreichen, va auch personellen Ressourcen der Spielerschutzabteilung, die sich aus ihrer Struktur ergeben (siehe Abbildung 3), ist sichergestellt, dass die hohen Standards des Sozialkonzeptes der SPIELBANK BERLIN jederzeit vor Ort gewährleistet werden. Die Abteilung verfügt über ein eigenes Büro am Hauptstandort.

1.2.1 Der Sozialkonzeptbeauftragte

Gemäß den „Richtlinien zur Vermeidung und Bekämpfung von Glücksspielsucht" hat die SPIELBANK BERLIN einen Beauftragten für die Entwicklung von Sozialkonzepten benannt. Die Hauptaufgaben des Sozialkonzeptbeauftragten der SPIELBANK BERLIN sind:

- Verantwortlicher („Owner") des Sozialkonzeptes der SPIELBANK BERLIN,
- regelmäßiger Austausch mit den Spielerschutzbeauftragten und dem Spielerschutzkernteam,
- Unterstützung der Spielerschutzbeauftragten bspw. bei der Durchführung von in-house-Schulungen,
- Erstellung von Präsentationen zum Thema Sozialkonzept,
- Besuch von Tagungen, Kongressen usw zum Thema Glücksspielsucht,
- Weiterentwicklung der Spielerschutz-Informationsmaterialien,
- Anpassung des Sozialkonzepts an neue wissenschaftliche Erkenntnisse,
- kontinuierliche Fortschreibung des Sozialkonzepts und
- Erstellung des Tätigkeitsberichtes für die Aufsichtsbehörde.

1.2.2 Der Spielerschutzbeauftragte

Wie bereits erwähnt hat die SPIELBANK BERLIN hat bereits im Jahr 2009 zwei Mitarbeiter als explizite Sozialkonzept- bzw Spielerschutzbeauftragte aus dem Arbeitsbereich Klassisches Spiel und Automatenspiel benannt und in einem umfassenden, langjährigen Prozess entsprechender Personalentwicklung ua zum Thema Sucht/Glücksspielsucht weitergebildet. So gehörten beide Mitarbeiter bereits bei ihrer Berufung im Jahr 2009 dem ersten Kernteam Spielerschutz der SPIELBANK BERLIN an, welches seit 2001 im Rahmen des Präventions- und Interventionsprogramms „Glücksspielsucht und Spielerschutz" von Frau Univ-. Prof. Dr. Sabine Grüsser-Sinopoli und Frau Dr. Ulrike Albrecht-Sonnenschein regelmäßig geschult und supervidiert wurde.

Bei der Personalauswahl müssen sowohl die persönliche als auch die fachliche Eignung des Spielerschutzbeauftragten der hohen Verantwortung dieser Position gerecht werden. So sind neben dem ausgeprägten Bewusstsein, dass Glücksspielsucht wie andere Abhängigkeitserkrankungen eine behandlungsbedürftige Krankheit darstellt, soziale Kompetenzen wie Fähigkeit zur Empathie, Kongruenz und Akzeptanz (als Bedingungen für eine ua erfolgreiche Beratung, resp. Weiterleitung in das Suchthilfesystem), Konfliktfähigkeit und positive Stressbewältigungskompetenz unabdingbare Voraussetzungen für die Erfüllung dieser Aufgabe.

Der Spielerschutzbeauftragte besucht regelmäßig Weiterbildungsmaßnahmen, um sich über neue Forschungsergebnisse im Bereich Glücksspielsucht zu informieren und diese gemeinsam mit dem Sozialkonzeptbeauftragten praxisbezogen in das Sozialkonzept zu integrieren, um so schließlich die Weiterentwicklung aller Spielerschutzmaßnahmen zu ermöglichen. Er ist umfänglich mit den internen Abläufen der Sperr- und Aufhebungsverfahren sowie mit den geltenden gesetzlichen Bestimmungen des Glücksspielstaatsvertrags, den Ausführungsgesetzen und den Richtlinien zur Vermeidung und Bekämpfung von Glücksspielsucht vertraut.

Zu den Aufgaben des Spielerschutzbeauftragten der SPIELBANK BERLIN gehören:

- Implementierung des Sozialkonzepts in den Standorten,
- regelmäßige Präsenz in den Spielstätten,
- Monitoring, Terminierung, Vorbereitung und Begleitung der Mitarbeiterschulungen,
- Durchführung von in-house-Schulungen (Basisinformation Glücksspielsucht und Sozialkonzept, interne Spielerschutzmaßnahmen, gesetzliche Grundlagen),
- Vorbereitung und Durchführung von Mitarbeiterbefragungen und Gästeumfragen,
- Organisation und Durchführung von Informationsveranstaltungen in der SPIELBANK BERLIN gemeinsam mit dem Sozialkonzeptbeauftragten,
- Statistische Auswertungen für die wissenschaftliche Begleitforschung,
- Dokumentation der für die gesetzlichen Vorgaben relevanten Vorgänge,
- Ansprechpartner für Gäste, betroffene Spieler, Angehörige und Mitarbeiter in allen Fragen zur Glücksspielsucht, Prävention, Intervention und zum Hilfesystem,
- Führen von Präventions- und Interventionsgesprächen mit Gästen,
- Durchführung der Fremdsperrverfahren,
- Durchführung der Aufhebungsverfahren von Spielersperren,
- „Monitoring" der Gäste nach Aufhebung der Spielersperre und Führen von sog Folgegesprächen (siehe auch Abschnitt 2.3.3),
- regelmäßiger Kontakt zu den Einrichtungen des Hilfesystems,
- Erweiterung und Pflege des Spielerschutznetzwerks der SPIELBANK BERLIN in Absprache mit der Sozialkonzeptbeauftragten sowie
- Prüfung der Anträge auf Geld- und Sachspenden von Einrichtungen des Suchthilfesystems gemeinsam mit dem Sozialkonzeptbeauftragten.

1.2.3 Schulung und Weiterbildung der Sozialkonzept-/Spielerschutzbeauftragten

Vor Aufnahme der Tätigkeit wird jeder Sozialkonzeptbeauftragte und Spielerschutzbeauftragte, resp. sein/e Stellvertreter in einem zweitägigen Seminar zum Thema „Glücksspielsucht und Spielerschutz" durch externe Experten geschult. Das Ziel dieser ersten Intensivschulung – nach der absolvierten Basis-Sensibilisierung – ist es, dass diese Mitarbeiter vertiefende Erkenntnisse über das Vollbild, die Entstehung und Aufrechterhaltung, die negativen Folgen süchtigen Glücksspielverhaltens sowie die möglichen Begleitstörungen und Therapiemöglichkeiten erhalten und im Arbeitsalltag anwenden können. Darüber hinaus wird das entsprechende Handlungswissen auf Basis allgemeiner wie spezieller Kommunikationsgrundsätze vermittelt und geübt.

Durch die derzeitige Sozialkonzeptbeauftragte der SPIELBANK BERLIN, Frau Andrea Stumpf, die bereits über eine langjährige Erfahrung mit der Umsetzung dieses Sozialkonzeptes sowie den gesetzlichen Regelungen des Glücksspielstaatsvertrages verfügt, wird der Spielerschutzbeauftragte, resp. Stellvertreter mit folgenden Aufgaben vertraut gemacht:

1. Gesetzliche Bestimmungen zum Spielerschutz (GlüÄndStV, Richtlinien, Ausführungsgesetze)
2. Umgang mit den Checklisten „Mitarbeitermeldung“ und „Mitarbeiterbeobachtung“
3. Erfassung und Auswertung der Besuchsdaten
4. Dokumentationsvorlagen
5. Selbstsperre und Fremdsperre
6. Aufhebungsverfahren der Spielersperre
7. Vorbereitung der Daten zur statistischen Auswertung
8. Telefonische Anfragen von betroffenen Spielern und Angehörigen
9. Informationsmaterialien für Betroffene und Angehörige
10. Datenschutz.

Jeder Sozialkonzeptbeauftragte und Spielerschutzbeauftragte wird regelmäßig von externen Experten geschult und vertieft sein Wissen durch Fortbildungen in den Bereichen Glücksspielsucht, Prävention und Kommunikation. Dazu werden bspw. auch die Fortbildungsangebote der Landesfachstellen, Informationsveranstaltungen von Kliniken oder Workshops von Fachleuten aus dem Suchthilfesystem sowie spezielle Fachtagungen genutzt.

Die SPIELBANK BERLIN legt besonderen Wert auf eine möglichst umfassende Fort- und Weiterbildung der mit der Umsetzung der internen Spielerschutzmaßnahmen betrauten Personen. Die derzeitige Sozialkonzeptbeauftragte und der aktuelle Spielerschutzbeauftragte haben bspw. die Weiterbildung zum zertifizierten Suchtberater absolviert, zudem ist der Spielerschutzbeauftragte zertifizierter „SKOLL-Trainer“ (Selbstkontrolltraining für den verantwortungsbewussten Umgang mit Suchtstoffen und anderen Suchtphänomenen) und hat eine zusätzliche Weiterbildung zum „Kollegialen Berater in der betrieblichen Suchtprävention“ abgeschlossen.

1.2.4 Das Kernteam Spielerschutz

Das Kernteam Spielerschutz besteht aus Mitarbeitern verschiedener Arbeitsbereiche des Unternehmens. Diese Mitarbeiter werden aufbauend auf der für alle Mitarbeiter verbindlich stattfindenden Basis-Sensibilisierung umfassend geschult und erhalten das notwendige Sach- wie Handlungswissen, um die Spielerschutzmaßnahmen der SPIELBANK BERLIN umzusetzen. Das Kernteam Spielerschutz unterstützt die Spielerschutzbeauftragten bei der Umsetzung der internen Spielerschutzmaßnahmen, insbesondere in den Bereichen Früherkennung problematischen Glücksspielverhaltens, dem Führen von Präventionsgesprächen (regelmäßiger Gastkontakt) und der Durchführung von Gastbefragungen sowie speziellen Informationstagen im Bereich „Glücksspielsucht“. Die Anzahl der Mitarbeiter ist nicht begrenzt, so dass interessierte Mitarbeiter, die sich im Bereich Spielerschutz engagieren möchten und die notwendigen Voraussetzungen mitbringen, dieses Kernteam nach der Absolvierung der erforderlichen Schulungen erweitern können.

Alle Mitglieder des Kernteams engagieren sich freiwillig für den Bereich Spielerschutz und zeichnen sich durch ein besonderes Interesse an der Umsetzung aller internen Spielerschutzmaßnahmen zur Prävention und (Früh-) Intervention problematischen und süchtigen Glücksspielverhaltens aus. Die Mitglieder des Kernteams unterstützen durch ihre jeweiligen Kompetenzen wie zB eigene Migrationserfahrung, Fremdsprachenkenntnisse, universitäre Ausbildung, Mediatorausbildungen usw die effektive Umsetzung des Sozialkonzepts.

Die Mitglieder des Spielerschutzkernteams vertreten das Sozialkonzept innerhalb der Belegschaft und sind damit Multiplikatoren für das Thema Spielerschutz. Die Mitglieder des Kernteams stehen in regelmäßigen Kontakt zu den Spielerschutzbeauftragten. Sie können sich jederzeit bei zB Schwierigkeiten bei der Umsetzung der internen Spielerschutzmaßnahmen oder auch bei Fragen zu der weiteren Vorgehensweise nach Gastkontakt, an den Spielerschutzbeauftragten oder einen seiner Stellvertreter oder auch an den Sozialkonzeptbeauftragten wenden.

In regelmäßigen Abständen – nach Bedarf, mindestens jedoch vierteljährlich – finden Teamsitzungen gemeinsam mit dem Sozialkonzeptbeauftragten und dem Spielerschutzbeauftragten statt. Diese dienen dem gemeinsamen Erfahrungsaustausch bei der Umsetzung der internen Spielerschutzmaßnahmen und deren fortlaufender Optimierung sowie der Lösung von aktuell auftretenden Problemen. Des Weiteren werden die neuesten Forschungsergebnisse zum Thema „Glücksspielsucht" vorgestellt und diese Ergebnisse für die Weiterentwicklung des Sozialkonzepts geprüft.

1.2.5 Supervision

Die Supervision als regelmäßige externe Beratung unterstützt die Mitarbeiter der Spielerschutzabteilung in der Spielerschutzpraxis, mittels Reflexion der persönlichen Erfahrungen (zB in Gastgesprächen) eine Klärung und Entwicklung in ihren beruflichen Rollen bzw Positionen zu erreichen. Damit wird nicht nur der spezielle Personalentwicklungsprozess fortgesetzt, sondern insbesondere auch eine weitere Vertiefung und schließlich die Weiterentwicklung des Sozialkonzeptes in der SPIELBANK BERLIN erreicht. Alle Supervisionen werden durch externe Experten aus den Bereichen Sucht und Kommunikation durchgeführt.

1.3 Kooperation mit dem Hilfesystem

Die Zusammenarbeit mit dem regionalen Suchthilfesystem ist für die SPIELBANK BERLIN eine wichtige und notwendige Voraussetzung, um betroffenen Spielern bzw deren Angehörigen bestmögliche Unterstützung bei der Weiterleitung in die unterschiedlichen Beratungseinrichtungen oder Selbsthilfegruppen anbieten zu können (siehe auch Abschnitt 2.2.2). Die Mitarbeiter der SPIELBANK BERLIN und insbesondere die Spielerschutzbeauftragten sind eine wichtige Schnittstelle zwischen Gästen mit einem problematischen oder süchtigen Glücksspielverhalten und dem lokalen Hilfesystem. Idealerweise sollte jede Intervention seitens der SPIELBANK BERLIN mit der Vermittlung eines konkreten Hilfeangebotes einhergehen. Über das Bereitstellen von Adressen auf dem Präventionsflyer und der Website der SPIELBANK BERLIN hinaus kann die Vernetzung der SPIELBANK BERLIN mit dem professionellen Hilfesystem vor Ort helfen, Betroffene und deren Angehörige frühzeitig und niedrigschwellig an das Hilfesystem anzubinden.

Die Spielerschutzabteilung der SPIELBANK BERLIN hat in den letzten Jahren viele persönliche Kontakte zu Einrichtungen des regionalen und überregionalen Suchthilfesystems aufgebaut. Diese Kontakte entstanden während der häufigen Besuche der Sozialkonzeptbeauftragten und Spielerschutzbeauftragten von Veranstaltungen, Fortbildungen und Fachtagen zum Thema Glücksspielsucht, auf denen sie sich mit Engagement dem kritischen Diskurs zum Thema Spielerschutz von Glücksspielanbietern wie der SPIELBANK BERLIN stellten und diesen damit auch konstruktiv gestalteten. Dieser langjährige, beständige Diskurs trägt damit konkret zur Verbesserung der Passgenauigkeit als auch der positiven Reputation des Sozialkonzeptes der SPIELBANK BERLIN bei.

Es ist ein besonderes Anliegen der SPIELBANK BERLIN, sich vor der Veröffentlichung bzw Weitergabe von Informationsmaterialien oder Kontaktdaten die ausdrückliche Genehmigung der Einrichtungen des regionalen Suchthilfesystems eingeholt zu haben.

Die SPIELBANK BERLIN unterstützt seit vielen Jahren Projekte der Suchthilfeeinrichtungen zB durch finanzielle Mittel, Sachspenden oder der Erstellung von Flyern insb der Suchtselbsthilfe durch die hauseigene Grafikabteilung.

Die langjährigen Erfahrungen der Spielerschutzabteilung der SPIELBANK BERLIN zeigen, dass insbesondere der Kontakt zu den Selbsthilfegruppen eine hohe Sensibilität wie gegenseitige Akzeptanz erfordert. Daher gibt es mit den Berliner Selbsthilfegruppen seit Jahren einen regelmäßigen Austausch, der auch die Teilnahme der Spielerschutzbeauftragten an den Gruppentreffen einschließt, jedoch auf beiderseitigen Wunsch keine Kooperation beinhaltet.

Die SPIELBANK BERLIN legt besonderen Wert darauf, dass ihre Unterstützung der Berliner Suchtselbsthilfe nicht als Marketingmaßnahme verstanden wird. Lediglich im Tätigkeitsbericht für die Aufsichtsbehörde des Landes Berlin wird diese erwähnt.

Für alle Einrichtungen besteht die Möglichkeit, im Bedarfsfall Selbst- oder Fremdsperranträge direkt an die Spielerschutzabteilung weiterzuleiten, so dass Betroffene sich nicht direkt an die SPIELBANK BERLIN wenden müssen (siehe auch Abschnitt 2.3).

Die Spielerschutzabteilung verfügt über eine umfangreiche Datenbank mit Einrichtungen des lokalen wie bundesweiten Suchthilfesystems und gibt bei Bedarf diese Kontaktdaten weiter. Des Weiteren informiert die SPIELBANK BERLIN mit Genehmigung des verantwortlichen Anbieters auch über spezifische Onlineberatungsmöglichkeiten für Betroffene und Angehörige als niedrigschwelliges Angebot.

2. Interaktion mit Gästen

2.1 Früherkennung auffälligen Glücksspielverhaltens: Einsatz von Checklisten

Die Mitarbeiter können aufgrund ihres direkten Kontaktes bzw ihrer eigenen Beobachtungen als Erste Veränderungen im Glücksspielverhalten oder der Persönlichkeit eines Gastes wahrnehmen und sind somit eine effektive soziale Kontrolle in den Standorten der SPIELBANK BERLIN.

Die Mitarbeiter lernen in der Basis-Sensibilisierung den phasenhaften Prozess der potentiellen Entwicklung einer Glücksspielsucht kennen und erfahren, dass dieser schleichend verläuft und im Rahmen der Frühintervention ihrerseits unterbrochen werden kann. Des Weiteren werden den Mitarbeitern die diagnostischen Kriterien süchtigen Glücksspielverhaltens sowie die praxisbezogenen Erkennungsmerkmale problematischen bzw süchtigen Glücksspielens, die sich in den einzelnen Kriterien der entsprechenden Checklisten zur Früherkennung (Checkliste „Mitarbeiterbeobachtung“, Checkliste „Mitarbeitermeldung“ – siehe Anlage 1 und 2) wiederfinden, ausführlich vermittelt (siehe auch Abschnitt 3.).

Die von der Spielerschutzabteilung im Jahr 2012 weiterentwickelten Verfahren „Mitarbeiterbeobachtung“ und „Mitarbeitermeldung“ (siehe Abschnitt 2.1.1) zur Früherkennung problematischen Glücksspielverhaltens und zur Intervention bei ggf süchtigem Glücksspielverhalten und deren möglichst niedrigschwellige Nutzung durch jeden einzelnen Mitarbeiter sind eine wichtige Voraussetzung sowohl für den Erfolg als auch die notwendige Evaluation der Spielerschutzmaßnahmen der SPIELBANK BERLIN. Durch die Hinweise von Mitarbeitern auf der Checkliste „Mitarbeitermeldung“ und/oder Checkliste „Mitarbeiterbeobachtung“ wird die Spielerschutzabteilung darüber informiert, dass Gäste in ihrem Glücksspielverhalten oder ihrem sozialen Verhalten auffällig geworden sind. Entscheidet sich der Mitarbeiter alternativ für ein persönliches Gespräch mit dem Spielerschutzbeauftragten, resp. einem Mitglied des Kernteams Spielerschutz, so füllen beide gemeinsam entsprechend die jeweilige Checkliste aus. Es besteht jederzeit eine Dokumentations*pflicht*.

Über den Umgang mit den zwei unterschiedlichen Checklisten werden die Mitarbeiter in den Personalschulungen ausführlich informiert. Beide Checklisten sind den Mitarbeitern jederzeit in allen Arbeitsbereichen (Kassenbereich, Aufenthaltsräume, Umkleide, über die Spielerschutzbeauftragten, in den Büros der Spielaufsichten usw) zugänglich. Des Weiteren können alle Mitarbeiter den Spielerschutzbeauftragten persönlich, telefonisch oder per Email benachrichtigen oder die ausgefüllte Checkliste in den für alle Mitarbeiter zugänglichen Briefkasten der Spielerschutzabteilung einwerfen.

In der Praxis hat sich herausgestellt, dass die Anzahl der Mitarbeiterhinweise dann zunimmt, wenn den Mitarbeitern eine einfache, praxisbezogene und niedrigschwellige Möglichkeit der Weiterleitung von Hinweisen auf auffälliges Glücksspielverhalten eines potentiell betroffenen Spielers angeboten wird. Das bedeutet insbesondere, dass Mitarbeiter sich nicht an einen Vorgesetzten wenden, um Hinweise im Rahmen der Früherkennung potentiell gefährdeter Gäste weiterzugeben. Bei der praxisbezogenen Entwicklung der internen Spielerschutzmaßnahmen wurde im Bereich der Weiterleitung von Hinweisen folgenden Punkten Rechnung getragen:

- dem Wunsch der Mitarbeiter, dass die Hinweise vertraulich behandelt werden (Angst vor Wahrnehmung als „Petze" im Kollegenkreis),
- der direkten Überprüfung durch die Spielerschutzabteilung auf Belastbarkeit der angegebenen Kriterien (Unsicherheiten bei der Einschätzung des Vorfalls durch den Mitarbeiter selbst) und
- der unverzüglichen Weiterleitung an die Spielerschutzabteilung.

2.1.1 Checklisten zur (Früh-)Intervention

Die erfolgreiche (Früh-)Intervention bei problematischem und süchtigem Glücksspielverhalten der Gäste ist maßgeblich abhängig von der Implementierung eines praxisbezogenen Instruments zur Weiterleitung von Hinweisen auf auffälliges (Glücksspiel-)Verhalten eines Gastes durch die Mitarbeiter an die Spielerschutzabteilung.[21] Eine frühzeitige Identifikation von Gästen mit bereits auffälligem Glücksspielverhalten setzt voraus, dass die Kriterien der Checklisten an den Arbeitsalltag der Spielbank angepasst und diese Erkennungsmerkmale für die Mitarbeiter klar und verständlich aufgelistet sind. Basierend auf den langjährigen Erfahrungen der Spielerschutzabteilung und den Diskussionen über die Verbesserung der internen Spielerschutzmaßnahmen in den Mitarbeiterschulungen, Supervisionen und Einzelfallberatungen unter der Leitung von Frau Dr. Albrecht-Sonnenschein wurde von der Spielerschutzabteilung der SPIELBANK BERLIN im Jahr 2012 der ***„Berliner Standard zur Frühintervention bei Glücksspielsuchtgefährdung"*** (Stumpf, Münstermann & Albrecht-Sonnenschein, 2012) entwickelt und implementiert. Seit dem Jahr 2012 beinhaltet dieses Standardvorgehen die zwei unterschiedlichen Checklisten „Mitarbeiterbeobachtung" (siehe Anlage 1) und „Mitarbeitermeldung" (siehe Anlage 2) sowie die daraus resultierenden, spezifischen unternehmensinternen Abläufe, da insbesondere auch die Ergebnisse der Mitarbeiterbefragungen im Rahmen der regelmäßigen Schulungsevaluation darauf hinwiesen, dass die unterschiedliche Gewichtung der Beobachtungskriterien einerseits und der geltenden gesetzlichen Sperrgründe des Glücksspielstaatsvertrages andererseits nicht in einem ausreichenden Maße bekannt waren, um von den Mitarbeitern im Sinne eines aktiven Spielerschutzes bestmöglich angewandt bzw umgesetzt werden zu können.

- ***Die Checkliste „Mitarbeiterbeobachtung"***

Die Checkliste „Mitarbeiterbeobachtung" (siehe Anlage 1) beinhaltet Erkennungsmerkmale, anhand derer ein Mitarbeiter seine Beobachtungen bezüglich eines auffälligen Glücksspielverhaltens eines Gastes/Spielers vermerken kann. Die Kriterien beziehen sich sowohl auf Veränderungen im Glücksspielverhalten als auch auf Auffälligkeiten bzw Veränderungen in der Persönlichkeit. Die Liste basiert auf der ersten Beobachter-Checkliste nach Grüsser und Albrecht (2007)[22]. Im Laufe der Jahre wurden im Zuge der fortlaufenden Mitarbeiterschulungen unter der Leitung von Frau Dr. Albrecht-Sonnenschein diese Erkennungsmerkmale modifiziert bzw neu formuliert und für die Mitarbeiter verständlicher und damit anwendungsbezogener formuliert.

---

21 Siehe auch Grüsser, Backmund, Albrecht, 2006.
22 Grüsser, Albrecht, 2007.

Der gesamte Vorgang von der Mitarbeiterbeobachtung bis zum Gastgespräch und seiner entsprechenden – weisungsfreien – Bewertung durch den Spielerschutz- bzw Sozialkonzeptbeauftragten wird sorgfältig dokumentiert. Gäste, deren Glücksspielverhalten nach dem ersten Präventionsgespräch als unauffällig bewertet wird, da keiner der gesetzlichen Sperrgründe vorliegt, werden intern als sogenannte „offene Akte“ für den Zeitraum von einem Jahr geführt. Sollten in diesem Zeitraum erneut Hinweise von Mitarbeitern bzgl. des betreffenden Gastes eingehen, erfolgt ein weiteres Gespräch und eine aktuelle Bewertung (siehe Abbildung 4).

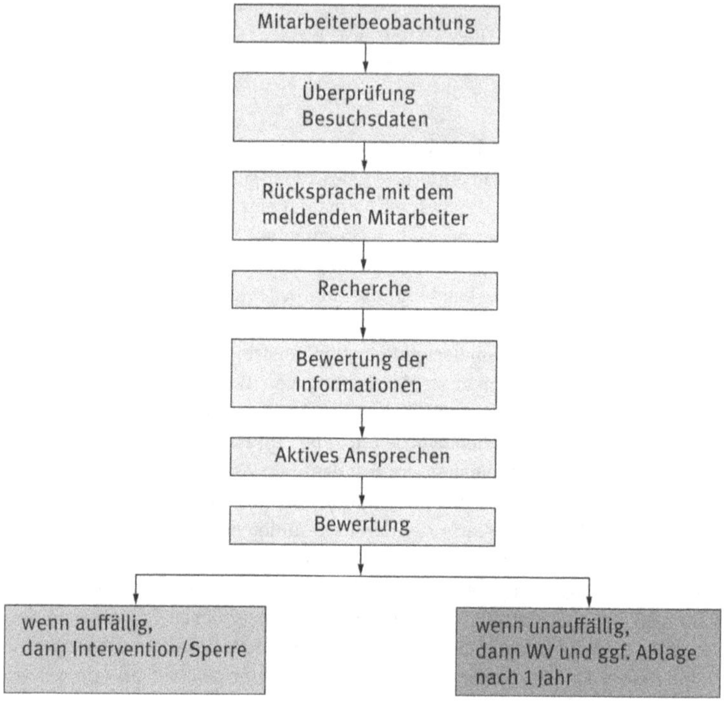

Abbildung 4: Standardablauf *Mitarbeiterbeobachtung*

- ***Die Checkliste „Mitarbeitermeldung“***

Die auf der Checkliste „Mitarbeitermeldung“ (siehe Anlage 2) aufgeführten Kriterien sind sogenannte „Akutkriterien“. Dort finden sich die gesetzlichen Gründe, die zu einer Spielersperre führen können sowie darüber hinaus weitere Kriterien der Beobachter-Checkliste nach Grüsser und Albrecht (2007), die eine unverzügliche Intervention im Sinne eines effektiven Spielerschutzes zur Folge haben.

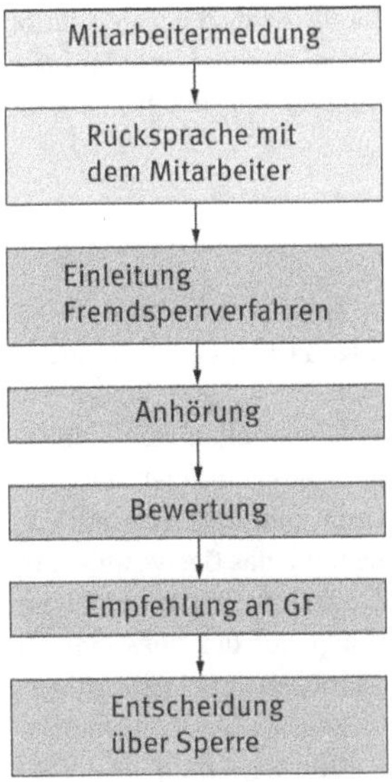

Abbildung 5: Standardablauf *Mitarbeitermeldung*

Bei dem Ablauf der „Mitarbeitermeldung" (siehe Abbildung 5) handelt es sich um ein beschleunigtes Verfahren. Die Kriterien auf der Checkliste „Mitarbeitermeldung" begründen die Annahme des Vorliegens eines oder mehrerer der gesetzlichen Sperrgründe nach Glücksspielstaatsvertrag (siehe auch Abschnitt 2.3.2.2), die in der SPIELBANK BERLIN eine unmittelbare – sich aus der akuten Situation ergebende – Intervention bedingen.

2.1.2 Standardisierte Dokumentation

Direkt nach Eingang einer „Mitarbeiterbeobachtung" oder „Mitarbeitermeldung" legt der Spielerschutzbeauftragte eine Akte an (siehe Abbildung 4 und 5). Diese besteht aus folgenden Dokumenten:

- Deckblatt Dokumentation,
- ausgefüllte Checkliste „Mitarbeiterbeobachtung" oder „Mitarbeitermeldung",
- Gastdatenblatt,
- Besuchsdaten des betreffenden Gastes,
- Informationen anderer Mitarbeiter zu dem betreffenden Gast,
- Gesprächsprotokoll des Gastgesprächs und
- Empfehlung und Begründung der weiteren Vorgehensweise.

Mit dieser umfassenden Dokumentation ist gewährleistet, dass jeder spielerschutzrelevante Vorgang jederzeit lückenlos nachvollziehbar ist.

2.2 Ansprache und Weiterleitung: Umgang mit Betroffenen und Angehörigen

Der Umgang mit betroffenen Spielern und deren Angehörigen erfordert Sensibilität, Handlungskompetenz und Fachwissen. Die globalen Ziele des Sozialkonzeptes

1. Vermeidung von Glücksspielsucht durch Prävention und Früherkennung,
2. frühe Intervention bei auftretender Glücksspielsuchtproblematik sowie
3. erfolgreiche Weiterleitung in eine Einrichtung des regionalen Suchthilfesystems,

werden aufgrund der langjährigen Erfahrung der SPIELBANK BERLIN im Bereich Spielerschutz durch entsprechende standardisierte Abläufe und Maßnahmen gemäß dem „Berliner Standard zur Frühintervention bei Glücksspielsuchtgefährdung" (Stumpf, Münstermann & Albrecht-Sonnenschein, 2012) erfolgreich umgesetzt.

2.2.1 Aktives Ansprechen

Je früher ein Gast auf Auffälligkeiten in seinem (Glücksspiel-)Verhalten angesprochen wird, desto größer ist die Chance, dem Entstehen eines problematischen bzw süchtigen Glücksspielverhaltens entgegenzuwirken.

Das aktive Ansprechen eines Gastes mit auffälligem Glücksspielverhalten obliegt den Spielerschutzbeauftragten und den Mitarbeitern des „Kernteams Spielerschutz". Diese verfügen über die entsprechenden Handlungskompetenzen und das notwendige Fachwissen, um Gäste mit auffälligem Glücksspielverhalten anzusprechen. Sie können sich die Zeit nehmen, um das Gastgespräch in ruhiger Atmosphäre, dh entkoppelt vom Glücksspielgeschehen (und daher möglichst nicht im Spielsaal) führen zu können. Dieses erste Gespräch mit dem Gast erfolgt mit der notwendigen Sensibilität, um Widerstand, resp. eine ablehnende Reaktion des angesprochenen Spielers zu vermeiden. Als Grundsatz gilt, dass der Gast während des Gesprächs „sein Gesicht wahren" kann. Die Art und Weise der ersten Kontaktaufnahme mit dem betroffenen Gast ist für den Erfolg eines Präventions- bzw Interventionsgesprächs entscheidend.

Erfolgt ein Gespräch aufgrund eines eingegangenen Mitarbeiterhinweises (Checkliste „Mitarbeiterbeobachtung" oder persönlicher Hinweis an die Spielerschutzabteilung), wird dieses entsprechend vorbereitet. Nach Überprüfung der Besuchsdaten des Gastes versuchen die Spielerschutzbeauftragten über weitere Mitarbeitergespräche zu eruieren, ob zusätzliche Informationen zum betreffenden Gast vorliegen. Die sich aus den Besuchsdaten wie weiterführenden Mitarbeitergesprächen ergebenden Hinweise ermöglichen bereits im Vorfeld die Entscheidung, ob es sich bei dem jeweiligen Gast um ein Präventionsgespräch im Rahmen der Primärprävention oder ein (Früh-)Interventionsgespräch im Rahmen der Sekundärprävention handelt (siehe Abbildung 6).[23]

Primärprävention

- Aufklärung/Förderung einer verantwortungsbewussten Spielteilnahme
- Gelegentliches, unproblematisches Spielverhalten

Sekundärprävention

- Früherkennung/Frühintervention
- Problematisches Spielverhalten (moderate Probleme)

Abbildung 6: Ziele und Zielgruppen der Primär- und Sekundärprävention nach Meyer und Hayer (2008)[24]

23 Meyer, G. & Hayer, T. (2008). Identifikation von Problemspielern in Spielstätten. Prävention und Gesundheitsförderung, 3 (2), 67–74.

24 Meyer, Hayer, 2008

Stumpf, A./Münstermann, G./Albrecht-Sonnenschein, U.

Im Verlauf des Gesprächs mit dem betreffenden Gast kann dann aufgrund der vorliegenden Informationen überprüft werden, ob die Aussagen des Gastes der Wahrheit entsprechen oder ob die Wahrnehmung eines potentiell betroffenen Spielers bezüglich seines Glücksspielverhaltens als Hinweis auf eine Glücksspielsuchtgefährdung bzw bereits vorhandene Glücksspielsucht gewertet werden muss. Dazu werden insbesondere die Parameter „Besuchshäufigkeit", „Verweildauer" und ggf „gemeldeter Vorfall" betrachtet.

Grundsätzlich gilt, dass der Gast nicht während des laufenden Spiels angesprochen wird, sondern in einem Moment, in dem er räumlich und möglichst auch gedanklich nicht mit dem Glücksspiel beschäftigt ist. Dies kann optimalerweise nur in separaten Räumlichkeiten erfolgen. Dies verhindert zudem die für den Gast unangenehme Situation des „Gesichtsverlustes" vor anderen anwesenden Spielern. Ein solcher könnte bereits initial zu einer ablehnenden Haltung gegenüber dem Mitarbeiter führen und den Gesprächsverlauf negativ beeinflussen.

In jedem Präventions- wie Interventionsgespräch wird auf die negativen Folgen süchtigen Glücksspielverhaltens hingewiesen und dem Spieler der Selbsttest zur „Überprüfung des Glücksspielverhaltens" empfohlen. Dabei wird der Gast nicht belehrt, sondern ihm wird empathisch, kongruent und authentisch „auf Augenhöhe" begegnet.[25]

- *Primärprävention*

Mitarbeiterhinweise beziehen sich zum Teil auf einmalige Vorfälle und geben daher in diesen Fällen lediglich eine Einschätzung des meldenden Mitarbeiters über die benannte Situation wieder. Ziel der darauf basierenden Gastgespräche ist es, den betreffenden Spieler auf den konkreten Vorfall anzusprechen und ihn so für die mit der Teilnahme am Glücksspiel verbundene Suchtgefahr zu sensibilisieren. Dieser Gesprächsansatz nach Prochaska und Di Clemente[26] – das sog transtheoretisches Modell der Verhaltensänderung – soll bei dem Gast die Selbstreflexion wie auch Motivation zur Verhaltensänderung anregen und dadurch den Übergang in riskantes Glücksspielverhalten verhindern.

- *Sekundärprävention*

Mitarbeiterhinweise, die sich auf das Vorliegen mehrerer erfüllter Beobachtungskriterien beziehen, können bereits auf das Vorliegen eines problematischen oder süchtigen Glücksspielverhaltens hinweisen. Ziel der darauf basierenden Gastgespräche ist es, neben der Sensibilisierung des Spielers, im Verlauf des Gesprächs auszuschließen, dass eine sofortige Intervention – die Fremdsperre – seitens der SPIELBANK BERLIN notwendig ist. Wenn der Gast dies im Gespräch annehmen kann, erhält er weitere Informationen zum Thema Glücksspielsucht und zum Suchthilfesystem wie bspw. das Informationskärtchen, das die wichtigsten Telefonnummern der regionalen Suchthilfeeinrichtungen, die Hotline-Nummer der Bundeszentrale für gesundheitliche Aufklärung (BZgA) sowie die Telefonnummer der Spielerschutzabteilung der SPIELBANK BERLIN aufführt.

Der Inhalt der Gastgespräche wird protokolliert und im Hinblick auf die Notwendigkeit weiterer Interventionen bewertet. Mögliche nächste Schritte sind:

– weitere Beobachtung des Glücksspielverhaltens des Gastes und Präventionsgespräche durch den Spielerschutzbeauftragten,

25 Rogers, C.R. (2000). Entwicklung der Persönlichkeit. Psychotherapie aus der Sicht eines Therapeuten. übers. von Jacqueline Giere. Stuttgart: Klett-Cotta.

26 Prochaska, J.O. & DiClemente, C.C. (1982). Transtheoretical therapy: Toward a more integrative model of therapy. Psychotherapy: Theory, Research and Practice, 19, 267–288.

- Einleiten des Verfahrens zur Fremdsperre, sofern sich der Gast nicht für die Möglichkeit einer Selbstsperre entscheidet.

2.2.2 Weiterleitung in das Suchthilfesystem

Gemäß dem Ansatz von Grüsser und Albrecht (1999) und damit auch verankert im Sozialkonzept der SPIELBANK BERLIN ist die Weiterleitung an das Suchthilfesystem von betroffenen Spielern und/oder deren Angehörigen das übergeordnete Ziel jeden Gespräches, das die Spielerschutzbeauftragten führen. Die Spielerschutzbeauftragten übernehmen bewusst *nicht* die Rolle eines Suchtberaters oder Therapeuten, sondern sehen ihre Kernaufgabe in der frühzeitigen, erfolgreichen Weiterleitung eines Gastes bzw Angehörigen in das professionelle Suchthilfesystem.

In jedem Gespräch weisen die Spielerschutzbeauftragten auf die größtenteils kostenlose Unterstützung durch die unterschiedlichen ambulanten Einrichtungen des Suchthilfesystems hin. Die Spielerschutzbeauftragten versuchen dabei eine optimale Passung zwischen den individuellen Besonderheiten des Gastes und den verschiedenen ambulanten Hilfsangeboten zu erreichen wie bspw. die muttersprachliche Suchtberatung. Daher ist es für den effektiven Spielerschutz der SPIELBANK BERLIN wichtig, dass die Spielerschutzbeauftragten über die verschiedenen Beratungseinrichtungen des regionalen Suchthilfesystems informiert sind. Dadurch können sie ausführliche Informationen über die Beratungsmöglichkeiten in Berlin weitergeben und damit gleichzeitig Berührungsängste der Gäste abbauen. Zu diesen erfolgskritischen Faktoren gehören zB Informationen:

- über die Möglichkeiten der Kontaktaufnahme, dh
  - zur Terminvergabe
  - zum Erstgespräch,
- zu therapeutisch angeleiteten Gruppen für Spieler und Angehörige,
- über Selbsthilfegruppen,
- zu Möglichkeiten der niedrigschwelligen telefonischen Erstberatung,
- zum Thema Anonymität in der Beratungsstelle,
- zum Thema Kostenübernahme,
- zu ambulanten oder stationären Behandlungsmöglichkeiten,
- zur Weitervermittlung (durch die Suchthilfeeinrichtung) an die zuständigen Schuldnerberatungsstellen,
- zu Online-Beratungsangeboten (zB „Check Dein Spiel“ – das Online-Portal der BZgA),
- zu zielgruppenspezifischen Beratungsmöglichkeiten wie zB Angehörigenberatung.

Die Spielerschutzbeauftragten bieten dem Gast ihre Unterstützung bei der ersten Kontaktaufnahme an und versuchen auf Wunsch, einen zeitnahen Termin in den Beratungseinrichtungen des Suchthilfesystems zu koordinieren. Dies eröffnet die Möglichkeit, den im Gespräch ggf deutlich gewordenen, jedoch fluktuierenden Leidensdruck des Gastes optimal für eine kurzfristig stattfindende Beratung im Hilfesystem zu nutzen[27].

2.2.3 Hilfegesuch eines Gastes

Betroffene Gäste, die sich an einen Mitarbeiter der SPIELBANK BERLIN mit der Bitte um weitere Informationen über problematisches oder süchtiges Glücksspielverhalten wenden, erhalten zunächst umfassende Informationsmaterialien zum Thema Spielerschutz. Dazu gehören:

---

27 Siehe auch Albrecht, U. (2006). Reizreaktion und Verlangen bei pathologischen Glücksspielern: psychologische und physiologische Parameter. Berlin: Logos.

- der Präventionsflyer,
- das Informationskärtchen,
- die Betroffenen-Checkliste sowie
- bei Bedarf die Informationsbroschüren zur Selbst- und Fremdsperre.

Darüber hinaus werden sie bei Interesse an die Spielerschutzabteilung weitergeleitet. Der Spielerschutzbeauftragte oder ggf ein Mitglied des Spielerschutzkernteams führt unmittelbar ein Gespräch mit diesem Gast. Alternativ besteht die Möglichkeit, dass der Gast mit dem Spielerschutzbeauftragten einen Termin vereinbart.

Erfahrungsgemäß sind in der Spielbank direkte Bitten um Hilfe von Gästen die Ausnahme. Deshalb bietet die SPIELBANK BERLIN ihren informationssuchenden Gästen verschiedene niedrigschwellige Erstinformationen und Angebote zur Kontaktaufnahme an. So findet sich die Telefonnummer der Spielerschutzabteilung

- auf dem Präventionsflyer,
- auf dem Antrag zur Selbstsperre,
- auf dem Informationskärtchen,
- auf den Informationsbroschüren zur Selbst- und Fremdsperre und
- auf der Internetseite der SPIELBANK BERLIN.

Auf den Selbstsperranträgen können die Gäste ihren Kontaktwunsch mit den verantwortlichen Mitarbeitern der Spielerschutzabteilung angeben.

2.2.4 Umgang mit Angehörigen

Süchtiges Glücksspielverhalten führt zu schwerwiegenden psychosozialen Folgen – für den Betroffenen und seine Angehörigen.[28,29] Die Mitglieder der Spielerschutzabteilung stehen selbstverständlich auch Angehörigen von betroffenen Spielern als erste kompetente Ansprechpartner zur Verfügung. Im persönlichen Gespräch erhalten Angehörige Informationen über die Möglichkeit der Fremdsperre und spezielle Angebote des Suchthilfesystems, insb Beratungsangebote und Selbsthilfegruppen für Angehörige von Suchtkranken bzw Glücksspielsüchtigen. Des Weiteren werden die Informationsbroschüren der BZgA und der Deutschen Hauptstelle für Suchtfragen (DHS) zum Thema Glücksspielsucht sowie Hinweise auf spezifische Online-Beratungsmöglichkeiten wie die der BZgA weitergegeben. Aus Datenschutzgründen können den Angehörigen jedoch keine Informationen über den betreffenden Spieler bspw. darüber, ob er Gast der Spielbank ist, über dessen Besuchshäufigkeit oä, gegeben werden. Ziel des Angehörigenkontakts ist wie in der Betroffenenansprache die möglichst unmittelbare Weiterleitung an das professionelle Suchthilfesystem.

2.2.5 Krisenintervention

Bei Gästen, die offensichtlich verzweifelt sind, wird sofort der Spielerschutzbeauftragte bzw ein Mitglied des Kernteams Spielerschutz informiert. Dieser speziell geschulte Mitarbeiter nimmt sich des betreffenden Gastes an und führt in ruhiger, vom Glücksspiel entkoppelter Atmosphäre ein Gespräch mit dem Ziel, den Gast im vertrauensvollen, empathischen Kontakt zunächst zu beruhigen und die Situation zu deeskalieren. Im weiteren Verlauf wird versucht, eine dem Gast nahestehende Person zu kontaktieren. Wenn dies nicht möglich bzw seitens des Gastes nicht gewünscht ist und

28 Albrecht, 2006.
29 Grüsser, Albrecht, 2007.

der Gast weiterhin dekompensiert bleibt, wird entweder der Sozialpsychiatrische Dienst (dessen telefonische Erreichbarkeit sich jedoch meist nicht mit den Öffnungszeiten der Spielbank deckt), der Berliner Krisendienst bzw die jederzeit erreichbare Rettungswache unter der Telefonnummer 112 angerufen. Solange im Zuge der Dekompensation des betroffenen Gastes eine Selbst- wie ggf auch Fremdgefährdung nicht ausgeschlossen werden kann, wird dieser bis zum Eintreffen der Rettungskräfte daran gehindert, eigenständig die Spielstätte zu verlassen.

2.3 Intervention: Spielersperren

Nach Meyer und Hayer (2010)[30] gelten als erfolgskritische Faktoren der Spielersperre in Bezug auf die Sperrpraxis der Bekanntheitsgrad des Instrumentes Spielersperre, die Mitarbeiter-Compliance, die Unternehmensphilosophie und die Verzahnung mit dem Suchthilfesystem. Die SPIELBANK BERLIN berücksichtigt diese Kriterien schon seit Jahren.

2.3.1 SELBSTSPERRE

Die Möglichkeit der Selbstsperre ist ein zentrales Element des Spielerschutzes. Ein Spieler entscheidet sich für eine Selbstsperre, weil er in einem Moment der Selbstreflexion erkannt hat, dass er sein Glücksspielverhalten nicht mehr kontrollieren kann und sich vor weiteren negativen Folgen durch seine Teilnahme am Glücksspiel schützen möchte.[31]Die Inanspruchnahme einer Spielersperre führt zu längerfristigen Abstinenzraten bezüglich der gesperrten Glücksspielart und uU auch der nicht von der Reichweite der Spielersperre erfassten Glücksspielmöglichkeit.[32,33,34]

Als weitere positive Effekte dieses Spielerschutzinstrumentes gelten die Abnahme pathologischen Glücksspielverhaltens sowie die Zunahme der Lebensqualität, der Glücksspielkontrolle und die Inanspruchnahme von Hilfen. Die SPIELBANK BERLIN unterstützt daher konsequent die Entscheidung ihrer Gäste für eine Selbstsperre – sie darf von den Mitarbeitern in keiner Weise behindert werden. Um die Schwellen für eine Selbstsperre abzusenken – die Offenbarung unkontrollierten Glücksspielverhaltens führt oftmals auch zu Schamgefühlen – und eine erneute Konfrontation mit dem Glücksspiel für abstinenzmotivierte Spieler auszuschließen, hat sich die SPIELBANK BERLIN bereits vor einigen Jahren als eine der ersten Spielbanken bundesweit entschlossen, dass der Spieler nicht persönlich anwesend sein muss, um seinen Antrag auf Selbstsperre abzugeben und sich anhand seines Ausweisdokumentes zu identifizieren.

Der Ablauf des Selbstsperrverfahrens

1. Einen Antrag auf Selbstsperre erhält der Gast vor Ort in der Spielbank oder kann das entsprechende Formular auf der Internetseite der SPIELBANK BERLIN oder der Spielerschutzwebseite herunterladen. Des Weiteren stehen den Gästen an diversen Auslagepunkten die Informa-

30 Meyer & Hayer (2010). Die Effektivität der Spielersperre als Maßnahme des Spielerschutzes. Frankfurt: Peter Lang.

31 Meyer, Hayer, 2010.

32 Nelson, S.E., Kleschinsky, J.H., LaBrie, R.A., Kaplan, S.A., & Shaffer, H.J. (2010). One decade of self exclusion: Missouri Casino self-excluders four to ten years after enrollment. Journal of Gambling Studies, 26(1), 129–141.

33 Meyer, Hayer, 2010.

34 Ladouceur, R., Sylvain, C. & Gosselin, P. (2007). Self-Exclusion Program: A Longitudinal Evaluation Study. Journal of Gambling Studies, 23, 85–94.

tionsbroschüren zur Selbstsperre mit Antragsformular zur Verfügung. Diese liegen zB auch in den Eingangsbereichen aus, so dass der Gast die Spielsäle nicht betreten muss. Die SPIELBANK BERLIN akzeptiert formlose Anträge und Formulare von Spielerschutzeinrichtungen wie bspw. dem „Fachverband für Glücksspielsucht".

2. Den Selbstsperrantrag kann der Gast selbstständig oder mit Unterstützung eines Mitarbeiters der SPIELBANK BERLIN ausfüllen. Der Gast hat ebenfalls die Möglichkeit, einen bereits ausgefüllten Antrag vorzulegen, den er sich über die Internetseite der SPIELBANK BERLIN ausgedruckt oder mit der Informationsbroschüre zur Selbstsperre zuvor mitgenommen hat.
3. Gibt der Gast den Antrag auf Selbstsperre persönlich ab, so wird seine Identität von dem annehmenden Mitarbeiter der SPIELBANK BERLIN überprüft. Entscheidet sich der Gast für die Möglichkeit der postalischen Zustellung seines Selbstsperrantrags, so wird die Identität des Gastes anhand der beiliegenden Fotokopie seines Ausweisdokuments überprüft. Auf deren Notwendigkeit wird sowohl in den Broschüren zur Selbstsperre als auch auf der Spielerschutzwebseite der Spielbank hingewiesen.

Sollte keine Identitätsüberprüfung der Person, die den Antrag auf Selbstsperre eingereicht hat, möglich sein, wird umgehend der Spielerschutzbeauftragte benachrichtigt. Dieser versucht schnellstmöglich den Gast zu kontaktieren, um sicherzustellen, dass er den Antrag auf Selbstsperre persönlich ausgefüllt hat und die vorliegenden personenbezogenen Daten korrekt sind (GlüStV § 23 Abs 1). Bei Selbstsperranträgen, die vom Hilfesystem an die SPIELBANK BERLIN weitergeleitet werden, entfällt die Nachfrage. Darüber hinaus hat der Gast die Möglichkeit, seinen Selbstsperrantrag persönlich bei einem der Spielerschutzbeauftragten abzugeben.

4. Nach Eingang des Antrages auf Selbstsperre wird die Spielersperre umgehend in das bundesweit übergreifende Sperrsystem „OASIS" eingetragen.
5. Der Gast erhält von der SPIELBANK BERLIN eine schriftliche Bestätigung über die Aktivierung seiner Spielersperre. Sollte der Gast keine postalische Benachrichtigung wünschen, so kann er die Sperrbestätigung auch persönlich innerhalb von zwei Wochen abholen. Wird die Sperrbestätigung innerhalb dieser Frist nicht abgeholt, dann erfolgt schließlich doch die postalische Zusendung (GlüStV § 8 Abs 3).

Die SPIELBANK BERLIN hat den Selbstsperrantrag proaktiv um zwei wesentliche Punkte ergänzt:

1. Möglichkeit, dass der Gast den Wunsch auf telefonischen Kontakt mit dem Spielerschutzbeauftragten vermerkt: damit verbunden ist der nochmalige Hinweis auf die Unterstützung der Spielerschutzbeauftragten bei der Umsetzung der Selbstsperre und Anbindung an das Hilfesystem.

Dieses zusätzliche Gesprächsangebot mit dem ausdrücklichen Ziel der Vermittlung in das lokale Hilfesystem wurde im Jahr 2015 von 5% der Spieler angenommen, die bei der SPIELBANK BERLIN einen Antrag auf Spielersperre gestellt haben. Dieses Ergebnis zeigt deutlich, wie wichtig es ist, den Gästen auch noch zu diesem Zeitpunkt neutrale Unterstützung seitens der SPIELBANK BERLIN durch die Weitergabe wichtiger Informationen zum Hilfesystem anzubieten.

2. Die optionale Angabe der vom Gast genutzten Glücksspielformen: dies ermöglicht der SPIELBANK BERLIN Aussagen über soziodemografische Merkmale, die angegebenen Sperrgründe oder die bevorzugte Glücksspielform.

Diese freiwillige Angabe wurde 2015 von 84% aller Spieler gemacht, die bei der SPIELBANK BERLIN einen Antrag auf Selbstsperre gestellt haben.

Das Ziel dieser erweiterten Abfrage auf den Selbstsperranträgen der SPIELBANK BERLIN ist die geplante Entwicklung eines Früherkennungssystems, das aufgrund statistischer Auswertungen, insbesondere unter Berücksichtigung des Besuchsverhaltens in einem festgelegten Zeitraum vor der Spielersperre, Aussagen über die Gefährdungsstufe auffälligen Glücksspielverhaltens ermöglicht und damit die Präventions- und Interventionsmaßnahmen der SPIELBANK BERLIN weiter optimiert.

Spieler, die auf dem Selbstsperrantrag angeben, dass sie weiterführende schriftliche Informationen wünschen, erhalten von der SPIELBANK BERLIN umfassendes Informationsmaterial zum Thema Glücksspielsucht und dem entsprechenden Hilfesystem. Des Weiteren werden die Präventionsflyer der Einrichtungen des regionalen Suchthilfesystems weitergegeben – dies immer unter der Voraussetzung, dass die Beratungsstellen dem zugestimmt haben.

Generell wird mit der schriftlichen Bestätigung des Eintrags der Selbstsperre in das Sperrsystem ein Informationsblatt über die Anlaufstellen des professionellen Suchthilfesystems versandt bzw bei Selbstabholung der Sperrbestätigung überreicht, um auch an dieser Stelle nochmals die Wahrscheinlichkeit der Inanspruchnahme formeller Hilfen seitens der betroffenen Spieler zu erhöhen.

2.3.2 FREMDSPERRE

Gemäß § 8 Abs 2 GlüStV verfügt die SPIELBANK BERLIN eine Spielersperre (*Fremdsperre*) bei Gewissheit über oder der begründeten Annahme des Vorliegens eines oder mehrerer der gesetzlichen Sperrgründe. Diese Hinweise beziehen sich auf die Meldungen Dritter, in den meisten Fällen Angehörige betroffener Spieler (sog Fremdsperre EXTERN) oder auf Wahrnehmungen der Mitarbeiter (sog Fremdsperre INTERN) der SPIELBANK BERLIN. Da sich die Verfahrensweisen bis zur Verfügung der Spielersperre unterscheiden, werden nachfolgend beide Abläufe detailliert beschrieben.

2.3.2.1 Fremdsperrverfahren EXTERN

Die Antragsformulare der SPIELBANK BERLIN zur Fremdsperre werden von den Mitarbeitern an der Rezeption bereitgehalten. Ebenfalls liegen in den Eingangsbereichen und Spielsälen Informationsbroschüren zur Fremdsperre aus. Auf Nachfrage werden Anträge zur Fremdsperre auch postalisch, per Email oder Fax versendet oder von den Spielerschutzbeauftragten persönlich ausgehändigt. Auf Wunsch füllen die Spielerschutzbeauftragten den Antrag auf Fremdsperre auch gemeinsam mit der betreffenden Person – meist nahe Angehörige von Spielern – aus. In diesem Fall können gleichzeitig die meist vorhandenen Fragen zum Fremdsperrverfahren geklärt und Informationen zu den speziellen Angeboten für Angehörige betroffener Glücksspieler im lokalen Suchthilfesystems gegeben werden. Mit den ausgegebenen wie versendeten Fremdsperranträgen werden grundsätzlich Informationsmaterialien zum Thema Glücksspielsucht und zu den entsprechenden Einrichtungen des regionalen Suchthilfesystems weitergegeben.

Der Ablauf des Fremdsperrverfahrens EXTERN

Eingehende Fremdsperranträge werden umgehend geprüft. Weitere Schritte sind dann:

1. Überprüfung des Antrages auf Fremdsperre auf Vollständigkeit und Belastbarkeit der angegebenen Gründe (korrespondierend mit GlüStVAG BE 2012 § 3 Abs 2) und Anlegen einer Akte zu Dokumentationszwecken
2. Einleitung des Anhörungsverfahrens:
    a. Der Gast, der gesperrt werden soll, erhält ein Anhörungsanschreiben, in dem ihm die Gründe mitgeteilt werden, die in dem Antrag auf Fremdsperre angegeben worden sind und zu einer Spielersperre führen können.
    b. Dem Gast wird in diesem Anschreiben mitgeteilt, dass er sich innerhalb einer Frist – idR 14 Tage – zu den vorgebrachten Sperrgründen äußern kann.
    c. Dem kann der Gast schriftlich oder persönlich in einem Gespräch mit den Spielerschutzbeauftragten unter Beibringung der notwendigen Unterlagen nachkommen.
    d. Dem Anschreiben liegt immer ein Selbstsperrantrag bei.

e. Mit Datum des Anhörungsanschreibens wird für den Gast ein vorläufiges Zutrittsverbot für die SPIELBANK BERLIN verfügt.

3. Überprüfung und Bewertung der eingereichten Nachweise des Gastes:
   a. Widerspricht der Gast der Fremdsperre, erfolgt eine weitere Überprüfung der angegebenen Sperrgründe (GlüStV-AG BE 2012 § 3 Abs 2).
   b. Kann der Gast anhand dieser Unterlagen glaubhaft machen, dass die im Fremdsperrantrag angegebenen Sperrgründe, die zu einer Spielersperre führen können, nicht den Tatsachen entsprechen, empfehlen die Spielerschutzbeauftragten der Geschäftsführung der SPIELBANK BERLIN, keine Spielersperre auszusprechen.
   c. Kann der Gast nicht nachweisen, dass die angegebenen Sperrgründe nicht begründet sind, wird die Verfügung einer Spielersperre empfohlen.
4. Nimmt der Gast die Möglichkeit der Selbstsperre wahr, so endet das Anhörungsverfahren zur Fremdsperre.
5. Die Empfehlung an die Geschäftsführung erfolgt mit einer ausführlichen Begründung.
6. Die Sperrentscheidung ergeht auf Grundlage der Empfehlung der Spielerschutzabteilung und wird entsprechend dokumentiert.
7. Im Fall der Entscheidung für eine Spielersperre wird diese analog zu Punkt 4, „Selbstsperre" unverzüglich eingetragen.
8. Der Gast erhält ein Anschreiben, in dem ihm die Entscheidung mitgeteilt wird.

2.3.2.2 Fremdsperrverfahren INTERN

Bei der sogenannten „Fremdsperre INTERN" handelt es sich um ein Fremdsperrverfahren, dass die SPIELBANK BERLIN aufgrund von belastbaren Mitarbeiterhinweisen initiiert.

Dieses Fremdsperrverfahren unterscheidet sich darin von der „Fremdsperre EXTERN", dass kein schriftlicher Antrag auf Fremdsperre vorausgeht. Der im Rahmen des Früherkennungssystems der SPIELBANK BERLIN beobachtende Mitarbeiter stellt keinen Antrag auf Fremdsperre, sondern gibt Hinweise auf auffälliges Glücksspielverhalten bzw Äußerungen des betreffenden Gastes bezüglich seines Einkommens, bestehender Schulden oder Ähnlichem an die verantwortliche Spielerschutzabteilung weiter.

Ein weiterer Unterschied zur „Fremdsperre EXTERN" liegt in der unterschiedlichen Verfahrensweise der Bearbeitung (siehe auch Abschnitt 2.2.1). Während im Falle eines eingehenden Antrags auf „Fremdsperre EXTERN" im Hinblick auf die Belastbarkeit der Gründe umgehend das Anhörungsverfahren eingeleitet wird, holen die Spielerschutzbeauftragten im Falle von Mitarbeiterhinweisen zuerst weitere Informationen über den betreffenden Gast ein und leiten das entsprechende Standardprozedere bezogen auf den eingegangenen Mitarbeiterhinweis ein (siehe auch Abbildungen 4 und 5). Grundsätzlich wird gefordert, dass sich die Wahrnehmung des Personals auf objektive Tatsachen stützt und die Hinweise der Mitarbeiter auf potentiell betroffene Gäste frei von subjektiven Vorbehalten oder pauschalen Verdächtigungen sind. Bei der Prüfung der Mitarbeiterhinweise ist zunächst die Gewichtung des Hinweises entscheidend: Hat der betreffende Gast dem Mitarbeiter gegenüber eine Aussage gemacht, die belastbar auf einen der gesetzlichen Sperrgründe schließen lässt, wird durch die Spielerschutzabteilung umgehend ein Anhörungsanschreiben an den Gast geschickt. In diesem Schreiben werden die Gründe aufgeführt, die zu einer Spielersperre führen können (analog zum Ablauf des externen Fremdsperrverfahrens ab Punkt 2).

Der Ablauf des Fremdsperrverfahrens INTERN

Das Fremdsperrverfahren INTERN der SPIELBANK BERLIN umfasst folgende Vorgänge:

1. Anlegen einer Akte zu Dokumentationszwecken durch die Spielerschutzbeauftragten,
2. Feststellen der Personalien des Gastes,

3. Abfrage der Besuchsdaten des Gastes,
4. Erkundigung durch die Spielerschutzbeauftragten, ob zusätzliche Informationen zum betreffenden Gast vorliegen,
5. persönliches Gespräch mit dem Gast durch die Spielerschutzbeauftragten (sog „Aktives Ansprechen"),
6. Entscheidung der Spielerschutzbeauftragten:
   a. weitere Beobachtung des Glücksspielverhaltens des Gastes, da keine ausreichenden Hinweise auf die gesetzlichen Sperrgründe vorliegen (Mitarbeiterbeobachtung) oder
   b. Einleiten des Verfahrens zur Fremdsperre (analog zum Ablauf des externen Fremdsperrverfahrens ab Punkt 2; siehe auch Abbildung 4)

2.3.3 Die Aufhebung der Spielersperre

Gemäß Glücksspielstaatsvertrag kann der gesperrte Spieler nach einer Mindestsperrdauer von einem Jahr einen Antrag auf Aufhebung der Spielersperre stellen. Über die Aufhebung entscheidet der Veranstalter, der die Spielersperre verfügt hat. Zum Verfahren der Aufhebung der Spielersperre sei zunächst folgendes angemerkt: Folgt man dem Kommentar zum Glücksspielstaatsvertrag, so hat der betreffende Spieler den Nachweis zu führen, dass die Gründe, die zur Sperre geführt haben, nicht mehr vorliegen. Es entspricht jedoch nicht der Realität, dass jeder Spieler, der einen Antrag auf Selbstsperre stellt, die tatsächlichen Gründe, die zu seiner Entscheidung geführt haben, auch angibt. Für die Mitarbeiter der SPIELBANK BERLIN, die die Anträge auf Selbstsperre entgegennehmen, besteht keine Möglichkeit zu überprüfen, ob die angegebenen Sperrgründe der Wahrheit entsprechen, resp. vollständig angegeben worden sind. Da es sich bei der Angabe der Sperrgründe um eine freiwillige Entscheidung des Spielers handelt, führt dies in der Praxis auch dazu, dass der Spieler keine Angaben zu den Sperrgründen macht. Davon unabhängig wird eine Spielersperre auch dann verfügt, wenn im Antrag auf Selbstsperre keine Gründe angegeben sind.

Als verantwortungsvoller Anbieter hat die SPIELBANK BERLIN daher ein Aufhebungsverfahren gewählt, in dem das Nichtvorliegen aller gesetzlichen Sperrgründe nachgewiesen werden muss. Besonderes Augenmerk liegt dabei auf der ausführlichen Risikoprognose.

Der Bundesgerichtshof hat im Herbst 2011 entschieden, dass die Aufhebung einer auf Antrag des Spielers erteilten Spielsperre durch eine Spielbank eine Verletzung des Spielsperrvertrags darstellt, wenn nicht der Spielbank zuvor der ***hinreichend sichere Nachweis*** *erbracht wird, dass der Schutz des Spielers vor sich selbst dem nicht mehr entgegensteht, mithin* ***keine Spielsuchtgefährdung mehr vorliegt*** *und der Spieler* ***zu einem kontrollierten Spiel in der Lage*** *ist.*

Eine diagnostische Stellungnahme, die aufgrund anerkannter psychometrischer Testverfahren und einem persönlichen Interview mit der betreffenden Person eine sog Risikoprognose ermöglicht, die die Wahrscheinlichkeit eines Kontrollverlustes bei erneuter Konfrontation mit der glücksspielbezogenen Umgebung prognostiziert (siehe auch VG Berlin Urt v 18.5.2012 – VG 35 K 199.10), ist als hinreichend sicherer Nachweis anzusehen und kommt daher den gesetzlichen Erfordernissen am nächsten.

Die endgültige Entscheidung zur Aufhebung einer Spielersperre durch die SPIELBANK BERLIN als dem Glücksspielanbieter, der die Spielersperre verfügt hat, gehört zu den verantwortungsvollsten und schwierigsten Aufgaben. Die Empfehlung des dafür zuständigen Spielerschutzbeauftragten basiert nicht nur auf dem Ergebnis der Risikoeinschätzung durch das vorliegende Gutachten, sondern auch auf einem Abgleich der im Gutachten beschriebenen Aussagen der betreffenden Person (Ergebnis des persönlichen Interviews) und den Informationen, die der SPIELBANK BERLIN aus der Gast-Akte vorliegen. Diskrepanzen, wie beispielsweise in der Art der Spielersperre (Selbstsperre statt Fremdsperre), der Besuchsfrequenz oder des Sperrgrundes können dazu führen, dass die Spielersperre trotz positiver Prognose nicht aufgehoben wird, da begründete Zweifel an der Ehrlichkeit der im Interview gemachten Aussagen bestehen. Für die SPIELBANK BERLIN steht immer der

Schutz des Spielers im Vordergrund und nicht die Aufhebung der Spielersperre und die damit verbundene Wiederzulassung zum Glücksspiel.

Der Ablauf des Aufhebungsverfahrens

Das Verfahren zur Aufhebung einer Sperre umfasst in der SPIELBANK BERLIN folgende Schritte:

1. Ein eingehender schriftlicher Antrag auf Aufhebung der Spielersperre wird zuerst daraufhin überprüft, ob die gesetzliche Mindestsperrdauer von einem Jahr gegeben ist.
2. Der Antrag wird zusammen mit der Akte des Gastes an die Spielerschutzabteilung weitergeleitet.
3. Der Gast erhält ein Anschreiben, indem ihm mitgeteilt wird, welche Unterlagen zur Aufhebung seiner Spielersperre notwendig sind. Zu diesen Unterlagen gehören:
   a. ausführliche Risikoprognose eines in Glücksspielsuchtdiagnostik und Glücksspielsuchttherapie ausgewiesenen klinischen Experten,
   b. Bestätigung über geordnete finanzielle Verhältnisse durch einen Steuerberater, Wirtschaftsprüfer oder Rechtsanwalt,
   c. positive Bonitätsauskunft einer Wirtschaftsauskunftei, zB Schufa.
4. Alle Unterlagen, die der Gast einreicht, werden von der Spielerschutzabteilung sorgfältig geprüft.
5. Sollten die Spielerschutzbeauftragten die Unterlagen als nicht aussagekräftig genug erachten, fordern sie von dem Gast weitere Nachweise an wie zB Gehaltsabrechnungen, Rentenbescheid, Kontoauszüge oä.
6. Erst wenn alle notwendigen Unterlagen vollständig vorliegen, erstellen die Spielerschutzbeauftragten eine Empfehlung zur Aufhebung oder zur Nichtaufhebung der Spielersperre. Diese berücksichtigt alle vorliegenden Informationen sowie die Einschätzung der Spielerschutzbeauftragten nach dem grundsätzlich stattfindenden persönlichen Gespräch mit der betreffenden Person. Die Empfehlung wird mit dem gesamten Vorgang an den zuständigen Geschäftsführer weitergeleitet.
7. Die endgütige Entscheidung über die Aufhebung oder Nichtaufhebung der Spielersperre trifft der zuständige Geschäftsführer.
8. Der Gast erhält ein Anschreiben der SPIELBANK BERLIN, in dem ihm die Entscheidung mitgeteilt wird.

Nachhaltigkeit bei entsperrten Gästen durch Folgegespräche

Der Spielerschutzbeauftragte der SPIELBANK BERLIN steht in regelmäßigem Kontakt zu den Spielern, deren Sperre aufgehoben wurde. In diesen nachfolgenden Gesprächen, über die der Spieler in seinem Aufhebungsgespräch informiert wird, geht es darum festzustellen, ob der betreffende Gast tatsächlich zu einem kontrollierten Glücksspielverhalten fähig ist. Der Spielerschutzbeauftragte überprüft monatlich die Besuchsdaten des zu beobachtenden Gastes, um so unverzüglich im Rahmen von sog Folgegesprächen mit den betreffenden Gästen auf bspw. eine Veränderung in der Besuchsfrequenz oder Besuchsdauer reagieren zu können.

3. Personalentwicklung: Kontinuierliche Mitarbeiterschulungen

Gemäß dem Präventions- und Interventionsprogramm „Glücksspielsucht und Spielerschutz" nach Grüsser und Albrecht (1999) sind kontinuierliche Mitarbeiterschulungen im Rahmen eines umfassenden Personalentwicklungsprozesses ein zentraler Baustein des Sozialkonzepts der SPIELBANK BERLIN. Nur wenn die Mitarbeiter für die Entstehung und Entwicklung problematischen wie süchtigen Glücksspielverhaltens und deren Erkennungsmerkmale dauerhaft sensibilisiert sind, können sie Gäste mit auffälligem Glücksspielverhalten frühzeitig erkennen und durch entsprechende Interventionsmaßnahmen, wie insbesondere das Anhalten zu verantwortungsvollem Glücksspielverhalten und die Weiterleitung in das lokale Suchthilfesystem, potentiell weiteren Chronifizierungen mit schwerwiegenden psychosozialen Folgen entgegenwirken. Durch die Qualität der Mitarbeiterschulungen, deren Praxisbezug und die Wissensvertiefung durch regelmäßige Folgeschulungen erlernen die Mitarbeiter das Fachwissen und die Handlungskompetenzen, die umfassenden Präventions- und Interventionsmaßnahmen des Sozialkonzeptes der SPIELBANK BERLIN in den täglichen Arbeitsablauf zu integrieren und zielgerichtet umzusetzen. Die Teilnahme an der Basisinformation und der sog Basis-Sensibilisierung und an den Folgeschulungen ist für alle Mitarbeiter der SPIELBANK BERLIN mit Gastkontakt verpflichtend.

Voraussetzung für die seit 2001 erfolgreich durchgeführten Mitarbeiterschulungen in der SPIELBANK BERLIN ist die glaubhafte Vermittlung, dass umfassender Spielerschutz erklärtes Unternehmensziel ist und keinesfalls eine „Alibifunktion" hat. Definierte Schulungsziele sind:
- Sensibilisierung für das Thema Glücksspielsucht zur Verbesserung der Handlungsmotivation,
- Wissenszuwachs zur Stärkung der Handlungskompetenz,
- Verdeutlichen der Eigenverantwortung zur aktiven Umsetzung der Spielerschutzmaßnahmen.

Das Erreichen dieser Schulungsziele ist von der fundierten Wissensvermittlung durch kompetente Fachleute aus den Bereichen Glücksspielsucht und Kommunikation und der Vermittlung von standardisierten, erprobten und praxisorientierten Handlungskonzepten abhängig. Der Spielerschutzbeauftragte bzw sein Stellvertreter nimmt an jeder Personalschulung teil.
Das Schulungskonzept der SPIELBANK BERLIN ist modular aufgebaut und beinhaltet:
- Basisinformation (2 Stunden, alle neuen Mitarbeiter in der Ausbildung),
- Basis-Sensibilisierung (8 Stunden, alle Mitarbeiter),
- Folgeschulung (4 Stunden, alle Mitarbeiter zur Auffrischung),
- Intensivschulung (6 bis 8 Stunden, Mitarbeiter Spielerschutz),
- Kommunikationsbausteine (8 Stunden, Mitarbeiter Spielerschutz) sowie
- unterschiedliche Schwerpunktveranstaltungen nach Einschätzung der Notwendigkeit durch die Sozialkonzeptbeauftragte und den Sozialkonzeptbeauftragten (Kommunikation, Prävention, Suchthilfesystem, Austausch mit Betroffenen usw).

Schulungsmodule					
Basisinformation Neue Mitarbeiter	*Basis-Sensibilisierung* alle Mitarbeiter	*Folgeschulung* alle Mitarbeiter	*Intensivschulung* Kernteam	*Kommunikation* Kernteam	*Schwerpunkt* interessierte Mitarbeiter

Abbildung 7: Die Schulungsmodule

Der Spielerschutzbeauftragte koordiniert im Rahmen eines kontinuierlichen Monitorings die Schulungsmaßnahmen und dokumentiert die jeweilige Schulungsteilnahme der Mitarbeiter, so dass der Schulungsstand der Mitarbeiter der SPIELBANK BERLIN stets nachvollziehbar und aktuell ist.

3.1 Basisinformation (2 Stunden)

Für neu eingestellte Mitarbeiter der SPIELBANK BERLIN ist die Teilnahme an der zweistündigen Basisinformationsschulung verpflichtender Teil der Ausbildung. Ziel dieses Moduls ist es, die neuen Mitarbeiter *vor* Aufnahme ihrer Tätigkeit mit den Unternehmensleitlinien, den gesetzlichen Vorgaben und internen Spielerschutzmaßnahmen zur Prävention von Glücksspielsucht vertraut zu machen. Dieses Schulungsmodul leiten die Sozialkonzeptbeauftragte bzw Spielerschutzbeauftragten, die sich den neuen Mitarbeitern damit als direkte Ansprechpartner für den Bereich Spielerschutz vorstellen und auf die Mitglieder des Kernteams in den einzelnen Abteilungen hinweisen.

Nach spätestens einem Jahr nehmen die neu eingestellten Mitarbeiter der SPIELBANK BERLIN an der Basis-Sensibilisierung teil.

3.2 Basis-Sensibilisierung (8 Stunden)

Gemäß dem Präventions- und Interventionsprogramm „Glücksspielsucht und Spielerschutz" nach Grüsser und Albrecht (1999) ist das Ziel der Basis-Sensibilisierung, dass alle Mitarbeiter der SPIELBANK BERLIN neben den rechtlichen Rahmenbedingungen Grundkenntnisse der Entstehungsbedingungen sowie der zentralen Erkennungsmerkmale problematischen und süchtigen Glücksspielverhaltens erhalten. Den praktischen Erfahrungen der Mitarbeiter soll damit ein theoretischer Rahmen gegeben werden, der eine sinnvolle und zT auch entlastende Einordnung dieser Erfahrungen mit Ableitungen für differenzierte Interventionen ermöglicht. Das Störungsbild der Glücksspielsucht wird anschaulich dargestellt und in den Rahmen der Suchterkrankungen eingeordnet.

Die Mitarbeiter kennen nach der Schulung den gesetzlichen wie unternehmerischen Auftrag, die Gäste zu verantwortungsbewusstem Glücksspiel anzuhalten und können diesen bspw. über sog Präventivsätze praktisch in ihrem jeweiligen Arbeitsbereich erfüllen. Sie sind in der Lage, problematische und süchtige Spieler zu erkennen (Einsatz der „Mitarbeiterbeobachtung", „Mitarbeitermeldung"[35]) und entsprechend den Prozeduren des „Berliner Standards zur Frühintervention bei pathologischem Glücksspielverhalten" (Stumpf, Münstermann & Albrecht-Sonnenschein, 2012) an den Spielerschutzbeauftragten oder das Kernteam Spielerschutz bzw direkt an das regionale Hilfesystem weiterzuleiten. Im Rahmen der Basis-Sensibilisierung erhalten die Mitarbeiter detaillierte Informationen über die regionalen Suchthilfeeinrichtungen und das dortige Beratungs- und Behandlungsangebot. Ziel ist es, die Mitarbeiter zu befähigen, Hilfsangebote nicht nur in Form von Kontaktdaten zu vermitteln, sondern darüber hinaus eventuelle Hemmschwellen seitens der Betroffenen (und unter Umständen auch Angehörigen) auf Basis fundierter Informationen über die verschiedenen Beratungs- und Behandlungsangebote abbauen zu können.

Die Basis-Sensibilisierung wird von in der Beratung und Therapie von Glücksspielsüchtigen langjährig erfahrenen Experten durchgeführt. Grundsätzlich werden die Basis-Schulungen von dem Spielerschutzbeauftragten oder einem seiner Stellvertreter begleitet. Er informiert über die unternehmensinternen Spielerschutzmaßnahmen zur Prävention und (Früh-)Intervention und die gesetzlichen Grundlagen (GlüStV, Richtlinien, Ausführungsgesetz) und steht den Mitarbeitern für spezielle Fragen bspw. zu den internen Abläufen bei Selbst- und Fremdsperre, dem Umgang mit den beiden unterschiedlichen Checklisten und zum Meldeverfahren oä zur Verfügung.

Alle Schulungsteilnehmer erhalten vom Dozenten ein umfangreiches Handout, das die behandelten Themen übersichtlich zusammenfasst und vertiefende Informationen beinhaltet sowie – nach erfolgreicher Schulung – ein entsprechendes Teilnahmezertifikat.

Die für alle Mitarbeiter verpflichtende Basis-Sensibilisierung ist eine weitreichende Maßnahme, die über die reine Fort- bzw Weiterbildung der Mitarbeiter hinaus gezielt dem Aufbau von Fach- und Schlüsselkompetenzen dient. Damit zielen die Veranstaltungen zur Basis-Sensibilisierung auf eine spezialisierte Personalentwicklung der Mitarbeiter mit Gastkontakt ab. Im Zuge der

35 Grüsser, Albrecht, 2007.

Basis-Sensibilisierungen zur Glücksspielsuchtprävention werden also Lern-, Entwicklungs- und Veränderungsprozesse zielgerichtet gestaltet und somit schließlich auch die Unternehmensentwicklung im Sinne eines proaktiven Spielerschutzes nachhaltig gefördert.

3.3 Folge-/Auffrischungsschulung (4 Stunden)

Im Rahmen der kontinuierlichen Personalentwicklung zum Thema Spielerschutz (siehe oben) werden aufbauend auf den Veranstaltungen zur Basis-Sensibilisierung regelmäßige Auffrischungs- bzw Folgeschulungen zum Thema „Glücksspielsucht und Spielerschutz" verpflichtend für alle Mitarbeiter mit Gastkontakt ebenfalls unter der Leitung eines in der Beratung und Therapie von Glücksspielsüchtigen erfahrenen Experten durchgeführt. In den Folgeschulungen werden neben der Auffrischung des Basis-Wissens und der Handlungskompetenzen sowie Optimierung der Umsetzung durch Reflexion der bisherigen Erfahrungen insbesondere auch die im Sozialkonzept der SPIELBANK BERLIN festgeschriebenen und mit der Sozialkonzeptbeauftragten weiterentwickelten Standardprozeduren zum Umgang mit evtl. gefährdeten oder betroffenen Gästen gefestigt.

Diese stetige Fortsetzung bzw Gestaltung der notwendigen Entwicklungs- und Veränderungsprozesse führt schließlich zu einer tiefen Verankerung des Spielerschutzes in der Unternehmenskultur und damit zusammenhängend zu einer anhaltenden Akzeptanz der Spielerschutzmaßnahmen in der Belegschaft und vor allem zu deren aktiver Umsetzung unter der Maßgabe „Prävention – Früherkennung – Weiterleitung" durch die Mitarbeiter der SPIELBANK BERLIN.

3.4 Intensivschulungen (6–8 Stunden)

Im Zusammenhang mit den für eine Kultur des verantwortungsvollen Glücksspielangebotes notwendigen Unternehmensentwicklungsprozessen hat sich für die SPIELBANK BERLIN in den vergangenen mehr als 15 Jahren die Bildung eines sog Spielerschutzkernteams nach Grüsser und Albrecht (1999) als zielführend erwiesen. Im Rahmen dieser Experten-Runde, die den gesetzlich geforderten Sozialkonzeptbeauftragten wie auch die von der SPIELBANK BERLIN berufenen Spielerschutzbeauftragten einschließt, wird die ausgewiesene Expertise von Mitarbeitern zum Thema Glücksspielsucht und Spielerschutz gebündelt und durch fortlaufende Intensivschulungen erweitert. Darüber hinaus stehen diese Mitarbeiter als Multiplikatoren ihren Kollegen intern bei Fragen zum Spielerschutz zur Verfügung und tragen dieses Thema fortlaufend in das Unternehmen.

Die Teilnehmer des Kernteams Spielerschutz erhalten gemäß dem Ansatz von Grüsser und Albrecht (1999) in *Intensivschulungen* fortlaufend weiterführende theoretische und praktische Kenntnisse zum Thema Glücksspielsucht, um aus diesem vertieften Suchtverständnis heraus, die Notwendigkeit der Prävention sowie Frühintervention intern wie extern darstellen und wirksame argumentative Hilfen entwickeln zu können. Zentrales Anliegen der Intensivschulungen ist es weiterhin, die Teilnehmer individuell zu befähigen, interessierten und/oder betroffenen Gästen als qualifizierter Ansprechpartner vor Ort zur Verfügung zu stehen und diese ggf an das professionelle Hilfesystem weiterzuleiten. Für den verantwortungsvollen Umgang mit den Spielern werden konkrete Argumentationshilfen und grundlegende Kommunikationsgrundsätze und – techniken erarbeitet bzw vertieft, um die Gespräche mit den Gästen – oft gegen deren Widerstand – lösungsorientiert gestalten zu können. Die regelmäßig stattfindenden Intensivschulungen bieten ausreichend Reflexions- und Austauschmöglichkeiten im Rahmen sog „Fallbesprechungen".

3.5 Kommunikationsschulung (6–8 Stunden)

Die Mitglieder des Spielerschutzkernteams müssen im Umgang mit potentiell betroffenen Gästen sicher auftreten können. Dazu erhalten sie je nach Notwendigkeit durch weitere externe Dozenten Schulungen mit Theorie- und Methodenvermittlung zum Thema Kommunikation. Damit werden die

Mitglieder des Kernteams Spielerschutz bspw. befähigt, motivationsfördernde Gespräche zu führen und mit dem ggf ausgeprägten Widerstand der betroffenen Gäste umzugehen.

3.6 Schwerpunktschulung (4 Stunden)

Ziel der Schwerpunktschulungen ist es, das Thema „Glücksspielsucht" für *alle* interessierten Mitarbeiter der SPIELBANK BERLIN erfahrbarer, resp. nachvollziehbarer zu machen und damit die Handlungsmotivation als verantwortungsvoller Mitarbeiter der SPIELBANK BERLIN aufrechtzuerhalten bzw zu erhöhen. Hierzu werden beispielsweise abstinente Glücksspieler eingeladen oder bestimmte Themenschwerpunkte aufgegriffen wie zB das Thema „Sucht und Migration" oder auch situationsspezifische Kommunikationsmodule. Die Themenwünsche für die Schwerpunktschulungen können während der Basis-Sensibilisierung von den Mitarbeitern geäußert oder auch von den Mitgliedern des Spielerschutzkernteams ausgewählt werden.

Erfahrungen aus der langjährigen Umsetzung des Sozialkonzepts in der SPIELBANK BERLIN zeigen: die Handlungsmotivation und -kompetenzen zur Umsetzung der internen Spielerschutzmaßnahmen können durch zielgerichtete Weiterbildungsmaßnahmen für die Mitarbeiter verbessert werden. Zudem führt die Mitbestimmungsmöglichkeit der Mitarbeiter zu einer besseren Identifikation mit dem Sozialkonzept.

a. Auswertung des Schulungserfolgs

Im Rahmen der Programmevaluation und der Qualitätssicherung des Präventions- und Interventionsprogramms „Glücksspielsucht und Spielerschutz" werden die Mitarbeiterschulungen zur Basis-Sensibilisierung „Glücksspielsucht und Spielerschutz" evaluiert. Die Schulungsteilnehmer werden anhand eines standardisierten Fragebogens vor und nach der Schulung (sog Prä-Post-Fragebögen) zu folgenden Inhalten anonym befragt:

- Kenntnisstand zur möglichen Gefährdung durch Glücksspielangebote,
- Kenntnisstand zur Früherkennung pathologischen Glücksspielverhaltens,
- Bekanntheit des Präventions- und Interventionskonzepts,
- Inanspruchnahme einzelner Angebote des Präventions- und Interventionskonzepts durch Gäste,
- Kenntnisse von Hilfesystem und speziellen Ansprechpartnern,
- Probleme/Schwierigkeiten in der Umsetzung des Sozialkonzepts,
- Subjektive Einschätzung der Fähigkeiten zur Früherkennung pathologischer Glücksspieler (Selbstwirksamkeit) und
- Bekanntheit der Selbst- und Fremdsperre (gesetzliche Bestimmungen).

Durch die Auswertung dieser Prä-Post-Fragebögen ist es möglich, den Wissenszuwachs der Mitarbeiter wie auch ggf Wissenslücken, die dann spätestens im Zuge der Folgeschulungen geschlossen werden, festzustellen. Aufgrund der vorliegenden Ergebnisse können insbesondere auch die internen Spielerschutzstandards weiter optimiert werden (siehe auch Abschnitt 2.1).

4. Information und Aufklärung der Gäste

Die Informationspflichten zur Bereitstellung von spielrelevanten Informationen aus dem Glücksspielstaatsvertrag und dem Gesetz über die Zulassung öffentlicher Spielbanken in Berlin setzt die SPIELBANK BERLIN umfänglich und konsequent um. Für alle in der SPIELBANK BERLIN angebotenen Glücksspiele (Automaten, Poker, Roulette und Black-Jack) stehen den Gästen leicht zugängliche und verständliche Spielinformationen zur Verfügung. Diese klären ua auf über:

- die Spielregeln,
- die Einsatzhöhen und -möglichkeiten,
- die Auszahlungsquoten und
- über die Risiken, die mit der Teilnahme an Glücksspielen verbunden sind.

Die SPIELBANK BERLIN informiert ihre Gäste zusätzlich durch einen separaten Flyer über die Gewinnwahrscheinlichkeiten der angebotenen Spiele unter dem Hinweis auf einen verantwortungsvollen Umgang mit Glücksspielen. Des Weiteren beinhaltet dieser Flyer ebenfalls Hinweise auf weiterführende Informationen auf der separat erreichbaren Spielerschutzwebseite der SPIELBANK BERLIN und auf niedrigschwellige, anonyme Beratungsmöglichkeiten durch verschiedene Hotlines wie zB der BZgA. Auch an allen Glücksspielautomaten können die spezifischen spielrelevanten Informationen auf dem Bildschirm aufgerufen werden. Im Bereich des Klassischen Spiels befinden sich die entsprechenden Hinweise auf Mindest- und Höchsteinsätze an den Spieltischen. Darüber hinaus stehen die Mitarbeiter der einzelnen Abteilungen der SPIELBANK BERLIN den Gästen persönlich als kompetente Ansprechpartner zur Verfügung. Die Spielordnung nach § 10 Abs 2 SpBG ist in den Eingangsbereichen und Spielsälen deutlich sichtbar angebracht.

4.1 Informationsmaterialien zum verantwortungsvollen Umgang mit Glücksspielen

Im Rahmen der Auswertung der ersten Gastbefragung im Jahr 2010 wurde der Bekanntheitsgrad des bereits seit 2001 ausliegenden Spielerschutzflyers erfragt. Das Ergebnis wurde von der SPIELBANK BERLIN als nicht ausreichend genug erachtet, um das Ziel der Prävention durch Information bestmöglich zu erreichen und die Gäste in einem ausreichenden Maße über die mit der Teilnahme an Glücksspielen verbundenen Suchtgefahren zu sensibilisieren (siehe auch Abschnitt IV.,1.). Als Konsequenz daraus hat die SPIELBANK BERLIN basierend auf ihrer langjährigen Spielerschutzexpertise im Jahr 2010 innovative Informationsmaterialien entwickelt, die den Gästen verhaltenspräventiv offeriert werden. Ziel dabei ist es, den Besuchern der Spielbank effektiv ausführliche Informationen bereitzustellen, die die folgenden Kriterien erfüllen und damit die Wahrnehmung und Annahme der Informationen durch die Gäste erhöhen.

4.1.1 Ableitung von Anforderungen an die Informationsmaterialien zum Thema Spielerschutz

- *Sichtbarkeit*

Die Flyer und Broschüren sind so gestaltet, dass sie von den Besuchern der Spielbank wahrgenommen werden. Das eigens entworfene Spielerschutzlogo in Form eines Ausrufezeichens findet sich auf allen Informationsmaterialien des Bereichs „Spielerschutz" und zukünftig in allen Spielerklärungen. Diese visuelle Umsetzung sorgt für Übersichtlichkeit und die klare Zuordnung der Materialien in den Bereich „Spielerschutz" sowie für einen hohen Wiedererkennungswert. Die Materialien sind hochwertig und ansprechend gestaltet. Das Thema „Spielen mit Verantwortung" wird damit bewusst in den Vordergrund gerückt. Dadurch werden die Gäste zum Lesen der Informationsmaterialien der SPIELBANK BERLIN animiert und schließlich für die mit dem Glücksspiel verbundenen Gefahren sensibilisiert.

- *Niedrigschwellige Verfügbarkeit*

Die Informationsmaterialien werden an zentralen Punkten in den Standorten der SPIELBANK BERLIN separat ausgelegt. In den Eingangsbereichen stehen alle Broschüren übersichtlich geordnet in eigenen Aufstellern den Gästen zur Verfügung. Damit wird das Thema „Spielen mit Verantwortung" bereits direkt beim Einchecken des Gastes fokussiert. Alternativ können die Besucher auf diese Materialien auch zugreifen, ohne die Spielbank betreten zu müssen. Dies gilt insbesondere für die Informationsbroschüren zur Selbst- und zur Fremdsperre, die damit jederzeit anonym mitgenommen werden können. Die Gastinformationen der SPIELBANK BERLIN liegen auch an verschiedenen Stellen in den Spielsälen aus. Zusätzlich werden in den Toilettenräumen separate Aufsteller angebracht, so dass potentiell betroffene Glücksspielern damit eine weitere Möglichkeit des anonymen Zugriffs auf diese Informationen haben. Ebenfalls werden ausgewählte Flyer an weiteren zentralen Punkten im Haus ausgelegt wie zB an den Kassen und im Garderobenbereich.

- *Verständlichkeit*

In den Texten der Informationsmaterialien wird auf eine klare Sprache ohne die Nutzung von Fachbegriffen und wissenschaftlichen Ausdrücken geachtet. So können die Kerninformationen verständlich und schnell transportiert und aufgenommen werden.

- *Themenbezogenheit*

Die Aufklärungsmaterialien informieren interessierte Besucher, betroffene Spieler und auch Angehörige von betroffenen Spielern über die Möglichkeiten der Prävention und Intervention bei problematischem oder süchtigem Glücksspielverhalten. Die SPIELBANK BERLIN stellt ihren Gästen proaktiv Informationen zum verantwortungsvollen, resp. kontrollierten Umgang mit Glücksspielen sowie gesonderte Informationen zur Selbst- und Fremdsperre zur Verfügung.

- *Mehrsprachigkeit*

Der Präventionsflyer „Spielen mit Verantwortung" einschließlich der Regeln zum verantwortungsvollen Glücksspielen steht den Gästen aktuell in englischer, türkischer, vietnamesischer, arabischer und russischer Sprache zur Verfügung, um das Ziel der Prävention auch bei nicht deutschsprachigen Gästen bestmöglich erreichen zu können. Die Spielerschutzabteilung überprüft anhand der Besucherdaten (Herkunftsländer der Besucher) in regelmäßigen Abständen, ob die Notwendigkeit besteht, den Präventionsflyer „Spielen mit Verantwortung" den Gästen der SPIELBANK BERLIN in weiteren Sprachen zur Verfügung zu stellen.

4.1.2 Beschreibung der Informationsmaterialien zum Thema Spielerschutz

a. Präventionsflyer „Spielen mit Verantwortung"

Der Flyer „Spielen mit Verantwortung" basiert auf dem Präventionsflyer „Wenn das Glück mal nachlässt"[36] aus den Anfängen des Präventions- und Interventionsprogramms „Glücksspielsucht und Spielerschutz" nach Grüsser und Albrecht (1999). Dieser informiert die Gäste der Spielbank ua über den verantwortungsvollen Umgang mit Glücksspielen und über die Gefahren der Suchtentwicklung, die mit der Teilnahme an Glücksspielen verbunden sein können. Des Weiteren beinhaltet der aktuelle Präventionsflyer „Spielen mit Verantwortung" der SPIELBANK BERLIN:

- zentral den Selbsttest zur Überprüfung des eigenen Glücksspielverhaltens,
- Regeln zum verantwortungsvollen Umgang mit Glücksspielen,
- explizite Hinweise für Angehörige von betroffenen Spielern,
- die Adressen bzw Telefonnummern des Hilfesystems sowie
- den Hinweis auf die mögliche Unterstützung durch die Spielerschutzabteilung der SPIELBANK BERLIN.

36 Grüsser, Albrecht, 2007.

b. Informationskärtchen „Wenn das Glück mal nachlässt"

Ein weiteres niedrigschwelliges Angebot für die Gäste der SPIELBANK BERLIN stellt das von der Spielerschutzabteilung bereits im Jahr 2010 entworfene Informationskärtchen „Wenn das Glück mal nachlässt" im Visitenkartenformat dar. Das Visitenkartenformat bietet va den Vorteil der unauffälligen Mitnahme durch die Gäste bzw der dezenten Weitergabe durch die Mitarbeiter der SPIELBANK BERLIN. Das Informationskärtchen „Wenn das Glück mal nachlässt" verweist übersichtlich auf die wichtigsten Kontaktdaten des regionalen Hilfesystems und die Hotlines der BZgA und das Hilfenetzwerk der Berliner Charité sowie die Telefonnummer der für den Spielerschutz zuständigen Mitarbeiter der SPIELBANK BERLIN.

c. Informationsbroschüre zur Selbstsperre

Als bisher einziger Glücksspielanbieter in Deutschland bietet die SPIELBANK BERLIN ihren Gästen eine niedrigschwellige Möglichkeit der Selbstsperre an. Die durch die Abteilung Spielerschutz der SPIELBANK BERLIN 2010 entwickelte „Informationsbroschüre zur Selbstsperre" beinhaltet einen Selbstsperrantrag und informiert kurz und verständlich über das Verfahren der Selbstsperre. Ergänzend informiert der Flyer über das regionale Hilfesystem und die Hotline des „Infotelefons Glücksspielsucht" der BZgA. Die „Informationsbroschüre zur Selbstsperre" wird sichtbar im Eingangsbereich sowie in den Spielsälen ausgelegt und bspw. in Gastgesprächen weitergegeben. Sie bietet des Weiteren allen Mitarbeitern in allen Arbeitsbereichen die Möglichkeit, Gäste im Bedarfsfall auf die umfänglich ausliegenden Anträge zur Selbstsperre hinzuweisen.

Damit wird proaktiv erreicht, dass die Gäste der SPIELBANK BERLIN die Selbstsperre als Instrument des Spielerschutzes bereits beim Check-In wahrnehmen, was in Bezug auf die Sperrpraxis einen erfolgskritischen Faktor darstellt (Meyer & Hayer, 2010). Darüber hinaus wird Gästen, die sich mit dem Gedanken einer Spielersperre beschäftigen, die Entscheidung für eine Selbstsperre erleichtert. Die potentiell vorhandene Hemmschwelle für einen Spieler, sich an einen Mitarbeiter der Spielbank mit Bitte um einen Selbstsperrantrag zu wenden, wird durch dieses niedrigschwellige Angebot der SPIELBANK BERLIN abgesenkt.

d. Notfallkärtchen

Die neutral, dh ohne SPIELBANK BERLIN-Logo oder entsprechende Assoziationen gestalteten Notfallkärtchen sind aus der suchttherapeutischen Rückfallprophylaxe entlehnt und haben wie das Informationskärtchen „Wenn das Glück mal nachlässt" das leicht handhabbare Visitenkartenformat. Sie bieten dem abstinenzmotivierten betroffenen, ggf gesperrten Spieler die Möglichkeit, diese in rückfallriskanten Situationen als visualisierte, positive Bewältigungsstrategie („Spieldruck") nutzen zu können[37]. Die Notfallkärtchen werden betroffenen Gästen von den Spielerschutzbeauftragten oder einem Mitglied des Kernteams Spielerschutz, insbesondere nach Gesprächen, in denen sich der Gast für eine Selbstsperre entscheidet, erläutert und überreicht.

Damit verdeutlicht die SPIELBANK BERLIN gemäß dem in ihrem Unternehmensleitbild verankerten Spielerschutz, dass sie den Abstinenzvorsatz sowie die Abstinenzumsetzung der betroffenen Spieler mit allen Mitteln unterstützt – die SPIELBANK BERLIN hat kein Interesse an süchtigen Spielern.

37 Siehe auch Grüsser, Albrecht, 2007.

e. Informationsbroschüre zur Fremdsperre
Die Möglichkeit der Fremdsperre ist ein wichtiges Element des aktiven Spielerschutzes. Da unter den negativen psychosozialen Folgen problematischen bzw süchtigen Glücksspielverhaltens auch das persönliche Umfeld, insbesondere die Angehörigen des betroffenen Spielers leiden,[38, 39] ist die Fremdsperre für die SPIELBANK BERLIN ein wichtiges Instrument, um in einem ersten Schritt weitere schwerwiegende, va finanzielle Folgen abzuwenden. Da die Möglichkeit und Verfahrensweise einer Fremdsperre in der Allgemeinbevölkerung wenig bekannt sind, hält es die SPIELBANK BERLIN für notwendig, insb den Angehörigen von gefährdeten oder süchtigen Glücksspielern eine ausführliche und leicht verständliche Information dazu zur Verfügung zu stellen. Die Broschüre zur Fremdsperre beinhaltet den Antrag auf Fremdsperre, erläutert den Ablauf des Verfahrens und empfiehlt vor allem auch die professionelle Unterstützung durch das Suchthilfesystem.

4.2 Die Spielerschutzwebseite

Die SPIELBANK BERLIN stellt auf der eigens im Jahr 2010 eingerichteten Spielerschutzwebseite *www.spielerschutz-berlin.org* ausführliche Informationen aus dem Bereich „Spielerschutz" zur Verfügung. An dem Thema „Glücksspielsucht und Spielerschutz" Interessierte, betroffene Glücksspieler und Angehörige von Glücksspielern finden auf diesen Spielerschutzseiten ausführliche Informationen zB über die Möglichkeiten, die Bedeutung und den Ablauf der Selbst- und Fremdsperre sowie das Verfahren zur Aufhebung einer Spielersperre. Des Weiteren finden sich auf der Spielerschutzwebseite der SPIELBANK BERLIN:

- Tipps für den verantwortungsvollen Umgang mit dem Glücksspiel,
- Informationen über die Entstehung und Folgen der Glücksspielsucht,
- Informationen für Angehörige zum Thema Glücksspielsucht,
- Informationen zu den Sperrmöglichkeiten,
- Download des Selbstsperrantrags,
- Verweis auf den Hilfebedarf und die Einrichtungen des Suchthilfesystems mit entsprechender Verlinkung und
- Downloads des mehrsprachigen Präventionsflyers „Spielen mit Verantwortung" einschl. Selbsttest zur Überprüfung des eigenen Glücksspielverhaltens.

Zudem wird auf der Homepage *spielerschutz-berlin.org* auf die unterschiedlichen Möglichkeiten der Kontaktaufnahme mit den Spielerschutzbeauftragten der SPIELBANK BERLIN hingewiesen.

4.3 Erstbesucherinformation

Besucher, die zum ersten Mal Gast der SPIELBANK BERLIN sind, erhalten nach der Erfassung ihrer Daten am Eintrittscounter zusammen mit ihrer Eintrittskarte eine sogenannte Erstbesucherinformation. Diese soll den Gast auf dezente und spielerische Art und Weise für das Suchtrisiko, das mit der Teilnahme an Glücksspielen verbunden ist, sensibilisieren. Diese Information erhält der Gast zusammen mit weiteren Informationen über die SPIELBANK BERLIN wie bspw. einen Lageplan, Hinweise auf Gastronomiespecials oder Sonderevents. Damit wird die potentiell präventiv wirksame Chance genutzt, den Besucher darüber aufzuklären, dass das Risiko beim Glücksspiel sowohl dessen Vergnügen als auch dessen Suchtpotential bedingt und daher nur mit einem kontrollierten,

38 Albrecht, 2006.
39 Grüsser, Albrecht, 2007.

verantwortungsvollem Glücksspielverhalten die Freude und Anregung des Glücksspiels erhalten bleiben.[40]

4.4 Informationstag Glücksspielsucht

Jährlich findet jeweils am letzten Mittwoch im September der „Aktionstag gegen Glücksspielsucht" statt, an dem bundesweit zahlreiche Aktionen und Veranstaltungen stattfinden. Die SPIELBANK BERLIN beteiligt sich regelmäßig daran, in dem bspw. an diesem Tag an allen Standorten Informationsmaterialien des lokalen Suchthilfesystems ausgelegt oder lokale Kampagnen zur Glücksspielsuchtprävention unterstützt werden. Die Gestaltung dieses speziellen Präventionstages plant die Spielerschutzabteilung der SPIELBANK BERLIN langfristig in Absprache mit den Suchthilfeeinrichtungen, die sich und ihr Angebot vorstellen möchten. Das Thema Glücksspielsucht bzw Glücksspielsuchtprävention wird an diesem Tag in der SPIELBANK BERLIN noch stärker in den Mittelpunkt gestellt, um die Gäste für dieses Thema zu sensibilisieren und auf die vielfältigen Möglichkeiten der Unterstützung im professionellen Suchthilfesystem hinzuweisen.

4.5 Informationen zum Suchthilfesystem

Die Spielerschutzabteilung hält unterschiedliche Informationen zum lokalen wie bundesweiten Suchthilfesystem bereit. Zusätzlich zu den auf den ausliegenden Informationsmaterialien (Präventionsflyer, Informationskärtchen) genannten Suchthilfeeinrichtungen informiert die SPIELBANK BERLIN über weitere Einrichtungen des regionalen Suchthilfesystems (siehe auch Abschnitt 1.3). Darüber hinaus wird auf allen Informationsmaterialien der SPIELBANK BERLIN auf die bundesweit bekannte kostenlose Hotline der Bundeszentrale für gesundheitliche Aufklärung hingewiesen.

5. Gewährleistung des Jugendschutzes

Die SPIELBANK BERLIN setzt die Gewährleistung des Jugendschutzes als gleichrangiges Ziel des Glücksspielstaatsvertrags (§ 1 Nr 3; § 4 Abs 3) durch folgende Maßnahmen um:

- Das Glücksspielangebot der SPIELBANK BERLIN richtet sich ausschließlich an volljährige Personen. Der Zutritt kann erst nach Überprüfung des vorzulegenden amtlichen Lichtbildausweises erfolgen. Im Rahmen der Datenerfassung beim Check-In überprüfen die Mitarbeiter der SPIELBANK BERLIN, ob die betreffende Person volljährig ist. Personen, die das 18. Lebensjahr noch nicht vollendet haben, wird der Zutritt verweigert. Die Rezeptionsmitarbeiter weisen darauf hin, dass die Teilnahme an Glücksspielen erst nach der Erreichung der Volljährigkeit gestattet ist.
- Die Werbemaßnahmen der SPIELBANK BERLIN richten sich nicht an Jugendliche. Bei der Gestaltung der Werbung werden die gesetzlichen Vorgaben (Glücksspielstaatsvertrag, Werberichtlinien) eingehalten. Es werden keine Motive und Slogans verwendet, die von Jugendlichen als Aufforderung zum Glücksspiel wahrgenommen werden könnten.
- Die Spielerschutzabteilung der SPIELBANK BERLIN wird vor Veröffentlichung einer geplanten Werbemaßnahme informiert und hat die Möglichkeit, diese im Sinne des Jugendschutzes zu überprüfen.
- Die Sonderveranstaltungen mit Sachpreisausspielungen, auf denen sich die SPIELBANK BERLIN präsentiert, resp. für die dieses Angebot der Spielbank gebucht wird („Casino on Tour"), sind Veranstaltungen, zu denen Minderjährige oder Jugendliche idR keinen Zutritt haben. Es

40 Siehe auch Grüsser, Albrecht, 2007.

ist den Mitarbeitern zudem untersagt, Kinder und Jugendliche zu den Demospielen zuzulassen. Dies gilt selbstverständlich auch für Minderjährige in Begleitung ihrer Eltern. Die Mitarbeiter kennen die gesetzlichen Bestimmungen zum Jugendschutz und setzen diese umfänglich um.

- Die SPIELBANK BERLIN weist mit dem Suchtabbinder auf Printmedien und auf ihrer Internetseite auf das Mindestalter zur Teilnahme an Glücksspielen und die mit dem Glücksspiel verbundenen Gefahren hin.

6. Tätigkeitsbericht

Der Zulassungsbehörde wird alle zwei Jahre ein ausführlicher Tätigkeitsbericht der SPIELBANK BERLIN vorgelegt. Diesen Bericht erstellt der Sozialkonzeptbeauftragte. Inhalte dieses Berichtes sind auszugsweise:

- Ergebnisse der Gästebefragung,
- Evaluierungsergebnisse der Mitarbeiterschulungen,
- Nutzung der Informationsmaterialien,
- Nutzungsdaten der Spielerschutzwebseite,
- Anzahl der geführten Gastgespräche,
- Sperrstatistik,
- Aufhebungen von Spielersperren, Anzahl der Anträge,
- Erfolgte Schulungsmaßnahmen,
- Umsetzung neuer Forschungsergebnisse und
- Veränderungen interner Abläufe.

Die Berichterstattung an die Zulassungsbehörde stellt gleichzeitig die Evaluierung des Sozialkonzepts der SPIELBANK BERLIN dar. Alle Präventions- und Interventionsmaßnahmen des Spielerschutzes werden regelmäßig auf ihre Wirksamkeit überprüft und entsprechend verbessert sowie ggf an neue Forschungsergebnisse in den Bereichen Prävention und Intervention bei süchtigem Glücksspielverhalten angepasst. Die Auswertung der Sperrstatistik entspricht hierbei insbesondere der vorgegebenen Erhebung von Daten über die Auswirkungen der angebotenen Glücksspiele gemäß den „Richtlinien zur Vermeidung und Bekämpfung von Glücksspielsucht“.

Die Sperrstatistik, die initial von der SPIELBANK BERLIN im Jahr 2010 entwickelt wurde, erfasst ua:

1. die soziodemografischen Daten,
2. die gewählte Antragsform (zB Onlineformular, formloses Anschreiben, Fremdformular, Übermittlung des Antrages über eine Einrichtung des Suchthilfesystems),
3. die Art der Sperre (Selbstsperre, Fremdsperre-Extern oder Fremdsperre-Intern),
4. die bevorzugte Glücksspielform,
5. die angegebenen Sperrgründe,
6. die Besuchsfrequenz in einem festgelegten Zeitraum vor der Sperre,
7. den Zeitpunkt der Abgabe des Selbstsperrantrages (zB „direkt nach dem Besuch“),
8. den Kontakt mit den Spielerschutzbeauftragten vor der Sperre,
9. den Kontakt zum Hilfesystem vor der Sperre,
10. den Wunsch auf Informationen zum Hilfesystem nach der Sperre,
11. den Angehörigenkontakt,
12. die Gespräche mit den Spielerschutzbeauftragten nach der Sperre und
13. die Kontakte zum Hilfesystem nach der Sperre

Bereits seit 2010 übermittelt die SPIELBANK BERLIN vierteljährlich eine genaue Auflistung der Sperrvorgänge und Aufhebungsverfahren nach § 8 Abs 2 und Abs 5 GlüStV an die Aufsichtsbehör-

de.[41,42,43] Die von der SPIELBANK BERLIN erfassten GlüStV-relevanten Sperr- und Aufhebungsvorgänge geben einen detaillierten Überblick über die Anzahl:
1. der eingegangenen Anträge auf Selbstsperre (Initialvorgang),
2. der geführten Fremdsperrverfahren-Extern, dh nach Antrag Dritter,
3. der geführten Fremdsperrverfahren-Intern, dh nach Mitarbeiterhinweisen,
4. der verfügten Selbstsperren (Initialvorgang),
5. der verfügten Selbstsperren im Rahmen von Fremdsperrverfahren,
6. der verfügten Fremdsperren-Extern, dh nach Antrag Dritter,
7. der verfügten Fremdsperren-Intern, dh nach Mitarbeiterhinweisen,
8. der Anträge auf Aufhebung nach Selbstsperre,
9. der Anträge auf Aufhebung nach Fremdsperre-Extern,
10. der Anträge auf Aufhebung nach Fremdsperre-Intern,
11. der Sperraufhebungen von Selbstsperren,
12. der Sperraufhebung von Fremdsperren-Extern und
13. der Sperraufhebung von Fremdsperren-Intern.

Die Erweiterung der ursprünglich vorgesehenen Erfassung der GlüStV-relevanten Sperr- und Aufhebungsverfahren um die Punkte 2, 3, 5, 8, 9 und 10 war für die SPIELBANK BERLIN notwendig, um eine genaue Aussage über den verantwortungsvollen Umgang mit den gesetzlichen Vorgaben – insb nach §8 GlüStV – zum Spielerschutz treffen zu können. Im Rahmen des Anhörungsverfahrens zur Fremdsperre hat die betreffende Person auch die Möglichkeit, sich für eine Selbstsperre zu entscheiden. Da diese dann gewählte Form der Sperre als Selbstsperre in die Sperrdatei eingetragen wird und nicht als Fremdsperre erkennbar ist, wird der Initialvorgang (Fremdsperre-Extern oder Fremdsperre-Intern) zusätzlich erfasst. Damit wird – zumindest in der weitergeleiteten Sperrstatistik der SPIELBANK BERLIN – eindeutig abgebildet, wie viele Fremdsperrverfahren tatsächlich – insbesondere nach Mitarbeiterhinweisen – geführt worden sind. Ebenso schien eine Angabe der eingegangenen Anträge auf Aufhebung einer Spielersperre zwingend notwendig zu sein, um das Verhältnis zu den nach Antrag aufgehobenen Spielersperren zu verdeutlichen.

IV. Weiterentwicklung des Sozialkonzeptes

Die SPIELBANK BERLIN ist der festen Überzeugung, dass ein an Spielerschutzaspekten ausgerichtetes Sozialkonzept regelmäßig in Hinsicht auf die Wirksamkeit der getroffenen Maßnahmen zur Erfüllung des gesetzlichen Auftrags wie auch eigenen Anspruchs an das Anbieten sozialverträglichen Glücksspiels evaluiert und stetig weiterentwickelt werden muss.

Für die Weiterentwicklung des Sozialkonzeptes sind ua die folgenden Punkte relevant:
- Umsetzung der internen Spielerschutzmaßnahmen (Anzahl der Meldungen),
- Auswertungen der Mitarbeiterschulungen,
- Ergebnisse von Gastbefragungen,

41 Meyer, G. (2012). Glücksspiel – Zahlen und Fakten. In: Deutsche Hauptstelle für Suchtfragen (Hrsg): Jahrbuch Sucht 12, pp 125–143. Lengerich: Pabst.
42 Fiedler, I. (2014). Evaluierung des Sperrsystems in deutschen Spielbanken. Hamburg: Universität Hamburg.
43 Meyer, G. (2015). Glücksspiel – Zahlen und Fakten. In: Deutsche Hauptstelle für Suchtfragen (Hrsg): Jahrbuch Sucht 15, pp 140–155. Lengerich: Pabst.

- Feedback aus dem Suchthilfesystem und
- Überprüfung der standardisierten Abläufe im Rahmen der (Früh-)Intervention.

Ein weiterer Fokus liegt auf der Überprüfung und ggf notwendigen Anpassung der im Sozialkonzept benannten Spielerschutzmaßnahmen an neue Forschungsergebnisse in den Bereichen Prävention und Intervention bei Glücksspielsucht.

1. Gastbefragung

Die SPIELBANK BERLIN führt auf Initiative ihrer Spielerschutzabteilung seit dem Jahr 2010 regelmäßig *Gastbefragungen* an allen ihren Standorten durch (zukünftig voraussichtlich in einem Intervall von 2 Jahren). Das Ziel dieser Umfrage ist es, den Wissensstand der Besucher der SPIELBANK BERLIN ua zu folgenden Themen in Erfahrung zu bringen:

- Glücksspielsucht,
- Kenntnisse der Spielerschutzmaßnahmen der SPIELBANK BERLIN,
- Inanspruchnahme von Informationsangeboten über Glücksspielsucht,
- Inanspruchnahme von Angeboten der Suchthilfe,
- Inanspruchnahme der Informationsmaterialien der SPIELBANK BERLIN,
- Bewertung der Informationsmaterialien der SPIELBANK BERLIN,
- Bewertung der Selbst- und Fremdsperrmöglichkeiten,
- Besuchshäufigkeit und
- Einsatzhöhe.

Nach der Auswertung der Befragung ist es möglich, Verbesserungsbedarf bei der Umsetzung aller internen Spielerschutzmaßnahmen, bezogen auf die soziodemografischen Merkmale der Besucher, zu identifizieren und anzupassen. Das ist eine weitere, wesentliche Voraussetzung für die Weiterentwicklung des Sozialkonzeptes der SPIELBANK BERLIN.

2. Wissenschaftliche Begleitung und Evaluierung

Des Weiteren verfügt die SPIELBANK BERLIN über langjährige Kooperationserfahrung mit wissenschaftlichen Einrichtungen und klinischen Experten, insb zur Evaluation der Spielerschutzmaßnahmen. Die wissenschaftliche Begleitung und Evaluierung aller im Sozialkonzept benannten Spielerschutzmaßnahmen stellt für die SPIELBANK BERLIN eine Möglichkeit zur regelmäßigen Überprüfung und Weiterentwicklung dieser Maßnahmen für eine erfolgreiche Umsetzung im Sinne eines erfolgreichen Spielerschutzes sowie für die Erfüllung des gesetzlichen Auftrags gemäß den Richtlinien zur Vermeidung und Bekämpfung von Glücksspielsucht (der Datenerhebung über die Auswirkung der angebotenen Glücksspiele) in Verbindung mit § 2 Absatz 3 Ausführungsgesetz zum Glücksspielstaatsvertrag dar. Dies kann nur gelingen, wenn eine expertengeleitete Auswertung aller, von der SPIELBANK BERLIN zur Verfügung gestellten Daten wissenschaftlich fundiert und unter datenschutzrechtlichen Bedingungen erfolgt.

Darüber hinaus unterstützt die SPIELBANK BERLIN seit Jahren mit aller Neutralität Forschungsvorhaben wie zB seit 2001 die für die Anerkennung des pathologischen Glücksspielverhaltens als Abhängigkeitserkrankung in Deutschland richtungsweisenden Forschungsarbeiten der damaligen Interdisziplinären Suchtforschungsgruppe Berlin (ISFB) an der Charité – Universitätsmedizin Berlin unter der Leitung von Univ.-Prof. Dr. Sabine Grüsser-Sinopoli, Dr. Klaus Wölfling (Projektgruppe Sucht) und Dr. Ulrike Albrecht-Sonnenschein (Projektgruppe Verhaltenssucht) zum Thema „Klassische Konditionierung und Suchtgedächtnis“ sowie die Studien:

- „Selbstheilung bei pathologischen Glücksspielern" des ISD Hamburg
- „Charakteristika und Entwicklung gesperrter Glücksspieler aus dem Sperrsystem deutscher Spielbanken" (08/2015 bis 01/2017) der Technischen Universität Dresden.

Die SPIELBANK BERLIN entwickelt seit mehr als 15 Jahren kontinuierlich ihr Sozialkonzept weiter, das auf Basis mittlerweile gesetzlicher Vorgaben und unter Einbindung der Expertise von Mitarbeitern, Forschung und Hilfesystem das Ziel verfolgt, das Entstehen einer Glücksspielsucht zu vermeiden. Damit wird deutlich, dass dieses Spielerschutzkonzept, das auf dem Präventions- und Interventionsprogramm „Glücksspielsucht und Spielerschutz" von Grüsser und Albrecht (1999) beruht, nach Auffassung der SPIELBANK BERLIN einen fortlaufenden Prozess darstellt, der eine Gefährdung der Gäste bei der Nutzung des Glücksspielangebotes bestmöglich verhindern soll und damit weitere verhaltens- wie auch verhältnispräventive Maßnahmen auf anderen Ebenen effektiv unterstützt. Dass sich dabei oftmals theoretische Vorgaben an praktischen Gegebenheiten reiben, wird von der SPIELBANK BERLIN als stetige Herausforderung angesehen, damit sich auch in Zukunft wirtschaftlicher Erfolg und gesellschaftliche Verantwortung nicht ausschließen.

Epilog (Dr. Ulrike Albrecht-Sonnenschein)

Das politisch wie fachlich anerkannte Spielerschutzkonzept nach Grüsser und Albrecht (1999) hat sich mittlerweile auch bei verschiedensten Glücksspielanbietern als Standard durchgesetzt.

Voraussetzung für gelingende Präventions- bzw Frühinterventionsmaßnahmen auf der Anbieterseite sind insbesondere für *alle* Glücksspielanbieter verbindlich geregelte Spieler- und Jugendschutzmaßnahmen[44] im Sinne eines umfassenden, bundeseinheitlichen und **glücksspielsegmentübergreifenden**, klinisch wie praktisch begründeten **Schutzstandard**[45] im Rahmen eines kontrollierbaren, begrenzten, legalen Glücksspielangebotes.

Der im Jahr 2008 in Kraft getretene Glücksspielstaatsvertrag regelte solche Maßnahmen zunächst für den Spielbanken- und Lotteriebereich, der seit 2012 bestehende Glücksspieländerungsstaatsvertrag zusätzlich für Spielhallen mit Geld- oder Warenspielgeräten sowie durch eine sogenannte Experimentierklausel für Sportwetten. Darüber hinaus versuchen die Bundesländer in entsprechenden Landesgesetzen den Glücksspielmarkt unter Spieler- und Jugendschutzaspekten zu regulieren. Vor dem Hintergrund des immer stärker wachsenden Glücksspielmarktes sind diese Maßnahmen um so dringlicher. Dies gilt in besonderem Maße für die allgegenwärtigen Glücksspielangebote im Internet und insbesondere auch für die internetbasierenden Glücksspiele, die via Smartphones und Tablets vertrieben werden. In diesem Zusammenhang ist kritisch anzumerken, dass dieser Bereich formalgesetzlich in Deutschland zwar verboten ist, das Verbot aber offensichtlich mangels hinreichender Vollzugsmaßnahmen nicht wirksam umgesetzt werden kann. Um aber Spieler- wie Jugendschutzkonzepte wirksam anwendbar zu machen, wäre eine sachgerechte Regulierung auch dieses Bereiches dringend geboten (siehe auch §32, Abschnitt V).

Aus der diagnostischen Neuordnung des pathologischen Glücksspiels als Verhaltenssucht einschließlich der eingeführten Differenzierung der Schweregerade und Verläufe im DSM-5 und aus den im Februar 2015 von der Deutschen Gesellschaft für Psychiatrie und Psychotherapie, Psychosomatik und Nervenheilkunde (DGPPN) vorgestellten S3-Leitlinien zur Verbesserung der Behand-

---

44 Grüsser, S.M., Albrecht, U., Backmund, M. (2006). Glücksspiele: Spieler- und Jugendschutzmaßnahmen. Suchtmedizin in Forschung und Praxis, 8, 145–149.

45 *Albrecht-Sonnenschein, U.* (2014). Da ist viel gewachsen. games & business, S 28–29

lung von Alkohol- und Tabakabhängigen[46] könnten sich interessante Impulse für die Regulierung des Glücksspielmarktes unter Spielerschutzaspekten wie bspw. die Einführung von strikt reglementierten und über alle Glücksspielsegmente überwachten Möglichkeiten zu temporären Zugangsbeschränkungen bzw Selbstlimitierungen als wirksame Selbstkontrollstrategien ergeben.[47, 48]

Die aktuellen S3-Leitlinien definieren Behandlungsstandards für die beiden schwerwiegendsten Suchterkrankungen in Deutschland – die Alkohol- und Tabakabhängigkeit. Entsprechende Behandlungs- und Frühinterventionsangebote kommen bei den Betroffenen jedoch zu wenig an, so dass die neue Behandlungsleitlinie „Alkohol" in Übereinstimmung mit internationalen Therapieleitlinien empfiehlt, auch die Reduktion der Trinkmenge als intermediäres Therapieziel für (noch) nicht abstinenzbereite Alkoholabhängige anzuerkennen.[49]

Da auch Glücksspielsüchtige bzw exzessive Glücksspieler nur in geringem Maße professionelle Hilfsangebote zur Behandlung und Frühintervention nutzen[50], könnte analog zu den aktuellen Behandlungsstandards der Alkoholabhängigkeit eine Reduktion des Glücksspielverhaltens bspw im Rahmen von „Besuchs- bzw Sperrvereinbarungen" als intermediäres Therapieziel für ambivalente, (noch) nicht abstinenzbereite Glücksspielsüchtige bzw problematische Glücksspieler anerkannt werden. Die damit verbundene Senkung der Eingangsschwellen könnte nicht nur deutlich mehr Betroffene in eine Beratung und Behandlung führen, sondern eine solche Verhaltensänderung vor allem auch frühzeitiger initiieren.

Solche „Besuchs- bzw Sperrvereinbarungen" wären ergänzend zu der nach Glücksspielstaatsvertrag geforderten Spielersperre – die idealerweise in einem **segmentübergreifenden Sperrsystem** dann unter Vermeidung von Ausweichverhalten auf andere, ggf unregulierte Glücksspielbereiche (und damit für Präventions- wie Interventionsmaßnahmen verschlossene Bereiche) ihre volle Wirksamkeit entfalten würde - flexible Instrumente des Spielerschutzes. In der heutigen Sperrpraxis wird die Spielersperre von den betroffenen Spielern größtenteils als alleinig wirksames, pseudo-therapeutisches Mittel ohne weitere Eigenaktivität zur Wiederherstellung der Handlungskontrolle bzw Umsetzung der Glücksspielabstinenz verstanden[51, 52] und ohne konkrete Anbindung an das Hilfesystem umgesetzt. Sie ebnet damit größtenteils nicht, wie von Blaszczynski und Kollegen (2007) in einem universellen Selbstsperr-Modell angenommen, den Weg in das Suchthilfesystem und vergibt damit teilweise auch die Chance auf eine (dauerhafte) Stabilisierung der Glücksspielabstinenz des betroffenen Spielers. **Temporäre Zugangsbeschränkungen** bzw flexible **Sperrvereinbarung** und andere **Limitierungsinstrumente**[53] könnten alternativ insb für Glücks-

46 *Mann, K., Batra, A.* (2015) Neue Leitlinien definieren Behandlungsstandards. Psyche im Fokus, S. 26–27.

47 siehe auch *Cunningham, J.A., Hodgins, D.C., Toneatto, T.* (2009). Natural history of gambling problems: results from a general population survey. SUCHT – Zeitschrift für Wissenschaft und Praxis, 55, 98–103.

48 *Toneatto, T., Cunningham, J., Hodgins, D., Adams, M., Turner, N., Koski-Jannes, A.* (2008). Recovery from problem gabling without formal treatment. Addiction Research & Theaoty, 16, 111–120.

49 Mann, Batra, 2015

50 Meyer, C. et al., 2011

51 *siehe auch* Ladouceur, R., Jaques, C., Giroux, I., Ferland, F., Leblond, J. (2000). Analysis of a casino´s self-exclusion program. Journal of Gambling Studies, 16, 453–460.

52 Meyer, G. Hayer, T. (2010). Die Effektivität der Spielsperre als Maßnahme des Spielerschutzes – Eine empirische Untersuchung von gesperrten Spielern. Frankfurt/M.: Peter Lang.

53 Auer, M. & Griffiths, M.D. (2013). Voluntary limit setting and player choice in most intense online gamblers. an empirical study of gambling behaviour. Journalof Gambling Studies, 29, 647–660.

spieler mit einem geringerem Ausmaß der Glücksspielprobleme wie auch damit zusammenhängender negativer Folgeerscheinungen und psychischer Belastungen deren Selbstkontrolle und Eigenverantwortung erhöhen und ggf sogar eine Remission ermöglichen.[54]

Dies würde zwingend voraussetzen, dass die Glücksspielanbieter in ihren Unternehmensgrundsätzen das immanente Suchtpotenzial von Glücksspielen anerkennen und sich zum verantwortungsvollen Umgang mit diesem besonderen Wirtschaftsgut bekennen. Die Glücksspielanbieter müssten in diesem Kontext ua über ein über alle Hierarchiestufen gut qualifiziertes Personal mit Sach- und Handlungswissen zum Thema Spielerschutz bei gleichzeitiger Vermeidung von Rollenkonfusionen verfügen. Diese Mitarbeiter könnten betroffenen Spielern, zumal auf Basis ihrer oftmals beziehungsstiftenden Interaktion mit dem Gast, in Kooperation mit dem sich gemäß aktueller **S3-Behandlungsleitlinien** öffnenden professionellen System der Suchthilfe wie auch Schuldnerberatung neben der Spielersperre - als schadensminimierende Interventionsmaßnahme für vor allem pathologische Glücksspieler - individuell differenzierte, einheitlich standardisierte, konsequent dokumentierte und wissenschaftlich evaluierte Interventionsstrategien anbieten, die schließlich eine frühe Anbindung an das Hilfesystem mit seinen verschiedenen Unterstützungsangeboten ermöglichen.

54 *siehe auch* Kalke, J. & Buth, S. (2016). Selbstheilung bei pathologischen Glücksspielern: Die Bedeutung suchtunspezifischer Hilfen und persönlicher Vermeidungsstrategien. Suchttherapie. DOI 10.1055/s-0042-103067.

Anlage 1: Checkliste „Mitarbeiterbeobachtung“

Mitarbeiterbeobachtung

Name des Gastes: Datum:

Automatenspiel ☐ Klassisches Spiel ☐ Poker ☐ unbekannt ☐

(Bitte geben Sie nur Ihre eigene Wahrnehmung wieder)

Der Gast...

1.	spielt häufiger als in der Vergangenheit	☐
2.	spielt länger als in der Vergangenheit	☐
3.	spielt risikoreicher (setzt immer mehr Geld ein)	☐
4.	bespielt mehrere Tische oder Automaten	☐
5.	hält sich vor Gewinnentscheid Augen oder Ohren zu, deckt den Bildschirm ab	☐
6.	spielt bis zum letzten Cent	☐
7.	kommt im Vergleich zu früher allein, ohne Angehörige oder Freunde	☐
8.	klagt über seine Verluste	☐
9.	macht den Croupier oder den Automaten für seine Verluste verantwortlich	☐
10.	zeigt aggressives Verhalten (schlägt auf den Automaten ein, beleidigt die Angestellten...)	☐
11.	hat eine besondere Beziehung zu seinem Automaten (streicheln, sprechen)	☐
12.	steigert sich nach Gewinn oder Verlust noch mehr in das Spielverhalten hinein	☐
13.	„pumpt“ andere Gäste an ☐ fragt nach einem Reisedarlehen ☐	☐
14.	gibt anderen Gästen „Tipps“ und erhofft Belohnung, zockt trocken	☐
15.	beschäftigt sich zwanghaft mit Zahlenkombinationen, Gewinnsystemen...	☐
16.	wirkt zunehmend trauriger ☐ und/oder gereizter ☐	☐
17.	vernachlässigt seine physiologischen Grundbedürfnisse	☐
18.	wirkt zunehmend verwahrloster (gleiche Kleidung, mangelnde Körperpflege...)	☐
19.	reagiert kaum auf seine Umgebung („hypnotisiert“)	☐
20.	spielt fast ununterbrochen	☐
21.	versucht seine Verluste „zurückzuholen“	☐

Sonstige Anmerkungen (persönlicher Eindruck, konkreter Vorfall):

Name des Mitarbeiters:

Rezeption ☐ Kasse ☐ Automatenspiel ☐ Klassisches Spiel ☐

Poker ☐ Service/Gastronomie ☐

Mitarbeiterbeobachtung (nach Grüsser & Albrecht 2007) zur direkten Weiterleitung an die Spielerschutzabteilung

SPIELBANK BERLIN – AM POTSDAMER PLATZ –

Anlage 2: Checkliste „Mitarbeitermeldung"

Mitarbeitermeldung *(Akutkriterien)*

Name des Gastes: Datum:

Automatenspiel ☐ Klassisches Spiel ☐ Poker ☐ unbekannt ☐
(bevorzugtes Spiel)

Der Gast äußert…

1. überschuldet zu sein ☐
2. über seine finanziellen Verhältnisse zu spielen ☐
3. seinen finanziellen Verpflichtungen nicht mehr nachkommen zu können ☐
4. keine Kontrolle mehr über sein Spielverhalten zu haben ☐
5. sich sperren lassen zu wollen ☐
6. Der Gast lässt seine Kinder/Haustiere bspw. vor der Tür warten (Vernachlässigung) ☐

7. Der Gast ist verzweifelt (weint, schreit) ! KRISENINTERVENTION ! ☐

8. Der Gast hat Selbstmordgedanken geäußert ! KRISENINTERVENTION ! ☐

Sonstige Anmerkungen:

(z.B. Mietschulden, leerer Kühlschrank, etc…)

Persönlicher Eindruck:

Name des Mitarbeiters:

Rezeption ☐ Kasse ☐ Automatenspiel ☐ Klassisches Spiel ☐
Poker ☐ Service/Gastronomie ☐

Mitarbeitermeldung (modifiziert nach Grüsser & Albrecht, 2007) zur unverzüglichen Weiterleitung an die Spielerschutzabteilung

SPIELBANK BERLIN
AM POTSDAMER PLATZ

A.2 Literaturverzeichnisse[1]

§ 4 Struktur und ökonomische Beurteilung des Sportwettenmarktes in Deutschland (*Albers/Rebeggiani*)

Albers, N. (2008) Struktur und ökonomische Beurteilung des Sportwettenmarktes in Deutschland, in Gebhardt, I./Grüsser-Sinopoli, S. (Hrsg) Glücksspiel in Deutschland. Ökonomie, Recht, Sucht. Berlin: De Gruyter Recht. 1. Auflage.

Albers, N. (2011) Grundzüge der Besteuerung von Sportwetten aus Sicht der Praxis, MPRA Paper Nr 36449.

Albers, N./Böhm, D./Rebeggiani, L. (2016) Ereigniswetten im Visier der Rechtsordnung, Zeitschrift für Wett- und Glücksspielrecht Vol 11 (1), S 13–19.

Auer, B./Rottmann, H. (2015) Statistik und Ökonometrie für Wirtschaftswissenschaftler: Eine anwendungsorientierte Einführung, Wiesbaden.

Bahr, M. (2005) Glücks- und Gewinnspielrecht, Berlin.

Becker, T./Barth, D. (2012) Der deutsche Glücksspielmarkt: Eine Schätzung des nicht staatlich regulierten Marktvolumens, Newsletter 02/2012 der Forschungsstelle Glücksspiel der Universität Hohenheim.

Berberich, B. (2014) GlüStV §§ 24–26, in Streinz, R./Liesching, M./Hambach, W. (Hrsg) Glücks- und Gewinnspielrecht in den Medien, München.

Bolay, S./Pfütze, A. (2014) GlüStV § 4, in Streinz, R./Liesching, M./Hambach, W. (Hrsg), Glücks- und Gewinnspielrecht in den Medien, München.

Bundesministerium der Finanzen (BMF) (2017) Zusammenstellung der Ländersteuern im Kalenderjahr 2016 nach Ländern.

Bundesministerium der Finanzen (BMF) (2016) Bericht der Bundesregierung in Abstimmung mit den obersten Finanzbehörden der Länder über die Wirkungen der Neuregelungen des Gesetzes zur Besteuerung von Sportwetten, vom 15. März 2016, Deutscher Bundestag, Finanzausschuss, Drs 18(7) – 289 vom 22. März 2016.

Bundeszentrale für gesundheitliche Aufklärung (BZgA) (2010) Glücksspielverhalten in Deutschland 2007 und 2009, Ergebnisse aus zwei repräsentativen Bevölkerungsbefragungen, Ergebnisbericht, 2. Fassung, Köln.

Bundeszentrale für gesundheitliche Aufklärung (BZgA) (2016) Glücksspielverhalten und Glücksspielsucht in Deutschland. Ergebnisse des Surveys 2015 und Trends.

Commission of the European Communities (Hrsg) (1991) Gambling in the Single Market – A Study of the Current Legal and Market Situation, Volume I–III, Luxembourg.

Daumann, F./Breuer, M. (2008) Zur Neuordnung des Lotteriemarktes in Deutschland, in *ORDO* Vol 59, S 3–28.

Deutscher Sportwettenverband (DSWV) (2016), Auswahl von 500 Sportwettangeboten in Deutschland im Internet, Berlin, unveröffentlicht.

EU-Kommission (2011), 128. Grünbuch, Online-Glücksspiele im Binnenmarkt, Brüssel.

Farrell, L. (2008) When Welfare Economics and Gambling Studies Collide, in Viren, M. (Hrsg) Gaming in the New Market Environment, Basingstoke, S 23–53.

Fengler, J. (2005) Handbuch der Suchtbehandlung: Beratung, Therapie, Prävention, Landsberg/Lech.

1 Nachfolgend finden Sie die Literatur der Beiträge aufgeführt, die in den Fußnoten selbst nur diesbezügliche Kurzhinweise geben.

https://doi.org/10.1515/9783110259216-043

Fiedler, I. (2016) Glücksspiele: Eine verhaltens- und gesundheitsökonomische Analyse mit rechtspolitischen Empfehlungen, Frankfurt am Main.

Forrest, D. (2008) Gambling policy in the European Union: Too Many Losers?, Finanzarchiv Vol 64 (4), S 540–569.

Gemeinsame Geschäftsstelle Glücksspiel (GGS) der Länder (2015) Jahresreport 2014 der Glücksspielaufsichtsbehörden der Länder, Wiesbaden.

Gemeinsame Geschäftsstelle Glücksspiel (GGS) der Länder (2016) Jahresreport 2015 der Glücksspielaufsichtsbehörden der Länder, Wiesbaden.

Goldmedia (Hrsg) (2010) Glücksspielmarkt Deutschland 2015, Berlin.

Goldmedia (Hrsg) (2013) Glücksspielmarkt Deutschland 2017, Berlin.

Goldmedia (Hrsg) (2014) International vergleichende Analyse des Glücksspielwesens, Berlin.

Hambach/Brenner (2014) GlüStV § 27, in Streinz, R./Liesching, M./Hambach, W. (Hrsg), Glücks- und Gewinnspielrecht in den Medien, München.

Hecker, M./Ruttig, M. (2013) Sportwetten, in Dietlein, J./Hecker, M./Ruttig, M. (Hrsg) Glücksspielrecht, 2. Auflage, München, S 320–337.

Heigl-Evers, A./Helas, I./Vollmer, H.C./Büchner, U. (Hrsg) (2002) Therapien bei Sucht und Abhängigkeit, Göttingen.

H2 Gambling Capital (2013) Benchmark of Gambling Taxation and Licence Fee in Eight European Member States, Manchester.

Janssen, H./Rebeggiani, L. (2008) Das staatliche Sportwettenmonopol in Deutschland – Fessel oder Schutzschild?, List Forum für Wirtschaftspolitik, Vol 34 (3), S 175–197.

Korte, S. (2004) Das staatliche Glücksspielwesen, Köln.

Liesching, M. (2014) § 8 GlüStV, in Streinz, R./Liesching, M./Hambach, W. (Hrsg) Glücks- und Gewinnspielrecht in den Medien, München.

Peren, F. W./Clement, R. (2016) Der deutsche Glücks- und Gewinnspielmarkt. Eine quantitative Bemessung von regulierten und nicht-regulierten Glücks- und Gewinnspielangeboten in Deutschland, Zeitschrift für Wett- und Glücksspielrecht, August 2016, Sonderbeilage S 1–24.

Peren, F. W./Clement, R. (2016) Der deutsche Glücks- und Gewinnspielmarkt, Wirtschaftswissenschaftliches Gutachten, München.

Quitzau, J. (2007) Staatliches Wettmonopol – ohne ökonomische Legitimation, in WiSt- Wirtschaftswissenschaftliches Studium Vol 36 (2), S 88–92.

Rebeggiani, L. (2010) Deutschland im Jahr Drei des neuen GlüStV – Reformvorschläge zur Regulierung des deutschen Glücksspielmarktes, Hannover.

Rebeggiani, L. (2011) Die Vorschläge der Länder zur Reform des GlüStV – Eine ökonomische Analyse, Hannover.

Rebeggiani, L. (2012) Regulierung des deutschen Sportwettenmarktes in komparativer Perspektive – Glücksspielgesetze in der Europäischen Union, in Büch, M.-P./Maennig, W./Schulke, H.-J. (Hrsg) Sport und Sportgroßveranstaltungen in Europa – zwischen Zentralstaat und Regionen, Hamburg University Press, S 51–78.

Rebeggiani, L. (2015) Use and misuse of regulation in fighting betting related corruption in sport – The German example, in United Nations Office on Drugs and Crime (UNODC) (Hrsg) Symposium of the Anti-Corruption Academic (ACAD) Initiative 2015. Compendium, Wien, S 158–166.

Rebeggiani, F./Rebeggiani, L. (2013) Which factors favor betting related cheating in sports? Some insights from political economy, in Haberfeld, M./Sheehan, D. (Hrsg) Match-Fixing in International Sports: Existing Processes, Law Enforcement, and Prevention Strategies, Cham, S 157–176.

Schweizer Institut für Rechtsvergleichung (2006) Studie über Glücksspiele, Legal Study Part 2, Lausanne.

Singer, M./Teyssen, S. (Hrsg) (2005) Alkohol und Alkoholfolgekrankheiten: Grundlagen – Diagnostik – Therapie, 2. Auflage, Heidelberg.
Smith, S. (2008) Lotteries as a Source of Revenue, in Viren, M. (Hrsg): Gaming in the New Market Environment, Basingstoke, S 99–125.
Der Senator für Inneres Bremen (2016) Fortschreibung des Berichtes zur Glücksspielaufsicht, Vorlage 19/65 für die Sitzung der Staatlichen Deputation für Inneres vom 11.8.2016.
Trümper, J. (2015) Ergebnisbericht zur Feldstudie „Sportwetten in Spielstätten in Nordrhein-Westfalen", Arbeitskreis gegen Spielsucht e.V., Unna.

§ 8 Wirksamkeit von Verhältnisprävention (*Adams/Fiedler*)

Abbott, M. W. (2001) Problem and non-problem gambling in New Zealand: A report on phase two of the 1999 national prevalence study, Department of Internal Affairs, Wellington.
Abbott, M. W. (2007) Situational factors that affect gambling behavior, in Smith, G./Hodgins, D. C./ Williams, R. J. (Hrsg) Research and Measurement Issues in Gambling Studies, Academic Press, Burlington.
Adams, (2004) Minimizing the impact of gambling in the subtlede gradation of democratic systems, Journal of Gambling Issues, 11, S 1–1.
Clarke, H. (2008) Taxing sin: some economics of smoking, gambling and alcohol, The Melbourne Review, 4, S 30–36.
Edworthy, J./Loxley, S./Dennis, I. (1991) Improving auditory warning design: Relationship between warning sound parameters and perceived urgency, Human Factors, 33, S 205–231.
Fiedler, I. (2016) Glücksspiele Eine verhaltens- und gesundheitsökonomische Analyse mit rechtspolitischen Empfehlungen, Peter Lang Verlag, Frankfurt.
Forrest, D./Gulley, O. D./Simmons, R. (1999) Elasticity of demand for UK national lottery tickets, National Tax Journal, 53, S 853–863.
Grant, J. E./Kim, S. W. (2001) Demographic and clinical features of 131 adult pathological gamblers, Journal of Clinical Psychiatry, 62, S 957–962.
Griffiths, M. D. (1993) Fruit machine gambling: The importance of structural characteristics, Journal of Gambling Studies, 9, S 101–120.
Gulley, O. D./Scott Jr., F. A. (1991) The demand for wagering on state operated lotto games, National Tax Journal, 45, S 13–22.
Kahneman, D./Tversky, A. (1982) The psychology of preferences, Scientific American, 246, S 160–173.
Kellermann, B. (1999) Psychosoziale Aspekte der Glücksspielsucht, in Alberti, G./Kellermann, B., (Hrsg) Psychosoziale Aspekte der Glücksspielsucht, S 51–61, Geesthacht: Neuland.
Ladouceur, R./Sévigny, S. (2006) The impact of video lottery game speed on gamblers, Journal of Gambling Issues, 17, S 1–10.
Ladouceur, R./Jacques, C./Sevigny, E./Cantinotti, M. (2005) Impact of the format, arrangement, and availibility of electronic gaming machines outside casinos on gambling, International Gambling Studies, 5, S 139–154.
Landers, J. (2008) What's the potential impact of casino tax increases on wagering handle: estimates of the price elasticity of demand for casino gaming, Economics Bulletin, 8, S 1–15.
Lester, D. (1994) Access to gambling opportunities and compulsive gambling, International Journal of the Addictions, 29, S 1611–1616.
Lockwood, B. (1987) Pareto efficiency, In The New Palgrave: A Dictionary of Economics.
Miller, K. L. (1970) Some punishing effects of response-force. Journal of the Experimental Analysis of Behavior, 13, S 215–220.

Morgan, W. D./Vasché, J. D. (1982) A note on the elasticity of demand for wagering, Applied Economics, 14, S 469–474.

NGISC (1999) Final Report. National Gambling Impact Study Commission, Washington.

NRC (1999) Pathological gambling: A critical review. Technical report, Committee on the Social and Economic Impact of Pathological Gambling, Committee on Law and Justice, Commission on Behavioral and Social Sciences and Education, Washington.

Parke, J./Griffiths, M. (2005) The psychology of music in gambling environments: An observational research note. Journal of Gambling Issues, 13, S 1–12.

Parke, J./Griffiths, M. (2007) The role of structural characteristics in gambling, in Smith, G./Hodgins, D. C./Williams, R. J. (Hrsg) Research and Measurement Issues in Gambling Studies, Burlington. Academic Press.

Petry, N. M. (2005) Pathological Gambling Etiology, Comorbidity, and Treatment. United Book Press, Washington.

Philander, K./Fiedler, I. (2012) Online Poker in North America: Empirical Evidence on its complementary effect on the offline gambling market, abrufbar unter: http://papers.ssrn.com/sol3/papers.cfm?abstract_id=2021993

Pindyck, R./Rubinfeld, D. (2009), Mikroökonomie, 7. Aufl., Pearson, München.

Policy Analytics (2006) A benefit cost analysis of Indiana's riverboat casinos for FY 2005: A report to the Indiana legislative council and the Indiana gaming commission. Policy Analytics.

Productivity Commission (1999) Australia's gambling industries, Canberra.

Productivity Commission (2009) Gambling. Draft, Australian Government, Productivity Commission.

SACES (2005) Study of the impact of caps on electronic gaming machines: Final report. Technical report, South Australian Centre for Economic Studies.

Shaffer, H. J./Hall, M. N./Bilt, J. V. (1997), Estimating the prevalence of disordered gambling behavior in the United States and Canada: A meta-analysis. Harvard Medical School Division on Addictions, Boston.

Shaffer, H. J. (2004) Internet gambling & addiction. Division on Addictions, S 27.

Suits, D. B. (1979) The Quarterly, Journal of Economics, 93, S 155–162.

Thalheimer, R./Ali, M. M. (1995), The demand for pari mutuel horse race wagering and attendance, Management Science, 41, S 129–143.

Thalheimer, R./Ali, M. M. (2003) The demand for casino gaming, Applied Economics, 35, S 907–918.

Thompson, W. N. (1994) Legalized Gambling: A Reference Handbook, ABC-CLIO, Santa Barbara.

Tolkemitt, T. (2000) Die deutsche Glücksspielindustrie. Eine wirtschaftswissenschaftliche Analyse und rechtspolitische Empfehlungen, Peter Lang Verlag, Hamburg.

Welte, J. W./Wieczorek, W. F./Barnes, G. M./Tidwell, M. C./Hoffman, J. H. (2004) The relationship of ecological and geographic factors to gambling behavior and pathology, Journal of Gambling Studies, 20, S 405–423.

Williams, R. J./Simpson, R. I./West, B. L. (2007), Prevention of problem gambling, in Smith, G./Hodgins, D. C./Williams, R. J. (Hrsg) Research and Measurement Issues in Gambling Studies, S 399–435, Burlington. Academic Press.

§ 9 Umverteilung und schichtspezifische Nachfrage beim staatlichen Lotto in Deutschland (*Beckert/Lutter*)

Beckert, J. (2010) The Transcending Power of Goods. Imaginative Value in the Economy. MPIfG Discussion Paper 10/4, Köln, Max-Planck-Institut für Gesellschaftsforschung.

Beckert, J./Lutter, M. (2007) Wer spielt, hat schon verloren? Zur Erklärung des Nachfrageverhaltens auf dem Lottomarkt, Kölner Zeitschrift für Soziologie und Sozialpsychologie, 59, S 240–270.

Beckert, J./Lutter, M. (2008) Wer spielt Lotto? Umverteilungswirkungen und sozialstrukturelle Inzidenz staatlicher Lotteriemärkte, Kölner Zeitschrift für Soziologie und Sozialpsychologie, 60, S 233–264.

Beckert, J./Lutter, M. (2009) The Inequality of Fair Play. Lottery Gambling and Social Stratification in Germany, European Sociological Review, 25, 475–488.

Beckert, J./Lutter, M. (2013) Why the Poor Play the Lottery: Sociological Approaches to Explaining Class-based Lottery Play, Sociology, 47, S 1152–1170.

Blalock, G./Just, D. R./Simon, D. H. (2007) Hitting the Jackpot or Hitting the Skids: Entertainment, Poverty, and the Demand for State Lotteries, American Journal of Economics and Sociology 66, S 545–570.

Bloch, H. A. (1951) The Sociology of Gambling, The American Journal of Sociology, 57, S 215–221.

Borg, M. O./Mason, P. M. (1988) The Budgetary Incidence of a Lottery to Support Education, National Tax Journal, 41, S 75–85.

Borg, M. O./Mason, P. M./Shapiro, S. L., (1991) The Economic Consequences of State Lotteries, New York: Praeger.

Borg, M. O./Stranahan, H. A. (2005) Does Lottery Advertising Exploit Disadvantaged and Vulnerable Markets? Business Ethics Quarterly, 15, S 23–35.

Brinner, R. E./Clotfelter, C. T. (1975) An Economic Appraisal of State Lotteries, National Tax Journal, 28, S 395–404.

Brown, D. J./Kaldenberg, D. O./Browne, B. A. (1992) Socioeconomic-Status and Playing the Lotteries, Sociology and Social Research, 76, S 161–167.

Campbell, C. (1987) The Romantic Ethic and the Spirit of Modern Consumerism, Oxford, UK; New York, NY, USA: B. Blackwell.

Clotfelter, C. T. (1979) Regressivity of State-Operated Numbers Games, National Tax Journal, 32, S 543–548.

Clotfelter, C. T./Cook, P. J. (1991) Selling Hope. State Lotteries in America, Cambridge, MA: Harvard University Press.

Cohen, L. R. (2001) The Lure of the Lottery, Wake Forest Law Review, 36, S 705–745.

Devereux, E. C. J. (1980) Gambling and the Social Structure. A Sociological Study of Lotteries and Horse Racing in Contemporary America, New York: Arno Press.

Downes, D. M./Davies, B. P./David, M. E./Stone, P. (1976) Gambling, Work and Leisure, London: Routledge and Kegan Paul Ltd.

Frey, J. H. (1984) Gambling: A Sociological Review, Annals of the American Academy of Political and Social Science, 474, S 107–121.

Hansen, A. (1995) The Tax Incidence of the Colorado State Lottery Instant Game, Public Finance Quarterly, 23, S 385–398.

Hansen, A./Miyazaki, A. D./Sprott, D. E. (2000) The Tax Incidence of Lotteries: Evidence from Five States, Journal of Consumer Affairs, 34, S 182–203.

Hecker, M. (2004) Das staatliche Glücksspiel zwischen ordnungspolitischer Aufgabenstellung und effizienzorientiertem Marketing: Widerspruch in sich oder Königsweg? In Westlotto, Geschäftsbericht 2004, Münster: Westdeutsche Lotterie GmbH & Co. OHG, S 4–9.

Jackson, R. (1994) Demand for Lottery Products in Massachusetts, Journal of Consumer Affairs, 28, S 313–325.

Kitchen, H./Powells, S. (1991) Lottery Expenditures in Canada: A Regional Analysis of Determinants and Incidence. Applied Economics Letters, 23, S 1845–1852.

Livernois, J. R. (1987) The Redistributive Effects Of Lotteries – Evidence From Canada, Public Finance Quarterly, 15, S 339–351.

Lutter, M. (2010) Märkte für Träume. Die Soziologie des Lottospiels, Frankfurt/Main, New York: Campus.

Lutter, M. (2011) Konkurrenten auf dem Markt für Hoffnung: Religiöse Wurzeln der gesellschaftlichen Problematisierung von Glücksspielen, Soziale Probleme, 22, S 28–55.

McCaffery, E. J. (1994) Why People Play Lotteries and Why It Matters, Wisconsin Law Review, 71, S 71–122.

Mikesell, J. L. (1989) A Note on the Changing Incidence of State Lottery Finance, Social Science Quarterly, 70, S 513–521.

Murrell, M. E. (1979) Why People Gamble: A Sociological Perspective, In Lester, D., Gambling Today, Springfield, Illinois: Thomas, Charles C S.

Price, D. I./Novak, E. S. (1999) The Tax Incidence of Three Texas Lottery Games: Regressivity, Race, and Education, National Tax Journal, 52, S 741–751.

Rogers, P. (1998) The Cognitive Psychology of Lottery Gambling. A Theoretical Review, Journal of Gambling Studies, 14, S 111–134.

Rogers, P./Webley, P. (2001) "It could be us!": Cognitive and Social Psychological Factors in UK National Lottery Play, Applied Psychology, 50, S 181–199.

Rubenstein, R./Scafidi, B. (2002) Who Pays and Who Benefits? Examining the Distributional Consequences of the Georgia Lottery for Education, National Tax Journal, 55, S 223–238.

Spiro, M. H. (1974) Tax Incidence of Pennsylvania Lottery, National Tax Journal, 27, S 57–61.

Stranahan, H. A./Borg, M. O. (2004) Some Futures are Brighter than Others: the Net Benefits Received by Florida Bright Futures Scholarship Recipients, Public Finance Review, 32, S 105–126.

Suits, D. B. (1977) Gambling Taxes: Regressivity and Revenue Potential, National Tax Journal, 30, S 19–35.

Suits, D. B. (1977) Measurement of Tax Progressivity, American Economic Review, 67, S 747–752.

Vaillancourt, F./Grignon, J. (1988) Canadian Lotteries as Taxes: Revenues and Incidence, Canadian Tax Journal (Revue Fiscale Canadienne), 36, S 369–388.

Vasche, J. D. (1985) Are Taxes on Lotteries Too High? Journal of Policy Analysis and Management, 4, S 269–271.

§ 11 Glücksspiel-Dienstleistungen im Lichte des WTO-Rechts
(Werner Meng (†)/Tilmann Lahann)

Adlung, R. Public services and the GATS, JIEL 2006, 455–485.

Bossche, P. v. d. The law and policy of the World Trade Organization: text, cases and materials (2006).

Cottier, T./Oesch, M. International trade regulation (2005).

Delimatsis, P. Don't gamble with GATS. The interaction between Articles VL, XVI, XVII and XVIII GATS in the light of the US-Gambling Case, 40 Journal of World Trade 2006, 1059–1080.

Dunne III, M. S. Note: Redefining Power Orientation: A Reassessment of Jackson's Paradigm in Light of Asymmetries of Power, Negotiation, and Compliance in the GATT/WTO Dispute Settlement System, 34 Law and Policy in International Business Law and Policy in International Business 2002, 277.

Guiguo, W. New developments in service trade: US-Gambling Case (2005).

Herrmann, C. et al Welthandelsrecht, 2. Aufl 2007; *Hilf, M./Oeter, S.* WTO-Recht. Rechtsordnung des Welthandels (2005).

Ierly, D. Defining the Factors that Influence Developing Country Compliance with and Participation in the WTO Dispute Settlement System: Another Look at the Dispute Over Bananas, 33 Law and Policy in International Business Law and Policy in International Business 2002, 615.
Jackson, J.H. Sovereignty, the WTO and changing fundamentals of international law (2006).
Köhler, M. Das Allgemeine Übereinkommen über den Handel mit Dienstleistungen (GATS) (1999).
Krajewski, M. National regulation and trade liberalization in services: the legal impact of the General Agreement on Trade in Services (GATS) on national regulatory autonomy (2003).
id Public Services and Trade Liberalization: Mapping the Legal Framework, 6 Journal of International Economic Law 2003, 341–367.
Matsushita, M. et al The World Trade Organization – Law, Practise and Policy (2003).
Ortino, F. Treaty Interpretation and the WTO Appellate Body Report in US – Gambling: A Critique, 9 JIEL 2006, 117–148.
Park, M. Market access and exceptions under the GATS and online gambling services, 12. *Southwestern University Journal of Law and trade in the Americas* 2006, 495–523.
Stoll, P.-T./Schorkopf, F. WTO – World Economic Order, World Trade Law (2005).
Thayer, J. D. The Trade of Cross-Border Gambling and Betting: The WTO Dispute between Antigua and the United States, 13 Duke Law and Technology Review 2004, 3.
Tietje, C. Probleme der Liberalisierung des internationalen Diensleistungshandels – Stärken und Schwächen des GATS (2005).
Trebilcock, M.J./Howse R., The regulation of international trade, 3. Aufl 2005.
WTO (Ed), A handbook on the GATS agreement (2005).
Wunsch-Vincent, S. The Internet, cross-border trade in services, and the GATS. Lessons from US-gambling, 5 World Trade Review 2006, 319–355.
Zdouc, W. Legal problems arising under the General Agreement on Trade in Services. Comparative analysis of GATS and GATT (2002).

§ 34 Gambling and Substance Abuse (*Nancy M. Petry*)

American Psychiatric Association. Diagnostic and Statistical Manual of Mental Disorders 3rd Ed Washington, DC: American Psychiatric Association Press, 1980.
American Psychiatric Association. Diagnostic and Statistical Manual of Mental Disorders 4th Ed Washington DC: American Psychiatric Association Press, 1994.
Blanco C/Hasin DS/Petry N/Stinson FS/Grant BF. Sex differences in subclinical and DSM-IV pathological gambling: Results from the National Epidemiologic Survey on Alcohol and Related Conditions. Psychol Med 2006; 36: 943–953.
Carlbring P/Jonsson J/Josephson H/Forsberg L. Motivational interviewing versus cognitive behavioral group therapy in the treatment of problem and pathological gambling: a randomized controlled trial. Cogn Behav Ther 2010; 39: 92–103.
Castellani B/Wootton E/Rugle L/Wedgeworth R/Prabucki K/Olson R. Homelessness, negative affect, and coping among veterans with gambling problems who misused substances. Psychiatr Serv 1996; 47: 298–299.
Cho MJ/Hahm BJ/Suh T/Suh GH/Cho SJ/Lee CK. Comorbid mental disorders among patients with alcohol abuse and dependence in Korea. J Korean Med Sci 2002; 17: 236–241.
Ciarrocchi JW. Rates of pathological gambling in publicly funded outpatient substance abuse treatment. J Gambl Stud 1993; 9: 289–293.
Cunningham-Williams RM/Cottler LB/Compton WM/Spitznagel EL/Ben-Abdallah A. Problem gambling and comorbid psychiatric and substance use disorders among drug users recruited from drug treatment and community settings. J Gambling Stud 2000; 16: 347–376.

Daghestani AN/Elenz E/Crayton JW. Pathological gambling in hospitalized substance abusing veterans. J Clin Psychiat 1996; 57: 360–363.

Echeburúa E/Fernández-Montalvo J/Báez C. Relapse prevention in the treatment of slot-machine pathological gambling: Long-term outcome. Behav Ther 2000; 31: 351–364.

Elia C/Jacobs D. The incidence of pathological gambling among Native Americans treated for alcohol dependence. Int J Addict 1993; 28: 659–666.

el-Guebaly N/Patten SB/Currie S/Williams/JV/Beck CA/Maxwell CJ. Epidemiological associations between gambling behavior, substance use & mood and anxiety disorders. J Gambl Stud 2006; 22: 275–287.

Feigelman W/Kleinman PH/Lesieur HR/Millman RB/Lesser ML. Pathological gambling among methadone patients. Drug Alcohol Depend 1995; 39: 75–81.

Gerstein D/Volberg RA/Toce MT/Harwood H/Johnson RA/Buie T et al. Gambling impact and behavior study: report to the National Gambling Impact Study Commission. National Gambling Impact Study Commission, April 1999.

Grant JE/Donahue CB/Odlaug BL/Kim SW/Miller MJ/Petry NM. Imaginal desensitisation plus motivational interviewing for pathological gambling: randomized controlled trial. Br J Psychiatry 2009; 195: 266–267.

Hall GW/Carriero NJ/Takushi RY/Montoya ID/Preston KL/Gorelick DA. Pathological gambling among cocaine-dependent outpatients. Am J Psychiat 2000; 157: 1127–1133.

Hodgins DC/Currie SR/Currie G/Fick GH. Randomized trial of brief motivational treatments for pathological gamblers: More is not necessarily better. J Consult Clin Psychol 2009; 77: 950–960.

Hodgins DC/Currie SR/el-Guebaly N. Motivational enhancement and self-help treatments for problem gambling. J Consult Clin Psychol 2001; 69: 50–57.

Hodgins DC/Currie S/el-Guebaly N/Peden N. Brief motivational treatment for problem gambling: A 24-month follow-up. Psychol Addict Behav 2004; 18: 293–6.

Hodgins DC/el-Guebaly N. The influence of substance dependence and mood disorders on outcome from pathological gambling: five-year follow-up. J Gambl Stud 2010; 26: 117–127.

Hodgins DC/Peden N/Cassidy E. The association between comorbidity and outcome in pathological gambling: A prospective follow-up of recent quitters. J Gambl Stud 2005; 21: 255–271.

Ibanez A/Blanco C/Donahue E/Lesieur H/Castro I/Fernandez-Piqueras J/Saiz-Ruiz J. Psychiatric comorbidity in pathological gamblers seeking treatment. Am J Psychiat 2001; 158: 1733–1735.

Jimenez-Murcia S/Stinchfield R/Alvarez-Moya E/Jaurrieta N/Bueno B/Granero R. Reliability, validity, and classification accuracy of a Spanish translation of a measure of DSM-IV diagnostic criteria for pathological gambling. J Gambl Stud 2009; 25: 93–104.

Kallick M/Suits D/Dielman T/Hybels/J. Survey of American gambling attitudes and behavior: Final report to the commission on the review of the national policy toward gambling. Ann Arbor: Survey Research Center; Institute for Social Research 1976.

Kessler RC/Hwang I/LaBrie R/Petukhova M/Sampson NA/Winters KC. DSM-IV pathological gambling in the National Comorbidity Survey Replication. Psychol Med 2008; 38: 1351–1360.

Leblond J/Ladouceur R/Blaszczynski A. Which pathological gamblers will complete treatment? Br J Clin Psychol 2003; 42: 205–209.

Ladd GT/Petry NM. A comparison of pathological gamblers with and without substance abuse treatment histories. Exp Clin Psychopharmacol 2003; 11: 202–209.

Ladouceur R/Sylvain C/Boutin C/Lachance S/Doucet C/Leblond J. Group therapy for pathological gamblers: a cognitive approach. Behav Res Ther 2003; 41: 587–596.

Ladouceur R/Sylvian C/Boutin C/Lachance S/Doucet C/Leblond J/Jacques C. Cognitive treatment of pathological gambling. J Nerv Ment Dis 2001; 11: 774–780.

Langenbucher J/Bavly L/Labouvie E/Sanjuan PM/Martin CS. Clinical features of pathological gambling in an addictions treatment cohort. Psychol Addict Behav 2001; 15: 77–79.

Ledgerwood DM/Downey KK. Relationship between problem gambling and substance use in a methadone maintenance population. Addict Behav 2002; 27: 483–491.

Lejoyeux M/Feuché N/Loi S/Solomon J/Adès J. Study of impulse-control disorders among alcohol-dependent patients. J Clin Psychiat 1999; 60: 302–305.

Lesieur HR/Blume SB. Evaluation of patients treated for pathological gambling in a combined alcohol, substance abuse and pathological gambling treatment unit using the Addiction Severity Index. Br J Addict 1991; 86: 1017–1028.

Lesieur HR/Blume SB/Zoppa RM. Alcoholism, drug abuse and gambling. Alcohol Clin Exp Res 1986; 10: 33–38.

Linden RD/Pope HG/Jones JM. Pathological gambling and major affective disorder: Preliminary findings. J Clin Psychiat 1986; 47: 201–203.

Maccallum F/Blaszczynski A. Pathological gambling and comorbid substance abuse. Aust NZ J Psychiat 2002; 36: 411–415.

McCormick RA. Disinhibition and negative affectivity in substance abusers with and without a gambling problem. Addict Behav 1993; 18: 331–336.

McCormick RA/Russo AM/Ramirez LF/Taber J. Affective disorders among pathological gamblers seeking treatment. Am J Psychiat 1984; 141: 215–218.

Miller WR/Brown JM/Simpson TL/Handmaker NS/Bien TH/Luckie LF et al. A methodological analysis of the alcohol treatment outcome literature. In R.K. Hester & W.R. Miller (Eds.), Handbook of Alcoholism Treatment Approaches. Boston: Allyn and Bacon, 1995.

Peles E/Schreiber S/Adelson M. Pathological gambling and obsessive compulsive disorder among methadone maintenance treatment patients. J Addict Dis 2009; 28: 199–207.

Petry NM. Psychiatric symptoms in problem gambling and non-problem gambling substance abusers. Am J Addictions 2000; 9: 163–171.

Petry NM. Patterns and correlates of Gamblers Anonymous attendance in pathological gamblers seeking professional treatment. Addict Behav 2003; 28: 1049–1062.

Petry NM. Pathological Gambling: Etiology, Comorbidity and Treatment. Washington, DC: American Psychological Association Press, 2005.

Petry NM. Should the scope of Addictive Behaviors be broadened to include pathological gambling? Addiction 2006; 101: 152–160.

Petry NM/Ammerman Y/Bohl J/Doersch A/Gay H/Kadden R et al. Cognitive-behavioral therapy for pathological gamblers. J Consult Clin Psychol. 2006; 74: 555–567.

Petry NM/Stinson FS/Grant BF. Comorbidity of DSM-IV pathological gambling and other psychiatric disorders: results from the national epidemiologic survey on alcohol and related conditions. J Clin Psychiatry. 2005; 66: 564–74.

Petry NM/Weinstock J/Ledgerwood D/Morasco B. A randomized trial of brief interventions for problem and pathological gamblers. J Consult Clin Psychol 2008; 76: 318.

Petry NM/Weinstock J/Morasco BJ/Ledgerwood/DM. Brief motivational interventions for college student problem gamblers. Addiction 2009; 104(9), 1569–1578.

Prochaska JO/DiClemente CC. The transtheoretical approach: Crossing traditional boundaries of therapy. Homewood, IL: Dow Jones/Irwin, 1984.

Prochaska JO/DiClemente CC. Toward a comprehensive model of change. In: Miller, WR, Heather, N (Eds). Treating the Addict Behav: Processes of change. NY: Plenum Press 1986; 3–27.

Ramirez LF/McCormick RA/Russo AM/Taber JI. Patterns of substance abuse in pathological gamblers undergoing treatment. Addict Behav 1983; 8: 425–428.

Rupcich N/Frisch GR/Govoni R. Comorbidity of pathological gambling in addiction treatment facilities. J Subst Abuse Treat 1997; 6: 573–574.

Russo AM/Taber JI/McCormick RA/Ramirez LF. An outcome study of an in patient treatment program for pathological gamblers. Hosp Comm Psychiat 1984; 35: 823–827.

Sellman JD/Adamson S/Robertson P/Sullivan S/Coverdale J. Gambling in mild-moderate alcohol-dependent outpatients. Subst Use Misuse 2002; 37: 199–213.

Specker SM/Carlson GA/Edmonson KM/Johnson PE/Marcotte M. Psychopathology in pathological gamblers seeking treatment. J Gambling Stud 1996; 12: 67–81.

Spunt B/Lesieur H/Hunt D/Cahill L. Gambling among methadone patients. Int J Addict 1995; 30: 929–962.

Steinberg MA/Kosten TA/Rounsaville BJ. Cocaine abuse and pathological gambling. Am J Addict 1992; 1: 121–132.

Stewart RM/Brown RIF. An outcome study of Gamblers Anonymous. Br J Psychiatry 1988; 152: 284–288.

Stinchfield/R. Reliability, validity, and classification accuracy of a measure of DSM-IV diagnostic criteria for pathological gambling. Am J Psychiatry 2003; 160: 180–182.

Stinchfield R/Govoni/R/Frisch GR. DSM-IV diagnostic criteria for pathological gambling: reliability, validity, and classification accuracy. Am J Addict 2005; 14: 73–82.

Stinchfield R/Kushner MG/Winters KC. Alcohol use and prior substance abuse treatment in relation to gambling problem severity and gambling treatment outcome. J Gambl Stud. 2005; 21: 273–97.

Stinchfield R/Winters K. Effectiveness of Six State-Supported Commpulsive Gambling Treatment Programs in Minnesota. Saint Paul: Compulsive Gambling Program, Mental Health Division, Minnesota Department of Human Services, 1996.

Strong DR/Kahler CW. Evaluation of the continuum of gambling problems using the DSM-IV. Addiction. 2007; 102: 713–721.

Stucki S/& Rihs-Middel M. Prevalence of Adult Problem and Pathological Gambling between 2000 and 2005: An Update. J Gambl Stud 2007.

Sylvian C/Ladouceur R/Boisvert JM. Cognitive and behavioral treatment of pathological gambling: A controlled study. J Consult Clin Psychol 1997; 65: 727–732.

Taber J/McCormick R/Russo A/Adkins B/Ramirez L. Follow-up of pathological gamblers after treatment. Am J Psychiat 1987; 144: 757–761.

Toneatto T/Brands B/Selby P. A randomized, double-blind, placebo-controlled trial of naltrexone in the treatment of concurrent alcohol use disorder and pathological gambling. Am J Addict 2009; 18: 219–225.

Toneatto T/Brennan J. Pathological gambling in treatment-seeking substance abusers. Addict Behav 2002; 27: 465–469.

Weinstock J/Blanco C/Petry NM Health correlates of pathological gambling in a methadone maintenance clinic. Exp Clin Psychopharm, 2006; 14: 87–93.

Welte J/Barnes G/Wieczorek W/Tidwell MC/Parker J. Alcohol and gambling pathology among U.S. adults: Prevalence, demographic patterns and comorbidity. J Stud Alcohol 2001; 62: 706–712.

Zion MM/Tracy E/Abell N. Examining the relationship between spousal involvement in Gam-Anon and relapse behaviors in pathological gamblers. J Gambling Studies 1991; 7: 117–131.

§ 35 Die Behandlung pathologischen Glücksspiels (*M. Bachmann/A. Bachmann*)

Anonyme Spieler (1986) Broschüre der Anonymen Spieler, herausgegeben von der Kontaktstelle Deutschland der „Anonymen Spieler".

Bachmann, M. (1989) Spielsucht: Krankheitsmodell, Therapiekonzept und stationäre Behandlungsergebnisse, Suchtgefahren, 35, S 56–64.

Bachmann, M. (1999) Rückfallmodell – fehlende Krankheitseinsicht/Wachsamkeit, unveröffentlichtes Manuskript.

Bachmann, M. (2000) Therapie der Spielsucht, in Poppelreuter, S./Gross, W. (Hrsg), Nicht nur Drogen machen süchtig, Beltz, S 17–41.

Bachmann, M. (2004a) Therapie der Spielsucht, psychomed, 16/3, S 154–158.

Bachmann, M. (2004b) Kinder von Spielsüchtigen, abhängigkeiten, 10/1, S 50–62.

Bachmann, M. (2017a) Der Pathologische Glücksspieler und die Familie, in Meyer, G./Bachmann, M. (im Druck) Spielsucht, Springer.

Bachmann, M. (2017b) Rückfälligkeit, in Meyer, G./Bachmann, M. (im Druck) Spielsucht, Springer.

Bachmann, M. (2017c) Grundsätzliches zur Spielsuchttherapie, in Meyer, G./Bachmann, M. (im Druck) Spielsucht, Springer.

Bachmann, M./El-Akhras, A. (2014) Glücksspielfrei. Ein Therapiemanual bei Spielsucht, Springer.

Bachmann, M./El-Akhras, A./Klatt, J./Albrecht, S. (2015) Pathologisches Glücksspielen. Prävention und Behandlung. Arzneimittel-, Therapie-Kritik & Medizin und Umwelt, 3, S 679–693.

Böning, J./Grüsser-Sinopoli, S. M. (2008) Wie kann Suchtverhalten entstehen? in Gebhardt, I./ Grüsser-Sinopoli, S. M. (Hrsg) Glücksspiel in Deutschland. DeGruyter, S 561–574.

Burgdorf, K. (2014) Internettherapie – Rechtliche und berufsrechtliche Aspekte. DGVTBV Berufsverband Psychosoziale Berufe, Prä-Konferenz GK II, Berlin.

Cuijpers, P./Straten, A. M./Andersson, G. (2008) Internet-administered cognitive behavior therapy for health problems: a systematic review. J Behav Med 31, S 169–177.

Cuijpers, P./Smit, F./Bohlmeijer, E./Hollon, St. D./Andersson, G. (2010) Efficacy of cognitive-behavioural therapy and other psychological treatments for adult depression: meta-analytic study of publication bias. Br J Psychiatry Suppl 196, S 173–178.

Custer, R. L./Milt, H. (1985) When luck runs out, Facts on File Publications.

Darbyshire, P./Oster, C./Carrig, H. (2001) The experience of pervasive loss: children and young people living in a family where parental gambling is a problem, Journal of Gambling Studies 17, S 23–45.

Derevensky, J. L./Gupta, R./Dickson, L. (2004) Prevention and Treatment of Adolescent Problem and Pathological Gambling, in Grand, J. E./Potenza, M. N. (Hrsg) Pathological gambling: a clinical guide to treatment, American Psychiatric Publishing, Washington, S 159–168.

Diagnostisches und Statistisches Manual Psychischer Störungen DSM-5 (2015) Deutsche Ausgabe herausgegeben von Falkai, P./Wittchen, H. U., mitherausgegeben von Döpfner, M./Gaebel, W./Maier, W./Rief, W./Saß, H./Zaudi, M., Hogrefe.

Dilling, H./Mombour, W./Schmidt, M. H. (1991) Internationale Klassifikation psychischer Störungen: ICD–10, Kapitel V (F), Klinisch-diagnostische Leitlinien, Weltgesundheitsorganisation, Huber.

Düffort, R. (1989) Ambulante Arbeit mit Spielern, in Brakhoff, J. (Hrsg) Glück – Spiel-Sucht: Beratung und Behandlung von Glücksspielern, Lambertus, S 30–44.

Eichenberg, C./Ott, R. (2011) Klinisch-psychologische Intervention im Internet. Review zu empirischen Befunden störungsspezifischer Angebote, Psychotherapeut 57, S 58–69.

Elsesser, K./Sartory, G. (2001) Medikamentenabhängigkeit, Reihe: Fortschritte der Psychotherapie, Bd. 12, Hogrefe.

Füchtenschnieder (1994) „Du bist nicht allein“: Aus der Arbeit in einer Beratungsstelle für Glücksspielabhängige, Sucht aktuell, 1 (3), S 18–21.

Gamblers Anonymous (1984) Sharing recovery through Gamblers Anonymous, GA-Publishing.

Grawe, K./Grawe-Gerber, M. (1999) Ressourcenaktivierung. Ein primäres Wirkprinzip der Psychotherapie, Psychotherapeut 44, S 63–73.

Grüsser S. M./Wölfling, K. (2003) Drogenverlangen – ein integrativer psychophysiologischer Erklärungsansatz, Suchtmedizin, 5, S 167–170.

Grüsser, S. M./Wölfling, K./Heinz, A. (2002) Sucht, Verlangen und lerntheoretische Erklärungsansätze zur Entstehung und Aufrechterhaltung von süchtigem Verhalten, in Grüsser, S. M. (Hrsg) Drogenverlangen und Drogengedächtnis, Psychomed, 14/2, S 68–73.

Hartmann, K. (2005) Der Langzeitverlauf nach einer kombiniert stationär-ambulanten Psychotherapie alkoholabhängiger Patienten – eine 25-Jahreskatamnese. Dissertation. Medizinische Fakultät der Eberhard Karls Universität, Tübingen.

Hayer, T./Bachmann, M./Meyer, G. (2005) Pathologisches Spielverhalten bei Glücksspielen im Internet, Wiener Zeitschrift für Suchtforschung, S 29–41.

Hüther, G. (2008) Wo die Sucht beginnt, endet jeder freie Wille. Neurobiologische Aspekte von Suchtentstehung und Suchttherapie, in Petzold, H. G./Sieper, J., Der Wille, die Neurobiologie und die Psychotherapie. Bd II: Psychotherapie des Willens. Theorie, Methoden und Praxis. Edition Sirius, Bielefeld.

Kellermann, B. (1988) Glücksspieler in der stationären Therapie, in Wahl, C. (Hrsg) Spielsucht, Neuland, 243–257.

Koch, A./Müller, K.W./Naab, L. (2015) Katamnese-Erhebung zur stationären Rehabilitation bei Pathologischem Glücksspiel. Bundesverband für stationäre Suchtkrankenhilfe (buss).

Koch, A./Müller, K. W./Naab, L./Dreier, M./Boddin, M. (2016) Katamnese-Erhebung zur stationären Rehabilitation bei Pathologischem Glücksspiel. Eine qualitative Addon-Analyse. Bundesverband für stationäre Suchtkrankenhilfe (buss).

Koerkel, J./Schindler, Ch. (2003) Rückfallprävention mit Alkoholabhängigen, Ein strukturiertes Trainingsprogramm, Springer-Verlag.

Ladouceur, R./Lachance, S. (2007) Overcoming pathological gambling, University Press, Oxford.

Leibetseder, M./Laireiter, A.-R./Vierhauser, M./Hittenberger, B. (2011) Die Wirksamkeit psychologischer und psychopharmakologischer Interventionen bei pathologischem Glückspiel – eine Metaanalyse, SUCHT, 57, S 275–285.

Lesieur H. R./Blume S. (1991) Evaluation of patients treated of pathological gambling in a combined alcohol, substance abuse and pathological gambling treatment unit using the Addiction Severity Index, British Journal of Addiction 86, S 1017–1028.

Lindenmeyer, J. (2001) Lieber schlau als blau, Beltz.

Lindenmeyer, J. (2004) Vom allgemeinen Defizitmodell zum situationsspezifischen Rückfallrisiko – Anmerkungen zur Sucht-Neurose-Debatte, Verhaltenstherapie, 14, S 145–146;

Lindenmeyer, J. (2005) Alkoholabhängigkeit. Reihe: Fortschritte der Psychotherapie, Bd. 6, 2. überarb Aufl, Hogrefe.

Mann, K./Fauth-Bühler, M./Seiferth, N./Heinz, A. (2013) Verhaltenssüchte und Grenzen des Suchtbegriffs, Nervenarzt 84, S 548–556.

Marlatt, G. A. (1985) Relapse prevention: theoretical rationale and overview of the model, in Marlatt, G. A./Gordon, J. R. (Hrsg), Relapse prevention: Maintance strategies in the treatment of addictive behaviours, Guilford, S 3–70.

Meyer, C./Rumpf, H.-J./Kreuzer, A./de Brito, S./Glorius, S./Jeske, C./Kastirke, N./Porz, S./Schön, D./Westram, A./Klinger, D./Goeze, C./Bischof, G./John, U. (2011) Pathologisches Glücksspielen und Epidemiologie (PAGE): Entstehung, Komorbidität, Remission und Behandlung. Greifswald und Lübeck.

Meyer, G. (1989) Glücksspieler in Selbsthilfegruppen, Erste Ergebnisse einer empirischen Untersuchung, Neuland.

Meyer, G./Bachmann M. (2005) Spielsucht, Ursachen und Therapie, Springer-Verlag, Neuauflage der vollständig überarbeiteten Fassung.

Meyer, G./Bachmann, M. (2017) Telefon-Hotline und Online-Beratung, in Meyer, G./Bachmann, M. (im Druck) Spielsucht, Springer.

Petry, J. (1996) Psychotherapie der Spielsucht, Beltz, S 300–302.

Petry, J. (2001) Übersicht aller katamnestischer Studien zur ambulanten und stationären Behandlung von „Pathologischen Glücksspielern“ in Deutschland, Verhaltenstherapie und Verhaltensmedizin 22, S 103–121.

Premper, V./Schwickerath, J./Missel, P./Feindel, H./Zemlin, U./Schwarz, S./Petry, J. (2014) Multizentrische Katamnese zur stationären Behandlung von pathologischen Glücksspielern, Sucht, 60, S 331–344.

Prochaska, J. O./DiClemente, C. C./Norcross, J. C. (1992) In search of how people change: Application to addictive behaviors, American Psychologist, 47, S 1102–1114.

Rist, F./Engberding, M./Patzelt, J./Beißner, J. (2006) Prokrastination als verbreitete Arbeitsstörung. „Aber morgen fange ich richtig an“, Personalführung, 6, S 64–79.

Saß, H./Wittchen, H.-U./Zaudig, M. (1996) Diagnostisches und statistisches Manual psychischer Störungen DSM-IV, Hogrefe.

Schwarz, J./Lindner, A. (1990) Die stationäre Behandlung pathologischer Glücksspieler. Suchtgefahren 36, S 402–415.

Whelan, J. P./Steenbergh, T. A./Meyers A. W. (2007) Problem and pathological gambling. Hogrefe, Washington.

Wittchen, H.-U./Saß, H./Zaunding, M./Koehler, K. (1989) Diagnostisches und statistisches Manual psychischer Störungen: DSM-lll-R, Beltz.

§ 37 Gambling Regulation from a Psychologists's Perspective: Thoughts and Recommendations (*Griffiths*)

American Psychiatric Association (2013) Diagnostic and statistical manual of mental disorders *(DSM-5)*, Arlington, VA: American Psychiatric Association.

Auer, M./Griffiths, M. D. (2013) Voluntary limit setting and player choice in most intense online gamblers: An empirical study of gambling behaviour, Journal of Gambling Studies, 29, S 647–660.

Auer, M./Griffiths, M. D. (2014) Personalised feedback in the promotion of responsible gambling: A brief overview, Responsible Gambling Review, 1, S 27–36.

Auer, M./Griffiths, M. D. (2015a) Testing normative and self-appraisal feedback in an online slot-machine pop-up message in a real-world setting. Frontiers in Psychology, 6, S 339. doi: 10.3389/fpsyg.2015.00339.

Auer, M./Griffiths, M. D. (2015b) The use of personalized behavioral feedback for problematic online gamblers: An empirical study, Frontiers in Psychology, 6, S 1406. doi: 10.3389/fpsyg.2015.01406.

Auer, M./Griffiths, M. D. (2016) Personalized behavioral feedback for online gamblers: A real world empirical study, Frontiers in Psychology, 7, S 1875. doi: 10.3389/fpsyg.2016.01875.

Auer, M./Malischnig, D./Griffiths, M. D. (2014) Is 'pop-up' messaging in online slot machine gambling effective? An empirical research note, Journal of Gambling Issues, 29, S 1–10.

Calado, F./Alexandre, J./Griffiths, M. D. (2016) Prevalence of adolescent problem gambling: A systematic review of recent research, Journal of Gambling Studies. Epub ahead of print. doi: 10.1007/s10899-016-9627-5.

Calado, F./Griffiths, M. D. (2016) Problem gambling worldwide: An update of empirical research (2000–2015), Journal of Behavioral Addictions, 5, S 592–613.

Celio, M. A./Lisman, S. A. (2014) Examining the efficacy of a personalized normative feedback intervention to reduce college student gambling, Journal of American College Health, 62, S 154–164.

Cloutier, M./Ladouceur, R./Sevigny, S. (2006) Responsible gambling tools: Pop-up messages and pauses on video lottery terminals, Journal of Psychology, 140(5), S 434–438.

Floyd, K./Whelan, J. P./Meyers, A. W. (2006) Use of warning messages to modify gambling beliefs and behavior in a laboratory investigation, Psychology of Addictive Behaviors, 20, S 69–74.

Griffiths, M. D. (1993) Fruit machine gambling: The importance of structural characteristics, Journal of Gambling Studies, 9, S 101–120.

Griffiths, M. D. (1999) Gambling technologies: Prospects for problem gambling, Journal of Gambling Studies, 15, S 265–283.

Griffiths, M. D. (2002) Gambling and gaming addiction in adolescence, Oxford: BPS Blackwell.

Griffiths, M. D. (2004) Betting your life on it: Problem gambling has clear health related consequences, British Medical Journal, 329, S 1055–1056.

Griffiths, M. D. (2008) Impact of high stake, high prize gaming machines on problem gaming, Birmingham: Gambling Commission.

Griffiths, M. D./Auer, M. (2013). The irrelevancy of game-type in the acquisition, development and maintenance of problem gambling, Frontiers in Psychology, 3, S 621. doi: 10.3389/fpsyg.2012.00621.

Griffiths, M. D./Parke, J. (2003) The environmental psychology of gambling, in Reith, G. (Hrsg), Gambling: Who Wins? Who Loses? S 277–292, New York: Prometheus Books.

Griffiths, M. D./Wood, R. T. A./Parke, J. (2009) Social responsibility tools in online gambling: a survey of attitudes and behavior among Internet gamblers, CyberPsychology & Behavior, 12, S 413–421.

Griffiths, M. D./Wood, R. T. A. (2001) The psychology of lottery gambling, International Gambling Studies, 1, S 27–44.

Kim, S. H./Wohl, M. J. A./Stewart, M. J./Sztainert, T./Gainsbury, S. M. (2014) Limit your time, gamble responsibly: Setting a time limit (via pop-up message) on an electronic gaming machine reduces time on device, International Gambling Studies, 14(2), S 266–278.

Korn, D. A. (2000) Expansion of gambling in Canada: Implications for health and social policy, Canadian Medical Association Journal, 163(1), S 61–64.

Meyer, G./Hayer, T./Griffiths, M. D. (2009) Problem Gaming in Europe: Challenges, Prevention, and Interventions, New York: Springer.

Orford, J. (2002) A nation of gamblers? The Psychologist, 15, S 278–279.

Parke, J. Griffiths, M. D. (2006) The psychology of the fruit machine: The role of structural characteristics (revisited), International Journal of Mental Health and Addiction, 4, S 151–179.

Parke, J./Griffiths, M. D. (2007) The role of structural characteristics in gambling, in Smith, G./Hodgins D./Williams, R. (Hrsg), Research and Measurement Issues in Gambling Studies, S 211–243, New York: Elsevier.

Rigbye, J./Griffiths, M. D. (2011) Problem gambling treatment within the British National Health Service, International Journal of Mental Health and Addiction, 9, S 276–281.

Setness, P.A. (1997) Pathological gambling: When do social issues become medical issues? Postgraduate Medicine, 102, S 13–18.

Shaffer, H. J./Korn, D. (2002) Gambling and related mental disorders: A public health analysis, Annual Review of Public Health, 23, S 171–212.

Teeson, M./Degenhardt, L./Hall, W. (2002).Addictions, New York: Taylor & Francis.

Volberg, R./Gupta, R./Griffiths, M. D./Olason, D./Delfabbro, P. H. (2010) An international perspective on youth gambling prevalence studies. International Journal of Adolescent Medicine and Health, 22, S 3–38.

Wohl, M. J./Parush, A./Kim, H. S./Warren, K. (2014) Building it better: Applying human-computer interaction and persuasive design principles to a monetary limit tool improves responsible gambling, Computers in Human Behaviour, 37, S 124–132.
Wood, R. T. A./Wohl, M. J. A. (2015) Assessing the effectiveness of a responsible gambling behavioural feedback tool for reducing the gambling expenditure of at-risk players, International Gambling Studies, 15(2), S 324–339.

A.3 Stichwortverzeichnis

https://doi.org/10.1515/9783110259216-044

C

D

H

Q

R

S

www.ingramcontent.com/pod-product-compliance
Lightning Source LLC
LaVergne TN
LVHW080850300926
849162LV00003B/382